Fegert ■ Streeck-Fischer ■ Freyberger

Adoleszenzpsychiatrie

Unter Mitarbeit von Frank Achtenhagen, Hubertus Adam, Sven Barnow, Thomas Becker, Ralf Christof Beig, Romuald Brunner, Sigrun Bünger, Dieter Bürgin, Johann de Rijke, Volker Dittmann, Manuela Dudeck, Peter Fiedler, August Flammer, Leonie Fricke-Oerkermann, Wolfgang Gaiser, Martina Gille, Lutz Goldbeck, Hans Jörgen Grabe, Annette Grüters-Kieslich, Christian Haasen, Elmar Habermeyer, Frank Häßler, Jochen Haisch, Leila Hamid, Sabine C. Herpertz, Günter Hinrichs, Christoph Höger, Dagmar Hoehne, Sibylle Hübner-Funk, Jan Kassubek, Iris Kepper-Juckenack, Vera King, Liliane Kistler, Gunther Klosinski, Michael Kölch, Cornelia König, Markus Kösters, Gerd Lehmkuhl, Gerhard Libal, Hans-Dieter Lippert, Andrea G. Ludolph, Thomas Meysen, Christoph Morgenstern, Claudia Muche, Thomas Nesseler, Petra Pape, Birgit Pemberger, Franz Petermann, Paul L. Plener, Fritz Poustka, Katharina Purtscher, Franz Resch, Katrin Reuter, Hertha Richter-Appelt, Peter Riedesser†, Wilhelm Rotthaus, Ulrich Sachsse, Nicole Schardien, Kirsten Scheiwe, Renate Schepker, Susanne Schlüter-Müller, Klaus Schmeck, Marc Schmid, Martin H. Schmidt, Kathleen Schnoor, Michael Schredl, Gerd Schulte-Körne, Ulrike M. E. Schulze, Jochen Schweitzer, Inge Seiffge-Krenke, Friedrich Specht, Ingo Spitczok von Brisinski, Carsten Spitzer, Manfred Spitzer, Rolf-Dieter Stieglitz, Aglaja Stirn, Ulrich Streeck, Thorsten Sukale, Susanne Weber, Matthias Weisbrod, Jörn von Wietersheim, Ute Ziegenhain

Adoleszenzpsychiatrie

Psychiatrie und Psychotherapie der Adoleszenz und des jungen Erwachsenenalters

Herausgegeben von Jörg M. Fegert
Annette Streeck-Fischer
Harald J. Freyberger

Mit 42 Abbildungen
und 129 Tabellen

Für
Sarah und Jonas
Nina und Hendrik
Lea, Nele und Nils

Bibliografische Information der Deutschen Nationalbibliothek
Die Deutsche Nationalbibliothek verzeichnet diese Publikation in der Deutschen Nationalbibliografie; detaillierte bibliografische Daten sind im Internet über http://dnb.d-nb.de abrufbar.

Besonderer Hinweis:
Die Medizin unterliegt einem fortwährenden Entwicklungsprozess, sodass alle Angaben, insbesondere zu diagnostischen und therapeutischen Verfahren, immer nur dem Wissensstand zum Zeitpunkt der Drucklegung des Buches entsprechen können. Hinsichtlich der angegebenen Empfehlungen zur Therapie und der Auswahl sowie Dosierung von Medikamenten wurde die größtmögliche Sorgfalt beachtet. Gleichwohl werden die Benutzer aufgefordert, die Beipackzettel und Fachinformationen der Hersteller zur Kontrolle heranzuziehen und im Zweifelsfall einen Spezialisten zu konsultieren. Fragliche Unstimmigkeiten sollten bitte im allgemeinen Interesse dem Verlag mitgeteilt werden. Der Benutzer selbst bleibt verantwortlich für jede diagnostische oder therapeutische Applikation, Medikation und Dosierung.
In diesem Buch sind eingetragene Warenzeichen (geschützte Warennamen) nicht besonders kenntlich gemacht. Es kann also aus dem Fehlen eines entsprechenden Hinweises nicht geschlossen werden, dass es sich um einen freien Warennamen handelt.

Das Werk mit allen seinen Teilen ist urheberrechtlich geschützt. Jede Verwertung außerhalb der Bestimmungen des Urheberrechtsgesetzes ist ohne schriftliche Zustimmung des Verlages unzulässig und strafbar. Kein Teil des Werkes darf in irgendeiner Form ohne schriftliche Genehmigung des Verlages reproduziert werden.

© 2009 by Schattauer GmbH, Hölderlinstraße 3, 70174 Stuttgart, Germany
E-Mail: info@schattauer.de
Internet: http://www.schattauer.de
Printed in Germany

Lektorat: Marion Lemnitz, Berlin
Umschlagabbildung: „Adam und Eva" von Lucas Cranach d. Ä. (um 1513/15), Mainfränkisches Museum, Würzburg; Leihgabe der Bundesrepublik Deutschland
Satz: Satzpunkt Ursula Ewert GmbH, Oswald-Merz-Str. 3, 95444 Bayreuth
Druck und Einband: Mayr Miesbach GmbH, Druck · Medien · Verlag, Am Windfeld 15, 83714 Miesbach

ISBN 978-3-7945-2454-9

Vorwort

Die Erfahrungen im Jugend- und jungen Erwachsenenalter sind Weichen stellend für das, was uns als Erwachsene ausmacht. Die Zeitspanne von circa 12 bis 25 Jahren determiniert unser späteres Leben weit mehr, als wir uns dies mitunter bewusst machen.

Entwicklungsaufgaben wie etwa die Ablösung und die Autonomieentwicklung, die Herausbildung einer sexuellen Identität, erste Erfahrungen in Partnerschaften, die Bewältigung von Prüfungen und der Übergang in die Berufstätigkeit bestimmen diese Lebensphase. Kennzeichnend für die Zeit ist, dass viele junge Menschen zu einer höheren Risikobereitschaft neigen und Althergebrachtes zum Teil radikal in Frage stellen. Eigene und neue Wege werden gesucht, neue Verbindungen hergestellt. Nicht umsonst sind viele wissenschaftliche Entdeckungen, welche später in hohem Lebensalter z. B. mit einem Nobelpreis prämiert wurden, von Menschen unter 30 gemacht oder wenigstens perspektivisch konzeptualisiert worden. Seins- und Sinnfragen auch Fragen der Gerechtigkeit stellen sich in dieser Altersperiode in besonderer Weise. Gruppen und ihre (sub-)kulturellen Normen haben in dieser Phase, verglichen mit dem Einfluss der Herkunftsfamilie oder der später gegründeten Familie, einen zentralen Einfluss auf die Identitätsbildung und Werteentwicklung.

Häufig wird das Jugendalter als eine normative Krise bezeichnet. Doch zeigen Umfragen, dass sehr viele Jugendliche eher konservative und traditionelle Vorstellungen haben und sich durchaus an der tradierten Wertewelt orientieren. So lässt sich eher feststellen, dass viele diese Werte als solche sehr ernst nehmen und deshalb die multiplen Arrangements und Kompromisse hinterfragen, die die Älteren im Laufe ihrer Entwicklung eingegangen sind. „Trau keinem über 30!" oder das auf Churchill zurückgehende Diktum „Wer mit 20 kein Sozialist ist, hat kein Herz, wer mit 50 noch Sozialist ist, hat keinen Verstand." sind hier nur zwei Facetten, welche auch das außerordentliche Potenzial in diesem Alter, Neues zu denken und Neues zu wagen, unterstreichen, auch wenn dann die Lebenswege häufig in sehr traditionellen Bahnen verlaufen.

Obwohl derzeit stark über die Überalterung unserer Gesellschaft diskutiert wird, ist die Jugendästhetik, z. B. in der Mode, in der Werbung oder in der Lebensgestaltung, immer stärker bestimmend – auch für Erwachsene. So zeigt sich, dass die Phase der Adoleszenz sich in der Selbstdarstellung immer weiter in das Erwachsenenalter ausdehnt.

Als wir drei Herausgeber uns auf Initiative von Annette Streeck-Fischer zu ersten Gesprächen mit Herrn Wulf Bertram vom Schattauer Verlag trafen, um das nun vorliegende Buch zu konzipieren, kamen unsere eigenen persönlichen Erinnerungen und unsere Erfahrungen mit unseren Kindern in dieser Zeit zum Vorschein. Allein dies bot den Anreiz, dieses Buch in Angriff zu nehmen. De facto sahen wir vor allem den Bedarf, eine künstliche Trennung der Lebensperioden zu überwinden, welche durch die Ausdifferenzierung der Kinder- und Jugendpsychiatrie seit den 1970er Jahren entstanden ist. Grundsätzlich begrüßen und unterstützen wir diese Ausdifferenzierung. Uns geht es aber fachlich um den Diskurs zwischen Erwachsenen- und Jugendpsychiatrie und darum, divergierende Zugangs- und Sichtweisen beider Fächer in fruchtbarer Art darzustellen und erkennbar zu machen.

Insofern waren wir uns schnell einig, dass ein entsprechendes Lehrbuch der Psychiatrie und Psychotherapie der Adoleszenz und des jungen Erwachsenenalters einen allgemeinen Teil braucht, welcher Entwicklungsaufgaben, Entwicklungspsychologie, Soziologie und Ergebnisse der Jugendforschung im Überblick darstellt. Für ein Psychiatrie- und Psychotherapielehrbuch bedurfte es aber auch genauso eines speziellen Teils, der die einzelnen nosologischen Einheiten mit spezieller Perspektive für den Altersbereich der Adoleszenz darlegt und der therapeutische Zugänge für diese Altersgruppe ausführlich erläutert und – wo immer möglich – diese auch empirisch im Sinne evidenzbasierter Medizin belegt.

Für diese Kapitel waren wir uns schnell über das Prinzip einig, dass wir in der Regel Erwachsenenpsychiater und Jugendpsychiater als Autoren zusammenbringen wollten. Wie sehr sich diese Fächer auseinander entwickelt haben, haben wir dann bei der Detailarbeit als Herausgeber erst erkennen müssen. Teilweise kannten sich die Co-Autoren, obwohl sie alle ausgewiesene Spezialisten für ihren jeweiligen Themenbereich sind, untereinander kaum oder nicht und hatten zunächst sogar eine gewisse Scheu direkt miteinander zu kommunizieren, um sich auf ein gemeinsames Vorgehen zu einigen. Insofern ist der Herausgeberschaft in diesem Buch, an manchen Stellen direktiver oder diplomatisch ausgleichender, letztendlich mit deutlich stärkerem Kommunikationsaufwand verbunden gewesen, als bei üblichen Lehrbuchprojekten. Dies hat zu Verzögerungen geführt, welche uns alle belastet und teilweise frustriert haben, bis wir erkannten, welche Chance auch darin besteht, hier in einem gewissen „Kraftakt" gemeinsam mit vielen ausgewiesenen Autorinnen und Autoren wieder zusammenzubringen, was eigentlich in eine kontinuierliche Betrachtung gehört. Dabei stellen wir natürlich keineswegs begründete Vorgehensweisen oder gesetzliche Rahmenbedingungen in Frage, welche sich in den letzten Jahrzehnten im Rahmen unterschiedlicher fachlicher Zuständigkeiten entwickelt haben.

Dieses Buch ist kein Appell für einen neuen Facharzt oder für die Auflösung der jetzt etablierten Facharztgrenzen. (vgl. Kölch, Mehler-Wex 2008). Wir wollen aber Interesse an der Zusammenarbeit wecken, indem wir auf viele erfolgreiche Modelle, z. B. in der Schizophreniefrühbehandlung oder im Sucht- und Drogenbereich, verweisen.

Der hohe Koordinationsaufwand bei diesem Buch war natürlich auch mit einer Fülle von Herausgeberkonferenzen, Telefonkonferenzen und insbesondere multiplem Schriftverkehr verbunden. Ohne die engagierte Mitarbeit von Frau Julia Pohl und Frau Claudia Gürntke in den Sekretariaten in Ulm wäre dieses Buch so nicht zustande gekommen. Ihnen gilt dafür besonderer Dank. Frau Katharina Baumgärtner und Herr Wulf Bertram vom Schattauer Verlag haben dieses Projekt von Anfang an nachdrücklich unterstützt und die Buchherstellung begleitet. Ganz herzlich danken möchten wir allen Co-Autorinnen und Co-Autoren, die es trotz der multiplen Publikationsverpflichtungen auf sich genommen haben, sich auf dieses interessante, aber komplizierte Buchprojekt und damit auf die interdisziplinäre Zusammenarbeit einzulassen. Nicht zuletzt danken wir unseren jugendlichen und jungen erwachsenen Patienten und ihren Familien, von denen wir Vieles lernen durften und zu deren besserer Versorgung wir mit diesem Band hoffentlich einen Beitrag geleistet haben.

Ein besonderer Dank gilt unseren Kindern, die uns vor Augen geführt haben, was die Lebensphase der „Adoleszenz" in ihrer lebendigen Vielfalt, sowohl hinsichtlich ihrer Potenziale als auch hinsichtlich der Begegnung mit familiären Vergangenheiten, bedeutet.

Ulm, Tiefenbrunn/Göttingen, Stralsund/Greifswald
im Frühjahr 2009

Jörg M. Fegert
Annette Streeck-Fischer
Harald J. Freyberger

Kölch M, Mehler-Wex C. Brauchen wir eine eigenständige Adoleszentenpsychiatrie und -psychotherapie? Psychiatrische Praxis 2008; 35(5): 216–218.

Anschriften der Herausgeber und Autoren

Prof. Dr. rer. pol. Dr. oec. h. c. Dr. phil. h. c. Frank Achtenhagen
Georg-August-Universität Göttingen
Seminar für Wirtschaftspädagogik
Platz der Göttinger Sieben 5, 37073 Göttingen
E-Mail: fachten@uni-goettingen.de

PD Dr. med. Hubertus Adam
Martin Gropius Krankenhaus GmbH
Klinik für Psychiatrie, Psychotherapie und
Psychosomatik des Kindes- und Jugendalters
Oderbergerstraße 8, 16225 Eberswalde
E-Mail: kiju@mgkh.de

Prof. Dr. phil. Sven Barnow
Universität Heidelberg
Psychologisches Institut
Klinische Psychologie und Psychotherapie
Hauptstraße 47–51, 69117 Heidelberg
E-Mail: sven.barnow@psychologie.uni-heidelberg.de

Prof. Dr. med. Thomas Becker
Bezirkskrankenhaus Günzburg
Klinik für Psychiatrie und Psychotherapie
Abteilung Psychiatrie II
Ludwig-Heilmeyer-Straße 2, 89312 Günzburg
E-Mail: t.becker@bkh-guenzburg.de

Dr. med. Ralf Christof Beig
Korsörer Straße 2, 10437 Berlin
E-Mail: ralf.chr.beig@gmx.de

PD Dr. med. Romuald Brunner
Universitätsklinikum Heidelberg
Klinik für Kinder- und Jugendpsychiatrie
Zentrum für Psychosoziale Medizin
Blumenstraße 8, 69115 Heidelberg
E-Mail: romuald.brunner@med.uni-heidelberg.de

Dr. med. Sigrun Bünger
Bunsenstraße 9, 37073 Göttingen
E-Mail: buenger@psycho-med-zentrum.de

Prof. em. Dr. med. Dieter Bürgin
Gundeldingerstraße 177, CH-4053 Basel
E-Mail: dieter.buergin@unibas.ch

Dipl.-Soz. Johann de Rijke
Deutsches Jugendinstitut e. V.
Zentrum für Dauerbeobachtung und Methoden
Nockherstraße 2, 81541 München
E-Mail: derijke@dji.de

Prof. Dr. med. Volker Dittmann
Universitäre Psychiatrische Kliniken Basel
Forensisch-Psychiatrische Abteilung
Wilhelm Klein-Straße 27, CH-4029 Basel
E-Mail: volker.dittmann@unibas.ch

Dr. med. Manuela Dudeck
Ernst-Moritz-Arndt Universität Greifswald
im Hanse-Klinikum Stralsund
Klinik und Poliklinik für Psychiatrie und Psychotherapie
Rostocker Chaussee 70, 18437 Stralsund
E-Mail: manuela.dudeck@uni-greifswald.de

Prof. Dr. med. Jörg M. Fegert
Universitätsklinikum Ulm
Klinik für Kinder- und Jugendpsychiatrie
und Psychotherapie
Steinhövelstraße 5, 89075 Ulm
E-Mail: joerg.fegert@uniklinik-ulm.de

Prof. Dr. phil. Peter Fiedler
Universität Heidelberg
Psychologisches Institut
Klinische Psychologie und Psychotherapie
Hauptstraße 47–51, 69117 Heidelberg
E-Mail: Peter.Fiedler@Psychologie.uni-heidelberg.de

Prof. Dr. phil. August Flammer
Emeritus der Universität Bern
Brunnenhofstraße 17, CH-3065 Bolligen
E-Mail: august.flammer@psy.unibe.ch

Prof. Dr. med. Harald J. Freyberger
Ernst-Moritz-Arndt Universität Greifswald
im Hanse-Klinikum Stralsund
Klinik und Poliklinik für Psychiatrie und Psychotherapie
Rostocker Chaussee 70, 18437 Stralsund
E-Mail: freyberg@uni-greifswald.de

Dr. phil. Leonie Fricke-Oerkermann
Klinikum der Universität zu Köln
Klinik und Poliklinik für Psychiatrie und Psychotherapie
des Kindes- und Jugendalters
Robert-Koch-Straße 10, 50931 Köln
E-Mail: Leonie.Fricke@uk-koeln.de

Dr. rer. soc. Wolfgang Gaiser
Deutsches Jugendinstitut e. V.
Abteilung Jugend und Jugendhilfe
Nockherstraße 2, 81541 München
E-Mail: gaiser@dji.de

Dipl.-Soz. Martina Gille
Deutsches Jugendinstitut e. V.
Zentrum für Dauerbeobachtung und Methoden
Nockherstraße 2, 81541 München
E-Mail: gille@dji.de

Prof. Dr. phil. Lutz Goldbeck
Universitätsklinikum Ulm
Klinik für Kinder- und Jugendpsychiatrie und
Psychotherapie
Steinhövelstraße 5, 89075 Ulm
E-Mail: lutz.goldbeck@uniklinik-ulm.de

Prof. Dr. med. Hans Jörgen Grabe
Ernst-Moritz-Arndt-Universität Greifswald
im Hanse-Klinikum Stralsund
Klinik für Psychiatrie und Psychotherapie
Rostocker Chaussee 70, 18437 Stralsund
E-Mail: grabeh@uni-greifswald.de

Prof. Dr. med. Annette Grüters-Kieslich
Charité, Campus Virchow-Klinikum
Charitéplatz 1, 10117 Berlin
E-Mail: annette.grueters@charite.de

Prof. Dr. med. Christian Haasen
Universitätsklinikum Hamburg-Eppendorf
Klinik und Poliklinik für Psychiatrie und Psychotherapie
Martinistraße 52, 20246 Hamburg
E-Mail: haasen@uke.uni-hamburg.de

PD Dr. med. Elmar Habermeyer
Universität Rostock
Klinik und Poliklinik für Psychiatrie und Psychotherapie
Gehlsheimer Straße 20, 18147 Rostock
E-Mail: elmar.habermeyer@med.uni-rostock.de

Prof. Dr. med. habil. Frank Häßler
Universitätsklinikum Rostock
Klinik für Psychiatrie, Neurologie, Psychosomatik und
Psychotherapie im Kindes- und Jugendalter
Gehlsheimer Straße 20, 18147 Rostock
E-Mail: frank.haessler@med.uni-rostock.de

Prof. Dr. phil. Jochen Haisch
Universität Ulm
Institut für Allgemeinmedizin, Prävention und
Gesundheitsförderung
Helmholtzstraße 20, 89081 Ulm
E-Mail: jochen.haisch@uni-ulm.de

Leila Hamid
Neanderstraße 32A, 28201 Bremen
E-Mail: leila.hamid@googlemail.com

Prof. Dr. med. Sabine C. Herpertz
Universitätsklinikum Rostock
Zentrum für Nervenheilkunde
Klinik und Poliklinik für Psychiatrie und Psychotherapie
Gehlsheimer Straße 20, 18147 Rostock
E-Mail: sabine.herpertz@med.uni-rostock.de

PD Dr. med. Günter Hinrichs
Christian-Albrechts-Universität zu Kiel
Klinik für Kinder- und Jugendpsychiatrie und
Psychotherapie, Campus Kiel
Niemannsweg 147, 24105 Kiel
E-Mail: g.hinrichs@zip-kiel.de

Dr. med. Christoph Höger
Von-Siebold-Straße 5, 35075 Göttingen
E-Mail: choeger@gwdg.de

Dr. med. Dagmar Hoehne
Allmandstraße 6, 88045 Friedrichshafen
E-Mail: d.hoehne@praxis-hoehne.com

Dr. phil. habil. Sibylle Hübner-Funk
Sozialforschung und Beratung
Zugspitzstraße 1, 82347 Bernried
E-Mail: huebnerfunk@t-online.de

Prof. Dr. med. Jan Kassubek
Universitätsklinikum Ulm
Klinik für Neurologie
Oberer Eselsberg 45, 89081 Ulm
E-Mail: jan.kassubek@uni-ulm.de

Iris Kepper-Juckenack
Asklepios Fachklinikum Tiefenbrunn
Psychiatrie und Psychotherapie des Kindes und Jugendalters
37124 Rosdorf
E-Mail: i.kepper@asklepios.com

Prof. Dr. phil. Vera King
Universität Hamburg
Fakultät für Erziehungswissenschaft, Psychologie und Bewegungswissenschaft, Sektion I
Von-Melle-Park 8, 20146 Hamburg
E-Mail: King@erzwiss.uni-hamburg.de

Liliane Kistler, Lic. Jur.
Justizvollzug des Kanton Zürich
Strafvollzugsdienst
Feldstraße 42, CH-8090 Zürich
E-Mail: liliane.kistler@stva.zh.ch

Prof. Dr. med. Gunther Klosinski
Universitätsklinik für Psychiatrie und Psychotherapie
Abteilung Psychiatrie und Psychotherapie im Kindes- und Jugendalter mit Poliklinik
Osianderstraße 14, 72076 Tübingen
E-Mail: Gunther.Klosinski@med.uni-tuebingen.de

Dr. med. Michael Kölch
Universitätsklinikum Ulm
Klinik für Kinder- und Jugendpsychiatrie und Psychotherapie
Steinhövelstraße 5, 89075 Ulm
E-Mail: michael.koelch@uniklinik-ulm.de

Dipl.-Psych. Cornelia König
Universitätsklinikum Ulm
Klinik und Poliklinik für Kinder- und Jugendpsychiatrie/Psychotherapie
Steinhövelstraß3 5, 89075 Ulm
E-Mail: cornelia.koenig@uniklinik-ulm.de

Dr. med. Markus Kösters
Bezirkskrankenhaus Günzburg
Ludwig-Heilmeyer-Straße 2, 89312 Günzburg
E-Mail: markus.koesters@bkh-guenzburg.de

Prof. Dr. med. Dipl.-Psych. Gerd Lehmkuhl
Klinikum der Universität zu Köln
Klinik und Poliklinik für Psychiatrie und Psychotherapie des Kindes- und Jugendalters
Robert-Koch-Straße 10, 50931 Köln
E-Mail: gerd.lehmkuhl@uk-koeln.de

Dr. med. univ. Gerhard Libal, MPH
Universitäre Psychiatrische Kliniken Basel
Kinder- und Jugendpsychiatrische Klinik
Schaffhauserrheinweg 55, CH-4058 Basel
E-Mail: gerhard.libal@upkbs.ch

Dr. jur. Hans-Dieter Lippert
Universität Ulm
Insitut für Rechtsmedizin
Pirttwitzstraße 6, 89075 Ulm
E-Mail: hans-dieter.lippert@uniklinik-ulm.de

PD Dr. med. Andrea G. Ludolph
Universitätsklinikum Ulm
Klinik für Kinder- und Jugendpsychiatrie und Psychotherapie
Steinhövelstraße 5, 89075 Ulm
E-Mail: andrea.ludolph@uni-ulm.de

Dr. Thomas Meysen
Deutsches Institut für Jugendhilfe und Familienrecht e. V.
Postfach 102020, 69010 Heidelberg
E-Mail: thomas.meysen@dijuf.de

Dr. med. Christoph Morgenstern
Ernst-Moritz-Arndt Universität Greifswald
im Hanse-Klinikum Stralsund
Klinik und Poliklinik für Psychiatrie und Psychotherapie
Rostocker Chaussee 70, 18437 Stralsund
E-Mail: morgenst@uni-greifswald.de

Claudia Muche, M.A.
Stiftung Universität Hildesheim
Institut für Sozial- und Organisationspädagogik
Marienburger Platz 22, 31141 Hildesheim
E-Mail: muchec@uni-hildesheim.de

Dr. phil. Thomas Nesseler
Geschäftsstelle der DGKJP
Reinhardtstraße 14, 10117 Berlin
E-Mail: t.nesseler@dgppn.de

Petra Pape
Asklepios Fachklinikum Tiefenbrunn
Psychiatrie und Psychotherapie des Kindes- und
Jugendalters
37124 Rosdorf
E-Mail: p.pape@asklepios.com

Dipl.-Kunsttherapeutin Birgit Pemberger
Universitätsklinikum Ulm
Klinik für Kinder- und Jugendpsychiatrie und
Psychotherapie
Steinhövelstraße 5, 89075 Ulm
E-Mail: bpemberger@web.de

Prof. Dr. phil. Franz Petermann
Universität Bremen
Zentrum für Klinische Psychologie und Rehabilitation
Grazer Straße 2 u. 6, 28359 Bremen
E-Mail: fpeterm@uni-bremen.de

Dr. med. univ. Paul L. Plener
Universitätsklinikum Ulm
Klinik für Kinder- und Jugendpsychiatrie und
Psychotherapie
Steinhövelstraße 5, 89075 Ulm
E-Mail: paul.plener@uniklinik-ulm.de

Prof. Dr. med. Fritz Poustka
Klinikum der Johann-Wolfgang-Goethe-Universität
Abteilung für Kinder- und Jugendpsychiatrie
Deutschordenstraße 50, 60528 Frankfurt
E-Mail: Poustka@em.uni-frankfurt.de

Dr. med. Katharina Purtscher
Landesnervenklinik Sigmund Freud
Abteilung für Kinder- und Jugendpsychiatrie
Wagner-Jauregg-Platz 18, A-8053 Graz
E-Mail: katharina.purtscher@lsf-graz.at

Prof. Dr. med. Franz Resch
Universitätsklinikum Heidelberg
Zentrum für Psychosoziale Medizin
Klinik für Kinder- und Jugendpsychiatrie
Blumenstraße 8, 69115 Heidelberg
E-Mail: Franz.Resch@med.uni-heidelberg.de

Katrin Reuter
Asklepios Fachklinikum Tiefenbrunn
Psychiatrie und Psychotherapie des Kindes- und
Jugendalters
37124 Rosdorf
E-Mail: k.reuter@asklepios.com

Prof. Dr. phil. Hertha Richter-Appelt
Universitätsklinikum Hamburg-Eppendorf
Zentrum für Psychosoziale Medizin
Institut und Poliklinik für Sexualforschung und
Forensische Psychiatrie
Martinistraße 52, 20145 Hamburg
E-Mail: hrichter@uke.uni-hamburg.de

Prof. Dr. med. Peter Riedesser†
Ehemaliger Direktor der Klinik für Kinder-
und Jugendpsychiatrie/Psychotherapie
am Universitätsklinikum Hamburg-Eppendorf
verstorben am 19.9.2008

Dr. med. Wilhelm Rotthaus
Arzt für Kinder- und Jugendpsychiatrie und
Psychotherapie
Commerstraße 1, 50126 Bergheim bei Köln
E-Mail: trapmann-rotthaus@t-online.de

Prof. Dr. med. Ulrich Sachsse
Asklepios Klinikum Göttingen
Allgemeinpsychiatrie III (Psychotherapie und Tagesklinik)
Rosdorfer Weg 70, 37081 Göttingen
E-Mail: u.sachsse@asklepios.com

Nicole Schardien
Geschäftsstelle der DGKJP
Reinhardtstraße 14, 10117 Berlin
E-Mail: n.schardien@dgppn.de

Prof. Dr. jur. Kirsten Scheiwe
Stiftung Universität Hildesheim
Institut für Sozial- und Organisationspädagogik
Marienburger Platz 22, 31141 Hildesheim
E-Mail: scheiwe@ uni-hildesheim.de

Prof. Dr. med Renate Schepker
Zentrum für Psychiatrie Die Weissenau
Weingartshofer Straße 2, 88214 Ravensburg
E-Mail: renate.schepker@zfp-weissenau.de

Dr. med. Susanne Schlüter-Müller
Ärztin für Kinder- und Jugendpsychiatrie und
Psychotherapie
Leipziger Straße 4, 60487 Frankfurt/Main
E-Mail: schluetermueller@yahoo.de

Prof. Dr. med. Dipl.-Psych. Klaus Schmeck
Universitäre Psychiatrische Kliniken Basel
Kinder- und Jugendpsychiatrische Klinik
Schaffhauserrheinweg 55, CH-4058 Basel
E-Mail: klaus.schmeck@upkbs.ch

Dr. Dipl.-Psych. Marc Schmid
Universitäre Psychiatrische Kliniken Basel
Kinder- und Jugendpsychiatrische Klinik
Schaffhauserrheinweg 55, CH-4058 Basel
E-Mail: marc.schmid@upkbs.ch

Prof. Dr. med. Martin H. Schmidt
Universitätsklinik für Psychiatrie und Psychotherapie
des Kindes- und Jugendalters
Zentralinstitut für Seelische Gesundheit (ZI)
Quadrat J5, 68159 Mannheim
E-Mail: martin.schmidt@zi-mannheim.de

Kathleen Schnoor
Universitätsklinikum Ulm
Klinik für Kinder- und Jugendpsychiatrie und
Psychotherapie
Steinhövelstraße 5, 89075 Ulm
E-Mail: kathleen.schnoor@uniklinik-ulm.de

Prof. Dr. phil. Dipl.-Psych. Dipl.-Ing. Etec. Michael Schredl
Schlaflabor
Zentralinstitut für Seelische Gesundheit (ZI)
Quadrat J5, 68159 Mannheim
E-Mail: Michael.Schredl@zi-mannheim.de

Prof. Dr. med. Gerd Schulte-Körne
Universitätsklinikum München
Klinik für Kinder- und Jugendpsychiatrie, Psychosomatik
und Psychotherapie
Pettenkoferstraße 8a, 80336 München
E-Mail: gerd.schulte-koerne@med.uni-muenchen.de

Dr. med. Ulrike M. E. Schulze
Universitätsklinikum Ulm
Klinik für Kinder- und Jugendpsychiatrie und
Psychotherapie
Steinhövelstraße 5, 89075 Ulm
E-Mail: ulrike.schulze@uniklinik-ulm.de

Prof. Dr. rer. soc. Dipl.-Psych. Jochen Schweitzer
Universitätsklinikum Heidelberg
Institut für Medizinische Psychologie im Zentrum für
Psychosoziale Medizin
Sektion Medizinische Organisationspsychologie
Bergheimer Straße 20, 69115 Heidelberg
E-Mail: jochen.schweitzer-rothers@med-uni.heidelberg.de

Prof. Dr. phil. Dipl.-Psych. Inge Seiffge-Krenke
Universität Mainz
Psychologisches Institut
Abteilung Entwicklungs- und Pädagogische Psychologie
Staudingerweg 9, 55099 Mainz
E-Mail: seiffge@uni-mainz.de

Prof. Dr. med. Friedrich Specht
Universität Göttingen
Kinder und Jugendpsychiatrie
Jahnstraße 10, 37073 Göttingen

Dr. med. Ingo Spitczok von Brisinski
LVR-Kliniken Viersen
Kliniken für Psychiatrie und Psychotherapie
des Kindes- und Jugendalters
Horionstraße 14, 41749 Viersen
E-Mail: Ingo.SpitczokvonBrisinski@lvr.de

PD Dr. med. Carsten Spitzer
Ernst-Moritz-Arndt Universität Greifswald
im Hanse-Klinikum Stralsund
Klinik und Poliklinik für Psychiatrie und Psychotherapie
Rostocker Chaussee 70, 18437 Stralsund
E-Mail: spitzer@uni-greifswald.de

Prof. Dr. med. Dr. phil. Manfred Spitzer
Universität Ulm
Medizinische Fakultät
Abteilung Psychiatrie III
Leimgrubenweg 12–14, 89075 Ulm
E-Mail: manfred.spitzer@uni-ulm.de

Prof. Dr. rer. nat. Rolf-Dieter Stieglitz
Universitätsspital Basel
Psychiatrische Poliklinik
Petersgraben 4, CH-4031 Basel
E-Mail: rstieglitz@uhbs.ch

PD Dr. med. Aglaja Stirn
Klinikum der Johann-Wolfgang-Goethe-Universität
Klinik für Psychiatrie, Psychosomatik und Psychotherapie
Heinrich-Hoffmann-Straße 10, 60528 Frankfurt/Main
E-Mail: stirn@em.uni-frankfurt.de

Prof. Dr. med. Ulrich Streeck, M.A.
Asklepios Fachklinikum Tiefenbrunn
Psychiatrie und Psychotherapie
37124 Rosdorf
E-Mail: u.streeck@asklepios.com

PD Dr. med. Annette Streeck-Fischer
Asklepios Fachklinikum Tiefenbrunn
Abteilung für Psychotherapie und Psychiatrie von Kindern und Jugendlichen
37124 Rosdorf
E-Mail: a.streeck@asklepios.com

Dipl.-Musiktherapeut Thorsten Sukale
Universitätsklinikum Ulm
Klinik für Kinder- und Jugendpsychiatrie und Psychotherapie
Steinhövelstraße 5, 89075 Ulm
E-Mail: thorsten.sukale@uniklinik-ulm.de

o. Univ.-Prof. Dr. rer. pol. Susanne Weber
Ludwig-Maximilians-Universität München
Munich School of Management
Institut für Wirtschaftspädagogik
Ludwigstraße 28 III RG, 80539 München
E-Mail: susanne.weber@bwl.lmu.de

Prof. Dr. med. Matthias Weisbrod
Universitätsklinikum Heidelberg
Zentrum für Psychosoziale Medizin
Psychiatrische Klinik
Voßstraße 2, 69115 Heidelberg
E-Mail: matthias.weisbrod@med.uni-heidelberg.de

Prof. Dr. phil. Jörn von Wietersheim
Universitätsklinik für Psychosomatische Medizin und Psychotherapie
Am Hochsträß 8, 89081 Ulm
E-Mail: joern.vonwietersheim@uniklinik-ulm.de

PD Dr. phil. Ute Ziegenhain
Universitätsklinikum Ulm
Kinder- und Jugendpsychiatrie
Heidenheimer Straße 87, 89075 Ulm
E-Mail: ute.ziegenhain@uniklinik-ulm.de

Inhalt

Einleitung — 1
Jörg M. Fegert

I Grundlagen und Rahmenbedingungen — 3

1 Adoleszenz und die Geschichte der Psychiatrie und der Kinder- und Jugendpsychiatrie — 5
Ralf Christof Beig und Michael Kölch

2 Nachkriegsjugend im geteilten Deutschland: Drei Generationen zwischen Niederlage, Neubeginn und nationaler Einheit — 14
Sibylle Hübner-Funk

3 Jugend, Demokratie und Politik – Entwicklungen seit der deutschen Vereinigung — 32
Wolfgang Gaiser, Martina Gille und Johann de Rijke

4 Zur Bedeutung der beruflichen Aus- und Weiterbildung — 48
Frank Achtenhagen und Susanne Weber

5 Religiosität und Grenzerfahrung — 66
Gunther Klosinski

6 Adoleszenz und Migration — 73
Renate Schepker und Christian Haasen

7 Adoleszenz, Krieg und Verfolgung — 81

7.1 Studienlage, Symptombildung, Trauma und Versöhnung — 81
Hubertus Adam und Peter Riedesser†

7.2 Kasuistik im Kontext der Begutachtung bei drohender Abschiebung — 88
Susanne Schlüter-Müller

8 Entwicklungsaufgaben der Adoleszenz — 92
August Flammer

9 Struktur und Identität — 105
Franz Resch und Harald J. Freyberger

10 Körper, Geschlecht, Sexualität – Aspekte körperbezogener Störungen — 112
Vera King und Hertha Richter-Appelt

11 Körperliche und biologische Entwicklung in der Adoleszenz im Übergang zum Erwachsenenalter — 126
Annette Grüters-Kieslich

12 Zur Neurobiologie der Adoleszenz — 133
Manfred Spitzer

13 Adoleszenz, junges Erwachsenenalter und Bindung — 142
Inge Seiffge-Krenke und Ute Ziegenhain

14 Adoleszenz und Narzissmus — 154
Annette Streeck-Fischer

15 Körpermodifikation und Körperkunst — 165
Aglaja Stirn

| 16 | Adoleszenz und Delinquenz | 171 |

Elmar Habermeyer und Klaus Schmeck

II Spezielle Aspekte — 181

| 17 | Gibt es Adoleszenzkrisen? | 183 |

Annette Streeck-Fischer, Jörg M. Fegert und Harald J. Freyberger

| 18 | Selbstverletzendes Verhalten | 190 |

Gerhard Libal und Paul L. Plener

| 19 | Erste Freundschaften und Trennungen, Sexualität | 201 |

Inge Seiffge-Krenke

| 20 | Diagnostische Verfahren | 215 |

Lutz Goldbeck und Rolf-Dieter Stieglitz

| 21 | Der Verlauf psychischer Störungen vom Kindes- zum Erwachsenenalter | 222 |

Hans Jörgen Grabe und Martin H. Schmidt

III Störungsbilder — 229

| 22 | Suchtstörungen bei Jugendlichen und jungen Erwachsenen | 231 |

Renate Schepker, Sven Barnow und Jörg M. Fegert

| 23 | Schizophrene, wahnhafte und andere psychotische Störungen | 241 |

Franz Resch und Matthias Weisbrod

| 24 | Affektive Störungen | 261 |

Michael Kölch, Jörg M. Fegert und Harald J. Freyberger

| 25 | Angststörungen | 278 |

Ulrike M. E. Schulze, Harald J. Freyberger und Jörg M. Fegert

| 26 | Zwangsstörungen | 290 |

Hans Jörgen Grabe und Michael Kölch

| 27 | Somatoforme Störungen | 303 |

Lutz Goldbeck und Harald J. Freyberger

| 28 | Posttraumatische Belastungsstörungen | 311 |

Annette Streeck-Fischer, Jörg M. Fegert und Harald J. Freyberger

| 29 | Dissoziative Störungen | 328 |

Romuald Brunner, Franz Resch, Carsten Spitzer und Harald J. Freyberger

| 30 | Essstörungen | 340 |

Ulrike M. E. Schulze und Jörn von Wietersheim

| 31 | Schlafstörungen | 355 |

Leonie Fricke-Oerkermann, Michael Schredl und Gerd Lehmkuhl

| 32 | Somatopsychische Störungen | 373 |

Lutz Goldbeck und Harald J. Freyberger

| 33 | Störungen der Persönlichkeitsentwicklung und Persönlichkeitsstörungen | 386 |

Klaus Schmeck, Annette Streeck-Fischer und Sabine C. Herpertz

| 34 | Borderline-Persönlichkeitsstörung | 399 |

Annette Streeck-Fischer und Harald J. Freyberger

| 35 | Sexuelle Störungen | 411 |

Peter Fiedler

| 36 | Abnorme Gewohnheiten und Störungen der Impulskontrolle | 430 |

Ingo Spitczok von Brisinski und Elmar Habermeyer

37	**Geistige Behinderung und Minderbegabung** _ 457 Frank Häßler und Jörg M. Fegert	48	**Systemische Psychotherapie** _ 631 Wilhelm Rotthaus und Jochen Schweitzer
38	**Lese- und Rechtschreibstörung** _ 476 Gerd Schulte-Körne und Rolf-Dieter Stieglitz	49	**Rehabilitation kognitiver Funktionen** _ 644 Leila Hamid und Franz Petermann
39	**Tiefgreifende Entwicklungsstörungen** _ 488 Fritz Poustka	50	**Angewandte klinisch relevante Therapieverfahren: Musik-, Ergo-, Kunst- und Körpertherapie** _ 655 Ulrike M. E. Schulze, Thorsten Sukale, Birgit Pemberger, Iris Kepper-Juckenack, Petra Pape, Katrin Reuter, Gerhard Libal und Sigrun Bünger
40	**Störungen des Sozialverhaltens** _ 503 Klaus Schmeck und Sabine C. Herpertz		
41	**Hyperkinetische Störungen** _ 516 Frank Häßler, Markus Kösters, Annette Streeck-Fischer und Jörg M. Fegert	51	**Psychotherapie von posttraumatischen Belastungsstörungen** _ 673
		51.1	**Komplexe posttraumatische Belastungsstörungen** _ 673 Ulrich Sachsse und Annette Streeck-Fischer
42	**Tic-Störungen und Tourette-Syndrom** _ 539 Andrea G. Ludolph und Jan Kassubek	51.2	**Krisenintervention und psychosoziale Betreuung bei Akuttraumatisierung** _ 683 Katharina Purtscher
IV	**Beratung und Behandlung** _ 557	52	**Psychoedukation und Selbsthilfemanuale** _ 694 Michael Kölch und Christoph Morgenstern
43	**Das psychodynamische Erstgespräch** _ 559 Dieter Bürgin und Annette Streeck-Fischer	53	**Fernsehen, Computer und Buch – Risiken und Chancen im Kindes- und Jugendalter** _ 708 Dagmar Hoehne, Harald J. Freyberger und Paul L. Plener
44	**Prävention** _ 574 Jochen Haisch		
45	**Krisenmanagement** _ 590 Renate Schepker, Carsten Spitzer und Michael Kölch	54	**Psychopharmakotherapie** _ 719 Michael Kölch, Jörg M. Fegert und Harald J. Freyberger
46	**Psychodynamische Psychotherapie** _ 600 Annette Streeck-Fischer und Ulrich Streeck	**V**	**Recht und Ethik** _ 739
47	**Kognitiv-behaviorale Therapie** _ 616 Sven Barnow und Marc Schmid	55	**Aufklärung und Einwilligung** _ 741 Michael Kölch, Jörg M. Fegert und Hans-Dieter Lippert

56	**Adoleszenz und Jugend im Familien- und Sozialrecht** — 753	60	**Fahrtauglichkeit** — 814
	Gunther Klosinski, Manuela Dudeck und Thomas Meysen		Jörg M. Fegert und Liliane Kistler
57	**Sozialleistungen für psychisch beeinträchtigte Jugendliche und junge Erwachsene** — 760	61	**Psychosoziale Hilfssysteme für Adoleszente mit psychischen Erkrankungen** — 824
	Kirsten Scheiwe und Claudia Muche		Marc Schmid, Christoph Höger, Friedrich Specht und Thomas Becker
58	**Strafrechtliche Täter- und Opferbegutachtung** — 778	**VI**	**Anhang** — 843
58.1	**Strafrechtliche Täterbegutachtung einschließlich Reifefragen** — 778		**Fachgesellschaften, Berufsverbände und Selbsthilfegruppen im Überblick** — 845
	Renate Schepker, Jörg M. Fegert und Elmar Habermeyer		Thomas Nesseler und Nicole Schardien
58.2	**Begutachtung der Glaubhaftigkeit von Aussagen jugendlicher und junger erwachsener Zeugen** — 792		**Sachverzeichnis** — 850
	Kathleen Schnoor, Cornelia König und Jörg M. Fegert		
59	**Therapie im Gefängnis und im Maßregelvollzug** — 805		
	Günter Hinrichs, Frank Häßler und Volker Dittmann		

Einleitung

Jörg M. Fegert

Zentrale Entwicklungsaufgaben, insbesondere in Bezug auf die Autonomieentwicklung und die neuartige Gestaltung von Beziehungen, kennzeichnen die Adoleszenz und das junge Erwachsenenalter. Die Schulausbildung steht vor dem Abschluss, Studium oder erste Schritte ins Berufleben stehen an. Erfahrungen mit Partnerschaften, mitunter auch Elternschaft und Familiengründung bestimmen diese Lebensphase. Es ist die Zeit, in der einzelne Jugendliche zu Höchstleistungen auffahren, beispielsweise im Bereich des Sports, der Musik oder als Preisträger von Wettbewerben (z. B. Naturwissenschaften), um nur einiges zu nennen. Andere Jugendliche und junge Erwachsene engagieren sich sozial oder suchen Wege, um für bessere Lebensbedingungen von Randgruppen oder Dritte-Welt-Ländern zu kämpfen. Modetrends aus der jugendlichen (Sub-)Kultur prägen zunehmend auch den Geschmack und die Freizeitinteressen vieler Erwachsener. Eine Grenze des Überganges zwischen Jugend- und Erwachsenenalter lässt sich nicht eindeutig festlegen, da es sich um ein Entwicklungskontinuum handelt. Die Mündigkeit und Entscheidungsfreudigkeit, die ab dem 18. Lebensjahr z. B. vom jungen Wähler und jetzt vertragsberechtigten Erwachsenen vorausgesetzt werden, entsprechen zumeist nicht dem inneren Reifegrad des Einzelnen und können nur in einem fortgesetzten Entwicklungsprozess, der auch über das 18. Lebensjahr hinausgeht, erworben werden. Viele dieser Entwicklungsschritte werden durch jetzt auftretende psychopathologische Auffälligkeiten negativ, manchmal auch akzelerierend beeinflusst. Die Gleichaltrigengruppe hat in ihrer Brückenfunktion zwischen Familie und Gesellschaft und als ein Ort, an dem neue Werte und Orientierungen gesucht werden, einen ganz besonderen Stellenwert. Diese Bedeutung wird nach wie vor sowohl in der Jugendpsychiatrie wie auch in der Erwachsenenpsychiatrie zu wenig in die Behandlungs- und Beratungsansätze mit einbezogen. Die individuelle Behandlung bezieht allenfalls die Eltern und bei jungen Erwachsenen etwaige schon vorhandene Angehörige wie Partnerinnen und Kinder im Sinne einer Psychoedukation ein. Skotomisiert wird so die entwicklungspsychologische Bedeutung der Peergroup in dieser Altersspanne, die die primären Beziehungsfiguren übertrifft. Auch wird dem Übergang der betroffenen Adoleszenten von der Kinder- und Jugendpsychiatrie in die Erwachsenenpsychiatrie nicht ausreichend Beachtung geschenkt. So wird das, was in der Adoleszenz vielleicht als Teil eines normalen Entwicklungsprozesses gelten kann, wie etwa eine Identitätsproblematik, wenig später als pathologisch betrachtet. Andererseits bedeutet gestörte Adoleszenz keineswegs notwendigerweise ein gestörtes Erwachsenenalter. Vor diesem Bedeutungshintergrund wird in dem vorliegenden Buch das Themenfeld mit drei zentralen Schwerpunkten behandelt:

Im ersten Teil werden verschiedene Facetten der normalen Adoleszenz und des jungen Erwachsenenalters aufgegriffen und diskutiert. Nach einer historischen Einführung und einer Übersicht über die Ergebnisse der Jugendforschung im Nachkriegsdeutschland werden jugendtypische Phänomene wie Reifungsfragen, Körperkult in der Adoleszenz, Sexualität, erste Freundschaften etc. behandelt. Sicher war die zeitweilige Bagatellisierungstendenz in der Kinder- und Jugendpsychiatrie und -psychotherapie, auch beginnende Psychosen noch als Adoleszentenkrisen zu sehen, im Verständnis der normalen und psychopathologisch auffälligen Adoleszenz nicht gerade sachdienlich. In der Vorstellung, sogenannte Stigmatisierungen zu vermeiden, hatten diese Vernebelungen im Einzelfall zur Folge, die *duration of untreated psychosis* zu verlängern. Dennoch haben wir uns entschlossen, an dem etwas schillernden Begriff der Adoleszenzkrise festzuhalten und versucht auszuformulieren, was typische psychische Entwicklungskrisen in der Adoleszenz von nosologischen differenzierten Krankheitsbildern unterscheidet.

Selbstverständlich haben Phänomene wie Jugendgewalt, Folgen von Krieg, Migration, Einstellung zur Religiosität etc. Platz in diesem allgemeinen Teil des Buchs zur Adoleszenzpsychiatrie gefunden. Bevor einzelne Störungsbilder detailliert in ihrer Ausprägung und spezifischen Behandlungszugängen dargestellt werden, wird zunächst einmal die epidemiologische Entwicklung in der Adoleszenz beschrieben und es werden besonders für das Jugendlichenalter geeignete diagnostische Verfahren erläutert.

Im Kernteil der speziellen Psychiatrie und Psychotherapie der Adoleszenz und des jungen Erwachsenenalters stehen Kapitel zu zentralen Störungsbildern, wie sie in den gängigen Klassifikationsmanualen ICD-10 oder DSM-IV beschrieben werden. An diesen störungsbildbezogenen Teil schließen sich Kapitel zu Prävention, zum Krisenmanagement und zu unterschiedlichen Therapieverfahren an. Schließlich werden auch rechtliche Fragen mit Blick auf den Übergang ins Erwachsenenalter erläutert. Diese Kapitel sind so aufgebaut, dass jedes, wie in einem Handbuch üblich, für sich allein genommen gelesen werden kann, dennoch haben die Herausgeber darauf geachtet, dass Bezüge zwischen den Teilen des Buches und den einzelnen Kapiteln hergestellt werden, sodass das Gesamtwerk einen guten Überblick über den aktuellen Stand der Adoleszenzpsychiatrie und der Psychiatrie des jungen Erwachsenenalters gibt.

I Grundlagen und Rahmenbedingungen

1 Adoleszenz und die Geschichte der Psychiatrie und der Kinder- und Jugendpsychiatrie

Ralf Christof Beig und Michael Kölch

Inhalt

1.1	Der Umgang mit psychisch Kranken vom Altertum bis ins 18. Jahrhundert	5
1.2	Die Anfänge einer wissenschaftlichen Psychiatrie und einer menschenwürdigen Behandlung psychisch Kranker	6
1.3	Die naturwissenschaftliche Festlegung der Psychiatrie und ihre Institutionalisierung in Deutschland	7
1.4	Der Beginn einer speziellen Psychiatrie für Kinder und Jugendliche	8
1.5	Die Psychiatrie im Nationalsozialismus	10
1.6	Die Entwicklung der deutschen Psychiatrie nach dem Zweiten Weltkrieg	11
1.7	Fazit	12
Literatur		12

Zusammenfassung

Jede Darstellung von Wissenschaftsgeschichte ist abhängig vom Standpunkt des Verfassers. Dies gilt besonders für die Psychiatriegeschichte, da sich die Psychiatrie an den Schnittstellen zwischen naturwissenschaftlicher Medizin und philosophischen Betrachtungen, zwischen der Behandlung des Individuums und den Auswirkungen auf die Gesellschaft und den Einflüssen derselben befindet. Die Psychiatriegeschichte selbst war und ist immer ein Spiegelbild der Zeit, der Lebensbedingungen und der Kultur, aus der heraus sie betrachtet wird und dadurch wird sich über die Zeit das Bild immer verändern. Als Fachgebiet, dessen Inhalt das Verständliche und Unverständliche des menschlichen Seins und Tuns ist, ist Psychiatriegeschichte von großem Interesse, da sie auch zeigt, wie mit Randgruppen, sozialen Problemen und Krankheit an sich über die Zeiten hinweg umgegangen wurde. In der Darstellung auf knappem Raum besteht die Hürde, allen Teilbereichen der Medizingeschichte, der Schilderung der verschiedenen Lehren und Theorien, der Versorgung der Kranken und den Behandlungsmaßnahmen gerecht zu werden.

In der Geschichte der Psychiatrie spielten die Minderjährigen und Jugendlichen bereits in der frühen Neuzeit eine Rolle. Im Zusammenhang mit der Suche nach Ätiologien für psychische Störungen wurde das Kindesalter im Rahmen von Degenerationslehre und Biologisierung entdeckt als Zeit, in der erste Auffälligkeiten offenbar und behandelt, zumindest diagnostiziert werden können. Im Rahmen der Industrialisierung war Verwahrlosung und psychische Auffälligkeit ein wichtiges Thema für die Psychiatrie und sie nahm hier ordnungspolitische Aufgaben wahr, indem sie forensische Aspekte und gesellschaftliche Phänomene zum Teil medikalisierte. Allerdings standen bei der Entwicklung der Kinder- und Jugendpsychiatrie neben der Psychiatrie auch die Kinderheilkunde, vor allem aber die Pädagogik und später die neu entstanden Psychotherapieschulen Pate. Während die Weimarer Zeit eine Blüte der wissenschaftlichen Beschäftigung mit psychisch kranken Kindern und Jugendlichen und der institutionellen Versorgung dieser war, waren es auch Kinder und Jugendliche, die Opfer der Eugenik und Rassenhygiene, von Euthanasie und Krankenmord wurden. Nach dem Zweiten Weltkrieg begann eine parallele Entwicklung von Psychiatrie und Kinder- und Jugendpsychiatrie. Medikamentöse Therapien und ein spezielleres Angebot für verschiedene Störungen stellen heute die Versorgungssituation für psychisch Kranke zwischen Kindheit und Erwachsenenalter dar, wobei viele Forschungsgebiete, wie beispielsweise Langzeit-Krankheitsverläufe psychischer Störungen, die im Kindesalter beginnen, noch nicht oder nicht ausreichend bearbeitet sind.

1.1 Der Umgang mit psychisch Kranken vom Altertum bis ins 18. Jahrhundert

Es darf angenommen werden, dass gerade psychische Erkrankungen, wie zunächst alle anderen Erkrankungen auch, in der Ur- und Frühzeit der Menschheitsgeschichte als Folge der Sünde und Besessenheit von bösen Geistern angesehen wurden. Dieser Ansatz erforderte entsprechende Behandlungsformen wie Sühnezeichen, Opfer, Exorzismus und andere Abwehr- und Heilmaßnahmen.

Die Anfänge wissenschaftlicher Denkweisen, und dies gilt auch für die Betrachtung von Geisteskrankheiten, liegen im altertümlichen Griechenland. Im Vergleich zu den Hochkulturen in Mesopotamien und Ägypten ab 3000 v. Chr., in denen noch weitestgehend übernatürliche Ursachen für die Entstehung von seelischen Ausnahmezuständen gesucht wurden, bemühten sich die griechischen Ärzte um radikal natürliche Erklärungsmodelle. In der sonstigen Bevölkerung blieb jedoch die Ansicht, der Irrsinn und emotionale Abweichungen seien göttlicher Herkunft, weitverbreitet.

Ausgehend von Hippokrates (um 460 bis um 370 v. Chr.), oder den ihm zugeschriebenen Schriften, hat sich in der griechischen Medizin die *Humoralpathologie,* die Säftelehre, entwickelt, die schließlich von Galen (um 130 bis um 200 n. Chr.) so ausformuliert wurde. Diese Theorie bestimmte nachhaltig die Krankheitslehre in der abendländischen, aber auch in der arabisch-islamischen Medizin bis ins Mittelalter und darüber hinaus. Noch heute verwendete Begriffe, wie beispielsweise *Melancholie* (»Schwarzgalligkeit«), zeugen von der Bedeutung dieses auch für die psychischen Erkrankungen gültigen Konzeptes. Behandelt wurde entsprechend etwa mit Schröpfen, Aderlässen, Diäten, Ölumschlägen, aber auch mit heilsamen Gesprächen. Die römische Medizin führte diese Tradition fort. Die römischen Ärzte Aulus Cornelius Celsus (um 25 v. Chr. bis um 50 n. Chr.) und Soranus von Ephesus (um 100 n. Chr.) berichten in ihren erhaltenen Werken von Behandlungsmöglichkeiten bei psychischen Erkrankungen.

Mit Beginn des Mittelalters ging aus verschiedenen Gründen viel von dem Wissen und den Auffassungen des Altertums verloren. Die seelischen Auffälligkeiten mit all ihren Symptomen wurden wieder dämonisiert und waren das Werk des Teufels. Bezüglich der psychisch Kranken begann der Inquisitor den Arzt zu ersetzen. Viele der Kranken erlitten ein entsprechendes Schicksal, wurden in Narrentürme und Tollkisten gesteckt. Besonders aber Frauen landeten als Hexen auf dem Scheiterhaufen. Dennoch etablierten sich in Europa ab dem 13. Jahrhundert einige »Irrenabteilungen« in Allgemeinspitälern, wie etwa in Paris, Lyon, London, Braunschweig, Basel und anderen Städten. Eine entsprechende Entwicklung fand im arabischen Raum deutlich früher statt, wie die Gründungen von Abteilungen für psychisch Kranke in Bagdad (um 750) und Kairo (873) und die Errichtung von Spezialanstalten wie in Aleppo (1270) und Kairo (1304) zeigen (Ackerknecht 1985).

Die Renaissance blieb den psychiatrischen Erkrankungen gegenüber ein widersprüchliches Zeitalter. Einerseits wirkte die Dämonisierung der psychischen Erkrankungen fort, erreichten die Hexenverbrennungen bis ins 17. Jahrhundert hinein neue Höchstzahlen, andererseits begann eine kleine Anzahl von Medizinern, darunter der wohl berühmteste Arzt seiner Zeit Theophrastus Bombastus von Hohenheim, genannt Paracelsus (um 1493–1541), die Geisteskrankheiten wieder als natürliche Krankheiten zu betrachten, sie mit magischem, astrologischem und vor allem alchemistischem Denken zu erklären. Doch selbst Paracelsus vereinigte in sich die Widersprüche seiner Zeit. Neben der nun zentralen Rolle von Postulaten, wie dem des *Lebensgeistes,* wurde der Begriff der *Imagination* im Sinne eines ersten psychodynamischen Denkens als Grundlage für die viel später folgende Ausformulierung durch die Psychoanalyse von Bedeutung. Mit dem Ausbleiben von Pestepidemien und dem Verschwinden der Lepra konnten dann im 16. Jahrhundert psychisch Kranke auch in Lepra- und Pesthäusern untergebracht werden.

Mit dem Beginn des Zeitalters des Absolutismus im 17. Jahrhundert ergab sich vor allem aus wirtschaftlich-politischen Gründen eine Änderung im Umgang mit psychisch Kranken. Zur Lösung sozialer Krisen beschlossen die absolutistischen Systeme die Armen in besondere Anstalten wegzusperren. Während in Frankreich diese Einrichtungen den etwas euphemistisch anmutenden Namen eines *Hôpital général* bekamen, mutet uns heute das deutsche Pendant *Zuchthaus* ehrlicher an. In Paris etwa wurden ab 1657 die kranken Männer in das *Hôpital de Bicêtre*, die Frauen in das *Hôpital de la Salpêtrière* verbracht. Die Unterbringung psychisch Kranker in Gefängnissen wurde die Regel. Dort mussten sie oft angekettet neben Armen, Prostituierten, Landstreichern, Krüppeln und Straftätern vegetieren. Harte Strafen und körperliche Arbeit bestimmten das Leben der Kranken; Ärzte wurden so gut wie nie zur Behandlung hinzugezogen.

1.2 Die Anfänge einer wissenschaftlichen Psychiatrie und einer menschenwürdigen Behandlung psychisch Kranker

Im 18. Jahrhundert entwickelten sich Gegenbewegungen im Sinne einer Humanisierung im Umgang mit den Kranken sowie neue Erklärungsansätze in der Behandlung. Der schottische Arzt George Cheyne (1671–1743) stellte fest, dass ein Drittel seiner Patienten an hysterischen, neurasthenischen und hypochondrischen Syndromen litt. Georg Ernst Stahl (1659–1734) hob die Bedeutung der Seele bei somatischen Leiden hervor und unterschied zwischen sympathischen (d. h. organischen) und pathischen (d. h. funktionellen) Erkrankungen. Weitestgehend von Zwangsmaßnahmen befreite Hospitalisierungsversuche wurden zum Beispiel von William Battie (1703 oder 1704 bis 1776) in den 1750er Jahren im *Saint Luke's Hospital* in London durchgeführt. 1796 gründete der Quäker William Tuke (1732–1822) in York eine private »Irrenanstalt« namens *Retreat*, welche sich durch eine ruhige Atmosphäre und den Verzicht von Zwang und Gewalt auszeichnete.

Die Befreiung psychisch Kranker von ihren Ketten im Rahmen des Zeitalters der Aufklärung war kein singuläres Ereignis, sondern ein langwieriger Prozess unter der Aufgabe von Zwangsmaßnahmen. In die Geschichte der Psychiatrie eingegangen ist jedoch die öffentlichkeitswirksame Befreiungsaktion der Kranken des *Hôpital de Bicêtre* von ihren Ketten durch Philippe Pinel (1745–1826) im November 1793 in Paris.

Ausgehend von einem Todesfall eines fixierten Patienten 1829 begann sich in England eine zwangsfreie Behandlung durchzusetzen, welche maßgeblich von Robert Gardiner (1811–1876) und John Conolly (1794–1866) eingeleitet und gefördert wurde. Das sogenannte *non restraint system* beschränkte sich jedoch nicht nur auf das Abschaffen von Zwang, sondern förderte entschieden die aktiven Maßnahmen in der Behandlung, was wir heute therapeutische Basis und Milieutherapie nennen würden (Schott u. Tölle 2006).

Auch in Deutschland wurde die Kritik an den Zuständen in den »Irrenanstalten« früh aufgegriffen. Johann Christian Reil (1759–1813) schilderte 1803 in seinen »Rhapsodieen über die Anwendung der psychischen Curmethode auf Geisteszerrüttungen« die unsäglichen Zustände in den Zucht- und Tollhäusern in Deutschland und machte Vorschläge zur Überwindung derselben. Gleichzeitig begannen sich in der ersten Hälfte des 19. Jahrhunderts die bestehenden »Irreneinrichtungen« in Heil- und Pflegeanstalten zu wandeln oder neue, öffentliche und private, wurden gegründet. Sie orientierten sich nun an dem Prinzip der moralischen Behandlung. Missstände und Probleme aber existierten weiter.

Als erster Ausdruck einer Institutionalisierung der Psychiatrie in Deutschland kann die Einführung eines Lehrstuhls für Psychiatrie ab 1811 in Leipzig mit seinem Inhaber Johann Christian August Heinroth (1773–1843) angesehen werden. Der romantischen Auseinandersetzung mit Geisteskrankheiten dieser Zeit in Deutschland ist die Einteilung der Ärzte in *Psychiker,* die Geisteskrankheiten als reine Erkrankung einer körperlosen Seele verstanden, und *Somatiker,* die sie als ausschließlich körperliche Angelegenheiten mit seelischen Symptomen betrachteten, zu verdanken. Franz Joseph Gall (1758–1828) begründete die *Phrenologie,* die das Gehirn als Zentrum mentaler Prozesse festlegte. Sein Versuch, Charakterzüge und Verhalten mit Schädelmerkmalen und Gesichtsphysiognomie der Probanden zu verbinden, erwies jedoch als Irrweg.

Für eine erfolgreiche praktische Behandlung der seelisch Kranken, die über pflegerische und aufbewahrende Maßnahmen hinausreichte, hatten die Krankheitskonzepte dieser Zeit wenig Bedeutung. Therapeutische Versuche mit Rutenschlägen, dem Verbringen der Patienten in Kartoffelsäcke, Zwangsstehen, Sturzbädern mit kaltem Wasser oder Drehstühlen, wie die von Emil Horn (1774–1848) an der Berliner *Charité,* erregten selbst bei den Zeitgenossen Widerwillen.

1.3 Die naturwissenschaftliche Festlegung der Psychiatrie und ihre Institutionalisierung in Deutschland

Die Lichtgestalt der Psychiatrie in der Mitte des 19. Jahrhunderts war ohne Zweifel Wilhelm Griesinger (1817–1868), der den wissenschaftlichen Standpunkt, den ärztlichen Standort festlegte, der der Forschung mit dem naturwissenschaftlich-biologischen Ansatz, Geisteskrankheiten als *Gehirnkrankheiten* zu betrachten, den Weg wies und Reformen für die Versorgung der Kranken erarbeitete und durchführte. Er begründete auch den Anspruch der Psychiatrie als eigenes Fach der klinischen Medizin, besonders in den Jahren 1865–1868, in denen er an der Berliner *Charité* wirkte. Die nun folgende Universitätspsychiatrie mit der sukzessiven Einrichtung von Lehrstühlen ab Mitte der 1860er Jahre war vor allem eine sogenannte *Gehirnpsychiatrie,* die psychologische Zustände anatomischen Gegebenheiten zuordnen wollte. Diese Lehrmeinung fand in ihren Vertretern wie Carl Wernicke (1848–1905) in Breslau, Karl Westphal (1833–1890) in Berlin, Theodor Meynert (1833–1892) in Wien und anderen Ordinarien ihren Ausdruck.

Nachdem im Laufe des 19. Jahrhunderts »die psychische Störung den Krankheiten zugeordnet und damit in die Zuständigkeit des Arztes gebracht« worden war, entwickelte sich die Psychiatrie als Disziplin rasch (Lempp 1991). Es war die Zeit der Entwicklung von Definitionen bezüglich der nicht körperlich Kranken, einhergehend mit der wissenschaftlichen Emanzipation des Faches Psychiatrie in Deutschland. Die Diskussion, was Seelenstörung sei, wurde rege geführt. Ende des 19. Jahrhunderts hatte sich in Deutschland nun eine Psychiatrie formiert, die auf Institutionen zurückgreifen konnte, Lehrstühle besaß, Anspruch auf Wissenschaftlichkeit erhob (vgl. Ackerknecht 1985; Blasius 1994). Sie nahm staatliche Aufgaben wahr im Sinne einer Ordnungspsychiatrie. Die theoretischen Überlegungen, was denn eigentlich Psychiatrie sei, und die folgende Fachentwicklung fanden in anderen Ländern teils inhaltlich und zeitlich parallel, teils unterschiedlich statt (Ackerknecht 1985; Blasius 1994; Dörner 1969). In Deutschland sollte sich zwischen den in der Anstalt tätigen Psychiatern und denen, die an Universitäten arbeiteten, eine unterschiedliche Auffassung zur Seelenstörung entwickeln. Zudem fanden in nur kurzen Zeitabständen Ablösungen psychiatrischer Krankheitskonzepte statt, die die Unsicherheit der Wissenschaft den psychischen Störungen gegenüber ebenso dokumentieren wie die rasante wissenschaftliche Entwicklung des Faches (Blasius 1994; Trenckmann 1988). Emil Kraepelin (1856–1926) in seinen Professuren in Dorpat, Heidelberg und ab 1904 in München mahnte, in der Abkehr nur vom anatomischen Korrelat auszugehen, die Geisteskrankheiten nach ihrem klinischen Gesamtbild zu beurteilen, und unterteilte sie in *endogene* und *exogene Psychosen.* Die von ihm aufgestellte Abgrenzung des *manisch depressiven Irreseins* (affektive Störungen) von der *Dementia praecox* (Psychosen) hat bis heute Bestand. Erweitert wurde dieser Ansatz durch die Arbeiten Eugen Bleulers (1857–1939) in Zürich, der sich wegen seiner Gedanken um den uneinheitlichen Verlauf und Prognosen der Psychosen verdient machte und davon ausgehend 1911 die *Dementia praecox* in *Schizophrenie* umbenannte.

Eng ist die Geschichte der Psychiatrie mit der Geschichte von Devianz und Verhaltensauffälligkeit verbunden. Damit ist Psychiatriegeschichte auch die Geschichte der »Verwahrlosten«, der Verhaltensauffälligen, jener Menschen, die sich im

Grenzbereich zwischen Medizin (Psychiatrie) und Justiz bzw. Polizei bewegten, bei denen immer die Frage zu klären war, ob sie »krankhaft« dissozial oder dissozial »krank« waren. Deviant waren alle diejenigen, die nicht unbedingt den Kriterien des Schwachsinns oder der Melancholie entsprachen, die außer unangepassten Verhaltensweisen eigentlich keine Pathologie aufzuweisen hatten. Diese »gemeingefährlichen Geisteskranken« konnten durch Jähzorn, Grenzüberschreitungen wie Kriminalität, widerstrebendes Verhalten wie Schwererziehbarkeit oder Ähnliches auffällig werden (Rixen 1921). Die in der Psychiatrie in der ersten Hälfte des 20. Jahrhunderts geführte Diskussion etwa über die Psychopathie als eine zentrale Diagnose der Psychiatrie zeigt die Aspekte der Medikalisierung und Transduktion menschlicher Phänomene wie Verwahrlosung, Kriminalität und soziale Schichtfragen in staatliches Reglement und Kompetenzzuweisung (und damit Machtbefugnis) an den Berufsstand der Psychiater: Der Psychopath ist psychisch krank, aber jenseits der Diagnostik bleibt die Psychiatrie abstinent und bezüglich der Behandlung bleibt der Psychopath in der Obhut der staatlichen Betreuung durch Polizei und Justiz.

Therapeutisch blieb lange Zeit das Repertoire eher eingeschränkt und neuere Arbeiten belegen, dass keineswegs die Betreuung der psychisch Kranken nur in Anstalten stattfand, sondern Familienpflege, so wie die psychisch Kranken (wie fast alle Kranken) vor dem 19. Jahrhundert betreut wurden, einen weiterhin wichtigen Teil der Versorgung ausmachte (Müller 2003, 2006). Eine wegweisende Ergänzung in Krankheitskonzept und Behandlungsmethode gelang mit der Einführung der Psychotherapie um die Jahrhundertwende. Erste Erfahrungen mit hypnotischen Zuständen sammelte Franz Anton Mesmer (1734–1815). Über verschiedene Ansätze, z. B. durch Jean-Martin Charcot (1825–1893) mit seinen Beobachtungen über die *Hysterie*, dass psychische Erkrankungen als *Neurosen* auch aufgrund innerer, unbewusster Konflikte entstehen können, entwickelte vor allem Sigmund Freud (1856–1939) ein dann anerkanntes und angewandtes analytisches Psychotherapiekonzept, das allerdings lange zur Integration in das Fachgebiet der Psychiatrie brauchte. Nach dem Zweiten Weltkrieg wurde diese Herangehensweise noch durch andere, etwa verhaltenstherapeutische Ansätze, deren Grundlagen durch Iwan Petrowitsch Pawlow (1849–1936) entdeckt wurden, erweitert. Der Erste Weltkrieg von 1914 bis 1918 bedeutete für die Krankenversorgung in Deutschland allgemein, besonders aber für die Versorgung psychiatrisch Kranker eine erhebliche Verschlechterung. In der Nachkriegszeit gaben vor allem Hermann Simon (1867–1947) mit seiner »aktiveren Krankenbehandlung« (d. h. Beschäftigungstherapie mit bedingungsloser Anpassung) und Gustav Kolb (1870–1938) mit seiner »offenen Irrenfürsorge«, also ersten Versuchen gemeindenaher Psychiatrie, neue Impulse in der sich nur langsam wieder erholenden Psychiatrielandschaft.

Obwohl gerade zu Beginn des 20. Jahrhunderts eine immer bessere Klassifizierung der Geisteskrankheiten gelang, blieben die therapeutischen Möglichkeiten weiter hinter den Erwartungen zurück. Behandlungsversuche durch ärztlich induzierte Malaria, Typhus- und Tuberkulosevakzine wie die von Julius Wagner von Jauregg (1857–1940) hatten dabei durchaus Erfolge und wurden 1927 mit dem Nobelpreis belohnt. Erste Schockmethoden, wie die des Insulinschocks Ende der 1920er Jahre und des Cardiazolschocks ab 1933, wurden zufällig entdeckt. Letzterer wurde in der Anwendung bei Psychosen, nach 1937 ausgehend von Italien durch Ugo Cerletti (1877–1963) und Lucio Bini (1908–1964), mehr und mehr durch den Elektroschock ersetzt. Von Portugal aus hielt ab 1936 die präfrontale Lobotomie ihren Einzug in die psychiatrischen Behandlungsmethoden. Medikamentöse Behandlungsformen beschränkten sich vor allem auf Schlafmittel.

1.4 Der Beginn einer speziellen Psychiatrie für Kinder und Jugendliche

Wenn auch immer wieder der Arzt Heinrich Hoffmann (1809–1894) aus Frankfurt genannt wird als ein »Urvater« der Kinder- und Jugendpsychiatrie, so ist im Rahmen der Disziplingenese sehr differenziert zu betrachten, wie und wann man von einer speziellen Psychiatrie für Kinder und Jugendliche sprechen kann (Rothenberger u. Neumärker 2005). Hoffmann war auch kein Kinderarzt, wie dies bisweilen geschrieben wird, einfach deshalb, weil es zu dieser Zeit eine Disziplin Kinderheilkunde im eigentlichen Sinne noch gar nicht gab. Tatsächlich aber beschrieb Hoffmann einige typische kinder- und jugendpsychiatrische Störungen in seinem »Struwwelpeter« von 1845, wie das zappelige und unaufmerksame Kind, Symptome einer Störung des Sozialverhaltens, Symptome des *sensation seekings* (Hoffmann 1844). Die Entwicklung der Kinder- und Jugendpsychiatrie nahm aus beiden medizinischen Fachrichtungen, der Kinderheilkunde und der Psychiatrie, ihren Ausgang, war aber von Anfang an stark durch die Pädagogik geprägt. Zudem spielte auch der forensische und ordnungspolitische Aspekt bei der Entstehung einer Psychiatrie für das Kindes- und Jugendalters eine Rolle: Verwahrlosung und Kriminalität bei Jugendlichen wurde als Gefahr gesehen und in einem Zwischenbereich zwischen Medizin und Polizei behandelt. Wie weiter oben beschrieben stand die Medikalisierung von Verhalten und sozialen Problemen auf der einen Seite, auf der anderen Seite polizeiliche und juristische Betreuung der auffälligen Kinder und Jugendlichen. Früh in der Geschichte der Psychiatrie lässt sich die Verbindung, auch in personeller Hinsicht, zwischen einem immer dominierender werdenden Interesse an der Erblichkeit psychischer Erkrankung und einer (natur-)wissenschaftlichen Psychiatrie sowie der Beschäftigung mit auffälligen Kindern und Jugendlichen aufzeigen (Kölch 2002).

Hintergrund für das vermehrte Interesse an Auffälligkeit und Verwahrlosung bei Kindern waren die gesellschaftlichen Veränderungen um die Wende zum 20. Jahrhundert. Es war eine »moderne« Gesellschaft entstanden, in der sich bisher gewohnte und gültige Sozialstrukturen zugunsten neuer aufgelöst hatten: Die Industrialisierung mitsamt der Landflucht, der Verstädterung, dem Tagelöhnertum der Industriearbeiter, der Entstehung eines Proletariats, der Auflösung traditioneller Familienstrukturen hatte stattgefunden. Damit entstanden zum einen andere Auffälligkeiten, wie etwa die Verwahrlosung, zum anderen forderte die Gesellschaft neue Modelle der Versorgung und Betreuung für diese Störungen, da die Familie diese Menschen nicht mehr auffing, wie es noch für das 18. Jahrhundert zumeist galt, als die »Irren« in der Obhut der Familie waren (Castel 1983). Die Institutionalisierung der Fürsorge, auch der psychiatrischen Fürsorge, begann. Jugendheime und Jugendgesetze entstanden, Fürsorgestellen wurden gegründet, ebenso psychiatrische Anstalten und spezielle Abteilungen für Kinder und Jugendliche (Castell et al. 2003; Kölch 2002). Immer auch waren die gesetzlichen Rahmenbedingungen wichtig: Das Fürsorgegesetz von 1900, vor allem das Reichs-Jugend-Wohlfahrtsgesetz von 1922, Vorläufer unseres heutigen Kinder- und Jugendhilfegesetzes, waren wichtige Regelungen zur Wohlfahrt von Kindern, auf deren Basis Institutionen zur Betreuung erst entstehen und sich entwickeln konnten (Kölch 2002).

Gängige Auffassung der Zeit war, psychische Auffälligkeit und psychische Erkrankung zeigten früh im Leben Anzeichen und auffällige Kinder würden mit sehr hoher Wahrscheinlichkeit im erwachsenen Alter ebenfalls auffällig bzw. sogar kriminell oder verwahrlost. Umgekehrt wurde geschlossen, ein psychisch kranker oder auffälliger Erwachsener hätte auch als Kind Zeichen von Auffälligkeit aufgewiesen, man müsste nur diese genauer beachten. Damit begann sich die Psychiatrie für das Kindes- und Jugendalter zu interessieren und betätigte sich auch im ureigentlichen nicht-medizinischen Bereich wie dem der Pädagogik. Die Medizin galt als oberste und letztentscheidende Instanz in theoretischen und praktischen Fragen von Verhaltensauffälligkeit (Kölch 2002). Das bezog sich aber in erster Linie auf Diagnostik, Therapieempfehlung und Forschung, weniger auf die therapeutische Praxis. Moeli etwa sah die Aufgabe der psychiatrischen Betreuung, zumal bei Kindern, vornehmlich in der Schulung von Erziehern, damit diese die nötigen Kenntnisse erhielten, »denn für die unmittelbare ärztliche Behandlung kommt nur ein ganz geringer Teil der Fürsorgezöglinge mit psychischen Mängeln in Betracht« (Moeli 1915). Dennoch, nach Meinung der zeitgenössischen Ärzte konnte allein der Psychiater die Grenzziehung zwischen Abnormen und Normalen mit relativer Sicherheit vornehmen. So widmete 1910 der Psychiater Wilhelm Strohmayer (1874–1936) der Erörterung der bedeutenden Stellung des Arztes in der Heilpädagogik die Vorrede seines Buches. Der Hamburger Psychiater Wilhelm Weygandt (1870–1939) vertrat die Haltung, dass es eine »unbedingte Notwendigkeit« sei, den Psychiater an der Fürsorgeerziehung zu beteiligen. Zumal, aus volksgesundheitlichen Gründen, die Vielzahl körperlicher und geistiger Anlagen, die er den Verhaltensabweichungen zugrunde liegen sah, vom Mediziner als Wissenschaftler erforscht werden müssten (Weber-Jasper 1996). Es dominierten in der psychiatrischen Disziplin die Deskription der Phänomenologie, die Spekulation über Erblichkeit und Degeneration und einige wenige Befunde in makroskopischer oder mikroskopischer Anatomie.

Die Therapie dieser Störungen oder »Kinderfehler« wurde in der Pädagogik gesehen, wenngleich diese Pädagogik unter Aufsicht und Leitung der Psychiater stattfinden sollte. Theodor Heller (1869–1938) beispielsweise verkündete freudig, dass der Psychiatrie durch die Heilpädagogik endlich wieder ein Mittel in die Hand gegeben worden sei, das sie vom Makel befreie, nicht heilend wirken zu können (Heller 1925). Den Anspruch, Praktiker einer heilenden Wissenschaft zu sein, vertraten die Psychiater für sich allemal. Die Ärzte stellten sich Erzieher als Hilfspersonal, als »Vollstrecker der ärztlichen Vorschriften« (Künkel 1927) zur Seite und sie betreuten die »im weitesten Sinne« psychisch Anomalen nicht mehr unmittelbar und exklusiv, sondern mittelbar.

Zur gleichen Zeit begannen andere Disziplinen zu entstehen bzw. sich den auffälligen Minderjährigen und jungen Erwachsenen zuzuwenden, wie die Heilpädagogik, die Soziologie, die Psychotherapieschulen. Die psychiatrische Vormachtstellung in der Beschäftigung mit »auffälligen« Jugendlichen wurde durch die Entwicklung der Pädagogik, der neu entstehenden Profession der Sozialarbeiter oder auch Fürsorger (im weitesten Sinn) zurückgedrängt. Vor allem inhaltlich leisteten diese Professionen hinsichtlich therapeutischer Maßnahmen einen weitaus größeren Anteil als die Psychiatrie, die sich vornehmlich auf die Entwicklung von Diagnostik und Klassifikationssystemen beschränkte, allerdings mit großem Einfluss auf die anderen Berufe. Die Auseinandersetzung zwischen Ärzten und Pädagogen um die Psychopathen wurde zeitgenössisch folgendermaßen beschrieben: »Es handelt sich um ein wissenschaftliches Grenzgebiet, das keine Disziplin der anderen überlassen wollte. Die Pädagogen beanspruchten es ganz für sich, ohne doch letzten Endes den ärztlichen Rat ganz entbehren zu können.« (Künkel 1927) Auch im »Deutschen Verein zur Fürsorge Jugendlicher Psychopathen e. V.« kam es zu Diskussionen um psychiatrische und pädagogische Kompetenzen. In der Weimarer Republik waren in Deutschland durch die Innovationen in der Fürsorge neue institutionalisierte Bereiche sozialer und psychiatrischer Betätigung geschaffen worden.

Eine weitere Gruppe, die Einfluss auf die Betreuung und Therapie jugendlicher psychisch Kranker nahm, waren die psychotherapeutischen Schulen. Freud hatte junge Patienten (Fall Anna), vor allem aber war seine Theorie auf die Entwicklungsphasen des Menschen gerichtet, zumindest bezüglich seines – immer wieder zugunsten anderer Systeme revidierten – Phasenmodells der Entwicklung von der oralen über die anale zur ödipalen Phase. Kindes- und Jugendalter nahmen damit in seiner Theorie eine zentrale Stellung ein. Mehr aber noch sollte einer seiner ehemaligen Anhänger und sein größter Hauptopponent im Streit der Psychotherapieschulen, Alfred Adler (1870–1937), Einfluss auf die theoretische und therapeutische Konzeptionsentwicklung zu psychischen Störungen bei Minderjährigen finden. Seine *Individualpsychologie* wurde zur Psychologie und Psychotherapie für Kinder in der Zeit der Weimarer Republik in Deutschland. Sie hatte inhaltlich eine eminente Wirkung auf die Pädagogik und die Sozialfürsorge. Die meisten Beratungs- und Fürsorgestellen, auch die neu geschaffenen »Psychopathenberatungsstellen«, Vorläufer der Sozialpsychiatrischen und Kinder- und Jugendpsychiatrischen Dienste heutiger Tage, arbeiteten nach den Theorien Adlers, wonach einem Großteil der (neurotischen) psychiatrischen Störungen Fehlentwicklungen in der Interaktion zwischen Kind und Umwelt zugrunde lagen und das Individuum durch eine Fehlanpassung im Sinne etwa einer Überkompensation oder Verweigerung reagiert.

Während Pädagogik und Psychotherapieschulen sich konzeptionell auf die Entwicklung von Therapiemöglichkeiten verlegten, war die Entwicklung in der Psychiatrie auf die Ursachenforschung ausgerichtet und hierbei erlangte die *Degenerationstheorie* immer mehr Überhand. Die »Modediagnose« gerade für Jugendliche wurde die »Psychopathie«. Julius Ludwig August Koch (1841–1908) hatte 1891 den Begriff »psychopathischer Minderwertigkeit« in die Psychiatrie eingeführt (Krüse 1987). Koch hatte damit wenig präzise zu umreißende psychische Auffälligkeiten, die den heutigen Persönlichkeitsstörungen nahestehen, definiert: Psychopathen waren Menschen, die sich selbst oder anderen eine Last seien (Krüse 1987). Dieser Begriff der Psychopathie wurde durch den bekannten Psychiater Richard von Krafft-Ebing (1840–1902) in der Medizin verbreitet, nicht zuletzt mit seinem Hauptwerk »Psychopathia sexualis«. Krafft-Ebing war ein Anhänger der Degenerationslehre (Baumann et al. 1994), jener Lehre, die die Degenerationen als »krankhafte Abweichungen vom normalen menschlichen Typ« definierte, sie für »erblich übertragbar« hielt und glaubte, sie entwickelten »sich progressiv zum Untergang« hin (zit. nach Weingart et al. 1988). Dieser »führende deutsche Entartungstheoretiker« (Gadebusch-Bondio 1994) hatte neben anderen Vertretern der Degenerationslehre, wie etwa Heinrich Schüle (1840–1916), großen Einfluss auf die Entstehung der Kinderpsychiatrie, da die »Kinderfehler« eben sehr früh als Degenerationen und zum Teil auch erblich angesehen wurden (Baumann et al. 1994). War die Erblichkeitslehre und auch die Degenerationslehre kein deutsches Phänomen, so wurde aber der Begriff der Psychopathie vornehmlich in Deutschland zu einem Phänomen, in anderen Ländern war er entweder nicht existent (z. B. in Belgien, Dänemark oder England) oder wurde sehr zurückhaltend gebraucht. Psychiater anderer Länder kennzeichneten die Psychopathie ebenfalls durch das konstitutionelle Moment und die erbliche Anlage (vgl. Leyen 1928).

Wurde in der Zeit der Weimarer Republik ein immenses Fördersystem für psychisch auffällige Kinder und Jugendliche aufgebaut, zum großen Teil auf Betreiben kommunaler Initiatoren und durch privates Engagement, so kam es mit dem Nationalsozialismus zu einem Bruch in dieser Versorgung: aus krank wurde minderwertig und damit nicht mehr der Fürsorge bedürftig.

1.5 Die Psychiatrie im Nationalsozialismus

Eine Zäsur im Umgang mit geistig kranken Menschen in Deutschland bedeutete die Machtübernahme der Nationalsozialisten im Januar 1933. Die geistigen Vorarbeiten für die schreckliche Wirklichkeit dessen, was zwischen 1933 und 1945 mit seelisch Kranken passierte, wurden lange vorher schon geleistet. Degenerationslehre, Rassenhygiene und Sozialdarwinismus waren keine Erfindungen der Nationalsozialisten, sondern bereiteten den Boden für ihre Gräueltaten, die bereits kurz nach der Machtergreifung begannen.

Zunächst wurde ab 1934 eine Zwangssterilisation für Geisteskranke oder erblich belastete Angehörige vorgeschrieben und erregte in der Ärzteschaft wenig Bedenken. Man geht heute von 300 000 bis 400 000 durchgeführten Zwangssterilisationen aus.

Während die Zwangssterilisation das Prinzip der Unverletzlichkeit missachtete, zielte die nun folgende *Euthanasie*, der »gute Tod«, auf das Leben selbst ab. Maßgeblich für die »Vernichtung lebensunwerten Lebens« war hauptsächlich die generalstabsmäßig geplante *Aktion T4*, benannt nach der Leitzentrale in der Berliner Tiergartenstraße 4. Zwischen 1939, etwa zeitgleich mit dem Beginn des Zweiten Weltkrieges, und der Beendigung dieser Aktion 1941, nach vehementem Protest vor allem der Kirchen, wurden im Rahmen dieser Aktion in den Vernichtungsanstalten Grafeneck, Bernburg, Sonnenstein, Hartheim, Brandenburg und Hadamar ca. 70 250 Menschen ermordet. Besonders perfide wurde dabei die Tötung behinderter und missgebildeter Kinder organisiert. Die anschließende »Wilde Euthanasie« hielt jedoch bis zum Kriegsende 1945 im Machtbereich der Nationalsozialisten an. Insgesamt muss von einer Opferzahl zwischen 250 000 und 300 000 ermordeter Menschen ausgegangen werden.

Kinder- und Jugendpsychiater waren an den Verbrechen beteiligt; Hans Heinze (1895–1983) und Ernst Wentzler (1891–1973), ein Kinderarzt in Berlin und Gutachter für T4, aber auch andere haben an der Tötung mitgewirkt, haben auch

Klassifizierungen in »Wert« und »Unwert« erstellt. Über die Rolle von Hans Stutte (1909–1982) besteht Uneinigkeit; die Deutsche Gesellschaft für Kinder- und Jugendpsychiatrie hatte zur Jahrtausendwende eine Arbeitsgruppe eingerichtet, um die Verstrickung des ersten Lehrstuhlinhabers ihres Faches in Deutschland zu untersuchen.

1940 wurde in Wien die »Deutsche Gesellschaft für Kinderpsychiatrie und Heilpädagogik« gegründet, ein Vorläufer der heutigen Fachgesellschaften (Keil 2004). Führende Köpfe der Kinder- und Jugendpsychiatrie in der Zeit der Weimarer Republik konnten bei dieser Gründung schon nicht mehr mit dabei sein, wie etwa Franz Kramer (1878–1967). Sie waren nicht erwünscht, weil jüdisch oder politisch nicht dem Nationalsozialismus ergeben, und daher emigriert oder verfolgt.

Wie sehr sich die Veränderungen des Zeitgeistes auch in der Kinder- und Jugendpsychiatrie zeigten, kann man an der seit 1921 bestehenden »Psychopathenbeobachtungsstation« der Charité sehen: Bis 1935 wurde sie kooperativ zwischen der freien Wohlfahrtspflege (dem Deutschen Verein zur Fürsorge Jugendlicher Psychopathen) und der Psychiatrischen Klinik geführt. Nach 1935 erhielt der Verein keine Zuschüsse mehr und konnte deshalb die Kinderschwester und Erzieherin nicht mehr finanzieren. Die Charité übernahm die Kosten, nun deutlich mehr, und die Station bestand fort, wenngleich gegen den Willen des Ministeriums, das eine so weitreichende Fürsorge für »Minderwertige« nicht als gerechtfertigt ansah (Kölch 2002). Insgesamt wurden in damaligen Fachorganen wie der Zeitschrift für Kinderforschung vermehrt erbbiologische Themen publiziert und beispielsweise die Frage diskutiert, ob Betreuung der »Asozialen« rentabel und erlaubt sein könne – damit fand letztlich eine immense Zerstörung der mühsam aufgebauten Infrastruktur für psychisch kranke Kinder und Jugendliche statt (Kölch 2002). Erst zum Ende des Krieges, als die multiplen Belastungen durch den Krieg nicht übersehen werden konnten, wurde zugestanden, dass psychische Störungen bei Kindern und Jugendlichen reaktiv bedingt sein können und es wurde sogar ein Ausbau der Station geplant (Kölch 2002).

Neben den medizinischen Haupttätern bei der Ermordung psychisch Kranker wie dem Psychiater Werner Heyde (1902–1964) und der überwältigenden Zahl an Befürwortern und Mitläufern, die mehr oder weniger an den Taten beteiligt waren, gab es auch vereinzelten aktiven und passiven ärztlichen Widerstand, wie der des Göttinger Professors Gottfried Ewald (1880–1963), wobei im Rahmen des wissenschaftlichen Diskurses auch Ewald eine biologistische Position eingenommen hatte, wie auch Paul Schröder (1873–1941), der Lehrer Heinzes (Kölch 2002).

Eine andere Folge der nationalsozialistischen Machtübernahme war das Ausdünnen der psychiatrischen Ärztelandschaft und der damit verbundene Verlust an fachlicher Kompetenz durch die nun folgenden Amtsenthebungen, die Emigration oder auch die Ermordung in den Konzentrationslagern aus rassischen und politischen Gründen. Vor allem die analytische Psychotherapie und die traditionell individualpsychologisch ausgerichteten Beratungsstellen für schwererziehbare Jugendliche verloren viele ihrer Protagonisten. Zahlreiche Vertreter der Psychoanalyse für Kinder und Jugendliche, so wie auch viele Individualpsychologen, sind während des Nationalsozialismus ausgewandert.

1.6 Die Entwicklung der deutschen Psychiatrie nach dem Zweiten Weltkrieg

Nach dem Zusammenbruch des Dritten Reiches 1945 entwickelte sich die Psychiatrie in den nun entstandenen beiden deutschen Staaten nur langsam. Die Aufarbeitung der vorangegangenen Verbrechen in der Psychiatrie verlief in den Nürnberger Ärzteprozessen 1946/47 und den nachfolgenden mehr als 40 Euthanasieprozessen bis in die 1960er Jahre eher ohne öffentliches Interesse.

Die Ärzteprozesse hatten auch Auswirkungen auf ethische Rahmenbedingungen für Forschung am Menschen, insbesondere an sogenannten nichteinwilligungsfähigen Patienten. Zu dieser Gruppe gehören prinzipiell auch psychisch Kranke, Kinder und Jugendliche. Eine Implikation dieser durchaus sinnvollen und wohlmeinenden Regeln aber ist heute, dass gerade diese Klientel vielfach schlechter versorgt wird mit Arzneimitteln, was die Sicherheit von Pharmakotherapie und die Zulassung betrifft, da Studien schwerer durchzuführen sind. Insofern wirken die grausamen und menschenverachtenden Versuche – auch in der Psychiatrie – bis in die heutige Zeit nach.

Die Trennung der deutschen Staaten erbrachte auch eine Trennung der Entwicklungsverläufe der Psychiatrie in Deutschland. In der DDR gab es nach dem Zweiten Weltkrieg trotz schlechter Lebensumstände durchaus eine Aufgeschlossenheit und Toleranz gegenüber psychisch Kranken. In den Heil- und Pflegeanstalten, den Bezirkskrankenhäusern herrschten Bedingungen mit Gewalt und Unterversorgung jedoch fort. Reformansätze hierfür gab es mit den *Rodewischer Thesen* 1963 und den *Brandenburger Thesen* 1974. Nicht alle Forderungen konnten danach umgesetzt werden (Schott u. Tölle 2006).

Doch auch in der Bundesrepublik waren Missstände an der Tagesordnung. Brutalitäten in psychiatrischen Krankenhäusern, Mangel an ambulanten Behandlungsformen und eine nicht geringe Zahl gegen ihren Willen behandelter Patienten riefen die Politik wach. Die Psychiatriereform in der Bundesrepublik, die mit dem Einsetzen der *Psychiatrie-Enquete* durch den Deutschen Bundestag 1971 datiert wird, wirkte darauf hin, dass die veralteten Großkrankenhäuser mit ihrer schlechten stationären Versorgung vor allem durch Verkleinerung modernisiert wurden. Gleichzeitig wurden komplementäre Einrichtungen (z. B. Tageskliniken) und ambulante Dienste (Anhebung der Zahl der Praxispsychiater, Sozialpsychiatrische Dienste) angeboten. Zudem wurde die Krankenversorgung regionalisiert und gemeindenah, was letztendlich patienten- und angehörigennah heißt, organisiert.

De facto waren Kinder- und Jugendpsychiatrie und Psychiatrie zu dieser Zeit nicht getrennt, erst nach und nach fand wieder oder weiter eine Differenzierung der Fachrichtungen statt. 1950 erfolgte die Neugründung der 1940 in Wien gegründeten Gesellschaft als »Deutsche Vereinigung für Jugendpsychiatrie«. Sicher ist der erste Lehrstuhl in Marburg 1954 für die Kinder- und Jugendpsychiatrie ein Markstein. Es folgten nach und nach weitere Lehrstühle, eigene Abteilungen und Kliniken. Der Facharzttitel existiert in West-Deutschland seit 1968. In Ost-Deutschland wurde der erste Lehrstuhl für Kinderneuropsychiatrie 1958 von Gerhard Göllnitz in Rostock gegründet. 1962 entstand unter dem Dach der Gesellschaft für Psychiatrie und Neurologie der DDR die Sektion für Kinderneuropsychiatrie.

Nach dem Krieg begannen sich auch die psychotherapeutischen Schulen neu zu organisieren, z. B. hat Felix Böhm (1881–1958) in den Nachkriegsjahren den Beruf des Psychagogen am Berliner Institut für Psychotherapie aufgebaut und institutionalisiert. Dieser Ausbildungsgang wurde Erziehern und Pädagogen zugänglich gemacht. Sie sollten in die Lage versetzt werden, weniger schwer gestörte Kinder und Jugendliche psychotherapeutisch zu behandeln. Dem weiteren Auf- und Ausbau hat sich dann Annemarie Dührssen (1916–1998) gewidmet, die 1950 gemeinsam mit Werner Schwidder (1917–1970) die Zeitschrift »Praxis der Kinderpsychiatrie und Kinderpsychologie« gründete.

Einen neuen, erfolgreichen Abschnitt in der Behandlung von Geisteskrankheiten durch die Psychiatrie in der zweiten Hälfte des 20. Jahrhunderts läutete die Einführung von Psychopharmaka ein. Immerhin wurde das als »Ritalin®« bekannte Methylphenidat 1954 von Leandro Panizzon entwickelt, und damit ist die Pharmakotherapie bei psychischen Störungen von Kindern und Jugendlichen keine Neuigkeit (Rothenberger u. Neumärker 2005). In der Realität wurde die Pharmakotherapie von Kindern und Jugendlichen mit psychischen Störungen lange vernachlässigt, auch was bestimmte Nebenwirkungen oder besondere Lebensumstände (wie Schwangerschaft, Alkoholkonsum, Sexualität etc.) angeht. Ab 1952 fand der eigentlich aus der Anästhesie kommende Wirkstoff Chlorpromazin als Antipsychotikum Anwendung. 1958 wurde das Spektrum antipsychotischer Mittel durch Butyrophenone wie Haloperidol erweitert. Besonders die Behandlung mit Neuroleptika war durch zum Teil erhebliche und irreversible Nebenwirkungen wie z. B. Spätdyskinesien gekennzeichnet. Als erstes atypisches Neuroleptikum wurde zu Beginn der 1970er Jahre Clozapin angewendet. Die ersten Antidepressiva wurden ab 1957 mit den Imipraminen eingesetzt. Seit etwa 1960 begann man mit dem Einsatz von Lithium als Prophylaxe bei manisch-depressiven Psychosen.

Ausgehend von diesen Anfängen diversifizierten sich die Medikamentengruppen bis heute zunehmend und zeigten eine Steigerung der Wirksamkeit bei Einschränkung der Nebenwirkungen. Erst mit dem Einsatz wirksamer Psychopharmaka ist eine Stabilisierung und Remission psychiatrischer Krankheiten möglich geworden. Zusätzlich ermöglichte der Gebrauch von psychopharmakologisch wirksamen Medikamenten die sukzessive Verlagerung von der stationären zur teilstationären oder ambulanten Behandlung. Ein Allheilmittel stellen die Psychopharmaka jedoch bis heute nicht dar. Fakt ist auch, dass heute die Psychiatrie international ausgerichtet ist und viele Anstöße zur Weiterentwicklung aus den USA erfolgen.

1.7 Fazit

Heute gibt es ein weit differenziertes Netz an stationärer und ambulanter Versorgung für Erwachsene sowie Kinder und Jugendliche mit psychischen Störungen. Gleichwohl sind Lücken gerade auch für Adoleszente auszumachen. Diese betreffen nicht nur die Forschung zu Psychopharmakotherapie, sondern auch spezielle Rehabilitationsangebote bezüglich von Berufsmaßnahmen (obwohl das Kinder- und Jugendhilfegesetz [KJHG] hier Raum böte), spezielle Gruppenangebote, Therapiemanuale etc. Nachdem die Entwicklung der Psychiatrie über die Jahrhunderte viele Wege und Umwege nahm, insgesamt aber doch eine positive Bilanz aufgrund der Fortschritte der letzten 50 Jahre zu ziehen ist, lässt dies die Hoffnung zu, dass auch heute Aussicht auf weitere Verbesserungen im Umgang mit dem Leiden psychisch Kranker besteht, ganz ähnlich wie Kraepelin es zu Beginn des 20. Jahrhunderts so optimistisch formuliert hatte (Kraepelin 1918). Aufgabe bleibt es, einen Ausgleich zwischen dem Wünschenswerten, dem finanziell Machbaren und der Evidenz von therapeutischen Maßnahmen zu suchen und zu finden.

Literatur

Ackerknecht EH. Kurze Geschichte der Psychiatrie. 3. Aufl. Stuttgart: Enke 1985.

Blasius D. »Einfache Seelenstörung«. Geschichte der deutschen Psychiatrie 1800–1945. Frankfurt/M.: Fischer 1994.

Baumann R, Köttgen C, Grolle I, Kretzer D. Arbeitsfähig oder unbrauchbar? Die Geschichte der Kinder- und Jugendpsychiatrie seit 1933 am Beispiel Hamburgs. Frankfurt/M.: Mabuse-Verlag 1994; 30.

Castel R. Die psychiatrische Ordnung. Das goldene Zeitalter des Irrenwesens. Übersetzt von Ulrich Raulff. Frankfurt/M.: Suhrkamp 1983.

Castell R, Nedoschill J, Rupps M, Bussiek D. Geschichte der Kinder- und Jugendpsychiatrie in Deutschland in den Jahren 1937 bis 1961. Göttingen: Vandenhoeck & Ruprecht 2003.

Literatur

Dörner K. Bürger und Irre. Zur Sozialgeschichte und Wissenschaftssoziologie der Psychiatrie. Frankfurt/M.: Europäische Verlagsanstalt 1969.

Dörner K. Diagnosen der Psychiatrie. Frankfurt/M.: Campus 1975.

Gadebusch-Bondio M. Die Rezeption der Kriminalanthropologischen Theorien von Cesare Lombroso in Deutschland von 1880–1914. (Abhandlungen zur Geschichte der Medizin und Naturwissenschaften, Heft 70.) Husum: Matthiesen 1995; 96.

Heller T. Grundriss der Heilpädagogik. 3. Aufl. Leipzig: Engelmann 1925; 637.

Hoffman H. Lustige Geschichten und drollige Bilder mit 15 schön kolorierten Tafeln für Kinder von 3–6 Jahren. Frankfurt/M. 1844.

Keil G. Kinder- und Jugendpsychiatrie. In: Gerabek WE, Haage BD, Keil G, Wegner W (Hrsg). Enzyklopädie Medizingeschichte. Berlin: De Gruyter 2004; 739–40.

Kölch M. Theorie und Praxis der Kinder- und Jugendpsychiatrie in Berlin 1920-1935. Die Diagnose Psychopathie im Spannungsfeld von Psychiatrie, Individualpsychologie und Politik. Diss Med. Berlin FU 2002.

Kraepelin E. Hundert Jahre Psychiatrie. Ein Beitrag zur Geschichte der menschlichen Gesittung. Berlin: Springer 1918; 1.

Krüse G. Persönlichkeitsstörungen (abnormale Persönlichkeiten/Psychopathen). In: Remschmidt H (Hrsg). Kinder- und Jugendpsychiatrie. Eine praktische Einführung. 2. neubearb. u. erweiterte Aufl. Stuttgart: Thieme 1987; 254–8 (Original: Koch JLA. Die psychopathischen Minderwertigkeiten. Ravensburg 1891).

Künkel H. Die Individualpsychologie im Bereich der höheren Schule. Pädagogisches Zentralblatt 1927; 7: 523–43.

Lempp R. Therapie und Pädagogik in der Kinder- und Jugendpsychiatrie. In: Lehmkuhl U (Hrsg). Therapeutische Aspekte und Möglichkeiten in der Kinder- und Jugendpsychiatrie. Berlin; Heidelberg: Springer 1991; 58–64.

Leyen Rvd. Fürsorge für jugendliche Psychopathen in ausserdeutschen Ländern, nach dem Material des Deutschen Vereins zur Fürsorge für jugendliche Psychopathen e.V. Monatsschrift Deutscher Ärztinnen 1928; 4: 143–7.

Moeli C. Die Fürsorge für Geisteskranke und geistig Abnorme nach den gesetzlichen Vorschriften, Ministerial-Erlassen, behördlichen Verordnungen und den gesetzlichen Regelungen. Halle a. S. 1915; 34.

Müller T. Zur Geschichte der Psychiatrie und psychiatrischen Krankenpflege. In: Gassmann M, Marschall W (Hrsg). Psychiatrische Gesundheits- und Krankenpflege/Mental Health Care. Heidelberg: Springer 2006; 3–16.

Müller T. Jaromir von Mundys (1822–1894) Beitrag zur Debatte um die psychiatrische Familienpflege und die Folgen. In: Nissen G, Holdorff B (Hrsg). Schriftenreihe der Deutschen Gesellschaft für die Geschichte der Nervenheilkunde. Bd. 9. Würzburg: Königshausen und Neumann 2003; 179–96.

Nissen G, Keil G (Hrsg). Psychiatrie auf dem Weg zur Wissenschaft. Psychiatrie-historisches Symposium anlässlich des 90. Jahrestages der Eröffnung der Psychiatrischen Klinik der königlichen Universität Würzburg. Stuttgart; New York: Thieme 1985.

Rixen P. Die gemeingefährlichen Geisteskranken im Strafrecht, im Strafvollzug und in der Irrenpflege. Ein Beitrag zur Reform der Strafgesetzgebung, des Strafvollzuges und der Irrenfürsorge. Berlin: Springer 1921.

Rothenberger A, Neumärker KJ. Wissenschaftsgeschichte der ADHS. Kramer-Pollnow im Spiegel der Zeit. Darmstadt: Steinkopf 2005.

Schott H, Tölle R. Geschichte der Psychiatrie. Krankheitslehren, Irrwege, Behandlungsformen. München: C. H. Beck 2006.

Strohmayer W. Vorlesungen über die Psychopathologie des Kindesalters für Mediziner und Pädagogen. Tübingen 1910.

Trenckmann U. Mit Leib und Seele. Ein Wegweiser durch die Konzepte der Psychiatrie. Bonn: Psychiatrie-Verlag 1988.

Walter B. Fürsorgepflicht und Heilungsanspruch: Die Überforderung der Anstalt? (1870–1930). In: Kersting FW, Teppe K, Walter B (Hrsg). Nach Hadamar. Zum Verhältnis von Psychiatrie und Gesellschaft im 20. Jahrhundert. Paderborn: Schöningh 1993; 66–97.

Weber-Jasper E. Wilhelm Weygandt (1870–1939) – Psychiatrie zwischen erkenntnistheoretischem Idealismus und Rassenhygiene. (Abhandlungen zur Geschichte der Medizin und Naturwissenschaften, Heft 76.) Husum: Matthiesen 1996; 162.

Weingart P, Kroll J, Bayertz K. Rasse und Gene. Geschichte der Eugenik und Rassenhygiene in Deutschland. Frankfurt/M.: Suhrkamp 1988; 47.

2 Nachkriegsjugend im geteilten Deutschland: Drei Generationen zwischen Niederlage, Neubeginn und nationaler Einheit

Sibylle Hübner-Funk

Inhalt
2.1 Einleitung 14
2.2 Sondierungen im historisch-politischen Kontext 16
2.3 Die Hypothek der NS-Jugendjahrgänge 19
2.4 Die Kinder des Krieges und der »Stunde Null« 21
2.5 Spätfolgen von Nationalsozialismus und Krieg im intergenerationellen Dialog 26
Literatur 28

Zusammenfassung

Seit dem Ende des Kalten Krieges, d. h. dem Zusammenbruch der DDR und der UdSSR sowie der Staaten des Warschauer Pakts (1990/91), hat sich nicht nur die politische Welt Deutschlands und Europas, sondern auch das Geschichtsbild von der – nun endlich friedlich abgeschlossenen – Nachkriegszeit des geteilten Landes verändert. Denn es konnten im Zuge der politischen Reorganisation Mittel- und Osteuropas wichtige Geheimarchive des Kalten Krieges erschlossen werden, aus denen Erkenntnisse sowohl über die Kriegsführung der Sowjetunion im Zweiten Weltkrieg als auch über deren Besatzungsherrschaft in Deutschland und Osteuropa zu gewinnen waren. Zudem hat die 60. Wiederkehr der bedingungslosen Kapitulation der deutschen Wehrmacht im Jahr 2005 die Vergänglichkeit der Generationen von involvierten Zeitzeugen und der damit verbundenen Deutungsmacht vor Augen geführt. Daher hat auch die Geschichtsschreibung der *Nachkriegsjugend* im geteilten Deutschland nach neuen Gesichtspunkten zu erfolgen: Nachdem sie seit der »Stunde Null« eine ideologisch umkämpfte Geschichte der beiden deutschen »Jugenden« und ihrer politischen Fürsprecher war, die in den vier Zonen und zwei Staaten Deutschlands das Sagen hatten, stellt sie sich seit der Vereinigung zwar immer noch als zweigleisige, doch (synoptisch gesehen) *gesamtdeutsche* Geschichte dar. Die Herausforderung, die in dieser veränderten Ex-post-Perspektive liegt, wird im Folgenden anhand der drei Jugendgenerationen der *unmittelbaren* Nachkriegszeit aufgezeigt. Der Umgang mit den erlittenen Verlusten und Traumatisierungen durch den NS-Staat und seinen totalen Krieg wird abschließend als Teil der intergenerationellen Verstrickungen dieser Jahrgänge thematisiert, wobei die aktuellen Debatten über die Spätfolgen dieses Zivilisationsbruchs als »zweite Chance« der Aufarbeitung interpretiert werden.

»Krieg ist ein Gesellschaftszustand (…), der fortdauert, der hineinwirkt in die Gesellschaft, auch wenn diese nach außen hin an keiner Front mehr kämpft. Krieg formiert und deformiert Gesellschaften (…) und es braucht Zeit, bis die internen gesellschaftlichen Regelsysteme (…) wieder einigermaßen funktionieren.« Jan Philipp Reemtsma (1998, S. 13)

»Es gehört zum Wesen historischer Brüche, dass sie nicht nur die Verhältnisse verändern, sondern auch die Vorstellungsmuster und Kategorien durcheinander bringen, die ihrem Begreifen dienen.« Joachim Fest (1991, S. 7)

»In der Jugend sucht die Gesellschaft ihre eigene Identität und hält sich den Spiegel ihrer Probleme vor. Mit den realen Befindlichkeiten der Gesamtheit der Jugendlichen hat dies häufig nur wenig zu tun. Hinzu kommt, dass (…) Gesellschaften ihre eigenen nicht erfüllten Hoffnungen auf die Jugend übertragen.« Max Kaase (1987, S. 136)

2.1 Einleitung

Die zeitgeschichtliche Jugendforschung, der der vorliegende Beitrag zuzurechnen ist, weist angesichts der zahlreichen historisch-politischen und ideologischen Brüche, die Deutschland als Staat und Gesellschaft im 20. Jahrhundert durchlaufen hat, erhebliche Lücken, Ungereimtheiten und Widersprüche auf (Hübner-Funk 1996; Tenorth 1995). Da dieser Zweig der Jugendforschung sowohl in der auf historische Fakten gestützten Geschichtsschreibung als auch in der auf empirische Daten bezogenen Sozialforschung und der auf (sozial-)pädagogische Prozesse orientierten Erziehungswissenschaft verortet ist, ist er interdisziplinär aufgebaut. Systematische Auswertungen von Autobiografien und/oder »Oral-History«-Befragungen von Zeitzeugen ergänzen das Verständnis der Lebenswelten von Kindern und Jugendlichen in früheren Systemphasen (Gotschlich 1990, 1999; Rosenthal 1986, 1990). Sie dienen vor allem dem Zweck, nachgeborenen und systemfremden Lesern die vielfältig veränderten Umstände zu vermitteln, unter denen ihre Eltern und Großeltern im 20. Jahrhundert herangewachsen sind und durch die diese – individuell wie kollektiv – geprägt wurden (Dörr 2007).

Angesichts der Tatsache, dass sowohl das Hitler-Reich als auch die DDR einen »erziehungsstaatlichen« Zugriff auf Kinder und Jugendliche praktiziert haben (Tenorth 1998) und dass weder

der Zweite Weltkrieg noch der Holocaust Kleinkinder und Jugendliche als Zivilisten verschont haben, stützt sich die folgende Darstellung auf einen erweiterten Jugendbegriff, der die Kindheit und das frühe Erwachsenenalter mit einbezieht.

Denn der Entwicklungsphase der Adoleszenz wurde in den beiden total-autoritären Systemen Deutschlands – mit ihrer politisch organisierten, einheitlichen Staatsjugend – nicht das sozial-kulturelle »Moratorium« wie in den westlichen Demokratien zugestanden. Für Minderjährige und junge Erwachsene gab es weder im NS-Staat noch in der DDR eine selbstbestimmte Sphäre jenseits der Ansprüche der staatlichen Erziehungs- und Bildungsinstitutionen, nicht einmal in der Musik (Rauhut 1993, 2005). So ist das Jugendgesetz der DDR als »Gesetz über die Teilnahme der Jugend an der Gestaltung der entwickelten sozialistischen Gesellschaft und über ihre allseitige Förderung in der DDR« formuliert, d. h. als Beschreibung »der Rechte, die der Jugend vom Staat gewährt werden, und der Pflichten, die die Jugend für diesen Staat zu erfüllen hat« (Gesetz über die Teilnahme der Jugend 1977, S. 49 ff.). Wenn solch eine staatliche Vereinnahmung der jungen Generation sich ex post – wie im Fall der im Zweiten Weltkrieg militärisch eingesetzten und »verheizten« Hitlerjugend-Jahrgänge (Buddrus 2003) – als »Jugend ohne Jugend« darstellt, so beruht dies darauf, dass das Wertkonzept der bürgerlichen Pädagogik diese Phase als staatlich geschützten politischen »Schonraum« begreift. Solch eine staatliche und militärische Instrumentalisierung der Jugend widerspricht auch dem Katalog der UN-Menschenrechte, der in den 1990er Jahren um die Rechte des Kindes erweitert worden ist, um weltweit die Chancen zur individuellen Gestaltung einer zivilen Biografie zu garantieren und Minderjährige vor dem Missbrauch z. B. als »Kindersoldaten« zu schützen (Machel 2001).

Dieses Kapitel skizziert 35 deutsche Jugendjahrgänge des 20. Jahrhunderts mittels einer – zeitgeschichtlich und biografisch kontextualisierten – soziologischen Sichtweise, wie sie bei der Erstellung des DJI-Handbuchs (Deutsches Jugendinstitut 1985, S. 493–508) entwickelt und sodann in der Habilitationsstudie »Jugend im Umbruch politischer Systeme: Zur Schlüsselposition der HJ-Generation« auf die Jugend des NS-Staats angewandt wurde (Hübner-Funk 1998, 2005).

Das genannte Handbuch bezieht sich auf die ersten vier Jahrzehnte der westdeutschen Nachkriegszeit. Die Jugend der DDR lebte seit 1949 unter anderen ökonomisch-politischen Verhältnissen, und ein grenzüberschreitender Blick auf sie war in der bundesrepublikanischen Jugendforschung der 1980er Jahre kaum mehr üblich (Ausnahmen s. Hille 1985; Jaide u. Hille 1977). Dass bereits am 3. Oktober 1990 die verlorene nationale Einheit durch den Beitritt der DDR zur BRD hergestellt sein würde, war ebenfalls im Jahre 1985 nicht absehbar.

Eine gemeinsame Geschichte der deutschen Nachkriegsjugend gibt es daher nur in Ansätzen, vor allem in Dokumentationen zu historischen Ausstellungen der neueren Zeit (Bundeszentrale für Politische Bildung 2005). Die Jugendgeschichte der DDR lag bis zur Vereinigung nur als »Geschichte der Freien Deutschen Jugend« vor (Zentralrat der FDJ 1982). In diesem vom ZK der SED autorisierten Werk, das mit einem Farbfoto vom Berliner Fackelzug der FDJ am 6. Oktober 1979 endet, ist die Zukunftsperspektive der DDR-Jugend normativ so formuliert: »Die SED erwartet von der Jugend, dass sie sich Wissen aneignet, ihr Können und ihr Talent erprobt und Helfer ist bei der Verwirklichung des Parteiprogramms, leidenschaftlicher und lebensfroher Kämpfer für die kommunistischen Ideale.« (Zentralrat der FDJ 1982, S. 666)

Die folgende Abhandlung stützt sich sowohl auf westdeutsche als auch auf ostdeutsche Materialien. Zwar stehen die viereinhalb Jahrzehnte des Kalten Krieges als Sozialisationsgeschichte der »doppelten« Jugend Deutschlands zur Debatte, doch wird dem ersten Jahrzehnt vorrangig Aufmerksamkeit gewidmet, da es die maßgeblichen Weichen für die kontroversen Entwicklungen der beiden Teile Deutschlands gestellt hat: beginnend mit den in der Weimarer Republik geborenen Kindern, die ab 1933 für Hitler und ab 1939 für seinen totalen Krieg als Soldaten, »Kindersoldaten« (Buch 1997) oder »Flakhelfer« (Schörken 1984, 1990) eingesetzt wurden und die ab 1949 als junge Aufbaugeneration in die Verantwortung für das erfolgreiche Funktionieren der beiden kontroversen Staats- und Gesellschaftssysteme hineingewachsen sind (Gotschlich 1999; Hübner-Funk 1998, 2005). Die führenden westdeutschen Politiker dieser Generation haben, gestützt auf die Ausreisewelle und Demokratiebewegung der DDR-Bevölkerung, als verantwortliche Akteure vier Jahrzehnte später die historisch einmalige Chance ergriffen, das »Experiment Vereinigung« zu wagen und so den langen Kalten Krieg mithilfe der Alliierten, vor allem der USA und der UdSSR, zu einem friedlichen Ende zu führen (Hübner-Funk 1992; Kielmannsegg 2007; Plato 2003).

Nachdem die internationale Zeitgeschichtsschreibung mittlerweile begonnen hat, sich der »ganzen« Geschichte des geteilten Deutschlands anzunehmen, soll auch die Geschichte der unmittelbaren Nachkriegsjugend als Ganzes Berücksichtigung finden. Denn in der Jugend haben beide deutsche Staaten das Symbol ihres – demokratischen oder sozialistischen – Neubeginns nach dem Untergang des NS-Regimes gesehen und zelebriert. Schon in den vier Besatzungszonen wurde diesem Symbolträger die besondere Aufmerksamkeit der Alliierten zuteil (Braun 2007; Braun et al. 1983). Die Kinder und Jugendlichen des Hitler-Reichs und des Zweiten Weltkriegs mussten – aufgrund ihrer natürlichen Unbefangenheit – als »Garanten« für eine bessere Zukunft fungieren, wenn es galt, das Vertrauen der Welt angesichts der von Deutschen in deutschem Namen begangenen Völkermorde mühsam zurückzugewinnen.

2.2 Sondierungen im historisch-politischen Kontext

2.2.1 Jugendjahrgänge in ihrer Zeit

Die viereinhalb Jahrzehnte zwischen dem 8. Mai 1945 und dem 3. Oktober 1990 weisen vielfältige nationale und internationale Spannungskomponenten auf, die in den Auseinandersetzungen zwischen den USA und ihrem NATO-Partner Bundesrepublik Deutschland einerseits sowie der UdSSR und der DDR als Mitglieder des Warschauer Pakts andererseits (bis hin zum laufend gesteigerten atomaren Rüstungswettlauf) eine dramatische Rolle gespielt haben.

Als Phase der anhaltenden Ost-West-Konfrontationen hat diese Zeit die folgenden im Westen und Osten Deutschlands herangewachsenen Jahrgänge geprägt, die 1989/1990 unter den demokratischen Regierungen Kohl/Genscher und de Maizière/Meckel den gemeinsamen Weg in die nationale Einheit gegangen sind:

- **die überlebenden Jugendlichen des Hitler-Reichs,** die 1946 von den alliierten Besatzungsmächten amnestiert, entmilitarisiert und »re-orientiert« wurden und die als – im Westen »skeptische« (Schelsky 1957), im Osten linientreue – »Aufbaugeneration« (Lindner 2003a, c) das parlamentarische und das sozialistische System zu repräsentieren und zu verteidigen gelernt haben;
- **die Kinder des Zweiten Weltkriegs,** die unter dem Zeichen des Hakenkreuzes als »arische« oder »nicht arische« Deutsche geboren wurden und die zwölf Jahre des Hitler-Reichs als In- oder Outsider seiner Rassen- und Vernichtungspolitik durchlebt und durchlitten haben. Ab 1940 sind sie in den totalen Luftkrieg gegen Deutschland einbezogen worden, was sie oft nicht überlebt haben (Friedrich 2002; Thießen 2007). In den Geröllwüsten der bombardierten deutschen Städte sind die Überlebenden dieser Jahrgänge, zusammen mit den Millionen von Ost-Vertriebenen, Kriegsflüchtlingen und freigelassenen KZ-Häftlingen, »wild«, ungeborgen, unbehaust, abgemagert, verwahrlost und oft kriminell herangewachsen. Ihnen galt die Fürsorge der Alliierten insbesondere bis zur Währungsreform im Juni 1948 und sie waren auch für den »Jugendschutz« der beiden neuen deutschen Staaten der wesentliche Adressat. In den 1960er Jahren wurden sie im Westen als »Generation der Unbefangenen« (Blücher 1966) bezeichnet, bis aus ihrer studentischen Elite die Anführer der außerparlamentarischen Opposition (APO) und der Rote Armee Fraktion (RAF) hervorgingen; danach sahen manche Kritiker sie als »Hitlers Kinder«, d. h. als linke »Wiedergänger« seiner missionarischen Bewegung (Becker 1977);
- **die Kinder der »Stunde Null« und des doppelten »Neubeginns«,** die in den vier Besatzungszonen und den ersten Jahren der BRD und DDR geboren wurden (Wierling 2002). Im Zeichen des Beitritts zu den konträren Militärallianzen der NATO und des Warschauer Pakts sind sie von der »Amerikanisierung« und der »Sowjetisierung« ihrer Gesellschaften zunehmend erfasst worden, und zum Zeitpunkt der kompletten Abriegelung der DDR-Grenze (August 1961) durch den »anti-faschistischen Schutzwall« waren sie Schulkinder oder Teenager. Aber zum Zeitpunkt der Grenzöffnung und der deutsch-deutschen Vereinigung waren sie zumeist Eltern der inzwischen als volljährige Wende- und Einheitskinder gefeierten Geburtsjahrgänge (vgl. Der Spiegel Nr. 45 vom 5.11.2007);
- **die Kinder des militärisch und atomar hochgerüsteten Kalten Krieges,** die seit 1955 im gespaltenen Deutschland mit konträren Wertmustern und Erziehungskonzepten unter kapitalistischen oder sozialistischen Produktions- und Konsumstrukturen herangewachsen sind. Diese Jahrgänge sind Gegenstand des erwähnten DJI-Handbuchs (1985), soweit sie sich mit dem »American Way of Life« arrangiert oder identifiziert hatten. In den 1970er und 1980er Jahren sind von ihnen viele basisdemokratische Bewegungen organisiert und in das Sammelbecken der »Grünen« überführt worden. Ein gemeinsamer Nenner zwischen den westdeutschen und den ostdeutschen Mitgliedern dieser Population ist rückblickend kaum erkennbar. Doch seit Beginn der 1980er Jahre waren im kulturellen Bereich in der DDR Ansätze einer »Verwestlichung« virulent, die mit wachsender Distanz zu den Angeboten und Leistungen der SED-Staatsführung einhergingen (Lindner 2003c; Saunders 2007). Eine eigene »Null-Bock«-Mentalität hat den westdeutschen Teil dieser Population angesichts des NATO-Nachrüstungsbeschlusses ergriffen, worauf die Politiker mit inszenierten, doch wirkungslosen »Dialogen mit der Jugend« reagiert haben (Hornstein 2003).

Mit der Etablierung einer sozialwissenschaftlichen »Dauerbeobachtung« der Jugend (ab Mitte der 1960er Jahre) ist den genannten Jahrgängen zunehmend mehr Aufmerksamkeit geschenkt worden. Die Folgen etwa der sozial-liberalen Bildungsoffensive der späten 1960er Jahre führten zu einem Boom von Jugend- und Sozialisationsstudien, die unter schicht-spezifischen Aspekten die Lebensverhältnisse und Lebenswelten der Kinder und Jugendlichen erforscht haben. Aufgrund der APO-Revolte sah man damals in »der Jugend« einen zwar heiklen, doch für soziale Reformen unverzichtbaren Akteur des sozialen Wandels.

Die westdeutsche Jugendforschung, die seit den 1950er Jahren nur sporadisch und ohne große repräsentative Stichproben von deutschen und/oder internationalen Lehrstuhlinhabern durchgeführt wurde – z. B. im Auftrag des »UNESCO-Instituts für Jugend« (1953–1963), des »Jugendwerks der Deutschen Shell« (1955) oder einzelner Bundes- und Landesministerien (z. B. der Forschungsstelle für Jugendfragen des Bundesministeriums für gesamtdeutsche Fragen) –, war ab 1963 im Deutschen Jugendinstitut e. V. in München konzentriert, das auch die Geschäftsführung für die Jugend- und Familienberichte der Bundesregierung übernahm und in den Feldern der Familien- und Jugendforschung sowie der Vorschulpädagogik und der Kindheitsforschung tätig wurde (Fuchs 1990; Hübner-Funk u. Pettinger 2003).

Das drei Jahre jüngere »Zentralinstitut für Jugendforschung« (ZIJ) in Leipzig, das direkt dem ZK der SED unterstellt war, hatte ein gemäß dem Jugendgesetz der DDR anders gestaltetes Forschungsprofil und keine Erlaubnis, mit dem Partnerinstitut jenseits der Grenze wissenschaftliche Kontakte zu pflegen. Nach einer kurzen Aufbruchphase Mitte der 1980er Jahre wurde es im Vertrag zur Deutschen Einheit liquidiert und dem Deutschen Jugendinstitut e. V. als »Außenstelle Leipzig« zugeschlagen, die derzeit als »Außenstelle Halle« fortbesteht (Friedrich et al. 1999).

Die mit dem 3. Oktober 1990 begonnene soziale, kulturelle, politische und wirtschaftliche Integration der vormals getrennten Kinder und Jugendlichen in den »alten« und »neuen« Bundesländern hat erstmals eine vergleichende und longitudinal angelegte Jugend- und Kindheitsforschung stimuliert, die vorher undenkbar, da politisch unmöglich war (s. Kap. 3). Darüber hinaus hat diese Integrationsaufgabe erhebliche Investitionen sowohl bei der Neugestaltung der Kinder- und Jugendhilfe in den ostdeutschen Bundesländern (Deisenhofer 1993; Deutscher Bundestag 1994) als auch bei der Bekämpfung des unerwartet »neuen« und brutalen Rechtsradikalismus bewirkt (Fuchs u. Bohn 1997; Otto u. Mertens 1993).

Kurz nach den ersten freien Wahlen der DDR im Frühjahr 1990 wurde vom dortigen Jugendministerium auf der Grundlage der umfangreichen FDJ-Archivalien das »Institut für zeitgeschichtliche Jugendforschung« in Berlin gegründet. Es war aus einer interdisziplinären Arbeitsgruppe der Akademie der Wissenschaften zur »Jugendgeschichte des 20. Jahrhunderts« hervorgegangen und leistete bis Ende der 1990er Jahre wertvolle theoretische und empirische Aufklärungsarbeit bezüglich der Jugendgeschichte und Jugendentwicklung in der DDR und den »neuen Ländern«. Mit der Eingliederung der FDJ-Archivalien in das Bundesarchiv Berlin entfielen jedoch die zentralen Aufgaben und öffentlichen Subventionen zur Aufrechterhaltung dieses Instituts und führten zu seiner Schließung (Institut für zeitgeschichtliche Jugendforschung 1990–1999).

2.2.2 Zeitgeschichtlicher Entwicklungsrahmen

Die mit dem 8. Mai 1945 als »Stunde Null« beginnende Zeitrechnung ist im öffentlichen Bewusstsein nach Jahrzehnten strukturiert, zumal mit jedem Jahrzehnt die Selbstvergewisserung der beiden deutschen Staaten massenwirksam aufwendiger zelebriert wurde. Der Höhepunkt dieser Zeitrechnung war das Jahr 1985, das der Erinnerung an das 40-jährige Kriegsende und der Versöhnung mit den vormaligen Kriegsgegnern galt. Im Vergleich dazu hatte das Jahr 1989 – mit seinen beiden Staatsgründungsjubiläen (am 23. Mai 1989 und am 7. Oktober 1989) – weniger große Events zu bieten (Bleek u. Maull 1989). Selbst als die DDR am 7. Oktober 1989 ihr 40-jähriges Staatsjubiläum beging (Ullrich et al. 1989), war nicht abzusehen, dass sie rund einen Monat später – am 9. November 1989 – mit ihrem plötzlichen Grenzöffnungserlass eine dramatische Phase der Destabilisation auslösen würde, die innerhalb von elf Monaten juristisch den Untergang des »ersten deutschen Arbeiter- und Bauernstaates« durch Beitritt zur Bundesrepublik herbeigeführt hat. Seine volle Souveränität erlangte das vereinigte Deutschland erst zwei Jahre später mit der Ratifizierung des Zwei-plus-Vier-Staatsvertrags (1992), der als »Vertrag über die abschließende Regelung in Bezug auf Deutschland« am 12. September 1990 in Moskau von der BRD und der DDR sowie den vier vormaligen Besatzungsmächten unterzeichnet worden war.

Im Jahr 2007, d. h. 18 Jahre nach dem Beginn dieser dramatischen Ereigniskette, ist die *erste gesamtdeutsche Generation von Jugendlichen* herangewachsen, für die weder die Phase der antagonistischen Zweistaatlichkeit noch die des Kalten Krieges erlebte Zeitgeschichte ist. Diese Adoleszenten sind also eine Generation von Jungwählern, die keinen eigenen biografischen Bezug mehr zum zweigeteilten Nachkriegsdeutschland besitzt, um dessen mentalitätsprägende Gestalt es im vorliegenden Beitrag geht. Von diesen Nachgeborenen wird folglich hier nicht die Rede sein, sondern nur von deren Eltern und Großeltern in Ost- und Westdeutschland. Denn jene Generationen haben die »Wiedervereinigung« als unwiderrufliches Ende ihres historischen und politischen Koordinatensystems – und der in ihm verankerten eigenen Biografien – durchlebt: im Osten ungleich dramatischer als im Westen der vereinten Bundesrepublik.

Nach dem 10-Jahres-Modell lassen sich die viereinhalb Jahrzehnte, die zwischen der Niederlage der deutschen Wehrmacht und der friedlichen Besiegelung der nationalen Einheit vergangen sind, in eine *unmittelbare* und *mittelbare* Nachkriegsphase unterteilen: Erstere umfasst das Jahrzehnt von 1945 bis 1955/56, letztere die folgenden dreieinhalb Jahrzehnte. Da im *unmittelbaren* Nachkriegsjahrzehnt die Weichenstellungen für die Entwicklung der »deutschen Frage« – sowie der Funktion und Rolle der Jugend in ihr – stattgefunden haben, wird die besondere Aufmerksamkeit diesem Jahrzehnt gelten. Auch überlappen sich in jener Phase am deutlichsten die de-zivilisatorischen Einflüsse des Krieges und der NS-Herrschaft mit den zivilisatorischen Maßnahmen der politischen Umorientierung – sei es zur Demokratie, sei es zum Sozialismus –, die der deutschen Jugend von den jeweiligen Besatzungsmächten nahegebracht bzw. oktroyiert wurden.

In Umrissen lässt sich die Zeit des Kalten Krieges und der deutschen Teilung wie folgt skizzieren (Kielmansegg 2007; Weber 1999):

■ **Der doppelte Neubeginn: Die unmittelbare Nachkriegszeit (1945–1955).** Die Jahre 1945–1955 sind gekennzeichnet durch die Phase der Viermächte-Besatzung und der Etablierung der beiden (teilsouveränen) deutschen Staaten auf dem verbliebenen Rumpfgebiet des Deutschen Reichs westlich der Oder-Neiße-Grenze, die militärische Wiederbewaffnung der Bundesrepublik (1952) und deren Integration in die westliche Verteidigungsallianz der NATO (am 9. Mai 1955) – zehn Jahre nach der Kapitulation der Wehrmacht, zwei Jahre nach Stalins Tod – sowie die Aufnahme der DDR in das Bündnis des Warschauer Pakts. Das war das Ende der »Nie-wieder-Krieg«-Haltung der deutschen Politik infolge der strategischen Wiederbewaffnungs-Allianzen, d. h. der Beginn des auf Deutschland (und Berlin) fokussierten Dauerkonflikts, der bis zum Untergang der DDR (1990) und der UdSSR (1991) dominierte. Das zugleich letzte Kapitel des verklungenen Krieges und der Beginn eines »normalisierten« zivilen Lebens im geteilten Deutschland war 1956 die Entlassung der letzten deutschen Kriegsgefangenen aus sowjetischen Gefangenenlagern aufgrund der Intervention von Kanzler Adenauer bei seinem ersten Besuch in der UdSSR (Köhler 2005).

■ **Die deutsche Frage: Die mittelbare Nachkriegszeit (1955–1990).** Die Jahre **1955–1965** umfassen die Phase der beschleunigten wirtschaftlichen Reorganisation der Bundesrepublik (unter dem Einfluss des European Recovery Program [ERP], d. h. des Marshallplans, der Westeuropäischen Union [WEU] und der Europäischen Wirtschaftsgemeinschaft [EWG]) mit einer dramatisch anwachsenden Westmigration qualifizierter Arbeitskräfte aus der DDR, die von der damaligen SED-Regierung Ulbricht am 13. August 1961 durch die militärische Abriegelung der innerdeutschen Grenze beendet wurde – am eklatantesten erlebbar anhand der Errichtung der Mauer entlang der Berliner »Zonengrenze«. Es war zugleich die Phase der strategischen Verhärtung der westdeutschen Innenpolitik, die ihren Ausdruck in Vorlagen für eine Notstandsgesetzgebung fand. Es war das boomende »Wirtschaftswunderjahrzehnt«, das mit einem zugespitzten Konfrontationskurs bezüglich der »deutschen Frage« endete.

Das Jahrzehnt **1965–1975** ist die Phase der Ablösung der konservativen Regierungsmehrheit Konrad Adenauers, der Errichtung einer Großen Koalition von CDU/CSU und SPD sowie der Entwicklung einer (vorwiegend von linken Studenten und Akademikern getragenen) außerparlamentarischen Opposition (APO) in westdeutschen Universitätsstädten. Anschließend (1969) kommt es zur Etablierung der sozial-liberalen Koalition unter der Regierung Brandt/Scheel mit der Einleitung maßgeblicher Reformen im innen- und außenpolitischen Kontext (z. B. Reform des Bildungssystems und Strategie des »Wandels durch Annäherung« gegenüber der UdSSR, Polen und der DDR). In dieser Zeit (auch als das »rote« Umbruchs- und Provokationsjahrzehnt bezeichnet) häufen sich harte Auseinandersetzungen mit der studentischen Protestszene, die in zahlreichen Terroranschlägen der »Rote-Armee-Fraktion« (RAF) ihren Höhepunkt finden (Gilcher-Holtey 2001; Koenen 2002).

Die Jahre **1975–1985** sind die Phase der Verhärtung der staatlichen Gegenwehr gegen die RAF und der Umstrukturierung der politischen Kultur der Bundesrepublik durch die basisdemokratischen »Neuen Sozialen Bewegungen« (NSB), die sich anhand der Proteste gegen die NATO-Nachrüstung (1981) und gegen den Bau von Atomkraftwerken (AKWs) zusammenfanden und unter dem Sonnenblumen-Symbol der »Grünen« die Parteienlandschaft erweitert haben, ergänzt durch eine radikale – auch international vernetzte – feministische Bewegung. Mit der konservativen Regierungsübernahme von Kanzler Kohl am 1. Oktober 1982 wurden viele dieser Proteste beschnitten und/oder strategisch eingebunden: Das »grüne« Jahrzehnt endete mit der »schwarzen« Wende. 1985 zelebrierte die BRD das 40-jährige Gedenken an das Ende des Zweiten Weltkriegs; die gealterte »Hitlerjugend-Generation« trat erstmals ans Licht der Öffentlichkeit und die UNO erklärte dieses Jahr – unter dem Slogan »Participation, Development, Peace« – zum »International Youth Year«.

Das Jahrzehnt **1985–1990** ist die Phase der ideologischen Umbrüche in Osteuropa, die von der DDR-Nomenklatura unter Erich Honecker nicht rechtzeitig adaptiert wurden, dann – aufgrund des innen- und außenpolitischen Drucks (Bürgerrechtsbewegung und Perestroika/Glasnost) – am 9. November 1989 zur Grenzöffnung führten und von der Regierung Kohl/Genscher zur Umsetzung des »Wiedervereinigungsgebots« des Grundgesetzes genutzt wurden. In den 1990er Verhandlungen der beiden deutschen Regierungen mit den vier Besatzungsmächten wurde der Vertrag über den Beitritt der DDR zur Bundesrepublik sanktioniert und die seit 1945 bestehende (als »Berlin-Frage« ständig virulente) Sektorenteilung der ehemaligen deutschen Reichshauptstadt aufgehoben. So wurde der Weg frei für die Errichtung der gesamtdeutschen »Berliner Republik« auf den Verfassungsgrundlagen der »Bonner Republik«.

Damit war die lange Nachkriegszeit des zweigeteilten Deutschlands juristisch und politisch beendet; an die Stelle des ursprünglich vorgesehenen Friedensvertrags war der Vertrag zur deutschen Einheit und dessen Akzeptanz durch die vier Alliierten getreten. Die noch verbliebenen militärischen Truppenteile der Besatzungsmächte haben, auf der Grundlage des Moskauer Zwei-plus-Vier-Vertrages, ab 1994 das vereinte Deutschland und Berlin verlassen. Die endgültige Anerkennung der Oder-Neiße-Grenze als Ostgrenze der vereinigten Bundesrepublik Deutschland zu Polen ging einher mit umfassenden Regelungen zur Verstärkung auch des europäischen Einigungsprozesses, vor allem den Abmachungen bezüglich der Herbeiführung einer europäischen Währungszone (der Euro-Zone) ab 2002: Dieses letzte Jahrfünft hat die deutsche und die europäische Zukunft im Blick auf das neue Jahrtausend entscheidend geprägt.

2.2.3 Ausblick

Dass die Zeitspanne zwischen der »Stunde Null« und der Herstellung der nationalen Einheit Deutschlands seit rund 18 Jahren beendet ist und von der heutigen Jugend des vereinten Deutschland als »ferne Geschichte« wahrgenommen wird, bedeutet keineswegs, dass sie endgültig überlebt wäre. Denn durch die genealogische und psycho-soziale Verflechtung bzw. Verstrickung der drei Nachkriegsgenerationen sind die gravierenden Erfahrungen des NS-Staates und des Zweiten Weltkrieges mit seinen physischen, psychischen und moralischen Zerstörungswirkungen – sei es im öffentlichen oder im privaten Bereich – immer noch in der Kultur des vereinten Deutschlands virulent (vgl. dazu Neven Dumont 2007). Dies wurde auch anhand der Fülle von Publikationen, Filmen und Zeitzeugen-Aussagen erkennbar, die im Jahre 2005 – anlässlich des 60-jährigen Gedankens an das Kriegsende – in der Öffentlichkeit diskutiert wurden.

2.3 Die Hypothek der NS-Jugendjahrgänge

2.3.1 Die Integration der »Amnestierten«

Die deutsche Nachkriegsgeschichte hat in der »Stunde Null« zwar mit der Besorgnis der Alliierten um den physischen und psychischen Zustand der überlebenden deutschen Kriegskinder und -jugendlichen begonnen, doch vor allem mit erheblichen Befürchtungen bezüglich der *ideologischen* Hinterlassenschaften des Hitler-Reichs bei der durch Jungvolk, Hitler-Jugend (HJ), Bund Deutscher Mädel (BDM), Reichsarbeitsdienst, NS-Eliteschulen und Wehrmacht militärisch mobilisierten Jugend (Buddrus 2003; Hübner-Funk 1998, 2005; Reese 2007). Die strategischen Nachkriegsplanungen der USA, die auf einschlägigen Studien sozialwissenschaftlicher Experten beruhen, antizipierten massive Widerstandsaktionen aus den Reihen der NS-Jugend und sahen ein mittelfristiges Programm der »*Re-Education*« bzw. »*Re-Orientation*« zur Demokratie vor (Gerhardt 2007). Es war als zentraler jugendpolitischer Bestandteil der Maßnahmen zur »Entnazifizierung« und »Entmilitarisierung« der deutschen Bevölkerung gedacht, die auf der Potsdamer Konferenz im Juli/August 1945 beschlossen worden waren. Doch erst infolge der Urteile der Nürnberger Kriegsverbrecher-Prozesse, auf denen die vier Siegermächte den vormaligen »Reichsjugendführer« Baldur von Schirach nicht zum Tode, sondern nur zu einer Gefängnisstrafe verurteilten, wurde dieses Programm mithilfe der (für die Jahrgänge 1919–1930 erlassenen) »Jugendamnestie« juristisch wirksam.

Insgesamt erwies sich die amerikanische Strategie der »Umorientierung« der überlebenden NS-Jugend vor dem Hintergrund der immensen materiellen und psychischen Verwerfungen des zerstörten, zerteilten und besetzten Deutschlands als sehr anspruchsvoll, was nachträglich oft zur Beurteilung als einer unrealistischen, wenn nicht gar kontraproduktiven Maßnahme geführt hat (Heinemann 1981; Schlander 1975). Da der tägliche Kampf ums physische Überleben Vorrang und »der Führer« sich durch Selbstmord seiner Verantwortung entzogen hatte, fanden sich die Jugendlichen und jungen Erwachsenen nach dem staatlichen Zusammenbruch in einer Phase der ideologischen Lethargie oder Indifferenz, oft auch der Verzweiflung und Verhärtung (Hübner-Funk 1998, 2005).

Allerdings hatten sich damals schon die weltpolitischen Koordinaten aufgrund des in Asien begonnenen Kalten Krieges mit der UdSSR so erheblich verändert, dass die jungen »Garanten« des Hitler-Reichs – im westlichen wie im östlichen Lager – als tatkräftige Kampfgefährten für die neuen Aufgaben gebraucht wurden. Klaus von Bismarck (Jahrgang 1912), der als heimgekehrter Wehrmachtsoffizier von der britischen Besatzungsmacht als Jugendtrainer für die Aufgabe der »Re-Education« der deutschen Jugend eingesetzt wurde, hat diese HJ-Jahrgänge als »missbrauchte Idealisten« bezeichnet und ihnen gute Chancen des demokratischen Umlernens eingeräumt (Bismarck 1949, 1998). Bismarck unterstellte z. B. weitsichtig, »dass gerade unter der Jugend von 1948, und zwar ganz offenbar vor allem unter ihrem nationalsozialistisch belasteten Teil, anstelle des Traumbildes vom Großdeutschen Reich der gläubige Traum von einer europäischen Einheit eine große Rolle spielt« (Bismarck 1949, S. 757).

In der Sowjetischen Besatzungszone (SBZ), der späteren DDR, war zu diesem Zeitpunkt schon die »Freie Deutsche Jugend« (FDJ) als »einheitliche antifaschistisch-demokratische Massenorganisation« gegründet worden, die explizit »alle ehemaligen HJ- und BDM-Mitglieder« einlud, angesichts der Trümmerhalden des verlorenen Krieges ein »neues Leben« mit aufzubauen (Zentralrat der FDJ 1982, S. 91 ff.). Die »antisowjetische Verhetzung der Jugend durch das Hitlerregime« habe zwar »tiefe Spuren« bei dieser Jugend hinterlassen und die »einheitliche antifaschistische Jugendorganisation« werde oft mit der staatstragenden »Hitlerjugend« gleichgesetzt, was zur Distanzierung von der FDJ geführt habe; doch solle die Freie Deutsche Jugend im Prinzip »allen Jungen und Mädchen von 14 bis 25 Jahren offen stehen« – »mit Ausnahme ehemaliger besoldeter HJ-Führer und BDM-Führerinnen« (Zentralrat der FDJ 1982, S. 98 f.).

Dass mit den jungen Überlebenden der HJ- und BDM-Generation, die bis zuletzt an den »Endsieg« des Hitler-Reichs geglaubt und sich an der Kriegs- und Heimatfront besessen und zäh dafür eingesetzt hatten, kein »Staat zu machen« war, konnten die Erziehungskommissare der vier Besatzungsmächte zwar nachvollziehen, doch nicht für die Planungen ihres »neuen Deutschland« – in West wie Ost – akzeptieren. Denn ohne die Mitwirkung dieser desillusionierten Adoleszenten und jungen Erwachsenen fehlte das notwendige personelle Fundament für den politischen und kulturellen Neubeginn (Meichsner 1948; Stahl 1948). Folglich wurden die HJ- und BDM-Jahrgänge gezielt umworben, umsorgt, umorientiert und mit einem strategischen Vertrauensvorschuss versehen. Nicht nur mit psychologischen und pädagogischen Mitteln, sondern auch institutionell und ökonomisch haben, insbesondere in den Westzonen, die Besatzungsmächte mit Unterstützung der Kirchen und Gewerkschaften ihr politisches Produkt »*Democracy*« angepriesen und eingeübt, wenn auch nicht immer mit flächendeckendem Erfolg (Boll 1995; Deutscher Bundesjugendring 1999): als »*Demo-crazy*« wurde sie allzu gern von jenen verunglimpft, die mit dem autoritären Modell von »Führung und Gefolgschaft« aufgewachsen waren.

Nach der in den drei westlichen Besatzungszonen strategisch vorangetriebenen Gründung der Bundesrepublik auf der Basis des Grundgesetzes (am 23. Mai 1949) konnte die Nachkriegsjugend der »Tri-Zone« sich erstmals in einem überregionalen Bund, dem »Deutschen Bundesjugendring« (DBJR), zusammenschließen. Die im Westen noch aktive FDJ wurde aber ausdrücklich nicht integriert. Aufgrund seines Bekenntnisses zum Grundgesetz hatte der DBJR sie wie folgt ausgeschlossen: »Die im Deutschen Bundesjugendring zusammengeschlossenen Jugendorganisationen geben dem Willen Ausdruck, die Jugend der Ostzone an ihrer gemeinsamen Arbeit zu beteiligen. Der jetzige Zustand der Ostzone bietet jedoch die Voraussetzung für eine solche Zusammenarbeit nicht.« (Deutscher Bundesjugendring 1999, S. 44)

Als wenige Jahre später mit der Bundestagswahl vom 6. September 1953 die demokratische Bewährungsprobe für die über 21-jährigen westdeutschen Jungwähler – also für die vor Hitlers Machtantritt geborenen Jahrgänge – anstand, war dies ein Testfall, der sowohl hinsichtlich der Quote der Wahlbeteiligung als auch des gewählten Parteienspektrums bravourös bestanden wurde. Der DBJR hatte zuvor in einem öffentlichen »Brief an die Jungwähler« den Appell formuliert: »Wir erhalten uns Freiheit und Frieden, indem wir den Kommunisten und den Rechtsradikalen eine Absage erteilen!« (zit. nach Hübner-Funk 1985, S. 499) Kommunisten und Rechtsradikale wurden – unter der Gleichsetzung »Rot gleich Braun« – in der jungen Bundesrepublik als »undemokratisch« tituliert.

2.3.2 Braune Kontinuitätslinien

Schon seit Mitte der 1950er Jahre bezog sich nicht nur die rechtsradikale Szene gern auf prominente Anhänger aus der Hitlerjugend-Generation; auch demokratische Jugendarbeiter – wie z. B. Martin Faltermeier, erster Präsident des Bayerischen Jugendrings – reflektierten die langfristigen Wirkungen der NS-Sozialisation auf die Jahrgänge der »Amnestierten«. Während z. B. die rechtsradikale Zeitschrift »Nation Europa« im Jahre 1956 explizit die Hoffnung formulierte, dass in Deutschland ab 1976 »die andere Jugend die Führung übernehmen« werde, die »in der Hitlerjugend ihre entscheidenden Eindrücke empfangen« habe, beurteilte Faltermeier die Übernahme der höchsten politischen Ämter der Bundesrepublik durch Vertreter dieser Generation als entscheidenden Wirkungstest für die Einflüsse der demokratischen Jugendarbeit auf die Grundsicherung der westdeutschen Demokratie (zit. nach Hübner-Funk 1990).

Drei Jahre zuvor (1953) war das »UNESCO Institut für Jugend« (in Gauting bei München) – unter internationaler Leitung und verdeckter amerikanischer Finanzierung – damit beauftragt worden, die psycho-kulturellen und politischen Verwerfungen der post-faschistischen Jugendszene zu beobachten, zu erkunden und der internationalen Öffentlichkeit als »Frühwarnsystem« zu melden. Damit war, in der Nachfolge der drei westlichen Besatzungsmächte, eine »neutrale« Sondierungsinstanz geschaffen worden, die die Aufklärungsaufgaben der amerikanischen Besatzungsarmee, *Office of Military Government for Germany (U.S.)* (OMGUS) und *High Commissioner of Germany* (HICOG), fortführen sollte, welche kurz nach Kriegsende mithilfe standardisierter sozialwissenschaftlicher Erhebungen die Lebensbedingungen und die Stimmungslagen der überlebenden Jugendlichen und ihrer Familien erkundet hatten (vgl. dazu Arnold 2007).

Allerdings konnten die Studien dieses Instituts nur die Jugend Westdeutschlands in den Blick nehmen; die Jugend Ostdeutschlands blieb unberücksichtigt, da die »sogenannte DDR« noch nicht Mitglied der (1946 gegründeten) UNESCO war, die BRD aber seit 1951. Das Ziel der internationalen Bemühungen war die Erzeugung von »Weltoffenheit« bei den Nachkriegsjugendlichen im Westen Deutschlands (zit. nach Arnold 2007, S. 272 ff.). Der junge Staat Israel hielt diese pädagogisch-politische Maßnahme der UNESCO jedoch für naiv, da sie verfrüht sei. Wie die 1959/60 angesichts der Einweihung der Kölner Synagoge und des Beginns des Frankfurter Auschwitz-Prozesses in mehreren Städten ausgebrochenen Hakenkreuz-Schmierereien demonstrierten, war diese Einschätzung auch keineswegs übertrieben (Bergmann 1990; Hübner-Funk 1985, 1990).

Das Problem des aus der NS-Zeit stammenden »braunen Sumpfs« wuchs sich nicht so rasch aus, wie die politisch Verantwortlichen damals behaupteten. Denn 20 Jahre später, im Jahre 1981, d. h. nach dem Ende des »roten Jahrzehnts« (Koenen 2002), konnte die berühmte SINUS-Studie über »rechtsextremistische Einstellungen bei den Deutschen« nachweisen, dass mittlerweile die 18- bis 21-jährigen Jungwähler weniger anfällig für rechte Ideologien waren als die älteren Jahrgänge: »Nur rund 5 % der 18- bis 21-Jährigen können zum rechtsextrem Protestpotenzial gezählt werden, aber im Schnitt 20 % bei den über 50-Jährigen«, lautete eine der zentralen Feststellungen der Studie (Greiffenhagen 1981, S. 84).

Wer aber waren die über 50-Jährigen? Eben die »amnestierten« Jugendjahrgänge des Hitler-Reichs, die sich nach der

»Stunde Null« opportunistisch, doch ausgesprochen skeptisch der jungen Demokratie zugewandt und sie gegen den »roten Osten« und die Ansprüche der außerparlamentarischen Opposition (APO) verteidigt hatten. Unter dem beschönigenden Begriff der »Skeptischen Generation« (Schelsky 1957) hatten sie inzwischen ihre beruflichen Karrieren und Statusinsignien erworben (Bude 1987). Wie es hieß, waren sie im Jahre 1945 »jung genug« gewesen, um neu anzufangen, aber auch 1933–1939 alt genug, um sich mit »Herz und Hirn« auf Hitlers Machtvisionen und Kriegsmissionen einzulassen – eine janusköpfige Generation also, die bis in die Gegenwart hinein (wie z. B. die aktuellen Debatten über die Schriftsteller Günter Grass und Martin Walser, beide Jahrgang 1927, zeigen) die Nachgeborenen mit ihren politisch gebrochenen Biografien in Verwirrung zu stürzen vermag (Grass 2006; Hübner-Funk 2006a; Neven Dumont 2007; Walser 1998).

2.3.3 Ausblick

Obwohl seit Mitte der 1980er Jahre persönliche Bekenntnisse von Zeitzeugen im Sinne des Tenors: »Ich war dabei!« (Schönhuber 1981) in der Bundesrepublik publiziert worden sind, irritieren sie die seit 1945 herangewachsenen Generationen – und nicht zuletzt die ausländischen Beobachter der Szene – beträchtlich (Hübner-Funk 1995a). Allerdings stoßen sie auch auf eine neue Form von Verständnis, insbesondere bei den jungen Rechtsradikalen, die sich seit der Vereinigung vor allem in den neuen Bundesländern ihr nationalistisches und rassistisches Weltbild zurechtgelegt haben und ihre Ressentiments gegen Fremde und »Ausländer« mit brutaler Gewalt ausagieren. Bevor nicht die letzten Mitglieder der HJ- und BDM-Generation gestorben sein werden, bleiben also die »Nachwehen« der Hitler-Herrschaft in den Zeitzeugen lebendig, so wie die NS-Rassenpolitik und der Holocaust in den Ängsten, Träumen und Obsessionen der seit 1933 verfolgten Kinder und Jugendlichen nachwirken, die inzwischen im hohen Alter ihre Lebensbilanzen ziehen (Giordano 1990; Parens 2007; Stern 2007). Auch sind in den Nachkommen beider Populationen, d. h. den Jahrgängen der im Krieg und im *unmittelbaren* Nachkriegsjahrzehnt geborenen Kinder, immer noch mittelbare Erfahrungen virulent, die auf die Erlebnisse der Hitler-Zeit, der sechs Vorkriegsjahre und der sechs Kriegsjahre verweisen.

Die jüngst in Israel eingereichte Sammelklage der Kinder von Holocaust-Überlebenden gegen die Bundesrepublik Deutschland auf Kompensation ihrer indirekten, durch die Traumata ihrer Eltern mit verursachten Spätschäden der NS-Rassenverfolgung belegt die Bedeutung dieser sozialpsychologischen Dimension der »Trauma-Transmission« (Bergmann 1995; Kogan 1998). Die Tatsache, dass sich auch auf »deutsch-arischer« Seite, d. h. bei den Kindern der Täter, die den Krieg und die Vertreibungen überlebt haben, indirekte transgenerationelle Folgen der elterlichen Verluste und Traumata feststellen lassen, ist erst in jüngerer Zeit empirisch erforscht worden, da sie jahrzehntelang ein Tabu darstellte (Bar-On 1993, 1995; Hübner-Funk 2006b; Leuzinger-Bohleber 2003; Moser 1994b, 2001).

2.4 Die Kinder des Krieges und der »Stunde Null«

2.4.1 Geboren unterm Hakenkreuz

Die Jugendjahrgänge, die in der Zeit zwischen dem 30. Januar 1933 und dem 8. Mai 1945 unter der total-autoritären, rassistischen Herrschaft Hitlers geboren wurden und die europaweite Rassenverfolgung sowie den Zweiten Weltkrieg – deplatziert und beschädigt – bis zur Kapitulation der deutschen Wehrmacht überlebt haben (und heute älter als 62 Jahre sind), waren bislang in den Augen der zeitgeschichtlichen Jugendforschung eine weniger spektakuläre Population als ihre Vorgänger aus der politischen Kohorte der HJ- und BDM-Generation (zumeist ihre eigenen Mütter und Väter). Aufgrund ihrer kindlichen Naivität wurde ihnen von den Eltern und Lehrern meist unterstellt, sie hätten vom Kriegsgeschehen und dem Scheitern des Hitler-Reichs nichts Bedeutsames miterlebt. Erst recht aber seien sie nicht in der Lage, das Miterlebte angemessen zu erinnern und zu artikulieren.

Dieser NS-Kindergeneration, deren Mitglieder aufgrund ihrer germanischen Vornamen noch heute leicht zu identifizieren sind, wurde seit dem 8. Mai 1945 die biografische »Gnade der späten Geburt« zugeschrieben. Zu dieser Fehleinschätzung ihrer zeitgeschichtlichen Prägungen haben die Betroffenen allzu lange geschwiegen (Ackermann 2004); selbst ihre »nicht-arischen« Altersgenossen haben oft keine Worte für ihre Belastung durch die Verfolgung, Deplatzierung und Vernichtung der eigenen Familienmitglieder gefunden. Erst seit Mitte der 1980er Jahre, d. h. seit sie mit den 40-Jahr-Feiern zum Ende des Zweiten Weltkriegs konfrontiert wurden, begannen beide Gruppen zunehmend, sich mit ihrer Rolle als »Kinder der Täter« und »Kinder der Opfer« auseinanderzusetzen und auszutauschen (Bar-On 1993).

Als sie sich dann aber 1989/90, gänzlich unerwartet, im Zenit ihres Lebens im vereinten Deutschland mit ihren »Brüdern und Schwestern« aus der untergegangenen DDR zusammenfanden, hat sich diese Generation ihrer durchgängigen nationalsozialistischen »Wurzeln« zu vergewissern begonnen. Und anlässlich der 60-Jahr-Feiern zum Ende des Zweiten Weltkriegs (2005) haben sich dann diverse Fachwissenschaftler aus dieser Population öffentlich »geoutet« und miteinander vernetzt. Seitdem sind an mehreren Universitäten und Instituten zeitgeschichtliche Forschungsprojekte aufgelegt worden, die versuchen, die – oft mehrfach traumatischen – Erlebniswelten dieser »Kriegskinder« im familialen, lokalen und regionalen Kontext zu dokumentieren und zu interpretieren. Die meisten dieser Projekte tauschen ihre Befunde grenzüberschreitend mit ausländischen Kollegen aus, was angesichts der expansiven Dynamik des Zweiten Weltkrieges auch angebracht ist (Ermann 2007; Ewers et al. 2006; Kuwert et al. 2007; Radebold et al. 2006).

Was immer die Gründe für die jahrzehntelange Nichtthematisierung bzw. Tabuisierung der deutsch-»arischen« Kriegskindheiten sein mögen, die aktuellen Initiativen der internationalen Forscherteams zeigen, dass es um mehr geht als um eine biografische Rückblende. Denn die in die frühen Erlebniswelten jener Generation eingravierten nationalsozialistischen und kriegsbedingten »Engramme« (Moser 1994a) stellen eine gemeinsame Erbschaft der Hitler-Zeit und des Zweiten Weltkriegs dar. Dass sie sowohl an die leiblichen Nachfahren als auch die kulturell Nachgeborenen weitergereicht worden sind und bis heute deren zwischenmenschliche Beziehungen und Identitäten beeinflusst haben, gilt als zentrale Hypothese der einschlägigen historischen, soziologischen und psychoanalytischen Studien (Dörr 2007; Hübner-Funk 2005; Moser 2001; Stargardt 2006).

Die tiefe Zäsur des Kriegsendes und die aus dem Trümmerchaos des staatlichen Zusammenbruchs von den Besatzungsmächten initiierten gesellschaftlichen und politischen Reorganisationen haben diese Kinderjahrgänge im Vorschul- und Schulalter erfasst. Je nachdem, welche Besatzungsmacht für den Wohnort zuständig war, in dem sie – mehr oder weniger entwurzelt und traumatisiert – mit ihren Müttern und/oder Vätern und/oder Geschwistern lebten, empfingen sie materielle und kulturelle Unterstützungen, die sie erfolgreich vor Hunger, Krankheit und Kälte bewahrten. Psychotherapeutische Betreuung allerdings gab es damals nicht. Unter dem programmatischen Schlagwort »Was dich nicht umbringt, macht dich stark« galt es, die extrem mangelhaften Umstände durch kindliches Zupacken und Durchhalten zu meistern.

Zahlreiche regionale Initiativen der Zeitgeschichtsforschung »vor Ort« haben anlässlich des Gedenkjahres 2005 die vielfältigen Formen des Überlebensmanagements von Kindern und Jugendlichen recherchiert. Insbesondere sind die dramatischen Flucht-, Vertreibungs- und Wanderungsströme von Ost nach West dargestellt worden, die das Kriegsende und die Konferenz von Potsdam ausgelöst haben (Hirsch 2004, 2007; Jeremicz 2007; Leiserowitz 2003; Spranger 2006). Diese Dokumentationen machen nicht nur das Ausmaß des vom totalen Krieg hinterlassenen Elends deutlich, sondern zeigen auch die beachtlichen rekonstruktiven und innovativen Aufbauleistungen, die die alliierten Besatzungsmächte mit Unterstützung der deutschen Bevölkerung vollbracht haben (Braun 2007; Wengst 2001).

Der von den Siegermächten des Zweiten Weltkriegs eingeleitete soziale Wandel hat die Kriegskinder in eine für sie ganz neue Welt begleitet: die der parlamentarischen Demokratie und des Kapitalismus in den drei Westzonen, die der sozialistischen Demokratie und der zentral gelenkten Planwirtschaft in der sowjetischen Ostzone. Dementsprechend waren die Lebens- und Erlebniswelten dieser Kinder und Jugendlichen zwar existenziell ähnlich, doch kulturell und ideologisch unvereinbar. Ihre Weltbilder mit ihren Symbolen, Vorbildern und Werten, ihre inner- und außerschulischen Erlebniswelten, ihre Kleidungsmoden und Lieblingslieder, ihr Geschichtsverständnis und ihre Zukunftsvisionen waren nicht zur Deckung zu bringen. Diese »zwei Kulturen«, die 40 Jahre neben- und gegeneinander bestanden haben, bilden das *zweischichtige Fundament* des kollektiven Gedächtnisses der gealterten »gesamtdeutschen« Kriegskindergeneration, das im kommenden Jahrzehnt noch akribisch freigelegt werden muss (vgl. dazu exemplarisch Hübner-Funk 2000).

In synoptischer West-Ost-Sicht lässt sich die antagonistische Sozialisationsgeschichte der »unterm Hakenkreuz« geborenen Jahrgänge schwer rekonstruieren. Denn höchst verschieden sind nicht nur deren kollektive Jugend(sub)kulturen gewesen, sondern auch deren – mehr oder weniger gelenkte und/oder erfolgreiche – Berufs- und Lebenswege. Da insbesondere die soziale Herkunft (aus dem Arbeiter- und Bauernmilieu) und das Geschlecht der Jugendlichen in der DDR eine politisch anders bewertete Rolle für die berufliche, akademische oder politische Karriere gespielt haben als in der Bundesrepublik, sind diese Systembedingungen in das sozial-statistische Gesamtbild dieser Population eingeflossen. Das gilt insbesondere für die Teilpopulation der Studierenden und Hochschulabsolventen, denen in der DDR eine hohe politische Loyalität zu ihrem Staat und seiner marxistisch-leninistischen Weltanschauung abverlangt wurde.

Beim ersten »Härtetest« ihrer Loyalität (am 17. Juni 1953) waren die Kriegskinder größtenteils noch minderjährig, nur in ihren ältesten Kohorten volljährig. Den zweiten »Härtetest« (den 13. August 1961) erlebten sie bereits als »Teenager« oder junge Erwachsene. Welche Bedeutung sie diesen Ereignissen beigemessen haben, lässt sich aus dokumentarischen Quellen nicht erschließen, da es zu dieser Zeit in der DDR noch keine empirische Jugendforschung gab. Auf westdeutscher Seite waren die vorliegenden Einschätzungen keineswegs »wertneutral«. So spricht z. B. ein offizieller Bericht der Bundesregierung über die »Situation der Jugend im kommunistischen Herrschaftssystem der sowjetischen Besatzungszone Deutschlands« davon, dass das sowjetische Erziehungssystem versuche, »das politische Erkenntnisvermögen der Jugend zu unterdrücken und sie zu Vorkämpfern der ›neuen Gesellschaft‹ zu machen« (Bundesministerium für gesamtdeutsche Fragen 1960, Klappentext). Diese »Sowjetisierung Mitteldeutschlands« beruhe auf einer »Politisierung des Kindergartens«, einer »Ausschaltung des elterlichen Einflusses« und einer »Ausnützung des Generationenkonfliktes«. Der Bericht antizipiert daher erhebliche Probleme bei der eventuellen »Zusammenführung mittel- und westdeutscher Jugend« im Falle der »Wiedervereinigung«: »Je länger aber der Zustand der Spaltung Deutschlands andauert, desto mehr Jahrgänge wachsen in der Sowjetzone heran, umso mehr wandelt sich also die Struktur der Bevölkerung (…) Wie diese Jugend denken wird, in welchem Lager sie einmal stehen wird, davon wird es abhängen, ob eine Wiedervereinigung Deutschlands in Freiheit überhaupt noch möglich sein wird.« (Bundesministerium für gesamtdeutsche Fragen 1960, S. 100)

Im Oktober 1990, als dieses Ereignis eintrat, waren die fraglichen Jugendjahrgänge bereits über 45 Jahre alt und hatten in der Regel eigene Kinder, die im jungen Erwachsenenalter standen. Wie eine einschlägige empirische Studie vom Frühjahr 1989 für den »Spiegel« ergab (zit. nach Hübner-Funk 1995b, S. 191), waren die Einstellungen zur »Wiedervereinigung« zu diesem Zeitpunkt in der Bevölkerung der Bundesrepublik mehrheitlich *negativ*. Der Politikwissenschaftler Wilhelm Bleek stellte im Frühjahr 1989 hellsichtig eine »doppelten Asymmetrie« fest: Während in der BRD die politische Elite die Einheit der Nation beschwöre, doch in der Bevölkerung das Interesse an ihr geschwunden sei, leugne in der DDR die SED die nationale Einheit apodiktisch, doch sei die Mehrheit der DDR-Bürger auf die Bundesrepublik als Vorbild fixiert (Bleek u. Maull 1989, S. 210).

Vergleicht man beide – im wahrsten Sinne des Wortes überholten – Argumente, so zeigt sich, dass weder die vierzigjährige »Sowjetisierung« der Kinder und Jugendlichen der DDR noch die »Amerikanisierung« der Kinder und Jugendlichen der Bundesrepublik die »Wende« von 1989 verhindert hat. Dass diese »Wende« die lebenslang von der HJ- und BDM-Generation gehegte »nationale Mission« erfüllt hat, ist dabei – je nach politischem Standort – mit Genugtuung oder Bestürzung zur Kenntnis genommen worden (Hübner-Funk 1992). Symptomatisch hat etwa der Mitherausgeber der ZEIT, Theo Sommer (Jahrgang 1930), davon gesprochen, die Deutschen befänden sich »in einer zweiten Nachkriegszeit«: »Wir stehen vor der gleichen dreifachen Aufgabe wie damals: Wir müssen ein verwüstetes Land aufbauen; wir müssen Millionen Menschen integrieren – zwölf Millionen Ostvertriebene 1945, 16 Millionen Ostdeutsche heute – und wir müssen eine schwer auf uns lastende Vergangenheit hinter uns lassen. Das Rezept kann diesmal kein anderes sein als damals!« (zit. nach Hübner-Funk 1996, S. 19)

Die Phase des Zusammenwachsens der alten Bundesrepublik mit der ihr beigetretenen DDR wird hier als »zweite Nachkriegszeit« qualifiziert, d. h. ihr wird keine grundsätzlich andere Bedeutung zugemessen als dem grauenhaften Trümmerchaos nach dem Ende des Zweiten Weltkriegs: eine unter historischen wie politischen Aspekten höchst fragwürdige Analogie. Demgegenüber hat die zuständige Bundesregierung sich konsequent den neuen und einmaligen Aufgaben des Vereinigungsprozesses verschrieben und erhebliche Finanzmittel sowohl in die »Aufarbeitung« der DDR-Vergangenheit als auch in die Aufbereitung der Gegenwart und den Aufbau der gemeinsamen Zukunft innerhalb der Europäischen Union investiert. Aber die im Blick auf die in der DDR herangewachsenen Kinder- und Jugendgenerationen zentrale Frage, ob mit dem Staat DDR auch sein »gigantisches Erziehungsexperiment« gescheitert sei (Krockow 1995, S. 44), hat politisch wenig Aufmerksamkeit erhalten.

Der gemeinsame nationale Neubeginn am 3. Oktober 1990 wurde zwar als Ende der Teilung Deutschlands markiert, doch biografisch konnte er all diejenigen Menschen, die – wie die Mitglieder der HJ- und der Kriegskinder-Generation – 40 Jahre ihres Lebens in der kontroversen Zweistaatlichkeit verbracht hatten, nicht über den kollektiven und individuellen Identitätsverlust hinwegtrösten, den sie erlitten. Denn die DDR-Generation der »unterm Hakenkreuz« geborenen Kriegskinder hat von der politischen »Wende« und ihren gravierenden Folgen weit weniger profitiert als die Jahrgänge ihrer eigenen Nachkommen, die seit dem 13. August 1961 – vorwiegend unter dem Regime des »Staatsratsvorsitzenden« Erich Honecker – herangewachsen sind. Diese Kinder der Honecker-Ära (Saunders 2007) begreifen sich zwar nicht in demselben Maße als »Verlierer« der Einheit wie ihre Eltern, doch sind sie mit den gesamtdeutschen Zuständen keineswegs zufrieden und üben an der Politik der Bundesrepublik und ihren sozialstaatlichen Leistungen zunehmend Kritik (Lindner 2003b; Saunders 2007; s. auch Kap. 3).

2.4.2 Geboren unterm Besatzungsregime

Die ersten zehn Jahre nach der militärischen Zerschlagung des Hitler-Reichs waren die strategisch wichtigste Zeit für das besiegte Deutschland, das seine staatliche Zentralgewalt mit der Besetzung durch die alliierten Armeen eingebüßt hatte. Die Staatsgewalt in dem von ihnen besetzten Rest Deutschlands wurde bis zum 20. Juni 1948 – als die westlichen »Tri-Zonen« die D-Mark als neue Währung einführten – durch den Alliierten-Kontrollrat (mit Sitz in Berlin) ausgeübt. Dieser hatte eine Doppelstellung: Einerseits übte er treuhänderisch die Staatsgewalt des zerschlagenen Deutschen Reiches aus, andererseits war er das gemeinsame völkerrechtliche Organ der vier Besatzungsmächte, d. h., er nahm deren Staatsgewalt im besetzten Deutschland wahr. Parallel begann »von unten« – nach mehr oder weniger erfolgreichen Maßnahmen der »Entnazifizierung« der deutschen Beamtenschaft – der Wiederaufbau der kommunalen und regionalen Staats- und Verwaltungsstrukturen.

Das alliierte Besatzungsregime hat nur drei Jahre erfolgreich zwischen den vier Besatzungsmächten funktioniert. Mit der Einführung der DM-Währung in den drei Westzonen hat die UdSSR als Reaktion die Berliner Verkehrsblockade verhängt, die deren Viermächtestatus und die Versorgung der dort lebenden Bevölkerung bedrohte. Die Errichtung einer »Luftbrücke« durch die US-Airforce war die Antwort auf dieses Provokationsdrama. Die Westberliner haben sie als Solidaritätsmaßnahme verstanden und jahrzehntelang die Erinnerung an die amerikanischen »Rosinenbomber« euphorisch wachgehalten. Die USA hatten sich unter Präsident Truman eine weitgehende politische Selbstverpflichtung für Berlin und die Bundesrepublik auferlegt. Daher wurde die »Berlin-Frage« zu einem ständigen Reibungspunkt der »deutschen Frage«. Alle folgenden amerikanischen Präsidenten haben ein Bekenntnis zum »freien Berlin« abgelegt; John F. Kennedys pathetischer Ausruf »Ich bin ein Berliner!« markiert seit 1963 als symbolischer Ausdruck diese Verpflichtung.

Angesichts der Tatsache, dass elf Monate nach der »Währungsreform« (am 23. Mai 1949) die Bundesrepublik Deutschland als teilsouveräner Staat in den Westzonen aus der Taufe gehoben wurde und sechs Monate später die DDR (am 7. Oktober 1949) auf dem Boden der sowjetischen Besatzungszone entstand, hat das alliierte Besatzungsregime im besiegten Deutschland eine neue Qualität erlangt: Die von Hitlers Krieg hinterlassene »Zusammenbruchsgesellschaft« wurde nicht mehr nur von außen – durch die militärischen, politischen, wirtschaftlichen, ideologischen und kulturellen Vorgaben der Siegermächte – bestimmt, sondern von innen auch durch deutsche Repräsentanten des politischen Systems mitgeregelt. Das alliierte Besatzungsregime war damit zwar nicht aufgehoben, aber funktional eingeschränkt. Die Bundesrepublik hatte z. B. bis zu ihrem NATO-Beitritt keine eigene außenpolitische Vertretungsmacht inne. Ihr Status war der eines staatlichen »Provisoriums«, da aufgrund der Abkoppelung der Sowjetischen Besatzungszone (SBZ) bzw. DDR die nationale Einheit »in Frieden und Freiheit« fehlte, wie sie das Grundgesetz in seiner Präambel reklamierte. Selbst noch im Mai 1989, zum 40-jährigen Jubiläum der BRD, konnte daher legitim die Frage gestellt werden, ob sie denn »ein ganz normaler Staat« sei (Bleek u. Maull 1989).

Die unter dem Besatzungsregime geborenen und aufgezogenen »Zonenkinder« sind nicht nur vor dem Hintergrund der »Zusammenbruchsgesellschaft« zu betrachten, sondern auch im Kontext des – mehr oder weniger gelungenen – Überlebensmanagements ihrer Mütter und ihrer »Restfamilien«. Die Mehrheit kam in kriegsbedingt vaterlosen Familien zur Welt. Ein Teil von ihnen wurde auf der Flucht von Ost nach West geboren und hat diese Strapazen nur mühsam überlebt. Viele sind beim Vormarsch der Roten Armee mit Gewalt gezeugt worden und waren lebenslang mit dem Makel des »Russenkindes« behaftet (Naimark 1997; Wolle 2004). Andere sind vor dem Kriegsende von deutschen Soldatenvätern gezeugt worden, die kurz darauf gefallen sind oder vermisst wurden (vgl. etwa Drolshagen 2005). Wieder andere sind zwischen den Fronten auf der Flucht verloren gegangen und haben als Kriegswaisen vergeblich nach ihren Eltern gesucht (vgl. Leiserowitz 2003). Viele sind namenlos oder unter falschem Namen in den alliierten »Auffanglagern« angekommen, andere sind jenseits der Oder-Neiße-Grenze von den flüchtenden »Trecks« zurückgelassen worden, d. h. bei polnischen, russischen oder baltischen Familien aufgewachsen. Viele wurden in den Trümmerwüsten der Großstädte obdachlos geboren und haben die ersten Tage nur mühsam überlebt, da ihre Mütter sie nicht mit Milch ernähren konnten. Wieder andere sind von überlebenden KZ-Insassinnen geboren worden, die keinerlei Verwandte mehr hatten, bei denen sie Unterkunft, Nahrung und Hilfe finden konnten usw.

Die Erschütterungen der gesellschaftlichen und der zwischenmenschlichen Fundamente, die zum Zeitpunkt ihrer Geburt auf diese Kinderjahrgänge warteten, lassen sich aus heutiger Sicht nur schwer vorstellen. Wie der Münchner Psychoanalytiker Wolfgang Zander (Jahrgang 1922), vormals deutscher Wehrmachtssoldat in Hitlers Krieg, in einem Beitrag über »Kinder und Jugendliche als Opfer« festgestellt hat, ist den »gleich nach dem Krieg Geborenen« in der zeitgeschichtlichen Rückschau viel zu wenig Beachtung geschenkt worden. Zwar habe die direkte Lebensbedrohung durch Bombenangriffe, Beschießung und Vertreibung gefehlt, denen die vorhergehenden Kriegskinderjahrgänge 1943 bis 1945 ausgesetzt gewesen seien, doch seien die »verhärteten, überlasteten Mütter« sowie die »im Krieg gefallenen Väter« auch für die Nachgeborenen ein dauerhafter Stressfaktor im Prozess ihres Aufwachsens gewesen (Zander 1992, S. 137).

Zander ordnet die zum Kriegsende unter Sechsjährigen zwar als vulnerabelste Gruppe aller betroffenen Kinder und Jugendlichen jener Zeit ein, doch hebt er die kurz nach Kriegsende geborenen »Zonenkinder« kaum von ihnen ab. Beide Gruppen hätten ihre Kindheit und später auch ihre Jugend in den physischen, sozialen, psychischen und moralischen Trümmerfeldern des verlorenen Krieges verbracht und seien zumeist unbehütet und oft sehr einsam, d. h. ohne elementares zwischenmenschliches Vertrauen, im besetzten und geteilten Nachkriegsdeutschland herangewachsen. Den etwas älteren Jahrgängen von »Kriegskindern« gesteht er weit bessere salutogenetische Entwicklungspotenziale zu, da sie ihre ersten Persönlichkeitsanlagen auf stabilerer Basis ausformen konnten, auch wenn sie »oft mit Aufgaben und Lasten befrachtet« worden seien, die »weit über ihr Alter hinausgingen« (Zander 1992, S. 130 f.). Dieser Kohortenvergleich stützt sich nicht nur auf ein psycho-biologisches Entwicklungsmodell, sondern demonstriert vor allem die Bedeutung des soziokulturellen »Überbaus«, der das Selbstverständnis von Kindern und Jugendlichen, gerade auch in Krisenzeiten, auszurichten und zu stabilisieren vermag.

Zum »Überbau« gehört vor allem ein funktionierendes Bildungswesen. Die vom Nationalsozialismus ideologisch transformierten deutschen Schulen und deren Personal zu »entnazifizieren« war daher eine der im Blick auf die »Umorientierung« der jungen Generation vorrangige Aufgabe (Anweiler 2001). In der SBZ wurde sie weit radikaler durchgeführt als in den westlichen Besatzungszonen. Dies hatte zur Folge, dass dort rasch Kurse für jüngere »Neulehrer« improvisiert werden mussten, die nach kurzer Zeit in den Grundschulen eingesetzt wurden. Jene »Neulehrer« waren allerdings kaum anders zu haben denn als abrupt zum Sozialismus konvertierte Mitglieder der Hitlerjugend.

2.4 Die Kinder des Krieges und der »Stunde Null«

Die Schulkinder (im Alter von 6 bis 14 Jahren) stellten eine der besonders hilfsbedürftigen Zielgruppen dar, weil deren körperlicher und psychischer Zustand bis 1948 katastrophal schlecht und oft verwahrlost war. Mithilfe vielfältiger medizinischer Notmaßnahmen und »Schulspeisungen« wurde flächendeckend, insbesondere in den zerbombten Großstädten, vonseiten der Alliierten interveniert. Die Population dieser Kinder fand dennoch, trotz aller Fürsorgemaßnahmen, im Alltag der Nachkriegsjahre wenig Aufmerksamkeit und Empathie. Viele haben sich notgedrungen eigenständig »durchschlagen« und Verantwortung für ihre lädierten älteren Verwandten (Mütter, Väter, Geschwister) übernommen: Kinderarbeit und »Kohlenklau« waren an der Tagesordnung (Landesjugendring Berlin 1990, S. 10 ff.). Eine geregelte Schulbildung konnte aufgrund der Zerstörungen vieler Gebäude, des Mangels an geeignetem Lehrpersonal und des Fehlens passender Bücher oft nicht garantiert werden. Bis Ende der 1950er Jahre herrschte »Schichtunterricht« auf allen Klassenstufen bis in die gymnasiale Oberstufe hinein. Für das praktische Überleben zählten andere Fähigkeiten und Fertigkeiten, wie z. B. das »Organisieren« von knappen Waren auf dem Schwarzmarkt. Hier waren oft Jugendliche mit ihren mutigen Tricks unschlagbar; »Wiederholungstäter« aber kamen in polizeilichen Gewahrsam.

Das Alltagsmanagement der deutschen Bevölkerung bestand vor allem im Gewährleisten des simplen Überlebens und des Wiederaufbaus der zerstörten Häuser und Wohnungen, sofern sie nicht ohnehin für kollektive Aufgaben von den Besatzungsmächten dienstverpflichtet wurde – wie z. B. die »Trümmerfrauen« in Berlin. Insbesondere für die jungen Mütter mit Kindern, vielfach Kriegerwitwen oder Frauen mit vermissten oder verkrüppelten Ehemännern, war dieses Jahrzehnt extrem schwierig zu meistern. Während sie in der Endphase des Krieges, d. h. in der Phase der zunehmenden Luftangriffe auf deutsche Städte, durch die NS-Volksfürsorge und die »Kinderlandverschickung« gestützt und beschützt worden waren (Gehrken 1997; Kock 1997), trat mit dem Untergang des Hitler-Reichs ein vollständiges Chaos ein, in dem – angesichts des Ausfalls jeglicher staatlichen Verwaltung – das Prinzip des »homo homini lupus« bzw. des »Jeder ist sich selbst der Nächste« zum Zuge kam.

Der besondere Überlebenskampf der Frauen für ihre Kinder ist unter solchen Umständen als »normal« hingenommen und nicht speziell honoriert worden. Auch die Zeitgeschichtsforschung hat dieses Thema über Jahrzehnte ausgeblendet. Erst seit den späten 1980er Jahren haben sich – vorwiegend feministisch inspirierte – Oral-History-Studien dieser Thematik zugewandt (Dörr 1998; Kemmler 1999; Kemmler et al. 2004; Neumann 1999; Sander u. Johr 1992). Denn in der Frühphase der beiden neuen deutschen Nachkriegsstaaten waren die weiblichen Überlebensleistungen nur in einschlägigen Untersuchungen über »gestörte« und/oder »beschädigte« Nachkriegs- oder Flüchtlingsfamilien abrufbar. Die Vorgaben der christdemokratischen und der staatssozialistischen Familien- und Jugendpolitik setzten gänzlich verschiedene Akzente: Erstere propagierte im Rahmen ihres konservativen Familienmodells die »gute Mutter und Hausfrau«, während Letztere im Rahmen des säkularisierten Sozialismus die berufliche »Schaffenskraft« der Frau und ihre Rolle für den Aufbau des neuen Staates reklamierte (Münch et al. 2001) – ein im Blick auf die soziale und politische Partizipation der deutschen Frauen in der Nachkriegszeit höchst folgenreicher Unterschied.

Aufgrund der jeweiligen regionalen Zuständigkeiten und der verschiedenen Besatzungsstrategien der Siegermächte stellt sich also das Geschichtsbild von der *unmittelbaren* Nachkriegszeit sehr heterogen dar (Kersting 1998). Am besten dürfte die Lage für Berlin dokumentiert sein, da in der ehemaligen Reichshauptstadt nicht nur die alliierte Kommandantur ihren Sitz hatte, sondern auch, je nach Zone, sich die Effizienz der erbrachten Sozialleistungen rasch herumsprach. Im Bereich der Jugendhilfe und Jugendarbeit waren es z. B. vor allem die »antifaschistischen Jugendausschüsse« der sowjetischen Zone, die mit ihren vielseitigen Aufbauinitiativen starke Attraktivität entfalteten (Landesjugendring Berlin 1990). Auch das Sozialhilfeprojekt »Rettet die Kinder!« war eine Besonderheit dieser Kooperation der Alliierten in Berlin.

Dass die Erschütterungen und Zerrüttungen des Zweiten Weltkrieges hierzulande noch immer nicht restlos überwunden sind, verdeutlichte jüngst die Jubiläums-Dokumentation der vereinten deutschen Suchdienste, die anlässlich des 60. Jahrestags des Kriegsendes verlegt worden ist. Sie berichten z. B. davon, dass im vereinten Deutschland noch 1,3 Millionen Menschen aufgrund des Kriegs vermisst würden und niemand wisse, was mit ihnen geschehen sei; viele hätten noch immer keinerlei konkrete Anhaltspunkte über ihre eigene Herkunft (»Narben bleiben«; 2005, S. 8). Ähnliche Fälle der ungeklärten Identität gibt es auch tausendfach in der Kohorte der zwischen 1945 und 1955 geborenen Kinder, da es zwischen den männlichen Siegern der Besatzungsheere und den besiegten »Fräuleins« zu einer z. T. opportunistischen, z. T. gewaltsamen Promiskuität gekommen ist.

Mit den massenhaften sexuellen »Übergriffen« und ihren Folgen – vor allem der Soldaten der Roten Armee bei ihrem Vormarsch gen Westen und ihrer Okkupation von Berlin – haben sich Historiker erst seit den 1990er Jahren befasst, nachdem die Militärarchive der vormaligen UdSSR für Recherchen zugänglich gemacht wurden (Naimark 1997; Wolle 2004). Die Vergewaltigungen der deutschen Mädchen und Frauen waren in beiden deutschen Nachkriegsstaaten – aus unterschiedlichen Gründen – lange ein politisches und moralisches Tabu. Erst mit dem Sinken der Tabuschwelle, u. a. aufgrund einschlägiger feministischer Studien, sind im vereinten Deutschland einige Dokumentationen zu diesem Problem erschienen (Sander u. Johr 1992). Insbesondere die (inzwischen über 60-jährigen) Kinder von vergewaltigten Müttern haben sich vermehrt öffentlich zu Wort gemeldet und eigene Selbsthilfenetze gegründet. Wie kaum ein anderer Aspekt der Kriegsführung gegen die Zivilbevölkerung enthalten diese kollektiven Vergewaltigungen, die nicht mehr exakt zu dokumentieren sind, einen transgenerationellen emotionalen »Sprengsatz«. Denn nicht nur die Mann-Frau-Beziehungen, sondern auch die natürlichen Mutter-Kind-Bindungen wurden durch die Folgen der sexuellen Gewalt nachhaltig beeinflusst, ja pervertiert: Aus Liebe wurde Hass, aus Anziehung Abstoßung, aus Fürsorge Vernachlässigung, aus Lebenslust oft Todessehnsucht (Hübner-Funk 2006b). Spätestens seit dem Vietnam-Krieg sind sich die professionellen Therapeuten darin einig, »dass ein Krieg (…) immer ein generationsübergreifendes, psychosoziales Inferno darstellt, das in den zwischenmenschlichen Beziehungen zwischen den Eltern, Kindern und Enkeln unterschwellig nachwirkt« (Ermann 2003, S. 10).

2.4.3 Ausblick

Bundespräsident Köhler hat in seiner Jubiläumsrede anlässlich des 60-jährigen Bestehens des Auffanglagers »Friedland« und des 50. Jahrestages der Rückkehr der letzten deutschen Kriegsgefangenen aus sowjetischer Gefangenschaft dieses Szenario »voller Unheil und Leid« eindrucksvoll beschrieben und symbolisch gefragt: »Lernt der Mensch aus der Geschichte?« bzw. »Lernen Völker aus der Geschichte?« Auf die erste Frage war seine Antwort skeptisch: »Mancher – nie«. Auf die zweite Frage aber behauptet er stolz: »Wir haben bisher die richtigen Lehren aus unserer Geschichte gezogen.« (Köhler 2005)

Köhler traf diese Aussage zwar aufgrund seines staatstragenden Amtes, doch auch aufgrund seiner eigenen Biografie als deutsches »Flüchtlingskind«. Da er im Februar 1943, zum Zeitpunkt der Stalingrad-Niederlage, im »Generalgouvernement« Polen als siebtes von acht Kindern einer Bauernfamilie aus Bessarabien geboren wurde, hat er keine heimatliche »Verwurzelung« erfahren. Umsiedlungen und Vertreibungen sowie wiederholte Lageraufenthalte waren, bis weit in die 1950er Jahre hinein, die prägenden Sozialisationserfahrungen seiner Kindheit. Auch die Zweistaatlichkeit des deutschen Nachkriegs hat er selbst erlebt, da seine Familie 1953 aus der DDR in die BRD umgezogen ist, wo sie bis 1957 in Flüchtlingslagern untergebracht war (s. Horst Köhler in www.de.wikipedia.org).

2.5 Spätfolgen von Nationalsozialismus und Krieg im intergenerationellen Dialog

Im Jahre 1994 hat der Psychoanalytiker Tilmann Moser (Jahrgang 1938), noch unter dem Eindruck der deutschen Einheit, anlässlich der Freiburger Tagung »Erinnern wider den Krieg« folgende Prognose formuliert: »Aber wir bekommen heute eine zweite Chance des Gedenkens an *alle* Opfer. Das Ende des Ostblocks und der politischen Instrumentalisierung der Folgen des Zweiten Weltkriegs und die Wiedervereinigung rücken die seelischen Folgen von Holocaust, NS-Zeit und Krieg endlich mehr in den Vordergrund. Die fünf Jahrzehnte, die vergangen sind, haben ein moralisches Potenzial und die Fähigkeit zur Einfühlung nachreifen lassen: sicher nicht bei allen, aber bei vielen Enkeln und bei vielen Angehörigen der zweiten Generation.« (Moser 1994b, S. 6, 2001, S. 293)

Tilmann Moser, der wie Bundespräsident Köhler zu den Kinderjahrgängen des NS-Staates und des Zweiten Weltkrieges gehört, stützt seine Prognose einerseits auf einschlägige Erfahrungen mit der »Wiederkehr des Dritten Reichs in der Psychotherapie«, andererseits auf seine »späte Entdeckung der eigenen Familiengeschichte«, die sich bei ihm als »paralleler Prozess« ereignet habe (Moser 1994a, 1994b, S. 3). Als Begründung für diese beträchtliche Zeitverschiebung führt er an, die destruktiven Schrecken der NS-Zeit und des Krieges seien durch überindividuelle Abwehrformen – »Derealisierungen« im Sinne der Mitscherlichs (2007) – der Durcharbeitung entzogen worden und hätten daher zu vielfältigen, verschwiegenen »inneren Giftmülldeponien« geführt. Seine Generation der unterm Hakenkreuz geborenen Kriegskinder habe aus Loyalität gegenüber ihren Eltern und der aufgrund der Kriegsbelastungen entwickelten »unüberwindlichen Parentifizierung« kaum geeignete Mittel und Wege gefunden, diese »Deponien« auszuräumen.

Seit Gründung der beiden deutschen Staaten (1949) waren gemeinsame sozial-historische Studien zum kollektiven – personellen und ideologischen – »Nachlass« der NS-Zeit und des Krieges ohnehin kaum möglich; jede Seite habe ihr eigenes Kontinuitätsproblem als »Betriebsgeheimnis« behandelt: »nach innen allgemein bekannt, nach außen prinzipiell beschwiegen«, betont der Historiker Frei (Frei 2007, S. 269). Innerhalb der westlichen Besatzungszonen, der späteren BRD, waren überdies interdisziplinäre Kooperationen, z. B. zwischen der noch immer als »jüdisch« wahrgenommenen Psychoanalyse, der traditionellen deutschen Geschichtswissenschaft und der mittels der demokratischen *Re-Education* implementierten Politikwissenschaft und Zeitgeschichtsforschung, nur mühsam realisierbar. Vier Jahrzehnte der nicht nur hoch kontroversen, sondern auch professionell höchst zersplitterten Aufarbeitung des »tausendjährigen Reichs« sind also im Kontext des Kalten Krieges bis 1990 vergangen, die in Gestalt von wissenschaftlichen, literarischen und künstlerischen Produkten massenhafte »Deponien« von Interpretationsversuchen des Hitler'schen Reiches und Krieges hinterlassen haben.

Heutzutage sind diese Versuche meist nur noch historisch bedeutsam, denn seit dem Beitritt der DDR zur BRD weht ein »neuer Wind« durch die Stollen und Gänge der historisch-politischen Bestandsaufnahmen und Dokumentationen und führt in Verbindung mit der dramatischen Umstrukturierung der von Nationalsozialismus und Krieg geprägten Generationsanteile der Gesamtbevölkerung zu einem immer ausgeprägter werdenden »Gezeitenwechsel« des Umgangs mit der Ära des NS-Staats und auch des Holocaust (Assmann 2007, S. 31 ff.). »Auf ewig in Hitlers Schatten« scheinen die nachgeborenen Deutschen der *mittelbaren* Nachkriegszeit und der neuen Einheit sich jedenfalls nicht mehr wahrzunehmen (Winkler 2007).

»Erinnerung als verkörperte und geteilte Geschichtserfahrung ist an diesen grundlegenden Rhythmus der Generationen gebunden, der Geschichte im Gedächtnis der Gesellschaft so vielstimmig, komplex und strittig macht«, diagnostizierte jüngst die Konstanzer Kulturwissenschaftlerin Aleida Assmann (Jahrgang 1947) in ihren Essener »Krupp-Vorlesungen« die Lage (Assmann 2007, S. 181). Sie behauptet, die Deutschen hätten aufgrund der im 20. Jahrhundert durchlebten Gewalterfahrungen mit zwei Weltkriegen und dem NS-Staat ein so gravierendes »Geschichtstrauma« erlitten, dass ein »Kahlschlag« im Geschichtsbewusstsein – insbesondere der Westdeutschen – die Folge gewesen sei (Assmann 2007, S. 182). Das daraus resultierende »Identitätsmoratorium« habe sowohl die psychosozialen und emotionalen Bedürfnisse nach Identifikation weitgehend geleugnet als auch die notwendigen intergenerationellen Anpassungsprozesse negiert. Damit aber könne die gemischte Bevölkerung des vereinten Deutschland nicht leben, weil solch ein Moratorium der »Normalisierung« entgegenstehe, die das *Ende der Nachkriegszeit* fordere und erzwinge. Die verstörenden und hochgradig affektbeladenen Kapitel der nationalen Geschichte, wie z. B. der Holocaust und die Erfahrungen von Flucht und Vertreibung als Folgen des Zweiten Weltkriegs, seien ohnehin nur im transnationalen bzw. europäischen Rahmen rekonstruierbar. Im Blick auf die Zukunft resümiert die Autorin sodann: »Die Deutschen haben deshalb guten Grund, sich *mehrerer Identitäten* zu vergewissern und auch in ihrem Geschichtsbewusstsein *mehrgleisig* zu fahren.« (Assmann 2007, S.194).

Erfreulicherweise hat sich dieses »mehrgleisige Fahren« seit der jüngsten Jahrhundert- und Jahrtausendwende auch in den wissenschaftlichen Annäherungsversuchen an die *Spätfolgen* von NS und Krieg zunehmend durchgesetzt (vgl. dazu Ewers et al. 2006; Radebold et al. 2006). Als beispielhaft kann insbesondere das Projekt »Zeitzeugen des Hamburger Feuersturms und ihre Familien« genannt werden, das als interdisziplinäre Studie zur »transgenerationalen Weitergabe von Kriegserfahrungen« konzipiert ist und von einem psychologisch-psychiatrisch geschulten Team des Universitätsklinikums Eppendorf sowie Historikern der Forschungsstelle für Zeitgeschichte in Hamburg durchgeführt wird (vgl. dazu Thießen 2007). Dieser Studie geht es »weniger um die Zuverlässigkeit der Erinnerung als vielmehr um eine zeitgeschichtlich fundierte Analyse der Verarbeitungsmechanismen und der subjektiven Bedeutungsgenerierungen«, die den vom Feuersturm des Juli 1943 hinterlassenen *Traumata* gefolgt sind (www.uke.uni-hamburg.de/kliniken/kinderpsychiatrie). Durch die Beschränkung auf das Ereignis der Bombardierung Hamburgs solle vor allem »das Zusammenspiel zwischen latenten familiären Transmissionsprozessen auf der einen und kulturellen Traditionssträngen auf der anderen Seite« herausgearbeitet werden. Anhand dieses Vorgehens erhoffe man sich, »über den Einzelfall hinausgehende plausible Analysen zu den Bedingungen der Traumaverarbeitung, zur transgenerationalen Weitergabe traumatischer Erfahrungen und zu den gesellschaftlichen und historischen Rahmenbedingungen« zu gewinnen, unter denen die befragten Zeitzeugen und ihre Familien ihre Nachkriegsbiografien entwickelt und gelebt hätten. Überdies solle der »in beiden Disziplinen gleichermaßen häufig benutzte Begriff des ›*Traumas*‹, der zunehmend pauschal auf Großereignisse wie Krieg und Vertreibung angewandt wird«, in diesem Zusammenhang theoretisch präzisiert und empirisch systematisiert werden.

Auch die laufenden Forschungen des Frankfurter Sigmund-Freud-Instituts, die unter dem Titel »Folgen von Extremtraumatisierungen und Verfolgung in Man-Made-Disasters« auf der Internet-Homepage des Instituts aufgeführt sind, verfolgen eine ähnliche Zielsetzung (www.sfi-frankfurt.de). Die dort zitierten acht Projektthemen reichen von »Opferfamilien im Stalinismus« über »Child Survivors« der Shoah und »Expertenvalidierungen zur Tradierung des Traumas der Nazi-Verfolgung« bis hin zu »traumatischen Verarbeitungsformen sozialer Umbrüche« in China und den »Folgen von Extremtraumatisierungen« im Blick auf die Möglichkeiten und Grenzen psychoanalytischer Behandlungen, etwa am Beispiel der mentalen Überlebensstrategien von Kindern des Zweiten Weltkriegs und Flüchtlingskindern des Kriegs im Kosovo.

Wie diese Akzentsetzungen andeuten, geht es um ein weit gestecktes und hochkomplexes Forschungsfeld. Dieses stellt vor allem das im 20. Jahrhundert ideologisch und technisch »totalisierte« staatliche Handeln Deutschlands und die daraus hervorgegangene totale Kriegführung zu Lande, zu Wasser und aus der Luft in den Mittelpunkt der Betrachtung, um die als Opfer betroffenen Zivilpersonen und deren Überlebensstrategien zu erforschen und zu analysieren. Der eigentliche »Täter« jener »man-made-disasters« ist also der Staat faschistischer (oder auch sozialistischer) Prägung – mit all seinen Funktionären, Institutionen und Helfershelfern –, nur gelegentlich auch der demokratische Staat, der als Gegenreaktion zwar zu ähnlichen technischen Mitteln der desaströsen Vernichtung von Zivilisten greift (wie die USA beim ersten Atombombeneinsatz im Kampf gegen Japan zum Ende des Zweiten Weltkriegs im August 1945). Die dadurch aufgeworfenen Grundfragen betreffen weniger die Legitimation dieses extremen staatlichen Machtstrebens als die globale politische Akzeptanz der elementaren *Menschenrechte* – insbesondere im Hinblick auf die betroffenen Kinder und Jugendlichen in den Krisengebieten dieser Welt.

Bei der Institutionalisierung der Vereinten Nationen im Jahre 1949 haben deren Gründungsmächte, unter dem Eindruck der immensen Zerstörungen und Verluste des Zweiten Weltkriegs, sich das symbolische Ziel gesetzt, »aus Schwertern Pflugscharen« zu machen, d. h. künftige Kriege möglichst zu verhindern und eine friedliche Kooperation der Staaten international zu fördern. Im Rückblick auf die bald 60 Jahre der UNO-Existenz fällt allerdings die Bilanz des Erreichten recht ernüchternd aus. Unter diesem Eindruck wurde zu Beginn der 1990er Jahre daher explizit die *Charta der Rechte des Kindes* beschlossen, um wenigstens der jüngsten Gruppe von vulnerablen Zivilisten – den unter 18-Jährigen – einen verbesserten Schutz der internationalen Gemeinschaft angedeihen zu lassen (Machel 2001). Doch auch diese Charta scheint in Konfliktfällen wirkungslos zu sein und keinen Schutz vor Missbrauch, Verfolgung, Verkrüppelung und Vernichtung zu bieten.

Angesichts dessen ist es eine Herkules- und Sisyphusaufgabe zugleich, die psycho-somatischen, psycho-sozialen und politisch-kulturellen Folgen von Kriegen und Verfolgungen der Neuzeit herauszufinden und insbesondere die kurz-, mittel- und langfristigen *Schädigungen der involvierten Kinder- und Jugendlichen* in den Blick zu nehmen. Zwar muss man von den aktuell in Mitleidenschaft gezogenen Kindern und Jugendlichen als Gewaltopfern ausgehen, doch kann man dabei die historisch-politischen Umstände der meist mehrfachen kriegsbedingten »Traumatisierung« nicht ausblenden.

In diesem Sinne vermag die empirische Beschäftigung mit den Gewalterfahrungen des Zweiten Weltkriegs, die bei den Angehörigen der HJ- und BDM-Generation als ideologischer und praktischer »Missbrauch« durch den NS-Staat, bei den unterm Hakenkreuz geborenen Kriegskindern und den danach zur Welt gekommenen Kindern des Besatzungsregimes als Zerstörung des natürlichen »Schonraums« für einen geregelten emotional-kognitiven und sozialen Entwicklungsprozess wirksam geworden ist, heute noch wichtige Informationen zur Patho- und Salutogenese von männlichen und weiblichen Biografien zu liefern. Die Einbettung der einschlägigen Forschungsdesigns nicht nur in die familialen, sondern auch in die regionalen und politisch-ideologischen Bedingungen der Zeitgeschichte leistet dabei einen unersetzlichen Beitrag zur Differenzierung der zerstörten und mühsam reparierten *condition humaine* im Zeichen des Mars (Hübner-Funk 2006a).

Literatur

Ackermann V. Das Schweigen der Flüchtlingskinder. Psychische Folgen von Krieg, Flucht und Vertreibung bei den Deutschen nach 1945. Geschichte und Gesellschaft 2004; 30/3: 434–64.

Anweiler O. Bildungspolitik. In: Wengst U. Geschichte der Sozialpolitik in Deutschland seit 1945. Bd. 2/1: 1945–1949. Die Zeit der Besatzungszonen. Baden-Baden: Nomos 2001; 699–732.

Arnold A. »… evidence of progress«. Die UNESCO-Institute für Sozialwissenschaften, Pädagogik und Jugend in den 1950er Jahren. In: Braun H, Gerhardt U, Holtmann E (Hrsg). Die lange Stunde Null. Gelenkter sozialer Wandel in Westdeutschland nach 1945. Baden-Baden: Nomos 2007; 251–90.

Assmann A. Geschichte im Gedächtnis. Von der individuellen Erfahrung zur öffentlichen Inszenierung. München: Beck 2007.

Bar-On D. Die Last des Schweigens. Gespräche mit Kindern von Nazi-Tätern. Frankfurt a. M., New York: Campus 1993.

Becker J. Hitler's children. The story of the Baader-Meinhof terrorist gang. Philadelphia: Lippincott 1977.

Bergmann MS (Hrsg). Kinder der Opfer, Kinder der Täter. Psychoanalyse und Holocaust. Frankfurt a. M.: Fischer 1995.

Bergmann W. Antisemitismus als politisches Ereignis. Die anti-semitische Schmierwelle im Winter 1959/60. In: Bergmann W, Erb R (Hrsg). Antisemitismus in der politischen Kultur nach 1945. Opladen: Westdeutscher Verlag 1990; 253–75.

Bismarck K v. Die Geschichte von den missbrauchten Idealisten. Frankfurter Hefte 1949; 4: 749–57.

Bismarck K v. Jugend 1945. Meine Anfänge im Jugendhof Vlotho. In: Kersting FW (Hrsg). Jugend vor einer Welt in Trümmern. Erfahrungen und Verhältnisse der Jugend zwischen Hitler- und Nachkriegsdeutschland. Weinheim, München: Juventa 1998; 271–82.

Bleek W, Maull H (Hrsg). Perspektiven nach 40 Jahren Bundesrepublik. München, Zürich: Piper 1989.

Blücher VG. Die Generation der Unbefangenen. Zur Soziologie der jungen Menschen heute. Düsseldorf, Köln: Diederichs 1966.

Boll F. Auf der Suche nach Demokratie. Britische und deutsche Jugendinitiativen in Niedersachsen nach 1945. Bonn: Dietz 1995.

Braun H. Sozialwissenschaftliche Forschung als Selbstvergegenwärtigung und Evaluation der amerikanischen Besatzungsherrschaft. In: Braun H, Gerhardt U, Holtmann E (Hrsg). Die lange Stunde Null. Gelenkter sozialer Wandel in Westdeutschland nach 1945. Baden-Baden: Nomos 2007; 205–25.

Braun H, Articus S, Hardin B, Zörkler M. Die sozialwissenschaftliche Forschung im Rahmen der amerikanischen Besatzungspolitik in Westdeutschland zwischen 1945 und 1949 – eine Pilotstudie. Trier: Universitätsverlag 1983.

Buch W v. Wir Kindersoldaten. Berlin: Siedler 1997.

Buddrus M. Totale Erziehung für den totalen Krieg. Hitlerjugend und nationalsozialistische Jugendpolitik. 2 Bde. München: Saur 2003.

Bude H. Deutsche Karrieren. Lebenskonstruktionen sozialer Aufsteiger aus der Flakhelfer-Generation. Frankfurt a. M.: Suhrkamp 1987.

Bundesministerium für gesamtdeutsche Fragen (Hrsg), Dübel S. Die Situation der Jugend im kommunistischen Herrschaftssystem der sowjetischen Besatzungszone Deutschlands. Bonn, Berlin: Bundesverlag 1960.

Bundeszentrale für Politische Bildung (Hrsg). Rock! Jugend und Musik in Deutschland. Berlin: Ch. Links 2005.

Deisenhofer A (Hrsg). Jugendrecht. Sozialgesetzbuch, Allgemeiner Teil; Sozialgesetzbuch, Achtes Buch: Kinder- und Jugendhilfe-Gesetz. München: Deutscher Taschenbuch Verlag 1993.

Deutscher Bundesjugendring (Hrsg), Gröschel R. Immer in Bewegung. Einblicke in die Geschichte des Deutschen Bundesjugendrings 1949–1999. Münster: Votum 1999.

Deutscher Bundestag (Hrsg). Neunter Jugendbericht: Bericht über die Situation der Kinder und Jugendlichen und die Entwicklung der Jugendhilfe in den neuen Bundesländern. Bonn: Bundesdruckerei 1994.

Deutsches Jugendinstitut (Hrsg). Immer diese Jugend! Ein zeitgeschichtliches Mosaik. 1945 bis heute. München: Kösel 1985.

Dörr M. »Wer die Zeit nicht miterlebt hat …« Frauenerfahrungen im Zweiten Weltkrieg und in den Jahren danach. 3 Bde. Frankfurt a. M., New York: Campus 1998.

Dörr M. »Der Krieg hat uns geprägt«. Wie Kinder den Zweiten Weltkrieg erlebten. Frankfurt a. M.: Campus 2007.

Drolshagen ED. Wehrmachtskinder. Auf der Suche nach dem nie gekannten Vater. München: Droemer Knaur 2005.

Ermann M. Wir Kriegskinder. Vortrag vor dem Südwestfunk im November 2003. http://www.kriegskindheit.de.

Ermann M. Kriegskinder im Forschungsinterview. In: Spranger H (Hrsg). Der Krieg nach dem Krieg. Spätfolgen bei traumatisierten Menschen. Norderstedt: Books on Demand 2007; 88–98.

Ewers HH, Mikota J, Reulecke J, Zinnecker J (Hrsg). Erinnerungen an Kriegskindheiten. Erfahrungsräume, Erinnerungskultur und Geschichtspolitik unter sozial- und kulturwissenschaftlicher Perspektive. Weinheim, München: Juventa 2006.

Fest J. Der zerstörte Traum. Vom Ende des utopischen Zeitalters. Berlin: Siedler 1991.

Frei N (Hrsg). Hitlers Eliten nach 1945. 3. Aufl. München: Deutscher Taschenbuch Verlag 2007.

Friedrich J. Der Brand. Deutschland im Bombenkrieg 1940–1945. München: Propyläen 2002.

Friedrich W, Förster P, Starke K (Hrsg). Das Zentralinstitut für Jugendforschung Leipzig 1966–1990. Geschichte, Methoden, Erkenntnisse. Berlin: edition ost 1999.

Fuchs I. Wagnis Jugend. Zur Geschichte und Wirkung eines Forschungsinstituts. 1949–1989. Weinheim, München: DJI Verlag 1990.

Fuchs J, Bohn I (Hrsg). Das Aktionsprogramm gegen Aggression und Gewalt. 5 Bde. Münster: Votum 1997.

Gehrken E. Nationalsozialistische Erziehung in den Lagern der Erweiterten Kinderlandverschickung 1940–1945. Braunschweig: Dissertation 1997.

Gerhardt U. Denken der Demokratie. Die Soziologie im atlantischen Transfer des Besatzungsregimes. (Transatlantische Studien – 31). Stuttgart: Franz Steiner 2007.

Gesetz über die Teilnahme der Jugend an der Gestaltung der entwickelten sozialistischen Gesellschaft und über ihre allseitige Förderung in der Deutschen Demokratischen Republik – Jugendgesetz der DDR (vom 28. Januar 1974). Berlin: Staatsverlag der DDR 1977.

Gilcher-Holtey I. Die 68er Bewegung. Deutschland – Westeuropa – USA. München: Beck 2001.

Giordano R. Die zweite Schuld, oder: Von der Last Deutscher zu sein. München: Knaur 1990.

Gotschlich H. Reifezeugnis für den Krieg. Abiturienten des Jahrgangs '39 erinnern sich. Berlin: Verlag der Nation 1990.

Gotschlich H. »Und der eignen Kraft vertrauend …« Aufbruch in die DDR – 50 Jahre danach. Berlin: Metropol 1999.

Grass G. Beim Häuten der Zwiebel. Göttingen: Steidl 2006.

Greiffenhagen M. Fünf Millionen Deutsche: »Wir sollten wieder einen Führer haben …« Die SINUS-Studie über rechtsextremistische Einstellungen bei den Deutschen. Reinbek: Rowohlt 1981.

Heinemann M (Hrsg). Umerziehung und Wiederaufbau. Die Bildungspolitik der Besatzungsmächte in Deutschland und Österreich. Stuttgart: Klett-Cotta 1981.

Hille B. Familie und Sozialisation in der DDR. Opladen: Leske & Budrich 1985.

Hirsch H. Schweres Gepäck. Flucht und Vertreibung als Lebensthema. Hamburg: Edition Körber Stiftung 2004.

Hirsch H. Entwurzelt. Vom Verlust der Heimat zwischen Oder und Bug. Hamburg: Edition Körber Stiftung 2007.

Hornstein W. Was macht die Politik mit der Jugend? Über die nicht einlösbaren Versprechungen, mit denen die Politik die Jugend zu gewinnen sucht. Z Pädagogik 2003; 49: 870–84.

Hübner-Funk S. Aufwachsen mit Nationalsozialismus und NATO. Politische Bewusstseinsbildung im Generationenvergleich. Neue Sammlung 1983; 23: 432–49.

Hübner-Funk S. Nationale Identität. Neubeginn und Kontinuität. In: Deutsches Jugendinstitut (Hrsg). Immer diese Jugend! Ein zeitgeschichtliches Mosaik. 1945 bis heute. München: Kösel 1985; 493–508.

Hübner-Funk S. Jugend als Symbol des politischen Neubeginns. Strategien zur Bannung der rassistischen Vergangenheit. In: Bergmann W, Erb R (Hrsg). Antisemitismus in der politischen Kultur nach 1945. Opladen: Westdeutscher Verlag 1990; 218–35.

Hübner-Funk S. Die nationale Mission der HJ-Generation. In: Rauschenbach B (Hrsg). Erinnern – Wiederholen – Durcharbeiten. Zur Psycho-Analyse deutscher Wenden. Berlin, Weimar: Aufbau Taschenbuch Verlag 1992; 261–8.

Hübner-Funk S. Aufwachsen unter Hitler: Eine ›unpolitische‹ Jugendzeit? Irritierende Vermächtnisse einer ›gebrannten‹ Generation. In: Beutler K, Wiegmann U (Red). Auschwitz und die Pädagogik. Jahrbuch für Pädagogik 1995. Frankfurt a. M.: Lang 1995a; 53–72.

Hübner-Funk S. Kollektive Verwerfungen von Loyalitäten und Feindbildern in der Jugend des vereinten Deutschland. Plädoyer für eine generationen-übergreifende Forschungsperspektive. In: Foitzik J, Gotschlich H, Häder S (Hrsg). Jahrbuch für zeitgeschichtliche Jugendforschung 1994/95. Berlin: Metropol 1995b; 184–94.

Hübner-Funk S. Deutsche Einheit, deutscher Staat und deutsche Jugend. Katarakte eines gebrochenen Loyalitätsdramas. In: Gotschlich H, Schulze E (Hrsg). Deutsche Teilung – deutsche Wiedervereinigung. Jugend und Jugendpolitik im Umbruch der Systeme. Berlin: Metropol 1996; 15–33.

Hübner-Funk S. Loyalität und Verblendung. Hitlers Garanten der Zukunft als Träger der zweiten deutschen Demokratie. Potsdam: Verlag für Berlin-Brandenburg 1998.

Hübner-Funk S. Parallele Karrieren der Jugendforschung im zweistaatlichen Deutschland. Diskurs 2000; 1: 57–67.

Hübner-Funk S. Hitlers Garanten der Zukunft. Biographische Brüche – Historische Lektionen. Potsdam: Verlag für Berlin-Brandenburg 2005.

Hübner-Funk S. Deutsche Generationen im Zeichen des Mars. Historische und biographische Zeitrechnungen. In: Keim W, Steffens G (Hrsg). Bildung und gesellschaftlicher Widerspruch. Hans-Jochen Gamm und die deutsche Pädagogik seit dem Zweiten Weltkrieg. Frankfurt a. M.: Lang 2006a; 129–54.

Hübner-Funk S. Lebenslanges Überleben. Nationalsozialistische Kriegskindheiten in der Retrospektive. In: Ewers HH, Mikota J, Reulecke J, Zinnecker J (Hrsg). Erinnerungen an Kriegskindheiten. Erfahrungsräume, Erinnerungskultur und Geschichtspolitik unter sozial- und kulturwissenschaftlicher Perspektive. Weinheim, München: Juventa 2006b; 281–95.

Hübner-Funk S, Pettinger R. 40 Jahre Deutsches Jugendinstitut. Geschichte einer sozialwissenschaftlichen Forschungs- und Beratungsinstitution. DJI-Bulletin 2003; 64: 10–5.

Institut für zeitgeschichtliche Jugendforschung (Hrsg). Jahresberichte 1990–1999. Berlin: izj 1990–1999.

Jaide W, Hille B. Jugend im doppelten Deutschland. Opladen: Westdeutscher Verlag 1977.

Jeremicz J. Der Verlust der Heimat der Deutschen am Beispiel des ehemaligen Kreises Schwerin/Warthe. In: Michalka W, Schmoock E (Hrsg). Schwierige Nachbarn? 300 Jahre deutsch-polnische Nachbarschaft. Groß-Neuendorfer Grenzgespräche 2006. Potsdam: Verlag für Berlin-Brandenburg 2007; 107–34.

Jugendwerk der deutschen Shell (Hrsg). Jugend zwischen 15 und 24. Bielefeld: Emnid 1955.

Kaase M. Jugend und Politik. In: Reimann H (Hrsg). Die Jugend. Einführung in die interdisziplinäre Juventologie. Opladen: Westdeutscher Verlag 1987; 112–39.

Kemmler L. Untersuchungen an 94 alleinstehenden und verheirateten Frauen aus der Kriegsgeneration. Wie sehen Sie ihre rückblickend erinnerte und heutige Lebenssituation? Report Psychologie 1999; 24: 32–57.

Kemmler L, Ermecke J, Wältermann O. Kriegerwitwen. Report Psychologie 2004; 3: 234–44.

Kersting FW (Hrsg). Jugend vor einer Welt in Trümmern. Erfahrungen und Verhältnisse der Jugend zwischen Hitler- und Nachkriegsdeutschland. Weinheim, München: Juventa 1998.

Kielmannsegg P Graf von. Das geteilte Land. Deutsche Geschichte 1945–1990. München: Pantheon 2007.

Kock G. »Der Führer sorgt für unsere Kinder …« Die Kinderlandverschickung im Zweiten Weltkrieg. Paderborn: Dissertation 1997.

Koenen G. Das rote Jahrzehnt. Unsere kleine deutsche Kulturrevolution 1967–1977. Frankfurt a. M.: Fischer Taschenbuch 2002.

Kogan I. Der stumme Schrei der Kinder. Die zweite Generation der Holocaust Opfer. Frankfurt a. M.: Fischer 1998.

Köhler H. Ansprache von Bundespräsident Horst Köhler bei der Feier zum 50. Jahrestag der Rückkehr der letzten deutschen Gefangenen aus der UdSSR und zum 60-jährigen Bestehen des Lagers Friedland. 2005. www.bundespraesident.de.

Krockow C v. Die Deutschen vor ihrer Zukunft. Reinbek: Rowohlt 1995.

Kuwert P, Spitzer C, Träder A, Freyberger H, Ermann M. Posttraumatische Belastungssymptome als Spätfolge von Kindheiten im Zweiten Weltkrieg. Psychotherapeut 2007; 52 (3): 212–7.

Landesjugendring Berlin (Hrsg), Gröschl R, Schmidt M. Trümmerkids und Gruppenstunde. Zwischen Romantik und Politik: Jugend und Jugendverbandsarbeit in Berlin im ersten Nachkriegsjahrzehnt. Berlin: Elefanten Press 1990.

Leiserowitz R. Von Ostpreußen nach Kyritz. Wolfskinder auf dem Weg nach Brandenburg. Potsdam: Brandenburgische Landeszentrale für politische Bildung 2003.

Leuzinger-Bohleber M. Die langen Schatten von Krieg und Verfolgung: Kriegskinder in Psychoanalysen. Beobachtungen und Berichte aus der DPV-Katamnesestudie. Psyche 2003; 57: 982–1016.

Lindner B. »Bau auf, Freie Deutsche Jugend« – und was dann? Kriterien für ein Modell der Jugendgenerationen der DDR. In: Reulecke J (Hrsg). Generationalität und Lebensgeschichte im 20. Jahrhundert. München: Oldenbourg 2003a; 187–215.

Lindner B. Die Generation der Unberatenen. Zum Profil der letzten DDR-Jugendgenerationen. Berliner Debatte Initial 2003b; 14: 28–34.

Lindner B. Zwischen Integration und Distanzierung. Jugendgenerationen in der DDR in den sechziger und siebziger Jahren. In: Aus Politik und Zeitgeschichte. Beilage zur Wochenzeitung Das Parlament B45. 2003c; 33–9.

Machel G. The impact of war on children. A review of progress since the 1996 United Nations report on the impact of armed conflict on children. New York: Pelgrave 2001.

Meichsner D. Versucht's nochmal mit uns! Hamburg: Rowohlt 1948.

Mitscherlich A, Mitscherlich M. Die Unfähigkeit zu trauern. Grundlagen kollektiven Verhaltens. 20. Aufl. München, Zürich: Piper 2007.

Moser T. Körpertherapie, NS-Zeit und Krieg. Vortrag bei der Münchner Arbeitstagung für Körpertherapie am 14. Oktober 1994a; 1–13.

Moser T. Spätfolgen von Diktatur und Krieg. Vortrag anlässlich der Tagung der Katholischen Akademie »Erinnern wider den Krieg« zum Gedenken an die Zerstörung Freiburgs vom 19. November 1994. Internet-Homepage. 1994b; 1–10.

Moser T. Dämonische Figuren. Die Wiederkehr des Dritten Reiches in der Psychotherapie. Frankfurt a. M.: Suhrkamp 2001.

Münch U, Helwig G, Hille B. Familien-, Jugend- und Altenpolitik. In: Wengst U. Geschichte der Sozialpolitik in Deutschland seit 1945. Bd. 2/1: 1945–1949. Die Zeit der Besatzungszonen. Baden-Baden: Nomos 2001; 643–95.

Naimark NM. Die Russen in Deutschland. Die sowjetische Besatzungszone 1945–1949. Berlin: Propyläen 1997.

Narben bleiben. Die Arbeit der Suchdienste – 60 Jahre nach dem Zweiten Weltkrieg. Pößneck: GGP Media 2005.

Neumann V. Nicht der Rede wert. Die Privatisierung der Kriegsfolgen in der frühen Bundesrepublik. Lebensgeschichtliche Erinnerungen. Münster: Verlag Westfälisches Dampfboot 1999.

Neven Dumont A. Jahrgang 1926/27. Aufgewachsen unter dem Hakenkreuz. Köln: Dumont 2007.

Otto HU, Mertens K (Hrsg). Rechtsradikale Gewalt im vereinigten Deutschland. Jugend im gesellschaftlichen Umbruch. Opladen: Leske & Budrich 1993.

Parens H. Heilen nach dem Holocaust. Erinnerungen eines Psychoanalytikers. Weinheim: Beltz 2007.

Plato A v. Die Vereinigung Deutschlands – ein weltpolitisches Machtspiel. Bush, Kohl, Gorbatschow und die geheimen Moskauer Protokolle. Bonn: bpb 2003.

Radebold H, Heuft G, Fooken I (Hrsg). Kindheiten im Zweiten Weltkrieg. Kriegserfahrungen und deren Folgen aus psychohistorischer Perspektive. Weinheim, München: Juventa 2006.

Rauhut M. Beat in der Grauzone. DDR-Rock 1964 bis 1972 – Politik und Alltag. Berlin: Metropol 1993.

Rauhut M. »Am Fenster«: Rockmusik und Jugendkultur in der DDR. In. Bundeszentrale für Politische Bildung (Hrsg). Rock! Jugend und Musik in Deutschland. Berlin: Ch. Links 2005; 71–7.

Reemtsma JP. Einführung: Krieg ist ein Gesellschaftszustand. In: Hamburger Institut für Sozialforschung (Hrsg). Krieg ist ein Gesellschaftszustand. Reden zur Eröffnung der Ausstellung »Vernichtungskrieg. Verbrechen der Wehrmacht 1941–1944«. Hamburg: HIS 1998; 1–13.

Reese D (Hrsg). Die BDM-Generation. Weibliche Jugendliche in Deutschland und Österreich im Nationalsozialismus. Potsdam: Verlag für Berlin-Brandenburg 2007.

Rosenthal G (Hrsg). Die Hitlerjugend-Generation. Biographische Thematisierung als Vergangenheitsbewältigung. Essen: Die blaue Eule 1986.

Rosenthal G. »Als der Krieg kam, hatte ich mit Hitler nichts mehr zu tun«. Zur Gegenwärtigkeit des ›Dritten Reichs‹ in Biographien. Opladen: Leske & Budrich 1990.

Sander H, Johr B (Hrsg). Befreier und Befreite. Krieg, Vergewaltigungen, Kinder. München: Kunstmann 1992.

Saunders A. Honecker's Children. Youth and patriotism in East(ern) Germany, 1979–2002. Manchester: Manchester University Press 2007.

Schelsky H. Die Skeptische Generation. Eine Soziologie der deutschen Jugend. Düsseldorf, Köln: Diederichs 1957.

Schlander O. Re-education. Ein politisch-pädagogisches Prinzip im Widerstreit der Gruppen. Bern, Frankfurt a. M.: Lang 1975.

Schönhuber F. Ich war dabei! München, Wien: Langen Müller 1981.

Schörken R. Luftwaffenhelfer und Drittes Reich. Die Entstehung eines politischen Bewusstseins. Stuttgart: Klett-Cotta 1984.

Schörken R. Jugend 1945. Politisches Denken und Lebensgeschichte. Opladen: Leske & Budrich 1990.

Spranger H (Hrsg). Der Krieg nach dem Krieg. Spätfolgen bei traumatisierten Menschen. Norderstedt: Books on Demand 2007.

Stahl E (Hrsg). Jugend im Schatten von gestern. Aufsätze Jugendlicher zur Zeit. Hamburg: Köhler 1948.

Stargardt N. »Maikäfer flieg!« Hitlers Krieg und die Kinder. München: DVA 2006.

Stern F. Fünf Deutschland und ein Leben. Erinnerungen. München: Beck 2007.

Tenorth HE. »Zeitgeschichtliche Jugendforschung«. Bildungshistorische Fragen an ein neues Forschungsgebiet. In: Foitzik J, Gotschlich H, Häder S (Hrsg). Jahrbuch für zeitgeschichtliche Jugendforschung 1994/95. Berlin: Metropol 1995; 13–27.

Tenorth HE. »Erziehungsstaaten«. Pädagogik des Staates und Etatismus der Erziehung. In: Benner D, Schriewer J, Tenorth HE (Hrsg). Erziehungsstaaten. Historisch-vergleichende Analysen ihrer Denktraditionen und nationaler Gestalten. Weinheim: Deutscher Studien Verlag 1998; 13–53.

Thießen M. Eingebrannt ins Gedächtnis. Hamburgs Gedenken an Luftkrieg und Kriegsende. 1943-2005. Forum Zeitgeschichte 19. München: Dölling & Galitz 2007.

Ullrich K, Seifert P, Müller B (Hrsg). Deutsche Demokratische Republik. Leipzig: VEB F. A. Brockhaus 1989 (3. Oktober).

Walser M. Erfahrungen beim Verfassen einer Sonntagsrede. Friedenspreis des Deutschen Buchhandels. Frankfurt a. M.: Suhrkamp 1998.

Weber H. Geschichte der DDR. München: Deutscher Taschenbuchverlag 1999.

Wengst U (Hrsg). Geschichte der Sozialpolitik in Deutschland seit 1945. Bd. 2/1: Die Zeit der Besatzungszonen. Sozialpolitik zwischen Kriegsende und der Gründung zweier deutscher Staaten. Baden-Baden: Nomos 2001.

Wierling D. Geboren im Jahr Eins. Der Jahrgang 1949 in der DDR. Versuch einer Kollektivbiografie. Berlin: Ch. Links 2002.

Winkler HA. Auf ewig in Hitlers Schatten? Über die Deutschen und ihre Geschichte. München: Beck 2007.

Wolle S. »Die Russen kommen!« Kollektive und individuelle Erinnerungen an den Einmarsch der Roten Armee im Jahre 1945. In: Evangelische Akademie Bad Boll (Hrsg). Damit Europa blühe ... Licht auf die Schatten der Vergangenheit. Bad Boll: Tagungsdokumentation 2004; 87–99.

Zander W. Die traumatisierenden Einflüsse der NS-Zeit und des Zweiten Weltkrieges. Kinder und Jugendliche als Opfer. In: Benz U, Benz W (Hrsg). Sozialisation und Traumatisierung. Kinder in der Zeit des Nationalsozialismus. Franfurt a. M.: Fischer 1992; 128–40.

Zentralrat der FDJ (Hrsg). Geschichte der Freien Deutschen Jugend. Berlin: Verlag Neues Leben 1982.

3 Jugend, Demokratie und Politik – Entwicklungen seit der deutschen Vereinigung

Wolfgang Gaiser, Martina Gille und Johann de Rijke

Inhalt
3.1 Einleitung — 32
3.2 Theoretischer Rahmen: Das Konzept der politischen Kultur — 33
3.3 Empirische Basis: Der DJI-Jugendsurvey — 34
3.4 Fazit — 44
Literatur — 46

Zusammenfassung

Dieses Kapitel untersucht, inwieweit sich die politischen Einstellungen der Jugendlichen und jungen Erwachsenen in beiden Teilen Deutschlands seit der Vereinigung angenähert haben. Hierzu wird auf das Konzept der politischen Kultur Bezug genommen. Empirische Datengrundlage sind die drei Wellen des Jugendsurveys des Deutschen Jugendinstituts (DJI) der Jahre 1992, 1997 und 2003, für die jeweils etwa 7 000 16- bis 29-Jährige der alten und neuen Bundesländer in einstündigen Face-to-Face-Interviews befragt wurden.

Insgesamt gesehen zeigt sich einerseits ein Fortbestehen deutlicher Unterschiede zwischen Ost und West, wofür vor allem die geringere Demokratiezufriedenheit im Osten verantwortlich ist, andererseits aber auch die Verringerung von Ost-West-Unterschieden, wie z. B. die Angleichung des Institutionenvertrauens. Die Annahme, dass sich die politischen Einstellungen der nachwachsenden Generationen im Osten durchgängig und kontinuierlich an die im Westen annähern würden, wird durch die Trendanalyse des DJI-Jugendsurveys nicht gestützt.

Als durchgängiger Alterseffekt wird deutlich, dass das politische Interesse und die politische Kompetenz mit zunehmendem Alter ansteigen. Gendereffekte sind hingegen schwach ausgeprägt, nur bei der Frage nach dem politischen Interesse wirken die männlichen Befragten stärker politisch involviert.

Als wichtiges Ergebnis wird die Bedeutung der Unterschiede im Bildungsniveau hervorgehoben. Dabei zeigt sich, dass junge Menschen ohne Abitur, die mit ihren Lebensumständen unzufrieden sind und die Verteilung des gesellschaftlichen Wohlstandes als ungerecht empfinden, seit 1992 zunehmend unzufriedener mit dem demokratischen Staat der Bundesrepublik Deutschland sind.

3.1 Einleitung

Fast zwei Jahrzehnte sind seit dem Mauerfall und dem dann folgenden staatsrechtlichen Vollzug der deutschen Vereinigung vergangen. Damit begann ein gesamtgesellschaftlicher Transformationsprozess, der Angleichungen und Annäherungen mit sich brachte, aber auch erhebliche Unterschiede, sei es in der wirtschaftlichen Lage, der Situation auf dem Arbeitsmarkt oder der politischen Kultur. Die Debatte um die Bewertung des Standes der deutschen Einheit ist längst nicht abgeschlossen. Es gibt immer wieder Anlass zu Schlagzeilen in den Medien, zu politischen Kontroversen sowie zu wissenschaftlichen Analysen, sei es zur Ost-West-Mobilität, zur volkswirtschaftlichen Entwicklung oder zu den politischen Orientierungen, wie sie im Wahlverhalten zum Ausdruck kommen. Letzterem wird besonderes Gewicht beigemessen, weil die in Ost und West sehr unterschiedlichen Wahlergebnisse und die darin zum Ausdruck kommenden spezifischen Parteipräferenzen stets auch die grundsätzliche Frage nach der Herausbildung einer gemeinsamen politischen Kultur aufwerfen: »Sind wir *ein* Volk?« (Falter et al. 2006) oder »Wächst zusammen, was zusammengehört?« (Gabriel et al. 2005). Seit Beginn des Transformationsprozesses richtet sich die wissenschaftliche Aufmerksamkeit insbesondere auch auf die politischen Einstellungen der jungen Generation in Ost und West und darauf, inwieweit sie die Einheit gleichsinnig interpretiert und künftig gestalten möchte oder sich unterschiedliche Einstellungsmuster in Ost und West verfestigen (Gille u. Krüger 2000; Hoffmann-Lange 1995; Pickel 2002).

In diesem Kapitel wird anhand der drei Wellen des Jugendsurveys des Deutschen Jugendinstituts (DJI) untersucht, in welchem Maß sich die politischen Einstellungen der Jugendlichen und jungen Erwachsenen in beiden Teilen Deutschlands angenähert oder auseinanderentwickelt bzw. sich in Teilbereichen eigenständige Entwicklungen fortgesetzt haben. Hierzu werden das Konzept der politischen Kultur theoretisch und in seiner Operationalisierung skizziert und die empirische Datengrundlage, die Themenschwerpunkte und Erhebungen des DJI-Jugendsurveys, dargestellt. Neben den Analyseperspektiven sozialer Wandel und Ost-West-Differenzen werden dabei immer auch die Faktoren Gender, Alter und Bildung berücksichtigt.

Zunächst werden Ergebnisse zur politischen Involvierung dargestellt, d. h. der Teilhabe am politischen Geschehen, konkret zum Interesse an Politik, zum Gefühl politischer Kompetenz sowie zum Informations- und Kommunikationsverhalten gegenüber politischen Themen. Anschließend wird die Frage nach der Zustimmung zum politischen System insgesamt, also nach der Akzeptanz der Demokratie und ihrer Grundprinzipien, aber auch möglichen anderen Orientierungen diskutiert. Im Weiteren stehen die Bewertungen der Leistungen der Demokratie, so wie sie in Deutschland besteht, im Mittelpunkt und verbunden damit das Vertrauen in deren Institutionen. Ein Exkurs wirft einen kurzen Blick auf Rechtsextremismus und Fremdenfeindlichkeit. Das Fazit resümiert zentrale Ergebnisse unter dem Blickwinkel der eventuellen Annäherung der politischen Kulturen Jugendlicher und junger Erwachsener in den alten und neuen Bundesländern und benennt offene Forschungsfragen.

3.2 Theoretischer Rahmen: Das Konzept der politischen Kultur

Mit dem Begriff der politischen Kultur werden zusammenfassend sowohl subjektive Bezugnahmen auf die Politik (Interesse, Information, Kommunikation) als auch Einstellungen gegenüber unterschiedlichen politischen Ordnungsmodellen (z.B. Demokratie, Sozialismus) sowie schließlich Bewertungen der Ergebnisse von Politik (Demokratiezufriedenheit, Institutionenvertrauen) bezeichnet.

Dieses Konzept und die Begrifflichkeit wurden zunächst zur Analyse der Verteilungen entsprechender Orientierungsmuster im internationalen Vergleich in den 1960er Jahren etabliert (Almond u. Verba 1963), in den 1970er Jahren weiterentwickelt (Easton 1975) und seit den 1990er Jahren bei vergleichenden Analysen von EU-Staaten (Gabriel 1994) und Vergleichen zwischen den alten und neuen Bundesländern herangezogen (Pickel 2002).

Auf dem Konzept »politische Kultur« basieren auch zentrale replikative Teile des DJI-Jugendsurveys. In allen Erhebungswellen wurden identische Erhebungsinstrumente verwandt, die folgende Bestandteile erfassen:
- die generelle Aufgeschlossenheit der jungen Bürger gegenüber der Politik und ihre Bereitschaft, sich der Politik zuzuwenden (Inputdimension)
- ihre Haltungen zum politischen System (Systemdimension)
- ihre Bewertungen bezüglich der Resultate und Leistungen des politischen Systems (Outputdimension)

Als ein wesentlicher Bestandteil des **Input-Bereichs** gilt das politische Interesse, das als Indikator für die Bedeutung von Politik für ein Individuum angesehen werden kann, für seine Bereitschaft, sich zumindest kognitiv damit auseinanderzusetzen und Informationen und Wissen darüber aufzunehmen. Wer sich für Politik interessiert, wird sich mit politischen Themen befassen und Kenntnisse darüber erwerben. Die subjektive Bedeutsamkeit von Politik kann außer im geäußerten Interesse als kognitiver und affektiver Komponente überdies im tatsächlichen Handeln, also in der Beschäftigung mit Politik, zum Ausdruck kommen. Hierzu gehören die Nutzung verschiedener Medien (Bücher, Fernsehen, Zeitungen, Internet usw.), um sich über Politik zu informieren, sowie der soziale Aspekt, nämlich das Diskutieren über Politik mit Personen des engeren und weiteren sozialen Umfeldes. Diese beiden aktiven Aspekte verweisen in besonderem Maße auf den Stellenwert von Politik im alltäglichen Leben.

Weiter stellt sich die Frage, wie sich ein Subjekt im Kontext der laufenden politischen Prozesse verortet. Damit sind auf Politik gerichtete Einschätzungen angesprochen, die »das Selbstverständnis der Bürger als aktive und einflussreiche Teilnehmer am politischen Prozess (interne Effektivität) und die Überzeugung von der Offenheit und Verantwortlichkeit der politischen Führung gegenüber der Bevölkerung (externe Effektivität)« betreffen (Gabriel 1994, S. 118). Beide Komponenten sind im DJI-Jugendsurvey enthalten. Die erste Komponente kann als Maß der Hinwendung zur Politik verstanden werden und so einen Beitrag zur Bestimmung der subjektiven politischen Kompetenz liefern. Die zweite Komponente ist als Vertrauen in die Beeinflussbarkeit des politischen Systems vor dem Hintergrund eigener Erwartungen dem Output-Aspekt zuzuordnen.

Die Einstellungen gegenüber der politischen Ordnung im Allgemeinen richten sich auf die **Systemdimension** und beschreiben Haltungen gegenüber der Regierungsform. Positive Einstellungen gegenüber der demokratischen Verfassung einer Gesellschaft werden als wichtig für das gesellschaftliche und politische Leben angesehen, negative hingegen als bedrohlich, wenn sie ein beträchtliches Ausmaß annehmen. Im DJI-Jugendsurvey wurde in allen drei Wellen die Zustimmung zur Idee der Demokratie und zu zentralen Merkmalen einer parlamentarisch-pluralistischen Demokratie (Meinungsfreiheit, Notwendigkeit politischer Opposition, Kompromissbereitschaft usw.) erfasst. Die Frage nach der Zustimmung zur Idee des Sozialismus (wobei Sozialismus nicht unbedingt als Gegenmodell gedacht war) zielte auf generelle Orientierungen. Schließlich wurden (1997 und 2003) Vorstellungen eines autoritären Staatsmodells angesprochen, die mit der Forderung nach einer »starken Hand« als Kritik an demokratischen Willensbildungsprozessen verstanden werden können.

Bei den Einstellungen gegenüber der **Outputdimension** des politischen Prozesses standen Bewertungen von Strukturen und Institutionen im Blickpunkt. Hierfür wurde im DJI-Jugendsurvey zum einen der gängige Indikator »Zufriedenheit mit der Demokratie in der Bundesrepublik Deutschland« herangezogen. Zum anderen wurde das Vertrauen in die Politik und in deren Repräsentanten durch die Einschätzung der Reaktionsbereitschaft des politischen Systems auf Forderungen oder Erwartungen der Bürger erfasst. Weiterhin lässt sich der Bereich des Vertrauens in Institutionen als dem Output-Bereich zugehörig begreifen. Diese theoretische Verortung von Institutionenvertrauen ist nicht unumstritten, da sich hier generelle Vertrauensgefühle gegenüber gesellschaftlichen Funktionsbereichen mit Bewertungen einzelner Institutionen vermischen können, in die auch konkrete Erfahrungen mit Repräsentanten jener Institutionen eingehen.

Die Entwicklungen bezüglich dieser drei Bereiche – Input, System und Output – sollen anhand der drei Wellen des DJI-Jugendsurvey danach analysiert werden, inwieweit sich Jugendliche und junge Erwachsene in den alten und neuen Bundesländern in ihren politischen Einstellungen seit dem Jahr 1992 einander angenähert oder voneinander entfernt haben. Dabei soll auch danach gefragt werden, ob die gefundenen Trends von allen Befragtengruppen gleichermaßen mitgetragen werden und ob die Bedeutung soziodemografischer Einflussfaktoren wie Alter, Bildung und Geschlecht gleich geblieben ist oder sich gewandelt hat.

Alter 1990	1992	1997	2003	Alter 2003
27	29			
26	28			
25	27			
24	26			
23	25			
22	24	29		35
21	23	28		34
20	22	27		33
19	21	26		32
18	20	25		31
17	19	24		30
16	18	23	29	29
15	17	22	28	28
14	16	21	27	27
13		20	26	26
12		19	25	25
11		18	24	24
10		17	23	23
9		16	22	22
8			21	21
7			20	20
6			19	19
5			18	18
4			17	17
3			16	16

Abb. 3-1 Altersgruppen des Jugendsurveys

3.3 Empirische Basis: Der DJI-Jugendsurvey

Der DJI-Jugendsurvey[1] stellt mit seinen bisher drei Erhebungswellen, die in den Jahren 1992, 1997 und 2003 durchgeführt worden sind, durch regelmäßige Wiederholungsbefragungen zuverlässige Informationen über die soziale und persönliche Situation von Jugendlichen und jungen Erwachsenen in Deutschland bereit. Die Besonderheit des DJI-Jugendsurveys liegt darin, dass er mit seinen replikativen Fragestellungen auf breiter empirischer Basis das Verhältnis Jugendlicher und junger Erwachsener zur Demokratie, zur Politik und zu den politischen Institutionen sowie deren zivilgesellschaftliche Beteiligung in verschiedenen Phasen des Vereinigungsprozesses im Längsschnitt beschreiben und differenziert analysieren kann.

Für die in den drei Erhebungswellen jeweils befragten 16- bis 29-Jährigen hatten die deutsche »Wiedervereinigung« und das Aufwachsen in einem der beiden Teile Deutschlands lebensgeschichtlich recht unterschiedliche Bedeutung[2]:

- Die jüngsten Befragten der ersten Welle (1992) waren 1990 14 Jahre alt, die ältesten 27. Aufgewachsen sind sie somit in zwei kontroversen politischen Systemen und haben politische Ereignisse aus sehr unterschiedlichen Perspektiven wahrgenommen.
- Fünf Jahre später, bei der zweiten Welle (1997), lag für die Befragten die Grenzöffnung bzw. der Mauerfall schon acht Jahre zurück.
- Bei der dritten Welle (2003) schließlich waren die jüngsten der Befragten damals gerade drei Jahre, die ältesten 16 Jahre alt (Abb. 3-1). In Tabelle 3-1 sind für diesen Zeitraum wichtige politisch relevante Ereignisse stichpunktartig dargestellt.

3.3.1 Politisches Interesse und politische Involvierung

Im Folgenden werden ausgewählte Ergebnisse des DJI-Jugendsurveys zu jenen subjektiven Dispositionen junger Menschen vorgestellt, die einerseits im Sinne persönlicher Wertschätzung, andererseits in kognitiver Hinsicht das Ausmaß politischer Involvierung (der Hinwendung bzw. der Distanz zur Politik) beschreiben. Zum ersten Aspekt gehört die Wertschätzung von Politik in Relation zur Wichtigkeit der anderen Lebensbereiche. Kognitive Aspekte der politischen Involvierung werden durch das subjektive politische Interesse erfasst sowie durch die interne politische Effektivität, die die Einschätzung

---
1 Der Jugendsurvey des Deutschen Jugendinstituts (DJI), München, ist eines der großen replikativen Forschungsprojekte, das im Rahmen der Sozialberichterstattung des DJI durchgeführt wird (Projekthomepage: www.dji.de/jugendsurvey).
2 Zum Aufwachsen in der BRD und der DDR vor der Vereinigung 1990 siehe Kapitel 2.

3.3 Empirische Basis: Der DJI-Jugendsurvey

Tab. 3-1 Zentrale politische Ereignisse von 1989 bis 2003

1989	Öffnung der Mauer in Berlin
1990	Deutsche Einheit: Beitritt der Länder der DDR zur BRD
1991	erster Golfkrieg gegen den Irak Saddam Husseins Hauptstadt Berlin
1992	Bill Clinton Präsident der USA Zusammenschluss »Die Grünen« und »Bündnis 90«
1993	Einschränkung des Asylrechts
1994	Balkankrieg CDU/CSU und FDP gewinnen Bundestagswahl
1995	EU 15 durch Beitritt Finnlands, Österreichs und Schwedens
1996	4 Mio. Arbeitslose Bill Clinton wiedergewählt
1997	Ruck-Rede von Bundespräsident Werner Herzog Tony Blair wird Premierminister in Großbritannien
1998	Bundestagswahl: Rot-Grün gewinnt, Gerhard Schröder wird Bundeskanzler
1999	Rücktritt Lafontaines in Russland wird Wladimir Putin Staatspräsident
2000	Angela Merkel wird CDU-Parteivorsitzende George W. Bush gewinnt die US-Präsidentenwahl
2001	11. September (»9/11«): Anschlag auf das World Trade Center in New York
2002	EURO in 12 Ländern der EU Bundestagswahl: Rot-Grüne Koalition gewinnt
2003	Irak-Krieg Friedensdemonstrationen europaweit gegen den Irak-Krieg

der eigenen Fähigkeiten beschreibt, politische Vorgänge zu verstehen. Mit dem Begriff der politischen Involvierung wird häufig auch die Verarbeitung politischer Informationen (Gabriel 1986, S. 179) sowie die soziale Komponente der politischen Gespräche (Inglehart 1989) verknüpft.

Betrachtet man zunächst die persönliche Bedeutsamkeit von **Politik im Kontext der privaten Bereiche** der Herkunfts- und eigenen Familie sowie des schulischen und beruflichen Werdegangs, so gehört Politik nach wie vor für junge Menschen in West und Ost neben Kunst und Kultur sowie Religion zu den weniger bedeutsamen Lebensbereichen.[1]

Obwohl es bei verschiedenen Lebensbereichen zu Bedeutungszuwächsen gekommen ist, hat sich an der relativen Position des Lebensbereichs Politik im Vergleich zu anderen Lebensbereichen nichts geändert. Während bei den anderen Indikatoren für politische Involvierung deutliche *Geschlechterdifferenzen* zu beobachten sind, ergeben sich beim Lebensbereich Politik für junge Frauen und Männer übereinstimmende Bewertungen und kaum Ost-West-Differenzen. In den Antworten der Befragten zeigen sich auch nur geringe Unterschiede zwischen den verschiedenen *Altersgruppen*. Jedoch hat das *Bildungsniveau*, wie auch bei den weiteren Indikatoren der politischen Involvierung, einen spürbaren Einfluss. Jugendliche und junge Erwachsene mit höherem Bildungsniveau schreiben dem Lebensbereich Politik mehr Bedeutung zu als diejenigen mit niedrigerem Bildungsniveau.

Das **Interesse an Politik** gilt als zentraler Indikator für die Zuwendung der Befragten zur Politik, d. h. ihre Bereitschaft, sich politisch zu informieren. Das politische Interesse in den alten Bundesländern hat sich nach einem leichten Anstieg zwischen erster und zweiter Welle (Gille et al. 2000) in der dritten Welle auf dem Niveau der ersten eingependelt (Tab. 3-2). In den neuen Bundesländern wird der Rückgang des Interesses zwischen 1992 und 1997 um 5 % durch einen leichten Anstieg bis 2003 (2 %) etwas modifiziert. Relevante West-Ost-Differenzen im politischen Interesse lassen sich nur für das Jahr 1997 nachweisen.

Auch vergleichbare Analysen der Daten des Sozioökonomischen Panels (SOEP) im Hinblick auf das politische Interesse 16- bis 24-Jähriger zwischen den Jahren 1990 und 2002 ergaben keine bemerkenswerten Ost-West-Unterschiede mehr (Kroh 2005).

Aufmerksamkeit für politische Belange zu entwickeln setzt eine gewisse Lebenserfahrung voraus. Übereinstimmend zeigen sich daher in allen drei Wellen deutliche *Alterseffekte*. Exemplarisch wird dies für 2003 in Abbildung 3-2 dargestellt. Die jüngeren Altersgruppen, insbesondere die 16- bis 17-Jährigen, zeigen ein geringeres politisches Interesse als die älteren. In den Diskussionen über die »Politikverdrossenheit« der Jugend wird häufig eine wachsende Distanz der jungen Generationen zur Politik im Vergleich zur Erwachsenenpopulation behauptet. Überprüft man diese These empirisch, so erhält man bestätigende Hinweise. Vergleicht man das Niveau des politischen Interesses der unter 29-Jährigen mit dem des Durchschnitts der Bevölkerung insgesamt – diesen Vergleich nimmt Weßels (2006) anhand der Daten der Allgemeinen Bevölkerungsumfrage der Sozialwissenschaften (ALLBUS[2]) 1980–2004 vor –, so zeigt sich durchgängig ein geringeres Interesse der jüngeren Altersgruppe gegenüber dem Bevölkerungsdurchschnitt.

---

[1] Im DJI-Jugendsurvey wird die Wichtigkeit von zehn verschiedenen Lebensbereichen mittels 7-stufiger Ratingskalen abgefragt. Bildet man eine Expost-Rangreihe für das Erhebungsjahr 2003 für alle Befragten, so stehen an erster Stelle »Freunde und Bekannte« sowie »Eltern und Geschwister« mit Nennungen (Werte von 5–7) von 96 % bzw. 94 % der Befragten insgesamt. Sodann folgen sehr dicht die Lebensbereiche »Beruf und Arbeit«, »Schul- und Berufsausbildung«, »Freizeit und Erholung« sowie »Partnerschaft«. »Eigene Familie und Kinder« erfährt mit 76 % eine etwas geringere Bedeutung als die vorher genannten Lebensbereiche. Mit einem deutlichen Abstand folgen »Politik« (43 %) und »Kunst und Kultur« (41 %), die geringsten Nennungen erhält »Religion« (25 %).

[2] Der ALLBUS umfasst als Grundgesamtheit die Wohnbevölkerung in Deutschland ab 18 Jahren.

Tab. 3-2 Bedeutung von Politik, politischem Interesse und subjektiver politischer Kompetenz (nach DJI-Jugendsurvey 1992, 1997 und 2003)[1] (Angaben in Prozent)

Aussage	West			Ost		
	1992	1997	2003	1992	1997	2003
Politik als Lebensbereich ist wichtig	35	42	43	33	37	42
starkes politisches Interesse	21	25	22	22	17	19
Ich verstehe eine Menge von Politik	15	14	12	13	9	12
Politik ist viel zu kompliziert	41	40	42	46	50	47
n	4 526	4 426	4 329	2 564	2 493	2 110

[1] In dieser Tabelle werden die Antworten auf drei Fragen dargestellt:
1. *Wie wichtig sind für Sie persönlich die einzelnen Lebensbereiche auf dieser Liste (hier: der Bereich Politik)?*
Vorgegeben ist eine 7-stufige Antwortskala (1 »überhaupt nicht wichtig« bis 7 »sehr wichtig«). Die Werte 5 bis 7 werden hier als »wichtig« ausgewiesen.
2. *Wie stark interessieren Sie sich für Politik?*
Von den Antwortvorgaben »sehr stark«, »stark«, »mittel«, »wenig« und »überhaupt nicht« werden hier »sehr stark« und »stark« zusammengefasst.
3. *Auf dieser Liste stehen Aussagen über das Verhältnis von Bürgern zur Politik. Sagen Sie mir bitte zu jeder Aussage, inwieweit diese Ihrer Meinung nach zutrifft oder nicht: (a) Ich verstehe eine Menge von Politik. (b) Manchmal finde ich die Politik viel zu kompliziert, als dass ein normaler Mensch sie noch verstehen könnte.*
Bei dieser Frage gibt es eine 6-stufige Antwortskala (1 »trifft überhaupt nicht zu« bis 6 »trifft voll und ganz zu«); hier werden die Werte 5 und 6 als »trifft zu« dargestellt.

Politisches Interesse und *Bildungsniveau* hängen eng miteinander zusammen: 1992, 1997 und auch 2003 ist der Anteil der Jugendlichen und jungen Erwachsenen mit einem starken politischen Interesse bei denjenigen mit Fachhochschulreife bzw. Abitur am größten und bei denjenigen mit höchstens Hauptschulabschluss am kleinsten.[1] Interessant ist in diesem Zusammenhang, dass ein hohes Bildungsniveau prinzipiell nicht die *Geschlechterdifferenzen* verkleinert. Wenn man im Jugendsurvey die Befragten danach unterscheidet, ob sie Fachabitur bzw. Abitur haben oder nicht, so sind die Geschlechterdifferenzen in der Gruppe der Höhergebildeten größer als in der Vergleichsgruppe.

Zwar hat die Bildungsexpansion in der Bundesrepublik in den letzten Jahrzehnten zu einer Erhöhung des Niveaus an politischer Interessiertheit in der Bevölkerung geführt – und generell unterstützen längere und qualifizierte Bildungswege die Aufgeschlossenheit gegenüber Politik –, aber diese Faktoren tragen offensichtlich eher zu einer politischen Involvierung von Männern als von Frauen bei. Westle, die in einer Schülerbefragung zu ähnlichen Ergebnissen kommt, resümiert, »dass für die geschlechtsspezifischen Diskrepanzen in den politischen Orientierungen sowohl frühe vorschulische als auch schulische Sozialisationsfaktoren von Bedeutung sind« (Westle 2006, S. 237). Generell zeigen die Ergebnisse vieler Studien (z. B. Shell Deutschland 2006; Westle 2006), dass Mädchen und junge Frauen im Vergleich zu ihren männlichen Altersgenossen ein geringeres politisches Interesse aufweisen.

1 Das Bildungsniveau wird im DJI-Jugendsurvey bei Befragten, die bereits das allgemeinbildende Schulwesen verlassen haben, durch den dort erreichten höchsten Schulabschluss bestimmt; bei Jugendlichen, die noch eine allgemeinbildende Schule besuchen, wird dafür der angestrebte Schulabschluss verwendet. Deshalb ist es möglich, dass bei Schülern das von ihnen angegebene Bildungsniveau höher ist als dasjenige, das sie faktisch erreichen werden. Vergleichsberechnungen mit und ohne die Gruppe der Schüler zeigen, dass dies keine Auswirkungen auf die Ergebnisse zu den politischen Einstellungen hat.

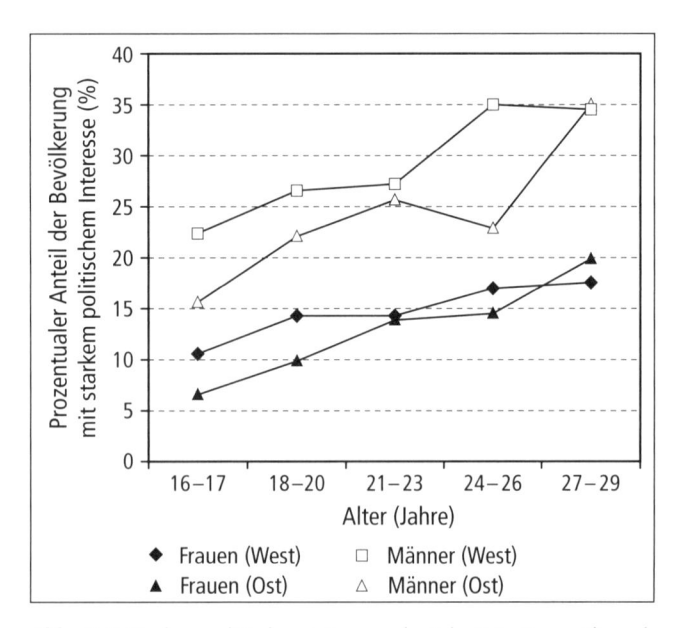

Abb. 3-2 Starkes politisches Interesse (s. Tab. 3-2, Frage 2) nach Altersgruppen und Geschlecht für das Jahr 2003 (nach DJI-Jugendsurvey 2003)

Auch im Jugendsurvey zeigen sich 2003 (in etwa wie bereits 1992 und 1997) deutliche *Geschlechterunterschiede* mit Differenzen im politischen Interesse zwischen weiblichen und männlichen Befragten von 15 % in den alten und 11 % in den neuen Bundesländern. Das geringere politische Interesse junger Frauen bedeutet aber keineswegs, dass sie weniger gesellschaftlich aktiv sind als junge Männer. Sowohl in der Bereitschaft, sich politisch zu beteiligen, als auch im Hinblick auf bereits ausgeübte politische Aktivitäten (z. B. Beteiligung an Demonstrationen) stehen die jungen Frauen den jungen Männern zumeist keineswegs nach. Allerdings zeigen sich zum Teil Geschlechtereffekte dahingehend, dass Frauen der etablierten Politik und ihren Aktivitätsformen ferner stehen (Achatz et al. 1999; Albert et al. 2002). Diese Ergebnisse werfen zum Thema »Gender und Politik« mehr Fragen auf, als hier beantwortet werden können, wie z. B.:
- Aufgrund welcher Bedingungen finden Ausschließungs- und Selbstselektionsprozesse bei Frauen statt?
- Welche Rational-choice-Aspekte wie erwartbare Gratifikationen (Macht, Einfluss usw.) spielen bei jungen Männern eine Rolle?

Weiterhin ist auch die Tragfähigkeit unterschiedlicher theoretischer Ansätze zur Erklärung solcher Geschlechterunterschiede (Geißel 2004) zu diskutieren.
Eine wichtige kognitive Voraussetzung für die Teilhabe am politischen Geschehen ist die *subjektive politische Kompetenz*, die die Einschätzung der eigenen politischen Fähigkeiten beschreibt. Eine Menge von Politik zu verstehen behaupten nur wenige der Befragten von sich (12 % in Ost und West im Jahr 2003). Hier zeigen sich zwischen den drei Erhebungswellen kaum Veränderungen (s. Tab. 3-2). Dass die Politik für sie zu kompliziert sei, sagen 2003 42 % der westdeutschen und 47 % der ostdeutschen Jugendlichen und jungen Erwachsenen. Hier gibt es kaum Schwankungen zwischen den drei Wellen. Das vormals etwas höhere Zustimmungsniveau im Osten (vor allem 1997) ist kaum noch erkennbar.
Die *Geschlechterdifferenzen* bleiben aber in Westdeutschland beträchtlich, während sie in Ostdeutschland abnehmen.
Wie auch beim politischen Interesse sind für die subjektive politische Kompetenz deutliche *Alters- und Bildungseffekte* festzustellen, wobei wiederum in den höheren Bildungsgruppen die Geschlechterdifferenzen ausgeprägter sind.

> Zusammenfassend lässt sich also sagen, dass die wesentlichen Einflussfaktoren – Alter, Geschlecht und Bildungsstatus – im Zeitvergleich in gleichem Maße differenzieren und es hier in den elf Jahren der DJI-Surveyerhebungen zu einer weiteren Annäherung der jungen Generation von West- und Ostdeutschland gekommen ist.

3.3.2 Politische Ordnungsvorstellungen

Analysen zur politischen Kultur unterscheiden die Ebene grundsätzlicher Orientierungen gegenüber politischen Ordnungsstrukturen (System) von derjenigen, die sich auf Ergebnisse konkreter politischer Maßnahmen und auf die Personen bezieht, die hinter solchen Entscheidungen stehen (Output-Orientierungen). Auf der Systemebene nimmt die Orientierung an der parlamentarischen Demokratie eine zentrale Rolle ein. In diesem Zusammenhang stehen die Fragen des DJI-Jugendsurvey nach der Bewertung der »Idee der Demokratie«, der grundlegenden Prinzipien einer Demokratie sowie der »Idee des Sozialismus«.
Ein problematischer Gesichtspunkt im Vergleich der politischen Kulturen der alten und der neuen Bundesländer ist die positivere Haltung im Osten gegenüber den Grundwerten des Sozialismus. Darin könnte sich angesichts der ökonomischen und politisch-institutionellen Schwierigkeiten des Umbruchs rückblickend eine idealisierende Bewertung des Systems des Realsozialismus der DDR ausdrücken. Dies wird oft als »DDR-Nostalgie«, als zumindest partielle Identifikation mit der politischen Vergangenheit bezeichnet (Neller 2005). Darüber hinaus könnte darin auch die relative Ablehnung der Idee der Demokratie enthalten sein, wie sie dem bundesrepublikanischen Wertekanon entspricht. Die empirischen Ergebnisse der Survey-Wellen zeigen jedoch, dass diese Vermutung für die befragten Jugendlichen und jungen Erwachsenen nicht zu stützen ist.
Die Zustimmung zur »**Idee der Demokratie**« dominiert in West wie Ost, wenngleich eine graduell geringere Befürwortung im Osten festzustellen ist (Tab. 3-3). Eine Ablehnung (»ziemlich« oder »sehr gegen« die Idee) wird von höchstens 2 % in beiden Landesteilen ausgedrückt. Es lassen sich jedoch beim Zeitvergleich und in der West-Ost-Perspektive einige bemerkenswerte Entwicklungen konstatieren: So hat z. B. die starke Zustimmung zur Idee der Demokratie von 1992 bis 1997 im Westen geringfügig abgenommen, im Osten sogar etwas mehr. Damit ist die Ost-West-Differenz von 1992 bis 1997 weiter gestiegen, sodass 1997 ein Unterschied von insgesamt 13 % bestand. Im allgemeinen Zustimmungsniveau und der Ost-West-Differenz hat sich dann bis 2003 kaum mehr etwas geändert. Insgesamt kann also von einer wachsenden Stabilität prodemokratischer Haltungen gesprochen werden.
Schwache *Alterseffekte* gibt es dahingehend, dass bei den jüngsten Altersgruppen das Zustimmungsniveau zur Idee der Demokratie niedriger liegt. Generell wird die grundsätzliche Akzeptanz der Idee der Demokratie mit nur geringer Altersspezifik anhand anderer Datensätze nachgewiesen und gilt für Ost wie West (Pickel 2006, S. 114). Erstaunlich ist aber, dass im Zeitvergleich bei den Jüngeren – ohne geschlechtsspezifische Besonderheiten – eine stärkere Zurückhaltung festzustellen ist.
Es gibt jedoch sehr ausgeprägte Unterschiede nach dem *Bildungsniveau*. In allen drei Wellen zeigen sich Bildungseffekte in der Weise, dass die Zustimmung zur Idee der Demokratie mit

Tab. 3-3 Einstellungen zur Demokratie (nach DJI-Jugendsurvey 1992, 1997 und 2003)[1] (Angaben in Prozent)

Zustimmung zu	West			Ost		
	1992	1997	2003	1992	1997	2003
Idee der Demokratie (2 »für«-Kat.)	90	84	84	81	71	72
Idee des Sozialismus (2 »für«-Kat.)	16	24	22	39	36	29
Idee der Demokratie (3 »für«-Kat.)	98	96	96	96	94	94
Idee des Sozialismus (3 »für«-Kat.)	37	54	57	66	73	71
Demonstrationsfreiheit	73	72	75	79	75	76
Meinungsfreiheit	74	76	84	75	80	84
Oppositionsrecht	67	61	64	70	60	60
Kompromissbereitschaft	49	52	61	53	57	62
starke Hand für den Staat	–	27	30	–	42	45
n	4 526	4 426	4 329	2 564	2 493	2 110

[1] In dieser Tabelle werden Antworten auf drei Fragen zusammengefasst:
1. Bei der folgenden Frage geht es um die **Idee der Demokratie**. Bitte sagen Sie mir anhand der Liste, wie sehr Sie grundsätzlich für oder grundsätzlich gegen die Idee der Demokratie sind.
Bei dieser Frage gibt es 6-stufige Antwortvorgaben (»sehr für ...«, »ziemlich für ...«, »etwas für ...«, »etwas gegen ...«, »ziemlich gegen ...« und »sehr gegen ...«; für die Prozentuierung werden zuerst die beiden äußersten Zustimmungswerte (2 »für«-Kat.) zusammengefasst, danach werden die Prozentanteile für die drei »für«-Kategorien (3 »für«-Kat.) angegeben.
2. Bei dieser Frage geht es um die **Idee des Sozialismus** und nicht um den Sozialismus, wie er in der DDR bestand. Bitte sagen Sie mir anhand der Liste, wie sehr Sie grundsätzlich für oder grundsätzlich gegen die Idee des Sozialismus sind.
Bei dieser Frage gibt es dieselben Antwortvorgaben wie bei der Frage nach der »Idee der Demokratie«; auch die Prozentuierung wird ebenso vorgenommen.
3. Hier haben wir eine Reihe von Aussagen. Inwieweit stimmen Sie diesen zu? (a) Jeder Bürger hat das Recht, für seine Überzeugung auf die Straße zu gehen (hier: Demonstrationsfreiheit). (b) Jeder sollte das Recht haben, für seine Meinung einzutreten, auch wenn die Mehrheit anderer Meinung ist (hier: Meinungsfreiheit). (c) Eine lebensfähige Demokratie ist ohne politische Opposition nicht denkbar (hier: Oppositionsrecht). (d) Auch wer in einer politischen Auseinandersetzung recht hat, sollte einen Kompromiss suchen (hier: Kompromissbereitschaft). (e) Ich bin gegen eine Diktatur, aber eine starke Hand müsste mal wieder Ordnung in unseren Staat bringen (hier: starke Hand für den Staat). Hier gibt es eine 6-stufige Antwortskala (1 »stimme überhaupt nicht zu« bis 6 »stimme voll und ganz zu«); die Werte 5 und 6 werden hier als »Zustimmung« dargestellt.

dem Bildungsniveau zunimmt. Die längsschnittliche Betrachtung zeigt darüber hinaus, dass verminderte Zustimmung zur Idee der Demokratie insbesondere von den unteren Bildungsgruppen ausgeht. Weitere Analysen zeigen, dass auch Orientierungsunsicherheiten die Zustimmung zur Idee der Demokratie beeinflussen. Mit zunehmender Orientierungsunsicherheit nimmt die Befürwortung der Idee der Demokratie ab. Bildungsunterschiede in politischen Einstellungen können somit auch als Ausdruck unterschiedlicher kognitiver Fähigkeiten und Wissensbestände interpretiert werden (Kleinert 2004, S. 182).

Die Frage nach der Zustimmung zur »**Idee des Sozialismus**« zielt nicht auf eine Bezugnahme zu ehemaligen oder real existierenden Herrschaftssystemen und auch nicht auf ein klar konkurrierendes Staatsmodell, sondern auf diffuse Vorstellungen von gesellschaftlichen Gestaltungsoptionen mit ausgeprägten sozialstaatlichen Elementen.

Betrachtet man zunächst die Veränderungen der Zustimmung zur Idee des Sozialismus (sehr, ziemlich, etwas) zwischen 1992 und 2003 (s. Tab. 3-3), so zeigt sich vor allem im Westen von 1992 bis 1997 eine deutlich wachsende Zustimmung. Da aber im Osten das hohe Zustimmungsniveau erhalten geblieben ist, verkleinert sich die vormals sehr große Ost-West-Differenz von 29 % auf 14 %.[1] *Alterseffekte* gab es insbesondere noch 1992 und 1997 im Osten – junge Erwachsene gaben in höherem Maße zustimmende Urteile zur Idee des Sozialismus an. Diese sind aber in den Daten von 2003 nicht mehr festzustellen. *Geschlechtseffekte* zeigen sich dahingehend, dass bei Mädchen und jungen Frauen im Osten die Zustimmung etwas größer ist. *Bildungseffekte* (je höher das Bildungsniveau, desto höher die Zustimmung) sind feststellbar, verlieren aber im 11-jährigen Zeitvergleich an Bedeutung.

Dass die Befürwortung von Ideen und Vorstellungen, die mit dem Begriff »Sozialismus« verbunden sind, durchaus Ausdruck einer Betonung sozialstaatlicher Gestaltungsprämissen innerhalb des demokratischen Herrschaftssystems sein kann, wurde auch in anderen Studien empirisch nachgewiesen

---

1 Zu berücksichtigen ist jedoch, dass sich die hier dargestellten Ergebnisse zur »Idee des Sozialismus« nur auf jene Befragte beziehen, die ein Urteil abgegeben haben. Insbesondere jüngere Befragte antworten hier häufig mit »weiß nicht«, bei den 16- bis 17-Jährigen sind dies beispielsweise 2003 13 % der Befragten insgesamt.

(Fuchs et al. 1997; Roller 1999). Sichtweisen, die beide Ordnungsmodelle verbinden, sind bei den im DJI-Jugendsurvey Befragten verbreitet: Von den Befürwortern der »Idee der Demokratie« beziehen sich 2003 im Westen etwa die Hälfte und im Osten etwa drei Viertel der Jugendlichen und jungen Erwachsenen auch positiv auf die »Idee des Sozialismus«.

Um die Einstellungen junger Menschen gegenüber der Demokratie genauer zu erfassen, wurden im DJI-Jugendsurvey – neben der Frage nach der unspezifischen (»diffusen«) Unterstützung der Idee der Demokratie – zusätzlich Fragen nach der Unterstützung der wesentlichen Grundprinzipien der westlichen Demokratien gestellt, die in der empirischen Politikwissenschaft entwickelt worden sind (Kaase 1971). Dabei geht es um die Zustimmung zu Aspekten wie Demonstrationsfreiheit, Meinungsfreiheit, Kompromissbereitschaft und das Recht auf organisierte Opposition. Die empirischen Ergebnisse zeigen, dass die Unterstützung demokratischer Grundprinzipien sehr hoch ist und über die drei Jugendsurvey-Wellen überwiegend stabil bleibt. Meinungsfreiheit und Kompromissbereitschaft erfahren sogar wachsende Zustimmung (s. Tab. 3-3).

Um auf der Ebene der staatlichen Herrschaftsprinzipien einen Hinweis auf potenziell undemokratische Vorstellungen zu erhalten, wurde als eher »weicher« Indikator hierzu ab der zweiten Welle (1997) das Item »**Ich bin gegen eine Diktatur, aber eine starke Hand müsste mal wieder Ordnung in unseren Staat bringen**« aufgenommen. Dieses Item ist weder eine hinlängliche Operationalisierung einer autoritären Staatsvorstellung noch ein Indikator für eine autoritäre Persönlichkeitsstruktur. Es kann aber die diskutierten politischen Ordnungsvorstellungen sinnvoll ergänzen. In den neuen Bundesländern stimmen 45 % der Befragten dieser Aussage zu, in den alten hingegen nur 30 %. Es werden also West-Ost-Differenzen sichtbar, die bei den bisher betrachteten Aspekten zu den demokratischen Orientierungen nicht erkennbar waren. Außerdem gibt es wieder deutliche Bildungsunterschiede: Je höher das Bildungsniveau, desto geringer ist die Zustimmung zu dieser Aussage.

> Zusammenfassend kann eindeutig von einer Zustimmung zur »Idee der Demokratie« gesprochen werden, auch wenn von 1992 bis 1997 eine geringfügige Abnahme bei der uneingeschränkten Zustimmung festzustellen war, insbesondere in den neuen Bundesländern. Die »Idee des Sozialismus« findet weitaus stärkeren Zuspruch in den neuen Bundesländern, was vor dem Hintergrund der 40-jährigen Staats- und Gesellschaftsgeschichte der DDR allemal verständlich ist. Im Westen hat sich diesbezüglich eine starke Erhöhung der Akzeptanz von 1992 bis 1997 und dann noch einmal leicht steigend im Jahr 2003 ergeben. Diese Entwicklungen sind jedoch weniger als eine Abwendung von demokratischen Haltungen zu interpretieren, sondern eher als Zuwendung zu wohlfahrtsstaatlichen Elementen, die die Demokratie in der Bundesrepublik prägen sollten.

3.3.3 Zufriedenheit mit der Demokratie und Vertrauen in politische Institutionen

Die Aspekte politischer Kultur, die einleitend als »Outputdimension« charakterisiert wurden, sind im DJI-Jugendsurvey über folgende drei Fragenkomplexe erfasst:
- Zufriedenheit mit der Demokratie
- Vertrauen in Institutionen
- Reaktion des politischen Systems und seiner Akteure auf die Interessen der Bürger

Die Frage nach der **Zufriedenheit mit der Demokratie** zielt auf die Bewertung der Alltagswirklichkeit der Bundesrepublik und der Resultate des staatlichen Handelns. Im Zeitraum seit 1990 hatten die politischen Entwicklungen in Osteuropa und der Mauerfall der DDR einen »Glauben an die omnipotente Leistungsfähigkeit der Demokratie« (Bertelsmann Stiftung 2004, S. 32) hervorgerufen. Nach einer gravierenden Ernüchterungsphase kam es dann ab Mitte der 1990er Jahre zu einer gewissen Konsolidierung, die aber mit Beginn des neuen Jahrtausends durch ein Absinken der Zustimmungswerte – mit einem vorläufigen Tiefpunkt 2003 – gekennzeichnet war. Auffallend an den Entwicklungen der Demokratiezufriedenheit der Bevölkerung allgemein ist, dass das Maß der Zustimmung im Osten durchgängig niedriger, der Verlauf mit Höhen und Tiefen aber parallel war (Bertelsmann Stiftung 2004, S. 31), wobei nicht unerhebliche Fluktuationen zu beobachten waren. Längerfristige Prognosen sind daher nur mit Vorsicht möglich.

Obwohl diese generellen Ergebnisse keinesfalls auf Jugendliche übertragen werden sollten, zeigt sich doch, dass im Vergleich der drei Erhebungswellen des DJI-Jugendsurvey die Unzufriedenheit mit der Alltagswirklichkeit der Demokratie und den Resultaten staatlichen Handelns auch bei den 16- bis 29-Jährigen zugenommen hat (Tab. 3-4). Insbesondere ist der Abstand bei der Demokratiezufriedenheit zwischen den alten und den neuen Bundesländern nach wie vor erheblich: 2003 ist der Anteil der demokratiezufriedenen ostdeutschen Befragten nur etwa halb so groß wie der der westdeutschen. Mit der Demokratie in der Bundesrepublik, so wie sie die Befragten wahrnehmen, waren etwa ein Drittel in den alten Bundesländern und etwa ein Fünftel in den neuen Bundesländern »sehr« oder »ziemlich« zufrieden.

Eindeutige *Alterseffekte* existierten nicht. Leichte *Geschlechtsunterschiede* waren für die erste Welle (1992) im Osten und für die zweite Welle (1997) im Westen allenfalls dahingehend auszumachen, dass die weiblichen Befragten zu etwa 5 % unzufriedener waren. Inzwischen ist diese Differenz aber nicht mehr festzustellen. Demgegenüber sind *Bildungseffekte* unübersehbar: Während es 1992 noch kaum Unterschiede in der Demokratiezufriedenheit zwischen den drei Bildungsgruppen (jeweils im Westen und im Osten) gab, waren diese bereits

Tab. 3-4 Demokratiezufriedenheit und Institutionenvertrauen (nach DJI-Jugendsurvey 1992, 1997 und 2003)[1] (Angaben in Prozent)

Zufriedenheit, Zustimmung, Vertrauen	West			Ost		
	1992	1997	2003	1992	1997	2003
Zufriedenheit mit der Demokratie						
• »sehr/ziemlich«	50	47	36	31	22	19
• »sehr/ziemlich/etwas«	76	78	69	62	55	51
Vertrauen in etablierte Politik	21	18	16	16	14	18
Vertrauen in Judikative u. Exekutive	47	48	65	34	41	59
Vertrauen in nicht etablierte Politik	56	53	42	50	50	40
n	4 526	4 426	4 329	2 564	2 493	2 110

[1] In dieser Tabelle werden Antworten auf zwei Fragen dargestellt:
1. Kommen wir nun zu der Demokratie in der Bundesrepublik Deutschland. Wie zufrieden oder wie unzufrieden sind Sie – alles in allem – mit der Demokratie, so wie sie in der Bundesrepublik besteht?
Die Frage hat sechs Antwortvorgaben (»sehr zufrieden«, »ziemlich ...«, »etwas ...«, »etwas unzufrieden«, »ziemlich ...« und »sehr ...«); für die Prozentuierung werden zuerst »sehr zufrieden« und »ziemlich zufrieden« und danach die drei Kategorien »sehr/ziemlich/etwas zufrieden« zusammengefasst.

2. Ich lese Ihnen nun eine Reihe von öffentlichen Einrichtungen und Organisationen vor. Sagen Sie mir bitte bei jeder Einrichtung oder Organisation, wie groß das Vertrauen ist, das Sie ihr entgegenbringen. Bundestag, Bundesregierung und politische Parteien werden hier als »etablierte Politik«, Gerichte, Bundesverfassungsgericht und Polizei als »Judikative und Exekutive« und Bürgerinitiativen und Greenpeace als »nicht etablierte Politik« gebündelt. Die Einzelitems wurden mit einer 7-stufigen Skala (1 »überhaupt kein Vertrauen« bis 7 »sehr großes Vertrauen«) erhoben; die Werte 5 bis 7 werden hier als »Vertrauen« dargestellt.

1997 sehr deutlich und bis 2003 noch deutlicher (Tab. 3-5). Die Demokratiezufriedenheit ging insbesondere bei den Befragten mit höchstens Hauptschulabschluss oder mittlerer Reife zurück.

Erlebte Bildungsbenachteiligung scheint in zunehmendem Maße auch zu einer Unzufriedenheit mit dem demokratischen Staat zu führen. Problematisch kann diese Tendenz erscheinen, wenn sie im Zusammenhang mit der Zustimmung zu »einer starken Hand, die mal wieder Ordnung in unseren Staat bringen müsste« bei den unteren Bildungsgruppen, vor allem im Osten, gesehen wird.

Die Bildungsunterschiede bei der Demokratiezufriedenheit 2003, die in bivariater Betrachtung deutlich werden, werden aber als Einflussfaktor schwächer, wenn man weitere Aspekte in die Analyse einbezieht. Als noch bedeutsamer als das Bildungsniveau erweisen sich dann die Zufriedenheit mit den eigenen Lebensverhältnissen, Orientierungsunsicherheiten und Einschätzungen der »Gerechtigkeit der sozialen Unterschiede in der Bundesrepublik im Großen und Ganzen« sowie bezüglich des »gerechten Anteils«, den man selber vom gesellschaftlichen Wohlstand erhält. Interessant ist dabei, dass nicht *objektive* Indikatoren der Lebensverhältnisse (wie z. B. der Lebensstandard oder das Einkommen) für die Demokratiezufriedenheit relevant sind, sondern deren *subjektive* Einschätzungen und Bewertungen (an Maßstäben der Zufriedenheit und Gerechtigkeit). Zu ähnlichen Ergebnissen kommt auch Pickel (2002, S. 240 ff.). Bildungsunterschiede bei der Demokratiezufriedenheit sind damit nicht nur durch unterschiedliche kognitive Fähigkeiten und Wissensbestände bedingt – dafür spricht die Relevanz der Orientierungsunsicherheiten –, son-

Tab. 3-5 Zufriedenheit mit der Demokratie nach Bildungsniveau (nach DJI-Jugendsurvey 1992, 1997 und 2003)[1] (Angaben in Prozent)

Bildungsniveau[2]	West			Ost		
	1992	1997	2003	1992	1997	2003
ohne/mit Hauptschulabschluss	48	40	25	27	19	11
mittlere Reife/Realschulabschluss	51	45	31	32	19	13
Fachhochschulreife/Abitur	50	51	44	31	28	29
n	4 277	4 102	4 050	2 409	2 326	2 038

[1] Vgl. Frage 1 in Tab. 3-4; Berücksichtigung der Antwortvorgaben »sehr zufrieden« und »ziemlich zufrieden«
[2] Der Indikator »Bildungsniveau« stellt für junge Menschen, die das allgemeinbildende Schulwesen bereits verlassen haben, den höchsten dort erreichten Schulabschluss dar; für Jugendliche, die noch eine allgemeinbildende Schule besuchen, wird der angestrebte Schulabschluss ausgewiesen.

3.3 Empirische Basis: Der DJI-Jugendsurvey

dern auch durch die unterschiedliche Bewertung der eigenen Lebensverhältnisse, die ihrerseits mit dem Bildungsniveau zusammenhängt.

> Mit anderen Worten: Die subjektive Unzufriedenheit und die wahrgenommene Ungerechtigkeit bezüglich der eigenen Lebensverhältnisse – und dies ist bei unteren Bildungsgruppen häufiger – führt tendenziell zu einer geringeren Zufriedenheit mit der Demokratie.

Mit dieser Interpretation lassen sich auch Hinweise auf Bedingungen der Abnahme der Demokratiezufriedenheit seit 1992 insbesondere bei den unteren Bildungsgruppen finden. Tatsächlich hat bei den Jugendlichen und jungen Erwachsenen mit höchstens Hauptschulabschluss im Westen und im Osten die Zufriedenheit mit den Möglichkeiten der eigenen Lebensgestaltung seit 1992 abgenommen, während sie bei der mittleren Bildungsgruppe geringfügig und bei der oberen Bildungsgruppe deutlich größer geworden ist; es hat also in dieser Hinsicht eine zunehmende Differenzierung nach dem Bildungsniveau stattgefunden. Ähnliche Entwicklungen lassen sich auch für die Einschätzungen der Gerechtigkeit der eigenen Lebenslage (»gerechter Anteil«) feststellen. Zwar ist die Gruppe der Jugendlichen und jungen Erwachsenen in West- und Ostdeutschland, die in ihrer Sicht – und im Vergleich zu den Lebensverhältnissen anderer in der BRD – ihren gerechten Anteil oder mehr erhalten, größer geworden, aber dies letztlich nur in Abhängigkeit vom Bildungsniveau.

Neben der Zufriedenheit mit der Demokratie kann als differenzierender Gradmesser für die Unterstützung des gesellschaftlichen und politischen Systems der Bundesrepublik auch die Frage nach dem Umfang des **Vertrauens in unterschiedliche Institutionen** dienen. In den Haltungen gegenüber dem institutionellen System mischen sich dabei leistungsabhängige mit leistungsunabhängigen, generellen Einschätzungen. Bei der Interpretation des Institutionenvertrauens muss deshalb davon ausgegangen werden, dass sich in den Antworten der Befragten neben grundsätzlichen Bewertungen auch Resultate von Wahrnehmungen widerspiegeln, die sich eher auf Output-Aspekte und die jeweils amtierenden Akteure beziehen.

Aus der im Jugendsurvey genutzten umfangreichen Liste einzelner Institutionen lassen sich einige Gruppen von Institutionen bilden, die unterschiedliche politische Gestaltungs- und Ausführungsfunktionen haben. Die hier gebildeten drei Gruppen repräsentieren

- die etablierte Politik (Bundestag, Bundesregierung und politische Parteien),
- die Judikative und Exekutive (Gerichte, Bundesverfassungsgericht, Polizei),
- die nicht etablierte Politik (Bürgerinitiativen und Greenpeace).

Das Vertrauen in die ersten zwei Gruppen von Institutionen steht dabei in deutlichem Zusammenhang mit der Demokratiezufriedenheit.[1]

Tabelle 3-4 verdeutlicht im Überblick die Vertrauensunterschiede zwischen den drei Institutionengruppen. Insgesamt ist offensichtlich das 1990 aus der alten Bundesrepublik auf die fünf neuen Länder übertragene System der Institutionen für die ostdeutschen Befragten vertraut und akzeptabel geworden.[2]

Die West-Ost-Differenzen nehmen seit 1992 ab und sind 2003 nur mehr relativ gering. Nur bezüglich der etablierten Politik ist bei den über 24-Jährigen – und dies ist der einzige *Alterseffekt* – noch eine Ost-West-Differenz dahingehend auszumachen, dass diese in den neuen Bundesländern weniger affektive Unterstützung findet.

Das geringste Maß an Vertrauen genießen zu allen drei Zeitpunkten die Institutionen der etablierten Politik. Das Vertrauen hat dabei im Westen abgenommen und ist im Osten in etwa gleich geblieben. Im Mittelfeld stehen nunmehr, durch einen Vertrauensverlust seit 1997, diejenigen Institutionen, die andere Politikinhalte und Verfahrensweisen repräsentieren, wobei hier das Zustimmungsniveau bei den weiblichen Befragten – und dies ist der einzige *Geschlechtseffekt* – um 11 % in Ost und West höher liegt.

Durch einen starken Vertrauensgewinn seit 1997 erhalten inzwischen die Einrichtungen der Exekutive und Judikative den höchsten Grad an Vertrauen. Es gibt hier kaum mehr Ost-West-Unterschiede und es ist eine deutliche Zunahme des Vertrauens von 1992 auf 2003, insbesondere im Osten, zu beobachten. Diese Institutionen werden offenbar eher außerhalb der tagespolitischen Debatten gesehen und bewertet.

Eine ähnliche Sichtweise findet man auch in der Erwachsenenpopulation der vereinigten Bundesrepublik. Anhand der Daten des ALLBUS ergeben sich besonders für das Bundesverfassungsgericht die höchsten Vertrauenswerte (im Osten stark gewachsen zwischen 1994 und 2000) und hohe Werte für die Justiz, vor allem im Westen. Auch die Polizei hat sehr hohe Vertrauenswerte, wenngleich diese im Osten geringer sind als im Westen. Politiknahen Institutionen hingegen wird generell weniger Vertrauen entgegengebracht; es wird aber auch eine Annäherung zwischen West und Ost konstatiert, aufgrund einer Abnahme im Westen und einer geringen Zunahme im Osten (Schmitt-Beck u. Rohrschneider 2004).

Damit wird deutlich, dass sich die Jugendlichen und jungen Erwachsenen in der Grundstruktur ihrer Einstellungen gegenüber

---

1 Die Korrelationskoeffizienten haben 2003 jeweils einen Betrag von 0,44 und 0,38 im Westen bzw. von 0,47 und 0,34 im Osten.

2 Bei den Ergebnissen zum Institutionenvertrauen ist zu berücksichtigen, dass hier die jüngeren Befragtengruppen häufig kein Urteil abgeben, beispielsweise 15 % der 16- bis 17-Jährigen bezüglich des Bundestags. Bei den 27- bis 29-Jährigen gilt dasselbe nur für 6 %. Am ausgeprägtesten ist dieser Altersunterschied bei der Einschätzung des Bundesverfassungsgerichts. Im Hinblick auf die Polizei geben hingegen fast alle ein Urteil ab.

unterschiedlichen Institutionen kaum von der Gesamtbevölkerung Deutschlands unterscheiden, lediglich sind die Anteile derjenigen, die keine Beurteilung abgeben, deutlich größer. Betrachtet man exemplarisch das Bundesverfassungsgericht in seiner Funktion der Kontrolle politisch interessensbezogener Handlungen, als Mittler zwischen »Recht« und »Politik« und mit seinen Möglichkeiten, gesellschaftlich relevante Thematisierungen von Fragen über Politik und politische Institutionen jenseits politischer Interessenkämpfe vorzunehmen (Kranenpohl 2004), so wird sichtbar, dass diese Rolle auch von den Jüngeren wahrgenommen und anerkannt wird. Damit erhält auch aus der Perspektive der Jüngeren die Legitimation der Demokratie in der Bundesrepublik eine deutliche Unterstützung.

3.3.4 Exkurs: Rechtsextremismus und Fremdenfeindlichkeit bei Jugendlichen und jungen Erwachsenen

Das Thema Rechtsextremismus begleitet die Bundesrepublik seit ihrem Beginn in unterschiedlichsten Aspekten. Insbesondere seit den 1990er Jahren und den durch die Wiedervereinigung ausgelösten Transformationsprozessen wird Rechtsextremismus in Deutschland vor allem als ein Jugendproblem wahrgenommen. In den Medien werden dementsprechend immer wieder jugendliche rechtsextreme Straf- und Gewalttaten sowie das hohe Ausmaß rechtsextremer und fremdenfeindlicher Einstellungen in der Bevölkerung thematisiert, wie dies verschiedene Umfragen anscheinend belegen. Auch die Wahlerfolge rechter Parteien, die insbesondere auf dem hohen Zuspruch von männlichen Jungwählern gründen, erreichen starke öffentliche Aufmerksamkeit. Die Thematik des Rechtsextremismus ist vielfältig, ebenso die Forschungsergebnisse hierzu. Im Folgenden sollen nur kursorisch einige zentrale Aspekte angesprochen und für den Bereich Fremdenfeindlichkeit bei Jugendlichen und jungen Erwachsenen ein kurzer empirisch angereicherter Abriss gegeben werden – mit Hinweisen auf weitere Literatur zur vertieften Information.

Der Begriff des Rechtsextremismus umfasst unterschiedliche rechtsgerichtete und undemokratische gesellschaftliche Erscheinungsformen, die grundlegende Freiheits- und Gleichheitsrechte von Menschen infrage stellen. Er bezieht sich auf Verhalten wie auf Einstellungen (z. B. Rieker 2006; Stöss 1999, 2005):

- Wahlverhalten zugunsten rechtsorientierter Parteien
- rechtsextrem motivierte Gewalt- und Straftaten bzw. auch Protestaktionen
- organisierter Rechtsextremismus und Zugehörigkeit zu solchen Gruppierungen
- rechtsextreme Einstellungen

Rechtsextreme Parteien, wie etwa die »Nationaldemokratische Partei Deutschlands« (NPD), die »Deutsche Volksunion« (DVU) oder die »Republikaner«, waren in der Geschichte der Bundesrepublik mit zumeist marginalen Wahlerfolgen stets präsent. Sie konnten jedoch in den Bundestagswahlen nie so viele Stimmen erringen, um ein Mandat im Bundestag zu erhalten. Dagegen hatten sie in den 1990er Jahren teilweise nicht unerhebliche Erfolge in Landtagswahlen erzielt. So gelang es der DVU 1998 in den Landtag von Sachsen-Anhalt einzuziehen, 2004 kam sogar die NPD in Sachsen mit über 9 % der Wählerstimmen in den Landtag. Besonderen Zuspruch erfuhren diese Parteien dabei durch jüngere und männliche Wähler (im Alter von 18 bis 24 Jahren). Der generell größere Wahlerfolg rechtsextremer Parteien in den neuen Bundesländern lässt sich beispielsweise für das Jahr 2005 aus den Angaben der repräsentativen Wahlstatistik für die Bundestagswahl darstellen: Während die NPD etwa bundesweit nur 1,5 % aller Stimmen erhielt, waren es in den neuen Bundesländern bei den männlichen Wählern im Alter von 18 bis 24 Jahren 9,5 % (Rieker 2006; Stöss 2005). Zieht man weiterhin Untersuchungen zu Wahlabsichten zugunsten rechter Parteien heran, so wird dieses Potenzial vor allem durch jüngere, gering qualifizierte Männer mit rechtsextremen Einstellungen und einem problematischen Verhältnis zur liberalen Demokratie dominiert (Arzheimer 2007). Die sogenannte Protestwahlhypothese, welche Wahlerfolge rechter Parteien als Ausdruck von Unzufriedenheit mit den etablierten Parteien ansieht, lässt sich jedoch nicht in einem strengen Sinne belegen. Nur im Zusammenhang mit ideologisch rechten bzw. rechtsextremen Überzeugungen führen solche Protesthaltungen auch zu einem entsprechenden Wahlverhalten zugunsten rechter Parteien (Arzheimer 2005).

Eine andere Erscheinungsform von Rechtsextremismus, die insbesondere in den Medien und den darauf bezogenen politischen Diskussionen eine große Rolle spielt, äußert sich in **rechtsextrem motivierten Straf- und Gewalttaten**. Hierbei handelt es sich um polizeilich notierte Tatbestände, die in den Berichten der Innenministerien zur Inneren Sicherheit für die Bundesländer und die gesamte Bundesrepublik dokumentiert werden. Anders als beim Wahlverhalten sind hierbei die Definitionen und Zuordnungen von polizeilichen Behörden für das zu bestimmende Ausmaß an rechtsextrem motivierten Straftaten relevant. Und die Regeln solcher Zuordnungen, wann also eine Straftat als rechtsextrem motiviert gilt oder etwa als rein aggressiv unpolitisch, variieren je nach Bundesland und sind auch zeithistorisch beeinflusst.

Daher kann man für diesen Bereich nur mit größtem Vorbehalt Aussagen zu Entwicklungstendenzen machen. Das Ausmaß rechtsextremistischer Straftaten hatte Anfang der 1990er Jahre einen Höhepunkt, der später nicht mehr erreicht wurde. Allerdings hielt sich das Niveau mit Schwankungen danach über demjenigen vor 1990 und Ereignisse rechtsextremer Gewalttaten gaben immer wieder Anlass zur Beunruhigung in der Politik.

Nur wenige Studien beziehen sich auf Ermittlungsakten, Täter und Tatverdächtigenbefragungen (Sitzer u. Heitmeyer 2007; Wahl 2006; Willems et al. 1994). Im Kern wurde dabei festgestellt, dass solche aggressiven rechtsorientierten Verhaltens-

3.3 Empirische Basis: Der DJI-Jugendsurvey

weisen häufiger in den neuen Bundesländern auftreten, zumeist von jungen Männern ausgeübt werden und dabei weniger als Einzelaktionen stattfinden, sondern in Gruppenhandeln eingebunden sind.

Letzteres verweist auf die Frage, in welchen **Gruppierungen und Organisationen,** vor allem auch in welchen organisierten Parteien Rechtsextremismus zu finden ist. Rechte Parteien haben im Vergleich zu den etablierten Parteien nur geringe Mitgliederzahlen. Sie sind nicht notwendig verboten und somit im Kontext des Parteienwettbewerbs in der Bundesrepublik zugelassen (wenngleich häufig unter Beobachtung des Verfassungsschutzes). Sie zeichnen sich durch Organisationsstrukturen aus, in denen jüngere Mitglieder nur eine geringe Rolle spielen. Seit den letzten Jahren finden Veränderungen in der ideologischen Ausrichtung, insbesondere im Rahmen der NPD, insofern statt, als vergangenheitsorientierte konservative Inhalte durch neue Zielorientierungen erweitert werden, die die Benachteiligung bestimmter gesellschaftlicher Gruppen durch die Globalisierung betonen und Ressentiments gegenüber Modernisierungsprozessen auch bei jungen Menschen in den neuen Bundesländern ansprechen (Rieker 2006; Stöss 2005).

Eine weitere Erscheinungsform von Rechtsextremismus zeigt sich in subkulturell geprägten rechtsextremen Gruppierungen und Jugendszenen (Skinheads, neonazistische Gruppierungen). Hier liegen keine verlässlichen Statistiken vor, sondern nur Schätzungen durch die Innenministerien. Man geht dabei davon aus, dass hier vor allem junge Männer zu finden sind. Solche Gruppierungen gibt es zudem häufig in ländlichen Gebieten in Ostdeutschland.

Nimmt man die **Einstellungsebene** in den Blick, also rechtsextreme Orientierungen und insbesondere fremdenfeindliche Einstellungen, so zeigt sich, dass, anders als bei den bisher skizzierten Erscheinungsformen von Rechtsextremismus, solche Einstellungen in mehr oder minder starkem Ausmaß in der gesamten Bevölkerung zu finden sind. Fremdenfeindliche Einstellungen können, wenn sie in starkem Ausmaße vorhanden sind, als akzeptanzfördernder Hintergrund rechtsextremen Verhaltens (wie gewaltorientierten rechtsextrem motivierten Aktionen, der Entwicklung rechter Gruppierungen oder als Nährboden für Wahlentscheidungen zugunsten rechter Parteien) gelten. Die These, dass in räumlichen Kontexten durch ausgeprägte rechtsorientierte Einstellungen eine Art »politische Kultur« vorhanden sei, innerhalb derer sich in Opportunitätsstrukturen rechtsorientiertes individuelles Handeln entfalten kann, wird als Forschungsdesiderat angesprochen (Rippl u. Baier 2007). Zu einem *rechtsextremen Einstellungssyndrom* werden mehrere Dimensionen gezählt, die erst zusammen eine geschlossene rechtsextreme Haltung bilden (so die dominierende politologische Konzeption) (Arzheimer 2005; Stöss 2005, S. 199; Winkler 2006):

- Befürwortung von autoritären Regimen
- chauvinistischer Nationalismus
- Fremdenfeindlichkeit

Tab. 3-6 Einstellungen gegenüber Ausländern (nach DJI-Jugendsurvey 1992, 1997 und 2003)[1] (Angaben in Prozent)

Aussage	Jahr	Zustimmung	
		West	Ost
Wenn Arbeitsplätze knapp werden, sollte man die Ausländer wieder in ihre Heimat schicken.	1992	27	40
	1997	15	37
	2003	10	23
Ausländer sollten in allen Bereichen die gleichen Rechte haben wie die Deutschen.	1992	22	22
	1997	34	26
	2003	43	32
Ich bin für die Anwesenheit von Ausländern, weil sie unsere Kultur bereichern.	1992	32	22
	1997	39	27
	2003	40	28
Es wäre am besten, wenn alle Ausländer Deutschland verlassen würden.	1992	14	20
	1997	7	19
	2003	3	10

1 Antwortskala von 1 »stimme überhaupt nicht zu« bis 6 »stimme voll und ganz zu«; für »Zustimmung« wurden die Werte 5 und 6 zusammengefasst.

- Sozialdarwinismus bzw. Rassismus
- Antisemitismus
- Verharmlosung des Nationalsozialismus

Die einzelnen Dimensionen haben dabei jeweils ihren besonderen Stellenwert und oft auch eigenständige Ursachen. Im Folgenden soll eine zentrale Dimension, **Fremdenfeindlichkeit,** im Trend und hinsichtlich jugendspezifischer Ausprägungen anhand der Daten des DJI-Jugendsurvey und des ALLBUS betrachtet werden.

Fremdenfeindliche Orientierungen verlieren bei jungen Menschen seit 1992 sowohl in den alten wie in den neuen Bundesländern an Bedeutung (Tab. 3-6). Die vier zur Bewertung vorgelegten Aussagen weisen auf eine einzige zugrunde liegende Einstellungsdimension hin. Junge Menschen, die fremdenfeindlich eingestellt sind,

- befürworten, dass Ausländer bei Arbeitsplatzmangel wieder in ihre Heimat zurückgeschickt werden sollen,
- lehnen es ab, dass diese die gleichen Rechte wie Deutsche haben sollen,
- finden nicht, dass Ausländer unsere Kultur bereichern und
- sagen eher, dass es am besten sei, wenn alle Ausländer Deutschland verlassen würden.

Letztere Aussage hat allerdings die geringsten Zustimmungswerte. Der Rückgang der Zustimmung betrifft alle Aussagen gleichermaßen, auf jeweils unterschiedlichem Niveau. Allerdings ist die höhere Fremdenfeindlichkeit der jungen Menschen in den neuen Bundesländern zu allen Zeitpunkten gegeben (Kleinert 2008).

Betrachtet man die Entwicklung von fremdenfeindlichen Orientierungen seit 1980 in der früheren Bundesrepublik bzw. in Westdeutschland in der Gesamtbevölkerung, so zeigt sich auch hier ein Rückgang, wobei ältere Altersgruppen jeweils ein höheres Ausmaß an Fremdenfeindlichkeit aufweisen als jüngere (Rippl 2006).[1] Allerdings reduziert sich über den Beobachtungszeitraum die Differenz bezüglich der geringeren Fremdenfeindlichkeit der jüngeren Altersgruppen gegenüber den älteren Altersgruppen. Vergleicht man die verschiedenen Aspekte der im ALLBUS erfassten Ausländerfeindlichkeit, so fällt auf, dass die ausländischen Mitbürger immer weniger als Bedrohung bzw. Konkurrenz im Hinblick auf knappe Arbeitsplätze, auf politische Betätigung oder auf den Heiratsmarkt erlebt werden. Dagegen steigt die Zustimmung zu der Forderung, dass die Ausländer sich in ihrem Lebensstil der Aufnahmegesellschaft besser anpassen sollten. Dies kann darauf hinweisen, dass sich die Deutschen auf ein normales Zusammenleben mit den Ausländern eingestellt haben, verbunden mit der Erwartung, dass diese ein gewisses Maß an Integrationsleistungen auch selber erbringen sollen. Die wachsende Zustimmung zu dieser Forderung wird dabei zunehmend von allen gesellschaftlichen Gruppen getragen (Terwey u. Scheuer 2007).

> Zusammenfassend lässt sich festhalten, dass rechtsextremes Verhalten nur bei einer Minderheit von jungen Menschen zu finden ist und hier insbesondere bei jungen Männern in den neuen Bundesländern. Fremdenfeindliche Einstellungen verlieren seit Beginn der 1990er Jahre bei jungen Menschen an Bedeutung, bleiben jedoch auf einem nicht völlig marginalen Niveau und sind generell in den neuen Bundesländern weiter verbreitet. Übereinstimmend mit dem Einstellungsprofil der Erwachsenen lässt sich in der Bundesrepublik eine Tendenz beobachten, dass Ausländer immer weniger als Bedrohung im Hinblick auf knappe Ressourcen (wie z.B. Wohnungs- und Arbeitsmarkt) erlebt und restriktive Forderungen gegenüber Ausländern immer weniger befürwortet werden (z.B. Verbot politischer Beteiligung, Forderung, Ausländer sollten nur untereinander heiraten). Allerdings steigt die Erwartung der Deutschen im Hinblick auf die Integrationsbereitschaft der Ausländer. Die Asyldebatte der 1990er Jahre sowie das schlechte Abschneiden von Migrantenjugendlichen in den PISA-Studien haben möglicherweise mit dazu beigetragen, dass von Migranten und Ausländern mehr Integrationsleistungen erwartet werden.

---

1 Fremdenfeindlichkeit wurde im ALLBUS mit folgenden vier Items gemessen: 1. Die in Deutschland lebenden Ausländer sollten ihren Lebensstil ein bisschen besser an den der Deutschen anpassen. 2. Wenn Arbeitsplätze knapp werden, sollte man die in Deutschland lebenden Ausländer wieder in ihre Heimat zurückschicken. 3. Man sollte den in Deutschland lebenden Ausländern jede politische Betätigung in Deutschland untersagen. 4. Die in Deutschland lebenden Ausländer sollten sich ihre Ehepartner unter ihren eigenen Landsleuten auswählen.

3.4 Fazit

Im Hinblick auf die Frage: »Hat sich die politische Kultur bei Jugendlichen und jungen Erwachsenen in Ost und West seit Anfang der 1990er Jahre angenähert oder eher auseinanderbewegt?«, lässt sich bezüglich der Dimensionen »Input, System und Output« folgendes Resümee ziehen:

> Insgesamt gibt es bei den politischen Einstellungen nach wie vor deutliche Unterschiede zwischen Ost und West. Es sind aber auch unter einigen wichtigen Aspekten Annäherungen zu konstatieren.

Betrachtet man die Input-Aspekte, also beispielsweise das politische Interesse und die Einschätzung, in Fragen der Politik kompetent zu sein, so findet man über den gesamten Zeitraum keine massiven Rückgänge. Dies widerspricht dem in der Öffentlichkeit vorherrschenden Meinungsbild von dem zunehmenden Rückgang des politischen Interesses bei Jugendlichen. Das Niveau subjektiver politischer Kompetenz mag zwar gering erscheinen, aber dessen Bewertung ist letztlich eine normative Frage. Auch weist das politische Interesse in vielen Studien ausgeprägte Fluktuationen auf, sodass hier eher längerfristige Zeitreihen stabile Aussagen erlauben (Hoffmann-Lange 2001). Als relativ konstante Ergebnisse können die Differenzen im Grad der politischen Interessiertheit in den verschiedenen Alters- und Bildungsgruppen gelten: Die Jüngeren und Bildungsbenachteiligten sind weniger politisch interessiert als die Älteren und Höhergebildeten.

Die Einstellungen gegenüber der politischen Ordnung sowie den Output-Aspekten stehen in einer gewissen hierarchischen Ordnung vom Allgemeinen zum Besonderen (von politischen Ordnungsprinzipien zu Handlungsträgern) bzw. von Diffusität und Spezifität (Arzheimer 2002, S. 200 ff.). Betrachtet man zunächst jene eher diffusen Einschätzungen wie die Zustimmung zur »Idee der Demokratie« und die Zufriedenheit mit der Demokratie und das Institutionenvertrauen, so zeigen sich hier gewisse Abstufungen in der Zustimmung. Am höchsten ist die Zustimmung zur »Idee der Demokratie«. Auch jene Institutionen, die vom alltäglichen Prozess der Politik unabhängiger sind bzw. diesem als Kontrollinstanz gegenüberstehen, also die Institutionen der nicht etablierten Politik und die Institutionen der Exekutive und Judikative, erfahren relativ hohes Vertrauen. Die Zufriedenheit mit der Demokratie, wie sie in der Bundesrepublik besteht, weist demgegenüber ein geringeres Niveau auf. Mit der Umsetzung demokratischer Verfahrensweisen sind viele junge Bürger unzufrieden und auf die Institutionen der etablierten Politik bezogen gilt dies in besonderem Maße. Am geringsten ist das Vertrauen in die Politik, wenn die politisch Handelnden angesprochen werden, wie dies mit den Indikatoren zur Reaktionsbereitschaft des politischen Systems erfolgt. In der Diskussion um die angebliche »Politikverdrossenheit« der Jugend wird häufig auf Ergebnisse aus den Bereichen des Vertrauens in die etablierte Politik bzw. in die verantwortlichen Politiker Bezug genommen. Wie die Ergebnisse des DJI-Jugendsurveys zeigen, kann damit aber eine mögliche Schlussfolgerung für die allgemeinen Aspekte nicht gezogen werden (Shell Deutschland 2002, S. 110).

Im Ost-West-Vergleich der Jugendlichen und jungen Erwachsenen zeigt sich seit der deutschen Vereinigung, dass die »Idee der Demokratie« in den alten Bundesländern nach wie vor häufiger als positiv bewertet wird, wobei in Ostdeutschland vor allem die Stärke der Zustimmung abgenommen hat. Die klar formulierten Grundprinzipien der Demokratie werden in Ost und West gleichermaßen unterstützt. Die »Idee des Sozialismus« hingegen findet in den neuen Bundesländern nach wie vor mehr Befürwortung, wobei die Einstellungsunterschiede – wegen der zunehmend positiven Haltung demgegenüber im Westen – kleiner werden. Die Vorstellung, dass eine »starke Hand« besser Ordnung in den Staat bringen könnte, ist zwar in beiden Landesteilen nicht übermäßig vorhanden, aber im Osten vergleichsweise stärker verbreitet. Diese Tendenz scheint auch nach neueren Umfragen fortzubestehen (Schneekloth 2006, S. 116).

In den neuen Bundesländern sind die Jugendlichen und jungen Erwachsenen weiterhin deutlich weniger zufrieden mit der Demokratie. Nicht nur die fortbestehenden Differenzen zwischen beiden Landesteilen, sondern zusätzlich auch der Rückgang der Demokratiezufriedenheit gerade bei den Bildungsbenachteiligten ist ein Problem, das auch weiterhin von Relevanz ist (Schneekloth 2006, S. 110 f.). Andererseits hat sich beim Vertrauen in die Institutionen der Politik eher eine Angleichung vollzogen. Die Ergebnisse lassen sich somit nicht zu einem konsistenten Bild von »Annäherung« oder »Auseinanderbewegung« zusammenfassen. In wichtigen Bereichen, wie z. B. der politischen Involvierung und dem Institutionenvertrauen, gibt es Tendenzen der Annäherung zwischen Ost und West, in anderen Bereichen, wie z. B. der Demokratiezufriedenheit, zeigen sich fortbestehende Ost-West-Unterschiede.

Die These eines »naturwüchsigen« Wandels politischer Einstellungen zwischen den nachwachsenden jungen Generationen in den neuen Bundesländern und einer Annäherung der Einstellungen dieser jungen Menschen an die im Westen wird durch empirische Forschung nicht gestützt. Und es zeigen jene Altersgruppen in den östlichen Bundesländern, die kaum selbst Erfahrungen mit der DDR gemacht haben, keine systematisch unterschiedlichen politischen Einstellungen gegenüber jenen Jugendlichen, deren Sozialisation noch von der DDR geprägt worden ist.

Auch andere, hier nicht betrachteten Ergebnisse zu politischen Einstellungen und politischem Verhalten, insbesondere dem Wahlverhalten, deuten in eine Richtung, wonach auch bei jüngeren Bürgern ein deutlicher Unterschied in politischen Überzeugungen zwischen Ostdeutschen und Westdeutschen besteht, wie es bei den älteren Bürgern ebenfalls konstatiert werden kann (Arzheimer 2006; Pickel 2006). Welche Faktoren in der Entwicklung der vereinten Bundesrepublik seit 1990 dafür ursächlich sind, wäre empirisch noch genauer zu untersuchen. Pickel hat in seiner umfangreichen Arbeit, die auf situativ und ökonomisch begründete Einflussfaktoren abzielt, eine Vielzahl an Ergebnissen dargestellt. Er kommt dabei zur Feststellung der steigenden Bedeutung situativer Faktoren gegenüber solchen der Sozialisation (Pickel 2006, S. 126), womit das oben genannte Ergebnis übereinstimmen könnte.

Eine stärkere »Abgrenzungsidentität« bei Jugendlichen und jungen Erwachsenen in den neuen Bundesländern wird man möglicherweise weniger mit Orientierungen an dem realen Sozialismusmodell der DDR begründen können. Die Zunahme der Sympathie für ein Modell des idealen Sozialismus insbesondere im Westen, wie sie sich im DJI-Jugendsurvey zeigt, deutet eher in eine andere Richtung. Als Forschungsfrage wäre etwa interessant, inwieweit Merkmale sozialistischen Gedankenguts (zumindest bei Teilen der Bürgerschaft und hier insbesondere bei den Jüngeren) als Maßstab einer Kritik an den sozialen Verhältnissen der Bundesrepublik gelten müssen (Westle 2004). Das Thema »soziale Gerechtigkeit« würde einen besonderen Stellenwert erhalten und Ost-West-Unterschiede deutlich machen, aber auch Gemeinsamkeiten der jüngeren »Vereinigungsgeneration« begründen können.

Die politischen Einstellungen der Jugendlichen und jungen Erwachsenen mit Abitur unterscheiden sich bei vielen politischen Indikatoren deutlich von den Einstellungen der mittleren und unteren Bildungsgruppen und weisen in die positive Richtung der Veränderungen (Zuwachs oder Konstanz des politischen Vertrauens, keine oder kaum eine Abnahme der Zustimmung zur Demokratie usw.). Im Gegensatz dazu lässt sich bei den unteren und mittleren Bildungsgruppen – die auch 2003 noch mehr als die Hälfte der Jugendlichen und jungen Erwachsenen ausmachten – bei vielen politischen Indikatoren eine stärkere Unzufriedenheit und ein geringeres Vertrauen gegenüber dem politischen System feststellen. Es konnte gezeigt werden, dass dies unter anderem von der Bewertung der eigenen Lebensverhältnisse – anhand von Maßstäben der Zufriedenheit und Gerechtigkeit – beeinflusst wird und dabei zunehmende Differenzierungsprozesse nach Bildung feststellbar sind. Subjektiv erfahrene soziale Ungleichheit in den Lebensverhältnissen scheint für die politischen Einschätzungen Jugendlicher und junger Erwachsener eine verstärkte Bedeutung zu erhalten. Dass eine hohe Arbeitslosigkeit und der Abbau sozialstaatlicher Leistungen insbesondere bei benachteiligten jungen Menschen eine zunehmende Skepsis gegenüber dem demokratischen System bewirken können, erscheint als naheliegende Folgerung.

Literatur

Achatz J, Gaiser W, Gille M. Geschlecht und Partizipation. DISKURS 1999; 1: 58–67.

Albert M, Hurrelmann K, Linssen R, Quellenberg H. Entgrenzung von Politik? Ein Resümee. In: Shell Deutschland (Hrsg). Jugend 2002. Frankfurt/Main: Fischer 2002; 213–20.

Almond GA, Verba S. The Civic Culture. Political Attitudes and Democracy in Five Nations. Princeton: Princeton University Press 1963.

Arzheimer K. Politikverdrossenheit. Wiesbaden: Westdeutscher Verlag 2002.

Arzheimer K. Die Wahl extremistischer Parteien. In: Falter JW, Schoen H (Hrsg). Handbuch Wahlforschung. Wiesbaden: VS Verlag für Sozialwissenschaften 2005; 389–421.

Arzheimer K. Von »Westalgie« und »Zonenkindern«: Die Rolle der jungen Generation im Prozess der Vereinigung. In: Falter J, Gabriel OW, Rattinger Hans, Schoen H (Hrsg). Sind wir *ein* Volk? Ost- und Westdeutschland im Vergleich. München: Beck 2006; 212–34.

Arzheimer K. Wahl extremer Parteien. In: Rattinger H, Gabriel OW, Falter JW (Hrsg). Der gesamtdeutsche Wähler. Stabilität und Wandel des Wählerverhaltens im wiedervereinigten Deutschland. Baden-Baden: Nomos 2007; 67–86.

Bertelsmann Stiftung (Hrsg). Politische Partizipation in Deutschland. Ergebnisse einer repräsentativen Umfrage. Gütersloh: Bertelsmann Stiftung 2004.

Easton D. A Re-Assessment of the Concept of Political Support. Br J Pol Science 1975; 5: 435–57.

Falter J, Gabriel OW, Rattinger H, Schoen H (Hrsg). Sind wir *ein* Volk? Ost- und Westdeutschland im Vergleich. München: Beck 2006.

Fuchs D, Roller E, Weßels B. Die Akzeptanz der Demokratie des vereinigten Deutschlands. Oder: Wann ist ein Unterschied ein Unterschied? Aus Politik und Zeitgeschichte 1997; 51: 3–12.

Gabriel OW. Politische Kultur, Postmaterialismus und Materialismus in der Bundesrepublik Deutschland. Opladen: Westdeutscher Verlag 1986.

Gabriel OW. Politische Einstellungen und politische Kultur. In: Gabriel OW, Brettschneider F (Hrsg). Die EU-Staaten im Vergleich. Opladen: Leske + Budrich 1994; 96–133.

Gabriel OW, Falter JW, Rattinger H (Hrsg). Wächst zusammen, was zusammengehört? Stabilität und Wandel politischer Einstellungen im wiedervereinigten Deutschland. Baden-Baden: Nomos 2005.

Geißel B. Konflikte um Definitionen und Konzepte in der genderorientierten und Mainstream-Partizipationsforschung – Ein Literaturüberblick. Discussion Paper SP IV 2004-403. Berlin: WZB 2004.

Gille M, Krüger W (Hrsg). Unzufriedene Demokraten. Politische Orientierungen der 16- bis 29-Jährigen im vereinigten Deutschland. DJI-Jugendsurvey 2. Opladen: Leske + Budrich 2000.

Gille M, Krüger W, de Rijke J. Politische Orientierungen. In: Gille M, Krüger W (Hrsg). Unzufriedene Demokraten. Politische Orientierungen der 16- bis 29-Jährigen im vereinigten Deutschland. DJI-Jugendsurvey 2. Opladen: Leske + Budrich 2000; 205–65.

Hoffmann-Lange U. Politikverdrossenheit oder Politikdistanz? Zum Wandel der politischen Orientierungen junger Menschen. DISKURS 2001; 1: 11–9.

Hoffmann-Lange U (Hrsg). Jugend und Demokratie in Deutschland. DJI-Jugendsurvey 1. Opladen: Leske + Budrich 1995.

Inglehart R. Kultureller Umbruch. Frankfurt/Main, New York: Campus 1989.

Kaase M. Demokratische Einstellungen in der Bundesrepublik Deutschland. In: Wildenmann R (Hrsg). Sozialwissenschaftliches Jahrbuch für Politik. Bd. 2. München: Olzog 1971; 119–326.

Kleinert C. Fremdenfeindlichkeit. Einstellungen junger Deutscher zu Migranten. Wiesbaden: VS Verlag für Sozialwissenschaften 2004.

Kleinert C. Ein Problem der Vergangenheit? Die Entwicklung fremdenfeindlicher Einstellungen. In: Gille Martina (Hrsg). Jugend in Ost und West seit der Wiedervereinigung. Ergebnisse aus dem replikativen Längsschnitt des DJI-Jugendsurvey. Wiesbaden: VS Verlag für Sozialwissenschaften 2008; 211–36.

Kranenpohl U. Funktionen des Bundesverfassungsgerichts. Eine politikwissenschaftliche Analyse. Aus Politik und Zeitgeschichte 2004; 50-51: 39–46.

Kroh M. Das Politische Interesse Jugendlicher: Stabilität oder Wandel? In: Brettschneider F, van Deth J, Roller E (Hrsg). Jugend und Politik: »Voll normal!« Wiesbaden: VS Verlag für Sozialwissenschaften 2005.

Neller K. »Auferstanden aus Ruinen?« Das Phänomen »DDR-Nostalgie«. In: Gabriel OW, Falter JW, Rattinger H (Hrsg). Wächst zusammen, was zusammen gehört? Stabilität und Wandel politischer Einstellungen im wiedervereinigten Deutschland. Baden-Baden: Nomos 2005; 339–81.

Pickel G. Jugend und Politikverdrossenheit. Zwei politische Kulturen im Deutschland nach der Vereinigung? Opladen: Leske + Budrich 2002.

Pickel G. Die ostdeutsche Jugend – im deutschen Vergleich besonders verdrossen oder auf dem Weg in eine gemeinsame politische Kultur? In: Roller E, Brettschneider F, van Deth JW (Hrsg). Jugend und Politik: »Voll normal!« Der Beitrag der politischen Soziologie zur Jugendforschung. Wiesbaden: VS-Verlag für Sozialwissenschaften 2006; 99–131.

Rieker P. Rechtsextremismus – ein Jugendproblem? Altersspezifische Befunde und forschungsstrategische Herausforderungen. Diskurs Kindheits- und Jugendforschung 2006; 2: 245–60.

Rippl S. Die Abnahme von Fremdenfeindlichkeit – ein Effekt der Bildungsexpansion? In: Hadjar A, Becker R (Hrsg). Die Bildungsexpansion. Erwartete und unerwartete Folgen. Wiesbaden: VS Verlag für Sozialwissenschaften 2006; 231–49.

Rippl S, Baier D. Rechtsextremismus. Soziol Rev 2007; 3: 323–31.

Roller E. Sozialpolitik und demokratische Konsolidierung: Eine empirische Analyse für die neuen Bundesländer. In: Plasser F, Gabriel OW, Falter JW, Ulram PA (Hrsg). Wahlen und politische Einstellungen in Deutschland und Österreich. Frankfurt/Main: Lang 1999; 313–46.

Schmitt-Beck R, Rohrschneider R. Soziales Kapital und Vertrauen in die Institutionen der Demokratie. In: Schmitt-Beck R, Wasmer M, Koch A (Hrsg). Sozialer und politischer Wandel in Deutschland. Analysen mit ALLBUS-Daten aus zwei Jahrzehnten. Wiesbaden: VS-Verlag für Sozialwissenschaften 2004; 235–60.

Schneekloth U. Politik und Gesellschaft: Einstellungen, Engagement, Bewältigungsprobleme. In: Shell Deutschland (Hrsg). Jugend 2006. Eine pragmatische Generation unter Druck. 15. Shell Jugendstudie. Hamburg: Fischer 2006; 103–44.

Shell Deutschland (Hrsg). Jugend 2002. Zwischen pragmatischem Idealismus und robustem Materialismus. 14. Shell Jugendstudie. Frankfurt/Main: Fischer 2002.

Shell Deutschland (Hrsg). Jugend 2006. Eine pragmatische Generation unter Druck. 15. Shell Jugendstudie. Frankfurt/Main: Fischer 2006.

Sitzer P, Heitmeyer W. Rechtsextremistische Gewalt von Jugendlichen. Aus Politik und Zeitgeschichte 2007; 37: 3–10.

Stöss R. Rechtsextremismus im vereinten Deutschland. Berlin: Friedrich-Ebert-Stiftung 1999.

Stöss R. Rechtsextremismus im Wandel. Berlin: Friedrich-Ebert-Stiftung 2005.

Terwey M, Scheuer A. Etwas mehr Anpassung gewünscht. Einstellungen zur Integration von Ausländern in Deutschland. ISI 2007; 38: 12–4.

Wahl K. Rechtsextreme und fremdenfeindliche Vorstellungen und Verhaltensweisen in Deutschland. Ergebnisse der Jugendforschung. In: Minkenberg M, Sucker D, Wenninger A (Hrsg). Radikale Rechte und Fremdenfeindlichkeit in Deutschland und Polen. Nationale und europäische Perspektiven. Bonn: Informationszentrum Sozialwissenschaften 2006; 152–69.

Weßels B. Politische Integration und politisches Engagement. In: Statistisches Bundesamt (Hrsg). Datenreport 2006. Bonn: Bundeszentrale für politische Bildung 2006; 635–43.

Westle B. Kollektive Identifikation und Orientierungen gegenüber Demokratie und Sozialismus. In: Schmitt-Beck R, Wasmer M, Koch A (Hrsg). Sozialer und politischer Wandel in Deutschland. Analysen mit ALLBUS-Daten aus zwei Jahrzehnten. Wiesbaden: VS-Verlag für Sozialwissenschaften 2004; 261–301.

Westle B. Politisches Interesse, subjektive politische Kompetenz und politisches Wissen – Eine Fallstudie mit Jugendlichen im Nürnberger Raum. In: Roller E, Brettschneider F, van Deth JW (Hrsg). Jugend und Politik: »Voll normal!« Der Beitrag der politischen Soziologie zur Jugendforschung. Wiesbaden: VS-Verlag für Sozialwissenschaften 2006; 209–40.

Willems H, Würtz S, Eckert R. Analyse fremdenfeindlicher Straftäter. Forschungsprojekt. Texte zur Inneren Sicherheit. Bonn: Bundesminister des Inneren 1994.

Winkler JW. Fremdenfeindlichkeit und Rechtsextremismus in der Bundesrepublik Deutschland. Die Perspektive der Politikwissenschaft. In: Minkenberg M, Sucker D, Wenninger A (Hrsg). Radikale Rechte und Fremdenfeindlichkeit in Deutschland und Polen. Nationale und europäische Perspektiven. Bonn: Informationszentrum Sozialwissenschaften 2006; 128–51.

4 Zur Bedeutung der beruflichen Aus- und Weiterbildung

Frank Achtenhagen und Susanne Weber

Inhalt
4.1 Einleitung _____ 48
4.2 Beschreibung der derzeitigen beruflichen Erstausbildung _____ 49
4.3 Berufliche Erstausbildung unter entwicklungstheoretischer Perspektive _____ 58
4.4 Konsequenzen für die berufliche Ausbildung ____ 61
Literatur _____ 62

Zusammenfassung

Fragen der Berufswahl in der Adoleszenz und im frühen Erwachsenenalter betreffen eine zentrale Lebensentscheidung. Chancen der Persönlichkeitsentwicklung hängen zentral davon ab, wie es gelingt, den Übergang von der Schule in die Berufs- und Arbeitswelt zu meistern. Von dieser Problematik sind ungefähr drei Viertel aller Jugendlichen in Deutschland betroffen; dabei spielen sowohl das von den Betrieben vorgehaltene Ausbildungsplatzangebot als auch die von den Bewerbern mitgebrachten schulischen und Sozialisationsleistungen eine entscheidende Rolle. Verschärft wird alles dadurch, dass sich die Arbeitsplatz- und Berufsstrukturen gegenwärtig in einem Wandel befinden, dessen Richtung und Geschwindigkeit sich nicht hinreichend präzise prognostizieren lassen. Der Beitrag zeigt auf, welche Bedingungen institutionell-organisatorischer Art sowie im Hinblick auf die Lehr-Lern- und Entwicklungsprozesse sich gegenwärtig festmachen lassen, wie diese aller Voraussicht nach die Persönlichkeitsentwicklung beeinflussen und wie sie konstruktiv bewältigt werden sollten.

4.1 Einleitung

Schließt man sich der Einteilung von Phasen der Persönlichkeitsentwicklung an, wie sie in neueren Lehrbüchern der Entwicklungspsychologie – vor allem im Anschluss an Erikson (1968) – vorgestellt werden (vgl. z. T. Berk 2005; Santrock 2007), so fallen Probleme der beruflichen Erstausbildung und früher Phasen der beruflichen Weiterbildung sowohl in die Phase der Adoleszenz als auch in die des frühen Erwachsenenalters. Ein Schnitt wird mit dem 21. Lebensjahr vollzogen. Viele Autoren stimmen darin überein, dass sich die Jugendlichen bzw. jungen Erwachsenen in dieser Zeit mit dominanten Entwicklungsaufgaben auseinanderzusetzen haben (vgl. hierzu auch Cortina 2006; Flammer 1999; Flammer u. Alsaker 2002; Oerter u. Montada 2002; Stickle 2007). Deren Bewältigung hängt von zuvor verlaufenen Entwicklungsprozessen sowie von den Chancen ab, erfolgreich den Übergang in die Berufs- und Arbeitswelt zu meistern.

In diesem Beitrag behandeln wir Fragen der nichtakademischen beruflichen Aus- und Weiterbildung, von denen etwa drei Viertel der Jugendlichen in Deutschland betroffen sind – auch dann, wenn sie keine Chance haben, eine Ausbildung in einem anerkannten Ausbildungsberuf aufzunehmen. Fragen des Übergangs von der allgemeinen Schule in das Erwerbsleben betreffen vor allem die Berufswahl und Laufbahnentscheidung, die Berufsreife und die gegebenen Berufschancen. Die Literatur ist sich darin einig, dass die erfolgreiche Bewältigung der mit diesen drei Problemfeldern verbundenen Anforderungen entscheidend ist für eine gelingende Persönlichkeitsentwicklung. Die Konsequenzen für die Identitätsentwicklung variieren je nach Bewältigungsgrad zwischen *identity achievement* (Verpflichtung auf klar formulierte, selbstgewählte Wertvorstellungen und Ziele; Gefühl psychischen Wohlbefindens; Wissen darum, welche Richtung man einschlagen möchte) und *identity diffusion* (keine Verpflichtung auf bestimmte Wertvorstellungen und Ziele; keine Aktivität, diese zu erreichen; kein Ausprobieren von Alternativen) im Sinne von Marcia (1980) (vgl. auch Berk 2005, S. 530).

Im Hinblick auf die Persönlichkeitsentwicklung haben sich in den beiden letzten Jahrzehnten tiefgreifende Verschiebungen bezüglich der Wahl eines Berufes, der Gewinnung der Berufsreife und der Wahrnehmung beruflicher Chancen ergeben: Aufgrund weitreichender Veränderungen in der Arbeitswelt haben sich auch die Bedingungen, eine anerkannte berufliche Ausbildung zu durchlaufen, für einen großen Teil der Jugendlichen und jungen Erwachsenen grundlegend verändert. So sind beispielsweise viele Jugendliche nicht bzw. nicht hinreichend über Veränderungen in den Ausbildungsberufen informiert, für neu strukturierte modularisierte Ausbildungsberufe gibt es noch keine oder nur wenig Erfahrung hinsichtlich der Wertschätzung und Anerkennung auf dem Arbeitsmarkt. Betriebe, die sich im Rahmen des Bündnisses für Arbeit bereit erklärt haben, Jugendliche auszubilden, haben häufig keine Erfahrung mit der Organisation und Durchführung von Ausbildung und/oder können den Auszubildenden aufgrund ihrer geringen Produktions-/Service-Kette nicht alle Ausbildungsangebote machen, die in den Ausbildungsordnungen vorgesehen sind.

Im Folgenden sollen zunächst die institutionell-organisatorischen Bedingungen des deutschen Berufsausbildungssystems sowie der Einfluss der »Megatrends« dargestellt werden. Im Anschluss daran wird gezeigt, welche Art von Lehr-Lern- und Entwicklungsprozessen innerhalb der deutschen Berufsausbildung mit welchen Lehr-Lern-Formen vorrangig initiiert und gefördert werden und welche Konsequenzen sich hieraus für die Gelingensbedingungen der Persönlichkeitsentwicklung für die Jugendlichen und jungen Erwachsenen im Hinblick auf die Berufswahl und die Chancen in beruflichen Lern- und Entwicklungsprozessen ergeben. Die Darstellung wichtiger Konsequenzen für die berufliche Ausbildung bildet den Schluss.

4.2 Beschreibung der derzeitigen beruflichen Erstausbildung

4.2.1 Ausgangslage und aktuelle Herausforderungen

Junge Menschen, die in der heutigen Zeit berufliche Aus- und Weiterbildung nachfragen, sind mit einer hohen Komplexität und Unsicherheit auf den Arbeits- und Ausbildungsmärkten konfrontiert: Globalisierung, demografische Entwicklungen, technologische Innovationen, Wertewandel etc. zeigen erhebliche Wirkungen. So sind Arbeitsplätze in zunehmendem Maße derart hochgradig vernetzt, dass neben der eigenen Arbeitsleistung eine Vielzahl von weiteren Einflussfaktoren das Handlungsergebnis mitbestimmen. Zudem sind informationsbezogene Arbeitsprozesse häufig nicht mehr unmittelbar sichtbar, existieren nur virtuell und unterliegen einer hohen Dynamik. Damit entzieht sich auch die eigene Arbeit weitgehend der eigenen Kontrolle. Derartige Kontrollverluste schüren Ängste und produzieren Unsicherheit. Praktische Beispiele zeigen, dass weder Unternehmen noch Mitarbeiter sich bisher adäquate Maßnahmen und Strategien in hinreichendem Umfang und genügender Differenziertheit angeeignet haben, um mit diesen neuen, offenen Dimensionen angemessen umgehen zu können. In der Praxis dominieren immer noch die klassischen Management- und Führungsansätze, die davon ausgehen, dass die Aktivitäten im Unternehmen beherrscht und kontrolliert werden müssen (und können), bei denen der Chef entscheidet und die Mitarbeiter ihre Pflichten erfüllen: Kres (2007, S. 18) plädiert auf der Grundlage dieser Analysen mit seinem »integrierten Employability«-Konzept dafür, dass der Erfolgsfaktor der Zukunft nicht in der Vermeidung oder Verminderung von Unsicherheit, sondern eher im aktiven Erlernen des »Umgangs *mit* Unsicherheit« bestehen solle.

Im Folgenden seien kurz einige zentrale Einflussfaktoren thematisiert, die das System »berufliche Aus- und Weiterbildung« vor nicht unerhebliche Probleme stellen. Buttler (1992) hat diese unumkehrbar scheinenden Prozesse als »Megatrends« bezeichnet (vgl. auch Castells 1997; Kres 2007):

■ **Demografische Veränderungen:** Sowohl in Deutschland als auch in anderen europäischen Industrieländern können wir einen Rückgang der Zahl ausgebildeter Angestellter und Facharbeiter beobachten. Gründe dafür sind einerseits in den Einschnitten der Bevölkerungspyramide (als Folge der Weltkriege und der Geburtenkontrolle) zu suchen, andererseits aber auch darin, dass es immer mehr ältere Mitarbeiter in den Betrieben gibt, die sich einerseits nicht weiterbilden, andererseits mit ihrem Wissen und ihren Sozialisationswirkungen die Betriebe vorzeitig verlassen (bzw. verlassen müssen) (»demografische Falle«; Bundesministerium für Bildung und Forschung 2008). Gleichzeitig ist eine kontinuierlich steigende Erwerbsbeteiligung von Frauen (u. a. auch als Wiedereinstieg) in den letzten Jahrzehnten sowie ein damit korrespondierender Anstieg an Teilzeitstellen zu beobachten (Kres 2007, S. 22). Diese Entwicklungen führen zu multiplen Heterogenitäten: Die Unternehmen wählen ihre Auszubildenden zunehmend differenziert, d. h. nicht mehr kohortenbezogen, aus. Es finden sich beispielsweise in der Ausbildung für Industriekaufleute in einer Berufsschulklasse Auszubildende mit einer Spannweite von bis zu elf verschiedenen Geburtsjahrgängen, die unterschiedliche Schulabschlüsse aufweisen und zudem in völlig heterogenen Betrieben (vom Steinbruch bis zum Zulieferer für die Raumfahrt) ausgebildet werden (Achtenhagen et al. 2000). Gleichzeitig wächst der Anteil fremder Kulturen und Nationalitäten in den jeweiligen Bildungsprogrammen (Weber 2007). Die Arbeitsmigration lag im Jahr 2005 bei 30 % der legalen Migration in den OECD-Staaten (Liebig 2007). Die meisten Migranten im OECD-Durchschnitt stammen aus Asien. Zumeist werden hoch qualifizierte Migranten angeworben, um die Innovationskraft von Betrieben und Regionen zu stärken (Niebuhr 2007). Unter den Migranten mit einem Abschluss im tertiären Bereich halten sich Männer und Frauen im OECD-Durchschnitt die Waage (Martin 2007).

■ **Veränderung von Wertemustern:** Neuere Forschungen zeigen einen tiefgreifenden Wandel der Werte und Einstellungen bei den Jugendlichen (Buttler 1992, S. 164; Deutsche Shell 2006; Hofer 2004). Die traditionelle Einstellung vieler Mitarbeiter der Nachkriegsgeneration und der Baby-Boomer-Generation im Sinne einer hohen Leistungsorientierung, eines hohen Berufsbezugs sowie einer Präferenz für Beständigkeit ist in dieser Eindeutigkeit bei vielen jüngeren Mitarbeitern nicht mehr zu finden. Heute greifen Jugendliche auf Werte undogmatisch und individuell zurück: Kreativität, Familie, Leistung, Sicherheit – alles passt zusammen. Und das Credo vieler Jugendlicher lautet, dass kein Vorbild so sei, wie sie es gerne hätten (Deutsche Shell 2006). Lebensgenuss und Leistungsorientierung sind für viele Menschen vereinbar; Arbeit ist nicht mehr der einzige Lebensinhalt. Gleichzeitig verschwimmen die Grenzen zwischen Privat- und Berufsleben. Auf der vermehrten Suche nach dem Sinn des Lebens rücken dabei Hedonismus, Verlust des Glaubens an Autoritäten im privaten, im politischen und im Arbeitsleben, Selbstverwirklichung, Mitsprache, Freizeitwerte und Zeitsouveränität sowie die eigene Vorteilhaftigkeit und die Maximierung des persönlichen Nutzens – oft zulasten übergreifender Ziele des Arbeitgebers – in den Vordergrund (vgl. u. a. Kres 2007, S. 24 f.). Damit tritt die klassische Dreiteilung des Lebensweges – Ausbildung, Erwerbstätigkeit und Rentenalter – in den Hintergrund zugunsten eines neuen flexiblen Konzepts der aktiven Gestaltung von Lebensphasen (»Patchwork-Biografien«) (Kres 2007, S. 25). Darüber hinaus sind auch Wertetendenzen wie Furcht vor zu starker Reizüberflutung oder vor ökologischen Katastrophen gegeben. Entsprechend finden wir ein Aufleben der Diskussion um Moral und Ethik in der Wirtschaft und in den Wirtschaftswissenschaften (vgl. u. a. Kirsch et al. 2007; Küpper 2006) – alles Tendenzen, die erschwerend für organisierte Lehr- und Lern-Prozesse wirken. So verweisen beispielsweise Ergebnisse einer Milieu-Studie zur Weiterbildung auf den Zusammenhang von Milieus (Lebenswelten, Lebenslagen, Lebensstile) und entsprechenden Bildungspräferenzen hin. Extrem »hedonistisch« orientierte Jugendliche und junge Erwachsene zeigen danach eine Distanz zu organisierten Bildungsanstrengungen, eine Ablehnung etablierter Bildungsträger (zu langweilig, zu dogmatisch), »null Bock« auf lebenslanges Lernen und Weiterbildung wird als soziale und (jugend-) kulturelle Veranstaltung wahrgenommen (Barz u. Tippelt 1999, S. 135 f.).

■ **Wachsende Internationalisierung der Wirtschaft:** Die unübersehbaren Globalisierungstendenzen führen zu einer Zunahme der Kommunikationsprozesse zwischen Vertretern unterschiedlicher Kulturen. Deutsch und Englisch gelten sowohl für Deutsche als auch für Nichtdeutsche nicht mehr als Fremdsprache. Zudem kommt es aufgrund der unterschiedlichen gesetzlichen Regelungen in Deutschland bezüglich des Migrationsstatus und der damit korrespondierenden Unterstützungsmaßnahmen zu Verzerrungen: Migranten – insbesondere diejenigen aus Osteuropa –, die einen deutschen Pass aus ethnischen Gründen (»Blutsverwandtschaft« als Kriterium) erhalten haben, sind per Definition nicht mehr als Migrant behördlich geführt und kommen damit auch nicht mehr in den Genuss von Unterstützungskursen zur Orientierung in der deutschen Kultur und Gesellschaft (Diehl 2007; Steinhardt 2006; Weber 2007). Jugendliche mit Migrationshintergrund haben immer noch erhebliche Nachteile im Hinblick auf den Erwerb höherer Bildungsabschlüsse (PISA-Konsortium Deutschland 2007). Bürger mit Migrationshintergrund finden überwiegend im »*low-skilled*«-Sektor Arbeit (46 % Elementary Occupations, z. B. Aushilfskellner; 30 % Plant and Machine Operators and Assemblers, z. B. Fließbandtätigkeit; 20 % Service and Shop and Market Sales Workers, z. B. Auffüller von Regalen) (Liebig 2007, S. 39). Ein Hauptproblem für den Zugang zu gehobenen Berufstätigkeiten ist im Berechtigungs- und Zertifizierungssystem der deutschen Berufsausbildung zu sehen, da viele Berufe und Erwachsenentätigkeiten an korrespondierende Ausbildungsabschlüsse und erworbene Berechtigungen geknüpft sind (Kell 1982). Daher können Bürger mit Migrationshintergrund nicht ihre realen Kompetenzen – bzw. die in ihren Heimatländern erworbenen Qualifikationen – kapitalisieren, sondern bleiben auf einfache Arbeitstätigkeiten beschränkt (vgl. u. a. Diefenbach u. Nauck 2000, S. 47). Studien zum Problem von kulturellen Missverständnissen in der Arbeitswelt zeigen, wie *einfach* solche Missverständnisse beseitigt werden können. Daher gilt es, gezielt Verfahren eines erfolgreichen interkulturellen Lernens zu entwickeln (Weber 2004, 2005, 2007). Die Bundesregierung hat in ihrem neuen »Nationalen Integrationsplan« gemeinsam mit Vertretern der Wirtschaft, Verbänden und ethnischen Gruppen einen Katalog von mehr als 400 Maßnahmen und Selbstverpflichtungen aufgestellt (Presse- und Informationsamt der Bundesregierung 2007). Hierzu gehören unter anderem Sprachförderung in der frühkindlichen Erziehung, Implementation von beruflichen Vorbereitungskursen und Unterstützung von Frauen mit Migrationshintergrund bei der Planung und Gestaltung ihrer eigenen Karrieren. Sprache und die berufliche Tätigkeit werden damit als zentrale Elemente einer gesellschaftlichen Integration und Teilhabe gewertet.

■ **Steigende Nutzung der neuen Informations- und Kommunikationstechniken:** Dieser Sachverhalt verursacht tiefgreifende Änderungen an vielen Arbeitsplätzen und erfordert deren sorgfältige Adaptation an die neuen technischen Möglichkeiten; denn Technologien werden anspruchsvoller und kurzlebiger; zudem ist eine Virtualisierung von Produkten und Dienstleistungen zu beobachten (vgl. u. a. Kres 2007, S. 21). Vintage-Effekte der Wissensstruktur (jüngere Generation hat Wissensvorsprung, z. B. Gebrauch von Computer) (Mertens 1974) beeinflussen die Arbeitsprozesse; denn weder die allgemeinen Schulen noch die Berufsausbildung sind mit ihren traditionellen Ausbildungsweisen bisher in der Lage, angemessen auf den Gebrauch der neuen Technologien vorzubereiten (zur Problematik vgl. Achtenhagen 2001, 2003; Mayer 2005). Darüber hinaus verschwinden Berufe und neue entstehen. Für Jugendliche und junge Erwachsene wird es schwieriger, Berufe und Erwachsenentätigkeiten angemessen wahrzunehmen und zu verstehen, was Probleme bei der Berufswahl und Weiterbildung zur Folge hat.

- **Globalisierung der Ressourcennutzung und der Umwelteinflüsse des Wirtschaftens:** Das kontinuierliche Wachsen und die zunehmende Internationalisierung der Weltwirtschaft setzen eine drastische Reduzierung des Verbrauchs von nicht reproduzierbaren Ressourcen sowie verstärkte Maßnahmen gegenüber einer unkontrollierten Umweltverschmutzung voraus (vgl. Albach 1993; Bundesinstitut für Berufsbildung 1993; Buttler 1992; Gilgen et al. 1993; Projekte verschiedener Bundesministerien zur Förderung einer nachhaltigen Entwicklung). Hieraus ergeben sich Anforderungen an eine ausgewogene und verantwortungsbewusste Diskussion im Unterricht beruflicher Schulen im Sinne einer Umweltbildung und Nachhaltigkeitsdiskussion (vgl. u. a. Fischer 1999; Rebmann 2006).

- **Wachsen des Dienstleistungsbereichs:** Der Dienstleistungsbereich kann unter drei Aspekten betrachtet werden (Baethge u. Baethge-Kinsky 2006; Baethge u. Oberbeck 1986; Buttler 1992, S. 165 ff.; Deutsche Forschungsgemeinschaft 2001; Tessaring 1993):
  1. Anwachsen des tertiären Bereichs des Arbeitsmarkts auf Kosten von Landwirtschaft und Produktionssektor
  2. Zunahme von Dienstleistungstätigkeiten auch außerhalb des eigentlichen Dienstleistungsbereichs (z. B. betriebswirtschaftliche Beratung von Landwirten)
  3. Zunahme von Dienstleistungsaktivitäten im Rahmen einer Reihe von Berufen

Nach Prognosen werden im Jahr 2010 ungefähr zwei Drittel aller Beschäftigten im Dienstleistungsbereich tätig sein und etwa 72 % im gesamten Tätigkeitsspektrum möglicher Dienstleistungen. Dabei werden sich innerhalb der Dienstleistungen Verschiebungen zugunsten komplexerer Tätigkeiten ergeben.

In der Berufsbildungspolitik ist man im Hinblick auf diese Tendenzen – die alle industrialisierten Staaten betreffen – zu der Überzeugung gekommen, verstärkt auf die Humanressourcen als zentralen Wettbewerbsfaktor zu setzen. Auf der EU-Ebene wurden im Hinblick auf die Förderung der beruflichen Aus- und Weiterbildung Stellungnahmen in Lissabon, Kopenhagen und Maastricht abgegeben, wonach Europa zur wissensbasiertesten Region werden soll. Damit ergeben sich folgende Konsequenzen:
- **struktureller Aufbau bzw. Organisation von Berufsausbildungsprogrammen,** d. h. Fragen im Hinblick auf erfolgreiche Konzepte der beruflichen Weiterbildung und des »lebenslangen Lernens« (vgl. die fünf Bände umfassenden Gutachten bei Achtenhagen u. Lempert 2000; Faulstich 2005)
- **Durchführung von konkreten Lehr-Lern- und Entwicklungsprozessen,** d. h., diese Forderungen, die von den Arbeitsstrukturveränderungen her begründet sind, gehen über traditionelle Additionen von Fähigkeiten und Kenntnissen hinaus, die bis dahin für die berufliche Erstausbildung typisch waren; damit stellt sich zugleich die Frage, wie die Lehr- und Lernprozesse auszusehen haben, mit deren Hilfe diese neu formulierten Zielstrukturen erreicht werden können (vgl. u. a. Achtenhagen et al. 2005; Baumert u. Kunter 2006; Borich 2007; Bransford et al. 2000; Brunner et al. 2006; Cooper 2006; Shulman 2006; Slavin 2008)
- **Anerkennung bzw. Zertifizierung von Bildungsergebnissen,** d. h., mithilfe des »European Qualifications Frame« (EQF) sollen Kompetenzen klassifiziert werden – von der Stufe 1 (un- und angelernte Fähigkeiten) bis zur Stufe 8 (Doktorwissen)

Entscheidend beim letzten Vorschlag sind zwei Sachverhalte: Zum einen werden Kompetenzen, die im allgemeinbildenden Bereich und in der beruflichen Aus- und Weiterbildung sowie bei betrieblichen Arbeiten erworben werden, innerhalb eines Klassifikationsschemas aufeinander bezogen. Zum anderen werden hier auch Kompetenzen eingeordnet, die als Ergebnisse informellen Lernens (d. h. eines Lernens außerhalb von hierfür ausgewiesenen Institutionen und Lernorten) zu gelten haben (vgl. auch Baethge et al. 2006; Björnavold 2000).

Einen Hauptdiskussionspunkt stellt dabei auch die Frage dar, ob ein »Berufskonzept« gegenwärtig noch Focus aller beruflichen Ausbildungsbemühungen sein könne bzw. wie dieses auszusehen habe (Achtenhagen u. Baethge 2007; Baethge et al. 2006; Blankertz 1963; Edelmann u. Tippelt 2007; Kell 1989; Kutscha 1992, 1994; Zabeck 1992).

Zusammenfassend kann festgestellt werden, dass sich die Jugendlichen in Zeiten derartigen Wandels unter einem immensen Erfolgsdruck befinden: Immer weniger Jugendliche und junge Erwachsene stehen für den Arbeitsmarkt zur Verfügung, um den derzeitigen Wohlstand aufrecht zu halten. Gleichzeitig müssen sie dabei eine zunehmende Komplexität von Arbeitsaufgaben bewältigen – bei einer erhöhten Unsicherheit im Hinblick auf die Prozesse und Resultate ihrer Arbeit sowie im Hinblick auf die Sicherheit ihres Arbeitsplatzes. In der Literatur wird hierfür häufig das Konzept der *employability* als notwendige Kompetenz zur Bewältigung dieser neuen und offenen Aufgaben vorgeschlagen (vgl. u. a. Kres 2007). Angesichts dieser Bedingungen scheint es zwingend geboten, den allgemeinen Bildungsstand zu heben; dazu wäre erforderlich, dass erheblich mehr Jugendliche das Abitur ablegen oder eine gehobene berufliche Ausbildung durchlaufen. Vergleichbares gilt für die Weiterbildung (Baethge et al. 2007).

4.2.2 Institutionell-organisatorische Bedingungen des deutschen Berufsausbildungssystems

Das Funktionieren des Systems der deutschen beruflichen Aus- und Weiterbildung stellt für viele Deutsche – vor allem für Akademiker – ein gut gehütetes Geheimnis dar: Einzelheiten, rechtliche Regelungen, Durchlässigkeiten von der allgemeinen Bildung zur beruflichen bzw. wieder zurück von der beruflichen Bildung zur allgemeinen oder zum Arbeitsmarkt sind kaum im Detail bekannt. Auch wenn man weiß, dass es die Trias Lehrling – Geselle – Meister gibt und dass für berufliche Tätigkeiten systematische Ausbildungen existieren, so bleiben doch die Differenziertheit des Systems der beruflichen Aus- und Weiterbildung, seine Vorzüge, aber auch seine Probleme weitestgehend im Dunkeln. Dieser Abschnitt gibt daher zunächst eine kurze Darstellung des Systems und seiner Entwicklungen, um anschließend Konsequenzen für Jugendliche, junge Erwachsene, aber auch für unser Sozialwesen nachzuzeichnen.

Berufliche Ausbildung und berufliches Lernen lassen sich auf vielfache Weise definieren. Folgt man der »Denkschrift« der Senatskommission für Berufsbildungsforschung der Deutschen Forschungsgemeinschaft, die eine entsprechende Festlegung über den Forschungsaspekt vornimmt, so untersucht Berufsbildungsforschung »die Bedingungen, Abläufe und Folgen des Erwerbs fachlicher Qualifikationen sowie personeller und sozialer Einstellungen und Orientierungen, die für den Vollzug beruflich organisierter Arbeitsprozesse bedeutsam erscheinen« (Deutsche Forschungsgemeinschaft 1990, S. VII). Mit dieser Definition lässt sich eine Abgrenzung zu allgemeinen Bildungsprozessen vornehmen, die zeitlich vor der Berufsbildung liegen (Unterricht in den allgemeinen Schulformen) oder parallel bzw. nachgelagert dazu erfolgen (z. B. Volkshochschulkurse mit allgemeinen Themen). Fragen des berufsorientierten Unterrichts in allgemeinbildenden Schulen (z. B. Arbeitslehreunterricht, Polytechnischer Unterricht, Unterricht im Fach Arbeit-Wirtschaft-Technik) bzw. des Unterrichts im tertiären Bereich (Universitäten, Fachhochschulen) werden somit nicht behandelt.

Ausgehend von der oben genannten Definition ist zunächst zwischen Institutionen und Lernorten der beruflichen Bildung zu unterscheiden. Unter »Institutionen« beruflichen Lernens sollen hier die institutionell abgegrenzten Ausbildungsstätten verstanden werden: Betriebe, berufliche Schulen, überbetriebliche Ausbildungsstätten, Bildungsträger der Bundesagentur für Arbeit und Einrichtungen der beruflichen Weiterbildung. Als »Lernorte« seien die organisatorischen Einheiten bezeichnet, in denen Lernprozesse stattfinden. Nimmt man für den gewerblich-technischen Bereich der Berufsbildung beispielsweise den Lernort »Lehrwerkstatt«, so kann man ihn – jeweils gleich oder auch unterschiedlich strukturiert – innerhalb der Institutionen Betrieb, berufliche Schule, überbetriebliche Ausbildungsstätte, Bildungsträger der Bundesagentur für Arbeit etc. finden. Gleiches gilt im kaufmännisch-verwaltenden Bereich für den Lernort »Übungsfirma« (vgl. Achtenhagen 1988; Deutsche Forschungsgemeinschaft 1990, S. 74 ff.). Diese Unterscheidung ist wichtig für das weitere Verständnis, da hiermit unter anderem die nachfolgenden Aspekte in den Fokus gelangen, die bildungspolitisch über weite Strecken zwischen den Haupt-Stakeholdern der beruflichen Bildung (Arbeitgeber, Arbeitnehmer/Gewerkschaften, Lehrerverbände, Kultus- und Fachministerien von Bund und Ländern sowie zuständige Stellen wie die Industrie- und Handelskammern, Handwerkskammern etc.) sehr kontrovers diskutiert und verhandelt werden:

- Einflussnahme auf die Berufsbildungsprozesse (u. a. Lehrplangestaltung: Ausdehnung oder Rücknahme allgemeiner Fächer in der Berufsbildung)
- Finanzierung der Berufsausbildung (u. a. Anzahl von Berufsschultagen vs. Aktivitäten in der Wertschöpfungskette)
- Lernpotenziale (u. a. Verfolgung einer »Logik des Arbeitsplatzes« bzw. vorwiegend ökonomischer Ziele vs. Verfolgung einer »didaktischen Logik« bzw. vorwiegend pädagogischer Ziele)
- Grad der Eingebundenheit in die Wertschöpfungskette und damit der Ernsthaftigkeitscharakter der Lern- und Arbeitshandlungen (analytisch wird zwischen Lernprozessen, die »Ernstcharakter« aufweisen – d. h. zu Konsequenzen für die Produktion, Verwaltung etc. und die übrigen hieran Beteiligten führen und damit die Produktivität, die Wirtschaftlichkeit, die Rentabilität und die Liquidität direkt beeinflussen –, und solchen, bei denen das nicht der Fall ist, unterschieden)
- Lehr- bzw. Ausbildungsqualität (u. a. in der berufsbildenden Schule: examinierte Lehrer mit 2. Staatsexamen, im Betrieb: Unterstützung des Auszubildenden durch pädagogisch ausgebildetes Personal, Ausbilder mit mindestens einer sog. »Ausbildereignungsprüfung«); im Arbeitsprozess wird überwiegend pädagogisch ungeschultes Personal (sog. »nebenamtliche Ausbilder«) tätig

Die Einflussnahme auf die Berufsbildungsprozesse und deren Finanzierung waren in der Vergangenheit und sind auch derzeit die Hauptstreitpunkte (zur Historie vgl. Stratmann u. Schlösser 1992; s. auch Deutscher Bundestag 1990; zur Finanzierungsproblematik vgl. auch Beicht et al. 2004; Sachverständigenkommission Kosten und Finanzierung der Beruflichen Bildung 1974; Schweri et al. 2003).

Bezogen auf das Lernpotenzial und den Grad der Eingebundenheit in die Wertschöpfungskette, und damit den Ernsthaftigkeitscharakter der Lern- und Arbeitshandlungen, werden den Institutionen Betrieb und berufliche Schulen häufig fast auf beschwörende Art und Weise besondere »Fähigkeiten« zugesprochen: Danach werden in der Berufsbildungspolitik wie in der Ausbildungspraxis für gewöhnlich die Lernprozesse mit Ernstcharakter pauschal dem Betrieb, die Lernprozesse ohne Ernstcharakter dagegen ebenso ausnahmslos den beruflichen Schulen zugerechnet. Diese Unterscheidung trifft jedoch nicht mehr zu; denn gerade unter dem Einfluss der neuen Informations- und Kommunikationstechniken und neuer Formen einer integrierten Aufgabenbearbeitung richten immer mehr

4.2 Beschreibung der derzeitigen beruflichen Erstausbildung

Betriebe »Lernorte ohne Ernstcharakter« ein, um in realen Prozessen nicht mehr wahrnehmbare Arbeitsprozesse didaktisch sichtbar und nachvollziehbar zu machen (u. a. mithilfe von Simulationen; als Beispiele können die entsprechenden Schriftenreihen des Deutschen Industrie- und Handelstages oder die Berichte über die Tagungen der gewerblich-technischen bzw. der kaufmännischen Ausbildungsleiter dienen, die vom Kuratorium der deutschen Wirtschaft für Berufsbildung herausgegeben werden; s. auch Euler 2004). Umgekehrt erfahren im beruflichen Schulbereich sogenannte »Wirtschafts-Live-Projekte« oder »Produktionsschulen«, in denen Schüler reale Produkte und Serviceleistungen erstellen und selbst vermarkten, großen Aufwind. Hierbei geht es primär darum, einerseits »authentische« Erfahrungen zum Arbeitshandeln zu sammeln und andererseits »lernschwache Schüler« und »Lernverweigerer« anzusprechen und zu motivieren (zu »Wirtschafts-Live-Projekten« vgl. Wirtschaftsministerium Baden-Württemberg 2006; zu »Produktionsschulen« ist vor allem auf Beispiele in Dänemark zu verweisen: Bolte 1993; erste Versuche in Deutschland s. Bullan et. al. 1992; zu den neueren, wiederbelebten Konzeptionen s. Achtenhagen 2008; Bojanowski et al. 2008).

Auch wenn Bildungsverantwortliche mit großer Vehemenz verkürzt entweder nur die institutionelle Perspektive oder die Lehr-Lern-Prozess-Perspektive herausstellen, macht die differenzierte Betrachtung des Konzepts »Lernort« deutlich, dass die Qualität der Berufsbildungsprozesse sowie ihrer Ergebnisse nicht einseitig von politisch-institutionellen Lösungen abhängt, sondern in gleichem Maße von der Art und der Qualität beruflicher Lehr- und Lernprozesse getragen wird (ausgewählte Beispiele: Beck et al. 1980; Lempert u. Franzke 1976; die Sondervoten zu den Berufsbildungsberichten des Bundesministerium für Bildung und Wissenschaft; zu alternativen Ansätzen der ›Orchestrierung‹ dieser Perspektiven s. Achtenhagen et al. 2004). Dass diese bildungspolitischen Kontroversen nicht nur die berufliche Erstausbildung, sondern auch die berufliche Weiterbildung betreffen, zeigen die Beiträge in den Handbüchern zur Erwachsenen- und Weiterbildung (Tippelt 1999), zur Berufsbildungsforschung (Faulstich 2005) sowie die Debatte um die berufliche Weiterbildung in den Schriften der Arbeitsgruppe QUEM (Arbeitsgemeinschaft Betriebliche Weiterbildungsforschung e. V./Projekt Qualifikations-Entwicklungs-Management, Waxmann).

Das formale Zusammenwirken der an der Berufsausbildung Beteiligten ist zurzeit nur für den Bereich der *beruflichen Erstausbildung* rechtlich geregelt (vgl. Berufsbildungsgesetz in der Fassung von 2005). Im Folgenden werden wichtige Vorschriften und Rahmenbedingungen in aller Kürze vorgestellt:

■ **Allgemeine Schulpflicht:** Die berufliche Erstausbildung gehört zum deutschen System der allgemeinen Schulpflicht. Auch wenn es einige länderspezifische Sondervorschriften gibt, so besteht die generelle Regelung darin, dass jeder Deutsche zwölf Jahre schulpflichtig ist und dabei als Normalfall neun (in manchen Ländern zehn) Jahre eine allgemeine Schule zu besuchen und drei (bzw. zwei) Jahre eine Berufsausbildung zu absolvieren hat. Im Vorgriff auf die weiter unten behandelten Probleme der beruflichen Bildung soll hier festgehalten werden, dass an die Stelle der Berufsausbildung von zwei bis drei Jahren eine vollzeitschulische Maßnahme treten kann, die ein Jahr dauert (z. B. Berufsvorbereitungsjahr [BVJ]). Im Bereich der Sekundarstufe II kann die Schulpflicht daneben auch durch den Besuch einer allgemeinen Schule (in der Regel des Gymnasiums) erfüllt werden. Von Sonderregelungen für den Bereich der Behinderten wird hier einmal abgesehen.

■ **Ausbildungsprogramme in der beruflichen Erstausbildung:** Mithilfe der vier nachstehenden Ausbildungstypen lässt sich die Vielzahl der Ausbildungsprogramme in der beruflichen Erstausbildung abbilden (vgl. auch Bundesministerium für Bildung und Forschung 2005, S. 8, Schaubild; Abb. 4-1):

1. Ausbildung in einem der 344 anerkannten Ausbildungsberufe (Herbst 2007), die überwiegend im Betrieb und in der Berufsschule erfolgt (aufgrund des ständigen Neuordnungsprozesses für anerkannte Ausbildungsberufe schwankt deren Zahl)
2. Ausbildung in beruflichen Vollzeitschulen (Berufsfachschulen), die zu einem schulischen bzw. einem beruflichen Abschluss führen; zurzeit liegen 128 Ausbildungsberufe in dieser Schulform vor (Krüger 2004, S. 142); hier sind auch Berufsaufbauschule, Fachoberschule, Fachschule, Berufsoberschule und das Fachgymnasium aufzuführen, die von ihren Aufgaben und ihrer Organisationsform her dem beruflichen Schulwesen zugeordnet sind, obwohl sie primär allgemeinbildende Schulabschlüsse vergeben; in diesen Schulformen finden sich einerseits »soziale Aufsteiger«, vor allem von Realschulen, die im ersten Schritt nicht das allgemeine Gymnasium gewählt haben oder andererseits nach dem Besuch beruflicher Ausbildungsgänge den Zugang zum tertiären Bereich finden wollen
3. Ausbildung in vorberuflich qualifizierenden Vollzeitschulen (Berufsvorbereitungsjahr; Berufsgrundbildungsjahr; einjährige Berufsfachschulen)
4. Ausbildung in Maßnahmen der Bundesagentur für Arbeit

Die Sammlung der »Grund- und Strukturdaten« des deutschen Bildungswesens sowie der Berufsbildungsbericht skizzieren für den Zeitpunkt 2005 die zahlenmäßige Verteilung der Schüler und Auszubildenden auf die verschiedenen Institutionen der beruflichen Bildung (Bundesministerium für Bildung und Forschung, 2005; 2007; zu den Schwierigkeiten, eineindeutige Zahlen für die Bildungs- und Sozialberichterstattung zu erhalten: Baethge u. Wieck 2006; Konsortium Bildungsberichterstattung 2006; speziell für die berufliche Bildung vgl. Baethge u. Wieck 2006; Baethge et al. 2007).

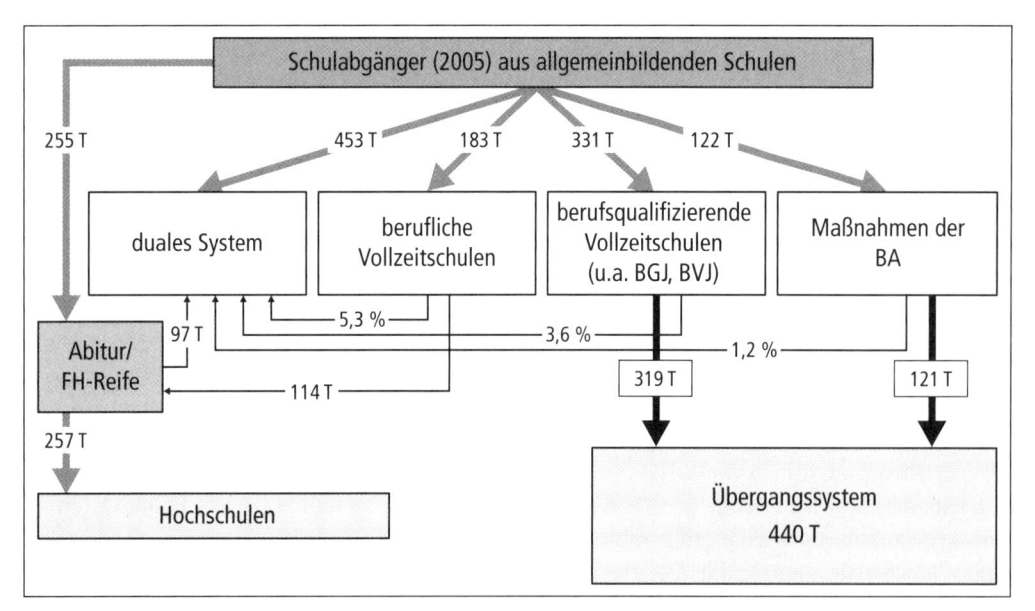

Abb. 4-1 Derzeitige Situation in der beruflichen Erstausbildung (nach Bundesministerium für Bildung und Forschung 2005, S. 95, S. 152; 2007, S. 101, S. 104)
BA = Bundesagentur für Arbeit; BGJ = Berufsgrundbildungsjahr; BVJ = Berufsvorbereitungsjahr; FH-Reife = Fachhochschulreife

Danach wechselten 2005 etwa 23 % der Absolventen eines Jahrganges aus den allgemeinbildenden Schulen in den tertiären Bereich. Ein weitaus größerer Teil ging in die berufliche Erstausbildung, und hier vornehmlich in das duale System sowie in die beruflichen Vollzeitschulen. Ein nicht unerheblicher Anteil der Absolventen bleibt auf berufsqualifizierende Vollzeitschulen wie das Berufsgrundbildungsjahr (BGJ) oder das Berufsvorbereitungsjahr (BVJ) bzw. auf außerschulische Maßnahmen der Bundesagentur für Arbeit (BA-Maßnahmen) angewiesen.

Hervorzuheben ist der Erfolg der beruflichen Vollzeitschulen mit ihren beruflichen Gymnasien, Fachoberschulen und Berufsoberschulen, die einen erheblichen Teil ihrer Schüler bis zur Fachhochschulreife oder zur fachbezogenen und allgemeinen Hochschulreife führen und es damit den Absolventen ermöglichen, ein Studium an der Fachhochschule oder Universität aufzunehmen. Weniger erfolgreich scheinen, den Zahlen entsprechend, die »berufsqualifizierenden Maßnahmen« zu sein, da nur wenige Jugendliche den Übergang in eine anerkannte Berufsausbildung schaffen.

Tab. 4-1 Bildungsausgaben 2003 (nach Bundesministerium für Bildung und Forschung 2005, S. 334 f.; Werner 2006, S. 1)

Bildungssektor		Ausgaben (in Mrd. Euro)
allgemeinbildende Schulen		45,4
berufliche Erstausbildung		26,5
• berufliche Schulen	8,6	
• betriebliche Ausbildung	13,6	
• Maßnahmen der BA	4,3	
berufliche Weiterbildung		26,8
Summe		**98,7**

Auch wenn statistisch derzeit nicht die Spuren aller Absolventen aus dem BGJ, BVJ sowie den BA-Maßnahmen nachgezeichnet werden können, so bietet das Residual mit etwa 440 000 Jugendlichen, die in einer weiteren Maßnahme des Übergangssystems bzw. in sonstigen Maßnahmen verbleiben, ein erschreckendes Signal. Die mit diesen Bildungsangeboten korrespondierenden Bildungsausgaben (Tab. 4-1) zeigen einerseits die Bedeutung und andererseits die Problematik dieses Bildungssektors der beruflichen Erstausbildung im Sekundarbereich II.

Anerkannter Ausbildungsberuf

Für Deutschland ist die Organisationsform des dualen Systems, d. h. der zugleich in Betrieb und Schule stattfindenden beruflichen Erstausbildung, typisch.

Die *Fülle und Verschiedenheit der Berufe* bringen es mit sich, dass Einteilungen und Zuordnungen kaum eindeutig möglich sind. Einteilungsgesichtspunkte sind u. a. die Verantwortung der verschiedenen Kammern (Industrie- und Handelskammern, Handwerkskammern, Ärztekammern etc.), das vorwiegend bearbeitete Material (Holz, Metall, Textil), die Verfahren (Bau, Druck, Körperpflege), die Tätigkeitsbereiche (Agrarwirtschaft, Farbtechnik und Raumgestaltung, Ernährung und Hauswirtschaft, Gesundheit, Wirtschaft und Verwaltung), der Wissenschaftsbezug (Elektrotechnik, Chemie, Physik und Biologie). Den anerkannten Ausbildungsberufen stehen die sogenannten *Erwachsenenberufe* gegenüber, deren Zahl ungefähr 30 000 beträgt und die auf dem Arbeitsmarkt verstanden werden als »die auf Erwerb gerichteten, charakteristische Kenntnisse und Fertigkeiten sowie Erfahrungen erfordernden und in einer typischen Kombination zusammenfließenden Arbeitsverrichtungen …, durch die der einzelne an der Leistung der Gesamtheit im Rahmen der Volkswirtschaft mitschafft« (Sta-

tistisches Bundesamt 1975, S. 11). Diese *Klassifizierung* gliedert die Berufe hierarchisch wie folgt (Statistisches Bundesamt 1992, S. 24 ff.):
- 6 Berufsbereiche (I. Pflanzenbauer, Tierzüchter, Fischereiberufe; II. Bergleute, Mineralgewinner; III. Fertigkeitsberufe; IV. Technische Berufe; V. Dienstleistungsberufe; VI. Sonstige Arbeitskräfte)
- 33 Berufsabschnitte
- 88 Berufsgruppen
- 369 Berufsordnungen
- 2 287 Berufsklassen

Die Auflistung zeigt bereits, wie schwierig es ist, Klassifikationssysteme zu entwerfen, die der Arbeitsmarkt- und der Ausbildungsstruktur entsprechen. Bedeutung besitzen diese Klassifikationen, die über Tätigkeitsbeschreibungen spezifiziert werden, für die Manteltarifverträge. Hier ist nämlich festgelegt, welche Tätigkeiten (und damit Erwachsenenberufe) welcher Lohn- bzw. Gehaltsgruppe zugeordnet sind, wobei eine bestimmte Gruppe zur Anwendung kommen muss, wenn ein Arbeitnehmer über eine für den Tätigkeitsbereich relevante abgeschlossene Berufsausbildung verfügt. Diese Zuordnungsmuster sind mit ein Grund dafür, dass die qualitative Anpassung von Ausbildungsordnungen an veränderte Arbeitsbedingungen sich äußerst langwierig darstellt; denn es wird sehr genau darauf geachtet, dass neu formulierte Bestimmungen tarifvertragsneutral gestaltet werden. Gleichzeitig wird hier die *Kopplung Ausbildungsabschluss – Tariflohn* deutlich. Daher ist es für Jugendliche und junge Erwachsene wichtig, zumindest einen Abschluss in einem anerkannten Ausbildungsberuf zu erwerben, um einen Anspruch auf den korrespondierenden Tarifecklohn und damit einen Beitrag zur sozialen Absicherung zu erhalten.

Ein *anerkannter Ausbildungsberuf* wird über die Ausbildungsordnung (»Curriculum« für den betrieblichen Teil der Berufsausbildung) definiert (§ 25 Berufsbildungsgesetz; entsprechende Vorschriften finden sich u. a. auch in der Handwerksordnung), die durch den Bund erlassen wird (Arnold 1997). Vorrangig werden u. a. geregelt:
- die Bezeichnung des Ausbildungsberufs
- die Dauer der Ausbildung
- das Ausbildungsberufsbild
- der Ausbildungsrahmenplan
- die Prüfungsanforderungen

Für die Regelung der Ausbildung in der Berufsschule liegt die Kompetenz bei den einzelnen Bundesländern, wobei über die Kultusministerkonferenz ein Rahmenlehrplan beschlossen wird, der dann von den einzelnen Bundesländern umzusetzen ist. Die Erarbeitung und Abstimmung der Ausbildungsordnungsmittel in Betrieb und Berufsschule ist über das sogenannte Gemeinsame Ergebnisprotokoll von 1972 geregelt (Benner u. Püttmann 1992). In der Neufassung des Berufsbildungsgesetzes von 2005 wurden Strukturanpassungen sowie Modernisierungen vorgenommen; diese betreffen vor allem die Durchlässigkeit zwischen verschiedenen Bildungswegen, Fragen der Internationalisierung der beruflichen Bildung, der Modernisierung des Prüfungswesens sowie Möglichkeiten, über Modularisierungen der Ausbildung sowie zeitliche Verschiebungen von Prüfungen Ausbildungsregelungen und Ausbildungszeiten flexibler zu gestalten.

Ein Hauptmerkmal der Ausbildung in einem anerkannten Ausbildungsberuf ist es, dass die *Prüfungen extern* von den *zuständigen Wirtschaftsorganisationen* abgenommen werden, d. h., dass die ausbildenden Betriebe und die Berufsschulen keinen unmittelbaren Einfluss geltend machen können; die Berufsausbildung stellt eine Selbstverwaltungsaufgabe der Kammern dar. Zum Teil ist die Erstellung und auch die Auswertung der Aufgaben zentralen, gesondert hierfür beauftragten Institutionen übertragen, so z.B. der AkA-Aufgabenstelle für kaufmännische Abschluss- und Zwischenprüfungen, Industrie- und Handelskammer Nürnberg, bzw. der Prüfungsaufgaben- und Lehrmittelentwicklungsstelle (PAL), Stuttgart. Damit fallen die Durchführung der Ausbildung und die Evaluation des Ausbildungserfolgs auseinander, was permanent zu heftigen Kontroversen führt. Daneben muss für die Einstellungspraxis der Betriebe auf die Bedeutung des betrieblichen Arbeitszeugnisses und des Berufsschulzeugnisses, das in einigen Bundesländern zurzeit eine Aufwertung erfährt, verwiesen werden.

Diese *Prüfungsproblematik* sowie die Ordnung der Berufsausbildung hängen mit einem zentralen Problem der gesetzlichen Regelung zusammen: Prinzipiell kann jeder eine anerkannte Berufsausbildung aufnehmen, der neun (bzw. zehn) Jahre eine allgemeine Schule besucht hat, wobei die 9. bzw. 10. Klasse nicht erreicht bzw. erfolgreich abgeschlossen sein müssen. In Verbindung mit dem auf Georg Kerschensteiner zurückgehenden Prinzip der »aufsteigenden Einberufsklasse« (Achtenhagen 1970, S. 89), nach dem eine Berufsschulklasse jahrgangsweise nur aus Schülern eines Ausbildungsberufes zusammengesetzt sein sollte, zeigen sich Schwierigkeiten, Homogenität herzustellen. Besonders schwierig gestaltet sich dabei die Berücksichtigung der unterschiedlichen schulischen Vorbildung (vgl. zum Vorwissen in der beruflichen Ausbildung Weber 1994). Da die Betriebe frei darin sind, wen sie einstellen wollen, kommt es zu Durchmischungen von Klassen, die für den Erfolg der Lehr-Lern-Prozesse große Probleme verursachen. Diese Tendenz wird durch den Trend hin zu höheren allgemeinen Schulabschlüssen noch verstärkt. Für die Durchführung der Berufsausbildung hat das zwei mögliche Konsequenzen:
- Bei gleichbleibenden Zielen und Inhalten kann die Ausbildungszeit verkürzt werden.
- Bei gleichbleibender Zeit lassen sich Ziele und Inhalte anspruchsvoller definieren.

Die erste Alternative wird häufig gewählt, sodass man beispielsweise an ein und derselben Berufsschule parallel Auszubildende vorfindet, die eine zweijährige, eine zweieinhalbjährige oder eine dreijährige Ausbildung zum Bankkaufmann/zur Bankkauffrau absolvieren, die jeweils formal gleichwertig sind. Es leuchtet unmittelbar ein, dass bei extern gesetzten Prüfungen diese Regelungen in erheblichem Maße die Lehr- und Lernkultur beeinflussen. Im Hinblick auf eine Flexibilisierung der Ausbildung über Modularisierungen sowie zeitliche Verschiebungen von Prüfungen wird versucht, sowohl den Interessen der Betriebe als auch den Möglichkeiten der Auszubildenden gerecht zu werden (vgl. hierzu Deutscher Industrie- und Handelskammertag 2007). Die zweite Alternative wird zurzeit über besondere, integrierte Berufsausbildungsmodelle durch die Wirtschaftsverbände zu realisieren versucht; hierzu sind beispielsweise die Berufsakademien oder aber auch duale Ausbildungen im Hochschulbereich zu rechnen.

Überbetriebliche Ausbildungsstätten

Die Ausbildung in überbetrieblichen Ausbildungsstätten stellt für das duale System eine Besonderheit dar. Diese Institutionen finden sich vor allem im Bereich des Handwerks; sie werden sowohl für die berufliche Erstausbildung als auch für die Weiterbildung genutzt. Im Rahmen der Erstausbildung übernehmen sie im Wesentlichen die Teile der betrieblichen Ausbildung, die wegen einer fehlenden technischen Ausstattung vor allem in Klein- und Mittelbetrieben nicht angemessen vermittelt werden können. Im Zuge der Wiedervereinigung spielen sie in den neuen Bundesländern eine bedeutende Rolle, um das Angebot an qualifizierten Ausbildungsplätzen zu erhöhen. Bildungspolitisch sind diese Ausbildungsstätten in der Diskussion, weil sich die Frage stellt, warum – vor allem angesichts des Rückgangs der Schülerzahlen – nicht die oft vergleichbar gut ausgestatteten beruflichen Schulen diese Aufgaben übernehmen könnten bzw. sollten. Unter einer anderen ausbildungspolitischen Perspektive werden solche überbetrieblichen Ausbildungsstätten in der Schweiz eingesetzt, um die Ausbildungsqualität insgesamt zu erhöhen; man spricht von einem »trialen System« (zur Begründung vgl. Dubs 2005).

Berufsfachschulen

Berufsfachschulen stellen ein hochdifferenziertes System von beruflichen Vollzeitschulen dar, das sich nach den allgemeinen Schulabschlüssen der Schüler sowie nach verschiedenen Berufen und Berufsgruppen bzw. Formen der Berufsvorbereitung gliedert und ein oder mehrere Jahre umfassen kann. Dabei ist es möglich, einen schulischen bzw. einen beruflichen Abschluss zu erreichen. Bei bestimmten Notenkombinationen (wobei allgemeine Fächer wie Deutsch, Mathematik, Englisch eine besondere Rolle spielen) können auch allgemeine Berechtigungen, wie z. B. der Erweiterte Sekundarabschluss I, erworben werden, was einen Übergang in die gymnasiale Oberstufe möglich macht (vgl. die einschlägigen Verordnungen auf Bundes- sowie Länderebene).

Berufsaufbauschule, Fachoberschule, Fachschule, Berufsoberschule und Fachgymnasium

Hierbei handelt es sich um Vollzeit-, zum Teil auch Teilzeitschulen, die – mit Ausnahme des Fachgymnasiums und zum Teil auch der Fachoberschule – bereits den vorherigen Besuch beruflicher Ausbildungsinstitutionen voraussetzen. Ziele dieser Schulen sind primär die Erreichung höherer allgemeiner Abschlüsse, der Erwerb von Zugangsberechtigungen zu Bildungsinstitutionen des tertiären Bereichs (Fachhochschulen, Universitäten) bzw. die theoretische Vertiefung berufspraktischer Kenntnisse. Für diese Schulen gilt ebenfalls, dass sie sehr stark berufsbereichsspezifisch gegliedert sind und besucht werden.

Vorberuflich qualifizierende Vollzeitschulen

Im Hinblick auf die Schwierigkeiten, für alle Jugendlichen einen Ausbildungsplatz bereitzustellen bzw. zu finden, wurden organisatorische Lösungen entworfen, um zum einen auf eine Berufsausbildung vorzubereiten, indem notwendige und zusätzliche Qualifikationen vermittelt werden sollen, und zum anderen die Ableistung der Schulpflicht zu ermöglichen. Im Hinblick auf die Einführung in ein Berufsfeld oder eine spezifische Berufsgruppe entwickelte man das Konzept des *Berufsgrundbildungsjahres*, das an sich auf eine Ausbildung in einem zugeordneten Ausbildungsberuf angerechnet werden müsste – eine staatliche Vorgabe, die über das Handeln der Betriebe oder der Ausbildungsplatzsuchenden sehr oft unterlaufen wird. Das *Berufsvorbereitungsjahr* dient primär der Entwicklung von Qualifikationen, die für die Aufnahme eines Ausbildungsverhältnisses als nützlich angesehen werden. Vergleichbares gilt für das Konzept der *einjährigen Berufsfachschule* zur Vermittlung von Grundkenntnissen in einem Berufsfeld.

Maßnahmen der Bundesagentur für Arbeit

Hierbei handelt es sich um Maßnahmen, mit deren Hilfe Jugendliche und junge Erwachsene sowohl schulische Qualifikationen nachholen als auch an betriebliche Anforderungen herangeführt werden sollen. In diesen Maßnahmen verweilen manche Jugendliche bis zu neun Jahren, ohne am Ende eine berufliche Ausbildung abgeschlossen zu haben. Für viele Jugendliche und junge Erwachsene verlieren sich die ›Spuren‹ in den Bildungsstatistiken; hier setzen auch Bemühungen um eine nationale Bildungsberichterstattung an (Baethge et al. 2007; Konsortium Bildungsberichterstattung 2006).

4.2.3 Lehr-Lern- und Entwicklungsprozesse innerhalb der deutschen Berufsausbildung

Die genannten Megatrends führen zu einer Fülle von Reaktionen im Aus- und Weiterbildungsbereich, die allerdings nur zu einem äußerst geringen Teil durch entsprechende Forschung abgesichert sind. In besonderem Maße geht es darum, diejenigen Lehr- und Lernprozesse zu ersetzen, die sich durch einen hohen Grad der Linearisierung und Parzellierung auszeichnen. Hierunter ist zu verstehen, dass sowohl beim schulischen als auch betrieblichen Lehren und Ausbilden immer noch die Vorstellung vorherrscht, für die Berufsausbildung käme es darauf an, möglichst kleinschrittig vorzugehen, um den Lernenden eine angemessene Hilfestellung zu bieten. Nun zeigen aber gerade neuere Forschungsarbeiten, dass eine solche kleinschrittige Vorgehensweise für den Aufbau eines umfassenden, integrierten Verständnisses betrieblicher Prozesse eher kontraproduktiv ist (vgl. die Zusammenstellungen bei Achtenhagen u. Grubb 2001). Im Bereich der allgemeinen Lerntheorie wird diese Kritik gestützt durch konstruktivistische Annahmen zur Gestaltung komplexer Lernumgebungen (Bransford et al. 2000; für den kaufmännischen Bereich Achtenhagen 2002; Achtenhagen u. Weber 2003). Die Bedeutung dieser Kritik liegt darin, dass es auf den hier infrage stehenden Stufen der Persönlichkeitsentwicklung gerade darauf ankommt, sich zu erproben, Alternativen zu prüfen, in verschiedenen Kontexten gezielt Informationen zu sammeln und eine offene Kommunikation zu pflegen (Berk 2005). Lehr- und Lernverfahren, die sich durch eine strikte, kaum variierte Abfolge von Lehr- und Lernschritten auszeichnen, sind nur wenig geeignet, den Bedürfnissen der Jugendlichen und jungen Erwachsenen in angemessener Weise gerecht zu werden. Das gilt nicht nur für den kognitiven, sondern auch für den motivationalen (Winther 2006) und emotionalen Bereich (Sembill 1992). Es gilt, diesen Sachverhalt zu betonen, da sich gerade im Bereich der beruflichen Aus- und Weiterbildung eine große Anzahl verschiedener Lehr- und Lernverfahren findet, deren Einsatz es an und für sich gestattete, mit einer Vielfalt von Lernangeboten, die zugleich den Wünschen und Interessen der Lernenden entspräche, Motivation und Lernleistung – und damit letztlich auch Identität – nachhaltig zu fördern.

In einem ersten Zugriff lassen sich Formen beruflichen Lehrens und Lernens folgenden fünf verschiedenen Gruppen zuordnen (als Überblick vgl. Achtenhagen u. Grubb 2001; entsprechende Beiträge in Arnold u. Lipsmeier 2006; Hohenstein u. Wilbers 2002; Kaiser u. Pätzold 2006; Mayer 2005; Rauner 2005; Sonntag u. Stegmaier 2007):

- Gestaltung von Lernumgebungen, die computergestützt sind, zunehmend Hypertext- bzw. Hypermediakomponenten aufweisen und primär auf ein individualisiertes Lernen zielen
- allgemein definierte Verfahren, die Adaptionen von bereits seit langem bekannten methodischen Vorschlägen für die berufliche Ausbildung darstellen: Formalstufen (vor allem: Sechs-Stufen-Methode), Rollenspiel, Projektmethode, das Spektrum gruppendynamischer und kommunikationstheoretischer Verfahren
- Verfahren, die vornehmlich im kaufmännisch-verwaltenden Bereich eingesetzt werden: arbeitsanaloge Lernaufgaben, Bürosimulation (Lernbüro, Übungsfirma), Entrepreneurship (Unternehmertum), Juniorenfirma, Planspiel, Fallstudie
- Verfahren, die vornehmlich im gewerblich-technischen Bereich Einsatz finden: Leittexte, Lernecke/Lernwerkstatt/Lerninsel, Lernstatt, Qualitätszirkel
- Lernen am Arbeitsplatz

Der Einsatz dieser verschiedenen Verfahren wird nach dem gegenwärtigen Forschungsstand dann erfolgreich sein (Achtenhagen 2001, 2002; Achtenhagen et al. 2005; Bransford et al. 2000; Reetz u. Tramm 2000), wenn

- die Vernetztheit von Zielen und Inhalten deutlich wird,
- die Lehr- und Lernprozesse über längere Sequenzen geplant und durchgeführt werden,
- komplexe Probleme als Ausgangspunkt genommen werden,
- die Lehr- und Lernprozesse über den Einsatz der neuen Informations- und Kommunikationstechniken gestützt werden,
- die Balance von Kasuistik und Systematik streng gewahrt bleibt,
- die erbrachten Leistungen im Zusammenhang mit der Persönlichkeitsentwicklung gesehen werden.

Empirische Studien (z. B. Klusmeyer 2003) zeigen, dass der Anspruch, im Unterricht komplex vorzugehen, d. h. das prinzipiell mit den verschiedenen hier genannten Methoden erreichbare Lern- und Entwicklungspotenzial zu fördern und damit eine Kleinschrittigkeit und Parzellierung zu vermeiden, im Schnitt nicht eingelöst wird. Es dominiert ein Frontalunterricht (zu ca. 87 % im Urteil der Lernenden), bei dem der Lehrer Fragen stellt, die auf eine bestimmte Antwort hin ausgerichtet sind (im Urteil der befragten Lernenden trifft dieser Sachverhalt mit ca. 92 % zu) (Klusmeyer 2003; Rebmann 2001). Hauptgrund dafür scheint zu sein, dass die Lehrer und Ausbilder einerseits zu wenig Erfahrung mit diesen komplexen Verfahren im Rahmen ihrer Ausbildung gewonnen haben und andererseits den Schülern und Auszubildenden (insbesondere in den als eher schwächer eingeschätzten Klassen) eine erfolgreiche Mitwirkung in komplexen Lehr- und Lernsituationen nicht zutrauen (Rebmann 2001). Als Konsequenz besitzen die Lernangebote im Frontalunterricht einen zu geringen Anforderungsgehalt, eine unzureichende Komplexität und Vollständigkeit, eine reduzierte Problemhaftigkeit und einen eingeschränkten Handlungsspielraum (Klusmeyer 2003; Rebmann 2001). Die daraus resultierende unzureichende Herausforderung und Förderung der Lernenden mögen den Hauptgrund dafür bilden, dass andere Studien zeigen, in welchem Maße eine zu Beginn der Berufsausbildung gegebene hohe Motivation im ersten Ausbildungsjahr stark abfällt (Prenzel et al. 2001; vgl. zusammenfassend Beck u. Krumm 2001). Insofern schlägt die von den Lehrenden als Hilfestellung gedachte Linearisierung und Parzellierung des Frontalunterrichts in eine systematische Verringerung der Lernchancen um.

4.3 Berufliche Erstausbildung unter entwicklungstheoretischer Perspektive

4.3.1 Berufswahl

Die entwicklungspsychologische Literatur stimmt darin überein, dass die »Wahl einer passenden Rolle in der Arbeitswelt« eine der »größten Entscheidungen im Leben« für Jugendliche und junge Erwachsene darstellt (Berk 2005, S. 605; Fend 2006; Krampen u. Reichle 2002). Diese Entscheidung stellt die Heranwachsenden vor verschiedene Aufgaben, die sich zumeist über einen längeren Zeitraum erstrecken. Da im Allgemeinen verschiedene Einflussfaktoren auf diese Entscheidung existieren, folgt diese auch unterschiedlichen Mustern, die abhängig sind von der dynamischen Interaktion der einzelnen Person und ihrer Umgebung (Lempert 2006). Flammer und Alsaker (2002, S. 253 ff.) haben in einer umfangreichen Durchsicht der Literatur vor allem folgende vier Faktorenbündel identifiziert, die die Berufswahl beeinflussen:

- *Berufseignung* mit ihren Anforderungen an Selbstständigkeit, Pünktlichkeit, Genauigkeit, Ehrlichkeit, Intelligenz, spezifische Lernvoraussetzungen
- *Berufsberatung* – hierbei unterscheiden Flammer und Alsaker (2002) die Berufswahlvorbereitung (durch Eltern, Schule, Erkundungen, Expertenkontakte), die Fähigkeits- und Interessenabklärung (primär über eine persönliche Selbstbeurteilung), die Berufsinformation (unter Inanspruchnahme von Dokumentationen, Praktika, »Schnupperlehren«), die Berufsentscheidung (unter Einschluss der Familie und von Freunden, Berufspersonen, Berufsberatern; dabei ist zentral, dass eine Berufsentscheidung fast immer einen Kompromiss aus Fähigkeiten, Interessen und dem gegebenen Angebot darstellt); die Lehrstellensuche (die ein Bewerbungs- und Vorstellungstraining einschließen kann)
- *Berufsinteressen*, die sich mit dem Lebensalter entwickeln und spezifizieren; hierzu gehört neben realistischer werdenden Selbsteinschätzungen bezüglich der eigenen Fähigkeiten auch die Akzeptanz physischer Anforderungen im Berufsleben (z. B. körperliche Konstitution für das Baugewerbe; Farbsichtigkeit für Lokomotivführer)
- Berufswahlen sind nur realisierbar im Rahmen des jeweiligen *Ausbildungsplatz-/Berufsangebots*, das abhängig ist von den gegebenen ökonomischen, politischen und regionalen Einflüssen; zudem spielt hier auch die berufliche und soziale Attraktivität der Berufe und Anbieter eine Rolle

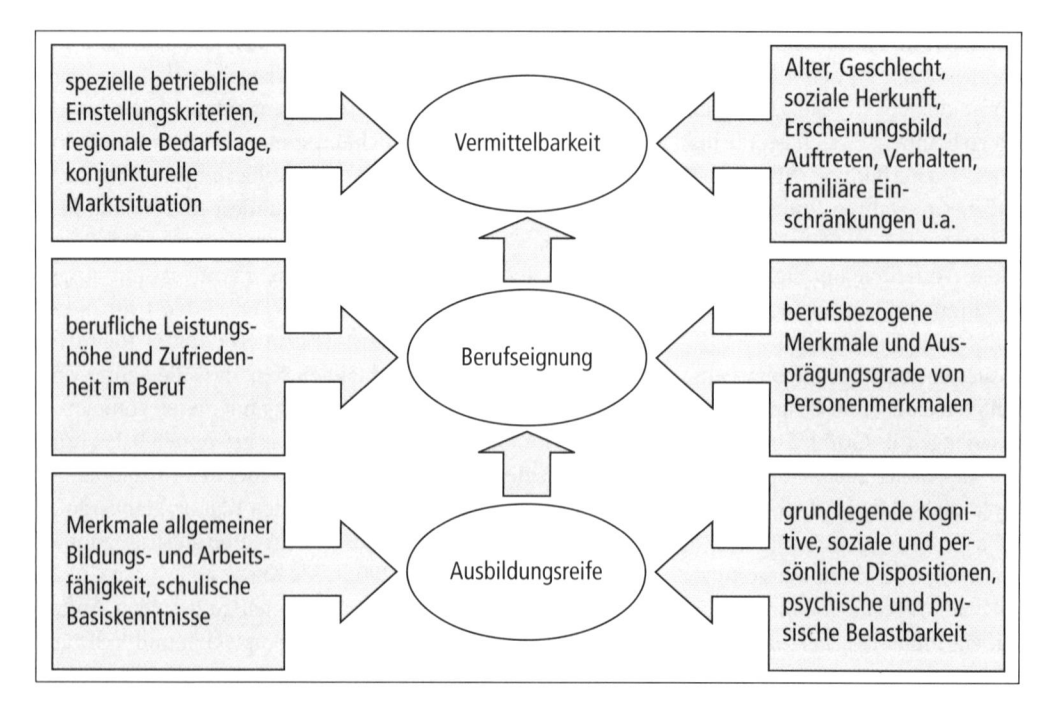

Abb. 4-2 Nationaler Pakt für Ausbildung und Fachkräftenachwuchs (nach Nationaler Pakt für Ausbildung und Fachkräftenachwuchs 2006, S. 12)

4.3 Berufliche Erstausbildung unter entwicklungstheoretischer Perspektive

Es lässt sich festhalten, dass Berufswünsche im Laufe der Adoleszenz nicht nur realistischer, sondern auch konformer mit den eigenen Fähigkeiten und Werten sowie wirtschaftlichen und praktischen Realitäten werden: Die Optionen werden eingegrenzt (Krampen 2002).

Angesichts der aktuellen Schwierigkeiten für die Jugendlichen und jungen Erwachsenen, eine anerkannte Berufsausbildung antreten zu können (s. Abb. 4-1), ist der Versuch unternommen worden, die Zusammenhänge zwischen Ausbildungsreife, Berufseignung und Vermittelbarkeit im Hinblick auf eine erfolgreiche Berufswahl in einem »Nationalen Pakt für Ausbildung und Fachkräftenachwuchs« (2006) festzuhalten. Abbildung 4-2 zeigt die Kategorien Ausbildungsreife, Berufseignung und Vermittelbarkeit, die in diesem Zusammenhang von der Bundesagentur für Arbeit und den beteiligten Wirtschaftsverbänden als relevant angenommen werden. Diese Kategorien werden im Folgenden anhand von korrespondierenden entwicklungspsychologischen Annahmen und ausgewählten Daten diskutiert.

■ **Ausbildungsreife:** Bezogen auf die Ausbildungsreife wird die Bedeutung grundlegender kognitiver, sozialer und persönlicher Dispositionen sowie der psychischen und physischen Belastbarkeit hervorgehoben. Unter einer entwicklungspsychologischen Perspektive entwickeln die Jugendlichen in der Adoleszenzphase neue Fähigkeiten des abstrakten Denkens (die formaloperative Ebene sensu Piaget). Zugleich ist ihr Verhalten auf den Erwerb von Wissen gerichtet. Dabei erweisen sich Auseinandersetzungen mit komplexen Problemen und alternativen Konzepten als besonders förderlich für ein fachbezogenes Räsonnieren, ein vernetztes Denken und damit ein eigenständiges Schlussfolgern, Werten und kreatives Denken. Zugleich werden Auseinandersetzungen mit verschiedenen Personen gesucht: Eltern, Freunde, Peers, Betreuer in Praktika etc. Typisch ist durchaus die Suche nach Hintergründen und damit zusammenhängend eine Lust am »Streit«, um die eigenen Einstellungen, Überzeugungen, Werte und Fähigkeiten auszubilden und zu erproben – bei gleichzeitiger Empfindlichkeit gegenüber öffentlicher Kritik an der eigenen Person.

Zu beachten ist, dass das Durchschnittsalter für die Aufnahme einer Ausbildung von 16,6 Jahren im Jahr 1970 auf 19,5 Jahre im Jahr 2005 gestiegen ist (Bundesministerium für Bildung und Forschung 2007, S. 110). Dies ergibt sich einerseits dadurch, dass einige Jugendliche vor der Aufnahme einer Berufsausbildung Berufsvorbereitungsmaßnahmen durchlaufen, andererseits stellen Betriebe in vielen Bereichen eher Abiturienten ein, die über eine höhere Allgemeinbildung verfügen. Damit sind bereits 79 % der Auszubildenden volljährig. Diese älteren Auszubildenden haben eine Entwicklung erreicht, in der ein pragmatisches Denken relevanter wird, mit dessen Hilfe sie sich an berufliche und private Situationen anpassen wollen und können. Sie zeigen in der Regel auch eine zunehmende Toleranz für Mehrdeutigkeit, einen Antrieb zum Erfolg und ein höheres Durchhalte- und Beharrungsvermögen und machen auch bei einem Versagen eher weiter (Berk 2005, S. 602; Csikszentmihalyi 1999). Allerdings liegen die Abbruchraten für Ausbildungsverträge im Jahr 2005 bei 19,9 % (Bundesministerium für Bildung und Forschung 2007, S. 135). Dabei sind die höchsten Raten für das Handwerk, die Hauswirtschaft und die Freien Berufe auszumachen, was nahelegt, dass neben irrigen Vorstellungen von den Anforderungen im Ausbildungsberuf die persönliche Beziehung des Auszubildenden zum Ausbildungsverantwortlichen eine besondere Rolle spielt (zu inhaltlichen Gründen eines Ausbildungsabbruches vgl. Schöngen 2003; Weiß 1982). Unabhängig davon halten 92,2 % der Jugendlichen mit Hauptschulabschluss und 77,2 % der Jugendlichen mit einem Realschulabschluss bzw. einem mittleren Schulabschluss eine Ausbildung im dualen System für den »Königsweg« (Erhebung des Bundesinstituts für Berufsbildung 2006 s. Bundesministerium für Bildung und Forschung 2007, S. 60). Diese Wunschvorstellungen können vielfach nicht realisiert werden, wenn schulische Basiskenntnisse nur unzureichend erworben wurden (vgl. die PISA-Ergebnisse, die für das 9. Schuljahr erhoben wurden). Nur 15,4 % der Jugendlichen ohne Hauptschulabschluss erhielten im Jahr 2004 einen Ausbildungsplatz im Vergleich zu 40,2 % der Jugendlichen mit Hauptschulabschluss und 48,5 % der Jugendlichen mit Realschulabschluss (Konsortium Bildungsberichterstattung 2006, S. 83).

■ **Berufseignung:** In Bezug auf die Berufseignung hat u. a. Fend (1991) für deutsche Jugendliche gezeigt, dass 15-Jährige realistischere Berufswünsche haben als 12-Jährige. Dies äußerte sich darin, dass sogenannte Traumberufe (Tierarzt, Flugkapitän etc.) unter den Berufswahlen seltener vorkamen, während bescheidenere, realitätsbezogenere Wünsche zunahmen (z. B. kaufmännische Berufe, Arztgehilfin). Dies mag mit der realitätsangepassten Wahrnehmung der eignen (Schul-)Leistungen, physischen Berufsvoraussetzungen, der aktuellen konjunkturellen Situation sowie mit Rückmeldungen und Erfahrungen aus ersten Bewerbungsprozessen zusammenhängen. Im Jahr 2005 bewarben sich 70 % der Jugendlichen auf mehr als einen Beruf, 44 % sogar auf mehr als 4 Berufe. Dennoch konnten im Jahr 2006 lediglich 61,9 % der weiblichen und 71,2 % der männlichen Jugendlichen ihren gewünschten Beruf realisieren (Bundesministerium für Bildung und Forschung 2007, S. 64).

Eine betriebsspezifische Besonderheit scheint es zu sein, dass ein Versuch von Altbewerbern, einen höheren Schulabschluss oder eine Notenverbesserung zu erreichen, um ihre Bewerbungschancen zu verbessern, nicht zu einem vergleichbaren Einstellungseffekt führt wie bei Jugendlichen, die gerade die allgemeinbildenden Schulen verlassen haben: »Mit zunehmendem Alter wächst offenbar zugleich ›die Gefahr geringerer Übernahmemöglichkeiten in eine Berufsausbildung‹.« (Bundesministerium für Bildung und Forschung 2007, S. 42 f.)

■ **Vermittelbarkeit:** Bezogen auf die Einmündung in eine Berufsausbildung und die Vermittelbarkeit bestehen immer noch

Vorteile für die männlichen Jugendlichen (Bundesministerium für Bildung und Forschung 2007, S. 61), wenngleich unbestritten ist, dass Frauen bei der Bildungsbeteiligung aufgeholt haben (Kupka 2006, S. 637). Allerdings gelingt es den Mädchen und jungen Frauen nicht, ihre Bildungsvorteile bei der Gewinnung eines Ausbildungsplatzes oder beim Übergang in das Erwerbsleben entsprechend umzusetzen (Baethge u. Kupka 2004). Beispielsweise errechnet sich für die männlichen Auszubildenden ein Vergütungsdurchschnitt von 643 Euro und für die weiblichen Auszubildenden ein solcher von 607 Euro pro Monat. Diese Abweichungen erklären sich aus der unterschiedlichen Verteilung von männlichen und weiblichen Auszubildenden auf die Berufe: Junge Frauen sind häufiger in Berufen mit einer niedrigeren Ausbildungsvergütung anzutreffen als junge Männer (Bundesministerium für Bildung und Forschung 2007, S. 143). Dies korrespondiert zugleich mit der Problematik, dass die von Frauen ergriffenen Berufe geringere Zukunftsaussichten und weniger Aufstiegschancen haben (Kupka 2006, S. 637). Allerdings ist im Zusammenhang mit den Einflüssen der Megatrends ein auf den ersten Blick paradox erscheinendes Phänomen herauszustellen: Es gibt Warnungen davor, junge Frauen in einem zu starken Maße für die Wahl von »Männerberufen« im gewerblich-technischen Beruf zu begeistern, da der Strukturwandel aller Voraussicht nach männerdominierte Berufe stärker in Mitleidenschaft ziehen könnte. Daher stellt sich die Frage, ob es nicht ebenso wichtig wäre, junge Männer für Berufe in bislang weiblich dominierten Dienstleistungstätigkeiten zu gewinnen (Kupka 2006, S. 638). Ein weiteres Problem ist in diesem Zusammenhang zu erwähnen, das Baethge et al. (2007, S. 44 ff.) als das »Elend der jungen Männer« kennzeichnen: So lässt sich zeigen, dass männliche Jugendliche mit niedrigen Schulabschlüssen zur Hauptverlierergruppe beim Übergang in eine anerkannte Berufsausbildung oder in das Arbeitsleben zählen. Als weiteres Problem ist hervorzuheben, dass mehr als ein Viertel der Bevölkerung im Alter von 25 Jahren einen Migrationshintergrund hat (27 %); dabei besitzt nur ein Zehntel nicht die deutsche Staatsangehörigkeit (Baethge et al. 2007, S. 41). Es ist festzuhalten, dass Jugendliche mit einem Migrationshintergrund überproportional im Maßnahmensystem vertreten sind, wozu auch die höheren Anteile an niedrigen Schulabschlüssen beitragen. Die »Untersuchung der Leistungen, Motivationen und Einstellungen zu Beginn der beruflichen Ausbildung (ULME I)« zeigte für Hamburg, dass deutsche Jugendliche ohne Migrationshintergrund doppelt so hohe Chancen wie ausländische Jugendliche haben, eine voll qualifizierende Ausbildung zu besuchen oder eingestellt zu werden – auch wenn das Fachleistungsniveau vergleichbar hoch ist (Baethge et al. 2007, S. 43 f.; Lehmann et al. 2004, 2006).

In einer repräsentativen Befragung von mehr als 12 000 Jugendlichen wurden diese nach dem Grad ihrer Informiertheit über berufliche Ausbildungsgänge sowie nach Kriterien für die Auswahl eines bestimmten Ausbildungsbetriebes gefragt (Hans 2006). Danach gaben 60,8 % der Schüler an, Möglichkeiten einer beruflichen Ausbildung sehr gut oder gut zu kennen. Für die Auswahl eines Ausbildungsunternehmens standen bei einer Entscheidung zwischen 13 verschiedenen Begründungen an erster und zweiter Stelle »Vielseitige und interessante Arbeitsaufgaben« und »Attraktivität der Produkte/Dienstleistungen«, an vorletzter und letzter Stelle dagegen »Übernahmegarantie nach der Ausbildung« und »Gute Betreuung« (vgl. auch die Ergebnisse verschiedener einschlägiger Untersuchungen; Flammer u. Alsaker 2002, S. 253 ff.).

Betriebe bilden nur aus, wenn sie sich davon entsprechende Renditen versprechen und gleichzeitig überzeugt sind, dass sie ihren Arbeitskräftebedarf so besser – d. h. auch kostengünstiger – als durch eine Nachfrage auf dem allgemeinen Arbeitsmarkt decken können. Ein entscheidender Aspekt für die Bereitstellung von Ausbildungsplätzen besteht darin, dass die Bewerber um einen Ausbildungsplatz die allgemeinen Ausbildungsanforderungen sowie die spezifischen betriebsinternen Zielsetzungen in angemessener Weise erfüllen können. Diese Einstellung ist beeinflusst von generellen Urteilen über die Leistungsfähigkeit und Leistungsbereitschaft der Lehrstellenbewerber, wozu in jüngster Zeit auch eine Übergeneralisierung der deutschen PISA-Ergebnisse gehört. Rebmann et al. (2007) haben für die Region Weser-Ems Befragungen zur Ausbildungsreife von Lehrstellenbewerbern bei Lehrkräften an allgemeinen und berufsbildenden Schulen sowie bei Unternehmensvertretern durchgeführt. Bezogen auf die Antworten der Unternehmensvertreter konnten zwei Gruppen gebildet werden, die sich in ihrem Antwortverhalten signifikant unterschieden, d. h. die Auszubildenden durchgängig eher positiv bzw. eher negativ beurteilten (Rebmann et al. 2007, S. 69). Dies weist darauf hin, wie allgemeine Annahmen praktische Einstellungsmaßnahmen beeinflussen. Von Interesse ist hier besonders, welche Fähigkeiten und Kenntnisse von den Unternehmen bei den Bewerbern vermisst werden: wirtschaftliche, naturwissenschaftliche und technische Kenntnisse; Allgemeinwissen; sprachliche Ausdrucksfähigkeit; Problemlösefähigkeiten; vernetztes Denken; geistige Beweglichkeit; Präsentationsfähigkeit; Fähigkeit, die berufliche Laufbahn zu planen. Hervorzuheben ist aber – so paradox das auch klingen mag –, dass »das Urteil der Unternehmen über ihre Auszubildenden signifikant positiver ausfällt als das Urteil der Lehrer über ihre Schulabgänger« (Rebmann et al. 2007, S. 92). Dazu gehört, dass die befragten Unternehmen die Fach-, Sozial- und Personalkompetenzen ihrer Auszubildenden als durchaus gegeben einschätzen. Dabei geht es um Computerkenntnisse, die Fähigkeit des Umgangs mit dem anderen Geschlecht, Höflichkeit, Teamfähigkeit, Fähigkeit des Umgangs mit anderen Kulturen, Einhalten von Verhaltensregeln, Leistungsbereitschaft, Zuverlässigkeit sowie Kulturtechniken. Unabhängig davon, dass die Auszubildenden mit ihrer Bewerbung Erfolg hatten, kann festgestellt werden, dass in der betrieblichen Ausbildung Persönlichkeitseigenschaften aktiviert werden, die als zentral für die Adoleszenz und das junge Erwachsenenalter herausgestellt werden. Das lässt sich einerseits mit der Auslese der Bewerber durch die Unternehmen erklären, kann aber andererseits auch als Indiz dafür genommen werden, dass es den Auszubildenden gelingt, ihre Kompetenzen im Laufe der Ausbildung zu verbessern. Damit erhebt sich zugleich die Frage, welche Konsequenzen sich daraus für die Gestaltung der schulischen Lehr-, Lern- und Entwicklungsprozesse sowie für die Gestaltung des Schullebens ergäben; denn die eher schlechteren Urteile der Lehrenden stimmen nachdenklich im Hinblick auf das Erreichen schulischer Bildungsziele in der Wahrnehmung derer, die sie zu vermitteln haben.

4.3.2 Chancen in beruflichen Lern- und Entwicklungsprozessen

Die Ergebnisse der Studie von Rebmann et al. (2007) haben für den schulischen Bereich die Bedeutung zentraler Lernziele wie vernetztes Denken oder Umgang mit Komplexität deutlich unterstrichen. Diese Zieldimensionen entsprechen gerade den Fähigkeiten, die aus einer entwicklungspsychologischen Perspektive für die Adoleszenz und das junge Erwachsenenalter für wünschenswert und erforderlich gehalten werden. In Untersuchungen zum Methodeneinsatz haben Rebmann (2001) und Klusmeyer (2003) gezeigt, dass Lehrer sich scheuen, komplexe Unterrichtsverfahren einzusetzen und dafür lieber einen Frontalunterricht favorisieren. Die Begründung läuft dabei in zwei Richtungen: dass nämlich erstens der Einsatz komplexer Lehr-Lern-Arrangements zu viel Mühe bereite und zweitens die Schüler den entsprechenden Erwartungen nicht gewachsen wären. Daher überraschen die Befunde der Weser-Ems-Studie nicht; sie zeigen ein Defizit schulischen Unterrichts auf, nach dem die Grundlegung zentraler kognitiver Fähigkeiten, die in der Adoleszenz und im jungen Erwachsenenalter in besonderem Maße benötigt werden, nicht angemessen erfolgt. Für betriebliche Ausbildungsprozesse stellt sich diese Problematik nicht, wenn die Auszubildenden in angemessener Weise in betriebliche Arbeitsprozesse einbezogen werden. Hier bieten sich für den schulischen Unterricht und für die betriebliche Ausbildung große Potenziale, sowohl unter einem betrieblichen als auch einem individuellen Verwertungsaspekt Kompetenzen auf- und auszubauen.

4.4 Konsequenzen für die berufliche Ausbildung

Menschen, die gut auf eine wirtschaftlich und persönlich befriedigende Arbeit vorbereitet sind, werden eher produktive Bürger, engagierte Familienmitglieder und zufriedene Erwachsene, die zum positiven Gelingen von Familie, Firmen, Gemeinden und Gesellschaft beitragen (Berk 2005, S. 611). In der internationalen Wahrnehmung birgt das deutsche duale System der beruflichen Ausbildung durch die Kombination von Arbeit und berufsorientiertem Schulunterricht hierauf bezogen große Chancen (vgl. hierzu auch Coffield 2007). Dies gilt sowohl für die leistungsstärkeren als auch für die leistungsschwächeren und die Risikoschüler. Es bietet den Jugendlichen und jungen Erwachsenen die Möglichkeit, schulische Lernprozesse fortzusetzen und zugleich praxisnah auf die Anforderungen des Erwerbslebens vorbereitet zu werden und damit zum Wirtschaftswachstum eines Landes beizutragen (Achtenhagen & Grubb 2001; Grubb 1999; Hamilton 1993). Allerdings zeigt diese internationale Sicht auf das deutsche Berufsausbildungssystem auch, dass die Entwicklungsaufgaben und Wünsche der Jugendlichen mit den aktuellen Strukturen und Abläufen nicht immer optimal gestützt und gefördert werden. Daher scheint es notwendig, die folgenden Veränderungen und Ergänzungen vorzunehmen:

- Jugendliche und junge Erwachsene sollten möglichst früh mit Anforderungen der Arbeitswelt vertraut gemacht werden. Aufgrund der Veränderungen der Arbeitswelt und der damit einhergehenden Abstraktheit und Komplexität der Arbeitsprozesse ist es zunehmend schwieriger, angemessene Einblicke aufgrund von Erfahrungsberichten von Eltern oder Bekannten zu gewinnen. Gefordert sind daher gut strukturierte Maßnahmen (wie Praktika, Girls' Days etc.), die Basis für Reflexionen und weitere Explorationen sein können und müssen.
- Neue Formen der Berufsberatung werden wichtig, die einerseits den Jugendlichen helfen, ihre Stärken und Schwächen zu erkennen, und andererseits Entwicklungs- und Karriereprofile angesichts der veränderten Ausbildungslandschaft aufzuzeigen in der Lage sind. In besonderem Maße ist dabei auf die Eigeninitiative der Jugendlichen und jungen Erwachsenen einzugehen.
- Es gilt insbesondere, Frauen und Jugendliche mit Migrationshintergrund aufzufordern und zu ermutigen, entsprechend ihrem Potenzial höhere Ausbildungsabschlüsse und Karrieren anzustreben.
- In besonderem Maße kommt es darauf an, Lern- und Entwicklungsprozesse zu fördern, mit deren Hilfe die Jugendlichen und jungen Erwachsenen von Vertrauen getragene Bindungen eingehen können, um so berufliche und private Anforderungen selbstbewusster bewältigen zu können.
- Für die schulischen und betrieblichen Ausbildungsprozesse sollten Methoden gewählt werden, die der Komplexität und Vernetztheit betrieblicher Prozesse gerecht werden sowie praxisangemessene Problemlösungen unterstützen. Dieses Vorgehen ist mit der Gewährung von Handlungsspielräumen zu verknüpfen. Damit werden zugleich Motive, Antriebe und Lernbereitschaft gestärkt.

- Daneben gilt es auch, die Auszubildenden darin zu ermutigen, sich in außerschulischen Freizeitaktivitäten zu engagieren. Dieses Engagement sollte durchaus auch vonseiten der Schule und des Betriebes unterstützt werden.
- Diese Forderungen haben Konsequenzen für die Aus- und Weiterbildung für die Lehrkräfte an allgemeinbildenden wie an berufsbildenden Schulen sowie für die betrieblichen Ausbilder.

Über den aktuellen Diskussionsstand für die deutsche – und zum Teil auch internationale – berufliche Aus- und Weiterbildung informieren vor allem die folgenden Zeitschriften: Zeitschrift für Berufs- und Wirtschaftspädagogik; Wirtschaft und Erziehung; Die berufsbildende Schule; Berufsbildung in Wissenschaft und Praxis; Wirtschaft und Berufs-Erziehung. Einen Überblick über das breite Feld der beruflichen Aus- und Weiterbildung bieten zurzeit die Handbücher und Festschriften von Arnold und Lipsmeier (2006), Bredow et al. (2003), Kaiser und Pätzold (2006), Minnameier und Wuttke (2006), Rauner (2005), Tippelt (1999) und Tramm et al. (1999). Daneben sei auf die Berufsbildungsberichte des Bundesministeriums für Bildung und Forschung sowie auf die Internetseiten des Bundesministeriums und des Bundesinstituts für Berufsbildung verwiesen.

Literatur

Achtenhagen C. Zur Situation beruflicher Ausbildung und zu den Möglichkeiten der Berufsvorbereitung in Ostdeutschland. In: Bojanowski A, Mutschall M, Meshoul A (Hrsg). Überflüssig? Abgehängt? Produktionsschule: eine Antwort für benachteiligte Jugendliche in den neuen Ländern. Münster: Waxmann 2008.

Achtenhagen F. Berufsausbildung. In: Speck J, Wehle G (Hrsg). Handbuch pädagogischer Grundbegriffe. Band I. München: Kösel 1970; 82–112.

Achtenhagen F. Lernorte und Lernprozesse in der beruflichen Bildung. Unterrichtswissenschaft 1988; 16: 2–8.

Achtenhagen F. Criteria for the development of complex teaching-learning environments. Instructional Science 2001; 29: 361–80.

Achtenhagen F (Hrsg). Forschungsgeleitete Innovation der kaufmännischen Berufsbildung – insbesondere am Beispiel des Wirtschaftsgymnasiums. Bielefeld: Bertelsmann 2002.

Achtenhagen F. Lerntheorien und Medieneinsatz: Bedingungen und Möglichkeiten einer Steigerung des Lernerfolgs. In: Keil-Slawik R, Kerres M (Hrsg). Wirkungen und Wirksamkeit Neuer Medien in der Bildung. Münster: Waxmann 2003; 85–113.

Achtenhagen F, Baethge M. Kompetenzdiagnostik als Large-Scale-Assessment im Bereich der beruflichen Aus- und Weiterbildung. Z Erziehungswissenschaft, Sonderheft 2007; 8: 51–70.

Achtenhagen F, Grubb WN. Vocational and occupational education: pedagogical complexity, institutional diversity. In: Richardson V (ed). Handbook of research on teaching. 4th ed. Washington, DC: American Educational Research Association 2001; 604–39.

Achtenhagen F, Lempert W. Lebenslanges Lernen im Beruf – Seine Grundlegung im Kindes- und Jugendalter. 5 Bände. Opladen: Leske + Budrich 2000.

Achtenhagen F, Weber S. »Authentizität« in der Gestaltung beruflicher Lernumgebungen. In: Bredow A, Dobischat R, Rottmann J (Hrsg). Berufs- und Wirtschaftspädagogik von A–Z. Baltmannsweiler: Schneider 2003; 185–99.

Achtenhagen F, Bendorf M, Getsch U, Reinkensmeier S. Mastery Learning in der Ausbildung von Industriekaufleuten. Z Pädagogik 2000; 46: 373–94.

Achtenhagen F, Bendorf M, Weber S. Lernortkooperation zwischen Wirklichkeit und »Vision«. In: Euler D (Hrsg). Handbuch der Lernortkooperation. Band 1: Theoretische Fundierung. Bielefeld: Bertelsmann 2004; 77–101.

Achtenhagen F, Preiß P, Weber S. Fachdidaktische Grundlagen der ökonomischen Bildung. Oldenburg: Institut für Ökonomische Bildung 2005.

Albach H (Hrsg). Betriebliches Umweltmanagement. Ergänzungsheft 2/93 der Zeitschrift für Betriebswirtschaft. Wiesbaden: Gabler 1993.

Arnold R. Betriebspädagogik. 2. Aufl. Berlin: Erich Schmidt 1997.

Arnold R, Lipsmeier A (Hrsg). Handbuch der Berufsbildung. 2. Aufl. Wiesbaden: Verlag für Sozialwissenschaften 2006.

Baethge M, Baethge-Kinsky V. Ökonomie, Technik, Organisation: Zur Entwicklung von Qualifikationsstruktur und qualitativem Arbeitsvermögen. In: Arnold R, Lipsmeier A (Hrsg). Handbuch der Berufsbildung. 2. Aufl. Wiesbaden: Verlag für Sozialwissenschaften 2006; 153–73.

Baethge M, Kupka P. Bildung und soziale Strukturierung. In: SOFI, IAB, ISF, INIFES (Hrsg). Berichterstattung zur sozio-ökonomischen Entwicklung in Deutschland – Arbeit und Lebensweisen. Opladen: Leske + Budrich 2004.

Baethge M, Oberbeck H. Zukunft der Angestellten. Neue Technologien und berufliche Perspektiven in Büro und Verwaltung. Frankfurt, New York: Campus 1986.

Baethge M, Wieck M. Berufliche Bildung in der Bildungsberichterstattung. Z Erziehungswissenschaft, Beiheft 2006; 6: 163–85.

Baethge M, Achtenhagen F, Arends L, Babic E, Baethge-Kinsky V, Weber S. Berufsbildungs-PISA, Machbarkeitsstudie. Stuttgart: Steiner 2006.

Baethge M, Solga H, Wieck M. Berufsbildung im Umbruch. Signale eines überfälligen Aufbruchs. Berlin: Friedrich-Ebert-Stiftung 2007.

Barz H, Tippelt R. Lebenswelt – Zur sozialwissenschaftlichen Karriere eines philosophischen Begriffs. In: Tippelt R (Hrsg). Handbuch Erwachsenenbildung/Weiterbildung. 2. Aufl. Opladen: Leske + Budrich 1999.

Baumert J, Kunter M. Stichwort: Professionelle Kompetenz von Lehrkräften. Z Erziehungswissenschaft 2006; 9: 469–520.

Beck K, Krumm V (Hrsg). Lehren und Lernen in der beruflichen Erstausbildung. Opladen: Leske + Budrich 2001.

Beck U, Brater M, Daheim H. Soziologie der Arbeit und der Berufe. Reinbek: Rowohlt 1980.

Beicht U, Walden G, Herget H. Kosten und Nutzen der betrieblichen Berufsausbildung in Deutschland. Bielefeld: Bertelsmann 2004.

Benner H, Püttmann F. 20 Jahre Gemeinsames Ergebnisprotokoll. Herausgegeben vom Bundesminister für Bildung und Wissenschaft in Zusammenarbeit mit der Ständigen Konferenz der Kultusminister der Länder in der Bundesrepublik Deutschland. Bonn 1992.

Berk LE. Entwicklungspsychologie. 3. Aufl. München: Pearson 2005.

Björnavold J. Making Learning Visible. Thessaloniki: CEDEFOP 2000.

Blankertz H. Berufsbildung und Utilitarismus. Düsseldorf: Schwann 1963.

Bojanowski A, Mutschall M, Meshoul A (Hrsg). Überflüssig? Abgehängt? Produktionsschule: eine Antwort für benachteiligte Jugendliche in den neuen Ländern. Münster: Waxmann 2008.

Bolte U. Dänemark: Produktionsschulen. Berufsbildung 1993; 47: 43–4.

Borich GD. Effective Teaching Methods. 6th ed. Upper Saddle River, N.J.: Pearson 2007.

Bransford JD, Brown AL, Cocking RR (eds). How People Learn. Washington, D. C.: National Academy Press 2000.

Bredow A, Dobischat R, Rottmann J (Hrsg). Berufs- und Wirtschaftspädagogik von A–Z. Baltmannsweiler: Schneider 2003.

Brunner M, Kunter M, Krauss S, Baumert J, Blum W, Dubberke T, Jordan A, Klusmann U, Tsai Y, Neubrand M. Welche Zusammenhänge bestehen zwischen dem fachspezifischen Professionswissen von Mathematiklehrkräften und ihrer Ausbildung sowie beruflichen Fortbildung? Z Erziehungswissenschaft 2006; 9: 521–44.

Bullan K, Johanssen T, Schmidt-Mildner GK, Schwarzbach D. Produktionsschule in Hamburg. 3. Aufl. Hamburg: Verein Produktionsschule in Hamburg/Gewerkschaft Erziehung und Wissenschaft 1992.

Bundesinstitut für Berufsbildung (Hrsg). Umweltschutz in der beruflichen Bildung – Entwicklungstendenzen und Lösungswege. BIBB 2. Fachkongress vom 9.–11.12.1993 in Berlin. Nürnberg: BW Bildung und Wissen 1993.

Bundesministerium für Bildung und Forschung. Grund- und Strukturdaten 2005. Bonn, Berlin: bmbf 2005.

Bundesministerium für Bildung und Forschung. Berufsbildungsbericht 2007. Bonn, Berlin: bmbf 2007.

Bundesministerium für Bildung und Forschung. Infopaket Ausbildung – Ausgewählte Aspekte der dualen Berufsausbildung und Entwicklung auf dem Ausbildungsstellenmarkt. Bonn, Berlin: bmbf 2008; http://www.bmbf.de.

Buttler F. Tätigkeitslandschaft bis 2010. In: Achtenhagen F, John EG (Hrsg). Mehrdimensionale Lehr-Lern-Arrangements. Innovationen in der kaufmännischen Aus- und Weiterbildung. Wiesbaden: Gabler 1992; 162–82.

Castells M. The Power of Identity. Oxford: Blackwell 1997.

Coffield F. Can post compulsory education in England be turned from a disorganised sector into a learning system? In: Beck K, Achtenhagen F (eds). Vocational education and training in a globalized world. Berichte des Seminars für Wirtschaftspädagogik der Georg-August-Universität. Band 29. Göttingen 2007; 21–56.

Cooper JM (ed). Classroom Teaching Skills. 8th ed. Boston, New York: Houghton Mifflin 2006.

Cortina KS. Psychologie der Lernumwelt. In: Krapp A, Weidenmann B (Hrsg). Pädagogische Psychologie. 5. Aufl. Weinheim, Basel: Beltz 2006; 477–524.

Csikszentmihalyi M. Implications of a systems perspective for the study of creativity. In: Sternberg RJ (ed). Handbook of Creativity. Cambridge: Cambridge University Press 1999; 313–35.

Deutsche Forschungsgemeinschaft. Berufsbildungsforschung an den Hochschulen der Bundesrepublik Deutschland. Denkschrift. Weinheim: VCH 1990.

Deutsche Forschungsgemeinschaft. Entwicklungsperspektiven von Arbeit. Berlin: Akademie Verlag 2001.

Deutsche Shell (Hrsg). Jugend 2006 – Eine pragmatische Generation unter Druck. Frankfurt/M.: Fischer 2006.

Deutscher Bundestag. Schlussbericht der Enquete-Kommission »Zukünftige Bildungspolitik – Bildung 2000«. Drucksache 11/7820, 5.9.1990, einschließlich Anhangsband. Bonn 1990.

Deutscher Industrie- und Handelskammertag. »Dual mit Wahl« – Ein Modell der IHK-Organisation zur Reform der betrieblichen Ausbildung. Berlin 2007.

Diefenbach H, Nauck N. Der Beitrag der Migrations- und Integrationsforschung zur Entwicklung der Sozialwissenschaften. In: Gogolin I, Nauck B (Hrsg). Migration, gesellschaftliche Differenzierung und Bildung. Opladen: Leske + Budrich 2000; 37–52.

Diehl C. Gescheiterte Integration? Neuere Befunde zur Eingliederung von Einwanderern in Deutschland. Georgia Augusta – Wissenschaftsmagazin der Georg-August-Universität Göttingen. Vol. 5: Kulturen und Konflikte. Göttingen 2007; 86–93.

Dubs, R. Gutachten zu Fragen der schweizerischen Berufsbildung. Bern: h.e.p. 2005.

Edelmann D, Tippelt R. Kompetenzentwicklung in der beruflichen Bildung und Weiterbildung. Z Erziehungswissenschaft, Sonderheft 2007; 8: 129–46.

Erikson EH. Identity, use and crises. New York: Norton 1968.

Euler D (Hrsg). Handbuch der Lernortkooperation. 2 Bände. Bielefeld: Bertelsmann 2004.

Faulstich P. Weiterbildungsforschung. In: Rauner F (Hrsg). Handbuch Berufsbildungsforschung. Bielefeld: Bertelsmann 2005; 223–31.

Fend H. Identitätsentwicklung in der Adoleszenz. Bern: Huber 1991.

Fend H. Bildungserfahrungen und produktive Lebensbewältigung – Ergebnisse der LIFE-Studie. In: Fatke R, Merkens H (Hrsg). Bildung über die Lebenszeit. Wiesbaden: Verlag für Sozialwissenschaften 2006; 31–55.

Fischer A (Hrsg). Herausforderung Nachhaltigkeit. Frankfurt: G.A.F.B. 1999.

Flammer A. Entwicklungstheorien. 2. Aufl. Bern: Huber 1999.

Flammer A, Alsaker FD. Entwicklungspsychologie der Adoleszenz. Bern: Huber 2002.

Gilgen PW, Bieri E, Bischoff E, Gresch P, Zürcher M. Betriebliches Umwelt-Informationssystem (BUIS). Zürich: Gesellschaft zur Förderung der schweizerischen Wirtschaft 1993.

Grubb WN. The subbaccalaureate labor market in the United States: Challenges for the school-to-work-transition. In: Heinz WR (ed). From Education to Work – Cross-National Perspectives. New York: Cambridge University Press 1999; 171–93.

Hamilton SE. Prospects for an American-style youth apprenticeship system. Educational Researcher 1993; 22 (3): 11–6.

Hans J. Gebt mir eine Uniform! Die Zeit 2006; 37: 83–4.

Hofer M. Schüler wollen für die Schule lernen, aber auch anderes tun. Z Pädagogische Psychologie 2004; 18 (2): 79–92.

Hohenstein A, Wilbers K (Hrsg). Handbuch E-Learning. Köln: Fachverlag Deutscher Wirtschaftsdienst 2002.

Kaiser FJ, Pätzold G (Hrsg). Wörterbuch Berufs- und Wirtschaftspädagogik. 2. Aufl. Bad Heilbrunn/Obb.: Klinkhardt 2006.

Kell A. Berechtigungswesen zwischen Bildungs- und Beschäftigungssystem. In: Blankertz H, Derbolav J, Kell A, Kutscha G (Hrsg). Sekundarstufe II – Jugendbildung zwischen Schule und Beruf (Enzyklopädie Erziehungswissenschaft, Band 9.1). Stuttgart: Klett-Cotta 1982; 289–320.

Kell A. Berufspädagogische Überlegungen zu den Beziehungen zwischen Lernen und Arbeiten. In: Kell A, Lipsmeier A (Hrsg). Lernen und Arbeiten. Beiheft 8 der Zeitschrift für Berufs- und Wirtschaftspädagogik. Stuttgart: Steiner 1989; 9–25.

Kirsch W, Seidl D, van Aaaken D. Betriebswirtschaftliche Forschung. Stuttgart: Schäffer-Poeschel 2007.

Klusmeyer J. Der Methodeneinsatz im kaufmännischen Unterricht. In: Rebmann K (Hrsg). Oldenburger Forschungsbeiträge zur Berufs- und Wirtschaftspädagogik. Oldenburg 2003; 51–63.

Konsortium Bildungsberichterstattung. Bildung in Deutschland. Bielefeld: Bertelsmann 2006.

Krampen G. Persönlichkeits- und Selbstkonzeptentwicklung. In: Oerter R, Montada L (Hrsg). Entwicklungspsychologie. 5. Aufl. Weinheim, Basel: Beltz 2002; 675–710.

Krampen G, Reichle B. Frühes Erwachsenenalter. In: Oerter R, Montada L (Hrsg). Entwicklungspsychologie. 5. Aufl. Weinheim, Basel: Beltz 2002; 319–49.

Kres M. Integriertes Employability-Management. Bern: Haupt 2007.

Krüger H. Zur Datenlage vollzeitschulischer Berufsausbildung. In: Baethge M, Buss KP, Lanfer C (Hrsg). Expertisen zu den konzeptionellen Grundlagen für einen Nationalen Bildungsbericht – Berufliche Bildung und Weiterbildung/Lebenslanges Lernen. Bonn, Berlin: Bundesministerium für Bildung und Forschung 2004; 141–64.

Kupka P. Arbeitsmarkt- und Berufsforschung. In: Arnold R, Lipsmeier A (Hrsg). Handbuch der Berufsbildung. 2. Aufl. Wiesbaden: Verlag für Sozialwissenschaften 2006; 628–43.

Küpper HU. Unternehmensethik. Stuttgart: Schäffer-Poeschel 2006.

Kutscha G. »Entberuflichung« und »Neue Beruflichkeit« – Thesen und Aspekte zur Modernisierung der Berufsbildung und ihrer Theorie. Z Berufs- und Wirtschaftspädagogik 1992; 88: 535–48.

Kutscha G. Modernisierung der Berufsbildung im Spannungsfeld von Systemdifferenzierung und Koordination. In: Buttler F, Czycholl R, Pütz H (Hrsg). Modernisierung beruflicher Bildung vor den Ansprüchen von Vereinheitlichung und Differenzierung. Nürnberg: Institut für Arbeitsmarkt- und Berufsforschung der Bundesanstalt für Arbeit 1994; 40–56.

Lehmann RH, Ivanov S, Hunger S, Gänsfuß R. ULME I: Untersuchungen der Leistungen, Motivationen und Einstellungen zu Beginn der beruflichen Ausbildung. Hamburg: Behörde für Bildung und Sport, Amt für Bildung 2004.

Lehmann RH, Seeber S, Hunger S. ULME II: Untersuchungen der Leistungen, Motivationen und Einstellungen zu Beginn der beruflichen Ausbildung. Hamburg: Behörde für Bildung und Sport, Amt für Bildung 2006.

Lempert W. Berufliche Sozialisation. Baltmannsweiler: Schneider 2006.

Lempert W, Franzke R. Die Berufserziehung. München: Juventa 1976.

Liebig T. The labour market integration of immigrants in Germany. OECD social, employment and migration working papers, No. 47. Paris: OECD – Directorate for Employment, Labour and Social Affairs 2007.

Marcia JE. Identity in adolescence. In: Adelson J (ed). Handbook of adolescent psychology. New York: Wiley 1980; 159–87.

Martin JP. Migration and the global economy: some stylised facts. Paper presentation at the 12th international metropolis conference: migration, economic growth and social cohesion. Melbourne, Australia 2007.

Mayer RE (ed). The Cambridge Handbook of Multimedia Learning. Cambridge: Cambridge University Press 2005.

Mertens D. Schlüsselqualifikationen. Mitteilungen aus der Arbeitsmarkt- und Berufsforschung 1974; 7: 36–43.

Minnameier G, Wuttke E (Hrsg). Berufs- und Wirtschaftspädagogische Grundlagenforschung. Frankfurt/M.: Lang 2006.

Nationaler Pakt für Ausbildung und Fachkräftenachwuchs. Kriterienkatalog zur Ausbildungsreife. Herausgegeben von der Bundesagentur für Arbeit. Nürnberg 2006.

Niebuhr A. Migrationseffekte: Zuzug Hochqualifizierter stärkt Innovationskraft der Regionen. IAB-Kurzbericht, Nr. 12/30.05.2007. Nürnberg: Institut für Arbeitsmarkt- und Berufsforschung der Bundesagentur für Arbeit 2007.

Oerter R, Montada L (Hrsg). Entwicklungspsychologie. 5. Aufl. Weinheim, Basel: Beltz 2002.

PISA-Konsortium Deutschland. PISA 2006 – Die Ergebnisse der dritten internationalen Vergleichsstudie. Münster: Waxmann 2007.

Prenzel M, Kramer K, Drechsel B. Selbstbestimmt motiviertes und interessiertes Lernen in der kaufmännischen Erstausbildung – Ergebnisse eines Forschungsprojekts. In: Beck K, Krumm V (Hrsg). Lehren und Lernen in der beruflichen Erstausbildung. Opladen: Leske + Budrich 2001; 37–61.

Presse- und Informationsamt der Bundesregierung (Hrsg). Der Nationale Integrationsplan. Berlin 2007.

Rauner F (Hrsg). Handbuch Berufsbildungsforschung. Bielefeld: Bertelsmann 2005.

Rebmann K. Planspiel und Planspieleinsatz. Hamburg: Kovac 2001.

Rebmann K. Berufliche Umweltbildung. In: Arnold R, Lipsmeier A (Hrg). Handbuch der Berufsbildung. 2. Aufl. Wiesbaden: Verlag für Sozialwissenschaften 2006; 299–312.

Rebmann K, Tredop D, Klattenhoff K, Schulze GC, Wittrock M. Empirische Studien zur Ausbildungsreife im Urteil von Lehrkräften und Unternehmensvertreter/innen aus der Weser-Ems-Region. Oldenburg: Fachgebiet Berufs- und Wirtschaftspädagogik, Universität Oldenburg 2007.

Reetz L, Tramm T. Lebenslanges Lernen aus der Sicht einer berufspädagogisch und wirtschaftspädagogisch akzentuierten Curriculumforschung. In: Achtenhagen F, Lempert W (Hrsg). Lebenslanges Lernen im Beruf. Seine Grundlegung im Kindes- und Jugendalter. Band V. Opladen: Leske + Budrich 2000; 69–120.

Sachverständigenkommission Kosten und Finanzierung der Beruflichen Bildung. Kosten und Finanzierung der außerschulischen beruflichen Bildung (Abschlussbericht). Bielefeld: Bertelsmann 1974.

Santrock JW. Adolescence. 11th ed. Boston: McGraw-Hill 2007.

Schöngen K. Ausbildungsvertrag gelöst = Ausbildung abgebrochen? Ergebnisse einer Befragung. Berufsbildung in Wissenschaft und Praxis 2003; 5: 35–9.

Schweri J, Mühlemann S, Pescio Y, Walther B, Wolter SC, Zürcher L. Kosten und Nutzen der Lehrlingsausbildung aus der Sicht Schweizer Betriebe. Chur, Zürich: Rüegger 2003.

Sembill D. Problemlösefähigkeit, Handlungskompetenz und Emotionale Befindlichkeit – Zielgrößen forschenden Lernens. Göttingen: Hogrefe 1992.

Shulman LS. The Wisdom of Practice. Essays on Teaching, Learning, and Learning to Teach. San Francisco: Jossey-Bass 2006.

Slavin RE. Educational Psychology: Theory and Practice. 9th ed. Boston: Allyn & Bacon 2008.

Sonntag K, Stegmaier R. Arbeitsorientiertes Lernen. Stuttgart: Kohlhammer 2007.

Statistisches Bundesamt. Klassifizierung der Berufe. Systematisches und alphabetisches Verzeichnis der Berufsbenennungen (Ausgabe 1975). Stuttgart, Mainz: Kohlhammer 1975.

Statistisches Bundesamt. Klassifizierung der Berufe. Systematisches und alphabetisches Verzeichnis der Berufsbenennungen (Ausgabe 1992). Stuttgart: Metzler-Poeschel 1992.

Steinhardt M. Arbeitsmarkt und Migration – eine empirische Analyse der Lohn- und Beschäftigungseffekte der Zuwanderung für Deutschland. Hamburg: Hamburgisches WeltWirtschaftsInstitut (HWWI) 2006.

Stickle FE (ed). Adolescent Psychology. 5th ed. Dubuque, IA.: McGraw-Hill 2007.

Stratmann K, Schlösser M. Das duale System der Berufsbildung – Eine historische Analyse seiner Reformdebatten. 2. Aufl. Frankfurt/M.: Verlag der Gesellschaft zur Förderung arbeitsorientierter Forschung und Bildung 1992.

Tessaring M. Das duale System der Berufsausbildung in Deutschland: Attraktivität und Beschäftigungsperspektiven. Ein Beitrag zur gegenwärtigen Diskussion. Mitteilungen aus der Arbeitsmarkt- und Berufsforschung 1993; 26: 131–61.

Literatur

Tippelt R (Hrsg). Handbuch Erwachsenenbildung/Weiterbildung. 2. Aufl. Opladen: Leske + Budrich 1999.

Tramm T, Sembill D, Klauser F, John EG (Hrsg). Professionalisierung kaufmännischer Berufsbildung. Beiträge zur Öffnung der Wirtschaftspädagogik für die Anforderungen des 21. Jahrhunderts. Frankfurt/M.: Lang 1999.

Weber S. Vorwissen in der betriebswirtschaftlichen Ausbildung. Eine struktur- und inhaltsanalytische Studie. Wiesbaden: Gabler 1994.

Weber S. Interkulturelles Lernen – Versuch einer Rekonzeptualisierung. Unterrichtswissenschaft 2004; 32: 143–68.

Weber S. Intercultural Learning as Identity Negotiation. Frankfurt/M.: Lang 2005.

Weber S. Mindful Identity Negotiation and Intercultural Learning at Work. Lifelong Learning in Europe 2007; XII (3): 142–52.

Weiß R. Gründe für den Abbruch der Berufsausbildung. Ergebnisse einer empirischen Untersuchung vorzeitig gelöster Berufsausbildungsverhältnisse. Z Berufs- und Wirtschaftspädagogik 1982; 78: 564–77.

Werner D. Trends und Kosten der betrieblichen Weiterbildung – Ergebnisse der IW-Weiterbildungserhebung 2005. IW-Trends, 33, Heft 1/2006. Köln: Institut der Deutschen Wirtschaft 2006.

Winther E. Motivation in Lernprozessen. Wiesbaden: DUV 2006.

Wirtschaftsministerium Baden-Württemberg. Schüler und Juniorenfirmen in Baden-Württemberg. Stuttgart 2006.

Zabeck J. Die Berufs- und Wirtschaftspädagogik als erziehungswissenschaftliche Teildisziplin. Baltmannsweiler: Schneider Hohengehren 1992.

5 Religiosität und Grenzerfahrung

Gunther Klosinski

Inhalt

5.1	Einleitung	66
5.2	Religiosität – Notwendigkeit oder antiquiertes Übel?	66
5.3	Religiöse Unterweisung und spirituelle Einflussnahme	67
5.4	Sinnsuche und religiöse Dimension im Jugendalter	69
5.5	Krise, Grenzerfahrung und religiöse Konversionsbereitschaft	70
Literatur		72

Zusammenfassung

Religiöse Vorstellungen und Gottesbilder sind Teil eines sich stetig wandelnden Weltbildes auf den unterschiedlichen Entwicklungsstufen vom Kind ins Erwachsenenalter. Religiöse Unterweisung und spirituelle Einflussnahme können Entwicklungsförderung oder Entwicklungshemmung bewirken. Pubertätskrisen führen häufig zu religiösen Suchbewegungen. Religiöse Konversion kann psychosoziale Bedürfnisse suchender Menschen befriedigen. Ecclesiogene Neurosen entstehen durch rigide und rigoristisch religiöse Erziehungshaltungen. Trotz eines Rückzuges der Religion ins Private hat sie sich für Jugendliche weder theoretisch noch praktisch verabschiedet. Begleitung in religiösen Zweifeln kann psychotherapeutisch von Bedeutung sein.

5.1 Einleitung

In einer Zeit, in der einerseits Sinnfindungskrisen und apokalyptische Zukunftsängste einen »run« auf Esoterisches, Mystisches, Spiritistisches und Magisches ausgelöst haben, in der andererseits die praktizierte Religiosität in unseren institutionalisierten Kirchen jedoch immer weniger attraktiv zu sein scheint, können der moderne Priester der Neuzeit, der Psychiater und Psychotherapeut nicht umhin, Stellung zur religiösen Dimension des Patienten zu beziehen. Es greift zu kurz, Religion als »Opium für das Volk« (Marx) oder als »kollektive Neurose« (Freud) zu bezeichnen. Es gilt, das Grundanliegen religiösen Glaubens und Handelns als menschliche Seinsdimension zu begreifen, religiöses Erleben als einen lebenslangen, sich stetig wandelnden Prozess aufzufassen, den es lohnt, genauer anzuschauen.

Zahlreiche psychische Krisen der Pubertät und Adoleszenz sind Ausdruck von Erschütterung des Selbstwertgefühls und des Lebenssinns, wodurch in aller Regel auch die Dimension des religiösen Seins betroffen ist. Die Alltagspraxis lehrt, dass dem Psychiater, Jugendpsychiater, Psychotherapeuten und Psychologen Religion überwiegend in Form von Zwangsstörungen begegnet, mit häufig gegen religiöse Inhalte und Symbole gerichteten Zwangsgedanken oder -impulsen. Die Dimension des Religiösen begegnet uns ferner im nicht nachvollziehbaren Schulderleben depressiver Erkrankungen oder als religiöser Wahn bei Patienten mit schizophrenen Psychosen. Die oft hieraus gezogene Schlussfolgerung, religiöses Erleben sei deshalb schlechthin pathologisch, ist zu oberflächlich. Religiöse Tiefenerfahrungen oder Erlebnisse von Hochgefühlen, von Ungewöhnlichem, Außerordentlichem, Transzendentalem gehören zum normalen Inventar menschlicher Erfahrung, sei es in Form von Nacht-Traum-Erlebnissen, von Tagträumen, hypnagogen Halluzinationen oder Bilderlebnissen in tiefer Meditation.

5.2 Religiosität – Notwendigkeit oder antiquiertes Übel?

Religiöse Vorstellungen und Gottesbilder sind Teil eines sich stetig wandelnden Weltbildes auf den unterschiedlichen Entwicklungsstufen vom Kind zum Erwachsenen. Ausgehend von dem »Lebenszyklus«-Modell des Psychoanalytikers und Religionspsychologen Erik H. Erikson (1973) wurzelt Religiosität im **Grundvertrauen**, das der Säugling am Anfang seines Lebens aufbauen muss: Es ist das Vertrauen in ein Versorgt- und Gehalten-Werden, die Hoffnung auf eine bedingungslose Annahme bei totaler Abhängigkeit von der Mutter und den Hauptbezugspersonen. Auch bleibt ein in der frühen Kindheit erfahrenes bzw. erworbenes Grundvertrauen später in Form einer Sehnsucht nach einem größeren Gegenüber, das Schutz und Geborgenheit verleihen kann, gegenwärtig.

Unter entwicklungspsychologischen Gesichtspunkten lässt sich eine Art **Stufenleiter der religiösen Entwicklung** bezüglich der Gottesbilder und der Gottesvorstellungen beschreiben, wie sie unter anderem Fowler (1981) vorgelegt hat. Der Entwicklungspsychologe Flammer (1994) definierte Religiosität wie folgt:

> »Unter Religiosität verstehe ich das Gesamt der Lebenspraktiken und der entsprechenden Einstellungen, sofern sie explizit auf einer Beziehung zu übernatürlichen Mächten beruhen. Ich nenne diese Beziehungen, die sich in Einstellungen, Überzeugungen und Praktiken äußern, Religion.«

Damit hat Glaube etwas zu tun mit einer Kontrolldelegierung an Gott in Bezug auf all Jenes, das ich nicht kontrollieren kann. Unser **Wohlsein** – und dies gilt insbesondere für Kinder und Jugendliche – hängt ab von der Überschaubarkeit und Berechenbarkeit der jeweiligen Situation. Damit ist das Gefühl, über wichtige Dinge im Leben die Kontrolle zu haben bzw. darauf Einfluss zu nehmen, eine wichtige Bedingung für unser Wohlseinsempfinden, damit sind Vorstellungen und Bilder von z. B. »Schutzengeln« auch unter psychohygienischen und entwicklungspsychologischen Aspekten nicht nur sinnvoll, sondern geradezu notwendig.

> Die Vorstellung von Gott ist für Kinder und Jugendliche zuallererst ein zwischenmenschliches Geschehen, dann aber auch ein emotionales Ereignis – eine Gewissensangelegenheit – sowie eine intellektuelle Herausforderung. Damit setzt sich gerade im Kindesalter die Gotteserfahrung in komplexer Weise aus realer zwischenmenschlicher Erfahrung mit wichtigen Bezugspersonen und aus einer imaginierten persönlichen Erfahrung zusammen (Nipkow 1990).

5.3 Religiöse Unterweisung und spirituelle Einflussnahme

Interkulturelle Untersuchungen kamen zu dem Ergebnis, dass Populationen, in denen die Eltern ihre Kinder in einem akzeptierenden, warmherzigen Stil erziehen, auch eher an wohlwollende Gottheiten und Geister glauben, während Letztere in Populationen, die ihre Kinder abweisend und streng erziehen, überwiegend feindselige, strafende Züge aufweisen (Rohner 1975, zit. nach Grom 1992). Ferner konnte nachgewiesen werden, dass ein positives Selbstwertgefühl mit der Vorstellung von einem liebenden Gott und ein negatives Selbstwertgefühl mit dem Bild eines vergeltenden Gottes korrelieren (Chartier u. Goeher 1976).

> Religiöse Erziehung wird dann zur Chance, wenn sie eine **lebensbegleitende Identitätshilfe** anbietet (Nipkow 1992).

Auf den Zusammenhang zwischen selbstwertstützenden Elementen der religiösen Überzeugung (und Unterweisung) und maßgeblichen positiven Selbstbewertungsdispositionen sowie zwischen selbstwertmindernden Elementen und negativen Selbstbewertungsdispositionen hat insbesondere Grom (1994) hingewiesen.

Religiöse Erziehung wird dann zum Risiko, wenn sie repressiv und affirmativ wird: Sie passt sich an die heranwachsende Generation und an die bestehenden Verhältnisse an und entfremdet sie von ihren eigenen Bedürfnissen und Interessen (Bartholomäus 1994). Religiöse Erziehung kann indoktrinieren, wenn sie mit einem absoluten Wahrheitsanspruch aufwartet und kritische Rationalität und Dialogfähigkeit insbesondere in der Pubertät verhindert.

> Eine religiöse Erziehung, die durch überzogene Persönlichkeitsideale zur Entwicklung von Minderwertigkeitsgefühlen führt oder durch entsprechende Strenge »überzogene Forderungen« auferlegt, führt zu Schuldgefühlen und Angst und kann in eine Depression münden (Klosinski, 1990).

In einer Meta-Analyse von 34 Studien haben Hackney und Sanders (2003) den Zusammenhang zwischen **Religiosität und Gesundheit** untersucht. Sie stellten fest, dass unabhängig von den unterschiedlichen Definitionen von Religiosität und Mental Health ein Zusammenhang zwischen beiden von r = 0,10 besteht. Dies besagt, dass religiöse Menschen tendenziell eher gesünder sind – im Sinne einer psychosozialen Gesundheit. Interessant ist nun, dass diese Autoren den etwas schwammigen Begriff der Religiosität in
- kirchlich-institutionelle Religiosität,
- religiöse Glaubensvorstellungen (Ideologien) und
- religiöses persönliches Engagement

unterteilt haben.

Sie kamen zu folgenden Feststellungen: An Konfessionen oder kirchliche Institutionen gebundene Religiosität zeigt die schwächste oder sogar negative Korrelation mit psychischer Gesundheit, während die Religiosität, definiert in Form von ideologischen Vorstellungen, deutlich stärkere Effekte zeigt und die persönliche Hingabe und Aufopferung *(personal devotion)* am höchsten korreliert. Je größer die Internalisierung religiöser Vorstellungen, desto häufiger ist dies mit psychischer Gesundheit verbunden. Ferner stellten sie fest, dass religiöser Glaube und religiöse Handlungsvollzüge von Personen, die in etablierten religiösen Konfessionen und Traditionen wurzeln, überwiegend mit besserer Gesundheit assoziiert sind als solche, die nicht religiös gebunden sind. Auch gibt es kontrollierte klinische Studien, die nahelegen, dass

»spirituelle Interventionen« durch professionelle Helfer mit besseren klinischen Ergebnissen einhergehen *können,* nicht aber müssen.

Koenig et al. (2001) haben ein theoretisches Modell entworfen, wie Religion psychische Gesundheit positiv oder negativ beeinflussen kann (Abb. 5-1):

- So kann z. B. Religion die erblichen oder biologischen Faktoren beeinflussen, indem religiöse Menschen nur innerhalb einer bestimmten Gruppe heiraten (ein Jude nur eine Jüdin oder ein Amish-Mann nur eine Amish-Frau). Es kann dann zu einer höheren genetischen Vererbung von psychischen Störungen kommen, z. B. von endogener Depression oder Schizophrenie.
- Entsprechende einschneidende Life-event-Erfahrungen im Rahmen der Entwicklung können im positiven oder negativen Sinn durch die religiöse Einstellung der Eltern (Umgang mit Leid, Sterben etc.) bedingt sein.
- Die Religiosität der Eltern kann möglicherweise ihre Fähigkeit und Motivation beeinflussen, die Kinder in ihren Bedürfnissen wahrzunehmen und »abzuholen«. Würden z. B. religiöse Eltern die Bibel wörtlich auslegen, würden sie womöglich die Kinder züchtigen, weil dies an manchen Stellen in der Bibel so nachzulesen ist.
- Stressvolle Lebensereignisse und Erfahrungen werden durch die Eltern und ihre Kinder mehr oder weniger gut gemeistert, wenn sie religiös eingebunden sind – und je nachdem, wie sie religiös eingebunden sind.
- Religion kann die Basis für Selbstachtung und Selbstwertgefühl abgeben.

- Eigenes Leiden kann durch Religion im Sinne einer Prüfung verstanden werden und positiv sein oder aber als Strafe mit negativen Auswirkungen aufgefasst werden.
- Religiös Eingebundene können sich durch Gleichgesinnte, im Religiösen Verwurzelte, soziale Unterstützung holen und dadurch auf Bewältigungsressourcen zurückgreifen.
- Religiöses Eingebundensein kann auch zu Gelassenheit führen und zu einem besseren Coping-Verhalten: Viele Religionen ermutigen die Gläubigen bis zu einem gewissen Punkt, selbst Hand anzulegen, dann aber auch Dinge zu akzeptieren und sie einer göttlichen Macht anheimzustellen.

Religiöse Einflussnahme unter religiös-rigoristischen Bedingungen kann zum *spiritual abuse* führen. Dabei kennzeichnen fundamentalistische, rigoristische religiöse Normsysteme Unfreiheit, Unmündigkeit und haben wenig mit einem Glauben zu tun, der freimachen soll. Ziel dieser Systeme ist – wie auf der archaischen Stufe – die Regelung sozialer Bezüge, Machtthematik und Angstabwehr. Bei fundamentalistischen christlichen Bewegungen, christlichen Sekten und neureligiösen Gruppierungen sowie Psychokulten wird innerhalb der Gläubigengruppe eine kollektive Verbindlichkeit formuliert, die entweder durch Kanonisierung, Symbolkontrolle oder Gruppendruck erreicht wird.

> **!** Nach Gladigow (1994) sind rigoristische Haltungen nicht primär nur dadurch charakterisiert, dass etwa Restriktionen lediglich verschärft oder kumuliert werden, sondern vor allem

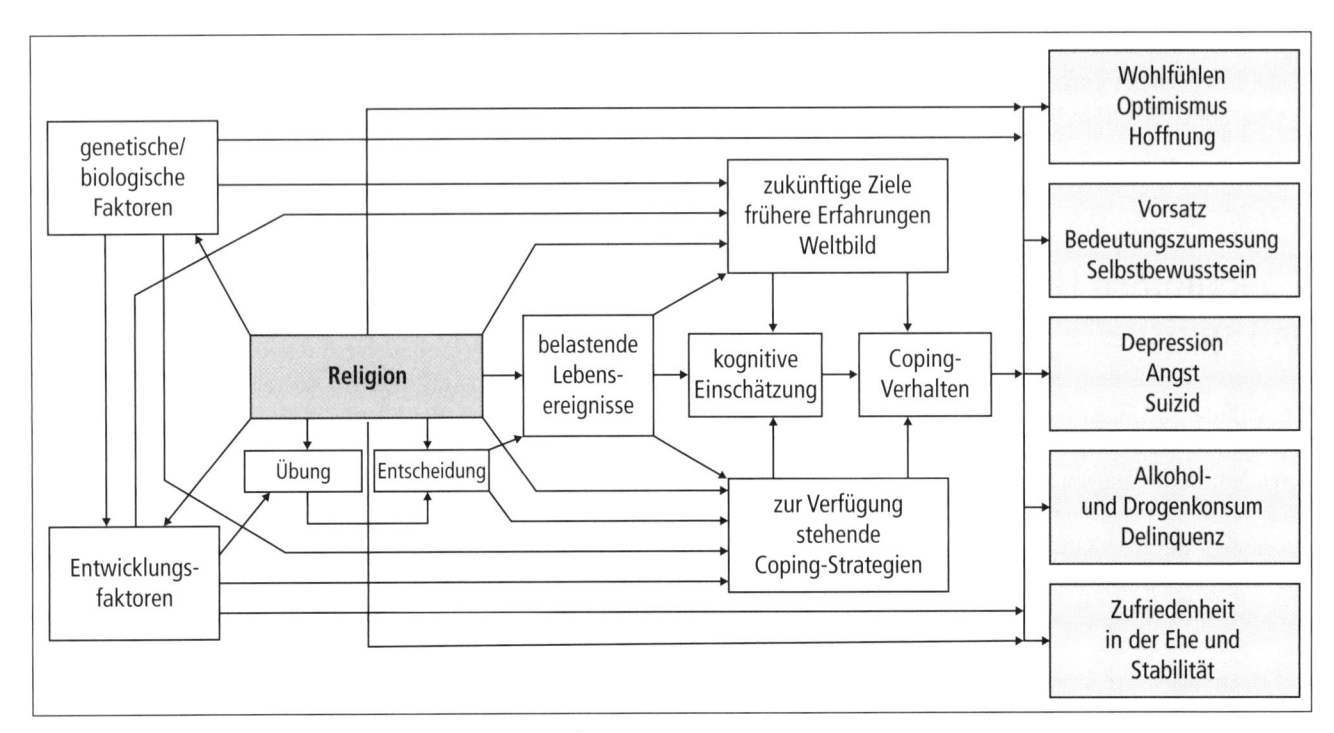

Abb. 5-1 Theoretisches Modell der Effekte der Religion auf die psychische Gesundheit (mod. nach Koenig et al. 2001)

> dadurch, dass Lebensbereiche wieder in den Geltungsbereich religiöser Normierungen einbezogen werden, die im Rahmen kultureller Differenzierungsprozesse bereits »ausgegliedert« worden waren.

Alle Sekten und neureligiösen Gruppierungen tendieren dazu, neue Welten der Vollkommenheit zu entwerfen, die mit idealisierbaren Personen, Gemeinschaften und Zielen bevölkert werden.

5.4 Sinnsuche und religiöse Dimension im Jugendalter

Empirische Studien zur Einstellung der Jugend zur Religion (vgl. Barz, 1992) konnten zeigen, dass Jesus als Mittlerinstanz für die Jugendlichen heutzutage keine große Rolle mehr spielt. Auch die Auferstehungshoffnung, wie sie in der christlichen Tradition überliefert ist, hat offenbar kaum noch Bedeutung. Die Frage, ob es einen Gott gibt oder nicht, ist aber nach wie vor ein zentrales Thema. Dabei vertreten Jugendliche die unterschiedlichsten Gottesbilder, z. B. Gott in der Natur (pantheistisch), Gott als personales Gegenüber, als Ansprechpartner, Gott in mir, Gott als das Gute im Menschen, Gott als Retter, Sinnstifter, Gott als der Allmächtige, Strafende oder Angsteinflößende *(big brother)*.

> **!** Eine besonders bei Jugendlichen zu verzeichnende kritisch-emanzipatorische Distanz zur Kirchlichkeit versperrt offenbar keineswegs den Zugang zu religiösen Deutungssystemen der Gesellschaft und Gegenwartskultur.

So, wie rebellierende Pubertierende und Adoleszente den Wertekanon und die Einstellungen ihrer Eltern nicht nur hinterfragen, sondern auch ablehnen, so stellen sie sich häufig auch gegen die religiösen Überzeugungen ihrer Eltern und wenden sich aus einer Protesthaltung religiösen Extremgruppen zu, um ihre Eltern zu provozieren und vor den Kopf zu stoßen. Dieses rebellische Verhalten trifft auf einen Nährboden in einer Gesellschaft, die von religiösem Pluralismus geprägt ist.

So sieht Drehsen (1993) den **religiösen Pluralismus** und den **Zwang zur Häresie** als unhintergehbare Voraussetzungen moderner Gesellschaften an, wenn er formuliert:
»Unsere kulturelle und damit auch religiöse Situation ist allgemein gekennzeichnet durch eine Universalisierung von Mehrdeutigkeit und ›Häresien‹, durch den ständigen Wandel und ständige Wanderungen im intra- wie interreligiösen Raum. Wir sind dadurch ebenso konfrontiert mit Obsoletheitsempfindungen wie mit vorbehaltsreichen Anerkennungen von differenten religiösen Manifestationsformen als Sinndeutungsofferten. Kirchliche Instanzen haben mit der Durchsetzbarkeit ihres christlichen Absolutheitsanspruches zugleich das Monopol auf kulturelle Geltung verloren. Die Normierungskraft von ererbten Traditionen, zufallendem Schicksal, eingeschliffener Gewohnheit und institutionellem Geltungsanspruch – der teilweise mit Mitteln der Zwangsvollstreckung eingeklagt werden konnte, solange Formen der Kirchenzucht und sozialen Kontrolle noch funktionierten – ist auch auf religiösem Gebiet durch die Expansion von Wahlmöglichkeiten, Interpretationskonkurrenz und Angebotsvielfalt ersetzt worden. So verwandelt sich Schicksal und Determination zunehmend in Wahl und Entscheidung. Dadurch hat sich die Zahl der allgemein geduldeten Lebensweisen ebenso vervielfältigt wie die Zahl der möglichen Glaubensvorstellungen oder Wert- und Weltanschauungsüberzeugungen.«

Gotteslästerliche (blasphemische) Äußerungen wenden sich, von Jugendlichen vorgebracht, häufig gegen ein nach außen und »droben« projiziertes Vaterbild im Rahmen eines Autoritätskonfliktes. So ist bekannt, dass C. G. Jung in seiner Jugend an einer gotteslästerlichen Vorstellung litt, wie Stern (1977) in seiner Biografie über Jung berichtet:

»Eine besonders quälende und fast verrückt machende Zwangsidee, die er zuerst nicht zu Ende zu denken wagte, war die Vorstellung, dass Gott hoch oben im Himmel auf seinem Thron sitzt und mit einem riesigen Stück Exkrement das neu glasierte Dach des Basler Münsters zerschmettert.«

Wenn das Wesen der Religion bestimmt ist als das Beziehungsverhältnis des Menschen zu einer von ihm geglaubten und im Glauben geahnten Überwelt, von der er sich abhängig macht, in der er sich geborgen weiß, nach der er Sehnsucht fühlt und gegenüber der er eine Verpflichtung empfindet, dann ist es nicht verwunderlich, wenn es in der Pubertät und ihrer »normativen Krise« zwangsläufig zu einer Krise in der religiösen Vorstellungswelt des Jugendlichen kommt. Während in der Pubertät das religiöse Problem der Kampf um Glauben und Wissen ist, wird das religiöse Problem in der ausgehenden Adoleszenz in ein Weltanschauungsproblem mit eingewoben. **Versündigungsideen** finden sich demzufolge, wenn sie auftreten, am Beginn der Pubertät, während die **blasphemischen Äußerungen** ohne die Bestrafungsängste im Sinne von Provokationen eher in der Phase der Hochpubertät oder der Spätphase der Adoleszenz auftreten. Versündigungsideen mit Bestrafungsängsten sehen wir bei Jugendlichen mit Zwangsstörungen, wobei blasphemische Äußerungen in Form von Zwangsgedanken auftreten und nicht selten sexuellen Inhalts sind.

Fallbeispiel 4

So berichtete ein am Beginn der Pubertät stehender Junge, dass er beim Anblick eines Kruzifixes nur noch an »dem Heiland seinen Spitz« denken konnte. Die Mutter, die selbst streng pietistisch erzogen war, konnte diese Begebenheit nur unter größter Überwindung erzählen und äußerte, der Junge habe etwas ganz Furchtbares und Vulgäres gesagt (Klosinski 1980).

> Alle religiösen Bemühungen und Unterweisungen, die dogmatisch und fanatisch die Phase des religiösen Zweifels, insbesondere in der Pubertät, offen oder verdeckt nicht zulassen – sei es, dass harte Bestrafungen oder ein Ausschluss erfolgt oder dass Selbstbestrafungstendenzen wegen Nichterreichung der religiösen Anstrengungen unterstützt werden –, führen zu einer festgefahrenen, verkrusteten, sklerosierten Religiosität, die im Falle von depressiven und zwangsneurotischen Entwicklungen durch masochistische Einstellungen und im Falle von Größenphantasien durch narzisstische Übertragungen und Bindungen unterhalten wird.

Je elitärer, missionarischer und fundamentalistischer sich eine Bewegung zeigt, desto mehr werden die Kinder im Alltag zwischen dem, was in der religiösen Gruppierung oder Bewegung gilt, und dem, was im sonstigen Alltagsbezug Gültigkeit hat, trennen müssen.

Eine Einstellung, die zahlreiche Jugendliche und Heranwachsende nach der Pubertät für sich selbstverständlich in Anspruch nehmen, nämlich das Interesse an einer selbstbestimmten Religiosität, wird heute sehr wohl in den großen Konfessionen häufiger zugestanden, obwohl es innerhalb dieser auch fundamentalistische Bewegungen gibt. In den religiös-rigoristischen Gruppierungen wird hingegen eine religiöse Entwicklungssackgasse gleichsam vorgegeben: Solchen Jugendlichen wird es schwer gemacht, über ein Zweifeln zu einer eigenen individuellen religiösen Vorstellung zu gelangen. Kommt es bei Jugendlichen aus streng moralisierenden religiösen Bewegungen dennoch zu einer Ablösung von den Eltern im Sinne eines Autoritätskonfliktes, wird dieser verschärft, weil in solchen Kleingruppierungen Austritte aus der Glaubensgemeinschaft häufig weniger toleriert werden, als dies in den großen christlichen Konfessionen der Fall ist. Kommt es zu einem Kampf auf »Biegen und Brechen«, sind die Jugendlichen offenbar erheblich gefährdet, da sie nicht nur gegen die Eltern ankämpfen, sondern gleichsam auch gegen »Gott und die Welt«, d. h. gegen die ganze religiöse Gemeinschaft, aus der sie dann ausgestoßen werden. Schwere psychosoziale Krisen sind nicht selten die Folge (Klosinski 1990).

5.5 Krise, Grenzerfahrung und religiöse Konversionsbereitschaft

Das Wort Krise, aus dem Griechischen von krísis abgeleitet, bedeutet Unsicherheit, bedenkliche Lage, Zuspitzung, Entscheidung, Wendepunkt. In der hippokratischen Medizin verwies der Begriff »Krise« auf den Höhe- und Wendepunkt des Krankheitsgeschehens: Entweder führte die Krankheit in die Katastrophe, den Tod, oder aber die Krise ging in eine Besserung des Geschehens über.

Je bedrohlicher, je existenzieller Lebenskrisen erlebt werden, desto häufiger und elementarer sind sie an die religiöse Dimension gekoppelt. Krisen können akut oder chronisch verlaufen und sind oft der entscheidende Wendepunkt, die eigene Lebenssituation neu zu überdenken und an der möglichen Wandlung innerlich zu wachsen.

> Eine Krise kann deshalb definiert werden als ein meist nicht durch Krankheit erklärbarer Verlust des seelischen Gleichgewichtes, hervorgerufen durch einen äußeren oder inneren Anlass oder durch das Zusammenwirken beider.

Auslöser einer **individuellen Krise** sind nicht nur bestimmte Ereignisse und deren objektivierbare Ausmaße, sondern die subjektive Einstellung des Betroffenen zum Ereignis, seine bewussten oder unbewussten Phantasien und Gefühle, seine körperlichen Empfindungen, die objektivierbaren äußeren Konsequenzen und seine Fähigkeit, mit neuen, ungewohnten, emotional stark belastenden Situationen umzugehen (Klosinski 1999). **Akute und chronische Lebenskrisen** sind oder führen hin zu Sinn- und Wertekrisen. Sie münden ein in Beziehungskrisen, in Störungen der Beziehungen des Menschen zu seinen Lebenswelten: zur Innenwelt und Außenwelt, Mit- und Umwelt. Die Frage nach dem Warum der erlebten Bedrohung führt zur Frage nach einer religiösen Vorsehung (Theodizee), nach dem Schuldigwerden und -sein. Sühne- und Bestrafungstendenzen im Kontext bisheriger religiöser Überzeugungen können aktualisiert werden.

> Lebenskrisen führen häufig zu religiösen Suchbewegungen und ermöglichen mitunter die religiöse Konversion.

Dabei kann Bekehrung, Wandlung (Konversion) als dramatischer Wechsel in der Persönlichkeit erlebt werden, als »Saulus-Paulus-Erlebnis«, einhergehend mit einer radikalen Neuorientierung der Identität. Konversion kann aber auch lediglich eine **Bindungsänderung** *(commitment)* oder **Hingabeänderung** *(addiction)* bedeuten. Durch die Konversion werden psychosoziale Grundbedürfnisse suchender Menschen befriedigt: das Glück, intensiv zu glauben, und das Gefühl der Zugehörigkeit. Diese beiden Erfahrungen bedingen dann eine Zunahme des Selbstwertgefühls und der Selbsteinschätzung. Psychologische und soziologische Erklärungsmodelle lassen sich auf folgende sechs Thesen reduzieren (Klosinski 1996): Es wird davon ausgegangen, dass

1. als prädisponierende Faktoren häufig psychische Konfliktsituationen (Identitätskrisen, Stress etc.) vorliegen, die durch den Prozess der Konversion – plötzlich oder langsam – eine gewisse Lösung erfahren;
2. bestehende persönliche Beziehungen oder der Aufbau emotionaler Bindungen zu Mitgliedern der religiösen Gruppierung eine wesentliche Rolle spielen, sei es für die Motivation

zur Konversion oder für den eigentlichen Konversionsprozess;
3. Konversion psychodynamisch eine Regression bedeutet, die in eine Abhängigkeit führt, oder eine Progression bedeuten kann, die einer Stabilisierung und Integration gleichkommt;
4. ein Retter (Führer, Guru, Messias), ein rettendes Prinzip (Ideologie und Programm) und eine gerettete Familie (Mitglieder der Bewegung) Faktoren darstellen, die insbesondere in allen (neu-)religiösen Bewegungen zu finden sind, denen ausschlaggebende Bedeutung für die Konversion zukommt;
5. spezifische »Angebote« seitens der religiösen Gruppe entsprechend »passende« Persönlichkeitstypen von potenziellen Konvertiten anziehen; dass also die jeweiligen Persönlichkeitsvariablen und die Art des psychischen Konfliktes dazu führen, dass die jeweils spezifische Bewegung ausgewählt oder gefunden wird;
6. für die Konversion das Erleben von außergewöhnlichen (»mystischen«) oder »dissoziativen« Zuständen (kurzfristiger Verlust des Identitätsbewusstseins) oft entscheidend ist und mit der Konversionserfahrung zusammenfallen kann oder dass das Erlebnis als Beweis der stattgefundenen Konversion gedeutet wird. Konversionserlebnis wäre damit Evidenzerfahrung.

Manche religiöse Gruppierungen, Psychokulte und Sekten versuchen Präkonvertiten mitunter massiv zu beeinflussen, sie zu manipulieren: Durch forciertes Herbeiführen von außergewöhnlichen Bewusstseinszuständen (z. B. Hyperventilation, extreme Meditationsformen, Trance-Tanzen) kommt es zur Wahrnehmung des Außergewöhnlichen, Besonderen, das dann als Beweis des Göttlichen gilt und/oder mit der religiösen Bewegung in eine Verbindung gebracht wird. Es handelt sich hierbei um die Herbeiführung von bekannten, psychophysiologisch erklärbaren Bewusstseinszuständen, in denen häufig innere Bilder und ein sogenanntes primär-prozesshaftes Denken, d. h. ein nicht vom Ich zensiertes Denken und Phantasieren, möglich wird.

Da Lebensänderungskrisen und neurotische Krisen oftmals Beziehungskrisen darstellen, werden Menschen in solchen Belastungssituationen dann aufgefangen und stabilisieren sich, wenn sie von einer religiösen Gemeinschaft aufgenommen und getragen werden. Positive Gottesbilder (z. B. der gute Hirte, Schutzengel), die vergebende, versöhnende, die innere Zerrissenheit heilende Aspekte symbolisieren, können zur nachhaltigen **Krisenbewältigung** führen. Zur **Krisenverschärfung** kommt es dagegen immer dann, wenn verinnerlichte Gottesbilder zur übertriebenen Selbstbeschuldigung, Selbstabwertung und Selbstbestrafung führen, was bei nicht wenigen zwangsneurotischen Individuen mit religiöser Problematik der Fall ist. Man sprach in diesem Zusammenhang von »religiösen Neurosen« (Hark 1990) oder auch von »ecclesiogenen Neurosen«. Verfolgende und bestrafende Gottesbilder sind ebenfalls bei Patienten mit depressiver Dekompensation (reaktive depressive Erkrankung) nicht selten und mitbedingt durch eine rigide, rigoristisch religiöse Erziehungshaltung als »pathologische Endstrecke einer religiösen Anstrengung« anzusehen (Hole 1994). Der Austritt oder Ausschluss aus einer religiösen Gemeinschaft geht häufig mit einem persönlichen Krisenerleben einher, mit depressiver Verstimmung und Orientierungslosigkeit, unter Umständen gepaart mit Schuldgefühlen den Zurückgelassenen gegenüber (Klosinski et al. 2005).

Im Rahmen von Grenzerfahrungen und Suchbewegungen bei Jugendlichen und Adoleszenten in Krisensituationen kommt es mitunter zu einer Hinwendung zum Okkulten, Esoterischen und Magischen. Dabei spielt »das Totale Erlebnis« und die Vorstellung, »Power-Macht« zu erhalten und zu erleben, eine bedeutsame Rolle, handelt es sich doch, psychodynamisch gesehen, häufig um das Stillen eines besonderen Erfahrungshungers und um die Kompensation von Nichtigkeits- und Ohnmachtsgefühlen. Es geht dabei um die Identifikation mit dem Bösen oder »Aggressor« sowie um projektive Mechanismen. Helsper (1992) sah in jugendlichen **Okkultpraktiken** unterschiedliche Antworten auf die Modernisierungsschübe unserer Gesellschaft. Er stellte die Frage, ob nicht hinter den okkulten Praktiken Jugendlicher die Sehnsucht nach »Beheimatung« oder »Wiederverzauberung der Welt« stehe. Seiner Auffassung nach lassen sich die Motive von Jugendlichen für die Hinwendung zum Okkulten in Folgendem ausmachen:

- die Suche nach Thrill und Angstlust
- die Neugier gegenüber dem Unbekannten, Fremden und Unbegreiflichen
- die Abgrenzung gegenüber der offiziellen Kirche
- die Hilfe bei Entscheidungen und Lebensbewältigung (z. B. durch Pendel, Tarotkarten legen und I-Ging-Befragung)

Daneben spielt der Wunsch nach Aufwertung und Prestigesteigerung, d. h. nach Geltungsstreben, mit, kann sich doch der Betreffende in esoterischen Dingen als kundig erweisen und erfährt hierdurch eine Aufwertung durch seine Bezugsgruppe. Ganz besonders gilt dies für Jugendliche, die häufig in ihren Cliquen etwas Besonderes darstellen wollen, ohne jedoch aus der Gruppe herauszufallen.

> Durch einen festzustellenden Rückzug der Religiosität ins Private hat sich die religiöse Frage weder theoretisch noch praktisch verabschiedet. Religiöse Selbstbefindlichkeit, religiöse Selbstwahrnehmung und religiöse Selbstdeutung ist bei nicht wenigen psychisch kranken Jugendlichen und Heranwachsenden wichtig. All jene, die der religiösen Dimension des Menschseins Bedeutung zumessen, sind aufgefordert, auch im therapeutischen Setting offen zu sein und gegebenenfalls Hilfestellung und religiöse Begleitung bei Sinn-Suchenden anzubieten, ohne sie missionieren zu wollen.

Literatur

Bartholomäus W. Formungen und Verformungen der sexuellen Entwicklung durch religiöse Erziehung. In: Klosinski G (Hrsg). Religion als Chance oder Risiko. Bern: Huber 1994; 137–50.

Barz H. Jugend und Religion. Bd. I und II. Opladen: Leske + Budrich 1992.

Chartier MR, Goehner A. A study of the relationship of parent-adolescent-communication, self-esteem and god image. J Psychol Rel 1976; 4: 227–32.

Drehsen V. Alles andere als Null-Bock auf Religion – religiöse Einstellung Jugendlicher zwischen Wahlzwang und Fundamentalismusneigung. In: Bihl P, Bitzer C, Degen R, Mette N, Rickers F, Schweitzer F (Hrsg). Jahrbuch der Religionspädagogik. Band 10. Neukirchen: Neukirchener Verlag 1993; 47–69.

Erikson EH. Identität und Lebenszyklus. Drei Aufsätze. Frankfurt/M.: Suhrkamp 1973.

Flammer A. Mit Risiko und Ungewissheit leben. Zur psychologischen Funktionalität der Religiosität in der Entwicklung. In: Klosinski G (Hrsg). Religion als Chance oder Risiko. Bern: Huber 1994; 20–34.

Fowler JW. Stages of faith: The psychology of human development and the quest for meaning. San Francisco: Harper & Row 1981.

Gladigow B. Rigoristische Haltungen und kulturelle Rahmenbedingungen. In: Klosinski G (Hrsg). Religion als Chance oder Risiko. Bern: Huber 1994; 54–68.

Grom B. Religionspsychologie. Göttingen: Vandenhoeck & Ruprecht 1992.

Grom B. Religiosität und das Streben nach positivem Selbstwertgefühl. In: Klosinski G (Hrsg). Religion als Chance oder Risiko. Bern: Huber 1994; 102–10.

Hackney CA, Sanders GS. Religiosity and mental health – a meta-analysis of recent studies. J Sci Study Rel 2003; 42: 42–56.

Hark H. Religiöse Neurosen – Ursache und Heilung. 3. Aufl. Stuttgart: Kreuz 1990.

Helsper W. Okkultismus – die neue Jugendreligion? Opladen: Leske + Budrich 1992.

Hole G. Die depressive Dekompensation – pathologische Endstrecke einer religiösen Anstrengung. In: Klosinski G (Hrsg). Religion als Chance oder Risiko. Bern: Huber 1994; 209–22.

Klosinski G. Über blasphemische Äußerungen und religiöse Versündigungsideen im Kindes- und Jugendalter. Acta paedopsychiatrica 1980; 45: 325–35.

Klosinski G. Ekklesiogene Neurosen und Psychosen im Jugendalter. Zur erschwerten Ablösungsproblematik von Jugendlichen aus streng moralisierenden, christlich-religiösen Bewegungen. Acta paedopsychiatrica 1990; 53: 71–7.

Klosinski G. Psychokulte. Was Sekten für Jugendliche so attraktiv macht. München: Beck 1996.

Klosinski G. Krise. In: Auffart C (Hrsg). Metzler Lexikon Religion. Gegenwart – Alltag – Medien. Stuttgart, Weimar: Metzler 1999; 261–4.

Klosinski G, Lucadou W v, Mamay I. Ein Haus mit Fenstern aus Licht – Modellprojekt Odenwälder Wohnhof. Ein Zuhause auf Zeit für Sektenaussteiger. Tübingen: Attempto 2005.

Koenig HG, McCullough M, Larson D. Handbook of religion and health. Oxford: Oxford University Press 2001; 180.

Nipkow KA. Bildung als Lebensbegleitung und Erneuerung. Kirchliche Bildungsverantwortung in Gemeinde, Schule und Gesellschaft. 2. Aufl. Gütersloh: Gütersloher Verlagshaus 1990.

Nipkow KE. Erwachsen werden ohne Gott? Gotteserfahrung im Lebenslauf. München: Kaiser 1992.

Stern P. C. G. Jung: Prophet des Unbewussten. München, Zürich: Piper 1977.

6 Adoleszenz und Migration

Renate Schepker und Christian Haasen

Inhalt

6.1	Einleitung	73
6.2	Definition und Epidemiologie	74
6.3	Adoleszenz und adoleszenztypische Konflikte	76
6.4	Adoleszenztypische Behandlungsstrategien	77
6.5	Versorgung und Inanspruchnahme	78
Literatur		79

Zusammenfassung

Jugendliche mit Migrationshintergrund stellen (mit bereits einem Drittel der heute bis 10-Jährigen) einen bedeutsamen Anteil der adoleszenten Bevölkerung. Aufgrund der schlechteren sozialen Ausgangsbedingungen kumulieren Risiken für psychiatrische Störungen und Aspekte des psychosozialen Hintergrundes werden für Anamnese und Behandlung besonders wichtig. Vor allem ist auf Traumata und dissoziale Entwicklungen zu achten. Typische diagnostische Fehleinschätzungen geschehen bei der Überinterpretation paranoider Symptomatik. Entwicklungsschritte der Adoleszenz folgen eigenen Spezifika mit früherer Verantwortungsübernahme einerseits und einer geringeren Bedeutung adoleszenter Loslösung als Entwicklungsziel andererseits. Bei der hohen Familienbindung und ihrer großen Bedeutung für die Identitätsstabilisierung ist im therapeutischen Zugang ein familienorientiertes Vorgehen zu empfehlen. Andere therapeutische Verfahren sollten spezifische Modifikationen erfahren.

6.1 Einleitung

Ein eigenes Kapitel zur Migration? Wenn doch ein Drittel der Altersgruppe im Jugend- und jungen Erwachsenenalter schon einen Migrationshintergrund hat, wie der Mikrozensus 2005 für Deutschland ausweist, gehört dieses Merkmal zur Normalität und man könnte von Psychiatern und Psychotherapeuten erwarten, diese »Normalität« berücksichtigen zu können.

Dass dies nicht der Fall ist, sondern dass sowohl unsere diagnostischen Klassifikationssysteme als auch die etablierten und evidenzbasierten psychotherapeutischen Vorgehensweisen euro-amerikanischer Herkunft sind und damit keine universelle Gültigkeit beanspruchen können, haben nicht zuletzt die Beiträge des 18. Weltkongresses der *International Association for Child and Adolescent Psychiatry and Allied Professions* (IACAPAP) in Istanbul 2008 eindrucksvoll belegt. Kulturspezifische Ausprägungsformen von Depression, Aufmerksamkeitsdefizit-Hyperaktivitätsformen, psychotischen Erkrankungen usw. wurden hier für diverse Regionen der Welt beschrieben – und selbst bisher als universalistisch betrachtete Abfolgen von Entwicklungsschritten bei Säuglingen sind nach neueren Ergebnissen kritisch zu betrachten.

Für den psychiatrisch Tätigen ist es auch längst nicht mehr zielführend, von dem vermeintlichen Modernitätsparadigma des Leib-Seele-Dualismus abzurücken und Zuwanderern aus Schwellenländern eine »körpernahe Erlebensweise« wie jüngeren Kindern zu unterstellen. Im Gegenteil bieten z. B. asiatische Kulturen sehr differenzierte Begrifflichkeiten von Geistes-, Gemüts- und psychosomatischen Erkrankungen. Somit ist es nicht zu umgehen, sich differenziert mit der kulturellen Verortung des jeweiligen Patienten und seiner Herkunftsfamilie zu beschäftigen, die kulturelle Identität zu erheben, kulturelle Erklärungen für die aktuelle Störung zu erfragen, die Einbettung in subkulturelle Netzwerke und den Grad der Verschränkung mit der Aufnahmekultur zu kennen, sich bewusst mit kulturellen Aspekten (darunter unter anderem sprachlichen) in der Beziehung des Patienten zum Untersucher auseinanderzusetzen, daraus die Einschätzung von Normalität oder Abweichung abzuleiten und erst dann eine Gesamteinschätzung zu Diagnose und therapeutischem Vorgehen vorzunehmen – genau so, wie es im DSM-IV zum Umgang mit Patienten aus einem anderen Kulturhintergrund als dem des Therapeuten bereits als Leitlinie formuliert worden ist.

In der Grundhaltung eines (Jugend-)Psychiaters bedeutet das Folgendes: Patienten mit Migrationshintergrund fordern alle therapeutischen Grundtugenden heraus. Sie benötigen eine vorurteilsfreie, neugierig-offene Herangehensweise, Respekt vor der jeweils eigenen Funktionsweise einer Familie, eine Auseinandersetzung mit eigenen, oft heftigen Fremdheits- und Gegenübertragungsreaktionen und eine sorgfältige Einbeziehung der sozialen Situation und des Lebensumfeldes in Einschätzung und Vorgehen. Sie benötigen eines sicherlich nicht: die unkritische

Übertragung von standardisierten therapeutischen Vorgehensweisen – denn in aller Regel werden gerade Zuwandererkinder von wissenschaftlichen Untersuchungen aufgrund eingeschränkter Sprachkompetenz oder nicht vergleichbarer anderer Variablen ausgeschlossen, und die wenigsten psychodiagnostischen Instrumente verfügen über Normwerte für Zuwanderer (Genaueres dazu bei Schepker u. Toker 2008).

6.2 Definition und Epidemiologie

6.2.1 Definition

Nach Boos-Nünning (2000), angelehnt an den Zehnten Kinderbericht der Expertenkommission an die Bundesregierung 1998, der ein eigenes Kapitel über Kinder mit **Migrationshintergrund** aufwies, definiert sich ein solches Kind als ein Kind, bei dem mindestens ein Elternteil im Ausland geboren oder bei dem mindestens ein Elternteil als Kind in einer ausländischen Familie in Deutschland geboren worden ist.

Das bedeutet, dass es zur Erfassung der kulturellen Transmission und Alltagsorientierungen von Familien von großer Bedeutung ist, in der Anamneseerhebung bis zur Großelterngeneration zurückzugehen. Das so definierte Merkmal von Zuwanderern oder Migranten oder auch von Kindern mit Migrationshintergrund ist unabhängig von der Nationalität, der Ethnizität, der Mutter- oder Vatersprache und dem Geburtsort eines Kindes oder Jugendlichen zu sehen. So zählen Spätaussiedler deutscher Nationalität selbstverständlich zu den Zuwanderern, viele Spätaussiedler oder auch Zuwanderer aus Italien, Griechenland oder Ex-Jugoslawien sind ethnisch »kaukasisch« mit weißer Hautfarbe und von einheimischen deutschen nicht unterscheidbar. Des Weiteren mag es in bikulturellen oder binationalen Ehen üblich sein, mit den Kindern nur die Sprache des Aufnahmelandes zu sprechen, und viele Migranten sind in Deutschland geboren und erst ab dem Zuwanderungsgesetz im Jahr 2000 damit gleich mit der Option auf die deutsche Staatsangehörigkeit versehen.

Seit dem Zuwanderungsgesetz wird die Schere zwischen nationalen Ausländern und allen Kindern oder Jugendlichen mit Migrationshintergrund dahingehend größer, dass sich der Anteil an nationalen Deutschen relativ vergrößert. Nach dem Lagebericht der Integrationsbeauftragten der Bundesregierung (2005) hatten beispielsweise in Baden-Württemberg 29 % der Gesamtschülerschaft einen Migrationshintergrund, aber nur 12,7 % waren Ausländer. Der Mikrozensus 2005 (Statistisches Bundesamt 2006) unterscheidet in seiner Definition zwischen »Zugewanderten« als Personen mit eigener Migrationserfahrung und »Personen mit Migrationshintergrund«, zu denen der Mikrozensus Ausländer der dritten Generation ebenso zählt wie »Kinder zugewanderter oder in Deutschland geborener eingebürgerter ausländischer Eltern«. Die Zahlenverhältnisse bei den in Deutschland geborenen Menschen mit Migrationshintergrund weisen aus, dass die Kinder von zwei Eltern mit Migrationserfahrung oder -hintergrund (zugewanderte Ausländer, Spätaussiedler oder Eingebürgerte) mit 1,2 Millionen zahlenmäßig bereits etwas seltener sind als Kinder mit einseitigem Migrationshintergrund, bei denen das nur einen Elternteil betrifft.

Der Mikrozensus geht davon aus, dass die Menschen ohne eigene Migrationserfahrung, aber mit Migrationshintergrund, in Deutschland bei Weiterbestehen der aktuell zu beobachtenden Zuwanderung in den nächsten Jahren absolut und relativ zunehmen werden. Bei deutlichem Rückgang der Geburtenraten in der deutschen einheimischen Bevölkerung bleiben die Zahlen der Kinder mit Migrationshintergrund derzeit konstant und belaufen sich aktuell auf 33 % der unter 10-jährigen Bevölkerung.

6.2.2 Epidemiologie

Epidemiologische Kenntnisse zur Häufigkeit *kinder- und jugendpsychiatrischer Störungen unter Kindern mit Migrationshintergrund* liegen kaum vor. Der Kinder- und Jugendgesundheitssurvey (KiGGS) des Robert-Koch-Institutes (Schenk 2002) erfasste 9 % Kinder mit Migrationshintergrund, demnach eine nicht dem Bevölkerungsanteil adäquate Anzahl. Die Ergebnisse des Screening-Instrumentes SQL zeigen, dass sowohl Kinder mit Migrationshintergrund als auch Unterschichtkinder höhere Symptombelastungen aufweisen (Hölling et al. 2007).

Dass Kinder mit Migrationshintergrund sehr oft *sozialen* Benachteiligungen unterliegen, wird seit dem Zehnten Kinderbericht an die Bundesregierung breit unter dem Aspekt der Kinderarmut diskutiert. Boos-Nünning (2000) führt mit Verweis auf diesen Bericht dazu aus, dass Kinder in Zuwanderungsfamilien besonders häufig unter unzureichenden Wohnbedingungen leiden und besonders häufig in strukturell benachteiligten Stadtteilen der Ballungsgebiete wohnen. Darüber hinaus sind die Väter häufiger von Arbeitslosigkeit betroffen als Einheimische und der Anteil an Sozialhilfeempfängern ist sowohl in den eigenen Familien als auch der Nachbarschaft besonders hoch: »Armut, Kargheit ist für Kinder aus diesen Wohngebieten ... räumlich und damit sinnlich im gesamten Wohnnahbereich wahrnehmbar« (Boos-Nünning 2000, S. 96).

So gilt inzwischen ein hoher Anteil an Ausländern und Aussiedlern zur Charakterisierung von sozialen Brennpunkten auch in Landkreisen und zur Charakterisierung von »Brennpunktschulen« mit besonders schwierigen und förderbedürftigen Schülern. Da es bisher leider Initiativen wie die der »Inklusiven Grundschule« (Stähling 2006) nicht flächendeckend gibt, erklärt sich das schlechte Abschneiden der Bundesrepublik in Hinsicht auf die schulische Förderung von Kindern mit Migrationshintergrund sowohl aus der Gesamtheit dieser strukturellen Probleme, der Ressourcenverteilung zwischen den Schulen als auch aus der Sprachkompetenz der Schüler. So sagt der OECD-Bericht »Wo haben Schüler mit Migrationshintergrund die größten Erfolgschancen – Eine vergleichende Analyse von Leistung und Engagement in PISA 2003« (OECD 2006) bezüglich der Länderunterschiede: »Dies lässt darauf schließen, dass sich die relativen Leistungsniveaus der Schülerinnen und Schüler mit Migrationshintergrund nicht allein aus der Zusammensetzung der Migrantenpopulation in Bezug auf ihren bildungsbezogenen und sozioökonomischen Hintergrund erklären. In mehreren Ländern ist festzustellen, dass Schülerinnen und Schüler mit Migrationshintergrund häufig Schulen mit einem relativ hohen Migrantenanteil besuchen. Allerdings besteht kein signifikanter Zusammenhang zwischen dem Grad der Clusterbildung innerhalb einzelner Länder und dem Umfang des Leistungsabstands zwischen Schülerinnen und Schülern aus Migrantenfamilien und einheimischen Schülerinnen und Schülern. Die Verteilung der Schülerinnen und Schüler mit Migrationshintergrund auf die verschiedenen Schulen scheint somit nicht für die im internationalen Vergleich festzustellende Varianz des Leistungsabstands zwischen solchen und einheimischen Schülerinnen und Schülern verantwortlich zu sein.« (OECD 2006, S. 3 f.)

Es wird im Weiteren gefolgert, dass unter anderem in Deutschland festzustellen sei, dass Migrantenkinder häufiger Schulen mit schlechterer Ressourcenausstattung und/oder schlechterem Schulklima besuchen. Auch gehöre Deutschland zu den Ländern, bei denen der Schulleistungsunterschied zwischen Migrantenkindern und einheimischen Kindern auch dann noch signifikant sei, wenn die zu Hause gesprochene Sprache (Unterrichtssprache oder nicht) Berücksichtigung finde.

> Daraus folgt, dass Jugendliche mit Migrationshintergrund durchschnittlich schlechtere Ausgangsbedingungen für ihr Erwachsenenleben haben als einheimische Jugendliche.

Die nach wie vor deutlich höhere Quote an Schulabbrechern bzw. Jugendlichen, die die Schule ohne Abschluss verlassen (23 % der männlichen Ausländer, Zahlen für Schüler mit Migrationshintergrund nicht verfügbar – Schuljahr 2001/2; Beauftragte der Bundesregierung 2005) spricht für sich. Nur 6,6 % aller Ausländer im Gegensatz zu 20,8 % aller Deutschen erlangen das Abitur und die Sonderschulbesuchsquoten von Kindern mit Migrationshintergrund sind weiterhin überproportional hoch. Entsprechend deutlich erhöht sind die Quoten an Jugendarbeitslosigkeit.

Weitere Entwicklungsrisiken kumulieren in Zuwandererfamilien aufgrund der sozialen Benachteiligung. Nach Pfeiffer und Wetzels (2000) misshandeln Arbeitslose und Sozialhilfe empfangende Eltern ihre Kinder mehr als doppelt so häufig wie privilegiertere Eltern, davon waren in ihrer Untersuchung die aus der Türkei stammenden Jugendlichen zu 19 % betroffen, einheimische deutsche Jugendliche jedoch nur zu 5,8 %.

> Somit sei die statistisch zu findende häufigere **Delinquenz- und Inhaftierungsquote** zu einem großen Teil auf diese **Benachteiligungsmerkmale** zurückzuführen und nicht auf den Migrationsstatus als solchen.

Ähnlich verhält es sich epidemiologisch mit den meisten psychischen Erkrankungen. **Störungen des Sozialverhaltens** sind bei männlichen Jugendlichen mit Migrationshintergrund und Unterschichtzugehörigkeit (mindestens) ebenso häufig anzutreffen wie bei einheimischen; Pfeiffer und Wetzels (2000) weisen allerdings darauf hin, dass der Effekt einer ausagierten Enttäuschung über die ungleich verteilten Wettbewerbschancen in der Aufnahmegesellschaft (ganz im Sinne einer Wiederbelebung der Anomietheorie nach Merton; vgl. Münch 2004) nach ihren Untersuchungen erst etwa fünf Jahre nach dem Aufenthalt in Deutschland einsetze.

Depression und **Angsterkrankungen** sind möglicherweise bei Jugendlichen mit Migrationshintergrund häufiger anzutreffen als bei einheimischen, wobei sich depressive Störungen häufig, vor allem bei Mädchen, in Form von Körperbeschwerden äußern. Zur Einschätzung einer depressiven Stimmungslage ist es meist erforderlich, die Untersuchereinschätzung durch eine Fremdbeurteilung seitens der Herkunftsfamilie und/oder eines anwesenden Sprach- und Kulturmittlers zu ergänzen. Jedoch ist Toker (1998) zuzustimmen, dass Dolmetscher ohne therapeutische Qualifikation nicht als »Psychopathologen« einsetzbar sind und insbesondere den Arzt nicht von der Verantwortung für Diagnostik und Fallführung entlasten können.

Dass sich **psychotische Erkrankungen** in Inanspruchnahmepopulationen bei Patienten mit Migrationshintergrund häufiger zeigen als bei Einheimischen, wie in der multizentrischen Untersuchung von Koch et al. (2008) und Psychiatry and Migration Working Group (2008) nachgewiesen wurde, ist nach bisherigem Wissensstand eher einem *Inanspruchnahmeeffekt* als einem erhöhten migrationsbedingten Risiko zuzuschreiben. Des Weiteren ist auf die *Unsicherheit der Diagnosestellung* im Fall einer wahnhaft anmutenden Symptomatik hinzuweisen, die vor allem von Haasen et al. unterstrichen wird (Haasen u. Yagdiran 2000; Haasen et al. 2005). So scheinen einheimische Untersucher vor allem zum Überschätzen halluzinatorischer und paranoider Symptomatik als konstitutiv für eine Schizophrenie und zum Fehldeuten von Gedanken als wahnhaft zu neigen.

> Halluzination und Wahn sind insbesondere bei Patienten mit Migrationshintergrund nicht schizophreniespezifisch. Religiöse Überzeugungen, Überzeugungen von magischer Verursachung und Wahn sind nicht miteinander zu verwechseln, ebenso wenig Halluzination und Trance. Paranoide Gedanken müssen in jedem Einzelfall auf ihren realen Hintergrund hin (z. B. vor dem Ausländerrecht oder einer drohenden Abschiebung) untersucht werden. Vorübergehende psychotische Symptome können allgemeine Stressmerkmale darstellen.

Allein die **Anorexia nervosa**, die überdies als »westliche« Erkrankung reicher Länder mit überguter Nahrungsmittelversorgung gelten kann, ist in Zuwandererfamilien mit einem überwiegend deutlich an höherem Gewicht orientierten Weiblichkeitsideal seltener anzutreffen. Darüber hinaus kann die Anorexia nervosa nicht als Erkrankung mit besonderem Betroffensein der Unterschicht gelten.

Suizidraten sind in vielen Herkunftskulturen, vor allem im Gebiet der ehemaligen GUS-Staaten, deutlich höher als in Deutschland. Das muss bei der Einschätzung einer Suizidgefährdung im Einzelfall berücksichtigt werden. Erhöhte »erfolgreiche« Suizidraten in Asien wiederum sind auf die hohe Verfügbarkeit hochtoxischer Pflanzenschutzmittel (wie E605) und die relativ schlechte Verfügbarkeit von Soforthilfen eher zurückzuführen als auf eine allgemein erhöhte Suizidalität.

Deutlich häufiger als bei einheimischen deutschen Jugendlichen ist mit **posttraumatischen Belastungsstörungen,** vor allem bei Jugendlichen mit eigener Migrationserfahrung, beispielsweise mit Flüchtlingsstatus, zu rechnen. Die Bremer Jugendstudie (Essau et al. 1999) führte das gegenüber Vergleichspopulationen häufige Vorkommen auf den relativ hohen Flüchtlingsanteil in ihrer Stichprobe zurück.

Nach den verfügbaren Ergebnissen sind **Suchterkrankungen** bei Jugendlichen mit Zuwanderungshintergrund nicht überrepräsentiert, wobei muslimische Jugendliche durch ein kulturell vermitteltes Abstinenzgebot besonders geschützt sind. Allerdings scheint es eine kleine, marginalisierte Gruppe jugendlicher Zuwanderer mit besonders riskanten Konsummustern zu geben, die sich vor allem aus jugendlichen Spätaussiedlern konstituiert. Im Zuge zunehmender, ungeschützter Sexualität bei Jugendlichen unter Alkoholeinfluss scheint die **HIV-Gefährdung** zuzunehmen, wobei die Drogenbeauftragte der Bundesregierung (2008) Migranten zu den Risikogruppen zählt.

6.3 Adoleszenz und adoleszenztypische Konflikte

Kulturell kann in Familien mit Migrationshintergrund nicht regelhaft eine Begrifflichkeit von Adoleszenz als psychosozialem Moratorium zwischen Kindheit und Erwachsenenalter und als Lern- und Ausbildungszeit vorausgesetzt werden. Ebenso sind unter den Bedingungen der Migration die Erziehungsstrategien der Aufnahmegesellschaft anzupassen, was nach den Untersuchungen von Schepker et al. (2003) zunächst zu einer – verglichen mit westlichen Standards – erhöhten Rigidität in den familiären Regulationsformen und zu einer erhöhten Familienkohäsion führt, ohne dass diese die psychische Gesundheit der Kinder beeinträchtigen würden.

Zu beachten ist, dass Jugendliche mit Migrationshintergrund wegen oft besserer Sprachkompetenz als ihre Eltern manche Entwicklungsschritte früher absolvieren als altersgleiche Deutsche (etwa zum Umgang mit Ämtern und Behörden oder dem Gesundheitswesen durch Übersetzertätigkeiten). Des Weiteren werden in den oft noch größeren Familienverbänden durch frühere Verantwortungszuschreibung für jüngere Geschwister eher Elternfunktionen eingeübt. Auch ist die Auseinandersetzung mit der eigenen Herkunft bei einem sichtlichen körperlichen Anderssein und einem anderen Sprachgebrauch unausweichlich, sodass sich die Anforderung an die Identitätsbildung anders stellt. Lange Zeit sind diese Bedingungen in der psychiatrischen Literatur eher als Belastung denn als Entwicklungsvorteil gesehen worden. Die Fähigkeit zur Flexibilität, zum Gebrauch mehrerer Sprachen, zum kulturellen Codeswitching ist jedoch durchaus im Sinne der Globalisierung als Vorteil anzusehen, wenn eine positive Elternbindung besteht und die Herkunftsfamilie nicht marginalisiert ist.

Im Rahmen adoleszenter Orientierungen steht Jugendlichen mit Migrationshintergrund eine größere Palette möglicher Identitätsformen zur Verfügung als einheimischen. Genauer beschrieben ist eine Typologie von Identitätsformen bei Jugendlichen aus Zuwandererfamilien in Schepker und Toker (2008). Ob die lange Zeit als idealtypisches Entwicklungsziel angesehene »bikulturelle Identitätsform«, wie sie mit »hybriden Identitäten« jüngst an studierenden Zuwanderern aus Nordafrika von Aits (2008) beschrieben wurde, den gebildeten Mittelschichtangehörigen vorbehalten ist, wie Nauck (2004) anhand des Spracherhaltes der Herkunftssprache zu belegen meint, erscheint für Jugendliche noch nicht hinreichend geklärt.

Ingesamt muss sich der therapeutisch Tätige im Umgang mit Zuwandererfamilien von der Vorstellung lösen, dass die Abfolge von Entwicklungsschritten in der Adoleszenz universell gesetzmäßig verlaufe. Vor allem Autonomie ist nicht in allen Zuwandererfamilien ein Entwicklungsziel als solches. Es kann jedoch spätestens unter den Bedingungen von Hartz IV auch im einheimischen Kulturkreis das Entwicklungsziel eines Auszugs aus dem Elternhaus nicht mehr für alle jungen Menschen als »gesetzt« gelten. Hier bestehen kulturelle Unterschiede in verschiedenen Zuwanderergruppen, etwa zwischen dem häufigeren Individualismus von GUS-stämmigen Jugendlichen mit dem Entwicklungsziel früher sexueller Autonomie und Einordnung in ein Peer-Gefüge außerhalb des Elternhauses und der häufiger kollektivistischen, familienorientierten Haltung in italienischen und muslimischen Familien (vgl. Boos-Nünning u. Karakaşoğlu 2005). Laut Rohr (2001) lehnte die Mehrzahl der befragten Jugendlichen aus Zuwandererfamilien ein westliches Adoleszenzmodell mit frühem Verselbstständigungsziel auch dann explizit ab, wenn innerhalb der Familie Bildungs- und »Modernitätsdifferenzen« bestanden, d. h., die als Ressource erlebte Familienkohäsion überwog das Autonomieziel.

Als »klassisches Konfliktfeld« werden im therapeutischen Umgang immer wieder gelebte und angestrebte Weiblichkeitsformen angesehen. Die Formen »nicht-westlicher Modernität« von Mädchen mit Migrationshintergrund (Erstbeschreibung bei Gümen et al. 1994) ermöglichen diverse Wege zu einer emanzipierten Weiblichkeit über Bildung, Berufstätigkeit etc., ohne dass die Bindungen zur Herkunftsfamilie leiden müssen. Nach Boos-Nünning und Karakaşoğlu (2005) sind zwar nur die wenigsten der befragten Mädchen mit Migrationshintergrund etwa zu einer arrangierten Ehe bereit, aber die meisten sind identifiziert mit der Herkunftskultur der Eltern (Ausnahme: Aussiedlerinnen) und nicht bereit, diese nach längerem Aufenthalt in Deutschland aufzugeben. Darüber hinaus traten in dieser Befragung nationale Identifizierungen gegenüber lokalen (d. h. Identifizierung als Bewohnerin einer Stadt) oder dem Merkmal der »Europäerin« deutlich zurück.

Pubertätskonflikte berühren in Zuwandererfamilien gelegentlich gelebte Kulturgrenzen, manchmal sind kulturelle Vorannahmen aber auch nur Folien für Konfliktlinien. Auseinandersetzungen hinsichtlich von Ausgangsbeschränkungen oder des Kleidungsstils kommen pubertätstypisch in allen Familien vor, sind in Zuwanderfamilien bei Mädchen jedoch eher selten (Boos-Nünning u. Karakaşoğlu 2005) und die dort befragten Mädchen empfanden ihre Erziehung ganz überwiegend als verständnisvoll, egalitär, wenngleich mit deutlichen Leistungsanforderungen. Therapeuten sollten sich gegenüber einer vorschnellen »Kulturalisierung« eines Problems schützen, auch wenn dieses von Jugendlichen oft so angeboten wird.

Wie Erdheim bereits 1995 ausführte, stellen sich sowohl an die Einheimischen als auch an Jugendliche mit Migrationshintergrund heute deutlich gestiegene Anforderungen der Komplexitätsbewältigung und der Rollenflexibilität in der Adoleszenz. Ein »Ende der Adoleszenz« im Sinne einer Beendigung steten Lernens und stetiger Veränderungsbereitschaft sowie einer gefestigten gesellschaftlichen Verhaltenssicherheit sei nur für die Funktion der Elternschaft sicher gegeben.

6.4 Adoleszenztypische Behandlungsstrategien

Aufgrund der erkennbar höheren Familienkohäsion einschließlich der damit verbundenen Ressourcen ist bei Jugendlichen mit Zuwanderungshintergrund – unabhängig davon, ob es sich etwa um einen unbegleiteten Flüchtling handelt – eine **familienorientierte Behandlungsstrategie** zu empfehlen. Selbst in dem Fall, dass eine Herausnahme aus der Familie und Heimerziehung unvermeidbar war, wird es bedeutsam sein, die vorhandenen Bindungen zu berücksichtigen, den jeweiligen Jugendlichen nicht einseitig in einem Protest gegen die Familie zu unterstützen und damit in die »Modernisierungsfalle der Jugendhilfe« zu tappen (Deniz 2001).

Erim und Senf (2002) fordern das Unterstreichen der »Getrenntheit von Individuen« im Therapieprozess, die jedoch auch bei einem individualtherapeutischen Vorgehen von einem »progressiven Familienmitglied« unterstützt werden solle. Familienverbände sind und bleiben die überwiegende und auch subjektiv angestrebte Lebensform von Zuwanderern. Diagnostisch ist zunächst nach den typischen Ressourcen in der erweiterten Familie zu fahnden, wie einem Vermittler im Konfliktfall oder nach Nischen und Subsystemen in der Familie, die Entwicklungspotenziale eröffnen. Aufschluss bieten Fragen nach bedeutsamen Personen in der erweiterten Familie und den Ratschlägen, die diese im Falle des aktuellen Problems gegeben hätten. Für Adoleszente aus problematischen, etwa marginalisierten Familien oder Familien mit einem depressiven oder suchtkranken Familienmitglied sollte gezielt nach einem derartigen »progressiven Mitglied« der erweiterten Familie gesucht werden, das als Vorbild eines erfolgreichen Weges in der Aufnahmegesellschaft dienen kann. Durchaus können all diese Aspekte in einem individuellen Therapiesetting berücksichtigt werden.

Besonders herausfordernd in der therapeutischen Arbeit mit Jugendlichen aus Zuwandererfamilien ist der Umgang mit Nähe und Distanz und der sogenannten therapeutischen Abstinenz. Viel mehr als in der Behandlung von Einheimischen sollte die Therapeutenhaltung aktiv-interventionistisch sein. In der ersten Kontaktaufnahme ist es durchaus hilfreich, sich mit persönlichen Informationen etwa über Kenntnisse und Kontakte zur Herkunftskultur etc. einzubringen und auch im weiteren Verlauf Fragen zur eigenen Biografie, eigenen Kindern usw. dosiert authentisch zu beantworten. Güç (1991) beschreibt, dass ein Familientherapeut (durchaus auch ein Einzeltherapeut) eng und mit großer Nähe in das Familiensystem aufgenommen wird; bei türkeistämmigen Zuwanderern werden Therapeuten daher oft mit Verwandtschaftsbezeichnungen wie »große Schwester«, oder »Schwägerin« oder »älterer Onkel« als Zeichen von Akzeptanz und Ehrerbietung belegt. Andererseits ist auf die Höflichkeitsregeln zu achten (körperliche Berührung dosieren, je nach Kultur zurückhaltender Augenkontakt).

Ein einheimischer Therapeut tut gut daran, in jedem Fall bei Unklarheit »naiv« nachzufragen – dieses offene Interesse am Differenzerleben dient ebenso der Verbalisierung von Selbst-Verständlichkeiten aufseiten des Jugendlichen und damit der Beschreibung seiner Identität wie gleichzeitig der Festigung des therapeutischen Bündnisses.

Soll mit Methoden der **kognitiven Verhaltenstherapie** gearbeitet werden, ist zunächst ein Einverständnis darüber herzustellen, dass mit Kognitionen Symptome beeinflusst werden können (Schepker u. Siefen 2008). Die aktuelle Lebenssituation mit den möglichen Symptomverstärkern und Kontextvariablen mit der obligaten funktionalen Verhaltensanalyse ist entscheidend dafür, ob die Rahmenbedingungen für eine kognitive Verhaltenstherapie definiert werden können. Diese sehr konkrete Arbeit ist gleichzeitig recht ertragreich für ein Verständnis der jeweiligen Lebensbedingungen. Das Verbalisieren konkreter Kognitionen in der Muttersprache, im gegebenen Fall durchaus mit Hin- und Rückübersetzung durch den Patienten, seine Familie und einen Sprach- und Kulturmittler, kann einen bedeutsamen Beitrag dazu leisten, die Symptomatik in ihrer Funktion diagnostisch einzuordnen und therapeutisch auf der gleichen Ebene zu intervenieren. Dabei können die individuellen Konstrukte und Selbstbewertungsprozesse im Zusammenhang mit der Symptomatik einen sehr unterschiedlichen Grad an kulturellen Konnotationen in Krankheitserleben und Krankheitsausdruck haben. Kontrollüberzeugungen sind insofern stark kulturabhängig, da eine höhere Externalität im Sinne stärker kollektivistischer Überzeugungen die Norm sein kann und nicht etwa Labilität oder soziale Inkompetenz bedeutet. Die kulturspezifisch sehr unterschiedlichen Konnotationen bestimmter Organe, die psychische Belegung der Hände spielen eine Rolle bei übenden Verfahren, wie Autogenem Training oder Biofeedback. Die Bedeutung des Herzens und des Pulsschlags in Deutschland kontrastiert mit der sowohl in Frankreich als auch im Mittelmeerraum, erst recht im asiatischen Raum differenten Bedeutung der Leber und anderer Körperorgane. Hier ist es weiterführend, mit den persönlichen Assoziationen des Adoleszenten zu arbeiten und nach Bezeichnungen und Symbolbedeutungen in der Muttersprache zu fragen.

Bei einem **psychodynamisch-psychoanalytischen Vorgehen** ist das Hier und Jetzt der therapeutischen Beziehung im Sinne von Aktualkonflikten genetischen Deutungen vorzuziehen. An der therapeutischen Beziehung können kulturabhängige Vorurteile, Projektionen und Widerstände gut verdeutlicht werden. Technisch ist damit umzugehen wie mit jedem anderen Übertragungsgeschehen. Immer ist zu überprüfen, ob es sich bei vermeintlichen Übertragungen nicht eher um Erwartungen nach realen Diskriminierungs-, Kriegs- oder Verfolgungserfahrungen des Jugendlichen oder der Familie handelt oder ob anzunehmen ist, dass gegebenenfalls auch eine »Kulturalisierung« von unbewussten Konflikten vorliegen kann. Bei Trauminhalten und sprachliche Assoziationen ebenso wie bei bildnerischen Gestaltungen ist der jeweilige (nicht nur, aber auch kulturell determinierte) Erfahrungshintergrund einzubeziehen, wobei es entscheidend auf die Assoziationen und die Kommentare des Patienten ankommt, nicht auf die des Therapeuten.

In Bezug auf die wechselseitigen »Fremdheitsrepräsentanzen« und die besonderen technischen Herausforderungen in der psychodynamischen Behandlung von Patienten mit Migrationshintergrund kann sich der Interessierte einer wachsenden Zahl an einschlägiger Literatur bedienen (Heise 1998; Kiesel et al. 1996; Streeck 1993; Wohlfart u. Zaumseil 2006).

Bezogen auf eine geplante **Pharmakotherapie** ist zu beachten, dass bei einer Aufklärung, insbesondere gegenüber wenig deutschkundigen zugewanderten Eltern, das Haftungsrisiko des Arztes bei Off-Label-Gebrauch besonders hoch ist, da die Verständlichkeit der Aufklärung eine ärztliche Aufgabe ist. Ein dokumentierter Dolmetschereinsatz ist hier im Einzelfall unabdingbar. Es bestehen interethnische Unterschiede in der Aktivität der Cytochrom-P-450-Enzyme dahingehend, dass Zuwanderer, unter anderem aufgrund unterschiedlicher Ernährungsgewohnheiten, häufiger zur Gruppe der *ultrarapid metabolizer* gehören können als Einheimische und somit eine geringere Wirkung von Psychopharmaka zeigen. Die Bedeutung eines Therapeutischen Drugmonitorings kann somit besonders hoch sein.

6.5 Versorgung und Inanspruchnahme

Jugendlichen und jungen Erwachsenen mit Migrationshintergrund stehen prinzipiell alle Beratungs- und Behandlungsinstitutionen zur Verfügung, die auch Einheimische versorgen. Eine Ausnahme bilden Asylbewerber, die oft nur Anspruch auf Notfallversorgung und nur im Ausnahmefall Anspruch auf eine längere (etwa traumatherapeutische) Psychotherapie haben. Spezielle Beratungs- und Behandlungseinrichtungen für Zugewanderte stellen die Beratungszentren für Folteropfer dar, während die »Sozialberatungsstellen« in der Regel nicht über therapeutische Kompetenzen verfügen. Strukturell ist eine Ausgrenzung aus den Regelversorgungsinstitutionen für Einheimische nicht wünschenswert. Dennoch ist es – aufgrund des eindeutigen Vorteils von muttersprachlichen Psychotherapeuten (vgl. Schepker u. Toker 2008) – in einigen Regionen zur Gründung von »Migrantenambulanzen« gekommen. Muttersprachliche bzw. bilinguale Therapeuten bieten den Vorteil der freien Sprachwahl, der vorhandenen kulturellen Kompetenz, der reduzierten Missverständnisse (Gün 2007) und der positiven Identifikationsfiguren vor allem für Adoleszente. Die Essener Feldstudie konnte nachweisen, dass ohne weitere Maßnahmen die Inanspruchnahme durch türkeistämmige Familien mit der Anwesenheit oder Abwesenheit eines muttersprachlichen Therapeuten steigt und sinkt (Schepker et al. 1999). Inanspruchnahmebarrieren bestanden hier, neben einer relativen Unkenntnis über Psychotherapie und deren Möglichkeiten, überwiegend in Ängsten bezüglich kultureller Missverständnisse und in Fremdheitserwartungen.

Die geringe Inanspruchnahme der psychiatrischen Regelversorgungsinstitutionen durch Patienten mit Zuwanderungshintergrund ist ein weltweit festgestelltes Problem. Nach Boos-Nünning (2000) ist eine relativ zu geringe Zuwandererquote in Deutschland von der Scheidungsberatung über Familien- und Erziehungsberatung bis hin zu kinder- und jugendpsychiatrischen Institutionen zu verzeichnen, dies betrifft auch alle Einrichtungen der Jugendhilfe. Nicht zuletzt würden die strukturell nachteiligen Wohnbedingungen zur schlechten Inanspruchnahme beitragen. Sie sieht als Lösung die sozialraumbezogene Arbeit einerseits und eine interkulturelle Öffnung der Institutionen andererseits. Letztlich wird beides neben einigen migrationsspezifischen Angeboten auf lange Sicht erforderlich sein. Die interkulturelle Öffnung von Institutionen wie Beratungsstellen, Institutsambulanzen, Praxen oder Krankenhäusern gehört mittlerweile als Qualitätsmerkmal in diverse Konzepte des Qualitätsmanagements. Es verwundert nicht, dass im Sinne von »Kundenorientierung« und »Durchdringungsgrad« zu überprüfen ist, ob das Angebot auch die Zielgruppe (z. B. alle psychisch auffälligen Jugendlichen unabhängig von Sozialschicht, Bildung, Sprachkompetenz und Herkunft im Einzugsgebiet) gleichermaßen erreicht und versorgen kann. Eine in Hinsicht auf Anteile von Migranten an den Mitarbeitern ausgearbeitete »Checkliste zur Interkulturalität« findet sich bei Schepker und Toker (2008). Diese geht auf die Mittel ein, die zur Fort- und Weiterbildung für den Umgang mit Patienten mit Migrationshintergrund ausgegeben werden, auf Punkte, an denen die Behandlung von Migranten in der Institution erkennbar ist und auf vorgefundene Sprach- und Kulturkompetenz in allen Berufsgruppen. Hinsichtlich einer »repräsentativen« Anzahl an Mitarbeitern mit eigenem Migrationshintergrund besteht im Fach der Psychiatrie und der Kinder- und Jugendpsychiatrie allerdings noch ein deutlicher Nachholbedarf.

Literatur

Aits W. Intellektuelle Grenzgänger: Migrationsbiografien nordafrikanischer Studierender in Deutschland (Transkulturelle Studien). Frankfurt, New York: Campus 2008.

Beauftragte der Bundesregierung. Bericht der Beauftragten der Bundesregierung für Migration, Flüchtlinge und Integration über die Lage der Ausländerinnen und Ausländer in Deutschland. Berlin: Bonner Universitäts-Buchdruckerei 2005.

Boos-Nünning U. Familien in der Migration – soziale Lage, Entwicklung und Auswirkungen für soziale Versorgungsstrukturen. In. Koch E, Schepker R, Taneli S (Hrsg). Psychosoziale Versorgung in der Migrationsgesellschaft. Deutsch-türkische Perspektiven. Freiburg: Lambertus 2000; 93–109.

Boos-Nünning U, Karakaşoğlu Y. Viele Welten leben. Zur Lebenssituation von Mädchen und jungen Frauen mit Migrationshintergrund. Münster, New York: Waxmann 2005.

Deniz C. Migration, Jugendhilfe und Heimerziehung. Rekonstruktionen biographischer Erzählungen männlicher türkischer Jugendlicher in Einrichtungen der öffentlichen Erziehung. Frankfurt: IKO 2001.

Drogenbeauftragte der Bundesregierung. Drogen- und Suchtbericht 2008. Berlin: Penka 2008.

Erdheim M. Gibt es ein Ende der Adoleszenz? Betrachtungen aus ethno-psychoanalytischer Sicht. Prax Kinderpsychol Kinderpsychiatr 1995; 44: 81–5.

Erim Y, Senf W. Psychotherapie mit Migranten. Interkulturelle Aspekte in der Psychotherapie. Psychotherapeut 2002; 47: 336–46.

Essau CA, Conradt J, Petermann F. Häufigkeit der Posttraumatischen Belastungsstörung bei Jugendlichen: Ergebnisse der Bremer Jugendstudie. Z Kinder- und Jugendpsychiatrie 1999; 27: 37–45.

Güç F. Ein familientherapeutisches Konzept in der Arbeit mit Immigrantenfamilien. Familiendynamik 1991; 16: 3–23.

Gümen S, Herwatz-Emden L, Westphal M. Die Vereinbarkeit von Beruf und Familie als weibliches Lebenskonzept: eingewanderte und westliche Frauen im Vergleich. Z Pädagogik 1994; 40: 63–81.

Gün AK. Interkulturelle Missverständnisse in der Psychotherapie. Gegenseitiges Verstehen zwischen einheimischen Therapeuten und türkeistämmigen Klienten. Freiburg: Lambertus 2007.

Haasen C, Yagdiran O (Hrsg). Beurteilung psychischer Störungen in einer multikulturellen Gesellschaft. Freiburg: Lambertus 2000.

Haasen C, Kleinemeier E, Yagdiran O. Kulturelle Aspekte bei der Diagnostik psychischer Störungen. In: Assion HJ (Hrsg). Migration und seelische Gesundheit. Heidelberg: Springer 2005; 145–55.

Heise T (Hrsg). Transkulturelle Psychotherapie. Hilfen im ärztlichen und therapeutischen Umgang mit ausländischen Mitbürgern. Berlin: Verlag für Wissenschaft und Bildung 1998.

Hölling H, Erhart M, Ravens-Sieberer U, Schlack R. Verhaltensauffälligkeiten bei Kindern und Jugendlichen. Erste Ergebnisse aus dem Kinder- und Jugendgesundheitssurvey (KiGGS). Bundesgesundheitsbl 2007; 50(5/6): 784–94.

Kiesel D, Kriechhammer-Yagmur S, Lüpke H v (Hrsg). Gestörte Übertragung. Ethno-kulturelle Dimensionen im psychotherapeutischen Prozess. Frankfurt: Haag und Herchen 1996.

Koch E, Hartkamp N, Siefen RG, Schouler-Ocak M. Deutsche Pilotstudie zu stationär psychiatrischen Patienten mit Migrationshintergrund. Nervenarzt 2008; 79: 328–39.

Münch R. Soziologische Theorie. Band 3: Gesellschaftstheorie. Frankfurt/Main: Campus 2004.

Nauck B. Interkultureller Kontakt und intergenerationale Transmission in Migrantenfamilien. In: Karakaşoğlu Y, Lüddecke H (Hrsg). Migrationsforschung und interkulturelle Pädagogik. Aktuelle Entwicklungen in Theorie, Empirie und Praxis. Münster: Waxmann 2004; 229–48.

Organization for Economic Cooperation and Development (OECD). Wo haben Schüler mit Migrationshintergrund die größten Erfolgschancen – Eine vergleichende Analyse von Leistung und Engagement in PISA 2003. Paris: OECD, Eigendruck 2006.

Pfeiffer C, Wetzels P. Junge Türken als Täter und Opfer von Gewalt. DVJJ-Journal 2000; 11: 107–13.

Rohr E. Ganz anders und doch gleich: weibliche Lebensentwürfe junger Migrantinnen in der Adoleszenz. In: Rohrmann E (Hrsg). Mehr Ungleichheit für alle: Fakten, Analysen und Berichte zur sozialen Lage der Republik am Anfang des 21. Jahrhunderts. Heidelberg: Asanger 2001; 115–34.

Schenk L. Migrantenspezifische Teilnahmebarrieren und Zugangsmöglichkeiten im Kinder- und Jugendgesundheitssurvey. Gesundheitswesen 2002; 64: 59–68.

Schepker R, Siefen R. Therapiefragen in Migrantenfamilien. In: Remschmidt H, Mattejat F, Warnke A (Hrsg). Therapie psychischer Störungen im Kindes- und Jugendalter. Ein integratives Lehrbuch für die Praxis. Stuttgart: Thieme 2008; 493–502.

Schepker R, Toker M. Transkulturelle Kinder- und Jugendpsychiatrie. Berlin: Medizinisch Wissenschaftliche Verlagsgesellschaft 2008 (im Druck).

Schepker R, Toker M, Eberding A. Inanspruchnahmebarrieren in der ambulanten psychosozialen Versorgung von türkeistämmigen Migrantenfamilien aus Sicht der Betroffenen. Prax Kinderpsychol Kinderpsychiatr 1999; 48: 664–76.

Schepker R, Toker M, Eberding A. Ergebnisse zur Prävention und Behandlung jugendpsychiatrischer Störungen in türkeistämmigen Zuwandererfamilien unter Berücksichtigung von Ressourcen und Risiken. Prax Kinderpsychol Kinderpsychiatr 2003; 52: 689–706.

Psychiatry and Migration Working Group of the German Federal Conference of Psychiatric Hospital Directors, Schouler-Ocak M, Bretz HJ, Penka S, Koch E, Hartkamp N, Siefen RG, Schepker R, Ozek M, Hauth I, Heinz A. Patients of immigrant origin in inpatient psychiatric facilities. A representative national survey by the Psychiatry and Migration Working Group of the German Federal Conference of Psychiatric Hospital Directors. Eur Psychiatry 2008; 23: 21–7.

Stähling R. Du gehörst zu uns. Inklusive Grundschule. Ein Praxisbuch für den Umbau der Schule. Hohengehren: Schneider 2006.

Statistisches Bundesamt (Hrsg). »Leben in Deutschland – Haushalte, Familien und Gesundheit, Ergebnisse des Mikrozensus 2005. Wiesbaden: Eigendruck 2006.

Streeck U (Hrsg). Das Fremde in der Psychoanalyse. München: Pfeiffer 1993.

Toker M. Sprachliche und kulturelle Zugänge in der Psychotherapie – Dolmetscher als Cotherapeuten? In: Koch E, Özek M, Pfeiffer W, Schepker R (Hrsg). Chancen und Risiken der Migration – deutsch-türkische Perspektiven. Freiburg: Lambertus 1998; 280–92.

Wohlfart E, Zaumseil M (Hrsg). Transkulturelle Psychiatrie – Interkulturelle Psychotherapie. Interdisziplinäre Theorie und Praxis. Heidelberg: Springer 2006.

7 Adoleszenz, Krieg und Verfolgung

Inhalt

7.1 Studienlage, Symptombildung, Trauma und Versöhnung ... 81
Literatur ... 87
7.2 Kasuistik im Kontext der Begutachtung bei drohender Abschiebung ... 88
Literatur ... 91

7.1 Studienlage, Symptombildung, Trauma und Versöhnung

Hubertus Adam und Peter Riedesser †

Zusammenfassung

Studien von Jugendlichen im Krieg, die in den letzten Dekaden entstanden, belegen, wie sehr sie Opfer von Gewalttaten wurden, welche Hindernisse in ihrer psychischen Entwicklung auftreten und wie sogar die Folgen von Krieg und Verfolgung die Familie und im Exil geborene Kinder und heranwachsende Jugendliche belasten können. Die posttraumatische Belastungsstörung, Depression, aber auch nicht im Klassifikationssystem erfasste Probleme in der Entwicklung wie Vertrauensverlust in die Mitmenschlichkeit, Vertrauensverlust in die Fähigkeit der Eltern zu schützen und Schwierigkeiten, in der Familie über traumatisierende Ereignisse zu sprechen, sind beschrieben worden. Die psychiatrische und psychotherapeutische Behandlung dieser Jugendlichen zeigt, dass bei der Bewältigung der Probleme auch die Verarbeitung von Schuld- und Hassgefühlen eine sehr wichtige Rolle spielt. Neben diesen nachvollziehbaren Gefühlen gibt es aber auch Wünsche nach der Wiederherstellung einer guten Beziehung zur Heimat, bei vielen existiert auch der Wunsch nach tatsächlicher Versöhnung mit denen, die ihnen Schreckliches angetan haben. Hierzu gibt es nur wenige Untersuchungen. Das Verständnis der Wechselwirkung zwischen dem Wunsch nach Rache und dem Wunsch nach Versöhnung könnte jedoch dazu beitragen, die betroffenen Jugendlichen angemessen psychiatrisch und psychotherapeutisch zu versorgen und den Teufelskreis der Gewalt zu durchbrechen.

7.1.1 Studien über Jugendliche als Opfer von Krieg und Verfolgung

Bereits in den 1940er Jahren wurden Beobachtungen psychischer Traumatisierungen von Kindern im Krieg veröffentlicht. Anna Freud und Dorothy Burlingham (1943, 1944) hatten ungewöhnliche Verhaltensweisen bei sehr kleinen Kindern beobachtet, die wegen der Bombenangriffe auf London von den Eltern getrennt worden waren. 1951 veröffentlichten Freud und Dan Beobachtungen über dreijährige Waisenkinder, die ein Konzentrationslager überlebt hatten (Freud u. Dan 1951). In den 1980er und 1990er Jahren wurden dann zunehmend die Folgen moderner Kriege Gegenstand der Forschung, insbesondere hinsichtlich der Belastungen, denen die Kinder und Jugendlichen ausgesetzt sind, und in Bezug auf die psychischen Folgen. Im Folgenden sind einige empirische Studien aufgeführt, die wesentlich zum Verständnis der Belastungen und Folgen von Krieg auf Kinder und Jugendliche beigetragen haben.
Mona S. Macksoud, ebenfalls wie Anna Freud eine Pionierin der wissenschaftlichen Untersuchung von Kindern im Krieg, befragte die Eltern von 2 220 libanesischen Kindern aus dem Raum **Groß-Beirut** nach dem Bürgerkrieg 1988 (Macksoud 1992). Die Kinder waren zwischen drei und 16 Jahre alt, 1 016 von ihnen waren Mädchen, 1 202 Jungen. Für die Befragung wurde eine von Macksoud (1992) revidierte Fassung des *Childhood War Trauma Questionnaire (CWTQ)* eingesetzt. Die häufigsten traumatisierenden Erlebnisse waren folgende:

- Granatenbeschuss oder Kampfhandlungen (90,3 %)
- Vertreibung (68,4 %)
- extreme Armut (54,5 %)
- Zeugenschaft von Gewalttaten (50,3 %)

Weniger häufig war in dieser Stichprobe hingegen die Erfahrung, selbst direkt Opfer von Gewalttaten zu sein. *Signifikante Unterschiede* ergaben sich bei den folgenden Merkmalen:
- Alter: Ältere erlebten häufiger Gewalttaten.
- Geschlecht: Jungen erlebten Gewalttaten häufiger als Mädchen.
- sozioökonomischer Status: Ärmere erlebten Gewalttaten häufiger als Wohlhabende.

In einer Studie in **Ruanda** (Dyregrov et al. 2000) wurde 1995 eine große repräsentative Stichprobe mit einem selbst ent-

wickelten Fragebogen untersucht. Bei den teilnehmenden Versuchspersonen handelte es sich um 3 030 Jugendliche, die 13 Monate nach Beginn des Völkermordes (der im April 1994 begonnen hatte) befragt wurden. 49 % von ihnen lebten zu dem Zeitpunkt in Heimen oder Waisenhäusern, die anderen bei Familienangehörigen oder bei Pflegefamilien. Die Jugendlichen waren in der Mehrzahl zwischen elf und 16 Jahren alt.
- 70 % von ihnen erlebten der Studie zufolge, wie jemand getötet wurde.
- 82 % berichteten, dass das eigene Haus zerstört worden war.
- 78 % hatten den Verlust naher Angehöriger erlebt.
- 87 % der Kinder hatten Leichen gesehen.

Ajdukovic und Ajdukovic (1998) untersuchten 45 jugendliche Bürgerkriegsflüchtlinge aus **Bosnien** in Kroatien, die ein durchschnittliches Alter von 17,1 Jahren aufwiesen und im Durchschnitt 18 Monate nach der Flucht aus Bosnien befragt wurden. Es wurde zur Erfassung der Belastung der Jugendlichen nach traumatisierenden Ereignissen vor und während ihrer Vertreibung gefragt (Verlust von Besitz, Verlust von Angehörigen, Verwundungen, Zeuge von Gewaltanwendung, Opfer von Vergewaltigung etc.). Die häufigsten Stressoren waren:
- Verlust des Zuhauses (80 %)
- Verlust von persönlichen Dingen (66,7 %)
- Trennung von Familienmitgliedern (66,7 %)
- Beschädigung von Eigentum (48,9 %)
- feindlichen Angriffen ausgesetzt gewesen (46,7 %)
- Tod eines Familienmitglieds oder eines Freundes (37,8 %)

Ajdukovic und Ajdukovic (1998) kamen in einer Folgeuntersuchung mit Kindern in **Kroatien** zu dem Schluss, dass der Krieg alle untersuchten Kinder negativ beeinflusst hatte, wobei die Flüchtlingskinder (aus Bosnien nach Kroatien) besonders stark betroffen waren.
De Jong et al. (2000) untersuchten 245 Bewohner und vertriebene Jugendliche in **Sierra Leone** mit einem strukturierten Interview ebenfalls hinsichtlich der traumatischen Belastung. Die häufigsten Angaben über traumatisierende Kriegserfahrungen betrafen hier:
- Angriff des Dorfes (84 %)
- Feuergefechte (84 %)
- Luftangriffe (83 %)
- Mörserbeschuss (65 %)
- Verwüstung von Häusern (73 %)
- Minenexplosionen (28 %)
- 43 % waren mindestens einmal verhaftet worden.
- 50 % hatten den Verlust von Angehörigen und Freuden zu beklagen.
- 30–50 % hatten Folter, Exekutionen, Amputationen u. Ä. erlebt.

Langfristige Folgen von Krieg wurden erstmalig in den Niederlanden von Keilson (1979) untersucht. Als ein Ergebnis seiner 25-jährigen Follow-up-Untersuchung über das Schicksal **jüdischer Kriegswaisen** in den Niederlanden führte Keilson in diesem Zusammenhang den Begriff »sequenzielle Traumatisierung« ein. Er unterschied *drei traumatisierende Sequenzen,* denen diese Kinder ausgesetzt gewesen waren:
- die Besetzung der Niederlande durch deutsche Truppen (»präludierendes Moment der Verfolgung«; Keilson 1979, S. 56)
- die direkte Verfolgung durch die Nationalsozialisten
- die Nachkriegsperiode mit den Schwierigkeiten der Wiedereingliederung der überlebenden Kinder in neue Familien bzw. soziale Institutionen

Als wichtigstes Ergebnis der Untersuchung fand Keilson, dass es erst eine Betrachtung der drei traumatischen Sequenzen als Ganzes möglich macht, die traumatisierende Belastung und deren Wirkung auf die Entwicklung der Kinder und Jugendlichen zu verstehen. Er hat gezeigt, dass z. B. eine eher günstige zweite und eine ungünstige dritte Sequenz zu schwereren psychopathologischen Auffälligkeiten führen kann als eine ungünstige zweite und eine günstige dritte Sequenz. Keilsons »sequenzielle Traumatisierung« ist eine auf einen großen Zeitraum verteilte Polytraumatisierung, die subjektiv als kohärentes Trauma erlebt wird.
In einer Anschlussuntersuchung fanden Macksoud und Aber (1996) bei den Jugendlichen in **Beirut** schließlich eine verzögerte moralische Entwicklung, Identitätsprobleme, Verlust von Vertrauen, Gefühle der Verletzbarkeit, häufig eine pessimistische Zukunftssicht und eine Verschlechterung von schulischen Leistungen. Einige Kriegserfahrungen verstärkten – so ein Ergebnis – psychische Auffälligkeiten wie z. B. Depressivität und aggressives Verhalten der Jugendlichen. Andere Kriegserfahrungen hingegen konnten unter beschützten und unterstützenden Bedingungen sogar einen positiven Einfluss auf die Kinder haben, indem sie z. B. Altruismus und prosoziale Verhaltensweisen anregen und fördern und zu einem selbstbeschützenden, adaptiven kognitiven Stil führen (Macksoud u. Aber 1996). Ohne direkten Bezug zu nehmen, bestätigten Macksoud und Aber in dieser Untersuchung somit Ergebnisse von Keilsons Untersuchungen an den jüdischen Waisenkindern (Keilson 1979). Wenn die Phase nach den traumatisierenden Erlebnissen für die Kinder sicher und geschützt ist, können sie sich langfristig in der dritten Phase, als Jugendliche und Heranwachsende, gut entwickeln.
Sogar über die Generationsgrenzen hinweg können allerdings belastende Ereignisse wie Krieg, Verfolgung und Flucht wirken. In Familien, in denen nach traumatisierenden Ereignissen bei den Eltern eher der Vermeidungs-Pol *(avoidance)* traumatischer Störungen besonders prominent ist, fühlen sich die Kinder oft ausgeschlossen von zentralen Lebensbereichen der Eltern und damit alleingelassen. Der »Schweigepakt« über die

Vergangenheit wird für sie zur besonderen Belastung (Bar-On 1996). Die Jugendlichen stellen Vermutungen über »mögliche Fakten« (Bar-On 1999) an und werden durch entstehende Ängste belastet. Die Psychoanalytikerin Judith Kestenberg (1989) untersuchte über eine längere Zeit **Kinder von Holocaust-Überlebenden**. Sie fühlen sich oft, so Kestenberg, in die nie angesprochene traumatische Erlebenswelt der Eltern ein und übernehmen unbewusst z. B. die Rollen von verstorbenen früheren Bezugspersonen der Eltern oder von Verfolgtem und Verfolger oder die Gefühle und Affekte der lebensbedrohlichen Gesamtsituation. Kestenberg versteht dies als eine Übertragung von nicht reflektierten Erfahrungsanteilen der Eltern auf die nächste Generation und als Konkretisierung durch die Kinder – sie spricht von Transposition der traumatisierenden Ereignisse.

Pynoos et al. (1987) entwarfen den *Childhood PTSD Reaction Index (CPTS-RI)* als eine Art Checkliste zur Abfrage der Kriterien einer posttraumatischen Belastungsstörung (*posttraumatic stress disorder* [PTSD]) nach DSM-III. Die Autoren setzten diese Checkliste bei der Untersuchung der Auswirkungen belastender Ereignisse ein, z. B. größeren Katastrophen, Geiselnahmen, Erleben körperlicher Gewalt, Suizid und Mord. Nader et al. (1993) untersuchten damit 51 kuwaitische Kinder, die die Besetzung **Kuwaits** durch den Irak (1990–1991) erlebt hatten. Die Kinder und Jugendlichen (überwiegend Mädchen) waren zum Testzeitpunkt zwischen acht und 21 Jahre alt. Von diesen berichteten

- 4 % über keine Belastungsreaktionen,
- 29 % über milde,
- 40 % über moderate und
- 31 % über schwerwiegende posttraumatische Stressreaktionen.

Das Merkmal Geschlecht hatte keinen signifikanten Einfluss auf diese Werte.

Allwood et al. (2002) untersuchten 791 Jugendliche in **Sarajewo** ebenfalls mit dem CPTS-RI und fanden, dass 41 % der Teilnehmer im klinisch signifikanten Bereich lagen. Thabet et al. (2002) fanden in einer weiteren Studie mit **palästinensischen Kindern und Jugendlichen** (Alter 9–18 J.) im CPTS-RI bei 53 % der Kinder, die Bombardierungen erlebt hatten, Werte im klinisch bedeutsamen Bereich.

Der Zusammenhang zwischen dem Ausmaß von Gewalterlebnissen und Psychopathologie sowie eine eventuell diesen Zusammenhang moderierende Rolle der Versöhnungsfähigkeit bei Jugendlichen, die Krieg erlebt haben, wurde in Hamburg an 216 Flüchtlingskindern untersucht (Adam 2007) und in **Uganda** an Jugendlichen, die als Kindersoldaten zwangsrekrutiert worden waren (Bayer et al. 2007). In Hamburg war ein Ergebnis, dass ein wesentlicher Prädiktor von PTSD (gemessen mit dem CPTS-RI) der Wunsch nach Rache (gemessen mit dem Versöhnungsfragebogen) ist (Adam 2007). Die Studie in Uganda, durchgeführt im Wesentlichen mit denselben Instrumenten wie in Hamburg, zeigte, dass die ehemaligen Kindersoldaten, die mehr PTSD-Symptome aufwiesen, weniger offen für Wünsche nach Versöhnung waren und ebenfalls häufiger einen Rachewunsch aufwiesen.

7.1.2 Symptombildung

Die Messung von posttraumatischen Belastungsstörungen machte es zwar ansatzweise möglich, die Belastungen der Kinder und Jugendlichen in Werte zu fassen, allerdings war die Grundlage der Bewertung unklar: In der ICD-10 wird bei der Diagnose von PTSD noch kein Unterschied zwischen Kindern, Jugendlichen und Erwachsenen gemacht. Im DSM-IV hingegen ist ein für Kinder und Jugendliche spezifisches Symptommuster beschrieben. Dieses enthält zusätzlich zu den bei Erwachsenen beobachtbaren die folgenden Symptome (dt. Übers. zit. n. Saß 1996, S. 491):

- aufgelöstes oder agitiertes Verhalten
- Spiele, in denen wiederholt Themen des erlebten Traumas ausgedrückt werden
- stark beängstigende Träume ohne wiedererkennbaren Inhalt
- traumaspezifische Neuinszenierung beim Handeln und Fühlen

Scheeringa et al. (1995) weisen in diesem Zusammenhang aber darauf hin, dass die DSM-IV-Kriterien vor allem für jüngere Kinder immer noch nicht ausreichend sensibel sind. Bürgin (1995) meint, dass – will man die Folgen traumatisierender Ereignisse für die psychische Entwicklung eines Kindes wirklich verstehen – in vielen Fällen sogar gewartet werden muss, bis die Adoleszenz vorüber ist oder sogar bis die Betroffenen selbst Kinder haben.

Sieht man bei jüngeren Kindern infolge eines Traumas häufig die Entwicklung von psychosomatischen Störungen, kann gerade während der Adoleszenz nach Bürgin (1995) durch vorangehende Traumatisierungen die seelische Balance gestört werden, sodass die Jugendlichen Verhaltensweisen zeigen, die früheren psychischen Entwicklungsstufen entsprachen (Trennungsangst, Anhänglichkeit, Verlust von Autonomie). Auch kann die Entwicklung einer Psychose begünstigt werden oder – quasi als Selbstheilungsversuch – Drogenmissbrauch die Folge sein (Bürgin 1995, S. 20).

Alle psychotherapeutischen Schulen, gleich welcher Richtung, weisen heute der frühen Kindheit eine entscheidende Rolle bei der Entwicklung von psychopathologischen Symptomen zu (Resch 1996). Auf jeder Altersstufe muss das Kind bzw. der Jugendliche bestimmte Entwicklungsaufgaben erfüllen. Das Erkennen des biologischen, affektiven, kognitiven und sozialen Entwicklungsstandes sowie der »Konstellation der protektiven Faktoren und Risikofaktoren« (Resch 1996, S. 3) ist daher insbesondere zur Einschätzung von Entwicklungschancen und

-risiken nach vorheriger Traumatisierung erforderlich. Eventuell entstehende psychopathologische Phänomene bei Kindern und Jugendlichen müssen auch nach Traumatisierungen durch Krieg, Verfolgung und Flucht als multimodales und multikausales Geschehen interpretiert werden. Ein Kind ist aber den psychosozialen und biologischen Entwicklungseinflüssen nicht nur ausgeliefert, sondern das Kind »erhöht auch durch aktive Wahl und initiativen Zugang die Wahrscheinlichkeit, bestimmten Entwicklungseinflüssen mehr oder weniger ausgesetzt zu sein« (Resch 1996, S. 191).

Keilson hatte bei seiner Forschung zur Traumatisierung von Kindern festgestellt, dass eine Traumatisierung in der Kindheit nicht nur von der »konstitutionell bedingten Basistoleranz«, der »sogenannten psychischen Plastizität« des Kindes und dem »Schweregrad des wirksamen Agens« bedingt wird, sondern vor allem auch »von der Altersphase und dem Entwicklungsgrad« (Keilson 1979, S. 53).

> Nach Keilson ist die entwicklungsbedingte Ich-Stärke bzw. Ich-Schwäche entscheidend dafür, inwiefern die kindliche Persönlichkeit den Anforderungen der Erfahrungen gewachsen ist.

Herman (1992) ist der Auffassung, dass beim Erwachsenen ein einmaliges oder auch wiederholtes traumatisierendes Ereignis eine bereits geformte Persönlichkeit angreift, während bei Kindern die Persönlichkeit durch derartige Erlebnisse und die eventuell entstehenden Folgen geprägt und deformiert wird. Terr (1991) benutzt das Beispiel des kindlichen rheumatischen Fiebers, um die Schwere der möglichen Folgeschäden einer Traumatisierung bei einem Kind zu verdeutlichen. So wie das in der Kindheit auftretende Fieber erst später, wenn das Kind erwachsen ist, zu Folgeschäden am Herz führen kann, so kann eine Traumatisierung bei einem Kind noch in der erwachsenen Persönlichkeit zu Dissoziation, gewalttätigem Verhalten, extremer Passivität und zu Angststörungen führen.

> Die Verfügbarkeit einer Bezugsperson ist sehr wichtig für die Prävention von Traumata von Kindern.

Ältere Kinder bzw. Jugendliche, die eine stabile Kindheit mit verlässlichen Bezugspersonen erlebt haben, sind demnach besser geschützt gegen traumatisierende Einflüsse, da ihnen Möglichkeiten zur Verfügung stehen, aktiv in ihr Schicksal einzugreifen. Kinzie et al. (1986) stellten bei jugendlichen Flüchtlingen aus **Kambodscha,** die sie in den USA untersuchten, fest, dass die Möglichkeit, auf intakte Familienstrukturen zurückzugreifen, sowohl für die Verarbeitung der traumatisierenden Situation selbst als auch für den posttraumatischen Verlauf von großer Wichtigkeit ist.

In der Adoleszenz findet nach Kohlberg (1974) ein Übergang vom Stadium der konventionellen Rollenkonformität zum Stadium selbst akzeptierter moralischer Prinzipien statt. Nach Bohleber führen die biologischen Veränderungen insbesondere zu kognitiven und affektiven Veränderungen, sodass bestehende bzw. scheinbar gelöste Konflikte erneut aufbrechen können. Der Adoleszente muss sich damit zwangsläufig erneut befassen und sich als eine wesentliche Aufgabe in diesem Alter diesem Sog hin zu früheren Entwicklungsstadien widersetzen (Bohleber 1996).

Jugendliche sind in ihrer Entwicklung gefährdet, wenn es ihnen nicht gelingt, Erfahrungen bei der Lösung neuer Aufgaben anzuwenden. Insbesondere familiäre Bindungs- und Beziehungsmuster, die manchmal eine Loslösung der Jugendlichen vom Elternhaus verhindern, indem hochgesteckte Erwartungen geäußert oder z. B. Schuldgefühle an die Jugendlichen delegiert werden, erschweren eine Weiterentwicklung in diesem Altersabschnitt (Cicchetti u. Lynch 1995).

Sind Eltern durch Krieg, Verfolgung, organisierte Gewalt, unverarbeitete Verluste, aber auch durch Unterernährung, wie sie in vielen Kriegsländern vorkommt, traumatisiert, können sie ihre Kinder nicht mehr ausreichend halten und versorgen. Die meist für die Versorgung verantwortlichen Mütter sind dann oft psychisch erschöpft und für die Kinder emotional nicht erreichbar. Andere Mütter haben keine Zeit für ihre Kinder, weil sie z. B. auf der Suche nach verschwundenen oder verhafteten Vätern sind und für das wirtschaftliche Überleben der Familie sorgen müssen.

Ständige Umzüge, etwa auf der Flucht, erschweren den Kontakt zu Gleichaltrigen und können bei Jugendlichen stärker als z. B. bei Säuglingen zu einem Gefühl, nirgendwo zu Hause zu sein, führen. Drohten sogar körperliche Verletzungen oder wurden sie tatsächlich verletzt, können sich eigene Vorstellungen und SchuldPhantasien über die Verursachung unter Umständen unkontrolliert weiterentwickeln. Die Bedrohung des Körperbildes, archaische Verstümmelungsängste sowie das Verlassenwerden durch die Eltern in der Stunde größter erlebter Gefahr kann dann das Selbst- und Weltverständnis des Jugendlichen erschüttern. Schwerere Traumatisierungen können zur sogenannten »*frozen watchfulness*« (eingefrorene Wachsamkeit) führen, einem chronischen Alarmzustand mit stuporösem Charakter. Der Glaube an den Schutz durch bisher als nahezu omnipotent erlebte Elternfiguren und die damit verbundene Illusion der körperlichen Unverletzlichkeit kann erschüttert werden (Walter 1998).

Schüler, die Krieg, Flucht und Exil erleben, sind ebenso wie Erwachsene in mehreren Rollen gefordert (Straker 1988). Manchmal werden sie trotz ihrer Jugend schon in kriegerische Auseinandersetzungen einbezogen und müssen z. B. in die Schule gehen und kämpfen. Ferner verändern sich durch die Belastungen im Krieg die Rollen innerhalb der Familie. Jugendliche Schüler müssen den abwesenden Vater gerade in den eher patriarchalen Gesellschaften, wie z. B. in Afghanistan, ersetzen. Auch die Mädchen werden in ihrer Rolle als heranwachsende Frau früher und anders gefordert, als es die tradierten Rollenvorstellungen vorschreiben. Zudem sind Mädchen in Kriegs-

7.1 Studienlage, Symptombildung, Trauma und Versöhnung

gebieten ständig der Gefahr ausgesetzt, sexuell missbraucht zu werden. Häufig sind Kinder in der präpubertären Latenzzeit aber auch nahezu symptomfrei. Sie durchlaufen möglicherweise eine unauffällige Entwicklungszeit, auch weil sie kognitiv schon die Belastungen der Eltern, die Sorge um Geschwister und die Zukunft der Familie verstehen und sich selbst, um das große Ganze nicht zu gefährden, eher zurücknehmen. Die Gefahr liegt darin, dass derartige Versuche von Bewältigung dysfunktional werden können, wenn die nächsten psychischen Entwicklungsschritte anstehen oder größere soziale Veränderungen, wie z. B. bei der Flucht, bis dahin funktionierende Bewältigungsstrategien versagen lassen. Das Erleben der Eltern in der Abhängigkeitsrolle und als nicht mehr unterstützend und schützend kann die weitere Entwicklung der Kinder beeinträchtigen (Kraul et al. 2003).

In der Adoleszenz interferieren Verantwortung und Fürsorge für die in Gefahr befindliche Familie mit Ablösungswünschen, was dazu führen kann, dass Letztere heftige Schuldgefühle verursachen. Die in dieser ambivalenten Situation bei den Jugendlichen oft entstehenden Schuldgefühle werden **Ausbruchsschuld** genannt (Romer et al. 2004). In Zeiten von Krieg und Verfolgung wird die Adoleszenz kürzer, da die Jugendlichen gezwungen sind, schnell erwachsen zu werden. Aggressive und sexuelle Phantasien gewinnen dramatisch an Realität, wenn die Jugendlichen sexuellen Gewalttaten zuschauen müssen. Phantasie und Realität sind für betroffene Jugendliche wieder nahe beieinander, anstatt zunehmend differenziert zu werden. Erwachsene Vorbilder fehlen oft. Die Jugendlichen, die oft schon in Kämpfe verwickelt worden sind, haben auch gelernt, dass man Gesetze und ethische Normen straflos verletzen darf. Dies kann dazu führen, dass eine Neu- bzw. Reorientierung der Normen und Werte bei einer Rückkehr des Vaters oder später im Exil nicht gelingt und eine Integration dadurch erschwert wird.

Jugendliche erleben sich in diesen Situationen der Bedrohung oft als sehr mächtig, sowohl innerhalb als auch außerhalb der Familie. Sie schaffen es manchmal als Einzige nach Deutschland zu fliehen, oft auf einem monatelangen Weg durch viele Länder (Adam 2004). Sie sind dabei aber auch gefährdet, im Exil in die Hände von Kriminellen oder ins Drogenmilieu zu geraten.

> Jugendliche sind, wenn sie zuvor eine stabile Kindheit erlebt haben, resistenter gegen Verluste, da ihnen mehr Möglichkeiten zur Verfügung stehen, ihr Schicksal selbst zu beeinflussen. Für sie kann laut Garbarino et al. (1991) Krieg auch »Spaß«, das Abenteuer, jung zu sein und auf die Welt losgelassen zu werden, bedeuten, besonders wenn sie in einer »Sackgassen-Existenz« gefangen sind oder sich nach Ruhm und Aufregung sehnen.

Ein Problemfeld der psychotherapeutischen Behandlung besteht darin, dass insbesondere bei minderjährigen unbegleiteten Flüchtlingen oft keine fremdanamnestische Validierung möglich ist. Nicht selten sind die jungen Flüchtlinge dazu gezwungen worden oder fühlen sich aufgrund der sozialrechtlichen Schwierigkeiten dazu genötigt, »Legenden« anzunehmen. Häufig führt dies dazu, dass enorme psychische Probleme erwachsen können, die nicht selten zu Angstzuständen, Albträumen, sozialem Rückzug oder schweren Depressionen führen. Hier ist eine enge Abstimmung zwischen Jugendhilfe und Jugendpsychiatrie erforderlich, um ein gegenseitiges Ausspielen zu reduzieren (Adam 1999).

Die resultierenden psychischen Störungen werden dann durch die Familien, aber auch durch Therapeuten oder Sozialarbeiter mitunter ausschließlich mit den spezifischen Lebensbedingungen in Verbindung gebracht. Die beim Erstkontakt zum Psychotherapeuten eingebrachten Themen sind aber vielfach Eintrittsthemen, denen die Darstellung individueller bzw. familiärer Konflikte und Schwierigkeiten folgt. Therapeutischem Fachpersonal, insbesondere aber auch Institutionen, wird im Sinne einer psychischen Abwehrreaktion auf die eigene Ohnmacht, die äußere Welt ändern zu können, von den Flüchtlingsjugendlichen eine verführerische Omnipotenz zugeschrieben. Dies kann dazu verleiten, gravierende Probleme und Konflikte zu übersehen und den Betroffenen ein unzureichendes Angebot, wie eine sozialpsychiatrische Kurzintervention, anzubieten.

Klinischen Erfahrungen zufolge befinden sich viele der Flüchtlingsjugendlichen in einer »intrapsychischen Zwischenwelt« (Adam 1999, S. 321). Sie wollen sich in Deutschland niederlassen und haben Hoffnungen in die Migration bzw. Flucht gesetzt. Sie sind jedoch oft nicht in der Lage, die vorgefundenen Lebensbedingungen so zu nutzen, dass sie für sich eine Perspektive erkennen können. Eine freiwillige Rückkehr ist ebenfalls meist nicht möglich, da die herrschenden sozioökonomischen Bedingungen in den Herkunftsländern unter Umständen dramatisch schlechter sind als in Deutschland. Flüchtlingseltern, aber auch ihre Kinder schwanken dann zwischen dem Wusch, in die Heimat zurückzukehren, was aber wegen der dortigen Umstände nicht möglich ist, und dem Wunsch, in Deutschland zu bleiben, aber hier keine Perspektive sehen. Diese psychisch schwer zu integrierende Ambivalenz stellt zusätzlich zu der des Flucht- und Migrationsprozesses eine weitere Belastung dar.

> Flüchtlingsjugendliche können alle bekannten kinder- und jugendpsychiatrischen Störungsbilder entwickeln, unabhängig davon, ob sie sich noch an die auslösenden Ereignisse erinnern oder gar im Exil geboren wurden. Wie man aus den Erfahrungen mit dem Holocaust und dem Zweiten Weltkrieg weiß, können sich die Traumata auch auf die nächste Generation auswirken (Bar-On 1996). Psychische Symptome können einerseits als umfangreiche Abwehr- und Bewältigungsmechanismen des durch traumatisierende Erfahrungen ins Wanken geratenen

> Individuums verstanden werden, Aggression, Wut und Hass kann aber auch bei der Bewältigung schrecklicher Erfahrungen hilfreich sein. Der Wiederaufbau von Gesellschaften, die durch Krieg, Bürgerkrieg oder ähnliche Formen von Gewalt in ihrer Struktur erschüttert worden sind, kann jedoch durch derartige Verhaltensweisen und Emotionen erschwert oder gar unmöglich werden. Daher sind in der psychotherapeutischen Behandlung Themen wie Rache, Vergeltung, Rückkehr in die Heimat nach der Flucht und der Wunsch nach Versöhnung zu berücksichtigen.

7.1.3 Trauma und Versöhnung

Jugendlichen Flüchtlingen kommt eine besondere Bedeutung zu, sei es im Exil oder, nach einer eventuellen Rückkehr, in ihrem Heimatland. Sie nehmen im Heranwachsen eine wichtige gesellschaftliche Rolle ein und können eine »Brücke« zwischen den Kulturen bilden. Das Zusammenspiel individueller und sozialer Prozesse, die die kriegstraumatisierten Jugendlichen selbst durchlaufen bzw. die sie in der Familie und in der sie umgebenden Gesellschaft auslösen, ist aus psychologischer Sicht dabei noch wenig untersucht.

Viele Kinder und Jugendliche haben Krieg oder Bürgerkrieg, häufig auch direkte Gewalt, Tod oder die Trennung von nahen Angehörigen miterlebt. Sie haben sowohl in der Zeit vor als auch während der Flucht unter sehr schlechten psychosozialen Bedingungen gelebt. Im Exil erschwert ihnen der Kampf um den Aufenthaltsstatus (Aufenthaltsgestattung, -befugnis, -erlaubnis, Duldung, Asylberechtigung etc.) die Zukunftsplanung und wirft dadurch erhebliche Probleme für die Kinder und ihre Familien auf. Einbestellungen zur Ausländerbehörde oder Anhörungen durch das Bundesamt zur Anerkennung ausländischer Flüchtlinge können als Wiederholung bereits erfahrener Bedrohungen erlebt werden und die psychische Stabilität gefährden (Adam 1994; Stolle 2001). Zusätzlich erfahren sie in der Aufnahmegesellschaft den Anpassungsdruck und häufig eine Marginalisierung, sodass, wenn individuelle und familiäre Ressourcen und Bewältigungsstrategien nicht ausreichen, psychische Auffälligkeiten entstehen.

Die psychiatrische und psychotherapeutische Behandlung von jugendlichen Flüchtlingen zeigt, dass bei der Bewältigung dieser Probleme auch die Verarbeitung von **Schuld- und Hassgefühlen** eine sehr wichtige Rolle spielt. Diese Gefühle können dazu führen, dass es für die Betroffenen zu einer Widersprüchlichkeit zwischen Lösungskonzept und der erforderlichen Handlungsbereitschaft kommt.

> ! Entstehende Konflikte zwischen unterschiedlichen Sichtweisen, Beurteilungen und Handlungsbereitschaften machen handlungsunfähig (Resch 1996). Resch sieht in diesem Widerspruch das »wahre Problem« (Resch 1996, S. 199) und beschreibt unterschiedliche Konflikte: Konflikte können sich zwischen Motiven und Bedürfnissen einerseits und den »subjektiv erkannten realen Entfaltungsmöglichkeiten (Realkonflikten), den internalisierten Normen (Über-Ich-Konflikte) und den Idealvorstellungen (narzisstische Anspruchskonflikte) entwickeln« (Resch 1996, S. 199).

Für jugendliche Flüchtlinge bestehen *Realkonflikte* darin, dass sie an ihren äußeren Lebensbedingungen nichts ändern können. Die *narzisstischen Anspruchskonflikte* sind ähnlich denen aller Jugendlichen, dass sie den eigenen Ansprüchen oder denen der Eltern nicht genügen können. Von besonderer Bedeutung sind aber *Über-Ich-Konflikte,* die z. B. darin bestehen können, sich einerseits versöhnen zu wollen, andererseits aber der Wunsch besteht, dem Hass freien Lauf zu lassen. Auch können Konflikte darin bestehen, dass Jugendliche z. B. glauben, an den damals erlebten traumatisierenden Situationen beteiligt gewesen zu sein, Schuld an den sozialen Schwierigkeiten, der Bedrohung durch Abschiebung oder den eingeschränkten Handlungsmöglichkeiten der Eltern im Exil zu haben, weil sie zu spüren glauben, für ihre Eltern eine Belastung zusätzlich zu deren ohnehin schon großen Problemen zu sein.

> ! Es entstehen also innere Konflikte, die zur Handlungsunfähigkeit führen und für deren Lösung es gilt, eine Bereitschaft zu entwickeln – eine Bereitschaft, **sich** also quasi **mit sich selbst zu versöhnen**. Gelingt es, die Konflikte aufzulösen, z. B. indem diese Gedanken von den Jugendlichen verbalisiert werden können, sie von Schuldgefühlen entlastet werden und sich nicht mehr nur destruktiv mit Vergangenem beschäftigen müssen, sprechen wir von »intrapsychischer Versöhnung« – das heißt, dass Kinder und Jugendliche sich mit eigenen, manchmal durch magisches Denken entstandenen und sich oft unbewusst festsetzenden Schuldgefühlen auseinandersetzen, resultierende Konflikte lösen und Beziehungen innerhalb und außerhalb der Familie freier gestalten können (Adam 2003, 2004; Adam u. Walter 2004; Walter u. Adam 2003).

Jugendliche Flüchtlinge entwickeln oft Scham- und Schuldgefühle und fragen sich, warum gerade sie die Heimat verlassen mussten, welche Aufgaben auf sie zukommen und ob sie den Anforderungen gerecht werden können. In der Familie darüber zu sprechen ist aber meist nicht möglich, da die Eltern zu sehr mit ihren eigenen seelischen Problemen beschäftigt sind. Wut und Hass richten sich so nicht unbedingt gegen den ehemaligen Gegner, da dieser oft genug als Individuum nicht zu fassen ist. Jugendliche sind dann oft wütend auf Geschwister und auf die Eltern, von denen sie sich nicht ausreichend verstanden fühlen. Ein besonderes Problem entsteht, wenn aggressive Gefühle gegenüber der Familie nicht geäußert werden können – nicht nur aus

Abhängigkeit oder Loyalität gegenüber Eltern oder Geschwistern, sondern vorwiegend aus dem Wunsch heraus, die eigene Familie nicht erneut zu belasten, sie zu schonen und nicht den »Finger in die Wunde zu legen«, die die Flucht geschlagen hat. Neben nachvollziehbaren Gefühlen von Wut und Hass gibt es aber auch den Wunsch nach Wiederherstellung einer guten Beziehung zu Angehörigen, Freunden und zu der Heimat oder nach einer tatsächlichen **Versöhnung** mit denen, die ihnen Schreckliches angetan haben. Diese Wünsche sind ebenfalls meist tief verborgen; oft werden sie, falls dennoch geäußert, von den Angehörigen nicht verstanden oder erscheinen diesen aus politischen Gründen unangebracht. Viele Eltern, z. B. von kosovarischen, aber auch von afghanischen Kindern, sind gegen Versöhnungswünsche ihrer Kinder, weil sie selbst ihre Feindbilder nicht aufgeben können (Adam 2004; Walter u. Adam 2003).

Jugendliche waren unter Umständen schon selbst an gewalttätigen Handlungen während des Krieges oder der Flucht beteiligt, aber sogar im Exil geborene Kinder können Schuldgefühle darüber entwickeln, dass *sie* es sind, die die Erfüllung eines Rückkehrwunsches der Eltern verhindern. Diese Schuldgefühle können auch dann entstehen, wenn der Rückkehrwunsch gar nicht geäußert wird. Eltern von Flüchtlingskindern sehen in diesen oft Hoffnungsträger, an die sie die Erfüllung ihrer Träume und Wünsche delegieren und belasten sie damit, selbst dann, wenn den Kindern diese Delegierung gar nicht bewusst wird. Sie müssen sich also auf der Entwicklungsstufe, auf der sie sich gerade befinden, mit den oben genannten inneren Konflikten auseinandersetzen. Eine »Versöhnung mit sich selbst« bedeutet dann, die verlorene Handlungsfähigkeit dadurch wiederzugewinnen, Widersprüche zu verbalisieren und damit bewusst zu machen, zu gewichten und zu bewerten, um sie schließlich aushalten zu können.

> Die Versöhnungsfähigkeit von Flüchtlingskindern und -jugendlichen kann sich letztlich auch auf die Gesellschaften des Herkunfts- und des Exillandes auswirken. Sie waren direkt oder indirekt Opfer von Gewalt und leiden über viele Jahre an den Folgen. Ihre Beziehungsfähigkeit, die Fähigkeit, Vertrauen zu anderen Menschen zu fassen, ist erschüttert. Wenn sie trotzdem in der Lage sind, die Beweggründe derjenigen, die sie selbst oder die Eltern bedroht haben, zu verstehen und nicht den Hass zur Handlungsmaxime werden lassen, sondern sich innerlich mit den ehemaligen Gegnern versöhnen, können sie, wenn sie im Exil bleiben, einen wichtigen Brückenpfeiler zu ihren Herkunftsregionen bilden. Wenn sie in ihr Heimatland zurückkehren, können die Versöhnungsbereiten dort eine wichtige Rolle spielen: Sie gehören dann zur Nachkriegsgeneration und können aufgrund ihrer Erfahrungen und ihrer Haltung – eventuell in wichtigen gesellschaftlichen und politischen Positionen – zum Wiederaufbau beitragen, nicht zuletzt dadurch, dass sie den Teufelskreis der Gewalt durchbrechen.

7.1.4 Fazit

Viele der seit 1945 geführten Kriege sind, wie der Krieg in Ex-Jugoslawien, größtenteils Gewaltanwendungen, an denen sowohl staatliche als auch private, internationale wie nationale, regionale wie lokale Kriegsparteien auf unterschiedliche Weise beteiligt sein können. Hinzu kommt heute die internationale Bedrohung durch terroristische Netzwerke. Die Debatte über geeignete Reaktionen zeigt eine beängstigende Unzulänglichkeit traditioneller politischer Lösungsansätze. Es wird deutlich, dass nach neuen Problemlösestrategien gesucht werden muss, die eine besonnene Haltung fernab von gängigen Rache- und Vergeltungsmustern (»Auge um Auge«) erfordern. Hier liegt es nahe, psychotherapeutische Erfahrungen mit Kindern, Jugendlichen und Eltern, die Opfer solcher Konflikte waren, in derartige Strategien einzubeziehen, denn diese Menschen könnten bei der Überwindung von Gräben helfen. Besonders in gesellschaftlichen Konfliktkonstellationen, in denen die Menschen, zum Teil sogar innerhalb der Familie, der Verwandtschaft oder der Nachbarschaft, einander Unrecht, Gewalt und Demütigung zugefügt haben, erschweren Hass und Rachsucht einen friedlichen Wiederaufbau von familiären, gesellschaftlichen und staatlichen Strukturen. Es müssen sich daher die Konzepte zur Prävention und zur Herbeiführung und Bewahrung von Frieden ändern und auch psychotherapeutische Interventionen auf individueller und familiärer Ebene einbezogen werden. Insbesondere die Kinder müssen die Gelegenheit bekommen, ihre traumatisierenden Erfahrungen durchzuarbeiten und so während ihres Heranwachsens dabei unterstützt werden, Feindbilder abzubauen.

Literatur

Adam H. Terror und Gesundheit – Ein medizinischer Ansatz zum Verständnis von Folter, Flucht und Asyl. Weinheim: Deutscher Studienverlag 1994.

Adam H. Zwischenwelten – Minderjährige unbegleitete Flüchtlinge in Hamburg. In: Romeike G, Imelmann H (Hrsg). Hilfen für Kinder. Weinheim: Juventa 1999; 317–33.

Adam H. Kinder im Krieg – Aspekte von Trauma und Versöhnung. In: Rosen K (Hrsg). Flucht: Kinder – Die Schwächsten unter den Flüchtlingen. Jahrbuch der Deutschen Stiftung für UNO-Flüchtlinge 2002/2003. Berlin: Ost West Verlag 2003; 113–22.

Adam H. In between – Adolescent refugees in exile. In: Wilson J, Drozdek B (eds). Broken Spirits – The treatment of traumatized asylum seekers, refugees, war and torture victims. New York: Brunner-Routledge 2004; 521–46.

Adam H. Seelische Gesundheit von Flüchtlingskindern. Eine empirische Untersuchung an Hamburger Schulen. Habilitationsschrift, Universitätsklinikum Hamburg-Eppendorf 2007.

Adam H, Walter J. Migrantenkinder und -familien im Fokus von Jugendhilfe und Kinder- und Jugendpsychiatrie. In: Fegert JM, Schrapper S (Hrsg). Handbuch Jugendhilfe – Jugendpsychiatrie. Interdisziplinäre Kooperation. Weinheim: Juventa 2004; 459–70.

Ajdukovic M, Ajdukovic D. Impact of displacement on the psychological well-being of refugee children. Int Rev Psychiatry 1998; 10(3): 186–95.

Allwood MA, Bell-Dolan D, Husain SA. Children's trauma and adjustment reactions to violent and nonviolent war experiences. J Am Acad Child Adolesc Psychiatry 2002; 41(4): 450–57.

Bar-On D. Die Last des Schweigens: Gespräche mit Kindern von Nazi-Tätern. Reinbek: Rowohlt 1996.

Bar-On D. The indescribable and the undiscussable: reconstructing human discourse after trauma. Budapest: Central European University Press 1999.

Bayer C, Klasen F, Adam H. Association of trauma and PTSD symptoms with openness to reconciliation and feelings of revenge among former Ugandan and Congolese child soldiers. JAMA 2007; 298(5): 555–9.

Bohleber W. Einführung in die psychoanalytische Adoleszenzforschung. In: Bohleber W (Hrsg). Adoleszenz und Identität. Stuttgart: Verlag Internationale Psychoanalyse 1996.

Bürgin D. Psychic traumatization in children and adolescents. In: Stiftung für Kinder; Adam H, Riedesser P, Riquelme H, Verderber A, Walter J (eds). Children – War and persecution. Osnabrück: Secolo 1995; 14–26.

Cicchetti D, Lynch M. Failures in the expectable environment and the impact on individual development: the case of the child maltreatment. In: Cicchetti D, Cohen D (eds). Developmental Psychopathology. Vol. 2. New York: Wiley 1995; 32–71.

De Jong K, Mulhern M, Ford N, Van der Kam S, Kleber R. The trauma of war in Sierra Leone. Lancet 2000; 355: 2067–8.

Dyregrov A, Gupta L, Gjestad R, Mukanoheli E. Trauma exposure and psychological reactions to genocide among Rwandan children. J Trauma Stress 2000; 13(1): 3–21.

Freud A, Burlingham D. War and children. New York: Medical War Books 1943.

Freud A, Burlingham D. Infants without families. New York: International Universities Press 1944.

Freud A, Dan S. An experiment in group upbringing. Psychoanal Study Child 1951; 6: 127–68.

Garbarino J, Kostelny K, Dubrow N. No place to be a child. Growing up in a war zone. Lexington: Lexington Books 1991.

Herman JL. Complex PTSD: a syndrome in survivors of prolonged and repeated trauma. J Trauma Stress 1992; 5(3): 377–91.

Keilson H. Sequentielle Traumatisierung bei Kindern: Deskriptiv-klinische und quantifizierend-statistische Follow-up-Untersuchung zum Schicksal der jüdischen Kriegswaisen in den Niederlanden. Stuttgart: Enke 1979.

Kestenberg JS. Neue Gedanken zur Transposition. Klinische, therapeutische und entwicklungsbedingte Betrachtungen. Jahrbuch der Psychoanalyse 1989; 24: 163–89.

Kinzie JD, Sack WH, Angell RH, Manson S, Rath B. The psychiatric effects of massive trauma on Cambodian children: I. The children. J Am Acad Child Adolesc Psychiatry 1986; 25: 370–6.

Kinzie JD, Sack WH, Angell RH, Clarke G. A 3-year follow-up of Cambodian young people traumatized as children. J Am Acad Child Adolesc Psychiatry 1989; 28: 501–4.

Kohlberg L. Zur kognitiven Entwicklung des Kindes. Frankfurt am Main: Suhrkamp 1974.

Kraul A, Ratzke K, Reich G, Cierpka M. Familiäre Lebenswelten. In: Cierpka M (Hrsg). Handbuch der Familiendiagnostik. 2. akt., erg. Aufl. Berlin: Springer 2003; 175–221.

Macksoud MS. Assessing war trauma in children: a case study of Lebanese children. J Refugee Stud 1992; 5: 1–15.

Macksoud MS, Aber J. The war experiences and psychosocial development of children in Lebanon. Child Dev 1996; 67(1): 70–88.

Nader KO, Pynoos RS, Fairbanks LA, Al-Ajeel M, Al-Asfour A. A preliminary study of PTSD and grief among the children of Kuwait following the Gulf crisis. Br J Clin Psychol 1993; 32(4): 407–16.

Pynoos R, Frederick C, Nader K. Life threat and posttraumatic stress in school-age children. Arch Gen Psychiatry 1987; 44: 1057–63.

Resch F. Entwicklungspsychopathologie des Kindes- und Jugendalters. Weinheim: Beltz PVU 1996.

Romer G, Haagen M, Barkamnn C, Thomalla G, Schulte-Markwort M, Riedesser P. Kinder körperlich kranker Eltern. Hamburger Ärztebl 2004; 3: 124–7.

Saß H. Diagnostisches und statistisches Manual psychischer Störungen DSM-IV. Übersetzt nach der 4. Auflage der DSM-IV der American Psychiatric Association. Bern: Huber 1996.

Scheeringa MS, Zeanah CH, Drell MJ, Larrieu J. Two approaches to the diagnosis of posttraumatic stress disorder in infancy and early childhood. J Am Acad Child Adolesc Psychiatry 1995; 34: 191–200.

Stolle M. Minderjährige unbegleitete Flüchtlinge in Hamburg: Kinder- und jugendpsychiatrische Auffälligkeiten unter besonderer Berücksichtigung der asylrechtlichen Anhörung und des Aufenthaltsstatus. Medizinische Dissertation, Universität Hamburg 2001.

Straker G. Post-traumatic stress disorder: a reaction to state-supported child abuse and neglect. Child Abuse Negl 1988; 12: 383–95.

Terr L. Childhood traumas: an outline and overview. Am J Psychiatry 1991; 148: 10–20.

Thabet AA, Abed Y, Vostanis P. Emotional problems in Palestinian children living in a war zone: a cross-sectional study. Lancet 2002; 359: 1801–4.

Walter J. Psychotherapeutische Arbeit mit Flüchtlingskindern und ihren Familien. In: Endre M, Biermann G (Hrsg). Traumatisierung in Kindheit und Jugend. München: Reinhardt 1998; 59–77.

Walter J, Adam H. Der kulturelle Kontext und seine Berücksichtigung bei Migranten- und Flüchtlingsfamilien. In: Cierpka M (Hrsg). Handbuch der Familiendiagnostik. 2. Aufl. Berlin: Springer 2003; 251–68.

7.2 Kasuistik im Kontext der Begutachtung bei drohender Abschiebung

Susanne Schlüter-Müller

Die Adoleszenz, eine auch in sicheren Ländern und unter geordneten Umständen eher krisenhafte und mit der Identitätssuche und Ablösung vom Elternhaus beschäftigte Lebensphase, ist für Jugendliche in Kriegsgebieten auf vielfältige Weise traumatisch.

Ihre pubertäre Identitätssuche ist in vielerlei Hinsicht erschwert, das Gefühl von Kontinuität als Person über die Zeit hinweg und die Möglichkeit eines Zukunftsbildes von sich selbst ist oft nicht mehr gegeben.

Auch ethnische Identität, gebildet durch Sprache, Tradition, Gefühl der Zugehörigkeit zu einer Gemeinschaft und zu einer Nation mit gemeinsamer Geschichte und Wertvorstellungen

7.2 Kasuistik im Kontext der Begutachtung bei drohender Abschiebung

(Akhtar u. Samuel 1996), ist durch Verfolgung oder Unterdrückung erschwert oder unmöglich gemacht.

Wenn »Vater Staat« als Identifikationsfigur, als Schutzgeber und Vertreter der Erwachsenenwelt und moralische Instanz untauglich wird als Vorbild, weil verabscheuungswürdig oder nicht mehr verstehbar, kann dies stark verunsichernd auf Jugendliche wirken.

Eine normale Ablösung von der Herkunftsfamilie ist oft nicht möglich, da Verluste zu endgültiger Trennung und somit nicht freiwilliger Ablösung führen oder durch Flucht und Verfolgung eine viel zu frühe Autonomieanforderung oder hohe Verantwortung an die Adoleszenten gestellt wird. Ist die sicherheitsgebende vertraute Umgebung nicht mehr vorhanden und fällt zusätzlich die vertraute Beziehung zu den Eltern weg, können existenzielle Ängste und damit verbundene körperliche Funktionsstörungen entstehen, da das jugendliche Selbstgefühl, das nicht mehr durch das »Wir-Gefühl« mit den Eltern gestützt und reguliert wird, stark verunsichert ist (Streeck-Fischer 1994).

Die Bedeutung der Eltern und der Schule in dieser Zeit wird oft unterschätzt (Streeck-Fischer 1994). Für die Jugendlichen sind trotz aller Auseinandersetzungen in dieser Zeit die Eltern Hauptquelle von Rat und emotionaler Unterstützung. Nicht nur die frühere Eltern-Kind-Beziehung ist dabei von Bedeutung, sondern auch die tatsächliche Beziehung während der Adoleszenz, die in kriegerischen Zeiten oft nicht mehr real vorhanden ist.

Im Nachfolgenden soll anhand eines Fallbeispiels von der Begutachtung eines 19-jährigen Adoleszenten aus dem Kosovo berichtet werden, dem nach mehrjähriger Duldung die Abschiebung drohte. Gemäß dem Beschluss eines Verwaltungsgerichts sollte ein Sachverständigengutachten zu den Fragen erstellt werden, unter welcher Störung der Jugendliche leide und ob die psychischen Störungen durch Misshandlung oder Erlebnisse im Herkunftsland hervorgerufen worden seien oder andere Ursachen hätten, ferner ob sich der Gesundheitszustand des Klägers bei einer Rückkehr in den Kosovo verschlechtern und wie eine Re-Traumatisierung aussehen würde.

Fallbeispiel

Herr N. hatte bis 1998 mit seiner Mutter und zwei Schwestern in einer Kleinstadt im Westen des Kosovo gelebt. Der Vater war davor schon immer für längere Zeit verschwunden gewesen, er hatte sich versteckt, weil er von der serbischen Polizei gesucht wurde, da er Mitglied der Partei (LDK) des späteren Präsidenten des Kosovo, Ibrahim Rugova, war und in seinem Haus sowohl Versammlungen der LDK abgehalten worden waren als auch das Haus als Unterrichtsraum für albanische Schüler zur Verfügung stand. Ab ungefähr 1991 bestand im Kosovo ein paralleles Bildungssystem, da den albanischen Kindern von da an häufig nicht mehr gewährt wurde, die normalen Schulen zu besuchen. Außerdem war der Unterricht in albanischer Sprache verboten, sodass in Privathaushalten auf Albanisch unterrichtet wurde. Da Familie N. einer Minderheit von Katholiken (nicht serbisch-orthodox, sondern römisch-katholisch) im Kosovo angehörte, waren zusätzlich durch einen Priester Religionsstunden bei der Familie abgehalten worden. Im August 1998, Herr N. war damals 14 Jahre alt, wurde sein Elternhaus in Brand gesteckt, zwei Tage davor waren über 30 Polizisten in sein Haus gekommen, um es nach dem Vater zu durchsuchen. Nachdem das Haus abgebrannt war, flohen Herr N. und die Schwestern in eine katholische Kirche, 17 Kilometer von P. entfernt, wo sich außer ihm noch ca. 150 weitere Personen versteckt hielten. Seine Mutter war unter Gewalt mit auf die Polizeistation von P. verschleppt und dort einige Tage festgehalten und mehrfach vergewaltigt worden. Nach ihrer Freilassung floh auch sie in diese Kirche, in die nach einigen Tagen auch der Vater kam. Bis auf einige Unterbrechungen, als die Familie immer wieder versuchte, durch die Wälder nach Albanien zu fliehen, hielten sie sich dort bis Oktober 1998 auf, um dann zu Fuß über die Berge und Wälder nach Mazedonien zu fliehen. Von Tetovo/Mazedonien aus seien sie dann mit einem LKW auf dem Landweg nach Deutschland geflohen. Die Flucht musste bei Fluchthelfern bezahlt werden.

Herr N. kam allein zur psychiatrischen Untersuchung. Er berichtete, dass die Jahre vor seiner Flucht nach Deutschland bereits durch ständige Bedrohung und große Ängste gekennzeichnet waren. Er und seine Mutter und die Schwestern seien wiederkehrend von serbischer Polizei aufgesucht worden, die seinen Vater suchten. Sein Vater war Parteivorsitzender der LDK und dies sei einer der Gründe gewesen, warum die serbische Polizei ständig nach ihm gesucht habe. Der zweite Grund sei gewesen, dass die Eltern ihr Haus für schulische Zwecke und für Religionsunterricht zur Verfügung gestellt hätten. Sie seien als Familie dadurch zwar ständig verfolgt und gefährdet gewesen und hätten viele Probleme mit den serbischen Nachbarn gehabt, andererseits seien sie aber auch von den albanischen Nachbarn wegen ihrer exponierten Position sehr geehrt worden und hätten unter den Albanern ein hohes Ansehen genossen. Herr N. berichtete, dass er als Kind und Jugendlicher immer den Raum verlassen musste, wenn die Erwachsenen über Politik sprachen. Vielleicht hätten die Eltern Angst gehabt, ihn zu belasten oder durch Informationen zu gefährden.

An jenem Tag im August 1998 seien ca. 30 Männer in ihr Haus gekommen, hätten seine Schwestern geschlagen, ihn selbst bedroht und die Mutter gewaltsam mitgenommen. Dies sei der schwärzeste Tag in seinem Leben gewesen. Er müsse immer darüber nachdenken, wie er ihr heute als Mann helfen könnte, doch damals sei er erst 14 Jahre alt gewesen und hätte nichts tun können. Aber trotzdem würde er sich große Vorwürfe machen, dass er ihr nicht geholfen habe. Es fiele ihm äußerst schwer, über das zu reden, was seiner Mutter passiert sei, da »schon darüber zu sprechen ihre Ehre beleidigen würde«.

Er sei zusammen mit seinen Schwestern damals in die Kirche geflohen, von der sie wussten, dass dort auch der Vater versteckt sei. Dorthin sei dann auch die Mutter geflohen, als sie aus der Polizeiwache der Stadt freigelassen worden sei. Keiner habe sich getraut zu fragen, was ihr geschehen sei, obwohl alle das Schlimmste befürchtet hätten. Man habe vorher schon immer von versteckten Plätzen gehört, wo Menschen geschlagen wurden, auch seien ständig neue Nachbarn verschwunden und nie wieder aufgetaucht. Viele seiner Freunde seien nicht mehr am Leben, aber er wisse nicht, was mit ihnen passiert sei und würde sich nicht trauen, danach zu fragen. Als er einmal mit seinen Eltern in den Kosovo zurückgekehrt sei, seien alle die Schreckensbilder wieder aufgetaucht: wie es überall nach Rauch roch, Menschen verschwanden, ohne dass man wusste wohin, dass serbische Nachbarn sich plötzlich in Feinde verwandelten. Das Schlimmste sei für ihn gewesen, dass im Kosovo keiner darüber sprechen würde. Alle würden es wie ein schwarzes Geheimnis im Herzen tragen, aber keiner hätte den Mut oder die Möglichkeit zu fragen oder zu erzählen.

Er erinnerte sich, dass sein Vater im Kosovo oft nicht da war und er als Sohn sehr viel Verantwortung übernehmen musste. Einerseits sei es schön gewesen, wenn der Vater dann immer wieder kurz aufgetaucht sei, andererseits wären alle aber immer voller Angst gewesen, dass er entdeckt und von serbischen Milizen abgeholt werden könnte.

In seiner Familie hätten immer Einzelne die Verantwortung für die anderen übernommen – eine ganz normale Tatsache unter den Großfamilien im Kosovo, sein Großvater z. B. habe früher, vor dem Krieg, in Belgrad gearbeitet und teilweise bis zu 60 Familienmitglieder damit ernährt.

Herr N. ist sehr stolz, dass auch er nun diese hohe Verantwortung für seine Familie hat. Er habe Arbeit und würde alle ernähren, noch nie habe die Familie einen Euro an Sozialhilfe gebraucht. Das würde ihn stolz machen und es sei wie eine Wiedergutmachung an seinen Eltern, denen so viel Unrecht geschehen sei. Vor allem, dass er der Mutter damals nicht hätte helfen können, würde ihn sehr beschäftigen, besonders wenn er jetzt sehe, wie schlecht es ihr gehe, seit sie von der Ausweisung bedroht sei.

In der Untersuchungssituation war Herr N., während er von den Vorfällen im Kosovo berichtete, deutlich erregt und belastet, andererseits aber auch sehr stolz, heute für die Familie so gut zu sorgen und somit die Position einzunehmen, die einem kosovo-albanischen Mann zukommt. Als er über die Qualen seiner Mutter sprach, war er einerseits voller Scham, empfand sich schon fast als schuldig, nur indem er darüber sprach oder nachdachte, andererseits tief verzweifelt. Er war durch die Befragung und den für ihn völlig unerwarteten Gerichtsprozess psychisch stark belastet. Er berichtete, dass er, der fehlerfrei und gewählt Deutsch spricht, bei seiner Befragung vor Gericht so voller Angst und Panik gewesen sei, dass er plötzlich mit dem Richter nicht mehr Deutsch sprechen konnte und solche Zustände vorher noch nie gehabt habe. Nach Deutschland zu kommen sei für ihn mit einer großen Sicherheit und Zuversicht verbunden gewesen. Er habe die Schule besucht und sehr schnell Deutsch gelernt, viele deutsche Freunde gehabt und immer versucht, nicht an das Gewesene zu denken. Er habe Fernsehsendungen über den Kosovo gemieden und die Eltern hätten versucht, vor ihm nicht über die Vergangenheit zu sprechen. So habe er sich wie in einer neuen Heimat gefühlt und nie daran gedacht, dass er Deutschland jemals verlassen müsse. Die Vorladung vor Gericht habe ihn wie ein Schlag getroffen, seither sei er voller Angst. Er sei immer ein aktiver und lebenslustiger Mensch gewesen, voller Energie, er habe auch nach der Schule sofort eine sehr gute Arbeit in einer Computerfirma gefunden. Diese würde jetzt schließen, aber er hätte sofort wieder neue Arbeit in einer anderen, noch größeren Computerfirma gefunden. Seine Eltern würden die Rückkehr auch nicht überleben, die Mutter die Scham nicht und der Vater sei sowieso körperlich angeschlagen, bei jeder Aufregung müsste man Angst haben, dass er wieder einen Herzinfarkt erleiden könne. Als sein Vater im Jahre 1998, kurz nach der Ankunft in Deutschland, einen Herzinfarkt erlitten hatte, wäre er selbst noch zu jung gewesen, um für ihn zu sorgen, heute könne er das, was ihn froh und zuversichtlich machen würde. Dies alles würde aber zusammenbrechen, wenn er und seine Familie abgeschoben würden, und er würde sich lieber das Leben nehmen, als dies auszuhalten.

Herr N. war in der Untersuchung offen und intelligent, er gab bereitwillig Auskunft, wurde jedoch deutlich irritiert und erregt, wenn es um die Erhebung der Vorgeschichte aus dem Kosovo ging. Sein großes Verantwortungsgefühl machte es ihm deutlich schwer, über die erlittenen Qualen der Mutter zu sprechen und anerkennen zu müssen, dass er damals als 14-Jähriger überfordert war, angemessen zu helfen. Es entlastete ihn deutlich, als die Untersucherin ihm dies auch zurückmeldete. Er gab an, dass er lieber Folter auf sich genommen hätte, wenn er damit die Mutter hätte verschonen können und zeigt eine typische Schuldreaktion des »Davongekommenen«.

Sexuelle und gewalttätige Misshandlungen, wie sie in Kriegsgebieten, auf der Flucht oder bei Verfolgung häufig vorkommen oder zumindest von den Jugendlichen miterlebt werden, stellen eine Extremtraumatisierung dar, die das Leben des Betroffenen oft lebenslang prägt. Trifft diese Traumatisierung einen Jugendlichen, sind die Auswirkungen besonders prägend. Der Schreck, die damit verbundene Angst und die Hilflosigkeit sind starke Erregungen, die den Reizschutz eines Jugendlichen zunächst außer Kraft setzen. Es folgt ein Zusammenbruch der noch im Aufbau befindlichen Persönlichkeit des Kindes oder Jugendlichen mit nachhaltigen Auswirkungen. Es entsteht eine Art traumatischer Trancezustand, in dem reife Funktionen wie Spüren, Wehren und Wahrnehmen aussetzen. Eine typische Reaktion der Jugendlichen kann z. B. sein, dass die Erinnerung mit körperlichen Symptomen oder Abspaltung vom Bewusstsein ferngehalten werden muss, da sie »ihrer Sinne beraubt« die Misshandlung nicht als reife Erinnerungsspur in ihr Inneres integrieren konnten. Dies sehen wir eindrucksvoll in psy-

chovegetativen Symptomen bei posttraumatischen Stressstörungen wie Zittern, Herzklopfen, Schweißausbrüchen, Dissoziieren usw. (Fischer u. Riedesser 1998).
Bei weiblichen Jugendlichen aus Kriegsgebieten kommen Vergewaltigungen oder sexuelle Nötigungen häufig vor, was besonders nachhaltige Folgen hat.
Untersuchungen zeigen, dass Opfer von Vergewaltigungen eine besondere Stellung unter den posttraumatischen Belastungsstörungen (PTSD) einnehmen, da sie mit besonders hoher Rate an PTSD direkt nach der Tat reagieren und die Symptome oft noch lange Zeit persistieren (Frommberger 2000).
Da es in vielen Gesellschaften und Kulturen, aus denen Flüchtlinge in der Regel kommen, üblich ist, dass Frauen von ihren Männern und Mädchen von ihrer Familie verstoßen werden, wenn sie – auch während des Krieges – vergewaltigt worden sind, haben diese oft panische Angst, darüber zu sprechen, was ihnen passiert ist – aus Angst davor, auch noch die Familie zu verlieren. In entsprechenden Begutachtungen wird immer wieder von betroffenen Frauen und Mädchen berichtet, dass ihre Männer oder Familien ihnen gesagt hätten: »Erzähl mir nicht, was dir zugestoßen ist, sonst muss ich dich verstoßen.«
Das hartnäckigste Symptom der Traumatisierung ist eine Betäubung bzw. emotionale Taubheit, die in Untersuchungen auch nach vielen Jahren in einem hohen Prozentsatz der Betroffenen anhält. Eine große Zahl psychologischer Dysfunktionen und posttraumatischen Stresses lassen sich in vielen Studien auch noch Jahre nach dem traumatischen Erlebnis feststellen. Das Trauma lässt sich nicht als etwas Vergangenes abschütteln, viele der Betroffenen finden nicht zu ihrem alten Leben zurück (Frommberger 2000).
Wenn man die Theorie der sequenziellen Traumatisierung von Keilson (1979) zugrunde legt, befand sich Herr N. in den Jahren nach seiner Flucht aus dem Kosovo in der dritten traumatischen Sequenz, die Keilson als »Rückkehr in normale Umstände« definiert. Dieser Sequenz misst Keilson eine besondere Bedeutung zu, da in dieser erfahrene Traumatisierungen sowohl verstärkt als auch vermindert werden können. Die Bedeutung der dritten Sequenz liegt nach Keilson in der Qualität des Pflegemilieus, in seinem Vermögen, die Traumatisierungskette zu durchbrechen und dadurch das Gesamtgeschehen zu mildern, indem die erforderliche Hilfe geboten oder rechtzeitig Hilfe und Beratung aufgesucht wird. Sind diese Voraussetzungen nicht gegeben, besteht die Gefahr, dass in dieser Sequenz die Gesamttraumatisierung verstärkt wird (Keilson 1979).

> In Anlehnung daran kann davon ausgegangen werden, dass die Zeit nach der Ankunft im Aufnahmeland für traumatisierte Kinder und Jugendliche aus Kriegsgebieten eine große Bedeutung für deren weitere psychische Entwicklung hat. Dies heißt nicht, dass man ein Trauma immer verarbeiten oder gar integrieren kann, aber dass krank machende Formen der Erinnerung in reifere Erinnerungsspuren umgewandelt werden können, die dann verbalisierbar und somit in eine bewältigbare Form gebracht werden können. Ein unsicherer Aufenthaltsstatus der Minderjährigen kann dieser positiven Entwicklung jedoch entgegenstehen, da ein sicherer Ort in einem Aufnahmeland außerhalb des Kriegsgebietes Voraussetzung dafür ist, dass man glauben, spüren und erfahren kann, »dass es vorbei ist und man überlebt hat« (Boos 2007).

Literatur

Akhtar S, Samuel S. The concept of identity: developmental origins, phenomenology, clinical relevance, and measurement. Harv Rev Psychiatry 1996; 3(5): 254–67.

Boos A. Traumatische Ereignisse bewältigen. Göttingen: Hogrefe 2007.

Fischer G, Riedesser P. Lehrbuch der Psychotraumatologie. München, Basel: Ernst Reinhard 1998.

Frommberger U. Posttraumatische Belastungsstörungen. In: Hartwich P, Haas S, Maurer K, Pflug B, Schlegel S (Hrsg). Posttraumatische Erkrankungen. Sternenfels: Wissenschaft und Praxis 2000.

Keilson H. Sequentielle Traumatisierung bei Kindern. Stuttgart: Enke 1979.

Streeck-Fischer A. Entwicklungslinien der Adoleszenz. Psyche 1994; 48(6): 509–28.

8 Entwicklungsaufgaben der Adoleszenz

August Flammer

Inhalt

8.1	Konzept	92
8.2	Kataloge	92
8.3	Differenzielle Gütigkeit	94
8.4	Aufgabensteller	94
8.5	Evaluation der Aufgabenbewältigung durch die Auftragsteller	95
8.6	Entwicklung immer wieder am Scheideweg	96
8.7	Akzidentelle oder nicht normative Entwicklungsaufgaben	98
8.8	Bewältigung	98
8.9	Entwicklung durch Handlung	101
8.10	Fazit	102
Literatur		102

Zusammenfassung

Im Verständnis von Entwicklung als einem spontanen Reifungsprozess hätte das Konzept der Entwicklungsaufgabe keinen Platz. Reifung ist ein Geschenk und nicht eine Pflicht oder Aufgabe, die zu leisten ist. Allenfalls könnte Entwicklung verstanden werden als ein Prozess, der seinerseits die Betroffenen vor neue Aufgaben stellt.

Es erscheint nicht zufällig, dass der Begriff der Entwicklungsaufgabe, zwar von Tryon (1939) und anderen schon um 1940 formuliert, von einem Pädagogen in die entwicklungspsychologische Diskussion eingeführt worden ist (Havighurst 1948, 2. Aufl. 1952): Für Pädagogen ist die Entwicklung etwas, dem gelegentlich »nachgeholfen« werden muss, wenn sie gelingen soll.

Die Perspektive der Entwicklung als Aufgabe kann grundsätzlich auf die Entwicklung in allen Bereichen angewendet werden (Streeck-Fischer 2006). Das wird in diesem Kapitel nicht versucht, vielmehr geht es um die Perspektive als solche und ihre theoretischen (vor allem) und praktischen Implikationen. So geht dieses Kapitel vom ursprünglichen und bis heute bewährten Konzept der Entwicklungsaufgabe aus und greift verwandte und neuere Formulierungen auf. Damit eröffnet sich ein erweitertes Verständnis von Entwicklung, das auch zielstrebiges menschliches Handeln und Problembewältigung einschließt.

8.1 Konzept

Havighurst hat der Entwicklungsaufgabe eine Definition gegeben, die bis heute allgemein akzeptiert ist.

> Danach besteht sie in einer »Aufgabe, die in oder zumindest ungefähr zu einem bestimmten Lebensabschnitt des Individuums entsteht, deren erfolgreiche Bewältigung zu dessen Glück und Erfolg bei späteren Aufgaben führt, während ein Misslingen zu Unglücklichsein, zu Missbilligung durch die Gesellschaft und zu Schwierigkeiten mit späteren Aufgaben führt« (Dreher u. Dreher 1985a, S. 30; Havighurst 1956, S. 215).

Der Aufgabenbegriff ist sehr weit gefasst, denn er beinhaltet sowohl kulturellen Druck, individuelle Wünsche und Werte als auch körperliche Veränderungsprozesse, mit denen die Betroffenen zurechtkommen müssen. Die Attraktivität dieses Konzeptes besteht heute vor allem darin, dass

- Entwicklungsprozesse nicht in jedem Fall als spontan und garantiert verstanden werden,
- Entwicklung nicht immer nur ein lustvolles Ereignis ist, sondern manchmal Anstrengung verlangt und durch schwierige, ja bedrohliche Phasen geht,
- auch »Drittpersonen« mitreden, d. h. dass Mitmenschen, der Zeitgeist und die Kultur Entwicklung in eine bestimmte Richtung lenken können,
- die persönliche Entwicklungssteuerung nicht sicher gelingt, sondern auch misslingen kann.

8.2 Kataloge

Havighurst hat Aufgaben für verschiedene Lebens- oder Entwicklungsabschnitte formuliert. Die breiteste Rezeption fanden seine Vorschläge vor allem in der Adoleszenzentwicklungspsychologie. Er schlug folgende **Aufgaben für die Adoleszenz** vor (Havighurst 1952, S. 33–71; Übers. A. F.):

- Aufbau von neuen und reiferen Beziehungen zu den Gleichaltrigen beiderlei Geschlechts

8.2 Kataloge

- Erwerb einer männlichen bzw. weiblichen sozialen Rolle
- Akzeptanz des eigenen körperlichen Aussehens und effektiver Einsatz des Körpers
- Erlangung emotionaler Unabhängigkeit von den Eltern und anderen Erwachsenen
- Aufbau einer sicheren ökonomischen Unabhängigkeit
- Berufswahl und Berufsvorbereitung
- Vorbereitung auf Heirat und Familienleben
- Erwerb der intellektuellen Fertigkeiten und Begriffe, die für ein Leben als reifer Bürger notwendig sind
- Bereitschaft und Fähigkeit zu sozial verantwortlichem Verhalten

Havighurst hat mithilfe verschiedener Befragungen von Personen der entsprechenden Altersgruppen sichergestellt, dass diese Entwicklungsaufgaben nicht nur den Vorstellungen von Wissenschaftlern entsprachen, sondern auch von (amerikanischen) Betroffenen in großer Zahl als zentrale Werte und Anliegen akzeptiert wurden. Für heutige Leser wird dadurch die geschichtliche und kulturelle Einbindung von Entwicklungsaufgaben eindrücklich.

Dieser Katalog von Entwicklungsaufgaben für das Jugendalter mutet uns heute sehr traditionell an. Ein Blick auf neuere Vorschläge und empirische Erhebungen bestätigt den historischen Wandel nicht nur der Werte und Lebensbedingungen, sondern durchaus der Entwicklung selbst. So haben Dreher und Dreher bereits 1985 festgestellt, dass z.B. die Entwicklungsaufgaben Ehevorbereitung und ökonomische Unabhängigkeit für Schüler der 9. und 10. Klassen in München kein Thema waren (Dreher u. Dreher 1985a). Ihre wichtigsten Themen waren Beruf, Selbst und Beziehungen zu den Gleichaltrigen. Für die Mädchen waren Werte, Körper und Ablösung wichtiger als für die Jungen. Für die Jungen waren Intimität und die soziale Rolle wichtiger als für die Mädchen.

Dass sich im Laufe der Geschichte Veränderungen ergeben würden, war sicherlich auch Havighurst bewusst. Interessanterweise war und ist die historische Zukunft auch in so elementaren Bereichen nicht leicht vorhersagbar, merkte doch Havighurst (1952, S. 45) zur Entwicklungsaufgabe des Erwerbs ökonomischer Unabhängigkeit im Jugendalter (!) an: »*This is primarily a task for boys, in our society, but it is of increasing importance to girls.*« (»Dies ist in unserer Gesellschaft hauptsächlich eine Aufgabe für Jungen, aber sie ist von zunehmendem Wert auch für Mädchen.« Übers. A. F.) Er bekam recht, dass sich in dieser Entwicklungsaufgabe Mädchen und Jungen angleichen würden, aber er hat nicht vorhergesehen, dass in der amerikanischen und in den europäischen Kulturen diese Entwicklungsaufgabe ins frühe Erwachsenenalter rutschen würde. Aus den freien Äußerungen der von Dreher und Dreher (1985a) befragten Schüler drängte sich andererseits die **Formulierung neuer Entwicklungsaufgaben** auf wie z.B.:
- Aufnahme und Aufbau intimer Beziehungen
- Entwicklung einer Identität (nicht nur als soziale Rolle)

- Aufbau einer Zukunftsperspektive
- Entwicklung der eigenen Persönlichkeit im Sinne der Selbstständigkeit
- Selbstsicherheit und Selbstkontrolle

Als **weitere mögliche neue Entwicklungsaufgaben** wurden benannt:
- Entwicklung von Toleranz und Konfliktlösungskompetenzen
- Abbau von Vorurteilen
- kritische Haltung gegenüber der Gesellschaft besonders in den Bereichen Umweltschutz und Friedenssicherung
- Verständnis für komplexe Zusammenhänge in Politik und Wirtschaft

Auch Schwaller fand 1991 als Ergebnis seiner Befragung von deutsch sprechenden Schweizer Jugendlichen zwischen 14 und 16 Jahren Themen, die sie sehr beschäftigten, obwohl sie im Havighurst-Katalog mindestens nicht in dieser Explizität aufschienen (Schwaller 1991). Er fasste sie als
- Sozialkompetenz (»den Mitmenschen gegenüber tolerant, vorurteilsfrei sein und ihnen, wenn nötig, helfend zur Seite stehen«) und
- politisch-soziales Engagement (»sich um aktuelle Probleme wie z.B. Friedenssicherung, Umweltverschmutzung, Drogen, Kriminalität, Arbeitslosigkeit usw. kümmern«)

zusammen. Nicht wesentlich andere Inhalte wurden auch in Dekovics Untersuchungen gefunden (Dekovic et al. 1997).

Ganz sicher haben sich auch die Werte der amerikanischen Jugendlichen seit den Studien von Havighurst verändert; leider gibt es aber bis heute kaum systematische kulturvergleichende Untersuchungen zu gleichen Zeitepochen.

Eine interessante Ausnahme bilden die Studien von Schleyer-Lindenmann (1997, 2006) zu Unterschieden zwischen durchaus benachbarten europäischen Kulturen. Sie verglich 16-jährige Jugendliche in Marseille und in Frankfurt am Main. Ausgehend von ihrer Analyse der nationalen Wertepräferenzen fand sie, dass die französischen Jugendlichen mehr als die deutschen auf Schulleistungen, Berufsvorbereitung und Gesundheit Wert legten (besonders die Mädchen), während die deutschen Jugendlichen persönliche Autonomie und Pflege von Freundschaften mehr betonten. In beiden Städten untersuchte Schleyer-Lindenmann auch Jugendliche von immigrierten muslimischen Eltern, nämlich Nordafrikanerinnen und Nordafrikaner in Marseille und Türkinnen und Türken in Frankfurt am Main. Diese Jugendlichen waren in Europa geboren und hatten ihr ganzes bisheriges Leben dort verbracht. Auch sie mussten die subjektive Wichtigkeit von Entwicklungsaufgaben beurteilen. Ihre Urteile unterschieden sich gegenseitig deutlich, waren aber doch auch nicht identisch mit jenen der französischen bzw. deutschen Jugendlichen. Entsprechend der offiziellen Einwanderungspolitik der beiden

Länder (Assimilation in Frankreich, Integration in Deutschland) näherten sich die Wertepräferenzen der immigrierten Jugendlichen aber denjenigen der Jugendlichen ihrer Wahlheimat in Marseille deutlicher an als in Frankfurt am Main, was vermutlich den unterschiedlichen politischen Druck auf Anpassung widerspiegelt. Auch zeigte sich, dass Jugendliche aus Familien mit autoritativem *(volontaire)* Erziehungsstil Schule und Beruf für wichtiger hielten als Jugendliche aus Familien mit mehr liberalem *(faible)* Erziehungsstil.

8.3 Differenzielle Gütigkeit

So wie Entwicklungsaufgaben zwischen Kulturen und historischen Zeiten variieren können, gibt es auch **Unterschiede** innerhalb derselben Kultur und zu gleicher Zeit, z. B. **in Abhängigkeit vom Geschlecht**. Die Entwicklungsaufgaben für Mädchen und Jungen waren in unserer Kultur früher zwar unterschiedlicher als heute, weisen aber immer noch Differenzen auf, wenigstens was ihre Bedeutung oder Brisanz betrifft. So sind heute die Mädchen mehr und vor allem anders durch ihre körperliche Entwicklung gefordert. Akzeptanz und Umgang mit der Menstruation ist eine Aufgabe, die Jungen in dieser Form gar nicht betrifft. Die Sorge um das Aussehen ist bei Mädchen nach wie vor größer bzw. imperativer. Das zeigt sich unter anderem daran, dass mehr Mädchen Probleme mit Anorexie und Bulimie haben als Jungen. Jungen sind dafür mehr gefordert, mit ihrer (offenen) Aggression umgehen zu lernen. Weitere differenzierende Bedingungen hängen mit dem **sozialen Status** und der **Familiensituation** zusammen. Gewisse Jugendliche müssen lernen, mit jüngeren Geschwistern verantwortungsvoll umzugehen, andere sind »verpflichtet«, gute Tennisspieler zu werden bzw. schon zu sein, für andere ist der Aufbau von besonderen Kompetenzen im Bereich der Musik oder im Bereich der Sprachengewandtheit ein »Muss«.

Natürlich führen auch unterschiedliche Entwicklungswege zu unterschiedlichen nachfolgenden Entwicklungsaufgaben. So müssen Spitzensportler ihre Kondition systematisch aufbauen, Handwerkerlehrlinge oft größere Verantwortung in ihrer Arbeit übernehmen oder Gymnasiasten in besonderem Maß akademische Allgemeinbildung pflegen.

> Entwicklungsaufgaben, die für alle Menschen einer bestimmten Entwicklungsstufe gelten, nennt man »**normativ**«. Wenn solche Aufgaben nur für Menschen einer bestimmten logischen Klasse (z. B. Gymnasiasten) Gültigkeit haben, kann man sie als »**eingeschränkt normativ**« bezeichnen. Und wenn nur einzelne Individuen einer bestimmten Entwicklungsaufgabe gegenübergestellt sind, sprechen wir von »**individuellen**« Entwicklungsaufgaben (Flammer 1992).

Je nach Typ der Entwicklungsaufgabe hat ihre Bewältigung oder Nichtbewältigung andere Konsequenzen: Was für alle gilt, ist im Allgemeinen unverzichtbarer (z. B. einen unverkrampften Umgang mit dem anderen Geschlecht erwerben). Wenn eine Aufgabe nur für eine Klasse von Gleichaltrigen gilt und allenfalls nicht bewältigt wird, kann sie z. B. zum Ausschluss aus dieser Klasse führen (z. B. ungenügende Leistungen im Gymnasium). Individuelle Entwicklungsaufgaben können sehr privat oder einer großen Öffentlichkeit ausgesetzt sein; Wenn sich z. B. der Sohn des Staatspräsidenten in aller Öffentlichkeit »politisch unkorrekt« verhält, kann das einen Medienwirbel auslösen; wenn ein ehrgeiziges Mädchen Pianistin werden will und in ihren Privatlektionen erkennen muss, dass es nicht reicht, ist möglicherweise die Enttäuschung auch nur privat, d. h. individuell.

8.4 Aufgabensteller

Wer Aufgabe sagt, meint, dass jemand von jemand etwas erwartet. Jede Aufgabe hat einen Initianten oder Aufgabensteller und einen Adressaten. Überdies verlangt sie eine Lösung oder Bewältigung, und die Lösung der Aufgabe kann dem Aufgabensteller nicht egal sein, sonst hätte er ja die Aufgabe nicht gestellt.

Wer formuliert die individuellen Entwicklungsaufgaben? **Individuelle Entwicklungsaufgaben** werden meistens von einer oder wenigen Personen gestellt (z. B. von den Eltern). Nicht selten dürfte sich im Fall von individuellen Entwicklungsaufgaben die betroffene Person die Aufgabe selbst stellen, z. B. im Bereich des Spitzensports oder im Bereich von Sonderleistungen wie

Tab. 8-1 Aufgabensteller und Adressaten von Entwicklungsaufgaben (Flammer u. Alsaker 2002, S. 66)

Aufgabensteller	Adressat		
	Alle	Ausgewählte Klasse	Einzelnes Individuum
Gesellschaft, »Man«	normative EA	eingeschränkt normative EA	individuell normative EA
Bezugsgruppe, Bezugspersonen		eingeschränkt normative EA	individuell normative EA
Person selbst			subjektive EA

EA = Entwicklungsaufgaben

die angestrebte Kennerschaft einer Jazzrichtung, von Insekten, der Geschichte einer Stadt usw. Wir sprechen dann nicht nur von individuellen, sondern von *subjektiven* Entwicklungsaufgaben. Sehr selten sind gesamtgesellschaftliche individuelle Entwicklungsaufgaben an Jugendliche, etwa an Kronprinzen.

Bei **eingeschränkt normativen Entwicklungsaufgaben** sind die Aufgabensteller ihrerseits meistens eine Auswahl von Personen, z. B. der Familienclan. Es kann aber durchaus die Gesellschaft sein, z. B. gegenüber Gymnasiasten. Letzteres trifft auf jeden Fall auf **normative Entwicklungsaufgaben** zu. »Man« erwartet eben bestimmte Entwicklungsschritte von allen Jugendlichen einer Gesellschaft oder Kultur. Die Kreuzung der Typologie der Auftragsteller mit der genannten Typologie des Gültigkeitsbereichs zeigt, dass nicht alle Kombinationen sinnvoll sind (Tab. 8-1).

8.5 Evaluation der Aufgabenbewältigung durch die Auftragsteller

Wenn explizite einzelne oder wenige Personen jemandem (oder sich selbst) eine Entwicklungsaufgabe stellen, kann davon ausgegangen werden, dass diese Personen die Bewältigung der Aufgabe mehr oder weniger überwachen und interessiert sind, ob und wie die Aufgabe bewältigt wird. Weniger eindeutig ist das, wenn die Gesellschaft (»man«) als Aufgabensteller postuliert wird. Hat die Gesellschaft bzw. hat »man« tatsächlich ein Interesse an der Lösung der Entwicklungsaufgaben von Jugendlichen?

Grob et al. (1995) sind dieser Frage empirisch nachgegangen. Sie konfrontierten erwachsene Versuchspersonen beider Geschlechter mit Berichten über junge Männer, welche die eine oder die andere von zwei Entwicklungsaufgaben, nämlich Berufswahl/-ausbildung und soziale Ablösung von den Eltern, entweder erwartungsgemäß, nicht oder verspätet lösten. Verspätete Lösungen wurden entweder als entschuldbar dargestellt oder nicht.

Beispielsweise wurde für die nicht selbst verschuldete verspätete Lösung der Ablösungs-Entwicklungsaufgabe ein 31-jähriger Mario beschrieben, der unter epileptischen Anfällen litt, welche medikamentös noch nicht unter Kontrolle waren und der deshalb noch bei seinen Eltern wohnte.

Ein Beispiel einer verfrühten Lösung der Berufswahl/-ausbildungsaufgabe handelt von einem 10-jährigen Reto, der bereits einen Lehrvertrag als Elektroinstallateur abgeschlossen hatte und in der Freizeit regelmäßig als Hilfsarbeiter in der späteren Lehrfirma arbeitete.

Ein Szenario für eine erwartungsgemäße Lösung der Selbstständigkeitsaufgabe lautete z. B.: »Markus (21-jährig) ist zusammen mit seiner jüngeren Schwester bei seinen Eltern in städtischen Verhältnissen aufgewachsen und wohnt bei seinen Eltern. Er bestimmt aber selber, wann er abends nach Hause kommen und ob er allenfalls die Nacht auswärts verbringen will. Über seine Freizeit verfügt er weitgehend selber und verbringt sie meistens mit gleichaltrigen Kollegen außerhalb der Familie. Seine Meinungen, Ansichten und Einstellungen setzt er häufig gegen den Widerstand von Vorgesetzten und Eltern durch.«

Die befragten erwachsenen Versuchspersonen sollten angeben, wie sehr die Beschreibung bei ihnen bestimmte evaluative Reaktionen auslöste und welche Zukunftsprognose sie stellen würden. Dazu sollten sie einerseits aus einer Liste von zehn möglichen emotionalen Reaktionen jene ankreuzen, die für sie zutrafen oder ihnen als angemessen vorkamen. Die Überlegung war die, dass sich ein Interesse an der guten Lösung von Entwicklungsaufgaben in emotionale Reaktionen zeigen sollte, die allenfalls Verhaltensreaktionen auslösen könnten. Überdies sollten die befragten Personen auf verschiedenen Skalen eine entwicklungsbezogene Beurteilung und Prognose abgeben. Die Ergebnisse lassen sich wie folgt zusammenfassen:

- **Erwartungsgemäße Lösungen** wurden am meisten mit der Emotion »Achtung« quittiert, gefolgt von »Freude« und »Befriedigung«. Die Beurteilung spiegelte sich in Aussagen wie »liegt im Rahmen des Üblichen«, »macht einen guten Eindruck« und »wird in seinem Leben wahrscheinlich gut zurechtkommen«.
- Wer die Aufgabe **verfrüht** löste, bewirkte Emotionen wie »Überraschung«, »Angst«, »Ablehnung«, aber auch »Bewunderung«. Solches Verhalten wurde als »nicht der Norm entsprechend« beurteilt; die Zukunft wurde zwiespältig beurteilt, z. B. als »wahrscheinlich gut, aber mit hohem Risiko belastet«. Dabei war eine statistische Interaktion zu beobachten, indem die verfrühte Lösung der Berufswahlaufgabe eher positiv und die verfrühte Lösung der Autonomie- oder Ablösungsaufgabe fast durchwegs negativ beurteilt wurden.
- **Verspätete Aufgabenlösungen ohne Angabe spezieller Gründe** wurden mit Emotionen wie »Ablehnung«, »Mitleid« und »Ärger« quittiert und als »nicht normgemäß«, als »sehr riskant« und »mit schlechter Zukunftsaussicht« beurteilt.
- **Nicht selbstverschuldete verspätete Aufgabenlösungen** hingegen beurteilten die erwachsenen Versuchspersonen zwar als »nicht normgemäß«, als »einigermaßen riskant« und »mit schlechter Zukunftsaussicht«; unter den ausgelösten Emotionen überwog aber bei Weitem »Mitleid«.

Personen, die sich (auf anderen Skalen) selbst eher für nonkonformistisch hielten, beurteilten die Jugendlichen, die sich der Lösung einer Entwicklungsaufgabe widersetzten, etwas weniger negativ als Personen, die sich selbst als eher konformistisch einschätzten.

In einer zweiten Studie (Berger et al. 1999) waren die Protagonisten der Szenarien weibliche Jugendliche. Erwartungsgemäße Lösungen waren in diesem Fall auch gezielt geschlechtsrollenkonform beschrieben, während die anderen Lösungen teilweise geschlechtsrollendiskonform gestaltet waren. Die Ergebnisse fielen vergleichbar aus, wobei die Erwachsenen, die selbst weniger geschlechtsrollenkonform waren, auch im Urteil der Entwicklungsaufgabenlösungen und -nichtlösungen weiblicher Jugendlicher großzügiger waren.

8.6 Entwicklung immer wieder am Scheideweg

Der Psychoanalytiker Erik H. Erikson hat Entwicklung unter anderem als Bewältigung einer Folge von alterstypischen Krisen verstanden (Erikson 1959, 1968). Mit Krise meinte er nicht nur, dass das Leben immer wieder mal problemhaft und risikoreich ist, sondern dass Krisen – entsprechend der ursprünglichen griechischen Bedeutung des Wortes – »Scheidewege« darstellen. Er hat über den gesamten menschlichen Lebenslauf **acht normative Krisen** formuliert. Eine davon, die fünfte, ist typisch für die Adoleszenz.

> Der Ausgang aller vorausgehenden Krisen (Scheidewege!) hat aber einen Einfluss auf den Ausgang der jeweils aktuellen Krise, so wie die Thematik aller nachfolgenden Krisen bereits in den früheren mitschwingt.

Die acht Krisen sind die Folgenden:

■ **1. Urvertrauen versus Urmisstrauen (1. Lebensjahr):** Vertrauen ist »eine alles durchdringende Haltung sich selbst und der Welt gegenüber« (Erikson 1968, S. 97). Es entsteht aus der Erfahrung, dass zwischen der Welt und den persönlichen Bedürfnissen eine **Übereinstimmung** besteht und dass man über diese Entsprechungen mit der Zeit persönliche Kontrolle gewinnt. Solche Übereinstimmung wird z. B. spürbar, wenn die Mutter das hungrige Kind nährt, das weinende Kind tröstet oder das sich ängstigende Kind nicht allein lässt, sondern beschützt (Flammer 1990, S. 303 ff.; 1995). Hier treffen sich, wie wir heute wissen, drei zentrale Begriffe aus während langer Zeit unabhängig voneinander betriebenen Forschungssträngen, nämlich **Urvertrauen** oder *basic trust* (Erikson 1968), **Bindung** oder *attachment* (Ainsworth et al. 1978; Bowlby 1969) und **Kontrolle** oder *self-efficacy* (Bandura 1977; Flammer 1990, 1995).
Die radikale Schädigung des Urvertrauens kann Entfremdung, Rückzug auf sich selbst, »chronische Trauerzustände«, Hospitalismus und Depression bewirken. Bereits auf dieser Stufe wird sichtbar, dass ein geschädigtes Urvertrauen ein Leben lang – auch bei der Bearbeitung der typischen Adoleszenz-Entwicklungsaufgabe, der *Identität* – immer wieder mal schwarze oder graue Schatten werfen kann, aber auch, dass an den Bedingungen des Vertrauens ein Leben lang erfolgreich gearbeitet werden kann (Kontrollerfahrung, verlässliche Partnerschaft usw.).

■ **2. Autonomie versus Scham und Zweifel (2. und 3. Lebensjahr):** Kaum hat sich die Vertrauensproblematik fürs Erste geklärt, wird eine neue Problematik oder Krise aktuell, nämlich die einer ersten **Emanzipation** von der Mutter bzw. der primären Bezugsperson. Das geschieht nicht ohne Risiken: Wer weggeht, kann plötzlich schutzlos dastehen und sich den Blicken der Gaffer ausgesetzt fühlen. Dann möchte man in die Erde versinken; das ist die Scham. Scham stellt sich vor allem ein, wenn die Loslösung zu früh erfolgt oder wenn die Vertrauenskrise nicht befriedigend gelöst ist. Wenn sich andererseits die Umgebung nicht als verlässlich genug erweist, stellen sich bei dieser Emanzipation Zweifel ein.
Eine nicht befriedigend gelungene Bewältigung dieser Krise kann sich nach Erikson später in zwanghaften Sicherungsritualen, in Reinlichkeitsfimmel, Gewinnsucht oder Rechthaberei zeigen (entsprechend der analen Entwicklungsphase im psychoanalytischen Verständnis). Auch diese Thematik wird im Laufe des Lebens noch oft wiederkehren, sicher auch im Zusammenhang mit Identität, wahrscheinlich mit einer Tönung, die aus der mehr oder weniger gelungenen Lösung dieser ersten großen Autonomie-Herausforderung stammt.

■ **3. Initiative versus Schuldgefühl (4. und 5. Lebensjahr):** Während auf der zweiten Stufe die Unabhängigkeit des Wollens im Zentrum steht, ist es auf dieser Stufe das **Wollen** überhaupt: »Das Kind weiß jetzt sicher, dass es ein Ich ist; nun muss es herausfinden, was für eine Art von Person es werden will.« (Erikson 1959, S. 87) Das führt zur systematischen Erkundung der Realität: Neugier, herumgehen im Raum und in neue Räume, fragen, alles untersuchen.
Ungenügende Konfliktverarbeitung auf dieser Stufe kann später zu »hysterischer Verleugnung oder Selbsteinschränkung« führen bzw. zur »Zurschaustellung unermüdlicher Initiative«, zu einem »Ran-Gehen um jeden Preis« (Erikson 1968, S. 122). Erikson meinte, dass die Aktivitäts- und Initiative-Ethik unserer Gesellschaft aus ungenügend gelösten Konflikten dieser Stufe stamme und allein schon wegen körperlicher Überforderung durch Dauerbetrieb zu den viel diskutierten psychosomatischen Krankheiten führe.

■ **4. Werksinn versus Minderwertigkeitsgefühl (6. Lebensjahr bis Pubertät):** Diese Stufe entspricht bei Freud der **Latenzphase**. Die Erfahrung mit der Schule weckt die Motivation des Kindes, fleißig zu sein. Das Kind »lernt nun, Anerkennung durch die Herstellung von Dingen zu gewinnen. Es entwickelt Beharrlichkeit und passt sich den anorganischen Gesetzen der

Werkzeugwelt an« (Erikson 1968, S. 126). Dadurch entsteht das Problem der Möglichkeit des Misslingens.

Erfolg und Misserfolg machen den Spannungsbogen dieser Stufe aus. Erfolg gibt ein Bestätigungsgefühl und Misserfolg resultiert in einem Minderwertigkeitsgefühl – dies ist identitätsrelevant. Eine unausgeglichene Haltung zwischen den beiden Polen Werksinn und Minderwertigkeitsgefühl kann zu Arbeitsversessenheit, verabsolutiertem Pflichtgefühl, Fachidiotie oder zu Arbeitsscheu aus Angst vor Versagen führen.

■ **5. Identität versus Identitätsdiffusion (Adoleszenz):** Neuartige körperliche Veränderungen und Erwartungen der Umwelt stellen neue Herausforderungen dar. Das verlangt eine (neue) Identitätsdefinition. Der Jugendliche stellt sich selbst infrage und versucht Identitäten, vor allem in neuen sozialen Rollen: sich verlieben, Anschluss an Jugendgruppen, politische Tätigkeit, Auseinandersetzung mit der Demokratie, Anschluss an Führer, Einübung der Treue, Berufsentscheidung, Tagebuchaufzeichnungen, dichterische Versuche usw.

Unbefriedigende Identitätsfindung stellt sich später als »ewige Pubertät«, Ruhelosigkeit oder voreilige Begeisterungsfähigkeit für große oder abrupte Veränderungen dar.

■ **6. Intimität und Solidarität versus Isolierung (junge Erwachsene):** Geklärte Identität ist eine Voraussetzung für eine tragfeste Partnerschaft und Intimität. Partnerschaft ist dennoch eine Aufgabe, die wie die vorher Genannten gelingen oder misslingen kann. Vor allem ist auch sie ein Wagnis. Nichtgelingen führt zu sozialer Distanzierung und Isolierung. Das heißt nicht, dass keine sozialen Beziehungen eingegangen werden können, aber sie sind oft kühl, berechnet, stereotyp, man geht auf Nummer sicher.

Erikson sagte, dass man solche Leute auch gut in der Politik und im Krieg verwenden und (aus)nutzen könne, weil sie leicht bereit seien, Feindbilder aufzubauen oder zu übernehmen, Hass und Ablehnung zum Zweck des Schutzes des eigenen Territoriums zu entwickeln und ihrer Sache große Treue und Selbstaufopferung entgegenzubringen. Auch in weniger spektakulären Situationen kann sich diese Isolationslösung in der »Aufopferung« für eine Firma, für die Pfadfinderbewegung, für die (Partei-)Politik, für eine Ideologie oder für die Kirche zeigen.

■ **7. Generativität versus Selbstabsorption (mittlere Erwachsene):** Auf der Basis einer soliden Identität und sozialen Einbindung kann sich der Mensch neben dem Nehmen auch das freizügige Geben leisten: »Der reife Mensch hat das Bedürfnis, dass man seiner bedarf, und die Reife wird vom Wesen dessen gelenkt, dem man Fürsorge zuwenden muss.« (Erikson 1968, S. 141)

Aus diesem Bedürfnis heraus haben Menschen Kinder, gründen oder lenken sie Firmen und soziale Organisationen, kreieren sie künstlerische oder wissenschaftliche Werke oder nehmen sie sich Hilfebedürftiger an. Wo das Gefühl der Stagnation überwiegt und nicht integriert wird, stellt sich entweder ein krampfhaftes Bemühen um Bemutterung, um Selbstverewigung usw. oder Langeweile, zwischenmenschliche Verarmung oder beides ein. Solche »Menschen beginnen dann oft, sich selbst zu verwöhnen, als wären sie ihr eigenes – oder eines anderen eines und einziges Kind« (Erikson 1968, S. 141).

■ **8. Integrität versus Verzweiflung (ältere Erwachsene):** Auf dieser letzten Stufe kommt nach Erikson im Idealfall die Frucht der positiven Bewältigung der sieben vorausgehenden Krisen zur vollen Reife. Daraus resultiert »die Bereitschaft, seinen einen und einmaligen Lebenszyklus zu akzeptieren ... als etwas, das sein musste und das zwangsläufig keinen Ersatz zuließ« (Erikson 1968, S. 143).

Wo diese Integrität nicht gelingt, kommt es zu Abscheu vor anderen Menschen, vor sich selbst, vor seiner Geschichte und seiner Geschichtlichkeit. Tatsachen sind aber dennoch nicht zu ändern, was zu Verzweiflung führen kann: »Die Verzweiflung entspricht einem Gefühl, dass die Zeit zu kurz ist, zu kurz für den Versuch, ein anderes Leben zu beginnen und andere Wege der Integrität zu suchen.« (Erikson 1968, S. 143)

Die Frage ist natürlich erlaubt, ob diese acht Krisen oder Lebensthemen wirklich die wichtigsten sind. Flammer (2003, S. 97) hat z. B. Themen wie »Aggression versus Grenzsetzung und Integration« oder »Egoismus versus ökologisch-kosmologische Einordnung und Verantwortung« als vergleichbar bedeutend vorgeschlagen. Diese Vorschläge betreffen jedoch nicht normative, d. h. deutlich an ein Lebensalter gebundene Krisen, was mindestens für eine Entwicklungsstufentheorie wie die von Erikson Voraussetzung wäre.

Im Jugendalter steht die Kernkrise – auch Erikson sprach gelegentlich von Entwicklungsaufgaben – »Identität versus Identitätsdiffusion« im Zentrum. Der Reiz der Erikson-Theorie besteht nun darin, dass er diese auf der Lösung der vorangegangenen Kernkrisen aufgebaut versteht. Bei größeren Schwierigkeiten kann es angezeigt sein, Nacharbeit an den vorausgehenden Krisen zu versuchen.

> Erikson betonte immer wieder und wurde darin von anderen Autoren bestätigt, dass verpasste Chancen nicht völlig, aber doch teilweise aufhebbar sind. Mit zunehmendem Alter kann ja auch das Wissen um mitgetragene Defizite und »Schlagseiten« wenigstens Orientierungs- und Handlungshilfe geben.

Die Rezeption der Erikson-Theorie hat immer wieder bedauert, dass Erikson keine klaren Kriterien für eine erfolgreiche Bewältigung einer Krise formuliert hat. Auch hat er keine umfassende und systematische Theorie der Bewältigung vorgelegt. Das blieb einer anderen Forschungstradition vorbehalten, die vor allem durch Lazarus (1966) initiiert wurde.

8.7 Akzidentelle oder nicht normative Entwicklungsaufgaben

Die ursprüngliche Vorstellung von Entwicklungsaufgaben umfasste nur solche Aufgaben, die für alle Menschen einer Alters- bzw. Entwicklungsstufe gelten, also im strengen Sinn normative Entwicklungsaufgaben.

> In der Entwicklungspsychologie hat der Begriff der Normativität zwei Dimensionen: Die eine Dimension bedeutet, dass etwas für alle Menschen gilt (sog. Universalität), in der Praxis meistens eingeschränkt auf Universalität innerhalb von Kulturen, historischen Epochen und Alters- bzw. Entwicklungsstufen. Die andere Dimension ist präskriptiv, bezieht sich explizit auf die Alters- bzw. Entwicklungsstufe und betont, dass ein Ereignis zu einer bestimmten Entwicklungsphase und weder vorher noch nachher zur »Normalität« gehört.

Dahinter steht die Vorstellung eines **»normalen«** Lebenslaufs, die die ältere Entwicklungspsychologie und durchaus auch Havighurst pflegte. In vielen modernen Gesellschaften sind aber sehr unterschiedliche Lebensläufe geläufig und als »normal« anerkannt. Auch Nichtnormativität ist heute normal. Während es z. B. bis vor Kurzem normal war, durch Etappenziele wie Schuleintritt, Berufsabschluss, Heirat, Familiengründung, Pensionierung usw. zu gehen, erlernt man heute einen Beruf nicht mehr unbedingt für ein ganzes Leben oder sind intime Partnerschaften und Familiengründungen wiederholbar geworden, ohne dass jemand von einer Ausnahme sprechen würde. Die soziologische Literatur spricht seit den 1980er Jahren vom **deregulierten Lebenslauf** (Held 1986; Imhof 1981, 1988; Kohli 1985). Nach der Deregulierung der Lebensläufe sind eingeschränkt normative und individuelle Entwicklungsaufgaben durch den gewählten Lebenslauf und nicht mehr a priori definiert.

In der Weiterführung dieses Gedankens kommen auch sehr spezielle Entwicklungsaufgaben ins Blickfeld, die weder normativ in irgendeinem Sinn noch durch den gewählten Lebenslauf bedingt sind, sondern aus Zufällen und speziellen Konstellationen entstehen, z. B. durch den Tod eines Familienmitglieds, durch einen Unfall, durch eine besondere Erfahrung auf einer Reise oder durch eine zufällige Bekanntschaft mit einem Menschen aus einem bisher fremden sozialen Kontext. Die Rede ist von sogenannten **kritischen Lebensereignissen** (Corr u. Corr 1996).

Die Berner Forschungsgruppe zur Adoleszenzpsychologie hat Jugendliche im Alter zwischen 14 und 19 Jahren danach befragt, ob es innerhalb des letzten halben Jahres Lebensereignisse gegeben hat, die ihrem Leben eine neue Ausrichtung gaben. Dabei mag überraschen, wie sehr auch gewöhnlich scheinende Ereignisse für die Jugendlichen große Bedeutung haben. Im persönlichen Bereich dominierten besondere Leistungserfahrungen (z. B. »Prüfung zum Militärpiloten geschafft«), Freizeiterlebnisse (z. B. »Abschlusstheater in der Schule«) und innere Erfahrungen (z. B. »habe gelernt, anders zu denken und zu handeln«). Im interpersonalen Bereich stachen Freundschaftserlebnisse (»eine neue Beziehung mit einem Mädchen«) und im gesellschaftlichen Bereich Erfahrungen in der Arbeitswelt (»Eintritt in die Berufslehre«) heraus. Während viele dieser Aussagen den geläufigen, normativen Entwicklungsaufgaben zugeordnet werden können, widerspiegeln die selteneren Äußerungen oft überraschende, nicht normative Entwicklungsaufgaben, so z. B. »Letztes Jahr vor Weihnachten haben sich meine Eltern getrennt« oder »AIDS-Diagnose« oder »Lieblingskatze gestorben« (Flammer u. Alsaker 2002, S. 62).

> Nicht vorhersehbare herausfordernde Ereignisse, die auch nicht an eine bestimmte Altersstufe gebunden sind, kann man als akzidentelle, als nicht normative Entwicklungsaufgaben oder gar als Schicksalsschläge bezeichnen.

Sie stellen häufig eine Belastung dar und werden im Laufe des zweiten Lebensjahrzehnts mit zunehmendem Alter immer weniger passiv als »*Widerfahrnisse*«, sondern als *Herausforderungen* zu gezieltem Handeln erlebt (Dreher u. Dreher 1991). Natürlich gibt es auch positive einschneidende Ereignisse, die ebenfalls zu Herausforderungen werden können, aber diese stehen hier nicht im Zentrum. Die psychologische Forschung hat sich im Zusammenhang mit dem Studium der sogenannten kritischen Lebensereignisse intensiv mit sogenannten Coping-Strategien oder Bewältigungsstrategien beschäftigt. Da solche Strategien auch auf die Bewältigung von klassischen Entwicklungsaufgaben anwendbar sind, sollen im Folgenden die wichtigsten Ergebnisse dieser Forschung referiert werden.

8.8 Bewältigung

Jede Entwicklungsaufgabe stellt ihre eigenen Ansprüche und entsprechend vielfältig sind die Prozesse, die zum Einsatz kommen. Es gibt jedoch Prozessgruppen, die für mehrere Entwicklungsaufgaben gleichzeitig infrage kommen, in der Adoleszenz besonders die Auseinandersetzung mit den Eltern und mit Gleichaltrigen.

8.8.1 Autonomie und soziale Neuintegration

Die Zeit der Adoleszenz ist bekanntlich eine Zeit intensiver Auseinandersetzung mit der Familie, vor allem mit den Eltern.

Gelegentlich wird argumentiert, der Gewinn der sogenannten formalen Operationen sensu Piaget (1947) würde die Jugendlichen befähigen, Mögliches zu denken und Kritik zu üben. Es hat sich aber gezeigt, dass dazu in gewissem Maß schon Kinder fähig sind. Es ist also wahrscheinlicher, dass es vor allem die gesellschaftlichen Ordnungen in den Kulturen sind, die von den Heranwachsenden fordern, eigene Wege zu gehen – das sind die Entwicklungsaufgaben. Die vermehrten Kontakte mit Gleichaltrigen, fern von der elterlichen Aufsicht, geben Anlass zu Fragen und neuen Orientierungen. Der Umgang mit den Gleichaltrigen stellt – übrigens schon in der Kindheit – ganz andere Anforderungen als der Umgang mit den Eltern und überhaupt den Erwachsenen. Die Beziehungen zu Erwachsenen sind asymmetrisch: Erwachsene müssen auf Kinder und Jugendliche Rücksicht nehmen, sich um Verständnis bemühen und allenfalls pädagogisch agieren (Anweisungen geben, Verbote aussprechen, Hilfe anbieten, ohne gleichwertige Gegenleistung zu erwarten). Unter Gleichaltrigen herrscht (im Allgemeinen) Symmetrie: Beide Seiten dürfen gleich viel fordern, Konflikte sind fair auszutragen, besonderes Entgegenkommen wird im Großen und Ganzen nicht erwartet. Das stellt Ansprüche an die Selbstständigkeit und verlangt Gelegenheiten, sich darin zu erproben.

Hinzu kommt bei größer werdender Distanz zu den Eltern ein gesteigertes Bedürfnis, dennoch oder wieder sozial integriert zu sein, dazuzugehören, z. B. eine Freundin oder einen Freund zu haben oder Mitglied einer Gruppe Gleichaltriger zu sein. Das verlangt Anpassung, Entscheidungen, manchmal Auswahl und gelegentlich wieder Abstand nehmen. Die Integration in Gruppen hat oftmals die Übernahme neuer Werte von neuen Kulturen des sich Gebens, des sich Kleidens zur Folge, was wiederum zu neuen Konflikten mit den Eltern führen kann. Manche Jugendliche wechseln ihre Gruppenzugehörigkeit und ihre Freunde mehrfach, wodurch sie mit verschiedenen Wertesystemen vertraut werden und insbesondere auch unterschiedliche soziale Rollen übernehmen bzw. zugeteilt bekommen.

> Palmonari et al. (1991) zeigten, dass der Entwicklungsverlauf am wenigsten problembehaftet ist, wenn die Jugendlichen sowohl mit Gleichaltrigen als auch mit den Eltern in guten Beziehungen leben und für Werte beider Seiten zugänglich sind. Analog dazu steht der Befund von Noom et al. (1999), dass sowohl Autonomie in Einstellung und Verhalten als auch das positive Verhältnis zur Familie voneinander unabhängig, d. h. kumulativ, zum guten psychosozialen Funktionieren beitragen.

Das alles führt zur intensiveren Auseinandersetzung mit der eigenen Identität: Wie bin ich, wie bin ich nicht, wie will ich sein oder möchte ich werden und wie nicht, wie sehen mich die anderen, wie meinen die anderen, dass ich mich verstehe, zu welchen sozialen Gruppen gehöre ich usw. Identitäten können ausprobiert werden wie Kleider, Musikpräferenzen oder soziale Rollen. Immer wieder aber erweist sich eine gute Integration in eine Gruppe von Gleichaltrigen als Basis für einen positiven Selbstwert (Tarrant et al. 2006). Das konkrete Verhalten hingegen ist nicht notwendigerweise gleich positiv, sondern spiegelt mehr oder weniger die Gruppennormen wider. Die Ereignisse in diesen Feldern (Beziehung zu Eltern, zu Gleichaltrigen, Identität usw.) beeinflussen sich gegenseitig, sodass die einzelnen Entwicklungsaufgaben ebenfalls in innerpsychischen Zusammenhängen bewältigt werden und oft nicht einzeln, sondern insgesamt – mehr oder weniger gut – gelingen.

Wer junge Menschen bei der Bewältigung von Entwicklungsaufgaben begleitet, kommt gewissermaßen selbst in die Pflicht. Viele Jugendliche benötigen Unterstützung, aber alle brauchen auch einen gewissen Freiraum. In vielen Fällen sind Begleitpersonen, insbesondere Eltern, mit den Jugendlichen selbst »unterwegs«, und sei es nur mit der elterlichen Entwicklungsaufgabe, den Kindern Abstand zu lassen und auch einmal zu akzeptieren, dass die eigenen Kinder einen selbst an Kraft oder Attraktivität übertreffen und eine offenere Zukunft vor sich haben (Flammer u. Alsaker 2002; Hock et al. 2001). Entwicklungsaufgaben von Jugendlichen bedingen teilweise komplementäre Entwicklungsaufgaben ihrer Eltern.

8.8.2 Generelle Strategien des Copings

Coping entspricht dem deutschen Begriff der Bewältigung. In der deutschen Sprache ist aber Coping zu einem Fachbegriff geworden, während Bewältigung auch als Alltagsbegriff verwendet wird.

> Entsprechend der kognitionspsychologischen Tradition, in der die entsprechende Forschung mehrheitlich angesiedelt ist, werden unter Coping in erster Linie die kognitiven Verarbeitungsprozesse beim Auftreten von Schwierigkeiten bzw. die kognitive Verarbeitung von Stress verstanden. Stress liegt vor, wenn die wirklichen oder vermeintlichen persönlichen Ressourcen den wirklichen oder vermeintlichen Anforderungen nicht genügen (Folkman 1984; Lazarus u. Folkman 1984). Diese kognitiven Prozesse sind aber nur funktional, wenn sie entweder direkt Stress beseitigen oder zu Handlungen führen, welche Stress beseitigen.

Selbstverständlich gibt es zahlreiche Prozesse, die als erfolgreiches bzw. nicht erfolgreiches Coping bezeichnet werden können, z. B. hilfreiche Information beschaffen, einen Handlungsplan erstellen, sich zurückhalten und Ruhe bewahren, abwarten, jemanden um Hilfe angehen oder Schwierigkeiten verdrängen.

In verschiedenen empirischen Untersuchungen konnte eine Vielzahl einzelner Coping-Strategien in die folgenden drei Kategorien eingeordnet werden:

- aufgaben- oder handlungsbezogene, »praktische« Strategien
- emotionsbezogene Strategien (verwirrenderweise sowohl emotionale Reaktion als auch Beeinflussung der eigenen Emotionen)
- Abwehrstrategien (alle Arten von Vermeidung, Ignorieren, aber auch Umbewertung; manchmal neu auch »kognitive Strategien« genannt)

Eine gelegentlich auftauchende weitere größere Kategorie besteht im *Hilfeholen* (sowohl Hilfeholen als auch Hilfegeben findet man bei Mädchen häufiger als bei Jungen) (Frydenberg u. Lewis 1991).
Die individuellen Unterschiede in der Bevorzugung bestimmter Coping-Typen konsolidieren sich allerdings erst im Verlauf der Adoleszenz (Hoffman et al. 1992).
Natürlich kommen häufig mehrere Strategien gleichzeitig zum Einsatz und alle können gelegentlich erfolgreich sein. Insgesamt lassen sich aber funktionale von weniger funktionalen Strategien unterscheiden: Im Allgemeinen führen **handlungsbezogene Strategien** rascher zu Lösungen, zu wirksameren Lösungen und zu höherer Zufriedenheit. **Emotionsorientierte Lösungen** werden häufiger von wenig zufriedenen und zur Depression neigenden Personen eingesetzt; ihre Wirkungen sind oft nur kurzfristig positiv. Entsprechend neuerer Forschung muss dieses Bild allerdings differenziert werden:

> Wenn Personen, die aktuell mit einem schwierigen Problem zu kämpfen haben, angeleitet werden, entweder Gedanken und Lösungsvorstellungen zur aktiven Bewältigung oder aber ihre Gefühle unter dem Eindruck des Problems niederzuschreiben, dann ist die zweite Empfehlung sowohl sachlich als auch für das Wohlbefinden (z. B. positiv/negative Affektbalance) effizienter bei denjenigen, die zu ihren Gefühlen habituell wenig Zugang haben. Personen hingegen, die emotional offener sind, haben von der zweiten Empfehlung (emotionales Coping) wenig Gewinn, wohl aber von der ersten Empfehlung (lösungsorientiertes Coping) (Baker u. Berenbaum 2007).

Eine gewisse Klarheit über sich selbst und seine Gefühle ist offensichtlich eine notwendige Voraussetzung für die erfolgreiche Planung von zielgerichtetem Handeln. Es gibt Anzeichen dafür, dass Mädchen häufiger als Jungen mit Erfolg zu handlungsorientiertem Coping angeleitet werden könnten/sollten (Frydenberg u. Lewis 1991), insbesondere dann, wenn Jungen Handlungsorientierung im Sinn von Aggression missverstehen.
Kognitive Umbewertung als Coping-Strategie kann funktional sein oder nicht, funktional hauptsächlich dann, wenn die vorherige Bewertung nicht adäquat war, und allenfalls wenn schon Misserfolg erlebt worden ist. Vermeidung und Ablenkung können durchaus einen gewissen Selbstschutz bieten, vor allem auf kurze Dauer, nur tragen sie zur Lösung der Aufgabe nichts bei. Bei wirklich schlechter Aussicht auf eine befriedigende Lösung eines Problems sind Anpassung der Ansprüche (sog. sekundäre Kontrolle; Flammer 1990; Flammer et al. 1988; Heckhausen u. Schultz 1993) oder gar Zielwechsel sinnvoll (Brandtstädter u. Renner 1990).

8.8.3 Bearbeitungsstand

Jugendliche geben sich weitgehend Rechenschaft über ihre eigenen Entwicklungsaufgaben, wie wichtig sie für sie sind und ob bzw. wie oder wie weit sie sie schon bewältigt haben. Eine solche Studie ist z. B. von Dreher und Dreher (1985b) vorgelegt worden. Am weitesten fortgeschritten beurteilten sich die Jugendlichen der 9. und 10. Klassen in der Entwicklungsaufgabe »Selbst« und am wenigsten weit in der Aufgabe »Ablösung«.
So hat dann auch Siegfried (1987) 14- bis 16-jährige Jugendliche Entwicklungsaufgaben nach ihrer subjektiven Wichtigkeit rangieren lassen und unabhängig davon auch deren Eltern befragt, wie wichtig sie die Entwicklungsaufgaben für ihre jugendlichen Kinder einstufen (leider ohne Geschlechterdifferenzierung). Die Jugendlichen gaben durchgehend höhere Wichtigkeitswerte an als die Eltern. Wenn man diesem Unterschied Rechnung trägt, stimmen die Beurteilungen in den meisten Fällen gut überein, außer in den Bereichen Partnerschaft/Familie und Intimität: Die Eltern attribuierten der Intimitätsaufgabe die geringste Wichtigkeit, noch weniger als der Partnerschaftsaufgabe. Die Jugendlichen fanden die Partnerschaftsaufgabe als die Unwichtigste, maßen aber der Intimitätsaufgabe eine wesentlich höhere Bedeutung zu als ihre Eltern.
Befragt zum Stand der Bearbeitung gaben sich Stadtschüler weiter fortgeschritten als die Landschüler. Bei den Eltern sah es gerade umgekehrt aus: Die Landeltern sahen ihre jugendlichen Kinder weiter fortgeschritten als die Stadteltern die ihren (Siegfried 1987, S. 98), beide jedoch weniger als die betroffenen Jugendlichen selbst. Überdies glaubten die Stadteltern von sich durchweg, mehr direkte eigene Kontrolle über die Entwicklung ihrer Jugendlichen zu haben als die Landeltern (Siegfried 1987, S. 102). Das verspricht einige Spannung in den Stadtfamilien: Die Eltern versuchen möglicherweise, auf die Bewältigung von vermeintlich neu auftretenden Entwicklungsaufgaben Einfluss zu nehmen, wenn die Kinder selbst schon mitten in der Auseinandersetzung sind und vielleicht bereits eigene Wege gehen.
In einer ähnlichen Studie an 12- bis 18-Jährigen von Dekovic et al. (1997) gaben die Eltern durchgehend spätere Zeitpunkte für die Erfüllung der Entwicklungsaufgaben an als die Jugendlichen. Am größten waren die Unterschiede für gemischtgeschlechtliche Freundschaften und unbeaufsichtigte Aufenthalte. In der Reihenfolge der Dringlichkeit der Entwicklungsaufgaben ergaben sich aber kaum Unterschiede zu ihren Kindern und auch – gegen die Erwartung – bei Vätern nicht größere als bei Müttern.

Auch Feldman und Quatman (1988) melden von Eltern zurückhaltendere Altersangaben als von den Jugendlichen selbst, und das in Familien asiatischer Herkunft noch deutlicher als in kaukasischen Familien.

8.8.4 Auswirkungen der Aufgabenbewältigung

Dass es wenig explizite Forschung zu den Auswirkungen gelungener versus misslungener Bewältigung von Entwicklungsaufgaben gibt, muss nicht verwundern. Zum einen formulieren Entwicklungsaufgaben – wenigstens die normativen – »normale« Entwicklungsverläufe. Das Besondere an dieser Perspektive ist, dass die Verläufe Aufgaben mit Handlungsaufforderung und Aufgabenstellern im Hintergrund darstellen. Dass prinzipiell diese Aufgabensteller, auch die anonymen (»man«, »die Gesellschaft«), die erfolgreiche bzw. vor allem die nicht erfolgreiche Bewältigung sanktionieren, ist bereits empirisch belegt worden. Zum anderen ist das Versagen in der Bewältigung von einzelnen Entwicklungsaufgaben entsprechend spezifisch zu untersuchen. Dazu gibt es zahlreiche Forschungsergebnisse, beispielsweise die vielen Studien zur unterschiedlich erfolgreichen Bewältigung der Identitätsaufgabe wie die Publikationen im Gefolge des Marcia-Modells der Identitätsentwicklung (Bosma 1994; Kroger 1988, 2004, 2007; Marcia 1966, 1967), der Berufsfindungs- und Ausbildungsaufgabe (Elfering et al. 2000; Furnham 1994; Häfeli et al. 1988; Hamilton u. Lempert 1996; Hoff 1995; Skorikov 2007) oder der Aufgabe, zu den Eltern ein neues Verhältnis zu finden (Buist et al. 2002; Minuchin 1976; Noom et al. 1999; Selvini et al. 1975; Sessa u. Steinberg 1991; Streeck-Fischer 2004, 2006).

Nur wenn die erfolgreiche Bewältigung von Entwicklungsaufgaben öffentlich wahrnehmbar ist, kann sie auch eine Auswirkung auf die soziale Stellung haben. Das ist vergleichbar mit dem Durchlaufen von Ritualen. Die klassischen Übergangsrituale sensu van Gennep (1909) mit ihren wichtigen Ordnungsfunktionen finden wir in unseren Kulturen nicht mehr, unsere Gesellschaften sind zu heterogen geworden, die Lebensläufe sind zu dereguliert und die gesamtgesellschaftlichen Veränderungen zu rasch. Es ist darum vorstellbar, dass die formelle Erfüllung von gewissen Entwicklungsaufgaben Funktionen der sozialen Einordnung, der Statuszuerkennung oder der formellen Berechtigung zu gewissen Tätigkeiten übernimmt (Flammer 1991). Wer seine Berufsausbildung mit dem geforderten Diplom abgeschlossen hat, wird als qualifizierte Berufsperson anerkannt, angestellt und bezahlt; wer sichtbar die Pubertät hinter sich hat und sich entsprechend verhält, wird im sozialen Umgang als erwachsen behandelt usw. Nicht nur weil Entwicklung generell mit positiven Wertkonnotationen verbunden ist, sondern auch um solche soziale Verortung und Anerkennung zu erreichen, sind Menschen, insbesondere Jugendliche, motiviert, sich mitunter auch mit viel Mühe den gestellten Entwicklungsaufgaben zu unterziehen.

8.9 Entwicklung durch Handlung

Entwicklungsaufgaben verlangen mehr oder weniger gezieltes und geplantes Handeln. In den letzten Jahrzehnten ist darum die Frage aktuell geworden, ob und in welchem Ausmaß Menschen überhaupt ihre eigene Entwicklung steuern können. In der deutschen Psychologie waren solche Vorstellungen schon früh gelegentlich geäußert worden, z. B. von Stern (1923) und Thomae (1951). Starken Auftrieb erhielt diese Vorstellung durch die Publikationen von Lerner (1982) und Lerner u. Busch-Rossnagel (1981), verbunden mit der Vignette der »Individuen als Produzenten ihrer eigenen Entwicklung« (*individuals as producers of their own development*).

Lerner meinte damit allerdings nicht nur intendierte Wirkungen, sondern (vor allem) tatsächliche Wirkungen. Er bezog sich dabei zunächst auf berühmt gewordene Befunde zum Zusammenhang zwischen Temperament und Verhaltensproblemen. Thomas et al. (1968) hatten nämlich gezeigt, dass Kinder mit einem sogenannten schwierigen Temperament (z. B. langsame, oft schlecht gelaunte und oft laut ausbrechende Kinder) später häufiger emotionale und Verhaltensschwierigkeiten zeigten als Kinder mit sogenanntem einfachem Temperament (Allen u. Prior 1995). Man kann annehmen, dass solche Kinder für ihre Bezugspersonen weniger angenehm sind, ihnen eher zur Last fallen und damit auch häufiger unkontrollierten elterlichen Reaktionen ausgesetzt sind, was auf ihre eigene Entwicklung zusätzliche ungünstige Rückwirkungen haben kann.

Dass Entwicklung vorangetrieben und teilweise gesteuert wird von Ereignissen, deren Urheber die betroffene Person selbst oder ihre Umwelt bzw. die soziale Interaktion ist, stellt einen Gemeinplatz dar. Wie das aber abläuft, ist in jedem einzelnen Fall zu untersuchen. Man denke an die Wirkungen des eigenen Aussehens, von etwaiger Schüchternheit oder von Aggression usw. (Fuhrer 1993; Lerner 1982).

Bemerkenswert ist, dass die entwicklungsrelevanten Auswirkungen des eigenen Verhaltens im Laufe des Lebens zunehmen. Diese Einsicht drängte sich Scarr und McCartney (1983) auf, als sie zu verstehen versuchten, warum sich getrennt aufwachsende eineiige Zwillinge in jungen Jahren relativ stark voneinander unterscheiden, im Jugend- und Erwachsenenalter einander aber wieder ähnlicher werden, auch wenn sie gar nicht zusammenleben (Borkenau 1993; Plomin 2000). Sie unterschieden über den Lauf der lebenslangen Entwicklung – bezogen auf die betroffene Person – ein passives, ein evokatives und ein aktives Beziehungsmuster.

Das **passive Beziehungsmuster** im Kleinkindalter besteht darin, dass das Individuum der Umwelt, insbesondere der sozialen Umwelt, ausgeliefert ist und in seiner Entwicklung aufnimmt, wofür die Umwelt Anstoß und Gelegenheit bietet und wofür es entsprechende Voraussetzungen hat. Entsprechend diesem Beziehungsmuster kann sich z. B. ein sprachintelligentes Kind schon früh mit Fremdsprachen auseinandersetzen, wenn seine Familie häufig fremdsprachige Gäste empfängt. Man kann davon ausgehen, dass diese Beziehung vor allem dann zum Tragen kommt, wenn Kind und Eltern eine ähnliche genetische Ausstattung mitbringen, was bei Adoptionsverhältnissen weniger gesichert ist.

Das **evokative Beziehungsmuster** – vor allem in der Kindheit – besteht darin, dass das Individuum in der Umgebung selektiv Reaktionen auslöst, die dann zu Entwicklungsanlässen oder -gelegenheiten werden. Die Reaktionen der Umwelt, sofern sie auftreten, treffen in diesem Fall die genetischen Voraussetzungen aufseiten des Kindes besser. Damit der Fit aber wirklich gut ist, wäre zu wünschen, dass auch elternseits vergleichbare genetische Voraussetzungen gegeben wären, so Scarr. So bleibt für Zwillinge, die in verschiedenen Familien fremdplatziert sind, immer noch ein Nachteil gegenüber Kindern, die bei biologischen Eltern aufwachsen.

Das dritte, das **aktive Beziehungsmuster** besteht darin, dass das Individuum aktiv jene Umweltanregungen und -gelegenheiten aufsucht oder gar für sich aufbaut, die ihm entsprechen. Damit kommt, was Scarr interessierte, die (gleiche) genetische Ausstattung von eineiigen und doch getrennt lebenden Zwillingen zugunsten der gegenseitigen Ähnlichkeit am besten zum Tragen.

Mit der Entwicklung dieser Beziehungsmuster einher geht die Entwicklung der Fähigkeit zu gezieltem und geplantem Handeln, was ab Adoleszenz auch besonders entwicklungswirksam wird, unabhängig von der genetischen Ausstattung. So ist denn in den letzten 20 Jahren die Vorstellung von einer selbst (mit)gesteuerten Entwicklung ausformuliert worden (Brandtstädter 2006; Heckhausen 1999; van Lieshout 2000).

Handlung wird per definitionem als zielgerichtet verstanden (wenn bewusste Zielsetzung und Planung fehlen, sprechen wir nur von Verhalten oder von Automatismen). Darum ist eine Entwicklungshandlung eine Handlung, die auf eine bestimmte entwicklungsmäßige Veränderung abzielt. So wählen viele einen bestimmten Beruf mit der expliziten Absicht, im Leben sozialen Umgang und soziale Sensibilität besonders zu pflegen. Oder man kann beschließen, Italienisch zu lernen, weil man sich für das weitere Leben den Zugang zu italienischer Lebensweise, Landschaft und Kunst erleichtern möchte.

Es muss allerdings gesagt werden, dass zwar erfolgreiche Handlungen ihr Ziel erreichen, aber nebenher immer noch sehr viel mehr bewirken. Die nicht intendierten Nebenwirkungen von gezielten Handlungen sind sicher zahlreicher und oft folgenschwerer als die Erreichung des angestrebten Ziels. Im Italienischkurs könnte man sich z. B. in einen südkoreanischen Gaststudenten verlieben, was dem Leben eine völlig unerwartete Richtung geben kann. So gesehen verdienen gezielte Entwicklungshandlungen allen Respekt; was aber die entwicklungsmäßige Wirkung von Handlungen betrifft, sind wir weitestgehend dennoch auf der Stufe der nicht intendierten Rückwirkungen eigenen Verhaltens auf die eigene Entwicklung. Diese Relativierung ist bei allen Empfehlungen von problemlösenden Coping-Strategien zur Bewältigung von Entwicklungsaufgaben zu bedenken.

8.10 Fazit

Entwicklung als bloße Reifung zu verstehen ist sicher nicht angemessen. Solange aber die individuelle Entwicklung nach einem mehr oder weniger universalen Schema ablief, ja ablaufen musste, gab es wenig Anlass, die Reifungsinterpretation infrage zu stellen. In dem Ausmaß aber, in dem sich die Entwicklungswege im Laufe der Geschichte vereinzelt haben, wird sichtbar, dass es jeweils besondere soziale, physische, biologische und kulturelle Bedingungen sind, welche die Entwicklung lenken, ermöglichen, versperren oder belasten. Und damit muss jedes Individuum zurechtkommen – und mit ihm oft auch die nähere soziale Umgebung. Entwicklung ist zu meistern; sich »erfolgreich« zu entwickeln heißt dann häufig, Herausforderungen anzunehmen und tatkräftig zu bewältigen.

Das impliziert nicht nur individuelle Anstrengung, sondern auch angemessenes Verstehen und sich Orientieren. Zu Letzterem sind auch den Entwicklungsbegleitern, d. h. den Eltern, Lehrpersonen, Beratungsdiensten usw., neue Aufgaben gestellt. Insbesondere Jugendliche brauchen oft Hilfe in ihrer Orientierung und in ihren Anstrengungen.

Literatur

Ainsworth MD, Blehar MC, Waters S, Wall S. Patterns of attachment: A psychological study of the strange situation. Hillsdale, NJ: Erlbaum 1978.

Allen K, Prior M. Assessment of the validity of easy and difficult temperament through observed mother-child behaviors. Int J Behav Dev 1995; 18: 609–30.

Baker JP, Berenbaum H. Emotional approach and problem-focused coping. Emotion and Cognition 2007; 21: 95–118.

Bandura A. Social learning theory. Englewood Cliffs, NJ: Prentice-Hall 1977.

Berger RP, Grob A, Flammer A. Gender-role orientation and social expectations regarding female adolescents' coping with developmental tasks. Swiss J Psychology 1999; 58: 273–86.

Borkenau P. Anlage und Umwelt. Eine Einführung in die Verhaltensgenetik. Göttingen: Hogrefe 1993.

Bosma H. Identity and development. Thousand Oaks, CA: Sage 1994.

Bowlby J. Attachment. London: Hogarth 1969.

Brandtstädter J. Action perspectives on human development. In: Lerner RM (ed). Handbook of child psychology. Vol. I: Theoretical models of human development. 6th ed. New York: Wiley 2006; 516–68.

Brandtstädter J, Renner G. Tenacious goal pursuit and flexible goal adjustment: explication and age-related analysis of assimilative and accommodative strategies of coping. Psychol Aging 1990; 5: 58–67.

Buist KL, Dekovic M, Meeus W, van Aken MA. Developmental patterns in adolescent attachment to mother, father and sibling. J Youth Adolesc 2002; 31: 167–76.

Corr CA, Corr DM (eds). Handbook of adolescent death and bereavement. New York: Springer 1996.

Dekovic M, Noom MJ, Meeus W. Expectations regarding development during adolescence. Parental and adolescent perceptions. J Youth Adolesc 1997; 26: 253–72.

Dreher E, Dreher M. Entwicklungsaufgaben im Jugendalter: Bedeutsamkeit und Bewältigungskonzepte. In: Liepman D, Stiksrud A (Hrsg). Entwicklungsaufgaben und Bewältigungsprobleme in der Adoleszenz. Göttingen: Hogrefe 1985a; 56–70.

Dreher E, Dreher M. »Entwicklungsaufgabe« – Theoretisches Konzept und Forschungsprogramm. In: Oerter R (Hrsg). Lebensbewältigung im Jugendalter. Weinheim: Edition Psychologie 1985b; 30–61.

Dreher E, Dreher M. Entwicklungsrelevante Ereignisse aus der Sicht von Jugendlichen. Swiss J Psychol 1991; 50: 24–33.

Elfering A, Semmer NK, Kälin W. (). Stability and change in job satisfaction at the transition from vocational training into »real work«. Swiss J Psychol 2000; 59: 256–71.

Erikson EH. Identity and the life cycle. New York: Norton 1959 (dt. Identität und Lebenszyklus. Frankfurt: Suhrkamp 1977).

Erikson EH. Identity. Youth and crisis. New York: Norton 1968 (dt. Jugend und Krise. Weinheim: Klett-Cotta 1981).

Feldman SS, Quatman T. Factors influencing age expectations for adolescent autonomy: a study of early adolescents and parents. J Early Adolesc 1988; 8: 325–43.

Flammer A. Erfahrung der eigenen Wirksamkeit. Einführung in die Psychologie der Kontrollmeinung. Bern: Huber 1990.

Flammer A. Entwicklungsaufgaben als Rituale? Entwicklungsaufgaben anstelle von Ritualen? In: Klosinski G (Hrsg). Pubertätsriten – Äquivalente und Defizite in unserer Gesellschaft. Bern: Huber 1991; 89–101.

Flammer A. Entwicklungsaufgaben als gesellschaftliche Eintrittskarten. In: Mandl H, Dreher M, Kornadt HJ (Hrsg). Entwicklung und Denken. Göttingen: Hogrefe 1992; 119–28.

Flammer A. Developmental analysis of control beliefs. In: Bandura A (ed). Self-efficacy in changing societies. New York: Cambridge University Press 1995; 69–113.

Flammer A. Entwicklungstheorien. Psychologische Theorien der menschlichen Entwicklung. 3. Aufl. Bern: Huber 2003.

Flammer A, Alsaker FD. Entwicklungspsychologie der Adoleszenz. Die Erschließung innerer und äußerer Welten im Jugendalter. Bern: Huber 2002.

Flammer A, Züblin C, Grob A. Sekundäre Kontrolle bei Jugendlichen. Z Entwicklungspsychol Päd Psychol 1988; 20: 239–62.

Folkman S. Personal control and stress and coping processes: a theoretical analysis. J Pers Soc Psychol 1984; 46: 839–52.

Frydenberg E, Lewis R. Adolescent coping: The different ways in which boys and girls cope. J Adolesc 1991; 14: 119–33.

Fuhrer U. Living in our own footprints – and in those of others: Cultivation as transaction. Swiss J Psychol 1993; 52: 130–7.

Furnham A. The psychosocial consequences of youth unemployment. In: Petersen AC, Mortimer JT (eds). Youth unemployment and society. Cambridge: University Press 1994; 199–223.

Grob A, Flammer A, Rhyn H. Entwicklungsaufgaben als soziale Normsetzung: Reaktionen Erwachsener auf Lösungsmodi von Entwicklungsaufgaben Jugendlicher. Z Sozialisationsforsch Erziehungssoziol 1995; 15: 45–62.

Häfeli K, Kraft U, Schallberger U. Berufsausbildung und Persönlichkeitsentwicklung. Bern: Huber 1988.

Hamilton SF, Lempert W. The impact of apprenticeship on youth: A prospective analysis. J Res Adolesc 1996; 6: 427–56.

Havighurst RJ. Developmental tasks and education. Chigago: University of Chicago Press 1948.

Havighurst RJ. Research on the developmental-task concept. School Rev 1956; 64: 215–23.

Heckhausen J. Developmental regulation in adulthood: Age-normative and sociostructural constraints as adaptive challenges. Cambridge, MA: Cambridge University Press 1999.

Heckhausen J, Schultz R. Optimization by selcetion and compensation: balancing primary and secondary control in life-span development. Int J Behav Dev 1993; 16: 287–303.

Held T. Insitutionalization and deinstitutionalization of the life course. Hum Dev 1986; 29: 157–62.

Hock E, Eberly M, Bartle-Haring S, Ellwanger P, Widamann KF. Separation anxiety in parents of adolescents: theoretical significance and scale development. Child Dev 2001; 72: 284–98.

Hoff EH. Arbeitsbiographie und Persönlichkeitsentwicklung. In: Oerter R, Montada L (Hrsg). Entwicklungspsychologie. 3. Aufl. Weinheim: Psychologie Verlags Union 1995; 423–38.

Hoffman MA, Levy-Shiff R, Sohlberg SC, Zarizki J. The impact of stress and coping: Developmental changes in the transition to adolescence. J Youth Adolesc 1992; 4: 451–69.

Imhof AE. Die gewonnenen Jahre. München: Beck 1981.

Imhof AE. Die Lebenszeit. Vom aufgeschobenen Tod und von der Kunst des Lebens. München: Beck 1988.

Kohli M. Die Institutionalisierung des Lebenslaufes. Köln Z Soziol Sozialpsychol 1985; 37: 1–29.

Kroger J. A longitudinal study of ego identity status interview domains. J Adolesc 1988; 11: 49–64.

Kroger J. Identity in adolescence: the balance between self and other. London: Routledge 2004.

Kroger J. Identity development: adolescence through adulthood. 2nd ed. Thousand Oaks, CA: Sage 2007.

Lazarus RS. Psychological stress and the coping process. New York: McGraw-Hill 1966.

Lazarus RS, Folkman S. Stress, appraisal and coping. New York: Springer 1984.

Lerner RM. Children and adolescents as producers of their own development. Dev Rev 1982; 2: 342–70.

Lerner RM, Busch-Rossnagel NA (eds). Individuals as producers of their own development: A life-span perspective. New York: Academic 1981.

Marcia JE. Development and validation of ego-identity status. J Pers Soc Psychol 1966; 35: 118–33.

Marcia JE. Ego identity status: relationship to change in self-esteem, »general maladjustment« and authoritarianism. J Pers 1967; 35: 119–33.

Minuchin S. Families and family therapy. Cambridge, MA: Harvard University Press 1976 (dt. Familie und Familientherapie. Freiburg/Br.: Lambertus 1977).

Noom MJ, Dekovic M, Meeus WH. Autonomy, attachment and psychosocial adjustment during adolescence: a double-edged sword? J Adolesc 1999; 22: 771–83.

Palmonari A, Kirchler E, Pombeni ML. Differential effects of identification with family and peers on coping with developmental tasks in adolescence. Eur J Soc Psychol 1991; 21: 381–402.

Piaget J. Psychologie de l'intelligence. Paris: Colin 1947 (dt. Psychologie der Intelligenz. Zürich: Rascher 1948).

Plomin R. Behavioural genetics in the 21st century. Int J Behav Dev 2000; 24: 30–4.

Scarr S, McCartney K. How people make their own environment: A theory of genotype – environment effects. Child Dev 1983; 54: 424–35.

Schleyer-Lindenmann A. Influence du context culturel et familial sur les tâches de developpement et l'investissement de l'espace urbain à l'adolescence. Thèse de Doctorat. Université de Provence, Aix-Marseille 1, France, 1997.

Schleyer-Lindenmann A. Developmental tasks of adolescents of native or foreign origin in France and Germany. J Cross Cult Psychol 2006; 37: 85–99.

Schwaller C. Entwicklungsaufgaben in der Wahrnehmung Jugendlicher. Eine empirische Untersuchung im freiburgischen Sensebezirk. Unveröffentlichte Dissertation, Universität Bern, Institut für Psychologie, Schweiz, 1991.

Selvini M, Bosculo L, Cecchin G, Prata G. Paradosso e controparadosso. Milano: Feltrinelli 1975 (dt. Paradoxon und Gegenparadoxon. Stuttgart: Klett 1978).

Sessa M, Steinberg L. Family structure and the development of autonomy during adolescence. J Early Adolesc 1991; 11: 38–55.

Siegfried G. Entwicklungsaufgaben in der frühen Adoleszenz: Ein regionaler Vergleich bei 14- bis 16-jährigen Sekundarschülern. Unveröffentlichte Lizentiatsarbeit, Universität Bern, Institut für Psychologie, Schweiz, 1987.

Skorikov V. Continuity in adolescent career preparation and ist effects on adjustment. J Voc Behav 2007; 70: 8–24.

Stern W. Die menschliche Persönlichkeit. Leipzig: Barth 1923.

Streeck-Fischer A (Hrsg). Adoleszenz – Bindung – Destruktivität. Stuttgart: Klett-Cotta 2004.

Streeck-Fischer A. Trauma und Entwicklung: Frühe Traumatisierungen und ihre Folgen in der Adoleszenz. Stuttgart: Schattauer 2006.

Tarrant M, MacKenzie L, Hewitt LA. Friendship group identification, multidimensional self-concept, and experience of developmental tasks in adolescence. J Adolesc 2006; 29: 627–40.

Thomae H. Persönlichkeit. Eine dynamische Interpretation. Bonn: Bouvier 1951.

Thomas A, Chess S, Birch HG. Temperament and behavior disorders in children. New York: New York University Press 1968.

Tryon CM. Evaluations of adolescent personality by adolescents. Monogr Soc Res Child Dev 1939; 4: 77–8.

Van Gennep A. Les rites de passage. Paris: Picard 1909 (dt. Übergangsriten. Frankfurt: Campus 1986).

Van Lieshout CF. Lifespan personality development: Self-organising goal-oriented agents and developmental outcome. Int J Behav Dev 2000; 24: 276–88.

9 Struktur und Identität

Franz Resch und Harald J. Freyberger

Inhalt

9.1	Was ist Struktur?	105
9.2	Strukturelemente des Selbst	106
9.3	Das Emotionssystem	107
9.4	Mentalisierung	107
9.5	Intersubjektivität	108
9.6	Das Selbst und seine Entwicklung	108
9.7	Identität	109
9.8	Selbst, Gedächtnis und Trauma	110
9.9	Struktur und Symptom	110
Literatur		111

Zusammenfassung

Unter dem Begriff der psychischen Struktur wird die reflexive Beziehung auf das Selbst und zu den Objekten verstanden, wobei hier im engeren Sinne die Verfügbarkeit psychischer Funktionen in der Regulierung des Selbst und gegenüber den inneren oder äußeren Objekten verstanden wird. Als Strukturelemente des Selbst treten danach Selbst- und Affektsteuerung, Selbst- und Objektwahrnehmung und die kommunikativen Fähigkeiten nach innen und nach außen in Erscheinung. Konstitutiv für die Verfügbarkeit struktureller Dimensionen sind eine ungestörte Entwicklung des Emotionssystems, die sich entwickelnde Fähigkeit der Mentalisierung und die Fähigkeit zur Intersubjektivität. Der Begriff der Identität bezeichnet demgegenüber die Definition einer Person als einmalig und unverwechselbar durch die soziale Umgebung wie durch das Individuum selbst. Identitätsstörungen auf strukturell gestörtem Niveau sind im Sinne einer Identitätsdiffusion und bei sonst stabilen Ich-Funktionen als Identitätskonflikt zu verstehen.

9.1 Was ist Struktur?

Kaum ein Begriff des Seelischen ist zugleich von so hoher klinisch-intuitiver Evidenz, wie er sich dem Versuch einer exakten Definition hartnäckig zu entziehen versucht. Eine Annäherung an den Begriff *Struktur* beginnt mit dem Phänomen des Bleibenden im Werden und Vergehen.

> Struktur hat etwas mit dem **Gedächtnis** zu tun. Sie kennzeichnet einen Erfahrungsschatz, eine Auskristallisation des Aktuellen, die Flüchtiges und Momenthaftes in überdauernde Formen überführt.
> Eine zweite Facette von Struktur ist das wiederholte Zur-Verfügung-Stellen von Bekanntem, die Nutzbarmachungen von **Erfahrung** in der Aktualisierung des Moments im Prozess der Anpassung.

Struktur und Funktion sind nicht zu trennende Aspekte ein- und desselben Geschehens. Repräsentanzen, Repräsentationen, affektlogische Schemata, mentale Schemata und soziale Skripte beschreiben als Teilkonzepte allesamt einen Aspekt der Struktur der menschlichen Person in der Entwicklung.

> Struktur ist eine Ordnung des Psychischen und im Sinne des »Selbst« dient Struktur als **Organisator** des Erlebens und Verhaltens (Resch 2004).

Struktur ist durch ein Repertoire an Handlungsbereitschaften und psychischen Werkzeugen des Erlebens gekennzeichnet, deren sich das Subjekt in der Interaktion mit der Umwelt bedient.
Entwicklungspsychopathologische Determinanten von Struktur sind genetische Bereitschaften sowie vielfältige neurobiologische und psychosoziale Entwicklungseinflüsse, die im Rahmen eines biografischen Prozesses die Strukturentwicklung begünstigen. Bedeutsam dabei ist, dass im aktuellen Kontext vergangene Aktualisierungs- und Repräsentationsprozesse im Sinne einer Reaktivierung wiederum eine maßgebliche Rolle spielen.
Die fundamentale Frage, ob auch Kinder bereits eine Struktur besitzen, muss klar bejaht werden.

> ! In jedem Entwicklungsalter steht dem Menschen ein Repertoire an Erlebnis- und Handlungsbereitschaften zur Verfügung. In jeder Altersstufe gibt es eine relativ optimale Anpassungsfähigkeit.

Dysfunktionalitäten müssen immer mit altersgerechten Strukturanforderungen verglichen werden, um eine mögliche Dysfunktionalität erkennbar zu machen.

! Eine Abwertung kindlicher oder jugendlicher Anpassungsmöglichkeiten durch einen Vergleich mit Erwachsenen ist falsch und unangemessen!

Der hier verwendete Strukturbegriff ist nicht mit dem klassischen Strukturmodell von Freud (Es, Ich, Über-Ich; Freud 1982) zu verwechseln. Der Strukturbegriff des Selbst in der Weiterentwicklung nach Rudolf (1993) geht davon aus, dass angeborene psychische Strukturelemente durch gelebte Interaktionserfahrungen zu psychischen Strukturelementen werden, die integrierte, überdauernde, aber flexibel modifizierbare Schemata darstellen. Das menschliche Subjekt als lebende, erfahrende, regulierende und handelnde Entität im Anpassungsprozess ist durch drei Aspekte gekennzeichnet:

- Selbstregulation wird im Begriff der Selbststeuerung operationalisiert.
- Selbst- und Objektwahrnehmungen stellen zunehmend ausdifferenzierte Erkenntnisprozesse hinsichtlich der eigenen Person und anderer Subjekte dar.
- Schließlich werden intersubjektive Prozesse in den kommunikativen Fähigkeiten operationalisierbar.

9.2 Strukturelemente des Selbst

Nach dem Arbeitskreis »Operationalisierte psychodynamische Diagnostik im Kindes- und Jugendalter« (Arbeitskreis OPD-KJ 2007) werden drei Beurteilungsdimensionen definiert, denen die einzelnen psychischen Strukturelemente zuzuordnen sind (Tab. 9-1):

- Selbst- und Affektsteuerung
- Selbst- und Objektwahrnehmung
- kommunikative Fähigkeiten

Im Erwachsenenbereich hat die Arbeitsgruppe zur Operationalisierten Psychodynamischen Diagnostik (Arbeitskreis OPD 2006) ein Strukturkonzept vorgelegt, das stärker statistische Aspekte betont und zeitlich überdauernde, für das Individuum charakteristische Strukturmerkmale im gleitenden Mittelwert der vergangenen ein bis zwei Lebensjahre erfassen will (Tab. 9-2). Dies trägt dem Umstand Rechnung, dass im Erwachsenenalter ausgeprägte Realkonflikte im Zusammenhang mit weiteren externen Belastungsfaktoren temporär begrenzte regressive Prozesse induzieren können, die vordergründig als Strukturdefizite imponieren, aber lediglich als strukturelle Labilisierungen aufzufassen sind. Ein weiterer Gesichtspunkt für die eher statische Konstruktion der Strukturachse gründet auf die Ergebnisse verschiedener Psychotherapiestudien (z. B. Rudolf et al. 2004), die bei einer vergleichsweise guten Konstruktvalidität (vgl. u. a. Spitzer et al. 2002) zeigen konnten, dass unter psychotherapeutischen Behand-

Tab. 9-1 Strukturelemente des Selbst im Kindes- und Jugendalter (nach Arbeitskreis OPD-KJ 2007)

Selbst- und Affektsteuerung	• Umgang mit negativen Affekten • Fähigkeit zur Stressbewältigung und Selbsttröstung • Fähigkeit zur Selbstwertregulation • Konfliktbewältigung • Impulssteuerung
Selbst- und Objektwahrnehmung	• Fähigkeit, sich in eigenen Eigenschaften und Fähigkeiten zu erkennen und zu beschreiben • Fähigkeit, sich von anderen Personen abgegrenzt zu erleben • Fähigkeit, sich in andere einzufühlen und deren Perspektive zu übernehmen • Fähigkeit, selbstreflexiv eine Identitätsgewissheit herzustellen
Kommunikation	• Fähigkeit zur angemessenen Kontaktaufnahme • Fähigkeit zur Nähe-Distanz-Regulierung • Fähigkeit zur Entschlüsselung fremder Affekte • Fähigkeit, sich anderen emotional mitzuteilen

Tab. 9-2 Strukturelemente in der Diagnostik bei Erwachsenen (nach Arbeitskreis OPD 2006)

Kognitive Fähigkeit zur Selbstwahrnehmung	• Selbstreflexion • Affektdifferenzierung • Identität
Kognitive Fähigkeit zur Affektwahrnehmung	• Selbst-Objekt-Differenzierung • ganzheitliche Objektwahrnehmung • realistische Objektwahrnehmung
Steuerungsfähigkeit: Selbstregulierung	• Impulssteuerung • Affekttoleranz • Selbstwertregulierung
Steuerungsfähigkeit: Regulierung des Objektbezuges	• Beziehungen schützen • Interessenausgleich • Antizipation
Emotionale Fähigkeit: Kommunikation nach innen	• Affekte erleben • Phantasien nutzen • Körper-Selbst
Emotionale Fähigkeit: Kommunikation nach außen	• Kontaktaufnahme • Affektmitteilung • Empathie
Fähigkeit zur Bindung: innere Objekte	• Internalisierung • Introjekte nutzen • variable Bindungen
Fähigkeit zur Bindung: äußere Objekte	• Bindungsfähigkeit • Hilfe annehmen • Bindung lösen

lungen keine massiven Veränderungen der Strukturmerkmale erzielt werden können.

Empirische Voraussetzungen für die strukturelle Diagnostik sind Erkenntnisse zum Emotionssystem des Menschen, zur Mentalisierung – Herausbildung eines psychischen Binnenraums – und Modellbildungen zur Intersubjektivität (Koch et al. 2006), die nun im Folgenden besprochen werden sollen.

9.3 Das Emotionssystem

Die Gefühle des Menschen haben eine eminente Bedeutung für die Entwicklung der Innenwelt und damit der psychischen Struktur – sie beeinflussen im gleichen Maße jedoch auch interaktionelle und kommunikative Prozesse.

> Während Affekte als angeborene psychobiologische Reaktionsformen anzusehen sind, die sich im Laufe der phylogenetischen Entwicklung des Gehirns aus Reflex- und Instinktprogrammen herausgebildet haben, stellen Emotionen als Verbindung von Affekten und kognitiven Prozessen ein übergeordnetes körpernahes Entscheidungssystem dar, das nach innen Dringlichkeit signalisiert und nach außen eine fundamentale Ausdrucksmatrix in der Interaktion darstellt.

Der Begriff der Emotion bezieht sich nicht nur auf die Erlebniskomponente von affektiver Zuständigkeit, sondern auch auf die Ausdruckskomponenten und stellt eine Integration von kognitiven und affektiven Komponenten dar. Während affektive Grundtönungen über Lebensspannen relativ konstant bleiben, werden Emotionen durch die zunehmende Ausdifferenzierung von expressiven (z. B. mimischen) Komponenten und von kognitiven Bewertungs- und Deutungsphänomenen immer mehr ausdifferenziert.

> Das Emotionssystem dient damit simultan der inneren Organisation und der äußeren Beziehungsgestaltung. Affekte dienen der Intensivierung von Dringlichkeit und der Aktualisierung von Verhaltensbereitschaften: Bestimmte Reizaspekte der Umwelt werden hervorgehoben und erhalten deren Charakter der Bedeutsamkeit. Emotionale Wertungen unterstützen die Urteilsbildung und Handlungsentscheidungen (Resch et al. 1999).

Emotionen haben aber nicht nur eine Wirkung nach innen – sie dienen auch der Regulation der zwischenmenschlichen Interaktion. Die **mimische Kommunikation** besitzt eine Signalwirkung, die die Beziehungsregulation ermöglicht. Mimische Zeichen können entweder in direkter Expression den eigenen Gefühlszustand widerspiegeln oder andererseits im Sinne einer Als-ob-Kommunikation symbolisch Gedankeninhalte und innere Objekte repräsentieren, die auf diese Weise dem Gegenüber als Information über innere Objekte zur Verfügung gestellt werden. Beispielsweise können Bezugspersonen den Gefühlszustand des Kindes in ihrer eigenen Mimik spiegeln und dem Kind dessen Emotion symbolisch zur Kenntnis bringen. Dieser Vorgang wird **Affektspiegelung** genannt (Fonagy et al. 2002). Die Fähigkeit zur Regulation von Emotionen hat damit Auswirkungen auf die Handlungen des Jugendlichen ebenso wie auf die Fähigkeit, sich in Interaktionen mit anderen Menschen zurechtzufinden.

> **Strukturelle Defizite mit Störungen der Emotionsregulation** zeigen Auswirkungen auf die Beziehungsfähigkeit und die Gestaltung zwischenmenschlicher Prozesse, wie sie auch die Fähigkeit zur Problemdefinition und -lösung in Alltagskontexten beeinflussen.

9.4 Mentalisierung

Das Konzept der Mentalisierung wurde von Fonagy et al. (2003) entwickelt, indem psychoanalytische Konzepte mit bindungstheoretischen Überlegungen und empirischen Ergebnissen der »Theory-of-mind«-Forschung zusammengeführt und integriert wurden.

Als Mentalisierung wird die Fähigkeit betrachtet, andere Menschen und die eigene Person als Wesen mit geistig-seelischen Zuständen zu betrachten, die zur Intersubjektivität fähig sind, eine Perspektivenübernahme der Sichtweisen des anderen ermöglichen und schließlich in einer selbstreflexiven Erkenntnis gipfeln. Der Begriff der Mentalisierung ist also eng mit den reflexiven Selbstfunktionen verbunden (Dornes 2004).

> Mentalisierung bedeutet damit die Fähigkeit, das Verhalten anderer Menschen vorauszusehen, es durch Begriffe des eigenen Innenlebens verständlich und erklärbar zu machen und somit eine Theorie darüber zu entwickeln, was der andere oder man selbst intentional beabsichtigt, d. h. wünscht, hofft, ersehnt, ablehnt oder vortäuscht.

Die Fähigkeit zur Mentalisierung wurde als weitgehend unbewusst und implizit angesehen. Mentalisierung ist damit mehr als eine kognitive Leistung, die dem eigenen Erleben und Verhalten auch einen Sinn verleiht. Unter Entwicklungsgesichtspunkten ist festzuhalten, dass etwa mit Beginn des vierten Lebensjahres das Kind in Ansätzen eine soziale Perspektivenübernahme entwickelt und eine *theory of mind* ausgestaltet. Das Kind kann dann die subjektive Verfassung anderer in seine Erlebnis- und Handlungswelt mit einbeziehen und die Meinungen und Haltungen anderer von den eigenen Sichtweisen unterscheiden. Während der Mentalisierungsprozess von Geburt an beginnt und erste mentale Modelle der Zustandsregelung schon im ersten und zweiten Lebensmonat festgehalten werden, haben sich bis zum Jugendalter *theory of mind* und soziale Perspektivenübernahme normalerweise differenziert ausgestaltet. Die Mentalisierung ist für die Ausbildung einer Identitätserfahrung fundamental.

9.5 Intersubjektivität

> Als Intersubjektivität kann der **beziehungshafte Austausch** zweier oder mehrerer Subjekte angesehen werden. Nach Braten (1998) ist die menschliche Psyche inhärent dyadisch und die Erfahrung eines Du dringt nicht in eine selbstzufriedene Einsamkeit ein, sondern der andere wird bereits in einen vorbereiteten Raum eingelassen, der durch virtuelle Erwartungen erfüllt ist.

So gesehen ist die Interaktion zwischen Subjekten keine grundsätzliche Überraschung, sondern mehr die Bestätigung einer Erwartung. Als ein Strukturelement der Psyche kann die angeborene Notwendigkeit betrachtet werden, Beziehung und Interaktion zu gestalten. Solche Vorstellungen sind mit dem **Zärtlichkeitsbedürfnis** (nach Adler 1978) und dem **Bindungsbedürfnis** (nach Bowlby 2008) kompatibel. Intersubjektivität hat immer auch mit Anerkennung des anderen zu tun (Honneth 2005).

Intersubjektivität beginnt mit unmittelbarer gefühlshafter Teilhabe, wie sie schon beim Säugling durch Imitationsprozesse vorbereitet ist (Dornes 2006). Durch **Imitation** entsteht die Induktion eines Gefühls, sodass schließlich eine gemeinsame Emotion geteilt werden kann, was eine Frühform von Intersubjektivität darstellt. Empathie oder Einfühlung stellt eine Art emotionale Vorform der sozialen Perspektivenübernahme dar. Die Komplexität von Empathievorgängen ist enorm. Wie ist es möglich, dass wir das Fremde im Eigenen erkennen und wahrnehmen, es identifizieren, dem anderen wiederum zuschreiben und mit dem Eigenen vergleichen? Eine neuronale Basis dafür könnte in den **Spiegelneuronen** gegeben sein. Diese bewirken, dass bereits das Wahrnehmen von intentionalen Handlungen im Beobachter dieselbe Neuronengruppe aktiviert, die zur Ausführung der Handlung notwendig aktiviert würde. Solche Aktivierungen von virtuellen Handlungen fordern die Intersubjektivität.

> Die Fähigkeit zur zwischenmenschlichen Beziehungsaufnahme ist eine notwendige Entwicklungsvoraussetzung für den Jugendlichen, um die Entwicklungsaufgaben der Verantwortungsübernahme, der Aufnahme von intimen Beziehungen und der Gestaltung von Partnerschaft zu ermöglichen.

9.6 Das Selbst und seine Entwicklung

Die Auseinandersetzung mit psychischen Strukturen des Menschen hat zum Ziel, nicht nur Verhaltensweisen, sondern auch Erleben und Motivation des Jugendlichen und jungen Erwachsenen verständlich zu machen. Die Auseinandersetzung mit der Subjekthaftigkeit des Individuums ist dabei unumgänglich.

> Das Subjekt als lebende, erfahrende und handelnde Entität im Anpassungsprozess bezeichnet den Akteur, der in der Perspektive der ersten Person zum Ausdruck kommt.

Subjektive Erfahrungen und physische Ereignisse gehören jeweils als Perspektiven der ersten Person und Perspektiven der dritten Person unterschiedlichen Denkwelten an und sind bisher nicht durch logisch-explikative Übergänge verbunden (Sturma 2006). Wenn das Subjekt in seiner Wahrnehmung sich selbst zum Inhalt macht und damit zum **Objekt** seiner Wahrnehmung wird, ist es Selbst (Frank 1991), beginnt der erste Schritt der **Selbstgewissheit** mit jener unauflöslichen, unmittelbaren Bekanntschaft des Subjekts mit sich selbst im Vollzug des Lebens. Diese spontane Bewusstheit als Lebewesen und als Akteur ist nicht gegenständlich oder begrifflich vermittelt, sondern unmittelbare Erfahrung von innen ohne wahrnehmungsbezogene Erkenntnis (Frank 1991, S. 7). Eine solche Selbstbewusstheit wird im zweiten Schritt durch **Selbstreflexion** erweitert und ermöglicht eine gegenständliche Raum-Zeit-Bestimmung der Person. Solche Selbsterfahrungen im Sinne des Selbstbewusstseins können auf verschiedenen Wahrnehmungsebenen und Reflexionsstufen erfolgen und schließlich beim Jugendlichen und jungen Erwachsenen in einem existenzbegründenden Selbstbewusstsein gipfeln. Die Entwicklung des kindlichen Subjekts kann als eine progressive Internalisierung von interaktionellen Erfahrungen mit der Umwelt aufgefasst werden. Das Selbst ist somit die Resultante aller Wechselwirkungen des Subjekts mit seiner Umwelt und stellt eine biografisch gewachsene Struktur mit genetischen und sozioemotionalen Determinanten als Erfahrungsbausteinen dar.

> In Weiterentwicklung der Konzeption von Damon und Hart (1982) kann das Strukturmodell des Selbst formuliert werden, das eine unmittelbare Erlebnisinstanz (das subjektive Selbst) von einer erweiterten selbstreflexiven Struktur des Selbst als Objekt (definitorisches Selbst) unterscheidet.

Das subjektive Selbst ist als ein implizites mentales Modell aufzufassen, das sich als Handlungs- und Entscheidungsinstanz bereits im ersten Lebensjahr aus der Komplexität neuronaler Netzwerke in der Anpassung an die Umwelt entwickelt (Resch et al. 1999; Siegel 1999). Informationsverarbeitung, Motive und die Vorbereitung von Aktionen sind die zentralen Anliegen. Das subjektive Selbst entspricht der reflexiven Evidenz eines denkenden, fühlenden und handelnden Akteurs. Das subjektive Selbst ist eng an affektive Prozesse gebunden und entspricht einer unmittelbaren ganzheitlichen Ich-Erfahrung im Lebenskontext (Resch u. Möhler 2001). Das subjektive Selbst enthält als implizites mentales Modell auch unbewusste Anteile von aktionaler Lebenserfahrung. Es bildet die Grundlage der Person in der Abgrenzung von anderen und enthält die Erfahrung der Selbstbestimmtheit im Wollen und Handeln sowie die Erfahrung der Konsistenz über unterschiedliche Gefühlslagen hinweg. Das subjektive Selbst ermöglicht die Evidenz einer Kohärenz im Entwicklungsverlauf. Die selbstreflexive Bestätigung dieser ganzheitlichen Ich-Erfahrung werden wir in der Folge **Identität** nennen (Resch 2002).

> Demgegenüber ist das **definitorische Selbst** das Ergebnis einer differenzierten, objektivierenden Selbsterkenntnis, die sich aus dem autobiografischen, episodischen und semantischen Gedächtnis speist.

Das Selbst wird dabei zum Ausgangspunkt einer expliziten Selbstbetrachtung. Wahrnehmungen über sich selbst, Evaluationen des eigenen Tuns werden dabei verarbeitet, die über jene unmittelbare ganzheitliche Ich-Erfahrung hinausgehen. Das definitorische Selbst stellt somit die Gesamtheit affektiv-kognitiver Informationen über die eigene Person dar, die in Form von kategorialen Wissensbeständen existiert. Dieses Selbst ist im expliziten Gedächtnis festgeschrieben und kann in vier Domänen unterteilt werden:
- als Körper-Selbst
- als handelndes Selbst
- als soziales Selbst
- als psychologisches Selbst

Während das **Körper-Selbst** alle somatischen Attribute und Gefühlserfahrungen im Zusammenhang mit dem Körper repräsentiert, stellt das **handelnde Selbst** die Repräsentanz des tätigen Menschen, seiner Fertigkeiten, Fähigkeiten und Aktionen dar. Das **soziale Selbst** entwickelt sich aus den Erfahrungen im interaktiven Kontext und ist ein Ergebnis erfahrener Intersubjektivität. Dabei spielen Bindungsfaktoren, das soziale Echo und die Kommunikation mit Gleichaltrigen eine wichtige Rolle. Im **psychologischen** (oder spirituellen) **Selbst** finden wir schließlich jene emotional getragenen Grunderfahrungen, Werte, Sinnstrukturen, Präferenzen, Wünsche und Phantasien, die die Grundlage unserer Lebensphilosophie darstellen. Das spirituelle Selbst bildet eine Quelle von Erfahrungen und Aktivitäten, die dem Menschen Kreativität, Tiefe und Würde verleihen (Resch 2002).

> Das Selbst hat autoregulatorische Kompetenzen. Es kennt multiple Zielsetzungen, erlaubt Subjekterfahrungen, wird in selbstregulatorischen Prozessen aktiv, kann in seinen Reaktionen auf die Umwelt als auch in intentionalen Strebungen fassbar werden und verwirklicht sich durch Handlungen im sozialen Kontext (Resch u. Möhler 2001).

9.7 Identität

Was ist Identität? Wie kommt die Gewissheit des Selbstseins zustande?

> Als Identität wird die vollkommene Gleichheit und Übereinstimmung zwischen zwei Entitäten aufgefasst. Im Falle des Selbst handelt es sich um die Übereinstimmung des aktionalen mit dem selbstreflexiven Subjekt. Selbsterfahrung wäre damit die Übereinstimmung von Tun und der inneren Wahrnehmung dieses Tuns, also die Übereinstimmung von äußerer Handlung und innerem Bild.

Dieses Gefühl der Übereinstimmung von innerer Erfahrung und äußerer Aktion wird im Folgenden näher beleuchtet werden. Identität beinhaltet die Definition der Person als einmalig und unverwechselbar durch die soziale Umgebung wie durch das Individuum selbst. Das Subjekt erlebt sich als Einheit. Identität ist nicht erfahrungsmäßig endgültig fassbar. Die Einheit bleibt ein hypothetisches Konstrukt, eine Arbeitshypothese, die sich immer wieder durch neue selbstreflexive Evidenzen bestätigen muss. Die Notwendigkeit zur Konsolidierung der Identität markiert das Ende der Kindheit und den Beginn des erwachsenen Seins (Resch 2005).

> Die emotionale Voraussetzung für Identität ist die kindliche Selbstevidenz, das kindliche Subjektgefühl, die Selbstempfindung, die unter negativen Entwicklungsbedingungen durch angeborene Vulnerabilitäten oder schwere seelische Traumatisierungen beeinträchtigt werden kann.

Das Selbst tritt in der Adoleszenz in eine kritische Phase. Nach der Entwicklung der sekundären Geschlechtsmerkmale im Wachstumsschub und den darauf beruhenden körperlichen Veränderungen ist eine Veränderung des Selbstverständnisses gefordert. Das Körperschema als Teil der Selbstrepräsentanz muss neu ausgestaltet werden. Es kommt zur Ablösung des konkret anschaulichen Denkens durch das Denken in formalen Operationen auf der kognitiven Ebene. Zunehmende Fähigkeiten zu Introspektion und Selbstreflexion steigern die Kritikfähigkeit. Jugendliche suchen ihre persönliche Stellungnahme zur Welt. Die Identitätserfahrung beruft sich auf die

Erfahrung der Kontinuität in der Biografie und die emotionale Evidenz eines konsistenten Selbstkerns. Ein wichtiger Mechanismus zur Ausgestaltung der Identität in der Adoleszenz ist die Fähigkeit zur Identifikation. Die verbindliche Übernahme von sozialen Rollen in der Adoleszenz ist eine notwendige Voraussetzung im Prozess des Erwachsenwerdens.

Der strukturelle Identitätsbegriff ist dem Konstrukt des **Identitätskonflikts** gegenüberzustellen, wie er im System der Operationalisierten Psychodynamischen Diagnostik (Arbeitskreis OPD 2006) definiert ist. Danach wird die Identitätsdiffusion, wie sie etwa für die Borderline-Persönlichkeitsstörungen charakteristisch ist, dem Strukturbereich zugeordnet, während die konflikthafte Dissonanz verschiedener Selbstbereiche bei sonst hinreichend intakten Ich-Funktionen im Sinne repetitiver maladaptiver Konfliktmuster verstanden werden kann.

9.8 Selbst, Gedächtnis und Trauma

Die moderne Gedächtnisforschung unterscheidet zwei Formen, die in der Entwicklung nacheinander auftreten und schließlich in komplexer Wechselwirkung stehen (Kandel 1999): Bereits ab der Geburt besteht das sogenannte **implizite Gedächtnis,** das auch als prozedurales Gedächtnis bezeichnet wird. Es stellt die Grundlage von Handlungsroutinen, konditionierten Lernprozessen, emotionalen Bereitschaften und mentalen Modellen dar. Demgegenüber entwickelt sich ein **explizites Gedächtnis** erst in der Mitte des zweiten Lebensjahres soweit, dass Speicherungen von Szenen und abstrakten Lerninhalten auf bewusste Weise möglich werden.

Erst mit dem Ende des dritten Lebensjahres ist das Gedächtnis soweit entwickelt, dass wir von einem **autobiografischen Gedächtnis** sprechen können, das eine Einordnung von unterschiedlichen Erlebnisinhalten zur eigenen Person auf einer Zeitachse möglich machen (Resch et al. 2004).

Störungen der Gedächtnisfunktionen bei Patienten mit Traumafolgen werden immer wieder berichtet. Ein Einfluss biologischer Stresssysteme, vor allem des Nebennierenrinden-Cortisolsystems, auf die Gedächtniskonsolidierung und die Regulation von Gedächtnisfunktionen ist umfangreich belegt (Übersicht s. Resch u. Brunner 2004). Patienten mit posttraumatischen Störungen zeigen eine ganze Bandbreite an Gedächtniseinschränkungen, wobei es sowohl zu Defiziten in deklarativen Gedächtnisleistungen im autobiografischen Gedächtnis als auch zu Störungen im Bereich des impliziten Gedächtnisses kommt. Es ist bekannt, dass im Bereich impliziter Gedächtnisfunktionen traumabezogene Stimuli über ein aktiviertes Priming intrusive Gedanken besonders leicht auslösen können.

Die als Folge von traumatischen Einflüssen auftretenden dissoziativen Störungen können einen starken Einfluss auf die Entwicklung des Selbst nehmen:

- Chronisch dissoziative Mechanismen interferieren mit der Selbstentwicklung (Putnam 1997).
- Dissoziative Erlebnis- und Verhaltensmuster erschweren die Ausbildung der Fähigkeit zur Perspektivenübernahme.
- Interferenzerlebnisse unterbrechen die Kontinuität des Wahrnehmungsaktes.
- Durch dissoziative Amnesien wird die Identifizierung konstanter Ursache-Wirkungs-Beziehungen unmöglich gemacht.
- Kinder mit dissoziativen Störungen haben Schwierigkeiten, aus neuen Erfahrungen zu lernen, da ihnen die Erfahrung kontingenten Lernens fehlt.
- Das dissoziative Erleben führt auch zu einem Verlust des Zeitgefühls.
- Selbstentfremdungserlebnisse und passive Beeinflussungserlebnisse unterminieren den *locus of control,* womit die Fähigkeit, die eigenen Lebensumstände willentlich gestalten zu können, geschwächt wird.
- Die konstante Koppelung zwischen Emotionen und den internalen Erlebnisinhalten wird bei dissoziativen Patienten beeinträchtigt. Auf dieselben Stimuli können unterschiedliche affektive Antworten erfolgen.
- Das Gefühl der Selbstkontinuität wird durch die dissoziativen Gedächtnisstörungen beeinträchtigt.
- Wenn wichtige Erfahrungen aus dem Lebenskontext fehlen, trägt dies zu einer Inkohärenz der Selbststruktur bei.
- Bedeutungsvolle Verbindungen zwischen unterschiedlichen Lebenserfahrungen können nicht sicher hergestellt werden, sodass Lücken im autobiografischen Gedächtnis die Integrität der Person schwer belasten.

Auch angeborene Bereitschaften können die Kontinuität des Selbstgefühls und in weiterer Folge die Identitätsentwicklung nachhaltig beeinträchtigen. Beispielsweise finden sich bereits im Vorfeld schizophrener Psychosen eine Fülle subjektiver Beschwerden und eine Beeinträchtigung des Selbstgefühls (s. Kap. 23).

9.9 Struktur und Symptom

Unterschiedliche psychopathologische Symptome wie Angst, Depressivität oder Zwangsphänomene können auf verschiedenen strukturellen Ebenen der Person auftreten und damit in unterschiedlicher Weise mit basalen Selbstregulationsmechanismen verknüpft sein. Wenn die Symptombildung auf einem erlebnisreaktiven Funktionsniveau fassbar wird, dann zeigen sich aktuelle Anpassungsspannungen, die in unmittelbarer Beantwortung von Entwicklungsaufgaben oder aktuellen traumatischen Ereignissen erfolgen. Das Individuum mit bis dato guten Anpassungsressourcen setzt kompensatorische Aktivitäten in Gang. Auf dieser Ebene der aktuellen Belastungen und Konflikte sind basale Mechanismen der Selbstregulation nicht grundsätzlich gestört.

Auf dem **konflikthaften Funktionsniveau** mit überschießenden psychischen Reaktionen auf einen Auslöser finden sich symptomatische Überreaktionen, die durch vorausgegangene Traumatisierungen oder vorbestehende innere Konflikte im Selbstkonzept mitbestimmt werden. Solche Übersensibilisierungen zeigen bereits beginnende strukturelle Beeinträchtigungen in der Affektregulation.

Auf dem **narzisstischen Funktionsniveau** finden sich fundamental beeinträchtigte Regulationsaktivitäten des Selbstwertes. Alle Symptome fallen auf den Boden von Selbstwertproblemen, die nicht nur in momentanen Krisen und Konflikten zum Ausdruck kommen, sondern durch fundamentale Ängste vor Objektverlust verkompliziert sind. Dabei erschweren negative Selbstzuschreibungen, Ideen vermeintlicher Größe, Angst vor negativem sozialem Echo und andere überaktive und oszillierende Mechanismen der narzisstischen Regulation die Kommunikation und Anpassung.

Auf dem **Borderline-Niveau** besteht eine mangelnde Selbstintegration. Es gibt Ängste vor Selbstverlust, das Erlebnis von Identitätsdiffusion, hohe Irritabilität und eingeschränkte Affektregulationsmechanismen mit Impulshaftigkeit, sodass alle Symptome mit dem zentralen Thema des Ich-Erhalts verbunden werden.

Auf dem **prä-psychotischen Funktionsniveau** schließlich finden wir bereits eine Fragmentierung des inneren Erlebens. Die Realitätskontrolle ist gravierend beeinträchtigt und die kommunikativen Aktivitäten sind durch fundamentale kognitive Störungen der Wahrnehmung und Informationsverarbeitung nachhaltig eingeschränkt.

> Es ist sinnvoll, eine Operationalisierung von aktuellen Anpassungsressourcen im Selbst vorzunehmen, da die Therapie nicht nur symptomorientiert sein kann, sondern sich auch auf die fundamentalen selbstregulatorischen Mechanismen und deren Leistungsfähigkeiten stützen muss. Es erscheint daher unter Therapiegesichtspunkten wichtig, Jugendliche auch nach Selbstbild, Weltbild und psychischem Funktionsniveau einzuschätzen und sie nicht nur nach dominierenden Verhaltensfacetten zu kategorisieren.

Literatur

Adler A. Praxis und Theorie der Individualpsychologie (1930). Frankfurt a. M.: Fischer 1978.

Arbeitskreis OPD. Operationalisierte Psychodynamische Diagnostik (OPD-2). Das Manual für Diagnostik und Therapieplanung. Bern: Huber 2006.

Arbeitskreis OPD-KJ. Operationalisierte Psychodynamische Diagnostik im Kindes- und Jugendalter. Grundlagen und Manual. 2 Aufl. Bern: Huber 2007.

Bowlby J. Bindung als sichere Basis. München: Ernst Reinhardt 2008.

Braten S. Intersubjective Communication and Emotion in Early Ontogeny. Cambridge: Cambridge University Press 1998.

Damon W, Hart D. The development of self-understanding from infancy through adolescence. Child Dev 1982: 52: 841–64.

Dornes M. Über Mentalisierung, Affektregulierung und die Entwicklung des Selbst. Forum der Psychoanalyse 2004; 20: 175–99.

Dornes M. Die Seele des Kindes. Frankfurt a. M.: Fischer 2006.

Fonagy P, Gergely G, Jurist EL, Target M. Affect regulation, mentalization, and the development of the self. New York: Other Press 2002.

Fonagy P, Target M, Allison L. Gedächtnis und therapeutische Wirkung. Psyche 2003; 57(9/10): 841–56.

Frank M. Selbstbewußtsein und Selbsterkenntnis. Stuttgart: Reclam 1991.

Freud S. Studienausgabe. Frankfurt a. M.: Fischer 1982.

Honneth A. Verdinglichung: Eine anerkennungstheoretische Studie. Frankfurt a. M.: Suhrkamp 2005.

Kandel ER. Biology and the future of psychoanalysis: a new intellectual framework for psychiatry revisited. Am J Psychiatry 1999; 156(4): 505–24.

Koch E, Schulte-Markwort M, Weber M, Resch F. Psychodynamische Diagnostik im Kindes- und Jugendalter. Z Individualpsychologie 2006; 31(4): 315–28.

Putnam FW. Dissociation in Children and Adolescents. A Developmental Perspective. New York: Guilford 1997.

Resch F. Struktur und Strukturveränderungen im Kindes- und Jugendalter. In: Rudolf G, Grande T, Henningsen T (Hrsg). Die Struktur der Persönlichkeit: Vom theoretischen Verständnis zur therapeutischen Anwendung des psychodynamischen Strukturkonzepts. Stuttgart: Schattauer 2002; 116–31.

Resch F. Entwicklungspsychopathologie und Strukturdynamik. Fortschr Neurologie-Psychiatrie 2004; 72 (Sonderheft 1): 23–8.

Resch F. Zur Entwicklung von Identität. In: Du Bois R, Resch F (Hrsg). Klinische Psychotherapie des Jugendalters. Stuttgart: Kohlhammer 2005; 55–64.

Resch F, Brunner R. Dissoziative Mechanismen und Persönlichkeitsentwicklung. In: Eckhardt-Henn A, Hoffmann SO (Hrsg). Dissoziative Bewußtseinsstörungen: Theorie, Symptomatik, Therapie. Stuttgart: Schattauer 2004; 74–93.

Resch F, Möhler E. Wie entwickelt sich die kindliche Persönlichkeit? Beiträge zur Diskussion um Vererbung und Umwelt. In: Wink M (Hrsg). Vererbung und Milieu. Berlin: Springer 2001; 95–151.

Resch F, Parzer P, Brunner R, Haffner J, Koch E, Oelkers R, Schuch B, Strehlow U. Entwicklungspsychopathologie des Kindes- und Jugendalters. Ein Lehrbuch. 2. Aufl. Weinheim: Psychologie Verlags Union 1999.

Resch F, Parzer P, Brunner R. Trauma und Dissoziation im Kindes- und Jugendalter: Eine entwicklungspsychopathologische Herausforderung. Z Psychotraumatologie Psychologische Medizin 2004; 2(4): 17–27.

Rudolf G. Psychotherapeutische Medizin. Stuttgart: Enke 1993.

Rudolf G, Grande T, Jakobsen T, Krawietz B, Langer M, Oberbracht C. Effektivität und Effizienz psychoanalytischer Langzeittherapie. Die Praxisstudie analytischer Langzeittherapie In: Gerlach A, Schlösser AM, Springer A (Hrsg). Psychoanalyse des Glaubens. Gießen: Psychosozial-Verlag 2004.

Siegel DJ. The developing mind. Toward a neurobiology of interpersonal experience. New York, London: Guilford Press 1999.

Spitzer C, Michels-Lucht F, Siebel U, Freyberger HJ. Zur Konstruktvalidität der Strukturachse der Operationalisierten Psychodynamischen Diagnostik. Z Psychosomatische Medizin Psychotherapie 2002; 48: 299–312.

Sturma D (Hrsg). Philosophie und Neurowissenschaften. Frankfurt a. M.: Suhrkamp 2006.

10 Körper, Geschlecht, Sexualität – Aspekte körperbezogener Störungen

Vera King und Hertha Richter-Appelt

Inhalt
10.1	Einleitung	112
10.2	Spuren früherer Erfahrungen: Das Körper-Gedächtnis	113
10.3	Zur Entwicklung des Körperbildes in der Kindheit	115
10.4	Körper-Selbst-Beziehung in der Adoleszenz	115
10.5	Männliche Entwicklung	116
10.6	Weibliche Entwicklung	117
10.7	Bewältigungsformen männlicher und weiblicher Adoleszenter	118
10.8	Körper und Sexualität in adoleszenten Familiendynamiken	122
Literatur		124

Zusammenfassung

In diesem Beitrag werden im Hinblick auf Körper, Geschlecht und Sexualität psychische Entwicklungsanforderungen, Konfliktpotenziale und typische körperbezogene Störungsbilder in der Adoleszenz von Männern und Frauen erörtert. Im Besonderen geht es um die Entwicklung und Veränderung des Körperbildes, um die Spuren früherer Erfahrungen im Körper-Gedächtnis sowie deren Auswirkungen auf die adoleszente Körper-Selbst-Beziehung und Sexualität. Geschlechtertypische Abwehr- und Bewältigungsformen und körperbezogene Symptome in der Adoleszenz werden als internalisierende und externalisierende Verarbeitungsweisen differenziert und zudem die Auswirkungen adoleszenter Familiendynamiken auf die Fähigkeiten zur Integration und Neukonstruktion von Körper, Geschlecht und Sexualität diskutiert.

10.1 Einleitung

Verstörungen oder Symptome, bei denen der Körper als Austragungsort von Konflikten oder auch als eine Bühne fungiert, auf der Mangel, Wünsche und abgewehrte Phantasien in Szene gesetzt werden, stellen ein verbreitetes Merkmal adoleszenter Entwicklungen dar. Gerade in der Adoleszenz werden Körperlichkeit und Inszenierungen des Leibes, seiner Grenzen und Entgrenzungen häufig zur expressiven Darstellung und »Bearbeitung« von psychischen Befindlichkeiten und von Beziehungserfahrungen verwendet. Da es für die Adoleszenten um das Spiel mit dem Risiko, um Grenzüberschreitungen und -auslotungen geht, erscheint es oftmals schwierig, Konflikt- oder Störungsniveaus und die Gefährdungspotenziale angemessen einzuschätzen. Denn die Formen, die dabei gewählt werden, und das heißt auch: die Symptomatiken, besagen für sich genommen wenig. Das Experimentieren mit der Manipulierbarkeit des konstitutiv Unveränderlichen – dem Leib – kann vor dem Hintergrund unterschiedlichster Konflikt- und Mangellagen erfolgen und ist zunächst einmal Ausdruck einer unausweichlichen Anforderung der Adoleszenz – der notwendig gewordenen Auseinandersetzung mit dem herangewachsenen Geschlechtskörper und seinen verschiedenen psychischen und sozialen Bedeutungen. Diese strukturellen Anforderungen der Adoleszenz gilt es systematisch zu berücksichtigen. Erst dann kann genauer geprüft werden, ob und in welchen Mischungsformen Körperverwendungen und -expressionen kreative und destruktive Tendenzen aufweisen.

Ein solcher Zugang, der nicht pathologische Entwicklungen, sondern die mit den körperlichen Veränderungen generell zu bewältigenden psychischen Herausforderungen zum Ausgangspunkt nimmt, um damit, im zweiten Schritt, Licht auf adoleszenztypische Störungen bzw. auf den Geschlechtskörper als einem Austragungsort adoleszenter Konflikte zu werfen, ist weder in der klinischen Praxis noch theoriegeschichtlich selbstverständlich.

So hat beispielsweise die **klassische Freudsche Sichtweise** psychosexueller Entwicklungen den unschätzbaren Vorteil, dass sie Körper- und Geschlechterbedeutungen stark in den Mittelpunkt rückt. Sie trägt den großen Nachteil mit sich, dass die Freudschen Konzepte zugleich eine folgenreiche Unterkomplexität insbesondere im Verständnis der weiblichen Körperlichkeit und der Geschlechterentwicklung aufweisen und entsprechende Verzerrungen und Fehleinschätzungen nach sich gezogen haben. Gerade die kritische Auseinandersetzung mit den problematischen Implikationen der Freudschen Triebtheorie hat im Rahmen der verschiedenen Varianten von Objektbeziehungstheorien dazu geführt, die zentrale Dimension des Körperlichen oder der psychischen Körperbedeutungen zu vernachlässigen. Im Hinblick auf objektbeziehungstheoretische Traditionen wäre eine präzise Auseinandersetzung mit den psychischen Bedeutungen des Körpers daher erst wieder einzuführen.

Die **klinische Psychosomatik** wiederum hat sich im Rahmen der ihr eigenen Praxisanforderungen zwangsläufig intensiv mit Körpersymptomatiken befasst, wobei jedoch Körperbedeutungen auch immer schon in einem pathologischen Zusammenhang stehen. Auch die für die gewählte Fragestellung außerordentlich bedeutsamen Ansätze der Therapie von Adoleszenten, etwa von Laufer (1981, 1996), die sich intensiv mit konflikthaften Bedeutungen des sexuellen Körpers beschäftigt haben, sind vorwiegend im Kontext der Behandlung und Erforschung von Pathologien der Adoleszenz fruchtbar geworden. Eine entwicklungstheoretische Perspektive zu den psychischen Bedeutungen des sexuellen und geschlechtsreifen Körpers und eine Ausdifferenzierung der Objektbeziehungsbedeutungen des Leibes müssen demgegenüber über die Pathologiezentriertheit hinausführen.

Eine weitere notwendige Differenzierung herkömmlicher Betrachtungen liegt im Einbezug **soziologischer Aspekte,** der in diesem Zusammenhang vor allem notwendig wird, damit die gesellschaftlichen Bedingungen und Veränderungen von Adoleszenz als einem Möglichkeitsraum (King 2004) für psychisches Experimentieren und Entwickeln ebenso wie die sozialen Wandlungen der Geschlechter- und Generationenbeziehungen berücksichtigt werden können.

> Denn Adoleszenz kann charakterisiert werden als ein gesellschaftlich und intergenerational hergestellter Möglichkeitsraum für jene psychischen und sozialen Entwicklungs- und Bildungsprozesse, bei denen im günstigen Fall die körperlichen Veränderungen integriert und die Selbst- und Elternbilder im Prozess des Abschieds von der Kindheit entsprechend modifiziert werden.

Dies ist ganz allgemein damit verbunden, sich schrittweise mit unterschiedlichen Bedeutungsfacetten von Liebe und Arbeit zu befassen, die eigenen Potenziale und Ressourcen auszuschöpfen zu lernen und sich zugleich mit den jeweiligen Einschränkungen der eigenen biografischen Möglichkeiten zu konfrontieren. Die adoleszenten Wandlungen münden daher, wiederum im günstigen Fall, in die Fähigkeit, die eigenen Ressourcen und Begrenzungen in konstruktive Lebensentwürfe (als erwachsener Mann oder erwachsene Frau) umzusetzen. Ein solcher adoleszenter Möglichkeitsraum ist daher, soziologisch betrachtet, ein in historischer Veränderung begriffenes Produkt der modernen westlichen Industriegesellschaften. Adoleszenz ist stets eingebettet in historisch spezifische Generationenverhältnisse und zudem, auch auf die Geschlechter bezogen, sozial ungleich verteilt. Adoleszenz bezeichnet in diesem Sinne nicht einfach eine Lebensphase, sondern die potenzielle Qualität dieser Übergangsphase, ein psychosozialer Möglichkeitsraum zu sein, der in sozial und kulturell variierender Weise die Verarbeitung des Verlustes der kindlichen Welt zulässt und das notwendige spielerische Experimentieren mit GrößenPhantasien, mit Attacke und Versöhnung, Trennung und Wiederfindung ermöglicht. Die körperlichen Veränderungen stellen dabei einen wesentlichen Anstoß dieser Umgestaltungsprozesse dar: Denn konfrontiert mit der Erfahrung, dass der Verlust des eigenen kindlichen Körpers irreversibel ist, entsteht eine neue Notwendigkeit, sich mit den psychischen und sozialen Bedeutungen des Geschlechts auf bislang unbekannte Weise auseinanderzusetzen und sich mit der eigenen Begrenztheit zu konfrontieren (vgl. auch Bründl 1994). Die mit dem herangewachsenen geschlechtlichen Körper verbundene Dialektik von Erweiterungs- und Begrenzungserfahrung kann deshalb als eine der zentralen Herausforderungen adoleszenter Veränderung betrachtet werden. Das Heranwachsen des Körpers verweist sowohl auf gesteigerte Autonomiepotenziale als auch auf Heteronomie, zugleich fließen in die Wahrnehmungen des Körperselbst und in die Veränderungen des Körperbildes die Erfahrungen und Verarbeitungsweisen vorausgegangener Entwicklungen der Kindheit ein.

10.2 Spuren früherer Erfahrungen: Das Körper-Gedächtnis

Die individuellen psychischen Bedeutungen und Erlebnisweisen des sich verändernden Körpers in der Adoleszenz enthalten stets auch die Spuren und Erfahrungen früherer Jahre. Diese sind Bestandteil des Körper-Gedächtnisses, das bis in die vorsprachliche Entwicklungszeit zurückreicht: In keiner Lebensphase findet eine so ausgedehnte Stimulierung des gesamten kindlichen Körpers statt wie in den ersten Lebensmonaten. Über- und Unterstimulierungen dürften dabei weitreichende Konsequenzen für die Bildung der körperlichen Topographie haben. Mit Heigl-Evers kann man sagen: »Es etablieren sich Oberflächenareale, durch deren lustvolle Erregung das Kind sich seiner eigenen Körperlichkeit ... inne wird« (Heigl-Evers u. Boothe-Weidenhammer 1988, S. 41). Mertens schreibt in diesem Zusammenhang, dass »das körperliche Handlungsgedächtnis, in dem die sensorischen und affektiven Erfahrungen gespeichert werden, im 1. Lebensjahr besonders wichtig« sei (Mertens 1992, S. 55). In dieser Zeit werden jedoch nicht nur der Mund und die Schleimhaut des Mundes stimuliert, sondern auch die Genitalregion und der gesamte Körper. Dabei dürften die individuellen Erfahrungen von Säuglingen bzw. die Einstellungen, Phantasien und Verhaltensweisen der erwachsenen Pflegepersonen nicht nur interkulturell extrem variieren, sondern auch innerhalb eines Kulturkreises (Montagu 1997). Aus der Traumaforschung wissen wir heute, dass das Gedächtnis nicht erst mit dem Spracherwerb einsetzt, sondern bereits lange bevor ein Kind die Fähigkeit besitzt, Dinge zu benennen. Dies steht nicht im Widerspruch zu der Erkenntnis, dass Erinnerungen nur bis in das 3. oder 4. Lebensjahr zurückreichen.

> Es gibt ein körperliches Gedächtnis, das Körpersensationen schon lange vor der Sprachentwicklung speichert und diese können auf eine vorsprachliche Art und Weise erinnert werden.

Während für die meisten Eltern die Maßnahmen der Körperpflege, aber auch die kommunikativen Interaktionen mit dem Kleinkind neben anfänglichen Unsicherheiten keine Probleme bereiten, zeigen Eltern, die in der Kindheit Erfahrungen mit sexuellen Traumatisierungen gemacht haben, oft große Unsicherheiten. Die Frage, was erlaubt ist, was für das Kind förderlich oder schädigend ist, spielt hier bewusst und unbewusst im Umgang mit dem Kind eine wichtige Rolle. Die körperlichen Reaktionen auf Berührungen – und zwar sowohl beim Säugling wie auch bei der Pflegeperson – spielen dabei keine unwichtige Rolle. Es gilt als allgemein bekannt, dass das **Stillen** von Säuglingen nicht nur dem Kind Befriedigung und Frustration bereitet, sondern auch der stillenden Mutter. Sie genießt entweder die körperlichen Sensationen beim Stillen – manche Frauen berichten sogar, einen Orgasmus zu erleben – oder sie hat das Gefühl, beim Stillen zu versagen, muss mit dem Stillen aufhören, da sie aus organischen, aber auch aus psychischen Gründen Schmerzen empfindet.

Viel zu wenig wissen wir über körperliche und psychische Reaktionen beim **Wickeln und Baden,** die bei Erwachsenen Angst und Unsicherheit, aber auch Gefühle der Lust und sexuellen Erregung hervorrufen können, und zwar nicht nur bei Erwachsenen mit sexuellen Traumatisierungserfahrungen. Besonders beunruhigend können dabei das Auftreten von Erektionen beim kleinen Jungen, aber auch körperliche Sensationen beim Erwachsenen sein. Gibt ein Säugling Laute des Wohlgefallens beim Eincremen des Körpers von sich, wird eine Mutter, die keine Probleme damit hat, sich daran freuen, bestimmte Berührungen intuitiv wiederholen und schließlich diese Situation beenden. Eine andere Mutter wird der Reaktion des Kindes kaum Beachtung schenken und diese damit vielleicht unterdrücken. Der Umgang mit körperlicher Lust, aber auch die narzisstische Besetzung des kindlichen Körpers sind hier entscheidend (Olivier 1987). In kaum einem Bereich der Mutter-Kind-Interaktion ist die Grenzziehung zwischen liebevoller Körperpflege und Über-, aber auch Unterstimulierung so schwer zu bestimmen wie bei der Stimulierung des kindlichen Genitales.

Im Hinblick auf die psychosexuelle Entwicklung des Kleinkindes ist zudem hervorzuheben, dass sich die **Reinlichkeitserziehung** und damit auch die anale Phase im Laufe dieses Jahrhunderts stark gewandelt haben.

> Galt es zu Beginn dieses Jahrhunderts als normal, dass Kinder bis zum Ende des 2. Lebensjahres die Kontrolle über ihre Ausscheidungen erlernt hatten, ist dies heute keine seltene Forderung bei Aufnahme in den Kindergarten, also etwa für das 4. Lebensjahr.

Wissenschaftliche Arbeiten haben sich kaum damit beschäftigt, welche Auswirkungen diese unterschiedlichen Erziehungsarten auf die Entwicklung des Körpergefühls ganz allgemein, aber auch auf die Sexualität im Besonderen haben. Hinter einer frühzeitigen Reinlichkeitserziehung steht neben gesellschaftlichen und pragmatischen Aspekten auch ein unterschiedlicher Umgang mit Körperausscheidungen, Ekelgefühlen, Körpergerüchen und nicht zuletzt die Frage der Unabhängigkeit von der Mutter. Unterschiedliche Kontroll- und Reinlichkeitsbedürfnisse der Erziehungspersonen, meist der Mutter, werden den Umgang des Kindes mit seinem eigenen Körper bestimmen. Auch in diesem Alter sind Berührungen des kindlichen Genitales unvermeidbar. Eine vorübergehende Hilfestellung beim Erlernen des selbstständigen Urinierens ist selbstverständlich nötig. Auch findet man hier große Unterschiede im Umgang mit Mädchen und Jungen. Unter Patienten mit sexuellen Problemen wurde diese Erziehungsmaßnahme nicht selten über das nötige Maß hinaus ausgedehnt. Damit wurde das Kind nicht nur psychisch, sondern auch körperlich unnötig in Abhängigkeit gehalten. Ein übertriebenes Kontrollbedürfnis der Mutter dem kindlichen Körper gegenüber kann hier für ihr Verhalten ausschlaggebend sein, aber auch ein zwanghafter Umgang mit Reinlichkeit.

Fallbeispiel

Angst vor »Ansteckung« spielt vor allem in der Erziehung kleiner Mädchen eine wichtige Rolle. Ähnliche Ängste konnte man im Umgang mit Kindern mit dem Papillomavirus vor allem in den USA beobachten. Dieser Virus wird überwiegend durch Sexualkontakte übertragen. Eine Zeit lang wurde im Zusammenhang mit der sich ausbreitenden Diskussion um die Häufigkeit sexuellen Missbrauchs in der Familie angenommen, dass das Auftreten dieses Virus in jedem Fall auf sexuelle Missbrauchshandlungen zurückzuführen sei. Die Diskussion löste auch in Deutschland viel Unsicherheit aus und vor einigen Jahren schickten beunruhigte Dermatologen ganze Familien zur Abklärung, ob ein sexueller Missbrauch vorliege, wenn ein kleines Mädchen mit diesem Virus angesteckt worden war. Dieser Verdacht brachte viel Unglück in Familien. In der Zwischenzeit gilt es als bewiesen, dass eine Ansteckung mit diesem Virus auch auf anderem Wege als durch sexuelle Berührungen erfolgen kann.

Für die Entwicklung des **Ekelgefühls** dürften die Erlebnisse im Zusammenhang mit der Reinlichkeitserziehung von ganz grundlegender Bedeutung sein. Unter Adoleszenten, aber auch unter Erwachsenen findet man enorme Unterschiede hinsichtlich des Umgangs mit Körpersäften, Ausscheidungen und Hygiene im Zusammenhang mit der Sexualität. Manche führen den Koitus nur nach vorheriger Reinigung der Genitalien durch und stürzen nach dem Geschlechtsverkehr ins Bad, um sich zu waschen. Sie würden nie während der Menstruation miteinander verkehren. Andere kümmern sich wenig um diese hygienischen Maßnahmen, lieben sich spontan und betrachten es als völlig normal, »Spuren« zu hinterlassen.

10.3 Zur Entwicklung des Körperbildes in der Kindheit

»Der eigene Körper wird vom Ich ständig kaum bewusst wahrgenommen, in einer Art stiller Präsenz ist er wie ein unauffälliger Begleiter.« (Hirsch 1989b, S. 1) Der Körper ist demnach ein integrierter Teil des gesamten Selbst. Grundlage für diese Integration ist eine zugewandte und stimulierende Umwelt in den ersten Lebensjahren, die wesentlich zur Inbesitznahme der eigenen Körperlichkeit beiträgt. Mertens spricht von einem »körperlichen Handlungsgedächtnis« (Mertens 1992, S. 55), das die sensomotorischen und affektiven Erfahrungen speichert, die dem Kind durch die Pflegeperson zuteil werden. Dabei wirkt sich auch die Einstellung der Pflegeperson zu ihrem eigenen Körper, zu ihrer eigenen Sexualität und zur Sexualität des anderen Geschlechts auf den körperlichen Umgang mit dem Neugeborenen aus. Bedeutsam in dieser Hinsicht ist ferner, ob es sich um ein Wunschkind handelt oder nicht. Die frühen Körpersensationen beim Wickeln, Baden, Eincremen und Liebkosen sind wichtige äußere Stimuli, die Hirsch für den Säugling als »den Beginn der Symbolisierung, des Begreifens seiner selbst, des Körpers und der Umgebung in Vorstellungen und Symbolen« bezeichnet (Hirsch 1989c, S. 303). Die taktilen und visuellen Reizerfahrungen sind nach Hirsch Voraussetzung für die spätere »Integration eines Gesamtkonzepts, eines Kontinuums der Repräsentanten … von Selbst, Körperselbst und äußeren Objekten«, die sich zu einer übergeordneten Einheit des »Selbst-Körperselbst-Gefühls« verbinden (Hirsch 1989b, S. 4). Dieses beinhalte sowohl das Einssein mit dem eigenen Körper wie auch eine Beziehung zum eigenen Körper. Das **Selbst-Körperselbst-Gefühl** ist störanfälliger, wenn es in der Differenzierungsphase zu traumatischer Überstimulierung durch innere und äußere Reize gekommen ist oder die »mütterliche Umgebung« ungenügend war. Im Falle leichterer oder schwererer Erkrankungen zeigt sich, wie rasch Selbst und Körperselbst auseinanderfallen können, der Körper (wieder) als äußeres Objekt erlebt werden kann (Hirsch 1989c).

In Zuständen von Schmerz oder anders gearteten Missempfindungen, wie z. B. Hautjucken, erhält der Körper größere Aufmerksamkeit und wird »als etwas vom Ich Getrenntes, als Objekt des Ich« wahrgenommen (Hirsch 1989b, S. 1). Diese erhöhte Aufmerksamkeit kann sich, ausgehend von an sich nicht ungewöhnlichen Körpersensationen, so sehr steigern, dass der Körper schließlich »als einziges Objekt des Ich« übrig bleibt (Hirsch 1989b, S. 1). Es entsteht folglich eine Kluft zwischen Körper und beobachtendem Ich, zwischen Körperselbst und übrigen Selbstanteilen.

> Diese Körper-Selbst-Dissoziation kann einerseits aus der tiefen Verunsicherung im Gefolge einer schweren Erkrankung resultieren, bei der die betroffene Person, die sich mit der Nicht-Intaktheit und Vergänglichkeit des eigenen Körpers konfrontiert sieht, sich durch die Desintegration des Körperselbst zu schützen sucht. Sie kann aber auch auf eine frühe Mutter-Kind-Dyade zurückzuführen sein, in der »sowohl durch einen Mangel an primärer Mütterlichkeit sowie durch mütterliche Überaktivität im Sinne der Überstimulierung eine Integration des Körperselbst nicht gelang« (Hirsch 1989a, S. VIII).

Nach Kutter dient die Körper-Selbst-Dissoziation unter solchen Voraussetzungen dann der Abwehr und Kompensation einer Desintegration des Gesamtselbst: Ein Teil – eben die Körperrepräsentanz – wird geopfert, um das Ganze zu retten (Kutter 1980). Die adoleszenten Veränderungen des Körpers können diese Abwehr verstärken und zu einer Intensivierung der Spaltungsvorgänge führen.

10.4 Körper-Selbst-Beziehung in der Adoleszenz

Zur Veranschaulichung der adoleszenten Körper-Selbst-Beziehung kann die phänomenologische Begrifflichkeit verwendet werden (Waldenfels 2000), die das **Leib-Sein** (im Sinne von: ich bin Leib) unterscheidet vom **Körper-Haben** (im Sinne von: ich habe diesen Körper). In Anlehnung daran können wir davon ausgehen, dass das Verhältnis von Leibsein und Körperhaben durch die körperlichen Veränderungen der Adoleszenz auf charakteristische Weise in beunruhigende Unordnung versetzt wird. Die bislang gewohnte »**Eigenleiberfahrung**« des herangewachsenen Nicht-mehr-Kindes wird durch die körperlichen Veränderungen nahezu vollkommen umgewälzt.

> In der Eigenleiberfahrung vergegenständlicht sich, wie es Küchenhoff als Abgrenzungskriterium von Normalität und Pathologie formuliert hat, »unser Leib (immerfort) zum Körper, aber er kann normalerweise auch in die Unaufdringlichkeit zurückgleiten« (Küchenhoff 1987, S. 290).

Eben dieses *Zurückgleiten in die Unaufdringlichkeit* ist nun, so kann hier hinzugefügt werden, gerade in der Adoleszenz phasenweise außer Kraft gesetzt und muss erst neu erarbeitet werden. Der kindliche Leib ist zum aufdringlich veränderten Körper geworden. In dieser adoleszenztypisch zugespitzten **Aufdringlichkeit des Körpers** und der mit ihm verbundenen Phantasien und Gefühle entsteht zwangsläufig eine psychische

Labilisierung, wenn der Leib passager zum aufdringlichen »Körper-Ding« (Waldenfels 2000, S. 248 f.) wird, das dem Ich entfremdet erscheint: Dieses Ding hier soll mein Leib sein?, so die phasenweise befremdet-distanzierende Frage aus der Perspektive der Adoleszenten, die Reaktion auf die eigentümlichen Veränderungen des in der Adoleszenz herangewachsenen Geschlechtskörpers. Und die kulturelle Umgebung antwortet mit entsprechenden Codes: Das ist dein Körper, der dies und jenes bedeutet, und damit bist du Frau oder Mann geworden.

> Da der Körper als Bedeutungsträger sozialer Strukturierungen fungiert, gehen die Prozesse der Konstruktion der **Geschlechterbedeutungen** einher mit bestimmten polaren Kodierungen, die sowohl die geschlechtliche Arbeitsteilung als auch die Machtbeziehungen gleichsam leibhaftig begründen und repräsentieren sollen.

Verknüpfungen von Körper- und Geschlechterbedeutungen – insbesondere über die Adjektivierungen der Sexualorgane etwa mittels der geläufigen Assoziationen von männlich-weiblich mit außen-innen, oben-unten, hoch-tief, aber auch über die expliziten Bewertungen wie rein-unrein, gesund-krank, wertvoll-überflüssig, stark-schwach usw. – sind besonders eindrücklich aus den ethnologischen oder ethnopsychoanalytischen Forschungen bekannt geworden. Aber auch in modernen Gesellschaften finden sich entsprechende Konstruktionen und den vormodern-rituellen Fixierungen von Körper-Bedeutungen analoge Effekte, wie die vielfach analysierten Verknüpfungen der Menstruation mit Unreinheit, Krankheit oder Eingeschränkt-Sein. Manche dieser Codierungen und Botschaften wirken unmittelbar und direkt – denken wir an bestimmte Geschlechterdiskurse, wie sie über kulturelle Leitbilder und Normen etwa in den Medien explizit zum Ausdruck gebracht und in den jugendkulturellen Stilen vorgefunden werden. Manche dieser Botschaften und Strukturierungsmechanismen sind jedoch, und das kennzeichnet gerade die Einschreibungen von Geschlechterbedeutungen in den Körper in modernisierten Gesellschaften, sehr viel vermittelter. Sie realisieren sich wesentlich auch darüber, welche Formen den Adoleszenten zur Verfügung gestellt werden, um die vom Körperlichen selbst ausgehenden Verarbeitungsanforderungen bewältigen zu können. Entscheidend für das Verständnis dieser komplexen Zusammenhänge ist dabei, dass vom Körperlich-Leiblichen selbst Anforderungen ausgehen, etwa die beschriebene anstehende Trennung vom kindlichen Körper-Selbstbild, die sich nicht positiv als konkrete Geschlechtsbedeutung bestimmen lässt, die jedoch andererseits auch Formung und Begrenzung markieren. So repräsentiert der erwachsene geschlechtliche oder sexuelle Körper beispielsweise die künftige sexuelle und generative Potenz. Den sexuellen Körper anzuzeigen, verlangt jedoch zunächst, sich von den kindlichen Liebesobjekten und den kindlichen Bedeutungswelten zu trennen. Hinzu kommt, gleichsam von der anderen Seite her, dass der sexuelle Körper unnachgiebig auf das begehrte Objekt und die erneute Abhängigkeit von Liebesobjekten verweist. Auch hier stellt sich eine große Integrationsanforderung, nämlich die neu erwachten intensiven triebhaften Wünsche auszubalancieren und die Sehnsucht nach Befriedigung und Nähe zum Objekt mit der gleichzeitig auftretenden intensiven Angst vor der Nähe und vor dem Verlust an Abgrenzungsfähigkeit in Einklang zu bringen. Es gilt also, sich im Prozess der Aneignung des sexuellen Körpers von alten Objekten zu trennen und in der Hinwendung zu anderen Liebesobjekten die Beziehung zum Anderen in ein neues Gleichgewicht zu bringen. Da diese Trennungen und Neuanpassungen immer auch schwerfallen, erzeugt die unabänderliche Konfrontation mit einem herangewachsenen genitalen Körper erhebliche Ängste, daher auch Widerstand und regressive verleugnende Tendenzen, die sich bei männlichen und weiblichen Adoleszenten unterscheiden. Die Form und das Strukturniveau der jeweiligen geschlechtstypisierten Verarbeitungsweisen der Adoleszenz knüpfen auch an vorausgehende Entwicklungen der Jungen und Mädchen an.

10.5 Männliche Entwicklung

Im Laufe des **1. Lebensjahres** verfügt das Kind zwar noch nicht über eine psychische Repräsentanz seiner Geschlechtsteile, entdeckt aber durch Stimulation durch die Pflegeperson und durch Selbststimulation die Genitalien als einen Lust spendenden Körperteil. Hier konnten große Unterschiede hinsichtlich Ausdruck, Intensität und Dauer beobachtet werden, die durch den Umgang der Erziehungsperson mit dem nackten Körper, aber auch durch konstitutionelle Faktoren bestimmt sind (Richter-Appelt 2000 a–c). Aufgrund der leichteren Betastbarkeit beginnen Jungen, sich einige Wochen früher mit ihren Genitalien spielerisch zu beschäftigen als Mädchen.

> Im Gegensatz zu Freud, der annahm, dass erst die Entdeckung des anatomischen Geschlechtsunterschiedes zu einer Auseinandersetzung mit dem Genitale führe, gilt heute als sicher, dass die Geschlechtsteile, lange bevor sie die primäre erogene Zone in der phallischen Phase werden, eine Quelle des Interesses, der Freude, aber auch der Angst sind.

Im **2. Lebensjahr** entwickelt der Junge ein Gefühl für körperliches Funktionieren, vor allem für Kontrolle über Körperfunktionen, das mit Stolz verbunden sein kann. Der Spaß, der beim Urinieren in dieser Phase beobachtet werden kann, führte dazu, dass von Urethralerotik (Abraham 1917; Roiphe u. Galenson 1981) gesprochen wurde. Im Umgang mit dem Urinieren (auch im Wettkampf mit anderen) und durch kindliche Masturbation differenziert sich das Gefühl der Kontrolle über den Körper. Das Kind wird sich nun seiner Getrenntheit von der Mutter bewusst und muss lernen zu realisieren und zu akzeptieren, dass Mutter und Vater eine Beziehung zueinander haben, von der es ausgeschlossen ist. Es kommt dadurch zwangsläufig zu einer stärkeren Abgrenzung von der primären Bezugsperson. Es entsteht ein besonders Interesse an den Körpervorgängen und der Sexualität der Eltern.

Bei der Konstituierung des Körperschemas spielt die optische Wahrnehmung von Körperteilen eine wichtige Rolle. Mit Stolz zeigt der kleine Knabe in diesem Alter seine Genitalien, was als phallischer Exhibitionismus bezeichnet werden kann. In dieser Phase soll es zu einer Konsolidierung des narzisstisch bewerteten Körperbildes kommen. Gleichzeitig müssen aggressive und sexuelle Impulse integriert werden. Überstimulierung, aber auch Unterdrückung sexueller Regungen in dieser Zeit können weitreichende Konsequenzen für die Sexualität haben (Richter-Appelt 2000 a–c), wie sich in der Adoleszenz deutlicher zeigt.

Fehlt die Identifikationsfigur des Vaters, mag es leicht zu einer verlängerten intensiven Bindung an die Mutter kommen, die eine Störung der Entwicklung des Körpergefühls bedingen kann. Die in der Loslösung notwendigerweise zum Ausdruck gebrachte Aggression darf – aus Angst, die Mutter zu verlieren – nicht ausgelebt werden. In der phallisch narzisstischen Phase kommt es zu einer weiteren Differenzierung des Körperbildes und zur bewussten Übernahme der männlichen Geschlechtsrolle. Die Kastrationsangst muss bewältigt werden, damit andere Menschen nicht zur narzisstischen Befriedigung von Bedürfnissen durch Bewunderung, Kampf oder Entwertung missbraucht werden. Die Verbindung von sexueller Erregung mit Kastrationsängsten kann zu zwanghafter Masturbation führen. Die Befürchtung, der Penis könnte verletzt worden sein, wird durch den anhaltenden Wunsch, sich selbst zu bestätigen, dass dies nicht der Fall ist, widerlegt.

In der **ödipalen Phase,** die in der Adoleszenz einen neuen Höhepunkt erfährt, ist der Junge stark mit dem Vater identifiziert, möchte wie er die Mutter besitzen. Dabei muss er noch intensiver lernen, das Ausgeschlossensein zu akzeptieren. Wichtig für die Entwicklung der Männlichkeit ist hier, dass die Rivalität mit dem Vater in der Phantasie und Realität ausgelebt und getestet werden kann, ohne dass der Vater ernsthaft gekränkt ist oder gar real verschwindet durch Krankheit, Tod oder Trennung der Eltern.

Soweit eine kurze Beschreibung einiger Aspekte der Entwicklung der männlichen Entwicklung aus psychoanalytischer Sicht. Diese Entwicklungspsychologie setzt eine intakte Drei-Personen-Familie voraus, die heute immer seltener geworden ist. Das fehlende Erleben des Ausgeschlossenseins aus einer Beziehung zwischen zwei geliebten Personen mag sicherlich die Beziehungsfähigkeit von erwachsenen Liebespartnern weitreichend beeinflussen und kann die häufig vorkommenden großen Schwierigkeiten erklären, die bei Geburt eines Kindes (eines Dritten) auftreten. Nicht selten kommt es gerade dann zum Auftreten sexueller Funktionsstörungen.

Im Vergleich zur frühen Kindheit spielen bei Freud Pubertät, Jugend und Erwachsenenalter eine erstaunlich geringe Rolle. Die modernen Traumatheorien haben jedoch die Bedeutung kritischer Erfahrungen in späteren Lebensphasen besonders hervorgehoben.

10.6 Weibliche Entwicklung

In den letzten Jahrzehnten fand innerhalb der Psychoanalyse eine ausführliche Diskussion über Weiblichkeit statt, die zu einer Revision von Freuds Auffassungen der Weiblichkeit führte. Weibliche, vor allem partnerschaftliche Sexualität stand dabei nicht unbedingt im Mittelpunkt, vielmehr ging es immer wieder darum, Weiblichkeit als ein eigenständiges Phänomen, nicht nur in Reaktion auf Männlichkeit, zu beschreiben. Will man moderne psychoanalytische Theorien über die weibliche Sexualität verstehen, erscheint es unerlässlich, kurz auf die Auffassungen Freuds einzugehen (Freud 1905; vgl. auch Chehrazi 1988).

Im Unterschied zum Knaben müsse nach Freud das kleine Mädchen sowohl das erste Liebesobjekt (von der Mutter auf den Vater) wie auch die erogene Zone, das Organ der sexuellen Lust (von der Klitoris auf die Vagina), wechseln, um zu einer reifen Frau zu werden.

- Freud nahm an, eine Geschlechtsidentität beim Mädchen entwickle sich erst nach der Verarbeitung des anatomischen Geschlechtsunterschiedes in der ödipalen Phase, die durch die Feststellung des Fehlens eines Penis ausgelöst wird. Davor fühle sich das kleine Mädchen als kleiner Junge mit defizitärer Anatomie. Heute wird jedoch allgemein angenommen, dass das kleine Mädchen schon viel früher eine weibliche Identität besitzt, d. h. die Geschlechtsidentität sich bereits präödipal entwickelt.
- Die Beobachtung des anatomischen Geschlechtsunterschieds führt nach Freud beim Mädchen unweigerlich zum Penisneid, an dem Frauen Zeit ihres Lebens mehr oder minder leiden, da sie sich als anatomisch minderwertig erleben. Moderne Psychoanalytiker hingegen gehen davon aus, dass in der psychosexuellen Entwicklung bei Mädchen und Jungen sowohl Angst vor Verletzung als auch Neid hinsichtlich der Geschlechtsteile bzw. körperlicher Funktionen des anderen Geschlechts beobachtet werden können. Mädchen und Jungen haben Angst vor Zerstörung – Mädchen vor Zerstörung der inneren Organe z. B. durch Vergewaltigung und Jungen vor Kastration.
- Die psychoanalytische Theorie hat lange die Auffassung vertreten, Mädchen würden sich ihrer Genitalien schämen. Jede spätere Assoziation, in der sich das Mädchen seiner Benachteiligung bewusst wird und diese auf den anatomischen Geschlechtsunterschied zurückführt, würde den Schmerz jenes kindlichen Affektes auslösen. Der depressive Ton, mit

dem Mädchen auf den anatomischen Geschlechtsunterschied reagierten, sei von grundlegender Bedeutung für die weibliche Entwicklung und Ausdruck des erlebten Mangels (Roiphe u. Galenson 1981). Mayer (1991) untersuchte das unterschiedliche Bauverhalten von kleinen Kindern. Mädchen bevorzugen es, abgeschlossene Räume zu bauen, Jungen bauen lieber Türme. Bei fast allen Mädchen, die sie interviewt hatte, sei der affektive Ton, mit dem Mädchen ihre abgeschlossenen Räume beschreiben, keineswegs depressiv, sondern durchweg positiv gewesen. Sie assoziierten den abgeschlossenen Raum mit Lust und Attraktivität, aber auch mit Weiblichkeit. Voller Begeisterung würden sie Hinweisen auf Zusammenhänge zwischen weiblichen Dingen und ihren Gedanken über geschlossene Räume folgen. Die Autorin fragt sich daher zu Recht, ob die Ursprünge dieser Freude nur eine defensive oder kompensatorische Strategie für den Umgang mit der früheren depressiven Reaktion auf die Entdeckung des Geschlechtsunterschiedes seien oder auf eine mögliche Entwicklung verweisen, in der das Mädchen das schätzt, was es an Weiblichkeit hat. Mädchen seien unter einer Perspektive betrachtet worden, in der sie vorrangig mit dem Mangel beschäftigt seien, den Jungen als beängstigend erleben. Es handelt sich somit beim Penisneid in erster Linie um eine Projektion von Männern auf die Frauen. Dies mag auch eine Erklärung dafür sein, warum es oft für Männer besonders bedrohlich ist, wenn Frauen nicht neidisch auf sie sind, sondern autonom handeln, auch wenn sie Männer idealisieren, sich mit ihnen identifizieren können.

- Freud hatte angenommen, das Mädchen wisse vor der Pubertät nicht, dass es eine Vagina habe. Heute ist jedoch aufgrund von entwicklungspsychologischen Studien bekannt, dass Mädchen in der Regel zwischen dem 14. und 24. Lebensmonat ihre Vagina entdecken. Es hängt sicherlich mit dem Umgang mit dem Körper in der Erziehung zusammen, inwiefern dieses Wissen verdrängt wird. Der Klitoris wird jedoch auch im Erwachsenenalter der Frau eine grundlegende Bedeutung für deren Erregung beigemessen. Diese erogene Zone muss keineswegs aufgegeben werden.
- Freud nahm an, die Klitoris sei ein männliches Organ und Masturbation eine männliche Betätigung. Er unterschied zwischen einem reifen und einem unreifen Orgasmus bei der Frau. Der reife werde durch vaginale Stimulation durch einen männlichen Sexualpartner, d. h. durch Penetration provoziert, durch klitoridale Reizung ausgelöste Orgasmen seien unreif und Reste aus der Kindheit. Sexualwissenschaftliche Untersuchungen (v. a. von Masters u. Johnson 1966) haben gezeigt, dass die Klitoris zur Erregbarkeit von Frauen wesentlich beiträgt. Man findet jedoch immer noch Psychoanalytiker, aber auch Analytikerinnen, die dieser Auffassung Freuds sind, auch wenn sie sie leicht modifizieren (Dolto 2000).
- Sexualwissenschaftliche Untersuchungen der letzten Jahre haben ferner deutlich gemacht, dass Masturbation auch bei Frauen in zunehmendem Maße eine eigenständige Form der Sexualität im Erwachsenenalter ist, die keineswegs anstelle der partnerschaftlichen Sexualität gesehen werden kann, sondern als eine zusätzliche Erscheinungsform. Das Argument, Erwachsene würden nur so lange masturbieren, solange sie keinen Partner haben, gilt nicht mehr. Auch wenn Männer nach wie vor früher und häufiger masturbieren als Frauen, nähern sich die Verhaltensweisen der Geschlechter einander an.
- Freud hatte die Vorstellung, der Wunsch nach einem Kind stehe beim Mädchen stellvertretend für den Wunsch nach einem Penis und sei daher Ausdruck des Penisneids. Heute wird der Wunsch nach einem Kind als präödipaler Bestandteil der Identifikation mit der Mutter verstanden. Diese Feststellung Freuds ist auch unglaublich, setzt sie doch ein Organ mit dem Entstehen eines Individuums gleich.
- Frauen fühlen sich nach Ansicht Freuds ihr Leben lang dem Manne unterlegen, sie blieben zeitlebens neidisch auf das überlegene Genitale des Mannes. Diese Unterlegenheit kann man durchaus beobachten, sie bezieht sich aber vielmehr auf die gesellschaftlichen Privilegien von Männern und nicht auf deren körperliches Geschlecht. Man kann annehmen, dass diese Auffassung eine Verarbeitung der Angst von Männern vor übermächtigen »kastrierenden« Frauen (Müttern) darstellt und nicht dem Empfinden von Frauen entspricht.

Die Ursachen psychischer Störungen wurden innerhalb der psychoanalytischen Theorie in immer frühere Entwicklungsphasen zurückverlegt, an die Stelle des ödipalen trat der präödipale Konflikt. Nicht die Hinwendung zum Vater, sondern die Loslösung von der Mutter wird als wichtigster Entwicklungsschritt des Mädchens angesehen. Für die Theorie der weiblichen Entwicklung bedeutet dies die Gefahr, dass Frauen als Opfer der allmächtigen Mutter und des abwesenden Vaters dargestellt werden (Olivier 1987). An die Stelle des Penismangels tritt dann ein anderer Defekt. Was als ein progressiver Schritt in der psychoanalytischen Theoriebildung gewertet wird, könnte sich als eine neue Form reduktionistischen Denkens entpuppen (Kerz-Rühling 1991). Umso entscheidender ist der Einbezug adoleszenter Entwicklungsanforderungen und -prozesse.

10.7 Bewältigungsformen männlicher und weiblicher Adoleszenter

Die Formen der Verarbeitung der adoleszenten Anforderungen variieren wie erwähnt in Abhängigkeit des Geschlechts, wobei sowohl in der Forschung zur männlichen Adoleszenz als auch in der Forschung zur weiblichen Adoleszenz als je-

10.7 Bewältigungsformen männlicher und weiblicher Adoleszenter

weils geschlechtsspezifische Besonderheit akzentuiert wurde, dass der Körper in der Adoleszenz zum Problem wird und eine Neigung zu körperlicher Selbstdestruktivität wie auch zu psychosomatischen Symptomen entsteht. Allerdings unterscheiden sich die Formen und Beweggründe bei Mädchen und Jungen, die Art und Qualität der **Körperbeschäftigung** wie auch der **Destruktivität**.

> Bei Mädchen wird mit dem Eintreten körperlicher Veränderungen oftmals ein manifester Einbruch des Selbstwertgefühls beobachtet, während Jungen eher zu begrenzungsverleugnenden, manischen Reaktionen zu neigen scheinen (Streeck-Fischer 1994).

Es kann davon ausgegangen werden, dass diese unterschiedlichen Ausrichtungen auch mit unterschiedlich verkörperten Bildern von sexueller Intimität und Hingabe zusammenhängen, die zudem kulturell geschlechtstypisiert werden (King 2000). Dabei scheint diese Tendenz zur **Körperkontrolle** bei weiblichen und männlichen Adoleszenten unterschiedlich gerichtet.

> Bei Mädchen und jungen Frauen drückt sich der Drang zur Beherrschung eher in der adoleszenztypischen Zwanghaftigkeit aus, mit der beispielsweise Kontrolle ausgeübt wird über das, was in den Körper hineinkommt, etwa das Essen, aber auch über die Körperformen und die körperliche Erscheinung im Ganzen. Männliche Adoleszente neigen demgegenüber eher dazu, mittels des eigenen Körpers Kontrolle im Außen, über die äußere Welt der Objekte ausüben zu können. Diese unterschiedlichen Tendenzen zeigen sich auch in den erwähnten unterschiedlichen Formen der adoleszenztypischen körperlichen Selbstdestruktivität. Während zum Beispiel Essstörungen in der Adoleszenz vorwiegend bei Mädchen und jungen Frauen vorkommen, neigen Jungen und junge Männer eher zu gefährlichen Aktionen, Sportarten, riskanter Fahrweise und entsprechenden Unfällen u. Ä.

Wie kommt es zu diesen unterschiedlichen Verarbeitungsformen? Vergegenwärtigen wir uns dazu, dass im Erleben des eigenen Körpers immer zugleich die anderen in den Leib eingeschrieben sind: Der Leib verweist auf Natalität, auf den leiblichen Ursprung und die damit verknüpfte fundamentale Bezogenheit – »auf andere, von denen ich gezeugt, geboren und aufgezogen wurde« (Waldenfels 2000, S. 306). Diese generative **Bedeutung des Leiblichen** wird im adoleszenten Ringen um Individuation für beide Geschlechter in besonderer Weise relevant. Für Adoleszente, so wurde ausgeführt, aktiviert die neu hinzugekommene Potenzialität, selbst generativ zu werden, in besonderer Weise die Auseinandersetzung mit den »Vorfahren«, mit dem eigenen Ursprung und den Bildern des eigenen Gewordenseins. Dies bedeutet zugleich, dass der heranwachsende genitale und fruchtbare Körper in der Adoleszenz die Phantasien erweckt, selbst potenziell Teil eines sich vereinigenden oder hervorbringenden Paars zu werden:

> Das innere Bild des adoleszenten genitalen Körpers ist insofern auf ambivalente, beunruhigende Weise von den Bildern des Sexuellen, von Zeugung und Empfängnis, von den ambivalenten Bildern des ineinander verschlungenen und eindringenden generativen Paars erfüllt.

Welch große Bedeutung diese inneren Bilder haben, wird unter anderem daran deutlich und manifest, wie und mit welcher Intensität sich Adoleszente mit den verschiedenen Varianten des *ersten Mals* auseinandersetzen, in denen jeweils neu Körpergrenzen durchdrungen oder überschritten und dabei Innen und Außen in neuen Bezug gesetzt werden: die Menarche, in der auf neue Weise etwas von innen nach außen dringt (Flaake u. King 2003), der erste *richtige* Kuss, mit dem erstmals Körpergrenzen sexuell überschritten werden, und schließlich der erste sexuelle Verkehr und die Defloration.

In der Studie von Breitenbach schildern beispielsweise fast alle Mädchen den ersten Kuss – »ritueller Anfang der erotischen Biografie bzw. der heterosexuellen Beziehungen« – als ein »negatives Erlebnis«, das mit »körperlichem Ekel und psychischer Überwältigung« verknüpft wird (Breitenbach 2000, S. 314). Diese negativen Empfindungen müssen nicht daher rühren, dass es sich immer um den falschen Zeitpunkt oder den falschen Partner handelte, wie etwa Breitenbach (2000) vermutet. Es kann vielmehr angenommen werden, dass es das Überschreiten der Körpergrenzen selbst ist, welches beim ersten Mal als überwältigend intrusiv empfunden wird, das Gefühl der Selbstabgegrenztheit durcheinanderbringt und daher *negativ* erlebt wird. Die inneren Vorbereitungen auf den ersten sexuellen Verkehr werden wiederum oftmals mit sehr viel Sorgfalt getroffen, wie Dannenbeck et. al. (1999) verdeutlichen, wobei kontrollierende und pragmatisierende Aspekte dieser Auseinandersetzungen auch auf die dabei zu bewältigenden Ängste hinweisen.

> Leidenschaftliche Empfindungen können erst dann realisiert und genossen werden, wenn die Selbstabgrenzung stabilisiert ist, die Überschreitung der Körper-Selbst-Grenzen nicht mehr als bedrohlich empfunden werden und nicht-destruktive Bilder des in der Lust ineinander verschmelzenden Paars überwiegen.

Einen weiteren Hinweis auf die eindringlichen, mit Generativität und Objektverschmelzung verknüpften Phantasien, die mit der Leiblichkeit und Sexualität der Adoleszenz verbunden sind, geben die beinahe schon irrational anmutenden Ängste, schwanger zu werden oder eine Schwangerschaft zu bewirken, die nach den empirischen Studien von Starke (1999) mit weitem Abstand an erster Stelle der sexualitätsbezogenen Ängste Adoleszenter rangieren.

10.7.1 Internalisierende Verarbeitung weiblicher Adoleszenter

Körper-Selbst

Gilt das im letzten Abschnitt Beschriebene für beide Geschlechter, so bekommen diese inneren Bilder für weibliche Adoleszente jedoch eine besondere Bedeutung und Brisanz, da sich die Vereinigung sowie das Entstehen und Heranwachsen des phantasmatischen Kindes im weiblichen Körper vollziehen und psychisch verortet sind. In diesem Sinne ist die psychische Repräsentanz des weiblichen genitalen Körpers zugleich ein genuiner Entwurf des Objektbezugs: psychischer (oft auch realer) Raum eines potenziell neuen Ursprungs, ein virtuell oder phantasmatisch den Penis in sich aufnehmender und virtuell ein Kind empfangender, nährender und gebärender Raum. So wird die junge Frau in der Adoleszenz damit konfrontiert, dass ihr Körper und ihr innerer Raum (phantasmatisch) vom Objekt durchdrungen sind[1] – eine potenzielle Quelle und Grundlage von Potenz wie auch von Angst vor Zerstörung. Da die sexuelle Verschmelzung im weiblichen Körper und Innenraum stattfindet, sind auch die Abgrenzungsbemühungen bei weiblichen Adoleszenten stärker auf den Körper selbst, auf die Kontrolle der im Inneren lokalisierten Triebhaftigkeit und – abstrakt formuliert – auf eine Beherrschung der Objekte im Körper ausgerichtet. Dies hat zur Folge, dass auch destruktive Tendenzen zur Körperkontrolle umso größer sind, je weniger Raum den Mädchen im psychischen und sozialen Sinne zur Verfügung steht, um ihre Selbstanteile zu stärken, mit GrößenPhantasien und Grenzüberschreitungen zu experimentieren sowie narzisstische Befriedigung und Ruhe in sich selbst zu finden, kurz gesagt: einen adoleszenten Entwicklungsspielraum zur Verfügung zu haben. Je schwerer Selbstabgrenzung und Selbstbehauptung fallen, je weniger Möglichkeiten und Ressourcen der expansiven Selbst-Stabilisierung in der Adoleszenz gegeben sind, umso eher wird der Körper selbst zum Konfliktfeld. Wenn jungen Frauen zu wenig Raum für Expansion, narzisstische Stabilisierung und für den dazu notwendigen spielerischen Umgang mit Größen-Phantasien zugestanden wird, wenn der Entwicklungs- und Experimentierspielraum für junge Frauen auch aus kulturellen Gründen eingeschränkt ist, so wirkt sich dies im Besonderen auf die Körperaneignung, aber auch auf die Bilder vom eigenen inneren und äußeren Geschlecht aus.

---

[1] Auch im Fall der Homosexualität sind die Repräsentanzen des weiblichen Innenraums mit Bildern des (mütterlichen) Ursprungs und des *zeugenden* (Eltern-)Paars verwoben.

Das weibliche Genitale und genitale Ängste

Bei aufmerksamer Lektüre der zahlreichen Theorien der weiblichen Genitalität fällt auf, dass in diesem Zusammenhang vornehmlich von der Vagina als dem weiblichen Geschlechtsorgan die Rede ist.

> So wird dem Mann ein gut zugängliches äußeres Genitale attestiert, wohingegen bei der Frau nahezu ausschließlich von einem im Körperinneren verborgenen, schwer zugänglichen Genitale die Rede ist, um dessen Schutz vor Penetration das Mädchen im Laufe seiner Entwicklung bemüht sein muss. Vernachlässigt wurde dagegen die Tatsache, dass die Frau durchaus ein zugängliches äußeres Genitale, nämlich die Vulva, besitzt.

Die Vulva hat auch innerhalb des psychoanalytischen Diskurses über Weiblichkeit und weibliche Genitalität allenfalls eine untergeordnete Bedeutung. Dies erscheint vor allem deshalb unangemessen, weil die Vulva die Klitoris einschließt, der eine entscheidende Rolle für die Sexualität der Frau zukommt. Darüber hinaus ist die Vulva, wenn auch nicht so exponiert wie das männliche Genitale, durchaus sichtbar und damit Teil der äußeren Körperrepräsentanz der Frau.

Kaum ein Organ ist in so vielfältiger Weise emotional besetzt wie das weibliche Genitale. Die Vulva als äußeres weibliches Geschlechtsteil macht einen ganz kleinen Teil der Körperoberfläche aus, nimmt aber im Erleben der Frau einen großen Raum ein. Durch ihre anatomische Lokalisation ist die Vulva weniger exponiert als das männliche Geschlechtsteil und vielleicht gerade aufgrund dieser Verborgenheit in besonderem Maße mit Intimität und Phantasien verbunden.

Die Umgangssprache tut sich schwer, die Vulva zu benennen. Umso plastischer aber wird der mit ihr assoziierte emotionale Hintergrund in Kunst, Mythologie und Religion ausformuliert. »Mit keinem anderen Körperteil der Frau sind so viele ambivalente Affekte verbunden ... Versachlichung, Rationalisierung, Faszination, Erregung, Anbetung und Abwehr durch Verkehrung des Affekts in sein Gegenteil, in Ekel und Ungeschehenmachen« (Rechenberger 1993, S. 287). Die Vulva wird in Verbindung gebracht mit Intimität, Lust und Sexualität, zugleich aber auch mit Verführung, Verwegenheit und Pornografie. Sie ist schamhaft besetzt und zugleich Gegenstand nüchterner medizinischer Betrachtung. Durch ihre Eigenschaft als »Tor zur Welt« beim Geburtsvorgang erhält sie Leben spendende Bedeutung. Sie kann jedoch laut Vogt (1985) auch archaische Ängste vor einem »Wiederverschlungenwerden« und damit vor »Entgrenzung, Auflösung und Tod« hervorrufen.

Auch die männlichen Phantasien bezüglich der Vulva sind durchaus ambivalent. So sind sie zwar einerseits von sexuellem Begehren bestimmt, sind aber nach Freud zugleich beeinflusst durch unbewusste Kastrationsängste.

All dies deutet darauf hin, dass mit dem weiblichen Genitale vielfältige unbewusste und ambivalente Assoziationen und entsprechend auch bei beiden Geschlechtern in der Adoleszenz typische Ängste und Bewältigungsversuche hervorgerufen werden. Doch auch für die Verarbeitung und Bewältigung dieser Ängste bestehen unterschiedliche Bedingungen mit entsprechenden Folgen für junge Männer und Frauen.

Körperbezogene Störungen

Störungen der psychischen Verarbeitung der körperlichen und sexuellen Veränderungen in der Adoleszenz können durch eine Verringerung oder Enteignung der Entwicklungsspielräume verursacht oder verstärkt werden. Diese können eingeschränkt sein, etwa durch familiale Dynamiken, in denen die adoleszenten Töchter funktionalisiert und dadurch an Selbstabgrenzung und Selbstbehauptung gehindert werden, wie nicht nur empirische Untersuchungen von Familien etwa mit essgestörten Patientinnen gezeigt haben (Flaake u. King 2003; Reich 1997; Reich u. Cierpka 1997), sondern auch Untersuchungen über die Reaktionen der Eltern auf die erste Menstruation und die Sexualität der Töchter verdeutlichen (Flaake 2001). Solche familialen Dynamiken sind ein Beispiel von vielen Strukturmerkmalen der herrschenden Geschlechterordnung, die noch immer die adoleszenten Spielräume von Mädchen verringern. Wird nun aber durch die möglichen Formen des Manipulierens, Einengens, Eindringens und Instrumentalisierens der Raum der Abgrenzung und narzisstischen Stabilisierung verringert, besetzt oder enteignet, so müssen bei weiblichen Adoleszenten umso mehr die Objekte im eigenen Körper beherrscht, die Ausbalancierung von Selbst- und Objekt-Grenzen ausschließlich nach innen gerichtet und Größen-Phantasien im Verhältnis zum eigenen Körper agiert werden. Solche Funktion können zum Beispiel **Schwangerschaften oder Abtreibungen** in der Adoleszenz haben, die nach dem Modus einer Sucht agiert werden, wie sie von Berger (1989, S. 248 ff.) beschrieben worden sind. Eine weitere Variante stellen **psychosomatische Beschwerden,** wie zum Beispiel Unterbauchschmerzen ohne spezifische Befunde, dar (die auch in Operationen wie z. B. fehlindizierte Appendektomien einmünden können) (Hontschik 1987; King 1992). Ein relativ neues Feld auch adoleszenten Agierens körperbezogener Ängste und Konflikte, welches in bestimmten Bereichen zugleich kulturelle Akzeptanz erfährt, sind operative Eingriffe im Kontext der **Schönheitschirurgie** (Ach et al. 2006; Gerisch 2006).

Andere Formen mit teilweise durchaus ähnlichen Funktionen stellen **Essstörungen** dar, bei denen über das Verschlingen, Auskotzen oder Verweigern der Nahrung der Körper als Objektbehältnis manipuliert, das Objekt in eigener Verfügung hineingenommen oder ausgestoßen oder schließlich das Objekt im Körper ausgehungert wird. Diese Bewältigungsversuche bedeuten zugleich im Verhältnis zu den ausgeführten adoleszent-hysterischen Mechanismen eine Verschärfung der Abwehrmanöver, die mit größeren Spaltungen verbunden sind oder sein können: Sind die Selbst-Objekt-Beziehungen instabiler, wird die Beziehung zwischen den Eltern besonders destruktiv erlebt, oder ist die Adoleszente einer besonders intrusiven Familiendynamik ausgesetzt, wie dies für Familien essgestörter Patientinnen vielfach festgestellt wurde, so muss die Abwehr verschärft und die regressive *Konkretisierung des Körpers* gesteigert werden. Analog zur Hypochondrie wird die Beschäftigung mit dem Körper als Objekt dann immer mehr zum Schutzwall.

> Schließlich kann es zum totalen narzisstischen Rückzug in den anorektischen Identitätsentwurf kommen (Schneider 1993), indem dem in der Adoleszenz aufdringlich gewordenen Körper jede Seinsmöglichkeit genommen wird, so als sei der Körper ein anderer im Verhältnis zum eigenen Ich. Damit wird der weibliche Körper als potenzielles Objektbehältnis oder als Ort der potenziellen Verschmelzung von Selbst und Objekt, als virtueller Ort und Behältnis eines neuen Ursprungs oder einer neuen Urszene gleichsam auf Null gesetzt: Aus diesem Körper kann nichts entstehen, in ihn kann nichts eindringen.

10.7.2 Externalisierende Verarbeitung männlicher Adoleszenter und typische Störungsbilder

Im Hinblick auf männliche Adoleszente stellt sich das Problem anders dar, wobei jedoch die Analogien nicht übersehen werden sollten: Auch in der männlichen Adoleszenz reibt sich zum einen die in vieler Hinsicht noch kindliche Psyche an ihrer geschlechtsreif herangewachsenen körperlichen Erscheinung, die schmerzlich das unumgängliche Ende der Kindheit signalisiert. Zugleich repräsentiert der Körper aber auch die Verheißungen des Größerwerdens, die Expansion und die potenzielle Fruchtbarkeit des erwachsenen Lebens – und damit sind wiederum, in einer weiteren Steigerung der Ambivalenz, auch Begrenzung, Endlichkeit und nicht zuletzt die herrschende Geschlechterordnung verbunden. Auch männliche Jugendliche reagieren auf diese Vielzahl hochambivalenter Bedeutungen, indem sie phasenweise den Körper zu verbergen und die Geschlechtlichkeit zu verleugnen suchen, um ihn dann wieder zur Darstellung von Konflikten zu verwenden. Konflikte und Gefühlszustände werden dabei expressiv verkörpert und oftmals mit großer Leidenschaft am eigenen Leib ästhetisiert.

> Auch männliche Adoleszente nehmen die ambivalenten Bedeutungen des Körpers wie auch der herrschenden Geschlechterordnung auf, indem sie mit ihm spielen, ihn aufs Spiel setzen und riskieren – und ihn zugleich zu beherrschen und zu kontrollieren versuchen.

Es findet sich allerdings eine geringere Anzahl von Arbeiten zur Entwicklung des (jungen) Mannes bzw. von Männlichkeit in der Adoleszenz. Man muss sich fragen, warum dieses Thema lange Zeit so wenig Interesse hervorgerufen hat. Erst in jüngerer Zeit hat dieses Thema größere Aufmerksamkeit gefunden (King u. Flaake 2005). Auffallend ist dabei die Tatsache, dass es im Zusammenhang mit der männlichen Sexualität bisher mehr Arbeiten zu Homosexualität und Perversion gab. Dies ist umso erstaunlicher, als auch die männliche Sexualität in den letzten Jahren enormen Veränderungen unterlag. Die früher bestehende Angst vor einer »drohenden« Schwangerschaft hat sich auf ein Minimum reduziert. Frauen sind in ihrer Sexualität sehr viel selbstbewusster geworden. Dadurch ist zwar auf der einen Seite ein enormer Druck von den Männern genommen worden, nicht mehr allein für die partnerschaftliche Sexualität verantwortlich zu sein, gleichzeitig sind Frauen aber auch fordernder geworden, was zu einer verbreiteten Verunsicherung von Männern geführt hat.

All diese Entwicklungen haben neben den familiären Veränderungen zu einem neuen Umgang mit Körper und Sexualität geführt (Schmidt 1993; Sigusch 1996), der sich auch im Umgang mit Kindern niederschlägt. Die kindliche Entwicklung hat sich gerade hinsichtlich der Identifizierung und Idealisierung von Vater und Mutter stark verändert, doch nach wie vor können Ängste vor Verschmelzung und Verlust von Selbstabgrenzung bei Jungen besonders intensiv sein, wenn die Bilder von Männlichkeit labil, die männlichen Identifizierungsmöglichkeiten prekär und männliche Binnendifferenzierung in diesem Sinne unkonturiert ist. Für männliche Adoleszente können dabei andere Verarbeitungsformen näherliegen. Dazu gehört typischerweise, die Gefahrenquelle im Außen bzw. im Inneren der anderen zu lokalisieren und entsprechende Kontrolle ausüben zu wollen (King 2006). Die adoleszente Devise lautet dann beispielsweise: das Objekt – im Äußeren – sichern und zugleich die eigene Unabhängigkeit vollständig bewahren. Diese Konfiguration kann die Vorstellungen von Liebesbeziehungen prägen (Meuser 1998, S. 246). Aber auch in anderen Bereichen kann sich diese besondere Form von Bezugnahme durchsetzen: nämlich perfekte Kontrolle über die Welt der Objekte einüben und zugleich vollkommen autonom bleiben zu wollen.

Da diese Gleichung niemals aufgeht, können solche psychischen Konfigurationen oft nur mit einem Schuss **Gewaltsamkeit** aufrechterhalten werden. Die Gewaltsamkeit richtet sich potenziell gegen die Objekte, die kontrolliert werden müssen, im Besonderen aber kann sie sich auch auf riskante Weise in das forcierte Bild der eigenen Autonomie einschleichen – indem eben z. B. der eigene Körper als möglichst perfektes Medium der Bemeisterung der Welt und der anderen aufs Spiel gesetzt wird und reale Gefährdung geleugnet werden muss. Die Größe der Gefahr, die dabei im Äußeren eingegangen wird, kann als Ausdruck und Spiegelung innerer Bedrohung verstanden werden. Dabei kann angenommen werden, dass vor allem dann, wenn die verinnerlichte Erfahrung eines fürsorglich-liebevollen, in diesem Sinne väterlichen Vaters fehlt, die eigene Männlichkeit in der Intimität zu zerschmelzen und sich die Dramatik der Mannwerdung geradezu gewaltsam zu verschärfen drohen. Die Identifizierung mit einem fürsorglichen und väterlichen Vater könnte demgegenüber eine Brücke schlagen in dem adoleszenten Ringen darum, das Streben nach Selbstständigkeit und Abgrenzung und die Sehnsucht nach Intimität und Bindung konstruktiver zu verbinden.

Umgekehrt sind Ängste vor Selbstverlust zwangsläufig dort am größten, wo das innere Bild des Männlichen, wie es wesentlich auch aus dem Bild des Vaters entworfen wird, prekär oder unkonturiert ist, insbesondere auch dort, wo das Bild des Vaters nicht mit Generativität und Bezogenheit verknüpft werden kann. Dort kann die neu herangewachsene männliche Körperlichkeit aufs Spiel gesetzt und adoleszenztypisches Risikoverhalten gefährlich zugespitzt werden.

> Zusammenfassend kann daher festgehalten werden, dass männliche Adoleszente eher zu externalisierenden und manischen Bewältigungsformen neigen, bei denen Objekte im Außen manipuliert und OmnipotenzPhantasien beim Aufs-Spiel-Setzen des Körpers im Außen oder im Verhältnis zum anderen Körper agiert werden (Hontschik 2005; Meuser

Die typischen Gefährdungen und Symptomatiken tauchen mitunter weniger in den Statistiken klinischer Behandlungen (wie etwa bei den weiblichen Essstörungen) als in jenen der Verkehrsunfälle auf, die ja zu den häufigsten Todesursachen männlicher Adoleszenter zählen, oder in Statistiken jugendlicher Delinquenz.

Allerdings ist bei der Betrachtung männlicher Entwicklungen zu berücksichtigen, dass auch in der männlichen Adoleszenz weibliche Identifizierungen und in diesem Sinne auch unbewusste Phantasien über *Objekte im Innern des Körpers* durchgespielt werden – gerade Essstörungen bei männlichen Adoleszenten, aber auch Unterbauchbeschwerden u. Ä. können Hinweise auf entsprechende Identifizierungen bzw. Abwehrformen sein.

10.8 Körper und Sexualität in adoleszenten Familiendynamiken

Die Betrachtung der Sexualität im letzten Jahrhundert wurde durch eine Entkriminalisierung und Entpathologisierung bestimmter sexueller Verhaltens- und Erlebensweisen, eine Verminderung der sexuellen Unterdrückung, Erkenntnisse der Sexualphysiologie und Erfolge der Sexualtherapie in der Behandlung sexueller Funktionsstörungen verändert.

Person (1999), eine der wenigen Psychoanalytikerinnen, die sich mit diesen Veränderungen beschäftigt hat, nennt in ihrer

10.8 Körper und Sexualität in adoleszenten Familiendynamiken

Arbeit zur Sexualität im letzten Jahrhundert folgende in der Psychoanalyse vernachlässigte Aspekte:
- die Anerkennung der Vielfalt sexueller Verhaltensweisen einschließlich der Feststellung der weiten Verbreitung homosexueller Verhaltensweisen
- die Feststellung der weiten Verbreitung der Masturbation und die Anerkennung, dass diese ohne psychische oder körperliche negative Folgen sei
- die Befreiung der weiblichen Sexualität durch neue Erkenntnisse über Erregbarkeit und Orgasmus
- die Verbreitung einer sicheren Empfängnisverhütung
- die Diskussion der Begriffe Männlichkeit und Weiblichkeit

Sie erwähnt aber auch neue Probleme, die in den letzten Jahrzehnten dazukamen:
- sexuelles Glück erwies sich als utopische Phantasie und als illusorisch
- Auslösung einer neuen, mitunter negativen Bewertung männlicher Sexualität durch die Diskussion über die Gefahren männlicher Aggression (Vergewaltigung, sexueller Missbrauch, sexuelle Belästigung)
- AIDS führte zum Auftauchen neuer Ängste und zu dadurch bedingten Veränderungen des Sexualverhaltens vor allem unter den Jugendlichen
- die Auswirkungen der modernen Reproduktionsmedizin auf die Sexualität

In der Adoleszenz junger Männer und Frauen wirken sich diese Veränderungen direkt und indirekt aus. In vermittelter Weise sind sie bedeutsam aufgrund der damit verbundenen Wandlungen in den Generationenbeziehungen: Sowohl bei der Darstellung weiblicher als auch männlicher Formen der Verarbeitung adoleszenter Anforderungen wurde hervorgehoben, dass die intergenerationalen Dynamiken im Allgemeinen und die Familienbeziehungen der Adoleszenz im Besonderen eine bedeutsame Rolle spielen.

Die körperlichen Veränderungen und die adoleszent intensivierte sexuelle Aura der Töchter und Söhne stellen die familiale Dynamik, die Integrationskapazität der Väter und Mütter bzw. des elterlichen Paars und dessen (im psychischen Sinne) generative Potenziale und Kompetenzen vor beträchtliche neue Herausforderungen. Zwischen Eltern und adoleszenten Kindern entstehen neue Varianten von Rivalität und Verführung. Beide Elternteile sind dabei immer – in der zugespitzten Offenkundigkeit der generationellen Differenz mit inzwischen geschlechtsreifen und sexuell *potenten* Kindern – auch mit dem Älterwerden und den Grenzen und Möglichkeiten ihrer Paarbeziehung konfrontiert. Die Paarbeziehung kann in eine durch die Adoleszenz der Kinder ausgelöste Krise geraten. Dabei kommt es immer wieder auch zu abwehrenden und projektiven Verarbeitungsformen – sei es, indem sexuelle Wünsche und Phantasien in den Körper der Adoleszenten »verlegt und dort in Schach zu halten versucht« werden (Flaake 2001, S. 230), sei es, indem »Attraktivität und verführerische Kraft des … Körpers zu bannen versucht (werden), indem er zum Objekt … taxierender Blicke und Kommentierungen gemacht und herabgesetzt wird« (Flaake 2001, S. 230).

Da solche Konstellationen regelmäßig auch an konventionelle Muster der Geschlechterbeziehungen anknüpfen, wird, wie beschrieben wurde, insbesondere der töchterliche Körper leicht zum Projektionsfeld erhoben und instrumentalisiert. Doch geschlechtsübergreifend werden im Verhältnis zwischen Eltern und adoleszenten Kindern erotische und aggressive, von Neid, Eifersucht und Rivalität gespeiste Empfindungen virulent, die mittels projektiver und kontrollierender Verarbeitungen abzuwehren versucht werden können. Sexuelle Empfindungen, Verführung und Rivalität können in grenzüberschreitenden Kommentaren und Einmischungen zum Ausdruck kommen und die selbstregulative Aneignung des sexuellen adoleszenten Körpers auf verstörende Weise behindern (Flaake 2005).

> Sowohl bei Vätern als auch bei Müttern werden mit der Adoleszenz der Kinder die jeweils eigenen Erfahrungen und Verarbeitungen der Adoleszenz aktiviert (King 2004). In dem Maße, wie in der Entwicklungsgeschichte der Eltern adoleszente Integrationsanforderungen ungelöst geblieben sind, setzen sich problematische Lösungen oftmals in der weiteren Lebensgeschichte fort.

Aber auch integrative Lösungen können an markanten biografischen Punkten etwa in kontraproduktive Lösungen umkippen und müssen im weiteren Lebensverlauf immer wieder neu ausbalanciert werden. Als markante biografische Punkte können dabei insbesondere die im späteren Leben zu bewältigenden Themen der Produktivität und der Generativität gelten – und zwar sowohl im Hinblick auf Aufbau als auch auf Abbau oder Verlust produktiver Potenz. Einen derartigen Krisenpunkt stellt nun gerade die Adoleszenz der eigenen Kinder dar, die mit ihren unbewältigten Themen und den schmerzlichen Seiten der Generationenabfolge konfrontiert. Dies verweist darauf, dass *Ablösung von den Eltern* sowohl sozial als auch psychisch immer auch eine strukturelle *Ablösung der Eltern* bzw. der jeweiligen Elterngeneration bedeutet und entsprechende individuelle wie intergenerationale Konfliktpotenziale in sich birgt.

> Je nachdem, welche Verarbeitungsmöglichkeiten den Vätern und Müttern zur Verfügung stehen, und in Abhängigkeit davon, wie die neu aufgeflammten Thematiken der adoleszenten Individuierung und Sexualität in der Paarbeziehung der Eltern bewältigt werden, wird der Körper der anderen auch als solcher respektiert und die Sexualität der Adoleszenten als neue Grenzlinie zwischen Eltern und Kind anerkannt – oder eben auf bedrängende manipulative Weise ins Visier genommen oder zu negieren versucht.

Die Aneignungen und Auseinandersetzungen mit Geschlecht und Körper sind daher sowohl vonseiten der Eltern und Erwachsenen als auch vonseiten der jungen Frauen und Männer von Ambivalenzen geprägt, die unterschiedlich bewältigt werden.

Literatur

Abraham K. Über Ejakulatio praecox. In: Abraham K. Gesammelte Schriften. Bd. I. Frankfurt/Main: Fischer 1917/1982; 46–63.

Ach JS, Pollmann A, Wolfschmidt M (Hrsg). No body is perfect – Baumaßnahmen am menschlichen Körper. Bielefeld: transcript 2006.

Berger M. Zur Bedeutung des »Anna-selbdritt«-Motivs für die Beziehung der Frau zum eigenen Körper und zu ihrem Kind. In: Hirsch M (Hrsg). Der eigene Körper als Objekt. Zur Psychodynamik selbstdestruktiven Körperagierens. Berlin: Springer 1989; 241–77.

Breitenbach E. Mädchenfreundschaften in der Adoleszenz. Eine fallrekonstruktive Untersuchung von Gleichaltrigengruppen. Opladen: Leske + Budrich 2000.

Bründl P. Adoleszente Entwicklungskrise in der Übertragung. In: Endres M (Hrsg). Krisen im Jugendalter. Gerd Biermann zum 80. Geburtstag. München: Ernst Reinhardt 1994; 220–36.

Chehrazi S. Zur Psychoanalyse der Weiblichkeit. Psyche 1988; 42: 307–27.

Dannenbeck C, Mayr M, Stich J. Sexualität lernen: Zeit brauchen, Zeit lassen, Zeit haben. Diskurs 1999; 1: 36–43.

Dolto F. Weibliche Sexualität. Die Libido und ihr weibliches Schicksal. Stuttgart: Klett Cotta 2000.

Flaake K. Körper, Sexualität, Geschlecht. Studien zur Adoleszenz junger Frauen. Gießen: Psychosozial-Verlag 2001.

Flaake, K. Junge Männer, Adoleszenz und Familienbeziehungen. In: King V, Flaake K (Hrsg). Männliche Adoleszenz. Frankfurt/Main: Campus 2005; 99–120.

Flaake K, King V (Hrsg). Weibliche Adoleszenz. Zur Sozialisation junger Frauen. Weinheim: Beltz 2003.

Freud S. Drei Abhandlungen zur Sexualtheorie. Gesammelte Werke. Bd. V. London: Imago 1905.

Gerisch B. »Keramos Anthropos«: Psychoanalytische Betrachtungen zur Genese des Körperselbstbildes und dessen Störungen. In: Ach JS, Pollmann A, Wolfschmidt M (Hrsg). No body is perfect – Baumaßnahmen am menschlichen Körper. Bielefeld: transcript 2006; 131–61.

Heigl-Evers A, Boothe-Weidenhammer B. Der Körper als Bedeutungslandschaft: die unbewusste Organisation der weiblichen Geschlechtsidentität. Bern: Huber 1988.

Hirsch M. Vorwort. In: Hirsch M (Hrsg). Der eigene Körper als Objekt. Berlin: Springer 1989a; VII–X.

Hirsch M. Der eigene Körper als Objekt. In: Hirsch M (Hrsg). Der eigene Körper als Objekt. Berlin: Springer 1989b; 1–8.

Hirsch M. Psychogener Schmerz. In: Hirsch M (Hrsg). Der eigene Körper als Objekt. Berlin: Springer 1989c; 278–306.

Hontschik B. Theorie und Praxis der Appendektomie. Köln: Pahl-Rugenstein 1987.

Hontschik B. Das Ikarus-Syndrom. In: King V, Flaake K (Hrsg). Männliche Adoleszenz. Frankfurt/Main: Campus 2005; 325–40.

Kerz-Rühling I. Psychoanalyse und Weiblichkeit. Eine Studie zum Wandel psychoanalytischer Konzepte. Z Psychoanal Theor Praxis 1991; 2: 293–316.

King V. Geburtswehen der Weiblichkeit – verkehrte Entbindungen. Zur Konflikthaftigkeit der psychischen Aneignung der Innergenitalität in der Adoleszenz. In: Flaake K, King V (Hrsg): Weibliche Adoleszenz. Zur Sozialisation junger Frauen. Frankfurt/Main: Campus 1992; 103–25.

King V. Narzissmus und Objektbindung in der weiblichen Adoleszenz: Wandlungen der Autonomie. Z Psychoanal Theor Praxis 2000; XV/4: 386–409.

King V. Die Entstehung des Neuen in der Adoleszenz. Individuation, Generativität und Geschlecht in modernisierten Gesellschaften. 2. Aufl. Wiesbaden: VS-Verlag für Sozialwissenschaften 2004.

King, V. Adoleszente Inszenierungen von Körper und Sexualität in männlichen Peer-Groups. AKJP 2006; 2: 163–84.

King V, Flaake K (Hrsg). Männliche Adoleszenz. Frankfurt/Main: Campus 2005.

Küchenhoff J. Körper und Sprache. Forum Psychoanal 1987; 3: 288–99.

Kutter P. Emotionalität und Körperlichkeit. Prax Psychother Psychosom 1980; 25: 131–45.

Laufer ME. The adolescent's use of the body in object relationships and in the transference. Psychoanal Study Child 1981; 36: 163–80.

Laufer ME. The role of passivity in the relationship to the body during adolescence. Psychoanal Study Cild 1996; 51: 348–64.

Masters W, Johnson V. Human sexual response. Boston: Little Brown 1966 (dt. Die sexuelle Reaktion. Hamburg, Reinbek: Rowohlt 1970).

Mayer E. Towers and enclosed spaces: A preliminary report on gender differences in childrens's reactins to block structures. Psychoanal Inq 1991; 11: 480–510.

Mertens W. Entwicklung der Psychosexualität und der Geschlechtsidentität. Bd. 1: Geburt bis 4. Lebensjahr. Stuttgart: Kohlhammer 1992.

Meuser M. Gefährdete Sicherheiten und pragmatische Arrangements. Lebenszusammenhänge und Orientierungsmuster junger Männer. In: Oechsle M, Geissler B (Hrsg). Die ungleiche Gleichheit. Junge Frauen und der Wandel im Geschlechterverhältnis. Opladen: Leske + Budrich 1998; 237–58.

Meuser M. Strukturübungen. Peergroups, Riskiohandeln und die Aneignung des männlichen Geschlechtshabitus. In: King V, Flaake K (Hrsg). Männliche Adoleszenz. Frankfurt/Main: Campus 2005; 309–24.

Montagu A. Körperkontakt. Die Bedeutung der Haut für die Entwicklung des Menschen. Stuttgart: Klett-Cotta 1997.

Oliver C. Jocastes Kinder. Die Psyche der Frau im Schatten der Mutter. Düsseldorf: Claassen 1987.

Person E. The sexual Century. New Haven, London: Yale University Press 1999.

Rechenberger I. Psychosomatische Aspekte von Vulvabeschwerden. Gynäkologe 1993; 26: 287–92.

Reich G. Psychodynamische Aspekte der Bulimie und Anorexie. In: Reich G, Cierpka M. Psychotherapie der Essstörungen. Krankheitsmodelle und Therapiepraxis – störungsspezifisch und schulenübergreifend. Stuttgart: Thieme 1997; 44–60.

Reich G, Cierpka M. Psychotherapie der Essstörungen. Krankheitsmodelle und Therapiepraxis – störungsspezifisch und schulenübergreifend. Stuttgart: Thieme 1997.

Richter-Appelt H. Frühkindliche Körpererfahrungen und Erwachsenensexualität. In: Dannecker M, Reiche R (Hrsg). Sexualität und Gesellschaft. Frankfurt/Main: Campus 2000a; 383–95.

Richter-Appelt H. Sexuelle Funktionsstörungen und weibliche Sexualität: Anmerkungen zur aktuellen Debatte. Z Sexualforsch 2000b; 13: 243–51.

Richter-Appelt H. Sexuelle Störungen: Psychoanalytische Psychotherapie. In: Senf W, Broda M (Hrsg). Praxis der Psychotherapie: Ein integratives Lehrbuch: Psychoanalyse, Verhaltenstherapie, Systemische Therapie. Stuttgart: Thieme 2000c; 537–48.

Rohde-Dachser C. Expedition in den dunklen Kontinent. Weiblichkeit im Diskurs. Heidelberg: Springer 1991.

Roiphe H, Galenson E. Infantile Origins of Sexual Identity. New York: International University Press 1981.

Schmidt G. Jugendsexualität. Sozialer Wandel, Geschlechtsunterschiede, Konfliktfelder. Stuttgart: Enke 1993.

Schneider G. Sich öffnen – sich verschließen: Zur Dialektik von Grundregel und anorektischem Widerstand. In: Seidler G (Hrsg). Magersucht – öffentliches Geheimnis. Göttingen: Vandenhoeck & Ruprecht 1993; 234–56.

Sigusch V (Hrsg). Sexuelle Störungen und ihre Behandlung. Stuttgart: Thieme 1996; 142–65.

Starke K. Sexualität und ‚wahre Liebe'. Fragen an 14- bis 17-jährige Jugendliche. Diskurs 1999; 1: 30–6.

Streeck-Fischer A. Entwicklungslinien der Adoleszenz. Narzissmus und Übergangsphänomene. Psyche 1994; 6/48: 509–28.

Vogt R. Der angsterregende Aspekt der Vulva. Sexualmed 1985; 14: 145–7.

Waldenfels B. Das leibliche Selbst. Vorlesungen zur Phänomenologie des Leibes. Frankfurt/Main: Suhrkamp 2000.

11 Körperliche und biologische Entwicklung in der Adoleszenz im Übergang zum Erwachsenenalter

Annette Grüters-Kieslich

Inhalt

11.1	Einleitung	126
11.2	Körperliche Veränderungen während der Pubertät	126
11.3	Biologische Veränderungen in der Adoleszenz	127
11.4	Abweichungen der normalen Pubertätsentwicklung	129
11.5	Fazit	130
Literatur		130

Zusammenfassung

Dargestellt werden die biologischen Grundlagen der sexuellen Reifung beider Geschlechter im Rahmen der normalen Pubertätsentwicklung und ihrer möglichen Abweichungen. Dabei werden die zugrunde liegenden biologischen Regulationsmechanismen in ihrer natürlichen Varianz ebenso besprochen wie die Ursachen für pathologische Abweichungen.

11.1 Einleitung

Die Pubertät als Übergang vom Kindes- zum Erwachsenenalter ist eine Phase des Lebens, die aufgrund der physischen und psychischen Veränderungen von den Jugendlichen und ihrer Umwelt als einschneidend empfunden wird. **Körperlich** ist der Beginn der Pubertät durch das Auftreten der sekundären Geschlechtsmerkmale gekennzeichnet: bei Mädchen durch die beginnende Veränderung der Brust, bei Jungen durch die Vergrößerung der Hoden und bei beiden Geschlechtern durch das Auftreten der Schambehaarung. **Biologisch** ist der Beginn der Pubertät durch die ansteigende basale und beginnende pulsatile Sekretion der Gonadotropine bedingt, die dann die ansteigende Sekretion von Sexualsteroiden aus den Gonaden – Testosteron aus den Hoden und Östrogene und Gestagene aus den Ovarien – induziert. Bislang ist nicht geklärt, welche molekularen Mechanismen dazu führen, dass die Gonadotropinsekretion ansteigt und ein pulsatiles Sekretionsprofil etabliert wird. Zwar wurden in den letzten Jahren hypothalamisch exprimierte Peptide (Kisspeptin, Prokinectin, EAP) und Rezeptoren (GPCR 54) identifiziert, die eine Rolle bei der Induktion der Pubertätsentwicklung spielen, ihre Wirkungsweise ist jedoch weitgehend unbekannt.

11.2 Körperliche Veränderungen während der Pubertät

Die **Entwicklung der sekundären Geschlechtsmerkmale** wird nach Tanner in fünf Stadien eingeteilt (Tanner 1962). Die Brustentwicklung bei **Mädchen** kann einseitig beginnen und auch für einige Monate einseitig bleiben. Sie beginnt mit einer Vergrößerung des Brustdrüsenkörpers und einer leichten Vergrößerung des Durchmessers der Areola (Stadium 1). Bis zum Stadium 3 findet eine weitere Vergrößerung des Brustdrüsenkörpers und der Areola statt. Im Stadium 4 hebt sich die Areola vom Brustdrüsenkörper ab und die reife weibliche Brust wird mit Stadium 5 bezeichnet. Bei Mädchen findet sich die Schambehaarung im Stadium 2 mit einzeln stehenden Haaren im Bereich der großen Labien (Pubarche), im Stadium 3 wird die Schambehaarung dichter und krauser, im Stadium 4 ist die Fläche, die von der Schambehaarung bedeckt wird, noch geringer als bei Erwachsenen und im Stadium 5 ist die Ausbreitung im Sinne eines umgekehrten Dreiecks mit teilweiser Ausdehnung auf die Innenseite der Oberschenkel, die charakteristisch für Erwachsene ist, erreicht. Normalerweise geht bei Mädchen die Entwicklung der Schambehaarung der Brustentwicklung voraus. Während die Brustentwicklung Ausdruck der steigenden Östrogensekretion der Ovarien ist (Gonadarche), ist die Schambehaarung Ausdruck der steigenden Androgensekretion der Nebennierenrinde (Adrenarche).

Bei **Jungen** entwickeln sich infolge der beginnenden Testosteronsekretion der Hoden sowohl der Penis als auch die Schambehaarung. Das erste Zeichen der beginnenden Pubertät ist jedoch die Vergrößerung der Hoden. Diese wird von den Jungen in der Regel nicht selbst registriert und entgeht auch oft der körperlichen Untersuchung beim Arzt. Letztendlich kann eine Vergrößerung der Hoden nur valide durch den Vergleich der Hodengröße mit einem Orchidometer bestimmt werden und sollte mindestens 4 ml betragen. Die Größe des Penis steigt von einem präpubertären Wert von durchschnittlich 6 cm auf im Mittel 12,5 cm an. Es muss beachtet werden, dass es hier ethnische Unterschiede gibt (Grumbach u. Styne 1998). Bei Jungen gelten als weitere Merkmale der Pubertätsentwicklung der Stimmbruch und der Bartwuchs, der jedoch in der Regel erst signifikant ist, wenn das Stadium 5 nach Tanner erreicht ist (Biro et al. 1995).

Bei beiden Geschlechtern ist der Beginn der Pubertät durch das Auftreten von Hautunreinheiten (Mitessern, Akne) sowie einer zunehmenden Seborrhö gekennzeichnet.

Das durchschnittliche **Alter bei Pubertätsbeginn** scheint sich insbesondere bei Mädchen zu verringern (Herman-Giddens et al. 1997), aber es besteht eine erhebliche Variation, die durch genetische und umweltbedingte Faktoren bestimmt ist. So wurde gezeigt, dass 50–60 % der Variation durch genetische Faktoren bestimmt ist (Stavrou et al. 2002). Vor allem aber wird der Beginn der Pubertät durch ernährungsabhängige Faktoren beeinflusst. So zeigte eine große Studie, dass die Pubertätsentwicklung bei farbigen Mädchen in den USA bis zu zwei Jahren und bei Mädchen kaukasischer Abstammung ein Jahr früher beginnt, als nach früheren Untersuchungen beschrieben (Kaplowitz et al. 1999; Tanner 1962), mit einem Beginn der Brustentwicklung im Mittel mit 9,96 Jahren (7–13 Jahre) bei weißen Mädchen und mit 8,87 Jahren (6–13 Jahre) bei farbigen Mädchen. Allerdings werden diese Ergebnisse kontrovers diskutiert, da keine körperliche Untersuchung der Mädchen erfolgte und die Ergebnisse auf der Inspektion der bekleideten Mädchen und anamnestischen Angaben beruhen.

Das **Alter bei Menarche,** das bislang im Mittel bei 13,5 Jahren angenommen wurde, lag in dieser Studie mit 12,8 Jahren ebenfalls um mehr als ein halbes Jahr früher (Kaplowitz 2004). Auch der Eintritt der Menarche wird durch genetische und umweltbedingte Faktoren sowie die Ernährung reguliert.

In Deutschland wird derzeit weiterhin von einem Beginn der Brustentwicklung in einem Alter von 10,5 Jahren und einem Alter bei Menarche von 13,4 Jahren ausgegangen.

Der Pubertätsbeginn bei Jungen hat eine geringere Variation und es wurde bislang auch nicht von einer Akzeleration berichtet. Ein Beginn der Pubertät zwischen dem Alter von 9 bis 13,5 Jahren wird als normal angesehen (Grumbach u. Styne 1998; Kaplan u. Grumbach 1990; Stavrou et al. 2002). Im Mittel ist die Pubertät bei Mädchen mit 15–16 Jahren, bei Jungen mit 16–18 Jahren abgeschlossen.

Ein weiteres wichtiges körperliches Merkmal der Pubertät ist die Wachstumsbeschleunigung, auch **pubertärer Wachstumsschub** genannt. Vor der Pubertät erreicht das Wachstum einen Tiefstand von im Mittel 5 cm/Jahr, während der Pubertät beträgt die Wachstumsgeschwindigkeit 7–9 cm/Jahr (Stavrou et al. 2002).

11.3 Biologische Veränderungen in der Adoleszenz

11.3.1 Adrenarche

Die erste hormonelle Veränderung in der Pubertät ist der Anstieg der Sekretion von Androgenen aus der Zona-reticularis-Nebennierenrinde. Nebennierenandrogene (Androstendion, Dehydroepiandrosteron [DHEA] und Dehydroepiandrosteronsulfat [DHEAS]) werden in geringen Mengen auch vor der Pubertät sezerniert und ihre Spiegel im Serum steigen mit dem Alter an, während die Kortisolproduktion nicht stimuliert wird (Kaplan u. Grumbach 1990). Der Anstieg der Androgensekretion, insbesondere des DHEAS, führt zur sogenannten »Adrenarche«, die nur bei Primaten beobachtet wird (Smail et al. 1982). Die Regulation, die zum Eintritt der Adrenarche führt, ist weitgehend unbekannt. In letzter Zeit wurden Studien durchgeführt, die darauf hinweisen, dass insbesondere Insulin und Leptin eine wesentliche Rolle für das Wachstum der Nebenniere und die Adrenarche spielen (Biason-Lauber et al. 2000).

Die Proliferation der Zona reticularis und die Regulation der Steroidbiosynthese verlaufen in Anteilen unabhängig von zirkulierenden Faktoren. In der Steroidbiosynthese aus dem Cholesterin spielt für die Adrenarche insbesondere die Umwandlung von Hydroxypregnenolon in DHEA durch Aktivierung der 17,20-Lyase-Aktivität eine entscheidende Rolle. Die DHEA-Sulfotransferase katalysiert die Umwandlung von DHEA in DHEAS.

Der Anstieg der Nebennierenandrogene führt zum Auftreten der Scham- und Achselbehaarung und zu gesteigerter Seborrhö (Schweiß, fettiges Haar, Akne). Die Adrenarche wird als völlig separater Prozess angesehen, daher kann sie bei einer verzögerten zentralen Pubertät zeitgerecht auftreten; bei einer Pubertas praecox vera können die klinischen Zeichen der Adrenarche komplett fehlen.

11.3.2 Zentrale Regulation der Gonadenfunktion

Dem Gonadotropin-Releasing-Hormon (GnRH), einem Decapeptid, das in einer relativ kleinen Zahl von Neuronen produziert wird, die vom Riechkolben zum Hypothalamus projizieren, kommt in der Auslösung der Pubertät eine entscheidende Funktion zu. Die Stimulation der Hypophysenvorderlappenzellen durch GnRH ist für den Anstieg der Gonadotropinsekretion (luteinisierendes Hormon [LH] und follikelstimulierendes Hormon [FSH]) in der Pubertät verantwortlich. Es wurden zwei Neuronenpopulationen beschrieben, die als GnRH-I- und GnRH-II-Neurone benannt wurden, wobei nur die GnRH-I-Neurone bei der Pubertätsentwicklung und der

Fertilität des Menschen eine Rolle spielen. Die GnRH-I-Neurone haben bereits in der Embryonalentwicklung eine nachweisbare Aktivität, die nach der Geburt zunächst »abgeschaltet« wird. Im Alter von drei bis vier Monaten kommt es zu einer geringen Aktivität mit einem messbaren Anstieg der Sexualsteroide, die auch als Minipubertät bezeichnet wird. Erst in der Pubertät kommt es dann erneut zu einem Anstieg der GnRH-Sekretion und der Gonadotropinausschüttung aus der Hypophyse, die auch pulsatiles Sekretionsmuster aufweisen (Crofton et al. 1997). Die qualitativen und quantitativen Veränderungen der Gonadotropinsekretion, beruhend auf einer zunehmend pulsatilen GnRH, sind bereits etwa ein bis zwei Jahre vor Auftreten der sekundären Geschlechtmerkmale biochemisch nachweisbar. Der erste Anstieg der Gonadotropinsekretion ist nachts oder durch Stimulation mit exogenem GnRH zu verzeichnen. Daher kann dies zur Differenzierung eines präpubertären Status von einer beginnenden Pubertät herangezogen werden. Während der Pubertät nehmen die Pulsfrequenz und die Pulsamplitude der spontanen Gonadotropinsekretion zu, die dann auch während des Tages erfolgt. Inhibin, ein Glykoprotein der TGF-β-Familie, wird vornehmlich von den Sertoli-Zellen des Hodens und den Granulosazellen des Ovars produziert und moduliert die FSH-Sekretion aus der Hypophyse. LH and FSH haben auch eine negative Rückkopplung auf die GnRH-Sekretion des Hypothalamus. Testosteron, Androstendion und Östradiol hemmen sowohl die GnRH- als auch die Gonadotropinsekretion.

Die Funktion des Hormons Melatonin, das von der Pinealis sezerniert wird, wird für die Pubertätsentwicklung kontrovers diskutiert. Obwohl der Anstieg der nächtlichen LH-Amplitude gleichzeitig mit der Melatoninsekretion erfolgt und eine Pubertas praecox bei Tumoren der Pinealis beobachtet wird, ist ein kausaler Zusammenhang zwischen einer gesteigerten Melatoninsekretion und Induktion der Pubertät nicht nachgewiesen (Crofton et al. 1997).

Die GnRH-Sekretion des Hypothalamus wird reguliert, indem periphere und zentrale Signale integriert werden, wie z. B. durch exzitatorische Aminosäuren (z. B. Glutamin) und Neurotransmitter (GABA). So beeinflussen Sexualsteroide, Nebennierenandrogene, Schilddrüsenhormone, Wachstumshormon und IGF-1, Leptin und Insulin die GnRH-Sekretion.

11.3.3 Neuroendokrine Regulation der GnRH-Sekretion

In jüngster Zeit wurden drei Transkriptionsfaktoren identifiziert, Oct-2, NKX2.1 und EAP-1, die als regulierende Proteine der GnRH-Sekretion eine wichtige Funktion haben. Sie regulieren die Expression von Genen, die sowohl in der Zellfunktion als auch in der Interaktion von Zellen eine Rolle spielen.

Während Oct-2 vorwiegend in Astrozyten exprimiert wird und die hypothalamische Expression während der Adoleszenz ansteigt (Treacy u. Rosenfeld 1992), wird NKX2.1 vorwiegend in Neuronen und Gliazellen des Hypothalamus exprimiert und stimuliert die GnRH- und KiSS-1-Transkription (Rampazzo et al. 2000). EAP-1 (C14ORF4) stimuliert die Expression von Genen, die für den Eintritt der Pubertät bedeutsam sind. Die Ausschaltung der EAP-1-Expression verzögerte im Tiermodell den Eintritt der Pubertät (Heger et al. 2008).

Die Aktivität und koordinierte Interaktion dieser Transkriptionsfaktoren ist somit die Grundvoraussetzung für einen normalen Pubertätsbeginn.

11.3.4 Zentrale Signalwege

In den letzten zwei Jahren ist die Relevanz des KiSS-1-/GPR54-Systems für die Integration peripherer und zentraler Signale evident geworden (Tena-Sempere 2006).

Kisspeptin/Metastin (KiSS-1) ist ein Protein mit 53-Aminosäuren (Ohtaki et al. 2001; Steeg et al. 2003), dessen Spaltprodukt an den GPR54-Rezeptor bindet. KiSS-1-Neurone finden sich in der präoptischen Region und im Nucleus arcuatus des Hypothalamus (Irwig et al. 2005; Shahab et al. 2005). GPR54-exprimierende Zellen finden sich in GnRH-Neuronen und in der Adenohypophyse (Gottsch et al. 2004; Kotani et al. 2001; Muir et al. 2001). Beim Menschen gehen Mutationen des GPR54 mit einem hypogonadotropen Hypogonadismus einher (de Roux et al. 2003).

Die KiSS-1-Wirkung auf GnRH-Neurone führt zu einer Steigerung der LH- und FSH-Sekretion. Im Tiermodell findet sich ein Anstieg der KiSS-1- und GPR54-mRNA-Spiegel mit Beginn der Pubertät (Navarro et al. 2004; Seminara et al. 2003). Eine negative Regulierung der KiSS-1-Expression im Hypothalamus durch Östrogene scheint auf den Nucleus arcuatus begrenzt zu sein. Darüber hinaus scheint KiSS-1 an der Übermittlung der Information über den Ernährungsstatus beteiligt zu sein (Ojeda et al. 2006).

Die Hemmung der Aktivität von GnRH-Neuronen erfolgt z. B. durch GABAerge Neurone, daher beobachtet man bei Adoleszenten, die eine Epilepsie haben und mit Valproat behandelt werden, häufig eine Verzögerung der Pubertät (El-Khayat et al. 2003). Durch unterschiedliche Psychopharmaka, insbesondere Neuroleptika, kann die endokrine Sekretion beeinflusst werden. Dies äußert sich unter anderem durch eine Prolaktinerhöhung, die bei Jungen zur Gynäkomastie und bei Mädchen zur Galaktorrhö führen kann.

11.3.5 Integration peripherer Signale

Leptin, ein Hormon aus den Fettzellen, ist das entscheidende Signal der Peripherie, das die Information über die Energiereserven an das ZNS vermittelt und somit die neuroendokrinen Mechanismen in Gang setzt, die auch für den Eintritt der

Pubertät von Bedeutung sind. Leptin bindet hierbei an transmembranäre Rezeptoren und reguliert eine Anzahl von hypothalamischen Neuropeptiden, die für die Kontrolle der Energieaufnahme und Energieverbrennung verantwortlich sind. Leptin vermittelt so dem ZNS die kritische Menge von Energiereserven (Fettmasse), die beim Eintritt der Pubertät und sexuellen Reife im Hinblick auf die Fertilität erforderlich ist (Clement et al. 1998).

Erst bei ausreichenden Energiereserven steigt Leptin in dem erforderlichen Maße an, um die Inhibition der GnRH-LH/FSH-Achse aufzuheben und so den Beginn der Pubertät zu erlauben (Azziz 1989). Dementsprechend weisen Menschen mit Mutationen im Leptin oder Leptin-Rezeptor-Gen keine spontane Pubertät auf und erst durch Substitution mit Leptin tritt die Pubertät ein (Farooqi 2002).

Bei Hunger und extensiver körperlicher Belastung vor Eintritt der Pubertät, z.B. bei Patienten mit Anorexia nervosa oder Leistungssport, fallen die Leptin-Werte stark ab. In der Folge führt dies zu einem Sistieren der GnRH-LH/FSH-Sekretion und einem Ausbleiben der Pubertätsentwicklung. Hatte diese schon eingesetzt, kommt es zu einem sogenannten *pubertal arrest* mit Amenorrhö und Rückgang der Brustentwicklung (Mann et al. 2003).

11.4 Abweichungen der normalen Pubertätsentwicklung

11.4.1 Beschleunigte Entwicklung

> ! Der Begriff **prämature Pubarche** beschreibt das isolierte, vorzeitige Auftreten einer Schambehaarung (Ghizzoni u. Milani 2000; Pang 1984), bei Mädchen vor dem 8. und bei Jungen vor dem 9. Lebensjahr (Herman-Giddens et al. 1997).

Das Auftreten einer Axillarbehaarung, Akne und Seborrhö können, müssen aber nicht vorhanden sein. Die Wachstumsgeschwindigkeit und die Skelettreife sind nicht obligat beschleunigt und es resultiert kein Kleinwuchs (Morris et al. 1989; New et al. 1996). Das isolierte Auftreten von Pubes beruht meistens auf einer vorzeitigen Adrenarche mit dem Nachweis erhöhter Androgene im Serum, aber es kann auch eine erhöhte Sensitivität der Androgenrezeptoren in den Haarfollikeln vorliegen (Kaplowitz 2004). Differenzialdiagnostisch muss das Vorliegen eines adrenogenitalen Syndroms (AGS) oder ein androgenproduzierender Tumor ausgeschlossen werden. Obwohl eine Behandlung der prämaturen Pubarche aufgrund einer prämaturen Adrenarche nicht notwendig ist, ergeben sich in letzter Zeit Hinweise darauf, dass Mädchen mit einer prämaturen Pubarche ein erhöhtes Risiko für eine funktionelle ovarielle Hyperandrogenämie aufweisen (Vuguin et al. 1999).

> ! Eine vorzeitige isolierte Brustentwicklung (**prämature Thelarche**) bei Mädchen bezeichnet das Auftreten einer Brustdrüsenvergrößerung ohne andere körperliche Merkmale einer Pubertätsentwicklung oder Wachstumsschub.

Eine prämature Thelarche ist besonders in den ersten beiden Lebensjahren häufig. Die Ätiologie ist unbekannt und es werden verschiedene pathogenetische Mechanismen diskutiert. Eine gesteigerte Empfindlichkeit der Östrogenrezeptoren in der Brustdrüse oder eine Stimulierung der Östrogensekretion durch die Ovarien sind Möglichkeiten, für die es eine gewisse Evidenz gibt (Dumic et al. 1982). Bei prämaturer Thelarche werden häufig im Ultraschall Mikrozysten der Ovarien nachgewiesen, eine Korrelation zu den Östrogenspiegeln im Serum besteht jedoch nicht.

Eine weitere Pathogenese besteht in der endokrinen Wirkung von Umweltstoffen (sog. *endocrine disruptors*). Eine Reihe von Chemikalien (z.B. Phthalate, PBC, DDT) mit östrogenartiger Wirkung in vitro oder in vivo sind bekannt, aber ein Zusammenhang mit dem Auftreten einer vorzeitigen Brustentwicklung ist bislang nicht konklusiv belegt (Saenz de Rodriguez et al. 1985; Teilmann et al. 2002).

Die prämature Thelarche ist durch eine spontane Regression in den ersten beiden Lebensjahren gekennzeichnet. In seltenen Fällen, insbesondere bei einem Beginn jenseits des 2. Lebensjahres, ist die Abgrenzung zu einer beginnenden Pubertas praecox schwierig (Pasquino et al. 1995), denn bei einigen Patientinnen mit Pubertas praecox ist die klinische Symptomatik zu Beginn fluktuierend (Pasquino et al. 1995).

Eine **zentrale Pubertas praecox**, die durch eine vorzeitige zentrale Stimulation der Gonadotropinsekretion in Gang gesetzt wird, wird von der isolierten prämaturen Thelarche durch klinische und biochemische Parameter abgegrenzt. Auch die Mehrzahl der Mädchen mit einer Pubertas praecox wird wegen einer isolierten Brustdrüsenschwellung vorgestellt, seltener ist die Menarche der erste Vorstellungsgrund. Eine vaginale Blutung ohne Brustdrüsenschwellung sollte nicht als isolierte Menarche bezeichnet werden und in diesen Fällen muss ein Tumor, ein Fremdkörper oder sexueller Missbrauch ausgeschlossen werden.

Die Bestimmung des Knochenalters zeigt bei Mädchen mit Pubertas praecox in der Regel eine gegenüber dem chronologischen Alter deutlich vorangeschrittene Skelettreife. Im Ultraschall lässt sich eine signifikante Vergrößerung von Uterus und Ovarien nachweisen (de Vries et al. 2006). Biochemisch ist bei Mädchen mit zentraler Pubertas praecox die gesteigerte Gonadotropinsekretion im GnRH-Test nachweisbar. Ein stimulierter LH/FSH-Quotient > 1 ist hierbei hinweisend auf eine Pubertas praecox, und gelegentlich sind auch erhöhte periphere Östradiolkonzentrationen messbar.

Differenzialdiagnostisch wird eine zentrale Pubertas praecox von einer Pseudopubertas praecox abgegrenzt, da diese nicht durch eine vermehrte Gonadotropinsekretion ausgelöst wird, sondern durch eine vermehrte Sekretion adrenaler oder gonadaler Steroide (z. B. durch ein AGS, einen adrenalen oder gonadalen Tumor oder exogene Sexualsteroidzufuhr), durch eine vermehrte Wirkung der Gonadotropine durch eine aktivierende Rezeptormutation (z. B. LH-Rezeptor-Mutation) oder durch eine aktivierende Mutation in der Signaltransduktion (z. B. eine aktivierende Mutation des Gs-alpha-Proteins, bekannt auch als McCune-Albright-Syndrom).

11.4.2 Verzögerte Entwicklung

> Meistens kann die Ursache einer verzögerten Pubertätsentwicklung nicht ausgemacht werden und es kommt spontan zum Eintritt einer normalen Pubertätsentwicklung in einem Alter von >15 Jahren bei Mädchen und >16 Jahren bei Jungen (Reiter u. Lee 2002). Dies bezeichnet man als konstitutionelle Entwicklungsverzögerung. Diese Diagnose wird bei männlichen Adoleszenten weitaus häufiger als bei weiblichen Adoleszenten gestellt.

Durch eine gezielte Anamnese können bei der überwiegenden Mehrheit weitere Familienmitglieder mit verzögerter Pubertät identifiziert werden, was auf eine starke genetische Grundlage hinweist. Der Pubertätswachstumsschub schöpft bei diesen Jugendlichen oft nicht das gesamte Potenzial aus. Zwar ist das Skelettalter retardiert, jedoch ist die Endgröße meist um ca. eine Standardabweichung gegenüber der genetischen Zielgröße und der prognostischen Berechnungen verringert (Finkelstein et al. 1992). Bei der konstitutionellen Entwicklungsverzögerung finden sich ein verspäteter Anstieg und eine verspätete Pulsatilität der nächtlichen Gonadotropinsekretion und ein verringertes, aber vorhandenes Ansprechen der Gonadotropine im GnRH-Test.

Eine Behandlung ist in der Regel nicht nötig, bei erheblichem Leidensdruck kann eine Therapie mit niedrigen Dosen Sexualsteroiden (z. B. 50 mg Testosteron i. m. alle 4 Wo.) erwogen werden. Hierbei erleben die Patienten durch die exogene Zufuhr von Sexualsteroiden die körperlichen Veränderungen, ohne dass negative Auswirkungen – auch nicht auf die Endgröße – zu erwarten sind, wenn die Therapie bei einem Skelettalter >12 Jahren eingeleitet wird. Darüber hinaus kann die Erhöhung der Testosteronspiegel im Serum im Sinne eines positiven Feedback oder Priming zu einer Induktion der GnRH-Sekretion führen (Lampit u. Hochberg 2003).

Differenzialdiagnostisch abgeklärt werden müssen der hypogonadotrope und hypergonadotrope Hypogonadismus. Während beim hypergonadotropen Hypogonadismus eine primäre Störung der Gonaden vorliegt, z. B. bei beidseitigem unbehandelten Hodenhochstand und primärer Gonadendysgenesie, kann ein hypogonadotroper Hypogonadismus genetische oder exogene Ursachen haben. Geht der hypogonadotrope Hypogonadismus mit einer Anosmie oder Hyposmie einher, so liegt ein Kallmann-Syndrom vor, das entweder x-chromosomal vererbt wird und auf Mutationen im KAL-1-Gen beruht oder autosomal dominant vererbt wird, z. B. durch Mutationen im FGF1-Rezeptor oder im Prokinectin-Rezeptor-Gen verursacht wird. Weitaus häufiger sind jedoch exogene Ursachen wie ein Tumor im Bereich von Hypothalamus/Hypophyse, z. B. ein Kraniopharyngeom, ein mangelhafter Ernährungszustand (z. B. bei Anorexia nervosa), ein erheblicher psychosozialer Stress oder massiver Leistungssport. Die Abgrenzung einer konstitutionellen Entwicklungsverzögerung von einem hypogonadotropen Hypogonadismus ist manchmal schwierig.

11.5 Fazit

Da die körperliche Entwicklung in der Adoleszenz bis hin zum jungen Erwachsenenalter bei vielen, wenn nicht bei allen jungen Menschen zu einer selbstreflexiven Auseinandersetzung mit der eigenen Körperlichkeit führt (verbunden mit der Frage, ob beim Betreffenden im Vergleich zu anderen der Alterskohorte alles richtig sei), spielt die Auseinandersetzung mit dem eigenen Körper und seinen Funktionen eine große Rolle für die Entwicklung des Selbstbildes und des Selbstwertes. Jugendpsychiater und Erwachsenenpsychiater, welche junge Erwachsene behandeln, sollten deshalb über die biologischen Grundlagen dieser Phänomene und ihre natürliche Varianz gut Bescheid wissen, nicht zuletzt, um viele Patientinnen und Patienten bei entsprechenden Zweifeln beruhigen oder eine entsprechende differenzialdiagnostische Abklärung bei tatsächlichem Verdacht auf eine Entwicklungsstörung einleiten zu können. Vor allem mit der Entwicklung des Zyklus bei der Frau sind häufig auch funktionale Beschwerden verbunden (ca. 20 % der jungen Mädchen leiden unter Dysmenorrhö). Hier wird z. B. zu selten auf eine interdisziplinär abgestimmte Behandlung von jugendgynäkologischer und jugendpsychiatrischer Seite geachtet.

Literatur

Azziz R. Reproductive endocrinologic alterations in female asymptomatic obesity. Fertil Steril 1989; 52: 703–25.

Biason-Lauber A, Zachmann M, Schoenle EJ. Effect of leptin on CYP17 enzymatic activities in human adrenal cells: new insight in the onset of adrenarche. Endocrinology 2000; 141: 1446–54.

Biro FM, Lucky AW, Huster GA, Morrison JA. Pubertal staging in boys. J Pediatr 1995; 127: 100–2.

Clement K, Vaisse C, Lahlou N, Cabrol S, Pelloux V, Cassuto D, Gourmelen M, Dina C, Chambaz J, Lacorte JM, Basdevant A, Bougnères

P, Lebouc Y, Froguel P, Guy-Grand B. A mutation in the human leptin receptor gene causes obesity and pituitary dysfunction. Nature 1998; 392: 398–401.

Crofton PM, Illingworth PJ, Groome NP, Stirling HF, Swanston I, Gow S, Wu FC, McNeilly A, Kelnar CJ. Changes in dimeric inhibin A and B during normal early puberty in boys and girls. Clin Endocrinol 1997; 46(1): 109–14.

de Roux N, Genin E, Carel JC, Matsuda F, Chaussain JL, Milgrom E. Hypogonadotropic hypogonadism due to loss of function of the KiSS1-derived peptide receptor GPR54. Pro Natl Acad Sci USA 2003; 100: 10972–6.

de Vries L, Horev G, Schwartz M. Ultrasonographic and clinical parameters for early differentiation between precocious puberty and premature thelarche. Eur J Endocrinol 2006; 154(6): 891–8.

Dumic M, Tajic M, Mardesic D, Kalafatic Z. Premature thelarche: a possible adrenal disorder. Arch Dis Child 1982; 57: 200–3.

El-Khayat HA, Shatla HM, Ali GK, Abdulgani MO, Tomoum HY, Attya HA. Physical and hormonal profile of male sexual development in epilepsy. Epilepsia 2003; 44: 447–52.

Farooqi IS. Leptin and the onset of puberty: insights from rodent and human genetics. Semin Reprod Med 2002; 20: 139–44.

Finkelstein JS, Neer RM, Biller BMK, Crawford JD. Osteopenia in men with a history of delayed puberty. N Engl J Med 1992; 326: 600–4.

Ghizzoni L, Milani S. The natural history of premature adrenarche. J Pediatr Endocrinol Metab 2000; 13: 1247–51.

Gottsch ML, Cunninghanam MJ, Smith JT, Popa SM, Acohido BV, Crowley WF, Seminara S, Clifton DK, Steiner RA. A role for kisspeptins in the regulation of gonadotropine secretion in the mouse. Endocrinology 2004; 145: 4073–7.

Grumbach MM, Styne DM. Puberty: ontogeny, neuroendocrinology, physiology, and disorders. In: Wilson JD, Foster DW, Kronenberg HM, Larsen PR (eds). Williams Textbook of Endocrinology. 9th Edition. Philadelphia: WB Saunders Co. 1998; 1509–625.

Heger S, Mastronard M, Dissen GA, Lomniczi A, Cabrera R, Roth CL, Jung H, Galimi F, Sippell W, Ojeda S. Enhanced at puberty 1 (EAP1) is a new transcriptional regulator of the female neuroendocrine reproductive axis. J Clin Invest 2008; 117: 2145–54.

Herman-Giddens ME, Slora EJ, Wasserman RC, Bourdony CJ, Bhapkar MV, Koch GG, Hasemeier CM. Secondary sexual characteristics and menses in young girls seen in office practice: a study from the pediatric research in office settings network. Pediatrics 1997; 99: 505–12.

Irwig MS, Fraley GS, Smith JT, Acohido BV, Popa SM, Cunningham MJ, Gottsch ML, Clifton DK, Steiner RA. Kisspeptin activation of gonadotropine releasing hormone neurons and regulation of KiSS-1 mRNA in the male rat. Neuroendocrinology 2005; 80: 264–72.

Kaplan SL, Grumbach MM. Pathogenesis of sexual precocity. In: Grumbach MM, Sizonenko PC, Aubert ML (eds). Control of the Onset of Puberty. Baltimore, MD: Williams & Wilkins 1990; 620–60.

Kaplowitz P. Clinical characteristics of 104 children referred for evaluation of precocious puberty. J Clin Endocrinol Metab 2004; 89: 3644–50.

Kaplowitz PB, Oberfield SE. Reexamination of the age limit for defining when puberty is precocious in girls in the United States: implications for evaluation and treatment. Drug and Therapeutics and Executive Committees of the Lawson Wilkins Pediatric Endocrine Society. Pediatrics 1999; 104: 936–41.

Kotani M, Detheux M, Vandenbogaerde A, Communi D, Vanderwinden JM, Le Poul E, Brézillon S, Tyldesley R, Suarez-Huerta N, Vandeput F, Blanpain C, Schiffmann SN, Vassart G, Parmentier M. The metastasis suppressor genes KiSS-1 encodes kisspeptins, the naturals ligands of the orphan G protein-coupled receptor GPR54. J Biol Chem 2001; 276: 34631–6.

Lampit M, Hochberg Z. Androgen therapy in constitutional delay of growth. Horm Res 2003; 59: 270–5.

Mann DR, Johnson A, Gimpel T, Castracane D. Changes in circulating leptin, leptin receptor, and gonadal hormones from infancy until advanced age in humans. J Clin Endocrinol Metab 2003; 88: 3339–45.

Morris AH, Reiter EO, Geffner ME, Lippe BM, Itami RM, Mayes DM. Absence of nonclassical congenital adrenal hyperplasia in patients with precocious adrenarche. J Clin Endocrinol Metab 1989; 69: 709–15.

Muir AI, Chamberlain L, Elshourbagy NA, Michalovich D, Moore DJ, Calamari A, Szekeres PG, Sarau HM, Chambers JK, Murdock P, Steplewski K, Shabon U, Miller JE, Middleton SE, Darker JG, Larminie CG, Wilson S, Bergsma DJ, Emson P, Faull R, Philpott KL, Harrison DC. AXOR12, a novel human G protein-coupled receptor, activated by the peptide KiSS-1. J Biol Chem 2001; 276: 28969–75.

Navarro VM, Fernández-Fernández R, Castellano JM, Roa J, Mayen A, Barreiro ML, Gaytan F, Aguilar E, Pinilla L, Dieguez C, Tena-Sempere M. Advanced vaginal opening and precocious activation of the reproductive axis by KiSS-1 peptide, the endogenous ligand of GPR54. J Physiol 2004; 561: 379–86.

New M, Ghizzoni L, Speiser PW. Update on congenital adrenal hyperplasia. In: Lifshitz F (eds). Pediatric Endocrinology. 3rd ed. New York: Marcel Dekker 1996; 305–20.

Ohtaki T, Shintani Y, Honda S, Matsumoto H, Hori A, Kanehashi K, Terao Y, Kumano S, Takatsu Y, Masuda Y, Ishibashi Y, Watanabe T, Asada M, Yamada T, Suenaga M, Kitada C, Usuki S, Kurokawa T, Onda H, Nishimura O, Fujino M. Metastasis suppressor gene KiSS-1 encodes peptide ligand of a G-protein-coupled receptor. Nature 2001; 411: 613–7.

Ojeda SR, Lomniczi A, Mastronardi C, Heger S, Roth C, Parent AS, Matagne V, Mungenast AE. Minireview: the neuroendocrine regulation of puberty: is the time ripe for a systems biology approach? Endocrinology 2006; 147: 1166–74.

Pang SY. Premature pubarche. Pediatr Adolesc Endocrinol 1984; 13: 173–84.

Pasquino AM, Pucarelli I, Passeri F, Segni M, Mancini MA. Progression of premature thelarche to central precocious puberty. J Pediatr 1995; 126(1): 11–4.

Rampazzo A, Pivotto F, Occhi G, Tiso N, Bortoluzzi S, Rowen L, Hood L, Nava A, Danieli GA. Characterization of C14orf4, a novel intronless human gene containing a polyglutamine repeat, mapped to the ARVD1 critical region. Biochem Biophys Res Commun 2000; 278: 766–74.

Reiter EO, Lee PA. Delayed puberty. Adolesc Med 2002; 13(1): 101–18.

Sáenz de Rodriguez CA, Bongiovanni AM, Conge de Borrego L. An epidemic of precocious development in Puerto Rican children. J Pediatr 1985; 107: 393–6.

Seminara SB, Messager S, Chatzidaki EE, Thresher RR, Acierno JS Jr, Shagoury JK, Bo-Abbas Y, Kuohung W, Schwinof KM, Hendrick AG, Zahn D, Dixon J, Kaiser UB, Slaugenhaupt SA, Gusella JF, O'Rahilly S, Carlton MB, Crowley WF Jr, Aparicio SA, Colledge WH. The GPR54 gene as a regulator of puberty. N Engl J Med 2003; 349: 1614–27.

Shahab M, Mastronardi C, Seminara SB, Crowley WF, Ojeda SR, Plant TM. Increased hypothalamic GPR54 signaling: a potential mechanism for initiation of puberty in primates. Proc Natl Acad Sci USA 2005; 102: 2129–34.

Smail PJ, Faiman C, Hobson WC, Fuller GB, Winter JS. Further studies on adrenarche in nonhuman primates. Endocrinology 1982; 111: 844–8.

Stavrou I, Zois C, Ioannidis JPA, Tsatsoulis A. Association of polymorphisms of the estrogen receptor alpha gene with the age of menarche. Human Reprod 2002; 17: 1101–5.

Steeg PS, Ouatas T, Halverson D, Palmieri D, Salerno M. Metastasis suppressor genes: basic biology and potential clinical use. Clin Breast Cancer 2003; 4: 51–62.

Tanner JM. Growth at Adolescence. Springfield, IL: Charles C Thomas 1962.

Teilmann G, Juul A, Skakkebaek NE, Toppati J. Putative effects of endocrine disrupters on pubertal development in the human. Best Pract Res Clin Endocrinol Metab 2002; 16: 105–21.

Tena-Sempere M. GPR54 and kisspeptin in reproduction. Hum Reprod Update 2006; 12: 631–9.

Treacy MN, Rosenfeld MG. Expression of a family of POU-domain protein regulatory genes during development of the central nervous system. Annu Rev Neurosci 1992; 15: 139–65.

Vuguin P, Linder B, Rosenfeld RG, Saenger P, DiMartino-Nardi J. The roles of insulin sensitivity, insulin-like growth factor I (IGF-I), and IGF-binding protein-1 and -3 in the hyperandrogenism of African-American and Caribbean Hispanic girls with premature adrenarche. J Clin Endocrinol Metab 1999; 84: 2037–42.

12 Zur Neurobiologie der Adoleszenz

Manfred Spitzer

Inhalt

12.1	Einleitung	133
12.2	Entwicklung und Lernen	134
12.3	Strukturelle Befunde zur Gehirnreifung	136
12.4	Reifung des präfrontalen Kortex	138
12.5	Funktionelle Bildgebung	139
12.6	Praktische Auswirkungen	139
Literatur		141

Zusammenfassung

„Pubertät ist, wenn die Eltern anfangen, schwierig zu werden", sagen die einen. „Es sind alles die Hormone", sagen die anderen. Seit der Entdeckung der Geschlechtshormone Östrogen und Testosteron in den 20er und 30er Jahren des vergangenen Jahrhunderts werden die im Rahmen der Pubertät auftretenden Veränderungen von Körper und Geist mit diesen in Verbindung gebracht. Wie man sich jedoch den Einfluss eines Steroidmoleküls auf die Stimmung oder das Denken von 13-Jährigen vorzustellen hat, blieb damit ebenso ungeklärt wie die Frage, was genau im Gehirn von Menschen während der Adoleszenz geschieht.
Wenn im Folgenden neuere Daten zur Gehirnentwicklung während der Adoleszenz diskutiert werden, so kann dies ausschließlich im Rahmen der Erkenntnisse zur Gehirnentwicklung insgesamt geschehen, denn nur so werden erste, noch vorläufige Prinzipien sichtbar und die vielfältigen, mitunter (scheinbar) widersprüchlichen und damit verwirrenden Befunde interpretierbar. Wirklich informativ werden neue Daten immer erst dann, wenn sie in bekannte Zusammenhänge und Prinzipien eingebettet werden und dann zu neuen, vielleicht sogar kontraintuitiven Interpretationen führen und damit unsere Sicht der Dinge erweitern.

12.1 Einleitung

Die modernen Methoden der (funktionellen) Bildgebung waren zunächst nicht für die Erforschung gesunder nicht einwilligungsfähiger Probanden einsetzbar (und sind es hierzulande noch immer nur unter großen Schwierigkeiten). Damit war man letztlich methodisch auf die Untersuchung der Gehirne verstorbener Kinder und Jugendlicher angewiesen, was einerseits zwar durchaus interessante Ergebnisse erbrachte, sich andererseits jedoch gerade im Hinblick auf die Pubertät als wenig ergiebig erwies. Nach den neuroanatomischen Studien von Paul Flechsig (1920) war das Gehirn zur Pubertät nämlich bereits ausgereift, die Strukturen und Leitungsbahnen samt deren Myelinisierung waren in diesem Alter makro- und mikroanatomisch mit denen erwachsener Menschen vergleichbar (Abb. 12-1). Die Adoleszenz war damit dem Blick der Gehirnforschung gewissermaßen entzogen, denn seit Flechsig galt für Jahrzehnte, dass die Reifung des Gehirns bereits vor der Pubertät abgeschlossen ist. Neuere Studien hierzu zeigten jedoch, dass dies nicht der Fall ist.

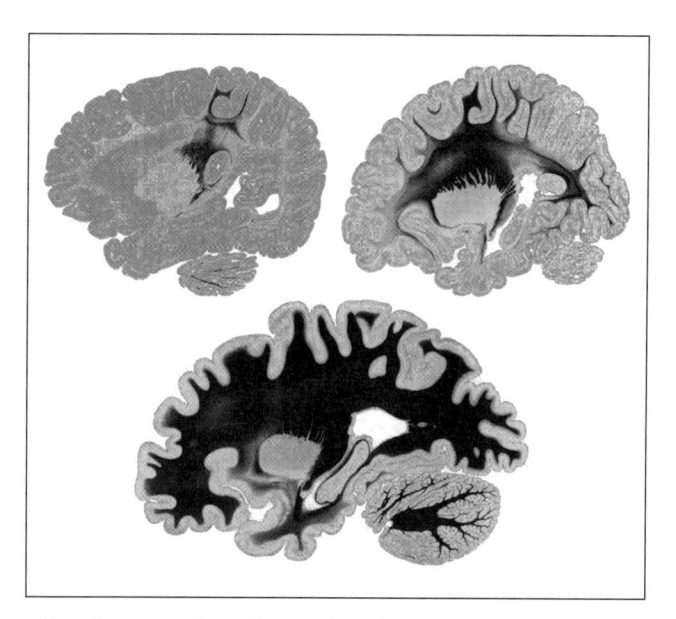

Abb. 12-1 Darstellung der zunehmenden Myelinisierung (schwarze Anfärbung von Fett, d.h. Myelin) der Faserverbindungen kortikaler Areale anhand dreier Parasagittalschnitte (aus Flechsig 1920). Links oben im Bild ein Schnitt durch das Gehirn eines Neugeborenen, rechts der Gehirnschnitt von einem Kind im Kindergartenalter und unten ist der Schnitt durch das Gehirn eines Erwachsen dargestellt. Man sieht deutlich, dass beim Säugling nur wenige Areale mit schnell leitenden Fasern verbunden sind. Beim 4,5-jährigen Kind sind schon weitaus mehr Faserverbindungen myelinisiert und beim Erwachsenen hingegen sind praktisch alle Verbindungsfasern myelinisiert, die somit die Information schnell leiten.

12.2 Entwicklung und Lernen

Das Gehirn ist bei der Geburt eines Menschen noch nicht voll entwickelt. Es wiegt beim Neugeborenen etwa 350 g, beim Erwachsenen hingegen 1 300 g (Frau) bis 1 400 g (Mann). Das Gehirn des Neugeborenen hat also nur etwa ein Viertel des Gewichts und der Größe des Gehirns eines erwachsenen Menschen, obwohl sowohl die Neuronen als auch deren Verbindungsfasern bereits vorhanden sind und nach der Geburt zahlenmäßig kaum zunehmen. Seit den Untersuchungen von Flechsig (1920) ist bekannt, dass die Größenzunahme des Gehirns nach der Geburt vor allem auf die Myelinisierung der Verbindungsfasern zwischen kortikalen Arealen zurückgeht. Myelin wirkt als Isolator und sorgt dafür, dass Aktionspotenziale nicht mehr langsam entlang einer Nervenfaser *laufen*, sondern schnell entlang der Faser *springen* (saltatorische Erregungsleitung). Dadurch steigt die Geschwindigkeit der Impulse entlang der Nervenfasern von maximal 3 m/s auf bis zu 115 m in der Sekunde.

Nun könnte man in Anbetracht der „kurzen Wege" zentralnervöser Nervenfasern von einigen Zentimetern meinen, dass diese Unterschiede im Hinblick auf die Leitungsgeschwindigkeiten von Aktionspotenzialen für höhere geistige Leistungen bedeutungslos seien. Insbesondere dann, wenn man von einem modularen Aufbau der Gehirnrinde ausgeht, scheint dieser Gedanke nahe zu liegen.

Dem ist jedoch nicht so, wenn man bedenkt, dass kortikale Informationsverarbeitung ganz allgemein vor allem dadurch vonstatten geht, dass die Areale sich die Information gegenseitig zuspielen (Abb. 12-2). Es wird also *nicht* in einem Areal *erst* gerechnet und *dann* das Resultat an das nächste Areal weitergegeben; vielmehr besteht die Berechnung selbst im Pingpongartigen Hin- und Herlaufen der Informationen.

Erst diese Einsicht in die Funktion kortikaler Informationsverarbeitung macht die enorme Bedeutung der Myelinisierung für die Gehirnfunktion deutlich. Die Zeit, die Impulse von einem kortikalen Areal zu einem anderen, sagen wir 10 cm entfernten Areal benötigen, beträgt bei einer Nervenleitgeschwindigkeit von 3 m/s etwa 30 ms. Dies mag kurz erscheinen, ist jedoch für eine Informationsverarbeitung im Sinne des kortikalen Pingpong (die Information fließt dutzende Male zwischen Arealen hin und her) sehr lang. Geschieht diese bidirektionale Informationsverarbeitung mit einer Geschwindigkeit von maximal 3 m/s, dann ist sie zu langsam, um im alltäglichen Leben relevant zu sein. Erst die schnelle Fortleitung von Informationen macht deren Verarbeitung in „Echtzeit" (und damit in biologisch relevanter Zeit) überhaupt erst möglich.

Die sehr stark verzögerte Gehirnreifung beim Menschen, verglichen mit anderen Primaten, wurde lange als Nachteil auslegt, was sich in die zahlreichen Interpretationen des Menschen als „Mängelwesen" durch den deutschen Anthropologen und Philosophen Arnold Gehlen (1978) oder als „sekundärer Nesthocker" durch den Schweizer Anthropologen und Biologen Adolf Portmann, jeweils mit Blick auf den unausgereiften Säugling, gut einreiht. Kern dieser Unausgereiftheit ist das unausgereifte Gehirn, bei der Geburt ist es die noch nicht erfolgte sogenannte „funktionelle Verdrahtung" kortikaler Areale, insbesondere des Frontallappens.

Computersimulationen neuronaler Netzwerke, die sich eigens mit den Wechselwirkungen von Gehirnreifung und Lernen beschäftigten, warfen jedoch ein ganz neues Licht auf den Sachverhalt der Gehirnreifung nach der Geburt. Man konnte zeigen, dass die Reifung des Gehirns letztlich einen guten Lehrer ersetzt. Der Gedanke ist im Grunde ganz einfach: Wenn wir in der Schule oder an der Universität ein kompliziertes Stoffgebiet lernen (sagen wir Latein oder Mathematik), dann sorgt der Lehrer oder Professor dafür, dass wir mit einfachen Beispielen beginnen und uns daraus zunächst einfache Strukturen erschließen. Sind diese erst einmal gefestigt, kommen im nächsten Schritt etwas kompliziertere Strukturen „oben drauf", die man nur dann richtig verstehen kann, wenn man zunächst die einfachen gelernt hat. Und so geht es weiter, Schritt für Schritt, bis wir – ausgehend vom Einfachen hin zum Komplizierten – einen insgesamt komplexen Stoff beherrschen.

So lernen wir in der Schule und im Studium durch Instruktion, die (wenn man Glück hat) didaktisch durchdacht, aufbauend

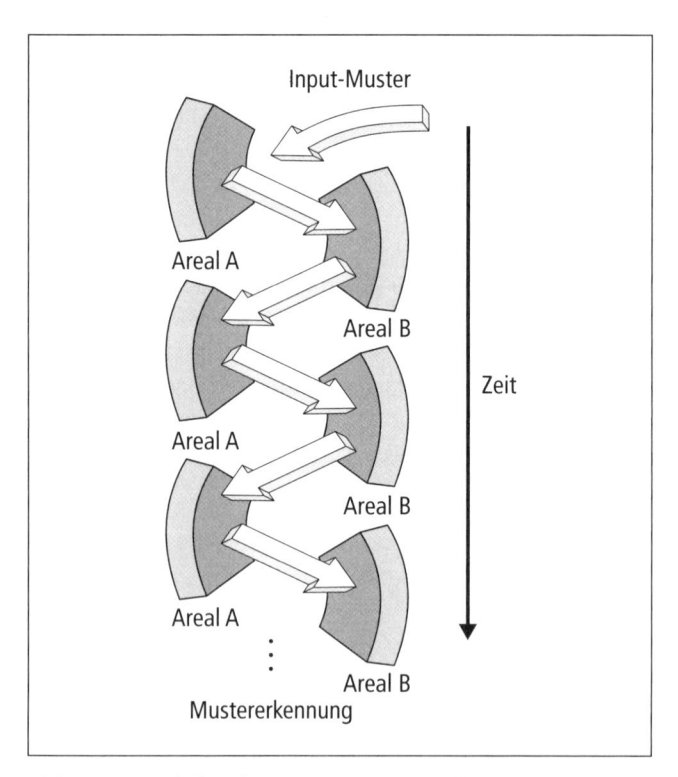

Abb. 12-2 Kortikale Informationsverarbeitung (hier schematisch dargestellt) besteht vor allem im Austausch von Aktivierungsmustern zwischen verschiedenen kortikalen Modulen (nach Spitzer 1996).

12.2 Entwicklung und Lernen

und sinnvoll ist. Außerhalb institutionalisierter Lerneinrichtungen jedoch vollziehen sich Lernprozesse ganz anders: Wir kommen auf die Welt und sind verschiedensten Reizen ausgesetzt, deren Struktur und Statistik („innere Logik") ganz unterschiedliche Grade von Komplexität aufweist. Vor diesem Hintergrund ist von großer Bedeutung, dass sich das Gehirn *noch* entwickelt, während es *schon* lernt. Es kann anfangs nur einfache Strukturen verarbeiten und genau dadurch ist sichergestellt, dass es zunächst auch nur Einfaches lernt (Verarbeiten ist immer auch Lernen). Am Beispiel der **Sprachentwicklung** sei dieser Gedanke verdeutlicht.

> Untersuchungen dazu, wie Erwachsene mit Kindern sprechen, konnten zwar zeigen, dass wir uns einerseits auf den kleinen „Gesprächspartner" einstellen, dass dies jedoch nicht sehr weit geht. Wenn wir mit Babys reden, verwenden wir Lautmalerei und eine übertriebene Sprachmelodie (wir sprechen modulierter und höher; Spitzer 2002), aber schon mit Kleinkindern reden wir fast wie mit Erwachsenen. Wir gehen keinesfalls systematisch wie ein Lehrer im Sprachunterricht vor. Während des Spracherwerbs ist ein Kind damit einer sprachlichen Umgebung ausgesetzt, die wenig oder gar keine Rücksicht auf seinen Lernstand beim Sprechen oder gar seine jeweiligen Lernbedürfnisse im Hinblick auf die Sprache nimmt. Wären Kinder auf eine lerngerechte Reihenfolge sprachlicher Erfahrungen angewiesen, so hätte wahrscheinlich keiner von uns je Sprechen gelernt.

Warum haben wir dann trotzdem Sprechen gelernt, ganz ohne einen den Stoff systematisch darbietenden Lehrer? Die Antwort auf diese Frage ist, dass beim „zufälligen" Lernen außerhalb von Lerninstitutionen der Lehrer durch ein reifendes Gehirn gleichsam ersetzt wird. Das Problem beim Erlernen komplexer Strukturen wie beispielsweise der Grammatik besteht darin, dass man sicherstellen muss, dass zunächst Einfaches gelernt wird (Laute), das dann zu komplexeren Strukturen verbunden werden kann (Silben, Wörter), was dann wiederum als „Material" für noch komplexere Strukturen dient (Sätze, Schachtelsätze). Geschieht dies nicht „der Reihe nach", wird überhaupt nichts gelernt, wie man nicht nur aus der Schule weiß, sondern auch durch Simulationen lernender Netzwerke nachweisen konnte (vgl. die ausführliche Darstellung in Spitzer 1996). Kleine neuronale Netzwerke können nur einfache Strukturen in sich repräsentieren, große Netzwerke dagegen auch komplizierte. Ist ein kleines Netzwerk mit einer komplizierten Struktur konfrontiert, dann geht es ihm wie einem mit Integralrechnung konfrontierten Erstklässler: Es wird einfach gar nichts gelernt.

> Stellen wir uns nun vor, der Erstklässler erhält im Wechsel jeweils eine Stunde Integralrechnung und dann wieder eine Stunde das kleine Einmaleins. Dann wird er eben das kleine Einmaleins lernen, wahrscheinlich langsamer (denn in jeder zweiten Stunde ist alles so durcheinander), aber er wird es lernen. Ganz allgemein gilt: Wird ein einfaches System mit komplexem Input konfrontiert, so bemerkt es diese Komplexität gar nicht, sondern behandelt den Input, als wäre er völlig zufällig. Gelernt wird unter solchen Umständen *nichts*.

Wenn wir mit einem Kind sprechen, dann liefern wir ihm letztlich eine Spracherfahrung, die etwa so aussieht wie der oben dargestellte etwas eigenartige Mathematikunterricht aus Integralrechnung und Einmaleins. Wir verwenden Laute, Silben, Wörter, benutzen Zweiwortsätze und Zehnwortsätze, Aussagesätze von Subjekt-Prädikat-Objekt-Struktur und Schachtelsätze beliebig komplexer Struktur, kurz: Einfaches und Kompliziertes. Das Kleinkind bekommt davon genau dasjenige mit, was es gerade verarbeiten kann. Alles andere rauscht an ihm vorbei (was man sehr wörtlich nehmen kann: im statistischen Sinne ist hohe Komplexität für ein kleines System nichts als strukturloses Rauschen). Da gelernt wird, was verarbeitet wird, lernt das Kleinkind zunächst einfache sprachliche Strukturen. Dies geschieht, um diesen allgemeinen Gedanken nochmals hervorzuheben, nicht, weil ihm zuerst einfache Strukturen beigebracht werden, sondern weil es zunächst nur einfache Strukturen verarbeiten kann. Es sucht sich dadurch automatisch aus dem variantenreichen Input heraus, was es lernen kann.

Hat das Kind erst einmal einfache Strukturen gelernt und reift danach mehr Verarbeitungskapazität heran, dann wird es neben diesen einfachen Strukturen zusätzlich etwas komplexere Strukturen als solche auch erkennen, verarbeiten und daher auch lernen. Da nach wie vor auch einfache Strukturen im Input vorhanden sind, verarbeitet und weiter gelernt werden, kommt es nicht zu deren Vergessen. Es wird vielmehr das Komplexere dazugelernt und das Einfache behalten. In neuroanatomischer Hinsicht bildet das Kind zunächst Repräsentationen der Frequenzen des akustischen Input in primären und sekundären akustischen Arealen aus, für die eine tonotope Organisation (im Sinne von Frequenzkarten) nachgewiesen ist. In jeweils höheren akustischen kortikalen Arealen werden dann Karten von zeitlich wechselnden Frequenzmustern (Lauten), Zusammenfassungen von Lauten (Silben) bis hin zu Wörtern repräsentiert, für deren kartenförmige Organisation vieles spricht.

> Die Tatsache der Reifung während des Lernens ist damit dem Lernen nicht hinderlich, sondern überaus förderlich: Gerade *weil* das Gehirn reift und gleichzeitig lernt, ist gewährleistet, dass es in der richtigen Reihenfolge lernt. Dies wiederum

gewährleistet, dass es überhaupt komplexe Zusammenhänge lernen kann und auch lernt. Mit anderen Worten: Hätten Sie das Gehirn, das Sie jetzt haben, bereits bei Ihrer Geburt gehabt, hätten Sie wahrscheinlich nie sprechen gelernt! Die Tatsache, dass unser Gehirn bei der Geburt noch wenig entwickelt ist, erscheint damit aus informationstheoretischer Sicht in einem völlig neuen Licht. Die Gehirnentwicklung nach der Geburt ist kein Mangel, sondern eine notwendige Bedingung höherer geistiger Leistungen.

12.3 Strukturelle Befunde zur Gehirnreifung

Die Neurowissenschaft der vergangenen Jahre hat eine Fülle von Befunden zur Gehirnstruktur in Pubertät und Adoleszenz ans Licht gebracht. Die Flut der Erkenntnisse ist schwer zu überschauen, zumal in der einschlägigen Literatur kaum auf ordnende Prinzipien und Funktionszusammenhänge eingegangen wird. So entstand eine Menge an unverbundenen Daten über die Zu- und Abnahme von
- Synapsenzahl,
- kortikaler Dicke bzw. dem Volumen an grauer Substanz,
- Volumen an weißer Substanz sowie
- Veränderungen der Anisotropie der weißen Substanz.

Nimmt man die Befunde zur funktionellen Bildgebung, d.h. zur Aktivierbarkeit bestimmter zentralnervöser Strukturen, noch hinzu, wird das Bild sehr unübersichtlich. Gehen wir also der Reihe nach vor.

■ **Synapsenzahl:** Die Bestimmung der Synapsenzahl pro Kubikmillimeter Kortexgewebe ist ein recht kompliziertes Unterfangen. Je nachdem, wo man zählt, wie man die Schnitte histologisch aufbereitet und welche Faktoren man zur Extrapolation der Zählungen verwendet, sind die Ergebnisse durchaus unterschiedlich und vor allem zwischen den einzelnen Untersuchern kaum vergleichbar. Die bekanntesten Daten zur Veränderung der Anzahl der Synapsen im Verlauf der Entwicklung des menschlichen Gehirns wurden von Huttenlocher et al. (1983) publiziert. Die wesentliche Erkenntnis ist in Abbildung 12-3 dargestellt, in der die Daten zusammengefasst und mit größerer Übersichtlichkeit dargestellt sind. Zwei Aspekte fallen bei Betrachtung der Kurven auf:
1. Zum einen steigt die Synapsenzahl nicht kontinuierlich an, sondern folgt einer umgekehrt U-förmigen Kurve: einem Anstieg nach der Geburt folgt eine Abnahme.
2. Zum anderen unterscheiden sich die Maxima der beiden untersuchten Areale – visueller und frontaler Kortex – deutlich um gut 7 Jahre. Der visuelle Kortex erreicht die maximale Zahl synaptischer Verbindungen bereits vor dem ersten Lebensjahr, wohingegen im Frontalhirn dieses Maximum erst mit ca. 8 Jahren erreicht wird.

Dieser Befund passt somit ins Bild der bereits von Flechsig (1920) gefunden unterschiedlichen Ausreifung des Gehirns in Abhängigkeit von der Komplexitätsstufe des jeweiligen kortikalen Areals: Der (sensorische) visuelle Kortex reift früher heran als der (höherstufige) frontale Kortex.
In jedem Fall übersteigt die Anzahl der Synapsen im Gehirn von Kindern die entsprechende Zahl im Gehirn Erwachsener. Ein „Mehr" an Synapsen impliziert damit nicht notwendiger Weise eine bessere Leistungsfähigkeit des Gehirns. Vielmehr werden im Verlauf der Gehirnentwicklung sehr viele Synapsen gebildet, die später wieder aktiv abgebaut werden, weil sie nicht benutzt wurden. So entsteht im ZNS erfahrungsabhängige Struktur (Abb. 12-4).

■ **Volumen der Gehirnrinde (graue Substanz):** Nach den strukturellen Befunden von Giedd et al. (1999) kommt es bei 10- bis 12-Jährigen zu einem Anstieg des Volumens der grauen Substanz im frontalen und parietalen Kortex, wohingegen es danach wieder zu einer Abnahme kommt, die erst im dritten Lebensjahrzehnt ein Ende nimmt. Sowell et al. (1999) beispielsweise fanden eine Abnahme der grauen Substanz beim Vergleich von 12- bis 16-Jährigen mit Versuchspersonen im Alter von 23 bis 30 Jahren.

■ **Volumen der Faserverbindungen (weiße Substanz):** Die oben beschriebenen Beobachtungen von Flechsig (1920), denen zufolge die Faserverbindungen mit zunehmendem Alter in zunehmendem Maße (und in der beschriebenen Reihenfolge) myelinisiert werden, wurden von Studien jüngeren Datums

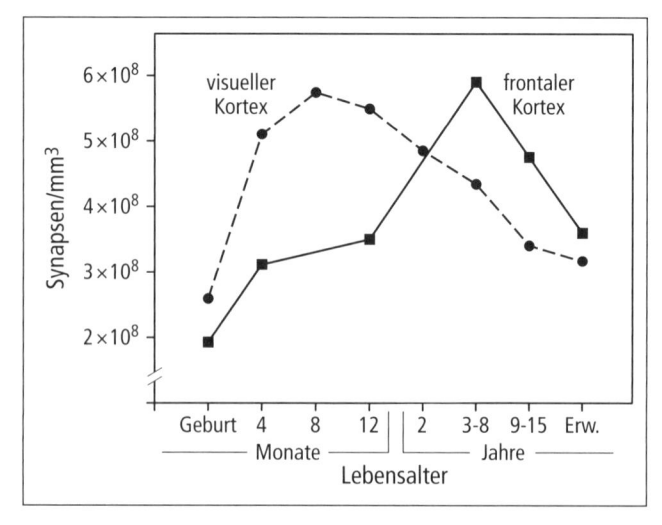

Abb. 12-3 Veränderung der Anzahl der Synapsen über die Lebenszeit (nach Huttenlocher et al. 1983).

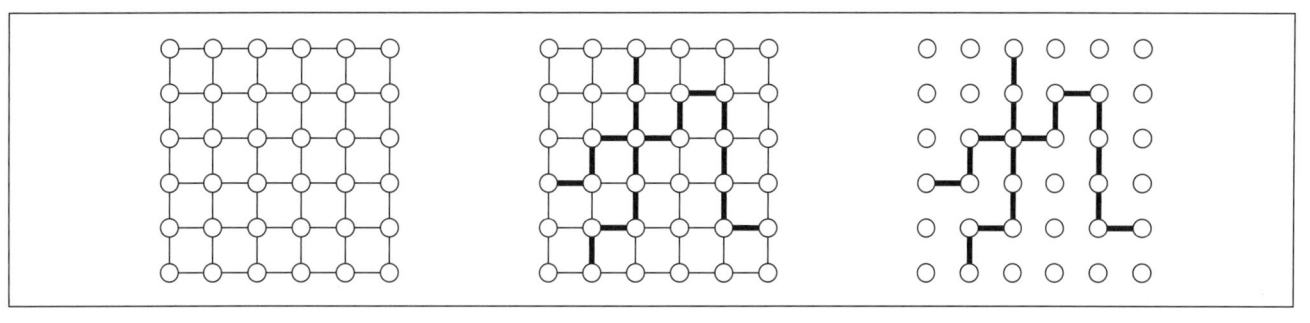

Abb. 12-4 Schematische Darstellung des Zusammenhangs zwischen Synapsenzahl und erfahrungsabhängiger Strukturbildung. Ein Überschuss an Synapsen ist zunächst notwendig, damit ganz bestimmte Strukturen aus der Erfahrung im Gehirn ihren Niederschlag finden können (und andere, ebenfalls mögliche Strukturen nicht).

weitgehend bestätigt: Beim Menschen ist im Verlauf von Kindheit und Adoleszenz eine lineare Zunahme der weißen Substanz zu verzeichnen (Barnea-Goraly et al. 2005; Giedd et al. 1999; Pfefferbaum et al. 1994).

■ **Anisotropie:** Unter Anisotropie (gr. *tropos* = Richtung, *isos* = gleich und *an* = nicht) versteht man die Richtungsabhängigkeit einer Eigenschaft. Faserbündel, ganz gleich ob Drähte, Wasserrohre oder Nervenfasern, sind nicht gleich in jeder Richtung, sie leiten vielmehr in genau eine Richtung (den Strom, das Wasser oder Aktionspotenziale) und isolieren in die anderen Richtungen. Der Grad der Gerichtetheit von Nervenfaserbündeln, die kortikale Areale miteinander verbinden, lässt sich seit einigen Jahren im Magnetresonanztomographen auf nicht invasive Weise messen. Er steigt mit der Myelinisierung einerseits und ist andererseits ein Maß für die Güte der Verbindungen zwischen kortikalen Arealen. Wie in Abbildung 12-5 dargestellt, lässt sich eine Zunahme der Anisotropie im frontalen Kortex mit zunehmendem Alter nachweisen, die keineswegs mit der Pubertät (oder gar schon vorher) abgeschlossen ist.

Damit steht eindeutig fest, dass die Befunde von Flechsig (1920) zur Gehirnreifung aus heutiger Sicht als methodisch begrenzt angesehen werden müssen. Das Gehirn reift bis weit über die Pubertät hinaus, mindestens bis ins dritte Lebensjahrzehnt hinein. Man kann sich des Eindrucks bei der Lektüre der entsprechenden Literatur kaum entziehen: je jünger die Studie zur Gehirnreifung, desto älter das noch heranreifende Gehirn. Nach einer Studie von Sowell et al. (1999) an 176 Personen im Alter von 7 bis 87 Jahren aus dem Jahr 2003 wurde eine Zunahme der weißen Substanz noch bis ins sechzigste Lebensjahr gefunden.

Die Gehirnentwicklung ist bei Mädchen und Jungen wahrscheinlich etwas unterschiedlich und auch im rechten und linken Gehirn wohl nicht genau gleich (Durston et al. 2001; Giedd et al. 2006). Zudem steht sie mit Sicherheit unter variabler genetischer Kontrolle. All dies ist derzeit Gegenstand heftiger Forschungsbemühungen, es würde jedoch zu weit führen und in Anbetracht der noch uneinheitlichen Datenlage wäre es auch unergiebig, an dieser Stelle bereits über erste Ergebnisse zu berichten.

12.4 Reifung des präfrontalen Kortex

Wir wissen heute, dass das Gehirn des Menschen um die Zeit der Pubertät herum besonders deutliche Veränderungen erfährt, die insbesondere das Frontalhirn betreffen und hier wieder besonders den sogenannten präfrontalen Kortex, also Bereiche des Stirnhirns, die vor der primären motorischen Rinde sowie weiteren motorischen Arealen gelegen sind. Genau hier jedoch liegen die höheren und höchsten geistigen Leistungen wie Planen von Zukunft, Verfolgen langfristiger Ziele sowie repräsentierte Bewertungen, die kurzfristige andere Bewer-

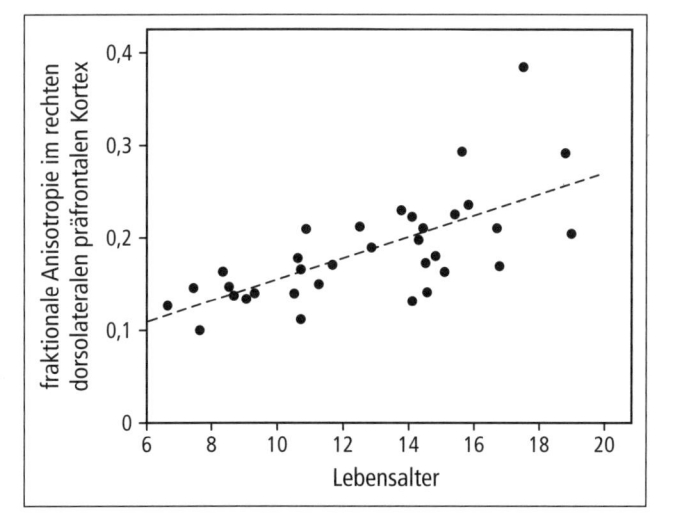

Abb. 12-5 Lineare Entwicklung der weißen Substanz (gemessen als Zunahme der Anisotropie) mit zunehmendem Alter (nach Barnea-Goraly et al. 2005).

tungen hemmen können. Dies ermöglicht beispielsweise den Aufschub kurzfristiger Belohnungen und damit das Unterdrücken reflexartiger impulsiver Handlungen. Im sich entwickelnden Frontalhirn sitzen damit letztlich die Individualität der Person und Persönlichkeit.

> Die beim Menschen im Gegensatz zu anderen Arten daher so auffällige Nachreifung des Gehirns nach der Geburt betrifft in ganz besonders hohem Maß den präfrontalen Kortex. Da dieser in die Informationsverarbeitung anderer Hirnteile auf bestimmte Weise eingebunden ist, gleichsam *über* den einfacheren Arealen sitzt, deren Output zum Input hat und auf diese Weise interne raum-zeitliche Muster (regelhafte Zusammenhänge) der neuronalen Aktivität einfacherer Areale noch einmal im Gehirn abbildet, kommt seinen Veränderungen im Jugendalter eine besondere Rolle zu.

Zudem ist gut belegt, dass der dorsolaterale präfrontale Kortex wesentlich am sogenannten Arbeitsgedächtnis beteiligt ist, d.h. in ihm ist Information repräsentiert, die unmittelbar relevant ist für das, was jetzt und hier geschieht. Er kann sehr rasch auf Veränderungen reagieren, indem er von Augenblick zu Augenblick neue Erwartungen bildet und diese mit dem, was tatsächlich geschieht, vergleicht und bewertet. Das Bewerten wiederum geschieht vor allem in ventralen und orbitofrontalen Bereichen des präfrontalen Kortex. Durch das Produzieren von Erwartungen und Bewertungen entstehen dort langfristige Repräsentationen von Plänen und Werten – ganz analog dazu, wie in sensorischen kortikalen Arealen durch die ständig ablaufenden *(flüchtigen)* Wahrnehmungsprozesse langfristig *stabile* sensorische Karten entstehen.

Zum besseren Verständnis der Auswirkungen dieser Tatsachen auf das Verhalten sei noch einmal die Sprachentwicklung zum Vergleich herangezogen. Sensorische Areale, d.h. Bereiche des Kortex, die ihren Input mehr oder weniger direkt von der Außenwelt erhalten, reifen früh heran. Ihre Synapsenzahl ist wenige Monate nach der Geburt maximal, was es ihnen ermöglicht, Input-Muster zu lernen. Später lernen höhere Areale die Muster der Aktivität niederer Areale – und so können nun Silben, Wörter und noch komplexere Strukturen gelernt werden. Diese zunehmende Integration betrifft zuletzt auch das Stirnhirn, den Sitz von Denken, Planen, Bewerten und Entscheiden. Hierdurch wird verständlich, warum es im Hinblick auf die Sprachentwicklung *kritische Perioden* zu geben scheint, während der sie durch Auseinandersetzung mit und Verarbeitung von Sprachinput erfolgen muss. Laute werden im ersten Lebensjahr unterschieden, aber nur diejenigen, die man hört. Die gesamte komplexe Sprache muss bis etwa zum 12. oder 13. Lebensjahr erlernt sein, sonst kann Sprache nicht mehr vollends gelernt werden, wie die Erfahrungen mit „Wolfskindern", also schwer depriviert aufwachsenden Kindern, zeigen.

Die beschriebenen Zusammenhänge zwischen Gehirnreifung und Lernen gelten keineswegs nur für den Bereich der Sprachentwicklung. Vielmehr ist der Erwerb jeder komplexen Fähigkeit mit großer Wahrscheinlichkeit abhängig vom Wechselspiel von Entwicklung (Gehirnreifung) und Lernen. Wir hatten bereits darauf hingewiesen, dass Sprache nicht isoliert von der alltäglichen Lebenswelt gelernt wird, sondern vielmehr in und mit ihr. Andere komplexe Strukturen in dieser Welt, wie beispielsweise soziale Beziehungen, Verhältnisse in der Welt selbst (die Bereiche der uns umgebenden belebten und unbelebten Natur) oder komplexe Zusammenhänge in den Bereichen Kunst und Musik werden, wie die Sprache, von Kindern in Entwicklung gelernt.

Ganz besonders wichtig werden diese Zusammenhänge bei der moralischen Entwicklung der Persönlichkeit. Werte lernen wir nicht durch Predigten, sondern durch Leben in einer Wertegemeinschaft. Daher müssen Jugendliche die Gelegenheit erhalten, zu bewerten, zu entscheiden und zu handeln; im Rahmen vorgegebener Strukturen, nicht anders als bei der Sprachentwicklung. Sie brauchen hierzu Vorbilder und Möglichkeiten des Auslebens. Sie lernen Werte und Tugenden durch Handeln – und nur so. Hierzu müssen sie die Gelegenheit haben, müssen also Grenzen gesetzt bekommen, Konflikten ausgesetzt sein und die Chance haben, richtig zu handeln oder die Konsequenzen falschen Handelns erfahren: „Erziehung muss Gelegenheiten für Bewährung bieten und muss auch die Erfahrung des Scheiterns zulassen", fordert Bueb (2006, S. 19) daher zu Recht in seiner Monografie über Disziplin und führt auch gleich die typischen Beispiele aus dem heutigen Erziehungsalltag an: Darf der fünfzehnjährige Sohn eine Party besuchen, auf der Alkohol konsumiert wird? Darf die sechzehnjährige Tochter bis spät in die Nacht in die Disco? Diese Entscheidungen fallen keinem Vater und keiner Mutter leicht, denen das Wohl ihrer Kinder wirklich wichtig ist. Wer hier grundsätzlich auf Verbote setzt, übersieht, dass Jugendliche irgendwann (spätestens mit 18!) schon gelernt haben müssen, Entscheidungen alleine zu treffen, und dies voraussetzt, dass der Erzieher ihnen *vorher* dazu Gelegenheit gab! Daher ist Erziehung immer mit der Abwägung von Risiken verbunden und voller Entscheidungen, deren Wesen es ist, dass sie unbestimmt sind (sonst wären es keine Entscheidungen, sondern logische Schlüsse) und danebengehen können.

12.5 Funktionelle Bildgebung

Diese Überlegungen zur Reifung und Funktion des präfrontalen Kortex lassen sich mittlerweile mit Studien aus dem Bereich der funktionellen Bildgebung in Beziehung bringen. Hier hat sich die Messung der Blutoxygenierung (man spricht vom *blood oxygenation level dependent effect,* kurz: BOLD-Effekt)

mittels funktioneller Magnetresonanztomographie als bedeutsam erwiesen, weil diese Methode völlig frei ist von jeglicher Strahlenbelastung und gerade deswegen auch bei Kindern und Jugendlichen – prinzipiell sogar bei dreimonatigen Säuglingen (Dehaene-Lambertz et al. 2002) – angewendet werden kann.
Um die sich entwickelnde Fähigkeit zu untersuchen, auf Reize nicht vorschnell zu reagieren und damit Fehler zu machen, sondern die nahe liegende vorschnelle Reaktion zu hemmen (und damit *überlegt* zu handeln), werden nicht selten sogenannte **Go/No-Go-Aufgaben** verwendet: „Drücken Sie die Taste *nicht*, wenn in der Mitte ein X zu sehen ist", lautet beispielsweise die Instruktion, und dann werden Buchstaben gezeigt: A, F, Z, B, X, Y, E etc. Gemessen wird die Gehirnaktivierung bei jedem Buchstaben und ausgewertet werden die Daten, indem man die Aktivierung beim X (hier ist die Reaktion aktiv zu *hemmen*) mit der bei den anderen Buchstaben vergleicht. Man kann die Aufgabe schwieriger gestalten, indem man zusätzliche Stimuli zeigt, die ablenkend wirken (Distraktoren) und auf die nicht zu reagieren ist. Die obige Aufgabe wird dadurch schwieriger: AAAAA, FFFFF, XXZXX (nach diesen 3 Stimuli jeweils drücken), YYXYY (hier nicht drücken) etc. Man weiß schon länger, dass die Hemmungsbedingung in einer Go/No-Go-Aufgabe zur Aktivierung präfrontaler Areale führt.
Daher lag es nahe, eine solche Aufgabe mit Kindern und Erwachsenen bei gleichzeitiger funktioneller Magnetresonanztomographie durchzuführen, um die Aktivierungen zu vergleichen (Casey et al. 1997; Tamm et al. 2002). Hierbei zeigten sich letztlich die gleichen Muster der Aktivierung, Kinder wiesen jedoch insgesamt ein höheres Ausmaß der Aktivierung auf, insbesondere im dorsolateralen präfrontalen Kortex. Ihr Arbeitsgedächtnis, so kann man diesen Befund interpretieren, muss mehr arbeiten, um die automatische, nahe liegende („präpotente") Reaktion zu hemmen und nicht zu reagieren. Erwachsenen fällt diese Aufgabe nicht nur leichter (was man aus kürzeren Reaktionszeiten ableiten kann), sie bewältigen diese Aufgabe auch mit weniger Aktivierung im dorsolateralen präfrontalen Kortex und mit vergleichsweise mehr Aktivierung in ventralen (für längerfristige Bewertungen zuständigen) präfrontalen Arealen.
Mit der Ausreifung des Gehirns geht zum einen eine Steigerung der Effizienz einher (Aufgaben werden mit weniger Aktivierung gleich gut und schnell gelöst). Zum anderen werden Areale, die längerfristige Ziele und Werte repräsentieren und damit für die Emotionsregulation mitverantwortlich sind, zunehmend in die Informationsverarbeitung eingeschleift (Wietasch 2007). Es wird sozusagen mehr Top-down-Kontrolle automatisiert (Casey et al. 2005a, b; Hare u. Casey 2005). Dadurch wird das Arbeitsgedächtnis entlastet: Man muss nicht bei jeder Handlung, die ein längerfristiges Ziel verfolgt, immer vom Autopiloten auf Handsteuerung umschalten, sondern tut – weil man es gelernt und damit automatisiert hat – ohne viel kognitiven Aufwand das Richtige.

12.6 Praktische Auswirkungen

Gerade in der Pubertät ist Erziehung besonders schwierig, denn das Gehirn ist, wie oben dargestellt, noch längst nicht so „fertig" entwickelt, wie es das zuweilen schon sehr „erwachsen" wirkende Äußere der Person suggeriert. Zudem gilt Folgendes: Wie bei jedem anderen bei laufendem Betrieb erfolgenden Umbau kann es auch im Gehirn zu Störungen des reibungslosen Ablaufs von Funktionen kommen.
Hier ist eine Arbeit des Psychologen McGivern (McGivern et al. 2002) von der San Diego State University von besonderer Bedeutung, die bis heute oft zitiert wird, wenn es um die psychologischen Auswirkungen der „Gehirnremodellierung" in der Pubertät geht.

Fallbeispiel

Die Autoren verwendeten eine Aufgabe, bei der es um den Vergleich von Wörtern und Gesichtern ging. Dieses Wahrnehmungsmaterial (d.h. die Wörter und Gesichter) entsprachen den emotionalen Kategorien „fröhlich", „verärgert", „traurig" und „neutral". Die Aufgabe der Versuchspersonen bestand darin, anzugeben, ob ein Stimulus einer zuvor angegebenen Emotion entsprach. Sie mussten also mit *Ja* oder *Nein* reagieren. Eine zweite Aufgabe bestand darin, dass eine Wort-Gesicht-Kombination gezeigt wurde und zu entscheiden war, ob die jeweils ausgedrückten Emotionen gleich oder ungleich waren. Wieder war ganz einfach mit *Ja* oder *Nein* zu reagieren und die Reaktionszeiten wurden gemessen. Die Aufgaben waren sehr einfach, sodass sie von Versuchspersonen unterschiedlicher Altersstufen mühelos bewältigt werden konnten.

Ausgewertet wurden die Daten von insgesamt 246 Kindern (122 weiblich) im Alter von 10 bis 16 Jahren sowie von 49 jungen Erwachsenen (26 weiblich) im Alter von 18 bis 22 Jahren. Am interessantesten war der Vergleich der Leistungen im Hinblick auf das Eintreten der Pubertät: Im Vergleich zum Vorjahr nahmen die Reaktionszeiten mit dem Eintreten der Pubertät um 10–20 % zu, d.h. die Versuchspersonen wurden *langsamer*! Bei Mädchen (mit früherem Beginn der Pubertät) zeigte sich diese Verlangsamung der Reaktionszeiten beim Vergleich des 11. und 12. Lebensjahres, wohingegen diese Verlangsamung bei den Jungen zwischen dem 12. und 13. Lebensjahr zu beobachten war.
Die Autoren diskutieren ihre Ergebnisse explizit im Lichte der Erkenntnisse zur Gehirnentwicklung, insbesondere mit dem überschießenden Wachstum und der anschließenden Vernichtung von Synapsen (s. oben): „Zusammengefasst zeigen unsere Ergebnisse eine Abnahme der kognitiven Leistungsfähigkeit zu Beginn der Pubertät. Dieses altersabhängige Absinken könnte ein Marker für eine Phasenverlagerung in der Entwicklung [von Synapsen] von der Phase des Wachstums, hin zum Einsetzen des Rückgangs sein. Eine Definition der Parameter

der kognitiven und emotionalen Prozesse, die dieser Abnahme unterliegen, könnte dabei helfen, die Rolle der Erfahrung bei Prozessen der Synapsen-Vernichtung zu optimieren und damit den Einfluss von Erfahrung auf das kognitive und emotionale Wachstum in der Adoleszenz." (McGivern et al. 2002, S. 87)

Die Studie ist deshalb von Interesse, weil sie die Erfahrungen, die junge Menschen zu Beginn der Pubertät machen (und die Erfahrungen, die Erwachsene mit ihnen machen), auf einen wissenschaftlichen Boden stellt. Wer hier nur „die Hormone" anführt (als wisse man damit schon irgendetwas), liegt falsch, denn es ist auch das sich entwickelnde Gehirn, welches in manchen Phasen seines Umbaus offenbar bestimmte Schwächen zeigt. Das angeführte Zitat drückt die Hoffnung aus, dass ein besseres Verständnis der Vorgänge um die Pubertät auch dazu beitragen könnte, diesen Lebensabschnitt für alle Beteiligten fruchtbarer zu gestalten. Wenn man den Entwicklungsprozessen nicht einfach nur ausgeliefert ist, sondern sie kennt, kann man sich zu ihnen bewusst verhalten.

Man braucht nicht viel Phantasie, um sich die Konsequenzen der hier diskutierten Erkenntnisse für die Praxis des erzieherischen Alltags sowie des klinischen Umgangs mit Jugendlichen zu vergegenwärtigen:

- Jugendliche sind verschieden. Das einzelne Individuum in seiner jeweiligen Besonderheit hat je seine eigene bestimmte Entwicklung und Lerngeschichte. Dies bedeutet, dass nicht alles für alle gleichermaßen gut bzw. geeignet ist. Gewiss, sich entwickelnde Gehirne sorgen in bestimmter Weise selbst für den geeigneten Input, aber durch Synchronisation von Reifung und angebotener Lernerfahrung ist im Einzelfall sicherlich noch viel zu verbessern, gerade vor dem Hintergrund anzunehmender umbaubedingter Störungen; von Menschen mit spezifischen Behinderungen gar nicht zu reden.
- Das Zusammenspiel von Reifung und Lernen wirft ein helles Licht auf die sogenannten **kritischen Perioden, Entwicklungsfenster** oder **sensiblen Phasen**. Mit diesen in der Entwicklungsneurobiologie sehr wichtigen Begriffen werden Zeitabschnitte bezeichnet, in denen bestimmte Erfahrungen gemacht werden müssen, damit entsprechende Fertigkeiten bzw. Fähigkeiten erworben werden. Kommt es nicht dazu, werden diese Fertigkeiten bzw. Fähigkeiten zeitlebens nicht mehr gelernt. In ähnlicher Weise, wie es für das binokuläre Sehen wichtig ist, dass bis etwa zum fünften Lebensjahr entsprechender Stereo-Input von beiden Augen im visuellen System verarbeitet wird, erscheint es für die Persönlichkeitsentwicklung jedes Menschen wichtig, dass er mindestens bis zum Ende seiner zweiten Lebensdekade in einer Wertegemeinschaft aufwächst, die klare Spielregeln vorgibt. Ebenso, wie man Sprechen nur lernt, wenn man in einer Sprachgemeinschaft mit einer klaren Grammatik aufwächst, lernt man das richtige Verhalten in einer Gemeinschaft nur, wenn man in einer Wertegemeinschaft lebt. Vor diesem Hintergrund stimmt die Tatsache nachdenklich, dass Jugendliche heute mehr Zeit vor Bildschirmmedien (und mit Inhalten, von denen wir nicht wollen können, dass sie gelernt werden) verbringen als in der Schule (Spitzer 2005).
- Die Wissenschaft der kognitiven Entwicklungsneurobiologie ist noch sehr jung (Munakata et al. 2004). Bis vor wenigen Jahrzehnten herrschten Spekulation und Ideologie, wenn es darum ging, was Kinder und Jugendliche ausmacht, wozu sie in der Lage sind und wie man mit ihnen umgehen sollte. Soweit diese Spekulationen und Ideologien in unser Erziehungssystem Eingang fanden, wirkten sie sich keineswegs immer günstig auf die nächste Generation aus. Dass die meisten Menschen dennoch ihre Kindheit und Jugend mitsamt Erziehung und Schule halbwegs überstanden haben, liegt daran, dass junge Menschen erstaunlich robust sind. Sie suchen sich einfach selbst, was sie gerade am besten lernen können. Ihr sich entwickelndes Gehirn stellt einen eingebauten Lehrer dar. Es geht in der Entwicklungsneurobiologie um weitaus mehr als nur darum, was sich wann entwickelt. Nichts weniger als das wissenschaftlich fundierte Verständnis der Entwicklung des menschlichen Denkens überhaupt, von der Geburt bis ins Erwachsenenalter, steht auf dem Programm dieser Wissenschaft (Amso u. Casey 2006).

Der Reformpädagoge Hartmut von Hentig beschrieb Pubertät sehr feinfühlig wie folgt: „Die Kinder „werden sich selbst und den anderen unverständlich, sie verlassen die freundliche Abhängigkeit von den Erwachsenen und werden für sie unzugänglich. Es irritiert die Erwachsenen auch, dass die Nun-nicht-mehr-Kinder sich mehr füreinander interessieren als für sie; sie misstrauen dem Einfluss, den die Kinder aufeinander haben und mit dem sie nicht konkurrieren können, ja sie neiden ihnen ihr geheimes Einverständnis. Die Erwachsenen nehmen plötzlich erschrocken ihre eigene Faszination durch die Wesen wahr, die ihnen äußerlich näher kommen und sich gleichzeitig so hartnäckig von ihnen zu entfernen suchen, die sich selbst um einen Preis verwirklichen wollen, den sie – abgeklärt oder abgestumpft – längst nicht mehr zu zahlen bereit sind." (Hentig 2007, S. 42 f.)

Helfen wir den kommenden Erwachsenen bei dieser Aufgabe. Die Gehirnforschung wiederum kann uns dabei helfen – vielleicht ein kleines bisschen.

Literatur

Amoso D, Casey BJ. Beyond What Develops When. Neuroimaging may inform how cognition changes with development. Assoc Psychol Sci 2006; V15-N1: 24–9.

Barnea-Goraly N, Menon V, Eckert M, Tamm L, Bammer R, Karchemskiy A, Dant C, Reiss AL. White matter development during childhood and adolescence: a cross-sectional diffusion tensor imaging study. Cereb Cortex 2005; 15: 1848–54.

Bueb B. Lob der Disziplin. Eine Streitschrift. Berlin: List 2006.

Casey BJ, Trainor RJ, Orendi JL, Schubert AB, Nystrom LE, Cohen JD, Noll DC, Giedd J, Castellanos X, Haxby J, Forman SD, Dahl RE, Rapoport JL. A pediatric functional MRI study of prefrontal activation during performance of a Go-No-Go task. J Cogn Neurosci 1997; 9: 835–47.

Casey BJ, Galvan A, Hare TA. Changes in cerebral functional organization during cognitive development. Curr Opin Neurobiol 2005a; 15: 239–44.

Casey BJ, Tottenham N, Liston C, Durston S. Imaging the developing brain: what have we learned about cognitive development? Trends Cogn Sci 2005b; 9: 104–10.

Dehaene-Lambertz G, Dehaene S, Hertz-Pannier L. Functional neuroimaging of speech perception in infants. Science 2002; 298: 2013–5.

Durston S, Hulshoff Pol HE, Casey BJ, Giedd JN, Buitelaar JK, van Engeland H. Anatomical MRI of the developing human brain: what have we learned? J Am Acad Child Adolesc Psychiatry 2001; 40: 1012–20.

Durston S, Thomas KM, Yang Y, Ulug AM, Zimmermann RD, Casey BJ. A neural basis for the development of inhibitory control. Dev Sci 2002; 5: F9–F16.

Felleman DJ, Van Essen DC. Distributed hierarchical processing in primate cerebral cortex. Cereb Cortex 1991; 1: 1–47.

Flechsig P. Anatomie des menschlichen Gehirns und Rückenmarks auf myelogenetischer Grundlage. Leipzig: Thieme 1920.

Gehlen A. Der Mensch. Seine Natur und seine Stellung in der Welt. Wiesbaden: Akademische Verlagsgesellschaft Athenaion 1978.

Giedd JN, Blumenthal J, Jeffries NO, Castellanos FX, Liu H, Zijdenbos A, Paus T, Evans AC, Rapoport JL. Brain development during childhood and adolescence: a longitudinal MRI study. Nat Neurosci 1999; 2: 861–3.

Giedd JN, Clasen LS, Lenroot R, Greenstein D, Wallace GL, Ordaz S, Molloy EA, Blumenthal JD, Tossell JW, Stayer C, Samango-Sprouse CA, Shen D, Davatzikos C, Merke D, Chrousos GP. Puberty-related influences on brain development. Mol Cell Endocrinol 2006; 254–255: 154–62.

Hare TA, Casey BJ. The neurobiology and development of cognitive and affective control. Romanian Assoc Cogn Sci Cogn Brain Behav 2005; IX(3): 273–86.

Hentig H v. Bewährung. Von der nützlichen Erfahrung, nützlich zu sein. Weinheim: Beltz 2007.

Huttenlocher PR, De Courten C, Garey LJ, Van Der Loos H. Synaptic development in human cerebral cortex. Int J Neurol 1983; 16/17: 144–54.

McGivern RF, Andersen J, Byrd D, Mutter KL, Reilly J. Cognitive efficiency on a match to sample task decreases at the onset of puberty in children. Brain Cogn 2002; 50: 73–89.

Munakata Y, Casey BJ, Diamond A. Developmental cognitive neuroscience: progress and potential. Trends Cogn Sci 2004; 8: 122–8.

Pfefferbaum A, Mathalon DH, Sullivan EV, Rawles JM, Zipursky RB, Lim KO. A quantitative magnetic resonance imaging study of changes in brain morphology from infancy to late adulthood. Arch Neurol 1994; 51: 874–87.

Sowell ES, Thompson PM, Holmes CJ, Jernigan TL 2nd, Arthur W, Toga AW. In vivo evidence for post-adolescent brain maturation in frontal and striatal regions. Nat Neurosci 1999; 2: 859–61.

Spitzer M. Geist im Netz. Heidelberg: Spektrum Akademischer Verlag 1996.

Spitzer M. Lernen. Heidelberg: Spektrum Akademischer Verlag 2002.

Spitzer M. Vorsicht Bildschirm. Stuttgart: Klett 2005.

Tamm L, Menon V, Reiss AL. Maturation of brain function associated with response inhibition. J Am Acad Child Adolesc Psychiatry 2002; 41: 1231–8.

Wietasch AK. Jugend, Körper und Emotion. Eine Schnittmenge aus neurobiologischer Sicht. Diskurs Kindheits Jugendforschung 2007; 2: 123–37.

13 Adoleszenz, junges Erwachsenenalter und Bindung

Inge Seiffge-Krenke und Ute Ziegenhain

Inhalt

13.1	Einleitung	142
13.2	Bindung: Eine spezifische Form der Beziehung	142
13.3	Ergebnisse zum Bindungsstatus	144
13.4	Fazit	151
Literatur		151

Zusammenfassung

Bindung stellt eine spezifische Form der Beziehung dar, bei der es um Reaktionen auf Trennung geht – ein in der Adoleszenz besonders relevantes Thema. Der Beitrag schildert wichtige empirische Ergebnisse zur Bindungsentwicklung wie etwa das Bindungsloch in der Adoleszenz, die Verschiebung innerhalb der Bindungshierarchien von Eltern zu romantischen Partnern im Jugendalter sowie im jungen Erwachsenenalter und wesentliche Unterschiede im Bindungsstatus zwischen gesunden und psychopathologisch auffälligen Gruppen. Wegen der besonderen Problematik wird auf das Bindungsverhalten jugendlicher Mütter gesondert eingegangen.

13.1 Einleitung

Bowlbys (1988) Bindungstheorie stellt die Fortführung und – in den Untersuchungen der Bindungsforschung – die empirische Beweisführung für Freuds bahnbrechende Einsicht in die enorme Bedeutung früher enger Beziehungen für die weitere Beziehungsentwicklung dar. In den letzten Jahren hat es sogar eine regelrechte Explosion von Bindungsforschung gegeben (vgl. zusammenfassend Ahnert 2004; Cassidy u. Shaver 1999; Gloger-Tippelt 2001; Waters u. Cummings 2000), unter anderem bedingt durch die Tatsache, dass die Personen, deren Bindungsstatus in den 1970er Jahren im Kleinkindalter erfasst worden war, mittlerweile ins Jugendalter gekommen bzw. erwachsen geworden sind und man nun ganz konkret prüfen kann, welche langfristigen Auswirkungen die frühen Bindungserfahrungen etwa auf die Entwicklung von Partnerschaften haben. Die Analyse der Forschungsgeschichte zeichnet sich jedoch auch durch spezifische Fokussierungen und Skotomisationen aus, die vor allem bezüglich der Frage der Bindungsentwicklung im Jugendalter fatal sind und zu einem relativen Mangel an Studien gerade in diesem Altersabschnitt geführt haben.

Bowlbys Konzepte der Bindung, der mütterlichen Feinfühligkeit sowie das Konzept des *inner working models* (den in kognitiven Repräsentationen niedergelegten Erfahrungen mit Bindungsbeziehungen) sind handlungsleitend für die weitere Beziehungsentwicklung und daher auch im Jugendalter und im jungen Erwachsenenalter besonders relevant, wenn neue Beziehungen von möglicherweise lebensentscheidender Bedeutung geknüpft werden. Einige der Thesen Bowlbys sind jedoch in diesem Entwicklungsabschnitt durchaus kritisch zu sehen. So etwa dient das Bindungssystem dem Zweck, größtmögliche Nähe zum Bindungsobjekt, meistens der Mutter, zu erreichen. Hier stellt sich die Frage, ob dies auch für die Gruppe der Jugendlichen bzw. jungen Erwachsenen charakteristisch ist oder ob ein Partner die elterlichen Bindungsfiguren »ersetzt«. Des Weiteren ist auffällig, dass in Bowlbys Theorie eine Relativierung der Bedeutung der Sexualität und die Hervorhebung nichtsexueller Bedürfnisse vorherrschen. Insofern ist zu fragen, ob Bindungsbeziehungen zu den Eltern und die zu gleichaltrigen Freunden bzw. romantischen Partner ähnlich sind oder ob nicht doch distinkte Merkmale die Qualität von Partnerbeziehungen kennzeichnen. Es wäre auch zu klären, inwieweit es durch Partnerbeziehungen gelingt, stabile sichere Bindungsmuster neu aufzubauen (*earned security*).

13.2 Bindung: Eine spezifische Form der Beziehung

Die von Bowlby (1969, 1973, 1980) entwickelte Bindungstheorie postuliert das universelle menschliche Bedürfnis, enge affektive Bindungen einzugehen, was sich besonders in Situationen der Gefahr zeigt.

> Unter Bindung versteht man ein lang andauerndes affektives Band zu ganz bestimmten Personen, die nicht ohne Weiteres auswechselbar sind, deren körperliche, psychische Nähe und Unterstützung gesucht wird, wenn z. B. Furcht, Trauer, Verunsicherung, Krankheit oder Fremdheit in einem Ausmaß erlebt werden, das nicht mehr selbstständig regulierbar ist.

Bowlbys Bindungstheorie hat einen eindeutigen biologischen Fokus; er betonte immer wieder, wie wichtig Bindung für das Überleben einer Art sei. Bowlby begann seine Arbeit an der Bindungstheorie, als er im Alter von 21 Jahren in einem Heim für sozial auffällige Jungen tätig war. In einer retrospektiven Untersuchung, die er zehn Jahre später über die Entwicklungsgeschichte von 44 jugendlichen Dieben leitete, vermutete er bereits, dass eine längere Trennung von der Mutter ursächlich mit der Störung dieser Jungen zusammenhing. Später erweiterte er sein Interesse an Mutter-Kind-Beziehungen und wertete Untersuchungen aus, die sich mit den Folgen einer Institutionalisierung bei kleinen Kindern befassten (Bowlby 1951), aufbauend auf den Untersuchungen von Spitz (1954). Allerdings beschäftigte Bowlby sich dann in der Folge mehr mit der frühen Mutter-Kind-Interaktion und vernachlässigte das Jugendalter. Diese Skotomisation hat auch die Bindungsforschung nachvollzogen. Dies stellt uns allerdings – auf dem Boden der Tatsache, dass es in diesem Kapitel um Bindungsbeziehungen von Jugendlichen und jungen Erwachsenen geht – vor gewisse Probleme:

13.2.1 Die fehlende Balance von Bindung und Exploration

Die Bindungsforschung hat bislang vor allem die Qualität von Beziehungen betrachtet und die Exploration vernachlässigt, obgleich im Ansatz von Bowlby (1988) Bindung und Exploration einander wechselseitig bedingen.

> In seinem Konzept der **Bindungs-Explorations-Balance** hat Bowlby die gegenseitige Beeinflussung von zwei Verhaltenssystemen beschrieben. Das Bindungssystem (*attachment*) dient dem Zweck, größtmögliche Nähe zum Bindungsobjekt, meistens der Mutter, zu erreichen. Das Erkundungsverhalten (*exploration*) ist auf subtile Weise mit dem Bindungsverhalten verknüpft, wobei die Bindungsfigur die unabdingbare sichere Basis (*secure base*) bietet, von der aus das Kind die Welt erkundet. Die Abwesenheit der Bindungsfigur verhindert demnach die Exploration (Rajecki et al. 1978).

Deshalb kann man davon ausgehen, dass eine sichere Bindung vorteilhaft für die Entwicklung kognitiver und sozialer Fähigkeiten ist. Für Bowlby war unmittelbar einsichtig, dass beide Verhaltenssysteme zusammenhängen, allerdings beschäftigte er sich selbst vorwiegend mit dem Bindungssystem. Insbesondere für Jugendliche, für die die Exploration neuer Lebenswelten eine wichtige Rolle spielt, ist dies ein ganz entscheidender Mangel, der auch in der Bindungsforschung deutlich wird. Die Folgen unsicherer Bindung für Neugier, Kreativität und Problemlösen bei Kindern sind weitgehend unerforscht geblieben. Studien im Jugendalter und jungen Erwachsenenalter belegen gravierende Einschränkungen in der Fähigkeit zum kompetenten Problemlösen bei unsicherer Bindung (Seiffge-Krenke 2008).

13.2.2 Fokus auf der Mutter, Vernachlässigung des Vaters

Es ist bemerkenswert – und dies hängt mit der Fokussierung auf den Bindungsaspekt und der Vernachlässigung des Explorationsaspektes zusammen –, dass die Mutter als *primary caregiver* im Zentrum steht. Untersuchungen an Vätern sind rar. Erst in jüngster Zeit konnte nachgewiesen werden, dass der Vater einen entscheidenden, bislang übersehenen Beitrag zur Entwicklung kindlicher Bindung, insbesondere für den Explorationsaspekt, leistet (Seiffge-Krenke 2002).

Die Spielfeinfühligkeit des Vaters, d. h. die väterliche Herausforderung im Spiel, die sensitiv ist für die Bedürfnisse und den Entwicklungsstand des Kindes, ist ebenso bedeutsam für die langfristige Bindungssicherheit wie die feinfühlige Interaktion der Mutter, wenn sich das Kind gestresst, traurig oder alleingelassen fühlt (Seiffge-Krenke 2008).

Der mütterlichen Feinfühligkeit im Umgang mit Affekten des Kindes, vor allem mit negativen Affekten, die den Bindungsaspekt betont, entspricht demnach eine spezifische Spielfeinfühligkeit des Vaters, die den Explorationsaspekt unterstützt und damit die notwendige Bindungs-Explorations-Balance sicherstellt. In ihrem aufregenden Spiel *(kamikaze play)* (Seiffge-Krenke 2002) lehren Väter Kinder und Jugendliche nicht nur, sich etwas zuzutrauen, sondern zeigen ihnen auch, wie man mit den dabei auftretenden aufregenden positiven und negativen Emotionen umgeht. In der Tat ist die Fähigkeit zur Emotionsregulierung ein wesentliches Ergebnis von Bindungsbeziehungen. Väter fördern des Weiteren verstärkt die Autonomieentwicklung. So trauen sie ihren jugendlichen Kindern schon rund vier Jahre früher Eigenständigkeit und Autonomie zu als die Mütter (Shulman u. Seiffge-Krenke 1997) und fordern diese energisch ein.

13.2.3 Marginalisierung der Sexualität

Für Bowlbys theoretische Ansätze der 1950er und 1960er Jahre war eine Abneigung gegen die »exzessive Betonung von Phantasie« (Dornes 2004a, b) charakteristisch, vor allem seine Marginalisierung des Ödipuskomplexes. Für ihn standen anstelle von Trieben andere Bedürfnisse im Vordergrund – die nach Spiegelung, Kommunikation, Affektaustausch und Körperkontakt, die er in seinem Konzept der Bindung zusammenfasste. Die Relativierung der Bedeutung der Sexualität und die Hervorhebung nichtsexueller Bedürfnisse war für die Psychologie eine attraktive Perspektive, die sicher sehr zur Verbreitung der Bindungstheorie beitrug. Es stellt sich allerdings die Frage, welcher Stellenwert dieser Konzeption in einer Altersphase zukommt, die durch die Entwicklung physisch reifer Genitalien und den Beginn der reproduktiven Phase gekennzeichnet ist und in der Sexualität auf allen Ebenen der Partnerbeziehungen eine wichtige Rolle spielt.

13.3 Ergebnisse zum Bindungsstatus

Eine erhebliche Anzahl von Studien wurde in der Vergangenheit an jungen Erwachsenen durchgeführt; Jugendliche wurden, wie erwähnt, deutlich seltener untersucht. Dies hängt teilweise damit zusammen, dass die Bindungsrepräsentation narrativ, in Form eines retrospektiven Interviews, erst vor wenigen Jahren an Jugendlichen erprobt wurde. Aber es ergaben sich auch auffällige Befunde, die zeigten, dass Jugendliche in Bezug auf Bindung an die Eltern keineswegs einfach einzuschätzen sind.

Im Folgenden sollen zunächst einige wichtige Ergebnisse zum Bindungsstatus von Jugendlichen und jungen Erwachsenen dargestellt werden, bevor auf spezifischere Ergebnisse zum Bindungsstatus von schwangeren adoleszenten Müttern und von traumatisierten Jugendlichen und jungen Erwachsenen eingegangen wird und schließlich die Effekte von engen Freundschafts- und Partnerbeziehungen als Risiko und Ressource für die Bindungsentwicklung genauer betrachtet werden.

Entscheidend für die Einschätzung der Ergebnisse der Bindungsforschung, insbesondere solche zur Stabilität oder Instabilität des Bindungsstatus über die Lebensspanne, ist die Kenntnis der Methoden, die zur Erhebung des Bindungsstatus verwendet wurden. Deshalb wollen wir uns kurz mit den zwei hauptsächlich verwendeten Methoden beschäftigen.

Der **Fremde-Situation-Test** (FST) ist eine experimentelle Situation, in der das Verhalten des Kindes bei Trennung von der Mutter beobachtet wird. Das Verhalten des Kindes bei Rückkehr von der Mutter und seine Fähigkeit, sich von ihr oder einer Fremden trösten zu lassen, wird registriert; dieses Beobachtungsverfahren wird eingesetzt im Alter von 18 Monaten bis 3 Jahren.

Das **Adult-Attachment-Interview** (AAI) von George et al. (1996), das bei Erwachsenen eingesetzt wird, ist ein 18 Fragen umfassendes Interview, das nach frühen Kindheitserfahrungen fragt. Die Fragen des etwa einstündigen halbstrukturierten Interviews beziehen sich auf die Beschreibung der Beziehung zu den Eltern in der Kindheit, als man etwa 6–12 Jahre alt war. Es geht um spezifische Erfahrungen von Trost, Zurückweisung und Trennung und die subjektive Bewertung der erfahrenen elterlichen Unterstützung. In den letzten Jahren wurde die Originalversion des AAI auch bei Jugendlichen ab dem 16. Lebensjahr eingesetzt (Zimmermann u. Becker-Stoll 2001). Die Bindungsforschung hat also eine entscheidende methodische Veränderung erfahren, die man wie folgt umschreiben könnte: vom Beobachtbaren zur Verbalisierung innerer Repräsentation.

Für die uns hier interessierende Altersgruppe wird der Bindungsstatus also nicht mehr, wie in der Kindheit, auf der Ebene des Bindungsverhaltens, sondern auf der Ebene der **Bindungsrepräsentation** erfasst. Auf der Basis der Theorie Bowlbys geht man davon aus, dass die frühen Erfahrungen mit den Bezugspersonen in Form von Arbeitsmodellen über sich und andere niedergelegt werden, die die zukünftige Interaktion bestimmen. Mithilfe des Bindungsinterviews für Erwachsene wird versucht, solche internalen Arbeitsmodelle von Bindung zu erheben und den Einfluss dieser Erfahrungen auf die eigene Persönlichkeit und die weitere Entwicklung zu analysieren. Wichtig ist, dass das Kriterium für die Bindungssicherheit die Kohärenz der Beschreibung früherer Kindheitserlebnisse ist. Bei der Auswertung des Interviews wird daher vor allem auf die Organisation der Gedanken, Erinnerungen und Gefühle geachtet, die sich in sprachlichen Kohärenzkriterien manifestiert, und weniger auf die tatsächlichen berichteten Erfahrungen. Es ist also nicht entscheidend, ob die Kindheit grausam und furchtbar war, sondern ob sie kohärent beschrieben wird. Mit dieser Kohärenz ist etwas gemeint, was an die *depressive Position* von Melanie Klein (1962) erinnert, nämlich eine balancierte Sicht der Beziehung zu den Eltern. Auch wenn die Eltern als hart, autoritär, uneinfühlsam beschrieben werden, wird doch eine Person, die gleichzeitig auch die Gründe erwähnt, weshalb sie glaubt, warum die Eltern so reagiert haben, eher eine Einstufung als sicher gebunden erhalten.

> Personen, die sich leicht an konkrete Erfahrungen erinnern können und die sowohl positive als auch negative Erinnerungen in ein kohärentes Gesamtbild integrieren und die Bindungen wertschätzen, werden als **sicher-autonom** (*secure*, F) in ihrer Bindungsrepräsentation klassifiziert. Fonagy (1998) betont die offene, ausgeglichene und nachdenkliche Haltung der als sicher klassifizierten Personen, ihre guten Fähigkeiten zur Mentalisierung der gemachten Erfahrung und ihr Verständnis für das Verhalten ihrer Eltern.
>
> Personen, die ihre Kindheit idealisieren, sich kaum an konkrete Erfahrungen erinnern können und die Bindungserfahrungen abwerten, wird eine **unsicher-vermeidende Bindungsrepräsentation** (*dismissing*, DS) zugeordnet. Meist sind die Interviews kurz, die Antworten unvollständig und die Angaben lückenhaft. Allgemeinplätze und ein distanzierendes »man« statt »ich« sind häufig.
>
> Bei der **verstrickten Bindungsrepräsentation** (*preoccupied*, E) sind inkohärente, sehr detaillierte Schilderungen der Kindheitserfahrungen charakteristisch, aus denen deutlich wird, dass der Erwachsene immer noch konflikthaft in die Beziehung

> zu seinen Eltern verstrickt ist. Die Erinnerungen sind meist von Ärger und Groll durchzogen oder von resignativer Passivität, ein »misslungenes Containment« (Küchenhoff 1998) wird deutlich. Die Verstrickung erlaubt weder Autonomie noch Intimität.

Die Frage nach den unbewussten Anteilen und ihrer Darstellung durch das Bindungsinterview ist kritisch zu stellen (Seiffge-Krenke 2005): Kann ein halbstrukturiertes Interview wie das AAI, das in einer streng festgelegten Fragenfolge (einschließlich der Nachfragen) bestimmte Kindheitserfahrungen thematisiert, überhaupt unbewusstes Material zutage fördern? Es ist einleuchtend, dass diese Rahmenbedingungen sicher nicht den »Königsweg zum Unbewussten« darstellen, der für Freud bekanntlich in der Traumanalyse bestand. Zuviel ist festgelegt, zu wenig Raum für die unbewusste Inszenierung (verglichen mit dem Erstinterview; Argelander 1970) gegeben. Dennoch zeigen sich einige Phänomene, die betrachtenswert und aufschlussreich sind und offenkundig das Beziehungsgeschehen weitgehend bestimmen.

Ein umfangreicher Überblick über die eindrucksvolle Zahl von Studienergebnissen, die unter Verwendung des AAI mit der oben beschriebenen Dreifachklassifikation gewonnen wurden, findet sich bei Hesse (1999). Die Metaanalyse von Bakermans-Kranenburg und van IJzendoorn (1993) ergab bezüglich der Verteilung der AAI-Klassifikationen in nichtklinischen Stichproben von Frauen, Männern und Jugendlichen 58 % sicher *(secure)*, 24 % unsicher-distanziert *(dismissing)* und 18 % unsicher-verwickelt *(preoccupied)* Gebundene.

Eine sehr ähnliche Verteilung haben wir auch in unserer Mainzer Längsschnittstudie an 112 Personen gefunden (Seiffge-Krenke 2008). Ähnlich wie bei den Bindungsmustern in der Kindheit fand man bei der Bindungsrepräsentation im Erwachsenenalter keine Geschlechtsunterschiede: Männer sind genauso häufig sicher gebunden wie Frauen. Personen, die kritische Lebensereignisse erlebt hatten (Scheidung der Eltern, chronische Krankheit), wiesen gehäuft unsichere Bindungsmuster, vor allem unsicher-distanzierte Bindungsmuster auf. Dieses Ergebnis, dass die Kumulierung von kritischen Lebensereignissen häufig einhergeht mit dem unsicheren Bindungsstatus, wurde ebenfalls in vielen Bindungsstudien gefunden.

Forschungsergebnisse zum AAI zeigen auffallende Verteilungsunterschiede zwischen klinisch auffälligen und unauffälligen Gruppen. Innerhalb klinischer Stichproben waren die Basisraten für unsichere Bindung sehr viel höher und nur noch rund 8–13 % waren sicher gebunden. Etwas mehr als 40 % wurden jeweils als unsicher-distanziert bzw. unsicher-verwickelt gebunden eingestuft. Nur ein verschwindend geringer Prozentsatz von psychisch kranken Patienten ist demnach sicher gebunden. Des Weiteren konnten keine eindeutigen Zusammenhänge zwischen Diagnose und Bindungsstatus gefunden werden. Zahlreiche, zumeist querschnittlich durchgeführte Studien versuchten, spezifische Krankheitsbilder wie Psychosomatosen, Angststörungen oder Depressionen bestimmten Bindungsmustern zuzuordnen. Es gibt Befunde, die eine Zuordnung da und dort wahrscheinlich erscheinen lassen, aber insgesamt ist die Zuordnung zu (eher neurotischen) Krankheitsbildern nicht geglückt (Strauß et al. 2002). Der Schluss, den man aus diesen Befunden ziehen kann, ist, dass unsichere Bindung einen Risikofaktor für eine Vielzahl von neurotischen Störungen wie Depression, Angststörungen, Essstörungen darstellen kann, dass der Effekt jedoch eher unspezifisch ist.

Anders verhält es sich mit weiteren Bindungsklassifikationen wie beispielsweise den Einflüssen von Traumatisierung *(cannot classify,* CC, und *unresolved trauma,* U), die neben den drei Hauptklassifikationen gefunden wurden und die diese überlagern können bzw. ihnen vorgeordnet sind. Hier sind die Befunde sehr einheitlich und zeigen, dass schwere Traumatisierungen wie sexueller Missbrauch oder Gewalt in der Familie zu einem unverarbeiteten Bindungsstatus (U) führen. Der Text wird dort brüchig und inkohärent, wo im Interview über ein konkretes Trauma gesprochen wird. Neben dem partiellen Zusammenbruch der Diskursstrategien findet man aber immer auch noch Hinweise auf F-, E- und DS-Klassifikationen. Solche U-Klassifikationen wurden besonders häufig bei Borderline-Patienten, Personen mit posttraumatischen Belastungsstörungen und somatoformen Störungen gefunden (Waldinger et al. 2006), bei denen in der Vorgeschichte häufig ebenfalls schwere Traumatisierungen vorlagen.

Als weiteres Muster beschreibt Hesse (1996) die CC-Texte. Diese fast gänzlich inkohärenten Texte waren häufig bei Patienten mit schweren psychiatrischen Störungen zu finden. Während die U-Kategorie einen Zusammenbruch in begrenzten, um ein Trauma zentrierten, aber bindungsrelevanten Teilbereichen des Textes kennzeichnet, zeigt sich bei dieser letzten Kategorie ein globaler Zusammenbruch sämtlicher Diskursstrategien über das gesamte Interview hinweg. Lamott et al. (2001) bezeichnen ihn auch als fragmentierten Bindungsstatus und fanden ihn bei schwer traumatisierten inhaftierten Frauen, die in ihrer Kindheit und Jugend körperlich misshandelt und missbraucht worden waren.

13.3.1 Bindungsverhalten in der Adoleszenz: Hinweise auf ein »Bindungsloch«

Bowlby nahm an, dass sich die Art der Bindung in der Adoleszenz verändert. Aus der Eltern-Kind-Bindung, die in der frühen Kindheit vorherrscht, würden neue Bindungen entstehen, die sich auf weitere Personengruppen, andere Erwachsene, aber auch auf Gleichaltrige ausdehnen. Die Forschungssituation in Bezug auf Jugendliche ist allerdings ausgesprochen dürftig. Während die Befunde zum Zusammenhang von Autonomieentwicklung und Bindung insgesamt schlüssig sind – und damit die Bedeutung der Bindungs-Explorations-Balance unterstreichen –, haben die Befunde zur Stabilität über die Zeit und Konkordanz mit den elterlichen Bindungsstilen teilweise irritierende Befunde erbracht.

Bindung an die Eltern und Autonomie

In der retrospektiven Befragung des AAI zu Fragen wie beispielsweise »Wie hast Du Dich gefühlt, wenn Deine Eltern Dich abends allein gelassen haben?« oder »Kannst Du Dich an das erste Mal erinnern, als Du eine längere Zeit von Deinen Eltern getrennt warst?« findet man bei *sicher gebundenen Jugendlichen* hohe Autonomie von den Eltern, hohes Vertrauen in die Eltern, nicht weniger Konflikte mit den Eltern, sondern produktivere Konfliktlösungen. Es herrscht ein gutes Gleichgewicht von Bindung und Exploration vor. *Unsicher-distanziert gebundene Jugendliche* zeigen wenig Autonomie von den Eltern, geringe Verbundenheit mit den Eltern und eher ein starkes Rückzugsverhalten: »Ich habe keine Beziehung nötig, ich brauche niemand«. Diese Jugendlichen haben Schwierigkeiten, negative Gefühle bei sich und anderen wahrzunehmen; Bindung erscheint unwichtig. Die Gruppe der *unsicher-verwickelt gebundenen Jugendlichen* zeigt auch wenig Autonomie von den Eltern, aber gleichzeitig ein erhöhtes und vollständig unproduktives Engagement mit den Eltern und viel dysfunktionalen Ärger. Das Bindungssystem bleibt ständig aktiviert, es kommt nicht zur Ruhe. Diese Jugendlichen zeigen später in Bezug auf den romantischen Partner ein stark anhängliches, dann wieder sehr ängstliches Verhalten, welches man als *anxious love* bezeichnet.

> Während demnach sicher gebundene Jugendliche die Beziehungen zu ihren Eltern wertschätzen, sich aber allmählich ablösen (Allen u. Hauser 1996), bleibt für die beiden Gruppen unsicher gebundener Jugendlicher die elterliche Beziehung ein zentrales Thema (Allen u. Land 1999). Sie sind gefangen in ihren frühen Bindungserfahrungen durch unangemessene Idealisierung der Eltern oder ständige Versuche, noch etwas von den Eltern zu bekommen – und damit ist eine Exploration von einer sicheren Basis aus kaum möglich. Die Eroberung von einer sicheren Basis aus kaum möglich. Die Eroberung neuer Welten, der Aufbau heterosexueller Beziehungen ist blockiert.

Stabilität von Bindungsbeziehungen über die Zeit

Die entscheidende Frage ist nun, wie stabil diese Muster der Verarbeitung von Beziehungen über die Zeit sind. Gibt es überhaupt noch Möglichkeiten für eine Neuorientierung, eine zweite Chance (Eissler 1958) in der Adoleszenz? Hier stoßen wir auf widersprüchliche Befunde.

In Studien treten hohe Stabilitäten auf, wenn die *gleichen Erfassungsmethoden* benutzt wurden, z. B. 80 % auf der Verhaltensebene (FST) bei Kindern im Alter von 1 bis 3 Jahren oder 78–90 % auf der Repräsentationsebene (AAI) bei Erwachsenen (Metaanalyse von Bakermans-Kranenburg u. van IJzendoorn 1993). Es gibt ferner eine gewisse Stabilität von der Kindheit ins Erwachsenenalter, auch wenn *verschiedene Methoden* benutzt wurden, wie FST und AAI. Einige Längsschnittstudien stellten fest, dass die Bindungsklassifikationen von Personen in der frühen Kindheit (18 Monate) mit denen der gleichen Personen im Alter von 20 Jahren zu 68 % bzw. 75 % übereinstimmten (Hamilton 1994; Main 1997; Waters et al. 1995, 2000). Das bedeutet, dass Bindungsmuster im Kleinkindalter in zwei Drittel der Fälle mit denen im Erwachsenenalter übereinstimmen. Diese Arbeiten zeigen eine bemerkenswerte lebenslange Stabilität von Bindungsmustern. Man fand die Stabilität über einen Zeitraum von etwa 20 Jahren aber nur, wenn – wie bereits erwähnt – zwischenzeitlich keine kritischen Lebensereignisse stattgefunden haben. Traten kritische Lebensereignisse wie Scheidung, chronische Krankheit oder Tod von Angehörigen in der Zwischenzeit auf, hatte dies häufig einen Wechsel von sicherer zu unsicherer Bindung zur Folge. Auch in der Regensburger Studie an 42 16-jährigen Jugendlichen fand man keine Stabilität, unter anderem weil kritische Ereignisse wie die Scheidung der Eltern zu einer Veränderung in Richtung unsicherer Bindungsmuster führten. Noch etwas anderes aber wird deutlich, wenn wir die Ergebnisse betrachten: Das Alter, in dem das AAI gemessen wurde, spielt eine große Rolle. In einer Studie von Zimmermann und Becker-Stoll (2001) ist im Alter von 18 Jahren wieder eine gewisse Stabilität zu erkennen (64 %).

> Wir finden also in allen Altersstufen relativ hohe Stabilitäten, einzige Ausnahme ist die Adoleszenz, wo sich erst zur späten Adoleszenz hin eine gewisse Stabilität feststellen lässt. Für die frühe und mittlere Adoleszenz scheint dagegen ein »Bindungsloch« vorzuherrschen.

Übereinstimmungen zwischen Jugendlichen und ihren Eltern

Die geringe Stabilität in diesem spezifischen Altersabschnitt ist in der Tat auffallend und findet ihre Entsprechung in den sehr geringen Übereinstimmungen zwischen den Bindungsrepräsentationen von Jugendlichen und ihren Eltern. Die verschiedenen Studien zeigen sehr geringe bzw. fehlende Konkordanzen zwischen dem Jugendlichen-AAI und dem AAI ihrer Eltern, während man hohe Konkordanzen (66–82 %) zwischen dem Bindungsstatus der Eltern und dem ihrer kleinen Kinder findet (Fonagy et al. 1991; Sagi et al. 1992). Auch zwischen erwachsenen Kindern und ihren Eltern finden wir hohe Zusammenhänge, wie die Dreigenerationenuntersuchung von Benoit und Parker (1994) zeigt. Wiederum zeigt sich, dass das Jugendalter, speziell das frühe bis mittlere, irgendwie »durch die Maschen« fällt.

> Wir finden demnach Konkordanzen zwischen der Bindung von Personen und ihren Eltern, wenn diese Kinder sind oder wenn diese Kinder inzwischen erwachsen sind, aber wir finden keine Konkordanzen im Jugendalter. Auch hier betrifft dieses »Bindungsloch« im Besonderen die Zeit der frühen und mittleren Adoleszenz. Dies konnten wir in unserer Längsschnittstudie bestätigen (Seiffge-Krenke 2008). Wir fanden keine Zusammenhänge im Alter von 13 bis 16 Jahren, aber Zusammenhänge im Alter von 17 Jahren.

Ursachen des »Bindungslochs«

Was sind nun die Ursachen für dieses Bindungsloch im Jugendalter? Hier sind zunächst eine zunehmende Autonomie von den Eltern und auch enorme Fortschritte in der Emotionsregulierung zu nennen, die möglicherweise dazu führen, dass das Verbergen von Emotionen, insbesondere negativer Art, zu einer massiven Beeinträchtigung der Kommunikation führt und ein offener, flexibler Diskurs nicht ohne Weiteres möglich ist (Seiffge-Krenke 2008). Die im AAI angesprochenen Inhalte der Abhängigkeit von den Eltern, des Schutzsuchens und des Suchens von Nähe sind sicher in der frühen und mittleren Adoleszenz besonders tabuisiert. Auch wenn die Eltern als *secure base* erhalten bleiben, wird doch auf manifester Ebene alles getan, um eben diesen Eindruck zu verhindern. Abgrenzung und Konflikt sind wichtige Vehikel der Entwicklung zur Autonomie und so kann es leicht passieren, dass das, was wir im Adult-Attachment-Interview im Kohärenzkriterium messen, dann nicht mehr genau die möglicherweise vorhandene mehr oder weniger *secure base* abbildet, sondern die Kontrolle von Informationen und Emotionen gegenüber einem erwachsenen Interviewer. Dafür spricht auch, dass wir in unseren eigenen Studien ab dem Alter von 17 Jahren wieder eine gewisse Stabilität bzw. eine Wiederannäherung finden.

> Die Bindungstheorie hat übrigens ein solches »Bindungsloch« ebenfalls vermutet. Sie nimmt an, dass sich die Art der Bindung in der Adoleszenz verändert. Aus den Eltern-Kind-Bindungen, die in der frühen Kindheit vorherrschen, werden Bindungen neu ausgerichtet und auf weitere Personengruppen, andere Erwachsene, die diese repräsentieren (Lehrer, Arbeitgeber), aber auch auf Gleichaltrige ausgedehnt. Wenn die Eltern in der Adoleszenz an Einfluss verlieren, entsteht bei solchen Kindern ein »Steuerungsvakuum«, mutmaßt die Bindungstheorie. Diese Ergebnisse sind ein deutlicher Hinweis darauf, dass der Entwicklungskontext eine sehr große Rolle spielt; wie eingangs dargestellt, hielt Bowlby Umweltfaktoren für sehr wichtig, etwa im Vergleich zu unbewussten Phantasien.

13.3.2 Jugendliche Mütter und ihre Säuglinge als Hochrisikogruppe

Dass die frühe Bindung eine Schlüsselrolle bei der transgenerationalen Weitergabe von Bindungsmustern spielt, wurde in mehreren Studien bestätigt. Es ist drei- oder viermal wahrscheinlicher, dass sicher gebundene Eltern ebenfalls Kinder bekommen, die eine sichere Bindung zu ihnen entwickeln (van IJzendoorn 1995). Auch prospektive Studien, bei denen die elterliche Bindung vor der Geburt des Kindes festgestellt wurde, zeigen dieses Ergebnis (Benoit u. Parker 1994). Determinanten der Bindungssicherheit sind zunächst einmal der elterliche Bindungstyp, der beeinflusst, wie das Bindungsverhalten zum Kind ist, und in diesem Zusammenhang die mütterliche Feinfühligkeit.

Erkrankungen der Eltern, insbesondere starke Depressionen, sind in diesem Zusammenhang häufiger untersucht worden. So fanden Lyons-Ruth et al. (1986), dass Kinder, die über längere Zeit Müttern mit relativ starken Depressionen ausgesetzt waren, eher als unsicher gebunden klassifiziert wurden. Ähnliches gilt für Kinder, die häufig elterlichen Streit erlebten (Erel u. Burman 1995). Die negativen Auswirkungen von mütterlicher Depression auf den Bindungsstatus ihrer Kinder sind in zahlreichen Studien belegt. Im Vergleich zu klinisch unauffälligen Müttern wiesen depressive Mütter ein wenig einfühlsames Verhalten ihren Kindern gegenüber auf. Sie waren affektiv negativer und irritierbarer, feindseliger, kritischer; positive Gefühle wurden kaum gezeigt. Dieses ablehnende und teilweise widersprüchliche Verhalten stellte einen hohen Risikofaktor für die Entwicklung von Psychopathologie der Kinder dar.

> Jugendliche, die Mütter werden, weisen neben depressiven Anteilen häufig noch weitere besondere psychische Beeinträchtigungen auf, die für sie selbst und ihre Kinder hochproblematisch sind und einer besonderen Intervention und Unterstützung bedürfen.

Der Entwicklungskontext jugendlicher Mütter

Die Gruppe jugendlicher Mütter in westlichen Industrienationen gilt als eine Hochrisikogruppe. In dieser Entwicklungsphase schwanger zu werden und mit den Aufgaben einer Mutter konfrontiert zu sein, liegt nicht nur außerhalb der üblichen Entwicklungsnorm, sondern belastet und gefährdet auch die Persönlichkeitsentwicklung der Jugendlichen und damit ihre Sicherheit und Kompetenz, die Verantwortung und Sorge für einen Säugling zu übernehmen. Es handelt sich um eine geringe Anzahl von Müttern; relativ zu anderen europäischen Ländern (z. B. Großbritannien 15 %, Frankreich 6 %, Schweden 4 %, USA 22 %) liegt Deutschland mit 4 % der unter 20-jährigen Mütter im unteren Bereich. Dennoch aber ist die Gruppe der

Teenager-Mütter in ihrer Risikolage in allen Industrienationen ähnlich (Darroch et al. 2001; Statistisches Bundesamt 2005).

Die Lebenssituation jugendlicher Mütter lässt sich als eine Kumulation und Wechselwirkung von Risiken beschreiben, die kaum durch Schutzfaktoren abgepuffert werden. Jugendliche Mütter wachsen gehäuft in sogenannten »Broken-home«-Familien auf und leben unter hohen psychosozial und finanziell chronisch belastenden Bedingungen. Sie leben gewöhnlich in Armut bzw. sind abhängig von Sozialhilfe (Furstenberg et al. 1989). Die familiären Vorerfahrungen sind gekennzeichnet durch distanzierte Beziehungsstrukturen (Woodward et al. 2001). Manipulatives elterliches Verhalten oder dysfunktionale familiäre Beziehungen, die mit Misshandlung und/oder Vernachlässigung einhergehen (Scaramella et al. 1998), sind häufig. Man fand des Weiteren gehäuft eine depressive Symptomatik (relativ zu älteren Müttern sowie zu gleichaltrigen Mädchen), aggressive und antisoziale Verhaltenstendenzen (Jaffee et al. 2001) sowie ein erhöhtes Risiko zum Substanzmissbrauch (Huizinga et al. 1993).

Risiken für Kinder jugendlicher Mütter

Die dargestellten Verhaltensprobleme jugendlicher Mütter, und dabei insbesondere ihre Tendenzen zu antisozialem und aggressivem Verhalten, bergen ein hohes Risiko für problematisches Elternverhalten.

> Tatsächlich lassen sich jugendliche Mütter gemäß vorliegender Studien als nicht oder wenig feinfühlig beschreiben, was sich in unterstimulierendem Verhalten, wie etwa durchgängigem Schweigen und fehlenden Anregungen für die Kinder, oder aber in überstimulierendem Verhalten, wie harschem oder ruppigem Pflegeverhalten, zeigt (Coley u. Chase-Lansdale 1998; Osofsky 1997; Woodward et al. 2001). Bei hinreichender Intensität lassen sich beide Verhaltenstendenzen dann als Vernachlässigung bzw. Misshandlung beschreiben (Coley u. Chase-Lansdale 1998).

Damit sind Bedingungen gegeben, die auf geringe mütterliche Feinfühligkeit schließen lassen. Die mütterliche Feinfühligkeit ist aber einer der wichtigsten Indikatoren für Bindungssicherheit beim Kind (Belsky 1999). Belsky et al. (1996) fanden bereits in einer frühen Studie, dass Über- und Unterstimulation durch die Mutter negative Effekte auf das Baby haben. Mütter, die ihre Kinder angemessen stimulierten, hatten auch eher sicher gebundene Kinder. Unsicher gebundene Kinder weinten und schrien viel häufiger als sicher gebundene, was zu einer Verstärkung der (inadäquaten) Verhaltensweisen ihrer Mütter führte.

Für adoleszente Mütter mit schweren Traumatisierungen und den oben beschriebenen problematischen Lebenserfahrungen, deren Bindungsstatus mit unverarbeitetem Trauma oder fragmentiertem Bindungsstatus beschrieben werden kann, ist es sehr wahrscheinlich, dass ihnen die Einfühlung in die Bedürfnisse und emotionalen Zustände ihres Babys fehlen. Aber auch unsicher-vermeidend gebundenen jugendlichen Müttern gelingt es möglicherweise nicht, den Kummer des Kindes zu spiegeln, weil ihnen die Fähigkeit fehlt, sich eine kohärente Vorstellung vom mentalen Zustand des Kindes zu machen. Im Gegensatz dazu stellt eine unsicher-verwickelte junge Mutter die innere Erfahrung des Kindes auf eine Weise dar, die sich durch die ambivalente Verwicklung in eigene Erfahrungen verkompliziert. Das Kind wird überstark mit den ambivalenten Emotionen der Mutter konfrontiert, ohne dass dies von dieser »metabolisiert«, d. h. verarbeitet und in geschützter Form an das Kind vermittelt wird.

> In der frühen Bindungsbeziehung werden zahlreiche Lernprozesse vollzogen, wie etwa die Fähigkeit zur Mentalisierung und zur Emotionsregulierung, die die weitere soziale und emotionale Entwicklung des Kindes beeinflussen. So ist es erklärlich, dass man bei Kindern jugendlicher Mütter kognitive und sprachliche Entwicklungsverzögerungen fand und hochunsichere Bindung um das erste Lebensjahr (Osofsky 1997). Diese Kinder zeigten im Vorschul- und Schulalter aggressives Verhalten und geringere Impulskontrolle (Coley u. Chase-Lansdale 1998) sowie im Jugendalter gehäufte Problemverhaltensweisen wie Delinquenz, Substanzmissbrauch und frühe sexuelle Aktivität und Schwangerschaft (Woodward et al. 2001). Damit sind wiederum Bedingungen für eine transgenerationale Weitergabe unsicherer Bindungsmuster oder von Bindungsmustern gegeben, die auf unverarbeiteten Traumen beruhen. Angesichts dieser vielfältigen Risiken, denen jugendliche Mütter und ihre Kinder ausgesetzt sind, besteht ein zwingender Bedarf an frühen und präventiven Interventionsangeboten (Munoz et al. 1996).

Präventions- und Interventionsmöglichkeiten

Eher global angelegte Programme zur Schwangerschaftsprävention (sexuelle Aufklärung, Umgang mit Verhütung) haben sich letztlich als wenig erfolgreich erwiesen, da Frühschwangerschaft nicht ausschließlich auf riskantes Sexualverhalten zurückzuführen ist, sondern mit den oben geschilderten individuell belasteten Vorerfahrungen und Verhaltensproblemen zusammenhängt. Insbesondere die mit disruptivem Verhalten verbundenen Probleme mangelnder Impulskontrolle können zu transgenerationaler Weitergabe unsicherer Bindungsmuster führen. Die Lernmöglichkeiten für die jungen Mütter sind gering, da sie verstärkt Kontakte zu Gleichaltrigen mit ebensolchen Problemen aufbauen.

Erfolgreicher bewährt haben sich demgegenüber beziehungsorientierte Interventionsansätze, überwiegend vor bindungstheoretischem Hintergrund, mit dem Ziel, elterliches feinfühliges Verhalten im Umgang mit dem Kind zu fördern. Sie setzen entweder auf der Verhaltensebene an oder auf der Ebene mentaler Bindungsmodelle bzw. sind als Kombination aus diesen Elementen konzeptualisiert (Bakermans-Kranenburg et al. 2003; Ziegenhain 2004).

Unter diesen sei beispielhaft die *Entwicklungspsychologische Beratung* genannt. Sie wurde im Rahmen von Kurzzeitberatung für die Gruppe jugendlicher Mütter entwickelt (Ziegenhain et al. 2004, 2005). Dabei ist Videoanalyse und -feedback zentrales diagnostisches und zentrales beraterisch-therapeutisches Instrument. Konzeptuell verknüpft die Entwicklungspsychologische Beratung die bindungstheoretisch begründete Förderung feinfühligen elterlichen Verhaltens mit der spezifischen Vermittlung von Ausdrucks-, Belastungs- und Bewältigungsverhaltensweisen von Säuglingen und Kleinkindern. Die Durchführung der Beratung ist ressourcenorientiert und erfolgt in Anwesenheit des Säuglings. Auf der Grundlage von kurzen etwa 5-minütigen Videoszenen wird Verhalten primär aus der Perspektive des Kindes beschrieben und elterliches Verhalten darauf bezogen. Dabei werden grundsätzlich positive Interaktionen einbezogen und negativen vorangestellt. Den aufeinander folgenden Beratungen werden jeweils neue Videoaufnahmen zugrunde gelegt.

> Im Rahmen einer quasi-experimentellen Interventionsstudie (Ziegenhain et al. 2004, 2005) zeigte sich, dass jugendliche Mütter, die stationär oder ambulant von der Jugendhilfe betreut wurden, sich unter entwicklungspsychologischer und videogestützter Beratung zunehmend feinfühliger gegenüber ihrem Neugeborenen und Säugling verhielten und sich damit von jugendlichen Müttern ohne Intervention unterschieden. Die Unterschiede waren im zweiten und dritten Monat des Säuglings statistisch bedeutsam, und, in etwas geringerem Ausmaß, auch noch drei Monate nach Beendigung der Intervention.

Mit den Müttern wurde vor der Geburt des Kindes das *Adult-Attachment-Interview* durchgeführt. Erwartungsgemäß wies die übermäßige Zahl der jugendlichen Mütter eine unsichere bzw. eine hochunsichere Bindungsrepräsentation auf; die Kohärenzwerte waren überwiegend im unteren negativen Bereich angesiedelt. Dennoch zeigten sich nach der Intervention Mütter mit mäßig inkohärenter Bindungsrepräsentation in statistisch bedeutsamer Weise zunehmend feinfühliger gegenüber ihrem Säugling. Sie unterschieden sich damit von den jugendlichen Müttern mit extrem inkohärentem Bindungsmodell, die weniger von der Intervention profitiert hatten.

> Bei aller Vorsicht in der Interpretation dieser Ergebnisse aus einer kleinen Untersuchungsgruppe (n = 21) schienen hier die Mütter mit einem mäßig inkohärenten Bindungsmodell gegenüber denen mit einem extrem inkohärenten Modell tragfähiger und nachhaltiger in ihrem feinfühligen Verhalten zu sein, und zwar auch noch dann, wenn sie aktuell nicht mehr durch Beratung oder Gespräche unterstützt wurden.

In diesem Zusammenhang ist erwähnenswert, dass die Analyse von van IJzendoorn und de Wolf (1997) gezeigt hat, dass die Trainingseffekte zur mütterlichen Feinfühligkeit auf die Bindungssicherheit größer sind, wenn man sozial benachteiligte Gruppen untersucht. Aus mehr als einem Dutzend Studien ergab sich für eine Intervention zur Steigerung der Feinfühligkeit der Mütter für Kinder mit negativem Temperament eine ungewöhnlich hohe Effektgröße im Sinne einer von 28 % auf 68 % gestiegenen Bindungssicherheit. Dies unterstreicht nochmals, dass solche Interventionen Erfolg versprechend sind.

13.3.3 Freunde und romantische Partner als »Bindungsobjekte«

Nicht nur durch konkrete Interventionen, sondern auch und vor allem *durch* längerfristige Therapien lässt sich Bindungssicherheit gewinnen. Dies ist nachgewiesen in Untersuchungen, die den Bindungsstatus vor Beginn und am Ende einer Therapie untersucht haben, etwa in den Studien von Fonagy et al. (1996). Am Beginn der Behandlung ergaben sich die typischen Verteilungen derart, dass von den Kontrollpersonen 50 % sicher gebunden waren, von den Patienten dagegen nur 9 %. Die Behandlung veränderte die Bindung von unsicher in sicher vor allem bei denjenigen Patienten, die vorher als unsicher-vermeidend klassifiziert worden waren. Im positiven Sinne ist eine unsichere Bindung durch Therapie in ein sicheres Bindungsmuster veränderbar. Aber auch durch spätere geglückte soziale Beziehungen lässt sich Bindungssicherheit gewinnen.

Bindungshierarchien und Bindung in romantischen Beziehungen

Die Bindung an die Eltern verändert sich während der Adoleszenz. Im Jugendalter und jungen Erwachsenenalter werden gleichaltrige Freunde und romantische Partner zunehmend wichtiger und ersetzen die Eltern als Unterstützungspartner. Ab dem Alter von 17 Jahren nimmt der romantische Partner sogar Rangplatz 1 ein und ist damit wichtiger als die besten Freunde und die Mutter (Seiffge-Krenke 2003). In der Hierarchie der Bindungsfiguren sind nach empirischen Studien in der Regel für die Altersgruppe der Jugendlichen und jungen Erwachsenen die Rangfolge romantischer Partner (an erster Stelle) und Mutter (an zweiter Stelle) typisch, dann kommen die Freunde. Der Vater ist für beide Geschlechter, besonders aber für Töchter, weniger bedeutsam (Margolese et al. 2005). Dennoch sind die Bindungsbeziehungen an die Eltern prägend und bestimmen die weitere Beziehungsentwicklung, und zwar im positiven wie im negativen Sinne.

Besondere Bedeutung hat in der Forschung die Beobachtung auf sich gezogen, dass geglückte Partnerbeziehungen unsichere

Bindungsmuster verändern können *(earned security)*. Allerdings wird auch hervorgehoben, dass Partnerbeziehungen viele Dimensionen und Qualitäten haben, von denen Bindung nur eine, wenngleich wichtige ist. Bindung, Fürsorge und Sexualität müssen integriert werden.

Hazan und Shaver (1987) waren die Ersten, die romantische Liebe unter Bindungsgesichtspunkten beschrieben. Sie fokussierten vor allem auf *anxious love,* einer Beziehungsform, die durch exzessive Beschäftigung mit und emotionale Abhängigkeit vom Partner gekennzeichnet ist. Bei vermeidend gebundenen Personen fand man eine größere Bereitschaft zu sexuellen Beziehungen außerhalb einer festen Partnerschaft (One-Night-Stand), während ambivalent Gebundene mehr Bedürfnis nach Zärtlichkeit und Aufmerksamkeit hatten, aber nicht unbedingt häufiger nach Sex als sicher Gebundene.

Modelle von sich und anderen

Bartholomew und Horowitz (1991) erweiterten die Bowlby-Konzeption um ein zweidimensionales Modell vom Selbst und anderen: das Modell des Selbst als positiv oder negativ (liebenswert bzw. nicht unterstützenswert) und das Modell von anderen als positiv oder negativ (als hilfsbereit und unterstützend bzw. unzuverlässig und ablehnend). Auf diese Weise wurden die folgenden vier Bindungskategorien identifiziert, die besonders für die Bedeutung von Bindungen in Freundschaften und Partnerschaften hilfreich sind:
- *secure* (positives Selbst, positive Sicht der anderen)
- *preoccupied* (negatives Selbst, positive Sicht der anderen)
- *fearful-avoidant* (negatives Selbst, negative Sicht der anderen)
- *dismissing-avoidant* (positives Selbst, negative Sicht der anderen)

Diese Dimensionen bestimmen Kognitionen, Affekte und Handlungen in engen Beziehungen. Sicher gebundene junge Erwachsene betonen die Unterstützung durch den Partner, aber es ist eine balancierte, wechselseitige Unterstützung (Feeney u. Noller 1992). Ambivalente *(preoccupied)* Personen wollten extreme Nähe, Zuneigung und idealisierten ihren Partner. Auffällig ist eine Aufspaltung in zwei vermeidende Bindungsstile, die für die Analyse der Partnerbeziehungen besonders relevant sind. Während die *Dismissing*-Personen Unabhängigkeit betonen und ihren Selbstwert auf Kosten von Intimität mit anderen hochhalten, wollen die *Fearful*-Personen zwar Intimität, misstrauen anderen aber. Sowohl *Fearful*- als auch *Preoccupied*-Personen haben mehr Angst um die Beziehung. Neben *anxiety over relationships* hat sich in empirischen Studien *comfort with closeness* als sehr aussagekräftig erwiesen. Es gibt Geschlechtsunterschiede insofern, als Männer eher Probleme mit Nähe haben und Frauen sich eher in und um Beziehungen sorgen.

Affektregulierung und Verhalten in Konfliktsituationen

Ein wichtiger Fokus in der Untersuchung enger Beziehungen zu Freunden und romantischen Partnern ist die Affektregulierung. Ähnlich wie in Untersuchungen an Müttern und ihren Kindern wurde erkannt, dass der Umgang mit stressreichen, belastenden Situationen eine zentrale Schnittstelle zur Beobachtung von Bindungsbeziehungen ist. Kobak und Sceery (1988) fanden, dass sicher gebundene junge Erwachsene ihre negativen Gefühle konstruktiv äußerten, während vermeidende Personen negative Gefühle gegenüber ihren Freunden eher unterdrückten bzw. nicht wahrnahmen.

Simpson (1990) untersuchte junge Paare in einer experimentellen Anordnung, in der der jungen Frau eine stressreiche Situation bevorstand. Man beobachtete, ob und wie sie sich von ihrem Partner trösten ließ, ob sie Unterstützung suchte und ob dieser sie auch gewährte. Unsichere Männer waren weniger unterstützend, während sicher gebundene Männer, wenn ihre Partnerinnen Ängstlichkeit und Stress zeigten, bevorzugt aufmerksam und unterstützend waren.

Die Auswirkungen von sicheren Bindungsrepräsentationen auf die Fähigkeit, Konflikte in engen Beziehungen zu regulieren, sind sehr langfristig. In einer eigenen Längsschnittstudie machten sicher gebundene junge Erwachsene Zugewinne in dieser Fähigkeit um 75 % über einen Zeitraum von sieben Jahren, während altersgleiche unsicher Gebundene im Zeitraum zwischen 14 und 21 Jahren nur wenig Veränderung in ihrer Fähigkeit zur Bewältigung stressreicher Beziehungssituationen zeigten (Seiffge-Krenke 2006; Seiffge-Krenke u. Beyers 2005).

Stabilität von Partnerschaften und Reaktion auf Trennungen

Da Partnerschaften im Jugendalter und jungen Erwachsenenalter häufig nur eine kurze Dauer haben, wurden auch die Reaktionen auf Trennungen untersucht. Feeney und Noller (1992) fanden, dass vor allem Personen mit den beiden vermeidenden Bindungsstilen durch die Trennung besonders verunsichert und aufgebracht waren. Sicher gebundene Personen dagegen reagierten auf eine (vorübergehende) Trennung mit konstruktiveren Coping-Strategien (Feeney 1998). Insgesamt sind die Arbeitsmodelle von Partnerschaften nicht sehr stabil, was natürlich mit der Kürze der Partnerschaften und dem Partnerwechsel zusammenhängt und entwicklungsangemessen ist. Feeney (1999) berichtet von mittelmäßigen Stabilitäten über einen Zeitraum von einer Woche (!) bis vier Jahren. Sie berichtet auch, dass die stabilsten (wenn auch nicht glücklichsten) Partnerschaften die zwischen einer ambivalenten Frau und einem vermeidend gebundenen Mann sind, möglicherweise weil beide ihre (negativen) Erwartungen an Partnerschaft wechselseitig bestätigen. Andererseits kann sich Vertrauen in Beziehungen entwickeln und so Veränderungen in Richtung auf sichere Bindungen mit sich bringen. Dies ist möglicherweise einer der Gründe dafür, das Sicher-sicher-Verbindungen relativ häufig sind. Hier haben sich nicht nur zwei Personen mit ähnlichen Arbeitsmodellen gewählt, sondern es ist, durch eine länger dauernde Beziehung, bei einem ehemals unsicheren Partner ein sicheres Arbeitsmodell entstanden.

13.4 Fazit

Die Bindungsforschung hat in ihrer über 30-jährigen Forschungsgeschichte zahlreiche Befunde erhoben, die für die Entwicklungspsychologie, die Kinder- und Jugendpsychiatrie und die Entwicklungspsychopathologie sehr relevant sind. Wir mussten jedoch feststellen, dass sich die Forschungsgeschichte auch durch spezifische Fokussierungen und Skotomisationen auszeichnet, die vor allem hinsichtlich der Frage der Bindungsentwicklung im Jugendalter fatal sind und zu einem relativen Mangel an Studien gerade in diesem Altersabschnitt geführt haben. Bindung ist eine spezifische Form der Beziehung, und Beziehungen zu Freunden und insbesondere romantischen Partnern zeichnen sich noch durch weitere, wichtige Dimensionen aus, die nicht charakteristisch sind für elterliches Verhalten. In diesem Beitrag wurde auch der Frage nachgegangen, ob ein Partner die elterlichen Bindungsfiguren »ersetzt«. Dabei wurde deutlich, inwieweit es durch Partnerbeziehungen gelingt, stabile sichere Bindungsmuster neu aufzubauen *(earned security)*. Auch die Interventionsmöglichkeiten bei adoleszenten Müttern, die in diesem Kapitel geschildert wurden, lassen hoffen, dass ungünstige Entwicklungsbedingungen und mangelnde elterliche Feinfühligkeit bei diesen jungen Frauen durch entsprechende Interventionsmaßnahmen abgebaut und durch eine stärkere Feinfühligkeit für die Bedürfnisse des Babys ersetzt werden kann, damit keine transgenerationale Weitergabe von problematischen Bindungsmustern erfolgt. Das Konzept der Bindungshierarchien machte des Weiteren deutlich, dass für die Adaptation im jungen Erwachsenenalter zunehmend die romantischen Partner (und seltener die Mütter) relevant sind. Zusammenhänge zwischen Bindung an den Partner und Psychopathologie, z. B. Depression, wurden mehrfach nachgewiesen (Margolese et al. 2005).

Literatur

Ahnert L. Bindung und Bonding: Konzepte früher Bindungsentwicklung. In: Ahnert L (Hrsg). Frühe Bindung. Entstehung und Entwicklung. München: Reinhardt 2004; 63–81.

Allen JP, Hauser ST. Autonomy and relatedness in adolescent-family interactions as predictors of young adults' states of mind regarding attachment. Dev Psychopathol 1996; 8: 793–809.

Allen JP, Land D. Attachment in adolescence. In: Cassidy J, Shaver PR (eds). Handbook of attachment and research. New York: Guilford 1999.

Argelander H. Das Erstinterview in der Psychoanalyse. Darmstadt: Wissenschaftliche Buchgemeinschaft 1970.

Bakermans-Kranenburg MJ, van IJzendoorn MH. A psychometric study of the Adult Attachment Interview: Reliability and discriminant validity. Dev Psychol 1993; 29: 870–9.

Bakermans-Kranenburg MJ, van IJzendoorn MH, Juffer F. Less is more: Meta-analyses of sensitivity and attachment interventions in early childhood. Psychol Bull 2003; 129: 195–215.

Bartholomew K, Horowitz LM. Attachment styles among young adults: A test of a four-category model. J Pers Soc Psychol 1991; 61: 226–44.

Belsky J. Interactional and contextual determinants of attachment security. In: Cassidy J, Shaver PR (eds). Handbook of attachment: Theory, research and clinical applications. New York: Guilford 1999; 249–64.

Belsky J, Campbell S, Cohn J, Moore G. Instability of attachment security. Dev Psychol 1996; 32: 921–4.

Benoit D, Parker KH. Stability and transmission of attachment across three generations. Child Dev 1994; 65: 1444–56.

Bowlby J. Maternal Care and Mental Health. WHO Monograph Series. No. 2. Geneva: WHO 1951 (dt. Mütterliche Zuwendung und geistige Gesundheit. München: Kindler 1973).

Bowlby J. Attachment and loss. Vol. 1: Attachment. London: Hogarth 1969.

Bowlby J. Attachment and loss. Vol. 2: Separation: Anxiety and anger. London: Hogarth and Institute of Psychoanalysis 1973.

Bowlby J. Trennung. Psychische Schäden als Folge der Trennung von Mutter und Kind. München: Kindler 1980.

Bowlby J. A secure base: Clinical applications of attachment theory. London: Routledge 1988.

Cassidy J, Shaver PR (eds). Handbook of attachment. Theory, research, and clinical applications. New York: The Guilford Press 1999.

Coley RL, Chase-Lansdale PL. Adolescent pregnancy and parenthood. Recent evidence and future directions. Am Psychol 1998; 53: 152–66.

Darroch JE, Singh S, Frost JJ. Differences in teenage pregnancy rates among five developed countries: The role of sexual activity and contraceptive use. Fam Plann Perspect 2001; 33: 244–50, 281.

Dornes M. Der kompetente Säugling. Die präverbale Entwicklung des Menschen. Frankfurt/M.: Fischer 2004a.

Dornes M. Mentalisierung, psychische Realität und die Genese des Handlungs- und Affektverständnisses in der frühen Kindheit. In: Rohde-Dachser C (Hrsg). Inszenierung des Unbewussten. Zur Theorie und Therapie schwerer Persönlichkeitsstörungen. Stuttgart: Klett-Cotta 2004b.

Eissler K. Bemerkungen zur Technik der psychoanalytischen Behandlung Pubertierender nebst einigen Überlegungen zum Problem der Perversion. Psyche 1958; 20: 837–72.

Erel O, Burman B. Interrelatedness of marital relations and parent-child relations. Psychol Bull 1995; 188: 108–32.

Feeney JA. Adult attachment and relationship-centered anxiety: Responses to physical and emotional distancing. In: Simpson JA, Rholes WS (eds). Attachment theory and close relationships. New York: Guilford Press 1998; 189–218.

Feeney JA. Adult romantic attachment and couple relationships. In: Cassidy J, Shaver PR (eds). Handbook of attachment: Theory, research, and clinical applications. New York: The Guilford Press 1999; 355–77.

Feeney JA, Noller P. Attachment style and romantic love: relationship dissolution. Aust J Psychol 1992; 44: 69–74.

Fonagy P. Metakognition und Bindungsfähigkeit des Kindes. Psyche 1998; 52: 349–68.

Fonagy P, Steele H, Steele M. Maternal representations of attachment during pregnancy predict the organization of infant-mother attachment at one year of age. Child Dev 1991; 62: 891–905.

Fonagy P, Steele M, Steele H, Leigh T, Kennedy R, Mattoon G. The relation of attachment status, psychiatric classification, and response to psychotherapy. J Consult Clin Psychol 1996; 64: 22–33.

Furstenberg FF, Brooks-Gunn J, Chase-Landsdale PL. Teenage pregnancy and childrearing. Am Psychol 1989; 44: 313–20.

George Q, Kaplan N, Main M. The Adult Attachment Interview protocol. 3rd ed. Berkeley, USA: Department of Psychology, University of California at Berkeley 1996. Unveröffentlichtes Manuskript.

Gloger-Tippelt G. Bindung im Erwachsenenalter. Ein Handbuch für Forschung und Praxis. Bern: Huber 2001.

Hamilton CE. Continuity and discontinuity of attachment from anfancy through adolescence. Unpublished doctoral dissertation. Los Angeles: UCLA 1994.

Hazan C, Shaver PR. Romantic love conceptualized as an attachment process. J Pers Soc Psychol 1987; 52: 511–24.

Hesse E. Discourse, memory, and the adult attachment interview. A note with emphasis on the merging cannot classify category. Infant Ment Health J 1996; 17: 4–11.

Hesse E. The Adult Attachment Interview. Historical and current perspectives. In: Cassidy J, Shaver PR (eds). Handbook of attachment. Theory, research, and clinical applications. New York: Guilford Press 1999; 395–433.

Huizinga D, Loeber R, Thornberry TP. Longitudinal study of delinquency, drug use, sexual activity, and pregnancy outcome among children and youth in three cities. Public Health Rep 1993; 108: 90–6.

Jaffee S, Caspi A, Moffitt T, Belsky J, Silva P. Why are children born to teen mothers at risk for adverse outcomes in young adulthood? Result from a 20-year longitudinal study. Dev Psychopathol 2001; 13: 377–97.

Klein M. Das Seelenleben des Kleinkindes. Stuttgart: Klett 1962.

Kobak RR, Sceery A. Attachment in late adolescence: working models, affect regulation, and representations of self and others. Child Dev 1988; 59: 135–46.

Küchenhoff J. Trauma, Konflikt, Repräsentation. In: Schlösser AM, Höhfeld K (Hrsg). Trauma und Konflikt. Giessen: Psychosozial Verlag 1998; 13–33.

Lamott F, Fremmer-Bombik E, Pfäfflin F. Fragmentierte Bindungsrepräsentationen bei schwer traumatisierten Frauen. Persönlichkeitsstörungen 2001; 5: 90–100.

Lyons-Ruth K, Zoll D, Conell D, Grunbaum HU. The depressed mother and her one-year-old infant: Environment, interaction, attachment, and infant development. In: Tronick EZ, Field T (eds). Maternal depression and infant disturbance. San Francisco: Jossey-Bass 1986; 61–82.

Main M. Attachment: Theory, research, application. Paper presented at the meeting of the American Psychoanalytic Society, New York 1997.

Margolese SK, Markiewitz D, Doyle AB. Attachment to parents, best friend, and romantic partner: Predicting different pathways to depression. J Youth Adolesc 2005; 34: 637–50.

Munoz RF, Mrazek PJ, Haggerty RJ. Institute of Medicine: Report on prevention of mental disorders. Am Psychol 1996; 51: 1116–22.

Osofsky J. Psychosocial risks for adolescent parents and infants: Clinical implications. In: Greenspan S, Wieder S, Osofsky J (eds). Handbook of child and adolescent psychiatry. Vol. 1. Infants and preschoolers: Development and syndromes. New York: Wiley 1997; 191–202.

Rajecki DW, Lamb M, Obmascher P. Toward a general theory of infantile attachment: a comparative review of aspects of the social bond. Behav Brain Sci 1978; 3: 417–64.

Sagi A, Aviezer O, Joels T, Korne-Karje N, Mayseless O, Scharf M, van IJzendoorn M, The correspondence of mother's attachment with infant-mother attachment relationship in traditional and non-traditional kibbutzim. Presented at the XXV International Congress of Psychology, Brussels, Belgium, July 1992.

Scaramella LV, Conger RD, Simons RL, Whitbeck LB. Predicting risk for pregnancy by late adolescent: a social contextual perspective. Dev Psychol 1998; 34: 1233–45.

Seiffge-Krenke I. Väter: Überflüssig, notwendig oder sogar schädlich? Psychoanalytische Familientherapie 2002; 5: 19–32.

Seiffge-Krenke I. Testing theories of romantic development from adolescence to young adulthood: evidence of a developmental sequence. Int J Behav Dev 2003; 27: 519–31.

Seiffge-Krenke I. Adoleszenzentwicklung und Bindung. In: Streeck-Fischer A (Hrsg). Adoleszenz – Bindung – Destruktivität. Stuttgart: Klett-Cotta 2004; 156–75.

Seiffge-Krenke I. Psychotherapie und Entwicklungspsychologie. Heidelberg: Springer 2008.

Seiffge-Krenke I. Auf Umwegen zum UBW: Das Unbewusste in der Bindungsforschung. In: Buchholz MB, Gödde G (Hrsg). Das Unbewusste in aktuellen Diskursen. Giessen: Psychosozial Verlag 2005; 65–92.

Seiffge-Krenke I. Coping with relationship stressors: The impact of different working models of attachment and links to adaptation. J Youth Adolesc 2006; 35: 25–39.

Seiffge-Krenke I, Beyers W. Coping trajectories from adolescence to young adulthood: Links to attachment state of mind. J Res Adolesc 2005; 15: 561–82.

Shulman S, Seiffge-Krenke I. Fathers and adolescents. Developmental and clinical perspectives. London, New York: Routledge 1997.

Simpson JA. Influence of attachment styles on romantic relationships. J Pers Soc Psychol 1990; 59: 971–80.

Spitz RA. Die Entstehung der ersten Objektbeziehungen. Direkte Beobachtungen an Säuglingen während des ersten Lebensjahres. Stuttgart: Klett 1954.

Statistisches Bundesamt. Statistisches Jahrbuch für die Bundesrepublik Deutschland 2005.

Strauß B, Buchheim A, Kächele H (Hrsg). Klinische Bindungsforschung. Stuttgart: Schattauer 2002.

Van IJzendoorn MH. Adult attachment representations, parental responsiveness, and infant attachment: A meta-analysis on the predictive validity of the Adult Attachment Interview. Psychol Bull 1995; 117: 387–403.

Van IJzendoorn MH, De Wolff MS. In search of the absent father – meta-analyses of infant-father attachment: a rejoinder to our discussants. Child Dev 1997; 68(4): 604–9.

Waldinger R, Schulz MS, Barsky AJ, Ahern DK. Mapping the road from childhood trauma to adult somatisation: The role of attachment. Psychosom Med 2006; 68: 129–35.

Waters E, Cummings EM. A secure base from which to explore close relationships. Child Dev 2000; 71(1): 164–72.

Waters E, Merrick SK, Albersheim L, Treboux D. Attachment security from infancy to early adulthood: A 20-year longitudinal study. Poster presentation at the biennial meeting of the Society for Research in Child Development. Indianapolis, Indiana 1995.

Waters E, Merrick SK, Treboux D, Crowell J, Albersheim L. Attachment security from infancy to early adulthood: A 20-year longitudinal study. Child Dev 2000; 71: 684–9.

Woodward L, Fergusson DM, Horwood LJ. Risk factors and life processes associated with teenage pregnancy: Results of a prospective study from birth to 20 years. J Marriage Fam 2001; 63: 1170–84.

Ziegenhain U. Beziehungsorientierte Prävention und Intervention in der frühen Kindheit. Psychotherapeut 2004; 49: 243–51.

Ziegenhain U, Derksen B, Dreisörner R. Frühe Förderung von Resilienz bei jungen Müttern und ihren Säuglingen. Kindheit und Entwicklung 2004; 13: 226–34.

Ziegenhain U, Libal E, Derksen B, Fegert JM. Entwicklungspsychologische Beratung für junge Mütter mit Säuglingen und Kleinkindern. Vortrag auf der Fachveranstaltung des Bayerischen Staatsministeriums für Arbeit und Sozialordnung, Familie und Frauen. »Entwicklungspsychologische Beratung für junge Mütter mit Säuglingen und Kleinkindern«. München, 2. Februar 2005.

Zimmermann P, Becker-Stoll F. Bindungsrepräsentation im Jugendalter. In: Gloger-Tippelt G (Hrsg). Bindung im Erwachsenenalter. Bern: Hans Huber 2001; 251–74.

14 Adoleszenz und Narzissmus

Annette Streeck-Fischer

Inhalt

14.1	Einleitung	154
14.2	Wie zeigt sich der gesteigerte Narzissmus in der Adoleszenz?	155
14.3	Die narzisstische Durchgangsphase	155
14.4	Zur Entwicklung narzisstischer Positionen	156
14.5	Phänomenologie narzisstischer Typen	156
14.6	Pathologischer Narzissmus	158
14.7	Empirische Studien zum Narzissmus	163
14.8	Fazit	163
Literatur		163

Zusammenfassung

Die Unterscheidung zwischen gesundem und pathologischem Narzissmus ist in der Adoleszenz nicht leicht. In Verbindung mit der Ablösung und Verselbstständigung durchläuft der Jugendliche eine narzisstische Durchgangsphase. Der gesteigerte Narzissmus ist eine Folge des Rückzuges von den realen Eltern und den verinnerlichten Objektrepräsentanzen bei vermehrter Besetzung des Selbst. Diese narzisstische Durchgangszeit bewältigt der Jugendliche mithilfe von Restitutions- und Übergangserscheinungen. Das ehemals stabile Selbstgefühl, das sehr wesentlich von der relativ spannungsfreien Übereinkunft mit den Eltern und der Umwelt bestimmt war, wird durch die körperlichen Reifungsvorgänge und die sich verändernden Beziehungen erschüttert. Erfahrungen, anderen und sich selbst als fremde Person gegenüberzustehen, mobilisieren Beschämungsängste, die zu unterschiedlichen Bewältigungsversuchen führen. In der Adoleszenz treten verschiedene Typen narzisstischer Selbstkonfigurationen auf: der aggrandisierte, der dissoziative und der turbulente Typ. Bei pathologischen Formen des Narzissmus werden zwei Typen beschrieben: der achtlose, unbeirrbare (aggrandisierte) Narzisst und der übervorsichtige, hypervigilante Narzisst. Diese werden ausführlicher in ihrer Symptomatik, Diagnostik und Ätiologie dargestellt. Sucht man nach empirischen Studien, zeigt sich, dass dieser Bereich bisher wenig beforscht ist.

14.1 Einleitung

In einer Zeit, in der der Heranwachsende durch vielfältige Veränderungen in Bezug auf seinen Körper und seine soziale Rolle mit einer neuen Dimension des Bewusstseins seiner selbst konfrontiert wird, treten Verhaltens- und Befindenszustände auf, die zumeist dem narzisstischen Spektrum angehören. Die zum Teil sehr bunten und schrillen Ausdrucksformen Jugendlicher oder auch ihr völliger Rückzug waren Anlass zu einer heißen Debatte zum Narzissmus in der Adoleszenz, die vor allem in den 1970er und 1980er Jahren geführt wurde.

Ziehe (1984) vertrat die These, dass es in der Adoleszenz einen *neuen Sozialisationstyp* gebe, der von narzisstischen Persönlichkeitsmerkmalen beherrscht werde. Dem wurde vor allem von psychoanalytischer Seite widersprochen. Es wurde darauf hingewiesen, dass in der Adoleszenz zwar der Narzissmus deutlich an Bedeutung gewinne, dass es sich jedoch dabei um eine Durchgangsphase handele. Das sogenannte narzisstische Durchgangsstadium sei eine Folge der jetzt notwendigen Ablösungs- und Individuationsprozesse, welches am Ende der Adoleszenz überwunden werde. Wenn es allerdings heißt, dass wir in einer **narzisstischen Kultur** (z. B. Cooper 1998; Lasch 1979) leben, dann stellt sich die Frage, ob Ziehe nicht doch bereits damals auf gesellschaftliche Veränderungen aufmerksam gemacht hat, die mit einer Zunahme narzisstischer Merkmale in der heutigen Persönlichkeitsentwicklung verbunden sind. Beispiele hierfür sind die neueren Entwicklungen in der Medienindustrie (Castingshows), der operativen Schönheitschirurgie oder der Modebranche, die verführerische Angebote von *schöner, größer, berühmter* machen, anderseits bei Scheitern und Versagen schwere narzisstische Krisen hervorrufen.

Im Bereich der Erwachsenpsychiatrie und -psychotherapie findet die unter anderem von Ziehe (1975) und Häsing et al. (1982) in den 1990er Jahren aus soziologischer und pädagogischer Perspektive geführte Diskussion insofern eine besondere klinische Entsprechung, als in breitem Umfang die Bedeutung des Selbstwerterlebens im Kontext suizidaler Krisen aufgegriffen wurde (vgl. z. B. Reimer u. Arentewicz 1993). Das von Henseler (1992) entwickelte Konzept narzisstischer Krisen versuchte dabei, den Übergangsbereich zwischen gesundem und pathologischen Narzissmus weniger vor dem Hintergrund der Kohut'schen Persönlichkeitspsychologie (Kohut 1973, 1975) zu verstehen, sondern die Relevanz temporär begrenzter

Konfliktkonstellationen zu betonen, wie sie später auch in der Operationalisierung des Selbstwertkonfliktes im multiaxialen System der Operationalisieren Psychodynamischen Diagnostik (Arbeitskreis OPD 2006) zum Ausdruck kommen.
Die Unterscheidung zwischen gesundem und pathologischem Narzissmus ist vor diesem Hintergrund nicht leicht (Gabbard 2005; Kernberg u. Hartmann 2006). In der Adoleszenz gelten besondere Maßstäbe. Hier ist es erforderlich, den adoleszentären Narzissmus als ein normales Phänomen von pathologisch narzisstischen Formen zu unterscheiden. Ein 15-jähriger Jugendlicher beispielsweise, der sich vor dem Spiegel 45 Minuten lang die Haare trocknet und drapiert, um jedem einzelnen Haar einen perfekten Sitz zu geben, wird vielleicht noch im Bereich von Normalität wahrgenommen, während ein solches Verhalten bei einem 30-Jährigen in Richtung einer narzisstischen Störung weisen würde (Gabbard 2005). Um Unterscheidungen treffen zu können, braucht es differenzielle Kriterien.

14.2 Wie zeigt sich der gesteigerte Narzissmus in der Adoleszenz?

Bei **Mädchen** kann man Folgendes beobachten:
- Sie werden mit einem Male schüchtern, von Scham erfüllt.
- Sie ziehen sich zurück.
- Sie schminken sich so heftig, dass ihr Gesicht wie eine Maske wirkt.
- Sie stehen stundenlang vor dem Spiegel, um sich zurechtzumachen.
- Sie sind sehr empfindlich und leicht kränkbar.
- Sie nehmen sich und andere verzerrt wahr.
- Sie fühlen sich mal ganz toll, mal minderwertig.

Bei **Jungen** zeigt sich der gesteigerte Narzissmus folgendermaßen:
- Sie geraten leicht aus ihrem inneren Gleichgewicht.
- Sie blähen sich auf und finden sich großartig.
- Sie sind sehr kränkbar.
- Sie haben kein Empfinden, wie ihr Verhalten auf andere wirkt.
- Sie stylen sich mit Szenekleidung, Haargel o. Ä.
- Sie reagieren in Konflikten überheftig und nehmen verzerrt war.

14.3 Die narzisstische Durchgangsphase

Der Jugendliche im Alter zwischen 14 und 17 Jahren (Phase der eigentlichen Adoleszenz) durchläuft eine narzisstische Durchgangszeit, in der verschiedene Phänomene auftauchen (Blos 1973), wie die gesteigerte Selbstgenügsamkeit, Größenideen, Selbstüberschätzung, erhöhte Selbstwahrnehmung auf Kosten von Realitätsprüfung, extreme Empfindlichkeit, Selbstbezogenheit und Stimmungsschwankungen. Komplexere Wahrnehmungen werden zugunsten von Schwarz-Weiß-Malereien aufgegeben, Personen werden nur in ihren Teilaspekten wahrgenommen und idealisiert oder entwertet. Die Realitätsprüfung ist geschwächt, und vor allem in kränkenden und Konfliktsituationen werden unliebsame Anteile des Selbst externalisiert. Omnipotenzphantasien blühen auf.
Den gesteigerten Narzissmus sieht Blos (1973) als Folge des Besetzungsabzuges bzw. Rückzuges von den realen Eltern und den verinnerlichten Objektrepräsentanzen bei vermehrter Besetzung des Selbst. Diese narzisstische Durchgangszeit bewältigt der Jugendliche – so Blos – mithilfe von Restitutions- und Übergangserscheinungen. Der Phantasiereichtum, der durch Besetzungsverschiebungen mobilisiert wird, die erhöhte Sehschärfe als sensorische Überbesetzung, Tagebuch, Als-ob-Beziehungen oder selbstinduzierte Zustände sind solche Formen der Bewältigung, die dazu dienen, an der Objektwelt festzuhalten und die Integrität des Selbst zu sichern.
Blos' Beschreibung (1973) adoleszenzspezifischer narzisstischer Phänomene hat das Verständnis dieser Zeitspanne erweitert, zugleich jedoch auch zu Verwirrungen geführt, da er die Grenze zwischen Normalität und pathologischer Entwicklung nicht gezogen hat. Blos (1973) hat in seinem Narzissmus-Konzept zur Adoleszenz nicht ausgeführt, in welchem Verhältnis der Narzissmus zur gesamten Persönlichkeit zu sehen ist. Seine Vorstellungen orientieren sich an denen von Kohut (1973), der von zwei Regulationssystemen, dem narzisstischen und dem triebenergetischen, spricht. Ebenso wie Kohut hat Blos die Schicksale des Narzissmus losgelöst von den Schicksalen der Objektbeziehungen und der gesamten Persönlichkeitsentwicklung beschrieben.
Kernberg (1978) hat demgegenüber in Abgrenzung zum pathologischen Narzissmus den adoleszentären Narzissmus als eine gesteigerte libidinöse Besetzung des Selbst beschrieben, mit verstärkter Beschäftigung mit sich selbst und grandiosen exhibitionistischen oder machtorientierten Phantasien, in denen sowohl eine quantitative Verschiebung libidinöser Besetzung vom Objekt auf Selbstrepräsentanzen als auch ein qualitatives regressives Überwechseln auf infantile Beziehungsformen zwischen Selbst und Objekt (z. B. dem infantilen Wunsch, von der Mutter geliebt und bewundert zu werden) sichtbar wird. Kernberg will in Abgrenzung zum pathologischen Narzissmus und zu strukturellen Störungen deutlich

machen, dass der Jugendliche über ein integriertes Selbst und integrierte Objekte verfügt und diese Fähigkeit auch bei heftigen Auseinandersetzungen mit den Eltern nicht verliert. Kernberg versucht, ebenso wie Erikson (1976), damit den normalen Umstrukturierungsprozess in der Adoleszenz von pathologischen Entwicklungen zu unterscheiden.

Wenn wir davon ausgehen, dass in den verschiedenen Lebensphasen immer neue Runden der Loslösung und Individuation zurückgelegt werden müssen, gewinnen die Veränderungen im Bereich des Selbst und der Objekte der Adoleszenz eine besondere Bedeutung. Auf dem Weg zur Objektkonstanz werden in Krisenzeiten, wie in der Adoleszenz, bisherige Strukturen aufgeweicht, sodass sich durch regressive und progressive Prozesse strukturbildende und auch -auflösende Veränderungen zeigen, auf die noch eingegangen wird.

14.4 Zur Entwicklung narzisstischer Positionen

Mit fortschreitender Loslösung werden die Eltern als Leitpersonen abgesetzt und entmachtet. Sie gehen als äußere Objekte für die Selbstregulation und die Über-Ich- und Ich-Ideal-Bildung, die – da sie noch personalisiert ist – noch nicht abgeschlossen ist, mehr oder weniger verloren. Das ehemals stabile Selbstgefühl, das sehr wesentlich von der relativ spannungsfreien Übereinkunft mit den Eltern und der Umwelt bestimmt war, wird durch die körperlichen Reifungsvorgänge und die sich verändernden Beziehungen erschüttert. Erfahrungen, anderen und sich selbst als fremde Person gegenüberzustehen, mobilisieren Beschämungsängste. Scham, die eine zentrale Bedeutung in der Selbstwertregulation hat, umfasst Gefühle wie Minderwertigkeit, Wertlosigkeit, Bloßstellung, Machtlosigkeit, Inkompetenz, Gefühle, versagt zu haben, Wünsche, sich zu verstecken und aus der Situation zu entschwinden. Grundsätzlich sind zwei Formen des Umgangs mit Beschämung und der Schamvermeidung zu beobachten, die parallel nebeneinander existieren, zumeist aber nach einer Seite überwiegen. Ursprünglich wurde die verleugnende Form der Schamvermeidung eher der männlichen und die von Rückzug bestimmte Form der weiblichen Entwicklung zugeordnet. Heute lassen sich solche eindeutigen Zuschreibungen nicht mehr aufrechterhalten.

So wurden in der älteren psychoanalytischen Literatur die **Menarche** und die jetzt folgenden **Monatsblutungen** im Erleben weiblicher Jugendlicher häufiger mit körperlicher Versehrtheit verbunden (Deutsch 1948; Dolto u. Dolto-Tolitch 1991): Danach geht die Power der Mädchen in der Latenzzeit, die mit der Illusion verbunden wird, einen Phallus zu besitzen und narzisstisch unversehrt zu sein, durch die einsetzende Regelblutung verloren und stellt die bisher erreichte Persönlichkeitsorganisation infrage. Bei Mädchen komme es dann, so Deutsch (1948), zu einer verstärkten Innenwendung. Da (anders als bei Jungen) Mädchen dazu neigten, nicht ihre Geschlechtsorgane, sondern ihren Körper als Sexualorgan (Jacobson 1964) zu besetzen, seien sie besonders starken Beschämungsängsten ausgesetzt. Als Objekt fremder Blicke mit einem in seinen Konturen deutlich sich verändernden Körper gehe ihnen viel eher die Subjekthaftigkeit ihrer dualen Natur, nämlich Subjekt und Objekt eigener und fremder Betrachtung zu sein, verloren. Das Mädchen erfahre in diesem Fall eine befremdliche, von den eigenen inneren Impulsen unabhängige Sexualisierung seines Körpers. Sexualität sei etwas, was andere an ihr entdecken (Hagemann-White 1992). Als Objekt der Wahrnehmung anderer ausgesetzt, diene dem Mädchen die vermehrte Innenwendung und Abschirmung als Schutz vor Beschämung.

Solche Entwicklungen sind in der Frühadoleszenz von Mädchen auch heute noch zu beobachten und finden ihre Bestätigung in Forschungsergebnissen. Untersuchungen zufolge ist das selbst aufwertende, dominante Verhalten vorwiegend bei männlichen Personen zu beobachten, während weibliche Jugendliche ihre narzisstischen Beziehungsziele und -wünsche eher indirekt und subtiler verfolgen (Morf u. Rhodewaldt 2006). Sie schließen sich gern bewunderten Personen an. Daneben sind andere Wege des Umgangs mit den sich verändernden weiblichen Konturen und der Geschlechtsreife erkennbar, die eher von Verleugnung und/oder Propulsivität gekennzeichnet sind. Dem entsprechen Untersuchungen von Düring (1995), die verschiedene Verläufe beschrieben hat an »braven, wilden und rebellischen« Mädchen. Abhängig davon, inwieweit es gelingt, die narzisstische Unversehrtheit mit Beginn der Geschlechtsreife und der körperlichen Veränderungen mehr oder weniger aufrechtzuerhalten, gelingt es auch, Beschämungsgefühle anders als per Rückzug zu bewältigen. Indem sie ihren Körper als Ort körperlicher Kraft wahrnehmen, ihn mit seinen Veränderungen ausblenden oder sich auch provokant oder cool in Szene setzen und dadurch verhindern, zum Objekt fremder Blicke zu werden, treten sie selbstbewusst und selbstbestimmend auf, wobei sie damit gelegentlich auch innere Unsicherheiten überspielen. Jungen scheinen davon weniger betroffen zu sein und sich offenbar eher als selbstbestimmendes Objekt zu fühlen, sich durch Verleugnung der Bedeutung des fremden Betrachters abzuschirmen und damit Beschämungsgefühle zu vermeiden. Das zeigt sich in ihrer meist entschiedenen äußeren Distanzierung von den Erwartungen der Eltern, Lehrer und anderen. Diese unterschiedlichen Reaktionsweisen gehen mit verschiedenen narzisstischen Positionen einher.

14.5 Phänomenologie narzisstischer Typen

In der Adoleszenz treten verschiedene Typen narzisstischer Selbstkonfigurationen (Streeck-Fischer 1994) auf. In Anleh-

14.5 Phänomenologie narzisstischer Typen

nung an Broucek (1991) ist es sinnvoll, bei Jugendlichen abhängig von ihrer Schamregulierung von dem aggrandisierten, dem dissoziativen und dem turbulenten Typ zu sprechen:
- Der **aggrandisierte Typ** zeigt Züge der narzisstischen Persönlichkeitsstörung mit einem »hervorgehobenen Gefühl der eigenen Wichtigkeit«, dem Verlangen nach »Bewunderung« bei einem gleichzeitig in Konflikten auftretenden »Mangel an Empathie«.
- Der **dissoziative Typ** ist zurückgezogen, verhangen und neigt zu vorübergehenden depressiven Reaktionen. Er imponiert mit seiner depressiven Problematik bei gleichzeitigen abgespaltenen Größenphantasien.
- Der **turbulente Typ** wechselt zwischen aggrandisierten und dissoziierten Zuständen. Diese Wechsel geben ihm einen Borderline-ähnlichen Charakter (Giovacchini 1978).

> Normale und pathologische Formen des adoleszentären Narzissmus können am ehesten durch die Qualität der Beziehungen identifiziert werden. Gesunde interpersonelle Beziehungen sind bestimmt von Qualitäten wie Empathie und Sorge für die Gefühle von anderen, ein Interesse an den Ideen anderer und die Fähigkeit, Ambivalenz in Beziehungen zu ertragen. Eine Person mit narzisstischer Störung braucht und verwendet Menschen für seine eigenen Zwecke, ohne deren Gefühle wahrzunehmen. Jugendliche in der narzisstischen Durchgangsphase sind vorübergehend und vor allem in Konfliktsituationen nicht in der Lage, den anderen als eigene abgegrenzte Person wahrzunehmen.

Die verschiedenen **narzisstischen Selbstkonfigurationen** werden im Kontext der adoleszenten Schamkrise aktiviert. Ausgehend von der Erfahrung, sich selbst und den Blick anderer als fremd wahrzunehmen, treten in der frühen Adoleszenz massive Schamgefühle auf, die zu den genannten Selbstkonfigurationen führen.

Die Stabilisierung durch ein **aggrandisiertes Selbst** zeigt sich bei Jugendlichen in einem egozentrischen Hochgefühl und der Haltung im Sinne eines »mir gehört die Welt«. Der Jugendliche entwickelt Vorstellungen von sich selbst, wonach er sich großartig, unwiderstehlich oder zu allem fähig fühlt. Bei eingeschränkter Realitätsprüfung werden beschämende Realitäten ausgeblendet, wichtige Objekte, insbesondere die zuvor allmächtigen Eltern, abgewertet und in ihrer Bedeutung verleugnet. Zugleich werden unliebsame Selbstaspekte von Unzulänglichkeit und mangelnder Kompetenz auf andere, besonders die Eltern, projiziert bzw. dort überscharf wahrgenommen. Der Jugendliche stabilisiert sich vorübergehend mit einem aufgeblähten Größenselbst, das Folge eines Verschmelzungsproduktes von Idealselbst, Idealobjekt und Realselbst bei gleichzeitiger Abwehr realer Objekte ist (Kernberg 1984).

Jugendliche mit **dissoziativer Selbstkonfiguration** – dies sind häufiger weibliche Jugendliche – zeigen sich zurückgezogen, verhangen bis niedergedrückt. Sie sind in einer Durchgangsphase mit narzisstischem Rückzug gefangen, der bis hin zu einem echten inneren Objektverlust reichen kann. Bei ihnen steht die Abwertung des realen Selbst im Vordergrund. Durch den Ablösungsprozess und den Verlust der Einheit mit den elterlichen Objekten kommt es zu einer narzisstischen Krise mit Abwertung des Selbst. Der daraus folgende Rückzug stellt ein narzisstisches Vermeidungsverhalten zum Zwecke der Schamminderung dar. Leeregefühle und depressive Reaktionen herrschen vor. Idealselbst- und Idealobjekt-Aspekte existieren weiter in abgespaltener Form in Tagträumen und Idolen, die in dieser Zeit besonders wichtig werden.

Jugendliche vom **turbulenten Typ** zeigen wechselnde Selbstkonfigurationen. Sie pendeln zwischen Zuständen von himmelhoch jauchzend und zu Tode betrübt. Sie wechseln zwischen Auf- und Abwertung ihrer Selbst und äußerer Objekte hin und her und setzen innere Konfliktspannungen in äußere gelebte Aktionen um, um sich im nächsten Moment ganz zurückzuziehen.

Bei diesen narzisstischen Konfigurationen handelt es sich um passagere Reaktionen, die den Weg zur Entwicklung von äußerer und innerer Eigenständigkeit ermöglichen. Sie können sich krisenhaft zuspitzen, aber auch kaum in Erscheinung treten. Die Verleugnung des anderen, die Vermeidung sozialer Kontakte per Rückzug und das Agieren mit wechselnden Zuständen sind Bewältigungsformen, um unerträglichen Wahrnehmungen von sich selbst und anderen zu entgehen. Der Prozess des Übens und Erprobens ermöglicht dem Jugendlichen, Kompetenzen zu entwickeln, die ihn zunehmend in die Lage versetzen, den *developmental lag* (*the body has changed but the mind has not been able to keep up*; Giovacchini 1978) zu überbrücken. Dahl (2004) spricht vom *unskilled driver*, der plötzlich eine unter Dampf stehende Lokomotive führen muss. Die jeweilige Selbstkonfiguration, ob vom aggrandisierten oder vom dissoziierten Selbst, spiegelt auch die notwendigen Wege der Kompetenzentwicklung wider. Männliche Jugendliche neigen eher zu einem handlungsorientierten Selbstkonzept (Fend 1990). Mithilfe eines aggrandisierten Selbst, bei dem der andere bzw. das soziale Umfeld entwertet wird, ist es leichter, zu üben und zu erproben und Erfahrungen im Handeln zu sammeln. Bei einem dissoziierten Selbst, das häufiger bei Mädchen zu finden ist, liegt eher ein selbstreflexives Selbstkonzept (Fend 1990) vor, das aktives Üben und Erproben erschwert. Das bedeutet, dass sich weibliche Jugendliche zumeist früher höhere Kompetenzen in der Betrachtung von Innenräumen aneignen, als dass sie hinsichtlich ihres Handelns Fähigkeiten entwickeln. Jugendliche mit einem handlungsorientierten Selbstkonzept müssen den Weg nach innen, Jugendliche mit einem selbstreflexiven Selbstkonzept den Weg nach außen wagen.

In Verbindung mit den beschriebenen Selbstkonfigurationen bekommen **Omnipotenzphantasien** bei real erlebter Mangelhaftigkeit und Unzulänglichkeit eine wichtige Bedeutung. Sie sind ein Bereich spielerischer Entfaltung bzw. ein Übergang für expansive, machtvolle und sexuelle Bedürfnisse, die darin probehandelnd gelebt werden.

> Omnipotenzphantasien dienen als Entwicklungsprogramm zum Großwerden (Chasseguet-Smirgel 1981) und sind Vorläufer von depersonalisierten Ich-Ideal-Bildungen.

In ihnen werden Verschmelzungssehnsüchte mit idealen elterlichen Objekten auf unterschiedlichen Triebebenen gelebt. Sie dienen als Transformationswege zu einem neuen integrierten Ich-Ideal. Sie bieten einen inneren Spielraum zur Erweiterung des Innenlebens und führen indirekt zum Erwerb von Ich-Zielen und Ich-Interessen. Größenphantasien müssen gleichsam durch eine »Schamschleuse« (Streeck-Fischer 2007) sozialisiert werden, in der sich der Jugendliche den realistischen Beurteilungen zunehmend stellt. Der adoleszentäre Narzissmus wird integriert, indem der oder die Jugendliche sich mit den realen Fähigkeiten, Begabungen und körperlichen Ausstattungen aussöhnt bzw. arrangiert und daraus Ich-Ziele entwickelt (Streeck-Fischer 2006).

Fallbeispiel 1

Die 16-jährige B. war eine sympathische, hübsche und lebenslustige Jugendliche. Sie liebte es zu schreiben und konnte dies auch sehr gut. Als sie von den Lehrern nicht die erwartete Anerkennung fand, zog sie sich im schulischen Bereich zurück, schrieb Tagebücher und phantasierte sich als Schriftstellerin. Sie zog sich immer mehr zurück und reagierte ängstlich und schüchtern, wenn Erwartungen an sie herangetragen wurden. Gleichzeitig war sie sehr empfindlich und sofort gekränkt, wenn man nicht auf sie einging. Anerkennung hinsichtlich ihrer Fähigkeiten erhielt sie, indem sie kleine Zeitungsartikel verfasste, sodass sie sich, zunehmend gestärkt, von der Kritik des Lehrers unabhängig machen konnte.

Fallbeispiel 2

Der 16-jährige T. ist ein netter, zugewandter Jugendlicher. Er zeigt besondere Begabungen im musischen Bereich, was auch die Aufmerksamkeit seiner Lehrer weckte, die ihn gerne unterstützen und fördern wollten. Sobald es Spannungen vor allem mit seinen Eltern gab, konnte er sich völlig dicht machen, nahm die Belange anderer in keiner Weise wahr und sah nur seine eigenen Bedürfnisse. Wenn er feststellte, dass man ihm nicht entgegenkam, entwertete er diese anderen und brach vorübergehend die Beziehung zu ihnen ab, um später wieder freundlich auf sie zuzugehen. Je mehr er sich seiner Fähigkeiten bewusst war, umso besser konnte er auch die Meinungen anderer gelten lassen.

Versucht man, die jeweilige narzisstische Problematik, die sich als Entwicklungslinie (vgl. Hartmann 2006; Kohut 1973) auf den unterschiedlichen Entwicklungsstufen abbildet, am OPD-Modell sowohl auf der Konfliktachse als auch der Strukturachse zu verdeutlichen, ergibt sich ein Ebenen-Modell (Abb. 14-1). Während auf neurotischem Niveau der Wunsch nach Aner-

kennung und Wertschätzung deutlich wird, wird auf mäßig integriertem Niveau die Beziehungsregulation im Dienste des Selbstwertes verwendet. Auf gering integriertem Niveau stehen Grandiosität und Abwertung im Vordergrund. Bezogen auf den adoleszenzspezifischen Narzissmus kann die Selbstwertproblematik zwischen dem neurotischen und mittleren Niveau pendeln.

14.6 Pathologischer Narzissmus

Der pathologische Narzissmus reicht von der narzisstischen Persönlichkeitsstörung über das Syndrom des malignen Narzissmus bis hin zur eigentlichen antisozialen Störung. Zur Differenzialdiagnose milderer Formen narzisstischer Pathologie ist das jeweilige Niveau von Identitätsintegration von Bedeutung (Kernberg u. Hartmann 2006; Tab. 14-1).

Kennzeichnend für den pathologischen Narzissmus ist die Identitätskonfusion. Wegen ihrer Bedeutung für die Adoleszenz soll hier lediglich die **narzisstische Persönlichkeits(entwicklungs-)störung** ausführlicher dargestellt werden. Bei einer Kombination von narzisstischer Persönlichkeits(entwicklungs-)störung, antisozialem Verhalten, ichsyntoner Aggression und Paranoia ist von der schwersten Form des pathologischen Narzissmus auszugehen, dem malignen Narzissmus. Auf die antisoziale Persönlichkeitsstörung wird als schwerster Form narzisstischer Charakterpathologie (Kernberg u. Hartmann 2006) im Kapitel 40 eingegangen.

Im Unterschied zur narzisstischen Durchgangsphase in der Adoleszenz sind die bisher genannten narzisstischen Konfigurationen in ihrer pathologischen Ausprägung sehr viel beherr-

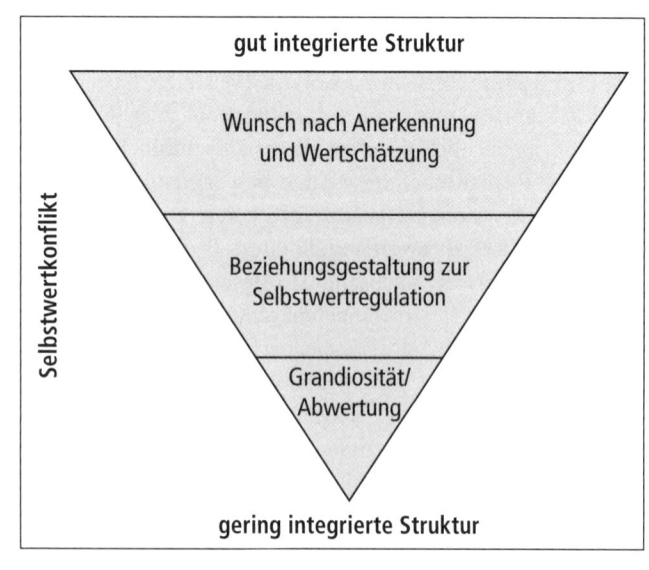

Abb. 14-1 Ebenen-Modell (nach Arbeitskreis OPD 2006)

schender und durchschlagender (Tab. 14-1). Gabbard (2005) orientiert sich an den Beschreibungen von Kernberg (1984) und Kohut (1973) und geht von zwei verschiedenen narzisstischen Typen aus. Er schlägt vor, zwischen dem **achtlosen, unbeirrbaren (aggrandisierten) Narzissten** und dem **übervorsichtigen, hypervigilanten Narzissten**, dessen abgeschwächte Form dem dissoziativen Typ (s. oben) entspräche, zu unterscheiden. Während der achtlose Typ eine arrogante, aggressive, von sich selbst absorbierte Person ist, die den anderen in seinen Reaktionen nicht wahrnimmt, die lediglich über einen Sender, aber über keinen Empfänger verfügt, ist der übervorsichtige Typ hoch sensitiv im Hinblick auf Reaktionen anderer, scheu und gehemmt. Er ist vor allem mit anderen beschäftigt, leicht verletzlich und fühlt sich schnell beschämt und erniedrigt.

Eine ähnliche Unterscheidung macht Rosenfeld (1987) mit dem dick- oder dünnhäutigen Typ.

Zu den Merkmalen der narzisstischen Persönlichkeit werden im DSM-IV (APA 1996) nur Auffälligkeiten des **unbeirrbaren, achtlosen (aggrandisierten) Typs** beschrieben. Er zeigt ein tiefgreifendes Muster von Großartigkeit (in Phantasie und Verhalten), das Bedürfnis nach Bewunderung und einen Mangel an Empathie. Fünf der im Folgenden genannten Kriterien müssen erfüllt sein, um dem Störungsbild einer narzisstischen Persönlichkeit nach DSM-IV zu entsprechen:
- ein grandioses Gefühl der eigenen Wichtigkeit
- Phantasien von grenzenlosem Erfolg, Macht, Glanz
- der Glaube, einzigartig zu sein
- die Suche nach übermäßiger Bewunderung
- übertriebenes Anspruchsdenken
- ausbeuterische zwischenmenschliche Beziehungen
- Mangel an Empathie
- Neid
- arrogante Verhaltensweisen

Im Falle von Jugendlichen mit einer narzisstischen Störung vom **unbeirrten Typ** würde unempathisches, arrogantes sowie aggressives Verhalten auffallen. Er sähe sich im Mittelpunkt, während die anderen für seine Bedürfnisse da wären. Er wäre eher unempfindlich gegenüber Kränkungen.

Demgegenüber würde sich der **hypervigilante Typ** durch leichte Kränkbarkeit und heftige Schamgefühle auszeichnen. Er wäre sehr sensibel gegenüber Reaktionen anderer und würde peinlich genau darauf achten, inwieweit er ihrer Kritik und ihren Kränkungen ausgesetzt ist.

14.6.1 Symptomatik

Als charakteristisch lassen sich sowohl für den **unbeirrbaren, achtlosen (aggrandisierten) Typ** und den **übervorsichtigen, hypervigilanten Typ** in jeweils unterschiedlicher Mischung die folgenden Symptome ansehen.

■ **Grandiosität**: Das Selbstkonzept ist charakterisiert durch die Gegensätze einer offensichtlichen Grandiosität einerseits und einem verdeckten nagenden Selbstzweifel andererseits (Kernberg et al. 2001). Dies führt zu einem deutlichen Spannungsbogen im Selbstwertgefühl. Versuche des Jugendlichen gehen dahin, das grandiose Selbst zu erhalten – und sei es im Rückzug durch Größenphantasien. Die Größenphantasien können überwertigen Charakter bekommen. Jugendliche greifen dann zu Ideologien (z. B. Rechtsextremismus) als narzisstische Plomben für ihr grandioses Selbst. Auch Uniformierungen (z. B. ein Punker-Outfit) stützen das fragile Größenselbst. Andere Menschen werden als unbedeutend abgetan. Bei Konfrontationen kann es zu Entwertungen, Beschimpfungen und körperlichen Übergriffen kommen. Die Betroffenen zeigen Selbstbezogenheit (Hartmann 2006; Kernberg u. Hartmann

Tab. 14-1 Adoleszenter und pathologischer Narzissmus im Vergleich

Formen	Adoleszenter Narzissmus	Pathologischer Narzissmus
Aggrandisierte Form versus unbeirrbare Form	• Größenselbst (vorübergehend) • Störung der Realitätsprüfung (vorübergehend) • mangelnde Wahrnehmung und Empathie für die andere Person (vorübergehend) • Selbstkohärenz	• Größenselbst • Ich-strukturelle Störungen auch im Bereich der Realitätsprüfung • Verleugnung der anderen Person • unterschiedliche States • ggf. Tendenz zu Realitätsverlust mit psychotischen oder psychosenahen Episoden
Dissoziierte Form versus hypervigilante Form	• partieller Rückzug, Schamangst, Schüchternheit, depressiver Rückzug (vorübergehend) • gut erhaltene Ich-Fähigkeiten	• genereller Rückzug • Selbstentwertung • eingeschränkte Ich-Fähigkeiten • anhaltende Depression
Turbulente Form	• deutliches Pendeln zwischen den beiden o. g. Zuständen bei gut erhaltenen Ich-Fähigkeiten	• Borderline-Störung?

2006), übertriebene Erwartungen an eine bevorzugte Behandlung und/oder sie erwarten ein automatisches Eingehen auf die eigenen Ansprüche mit ausgeprägter Selbstzentriertheit. Ihre **Größenphantasien** äußern sich in exhibitionistischen Zügen, Überheblichkeit und Rücksichtslosigkeit.

- **Unabhängigkeits- und Autonomiebedürfnis:** Abhängigkeit von anderen Menschen, Institutionen und Regeln wird nicht ertragen. Der Drang nach Unabhängigkeit manifestiert sich in oppositionellem Verhalten Eltern und Lehrern gegenüber oder auch in einer »Alles-egal-Haltung«.

- **Störungen in personalen Beziehungen:** Die zwischenmenschlichen Beziehungen sind ausbeuterisch, von hohen Erwartungen und extremer Kränkbarkeit gekennzeichnet. Neid ist ein dominanter Affekt. Jegliche Zuwendung, die sich auf andere richtet, löst massiven Neid und Rückzug von Beziehungen aus. Bei Jugendlichen kann das Streben nach Autonomie bis zur **Suizidalität** gehen. Der Entschluss zum Suizid vermittelt ein Gefühl von Selbstbestimmung und Selbstwirksamkeit; der Betroffene vermag so einen nachhaltigen Einfluss auf den anderen auszuüben, indem er sich auf diese Weise entzieht.

- **Bedrohungsgefühle, Feindseligkeit:** Andere werden als bedrohlich erlebt, längerfristige Freundschaften können nicht eingegangen werden, sondern werden lediglich für eigene Interessen genutzt. Die Beziehungen zu anderen, gerade auch zu Gleichaltrigen, nehmen oft einen feindseligen Charakter an.

- **Mangelnde Empathiefähigkeit:** Infolge ihrer Beziehungsstörung verfügen die Betroffenen über unzureichende Empathie. Sie zeigen vielmehr eine ausbeuterisch-instrumentalisierende Beziehungsgestaltung.

- **Körperliche Unruhe:** Narzisstisch gestörte Jugendliche fühlen sich leicht durch andere verfolgt, was zu körperlicher Unruhe und innerer Aufregung führt – eine Symptomatik, die häufig mit einem Aufmerksamkeitsdefizit- und Hyperaktivitäts-Syndrom (ADHS) verbunden ist. Die ständige motorische Unruhe kann als »zweite Haut« (Bick 1990) begriffen werden. Sie dient der Abwehr archaischer Ängste von Überwältigung und Desintegration und soll durch muskuläre Anspannung und andauernde Bewegung Kohärenz verschaffen. Ebenso werden Zustände der Leere durch Unruhe und Hektik abgewehrt.

- **Entwertung und Wut:** Erregung entlädt sich bei narzisstisch gestörten Jugendlichen in massiver Entwertung oder in blinden Wutausbrüchen gegen andere Menschen oder auch gegen Sachen. Hier gibt es Überschneidungen mit der *antisozialen Persönlichkeitsentwicklungsstörung*. Das antisoziale Verhalten muss hier als Abwehrmaßnahme zur Regulierung des eigenen Selbstwertes verstanden werden.

- **Misstrauen gegenüber anderen, Angst vor Beschämung:** Überschneidungen gibt es auch mit der *vermeidenden paranoiden Persönlichkeitsstörung*. Gefühle des Misstrauens, der Beschämung sowie Demütigung werden so groß, dass der Umgang mit anderen vermieden wird und der Betroffene sich – in seiner Einmaligkeit sich verkannt fühlend – zurückzieht. Auch ein Rückzug in Krankheit, Leiden und Schmerzen kann diesem Ziel dienen. Im Gegensatz zur paranoiden Persönlichkeit sind diese Züge bei der narzisstisch gestörten Persönlichkeit nicht durchgängig.

- **Besondere Begabungen:** Histrionische Merkmale werden sichtbar, wenn der narzisstisch gestörte Patient vor anderen brilliert, sie mit Ideen und Konzepten, die er in geschliffener Sprache vorzutragen vermag, beeindruckt und für sich zu gewinnen sucht. In diesem Kontext sind häufig »ethische Grundsätze« von Bedeutung. Unabhängigkeit wird durch asketische Haltung demonstriert sowie Omnipotenzphantasien durch vehementes Eintreten für sozialpolitische Belange. Die Sprache hat dabei weniger die Funktion der Kommunikation als die der Regulierung der Beziehung und damit des Selbstwertgefühls. Es scheint, als spreche der Narzisst mit sich selbst, als spiegele er sich in seinem Wortschwall. Andererseits finden sich häufiger **Schulversagen** (Kernberg u. Hartmann 2006) in Verbindung mit eingeschränkten Lernfähigkeiten (häufig Teilleistungsschwächen), da vor allem schneller Erfolg und hohe Anerkennung gesucht werden. Die Notwendigkeit des Lernens wird dann als narzisstische Kränkung erfahren.

- **Identitätsdiffusion:** Jugendliche mit einer narzisstischen Persönlichkeits(entwicklungs-)störung erfüllen auch Kriterien, die die *Borderline-Persönlichkeitsstörung* hinsichtlich Identitätsdiffusion und Kohäsion charakterisieren. Trotz seines großartigen Selbstkonzeptes, das ein als minderwertig erlebtes und daher schambesetztes Selbst zu verbergen sucht, zeichnet sich der Narzisst durch eine größere Kohäsion des Selbst aus, was sich z. B. in höherer sozialer Angepasstheit, in größerer Arbeitsfähigkeit sowie in besserer Impulskontrolle und Angsttoleranz zeigt.

14.6.2 Diagnostik

Schon im Erstkontakt wird deutlich, dass narzisstisch gestörte Jugendliche subjektiv meistens keine psychische Beeinträchtigung empfinden. Oft kommen weder sie noch ihre Eltern aus eigenem Antrieb, sondern sie werden aufgrund von Auffälligkeiten von der Schule »geschickt«. Sie verdeutlichen meist schon im Erstgespräch, dass bei ihnen selbst »alles in Ordnung« ist, jedoch andere ihnen das Leben schwer machen. Jugendliche leiden häufiger unter depressiven Verstimmungen, Gefühlen der Leere und sozialem Rückzug – Symptome, die von Euphorie und dem Bewusstsein der eigenen Grandiosität abgelöst werden können, wenn sie zwischen einer hypervigilanten und unbeirrbaren Form pendeln.

Charakteristisch für die Beziehungsgestaltung ist das Bemühen des Patienten um die Kontrolle über die Beziehung sowie die diagnostische Situation. Er berichtet von den anderen, die seine besonderen Fähigkeiten verkennen, sieht in ihnen Feinde, fühlt sich von ihnen missverstanden und bisweilen sogar gepeinigt. Damit appelliert er unbewusst an den Therapeuten, um dessen besondere Anerkennung und Wertschätzung zu erhalten. Das Gespräch gleicht dann eher einem »gemeinsamen Monolog« (Westen 1990) als einem Dialog, da es durch einen ausgesprochen egozentrischen Kommunikationsstil gekennzeichnet ist. Diese Sichtweise entspricht auch der von Volkan (1982) beschriebenen Phantasie der »Glasblase«, in der der Narzisst alleine lebt und vor anderen geschützt ist, da sie nicht zu ihm durchdringen können. Bereits in der diagnostischen Phase kann der Neid des Patienten auf die Ressourcen und Fähigkeiten des Therapeuten sichtbar werden. Exzessiver Neid kann sich ungünstig auf die Prognose im Hinblick auf den Therapieerfolgs auswirken.

Was die Konflikte (Arbeitskreis OPD-KJ 2003) angeht, überwiegen bei der narzisstischen Persönlichkeitsentwicklungsstörung Abhängigkeits-Autonomie-Konflikte, Selbstwertkonflikte sowie ödipale Konflikte. **Abhängigkeits-Autonomie-Konflikte** werden überwiegend im aktiven Modus bewältigt, bei den **Selbstwertkonflikten** kommt es im passiven Modus zu Rückzugsverhalten aus Scham, während Ausbrüche »narzisstischer Wut« für den aktiven Modus bestimmend sind. **Ödipale Konflikte** werden eher nach dem aktiven Modus abgewehrt. Dies zeigt sich in einer verstärkten Sexualisierung einerseits sowie in Prüderie und strenger Moral andererseits.

Das Strukturniveau narzisstisch gestörter Menschen muss als mäßig bis gering eingestuft werden, wobei gerade in Belastungssituationen die soziale Anpassung und Kommunikation zusammenbrechen können.

Testdiagnostisch steht im deutschen Sprachraum das Narzissmusinventar (Deneke u. Hilgenstock 1989) zur Verfügung.

Fallbeispiel 3

Bei T. liegen multiple Symptome vor, die für eine narzisstische Persönlichkeitsstörung (turbulente Form) sprechen. Sie ist leicht erregbar, neigt zu aggressiven Durchbrüchen und Suizidgedanken. Sie zeigt ein gestörtes Essverhalten, Schlafstörungen, schlechte Träume, soziale Ängste bis hin zu Panikgefühlen. Bei realer oder vermuteter Kritik wird sie von massivem Selbsthass überwältigt. Sie neigt zu ausgeprägten Versagensängsten, der Angst, hässlich zu sein bei extrem hohen Ich-Ideal- und Über-Ich-Ansprüchen. Sie kann ihre Affekte und Impulse schlecht steuern. Sie idealisiert und entwertet andere, lässt sie bodenlos fallen und macht sie fertig. Ihre Unruhe und Konzentrationsschwäche haben vor drei Jahren zur Diagnose einer ADHS geführt. Sie wurde seither mit CONCERTA behandelt.

Von ihrer äußeren Erscheinung her macht sie einen ausgesprochen netten und sympathischen Eindruck. Dies verführt dazu, sich ihr sehr zuzuwenden und viel Nähe herzustellen, die jedoch abrupt abbricht, nämlich dann, wenn sie das Gefühl hat, sie wird entwertet, diskriminiert, als krank, pathologisch und unfähig deklassiert. Sie reagiert auf leise Kritik mit Rückzug bzw. massiven Attacken gegen den anderen, der sie schlecht behandelt und vermeintlich nicht sieht. Infolge ihrer mangelnden Impulssteuerung gerät sie sofort in heftige Verstrickungen, die ihr dann später leidtun. Zum Teil ist sie sich offenbar nicht darüber im Klaren, wie massiv abwertend sie sich verhält.

Der Vater sei ein unzuverlässiger Lebemensch gewesen, der sich früh von der Familie abgesetzt habe. Die frühe Entwicklung verlief angeblich unauffällig. Die alleinerziehende Mutter gibt an, sehr konsequent gewesen zu sein. Sie habe aber keinen Stress vertragen können und dann sehr heftig reagiert. In der Schule sei T. als unruhiges Kind aufgefallen. Infolge des Schulstresses sei die ursprünglich harmonische Beziehung zwischen Mutter und Tochter gekippt. In den letzten Jahren erfolgten mehrere stationäre Aufenthalte in Verbindung mit Krisen, heftigen Konflikten mit der Mutter, Gewichtsabnahme und Suizidversuchen. Zuletzt wurde eine ambulante Therapie durchgeführt. Infolge der heftigen Auseinandersetzungen hat sie innerhalb der letzten drei Jahre bereits zehn Wohnprojekte gewechselt und sieben unterschiedliche Schulen besucht.

In der Leistungsdiagnostik zeigt sie massive Versagensängste. Ihre Leistungen sind sehr auseinanderklaffend. Unter stark strukturierten Bedingungen kann sie jedoch sehr gründlich und aufmerksam arbeiten.

Neben anderen Diagnosen wurde bei ihr eine narzisstische Persönlichkeitsentwicklungsstörung auf Borderline-Niveau (bzw. gering integriertem Strukturniveau mit mittleren Anteilen) bei einer hohen Empfindlichkeit und Projektionsneigung (Störung der Realitätsprüfung) und mit extrem hohen Ich-Idealen und Über-Ich-Ansprüchen festgestellt. Ihre multiplen Symptome verweisen darauf, dass sie innerlich keinen Halt hat und per Gefälligkeit versucht, einerseits Anerkennung zu finden bzw. andererseits den anderen zu entwerten, wenn sie nicht gesehen wird, um nicht von Suizidgedanken überwältigt zu werden. Möglicherweise musste sie in Selbstobjektfunktion für die Mutter narzisstisch großartig sein, Erwartungen, die sie als unruhiges und schwieriges Kind nicht erfüllen konnte.

14.6.3 Ätiologie[1]

Die Prävalenz der narzisstischen Persönlichkeitsstörung wird auf 2 % in der Bevölkerung geschätzt (Akhtar 1996).

---

1 Die Ätiologie wurde überwiegend von H. Düwell im Rahmen der Leitlinie »Persönlichkeitsentwicklungsstörungen« (Bauer et al. 2007) verfasst.

Folgt man den Auffassungen von Zepf (2000), lässt sich die Ursache der narzisstischen Störung bei aller Unterschiedlichkeit der theoretischen Konzepte auf die Erfahrung »unlustvoller (Trieb-)Frustrationen« zurückführen (Kernberg 1996, S. 303). Während Ferenczi (1913) und Grunberger (1971) die Geburt, gedacht als das Verlassen des paradiesischen, intrauterinen Zustandes, als Keimzelle des Narzissmus ansehen, betonen Balint (1969) die Triebfrustrationen in der frühen Mutter-Kind-Beziehung und Kohut (1975) die Diskrepanz von Bedürfnis und Befriedigung. Gemeinsam ist diesen Konzepten die These von der Suche nach Wiederherstellung eines idealnarzisstischen Zustandes, der klinisch jedoch nicht beobachtbar ist, sondern nur theoretisch gefasst werden kann. Dieser »sekundäre« Narzissmus ist von dem von Freud konzipierten »primären« Narzissmus, der »die ursprüngliche Libidobesetzung des Ich« meint, zu unterscheiden (Wahl 2002, S. 474).

Dem »primären« Narzissmus stellt Balint (1969) die »primäre Liebe« des Säuglings und dessen Verlangen nach unbedingtem Geliebt-Werden gegenüber. Von der ersten Beziehung an entwickelt sich in diesem Verständnis der »sekundäre« Narzissmus, der als Schutz durch Selbstliebe gegenüber den versagenden Objekten anzusehen ist.

Kernberg (1978, 1996) sieht die Entwicklung des Narzissmus grundsätzlich im Zusammenhang mit bedeutsamen Objekten und deren Repräsentanzen. Der pathologische Narzissmus zeichnet sich dadurch aus, dass das grandiose Selbst die realen Selbstrepräsentanzen sowie die idealen Selbst- und Ojektrepräsentanzen vereint, während die negativen Selbst- und Objektrepräsentanzen verleugnet und/oder auf andere projiziert werden. Den von ihm beschriebenen Internalisierungs- und Externalisierungsprozessen liegen intensive libidinöse bzw. aggressive Affekte zugrunde, in denen er Triebderivate sieht. Das Über-Ich der narzisstisch gestörten Persönlichkeit ist gekennzeichnet durch strafende, versagende sowie bedrohliche Züge, die den Elternimagines entsprechen. Diese werden wiederum dissoziiert und auf andere projiziert, sodass es seitens des Über-Ichs keine Bestätigung für das Selbstwertgefühl geben kann. Dieser Mangel sowie die damit verbundene innere Leere können dann nur durch die stetige Suche nach Bewunderung durch andere kompensiert werden.

Zentral ist für Kernberg (1996) die »orale Wut« des narzisstisch gestörten Menschen, die sich in Ärger und Neid in den zwischenmenschlichen Beziehungen entlädt. Der Neid richtet sich gerade gegen idealisierte Menschen und dient der Abwehr von Abhängigkeitswünschen. Letztendlich können so keine befriedigenden Objektbeziehungen erreicht werden. Kernberg sieht die narzisstische Entwicklung maßgeblich als eine Folge elterlichen Verhaltens, das einerseits kalt und abweisend, andererseits aber grenzenlos bewundernd ist.

Diesem liegt eine Instrumentalisierung des Kindes als »ihrem Selbstobjekt« zugrunde, d. h., das Kind wird als Erweiterung des eigenen Selbst gesehen (Kernberg 1996). Die narzisstisch gestörte Mutter fördert zwar die Leistungen des Kindes, aber sie vermag nur wenig zu dessen weiterer Individuation und Ablösung beizutragen, da sie das Kind als Bestätigung ihres eigenen Selbstwertes braucht.

Die narzisstische Persönlichkeitsentwicklungsstörung scheint am ehesten Folge der Verarbeitung eines früh entgleisten Dialogs zwischen dem Kind und seinen ersten und engsten Beziehungspersonen zu sein. Schon vor der Geburt entwickeln Eltern Vorstellungen, Erwartungen und Phantasien, die sich auf ihr Kind richten. Diese Vorstellungen haben ihre Wurzeln in der eigenen Lebensgeschichte und in persönlichen Zielvorstellungen, sie erhalten Nahrung durch die körperlichen Empfindungen der Mutter in der Schwangerschaft und sie schlagen sich in der Namensgebung nieder. Schon beim ersten Anblick des Neugeborenen schreiben die Eltern, besonders die Mutter, ihm – wie Kohut es nennt – ein »virtuelles Selbst« zu.

Kohut sieht die mangelnde Empathie der »elterlichen Selbstobjekte« als die wesentliche Ursache für pathologischen Narzissmus. Diese wirkt insofern traumatisierend, als der Säugling vor Reizüberflutung sowie vor der verfrühten Wahrnehmung seiner Abhängigkeit ungeschützt bleibt. Der narzisstische Grundkonflikt besteht in der scheinbaren Polarität von Sehnsucht nach Verschmelzung und dem Bedürfnis nach Unabhängigkeit. Er verdeutlicht sich in den gegensätzlichen Affektpaaren Selbstliebe und Selbsthass, Allmacht und Hilflosigkeit, Größenselbst und Selbstentwertung sowie Güte und Bosheit. Hass, Neid, Eifersucht und destruktive Aggression gegenüber anderen haben hier ihre Wurzel, die Erniedrigung und Beschämung der anderen soll erreicht werden, da sie dem hilflosen Selbst das Leben unerträglich gemacht haben. Auf diese Weise soll das Selbst vor erneuten Abhängigkeitsgefühlen geschützt und die hinter dem Größenselbst lauernde Depression abgewehrt werden.

Fonagy und Target (2002) stellen die narzisstische Persönlichkeit in den Zusammenhang missglückten Affektaustauschs zwischen Mutter und Säugling bzw. Kleinkind. Dabei verstehen sie unter Mentalisierung die zumeist unbewusste Leistung, dem eigenen Verhalten sowie dem Verhalten anderer einen Sinn zuzuschreiben. Das Kleinkind kann zunächst seine Gefühle nur durch den Spiegel der Mutter erleben, da es sich in deren Augen selbst sieht. So macht es die Erfahrung einer zweiten Repräsentanz, die von außen kommt. Die erste Repräsentanz ist eine Binnenwahrnehmung, die überwiegend biologisch konstitutionell bedingt ist, sie entspricht dem »I«, während die zweite das »me« beinhaltet.

Nicht adäquate Mentalisierungsprozesse sind nach Fonagy et al. (2004) entscheidend für narzisstische Persönlichkeitsentwicklungsstörungen. Spiegelung ist durch Kongruenz und Markierung charakterisiert. Bei den narzisstischen Persönlichkeitsentwicklungsstörungen markiert die Mutter die Affekte, aber sie erfasst nicht angemessen die Emotionen des Kindes, sodass dessen innere Repräsentanz verzerrt wird. Das Selbst des Kindes fühlt sich leer, es kann sich nicht in der Mutter wiederfinden, sondern es findet stattdessen die Mutter in sich. So kommt es zu einem fremden Selbst, das das Kind zu externalisieren versucht, indem es die Mutter kontrolliert und manipuliert, um so ein illusionäres Kohäsionsgefühl zu erlangen. In der weiteren Entwicklung wird der Schmerz über die Leerstelle, das fremde Selbst, dissoziiert und es kommt zur Identifikation mit dem Aggressor.

14.7 Empirische Studien zum Narzissmus

Narzisstische Störungen sind bisher wenig beforscht. Zwillingsstudien und Adoptionsstudien von Torgersen (2000) verweisen auf genetische Einflüsse.
Während der dissoziative Typ und der turbulente Typ im DSM-IV vernachlässigt werden, validieren empirische Untersuchungen den Ansatz, von verschiedenen narzisstischen Konfigurationen zu sprechen.
Wink (1991) hat eine Komponentenanalyse von sechs Minnesota-multiphasischen-Persönlichkeitsinventar-Narzissmusskalen (MMPI) entwickelt und zwei orthogonale Faktoren herausgefunden, die Vulnerabilitäts-Sensitivitäts-Dimension und die Grandiositäts- und exhibitionistische Dimension. Er stellte fest, dass diese beiden relativ unkorrelierten Sets, die er als offenen und verdeckten Narzissmus beschreibt, zwei verschiedene Formen von pathologischem Narzissmus abbilden. Die Vulnerabilitäts-Sensitivitäts-Gruppe war charakterisiert durch introvertiertes, defensives und ängstliches Verhalten, vulnerabel gegenüber Lebenstraumata, während die grandios-exhibitionistische Gruppe extrovertiert, exhibitionistisch, aggressiv und von sich selbst überzeugt war.
Weitere solche empirische Studien wurden an College-Studenten durchgeführt (Hibbard 1992). Hier wurden ebenfalls zwei Untergruppen festgestellt: der narzisstisch-vulnerable und der phallisch-grandiose Typ. Der Schamaffekt war zentral in dieser Gruppe. Er korrelierte positiv mit der vulnerablen Gruppe und negativ mit dem grandiosen Stil (Rose 2002).
Allerdings ist der MMPI kein besonders reliables und valides Instrument. Deshalb müssen die Ergebnisse der hier zitierten Studien kritisch gesehen werden.
Im deutschsprachigen Raum wurde von Deneke und Hilgenstock (1989) das Narzissmusinventar, ein Selbstbeurteilungsfragebogen mit 163 Items, 18 Subskalen und 4 daraus faktorenanalytisch extrahierten Bereichen, entwickelt, das die Dimensionen »bedrohtes Selbst«, »klassisch narzisstisches Selbst«, »Idealselbst« und »hypochondrisches Selbst« abbildet. Zu diesem Instrument liegen inzwischen umfassende empirische Befunde vor (Deneke 1994; Schoeneich et al. 2000), die allerdings ausschließlich Stichproben aus dem Erwachsenenbereich erfassen.
Auch hinsichtlich des Langzeitverlaufes von narzisstischen Persönlichkeitsstörungen gibt es bisher nur wenige Daten (Levy u. Clarkin 2006). In einer Studie von Plakun (1989) gibt es Hinweise, dass sich Borderline-Störungen in stationärer Behandlung besser entwickelt haben als narzisstische Persönlichkeitsstörungen. Ronningstam et al. (1995) konnten deutliche Entwicklungen feststellen. Dabei führten insbesondere drei Ereignisse zu einer Veränderung der narzisstischen Pathologie: korrektive Erfolge, korrektive Desillusionierungen und korrektive Beziehungen. Valide Aussagen zu Verlauf und Prognose sind jedoch infolge mangelnder Untersuchungen nicht möglich. Es gibt auch keine randomisierten Kontrollstudien zur Behandlung von Patienten mit narzisstischen Persönlichkeitsstörungen. Hier besteht noch ein erheblicher Forschungsbedarf.

14.8 Fazit

Der Begriff des Narzissmus entstammt dem griechischen Mythos des Narkissos, der sich in sein Spiegelbild unsterblich verliebt. 1925 wurde von Waelder erstmals das Konzept der narzisstischen Persönlichkeit formuliert. 1980 wurde die narzisstische Persönlichkeitsstörung in das DSM-III übernommen. Obwohl narzisstische Störungen häufig komorbid feststellbar sind, bleibt unklar, warum dieses Störungsbild nur so mangelhaft in der Forschung Beachtung findet. Bezogen auf die Adoleszenz und den Ausgang der Adoleszenz hat der Narzissmus in seiner durch psychobiologische Veränderungen verschärften Ausprägung und seiner pathologischen Form eine zentrale Bedeutung, da in dieser Zeitspanne Weichenstellungen stattfinden können – hin zu einer Integration durch korrektive Erfahrungen oder Chronifizierung mit der Gefahr sozialer Randständigkeit.

Literatur

Akhtar S. Deskriptive Merkmale und Differentialdiagnose der narzisstischen Persönlichkeitsstörung. In: Kernberg OF (Hrsg). Narzisstische Persönlichkeitsstörungen. Stuttgart: Schattauer 1996; 1–29.
American Psychiatric Association (APA). Diagnostisches und statistisches Manual psychischer Störungen DSM-IV. 4. Aufl. Göttingen: Hogrefe 1996.
Arbeitskreis OPD-KJ. Operationalisierte Psychodynamische Diagnostik im Kindes- und Jugendalter. Bern: Huber 2003.
Arbeitskreis OPD (Hrsg). Operationalisierte Psychodynamische Diagnostik OPD-2. Das Manual für Diagnostik und Therapieplanung. Bern: Huber 2006.
Balint M. Die Urformen der Liebe und die Technik der Psychoanalyse. Frankfurt: Fischer 1969.
Bauer W, Düwell H, Siebert S, Streeck-Fischer A. Leitlinie Persönlichkeitsentwicklungsstörungen im Kindes- und Jugendalter. Analytische Kinder- und Jugendlichen-Psychotherapie 2007; 38: 561–603.
Bick E. Das Hauterleben in frühen Objektbeziehungen (1968). In: Bott-Spilius E (Hrsg). Melanie Klein heute. Band I. München: Internationale Psychoanalyse 1990.

Bion WR. Lernen durch Erfahrung (1962). Frankfurt: Suhrkamp 1990.
Blos P. Adoleszenz (1973). Stuttgart: Klett 1979.
Broucek FJ. Shame and the Self. New York: The Gilford Press 1991.
Chasseguet-Smirgel I. Das Ich-Ideal. Frankfurt: Suhrkamp 1981.
Cooper AM. Further development in the clinical diagnosis of narcissistic personality disorder. In: Ronnigstam EF (ed). Disorders of Narcissism: Diagnostic, Clinical, and Empirical Implications. Washington, DC: American Psychiatric Press 1998; 53–74.
Dahl RJ. Adolescent Brain Development. Ann N Y Acad Sci 2004; 1021: 1–22.
Deneke FW. Regulation of self concept in healthy probands, psychosomatic, psychoneurotic and alcoholic patients – a taxonomic research approach. Psychother Psychosom Med Psychol 1994; 44: 220–6.
Deneke FW, Hilgenstock B. Das Narzißmusinventar. Bern: Huber 1989.
Deutsch H. Psychologie der Frau (1948). Bd. 1. Bern: Huber 1959.
Dolto F, Dolto-Tolitch C. Von den Schwierigkeiten erwachsen zu werden. Stuttgart: Klett-Cotta 1991.
Düring S. Rennen wir offene Türen ein? Zur Funktion des Feminismus in der Sexualwissenschaft. In: Düring S, Hauch M (Hrsg). Heterosexuelle Verhältnisse. Stuttgart: Enke 1995.
Erikson EH. Identität und Lebenszyklus. Frankfurt: Suhrkamp 1976.
Fend H. Vom Kind zum Jugendlichen. Der Übergang und seine Risiken. Entwicklungspsychologie der Adoleszenz. Bd. 1. Stuttgart: Huber 1990.
Ferenczi S. Entwicklungsstufen des Wirklichkeitssinnes. 1913. In: Balint M (Hrsg). Sandor Ferenczi – Schriften zur Psychoanalyse. Bd. I. Bern: Huber 1964.
Fonagy P, Target M. Ein interpersonelles Verständnis des Säuglings. In: Hurry A (Hrsg). Psychoanalyse und Entwicklungsförderung von Kindern. Frankfurt/Main: Brandes & Apsel 2002; 11–42.
Fonagy P, Gergeley G, Jurist EJ, Target M. Affektregulierung, Mentalisierung und die Entwicklung des Selbst. Stuttgart: Klett-Cotta 2004.
Gabbard GO. Psychodynamic Psychiatry. Washington, DC: American Psychiatric Publishing 2005.
Giovacchini P. The Borderline Aspects of Adolescence and the Borderline State. In: Feinstein S, Giovacchini P (eds). Adoleszence Psychiatry. Chicago, 1978; 320–38.
Grunberger B. Vom Narzissmus zum Objekt. Frankfurt/Main: Suhrkamp 1976.
Häsing H, Stubenrauch H, Ziehe T. Narziß: ein neuer Sozialisationstypus? Frankfurt/Main: Suhrkamp 1982.
Hagemann-White C. Berufsfindung und Lebensperspektive in der weiblichen Adoleszenz. In: Flaake K, King V (Hrsg). Weibliche Adoleszenz. Zur Sozialisation junger Frauen. Frankfurt/Main: Campus 1992; 64–83.
Hartmann HP. Narzisstische Persönlichkeitsstörungen. In: Kernberg OF, Hartmann HP (Hrsg). Narzissmus. Grundlagen – Störungsbilder – Therapie. Stuttgart: Schattauer 2006.
Henseler H. Narzisstische Krisen. Reinbek bei Hamburg: Rowohlt 1992.
Hibbard S. Narcissism, shame, masochism and object relations: an exploratory correlational study. Psychoanalytic Psychology 1992; 9: 489–508.
Jacobson E. Das Selbst und die Welt der Objekte (1964). Frankfurt/Main: Suhrkamp 1973.
Kernberg OF. Borderline-Störungen und pathologischer Narzissmus (1975). Frankfurt/Main: Suhrkamp 1978.
Kernberg OF. Schwere Persönlichkeitsstörungen (1984). Stuttgart: Klett-Cotta 1988.
Kernberg OF (Hrsg). Narzisstische Persönlichkeitsstörungen. Stuttgart: Schattauer 1996.
Kernberg OF, Hartmann HP (Hrsg). Narzissmus, Grundlagen – Störungsbilder – Therapie. Stuttgart: Schattauer 2006.
Kernberg P, Weiner A, Bardenstein K. Persönlichkeitsstörungen bei Kindern und Jugendlichen. Stuttgart: Klett-Cotta 2001; 200–16.
Kohut H. Narzissmus – Eine Theorie der Behandlung narzisstischer Persönlichkeitsstörungen. Frankfurt/M: Suhrkamp 1973.
Kohut H. Die Zukunft der Psychoanalyse. Frankfurt/Main: Suhrkamp 1975.
Kohut H. Die Heilung des Selbst. Frankfurt/Main: Suhrkamp 1979.
Lasch C. The culture of Narcissism. New York: WW Norton 1979.
Levy KN, Clarkin JF. Behandlung und Verlauf der narzisstischen Persönlichkeitsstörung. In: Kernberg OF, Hartmann HP (Hrsg). Narzissmus. Stuttgart: Schattauer 2006.
Morf C, Rhodewaldt F. Die Paradoxa des Narzissmus – ein dynamisches selbstregulatorisches Prozessmodell. In: Kernberg OF, Hartmann HP (Hrsg). Narzissmus. Grundlagen – Störungsbilder – Therapie. Stuttgart: Schattauer 2006; 336–9.
Plakun EW. Narcissistic personality disorder. In: Kaplan HJ, Sadock B (eds). Comprehensive textbook of psychiatry. Vol. 1 u. 2. 5th ed. Baltimore: Williams & Wilkins 1989; 1352–87.
Reimer C, Arentewicz G. Kurzpsychotherapie nach Suizidversuch. Ein Leitfaden für die Praxis. Heidelberg, New York: Springer 1993.
Ronningstam E, Gunderson J, Lyons M. Changes in pathological narcissism. Am J Psychiat 1995; 15: 253–7.
Rose P. The happy and unhappy faces of narcissism. Pers Individ Dif 2002; 33: 379–91.
Rosenfeld HA. Impasse and interpretation. Therapeutic and antitherapeutic factors in the psychoanalytic treatment of psychotic, borderline and neurotic patients. London: Tavistock 1987.
Schoeneich F, Rose M, Danzer G, Thier P, Weber C, Klapp BF. Narzissmusinventar-90 (NI-90). Empiriegeleitete Itemreduktion und Identifikation veränderungssensitiver Items des Narzissmusinventars zur Messung selbstregulativer Parameter. Psychother Psychosom Med Psychol 2000; 44: 220–6.
Streeck-Fischer A. Entwicklungslinien in der Adoleszenz – Narzissmus und Übergangsphänomene. Psyche 1994; 48: 509–28.
Streeck-Fischer A. Trauma und Entwicklung. Stuttgart: Schattauer 2006.
Streeck-Fischer A. Unveröffentlichter Vortrag anlässlich der Lindauer Psychotherapiewochen. Lindau 2007.
Torgersen S. Genetische Aspekte narzisstischer Persönlichkeitsstörungen. In: Kernberg OF, Hartmann HP (Hrsg). Narzissmus. Stuttgart: Schattauer 2000.
Volkan VD. Narcisstic personality disorder. In: Cavenar JO, Brodie HK (eds). Critical Problems in Psychiatry. Philadelphia, 1982; 332–50.
Waelder R. The psychoses, their mechanisms, and accessibility to influence. Int J Psychoanal 1925; 6: 259–81.
Wahl H. Narzissmus, narzisstische Persönlichkeit. In: Mertens W, Waldvogel R (Hrsg). Handbuch psychoanalytischer Grundbegriffe. Stuttgart: Kohlhammer 2002; 473–8.
Westen D. The relations among narcissm, egocentrism, self-concept, and self eteam. Experimental, clinical and theoretical considerations. Psychoanal Contemp Thought 1990; 13: 182–239.
Wink P. Two fades of narcissm. J Person Soc Psychol 1991; 61: 590–7.
Winnicott DW. Vom Spiel zur Kreativität (1978). Stuttgart: Klett-Cotta 1987.
Zepf S. Allgemeine psychoanalytische Neurosenlehre, Psychosomatik und Sozialpsychologie. Gießen: Psychosozial-Verlag 2000.
Ziehe T. Pubertät und Narzissmus. Sind Jugendliche entpolitisiert? München: Europäische Verlagsanstalt 1984.

15 Körpermodifikation und Körperkunst

Aglaja Stirn[1]

Inhalt

15.1	Einleitung	165
15.2	Kulturhistorische Entwicklung	166
15.3	Körpermodifikation als möglicher Ausdruck einer Psychopathologie	166
15.4	Körpermodifikation als Ausdruck von Risikoverhalten	168
15.5	Medizinische Komplikationen	169
15.6	Gesetzgebung	169
15.7	Fazit	169
Literatur		170

Zusammenfassung

Körpermodifikationen können sich in unterschiedlichsten Phänomenen äußern. Die Bandbreite reicht hier von gezieltem Training, das dem Zweck dienen soll, eine bestimmte Körperregion oder auch den gesamten Körper zu akzentuieren, bis hin zu Schönheitsoperationen. Dazwischen sind unter anderem Tätowierungen und Piercings angesiedelt, worüber dieses Kapitel einen kleinen Überblick ermöglichen soll.

Abgesehen davon, dass solche Modifikationen bereits erstmals 6000 v. Chr. nachgewiesen werden konnten, stellt sich immer häufiger die Frage, ob es sich dabei heute wirklich nur noch um ein Randgruppenphänomen handelt. Aufschluss hierüber soll das Heranziehen einiger Untersuchungen geben, die sich mit diesem Thema in jüngster Zeit auseinandergesetzt haben. Es geht dabei neben unterschiedlichsten Bereichen wie Gesetzeslage, Materialeinsatz sowie medizinischen Komplikationen natürlich auch um die Beantwortung der Frage, inwieweit das Tragen von Tätowierungen und/oder Piercings als Ausdruck einer psychopathologischen Erscheinung überhaupt gewertet werden kann.

15.1 Einleitung

Der Begriff Körpermodifikation umfasst eine Vielzahl von Veränderungen am Körper eines Individuums, die willentlich durchgeführt werden können und äußerlich sichtbar sind. Da wären beispielsweise alle plastischen chirurgischen Eingriffe (Schönheitsoperationen), das Skarifizieren (Schnitte in die Haut, welche als Schmuck infolge der Narbenbildung dienen), das Branding (Brandmarken), das Tätowieren sowie das Piercen, um nur einige davon zu nennen.

Bis vor gar nicht allzu langer Zeit dachte man bei den Begriffen Tätowieren und Piercen noch an einen Punker mit bunt gefärbten Haaren und Sicherheitsnadeln im Gesicht oder an einen Rocker, dessen Körper mit Tätowierungen übersät ist.

> **Piercing** bedeutet so viel wie durchbohren bzw. durchstechen, damit die dadurch entstandenen Löcher im Anschluss daran mit Schmucksteckern versehen werden können.

Das Piercing gehörte bereits in der länger zurückliegenden Vergangenheit (begrenzt auf das mit Ohrsteckern versehene Ohrläppchen) zu einem soziokulturell etablierten Phänomen, weswegen diese konkrete Form im Folgenden von der Definition ausgenommen ist.

> Unter einer **Tätowierung bzw. einem Tattoo** versteht man das Einbringen von Farbpigmenten mittels einer oder mehrer Nadeln in die oberste Hautschicht.

Derartige Modifikationen des Körpers beschränken sich längst nicht mehr nur auf Randgruppenmitglieder, sondern haben mittlerweile Einzug bei Personen nahezu aller Bildungsschichten und Berufsgruppen gehalten.

Oftmals sind es gerade junge Menschen, bei welchen ein Tattoo im Lumbalbereich oder am Schulterblatt zu erkennen ist. Auch Piercings an Nabel, Nase, Augenbrauen oder der Zunge gehören fast schon zum alltäglichen Erscheinungsbild, was demzufolge auch zu einer gewissen Akzeptanz in unserer Gesellschaft geführt hat.

Dennoch hat man sich in unserem Kulturkreis bislang nur wenig mit diesen Formen der Körpermodifikation unter wissenschaftlichem Aspekt beschäftigt und entsprechend ist das Angebot an Literatur, welche zumindest bisher noch meist diskriminierenden Inhalts ist. Noch immer dominieren zum Thema Tattoo und Piercing verfügbarkeitsheuristische Assoziationen, die diese Begriffe mit Delinquenz oder antisozialem Verhalten in Verbindung bringen. Wir werden also zunehmend mit der Frage konfrontiert, wie sich das Bild des Knastbruders oder des See-

---

[1] Ich danke Herrn Patrick Weigand für die freundliche Unterstützung bei der Abfassung der Arbeit.

fahrers mit Ohrringen und ähnliche Klischees in Einklang mit einem Phänomen bringen lassen, das inzwischen die Ausmaße eines Booms hat, der bereits im Begriff ist, die üblichen Dimensionen einer bloßen Modeerscheinung zu überschreiten.

15.2 Kulturhistorische Entwicklung

Während sich das Wort Piercing aus dem englischen *to pierce* ableiten lässt, kann davon ausgegangen werden, dass Tätowieren im Ursprung aus dem von Tahiti kommenden Wort *tatau* hervorging und wahrscheinlich das Geräusch beschrieb, welches entsteht, wenn auf einen traditionell in Polynesien verwendeten Tätowierkamm geschlagen wird.

Zu den frühesten Hinweisen auf dauerhafte Körpermodifikationen in Form von Tätowierungen gehören Funde in Europa, die auf das 6. Jahrtausend v. Chr., also dem Neolithikum, datiert werden. »Ötzi«, die über 5200 Jahre alte, in den Ötztaler Alpen gefundene Gletscher-Mumie, weist zum Teil an Akupunkturpunkten aus Holzkohle bestehende geometrische Zeichen auf, die mittels Nadeln in die Haut eingebracht wurden. Daneben existieren aus dem 2. Jahrtausend v. Chr. tätowierte Mumien aus Ägypten sowie Libyen von Priesterinnen, Tänzerinnen und Konkubinen.

Bis zum heutigen Zeitpunkt ist es nicht gelungen, den Ursprung des Tätowierens einer exakten geografischen Region zuzuordnen. Es ist davon auszugehen, dass jede Ethnie in ihrer Entwicklung zu einem bestimmten Zeitpunkt das Tätowieren beherrschte und ausübte. Zu vermuten ist, dass sich die Ausübung des Tätowierens etwa 2000 v. Chr. von Kleinasien über Indien, China und Japan bis zu den pazifischen Inseln ausbreitete. Texte von Autoren aus der Antike lassen sich als Beleg dafür heranziehen, dass schon Völker des Mittelmeerraums sowie germanisch-keltische Völker das Tätowieren als gängige Praxis ausübten, bevor die griechische Idealisierung des Körpers entstand.

Ein Verbot erfuhr die Ausführung von Tätowierungen im 3. Jahrhundert n. Chr. durch den christlichen Kaiser Konstantin, der sich dabei auf die mosaischen Gebote des Alten Testaments berief (Stirn 2004, 2005).

Der Beginn neuzeitlicher Geschichte westlicher Körpermodifikationen kann mit dem Zusammentreffen des britischen Seefahrers und Entdeckers James Cook mit ganzkörpertätowierten Tahitianern auf das Jahr 1769 datiert werden.

Einhergehend mit dem Beginn des Kontaktes zur japanischen Tätowierpraxis kam es gegen Ende des 19. Jahrhunderts zur ersten Tattoo- und vielleicht auch Piercingwelle in Europa, die später auch zur nordamerikanischen Elite schwappte. Zu diesem Boom hat unter anderem auch die erste elektrische Tätowiermaschine beigetragen, die 1891 als Weiterentwicklung eines Instruments für Gravuren auf den Markt gelangte.

Etwa Mitte der 1960er Jahre erfuhr die Praxis des Tätowierens eine Art Renaissance, allerdings auch mit einer zunehmenden Veränderung der Perzeption durch die Gesellschaft.

Piercing im heutigen Sinne eines Modetrends hat seinen Ursprung in der Punk-Bewegung, welche Mitte der 1970er Jahre in London und New York entstand. Sie stellte und stellt bis heute eine Subkultur dar, die sich in einer überwiegend destruktiven Haltung gegen etablierte bürgerliche Gesellschaftsstrukturen richtet. Es handelte sich einst um eine Reaktion auf gesellschaftliche Ausgrenzung, die mit bewusster Abgrenzung beantwortet wurde. Somit kann es im engeren Sinne nicht als eine Form dessen verstanden werden, was heute mit dem Begriff Lifestyle bezeichnet wird. Zum äußeren Erscheinungsbild eines Punkers oder in selteneren Fällen auch einer Punkette gehörte unter anderem häufig eine durch das Gesicht gestochene Sicherheitsnadel. Diese Nadeln verursachten jedoch häufig allergische Reaktionen, weswegen nach und nach verträglichere Werkstoffe entwickelt wurden. Es handelt sich dabei meist um Silber- und Titanlegierungen, verschiedene Arten von Edelstahl sowie neuerdings auch Kunststoffe, wie sie in der modernen Medizintechnik Verwendung finden.

In unserer heutigen Gesellschaft sind Körpermodifikationen wie Piercings oder Tattoos nicht mehr allein auf Subgruppen begrenzt anzutreffen, sondern vielmehr als fast schon fester Bestandteil zumindest im gesellschaftlichen Rahmen der Jugendkultur anzusehen. Ausdruck findet diese Feststellung seit geraumer Zeit unter anderem in der Mode, denkt man dabei z. B. an eine Hose mit tief geschnittenem Bund, die dem Zeigen einer Körpermodifikation, wie einem Steiß-Tattoo, Rechnung trägt.

15.3 Körpermodifikation als möglicher Ausdruck einer Psychopathologie

Mit dem Thema Tattoo und Piercing beschäftigen sich seit dem 20. Jahrhundert – überwiegend im angloamerikanischen Raum – zahlreiche wissenschaftliche Disziplinen. Dazu gehören insbesondere die Anthropologie und die Dermatologie, ebenso die Soziologie, Psychologie und Psychiatrie (Stirn 2001).

Resümierend lässt sich jedoch sagen, dass sich bis in die 1970er Jahre Untersuchungen, bei welchen das Tattoo und/oder das Piercing Forschungsgegenstand waren, heutigen wissenschaftlichen Maßstäben nicht mehr genügen. Von den Aussagen einmal abgesehen, die meist in subjektiver Weise pathologisierend waren, gab es zum Teil erhebliche methodische Mängel, welche sich unter anderem darin begründeten, dass für die Gewinnung der Stichproben nahezu ausschließlich Strafgefange-

15.3 Körpermodifikation als möglicher Ausdruck einer Psychopathologie

ne oder nicht inhaftierte Delinquenten herangezogen wurden. Studien, welche sowohl hinsichtlich der Probandenauswahl wie auch des Versuchsdesigns als angemessen betrachtet werden können, begannen erst in den 1990er Jahren. Selbst die Forensik – der bislang einzige Bereich, der sich innerhalb der Psychiatrie mit dem Gegenstand Körpermodifikationen auseinandergesetzt hat – ist im Aufstellen kausaler Zusammenhänge zurückhaltender geworden, wenn es darum geht, Tätowierungen mit abweichendem Verhalten bei Straftätern in Beziehung zu setzen (Knecht 1998). Versuche, Untersuchungsergebnisse objektiv zu interpretieren, kamen bislang meist nur aus der Soziologie (Friedrich 1993; Oettermann 1995).

In einer Erhebung im Jahre 2003 zeigte sich, dass 41 % der weiblichen Bevölkerung Deutschlands im Alter von 15 bis 25 Jahren Träger eines Tattoos oder Piercings sind. Dabei wurden Piercings am Ohrläppchen im Sinne eines in unserer Kultur tradierten Ohrschmucks, wie er seit jeher in unserer Gesellschaft als etabliert gelten kann, nicht berücksichtigt (Stirn et al. 2006). Allein dieser hohe Anteil lässt sich als Hinweis dafür heranziehen, dass das Tragen von sowohl Piercings als auch Tattoos nicht mehr nur auf Minoritäten wie Strafgefangene, Homosexuelle oder Seeleute beschränkt ist. Schon die heutige Werbung, die häufig als Messinstrument für gesellschaftliche Trends dienen kann, lässt erkennen, dass Körpermodifikationen keineswegs mehr nur mit negativen Klischees behaftet sind. Hinzu kommt, dass sich in unserer Gesellschaft auch Grenzen der Machbarkeit in den letzten Jahren drastisch verschoben haben. So bezieht sich das kollektive Bewusstsein für die Wahrnehmung einer wesentlichen Erweiterung des Machbaren z. B. nicht nur auf Bereiche der Technik, sondern auch auf Modifikationen des menschlichen Körpers. Dabei geht es nicht nur um eine Veränderung des menschlichen Körpers an sich, sondern vielmehr auch um die Tatsache, dass es sich um ein Medium handelt, das der interindividuellen Kommunikation dient. Die Modifikation des Körpers kann damit auch als eine zusätzliche Informationsquelle verstanden werden.

Eigenschaften des Körpers wie Größe, Beschaffenheit der Haare und Haut spielten schon in frühen Stadien der phylogenetischen Entwicklung eine sehr wichtige Rolle. Diese Informationen entscheiden in unserer zumeist unbewussten Wahrnehmung zuallererst über den Grad der Attraktivität, den ein Individuum auf uns ausübt. Erweitert wird nun dieses Kontingent an Information um die entsprechende Körpermodifikation, welche dann sogar über die Grenzen der basalen Stimuli hinaus Aufschluss über das Individuum geben kann. Es wird somit möglich, der Gesellschaft mittels des eigenen Körpers, in selbst bestimmtem Umfang, Inhalt und Menge von Informationen zugänglich zu machen. Dies geschieht bei Piercings und Tattoos oftmals in Gestalt von Symbolen, die einem tradierten Symbolschatz entnommen werden und demzufolge sehr komplexe oder auch persönliche Inhalte haben können.

Darüber hinaus sollte keinesfalls vergessen werden, dass nicht nur die Modifikation als solche, sei es nun ein Piercing oder ein Tattoo, die alleinige Informationsquelle darstellt. Eine unter psychologischem Aspekt fast noch interessantere Komponente stellen die Umstände dar, unter welchen eine Körpermodifikation durchgeführt wurde. Nicht selten geht eine derartige Veränderung mit Überwindung von Schmerz und Angst einher. Es ist also nicht nur die rein deskriptive Aussage des Tattoo-Motivs oder Piercing-Gegenstandes, die explizit ableitbar ist, sondern sie beinhaltet auch eine Fülle impliziter Botschaften. Ein interessantes Ergebnis unter dem Aspekt, wie Tattoos auf andere wirken, zeigte sich in einer Untersuchung, bei welcher die Attraktivität von Tattooträgern nicht signifikant höher bewertet wurde als von Menschen ohne Tattoo. Dagegen gab es Unterschiede hinsichtlich der Glaubwürdigkeit. Träger von Tattoos wurden signifikant weniger glaubwürdig beurteilt als Personen ohne Tattoos (Seiter u. Hatch 2005).

> ! Die Entscheidung zugunsten einer Körpermodifikation fällt in den Zeitraum der Adoleszenz, also einer Entwicklungsstufe, in welcher sich das Bewusstsein zum eigenen Körper ändert und eine zusätzliche Bedeutung gewinnt.

Es ist daher auch plausibel, dass bei Frauen die Entscheidung über Tattoo oder Piercing früher als bei Männern getroffen wird. Die Gründe, sich für eine Körpermodifikation zu entscheiden, sind sehr vielschichtig. Grundsätzlich finden sich Personen mit Körpermodifikationen zu 80 % in Städten.

Was die **Auswahl der Körperstellen** für das erste Tattoo oder das erste Piercing betrifft, unterscheiden sich Männer und Frauen wie folgt:
- Bei Männern dominiert der Oberarm für das erste Tattoo, bei Frauen sind es Schulterblatt und Knöchel.
- Der erste Ort eines Piercings ist bei Männern das Ohr und gleich darauf folgt die Brustwarze, wohingegen die bevorzugte Stelle bei Frauen der Bauchnabel, gefolgt von der Nase, ist.

Männer und Frauen unterscheiden sich auch hinsichtlich der Auswahl von **Tattoo-Motiven:**
- Während die sog. Tribals, ornamental-rankende Muster, die überwiegend in schwarz gehalten sind, von beiden Geschlechtern gleichermaßen bevorzugt werden, zeichnet sich bei anderen Tattoo-Motiven eine geschlechtsspezifische Tendenz ab. Motive mit härteren Darstellungen, wie Totenkopf oder sonstige mit Tod oder Aggression in Verbindung stehende Zeichnungen oder Symbole, finden sich neben dem klassischen Motiv eines blühenden Herzens überwiegend bei Männern.
- Frauen dagegen präferieren das Bild des Schmetterlings, der Eidechse oder eines stechenden Skorpions, welcher auch als ein Symbol der Abwehr gegenüber den Perzipienten interpretiert werden kann.

Wenn es um die **Beweggründe** für Körpermodifikationen dieser Art geht, kann festgehalten werden, dass häufig die Begriffe

Individualität, Identität sowie Haltungen wie »Mein Körper gehört mir und ich kann damit machen was ich will« im Vordergrund stehen.

Damit können jedoch noch nicht alle Entscheidungen für Körpermodifikationen erklärt werden. Eine nicht unerhebliche Rolle spielen an dieser Stelle auch bestimmte **Lebensereignisse oder -abschnitte,** bei welchen ein Tattoo oder Piercing die Funktion einer Komemoration erfüllt bzw. zu erfüllen hat. Abitur, Trennung, Geburtstag oder Verlust durch Tod fanden sich am häufigsten unter den von den Befragten benannten Lebensereignissen.

Wenn die Suche nach Individualität und Identität mittels Tattoo oder Piercing im Vordergrund stand, konnte dies von vielen als gelungen, zumindest aber als »diesem Ziel näher gekommen zu sein« bezeichnet werden.

Nicht unerwähnt sollte an dieser Stelle bleiben, dass über 80 % der Befragten die Modifikation des eigenen Körpers als Sucht erlebt haben oder erleben und das Ziel einer vollständigen Identitätsfindung durch den Akt der Modifikation nicht in Gänze erreichen konnten.

In Anlehnung daran kann die Annahme abgeleitet werden, dass der junge Mensch durch die Modifikation des eigenen Körpers den Wunsch hat, sich mitzuteilen, sein Inneres dem Betrachter außen zugänglich zu machen. Darin enthalten sind auch das Interesse am Experimentieren und der Wunsch, anders als andere zu sein. Eine weitere Frage, der nachgegangen wurde, ist die, ob das Risikoverhalten von Menschen, die gepierct oder tätowiert sind, ein höheres Maß an »Sensation Seeking« (was so viel wie die Suche nach einem höheren Niveau der Aktiviertheit bedeutet) aufweist als die Normpopulation. Dazu wurde der *Arnett Inventory of Sensation Seeking* (AISS) verwendet. Zuckerman (1994) definiert *Sensation Seeking* als ein Persönlichkeitsmerkmal, welches die aktive Suche nach verschiedenartigen, neuen, intensiven und komplexen (Sinnes-)Erfahrungen beschreibt und die Bereitschaft mit einschließt, dafür Risiken in Kauf zu nehmen (Möller u. Huber 2003). Es zeigte sich, dass Probanden mit Piercings oder Tattoos signifikant höhere Werte erzielten, was in der Konsequenz bedeutet, dass sie vermehrt nach einer extremen Stimulation suchen und über eine ausgeprägte Experimentierfreudigkeit verfügen.

15.4 Körpermodifikation als Ausdruck von Risikoverhalten

Vor dem Hintergrund höherer Werte im »Sensation Seeking« lässt sich die weitere Frage legitimieren, ob Träger von Tattoos oder Piercings auch ein erhöhtes Risikoverhalten zeigen. Dabei konnte Forbes (2001) in einer Studie an College-Studenten, in der über die für das »Sensation Seeking« relevante Datenmaterial hinaus noch mögliche Gründe für Körpermodifikationen erhoben wurden, zeigen, dass sich die Probanden mit und ohne Veränderung ihres Körpers unter dem Aspekt des Risikoverhaltens voneinander signifikant unterschieden haben. Dabei waren die Unterschiede von Erlebnissen in der Kindheit und Persönlichkeitsfaktoren nur unwesentlich. Deutlich waren die Unterschiede bei Probanden mit Körpermodifikationen hinsichtlich ihres Risikoverhaltens, welches Ausdruck in erhöhtem Alkohol- und Marihuana-Konsum fand. Des Weiteren zeigte sie ein geringeres Maß an sozialer Konformität. Nicht bestätigt werden konnte der in diesem Zusammenhang fast schon übliche Stereotyp, dass Körpermodifikationen mit sozialen Defiziten und pathologischen Merkmalen assoziiert werden.

Was den Zusammenhang von **Körpermodifikation und Drogen** betrifft, so besteht eine höhere Prävalenz von Tattoos und Piercings bei Konsumenten von intravenös zu konsumierenden Drogen (Makkai u. McAllister 2001). Zu ähnlichen Erkenntnissen gelangte Stephens (2003) in einer Untersuchung junger Erwachsener. Probanden waren hier Angehörige der US-Armee, die mithilfe des *Youth Risk Behaviour Survey* (YRBS) auf ihr Risikoverhalten in Verbindung mit Tätowierungen untersucht wurden. Erwartungsgemäß neigten Tätowierte zu stärkerem Tabakkonsum, Alkoholabusus sowie zur Bereitschaft, Beifahrer im Fahrzeug alkoholisierter Fahrer zu sein. Eine Untersuchung von Deschesnes et al. (2006) bei Schülern im Alter von 12 bis 18 Jahren ergab, dass Tätowierte und Gepiercte zu vermehrtem Drogenkonsum neigten, eher illegale Aktivitäten unternahmen und pathologisches Spielverhalten aufwiesen.

In einer Studie zu Prävalenz und Risikoverhalten von Adoleszenten in einer Klinik im Alter von 12 bis 22 Jahren konnte mithilfe des bereits schon genannten YRBS festgestellt werden, dass eine signifikante Korrelation zwischen Körpermodifikation und dem Konsum harter und weicher Drogen besteht. Darüber hinaus fanden sich Zusammenhänge mit höherer Frequenz **sexueller Aktivität, Essstörungen und Suizidalität** (Carroll et al. 2002). Koch und Roberts (2005) konnten das Ergebnis zu mehr sexueller Aktivität bestätigen und dadurch ergänzen, dass bei Tätowierten nicht nur eine vermehrte, sondern auch früher einsetzende Sexualität zu verzeichnen ist. Der Befund zur Korrelation mit Suizidalität konnte bereits in einer Studie durch Dhossche et al. (2000) erbracht werden. Je nach Alter, Geschlecht und Hautfarbe wiesen unter den Suizidanten bis zu 75 % Tattoos auf. Hieraus wurde abgeleitet, dass das Sterblichkeitsrisiko unter den Tätowierten höher ist als bei Menschen ohne modifizierten Körper, denn nicht nur Suizid allein, sondern auch der Missbrauch von Substanzen wirkt lebenszeitverkürzend. Claes et al. (2005) erhoben Daten bei über 100 essgestörten Patientinnen zu Tattoos, Piercing und selbstverletzendem Verhalten. Davon hatten 11,9 % ein Tattoo, 25,7 % waren gepierct und 64,7 % zeigten ein selbstverletzendes Verhalten. Alle drei genannten Faktoren korrelieren signifikant mit Drogenabusus.

Ein Zusammenhang zwischen Körpermodifikation und Persönlichkeitsmerkmalen besteht nur bei den Trägern von Piercings. Sie zeigen höhere Werte in Extraversion und Offenheit.

15.5 Medizinische Komplikationen

Oftmals wird dem medizinischen Aspekt von Piercings und Tattoos nicht immer ausreichende Bedeutung geschenkt. So zeigte eine Untersuchung von Huxley und Grogan (2005), dass im Gesundheitsbewusstsein zwar keine signifikanten Unterschiede zwischen Personen mit und ohne Tattoos bzw. Piercings bestehen, hingegen aber die wenigsten Träger von Tattoos und Piercings in ausreichendem Maß über die damit verbundenen gesundheitlichen Risiken informiert waren. Dabei sind es immerhin zwischen 10 und 30 % aller Piercing- und Tätowierungsausführungen, bei welchen Komplikationen auftreten. Abhängig ist das Auftreten der jeweiligen Komplikationen von dem Material des Piercings bzw. der Farbe des Tattoos, der Nachsorge und unter welchen hygienischen Bedingungen das entsprechende Studio arbeitet. Gerade die Hygiene spielt eine große Rolle, denn oftmals sind Infektionen der Grund für Komplikationen. So handelt es sich dabei meist um bakteriell verursachte Entzündungen, unter anderem ausgelöst durch Streptococcus pyogenes, Staphylococcus aureus, Pseudomonas aeruginosa und Clostridium tetani, um nur einige zu nennen (Papamelitiou et al. 2003). Darüber hinaus besteht ein Risiko für Virusinfektionen wie beispielsweise Hepatitis B, C oder D sowie HIV (Meltzer 2005; Stirn 2003). Daneben existieren noch einzelne Berichte über das Auftreten von Endokarditis und Hirnabszessen.

Eine wichtige Komponente – gerade bei Piercings – stellt der Abheilungsprozess dar. Dieser kann in Abhängigkeit von der Stelle des Körpers von etwa vier Wochen im Fall eines Zungenpiercings bis zu sechs Monaten oder sogar einem Jahr an Tragus oder Bauchnabel betragen. Neben den reinen Infektionen kann es dabei auch zu unschönen Keloidbildungen kommen, also zu unerwünschten Wulstnarben. Die Knorpelbereiche des Ohrs weisen dafür eine besonders hohe Vulnerabilität auf.

Inzwischen gibt es auf dem Gebiet der Werkstoffe von Piercings einige Fortschritte. In der Vergangenheit (und vereinzelt auch heute noch) verursachten häufig Legierungen, die Nickel, Kupfer, Kobalt oder Chrom enthielten, allergische- oder entzündliche Reaktionen.

Bei den Farben für Tätowierungen sind es häufig rote Farbstoffe, die zu Komplikationen führen können, weil diese oftmals Quecksilbersulfat oder Cadmium enthalten.

Durch Standards, welche zum Teil branchenintern etabliert wurden, haben sich die hygienischen Verhältnisse in den Studios sehr verbessert.

Dennoch existieren Expertenschätzungen, wonach ca. 249 000 Euro zur Behandlung von Komplikationen durch Tattoos oder Piercings jährlich durch die gesetzlichen Krankenversicherungen (GKV) aufzuwenden sind. Die Schätzungen für Aufwendungen von Komplikationen nach Schönheitsoperationen liegen bei ca. 50 Mio. Euro.

Hat man sich einmal für ein Tattoo entschieden, so sollte dies wohlüberlegt sein. Nach Mayers et al. (2002) werden 18 % der Piercings und 4 % der Tattoos wieder entfernt. Hier bedarf es keiner weiteren Erläuterung, dass das weit größere Problem eine Tattooentfernung darstellt. Zwar gibt es mittlerweile Lasertechniken, die einen körpereigenen Abbauprozess anregen. Zu bedenken ist allerdings, dass das Entfernen von Tattoos keine krankenversicherungspflichtige Leistung darstellt und dafür 10 bis 20 Sitzungen beim Arzt einkalkuliert werden müssen, deren Preis mit 50–300 Euro zu veranschlagen ist.

15.6 Gesetzgebung

Die hygienischen Voraussetzungen und Standards beim Tätowieren und Piercen erhalten durch die Arbeitsgemeinschaft der Wissenschaftlichen Medizinischen Fachgesellschaften e. V. (AWMF) einen gesetzlichen Rahmen. Es gibt hierzu einen Richtlinienkatalog, welcher den Umfang des Eingriffs beschränkt sowie die dazugehörige Desinfektion und die räumlichen Mindestanforderungen festlegt. Ähnlich wie bei operativen Eingriffen muss vorab eine Aufklärung über Risiken und eventuelle Folgeschäden erfolgen. Eine Injektion durch den Piercer zum Zweck der Betäubung ist untersagt. Darüber hinaus hat sich der Piercer oder Tätowierer zu vergewissern, dass der Klient im Besitz seiner uneingeschränkten Urteilsfähigkeit ist. Daneben ist bei unter 16-Jährigen die Einwilligung der Eltern erforderlich; bis zum 16. Lebensjahr müssen die Eltern laut Gesetzgebung anwesend sein. Zur Überwachung gibt es Kontrollen der Piercingstudios durch das Gesundheitsamt, welche ohne vorherige Anmeldung durchgeführt werden.

15.7 Fazit

Der Trend zu Körpermodifikationen stellt mittlerweile für nahezu alle medizinischen Disziplinen eine Herausforderung dar und beschränkt sich nicht nur auf das Gebiet der Psychosomatik. Jede Form der Körpermodifikation sollte vom Therapeuten mit Aufmerksamkeit begegnet werden und Anlass zur weiteren Exploration sein. Erst im Anschluss daran kann darüber befunden werden, an welcher Stelle auf der großen Spanne eines solchen Kontinuums der jeweilige Patient einzuordnen ist: Handelt es sich um die bloße Applikation von Schmuck oder spielen Identitätsprobleme eine Rolle, was bedeutet, dass die Körpermodifikation als Symptom verstanden werden muss und sich als solches im Gespräch thematisieren lässt. Erfahrungsgemäß führt ein offenes Ansprechen des Therapeuten (meist) zu einer ehrlichen Antwort. Viele geben sogar gern Auskunft über ihre Tätowierungen oder Piercings.

Immer sollte berücksichtigt werden, dass der Kontext unseres augenblicklichen Zeitalters in soziokultureller Hinsicht in Betracht gezogen werden muss. Denn erst wenn uns der Kontext die Gründe für das Verständnis derartiger Phänomene offenbart, haben wir die Möglichkeit einer konstruktiven Auseinandersetzung mit diesem inzwischen weitverbreiteten Gegenstand.

Literatur

Carroll ST, Riffenburgh RH, Roberts TA, Myhre EB. Tattoos and body piercings as indicators of adolescent risk-taking behaviors. Pediatrics 2002; 109: 1021–7.

Claes L, Vandereycken W, Vertommen H. Self-care versus self-harm: piercing, tattooing and self-Injuring in eating disorders. Eur Eat Disorders Rev 2005; 13: 11–8.

Deschesnes M, Fines P, Demers S. Are tattooing and body piercing indicators of risk-taking behaviours among high school students? J Adolesc 2006; 29: 379–93.

Dhossche D, Snell KS, Larder S. A case-control study of tattoos in young suicide victims as a possible marker of risk. J Affect Disord 2000; 59: 165–8.

Forbes GB. College students with tattoos and piercings: motives, family experiences, personality factors, and perception by others. Psychol Rep 2001; 89: 774–86.

Friederich M. Tätowierungen in Deutschland. Würzburg: Königshausen und Neumann 1993.

Huxley C, Grogan S. Tattooing, piercing, healthy behaviours and health value. J Health Psychol 2005; 10: 831–41.

Knecht T. Tattooing and dyssocial behaviour. Schweiz Rundsch Med Prax 1998; 87: 673–7.

Koch JR, Roberts AE. College students, tattoos, and sexual activity. Psychol Rep 2005; 97: 887–90.

Makkai T, McAllister I. Prevalence of tattooing and body piercing in the Australien community. Commun Dis Intell 2001; 25: 67–72.

Mayers LB, Judelson DA, Moriarty BW, Rundell KW. Prevalence of body art (body piercing and tattooing) in university undergraduates and incidence of medical complications. Mayo Clin Proc 2002; 77: 29–34.

Meltzer D. Complications of body piercing. Am Fam Physician 2005; 72: 2029–34.

Möller A, Huber M. Sensation Seeking – Konzeptbildung und -entwicklung. In: Roth M, Hammelstein Ph (Hrsg). Sensation Seeking – Konzeption, Diagnostik und Anwendung. Göttingen: Hogrefe 2003.

Oettermann S. Zeichen auf der Haut. Die Geschichte der Tätowierung in Europa. Hamburg: Europäische Verlagsanstalt 1995.

Papamelitiou D, Zenié A, Schwela D, Bäumler W. Risk and health effects from tattoos, body piercing and related practices. Peer-reviewed by the »JRC-TattooNet«, Ispra 2003.

Seiter JS, Hatch S. Effects of tattoos on perceptions of credibility and attractiveness. Psychol Rep 2005; 96: 1113–20.

Stephens MB. Behavioral risks associated with tattooing. Fam Med 2003; 35: 52–4.

Stirn A. Vom Initiationsritual zur geschmückten Haut. Tätowierungen im Spiegel von Stammestraditionen und neuem Kunstverständnis. Psychother Sozialwiss 2001; 3/4: 284–306.

Stirn A. Body piercing: medical consequences and psychological motivations. Lancet 2003; 36: 1205–15.

Stirn A. Die Selbstgestaltung des Körpers. Narzisstische Aspekte von Tattoo und Piercing. Psychotherapie im Dialog 2004; 3: 1–5.

Stirn A. Körperformung und Manipulation in verschiedenen Kulturen. In: Korczak D (Hrsg). Wie viel Manipulation verträgt der Mensch? 2005; 51–67.

Stirn A, Hinz A, Brähler E. Prevalence of tattooing and body piercing in Germany and perception of health, mental disorders and sensation seeking among tattoed and body-pierced individuals. J Psychosom Res 2006; 60: 531–4.

Zuckerman M. Behavioral Expressions and Biosocial Bases of Sensation Seeking. Cambridge: Cambridge University Press 1994.

16 Adoleszenz und Delinquenz

Elmar Habermeyer und Klaus Schmeck

Inhalt

16.1	Einleitung	171
16.2	Prävalenz von delinquentem Verhalten	171
16.3	Delinquenz bei Mädchen und Frauen	173
16.4	Verlaufsmuster delinquenten Handelns	174
16.5	Mehrfach- und Intensivtäter	175
16.6	Soziologische Erklärungsansätze	175
16.7	Individuumbezogene Erklärungsansätze	177
Literatur		178

Zusammenfassung

Über das Thema Jugendkriminalität wird aktuell intensiv diskutiert, wobei insbesondere ein Anstieg von Körperverletzungs- und Betäubungsmittel-Delikten zu registrieren ist. Jedoch verbieten sich einfache Schlüsse aus solchen Zahlen: Der Anstieg der Gewaltdelinquenz geht nämlich auch auf eine verstärkte Sensibilität gegenüber diesem Thema mit einem verstärkten Anzeigeverhalten zurück. Außerdem gibt es Mehrfach- und Intensivtäter, die für einen erheblichen Anteil der begangenen Delikte verantwortlich sind. Für das Phänomen Jugendkriminalität kommen neben den sehr populären wirtschaftlichen auch Gruppeneinflüsse und individuumbezogene Erklärungsansätze zum Tragen. Hierbei sind insgesamt vier zentrale Problembereiche relevant: ein früher Beginn der Störung des Sozialverhaltens, eine niedrige Intelligenz, eine Kombination mit Aufmerksamkeitsdefizit-Hyperaktivitätsstörungen und das Vorliegen von Merkmalen der Psychopathie.

16.1 Einleitung

In den letzten 30 Jahren ist das Thema Jugendkriminalität zunehmend in den Fokus öffentlicher, kriminalprognostischer, aber auch wissenschaftlicher Diskussionen gerückt, auch wenn der Zusammenhang zwischen Alter und Kriminalität kein neues Phänomen darstellt. Der Zusammenhang von Adoleszenz und Delinquenz wird im zweiten periodischen Sicherheitsbericht des Bundesministeriums der Justiz (BMJ 2006) folgendermaßen zusammengefasst: »Strafrechtlich relevantes Verhalten – insbesondere gelegentliche und bagatellhafte Eigentumsdelikte, aber auch einfache Körperverletzungen – tritt bei jungen Menschen gehäuft auf. Dies kann in allen westlichen Ländern seit der Einführung von Kriminalstatistiken, mithin seit mehr als hundert Jahren, beobachtet werden. Im Alter von etwa 10 bis 12 Jahren beginnt die Quote der überwiegend leichten Normverstöße anzusteigen, erreicht etwa mit 17–18 Jahren ihren Höhepunkt und sinkt nach dem 20. Lebensjahr allmählich wieder ab. Dieser Verlauf tritt bei Mädchen etwas früher ein und bewegt sich auf niedrigerem Niveau als bei Jungen. Dunkelfelddaten zeigen, dass die Spitzenwerte der Delinquenz etwas früher zu verzeichnen sind, als Hellfelddaten dies nahelegen. Aber auch die Dunkelfeldbefunde folgen insgesamt diesem Altersverlauf.« (BMJ 2006, S. 57)

Es ist zu fragen, ob zu Recht von einer zunehmenden und auch intensiver werdenden Kriminalität Jugendlicher und Heranwachsender gesprochen werden kann. Diese Diskussion kann sich mittlerweile auf ein solides Datenfundament stützen, das im Wesentlichen im ersten und zweiten periodischen Sicherheitsbericht des Bundes (BMJ 2001, 2006) niedergelegt ist. Auf diese umfangreichen Sammlungen kriminologisch relevanter Daten sowie auf die polizeiliche Kriminalstatistik 2006 (BMI 2007) stützen sich die nachfolgenden Erörterungen in besonderer Weise. Dabei muss berücksichtigt werden, dass die Interpretation von kriminologischen und kriminalpolizeilichen Statistiken mit besonderer Vorsicht erfolgen muss, da Veränderungen in der Häufigkeit von Straftaten nicht immer auch eine echte Kriminalitätsänderung belegen können. Andere Faktoren, wie das Anzeigeverhalten der Bevölkerung, das Ausmaß der polizeilichen Kontrolle von Delikten oder die Art der statistischen Erfassung von Straftaten, können einen bedeutsamen Einfluss haben. Weiterhin muss berücksichtigt werden, dass in den kriminalpolizeilichen Statistiken nur die zur Anzeige gebrachten Straftaten berücksichtigt werden (das sog. Hellfeld), während, die nicht bekannt gewordenen Straftaten (das sog. Dunkelfeld) nicht berücksichtigt werden.

16.2 Prävalenz von delinquentem Verhalten

Insgesamt zeigt die langfristige Entwicklung aller in Deutschland bekannt gewordenen Straftaten von 1993 bis 2006 einen geringfügigen Rückgang von 8 337 Straftaten pro 100 000 Einwoh-

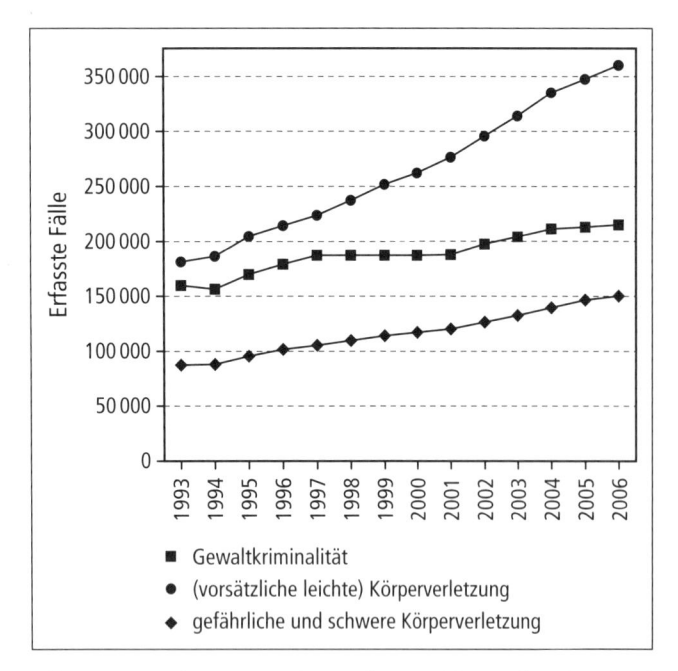

Abb. 16-1 Langfristige Veränderung der Gewaltkriminalität (Mord und Totschlag, Vergewaltigung und sexuelle Nötigung, Raubdelikte und gefährliche/schwere Körperverletzung) in Deutschland (nach BMI 2007)

Ein Blick auf die Sicherheitsberichte der Bundesregierung (BMJ 2001, 2006) zeigt, dass sich die Kriminalitätsbelastung von Jugendlichen und Heranwachsenden in den alten Bundesländern seit Mitte der 1980er Jahre fast verdoppelt hat, was vorwiegend darauf zurückzuführen ist, dass Delikte wie Körperverletzungen oder wegen Cannabis registrierte Verstöße gegen das Betäubungsmittelgesetz von jungen Menschen stark angestiegen waren. Die Zahl von mittelschweren bis schweren Delikten hat sich demgegenüber wenig verändert.

Der Anstieg leichterer Gewaltdelikte kann unter anderem darin begründet sein, dass Gewaltdelikte in der Gesellschaft mittlerweile stärker als Problem erkannt und vermehrt zur Anzeige gebracht werden.

> Eine gemeinsame Untersuchung der Universität Greifswald und des Landeskriminalamtes Mecklenburg-Vorpommern zum Thema Gewalt an Schulen beschreibt, dass im Jahr 1997 nur etwa 6,7 % aller Vorfälle der Polizei gemeldet worden sind, während sich diese Zahl im Jahr 2004 bereits auf 22,5 % erhöht hatte.

Geht man von dieser Annahme aus, bildet der Anstieg leichter Delikte kein gravierendes gesellschaftliches Problem ab, sondern zeigt sogar, dass die Gesellschaft gegenüber Gewalt sensibler geworden ist und deswegen verstärkt auf Normverstöße reagiert. Somit kann aus einem auf den ersten Blick alarmierenden Befund ein Hinweis darauf werden, dass eine positiv zu bewertende Veränderung gesellschaftlicher Einstellungen stattgefunden hat. Die zunehmende Zahl von Straftaten muss also nicht bedeuten, dass die Gewaltstraftaten stärker ausgeprägt sind bzw. zahlenmäßig deutlich zugenommen haben. Vielmehr haben sich im Gegenteil Hinweise auf einen Rück-

ner im Jahr 1993 auf 7 647 im Jahr 2006 (BMI 2007). Bei der Gesamtbetrachtung aller Deliktfelder ist in den letzten Jahren auch die Zahl der Tatverdächtigen im Kindes-, Jugend- und Heranwachsendenalter leicht rückläufig. Demgegenüber ist jedoch die Zahl der registrierten Gewaltstraftaten (für alle Altersgruppen) im Steigen begriffen (Abb. 16-1), was auch für Jugendliche und Heranwachsende zu verzeichnen ist (BMI 2007).

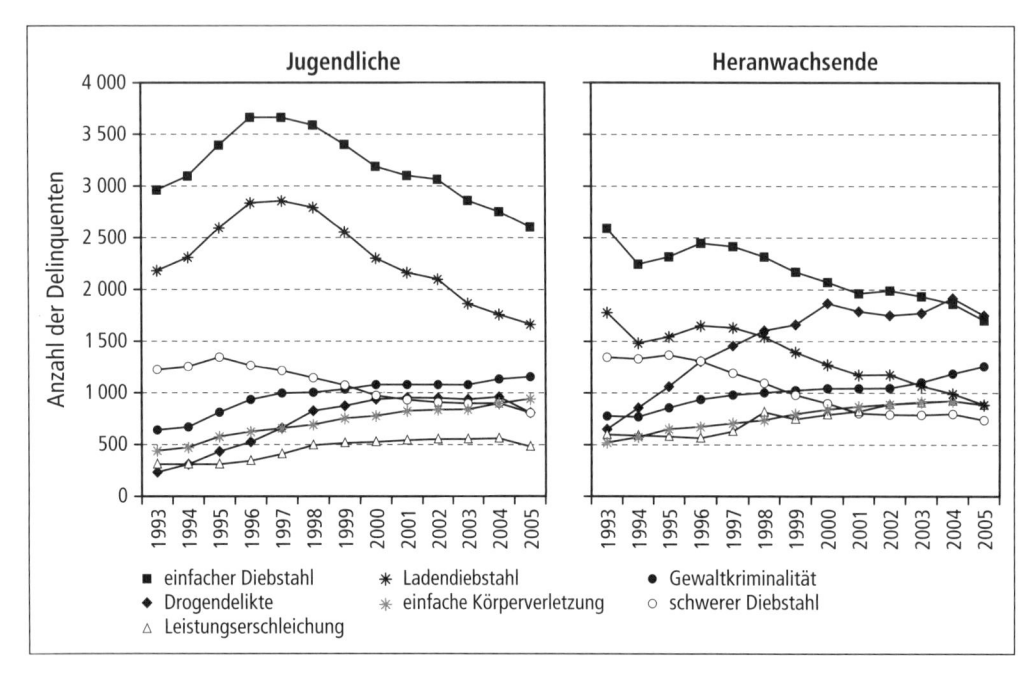

Abb. 16-2 Delinquenzentwicklung von Jugendlichen und Heranwachsenden 1987–2005 (nach BMJ 2006)

gang der durchschnittlichen Schweregrade von Raub und Körperverletzungsdelikten gezeigt. Der aktuelle periodische Sicherheitsbericht (BMJ 2006) kommt zu dem Schluss: »Weder für die Gewalt an Schulen noch für die Gewalt von jungen Menschen im öffentlichen Raum sind Zuwächse zu erkennen.« (BMJ 2006, S. 354) Diese Aussage steht allerdings im Kontrast zu den im gleichen Bericht veröffentlichen Zahlen, die eine Zunahme der Gewaltkriminalität von Jugendlichen beschreiben (Abb. 16-2).

16.3 Delinquenz bei Mädchen und Frauen

Mädchen zeigen im Durchschnitt zwei- bis viermal weniger Störungen des Sozialverhaltens als Jungen (2–9 % für Mädchen, 6–16 % für Jungen; DSM-IV), wobei die Differenz vor allem im Kindesalter größer ist (bei 4- bis 11-Jährigen: Jungen 6,5 %, Mädchen 1,8 %; Offord et al. 1987), während sie im Jugendalter in vielen Studien deutlich kleiner wird (z. B. Esser et al. 1990: Störungen des Sozialverhaltens bei 13-Jährigen: Jungen 6 %, Mädchen 5 %).

Interessanterweise unterscheiden sich Jungen und Mädchen auch in der Selbstbeschreibung von aggressivem Verhalten eher wenig voneinander. Während nach der Einschätzung ihrer Eltern rund 3 % aller Mädchen und rund 6 % aller Jungen als ausgeprägt aggressiv eingeschätzt wurden, schätzten sich in der Gruppe der 11- bis 18-Jährigen ca. 6 % aller Mädchen und ca. 7 % aller Jungen als sehr aggressiv ein (Döpfner et al. 1996, 1998).

Der Anteil von Mädchen und Frauen an allen Tatverdächtigen hat über die Jahre hinweg leicht zugenommen von 21,4 % im Jahr 1993 auf 24,1 % im Jahr 2006, wobei der Häufigkeitsgipfel bei 12- bis 16-jährigen Mädchen lag, die 32,2 % aller Tatverdächtigen dieser Altersgruppe ausmachen (Tab. 16-1).

Vergleichsweise am höchsten war der Anteil von Mädchen und Frauen beim Delikt Ladendiebstahl (39,5 % der Tatverdächtigen 2006), deutlich geringer bei den Körperverletzungen, bei denen

Tab. 16-1 Prävalenz von Straftaten in Deutschland nach Alter und Geschlecht (nach BMI 2007)

Altersgruppe	Tatverdächtige						
	Insgesamt	Veränderung z. Vorjahr in %	Verteilung in %	Männlich		Weiblich	
				Anzahl	%	Anzahl	%
Kinder	100 487	–2,6	4,4	71 727	71,4	28 760	28,6
• bis unter 6	1 004	–27,0	0,0	777	77,4	227	22,6
• 6 bis unter 8	3 817	–4,0	0,2	3 007	78,8	810	21,2
• 8 bis unter 10	10 597	–0,8	0,5	8 427	79,5	2 170	20,5
• 10 bis unter 12	22 934	–3,4	1,0	17 397	75,9	5 537	24,1
• 12 bis unter 14	62 135	–1,9	2,7	42 119	67,8	20 016	32,2
Jugendliche	278 447	–2,1	12,2	201 799	72,5	76 648	27,5
• 14 bis unter 16	126 661	–2,8	5,5	85 933	67,8	40 728	32,2
• 16 bis unter 18	151 786	–1,5	6,6	115 866	76,3	35 920	23,7
Heranwachsende (18 bis unter 21)	241 824	–2,3	10,6	191 627	79,2	50 197	20,8
Erwachsene	1 662 369	–0,9	72,8	1 267 925	76,3	394 444	23,7
• 21 bis unter 23	144 647	–3,5	6,3	114 398	79,1	30 249	20,9
• 23 bis unter 25	130 824	–3,1	5,7	103 242	78,9	27 582	21,1
• 25 bis unter 30	263 934	0,4	11,6	207 505	78,6	56 429	21,4
• 30 bis unter 40	427 489	–3,5	18,7	329 476	77,1	98 013	22,9
• 40 bis unter 50	359 820	1,1	15,8	270 612	75,2	89 208	24,8
• 50 bis unter 60	191 923	3,0	8,4	141 882	73,9	50 041	26,1
• 60 und älter	143 732	–1,0	6,3	100 810	70,1	42 922	29,9
Tatverdächtige insgesamt	2 283 127	–1,3	100,0	1 733 078	75,9	550 049	24,1
Tatverdächtige ohne strafunmündige Kinder	2 182 640	–1,2	95,6	1 661 351	76,1	521 289	23,9

sich aber im Laufe der Jahre eine tendenzielle Zunahme bei Mädchen und Frauen zeigte: Waren es im Jahr 1993 noch 11,2 % der wegen Körperverletzungen angezeigten Tatverdächtigen, betrugen sie im Jahr 2006 schon 16,2 % (BMI 2007).

16.4 Verlaufsmuster delinquenten Handelns

Nach wie vor gilt, »dass die meisten jungen Menschen nur kurzzeitig … gegen Normen verstoßen« (BMJ 2006, S. 354). Innerhalb des von der Jugendgerichtshilfe betreuten Personenkreises wird mehr als die Hälfte nur einmal wegen einer strafrechtlich relevanten Handlung registriert. Mehr als drei Viertel der Betreuten wird höchstens bis zu dreimal auffällig, ohne als Erwachsene wieder mit Straftaten in Erscheinung zu treten (Albrecht 1990; Heinz 1995; Walter 2001).

Aus den Ergebnissen neuseeländischer Längsschnittstudien leitet die Arbeitsgruppe um Moffitt (2002) eine grundlegende Unterscheidung der Entwicklungswege von delinquenten Jugendlichen ab. Die Mehrzahl dieser Jugendlichen, die mit dem Gesetz in Konflikt kommen, ist auf dem *adolescence-limited pathway,* bei dem es nach einer (zumindest nach außen hin) unauffälligen Entwicklung erst in der Pubertät zu delinquenten Verhaltensweisen kommt. Als mögliche Erklärung für diese Entwicklung wird eine Diskrepanz zwischen körperlicher Reifung und den zu diesem Zeitpunkt noch mangelnden Partizipationsmöglichkeiten am Erwachsenenleben gesehen. Wenn Autonomiebestrebungen dann zum Anschluss an eine dissoziale Peer-Gruppe führen, sind mit hoher Wahrscheinlichkeit dissoziale Handlungen zu erwarten. Bei Erreichen des Erwachsenenstatus mit anderen Entwicklungsaufgaben und der Etablierung neuer Lebensperspektiven kommt es in der Mehrzahl der Fälle zu einer Beendigung der dissozialen Verhaltensweisen und einer Rückkehr zu einem konventionelleren Lebensstil, sodass delinquente Handlungsstrebungen in den Hintergrund treten (Moffitt 1993a, b, 1997; Moffitt et al. 2002).

Dem stellt Moffitt die kleinere Gruppe mit dem *life-course-persistent pathway* gegenüber, deren normabweichendes Verhalten schon in der frühen Kindheit beginnt und sich über das Jugendalter bis ins Erwachsenenalter hinein weitgehend chronisch fortsetzt. Diese Kinder und Jugendlichen sind charakterisiert durch neuropsychologische Probleme, schwieriges Temperament oder Hyperaktivität. Ihre Umgebung ist charakterisiert durch inadäquates Erziehungsverhalten, zerbrochene Familienstrukturen oder Armut, wodurch das schon früh zu beobachtende schwierige Verhalten noch weiter verstärkt wird. Im weiteren Entwicklungsverlauf suchen diese Kinder aktiv problematische Umwelten auf, in denen sie keine ausreichenden Möglichkeiten haben, prosoziales Verhalten zu lernen.

Nicht alle Fälle nehmen also den weiter oben skizzierten positiven Verlauf, was schon seit Längerem bekannt ist: So bezog sich eine der ersten Zusammenstellungen von kriminologischen Risikofaktoren, die Kriterienliste kriminogener Faktoren von Göppinger, auf Untersuchungen an jugendlichen Straftätern. Diese Merkmalsliste fußt auf den Ergebnissen der Tübinger Jungtätervergleichsuntersuchung (Göppinger 1983), bei der 200 Straftäter im Alter von 20 bis 30 Jahren, die mindestens sechs Monate Haft zu verbüßen hatten, mit einer gleichaltrigen Gruppe verglichen wurden. Bei den Häftlingen (61,5 %) und insbesondere bei denjenigen mit Eigentums- und Vermögensdelikten (in 81 %) lag häufig eine kriminorelevante Konstellation mit Vernachlässigung des Arbeits- und Leistungsbereiches sowie familiärer und sonstiger sozialer Pflichten, fehlendem Verhältnis zu Geld und Eigentum, unstrukturiertem Freizeitverhalten, fehlender Lebensplanung, inadäquat hohem Anspruchsniveau, mangelndem Realitätsbezug, geringer Belastbarkeit, paradoxer Anpassungserwartung, Forderung nach Ungebundenheit und unkontrolliertem Alkoholkonsum vor. Ein Vorteil dieser Kriterienliste ist, dass nicht nur zur kriminellen Handlung disponierende Faktoren erfasst wurden, sondern auch kriminoprotektive Gesichtspunkte. Hierzu zählen z. B. die Erfüllung sozialer Pflichten, ein adäquates Anspruchsniveau, Gebundenheit an eine geordnete Häuslichkeit, ein reales Verhältnis zu Geld und Eigentum, persönliches Engagement für personale und Sachinteressen und tragende menschliche Bindungen (Göppinger 1985, 1997).

Nach wie vor bleibt es ein Desiderat kriminologischer und auch forensisch psychiatrischer Forschungen, kriminalitätsbegünstigende (Persönlichkeits-)Faktoren möglichst frühzeitig zu identifizieren und geeignete Präventionsstrategien zu etablieren. Zumindest in Richtung der Identifikation eines besonders problematischen Klientels zielt der Versuch, kriminalprognostische Risikoskalen, wie z. B. die PCL-R von Hare, auf Jugendliche zu übertragen (Forth et al. 2003). Bevor sich das vorliegende Kapitel jedoch auf die mit Delinquenz im Jugendalter implizit verbundene Frage konzentrieren kann, inwiefern und auf welche Weise zwischen temporären delinquenten Handlungen und einer stabilen delinquenten Handlungsbereitschaft unterschieden werden kann, soll ein Überblick über die wissenschaftlichen Befunde zur Kriminalität im Jugend- bzw. jungen Erwachsenenalter gegeben werden.

> Hierzu bleibt zunächst einmal festzuhalten, dass junge Menschen nach Ergebnissen von Elsner et al. (1998) und Höfer (2000) weit häufiger **Opfer** von Straftaten als Täter sind.

Dies ist zum einen der Tatsache geschuldet, dass die Opfer junger Straftäter meistens ebenfalls junge Menschen sind. Darüber hinaus betreffen auch Gewalttaten Erwachsener überproportional häufig Kinder bzw. Jugendliche. Dies gilt nicht zuletzt für diejenigen gewalttätigen Übergriffe, denen jungen Menschen im familiären Umfeld ausgesetzt sind.

Betrachtet man die Täterseite, fällt auf, dass insbesondere gelegentliche und bagatellhafte Eigentumsdelikte, aber auch einfache Körperverletzungen bei jungen Menschen statistisch stark gehäuft auftreten (Heinz 1995; Walter 2001). Solche Straftaten stellen wiederum im Großteil der Fälle episodenhaft auftretende Ereignisse dar. Sie können als sozial störende Begleitphänomene im Prozess der Entwicklung einer individuellen und sozialen Identität (Hurrelmann u. Engel 1992; Pinquart u. Silbereisen 2000) gesehen werden.

16.5 Mehrfach- und Intensivtäter

Wie bereits erwähnt, existiert nicht nur eine vorübergehende, sondern auch eine »langfristig andauernde, intensive und schwerwiegende Delinquenz«, die sich bis ins Erwachsenenalter fortsetzt und zu massiven psychosozialen Verwicklungen führt. Kompliziert wird dieser Sachverhalt dadurch, dass eine eindeutige Zuordnung des delinquenten Verhaltens Jugendlicher zu der einen oder anderen Kategorie nach Angaben der Sicherheitsberichte (BMJ 2001, 2006) nicht möglich ist. Dennoch ist die Rede davon, dass langfristig delinquente junge Menschen durch das Zusammentreffen zahlreicher Risikofaktoren und durch zumeist früh einsetzende psychosoziale Auffälligkeiten gekennzeichnet sind. Die langfristig agierenden Delinquenten werden sehr früh mit strafrechtlichem Verhalten auffällig. Bei ihnen zeigen sich über die Straffälligkeit hinausgehend Entwicklungs- und Sozialisationsprobleme, wie z. B. niedriger Intelligenzstatus, sprachliche und motorische Defizite, Leseschwierigkeiten, motorische Hyperaktivität, Aufmerksamkeitsdefizite, hohe Aggressivität und Impulsivität.

Die Gruppe von Mehrfach- und Intensivtätern ist klein, jedoch bedeutsam, da sie vor allen Dingen für die gravierenden Straftaten junger Menschen verantwortlich ist und ihre kriminelle Verhaltensbereitschaft bis ins Erwachsenenalter stabil beibehält. Der Anteil dieser problematischen Tätergruppe liegt bei 3–7 % (Rutter et al. 1998). Elsner et al. (1998) kamen in einer Untersuchung in Bayern 1998 zu dem Ergebnis, dass 10 % der Jugendlichen massive Auffälligkeiten zeigen und dabei für etwa 50 % der begangenen Delikte verantwortlich ist.

Außerdem integrieren sich diese jugendlichen Intensivtäter häufig in ebenfalls problematische Peergroups, während stabilisierende soziale Einflüsse fehlen (Thornberry et al. 2004; Wetzstein et al. 2005). Durch die Integration in problematische Gruppen wird die Entstehung einer delinquenten Subkultur mit eigener dissozial gefärbter Normenbildung begünstigt. Es entwickelt sich eine problematische Gruppendynamik, die Gruppenstraftaten fördert und dabei auch einer Eskalation der Gewalt Bahn bricht. Vor diesem Hintergrund überrascht es nicht, dass Jugendliche häufig in Gruppen delinquieren. Der Anteil von aus Gruppen heraus verübten Straftaten wird in Studien mit bis zu 88 % angegeben, dies betrifft insbesondere Gewaltdelikte (Baier u. Wetzels 2006). Nicht zuletzt aus diesem Grund gilt die Anzahl delinquenter Freunde als einer der besten Prädiktoren delinquenten Verhaltens (BMJ 2006). Dies verdeutlicht wiederum, dass die Identifikation einzelner Individuen mit Risikomerkmalen nicht alle Fragen beantwortet. Schließlich sind auch Gruppeneffekte zu beachten, die normbildend wirksam werden, hinzu kommen auch gesellschaftliche und ökonomische Faktoren, wie im Weiteren ausgeführt wird.

Gewalttätiges Verhalten von Jugendlichen ist gerade auch bei Mehrfach- und Intensivtätern häufig mit Substanzmissbrauch verbunden (Landeskriminalamt Mecklenburg-Vorpommern und Ernst-Moritz-Arndt-Universität Greifswald 2004) (Abb. 16-3).

Bei einer Untersuchung von 2 494 Schülern im Bundesland Mecklenburg-Vorpommern zeigte sich, dass etwa 3–5 % der Schüler mehrfach als Täter in Erscheinung treten. Dabei handelte es sich vor allem um männliche Jugendliche im Alter von 13 bis 16 Jahren, die zu einem deutlich höheren Ausmaß als ihre Mitschüler auch regelmäßig Alkohol konsumieren.

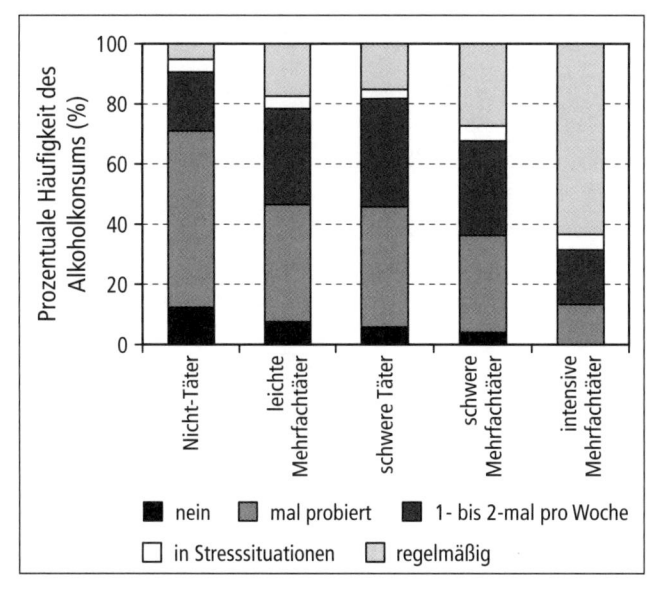

Abb. 16-3 Alkoholkonsum bei Mehrfachtätern einer Regionalschule (nach Landeskriminalamt Mecklenburg-Vorpommern und Ernst-Moritz-Arndt-Universität Greifswald 2004)

16.6 Soziologische Erklärungsansätze

Die Delinquenz junger Menschen wird dabei immer wieder in Verbindung mit ökonomischen Faktoren gesetzt bzw. durch ökonomische Probleme zu erklären versucht. In der Tat ist der

Anteil von Jugendlichen und Kindern, die von der Armut betroffen sind, deutlich stärker angestiegen, als dies bei Erwachsenen der Fall ist (Bundesministerium für Familien, Senioren, Frauen und Jugend 1998). Außerdem spiegelt sich in der Kriminalitätsstatistik Deutschlands ein Nord-Süd-Gefälle wider, das die bestehenden ökonomischen Unterschiede verdeutlicht bzw. dem Anteil an arbeitslosen Jugendlichen entspricht.

Wirtschaftliche Erklärungsansätze sind zwar populär, erklären die Jugendkriminalität jedoch nicht vollständig. Vielmehr spielen auch **gesellschaftliche Faktoren,** insbesondere die fehlende Einbindung in traditionelle, identitätsstiftende Milieus (Heitmeyer et al. 1996; Hurrelmann 1999), eine Rolle, da diese Orientierungslosigkeit und soziale Desintegration fördern. Eine weitere spannende Diskussion ergibt sich dadurch, dass Jugendliche heutzutage zwar wesentliche Reifungsprozesse früher durchlaufen, als dies in früherer Zeit zu beobachten war. Jedoch besteht aktuell aufgrund verlängerter Ausbildungszeiten bis Mitte des dritten Lebensjahrzehnts eine starke Einbindung in schulische und berufliche Ausbildungsprozesse mit den damit verbundenen ökonomischen Abhängigkeiten vom Elternhaus, was die Jugendphase deutlich verlängert. Die Diskrepanz zwischen erreichter körperlicher Reife einerseits und der noch nicht erreichbaren sozialen Autonomie wird als **Reifungslücke** bezeichnet (Moffitt 1993a, b, 1997). Aus dieser Diskrepanz können sich spannungsvolle Konflikte ergeben, die kriminell ausagiert werden.

Interessant ist auch ein Blick auf die Kriminalitätsentwicklung bei Jugendlichen bzw. jungen Erwachsenen in den neuen und alten Bundesländern. Laut Sicherheitsbericht (BMJ 2006) zeigt sich für die meisten Delikte eine höhere Belastung der jungen Ostdeutschen. Dies sei besonders bei Tötungsdelikten, schwerem Diebstahl, Sachbeschädigung und Raubdelikten ausgeprägt. Bei jungen Westdeutschen zeigt sich eine Häufung bei Betrugsdelikten, einschließlich Schwarzfahrens, sowie bei Drogendelikten. Bezüglich der Drogendelikte passen sich die Zahlen in den neuen Bundesländern bei den 16- bis 18-Jährigen jedoch an das in den alten Bundesländern festzustellende Niveau an. Demgegenüber zeigt sich bei Gewaltdelikten eine um ein Drittel höhere Belastung der jungen Ostdeutschen mit einer häufigeren Begehung von Gruppendelikten. Interessanterweise lassen sich jedoch auch bezüglich der neuen Länder regionale Differenzen feststellen. Die Kriminalitätsbelastung der Jugendlichen und Heranwachsenden ist in den drei nördlichen neuen Bundesländern nämlich erheblich höher als in

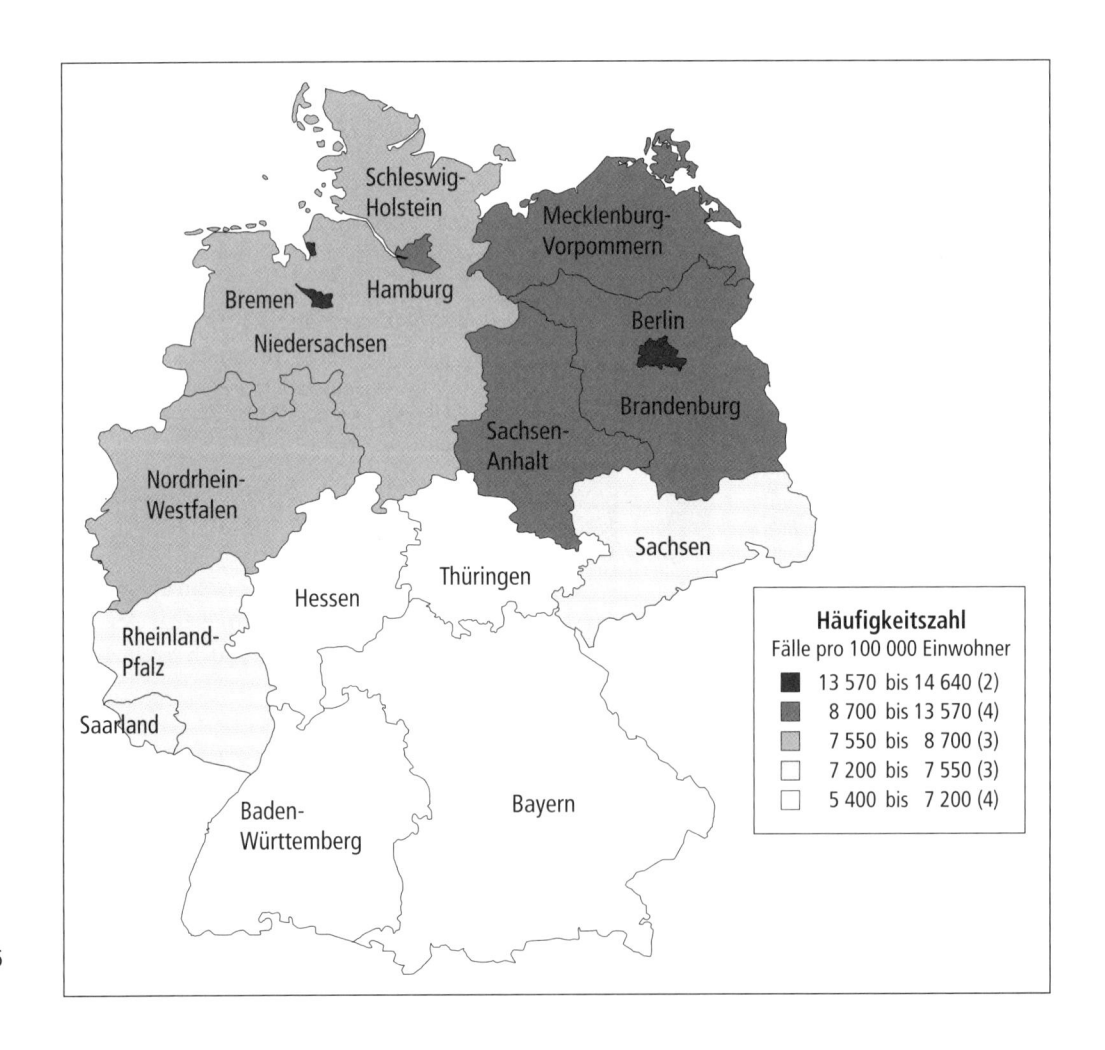

Abb. 16-4 Räumliche Verteilung von Straftaten in Deutschland in der polizeilichen Kriminalitätsstatistik 2006 (BMI 2007)

den südlichen. Dies korrespondiert mit den Erkenntnissen zu den sozialen Rahmenbedingungen für junge Ostdeutsche, die in diesen Ländern besonders ungünstig ausfallen. Überhaupt bilden sich in der Kriminalitätsstatistik sowohl ein Ost-West-Gefälle als auch ein Nord-Süd-Gefälle ab (Abb. 16-4).

Ein weiterer häufig diskutierter Aspekt ist die Entwicklung der Kriminalität bei jungen **Zuwanderern**. Hierzu äußert sich der erste periodische Sicherheitsbericht (BMJ 2001) dahingehend, dass die Kriminalitätsentwicklung der jungen Nichtdeutschen im Verlauf der letzten 15 Jahre wesentlich durch Wanderungsbewegungen beeinflusst worden ist, die durch die Öffnung der Grenzen nach Osten ermöglicht wurden. Im Jahr 1999 sei fast jeder dritte 14- bis 21-jährige tatverdächtige Gewaltkriminelle nichtdeutscher Herkunft gewesen. Dabei ist jedoch zu beachten, dass junge Nichtdeutsche nach Erkenntnissen von Opferbefragungen ein höheres Risiko haben, wegen einer Gewalttat angezeigt zu werden. Ferner bestehen bei ihnen gravierende soziale Benachteiligungen in den Bereichen Schule, Berufsausbildung und Arbeit und auch vermehrte interfamiliäre Konflikte. In Hinblick auf junge Aussiedler weisen die polizeilichen Daten darauf hin, dass die in den 1990er Jahren eingewanderten jungen männlichen Spätaussiedler vermehrt polizeilich registriert werden. Die Befundlage ist jedoch nicht eindeutig. Bezüglich der Delinquenz von jungen Zuwanderern, insbesondere bei Zuwanderern aus der Türkei und Ex-Jugoslawien, wird darüber diskutiert, dass deren Gewaltdelikte damit zusammenhängen, dass diese Jugendlichen in wesentlich höherem Maße von Männlichkeitsvorstellungen geprägt sind, die durch Dominanz- und Gewaltlegitimation gekennzeichnet sind. Dies könnte erklären, warum bei diesen Zuwanderern Gewaltkriminalität auch dann noch nachweisbar ist, wenn ihre schlechteren Bildungschancen sowie die schlechtere wirtschaftliche Lage statistisch kontrolliert werden. Männlichkeitsvorstellungen spielen also zusätzlich zu der ungünstigeren sozialen Lage und den schlechteren Bildungsperspektiven eine maßgebliche Rolle für kriminelle Handlungen Jugendlicher. Neuere Untersuchungen haben jedoch gezeigt, dass kriminalitätsbegünstigende Männlichkeitsvorstellungen auch bei sozial stark marginalisierten deutschen Jugendlichen anzutreffen und eventuell als Reaktion auf die defizitäre soziale Anerkennung solcher Gruppen zu interpretieren sind (BMJ 2006; Enzmann et al. 2003).

Dieser Befund schlägt wiederum eine Brücke zum bereits erörterten Thema der Integration in delinquenzbereite Gruppen. Hier finden sich Ähnlichkeiten zwischen z. B. gewaltbereiten fremdenfeindlichen deutschen Jugendlichen und ausländischen Straftätern. Unabhängig von der Nationalität gilt nämlich, dass Jungen sowie Jugendliche auf niedrigem Bildungsniveau wesentlich häufiger in stark deviante Gruppen integriert sind. Jugendliche aus stark devianzgeneigten Gruppen begehen etwa sieben- bis achtmal mehr Gewaltdelikte, als ihrem Anteil an Jugendlichen derselben Altersgruppe entsprechen würde. Dies alles geht darauf zurück, dass die gleichaltrige Gruppe und die dort vertretenen Normen ein wesentlicher Faktor für die Normakzeptanz und normabweichendes Verhalten junger Menschen sind.

16.7 Individuumbezogene Erklärungsansätze

Die oben beschriebene komplexe Interaktion zwischen heranreifender Persönlichkeit und Gruppen- bzw. gesellschaftlichen Einflüssen und sozioökonomischen Faktoren müssen bei der Identifikation von High-risk-Konstellationen berücksichtigt werden. Dennoch bleibt festzuhalten, dass die meisten wiederholt straffälligen Jugendlichen auch deutliche individuelle Risikofaktoren aufweisen und durch Störungen der Emotionsregulation, schwierige Temperamentsmerkmale, mangelnde Empathie- und Gewissensbildung, neuropsychologische Probleme und ein hohes motorisches Antriebsniveau und Impulsivität gekennzeichnet sind (Schmeck 2007).

Mit dem von Hare als »Psychopathie« bezeichneten Persönlichkeitstyp werden grundlegende Merkmale von Menschen beschrieben, die schwerwiegende antisoziale Delikte verüben. Charakteristisch für eine »Psychopathie« sind mangelnde Empathiefähigkeit, fehlende Schuldgefühle, Furchtlosigkeit und oberflächliche Emotionalität sowie ein charakteristischer Lebensstil, der durch Instabilität (in intimen Beziehungen oder Berufstätigkeiten) und durchgehende antisoziale Verhaltensweisen gekennzeichnet ist. In der Untersuchung von Sevecke et al. (2006) wurde das Konzept der »Psychopathie« bei Jugendlichen und Heranwachsenden mithilfe der *Hare Psychopathy Checklist, Youth Version* (PCL-R-YV) (Forth et al. 2003), in der deutschen Übersetzung von Sevecke und Krischer (2005), untersucht. Erfasst wurden Persönlichkeitseigenschaften wie Impulsivität, unzureichende Ärgerkontrolle, Empathiemangel, übersteigertes Selbstwertgefühl und Verhaltensmerkmale wie Verstoß gegen Bewährungsauflagen, Verantwortungslosigkeit und Fehlen von Zielen. Diese Merkmale wurden mit soziobiografischen und anamnestischen Daten in Verbindung gesetzt. Es zeigte sich, dass Jugendliche mit problematischen Persönlichkeitseigenschaften und Verhaltensstilen signifikant häufiger und früher Straftaten begingen. Unter Verweis auf Forth et al. (2003) wird von Sevecke et al. (2006) darauf hingewiesen, dass allerdings bisher Daten zur Stabilität und zum Verlauf der Psychopathie zwischen Jugend- und Erwachsenenalter fehlen und deshalb prognostische Schlussfolgerungen für Jugendliche auf der Grundlage der Checkliste PCL-R-YV nur mit Vorsicht erfolgen sollten.

Ein weiteres Ergebnis der Untersuchung von Sevecke et al. (2006) war, dass Jugendliche mit hohen PCL-R-YV-Werten im Vergleich zu Jugendlichen mit niedrigeren Werten häufiger Kontakt zum Jugendamt wegen Verhaltensauffälligkeiten hatten, in Heimen oder alleine untergebracht waren und einen Intelligenzquotienten im unteren bis Lernbehindertenbereich aufwiesen. Der letztgenannte Aspekt wurde von den Autoren jedoch nicht nur auf kognitive Leistungseinschränkungen, sondern insbesondere auf defizitäre Schulbildung und Förderung zurückgeführt. Dies korreliert mit der Tatsache, dass sich eine Assoziation zwischen genetischen Faktoren, kindlicher Vernachlässigung und der Entwicklung antisozialen Verhaltens gezeigt hat (Goodman et al. 2004). Kinder, die schweren Vernachlässigungen ausgesetzt waren, hatten ein sehr viel höheres Risiko, eine Störung des Sozialverhaltens und im Weiteren eine antisoziale Persönlichkeitsstörung zu entwickeln, wenn sie mit einer Genvariante, lokalisiert auf dem X-Chromosom, ausgestattet waren, die mit einer geringen MAO-A-Aktivität assoziiert ist (Caspi et al. 2002). Obwohl genetische Faktoren unzweifelhaft zur Entwicklung von Kriminalität, aggressivem Verhalten, Impulsivität sowie einer dissozialen Persönlichkeitsstörung beitragen, können also auch Erziehungsfaktoren bzw. gewalttätige Erziehungsstrategien nicht ausgeblendet werden (Habermeyer u. Herpertz 2006).

Unabhängig von den Auslösebedingungen – wobei auch pränatalen Faktoren wie Alkoholmissbrauch bzw. dem mütterlichen Rauchen in der Schwangerschaft eine Bedeutung zukommt (Hodgins et al. 2001) – bleibt festzuhalten, dass sozial deviantes Verhalten im frühen Jugendalter, zum Teil sogar schon im Kindesalter, als Risikomerkmal gelten muss. Kinder und Jugendliche mit einer Störung des Sozialverhaltens zeichnen sich durch gravierendes dissoziales Verhalten mit körperlicher Aggressivität gegenüber Menschen und Tieren, Zerstören von fremdem Eigentum, Brandstiftung und delinquente Verhaltensweisen aus. Hier ist besonders der vor dem elften Lebensjahr beginnende Typus des *early starter* von prognostischer Relevanz. Dieser Sachverhalt findet in den diagnostischen Kriterien der antisozialen Persönlichkeitsstörung im DSM-IV keinen Niederschlag. Die dort als diagnostisch relevant angegebene Altersgrenze für eine Störung des Sozialverhaltens liegt vor dem 15. Lebensjahr und damit deutlich über dem Manifestationsalter des kriminalprognostisch relevanten *early starter*. Dieser ist, wenn die Symptomatik mit einer Aufmerksamkeitsdefizit-Hyperaktivitätsstörung (ADHS) kombiniert ist, tendenziell mit schweren Formen antisozialen Verhaltens assoziiert. Die Kombination mit Psychopathie-Merkmalen begünstigt dann eine größere Anzahl und Variabilität dissozialer Verhaltensstile.

Insgesamt lassen sich vier zentrale Problembereiche für eine zeitlich überdauernde kriminelle Disposition skizzieren:
- früher Beginn der Störung des Sozialverhaltens (< 11. Lebensjahr)
- niedrigere Intelligenz
- Kombination mit einer Aufmerksamkeitsdefizit-Hyperaktivitätsstörung
- Vorliegen von Merkmalen der Psychopathie

Da sich die oben genannten Problembereiche bei psychosozialer Vernachlässigung und Gewalterfahrungen in ihren Auswirkungen auf die Verhaltenskontrolle akzentuieren, ergibt sich ein Bedarf für frühzeitige Interventionen mit entwicklungsorientierten Präventionsmaßnahmen. Dabei haben sich bereits Hausbesuche bei schwangeren Frauen aus Risikogruppen als hilfreich erwiesen (Tremblay u. Japel 2003). Ein solches Programm wird z. B. seit Kurzem in Niedersachsen implementiert (Pfeiffer u. Hosser 2005), um unter anderem die an nordamerikanischen Populationen nachgewiesenen positiven Kosten-Nutzen-Analysen (Farrington u. Coid 2003; Olds et al. 2004, Schweinhart et al. 1993) auch unter hiesigen Bedingungen zu überprüfen.

Literatur

Albrecht G. Möglichkeiten und Grenzen der Prognose »krimineller Karieren«. In: Deutsche Vereinigung für Jugendgerichte und Jugendgerichtshilfe e. V. (Hrsg). Mehrfach Auffällige – mehrfach Betroffene. Band 18. Bonn: Schriftenreihe der DVJJ 1990; 99–116.

Baier D, Wetzels P. Freizeitverhalten, Cliquenzugehörigkeit und Gewaltkriminalität: Ergebnisse und Folgerungen aus Schülerbefragungen. In: Dessecker A (Hrsg). Jugendarbeitslosigkeit und Kriminalität. Wiesbaden: Kriminologische Zentralstelle 2006; 69–97.

Bundesministerium des Inneren (BMI). Polizeiliche Kriminalstatistik 2006. Berlin: BMI 2007. www.bmi.bund.de.

Bundesministerium für Familien, Senioren, Frauen und Jugend. Zehnter Kinder- und Jugendbericht. Bericht über die Lebenssituation von Kindern und Leistungen der Kinderhilfen in Deutschland. Sonderdruck der BT-Drs. 13/11368. Bonn: 1998.

Bundesministerium für Justiz (BMJ). Erster Periodischer Sicherheitsbericht der Bundesregierung. Berlin: BMJ 2001.

Bundesministerium für Justiz (BMJ). Zweiter Periodischer Sicherheitsbericht der Bundesregierung. Berlin: BMJ 2006.

Caspi A, McClay J, Moffitt TE, Mill J, Martin J, Craig IW, Taylor A, Poulton R. Role of genotype in the cycle of violence in maltreated children. Science 2002; 297: 851–4

Döpfner M, Plück J, Lehmkuhl G. Aggressivität und Dissozialität von Kindern und Jugendlichen in Deutschland. Arbeitsbericht. Köln: Universität Köln 1996.

Döpfner M, Plück J, Berner W, Englert E, Fegert JM, Huss M, Lenz K, Schmeck K, Lehmkuhl G, Lehmkuhl U, Poustka F. Psychische Auffälligkeiten und psychosoziale Kompetenzen von Kindern und Jugendlichen in den neuen und alten Bundesländern – Ergebnisse einer bundesweit repräsentativen Studie. Z Klin Psychol 1998; 27: 9–19.

Elsner E, Steffen W, Stern G. Kinder- und Jugendkriminalität in München. München: Bayerisches Landeskriminalamt 1998.

Enzmann D, Brettfeld K, Wetzels P. Männlichkeitsnormen und die Kultur der Ehre. In: Oberwittler D, Karstedt S (Hrsg). Soziologie der Kriminalität. Sonderheft. Kölner Zeitschrift für Soziologie und Sozialpsychiatrie 2003; 43: 264–87.

Esser G, Schmidt MH, Wörner W. Epidemiology and course of psychiatric disorders in school-age children – results of a longitudinal study. J Child Psychol Psychiatry 1990; 32: 243–63.

Farrington DP, Coid JW. Early Prevention of Adult Antisocial Behaviour. New York: Cambridge University Press 2003.

Forth AE, Kosson DS, Hare RD. Hare Psychopathy Checklist: Youth Version (PCL:YV), technical manual. Toronto: Multi-Health Systems 2003.

Goodman M, New A, Siever L. Trauma, genes, and the neurobiology of personality disorders. Ann N Y Acad Sci 2004; 1032: 104–16.

Göppinger H. Der Täter in seinen sozialen Bezügen. Ergebnisse aus der Tübinger Jungtäter-Vergleichsuntersuchung. Berlin, Heidelberg, New York: Springer 1983.

Göppinger H. Angewandte Kriminologie. Berlin, Heidelberg, New York: Springer 1985.

Göppinger H. Kriminologie. Bearbeitet von Bock M, Böhm A. unter Mitarbeit von Kröber HL und Maschke W. 5. vollständig neu bearbeitete und erweiterte Auflage des von Hans Göppinger begründeten und zur 4. Auflage fortgeführten Werkes. München: Beck 1997.

Habermeyer E, Herpertz S. Dissoziale Persönlichkeitsstörung. Nervenarzt 2006; 77: 605–17.

Heinz W. Jugendkriminalität und strafrechtliche Sozialkontrolle in der Bundesrepublik Deutschland. In: Festschrift für K. Miyazawa. Baden-Baden: Nomos 1995; 93–139.

Heitmeyer W, Collmann B, Conrads J, Matuschek I, Kraul D, Kühnel W, Möller R, Ulbrich-Hermann M. Gewalt: Schattenseiten der Individualisierung bei Jugendlichen aus unterschiedlichen Milieus. 2. Aufl. München: Juventa 1996.

Hodgins S, Kratzer L, McNeil TF. Obsterical complications, parenting, and risk of criminal behaviour. Arch Gen Psychiatry 2001; 58: 746–52.

Höfer S. Kriminologie – Soziographische Merkmale von Täter-Opfer-Konstellationen. Kriminalistik 2000; Band 54, Heft 11: 711–5.

Hurrelmann K. Lebensphase Jugend. Eine Einführung in die sozialwissenschaftliche Jugendforschung. Weinheim: Juventa 1999.

Hurrelmann K, Engel U. Delinquency as a system of adolescents' orientation toward status and success. J Youth Adolesc 1992; 21: 119–38.

Landeskriminalamt Mecklenburg-Vorpommern und Ernst-Moritz Arndt-Universität Greifswald. Wie sicher sind unsere Schulen? Ergebnisse einer Wiederholungsbefragung von Schülern in Mecklenburg-Vorpommern. Schwerin: Obotritendruck 2004.

Moffitt TE. Adolescence-limited and life-course-persistent antisocial behavior: a developmental taxonomy. Psychol Rev 1993a; 100: 674–701.

Moffitt TE. The neuropsychology of conduct disorder. Dev Psychopathol 1993b; 5: 135–51.

Moffitt TE. Adolescence limited and life-course persistent offending: a completary pair of developmental theories. In: Thornsberry TP (ed). Developmental theories of crime and delinquency. New Brunswick: Transaction Publishers 1997; 11–54.

Moffitt TE, Caspi A, Harrington H, Milne BJ. Males on the life-course-persistent and adolescence-limited antisocial pathways: Follow-up at age 26 years. Dev Psychopathol 2002; 14: 179–207.

Offord DR, Boyle MH, Szatmari P, Rae-Grant NI, Links PS, Cadman DT, Byles JA, Crawford JW, Blum HM, Byrne C, et al. Ontario Child Health Study. II. Six-month prevalence of disorder and rates of service utilization. Arch Gen Psychiatry 1987; 44: 832–6.

Olds DL, Kitzman H, Cole R, Robinson J, Sidora K, Luckey DW, Henderson CR, Hanks C, Bondy J, Holmberg J. Effects of nurse home-visiting on maternal life course and child development: age 6 follow-up results of a randomized trial. Pediatrics 2004; 114: 1550–9.

Pfeiffer C, Hosser D. Prävention durch Frühförderung. Planung eines Modellversuchs zur Prävention von Krankheit, Kriminalität und Armut durch ein Projekt der Frühförderung für Kinder aus sozial benachteiligten Familien. Hannover: Kriminologisches Forschungsinstitut Niedersachsen 2005.

Pinquart M, Silbereisen RK. Das Selbst im Jugendalter. In: Greve W (Hrsg). Psychologie des Selbst. Weinheim: BeltzPVU 2000; 75–95.

Rutter M, Giller H, Hagell A. Antisocial behavior by young people. Cambridge: Cambridge University Press 1998.

Schmeck K. Die Entwicklung von antisozialen Persönlichkeitsstrukturen. In: Steinhausen HC, Bessler C. (Hrsg). Jugenddelinquenz. Entwicklungspsychiatrische und forensische Grundlagen und Praxis. Stuttgart: Kohlhammer 2008; 41–9.

Schweinhart LJ, Barnes HV, Weickart DP. Significant Benefits. Ypsilanti, Michigan: High/Scope Press 1993.

Sevecke K, Krischer MK. Die Psychopathy-Checkliste für Jugendliche. Deutsche Übersetzung. Toronto, Ontario: Multi-Health-Systems 2005.

Sevecke K, Krischer M, Walger P, Lehmkuhl G, Flechtner H. Erfassung von Persönlichkeitsdimensionen der Psychopathy nach Hare bei der strafrechtlichen Begutachtung von Jugendlichen – eine retrospektive Untersuchung zur Anwendbarkeit der Psychopathy-Checkliste als Version für Jugendliche. Online first 10.03.2006.

Thornberry TP, Huizinga D, Loeber R. The Causes and Correlates Studies: Findings and Policy Implications. Juvenile Justice 2004; 9: 3–19.

Tremblay RE, Japel C. Prevention during Pregnancy, Infancy and the Preschool Years. In: Farrington DP, Coid JW (eds). Early Prevention of Adult Antisocial Behaviour. Cambridge: Cambridge University Press 2003; 205–42.

Walter M. Jugendkriminalität. Eine systematische Darstellung. Weimar, Dresden: Boorberg 2001.

Wetzstein T, Erbeldinger PI, Hilgers J, Eckert R. Jugendliche Cliquen. Zur Bedeutung der Cliquen und ihrer Herkunfts- und Freizeitwelten. Wiesbaden: Vs Verlag 2005.

II Spezielle Aspekte

17 Gibt es Adoleszenzkrisen?

Annette Streeck-Fischer, Jörg M. Fegert und Harald J. Freyberger

Inhalt

17.1	Einleitung	183
17.2	Definition und Klassifikation	183
17.3	Konstrukte, Konstruktionen und Fakten zu einem Streitthema	184
17.4	Zum adoleszenten Umstrukturierungsprozess aus psychoanalytischer Sicht	185
17.5	Adoleszenz und Strukturbildung	186
17.6	Forschungsergebnisse	186
17.7	Doch eine Adoleszenzkrise?	187
17.8	Fazit	188
Literatur		188

Zusammenfassung

Der Begriff der Adoleszenzkrise wird in den letzten Jahrzehnten nur noch selten in psychiatrischen Schriften verwendet. Nachvollziehbar wird die kritische Einstellung zu diesem Begriff vor dem Hintergrund seiner Ausweitung in der älteren Literatur. Um das Jugendalter mit den zum Teil krisenhaften Umstrukturierungen nicht psychiatrischen Störungsbildern zuzuordnen, erscheint es jedoch angemessen, an dem Begriff der Krise festzuhalten, da es keine diagnostische Klassifikation gibt, die der Entwicklungsproblematik gerecht würde. Eine Pathologisierung der inneren und äußeren Austragungsorte noch nicht oder mangelhaft mentalisierter Konflikte sollte bei den Jugendlichen unserer Gesellschaft vermieden werden. Als einem Ort, an dem gesellschaftliche Umstrukturierungen erfolgen, erscheint es sinnvoll, eine partielle Grenzverwischung zwischen Normalität und Pathologie zuzulassen. Viele Fragen sind in dem Zwischenfeld zwischen unauffälliger und pathologischer Adoleszenz noch zu klären. Hier besteht ein erheblicher Forschungsbedarf.

17.1 Einleitung

Adoleszenzkrise, normative Krise, Reifungskrise, adoleszente Identitätskrise und adoleszente Entwicklungskrise sind Begriffe, die synonym gebraucht werden. Sie kennzeichnen eine kritische Phase der Entwicklung, eine »normale« Krise, die keine Krankheit darstellt, sondern zu einem normalen Entwicklungs- oder Reifungsablauf gehört (vgl. Remschmidt 1992).

Von Adoleszenzkrisen wird in der psychiatrischen Literatur in den letzten Jahrzehnten selten – oder wenn, dann kritisch – gesprochen. Auch Psychoanalytiker haben die Ausweitung des Begriffes auf alle Störungen in der Adoleszenz kritisiert, ohne ihn jedoch aufzugeben.

Während in der psychoanalytischen Literatur die Adoleszenz als eine Phase der Krise, des »Sturm und Dranges« und des Aufruhrs dargestellt wird, die mit einer gewissen Ich-Schwäche einhergeht, wird in der akademischen Psychologie das Bild eines Jugendlichen beschrieben, der in einem emotionalen und kognitiven Reifungsprozess steht und vorwiegend adaptive Fähigkeiten zeigt, ein Jugendlicher, der neue Strategien in der Bewältigung mit sozialen Bedingungen entwickelt und der über vielfältige Potenziale verfügt. Tatsächlich ist die Adoleszenz eine Zeit der biopsychosozialen Umstrukturierung, die sowohl mit der Entwicklung neuer Fähigkeiten als auch dem Verlust eines bisherigen inneren und äußeren Gleichgewichts einhergeht; eine Phase des Übergangs oder ein psychosoziales Moratorium (Aufschub der Erfüllung von Verbindlichkeiten) im Sinne von Erikson (1966). Wenngleich die meisten Jugendlichen die Entwicklungsaufgaben dieser Zeitspanne erfolgreich bewältigen, geht die Adoleszenz in der Regel mit mehr Unruhe einher als die Kindheit und das Erwachsenenalter (Cicchetti u. Rogosch 2002), sodass die Grenzen zwischen Normalität und Pathologie unklarer werden.

Im Folgenden soll der Frage nachgegangen werden, ob es sinnvoll ist, den Begriff der Adoleszenzkrise weiter zu verwenden oder ihn vor dem Hintergrund neuerer Erkenntnisse zur Adoleszenz, einer genaueren Diagnostik und der Ergebnisse von Verlaufsforschung zu revidieren bzw. einzugrenzen.

17.2 Definition und Klassifikation

Die »Krise« ist ein griechisches Substantiv zum altgriechischen Verb *krínein*, welches »trennen« und »(unter-)scheiden« bedeutet (Gredler 1992). Krise bezeichnet »(Ent-)Scheidung«, »entscheidende Wendung« (Dudenredaktion 2006) und bedeutet eine »schwierige Situation, Zeit, die den Höhe- und Wendepunkt einer gefährlichen Entwicklung darstellt« (Dudenredaktion 2006). Dass es sich hierbei um einen Wendepunkt handelt, kann jedoch oft erst konstatiert werden, nachdem die Krise abgewendet oder beendet wurde. Nimmt die Entwicklung einen dauerhaft negativen Verlauf, so spricht man von einer Katastrophe (wörtlich in etwa »Niedergang«).

> Eine **psychische Krise** ist in der klinischen Psychologie und Psychiatrie wie im gesamten psychosozialen Bereich ein durch ein überraschendes Ereignis oder akutes Geschehen hervorgerufener schmerzhafter seelischer Zustand oder Konflikt zwischen mehreren beteiligten Personen, der dann entsteht, wenn sich eine Person oder eine Gruppe auf dem Weg zur Erreichung wichtiger Lebensziele oder bei der Alltagsbewältigung Hindernissen gegenübersieht und diese nicht mit den üblichen Problemlösungsmethoden bewältigen kann.
> Eine Krise in diesem Sinne äußert sich als plötzliche oder fortschreitende Verengung der Wahrnehmung, der Wertesysteme sowie der Handlungs- und Problemlösungsfähigkeiten. Eine Krise stellt bisherige Erfahrungen, Normen, Ziele und Werte infrage und hat oft für die Person einen bedrohlichen Charakter. Sie ist zeitlich begrenzt.

In diesem Sinne ist es naheliegend, die auftretenden Auffälligkeiten im Verhalten und im Befinden der Jugendlichen unter dem Aspekt einer Krise zu betrachten.
Als Adoleszenzkrise hat Remschmidt (1997) eine fehlgeschlagene Bewältigung der alterspezifischen Entwicklungsaufgaben definiert. Resch (du Bois u. Resch 2005) sieht darin Störungen, die den Jugendlichen daran hindern, seine alterstypischen und situationsgemäßen Lebensvollzüge zu bewerkstelligen. Er betont biologische, genetische und psychosoziale Einflüsse, die zur Strukturbildung und während der Adoleszenz infolge des Risikoverhaltens in die Krise, Delinquenz oder Krankheit führen können.
Mit dem Begriff der Adoleszenzkrise wird eine diagnostische Klassifizierung von psychischen und Verhaltensauffälligkeiten in dieser Zeitspanne vermieden, was der Unvorhersehbarkeit der Entwicklung angemessen ist. Verhaltens- und Erlebnisweisen, die potenziell in die Gruppe der Neurosen, der Persönlichkeitsstörungen oder der Psychosen gehören, werden mit einbezogen, um den Übergangscharakter adoleszenztypischer Auffälligkeitsmerkmale zu betonen, die der normativen Krise, in der sich Jugendlichen befinden, immanent sind. Damit wird allerdings der Übergang von der Adoleszenzkrise in die psychiatrische Krise eigenartig unscharf.
Die Adoleszenzkrise geht mit Störungen einher, die zwischen normalen und krankhaften Verhaltensmustern angesiedelt sind und die im Rahmen der Adoleszenz auftauchen können. Remschmidt (1992) hat auf die problematischen Ausweitungen in der Verwendung des Begriffs der Adoleszenzkrise aufmerksam gemacht. Danach gebe es weder Abgrenzungen zu Lebensschwierigkeiten einerseits noch zu psychiatrischen Erkrankungen andererseits. Im Extremfall könnten psychotische Entgleisungen, ebenso wie Dissozialität und Suchtverhalten, in ihrer akuten Phase noch einer Adoleszenzkrise zugeordnet werden. Eine solche breit angelegte Definition kann jedoch heute als obsolet gelten. Verwirrung besteht allerdings, was noch als Adoleszenzkrise angesehen werden kann, sodass der Begriff heute kaum noch in den Lehrbüchern auftaucht.
Das Konzept weist gewisse Verbindungen zum Konstrukt der Anpassungsstörungen auf, die ebenfalls zeitlich limitierte Reaktionen auf allerdings äußere Ereignisse darstellen. Die in den gängigen Klassifikationssystemen angegebenen Remissionszeiträume für z. B. ängstliche und depressive Reaktionen auf äußere Belastungen umfassen maximal sechs Monate. Die wenigen existierenden Studien zum Langzeitverlauf der Anpassungsstörungen berichten allerdings mittlere bis hohe Übergangswahrscheinlichkeiten in andere psychische Störungen.
Im Kontext der Suizidforschung wurde von Henseler (1992) das Konzept sogenannter narzisstischer Krisen entwickelt, das zur Erklärung temporär begrenzter suizidaler Krisen bei individualspezifischen äußeren Belastungen mit guter langfristiger Prognose herangezogen wurde. Wesentlich an diesem Konzept erscheint in unserem Kontext, dass es auch als ein Erklärungsmodell für temporär begrenzte Krisen bei Menschen herangezogen werden kann, die sonst über ein gutes psychosoziales Funktionsniveau verfügen und keine psychische Erkrankung im engeren Sinne aufweisen.

17.3 Konstrukte, Konstruktionen und Fakten zu einem Streitthema

Neuere Arbeiten zur Adoleszenzentwicklung (Arnett 1999; Resnick et al. 1997) betonen, dass Stimmungsschwankungen, Risikoverhalten, Konflikte mit den Eltern sowie externalisierende und internalisierende Formen von Auffälligkeiten in dieser Zeitpanne zur Normalität gehören. Diese Sichtweise kommt den frühen psychoanalytischen Konzeptionen entgegen:
»… Unberechenbarkeit und Unverlässlichkeit gehören meiner Ansicht nach zum Bild des normalen Jugendlichen. Während der Dauer der Pubertät kann der Jugendliche nicht anders. Er wehrt seine Triebregungen ab, gibt ihnen aber auch nach, er vollbringt ein Wunder an Selbstbeherrschung, ist aber auch ein Spielball seiner Gefühle, er liebt seine Eltern und hasst sie zugleich, er ist gleichzeitig in voller Revolte und voller Abhängigkeit … er hat mehr künstlerisches Verständnis, ist idealistischer, großzügiger als je vorher und nachher; aber er ist auch das Gegenteil: egoistisch, selbstsüchtig und berechnend …« *(Freud 1958, S. 1767)*
Im psychoanalytischen und psychiatrischen Verständnis der Adoleszenz des zwanzigsten Jahrhunderts wurde das Bild eines Jugendlichen gezeichnet, der durch den anstehenden Trieb-

druck und die wiederbelebten infantilen Konflikte beunruhigt, stimmungslabil, aufgewühlt und zumeist in heftigen Auseinandersetzungen befangen ist. Die Annahmen über einen zwangsläufig krisenhaften Verlauf wurden in der Regel aus der Arbeit mit psychisch auffälligen Jugendlichen gewonnen. Darüber hinaus beinhaltete die adoleszente Entwicklungskrise potenziell alle Störungsbilder dieser Zeitspanne, da erst am Ende der Adoleszenz von einem endgültigen Zustandekommen einer pathologischen Organisation gesprochen werden sollte (Laufer u. Laufer 1989). Daraus folgte, dass keine klare Grenze zwischen krisenhaften und pathologischen Verläufen gezogen wurde. Selbst psychotische Episoden oder schwere dissoziale Verhaltensstörungen erschienen noch als krisenhafte Entwicklungen, die in der Normalität münden konnten. Stroemgren (1987) hat in diesem Kontext sein Konzept sogenannter »psychogener Psychosen« entwickelt, mit dem er kurz anhaltende und reversible psychotische Episoden mit hohem affektiven Gehalt beschrieb, die vor dem Hintergrund besonders belastender Erlebnisinhalte auftraten. Er knüpfte damit an die Arbeiten von Baeyer et al. (1964) und Venzlaff (1958) an, die psychoreaktive Psychosen als Folge von Extrembelastungen beschrieben haben. Zumindest in der ICD-10 findet sich dieses Konzept partiell in der Klassifikation akuter vorübergehender psychotischer Störungen wieder (ICD-10: F23), für die z. T. als auslösende und aufrechterhaltende Bedingungen mehr oder weniger komplexe psychosoziale Belastungsprozesse herangezogen werden.

Die sehr weite Definition einer Adoleszenzkrise, die in das gesamte Spektrum zwischen Normalität und Psychose münden kann, wurde von verschiedenen Seiten, auch der psychoanalytischen (Fonagy et al. 2004; Lichtenberg 1998), kritisiert. Lichtenberg (1998) meinte, dass die Adoleszenz unter solchen Umständen pathologisiert werde und verwies auf die Fähigkeit zur Selbstkohärenz, über die gesündere Jugendliche verfügen und die bereits im früheren Alter entwickelt wird. Fonagy et al. (2004) sehen den Zusammenbruch im Jugendalter nicht als Folge der Adoleszenz, sondern als Folge früher Entwicklungsstörungen.

Offer und Schonert-Reichl (1992) verweisen vor dem Hintergrund ihrer Forschungsergebnisse demgegenüber auf fünf Mythen zur Adoleszenz:

- Erster Mythos: Die normale Adoleszenz wäre von Aufruhr gekennzeichnet.
- Zweiter Mythos: Die Adoleszenz wäre von heftigen Gefühlen begleitet.
- Dritter Mythos: Die Pubertät wäre ein negatives Ereignis.
- Vierter Mythos: In der Adoleszenz gäbe es eine erhöhte Suizidgefährdung.
- Fünfter Mythos: Das Denken eines Jugendlichen ähnelte dem eines Kindes.

Ihre Untersuchungen haben ergeben, dass die Adoleszenz keine Zeit der schweren Störungen sei: 80 % der Jugendlichen machen keinen Aufruhr durch, haben gute Beziehungen zu den Eltern und den Gleichaltrigen und stimmen mit sozialen und kulturellen Werten überein.

Du Bois und Resch (2005) problematisieren in diesem Zusammenhang, dass das Gros der Verhaltensprobleme im Jugendalter heute als Störung des Sozialverhaltens eingeordnet wird, womit dem Umstand entsprochen würde, dass krisenhaftes Jugendverhalten oft von sozialen Auffälligkeiten begleitet sei. Kritisch vermerken sie, dass damit die Klassifikation der Störung des Sozialverhaltens eine ähnliche Lehrformel geworden sei wie die freihändig diagnostizierten Pubertäts- und Adoleszenzkrisen.

Insgesamt vermittelt sich dabei der Eindruck, dass weder die Tendenz zur Pathologisierung noch der »Vernormalisierung« des Adoleszenzprozesses, in dem sich der Jugendliche befindet, dem gerecht wird.

17.4 Zum adoleszenten Umstrukturierungsprozess aus psychoanalytischer Sicht

Blos (1973) hat die kritischen Veränderungen in der Adoleszenz aus psychoanalytischer Sicht als Folge der Lockerung infantiler Objektbindungen beschrieben. Er beschrieb die **narzisstische Durchgangsphase,** in der der Jugendliche in Phasen gesteigerter Empfindlichkeit, Selbstbezogenheit oder Stimmungsschwankungen hineingerät, die von erhöhter Selbstwahrnehmung, mitunter auf Kosten von Realitätsprüfung, gekennzeichnet sind.

Kernberg (1978) hat auf die gesteigerte **libidinöse Besetzung des Selbst** aufmerksam gemacht, die mit einer verstärkten Beschäftigung mit sich selbst und grandiosen exhibitionistischen und machtvollen Phantasien einhergeht. In Abgrenzung zu einem pathologischen Narzissmuss betont er, dass der Jugendliche, der über ein integriertes Selbst und integrierte Objekte verfügt, diese Fähigkeiten auch bei heftigen Auseinandersetzungen mit den Eltern in schnellen Identifikationswechseln nicht verliert. Er bezieht sich dabei auf Erikson (1966), der zwischen der vor allem in der Adoleszenz im Mittelpunkt stehenden Bedeutung der Identitätsentwicklung versus einer Identitätsdiffusion unterscheidet, die mit einer **Borderline-Störung** bzw. einer **strukturellen Störung** verbunden ist.

Demgegenüber verweist Giovacchini (1978) darauf, dass in der Adoleszenz ein **Borderline-ähnliches Agieren** auftaucht, das nicht mit einer Borderline-Störung zu vergleichen sei.

Fonagy et al. (2004) gehen von einer entwicklungsbedingten **Hypersensibilität** für mentale Zustände aus, die die Fähigkeit des Jugendlichen überfordern kann, mit Gedanken und Gefühlen in einer anderen Weise als durch körperliche Symptome und körperliche Aktionen zu Rande zu kommen. Ein scheinbar traumatischer Zusammenbruch der damit verbundenen **Mentalisierung** und ein Rückzug aus der sozialen Welt können hiermit in Verbindung stehen. Dies hängt nicht allein von der inhärenten Stärke der psychischen Strukturen des Adoleszenten ab, sondern auch von der Fähigkeit der Umgebung, seine geschwächte Mentalisierungsfunktion zu unterstützen. Innere Kohärenz und mentale Separation von Selbst und Objekt setzen also eine physische Anwesenheit des anderen voraus. Ist diese nicht gewährleistet, so kann es trotz einer zugrunde liegenden guten strukturellen Entwicklung zu einer Desorganisation entwickelter Strukturen kommen.

Der adoleszente Entwicklungsprozess ist fließend und dynamisch. Er geht mit spezifischen Schritten in der frühen, mittleren und späten Adoleszenz einher. Das Handeln Jugendlicher ist ein Spiel um und an Grenzen, sei es an den vorgegebenen sozialen Regeln, den Grenzen der eigenen Belastbarkeit, in Bezug auf ungewöhnliche Sinneserfahrungen oder auf körperliche Grenzerfahrungen. Die Faszination der Grenz- und Regelverletzungen ist Teil dieser Zeitspanne und damit ein Verhalten, das leicht der Störung des Sozialverhaltens zugeordnet werden kann. Zu spontanen oder auch momentanen Übertretungen sozialer Normen und Regeln kommt es besonders dann, wenn der Jugendliche in Belastungssituationen seine Konflikte per externalisiertem Handeln austrägt (vgl. dazu Bedingungen des adoleszenten Narzissmus, Kap. 14). Jugendliche, die demgegenüber in Belastungssituationen mit einer selbstkritischen Betrachtung der Situation reagieren, ziehen sich zurück, reagieren und können sich nicht als Akteure ihrer jeweiligen spezifischen Lebensbedingungen erfahren. Hier spielt die jetzt verfügbare Fähigkeit zur **Metakognition** – über sich selbst nachdenken zu können – eine wichtige Rolle.

17.5 Adoleszenz und Strukturbildung

Die Umbauvorgänge in der Adoleszenz beeinflussen die strukturelle Ausstattung der adoleszenten Persönlichkeit. Deshalb ist es erforderlich, beides zu betrachten, das strukturelle Niveau eines Jugendlichen und die adoleszenzspezifische Dynamik. Überdurchschnittlich oft werden Jugendliche in der Diagnostik dem mittleren bzw. mäßig integrierten Niveau der Strukturachse der Operationalisierten Psychodynamischen Diagnostik im Kindes- und Jugendalter (Arbeitskreis OPD-KJ 2003) zugerechnet, was im Sinne von Eriksons Begriff der **Identitätsdiffusion** einen physiologischen Prozess darstellt (Erikson 1966). Dieser ist wesentlich mit den altersspezifischen Ablösungs- und Separationskonflikten zu erklären. Dabei scheint das jeweilige Strukturniveau nicht der bestimmende Faktor für die Entwicklung einer Adoleszenzkrise zu sein, wenngleich ein höheres Strukturniveau eher davor schützt. Es können jedoch äußere Belastungsfaktoren auftreten, die einen Jugendlichen mit gut integriertem Strukturniveau vorübergehend aus der Bahn werfen. Grundsätzlich haben jedoch Jugendliche, die die oben erwähnten krisenhaften Verhaltensweisen entwickeln, bei einem niedrigen Strukturniveau eine relativ schlechte Chance, diese Problematik intrapsychisch oder interpersonell zu repräsentieren und innerhalb von kurzer Zeit ohne massive äußere Hilfestellung zu überwinden.

Die OPD-KJ (2003) hat die verschiedenen Altersstufen in Zeitfenster unterteilt, um spezifische Eigenarten einer jeden Entwicklungsphase zu berücksichtigen. Die Adoleszenz wird in der dritten Altersstufe beschrieben und umfasst den Zeitraum vom 12. bis zum 18. Lebensjahr. Dieses Zeitfenster berücksichtigt die spezifischen Prozesse der Adoleszenz, wie narzisstische Phänomene und passagere Störungen in den Grenzziehungen zwischen sich und anderen, innen und außen. Infolge der großzügig gewählten Altersspanne sind die komplexen Bedingungen der normalen Adoleszenz allerdings nur sehr grob einbezogen. In der Strukturachse wird zwischen Selbst- und Objektwahrnehmung, Steuerung und Kommunikation sowie Bindung differenziert. Mithilfe von Ankerbeispielen, die sich am normalen Entwicklungsstand des jeweiligen Zeitfensters orientieren, können Störungsbilder auf verschiedene Integrationsniveaus erfasst und differenziert werden.

17.6 Forschungsergebnisse

Eine Reihe von Autoren (Douvan u. Adelson 1955; Offer 1985; Rutter 1992) betont aufgrund ihrer Forschungsergebnisse, dass Teenager (Alter 13–19 Jahre) kaum aus dem Gleichgewicht geraten. Allerdings stellt sich dabei die Frage, inwieweit in diesen Untersuchungen die Fragebögen, die von den Jugendlichen ausgefüllt werden, ihre innere Situation erreichen und sie bereit sind, sich darüber mitzuteilen. In Verbindung mit ihren neu entwickelten kognitiven Fähigkeiten sind Jugendliche in der Lage, eine äußere Fassade zu zeigen (Broughton 1981), sodass offen bleiben muss, inwieweit sie überhaupt eine verlässliche Informationsquelle sein können (Offer 1985).

Gleiches gilt für die Shell-Studie 2006 (Hurrelmann u. Albert 2006). Aus diesen Befragungen geht hervor, dass 90 % der Jugendlichen mit ihren Eltern gut klarkommen, davon 38 % sogar bestens. 71 % würden ihre Kinder irgendwie so oder genauso wie ihre Eltern erziehen. 73 % der Jugendlichen im Alter von 18 bis 21 Jahren leben noch bei ihren Eltern. Andererseits liegt die Prävalenz für psychiatrische Störungen bei Jugendlichen bei etwa 21 %. Die meisten epidemiologischen Studien haben weder zwischen Kindern und Jugendlichen noch zwischen Jungen und Mädchen unterschieden. Darüber hinaus gibt es wenige Studien, die nach den verschiedenen Phasen der Adoleszenz (Frühadoleszenz, mittlere Adoleszenz, Spätadoleszenz) differenzieren. Verlaufsstudien von Hofstra et al. (2002) haben ergeben, dass ein höherer Prozentsatz an Jugendlichen, die in der frühen Adoleszenz hohe Auffälligkeiten zeigen, im frühen Erwachsenenalter als gesund imponierte. Sie machten auch eine Gruppe von Jugendlichen ausfindig, die in der Adoleszenz auffällig wurden und im Erwachsenenalter eine deutliche Psychopathologie zeigten.

Untersuchungen zum Gefühlsleben Jugendlicher vermitteln, dass es in der frühen und eigentlichen Adoleszenz weniger depressive Störungen gibt, während sich in der späten Adoleszenz die Stimmungslage deutlich verschlechtert (Larsen u. Lampman-Petraitis 1989). Die Pubertät scheint eher ambivalent erfahren zu werden und nicht primär als negatives Ereignis. Es gibt aber offenbar bisher nur wenige Forschungsergebnisse dazu (Brooks-Gunn u. Petersen 1984; Rutter 1992).

Untersuchungen von Korenblum et al. (1990) verweisen darauf, dass 46 % aller 13-Jährigen und 33 % aller 16-Jährigen Persönlichkeitsauffälligkeiten in den verschiedenen Bereichen zeigen, die im Erwachsenenalter rückläufig sind.

Interessant sind in diesem Zusammenhang ältere katamnestische Untersuchungen von Langen und Jaeger (1964), die ergaben, dass klinisch behandelte Pubertätskrisen zu jeweils einem Drittel psychotische Erkrankungen bzw. Persönlichkeitsstörungen waren und sich beim letzten Drittel folgenlos auflösten. Sie plädieren für einen Versuch der verbesserten Klassifikation der Jugendkrisen.

Auch die Verlaufsstudien von Moffitt (1993) zu antisozialen Entwicklungen zeigen, dass es vorübergehende antisoziale Tendenzen in der Adoleszenz gibt, die rechtfertigen, die Diagnose der antisozialen Persönlichkeit nicht vor dem 18. Lebensjahr zu stellen.

Seiffge-Krenke (1993) konnte in ihren Untersuchungen zum Bindungsverhalten bei Jugendlichen in der eigentlichen Adoleszenz ein Bindungsloch feststellen. In der Phase der Umorientierung scheinen sich bisherige stabile Muster vorübergehend aufzulösen.

17.7 Doch eine Adoleszenzkrise?

17.7.1 Adoleszenz zwischen Lebensschwierigkeit und psychiatrischer Störung

Wir sind der Meinung, dass es sinnvoll und der Jugendphase angemessen ist, an dem Begriff der Adoleszenzkrise festzuhalten. Eine dynamische Betrachtung von krisenhaften Verläufen bei Jugendlichen sollte beibehalten werden. Eine solche Sichtweise schließt ein, dass die Potenziale einer zweiten Chance in der Adoleszenz berücksichtigt werden.

Wenn von Adoleszenzkrise gesprochen wird, sollten folgende Faktoren beachtet werden:
- der Zeitfaktor
- der jeweilige (adoleszenzspezifische) Auslöser für das krisenhafte Geschehen sollte erkennbar werden, der den Jugendlichen daran hindert, die Entwicklungsaufgaben zu bewältigen
- es sollte keine schwere psychische Dekompensation bzw. Psychopathologie vorliegen

Das beinhaltet auch, dass der vorübergehende Status einer Krise anerkannt wird, die innerhalb eines befristeten Zeitraumes vom 13. bis zum 17. Lebensjahr überwunden werden sollte, ansonsten wäre von einer psychischen Störung zu sprechen. Die nachweisbaren Probleme in der Selbstregulation Jugendlicher, die sich sowohl auf die Kognitionen als auch die Affekte auswirken, finden in dem Bild von Dahl (2001) einen treffenden Ausdruck, der vom *starting of an engine* durch einen *unskilled driver* spricht. Dass es dabei Krisen und Unfälle gibt, ist naheliegend. Auch die neu verfügbare Fähigkeit zur Metakognition, die Fähigkeit, über sich selbst nachdenken zu können, kann die Zunahme der internalisierenden Auffälligkeiten erklären, ohne dass sie sogleich dem pathologischen Spektrum zugeordnet werden sollten.

Tab. 17-1 Gegenüberstellung »normaler« und »krisenhafter« Verhaltensweisen in der Adoleszenz

Normal	Krisenhaft
gelegentliche Experimente mit Drogen in Verbindung mit Gleichaltrigenaktivitäten	zeitweiliger Gebrauch bzw. Missbrauch von Drogen oder Alkohol als primärer Organisator von Identität und zentraler Regulator von Wohlbefinden und Selbstbetrachtung
sexuelle Experimente mit gleichaltrigen Jungen oder Mädchen, Gefühle von Schüchternheit und Unsicherheit im Umgang mit anderen	zeitweilige promiskuitive sexuelle Beziehungen oder mangelnde Beziehungen zu Gleichaltrigen
geringe Fluktuation der Interessen	zeitweilige Schulverweigerung oder Verlust von Interesse an schulischen oder außerschulischen Aktivitäten
Auseinandersetzungen über Musik, Kleidung, Freizeit	Eltern hassen und basale gesellschaftliche Werte und Regeln vorübergehend bekämpfen
Unzufriedenheit, Langeweile	Angst, überwältigt zu werden; unfähig, das Leben zu genießen, lähmende depressive Zustände
Eltern provozieren durch überzogenes Verhalten, Individualitätssuche	ungeordnetes Denken, Suizidgedanken

Als Orientierungshilfe wird in Tabelle 17-1 zwischen normalen und krisenhaften Verhaltensweisen differenziert, die auf die auftauchenden sexuellen Interessen, die emotionale Intensität, die neuen Risiken im Umgang mit den Affekten und die Zunahme des Risikoverhaltens verweisen.

17.7.2 Beispiele für Adoleszenzkrisen

Fallbeispiel 1

Eine 15-jährige Jugendliche zog sich entgegen ihrer bisherigen Art immer mehr zurück, weil sie nicht an den Jungengeschichten ihrer Mitschülerinnen teilnehmen wollte. Sie war eine Spätentwicklerin. Anders als ihre Klassenkameradinnen hatte ihre Menarche erst vor einem halben Jahr eingesetzt. Sie hatte Probleme, sich mit ihrem Körper einverstanden zu erklären. Wegen ihres Rückzuges und ihrer arroganten Art wurde sie zunehmend »gemobbt«. Sie entwickelte immer mehr Ängste und reagierte mit Schulvermeidung. Sie wurde depressiv und begann mit dem Essen zu experimentieren. Sie nahm an Gewicht ab. Dies wurde von den Eltern sehr rasch bemerkt und sie suchten mit ihr einen niedergelassenen Kinderpsychiater auf. Nach einem halben Jahr war sie wieder in der Klasse integriert, hat die Essproblematik überwunden und es ging ihr gut. Es handelte sich bei ihr um eine vorübergehende anorektische Reaktion.

Fallbeispiel 2

Ein 14-jähriger Jugendlicher wurde im Schulunterricht vom Lehrer dabei erwischt, wie er ein Pornoheft las. Dieser Lehrer hat ihn nicht nur beschimpft, sondern vor allen Mitschülern vorgeführt. In Reaktion auf diese heftige Konfrontation wurde der Jugendliche krank. Danach entwickelte er eine massive Angstreaktion mit Herzklopfen und Schweißausbrüchen, wenn er morgens in die Schule sollte. Da die Symptomatik andauerte, kamen deutliche Fehlzeiten zustande. Nach einem ausführlichen Gespräch mit dem Lehrer und einer kritische Reflexion der Situation ließen die Ängste nach und er konnte wieder zur Schule gehen.

Fallbeispiel 3

Eine 15-jährige Jugendliche trank, nachdem sie ins Internat kam, verführt durch andere, etwas ältere Jugendliche, vermehrt Alkohol und war nächtelang unterwegs. Im Internat wurde offenbar nicht genauer kontrolliert – ganz entgegen den Bedingungen, in denen sie zuvor in der Familie gelebt hatte. Dort hatte es nämlich ständig Krach gegeben, wenn sie etwas anderes wollte als ihre Mutter. Dieser Freiraum erschien ihr befreiend. Gleichzeitig spürte sie mehr und mehr Gefühle von Traurigkeit und Leere, die sie mit dem Alkohol und dem Kontakt zu den Jugendlichen, die »Highlife« machten, wegschieben konnte. Die besorgte Mutter befürchtete, dass ihre Tochter den gleichen Weg wie ihr alkoholabhängiger Vater gehen könnte und veranlasste eine stationäre Behandlung. Die Jugendliche konnte dort die Problematik aufgeben. Nach Entlassung kam sie jedoch in das alte Milieu zurück. Es wird sich erst im Laufe der nächsten Jahre zeigen, ob es ihr gelingt, von der Problematik Abstand zunehmen.

17.8 Fazit

Als Fazit kann man festhalten, dass noch viele Fragen in dem Zwischenfeld zwischen unauffälliger und pathologischer Adoleszenz zu klären sind und hier ein erheblicher Forschungsbedarf besteht. Wir schlagen vor, am Begriff der Adoleszenzkrise als einer normativen Krise festzuhalten. Eine Pathologisierung der inneren und äußeren Austragungsorte noch nicht oder mangelhaft mentalisierter Konflikte sollte bei den Jugendlichen unserer Gesellschaft vermieden werden. Dabei erscheint es wichtig, die Adoleszenz vor allem nicht nur als eine individuelle Problematik zu sehen, sondern anzuerkennen, dass sie in ihren Bildern und Ausprägungen entscheidend von den jeweiligen gesellschaftlichen Bedingungen abhängt. Als einem Ort, an dem gesellschaftliche Umstrukturierungen erfolgen, erscheint es sinnvoll, eine partielle Grenzverwischung zwischen Normalität und Pathologie zuzulassen.

Literatur

Arbeitskreis OPD-KJ. Operationalisierte Psychodynamische Diagnostik im Kindes- und Jugendalter. Bern: Huber 2003.
Arnett JJ. Adolescent storm and stress, reconsidered. Am Psychol 1999; 54: 317–26.
Baeyer W v, Häfner H, Kisker KP. Psychiatrie der Verfolgten. Berlin, Heidelberg: Springer 1964.
Blos P. Adoleszenz. Stuttgart: Klett-Cotta 1973.
Brooks-Gunn J, Petersen AC. Problems in studying and defining pubertal events. J Youth Adolesc 1984; 13: 181–96.
Broughton JM. The divided self in adolescence. Hum Dev 1981; 24: 13–32.
Cicchetti D, Rogosch FA. A developmental psychopathology perspective on adolescence. J Consul Clin Psychol 2002; 70: 6–20.
Dahl RE. Affect regulation, brain development, and behavioral/emotional health in adolescence. CNS Spectr 2001; 6: 60–72.
Douvan E, Adelson J. The Adolescent Experience. New York: Wiley 1955.
Du Bois R, Resch F. Klinische Psychotherapie des Jugendalters. Stuttgart: Kohlhammer 2005.
Dudenredaktion (Hrsg). Duden – Deutsches Universalwörterbuch. 6. Aufl. Mannheim, Leipzig, Wien, Zürich: Dudenverlag 2006.
Erikson EH. Identität und Lebenszyklus. Frankfurt/Main: Suhrkamp 1966.

Fonagy P, Gergeley G, Jurist EJ, Target M. Affektregulierung, Mentalisierung und die Entwicklung des Selbst. Stuttgart: Klett-Cotta 2004.

Freud A. Probleme der Pubertät. In: Die Schriften der Anna Freud. Band IV. München: Kindler 1980; 1739-70.

Giovacchini P. The Borderline Aspects of Adolescence and the Borderline State. In: Feinstein S, Giovacchini P (eds). Adolescence psychiatry. Chicago: University of Chicago 1978; 320-38.

Gredler M. Designing and Evaluation Games and Simulations. A Process Approach. London: Kogan Page Ltd. 1992.

Henseler H. Narzisstische Krisen. Reinbek bei Hamburg: Rowohlt 1992.

Hofstra M, van der Ende J, Verhulst FC. Pathways of self-reported problem behaviors from adolescence into adulthood. Am J Psychiatry 2002; 159: 401-7.

Hurrelmann K, Albert M (Hrsg). 15. Shell Jugendstudie. Jugend 2006. Frankfurt/Main: Fischer 2006.

Kernberg O. Borderline-Störungen und pathologischer Narzissmus. Frankfurt/Main: Suhrkamp 1978.

Korenblum M, Marton P, Golombek, Stein B. Personality status: changes through adolescence. Psychiatr Clin North Am 1990; 13: 389-99.

Langen D, Jaeger A. Puberal crisis and their developments. A catamnestic investigation. Arch Psychiatr Nervenkr 1964; 205: 19-36.

Larsen R, Lampman-Petraitis C. Daily emotional states as reported by children and adolescents. Child Dev 1989; 60: 1250-60.

Laufer M, Laufer ME. Adoleszenz und Entwicklungskrise. Stuttgart: Klett-Cotta 1989.

Lichtenberg JD. Eine selbstpsychologische Betrachtung der Adoleszenz. Übergangsphase oder Sturm und Drangkomplex? In: Hartmann HP, Milch W, Kutter P, Paul J (Hrsg). Das Selbst im Lebenszyklus. Frankfurt/Main: Suhrkamp 1998; 59-84.

Moffitt T. Adolescence-limited and life-course-persistent antisocial behaviour: a developmental taxonomy. Psychol Rev 1993; 100: 674-701.

Offer D. Normal adolescents. Am Educator 1985; 9: 34-8.

Offer D, Schonert-Reichl KA. Debunking the myths of adolescence. J Am Acad Child Adolesc Psychiatry 1992; 31: 1003-14.

Remschmidt H. Adoleszenz. Stuttgart: Thieme 1992.

Resnick MD, Bearman PS, Blum RW, Bauman KE, Harris KM, Jones J, Tabor J, Beuhring T, Sieving RE, Shew M, Ireland M, Bearinger LH, Udry JR. Protecting adolescents from harm. Findings from the National Longitudinal Study on Adolescent Health. JAMA 1997; 287: 823-32.

Rutter M. Adolescence as a transition period. J Adolesc Health 1992; 13: 451-60.

Seiffge-Krenke I. Coping behavior in normal and clinical samples: more similarities than differences? J Adolesc 1993; 16: 285-303.

Stroemgren E. Psychogene, nicht schizophrene Psychosen. In: Kisker KP, Lauter H, Meyer JE, Müller C, Stroemgren E (Hrsg). Schizophrenien. Psychiatrie der Gegenwart. Bd. 4. Berlin, Heidelberg: Springer 1987; 197-209.

Venzlaff U. Die psychoreaktiven Störungen nach entschädigungspflichtigen Ereignissen. Berlin, Heidelberg: Springer 1958.

18 Selbstverletzendes Verhalten

Gerhard Libal und Paul L. Plener

Inhalt

18.1	Einleitung	190
18.2	Definition und Klassifikation	190
18.3	Epidemiologie	192
18.4	Ätiologie und Pathogenese	192
18.5	Komorbide Störungen	194
18.6	Diagnostik und Differenzialdiagnosen	194
18.7	Therapie	196
18.8	Prävention	198
Literatur		198

Zusammenfassung

Selbstverletzendes Verhalten muss als häufig auftretendes und weltumspannendes Phänomen verstanden werden, das seinen Höhepunkt im Jugendalter hat und sich in höherem Alter reduziert.

Bei der Entstehung selbstverletzenden Verhaltens muss von einer multifaktoriellen Genese ausgegangen werden. Eine zentrale Rolle spielen dabei Funktionsstörungen des Serotoninsystems, Beeinträchtigungen der Fähigkeit zur Emotionsregulation, das Fehlen von funktionalen Bewältigungsstrategien, emotionale Vernachlässigung, sozial Konflikte, traumatische Erlebnisse und Kontakt zu selbstverletzenden Peers.

Da die Mehrzahl der selbstverletzenden Handlungen nicht suizidal begründet ist, sollte in der klinischen Praxis eine Trennung zwischen selbstverletzendem und suizidalem Verhalten vorgenommen werden.

Aufgrund der möglichen körperlichen und psychischen Folgen sowie der Überschneidungen mit dem Bereich suizidalen Verhaltens sollten Interventionen früh erfolgen.

Es gibt vielversprechende Ansätze in der psychotherapeutischen Behandlung, für psychopharmakologische Interventionen ist die Evidenz derzeit noch gering.

18.1 Einleitung

Ziel dieses Kapitels soll es sein, das Phänomen selbstverletzendes Verhalten in seiner Komplexität zu erfassen und den Wissensstand zum geschichtlichen Hintergrund, Definitionen, Epidemiologie, Diagnostik und Therapie mit einem Fokus auf das Jugend- und junge Erwachsenenalter zu beschreiben.

Trotzt des stetig steigenden Interesses und der hohen aktuellen Prävalenz- und Inzidenzraten sind selbstverletzende Handlungen kein Phänomen der heutigen Zeit. Auf erste Berichte stößt man bereits in der Antike, so etwa im 6. Buch Herodots über den Heerführer Cleomenes, im Oedipus Rex des Sophokles sowie in den Beschreibungen des Attis-Kultes. Auch in biblischen und anderen frühen christlichen Schilderungen der »Wüstenväter« und anderer Märtyrer finden sich Hinweise auf selbstverletzende Handlungen (Favazza 1998; Menninger 1938). Religiös verwurzelte Selbstverletzungen lassen sich in der jüdisch-christlichen Tradition und im Islam über das Mittelalter bis in die heutige Zeit verfolgen (Flagellationen etc.), dies gilt auch für die (oftmals Initiations- oder Trauer-)Riten kleiner Stammesgemeinschaften (Favazza 1998).

In der medizinischen Fachliteratur finden sich bereits ab dem 19. Jahrhundert Berichte über durch psychische Störungen bedingte, meist schwere Formen der Selbstverletzungen (Bergmann 1846; Channing 1877).

18.2 Definition und Klassifikation

Ein erster systematischer Versuch, selbstverletzendes Verhalten zu definieren und zu klassifizieren, wird von Menninger 1938 unternommen. Er unterteilt Selbstverletzungen *(self-mutilation)* in religiöse, neurotische, konventionelle, psychotische oder durch organische Ursachen bedingte Formen – eine Einteilung, die bereits mit dem Begriff der *neurotic self-mutilation* jenes Verhalten (wie etwa Schneiden, Ritzen oder Verbrennen der Haut) beschreibt, welches auch heute vielfach im Fokus der wissenschaftlichen Beschäftigung steht (Menninger 1938).

In den 1960er Jahren setzt mit den Arbeiten zum »Wrist-cutter-Syndrom« (Graff u. Mallin 1967; Pao 1969; Podvoll 1969; Rosenthal et al. 1972) eine vermehrte wissenschaftliche Perzeption ein. Im weiteren Verlauf entstand die Idee, selbstverletzendes Verhalten als eigenständiges Syndrom zu definieren. Über das Schneiden der Unterarme hinausgehend, wurden hierbei auch andere selbstschädigende Handlungen miteinbezogen, was zu einer Definition eines weiter gefassten Syndroms der Selbst-

18.2 Definition und Klassifikation

schädigung *(deliberate self-harm)* führte (Pattison u. Kahan 1983).
Neben diesem syndromalen Ansatz begegnet man seit den frühen 1990er Jahren einer Begriffsvielfalt und vielfältigen Definitionsversuchen, die auf der Beschreibung verschiedener Teilphänomene beruhen. Neben den geläufigen Begriffen wie *self-injury* (SI), *self-injurious behavior* (SIB) und *deliberate self-harm* (DSH), *automutilation, parasuicide, self-cutting* und *autoaggressive behavior* finden sich gegenwärtig 33 Bezeichnungen für das Phänomen »selbstverletzendes Verhalten« im angloamerikanischen Sprachraum (Muehlenkamp 2005), die teilweise auch uneinheitlich gebraucht werden (Skegg 2005).

> Als eine der gebräuchlichsten Definition darf jene von Favazza (1996, 1998) gelten, der *self-mutilation* in drei Bereiche (*major, stereotypic* und *superficial/moderate*) einteilt: Unter superfizielle/moderate Selbstverletzungen ordnete Favazza die heute im Jugendalter wesentlichen und häufigen Formen ein, z. B. zwanghafte Akte, wie Trichotillomanie und das Zupfen der Haut, und episodische Akte, wie das Schneiden und Verbrennen der Haut (Favazza 1998), während in der Major-Form schwere Selbstverletzungen (hauptsächlich vor einem psychotischen Hintergrund) angeführt werden und die stereotypen Formen vor allem im Rahmen des Gilles-de-la-Tourette-Syndrom und der geistigen Behinderung vorkommen.

Ähnliche Definitionen finden sich auch bei anderen Autoren, die zusätzlich die Unterscheidung zwischen selbstverletzendem Verhalten und Suizidversuchen klarer herausstellten (Simeon et al. 1992; Winchel u. Stanley 1991).
Seit der zweiten Hälfte der 1990er Jahre kommt es wieder zu einer Zunahme an Veröffentlichungen. Unter diesen neueren Publikationen finden sich groß angelegte mit steigenden Prävalenzraten (z. B. Hawton et al. 2003; Muehlenkamp u. Gutierrez 2007). Daneben entstanden neuerlich Bemühungen, selbstverletzendes Verhalten als eigenes Syndrom zu fassen (Muehlenkamp 2005; Walsh 2006), wofür ein vorhandenes Symptommuster, ein definierter Beginn, bekannte Risikofaktoren und Vorläufer, ein bekannter Verlauf, bekannte Komorbiditäten sowie eine klare Abgrenzung vom Suizid sprechen (Muehlenkamp 2005).
In diesem Sinn ist auch die im Rahmen eines Forschungsprogramms zu selbstverletzendem Verhalten an der New Yorker Cornell University (http://www.crpsib.com/default.asp) im Konsensverfahren gebildete Definition hervorzuheben (Cornell Research Program):

> Sie beschreibt selbstverletzendes Verhalten (hier als *self-injurious behavior*) als eine Vielzahl von Verhaltensweisen, im Rahmen derer ein Individuum sich absichtlich schädigt, und zwar aus Gründen, die nicht sozial anerkannt oder akzeptiert sind und ohne suizidale Intention ausgeführt werden.

Die aktuelle Definition aus dem deutschsprachigen Raum, die ein ähnliches Konzept beschreibt, ist jene von Petermann und Winkel (2005):

> »Selbstverletzendes Verhalten ist gleichbedeutend mit einer funktionell motivierten, direkten und offenen Verletzung oder Beschädigung des eigenen Körpers, die nicht sozial akzeptiert ist und die nicht mit suizidalen Absichten einhergeht.«

Die Frage der **Beziehung zwischen selbstverletzenden Verhaltensweisen und Suizidalität** war und ist Gegenstand zahlreicher Studien. Vor allem der Begriff des *deliberate self-harm* sorgt in dieser Debatte für Unschärfen, da unter diesem Begriff etwa in Großbritannien und den Ländern des ehemaligen Commonwealth auch selbstschädigende Verhaltensweisen zusammengefasst werden, ohne dabei auf die suizidale Intention einzugehen (Hawton et al. 2003). Bei Verwendung desselben Begriffs wird jedoch in den aus den USA kommenden Studien eine suizidale Intention dezidiert ausgeschlossen (Skegg 2005).
Die aktuellen Arbeiten der Arbeitsgruppe der Columbia University zur Reklassifikation von *suicidality* im Rahmen der Nebenwirkungsdebatte um die selektiven Serotonin-Wiederaufnahmehemmer (SSRI) bei der Behandlung von Depressionen im Kindes- und Jugendalter (Posner et al. 2007) unterstreichen erneut die Unterscheidung, ob im Rahmen einer selbstverletzenden Handlung ein Wunsch zu sterben oder nicht vorhanden ist. Sie beschreiben selbstverletzendes Verhalten und suizidale Handlungen als zwei voneinander verschiedenen Entitäten. Die suizidale Handlung ist wesentlich durch die Intention, zu sterben *(intent to die)*, charakterisiert und kann somit vom selbstverletzenden Verhalten unterschieden werden (z. B. Muehlenkamp 2005; Nock u. Kessler 2006; O'Carroll et al. 1996; Rodham et al. 2004; Stanley et al. 2001; Walsh 2006). Eine ausführliche Übersicht zur Unterscheidung dieser beiden Entitäten findet sich bei Muehlenkamp (2005) und in ähnlicher Weise auch bei Walsh (2006) (Tab. 18-1).
Eine viel diskutierte Theorie über den Zusammenhang von selbstverletzendem Verhalten und Suizidalität ist jene von Joiner et al. (2005), die postulierten, dass durch selbstverletzende Handlungen Individuen bezüglich Ängsten und physischem Schmerz habituiert werden und damit die Schwelle zu suizidalen Handlungen abnimmt. In Übereinstimmung mit dieser Theorie berichten Nock und Kessler (2006) von einer gesteigerten Rate suizidaler Handlungen bei Individuen mit länger andauerndem selbstverletzendem Verhalten, mehreren angewandten Methoden und der Abwesenheit physischen Schmerzes.
Der in den aktuellen Arbeiten zu diesem Thema verwendete Begriff des *non suicidal self-injury* (NSSI), der als eine »freiwillige, direkte Zerstörung oder Veränderung des Körpergewebes ohne suizidale Absicht« definiert ist, kann somit als das bislang

Tab. 18-1 Unterscheidung zwischen suizidaler Handlung und selbstverletzendem Verhalten (nach Walsh 2006)

	Suizid	Selbstverletzendes Verhalten (*self-injurious behavior* [SIB])
Intention	Existenz beenden	Stressabbau, sich besser fühlen
Letalität	hoch, oft medizinische Behandlung	niedrig, wenig medizinische Behandlung
Chronizität	infrequent	repetitiv
Methoden	oft eine Methode	häufig mehrere Methoden
Kognitionen	sterben, suizidale Gedanken	Erleichterung, keine Todesgedanken
Reaktionen der Umwelt	Anteilnahme, Besorgnis	Angst, Ekel, Feindseligkeit
danach	meist keine Erleichterung	Erleichterung, Beruhigung
Demografie	am häufigsten ältere Männer	am häufigsten Jugendliche
Prävalenz	100/100 000 Versuche	~ 1 400/100 000

schlüssigste Ergebnis dieser Debatte gewertet werden (Lloyd-Richardson et al. 2007; Muehlenkamp u. Gutierrez 2007). NSSI wird als sozial nicht akzeptiert (im Gegensatz z. B. zu Ohrenpiercing), repetitiv und direkt (und daher anders als indirekte Selbstbeschädigung, wie Trinken und Autofahren) definiert und führt zu kleinen oder moderaten Schädigungen.

> In der Zusammenschau der vorliegenden Befunde empfehlen wir daher in Anlehnung an das englischsprachige NSSI-Konzept und die deutschsprachige Definition durch Petermann und Winkel (2005), **selbstverletzendes Verhalten** als bewusste, freiwillige und direkte Zerstörung von Körpergewebe ohne suizidale Absicht, die sozial nicht akzeptiert ist, zu definieren.

18.3 Epidemiologie

Der Vergleich von epidemiologischen Daten zu selbstverletzendem Verhalten wird durch die oben ausgeführte Begriffsvielfalt erschwert. Für das Jugendalter zeigt sich international in groß angelegten Studien, die meist in Schulpopulationen im Alter zwischen 14 und 17 Jahren durchgeführt wurden, eine Lebenszeitprävalenz zwischen 3,7 % (Rodham et al. 2004) und 23,2 % (Muehlenkamp u. Gutierrez 2007). Bemerkenswert erscheint hier, dass in Studien, die mit vergleichbarem Design zu zwei unterschiedlichen Zeitpunkten durchgeführt wurden, eine Konstanz, mitunter auch eine Steigerung der Prävalenzraten in jüngerer Zeit zu verzeichnen ist (Gratz 2006; Gratz et al. 2002; Muehlenkamp u. Gutierrez 2004, 2007). Studiendaten aus Deutschland liegen im internationalen Durchschnitt und sind zum Teil auch mit Daten aus den USA vergleichbar (Plener u. Muehlenkamp 2007). Die Heidelberger Schulstudie etwa berichtet eine 1-Jahres-Prävalenz selbstverletzender Handlungen bei 10,9 % der untersuchten 5 759 Schülern der 9. Klasse (Brunner et al. 2007). In der Ulmer Schulstudie findet sich eine Lebenszeitprävalenz von 25,9 % bei den untersuchten 605 Schülern der 9. Klasse (Plener u. Muehlenkamp 2007).

Aus einer klinischen Stichprobe von 3 649 kinder- und jugendpsychiatrischen Patienten wurde von Kirkcaldy et al. (2006) eine Lebenszeitprävalenz von 59 % (weibliche Patienten) bzw. 26 % (männliche Patienten) ermittelt.

18.4 Ätiologie und Pathogenese

18.4.1 Biologische Faktoren

■ **Bedeutung des serotonergen Systems:** Als häufigstes biologisches Erklärungsmodell für die Entstehung bzw. Aufrechterhaltung selbstverletzender Verhaltensweisen findet sich in der Literatur eine Störung im serotonergen System (Lopez-Ibor et al. 1985; Pies i. Popli 1995; Roberts 2003; Russ 1992; Winchel u. Stanley 1991). Hier wird als Hauptmechanismus eine gesteigerte Impulsivität diskutiert (Stanley et al. 1992), die durch vergleichbare Befunde bei Patienten mit impulsiv-aggressivem Verhalten untermauert wird (Coccaro et al. 1989). Diese gestörte Serotonin-Funktion konnte auch in einer Untersuchung von Patienten mit Persönlichkeitsstörung und gesteigerter Impulsivität im Vergleich zu gesunden Probanden durch eine verminderte Ausschüttung des Hormons Prolaktin nach Stimulation mit dem Serotonin-Agonisten Fenfluramin demonstriert werden (Coccaro et al. 1989, 1990; Herpertz et al. 1995). Dieser Befund erhält Relevanz auch dadurch, dass bei Patienten mit Persönlichkeitsstörungen sowohl das Auftreten von Suizidversuchen als auch erhöhte Werte für impulsive Aggressivität mit einer verminderten Prolaktin-Ausschüttung korrelierten. Somit könnte eine erhöhte Impulsivität als »Bindeglied« zwischen Aggressivität und selbstverletzender Verhaltensweise angenommen werden.

Da Parallelen zwischen manchen Formen selbstverletzenden und zwanghaften Verhaltens bestehen und sich bei zwanghaften Patienten unter SSRI-Therapie auch selbstverletzendes Verhalten reduziert, findet sich hier ein weiterer Anhaltspunkt für die Hypothese einer Beteiligung des serotonergen Systems (Primeau u. Fontaine 1987; Winchel u. Stanley 1991).

■ **Bedeutung des dopaminergen Systems:** Die Idee, dass auch das dopaminerge System bei der Entstehung und Aufrechterhaltung selbstverletzender Verhaltensweisen beteiligt sein könnte, stammt vor allem aus Tierversuchen und der Beobachtung selbstverletzenden Verhaltens bei mentaler Retardierung (Breese et al. 1989; Lloyd et al. 1981; Wagner et al. 2003), jedoch gibt es bisher noch wenig Anhaltspunkte dafür, dass direkte Rückschlüsse auf die Entstehung und Aufrechterhaltung »moderaten« selbstverletzenden Verhaltens zulässig sind.

■ **Bedeutung des opioiden Systems:** Endogene Opioide wie β-Endorphine und Met-Enkephaline spielen bei der Schmerzwahrnehmung sowie beim Suchtverhalten eine bedeutende Rolle. Da sich selbstverletzendes Verhalten mitunter auch mit suchtartigem Charakter (Nixon et al. 2002) präsentieren kann, ist eine Beteiligung bei der Aufrechterhaltung des selbstverletzenden Verhaltens naheliegend. Das von einigen Patienten beschriebene Hochgefühl *(high)* könnte – wie auch bei anderen Stressreaktionen – mit einer Endorphin-Ausschüttung im Zusammenhang stehen (Richardson u. Zaleski 1986), die oft auch mit einer Hypoalgesie einhergeht (Willer et al. 1981). Berichte von Hypoalgesie bei Patienten mit selbstverletzendem Verhalten sind zahlreich (Kempermann et al. 1997; Russ et al. 1996), auch zentralnervöse Einfluss nehmende Prozesse wurden diesbezüglich beschrieben (Schmahl et al. 2006). Der Nachweis hoher Met-Enkephalin-Spiegel im Blut von Patienten mit selbstverletzendem Verhalten könnte die Hypothese eines primären Einflusses der endogenen Opioide unterstützen, jedoch auch ein »sekundärer« Marker von Schmerzen und Stressreaktionen sein (Coid et al. 1983; Dubois et al. 1981).

18.4.2 Psychosoziale Risikofaktoren und protektive Faktoren

Wie bei den meisten psychiatrischen Störungen resultieren auch die Ursachen für selbstverletzendes Verhalten meist aus einem komplexen Zusammenspiel von genetischer Disposition und vielfältigen Umweltfaktoren (z. B. Lebensereignisse, chronische Stressoren). Daher ist neben der Suche nach ursächlich wirkenden Faktoren die Bestimmung der protektiven und Risikofaktoren ein erster, auch für spätere therapeutische Entscheidungen bedeutender Schritt. Das Vorhandensein von Risikofaktoren kann die Wahrscheinlichkeit der Entwicklung einer Störung erhöhen, umgekehrt können vorhandene protektive Faktoren diese Wahrscheinlichkeit senken. Mit dem Begriff »protektive Faktoren« ist auch das Konzept der Resilienz verbunden. Resilienz beschreibt die Fähigkeit eines Individuums, von ungünstigen Einflüssen unbeeinträchtigt zu bleiben, und diese Fähigkeit ist durchaus häufig bei Kindern und Jugendlichen wirksam (Masten 2001). Protektive Faktoren können zum Vorhandensein von Resilienz unter ungünstigen Umweltbedingungen beitragen, während das Vorhandensein von Risikofaktoren in dieser Situation die Wahrscheinlichkeit für eine psychische Störung erhöhen kann.

Im Zusammenhang mit der Entstehung von selbstverletzenden Verhaltensweisen spielen
- ungünstige psychosoziale Entwicklungsbedingungen in der Kindheit,
- die Entwicklung emotionaler Dysregulation und
- die Entwicklung komorbider psychischer Störungen

als wesentliche Risikofaktoren eine Rolle.

Ungünstige psychosoziale Entwicklungsbedingungen

Nach Linehan et al. (1993) ist vor allem ein invalidierendes Umfeld in der frühen Kindheit, das von geringer emotionaler Responsivität und emotionaler Vernachlässigung bis hin zu emotionalem, körperlichem und sexuellem Missbrauch gehen kann, für die mangelnde Entwicklung von Fähigkeiten bei der emotionalen Selbststeuerung und interpersonellen Beziehungsgestaltung verantwortlich, die dann wieder zu dysfunktionalen Coping-Mechanismen wie selbstverletzendem Verhalten führen.

In Studien finden sich weitergehende Anhalte für diesen Ansatz, da sich bei Menschen mit selbstverletzendem Verhalten häufiger frühe Trennung von den Eltern, schlechte Paarbeziehung der Eltern mit häufigen Auseinandersetzungen, Gewalt in der Familie sowie emotionale und physische Vernachlässigung in der Anamnese finden (Carroll et al. 1980; Dubo et al. 1997; Gratz et al. 2002; Tulloch et al. 1997; van der Kolk et al. 1991).

Eine neuere Arbeit weist in dieselbe Richtung und berichtet, dass hohe emotionale Beteiligung der Eltern, vor allem im Sinne einer überhöhten elterlichen Kritik, selbstverletzendes Verhalten beeinflussen kann (Wedig u. Nock 2007).

Neben diesen Hinweisen auf ein tendenziell schlechteres familiäres Umfeld als Risikofaktor wurde vor allem auch der Zusammenhang mit körperlichem und sexuellem Missbrauch in der Kindheit untersucht. In einer aktuellen Übersichtsarbeit, die 42 Studien zu diesem Thema einschloss, fanden Klonsky und Moyer (2008) nur eine schwache Beziehung zwischen sexuellem Missbrauch in der Kindheit und selbstverletzendem Verhalten. Sie schlagen daher vor, sexuellen Missbrauch und selbstverletzendes Verhalten eher als gleichgerichtet wirksame bzw. parallele Risikofaktoren für die Entwicklung derselben psychischen Störungen zu verstehen, als zwischen beiden eine direkte, monokausale Beziehung anzunehmen. Interessant ist auch, dass eher körperliche Misshandlung als sexueller Missbrauch in der Kindheit ein Risiko für die Entwicklung von selbstverletzendem Verhalten darstellt (Evren u. Evren 2005; Zoroglu et al. 2003) und körperlich misshandelte Kinder später zweimal häufiger als vernachlässigte und sechsmal häufiger als »normale« Kinder selbstverletzendes Verhalten entwickeln (Green 1978).

Emotionale Dysregulation

Neben ungünstigen Entwicklungsbedingungen können auch individuelle Faktoren als Risikofaktor wirken. Eine besondere Rolle kommt dabei der unterschiedlich ausgeprägten Fähigkeit zur Regulation von Emotionen zu, wobei hierbei vor allem Probleme bei der Regulation von negativen Emotionen ein Risiko zur Entwicklung von selbstverletzendem Verhalten als »maladaptive Emotionsregulationsstrategie« (Linehan et al. 1993) darstellen.

Die Anwendung als Mittel der Affektregulation findet sich in der Literatur als häufigste Angabe zur Funktion von selbstverletzendem Verhalten, da es eine rasch wirksame Methode zum Abbau eines unangenehmen Spannungsgefühls sein dürfte (Haines et al. 1995). In der Zusammenschau der Studien zu den Entstehungsbedingungen des selbstverletzenden Verhaltens finden sich übereinstimmend Belege dafür, dass

- negative Emotionen dem selbstverletzenden Verhalten vorangehen,
- nach dem selbstverletzenden Verhalten eine Reduktion der negativen Emotionen in Verbindung mit dem Gefühl von Erleichterung und innerer Ruhe erlebt werden,
- als Hauptmotivation für selbstverletzendes Verhalten der Wunsch nach Erleichterung von negativen Gefühlen angegeben wird.

Zudem können negativer Affekt und Anspannung auch durch stellvertretende Handlungen im Laborsetting reduziert werden (Klonsky 2007).

Dazu passend zeigen Untersuchungen über die emotionalen Besonderheiten bei Patienten mit selbstverletzendem Verhalten, dass diese im Vergleich mit Menschen ohne selbstverletzendes Verhalten häufiger dissoziative Zustände mit Beeinträchtigung der Gefühlswahrnehmung erleben sowie größere Schwierigkeiten sowohl beim Wahrnehmen, Bewusstmachen und Verstehen ihrer Gefühle (Gratz et al. 2002; Lundh et al. 2007; Zlotnick et al. 1997) als auch beim Ausdrücken und Beschreiben von Gefühlen (Gratz 2006) haben. Nach den selbstverletzenden Handlungen wird in der Literatur häufig eine Kombination aus Erleichterung, Schamgefühl, Schuldgefühl und Enttäuschung beschrieben (Jacobson u. Gould 2007). Insgesamt finden sich eindeutige Belege, um eine eingeschränkte Affektregulationsfähigkeit als einen bedeutenden Risikofaktor für die Entwicklung von selbstverletzendem Verhalten zu werten.

18.5 Komorbide Störungen

Da selbstverletzendes Verhalten bislang nicht als eigenständiges Störungsbild in der ICD-10 oder im DSM-IV geführt wird, sind psychiatrische Diagnosen, in deren Rahmen selbstverletzendes Verhalten häufiger vorkommt, von besonderer Bedeutung.

Garrison et al. (1991) berichten, dass Patienten mit einer schweren depressiven Episode ein 8,3-fach erhöhtes Risiko, jene mit einer spezifischen Phobie ein 8,5-fach erhöhtes Risiko und Patienten mit einer Zwangsstörung ein 5,3-fach erhöhtes Risiko einer Entwicklung von selbstverletzendem Verhalten haben.

Betrachtet man die wenigen bislang dazu publizierten Studien, dann dürften komorbide depressive Erkrankungen im Vordergrund stehen (Skegg 2005). So berichten Jacobson und Gould (2007) von Raten schwerer depressiver Episoden zwischen 41,6 % und 58 % bei Jugendlichen, die sich selbst verletzen, und weisen darauf hin, dass 88,9 % der Jugendlichen mit selbstverletzendem Verhalten die Kriterien für eine Form einer depressiven Erkrankung (depressive Episoden verschiedenen Schweregrades oder Dysthymie) erfüllen.

Dazu kommen hohe Raten des Substanzkonsums (ca. 60 %) und für alle externalisierenden Störungen zusammengefasst (Jacobson u. Gould 2007).

Während sich in der Literatur zu Erwachsenen viele Hinweise für eine hohe Komorbidität emotional instabiler Persönlichkeitsstörungen vom Borderline-Typus finden lassen, stellt sich die Situation bei Jugendlichen nicht so klar da. Zahlen aus kinder- und jugendpsychiatrischen Inanspruchnahmepopulationen berichten dazu Raten zwischen 37 % und 51,7 %, wobei jedoch darauf hingewiesen werden muss, dass daraus keine Rückschlüsse zur Häufigkeit der emotional instabilen Persönlichkeitsstörung in der jugendlichen Allgemeinbevölkerung gezogen werden können (Jacobson u. Gould 2007).

Obgleich klinisch häufig ein Zusammenhang zwischen Essstörungen und selbstverletzendem Verhalten gesehen wird, finden sich in der Literatur bislang keine genaueren Untersuchungen dazu, da die unternommenen Studien (Claes et al. 2005; Favazza u. Conterio 1989; Whitlock et al. 2006) aufgrund unterschiedlicher Schwierigkeiten keine allgemein verlässliche Aussage erlauben.

18.6 Diagnostik und Differenzialdiagnosen

18.6.1 Klinische Diagnostik

Im Erstkontakt empfiehlt sich in der Regel, ein ausgewogen neutrales Verhalten gegenüber dem selbstverletzenden Verhalten der jugendlichen Patienten zu zeigen, da übermäßige Anteilnahme die Gefahr birgt, verhaltensverstärkend zu wirken, ein schockierter Umgang wiederum die Gefahr eines Therapieabbruches in sich birgt (Plener et al. 2007).

In der Anamneseerhebung ist es wichtig, einerseits im allgemeinen Teil Hinweise zu erkennen, die auf ein selbstverletzendes Verhalten hindeuten, sowie bei eben diesen Hinweisen in einem speziellen Teil mit gezielten Fragen dem Patienten die Möglichkeit zu geben, sich zu diesem oft mit Scham besetzten Thema zu öffnen.

Das Cornell Research Programme on Self-Injurious Behavior (http://www.crpsib.com/default.asp) empfiehlt daher für einen Erstkontakt sowohl im ambulanten wie auch im stationären Setting folgende Vorgehensweise:
- Der Untersucher sollte sich nicht schockiert zeigen oder übertriebene Anteilnahme signalisieren.
- Selbstverletzendes Verhalten ist meist keine suizidale Geste und soll auch nicht als solche verstanden werden.
- Selbstverletzendes Verhalten erfüllt eine Funktion, meist soll damit eine für den Patienten krisenhaft erlebte Situation bewältigt werden. Die Vermittlung anderer (Coping-) Strategien kann alternative Handlungsmöglichkeiten eröffnen.
- Mögliche Gefährdungen durch die selbstverletzenden Handlungen sollten beachtet werden Das Thema Sicherheit sollte dabei umfassend besprochen werden, da neben der direkten Gefahr für den Patienten auch die Möglichkeit der Übertragung von Krankheiten, etwa durch gemeinsam benutzte Rasierklingen, besteht.
- Es sollte erhoben werden, welchen Einfluss die Peergroup auf das selbstverletzende Verhalten hat.

> Eine besonders schwierige Situation ergibt sich jedoch, wenn trotz nachhaltiger Hinweise in der (Fremd-)Anamnese die Identifizierung des selbstverletzenden Verhaltens vom Patienten weiterhin bewusst verheimlicht wird. Es ist auch zu bedenken, dass neben den direkten Formen der Selbstverletzung (wie etwa dem Schneiden der Haut) mitunter auch indirekte Formen der Selbstschädigung vorhanden sein können (etwa ein Diabetiker, der seine Medikation verweigert). Informationen hierzu können mittels geeigneter psychometrischer Verfahren detailliert erfasst werden.

Eine *körperliche Untersuchung* ist notwendig, um einen Überblick über die Lokalisation und den Schweregrad der Wunden sowie die Notwendigkeit einer Wundversorgung oder anderer medizinischer Behandlungen zu gewinnen, da diese Punkte vielfach von den Betroffenen falsch eingeschätzt werden.

Für die *klinische Untersuchung* ist es auch hilfreich zu wissen, dass sich in epidemiologischen Untersuchungen bei Jugendlichen Schneiden, Kratzen, Schlagen, Verbrennen und die Verzögerung der Wundheilung als bevorzugte Methoden selbstverletzenden Verhaltens finden (Abb. 18-1) (Muehlenkamp u. Gutierrez 2004; Nixon et al. 2002).

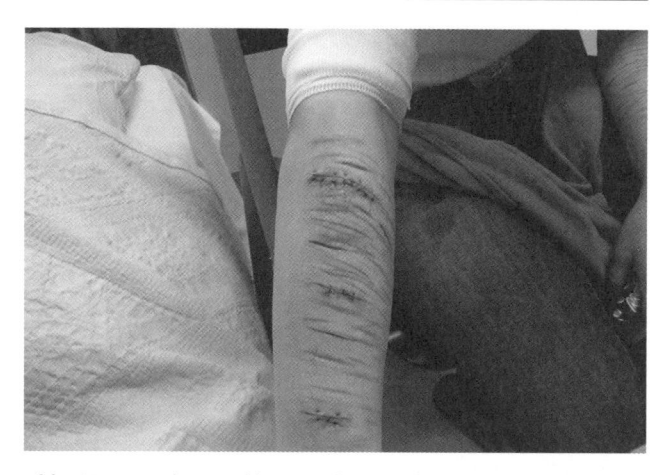

Abb. 18-1 Durch Rasierklingen selbst zugefügte Verletzungen in verschiedenen Stadien der Wundheilung bei selbstverletzendem Verhalten einer Jugendlichen

Bezüglich der *Lokalisation* selbstverletzender Handlungen empfiehlt es sich, vor allem den Körperregionen Aufmerksamkeit zu schenken, die in einer Stichprobe von psychiatrisch behandelten Jugendlichen als bevorzugte Stellen erhoben wurden (Nixon et al. 2002). Es finden sich hier (in Reihenfolge der abnehmenden Häufigkeit):
- Unterarm/Handgelenk
- Oberarm/Ellenbogen
- Unterschenkel/Knöchel
- Oberschenkel/Knie
- Hände/Finger
- Abdomen

Zusätzliche Hinweise können hierbei auch folgende sein:
- eine inadäquate Kleidung (etwa langärmelige Kleidung bei hohen Temperaturen)
- andauernde Benutzung von »Schweißbändern«
- das Tragen von Verbänden
- die in der (Fremd-)Anamnese erhobene Weigerung, an Aktivitäten wie Schwimmen oder Schulsport teilzunehmen

Sofern dies in der klinischen Praxis durchführbar ist, empfiehlt es sich auch, Daten zu selbstverletzendem Verhalten mittels Fragebögen zu erfassen, da vielen Betroffenen schriftliche Angaben zu diesem oftmals schamhaft besetzten Thema leichter fallen.

18.6.2 Diagnostik mittels psychometrischer Instrumente

Obgleich eine große Zahl an Fragebogeninstrumenten vorhanden ist, hat sich bislang noch kein einheitlicher Standard herausgebildet. Die Auswahl an deutschsprachigen Instrumenten ist beschränkt. Es handelt sich hierbei häufig um aus dem englischsprachigen Original übersetzte, jedoch nicht validierte Fragebögen (Petermann u. Winkel 2007), die meistens für Erwachsene erstellt wurden.

Validierte deutsche Übersetzungen liegen für den »Deliberate Self-Harm Inventory« (DSHI) (Gratz 2001), den »Self-Harm Behavior Questionnaire« (SHBQ) (Gutierrez et al. 2001) und die »Assessment Scale Self-Destruction« (Fliege et al. 2006) vor. Dabei scheint vor allem der DSHI für Jugendliche geeignet und wurde auch bereits von einer skandinavischen Forschergruppe im Rahmen einer Prävalenzstudie als DSHi-s in einer vereinfachten Form verwendet (Lundh et al. 2007). Der SHBQ stellt, in vier Abschnitte geteilt, neben Fragen zu selbstverletzenden Handlungen auch Fragen zu Suizidversuchen und Suiziddrohungen. Neben der Anwendung bei Jugendlichen in den USA (Muehlenkamp u. Gutierrez 2004, 2007) fand dieser Fragebogen auch in der Ulmer Schulstudie in seiner deutschen Version eine Anwendung (Plener u. Muehlenkamp 2007). Für den klinischen Bereich erscheint der *Erhebungsbogen Selbstschädigung* (Willenberg et al. 1997) hilfreich. Zur Verlaufskontrolle im Rahmen einer psychiatrischen Behandlung bietet sich die Methode der funktionellen Verhaltensanalyse an, welche die Mechanismen der Aufrechterhaltung selbstverletzender Verhaltensweisen identifizieren und beschreiben soll (Petermann u. Winkel 2005).

18.7 Therapie

18.7.1 Psychotherapie

Voraussetzung für das Gelingen der Therapie ist eine professionelle therapeutische Haltung, die mit Empathie eine gute und sichere Beziehung zum sich selbst verletzenden Patienten aufbauen und aufrechterhalten kann. Die therapeutische Beziehung kann jedoch oft unvorhersehbar durch manipulatives und kränkendes Verhalten der Patienten belastet werden. Um die Kontinuität der Therapie dennoch zu gewährleisten, muss ein wichtiges Ziel darin bestehen, den Patienten ein umfassendes Gefühl von Sicherheit und Geborgenheit in der therapeutischen Beziehung in der Gegenwart zu vermitteln. Therapieabbrüche sollten vermieden werden, um die Wiederholung negativer Erfahrungen – wie traumatische Verlusterlebnisse – zu verhindern. Auf der Basis dieser Sicherheit in der Beziehung kann dann mit Geduld und Vorsicht die Bearbeitung von etwaigen Traumata der Vergangenheit begonnen und gemeinsame Perspektiven für die Zukunft entwickelt werden.

Nach Petermann und Winkel (2007) gehen verhaltentherapeutische Ansätze bei selbstverletzendem Verhalten davon aus, dass dysfunktionale Verhaltensmuster ebenso wie normales Verhalten durch Erfahrungen gelernt werden. Daher sollte versucht werden, dysfunktionales Verhalten durch Lernprozesse zu modifizieren und funktionales Verhalten aufzubauen. Dabei sollte zunächst das Verhalten so verändert werden, dass verfestigte Handlungsmuster durchbrochen und erst im Weiteren die zugrunde liegenden Gefühle und Gedanken thematisiert werden, um die Verhaltensänderung langfristig zu stabilisieren. Wichtige Strategien zur Veränderung des selbstverletzenden Verhaltens sind dabei folgende:

- Kontrolle der auslösenden oder aufrechterhaltenden Bedingungen
- Aufbau alternativer Verhaltensweisen
- gezielter Einsatz bzw. Entzug von sozialen oder materiellen Verstärkern
- Einführung von Selbstverstärkern
- Durchführung spezieller Trainingsprogramme zum Aufbau von Verhaltensfertigkeiten

Zu den wichtigsten therapeutischen Strategien gehören neben Techniken wie Stimuluskontrolle, Löschung, negative Sanktionen, Verhaltensaufbau und Verstärkung auch die Förderung spezifischer Kompetenzen, etwa im Rahmen von Selbstsicherheitstrainings, Kommunikationstrainings oder beim Training sozialer Kompetenzen.

Das bekannteste kognitiv-verhaltenstherapeutische Verfahren, das in empirischen Studien Hinweise auf Wirksamkeit zur Behandlung des selbstverletzenden Verhaltens zeigt, ist die **dialektisch-behaviorale Therapie** (DBT), die von Marsha Linehan (1996) zur Behandlung von Frauen mit Borderline-Persönlichkeitsstörung entwickelt wurde. Suizidales und selbstverletzendes Verhalten wird hier als eine unangemessene Form der Problembewältigung betrachtet sowie als Bestandteil eines ungünstigen Teufelskreises aufgefasst, der zwar kurzfristig der Emotionsregulation dient, jedoch langfristig eher eine Form der Vermeidung der Konfrontation mit unangenehmen Gefühlen als eine Verarbeitung (Bohus 2002) darstellt. Die Wirksamkeit dieses Verfahrens bei Jugendlichen wurde im Rahmen des DBT-A-Programms auch in Deutschland nachgewiesen (Fleischhacker et al. 2006).

18.7.2 Pharmakotherapie

Dieser Abschnitt beschreibt medikamentöse Therapieoptionen für Jugendliche mit »moderatem« selbstverletzendem Verhalten. Die Therapie selbstverletzender Verhaltensweisen im Rahmen von Psychosen oder mentaler Retardierung kann hier nicht abgehandelt werden.

Um die Möglichkeit psychopharmakologischer Intervention im Kontext mit psychosozialen und neurobiologischen Einflussfaktoren zu verstehen, muss darauf verwiesen werden, dass die individuelle Entwicklung vorerst einmal durch das genetische Potenzial des Individuums bestimmt ist, das bei spezifischen Einflüssen *(life events)* ein erhöhtes Risiko für die Entwicklung ganz bestimmter Störungen mit sich bringen kann (Vulnerabilität). Diese Einflüsse (frühe Vernachlässigung, Gewalterfahrungen, emotionaler oder sexueller Missbrauch) können im Weiteren zur Bahnung einer manifesten Störung führen.

> Die Art und Ausprägung einer psychischen Störung und somit auch die jeweils ausgebildeten Symptome (z. B. selbstverletzendes Verhalten) sind somit einerseits von genetischen Faktoren wie Temperament und andererseits auch von Bindungsmustern, Lebensereignissen, Lernerfahrungen, dem sozialen Umfeld und von den bereits ausgebildeten individuellen Verhaltensmustern mitbestimmt.

Es kann daher angenommen werden, dass sich das Gehirn eines Menschen mit dem Phänomen »selbstverletzendes Verhalten« aktuell in einer spezifischen Verfassung mit dysfunktionaler Neurotransmission befindet, was die häufig mit dem selbstverletzenden Verhalten assoziierten Symptome (z. B. Depressivität, Ängstlichkeit, Gespanntheit) greifbarer macht.

Durch vielfältige biologische und psychologische Feedback-Mechanismen wirken diese Verhaltensweisen und die daraus folgenden Konsequenzen wieder auf das Gehirn inklusive der Neurotransmission und Proteinsynthese zurück. Eine medikamentöse Intervention soll über eine Beeinflussung der Neurotransmission primär die Verfassung des Gehirns und somit auch die jeweils kritischen Verhaltensweisen bzw. Symptome sowie sekundär die Feedback-Mechanismen verändern.

Neue Lernerfahrungen und im Besonderen auch therapeutische Erfahrungen sollen den sensorischen Zustrom sowie dessen (neuronale) Verarbeitung dauerhaft beeinflussen können. Zusammenfassend ausgedrückt soll also durch Pharmakotherapie das Gehirn für einen bestimmten Zeitraum lernbereiter gemacht werden, um so therapeutische Prozesse zu erleichtern und letztlich Gehirnstrukturen im Sinne der neuronalen Plastizität dauerhaft in eine positive Richtung zu beeinflussen, wobei psychopharmakologische Behandlung als Unterstützung psychotherapeutischer Interventionen verstanden werden soll.

Es muss darauf hingewiesen werden, dass weder in den USA noch in Europa eine Zulassung für ein Medikament zur Behandlung selbstverletzender Verhaltensweisen besteht, sodass letztendlich jede Verschreibung in diesem Bereich als *off label use* (also außerhalb des Zulassungsbereichs) erfolgt. Eine intensive Aufklärung und Einholung eines *informed consent* (Einwilligung der volljährigen gesetzlichen Vertreter des Kindes, meistens der Eltern, nach erfolgter Aufklärung) – und im Bereich der Verschreibung an Minderjährige auch deren *informed assent* (dezidierte Zustimmung des Kindes nach erfolgter Aufklärung) – ist essenziell.

Angesichts des beschriebenen Einflusses des serotonergen Systems scheint es naheliegend, dass vielfach SSRI zur Behandlung selbstverletzender Verhaltensweisen empfohlen wurden (Pies u. Popli 1995; Roberts 2003), wenngleich mehrere Einzelfallbeschreibungen existieren, die eine Zunahme selbstverletzenden Verhaltens nach Beginn einer SSRI-Therapie beschreiben (Donovan et al. 2000; King et al. 1991; Teicher et al. 1993).

Als weitere psychopharmakologisch relevante Medikamentenklassen wurden bereits (konventionelle und atypische) Neuroleptika, Opioid-Antagonisten und »Stimmmungsstabilisatoren« (etwa Lithium oder Antiepileptika) diskutiert (Libal et al. 2005).

> Insgesamt ist jedoch die Evidenz für die psychopharmakologische Behandlung selbstverletzenden Verhaltens als schlecht einzustufen (Level III–IV). Beschränkt man sich auf die Anwendung bei Jugendlichen, muss festgestellt werden, dass keine randomisierten, kontrollierten Studien vorhanden sind.

Zur Integration von psychotherapeutischer und psychopharmakologischer Therapie scheint der von Katz und Fotti (2005) vorgeschlagene Ansatz zur Behandlung von emotional-dysreguliertem Problemverhalten geeignet, wo der Verschreibung eines Medikamentes eine gemeinsam mit dem Patienten durchgeführte genaue Problemanalyse vorangeht.

Differenzierte Modelle für die Integration von Psychopharmaka in die Behandlung des selbstverletzenden Verhaltens empfehlen ein abgestuftes Vorgehen (Katz u. Fotti 2005; Libal u. Plener 2007): Sollte eine psychiatrische Achse-1-Diagnose vorhanden sein, wird empfohlen diese zuerst zu behandeln. Erst in einem zweiten Schritt sollten mit Selbstverletzungen assoziierte Symptome wie z. B. Anspannung, Angst, Wut, Reizbarkeit, Gefühl der Leere oder Wunsch nach Selbstbestrafung (Jacobson u. Gould 2007) behandelt werden. Als dritter Schritt kann eine direkte Beeinflussung selbstverletzenden Verhaltens in Erwägung gezogen werden, wobei der experimentelle Charakter gerade dieses Versuchs betont werden muss.

Psychopharmakologische Behandlungsempfehlungen für Jugendliche und junge Erwachsene, die bisher SSRI als Medikament der ersten Wahl beschreiben (Pies u. Popli 1995; Roberts 2003; Villalba u. Harrington 2000), müssen vor dem Hintergrund eines möglichen Auslösens suizidaler oder selbstverletzender Impulse durch SSRI (Brent 2004; Bridge et al. 2007; Hammad et al. 2006; Isacsson et al. 2005; Newman 2004; Whittington et al. 2004) kritisch gesehen werden. Atypische Neuroleptika gewinnen immer mehr an Bedeutung (Harper 2005; Libal et al. 2005). Angelehnt an aktuelle Empfehlungen (Harper 2005; Katz u. Fotti 2005; Libal u. Plener 2007; Roberts 2003) scheint daher Folgendes sinnvoll:

- Die zugrunde liegende psychiatrische Störung sollte leitlinienkonform behandelt werden.
- Bei Fehlen einer eindeutigen Diagnose, aber dem Vorhandensein von Symptomclustern, sollte das am stärksten beeinträchtigende Symptom (z. B. affektive Instabilität) vorrangig psychopharmakologisch behandelt werden.

- Falls affektive Labilität, Spannung, Impulsivität oder Ängstlichkeit vorhanden sind, sollte die Behandlung mit einem atypischen Neuroleptikum begonnen werden.
- Falls Depressionen, Bulimie, Flashbacks oder eine Zwangsstörung vorhanden sind, sollte die Behandlung mit einem SSRI erfolgen und bei Vorhandensein anderer Symptomcluster gegebenenfalls eine Kombinationstherapie mit einem atypischen Neuroleptikum erwogen werden. Das Auftreten von Suizidalität ist dabei in den ersten Wochen der SSRI-Gabe im Auge zu behalten.
- Bei starken Stimmungsschwankungen und nach außen gerichteter Aggressivität empfiehlt sich ein Versuch mit einem Stimmungsstabilisator.
- Die Behandlung mit einem Opioid-Antagonisten sollte nur für den Fall vorangegangener frustraner psychopharmakologischer Therapieversuche und dem Vorhandensein eines »suchtartigen« Charakters des selbstverletzenden Verhaltens in Betracht gezogen werden.
- In Situationen, bei denen ein starker »Ritzdruck« (also ein Verlangen danach, sich selbst zu schädigen) von den Patienten angegeben wird, kann zur kurzfristigen Sedierung vor allem im stationären Setting ein niedrig potentes konventionelles Neuroleptikum hilfreich sein.

Gerade bei Jugendlichen sollte Folgendes besonders beachtet werden:
- die Gefahr einer erhöhten Suizidalität (und wohl auch einer Zunahme selbstverletzenden Verhaltens) bei SSRI-Gabe
- das Risiko einer Gewichtszunahme unter atypischen Neuroleptika in einer meist sehr »gewichtsbewussten« Gruppe (was auch die Compliance gefährden kann)
- das nicht einschätzbare Risiko der späteren Entwicklung einer tardiven Dyskinesie unter Einnahme von Neuroleptika
- die Notwendigkeit der genauen Aufklärung auch unter dem Gesichtspunkt einer Off-Label-Verschreibung

18.8 Prävention

Bei selbstverletzendem Verhalten im Jugendalter handelt es sich um eine schwere, chronische, sehr belastende und oftmals schwierig zu therapierende Störung. Angesichts der großen Belastung, die diese Störung sowohl für die betroffenen Jugendlichen als auch für ihre Angehörigen, insbesondere Eltern und enge Freunde, darstellt, erscheint die Frage von Bedeutung, ob und wie bereits der Entstehung dieser Störung vorgebeugt werden kann. Die Tatsache, dass traumatische Ereignisse wie körperliche Misshandlung und sexueller Missbrauch zu den wichtigsten Risikofaktoren für die Entwicklung von selbstverletzendem Verhalten gehören, weist darauf hin, dass in der Verhütung solcher Ereignisse ein möglicher Präventionsansatz besteht. Da eine sogenannte »Ansteckungsgefahr« von selbstverletzendem Verhalten doch vielfach belegt wurde, muss als weiterer Ansatzpunkt zur Prävention auch auf den Einfluss der Peergroup besonderes Augenmerk gelegt werden.

Ein weiterer wesentlicher Risikofaktor für die Entwicklung von selbstverletzendem Verhalten besteht im mangelhaften Erwerb von Strategien zur Emotionsregulation und -bewältigung. Fehlen diese, so wird bei sozialen Belastungen im späteren Leben auf dysfunktionale Strategien wie selbstverletzendes Verhalten zurückgegriffen, um belastende Ereignisse zu bewältigen.

Eine indirekte Möglichkeit der Prävention im Kindesalter besteht daher in der Förderung der Entwicklung emotionaler Kompetenzen, etwa im Rahmen eines Trainings mit der Familie oder den Eltern (vgl. Petermann u. Wiedebusch 2003). Gerade weil selbstverletzendes Verhalten ein Störungsbild darstellt, von dem in vielen Fällen junge Menschen betroffen sind, ist es vorteilhaft, Multiplikatoren (z. B. Lehrer, Pfarrer, Sporttrainer, Vereinsleiter) in präventive Maßnahmen einzubinden (vgl. Muehlenkamp u. Gutierrez 2004). Sie können gefährdete Jugendliche identifizieren und Kontakte zu Beratungsstellen oder Behandlungseinrichtungen vermitteln, um so der Entstehung oder Verschlimmerung der Störung rechtzeitig vorzubeugen. Diese Multiplikatoren müssen zusätzlich zu ihrer allgemeinen pädagogischen Ausbildung besondere Kenntnisse erworben haben, um die Anzeichen der Störung zu erkennen und angemessen mit den betroffenen Jugendlichen sowie auch mit ihren eigenen Gefühlen umzugehen.

Literatur

Bergmann GH. Ein Fall von religiöser Monogamie. Allg Z Psychiatrie 1846; 3: 365–80.

Bohus M. Borderline-Störungen. Fortschritte der Psychotherapie. Göttingen: Hogrefe 2002.

Breese GR, Criswell HE, Duncan GE. Dopamine deficiency in self-injurious behaviour. Psychopharmacoll Bull 1989; 25: 353–7.

Brent DA. Antidepressants and pediatric depression – The risk of doing nothing. N Engl J Med 2004; 351: 1598–601.

Bridge JA, Iyengar S, Salary CB, Barbe RP, Birmaher B, Pincus HA, Ren L, Brent DA. Clinical response and risk for reported suicidal ideation and suicide attempts in pediatric antidepressant treatment. A meta-analysis of randomized controlled trials. JAMA 2007; 297: 1683–96.

Brunner R, Parzer P, Haffner J, Steen R, Roos J, Klett M, Resch F. Prevalence and psychological correlates of occasional and repetitive deliberate self-harm in adolescents. Arch Pediatr Adolesc Med 2007; 161: 641–9.

Carroll J, Schaffer C, Spensley J, Abramowitz SI. Family experiences of self-mutilating patients. Am J Psychiatry 1980; 137: 852–3.

Channing W. Case of Helen Miller. Am J Insanity 1877; 34: 367–78.

Claes L, Vandereycken W, Vertommen H. Clinical assessment of self-injurious behaviors: an overview of rating scales and self-reporting questionnaires. Adv Psychol Res 2005; 36: 183–209.

Coccaro EF, Siever LJ, Klar HM, Maurer G, Cochrane K, Cooper TB, Mohs RC, Davis KL. Serotonergic studies in patients with affective and personality disorders. Correlates with suicidal and impulsive aggressive behavior. Arch Gen Psychiatry 1989; 46: 587–99.

Coccaro EF, Astill JL, Szeeley PJ, Malkowicz DE. Serotonin in personality disorder. Psychiatric Annals 1990; 20: 587–92.

Coid J, Allolia B, Rees LH. Raised plasma metenkephalin in patients who habitually mutilate themselves. Lancet 1983; 2: 545–6.

Cornell Research Program on Self-Injurious Behavior in Adolescents and Young Adults website (CRPSIB). http://www.crpsib.com/default.asp.

Criswell HE, Mueller RA, Breese GR. Clozapine antagonism of D-1 and D-2 dopmaine receptor-mediated behavior. Eur J Pharmacol 1989; 159: 141–7.

Donovan S, Clayton A, Beeharry M, Jones S, Kirk C, Waters K, Gardner D, Faulding J, Madeley R. Deliberate self-harm following antidepressant drugs. Br J Psychiatry 2000; 177: 551–6.

Dubo ED, Zanarini MC, Lewis RE, Williams AA. Childhood antecedents of self-destructiveness in borderline personality disorder. Can J Psychiatry 1997; 42: 63–9.

Dubois M, Pickar D, Cohen MR, Roth YF, Manamara T, Bunney WE Jr. Surgical stress in humans is accompanied by an increase in plasma beta-endorphin immunoreactivity. Life Sci 1981; 29: 1249–54.

Evren C, Evren B. Self-mutilation in substance-dependent patients and relationship with childhood abuse and neglect, alexithymia and temperament and character dimensions of personality. Drug Alcohol Depend 2005; 80(1): 15–22.

Favazza AR. Bodies under siege: self-mutilation and body modification in culture and psychiatry. 2nd ed. John Hopkins University Press 1996; 225–61.

Favazza AR. The coming of age of self-mutilation. J Nerv Ment Dis 1998; 186: 259–68.

Favazza AR, Conterio K. Female habitual self-mutilators. Acta Psychiatr Scand 1989; 79: 283–9.

Fleischhaker C, Munz M, Bohme R, Sixt B, Schulz E. [Dialectical Behaviour Therapy for adolescents (DBT-A) – a pilot study on the therapy of suicidal, parasuicidal, and self-injurious behaviour in female patients with a borderline disorder]. Z Kinder Jugendpsychiatr Psychother 2006; 34: 15–25; quiz 26–7.

Fliege H, Kocalevent RD, Walter OB, Gratz KL, Gutierrez PM, Klapp BF. Three assessment tools for deliberate self-harm and suicide behaviour: evaluation and psychopathological correlates. J Psychosom Res 2006; 61: 113–21.

Garrison CZ, Addy CL, Jackson KL, McKeown RE, Waller JL. The CES-D as a schreen for depression and other psychiatric disorders in adolescents. J Am Acad Child Adolesc Psychiatry 1991; 30: 636–41.

Graff H, Mallin R. The syndrome of the wrist cutter. Am J Psychiatry 1967; 124: 74–80.

Gratz KL. Measurement of deliberate self-harm: preliminary data on the deliberate self-harm inventory. J Psychopathol Behav 2001; 23: 253–63.

Gratz KL. Risk factors for deliberate self-harm among female college students: the role and interaction of childhood maltreatment, emotional inexpressivity, and affect intensity/reactivity. Am J Orthopsychiatry 2006; 76: 238–50.

Gratz KL, Conrad SD, Roemer L. Risk factors for deliberate self-harm among college students. Am J Orthopsychiatry 2002; 72: 128–40.

Green AH. Self-destructive behavior in battered children. Am J Psychiatry 1978; 135(5): 579–82.

Gutierrez PM, Osman A, Barrios FX, Kopper BA. Development and initial validation of the self-harm behavior questionnaire. J Pers Assess 2001; 77: 475–90.

Haines J, Williams CL, Brain KL, Wilson GV. The psychophysiology of self-mutilation. J Abnorm Psychol 1995; 104(3): 471–89.

Hammad TA, Laughren T, Racoosin J. Suicidality in pediatric patients treated with antidepressant drugs. Arch Gen Psychiatry 2006; 63: 332–9.

Harper G. Psychopharmacological treatment. In: Walsh BW (ed). Treating Self-Injury. A Practical Guide. The Guilford Press 2005; 212–20.

Hawton K, Hall S, Simkin S, Bale L, Bond A, Codd S, Stewart A. Deliberate self-harm in adolescents: a study of characteristics and trends in Oxford, 1990–2000. J Child Psychol Psychiatry 2003; 44: 1191–8.

Herpertz S, Steinmeyer SM, Oidtmann A, Sass H. The significance of aggression and impulsivity for self-mutative behaviour. Pharmacopsychiatry 1995; 28 (Suppl 2): 64–72.

Isacsson G, Holmgren P, Ahlner J. Selective serotonin reuptake inhibitor antidepressants and the risk of suicide: a controlled forensic database study of 14,857 suicides. Acta Psychiatr Scand 2005; 111: 286–90.

Jacobson CM, Gould M. The epidemiology and phenomenology of non-suicidal self-injurious behavior among adolescents: a critical review of the literature. Arch Suicide Res 2007; 11: 129–47.

Joiner TE Jr, Brown JS, Wingate LR. The psychology and neurobiology of suicidal behavior. Annu Rev Psychol 2005; 56: 287–314.

Katz LY, Fotti S. The role of behavioral analysis in the pharmacotherapy of emotionally-dysregulated problem behaviors. Child Adolesc Psychopharmacol News 2005; 10: 1–5.

Kemperman I, Russ MJ, Clark WC, Kakuma T, Zanine E, Harrison K. Pain assessment in self-injurious patients with borderline personality disorder using signal detection theory. Psychiatry Res 1997; 70(3): 175–83.

King RA, Riddle MA, Chappell PB, Hardin MT, Anderson GM, Lombroso P, Schaill L. Emergence of self-destructive phenomena in children and adolescents during fluoxetine treatment. J Am Acad Child Adolesc Psychiatry 1991; 30: 179–86.

Kirkcaldy BD, Brown J, Siefen RG. Disruptive behaviour disorders, self harm and suicidal ideation among German adolescents in psychiatric care. Int J Adolesc Med Health 2006; 18: 597–614.

Klonsky ED. The functions of deliberate self-injury: a review of the evidence. Clin Psychol Rev 2007; 27: 226–39.

Klonsky ED, Moyer A. Childhood sexual abuse and non-suicidal self-injury: meta-analysis. Br J Psychiatry 2008; 192(3): 166–70.

Libal G, Plener PL. Psychopharmakologische Behandlung des selbstverletzenden Verhaltens. In: Brunner R, Resch F (Hrsg). Borderline-Störungen und selbstverletzendes Verhalten bei Jugendlichen. Göttingen: Vandenhoeck & Ruprecht 2007.

Libal G, Plener PL, Ludolph AG, Fegert JM. Ziprasidone as a weight-neutral treatment alternative in the treatment of self-injurious behavior in adolescent females. Child Adolesc Psychopharmacol News 2005; 10: 1–6.

Linehan MM. Dialektisch-Behaviorale Therapie der Borderline-Persönlichkeitsstörung. München. CIP-Medien 1996.

Linehan MM, Heard HL, Armstrong HE. Naturalistic follow-up of a behavioral treatment for chronically parasuicidal borderline patients. Arch Gen Psychiatry 1993; 50: 971–4.

Lloyd KG, Hornykiewicz O, Davidson L. Biochemical evidence of dysfunction of brain neurotransmitters in the Lesch-Nyhan syndrome. N Engl J Med 1981; 305: 1106–11.

Lloyd-Richardson EE, Perrine N, Dierker L, Kelley ML. Characteristics and functions of non-suicidal self-injury in a community sample of adolescents. Psychol Med 2007; 37: 1183–92.

Lopez-Ibor JJ, Saiz-Ruiz J, Peres de los Cobos JC. Biological correlates of suicide and aggressivity in major depression (with melancholia): 5-Hydroxyindoleacetic acid and cortisol in cerebral spinal fluid,dexamethasone suppression test and therapeutic response to 5-hydroxytryptophan. Neuropsychobiology 1985; 14: 67–74.

Lundh LG, Karim J, Quilisch E. Deliberate self-harm in 15-year-old adolescents: a pilot study with a modified version of the Deliberate Self-Harm Inventory. Scand J Psychol 2007; 48: 33–41.

Masten AS. Ordinary magic. Resilience processes in development. Am Psychol 2001; 56: 227–38.

Menninger K. Man against himself. Harvest/HBJ Book 1938; 77–126, 201–250.

Muehlenkamp JJ. Self-Injurious Behavior as a separate clinical syndrome. Am J Orthopsychiatry 2005; 75: 324–33.

Muehlenkamp JJ, Gutierrez PM. An investigation of differences between self-injurious behavior and suicide attempts in a sample of adolescents. Suicide Life Threat Behav 2004; 34: 12–23.

Muehlenkamp JJ, Gutierrez PM. Risk for suicide attempts among adolescents who engage in non-suicidal self-injury. Arch Suicide Res 2007; 11: 69–82.

Newman TB. A black-box warning for antidepressants in children. N Engl J Med 2004; 351: 1595–8.

Nixon MK, Cloutier PF, Aggarwal S. Affect regulation and addictive aspects of repetitive self-injury in hospitalized adolescents. J Am Acad Child Adolesc Psychiatry 2002; 41: 1333–41.

Nock MK, Kessler RC. Prevalence of and risk factors for suicide attempts versus suicide gestures: analysis of the national comorbidity survey. J Abnorm Psychol 2006; 115: 616–23.

O'Carroll PW, Berman AL, Maris RW, Moscicki EK, Tanney BL, Silverman MM. Beyond the Tower of Babel: a nomenclature for suicidology. Suicide Life Threat Behav 1996; 26(3): 237–52.

Pao PN. The syndrome of delicate self-cutting. Br J Med Psychol 1969; 42: 195–206.

Pattison EM, Kahan J. The deliberate self-harm syndrome. Am J Psychiatry 1983; 140: 867–72.

Petermann F, Wiedebusch S. Emotionale Kompetenz bei Kindern. Göttingen: Hogrefe 2003.

Petermann F, Winkel S. Selbstverletzendes Verhalten. Göttingen: Hogrefe 2005.

Petermann F, Winkel S. Selbstverletzendes Verhalten – Diagnostik und psychotherapeutische Ansätze. Z Psychiatrie Psychol Psychother 2007; 55: 123–33.

Pies RW, Popli AP. Self-injurious behavior: pathophysiology and implications for treatment. J Clin Psychiatry 1995; 56: 580–8.

Plener PL, Muehlenkamp JJ. A 28% rate of moderate/severe non-suicidal self-injury (NSSI) from a community sample of 633 adolescents (mean age 15.5 years). Psychol Med 2007; 37: 1372.

Plener PL, Fliege H, Fegert JM, Libal G. Diagnostik des selbstverletzenden Verhaltens. In: Brunner R, Resch F (Hrsg). Borderline-Störungen und selbstverletzendes Verhalten bei Jugendlichen. Göttingen: Vandenhoeck & Ruprecht 2007.

Podvoll EM. Self-mutilation within a hospital setting: a study of identity and social compliance. Br J Med Psychol 1969; 42: 213–21.

Posner K, Oquendo MA, Gould M, Stanley B, Davies M. Columbia Classification Algorithm of Suicide Assessment (C-CASA): classification of suicidal events in the FDA's pediatric suicidal risk analysis of antidepressants. Am J Psychiatry 2007; 164: 1035–43.

Primeau F, Fontaine R. Obsessive disorder with self-mutilation: a subgroup responsive to pharmacotherapy. Can J Psychiatry 1987; 32: 699–701.

Richardson JS, Zaleski WA. Endogenous Opiates and self-mutilation. Am J Psychiatry 1986; 143: 938–9.

Roberts N. Adolescent self-mutilatory behavior: psychopharmacological treatment. Child Adolesc Psychopharmacol News 2003; 8: 10–2.

Rodham K, Hawton K, Evans E. Reasons for deliberate self-harm: comparison of self-poisoners and self-cutters in a community sample of adolescents. J Am Acad Child Adolesc Psychiatry 2004; 43: 80–7.

Rosenthal RJ, Rinzler C, Wallsh R, Klausner E. Wrist-cutting syndrome: the meaning of a gesture. Am J Psychiatry 1972; 128: 1363–8.

Russ MJ. Self injurious behavior in patients with Borderline Personality Disorder: biological perspectives. J Personality Disorders 1992; 6: 64–81.

Russ MJ, Clark WC, Cross LW, Kemperman I, Kakuma T, Harrison K. Pain and self-injury in borderline patients: sensory decision theory, coping strategies, and locus of control. Psychiatry Res 1996; 63(1): 57–65.

Schmahl C, Bohus M, Esposito F, Treede RD, Di Salle F, Greffrath W, Ludaescher P, Jochims A, Lieb K, Scheffler K, Hennig J, Seifritz E. Neural Correlates of antinociception in Borderline Personality Disorder. Arch Gen Psychiatry 2006; 63: 659–67.

Simeon D, Stanley B, Frances A, Mann JJ, Winchel R, Stanley M. Self-mutilation in personality disorders: psychological and biological correlates. Am J Psychiatry 1992; 149: 221–6.

Skegg K. Self-harm. Lancet 2005; 366: 1471–83.

Stanley B, Winchel R, Molcho A, Simeon D, Stanley M. Suicide and the self-harm continuum: phenomenological and biochemical evidence. Int Rev Psychiatry 1992; 4: 149–55.

Stanley B, Gameroff MJ, Michalsen V, Mann JJ. Are suicide attempters who self-mutilate a unique population? Am J Psychiatry 2001; 158: 427–32.

Teicher MH, Glod CA, Cole JO. Antidepressant drugs and the emergence of suicidal tendencies. Drug Saf 1993; 8:186–212.

Tulloch AL, Blizzard L, Pinkus Z. Adolescent-parent communication in self-harm. J Adolesc Health 1997; 21: 267–75.

Van der Kolk BA, Perry JC, Herman JL. Childhood origins of self-destructive behavior. Am J Psychiatry 1991; 148: 1665–71.

Villalba R, Harrington CJ. Repetitive self-injurious behavior: a neuropsychiatric perspective and review of pharmacologic treatments. Semin Clin Neuropsychiatry 2000; 5: 215–26.

Wagner GC, Avena N, Kita T, Nakashima T, Fisher H, Halladay AK. Risperidone reduction of amphetamine-induced self-injurious behavior in mice. Neuropharmacology 2003; 46: 700–8.

Walsh BW. Treating Self-Injury. New York: Guilford Press 2006; 3–20.

Wedig MM, Nock MK. Parental expressed emotion and adolescent self-injury. J Am Acad Child Adolesc Psychiatry 2007; 46: 1171–8.

Whitlock J, Eckenrode J, Silverman D. Self-injurious behaviors in a college population. Pediatrics 2006; 117: 1939–48.

Whittington CJ, Kendall T, Fonagy P, Cottrell D, Cotgrove A, Boddington E. Selective Serotonin Reuptake Inhibitors in childhood depression: systematic review of published versus unpublished data. The Lancet 2004; 36: 1341–45.

Willenberg H, Eckhardt A, Freyberger H, Sachsse U, Gast U. Selbstschädigende Handlung: Klassifikation und Basisdokumentation. Psychotherapeut 1997; 42: 211–7.

Willer JC, Dehen H, Cambier J. Stress induced analgesia in humans. Science 1981; 212: 680–91.

Winchel MW, Stanley M. Self-injurious behavior: a review of the behavior and biology of self-mutilation. Am J Psychiatry 1991; 148: 306–17.

Zlotnick C, Donaldson D, Spirito A, Pearlstein T. Affect regulation and suicide attempts in adolescent inpatients. J Am Acad Child Adolesc Psychiatry 1997; 36: 793–8.

Zoroglu SS, Tuzun U, Sar V, Tutkun H, Savacs HA, Ozturk, M, Alyanak B, Kora ME. Suicide attempts and self-mutilation among Turkish high-school students in relation with abuse, neglect and dissociation. Psychiatry Clin Neurosci 2003; 57: 119–26.

19 Erste Freundschaften und Trennungen, Sexualität

Inge Seiffge-Krenke

Inhalt

19.1	Einleitung	201
19.2	Körperliche Entwicklung, Körperkonzept und Sexualität	201
19.3	Erste Liebesbeziehungen	202
19.4	Wie entwickeln sich romantische Beziehungen?	202
19.5	Welche Funktionen übernehmen Freunde?	204
19.6	Veränderungen in der Qualität romantischer Beziehungen	206
19.7	Unterschiedliche Bindungen an die Eltern und ihr Einfluss auf die Qualität der Liebesbeziehungen	207
19.8	Trennungen und Konfliktbewältigung in romantischen Beziehungen	208
19.9	Intimität, Sexualität und Verhütung in jugendlichen Liebesbeziehungen	209
19.10	Romantische Beziehungen in verschiedenen ethnischen Gruppen	210
19.11	Fazit	212
Literatur		212

Zusammenfassung

Romantische Beziehungen sind ein ganz junges Forschungsgebiet. Die Befunde zeigen, dass sich diese ersten Liebesbeziehungen in einer Stufenfolge mit unterschiedlichen Qualitäten entwickeln und Freunde bei der Initiierung der Kontakte, aber auch bei den häufigen Trennungen sehr hilfreich sind. Familiäre Bindungen sind ebenfalls von Bedeutung, elterliche Modelle im Sinne einer romantischen Beziehung werden aber erst sehr spät in der romantischen Entwicklung wirksam, wenn die Partnerbeziehungen einen eher verbindlichen Charakter haben. Häufige Partnerwechsel ermöglichen Lernprozesse, auch in der Konfliktregulierung. In allen Stadien der romantischen Entwicklung kann Sexualität eine wichtige Rolle spielen.

19.1 Einleitung

Romantische Beziehungen im Jugendalter sind bisher recht selten untersucht worden, vielleicht weil sie oft flüchtig sind, sich womöglich schon wieder aufgelöst haben, wenn die Wissenschaft anfängt, »ernsthaft« nach ihnen zu fragen. Romantische Beziehungen im Jugendalter sind ungeheuer vielfältig; sie reichen vom einseitigen »Verknallt-Sein« über Bekanntschaften mit einmaligem Ausgehen bis zu Beziehungen mit gegenseitiger Verpflichtung, die über mehrere Jahre dauern. Wichtig ist daher vor allem das Kriterium der Attraktion (»Verliebtheit«), das mit sexuellem Verhalten einhergehen kann.

Dieses Kapitel beschäftigt sich mit Sexualität und romantischen Beziehungen bei Jugendlichen. Diese Beziehungen sind im Prinzip symmetrisch-reziprok, d. h. beide Beteiligten haben in etwa die gleiche Macht oder den gleichen Einfluss auf den Fortgang der Interaktion. Darüber hinaus zeichnen sich romantische Beziehungen unter Jugendlichen durch eine besondere Nähe und Intimität aus. In der Regel entwickelt sich die Qualität romantischer Beziehungen über den Zeitraum mehrerer Jahre, dazu bieten Partnerwechsel eine wichtige Informationsquelle. Trennungen sind entsprechend eine typische Erfahrung von Liebesbeziehungen im Jugendalter. Sexualität kann in allen Stadien der romantischen Beziehungen vorkommen und jeweils einen unterschiedlichen Stellenwert und eine unterschiedliche Qualität einnehmen.

19.2 Körperliche Entwicklung, Körperkonzept und Sexualität

In der Entwicklungspsychologie sind die Untersuchung des Körperkonzeptes und der Einfluss der körperlichen Reife wichtige Themen. Seit etwa 50 Jahren wird in diesem Bereich intensiv geforscht, mit sehr einheitlichen Ergebnissen. Dazu gehört zunächst das deutlich andere Körperkonzept von Jugendlichen, etwa im Vergleich zu Erwachsenen. Körperentfremdungsgefühle und ein veränderter Umgang mit Körperkontakt sind auffällig. Während die Beziehungen zu Gleichaltrigen eng sind und auch körperliche Nähe (z. B. bei Mädchen durch wechselseitiges Schminken, Kleidertausch, Händchenhalten) umfassen, sind körperliche Distanzierungen von Erwachsenen häufig und treten noch vor den äußerlich sichtbaren Zeichen der körperlichen Reife auf. Die Regulierung der körperlichen Distanz geht sehr stark von den Jugendlichen selbst aus und macht sich in den Familien z. B. beim Umgang mit Nacktheit deutlich bemerkbar. Die Modellierung eines weiblichen oder männlichen Körpers geschieht in engen Freundschaftsbeziehungen, in denen körperliche Erfahrungen geteilt und der neue Körper erprobt wird.

Das Körperkonzept von Mädchen ist insgesamt negativer als das von Jungen.

> Typische Bemerkungen über den Körper in Mädchentagebüchern umfassen kritische Urteile, starke soziale Vergleiche und Körperbeschwerden (Seiffge-Krenke 1994). Auch Diäten und die extreme Beschäftigung mit dem Gewicht, die man bei weiblichen Jugendlichen findet, sind keine neuen Phänomene. Schon vor 20 Jahren zeigten Untersuchungen die verzerrte Körperwahrnehmung von klinisch unauffälligen, weiblichen Jugendlichen und ihre Bevorzugung für den untergewichtigen Status, während Körperkonzept und Gewichtseinschätzung der gleichaltrigen männlichen Jugendlichen realistisch waren.

Des Weiteren zeigte sich in den letzten Jahrzehnten nicht nur eine zeitliche Vorverlagerung der körperlichen Reife, sondern auch ein Verschwinden des Geschlechtsunterschiedes; Mädchen sind Jungen nur noch knapp ein Jahr in der körperlichen Reife voraus. Ein weiterer wichtiger und konsistenter Befund betrifft die diametral unterschiedlichen Effekte von Frühreife.

> Sehr viele Studien zeigen, dass frühreife Mädchen depressiver, ängstlicher und schwieriger im Kontakt sind, während sich Frühreife auf das Selbstbewusstsein von Jungen ausschließlich positiv auswirkt. Frühreife Mädchen sind demnach als eine Risikogruppe für psychische Störungen anzusehen.

Auffällig ist die hohe Anzahl von diffusen Körperbeschwerden im Jugendalter, die leicht die Normwerte für erwachsene Psychosomatiker erreichen (Seiffge-Krenke 1994). In der Regel geht Frühreife auch mit einer früheren Aufnahme von sexuellen Beziehungen einher, die im Schnitt drei Jahre nach Eintreten der körperlichen Reife aufgenommen werden.

19.3 Erste Liebesbeziehungen

Wenn junge Erwachsene romantische Partnerschaften von einiger Dauer unterhalten, dann liegt eine Übergangsphase hinter ihnen, die sich normalerweise über mehrere Jahre erstreckt. Romantische Phantasien werden durch erste lockere Bekanntschaften mit potenziellen Liebespartnern im Rahmen einer gemischtgeschlechtlichen Peer-Gruppe abgelöst. Jugendliche in Deutschland experimentieren eine Weile mit der ungewohnten Annäherung, meist an das andere Geschlecht, um sich dann im Durchschnitt von knapp 15 Jahren zum ersten Mal zu ver-lieben, mit knapp 16 eine erste »feste« romantische Beziehung einzugehen und dann gleichzeitig oder wenige Monate später den ersten Geschlechtsverkehr zu erleben (Silbereisen u. Wiesner 1999). An diesen Wegstationen und an dem Alter, in dem sie von Jugendlichen durchlaufen werden, hat sich auch mit den makrostrukturellen Veränderungen im Zuge der deutschen Wiedervereinigung nichts Wesentliches geändert (Silbereisen u. Wiesner 1999). Nur bei Jugendlichen mit einer Präferenz für romantische und sexuelle Partner des eigenen Geschlechts bietet sich, wie wir noch zeigen werden, ein etwas anderes Bild.

Die Konstanzer Längsschnittstudie von Fend (1990) stellt eine Momentaufnahme der gegengeschlechtlichen romantischen Beziehungen von 1 646 Jugendlichen im Alter von 16 Jahren dar. Danach geben 18 % der weiblichen und 21 % der männlichen Jugendlichen an, zum Zeitpunkt der Befragung keine romantische Beziehung zu haben. Weitere 41 % der weiblichen und 56 % der männlichen Jugendlichen berichten über eine lockere Beziehung und 41 % der jungen Frauen und 24 % der jungen Männer von 16 Jahren nennen eine feste romantische Beziehung. Mädchen sind demnach erfahrener als Jungen. Diese Beziehungen dauern in der Regel zwischen einem und sechs Monaten, wobei knapp mehr als die Hälfte der 16-jährigen Jugendlichen die Erwartung hegen, dass die romantische Beziehung sehr lange dauern wird, vielleicht sogar »ein ganzes Leben lang«. Insgesamt äußern die 16-Jährigen widersprüchliche Erwartungen: Einerseits schätzen sie ihre Ungebundenheit, andererseits wünschen sie sich Intimität und Geborgenheit in der romantischen Beziehung. Dass es »keine Geheimnisse zwischen uns gibt«, bejahten über 80 % der Befragten (Fend 1990).

Die repräsentative deutsche Shell-Studie (Shell Deutschland 2000) kommt zu etwas niedrigeren Werten für gegengeschlechtliche Partnerschaften, aber ein klarer Alterstrend ist auch hier erkennbar: Der Anteil der weiblichen deutschen Jugendlichen mit einem »festen Freund« steigt von 35 % bei den 15- bis 17-Jährigen auf 71 % bei den 22- bis 24-Jährigen linear an. Bei den jungen Männern nimmt der Anteil derjenigen mit einer »festen Freundin« von 22 % bei den 15- bis 17-Jährigen auf 59 % bei den Mittzwanzigern ebenfalls rapide zu (Fritzsche 2000). Die Shell-Studie von 2006 (Shell Deutschland 2006) berichtet über ganz ähnliche Zahlen.

19.4 Wie entwickeln sich romantische Beziehungen?

Die Idee der leidenschaftlichen romantischen Liebe, die alle Hindernisse aufgrund von Differenzen des Alters, des geografischen Ortes, der ethnischen Zugehörigkeit oder des sozialen Status überwindet, ist vor allem in solchen Nationen ausgeprägt, die über ein hohes Bruttosozialprodukt verfügen und deren Mitglieder viel Freizeit haben, im Wesentlichen also in den Industriestaaten der westlichen Welt (Coates 1999; Nussbaum 2000). Die theoretischen Ansätze, die hier vorliegen, beziehen sich auf Frühstadien der Partnerschaft, in der Regel im jungen Erwachsenenalter.

19.4.1 Konzeptionen romantischer Liebe im jungen Erwachsenalter

Theoretische Konzeptionen über Partnerschaft umgreifen meist große Altersspannen bis in das hohe Erwachsenenalter. In den meisten theoretischen Ansätzen wird romantische Liebe als ein multidimensionales Konstrukt konzeptualisiert.
In Sternbergs (1986) triangulärer Theorie besteht Liebe aus drei Komponenten:
- Intimität (d. h. ein Gefühl von Nähe, Zusammengehörigkeit und Verbundenheit)
- Leidenschaft (d. h. starke physische Anziehung und sexueller Vollzug)
- Verpflichtung zur Aufrechterhaltung der Liebe

Hendrick und Hendrick (1986) umreißen sechs Liebesstile, wobei sie neben Nähe und Anziehung auch die obsessive und spielerische Liebe beschreiben.
Hazan und Shaver's (1987) Verständnis der romantischen Liebe wiederum setzt an der Bindungstheorie an. Ihrer Meinung nach beinhaltet die romantische Liebe die Integration der drei Verhaltenssysteme *Bindung*, *sexuelles Verhalten* und *Fürsorge*, wobei der Bindungsstil sowohl den Ausdruck von Fürsorge als auch das sexuelle Verhalten beeinflusst.
Trotz der großen Unterschiede in den theoretischen Orientierungen überschneiden sich die alternativen Typologien allerdings beträchtlich, wie die Arbeit von Levy und Davis (1988) zeigt.
Empirische Untersuchungen belegen in der Tat unterschiedliche Dimensionen romantischer Liebe. Allerdings ist darauf hinzuweisen, dass die meisten Studien an Erwachsenen mit einer breiten Altersspanne – 18–60 Jahre – durchgeführt wurden und Querschnittsstudien waren. Begrenzt man sie auf das späte Jugendalter bzw. den Übergang zum jungen Erwachsenenalter, so scheinen Vertrauen und Freundschaft die bedeutsamen Dimensionen romantischer Liebe in diesem Entwicklungsabschnitt auszumachen. Als weitere Dimension wurde die sexuelle Anziehung gefunden. Sie verweist auf die große körperliche Anziehung in romantischen Beziehungen und beinhaltet sexuelle Intimität ohne Angst vor zu großer Nähe. Die dritte Dimension umfasst hoch ambivalente Aspekte der romantischen Liebe, die sogenannte »ängstliche Liebe« (Seiffge-Krenke 2001). Sie verbindet extreme, zwiespältige Emotionen mit Eifersucht und besitzt Ähnlichkeit mit dem, was Hindy und Schwarz (1994) als ängstliche romantische Bindung bezeichneten.

Es wurden demnach im späten Jugendalter bzw. beim Übergang ins junge Erwachsenenalter unterschiedliche Komponenten romantischer Liebe gefunden, die sowohl positive Aspekte als auch Ambivalenz und extreme Emotionen umfassen. Die hier beschriebenen Merkmale sind allerdings noch nicht in dieser Form für Jugendliche im Frühstadium der romantischen Entwicklung charakteristisch, wie im Folgenden zu zeigen sein wird.

19.4.2 Phasenmodelle

Während viele Befunde zu Partnerschaften im Erwachsenenalter vorliegen, sind romantische Beziehungen im Jugendalter erst in jüngster Zeit genauer untersucht und hinsichtlich ihres Entwicklungsverlaufs analysiert worden (Furman et al. 1999). Die Theorie von Gray und Steinberg (1999) unterstreicht, dass die romantische Entwicklung untrennbar mit der Aufgabe der Ablösung von den Eltern verbunden ist und greift damit eine wesentliche Aussage Freuds auf. Das Entstehen von Interesse am anderen Geschlecht und die ersten romantischen Aktivitäten wie Verabreden und Ausgehen sind im Kontext der emotionalen Autonomie von den Eltern zu sehen. Aufgrund der gegenwärtig verlängerten Schul- und Ausbildungssituation verbleiben Jugendliche und junge Erwachsene vergleichsweise lange in ihrem Elternhaus. Diese finanzielle und ökonomische Abhängigkeit wiegt schwer und die Aufnahme romantischer Aktivitäten ist als deutliches Signal gegenüber den Eltern zu sehen, dass sie emotional unabhängig und »erwachsen« sind. Die Suche von Intimität zunächst in der Beziehung zum besten Freund, der besten Freundin und später in der Beziehung zum romantischen Partner hat demnach sehr deutlich das Ziel der Erreichung emotionaler Autonomie in einer Situation starker Abhängigkeit. Jugendliche ohne romantische Beziehungen haben es entsprechend schwer, eine angemessene Balance zwischen Separation und Individuation zu finden. Während zeitgerecht ausziehende junge Erwachsene alle über romantische Beziehungen verfügten, waren diese bei Spätausziehern und Nesthockern deutlich seltener (Seiffge-Krenke 2006b).
In ihrer Entwicklungstheorie romantischer Beziehungen legen Furman und Wehner (1994) dar, dass in früheren Phasen der Adoleszenz Freundschaftsbeziehungen den Kontext liefern, in dem sich wichtige Komponenten romantischer Beziehungen entwickeln; entsprechend seien romantische Beziehungen in diesem Alter sehr stark durch affiliative Merkmale gekennzeichnet. Erst in der späten Adoleszenz würden neue Aspekte wie Leidenschaft und sexuelle Anziehung in die romantischen Beziehungen integriert und zum wesentlichen und einzigartigen Charakteristikum dieser Beziehung. Ihrer Theorie zufolge spielt der romantische Partner zunächst eine eher untergeordnete Rolle als Unterstützungspartner, verglichen mit den Eltern und engen Freunden. Über die Adoleszenz hinweg gewinnt er jedoch zunehmend an Bedeutung und ersetzt nach

und nach Eltern und Freunde. Am Ende der Adoleszenz hat er schließlich den Rangplatz 1 unter den Beziehungspartnern des Jugendlichen erreicht.

Auch die Entwicklungstheorie von Brown (1999) fokussiert sehr stark auf den Kontext der Peer-Beziehungen. Er unterscheidet vier verschiedene Stadien der Entwicklung romantischer Beziehungen:

- In der *initiation phase*, etwa zu Beginn der Pubertät (Alter: 13 Jahre), kommt es zu einer ersten Begegnung zwischen Jungen und Mädchen, nachdem die Kindheit hindurch Jungen und Mädchen in streng geschlechtssegregierten Gruppen gespielt haben. Diese Begegnung erfolgt im Peer-Kontext, der Fokus liegt auf der eigenen Identität. Die romantischen Aktivitäten bestehen aus spontanen, gelegentlichen Begegnungen von sehr kurzer Dauer, bei denen die Gleichaltrigen assistieren. In dieser Phase liegt der Fokus auf der Identität, dem eigenen Körper.
- In der *status phase*, die sich von der frühen bis zur mittleren Adoleszenz erstrecken kann (Alter: 15 Jahre), gewinnt die Frage an Bedeutung, ob man sich mit der »richtigen« Person verabredet hat, d. h. der Status des romantischen Partners aus der Sicht der Peers und besten Freunde ist sehr entscheidend. Man verabredet sich bevorzugt mit Jungen oder Mädchen, die einen hohen Status in der Peer-Gruppe haben.
- In der *affection phase*, die von der mittleren bis zur späten Adoleszenz dauern kann (Alter: 17 Jahre), gewinnt der romantische Partner als solches zum ersten Mal Kontur. Eine Veränderung vom Kontext zur Beziehung ist spürbar. Verabredungen erfolgen jetzt zunehmend als Paar und nicht mehr in der »Gruppe«, die Beziehung wird exklusiver, lang dauernder und intimer. Die Beziehung zum romantischen Partner ist jetzt die wichtigste Beziehung für den Jugendlichen, starke positive Gefühle wie Verliebtheit, aber auch ambivalente Affekte (»himmelhoch jauchzend, zu Tode betrübt«) sind charakteristisch.
- In der *bonding phase* schließlich, die im späten Jugendalter bzw. beim Übergang ins junge Erwachsenenalter beginnt (Alter: ab 21 Jahren), erfolgt eine weitere Veränderung. Die Tiefe und Intimität der Beziehung bleibt erhalten, allerdings tritt eine eher pragmatische Sicht an die Stelle der überschießenden positiven Emotionen. Es wird zunehmend überlegt, ob die Beziehung Bestand hat und sich der Partner für ein Zusammenleben, Familiengründung usw. eignet.

19.4.3 Empirische Belege für den Entwicklungsverlauf

Die empirische Überprüfung der verschiedenen Phasenmodelle ist inzwischen gesichert (Seiffge-Krenke 2003, 2008). Auf der Basis von Längsschnittdaten an einer Stichprobe, die im Alter von 13 bis 21 Jahren kontinuierlich untersucht wurde, ließ sich bestätigen, dass der romantische Partner allmählich in der Hierarchie der Unterstützungspartner aufsteigt und ab dem Alter von 17 Jahren dann wichtiger wird als Eltern und Freunde. Zugleich steigt die Qualität romantischer Beziehungen in Richtung auf größere Nähe und Intimität. Bemerkenswert ist an diesen Ergebnissen, dass es sich um Summenwerte über mehrere romantische Partner handelte, denn Partnerwechsel waren häufig. Die durchschnittliche Dauer der Partnerschaft stieg von rund 3 Monaten (im Alter von 13 Jahren, *initiation phase*) auf 11,6 Monate im Alter von 17 Jahren (*affection phase*) und bis zu 2 Jahren in der *bonding phase* (ab dem Alter von 21 Jahren). Des Weiteren konnte belegt werden, dass zur Vorhersage einer *Bonding*-Qualität im jungen Erwachsenenalter, also ab dem 21. Lebensjahr, verschiedene Komponenten aus diesen früheren Stadien wichtige Beiträge leisten (Seiffge-Krenke 2003). So ist es die eigene Identität aus der Frühphase der romantischen Entwicklung, die Bedeutung von Freunden in der mittleren Phase und die Qualität der romantischen Partnerschaft in der *affection phase*, die eine enge, intime Beziehung von hoher Bindungsqualität im Alter von 21 Jahren vorhersagte.

Damit belegen Längsschnittdaten, dass Jugendliche qualitativ unterschiedliche Phasen in der romantischen Entwicklung durchleben, an deren Ende dann im Übergang zum Erwachsenenalter eine Qualität steht, die schon sehr an erwachsene Paarbeziehungen mit ihrem starken Bindungscharakter erinnert (von Sydow u. Ullmeyer 2001).

19.5 Welche Funktionen übernehmen Freunde?

Die gleichaltrigen Freunde sind in allen Stadien der romantischen Entwicklung von Bedeutung, besonders in den Frühphasen. Freundschaftsbeziehungen sind deshalb hilfreich, weil sich Gleichaltrigen diese Entwicklungsaufgaben etwa zur selben Zeit stellen. Außerdem lassen sich die Stressoren, die sie dabei bewältigen müssen, oft ertragreicher in den symmetrisch-reziproken Peer-Beziehungen diskutieren als in den komplementär-reziproken Beziehungen zu Eltern und anderen Erwachsenen (Buhrmester u. Furman 1987; von Salisch 2000). Engen Freundschaftsbeziehungen kommt gerade in der Frühphase romantischer Entwicklung eine entscheidende, identitätsstiftende Funktion zu. Sie liefern emotionale Sicherheit (Hartup 1992), unterstützen die eigene Sichtweise (Bigelow 1982), investieren Zeit, stabilisieren die eigene Kompetenz (Buhrmester 1990) und tragen im mittleren und späten Jugendalter dazu bei, die Inkonsistenzen zwischen verschiedenen Aspekten des eigenen Selbst auszusortieren (Harter 1998). Freunde helfen, die Erfahrungen der körperlichen Reife zu verarbeiten. Besonders bei jungen Mädchen liegen Befunde vor, die die Stabilisierung der Identität und der weiblichen Geschlechtsrolle sowie die wechselseitige Bestätigung belegen (Flaake u. King 1992), dies wurde inzwischen auch für Jungen bestätigt (Seiffge-Krenke u. Seiffge 2005).

19.5.1 Enge Freundschaften als »Vorläufer« romantischer Beziehungen

Auch für den Aufbau romantischer Beziehungen kommt den Gleichaltrigen und besten Freunden eine entscheidende Funktion zu, indem sie etwa als Prototyp für spätere Beziehungen dienen (Connolly et al. 2000; Hartup 1992). Dies hängt damit zusammen, dass Freundschaftsbeziehungen im Jugendalter zunehmend durch hohe Nähe und Intimität gekennzeichnet sind, Merkmale, die in den späteren romantischen Beziehungen ebenfalls typisch sind. Im Vergleich zu jüngeren Altersstufen sind Jugendliche zu hochkomplexen sozialen Vergleichsprozessen und Antizipationen der Gefühle von Interaktionspartnern in der Lage. Komplexe Repräsentationen sozialer Beziehungen können vorgenommen (Case et al. 1988), die Perspektive eines Dritten eingenommen (Selman 1984) und metakognitive Strategien auch auf die eigenen Emotionen angewandt werden (Steinberg 1993).

Zusammengenommen deuten also wesentliche entwicklungspsychologische Veränderungen im Jugendalter darauf hin, dass diese Altersgruppe sehr gute Voraussetzungen für das Freundschaftsniveau des intimen gegenseitigen Austausches mit sich bringt. Etwa 60 % der 15-jährigen Jugendlichen können in ihrem Freundschaftskonzept auf diesem sehr komplexen und anspruchsvollen Niveau argumentieren, tun dies aber nicht durchgängig (Keller 1996).

Außerdem finden sich deutliche Hinweise auf Geschlechtsunterschiede. So fand man etwa, dass Mädchen Intimität in Freundschaftsbeziehungen zu einem früheren Zeitpunkt erwerben als Jungen und dass Intimität auch für Mädchenfreundschaften wichtiger ist als für Jungenfreundschaften. Diese Geschlechtsunterschiede sind jedoch, so Buhrmester und Furman (1987), mehr eine Frage des Stils und weniger der grundsätzlichen Substanz. Die Intensivierung der Geschlechtsrollen, die in der Adoleszenz zu beobachten ist *(gender intensification hypothesis)*, führt dazu, dass Mädchen eher expressiv und Jungen eher instrumentell vorgehen. Gespräche, besonders der Austausch von Intimität durch Gespräche (*»We are just talking …«*; vgl. Raffaelli u. Duckett 1989), sind für Mädchen besonders wichtig. Für Jungen spielen dagegen geteilte Aktivitäten eine große Rolle (*»boys play sport, girls like to talk«*; vgl. Seiffge-Krenke u. Seiffge 2005). Das höhere Intimitätsniveau, das Mädchen in ihren Freundschaftsbeziehungen rund zwei Jahre vor ihren männlichen Altersgenossen erwerben, ist mit ein Grund dafür, dass sie für den Beginn romantischer Beziehungen »gut gerüstet« sind, ist aber auch Anlass für Konflikte in diesen Beziehungen, die durch die unterschiedlichen Intimitätsniveaus und Kommunikationsformen von Jungen und Mädchen entstehen können. Allerdings ist auch in engen Freundschaftsbeziehungen von Mädchen die größere Nähe und Intimität häufig Anlass für Konflikte und ein relativ hohes Ausmaß von relationaler Aggression (gegen andere Mädchen, zur Stabilisierung der Freundschaftsdyade), während Jungenfreundschaften stabiler und weniger konfrontativ sind (Benenson u. Christakos 2003).

19.5.2 Hilfen beim Kennenlernen und bei Trennungen

In der mittleren Adoleszenz sind die Freunde vor allem wichtige Stützen beim Kennenlernen von Partnern und auch bei den häufigen Trennungen. Gemischtgeschlechtliche große Freundschaftsnetze sind eine ideale »Arena« für das Kennenlernen, weil auf diese Weise ein Pool potenzieller romantischer Partner vorhanden ist und im Schutze von engen Freunden dann die konkrete Annäherung gestaltet werden kann (Feiring 1999).

Was das Kennenlernen angeht, hat die repräsentative deutsche Shell-Studie (Shell Deutschland 2000) bedeutsame Unterschiede zwischen deutschen und ausländischen Jugendlichen gefunden. Vor allem die jungen Deutsch-Türkinnen scheinen einen viel engeren Aktionsradius zu haben, geben sie doch überproportional häufig an, dass sie nicht auf Feiern gehen (6 %), nicht rumhängen (23 %), keine Disco (32 %) oder Kneipe besuchen (46 %) und noch seltener als deutsche Mädchen Sport treiben (47 % vs. 24 %) oder am Computer arbeiten oder spielen (71 % vs. 40 %) (Fritzsche 2000).

Vergleicht man, mit wem die Teilnehmer der Shell-Studie (Shell Deutschland 2000) ihre Freizeit vor allem verbringen (Münchmeier 2000), dann fällt auf, dass die deutschen Jugendlichen ihren Freizeitbeschäftigungen überwiegend allein oder in deutschen Freundesgruppen nachgingen. Nur etwa ein Viertel bis die Hälfte von ihnen gab an, die jeweilige Aktivität in ethnisch gemischten Gruppen auszuüben. Ganz anders bei den ausländischen Jugendlichen: Mit Ausnahme ihres Urlaubs führten sie die meisten Beschäftigungen in Freundesgruppen aus, die deutsche und ausländische Jugendliche enthielten. Nur türkische Jugendliche (beiderlei Geschlechts) beschäftigten sich in ihrer Freizeit zu 25–40 % in Freundesgruppen, die ausschließlich aus Landsleuten bestanden. Die Kontexte, in denen deutsche und ausländische Jugendliche ihre Partner kennenlernen, sind also sehr verschieden.

Was die Unterstützung bei Trennungen angeht, so schreiben Asher et al. (1996), dass Heranwachsende Fähigkeiten zur Selbstenthüllung haben und wissen müssen, wann ihre (emotionale) Unterstützung gebraucht wird und wie sie aussehen soll. Denn Freunde müssen lernen, die Bedürfnisse eines Hilfe suchenden Beziehungspartners zu erkennen und sie in adäquater Weise zu beantworten. Dieser Lernprozess mag einige Zeit in Anspruch nehmen. Denn Jugendliche im Alter von

11 und 15 Jahren neigten dazu, den Freund oder die Freundin beim Gespräch über ein als »ernsthaft« eingestuftes Problem wie die Trennung vom romantischen Partner abzulenken. Diese Strategie war meist insofern effektiv, als der negative Affekt nach den Ablenkungsmanövern zurückging (Denton u. Zarbatany 1996). Wichtig ist auch nach Asher et al. (1996), dass sich Heranwachsende bei den Erfolgen ihrer Freundinnen und Freunde beim anderen Geschlecht ohne Untertöne von Missgunst oder Rivalität mit ihnen freuen können.

Die Erwartungen der Jugendlichen an ihre Freunde lassen sich in drei Maximen formulieren (Youniss u. Smollar 1985):
- »Sei vertrauenswürdig.«
- »Sei da, wenn du gebraucht wirst.«
- »Sei loyal und schütze deinen Freund und seine Interessen gegenüber Dritten.«

19.6 Veränderungen in der Qualität romantischer Beziehungen

Ab dem Alter von 17 Jahren sinkt der Prozentsatz der mit besten Freunden verbrachten Zeit. Zugleich steigt der Prozentsatz der mit dem romantischen Partner verbrachten Zeit von 18 % bzw. 16 % bei den 13- bis 14-jährigen männlichen und weiblichen Jugendlichen auf 39 % bei den 19- bis 20-jährigen männlichen und 49 % bei den altersgleichen weiblichen Jugendlichen an (Hendry et al. 1993). Diese Befunde belegen ebenfalls, dass der romantische Partner – entsprechend der Theorie von Furman und Wehner (1994) – allmählich in der Hierarchie »aufsteigt«, dass jedoch die besten Freunde des eigenen Geschlechts nach wie vor wichtig sind.

19.6.1 Von der Phantasie zur echten Beziehungsarbeit

Verschiedene Studien haben insbesondere die Anfänge romantischer Aktivitäten (Dating, *initiation phase*) im Peer-Kontext untersucht. Sie zeigen, dass in diesen ersten romantischen Beziehungen starke Emotionen gezeigt werden und dass diese Beziehungen – trotz ihrer kurzen Dauer – sehr befriedigend sind (Feiring 1996). Für diese Anfänge romantischer Aktivität ist charakteristisch, dass Phantasie und Realität oft nicht getrennt werden. So geben immerhin 20 % der Jugendlichen romantische Beziehungen zu jemandem an, der »Partner« wusste aber nichts davon (Wilson-Shokley 1995). Ebenso wurde der Einfluss des Peer-Status auf das Dating nachgewiesen (Franzoi et al. 1994). Die gemeinsamen Aktivitäten verändern sich von Treffen in verschiedenen jugendtypischen Freizeitunternehmungen zu einem stärkeren Bedürfnis, nur mit einem bestimmten Partner auszugehen. Die Beziehungen sind mehr und mehr durch Exklusivität und Intimität gekennzeichnet, Sexualität gewinnt eine zunehmende Bedeutung und auch der Verpflichtungsgrad der Partner zueinander steigt. Sehr entscheidend für den weiteren Bestand der Beziehung ist die Fähigkeit der Partner, Konflikte konstruktiv zu lösen. Längsschnittstudien belegen, dass bei positiver emotionaler Bindung die Zahl der Konflikte zunimmt, in denen die Partner das angemessene Maß an Verbundenheit und Nähe versus individueller Freiheit aushandeln.

Partnerbeziehungen, in denen Konflikte miteinander aktiv bewältigt werden, haben längeren Bestand, es kommt zu einer weiteren Zunahme an Beziehungsqualität (Nieder u. Seiffge-Krenke 2001). Dies zeigt, dass tatsächlich »Beziehungsarbeit« geleistet wird, die sich wiederum auf die Qualität und Dauer der Beziehung auswirkt.

19.6.2 Intimität in Partnerschaften und Freundschaftsbeziehungen

Es gibt des Weiteren Forschungsbefunde, die darauf hinweisen, dass Erfahrungen mit Gleichaltrigen und enge Freundschaftsbeziehungen in der Vergangenheit zur Qualität romantischer Partnerbeziehungen im Jugendalter beitragen. Ein wichtiges Merkmal sowohl enger Freundschaften als auch romantischer Beziehungen ist Intimität (Buhrmester u. Furman 1987); hinzu kommen Beziehungsmerkmale wie Vertrauen und emotionale Unterstützung.

Schon im Jahre 1953 vermutete Sullivan, dass die Intimität und Sensitivität, die Jugendliche in ihren gleichgeschlechtlichen Freundschaftsbeziehungen erleben, die Basis für die Entwicklung von Intimität in romantischen Beziehungen darstellen (Sullivan 1953). Diese Annahme wurde durch mehrere Studien an Jugendlichen gestützt, die den Einfluss von Intimität in Freundschaftsbeziehungen auf die Qualität der romantischen Beziehungen im Jugendalter nachweisen.

Zwei Längsschnittstudien fanden übereinstimmend, dass die Beziehungsstile zu romantischen Partnern im Jugendalter eher denen zu Freunden und nicht denen zu Eltern gleichen und dass Häufigkeit und Qualität der Interaktion mit Freunden während der mittleren Kindheit und dem frühen Jugendalter die Intimität und Sicherheit im Umgang mit romantischen Partnern im Alter von 16 und 17 Jahren vorhersagten (Collins et al. 1997; Seiffge-Krenke 2001). In ihrer Querschnittsstudie fanden Shulman und Scharf (2000) ebenfalls, dass die affektive Intensität der Beziehung zum romantischen Partner während der Adoleszenz durch die Qualität der Beziehung zu gleichgeschlechtlichen engen Freunden und weniger durch die Qualität der Beziehung zu den Eltern erklärt wird. Dies hängt vermutlich damit zusammen, dass in der Adoleszenz viele Interaktionen mit romantischen Partnern im Umfeld der Freunde stattfinden. Jugendliche treffen sich zu gemischtgeschlechtlichen Gruppenaktivitäten und gehen im Gruppenkontext aus

(Dunphy 1963). Romantische Beziehungen im jungen Erwachsenenalter lösen sich dagegen mehr und mehr vom Peer-Kontext und enthalten eine zunehmend exklusivere, dyadische Note; möglicherweise werden deshalb in diesem Stadium eher die Eltern als Modelle angesehen.

In weiteren Studien wurden die Langzeiteinflüsse der Eltern-Kind-Beziehung auf die romantischen Beziehungen im Erwachsenenalter nachgewiesen. Hazan und Shaver (1987) hatten gezeigt, dass der (retrospektiv erfragte) Bindungsstil zu den Eltern sowohl mit der Qualität der Bindung an den romantischen Partner als auch mit sexuellen Aspekten in dieser Partnerbeziehung kovariiert. Die Ergebnisse von Seiffge-Krenke et al. (2001) belegen darüber hinaus, dass die wahrgenommene Zuverlässigkeit in der Beziehung zu den Eltern in der Adoleszenz auch die sexuelle Qualität der späteren Partnerbeziehungen im Alter von 21 Jahren beeinflusst. Aus entwicklungspsychologischer Perspektive ist es einleuchtend, dass romantische Beziehungen im Jugendalter auf früheren Beziehungserfahrungen aufbauen. Allerdings ist das nur ein – wenngleich wichtiger – Aspekt, denn beim Aufbau romantischer Beziehungen sind die Identität einer Person, ihr Selbst- und Körperkonzept empirisch ebenfalls von Bedeutung (Sidor et al. 2006).

19.7 Unterschiedliche Bindungen an die Eltern und ihr Einfluss auf die Qualität der Liebesbeziehungen

Wie bereits dargestellt wurde auch die Bindungstheorie zur Erklärung stabiler bzw. instabiler Liebesbeziehungen herangezogen. Shaver und Hazan (1988) berichten, dass eine sichere Bindung in der Kindheit mit positiven Beziehungsmerkmalen romantischer Liebe im Erwachsenenalter, wie wechselseitiger Intimität und sexueller Zufriedenheit, verbunden ist. Personen, die durch einen vermeidenden Bindungsstil gekennzeichnet sind, haben dagegen sexuelle Beziehungen, die durch große emotionale Distanz und ein niedriges Ausmaß an Verpflichtung gekennzeichnet sind. Bei Personen mit ängstlich-vermeidendem Bindungsstil sind Leidenschaft und Präokkupation in den romantischen Beziehungen auffallend; sie nutzen sexuelle Aktivitäten zur Befriedigung ihres Bedürfnisses nach Liebe und Sicherheit.

19.7.1 Zusammenhänge mit der Bindung an die Eltern

Die bisherige Forschung legt nahe, dass die Qualität der Beziehung zu den Eltern während der Kindheit mit der Qualität romantischer Beziehungen im Erwachsenenalter zusammenhängt. Auf der Basis des Adult-Attachment-Interviews (AAI) zeigten Owens et al. (1995), dass junge Erwachsene ähnliche Beziehungsmuster zu ihren Eltern und ihren romantischen Partnern beschreiben. Ähnliche Ergebnisse berichten Furman et al. (2002).

Feeney et al. (1993) fanden, dass junge Erwachsene mit unsicher-vermeidender Bindung an ihre Eltern kurze romantische Beziehungen bevorzugten, die durch ein niedriges Ausmaß an Nähe und Verpflichtung gekennzeichnet und auch eher zu sexuellen Aktivitäten bereit waren. Junge Erwachsene mit einer sicheren Eltern-Kind-Bindung bevorzugten dagegen lang andauernde romantische Beziehungen mit hohem Verpflichtungsgrad, ohne allerdings ein übertriebenes Bedürfnis nach Nähe oder Verpflichtung zu haben, das eher für Personen mit ängstlich-vermeidendem Bindungsstil zu den Eltern typisch ist.

Keppler et al. (2002) berichten aus ihrer Längsschnittstudie, dass junge Erwachsene, die als 16-Jährige (im AAI) und als 6-Jährige (im Satzanfangs-Test, SAT) ein sicheres inneres Arbeitsmodell ihrer Beziehung zu ihren Eltern aufwiesen, im Interview über ihre romantischen Beziehungen leichten Zugang zu bindungsrelevanten Gefühlen hatten und ihre Partnerschaft als verlässliche Quelle der Geborgenheit schätzten. Junge Erwachsene mit einem unsicheren inneren Arbeitsmodell neigten dagegen eher dazu, bindungsrelevante Informationen zu vermeiden oder ihre romantische Beziehung in einem stereotyp positiven Licht zu zeichnen. Junge Erwachsene, die in den Partnerschaftsinterviews keine Bewertung ihrer Partnerschaft vornehmen konnten, vielleicht weil sie dem Partner wenig Fürsorge entgegenbrachten und zugleich sich selbst als sehr bedürftig schilderten, wiesen der Tendenz nach als Kinder und Jugendliche ein unsicher-ambivalentes inneres Arbeitsmodell auf. Die Bindungsrepräsentationen in der Kindheit hingen wiederum direkt mit der Qualität der Bindung zur Mutter (und zum Vater) in der Fremden Situation im Kleinkindalter zusammen. Auch wenn Bindungsverhalten und Bindungsrepräsentationen nicht in jedem Fall übereinstimmen, so zeigt sich hier doch ein lang dauernder Einfluss der Eltern-Kind-Beziehung auf die Repräsentationen der romantischen Beziehungen der jungen Erwachsenen (Keppler et al. 2002).

19.7.2 Einflüsse der Scheidung der Eltern

Wie beschrieben, berichteten Shaver und Hazan (1988) charakteristische Zusammenhänge zwischen einem bestimmten Bindungsstil an die Eltern und der Qualität und Dauer romantischer Beziehungen im Erwachsenenalter. Hazan und Shaver (1987) fanden ferner, dass sicher gebundene Personen seltener eine Scheidung der Eltern erlebt hatten als Personen mit vermeidender oder ambivalenter Bindung zu den Eltern. Eine direktere Beziehung zwischen dem Familienstand der Eltern und der Qualität romantischer Beziehungen junger Erwachsener wurde in einer Studie von Summers et al. (1998) gefunden; junge Erwachsene mit verheirateten Eltern beschrieben eher eine sichere Bindung als Erwachsene mit geschiedenen Eltern.

Zusammenfassend werden in diesen Studien die Langzeiteinflüsse der Eltern-Kind-Beziehung auf die romantischen Beziehungen im Erwachsenenalter umrissen. Bei Studien auf der Basis des Bindungs-Konzeptes ist allerdings zu bedenken, dass die Methode der Datenerhebung (meist Querschnittsdesign, retrospektive Interviews) keine wirkliche Voraussage ermöglicht und dass ferner nicht die realen Beziehungserfahrungen, sondern die Kohärenz der Schilderung dieser Beziehungserfahrungen, zumeist ausschließlich als Selbstbericht, gemessen wurden. Die Stabilität von Bindungserfahrungen und ihr Transfereffekt auf das Jugendalter ist durchaus umstritten (Seiffge-Krenke 2008).

19.8 Trennungen und Konfliktbewältigung in romantischen Beziehungen

Wie bereits beschrieben erhöht sich die Dauer der romantischen Partnerschaft erst allmählich und auch die Qualität der Beziehung steigt an, wobei unterstrichen wird, dass es sich bei diesen Ergebnissen um Summenwerte über mehrere romantische Partner handelt, denn Partnerwechsel waren häufig. Vor allem in den Frühstadien der romantischen Entwicklung sind emotionale Turbulenzen an der Tagesordnung. Dies zeigen besonders eindrucksvoll Tagebuchstudien. Nicht nur Liebe, Zuneigung oder Sehnsucht notierten die Jugendlichen dabei in ihre Tagebücher, sondern auch negative Gefühle wie Ärger, Angst, Enttäuschung, Verzweiflung oder Eifersucht (Larson et al. 1999). Diese emotionalen Turbulenzen bei der Suche nach dem »richtigen« romantischen Partner sind zudem Teil von zahlreichen kulturgeprägten Skripten (Kövecses 1990).

19.8.1 Lernprozesse und typische Bewältigungsstrategien

Liebesbeziehungen sind freiwillige Beziehungen, die jederzeit aufgekündigt werden können. Erst auf Dauer – z. B. mit dem *commitment* einer Heirat – werden Partnerschaften zu verpflichtenden, öffentlich bekundeten Beziehungen. Daher verhalten sich Jugendliche im Konfliktfall in ihren romantischen Beziehungen auch vorsichtiger als in ihren Familienbeziehungen. Sie sind bei Auseinandersetzungen weniger dominant und ziehen sich andererseits auch nicht so leicht zurück, wie etwa bei Konflikten mit den Eltern (Laursen et al. 1996). In der Tat zählen Optimismus, vielfältige Handlungsinitiativen und die Antizipation der Reaktion des romantischen Partners zu den häufigsten Coping-Strategien bei Konflikten mit romantischen Partnern im Jugendalter. Im Vergleich zu 12-Jährigen denken 15-Jährige mehr über mögliche Verhaltensweisen in romantischen Beziehungen nach, vor allem wenn es um Konflikte geht. 17-Jährige zeigen die positivsten Emotionen, die größte Selbstsicherheit und die meisten Initiativen, was darauf schließen lässt, dass sie aus früheren romantischen Erfahrungen schon einiges »gelernt« haben (Seiffge-Krenke 1995). Vor dem Hintergrund allgemein ähnlicher Konfliktbewältigungsstile in Freundschaften und in romantischen Beziehungen kommen Creasy et al. (1999) zu dem Schluss, dass weibliche Jugendliche ihren Liebespartnern gegenüber mehr positive Konfliktbewältigungsstrategien zeigten als gegenüber ihren Freundinnen. Zugleich verliefen die Auseinandersetzungen mit ihren männlichen Liebespartnern aber häufiger unproduktiv: Die Partner schrieen sich häufiger an, ohne dem anderen zuzuhören, der Streit eskalierte häufiger oder endete in gegenseitigem Rückzug.

Längsschnittstudien belegen, dass die angemessenen Bewältigungsstile tatsächlich nach und nach, und mit verschiedenen Partnern, gelernt werden (Nieder u. Seiffge-Krenke 2001). Insofern ist der Partnerwechsel tatsächlich eine wichtige Lernerfahrung in diesem Stadium der romantischen Entwicklung.

19.8.2 Nach der Trennung: Vom romantischen Partner zum Freund

Die Längsschnittstudie von Conolly et al. (2000) unterstreicht die sehr komplexen Kontexte und Beziehungsstrukturen. Die Bedeutung der besten Freunde und Gleichaltrigen bleibt auch bei beginnenden romantischen Beziehungen erhalten. Nach Trennung vom romantischen Partner verbleibt dieser nicht selten als »Freund« weiter in der Gleichaltrigengruppe, genauso, wie sich viele scheidende Liebespartner versprechen: »Wir werden immer Freunde bleiben.« Dies unterstreicht zum einen die hohe Ähnlichkeit zwischen Freunden und romantischen Partnern am Beginn der romantischen Entwicklung, zugleich aber auch die produktiven Fertigkeiten der Jugendlichen, trotz Trennungen die ehemaligen romantischen Partner weiterhin zu ihren Freunden zu zählen.

19.8.3 Ähnlichkeiten zwischen Freundschaften und romantischen Beziehungen

Freundinnen und Freunde des gleichen Geschlechts sind nicht nur wichtig für den Kontakt zu potenziellen romantischen Partnern, sondern beeinflussen auch die Qualität dieser ersten Liebesbeziehungen. Denn das Ausmaß der Unterstützung (im Sinne von Intimität, instrumenteller Hilfe, Zuneigung usw.) der gleichgeschlechtlichen Freundschaft korrelierte zeitgleich mittelhoch (r um .30) mit den gleichen Beziehungsqualitäten in der romantischen Beziehung dieser Jugendlichen. Ähnliche Zusammenhänge ließen sich auch für die Konflikthaftigkeit der Freundschaft und romantischen Beziehung finden (Conolly et al. 2000; Furman et al. 2002). Diese Entsprechungen lassen sich damit erklären, dass sich die Jugendlichen in dieser neuen Beziehung an dem Vorbild der Freundschaft orientieren (Sullivan 1953) und damit, dass intime gleichgeschlechtliche Freundschaften die Heranwachsenden bei der Partnersuche und ihren Verwicklungen unterstützen (Brown 1999). Ähnlich wie in der Studie von Seiffge-Krenke (2003) erwiesen sich in dieser kanadischen Studie die Erfahrungen, die die Jugendlichen früher in ihren romantischen Beziehungen gemacht haben, als die besten Prädiktoren für die Qualität ihrer späteren Liebesbeziehung. Im Längsschnitt konnte nämlich der Einfluss der Freundschaftsqualität im ersten Jahr auf die Qualität der Liebesbeziehung im folgenden Jahr durch die Qualität der romantischen Beziehung im ersten Jahr fast vollständig »unterdrückt« werden. Dieses Muster zeigte sich sowohl für die unterstützenden wie für die konflikträchtigen Qualitäten der beiden Beziehungen und auch unabhängig davon, dass die Liebespartner in über 80 % der Fälle gewechselt hatten (Conolly et al. 2000).

19.8.4 Abnahme von Idealisierungen, unterschiedliche Bedeutung von Sexualität

Jugendliche scheinen sich damit zunehmend auf ihre eigenen Erfahrungen in Liebesdingen zu verlassen und weichen auch zunehmend von den idealisierenden und stereotypisierenden Medienbildern zu diesem Thema ab (Conolly u. Goldberg 1999). Diese sind wahrscheinlich besonders im frühen Jugendalter wirksam, wenn noch kaum eigene Erfahrungen vorliegen. Fleer et al. (2002) konnten in ihrer Untersuchung an Jugendlichen der Klassenstufen 5 bis 13 tatsächlich nachweisen, dass die Partnerschaftskonzepte besonders der Fünft- und Sechstklässler noch sehr idealistisch sind. In dieser Studie wurde auch deutlich, dass vor allem für männliche Jugendliche in den Klassenstufen 11 und 13 Sexualität ein wichtiges Merkmal einer guten Liebesbeziehung ist, während dies von gleichaltrigen Mädchen nicht genannt wurde. Die unterschiedliche Bedeutung von Sexualität kann also ebenfalls ein Konfliktpunkt in romantischen Beziehungen sein.

19.8.5 Romantische Beziehung und Psychopathologie

In den letzten Jahren gab es verstärkt Studien zum Zusammenhang zwischen romantischen Beziehungen und Psychopathologie. Mehrere Studien bestätigten einen Zusammenhang zwischen romantischen Beziehungen und Depression, weitere Studien fanden einen Zusammenhang zwischen romantischen Beziehungen und externalisierenden Symptomen (Zimmer-Gembeck et al. 2001). Diese erhöhten Symptombelastungen werden zum einen mit den starken Affekten in Beziehung gebracht, die unter anderem durch Trennungen ausgelöst werden, zum anderen wird auf den veränderten Entwicklungskontext verwiesen, der für junge Leute gilt, die in romantische Beziehungen involviert sind.

In der Regel handelt es sich (z. B. bei Mädchen) um ältere Partner und die weiblichen Jugendlichen werden verstärkt in einen »jugendtypischen« Kontext (Rauchen, Trinken, Drogenkonsum) eingeführt. Hinzu kommt die Beteiligung der Freunde, die nicht nur ein Schutzfaktor ist, sondern auch zum Risikofaktor werden kann. In den letzten Jahren hat man zunehmend die »Verführung« zu gesundheitsschädigendem Verhalten durch Freunde und romantische Partner untersucht. Wie Brown (1999) nachgewiesen hat, handelt es sich um größere Gruppen (n > 10) von »Freunden«, d. h. von Jugendlichen mit eher losen als intimen Beziehungen, die sich finden, um gemeinsam verschiedene deviante Verhaltensweisen auszuprobieren. Diese »Verführungstheorie« ist für deutsche Jugendliche aber weniger zutreffend als für amerikanische Jugendliche, da sie eher zu kleineren Gruppen neigen. Dennoch sind die engen Freundschaften oft in solche größeren Gruppierungen eingebunden mit der entsprechenden Einflussmöglichkeit auf gesundheitsschädigendes Verhalten (La Greca et al. 2001).

19.9 Intimität, Sexualität und Verhütung in jugendlichen Liebesbeziehungen

Welche Herausforderung es bedeutet, Bedürfnisse nach Intimität und Sexualität in einer Person zusammenzubringen, wurde bereits anhand der obigen Typologie der romantischen Beziehungen beschrieben. Für gleichgeschlechtliche Partner ergibt sich die besondere Situation, dass sie sich bei der Partnersuche auch gegenüber den engen gleichgeschlechtlichen Freundschaftsbeziehungen abgrenzen müssen, die wie beschrieben hohe Intimität enthalten, aber in der Regel nicht mit Sexualität verbunden sind.

Was das sexuelle Verhalten bei jugendlichen Paaren angeht, so ist auffällig, dass weit mehr über die Sexualität der jungen Mädchen und insbesondere ihr Verhütungsverhalten geforscht wird als über die Sexualität von männlichen Jugendlichen (Smith et al. 2005).

19.9.1 Jugendlichensexualität

Die Sexualität von Jugendlichen enthält in allen Stadien der romantischen Entwicklung ein unterschiedlich hohes Ausmaß an Masturbation. Selbstbefriedigung hat vor allem auch vor dem Hintergrund der sich verändernden Identität und des sich wandelnden Körperkonzeptes eine sehr wichtige Funktion. Aus psychoanalytischer Sicht ist die Integration der physisch reifen Genitalien ein entscheidender Entwicklungsprozess, von dem Progression und – aus der Sicht einiger Analytiker – auch ein Entwicklungszusammenbruch erfolgen können (Seiffge-Krenke 2007).

Über die spezifische weibliche Sicht des Körpers und der beginnenden Sexualität ist viel geschrieben worden (vgl. Flaake u. King 1992), insbesondere über ihre Abhängigkeit vom Partner als Indikator für Weiblichkeit, während wesentlich weniger Studien zur Sexualität männlicher Jugendlicher vorliegen. Konsistent wurden Geschlechtsunterschiede bezüglich der Bedeutung von Sexualität im Rahmen von Beziehungen derart gefunden, dass männliche Jugendlicher permissiver sind, Sexualität auch ohne Beziehungen akzeptabel halten und biologische bzw. hormonelle Hintergründe betonen (Smith et al. 2005). Im Gegensatz dazu sind Mädchen eher beziehungsorientiert und in ihrem Sexualverhalten stärker durch soziale Kontrolle beeinflusst. Generell wurde Sexualität fast ausschließlich in Bezug auf den heterosexuellen Koitus untersucht; präkoitale Formen wie Küssen, Petting oder andere Formen wie Oral- und Analsex wurden eher ausgeklammert.

In den letzten Jahren gibt es verstärkt Untersuchungen an homosexuellen Jugendlichen, allerdings hauptsächlich unter der Perspektive generellen Risikoverhaltens, während bei weiblichen Jugendlichen Gewalt und sexuelle Übergriffe *(date rape)* beforscht wurden. Insgesamt überrascht die sehr starke Verbindung von Jugendlichensexualität mit Risikoverhalten.

19.9.2 Verhütung und Schwangerschaft

In dieser Entwicklungsphase schwanger zu werden und mit den Aufgaben einer Mutter konfrontiert zu sein, liegt nicht nur außerhalb der üblichen Entwicklungsnorm, sondern belastet und gefährdet auch die Persönlichkeitsentwicklung der Jugendlichen und damit ihre Sicherheit und Kompetenz, die Verantwortung und Sorge für einen Säugling zu übernehmen. Tatsächlich gilt die Gruppe jugendlicher Mütter in westlichen Industrienationen als eine Hochrisikogruppe. Dabei handelt es sich um eine geringe Anzahl von Müttern. Relativ zu anderen europäischen Ländern (z. B. Großbritannien 15 %, Frankreich 6 %, Schweden 4 %, USA 22 %) liegt Deutschland mit 4 % der unter 20-jährigen Mütter im unteren Bereich (Ziegenhain et al. 2004). Dennoch aber ist die Gruppe der Teenager-Mütter in ihrer Risikolage in allen genannten Industrienationen ähnlich beschreibbar als eine Kumulation und Wechselwirkung von Risiken, die nicht durch Schutzfaktoren abgepuffert werden. In unserem Kontext ist besonders frühes Menarchealter hervorzuheben, gepaart mit keiner oder unzureichender Verhütung. Deviante Einflüsse durch Gleichaltrige können ein bestehendes sexuelles und antisoziales Risikoverhalten verstärken. Allerdings muss hervorgehoben werden, dass Verhütung heute immer noch als »Mädchensache« angesehen wird und auch bei weitgehend reifer kognitiver Entwicklung ziemliche Fehleinschätzungen bezüglich der Wahrscheinlichkeit, schwanger zu werden, gefunden wurden, was als Hinweis auf den adoleszenten Egozentrismus zu werten ist.

19.10 Romantische Beziehungen in verschiedenen ethnischen Gruppen

Deutschland ist schon jetzt eine multikulturelle Gesellschaft. In deutschen Großstädten beträgt der Anteil der Jugendlichen mit »nichtdeutscher Muttersprache« schon bis zu 24 % (Europäisches Forum für Migrationsstudien 1997); in manchen Schulformen und Schulklassen stellen diese »ausländischen« Jugendlichen bereits die Mehrheit. In Städten wie Berlin stammt mehr als die Hälfte der ausländischen Schulbesucher aus der Türkei, lebt aber bereits in der zweiten oder dritten Generation in Deutschland. Ganze Stadtviertel werden von ihnen geprägt.

Diese Jugendlichen wachsen in einer Mischkultur auf, da sie in Schule und Medien mit deutschen, in Familie und Nachbarschaft jedoch mit islamisch geprägten Werten konfrontiert werden, auch zu Themen wie Geschlechterrollen, Partnerschaft oder Sexualität. Nach Schiffauer (1983) versteht der Islam die Ehe im Prinzip als Zweckgemeinschaft, die vor allem aus ökonomischen Gründen und zur Zeugung von Nachkommen geschlossen wird. Daher werden die ehelichen Verbindungen traditionellerweise von den Familien arrangiert; genauer gesagt suchen sich die Eltern des Mannes eine Schwiegertochter aus, die sie im Alter versorgen soll. Sexuelle Bedürfnisse dürfen und sollen in der Ehe befriedigt werden, romantische Gefühle der Beteiligten sind aber eher Nebensache. Für eine Heirat kommen nur solche jungen Frauen infrage, die von romantischen oder sexuellen Erfahrungen »unberührt« sind, nur solche Mädchen gelten als treue »Familienmädchen«. Junge Frauen, die vor der Ehe Geschlechtsverkehr haben, werden als »Straßenmädchen« verachtet; junge Türken halten sie für »mannstoll, verantwortungslos und zur Treue unfähig« (Schiffauer 1983).

Da Normen, Werte und Konventionen im Bereich von Sexualität und Partnerschaft zentral für den Fortbestand der Gruppe und außerdem tief in der Persönlichkeit des Einzelnen verankert sind (Coates 1999), ist zu erwarten, dass sich eine Assimilation im Sinne einer Angleichung der deutschen und der türkischen Vorstellungen zu romantischen Beziehungen, wenn überhaupt, dann nur sehr langsam vollzieht, die Jugendlichen also eher auf traditionellen Vorgaben beharren.

19.10.1 Enge Freundschaftsbeziehungen in Gruppen mit ausländischen und deutschen Jugendlichen

In diesem Zusammenhang ist es wichtig, sich zu vergegenwärtigen, dass sich dagegen die Entwicklung von engen Freundschaftsbeziehungen in Gruppen mit ausländischen und deutschen Jugendlichen recht ähnlich vollzieht.

Reinders und Mangold (2005) fanden bei ihrem Vergleich von intraethnischen und interethnischen Freundschaften nicht viele Unterschiede. Sie untersuchten deutsche, türkische und italienische Jugendliche. Etwa 40 % der untersuchten Jugendlichen berichteten eine interethnische Freundschaft, was ein relativ hoher Prozentsatz ist – die Shell-Studie (Shell Deutschland 2000) hatte nur 9 % gefunden – und vermutlich mit dem Untersuchungsort an Hauptschulen zusammenhängt. Sowohl in den intraethnischen als auch den interethnischen Freundschaften wurden Intimität, Reziprozität und gemeinsame Aktivitäten benannt, wobei Mädchen in aller Regel mehr Wert auf Intimität legten. Es fanden sich nur wenige ethnische Unterschiede. Türkische Mädchen hatten insgesamt weniger Freundschaften und diese waren von geringerer Intimität, türkische männliche Jugendliche unternahmen etwas weniger in ihren Freundschaftsbeziehungen als gleichaltrige deutsche Jungen.

Von der Tendenz her deutet sich aber an, dass die stärkere Familienorientierung der türkischen Mädchen Konsequenzen hat für ihre Freundschaftsentwicklung, die sich unter anderem auch auf romantische Beziehungen auswirken könnten. Bei interethnischen Paaren beispielsweise entstünde möglicherweise die Situation, dass ein türkisches Mädchen mit einem deutschen Jungen bei ähnlich geringer Intimitätsentwicklung zusammen ist. Damit könnten beide nur sehr wenig von der Beziehung profitieren, wenn wir unsere westlichen Standards hinsichtlich hoher Intimität als wichtiges Ziel in Partnerschaften anlegen.

19.10.2 Unterschiede in der romantischen Entwicklung

Die langsame Angleichung in der romantischen Entwicklung zeigt sich unter anderem darin, dass die jungen Deutsch-Türkinnen in der Shell-Studie (Shell Deutschland 2000) besonders selten (nur zu 13 %) berichteten, dass sie einen festen romantischen Partner hatten (weibliche deutsche Jugendliche: 35 %), vor allem wenn sie noch nicht volljährig waren. Auch ihre gleichaltrigen männlichen Landsleute gaben seltener eine »feste Freundin« an, zogen dann aber ab 18 Jahren mit ihren deutschen Geschlechtsgenossen gleich (Fritzsche 2000).

In einer weiteren Studie, in der männliche türkische Schüler aus Berlin mit einer Gruppe von deutschen Schülern verglichen wurden, die ihnen im Hinblick auf die Sozialschicht angepasst war, berichteten die jungen Deutsch-Türken im Durchschnitt von einer größeren Anzahl von Sexualpartnerinnen als ihre deutsche Vergleichsgruppe, allerdings mit großen interindividuellen Unterschieden (von Salisch 1990). Zu ihren Werten in romantischen Beziehungen äußerten die jungen Türken aus Berlin etwas weniger häufig als ihre deutschen Altersgenossen, dass Verliebtheit, Liebe, Verstehen und Vertrauen sowie Zärtlichkeit und Rücksichtnahme »sehr wichtig« für eine sexuelle Beziehung zwischen zwei Menschen seien; das gute Aussehen der Partnerin und die sexuelle Übereinstimmung mit ihr waren ihnen vergleichsweise wichtiger als den jungen Deutschen. Diese Befunde deuten darauf hin, dass männliche türkische Jugendliche möglicherweise dazu neigen, Sexualität und Intimität aufzuspalten (Sullivan 1953), also vielleicht eher in lockeren Beziehungen zu »Straßenmädchen« Spaß und sexuelle Befriedigung zu suchen, da sie sich selbst auch eher als potente Liebhaber sahen (Schiffauer 1993). Da diese Unterschiede in punkto interpersonaler Nähe besonders bei jenen Jugendlichen ausgeprägt waren, die noch keine eigenen Erfahrungen mit dem Geschlechtsverkehr (bzw. einer festen romantischen Beziehung) gesammelt hatten, ist zu vermuten, dass sich die türkischen Jugendlichen bei der Beantwortung dieser Fragen außerdem an den Leitbildern ihrer Kultur orientiert hatten (von Salisch 1990).

In der Shell-Studie (Shell Deutschland 2000) zeigte sich die Beharrungskraft der einzelnen ethnischen Gruppen besonders deutlich bei der Frage nach der Heiratsneigung, die auch als Gradmesser für die soziale Integration betrachtet werden kann. So konnten sich 52 % der jungen Türken (beiderlei Geschlechts) und 28 % der jungen Deutschen (aber nur 3 % der jungen Italiener) überhaupt nicht vorstellen, eine Person, die nicht ihrer Nationalität ist, zu heiraten. Bei der Frage nach den Bedingungen, unter denen dies doch möglich wäre, war den türkischen Jugendlichen wichtiger als ihren deutschen und italienischen Altersgenossen, dass sie und der entsprechende Partner in beiden beteiligten Familien akzeptiert waren und dass der künftige Gatte oder die Gattin die eigene Religion annimmt. Die westliche romantische Tradition, hier ausgedrückt mit dem Item »Liebe und sonst nichts«, war lediglich für über drei Viertel der Jugendlichen aus italienischen Familien ein ausreichender Heiratsgrund; bei den deutschen und den türkischen Jugendlichen lagen die Zustimmungsraten deutlich niedriger (Münchmeier 2000). Die Überzeugung, dass die Liebe eine »Himmelsmacht« sei, die alle Widerstände, auch die unterschiedlicher ethnischer Herkunft, überwindet, ist also offenbar ein kulturell geprägtes Phänomen.

Zu welchem Zeitpunkt Jugendliche »romantische Beziehungen« in welchem Beziehungskontext und mit welcher Qualität eingehen, sollte daher vor dem Hintergrund unterschiedlicher kultureller Traditionen relativiert werden (Coates 1999).

19.11 Fazit

Die Entwicklung von Freundschaften und romantischen Beziehungen vollzieht sich vor dem Hintergrund der Modernisierung der Gesellschaft. Für Jugendliche ergibt sich hieraus ein Spannungsverhältnis – einerseits zwischen einer verlängerten Zeit der Abhängigkeit von den Eltern, oft bis in die Mitte des dritten Lebensjahrzehnts, und andererseits eine größere Entscheidungsfreiheit in vielen Bereichen, unter anderem auch bei der Wahl ihrer sexuellen und romantischen Partner (Fend 2000).

In der Tat nehmen heutzutage die meisten Eltern immer weniger direkten Einfluss darauf, mit welchen Partnern ihre jugendlichen Kinder zusammentreffen und was sie bei diesen Begegnungen tun. Damit wächst die Bedeutung von Peer-Gruppe und einzelnen Freunden bei der Auswahl und der Aufrechterhaltung der romantischen Beziehungen der Jugendlichen.

In der Zeit der Abhängigkeit ist es Jugendlichen und jungen Erwachsenen nun auch länger möglich, mit romantischen Beziehungen zu experimentieren und sich erst später auf eine dauerhafte Partnerschaft zu verpflichten (Fend 2000) – wenn überhaupt. Die Verschiebung des durchschnittlichen Auszugsalters, des Heiratsalters und der Geburt des ersten Kindes auf Ende 20 (Seiffge-Krenke 2006b) würde für diese sicherlich noch weiter zu überprüfende These sprechen.

Freundschaften können bei der Lösung der jugendspezifischen Entwicklungsaufgaben hilfreich zur Seite stehen. Allerdings wurde auch deutlich, dass Defizite in den engen Freundschaftsbeziehungen, wie etwa mangelnde Intimität, keine guten Startbedingungen für die romantische Entwicklung darstellen. Hier sind Partnerwechsel hilfreich, weil sie größere Lernchancen eröffnen.

Literatur

Asher S, Parker J, Walker D. Distinguishing friendship from acceptance: Implications for interventions and assessment. In: Bukowski W, Newcomb A, Hartup WW (eds). The company they keep: Friendships during childhood and adolescence. New York: Cambridge University Press 1996; 366–405.

Benenson JF, Christakos A. The greater fragility of females' versus males' closest same-sex friendships. Child Dev 2003; 74: 1123–9.

Bigelow BJ. On the interdependency between stage and sequence in the development of children's friendship expectations. J Psychol 1982; 110: 121–32.

Brown BB. »You're going out with who?«: Peer group influences on adolescent romantic relationships. In: Furman W, Brown BB, Feiring C (eds). The development of romantic relationships in adolescence. New York: Cambridge University Press 1999; 291–329.

Buhrmester D. Intimacy of friendship, interpersonal competence, and adjustment during preadolescence and adolescence. Child Dev 1990; 61: 1101–11.

Buhrmester D, Furman W. The development of companionship and intimacy. Child Dev 1987; 58: 1101–13.

Case R, Hayward S, Lewis MD, Hurst P. Toward a neo-Piagetian theory of cognitive and emotional development. Dev Rev 1988; 8: 1–51.

Coates D. The cultured and culturing aspects of romantic experience in adolescence. In: Furman W, Brown BB, Feiring C (eds). The development of romantic relationships in adolescence. New York: Cambridge University Press 1999; 330–63.

Collins WA, Henninghausen KC, Schmit DT, Sroufe LA. Developmental precursors of romantic relationships: A longitudinal analysis. In: Shulman S, Collins WA (eds). Romantic relationships in adolescence: Developmental perspectives. San Francisco: Jossey-Bass 1997; 69–84.

Conolly JA, Goldberg A. Romantic relationships in adolescence: The role of friends and peers in their emergence and development. In: Furman W, Brown BB, Feiring C (eds). The development of romantic relationships in adolescence. New York: Cambridge University Press 1999; 266–91.

Conolly JA, Furman W, Konarski R. The role of peers in the emergence of heterosexual romantic relationships in adolescence. Child Dev 2000; 71: 1395–408.

Creasy G, Kershaw K, Boston A. Conflict management with friends and romantic partners: The role of attachment and negative mood regulation expectancies. J Youth Adolesc 1999; 28: 523–43.

Denton K, Zarbatany L. Age differences in support processes in conversations between friends. Child Dev 1996; 67: 1360–73.

Dunphy DC. The social structure of urban adolescent peer groups. Sociometry 1963; 26: 230–46.

Europäisches Forum für Migrationsstudien. Migration und Integration in Zahlen. Bamberg: Otto-Friedrich-Universität 1997

Feeney JA, Noller P, Patty J. Adolescents' interactions with the opposite sex: Influence of attachment style and gender. J Adolesc 1993; 16: 169–86.

Feiring C. Concepts of romance in 15-year-old adolescents. J Res Adolesc 1996; 6: 181–200.

Feiring C. Other-sex friendship networks and the development of romantic relationships in adolescence. J Youth Adolesc 1999; 4: 495–511.

Fend H. Vom Kind zum Jugendlichen. Der Übergang und seine Risiken. Entwicklungspsychologie der Adoleszenz in der Moderne. Band 1. Bern: Huber 1990.

Fend H. Entwicklungspsychologie des Jugendalters. Opladen: Leske & Budrich 2000.

Flaake K, King V (Hrsg). Weibliche Adoleszenz. Zur Sozialisation junger Frauen. Frankfurt/Main: Campus 1992.

Fleer B, Klein-Heßling J, Hassebrauck M. Konzepte der Qualität von Paarbeziehungen im Jugendalter. Z Entwicklungspsychologie Pädagogische Psychologie 2002; 34: 21–9.

Franzoi SL, Davis MH, Vasquez-Suson KA. Two social worlds: Social correlates and stability of adolescent status groups. J Pers Soc Psychol 1994; 67: 462–73.

Fritzsche Y. Modernes Leben: Gewandelt, vernetzt und verkabelt. In: Fischer A, Fritzsche Y, Fuchs-Heinritz W, Münchmeier R (Hrsg). Jugend 2000. Band 1. Opladen: Leske & Budrich 2000; 181–220.

Furman W, Wehner EA. Romantic views: Toward a theory of adolescent romantic relationships. In: Montemayor R, Adams B, Gulotta T (eds). Advances in adolescent development. Vol. 3: Personal relationships during adolescence. Beverly Hills, CA: Sage 1994; 168–95.

Furman W, Brown B, Feiring C (eds). The development of romantic relationships in adolescence. New York: Cambridge University Press 1999.

Furman W, Simon VA, Shaffer L, Bouchey H. Adolescents' working models and styles for relationships with parents, friends, and romantic partners. Child Dev 2002; 73: 241–55.

Gray MR, Steinberg L. Adolescent romance and the parent-child relationship: a contextual perspective. In: Furman W, Brown BB, Feiring C (eds). The development of romantic relationships in adolescence. New York: Cambridge University Press 1999; 235–65.

Harter S. The development of self-representations. In: Damon W (series ed), Eisenberg N (vol. ed). Handbook of Child Psychology. 5th ed. New York: Wiley 1998; 553–617.

Hartup WW. Conflict and friendship relations. In: Shantz CU, Hartup WW (eds). Conflict in child and adolescent development. New York: Cambridge University Press 1992; 186–215.

Hazan C, Shaver P. Romantic love conceptualized as an attachment process. J Pers Soc Psychol 1987; 52: 511–24.

Hendrick CA, Hendrick S. A theory and method of love. J Pers Soc Psychol 1986; 50: 392–402.

Hendry LB, Shucksmith J, Love JG, Glendinning A. Young people's leisure and lifestyles. New York: Routledge 1993.

Hindy CG, Schwarz JC. Anxious romantic attachment in adult relationships. In: Sperling MB, Berman WH (eds). Attachment in adults: Clinical and developmental perspectives. New York: Guilford Press 1994; 179–203.

Keller M. Moralische Sensibilität: Entwicklung in Freundschaft und Familie. Weinheim: Psychologie Verlags Union 1996.

Keppler A, Stöcker K, Grossmann KE, Grossmann K, Winter M. Kindliche Bindungserfahrungen und Repräsentation von Partnerschaften im jungen Erwachsenenalter. In: Salisch M v (Hrsg). Emotionale Kompetenz entwickeln. Grundlagen in Kindheit und Jugend. Stuttgart: Kohlhammer 2002.

Kövecses Z. Emotion concepts. New York: Springer 1990.

La Greca AM, Prinstein MJ, Fetter MD. Adolescent peer crowd affiliation: Linkages with health-risk behaviors and close friendships. J Pediatr Psychol 2001; 26: 131–44.

Larson R, Clore G, Wood GA. The emotions of romantic relationships: do they wreak havoc on adolescents? In: Furman W, Brown BB, Feiring C (eds). The development of romantic relationships in adolescence. New York: Cambridge University Press 1999; 19–39.

Laursen B, Hartup WW, Koplas A. Towards understanding peer conflict. Merrill-Palmer Quarterly 1996; 42: 76–102.

Levy MB, Davis KE. Lovestyles and attachment styles compared: Their relations to each other and to various relationship characteristics. J Soc Pers Relat 1988; 5: 439–71.

Münchmeier R. Miteinander-Nebeneinander-Gegeneinander? Zum Verhältnis von deutschen und ausländischen Jugendlichen. In: Fischer A, Fritzsche Y, Fuchs-Heinritz W, Münchmeier R (Hrsg). Jugend 2000. Band 1. Opladen: Leske & Budrich 2000; 221–60.

Nieder T, Seiffge-Krenke I. Coping with stress in different phases of romantic development. J Adolesc 2001; 24: 297–311.

Nussbaum MC. Emotions and social norms. In: Nucci LP, Saxe GB, Turiel E (eds). Culture, thought, and development. The Jean Piaget symposium series. Mahwah, NJ: Erlbaum 2000; 41–63.

Owens G, Crowell JA, Pan H, Treboux D, O'Connor E, Waters E. The prototype hypothesis and the origin of attachment working models: adult relationships with parents and romantic partners. In: Waters E, Vaughn BE, Posada G, Kondo-Ikemura K (eds). Caregiving, cultural, and cognitive perspectives on secure-base behaviors and working models: New growing points of attachment theory and research. Monographs of the Society for Research in Child Development 1995; 60 (Serial no. 244): 216–34.

Raffaelli M, Duckett E. »We were just talking ...« Conversations in early adolescence. J Youth Adolesc 1989; 18: 567–82.

Reinders H, Mangold T. Die Qualität intra- und interethnischer Freundschaften bei Mädchen und Jungen deutscher, türkischer und italienischer Herkunft. Z Entwicklungspsychologie Pädagogische Psychologie 2005; 37: 144–55.

Salisch M v. Sexualität und interpersonale Intimität. Ein Vergleich zwischen Berliner Jugendlichen deutscher und türkischer Nationalität. Z Sozialisationsforschung Erziehungssoziologie 1990; 10: 14–32.

Salisch M von. Zum Einfluss von Gleichaltrigen (Peers) und Freunden auf die Persönlichkeitsentwicklung. In: Amelang M (Hrsg). Enzyklopädie der Psychologie. Differenzielle Psychologie. Band 4: Determinanten individueller Differenzen. Göttingen: Hogrefe 2000; 345–405.

Schiffauer W. Die Gewalt der Ehre. Erklärungen zu einem türkisch-deutschen Sexualkonflikt. Frankfurt: Suhrkamp 1983.

Seiffge-Krenke I. Gesundheitspsychologie des Jugendalters. Göttingen: Hogrefe 1994.

Seiffge-Krenke I. Stress, coping, and relationships in adolescence. Mahwah: Erlbaum 1995.

Seiffge-Krenke I. Beziehungserfahrungen in der Adoleszenz: Welchen Stellenwert haben sie zur Vorhersage von romantischen Beziehungen im jungen Erwachsenenalter? Z Entwicklungspsychologie Pädagogische Psychologie 2001; 33: 112–23.

Seiffge-Krenke I. Testing theories of romantic development from adolescence to young adulthood: Evidence of a developmental sequence. Int J Behav Dev 2003; 27: 519–31.

Seiffge-Krenke I. Psychotherapie und Entwicklungspsychologie. Beziehungen: Herausforderungen, Ressourcen, Risiken. Heidelberg: Springer 2008.

Seiffge-Krenke I. Adoleszenzentwicklung und Bindung. In: Streeck-Fischer A (Hrsg). Adoleszenz – Bindung – Destruktivität. Stuttgart: Klett-Cotta 2008; 156–75.

Seiffge-Krenke I. Coping with relationship stressors: The impact of different working models of attachment and links to adaptation. J Youth Adolesc 2006a; 35: 25–39.

Seiffge-Krenke I. Leaving home or still in the nest? Parent-child relationships and psychological health as predictors of different leaving home patterns. Dev Psychol 2006b; 42: 864–76.

Seiffge-Krenke I. Psychoanalytische und tiefenpsychologisch fundierte Therapie mit Jugendlichen. Stuttgart: Klett-Cotta 2007.

Seiffge-Krenke I, Seiffge JM. »Boys play sport ...?« Die Bedeutung von Freundschaftsbeziehungen für männliche Jugendliche. In: King V, Flaake K (Hrsg). Männliche Adoleszenz. Frankfurt/New York: Campus 2005; 267–85.

Seiffge-Krenke I, Shulman S, Klessinger N. Adolescent precursors of romantic relationships in young adulthood. J Soc Pers Relat 2001; 18: 327–46.

Selman RL. Die Entwicklung des sozialen Verstehens. Frankfurt/Main: Suhrkamp 1984.

Shaver PR, Hazan C. A biased overview of the study of love. J Soc Pers Relat 1988; 5: 473–501.

Shell Deutschland (Hrsg). Jugend 2000. Band 1. Opladen: Leske & Budrich 2000.

Shell Deutschland (Hrsg). Jugend 2006. Bonn: Bundeszentrale für politische Bildung 2006.

Shulman S, Scharf M. Adolescent romantic behaviors and perceptions: age-related differences and links with family and peer relationships. J Res Adolesc 2000; 10: 99–118.

Sidor A, Knebel A, Seiffge-Krenke I. Ich-Entwicklung und frühere Partnerschaftserfahrungen als Determinanten des Intimitätsstatus. Z Soziologie Erziehung Sozialisation 2006; 26: 295–310.

Silbereisen RK, Wiesner M. Erste romantische Beziehungen bei Jugendlichen aus Ost- und Westdeutschland: Ein Vergleich der Prädiktoren von 1991 und 1996. In: Silbereisen R, Zinnecker J (Hrsg). Weinheim: Psychologie Verlags Union 1999; 101–18.

Smith LH, Guthrie BJ, Oakley DJ. Studying male sexuality: Where are we? J Youth Adolesc 2005; 34: 361–77.

Steinberg LD. Adolescence. New York: Knopf 1993.

Sternberg RJ. A triangular theory of love. Psychol Rev 1986; 93: 119–35.

Sullivan HS. The interpersonal theory of psychiatry. New York: Norton 1953 (dt. Die interpersonale Theorie der Psychiatrie. Frankfurt: Fischer 1983).

Summers P, Armistead HS, Forehand L, Tannenbaum L. Parental divorce in Caucasian families: the role of family process variables in predicting long-term consequences for early adult psychosocial adjustment. J Consult Clin Psychol 1998; 66: 327–36.

Sydow K v, Ullmeyer M. Paarbeziehung und Bindung. Psychother Psychosom Med Psychol 2001; 51: 1–13.

Wilson-Shokley S. Gender differences in adolescent depression: The contribution of negative affect. Unpublished master's thesis. University of Illinois at Urbana-Champaign 1995.

Youniss J, Smollar J. Adolescent relations with mother, father, and friends. Chicago: University Chicago Press 1985.

Ziegenhain U, Derksen B, Dreisörner R. Frühe Förderung von Resilienz bei jungen Müttern und ihren Säuglingen. Kindheit Entwicklung 2004; 13: 226–34.

Zimmer-Gembeck M, Siebenbruner J, Collins W. Diverse aspects of dating: Associations with psychosocial functioning from early to middle adolescence. J Adolesc 2001; 24: 313–36.

20 Diagnostische Verfahren

Lutz Goldbeck und Rolf-Dieter Stieglitz

Inhalt

20.1 Einleitung _____ 215
20.2 Klassifikation psychischer Störungen und multiaxiale Diagnostik _____ 216
20.3 Methodische Grundlagen der Psychodiagnostik _____ 216
20.4 Systematik psychodiagnostischer Verfahren _____ 217
20.5 Besonderheiten und Gemeinsamkeiten in der Diagnostik Jugendlicher und junger Erwachsener _____ 219
20.6 Fazit _____ 220
Literatur _____ 220

Zusammenfassung

Die klinische Urteilsfähigkeit des Untersuchers kann durch die Anwendung psychodiagnostischer Standardinstrumente mit hinreichender Objektivität, Reliabilität und Validität unterstützt und verbessert werden. Kategoriale und dimensionale klinisch-diagnostische Verfahren ergänzen einander. Für die klinische Anwendung eignen sich insbesondere Interviews, psychologische Tests und Fragebogenverfahren. Diese können sowohl für die orientierende Diagnostik als auch für die störungsspezifische Diagnostik eingesetzt werden. Sie können Indikation sowie Therapieevaluation wesentlich erleichtern. Aktuelle Methoden lehnen sich an die diagnostischen Kriterien psychischer Störungen an, wie sie in den Klassifikationssystemen ICD-10 und DSM-IV definiert sind. Die folgende Übersicht gängiger Verfahren beschreibt Grundlagen moderner Psychodiagnostik und nennt Instrumente, die sowohl für Jugendliche als auch für junge Erwachsene geeignet sind.

20.1 Einleitung

Psychodiagnostik ist das systematische Sammeln und Aufbereiten von Informationen über den Patienten mit dem Ziel, Entscheidungen und daraus resultierende Handlungen zu begründen, zu kontrollieren und zu optimieren (Jäger u. Petermann 1999). In der Psychiatrie kommt der Psychodiagnostik ein zentraler Stellenwert bei der Erarbeitung der Problemdefinition, bei der Behandlungsplanung und bei der Kontrolle von Behandlungseffekten zu. Insofern stellt psychodiagnostisches Handeln einen fortlaufenden behandlungsbegleitenden Prozess dar (Schulte 1998).

In der modernen psychiatrischen Diagnostik sind standardisierte Verfahren unverzichtbar geworden. Die klinische Einschätzung aufgrund einer unstrukturierten Interaktion zwischen Untersucher und Patient ist wegen systematischer Urteilsfehler anfällig für Verzerrungen, sodass es hierbei leicht zu Fehldiagnosen und zu einer geringen Übereinstimmung mehrerer Untersucher kommt. Standardisierte psychodiagnostische Verfahren sind hingegen in der Hand von geschulten Anwendern in der Regel objektiver, reliabler und valider, was zu einer besseren Übereinstimmung verschiedener Untersuchungsergebnisse führt. Die Nutzung standardisierter diagnostischer Instrumente verhilft somit dem klinischen Anwender zur Absicherung seiner Diagnose und in der Forschung können Patientenkollektive mithilfe dieser Standardverfahren einheitlicher beschrieben werden. Dies führt zu einer größeren Vergleichbarkeit zwischen klinischen Studien.

Ein für die Methodenwahl entscheidendes Kriterium ist die Unterscheidung kategorialer oder dimensionaler Diagnostik. Psychiatrische Diagnosen sind kategorial ausgeprägt, können entweder vorliegen oder nicht. Ihre Basis stellen in der Regel psychopathologische Symptome dar, die jedoch auch die Grundlage sogenannter Syndrome bilden, die dann wiederum in Form von Ratingskalen (Selbst- und Fremdbeurteilungsverfahren) in Forschung und Praxis eingesetzt werden. Syndromwerte werden im Gegensatz zu Diagnosen dimensional betrachtet. Dimensionale Variablen gehen von einem Kontinuum der Merkmalsausprägung aus (z. B. starke, mäßige, leichte, keine Depressivität), wobei das Überschreiten eines Schwellenwertes – oft bezogen auf die Differenzierung von einem Normbereich – als psychiatrische Auffälligkeit gewertet wird. Die aktuelle psychiatrische Diagnostik erfordert in der Regel eine Kombination kategorialer und dimensionaler Diagnostik, um eine angemessene Abbildung des psychopathologischen Bildes zu gewährleisten. In der klinischen Praxis dürfte eine schrittweise Diagnostik mit einem initialen kategorialen Ansatz und – im Fall des Hinweises auf eine Symptomatik – einer anschließenden dimensionalen Diagnostik durch entsprechende quantifizierende Methoden das sinnvollste Vorgehen sein. Nachfolgend soll ein Überblick zu Ansätzen und diagnostischen Verfahren gegeben werden, die bei Kindern und Jugendlichen und bei jungen Erwachsenen sinnvoll einsetzbar sind. Dies sowohl in der Praxis (z. B. wiederholte Untersuchung eines Patienten im Zeitverlauf) als auch in der Forschung (z. B. Longitudinalstudien) von großer Wichtigkeit.

20.2 Klassifikation psychischer Störungen und multiaxiale Diagnostik

Die Vereinheitlichung des diagnostischen Vorgehens bei psychischen Störungen wird durch die internationalen Klassifikationssysteme International Classification of Diseases (ICD-10) (WHO 1993) und Diagnostic and Statistical Manual of Mental Disorders (DSM-IV) (Saß et al. 1998) vorangetrieben. Diese beiden weltweit dominierenden Systeme sind das Ergebnis von Verständigungsprozessen innerhalb von Expertengruppen, die je nach wissenschaftlichem Erkenntnisfortschritt zu Revisionen der Systeme im Abstand von mehreren Jahren führen. Die in den Klassifikationssystemen definierten diagnostischen Kriterien geben die Leitlinien für die deskriptive psychiatrische Diagnostik vor. Beide Systeme tendieren aufgrund der zunehmenden Internationalisierung der psychiatrischen Wissenschaft zur Konvergenz, sodass die Hoffnung besteht, mit den für 2012 angekündigten nächsten Revisionen (ICD-11 bzw. DSM-V) eine weltweit weitestgehend einheitliche Klassifikation zu erhalten.

Die Ergebnisse der psychiatrischen Diagnostik werden in der Kinder- und Jugendpsychiatrie in der Regel in einem an den diagnostischen Kategorien der ICD-10 orientierten multiaxialen System (MAS) (Remschmidt et al. 2001) dargestellt, das der Mehrdimensionalität der psychiatrischen Einschätzung eines Individuums Rechnung trägt. Im US-amerikanischen psychiatrischen Klassifikationssystem DSM-IV wird ebenfalls ein multiaxiales System verwendet (Tab. 20-1). Beide Systeme unterscheiden eine psychiatrische Hauptdiagnose auf der ersten Achse, auf weiteren Achsen eine Diagnose assoziierter körperlicher Störungen, eine Beschreibung psychosozialer Belastungsfaktoren und eine Einschätzung des globalen psychosozialen Funktionsniveaus. Ein Spezifikum des kinder- und jugendpsychiatrischen MAS ist die Erfassung umschriebener Entwicklungsstörungen auf der zweiten Achse und die Klassifikation des Intelligenzniveaus auf der dritten Achse. Damit trägt dieses Schema dem Entwicklungsgedanken in der Psychopathologie verstärkt Rechnung. Eine Besonderheit des DSM-IV ist die Unterscheidung zwischen psychiatrischer Zustandsdiagnose auf der ersten Achse und persistierender Entwicklungs- und Persönlichkeitsstörungen auf der zweiten Achse. Im Unterschied zum DSM-IV wird in der ICD-10 von nur drei Achsen ausgegangen: Auf der Achse I werden alle Störungen der ICD-10 (einschl. körperlicher Störungen) kodiert, auf der Achse II Psychosoziale Funktionseinschränkungen und auf der Achse III Psychosoziale

Tab. 20-1 Beispiele für multiaxiale Diagnostik

Multiaxiales kinder- und jugendpsychiatrisches Klassifikationssystem (MAS) nach ICD-10
• Achse I: Klinisch-psychiatrisches Syndrom
• Achse II: Umschriebene Entwicklungsstörungen
• Achse III: Intelligenzniveau
• Achse IV: Körperliche Symptomatik
• Achse V: Assoziierte aktuelle abnorme psychosoziale Lebensumstände
• Achse VI: Globale Beurteilung des psychosozialen Funktionsniveaus
Diagnostic and Statistical Manual for Mental Disorders (DSM-IV)
• Achse I: Psychiatrische Zustandsstörungen
• Achse II: Dauerhafte Entwicklungs- und Persönlichkeitsstörungen
• Achse III: Körperliche Probleme
• Achse IV: Psychosoziale und umgebungsbedingte Belastungsfaktoren
• Achse V: Globale Erfassung des Funktionsniveaus
International Classification of Diseases (ICD-10)
• Achse I: Klinische Diagnosen (psychische und somatische Störungen)
• Achse II: Psychosoziale Funktionseinschränkungen
• Achse III: Psychosoziale Belastungsfaktoren
Operationalisierte Psychodynamische Diagnostik (OPD)
• Achse I: Krankheitserleben und Behandlungsvoraussetzungen
• Achse II: Beziehungsdiagnostik (Übertragung-Gegenübertragung)
• Achse III: Innere Konflikte
• Achse IV: Strukturniveau
• Achse V: Deskriptive Diagnose der psychischen Störung (ICD-10 oder DSM-IV)

Belastungsfaktoren (sog. Z-Kodierungen der ICD-10). Im Gegensatz zum DSM-IV ist der Bekanntheitsgrad des multiaxialen Systems der ICD-10 eher gering.

Bemühungen zur Standardisierung psychodynamisch fundierter Diagnosen haben in den 1990er Jahren zur Entwicklung der Operationalisierten Psychodynamischen Diagnostik (OPD) geführt (OPD 2006). In dieses System fließen die spezifischen theoretischen Annahmen der tiefenpsychologisch fundierten Psychotherapie ein, wie z. B. das Übertragungs- und Gegenübertragungsmodell der psychotherapeutischen Beziehung und der Aspekt der intrapsychischen Konflikte.

20.3 Methodische Grundlagen der Psychodiagnostik

Naturgemäß entzieht sich das menschliche Verhalten und Erleben einer direkten Vermessung. Der Kliniker ist jedoch daran interessiert, psychologische und vor allem psychopathologisch relevante Merkmale bzw. nicht direkt beobachtbare

Konstrukte, wie z. B. Depressivität, Impulsivität oder Problemlösefähigkeit, möglichst objektiv, verlässlich (reliabel) und zutreffend (valide) zu erfassen. Psychodiagnostische Verfahren wie Tests oder strukturierte Interviews sammeln in systematischer Weise Verhaltensstichproben und Informationen über ein Individuum, wobei davon ausgegangen wird, dass ein psychologisches Merkmal oder Konstrukt durch eine Reihe von Indikatoren erfasst werden sollte. Das Prinzip der klassischen Testkonstruktion beruht daher auf der Annahme, dass aus einem Itempool durch systematische Selektion diejenigen Items (Testfragen, Testaufgaben) entnommen und in eine Testreihe bzw. Skala integriert werden, die ein dahinterliegendes gemeinsames Merkmal oder Konstrukt möglichst einheitlich und vollständig erfassen. Der individuelle Testwert (z. B. Anzahl der richtig gelösten Aufgaben eines Leistungstest oder Anzahl der bejahten Fragen eines Fragebogens) repräsentiert dann die individuelle Ausprägung des Merkmals. Bei standardisierten psychometrischen Instrumenten wird der individuelle Testrohwert anhand von Normtabellen in einen Standardwert (z. B. IQ, T-Wert, Perzentile oder Stanine) transformiert, der die relative Ausprägung des individuellen Messwerts bezogen auf eine Referenzgruppe angibt.

Die Adoleszenz und das junge Erwachsenenalter sind von einer besonders dynamischen psychosozialen Entwicklung geprägt. Bei Jugendlichen und Heranwachsenden sollten daher aufgrund der Veränderlichkeit von psychologischen Merkmalen im Entwicklungsverlauf altersspezifische Referenzwerte für die Interpretation eines individuellen Messwerts herangezogen werden. Aufgrund der Flüchtigkeit mancher Phänomene sind in dieser Entwicklungsphase wiederholte Untersuchungen zur Klärung der Stabilität von Befunden angebracht. Bei vielen psychologischen Merkmalen ist wegen ihrer geschlechtsabhängigen Ausprägung auch die Verwendung entsprechender Referenz- oder Normwerte von Vorteil.

Als klassische Gütekriterien psychodiagnostischer Verfahren gelten Objektivität, Reliabilität und Validität. Als *objektiv* kann ein psychodiagnostisches Verfahren gelten, wenn sowohl die Durchführung, die Auswertung als auch die Interpretation des Ergebnisses eindeutig festgelegt sind. Reliabel ist ein Instrument, wenn es das zu erfassende Merkmal einheitlich misst (also ein hoher Zusammenhang zwischen den Indikatoren oder Items einer Skala besteht) und bei Wiederholung des Tests ein mit der ersten Messung übereinstimmendes Ergebnis erzielt wird (Retest-Reliabilität). Als valide bezeichnet man ein psychodiagnostisches Verfahren, wenn es das zu erfassende Merkmal auch tatsächlich misst. Validität kann z. B. inhaltlich (face validity), durch Korrelation des Testergebnisses mit einem externen Kriterium (externe Validität) oder mit einem anderen etablierten Testverfahren (konvergente Validität) oder durch empirische Dimensionierung des erfassten Merkmalsbereichs (faktorielle Validität) bestimmt werden.

Zusätzliche und vor allem für den Anwender in der klinischen Routine interessante Gütekriterien sind die *Ökonomie* (Kürze), *Verständlichkeit* und *Praktikabilität* eines Verfahrens.

20.4 Systematik psychodiagnostischer Verfahren

Zur Klassifikation psychodiagnostischer Verfahren gibt es verschiedene Systematisierungsvorschläge. Oft werden psychometrische Tests, strukturierte klinische Interviews und systematische Verhaltensbeobachtungsmethoden unterschieden. **Psychologische Tests** können wiederum in Leistungstests, Persönlichkeitstests und klinische Testverfahren bzw. Fragebogenverfahren eingeteilt werden. Hinsichtlich der Beurteilungsperspektive können Selbstbeurteilungsverfahren, Fremdbeurteilungsverfahren (z. B. Angehörige, Eltern, Erzieher/Lehrer) und Verfahren zur Strukturierung der klinischen Urteilsbildung wie z. B. standardisierte Interviews unterschieden werden.

In der Diagnostik psychischer Störungen spielen vor allem klinische Verfahren, zunehmend aber auch allgemeine und neuropsychologische Leistungstests eine zentrale Rolle. Persönlichkeitstests hingegen differenzieren eher im Bereich normaler Persönlichkeitseigenschaften und können daher lediglich individuelle Akzentuierungen von Temperament und Charakter erfassen, nicht jedoch klinisch relevante psychopathologische Merkmale. Besonders geeignet sind psychometrische Testverfahren zur Erfassung dimensionaler Variablen, wie z. B. Intelligenz, Konzentrationsfähigkeit oder Depressivität.

Strukturierte und standardisierte klinische Interviews sind besonders zur Diagnostik von kategorialen Merkmalen geeignet, z. B. um durch systematische Befragung von Patient oder Angehörigen zu klären, ob bestimmte für eine definierte Störung obligate Symptome vorliegen und ob diese Symptomatik ggf. zu einer relevanten funktionellen Beeinträchtigung des Patienten führt (Tab. 20-2). Die gängigen strukturierten klinischen Interviews bilden die diagnostischen Kategorien ab, wie sie in den derzeit gültigen Klassifikationssystemen ICD-10 (Kap. F) oder DSM-IV beschrieben werden. Auch die Erhebung des psychopathologischen Befundes, also die Exploration psychiatrisch relevanter Symptome, kann mittels strukturierter Interviews standardisiert und gegenüber der Fehleranfälligkeit einer unsystematischen klinischen Beurteilung abgesichert werden.

Strukturierte bzw. standardisierte klinische Interviews stellen mittlerweile vor allem in der Forschung eine Art Standard dar.

Tab. 20-2 Strukturierte und standardisierte klinische Interviews für Jugendliche und junge Erwachsene (Beispiele)

Störungsbereich	Jugendliche	Junge Erwachsene
Breitband	• Psychopathologisches Befundsystem für Kinder und Jugendliche (CASCAP-D) (Döpfner et al. 1999) • Mini-DIPS (Margraf 1994) • Kiddie-Sads Present and Lifetime Version (K-SADS-PL) (Delmo et al. 1998)	• AMDP-System (AMDP 2008; Fähndrich u. Stieglitz 2008) • Diagnostisches Interview bei Psychischen Störungen (DIPS) (Schneider u. Markgraf 2005) • Strukturiertes Klinisches Interview für DSM-IV (SKID-I, SKID-II) (Wittchen et al. 1997) • DIA-X-Expertensystem (Wittchen u. Perkonigg 1997) • International Personality Disorder Examination (IPDE 1996)
Schizophrenie	• Positive and Negative Symptom Scale (PANSS) (Kay et al. 1987) • Scale for the Assessment of Positive Symptoms (SAPS)/Negative Symptoms (SANS) (Andreasen 1982; Andreasen u. Olsen 1982)	
Belastungsstörungen	• Interviews zu Belastungsstörungen bei Kindern und Jugendlichen (IBS-KJ) (Steil u. Füchsel 2006)	• Clinican Admistered PTSD Scale (CAPS) (Nader et al. 2002)

Unter einem Interview versteht man allgemein die zielgerichtete Interaktion zwischen mindestens zwei Personen. Strukturierten und standardisierten Interviews gemeinsam ist die Vorgabe von Fragen zur Erfassung der interessierenden Sachverhalte sowie der Ablauf und die Reihenfolge, in der die Fragen zu stellen sind. Der entscheidende Unterschied besteht darin, dass beim strukturierten Interview bei der Bewertung der Antworten des Patienten klinische Entscheidungen mit eingehen, während bei standardisierten Interviews für die Bewertung der Antworten klare Vorgaben gegeben werden.

20.4.1 Psychologische Tests

In Tabelle 20-3 wird aus der kaum zu überschauenden Vielzahl psychodiagnostischer Testverfahren (zu den gängigsten deutschsprachigen Instrumenten s. auch www.testzentrale.de) eine Auswahl besonders relevanter Instrumente aufgeführt. Hierbei werden vor allem solche Instrumente genannt, die entweder übergreifend für Jugendliche und junge Erwachsene einsetzbar sind oder die Parallelversionen für die beiden Altersgruppen haben.

Tab. 20-3 Klinisch relevante Leistungstests für Jugendliche und junge Erwachsene (Beispiele)

Merkmal	Jugendliche	Junge Erwachsene
Intelligenzniveau	• Standard Progressive Matrices (SPM) (Raven 1998b) • Advanced Progressive Matrices (APM) (Raven 1998a) • Culture Fair Test (CFT 20 R, CFT 3) (Weiß 2006)	
Intelligenzniveau und Intelligenzstruktur	• Intelligenz-Struktur-Test (I-S-T 2000-R; ab 15 J.) (Liepmann et al. 2007) • Leistungs-Prüfsystem (LPS; 9–50 J.) (Horn 1983)	
	• Hamburg-Wechsler-Intelligenztest für Kinder (HAWIK-IV; bis 16 J.) (Petermann u. Petermann 2007) • Prüfsystem für Schul- und Bildungsberatung (PSB; 6–13 J.) (Horn et al. 2003)	• Wechsler-Intelligenztest für Erwachsene (WIE; ab 16 J.) (Aster et al. 2006)
Konvergentes problemlösendes Denken	• Turm von London (Tl-D; ab 6 J.) (Tucha u. Lange 2004)	
Merkfähigkeit	• Visueller und Verbaler Merkfähigkeitstest (VVM; ab 15 J.) (Schellig u. Schächtele 2001) • Wechsler-Gedächtnistest – Revidierte Fassung (WMS-R; ab 15 J.) (Härting et al. 2000)	
Visuelles Lernen/Gedächtnis	• Diagnosticum für Cerebralschädigung (DCS; ab 6 J.) (Weidlich et al. 2001)	
Neuropsychologische Funktion	• Wisconsin Card Sorting Test® – 64 (WCST-64; ab 6 J.) (Kongs et al. 2000)	
	• Tübinger Luria-Christensen Neuropsychologische Untersuchungsreihe für Kinder (TÜKI; bis 16 J.) (Deegener et al. 1997)	• Tübinger Luria-Christensen Neuropsychologische Untersuchungsreihe (TÜLUC) (Hamster et al. 1980)
Aphasie	• Aachener Aphasietest (AAT; ab 14 J.) (Huber et al. 1983)	
Aufmerksamkeit	• d2-Aufmerksamkeits-Belastungs-Test (ab 9 J.) (Brickenkamp 2002) • Konzentrations-Leistungs-Test (KLT-R; ab 4. Schuljahr) (Düker et al. 2001) • Frankfurter Aufmerksamkeits-Inventar (FAIR; ab 9 J.) (Moosbrugger u. Oehlschlägel 1996)	

Tab. 20-4 Symptomchecklisten und störungsspezifische Fragebogenverfahren für Jugendliche und junge Erwachsene

Symptombereich	Beurteiler	Jugendliche	(Junge) Erwachsene
Breitband	Eltern/Erzieher	• Child Behavior Checklist (CBCL4/18) (Arbeitsgruppe Deutsche Child Behavior Checklist 1998a)	• Young Adult Behavior Checklist (YABCL/ 18–30) (Achenbach 1997a)
	Lehrer	• Teachers Report Form (TRF; bis 18 J.)	
	selbst	• Youth Self Report (YSR) (Arbeitsgruppe Deutsche Child Behavior Checklist 1998b)	• Young Adult Self Report (YASR/18–30) (Achenbach 1997b)
	selbst	• Symptomcheckliste (SCL 90-R; ab 12 J.) (Franke 2002) • Brief Symptom Inventory (BSI; ab 13 J.) (Franke 2000)	
	selbst, Eltern/ Erzieher	• Fragebogen zu Stärken und Schwächen (SDQ; bis 16 J.) (Klasen et al. 2003)	
Angst	selbst	• Sozialphobie- und Angstinventar für Kinder (SPAIK; bis 18 J.) (Melfsen et al. 2001)	• Fragebogen zu körperbezogenen Ängsten, Kognitionen und Vermeidung (AKV; ab 18 J.) (Ehlers et al. 2001)
		• Beck-Angstinventar (BAI; ab 14 J.) (Margraf u. Ehlers 2007)	
Depression	selbst	• Beck-Depressionsinventar (BDI-II; ab 14 J.) (Hautzinger et al. 2006) • Allgemeine Depressionsskala (ADS; ab 14 J.) (Hautzinger u. Bailer 1993)	
		• Depressionsinventar für Kinder und Jugendliche (DIKJ; bis 17 J.) (Stiensmeier-Pelster et al. 2000)	
Essstörungen	selbst	• Eating Disorders Inventory (EDI-2) (Paul u. Thiel 2005)	
ADHS	selbst/fremd	• SBB-ADHS • FBB-ADHS (Döpfner u. Lehmkuhl 2000) • Conners Rating Scales (CRL-R)	• Homburger ADHS-Skalen für Erwachsene (HASE; ab 18 J.) (Rösler et al. 2007)
Posttraumatische Belastungsstörung	selbst	• PTSD Diagnostic Scale for Children (K-PDS) (Foa et al. 2001)	• PTSD Diagnostic Scale (PDS; ab 18 J.) (Foa et al. 1997)

20.4.2 Klinische Screeninginstrumente

Für die orientierende klinische Diagnostik eignen sich besonders Breitbandverfahren in Form von Symptomchecklisten, die ein Symptomprofil über verschiedene Syndromcluster ergeben und empirisch gestützte Grenzwerte für klinische Auffälligkeit angeben (Tab. 20-4). Klinische Fragebögen und Symptomchecklisten könnten im diagnostischen Prozess Hypothesen generieren, ersetzen jedoch nicht die definitive Diagnosestellung durch den klinischen Untersucher.

Die von Achenbach (1997 a, b) entwickelten Verhaltenschecklisten liegen in Parallelversionen für Kinder, Jugendliche und junge Erwachsene vor. Die von Derogatis (Franke 2002) entwickelten psychopathologischen Symptomchecklisten können ab dem 13. Lebensjahr eingesetzt werden und decken somit ebenfalls die Adoleszenz und das Erwachsenenalter ab.

Zahlreiche störungsspezifische Checklisten und Screeningbögen erleichtern dem Kliniker darüber hinaus die Diagnosestellung. So haben sich insbesondere bei der Diagnostik von Aufmerksamkeitsdefizit-Hyperaktivitätsstörungen entsprechende Fremdbeurteilungsinstrumente wie z. B. die Conners-Skalen durchgesetzt. Es gilt die Regel, dass internalisierende Störungen wie Angst oder suizidale Gedanken am ehesten durch Selbstbericht der Betroffenen und externalisierende Störungen wie aggressives oder delinquentes Verhalten am ehesten mit Fremdbeurteilungsverfahren erkannt werden können (Edelbrock et al. 1986).

20.5 Besonderheiten und Gemeinsamkeiten in der Diagnostik Jugendlicher und junger Erwachsener

Die größte Herausforderung in der psychiatrischen Diagnostik von Jugendlichen besteht zunächst in der Herstellung eines Rapports. Jugendliche orientieren sich an kulturellen Normen und an den Gewohnheiten, Einstellungen und Verhaltensstandards Gleichaltriger. Die **Offenbarung** von psychischen Problemen oder einer Andersartigkeit widerstrebt zunächst einmal dem Wunsch nach Normalität und Zugehörigkeit. Die ohnehin in der Adoleszenz noch nicht gefestigte Identität kann durch psychische Veränderungen zusätzlich erschüttert sein, und die daraus resultierende **Selbstunsicherheit** der zur psychiatrischen Konsultation kommenden Jugendlichen ist bei der Untersuchung zu berücksichtigen. Außerdem steht das **Autonomiemotiv** von Jugendlichen der Abhängigkeitssituation in der Patientenrolle entgegen. Jugendliche machen sich bisweilen Sorgen, ob die dem Diagnostiker mitgeteilten Informationen vertraulich behandelt werden und ob der Untersucher ihm anvertraute Probleme an die Eltern oder andere erwachsene Bezugspersonen weitergeben wird. Allgemeine Vorurteile gegenüber der Psychiatrie und Sorgen vor der **Stigmatisierung** durch eine psychiatrische Diagnose erschweren zudem das Überwinden der Schwelle zum Jugendpsychiater oder -psychotherapeuten. Hinzu kommt, dass die Problemdefinition oft nicht von den Jugendlichen selbst ausgeht, sondern von Eltern, Lehrern oder Erziehern.

> **!** Vor diesem Hintergrund ist der Aufbau einer vertrauensvollen Beziehung die erste Aufgabe des Diagnostikers, wenn er authentische Auskünfte vom Jugendlichen erhalten möchte. Die Ansprüche des Jugendlichen auf Selbstbestimmung sollten unbedingt respektiert werden, sodass eine ausführliche Aufklärung über Sinn und Zweck der Untersuchung und die Einholung des ausdrücklichen Einverständnisses zur Teilnahme am Untersuchungsgang der eigentlichen Diagnostik vorausgehen sollte.

Hierbei sollte auch geklärt werden, ob und ggf. wer in welcher Form die Ergebnisse der Diagnose, die zunächst dem Jugendlichen selbst erläutert werden, erfahren soll. Die Darstellung der diagnostischen Ergebnisse und ihrer Konsequenzen in verständlicher und annehmbarer Form ist ein zentraler abschließender Schritt des diagnostischen Prozesses und kann wesentliche Grundlagen für eine Therapiemotivation schaffen.

Die Einbeziehung des soziofamiliären Umfeldes von Jugendlichen in den diagnostischen Prozess ist in der Regel unverzichtbar, um zu validen Erkenntnissen zu kommen, insbesondere bei externalisierenden Störungen und bei fehlender Selbstreflexionsfähigkeit der Patienten. Hier können Eltern, Erzieher oder Lehrer wichtige Hinweise geben, ohne die eine Diagnosestellung unter Umständen nicht möglich wäre. Bei internalisierenden Störungen hingegen ist die Exploration des Jugendlichen selbst die primäre diagnostische Aufgabe, wenngleich fremdanamnestische Angaben zu den Auswirkungen internalisierender Symptome ergänzend wichtige diagnostische Informationen liefern. Auch die Funktion des Familiensystems selbst bedarf bei Jugendlichen der besonderen diagnostischen Betrachtung, da hiervon entscheidende Einflüsse für die psychische Gesundheit oder Gefährdung von Jugendlichen ausgehen können.

20.6 Fazit

In der Psychodiagnostik Jugendlicher und junger Erwachsener steht dem Anwender mittlerweile eine Vielzahl von reliablen und validen Instrumenten unterschiedlicher Verfahrensgruppen zur Verfügung, die entsprechend den unterschiedlichen Assessmentzielen gewinnbringend eingesetzt werden können. Gerade bei Personengruppen, bei denen die Zeitperspektive in der Beurteilung der jeweiligen interessierenden Phänomene von besonderer Bedeutung ist, ist der wiederholte Einsatz von Verfahren von zentraler Bedeutung. Auch hier existieren, entsprechend dem jeweiligen Entwicklungsstand des Patienten, bewährte Instrumente. Dies ist sowohl für die klinische Verlaufsbeobachtung in der Praxis wichtig, vor allem aber auch im Bereich der Forschung, und gilt vor allem für solche Störungen, bei denen der Übergang vom jungen Erwachsenenalter ins Erwachsenenalter von großer Bedeutung ist (z. B. schizophrene Störungen, affektive Störungen, ADHS).

Literatur

Achenbach TM. Young Adult Behavior Checklist. Burlington, VT: University of Vermont Department Psychiatry 1997a.

Achenbach TM. Young Adult Self-Report. Burlington, VT: University of Vermont Department Psychiatry 1997b.

AMDP. Das AMDP-System. 8. Aufl. Göttingen: Hogrefe 2008.

Andreasen NC. Negative symptoms in schizophrenia. Definition and reliability. Arch Gen Psychiatry 1982; 39: 784–8.

Andreasen NC, Olsen S. Negative v positive schizophrenia. Definition and validation. Arch Gen Psychiatry 1982; 39: 789–94.

Arbeitsgruppe Deutsche Child Behavior Checklist. Elternfragebogen über das Verhalten von Kindern und Jugendlichen. Deutsche Bearbeitung der Child Behavior Checklist (CBCL/4–18). Einführung und Anleitung zur Handauswertung. 2. Aufl. mit deutschen Normen. Köln: Arbeitsgruppe Kinder-, Jugend- und Familiendiagnostik 1998a.

Arbeitsgruppe Deutsche Child Behavior Checklist. Fragebogen für Jugendliche. Deutsche Bearbeitung des Youth Self Report (YSR). Einführung und Anleitung zur Handauswertung. 2. Aufl. mit deutschen Normen. Köln: Arbeitsgruppe Kinder- und Familiendiagnostik 1998b.

Aster Mv, Neubauer A, Horn R. Wechsler-Intelligenztest für Erwachsene. Deutschsprachige Adaption des WAIS-III von David Wechsler. Frankfurt/M.: Harcourt Test Services 2006.

Brickenkamp R. Test d2. 9. Göttingen: Hogrefe 2002.

Deegener G, Dietel B, Hamster W, Koch C, Matthaei R, Nödl H, Rückert N, Stephani U, Wolf E. Tübinger Luria-Christensen Neuropsychologische Untersuchungsreihe für Kinder. 2. überarb. Aufl. Göttingen: Hogrefe 1997.

Delmo C, Weifenbach O, Gabriel M, Marchia E, Poustka F. KIDDIE-SADS Present und Lifetime Version (K-SADS-PL). Deutsche Forschungsversion. Frankfurt/M.: Universitätsklinik für Kinder- und Jugendpsychiatrie 1998.

Döpfner M, Lehmkuhl G. Manual DISYPS-KJ. Diagnostisches System für psychische Störungen im Kindes- und Jugendalter nach ICD-10 und DSM-IV. Bern: Huber 2000.

Döpfner M, Berner W, Flechtner H, Lehmkuhl G, Steinhausen HC. Psychopathologisches Befund-System für Kinder und Jugendliche (CASCAP-D): Befundbogen, Glossar und Explorationsleitfaden. Göttingen: Hogrefe 1999.

Düker H, Lienert GA, Lukesch H, Mayrhofer S. Konzentrations-Leistungs-Test – Revidierte Fassung. 1. Aufl. Göttingen: Hogrefe 2001.

Edelbrock C, Costello AJ, Dulcan MK, Conover NC, Kala R. Parent-child agreement on child psychiatric symptoms assessed via structured interview. J Child Psychol Psychiatry 1986; 27: 181–90.

Ehlers A, Margraf J, Chambless D. Fragebogen zu körperbezogenen Ängsten, Kognitionen und Vermeidung. 2. Aufl. Göttingen: Hogrefe 2001.

Fähndrich E, Stieglitz RD. Leitfaden zur Erfassung des psychopathologischen Befundes. 3. Aufl. Göttingen: Hogrefe 2008.

Foa EB, Cashman J, Jaycox L, Perry K. The validation of a self-report measure of posttraumatic stress disorder. The Posttraumatic Diagnostic Scale. Psychol Assess 1997; 9: 445–51.

Foa EB, Johnson KM, Feeny NC, Treadwell KR. The child PTSD Symptom Scale: a preliminary examination of its psychometric properties. J Clin Child Psychol 2001; 30: 376–84.

Franke GH. Brief Symptom Inventory von Derogatis. 1. Aufl. Göttingen: Hogrefe 2000.

Franke GH. SCL-90-R – Die Symptom-Checkliste von L. R. Derogatis. 2. Aufl. Göttingen: Hogrefe 2002.

Hamster W, Langner W, Mayer K. Tübinger Luria-Christensen – Neuropsychologische Untersuchungsreihe. 1. Aufl. Göttingen: Hogrefe 1980.

Härting C, Markowitsch HJ, Neufeld H, Calabrese P, Deisinger K. Wechsler Gedächtnis Test – Revidierte Fassung. 1. Aufl. Göttingen: Hogrefe 2000.

Hautzinger M, Bailer M. Allgemeine Depressionsskala. 1. Aufl. Göttingen: Hogrefe 1993.

Hautzinger M, Keller F, Kühner C. BDI-II. Beck Depressions-Inventar. Revision. Frankfurt/M.: Harcourt Test Services 2006.

Horn W. Leistungsprüfsystem. 2. Aufl. Göttingen: Hogrefe 1983.

Horn W, Lukesch H, Mayrhofer S, Kormann A. Prüfsystem für Schul- und Bildungsberatung für 6. bis 13. Klassen – revidierte Fassung. Göttingen: Hogrefe 2003.

Huber W, Poeck K, Weniger D, Willmes K. Aachener Aphasie Test. 1. Aufl. Göttingen: Hogrefe 1983.

IPDE. International Personality Disorder Examination. ICD-10 Modul – deutschsprachige Ausgabe im Auftrag der WHO. Göttingen: Hogrefe 1996.

Jäger RS, Petermann F (Hrsg). Psychologische Diagnostik. Ein Lehrbuch. 4. Aufl. Weinheim: Beltz Psychologie Verlags Union 1999.

Kay SR, Fiszbein A, Opler LA. The positive and negative syndrome scale (PANSS) for schizophrenia. Schizophr Bull 1987; 13: 261–76.

Klasen H, Woerner W, Rothenberger A, Goodman R. Die deutsche Fassung des Strenghts and Difficulties Questionnaire (SDQ-Deu) – Übersicht und Bewertung erster Validierungs- und Normierungsbefunde. Prax Kinderpsychol Kinderpsychiat 2003; 52: 491–502.

Kongs SK, Thompson LL, Iverson GL, Heaton RK. The Wisconsin Card Sorting Test® – 64. 1. Aufl. Göttingen: Hogrefe 2000.

Liepmann D, Beauducel L, Brocke B, Amthauer R. Intelligenz-Struktur-Test 2000 R. 2. erw., überarb. Aufl. Göttingen: Hogrefe 2007.

Margraf J. Mini-DIPS. Diagnostisches Kurz-Interview bei psychischen Störungen. Berlin, Heidelberg: Springer 1994.

Margraf J, Ehlers A. Beck-Angst-Inventar. 1. Aufl. Göttingen: Hogrefe 2007.

Melfsen S, Florin I, Warnke A. Sozialphobie und -angstinventar für Kinder. 1. Aufl. Göttingen: Hogrefe 2001.

Moosbrugger H, Oehlschlägel J. Frankfurter Aufmerksamkeits-Inventar. 1. Aufl. Göttingen: Hogrefe 1996.

Nader K, Kriegler J, Blake D. The Clinican-Administered PTSD Scale for Children and Adolescents for DSM-IV (CAPS-CA). White River Junction, VT: National entre for PTSD 2002.

Operationalisierte Psychodynamische Diagnostik (OPD). OPD-2. Das Manual für Diagnostik und Therapieplanung. Bern: Huber 2006.

Paul T, Thiel A. EDI-2 Eating Disorder Inventory-2. Deutsche Version. Manual. Göttingen: Hogrefe 2005.

Petermann F, Petermann U. Hamburg-Wechsler-Intelligenztest für Kinder – IV. 1. Aufl. Göttingen: Hogrefe 2007.

Raven JC. Advanced Progressive Matrices. Göttingen: Hogrefe 1998a.

Raven JC. Standard Progressive Matrices. Göttingen: Hogrefe 1998b.

Remschmidt H, Schmidt M, Poustka F. Multiaxiales Klassifikationsschema für psychische Störungen des Kindes- und Jugendalters nach ICD-10 der WHO. Mit einem synoptischen Vergleich von ICD-10 und DSM-IV. 4. Aufl. Bern: Huber 2001.

Rösler M, Retz-Junginger P, Retz WS, Stieglitz RD; unter Mitarbeit von Hengesch G, Schneider M, Steinbach E, D'Amelio R, Schwitzgebel P, Blocher D, Trott GE, Reimherr F, Wender PH. Homburger ADHS-Skalen für Erwachsene. 1. Aufl. Göttingen: Hogrefe 2007.

Saß H, Wittchen HU, Zaudig M, Houben I. Diagnostische Kriterien DSM-IV. Dtsch. Bearbeitung. Göttingen: Hogrefe 1998.

Schellig D, Schächtele B. Visueller und Verbaler Merkfähigkeitstest. 1. Aufl. Göttingen: Hogrefe 2001.

Schneider S, Markgraf J. DIPS – Diagnostisches Interview bei psychischen Störungen. 3. Aufl. Göttingen: Hogrefe 2005.

Schulte D. Psychische Gesundheit, psychische Krankheit, psychische Störung. In: Baumann U, Perrez M (Hrsg). Lehrbuch Klinische Psychologie. 2. Aufl. Bern: Huber 1998; 28–37.

Steil R, Füchsel G. IBS-KJ. Interviews zu Belastungsstörungen bei Kindern und Jugendlichen. Diagnostik der Akuten und der Posttraumatischen Belastungsstörung. Göttingen: Hogrefe 2006.

Stiensmeier-Pelster J, Schürmann M, Duda K. DIKJ. Depressionsinventar für Kinder und Jugendliche. 2. überarb., neu normierte Aufl. Göttingen: Hogrefe 2000.

Tucha O, Lange KW. Turm von London. Deutsche Version. Göttingen: Hogrefe 2004.

Weidlich S, Lamberti G, Hartje W. Diagnosticum für Cerebralschädigung. 4., erw., erg, Aufl. Göttingen: Hogrefe 2001.

Weiß RH. Grundintelligenztest Skala 2 – Revision (CFT 20-R) mit Wortschatztest und Zahlenfolgentest – Revision (WS/ZF-R). 1. Aufl. Göttingen: Hogrefe 2006.

Weltgesundheitsorganisation (WHO). Internationale Klassifikation psychischer Störungen. ICD-10, Kapitel V (F). Klinisch-diagnostische Leitlinien. 2., korr. Aufl. Bern 1993.

Wittchen HU, Perkonigg A. DIA-X. Diagnostisches Expertensystem für Psychische Störungen. Frankfurt/M.: Harcourt Test Services 1997.

Wittchen HU, Zaudig M, Fydrich T. SKID. Strukturiertes Klinisches Interview für DSM-IV. Achse I und II. Handanweisung. Göttingen: Hogrefe 1997.

21 Der Verlauf psychischer Störungen vom Kindes- zum Erwachsenenalter

Hans Jörgen Grabe und Martin H. Schmidt

Inhalt

21.1	Einleitung	222
21.2	Verlauf störungsübergreifender Konzepte	223
21.3	Verlauf einzelner psychischer Störungen	223
21.4	Fazit	226
Literatur		227

Zusammenfassung

Zahlreiche psychische Erkrankungen beginnen im Kindes- und Jugendalter und nehmen einen zumeist episodischen, zum Teil auch chronischen Verlauf bis in das Erwachsenenalter hinein. Allerdings ist die Verlaufsforschung über die traditionellen Altersgrenzen der Kinder- und Jugendpsychiatrie und der Erwachsenenpsychiatrie eher eine Seltenheit. In diesem Kapitel werden Verlaufsbefunde zu störungsübergreifenden und störungsspezifischen diagnostischen Konzepten vorgestellt und entsprechend ihrer therapeutischen Relevanz diskutiert. Forschungsaspekte bezüglich des verlaufsdeterminierenden Interagierens psychosozialer und neurobiologischer Faktoren sollten eine stärkere Beachtung erfahren.

21.1 Einleitung

Die Schnittstelle zwischen der Kinder- und Jugendpsychiatrie und der Erwachsenenpsychiatrie ist, was den Verlauf psychischer Störungen anbelangt, eine besonders wichtige, aber auch kritische Schnittstelle. Sehr viele wissenschaftliche Untersuchungen im Bereich der Kinder- und Jugendpsychiatrie enden im Alter von 18 Jahren, zugleich beginnen die meisten Studien an Erwachsenen erst ab 18 Jahren. Daher sind valide Aussagen über die Persistenz von Krankheitssyndromen und psychischen Störungen des Jugendalters bis hinein ins Erwachsenenalter und Angaben über die Chronifizierung der Störungen relativ rar. Gleichzeitig ist es in der Erwachsenenpsychiatrie eine bekannte Tatsache, dass z. B. viele Suchterkrankungen und psychotische Störungen, aber auch Angst- und Zwangsstörungen oft in der Adoleszenz in Form von subklinischen Symptomen ihren Ursprung nehmen und schließlich als überschwellige, klinisch relevante Erkrankung dann ab dem 18. Lebensjahr vom Erwachsenenpsychiater gesehen werden. Zahlen über den Shift von subklinischen psychischen Syndromen hin zu klinisch relevanten Störungsbildern sind gerade für diese Lebensspanne schwer zu erhalten.

Die Notwendigkeit fundierter empirischer Ergebnisse sollen folgende Beispiele zeigen: In einem Review unter Berücksichtigung aller relevanten Verlaufsstudien bei Kindern und Jugendlichen zu psychischen Störungen zeigten sich über zwei Erhebungswellen hinweg Persistenzraten psychischer Störungen von 50 %. Andere Arbeiten haben die Entstehung und Persistenz von Persönlichkeitsstörungen im Jugendalter untersucht. In ihrer Arbeit konnten Rey et al. (1995) belegen, dass über eine durchschnittliche Follow-up-Länge von sechs Jahren vor allem explosive Störungen in der frühen Adoleszenz Vorläufer von Persönlichkeitsstörungen sind, während emotionale Störungen nur eine geringe Wahrscheinlichkeit zum Übergang zu Persönlichkeitsstörungen zeigten. In einer unabhängigen Studie mit ähnlichem Design zeigten Kasen et al. (1999), dass explosive Störungen ebenso häufig wie Angststörungen und Depressionen mit einer erhöhten Wahrscheinlichkeit für Persönlichkeitsstörungen im jungen Erwachsenenalter verknüpft waren. Wiederum zeigten Bernstein et al. (1996) innerhalb eines Beobachtungsintervalls von zwei Jahren, dass Persönlichkeitsstörungen bei Adoleszenten eine relativ geringe Stabilität besitzen. Besonders hoch erwiesen sich Persistenzraten bei Substanzmissbrauch, vor allem bei stationär behandelten Adoleszenten, mit Stabilitätsraten von ca. 66 % (Wittchen et al. 1998). In der Übersichtsarbeit von Bernstein et al. (1996) zeigten sich über einen Zeitraum von drei bis fünf Jahren bei Kindern mit Angststörungen Remissionsraten von ca. 80 %. Gleiches gilt für depressive Störungen: Bei hohen Remissionsraten von 90 % wird hierbei allerdings eine Rückfallwahrscheinlichkeit von 40 % angegeben (Birmaher et al. 1996; Nixon 1999).

Häufige methodische Probleme der meisten vorliegenden Studien beziehen sich auf relativ kurze Katamnesezeiträume, die Fokussierung auf eine oder wenige psychische Störungen und die Auswertung in Verbindung mit vorliegenden Daten, die ursprünglich zu anderen Studienzwecken erhoben wurden (Rodgers 1990).

Generell gibt es Studien zum Verlauf bei Kindern und Jugendlichen mit behandelten Erkrankungen, mit nicht behandelten Störungen bzw. von nicht Erkrankten. Die beiden letzten

Gruppen bilden den sogenannten natürlichen Verlauf ab. Im ersten Fall geht es um die Spontanremission der vorliegenden Erkrankungen, im zweiten um die Möglichkeit des Neuauftretens psychischer Störungen bei Gesunden. Der Verlauf kann individuell von Alter, Geschlecht, der sozialen Schicht, von individuellen Bewältigungsfaktoren und komorbiden Störungen abhängig sein. Daher sind diese Faktoren studienspezifisch auch zu berücksichtigen. Des Weiteren gibt es gerade im Bereich der Kinder- und Jugendpsychiatrie Untersuchungen, die Verlaufsangaben über störungsübergreifende Symptomkomplexe machen (Esser et al. 2000), und Studien, die den Verlauf kategorial definierter psychischer Störungen verfolgen.

21.2 Verlauf störungsübergreifender Konzepte

Die Kohorte der Mannheimer Kurpfalzstudie (geboren 1970) wurden über 17 Jahre hinweg beobachtet. In Tabelle 21-1 sind die 6-Monats-Prävalenzraten psychischer Auffälligkeiten dargestellt. Zur Diagnose wurde neben der ICD-9-Diagnose der Grad der Behandlungsbedürftigkeit hinzugenommen. Die Gesamtprävalenzraten pendeln sich, wie in ähnlichen Untersuchungen, um 17 % ein. Interessanterweise sind die männlichen Probanden bei den schweren Formen psychischer Auffälligkeiten in erheblichem Maße überrepräsentiert. Die dargestellten Prävalenzraten treffen keine Aussage darüber, welche Jugendlichen zu den jeweiligen Erhebungszeitpunkten betroffen waren, ob es dieselben Probanden wie in der Katamneseerhebung zum Zeitpunkt vorher waren oder andere. Hierzu wurden gesonderte Stabilitätsanalysen durchgeführt.
Die Stabilität der Störungen betrug in dieser Studie unabhängig von den Diagnosen über 5- bzw. 7-Jahres-Intervalle ca. 50 %, d. h.:

- Jeweils ungefähr die Hälfte der psychisch auffälligen Kinder und Jugendlichen wechselte in die Gruppe der Gesunden.
- Etwa 13 % der unauffälligen Probanden erkrankten zu jedem Erhebungsintervall und wechselten somit in die Gruppe der auffälligen, betroffenen Kinder.
- Demgegenüber standen 87 % der nicht betroffenen Kinder, die auch weiterhin unauffällig blieben.
- Von den Kindern, die im Alter von acht Jahren als psychisch auffällig beschrieben wurden, gehörten als 25-Jährige noch 10–15 % zur Gruppe der Auffälligen.

Zu diesen stabil auffälligen Kindern zählten überwiegend Kinder mit hyperkinetischen Störungen, Störungen des Sozialverhaltens oder einer Kombination beider Störungen. Deshalb findet man in der Gruppe der Schwerbetroffenen auch deutlich mehr Männer als Frauen. Demgegenüber ist die Stabilität emotionaler Störungen insbesondere im Kindesalter wesentlich geringer.
Bei den Teilnehmern der zitierten Mannheimer Kurpfalzstudie handelte es sich überwiegend um nicht behandelte Probanden. Verlaufsdaten für behandelte Betroffene lassen sich am ehesten für stationär betreute Patienten, also solche mit starken Beeinträchtigungen, finden (Blanz u. Schmidt 2000). Übersichtsarbeiten zeigen bei mehr als 50 % der behandelten Betroffenen günstige Langzeiteffekte – vorausgesetzt, dass eine adäquate psychiatrische Therapie erfolgte.
Am wenigsten veränderbar präsentierten sich familiäre Bedingungen. Beste Prädiktoren für eine erfolgreiche Behandlung waren die Behandlungsqualitäten (insbesondere kognitiv-behaviorale Therapien), ein gutes Nachsorgesystem und das Funktionsniveau der Familie des Patienten. Das Symptomspektrum beeinflusste die Langzeiterfolge nachhaltiger als die Diagnose. Der Aufenthaltsdauer kam wie der Intelligenz nur mäßige prädiktive Bedeutung zu.

21.3 Verlauf einzelner psychischer Störungen

Bei der Anwendung von Falldefinitionen in Verlaufsstudien werden in der Regel kategoriale Diagnosen verwendet. Nach aktueller Konzeption der diagnostischen Manuale beruhen kategoriale Diagnosen auf bestimmten Symptomkonstellationen mit einer festgelegten Mindestzahl an Symptomen. Für einzelne psychische Störungen bei Kindern und Jugendlichen haben Beobachtungen der letzten Jahrzehnte die im Folgenden aufgeführten und diskutierten Persistenzraten ermittelt.

Affektive Störungen

Ein Teil der Dysthymien geht in depressive Episoden über, die Wiederholungswahrscheinlichkeit für depressive Personen beträgt mehr als 30 %. Treten Rückfälle früh auf, sind die Episo-

Tab. 21-1 6-Monats-Prävalenzraten psychischer Auffälligkeiten nach ICD-10 in der Kohorte der Mannheimer Kurpfalzstudie (Schmidt 2004) (Angaben in Prozent)

	8 Jahre (n = 216)	13 Jahre (n = 191)	18 Jahre (n = 181)	25 Jahre (n = 174)
Gesamt	16,2	17,8	16,0	18,4
• männlich	22,2	22,0	14,8	20,2
• weiblich	10,2	13,0	17,2	16,7
Schwere Formen	4,2	4,5	3,9	6,3
• männlich	8,3	6,0	6,8	8,4
• weiblich	0,0	3,0	1,1	4,4

den länger und Suizidgedanken häufiger. Beeinträchtigt sind Bildung und Ausbildungsabschlüsse sowie Peer-Beziehungen. Bei depressiven Episoden Jungendlicher mit plötzlichem Beginn, psychomotorischer Retardierung, psychotischen Symptomen und hypomanen Nachschwankungen sowie bei einschlägig belasteter Familienanamnese ist der Übergang in bipolare Störungen häufiger (Strober u. Carlso 1982).

Anorexia nervosa

Bei Beginn einer Anorexia nervosa in der Adoleszenz wird nach sieben- bis achtjährigem Verlauf, zum Teil nach Übergängen in eine Bulimie, mit einem dauernden Behandlungserfolg von 72 % gerechnet. Chronische Verläufe weisen nach dieser Zeit 25 % der Betroffenen auf. Angegebene Mortalitätsraten schwanken um 5 %. Übergänge in eine Bulimie werden bei 20 % beobachtet. Bei chronischen Verläufen treten später affektive und Angststörungen, Substanzkonsum und Persönlichkeitsstörungen auf. Lange Krankheitsdauer und hoher Gewichtsverlust vor der Behandlung beeinträchtigen die Prognose (Herpertz-Dahlmann et al. 2001).

Aufmerksamkeitsdefizit-Hyperaktivitätsstörung

Bei einer Aufmerksamkeitsdefizit-Hyperaktivitätsstörung (ADHS) beträgt die Symptombelastung im Jugendalter etwa 60 %, bei 30–50 % der Betroffenen setzen sich Symptome bis zum Erwachsenenalter fort. Bei Kombination mit Störungen des Sozialverhaltens sind die Hauptrisiken in der Adoleszenz Substanzmissbrauch und Delinquenz. Die Raten für Substanzmissbrauch sind bei Erwachsenen auch ohne komorbide Störungen des Sozialverhaltens erhöht. Bei solchen Komorbiditäten besteht das Risiko antisozialer Persönlichkeitsstörungen. Die Prognose ist günstiger, wenn im Kindesalter keine aggressiv-oppositionellen Auffälligkeiten gegenüber Erwachsenen bestehen. Komorbide Ängste und Depressionen sind stabil.

Autismus

Frühkindliche autistische Störungen verschlechtern sich im Schulalter durch Verstärkung von Zwängen und Selbstverletzungen. In der Adoleszenz besteht das Risiko zerebraler Anfallsleiden. Spätes Auftreten der Symptomatik, höheres Intelligenzniveau, soziale Fertigkeiten und Etablierung sprachlicher Kommunikation bis zum Alter von fünf Jahren begünstigen die Prognose (Poustka et al. 2004).

Bulimia nervosa

Spezifische Daten der in der Adoleszenz beginnenden Bulimia nervosa liegen nicht vor. Mit chronischen Verläufen ist bei einem Drittel zu rechnen, die Mortalitätsrate ist mit < 1 % angegeben. Übergänge in affektive Störungen, Angststörungen, Zwangsmissbrauch und Impulskontrollstörungen häufen sich (Fichter u. Quadflieg 1997).

Enkopresis

Zwei Drittel der weitaus größten Subgruppe mit Obstipation lässt sich erfolgreich behandeln. Psychische Komorbidität erschwert die Prognose (Loening-Bauke 1989).

Enuresis

Spontanremissionen reduzieren die Symptomatik einer Enuresis bei 18-Jährigen auf 1 %, darunter sind wesentlich mehr Männer als Frauen. Erst eine in der Adoleszenz auftretende sekundäre Enuresis hat eine schlechtere Prognose und geht häufiger mit weiteren psychiatrischen Störungen einher (Gontard 2001).

Generalisierte Angststörung

Kinder mit generalisierten Angststörungen behalten ihre Symptomatik wesentlich häufiger als Kinder mit Trennungsangststörungen. Im Erwachsenenalter haben die kontinuierlich Auffälligen ein Risiko für depressive Entwicklungen und Somatisierungsstörungen (Ollendick et al. 2002).

Geschlechtsidentitätsstörung

Behandelte Mädchen zeigen als Erwachsene eine größere Streuung bezüglich geschlechtlicher und sexueller Orientierung als Jungen. Eine Behandlung im Kindesalter ergibt bessere Resultate als die Behandlung in der Adoleszenz. Später in Transsexualität übergehende Formen sind schwer beeinflussbar und zeigen psychosoziale Anpassungsprobleme (Pleak et al. 1998).

Lese-Rechtschreib-Schwäche

Die Behandlung einer Lese-Rechtschreib-Schwäche verbessert in der Regel die schriftsprachlichen Leistungen, jedoch verbleiben sie im Rahmen der in der Kindheit bestehenden Abweichungen von der Norm. Die Prognose wird beeinträchtigt durch phonologische Störungen in der Vorgeschichte, niedriges Intelligenzniveau und (häufige) psychiatrische Begleiterkrankungen, insbesondere der Komorbidität mit hyperkinetischen Störungen. Das Risiko für Störungen des Sozialverhaltens ist erhöht. Im Erwachsenenalter sind bei Männern Ausbildungsabschlüsse niedriger und Arbeitslosigkeit häufiger (Esser u. Schmidt 1993).

Mutismus

Bei Fortbestehen eines Mutismus über das zwölfte Lebensjahr hinaus ist die Prognose ungünstig. Die Risiken für schulische Minderleistungen, beeinträchtigte Peer-Beziehungen und sekundären Krankheitsgewinn sind erheblich. Persistente Störungen gehen mit sozialer Phobie, Verweigerung und Zwangsstörung einher (Remschmidt et al. 2001).

Oppositionelle Störungen des Sozialverhaltens

Oppositionelle Störungen gehen im 3-Jahres-Verlauf bei etwas weniger als der Hälfte der Betroffenen in eine Störung des Sozialverhaltens über. Die Übergänge werden begünstigt durch Armut, niedriges Alter der Mutter, Substanzmissbrauch der Eltern, inkonsistenten Erziehungsstil und mangelnde Aufsicht. Niedrige Intelligenz, körperliche Auseinandersetzungen und schlechte Konditionierbarkeit beim Kind beeinträchtigen die Prognosen (Lahey et al. 1992).

Panikstörungen

Kinder mit Panikstörungen entwickeln häufiger Agoraphobien, auch Angststörungen und Depressionen (Biedermann et al. 1997). Ein Beginn vor der Pubertät ist ungünstig für den Verlauf (Vitiello et al. 1990).

Persönlichkeitsstörungen

Im Zusammenhang mit Persönlichkeitsstörungen sei die Studie von Ramklint et al. (2003) genannt, die 150 ehemalige, stationär behandelte Kinder im Alter von 30 Jahren erneut nachuntersuchten und DSM-IV-Diagnosen für Persönlichkeitsstörungen ermittelten. Die Ergebnisse sind in Tabelle 21-2 zusammengefasst. Sicherlich müssen bei retrospektiven Analysen in besonderem Maße Gegebenheiten des Patientenkollektivs, der Therapieeinrichtung und verlaufsdeterminierende Faktoren berücksichtigt werden.

Tab. 21-2 Odds-Ratio bei Persönlichkeitsstörungen mit vorangehenden Erkrankungen im Kindes- und Jugendalter (Ramklint et al. 2003)

Störung im Kindes- und Jugendalter	Vervielfachung des Risikos für Persönlichkeitsstörungen
Depressive Episoden (major depressive disorder)	• schizoide Persönlichkeitsstörung (10-fach) • vermeidende Persönlichkeitsstörung (5-fach) • abhängige Persönlichkeitsstörung (4-fach) • Borderline-Persönlichkeitsstörung (3-fach) • schizotype Persönlichkeitsstörung (3-fach) (unabhängig von Alter, Geschlecht und Komorbidität)
Disruptive Störung	• narzisstische Persönlichkeitsstörung (6-fach) • antisoziale Persönlichkeitsstörung (5-fach)
Störung mit Substanzkonsum	• Borderline-Persönlichkeitsstörung (2- bis 3-fach) • vermeidende Persönlichkeitsstörung (2- bis 3-fach) • paranoide Persönlichkeitsstörung (2- bis 3-fach)

Posttraumatische Belastungsstörung

Ein stabiles, unterstützendes Familiensystem und eine sichere Umgebung begünstigen die Prognose für eine posttraumatische Belastungsstörung. Noch Jahre nach dem auslösenden Ereignis können Symptome mit Schlafstörungen und hilflosem Vermeidungsverhalten fortbestehen. Körperliche oder sexuelle Misshandlungen in der Vorgeschichte erhöhen das Lebenszeitrisiko für psychiatrische Symptome insbesondere für Frauen (Pynoos et al. 1987).

Reaktive Bindungsstörung

Die Kombination mit körperlicher und psychosozialer Deprivation führt zu Langzeitbeeinträchtigungen bezüglich des Wachstums und des Intelligenzniveaus. Emotionale Probleme und Entwicklungsverzögerungen sind häufig.

Schizophrene Störungen

Schizophrene Störungen, die im Jugendalter entstehen, zeigen einen ungünstigeren Verlauf als im Erwachsenenalter beginnende. Schizophrene Störungen in der Adoleszenz beeinträchtigen die Bildungs- und Ausbildungsabschlüsse bei zwei Dritteln der Betroffenen, ebenso häufig die psychosoziale Anpassung in Erwachsenenrollen. Das Suizidrisiko ist höher als bei Erwachsenen (Schmidt et al. 1995).

Soziale Phobien

In der Adoleszenz erhöht sich durch soziale Phobien das Risiko sozialer Fehlanpassungen, der Beeinträchtigung der Ausbildung (durch Schulverweigerung) sowie des Substanzmissbrauchs. Eine Persistenz ins Erwachsenenalter ist häufig, dann kombiniert mit beruflichen Minderleistungen, Depressionen, generalisierten Angststörungen und sozialen Funktionseinschränkungen.

Störungen des Sozialverhaltens

Die Prognose ist bei frühem Beginn ungünstig. Breite, häufig auftretende Symptomatik und komorbide hyperkinetische Störungen begünstigen schwere und persistente Verläufe. Spät beginnende Formen bilden sich nach der Adoleszenz häufig zurück. Das Risiko von antisozialen Persönlichkeiten steigt mit niedriger Intelligenz und antisozialen Persönlichkeitsstörungen der Eltern. Früher Beginn, niedrige Schulabschlüsse und schlechter sozio-ökonomischer Status begünstigen Rezidive. Die Risiken für andere psychische Störungen, Substanzmissbrauch und niedriges Funktionsniveau sind erhöht. Soziale Kompetenz und positive Peer-Erfahrungen begünstigen die Prognosen (Lahey et al. 1992).

Tic-Störungen

Die Symptomatik von Tic-Störungen schwächt sich nach der Pubertät ab. Ein Drittel der Betroffenen wird bis zur Spätadoleszenz symptomfrei, ein Drittel bessert sich bis zum Erwachsenenalter deutlich, bei einem Drittel bestehen Beeinträchtigungen durch Symptome fort. Risiken für Beziehungsstörungen und Arbeitslosigkeit sind erhöht, komorbide Depressionen, Angststörungen und selbstverletzendes Verhalten beeinträchtigen die Prognose. Bei Gilles-de-la-Tourette-Syndrom häufen sich Schlafstörungen (Cohrs et al. 2001).

Trennungsangststörungen

Ein erheblicher Prozentsatz der Betroffenen mit Trennungsangststörungen nimmt keine Hilfe in Anspruch oder remittiert ohne Behandlung. Unter den Behandelten zeigen weniger als 10 % wiederholte Rückfälle und ins Erwachsenenalter fortgesetzte Behinderungen. Chronische Schulverweigerung geht im Erwachsenenalter mit schlechter Anpassung und psychiatrischen Symptomen einher. Auch bei Wiederaufnahme des Schulbesuches bleiben schlechtere emotionale und soziale Funktion zurück. Abhängigkeit, Somatisierungsneigung, Vermeidungshaltungen und schulische Minderleistungen erhöhen das Risiko für Fehlzeiten im Beruf und Arbeitslosigkeit (Kearny et al. 2003).

Zwangsstörungen

Zwangsstörungen haben eine deutliche Tendenz zur Persistenz bis ins Erwachsenenalter, dann oft mit Beeinträchtigungen des Funktionsniveaus. Der Wunsch nach Distanzierung von den Zwängen begünstigt die Behandlungsprognose. Das Risiko von Schulleistungs- und Peer-Beziehungsstörungen ist erhöht (Wewetzer et al. 2001). In Behandlungskollektiven erwachsener Patienten finden sich hohe Raten eines Erkrankungsbeginns in der Kindheit und Jugend. Patienten mit frühem Erkrankungsbeginn zeigen häufige schwerere klinische Verläufe, höhere familiäre Belastung mit Zwangsstörungen und komorbide Tic-Störungen (Grabe et al. 2000, 2001, 2006).

21.4 Fazit

Die in der Übersicht dargestellten Störungen des Kindes- und Jugendalters zeigen eine zum Teil höchst unterschiedliche Verlaufscharakteristik. Die Erhebung valider Verlaufsdaten mit zuverlässigen Übergangswahrscheinlichkeiten von Störungen des Kindes- und Jugendalters hin zum Erwachsenenalter ermöglichen eine am wahrscheinlichen Verlauf der Störung ausgerichtete Behandlungsintensität. Diese scheint nicht nur therapeutisch, sondern auch ökonomisch sinnvoll und sollte neben dem diagnostischen Aspekt der Störung auch begleitende verlaufsdeterminierende Faktoren berücksichtigen. Im Besonderen sind Erkrankungen der Eltern mit einzuschließen und die Therapie der Kinder bzw. jungen Erwachsenen sollte zu einem Zeitpunkt erfolgreich abgeschlossen sein, zu dem diese Patienten selbst in die Elternrolle mit eigenen Kindern hineingeraten. Effektive Therapien könnten somit das Risiko einer Weitergabe der psychischen Störungen auf die nächste Generation vermindern. Remschmidt und Schmidt (2000) haben deswegen vorgeschlagen, psychische Störungen von Kindern und Jugendlichen nicht unter dem Symptomaspekt, sondern unter dem Verlaufsaspekt zu beurteilen. Dieser Vorschlag würde traditionelle symptombezogene Klassifikationsansätze überwinden. Zu klassifizieren wären folgende Charakteristika:

- **Verhaltensvarianzen und Belastungsreaktionen** (Schmidt 2004) umfassen Normabweichungen im Entwicklungsverlauf, die aus differenzialdiagnostischen Gründen beachtet werden sollten (z. B. Entwicklungsverzögerungen der Sprache) oder akute Reaktionen auf akute oder mittelfristige Belastungen (z. B. Anpassungsstörung).
- **Frühbeginnende Störungen mit überdauernder Beeinträchtigung** sind Störungen, die sich in der frühen Kindheit manifestieren und sich bis ins Erwachsenenalter hinein oder lebenslang auswirken können (autistische Symptome, hyperkinetische Störungen des Sozialverhaltens).
- **Entwicklungsabhängige Störungen** betreffen umgrenzende Funktionsbereiche, sind passager und remittieren in der Regel spontan (altersspezifische Phobien, sexuelle Reifungskrisen). Ihre Prävalenz sinkt mit zunehmendem Entwicklungsstand und zunehmender Funktionsreife.
- **Altersspezifisch beginnende Störungen** treten in definierten Phasen von Kindheit und Adoleszenz auf und haben unterschiedliche Verläufe. Sie setzen sich also zum Teil ins Erwachsenenalter fort. Es wird angenommen, dass zukünftige Langzeitbeobachtungen zeigen, anhand welcher Merkmale ein Teil dieser Störungen entwicklungsabhängigen Störungen zugeordnet werden kann (Mutismus, Anorexia nervosa).
- **Entwicklungsabhängige Interaktionen** sind Störungen, die in einem bestimmten Alter und Entwicklungsstadium aus gestörten Interaktionen mit Bezugspersonen resultieren. Sie nehmen mit der Unabhängigkeit des Minderjährigen von seinen Bezugspersonen ab.
- **Frühbeginnende erwachsenentypische Störungen** kommen überwiegend im Erwachsenenalter vor und beginnen in geringer Häufigkeit in der späten Kindheit oder in der Adoleszenz. Sie setzen sich in der Regel bis ins Erwachsenenalter fort (schizophrene Störungen, Panikstörungen).

Neben den klinischen und versorgungsepidemiologischen Aspekten, die bisher im Focus der wissenschaftlichen Betrachtung standen, soll hier nicht unterwähnt bleiben, dass Studien zum Verlauf und zur Entstehung psychischer Störungen in der Zeitspanne zwischen Adoleszenz und jungem Erwachsenenalter die Möglichkeit bieten, in herausragender Art und Weise verlaufsdeterminierende Faktoren zu identifizieren. So ergibt sich in großen, prospektiv untersuchten Stichproben die Möglichkeit, z. B. Gen-Umwelt-Interaktionen auf der Grundlage einer breiten Variation externer Stressoren und entsprechender psychopathologischer Reaktionsweisen zu untersuchen und daraus wichtige Erkenntnisse zu ätiopathogenetischen Mechanismen der Krankheitsentstehung zu gewinnen (Caspi et al. 2003; Grabe et al. 2005).

Literatur

Bernstein GA, Borchardt CM, Perwien AR. Anxiety disorders in children and adolescents: a review of the past 10 years. J Am Acad Child Adolesc Psychiatry 1996; 35: 1110–9.

Biedermann J, Faraone SV, Marras A. Panic disorder and agoraphobia in consecutively referred children and adolescents. J Am Acad Child Adolesc Psychiatry 1997; 36: 214–23.

Birmaher B, Ryan ND, Williamson DE, Brent DA, Kaufman J, Dahl RE, Perel J, Nelson B. Childhood and adolescent depression: a review of the past 10 years. Part I. J Am Acad Child Adolesc Psychiatry 1996; 35: 1427–39.

Blanz B, Schmidt MH. Preconditions and outcome of inpatient treatment in child and adolescent psychiatry. J Child Psychol Psychiatry 2000; 41: 703–12.

Caspi A, Sugden K, Moffitt TE, Taylor A, Craig IW, Harrington H, McClay J, Mill J, Martin J, Braithwaite A, Poulton R. Influence of life stress on depression: moderation by a polymorphism in the 5-HTT gene. Science 2003; 301: 386–9.

Cohrs S, Rasch T, Altmeyer S. Decreased sleep quality and increased sleep related movements in patients with Tourette's syndrome. J Neurol Neurosurg Psychiatry 2001; 70: 192–7.

Esser G, Schmidt MH. Die langfristige Entwicklung von Kindern mit Lese-Rechtschreib-Störungen. Z Klein Psychol 1993; 23: 100–16.

Esser G, Ihle W, Schmidt MH, Blanz B. Der Verlauf psychischer Störungen vom Kindes- zum Erwachsenenalter. Z Klein Psychol Psychother 2000; 29: 276–83.

Fichter MM, Quadflieg N. Six year course of bulimia nervosa. Int J Eat Disord 1997; 22: 361–84.

Gontard A von. Bettnässen – verstehen und behandeln. Tübingen: Walter 2001.

Grabe HJ, Meyer C, Hapke U, Rumpf HJ, Freyberger HJ, Dilling H, John U. Prevalence, quality of life and psychosocial function in obsessive-compulsive disorder and subclinical obsessive-compulsive disorder in northern Germany. Eur Arch Psychiatry Clin Neurosci 2000; 250: 262–8.

Grabe HJ, Meyer C, Hapke U, Rumpf HJ, Freyberger HJ, Dilling H, John U. Comorbidity of obsessive-compulsive disorder and subclinical obsessive-compulsive disorder in northern Germany. Eur Arch Psychiatry Clin Neurosci 2001; 251: 130–6.

Grabe HJ, Lange M, Wolff B, Völzke H, Lucht M, Freyberger HJ, John U, Cascorbi I. Mental and physical distress is modulated by a polymorphism in the 5-HT transporter gene interacting with social stressors and chronic disease burden. Mol Psychiatry 2005; 10: 220–4.

Grabe HJ, Ruhrmann S, Ettelt S, Buthz F, Hochrein A, Meyer K, Kraft S, Reck C, Pukrop R, Freyberger HJ, Klosterkötter J, Falkai P, Maier W, Wagner M. Familiality of obsessive-compulsive disorder in nonclinical and clinical subjects. Am J Psychiatry 2006; 163: 1986–92.

Herpertz-Dahlmann B, Müller B, Herpertz S, Heussen N, Neudörfel A, Hebebrand H, Remschmidt H. Prospective ten year follow-up in adolescent anorexia nervosa-course, outcome, and psychiatric comorbidity. J Child Psychol Psychiatry 2001; 42: 603–12.

Kasen S, Cohen P, Skodol AE, Johnson JG, Brook JS. Influence of child and adolescent psychiatric disorders on young adult personality disorder. Am J Psychiatry 1999; 156: 1529–35.

Kearny C, Sims KE, Pursell CR, Tillotson CA. Separation anxiety disorder in young children: a longitudinal and family analysis. J Clin Child Adolesc Psychol 2003; 32: 593–398.

Lahey BB, Loeber R, Quay HC. Oppositional defiant and conduct disorders: issues to be resolved for DSM-IV. J Am Acad Child Adolesc Psychiatry 1992; 31: 539–46.

Loening-Bauke V. Factors determining outcome in children with chronic constipation and faecal soiling. GUT 1989; 30: 999–1006.

Nixon MK. Mood disorders in children and adolescents: coming of age. J Psychiatry Neurosci 1999; 24: 207–9.

Ollendick TH, King NJ, Muris P. Fears and phobias in children: phenomenology, epidemiology, and aetiology. Child Adolesc Ment Health 2002; 7: 98–106.

Pleak PR, Meyer-Bahlburg HF, O'Brian JD. Cross-gender behavior and psychopathology in boy psychiatric outpatients. J Am Acad Child Adolesc Psychiatry 1998; 28: 385–93.

Poustka F, Bölte S, Feineis-Matthews S, Schmötzer G. Autistische Störungen. Göttingen: Hogrefe 2004.

Pynoos RS, Frederick C, Nader K. Life threat and posttraumatic stress in school-age children. Arch Gen Psychiatry 1987; 44: 1057–63.

Ramklint M, von Knorring AL, von Knorring L, Ekselius L. Child and adolescent psychiatric disorders predicting adult personality disorder: a follow-up study. Nord J Psychiatry 2003; 57: 23–8.

Remschmidt H, Schmidt MH. Diagnostik und Klassifikation in der Kinder- und Jugendpsychiatrie. In: Helmchen H, Henn FA, Lauter H, Sartorius N (Hrsg). Psychiatrie der Gegenwart 3. Berlin, Heidelberg: Springer 2000; 59–70.

Remschmidt H, Poller M, Herpertz-Dahlmann B, Henninghausen K, Gutenbrunner C. A follow-up study of 45 patients with elective mutism. Eur Arch Psychiatry Clin Neurosci 2001; 251: 284–296.

Rey JM, Morris-Yates A, Singh M, Andrews G, Stewart GW. Continuities between psychiatric disorders in adolescents and personality disorders in young adults. Am J Psychiatry 1995; 152: 895–900.

Rodgers B. Behaviour and personality in childhood as predictors of adult psychiatric disorder. J Child Psychol Psychiatry 1990; 31: 393–414.

Schmidt MH. Verlauf von psychischen Störungen bei Kindern und Jugendlichen. Dtsch Ärztebl 2004; 101: A2536–41.

Schmidt MH, Blanz B, Dippe A, Koppe T, Lay B. Course of patients diagnosed as having schizophrenia during first episode occurring under age of 18 years. Eur Arch Psychiatry Clin Neurosci 1995; 245: 93–100.

Strober M, Carlso B. Bipolar illness in adolescents with major depression: clinical, genetic, and psychopharmacologic investigation. Arch Gen Psychiatry 1982; 39: 549–55.

Vitiello B, Behar D, Wolfson S. Diagnostic of panic disorder in prepubertal children. J Am Acad Child Adolesc Psychiatry 1990; 29: 782–4.

Wewetzer C, Jans T, Muller B, Neudörfl A, Bucherl U, Remschmidt H, Warnke A, Herpertz-Dahlmann B. Long-term outcome and prognosis of obsessive-compulsive disorder with onset in childhood and adolescence. Eur Child Adolesc Psychiatry 2001; 10: 37–46.

Wittchen HU, Höfler M, Perkonigg A, Sonntag H, Lieb R. Wie stabil sind Drogenkonsum und das Auftreten klinisch-diagnostisch relevanter Missbrauchs- und Abhängigkeitsstadien bei Jugendlichen? Kindh Entw 1998; 7: 188–98.

III Störungsbilder

22 Suchtstörungen bei Jugendlichen und jungen Erwachsenen

Renate Schepker, Sven Barnow und Jörg. M. Fegert

Inhalt

22.1	Einleitung	231
22.2	Definition und Klassifikation	231
22.3	Epidemiologie und Prävalenz	232
22.4	Symptomentwicklung und Komorbidität	233
22.5	Ätiologie	234
22.6	Diagnostik und Differenzialdiagnosen	235
22.7	Therapie	236
22.8	Prognose	238
22.9	Prävention	238
22.10	Fazit	239
Literatur		239

Zusammenfassung

Wenngleich die ICD-10-Kriterien der Suchtstörungen für Jugendliche und junge Erwachsene adaptiert werden sollten und nur wenige solide Forschungsergebnisse aus Deutschland zum Thema vorliegen, verdienen substanzassoziierte Störungen wachsende Aufmerksamkeit. Im Gegensatz zum Erwachsenenalter ist die »Eigenwirkung« von Substanzen in der Behandlung weit weniger bedeutsam als oft bereits vorausgehende psychiatrische Komorbiditäten und das Versäumen von Entwicklungsaufgaben. Im Behandlungsverlauf sind schwankende Motivationsverläufe und die erforderliche ganzheitliche Betrachtung auch unter Einbezug des Familiensystems zu beachten, die einen niedrigschwelligen Zugang mit Intervallbehandlungen in eigenen Suchtbehandlungsstrukturen für Jugendliche und junge Erwachsene empfehlen lassen.

22.1 Einleitung

Der Drogen- und Suchtbericht 2007 spricht von erheblichen Konsumquoten bei Jugendlichen und benennt ein Absenken der Konsumhäufigkeiten von Alkohol und Cannabis als gesellschaftliches Ziel: »Ebenso wird der Drogen- und Suchtrat verschiedene Strategien zur Eindämmung der mit der Abhängigkeit von illegalen Drogen verbundenen erheblichen gesundheitlichen und sozialen Schäden sorgfältig beobachten.« (Die Drogenbeauftragte der Bundesregierung 2007, S. 12)

Kinder- und Jugendpsychiatrie und Psychiatrie finden als möglicher Teil einer Gesamtstrategie keine Erwähnung. Für die Kinder- und Jugendpsychiatrie hat die Muster-Weiterbildungsordnung der Bundesärztekammer erst 2003 suchttherapeutische Kompetenzen explizit in die Weiterbildungsziele zum Gebietsarzt aufgenommen.

In diesem Kapitel erfolgt eine Beschränkung auf substanzgebundene Störungen (zu den Essstörungen s. Kap. 30). Das Ausmaß nicht stoffgebundener Süchte im Jugendalter (Spielsucht, Computersucht) ist wissenschaftlich noch ungeklärt. Epidemiologische Daten fehlen, es mehren sich allerdings Berichte über ein starkes Vermeidungsverhalten realer Kontakte bei primärer sozialer Ängstlichkeit unter Zuhilfenahme computergestützter Kommunikation.

22.2 Definition und Klassifikation

Die ICD-10-Kriterien sind auf Jugendliche bei enger Betrachtung nur begrenzt anwendbar. Aus der klinischen Erfahrung sind die Kriterien, welche bei Jugendlichen selten sind, *kursiv* gesetzt:

- starker Wunsch/Zwang zum Konsum
- Kontrolle Beginn, Menge, Ende reduziert
- *Substanzkonsum zur Vermeidung von Entzugssymptomatik*
- *körperlicher Entzug*
- *Toleranzentwicklung*
- gesellschaftliche Regeln außer Acht lassen, Konsum auch an Werktagen
- Vernachlässigung anderer Interessen/Vergnügungen
- Inkaufnahme körperlicher/psychischer schädlicher Folgen

Ergänzend müssten aus jugendpsychiatrischer Sicht noch die folgenden sozialen Kriterien deutlicher benannt und stärker gewichtet werden:

- Inkaufnahme erheblicher sozialer Nachteile und Folgen
- Versagen bei altersgemäßen Entwicklungsaufgaben

Die Kriterien der Toleranzentwicklung sind nicht zuletzt deswegen bei Jugendlichen infrage zu stellen, weil sich die Konsummuster überwiegend nicht am Monosubstanzkonsum Erwachsener orientieren, sondern entsprechend dem jugendtypischen Probierverhalten zumeist mehrere Substanzen konsumiert werden.

Auch ist für Jugendliche die Unterscheidung zwischen schädlichem Gebrauch und Abhängigkeit schwierig, denn »Toleranzentwicklung und Entzugssymptomatik können fehlen, obwohl bereits ernsthafte Schädigungen und Beeinträchtigungen des psychosozialen Funktionsniveaus existieren« (Stolle et al 2007). Nach Stolle et al. (2007) sei es hilfreicher, von substanzbezogenen Störungen zu sprechen, wie dies im angelsächsischen Raum gängig ist.

Tab. 22-1 Prävalenzen von Substanzstörungen in der Stichprobe der Greifswalder Familienstudie (n = 387 Jugendliche, Alter etwa 19 Jahre)

Diagnose	Gesamt %	Jungen %	Mädchen %
Alkohol			
• schädlicher Gebrauch	10,3	14,7	6,8
• Abhängigkeit	2,5	2,8	2,3
Nikotin			
• schädlicher Gebrauch	0,3	0,0	0,6
• Abhängigkeit	26,3	21,7	30,1
Cannabinoide			
• schädlicher Gebrauch	0,6	0,7	0,6
• Abhängigkeitssyndrom	2,2	2,8	1,7

22.3 Epidemiologie und Prävalenz

In Deutschland ließen sich bereits 1998 bei 9 % der 12- bis 17-jährigen Jugendlichen in einer Großstadt Alkoholmissbrauch oder -abhängigkeit, bei 6,4 % Cannabismissbrauch oder -abhängigkeit und bei 1,2 % Ecstasymissbrauch oder -abhängigkeit nachweisen (Bremer Jugendstudie, Essau et al. 1998). Zu ähnlichen Befunden gelangte die Arbeitsgruppe der Greifswalder Familienstudie (Barnow et al. 2002, 2004a, 2007b). Diese untersuchte 387 Kinder und Jugendliche und deren Eltern (n = 587) einer Allgemeinbevölkerungsstichprobe in Mecklenburg-Vorpommern bezüglich ihres Substanzkonsums und einer Vielzahl von Risiko- und protektiven Faktoren zu zwei Messzeitpunkten. Die Stichprobenziehung sowie die Ergebnisse der Greifswalder Familienstudie sind in einer Vielzahl von Studien im Detail beschrieben worden (Barnow et al. 2002, 2004 a–c, 2006, 2007 a, b). Insgesamt hatten 12,8 % der 19-Jährigen eine Alkoholstörung (Missbrauch und Abhängigkeit), 26,6 % erfüllten die Kriterien für Nikotinabhängigkeit und 2,8 % konsumierten regelmäßig Cannabinoide. Die Prävalenzen für die einzelnen Substanzstörungen, getrennt für Jungen und Mädchen, sind in Tabelle 22-1 dargestellt.

Besonders problematisch war auch der Befund, nach dem zum ersten Untersuchungszeitpunkt (hier waren die Jugendlichen etwa 14 Jahre alt) bereits 29 % regelmäßig (mind. wöchentlich) **Alkohol** konsumierten (Barnow et al. 2007a). Fünf Jahre später war dieser Anteil bei den nun 19-Jährigen auf 76 % angestiegen! Weiterhin zeigte sich, dass die »Früheinsteiger« ein deutlich erhöhtes Risiko hatten, später (nach 5 Jahren) eine Substanzstörung aufzuweisen. Die Befunde sind deutlich höher als die im Drogen- und Suchtbericht der Bundesregierung 2007 berichteten (Die Drogenbeauftragte der Bundesregierung 2007). Hiernach trinken 20 % der 12- bis 25-jährigen Bevölkerung regelmäßig (d. h. mindestens wöchentlich) Alkohol und 19 % der Jugendlichen gaben 2005 an, im letzten Monat *binge drinking* (mehr als 5 alkoholische Getränke nacheinander konsumiert) betrieben zu haben. Allerdings wurden in der Greifswalder Familienstudie alle Probanden persönlich mittels eines strukturierten Interviews befragt worden, was eine höhere Zuverlässigkeit der Daten impliziert. Des Weiteren ist speziell in der strukturschwachen Region Mecklenburg die Prävalenz von Alkoholstörungen und generell der Alkoholkonsum gegenüber anderen Regionen in Deutschland deutlich erhöht. Nach einer repräsentativen Befragung von Jugendlichen im Alter von 12 bis 17 Jahren durch die BZgA (2007) ist jedoch über die Jahre 2004–2007 generell eine Zunahme des *binge drinking* zu verzeichnen.

Die BZgA (2007) stellte des Weiteren fest, dass der abnehmende Trend bezüglich des Alkoholkonsums, der 2004/2005 (möglicherweise infolge der höheren Besteuerung von Alcopops) festzustellen war, nicht bis 2007 fortgeschrieben wurde, sondern dass in Bezug auf die Gesamtalkoholmenge 2007 eine Zunahme im Vergleich zu 2004 stattgefunden hat.

Bei Schülern der 9. und 10. Klassen (ESPAD-Studie) beträgt in der Selbsteinschätzung innerhalb der letzten 30 Tage die Abstinenzquote bei Mädchen bezüglich Alkohol nur 16 % und bei den Jungen 15 %. Bis zum Alter von 14 Jahren seien die Hälfte der Schülerinnen und Schüler schon einmal betrunken gewesen, bis zum Alter von 16 Jahren steigt der Prozentsatz auf 80 % (Kraus et al. 2004).

25 % der Jugendlichen haben bereits **Cannabis** konsumiert und ungefähr 2 Millionen Menschen, vor allem junge Menschen, konsumieren in Deutschland regelmäßig Cannabis (Die Drogenbeauftragte der Bundesregierung 2007).

Laut der ESPAD-Studie hatten 33 % in der 9. und 10. Klasse schon einmal in ihrem Leben eine illegale Droge ausprobiert, dabei am häufigsten Cannabis mit 31 %. In den letzten 30 Tagen vor der Erhebung hatten 15 % illegale Drogen konsumiert (14 % Cannabis und 1 % andere illegale Drogen). Der häufige Gebrauch von illegalen Drogen ist eher selten. 5 % der Jugendlichen gaben an, Cannabis mehr als einmal in der Woche zu konsumieren (Kraus et al. 2004).

Nach den verfügbaren epidemiologischen Daten sind zugewanderte Jugendliche nicht gefährdeter als einheimische: So konsumieren einheimische Jugendliche mehr und öfter illegale Suchtmittel sowie zumindest gleich viel Alkohol wie zugewanderte

(Strobl u. Kühnel 2000 an Regelschülern in NRW mit einem hohen Aussiedleranteil; Surall u. Siefen 2002 in der Marler Dunkelfeldstudie an 999 Schülern). Allerdings erwähnen die Studien einen kleinen Zuwandereranteil mit riskantem Konsum.

Alle schulbasierten epidemiologischen Studien haben allerdings den Nachteil, dass sie die Hochrisiko-Jugendlichen mit Schulabbruch, nach Inhaftierung und zumeist auch Sonderschüler nicht erfassen. Schmid et al. (2006) fanden in den Selbstschilderungen von Heimkindern bei 19 % der Jungen sowie bei 9,5 % der Mädchen einen problematischen Konsum, die Erzieher gaben etwas niedrigere Quoten an. Meltzer et al. (2003) fanden deutlich erhöhte Alkoholkonsumraten bei Heimkindern, wobei eine psychiatrische Störung das Risiko weiter steigerte.

22.4 Symptomentwicklung und Komorbidität

Wie auch die Risikofaktorenlisten erkennen lassen, ist bei Jugendlichen deskriptiv-phänomenologisch das Vorhandensein einer weiteren psychiatrischen Störung neben dem Substanzkonsum im Querschnitt eher die Regel als die Ausnahme.

Bei 53 % aller Jugendlichen in der Studie von Essau et al. (1998) mit einer manifesten Suchterkrankung bestand zumindest eine weitere psychische Störung mit Krankheitswert.

Bei Substanzmissbrauch im Jugendalter wird eine Kormorbiditätsrate von bis zu 60 % angegeben. Häufig bestehen die komorbiden psychiatrischen Störungen bereits vor dem Konsum. Sowohl externalisierende Verhaltensstörungen (Laukkanen et al. 2001) wie auch internalisierende Verhaltensstörungen sind beschrieben und steigern allgemein das Risiko einer Abhängigkeit (Meltzer et al. 2003).

Als Begleiterkrankungen bei Substanzmissbrauch sind in absteigender Häufigkeit beschrieben worden (nach Stolle et al 2007):
- Störungen des Sozialverhaltens (mit und ohne Hyperaktivität)
- depressive Störungen
- Angststörungen
- soziale Phobie
- Aufmerksamkeitsdefizit-Hyperaktivitätsstörungen (ADHS)
- Essstörungen (v. a. Bulimie und *binge eating*)
- Borderline-Störungen
- posttraumatische Belastungsstörungen
- substanzinduzierte psychotische Störungen
- schizophrene Psychosen

In Inanspruchnahmepopulationen werden höhere Prävalenzen angegeben. 62,9 % der Patienten bei Bernhardt et al. (2004) zeigten begleitend eine nicht substanzbezogene psychiatrische Störung.

Die hohe Komorbiditätsrate von dem Konsum vorausgehenden psychiatrischen Störungen wird sowohl mit der »Risikohypothese« (s. u.) als auch mit der damit verbundenen »Selbstmedikationshypothese« erklärt. Des Weiteren besteht eine nicht unerhebliche Gefahr sekundärer psychiatrischer Störungen (s. u.).

Als Besonderheiten des Substanzkonsums Jugendlicher sind somit zu beschreiben:
- Problematischer Konsum gilt zu einem hohen Prozentsatz dem Ausweichen vor Entwicklungsanforderungen oder dem Bewältigen einer anderen psychischen Problematik, was langfristig eine psychiatrische Grundstörung chronifizieren kann.
- Der Konsum zieht soziale Schwierigkeiten und sekundär neue psychische Probleme nach sich.
- Auswirkungen der Eigenwirkungen des Suchtmittels können auch im Auslösen einer weiteren psychischen Störung bestehen – dabei ist dies nicht regelhaft dosisabhängig.

■ **Problematischer Konsum:** Jugendliche mit problematischem Konsum fallen oft dadurch auf, dass sie »durch die Pubertät dämmern« und Reifungsschritte wie Verantwortungsübernahme, Konfliktfähigkeit oder Identitätsentwicklung nicht vollziehen. So sind beispielsweise Angststörungen in einem hohen Maß mit Alkoholabhängigkeit assoziiert. Während die Neigung zu Panikstörung und insbesondere eine soziale Phobie zunächst protektiv gegen den Einstieg ins Alkoholtrinken und anderen Konsum wirken, erhöhen sie nach dem Einstieg jedoch das Risiko eines übersteigerten Konsums. Eine generalisierte Angststörung wird durch Alkoholprobleme induziert, kann in Zusammenhang mit weiteren Symptomen aber auch selbst das Risiko für Alkoholprobleme erhöhen. Angststörungen und Panikattacken sind nicht zuletzt wegen der fehlenden Übung in der Auseinandersetzung mit der Umgebung nicht nur bei Alkoholmissbrauch, sondern auch nach chronischem Cannabisgebrauch deutlich zunehmend. ADHS-Symptome stehen dann in Zusammenhang mit einem späteren Alkoholmissbrauch, wenn gleichzeitig eine depressive oder Sozialverhaltensstörung besteht (Pardini et al. 2007). Depressive Störungen haben einen Prädiktorwert für Cannabis-Konsum auch dann, wenn Sozialschicht- und andere Risikofaktoren eliminiert werden (Hayatbakhsh et al. 2007). Über zehn Jahre im Längsschnitt konnten Wittchen et al. (2007) nachweisen, dass internalisierende Störungen Cannabis-Konsum eher voraussagen als externalisierende.

> **!** Im Umkehrschluss kommt somit dem frühzeitigen Erkennen und Behandeln kinder- und jugendpsychischer Störungen ein hoher Stellenwert im Sinne indizierter Prävention von Suchterkrankungen bei Jugendlichen und jungen Erwachsenen zu (Zonnevylle-Bender et al. 2007).

■ **Soziale Folgen:** Als soziale Folgen von Substanzkonsum sind die unmittelbaren Folgen der Substanzwirkung zu beachten: Eine alkoholbedingte Enthemmung führt bei Jugendlichen oft zu dissozialen Handlungen (»Das Gewissen ist in Alkohol löslich«). Je nach Substanzwirkung können auch aggressive Handlungen provoziert werden (z. B. unter unmittelbarer Einwirkung von Kokain). Es besteht die Gefahr mangelnder Gefahreneinschätzung und Selbstfürsorge, die Neigung zu riskantem Verhalten in jedem Lebensbereich (z. B. Finanzen, Sexualität, Fahrverhalten). Diese Situation bringt Jungen wie Mädchen in die Gefahr einer unerwünschten Traumatisierung durch aggressive oder sexuelle Übergriffe.

Suizidalität nimmt unter dem Einfluss mehrerer Substanzen zu: Fergusson et al. (2002) sowie Rossow et al. (2005) verzeichneten unter Cannabinoiden (Tetrahydrocannabiol, THC) und Alkohol mehr Suizidgedanken und -versuche. Laut Shoval et al. (2006) scheinen Schnüffelstoffe, Halluzinogene, Alkohol und Ecstasy (Methylendioxy-Methamphetamin, MDMA) eher mit Suizidalität verbunden zu sein als Cannabis, Amphetamine, Kokain oder Opiate.

Darüber hinaus sind im sozialen Sinne die Folgen von Beschaffungskriminalität, hier als sekundäre »Störung des Sozialverhaltens« einzuordnen, zu beachten. Wenig bemittelte Jugendliche drohen bei illegalem Konsum in Abhängigkeiten von Dealern zu geraten.

Wiederum kann eine – zur Unterhaltung des Konsums ausgeübte – Beschaffungsprostitution mit den regelhaft damit verbundenen traumatischen Erlebnissen zu einer posttraumatischen Belastungsstörung führen. Besteht als ursprünglicher Anlass des Konsums zudem eine Traumatisierung in der Kindheit, kann man von »sequenzieller Traumatisierung« sprechen.

Substanzinduzierte psychische Sekundärfolgen: Nach Längsschnittuntersuchungen ist regelmäßiger, zumindest mittelhoch dosierter Konsum von Cannabis unabhängig von anderen individuellen Variablen mit einer hohen Persistenz ins Erwachsenenalter verbunden (Patton et al. 2007). Der Konsum von psychotropen Substanzen wirkt sich auf ein noch in Entwicklung befindliches Gehirn deutlich deletärer aus als in der Einwirkung auf erwachsene, ausgereifte Neurotransmittersysteme. Das Jugendalter stellt eine kritische Phase hinsichtlich der aktivitätsabhängigen Anpassung des präfrontalen Kortex dar, hier sind die Reifungsprozesse unter anderem durch drogentoxische Einflüsse irritierbar.

Makroskopisch kann Alkoholkonsum ein geringeres Volumen des Hippocampus verursachen (Nagel et al 2005). Die Entwicklung von frontalen, hippocampalen und parietalen Gehirnabschnitten fand sich bei Jugendlichen mit ausgeprägtem Cannabis-Konsum beeinträchtigt (Tapert et al. 2002).

Diese Befunde stehen in Übereinstimmung mit anderen Studienergebnissen, in denen neuropsychologische Funktionsbereiche genauer betrachtet wurden. So zeigen sich bei Jugendlichen mit ausgeprägtem Alkoholkonsum schlechtere Leistungen in den Bereichen Gedächtnisabruf (Brown et al. 2000), Aufmerksamkeit und räumliches Vorstellungsvermögen (Tapert et al. 2002), die bei Jugendlichen im Vergleich zu Erwachsenen (Mann et al. 1999) nach übermäßigem Alkoholkonsum noch über dessen Verringerung oder die Abstinenz hinaus andauern.

Auch nach Cannabis-Konsum zeigen sich Defizite in den Bereichen Lernen und Gedächtnis, Aufmerksamkeit, räumliches Vorstellungsvermögen (Bolla et al 2002; Solowij et al. 2002). Bei Jugendlichem mit früherem Einstiegsalter (unter 17 Jahre) wurde ein schlechteres Ergebnis bei visuellen Leistungstests festgestellt (Ehrenreich et al 1999). Kernspintomographische Studien bestätigten bei jugendlichen Cannabis-Konsumenten Hinweise auf abnorme Aktivierungsmuster bei Aufgaben zum räumlichen Vorstellungsvermögen (Tapert et al. 2001). Eine Beeinträchtigung der Leistungsfähigkeit fand sich aber erst im jungen Erwachsenenalter.

Auf Ebene der Synapsen ist bisher wenig Forschung an Menschen, noch weniger an Jugendlichen möglich. Im Sinne der tierexperimentell nachgewiesenen Serotoninmangelhypothese der Sucht (Müller u. Carey 2006) träfe beispielsweise hier ein reifungsbedingter Rückstand der Synapsenentwicklung im Serotoninsystem auf einen zusätzlich substanzbedingten, was etwa die Gefahr einer sekundären Depressivität deutlich erhöhen würde.

Mit den substanzinduzierten psychischen Sekundärfolgen ist eine große Breite psychischer Störungen angesprochen:
- Das »amotivationale Syndrom« ist bei Jugendlichen nach hoch dosiertem, längerem Cannabis-Konsum häufig anzutreffen.
- Ecstasy-Konsum löst in höheren Dosen regelhaft psychotische Zustandsbilder aus.
- Vorübergehende psychotische Zustandsbilder bei Prädisposition sind bereits nach geringer dosiertem Halluzinogen-Konsum bekannt. Die Neigung zu psychotischen Bildern bleibt auch ohne fortgesetzten Konsum erhalten (Yui et al. 2002). Mischkonsum soll das Psychoserisiko erhöhen.

22.5 Ätiologie

2,5 Millionen Kinder unter 18 Jahren, d. h. jedes siebte Kind in Deutschland, wachsen mit mindestens einem suchtkranken Elternteil auf (Die Drogenbeauftragte der Bundesregierung 2007). In der Greifswalder Familienstudie war es sogar jedes 6. Kind (Barnow et al. 2002, 2004 a–c). Das Aufwachsen in einer suchtkranken Familie gilt als Hochrisikofaktor für die Entwicklung einer eigenen Suchtstörung. So sind Töchter von alkoholkranken Müttern 16-fach gefährdeter, eine eigene Suchtstörung zu entwickeln, als Töchter in der Normalbevölkerung (gegenüber einem 3-fachen Risiko für Söhne alkoholkranker Mütter). Ist der Vater Alkoholiker, erhöht sich das Risiko für Töchter 9-fach, für Söhne verdoppelt es sich (Lachner u. Wittchen 1997). Diese Befunde müssen jedoch im Hinblick auf weitere Einflussfaktoren diskutiert werden. So zeigte sich in der bereits erwähnten Greifswalder Familienstudie kein Einfluss einer positiven Familiengeschichte von Alkoholstörungen bei den 14-Jährigen, während sich das Risiko bei den 19-Jährigen verdreifachte, wenn ein Elternteil alkoholabhängig war.

> Speziell die Altersspanne zwischen 14 und 19 Jahren ist bei Suchtgefährdung wohl entscheidend dafür, inwieweit sich **genetische Risiken** manifestieren oder nicht (Barnow et al. 2002).

Individuelle Indikatoren für eine Suchtgefährdung bei Jugendlichen sind (vgl. Barnow et al. 2004c; Farke et al. 2003; Laucht u. Schmidt 2007):
- ein früher Einstieg in den Zigarettenkonsum
- häufiger Drogenkonsum
- misslungene Abstinenzversuche
- der Aufenthalt in Freundeskreisen, in denen Drogen konsumiert werden
- Schwänzen der Schule
- häufige Nichtversetzung
- schlechte berufliche Zukunftschancen
- Depression
- geringe Anerkennung im Freundeskreis
- wenig Selbstvertrauen
- Alkoholwirkungserwartungen
- eine negative Einstellung zum Körper

Zu den **sozialen Risikofaktoren** zählen (Barnow et al. 2002, 2004b):
- geringer Familienzusammenhalt
- ein invalidierender Erziehungsstil
- ausschließlich substanzkonsumierende bzw. delinquente Peergroup

Selbstverständlich tragen soziale und Umgebungsfaktoren erheblich zur Pathogenese bei, wie die Verfügbarkeit von Suchtmitteln und Konsummuster in der unmittelbaren Umgebung (z. B. Schnüffeln in Gruppen von Trebegängern), die Permissivität in der Peergroup und auch in der Gesellschaft allgemein. Mädchen mit stark konsumierenden Partnern sind sehr viel gefährdeter, selbst eigenen gefährlichen Konsum zu betreiben, als Jungen mit konsumierenden Partnerinnen.

22.6 Diagnostik und Differenzialdiagnosen

Die Diagnose ist primär als klinische Diagnose über die Vorgeschichte zu stellen. Es empfiehlt sich, diese getrennt mit dem jugendlichen bzw. jungen Erwachsenen und den Eltern zu erheben.

Bei der **körperlichen Untersuchung** ist unter anderem auf Folgendes zu achten:
- Pupillenreaktion (Miosis verweist auf Opiate, Mydriasis auf Kokain, Amphetamine, Alkaloide)
- eventuelle Augenrötungen nach THC-Konsum
- typische Verwahrlosungs-, Vernachlässigungs- und Fehlernährungssymptome

Koordinationsfunktionen sind bei Jugendlichen nicht dosisabhängig. Bei Konsum von Amphetaminen, Ecstasy oder Kokain können Herzrhythmusstörungen auftreten.

Illegale Drogen sind am leichtesten im **Urinschnelltest** nachzuweisen (THC, Amphetamine, Ecstasy, Kokain, Heroin, Methadon, auch Benzodiazepine), die konsumierte Dosis ist hierbei nicht sicher zu ermitteln. Der Zeitraum der Nachweisbarkeit ist von Substanz zu Substanz unterschiedlich und hängt unter anderem von der konsumierten Menge, aber auch vom Labor und den verwendeten Methoden ab.

> Ein positives Ergebnis weist somit auf einen Konsum der entsprechenden Substanz hin, jedoch ist eine Abhängigkeit damit nicht zu diagnostizieren. **Cave:** Ein negatives Ergebnis schließt weder Konsum, schädlichen Gebrauch noch Substanzabhängigkeit aus, denn viele Substanzen (Schnüffelstoffe, neue Drogen, pflanzliche Drogen) sind mit gängigen Urintests nicht nachweisbar oder entziehen sich dem Nachweis durch schnelle Verstoffwechslung.

Längerfristiger Alkoholkonsum wirkt sich auf die Gamma-Glutamyltransferase (γ-GT), Desialotransferrin (DST; *carbohydrate deficient transferrin*, CDT) oder das mittlere Erythrozytenvolumen (*mean corpuscular volume*, MCV) aus, ohne dass auch diese Parameter bei Jugendlichen erhöht sein müssen.

Während eine Differenzialdiagnose allenfalls in hirnorganischen Beeinträchtigungen bestehen kann, die Intoxikationserscheinungen vortäuschen können, oder in deliranten Bildern anderer Genese, müssen psychotische Bilder jeweils genau daraufhin untersucht werden, ob sie dem Substanzkonsum vorausgingen oder ob sie drogeninduziert auftraten.
- Nachweislich führt THC-Gebrauch im Längsschnitt zur Vorverlegung des Manifestationszeitpunktes von schizophrenen Psychosen (Jockers-Scherübl 2006).
- Die oft geäußerte Hypothese, dass eine manifeste Psychose als solche zum Drogengebrauch prädisponiere, kann mit

Holtmann et al. (2002) an einer Untersuchung von 165 Jugendlichen Patienten als widerlegt gelten: Nur 11 % zeigten Drogenkonsum vor stationärer Behandlung, davon hatten die wenigsten nach der Psychosemanifestation mit dem Drogenkonsum begonnen. In der Vorgeschichte zeigten sich als besonders gefährlich: Ecstasy, LSD sowie hohe Dosen von Cannabis. Von erwachsenen Patienten mit psychotischer Erstmanifestation werden mittlerweile weitaus höhere Quoten an Substanzkonsum im Vorfeld berichtet (Barnett et al. 2007).

22.7 Therapie

22.7.1 Adoleszenztypische Behandlungsstrategien

Allgemein muss die Behandlung adoleszenztypische Besonderheiten berücksichtigen. Jugendlichen fehlt durch die »Entwöhnung« von Alltagsbewältigung, Verantwortungsübernahme und Vorausdenken oft die Energie, genügend Motivation für Wege zur Abstinenz aufrechtzuerhalten, schwankende Motivlagen sind typisch. Dabei ist oft Konfrontation durch die Außenwelt erforderlich, um der sich anbietenden Realitätsflucht entgegenzuwirken. Hier kommt einer frühzeitigen Elternberatung ein besonders hoher Stellenwert zu.

Ein »drogenakzeptierender Ansatz« hat sich in der Suchthilfe bei Jugendlichen nicht bewährt. Die Abstinenzorientierung als Behandlungsziel ist angesichts der großen Gefahren des Konsums für die Adoleszenzentwicklung unverzichtbar. Daher sind stationäre Behandlungsphasen mit »Szeneferne« und mit Distanz von häufigen familiären Konfliktlagen erforderlich.

Über die Freiwilligkeit des Angebots bestehen unterschiedliche Auffassungen. Die Autoren bevorzugen, wie auch Ostendorf (2003), bei Jugendlichen und jungen Erwachsenen ein offenes Setting mit Freiwilligkeit des Zugangs, d. h. das freiwillige Akzeptieren behandlungsnotwendiger Einschränkungen von Ausgang und Außenkontakten zumindest in der Eingangsphase der Behandlung. Anders kann das Vorgehen bei sehr jungen (10- bis 14-jährigen) Patienten betrachtet werden, die nicht zur Zielgruppe dieses Bandes gehören.

Im **stationären Setting** hat sich eine Mehrstufigkeit des Vorgehens bewährt:
- eine Entgiftungsphase
- eine Behandlungsphase
- eine Entlassphase
- in indizierten Fällen eine anschließende jugendtypische Entwöhnungsbehandlung

Die Aufnahme auf eine jugendspezifische Suchtstation erfordert zunächst das minutiöse Erheben der Suchtanamnese (aussagekräftig nur ohne Beisein von Bezugspersonen und durch einen Therapeuten mit suchtspezifischen Kenntnissen) einschließlich Dosierungen, früherer Entzugsversuche, riskanter Konsumgewohnheiten und Beschaffungsstrategien (u. a. zur Abklärung, ob beispielsweise Hepatitis- und HIV-Serologie zu empfehlen sind) oder Drogendelinquenz (zur Abklärung sozialarbeiterischen Interventionsbedarfs). Des Weiteren sind Vorkehrungen für den Fall eines Behandlungsabbruchs zu treffen (Entlassadresse, Haltung des Herkunftssystems dazu), es ist vor dem Auftreten von Entzugssymptomatik über Möglichkeiten des Umgangs damit aufzuklären und ein entsprechender Behandlungsvertrag zu schließen, der in der Regel Gewaltfreiheit und einen zurückhaltenden Umgang mit Sexualität beinhaltet. Jeder Jugendliche sollte anschließend vor Betreten der Station sehr genau auf mitgebrachte »Notfallrationen« an Suchtmitteln durchsucht werden und »unerlaubte Gegenstände« (vom Deospray bis zum Ghettoblaster) sicher verwahren können. So sind Jugendsuchtstationen zur Herstellung einer »Szeneferne« stets auch »handyfreie« Zonen.

Die **Entgiftungsphase** bedarf einer reizarmen, beruhigenden, aber nicht isolierten Umgebung. Entzugssymptomatik kann bei allen Substanzen mit längerer Halbwertszeit auftreten (nicht bei Konsum von Schnüffelstoffen) und muss einem Monitoring (Puls, Blutdruck, Befindlichkeit, vegetative Symptome) unterzogen werden. Einer Entzugssymptomatik ist je nach Ausprägung überwiegend mit roborierenden und paramedizinischen Maßnahmen (Entspannungsbad, Hängematte, Aromatherapie, Tees) entgegenzutreten. Von vielen Jugendlichen wird das Angebot von Entspannungsübungen und Akupunktur als hilfreich erlebt. Von hoher Bedeutung sind Motivationsgespräche, da Abbruchgedanken sehr häufig auftreten und eine erhöhte Reizbarkeit zu verzeichnen ist. Gestörter Nachtschlaf kann mit niederpotenten Neuroleptikagaben behandelt werden. Von Bedeutung können im Einzelfall körperbezogene Interventionen der Haut- und Körperpflege, der Ernährung etc. sein. In jedem Fall sind eine gute medizinische Versorgung und ein ganzheitliches Vorgehen obligat.

Medikamentöse Interventionen sind bei Entzug von Alkohol und Tranquilizern nach lang dauerndem Konsum erforderlich (Anfallsprophylaxe) sowie bei drohendem Entzugsdelir. Eine Entgiftung von Opiaten kann auch bei Jugendlichen über gestufte Methadongaben oder Buprenorphin in zunehmend niedriger Dosierung erfolgen, je nach Therapievereinbarung mit offengelegter oder verdeckter Dosierung. Das Vorgehen unterscheidet sich nicht vom Bereich der Erwachsenenpsychiatrie und ist den einschlägigen Lehrbüchern zu entnehmen. Anticravingsubstanzen sind bei Jugendlichen jedoch nicht erprobt und daher nicht zugelassen. Ob bei dem unterschiedlichen Ausreifungsgrad des Neurotransmittersystems Wirkungen erwartet werden können, ist derzeit ungewiss.

Anders als bei Erwachsenen ist eine kontinuierliche Methadonsubstitution bei Jugendlichen nicht zulässig (Ausnahme: bestehende Schwangerschaft) und aus fachlicher Sicht nicht indiziert, da ein solches Vorgehen in aller Regel nur zu einem »verlängerten Entzug« führt und der sehr häufige Beigebrauch bei Jugendlichen ein besonderes Problem ist.

Die Dauer der Entgiftungsphase ist je nach Suchtanamnese und konsumierten Substanzen sehr unterschiedlich und kann zwischen drei Tagen und drei Wochen schwanken.

Der Eingang in die **Behandlungsphase** im Anschluss an die Entgiftung hat einige typische Schwellenprobleme zu überwinden. Depressive Symptomatik, Abbruchwünsche und Gegendruck aus dem Herkunftssystem sind allfällige Phänomene, denen mit dem Auffinden von Ressourcen, mit Krisengesprächen, Aktivierung, dem Einsatz diverser tagesstrukturierender Maßnahmen und einer Eingliederung in das Gruppengeschehen, oft mithilfe eines Peer-Mentors, begegnet werden muss. Auch in dieser Phase kommt der Motivationsarbeit und dem Entdecken eigener Ressourcen ein besonders hoher Stellenwert zu. Zunehmend spielt auch die Differenzialdiagnostik einer möglicherweise zugrunde liegenden und nicht mehr durch Suchtmittel verdeckten psychiatrischen Komorbidität eine Rolle.

Im weiteren Verlauf der Behandlung wird die Auseinandersetzung mit dem Suchtverhalten zunehmend und kontinuierlich zum Thema gemacht. Hierbei gilt der Einsatz von gruppentherapeutischen Verfahren als »goldener Standard«. Bezüglich der suchtassoziierten Themen sind Jugendliche meist gegenseitig konfrontativer und Interventionen effektiver als im Einzelsetting.

Im pflegerischen Alltag ist für die Normalisierung des Tag-Nacht-Rhythmus zu sorgen, der Umgang mit Aggressivität zu bewältigen und es sind Strategien zur Stimmungsstabilisierung zu erarbeiten. Die Konfrontation mit der eigenen Lebensrealität wird zum Gegenstand von Einzel- und Gruppentherapien. Die meisten Jugendlichen profitieren von einem festen Wochenplan und gemeinsam festgelegten Wochenzielen, die einmal in der Woche einer Auswertung in der Gruppe unterzogen werden. Eine Schulung der Selbstbeobachtung kann durch »Stimmungsbarometer«, Selbsteinschätzungsbögen und gleichzeitig durch regelmäßige »Feedbackgespräche« mit pflegerischen Bezugspersonen unterstützt werden.

Die Einschätzung des Leistungsstandes in der Schule wird abgeschlossen, Förderung initiiert und die alltäglichen Forderungen werden intensiviert. Einen wesentlichen Teil des Wochenprogramms macht das Entdecken eigener kreativer Möglichkeiten, das Erfahren von Selbstwirksamkeit in Ergotherapie und Freizeit aus (mit einem hohen Stellenwert von Erlebnispädagogik und -therapie, die »alternative Grenzerfahrungen« vermitteln kann).

Ein erstes Familiengespräch ist allgemein Voraussetzung für weitergehende Überlegungen, ob und unter welchen Voraussetzungen Belastungserprobungen in der Familie indiziert sind und welche Ziele der weiteren Perspektivplanung zugrunde zu legen sind. Einzeltherapeutisch sind diese Familiengespräche vor- und nachzubereiten.

Belastungserprobungen außerhalb bergen jeweils die Gefahr eines Rückfalls und sollten eben deswegen nicht vermieden werden. Rückfälle sind bei Jugendlichen nicht etwa regelhaft Anlass für eine Entlassung, sondern für eine differenzierte Erarbeitung individueller Rückfallpräventionsstrategien. Auch hier kommt der Gruppentherapie und der Konfrontation mit der Spiegelung in der Peer-Gruppe eine gewichtige Rolle zu.

22.7.2 Behandlung von Komorbiditäten

Konzentrations- und Aufmerksamkeitsstörungen sind vor allem in der Schule für Kranke, aber auch im Gruppenalltag störend. Gezielte Trainingsmaßnahmen können eingesetzt werden und werden oft von Jugendlichen sehr motiviert verfolgt. Im Gegensatz zu früheren fachlichen Positionen ist eine etwaige ADHS-Symptomatik bei Bestätigung der Diagnose einer (auch pharmakologischen) Behandlung zuzuführen, überwiegend über retardierte und nicht dealbare Zubereitungen von Methylphenidat. Suchtassoziierte psychotische Bilder sprechen erfahrungsgemäß im Einzelfall nur mäßig auf Neuroleptika an, gelegentlich werden hohe Dosierungen und ein entsprechender Aufwand an Kontroll- und Begleituntersuchungen erforderlich.

Komorbide **Störungen des Sozialverhaltens** erfordern im Stationsalltag sehr klare Strukturen in Hinsicht auf Regeln und Routinen, ständiges Entgegenarbeiten bei Selbstpflegedefiziten und geringer Akzeptanz von Grenzsetzungen. Nach Latimer et al. (2000) ist die Prognose hinsichtlich des Konsums nicht günstig.

Mit dem Drogengebrauch assoziierte **somatische Folgen** (Hypovitaminosen, Ernährungsstörungen, Infektneigung) sind mitzubehandeln. Empfehlenswert sind körperbezogene »Informationsveranstaltungen«, die für einen besseren Lerneffekt interaktiv zu gestalten sind.

Essstörungen sind oft erst im Verlauf der Behandlung nach Stabilisierung von Alltags- und damit auch Nahrungsroutinen zu diagnostizieren. Vor dem Etablieren entsprechender Behandlungsprogramme ist in aller Regel zunächst eine individuelle Krankheitseinsicht zu erarbeiten.

Posttraumatische Belastungsstörungen und **depressive Störungen** zeichnen sich überwiegend durch eine zunehmend deutlich werdende Symptomatik aus, wobei eine genuine depressive Störung von der entzugsbedingten Depressivität zu differenzieren ist. Innerhalb der Behandlung ist bei Suchtgefährdeten eine traumaspezifische Psychotherapie durch systematische Stabilisierung zunächst über eine längere Zeit vorzubereiten, um nicht eine Rückfallgefahr zu induzieren. Hier hat ein psychoedukatives, akzeptierendes Vorgehen zu Beginn der Behandlungsphase Vorrang. Ein allgemeines psychotherapeutisches, aktivierendes, ressourcenförderndes Vorgehen bei einer depressiven Erkrankung kann im weiteren Verlauf mit der Gabe eines selektiven Serotonin-Wiederaufnahmehemmers (SSRI) kombiniert werden.

Die Problematik eines zu großen »Verlassens« auf die Substanz ist bei Komorbidität einer zu medizierenden psychiatrischen Störung mit einer Suchtstörung regelmäßig und wiederholt zu thematisieren, ebenso das unbedingte Einhalten des Alkoholverbots.

Eine jugendtypische qualifizierte Entzugsbehandlung sollte den Anspruch erfüllen, Komorbidität nach der Entgiftung einer Behandlung zuzuführen und auf ein sozial integriertes Leben nach der stationären Phase vorzubereiten, d. h. neben familientherapeutischer Klärung und Intervention schulische Wiedereingliederung leisten und sozialarbeiterisch Anschlussmaßnahmen über Jugendhilfe, Berufsbildung etc. vorbereiten. Das führt zu einer deutlich längeren Regelbehandlungsdauer verglichen mit dem erwachsenenpsychiatrischen »qualifizierten Entzug«, für die bundesweit zwischen neun und zwölf Wochen (je nach Komorbidität) angesetzt werden.

22.8 Prognose

Prognostisch muss die Behandlung von adoleszenten Suchtpatienten zunächst von eher hohen Abbruchquoten (seitens des Patienten oder der Therapeuten) ausgehen, d. h., dass im ersten Anlauf weniger als die Hälfte der Fälle das Behandlungsprogramm erfolgreich durchlaufen (Bernhardt et al. 2004; Schepker 2002). Die ersten zehn Behandlungstage gelten als besonders kritisch. Langfristig unterscheiden sich die Behandlungsergebnisse eventuell bezogen auf die Zugangswege: Per Behandlungsauflage aus dem Strafvollzug aufgenommene junge Erwachsene waren bei Schepker (2002) weniger erfolgreich. Vorliegende Evaluationen zeigen, dass bei Jugendlichen oft »Intervallbehandlungen« mit mehreren Aufnahmen erforderlich sind. Langfristig steigt jedoch der Behandlungserfolg mit jeder konsekutiven Aufnahme, wie Schepker (2002) nachweisen konnte, sodass sich die Erfolgsquoten (einschl. Entwöhnung mit bis zu vier Aufnahmen: 60 % erfolgreiche Abschlüsse) langfristig von denen bei Erwachsenen nicht unterscheiden.

Katamnestische Langzeituntersuchungen (Fetzer 2008) sind auch für den Bereich von Jugendlichen und jungen Erwachsenen ermutigend, wenngleich sich die Erfolge deutlicher im Bereich der sozialen Wiedereingliederung als im Bereich der Abstinenz abbilden (Fetzer 2008; Raschke et al. 1985).

22.9 Prävention

Die **Früherkennung** im Medizinsystem ist zu verbessern. Kinderärzte in einer pädiatrischen Ambulanz diagnostizierten bei den vorgestellten Jugendlichen nur in 17 % der Fälle einen problematischen Konsum, in 20 % der Fälle einen Missbrauch und bei 0 % eine Abhängigkeit, verglichen mit den Selbsteinschätzungen der Jugendlichen (Wilson et al. 2004). Befragten suchtgefährdeten Jugendlichen ist es wichtig, auf einen kompetenten hausärztlichen Gesprächspartner zu treffen (Farke et al. 2003).

Eigene und **niedrigschwellige Beratungsangebote** für Jugendliche sind dringend erforderlich: »Drogenabhängige Jugendliche drohen durch das Netzwerk des psychosozialen Betreuungsangebots zu fallen.« (Schoor u. Möller 2005) Jugendspezifische Wege im Suchthilfesystem müssen davon ausgehen, dass die typischen Suchtberatungsstellen von Jugendlichen wenig aufgesucht werden. Es hat bei Jugendlichen keinen Sinn, die typische Aufteilung der Suchthilfe in Drogenberatung und Alkoholikerberatung vorzunehmen.

Eher bestimmt die Komorbidität das Vorgehen. Die meisten Jugendlichen betreiben Mischkonsum oder konsumieren im Längsschnitt unterschiedliche Substanzen. Selbst im Falle eines ausschließlichen Alkoholmissbrauchs hat ein Jugendlicher mit einem reinen Alkoholproblem wenig Gemeinsamkeiten mit einem älteren chronischen Alkoholiker. Ein Jugendlicher mit polyvalentem Drogenkonsum hat wiederum wenig gemeinsam mit Patienten aus dem Methadonprogramm.

Eine Niedrigschwelligkeit ist dringend geboten: Jugendliche mit Suchtproblemen verfügen gegenüber derselben Altersgruppe ohne Suchtprobleme über verminderte Kompetenzen, sich Hilfe zu verschaffen. Durch die häufige Komorbidität und die besonders problematischen Substanzwirkungen ist ein möglichst frühes Eingreifen sinnvoll, auch ohne dass die Kriterien einer Suchterkrankung bereits voll zutreffen.

In der ambulanten Versorgung bei niedergelassenen Kinder- und Jugendpsychiatern oder Kinder- und Jugendlichenpsychotherapeuten mangelt es an Therapeuten, die auf die besondere Klientel suchtkranker Jugendlicher ausgerichtet sind (Thomasius et al. 2000).

Eigene stationäre Suchtbehandlungseinheiten für Jugendliche sind erforderlich. Zwar sah die Psychiatrie-Personalverordnung diese noch nicht vor, jedoch sind in der Suchtbehandlung Jugendlicher ein besonders hoch strukturierter Tagesablauf, ein enges Bezugspersonensystem, kenntnisreiche Mitarbeiter, eigene therapeutische Strategien in der Gruppe (s. o.) und auch bauliche Voraussetzungen (z. B. integrierte Bewegungs-, Schulräume) unabdingbar (Schepker 2002). Es besteht Zurückhaltung, suchtkranke Jugendliche auf jugendpsychiatrischen Regelstationen zu behandeln, um einer Gefährdung psychisch kranker Mitpatienten auszuweichen. Überdies bieten die Regelstationen oft kein suchtspezifisches Behandlungssetting an (Bilke 2007).

Die weit geübte Praxis, suchtkranke Jugendliche auf erwachsenenpsychiatrischen Suchtstationen mitzubehandeln, kann mangels jugendtypischer Angebotsstrukturen nicht befriedigen. Sofern umgekehrt im Gefolge einer langjährigen Suchtkarriere gravierende Entwicklungsdefizite eingetreten sind, ist es mancherorts möglich, Jugendliche und junge Erwachsene integriert auf einer interdisziplinären (jugend- und erwachsenenpsychiatrischen) Suchtstation zu behandeln. Zur Indikationsstellung ist eine besonders differenzierte Eigen- und Sozialanamnese neben einer Einschätzung des individuellen Funktionsniveaus unabdingbar. Aus diesem Grund haben sich vielerorts zusätzlich zu den stationären Behandlungseinheiten **Jugend-Sucht-Fachambulanzen** als Untergliederung der Institutsambulanzen etabliert und bewährt.

Weltweit scheinen weniger Mädchen durch suchtspezifische Angebote erreicht zu werden, sie zeigen dann häufiger schwierige Behandlungsverläufe als Jungen (Byquist 1999; Dakof 2000; Krausz et al. 2000; Schepker 2002). Dies kann zum einen daran liegen, dass im Verhältnis Jungen intensiver konsumieren und häufiger als Mädchen mit substanzbedingten Störungen auffallen (3 : 1; nach Essau et al. 1998), sodass dadurch weniger Mädchen eine stationäre Jugendentzugsstation in Anspruch nehmen. Zum anderen hat der Substanzmissbrauch bei Mädchen stärkere psychische Schädigungen zur Folge, sie haben häufiger komorbide Störungen und werden unter Substanzmissbrauch schneller suizidal, sodass es möglich ist, dass Mädchen eher in jugendpsychiatrischen Regelkontexten behandelt werden (Fergusson et al. 2002). Mädchenspezifische Angebote sind im Rahmen der Suchtbehandlung je nach Gruppenzusammensetzung aufgrund der komplexeren Problematik gegebenenfalls empfehlenswert.

Entwicklungsbedarf besteht hinsichtlich der **Langzeittherapie** für manifest abhängige Jugendliche. Die bei Erwachsenen versicherungsrechtlich bei den Rentenversicherungsträgern angesiedelte Entwöhnung ist mangels Anspruchsberechtigung für Jugendliche nicht etabliert. In einzelnen Bundesländern haben sich unterschiedliche Strategien im Rahmen der Medizinischen Rehabilitation oder der Suchthilfe etabliert, dem meist unerfüllten Bedarf von etwa 10 % der Patienten der Suchtbehandlungsstationen nachzukommen.

22.10 Fazit

Jugendliche und junge erwachsene Suchtpatienten sind eine wissenschaftlich und versorgungspolitisch erst spät entdeckte Zielgruppe für Diagnostik, Behandlung und Prävention. Nicht zuletzt wegen der hohen Komorbidität und der Entwicklungsrückstände stellen sie andere Herausforderungen an die Behandelnden und an ihre Umgebung als erwachsene Suchtkranke. Jugendpsychiater tun sehr gut daran, in diesem Bereich besondere Kenntnisse zu erwerben.

Literatur

Barnett JH, Werners U, Secher SM, Hill KE, Brazil R, Masson K, Pernet DE, Kirkbride JB, Murray GK, Bullmore ET, Jones PB. Substance use in a population-based clinic sample of people with first-episode psychosis. Br J Psychiatry 2007; 190: 515–20.

Barnow S, Schuckit MA, Lucht M, John U, Freyberger HJ. The importance of a positive family history of alcoholism, parental rejection and emotional warmth, behavioral problems and peer substance use for alcohol problems in teenagers: a path analysis. J Stud Alcohol 2002; 63: 305–15.

Barnow S, Lucht M, Hamm A, John U, Freyberger HJ. The relation of a family history of alcoholism, obstetric complications and family environment to behavioral problems among 154 adolescents in Germany: results from the children of alcoholics study in Pomerania. Eur Addict Res 2004a; 10: 8–14.

Barnow S, Schultz G, Lucht M, Ulrich I, Freyberger HJ. Effect of temperament, effect of alcohol expectancies and peer group on amount of drinking and alcohol-related problems in adolescence. Z Kinder Jugendpsychiatr Psychother 2004b; 32: 85–95.

Barnow S, Schultz G, Lucht M, Ulrich I, Preuss UW, Freyberger HJ. Do alcohol expectancies and peer delinquency/substance use mediate the relationship between impulsivity and drinking behaviour in adolescence? Alcohol Alcohol 2004c; 39: 213–9.

Barnow S, Spitzer C, Grabe HJ, Kessler C, Freyberger HJ. Individual characteristics, familial experience, and psychopathology in children of mothers with borderline personality disorder. J Am Acad Child Adolesc Psychiatry 2006; 45: 965–72.

Barnow S, Stopsack M, Spitzer C, Freyberger HJ. Correlates of alcohol expectancies in adolescence. Z Klin Psychol Psychother 2007a; 36: 1–10.

Barnow S, Ulrich I, Grabe HJ, Freyberger HJ, Spitzer C. The influence of parental drinking behaviour and antisocial personality disorder on adolescent behavioural problems: Results of the Greifswalder Family Study. Alcohol Alcohol 2007b; 42: 623–8.

Bernhardt D, Weithmann G, Metzger W, Fegert JM. 2 Jahre clean kick. Abschlussbericht der Modellphase. Ravensburg: Eigendruck 2004.

Bilke O. Psychosen und Sucht bei Jugendlichen – zwischen Evidenz und Versorgungsrealität. In: Mann K, Havemann-Reinecke U, Gassmann R (Hrsg). Jugendliche und Suchtmittelkonsum. Freiburg: Lambertus 2007; 178–95.

Bolla KI, Brown K, Eldreth D, Tate K, Cadet JL. Dose-related neurocognitive effects of marijuana use. Neurology 2002; 59: 1337–43.

Brown SA, Tapert SF, Granholm E, Delis DC. Neurocognitive functioning of adolescents: effects of protracted alcohol use. Alcohol Clin Exp Res 2000; 24: 164–71.

Bundeszentrale für gesundheitliche Aufklärung (BZgA). Alkoholkonsum der Jugendlichen in Deutschland 2004 bis 2007. www.bzga.de/studien, 2007.

Byqvist S. Criminality among female drug abusers. J Psychoactive Drugs 1999; 31: 353–62.

Dakof GA. Understanding gender differences in adolescent drug abuse: issues of comorbidity and family functioning. J Psychoactive Drugs 2000; 32: 25–32.

Die Drogenbeauftragte der Bundesregierung (Hrsg). Drogen- und Suchtbericht 2007. Berlin, Rostock: Eigendruck 2007. www.drogenbeauftragte.de.

Ehrenreich H, Rinn T, Kunder HJ, Moeller MR, Poser W, Schilling L, Gigerenzer G, Hoehe MR. Specific attentional dysfunction in adults following early start of cannabis use. Psychopharmacology 1999; 142: 295–301.

Essau CA, Baschta M, Koglin U, Mayer M, Petermann F. Substanzmissbrauch und Abhängigkeit bei Jugendlichen. Prax Kinderpsychol Kinderpsychiatr 1998; 46: 754–66.

Farke W, Graß H, Hurrelmann K. Drogen bei Kindern und Jugendlichen. Legale und illegale Substanzen in der ärztlichen Praxis. Stuttgart: Thieme 2003.

Fergusson DM, Horwood LJ, Swain-Campbell N. Cannabis use and psychosocial adjustment in adolescence and young adulthood. Addiction 2002; 97: 1123–35.

Fetzer AE. Behandlungserfolg der Jugenddrogenentzugsstation clean. kick unter den Aspekten Substanzkonsum und soziale Adaption. Norderstedt: Grin 2008.

Hayatbakhsh M, Najman J, Jamrozik K, Mamun A, Alati R, Bor W. Cannabis and anxiety and depression in young adults: a large prospective study. J Am Acad Child Adolesc Psychiatry 2007; 46: 408–17.

Holtmann M, Becker K, Hartmann M, Schmidt MH. Gibt es eine zeitliche Korrelation zwischen Substanzgebrauch und Psychose bei Jugendlichen? Z Kinder Jugendpsychiatr Psychother 2002; 30: 97–103.

Jockers-Scherübl MC. Schizophrenie und Cannabiskonsum: Epidemiologie und klinische Symptomatik. Prax Kinderpsychol Kinderpsychiatr 2006; 55: 533–43.

Kraus L, Heppekausen K, Barrera A, Orth B. Die Europäische Schülerstudie zu Alkohol und anderen Drogen (ESPAD). Eigendruck. München: IFT 2004.

Krausz M, Degkwitz P, Vertheim U. Psychiatrische Komorbidität und Suchtbehandlung. Suchttherapie 2000; 1: 3–7.

Lachner G, Wittchen HU. Familiär übertragene Vulnerabilitätsmerkmale für Alkoholmissbrauch und -abhängigkeit. In: Watzl H, Rockstroh B (Hrsg). Abhängigkeit und Missbrauch von Alkohol und Drogen. Göttingen: Hogrefe 1997; 43–90.

Laukkanen ER, Shemeikka SL, Viinamaki HT, Polkki PL, Lehtonen JO. Heavy drinking is associated with more severe psychosocial dysfunction among girls than boys in Finland. J Adolesc Health 2001; 28: 270–7.

Latimer WW, Winters KC, Stinchfield R, Traver RE. Demographic, individual and interpersonal predictors of adolescent alcohol and marijuana use following treatment. Psychol Addict Behav 2000; 14: 162–73.

Laucht M, Schmid B. Früher Einstieg in den Alkohol- und Tabakkonsum – Indikator für eine erhöhte Suchtgefährdung? Z Kinder Jugendpsychiatr Psychother 2007; 35: 137–43.

Mann K, Gunther A, Stetter F, Ackermann K. Rapid recovery from cognitive deficits in abstinent alcoholics: a controlled test-retest study. Alcohol Alcohol 1999; 34: 567–74.

Meltzer H, Gatward R, Corbin T, Goodman R, Ford T. The mental health of young people looked after by local authorities in England: summary report. London: The Stationery Office 2003.

Müller CP, Carey RJ. Intracellular 5-HT 2C-receptor dephosphorylation: a new target for treating drug addiction. Trends Pharmacol Sci 2006; 27: 455–8.

Nagel BJ, Schweinsburg AD, Phan V, Tapert SF. Reduced hippocampal volume among adolescents with alcohol use disorders without psychiatric comorbidity. Psychiatry Res 2005; 139: 181–90.

Ostendorf H: Wie freiwillig muss die Behandlung Süchtiger sein? Arch Kriminologie 2003; 212: 1–9.

Pardini D, White HR, Stouthamer-Loeber M. Early adolescent psychopathology as a predictor of alcohol use disorders by young adulthood. Drug Alcohol Depend 2007; 88 (Suppl 1): S38–49.

Patton G, Coffey C, Lynskey M, Reid S, Hemphill S, Carlin J, Hall W. Trajectories of adolescent alcohol and cannabis use into young adulthood. Addiction 2007; 102: 607–15.

Raschke P, Schliehe F, Groenemeyer A. Therapie und Rehabilitation bei Drogenkonsumenten. Langzeitstudie am Beispiel des »Hammer Modells«. Düsseldorf: MAGS NW, Eigendruck, 1985.

Rossow I, Groholt B, Wichstrom L. Intoxicants and suicidal behaviour among adolescents: changes in levels and associations from 1992 to 2002. Addiction 2005; 100: 79–88.

Schepker R. Jugendpsychiatrische Suchtstationen – notwendig und sinnvoll? Prax Kinderpsychol Kinderpsychiatr 2002; 49: 721–35.

Schmid M, Nützel J, Fegert J, Goldbeck L. Ein Vergleich von Verhaltens- und emotionalen Störungen bei Kindern in Heimerziehung und Familienpflege. Prax Kinderpsychol Kinderpsychiatr 2006; 55: 544–58.

Schoor C, Möller C. Drogenmissbrauch – eine Herausforderung für die Kinder- und Jugendpsychiatrie. Suchttherapie 2005; 6: 28–30.

Shoval G, Sever J, Sher L, Diller R, Apter A, Weizman A, Zalsman G. Substance use, suicidality, and adolescent-onset schizophrenia: an Israeli 10-year retrospective study. J Child Adolesc Psychopharmacol 2006; 16: 767–75.

Solowij N, Stephens RS, Roffmann RA, Babor T, Kadden R, Miller M, Christiansen K, McRee B, Vendetti J. Cognitive functioning of long-term heavy cannabis users seeking treatment. JAMA 2002; 287: 1123–31.

Stolle M, Sack PM, Thomasius, R. Drogenkonsum im Kindes- und Jugendalter. Früherkennung und Intervention. Dtsch Ärztebl 2007; 104: A2061–70.

Strobl R, Kühnel W. Dazugehörig und ausgegrenzt. Analysen zu Integrationschancen junger Aussiedler. Weinheim, München: Juventa 2000.

Surall D, Siefen RG. Prävalenz und Risikofaktoren des Drogenkonsums von türkischen und Aussiedler-Jugendlichen im Vergleich zu deutschen Jugendlichen. Eine Dunkelfelderhebung bei Schülern der Stadt Marl. In: Bundesministerium für Gesundheit (Hrsg). Migration und Sucht – Expertise im Auftrag des Bundesministeriums für Gesundheit. Baden-Baden: Nomos 2002; 152–227.

Tapert SF, Brown GG, Kindermann SM, Cheung EH, Frank LR, Brown, SA. fMRI measurement of brain dysfunction in alcohol-dependent young women. Alcohol Clin Exp Res 2001; 25: 236–45.

Tapert SF, Granholm E, Leedy NG, Brown SA. Substance use and withdrawal: neuropsychological functioning over 8 years in youth. J Int Neuropsychol Soc 2002; 8: 873–83.

Thomasius R, Gemeinhardt B, Schindler A. Familientherapie und systemische Therapie bei Suchterkrankungen. In: Thomasius R (Hrsg). Psychotherapie der Suchterkrankungen. Stuttgart: Schattauer 2000; 122–46.

Wittchen H, Fröhlich C, Behrendt S, Günther A, Rehm J, Zimmermann P, Lieb R, Perkonnig A. Cannabis use and cannabis use disorders and their relationship to mental disorders: a 10-year prospective-longitudinal community study in adolescents. Drug Alcohol Depend 2007; 88 (Suppl 1): S60–70.

Zonnevylle-Bender M, Matthys W, van de Wiel N, Lochman J. Preventive effects of treatment of disruptive behavior disorder in middle childhood on substance use and delinquent behavior. J Am Acad Child Adolesc Psychiatry 2007; 46(1): 33–9.

Wilson CR, Sherritt L, Gates E, Knight JR. Are clinical impressions of adolescent substance use accurate? Pediatrics 2004; 114: 536–40.

Yui K, Ikemoto S, Goto K, Nishijima K, Yoshino T, Ishiguro T. Spontaneous recurrence of methamphetamine-induced paranoid-hallucinatory states in female subjects: susceptibility to psychotic states and implications for relapse of schizophrenia. Pharmacopsychiatry 2002; 35: 62–71.

23 Schizophrene, wahnhafte und andere psychotische Störungen

Franz Resch und Matthias Weisbrod

Inhalt

23.1	Definition und Klassifikation	241
23.2	Historischer Abriss	242
23.3	Epidemiologie	243
23.4	Symptomentwicklung und Komorbidität	243
23.5	Ätiologie und Pathogenese	248
23.6	Diagnostik und Differenzialdiagnosen	253
23.7	Therapie	254
23.8	Fazit	258
Literatur		258

Zusammenfassung

Psychotische Störungen stellen schwerwiegende Erkrankungen am Übergang vom Adoleszenz- zum Erwachsenenalter dar. Bei einer Lebenszeitprävalenz von 1 % weisen rund ein Viertel der Patienten einen frühen Psychosebeginn vor dem 18. Lebensjahr auf. Die schizophrene Psychose entwickelt sich in der Regel über unterschiedlich lange Vorstadien – Prodromi, in denen bereits soziale Defizite auftreten, wobei die Dauer der psychotischen Erkrankung bis zum Therapiebeginn (Dauer der unbehandelten Psychose [DUP]) einen engen Zusammenhang mit dem klinischen Therapieerfolg und der Langzeitprognose aufweist. Ätiopathogenetisch können einzelne ursächliche Faktoren in einem Vulnerabilitätsmodell integriert werden, wobei genetische, neurobiologische, kognitive und kommunikative Bausteine eine Vulnerabilität der Adoleszenz bedingen, die durch Anpassungsstress und lebensschicksalhafte Auslöser zur psychischen Dekompensation – und damit zur Psychose – führt. Ein Gesamtbehandlungsplan darf sich nicht nur auf die Behandlung der Symptomatik konzentrieren, sondern muss auch die alterstypischen Entwicklungsaufgaben beachten. Psycho- und soziotherapeutische Maßnahmen, sowie psychoedukative Familieninterventionen werden mit psychopharmakologischen Interventionen kombiniert. Das Frühbehandlungszentrum in Heidelberg bietet als kooperierende Einheit von Kinder- und Jugendpsychiatrie und Allgemeinpsychiatrie ein integratives Behandlungsangebot, das die negative Verlaufsbilanz früh beginnender Psychosen bessern helfen soll.

23.1 Definition und Klassifikation

Psychosen aus dem schizophrenen Formenkreis sind komplexe Störungen der Person, die in der Beziehung zu sich selbst und zur Welt tiefgreifende Veränderungen erfährt. Es kommt zu **Störungen des Realitätsbezugs**. Unter Realität verstehen wir dabei jene intersubjektiven Lebenswelten, in denen unterschiedliche Individuen ihre persönlichen Empfindungen, Wahrnehmungen und Eindrücke so weit miteinander abstimmen, dass die Bedeutungen, die der eine seinen Wahrnehmungen und Erlebnissen zumisst, dem anderen in nachvollziehbarer Weise zugänglich werden (Resch 2006). Störungen des Realitätsbezugs können dazu führen, dass die Betroffenen durch veränderte Wahrnehmungsprozesse abnorme Erfahrungen machen, die von einem gesteigerten subjektiven Bedeutungsbewusstsein getragen sind und das Individuum von den kommunikativen Abstimmungsprozessen abkoppeln. Psychosen sind daher Zustände einer fundamentalen Vereinsamung.

Psychosen können bereits im Kindes- und Jugendalter auftreten. Sie sind durch formale und inhaltliche Denkstörungen gekennzeichnet, wobei wir typischerweise produktive Symptome finden (z. B. Wahnphänomene und Wahrnehmungsstörungen [Halluzinationen]) sowie Defizite in den Bereichen Bedeutungserleben und Bedeutungssetzung, Auffassung, Gedächtnis und Denken und auch Einbußen in der affektiven Erlebnis- und Ausdrucksfähigkeit. Psychosen sind häufig durch einen zeitlich intermittierenden Verlauf gekennzeichnet, der die psychotische Episode als Einbruch in die Kontinuität der Entwicklung des Individuums erkennen lässt.

Anhand des Auftretens psychotischer Symptome können wir **sehr früh beginnende Psychosen** (*very early onset* [VEO]), die vor dem vollendeten 13. Lebensjahr ihren Anfang nehmen, von **früh beginnenden Psychosen** (*early onset* [EOS]), die noch vor dem abgeschlossenen 18. Lebensjahr auftreten, unterscheiden (Werry et al. 1991). Die häufigste Zeit der ersten sicheren Diagnosestellung liegt zwischen dem 18. und dem 30. Lebensjahr mit im Schnitt etwa drei Jahre späterem Auftreten bei Frauen, es kommen aber auch Ersterkrankungen in und nach der sechsten Lebensdekade vor, die sogenannten Spätschizophrenien. Wie wir später sehen werden, sind Pro-

Tab. 23-1 Schizophrene Störungen nach ICD-10- und DSM-IV-Symptomatik

ICD-10	DMS-IV
mindestens 1 Symptom: • Gedankenlautwerden, Gedankeneingebung, Gedankenentzug, Gedankenausbreitung • Kontrollwahn, Beeinflussungswahn, Wahnwahrnehmung, Gefühl des Gemachten • kommentierende oder dialogische Stimmen • bizarrer Wahn, z. B. mit Außerirdischen in Verbindung zu stehen	*mindestens 1 Symptom:* • bizarrer Wahn • kommentierende oder dialogische Stimmen
oder mindestens 2 der folgenden Symptome: • anhaltende Halluzinationen jeder Sinnesmodalität • Neologismen, Gedankenabreißen, Zerfahrenheit • katatone Symptome, wie Haltungsstereotypien und wächserne Biegsamkeit, Mutismus, Stupor, Negativismus • Negativsymptome, wie Apathie, Sprachverarmung, Affektverflachung	*oder mindestens 2 der folgenden Symptome:* • Wahn • Halluzination • desorganisierte Sprechweise • grob desorganisiertes oder katatones Verhalten • negative Symptome, d. h. flacher Affekt, Alogie oder Willensschwäche • soziale und/oder berufliche Leistungseinbußen in einem oder mehreren Funktionsbereichen (z. B. Arbeit, zwischenmenschliche Beziehungen, Selbstfürsorge)
Mindestdauer der Vollsymptomatik: 1 Monat	Zeichen des Störungsbildes halten für mindestens 6 Monate an, wobei diese Zeit mindestens einen Monat mit floriden Symptomen umfassen muss.

gnose, Verlauf und Symptomatik vom Zeitpunkt der Erstmanifestation nicht unabhängig.

Die diagnostischen Kriterien schizophrener Störungen nach ICD-10 und DSM-IV sind der Tabelle 23-1 zu entnehmen. Von der Schizophrenie im engeren Sinne, die nach **ICD-10** das Zeitkriterium einer Mindestdauer der Vollsymptomatik von einem Monat erfüllen muss, werden folgende Störungen abgegrenzt:
• akute vorübergehende psychotische Störungen (F23)
• schizotype Störungen (F21)
• anhaltende wahnhafte Störungen (F22)

In der Definition nach DSM-IV muss die Symptomatik mindestens sechs Monate bestehen, um die Diagnose einer Schizophrenie zu rechtfertigen.

Wahnhafte Störungen zeigen keine Halluzinationen und halten mindestens drei Monate an. *Vorübergehende psychotische Störungen* können polymorph psychotisch mit Halluzinationen oder Wahnideen sein oder aber die Zeichen einer Schizophrenie aufweisen, die jedoch weniger als einen Monat andauern. Schließlich finden sich noch die *induzierten wahnhaften Störungen* (F24), die dadurch gekennzeichnet sind, dass Betroffene einen Wahn oder ein Wahnsystem einer anderen Person (meistens eines Partners oder einer Bezugsperson) übernehmen und ihr eigenes Weltbild danach ausrichten.

Schizoaffektive Störungen (F25) weisen zusätzlich zur schizophrenen Symptomatik deutliche affektive Symptome auf. Diese Störungen erfüllen somit gleichzeitig die Kriterien sowohl für eine affektive als auch für eine schizophrene Störung, wobei die schizophrene Symptomatik führt und inhaltlich über das hinausgeht, was häufig im Rahmen affektiver Störungen an psychotischer Symptomatik zu beobachten ist.

Besonders hervorzuheben ist die *schizotype Störung,* bei der betroffene Individuen ein seltsames exzentrisches Verhalten, eine Beeinträchtigung des Affektes und der sozialen Beziehungen zeigen, durch paranoide Tendenzen beeinträchtigt sein können, ungewöhnliche Wahrnehmungen beschreiben und ein umständliches metaphorisch gekünsteltes Denken aufweisen. Gelegentlich kann es im Rahmen dieses Störungsbildes zu vorübergehenden kurzen Episoden mit halluzinatorischen Phänomenen kommen, die jedoch die Kriterien einer Schizophrenie nicht erfüllen. Die schizotype Störung ist im DSM-IV den Persönlichkeitsstörungen zugeordnet, während sie im Klassifikationssystem ICD-10 in die Gruppe der Schizophrenien und psychotischen Störungen (F2X) eingegliedert wird (s. hierzu auch den Begriff der »Schizophreniespektrumstörungen«, Kap. 23.5.3).

Neben der kategorialen Systematik ist eine dimensionale Betrachtung unterschiedlicher psychopathologischer Phänomene bei psychotischen Zuständen sinnvoll. Das genaue Monitoring unterschiedlicher Symptomfacetten spielt im Verlauf eine wichtige Rolle (Stayer et al. 2004).

23.2 Historischer Abriss

Der Begriff Schizophrenie geht auf Eugen Bleuler zurück. Indem dieser von einer *Gruppe* der Schizophrenien sprach, nahm er schon früh vorweg, dass die Ätiopathogenese schizophrener Symptome nicht einheitlich ist (Bleuler 1911). Eugen Bleuler grenzte sich damit von Emil Kraepelin ab, der ebenfalls die

Heterogenität der Krankheitsbilder gesehen und beschrieben hat, der aber bemüht war, einen gemeinsamen Krankheitsvorgang auszumachen. Vor allem bezüglich des Verlaufs hob sich Bleuler von Kraepelin ab. Während Kraepelin die »Dementia praecox« mit insgesamt eher schlechter Prognose vom »manisch depressiven Irresein« mit günstigerem Verlauf abgegrenzt hatte (Kraepelin 1893), maß Bleuler dem Verlauf keine differenzialdiagnostische Bedeutung zu. Die Grundzüge für die heute im Sinne einer reliablen Diagnosestellung herangezogene Systematik schizophrener Symptome legte Kurt Schneider (1976) fest, der aus dem psychopathologischen Querschnittsbild Symptome ersten und zweiten Ranges herausarbeitete und ihnen eine unterschiedliche Spezifität für die Diagnosestellung zuordnete.

Die kindliche Psychose wurde erstmals von Emminghaus (1887) beschrieben, der in seinem ersten Lehrbuch der Kinderpsychiatrie darauf Bezug nahm. 1906 formulierte Santo de Sanctis in Anlehnung an Kraepelin den Begriff der »Dementia praecoxissima«, mit dem eine besonders gravierende kindliche Verlaufsform der »Dementia praecox« benannt werden sollte. Die autistischen Störungen wurden zwar schon früh von hirnorganischen Psychosen und Schizophrenie abgegrenzt (s. Übersicht in Remschmidt 2001), blieben jedoch bis zur internationalen Klassifikation psychischer Störungen der ICD-9 den kindlichen Psychosen zugerechnet. Erst in den neuesten Klassifikationssystemen der ICD-10 und des DSM wurden die tiefgreifenden Entwicklungsstörungen von den kindlichen Psychosen differenzialdiagnostisch klar abgegrenzt.

23.3 Epidemiologie

Die Lebenszeitprävalenz schizophrener Störungen wird mit 1 % angegeben. Die jährliche Inzidenz beträgt zwei neue Fälle pro 10 000 in der Gesamtbevölkerung pro Jahr. Zu einem beliebigen Zeitpunkt leiden in der BRD etwa 400 000 Personen an Schizophrenie. Frauen und Männer erkranken etwa gleich häufig. Auch die Geschlechterverteilung bis zum 18. Lebensjahr erweist sich in mehreren Studien als ausgeglichen (Gillberg 2001).

Geschlechtsspezifische Unterschiede bestehen aber bezüglich des Zeitpunktes der Ersterkrankung im Erwachsenenalter. Bei Männern wird der Häufigkeitsgipfel des Psychosebeginns mit 24 Jahren und bei Frauen mit 27 Jahren angegeben (Clark u. Lewis 1998). Bei Frauen gibt es einen zweiten Häufigkeitsgipfel, der mit der Menopause bzw. dem Wegfall des protektiven Faktors Östrogen in Verbindung gebracht wird.

Die Altersdifferenz des Psychosebeginns zwischen Männern und Frauen im Erwachsenenalter betrifft mehrere Bereiche: Frauen weisen eine signifikant spätere Symptommanifestation der frühesten Anzeichen einer psychischen Störung, des ersten psychotischen Symptoms und des Beginns des Vollbildes der schizophrenen Episode auf (Häfner 2001; Häfner et al. 1991). Nach Arsanow (1994) erleben bis zu 5 % der Erwachsenen ihre erste schizophrene Episode vor dem 15. Lebensjahr.

Psychosen mit sehr frühem Beginn – vor dem 13. Lebensjahr – besitzen eine geschätzte Prävalenz von 1,9/100 000 (Burd u. Kerbeshian 1987). Gillberg (2001) gibt eine Prävalenzschätzung von 1,6/100 000 in der Gesamtbevölkerung von Kindern an. Bei kindlichen Psychosen findet sich eine deutliche Geschlechtsdifferenz mit 2- bis 2,5-fachem Risiko für Jungen gegenüber Mädchen.

Schizophrenien der Adoleszenz, mit einem Krankheitsbeginn vor dem abgeschlossenen 18. Lebensjahr, haben nach Gillberg (2001) eine akkumulierte Prävalenz von 0,23 %, woraus zu schließen wäre, dass rund ein Viertel der Lebenszeitprävalenz jene Individuen betrifft, die einen frühen Psychosebeginn aufweisen.

> Während ökologische und soziale Benachteiligung keinen Einfluss auf die Häufigkeitsverteilung der Schizophrenien besitzen, gibt es klare Hinweise, dass früh beginnende Psychosen zu einer Gefährdung der psychosozialen Entwicklung führen.

23.4 Symptomentwicklung und Komorbidität

23.4.1 Positivsymptome

Wahnideen und Störungen des Ich-Erlebens

Wahnideen wurden schon Anfang des letzten Jahrhunderts durch Jaspers (1973) erstmals definiert. Wahnideen sind durch eine subjektive Gewissheit und Unbeeinflussbarkeit durch Erfahrung und logisch zwingende Schlüsse (Unkorrigierbarkeit) und die Unmöglichkeit des Inhalts gekennzeichnet. Die subjektive Gewissheit ist das Ergebnis der hohen Bedeutsamkeit der Interpretation.

Unter Entwicklungsgesichtspunkten kann bis zum Zeitpunkt einer sozialen Perspektivenübernahme (also der sicheren Ausbildung einer *theory of mind*) noch keine Wahnsymptomatik entstehen. Alle Beziehungs-, Verfolgungs- und Beeinträchtigungsideen haben als Voraussetzung, sich in eine andere Person und deren Absichten hineinversetzen zu können. Da bei Schulkindern in der Regel die soziale Perspektivenübernahme gegeben ist, finden wir in dieser Altersgruppe bereits diffuse Wahnstimmungen, Beziehungs- und Beeinträchtigungsideen sowie abnormes Bedeutungserleben. Die Wahnphänomene der Adoleszenz sind in ihrem strukturellen Aufbau und Inhalt wie bei Erwachsenen darzustellen. Im Jugendalter finden wir jedoch weniger systematisierte Wahnphänomene (Resch 1992). Inhaltlich stehen Beziehungs- und Beeinflussungsideen sowie Beeinträchtigungs- und Verfolgungsideen im Vordergrund. Dem gegenüber werden Liebeswahn und Größenwahn nur vergleichsweise selten gefunden.

Unter Ich-Störungen werden Erlebnisse zusammengefasst, die die Einheitlichkeit und die Integration des Ich-Gefühls stören oder aufspalten, die Ich-Außenweltschranke kann durchlässig werden. So erleben Kranke z. B., dass ihre Gedanken sich ausbreiten und anderen zugänglich sind, dass ihnen Gedanken eingegeben oder auch entzogen werden, dass die eigenen Motive, Gefühle, Bewegungen und Handlungen von außen gelenkt und beeinflusst werden. Viele Patienten erklären sich dieses Erleben als Folge der Einwirkung technischer Apparate oder übersinnlicher Phänomene. Ich-Störungen haben nach Schneider (1976) hohe »schizophrene Spezifität« und bilden deshalb den Kern der Symptome ersten Ranges. Weitere Ich-Störungen sind Depersonalisations- und Derealisationserleben, die diagnostisch weit unspezifischer sind, jedoch nicht zu den Symptomen ersten Ranges gezählt werden. Klassische Erstrangsymptome des Selbstbezugs, wie das Gefühl der Gedankeneingebung, kommen nur bei rund einem Fünftel der Schizophrenen im Jugendalter vor. Auch Gedankenentzug, Gedankenausbreitung und Gedankenlautwerden sind als wahnhafte Interpretationen bei jugendlichen Psychosen vergleichsweise selten (28 % Gedankenlautwerden bei Patienten mit früher Schizophrenie). Entfremdungsgefühle, die durch Depersonalisations- und Derealisationsphänomene ausgedrückt werden, konnten in über 90 % der Fälle jugendlicher Psychosen exploriert werden (Resch 1992).

Formale Denkstörungen

Störungen des formalen Denkablaufs werden von inhaltlichen Denkstörungen, wie Wahnsymptomen, abgegrenzt. Die Inkohärenz des Gedankenablaufs äußert sich in Sperrungen, Gedankenabreißen, Gedankenblockaden, Entgleisungen des Gedankengangs und Gedankendrängen. In schweren Fällen kommt es zur Zerfahrenheit des Denkens, zu Verworrenheit und faseligem Gesprächsduktus bis hin zur Schizophasie. Für die Diagnose einer schizophrenen Psychose sind solche formalen Denkstörungen von außerordentlicher Bedeutung. Im Entwicklungsverlauf kann davon ausgegangen werden, dass formale Denkstörungen erst ab dem Grundschulalter mit Sicherheit zu diagnostizieren sind und sich in Assoziationslockerungen, Inkohärenz des Denkens und unlogischen Schlussfolgerungen äußern. Kognitive Dysfunktionen in verbalen und nonverbalen Testuntersuchungen und Störungen im Bereich der exekutiven Funktionen der Aufmerksamkeit und des Gedächtnisses wurden in mehreren Untersuchungen als signifikante Bestandteile auch der früh beginnenden Schizophrenie beschrieben (Brickman et al. 2004). Solche grundlegenden Beeinträchtigungen der kognitiven Verarbeitungsprozesse werden oft schon in prodromalen Vorstadien fassbar und bilden möglicherweise die Voraussetzungen für die formalen Denkstörungen in der akuten Episode.

Halluzinationen

Halluzinationen als Trugwahrnehmungen ohne korrespondierende Stimuli vonseiten der Außenwelt sind nicht der direkten willentlichen Kontrolle unterworfen. Halluzinationen können bereits im Kindesalter auftreten und alle Sinnesgebiete umfassen. Sie treten z. B. in Zusammenhang mit Angstzuständen und psychischen Belastungen oder mit körperlichen Ausnahmezuständen, wie hohem Fieber, auf. In der Regel beginnen sie plötzlich und treten typischerweise nachts auf. Nach Volkmar (1996) sind solche frühen Trugwahrnehmungen als prognostisch gutartig einzuschätzen. Erst im Schulalter besitzen halluzinatorische Phänomene einen eher persistierenden Charakter. Halluzinationen besitzen keine spezifische diagnostische Qualität. Sie können bei verschiedenen psychiatrischen Störungen auftreten. Bei kindlichen und jugendlichen Schizophrenien werden halluzinatorische Phänomene in rund 80 % der Fälle beschrieben (Resch 2003).

Katatone Symptome

Katatone Symptome können sich einerseits in einer außerordentlichen psychomotorischen Erregung (»Bewegungssturm«), andererseits in kataleptischen Phänomenen mit Haltungsstereotypien äußern, bei denen abnorm anmutende Positionen auch mit äußerster Kraft und Anstrengung eingenommen bzw. beibehalten werden. Hinzu tritt dann in der Regel ein wechselnd erhöhter Muskeltonus, der als Flexibilitas cerea bezeichnet wird.

Beim Negativismus können ein aktiver und ein passiver Negativismus unterschieden werden. Der **aktive Negativismus** äußert sich darin, dass die meist mutistischen Patienten Veränderungen ihrer Haltung damit beantworten, dass sie ihre ursprüngliche Stellung wieder einnehmen. Beim **passiven Negativismus** werden Aufforderungen, wie etwa die Hand zu geben, ignoriert.

Der **Stupor** schließlich bezeichnet eine Reaktionsunfähigkeit aus intrapsychischen Gründen. Obwohl die Betroffenen wach sind, reagieren sie nicht auf äußere Ansprache oder Umgebungsreize. Im Gegenteil scheinen sie im typischen Fall die Umgebung sogar »überwach«, jedoch reaktionslos zu beobachten. Wichtig ist hier, dass Stupor weder die Wachheit beeinträchtigt noch eine Amnesie hervorruft, die Betroffenen sich also nach Remission des stuporösen Zustandsbildes an Einzelheiten, d. h. auch das gesprochene Wort am Krankenbett, erinnern.

In katatonen Vollbildern kann es auch zu paradox erscheinenden Reaktionen »im letzten Augenblick« kommen, indem sich mutistische Patienten noch nach längerer erfolgloser Ansprache plötzlich verbal äußern, sobald der Kontaktversuch abgebrochen wurde. Dieses Phänomen ist gerade zur Abgrenzung symptomatischer Katatonien bei hirnorganischen Erkrankungen von außerordentlicher Bedeutung.

Im Kindes- und Jugendalter sind katatone Symptome vergleichsweise seltener anzutreffen, jedoch von hoher klinischer Relevanz, da solche Patienten rasch in lebensbedrohliche Zustände übertreten können.

23.4.2 Negativsymptome

Zu den Negativsymptomen gehören Apathie, Mangel an Spontaneität, verminderte Aktivität, Sprachverarmung, Initiativemangel sowie verminderte nonverbale Kommunikation, die sich in Reduktion der Mimik, des Blickkontaktes, der Stimmmodulation und der Körperhaltung äußern. Die Affektverflachung geht oft mit einem Antriebs- und Interessenverlust einher, der auch depressive und dysphorische Symptome zeigt. Insgesamt finden wir Phänomene des Leistungseinbruchs und des sozialen Rückzugs. Die Verlaufsform der Schizophrenia simplex zeigt neben der schleichenden Progredienz vordringlich Negativsymptome, wobei dort niemals Halluzinationen und ausgeformte Wahninhalte nachgewiesen werden. Negativsymptome finden wir jedoch in der Prodromalphase der Psychosen und als Residualsymptomatik nach klinischer Besserung der floriden Psychose.

23.4.3 Depressive Symptome

Depressive Symptome sind bei schizophrenen Patienten typischerweise zu beobachten. Sie treten sowohl vor dem Ausbruch der floriden psychotischen Symptomatik als auch nach dem Abklingen der akuten Episode im Sinne einer postpsychotischen Depression auf.

Klinisch sind das Erkennen depressiver Symptome und ihre Abgrenzung gegenüber einer Residual- und Negativsymptomatik angesichts der erhöhten Suizidgefährdung von außerordentlicher Bedeutung. Insbesondere müssen die unterschiedlichen Ursachen depressiver Symptome in der individuellen Therapieplanung berücksichtigt werden.

Depressive Symptome entstehen häufig in der Prodromalphase, lange bevor spezifisch schizophrene Symptome zu beobachten sind. Aber auch in den Akutphasen sind bei etwa der Hälfte schizophrener Patienten depressive Symptome zu beobachten und bilden sich in der Regel mit der Besserung der Positivsymptome zurück.

> Nach Remission der Akutsymptomatik kann die Auseinandersetzung mit der Erkrankung, vor allem die damit notwendig werdende Revision von Selbstbild und Lebensplanung, Ausgangspunkt einer depressiven Entwicklung werden. Die Tragweite dieser Auseinandersetzung wird dadurch unterstrichen, dass die Mehrzahl der Selbsttötungen schizophren Erkrankter in der postakuten Phase erfolgt.

Eine depressive Symptomatik kann auch iatrogen, z. B. als unerwünschte Wirkung der Neuroleptika-Behandlung, auftreten. Die entscheidende Maßnahme zur Überwindung depressiver Symptomatik in der Akutphase besteht in der konsequenten neuroleptischen Behandlung. Zur Abwendung einer durch Neuroleptika induzierten depressiven Entwicklung sind Reduktion bzw. Umsetzen der Medikation die entscheidende therapeutische Maßnahme. In der postremissiven Erschöpfungsphase rückt die psychotherapeutische Behandlung und Stützung des Patienten in den Vordergrund. Ein Aussetzen der neuroleptischen Behandlung würde hier den erreichten Behandlungserfolg gefährden. In der Remissionsphase kann die Fehlinterpretation von Depression als Anhedonie und Rückzug im Sinne einer ausschließlichen Negativsymptomatik die notwendige antidepressive Behandlung behindern.

23.4.4 Suizidalität

Durch Suizide versterben etwa 7–15 % der von einer Schizophrenie betroffenen Menschen. Etwa die Hälfte aller schizophren Erkrankten unternimmt im Krankheitsverlauf zumindest einen Suizidversuch.

> Suizide werden gehäuft innerhalb der ersten beiden Jahre nach Erstmanifestation einer Schizophrenie, also – im Gegensatz zu Suiziden in der Allgemeinbevölkerung – überwiegend von jungen Menschen verübt.

In der akuten Krankheitsphase können die Suizide unmittelbar auf schizophrene Symptome wie imperative Stimmen, die im Wahn erlebte Ausweglosigkeit sowie Depressivität und Agitiertheit bezogen werden. Suizide in der Akutphase geschehen häufig unerwartet, ohne dass die von Pöldinger (1968) beschriebenen *präsuizidalen Stadien* bzw. das von Ringel (1969) charakterisierte *präsuizidale Syndrom* erkennbar durchlaufen werden.

In der Ausführung sind Suizide schizophren Erkrankter in der Wahl der Methode gelegentlich bizarr. Diese Charakteristika tragen dazu bei, dass schizophren Erkrankte die Patientengruppe mit der höchsten Anzahl an Kliniksuiziden stellen.

> Die Mehrheit der Suizide schizophrener Patienten geschieht aber nicht unter dem Einfluss akuter psychotischer Symptome, sondern nach deren Abklingen.

In der postremissiven Phase sind die Patienten durch depressive Symptome und durch die Konfrontation und die Auseinandersetzung mit den Auswirkungen ihrer Erkrankung enorm belastet. Insbesondere junge Patienten mit hohem prämorbidem Ausgangsniveau realisieren, dass die Umsetzung des ursprünglichen Lebensentwurfes aufgrund der Erkrankung gefährdet ist und werden unter diesem Eindruck suizidal. Dies weist auf die Notwendigkeit hin, schizophren Erkrankte nicht nur hinsichtlich der Krankheitssymptome zu behandeln, sondern sie wirkungsvoll bei der Krankheitsverarbeitung zu unterstützen. Abhängigkeitserkrankungen können das Suizidrisiko weiter erhöhen. Entscheidend kann sein, eine depressive Entwicklung in der postakuten Phase zu erkennen und konsequent zu behandeln. Interessant ist in diesem Zusammenhang, dass die Behandlung mit Clozapin einen antisuizidalen Effekt zu haben scheint (Meltzer u. Okayli 1995).

23.4.5 Klinisches Vollbild und Wertigkeit der Symptome

Die Symptomatik schizophrener Psychosen ist durch ihre Vielgestaltigkeit gekennzeichnet. Einflussreich sind die Unterscheidung Eugen Bleulers zwischen *Grund- und akzessorischen Symptomen* (Bleuler 1911) sowie die Eingruppierung Kurt Schneiders (1976) von *Symptomen ersten und zweiten Ranges* geworden. Auch wenn die prognostische Bedeutung dieser Einteilungen inzwischen kritisch diskutiert wird, sind sie für die Klinik und auch für unser grundsätzliches Verständnis schizophrener Psychosen von Bedeutung.

Bleuler ordnet den Grundsymptomen Störungen der Affektivität, Assoziationslockerung, Ambivalenz und Autismus zu. Diese grenzte er von akzessorischen Symptomen wie Wahnbildungen, Halluzinationen und katatonen Symptomen ab (Bleuler 1911). Schneider fasste Gedankenlautwerden, Stimmen in Form von Rede und Gegenrede sowie kommentierende Stimmen, leibliche Beeinflussungserlebnisse, aber auch Gedankenentzug und andere Gedankenbeeinflussungen, Gedankenausbreitung, Wahnwahrnehmungen sowie »alles von andern Gemachte und Beeinflusste auf dem Gebiet des Fühlens, Strebens (der Triebe) und des Wollens« als Symptome ersten Ranges zusammen. Wahneinfälle, sonstige Halluzinationen, Affektveränderungen, aber auch die tiefe Ratlosigkeit, die Patienten in Akutphasen zeigen, wurden von ihm als Symptome zweiten Ranges eingestuft (Schneider 1976). Nach Schneider sind für die klinische Diagnose schizophrener Psychosen die Symptome ersten Ranges entscheidend.

Das Konzept Bleulers erscheint uns für das klinische Verständnis des schizophren abgewandelten Erlebens, die Unterscheidung erst- und zweitrangiger Symptome Schneiders für die Diagnostik weitreichender. Beide Aspekte sind in der klinischen Arbeit gleichermaßen unverzichtbar. Entsprechend fanden sie in den kategorialen diagnostischen Systemen Berücksichtigung.

23.4.6 Entwicklung der schizophrenen Psychose

Prämorbide Entwicklung

Die Annahme einer besonderen Vulnerabilität gegenüber schizophrenen Psychosen wird insbesondere von Studien gestützt, die auf Auffälligkeiten später Erkrankter bereits in der frühen Kindheit hinweisen.

> So werden Personen, die später an einer schizophrenen Psychose erkranken, als passive, submissive und unkonzentrierte Kleinkinder beschrieben, die es vorziehen, alleine zu spielen und im Klassenverbund, aber auch in anderen Gruppensituationen durch ein unangepasstes Verhalten mit mangelnder Integration auffallen.

Diese Merkmalskonstellation wird auch durch den Begriff der »vorauslaufenden Defizienz« (Janzarik 1988) oder das von Meehl (1989) vorgeschlagene Akronym »Shaitu« *(submissive, hypohedonic, anxietous, introverted, traumatized, and unlucky)* bezeichnet.

Zahlreiche diskrete Defizite wurden auch im Bereich der Neuropsychologie beobachtet. So finden sich bei später an Schizophrenie Erkrankten Verzögerungen in der Sprachentwicklung, Auffälligkeiten in der motorischen Koordination und der Sensorik sowie Störungen von Aufmerksamkeit und ganz generell kognitive Minderleistungen. In einer methodisch hervorragenden prospektiven Studie konnte insbesondere die Bedeutung von psychosenahen Symptomen schon viele Jahre vor der Erstmanifestation herausgearbeitet werden: Selbstberichtete psychotische Symptome mit elf Jahren gehen demnach mit einem deutlich erhöhten Risiko (Odds-Ratio 16,4) einer Erkrankung aus dem schizophrenen Formenkreis im Alter von 26 Jahren einher. 42 % der später Erkrankten hatten bereits im Alter von elf Jahren ein oder mehrere psychotische Symptome berichtet. Die Zusammenhänge waren nicht über das generelle Ausmaß psychiatrischer Symptome im Alter von elf Jahren erklärt, eine Korrelation zwischen der Angabe psychotischer Symptome im elften Lebensjahr und einer affektiven Psychose fand sich nicht (Poulton et al. 2000).

> Es ist offenkundig, dass die in Kindheit und Jugend auftretenden neurointegrativen Defizite, kognitiven und sozialen Beeinträchtigungen sowie die erlebten psychotischen Symptome bei der Bewährung in der Gemeinschaft weitere Probleme nach sich ziehen und nicht nur Schulabschluss und Berufsausbildung, sondern auch die interpersonelle Entwicklung, Partnerfindung und Loslösung vom Elternhaus maßgeblich beeinflussen.

Prodromale Entwicklung

Eine plötzlich auftretende akut-psychotische Erkrankung – die unvermittelt aus dem Gesunden heraus ausbricht – wird nur ausnahmsweise beobachtet. In der ABC-Studie untersuchte die Arbeitsgruppe um Häfner (1995) systematisch Beginn und Frühverlauf schizophrener Psychosen. Demnach wird die Erkrankung meist durch eine Negativsymptomatik eingeleitet. Positivsymptome treten erst erheblich später auf. Das klinische Vollbild der Erkrankung manifestiert sich im Mittel etwa fünf Jahre (Median 2,3 Jahre) später. Angesichts der massiven Beeinträchtigung, ja Gefährdung, die mit schizophrenen Psychosen verbunden ist, erscheint dieser schleichende Verlauf zunächst überraschend. Tatsächlich hat der protrahierte Verlauf jedoch weitreichende Konsequenzen für die berufliche und soziale Integration der Betroffenen, aber auch für die Therapie. In mehr als 75 % der Fälle können wir unspezifische Vorstadien, die als Prodrom bezeichnet werden, nachweisen. Einzelne produktive Symptome, wie umschriebene Halluzinationen, die bereits vor der Ausbildung eines psychotischen Vollbildes auftreten und sich rasch wieder zurückbilden, werden als *Vorpostensymptome* bezeichnet.

Yung und McGorry (1996) beschreiben in einer Übersicht eine Reihe von affektiven und vegetativen Symptomen, die als **typische prodromale Phänomene** bei psychotischen Ersterkrankungen gelten. Darunter fallen unter anderem folgende Störungen:
- Konzentrationsstörungen
- Aufmerksamkeits- und Antriebsstörungen
- Verlust von Motivation
- Beeinträchtigung von Schlaf
- Angstphänomene
- sozialer Rückzug
- Misstrauen
- Leistungsknick in schulischen und beruflichen Belangen
- erhöhte Irritabilität

Prodromale Zeichen sind ebenso wie die prämorbiden Auffälligkeiten nicht spezifisch. Wie im Erwachsenenalter (Häfner 2001; Häfner u. an der Heiden 1997) finden sich auch im Kindes- und Jugendalter zuerst Negativsymptome, dann treten Positivsymptome hinzu, bis sich schließlich das Vollbild der Psychose entwickelt.

Nach Yung und McGorry (1996) entwickelt sich aus einer asymptomatischen Phase, die bereits Grundstörungen aufweise, eine Zwischenphase, in der sowohl unspezifische reaktive Symptome der Irritabilität wie auch attenuierte psychotische Phänomene mit wechselseitiger Beeinflussung auftreten. Unabhängig davon, ob endogene oder umweltbezogene Einflussfaktoren die Progredienz begünstigen, kommt es schließlich in einer dritten Phase zum Auftreten produktiv psychotischer Phänomene. Mit ihrem theoretischen Ansatz der **Basissymptome** bieten Huber (Huber 1983; Huber u. Gross 1997) und Klosterkötter et al. (2001) ein Verständnis des Übergangs von prodromalen Symptomen in die Psychose.

> Basissymptome sind subjektive Beschwerden und Veränderungen der Erlebnisweise aus den Domänen der Negativsymptomatik, der kognitiven Beeinträchtigung sowie der zönästhetischen und vegetativen Symptomatik. Durch ihren subjektiven Charakter können Basissymptome als erste Manifestationsformen eines beginnenden psychotischen Prozesses aufgefasst werden. Basissymptome stellen in diesem Zusammenhang als subjektive Irritationszeichen eine Art Spurensymptomatik dar, die Ausdruck einer schizophrenen Vulnerabilität sein kann und in der Folge den Entwicklungsprozess der Schizophrenie reflektiert.

Klosterkötter (1988) machte mit seiner **Übergangsreihen-Hypothese** die Entstehung der Psychose als einen Prozess zunehmender Irritation fassbar. Mit zunehmender Irritation kommt es durch Erhöhung der affektiven Spannung aus uncharakteristischen Basissymptomen der Stufe 1 schließlich zu mehr schizophreniecharakteristischen Basissymptomen der Stufe 2. Als *Basissymptome der Stufe 1* sind beispielhaft zu nennen:
- Erschöpfbarkeit
- Konzentrationsschwäche
- Lärmempfindlichkeit
- Schlafstörungen

Schizophreniecharakteristische *Basissymptome der Stufe 2* wären beispielsweise:
- formale Denkstörungen
- Gedankenblockaden
- Wahrnehmungsstörungen
- Störungen des Handlungsablaufs
- zönästhetische Körpermissempfindungen

Bei Voranschreiten des psychotischen Prozesses kommt es auf dem Boden solcher Basissymptome zu Entfremdungserlebnissen gegenüber der eigenen Person (Depersonalisation) oder gegenüber der Umwelt (Derealisation). Schließlich können infolge einer weiteren affektiven Spannungserhöhung produktive Erstrangsymptome (Schneider 1976) auftreten, die sich als psychotische Erlebnisweisen im Sinne von Halluzinationen, Wahnwahrnehmungen und anderen Plussymptomen äußern. Basissymptome werden als subjektiver Ausdruck kognitiver, affektiver und kommunikativer Defizite im Vorfeld der Psychose aufgefasst. Sie besitzen als subjektive Beschwerden jedoch keine Schizophreniespezifität. Trotzdem ließen sich deutliche quantitative Unterschiede in den einzelnen Symptomkategorien im Sinne eines erhöhten Beschwerdedrucks bei Patienten im Vorfeld von schizophrenen Syndromen finden (Resch et al. 1998, 2002).

Etwa 50 % der schizophrenen Psychosen beginnen bis zum 20. Lebensjahr. Da die Prodromalphase im Schnitt fünf Jahre dauert, spielen die Konzepte der unspezifischen Vorfeldsymptomatik für die Altersgruppe der Jugendlichen und Heranwachsenden eine besondere Rolle. Bemerkenswert ist, dass prodromale Symptome die sozialen Defizite von schizophren Erkrankten und den sozialen Entwicklungsprozess der Adoleszenz nachhaltig beeinträchtigen und damit die langfristige Prognose anhaltend prägen (Häfner 2001).

Vom Beginn der Erkrankung bis zur Diagnosestellung

Klinische Studien zeigen, dass sich die Prognose schizophrener Psychosen mit Dauer der Initialphase, in der Patienten unbehandelt bleiben, verschlechtert. Die Phase vom ersten Auftreten der Symptome, die die Diagnose einer schizophrenen Psychose zulassen, bis zur ersten Behandlung wird international als DUP (Dauer der unbehandelten Psychose, *duration of untreated psychosis*) bezeichnet. Neuere Interventionsstudien zielen darauf ab, diese Phase durch Aufklärung der breiten Öffentlichkeit mit Entstigmatisierung der Erkrankung bzw. speziellen Therapieangeboten in Ambulanzen zu verkürzen. Tatsächlich sprechen erste Ergebnisse dieser Projekte für eine Verbesserung der Prognose durch früheres Einsetzen der Therapie. Auch in Untersuchungen an jugendlichen Patienten konnte wiederholt nachgewiesen werden, dass die Dauer der prodromalen Symptomatik mit dem klinischen Therapieerfolg einen Zusammenhang aufweist – sowohl was die Besserung der akuten Episode als auch die Langzeitprognose betrifft (Bürgin u. Meng 2004; McGorry u. Edwards 1998; Resch 1992).

Verlauf und Prognose

Schizophrene Psychosen des Kindes- und Jugendalters zeigen gegenüber psychotischen Formen mit späterem Beginn einen deutlich ungünstigeren Verlauf. Merry und Werry (2001) geben einen Überblick über mehrere Studien und zeigen, dass nur zwischen 20 und 28 % der betroffenen Patienten eine gute Prognose besitzen, zwischen 20 und 30 % eine relativ geringe Beeinträchtigung zeigen und etwa die Hälfte der Patienten an der schizophrenen Erkrankung chronisch leidet. Eine Follow-up-Studie an kindlichen Psychosen von Eggers und Bunk (1997) konnte zeigen, dass Patienten mit kindlichen Psychosen auch nach 42 Jahren noch in 50 % der Fälle beeinträchtigt sind. Komplett symptomfrei sind nur 10 bis 25 % der erwachsenen Patienten mit frühem Beginn.

Betrachtet man die soziale Anpassung, kommt man zu ähnlich schlechten Ergebnissen. Sozial unbeeinträchtigt zeigen sich nur 14–30 % der Patienten mit frühem Beginn der Psychose. Die Psychose im Kindes- und Jugendalter hat einen tiefgreifenden Einfluss auf die weitere Entwicklung. Patienten leben oft weit bis ins Erwachsenenalter hinein bei ihren Eltern. Rund ein Viertel der Patienten braucht unmittelbare institutionelle Unterstützung auch nach Jahren. Schulkarriere und Ausbildung weisen in den meisten Fällen einen deutlichen Knick auf.

Die sozialen Chancen der jungen Patienten sind auch nach psychopathologischer Genesung in einer stark nach ökonomischen Kriterien ausgerichteten Informationsgesellschaft durch verminderte Belastbarkeit deutlich reduziert. Es ist nicht auszuschließen, dass sich die subjektive Erfahrung mangelnder Lebenschancen im Rahmen der rehabilitativen Maßnahmen auf die Motivation hemmend auswirken und einen möglicherweise freiwilligen Rückzug in psychotische Nebenrealitäten fördern könnte.

23.5 Ätiologie und Pathogenese

23.5.1 Vulnerabilität und Stress

Die Forschung auf den Gebieten der Neurobiologie, der Genetik und der Emotionsregulation hat eine Reihe von Erkenntnissen gebracht, die bislang aber keine einheitlich gültige Vorstellung über die Entstehung der Psychosen aus dem schizophrenen Formenkreis erlauben. Eine Modellvorstellung zur Integration der heterogenen Befunde bietet das Vulnerabilitäts-Stress-Modell (Zubin u. Spring 1977).

> Das **Vulnerabilitäts-Stress-Modell** besagt, dass Menschen mit einer vorbestehenden Krankheitsbereitschaft (Vulnerabilität) dann an einer Erkrankung aus dem schizophrenen Formenkreis erkranken, wenn zusätzliche Umwelteinflüsse (Stressoren) hinzutreten.

Die *Vulnerabilität* kann durch genetische Faktoren, aber auch durch prä- und perinatale Ereignisse, durch körperliche und psychosoziale Entwicklungshemmnisse oder Entwicklungsfördernisse modifiziert werden. Als *Stressoren* konnten belastende Lebensereignisse, aber auch körperliche Erkrankungen und die Einnahme psychoaktiver Substanzen dargestellt werden.

! Die Manifestation schizophrener Psychosen wird insgesamt als komplexe Interaktion zwischen Grundstörung, psychosozialer Entwicklung und situativen Faktoren verstanden.

Auch Bewältigungsversuche können den Verlauf und den Ausdruck der Störung prägen. Je nach Wechselspiel zwischen Triggern und protektiven Faktoren können sich schizophrene Psychosen oder Erkrankungen aus dem Schizophreniespektrum entwickeln. Obwohl das Vulnerabilitäts-Stress-Modell durch zahlreiche Einzelbefunde gestützt wird (Ciompi 1991; Nüchterlein 1987), ist das kausale Zusammenspiel zwischen Vulnerabilität, Umweltfaktoren, den zerebralen Veränderungen und

Bewältigungsversuchen, die letztlich in die schizophrene Symptomatik münden, bislang noch nicht verstanden.

Das **3-Phasen-Modell** (*three-hit-model*; Keshavan 1999) spezifiziert das Vulnerabilitäts-Stress-Modell. Es geht von kritischen Fenstern der Vulnerabilität in drei Lebensalterstufen aus:

- Das erste kritische Fenster wird ab dem zweiten Schwangerschaftstrimester bis zum Zeitpunkt nach der Geburt angenommen. Durch entsprechende pränatale Schädigungen kommt es zur Migrationsstörung neuronaler Elemente, die zu einer gestörten Architektur spezifischer Hirnregionen führen. Vermehrte Apoptose und/oder Proliferation in anderen Bereichen können die Folge sein. Daraus resultieren prämorbide Vulnerabilitätszeichen, die z. B. als neurokognitive Defizite fassbar werden.
- Die zweite kritische Entwicklungsphase wird – angelehnt an Feinbergs Hypothese des abnormen Prunings – in der Adoleszenz angesiedelt und ist möglicherweise nicht unabhängig von der ersten Phase. Gesteigertes Pruning führt zu einer Imbalance in dopaminergen Systemen und mündet in kognitive und psychosoziale Funktionseinschränkungen, die die Bewältigung von alterstypischen Entwicklungsaufgaben stören.
- Das dritte kritische Fenster kommt im Rahmen der Psychoseentstehung zum Tragen. Es handelt sich dabei nach längerem prodromalem Verlauf um den Zeitraum der unbehandelten Psychose (DUP). Es wird postuliert, dass der psychotische Zustand neuroarchitektonische Fehlentwicklungen bewirkt, die eine Verschlechterung kognitiver Leistungen zur Folge haben und zu einem behindernden Defizitsyndrom führen. Ob die dritte Phase neurotoxisch oder durch dysfunktionale Erlebnisfunktionen zustande kommt, ist dabei ungeklärt. Je nach Zeitpunkt der Phase entwickelt sich eine charakteristische Symptomatik.

Besonders vulnerable Patienten werden in allen drei sensiblen Entwicklungsperioden der Psychose geschädigt. Ihre Prognose ist dann besonders ungünstig. Für Patienten mit geringerer Vulnerabilität und weniger ausgeprägten Schädigungsmustern in den kritischen Perioden wird eine bessere Prognose angenommen.

23.5.2 Pathogenetischer Teufelskreis

Auf der Erlebnisebene bildet sich die schizophrene Vulnerabilität in mehreren klinischen Bereichen ab. Es finden sich kognitive, affektive und kommunikative Defizite. Störungen der Aufmerksamkeit und Defizite in den komplexen Gedächtnisfunktionen werden durch die Beeinträchtigung semantischer Prozesse mit assoziativ aufgelockerten Denkvorgängen und konkretistischen Phänomenen (pathologisches Wörtlich-Nehmen) ergänzt (McKenna 1997; Spitzer et al. 1994). Weitere basale Defizite betreffen affektive Regulationsprozesse (Machleidt et al. 1999). Abnorme Betroffenheit und Hyperreagibilität mit verstärktem Arousal können dann wieder negative Einflüsse auf kognitive Prozesse ausüben. Mentale Zustände, die von negativen Emotionen geprägt werden, verursachen im Langzeiteffekt eine Verzerrung der subjektiven Wahrnehmung und eine Beeinträchtigung der mentalen Bedeutungskonstruktionen. Hinsichtlich kommunikativer Defizite gibt es klare Hinweise, dass an Schizophrenie erkrankte Menschen Probleme haben, affektive Signale wie mimische Informationen richtig zu lesen und zu interpretieren (Bediou et al. 2007; Grüsser 1991). Schizophrene Patienten zeigen auch eine Tendenz, soziale Kontexte falsch zu interpretieren. Sie meiden soziale Situationen und weisen Schwierigkeiten in der Gestaltung von sozialen Beziehungen auf (Resch 2003). Um die Entwicklungsaufgaben der Adoleszenz zu meistern, braucht der Jugendliche jedoch kommunikative Fertigkeiten. Diese werden durch kognitive und affektive Störungen deutlich beeinträchtigt.

> Egal nun, in welchen Bereichen die Primärdefizite ursprünglich auftreten – kognitiv, affektiv oder kommunikativ: Es entsteht unter dem Druck der normalen Entwicklungsaufgaben des Jugendalters schon in alltäglichen Situationen ein Teufelskreis, der eine Fehlinterpretation der Beziehung des Individuums zu seiner Umwelt zur Folge hat. Dieser Teufelskreis erzeugt auf der subjektiven Ebene eine zunehmende Spirale der Irritation, die schließlich mit einem Zusammenbruch der Realitätskontrolle enden kann.

23.5.3 Genetik der schizophrenen Psychosen und »Schizophreniespektrumstörungen«

Familien- und Zwillingsuntersuchungen sowie molekulargenetische Befunde belegen eine bedeutsame genetische Komponente an der Entstehung schizophrener Psychosen.

> So liegt das Erkrankungsrisiko in Familien mit schizophren erkrankten Menschen deutlich über dem der Allgemeinbevölkerung, das Risiko, eine schizophrene Psychose zu entwickeln, steigt mit der verwandtschaftlichen Nähe zu einem Erkrankten an.

Eine Erkrankung beider Elternteile erhöht das Risiko für deren Kinder auf fast 50 %. Eindrücklich zeigt sich die genetische Disposition bei den Konkordanzraten ein- und zweieiiger Zwillinge: So entwickelt jedes zweite Zwillingsgeschwister von eineiigen Paaren ebenfalls eine schizophrene Psychose, wohingegen bei zweieiigen Paaren nur jedes sechste Zwillingsgeschwister betroffen ist.

Die Bedeutung der Genetik für diesen Befund stellen Adoptionsstudien klar heraus, nach denen das Erkrankungsrisiko adoptierter Kinder weitgehend von der »genetischen« Belastung der Herkunftsfamilie und kaum von der »psychosozialen« Belastung der Adoptionsfamilie abhängt (Tienari et al. 2004). Molekulargenetische Untersuchungen haben bislang noch keine direkte kausale Beziehung zwischen einer oder mehreren genetischen »Auffälligkeiten« und schizophrenen Symptomen belegen können. Allerdings konnte das Auftreten schizophrener Psychosen mit genetischen Markern bestimmter Genregionen – z. B. auf den Chromosomen 6, 8, 10, 15 und 22 – in Verbindung gebracht werden.

Die Untersuchungen zur Bedeutung genetischer Faktoren weisen klar auf den Einfluss auch nichtgenetischer Faktoren hin. So kann die Konkordanzrate eineiiger Zwillingspaare von 50 und nicht 100 % als deutlicher Hinweis auf nichtgenetische Faktoren aufgefasst werden.

Bei der Untersuchung von Familien schizophren Erkrankter konnte nachgewiesen werden, dass sich eine genetische Belastung in verwandten Erkrankungen niederschlagen kann. Diese sogenannten **Schizophreniespektrumstörungen** schließen affektive und schizoaffektive Psychosen sowie die schizotype Störung ein.

> ! Demnach wird mittels eines komplexen genetischen Übertragungsmechanismus nicht die Erkrankung Schizophrenie an sich vererbt, sondern eine heterogene Vulnerabilität, eine Konstitution, aus der heraus sich unter Umwelteinflüssen die Erkrankung oder auch eine Spektrumserkrankung entwickeln kann.

Das Spektrumkonzept schizophrener Störungen umfasst in der erweiterten Fassung demnach alle Erkrankungen, die mit Schizophrenie hinsichtlich einer gemeinsamen Ursache übereinstimmen und mit ihr charakteristische Symptome und Verlaufscharakteristika teilen. Sie unterscheiden sich in ätiologischer Hinsicht jedoch von der Schizophrenie durch das Fehlen zusätzlicher ungünstiger nichtgenetischer Risikofaktoren. Wichtig erscheint uns, insbesondere unter entwicklungspsychopathologischen Gesichtspunkten, dass Schizophreniespektrumstörungen zwar bei Angehörigen schizophrener Patienten gehäuft vorkommen, dies im Umkehrschluss aber nicht bedeutet, dass sie selbst notwendigerweise einen schizophrenen Genotypus voraussetzen. Das Schizophreniespektrum ist demnach weniger kategorial, sondern vielmehr dimensional zu verstehen.

23.5.4 Komplikationen während Schwangerschaft und Geburt

Die Bedeutung von Störungen der Gehirnentwicklung in kritischen Entwicklungsperioden für die Entstehung von schizophrenen Psychosen wird z. B. durch das Phänomen der **Geburtensaisonalität** untermauert (Franzek u. Beckmann 1993): Patienten mit schizophrenen Störungen sind überdurchschnittlich häufig in den späten Wintermonaten und in den Frühjahrsmonaten geboren und somit im kritischen zweiten Schwangerschaftstrimenon vermehrt Infektionen ausgesetzt. Überlegungen gehen davon aus, dass durch blande Infekte in der Schwangerschaft die neuronale Migration im Fetus und damit die funktionelle Architektur wichtiger Strukturen der Aufmerksamkeitssteuerung und Emotionsregulation in Mitleidenschaft gezogen werden.

Immer wieder wird die Rolle von **Geburtskomplikationen** als Risikofaktor der Schizophrenieentstehung diskutiert. In einer neueren Übersichtsarbeit (Indredavik et al. 2004) können Geburtskomplikationen als unspezifischer Risikofaktor für psychische Störungen im Allgemeinen herausgearbeitet werden. Obwohl Jacobsen und Rapoport (1998) davon ausgehen, dass keine überzeugenden Hinweise für die ätiologische Bedeutung von Geburtskomplikationen bei früh beginnenden Schizophrenien vorliegen, kommen andere Untersuchungen zum Schluss, dass gerade Patienten mit früh beginnenden Psychosen Häufungen von Geburtskomplikationen in der Anamnese aufweisen (Smith et al. 1998). Geburtskomplikationen scheinen die Entwicklungsprognose bei genetisch prädisponierten Individuen ungünstig zu beeinflussen.

Einen wichtigen Hinweis auf die Gewichtung von **genetischen und Umweltfaktoren** gibt eine epidemiologische Untersuchung, die vom dänischen Fallregister ausgeht, das nahezu alle in Dänemark aufgetretenen Erkrankungsfälle aus den letzten Generationen umfasst (Mortensen et al. 1999). Dabei stellte sich die familiäre Belastung als stärkster Einflussfaktor auf das individuelle Erkrankungsrisiko heraus, die Mehrzahl der Fälle war jedoch auf die untersuchten Umweltfaktoren zu beziehen – Geburt in den Wintermonaten bzw. Aufwachsen in städtischer Umgebung –, eine familiäre Belastung war bei ihnen nicht nachweisbar.

23.5.5 Veränderungen des Gehirns in der Pubertät

Auch epileptische Erkrankungen, Zustände nach Meningitiden und schwere Kopfverletzungen führen zu einem erhöhten Schizophrenierisiko. Im Rahmen der Pubertät finden massive neurostrukturelle Veränderungen statt, die zu einer Reduktion interneuronaler Verbindungen – dieses Phänomen wird »Pruning« genannt – führen. Störungen in diesem Differenzierungsprozess können als verstärktes Pruning fassbar werden und das Psychoserisiko erhöhen (Keshavan u. Hogarty 1999).

23.5.6 Motorische und diskrete neurologische Störungen

Hochrisikostudien an Kindern mit schizophrenen Elternteilen haben gezeigt, dass Kinder mit einem erhöhten Erkrankungsrisiko für Schizophrenie signifikant häufiger neuromotorische

Entwicklungsdefizite aufweisen. Insgesamt finden sich bei schizophrenen Patienten zahlreiche heterogene, eher diskrete neurologische Auffälligkeiten, z. B. bei der koordinativen Motorik und im Bereich der Sensorik. Diese können keinem einzelnen Funktionssystem zugeordnet werden und werden als »Neurologische Soft Signs« (NSS) bezeichnet. NSS sind die mit am besten gesicherten neurobiologischen Befunde bei Schizophrenien überhaupt (Schröder et al. 1991). Neurologische Defizite (Karp-Illowsky et al. 2001) und insbesondere neuromotorische Defizite (Jacobsen u. Rapoport 1998) konnten bei Patienten mit kindlicher und früh beginnender Schizophrenie in erhöhtem Maße nachgewiesen werden. Für die motorischen Auffälligkeiten konnten Niethammer et. al (2000) in einer Zwillingsstudie eine wahrscheinlich genetisch bedingte Störung der Hemisphärenspezialisierung belegen. Für die Veränderungen der Hemisphärenlateralisation bei Schizophrenien, die sich auch in anderen Bereichen findet (Sauer u. Weisbrod 2000), wurden unterschiedliche Erklärungsmodelle vorgeschlagen (Übersicht zu Lateralisierungsstörung bei Schizophrenien s. Sauer u. Weisbrod 2000).

23.5.7 Neuroanatomische Befunde

Bei schizophrenen Psychosen wurden wiederholt zerebrale Volumenreduktionen im temporalen, frontalen und im parietalen Kortex, im Hippocampus, teilweise auch in den Basalganglien, dem Thalamus und dem Zerebellum dargestellt (Mehler u. Warnke 2002). Korrespondierend gehört eine diskrete Erweiterung der Liquorräume zu den am besten gesicherten Befunden bei Schizophrenien überhaupt. Die Strukturanomalien bei Krankheitsbeginn im frühen Kindesalter scheinen stärker ausgeprägt zu sein als bei Älteren oder Erwachsenen. Wenn die Psychose vor dem zwölften Lebensjahr beginnt, zeigen sich bereits bei Ersthospitalisierung gehäuft primäre signifikante Ventrikelerweiterungen und zerebrale Atrophien. Bei später erkrankten Patienten entwickeln sich die Atrophie des Gesamthirnvolumens und andere degenerative Störungen möglicherweise – in spezifischen Hirnregionen – zu Beginn der Erkrankung progredient. Es wird davon ausgegangen, dass bereits prämorbid bestehende neuroanatomische Entwicklungsstörungen eine ätiopathogenetische Rolle in der Ausbildung der Schizophrenie mit frühem Beginn spielen könnten. Es gibt Hinweise darauf, dass bei erkrankten Kindern die Psychose selbst mit der Ausbildung einer Atrophie in Zusammenhang steht: Auf Kosten der grauen Substanz findet sich im zwei- bis sechsjährigen Verlauf schizophrener Patienten mit Krankheitsbeginn um das 14. Lebensjahr der Volumenzuwachs der lateralen Ventrikel im Vergleich zu gesunden Kontrollen deutlich erhöht (Sporn et al. 2003). Bei Untersuchungen mit funktioneller Bildgebung konnten Beeinträchtigungen des frontalen Metabolismus und der frontalen Durchblutung am zuverlässigsten nachgewiesen werden.

23.5.8 Neurochemie

Die klassische Dopamin-Hypothese der Schizophrenie besagt, dass dopaminerge Rezeptoren in mesolimbischen Regionen eine Überempfindlichkeit zeigen. Differenzielle Befunde legen nahe, dass ein Zusammenhang zwischen einer reduzierten Dopamin-Aktivität im präfrontalen Kortex und einer gesteigerten stresssensitiven Dopamin-Aktivität in subkortikalen Regionen angenommen werden muss. Es hat sich gezeigt, dass eine Verminderung der präfrontalen Dopamin-Aktivität bei schizophren Erkrankten eine Reduktion der tonischen subkortikalen Dopamin-Freisetzung nach sich zieht. Durch diese Verringerung der tonischen Dopamin-Freisetzung in subkortikalen Regionen kommt es zu einer kompensatorischen Erhöhung der Dopaminrezeptor-Sensititvität. Diese wiederum birgt das Risiko überschießender Dopamin-Freisetzungen unter Stressbedingungen – im Sinne einer phasisch übersteigerten Dopamin-Freisetzung (Keshavan u. Hogarty 1999). In diesem Zusammenhang scheint das glutamaterge System eine besondere Rolle zu spielen. Glutamat erfüllt im Gehirn nicht nur wichtige Funktionen im Intermediärstoffwechsel jeder Zelle, es wirkt auch als exzitatorischer Transmitter und wird insbesondere an den N-Methyl-D-aspartat-(NMDA-)Rezeptoren wirksam. Durch solche Rezeptoren werden Langzeiteffekte mediiert, die mit Funktionsbereichen des Arbeitsgedächtnisses, des Lernens und der neuronalen Plastizität in Verbindung stehen. Das glutamaterge System ist also intensiv in die Prozesse der neuronalen Plastizität und der synaptischen Modifikationen involviert. Vor allem im Rahmen des progressiven physiologischen Abbaus (Pruning) kommt es zu einer Reduktion der Glutamat-Rezeptoren. Das dopaminerge und das glutamaterge System wirken eng zusammen und sind funktionell miteinander verbunden. Eine Dysfunktion des NMDA-Glutamat-Rezeptors mit mangelnder glutamaterger Aktivität könnte zu einer überschießenden Reduktion der dopaminergen Synapsen gerade in der Phase verstärkter struktureller Differenzierung der Adoleszenz Anlass geben.

Nach der Dopamin-Hypothese wird angenommen, dass die dopaminerge Überaktivierung im mesolimbischen System vor allem mit Positivsymptomen einhergeht, während ein relativer Dopamin-Mangel im mesokortikalen System eher für Negativsymptome und kognitive Störungen verantwortlich ist. Dies könnte erklären, warum die Dopamin-antagonistischen Neuroleptika vor allem die Positivsymptomatik beeinflussen, weniger jedoch die Negativsymptomatik. Nicht abschließend geklärt ist, weshalb Neuroleptika in der Regel erst mit einer Latenz von Tagen wirken. Einschränkend muss angeführt werden, dass die nach der Dopamin-Hypothese zu erwartenden Veränderungen des dopaminergen Systems bei schizophren Erkrankten noch nicht direkt und unstrittig belegt werden konnten.

Bemerkenswert ist die Beobachtung, dass die Einnahme von Halluzinogenen (z. B. LSD), die agonistisch an serotonergen

(5-HT$_2$-)Rezeptoren wirken, zu schizophrenieähnlichen Wahrnehmungsstörungen führt. Die Rolle des serotonergen Systems an der Entstehung psychotischer Symptome wird darüber hinaus auch dadurch nahegelegt, dass die antagonistischen Effekte vieler »atypischer« Neuroleptika an serotonergen Rezeptoren ihre antipsychotische Wirksamkeit zu verstärken scheinen und dass ein Polymorphismus am 5-HT$_{2a}$-Gen einen genetischen Risikofaktor für Schizophrenie darstellt.

23.5.9 Kognitive Auffälligkeiten – kognitive Störungen

Entgegen dem ursprünglichen Dementia-praecox-Konzept Kraepelins und der Auffassung von Bleuler wurde der Störung kognitiver Funktionen bei schizophrenen Patienten in der ersten Hälfte des 20. Jahrhunderts wenig Beachtung geschenkt. Dies änderte sich, als in den 1960er Jahren systematische neuropsychologische Studien bei chronisch-schizophren Erkrankten vergleichbare Defizite wie bei Patienten mit hirnorganischen Erkrankungen demonstrierten. In der Folge stellte sich heraus, dass die Störung kognitiver Funktionen den Verlauf und damit die Prognose schizophren Erkrankter wesentlich beeinflusst (Green 1996).

Kognitive Auffälligkeiten finden sich bei etwa 75 % aller Betroffenen – und dann fast immer in mehreren Funktionsbereichen in erheblicher Ausprägung. Sie bestehen bereits zum Zeitpunkt der Ersterkrankung, bleiben auch nach Remission der Akutsymptomatik bestehen und treten nicht nur bei den manifest Erkrankten, sondern auch bei deren Angehörigen in Erscheinung. Kognitive Funktionsstörungen sind nur mäßig mit Negativsymptomen und nicht mit Positivsymptomen assoziiert.

Schizophren erkrankte Menschen haben insbesondere Schwierigkeiten, den Aufmerksamkeitsfokus zu halten, neues Material zu erlernen, Probleme zu lösen und Feedbackinformationen zu nutzen, um ihr Verhalten zu verändern. Sie weisen eine verlängerte Antwortlatenz auf und müssen mit Störungen des Arbeitsgedächtnisses kämpfen. Es fällt ihnen schwer, komplexe Zusammenhänge zu verstehen und zu planen. Auch die Erkennung von Gefühlsausdrücken ist bei schizophrenen Patienten beeinträchtigt (Bediou et al. 2007).

Versuche, die vielfältigen bei Schizophrenien auftretenden neuropsychologischen Auffälligkeiten auf ein gemeinsames, allen Störungen zugrunde liegendes Defizit oder Defizitmuster zurückzuführen, waren bislang nicht erfolgreich. Auch ist es nicht gelungen, ein Muster neuropsychologischer Störungen zu charakterisieren, das entweder regelmäßig oder gar spezifisch bei Schizophrenien auftritt.

Jugendliche und junge Erwachsene mit einem erhöhten Schizophrenierisiko zeigen kognitive Beeinträchtigungen, die sich im allgemeinen Leistungstest durch relativ erniedrigte Intelligenzquotienten äußern. Kognitive Defizite könnten die Grundlage für die schizophrene Kernsymptomatik bilden (Brickman et al. 2004).

23.5.10 Kommunikative Störungen

Bereits in den 1950er Jahren wurden im Rahmen von familienorientierten und interpersonellen Modellen zur Schizophrenieentstehung dysfunktionale kommunikative Prozesse als pathogenetischer Faktor beschrieben. Kommunikationsmuster im Sinne von Beziehungsfallen (Double-bind-Theorie nach Bateson et al. 1996) gingen davon aus, dass die dysfunktionalen Beziehungsstile von den Elternteilen ausgehen. Durch den postulierten kausalen Zusammenhang zwischen dem Interaktionsverhalten der »schizophrenogenen Mutter« und der Entstehung der Erkrankung und die damit verbundene Stigmatisierung der Betroffenen wurde die Situation der ohnehin schon außerordentlich belasteten Familien noch zusätzlich erschwert.

> Nach unserem heutigen Verständnis steht die schizophrene Kommunikationsstörung in direktem Bezug zur emotionalen Dynamik in den Familien. Bezugspersonen von schizophrenen Patienten werden durch die kommunikativen Probleme des Patienten mehr oder weniger in ein Kommunikationsmuster der Vagheit, Unklarheit und Widersprüchlichkeit hineingezogen.

Das von Brown et al. (1972) seit Mitte der 1950er Jahre begründete Forschungskonzept der *expressed emotion* (EE) geht von der Beobachtung aus, dass das Wiederauftreten schizophrener Symptome bei Erkrankten in einem Zusammenhang mit dem emotionalen Klima in der Familie steht. Dabei scheint intensives emotionales Engagement in Form kritischer und feindseliger Äußerungen oder einer emotional überinvolvierten, überfürsorglich intrusiven Einstellung dem Patienten gegenüber mit vermehrten Rückfällen einherzugehen (Übersicht z. B. bei Hahlweg u. Dose 1998). Dieser Zusammenhang ist jedoch nicht spezifisch für Schizophrenie. Auch hier haben sich die Interpretationen von der Kausalitätshypothese, die davon ausgeht, dass eine High-expressed-emotion-Einstellung des Angehörigen den Rückfall verursacht, zu einer Reaktionshypothese weiterentwickelt, die darauf verweist, dass die EE-Einstellung des Angehörigen mit spezifischen Attributen und defizitären Verhaltensweisen des Patienten in Beziehung stehen kann. Der EE-Status spiegelt somit am ehesten den Bewältigungsstil der Angehörigen wider (King 2000).

23.5.11 Psychosoziale Faktoren

Psychosoziale Faktoren wurden zeitweise als kausal für die Entstehung oder die Auslösung von Schizophrenien angesehen. Schizophrene Psychosen werden in unteren sozialen

Schichten gehäuft gefunden. Hinsichtlich der Herkunftsfamilie besteht hinsichtlich des sozialen Status jedoch kein Unterschied zwischen schizophren Erkrankten und der Allgemeinbevölkerung, sodass dieser Befund als Folge eines Statusverlustes durch krankheitsbedingte Leistungsminderungen in Ausbildung und Beruf aufgefasst wird (»Drift-Hypothese«; Häfner 2001).

Eine Triggerfunktion von Lebensereignissen in den letzten Wochen vor dem Ausbruch der schizophrenen Symptomatik wurde wiederholt postuliert (Resch 1994; van Os et al. 1998). Auslöser müssen aus entwicklungspsychopathologischer Sicht als alltägliche Mikrotraumen vor dem Hintergrund von entwicklungstypischen Aufgaben gesehen werden. Diese Auslöser fallen jedoch bereits auf den Boden einer veränderten Stresssensitivität und beeinträchtigter Informationsverarbeitung. Die subjektive Erlebnisqualität ist bereits verändert und Auslösererlebnisse triggern nur mehr die letzte Stufe eines Verlustes der Realitätskontrolle nach dem Prinzip des letzten Tropfens – auch Alltagserlebnisse können bereits auf einer Goldwaage subjektiv veränderter Bedeutsamkeit nicht mehr zu bewältigende Ausschläge verursachen.

Die bei Jugendlichen häufig beobachteten Drogeneinnahmen, welche teilweise auch unter dem Aspekt einer versuchten Selbstmedikation erfolgen können, bergen die Gefahr in sich, prodromale Symptomatiken noch zu verstärken. In unseren klinischen Populationen können wir davon ausgehen, dass rund 50 % der jugendlichen Psychosen im Zusammenhang mit Drogeneinnahmen auftreten. Es gibt Hinweise darauf, dass bei schizophreniegefährdeten Individuen die Einnahme von Drogen psychotische Exazerbationen bewirken kann. Darüber hinaus scheint es einen Dosis-Wirkungs-Zusammenhang zwischen Cannabis-Konsum und dem Psychoserisiko zu geben, der sogar unabhängig von präexistierenden psychotischen Symptomen ist. Auch der weitere Krankheitsverlauf kann bei kontinuierlicher Drogeneinnahme ungünstig beeinflusst werden (Fleischhaker et al. 2004).

23.6 Diagnostik und Differenzialdiagnosen

Die Forderung nach einer umfassenden Diagnostik bei Psychoseverdacht zur frühen Erkennung von Psychosen aus dem schizophrenen Formenkreis begründet sich aus einem wiederholt nachgewiesenen Zusammenhang zwischen verspätetem Behandlungsbeginn und ungünstiger Prognose bei Erwachsenen (Johannessen 2001; McGorry u. Edwards 1998) und Jugendlichen (Amminger et al. 1997; Resch et al. 1998). Nicht voneinander zu trennen sind jedoch die behandlungsorganisatorischen Fragen und die Fragen der nosologischen Verlaufsgestalt der Psychosen selbst. Ob jene Patienten, die über lange Zeit psychotische Phänomene zeigen, bevor sie eine angemessene Behandlung erfahren, lediglich die Opfer eines nicht genügend aufmerksamen Versorgungssystems sind, wäre dabei infrage zu stellen: Floride Psychosen mit akutem Verlauf werden in der Regel rasch erkannt und auch therapeutisch versorgt. Hingegen können langsam beginnende, nur schleichend produktiv psychotisch werdende schizophrene Verläufe mit vorwiegender Negativsymptomatik, bizarren Verhaltensweisen und unklaren halluzinatorischen Phänomenen von der Umgebung unerkannt über längere Zeit bestehen, bis erst ein Entwicklungsknick die Schwere der Symptomatik aufdeckt. Solche Zusammenhänge zwischen früher Erkennbarkeit der Psychose und der Verlaufsgestalt der Psychose selbst bedürfen der besonderen Beachtung. Es ist daher wichtig, dass die Träger der psychosozialen und medizinischen Primärversorgung, wie Hausärzte, Pädiater und Schulpsychologen, ausreichende Kenntnisse über Wesen und Entstehungsweisen schizophrener Syndrome besitzen.

Die Diagnose einer Psychose aus dem schizophrenen Formenkreis wird primär aufgrund der psychopathologischen Symptomatik gestellt. Durch Exploration und Verhaltensbeobachtung, Interviews mit den Familienangehörigen und psychologische Testverfahren kann die Verdachtsdiagnose mit ausreichender Sicherheit festgestellt werden. Durch strukturierte Interviews (wie z. B. das SKID) kann die Diagnose reliabel gesichert werden. Vor allem im Kindes- und Jugendalter ist die Symptompräsentation situativ stark wechselhaft. Insbesondere das Ausmaß affektiver Symptome zeigt eine hohe intraindividuelle Variabilität. Es ist daher sinnvoll, neben der kategorialen Diagnostik die einzelnen Symptomfacetten im Zeitverlauf dimensional zu erfassen. Zur diagnostischen Sicherung und differenzialdiagnostischen Abklärung sollten immer eine internistisch pädiatrische Untersuchung sowie eine neurologische Abklärung eingeschlossen werden. Untersuchungen der Blutchemie, des Blutzuckerspiegels, der Schilddrüsenhormone, der Leber- und Nierenfunktion sind zur Abklärung organischer Fehlfunktionen notwendig. Bei entsprechendem Verdacht müssen immunologische Abklärungen von Infektionen sowie toxikologische Untersuchungen erfolgen. Funktionelle und bildgebende Verfahren wie das EEG und MRT-Untersuchungen werden bei Patienten mit Psychosen an entsprechenden Zentren routinemäßig durchgeführt. Weiterführende diagnostische Maßnahmen, wie z. B. Liquorpunktionen, erfolgen bei entsprechender Verdachtsdiagnose eines neurologischen Prozesses (Resch 2003).

Tabelle 23-2 gibt eine Übersicht über verschiedene Differenzialdiagnosen von Störungen aus dem schizophrenen Formenkreis. Besonders wichtig ist die Abgrenzung psychotischer Störungen des schizophrenen Spektrums von den tiefgreifenden Entwicklungsstörungen, wie Autismus, Asperger-Syndrom und nicht näher spezifizierten Entwicklungsstörungen. Auch hyperkinetische Syndrome und Störungen des Sozialverhaltens müssen differenzialdiagnostisch abgegrenzt werden. Ado-

Tab. 23-2 Differenzialdiagnostik von Psychosen aus dem schizophrenen Formenkreis

- Autismus
- Asperger-Syndrom
- andere tiefgreifende Entwicklungsstörungen

- Borderline-Störungen
- Persönlichkeitsstörungen
- Zwangsstörungen
- dissoziative Störungen
- drogeninduzierte Störungen

- Temporallappenepilepsie
- Multiple Sklerose
- Hirntumoren
- Meningoenzephalitis
- Neuroborreliose

leszentäre Anpassungskrisen, die als Identitätskrisen und narzisstische Krisen imponieren, können nicht selten prodromalen Zuständen entsprechen und müssen genau auf weitere Vulnerabilitätsmerkmale und Frühwarnzeichen untersucht werden (Resch u. Koch 1995). Gerade früh einsetzende Psychosen haben nicht selten einen Krankheitsverlauf, der mit umfassenden Einschränkungen in den wichtigen Funktionsbereichen des Kindes, wie Motorik, Kontaktverhalten und Schulleistungen, im Sinne einer tiefgreifenden Entwicklungsstörung beginnt. Abgrenzungen des schizophrenen Spektrums von Borderline-Störungen und anderen Persönlichkeitsstörungen sind ebenso von Bedeutung wie die Differenzialdiagnose zu den Zwangsstörungen und drogeninduzierten Störungen. Drogenpsychosen sollten von schizophrenen Psychosen, die durch Drogen ausgelöst werden, insofern abgegrenzt werden, als Drogenpsychosen bei Sistieren des Drogengebrauchs innerhalb eines Monats abklingen sollten. Besteht die psychotische Symptomatik länger (bis zu einem halben Jahr), muss an eine drogeninduzierte schizophrene Symptomatik gedacht werden. Weitere Differenzialdiagnosen sind die soziale Phobie und die affektiven Erkrankungen. Verwirrte Manien sind ebenso wie agitierte und/oder wahnhafte Depressionen nicht selten nur schwer von schizophrenen Psychosen abzugrenzen. Auch organische Differenzialdiagnosen müssen beachtet werden. So gibt es Temporallappenepilepsien sowie metabolische und hormonelle Störungen, die ebenso wie virale Infekte und exogene Toxine psychoseähnliche Symptome hervorrufen können. Auch degenerative Systemerkrankungen, wie z. B. die metachromatische Leukodystrophie und die subakut sklerosierende Panenzephalitis, können in ihren Frühformen eine Phänokopie von Symptomen aus dem schizophrenen Formenkreis darstellen.

23.7 Therapie

23.7.1 Gesamtbehandlungsplan

Die Behandlung von Psychosen aus dem schizophrenen Formenkreis darf in Kindheit, Adoleszenz und jungem Erwachsenenalter nicht auf die neuroleptische Medikation reduziert werden. Ein Gesamtbehandlungsplan sollte sich nicht nur auf die Therapie der schizophrenen Symptomatik konzentrieren, sondern muss auch die alterstypischen Entwicklungsaufgaben in den Fokus nehmen. Dabei genügt es eben nicht, ausschließlich symptomorientierte Interventionen anzubieten, da gerade im Jugendalter und in der Spätadoleszenz durch die Psychose der Entwicklungsverlauf massiv gefährdet ist. Adoleszente Patienten mit Psychosen erleiden oft einen Knick ihrer Schul- oder Ausbildungskarriere mit Gefährdung eines Abschlusses. Freundschaftsbeziehungen gehen nicht selten in die Brüche, da sich Gleichaltrige von den Erlebnis- und Verhaltenszuständen im Rahmen der Psychose befremdet zeigen und sich zurückziehen. Die Aufnahme von gegengeschlechtlichen Beziehungen ist erschwert, die Integration in schulische und außerschulische soziale Gruppen ist gefährdet. Und schließlich erleidet auch die intrafamiliäre Kommunikation eine Reihe von Störungen, da Eltern auf das Verhalten ihrer Kinder oft überfürsorglich reagieren und erste Schritte einer Autonomiegewährung, vor Ausbruch der Psychose, wieder so umfassend zurücknehmen, dass das Kind im Schoß der Familie festgehalten wird. Das therapeutische Angebot muss solche Entwicklungsrisiken in den Fokus nehmen (Resch 2005).

Der multimodale Gesamtbehandlungsplan von Psychosen aus dem schizophrenen Formenkreis stützt sich auf drei Säulen der Therapie und ist durch vier Phasen gekennzeichnet, die in jeder der therapeutischen Domänen beachtet werden sollten:
- **Säule 1** betrifft die psychopharmakologische Therapie.
- **Säule 2** betrifft die Psychotherapie des Patienten und seiner Familie.
- **Säule 3** wird durch sozialtherapeutisch rehabilitative Maßnahmen repräsentiert.

Alle Therapieangebote durchlaufen die folgenden vier Phasen:
- In **Phase 1** wird die *symptomorientierte Therapie* ins Zentrum der Interventionen gestellt. Ziel ist es, die psychotische Symptomatik wie Angst und Katastrophengefühl zu lindern und die kommunikativen Fähigkeiten des Patienten zu verbessern, damit dieser zu anderen Menschen wieder Kontakt aufnehmen kann. Reizabschirmung und emotionale Sicherung sollten in einem überschaubaren therapeutischen Raum gewährleistet werden. Das Ausmaß der Irritation sollte verringert und eine Restitution der Wahrnehmungsleistungen und Denkfunktionen erreicht werden. Auf diese Weise sollte versucht werden, die Realitätskontrolle wieder herzustellen. Dann können beziehungsorientierte Therapie-

angebote wirksam werden. Die medikamentöse Therapie spielt bei der Symptombehandlung eine zentrale Rolle. Die Milieubedingungen sind in dieser Therapiephase fürsorglich, Stress verringernd und dienen einer Abschirmung des Patienten gegenüber Reizüberflutung und Exzitabilität.

- In **Phase 2** treten die *Beziehungsaspekte* therapeutisch in den Vordergrund. Psycho- und soziotherapeutische Maßnahmen sollten individuelle Stützung gewährleisten. Positive Interaktionen innerhalb und außerhalb der Familie sollten angebahnt und Bindungsbeziehungen aktiviert werden. Psychoedukative Familieninterventionen sollten das Konzept der Psychoseentstehung vermitteln, kommunikative Probleme sollten bearbeitet und Problemlösetechniken weiterentwickelt werden. Dem Patienten sollten neben positiven emotionalen Erfahrungen Techniken der emotionalen Selbstkontrolle und eine Verbesserung der Realitätskontrolle vermittelt werden. Psychoedukation bildet in dieser Phase das Rückgrat der Therapie. Die medikamentöse Behandlung wird fortgesetzt.
- **Phase 3** ist durch eine *alterstypische Entwicklungsförderung* gekennzeichnet. Kognitive und soziale Fertigkeiten des Patienten sollten so weit stabilisiert werden, dass eine Restitution des Selbstkonzeptes möglich wird. Der Selbstwert sollte normalisiert, Identität wieder hergestellt und der Lebensstil der Vulnerabilität angepasst werden. Im Familienkontext werden Nähe-Distanz-Verhältnis, Unterstützung und Akzeptanz des Patienten in seiner Vulnerabilität in den Fokus genommen. Im Rahmen des therapeutischen Milieus werden Anforderungen des Alltags gestellt, soziale Regeln an den Patienten behutsam herangetragen und dosierte Belastungen übungshalber übernommen.
- **Phase 4** steht unter dem Motto der *Rückfallprophylaxe*. Medikamentöse, psycho- und soziotherapeutische Maßnahmen sollten dazu dienen, den Patienten wieder in sein soziales Umfeld einzugliedern, die Anknüpfung bisheriger Entwicklungsfäden zu erlauben und das neuerliche Auftreten psychotischer Störungen möglichst zu verhindern. In den Familien wird das Alltagsmanagement erprobt. Die Patienten lernen ein Stressmanagement, um den Lebensstil ihrem momentanen Befindlichkeitszustand anzupassen, ihren Biorhythmus zu stabilisieren und für ausreichend Ruhezeiten und Schlaf zu sorgen. Drogenkonsum sollte grundsätzlich vermieden werden, zielorientiertes Handeln wird geübt und der langsame Wiedereintritt in bisherige Lebens- und Erfahrungsräume, wie Schule und Gleichaltrigengruppen, angebahnt.

23.7.2 Psychopharmakotherapie

Den entscheidenden Durchbruch in der Therapie schizophrener Psychosen brachte die Entdeckung der Neuroleptika in den 1950er Jahren. Es ist unbestritten, dass die neuroleptische Therapie sowohl in der Akutphase als auch im langfristigen Verlauf wirksam ist (s. z. B. die Metaanalyse von Adams et al. 2007), eine Reduktion der Therapiebemühungen auf reine Medikamentengabe wäre jedoch gerade bei Patienten in der sensiblen Phase der Adoleszenz unvertretbar.

! Aus klinischer Perspektive bilden Psychotherapie und Soziotherapie im Zusammenspiel mit den Neuroleptika die drei Säulen des Gesamtbehandlungsplans.

Mit Neuroleptika können insbesondere Positivsymptome erfolgreich behandelt werden. Hingegen gestaltet sich die medikamentöse Therapie von Negativsymptomen bislang noch unbefriedigend. Während sich hinsichtlich der Differenzialindikationen der unterschiedlichen Neuroleptika bislang nur wenige Befunde tatsächlich sichern ließen – hingewiesen sei an dieser Stelle auf die belegte antisuizidale Wirkung von Clozapin sowie auf die Überlegenheit desselben Medikamentes gegenüber typischen Neuroleptika in der Behandlung sonst therapierefraktärer Verläufe –, finden sich wesentliche Unterschiede zwischen den verfügbaren Neuroleptika hinsichtlich ihrer unerwünschten Wirkungen. Daher bestimmt in der Praxis eher das Profil der unerwünschten Wirkungen als die differenzielle Wirksamkeit die Auswahl des eingesetzten Neuroleptikums. Von entscheidender Bedeutung ist das erheblich seltenere Auftreten von extrapyramidalen Nebenwirkungen unter atypischen im Vergleich zu typischen Neuroleptika. Weitere Kriterien bei der Auswahl eines Neuroleptikums können Pharmakokinetik, Pharmakodynamik, verfügbare Applikationsformen sowie mögliche Interaktionen mit weiteren notwendigen Pharmaka sein.

Grundsätzlich sind »**typische**« von »**atypischen**« **Neuroleptika** zu unterscheiden. Erstgenannte werden ihrerseits nach ihrer antipsychotischen Wirksamkeit in *hoch- und niedrigpotente Präparate* eingeteilt.

In der Gruppe der **typischen Neuroleptika** besitzen die hochpotenten Neuroleptika eine hohe Affinität zu den Dopamin-D_2-Rezeptoren und verursachen damit häufig extrapyramidale Nebenwirkungen. Hierunter werden insbesondere Frühdyskinesien, das Parkinsonoid sowie Akathisien subsumiert. Frühdyskinesien – meist plötzlich auftretende Krämpfe der Rachen-, Schlund- und Gesichtsmuskulatur – können schon nach einmaliger Neuroleptika-Gabe auftreten, während Parkinsonoid und Akathisie in der Regel erst nach mehrtägiger bis mehrwöchiger Therapie beobachtet werden. Beim Parkinsonoid kommt es zu Bewegungsstörungen, die denen der idiopathischen Parkinsonerkrankung gleichen, bei der Akathisie kommt es vor allem zu einer quälenden inneren Unruhe in äußeren Ruhezuständen, die in Extremfällen das Sitzen oder Liegen fast unmöglich macht. Frühdyskinesien und das Parkinsonoid können durch Gabe von Anticholinergika (z. B. Biperiden) kupiert werden, zudem treten parkinsonoide Nebenwirkungen grundsätzlich dosisabhängig auf. Bei Akathisien erweist sich Biperiden dagegen als nahezu wirkungslos, es empfiehlt sich eine rasche Umstellung auf ein atypisches Neuroleptikum.

Gegenüber diesen potenziell reversiblen Nebenwirkungen können Spätdyskinesien noch nach Absetzen der Neuroleptika persistieren. Spätdyskinesien betreffen meist die Mund- und Gesichtsmuskulatur, in schweren Fällen aber auch die autochthone Rückenmuskulatur. In der Mehrzahl der Fälle entstehen Spätdyskinesien nach langfristiger, d. h. jahrelanger neuroleptischer Behandlung, wobei prädisponierende Faktoren wie höheres Lebensalter oder zerebrale Vorschädigungen sowie höhere Dosierungen diese Frist in Einzelfällen ganz erheblich verkürzen können.

Bei **atypischen Neuroleptika** ist diese Nebenwirkung weitgehend unbekannt. Eine Clozapin-Einstellung bildet sogar eine wirksame Therapiemaßnahme gegen Spätdyskinesien. Nicht zuletzt deshalb haben sich atypische Neuroleptika in der längerfristigen Therapie schizophrener Psychosen allgemein durchgesetzt. Eine Reihe von Fallstudien konnte positive Effekte auch bei früh beginnenden Psychosen nachweisen (Lewis 1998; Remschmidt 2001). Erfahrungsberichte von Behandlungen mit Risperidon und Olanzapin liegen vor. Systematische Studien mit Placebokontrolle stehen im Jugendalter jedoch aus. Auch neuere atypische Antipsychotika wie Ziprasidon und Quetiapin eignen sich für eine Anwendung bei jüngeren Altersgruppen.

> ! Die mangelnde systematische Erforschung neuroleptischer Interventionen im Kindes- und Jugendalter ist unverständlich. So kann nicht als gesichert gelten, dass sich Pharmakodynamik und -genetik bei Kindern und Jugendlichen gleich verhalten wie im Erwachsenenalter. Auch Geschlechtseffekte müssen beachtet werden (Remschmidt 2001). Die Standardreferenz bei den atypischen Neuroleptika ist immer noch das Clozapin (Meltzer 1997). Als generelle Empfehlung kann gelten, bei Erstmanifestation primär die untere Hälfte des Dosisbereichs einzusetzen (Lehman et al. 2004).

Während die Wirksamkeit von Neuroleptika in der Akutphase unumstritten ist, sind zahlreiche Fragen der **Rezidivprophylaxe** noch nicht abschließend geklärt.

Als gesichert kann gelten, dass eine neuroleptische Therapie das Rezidivrisiko in den ersten beiden Jahre nach einer akuten Phase dramatisch reduziert. Ohne neuroleptische Rezidivprophylaxe erleiden etwa 80 % der Patienten innerhalb eines Jahres nach Erstmanifestation ein Rezidiv. Noch im zweiten Jahr werden etwa 40 % der Patienten ohne eine entsprechende Einstellung erneut erkranken.

Gleichzeitig ist bekannt, dass ein fassbarer Teil der Patienten auch ohne neuroleptische Rezidivprophylaxe eine stabile Remission aufweist und andererseits etwa 30 % derjenigen, die zuverlässig die neuroleptische Medikation weiterführen, dennoch ein Rezidiv erleiden.

Es gibt damit wenige Anhaltspunkte dafür, wie lange eine Rezidivbehandlung nach Remission der Symptomatik fortgesetzt werden sollte. Derzeit wird empfohlen, nach Erstmanifestation eine Rezidivprophylaxe über wenigstens ein bis zwei Jahre bei wiederholten Phasen über wenigstens fünf Jahre einzuhalten (Kissling u. Pitschel-Walz 2003). Sofern die psychotische Symptomatik zu besonderen Komplikationen, etwa eigen- oder fremdgefährlichem Verhalten, führte, ist auch eine lebenslange Prophylaxe zu erwägen.

Unbefriedigend ist, dass weder psychopathologische noch andere Befunde bekannt sind, die eine sicherere Behandlungsprognose oder die Vorhersage einer akuten Phase erlauben. Weithin unbestritten ist, dass eine kontinuierliche Therapie effektiver als die ausschließliche Gabe von Neuroleptika beim Auftreten erster Zeichen einer Exazerbation Rückfälle vermeidet (Gaebel 1994; Jolley et al. 1990).

Hinsichtlich der Rezidivprophylaxe kommt der **Compliance** des Patienten und ggf. der aufgeklärten Mitarbeit seiner Umgebung eine große Bedeutung zu. Hier zeigt sich exemplarisch, dass die Behandlung schizophren erkrankter Patienten auf unterschiedlichen Säulen ruht. So haben die therapeutische Arbeit, insbesondere die Psychoedukation des Patienten und seiner Angehörigen, sowie die soziotherapeutische Arbeit erheblichen Einfluss auf die Compliance hinsichtlich der neuroleptischen Behandlung. Wichtig erscheint uns, dass der Patient und sein Umfeld als kompetente und verantwortliche Partner bei der Behandlung der Erkrankung anerkannt werden und ihre jeweiligen Leistungen Wertschätzung finden.

23.7.3 Psychotherapie

Psychotherapeutische Maßnahmen orientieren sich zunächst an der Reduktion von produktiven Symptomen (wie Halluzinationen und Wahnvorstellungen). Verhaltenstherapeutische Interventionen zur Reduktion produktiver Symptome konnten in ihrer Wirkung an Erwachsenen mehrfach bestätigt werden und sollten auch vermehrt bei Jugendlichen zum Einsatz kommen. Individuelle supportive Maßnahmen dienen aber nicht nur der Symptomreduktion, sondern auch der Verbesserung der sozialen Fertigkeiten, der Alltagsbewältigung und der Selbstregulation. Soziale Trainingsverfahren sollen den Patienten aus seiner Isolation führen.

Es gibt eine Vielzahl von individual- und gruppenorientierten Psychosetherapietechniken für die Behandlung der Schizophrenie. Die übergeordneten Prinzipien dieser Ansätze liegen in der Stärkung der integrativen Kräfte der Selbstgestaltung zu verbesserter Kohärenzbildung des Selbsterlebens, der Abschirmung von spezifischen und unspezifischen emotionalen und kognitiven Belastungsfaktoren, die sich desintegrativ auf das Selbsterleben und Sozialverhalten auswirken, sowie in Erwerb und Training kognitiver, emotionaler und sozialer Kompetenzen. Die Patienten, die oft durch die verminderte Stressbelastbarkeit und durch die Desintegration in entwicklungsintensiven Lebensphasen wie der Adoleszenz trotz klinischer Besserung nicht das Niveau gesunder Gleichaltriger hatten erreichen können, erhalten so eine neue Entwicklungschance. Ergebnisse der Therapieforschung legen nahe, dass die Integration verschiedener Verfahren mit einem größtmöglichen methodischen Repertoire den schulenspezifischen Vorgehensweisen überlegen ist.

23.7.4 Therapeutische Beziehung

Schizophrene Patienten sind häufig misstrauisch und ängstlich. Die Therapeuten müssen darauf vorbereitet sein und Ablehnung und Zurückweisung ertragen und respektieren. Der Versuch, mit den Patienten in eine therapeutische Beziehung zu treten, wird von diesen häufig als Grenzüberschreitung erlebt und kann Ängste vor Manipulation auslösen. Das Beziehungsangebot muss deshalb transparent, sicher und verlässlich gestaltet werden.

Eine Therapie beginnt zunächst mit dem Aufbau einer belastbaren Vertrauensbasis. Die schizophrenen Patienten sollten erfahren, dass der Therapeut sie auch mit ihren ungewöhnlichen und in der Regel auf Ablehnung stoßenden Denkinhalten verstehen und akzeptieren kann. In Anbetracht der möglichen Defizite der kognitiven Informationsverarbeitung muss bei schizophrenen Patienten grundsätzlich auf Eingrenzung, Klarheit und Strukturiertheit der vermittelten Information geachtet werden. Wegen der Gefahr der Überstimulierung und der daraus möglicherweise resultierenden Exazerbation der schizophrenen Akutsymptomatik sollten affektprovozierende Verfahren vermieden und das Erregungsniveau kontrolliert werden.

23.7.5 Familientherapie

In Metaanalysen gibt es Hinweise für eine rückfallverhindernde Wirkung von familientherapeutischen Interventionen (Glynn et al. 2007; Pharoah et al. 2006). Psychoedukative Familieninterventionen bieten den Eltern die Möglichkeit, für die Psychose, ihre Entstehungsmechanismen, ihre Gefahren und ihren Verlauf ein fundiertes Verständnis zu entwickeln und den Patienten so in seiner Selbstregulation zu unterstützen. Dem gegenüber ist es auch möglich, bei ausgeprägten familiären Konflikten und dysfunktionalen Kommunikationsmustern Familientherapien im engeren Sinne durchzuführen. Häufig führt eine schizophrene Erkrankung – in besonderem Maße die akute Exazerbation sowie die für die Bezugspersonen kaum verstehbaren und quälend miterlebten Negativsymptome – zu erheblichen Verwerfungen in den sozialen und interpersonellen Bezügen der Kranken. Zahlreiche Studien konnten die Bedeutung des intrafamiliären Interaktionsstils für die Prognose schizophrener Patienten nachweisen (Butzlaff u. Hooley 1998). Bei Kindern und Jugendlichen mit schizophrenen Störungen gibt es noch keine gesicherte Evidenz (Schimmelmann et al. 2003). Günstig sind eindeutige und klare Botschaften, Respekt vor den Autonomiebedürfnissen auch der geschwächten Ich-Funktionen der Patienten und ein niedriges Profil ausgedrückter Gefühle, vor allem von Kritik.

Daher empfiehlt es sich prinzipiell, die Angehörigen in eine Therapie einzubeziehen. Jede psychotherapeutische Behandlung sollte von einer soziotherapeutischen Behandlung begleitet werden.

23.7.6 Soziotherapie

Neben der pharmakologischen Behandlung mit Antipsychotika und der Psychotherapie sind Sozial- und/oder Milieutherapie mit dem Ziel der Wiederaufnahme von Eigenverantwortung und selbstständiger Lebensführung durchgehend bedeutsam.

In der akuten Phase spielt die Reizabschirmung eine große Rolle. Später erstrecken sich Hilfen von Unterstützung bei der Versorgung von Grundbedürfnissen bis hin zur Aktivierung und Strukturierung des Alltags. Diese Unterstützung kann entweder auf einer Station, in einer Tagesklinik, über Kontakte zu einem mobilen Bezugspersonensystem (MBS) oder durch gemeindepsychiatrische Angebote (z. B. sozialpsychiatrischer Dienst, Tagesstätte, betreutes Wohnen) erfolgen.

Andere Therapiemodule sind auf spezifische Probleme ausgerichtet, z. B.:
- Ergo- und Arbeitstherapie
- kognitives Training
- Entspannungstraining
- Bewegungstherapie
- Ernährungsberatung
- nonverbale Formen wie Kunst- und Musiktherapie
- gemeinsames Gestalten von Aktivitäten
- im Idealfall spezielle Angebote für Drogenkonsumierende

Neuere Entwicklungen haben zur Etablierung eines mobilen Bezugspersonensystems im Pflegebereich geführt. Dabei nehmen Mitglieder des therapeutischen Teams schon während der stationären Phase mit den Patienten und ihren Familien Kontakt auf und bleiben als stützende Bezugspersonen bis in die ambulante Phase hinein wirksam. Das mobile Bezugspersonensystem unterstützt den Patienten in der poststationären Phase, interveniert in den Familien und kann dadurch eine frühe Rückfallsprävention ermöglichen. Darüber hinausgehende weitere poststationäre rehabilitative Bemühungen sind auf Rehabilitationseinrichtungen konzentriert, die einen schulisch-beruflichen Wiedereinstieg der Patienten, vor allem bei komplizierten Verläufen, gewährleisten sollen (Martin 1991).

23.7.7 Das Frühbehandlungszentrum in Heidelberg

Das Heidelberger Frühbehandlungszentrum (FBZ) wurde als ein Kooperationsvorhaben der Kliniken für Kinder- und Jugendpsychiatrie und Allgemeinpsychiatrie des Psychosozialen Zentrums am Heidelberger Universitätsklinikum konzipiert. Das Frühbehandlungszentrum umfasst 16 bis 18 vollstationäre (offene und geschützte), drei teilstationäre sowie ambulante vor- und nachstationäre Behandlungsplätze. Darüber hinaus gibt es auch eine nachstationäre aufsuchende Behandlungseinheit, das oben skizzierte mobile Bezugspersonensystem (MBS).

Neben einer integrierten und settingübergreifenden Behandlung von Patienten im Alter von 13 bis 26 Jahren und der Früherkennung und Frühbehandlung psychischer Störungen stellen die Angehörigen- und die Öffentlichkeitsarbeit zwei weitere wichtige Aufgabenbereiche dar.

Das psycho- und soziotherapeutische Angebot der Station bietet mit einem ressourcenorientierten psychoedukativen Ansatz die Möglichkeit, nicht nur Bezugspersonenkontakt und -kontinuität sicherzustellen, sondern hat auch zum Ziel, die Reintegration des Patienten in Familie und Gesellschaft zu fördern. Möglichkeiten eines Hometreatments und damit der Rückfallprophylaxe sind gegeben. Poststationäre Gruppenangebote, Destigmatisierung durch Einbeziehung von Nicht-Patienten in öffentliche Projekte und die mobile und individuell flexibel ausgerichtete Arbeitsweise ermöglichen eine Optimierung des Angebotes. Neben Workshops sowie Ferienfreizeiten werden mit den Patienten auch Aktionstage geplant, um in einem erlebnispädagogisch orientierten Ansatz Kontaktfähigkeit und Kommunikation zu fördern. Grundlage des Frühbehandlungszentrums Heidelberg ist ein multiprofessionelles Team.

In enger Kooperation mit dem Frühbehandlungszentrum arbeitet die Gruppe »Balance«, ein Team, das Familien mit psychisch kranken Eltern durch Beratungsangebote und therapeutische Unterstützung begleitet. In der Gruppe »Balance« können psychisch kranke Eltern Antworten auf Fragen zur Entwicklung ihres Kindes sowie Hilfe und pädagogisch therapeutische Beratung im Bereich von Erziehung und Bildung erhalten.

Die Idee eines multimodalen Gesamtbehandlungsplans sieht vor, jedem individuellen Patienten in seinen Bedürfnissen und Problemstellungen möglichst gerecht zu werden. Gerade in der fachgruppenübergreifenden Kooperation von Kinder- und Allgemeinpsychiatern liegt für die Behandlung von Psychosen aus dem schizophrenen Formenkreis eine große Chance.

23.8 Fazit

Auch wenn frühe Verlaufsformen von Psychosen des schizophrenen Formenkreises eine starke neurobiologische Prädisposition nahelegen, muss ein biologischer Determinismus von ungünstigen Verläufen angezweifelt werden. Betrachtet man die immer noch vieler Orts unsystematischen Therapieversuche im ambulanten und stationären Bereich – wobei nicht selten zwischen kinder- und jugendpsychiatrischen und erwachsenenpsychiatrischen Behandlungsangeboten eine Kluft spürbar wird –, dann sollten uns negative Entwicklungsverläufe gegenüber unseren Therapie- und Rehabilitationsmaßnahmen kritisch machen. Gerade unter Entwicklungsaspekten muss betont werden, dass der schizophrene Einbruch bei Jugendlichen in einer Zeit vieler psychosozialer Weichenstellungen erfolgt und dort ungünstige Entwicklungseinflüsse zeitigen muss. Nach Abklingen der akuten Symptomatik kann die weitere Entwicklung nicht einfach einem natürlichen Verlauf überlassen werden. Wir gehen davon aus, dass ein besseres und integriertes Behandlungsangebot die negative Verlaufsbilanz bessern helfen kann.

In einem kulturvergleichenden Ansatz muss festgestellt werden, dass die soziale Prognose schizophrener Psychosen in den nicht hochindustriellen Ländern günstiger erscheint, obwohl dort das Gesundheitssystem weniger gut und systematisch organisiert ist.

Die Rolle der Familie muss in diesem Zusammenhang noch einmal neu ins Zentrum der Aufmerksamkeit treten.

Als gute prognostische Kriterien können gelten:
- gute soziale Unterstützung
- weniger Kritik und Überinvolviertheit im Sinne von reduzierter *expressed emotion*
- Toleranz gegenüber auffälligem Verhalten durch Gesellschaft und Familie
- Entwicklung eigener Partnerschaften

Die Reintegration von jungen Patienten mit Psychosen aus dem schizophrenen Formenkreis ist eine gesamtgesellschaftliche Herausforderung (Isaac et al. 2007).

Literatur

Adams CE, Awad G, Rathbone J, Thornley B. Chlorpromazine versus placebo for schizophrenia. Cochrane Database Syst Rev 2007: CD000284.

Amminger GP, Resch F, Mutschlechner R, Friedrich MH, Ernst E. Premorbid adjustment and remission of positive symptoms in first-episode psychosis. Eur Child Adolesc Psychiatry 1997; 6: 212–8.

Asarnow JR. Annotation: childhood-onset schizophrenia. J Child Psychol Psychiatry 1994; 35: 1345–71.

Literatur

Bateson G, Jackson DD, Haley J, Weakland J. Auf dem Weg zu einer Schizophrenie-Theorie. In: Bateson G, Jackson DD, Haley J, Weakland JH, Wynne LC (Hrsg). Schizophrenie und Familie. 5 Aufl. Frankfurt: Suhrkamp 1996; 11–42.

Bediou B, Asri F, Brunelin J, Krolak-Salmon P, D'Amato T, Saoud M, Tazi I. Emotion recognition and genetic vulnerability to schizophrenia. Br J Psychiatry 2007; 191: 126–30.

Bleuler E. Dementia praecox oder die Gruppe der Schizophrenien. Leipzig: Deuticke 1911.

Brickman AM, Buchsbaum MS, Bloom R, Bokhoven P, Paul-Odouard R, Haznedar MM, Dahlman KL, Hazlett EA, Aronowitz J, Heath D, Shihabuddin L. Neuropsychological functioning in first-break, never-medicated adolescents with psychosis. J Nerv Ment Dis 2004; 192: 615–22.

Brown GW, Birley JL, Wing JK. Influence of family life on the course of schizophrenic disorders: a replication. Br J Psychiatry 1972; 121: 241–58.

Burd L, Kerbeshian J. A North Dakota prevalence study of schizophrenia presenting in childhood. J Am Acad Child Adolesc Psychiatry 1987; 26: 347–50.

Bürgin D, Meng H (eds). Childhood and Adolescent Psychosis. Basel: Karger 2004.

Butzlaff RL, Hooley JM. Expressed emotion and psychiatric relapse: a meta-analysis. Arch Gen Psychiatry 1998; 55: 547–52.

Ciompi L. Affect logic and schizophrenia. In: Eggers C (ed). Schizophrenia and Youth. Heidelberg: Springer 1991; 15–27.

Clark AF, Lewis SW. Treatment of schizophrenia in childhood and adolescence. J Child Psychol Psychiatry 1998; 39: 1071–81.

Eggers C, Bunk D. The long-term course of childhood-onset schizophrenia: a 42-year followup. Schizophr Bull 1997; 23: 105–17.

Emminghaus H. Die psychischen Störungen des Kindesalters. Tübingen: Laupp 1887.

Fleischhaker C, Schulz E, Remschmidt H. Psychotische Störungen und Substanzmissbrauch bei Jugendlichen und jungen Erwachsenen. In: Remschmidt H (Hrsg). Schizophrene Erkrankungen im Kindes- und Jugendalter. Stuttgart: Schattauer 2004; 41–50.

Franzek E, Beckmann H. Schizophrenie und jahreszeitliche Geburtenverteilung – Konträre Ergebnisse in Abhängigkeit von der genetischen Belastung. Fortschr Neurol Psychiatr 1993; 61: 22–6.

Gaebel W. Intermittent medication – an alternative? Acta Psychiatr Scand Suppl 1994; 382: 33–8.

Gillberg C. Epidemiology of early onset schizophrenia. In: Remschmidt H (ed). Schizophrenia in children and adolescents. Cambridge: Cambridge University Press 2001; 43–59.

Glynn SM, Cohen AN, Niv N. New challenges in family interventions for schizophrenia. Expert Rev Neurother 2007; 7: 33–43.

Green MF. What are the functional consequences of neurocognitive deficits in schizophrenia? Am J Psychiatry 1996; 153: 321–30.

Grüsser OJ. Impairment of perception and recognition of faces, facial expression and gestures in schizophrenic children and adolescents. In: Eggers C (ed). Schizophrenia and Youth. Heidelberg: Springer 1991; 100–18.

Häfner H. Das Rätsel Schizophrenie: eine Krankheit wird entschlüsselt. München: Beck 2001.

Häfner H, an der Heiden W. Epidemiology of Schizophrenia. Can J Psychiatry 1997; 42: 139–51.

Häfner H, Riecher A, Maurer K, Fätkenheuer B, Löffler W, an der Heiden W, Munk-Jorgensen P, Strömgren E. Geschlechtsunterschiede bei schizophrenen Erkrankungen. Fortschr Neurol Psychiatr 1991; 59: 343–60.

Häfner H, Nowotny B, Löffler W, an der Heiden W, Maurer K. When and how does schizophrenia produce social deficits? Eur Arch Psychiatry Clin Neurosci 1995; 246: 17–28.

Hahlweg K, Dose M. Schizophrenie. Göttingen: Hogrefe 1998.

Huber G. Das Konzept substratnaher Basissymptome und seine Bedeutung für Theorie und Therapie schizophrener Erkrankungen. Nervenarzt 1983; 54: 23–32.

Huber G, Gross G. Advances in therapy and prevention of schizophrenic disorders. Neurol Psychiatry Brain Res 1997; 5: 1–8.

Indredavik MS, Vik T, Heyerdahl S, Kulseng S, Fayers P, Brubakk AM. Psychiatric symptoms and disorders in adolescents with low birth weight. Arch Dis Child Fetal Neonatal Ed 2004; 89: F445–50.

Isaac M, Chand P, Murthy P. Schizophrenia outcome measures in the wider international community. Br J Psychiatry 2007; 191: 71–7.

Jacobsen LK, Rapoport JL. Research update: childhood-onset schizophrenia: implications of clinical and neurobiological research. J Child Psychol Psychiatry 1998; 39: 101–13.

Janzarik W. Strukturdynamische Grundlagen der Psychiatrie. Stuttgart: Enke 1988.

Jaspers K. Allgemeine Psychopathologie. 9. Aufl. Berlin: Springer 1973.

Johannessen JO. Early recognition and intervention: the key to success in the treatment of schizophrenia? Dis Manage Health Outcomes 2001; 9: 317–27.

Jolley AG, Hirsch SR, Morrison E, McRink A, Wilson L. Trial of brief intermittent neuroleptic prophylaxis for selected schizophrenic outpatients: clinical and social outcome at two years. BMJ 1990; 301: 837–42.

Karp-Illowsky B, Garvey M, Jacobsen LK, Frazier JA, Hamburger SD, Bedwell JS, Rapoport JL. Abnormal neurologic maturation in adolescents with early-onset schizophrenia. Am J Psychiatry 2001; 158: 118–22.

Keshavan MS. Development, disease and degeneration in schizophrenia: a unitary pathophysiological model. J Psychiatr Res 1999; 33: 513–21.

Keshavan MS, Hogarty GE. Brain maturational processes and delayed onset in schizophrenia. Dev Psychopathol 1999; 11: 525–43.

King S. Is expressed emotion cause or effect in the mothers of schizophrenic young adults? Schizophr Res 2000; 45: 65–78.

Kissling W, Pitschel-Walz G (Hrsg). Mit Schizophrenie leben. Informationen für Patienten und Angehörige. Stuttgart: Schattauer 2003.

Klosterkötter J. Basissymptome und Endphänomene der Schizophrenie. Berlin: Springer 1988.

Klosterkötter J, Hellmich M, Steinmeyer EM, Schultze-Lutter F. Diagnosing schizophrenia in the initial prodromal phase. Arch Gen Psychiatry 2001; 58: 158–64.

Kraepelin E. Ein kurzes Lehrbuch für Studierende und Ärzte. 4 Aufl. Leipzig: Abel 1893.

Lehman AF, Kreyenbuhl J, Buchanan RW, Dickerson FB, Dixon LB, Goldberg R, Green-Paden LD, Tenhula WN, Boerescu D, Tek C, Sandson N, Steinwachs D. The schizophrenia patient outcome research team (PORT): updated treatment recommendations 2003. Schizophr Bull 2004; 30: 193–217.

Lewis R. Typical and atypical antipsychotics in adolescent schizophrenia: efficacy, tolerability, and differential sensitivity to extrapyramidal symptoms. Can J Psychiatry 1998; 43: 596–604.

Machleidt W, Haltenhof H, Garlipp P. Schizophrenie – eine affektive Erkrankung? Stuttgart, New York: Schattauer 1999.

Martin M. Verlauf der Schizophrenie im Jugendalter unter Rehabilitationsbedingungen. Stuttgart: Enke 1991.

McGorry PD, Edwards J. The feasibility and effectiveness of early intervention in psychotic disorders: the Australian experience. Int Clin Psychopharmacol 1998; 13: S47–S52.

McKenna PJ. Schizophrenia and related syndromes. Sussex: Psychology Press 1997.

Meehl PE. Schizotaxia revisited. Arch Gen Psychiatry 1989; 46: 935–44.

Mehler C, Warnke A. Structural brain abnormalities specific to childhood-onset schizophrenia identified by neuroimaging techniques. J Neural Transm 2002; 109: 219–34.

Meltzer HY. Treatment-resistant schizophrenia – the role of clozapine. Curr Med Res Opin 1997; 14: 1–20.

Meltzer HY, Okayli G. Reduction of suicidality during clozapine treatment of neuroleptic-resistant schizophrenia: impact on risk-benefit assessment. Am J Psychiatry 1995; 152: 183–90.

Merry S, Werry JS. Course and prognosis. In: Remschmidt H (ed). Schizophrenia in children and adolescents. Cambridge: Cambridge University Press 2001; 268–97.

Mortensen PB, Pedersen CB, Westergaard T, Wohlfahrt J, Ewald H, Mors O, Andersen PK, Melbye M. Effects of family history and place and season of birth on the risk of schizophrenia. N Engl J Med 1999; 340: 603–8.

Niethammer R, Weisbrod M, Schiesser S, Grothe J, Maier S, Peter U, Kaufmann C, Schroder J, Sauer H. Genetic influence on laterality in schizophrenia? A twin study of neurological soft signs. Am J Psychiatry 2000; 157: 272–4.

Nüchterlein KH. Vulnerability models for schizophrenia. States of the art. In: Haefner H, Gattaz WF, Janzarik W (eds). Search for the causes of schizophrenia. Berlin: Springer 1987; 297–316.

Pharoah F, Mari J, Rathbone J, Wong W. Family intervention for schizophrenia. Cochrane Database Syst Rev 2006: CD000088.

Pöldinger W. Die Abschätzung der Suizidalität. Bern: Huber 1968.

Poulton R, Caspi A, Moffitt TE, Cannon M, Murray R, Harrington H. Children's self-reported psychotic symptoms and adult schizophreniform disorder: a 15-year longitudinal study. Arch Gen Psychiatry 2000; 57: 1053–8.

Remschmidt H (ed). Schizophrenia in children and adolescents. Cambridge: Cambrigde University Press 2001.

Resch F. Therapie der Adoleszentenpsychosen: psychopathologische, psychobiologische und entwicklungspsychologische Aspekte aus therapeutischer Sicht. Stuttgart: Thieme 1992.

Resch F. Psychotherapeutische und soziotherapeutische Aspekte bei schizophrenen Psychosen des Kinder- und Jugendalters. Z Kinder Jugendpsychiatr Psychother 1994; 22: 275–84.

Resch F. Schizophrenie. In: Herpertz-Dahlmann B, Resch F, Schulte-Markwort M, Warnke A (Hrsg). Entwicklungspsychiatrie – Biopsychologische Grundlagen und die Entwicklung psychischer Störungen. Stuttgart: Schattauer 2003; 637–67.

Resch F. Früherkennung, Frühbehandlung und Rehabilitation bei jugendlichen Patienten mit Psychosen aus dem schizophrenen Formenkreis. In: Frank R (Hrsg). Rehabilitation von Jugendlichen mit neuropsychiatrischen Erkrankungen. Freiburg: Lambertus 2005.

Resch F. Frühdiagnose und multimodale Behandlung schizophrener Psychosen bei Kindern und Jugendlichen. In: Nissen G, Warnke A, Badura F (Hrsg). Therapie altersabhängiger psychischer Störungen. Stuttgart: Schattauer 2006; 43–53.

Resch F, Koch E. Adoleszentenkrisen – Adoleszentenpsychosen. In: Frischenschlager O, Hexel M, Kantner-Rumplmair W, Ringler M, Söllner W, Wisiak UV (Hrsg). Lehrbuch der Psychosozialen Medizin. Wien: Springer 1995; 489–501.

Resch F, Parzer P, Amminger P, Hedemann S, Brunner R, Koch E. On the existence of early warning signs of schizophrenic syndromes among children and adolescents. Neurol Psychiatry Brain Res 1998; 6: 45–50.

Resch F, Koch E, Möhler E, Parzer P, Brunner R. Early detection of psychotic disorders in adolescents: specificity of basic symptoms in psychiatric patient samples. Psychopathology 2002; 35: 259–66.

Ringel E. Selbstmordverhütung. Bern: Huber 1969.

Sauer H, Weisbrod M. Schizophrene und affektive Störungen. In: Helmchen H, Henn F, Lauter H, Sartorius N (Hrsg). Psychiatrie der Gegenwart. 4 Aufl. Berlin, Heidelberg: Springer 2000; 105–16.

Schimmelmann BG, Meng H, Koch E, Karle M, Preuss U, Schulte-Markwort M. Expressed Emotion im Verlauf kinder- und jugendpsychiatrischer Störungen. Fortschr Neurol Psychiatr 2003; 71: 517–26.

Schneider K. Klinische Psychopathologie. Stuttgart: Thieme 1976.

Schröder J, Niethammer R, Geider FJ, Reitz C, Binkert M, Jauss M, Sauer H. Neurological soft signs in schizophrenia. Schizophr Res 1991; 6: 25–30.

Smith GN, Kopala LC, Lapointe JS, MacEwan GW, Altman S, Flynn SW, Schneider T, Falkai P, Honer WG. Obstetric complications, treatment response and brain morphology in adult-onset and early-onset males with schizophrenia. Psychol Med 1998; 28: 645–53.

Spitzer M, Lucas M, Maier S, Hermle L. Das Verstehen metaphorischer Rede bei gesunden Probanden und schizophrenen Patienten. Ein experimentalpsychopathologischer Beitrag zum Konkretismus. Nervenarzt 1994; 65: 282–92.

Sporn AL, Greenstein DK, Gogtay N, Jeffries NO, Lenane M, Gochman P, Clasen LS, Blumenthal J, Giedd JN, Rapoport JL. Progressive brain volume loss during adolescence in childhood-onset schizophrenia. Am J Psychiatry 2003; 160: 2181–9.

Stayer C, Sporn A, Gogtay N, Tossel J, Lenane M, Gochman P, Rapoport JL. Looking for childhood schizophrenia: case series of false positives. J Am Acad Child Adolesc Psychiatry 2004; 43: 1026–9.

Tienari P, Wynne LC, Sorri A, Lahti I, Laksy K, Moring J, Naarala M, Nieminen P, Wahlberg KE. Genotype-environment interaction in schizophrenia-spectrum disorder. Long-term follow-up study of Finnish adoptees. Br J Psychiatry 2004; 184: 216–22.

Van Os J, Jones P, Sham P, Bebbington P, Murray RM. Risk factors for onset and persistence of psychosis. Soc Psychiatry Psychiatr Epidemiol 1998; 33: 596–605.

Volkmar FR. Childhood and adolescent psychosis: a review of the past 10 years. J Am Acad Child Adolesc Psychiatry 1996; 35: 843–51.

Werry JS, McClellan JM, Chard L. Childhood and adolescent schizophrenic, bipolar, and schizoaffective disorders: a clinical and outcome study. J Am Acad Child Adolesc Psychiatry 1991; 30: 457–65.

Yung AR, McGorry PD. The prodromal phase of first-episode psychosis: past and current conceptualizations. Schizophr Bull 1996; 22: 353–70.

Zubin J, Spring B. Vulnerability – a new view of schizophrenia. J Abnorm Psychol 1977; 86: 103–26.

24 Affektive Störungen

Michael Kölch, Jörg M. Fegert und Harald J. Freyberger

Inhalt

24.1 Einleitung ... 261
24.2 Definition und Klassifikation ... 262
24.3 Epidemiologie und Prävalenz ... 262
24.4 Symptomentwicklung und Komorbidität ... 263
24.5 Ätiologie und Pathogenese ... 266
24.6 Therapie ... 269
24.7 Fazit ... 274
Literatur ... 275

Zusammenfassung

Depressive Störungen in der Adoleszenz sind Störungen mit einer hohen Gefahr der Chronifizierung und schweren Auswirkungen auf das psychosoziale Funktionsniveau. Ihre Häufigkeit macht sie zu einem vordringlichen Problem in der Psychiatrie und Psychotherapie, zumal depressive Störungen vielfach mit komorbiden, schweren Störungen, u. a auch Abhängigkeitserkrankungen, vergesellschaftet sind. Die diagnostischen Kriterien, so wie sie in der ICD-10 vorliegen, treffen aufgrund der Symptomheterogenität im Jugendalter oftmals nicht eindeutig zu, sodass hier eine genaue Untersuchung und Differenzierung der Psychopathologie notwendig ist. Bipolare Störungen, in der Kindheit selten, werden mit dem Jugendalter häufiger. Neurobiologische Befunde bei beiden Störungsbildern sind mannigfach, allerdings geben sie bisher keine erschöpfende Antwort zur Ätiologie und zu Therapiemöglichkeiten. Die Effektivität einzelner Therapieinterventionen bei depressiven Störungen ist derzeit nicht eindeutig belegt, auf jeden Fall unterscheidet sich der Response auf therapeutische Maßnahmen bei Kindern und Jugendlichen deutlich von Erwachsenen. In der Therapie bipolarer Störungen ergeben sich wenige Unterschiede, bis auf den eher zurückhaltenden Einsatz von Lithium in der Kinder- und Jugendpsychiatrie.

24.1 Einleitung

Affektive Störungen gehören im Hinblick auf die Konsequenzen für das psychosoziale Funktionsniveau der Betroffenen zu den schwersten psychischen Störungen überhaupt. Während depressive Erkrankungen zu den häufigsten psychischen Störungen gehören, sind die bipolaren affektiven Störungen zumindest teilweise durch einen problematischen Verlauf gekennzeichnet. Das Spektrum des Schweregrades wird einerseits durch Symptomkriterien definiert (z. B. leicht, mittelgradig, schwer; Hypomanie, Manie) und andererseits durch komplizierende Merkmale (z. B. somatisches Syndrom; mit/ohne psychotische Symptome). Die gängigen Klassifikationssysteme kennen keine Unterschiede in der Symptomatik für Kinder, Jugendliche und Erwachsene, dennoch können insbesondere depressive Störungen eine sehr unterschiedliche Symptomatik zeigen, je nachdem, in welchem Lebensalter sie auftreten. Vermutlich werden viele depressive Störungen gerade im Jugendalter nicht erkannt und je nach Symptomatik als eine ganz andere Störung diagnostiziert. Allerdings können einige depressive Erkrankungen bei Minderjährigen passager auftreten, da sie reaktiv bedingt sind. Zwar können depressive Störungen in der Symptomatik denen im Erwachsenenalter gleichen, in der Chronizität und Schwere unterscheiden sie sich aber deutlich von affektiven Psychosen bei erwachsenen Patienten.

! Aus gesundheitsökonomischer Sicht ist deswegen eine frühzeitige Identifikation und suffiziente Behandlung jener depressiven Störungen im Jugendalter entscheidend, die eine hohe Gefahr für eine Persistenz aufweisen und chronisch zu werden drohen. Diese Formen bedeuten für den Patienten immenses Leid – mit massiven Einschränkungen in der Bewältigung von Entwicklungsschritten wie Ausbildung, Partnerschaft und Autonomieentwicklung.

Das Auftreten von manischen und bipolaren Störungen im Kindes- und Jugendalter ist nicht unumstritten, da für das Auftreten entsprechender Affektqualitäten ein Mindestmaß an Affektdifferenzierung und ein phasenhafter Verlauf vorliegen müssen. Gerade zwischen den USA und der europäischen Kinder- und Jugendpsychiatrie besteht hier ein Gegensatz in der Klassifikation und Epidemiologie. Psychopathologische Symptome der Manie, wie Getriebenheit, Konzentrationsstörungen oder Hyperaktivität, können zum einen entwicklungsphysiologischen Phänomenen bei Kindern ähneln, zum anderen können sie auch Symptome einer Aufmerksamkeitsdefizit-Hyperaktivitätsstörung (ADHS) sein und damit zu einer prognostisch und in der Therapie vollkommen anderen Störungsgruppe gehören.

24.2 Definition und Klassifikation

DSM-IV und ICD-10 unterscheiden sich terminologisch nur leicht; spricht das DSM-IV von der *Major Depressive Disorder* (MDD), werden die analogen Störungsbilder in der ICD-10 unter affektiven Störungen kodiert und als depressive Episoden bezeichnet (Tab. 24-1). Im Vergleich zwischen DSM-IV und ICD-10 ergeben sich hinsichtlich der Symptomatik der majoren Depression keine relevanten Unterschiede. Das DSM-IV benennt aber explizit wiederkehrende Gedanken an den Tod als Kriterium für eine MDD. Nach DSM-IV sollen die Chronizität und die Schwere der Symptomausprägung beschrieben werden. Psychotische und katatone Symptome werden klassifiziert, ebenso atypische abnorme Denkinhalte.

Die ICD-10 kennt unterschiedliche Schweregrade bei depressiven Störungen, dagegen werden in der DSM-IV alle depressiven Störungen, so sie eine hinreichende Anzahl an Symptomen zeigen, als MDD klassifiziert. Der Schweregrad einer Episode nach ICD-10 bestimmt sich durch das Auftreten einer bestimmten Anzahl von Symptomen. So wird bei einer leichten Episode verlangt, dass mindestens zwei Symptome aus dem Komplex depressive Stimmung, Freude-/Interessensverlust und erhöhte Ermüdbarkeit vorliegen und zusätzlich zwei Symptome der übrigen bei der affektiven Psychose genannten Symptome vorkommen, bei mittelgradigen und schweren Episoden entsprechend mehr Symptome. Eine rezidivierende Störung wird kodiert, wenn mehrere Erkrankungsphasen aufgetreten sind. Bei der Dysthymie ist keines der Symptome so stark ausgeprägt wie bei einer depressiven Episode, dafür aber länger (mindestens länger als 6 Monate), chronisch vorhanden; der episodenhafte Verlauf fehlt hier.

Bei den manischen Episoden differenziert die ICD-10 zwischen Hypomanie und Manien mit oder ohne psychotische Episoden, während das DSM-IV zwischen verschiedenen Typen der bipolaren Störungen unterscheidet. Die bipolare Störung wird in der ICD-10 entsprechend der derzeit im Vordergrund stehenden Symptomatik anhand von Schweregraddifferenzierungen abgebildet (Tab. 24-2). Das DSM-IV kennt die Untergruppen »Bipolar-I«, bei der mindestens eine manische oder gemischte Episode vorliegt und das Krankheitsbild bereits bei der ersten Episode diagnostiziert werden kann, sowie »Bipolar-II«, bei der mindestens eine depressive und eine hypomane Episode aufgetreten sein muss. Bei Bipolar-II darf keine manische und gemischte Episode aufgetreten sein. Das DSM-IV berücksichtigt weiterhin noch den Verlauf mit folgenden Unterformen:

- mit oder ohne vollständiger Remission zwischen den Episoden
- saisonale Muster
- das sogenannte »Rapid-cycling«, bei dem mind. vier Episoden in den letzten zwölf Monaten aufgetreten sind

Tab. 24-1 Klassifikation der Depression nach ICD-10 und DSM-IV

ICD-10	DSM-IV
• depressive Episode (F32) – leicht (F32.0) – mittelgradig (F32.1) – schwer ohne psychotische Symptome (F32.2) – schwer mit psychotischen Symptomen (F32.3) • rezidivierende depressive Störung (F33) – mit jeweiligem Schweregrad (F33.0–3) – remittiert (F33.4) • Dysthymia (F34.1)	• Major Depressive Disorder – eine einzelne Episode – rezidivierende Episoden (zwischen den Episoden mind. zwei Monate ohne Symptome) Sonderform nach DSM-IV: • postpartale Depression

Tab. 24-2 Klassifikation von Manien und bipolaren Störungen nach ICD-10

- manische Episode (F30)
  - Hypomanie (F30.0)
  - Manie ohne psychotische Symptome (F30.1)
  - Manie mit psychotischen Symptomen (F30.2)
- bipolare affektive Störung (F31)
  - gegenwärtig hypomanische Episode (F31.0)
  - gegenwärtig manische Episoden (mit/ohne psychotische Symptome, F31.1/F31.2)
  - gegenwärtig leichte oder mittelgradige depressive Episode (mit oder ohne somatische Symptome, F31.3)
  - gegenwärtig schwere depressive Episode (ohne/mit psychotische Symptome, F31.4/F31.5)
  - gegenwärtig gemischte Episode (F31.6)
  - gegenwärtig remittiert (F31.7)

24.3 Epidemiologie und Prävalenz

24.3.1 Depressive Störungen

Depressive Störungen stellen sowohl eine der häufigsten Erkrankungen generell als auch eine der häufigsten psychischen Störungen dar. Die WHO-Erhebung zur Prävalenz psychischer Störungen weltweit hat gezeigt, dass affektive Störungen nach den Angststörungen die häufigsten psychischen Störungen sind (Kessler et al. 2005). Zudem gehören sie zu den Erkrankungen, die mit die größten Auswirkungen auf das Leben und die Lebensqualität des Einzelnen haben und zudem enorme Folgekosten, etwa aufgrund andauernder Invalidität, bedingen. Nach Aussage der WHO sind depressive Störungen in den Industrienationen das »*first line public health issue*« (Europäische Kommission 2005; WHO 2001). Bei Erwachsenen wird eine Prävalenz um die 10 % angenommen, wobei der Erkrankungsgipfel um das 30. Lebensjahr liegen soll, also später als bei schizophrenen Psychosen.

Bei Minderjährigen sind die Prävalenzzahlen für kleinere Kinder niedriger, nähern sich aber mit der Pubertät den Prävalenzraten bei Erwachsenenalter an (Oldehinkel et al. 1999). Bei Minderjährigen werden Größenordnungen von 3 bis 10 % angegeben, die von depressiven Störungen betroffen sind, wobei bei jüngeren Kindern viele depressionsähnliche Symptome unter »emotionalen Störungen des Kindesalter« klassifiziert werden und damit nicht bei den affektiven Störungen im Kapitel F3 der ICD-10 auftauchen (Weissmann et al. 1999). Depressive Störungen zeigen im Jugendalter eine deutliche Mädchenwendigkeit, zwei von drei Erkrankten sind weiblichen Geschlechts (Oldehinkel et al. 1999).

Die Erkrankung hat gerade im Kindes- und Jugendalter ausgesprochen unterschiedliche Verlaufsformen: Einerseits remittiert fast die Hälfte der Depressionen bei Minderjährigen innerhalb eines Jahres. Andererseits sollen ungefähr 50 % der Erkrankten bis in das Erwachsenenalter krankheitswertige Symptome zeigen (Fombonne et al. 2002). Bei den vor der Pubertät auftretenden Depressionen handelt es sich meistens um Reaktionen auf belastende Ereignisse, die eher gute Remissionschancen haben.

> Tatsächlich ist nicht der Umstand, dass eine Depression in jungen Jahren beginnt, prognostisch ungünstig, sondern das Auftreten in oder nach der Pubertät zeugt eher von einer schlechten Prognose (Fombonne et al. 2002). Jene depressiven Erkrankungen, die in der Adoleszenz beginnen, haben ein hohes Chronifizierungsrisiko und besitzen daher therapeutisch eine besondere Bedeutung.

Die Dysthymie, obwohl prinzipiell leichter in der Symptomausprägung, zeigt eine schlechte Remissionsrate (33 %), wobei auch depressive Episoden nur zu 43 % nach 20 Monaten remittiert waren (Oldehinkel et al. 1999). Gerade die Verhinderung von entscheidenden Entwicklungsschritten, wie nicht erreichte Schulabschlüsse aufgrund eines Leistungsknicks, fehlende Ausbildungen, abgebrochene Studien, oder aber auch eine mangelnde soziale Einbindung durch krankheitsbedingte Absenz einer Partnerschaft und anderer Sozialpartner führen dazu, dass depressive Erkrankungen in der Adoleszenz jenseits unmittelbarerer Krankheitssymptome auch langfristige Auswirkungen auf das psychosoziale Funktionsniveau haben können. Wenige betroffene Jugendliche (max. etwa ein Viertel) erhalten eine Behandlung (Oldehinkel et al. 1999).

Bei Erwachsenen zeigt sich, dass die Erkrankung bei einem hohen Prozentsatz der an einer Depression Erkrankten entgegen der weithin vertretenen Meinung keinen selbstlimitierenden Verlauf nach etwa einem halben Jahr zeigt, sondern auch noch nach einem Jahr persistierte (Simon et al. 2002).

> Damit stellt die Depression in jedem Lebensalter eine interventionspflichtige Störung dar.

24.3.2 Bipolare Störungen und manische Erkrankungen

Vor dem 10. Lebensjahr sind bipolare Störungen äußerst selten, die Prävalenz soll bei 0,3–0,5 % liegen. Im Jugendlichenalter werden Prävalenzzahlen von etwa 1 % genannt. In den USA wird seit ungefähr einer Dekade vermehrt die Diagnose »bipolar« auch bei Kindern gestellt (Biedermann et al. 1996; Moreno et al. 2007). Dabei handelt es sich aber nicht um das klassische, in der Erwachsenenpsychiatrie bekannte Bild, sondern vielmehr um Kinder, die in Europa die Diagnosen einer Störung des Sozialverhaltens und einer hyperkinetischen Störung erhalten würden (Holtmann et al. 2007). Insofern sind die epidemiologischen Zahlen aus den USA auch in ihrer Übertragbarkeit und vor allem in ihrer Implikation für die Therapie zurückhaltend zu interpretieren. Für das Erwachsenenalter nimmt man eine Prävalenzrate zwischen 1–2,5 % an.

24.4 Symptomentwicklung und Komorbidität

24.4.1 Depressive Störungen

Die klassische Symptomtrias bei depressiven Störungen besteht aus *Stimmungsproblemen* wie Traurigkeit, *Antriebsverminderung* und *Denkstörungen* wie Grübeln und Gedankenkreisen (Tab. 24-3). Je jünger Patienten sind, desto weniger eindeutig können sich die Symptome zeigen. Bei Kindern und Jugendlichen sind die depressiven Störungen im Sinne der affektiven Psychosen (ICD-10) oder der »Major Depression« (MDD, DSM-IV) zu unterscheiden von emotionalen Störungen, die eher unspezifische Symptome und Varianten »normalen« Erlebens in krankheitswertiger Ausprägung zeigen. Generell hat eine MDD Auswirkungen auf das soziale oder persönliche Funktionsniveau. Bei älteren Jugendlichen und jungen Erwachsenen dominiert eine Symptomatik ähnlich wie bei Erwachsenen, das Spektrum der Symptome ist aber oft deutlich vielfältiger.

Die britische NICE-Guideline (NICE = National Institute of Clinical Excellence) definiert drei Kernsymptome einer Depression bei Kindern und Jugendlichen (NICE 2004):
- Stimmungsprobleme (wie Traurigkeit, Reizbarkeit, Freudverlust)
- Probleme im Denken (z. B. *ineffective with self-critical focus*, also kognitive Verzerrungen o. Ä.)

Tab. 24-3 Allgemeine Symptome einer Depression (nach ICD-10)

- depressive Stimmung
- Interessenverlust, Freudeverlust
- kein Antrieb, Ermüdbarkeit
- vermindertes Selbstwertgefühl, -vertrauen
- Selbstvorwürfe, Schuldgefühle
- wiederkehrende Todesgedanken
- Konzentrations- bzw. Aufmerksamkeitsprobleme
- psychomotorische Agitiertheit, Hemmung
- Schlafstörungen
- Appetitverlust, Gewichtsverlust (bei Kindern auch mangelnde Gewichtszunahme)

- Veränderungen im Aktivitätsniveau (d. h. ein verminderter Antrieb und eine reduzierte Aktivität)

Für Erwachsene sind nach der NICE-Guideline (NICE 2004) diese vorherrschenden klassischen Symptome der Depression charakteristisch:

- *the absence of a positive affect* (also Interessen- und der Freudverlust und Verlust an Freude am Alltäglichen)
- *low mood* (also Stimmungsveränderungen im Sinne von gedrücktem oder herabgestimmtem Affekt)
- *a range of associated emotional, cognitive, physical and behavioural symptoms*

Typisch sind der starre, wenig (auch durch Außenreize nicht) modulierbare Affekt, die Stimmung bleibt schlecht oder es beherrscht gar die Empfindung der Gefühllosigkeit den Tag. Manchmal zeigen sich zirkadiane Schwankungen, deren Amplituden aber eher gering sind und trotz derer über den Tag hinweg dennoch die Traurigkeit bzw. Gefühllosigkeit und niedergedrückte Stimmung dominieren (Andrews u. Jenkins 1999). Typische Symptome sind häufiges Weinen (bis hin zu keinem Affekt und den versiegten Tränen im schlimmsten Fall), Schlafstörungen (vor allem Einschlafstörungen und Frühwachen mit quälendem Wachliegen und letztlich nicht erfrischendem Schlaf), Schmerzen (Gerber et al. 1992) und verminderter Appetit (bis hin zum Gewichtsverlust). Sexuelle Inappetenz, Erschöpfung und insgesamt vermindertes Aktivitätsniveau sind ebenso oftmals zu explorieren. Die Sonderform ist eine agitierte Depression, bei der Ruhelosigkeit und Getriebenheit imponieren.

Typische Denkstörungen bei depressiven Patienten sind Wertlosigkeitsgedanken, Sinnlosigkeitsdenken, Versagens- und Schuldgefühle, Hilflosigkeitsgefühle. Klassisch ist die negative kognitive Triade nach Beck (1974) mit negativem Denken über sich selbst, die Umwelt und die Zukunft, die das Denken Depressiver bestimmen soll. Insgesamt kann das Denken verlangsamt sein, kreisend und in schweren Fällen auch gehemmt und gesperrt. Mimisch imponieren depressive Patienten durch einen reduzierten Affektausdruck, der bis hin zur völligen Starre reichen kann (Cassano u. Fava 2002; NICE 2004).

In der Adoleszenz werden wichtige Entwicklungsschritte absolviert, wie Ausbildung, Partnerschaftssuche, Findung der sexuellen Identität. Jeder dieser Schritte stellt zugleich eine Barriere dar, die überwunden werden muss, die aber auch die Gefahr beinhaltet, dass der Jugendliche daran scheitert. Dies kann dann zu reaktiven depressiven Zuständen führen und erklärt – zumindest ansatzweise –, weshalb bei Jugendlichen und Adoleszenten ein hoher Prozentsatz reaktiver Depressionen anzunehmen ist, der einen Zusammenhang mit der beobachtbaren hohen Rate an Spontanremissionen besitzt.

Ein Teil der klassischerweise zu erwartenden Symptome, wie z. B. der Schuldwahn, ist in der Altersgruppe von Kindern und Jugendlichen/Adoleszenten noch nicht bzw. weitaus weniger ausgeprägt anzutreffen. Dagegen finden sich alterstypische Versagensängste, etwa bezogen auf Schulleistungen, Ausbildung, Peer-Gruppen-Verhalten und erste Partnerschaften. Diese alterstypischen Unterschiede werden explizit auch von den jeweiligen Autoren der entsprechenden Leitlinien aus den USA, Großbritannien und Deutschland erwähnt.

Zwei Cluster an Symptomen sind bei Minderjährigen mit depressiven Störungen typisch: Bei **älteren Kindern und Jugendlichen** zeigen sich folgende alterstypische Symptome einer Depression:

- selbstverletzendes Verhalten
- sozialer Rückzug (geht nicht mehr in Verein, trifft sich nicht mehr mit Freunden) und Beziehungsprobleme
- Leistungsabfall in der Schule
- Verschiebung des Tag-Nacht-Rhythmus
- Substanz-/Alkoholabusus

Bei **jüngeren Kindern** dominieren eher die folgenden Symptome (nach Ihle et al. 2004):

- Traurigkeit
- Zurückgezogenheit
- körperliche Schmerzen (Bauch-, Kopf- und Muskelschmerzen)
- Wütendsein/unerklärbare Wutanfälle
- erhöhte Reizbarkeit/Gereiztheit
- Müdigkeit
- Angst vor dem Tod
- Gelangweiltsein

Die Kinder berichten wenig Positives über sich; bisweilen herrscht bereits ein negativer Denkstil, so weisen sich die Kinder etwa selbst Schuld für die Traurigkeit, ihre Symptome und Probleme in der Familie zu.

Als Besonderheit ist bei Kindern und Jugendlichen, vor allem auch in der Exploration zu beachten, dass Traurigkeit oftmals verleugnet – oder als solche nicht wahrgenommen – wird, aber die Kinder/Jugendlichen angeben, sich fertig, »down« oder niedergeschlagen zu fühlen. In immerhin 15–20 % der Fälle ist eine manifeste Anhedonie zu explorieren. Ansonsten treten psychopathologische Phänomene wie Hoffnungslosigkeit, Konzentrationsprobleme und Entscheidungsunfähigkeit (»Weiß-nicht-Antworten«) auf. Gerade letztgenanntes Phänomen ist bei der Exploration jugendlicher depressiver Patienten zu beobachten: Die Symptomatik wird weniger eindrücklich geschildert, sondern eher durch dissimilierende Antworten und nihilistischen Antwortstil maskiert.

Die vom Erwachsenenalter bekannten Phänomene wie Appetitsteigerung oder -verminderung und Schlafstörungen treten ebenfalls bei Adoleszenten auf. Bei Kindern, aber auch bei Jugendlichen mit vielen und chronischen, vor allem auch wechselnden Schmerzen ist daran zu denken, dass dies Symptome einer zugrunde liegenden Depression sein können. Ebenso ist zu bedenken, dass Schmerzen an sich auch als Auslöser einer Depression fungieren können, was gerade bei chronisch kranken Patienten bedacht werden muss.

24.4.2 Bipolare Störungen und Manie

Unter **Manie** wird ein Symptomkomplex verstanden, der oft als das »Gegenteil« der Depression gesehen wird, was sich aber bei Betrachtung der Symptome als nicht vollkommen zutreffend erweist: Die gehobene Stimmung ist ein Kriterium, das aber nicht immer als Euphorie oder gar Glücklichsein beobachtet wird, viel häufiger zeigt sich eine gereizte Grundstimmung. Psychopathologisch wird noch eine Hypomanie unterschieden, die weniger klar die Symptome einer Manie zeigt. Sie fällt im Bereich des Kindes- und Jugendalters diagnostisch nicht allzu stark ins Gewicht und ist bisweilen eher als Stimmungslage bei anderen Erkrankungen, etwa den Persönlichkeitsstörungen oder bei Schizophrenien, zu beobachten.

Die Kernsymptome einer Manie sind:
- eine gesteigerte (und in der Entwicklung bisher unübliche) Gesprächigkeit
- Ideenflucht
- der Verlust adäquaten Sozialverhaltens und gesellschaftlich üblicher Hemmungen einschließlich einer möglichen Hypersexualität oder sexuell ungewöhnlichen Verhaltens

Ein vermindertes Schlafbedürfnis kann ebenso auftreten wie Größenideen und massive Konzentrationsstörungen (vgl. DGKJPP 2007). Alterstypisch werden vor der Pubertät erhöhte Irritabilität und emotionale Labilität, Hyperaktivität und gefährliche Verhaltensweisen als Symptomatik genannt.

In der Adoleszenz dann wird das Symptombild der Manie dem im Erwachsenenalter immer ähnlicher, allerdings zeigen sich häufiger psychotische Symptome, gemischte affektive Symptome und schwere Beeinträchtigungen im Sozialverhalten.

Die bipolare Störung zeichnet sich durch das Auftreten sowohl depressiver als auch manischer oder hypomanischer Phasen aus. Diskutiert wird, ob bei Minderjährigen sogenannte rapid-cycler, d. h. Patienten, bei denen die Stimmung rasch, teilweise innerhalb eines Tages wechselt, häufiger sind. Belastbare epidemiologische Daten gibt es aber hierzu nicht.

24.4.3 Komorbidität

Die sicher akut am gefährlichsten erscheinende Komplikation und Komorbidität von affektiven Störungen ist die Suizidalität. Bei Depressionen ist das Risiko für einen vollendeten Suizid im Vergleich zur Normalbevölkerung im Langzeitverlauf zumindest bei Erwachsenen etwa um den Faktor 10 erhöht. Suizidgedanken können ohnehin als Symptome einer depressiven Störung gelten. Zwar ist in Deutschland die Anzahl der Suizide rückläufig und die absoluten Zahlen auch bei unter 30-Jährigen niedrig, dennoch stellen Suizide nach Todesfällen aufgrund von Unfällen die zweithäufigste Todesursache in der Gruppe der unter 30-Jährigen dar (Rübenach 2007). Insbesondere Patienten mit bipolarer Störung sollen in den depressiven Phasen ein erhöhtes Suizidrisiko aufweisen, über ein Sechstel der Patienten mit bipolarer Störung sollen einen Suizid verüben (DGBS 2006; Schmidtke et al. 2002).

Bei **bipolaren Störungen** fällt die Abgrenzung zu schizophrenen Störungen im Jugendalter, vor allem bei der ersten Episode, bisweilen schwer, da bei beiden Störungen wahnhaftes Denken auftreten und in der Phänomenologie die Differenzialdiagnose dadurch anfangs schwierig sein kann. Besonders ist aber im Jugendalter immer auch an entzündliche Gehirnerkrankungen, Neoplasien, Delir etc. und insbesondere an Intoxikationen mit Pharmaka oder/und Drogen zu denken. Bei juveniler Manie oder bipolarer Störung kann auch eine Aufmerksamkeitsdefizit-Hyperaktivitätsstörung (ADHS) vorliegen, wobei dem geschulten Kinder- und Jugendpsychiater die Abgrenzung nicht schwerfallen dürfte.

Depressive Symptome können bei fast jeder psychischen Erkrankung in unterschiedlicher Gewichtung begleitend auftreten, wobei nicht nur subsyndromale Assoziationen insbesondere bei schizophrenen Störungen, Essstörungen, Zwangsstörungen und bei posttraumatischen Belastungsstörungen vorkommen. Mehr als 60 % aller Patienten mit depressiven Störungen zeigten mindestens eine andere komorbide psychische Störung, wobei fast die Hälfte der Patienten vornehmlich somatische Symptome und über ein Drittel Schmerzen angaben (Wittchen et al. 1999). Komorbide depressive Syndrome bei anderen psychischen Störungen oder im Gefolge somatischer Erkrankungen erreichen aber nicht immer das Vollbild einer eigenständigen depressiven Störung. Ein erhöhtes Risiko für depressive Störungen haben Abhängigkeitserkrankungen, wobei die Depression diesen vorangehen oder aber Folge sein kann. Angst- und Zwangsneurosen finden sich ebenfalls gehäuft bei Depressionen.

Eine Besonderheit dürfte sicher für die Adoleszenz sein, dass sich bei Patienten mit Störungen des Sozialverhaltens ebenfalls gehäuft Symptome depressiver Störungen finden. Aus tiefenpsychologischer Sicht wurden die Störungen des Sozialverhaltens lange Zeit als maskierte Depressionen angesehen. Wenngleich dieses Konzept sicher überholt ist, so muss diagnostisch bei Störungen des Sozialverhaltens dennoch auf eine komorbide Depression geachtet und diese gegebenenfalls therapiert werden.

Depressive Störungen oder Phasen können sich nach schizophrenen Erkrankungen einstellen, wenn die Akutphase remittiert ist. Diese Patienten wie auch Patienten mit bipolarer Störung sind in ihren depressiven Phasen suizidgefährdet.

24.5 Ätiologie und Pathogenese

Die **depressiven Störungen** lassen sich in ihrer Ätiologie nicht auf einen Auslöser, eine zugrunde liegende Entstehungstheorie oder einen pathologischen biologischen oder psychischen Grundmechanismus reduzieren. Vielmehr zeigt sich eine Vielzahl dysfunktionaler oder pathologischer Befunde bei Depressiven, die zum Teil widersprüchlich sind, zum Teil aber mosaikartig zusammenpassen. Theoretisch kann ätiologisch weiterhin gelten, wie ehedem die depressiven Störungen eingeteilt wurden, nämlich in reaktive, endogene und exogene Depressionen. Übertragen auf den heutigen Forschungsstand bedeutet dies, dass sowohl genetische, neurobiologische und neurostrukturelle/-funktionale Hypothesen an der Erklärung der Depression Anteil haben, ebenso wie auch lerntheoretische, psychosoziale und psychodynamische Erklärungsmodelle Aspekte der Depression erklären können. Insgesamt sind – auch aufgrund moderner Forschungsmethoden wie der Bildgebung – weitere Ergebnisse in der Detektion von Pathomechanismen und pathologischen Strukturen und Korrelaten der Depression zu erwarten, wenngleich diese unmittelbar zur Therapie der Störung noch wenig beitragen können.

Für die **bipolaren Störungen und Manien** gilt ebenso wie für die Depression, dass zahlreiche ätiologische Ursachen diskutiert werden und höchstwahrscheinlich eine Vielzahl einzelner Risikofaktoren zum Erkrankungsgeschehen beitragen (Schweiß 2004).

24.5.1 Neurobiologische und neuroendokrinologische Faktoren

Die hohen Konkordanzraten, die man bei eineiigen Zwillingen für unipolare Depressionen von 40 % gegenüber zweieiigen Zwillingen (14 %) beobachten kann, haben früh die Hypothese einer genetische Beteiligung an der Erkrankung entstehen lassen (Schulte-Markwort u. Forouher 2003). Auch bei erkrankten Eltern steigt das Risiko eines Nachkommens: Bei einem depressiven Elternteil besteht ein auf 20 % erhöhtes Risiko, ebenfalls an einer Depression zu erkranken, bei zwei depressiven Eltern beträgt das Risiko 50 %, wobei die Heritabilität für schwerere und früh beginnende Depressionen besonders hoch ist (Schulte-Markwort u. Forouher 2003).

Eine Beteiligung des *Serotonin-Systems* im Sinne eines erniedrigten Serotonins an der Synapse im Rahmen von affektiven Störungen ist evident, wenngleich der genaue Mechanismus weiterhin nicht geklärt ist. Die Beteiligung eines Serotonin-Mangelsyndroms an der Pathogenese der Depression stützt sich auf zahlreiche empirische Befunde; so wurde im Liquor depressiver Patienten im Vergleich zu Gesunden eine verminderte Konzentration des Serotonin-Metaboliten 5-Hydroxyindolessigsäure (5-HIES) gefunden, die mit dem Schweregrad der Symptomatik korrelierte (Nemeroff 2002). Depletionsversuche mit Reserpin oder die Hemmung der Serotoninsynthese induzieren beim Menschen depressive Symptome. Post-mortem-Untersuchungen bei depressiven Patienten und Suizidenten ergaben eine signifikante Reduktion (bis zu 40 %) der Serotonin-Transporter in Okzipital-, Frontalkortex und Hippocampus, zudem wurde bei verstorbenen depressiven Patienten im Frontalkortex und auf peripheren Thrombozyten eine vermutlich kompensatorisch erhöhte postsynaptische Serotonin-Rezeptordichte gefunden (Nemeroff 2002).

Auch das noradrenerge System ist bei depressiven Störungen affiziert, so waren auf *Noradrenalin* bezogene Depletionstests sowie eine reduzierte Konzentration des Noradrenalin-Metaboliten 3-Methoxy-4-Hydroxyphenylglycol in Blut, Urin und Liquor ebenfalls mit depressiven Symptomen assoziiert (Nemeroff 2002). Eine stressinduzierte Stimulation des Locus coeruleus könnte mit einer Leerung der Noradrenalin-Reservoirs und einer kompensatorischen Hochregulation der Autorezeptoren zusammenspielen, Ergebnisse, die autoptische Untersuchungen an Suizidenten erbrachten (Ordway 1997). Unter antidepressiver Behandlung kam es im Verlauf zu einer Herabregulation postsynaptischer β-Adrenorezeptoren (Anand u. Charney 2000).

Als gemeinsamer Effekt der Monoamine wird über Aktivierung des *brain-derived neurotrophic factor* (BDNF) die Förderung der hippocampalen Neurogenese vermutet, wo stressbedingte Glukokortikoid-Einwirkungen in der Depression zu Zellaufbau- und -funktionsstörungen führen (Duman et al. 1999). Karege et al. (2005) zeigten erniedrigte Werte für BDNF bei Suizidenten im Hippocampus. Dagegen führen Antidepressiva, aber auch die Elektrokrampftherapie zur Erhöhung von BDNF (Chen et al. 2001). Möglicherweise ist der BDNF aber auch bei einer Vielzahl anderer psychischer Störungen alteriert, auch ein vermuteter genetischer Polymorphismus (BDNF val166) konnte nicht repliziert werden (Angelucci et al. 2005).

Für die Pathogenese der Depression spielt auch Dopamin eine Rolle, da Substanzen mit hemmender Wirkung auf die Dopamin-Wiederaufnahme oder Dopamin-Abbau hemmende Substanzen sowie Dopamin-Agonisten antidepressive Eigen-

schaften zeigen. Dopamin-Metaboliten sind bei depressiven Patienten vermindert (vgl. Nemeroff 2002).
Neuroendokrinologische Faktoren depressiver Erkrankungen beziehen sich vor allem auf Störungen der Hypothalamus-Hypophysen-Nebennierenrinden-Achse mit erhöhter Kortisolsekretion, die durch Gabe von Dexamethason nur unzulänglich unterdrückt werden kann. Ein pathologischer Dexamethason-Test wurde auch bei depressiven Kindern und Jugendlichen in 54 % der Fälle gezeigt (Birmaher et al. 1996), außerdem korrelierten in dieser Altersgruppe abendliche Kortisolhypersekretion, morgendliche Dehydroepiandrosteron (DHEA)-Ausschüttung und das Ausmaß der Major Depression (Goodyer et al. 1996). Schilddrüsendysfunktionen können ebenfalls mit affektiven Symptomen einhergehen und sollten deshalb diagnostisch ausgeschlossen werden. Während bei erwachsenen Depressiven in den ersten Stunden des Nachtschlafs eine verminderte Ausschüttung der Wachstumshormone (GH) festgestellt wurde, zeigte sich bei Kindern und Jugendlichen eine Erhöhung (DeBellis et al. 1996).

Für bipolare Störungen gibt es ebenso Forschungsbefunde zu einer Beteiligung insbesondere des serotonergen und dopaminergen Systems, die Neurotransmitter GABA und Glutamat sollen in der Genese der bipolaren Störung eine Rolle spielen. Auch ist bekannt, dass für Kinder von an bipolaren Störungen erkrankten Eltern ein erhöhtes Risiko von bis zu 60 % besteht, selbst an einer bipolaren Störung/Manie zu erkranken. Auch Zwillingsstudien zeigten eine genetische Komponente der bipolaren Störungen.

In der Bildgebung finden sich einige auffällige Befunde bei depressiven Patienten, ohne dass bisher eine Kausalität oder genaue Pathomechanismen dadurch erklärbar wären, zum Teil sind die Befunde auch widersprüchlich. In fMRT-Untersuchungen wurde bei Depressiven eine Beteiligung der Amygdala postuliert, die bei Depressiven verstärkt aktiv sein soll (Drevets at al. 1992). Bei der Prozessierung von emotional belegten Stimuli (etwa Bildreizen) zeigen depressive Patienten ebenfalls eine erhöhte Aktivität der Amygdala im Vergleich zu gesunden Kontrollprobanden (Dannlowski et al. 2007; Siegle et al. 2002). Dannlowski et al. (2007) schlussfolgerten, damit unter Umständen einen schweren Krankheitsverlauf bei jenen Patienten mit starker Aktivierung differenzieren und vorhersagen zu können. Chen et al. (2007) zeigten eine Veränderung der neuronalen Verschaltung der Amygdala nach Behandlung mit Antidepressiva.

Bezüglich des Hippocampus-Volumens sind die Befunde uneinheitlich: Zeigten frühere Untersuchungen von Posener et al. (2003) keinen Volumenunterschied zwischen Gesunden und Erkrankten, fanden Ballmeier et al. (2008) im Vergleich zu Gesunden ein vermindertes Hippocampus-Volumen bei depressiven Patienten. Allerdings zeigen sich keine Unterschiede im Volumen hinsichtlich eines frühen oder späten Erkrankungsbeginns, wie die Arbeitsgruppe ursprünglich vermutet hatte (Ballmeier et al. 2008). Diese Autoren zeigten aber auch, dass es innerhalb des Hippocampus bei Früh- und Spätkrankten Unterschiede in der Struktur bei gleichem Gesamtvolumen geben kann. Weitere morphologische Veränderungen finden sich im Kortex, so soll bei depressiven Kindern im Vergleich zu Gesunden auf das Gesamtzerebralvolumen bezogen das frontale Kortexvolumen reduziert sowie die lateralen Ventrikel erweitert sein (Steingard et al. 1996).

Auch wie bei den Befunden zur Depression zeigen Bildgebungsstudien Hinweise auf Dichte- und Volumenunterschiede in verschiedenen Hirnarealen, ohne dass diese Befunde derzeit kongruent wären noch dass sie derzeit eine valide Hypothese generieren könnten (Übersicht bei Forsthoff u. Grunze 2005). Ein Hypometabolismus wurde bei Depression für frontale und temporale Bereiche gezeigt (Kimbrell et al. 2002). Der Schlaf depressiver Patienten zeichnet sich durch eine verkürzte zirkadiane Periodik und verkürzte REM-Latenz aus (Emslie et al. 1994). Ein weiterer Gegenstand der Forschung ist Substanz P, die bei Schmerz- und Inflammationsprozessen eine Rolle spielt und mit Monoaminen im limbischen System und dem Rückenmark kolokalisiert ist. Substanz-P-Antagonisten können antidepressive Wirkungen aufweisen (Kramer et al. 1998).

24.5.2 Psychische Faktoren

Für depressive Störungen besteht eine Vielzahl psychologischer Ätiologiemodelle, für bipolare oder manische Erkrankungen trifft dies so nicht zu.

Behaviorale und kognitive Faktoren

Eines der wichtigsten psychologischen Depressionsmodelle ist die kognitive *Theorie der negativen Triade* bei depressiven Menschen nach Beck, wonach sich deren Denken durch eine negative Fixierung auf sich selbst, die Umwelt und die Zukunft auszeichnet (Beck 1974). Beck differenzierte bei depressiven Menschen sechs prinzipielle Denkfehler, die das depressive Empfinden verstärken bzw. begründen, nämlich unter anderem:
- Übergeneralisierung
- selektives Abstrahieren
- willkürliches Schlussfolgern
- Maximieren oder Minimieren einzelner Ereignisse (d. h. einzelne Ereignisse werden in ihrer Bedeutung über-/unterschätzt)
- Ereignisse werden personalisiert, d. h. auf sich bezogen
- überstark dichotomes Denken

Seligmann (1975) definierte die *Theorie der erlernten Hilflosigkeit,* d. h. depressive Menschen sind aufgrund von Lernerfahrungen der Überzeugung, Geschehnissen unbeeinflussbar und hilflos ausgesetzt zu sein. Dies führt wiederum zu Gefühlen der Ohnmacht, was zu einer Selbstabwertung (»ich bin unfähig etwas zu ändern«) führt. Solche Verstärkermechanismen laufen über viele Jahre ab und führen dann zu einer Verfestigung dieser Hilflosigkeit, die letztendlich in einer Depression mündet. Tatsächlich kann man diese Theorie auch gut für Depressionen bei Adoleszenten übertragen. Die Lerngeschichte von Frustration und Hilflosigkeit lässt sich biografisch bis auf das frühe Kindesalter zurückverfolgen und kann damit Bindungsaspekte der frühen Kindheit mit in diese Theorie einbeziehen.

Die *Verstärker-Verlust-Hypothese* spielt nach Lewinsohn (1974) bei der Depression eine entscheidende Rolle: Der Mangel an positiver Verstärkung führt zur Reduktion der Durchführung positiver Handlungen mit zunehmendem Motivationsverlust (Hautzinger 2003). Dadurch, dass keine positiven Erlebnisse mehr gesucht werden, führt die in diesen Fällen stattfindende automatische Verstärkung zu dem die Depression aufrechterhaltenden Verhalten und damit auch zu weiteren negativen Gefühlen und Emotionen.

Dysfunktionale Eltern-Kind-Interaktionen zeichnen sich durch Defizite in der elterlichen Emotionalität aus. Aus der Diskrepanz zwischen der Erwartungshaltung des Kindes und ambivalent-unkontrollierbarer Reaktion der Eltern resultieren Anspannungszustände sowie Frustration.

Defizitäre Problemlösefertigkeiten und dependente Wesenszüge sind auch bei Jugendlichen Risikofaktoren für Depressionen. Ein primär aggressiv-impulsiver Handlungsstil (z. B. im Rahmen einer Aufmerksamkeitsdefizit-Hyperaktivitätsstörung) mündet in 30 % der Fälle über zahlreiche Konflikte in einer sekundär depressiven Entwicklung (Essau u. Petermann 2000).

Tiefenpsychologische Theorie

Psychodynamische Modellvorstellungen gehen vom zentralen Paradigma des phantasierten und/oder realen Verlustes von Objekten im weiteren Sinne (z. B. Tod oder Erkrankung eines Angehörigen, Einbußen in der Vitalität des eigenen Körpers, Verlust der beruflichen Stellung) aus, auf den eine Periode der gelingenden oder partiell misslingenden »Trauerarbeit« folgt. Das Erlebnis des Objektverlustes wird durch Introjektion abgewehrt und damit gegen sich selbst gerichtet. Dabei spielen unbewusste Aggressionen im Kontext des Objektverlusterlebnisses insbesondere gegenüber dem verloren gegangenen Objekt eine zentrale Rolle. Diese können nicht bewusst repräsentiert werden und werden gegen das eigene Ich gerichtet. Depressive Erlebnisverarbeitung zeichnet sich nach psychodynamischem Verständnis durch die Tendenz zur Abhängigkeit gegenüber zentralen Objekten, Selbstaggressivität und gestörte Idealbildung aus. Der psychologische Entwicklungsprozess ist durch eine Abhängigkeit gegenüber den steuernden und dominanten Beziehungsfiguren gekennzeichnet, wobei es hier zu Defiziten in der Autarkieentwicklung und zu besonderen Anpassungsleistungen kommt, die sich im späteren Leben anhand einer Neigung manifestieren, sich für andere Menschen aufzuopfern. Neben einem ausgeprägten Wunsch nach Versorgung und Zuwendung bestehen nach dem Konzept des Typus melancholicus nach Tellenbach später häufig zwanghafte und anankastische Persönlichkeitszüge.

Die so erworbene Vulnerabilität gegenüber Frustrationen, Enttäuschungen und Verlusterlebnissen bei gleichzeitiger Abhängigkeit von ständiger stützender Zuwendung führt dazu, dass die Auslösemechanismen der manifesten depressiven Erkrankung vor allem dann evident werden, wenn es zu einer Wiederholung der entwicklungspsychologisch erlebten traumatischen Erfahrungen und zu einem Wiederaufleben der damit verbundenen negativen emotionalen Prägungen kommt.

Psychosoziale Faktoren

Bekanntermaßen sind eine gute Partnerschaft und eine befriedigende Einbettung in ein soziales Netz protektive Faktoren im Zusammenhang mit der Entwicklung von Depressionen (vgl. Hautzinger 2000). Dagegen stehen als Risikofaktoren chronische Belastungen, aber auch akute negative Lebensereignisse. Zum Teil können aufgrund solcher Ereignisse längerfristig bereits erlernte oder sich entwickelnde dysfunktionale Denk- und Verhaltensweisen exazerbieren.

Im verhaltenstherapeutischen Sinn spielen die *akuten Ereignisse* dann als auslösender Faktor eine Rolle, wobei in der Therapie auch auf die tiefer liegenden dysfunktionalen Denk-, Verhaltens- und Erlebensstrukturen eingegangen werden muss (vgl. weiter unten). In einer prospektiven Studie an Neugeborenen fanden Najman et al. (2005) fünf Jahre später eine Vielzahl von Risikofaktoren für die Entwicklung einer kindlichen Depression, wie der Beziehungsstatus der Eltern, mütterliche Gesundheitsprobleme in der Schwangerschaft, aber auch die elterliche Zufriedenheit mit der Partnerschaft in der frühen Kindheit des Kindes und eine positive Einstellung der Mutter zur Mutterschaft. Jedoch betonten die Autoren auch, dass viele der Kinder, die Anzeichen für eine Depression zeigten, keinem der untersuchten Risikofaktoren ausgesetzt waren und viele, obwohl sie einer Vielzahl von Risikofaktoren ausgesetzt waren, keine Anzeichen für eine depressive Störung zeigten. Inwieweit Veränderungen in der Umwelt und im Lebensstil moderner Gesellschaften eine Rolle spielen, womit also etwa mit steigenden Scheidungszahlen o. Ä. auch eine Zunahme depressiver Störungen im Jugendalter zu erwarten wäre, ist bisher nicht ausreichend untersucht. Starling et al. (2004) fanden in ihrer Untersuchung an einer klinischen Inanspruchnahmepopulation zwischen 1960 und 1990 keine Zunahme depressiver Symptome im Eltern- und Eigenurteil der Jugendlichen, wohl aber eine Zunahme etwa von suizidalem oder selbstverletzendem Verhalten.

> **!** Als gesichert gilt aber, dass kritische Lebensereignisse bei 70 % der depressiv erkrankten Kinder und Jugendlichen als prämorbide Risikofaktoren nachzuweisen sind (Essau et al. 2000).

Die wichtigsten Belastungsfaktoren bei Kindern und Jugendlichen mit depressiven Erkrankungen sind (Herpertz-Dahlmann u. Remschmidt 2000):
- Verlust eines Elternteils
- konflikthafte Elternbeziehung bzw. Scheidung
- alleinerziehender Elternteil
- psychische oder körperliche Erkrankung eines Elternteils
- Deprivation, längerfristige Trennungserlebnisse im ersten Lebensjahr
- niedriger Sozialstatus, Migration

Chronische Belastungen, wie Probleme in sozialen Beziehungen, Mangel an Freundschaften und Zuwendung, subjektiv gering empfundene Attraktivität, schulische Über- oder Unterforderung, Schulwechsel oder das Vorliegen von Teilleistungsschwächen, können eine Depression auslösen (Eley u. Stevenson 2000). Gerade Letzteres macht eine Behandlung im höheren Jugendalter schwierig, da sich hier schulisch oft einerseits eine Belastungssituation akkumuliert hat, andererseits ein diese beendender Schulwechsel sich aufgrund des Schulsystems schwierig gestaltet oder nicht mehr möglich ist. Zudem führt ein solcher dann oft auch zum Verlust letzter verbliebener Sozialbindungen und Selbstwert stabilisierender Funktionen.

24.6 Therapie

Aktuell ist unter evidenzbasiertem Gesichtspunkt nicht ganz klar, welche therapeutische Intervention effektiv und am besten geeignet ist, **depressive Störungen** bei Minderjährigen und Adoleszenten zu behandeln – auch unter dem Aspekt eines langfristigen Therapieerfolgs (Goodyer et al. 2007). Seit in der Debatte um die selektiven Serotonin-Wiederaufnahmehemmer (SSRI) 2004 deren Nutzen relativiert wurde, richtete sich der Fokus der Suche nach Wirkevidenz auch auf alle anderen Therapieformen und vor allem auch auf die Kombination verschiedener Therapieinterventionen. Koinzident mit den Ereignissen um die SSRI waren die ersten Publikationen aus der großen National Institute of Mental Health (NIMH)-geförderten Studie zur Depression bei Adoleszenten, der Treatment for Adolescents with Depression Study (TADS) (March et al. 2004; TADS 2003, 2005). Interessant wird sein, wie die Ergebnisse von Metaanalysen bezüglich der medikamentösen Therapie bei Erwachsenen ausfallen werden (Weinmann et al. 2008). Die aktuell bestehende Unsicherheit bezüglich der Evidenzbasierung therapeutischer Maßnahmen darf allerdings nicht zu einem therapeutischen Nihilismus oder Fatalismus führen. Vielmehr sind die genaue Kenntnis über Wirkfaktoren einzelner Therapiebausteine, die Limitierung der Effektivität verschiedener Maßnahmen und auch ein therapeutischer Optimismus gegenüber dem Patienten notwendig. Wie häufig in der Medizin spielt auch bei der Depression das Arbeitsbündnis mit dem Patienten und die Beziehung zum Patienten eine entscheidende Rolle für das Gelingen der Therapie.

Generell dürfte ein Behandlungsalgorithmus sinnvoll sein, der auch von einigen Leitlinien vertreten wird und nach dem leichte und mittelschwere Depressionen oft primär psychotherapeutisch behandelt werden – wobei unklar ist, ob die Wirkung hierbei wirklich durch die Methode oder durch die stützende Funktion durch die therapeutische Beziehung entsteht –, während bei schweren depressiven Episoden eine Pharmakotherapie angezeigt ist (DGKJPP 2007; NICE 2005). Die Effizienz der Maßnahmen ist in geeigneten Zeitabständen zu überprüfen, damit das Leid der Patienten und die Einschränkung im psychosozialen Funktionsniveau nicht durch frustrane Therapieversuche prolongiert werden, sondern zeitnah gegebenenfalls Therapiealternativen und Kombinationstherapien erwogen werden können.

Die Therapie der **Manien und bipolaren Störungen** besteht aus pharmakologischen, psychotherapeutisch-psychoedukativen, soziotherapeutischen und milieutherapeutischen Elementen. Der Pharmakotherapie kommt dabei eine deutlich stärkere Bedeutung zu als bei depressiven Störungen. Psychoedukative oder psychotherapeutische Maßnahmen sind oft ohne eine Medikation gar nicht möglich, da dem Patienten die Krankheitseinsicht fehlen kann. Eine stationäre Therapie bei Erstmanifestation ist zur genauen Differenzialdiagnose angezeigt; auch aufgrund der Schwere der Symptomatik und zur Einleitung der medikamentösen Therapie wird sie bei manischen und bipolaren Störungen zumindest zu Beginn oft unumgänglich sein. Aufgrund der mangelnden Krankheitseinsicht kann bei manischen Störungsbildern eine Behandlung gegen den Willen des Patienten indiziert sein – unter der Abwägung, inwieweit eine Eigengefährdung ohne Behandlung vorliegt (Schulden, Schulkarriere, Drogenkonsum, wechselnde Sexualkontakte).

24.6.1 Psychotherapie

Psychotherapie bei Depression

Wie bei jeder psychischen Störung ist die Wirksamkeit einzelner »Schulen« bei Depression umstritten. Belegt ist ein hoher Evidenzgrad für die kognitive Verhaltenstherapie bei Kindern und Jugendlichen (kurz- und mittelfristige Wirksamkeitsnachweise, Evidenzgrad I), gefolgt von der interpersonalen Therapie (II) (Brent et al. 1997; DGKJPP 2007; Mufson et al. 2004; NICE 2005; Pössel u. Hautzinger 2006). Für Familientherapie, klientenzentrierte Spieltherapie und tiefenpsychologische Verfahren sind kaum empirische Daten verfügbar (DGKJPP 2007). Unabhängig von der Wahl des psychotherapeutischen Verfahrens gelten die in Tabelle 24-4 genannten generellen Ziele der Depressionstherapie als essenziell und unabdingbar.

Tab. 24-4 Generelle Ziele einer Psychotherapie bei Depression

- Abbau belastender Faktoren
- Aufbau positiver Aktivitäten
- Strukturierung des Alltags
- Förderung und Bewusstmachung vorhandener Ressourcen
- Training sozialer Kompetenzen
- Erlernen von Problemlösestrategien
- Modifikation negativer Perzeptions- und Interpretationsmuster
- Steigerung von Selbstsicherheit und Selbstwert

Unter *verhaltenstherapeutischen Interventionen* sind heute keineswegs mehr nur kognitive Methoden zu verstehen, sondern genauso biografische Analysen, z. B. Überlebensregeln (Sulz 2005), Einbeziehung emotionaler Aspekte etc. Eine reine symptomorientierte Verhaltenstherapie wird wenig Aussicht auf Erfolg haben und von erfahrenen Therapeuten auch nicht praktiziert werden. Insofern ist auch vor einer rein mechanistischen Übernahme etwa von Modulen zu warnen (Harrington 2001b), diese bedürfen immer der individuellen Modifikation. Hautzinger (2003) hat drei große Bereiche benannt, die bei Depressiven psychotherapeutisch beeinflusst werden sollten:

- die Kognitionen, die oftmals verzerrt, realitätsfern und auch selbstentwertend sind
- der Bereich des sozialen Verhaltens, in dem Verhaltensdefizite und geringe Bewältigungsstrategien vorherrschen
- eine niedrige Aktivitätsrate mit einem Mangel an reaktionskontingenten Verstärkern und potentiellen Ereignissen und Aktivitäten

Die Makro- und Mikroanalyse der depressionsauslösenden Faktoren bildet die Grundlage verhaltenstherapeutischer Intervention. Grundsätzliche *Schwerpunkte verhaltenstherapeutischer Therapie* bei Depressionen sind nach Hautzinger (2000):

- Überwindung der Inaktivität oder belastender Aktivität
- Verbesserung des Sozial-, Kommunikations- und Interaktionsverhaltens
- Erkennen, Überprüfen und Korrigieren von dysfunktionalen Einstellungen und Überzeugungen

Dabei stehen die Elemente durchaus in einer Reihenfolge, da kaum anfangs schon an Denkstrukturen gearbeitet werden kann, sondern dazu erst eine therapeutische Beziehung entstehen muss und bereits erste positive Erfahrungen durch angenehme Aktivitäten und selbstverstärkendes kontingentes Verhalten erfolgt sein müssen. Gerade bei der Bearbeitung dysfunktionaler Überzeugungen ist etwa die Methode des sokratischen Dialogs mit offenen, aber gelenkten Fragen hilfreich. Zusätzlich gehört die Aufklärung über das Dreieck Gefühl, Denken Handeln zur Basis der Therapie. Auch psychoedukative Elemente über den Krankheitsverlauf etc. sind Basiselemente. Stimmungstagebücher mit angenehmen Tätigkeiten, zur Aufzeichnung von Gefühlsschwankungen und zur Analyse des Zusammenhangs von Gefühl und Aktivität sind essenziell und bereits früh in der Therapie einsetzbar. Dabei ist wichtig, dass zwischen angenehmen und notwendigen Tätigkeiten unterschieden wird, da nicht das Ziel der Therapie ist, nur angenehme Tätigkeiten zuzulassen, sondern eine Balance zwischen diesen zu finden und den depressiven Menschen aus dem Teufelskreis herauszuführen, nur notwendige, aber keine angenehmen Aktivitäten auszuführen, wie es viele depressive Menschen tun. Gerade auch bei Jugendlichen spielen die Partnerschaft und die Attraktivität beim anderen Geschlecht eine große Rolle. Versagensängste, dysfunktionales Denken, selbst unattraktiv zu sein, oder Generalisieren von Misserfolgserlebnissen mit Partnerschaften sind oftmals wichtige Themen. Hier ist die Arbeit an der sozialen Kompetenz, das Erlernen von Handlungsrepertoires und Übungen nötig, um Adoleszente aus ihrem dysfunktionalen Denken zu lösen. Zum Ende der Therapie rückt der Aufbau von Problemlösestrategien und eines Bewältigungsrepertoires in den Mittelpunkt, damit der Patient in zukünftigen Krisensituationen besser reagieren und mit diesen besser umgehen kann.

Psychodynamische Psychotherapie

Nach Leichsenring et al. (2004) liegen insbesondere für psychodynamische Kurzpsychotherapie einzelne Studien mit Wirksamkeitsnachweisen vor, wobei die meisten positiven Daten auf naturalistischen Studien beruhen. Am Beginn einer psychodynamischen Psychotherapie steht die Identifikation dysfunktionaler interpersoneller Beziehungsmuster, die zur Entstehung und Aufrechterhaltung der Störungen beigetragen haben, sowie die Diagnose des im Vordergrund stehenden intrapsychischen bzw. interpersonellen Konfliktthemas (z. B. Versorgung vs. Autarkie nach OPD). Diese werden einerseits vor dem Hintergrund der symptomauslösenden Situation und andererseits auf der Grundlage der biografisch erworbenen Vulnerabilität in einem interaktiven Prozess behandelt.

Die *interpersonale Therapie,* die bei Jugendlichen ebenfalls gute Wirknachweise erbracht hat, rückt eine kurzzeitige, pragmatisch-alltagsnahe Bearbeitung zwischenmenschlicher Dysfunktionen durch interpersonelle Konfliktbewältigung und soziale Kompetenz in den Mittelpunkt (Mufson et al. 2004). *Familientherapeutische Ansätze* sind hilfreich, um zugrunde liegende Konflikte, Defizite und Dysfunktionen in der Kommunikation und auf der Beziehungsebene zu lösen. Die Etablierung einer tragfähigen, verlässlichen Beziehung in der Familie sowie die Bestärkung der erzieherischen Handlungsfähigkeit der Sorgeberechtigten sind wichtige Voraussetzungen für die psychische Stabilisierung. Je jünger das depressive Kind, desto bedeutsamer sind familiäre Interventionen.

Psychotherapie bei bipolaren Störungen und Manie

In der Erstmanifestation kommt es vor allem darauf an, das Krankheitsverständnis aufzubauen, die Introspektion zu erhöhen, etwaige depressive oder auch suizidale Krisen im Verlauf der Besserung der Manie aufzufangen. Eine Einbeziehung der Familie ist hierbei essenziell. Schritte der Therapie sind eine vertrauensvolle Beziehung aufzubauen, den Patienten behutsam mit der Realität zu konfrontieren, Entspannungsübungen, Ruheübungen und Konzentrationsübungen durchzuführen. Die Besprechung und Reflexion sozialer Situationen, in denen das Verhalten des Patienten inadäquat ist, er gegen soziale Normen verstößt oder in der Sozialkompetenz eingeschränkt ist, machen einen wesentlichen Bestandteil der Psychoedukation aus. Psychoedukativ sollte über mögliche Symptome, Auswirkungen, Risikofaktoren und Frühwarnzeichen, aber auch über Vor- und Nachteile der Medikation gesprochen werden.

24.6.2 Pharmakotherapie

Pharmakotherapie bei Depression

Zwischen der Psychopharmakotherapie der Depression bei Jugendlichen und bei Erwachsenen bestehen deutliche Unterschiede: Sowohl das Spektrum der wirksamen Arzneimittel als auch die Nebenwirkungen der Arzneimittel sind bei Minderjährigen und Erwachsenen verschieden. Bei Minderjährigen stellt sich nach derzeitiger Datenlage die evidenzbasierte Pharmakotherapie recht einfach dar, da aktuell ein überzeugender Wirknachweis nur für Fluoxetin gegeben ist, welches auch eine Zulassung in dieser Indikation für Kinder ab 8 Jahre besitzt (Whittington et al. 2004). Sertralin und Citalopram sollen zumindest auch bei Jugendlichen effektiv sein, worauf einige Studien hinweisen (NICE 2005). Trizyklische Antidepressiva (TCA) sind bei Minderjährigen wirkungslos; da sie auch eine hohe Letalität bei Überdosierung (**cave:** suizidale Absicht) und kardiotoxische unerwünschte Wirkungen haben, ist es kaum vertretbar, sie bei Minderjährigen einzusetzen (Hazell et al. 1995).

Wichtig ist, eine ausreichend lange Behandlungsdauer einzuhalten. Mindestens sechs Monate nach Remission sollte eine Pharmakotherapie durchgeführt werden (NICE 2005). Epidemiologische Untersuchungen zeigen, dass oftmals nur kurz und insuffizient, teilweise sogar nur zwei Wochen therapiert wird (Kölch et al. 2006).

Dagegen ist bei erwachsenen Patienten eine Vielzahl anderer antidepressiver Substanzen sowohl im Hinblick auf ihre symptomatische Wirksamkeit als auch hinsichtlich einer effizienten Phasenprophylaxe hinreichend belegt einschließlich entsprechender Augmentationsansätze.

Praxis der Pharmakotherapie im Spiegel epidemiologischer Untersuchungen zum Verordnungsverhalten

Epidemiologische Untersuchungen haben deutliche Unterschiede im Verordnungsverhalten bei Antidepressiva zwischen den USA, Europa und Deutschland aufgezeigt – obwohl sich letztlich alle Leitlinien und die wissenschaftlich gesicherte Evidenz auf die gleiche international zugängliche Datenbasis der publizierten Studien beziehen.

Bei Minderjährigen zeigt sich in Deutschland eine im internationalen Vergleich insgesamt bis zu 15-fach geringere Rate an Verordnungen von Antidepressiva als etwa in den USA oder den Niederlanden; auch das verordnete Substanzspektrum ist im Vergleich mit diesen Ländern vollkommen unterschiedlich (Fegert et al. 2006). Neuere Untersuchungen sehen einen deutlichen Rückgang in den USA und auch den Niederlanden seit 2004 (Gibbons et al. 2007; vgl. weiter unten). In Deutschland machen trizyklische Antidepressiva (TCA) und Johanniskrautpräparate (SJW) über 80 % aller Antidepressiva-Verordnungen an Minderjährige aus (Fegert et al. 2006). Johanniskraut allein stellt ca. 40–50 % aller Verordnungen, das bedeutet eine Prävalenz von ca. 1,7/1 000 (Fegert et al. 2006). In den USA waren fast 70 % der Verschreibungen von Antidepressiva an Kinder und Jugendliche selektive Serotonin-Wiederaufnahmehemmer (SSRI). Insgesamt ist ein hoher Anteil *off-label*-verordneter Antidepressiva festzustellen – ein Umstand, der sich aufgrund der Zulassung von Fluoxetin auch für Minderjährige ab 8 Jahren bei depressiven Störungen verändern könnte. Da aber die den größten Anteil an Antidepressiva-Verordnungen in Deutschland ausmachenden Johanniskrautpräparate auch zu fast 55 % *off label* verordnet werden, ohne dass hier frei verkäufliche Präparate (OTC-Präparate) berücksichtigt wären, dürfte sich an der Gesamtsituation in den nächsten Jahren nichts ändern (Kölch et al. 2006).

Probleme der Therapie mit Antidepressiva bei Minderjährigen

Im Frühjahr 2003 rückte durch Aktionen der britischen Zulassungsbehörde die Frage einer erhöhten Suizidalität bei Jugendlichen unter SSRI-Therapie ins Blickfeld, was letztendlich zu einem Paradigmenwechsel in der klinischen Forschung und Bewertung klinischer Studien führte (Fegert 2004; Kratochvil et al. 2006). Viele Studien wurden gar nicht publiziert und so bestand ein *publication bias*: Es wurden (fast) nur positive Studienergebnisse veröffentlicht (Kratochvil et al. 2006).

Unter Berücksichtigung aller Studie zeigte sich tatsächlich ein erhöhtes Risiko von Suizidgedanken bei Jugendlichen unter SSRI-Therapie, was das Kosten-Nutzen-Verhältnis für den Einsatz der meisten SSRI negativ machte (vgl. weiter unten). Dabei waren aber vollendete Suizide aufgrund einer SSRI-Therapie weder in den klinischen Studien noch bei Post-mortem-Untersuchungen an Suizidenten nachzuweisen (Bridge et al. 2007; Hammad et al. 2006).

> Aktuell besteht eine sogenannte »Black-box«-Warnung der Food and Drug Administration (FDA) für den Einsatz aller Antidepressiva bei Minderjährigen.

Andererseits wurden just ab 2004 die ersten Ergebnisse aus der großen NIMH-geförderten Studie zur Therapie adoleszenter

Depression (TADS-Studie) veröffentlicht (March et al. 2004). Die TADS-Studie verglich in einem aufwendigen Design Fluoxetin mit Placebo, aber auch mit kognitiver Verhaltenstherapie (CBT) und Kombinationstherapie (March et al. 2004; TADS 2003, 2005). Diese Studie zeigte zumindest nach einem knappen Jahr Behandlung die Überlegenheit von Fluoxetin gegenüber Placebo und einen relativen geringen Effekt einer zusätzlichen CBT bei Medikation, wobei die Autoren ausdrücklich betonen, eine zusätzliche CBT könne die Gefahr einer auftretenden Suizidalität mindern (March et al. 2004). Es ist zu erwarten, ähnlich wie in der Multimodal Treatment Approach (MTA)-Studie, dass in der Zukunft Langzeitergebnisse aus dieser Studie dieses Bild noch differenzieren helfen (Jensen et al. 2007).

Einen wichtigen Beitrag um die Effektivität der Behandlung bei juvenilen Depressionen hat die Arbeitsgruppe um Goodyer erbracht. Sie untersuchten in einem sehr naturalistischen Design die Wirksamkeit von Fluoxetin und zusätzlicher CBT (Goodyer et al. 2007). Das Ergebnis war erstaunlich: Eine zusätzliche CBT erbrachte gegenüber der Fluoxetin-Behandlung einen noch geringeren Nutzen als in der TADS-Studie. Die Studie von Goodyer et al. (2007) ist deshalb so wichtig, da ihr Design sehr nah an die Versorgungsrealität angelehnt war und insofern die Ergebnisse sehr gut auf unsere Alltagsversorgung übertragbar sind.

Besonderheit »behavioural toxicity« bei Minderjährigen

Safer und Zito (2006) fanden in der Analyse aller publizierten Studien mit SSRI bei Minderjährigen deutliche altersspezifische Unterschiede im Nebenwirkungsspektrum. Müdigkeit trat als Nebenwirkung bei Kindern weniger oft auf als bei Jugendlichen oder Erwachsenen, Erbrechen dagegen bei Kindern deutlich häufiger. Die gefürchtete Nebenwirkung Aktivierung war aber bei Kindern zwei- bis dreimal häufiger als bei Jugendlichen zu beobachten. Bei Erwachsenen trat die Aktivierung am seltensten auf.

Für das Kindes- und Jugendalter scheint es also eine spezifische Nebenwirkung im Sinne einer *behavioural toxicity* – eine vermehrte Aktivierung des Patienten mit Zusammenhang zu suizidalen Gedanken und Verhalten – zu geben, die so bei Erwachsenen nicht beobachtbar ist (Hammad 2004; Mosholder u. Willy 2006).

Pharmakotherapeutische Therapieempfehlungen nach den Leitlinien

Die aktuelleren verfügbaren Leitlinien zur Behandlung der Depression bei Minderjährigen und bei Erwachsenen (DGPPN 2004) unterscheiden sich hinsichtlich der Therapieempfehlungen weniger in grundsätzlichen Empfehlungen als in Details und in der Konkretheit ihrer Angaben zur Behandlung (AACAP 2007; DGKJPP 2007; Hughes et al. 2006; NICE 2005). Alle Leitlinien empfehlen die Einbindung einer medikamentösen Therapie in ein umfassendes Behandlungssetting.

Keine der Leitlinien empfiehlt die trizyklischen Antidepressiva (TCA) als First-line-Behandlungsoption bzw. überhaupt als Behandlungsoption. Die deutsche Leitlinie erwähnt Johanniskraut als Therapieoption, für die »ermutigende« Ergebnisse vorlägen, allerdings wird der Evidenzgrad mit V benannt (DGKJPP 2007). Die NICE-Guideline (2005) für die Behandlung von Depressionen bei Kindern und Jugendlichen empfiehlt keinen Einsatz von Johanniskraut, da hierzu die Datenbasis fehle und mögliche Interaktionen mit anderen Arzneimitteln bestehen könnten (NICE 2005). Unter Abwägung der publizierten Literatur zu den verschiedenen Substanzen und -gruppen wird von NICE Fluoxetin als »*the only SSRI/atypical antidepressant where there is evidence of clinical effectiveness across a range of outcome measures*« benannt (NICE 2005). Sertralin und Citalopram werden als Second-line-Substanzen benannt, die eingesetzt werden könnten, sollte sich unter Fluoxetin kein Behandlungserfolg einstellen. Während zur Zeit der Veröffentlichung der NICE-Guideline die Auswirkung der Pharmakotherapie auf das soziale Funktionsniveau unklar war, zeigen die neueren Ergebnisse aus TADS, dass durchaus eine Verbesserung des Funktionsniveaus unter Fluoxetin zu finden ist (Vitiello et al. 2006). Die NICE-Guideline gibt auch einen Algorithmus an, der genaue Angaben über den Zeitpunkt macht, ab wann ein Einsatz von Antidepressiva sinnvoll ist: nämlich erst bei mittlerer und schwerer Depression, wenn diese nicht auf psychologisch/psychotherapeutische Behandlungsversuche anspricht (nach etwa sechs Sitzungen).

Evidenzgrade und Zulassungsstatus für pharmakotherapeutische Interventionen

■ **Tri-/Tetrazyklische Antidepressiva (TCA):** Die TCA sind die älteste Stoffgruppe der Antidepressiva. In Deutschland sind sie für den Einsatz bei Minderjährigen älter als elf Jahre zugelassen. Hazell hatte 1995 erstmals gezeigt, dass es für die TCA bei Minderjährigen keinen Wirknachweis gibt, im Gegenteil das Nutzen-Risiko-Verhältnis der TCA zuungunsten der Medikamente ausfällt (Hazell et al. 1995). Dieser Umstand und das ungünstige Nebenwirkungsprofil vieler trizyklischer Antidepressiva – das bis dahin reicht, dass in seltenen Fällen unter der Therapie bei Minderjährigen kardiovaskulär bedingte Todesfälle berichtet wurden und bei versehentlicher oder willentlicher Überdosierung die kardiovaskulären Krisen intensivmedizinisch schwer zu beherrschen sind, sodass es zu tödlichen Komplikationen kommen kann – lässt sie bei Minderjährigen nicht als geeignete Therapie erscheinen (Amitai u. Frischer 2006).

In der Erwachsenenpsychiatrie haben die TCA wegen ihres kritischen Nebenwirkungsprofils in den vergangenen Jahren deutlich an Relevanz verloren, werden aber nach wie vor nicht zuletzt vor dem Hintergrund ökonomischer Erwägungen verwendet.

- **Monoaminoxidase (MAO)-Hemmer:** Es gibt weder eine kontrollierte Studie zum Einsatz von MAO-Hemmern bei Kindern oder Jugendlichen noch eine Zulassung, während die zugehörigen Substanzen im Erwachsenenbereich hinreichend untersucht wurden und heute als Substanzen der zweiten oder dritten Wahl betrachtet werden.

- **Selektive Serotonin-Wiederaufnahmehemmer (SSRI):** Nach aktuellem Wissensstand ist die antidepressive Wirksamkeit der meisten SSRI bei Minderjährigen prinzipiell infrage zu stellen, jedoch auch die anfängliche Sorge, sie führten zu Suiziden, zu relativieren (Fegert 2004; Hammad et al. 2006). Fluoxetin kann als wirksam bei Jugendlichen eingeschätzt werden (March et al. 2004; TADS 2005). Für die anderen SSRI fallen die Kosten-Nutzen-Analysen weiterhin negativ aus (Hammad et al. 2006; Whittington et al. 2004). Fluoxetin ist seit Sommer 2006 von der Europäischen Arzneimittelagentur (European Medicines Agency, EMEA) – und damit auch in Deutschland – für Kinder und Jugendliche (ab 8 Jahre) zugelassen (EMEA 2006). Eltern und Minderjährige sowie Patienten allgemein sollten weiterhin sorgfältig aufgeklärt werden, insbesondere über das bei Beginn und beim Absetzen beobachtbare Phänomen der Induktion von suizidalen Ideationen und einer möglichen Verhaltensaktivierung. Eine ausreichend lange Behandlungsdauer ist zur Minimierung des Relaps-Risikos zu empfehlen, die NICE-Guideline empfiehlt die Behandlung über mindestens sechs Monate nach einer Remission (NICE 2005). Die publizierten Studien untersuchten meist die Wirksamkeit in Zeiträumen bis zu 12 Wochen (einzig die TADS-Studie hatte einen 36 Wochen dauernden Open-label-Arm). Sertralin und Citalopram scheinen ebenfalls bei Jugendlichen wirksam zu sein, endgültige Bewertungen diesbezüglich müssen aber abgewartet werden (McClure et al. 2004; Wagner et al. 2003). Demgegenüber liegen im Erwachsenenbereich umfassende Wirksamkeitsnachweise vor (DGPPN 2004).

- **Johanniskraut (St. John's wort, SJW):** SJW erhielt als Phytopharmakon in Deutschland seine Zulassung für den Einsatz bei Minderjährigen älter als 11 Jahre, ohne einen Wirknachweis in Zulassungsstudien erbringen zu müssen. Die Studienlage bei Minderjährigen ist unbefriedigend und nicht aussagekräftig (Übersicht bei Kölch et al. 2006). Dosis und Interaktionen bei Minderjährigen sind nicht hinreichend untersucht, obwohl gerade Johanniskraut ein hohes Interaktionspotenzial – auch mit synthetischen Antidepressiva – besitzt, da es ein Induktor des CYP-450-Systems, von Glykoprotein P und möglicherweise von anderen Leberenzymen ist (Kölch et al. 2006). Auch das kinder- und jugendspezifische Phänomen der Verhaltensaktivierung wurde nie genauer untersucht. Das pharmakodynamisch wirksame Substrat von SJW ist bisher nicht bekannt.

Pharmakotherapie bei bipolaren Störungen und Manie

Die Pharmakotherapie der bipolaren Störungen und der Manie im Jugendalter unterscheidet sich von der bei Erwachsenen üblichen Therapie dadurch, dass der Einsatz von Lithium zurückhaltender geschieht. Zu unterscheiden sind die Akuttherapie, in der die Sedierung im Vordergrund steht, die unmittelbare Behandlung einer Erkrankungsphase und die Rezidivprophylaxe. Im Akutfall kann eine Sedierung des Patienten mit Benzodiazepinen und niedrig potenten Neuroleptika notwendig sein. Während im Erwachsenenalter Lithium als das Mittel der ersten Wahl zur Behandlung akuter manischer Symptome gelten kann und hervorragende Evidenz besteht, ist diese bei Jugendlichen geringer (II). Hinsichtlich des Einsatzes zur Phasenprophylaxe bei bipolarer affektiver Störung ist die Evidenz für Minderjährige gering (IV), wenngleich es Studien gibt (Übersicht bei Gerlach et al. 2006). Als Hauptgefahr ist die geringe therapeutische Breite aufgrund entwicklungskonstitutioneller Faktoren (geringeres Verteilungsvolumen, andere sportliche Betätigung mit der Gefahr starken Schwitzens und einer Exsikkose) anzusehen. Gleichzeitig müssen Kinder z. B. wegen der höheren glomerulären Filtrationsrate (GFR) höhere Dosen bezogen auf das Körpergewicht einnehmen. Der Wirkeintritt erfolgt mit Latenz. Es gelten Kontraindikation für den Einsatz (z. B. renale und kardiovaskuläre Erkrankungen, eine Schwangerschaft im ersten Trimenon). Eine sorgfältige Voruntersuchung des Patienten ist notwendig, ebenso ein engmaschiges Monitoring unter der Therapie sowie die Aufklärung, dass z. B. Sport im Sommer zur Exsikkose führen und damit den Lithiumspiegel beeinflussen kann. Für die Phasenprophylaxe gibt es bislang keine evidenzbasierten Kriterien bei Minderjährigen. Es gilt die übliche Güterabwägung zwischen Rezidivgefahr und Medikation. Die deutsche Leitlinie nennt eine Mindestdauer einer Prophylaxe von mindestens 18 Monaten (DGKJPP 2007).

Die Antikonvulsiva haben den Vorteil, dass ihre therapeutische Breite höher als bei Lithium liegt und man hinsichtlich der Nebenwirkungen aus der antiepileptischen Therapie bei den Antikonvulsiva auf eine breite Erfahrungsbasis zurückgreifen kann. Hauptvertreter sind Carbamazepin, Valproat und neuerdings Topiramat und Lamotrigin. Alle Antikonvulsiva bewirken als Nebenwirkung oftmals Müdigkeit, manchmal auch Übelkeit und Erbrechen.

Für Carbamazepin liegt die Evidenz bei der Behandlung der Manie für Jugendliche bei III (Phasenprophylaxe: IV Jugendliche; DGKJPP 2007). Der Evidenzgrad für Valproat bei der Behandlung der akuten Manie bei rascher Episodenabfolge *(rapid cycler)* liegt bei III für Jugendliche (Phasenprophylaxe: V Jugendliche). Bei Valproat ist gerade in der Adoleszenz problematisch, dass es zu Testosteronanstieg und polyzystischen Ovarien führen kann. Neue Antiepileptika (Lamotrigin, Topiramat, Quetiapin) werden bisweilen eingesetzt und sollen weniger

Nebenwirkungen (v. a. gynäkologisch) besitzen; allerdings zeigt sich z. B. für Lamotrigin, dass es wiederum bei entsprechender Disposition zu schweren dermatologischen Komplikationen kommen kann (v. a. bei zu rascher Aufdosierung). Quetiapin als *Second-generation*-Neuroleptikum hat für das Erwachsenenalter die Zulassung für die Behandlung der bipolaren Störung. Hier liegen Studienergebnisse vor. Für Minderjährige gibt es inzwischen eine Zulassung in den USA, ähnlich wie für Aripiprazol. Bei Hinzutreten von psychotischen Symptomen wird die Behandlung mit einem Neuroleptikum unerlässlich sein.

24.6.3 Weitere Therapieformen

Neue oder auch wieder zum Einsatz kommende ältere, aber modifizierte Therapieformen sind Omega-3-Fettsäuren und die transkranielle Magnetstimulation (TMS) sowie die Elektrokrampftherapie, auch Tiefenhirnstimulation wird bei resistenten Depressionen in den USA eingesetzt (Nemets et al. 2006; Ross et al. 2007; Sackheim 2008). Letztere Verfahren werden in der Adoleszenz aus rechtlichen und ethischen Gründen, aber auch aufgrund nicht sicher abzuschätzender Langzeitfolgen kaum eine Bedeutung gewinnen. Dagegen wird abzuwarten sein, inwieweit die TMS und die Fettsäuren einen tatsächlichen Wirknachweis erbringen werden.

24.6.4 Psychosoziale Therapie

Eine Überprüfung der aktuellen Lebens-, Ausbildungs- und Erwerbssituation kann entscheidend für eine Genesung sein. Unter dem oben genannten Aspekt, dass auch Unzufriedenheit im Beruf, Überforderung, aber auch Streitbeziehungen am Ausbildungs- oder Arbeitsplatz zumindest auslösend für eine Depression sein können, kann hier ein deutlich entlastender Faktor gefunden werden. Hilfen über die Jugendhilfe nach § 35a SGB VIII, wie betreute Wohngemeinschaften, Einzelfallhilfe etc., die auch nach dem 18. Lebensjahr in Anspruch genommen werden können, können den Adoleszenten unterstützen und vor Rezidiven schützen. Rehabilitationsmaßnahmen zur Berufsfindung oder Reintegration können ein Lebensumfeld schaffen, das fordert, aber nicht überfordert und positive Erfahrungen ermöglicht. Verschlechterungen oder Rezidive können auch über Begleitung etwa durch Einzelfallhelfer o. Ä. erkannt und so schwere Rezidive durch frühzeitige psychiatrische Intervention u. U. abgefangen werden.

24.6.5 Sonderfall stationäre Therapie

Stationäre Therapien sind immer unerlässlich, wenn eine sehr starke Funktionseinschränkung eingetreten ist oder eine akute Suizidalität vorliegt. Problematisch bei stationären Aufenthalten ist die Gefahr, dass ein solches Setting zum Teil auch eine ungünstige Regression des Patienten und damit einen weiteren Verlust an Funktionsniveau bewirken und damit störungsunterhaltend oder vermeidungsfördernd bezüglich der Auseinandersetzung mit der Realität und dem Alltag sein kann. Deshalb sind die gleichen Therapieinhalte wie in der ambulanten Therapie – Aktivierung, Stabilisierung, Induzierung von verstärkter Selbstbeobachtung und entsprechender Verhaltensmodifikation – essenzielle Bestandteile der stationären Therapie. Eine allzu lange stationäre Therapie sollte vermieden werden. Stattdessen sollte eher über teilstationäre Therapieangebote versucht werden, den Patienten zu aktivieren. Gleichwohl bietet gerade bei schwersten Depressionen ein stationärer Aufenthalt für den Patienten die Chance, erstmalig wieder Entspannung und Entlastung zu erfahren sowie alternative Erfahrungen des Erlebens zu machen. Für bipolare Störungen ergibt sich aus dem Schweregrad des Störungsbildes die Indikation zur stationären Therapie (s. oben); eine Regressionsgefahr ist bei der Manie zu vernachlässigen.

24.7 Fazit

Für die zukünftige Forschung wird auch eine Spezifizierung der Symptomatik gerade in der Adoleszenz eine Aufgabe sein. Therapeutisch stellen sich vielfältige Optionen, die aufgrund des Schweregrads der Depression und der Auswirkungen auf das psychosoziale Funktionsniveau ausgewählt werden müssen. Besonders bei schweren Fällen ist eine Pharmakotherapie unerlässlich, zumal die neuesten Forschungsergebnisse deren Wirksamkeit gut belegen und sogar die Überlegenheit gegenüber psychotherapeutischen Interventionen gezeigt haben. Gleichwohl werden Letztere unerlässlich sein, auch um etwaige Suizidgedanken zu erkennen und zu behandeln. Die *behavioural toxicity* muss als besondere altersspezifische Nebenwirkung besonders bei Minderjährigen beachtet werden. In der Zukunft ist zu erwarten, dass aufgrund verschiedener Studien und Auswertungen zu Langzeitergebnissen die derzeit uneinheitliche und zum Teil auf wenigen Studien fußende Datenlage weiter differenziert und besser belegt werden wird. Die aktuellen epidemiologischen Studien weisen darauf hin, dass die Verordnungspraxis bezüglich pharmakologischer Interventionen in Deutschland wenig evidenzbasiert ist. Sowohl hinsichtlich der Ätiologie, der Neurobiologie, der Typologie und der Therapie besteht bei depressiven Störungen ein immenser Forschungsbedarf, gerade auch bei Jugendlichen. Im wissenschaftlichen Diskurs wird die Abgrenzung von juvenilen und kindlichen bipolaren Störungen von anderen Erkrankungen weiter geklärt werden müssen, wobei gerade die Unterschiede zwischen Europa und den USA hier verstärkte Forschung auch in Europa erfordern, um das derzeit in den USA übliche Klassifikationskonzept kritisch kontrastieren zu können.

Literatur

American Academy of Child and Adolescent Psychiatry (AACAP). Practice Parameters for the Assessment and Treatment of Children and Adolescents with Depressive Disorders. JAACAP 2007; 46(11): 1503–26.

Amitai Y, Frischer H. Excess fatality from desipramine in children and adolescents. J Am Acad Child Adolesc Psychiatry 2006; 45(1): 54–60.

Anand A, Charney DS. Norepinephrine dysfunction in depression. J Clin Psychiatry 2000; 61 Suppl. 10: 16–24.

Andrews G, Jenkins R (eds). The Management of Mental Disorders. London: World Health Organization Collaborating Centre in Mental Health 1999.

Angelucci F, Brenè S, Mathé AA. BDNF in schizophrenia, depression and corresponding animal models. Mol Psychiatry 2005; 10: 345–52.

Ballmaier M, Narr KL, Toga AW, Elderkin-Thompson V, Thompson PM, Hamilton L, Haroon E, Pham D, Heinz A, Kumar A. Hippocampal morphology and distinguishing late-onset from early-onset elderly depression. Am J Psychiatry 2008; 165: 229–37.

Beck AT. The development of depression. A cognitive model. In: Friedmann RF, Katz MM (eds). The psychology of depression. New York: Wiley 1974.

Biederman J, Faraone S, Mike E. Attentiondeficit hyperacitivity disorder and juvenile mania: an overlooked comorbidity? J Am Acad Child Adolesc Psychiatry1996; 35(8): 997–1008.

Birmaher B, Ryan ND, Williams DE, Brent DA, Kaufmann J. Childhood and adolescent depression: A review of the past 10 years, part 1. J Am Acad Child Adolesc Psychiatry 1996; 35: 1427–39.

Brent DA, Holder D, Kolko D. A clinical psychotherapy trial for adolescent depression comparing cognitive, family, and supportive therapy. Arch Gen Psychiatry 1997; 54: 877–85.

Bridge JA, Iyengar S, Salary CB, Barbe RP, Birmaher B, Pincus HA, Ren L, Brent DA. Clinical response and risk for reported suicidal ideation and suicide attempts in pediatric antidepressant treatment. a meta-analysis of randomized controlled trials. JAMA 2007; 297: 1683–96.

Cassano P, Fava M. Depression and public health, an overview. J Psychosom Res 2002; 53: 849–57.

Chen B, Dowlatshahi D, MacQueen GM, Wang JF, Young LT. Increased hippocampal BDNF immunoreactivity in subjects treated with antidepressant medication. Biol Psychiatry 2001; 50: 260–5.

Chen CH, Suckling J, Ooi C, Fu CH, Williams SC, Walsh ND, Mitterschiffthaler MT, Pich EM, Bullmore E. Functional Coupling of the Amygdala in Depressed Patients Treated with Antidepressant Medication. Neuropsychopharmacology 2007 (Epub ahead of print).

Dannlowski U, Ohrmann P, Bauer J, Deckert J, Hohoff C, Kugel H, Arolt V, Heindel W, Kersting A, Baune BT, Suslow T. Amygdala reactivity to masked negative faces is associated with automatic judgmental bias in major depression: a 3 T fMRI study. J Psychiatry Neurosci 2007; 32(6): 423–9.

DeBellis MD, Dahl RE, Perel JM, Birmaher B, al-Shabbout M, Williamson DE, Nelson B, Ryan ND. Nocturnal ACTH, cortisol, growth hormone, and prolactin secretion in prepubertal depression. J Am Acad Child Adolesc Psychiatry 1996; 35: 1130–8.

Deutsche Gesellschaft für Bipolare Störungen e. V. (manisch-depressive Erkrankungen) (DGBS). Weißbuch Bipolare Störungen in Deutschland. 2. überarb. Aufl. Norderstedt: BOD 2006b.

Deutsche Gesellschaft für Kinder- und Jugendpsychiatrie und Psychotherapie (DGKJPP), Berufsverband der Ärzte für Kinder- und Jugendpsychiatrie und Psychotherapie in Deutschland e. V., Bundesarbeitsgemeinschaft der leitenden Klinikärzte für Kinder- und Jugendpsychiatrie und Psychotherapie e. V.; Warnke A, Lehmkuhl G (Hrsg). Leitlinien zur Diagnostik und Therapie von psychischen Störungen im Säuglings-, Kindes- und Jugendalter. Köln: Deutscher Ärzte-Verlag 2007; 57–72.

Deutsche Gesellschaft für Psychiatrie, Psychotherapie und Nervenheilkunde (DGPPN) (Hrsg). Behandlungsleitlinie affektive Erkrankungen. Darmstadt: Steinkopff 2004.

Drevets WC, Videen TO, Price JL, Preskorn SH, Carmichael ST, Raichle ME. A functional anatomical study of unipolar depression. J Neurosci 1992; 12: 3628–41.

Duman RS, Malberg J, Thome J. Neural plasticity to stress and antidepressant treatment. Biol Psychiatry 1999; 46: 1181–91.

Eley TC, Stevenson J. Specific life-events and chronic experiences differentially associated with depression and anxiety in young twins. J Abnorm Child Psychol 2000; 28: 383–94.

EMEA. EMEADoc.Ref.EMEA/202554/2006.

Emslie GJ, Weinberg WA, Kennard BD, Kowatch RA. Neurobiological aspects of depression in children and adolescents. In: Reynolds WM, Johnston HF (eds). Handbook of depression in children and adolescents. New York: Plenum 1994.

Essau CA, Petermann U. Depression. In: Petermann F (Hrsg). Lehrbuch der Klinischen Kinderpsychologie und -psychotherapie. 4. Aufl. Göttingen: Hogrefe 2000; 291–322.

Europäische Kommission. Grünbuch »Die psychische Gesundheit der Bevölkerung verbessern – Entwicklung einer Strategie für die Förderung der psychischen Gesundheit in der Europäischen Union«. 2005.

Fegert JM. Depressionsbehandlung mit SSRI in der Kinder- und Jugendpsychiatrie – Ein Forschungs- oder ein Informationsdebakel? Nervenheilkunde 2004; 23: 60–4.

Fegert JM, Kölch M, Zito JM, Glaeske G, Janhsen K. Antidepressant use in children and adolescents in Germany. J Child Adolesc Psychopharmacol 2006; 1–2: 197–206.

Fombonne E, McCrone P, Knapp M, Beecham J, Wostear G. The Maudsley long-term follow-up of child and adolescent depression. Br J Psychiatry 2002; 180: 19–23.

Forsthoff A, Grunze H. Forschungsansätze und Hypothesen. Neurologe & Psychiater 2005; Sonderheft 1: 5–7.

Gerber PD, Barrett JE, Barrett JA, Oxman TE, Manheimer E, Smith R, Whiting RD. The relationship of presenting physical complaints to depressive symptoms in primary care. J Gen Intern Med 1992; 7: 170–3.

Gerlach M, Baving L, Fegert J. Therapie mit Lithium Salzen in der Kinder- und Jugendpsychiatrie – Klinische Wirksamkeit und praktische Empfehlungen. Z Kinder Jugendpsychiatr Psychother 2006; 34(3): 181–8.

Gibbons RD, Brown CH, Hur K, Marcus SM, Bhaumik DK, Mann JJ. Relationship between antidepressants and suicide attempts: an analysis of the Veterans Health Administration data sets. Am J Psychiatry 2007; 164: 1044–9.

Goodyer IM, Herbert J, Altham PM, Pearson J, Secher SM, Shiers HM. Adrenal secretion during major depression in 8- to 16-year olds. Psychol Med 1996; 11: 545–65.

Goodyer I, Dubicka B, Wilkinson P, Kelvin R, Roberts C, Byford S, Breen S, Ford C, Barrett B, Leech A, Rothwell J, White L, Harrington R. Selective serotonin reuptake inhibitors (SSRIs) and routine specialist care with and without cognitive behaviour therapy in adolescents with major depression: randomised controlled trial. BMJ 2007; 335; 142. doi:10.1136/bmj.39224.494340.55.

Hammad TA. Results of the analysis of suicidality in pediatric trial of newer antidepressants. FDA Center of for Drug Evaluation and Research. Sep 13. 2004, www.fda.gov/ohrms/dockets/ac/04/slides/2004-4065S1_08_FDA-Hammad_files/frame.htm.

Hammad TA, Laughren T, Racoosin J. Suicidality in pediatric patients treated with antidepressant drugs. Arch Gen Psychiatry 2006; 63(3): 332–9.

Harrington R. Depression, suicide and deliberate self-harm in adolescence. Br Med Bull 2001a; 57: 47–60.

Harrington R. Kognitive Verhaltenstherapie bei depressiven Kindern und Jugendlichen (aus dem Engl. übersetzt und ergänzt: Jans T, Warnke A, Remschmidt H). Göttingen: Hogrefe 2001b.

Hautzinger M. Depression. In: Margraf J (Hrsg). Lehrbuch der Verhaltenstherapie. 2. vollständ. überarb. Aufl. Berlin: Springer 2000; 124–35.

Hautzinger M. Kognitive Verhaltenstherapie bei Depressionen. 6., überarbeitete Aufl. Weinheim: BeltzPVU 2003.

Hazell P, O'Connell D, Heathcote D, Robertson L, Henry D. Efficacy of tricyclic drugs in treating child and adolescent depression: a meta-analysis. BMJ 1995; 310: 897–901.

Herpertz-Dahlmann B, Remschmidt H. Störungen der Kind-Umwelt-Interaktion und ihre Auswirkungen auf den Entwicklungsverlauf. In: Petermann F, Niebank K, Scheithauer H (Hrsg). Risiken in der frühkindlichen Entwicklung. Entwicklungspsychopathologie der ersten Lebensjahre. Göttingen: Hogrefe 2000; 224–38.

Holtmann M, Sven Bölte S, Goth K, Manfred Döpfner M, Julia Plück J, Michael Huss M, Fegert JM, Lehmkuhl G, Schmeck K, Poustka F. Prevalence of the Child Behavior Checklist-pediatric bipolar disorder phenotype in a German general population sample. Bipolar Disord 2007; 9(8): 895–900.

Hughes CW, Emslie GJ, Crismon ML, Posner K, Birmaher B, Ryan N, Jensen P, Curry J, Vitiello B, Lopez M, Shon SP, Pliszka SR, Trivedi MH; Texas Consensus Conference Panel on Medication Treatment of Childhood Major Depressive Disorder. Texas Children's Medication Algorithm Project: update from Texas Consensus Conference Panel on Medication Treatment of Childhood Major Depressive Disorder. J Am Acad Child Adolesc Psychiatry 2007; 46(6): 667–86.

Ihle W, Esser G, Laucht M, Schmidt M. Depressive Störungen und aggressiv-dissoziale Störungen im Kindes- und Jugendalter: Prävalenz, Verlauf und Risikofaktoren. Bundesgesundheitsblatt – Gesundheitsforschung – Gesundheitsschutz 2004; 47: 728–35.

Jensen PS, Arnold LE, Swanson JM, Vitiello B, Abikoff HB, Greenhill LL, Hechtman L, Hinshaw SP, Pelham WE, Wells KC, Conners CK, Elliott GR, Epstein JN, Hoza B, March JS, Molina BS, Newcorn JH, Severe JB, Wigal T, Gibbons RD, Hur K. 3-year follow-up of the NIMH MTA study. J Am Acad Child Adolesc Psychiatry 2007; 46(8): 989–1002.

Karege F, Bondolfi G, Gervasoni N, Schwald M, Aubry JM, Bertschy G. Low brain-derived neurotrophic factor (BDNF) levels in serum of depressed patients probably results from lowered platelet BDNF release unrelated to platelet reactivity. Biol Psychiatry 2005; 57: 1068–72.

Kessler RC, Adler LA, Barkley R, Biederman J, Conners CK, Faraone SV, Greenhill LL, Jaeger S, Secnik K, Spencer T, Ustün TB, Zaslavsky AM. Patterns and predictors of attention-deficit/hyperactivity disorder persistence into adulthood: results from the national comorbidity survey replication. Biol Psychiatry 2005; 57(11): 1442–51.

Kimbrell TA, Ketter TA, George MS, Little JT, Benson BE, Willis MW, Herscovitch P, Post RM. Regional cerebral glucose utilization in patients with a range of severities of unipolar depression. Biol Psychiatry 2002; 51: 237–52.

Kölch M, Bücheler R, Fegert JM, Gleiter CH. Johanniskraut – eine evidenzbasierte Alternative in der Behandlung kindlicher und juveniler Depressionen? Eine Übersicht zu Indikationen, Wirkung, Evidenz und Verschreibungspraxis Johanniskraut. Psychopharmakotherapie 2006; 13: 95–9.

Kramer MS, Cutler N, Feighner J, Shrivastava R, Carman J, Sramek JJ, Reines SA, Liu G, Snavely D, Wyatt-Knowles E, Hale JJ, Mills SG, MacCoss M, Swain CJ, Harrison T, Hill RG, Hefti F, Scolnick EM, Cascieri MA, Chicchi GG, Sadowski S, Williams AR, Hewson L, Smith D, Carlson EJ, Hargreaves RJ, Rupniak NM. Distinct mechanism for antidepressant activity by blockade of central substance P receptors. Science 1998; 281: 1640–5.

Kratochvil CJ, Vitiello B, Walkup J, Emslie G, Waslick BD, Weller EB, Burke WJ, March JS. Selective serotonin reuptake inhibitors in pediatric depression: is the balance between benefits and risks favorable? J Child Adolesc Psychopharmacol 2006; 16(1–2): 11–24.

Leichsenring F, Rabung S, Leibing E. The efficacy of short-term psychodynamic psychotherapy in specific psychiatric disorders. A meta-analysis. Arch Gen Psychiatry 2004; 61: 1208–16.

Lewinsohn PM. A behavioural approach to depression. In: Friedmann RF, Katz MM (eds). The psychology of depression. New York: Wiley 1974; 157–78.

March J, Silva S, Petrycki S, Curry J, Wells K, Fairbank J, Burns B, Domino M, McNulty S, Vitiello B, Severe J; Treatment for Adolescents with Depression Study (TADS) Team. Fluoxetine, cognitive-behavioral therapy, and their combination for adolescents with depression: Treatment for Adolescents With Depression Study (TADS) randomized controlled trial. JAMA 2004; 292(7): 807–20.

McClure EB, Leibenluft E, Pine DS. Sertraline improves symptoms in children and adolescents with major depressive disorder. Evid Based Ment Health 2004; 7: 10.

Moreno C, Laje G, Blanco C, Jiang H, Schmidt AB, Olfson M. National trends in the outpatient diagnosis and treatment of bipolar disorder in youth. Arch Gen Psychiatry 2007; 64(9): 1032–9.

Mosholder AD, Willy M. Suicidal adverse events in pediatric randomized, controlled clinical trials of antidepressant drugs are associated with active drug treatment: a meta-analysis. J Child Adolesc Psychopharmacol 2006; 16(1–2): 25–32.

Mufson L, Dorta KP, Wickramaratne P, Nomura Y, Olfson M, Weissman MM. A randomized effectiveness trial of interpersonal psychotherapy for depressed adolescents. Arch Gen Psychiatry 2004; 61: 577–84.

Najman JM, Hallam D, Bor WB, O'Callaghan M, Williams GM, Shuttlewood G. Predictors of depression in very young children – a prospective study. Soc Psychiatry Psychiatr Epidemiol 2005; 40(5): 367–74.

National Institute for Clinical Excellence (NICE). http://www.nice.org.uk/nicemedia/pdf/2004_50_launchdepressionanxiety.pdf.

National Institute for Clinical Excellence (NICE). Depression in children and young people: identification and management in primary, community and secondary care. London: National Clinical Practice Guideline 2005; Number 28, developed by National Collaborating Centre for Mental Health commissioned by the National Institute for Clinical Excellence published by The British Psychological Society & The Royal College of Psychiatrists.

Nemeroff CB. Recent advances in the neurobiology of depression. Psychopharmacol Bull 2002; 36 (suppl. 2): 6–23.

Nemets H, Nemets B, Apter A, Bracha Z, Belmaker RH. Omega-3 treatment of childhood depression: a controlled, double-blind pilot study. Am J Psychiatry 2006; 163: 1098–100.

Oldehinkel AJ, Wittchen HU, Schuster P. Prevalence, 20-month incidence and outcome of unipolar depressive disorders in a community sample of adolescents. Psychol Med 1999; 29(3): 655–68.

Ordway GA. Pathophysiology of the locus coeruleus in suicide. Ann NY Acad Sci 1997; 836: 233–52.

Posener JA, Wang L, Price JL, Gado MH, Province MA, Miller MI, Babb CM, Csernansky JG. High-dimensional mapping of the hippocampus in depression. Am J Psychiatry 2003; 160: 83–9.

Pössel P, Hautzinger M. Effekte pharmakologischer und psychotherapeutischer Interventionen auf Depressionen bei Kindern und Jugendlichen. Z Kinder- und Jugendpsychiatrie Psychotherapie 2006; 34(4): 243–55.

Ross BM, Seguin J, Sieswerda LE. Omega-3 fatty acids as treatments for mental illness: which disorder and which fatty acid? Lipids Health Dis 2007; 6: 21. doi:10.1186/1476-511X-6-21

Rübenach SP. Todesursache Suizid. Statistisches Bundesamt Wirtschaft und Statistik 10/2007. http://www.destatis.de/jetspeed/portal/cms/Sites/destatis/Internet/DE/Content/Publikationen/Querschnittsveroeffentlichungen/WirtschaftStatistik/AktuellSuizid,property=file.pdf (Zugang verifiziert 12.12.2007).

Sackheim H. Advances in brain stimulation techniques for treatmetn-resistant disorders. J Affect Dis 2008; 107: S19–20.

Safer DJ, Zito JM. Treatment-emergent adverse events from selective serotonin reuptake inhibitors by age group: children versus adolescents. J Child Adolesc Psychopharmacol 2006; 16(1-2): 159–69.

Schmidtke A, Schaller S, Löhr C, Kruse A, Stöber G. Suizidalität bei unipolaren und bipolaren affektiven Psychosen – Sterben mehr bipolar Kranke durch Suizid? Krankenhauspsychiatrie 2002; 13: 54–8.

Schulte-Markwort M, Forouher N. Affektive Störungen. In: Herpertz-Dahlmann B, Resch F, Schulte-Markwort M, Warnke A (Hrsg). Entwicklungspsychiatrie. Stuttgart, New York: Schattauer 2003; 609–36.

Schweiß I. Die Bipolare Erkrankung im Kindes- und Jugendalter. PsychoNeuro 2004; 30(6): 302–3.

Seligmann MEP. Learned Helpness. San Francisco: Freeman 1975.

Siegle GJ, Steinhauer SR, Thase ME, Stenger VA, Carter CS. Can't shake that feeling: event-related fMRI assessment of sustained amygdala activity in response to emotional information in depressed individuals. Biol Psychiatry 2002; 51: 693–707.

Simon GE, Goldberg DP, Von Korff M. Understanding cross-national differences in depression prevalence. Psychol Med 2002; 32(4): 585–94.

Starling J, Rey JM, Simpson JM. Depressive symptoms and suicidal behaviour: changes with time in an adolescent clinic cohort. Aust N Z J Psychiatry 2004; 38(9): 732–7.

Steingard RJ, Renshaw PF, Yurgelun-Todd D, Appelmans KE, Lyoo IK, Shorrock KL, Bucci JP, Cesena M, Abebe D, Zurakowski D, Poussaint TY, Barnes P. Structural abnormalities in brain magnetic resonance images of depressed children. J Am Acad Child Adolesc Psychiatry 1996; 35: 307–11.

Sulz SKD. Als Sisyphus seinen Stein losließ. Oder: Verlieben ist verrückt! 4. Aufl. Geesthacht: Neuland, CIP-Medien 2005.

Treatment for Adolescents with Depression Study (TADS) Team. The Treatment for Adolescents With Depression Study (TADS): rationale, design, and methods. J Am Acad Child Adolesc Psychiatry 2003; 42(5): 531–42.

Treatment for Adolescents with Depression Study (TADS) Team. The Treatment for Adolescents With Depression Study (TADS): demographic and clinical characteristics. J Am Acad Child Adolesc Psychiatry 2005; 44(1): 28–40.

Vitiello B, Rohde P, Silva S, Wells K, Casat C, Waslick B, Simons A, Reinecke M, Weller E, Kratochvil C, Walkup J, Pathak S, Robins M, March J; TADS Team. Functioning and quality of life in the Treatment for Adolescents with Depression Study (TADS). J Am Acad Child Adolesc Psychiatry 2006; 45(12): 1419–26.

Wagner KD, Ambrosini P, Rynn M, Wohlberg C, Yang R, Greenbaum MS, Childress A, Donnelly C, Deas D; Sertraline Pediatric Depression Study Group. Efficacy of sertraline in the treatment of children and adolescents with major depressive disorder: two randomized controlled trials. JAMA 2003; 290: 1033–41.

Weinmann S, Becker T, Koesters M. Re-evaluation of the efficacy and tolerability of venlafaxine vs SSRI: meta-analysis. Psychopharmacology 2008; 196: 511–20.

Weissmann MM, Wolk S, Goldstein RB, Moreau D, Adams P, Greenwald S, Klier CM, Ryan ND, Dahl RE, Wickramaratne P. Depressed adolescents grown up. JAMA 1999; 281: 1707–13.

Whittington CJ, Kendall T, Fonagy P, Cotrell D, Cotgrove A, Boddinton E. Selective serotonin reuptake inhibitors in childhood depression: systematic review of published versus unpublished data. Lancet 2004; 362: 1342–5.

WHO. World Health Report 2001. 11. http://www.who.int/whr/2001. (Zugang verifiziert 10.10.2006).

Wittchen HU, Lieb R, Wunderlich U, Schuster P. Comorbidity in primary care: presentation and consequences. J Clin Psychiatry 1999: 60 Suppl 7: 29–36; discussion 37–8.

25 Angststörungen

Ulrike M. E. Schulze, Harald J. Freyberger und Jörg M. Fegert

Inhalt

25.1 Definition und Klassifikation ... 278
25.2 Epidemiologie ... 279
25.3 Symptomentwicklung ... 279
25.4 Ätiologie und Neurobiologie ... 282
25.5 Differenzialdiagnostik ... 285
25.6 Therapie ... 285
25.7 Verlauf und Prognose ... 286
Literatur ... 287

Zusammenfassung

Im Laufe individueller Entwicklungen begleiten Ängste einerseits selbstverständlich und altersphysiologisch; andererseits jedoch können sie Krankheitswertigkeit annehmen, chronifizieren, mit psychiatrischen Begleiterkrankungen verbunden sein und damit – z. B. im Rahmen sich entwickelnder Persönlichkeitsstörungen – sowohl die Lebensqualität der Betroffenen erheblich beeinträchtigen als auch mit einem erhöhten Suizidrisiko einhergehen.

Angststörungen sind zumindest ab der Pubertät eine »weibliche Angelegenheit«: Während im Kindesalter noch keine Geschlechtspräferenz nachweisbar ist, sind ab der Pubertät zunehmend Mädchen und junge Frauen betroffen, bis das bekannte 3:1-Verhältnis erreicht ist.

Entwicklungspsychopathologisch gesehen widmen sich die Ängste alters- und entwicklungsbezogenen Aufgaben. Sie entstehen im Falle vorhandener unüberbrückbarer Distanzen zwischen äußeren Anforderungen und inneren Voraussetzungen. Besonders kritisch gesehen werden muss in diesem Zusammenhang das Störungsbild der sozialen Phobie, welche das psychosoziale Adaptationsniveau der Betroffenen massiv einzuschränken imstande ist.

Neurobiologische Grundlagenforschung gewährt zunehmend Einblick in die Abläufe der Angstentstehung und ihre teilweise strukturellen Auswirkungen. Aktuelle Befunde sprechen jedoch auch dafür, dass durch gezielte therapeutische Interventionen wiederum nachhaltige positive Veränderungen erreichbar sind. Psychotherapeutische und familienbezogene Hilfestellungen sollten in der Behandlung von Angststörungen an erster Stelle vor dem Einsatz von Psychopharmaka stehen. Dennoch ist hier insbesondere im Hinblick auf die Langzeitprognose der Patienten im Zweifel eine Güterabwägung zu treffen.

25.1 Definition und Klassifikation

Das Wort »Angst« wird abgeleitet von den lateinischen Begriffen für »Enge« (angor, angustus). Sogenannte Angststrukturen betreffen alte Gehirnanteile, die erst beim Menschen in die höheren psychischen Funktionen integriert wurden.

> Angst ist eine lebensnotwendige Reaktion und Erfahrung. Sie wird erlebt als ein unangenehmes Gefühl der Bedrohung und ergreift grundsätzlich den gesamten Menschen, indem sie sich auf all seine Wahrnehmungs-, Vorstellungs- und Verhaltensbereiche erstreckt.

Angst äußert sich häufig in körperlichen bzw. psychischen Angstäquivalenten. Zu den körperlichen, insbesondere vegetativen Angstsymptomen gehören z. B. Herzklopfen, Schwitzen, Mundtrockenheit, Erstickungsgefühl, Hyperventilation, Brustschmerz, Beklemmungsgefühl, Übelkeit, Magen-Darm-Beschwerden, Schwindel, Hitzegefühl und/oder Kälteschauer sowie Parästhesien. Zu den psychischen Angstmerkmalen werden neben der psychisch erlebten Angst z. B. die Furcht vor einem subjektiv drohenden Kontrollverlust und angstassoziiertes Depersonalisations- und Derealisationserleben gerechnet. Die Ausprägung der körperlichen Symptome einer Angsterkrankung im Kindes- und Jugendalter scheint geschlechts- und störungsunspezifisch eng mit dem Schweregrad der jeweiligen Symptomatik oder aber deren Anwachsen assoziiert, ihre medikamentöse Behandlung jedoch auch erfolgversprechend im Hinblick auf eine Reduktion zu sein (Ginsburg et al. 2006). Angst führt über antizipatorische Prozesse zur Vermeidung und weist darüber hinaus eine hohe Tendenz zur Generalisierung auf.

Viele Kinder und Jugendliche, die die diagnostischen Kriterien für eine Angststörung erfüllen, weisen keine nennenswerten Funktionsbeeinträchtigungen auf. Ist dies jedoch der Fall – ca. 50 % aller Angststörungen weisen internationalen Erhebungen zufolge insgesamt einen mittleren bis schweren Ausprägungsgrad auf (Baumeister u. Härter 2007) –, umspannen die damit gegebenen Einschränkungen wichtige Kernbereiche wie Schule, Familie und Peers (Brookman u. Sood 2006).

Tab. 25-1 Prävalenzraten von Angststörungen bei Kindern

	Federer (2000)	Steinhausen et al. (1998)	Essau et al. (1998)	
Alter (Jahre)	8	7–16	12–17	14–24
Stichprobengröße	826	1 964	1 035	3 021
Prävalenzzeitraum	6 Monate	6 Monate	1 Jahr	LZ
Angststörungen gesamt	**9,5 %**	**11,4 %**	**11,3 %**	**18,6 %**
Trennungsangst	2,8	0,8	–	–
spezifische Phobie	5,2	5,8	2,7	3,5
soziale Phobie	0,4	4,7	1,4	1,6
generalisierte Angststörung	1,4	0,6	0,2	0,4

LZ = Lebenszeit; – = Prävalenzangaben liegen nicht vor.

Angststörungen sind in der ICD-10-Klassifikation aufgrund des historischen Zusammenhanges im Kapitel der neurotischen, Belastungs- und somatoformen Störungen aufgeführt. Sie dürfen nicht durch eine organische Ursache begründet sein. Eine inhaltliche Unterteilung erfolgt in die phobischen Störungen (auf bestimmte Objekte gerichtete Angst) sowie die anderen Angststörungen (episodisch paroxysmal, generalisiert auftretend).

25.2 Epidemiologie

Die Häufigkeitsraten von Angststörungen im Kindes- und Jugendalter liegen in internationalen Befragungen in dieser Altersgruppe zwischen 5 und 19 % (Tab. 25-1) (Essau et al. 1998; Ravens-Sieberer et al. 2007; Roberts et al. 2007; Steinhausen et al. 1998). Bis zur Pubertät sind beide Geschlechter zu gleichen Anteilen betroffen. In der Adoleszenz stellt sich die bekannte 3:1-Verteilung zu Ungunsten der Mädchen bzw. jungen Frauen heraus.

25.3 Symptomentwicklung

Ängste gehören zur normalen Entwicklung eines Kindes. Typische Angstthemen sind reifungsabhängige Phänomene, welche mit dem Erreichen bestimmter Entwicklungsstufen in den Vordergrund treten (Tab. 25-2). Sie sind determiniert durch die angstauslösende Wirkung neuer Stimuli oder neuer Fähigkeiten.

Tab. 25-2 Ängste und Angststörungen von Kindern und Jugendlichen im Entwicklungsverlauf (mod. nach Scarr 1999)

Alter	Psychologische/soziale Kompetenz	Quelle entwicklungstypischer Angst	Alterstypische klinisch relevante Angst
0–6 Monate	sensorische Fähigkeiten dominieren, kleinkindliche Anpassung	intensive sensorische Reize, Verlust von Zuwendung, laute Geräusche	
6–12 Monate	sensomotorische Schemata, Ursache und Wirkung, Objektkonstanz	fremde Menschen, Trennung	
2–4 Jahre	präoperationales Denken, Fähigkeit zu imaginieren, aber unfähig, Phantasie und Realität zu trennen	Phantasiekreaturen, potenzielle Einbrecher, Dunkelheit	Trennungsangst
5–7 Jahre	konkret-operationales Denken, Fähigkeit, konkret-logisch zu denken	Naturkatastrophen (Feuer, Überschwemmung), man-made disaster; Verletzungen, Tiere, medienbasierte Ängste	Tierphobie, Blutphobie
8–11 Jahre	Selbstwert basiert auf akademischen und sportlichen Leistungen	schlechte schulische und sportliche Leistungen	Schulangst
12–18 Jahre	formal-operationales Denken, Fähigkeit, Gefahr zu antizipieren, Selbstwert durch Alterskameraden bestimmt, Abgrenzung von erwachsenen Bezugspersonen i. S. von Autonomiebestrebungen	Ablehnung durch Alterskameraden	soziale Phobie, Agoraphobie, Panikstörung

Nach Piaget und Inhelder (2004) können kleinere Kinder nicht internal attribuieren. Dies hat zur Folge, dass die typischen körperlichen Empfindungen der Angst deshalb nur external attribuiert werden können. Auslöser der Angst sind immer Tiere, Gegenstände etc. Panikfälle bis zum Alter von zehn Jahren sind extrem selten (0,5–0,8 %). Erste Häufungen treten erst in der Adoleszenz und im jungen Erwachsenenalter auf. Neben den Impulskontrollstörungen weisen insbesondere phobische Störungen und die emotionale Störung des Kindesalters mit Trennungsangst die vergleichsweise frühesten Erstmanifestationszeitpunkte psychischer Erkrankungen auf (Kessler et al. 2007). Im Alter von acht Jahren geben ca. 10 % der Kinder an, im letzten halben Jahr die Kriterien für Angsterkrankungen erfüllt zu haben. Spezifische Phobien im Kindes- und Jugendalter treten am häufigsten auf. Bei jüngeren Grundschulkindern ist die zweithäufigste Störung die Trennungsangst. Ab der Pubertät tritt die Sozialphobie als zweithäufigste Diagnose in den Vordergrund. Übergänge sind häufig und fließend.

Angststörungen bei Kindern weisen eine hohe Komorbidität untereinander auf. Die enormen entwicklungspsychologischen Anforderungen der Adoleszenz insbesondere an die Autonomienentwicklung bilden den Kontext dafür, dass Prüfungsängsten und sozial phobischen Merkmalen in dieser Zeitspanne eine ausgesprochen dysfunktionale Bedeutung zukommt. Im erwachsenenpsychiatrischen Bereich wird das Scheitern in diesbezüglichen Autonomieschritten bei gleichzeitig bestehender sozialer Phobie als eine zentrale Voraussetzung für die Entwicklung damit zusammenhängender ängstlich-vermeidender Persönlichkeitsstörungen betrachtet.

Die deutschen bzw. deutschsprachigen Leitlinien zur Diagnostik und Therapie von psychischen Störungen im Säuglings-, Kindes- und Jugendalter (2007) trennen zwischen phobischen Störungen bei Kindern und Jugendlichen (Agoraphobie, soziale Phobien, spezifische/isolierte Phobien, phobische Störung des Kindesalters, Störung mit sozialer Ängstlichkeit des Kindesalters) und Angststörungen (Panikstörung, generalisierte Angststörung, Angst und depressive Störung, gemischt, sonstige gemischte Angststörungen, emotionale Störung mit Trennungsangst des Kindesalters). Eine Sonderstellung nimmt die Diagnose des elektiven Mutismus (ICD-10: F94) ein; dieser wird neben die Bindungsstörungen des Kindesalters gestellt und bezieht damit die Auswirkungen primärer emotionaler Erfahrungen mit ein.

25.3.1 Angststörungen im Kindesalter

> Klinisch relevante Ängste können dieselben Angstthemen, die alterstypisch zu erwarten sind, aufweisen, sind aber besonders stark, halten über mehrere Monate an und führen zu einer Beeinträchtigung der normalen Entwicklung des Kindes. Symptomtisch ist auch das Persistieren in nicht mehr entwicklungstypische Phasen oder das besonders frühe Auftreten.

Hierzu zählen gemäß der ICD-10 der WHO (Dilling et al. 2004) die phobischen Störungen des Kindesalters (F93.1), die emotionale Störung mit Trennungsangst (F93.0), die Störung mit sozialer Überempfindlichkeit des Kindesalters (F93.2), die generalisierte Angststörung des Kindesalters (F93.8) und der elektive Mutismus (F94.0).

Phobische Störung

Bei der phobischen Störung des Kindesalters handelt es sich um eine engumgrenzte Furcht z. B. vor engen Räumen, welche in Entwicklungsphasen typisch ist.

Störung mit sozialer Überempfindlichkeit

Bei der Störung mit sozialer Überempfindlichkeit des Kindesalters treten alterstypische Ängste in sozialen Situationen mit allgemein typischer Ängstlichkeit auf (z. B. vor der Klassen singen, sprechen).

Elektiver Mutismus

> Der elektive Mutismus ist definiert als emotional bedingte Störung der sprachlichen Kommunikation.

Diese wird häufig ersetzt durch das Einsetzen nonverbaler Mittel (Mimik, Gestik, schriftliche Aufzeichnungen). Das Kind/der Jugendliche spricht meist in einigen sozialen Situationen fließend, bleibt jedoch in anderen Zusammenhängen (fast) stumm. Die Störung beruht (in der Regel) nicht auf fehlenden Sprachfertigkeiten und Defiziten bezüglich der Artikulation, der expressiven oder rezeptiven Sprache. Diese sowie eine schizophrene Störung (insbesondere die Katatonie) oder eine tiefgreifende Entwicklungsstörung müssen differenzialdiagnostisch ausgeschlossen werden.

Interpretatorisch kann das Störungsbild als Vermeidungsstrategie sozial phobischer Kinder und Jugendlicher eingeordnet werden (Beidel et al. 2007). Somit ist das Erfragen der störungsspezifischen Entwicklungsgeschichte, von Besonderheiten der Sprachentwicklung, der Primärpersönlichkeit, von Temperamentsmerkmalen sowie frühkindlichen Verhaltensauffälligkeiten, von Angst, Kontaktproblemen, Trennungsängstlichkeit, Schlaf- und Essproblemen nicht unerheblich.

Eine Sonderstellung nehmen in diesem Zusammenhang klinischen Beobachtungen zufolge auch Kinder aus anderen Kulturkreisen ein.

25.3.2 Angststörungen in der Adoleszenz

> Die häufigsten Ängste im Zeitraum zwischen Vorpubertät und Adoleszenz betreffen die Angst vor Blut, Blutentnahme, vor

> Tieren, vor spezifischen Situationen, engen Räumen, die Höhenangst sowie die Angst vor Natur- und anderen Katastrophen.

In Abgrenzung zu den phobischen Störungen und mit Ausnahme der Trennungsangststörung ist bei Angststörungen (im klassischen Sinn) eine unrealistische bzw. übermäßig ausgeprägte Angst eine Art »ständiger Begleiter« des Betroffenen. Zusätzlich hierzu können depressive und Zwangssymptome, möglicherweise auch Elemente phobischer Angst sekundär oder weniger ausgeprägt vorhanden sein. In die Gruppe dieser Angsterkrankungen gehören die Panikstörung (F41.0), die generalisierte Angststörung (F41.1), Angst und depressive Störung gemischt sowie sonstige gemischte Angststörungen (F41.3).

Spezifische Phobien

Die häufigsten spezifischen Phobien des Jugendalters beziehen sich auf Tiere oder die natürliche nächste Umgebung der Betroffenen. Ergebnisse einer epidemiologischen deutschen Studie bestätigten ein Überwiegen des weiblichen Geschlechts. Ein Drittel der befragten Jugendlichen litt gleichzeitig unter Symptomen einer depressiven oder somatoformen Störung. Dennoch scheint in dieser Altersgruppe auch eine krankheitsbedingte hohe psychosoziale Beeinträchtigung in diesem Zusammenhang nicht zwangsläufig den Wunsch nach einer Behandlung nach sich zu ziehen (Essau et al. 2000).

Agoraphobie

Hauptmerkmal der Agoraphobie ist die Angst, sich an Orten oder in Situationen zu befinden, von denen aus ein Rückzug an einen sicheren Platz, im Allgemeinen nach Hause, schwierig oder peinlich ist. Sie muss mindestens in zwei der folgenden Situationen auftreten: in Menschenmengen, an öffentlichen Plätzen, bei Reisen mit weiter Entfernung von zu Hause oder bei Reisen alleine. Wesentlich für die Diagnosestellung ist eine Vermeidung der phobischen Situation.

Soziale Phobie

Das Störungsbild der sozialen Phobie, welche häufig im Jugendalter beginnt und ebenfalls zur Vermeidung angstbesetzter Situationen führt, fokussiert auf die Furcht vor prüfender Betrachtung durch andere Menschen in verhältnismäßig kleinen Gruppen. Die Angst ist auf bestimmte soziale Situationen beschränkt und überwiegt in solchen Situationen. Die Symptomatik sollte definitionsgemäß länger als sechs Monate bestehen. Die soziale Phobie ist nach der Substanzhäufigkeit und depressiven Erkrankungen die dritthäufigste unter den psychiatrischen Erkrankungen und neigt zur Chronifizierung; ca. ein Drittel der Betroffenen remittiert spontan (Khalid-Khan et al. 2007; Mancini et al. 2005; Turner et al. 1990). Im Vergleich zu gesunden Gleichaltrigen weisen Jugendliche mit sozialer Phobie ein signifikant höheres Maß an Einsamkeitsgefühlen, Dysphorie, allgemeiner emotionaler Übererregbarkeit sowie internalisierenden Verhaltensweisen auf, das Risiko der Manifestation komorbider psychiatrischer Störungen ist insbesondere im Falle einer frühen Erstmanifestation der Angststörung hoch (Beidel et al. 2007; Lecrubier 1998). Der Anteil schulischer oder beruflicher »Underachiever« unter ihnen ist erheblich, das Erreichen einer finanziellen oder emotionalen Unabhängigkeit ist insbesondere im Falle einer späten Diagnosenstellung bzw. unzureichenden oder uneffektiven Behandlung deutlich erschwert (Khalid-Khan et al. 2007). Im Übergang in das Erwachsenenalter weist die soziale Phobie hohe Komorbiditätsraten mit ängstlich-vermeidenden und in zweiter Linie abhängigen Persönlichkeitsstörungen auf.

Emotionale Störung mit Trennungsangst

Die emotionale Störung mit Trennungsangst ist charakterisiert durch über mindestens vier Wochen anhaltende unrealistische Sorgen, von Eltern oder anderen wichtigen Bezugspersonen dauerhaft getrennt zu werden. Auch die Eltern selbst sind häufig psychisch belastet, nicht selten leiden sie ebenfalls unter einer Angstproblematik. Die Störung äußert sich in einer Ablehnung oder Vermeidung von Trennungssituationen, da diese mit starkem Leiden des Kindes verbunden und häufig von somatischen Symptomen (Übelkeit, Bauchschmerzen, Kopfschmerzen, Erbrechen) gekennzeichnet sind. Letzteres zeigt große Schwierigkeiten, tagsüber allein ohne Bezugsperson zu Hause zu sein. Darüber hinaus sind Trennungsschwierigkeiten am Abend beobachtbar. Diese äußern sich z. B. in Einschlafproblemen, Albträumen zu Trennungssituationen und können zu langwierigen Zubettgehsituationen und altersunangemessenem Verhalten (z. B. Einschlafen im elterlichen Bett) führen. Auch fehlen häufig altersentsprechende Erfahrungen mit Auswärtsübernachten bei Freunden etc.

Eine Sonderform stellt die sogenannte »Schulphobie« dar. Sie ist klassischerweise verbunden mit Übelkeit während der Woche, die am Wochenende und während der Schulferien sistiert. Im späteren Grundschulalter kann es zu hohen Fehlzeiten kommen, die zumindest anfangs häufig durch hausärztliche Atteste »legitimiert« sind. In seltenen Fällen setzt sich die Problematik bis ins späte Jugendalter fort. Die betroffenen Adoleszenten, häufiger männlichen Geschlechts, leiden oft zusätzlich unter depressiven Symptomen, ihr Schulabschluss ist zusätzlich zu einer deutlichen sozialen Isolation massiv gefährdet. Das im Laufe der Jahre ebenfalls habituierte Elternhaus weiß der Problematik meist nicht viel entgegenzusetzen und benötigt ebenfalls ein hohes Maß an Unterstützung. Eine ambulante oder tagesklinische Behandlung ist in diesem Zusammenhang meist nicht mehr ausreichend; die Aufnahme auf eine kinder- und jugendpsychiatrische Station mit hiermit verbundener

Trennung vom Elternhaus stellt üblicherweise den ersten großen therapeutischen Schritt dar.

Panikstörung

Panikstörungen vor dem Lebensabschnitt der Adoleszenz sind selten. Hauptmerkmal des Störungsbildes sind wiederkehrende ausgeprägte Angstattacken. Sie beschränken sich nicht auf eine spezifische Situation oder besondere Umstände, sind nicht vorhersehbar und können daher zu Erwartungsangst (»Angst vor der Angst«) führen. Die Panikattacken dauern meist nur wenige Minuten, führen zum fluchtartigen Verlassen des Ortes und werden immer wieder von angstfreien Intervallen abgelöst. Sie sind gekennzeichnet von intensiver Angst oder Unbehagen sowie möglichen begleitenden vegetativen Symptomen, welche innerhalb weniger Minuten ein Maximum erreichen können.

> ! Ergebnissen einer Befragung zufolge haben etwa 50 % aller Jugendlichen zwischen 12 und 16 Jahren bereits einen Panikanfall erlebt. Im Gegensatz zu situationsgebundenen sind plötzlich auftretende Panikanfälle bereits signifikant häufig mit kognitiven Symptomen, die die Bedrohung der körperlichen Unversehrtheit beinhalteten, verbunden (Schneider u. Hensdiek 2003).

Unabhängige Prädiktoren einer Panikstörung scheinen eine vorausgegangene emotionale Störung mit Trennungsangst oder eine generalisierte Angsterkrankung des Kindesalters zu sein (Biederman et al. 2005). Als prädiktiv bedeutsam gelten darüber hinaus das Bestehen einer negativen Affektivität sowie Angstsensitivität (Hayward et al. 2000).

Generalisierte Angststörung

Bei der generalisierten Angststörung des Kindesalters umspannt eine Fülle anhaltender unkontrollierbarer und übermäßiger Sorgen und Ängste (in mindestens zwei Situationen auftretend, sich nicht auf Symptome anderer Angststörungen beziehend, keine Symptome einer affektiven oder psychotischen Störung) über mindestens sechs Monate mehrere Lebensbereiche. Diese beinhalten im Kindes- und Jugendalter häufig schwer kontrollierbare Sorgen über zukünftiges Unglück sowie familiäre Belange und die eigene schulische oder berufliche Situation (Leistungs- und Versagensängste) und sind häufig von Konzentrations- und Schlafstörungen sowie Nervosität begleitet. Die Angst wird als frei flottierend wahrgenommen und ist mit vielfältigen, häufig vegetativen Symptomen (im Sinne einer vegetativen Übererregbarkeit) verbunden. Wahrgenommen werden können (körperliche) Gefühle der Anspannung (z. B. Muskelverspannung, akute und chronische Schmerzen, körperliche Unruhe, Zittern, Unfähigkeit zum Entspannen), ein übermäßiges Bedürfnis nach Rückversicherung, Vermeidungsverhalten und geringes Selbstvertrauen sowie eine ängstliche Erwartungshaltung. Die Symptomatik muss vor dem 18. Lebensjahr begonnen haben.

Angst und depressive Störung, gemischt

Hier bestehen Angst und Depression gleichzeitig, ohne dass eine der beiden Störungen überwiegt und somit nicht die Kriterien einer anderen Angst- oder depressiven Störung in der ICD-10 erfüllt sind. Zumindest vorübergehend ist ein Auftreten vegetativer Symptome beschrieben. Es handelt sich um eine diagnostische Restkategorie, mit der insbesondere subsyndromale Störungen abgebildet werden sollen.

Sonstige gemischte Angststörungen

Sonstige gemischte Angststörungen umfassen ein Nebeneinander von Symptomen einer generalisierten Angststörung und Merkmalen einer neurotischen, Belastungs- oder somatoformen Störung (F42–48: z. B. Zwangsstörung, dissoziative Störung, Somatisierungsstörung, hypochondrische Störung), ohne dass deren Kriterien vollständig erfüllt sind. Auch mit dieser Kategorie sollen in erster Linie subsyndromale Störungen erfasst werden.

25.4 Ätiologie und Neurobiologie

25.4.1 Ätiologie

Entstehungsmodelle zur Angst liefern sowohl die Psychoanalyse als auch die Lerntheorie. Psychodynamische Modelle interpretieren Angstphänomene auf verschienen Ebenen. Angst wird einerseits als Ergebnis einer misslungenen neurotischen Konfliktlösung betrachtet, wobei es zu einer Entkopplung des ursprünglich angstauslösenden Ereignisses oder Prozesses und der Angstreaktion kommt und die Angstreaktion auf ein anderes, harmloseres Objekt verschoben wird (Phobiemodell). Andererseits wird Angst im Kontext des Abhängigkeits-/Autonomie- oder Abhängigkeits-/Separationskonfliktes als Merkmal einer interpersonellen Nähe-Distanz-Regulationsstörung aufgefasst, wobei insbesondere eine zu große Nähe oder zu große Distanz zu den zentralen Beziehungspersonen angstauslösend wirkt. Schließlich werden von den konfliktbezogenen Ängsten strukturelle Ängste differenziert, die wegen ihrer häufigen Kontextlosigkeit, ihrer fehlenden Objektgebundenheit und ihres unsystematischen Auftretens den persönlichkeitsstrukturellen Störungen zugeordnet werden. Entwicklungspsychologisch gesehen können Ängste darüber hinaus immer dann manifest werden, wenn zwischen den äußeren sozialen Anforderungen und den strukturellen Kompetenzen eines Individuums unüberbrückbare Diskrepanzen deutlich werden, wie z. B. bei der Prüfungsangst oder im Übergangsbereich zwischen sozialer Phobie und ängstlich-vermeidender Persönlichkeitsstörung im jungen Erwachsenenalter.

Der lerntheoretische Ansatz sieht das Modell des operanten Konditionierens im Sinne eines Entstehungsmechanismus für phobische Zustände. Angstsymptome entstehen durch das Aufeinandertreffen von vorausgegangenen Lernerfahrungen, welche auf eine individuelle Bereitschaft (Konstitution, Veranlagung) treffen und von der Reizquantität, -qualität, -abfolge und Reaktion der Umwelt abhängig sind. Somit sind Angststörungen das mögliche Produkt einer Kombination aus klassischer und operanter Konditionierung: Stimuli werden aufgrund von z. B. traumatischen Ereignissen mit Angstzuständen assoziiert, die darauf folgende Vermeidung des Reizes wird durch den Abbau des unangenehmen Zustandes durch Vermeidung verstärkt. Nach Seligman (1971) werden bestimmte Reizreaktionsverbindungen in bestimmten Altersstufen leichter gelernt, weil sie biologisch vorbereitet sind. Damit zeichnen sich vorbereitete Angstreaktionen dadurch aus, dass sie irrational, stabil und nicht bewusst sind und durch einmalige Lernerfahrungen erworben werden können.

Die Entwicklung pathologischer Ängste scheint über den Mechanismus der behavioralen Inhibition zumindest bei bis zu 15 % der betroffenen Kinder (Morris 2004) deutlich mit Temperamentsaspekten verbunden zu sein. Diese prädisponieren bereits früh zu einer erhöhten Reaktivität im Hinblick auf unvertraute Situationen und fremde Personen. Mit Neuerungen konfrontiert, reagieren gehemmte Kinder vorsichtig, manchmal zurückhaltend oder offensichtlich ängstlich. Andere wiederum zeigen eine vermeintliche Gleichgültigkeit auf Verhaltensebene gegenüber dem neuen Stimulus (Kagan et al. 1988; Mancini et al. 2005; van Ameringen et al. 1998). Die Stabilität dieser Temperamentsmerkmale, die bereits ab dem 21. Lebensmonat beobachtbar sind und einer gewissen genetischen Kontrolle unterliegen, scheint in Bezug auf die Manifestation sozialer Ängste während der Adoleszenz eine nicht unbedeutende Voraussetzung darzustellen (Biederman et al. 2001; Garcia-Coll et al. 1984; Kagan et al. 2001; Pine 2007; Prior et al. 2000; Schwartz et al. 1999).

Insgesamt ist auch bei der Entstehung von Angststörungen von einer Multikausalität und dem Einfluss von Risiken und protektiven Faktoren auszugehen. Beispiele für Letztere sind die elterliche Feinfühligkeit und sozial-kognitive Grundvoraussetzungen des Kindes selbst, z. B. als Voraussetzung für den Umgang mit der eigenen Selbstwirksamkeit. Ängstliche Kinder scheinen sich ähnlich den depressiven als vergleichsweise wenig selbst-wirksam zu erleben (Landon et al. 2007).

Im Vergleich zu depressiven Jugendlichen wurden diejenigen mit einer Angststörung überzufällig häufig mit verschiedenen »frühen Stressoren« konfrontiert. Somit sind der Einfluss perinataler Komplikationen (z. B. mütterlicher Stress während der Schwangerschaft) und die Partnersituation der Mutter (z. B. häufiger Partnerwechsel) entsprechend den Ergebnissen einer prospektiven Untersuchung zur Spezifität von »Widrigkeiten« in der frühen Kindheit als nicht unbedeutend für die spätere Manifestation einer Angststörung einzustufen (Phillips et al. 2005).

Bezogen auf den familiären Rahmen wird im Hinblick auf die Ätiologie von Angststörungen das Konstrukt der elterlichen Kontrolle (psychologisch und auf Verhaltensebene) genannt. Diese scheint, vor allem im Zusammenhang mit dem kindlichen Ausdruck negativer Affekte, in »Angstfamilien« übermäßig stark ausgeübt zu werden. Darüber hinaus spielt auch – zumindest in moderatem Ausmaß – die genetische Transmission eine nicht unwesentliche Rolle: Kinder angstgestörter Eltern werden fünf- bis siebenmal häufiger als angstkrank diagnostiziert als Kinder nicht angstgestörter Eltern. Insbesondere Panikstörungen und generalisierte Angststörungen treten signifikant familiär gehäuft auf (Ballash et al. 2006; Beidel u. Turner 1997; Hettema et al. 2001; Turner et al. 1987). Darüber hinaus scheint in Bezug auf die Panikstörung eine spezifische Form der Transmission vorzuliegen (Unnewehr et al. 1998). Vor allem frühe Angststörungen unterliegen Untersuchungsergebnissen zufolge einer substanziellen genetischen Kontrolle. Bisher uneinheitlich bewertet hingegen wird die ätiologische Bedeutung von (gemeinsam geteilten) Umwelteinflüssen (Bergen et al. 2007; Bolton et al. 2006; Ehringer et al. 2006; Legrand et al. 1999; Thapar u. McGuffin 1997).

Internalisierende Störungen zeigen ein eindeutiges Überwiegen des weiblichen Geschlechts. Hierbei wird deutlich, dass Mädchen und junge Frauen umso mehr unter sozialer Ängstlichkeit leiden, je schneller der Prozess der Pubertät voranschreitet und mit einem Anwachsen »geschlechtsspezifischer Stressoren« (spezifische körperliche Veränderungen, Gewichtszuwachs, unerwünschte sexuelle Attraktivität) verbunden ist (Deardorff et al. 2007).

Ein weiterer ätiologischer Aspekt ist die Entwicklung des kindlichen Bindungsstils: Ein moderates bis starkes Ausmaß unsicherer (ängstlich, vermeidend) bzw. desorganisierter Bindung – auf dem Boden elterlicher Psychopathologie (Angsterkrankung, Depression) und damit eingeschränkter elterlicher Feinfühligkeit – wird rückblickend signifikant mit der Manifestation von depressiven und Angststörungen (soziale Phobie, generalisierte Angststörung) in Verbindung gebracht (Bifulco et al. 2006). Erwachsene Angstpatienten erinnern ihre Eltern rückblickend als emotional kälter und zeigen im Vergleich zu Kontrollpersonen weniger Sicherheit in ihrer aktuellen Bindungsorganisation (Dick et al. 2005).

25.4.2 Neurobiologie

Zahlreiche Tierstudien unterstützen ein physiologisches zentrales Furcht- und Angstsystem. Die meisten Autoren gehen davon aus, dass die Amygdala für den physiologischen Angstausdruck wie auch für den Erwerb konditionierter Reaktionen zentral ist (Pine 2007). Die Amygdala ist eine für die Prozesse der Emotionsverarbeitung entscheidende mandelförmige Struktur, bestehend aus verschiedenen Zellgruppen im limbischen System. Sie ist zum Zeitpunkt der Geburt voll ausgebildet und beendet ihre Entwicklung deutlich vor dem Hippocampus (Siegel 2001). Sensorische Informationen aus verschiedenen Abschnitten des Kortex erreichen die Amygdala über ihre lateralen und basolateralen Kerne. Diese Strukturen wiederum projizieren ihre Bahnen zum zentralen Amygdala-Kern, dann weiter zu Zielgebieten im Gebiet des Hypothalamus und Gehirnstamm. Hier wiederum werden die spezifischen Symptome und Zeichen von Angst und Furcht vermittelt. Verschiedene Abschnitte des sogenannten Mandelkerns können unterschiedlichen Formen der Angst zugeordnet werden. Angststörungen können bereits im Jugendalter mit einer erhöhten Amygdalareaktivität vergesellschaftet sein. Diese scheint wiederum durch eine effektive Behandlung durch selektive Serotonin-Wiederaufnahmehemmer (SSRI) oder kognitive Verhaltenstherapie (CBT) im fMRT nachweisbar reversibel und ihr Ausmaß möglicherweise auch einen Marker für die individuelle Theraperesponsibilität darzustellen (McClure et al. 2007). Ein Überblick zur Neurobiologie der Angst ist in Abbildung 25-1 wiedergegeben.

Frühe Stress-Exposition verhindert die hippokampale Neurogenese und die Expression von $GABA_A$-Rezeptoren im Erwachsenenalter. Umgekehrt spielen Defizite der GABAergen Neurotransmission und eine reduzierte Neurogenese bei der Entstehung pathologischer Ängste (und depressiver Störungen) eine wesentliche Rolle. $GABA_A$-Rezeptoren üben eine Schlüsselfunktion in der Kontrolle von Angstzuständen aus (Earnheart et al. 2007). Frühe traumatische Ereignisse können ihre »Erinnerungsspuren« in der Amygdala hinterlassen, bevor dies in Bezug auf hippokampal vermittelte Kreisläufe der Fall ist. Die hieraus resultierende Erfahrung liegt in einer weder bewusst erinnerten noch verbal erklärbaren emotionalen Beantwortung der Angst (Ballenger 1998; Cummins u. Ninan 2002). Korrelate veränderter Emotionsverarbeitungsprozesse in Form einer Hyperaktivität der hiermit in Verbindung zu bringenden Gehirnstrukturen lassen sich in unterschiedlicher Ausprägung bei Patienten mit posttraumatischer Belastungsstörung (PTSD), sozialer Phobie oder spezifischer Phobie nachweisen. Eine Metaanalyse zur Emotionsverarbeitung bei angstgestörten Patienten (soziale Phobie, PTSD, spezifische Phobie) belegte via fMRT (funktionelle Magnetresonanztomographie) und PET (Positronenemissionstomographie) eine erhöhte Stoffwechselaktivität in Amygdala und Insula (negative Beantwortung von Emotionen) in sämtlichen Untergruppen; im Bereich der dorsalen und rostralen anterioren Kortizes sowie des ventromedialen präfrontalen Kortex ließ sich jedoch lediglich bei PTSD-Patienten eine Hypoaktivität darstellen. Diese Strukturen werden mit der Erfahrung und Regulationen von Emotionen in Beziehung gesetzt (Etkin u. Wagner 2007). Wesentlich für diese ist das serotonerge System, insbesondere der Serotonin-Transporter (5-HTT), welcher durch ein einziges Gen, das SLC6A4, enkodiert wird. Die transkriptionale Aktivität des menschlichen SLC6A4 wiederum wird moduliert durch verschiedene Variationen, einschließlich einer repetitiven Sequenz, der SLC6A4-verbundenen polymorphen Region (5-HTTLPR), welche aus einer kurzen oder langen Version besteht, die wiederum die Grundlage für eine unterschiedliche 5-HTT-Expression und -Funktion darzustellen scheint. Im

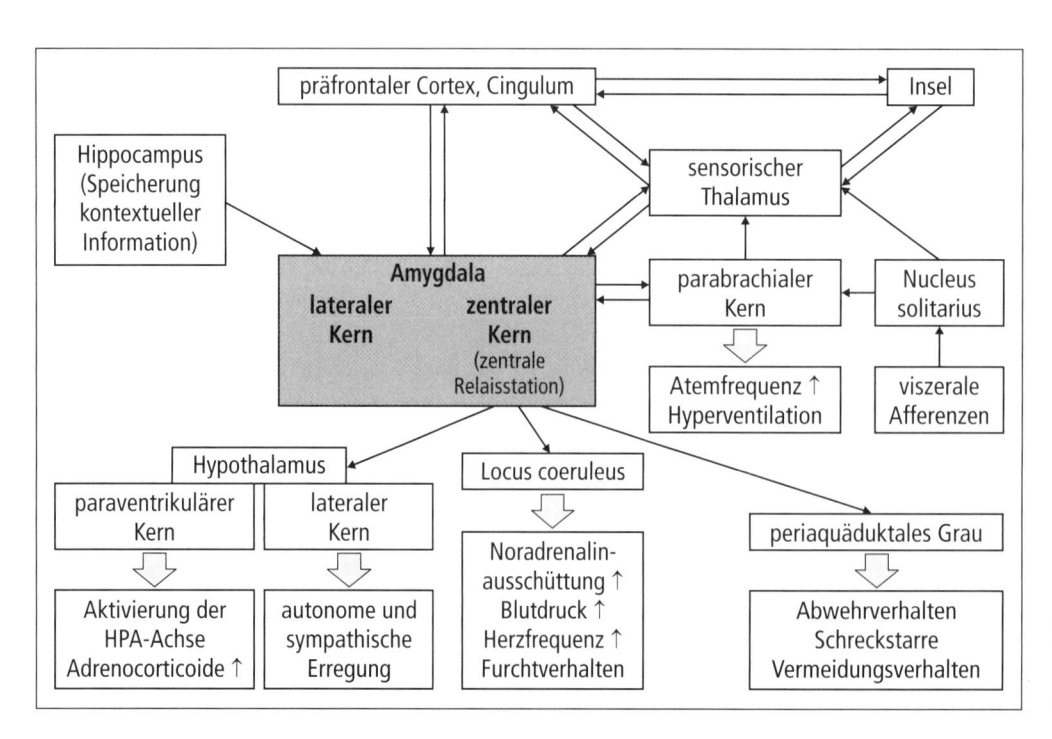

Abb. 25-1 Neurobiologie der Angst – schematische Darstellung nach Grawe (2004)

Hinblick auf die Manifestation eines sogenannten Neurotizismus wurde eine signifikante Assoziation mit der kurzen Variante beschrieben. Diese Eigenschaft wird in Verbindung gebracht mit Angst, Stressreaktivität und Depression (Canli u. Lesch 2007). Über das GABAerge, serotonerge und noradrenerge System hinaus sind auch die Endocannabinoide als Teil eines komplexen, in die Angstregulation und des emotionalen Lernens involvierten Kreislaufs zu sehen. Cannaboide CB1-Rezeptoren sind in hohem Ausmaß in Gehirnstrukturen wie der Amygdala, dem Hippocampus, dem anterioren zingulären Kortex und dem präfrontalen Kortex exprimiert. Das Vorhandensein intakter endocannaboider Funktionen scheint wesentlich für die adaptive Löschung aversiver Erinnerungen. Eine Zerstörung dieser Unversehrtheit durch den Missbrauch von Cannabis könnte maßgeblich an der Genese emotionaler Störungen beteiligt sein (Viveros et al. 2007). Als weiteres wesentliches Element in der Entstehung und Aufrechterhaltung von Ängsten ist die Gruppe der Neuropeptide zu nennen. Diese übersetzen als Verbindungsglieder zwischen Neuroendokrinologie und Psychopathologie auf zahlreichen Ebenen der Komplexität genetische Polymorphismen und Umwelteinflüsse in die Sprache der Verhaltensregulation (Landgraf 2006).

25.5 Differenzialdiagnostik

Gemäß den Leitlinien der Deutschen Gesellschaft für Kinder- und Jugendpsychiatrie und -psychotherapie sollten folgende Differenzialdiagnosen ausgeschlossen bzw. beachtet werden:
- organische Angststörungen
- substanzbedingte Störungen
- Schizophrenie
- affektive Störungen
- Zwangsstörungen
- Reaktionen auf schwere Belastungen
- somatoforme Störungen
- Depersonalisationssyndrom
- tiefgreifende Entwicklungsstörungen
- Störung des Sozialverhaltens

25.6 Therapie

Bis zur Vorpubertät werden Ängste immer externalisiert einem Auslöser zugeschrieben. Direkte verhaltenstherapeutische Interventionen müssen sich mit den körperlichen Symptomen, welche von Kindern stark wahrgenommen werden, auseinandersetzen oder die external wahrgenommenen beeindruckenden Sinnesreize durch Habituation relativieren.

Die deutschsprachigen Leitlinien zu Diagnostik und Therapie psychischer Störungen (Deutsche Gesellschaft für Kinder- und Jugendpsychiatrie, Psychosomatik und Psychosomatik et al. 2007) unterscheiden zum einen den jeweiligen Ausprägungsgrad der Angstsymptomatik und damit die Indikationsstellung zur ambulanten, teilstationären oder stationären Behandlung. Letztere sollte im Falle einer ausgeprägten sozialen Beeinträchtigung durch die Angstsymptomatik bzw. das Vermeidungsverhalten (z. B. soziale Isolation durch Vermeidung von Schulbesuch), einer ausgeprägten Begleitstörung oder ungünstiger bzw. symptomverstärkender Bedingungen in der Familie, die sich als schwer beeinflussbar erweisen, eines vorhandenen negativen elterlichen Modells, einer psychischen Störung der Eltern oder im Falles eines Misserfolgs vorausgegangener ambulanter Behandlungen ernsthaft erwogen werden (s. auch Blanz 2004).

Aufgrund der aktuellen Studienlage und eines hohen Evidenzgrades hinsichtlich einzusetzender Kurzzeit-Interventionen (10–20 Sitzungen) wird als psychosoziale Behandlungsmethode der ersten Wahl eindeutig die kognitive Verhaltenstherapie (CBT) favorisiert. Angewandt werden hier die Methoden der Psychoedukation, der Reizkonfrontation und des Kontingenzmanagements sowie Entspannungsverfahren. Über die Erarbeitung von Problemlösestrategien und die Verhinderung von Rückfällen kann eine erfolgreiche Bearbeitung störungsspezifischer Problemstellungen sowie von Defiziten bezüglich der sozialen Kompetenz, des individuellen Problemlöseverhaltens und der Wahrnehmung erreicht werden (Ginsburg u. Kingery 2007; Khalid-Khan et al. 2007; Warner et al. 2007).

Im Rahmen eines multimodalen Behandlungsansatzes werden zusätzlich Elemente der Familientherapie, der psychodynamischen Therapie und der Pharmakotherapie genannt. Hier wird neben Benzodiazepinen (als Notfallmedikament, quasi als Stressfilter über zentrale Benzodiazepin- und $GABA_A$-Rezeptoren wirksam), anderen Anxiolytika (z. B. Buspiron) und β-Rezeptoren-Blockern (reduzieren die induzierte Symptomatik) noch immer der Einsatz trizyklischer Antidepressiva als hoch wirksam bei Panikstörungen sowie Trennungsangststörungen empfohlen. Daneben gilt die Wirksamkeit von selektiven Serotonin-Wiederaufnahmehemmern (SSRI) bei generalisierten und Trennungsangststörungen als belegt. Neben dem Hinweis auf häufigen *off label use* zahlreicher Medikamentengruppen in diesem Zusammenhang wird die Durchführung von Medikamentenpausen propagiert.

In internationalen Studien umfasst der Einsatz von SSRI die Substanzen Fluoxetin, Paroxetin, Sertralin, Citalopram, Escitalopram und Fluvoxamin. Angewandte pharmakologische Strategien unterscheiden sich in Bezug auf die einzelnen Angststörungen (generalisierte Angststörung, soziale Phobie, emotionale Störung mit Trennungsangst) nicht wesentlich. Somit werden diese Patientengruppen mittlerweile im Rahmen von Studien häufig zusammengefasst (Birmaher et al. 2003; Research Units for Psychiatric Psychopharmacology [RUPP]

Anxiety Study Group 2001; Rynn et al. 2001, Wagner et al. 2004).

Praktisch gesehen haben die SSRI die Trizyklischen Antidepressiva mittlerweile vor allem aufgrund von Erwägungen bezüglich ihrer Anwendungssicherheit und möglicher kardiologischer Nebenwirkungen sowie Toxizität im Falle einer Überdosierung abgelöst. Dennoch ist bei ihrem – möglichst nur kurzfristigen – Einsatz und trotz mehrfach belegter Effektivität ein sorgfältiges Abwägen bzw. Monitoring im Hinblick auf mögliche sicherheitsrelevante unerwünschte Nebenwirkungen (z. B. erhöhte Suizidalität) unabdingbar (Reinblatt u. Riddle 2007).

Im Einzelnen rechtfertigt die Diagnose eines elektiven Mutismus einen Medikationsversuch mit Fluoxetin (Black u. Uhde 1994; Dummit et al. 1996; Wright et al. 1995). Offene klinische Studien für das Kindes- und Jugendalter sowie Erwachsenendaten lassen darüber hinaus auch im Falle einer Panikstörung die Anwendung eines SSRI als sinnvoll erachten (Reinblatt u. Riddle 2007). Bei unzureichender Symptombesserung ist ggf. der Wechsel innerhalb der Subtanzgruppe zielführend. Im Falle einer SSRI-Unverträglichkeit bei generalisierter Angststörung kann darüber hinaus der Einsatz von Venlafaxin (Serotonin-Noradrenalin-Wiederaufnahmehemmer) erwogen werden (s. auch Rynn et al. 2007).

Der Einsatz von Benzodiazepinen vor allem im Kindes- und Jugendalter ist nur unter strengster Indikationsstellung vertretbar. Insbesondere bei Patienten mit anamnestisch gesichertem Substanzmissbrauch ist äußerste Vorsicht geboten. Abruptes Absetzen kann zu Schlaflosigkeit, Ängstlichkeit, gastrointestinalen Symptomen und Krämpfen führen; daher empfiehlt sich ein graduelles Reduzieren der Dosis um jeweils 10 % in 5-Tages-Schritten (Allgulander et al. 2004; Coffey et al. 1983).

Wie eine Untersuchung an jungen Ratten zeigte, kann eine Langzeitbehandlung mit Fluoxetin möglicherweise Auswirkungen auf das sich noch entwickelnde Gehirn im Sinne einer verminderten Serotonin-Dichte im Frontalhirn nach sich ziehen (Wegerer et al. 1999). Eine andere Tierstudie zeigte die Verhinderung der normalen Ausbildung hippokampaler Dendriten durch die chronische Applikation von Fluoxetin (Norrholm u. Ouimet 2000). Wenn möglich, ist auch aus diesem Grund die psychopharmakologische Behandlung von Angststörungen als zweitrangig nach psychotherapeutischen und familienbezogenen Interventionen anzusehen. Sie ist insbesondere indiziert zur Überwindung besonders problematisch erlebter »Schwellensituationen«.

Dennoch sollte im Hinblick auf die zeitliche Ausdehnung einer indizierten medikamentösen Therapie im Zweifel eine Güterabwägung zwischen möglicherweise nicht erfolgenden zu bewältigenden Entwicklungsaufgaben, den Risiken der Erkrankung selbst – und damit auch den Folgen von chronischem Stress im Zusammenhang mit unbehandelter Symptomatik – und jeglichem Behandlungsrisiko erfolgen (Bridge et al. 2007).

25.7 Verlauf und Prognose

Nur etwa 10 % der Ängste bei Kinder und Jugendlichen, die die Charakteristika für eine Angststörung erfüllen, chronifizieren. Sie sind dafür verantwortlich, dass Angststörungen im Kindesalter generell das Risiko einer psychischen Störung im Erwachsenenalter erhöhen (Biederman et al. 2007). Die Analyse einer britischen Längsschnittstudie belegte, dass das Vorhandensein internalisierender und externalisierender Störungen im Alter von sieben, elf und 16 Jahren mit einem 1,5- bis 2-fach erhöhtem Risiko für eine Angst- oder affektive Störung im mittleren Lebensalter vergesellschaftet war (Clark et al. 2007). Eine Follow-up-Untersuchung über 40 Jahre zeigte bei mehr als zwei Dritteln der mindestens zweimalig erkrankten Adoleszenten ein Persistieren oder Wiederkehren internalisierender Störungen mit entsprechend schlechtem Outcome. Diese Ergebnisse ließen sich für das zurückliegende Auftreten nur vorübergehender psychiatrischer Störungen nicht replizieren (Colman et al. 2007).

> Substanzmissbrauch scheint ab der Phase der Adoleszenz häufig in einen Kontext mit psychiatrischen Störungen gesetzt werden zu müssen; insbesondere bei jungen Menschen ist das Vorhandensein einer Angststörung mit einem deutlich erhöhten Risiko der Substanzabhängigkeit vergesellschaftet (Crome u. Bloor 2005; Goodwin et al. 2004; Huizink et al. 2006). Durch den missbräuchlichen Konsum sollen Gefühle von Zugehörigkeit zu anderen, Euphorisierung oder Entspannung erreicht werden (Huizink et al. 2006).

Im Falle einer Alkoholabhängigkeit geht diesen Ergebnissen einer repräsentativen Studie zufolge die Angststörung voraus (Marquenie et al. 2007). Gemäß einer prospektiven australischen Studie – unabhängig vom jeweiligen individuellen und familiären Hintergrund – konnte darüber hinaus ein enger Zusammenhang zwischen dem häufigen Konsum von Cannabis und einer Angststörung vor dem Alter von 15 Jahren hergestellt werden. Dennoch wurde hieraus keine direkte Kausalität abgeleitet (Hayatbakhsh et al. 2007). Ähnlich verhielt es sich mit den Ergebnissen einer prospektiven Längsschnittstudie an 14- bis 24-jährigen Jugendlichen und jungen Erwachsenen: Hier wurde ein enger, jedoch nicht spezifischer Zusammenhang zwischen vorausgegangener emotionaler Störung mit Trennungsangst und nachfolgender Panikstörung mit Agoraphobie gesehen. Darüber hinaus zeichnete sich ein erhöhtes Risiko für die Entwicklung von bipolaren Störungen sowie einer späteren Schmerzstörung oder Alkoholabhängigkeit ab (Brückl et al. 2007).

Resultaten einer umfassenden epidemiologischen Untersuchung von Kindern und Jugendlichen zufolge ist insbesondere das *gemeinsame Auftreten* von Depression und Angst (hier vor allem die generalisierte Angststörung) mit einem deutlich erhöhten Suizidrisiko behaftet. Zwischen beiden Entitäten scheint eine enge und nicht selten unerkannte entwicklungsabhängige Verbindung zu bestehen (Espejo et al. 2006; Foley et al. 2007; Moffitt et al. 2007; Sareen et al. 2005): So beinhaltet die Manifestation einer sozialen Phobie unabhängig vom Ersterkrankungsalter das erhöhte Risiko einer sich entwickelnden depressiven Erkrankung. Darüber hinaus ist mit hoher Wahrscheinlichkeit mit dem Auftreten zusätzlicher Angststörungen und weiteren Defiziten hinsichtlich der individuellen Emotionsverarbeitung zu rechnen (Beesdo et al. 2007; Beidel et al. 2007).

Insgesamt zeigt zumindest ein Teil der Angststörungen deutlich negative Auswirkungen auf die Lebensqualität der Betroffenen; diese beziehen sich vor allem auf soziale Belange wie den Kontakt mit anderen Familienmitgliedern, Freunden und Peers, aber beispielsweise auch auf das allgemeine subjektive Wohlbefinden und den Aspekt der Selbstverwirklichung. Demnach profitieren nicht nur der Erkrankte selbst, sondern auch sein unmittelbares soziales Umfeld und damit auch die Gesellschaft von einer frühen Diagnosenstellung und effektiven Behandlung seiner Angststörung (Cramer et al. 2005). Aus präventiver Sicht sollten daher frühzeitig eine Förderung der elterlichen Feinfühligkeit (Ziegenhain 2005) einsetzen und elterliche psychische Probleme – insbesondere Depression, Suchterkrankung und Angst – neben der Beeinflussung des Erziehungsstils eine adäquate Behandlung erfahren. Auf kindlicher Seite hingegen ist ein Zulassen und Fördern der altersentsprechenden Autonomieentwicklung zu fordern.

Literatur

Allgulander C, Dahl AA, Austin C, Morris PL, Sogaard JA, Fayyad R, Kutcher SP, Clary CM. Efficacy of sertraline in a 12-week trial for generalized anxiety disorder. Am J Psychiatry 2004; 161: 1642–9.

Ballash N, Leyfer O, Buckley AF, Woodruff-Borden J. Parental control in the etiology of anxiety. Clin Child Fam Psychol Rev 2006; 9(2): 113–31.

Ballenger JC. Translational implications of the amygdale-stria terminalis model for the clinical anxiety disorders. Biol Psychiatry 1998; 44: 1204–7.

Baumeister H, Härter M. Prevalence of mental disorders based on general population surveys. Soc Psychiatry Psychiatr Epidemiol 2007; 42: 537–46.

Beesdo K, Bittner A, Pine DS, Stein MB, Höfler M, Lieb R, Wittchen HU. Incidence of social anxiety disorder and the consistent risk for secondary depression in the first three decades of life. Arch Gen Psychiatry 2007; 64(8): 903–12.

Beidel DC, Turner SM. At risk for anxiety: I. Psychopathology in the offspring of anxious parents. J Am Acad Child Adolesc Psychiatry 1997; 36: 918–24.

Beidel DC, Turner SM, Young BJ, Ammerman RT, Sallee FR, Crosby L. Psychopathology of adolescent social phobia. J Psychopathol Behav Assess 2007; 29: 47–54.

Bergen SE, Gardner CO, Kendler KS. Age-related changes in heritability of behavioral phenotyes over adolescence and young adulthood: a meta-analysis. Twin Res Hum Genet 2007; 10(3): 423–33.

Biederman J, Petty C, Faraone SV, Hirshfeld-Becker DR, Henin A, Rauf A, Scott M, Pollack M, Rosenbaum JF. Childhood antecedents to panic disorder in referred and nonreferred adults. J Child Adolesc Psychopharmacol 2005; 15(4): 549–62.

Biederman J, Petty CR, Hirshfeld-Becker DR, Henin A, Faraone SV, Fraire M, Henry B, McQuade J, Rosenbaum JF. Developmental trajectories of anxiety disorders in offspring at high risk for panic disorder and major depression. Psychiatry Res 2007; 153(3): 245–52.

Bifulco A, Kwon J, Jacobs C, Moran PM, Bunn A, Beer N. Adult attachment style as mediator between childhood neglegt/abuse and adult depression and anxiety. Soc Psychiatry Epidemiol 2006; 41: 796–805.

Birmaher B, Axelson DA, Monk K, Kalas C, Clark DB, Ehmann M, Bridge J, Hero J, Brent DA. Fluoxetine for the treatment of childhood anxiety disorders. J Am Acad Child Adolesc Psychiatry 2003; 42: 415–23.

Black B, Uhde TW. Treatment of elective mutism with fluoxetine: a double-blind placebo-controlled study. J Am Acad Child Adolesc Psychiatry 1994; 33: 1000–6.

Blanz B. Angststörungen bei Kindern und Jugendlichen. MMW Fortschr Med 2004; 28: 30–3.

Bolton D, Eley T, O'Connor T, Perrin S, Rabe-Hesketh S, Rijsdijk F, Smith P. Prevalence and genetic and environmental influences on anxiety disorders in 6-year old twins. Psychol Med 2006; 36: 335–44.

Bridge JA, Iyengar S, Salary CB, Barbe RP, Birmaher B, Pincus HA, Ren L, Brent DA. Clinical response and risk for reported suicidal ideation and suicide attempts in pediatric antidepressant treatment. A meta-analysis of randomized controlled trials. JAMA 2007; 297(15): 1683–96.

Brookman RR, Sood AA. Disorders of mood and anxiety in adolescents. Adolesc Med 2006; 17: 79–95.

Brückl TM, Wittchen HU, Höfler M, Pfister H, Schneider S, Lieb R. Childhood separation anxiety and the risk of subsequent pschopathology: results from a community study. Psychother Psychosom 2007; 76: 47–56.

Canli T, Lesch KP. Long short story: the serotonin transporter in emotion regulation and social cognition. Nat Neurosci 2007; 10(9): 1103–9.

Clark C, Rodgers B, Caldwell T, Power C, Stansfeld S. Childhood and adulthood psychological ill health as predictors of midlife affective and anxiety disorders. Arch Gen Psychiatry 2007; 64: 668–78.

Coffey B, Shader RJ, Greenblatt DJ. Pharmacokinetics of benzodiazepines and psychostimulants in children. J Clin Psychopharmacol 1983; 3: 217–25.

Coleman I, Wadsworth MEJ, Corudace TJ, Jones PB. Forty-year psychiatric outcomes following assessment for internalizing disorder in adolescence. Am J Psychiatry 2007; 164: 126–33.

Cramer V, Polit C, Torgensen S, Kringlen E. Quality of life and anxiety disorders: a population study. J Nerv Ment Dis 2005; 193: 196–202.

Crome I, Bloor R. Substance misuse and psychiatric comorbidity in adolescents. Curr Opin Psychiatry 2005; 18: 435–9.

Cummins TK, Ninan PT. The neurobiology of anxiety in children and adolescents. Int Rev Psychiatry 2002; 14: 114–28.

Deardorff J, Hayward C, Wilson KA, Bryson S, Hammer LD, Agras S. Puberty and gender interact to predict social anxiety symptoms in early adolescence. J Adolesc Health 2007; 41: 102–4.

Deutsche Gesellschaft für Kinder- und Jugendpsychiatrie, Psychosomatik und Psychotherapie et al. Leitlinien zur Diagnostik und Therapie von Psychischen Störungen. 3. überarb. u. erw. Aufl. Köln: Deutscher Ärzteverlag 2007.

Dick A, Vanderbilt S, Jacot C, Hurni F, Jäggi C, Leiggener E. Erinnertes elterliches Bindungsverhalten und aktuelle Bindungsorganisation im Erwachsenenalter. Z Klin Psychol Psychother 2005; 34(1): 35–8.

Dilling H, Mombour W, Schmidt MH. Internationale Klassifikation psychischer Störungen. ICD-10 Kapitel V (F). Klinisch-diagnostische Leitlinien. Bern: Huber 2004.

Dummit ES, Klein RG, Tancer NK, Asche B, Martin J. Fluoxetine treatment of children with selective mutism: an open trial. J Am Acad Child Adolesc Psychiatry 1996; 35: 615–21.

Earnheart JC, Schweizer C, Crestani F, Iwasato T, Itohara S, Mohler H, Lüscher B. GABAergic Control of adult hippocampal neurogenesis in relation to behavior indicative of trait anxiety and depression states. J Neurosci 2007; 27(14): 3845–54.

Ehringer MA, Rhee SH, Young S, Corley R, Hewitt JK. Genetic and environmental contributions to common psychopathologies of childhood and adolescence: a study of twins and their siblings. J Abnorm Child Psychol 2006; 34(1): 1–17.

Espejo EP, Hammen CL, Connolly NP, Brennan PA, Najman JM, Bor W. Stress sensitization and adolescent depressive severity as a function of childhood adversity: a link to anxiety disorders. J Abnorm Child Psychol 2006; 35: 287–99.

Essau CA, Conradt J, Peterman F. Frequency and comorbidity of social phobia and social fears in adolescents: results of a Bremen adolescent study. Fortschr Neurologie Psychiatrie 1998; 66: 524–30.

Essau CA, Conradt J, Petermann F. Frequency, comorbidity, and psychosocial impairment of specific phobia in adolescents. J Child Psychol 2000; 29(2): 221–31.

Etkin A, Wager TD. Functional neuroimaging of anxiety: a meta-analysis of emotional processing in PTSD, social anxiety disorder, and specific phobia. Am J Psychiatry 2007; 164(10): 1476–88.

Federer M. Panik, Agoraphobie und Trennungsangst bei Achtjährigen. Die Dresdner Kinder-Angst-Studie. Dissertation. Zürich: Universität 2000.

Foley DL, Goldston DB, Costello EJ, Angold A. Proximal psychiatric risk factors for suicidality in youth. Arch Gen Psychiatry 2007; 63: 1017–24.

Garcia-Coll, Kagan J, Reznick JS. Behavioral inhibition in young children. Child Devt 1984; 55: 1005–19.

Ginsburg GS, Kingery JN. Evidence-based practice for childhood anxiety disorders. J Contem Psychother 2007; 37: 123–32.

Ginsburg GS, Riddle MA, Davies M. Somatic symptoms in children and adolescents with anxiety disorders. J Am Acad Child Adolesc Psychiatry 2006; 45(10): 1179–87.

Goodwin RD, Fergusson DM, Horwood LJ. Association between anxiety disorders and substance use disorders among young persons: results of a 21-year longitudinal study. J Psychiatry Res 2004; 38: 295–304.

Grawe K. Neuropsychotherapie. Göttingen: Hogrefe 2004.

Hayatbakhsh MR, Najman J.M., Jamrozik K, Mamun A.A., Alati RA, Bor W. Cannabis and anxiety and depression in young adults: a large prospektive study. J Am Acad Child Adolesc Psychiatry 2007; 46: 408–17.

Hayward C, Killen JD, Kraemer HC, Taylor CB. Predictors of panic attacks in adolescents. J Am Acad Child Adolesc Psychiatry 2000; 39(2): 207–14.

Hettema JM, Neale MC, Kendler KS. A review and meta-analysis of the genetic epidemiology of anxiety disorders. Am J Psychiatry 2001; 158: 1668–78.

Huizink A, Ferdinand RF, van der Ende J, Verhulst F. Symptoms of anxiety and depression in childhood and use of MDMA: prospective, population based study. BMJ 2006; doi:10.1136/bmj.38743.539398.3A (published 24 February 2006).

Kagan J, Reznick JS, Snidman N. Biological basis of childhood shyness. Science 1988; 240: 167–71.

Kagan J, Snidman N, McManis M, Woodward W. Temperamental contributions to the affect family of anxiety. Psychiatr Clin North Am 2001; 24: 677–88.

Kessler RC, Amminger GP, Aguilar-Gaxiola S, Alonso J, Lee S, Üstün TB. Age of onset of mental disorders: a review of recent literature. Curr Opin Psychiatry 2007; 20: 359–64.

Khalid-KhanS, Santibanez MP, McMicken C, Rynn MA. Social anxiety disorder in children and adolescents. Epidemiology, diagnosis and treatment. Pediatr Drugs 2007; 9(4): 227–37.

Landgraf R. Neuropeptides in anxiety and depression. Editorial. Amino Acids 2006; 31: 211–3.

Landon TM, Ehrenreich JT, Pincus DB. Self efficacy: a comparison between clinically anxious and non-referred youth. Child Psychiatry Hum Dev 2007; 38: 31–45.

Lecrubier Y. Comorbidity in social anxiety disorder: impact on disease burden and management. J Clin Psychiatry 1998; 59(7): 33–7.

Legrand LN, McGue M, Iacono WG. A twin study of state and trait anxiety in childhood and adolescence. J Child Psychol Psychiatry 1999; 40(6): 953–8.

Mancini C, van Ameringen M, Bennett M, Patterson B, Watson C. Emerging treatments for child and adolescent social phobia: a review. J Child Adolesc Psychopharmacol 2005; 15(4): 589–607.

Marquenie LA, Schadé A, van Balkorn AJLM, Cornijs HC, de Graaf R, Volleberg W, van Dyck R, van den Brink W. Origin of the comorbidity of anxiety disorders and alcohol dependence: findings of a general population study. Eur Addict Res 2007; 13: 39–49.

McClure EB, Adler A, Monk CS, Cameron J, Smith S, Nelson EE, Leibenluft E, Ernst M, Pine DS. fMRI predictors of treatment outcome in pediatric anxiety disorders. Psychopharmacol 2007; 191: 97–105.

Moffitt TE, Harrington HL, Gaspi A, Kim-Cohen J, Goldberg D, Gregory AM, Poulton R. Depression and generalized anxiety disorder. Arch Gen Psychiatry 2007; 64: 651–60.

Morris TL. Diagnosis of social anxiety disorder in children. In: Bandelow B, Stein DJ (eds). Social Anxiety Disorder. New York: Marcel Dekker 2004; 75–92.

Norrholm SD, Ouimet CC. Chronic fluoxetine administration to juvenile rats prevents age-associated dendritic spine proliferation in hippocampus. Brain Res 2000; 883: 205–15.

Phillips NK, Hammen CL, Brennan PA, Najman JM, Bor W. Early adversity and the prospective prediction of depressive and anxiety disorders in adolescents. J Abnorm Child Psychol 2005; 33(1): 13–24.

Piaget J, Inhelder B. Die Psychologie des Kindes. München: Deutscher Taschenbuchverlag 2004.

Pine DS. Research review: A neuroscience framework for pediatric anxiety disorders. J Child Psychol Psychiatry 2007; 48(7): 631–48.

Prior M, Smart D, Sanson A, Oberklaid F. Does shy-inhibited temperament in childhood lead to anxiety problems in adolescence? J Am Acad Child Adolesc Psychiatry 2000; 39: 461–8.

Ravens-Sieberer U, Wille N, Bettge S, Erhart M. Psychische Gesundheit von Kindern und Jugendlichen in Deutschland. Ergebnisse aus der BELLA-Studie im Kinder- und Jugendgesundheitssurvey (KiGGS). Bundesgesundheitsbl Gesundheitsforschung Gesundheitsschutz 2007.

Reinblatt SP, Riddle MA. The pharmacological management of childhood anxiety disorders: a review. Psychopharmacology 2007; 191: 67–86.

Research Units for Pediatric Psychopharmacology (RUPP). Anxiety Study Group Fluvoxamine for the treatment of anxiety disorders in children and adolescents. New Engl J Med 2001; 344: 1279–85.

Roberts RE, Roberts CR, Xing Y. Rates of DSM-IV psychiatric disorders among adolescents in a large metropolitan area. J Psychiatr Res 2007; 41(11): 959–67.

Rynn MA, Siqueland L, Rickels K. Placebo-controlled trial of sertraline in the treatment of children with generalized anxiety disorder. Am J Psychiatry 2001; 158: 2008–14.

Rynn MA, Riddle MA, Young PP, Kunz NR. Efficacy and safety of extended-release venlafaxine in the treatment of generalized anxiety disorder in children and adolescents: two placebo-controlled trials. Am J Psychiatry 2007; 164: 290–300.

Sareen J, Cox BJ, Afifi TO, de Graaf R, Asmundson GJG, ten Have M, Stein MB. Anxiety disorders and risk for suicidal ideation and suicide attempts. A population-based longitudinal study of adults. Arch Gen Psychiatry 2005; 62: 1249–77.

Scarr A. The handbook of child and adolescent clinical psychology. London: Routledge 1999.

Schneider S, Hensdiek M. Panikanfälle und Angstsensitivität im Jugendalter. Z Klin Psychol Psychother 2003; 32(3): 219–27.

Schwartz C, Snidman N, Kagan J. Adolescent social anxiety as an outcome of inhibited temperament in childhood. J Am Acad Child Adolesc Psychiatry 1999; 38: 1008–15.

Seligman ME. (Phobias and preparedness.) Behav Ther 1971; 2: 307–20.

Siegel DJ. Memory, an overview with emphasis on developmental, interpersonal and neurobiological aspects. J Am Acad Child Adolesc Psychiatry 2001; 40: 997–1011.

Steinhausen HC, Metzke CW, Meier M, Kannenberg R. Prevalence of child and adolescent psychiatric disorders: the Zurich epidemiological study. Acta Psychiatr Scand 1998; 98: 262–71.

Thapar A, McGuffin P. Anxiety and depressive symptoms in childhood – a genetic study of comorbidity. J Child Psychol Psychiatry 1997; 38(6): 651–6.

Turner SM, Beidel DC, Costello A. Psychopathology in the offspring of anxiety disorder patients. J Consult Clin Psychol 1987; 55: 229–35.

Turner SM, Beidel DC, Townsley RM. Social phobia: relationship to shyness. Behav Res Ther 1990; 28: 497–505.

Unnewehr S, Schneider S, Florin C, Margraf J. Psychopathology in children of patients with panic disorder or animal phobia. Psychopathology 1998; 31: 69–84.

van Ameringen M, Mancini C, Oakman J. The relationship of behavioral inhibition and shyness to anxiety disorder. J Nerv Ment Dis 1998; 186: 425–31.

Viveros MP, Marco EM, Lorente R, López-Gallardo M. Endocannabinoid system and synaptic plasticity: implications for emotional responses. Neural Plasticity, Article ID 52908, 2007; 12 pages, doi:10.1155/2007/52908.

Wagner KD, Berard R, Stein MB, Wetherhold E, Carpenter DJ, Perera P, Gee M, Davy K, Machin A. A multicenter, randomized, double-blind, placebo-controlled trial of paroxetine in children and adolescents with social anxiety disorder. Arch Gen Psychiatry 2004; 61: 1153–62.

Warner MC, Fisher PH, Shrout PE, Rathor S, Klein RG. Treating adolescents with social anxiety in school: an attention control trial. J Child Psychol Psychiatry 2007; 48(7): 676–86.

Wegerer V, Moll GH, Bagli M, Rothenberger A, Ruther E, Huether G. Persistently increased density of serotonin transporters in the frontal cortex of rats treated with fluoxetine in early juvenile life. J Child Adolesc Psychopharmacol 1999; 9: 13–24.

Wright HH, Cucccaro ML, Leonhardt TV, Kendall DF, Anderson JH. Case study: fluoxetine in the multimodal treatment of a preschool child with selective mutism. J Am Acad Child Adolesc Psychiatry 1995; 34: 857–62.

Ziegenhain U. Bindungstheoretisch konzeptualisierte Modelle zur frühen Prävention. Kinderärztl Praxis 2005; 76(6): 378.

26 Zwangsstörungen

Hans Jörgen Grabe und Michael Kölch

Inhalt

26.1	Definition und Klassifikation	290
26.2	Epidemiologie	293
26.3	Komorbidität	294
26.4	Ätiologie und Pathogenese	295
26.5	Therapie	297
26.6	Fazit	300
Literatur		300

Zusammenfassung

Zwangsstörungen zählen zu den häufig auftretenden psychischen Störungen. Der Erkrankungsbeginn kann bereits früh in der Kindheit und der Adoleszenz liegen. Zwangsstörungen zeigen eine hohe Gefahr der Chronifizierung. Ihr Erscheinungsbild und ihr Ausprägungsgrad können sehr unterschiedlich sein. Sie können als Zwangsgedanken, Zwangshandlungen oder Zwangsimpulse auftreten, wobei sich diese Phänomene oftmals auch gemischt repräsentieren. Patienten mit Zwangsstörungen bewältigen oft erstaunlich lange Zeit ihren Alltag, bis Hilfe gesucht wird. Die hohe Komorbidität mit anderen Erkrankungen, z. B. depressiven Störungen und Essstörungen, kompliziert den Krankheitsverlauf. Bei jüngeren Patienten ist die Grenze zwischen entwicklungspsychologisch normalem passagerem Verhalten und Pathologie unscharf, bei älteren Patienten kann die Grenzziehung zwischen Zwangsstörung und Persönlichkeitszügen, die keine behandlungswertige Pathologie haben, schwierig sein.

Zwangsstörungen werden im Klassifikationssystem ICD-10 unter den neurotischen, Belastungs- und somatoformen Störungen eingegliedert (F40–F48) und sind eine Domäne psychotherapeutischer Therapie. Dennoch nehmen auch pharmakotherapeutische Behandlungsoptionen einen großen Stellenwert ein. Im Jugendalter tritt als Sonderform eine mit einer Streptokokken-Infektion assoziierte Zwangsstörung auf, die auf eine antibiotische Behandlung ansprechen kann. Ätiologisch finden sich meist Auslöser, zumindest ein Zeitpunkt, zu dem die Symptomatik begonnen hat. Aufgrund neurobiologischer Forschungsbefunde zeigen sich Verbindungen von Zwangsstörungen zu neuropsychiatrischen Erkrankungen wie Tic-Störungen, womit auch bei Zwangsstörungen neurobiologische Grundlagen in die Ätiologie miteinbezogen werden müssen.

26.1 Definition und Klassifikation

Kennzeichnend für eine Zwangsstörung sind ihre Leitsymptome Zwangsgedanken, Zwangsimpulse und/oder Zwangshandlungen. Diese stereotyp wiederkehrenden, sich aufdrängenden Denkinhalte oder Handlungen sind teilweise extrem konsumierend und werden vom Betroffenen als störend, quälend und persönlichkeitsfremd (ich-dyston) erlebt. Der Erkrankte leistet Widerstand, ohne die Zwangsgedanken oder -handlungen dauerhaft unterdrücken zu können und verspürt starke Angst oder Anspannung bei ihrer Unterlassung. Er erkennt sie als eigene Gedanken oder Handlungen an und hält sie zumindest teilweise für sinnlos und übertrieben.

Personen mit Zwangsstörungen verbringen täglich mehrere Stunden mit ihren oft verborgen bleibenden Zwangsgedanken und Zwangshandlungen.

Die ICD-10 setzt für die Diagnose der Zwangsstörung Gedanken oder Handlungen von sinnlosem, übertriebenem und stereotyp aufdringlichem Charakter voraus, gegen die Widerstand geleistet wird und die als eigenes geistiges Produkt angesehen werden. Zwänge müssen über einen Zeitraum von zwei Wochen bestehen und zu subjektivem Leidensdruck und einer Beeinträchtigung in einem oder mehreren Lebensbereichen führen (Tab. 26-1).

Im Gegensatz zur ICD-10 konzeptualisiert das DSM-IV das Kriterium »Einsicht in die Unsinnigkeit der Zwänge« als ein Kontinuum mit einem Subtyp der geringen Einsicht (poor insight). Hierbei können sogenannte überwertige Ideen auftreten, die an der Grenze zu echten Wahngedanken stehen. Von diesen überwertigen Ideen kann sich der Betroffene nicht wirklich distanzieren, sondern glaubt tatsächlich, dass er z. B. dreimal den Lichtschalter antippen muss, damit seiner Tochter auf der Fahrt in die Schule nichts Schlimmes zustößt. Allerdings erreichen überwertige Ideen nicht den absoluten Überzeugungsgrad im Sinne von Wahngedanken.

Neben den strukturierten Interviews nach ICD-10 und DSM-IV zur Diagnosestellung wurden zur Erfassung der Qualität (Symptome) und der Quantität (Dauer, Beeinträchtigung) der Symptomatik verschiedene Erhebungsinstrumente entwickelt. Hervorzuheben sind hierbei die Yale-Brown-Obsessive-Compulsive Scale mit einer ausführlichen Symptomcheckliste (**Y-BOCS**; deutsche Bearbeitung Hand u. Büttner-Westphal 1991),

26.1 Definition und Klassifikation

Tab. 26-1 Diagnostische Kriterien der Zwangsstörung (F42) nach ICD-10

Kriterium	ICD-10, Diagnose F42
Vorliegen von	Zwangsgedanken (ZG) und/oder -handlungen (ZH)
Definition	• Zwangsgedanken: stereotype Ideen, Vorstellungen oder Impulse, die aufgrund ihres Inhalts oder ihrer Sinnlosigkeit quälend erlebt werden • Zwangshandlungen/-rituale: ständige Stereotypien, die als nicht angenehm empfunden und nicht nützlich angesehen werden; meist werden sie als Vorbeugung gegen ein objektiv unwahrscheinliches, schadenbringendes Ereignis erlebt
Episodendauer	mindestens zwei Wochen
Zeitaufwand	während der meisten Zeit des Tages
Einsicht	• Anerkennen als eigene Gedanken und/oder Handlungen • mindestens ein ZG/eine ZH wird gegenwärtig als übertrieben und unsinnig anerkannt
Leidensdruck	• Leiden wird empfunden • Ausführung von ZG/ZH ist von der Angstreduktion abgesehen nicht angenehm
Beeinträchtigung	soziale oder individuelle Leistungsfähigkeit, meist durch Zeitaufwand
Widerstand	es wurde versucht Widerstand zu leisten; gegenwärtig wird gegen mindestens einen ZG/eine ZH Widerstand geleistet
Ausschluss	andere psychische Störung wie Schizophrenie, verwandte oder affektive Störungen
Spezifikation	• F42.0 vorwiegend Zwangsgedanken und Grübelzwang • F42.1 vorwiegend Zwangshandlungen (Zwangsrituale) • F42.2 Zwangsgedanken und -handlungen gemischt • F42.8 sonstige Zwangsstörung • F42.9 nicht näher bezeichnete Zwangsstörung

das Hamburger Zwangsinventar (**HZI**; Klepsch et al. 1992) und das in der zweiten Version vorliegende **AMDP-Modul zur Erfassung von Zwangssymptomen** (Grabe et al. 2002). Diese zusätzlichen Erhebungsverfahren können neben der Quantifizierung und der Veränderungsmessung der Ausprägung der Zwangssymptomatik während einer Therapie auch als Screeningverfahren zur Identifikation von Zwangssymptomen eingesetzt werden.

26.1.1 Zwangsgedanken

Bei Zwangsgedanken überwiegen als ich-dyston angesehene Inhalte bezüglich Kontamination, Obszönität, Blasphemie, Sexualität und Aggression (Tab. 26-2). Der Inhalt von Zwangsgedanken kann jeden Bereich des Alltags umfassen:
- den Kindern könne etwas zustoßen
- man könne beim Autofahren jemanden anfahren
- man könne sich mit Krankheiten anstecken
- man könne sich blamieren, wenn Briefe mit Rechtschreibfehlern oder die Person entlarvenden Informationen abgeschickt werden

Es finden sich auch religiöse Inhalte (z. B. die Befürchtung, beim Kirchgang eine Gotteslästerung auszurufen) oder sexuelle Befürchtungen (z. B. man könne, nachdem man einen Bericht über Pädophilie gesehen habe, selber so etwas tun).

Im Übergang zur Pubertät nehmen die sexuellen Inhalte zu, bei Kindern dominieren Zwangsgedanken, dass etwas Schlimmes geschehen könne, man sich anstecken könne, oder aber auch Gedanken wie »jemand anderes zu sein«.

26.1.2 Zwangsimpulse

Zwangsimpulse sind plötzliche, sich intensiv gegen inneren Widerstand aufdrängende Impulse zumeist mit aggressiven oder sexuellen Inhalten. Die Inhalte der Zwangsimpulse werden als ich-dyston erlebt und vom Betroffenen abgelehnt. Es kommt zu großer Anspannung und Angst vor Kontrollverlust. Der einschießende Impuls wird als sehr handlungsnah erlebt und bleibt nicht auf der Ebene von rein mentalen Ritualen oder Zwangsgedanken stehen. Typische aggressive Inhalte sind z. B. Angehörigen oder dem eigenen Kind etwas anzutun oder sexuelle Inhalte mit ich-dystonen Ängsten vor eigener Homosexualität oder pädophiler Neigung.

26.1.3 Zwangshandlungen

Zwangshandlungen beziehen sich meistens auf Wasch- und Putzrituale zur Verhinderung einer objektiv unwahrscheinlichen Kontamination, auf übertriebene Ordnung, Symmetrie, auf Zählrituale und Kontrollen zur Verhinderung eines potenziellen Unglücks.

Tab. 26-2 Phänomenologie der Zwänge

Zwangsgedanken	Beispiele
Kontamination	Gedanken an Schmutz (Kot, Urin), Verseuchung (Chemikalien, Strahlen), Infektionen (Bakterien, Viren, BSE), oft verbunden mit Ekel, Abscheu oder Angst vor entsprechenden Gefahrensituationen oder Menschen
pathologischer Zweifel	extremer Zweifel an der Richtigkeit eigner Handlung (Habe ich das Licht auch wirklich ausgemacht? Habe ich die Kerze auch wirklich gelöscht?), oft verbunden mit der Angst vor schlimmen Konsequenzen durch eigene Fehler
Sexualität	sich aufdrängende Gedanken an eigene Homosexualität oder andere als persönlichkeitsfremd erlebte sexuelle Handlungen oder Praktiken
Symmetrie und Ordnung	starkes Bedürfnis nach geometrischer Ordnung oder Anordnung von Gegenständen nach einem eigenen gedanklichem Prinzip
Religion	oft quälende Gedanken an Versündigung, die mentale Rituale nach sich ziehen, oder Antagonismus von Gott und Teufel, der sich in eigenen Gedanken und Ritualen niederschlägt
Aggression	Furcht davor, sich oder anderen Schaden oder Verletzungen zuzufügen (z. B. von der Brücke zu springen, das eigene Kind zu erstechen, mit dem Auto einen Radfahrer zu überfahren) oder das Sich-Aufdrängen von grausamen, gewalttätigen Bildern
magische Gedanken	die Vorstellung, mit eigenen Gedanken oder über eigene Handlungen schicksalhafte Dinge zu beeinflussen oder ein potenzielles Unheil abzuwenden (z. B. wenn ich nicht dreimal mit dem Finger auf den Tisch klopfe, verunglückt mein Partner mit dem Auto)
Zwangshandlungen	**Beispiele**
Kontrollieren	Handlungen, mehrfach die Richtigkeit von Wahrnehmungen und eigenen Taten zu überprüfen (z. B. ist der Herd ausgeschaltet, ist die Tür abgeschlossen, ist das Bügeleisen kalt)
Waschen/Putzen	ritualisierte, oft sehr komplexe Handlungsabläufe, um sich vor möglicher Kontamination zu schützen oder davon zu befreien
Zählen	Zählvorgänge, die isoliert (z. B. Treppenstufen) oder als Teil von komplexen Zwangsritualen auftreten (z. B. alle Handlungen müssen dreimal, sechsmal oder neunmal durchgeführt werden)
Wiederholen	Wiederholung von Handlungen, bis z. B. das richtige (gute) Gefühl in diesem Moment vorhanden ist (z. B. Durchschreiten einer Tür, Aufstehen aus dem Bett)
Anordnen	Anordnen von z. B. Büchern, Teppichen, Schrankinhalten, Akten nach geometrischen oder inhaltlichen, z. T. komplexen Kriterien (z. B. besondere Ordnung des Schreibtisches, der Kleidung, Einräumen der Akten-/Schultasche)

Zwangshandlungen reichen von der Anordnung von Gegenständen auf dem Tisch nach einem inneren Bild über mehrfaches Kontrollieren von Türschlössern oder Bügeleisen bis zu hoch ritualisierten Waschprozeduren, die nach genauer Abfolge ablaufen und bei Unterbrechung oder erneuter Kontamination wieder von vorn beginnen müssen (Tab. 26-2). Einigen Handlungen haftet etwas Magisches, Überwertiges an, z. B. nur eine gerade Anzahl von Getränken trinken zu wollen, sonst passiere etwas schlimmes, oder die Vorstellung, »böse« Gedanken übertragen sich auf die Kleidung, die man trägt, wenn der Gedanke auftaucht, und daraufhin die Kleidung zu wechseln.

Die Zwangsrituale, denen der Betroffene anfangs versucht sich zu widersetzen, verursachen einen hohen Leidensdruck und führen zu einer Beeinträchtigung in nahezu allen Lebensbereichen. Oftmals werden Familienangehörige in die Rituale einbezogen (so muss z. B. der Sohn duschen und Sachen wechseln, wenn er von der Schule nach Hause kommt, und es kommt zu intrafamiliären Spannungen, wenn Angehörige das Ritual verweigern).

26.1.4 Differenzialdiagnostik

Bei chronischen Störungen richtet sich die Formulierung der Diagnose nach der Symptompersistenz. Das DSM-IV betont, dass die Diagnose einer Zwangsstörung nur dann zu stellen ist, wenn sich deren Thematik nicht auf Inhalte einer weiteren Achse-I-Störung beschränkt, z. B. körperdysmorphe Störung, Essstörung, Grübelneigung bei Depression, zwanghaftes Denken an Suchtstoffe bei Substanzabhängigkeit (Tab. 26-3).

Gerade bei der Erstmanifestation im Jugendalter sind differenzialdiagnostische Aspekte zu prüfen. Treten akute Episoden einer Depression oder einer psychotischen Erkrankung zeitgleich mit den Symptomen einer Zwangsstörung auf, wird der Depression bzw. der psychotischen Erkrankung diagnostisch Vorrang eingeräumt.

Bei den im Kindesalter auftretenden Formen der Zwangsstörung wurde in einigen Fällen ein Zusammenhang mit vorausgehenden Infektionen durch β-hämolysierende Streptokokken der Gruppe A im Sinne einer postinfektiösen Autoimmunerkrankung (Chorea minor, Sydenham-Chorea) beschrieben

Tab. 26-3 Differenzialdiagnose der Zwangsstörung

Störung	Gemeinsamkeiten und Unterschiede
Anorexia nervosa	• beide Störungen beinhalten Rituale und neigen zur Chronifizierung • bei Anorexia nervosa wird im Allgemeinen nicht versucht, den Symptomen zu widerstehen und die Patienten sind von der Richtigkeit überzeugt • Anorexia nervosa betrifft vorwiegend Frauen
Autismus	• Stereotypien und Wiederholungshandlungen in beiden Störungen • bei Autismus wird nicht versucht, den Symptomen zu widerstehen • Autismus betrifft vorwiegend Männer • viele autistische Patienten sind mental retardiert
Hypochondrie	• bei beiden Störungen Befürchtungen über Krankheiten • bei Hypochondrie Hauptsymptom • kein Versuch zu widerstehen • vom Gedanken, ernsthaft krank zu sein, überzeugt • »Doktorshopping«
Major-Depression	• Depressive können Zwangsgedanken (im Sinne von Grübeln) und Zwangshandlungen haben • diese sind überwiegend ich-synton und stimmungskongruent • sie verschwinden meist von allein mit Abklingen der Depression
posttraumatische Belastungsstörung	• beide Störungen beinhalten Intrusionen und unerwünschte Gedanken und Vorstellungen, die physiologische Erregung und Angst verursachen • vorangehende Traumata sind selten bei der Zwangsstörung • Depersonalisation und emotionale Taubheit sind unüblich bei Zwang
Psychosen	• beide Störungen neigen zur Chronifizierung und entwickeln sich bis Anfang 20 • Inhalte bei Psychosen werden meist externen Kräften zugeschrieben, als ich-synton erlebt und nicht als sinnlos betrachtet • kein Widerstand
spezifische Phobie	• beide Störungen beinhalten Angst und Vermeidung • die Angst bei der Phobie kann auf genaue Situationen und Objekte abgegrenzt werden • Phobien tendieren dazu, in der Kindheit zu beginnen • kaum Widerstand
Gilles-de-la-Tourette-Syndrom	• beide Störungen neigen zur Chronifizierung • viele Tourette-Patienten zeigen Rituale • das Gilles-de-la-Tourette-Syndrom betrifft vorwiegend Männer • beginnt meist in der Kindheit
Trichotillomanie	• beide Störungen beinhalten exzessives, unüberlegtes Verhalten und können zu ähnlichen Therapien führen • Trichotillomanie betrifft vorwiegend Frauen • Beginn in der Kindheit • Obsessionen sind selten

(Murphy et al. 1997). Diese Form wird in die Gruppe der *pediatric autoimmune neuropsychiatric disorders associated with streptococcal infections* (PANDAS) eingeordnet.

Da Zwangssymptome auch bei organischer Schädigung der Basalganglien auftreten können, z. B. durch Kohlenmonoxidvergiftung, Manganintoxikation, ischämische oder infektiöse Läsionen (Cummings u. Trimble 1995), sollte im Rahmen der Erstdiagnostik auf jeden Fall eine entsprechende kraniale Computertomographie (CCT) oder eine Magnetresonanztomographie (MRT) erfolgen.

Im Rahmen von Intoxikationen mit Amphetaminen, Cocain und L-Dopa sowie unter Therapie mit Glucocorticoiden können ebenfalls passagere Zwangsphänomene auftreten (Cummings u. Trimble 1995).

Somit sollte bei nachgewiesenen organischen Ursachen der Zwangssyndrome nicht primär eine Zwangsstörung (ICD-10: F42), sondern eine organisch induzierte psychische Störung (ICD-10: F01.x oder F1x.8) diagnostiziert werden.

26.2 Epidemiologie

Vom Mythos, die Zwangsstörung gehöre zu den selten vorkommenden psychischen Erkrankungen mit einer **Prävalenz** von 0,05 %, welcher in den 1950er und 1960er Jahren durch einige retrospektive Studien entstand, musste man sich aufgrund groß angelegter epidemiologischer Untersuchungen in den letzten 25 Jahren trennen. Die vom National Institute of Mental Health Ende der 1970er Jahre gegründete epidemiologische Studie (*national epidemiologic catchment area survey* [ECA]), die in fünf verschiedenen Gebieten der USA durchgeführt wurde, brachte unerwartete Ergebnisse zutage (Karno et al. 1988). Mit einer 6-Monats-Prävalenz von 1,6 % und einer Lebenszeitprävalenz von 2,5 %, kam die Erkrankung 50- bis 100-mal häufiger vor, als man bis dahin glaubte. Aufgrund der Kritik, es wäre zu einer Überschätzung der Prävalenz in der ECA-Studie durch nichtprofessionelle Interviewer gekommen, wurde in nachfolgenden Studien die Methodik zum Teil weiter verbessert. Insgesamt zeigten sich Lebenszeitprävalenzraten der Zwangsstörung von 1 bis 3 % (Bebbington 1998). Damit gehört die Zwangsstörung nach den Phobien, der Depression und den Suchterkrankungen zu den vierthäufigsten psychiatrischen Erkrankungen. Subklinische Erkrankungsformen sind relativ häufig und gehen mit erhöhter psychosozialer Belastung einher (Grabe et al. 2000, 2001). Verschiedene epidemiologische Studien fanden eine erhöhte Lebenszeitprävalenz der Zwangsstörung bei Frauen (Grabe et al. 2000; Karno et al. 1988; Weissman et al. 1994). Skoog und Skoog (1999) fanden einen signifikant höheren Anteil von Männern (44 % vs. 22 %), die vor dem 20. Lebensjahr erkrankten, sodass es möglicherweise Geschlechtseffekte bezüglich des Erkrankungsbeginns gibt.

Der **Beginn** einer Zwangsstörung liegt oft im Kindes- oder Jugendalter, das mittlere Ersterkrankungsalter beträgt 20 Jahre. Etwa zwei Drittel aller Patienten erkranken vor dem 25. Lebensjahr, weniger als 15 % erkranken nach dem 35. Lebensjahr. Die Zwangsstörung beginnt in der Regel zwischen dem Jugendlichenalter und dem beginnenden zweiten Lebensjahrzehnt. Männer erkranken früher als Frauen.

Passagere, ich-syntone Verhaltensweisen im Kindesalter (z. B. kindliche Fragesucht, pedantisches Befolgen selbst auferlegter Ge- und Verbote im Schulalter, Spiele mit Ritualcharakter wie Abzählverse) können bei Persistenz dieser Phänomene als ich-dyston empfunden werden. Dies geschieht gehäuft zwischen dem 12. und 14. Lebensjahr und kann bis ins Erwachsenenalter fortbestehen.

Meist findet ein rascher Beginn der Symptomatik statt (Rasmussen u. Eisen 1992, 1994). Nach Befunden verschiedener Autoren lassen sich bei etwa 50–70 % der Patienten besondere Lebensereignisse (Life events) im Vorfeld der Erkrankung finden, z. B. Schwangerschaft, Hausbau, sexuelle Probleme oder Tod eines Angehörigen (Gershuny et al. 2002; Khanna et al. 1980; Lensi et al. 1996; McKeon et al. 1984; Rasmussen u. Tsuang 1986; Toro et al. 1992).

Bei Kindern sind Rituale und Zwangshandlungen oder Gedanken bisweilen schwer zu differenzieren und aufgrund der oben beschriebenen Häufigkeit sind alterstypische passagere Zwänge von pathologischen Entwicklungen zu differenzieren. Auch bei Jugendlichen treten Zwangsgedanken deutlich häufiger auf, als es die Epidemiologie der Zwangsstörung vermuten ließe – jedoch fehlt bei dem Großteil der Betroffenen das Gefühl des Leidens und die Ausprägung ist für eine Diagnose nicht ausreichend (Apter et al. 1996). Aus der klinischen Erfahrung zeigt sich bei vielen jugendlichen Patienten, dass das Auftreten einer Zwangsstörung mit familiären Veränderungen koinzidiert, etwa mit der Trennung der Eltern o. Ä.

Die Einbeziehung der Eltern und der Familie in die Zwangsrituale kann so umfassend sein, dass das gesamte Familienleben sich daran ausrichtet. Die Schwere einer Störung wird auch dadurch bedingt, inwieweit das Familiensystem bereits in den Zwang einbezogen ist und ob es gelingt, eine Distanzierung der Familie von dem Zwangssystem zu erreichen, damit diese nicht durch ihr »Mittun« den Zwang unterstützt. Gerade bei Jugendlichen und jungen Erwachsenen im Übergang zur Autonomie kann diese Verstrickung in das Familiensystem den Verlauf der Störung komplizieren und die Therapie erschweren (AACAP 1998).

Der Verlauf wird meist als lang andauernd beschrieben. Die Symptomatik kann fluktuieren oder konstant verlaufen. So berichten z. B. Patienten über eine Zunahme der Symptomatik bei allgemeinem Stress. Skoog und Skoog (1999) beobachteten den Verlauf der Zwangsstörung über 40 Jahre. Sie stellten fest, dass die Hälfte der Patienten, die in den 1950er Jahren in die Studie eingeschlossen wurden, 40 Jahre später immer noch klinisch relevante Symptome aufwiesen. Ein Drittel berichtete nach 40 Jahren über subklinische Symptome. 37 % der Patienten erfüllten nach 40 Jahren immer noch die diagnostischen Kriterien einer Zwangsstörung. Zwar zeigten die meisten Patienten (83 %) irgendeine Form von Verbesserung (auf Symptomebene oder in der sozialen Funktionsfähigkeit), aber in nur 20 % der Fälle kam es zur vollständigen Wiederherstellung.

Ein früher intermittierender Verlauf stellt nach Meinung der Autoren eine bessere Prognose dar als ein früher chronischer Verlauf. Ein Ausbruch vor dem 20. Lebensjahr stellte besonders für Männer eine schlechtere Prognose dar. Magische Zwangsgedanken und Rituale waren ebenfalls mit einem schlechteren Verlauf korreliert.

26.3 Komorbidität

Klinische Studien zur Komorbidität zeigen erhebliche Komorbiditätsraten mit anderen Erkrankungen (Rasmussen u. Eisen 1992), von denen einige im Folgenden aufgeführt sind:
- depressive Störungen (35–78 %)
- dysthyme Störungen (1,5–15 %)
- Panikstörung (12–48 %)
- soziale Phobie (18–46 %)
- Essstörungen (8–17 %)
- Alkoholabhängigkeit (14–16 %)

10–30 % der Patienten mit Schizophrenie erfüllen ebenfalls die diagnostischen Kriterien einer Zwangsstörung (Bermanzohn et al. 2000). Hierbei kann die Zwangsstörung der Entwicklung einer Schizophrenie vorausgehen oder sich aber im Verlauf einer Schizophrenie entwickeln. Gerade bei Jugendlichen können ausgeprägte Zwangsstörungen so bizarr anmuten und die Denkinhalte so wenig ich-dyston erscheinen, dass die Differenzialdiagnose schwierig ist und erst im Verlauf gestellt werden kann (Fenton u. McGlashan 1986).

Aufgrund der hohen Komorbiditätsraten und formaler Ähnlichkeiten der Symptomatik wird die Zwangsstörung von einigen Arbeitsgruppen in ein sogenanntes Spektrum assoziierter Störungsbilder (»Zwangsspektrum-Erkrankungen«) eingeordnet, z. B. »Schizoobsessives Spektrum« (Hollander et al. 1993). Den Assoziationen zum Gilles-de-la-Tourette-Syndrom und zu den Tic-Störungen liegt möglicherweise ein eigener, genetisch distinkter Subtyp der Zwangsstörung zugrunde (Pauls et al. 1995).

26.4 Ätiologie und Pathogenese

26.4.1 Psychologische Modelle

Im Laufe der Jahre wurde versucht, die Zwangsstörung psychodynamisch, behavioristisch, evolutionstheoretisch, neurobiologisch und genetisch zu erklären. Nur eine Kombination dieser Ansätze kann die Heterogenität der Erkrankung an sich beschreiben. Der Fokus ist auf den behavioristischen und psychodynamischen Ansatz gelegt.

Behavioristische Modelle

Die Behavioristen haben einen wesentlichen Anteil an der Modellbildung und Therapie der Zwangsstörung.
Mowrer (1947) ging in seiner **Zweifaktorentheorie** davon aus, dass über einen zweistufigen Prozess Zwangssymptome entstehen und aufrechterhalten werden: Die erste Stufe stellt die *klassische Konditionierung* dar, bei der die Person einen neutralen Stimulus mit Angst (z. B. durch ein traumatisches Ereignis) paart. Durch Ausführen bestimmter Verhaltensweisen wird in einem zweiten Schritt die Angstreaktion verhindert bzw. reduziert. Dadurch wird das Verhalten negativ verstärkt, d. h. ein unangenehmes Gefühl (Angst, Ekel) reduziert. Dieser Schritt ist die *operante Konditionierung*. Die Verhaltensweisen erfüllen ihre Funktion, sie reduzieren Angst und aversive Emotionen und werden stabilisiert und ritualisiert.
Salkovskis (1985) wies in seiner erweiterten Version des kognitiv-behavioralen Modells besonders auf die **dysfunktionalen Überzeugungen** von Zwangspatienten hin, welche den Ritualen zugrunde liegen (Grabe u. Ettelt 2006): So kann im Straßenverkehr *(triggernder Stimulus)* plötzlich der Gedanke auftauchen: »Ich könnte einen Unfall verursachen« *(aufdringlicher Gedanke)*. Während die »Normalperson« diesen Gedanken denkt und vielleicht kurz prüft, ob sie angeschnallt ist, drängt sich der Person mit Zwangsstörung dieser Gedanke immer mehr auf. Ihr *automatischer Gedanke* ist: »Ich muss alles tun, um zu verhindern, dass jemand durch mich Schaden erleidet.« Die *Wahrnehmung von Verantwortung* steigt. Durch dysfunktionale Überzeugungen (es passieren ständig Unfälle) und katastrophierende Fehlinterpretationen (ich könnte jemanden anfahren, ohne es zu merken) kommt es zu einer Überbewertung des aufdringlichen Gedankens. Dies führt erstens zu aversiven Gefühlen *(affektive Beeinträchtigung)* und zweitens erhöht es die Auftretenswahrscheinlichkeit dieses Gedankens. Die aversiven Gefühle lassen sich auf Verhaltensebene oder in kognitiver Form reduzieren bzw. *neutralisieren,* z. B. indem die Person vermehrt in den Rückspiegel schaut oder abends im Geist (oder eben real) die Strecke noch einmal abgefahren wird, um zu überprüfen, ob tatsächlich niemand angefahren wurde. Angst und Anspannung lassen dadurch tatsächlich nach *(Angstreduktion, negative Verstärkung),* was die Person darin bestärkt, dass es richtig war, die Kontroll-Handlung durchzuführen. Gleichzeitig wird die Person mit Zwang in ihrer Annahme gestärkt, es wäre tatsächlich etwas passiert, hätte sie die Handlung nicht durchgeführt *(erhöhte Akzeptanz)*. Je länger die Person an Zwängen leidet, desto mehr fehlt ihr durch die zwanghaft wiederholten Verhaltensweisen oder Gedanken letztlich auch die *Realitätstestung,* dass das befürchtete Ereignis z. B. nicht eintritt, wenn sie ihrem Zwang nicht nachgäbe. Wie soll sie es besser wissen? Sie sieht ihre Handlung somit als präventiven Schutz *(Erwartung)* gegen Katastrophen an und setzt sie mit großer Wahrscheinlichkeit das nächste Mal wieder ein. Die Person kann auch ab jetzt das Fahren ihrem Partner überlassen *(Vermeidung)*. Ist die Person auch depressiv *(affektive Störung)*, können die dysfunktionalen Schemata (z. B. ich bin so unkonzentriert, da passiert bestimmt noch ein Unfall, möglicherweise merke ich es nicht mal) noch leichter zugänglich sein.

Psychodynamische Modelle

Psychoanalytisch orientierte Modelle haben lange Zeit die Zwangsstörung als eine Fixierung auf die genitale Stufe und Regression auf die frühere anale Stufe erklärt. Die anale Regression geht demnach mit einer Beschäftigung mit Ärger, Schmutz, magischem Denken und Ambivalenz einher, was zu einem ausgeprägten Über-Ich und einer Vielzahl von Abwehrmechanismen führt, wie z. B. Isolation, Reaktionsbildung oder Ungeschehenmachen. Die Schilderungen der Symptome von Zwangspatienten sind oftmals symbolreich und die im Laufe der Therapie aufgedeckten konflikthaften aggressiven oder sexuellen Impulse lebhaft.

Dennoch betonen neuere psychodynamische Konzepte (Lang 1997) die Bedeutung der Zwangssymptome zur Stabilisierung einer fragilen Ich-Struktur, wie sie z. B. bei schizophrenen Psychosen und bei Patienten mit Borderline-Störung zu beobachten ist. Aus selbstpsychologischer Sicht wird die Zwangsstörung als eine *pathology of privacy* (Meares 1994) beschrieben. Es wird damit auf die mangelnde Grenzziehung zwischen Selbst und Objekt oder Realität und Phantasie verwiesen, die bei allen Zwangsstörungen festzustellen ist. Die Zwangssymptomatik kann dementsprechend auf allen Strukturniveaus (Streeck-Fischer 1998) nach der Operationalisierten Psychodynamischen Diagnostik im Kindes- und Jugendalter (OPD-KJ) auftreten und unterschiedliche Funktionen erfüllen.

26.4.2 Familiarität und Genetik

Familienstudien

In der ersten unkontrollierten Familienstudie von Lewis et al. (1930) berichteten 32 % der Angehörigen von Zwangspatienten über obsessive Symptome (Überblick zu unkontrollierten Familienstudie s. Black et al. 1992). Die ersten kontrollierten Familienstudien fanden im Gegensatz zu den meisten unkontrollierten Studien keine Erhöhung der familiären Wiederholungsrate bei erstgradigen Angehörigen von Zwangspatienten (Black et al. 1992; McKeon u. Murray 1987).
Pauls et al. (1995) fanden, dass 10,9 % der Angehörigen von Zwangspatienten ebenfalls die klinische und 7,9 % die subklinische Diagnose einer Zwangsstörung erfüllten. Im Gegensatz hierzu standen Raten von 1,9 % und 2,0 % bei Angehörigen von Kontrollen, die an einer klinischen bzw. subklinischen Zwangsstörung litten. Nestadt et al. (2000) fanden ebenfalls einen höheren Anteil von Zwangsstörungen unter Angehörigen von Zwangspatienten als unter Angehörigen von Kontrollen (11,7 % vs. 2,7 %).
In der ersten, nach DSM-IV klassifizierenden, europäischen kontrollierten Familienstudie fanden Grabe et al. (2006a) eine 9,6-fache Risikoerhöhung für erstgradige Angehörige von Probanden mit Zwangsstörungen aus der Allgemeinbevölkerung sowie eine 4,5-fache Risikoerhöhung für erstgradige Angehörige von Patienten mit Zwangsstörungen (Rekrutierung in vier Universitätskliniken) im Vergleich zu Angehörigen von Kontrollprobanden. Höhere familiäre Wiederholungsraten für Zwangsstörungen lassen sich nicht durch eine fehlende Impulskontrolle oder durch Störungen der Affektwahrnehmung und Kommunikation (Alexithymie) in den Familien der Zwangskranken erklären (Ettelt et al. 2007; Grabe et al. 2006b).
Die empirischen Befunde einer möglichen genetischen Disposition der Zwangsstörung verdichten sich somit durch die Familienstudien der letzten Jahre. Es gibt Befunde, wonach das familiäre Erkrankungsrisiko mit dem Auftreten einer komorbiden Tic-Störung und einem frühem Erkrankungsbeginn der Zwangsstörung steigt (Nestadt et al. 2000; Pauls et al. 1995).

Zwillingsstudien

Familienstudien können wichtige Hinweise für eine familiäre Transmission einer Störung liefern. Diese stellen somit die unabdingbare Voraussetzung zur begründeten Annahme einer genetischen Erkrankungsprädisposition dar. In Zwillingsstudien kann man hingegen durch den Vergleich der Konkordanzraten zwischen mono- und dizygoten Zwillingspaaren auf die mutmaßliche Größe der genetischen Beteiligung schließen. Zwillingsstudien dienten somit auch bei der Zwangsstörung dem Versuch, genetische von umweltbedingten Faktoren für die Entstehung der Zwangsstörung zu trennen.
Eine signifikant höhere Konkordanz der Zwangsstörung bei eineiigen im Vergleich zu zweieiigen Zwillingen stellt in diesem genetischen Ansatz einen Beweis für den Beitrag genetischer Faktoren bei der Entstehung der Zwangsstörung dar. Rasmussen und Tsuang (1986) stellten in einem Review der bisherigen Literatur eine Konkordanz von 65 % bei monozygoten Zwillingen fest. Inouye (1965) fand eine Konkordanz von 80 % bei zehn monozygoten versus 20 % bei vier dizygoten Zwillingspaaren. Carey et al. (1981) fanden Konkordanzraten von 87 % versus 47 %. Jonnal et al. (2000) untersuchten in einer großen Zwillingsstudie (334 monozygote und 193 dizygote weibliche Zwillingspaare aus der Allgemeinbevölkerung) die Konkordanz bezüglich dimensional verteilter Zwanghaftigkeit. Sie ermittelten eine Heritabilität von 25–33 %.
Bedauerlicherweise sind die vorliegenden Zwillingsstudien aufgrund methodischer Mängel und Stichprobencharakteristika nur bedingt aussagekräftig. Bei »positiver« Interpretation stützen diese Studien das Konzept einer wesentlichen genetischen Prädisposition.

Molekulargenetische Befunde

Aufgrund der zum Teil heterogenen Datenlage soll hier nur ein knapper Überblick über bisherige molekulargenetische Untersuchungen zu Zwangsstörungen gegeben werden. Ausgangspunkt für die Suche nach sogenannten »Kandidatengenen« waren unter anderem Daten zur Wirksamkeit der serotonerg wirkenden Antidepressiva und Daten zur Induktion oder Verstärkung von Zwangssymptomen durch bestimmte serotonerg und dopaminerg wirkende Verbindungen, die in Stimulationsversuchen verwendet wurden. Bislang haben sich allerdings keine stabil replizierten Assoziationsbefunde zu Polymorphismen des Serotonin- und Dopamin-Systems gezeigt (Überblick s. Grabe et al. 2007).
Glutamat ist der wichtigste exzitatorische Neurotransmitter des Gehirns. Das Glutamatrezeptor-Gen *GRIN2B* könnte aufgrund eines positiven Assoziationsbefundes in die Pathogenese der Zwangsstörung involviert sein (Arnold et al. 2004). Eine

wichtige molekulare Struktur in der Regulierung der glutamatergen Transmission stellt das Glutamattransporter-Gen *SLC1A1* dar. In zwei aktuellen, relativ großen Studien konnten Assoziationen zwischen *SLC1A1* und Zwangsstörungen bei Männern (Arnold et al. 2006) sowie einem Erkrankungsbeginn in der Kindheit bzw. in der Jugend beschrieben werden (Dickel et al. 2006).

Es gibt eine bislang nicht replizierte Assoziation zwischen einem Polymorphismus des GABA$_B$-Rezeptor-1-(GABBR1-) Gens. GABA ist der wichtigste inhibitorische Neurotransmitter und moduliert unter anderem auch in den Basalganglien über hemmende Interneurone die neuronale Aktivität (Zai et al. 2005).

Dem *brain-derived neurotrophic factor* (BDNF), einem Wachstumsfaktor von Nervenzellen, wurde ein protektiver Effekt gegenüber der Zwangsstörung (*obsessive-compulsive disorder* [OCD]) zugeschrieben (Hall et al. 2003). BDNF moduliert im Besonderen das serotonerge System und ist für die Neuroneogenese im Hippocampus und im Tractus olfactorius des Menschen mitverantwortlich. In einer großen Studienpopulation (347 OCD-Probanden und 749 Kontrollprobanden) untersuchten Wendland et al. (2007) – unter Berücksichtigung von Erkrankungsalter, Geschlecht, Familiarität, Faktoranalyse für Symptomdimensionen und Komorbidität – die Hypothese einer Assoziation des Serotonin-Transporter-Promoter-Polymorphismus *SLC6A4* und von BDNF mit der Zwangsstörung. Es zeigte sich keine Assoziation zwischen dem *SLC6A4*, Genvarianten des BDNF und der Zwangsstörung.

Es zeigte sich eine Assoziation zwischen einem Polymorphismus des OLIG2-Gens (OLIG2 = *oligodendrocyte lineage transcription factor 2*) und OCD, besonders wenn kein komorbides Gilles-de-la-Tourette-Syndrom vorlag. OLIG2 ist ein essenzieller Regulator in der Entwicklung von Zellen, die Myelin und somit die Faserverbindungen der weißen Hirnsubstanz produzieren. Eine Abnormität der weißen Substanz und eine somit veränderte Konnektivität werden als möglicher Pathomechanismus angenommen (Stewart et al. 2007).

Neuroanatomisches Modell

Das neuroanatomische Modell der Zwangsstörung geht von einer Imbalance kortiko-subkortikaler Schaltkreise aus. Solch ein Schaltkreis besteht z. B. zwischen dem orbitofrontalen Kortex und den Basalganglien. Zu den Basalganglien gehören die Strukturen Corpus striatum (Nucleus caudatus und Putamen), Pallidum, Nucleus subthalamicus und Substantia nigra. Verschiedene Autoren (z. B. Baxter 1992) gehen von einer gestörten Balance zwischen hemmenden und erregenden Bahnen im Bereich der Basalganglien aus, die insgesamt dazu führen, dass emotionale Inhalte aus dem orbitofrontalen Kortex verstärkt aktualisiert werden, wohingegen der Einfluss des dorsolateralen präfrontalen Kortex abnimmt. Dadurch können *orbital worry inputs* (Baxter et al. 1996), d. h. kognitive Schemata aus dem orbitofrontalen Kortex, verstärkt die Kognitionen des Patienten bestimmen. Es gibt Hypothesen, welche die motorischen Abläufe bei den Zwangshandlungen den Basalganglien zuschreiben wollen, die exzessiven Gedankenabläufe mehr der präfrontalen Hyperaktivität. Die von verschiedenen Autoren (Saxena et al. 1998, 1999) gefundene Überaktivität (funktionelle Magnetresonanztomographie [fMRT], Positronenemissionstomographie [PET]) in temporalen und frontalen Bereichen des Gehirns normalisiert sich oft durch eine erfolgreiche Verhaltens- oder/und medikamentöse Therapie, was auf eine enge Wechselwirkung von psychologischen und neuropsychologischen Prozessen hindeutet. Das neurobiologische Modell wird durch Befunde gestützt, wonach Erkrankungen der Basalganglien (Sydenham-Chorea, Huntington-Chorea, CO-Vergiftung) mit Zwangssymptomen assoziiert sind.

Immunologisches Modell

Es wird eine Streptokokken-Infektion in der Kindheit (*pediatric autoimmune neuropsychiatric disorders associated with streptococcal infections* [PANDAS]) als Auslöser für eine Teilgruppe der Zwangsstörung diskutiert (Snider u. Swedo 2004). Mell et al. (2005) fanden eine erhöhte Rate von Streptokokken-Infektionen in den drei Monaten vor Krankheitsbeginn bei minderjährigen Patienten mit Zwangsstörungen. Dabei soll es zu einer Reaktion von Antikörpern mit Basalganglienstrukturen kommen. Dale et al. (2005) zeigten in ihrer Untersuchung bei zwangsgestörten Kindern eine erhöhte Bindung von Anti-Basalganglien-Antikörpern und schlussfolgerten für eine Subgruppe von Kindern ein autoimmunes Geschehen als Ätiologie der Störung. Kasuistisch wurde von einem jungen Mann mit einer hämolytischen Streptokokken-Infektion Typ A berichtet, dessen schwere Zwangssymptome unter der Behandlung mit Gammaglobulin nachließen (Swedo et al. 1998). Murphy et al. (1997) fanden ein B-Lymphozyten-Antigen (D8/17), welches einen Marker für Zwangsstörungen in der Kindheit, ein Gilles-de-la-Tourette-Syndrom, rheumatisches Fieber und die Sydenham-Chorea darstellt. Patienten mit diesen Erkrankungen hatten signifikant größere B-Zell-D8/17-Expressionen als gesunde Kontrollen.

26.5 Therapie

26.5.1 Verhaltenstherapie

Die Verhaltenstherapie stellt derzeit die Therapie der ersten Wahl zur Behandlung der Zwangsstörung dar. Für Kinder und Jugendliche zeigt ein Cochrane-Review, dass zwar die Datenlage für Verhaltenstherapie bei Minderjährigen mit Zwangsstörungen eher klein ist, aber die vorhandenen Studien eine Wirksamkeit belegen und die Kombination mit einer medikamentösen Therapie der alleinigen medikamentösen Therapie überlegen zu sein scheint (O'Kearny et al. 2006). Storch et al. (2008) zeigten, dass es bei Kindern hinsichtlich des Typs der Zwangserkrankung, also ob Zwangsgedanken, -handlungen oder -impulse dominieren, keine signifikanten Unterschiede in der Wirksamkeit der Verhaltenstherapie gibt.

Der therapeutische Prozess sollte in klare Behandlungsphasen unterteilt werden, die dem Patienten eindeutig übermittelt werden. Die gemeinsame Therapieplanung sollte nach einer Phase der diagnostischen Abklärung erfolgen. Der Patient trägt von Anfang an Mitverantwortung für den Fortschritt der Therapie, der Therapeut sollte die Beziehung empathisch, klar und verbindlich gestalten. Seine Aufgabe ist es, den Patienten zu einem »Experten« seiner Zwangsstörung machen, ihn zu motivieren und sich durchaus auch mit dem Patienten über Therapieerfolge zu freuen. In schwierigen Phasen der Therapie sollte es der Therapeut dem Patienten ermöglichen, über zuvor erarbeitete Ziele die persönlichen Vorteile eines zwangsfreien Lebens gegenüber einem Rückfall in die Erkrankung abwägen zu können, um so Motivation für eine Fortsetzung der Therapie zu schöpfen. Bei einem drohenden Therapieabbruch oder einem fehlenden Fortschritt sollte auch der Therapeut seine bisherige Strategien kritisch reflektieren und Therapiehindernisse identifizieren.

! Trotz klarer Leitlinien ist jede Therapie hoch individualisiert durchzuführen. Dies betrifft vor allem die Verhaltensanalysen, die Auswahl der Expositionsübungen und die Berücksichtigung der jeweiligen Funktionalität der Zwangssymptomatik (Grabe u. Ettelt 2006).

Ausgehend von der Annahme der Zwangshandlungen als erlerntes Verhalten, um unangenehmen Gefühlzuständen vorzubeugen oder sie zu reduzieren, wird nach genauer Diagnostik der Zwangsstörung und aller komorbiden Erkrankungen eine genaue **Analyse der Zwangssymptomatik** (Mikroanalyse) vorgenommen:
- Was sind die auslösenden Stimuli?
- Welche Gefühle und Gedanken rufen sie hervor?
- Was sind die Rituale?
- Welches passive und aktive Vermeidungsverhalten gibt es?

Danach wird ähnlich der Therapie der Phobien eine **Angsthierarchie** aufgestellt und der Patient quantifiziert seine Angstgefühle. Angefangen mit mäßig angstbesetzten Stimuli wird der Patient aufgefordert, sich den Stimuli auszusetzen, ohne das Ritual auszuführen (Reaktionsmanagement). Dabei soll die Exposition mehrere Stunden andauern und der Patient die Erfahrung machen, dass die Angst bzw. Anspannung zwar erheblich werden kann, aber nach einer Zeit von alleine nachlässt (Habituation).

Zwangspatienten fragen oft nach Rückversicherung – ein Versuch, ein Stück der auf ihnen lastenden Verantwortung abgeben zu wollen. Angehörige, die ihnen diese Rückversicherung geben, machen sich zum Teil des Rituals. Die Einbeziehung von Angehörigen in die Therapie ist daher unbedingt sinnvoll.

Die Exposition kann in vivo oder in sensu durchgeführt werden. Ein In-vivo-Vorgehen hat klare Vorteile, allerdings kann man einige Zwangsgedanken nur in sensu erreichen. Bei Kindern kann – je nach Entwicklungsstand – eine In-sensu-Konfrontation schwer durchführbar sein, hier ist die In-vivo-Konfrontation eher anzustreben.

Eine Konfrontation mit starken Angstreizen (Flooding) kann im Einzelfall rasche Therapiefortschritte bewirken. Jedoch gibt es Patienten, die auf zu starke Angstreize nicht habituieren bzw. sich nicht auf ein Verfahren mit massiver Angstexposition einlassen können. Hier ist dieses Verfahren kontraindiziert und sollte zugunsten eines graduellen Vorgehens keine Anwendung finden.

Während der Exposition sollte der Aufmerksamkeitsfokus gezielt auf die Emotion gelenkt werden, eine Ablenkung könnte ein Vermeidungsritual darstellen. Parallel sollten die dysfunktionalen Überzeugungen des Patienten aufgedeckt und zur Diskussion gestellt werden, z. B. der Perfektionismus »ich darf mir keine Fehler erlauben«, weil diese die Rituale stützen.

Bei Kindern und Jugendlichen sind die Grundelemente der Therapie grundsätzlich gleich, allerdings ist eine Einbeziehung der Eltern in die Konfrontationsbehandlung meist sinnvoll. Dafür ist es wichtig, dass auch die Eltern am Beginn in die Phase des Kontraktschließens eingebunden sind. Bereits hier kann sich auch zeigen, ob das Familiensystem so stark durch die Störung beeinträchtigt ist, dass eine stationäre Behandlung angezeigt ist, um nicht eine therapeutisch kontraindizierte Erfahrung des Scheiterns der Behandlung bzw. der Reizkonfrontation zu riskieren (vgl. auch Döpfner 1999).

26.5.2 Psychodynamische Therapie

Liegt eine Zwangsstörung auf einem höheren Strukturniveau nach der Operationalisierten Psychodynamischen Diagnostik im Kindes- und Jugendalter (OPD-KJ) vor – mit einem unbewussten Konflikt zwischen aggressiven und libidinösen Triebimpulsen und einer rigiden Über-Ich-Instanz –, sind die folgenden Therapieschritte zu berücksichtigen (Lang 1997):
1. Herstellung eines Arbeitsbündnisses, das auf wechselseitiger Akzeptanz und Gesundungswillen aufbaut
2. Bildung einer positiven Übertragung, bei der die Einsicht in die Zusammenhänge zur Entlastung und Reduktion von Schuldgefühlen führt
3. Verbalisierung bislang tabuisierter Vorstellungen, Wünsche und Ängste und bislang blockierter Handlungen, um das

magische Weltbild und die zwangsneurotische Abwehr zu reduzieren
4. Intensivierung des therapeutischen Prozesses durch Entstehung einer Übertragungsneurose mit
   – Reaktivierung ödipal-libidinöser Emotionen bis zur Übertragungsverliebtheit
   – Reaktivierung ödipal-aggressiver Emotionen und des »analen Protests«
5. Erfahrung einer ödipal-integren, nicht mehr pervertierten Triade und Auseinandersetzung mit dem Therapeuten im Rahmen einer negativen Übertragung sowie Symmetrisierung der Beziehung und damit einer entsprechenden Emanzipation. Die »gehemmte Rebellion« wird damit überflüssig.
6. Bleibt die Symptombesserung aus, ist zu untersuchen, ob dieser Widerstand auf Angst vor Desintegration oder sekundären Krankheitsgewinn zurückzuführen ist.

Bei Störungen auf mittlerem, gering integriertem und desintegriertem Niveau stehen Interventionen im Vordergrund, die auf die mangelnde Selbst- und/oder Objektabgrenzung zielen. Hier gibt es spezielle psychoanalytische Techniken (z. B. psychoanalytisch interaktionelle Psychotherapie).

26.5.3 Pharmakotherapie

> Eine medikamentöse Therapie sollte vorwiegend unterstützend angewendet werden, z. B. bei schweren Zwangsgedanken, ausgeprägten Depressionen oder bei allgemein schweren Störungen, wo eine vollständige Remission nicht erwartet werden kann.

Die Kombination von Fluvoxamin und Verhaltenstherapie ist vor allem bei Patienten mit ausgeprägten Zwangsgedanken der alleinigen Verhaltenstherapie überlegen (Hohagen et al. 1998). Dominieren Zwangshandlungen und ist der Patient nicht ausgesprochen depressiv, ist die Verhaltenstherapie das Verfahren der Wahl.

Bei der medikamentösen Therapie sind Serotonin-spezifische Medikamente wie Clomipramin oder Serotonin-Wiederaufnahmehemmer (SSRI), wie z. B. Fluvoxamin (Fevarin®), Fluoxetin oder Paroxetin, Mittel der Wahl. Die Aufdosierung sollte langsam erfolgen und die Behandlung erfordert eine hohe Compliance des Patienten, da die mögliche Wirkung erst nach sechs bis acht Wochen zu erwarten ist. Rund 60–80 % der Zwangspatienten sprechen auf diese Behandlung im Sinne einer Symptomreduktion von 25–50 % an, jedoch beträgt die Rückfallrate bei Absetzen der Medikamente etwa 80 %.

Für Kinder und Jugendliche ist die Studienlage zur medikamentösen Therapie beschränkt, aber es gibt einige Daten, die eine Wirksamkeit von Fluvoxamin belegen (Riddle et al. 2001). Dabei zeigte sich entgegen der oft klinisch tradierten Meinung, dass ein Ansprechen bereits in den ersten Wochen gesehen werden kann, jedoch nicht muss. Sertralin soll bei Adoleszenten gute Erfolge haben (Wagner et al. 2003). Die Metaanalyse von Bridge et al. (2007) zu klinischen Studien mit SSRI bei Minderjährigen hat gezeigt, dass die *number needed to treat* (NNT) beim Einsatz mit der Indikation Zwangsstörungen geringer ist als bei depressiven Störungen (nämlich 6 vs. 10) und damit doch als befriedigend einzuschätzen ist. Die NICE-Guideline zu Zwangsstörungen äußert zum Einsatz von SSRI bei Minderjährigen: »*... there is evidence supporting the treatment of OCD in children and young people with SSRIs*« (NICE 2005). Insgesamt bezieht sich etwa NICE bei der Analyse auf 14 Studien mit immerhin über 1 000 Studienteilnehmern, was bei Minderjährigen keine geringe Zahl ist. Zum Einsatz der medikamentösen Therapie wird von NICE bei schweren oder eher lange anhaltenden Verläufen geraten (NICE 2005). Aufgrund möglicher kardialer Nebenwirkungen ist das zwar in den Leitlinien erwähnte, aber dort auch nicht als »First-line«-Medikament empfohlene Clomipramin bei Jugendlichen und Kindern weniger relevant. Bezüglich Paroxetin besteht in der Kinder- und Jugendpsychiatrie große Zurückhaltung aufgrund der Induktion suizidaler Gedanken.

Für die Subgruppe der eventuell mit einer Streptokokken-Infektion assoziierten Zwangsstörungen (PANDAS), die vor allem Kinder und Jugendliche betreffen sollen, kann eine antibiotische Therapie sinnvoll sein (Murphy et al. 2002). Allerdings sind solche Therapien immer individuelle Heilversuche. Aktuell sind die Antibiose oder andere immunmodulatorische Therapien keinesfalls Standard, noch ist die Wirksamkeit in klinischen Studien hinreichend belegt (de Oliveira 2007).

26.5.4 Therapeutisches Setting

Neben der Einzeltherapie gibt es sowohl für die psychodynamische Therapie als auch für die Verhaltenstherapie positive Studiendaten über **gruppentherapeutische Verfahren** (Grabe et al. 1999). Vor allem die Erkenntnis, nicht mit der oft als absurd erlebten Krankheit »alleine auf der Welt zu sein«, also Leidens- und Erfahrungsgenossen kennenzulernen, wird als sehr hilfreich und entlastend erlebt. Die oft vorhandenen sozialen Wahrnehmungs- und Kommunikationsdefizite lassen sich gezielt im Gruppensetting therapieren.

Eine **vollstationäre Behandlung** sollte spätestens dann erwogen werden, wenn

- die Zwangsstörung zu einem fast weitgehenden Verlust der Alltagskompetenz geführt hat,
- eine ausgeprägte depressive Symptomatik die Therapie verhindert,
- bei Suizidalität und
- wenn der Patient nicht in der Lage ist, alleine Expositionsaufgaben zu Hause durchzuführen.

Trotz der Symptomreduktion, die bei bestimmten Patienten schon in wenigen, intensiv durchgeführten Expositionssitzungen zu erzielen ist, sollte man sich und den Patienten in der Regel auf eine mehrmonatige Therapie vorbereiten. Bei starker Einbindung der Familie in die Zwänge kann eine vollstationäre Therapie den Teufelskreis durchbrechen und auch zur Entlastung der Familie beitragen bzw. sogar notwendig sein.

Eine gute Option der Therapie bei schweren Fällen stellt auch eine **tagesklinische Behandlung** bei Adoleszenten dar, da dadurch im engen Kontakt mit dem normalen Lebensumfeld die Transmission der Therapieerfolge in den Alltag geübt und überprüft werden kann. Die enge Einbeziehung der Familie bei Adoleszenten zur Vermeidung von störungsunterhaltendem Verhalten im Umfeld ist notwendig. Psychoedukation kann das Krankheitsverständnis bei Angehörigen steigern.

26.6 Fazit

Aufgrund des häufig schweren und chronischen Verlaufs führt die Zwangsstörung gerade in der Adoleszenz und im jungen Erwachsenenalter zu erheblicher Beeinträchtigung der psychosozialen Entwicklung und somit zu weitreichenden Folgen. Einer konsequenten Früherkennung und einer hoch spezialisierten Therapie gelten daher höchste Prioritäten. Die Hinweise auf eine genetische Prädisposition der Zwangsstörung sind durch neuere Familienstudien und molekularbiologische Befunde erhärtet worden. Die meisten der etwas älteren Assoziationsstudien werden aktuellen methodischen Anforderungen und den Konzepten zur biologischen Heterogenität der Zwangsstörungen nicht mehr gerecht (Pato et al. 2002).

Sicherlich müssen Befunde zur Subtypisierung der Zwangsstörung zukünftig konsequent auf genetische Assoziationsstudien übertragen werden. Eine Subtypisierung in Early- und Lateonset-Phänotypen und die Berücksichtigung der Tic-Subgruppe (Miguel et al. 2005) wären für zukünftige Assoziationsstudien sinnvoll. Weiterhin gibt es Hinweise auf distinkte neuronale Mechanismen, die mit Kontroll-, Wasch- und Sammelzwängen assoziiert sind, sodass hier möglicherweise unterschiedliche Risikogene involviert sind (Mataix-Cols et al. 2004). Neuropsychologische Befunde, Persönlichkeitsfaktoren und Komorbiditätsmuster könnten zur Subtypisierung herangezogen werden (Grabe et al. 2006 a, b; Wolff et al. 2000).

Literatur

American Academy of Child and Adolescent Psychiatry (AACAP). Practise Parameters for the Assessment and Treatment of Children and Adolescent with Obsessive-Compulsive Disorder. J Am Acad Chil Adoelsc Psychiatry 1998; 37 (Suppl): 27S–45S.

Apter A, Fallon TJ Jr, King RA, Ratzoni G, Zohar AH, Binder M, Weizman A, Leckman JF, Pauls DL, Kron S, Cohen DJ. Obsessive-compulsive characteristics: from symptoms to syndrome. J Am Acad Child Adolesc Psychiatry 1996; 35: 907–12.

Arnold PD, Rosenberg DR, Mundo E, Tharmalingam S, Kennedy JL, Richter MA. Association of a glutamate (NMDA) subunit receptor gene (GRIN2B) with obsessive-compulsive disorder: a preliminary study. Psychopharmacology (Berl) 2004; 174: 530–8.

Arnold PD, Sicard T, Burroughs E, Richter MA, Kennedy JL. Glutamate transporter gene SLC1A1 associated with obsessive-compulsive disorder. Arch Gen Psychiatry 2006; 63: 769–76.

Baxter LR Jr. Neuroimaging studies of obsessive compulsive disorder. Psychiatr Clin North Am 1992; 15: 871–84.

Baxter LR Jr, Saxena S, Brody AL, Ackermann RF, Colgan M, Schwartz JM, Allen-Martinez Z, Fuster JM, Phelps ME. Brain mediation of obsessive-compulsive disorder symptoms: evidence from functional brain imaging studies in the human and nonhuman primate. Semin Clin Neuropsychiatry 1996; 1: 32–47.

Bebbington PE. Epidemiology of obsessive-compulsive disorder. Br J Psychiatry 1998; 35: 2–6.

Bermanzohn PC, Porto L, Arlow PB, Pollack S, Stronger R, Siris SG. Hierarchial diagnosis in chronic schizophrenia: a clinical study of co-occurring syndromes. Schizophrenia Bull 2000; 26: 517–25.

Black DW, Noyes R Jr, Goldstein RB, Blum N. A family study of obsessive-compulsive disorder. Arch Gen Psychiatry 1992; 49: 362–8.

Bridge JA, Iyengar S, Salary CB, Barbe RP, Birmaher B, Pincus HA, Ren L, Brent DA. Clinical response and risk for reported suicidal ideation and suicide attempts in pediatric antidepressant treatment. JAMA 2007; 297: 1683–96.

Carey G, Gottesmann II. Twin and family studies of anxiety, phobic, and obsessive disorders. In: Klein DF, Rabkin JG (eds). Anxiety: New Research and Changing Concepts. New York, NY: Raven Press 1981; 117–36.

Cummings JL, Trimble MR. Neuropsychiatric and behavioural neurology. Washington, DC: American Psychiatric Press Inc 1995.

Dale RC, Heymann I, Giovannoni G. Incidence of anti-brain antibodies in children with obsessive-compulsive disorder. Brit J Psychiatry 2005; 18: 314–9.

De Oliveira SK. PANDAS: a new disease? J Pediatr (Rio J) 2007; 83: 201–8.

Dickel DE, Veenstra-Vander Weele J, Cox NJ, Wu X, Fischer DJ, Van Etten-Lee M, Himle JA, Leventhal BL, Cook EH Jr, Hanna GL. Association testing of the positional and functional candidate gene SLC1A1/EAAC1 in early-onset obsessive-compulsive disorder. Arch Gen Psychiatry 2006; 6: 778–85.

Döpfner M. Zwangsstörungen. In: Steinhausen HC, Aster M v (Hrsg). Handbuch Verhaltenstherapie und Verhaltensmedizin bei Kindern und Jugendlichen. 2. Aufl. Weinheim: PVU 1999; 276–326.

Ettelt S, Ruhrmann S, Barnow S, Buthz F, Hochrein A, Meyer K, Kraft S, Reck C, Pukrop R, Klosterkötter J, Falkai P, Maier W, Wagner M, Freyberger HJ, Grabe HJ. Impulsiveness in obsessive compulsive disorder – results from a family study. Acta Psychiatrica Scandinavica 2007; 115: 41–7.

Fenton W, MC Glashan TH. The prognostic significance of obsessive-compulsive symptoms in schizophrenia. Am J Psychiatry 1986; 164: 839–41.

Gershuny BS, Baer L, Jenike MA, Minichiello WE, Wilhelm S. Comorbid posttraumatic stress disorder: impact on treatment outcome for obsessive-compulsive disorder. Am J Psychiatry 2002; 159(5): 852–4.

Grabe HJ, Ettelt S. Diagnose und Therapie der Zwangsstörung. Psychotherapeut 2006; 51: 311–20.

Grabe HJ, Welter-Werner E, Freyberger HJ. Zwangsstörungen und Komorbidität – Ergebnisse einer verhaltenstherapeutischen Gruppenpsychotherapie über 12 Monate. Verhaltenstherapie 1999; 9: 132–9.

Grabe HJ, Meyer C, Hapke U, Rumpf HJ, Freyberger HJ, Dilling H, John U. Prevalence, quality of life and psychosocial function in obsessive-compulsive disorder and subclinical obsessive-compulsive disorder in northern Germany. Eur Arch Psychiatry Clin Neurosci 2000; 250: 262–8.

Grabe HJ, Meyer C, Hapke U, Rumpf HJ, Freyberger HJ, Dilling H, John U. Comorbidity of obsessive-compulsive disorder and subclinical obsessive-compulsive disorder in Northern Germany. Eur Arch Psychiatry Clin Neurosci 2001; 251: 130–6.

Grabe HJ, Parschau A, Thiel A, Boerner RJ, Hoff P, Freyberger HJ. Das AMDP-Modul zur Erfassung von Zwangssymptomen – 2. Version. Fortschr Neurol Psychiatr 2002; 70: 227–33.

Grabe HJ, Ruhrmann S, Ettelt S, Buthz F, Hochrein A, Meyer K, Kraft S, Reck C, Pukrop R, Freyberger HJ, Klosterkötter J, Falkai P, Maier W, Wagner M. Familiality of obsessive-compulsive disorder in nonclinical and clinical subjects. Am J Psychiatry 2006a; 163: 1986–92.

Grabe HJ, Ruhrmann S, Ettelt S, Müller A, Buthz F, Hochrein A, Meyer K, Kraft S, Reck C, Pukrop R, Klosterkötter J, Falkai P, Maier W, Wagner M, Freyberger HJ. Alexithymia in obsessive compulsive disorder – results from a family study. Psychother Psychosom 2006b; 75: 312–8.

Grabe HJ, Janowitz D, Freyberger HJ. Epidemiologie, Familiarität und Genetik der Zwangsstörung. Z Klin Psychol Psychiatr Psychother 2007; 55: 219–26.

Hall D, Dhilla A, Charalambous A, Gogos JA, Karayiorgou M. Sequence variants of the brain-derived neurotrophic factor (BDNF) gene are strongly associated with obsessive-compulsive disorder. Am J Hum Genet 2003; 73: 370–6.

Hand I, Büttner-Westphal H. Die Yale-Brown Obsessive Compulsive Scale (Y-BOCS): Ein halbstrukturiertes Interview zur Beurteilung des Schweregrades von Denk- und Handlungszwängen. Verhaltenstherapie 1991; 1: 223–5.

Hohagen F, Winkelmann G, Rasche-Ruchle H, Hand I, Konig A, Munchau N, Hiss H, Geiger-Kabisch C, Kappler C, Schramm P, Rey E, Aldenhoff J, Berger M. Combination of behaviour therapy with fluvoxamine in comparison with behaviour therapy and placebo. Results of a multicentre study. Br J Psychiatry 1998; 35: 71–8.

Hollander E. Obsessive-compulsive spectrum disorders: an overview. Psychiatr Ann 1993; 23: 355–8.

Inouye E. Similar and dissimilar manifestations of obsessive-compulsive neurosis in monozygotic twins. Am J Psychiatry 1965; 121: 1171–5.

Jonnal AH, Gardner CO, Prescott CA, Kendler KS. Obsessive and compulsive symptoms in a general population sample of female twins. Am J Med Genet 2000; 96: 791–6.

Karno M, Golding JM, Sorenson SB, Burnam MA. The epidemiology of obsessive-compulsive disorder in five US communities. Arch Gen Psychiatry 1988; 45: 1094–9.

Khanna S, Rajendra P, Channabasavanna S. Life events and onset of obsessive compulsive disorder. Int J Soc Psychiatry 1980; 113: 823–32.

Klepsch R, Zaworka W, Hand I, Lünenschloß K, Jauernig G. Das Hamburger Zwangsinventar – Kurzform. Weinheim: Beltz 1992.

Lang H. Zwangsstörungen. In: Senf W, Broda H (Hrsg). Praxis der Psychotherapie – Theoretische Grundlagen von Psychoanalyse und Verhaltenstherapie. Stuttgart: Thieme 1997.

Lensi P, Cassano G, Correddu S, Ravagli J, Kunovac J, Akiskal H. Obsessive compulsive disorder: familial development history, symptomatology, comorbidity, and course with special reference to gender related differences. Br J Psychiatry 1996; 169: 101–7.

Mataix-Cols D, Wooderson S, Lawrence N, Brammer MJ, Speckens A, Phillips ML. Distinct neural correlates of washing, checking, and hoarding symptom dimensions in obsessive-compulsive disorder. Arch Gen Psychiatry 2004; 61: 564–76.

McKeon J, Roa B, Mann A. Life events and personality traits in obsessive compulsive neurosis. Br J Psychiatry 1984; 144: 185–9.

McKeon P, Murray R. Familial aspects of obsessive-compulsive neurosis. Br J Psychiatry 1987; 151: 528–34.

Meares R. A pathology of privacy – towards a new theoretical approach of obsessive-compulsive disorder, contemporary. Psychoanalysis 1994; 30: 83–100.

Mell LK, Davis RL, Owens D. Association between streptococcal infection and obsessive-compulsive disorder, Tourette's syndrome, and tic disorder. Pediatrics 2005; 116: 56–60.

Miguel EC, Leckman JF, Rauch S, do Rosario-Campos MC, Hounie AG, Mercadante MT. Obsessive-compulsive disorder phenotypes: implications for genetic studies. Mol Psychiatry 2005; 10: 258–75.

Mowrer OH. On the dual nature of learning – a re-interpretation of »conditioning« and problem-solving. Harvard Educ Rev 1947; 17: 102–48.

Murphy ML, Pichichero ME. Prospective identification and treatment of children with pediatric autoimmune neuropsychiatric disorder associated with group a streptococcal infection (PANDAS). Arch Pediatr Adolesc Med 2002; 156: 356–61.

Murphy TK, Goodman WK, Fudge MW, Williams RC Jr, Ayoub EM, Dalal M, Lewis MH, Zabriskie JB. B lymphocyte antigen D8/17: a peripheral marker for childhood-onset obsessive-compulsive disorder and Tourette's syndrome? Am J Psychiatry 1997; 154: 402–7.

National Institute for Health and Clinical Excellence. Obsessive-compulsive disorder: core interventions in the treatment of obsessive-compulsive disorder and body dysmorphic disorder. London 2005; www.nice.org.uk/CG031.

Nestadt G, Samuels J, Riddle M, Bienvenu OJ 3rd, Liang KY, LaBuda M, Walkup J, Grados M, Hoehn-Saric R. A family study of obsessive-compulsive disorder. Arch Gen Psychiatry 2000; 57: 358–63.

National Institute for Health and Clinical Excellence (NICE). Obsessive-compulsive disorder – The NICE Guidelines. 2005. http://www.nice.org.uk/CG031.

O'Kearney RT, Anstey KJ, von Sanden C. Behavioural and cognitive behavioural therapy for obsessive compulsive disorder in children and adolescents. Cochrane Database Syst Rev 2006 (4); CD004856.

Pato MT, Pato CN, Pauls DL. Recent findings in the genetics of OCD. J Clin Psychiatry 2002; 63: 30–3.

Pauls D, Alsobrook J, Goodman W. A family study of obsessive compulsive disorder. Am J Psychiatry 1995; 152: 76–84.

Rasmussen SA, Eisen JL. The epidemiology and clinical features of obsessive compulsive disorder. Psychiatr Clin North Am 1992; 15: 743–58.

Rasmussen SA, Eisen JL. The epidemiology and differential diagnosis of obsessive compulsive disorder. J Clin Psychiatry 1994; 55: 5–10.

Rasmussen SA, Tsuang M. Clinical characteristics and family history in DSM-III obsessive compulsive disorder. Am J Psychiatry 1986; 143: 317–22.

Riddle MA, Reeve EA, Yaryura-Tobias JA, Yang HM, Claghorn JL, Gaffney G, Greist JH, Holland D, McConville BJ, Pigott T, Walkup JT. Fluvoxamine for children and adolescents with obsessive-compulsive disorder: a randomized, controlled, multicenter trial. J Am Acad Child Adolesc Psychiatry 2001; 40: 222–9.

Salkovskis PM. Obsessional-compulsive problems: a cognitive-behavioural analysis. Behav Res Ther 1985; 23: 571–83.

Saxena S, Brody AL, Schwartz JM, Baxter LR. Neuroimaging and frontal-subcortical circuitry in obsessive-compulsive disorder. Br J Psychiatry Suppl 1998; 35: 26–37.

Saxena S, Brody AL, Maidment KM, Dunkin JJ, Colgan M, Alborzian S, Phelps ME, Baxter LR Jr. Localized orbitofrontal and subcortical metabolic changes and predictors of response to paroxetine treatment in obsessive-compulsive disorder. Neuropsychopharmacology 1999; 21: 683–93.

Skoog G, Skoog I. A 40-years follow-up of patients with obsessive compulsive disorder. Arch Gen Psychiatry 1999; 56: 121–7.

Snider LA, Swedo SE. PANDAS: current status and directions for research. Mol Psychiatry 2004; 9: 900–7.

Stewart SE, Plakto J, Fagerness J, Birns J, Jenike E, Smoller JW, Perlis R, Leboyer M, Delorme R, Chabane N, Rauch SL, Jenike MA, Pauls DL. A genetic family-based association study of OLIG2 in obsessive-compulsive disorder. Arch Gen Psychiatry 2007; 64: 209–14.

Storch EA, Merlo LJ, Larson MJ, Bloss CS, Geffken GR, Jacob ML, Murphy TK, Goodman WK. Symptom dimensions and cognitive-behavioural therapy outcome for pediatric obsessive-compulsive disorder. Acta Psychiatr Scand 2008; 117: 67–75.

Streeck-Fischer A. Zwangsstörungen im Kindes- und Jugendalter: Neuere psychodynamische Sichtweisen. Prax Kinderpsychol Kinderpsychiat 1998; 46: 81–95.

Swedo SE, Leonard HL, Garvey M, Mittleman B, Allen AJ, Perlmutter S, Lougee L, Dow S, Zamkoff J, Dubbert BK. Pediatric autoimmune neuropsychiatric disorders associated with streptococcal infections: clinical description of the first 50 cases. Am J Psychiatry 1998; 155: 264–71.

Toro J, Cervera M, Osejo E, Salamero M. Obsessive compulsive disorder in childhood and adolescence: a clinical study. J Child Psychol Psychiatry 1992; 33: 1025–37.

Wagner KD, Cook EH, Chung H, Messig M. Remission status after long-term sertraline treatment of pediatric obsessive-compulsive disorder. J Child Adolesc Psychopharmacol 2003; 13 (Suppl 1): S53–60.

Weissman MM, Bland RC, Canino GJ, Greenwald S, Hwu HG, Lee CK, Newman, SC, Oakley-Browne MA, Rubio-Stipec M, Wickramaratne PJ. The cross national epidemiology of obsessive compulsive disorder. The Cross National Collaborative Group. J Clin Psychiatry 1994; 55 (Suppl): 5–10.

Wendland JR, Kruse MR, Cromer KC, Murphy DL. A large case-control study of common functional SLC6A4 and BDNF variants in obsessive-compulsive disorder. Neuropsychopharmacology 2007; 32: 2543–51.

Wolff M, Alsobrook JP, Pauls DL. Genetic aspects of obsessive-compulsive disorder. Psychiatr Clin North Am 2000; 23: 535–44.

Zai G, Arnold P, Burroughs E, Barr CL, Richter MA, Kennedy JL. Evidence for the gamma-amino-butyric acid type B receptor 1 (GABBR1) gene as a susceptiblility factor in obsessive-compulsive disorder. Am J Med Genet B Neuropsychiatr Genet 2005; 134: 25–9.

27 Somatoforme Störungen

Lutz Goldbeck und Harald J. Freyberger

Inhalt

27.1	Einleitung	303
27.2	Definition und Klassifikation	303
27.3	Epidemiologie	305
27.4	Symptomentwicklung und Komorbidität	305
27.5	Ätiologie und Pathogenese	306
27.6	Diagnostik und Differenzialdiagnosen	308
27.7	Therapie	308
27.8	Fazit	310
Literatur		310

Zusammenfassung

Somatoforme Störungen sind sowohl im Jugend- als auch im Erwachsenenalter häufig und führen die Patienten in der Regel zum Organmediziner, der die Überweisung in psychiatrisch-psychotherapeutische Diagnostik und Mitbehandlung veranlasst. Der psychotherapeutische Zugang kann am besten im Rahmen einer interdisziplinären psychosomatischen Kooperation erarbeitet werden, indem das verzerrte subjektive Krankheitskonzept der Patienten schrittweise hin zu einem biopsychosozialen Verständnis erweitert wird. Bei Jugendlichen ist die Einbeziehung von Bezugspersonen (Eltern, Erzieher) hierbei unerlässlich. Ziel ist die Wiederherstellung möglichst normaler psychosozialer Funktionen und die Unterstützung von aktiven Stress- und Konfliktbewältigungsstrategien. Psychoedukation, kognitiv-verhaltenstherapeutische Interventionen und Entspannungsverfahren haben sich als wirksam erwiesen, bei der vielfach anzutreffenden Komorbidität mit depressiven oder Angststörungen sind auch pharmakotherapeutische Interventionen im Rahmen eines multimodalen Therapiekonzepts in Betracht zu ziehen.

27.1 Einleitung

Somatoforme Störungen sind durch Fehlattribution von körperlichen Beschwerden auf organische Ursachen in Abwesenheit eines objektivierbaren organpathologischen Befundes charakterisiert. Medizinischer Befund und subjektives Befinden sind diskrepant und erklären nicht oder nicht ausreichend den Leidensdruck des Patienten. Daraus ergibt sich ein spezifisches, zum Störungsbild gehöriges Krankheitsverhalten, nämlich das wiederholte Einfordern körperlicher Untersuchungen, das die Patienten in der Regel zum Organmediziner führt, sei es zum Hausarzt oder zu diversen medizinischen Spezialisten. Psychiater oder Psychotherapeuten werden mit den Betroffenen meist erst nach Überweisung durch den frustrierten somatisch tätigen Kollegen konfrontiert und müssen dann mit nicht unbeträchtlichen Widerständen der Patienten gegen eine Psychodiagnostik oder Psychotherapie rechnen. Somatoforme Störungen gehören daher zu den am schwierigsten zu behandelnden psychischen Störungen und setzen eine gute interdisziplinäre Kooperation der beteiligten Ärzte und Therapeuten voraus. Während im Kindes- und frühen Jugendalter meist die Eltern Quelle des irrtümlichen somatischen Krankheitskonzeptes und verantwortlich für die Arztkonsultationen mit ihrem Kind sind, geht die Rolle des Hauptakteurs im späteren Jugendalter allmählich auf die Patienten über. Langjährige chronische Verläufe sind eher die Regel als die Ausnahme und führen dazu, dass sich bereits im Kindes- und Jugendalter angelegte somatoforme Störungen ins Erwachsenenalter hinein fortsetzen. Eine akzeptable Form der möglichst frühzeitigen Überweisung in psychiatrische Mitbehandlung durch den Organmediziner ist für das Gelingen eines Arbeitsbündnisses entscheidend. Die wesentliche Aufgabe für den Psychiater und Psychotherapeuten besteht darin, einen Zugang zum Patienten und seinen Angehörigen zu finden und hierbei das Rationale für einen psychiatrisch-psychotherapeutischen Behandlungsansatz zu erläutern.

27.2 Definition und Klassifikation

Nach Lipowski (1988) versteht man unter **Somatisierung** »eine Tendenz, körperlichen Stress und körperliche Symptome zu erleben und zu kommunizieren, die nicht hinreichend pathologischen Befunden zugeschrieben werden können, diese auf eine körperliche Erkrankung zurückzuführen und deswegen medizinische Hilfe aufzusuchen«.

Diese Definition hat in die Beschreibung somatoformer Störungen in der ICD-10 und dem DSM-IV Eingang gefunden.

Hauptmerkmal ist demnach die wiederholte Darbietung körperlicher Symptome in Verbindung mit hartnäckigen Forderungen nach medizinischen Untersuchungen trotz wiederholter negativer Ergebnisse und Versicherungen der Ärzte, dass die Symptome nicht körperlich begründbar sind. Wenn somatische Störungen vorhanden sind, erklären sie nicht die Art und das Ausmaß der Symptome, das Leiden und die innerliche Beteiligung des Patienten. Abzugrenzen sind somatoforme Störungen von der intentional zum Erreichen von Vorteilen oder zur Vermeidung von Nachteilen eingesetzt Simulation und von bewusst herbeigeführter Selbstbeschädigung (Automutilation, selbstverletzendes Verhalten, Münchhausen-Syndrom).

Obwohl bei jugendlichen Patienten die Beteiligung der erwachsenen Bezugspersonen an der Entwicklung des subjektiven Krankheitskonzepts und bei der Steuerung des Krankheitsverhaltens zu berücksichtigen ist (Campo u. Fritz 2001), spielt die familiäre Komponente bei der Einteilung somatoformer Störungen nach den etablierten Klassifikationssystemen ICD-10 und DSM-IV keine Rolle. Auch das unterschiedliche Spektrum körperlicher Beschwerden im Kindes- und Jugendalter (eher Kopf- und Bauchschmerzen, Übelkeit) versus Erwachsenenalter (multiple körperliche Beschwerden) wird bei der Klassifikation nicht berücksichtigt. Vielmehr wird nach einheitlichen Kriterien auf der Ebene des individuellen Patienten diagnostiziert. Nach ICD-10 werden die folgenden sieben Subtypen unterschieden:
- Somatisierungsstörung (F45.0)
- undifferenzierte Somatisierungsstörung (F45.1)
- hypochondrische Störung (F45.2)
- somatoforme autonome Funktionsstörung (F45.3)
- anhaltende somatoforme Schmerzstörung (F45.4)
- sonstige somatoforme Störungen (F45.8)
- nicht näher bezeichnete somatoforme Störungen (F45.9)

■ **Somatisierungsstörung:** Bei dieser komplexen Störung sind mindestens zwei Jahre andauernde multiple körperliche Beschwerden ohne erklärendes organisches Korrelat in Verbindung mit einem unerschütterlichen organischen Krankheitskonzept vorhanden. Nach ICD-10 sollten mindestens sechs Symptome aus mindestens zwei verschiedenen Gruppen und insgesamt vier Symptombereichen (gastrointestinale, kardiovaskuläre, urogenitale sowie Haut- und Schmerzsymptome) vorliegen. Die geforderte Dauer der Störung und das volle Spektrum der Symptomatik (insbesondere urogenitale Symptome) werden im Jugendalter selten erreicht.

■ **Undifferenzierte Somatisierungsstörung:** Diese Diagnose kann vergeben werden, wenn die Zeitdauer multipler körperlicher Beschwerden ohne ausreichende organische Grundlage mindestens sechs Monate beträgt oder wenn die für das Vollbild der Somatisierungsstörung geforderte Symptomvielfalt nur eingeschränkt ausgeprägt ist.

■ **Hypochondrische Störung und Dysmorphophobie:** Charakteristisch sind hierfür die übertriebene Angst vor ernsthaften körperlichen Erkrankungen oder Entstellung und ein entsprechend beständig rückversicherndes Verhalten durch das Einfordern von medizinischen Untersuchungen oder Behandlungen. Typisch ist auch die extreme Beschäftigung mit dem eigenen Körper und dessen Funktionen in Verbindung mit einer Hypersensitivität für körperliche Prozesse. Oft werden normale körperliche Phänomene von den Betroffenen als krankhaft fehlinterpretiert.

Eine Sonderstellung nimmt die *Körperdysmorphophobie* ein, die Furcht vor oder subjektive Überzeugung von Entstellungen des eigenen Körpers. Viele der betroffenen Patienten – zunehmend auch Jugendliche – fordern hartnäckig kosmetisch-chirurgische Eingriffe ein, die allerdings keine Linderung der psychischen Grundstörung bringen. Die entwicklungstypische Unzufriedenheit von Jugendlichen mit ihrem Körper ist als Grundlage dieser Störung zu berücksichtigen. Gelegentlich ist die Körperdysmorphophobie Symptom einer beginnenden oder fortgeschrittenen psychotischen Störung, sodass die Differenzialdiagnose einer wahnhaften Störung mit zu bedenken ist.

■ **Somatoforme autonome Funktionsstörung:** Bei dieser auch als funktionell bezeichneten Störung werden die Beschwerden meist in einem vorwiegend vegetativ innervierten Organsystem lokalisiert, sei es im kardiovaskulären, respiratorischen, im oberen oder unteren gastrointestinalen oder im urogenitalen Bereich. Entweder finden sich objektivierbare Phänomene der physiologischen Übererregung wie Herzklopfen, Schwitzen, Erröten oder Zittern als Ausdruck der Furcht vor und Beeinträchtigung durch eine somatische Störung. Oder es finden sich subjektive Beschwerden unspezifischer und wechselnder Natur, wie flüchtige Schmerzen, Brennen, Schwere, Enge und Gefühle, aufgebläht oder auseinandergezogen zu werden, die vom Patienten einem spezifischen Organ oder System zugeordnet werden. Auch hier sind Fehlwahrnehmungen und körperbezogene Halluzinationen im Rahmen von wahnhaften Störungen differenzialdiagnostisch zu berücksichtigen. Beispiele für autonome Funktionsstörungen sind die sogenannte »Herzneurose«, ein Singultus, eine Hyperventilation oder das Reizdarmsyndrom (Colon irritabile).

■ **Anhaltende somatoforme Schmerzstörung:** Hierbei treten anhaltende, ausgeprägte Schmerzen ohne ausreichende organische Grundlage in Verbindung mit psychosozialen Stressoren oder intrapsychischen Konflikten auf. Schmerzen sind das Leitsymptom dieser Störung. Differenzialdiagnostisch ist an Schmerzen im Kontext einer depressiven oder schizophrenen Störung zu denken. Die Übergänge von rekurrierenden Schmerzen im Kindes- und Jugendalter (meist Bauch-, Kopf- und/oder Gliederschmerzen) in eine somatoforme Schmerzstörung sind fließend. Während nach ICD-10 eine Mindestdauer von sechs Monaten gefordert wird, unterscheidet das DSM-IV eine akute (weniger als sechs Monate andauernde) und eine chronische Form.

■ **Sonstige somatoforme Störungen:** Als sonstige somatoforme Störungen werden z. B. das Kloßgefühl (Globus hystericus) oder Schluckstörungen (Dysphagien) klassifiziert. Andernorts ist das chronische Müdigkeitssyndrom *(chronic fatigue syndrome)* klassifiziert (ICD-10, F48.0, früher als Neurasthenie bezeichnet), eine bisweilen auch als somatoform diskutierte oder dem depressiven Erkrankungsspektrum zugeordnete Störung mit rascher Ermüd- und Erschöpfbarkeit. Die dissoziative Störung (Konversionsstörung) zählt nach DSM-IV zu den somatoformen Störungen, nicht jedoch nach ICD-10. Aus diesem Grund wird an dieser Stelle nicht näher auf diese Störung eingegangen (s. Kap. 29 Dissoziative Störungen).

27.3 Epidemiologie

Körperliche Beschwerden ohne hinreichende organische Grundlage sind im Kindes- und Jugendalter ubiquitär (Barkmann et al. 2007). Sie erreichen in der Regel nicht die Schwelle einer somatoformen Störung. Chronische oder rekurrierende körperliche Beschwerden können jedoch in somatoforme Störungen übergehen, insbesondere wenn die Bezugspersonen inadäquat auf Beschwerdeäußerungen reagieren und ein unangemessenes somatisches Störungskonzept vermitteln (Noeker u. Petermann 2002). Die kumulative Prävalenz somatoformer Störungen im Jugendalter bis zum 18. Lebensjahr wird mit ca. 13 % bei einer deutlichen Mädchenwendigkeit angegeben (Essau et al. 2000; Lieb et al. 2000), wobei sich überwiegend Schmerzstörungen und undifferenzierte Somatisierungsstörungen finden. Bei Mädchen steigt das Erstmanifestationsrisiko für Schmerzstörungen zwischen dem zwölften und dem 20. Lebensjahr steil an, während Jungen meist bis zum Alter von 13 Jahren erkranken. Das Vollbild einer Somatisierungsstörung tritt vor der Pubertät nur vereinzelt auf, was die mangelnde Spezifität dieser diagnostischen Kategorie für diese Altersgruppe reflektiert. Die meisten somatoformen Störungen sind bei niedrigem sozioökonomischem Status häufiger, mit Ausnahme der eher bei gehobenem Sozialstatus auftretenden Schmerzstörungen. Auslösend sind bisweilen akute körperliche Erkrankungen wie z. B. Gastroenteritiden.
In klinischen Inanspruchnahmepopulationen wird die Rate medizinisch unerklärter Symptome mit ca. 10 % angegeben, bei einer weiteren Definition psychosomatischer Beschwerden (z. B. stressreaktive Exazerbationen bei Asthma bronchiale) erreicht der Anteil betroffener pädiatrischer Patienten bis zu 50 %. Interessanterweise fand die Studie von Lieb et al. (2000), dass die meisten Schmerzstörungen oder undifferenzierten somatoformen Störungen junger Erwachsener bereits in der Kindheit oder der frühen Adoleszenz begonnen hatten. Es kann also von einer hohen Kontinuität der somatoformen Störungen von der Adoleszenz bis ins Erwachsenenalter ausgegangen werden.
Im Erwachsenenalter werden vergleichbare Prävalenzraten und Geschlechtsunterschiede berichtet (Grabe et al. 2003a, b). Versorgungsepidemiologische Studien zeigen, dass Patienten mit somatoformen Störungen zwischen 30 und 50 % aller Termine in allgemeinärztlichen Praxen konsumieren, sodass davon auszugehen ist, dass mit dem Älterwerden die zugrunde liegenden Erkrankungen zunehmend im nicht-psychiatrischen medizinischen System organisiert werden (Grabe u. Freyberger 2006).

27.4 Symptomentwicklung und Komorbidität

Der Verdacht auf die Beteiligung psychologischer Faktoren an körperlichen Beschwerden ergibt sich bei einer zeitlichen Nähe der Symptomatik zum Erleben von Stressfaktoren, bei einer Diskrepanz zwischen subjektiver Beeinträchtigung und möglichen pathophysiologischen Mechanismen oder bei der Assoziation mit anderen psychiatrischen Störungen. Körperliche Beschwerden ohne somatische Grundlage sind vielgestaltig und reichen von Beschwerden im Magen-Darm-Trakt (z. B. Bauchschmerzen, Übelkeit), in den Atemwegen (z. B. Erstickungsgefühl, Hyperventilation), im Herz-Kreislauf-System (z. B. Herzrasen, Schwindel), auf der Haut (z. B. Kribbeln, Brennen, Jucken, Taubheitsgefühl) bis zu Beschwerden im Zentralnervensystem (z. B. Kopfschmerzen). Vielfach sind diese Beschwerden passager und remittierten spontan oder nach einmaliger Rückversicherung des untersuchenden Arztes, dass keine körperliche Erkrankung zugrunde liegt. Übergänge in chronisch-persistierende oder chronisch-rezidivierende Verlaufsformen und zur Entwicklung somatoformer Störungen mit dem typischen Phänomen der subjektiven organischen Krankheitsüberzeugung und des arztsuchenden Krankheitsverhaltens sind fließend. Ein altersabhängiger Symptomwechsel ist häufig, wobei im Kindesalter Bauchschmerzen dominieren, im Jugendalter zunehmend Kopf- und Muskelschmerzen auftreten und sich komplexe Somatisierungsstörungen eher im späten Jugendalter und im Erwachsenenalter entwickeln. Die Beschwerdebelastungen über alle Körperbereiche bleiben bei Jungen mit zunehmendem Alter gleich und steigen bei Mädchen mit Eintritt in die Pubertät deutlich an (Barkmann et al. 2007).
Kopfschmerzen im Kindes- und Jugendalter sind meist primär und können nach der Einteilung der International Headache Society (Headache Committee of the International Headache Society 1988) entweder dem *Migräne-Typ* oder dem *Spannungstyp* zugerechnet werden. Die Diagnose ist rein klinisch und berücksichtigt folgende Punkte:

- Kopfschmerzdauer
- Kopfschmerzstärke
- Kopfschmerzqualität
- Kopfschmerzlokalisation
- Beeinträchtigung der alltäglichen Aktivitäten
- vegetative und neurologische Begleitsymptome

Chronische Kopfschmerzen in Verbindung mit einem unangemessenen Krankheitskonzept und einem wiederholten Drängen auf organische Untersuchungen trotz unauffälliger Vorbefunde können das Kriterium einer anhaltenden somatoformen Schmerzstörung erfüllen.

Rekurrierende Bauchschmerzen ohne organpathologisches Korrelat sind besonders im Kindesalter verbreitet, können jedoch bis ins Jugendalter persistieren oder sich dann erstmals manifestieren, gehäuft bei Mädchen. Begleitet werden die Bauchschmerzen häufig von Übelkeit, Erbrechen, Blässe oder Müdigkeit. Eine Stressabhängigkeit der Bauchschmerzen, z. B. im Kontext schulischer Leistungsanforderungen, ist wiederholt zu beobachten.

Wesentliches Merkmal somatoformer Schmerzstörungen ist die erhebliche funktionelle Beeinträchtigung der Betroffenen, die sich z. B. in gehäuften Fehlzeiten von der Schule, vom Ausbildungs- oder Arbeitsplatz ausdrückt.

> ! Generell kann mit zunehmendem Alter von einer Erweiterung und Differenzierung des Beschwerdebildes und von einer sich verstärkenden Überrepräsentation weiblicher Patienten ausgegangen werden.

Gleich bleibend ist die Tendenz zu wiederholten intensiven ärztlichen Konsultationen, zu häufigen Arztwechseln und zum Einfordern immer neuer, auch invasiver medizinisch-diagnostischer Maßnahmen. Die Steuerung des Inanspruchnahmeverhaltens geht zunehmend von den Eltern in die Regie der Patienten selbst über. In den Familien und im sonstigen sozialen Umfeld betroffener Patienten werden gehäuft gesundheitliche Probleme, chronische körperliche Krankheiten oder gleichfalls somatoforme Störungen beobachtet.

Im Kindes- und Jugendalter finden sich – zusätzlich zu somatoformen Störungen – Trennungsangststörungen, andere Angststörungen und depressive Störungen. Bei genauerer Untersuchung können – überlagert von den vordergründig präsentierten körperlichen Beschwerden – bei der Mehrzahl somatoform gestörter Kinder und Jugendlicher emotionale und affektive Störungen diagnostiziert werden (Wasserman et al. 1988).

Insbesondere die **Schulphobie** (Schulverweigerung bei ausgeprägter Trennungsangst) ist häufig mit somatoformen Störungen assoziiert. Hier dienen die körperlichen Beschwerden zur Vermeidung der Trennung von der Bezugsperson, das Fernbleiben von der Schule erfolgt mit Wissen und Billigung der Eltern.

> ! Die Belastung der Bezugspersonen jugendlicher Patienten mit psychiatrischen Störungen ist unbedingt mit zu bedenken, da sich durch entsprechend verzerrte (z. B. überängstliche oder überprotektive) Reaktionen von ihrer Seite eine Verstärkung und Modellierung des Beschwerdebildes beim betroffenen Kind ergibt.

Im Erwachsenenbereich finden sich überzufällig hohe Komorbiditätsraten mit depressiven und Angststörungen (bis etwa 45 % Lifetime-Diagnosen) sowie auf etwas niedrigem Niveau mit Alkoholmissbrauch (bis etwa 10 % Lifetime-Diagnosen) (Grabe u. Freyberger 2006).

27.5 Ätiologie und Pathogenese

Somatoforme Störungen sind multifaktoriell bedingt (Abb. 27-1). Als **auslösende Faktoren** lassen sich bei der Mehrzahl der Betroffenen psychosoziale Belastungen wie z. B. familiäre Konflikte, Konflikte in der Gleichaltrigengruppe oder Überforderungssituationen in Schule, Ausbildung oder Beruf identifizieren. Diese treffen auf eine **individuelle Situation,** die sich durch Aspekte der Persönlichkeitsentwicklung, biologische Variablen, individuelle Krankheitskonzepte und durch eine bestimmten Affektivität charakterisieren lässt.

In die Persönlichkeit können frühere Entwicklungsstörungen, konflikthafte Beziehungsstörungen in der Primärfamilie, traumatische Erlebnisse sexuellen und/oder gewalttätigen Missbrauchs, ein bestimmter Stil der Konfliktverarbeitung und Störungen kognitiver und emotionaler Wahrnehmungsprozesse im Sinne des *Alexithymiekonzeptes* einfließen, das zumindest für den Erwachsenenbereich als gut untersucht gelten kann.

> Unter dem Begriff **Alexithymie** wird eine habituelle Einschränkung der Fähigkeit von Menschen verstanden, Affekte in sich wahrzunehmen, zu differenzieren und diese auszudrücken.

Persönlichkeitsfaktoren wie eine Neigung zur Internalisierung von Spannungen, eine erhöhte Ängstlichkeit und Suggestibilität sowie die Tendenz zur kritischen Bewertung des eigenen Körpers – besonders in der Adoleszenz auch ein entwicklungstypisches Phänomen – können ebenfalls als Grundlage für Somatisierungsphänomene gelten.

Biologische Faktoren können die Schmerzschwelle beeinflussen und eine habituelle Neigung zu einer »psychovegetativen Labilität« beinhalten.

Bisweilen gehen akute **körperliche Erkrankungen** (z. B. Gastroenteritis mit Bauchschmerzen, Übelkeit und Erbrechen) einer somatoformen Störung voraus oder eine chronische körperliche Erkrankung bzw. eine biologische Vulnerabilität (z. B.

27.5 Ätiologie und Pathogenese

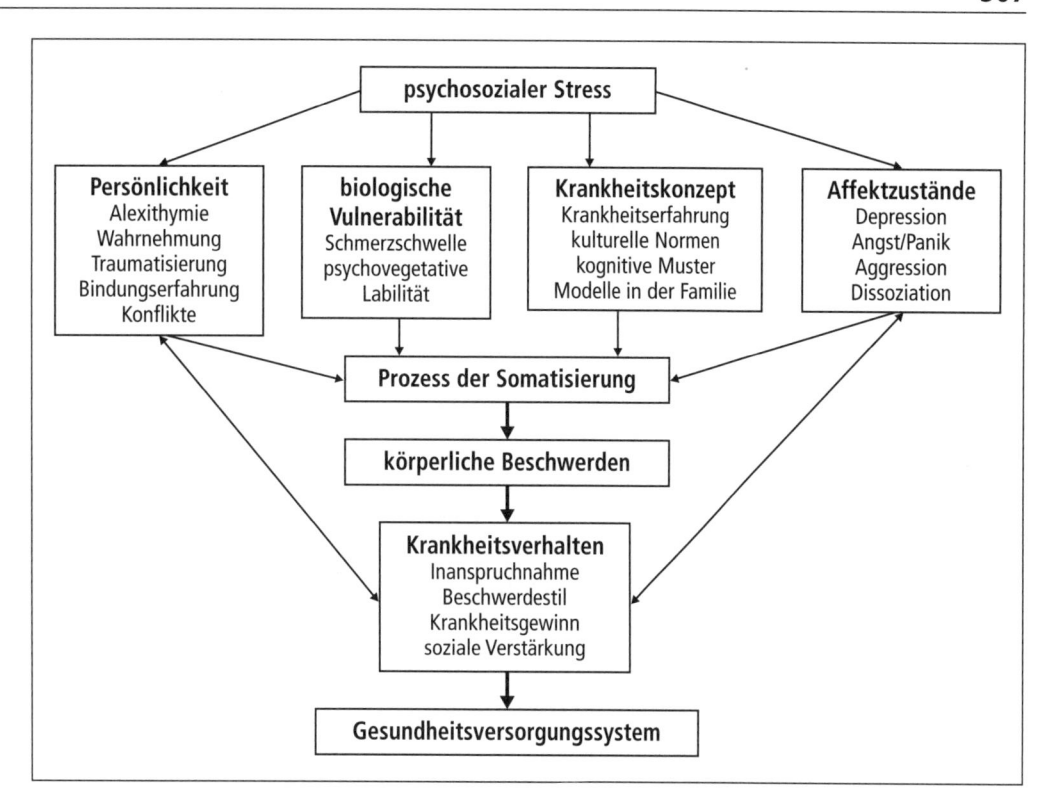

Abb. 27-1 Allgemeines ätiopathogenetisches Modell somatoformer Störungen (mod. nach Grabe u. Freyberger 2006)

niedrige Schmerzschwelle) bietet die Grundlage für die Entwicklung einer somatoformen Symptomatik.

> Diese Bahnung somatoformer Störungen durch körperliche Risikofaktoren wird auch als somatisches Entgegenkommen bezeichnet und lässt sich durchaus in verschiedenen Krankheitsstadien dem Konzept der biologischen Vulnerabilität oder dem späteren Prozess der Somatisierung zuordnen. Unter dem Krankheitskonzept sind kulturelle Normen (z. B. Schönheitsideal), Erfahrungen mit körperlicher Erkrankung, Vorstellungen über Abläufe und Funktionszusammenhänge des Körpers und der Umgang mit körperlichen Beschwerden zusammengefasst. Die Affektivität bestimmt sozusagen den dazugehörigen emotionalen Leidensdruck, der erlebt wird, aber über Reizbarkeit, offene und verstecke Aggressivität auch nach außen hin wirkt.

An **familiären Faktoren** zeigt das gehäufte Vorkommen von psychischen und körperlichen Erkrankungen im familiären Umfeld die Bedeutsamkeit von Krankheitsmodellen und den Einfluss von Eltern und anderen Bezugspersonen auf das Krankheitserleben und die krankheitsbezogenen Kognitionen der Patienten. Überängstliche Reaktionen und katastrophisierende Befürchtungen von Eltern auf körperliche Beschwerdeäußerungen ihrer Kinder können bei diesen eine Tendenz zur Übersensitivität für körperliche Prozesse bahnen. Möglicherweise ist neben Lernprozessen auch eine genetisch determinierte Vulnerabilität für die Entwicklung körperlicher Beschwerden in Betracht zu ziehen.

> Es gibt deutliche Hinweise für die transgenerationale Weitergabe somatoformer Störungen von Eltern auf ihre Kinder (Craig et al. 2002).

Gesundheits- und krankheitsbezogene Kausalattributionen sowie Kontrollüberzeugungen werden in der Familie erlernt, ebenso wird das Krankheitsverhalten (Inanspruchnahme medizinischer Leistungen, Inanspruchnahme der Krankenrolle) von der familiären Sozialisation beeinflusst. Das häufige Aufsuchen von Ärzten *(high utilizing)* ist oft ein gemeinsames Merkmal in Familien mit somatoform gestörten Patienten. Externale gesundheitsbezogene Kontrollüberzeugungen, d. h. die Überzeugung, nur Ärzte könnten etwas an den Beschwerden ändern oder Krankheit sei schicksalhaft, können als Risikofaktor für somatoforme Störungen angesehen werden. Operante Lernprozesse wie z. B. das Vermeidungslernen im Sinne des sekundären Krankheitsgewinns (»Schul-Bauchschmerzen«) oder die materielle und soziale Verstärkung des Krankheitsverhaltens sind wesentliche Mechanismen bei der Entstehung und Aufrechterhaltung somatoformer Störungen.

Schließlich können mit dem Krankheitsverhalten eng assoziierte **iatrogene Faktoren** an der Entstehung und Aufrechterhaltung somatoformer Störungen beteiligt sein. Die einseitige Fokussierung auf die somatische Diagnostik in Verbindung mit der unnötigen Wiederholung von diagnostischen Untersuchungen birgt die Gefahr einer Fixierung somatischer Krankheitskonzepte der Patienten und ihrer Angehörigen und der Ausblendung psychosozialer Faktoren aus dem Krankheitsgeschehen. Andererseits zwingen nicht zuletzt forensische Überlegungen den mit unklaren, aber drängend vorgetragenen körperlichen Beschwerden konfrontierten Diagnostiker dazu, auch seltene Krankheitsbilder in Betracht zu ziehen und entsprechende diagnostische Maßnahmen vorzunehmen oder den Patienten zu Spezialisten zu überweisen. Gelegentlich können invasive Maßnahmen (wie z. B. elektive Bauchoperationen) Läsionen setzen, die statt der erhofften Remission eine Verstärkung der Symptomatik zur Folge haben. Unspezifische somatische Zufallsbefunde können die diagnostische Unsicherheit noch verstärken oder zu Fehldiagnosen verleiten, was die Krankheitsbefürchtungen und das somatische Krankheitskonzept der Patienten wiederum unterhält. Das durch häufige Arztwechsel und eine gelegentliche Tendenz zur Selbsteinweisung gekennzeichnete Krankheitsverhalten der Betroffenen verleitet zur somatischen Maximaldiagnostik, insbesondere im tertiären Sektor der Gesundheitsversorgung. Die häufig quälenden Arzt-Patient-Beziehungen begünstigen wiederum Abbrüche, Arztwechsel und Überweisungen.

Die neurobiologischen Befunde zu somatoformen Störungen sind gegenwärtig noch so inkonsistent, dass von ihnen keine empirisch gesicherten Ätiologiemodelle abgeleitet werden können (Rief u. Freyberger 2006).

27.6 Diagnostik und Differenzialdiagnosen

Die Diagnostik wird wegen der suggestiven Präsentation der körperlichen Beschwerden beim Organmediziner zunächst dem Ausschluss somatischer Erkrankungen dienen. Hierbei ist die Begrenzung der Diagnostik auf ein rationales Maß wichtig, um das Risiko einer iatrogenen Schädigung und die Fixierung auf körperliche Symptome zu reduzieren. Vor allem sollten unnötige organische Doppel- und Mehrfachuntersuchungen vermieden werden.

Zur Diagnose einer somatoformen Störung reicht jedoch der Ausschluss körperlicher Ursachen nicht aus. Die Einleitung einer *umfassenden Psychodiagnostik* ist unverzichtbar, um
- positive Anhaltspunkte für die verzerrte Körperwahrnehmung und Kausalattribution zu finden,
- die Assoziation der Symptomatik mit Stressfaktoren oder intrapsychischen bzw. interpersonalen Konflikten zu erkennen,
- komorbide psychische Störungen zu identifizieren bzw. psychiatrische Differenzialdiagnosen abzugrenzen.

Das Ernstnehmen der körperlichen Beschwerden durch den Psychiater und Psychotherapeuten ist unabdingbar, entwertende Äußerungen (»Das bildest du dir nur ein!« oder »Ihr Kind ist doch kerngesund!«) sollten vermieden werden.

Bei Jugendlichen ist die unabhängige Exploration der Patienten – getrennt von ihren Eltern – wichtig, um den Effekt der elterlichen Sichtweise der Symptomatik und den Grad der Internalisierung verzerrter Körperwahrnehmung und Kausalattributionen einzuschätzen (Goldbeck u. Bundschuh 2007b). So können z. B. Beschwerdebögen (Tab. 27-1) von den Jugendlichen selbst und von ihren Eltern (als Proxies) ausgefüllt werden, wobei sich gelegentlich interessante Diskrepanzen ergeben (Goldbeck u. Bundschuh 2007a). Bei Hinweisen auf Leistungsprobleme und Versagensängste ist eine *psychologische Leistungsdiagnostik* zum Ausschluss von Überforderungskonflikten als Hintergrund für die Störung angebracht. *Familiendynamische Faktoren* sollten in der Diagnostik gezielt exploriert werden.

Generell empfiehlt sich ein vom Patienten selbst geführtes Symptomtagebuch, um Art und Ausmaß sowie auslösende und aufrechterhaltende Bedingungen zu erkennen und Veränderungen des Beschwerdebildes in Symptomspektrum, -intensität und -frequenz zu protokollieren.

Neben den organischen Erkrankungen, die durch eine möglichst gezielte und sparsame medizinische Diagnostik auszuschließen sind, sind andere psychiatrische Störungen in Betracht zu ziehen. Abzugrenzen sind Simulation, Angststörungen, depressive Störungen und das Münchhausen-Syndrom bei Erwachsenen bzw. das Münchhausen-by-Proxy-Syndrom bei Kindern und Jugendlichen. Gleichwohl können Angststörungen und depressive Störungen komorbid vorhanden sein und dissoziative und somatoforme Störungen nebeneinander bestehen. Eine umfassende psychiatrische Diagnostik sollte daher immer erfolgen.

27.7 Therapie

27.7.1 Klinischer Behandlungsrahmen

Entscheidend für die Einleitung einer angemessenen Therapie ist, dass der Untersucher die Möglichkeit einer psychosomatischen Störung in Betracht zieht und eine für die Betroffenen akzeptable Form der Überweisung zum Psychotherapeuten oder Psychiater findet. Psychiatrische Liaisondienste im Rahmen eines interdisziplinären Behandlungsmodells haben sich bei der Erarbeitung eines schrittweisen Zugangs zu den zunächst gegenüber psychodiagnostischen und psychotherapeutischen Maßnahmen abwehrenden Patienten bewährt. Im ambulanten Rahmen können interdisziplinäre Sprechstunden (z. B. in Schmerzambulanzen) den Umstieg von einem somatischen zu einem biopsychosozialen Krankheitsverständnis erleichtern. Bei hartnäckigen und chronischen Verläufen mit gravierender Funktionseinschränkung (z. B. anhaltende Schulverweigerung oder dauerndes Fehlen am Arbeitsplatz) ist meist ein stationärer Behandlungsrahmen erforderlich.

Tab. 27-1 Diagnostische Instrumente zur Erfassung somatoformer Störungen für Jugendliche und Erwachsene

Jugendliche	Erwachsene
• Gießener Beschwerdebogen für Kinder und Jugendliche GBB-KJ (9–15 J.) (Brähler 1992) • Freiburger Beschwerdenliste FBL (ab 16 J.) (Fahrenberg 1994) • Screening somatoformer Störungen SOMS (ab 15 J.) (Rief et al. 1997)	• Gießener Beschwerdebogen GBB(-24) (ab 18 J.) (Brähler et al. 2008) • Beschwerden-Liste B-L (ab 20 J.) (von Zerssen 1976) • Freiburger Beschwerdenliste FBL (ab 16 J.) (Fahrenberg 1994) • Screening somatoformer Störungen SOMS (ab 15 J.) (Rief et al. 1997)

27.7.2 Psychoedukation

Basis eines nach Schweregrad und Komplexität des Störungsbildes abgestuften Therapiekonzeptes ist das Etablieren einer tragfähigen therapeutischen Beziehung und eine ausführliche initiale Psychoedukation. Hilfreich ist auf der Basis des Ernstnehmens der körperlichen Beschwerden die Einführung eines komplexen biopsychosozialen Störungsverständnisses und eines Stressverarbeitungsmodells. Erstes Ziel ist die Entlastung der Patienten (bei Jugendlichen auch ihrer Bezugspersonen) von ihren gesundheitsbezogenen Ängsten und die Normalisierung des Phänomens körperlicher, »funktioneller« Beschwerden.

Irrationale und einseitig somatisch orientierte Krankheitsüberzeugungen sollten jedoch nicht primär infrage gestellt werden, da bei zu konfrontativem Vorgehen das Risiko eines Behandlungsabbruchs vonseiten der Patienten erhöht ist. Stattdessen hat es sich als hilfreich erwiesen, das vorhandene Krankheitsverständnis des Patienten ausführlich zu explorieren, dabei die oft bereits latent vorhandenen psychosozialen Faktoren zu identifizieren und das subjektive Verständnis der Patienten schrittweise zu erweitern und zu differenzieren (Goldbeck u. Bundschuh 2007b). Damit kann die Grundlage für die Bereitschaft zu einer weiterführenden systematischen Verhaltensmodifikation oder der Arbeit an den Konfliktursachen gelegt werden. Selbstbeobachtungsaufgaben mithilfe von Symptomtagebüchern können in dieser Phase hilfreich sein, um eine Aktivierung des Patienten zu erreichen und internale Kontrollüberzeugungen zu verstärken. Schrittweise können dann gemeinsam Therapieziele vereinbart werden, wobei es sich als ungünstig erwiesen hat, unrealistische Erwartungen auf das Verschwinden von Beschwerden zu wecken. Vielmehr sollte die bessere Bewältigung der Beschwerden und das Wiedererlangen eines annähernd normalen psychosozialen Funktionsniveaus angestrebt werden.

27.7.3 Psychologische Interventionen

Kognitiv-verhaltenstherapeutische Behandlungsprogramme haben sich in der Behandlung somatoformer Störungen bewährt. So zeigte sich ein verhaltenstherapeutisches Programm mit Einbeziehung der Familienangehörigen in der Behandlung rekurrierender Bauchschmerzen bei Kindern und Jugendlichen gegenüber herkömmlicher medizinischer Behandlung als überlegen (Robins et al. 2005; Übersicht s. Goldbeck 2006). Bei komplexen Somatisierungsstörungen von Erwachsenen konnte ebenfalls die Wirksamkeit eines kognitiv-verhaltenstherapeutischen Ansatzes demonstriert werden (Bleichhardt et al. 2004). Elemente dieser Programme sind:

- Förderung der Selbstwahrnehmung bezüglich körperlicher Stressreaktionen
- Verstärkung von Beschwerdefreiheit durch selektive Aufmerksamkeit und positive Selbstverstärkung
- schrittweise Reduktion der Krankenrolle
- Aufbau von aktiven Stressbewältigungsstrategien

Komorbide psychische Störungen sollten ggf. gezielt im Rahmen des Therapieprogramms adressiert werden.

Entspannungsverfahren wie die Progressive Muskelrelaxation oder das Autogene Training haben sich insbesondere bei chronischen Kopfschmerzen, aber auch bei anderen stressreaktiven körperlichen Beschwerden als wirksam erwiesen.

Es kommt bei der Therapieplanung im Wesentlichen darauf an, ein soweit wie möglich normales psychosoziales Funktionsniveau aufzubauen, also die einschränkenden Folgen der Störung zu reduzieren, und nicht die Symptomatik als solche zum vollständigen Verschwinden zu bringen. Bei Jugendlichen und Heranwachsenden sind die Unterstützung der Autonomieentwicklung im Sinne des Übertragens von Eigenverantwortung und der Abbau ungünstiger Dependenzstrategien (von Ärzten oder Eltern bzw. Angehörigen) essenziell, um einen stabilen Therapieerfolg zu sichern.

27.7.4 Pharmakotherapie

Ingesamt spielen Psychopharmaka in der Therapie somatoformer Störungen ohne Komorbidität eine untergeordnete Rolle. Die Behandlung mit Antidepressiva ist vor allem bei einer ausgeprägten depressiven Begleitsymptomatik im Rahmen eines multimodalen Therapieansatzes sinnvoll. Hierbei sind hauptsächlich selektive Serotonin-Wiederaufnahmehemmer (SSRI) indiziert, die auch bei komorbiden Angst- und Zwangsstörungen einen positiven Effekt erwarten lassen.

> Bei der Behandlung depressiver Jugendlicher mit SSRI ist wegen des dadurch geringfügig erhöhten Risikos für Suizidalität eine Abwägung der Indikation vorzunehmen und im Fall der Behandlung eine frequente psychiatrische Kontrolle sicherzustellen.

Patienten mit Bauchschmerzen und schweren peptischen Symptomen können von einer Behandlung mit H_2-Rezeptoren-Blockern profitieren. In der Migränebehandlung können Jugendliche entsprechend den Behandlungsleitlinien für Erwachsene akut mit einer Kombination eines prokinetischen Antiemetikums und eines ausreichend dosierten Analgetikums behandelt werden, bei schweren Migräneattacken kann auf Triptane zurückgegriffen werden, die allerdings bislang keine Zulassung für das Kindes- und Jugendalter haben. Ansonsten ist bei somatoformen Schmerzstörungen die Behandlung mit Analgetika oder anderen Medikamenten nicht nur wirkungslos, sondern wegen des Risikos adverser Effekte und der Fixierung eines organischen Krankheitskonzeptes sogar kontraindiziert.

27.8 Fazit

Wegen ihres häufigen Beginns in Kindheit und Jugend und ihres hohen Chronifizierungsrisikos sollten somatoforme Störungen frühzeitig therapeutisch angegangen werden. Ziele der Intervention, die am besten im interdisziplinären Behandlungsrahmen erfolgt, sind die Korrektur irrationaler Krankheitskonzepte und die Veränderung des maladaptiven Krankheitsverhaltens. Bewährt haben sich sorgfältige Analysen des funktionalen Charakters körperlicher Beschwerden mittels vom Patienten geführter Symptomtagebücher sowie die Stärkung von Stressbewältigung und Entspannungsfähigkeit. In allen Altersgruppen sollte aufgrund hoher Komorbidität den möglicherweise verdeckten psychischen Störungen – vor allem Angsterkrankungen und Depressionen – besondere Aufmerksamkeit gewidmet werden.

Literatur

Barkmann C, Schulte-Markwort M, Brähler E. Körperliche Beschwerden bei Kindern und Jugendlichen in Deutschland. Z Psychiatr Psychol Psychother 2007; 55: 49–58.

Bleichhardt G, Timmer B, Rief W. Cognitive-behavioural therapy for patients with multiple somatoform symptoms – a randomized controlled trial in tertiary care. J Psychosom Res 2004; 56: 449–54.

Brähler E. Gießener Beschwerdebogen für Kinder und Jugendliche (GBB-KJ). Handanweisung. Bern: Huber 1992.

Brähler E, Hinz A, Scheer JW. Der Gießener Beschwerdebogen. Göttingen: Hogrefe 2008.

Campo JV, Fritz G. A management model for pediatric somatization. Psychosomatics 2001; 42: 467–76.

Craig TK, Cox AD, Klein K. Intergenerational transmission of somatization behaviour: a study of chronic somatizers and their children. Psychol Med 2002; 32: 805–16.

Essau CA, Conradt J, Petermann F. Häufigkeit und Komorbidität somatoformer Störungen bei Jugendlichen: Ergebnisse der Bremer Jugendstudie. Z Klin Psychol Psychother 2000; 29: 97–108.

Fahrenberg J. Die Freiburger Beschwerdenliste. Göttingen: Hogrefe 1994.

Goldbeck L. Intervention for recurrent abdominal pain. Pediatric Pain Letter 2006; 8 No 1. www.pediatric-pain.ca/ppl.

Goldbeck L, Bundschuh S. Self-reported and parental proxy-reported somatic complaints and health locus of control beliefs in pediatric patients: somatoform disorder versus asthma bronchiale. Child Adoles Psychiatry Mental Health 2007a; 1: 5. doi: 10.1186/1753-2000-1-5. www.capmh.com/content/pdf/1753-2000-1-5.pdf.

Goldbeck L, Bundschuh S. Illness beliefs of children and adolescents with somatoform disorder or asthma bronchiale and of their parents. Prax Kinderpsychol Kinderpsychiatr 2007b; 56: 3–18.

Grabe HJ, Freyberger HJ. Somatoforme Störungen. In: Hohagen F, Nesseler T (Hrsg). Wenn Geist und Seele streiken. Handbuch psychischer Gesundheit. München: Südwest 2006; 262–71.

Grabe HJ, Meyer C, Hapke U, Rumpf HJ, Freyberger HJ, Dilling H, John U. Somatoform pain disorder in the general population. Psychother Psychosom 2003a; 72: 88–94.

Grabe HJ, Meyer C, Hapke U, Rumpf HJ, Freyberger HJ, Dilling H, John U. Specific somatoform disorder in the general population. Psychosomatics 2003b; 44: 304–11.

Headache Committee of the International Headache Society. Classification and diagnostic criteria for headache disorders, cranial neuralgias and facial pain. Cephalalgia 1988; 8 (Suppl 7): 1–96.

Lieb R, Pfister H, Wittchen HU. Somatoform syndromes and disorders in a representative population sample of adolescents and young adults: prevalence, comorbidity and impairments. Acta Psychiatr Scand 2000; 101: 194–208.

Lipowski ZJ. Somatization: the concept and its clinical application. Am J Psychiatry 1988; 145: 1358–68.

Noeker M, Petermann F. Entwicklungspsychopathologie rekurrierender Bauchschmerzen und somatoformer Störungen. Kindheit und Entwicklung 2002; 11: 152–69.

Rief W, Freyberger HJ. Somatoforme Störungen. In: Förstl H, Hautzinger M, Roth G (Hrsg). Neurobiologie psychischer Störungen. Stuttgart, New York: Springer 2006; 737–54.

Rief W, Hiller W. Screening für somatoforme Störungen. Göttingen: Hogrefe 2008.

Robins PM, Smith SM, Glutting JJ, Bishop CT. A randomized controlled trial of a cognitive-behavioral family intervention for pediatric recurrent abdominal pain. J Pediatr Psychol 2005; 30: 397–408.

Wasserman AL, Whitington PF, Rivara FP. Psychogenic basis for abdominal pain in children and adolescents. J Am Acad Child Adolesc Psychiatry 1988; 27: 179–84.

Zerssen D von. Beschwerden-Liste B-L. Göttingen: Hogrefe 1976.

28 Posttraumatische Belastungsstörungen

Annette Streeck-Fischer, Jörg M. Fegert und Harald J. Freyberger

Inhalt

28.1	Definition und Klassifikation	311
28.2	Kurzer geschichtlicher Überblick	312
28.3	Epidemiologie	312
28.4	Symptomentwicklung und Komorbidität	314
28.5	Traumafolgen	314
28.6	Ätiologie und Pathogenese	316
28.7	Diagnostik und Differenzialdiagnosen	318
28.8	Therapie und Prävention	320
28.9	Verlauf und Prognose	323
Literatur		324

Zusammenfassung

Ausgehend von den Definitionen einer akuten Belastungsstörung, einer posttraumatischen und einer komplexen traumatischen Belastungsstörung werden die Spezifika der Psychopathologie in der Zeitspanne der Adoleszenz und des jungen Erwachsenenalters dargestellt. Dabei wird unter anderem auch auf die Folgen von Traumatisierung in der Entwicklung hingewiesen, die in den diagnostischen Klassifikationssystemen zu kurz kommen. Epidemiologische Studien verdeutlichen, dass die traumatische Belastung nicht zwangläufig bei Kindern und Jugendlichen zu einer posttraumatischen Belastungsstörung (PTBS; engl. *posttraumatic stress disorder*, PTSD) führt, sondern mit vielfältigen Störungen verbunden sein kann. Dies betrifft besonders auch Jugendliche in Heimen, bei denen die komplexe Traumatisierung als Folge von Beziehungstraumata berücksichtigt werden sollte. Hier sind diagnostische Instrumente hilfreich, die die Symptomatik und Pathogenese gezielt abfragen. In der Neurobiologie und Neuropsychologie des Kindes- und Jugendalters sind noch viele Fragen offen, sodass hier lediglich erste Befunde dargestellt werden können. Abschließend werden die verschiedenen Therapieansätze erwähnt, von denen bisher wenige evidenzbasiert sind.

Traumatische Ereignisse führen häufig zu verschiedenen psychischen und psychosozialen Problemen, wie z. B. einer posttraumatischen Belastungsstörung (PTBS), Angst, Depression oder Verhaltensauffälligkeiten (Ackerman et al. 1998; Cohen 1998; Essau et al. 1999; Paolucci et al. 2001; Putnam 2003; Spataro et al. 2004). In der Adoleszenz kommen Alkohol- und Drogenmissbrauch, Essstörungen, dissoziative, affektive, somatoforme, immunologische und sexuelle Störungen dazu.

Eine posttraumatische Belastung ohne Komorbidität mit anderen Störungsbildern tritt im Jugendalter selten auf.

28.1 Definition und Klassifikation

Die posttraumatische Belastungsstörung (ICD-10: F43.1) ist eine verzögerte oder protrahierte psychophysiologische Reaktion auf ein belastendes Ereignis oder mehrere traumatische Situationen (Tab. 28-1). Kurz nach oder während eines Traumas können intensive Symptome auftreten, die als akute Belastungsstörung oder Stressreaktion anzusehen sind. Die *akute Belastungsreaktion* (ICD-10: F43.0) kann nach Stunden oder wenigen Tagen in eine posttraumatische Belastungsstörung übergehen. Es können aber auch zwischen dem Erleben traumatisierender Ereignisse und der Ausbildung einer PTBS erhebliche Latenzzeiten vorliegen. Dabei können als bester Prädiktor für das Auftreten einer späteren PTBS die Intensität einer akuten Belastungsstörung und das Ausmaß des damit verbundenen dissoziativen Symptomanteils gelten. Eine *andauernde Persönlichkeitsstörung* (ICD-10: F62.0) kann nach Extrembelastung eintreten. Es handelt sich um eine mögliche

Tab. 28-1 Traumatisierungen, die in der Kindheit und Adoleszenz eine besondere Rolle spielen

- Vernachlässigung
- sexueller Missbrauch
- familiäre Gewalt, Misshandlung
- Gewalt in Schule, Umfeld, subkulturellem Milieu
- komplexe Traumatisierung[1]
- Trennung, schwerwiegende Verlusterlebnisse
- Traumatisierung durch medizinische Eingriffe, schwere Erkrankungen mit Schmerzerfahrungen
- Naturkatastrophen, Unfälle
- Kriegsfolgen, Migration, Flucht

[1] Damit ist die Typ-II-Traumatisierung nach Terr (1991) gemeint. Es handelt sich um komplexe und chronische Traumatisierungen in den frühen Beziehungsangeboten wie Misshandlung, Vernachlässigung, Missbrauch. Die Symptomatik geht mit Störungen in der Entwicklung und den Beziehungen einher, die sich heutzutage allenfalls in verschiedenen Diagnosen fassen lassen.

chronische Verlaufsform einer PTBS (vgl. *disorder of extreme stress not otherwise specified*, DESNOS). Bei Traumatisierungen in der Kindheit und Jugend kommt es in der Regel nicht nur zu traumaspezifischen Symptomen und Bewältigungen, sondern auch zu Veränderungen in der Persönlichkeitsentwicklung und zu kognitiven und körperlichen Beeinträchtigungen, sodass in der Regel von einer komplexeren Problematik ausgegangen werden muss. Bei chronischen Belastungen ist mit einer andauernden Persönlichkeitsveränderung zu rechnen (vgl. Gordon u. Wraith 1993: »aus states werden traits«).

Es ist sinnvoll, zwischen der *traumatischen Situation* (dem Zusammenspiel von Innen- und Außenperspektive, von traumatischen Umweltbedingungen und subjektiver Bedeutungszuschreibung), der *traumatischen Reaktion* und dem *traumatischen Prozess* zu unterscheiden (Fischer u. Riedesser 1998). Ein psychisches Trauma ist ein Ereignis, das die Fähigkeit der Person, für ein minimales Gefühl von Sicherheit und integrativer Vollständigkeit zu sorgen, abrupt überwältigt. Das Trauma geht mit existenzieller Angst und Hilflosigkeit einher. Aus der traumatischen Überwältigung können bei entsprechenden Risikofaktoren (z. B. Alter, Geschlecht, konstitutionelle Resilienzfaktoren, prämorbide Persönlichkeitsentwicklung) und einem ungünstigen sozialen Umfeld charakteristische Symptome entstehen, wie z. B. Wiedererleben traumatischer Ereignisse, Vermeidung, Übererregung und Betäubung. Traumatische Ereignisse werden durchlebt, aber nicht unbedingt als solche erkannt. Dies hat in der Adoleszenz eine besondere Bedeutung. Bei den im Jugendalter auftretenden traumatischen Belastungserfahrungen handelt es sich nicht selten um eine Wiederherstellung bzw. die Reinszenierung *(reenactment)* einer Traumatisierung, die in der Kindheit erfahren wurde, die per blindem Handeln wiederhergestellt wird und ggf. erst dann zum Vollbild einer posttraumatischen Belastungsstörung führt.

Es gibt keine lineare Verbindung zwischen traumatischer Belastung und PTBS bei Traumatisierungen in der Entwicklung. Häufiger liegen komplexere Störungen vor, die komorbid aus verschiedenen anderen Störungsbildern zusammengesetzt sind: »Kinder, Jugendliche und junge Erwachsene zeigen komorbide Symptome im Bereich der internalisierenden und externalisierenden Störungen.« (McCloskey u. Walker 2000) Wichtig ist aus jugendpsychiatrischer Sicht auch, dass traumatische Belastungen zu einer Exazerbation zuvor bestehender Entwicklungsprobleme oder Symptomatiken führen können. So können oppositionell-aggressives Verhalten oder andere Störungen des Sozialverhaltens auch direkter Ausdruck eines erhöhten Levels an Irritabilität sein (Resch et al. 2004).

Wird im Jugendalter die Diagnose einer PTBS gestellt, so besteht ein erhebliches Risiko, im weiteren Lebenslauf eine depressive Störung, eine Angststörung oder insbesondere auch eine Suchtproblematik zu entwickeln (Giaconia et al. 1995; Lipschitz et al. 1999). Auch ein Drittel jugendlicher und junger erwachsener Patienten mit Borderline-Störungen erfüllen Kriterien der posttraumatischen Belastungsstörung (Gunderson u. Sabo 1993).

Dennoch sind Resch et al. (1999) der Auffassung, dass sexuelle oder körperliche Traumata alleine nicht als Ätiologiefaktoren für die Genese einer Borderline-Störung hinreichend seien. Infolge der Schwierigkeit, die Komplexität der posttraumatischen Folgeerscheinungen in Kindheit und Jugend zu erfassen, gibt es Bestrebungen, die Diagnose einer traumatischen Entwicklungsstörung einzuführen *(developmental trauma disorder, DTD)* (Streeck-Fischer u. van der Kolk 2002; van der Kolk et al. 2005).

28.2 Kurzer geschichtlicher Überblick

Sowohl die Psychiatrie als auch die Psychoanalyse haben die Bedeutung traumarelevanter Ereignisse über eine lange Zeit hinweg verleugnet bzw. nicht zur Kenntnis genommen. Eher nur punktuell wurde in den Nachkriegsjahren den Überlebenden des Holocaust zuerkannt, dass ihre multiplen Störungen als eine Folge der massiven Traumatisierungen durch Konzentrationslagerhaft, Verfolgung und Flucht anzusehen sind. Im Vergleich zu anderen Staaten wurden in den deutschsprachigen Ländern die Auswirkungen von Traumatisierung erheblich später wahrgenommen. So sind auch die Folgen von kindlicher Misshandlung, Missbrauch und Vernachlässigung aus wissenschaftlicher Perspektive nur zögernd aufgegriffen worden. In den 1980er Jahren fanden Misshandlungen verstärkte Aufmerksamkeit, in den 1990er Jahren zunehmend auch sexueller Missbrauch. Gewalt an Schulen, Mobbing, Videoaufnahmen von Folterszenen werden selbst heute noch eher selten unter dem Aspekt traumatischer Belastungen wahrgenommen. Auch verbreitet sich erst allmählich die Erkenntnis, dass überwältigende Schmerzerfahrungen, z. B. durch operative Eingriffe oder anhaltende Erkrankungen, zu PTBS führen können.

In der psychoanalytischen Literatur wurde auf die Folgen von kumulativen Traumatisierungen bei Kindern hingewiesen (Khan 1963). Keilson (1979) untersuchte sequenzielle Traumatisierungen im Zusammenhang mit Flucht, Fremdunterbringung und Migration bei Kindern und Jugendlichen. Terr (1991) hat Zusammenhänge zwischen traumatischen Ereignissen erstmals systematischer an Kindern und Jugendlichen untersucht und zwischen Traumatisierungen vom Typ I (akutes Trauma) und Typ II (chronisches und komplexes Trauma) unterschieden.

28.3 Epidemiologie

Bevölkerungsrepräsentative epidemiologische Studien in den USA haben zeigen können, dass deutlich mehr als 50 % aller Menschen in ihrem Leben zumindest einmal mit einem traumatischen Ereignis konfrontiert werden (Kessler et al. 1995), in Großstädten wahrscheinlich sogar deutlich mehr (Breslau et al. 1991). Die Lebenszeitprävalenz in der Allgemeinbevölkerung liegt bei etwa 1–9 %, wobei Frauen offensichtlich doppelt so häufig wie Männer betroffen sind (Davidson u. Fairbank 1993; Kessler et al. 1995), d. h. ein doppelt so hohes Risiko tragen, im Anschluss an ein Trauma an einer PTBS zu erkranken. Zudem weisen Frauen mit PTBS offensichtlich längere Krankheitsverläufe auf.

In Hochrisikogruppen für PTBS werden zum Teil erheblich höhere Prävalenzraten gefunden. Bei Kriminalitätsopfern liegen sie zwischen 15 und 71 %, bei Vietnamkriegsveteranen zwischen 22 und 26 %, wobei weitere 22 % der Vietnamkriegsveteranen subsyndromale Störungsbilder entwickelten.

Bei Folteropfern werden Lebenszeitprävalenzen von 33–50 % angegeben, wobei der Status als Flüchtling oder Asylbewerber offensichtlich prädiktiv wirkt (Basoglu et al. 1994; van Velsen et al. 1996). Vergewaltigungsopfer zeigen im Langzeitverlauf etwa 30 % chronifizierter die Symptomatik einer PTBS (Resnick et al. 1993). Bei Unfallopfern fand sich in einer in Deutschland durchgeführten Längsschnittstudie nach sechs Monaten eine Prävalenzrate von 8,2 % und für subsyndromale PTBS von 10,2 % (Frommberger et al. 2004).

Generell wird heute die Traumaschwere als Risikofaktor für die Entwicklung einer PTBS angesehen, wobei mit der Traumaschwere etwa bei Unfall- und Vergewaltigungsopfern die Häufigkeit einer PTBS anzusteigen scheint (March u. Amaya-Jackson 1993).

Wie die größeren epidemiologischen Studien zeigen, sind die Folgen von Realtraumatisierung nicht allein mit dem Auftreten posttraumatischer Belastungsstörungen assoziiert, sondern Realtraumatisierungen gehören auch zu den kardinalen Risikofaktoren für andere schwere psychische Störungen. Alle großen epidemiologischen Studien (zusammenfassend s. Breslau et al. 1997) haben zeigen können, dass Personen mit einer PTBS zumindest an einer weiteren psychischen Störung in ihrem Leben erkrankt sind. Dabei wurden die hohen Komorbiditätsraten mit anderen Angststörungen zum Teil mit der Überlappung diagnostischer Kriterien erklärt, die mit Suchterkrankungen über die Selbstmedikationshypothese.

Nach Traumatisierungen erhöht sich das Risiko für das Auftreten z. B. folgender behandlungsbedürftiger psychischer Störungen:

- Bei Angststörungen (insbesondere Panikstörungen und Agoraphobien) wurden in verschiedenen Stichproben Häufigkeitsraten zwischen 16 und 50 % vorangegangener Traumatisierungen gefunden (zusammenfassend s. Joraschky u. Pöhlmann 2005).
- In mehreren Allgemeinbevölkerungsstudien wurden Traumatisierungen als ein Risikofaktor identifiziert, der das Auftreten späterer episodenhafter oder anhaltend depressiver Symptomatik um etwa den Faktor 2 erhöht (zusammenfassend s. Joraschky u. Pöhlmann 2005).
- Für Substanzmissbrauch und -abhängigkeit zeigen sowohl klinische als auch Allgemeinbevölkerungsstudien, dass vorangehende Traumatisierung das Risiko späteren kritischen Substanzkonsums um das 2,5- bis 3,5-fache erhöht (zusammenfassend s. Krausz et. al. 2005).

In einer Untersuchung, die ausschließlich Frauen einschloss, konnten Breslau et al. (1997) zeigen, dass das Risiko, eine weitere psychische Störung zur PTBS auszubilden, um den Faktor 4,36 erhöht ist, wobei die Risiken für die generalisierte Angststörung (Odds-Ratio [OR] 6,46), die Agoraphobie (OR 6,40) und die Major Depression (OR 4,95) am höchsten liegen. In einem Prädiktionsmodell sagte eine vorbestehende PTBS das nachfolgende erstmalige Auftreten einer Major Depression und Alkoholmissbrauch voraus, während die Traumaexposition allein keine Risikovorhersage erlaubte. Umgekehrt sind danach eine vorbestehende Major Depression, eine Angststörung sowie Missbrauch von Alkohol und illegalen Drogen mit einem erhöhten Risiko einer Traumaexposition verbunden, während lediglich eine vorbestehende Major Depression das Risiko für eine spätere PTBS erhöht.

Auch die neuseeländische Langzeitkohorte von Fergusson et al. (1996a, b) zeigt klar, dass bis zum 16. Lebensjahr in der Kindheit stattgefundener sexueller Missbrauch (bei 17,3 % der Mädchen und 3,4 % der Jungen) zu erheblichen psychischen Folgen führten. Das Risiko, zusätzlich an einer Depression zu erkranken, war bei den missbrauchten Probanden um das 3,6-fache erhöht, bei denen, die mit Penetration missbraucht wurden, war das Risiko um das 5,4-fache erhöht. Das Risiko für Suizidversuche war um das Fünffache erhöht, ebenfalls deutlich erhöht waren Risiken für Alkoholabhängigkeit und andere Substandmissbrauchserkrankungen. Insgesamt stieg das Risiko, an irgendeiner Verhaltensauffälligkeit zu leiden, auf das Zwölffache. Dies ist im Jugendalter speziell zu beachten, da durchaus auch noch jugendtypische Störungen wie ein hyperkinetisches Syndrom oder Störungen des Sozialverhaltens durch die Folgen der Traumatisierung in ihrem Verlauf und ihrem Ausprägungsgrad aggraviert werden können.

Neben den Bevölkerungsstichproben sind Hochrisikostichproben zu beachten. Hier gilt es insbesondere junge Menschen in Behandlungseinrichtungen für Alkohol- und Drogensucht zu erwähnen. In solchen Einrichtungen ist der Anteil traumatisierter Patienten regelmäßig, insbesondere beim weiblichen Geschlecht, massiv erhöht.

Aber auch in Einrichtungen der Jugendhilfe befinden sich eine große Zahl von Kindern und Jugendlichen in Heimen oder Wohngemeinschaften oder anderen betreuten Lebensformen, welche extreme traumatische Lebenserfahrungen gemacht haben. Neuere amerikanische und britische Untersuchungen unter Heimkindern gehen davon aus, dass über 60 % der Kinder in Heimen Missbrauchs-, Misshandlungs- oder Vernachlässigungserfahrungen haben (Burns et al. 2004; Meltzer et al. 2003). Misshandlungen und Vernachlässigungen finden sich allerdings gerade in dieser Population selten isoliert, sondern sind in einem dysfunktionalen Familiensystem (Nash et al. 1993) eingebettet, sodass sich häufig mehrere Risikofaktoren addieren (Cicchetti u. Manly 2001; Ihle et al. 2002) und die Symptomatik in Richtung einer starken Komorbidität geht. Auch wir fanden in der Ulmer Heimkinderstudie einen hohen Anteil von psychiatrischen Diagnosen (um 60 %), wobei Komorbiditäten deutlich häufiger als in psychiatrischen Inanspruchnahmepopulationen auftraten (Schmid u. Fegert 2006; Schmid et al. 2006).

Dennoch wird dieser traumatischen Belastung vieler Kinder in der Jugendhilfe oft nicht hinreichend Rechung getragen. Zwar gibt es verstärkt Diskussionen über den adäquaten pädagogischen Umgang mit traumatisierten Kindern (Boyd 2006; National Child Traumatic Stress Network 2006). Es muss jedoch kritisch konstatiert werden, dass institutionalisierte Jugendliche und junge Erwachsene weitgehend einen schlechteren Zugang zu psychotherapeutischer Behandlung und zu Medikation bei gleichzeitig stärker ausgeprägter Problematik haben (Nützel et al. 2005). Insofern wäre zu fordern, dass neben einer zunehmend professionelleren Traumatherapie für Jugendliche und junge Erwachsene auch eine inhaltlich davon abgegrenzte Traumapädagogik entstehen möge, welche aber gerade – und dies unterscheidet uns von Vogt und Kühn (2003) – im pädagogischen Alltag Traumaexposition vermeiden sollte und viel stärker auf stabilisierende, milieutherapeutische, heilpädagogische und eventuell erlebnispädagogische Konzepte setzen sollte (Schmid et al. 2007).

Auch in Jugendstrafanstalten und Stichproben junger Rechtsbrecher sind in der Regel die Anteile traumatisierter Probanden deutlich erhöht. Steiner et al. (1997) sehen einen Zusammenhang zwischen chronischer Traumatisierung im Kindes- und Jugendalter und der von ihnen so bezeichneten *hot aggression* einer impulsiven, wenig kontrollierten, nicht manipulativ-proaktiv eingesetzten Aggressivität.

28.4 Symptomentwicklung und Komorbidität

Zunächst ist es wichtig, zwischen der traumatischen Belastung und den Folgen hinsichtlich der Symptomatik zu unterscheiden. Zu einer charakteristischen PTBS kommt es bei Jugendlichen und jungen Erwachsenen am ehesten bei einer bekannten, eher einmaligen Traumatisierung. Es ist jedoch nicht selbstverständlich, dass Jugendliche und junge Erwachsene die erfahrene traumatische Belastung mitteilen oder ihr Verhalten in Verbindung mit traumatischen Belastungserfahrungen sehen. Sie teilen einzelne Symptome mit oder machen sie in ihrem Verhalten sichtbar, die dann potenziell einer PTBS zugeordnet werden können. Oftmals bleiben die Hintergründe der Symptome unbekannt und sie werden eher einer Borderline-Persönlichkeitsstörung bzw. einer narzisstischen oder antisozialen Persönlichkeitsstörung zugeordnet. Hinzu kommt, dass ursprüngliche posttraumatische Belastungsstörungen zunehmend zu Persönlichkeitsveränderungen mit einer chronischen Verlaufsform verarbeitet werden. Darüber hinaus finden sich vielfältige andere Störungen, wie Angststörungen, Depressionen, multiple Verhaltensstörungen, dissoziale Entwicklungen, die allein oder komorbid auftreten.

Folgende Symptome treten – angelehnt an das DSM-IV – auf:
- Wiederholtes Erleben bzw. Wiederherstellungen des traumatischen Ereignisses in der Gegenwart: Flashbacks, Hypermnesien, Albträume, Repetitionen und Reenactments. Adoleszenzspezifisch sind dabei die aktiven Wiederholungen traumatischer Belastungen oftmals in unterschiedlichen Konstellationen mit wechselnden Positionen, z. B. zunächst als Opfer sexuellen Missbrauchs, dann als gewaltbereiter Täter.
- Konstriktion mit Vermeiden von Reizen, die mit dem Trauma verbunden sind: Rückzug, Verlust bisher entwickelter Fähigkeiten, Betäubung, Starre
- Neigung zu erhöhter Erregung: Unruhe, erhöhte Reizbarkeit, Konzentrationsstörungen, erhöhte Schreckhaftigkeit, Ein- und Durchschlafstörungen

28.5 Traumafolgen

28.5.1 Traumafolgen in der weiteren Entwicklung

Posttraumatische Belastungsstörungen haben in der weiteren Entwicklung zahlreiche Folgen. So treten beispielsweise generelle Stresszeichen auf und es kommt zu einer erhöhten Somatisierungsneigung. Die Einstellungen zu Beziehungen verändern sich verbunden mit einem erkennbaren sozialen Rückzug, Einzelgängertum oder auch antisozialen Tendenzen. Es kann selbst- und fremddestruktives Verhalten auftreten. Bisherige Entwicklungspfade gehen verloren und es kann zu einem Schulversagen kommen. Alkohol und Drogen werden als Selbsthilfemaßnahmen eingesetzt. Jugendgruppen mit destruktiven Ritualen unterstützen eine Fortführung der Traumatisierung. Es kommt zu Veränderungen der Identität. Die Persönlichkeitsveränderungen chronifizieren zunehmend, verbunden mit verzerrten Wahrnehmungen in Beziehungen, im Denken, einer feindlichen und misstrauischen Haltung gegenüber der Welt, Gefühlen von Leere und Hoffnungslosigkeit, einer gesteigerten Reizbarkeit und Entfremdungsgefühlen (Gordon u. Wraith 1993; Kiser et al. 1991).

Das Ausmaß der Belastungsstörung und der prämorbiden Persönlichkeitsentwicklung steht in einem negativen Verhältnis zur Resilienz. Einen ungünstigen Einfluss auf die Resilienz hat auch die mangelnde soziale Einbettung. Jugendliche und junge

Erwachsene mit ihren Ablösungsbestrebungen von der Familie und dem bisherigen Umfeld sind darum besonders vulnerabel für traumatische Belastungsstörungen, die oft als solche vom Umfeld nicht erkannt und verborgen gehalten werden. Jugendkulturen mit Gewaltverherrlichungen und satanischen Ritualen sind besondere Orte für traumatische Belastungserfahrungen, die zu Neu- oder auch Retraumatisierungen bei bisher verborgen gehaltenen traumatischen Belastungsstörungen aufgesucht werden.

Folgen traumatischer Belastungen werden von weiblichen und männlichen Jugendlichen und jungen Erwachsenen unterschiedlich bewältigt: Während weibliche Jugendliche und junge Erwachsene vor allem mit internalisierenden, gegen sich selbst gerichteten Symptomen (Somatisierungsneigung, selbstverletzendes Verhalten, Suizidalität; Putnam 1997) reagieren, attackieren männliche Jugendliche und junge Erwachsene soziale Umfeldbedingungen und geraten mit Gesetzen in Konflikt (Gewaltneigung, Alkohol, Drogen, Täterverhalten; Giaconia et al. 1995).

28.5.2 Folgen komplexer Traumatisierung

Folgen komplexer Traumatisierungen, die einen zentralen Platz in der jugendpsychiatrischen Versorgung sowie in der Versorgung junger Erwachsener einnehmen, werden bisher wenig rezipiert und beachtet (Tab. 28-2). So sind deutliche Unterschiede zwischen Traumatisierungen in der Entwicklung (in der Regel Beziehungstraumata) und solchen zu einem späteren Zeitpunkt feststellbar.

Personen mit früher und anhaltender Traumatisierung in ihren Beziehungen entwickeln eine Kombination von DESNOS-Symptomen, PTBS (National Child Traumatic Stress Network 2006; van der Kolk et al. 2005) bzw. Störungen, die dem Borderline-Syndrom zugeordnet sind. Das heißt, es gibt Überschneidungen mit PTBS, Borderline-Störungen und dissoziativen Identitätsstörungen, die jedoch in ihren diagnostischen Kriterien die Entwicklungsperspektive ausschließen. Um die Folgen von frühen Traumatisierungen in der Entwicklung ausreichend zu berücksichtigen, wird diese Störungsgruppe am ehesten mit dem Begriff der komplexen Traumatisierung erfasst. Bestrebungen, eine neue Diagnose speziell für diese Störungsgruppe mit der Bezeichnung DTD (*developmental trauma disorder*) zu schaffen (van der Kolk 2007), sind sehr zu begrüßen. Kinder und Jugendliche mit komplexer Traumatisierung zeigen eine umfassendere Psychopathologie mit Auffälligkeiten in der biologischen, affektiven, kognitiven Selbst- und Beziehungsregulation (Ford et al. 2006).

Bei frühen und komplexen Störungen kommt es zu einem Verlust von Kohärenz mit Brüchen im Selbst, dem Ich und den Objektbeziehungen. Nijenhuis et al. (2004) sehen den Verlust der Selbstkohärenz als Folge einer strukturellen Dissoziation. Sie orientieren sich an Myers (1940), der bei Traumatisierten die *apparently normal personality* (ANP; anscheinend normale Persönlichkeit) und die *emotional personality* (EP; emotionale Persönlichkeit) beschrieben hat. Je nach Ausmaß der Traumatisierung spaltet sich danach die Person in verschiedene Persönlichkeitsanteile auf, bis hin zu einer dissoziativen Identitätsstörung. Die primäre Dissoziation tritt nach einfacher und akuter Traumatisierung mit zwei Persönlichkeitsanteilen auf, die sekundäre bei chronischer und komplexer Traumatisierung mit verschiedenen Persönlichkeitsanteilen. Die tertiäre Dissoziation hat zur Folge, dass im Sinne einer dissoziativen Identitätsstörung verschiedene, im Bewusstsein voneinander abgetrennte Personen existieren. In Bezug auf die Adoleszenz ist von Bedeutung, dass schlummernde Traumatisierungen, die hinter einer vordergründigen Anpassung verborgen werden (ANP), in der Pubertät nicht selten reaktiviert und inszeniert werden. Vordergründige Anpassungen im Latenzalter verwandeln sich nun in charakteristische Bilder einer PTBS, der DESNOS-Symptome oder einer Borderline-Störung.

Die Störungen in der Selbst-, Affekt- und Impulsregulierung mit Erregungs- und Betäubungszuständen, Zuständen von Interesselosigkeit, Apathie, Dumpfheit und Rückzug sind charakteristische Folgen von chronischen psychobiologischen Dysregulationen. Kennzeichnend ist dabei die Aktivierung des traumatischen Geschehens in der Interaktion mit anderen, die u. a. zu erheblichen Problemen in der Behandlung solcher Jugendlichen führen. In der Regel sind es äußere Trigger oder besondere Belastungssituationen in den Interaktionen, die zu einem Kippen in massive Dysregulationen führen. Dies ist häufig jedoch schwer erkennbar, sowohl für den Jugendlichen als auch den außenstehenden Betrachter. Selbst- und fremddestruktives Verhalten, Alkohol- und Drogenmissbrauch, Aufsuchen von Thrill- und Kickerlebnissen (U-Bahn-Surfen) können in diesem Zusammenhang als »missglückte Selbsthilfemaßnahmen« oder »Selbstheilungsversuche« angesehen werden.

Jugendliche und junge Erwachsene mit komplexen Traumatisierungen sind in ihrer Selbstwahrnehmung und der Wahrnehmung von anderen und der Umwelt gestört. Sie zeigen multiple Grenzenstörungen, z. B. eine mangelnde Fähigkeit, zwischen sich und anderen, Selbst und Objekt, Realität und Phantasie, Vergangenheit und Gegenwart zu trennen. Infolgedessen sind die Mitteilungen der jungen Menschen oft verwir-

Tab. 28-2 Komplexe traumatische Belastungsstörung

- Störungen in der Selbst-, Affekt- und Impulsregulation, Suizidalität, auto-, fremddestruktives Verhalten, exzessives Risikoverhalten
- Störungen in der Selbstwahrnehmung und der Wahrnehmung von anderen (Reviktimisierung, Viktimisierung)
- Grenzenstörungen
- Veränderungen in Aufmerksamkeit und Bewusstsein (zeitlich begrenzte dissoziative Episoden, Depersonalisationserleben)
- kognitive Defizite
- sensomotorische Störungen

rend. Es bleibt unklar, was der Wirklichkeit und was der Phantasie entspringt. Wegen der Tendenz zu Reinszenierungen (Reenactments) und Repetitionen erscheint die Vergangenheit in der Gegenwart mit Reviktimisierung und Viktimisierung in der Interaktion mit anderen.

Traumatische Belastungen verursachen Bewusstseinsveränderungen, die mit Erinnerungslücken, plötzlichen schrecklichen Erinnerungen, Albträumen und Zuständen von Depersonalisation und Derealisation einhergehen. Darüber hinaus werden insbesondere in der Adoleszenz die Erinnerungen nicht sprachlich mitgeteilt, sondern per Handeln mit anderen in Szene gesetzt. Diese Handlungen führen nicht zur Selbsterkenntnis, sondern sind blind infolge der beeinträchtigten Mentalisierung und dissoziativer Reaktionen. Aufgrund fehlender sozialer Spiegelung bei traumatischen Intrusionen werden traumatische Belastungserfahrungen nicht abrufbar (bewusstlos, nicht mentalisiert) im Gedächtnis gespeichert. Dissoziation führt demgegenüber zu einer Unterbrechung der integrativen Funktion des Bewusstseins, des Gedächtnisses, der Identität, des Körpers und der Wahrnehmung der Umwelt (Putnam 1997). Es handelt sich dabei um einen psychischen Schutz- und Abwehrvorgang, der mit einer gestörten Informationsaufnahme und -verarbeitung einhergeht und der nicht nur unmittelbar zu spezifischen Symptomen führt, sondern auch Folgen für die weitere Entwicklung hat. Putnam (1997) hat in diesem Zusammenhang von der Automatisierung des Verhaltens, einer Kompartmentalisierung von Informationen und Affekten, der Veränderung der Identität und Selbstentfremdung gesprochen. Dissoziative Prozesse in dieser breiten begrifflichen Bestimmung erklären auch Störungen in der kognitiven Entwicklung und der sensomotorischen Integration. Es konnten Verbindungen zwischen Dauer der Traumatisierung und Ausmaß der kognitiven Defizite nachgewiesen werden (Arnsten 1998; Beers u. De Bellis 2002), die besonders ausgeprägt bei lang anhaltender und komplexer Traumatisierung sind. Als Folge von traumatischen Belastungen treten Aufmerksamkeits- und Konzentrationsstörungen auf, insbesondere Beeinträchtigungen in der kognitiven Flexibilität und im planenden Verhalten.

Die sensomotorischen Störungen sind vor allem im taktilen System, der Lateralisation und einer beeinträchtigten Hemisphärendominanz erkennbar (Streeck-Fischer 2006).

28.6 Ätiologie und Pathogenese

Bei Traumatisierungen in der Entwicklung müssen drei verschiedene Aspekte beachtet werden:
- Traumafolgen im engeren Sinne
- Bindungsfolgen
- Entwicklungsfolgen

28.6.1 Traumafolgen im engeren Sinne

Pierre Janet (1859–1947) hat die Dissoziation als Traumatisierungsfolge in den Vordergrund gestellt. Er sah bei Patienten mit traumatischen Belastungserfahrungen die Abspaltung von Erlebnisinhalten aus dem Bewusstsein als charakteristisch an. Die Abspaltungsprozesse erstrecken sich auf die Dimensionen des Gedächtnisses, der Depersonalisation und Derealisation, der Absorption durch internales Erleben und externale Reize, auf pseudoneurotische Symptome und die Abspaltung von Inhalt und Affekt. Nachdem dieses Konzept bis vor 20 Jahren wenig beachtet wurde, verweisen neuere Untersuchungen auf die hohe Bedeutsamkeit dieser Reaktion im Kontext von Traumatisierung (Freyberger et al. 2004).

Freud (1909) hat das Dissoziationskonzept mehr oder weniger aufgegeben und von Spaltungsprozessen und Verdrängung gesprochen. Nachdem er ursprünglich davon ausging, dass reale traumatische Belastungen zu neurotischen Störungen führen, hat er diese Auffassung später revidiert. Diesen Schritt hat er vor dem Hintergrund der Beobachtung unternommen, dass es keine lineare Beziehung zwischen äußeren Ereignissen und der Art psychischer Störungen gibt, da die Psyche kein passiver Erlebnisempfänger und -wiedergeber (Lear 1996) ist. Darüber hinaus betonte er, dass entwicklungsabhängige Bedingungen die Bewältigung traumatischer Belastungen bestimmen. Freud hat die Bläschenmetapher verwendet, um zu verdeutlichen, dass eine traumatische Einwirkung die Schutzhülle des psychischen Apparates durchbricht. Die Zerstörung der Grenzschicht oder Grenzmembran des psychischen Apparates geht mit Folgen der mangelnden Grenzziehung zwischen Selbst und anderen, Innen und Außen einher. Darüber hinaus hat Freud auf die Bedeutung der traumatischen Reinszenierung infolge des Wiederholungszwangs hingewiesen. Er hat aufgezeigt, wie es bei traumatischen Neurosen zur Fixierung an den Moment des traumatischen Unfalls kommt: »Es ist so, als ob diese (Personen, d. A.) mit der traumatischen Situation nicht fertig geworden wären, als ob diese noch als unbezwungene Aufgabe vor ihnen stünde.« (Freud 1920) Freud verweist auf den Umstand, dass traumatische Erfahrungen handelnd im Sinne von Reenactments und Repetitionen wiederhergestellt werden. Dies hat in der Adoleszenz und der Neigung, sich handelnd mitzuteilen, eine besondere Bedeutung.

Ferenczi (1984) hat die Spaltung des Ichs in einen beobachtenden und preisgebenden Teil, die Lähmung von Affekten und insbesondere die Tendenz zur Identifikation mit dem Täter beschrieben. Er hat als Erster auf die Mimikryentwicklung, die mit vordergründigen Anpassungen an die traumatisierende Person einhergeht (vgl. ANP), aufmerksam gemacht.

Kardiner hat bereits 1941 von einer Physioneurose bei Traumatisierten gesprochen (Kardiner 1941). Erst in den letzten 20 Jahren sind zunehmend die neurobiologischen und psychophysiologischen Folgen von Traumatisierungen in den Blickpunkt geraten (s. Kap. 28.6.3)

Tab. 28-3 Traumafolgen im Dissoziations- und Erregungskontinuum (nach Perry u. Pollard 1998)

Dissoziationskontinuum	Erregungskontinuum
• Vermeiden, Rückzug • Betäubung (affektiv, sensorisch) • Reizabschottung • Erstarrung • Depersonalisation • Derealisation • affektive Abflachung • Einengung • Sprachlosigkeit	• Unruhe • Reizdurchlässigkeit • Erregungszustände • maniformes Verhalten • Flashbacks • Halluzinationen (optisch, akustisch) • selbst-, fremdaggressive Durchbrüche

Die Traumafolgen im engeren Sinne haben Perry und Pollard (1998) im Erregungskontinuum und Dissoziationskontinuum beschrieben (Tab. 28-3). Traumafolgen im Erregungs- und Dissoziationskontinuum haben mit Störungen in der Stressregulation (HPA-Achse) zu tun. Ihnen liegen primäre Antwortmuster auf traumatische Belastungen zugrunde, wie Flight-, Fight- oder Freeze-Reaktionen, die mit unterschiedlichen Regulationen des Para- und Sympathikotonus verbunden sind und mit der polyvagalen Theorie (Porges et al. 1996) erklärt werden können. Infolge mangelnder Sicherheit kann der reifere zentrale Vaguskern die Veränderungen zwischen vagaler und sympathikotoner Regulierung nicht genügend ausgleichen (Vagusbremse), sodass abrupte Wechsel (Flight-, Fight- oder Freeze-Reaktionen), ausgelöst durch den primitiven dorsalen Vaguskern, im Zusammenhang mit inneren und/oder äußeren Triggern auftreten.

Die mangelnden Grenzziehungen zwischen sich und anderen, Vergangenheit und Gegenwart, Phantasie und Realität führen zu einer Perpetuierung der störungsspezifischen Symptomatik. Die Vergangenheit herrscht in der Gegenwart, traumatische Szenarien werden immer wieder neu durchlebt oder hergestellt. Es besteht die Gefahr eines Lebens in Trauma.

Neuerdings wird der Verlust der Selbstkohärenz (s. oben, Bläschenmetapher Freud) als strukturelle Dissoziation (Nijenhuis et al. 2004), der Aufteilung in eine *apparently normal personality* (ANP) und *emotional personality* (EP), beschrieben. Das ursprüngliche Kontingenz- und Kohärenzerleben wird durch die traumatische Erfahrung aufgebrochen und es entwickeln sich unterschiedliche States, die durch äußere Trigger aktiviert werden.

28.6.2 Bindungsfolgen

Traumatische Belastungen führen zu gestörtem Bindungsverhalten. Nach Cicchetti und White (1990) sind 80 % der traumatisierten Kinder desorganisiert gebunden. Darüber hinaus zeigen sich Bindungsmuster von unsicher gebundenem Typ, vom ambivalent verstrickten oder vermeidenden Typ mit jeweils unterschiedlichen Coping-Strategien (emotionsorientiertes Coping oder kognitionsorientiertes Coping; Crittenden 1997). Infolge des Bindungslochs in der Adoleszenz (s. Kap. 13.3.1) können Traumatisierungen vorliegende Bindungsstörungen verschärfen und zu einem Abdriften aus sozialen Bezügen führen. Entwicklungen in destruktive Jugendgruppen können die Folge sein.

28.6.3 Entwicklungsfolgen – Neurobiologie und -psychologie

Traumatische Belastungen in der Entwicklung führen zu Entwicklungsblockaden mit Störungen in der Informationsaufnahme und -verarbeitung (Arnsten 1998). Verzerrte Wahrnehmungen (Dodge u. Somberg 1987) führen zu immer gleichen Reaktionsformen (z. B. Flight, Fight). Aufmerksamkeits- und Konzentrationsstörungen haben Schulversagen trotz ausreichend guter intellektueller Begabung zur Folge. In der Regel zeigen sich Leistungsdefizite im Intelligenzprofil dort, wo eine erhöhte Konzentration erforderlich ist (z. B. Zahlen nachsprechen, rechnerisches Denken). Nicht selten finden sich Störungen in der Wahrnehmungsorganisation (z. B. Figuren legen, Erklären sozialer Handlungsabfolgen), die die Traumafolgen aggravieren (De Bellis et al. 1999; Gurvits et al. 1997; Teicher u. Samson 2006). Häufig sind Störungen in der taktilen Wahrnehmung und Diskrimination feststellbar. Gleichzeitig liegen in der Regel Störungen im vestibulären System vor, insbesondere im Raumempfinden und der Aufmerksamkeitssteuerung. Infolge von Entwicklungsblockaden durch körperliche Erstarrungen ist die Top-down-Regulation und die Bottom-up-Regulation bei der Informationsverarbeitung beeinträchtigt (Schore 1994).

Wichtige neuropsychologische Erkenntnisse über das Kindes- und Jugendalter in einer Entwicklungssicht konnten aus der Studie von Cicchetti und Manly (2001) gewonnen werden. Diese Autorengruppe (Manly et al. 2001) untersuchte 814 junge Menschen in einem Summercamp. 492 dieser Probanden waren nachweislich misshandelt worden. 322 waren – soweit nachgewiesen werden konnte – nicht misshandelt. Sie gehörten aber auch einem massiv sozial belasteten familiären Milieu an, sodass die globale soziale Belastung keine Unterschiede in den beiden Gruppen aufwies. Die meisten misshandelten Probanden waren mehrfachen Misshandlungsformen ausgesetzt. Eine Subpopulation dieser Untersuchungsgruppe (Cicchetti u. Rogosch 2001) wurde auch auf endokrine Auffälligkeiten untersucht. Die im Kindesalter misshandelten Probanden mit einem erhöhten Durchschnittswert für sogenannte internalisierende Probleme hatten höhere morgendliche und nachmittägliche Durchschnittswerte von Cortisol. Nicht misshandelte, aggressive Jungen, die in dem Feriencamp waren, hatten (wie zu erwarten war) einen niedrigen Cortisol-Spiegel. Dies galt aber nicht für die misshandelten, aggressiven Jungen.

Probanden mit kombinierten internalisierenden und externalisierenden Störungen als Folge von Misshandlung und Missbrauch zeigten entgegen den aus dem Erwachsenenalter bekannten Kurven einen deutlicheren Cortisol-Abfall im Laufe des Tages. Diese Ergebnisse ermöglichen es zum ersten Mal, differierende Cortisol-Befunde im Kindes- und Jugendalter im Gegensatz zu Befunden im Erwachsenenalter mit ätiologischen Faktoren zu verbinden. Grundsätzlich kann davon ausgegangen werden, dass früher Stress die Entwicklung der Hypothalamus-Hypophysen-Nebennierenrinden-Achse (HHNA) beeinflusst (Kaufman et al. 2000).

Auch für die schon beschriebenen neuropsychologischen und kognitiven Defizite finden sich mehr und mehr Untersuchungsbefunde. Mezzacappa et al. (2001) untersuchten 126 Jungen im Alter von 6 bis 16 Jahren, um Unterschiede in der Bewältigung neuropsychologischer Aufgabenstellungen zu belegen. Die Untersuchungsgruppe bestand aus 25 schwer traumatisierten, 52 nicht traumatisierten Kindern aus speziellen Behandlungsklassen sowie einer Kontrollgruppe von 48 Kindern aus öffentlichen Schulen. Die Gruppen wurden unter anderem mit Blick auf IQ-Differenzen, medikamentöse Behandlung kontrolliert. Die Autoren fanden, dass bei den Kindern mit Traumatisierung (hier primär Misshandlungstraumen) die Fähigkeit, Reaktionen zu unterdrücken, welche mit negativen Konsequenzen verbunden waren, deutlich schwächer ausgeprägt war als bei den beiden anderen Kontrollgruppen. Insofern kann eine traumabedingte Störung exekutiver Funktion sowohl zu einem erhöhten Reizbarkeits- und Gewaltpotenzial bei ehemals traumatisierten jungen Männern wie auch zu einer geringeren Ansprechbarkeit auf Verhaltenskonsequenzen führen.

Die Befunde zu Veränderungen in den Gehirnstrukturen insbesondere im Kindes- und Jugendalter sind widersprüchlich. Es gibt hier bisher nur wenige Untersuchungen. Untersuchungen von De Bellis et al. (1999; vgl. auch Rutter 1980) haben eine Volumenminderung des Gehirns (7–8 %) bei frühen Traumatisierungen ergeben, insbesondere im Bereich des Frontalhirns und der Hirnventrikel. Das Corpus callosum hat im mittleren sagittalen Bereich einen schmaleren Durchmesser als bei normalen Kindern, was für mangelhafte rechtslinks-hemisphärische Verbindungen spricht und die Lateralisierungsstörungen und eine Störung in der Hemisphärendominanz erklären kann. Anders als im Erwachsenenalter konnten bisher keine Hinweise gefunden werden, dass das Hippocampus-Volumen im Kindes- und Jugendalter reduziert ist.

Die neurobiologischen Befunde bei Erwachsenen sind durch die unterschiedlichen untersuchten Stichproben und aus anderen methodischen Gründen zum Teil inhomogen und unkonsistent. Als ein Korrelat des Hyperarousals konnten in einer Reihe von Untersuchungen erhöhte Werte für Katecholamine im 24-Stunden-Urin repliziert werden, die wahrscheinlich mit einer Down-Regulation der Alpha-2-Adrenorezeptoren in Zusammenhang stehen und ein Sensitivierungsmodell gegenüber äußeren und inneren symptomprovokativen Reizen verständlich werden lassen. Erniedrigte Serotonin-Spiegel sowie Ergebnisse von Provokationstests mit Serotonin-Antagonisten verweisen darauf, dass eine Serotonin-Erniedrigung substanziell mit der Angstentwicklung bei PTBS und der Entwicklung depressiver Begleitsymptome in Zusammenhang stehen. Veränderungen des Opioid-Systems wurden durch einige Studien belegt und scheinen mit der veränderten Schmerzwahrnehmung und dem veränderten Schmerzerleben in Zusammenhang zu stehen. Experimentelle Ansätze deuten darauf hin, dass unter Gabe von Opioid-Antagonisten die traumabezogene dissoziative Amnesie reversibel zu sein scheint. Bezogen auf die Hypothalamus-Hypophysen-Nebennierenrinden-Achse (HHNA) kann aus den vorliegenden Untersuchungen geschlussfolgert werden, dass wahrscheinlich eine vergleichsweise gering ausgeprägte Cortisol-Antwort auf die traumabezogene Stressexposition offensichtlich nicht ausreichend die gesteigerte Aktivität des sympathikotonen Nervensystems bremst und somit partiell die Hyperarousalproblematik bzw. die Gedächtniskonsolidierung traumabezogener Inhalte erklären kann. In den Untersuchungen mit bildgebenden Verfahren sind repliziert Volumenverminderungen insbesondere des rechten Hippocampus und eine erhöhte Reaktivität der Amygdala beschrieben worden, die dazu geführt haben, dass in integrierten neurobiologischen Modellvorstellungen heute davon ausgegangen wird, dass angstauslösende Stimuli ohne kortikale Repräsentanz und damit einer bewussten Wahrnehmung auf direktem Wege über den Thalamus die Amygdala erreichen und zu einer im weitesten Sinne affektiven Überreaktion führen. Le Doux (1999) hat hierzu ein komplexes Modell entworfen, das als eine biologische Erklärungsgrundlage für das kontextlose oder kontextarme Erleben des Hyperarousals bei vielen Betroffenen herangezogen werden kann und die Wirksamkeit von Expositionsverfahren verständlich werden lässt.

28.7 Diagnostik und Differenzialdiagnosen

Die Diagnostik von posttraumatischen Belastungsstörungen als Traumafolge ist im Jugendalter und auch im jungen Erwachsenenalter häufig schwierig, da junge Menschen nicht selten ihre Erfahrungen verbergen wollen, diese als unwichtig abwehren oder verleugnen, bereits vor längerer Zeit zu Selbsthilfemaßnahmen wie Drogen und Alkohol gegriffen haben oder mit ihren dissozialen Tendenzen zugrunde liegende Konflikte abwehren. Bewältigungsformen von Traumatisierung können beispielsweise als Angst- oder Zwangsstörung imponieren, solange der Jugendliche oder junge Erwachsene die zugrunde liegende Problematik nicht preisgibt. Darum ist bei jeder Symptomatik immer auch an eine Traumagenese zu denken.

28.7 Diagnostik und Differenzialdiagnosen

Fallbeispiel 1

Die 16-jährige S. kommt zur stationären Behandlung wegen zwanghafter Rituale: Sie muss sich nächtlich alle 1½ Stunden wecken, um dann mit ihrer toten Großmutter zu kommunizieren. Sie leidet unter ausgeprägten Ekelgefühlen und muss sich ständig waschen. Infolge dieser Symptomatik ist sie nicht mehr in der Lage, in die Schule zu gehen. Erst im Verlauf der Therapie wird deutlich, dass die nächtlichen Weckrituale der Kontrolle über Albträume und Rückblenden dienen. Mithilfe von Weckritualen versucht sie, diesen Intrusionen zu entkommen. Sie war im Alter von zehn Jahren sexuell missbraucht worden. Der Freund der Mutter hatte sie mit seinem Sperma von oben bis unten eingeschmiert, was ihre Ekelgefühle erklärte. Bis zur Mitteilung dieser traumatischen Belastung wurden ihre Verhaltensweisen einer zwanghaften Persönlichkeitsentwicklung zugeordnet, mit einer mangelnden Fähigkeit zur Grenzziehung zwischen Realität und Phantasie und der Gefahr einer psychotischen Entgleisung.

Fallbeispiel 2

Der 17-jährige T. zeigt mit seinen Selbstverletzungen, seinen Erregungszuständen, seinem sozialen Rückzug, seiner Tendenz zum Alkoholmissbrauch und seinem äußeren Erscheinungsbild (geschminkt, mal mehr frauliches, mal mehr männliches Outfit) deutliche Hinweise für traumatische Belastungen. Er streitet ab, Flashbacks und Albträume zu haben und sieht seine Symptomatik als genetisch bedingt an. Er stellt Szenarien traumatischer Belastungen im Sinne von Reenactments und Repetitionen her.

Im weiteren Verlauf wird deutlich, dass er seit dem vierten Lebensjahr verschiedene traumatische Belastungserfahrungen (sexueller Missbrauch, Gewalt) erfahren hat, die er nicht preisgeben wollte, um sein narzisstisches Erleben, besonders belastbar und begabt zu sein, nicht infrage zu stellen.

Fallbeispiel 3

Die 21-jährige Frau R. kommt mit einer ausgeprägten anorektischen Symptomatik, einem mutistischen Zustandsbild und selbstverletzendem Verhalten (Schneiden am rechten Arm) in stationäre Behandlung. Aus dem Nachtdienst werden bereits in den ersten Tagen Schaukelbewegungen des Kopfes im Schlaf (Jaktationen) berichtet. Erst nach sechswöchiger stationärer Therapie gelingt eine Stabilisierung und Kontrolle der anorektischen Symptomatik. Jetzt wird deutlich, dass die Jaktationen für die Patientin eine hohe Funktionalität in Richtung innere Entspannung aufweisen, da sie in der Kindheit und Jugend über Jahre gemeinsam mit ihrem, von den Eltern nächtlich fixierten schwerbehinderten Bruder in einem Zimmer schlief und dieser im Rahmen nächtlicher epileptischer Anfälle häufig schrie. Im Verlauf der späteren ambulanten Psychotherapie zeigt sich ein schwerwiegender sexueller Missbrauch durch den Stiefvater zwischen dem 9. und 15. Lebensjahr, wobei dieser im Rahmen eines perversen Rituals häufig den rechten Arm abschnürte.

Untersuchungen an drogenabhängigen und kriminalisierten Jugendlichen oder jungen Erwachsenen verdeutlichen ein hohes Ausmaß an Traumatisierungen, das erst unter gezielten und

Tab. 28-4 Instrumente für die Diagnostik von PTBS

Autoren	Name des Instrumentes	Einsetzbar ab	Psychometrische Kennwerte	Bemerkungen
Strukturierte Interviews mit dem Kind bzw. Jugendlichen				
Landolt (2003; Original Frederick et al. 1992)	Child Post-traumatic Stress Disorder Reaction Index (CTPS-RI)	6 Jahren	• Reliabilität der engl. Version: Cronbach's a = 0,83 • Übereinstimmung mit der Diagnose PTBS: r = 0,91	• nicht an ICD oder DSM angelehnt • einige der dort beschriebenen Symptome werden nicht erfasst
Strukturierte Interviews mit dem Kind bzw. Jugendlichen und Eltern				
Unnewehr et al. (1995)	Diagnostisches Interview für psychische Störungen im Kindes- und Jugendalter (Kinder-DIPS)	6 Jahren	keine Gütekriterien zur Diagnostik der PTBS	• an DSM-IV und ICD-10 orientiert • zwei parallele Versionen für Kind und Elternteil
Fragebögen für das Kind bzw. den Jugendlichen				
Dyregrov (1996)	Modifikation der Impact of Event Scale (IES)	6–15 Jahren	keine Angaben	• nicht an ICD-10, DSM-IV orientiert • Erfassung des Schweregrades von Intrusion, Vermeidung und Übererregung
Sonstige Skalen				
• Child Traumatic Questionnaire (CTQ) (Bernstein u. Fink 1998; deutsche Fassung: Driessen et al. 2002): Erfassung der Art und des Ausmaßes der Traumatisierung: Selbstbeurteilungsskala • Dissoziative Experiences Scale für Jugendliche und junge Erwachsene (Brunner u. Parzer 1999): Ausmaß dissoziativer Phänomene: Selbstbeurteilungsskala; Erwachsenenversion und kurze Screeningversion: Freyberger HJ et al (2005): FDS – Fragebogen zu dissoziativen Symptomen, Kurz- und Langversion, insbesondere bei komplexen Traumatisierungen				

zum Teil forcierten Interviews deutlich wird (Steiner et al. 1997). Drogen- oder Alkoholabhängigkeit und Dissozialität sind zumeist ich-syntone Bewältigungen im Sinne von Selbsthilfemaßnahmen zur Abwehr von traumatischen Belastungserfahrungen. Während Mädchen eher bereit sind, ihre Traumatisierung mitzuteilen, gelegentlich sogar die Tendenz zeigen, in Opferposition eine traumatische Identität zu entwickeln, aus der sie sekundären Krankheitsgewinn holen, beziehen männliche Jugendliche oder junge Erwachsene ihren Krankheitsgewinn eher durch die Legitimation als Täter, andere so bedrohen und überwältigen zu dürfen, wie sie es selbst erfahren haben. Es stellen sich gleichsam reflexhafte primäre Antwortmuster her wie Kampf, Flucht, Erstarrungen oder vordergründiges Mimikry, die Reenactments und Repetitionen unterstützen. Reflexhafte Täterreaktionen sollen dabei helfen, die Überwältigung durch das andere potenziell bedrohliche Objekt zu vermeiden.

Tabelle 28-4 enthält einige beispielhafte Instrumente, die für die Diagnostik von posttraumatischen Belastungsstörungen verwendet werden können.

Insbesondere bei dissoziativen Störungen kann nicht selbstverständlich von Selbstbeurteilungen ausgegangen werden. Jugendliche und junge Erwachsene können das Ausmaß ihrer Dissoziationen oftmals nicht erkennen, da ihnen per definitionem gerade infolge ihrer Dissoziation die selbstreflexiven Fähigkeiten nicht zur Verfügung stehen. Ihr Handeln ist nicht selten blind, sodass sie ihre Symptome nicht in den vorgegebenen Beurteilungsbögen erkennen können. Hier sind Interviews mit Fremdbeurteilung und gute Verhaltensbeobachtungen erforderlich, die auch den Jugendlichen oder jungen Erwachsenen dabei unterstützen, die erfahrenen Dinge neu zu betrachten und zu bewerten.

28.8 Therapie und Prävention

28.8.1 Psychotherapie

In der Behandlung von posttraumatischen Belastungsstörungen Jugendlicher und junger Erwachsener gibt es unterschiedliche therapeutisch-pädagogische Ansätze, z. B.:
- Psychoedukation
- verschiedene Formen der Einzeltherapie
- traumafokussierte kognitiv-behaviorale Therapie
- prolongierte Expositionstherapie
- einsichtsorientierte Therapie
- Familien- und Gruppentherapie
- psychodynamische Verfahren, kombiniert mit imaginativen Ansätzen und EMDR

Das EMDR *(eye movement desensitization and reprocessing)* ist ebenso wie die Bildschirmtechnik eine Methode, die in verschiedene Ansätze (z. B. verhaltenstherapeutisch oder psychodynamisch) integriert werden kann.

Abhängig von der Einbettung des Jugendlichen oder jungen Erwachsenen sollte die Indikation für eine ambulante, teilstationäre oder stationäre Psychotherapie gestellt werden. Wenn der Jugendliche über sichere hilfreiche Bindungen verfügt, schulisch oder beruflich ausreichend integriert ist und Reenactments vermeiden kann, sollte eine *ambulante Behandlung* erfolgen. Bei ausreichend sicherem Umfeld, jedoch deutlichen Einbrüchen in schulischen oder beruflichen Bereichen, ggf. auch problematischen Peer-Kontakten, erscheint eine *tagesklinische Behandlung* angebracht. Bei Selbstgefährdung und fortgesetzter Herstellung von Reenactments wird eine *stationäre Behandlung* erforderlich sein.

Grundsätzlich ist es in der Entwicklungsphase der Adoleszenz wichtiger, an den Ressourcen zu arbeiten und bei der Bewältigung und der Normalisierung von Lebensumständen unterstützend zu wirken. Es ist dagegen nicht sinnvoll, Jugendliche und junge Erwachsene zu behandeln, die keine oder geringe Symptome zeigen.

Soweit es sich um umschriebene traumatische Belastungen handelt, gehen die meisten traumabezogenen psychotherapeutischen Ansätze davon aus, dass die Verarbeitung des traumatischen Geschehens eine wie auch immer geartete Re-Exposition mit der traumatischen Erfahrung erfordert. Symptomorientiertes Ziel ist dabei eine Reduktion der traumaassoziierten Angstsymptome, der dissoziativen Phänomene sowie des Vermeidungsverhaltens. Das faktische Traumageschehen, die emotional-affektiven, physiologischen und kognitiven Aspekte des Traumas und dessen bisherige Verarbeitung sollen vom Betroffenen in die Persönlichkeitsorganisation und die Lebensgeschichte integriert werden. Die Behandlung von posttraumatischen Belastungen erfolgt in verschiedenen Behandlungsschritten. Dies hat sich mittlerweile in allen Therapieansätzen als hilfreich durchgesetzt.

Im Folgenden soll ein kurzer Überblick über die verschiedenen Ansätze zur Behandlung posttraumatischer Belastungsstörungen gegeben werden (s. auch Kap. 51 Psychotherapie von posttraumatischen Belastungsstörungen). Auf akute Belastungsfolgen und den Umgang damit wird an anderer Stelle eingegangen.

Bei den traumafokussierten kognitiv-behavioralen Therapieansätzen (z. B. Cohen et al. 2004; Deblinger et al. 2001; King et al. 2000) spielen Entspannung, Desensibilisierung, Exposition, Korrektur der negativen Kognitionen, verhaltenstherapeutische und kognitiv-behaviorale Interventionen zur Unterstützung des kognitiven Prozessierens der Traumaerinnerungen eine Rolle. Einen zentralen Platz nimmt hierbei die Erarbeitung eines Trauma-Narrativs ein, das die Symbolisierung und Verarbeitung des Erlebten ermöglicht.

Bei der kognitiv-behavioralen Therapie (Cohen et al. 2004) wird zunächst das Wissen über die Folgen einer Traumatisierung vermittelt. Soweit bei Jugendlichen oder jungen Erwachsenen noch angezeigt, werden die Eltern als Co-Therapeuten eingebunden. Das Geschehene wird zur Veränderung dysfunktionaler Einstellungen zum Trauma neu interpretiert. Es wird eine hilfreiche und realistische Einstellung erarbeitet. Gleichzeitig sollen Vermeidungsreaktionen in Bezug auf traumarelevante Stimuli abgebaut werden. Es geht um die Stärkung der Fähigkeit, leichtere Intrusionen durchzustehen und mögliche negative Effekte des Traumas zu überwinden. Zum Umgang mit den Traumafolgen werden Bewältigungsstrategien trainiert, wie Emotionsregulierung und Entspannungstraining. Im Rahmen einer graduierten Exposition wird die Belastungsfähigkeit gestärkt. Grundsätzlich geht es darum, eine erneute Viktimisierung zu verhindern.

Beim **STAIR-PE** (*skills training of affective and interpersonal regulation with prolonged exposure*; Cloitre et al. 2002) geht es um die Bearbeitung von Skill-Defiziten im Bereich der affektiven und interpersonellen Regulation und die Vorbereitung auf eine wirksame und erfolgreiche Traumaexposition. Es wird in zwei Phasen gearbeitet:

- In der ersten Phase werden verschiedene Fertigkeiten (*skills*) geübt, wie z. B. Einschätzung und Erfassen von Gefühlen, Gefühlsmanagement, Stresstoleranz, Akzeptanz von Gefühlen, Identifikation von Konflikten zwischen traumabedingten Gefühlen und gegenwärtigen interpersonellen Zielen. Das Ganze wird unter anderem mithilfe von Rollenspielen geübt.
- In der zweiten Phase wird eine prolongierte Exposition mit einem postexpositorischen Stabilisierungscheck durchgeführt. Es erfolgen emotionsorientierte Interventionen und die Identifizierung negativer interpersoneller Schemata.

Die **Familientherapie** zentriert sich auf gefühlsmäßige Bedingungen in Bezug auf das traumatische Ereignis bei den Eltern, die Identifikation und Korrektur unpassender Attributionen und Unterstützung von positivem elterlichem Verhalten. Die Familientherapie ist aufgrund ihres Ansatzes eher in der frühen Adoleszenz geeignet.

In der **Gruppentherapie** spielen traumafokussierte Ansätze, ebenso wie psychoedukative Interventionen, eine wichtige Rolle.

Einsichtsorientierte Verfahren, die die Folgen bereits bekannter Traumatisierungen in der Übertragungs- und Gegenübertragungsbeziehung bearbeiten und den Prozess sich offen entwickeln lassen, sind umstritten.

Stattdessen haben sich Verfahren durchgesetzt, die auf verschiedene Phasen der Behandlung ausgerichtet sind (Reddemann 2001; Sachsse 2004; Streeck-Fischer 2006; Trowell et al. 2002): Zu Beginn steht eine **Anwärm- und Stabilisierungsphase** im Vordergrund. Es werden Ressourcen auf- und ausgebaut. Dabei werden vor allem Ich-aufbauende und -stützende Techniken verwendet. Die therapeutische Arbeit geschieht im Hier und Jetzt.

Gleichzeitig wird gern auf **imaginative Verfahren** zurückgegriffen, die der Stabilisierung und Distanzierung von traumatischen Inhalten dienen. Hilfreich sind insbesondere im stationären Rahmen spezielle Übungen zur Stressregulation (Linehan 1996). Dies ist insbesondere bei Jugendlichen oder jungen Erwachsenen sinnvoll, die zu selbst- und fremddestruktivem Verhalten neigen. Der »Notfallkoffer« mit Mitteln, die das taktile System, das Geruchsystem oder andere unangenehme bzw. schmerzhafte Wahrnehmungen aktivieren, spielt dabei eine wichtige Rolle. Erst nach erreichter Stabilisierung wird die traumatische Belastung in Sprache, Spiel oder mithilfe von traumaspezifischen Techniken (EMDR, Bildschirmtechnik) durchgearbeitet.

Das **EMDR** ist eine seit Anfang der 1990er Jahre entwickelte Methode zur Traumatherapie (Shapiro 1995), die als ein Baustein im Rahmen eines Behandlungsplanes eingesetzt wird und als weitgehend empirisch fundiert angesehen werden kann (Chemtob et al. 2002a, b; Lamprecht et al. 2000; van der Kolk et al. 2007; van Etten u. Taylor 1998). Mittels der EMDR-Technik wird unter definierten Rahmenbedingungen eine Konfrontation mit dem ursprünglich erfahrenen Trauma hergestellt. Traumatische Erinnerungen kognitiver, emotionaler oder sensorischer Qualität werden durch die Induktion von bilateralen Augenbewegungsserien induziert und therapeutisch begleitet. EMDR ist eine Therapiemethode und kein Verfahren und wird heute lediglich im Rahmen eines komplexen Gesamtbehandlungsplans sinnvoll eingesetzt.

Wenigstens für das junge Erwachsenenalter liegen eine Reihe kompetenter Übersichten zur experimentellen Forschung an EMDR vor. DeBell und Jones (1997) gaben ihrer Übersicht schon damals den Titel »*As good as it seems?*« und beschrieben vor allem die notwendigen methodischen Voraussetzungen für vergleichbare Forschung in diesem Bereich, vor allem in Veteranenpopulationen (Devilly et al. 1998). Doch zeigten andere Studien der gleichen Arbeitsgruppe, dass verhaltenstherapeutische Ansätze, welche traumaspezifische Komponenten aufgriffen, vor allem auch in den Langzeiteffekten EMDR überlegen waren (Devilly u. Spence 1999).

Da Jugendliche und junge Erwachsene ihre Traumaerfahrungen eher selten spontan in der Begegnung mit ihrem Therapeuten mitteilen und es zu chronifizierten Verläufen kommt, wird die traumatische Belastung dann erst in einem längeren therapeutischen Prozess evident. Eine ausgeprägte dissoziative Symptomatik kann als Hinweis auf eine zurückliegende Traumaerfahrung dienen, wobei die in diesem Zusammenhang veröffentlichten Erhebungsinstrumente keine exakte Prädiktion zurückliegender Traumata erlauben.

Ob, wann und in welchem Umfang die Traumatisierung tatsächlich zu einem sinnvollen Gegenstand der Therapie wird, sollte von verschiedenen Rahmenbedingungen abhängig gemacht werden. Vor allem bei Patienten mit niedrigem psychischem Funktionsniveau ist im Verlauf der sogenannten Traumatherapie mit Episoden selbstverletzenden Verhaltens oder anderer autoaggressiver Symptomäquivalente zu rechnen, stationäre Interventionen mit multimodalen Ansätzen werden hier zumeist unumgänglich. Die Thematisierung oder Exposition mit traumaassoziierten Inhalten zu einem frühen Zeitpunkt führt nicht selten zu einer Verschlechterung der Symptomatik mit quälenden Nachhallerinnerungen, Intrusionen oder Reenactments und Repetitionen.

Die therapeutische Arbeit mit traumatisierten Jugendlichen und jungen Erwachsenen ist gelegentlich von der Gefahr begleitet, mit ihnen in erhebliche Verstrickungen und Wiederherstellungen traumatischer (Re-)Inszenierungen zu geraten (Streeck-Fischer 1995). Fortgesetzte Vergewaltigungs- und Überwältigungsszenarien sind dann die Folge und stellen nicht nur für den Jugendlichen oder jungen Erwachsenen, sondern auch für den Betreuer eine Gefahr der Re- und Neutraumatisierung dar. Solche Abläufe können vermieden werden, wenn zunächst Stabilisierungsmaßnahmen im Vordergrund stehen. Die Etablierung einer tragfähigen therapeutischen Beziehung außerhalb traumatisierender Muster, die in der Adoleszenz ohnehin nicht einfach ist, erfordert einen längeren Zeitraum.

28.8.2 Therapieevaluation

Untersuchungen, die sich explizit mit jungen Erwachsenen beschäftigen, liegen bislang nicht vor. Eine 1998 von van Etten und Taylor veröffentlichte Metaanalyse zur Behandlung chronischer PTBS bei Erwachsenen zeigt, dass der Einsatz von Psychotherapieverfahren gegenüber psychopharmakologischen Interventionen zu signifikant geringeren Abbruchraten bei einer deutlich höheren Effektivität im Hinblick auf die Symptomreduktion führt (van Etten u. Taylor 1998). Verhaltenstherapeutische Interventionen erwiesen sich in etwa gleich effizient wie EMDR; über psychodynamische Ansätze lassen sich keine hinreichenden Aussagen machen, da hier nur eine kontrollierte Studie an Erwachsenen vorliegt. Neuere Untersuchungen existieren nicht.

28.8.3 Psychopharmakotherapie

Psychopharmakologische Interventionen haben sich bei erwachsenen Patienten mit einer posttraumatischen Belastungsstörung insbesondere im Kontext einer laufenden psychotherapeutischen Behandlung als sinnvoll erwiesen.

Eine aktuelle Studie von Cohen et al. (2007) zur Traumabehandlung von Jugendlichen zeigt keinen Benefit bei der Kombination einer traumafokussierten kognitiv-behavioralen Therapie mit dem **selektiven Serotonin-Wiederaufnahmehemmer (SSRI)** Sertralin. An Erwachsenen konnte Friedman (1997) in einer Übersicht über 13 placebokontrollierte Studien hingegen zeigen, dass vor allem SSRI wirksam sind. Teusch (2000) kommt in seiner Literaturübersicht zu folgenden Ergebnissen: Trizyklische Antidepressiva und traditionelle MAO-Hemmer scheinen gut bei Hyperarousal-Symptomatik, bei Intrusionen und bei begleitender depressiver Symptomatik zu wirken, sie beeinflussen jedoch nicht die phobischen Vermeidungsreaktionen.

> Sofern alle Symptombereiche der PTBS evident sind, sind SSRI heute Substanzen der ersten Wahl, da ihr breites Wirkungsspektrum alle Komponenten und insbesondere die Angstsymptomatik erfasst. Für einen Therapieversuch sollten wenigstens acht, besser zwölf Wochen veranschlagt werden. Die Erhaltungstherapie sollte sich bei schweren Fällen über ein Jahr erstrecken.

Es gibt jedoch einen großen Mangel an kontrollierten Studien zur Pharmakotherapie bei Kindern, Jugendlichen und jungen Erwachsenen, wenngleich der Einsatz von Medikamenten vor allem in den USA weit verbreitet ist (Cohen et al. 2004). Evidenz auf der Grundlage publizierter Literatur (Herstellern und Zulassungsbehörden mögen weitere nicht publizierte Daten vorliegen; s. Fegert u. Herpertz-Dahlmann 2004) besteht für Jugendliche und junge Erwachsene nur in Form von Open-Label-Studien. Einigkeit besteht dahingehend, dass Benzodiazepine im längerfristigen Gebrauch obsolet sind (Asnis et al. 2004).

Aus der Gruppe der SSRI ist insbesondere Paroxetin zu erwähnen, das für Erwachsene mit posttraumatischer Belastungsstörung in den USA und in Deutschland zugelassen ist. Allerdings ist die Substanz in der Anwendung bei Jugendlichen kontraindiziert, da in sämtlichen Studien mit Paroxetin eine sogenannte *behavioral activation* beobachtet wurde und damit auch eine erhöhte Suizidalität befürchtet werden muss. Die europäische Zulassungsbehörde EMEA *(European Medicines Agency)* hat deshalb ähnlich wie die FDA *(Food and Drug Administration)* vor dem Einsatz bestimmter Serotonin-Wiederaufnahmehemmer im Kindes- und Jugendalter ausdrücklich gewarnt und strikt auf die zugelassenen Indikationsbereiche verwiesen.

In den USA ist Sertralin für Erwachsene und für Kinder, Jugendliche und junge Erwachsene mit PTBS zugelassen. Sertralin soll alle Zielsymptome verbessern und kann randomisierte kontrollierte Studien an Erwachsenen bis 2004 vorweisen (Stein et al. 2006). Nur Sertralin hat unter allen eingesetzten Substanzen eine nachgewiesene Langzeitwirkung. Zum SSRI Citalopram haben zwei Open-Label-Studien Hoffnungen auf Wirksamkeit bei Jugendlichen und jungen Erwachsenen mit PTBS geweckt (Seedat et al. 2002).

Die am längsten im Einsatz bei Kindern bekannte Substanz ist das bereits 1988 von Famularo et al. beschriebene Propranolol (Famularo et al. 1988). Dieser **nichtselektive β-Rezeptoren-Blocker** soll sowohl die Arousal-Symptomatik dämpfen als auch gegen Intrusionen und Impulsivität wirksam sein.

Der **α-Rezeptor-Agonist** Clonidin, das in den USA am häufigsten bei juveniler posttraumatischer Belastungsstörung eingesetzte Agens, ist bisher nur in Open-Label-Trials untersucht worden (Harmon u. Riggs 1996; Perry 1994) und soll neben der Wirkung auf das Arousal auch Schlafstörungen, Angst und Impulsivität positiv beeinflussen.

Berichte über die Wirksamkeit von atypischen **Neuroleptika** (Risperidon und Olanzapin) oder des neueren Antidepressivums Mirtazapin sind nur aus Erfahrungen mit erwachsenen Patienten entstanden.

Bezüglich der Pharmakotherapie von posttraumatischen Belastungsstörungen bestehen zurzeit mehr offene Fragen als Antworten, sowohl im Hinblick auf Jugendliche als auch auf erwachsene Patienten: Bei Jugendlichen gilt nach übereinstimmender Expertenmeinung, dass primär psychotherapeutisch (kognitiv-behaviorale Therapie) interveniert werden sollte und dass es keinerlei Evidenz für die Wirksamkeit von Medikamenten auf die Symptomatik einer PTBS gibt. Dies sieht bei Komorbidität z. B. mit Depression anders aus.

Grundsätzlich gilt, dass es noch unklar ist,
- ob unterschiedliche Medikamente verschiedene Effekte in unterschiedlichen Traumagruppen haben (etwa akut vs. chronisch),
- ob lediglich Zielsymptome (Angst, peripheres Arousal, psychovegetative Spannung) unspezifisch beeinflusst werden,
- ob ein gezielter zentraler Effekt etwa auf Intrusionen besteht oder
- ob lediglich die Empfindsamkeit für Trigger gemildert wird.

Es fehlen bisher empirische Erkenntnisse zum günstigsten Zeitpunkt der Medikation und zur empfehlenswerten Dauer der Medikamentengabe.

28.9 Verlauf und Prognose

Zum Verlauf posttraumatischer Belastungsstörungen kann bisher wenig gesagt werden. Hier spielt eine wesentliche Rolle, ob der Jugendliche oder junge Erwachsene sich mit der erfahrenen Traumatisierung mitteilt und therapeutische Hilfe sucht. In diesem Fall ist die Prognose günstig, innerhalb eines ein- bis fünfjährigen Intervalls entsprechende Ereignisse oder Traumata ohne bleibende psychische Symptomatik zu bewältigen. Häufig entwickelt der Jugendliche oder junge Erwachsene eine oder mehrere psychische Störungen und problematische Bewältigungen, die eine erhebliche Chronifizierung zur Folge haben. Breslau (2002a) konnte in der epidemiologisch am breitesten angelegten Studie für die PTBS von Erwachsenen eine mittlere Erkrankungsdauern von 48 Monaten für Frauen und von zwölf Monaten für Männer nachweisen. Entsprechende Daten liegen für Jugendliche und junge Erwachsene nicht vor. Epidemiologische fundierte Störungsmodelle (z. B. Freyberger et al. 2005) gehen heute von einem komplexen Zusammenspiel zwischen Risiko-, Ereignis- und Schutzfaktoren aus. Zu den prämorbiden, die Erkrankungswahrscheinlichkeit erhöhenden **Risikofaktoren** gehören:
- das prämorbide Vorliegen anderer psychischer Erkrankungen
- bereits früher erlebte Traumata
- weibliches Geschlecht
- ein bestimmtes Risikolebensalter (Jugendliche, junge Erwachsene und ältere Erwachsene)
- ein niedriger Bildungsstand
- eine unzureichende soziale Vernetzung mit anderen Personen, zu denen enge emotionale Bindungen bestehen
- ein prinzipiell eher passives Bewältigungsverhalten auch gegenüber anderen Belastungen

Als **Ereignisfaktoren** werden bestimmte Charakteristika der Traumatisierung betrachtet, die das spätere Risiko einer Erkrankung mit bedingen. In Kurzzeitstudien wurde dabei vor allem der Schweregrad der Traumatisierung bzw. die sogenannte sequenzielle oder Mehrfachtraumatisierung herausgearbeitet. Weiterhin wurden als Ereignisfaktoren genannt:
- der körperliche Verletzungsgrad bzw. der Perversionsgrad entsprechender Handlungen
- die daraus resultierenden psychosozialen Folgen
- das Ausmaß bleibender körperlicher Schädigung

Weiterhin führte peritraumatisch das Erleben von völligem Kontrollverlust zu stärkerer posttraumatischer Psychopathologie. Generell gilt, dass Traumatisierungen interpersoneller Art zu häufigeren und intensiveren Störungen führen als nicht interpersonelle Traumatisierungen.

> Als wichtigsten Prädiktor für eine längerfristige Erkrankung haben verschiedene Arbeitsgruppen dabei die Akuität der initial psychischen Belastungsreaktion – und hier insbesondere das Ausmaß des sogenannten dissoziativen Erlebens – herausgearbeitet. Hierunter wird ein Syndrom verstanden, das durch psychische Spaltungs- und Desintegrationsprozesse gekennzeichnet ist, die es dem Betroffenen ermöglichen, die unmittelbare traumatische Erfahrung emotional und kognitiv nicht als überschwemmend zu erleben.

Viele Betroffene berichten unter anderem, dass sich im Zuge einer interpersonellen Traumatisierung dabei ihre Körperwahrnehmung abschaltet, sie schmerz- und berührungsunempfindlich werden bzw. sich Aspekte ihrer Körperwahrnehmung oder der Wahrnehmung der Außenwelt qualitativ verändern. Im Gegensatz zu dieser peritraumatischen Dissoziation ist die posttraumatische Dissoziation durch das Vergessen, Verdrängen oder Verleugnen bestimmter Erinnerungsaspekte des Traumas gekennzeichnet (sog. dissoziative Amnesie).

In verschiedenen Studien konnten auch sogenannte **Schutzfaktoren** herausgearbeitet werden, durch die sich remittierte von nicht remittierten Stichproben unterscheiden ließen. Diese Schutzfaktoren beinhalten zum einen aktiven Bewältigungsmechanismus, also die Frage, wie gut es dem Betroffenen gelingt, sich aus seiner passiven Opferrolle zu lösen und aktiv das Erlebnis zu bewältigen. Zum anderen scheint die Gesamtprognose abhängig von sozialer Unterstützung, d. h. von der Quantität und der Qualität der Beziehungspersonen im sozialen Netzwerk, zu sein. Ein weiterer Schutzfaktor wird als sogenannter Kohärenzsinn bezeichnet. Hierunter ist zu verstehen, wie gut es einem Betroffenen gelingt, im Rahmen des Bewältigungsprozesses das Trauma als einen kohärenten Vorgang zu erleben, den er selbst in einem angemessenen Sinnzusammenhang einbetten kann (z. B.: »Das Geschehene hat mich gelehrt, was im Leben wirklich wichtig und bedeutungsvoll ist«). Zur geschlechtsspezifischen Relevanz dieser salutogenen Faktoren liegen, bezogen auf die PTBS, bisher keine ausreichenden empirischen Befunde vor.

Literatur

Ackerman P, Newton J, McPherson W, Jones J, Dykman R. Prevalence of post-traumatic stress disorder and other psychiatric diagnosis in three groups of abused children (sexual, physical, and both). Child Abuse Negl 1998; 22: 759–74.

Arnsten AFT. The biology of being frazzled. Science 1998; 280: 711–2.

Arnsten AFT. Development of the Cerebral Cortex. XIV. Stress impairs prefrontal cortical function. J Am Acad Child Adolesc Psychiat 1999; 38: 220–5.

Asnis GM, Kohn SR, Henderson M, Brown NL. SSRIs versus non-SSRIs in post traumatic stress disorder: an update with recommendations. Drugs 2004; 64: 383–404.

Başoğlu M, Paker M, Ozmen E, Taşdemir O, Sahin D. Factors related to long-term traumatic stress responses in survivors of torture in Turkey. JAMA 1994; 272: 357–63.

Beers SR. De Bellis MM. Neuropsychological function in children with maltreatment-related posttraumatic stress disorder. Am J Psychiatry 2002; 159: 483–86.

Berliner L, Saunders B. Treating fear and anxiety in sexually abused children: results of a controlled two-year follow-up study. Child Maltreatment 1996; 1: 294–309.

Bernstein DP, Fink L. Childhood trauma questionnaire: A retrospective self-report manual. San Antonio, TX: The Psychological Corporation 1998.

Boyd Webb N. Working with traumatized youth in child welfare. New York: Guilford Press 2006.

Breslau N. Gender differences in trauma and postraumatic stress disorder. J Gend Specif Med 2002a; 5: 34–40.

Breslau N. Posttraumatic stress disorder. N Engl J Med 2002b; 346: 1495–8.

Breslau N, Davis GC, Andreski P, Peterson EL. Traumatic events and posttraumatic stress disorder in an urban population of young adults. Arch Gen Psychiatry 1991; 48: 216–22.

Breslau N, Davis GC, Andreski P, Peterson EL, Schultz LR. Sex differences in posttraumatic stress disorder. Arch Gen Psychiatry 1997; 54: 1044–8.

Breslau N, Chilcoat HD, Kessler RC, Peterson EL, Lucia VC. Vulnerability to assaultive violence: further specification of the sex difference in post-traumatic stress disorder. Psychol Med 1999; 29: 813–21.

Brunk MA, Henggeler SW, Whelan JP. Comparison of multisystemic therapy and parent training in the brief treatment of child abuse and neglect. J Consult Clin Psychol 1987; 55: 171–8.

Brunner R, Parzer P. Adolescent Dissociative Experience Scale (A-DES), Deutsche Fassung: SDQ-J Swets Test Services Frankfurt 1999.

Burns BJ, Phillips SD, Wagner HR, Barth R, Kolko DJ, Campbell Y, Landsverk J. Mental health need and access to mental health services by youth involved with child welfare: a national survey. J Am Acad Child Adolesc Psychiatry 2004; 43: 960–70.

Celano M, Hazzard A, Webb C, McCall C. Treatment of traumagenic beliefs among sexually abused girls and their mothers: an evaluation study. J Abnorm Child Psychol 1996; 24: 1–16.

Chemtob CM, Nakashima JP, Carlson JG. Brief treatment for elementary school children with disaster-related posttraumatic stress disorder: a field study. J Clin Psychol 2002a; 58: 99–112.

Chemtob C, Nakashima J, Hamada R. Psychosocial intervention for postdisaster trauma symptoms in elementary school children: a controlled community field study. Arch Pediatr Adolesc Med 2002b; 156: 211–6.

Cicchetti D, Manly J. Editorial: Operationalizing child maltreatment: developmental processes and outcomes. Dev Psychopathol 2001; 13: 755–7.

Cicchetti D, Rogosch FA. Diverse patterns of neuroendocrine activity in maltreated children. Dev Psychopathol 2001; 13: 677–93.

Cicchetti D, White J. Emotion and developmental psychopathology. In: Stein N, Leventhal B, Trebasso T (eds). Psychological and biological approaches to emotion. Hillsdale, New Jersey: Lawrence Erlbaum Associates 1990; 359–82.

Cloitre M, Koenen KC, Cohen LR, Han H. Skills training in affective and interpersonal regulation followed by exposure: a phase-based treatment for PTSD related to childhood abuse. J Consult Clin Psychol 2002; 70: 1067–74.

Cohen J. Practice parameters for the assessment and treatment of children and adolescents with posttraumatic stress disorder. J Am Acad Child Adolesc Psychiatry 1998; 37 (Suppl): 4–26.

Cohen J, Mannarino AP. A treatment study for sexually abused preschool children: initial findings. J Am Acad Child Adolesc Psychiatry 1996; 35: 42–50.

Cohen J, Mannarino AP. A treatment study of sexually abused preschool schildren: outcome during 1-year follwup. J Am Acad Child Adolesc Psychiatry 1997; 36: 1228–35.

Cohen J, Mannarino AP. Interventions for sexually abused children: initial treatment outcome findings. Child Maltreatment 1998; 3: 17–26.

Cohen J, Deblinger E, Mannarino AP, Steer RA. A multisite, randomized controlled trial for children with sexual abuse-related PTSD symptoms. J Am Acad Child Adolesc Psychiatry 2004; 43: 393–402.

Cohen J, Mannarino A, Knudsen K. Treating sexually abused children: 1 year follow-up of a randomized controlled trial. Child Abuse Negl 2005; 29: 135–45.

Cohen J, Mannarino AP, Perel JM, Staron V. A pilot randomized controlled trial of combined trauma-focussed CBT and sertraline for children PTSD symptoms. J Am Acad Child Adolesc Psychiatry 2007; 46(7): 811–19.

Crittenden P McKinsey. Toward an integrative theory of trauma: a dynamic-maturation approach. In: Cicchetti C, Toth SL (eds). Developmental perspectives on trauma. Rochester: University of Rochester Press 1997; 33.

Damsa C, Maris S, Pull CB. New fields of research in posttraumatic stress disorder: brain imaging. Curr Opin Psychiatry 2005; 18: 55–64.

Davidson JR, Fairbank JA. The epidemiology of posttraumatic stress disorder. In: Davidson JR, Foa EB (eds). Posttraumatic stress disorder: DSM-IV and beyond. Washington, DC: American Psychiatric Press 1993; 147–69.

Deblinger E, Lippmann J, Steer RA. Sexually abused children suffering posttraumatic stress symptoms: initial treatment outcome findings. Child Maltreatment 1996; 1: 310–21.

Deblinger E, Steer RA, Lippmann J. Two-year follow-up study of cognitive behavioral therapy for sexually abused children suffering posttraumatic stress symptoms. Child Abuse Negl 1999; 23: 1371–8.

Deblinger E, Stauffer L, Steer RA. Comparative efficacies of supportive and cognitive behavioral group therapies for young children who have been sexually abused and their nonoffending mothers. Child Maltreatment 2001; 6: 332–43.

DeBell C, Jones DR. As good as it seems? A review of EMDR experimental research. Prof Psychol Res Pr 1997; 28: 153–63.

De Bellis MD, Keshavan MS, Clark DB, Giedd JN, Boring AM, Frustaci K, Ryan ND. A. E. Bennett Research Award. Developmental traumatology. Part II: Brain development. Biol Psychiatry 1999; 45: 1271–84.

Devilly GJ, Spence SH. The relative efficacy and treatment distress of EMDR and a cognitive-behavior trauma treatment protocol in the amelioration of posttraumatic stress disorder. J Anxiety Disord 1999; 13: 131–57.

Devilly GJ, Spence SH, Rapee RM. Statistical and reliable change with eye movement desensitization and reprocessing: treating trauma within a veteran population. Behav Ther 1998; 29: 435–55.

Dodge KA, Somberg DR. Hostile attributional biases among aggressive boys are exacerbated under conditions of threats of the self. Child Dev 1987; 58: 213–24.

Driessen M, Beblo T, Reddemann L, Rau H, Lange W, Silva A, Berea R, Wulff H, Ratzka S. Ist die Borderline-Persönlichkeitsstörung eine komplexe posttraumatischen Störung? Nervenarzt 2002; 73: 820–9.

Dyregrov A. The process in critical incident stress debriefings. Paper presented at the european conference on traumatic stress in emergency services peacekeeping operations & humanitarian aid organizations. Sheffield, England :University of Sheffield, 17th–20th March 1996.

Essau CA, Conradt J, Petermann F. Haufigkeit der posttraumatischen Belastungsstörung bei Jugendlichen: Ergebnisse der Bremer Jugendstudie. Z für Kinder- und Jugendpsychiatrie Psychotherapie 1999; 27: 37–45.

Famularo R, Kinscherff R, Fenton T. Propranolol treatment for childhood posttraumatic stress disorder, acute type. A pilot study. Am J Dis Child 1988; 142: 1244–7.

Fantuzzo J, Jurecic L, Stovall A, Hightower A, Goins C, Schachtel D. Effects of adult and peer social initiations on the social behavior of withdrawn, maltreated preschool children. J Consult Clin Psychol 1988; 56: 34–9.

Fegert JM, Herpertz-Dahlmann B. Zum Einsatz von selektiven Serotonin-Wiederaufnahmehemmern (SSRI) bei depressiven Kindern und Jugendlichen. Z Kinder- und Jugendpsyichiatrie 2004; 34: 74–5.

Ferenczi S. Sprachverwirrung zwischen den Erwachsenen mit dem Kind. Die Sprache der Zärtlichkeit und der Leidenschaft. In: Ferenczi S (Hrsg). Bausteine der Psychoanalyse. Bd 3. Frankfurt: Fischer 1984; 511–25.

Fergusson D, Horwood L, Lynskey M. Childhood sexual abuse and psychiatric disorders in young adulthood: II. Psychiatric outcomes of sexual abuse. J Am Acad Child Adolesc Psychiatry 1996a; 35: 1365–74.

Fergusson D, Lynskey M, Horwood L. Childhood sexual abuse and psychiatric disorder in young adulthood: I. Prevalence of sexual abuse and factors associated with sexual abuse. J Am Acad Child Adolesc Pychiatry 1996b; 34: 1355–64.

Fischer G, Riedesser P. Lehrbuch der Psychotraumatologie. München, Basel: Reinhardt 1998.

Ford JD, Stockton P, Kaltman S, Green BL. Disorders of extreme stress (DESNOS) symptoms are associated with type and severity of interpersonal trauma exposure in a sample of healthy young women. J Interpers Violence 2006; 21(11): 1399–416.

Frederick CJ, Pynoos RS, Nader K. Reaction index to psychic trauma form C (Child). Unpublished manuscript. UCLA 1992.

Freud S. Psychoanalytische Bemerkungen über einen autobiographisch beschriebenen Fall von Paranoia. 1909. GW III. Frankfurt: Fischer 1969; 240–320.

Freud S. Jenseits des Lustprinzips. 1920. GW XIII. Frankfurt: Fischer 1969; 1–69.

Freyberger HJ, Frommer J, Marcker A, Steil R. Gesundheitliche Folgen politischer Haft in der DDR. Herausgegeben von der Konferenz der Landesbeauftragten für die Unterlagen des Staatssicherheitsdienstes der ehemaligen DDR. Dresden 2004.

Freyberger HJ, Spitzer C, Stieglitz RD. Fragebogen zu dissoziativen Symptomen (FDS). Ein Selbstbeurteilungsverfahren zur syndromalen Diagnostik dissoziativer Phänomene. Bern: Huber 2005.

Friedman MJ. Drug treatment and PTSD. Answers and questions. In: Yehuda R, McFarlane AC (eds). Psychobiology of posttraumatic stress disorder. New York: Ann Acad Sci 1997; Vol. 821: 359–71.

Frommberger U, Nyberg E, Berger M. Posttraumatische Belastungsstörungen. In: Berger M (Hrsg). Psychische Erkrankungen. Klinik und Therapie. 3. Aufl. München: Urban & Fischer 2004; 742–62.

Giaconia RM, Reinherz HZ, Silverman AB, Pakiz B, Frost AK, Cohen E. Traumas and posttraumatic stress disorder in a community population of older adolescents. J Am Acad Child Adolesc Psychiatry 1995; 34: 1369–80.

Gordon R, Wraith R. Responses of children and adolescents to disasters. In: Wilson JP, Raphael B. International Handbook of Traumatic Stress. New York: Wilson and Beverley Raphael Plenum Press 1993; 561–75.

Gunderson JG, Sabo A. The phenomenological and conceptual interface between borderline personality disorder and posttraumatic stress disorder. J Am Acad Child Adolesc Psychiatry 1993; 150: 19–27.

Gurvits TV, Gilbertson MW, Lasko NB, Orr SP, Pitman RK. Neurobiological status of combat veterans, and adult survivors of sexual abuse PTSD. Ann N Y Acad Sci 1997; 821: 468–71.

Harmon R, Riggs P. Clinical perspectives: cloonidine for posttraumatic stress disorder in preschool children. J Am Acad Child Adolesc Psychiatry 1996; 35: 1247–9.

Hyde C, Bentovim A, Monck E. Some clinical and methodological implications of a treatment outcome study of sexually abused children. Child Abuse Negl 1995; 19: 1387–99.

Ihle W, Esser G, Schmidt MH, Blanz B. Die Bedeutung von Risikofaktoren des Kindes- und Jugendalters für psychische Störungen von der Kindheit bis ins frühe Erwachsenenalter. Kindheit Entwicklung 2002; 11: 201–11.

Jaberghaderi N, Greenwald R, Rubin A, Oliaee Zand S, Dolatabadi S. A comparison of CBT and EMDR for sexually-abused Iranian girls. Clin Psychol Psychother 2004; 11: 358–68.

Joraschky P, Pöhlmann K. Die Auswirkungen von Vernachlässigung, Missbrauch und Misshandlung auf Selbstwert und Körperbild. In: Egle UT, Hoffmann S, Joraschky P (Hrsg). Sexueller Missbrauch,

Misshandlung Vernachlässigung. Stuttgart: Schattauer 2005; 194–207.

Kardiner A. The Traumatic Neuroses of War. New York: Hoeber 1941.

Kaufman J, Plotsky PM, Nemeroff CB, Charney DS. Effects of early adverse experiences on brain structure and function: clinical implications. Biol Psychiatry 2000; 48: 778–90.

Kazak AE, Alderfer MA, Streisand R, Simms S, Rourke MT, Barakat LP, Gallagher P, Cnaan A. Treatment of posttraumatic stress symptoms in adolescent survivors of childhood cancer and their families: a randomized clinical trial. J Fam Psychol 2004; 18: 493–504.

Keilson H. Sequenzielle Traumatisierung bei Kindern. Stuttgart: Enke 1979.

Kessler RC, Sonnega A, Bromet E, Hughes M, Nelson C. Posttraumatic stress disorder in the National Comorbidity Survey. Arch Gen Psychiatry 1995; 52: 1048–60.

Khan MMR. The concept of cumulative trauma. 1963. In: Khan MMR. The privacy of the self. London: Hogarth 1974.

King N, Tonge B, Mullen P, Myerson N, Heyne D, Rollings S, Martin R, Ollendick TH. Treating sexually abused children with posttraumatic stress symptoms: a randomized clinical trial. J Am Acad Child Adolesc Psychiatry 2000; 39: 1347–55.

Kiser LJ, Heston J, Millsap PA, Pruitt DB. Physical and sexual abuse in childhood: relationship with post traumatic stress disorder. J Am Acad Child Adolesc Psychiat 1991; 30: 776–83.

Krausz M, Schäfer I, Lucht M, Freyberger HJ. Suchterkrankungen. In: Egle UT, Hoffmann S, Joraschky P (Hrsg). Sexueller Missbrauch, Misshandlung, Vernachlässigung. Stuttgart: Schattauer 2005, 483–500.

Lamprecht F, Lempa W, Sack M. Die Behandlung posttraumatischer Belastungsstörungen mit EMDR. Psychotherapie im Dialog 2000; 1: 45–51.

Landolt MA. Die Bewältigung akuter Psychotraumata im Kindesalter: Prax Kinderpsychol Kinderpsychiatr 2003, 52: 71–87:

Lear J. The shrinks is in. Psyche 1996; 50: 599–616.

Le Doux JE. Das Gedächtnis für Angst. Spektrum der Wissenschaft, Dossier 3, 1999; 16–23.

Linehan M. Trainingsmanual zur dialektisch-behavioralen Therapie der Borderline-Persönlichkeitsstörung. München: CIP Medien 1996.

Lipschitz DS, Winegar RK, Hartnick E, Foote B, Southwick SM. Posttraumatic stress disorder in hospitalized adolescents: psychiatric comorbidity and clinical correlates. J Am Acad Child Adolesc Psychiatry 1999; 38: 385–92.

Maercker A, Schützwohl M. Erfassung von psychischen Belastungsfolgen: Die Impact of Event Skala-revidierte Version (IES-R) [Assessing the psychological sequelae of stress: The Impact of Event Scale-Revised Version (IES-R)]. Diagnostica 1998; 44: 130–41.

Manly JT, Kim JE, Rogosch FA, Cicchetti D. Dimensions of child maltreatment and children's adjustment: contributions of developmental timing and subtype. Dev Psychopathol 2001; 13: 759–82.

March JS, Amaya-Jackson L. PTSD Research Quarterly. 1993. ncptsd.org.

McCloskey LA, Walker M. Posttraumatic stress in children exposed to family violence and singel-event trauma. J Am Acad Child Adolesc Psychiatry 2000; 39: 108–15.

Meltzer H, Lader D, Corbin T, Goodman R, Ford T. The mental health of young people looked by the authorities in England. National Statistics Report 2003. Norwich: St. Clements House 2003.

Mezzacappa E, Kindlon D, Earls F. Child abuse and performance task assessments of executive functions in boys. J Child Psychol Psychiatry 2001; 42: 1041–8.

Myers CS. Shell Shock in France 1914–1918. Cambridge: Cambridge University Press 1940.

Nash MLR, Hulsey T, Sexton MC, Harralson TL, Lambert W. Longterme effects of childhood sexual abuse. Perceived family environment, psychopathology and dissociation. J Consult Clin Psychol 1993; 61: 276–83.

National Child Traumatic Stress Network. 2006. www.NCTSN.org.

Newport DJ, Nemeroff CB. Neurobiology of posttraumatic stress disorder. Curr Opin Neurobiol 2000; 10: 211–8.

Nijenhuis E, van der Hart O, Steele K. Strukturelle Dissoziation der Persönlichkeitsstruktur, traumatischer Ursprung, Phobische Residuen: In: Reddemann L, Hofmann A, Gast U (Hrsg). Psychotherapie der dissoziativen Störungen. Stuttgart: Thieme 2004; 47–72.

Nützel J, Schmid M, Goldbeck L, Fegert JM. Kinder- und jugendpsychiatrische Versorgung von psychisch belasteten Heimkindern. Prax Kinderpsychol Kinderpsychiatrie 2005; 54: 627–44.

Paolucci E, Genuis ML, Violato C. A meta-analysis of the published research on the effects of child sexual abuse. J Psychol 2001; 135: 17–36.

Perry BD. Neurobiological sequelae of childhood trauma. Posttraumatic stress disorders in children. In: Murberg M (ed). Catecholamine function in post-traumatic stress disorder: emerging concepts. Am Psychiatr Press 1994; 233–55.

Perry BD, Pollard R. Homeostasis, stress, trauma and adaptation. Child Adolesc Psychiatr Clin N Am 1998; 7: 33–51.

Porges SW, Doussard-Roosevelt JA, Portales A, Greenspan SI. Infant regulation of the vagal »brake« predicts child behavior problems: a psychobiological model of social behavior. Dev Psychobiol 1996; 29: 697–712.

Putnam FW. Dissociation in child and adolescents. New York: Guilford Press 1997.

Putnam FW. Ten-year research update review: child sexual abuse. J Am Acad Child Adolesc Psychiatry 2003; 42: 269–78.

Reddemann L. Imagination als heilsame Kraft. Stuttgart: Pfeifer bei Klett-Cotta 2001.

Resch F, Parzer P, Brunner M. Entwicklungspsychopathologie des Kindes- und Jugendalters. Ein Lehrbuch. 2. Aufl. Weinheim: Psychologie Verlags Union 1999.

Resch F, Brunner R, Oelkers-Ax R. Dissoziative und somatoforme Störungen. In: Eggers C, Fegert JM, Resch F (Hrsg). Psychiatrie und Psychotherapie des Kindes- und Jugendalters. Heidelberg: Springer 2004; 541–67.

Resnick H, Kilpatrick D, Dansky B, Saunders B, Best C. Prevalence of civilian trauma and posttraumatic stress disorder in a representative national sample of women. J Consult Clin Psychol 1993; 61: 984–91.

Rutter M. Raised lead levels and impaired cognitive/behavioural functioning: a review of the evidence. Dev Med Child Neurol Suppl 1980; 42: 1–26.

Sachsse U. Traumazentrierte Psychotherapie. Stuttgart: Schattauer 2004.

Schmid M, Fegert JM. Viel Lärm um nichts? Z Kindschaftsrecht Jugendhilfe 2006; 1: 30–5.

Schmid M, Goldbeck L, Fegert JM. Kinder und Jugendliche in der stationären Jugendhilfe – (k)eine Aufgabe für niedergelassene Verhaltenstherapeuten? Verhaltensther Psychosoz Prax 2006; 38: 95–119.

Schmid M, Wiesinger D, Lang B, Jaszkowic K, Fegert JM. Brauchen wir eine Traumapädagogik? – Ein Plädoyer für die Entwicklung und Evaluation von traumapädagogischen Handlungskonzepten in der stationären Jugendhilfe. Kontext 2007; 38: 330–57.

Schore AN (ed). Affect regulation and the origin of the self. Hillsdale, New Jersey: Lawrence Erlbaum Associates 1994.

Seedat S, Stein DJ, Ziervogel C, Middleton T, Kaminer D, Emsley RA, Rossouw W. Comparison of response to a selective serotonin reuptake inhibitor in children, adolescents, and adults with posttraumatic stress disorder. J Child Adolesc Psychopharmacol 2002; 12: 37–46.

Shapiro F. Eye movement desensitization and reprocessing: Basic principles, protocols and procedures. New York: Guilford Press 1995.

Soberman GB, Greenwald R, Rule DL. A controlled study of eye movement desensitization and reprocessing (EMDR) for boys with conduct problems. J Aggression Maltreatment Trauma 2002; 6: 217–36.

Spataro J, Mullen PE, Burgess PM, Wells DL, Moss SA. Impact of child sexual abuse on mental health: prospective study in males and females. Brit J Psychiatry 2004; 184: 416–21.

Stein BD, Jaycox LH, Kataoka SH, Wong M, Tu W, Elliott MN, Fink A. A mental health intervention for schoolchildren exposed to violence: a randomized controlled trial. JAMA 2003; 290: 603–11.

Stein DJ, Ipser JC, Seedat S. Pharmacotherapy for post traumatic stress disorder (PTSD). Cochrane Database Syst Rev 2006; (1): CD002795.

Steiner H, Garcia IG, Matthews Z. Posttraumatic stress disorder in incarcerated juvenile delinquents. J Am Acad Child Adolesc Psychiatry 1997; 36: 357–65.

Streeck-Fischer A. Stationäre Psychotherapie von Kindern und Jugendlichen mit sogenannten Frühstörungen. Psychotherapeut 1995; 40: 79–87.

Streeck-Fischer A. Trauma und Entwicklung. Stuttgart, New York: Schattauer 2006.

Streeck-Fischer A, van der Kolk B. Down will come baby, cradle and all: diagnostic and therapeutic implications of chronic trauma on child development. J Psychiatry 2000; 34: 903–18.

Teicher MH, Samson JA. Sticks, stones, and hurtful words: relative effects of various forms of childhood maltreatment. Am J Psychiatry 2006; 163(6): 993–1000.

Teusch L. Psychopharmaka für seelische Wunden? Die Interaktion von Psycho- und Pharmakotherapie. Psychotherapie im Dialog 2000; 1: 52–4.

Terr L. Childhood traumas: An outline and overview. Am J Psychiatry 1991; 27: 96–104.

Trowell J, Kolvin I, Weeramanthri T, Sadowski H, Berelowitz M, Glasser D, Leitch H. Psychotherapy for sexually abused girls: psychopathological outcome findings and patterns of change. Br J Psychiatry 2002; 160: 234–47.

Unnewehr S, Schneider S, Margraf J. Kinder-Dips: Diagnostisches Interview bei psychischen Störungen im Kindes- und Jugendalter. Berlin: Springer 1995.

Van der Kolk B. Developmental trauma disorder – towards a rational diagnosis for children with complex trauma histories. NCTSN.org 2007; 1–19.

Van der Kolk BA, Roth S, Pelcovitz D, Sunday S, Spinazzola J. Disorders of extreme stress: The empirical foundation of a complex adaptation to trauma. J Trauma Stress 2005; 18: 389–99.

Van der Kolk, Spinazzola J, Blaustein ME, Hopper JW, Hopper EK, Korn DL, Simpson WB. A randomized clinical trial of eye movement desensitization and reprocessing (EMDR), Fluoxetin, and pill placebo in the treatment of posttraumatic stress disorder. J Clin Psychiatry 2007; 68: 37–46.

Van Etten M, Taylor S. Comparative efficacy of treatments for posttraumatic stress disorder: a meta analysis. Clin Psychol Psychother 1998; 5: 126–45.

Van Velsen C, Gorst-Unsworth C, Turner S. Survivors of torture and organized violence: demography and diagnosis. J Trauma Stress 1996; 9: 181–93.

Vogt V, Kühn M. Definition Traumapädagogik. 2003. www.Traumapaedagogik.de.

29 Dissoziative Störungen

Romuald Brunner, Franz Resch, Carsten Spitzer und Harald J. Freyberger

Inhalt

29.1	Definition und Klassifikation	328
29.2	Epidemiologie	330
29.3	Symptomentwicklung und Komorbidität	331
29.4	Ätiologie und Pathogenese	332
29.5	Diagnostik und Differenzialdiagnosen	333
29.6	Therapie	335
29.7	Verlauf und Prognose	337
Literatur		337

Zusammenfassung

Dissoziative Störungen werden entsprechend der traditionellen Sichtweise, aber auch in den neueren Klassifikationssystemen in dissoziative Bewusstseinsstörungen und in Konversionsstörungen unterteilt. Zu den dissoziativen Bewusstseinsstörungen werden Amnesie, Fugue, Stupor, die dissoziative Identitätsstörung und das Depersonalisations- und Derealisationssyndrom gerechnet, zu den Konversionsstörungen die Bewegungsstörungen, die Krampfanfälle und die Sensibilitäts- und Empfindungsstörungen. Aufgrund fehlender Allgemeinbevölkerungsstudien lassen sich die Prävalenzraten im Kinder- und Jugendbereich nur schätzen und dürften zwischen 3 und 4 % liegen. Bei den Bewusstseinsstörungen stellen die schizophrenen Störungen und Borderline-Persönlichkeitsstörungen die bedeutsamsten Differenzialdiagnosen dar, bei den Konversionsstörungen sind differenzialdiagnostisch eine Vielzahl von körperlichen und insbesondere neurologischen Erkrankungen auszuschließen. Die Ätiologie- und Pathogenesemodelle sind multimodal und basieren wesentlich auf Konzepten der neueren Traumaforschung, auf Stressverarbeitungsmodellen und neurobiologischen Mechanismen. Kontrollierte Therapiestudien aus dem psychopharmakologischen Bereich liegen bisher nicht vor und stehen auch im Psychotherapiebereich noch aus.

29.1 Definition und Klassifikation

Die dissoziative Störung stellt gemeinsam mit der akuten und posttraumatischen Belastungsstörung das zentrale Erkrankungsbild im Bereich der stressbezogenen psychiatrischen Störungen dar. Der Kern dieser Störung besteht aus einer Störung der normalerweise integrierten Funktionen der Identität, des Gedächtnisses und des Bewusstseins sowie der unmittelbaren Empfindungen und Kontrolle der Körperbewegungen (Dilling et al. 1993). Charakteristisch sind ein überraschender Wechsel im Zugang zu Erinnerungen an die Vergangenheit, Störungen der Selbstwahrnehmung und der Wahrnehmung der Umwelt; tranceartige Zustände, stuporöse Zustände, Sensibilitäts- und Empfindungsstörungen sowie eine gestörte Kontrolle von Körperbewegungen, die sich z. B. in Form von Lähmungen äußern können (Dilling et al. 1993). Innerhalb der Gesamtgruppe der dissoziativen Störungen unterscheidet die ICD-10-Klassifikation zwei Subgruppen:
- dissoziative Bewusstseinsstörungen
- dissoziative Störungen vom Konversionstypus

Im Bereich der **dissoziativen Bewusstseinsstörungen** finden sich die folgenden Störungsbilder:
- dissoziative Amnesie (F44.0): generalisierte, selektive/lokalisierte Erinnerungsdefizite
- dissoziative Fugue (F44.1): zielgerichtete Reisen mit/ohne Identitätsverlusten
- dissoziativer Stupor (F44.2): fehlende willkürliche Bewegungen und Sprachverarmung
- multiple Persönlichkeitsstörung (dissoziative Identitätsstörung) (F44.81): alternierende Persönlichkeitszustände
- Depersonalisations- und Derealisationssyndrom (F48.1): Entfremdungserlebnisse (Selbst-, Körper- und Umwelterfahrungen)

Aus inhaltlichen Gründen wird hier das sonst in der ICD-10 anderweitig klassifizierte Depersonalisations- und Derealisationssyndrom entsprechend der nordamerikanischen Klassifikation psychischer Störungen DSM-IV (Saß et al. 1996) den dissoziativen Bewusstseinsstörungen zugeordnet.

Die wichtigsten **dissoziativen Störungen vom Konversionstypus** sind:
- dissoziative Bewegungsstörungen (F44.4): Astasie, Abasie, Ataxie, Dystonie, Dys- und Aphonie, Lähmungen
- dissoziative Krampfanfälle (F44.5): tonisch-klinische Anfälle, Ohnmachten, Anfälle gemischt mit Wutäußerungen, Hyperventilation, Stupor, Arc de cercle

- dissoziative Sensibilitäts- und Empfindungsstörungen (F44.6): Hypo-, Hyper- oder Parästhesien, Seh-, Hör- und Riechverluste
- dissoziative Störungen, gemischt (F44.7)

Während bei den dissoziativen Bewusstseinsstörungen die gestörte Selbstwahrnehmung und Störungen des Identitätsbewusstseins im Vordergrund stehen, sind bei den dissoziativen Störungen vom Konversionstypus insbesondere Störungen der Selbststeuerung vorherrschend, die sich z. B. in einem Kontrollverlust über Körperbewegungen manifestieren.

Diagnoseübergreifende gemeinsame Charakteristiken bestehen bei den dissoziativen Störungen vom Bewusstseinstypus und dem Konversionstypus (Brunner u. Resch 2008b): In Bezug auf das Ausmaß und die Schwere der Phänomene treten dissoziative Symptome entlang eines Kontinuums auf, das von unerklärten, fluktuierenden oder vorübergehenden Symptomen bis hin zu lang anhaltenden, therapeutisch schwer zugänglich chronifizierten Syndromen reicht. Dissoziative Symptome können klinisch bedeutsam sein, auch wenn das Ausmaß der Symptomatik keine Zuordnung zu einer Diagnose von einem kategorialen Rang erreicht. Der dissoziative Symptomenkomplex ist häufig im Kontext anderweitiger psychiatrischer Störungen anzutreffen (insbesondere der posttraumatischen Belastungsstörung und der Borderline-Persönlichkeitsstörung). Die Symptome scheinen der Aufrechterhaltung eines emotionalen Gleichgewichtes in der Konfrontation mit akuten oder chronischen Stressoren zu dienen und führen selbst zu einem erneuten Stresserleben, verbunden mit psychosozialen Funktionseinschränkungen (Maldonado et al. 1998). Besonders charakteristisch für die dissoziativen Störungen vom Konversionstypus ist eine hohe Chronifizierungsneigung, die mit einem spezifischen Krankheitsverhalten der Betroffenen (und ihrer elterlichen Bezugspersonen) zu einer wiederholten inadäquaten Inanspruchnahme medizinischer Dienste, die nicht selten auch mit iatrogenen Schädigungen einhergehen kann, verbunden ist. Mangelnde Krankheitseinsicht und eine schwierige Arzt-Patient-Beziehung erschweren häufig eine adäquate Diagnostik und die Einleitung fachspezifischer Behandlungen.

Typisch ist die Plötzlichkeit im Auftreten dissoziativer Zustandsbilder, jedoch wird auch ein häufiges Wiederauftreten sowie ein Symptomenwechsel innerhalb des dissoziativen Erkrankungsspektrums beobachtet (Remschmidt et al. 2006).

> Als allgemeines diagnostisches Kriterium gilt bei sämtlichen dissoziativen Störungen der fehlende Nachweis einer körperlichen Erkrankung, welche die Symptomatik ausreichend erklären kann. Diese Forderung des Nachweises einer fehlenden Organläsion als Definitionskriterium scheint im Sinne einer notwendigen neurologischen Ausschlussdiagnostik jedoch problematisch, denn die jüngsten neurobiologischen Untersuchungen weisen auf pathophysiologische Mechanismen auch in dieser klassischen Gruppe der »reaktiven Störungen« hin, die den Geist-Körper-Dualismus hinfällig machen (Sharpe u. Carson 2001).

Ebenso stellt die Forderung nach einer unwillentlichen und unbewussten Generierung der Symptomatik einen problematischen Aspekt in den Diagnosekriterien dar, da es sich derzeit um kaum zu verifizierende Konstrukte handelt. Fehlende beschreibbare pathophysiologische Mechanismen im medizinisch-naturwissenschaftlichen Verständnis waren nicht selten Ausgangsorte zur Diskreditierung der Validität der Diagnose und/oder des Diagnostikers. Ausgehend vom modernen klinisch-psychopathologischen Dissoziationskonzept wird unter Einschluss der modernen und der neurobiologischen Untersuchungsmethoden die unerklärliche Störung zunehmend erklärbar (Resch u. Brunner 2004; Ron 2001).

29.1.1 Dissoziative Bewusstseinsstörungen

Die **dissoziative Amnesie** wird als die Kernsymptomatik dissoziativer Störungen betrachtet, jedoch tritt die Störung isoliert äußerst selten auf; sie ist vielmehr Bestandteil anderweitiger dissoziativer Störungen vom Bewusstseinstypus (vor allem der dissoziativen Identitätsstörung). Patienten mit einer dissoziativen Amnesie sind sich im Allgemeinen ihrer Gedächtniseinbußen bewusst. Die Lücken beziehen sich zumeist auf autobiografische Informationen. Erinnerungen an Details der persönlichen Lebensgeschichte können häufig nur lückenhaft wiedergegeben werden. Unterschiedliche Formen amnestischer Zustände wurden beschrieben (Saß et al. 1996): Sehr selten tritt die generalisierte Form von Gedächtniseinbußen bezüglich der gesamten Lebensgeschichte auf, häufig in Verbindung mit einer dissoziativen Identitätsstörung. Selektive Amnesien (z. B. werden einige Personen oder bestimmte Ereignisse nicht erinnert) und lokalisierte Amnesien (Erinnerungsdefizite an Personen oder Ereignisse während umschriebener Zeitabschnitte) werden häufiger beobachtet.

Die **dissoziative Fugue** ist charakterisiert durch eine plötzliche, unerwartete Entfernung von zuhause oder vom Arbeitsplatz oder einer Unterbrechung der allgemeinen Aktivität, wobei die Patienten als völlig normal – ohne Anzeichen von psychopathologischen Auffälligkeiten oder kognitiven Defiziten – erscheinen (Saß et al. 1996). Manche Patienten zeigen einen Verlust ihrer Identität und nehmen eine neue Identität an, gleichzeitig besteht eine teilweise oder vollständige Amnesie für den Fugue-Zustand.

Der **dissoziative Stupor** ist gekennzeichnet durch eine deutliche Verringerung bis hin zum Fehlen der willkürlichen Bewegungen und Aktivitäten, kombiniert mit einer Sprachverarmung bis hin zum Mutismus.

Bei der **multiplen Persönlichkeitsstörung** (dissoziative Identitätsstörung) treten verschiedene Persönlichkeitszustände auf, die jeweils mit einer unterschiedlichen Biografie, Identität bzw. einer Identität mit verschiedenen Namen imponieren können. Die einzelnen Identitäten können sich unterscheiden im berichteten Alter, Geschlecht, in der Sprache, im kognitiven Niveau oder Affektausdruck (Saß et al. 1996). Die unterschiedlichen Persönlichkeiten sind sich häufig der Existenz der anderen nicht oder kaum bewusst. Das geforderte Vorhandensein mehrerer existierender alternierender Persönlichkeiten wird heute abgeschwächt zugunsten eines Konzeptes, das einen häufigen Wechsel zwischen Persönlichkeitsanteilen vertritt, wobei jedoch die Kernidentität erhalten bleibt (Putnam 1997).

Das **Depersonalisations- und Derealisationssyndrom** ist gekennzeichnet durch persistierende oder wiederkehrende Episoden von Entfremdungserleben, das sich sowohl auf das Selbst (autopsychische Depersonalisation), den Körper (somatopsychische Depersonalisation) oder die Umwelt (Derealisation) beziehen kann (Dilling et al. 1993; Klosterkötter 1988). Betroffene erleben ihr eigenes Denken, ihre Vorstellung oder Erinnerungen als fremd und unbekannt. Auch wird ein Gefühl der Trennung von Teilen des Körpers (»losgelöst«) oder eine Entfremdung von Emotionen berichtet, was zu einem roboterhaften Empfinden führen kann. Weiterhin werden sogenannte *out-of-body experiences* beschrieben, bei denen die Betroffenen berichten, als ob sie neben sich stünden und sich von Außen beobachteten. Charakteristisch ist jedoch, dass die Realitätsprüfung intakt ist. Die angstinduzierende Qualität von Depersonalisationserfahrungen führt zur Sorge der Patienten, »verrückt zu sein« (Hoffmann u. Eckhardt-Henn 2001). Derealisationsphänomene treten häufig gemeinsam mit Depersonalisationsphänomenen auf und werden von den Betroffenen als eine Entfremdung von der Umwelt beschrieben, die sie plötzlich als fremd, unbekannt oder verändert wahrnehmen (Dilling et al. 1993).

29.1.2 Konversionsstörungen

Dissoziative Störungen vom Konversionstypus können sich im gesamten Altersspektrum vielfältig manifestieren. Im Jugend- und jungen Erwachsenenalter treten am häufigsten dissoziative Bewegungsstörungen und dissoziative Krampfanfälle auf.

Die **dissoziativen Bewegungsstörungen** sind zumeist gekennzeichnet durch einen vollständigen oder partiellen Verlust der Bewegungsfähigkeit, zumeist der unteren, aber auch der oberen Extremitäten. Typisch sind auch partielle Schwächen der Extremitäten, die gleichzeitig mit einem Zittern oder Schütteln der Extremitäten verbunden sein können (Egle u. Ecker-Egle 1998).

Verschiedene Grade von Koordinationsstörungen (Ataxie) oder der Unfähigkeit, ohne Hilfe zu stehen (Astasie) oder zu gehen (Abasie), können auftreten. Die Patienten lehnen sich häufig an Begleitpersonen an, um Unterstützung für ihre Schwäche zu erhalten. Im Kindes- und Jugendalter kommt es häufig zu einer zügigen Remission der Symptomatik, jedoch können vor allem im Erwachsenenalter schwere Formen der Astasie und Abasie in einer ausgeprägten Immobilität münden. Auch die psychogene Dysarthrie und die Aphonie werden den dissoziativen Bewegungsstörungen zugeordnet.

Dissoziative Krampfanfälle zeigen eine große Bandbreite zwischen Ohnmachten sowie einer tonisch-klonischen Symptomatik, die im Ausdruck einem Grand-Mal-Anfall ähneln, bis hin zu dramatischen Ausdrucksformen wie dem »Arc de cercle« (massives Überstrecken des ganzen Körpers mit nach oben gerichtetem Körperbogen). Epilepsietypische Merkmale wie Zungenbiss, Urininkontinenz oder Verletzungen beim Sturz sind äußerst selten, eher sind begleitende stuporöse Zustände charakteristisch.

Dissoziative Sensibilitäts- und Empfindungsstörungen sind gekennzeichnet durch einen teilweisen oder vollständigen Verlust der normalen Hautempfindungen an Körperteilen und am ganzen Körper (Hypo-, Hyper- oder Parästhesien). Seh-, Hör- oder Riechverluste sind typischerweise selten vollständig; bei Sehbeeinträchtigungen wird vom Patienten häufig eine Gesichtsfeldeinschränkung im Sinne eines »Tunnelsehens« oder ein Verlust der Sehschärfe angegeben. Typisch erscheinen die Annahme der Hilfe zur Bewältigung der Funktionseinschränkungen und eine hohe Fluktuation der Symptomatik – auch in Abhängigkeit belastender oder entlastender Umgebungseinflüsse oder durch Beobachtung (Egle u. Ecker-Egle 1998). Auffällig ist häufig der geringe Leidensdruck im Kontrast zur Schwere der Symptomatik *(la belle indifference)*.

Mischbilder mit einer dissoziativen Bewusstseinssymptomatik (Amnesien, Depersonalisationserleben) in Kombination mit dissoziativen Phänomenen vom Konversionstypus treten häufig im Kontext komplexer traumatischer Belastungen auf und sind nicht selten Bestandteil eines umfassenden Störungsbildes wie der Borderline-Persönlichkeitsstörung.

29.2 Epidemiologie

Es liegen bisher keine ausreichenden systematischen Untersuchungen zur Prävalenz dissoziativer Bewusstseinsstörungen und Konversionsstörungen, weder im Jugendlichen- noch im Erwachsenenalter, vor. Prävalenzuntersuchungen über dissoziative Bewusstseinsstörungen bei Erwachsenen in der Allgemeinbevölkerung mithilfe eines strukturierten klinischen Interviews ergaben Lebenszeitprävalenzen von 2 % in Holland (Vanderlinden et al. 1993) und 7 % in Kanada (Waller u. Ross 1997) nach den diagnostischen Kriterien des DSM-IV. Frauen waren gegenüber Männern in diesen Studien deutlich überrepräsentiert (6–9 zu 1). Prävalenzuntersuchungen über dissoziative Bewusstseinsstörungen bei Jugendlichen in der Allgemeinbevölkerung liegen bislang noch nicht vor. In einer jugendpsychiatrischen Inanspruchnahmepopulation konnte eine Prävalenzrate dissoziativer Bewusstseinsstörungen von 3,7 % festgestellt werden, wobei zwei Drittel der Diagnosen auf das Depersonalisations- und Derealisationssyndrom entfielen (Brunner 2005). Prävalenzraten innerhalb erwachsenpsychiatrischer Inanspruchnahmepopulation lagen zwischen 5 und 8 % (Friedl u. Draijer 2000; Gast et al. 2001) In einer repräsentative Stichprobe (Lieb et al. 1998) von 14- bis 24-Jährigen wurde in Deutschland eine Lebenszeitprävalenz von 0,62 % festgestellt, wobei jedoch betont werden muss, dass nicht sämtliche nach der ICD-10 klassifizierten Störungen in dieser Erhebung erfasst wurden. Konversionsstörungen treten vor dem 9. Lebensjahr sehr selten auf, Untersuchungen in kinder- und jugendpsychiatrischen Stichproben weisen auf ein Verhältnis von 4–5 zu 1 zugunsten der Mädchen auf. Es dominieren im Gesamtspektrum der Konversionsstörungen dissoziative Bewegungsstörungen (vor allem Lähmungen und Gangstörungen) und Krampfanfälle (Lehmkuhl et al. 1989). Epidemiologische Untersuchungen mithilfe eines Screening-Fragebogens *(Dissociative Experiences Scale)* weisen auf eine hohe Prävalenz einzelner Symptome (z. B. Depersonalisationserleben) aus dem Gesamtspektrum dissoziativer Bewusstseinsstörungen in der Allgemeinbevölkerung bei Jugendlichen (Brunner u. Resch 2002) sowie Erwachsenen (Spitzer et al. 2005b) hin.

Tab. 29-1 Symptome und Verhaltensweisen bei Jugendlichen und jungen Erwachsenen mit pathologischer Dissoziation (nach Putnam 1997)

Primäre dissoziative Symptome

• Amnesien und Gedächtnissymptome
  – Amnesien und Blackouts
  – überraschender Wechsel in Fähigkeiten, Gewohnheiten und Wissen
  – Fugue-Episoden
  – fragmentarische autobiografische Erinnerungen
  – dissoziative Flashbacks
• Dissoziative Prozesssymptome
  – Depersonalisation, Derealisation
  – passive Beeinflussung/Interferenzerfahrungen
  – tranceartige Zustände
  – wechselhaftes Verhalten *(switching behaviors)*
  – Identitätskonfusionen, -alterationen

Assoziierte posttraumatische Symptome
• Wiedererleben traumatischer Ereignisse • Vermeidungsverhalten mit emotionalem und sozialem Rückzug • vegetative Übererregtheit
Sekundäre Symptome
• Depression, Angst, Affektlabilität • somatoforme Beschwerden • geringer Selbstwert
Tertiäre Symptome
• suizidale Impulse oder Suizidversuche, selbstverletzendes Verhalten • sexualisierte Verhaltensweisen, Drogenmissbrauch

29.3 Symptomentwicklung und Komorbidität

Die dissoziative Symptomatik wird in ihrer heutigen modernen Konzeption (Putnam 1997) als ein komplexer psychophysiologischer Prozess angesehen, der von geringfügigem physiologischem Ausprägungsgrad, z. B. exzessiven Tagträumen, über periodisch auftretende Depersonalisationszustände bis hin zu ausgeprägten psychiatrischen Störungen wie der dissoziativen Identitätsstörung reicht. Die dissoziative Kernsymptomatik wird nach dem Konzept von Putnam (1997) in **primäre dissoziative Symptome** wie Amnesien oder anderweitige Gedächtnissymptome und **dissoziative Prozesssymptome** unterschieden (Tab. 29-1). Die Tabelle 29-1 fasst weiterhin die mit der dissoziativen Kernsymptomatik häufig assoziierten psychopathologischen Auffälligkeiten zusammen.

Gerade im Kindesalter kann die Einordnung dissoziativer Symptome und Verhaltensmuster in die Bandbreite zwischen einer normalen und einer pathologischen Symptomatik schwierig sein. Imaginäre Spielgefährten und exzessive Phantasietätigkeiten werden als entwicklungsbedingte physiologische nichtpathologische dissoziative Phänomene angesehen. Diese Phänomene würden jedoch beim älteren Jugendlichen und Erwachsenen als Hinweis auf einen Realitätsverlust und als abnormale Symptomatik gelten. Grundsätzlich besteht die Gefahr, dass eine Vielzahl dissoziativer Phänomene als Entwicklungsphänomene pathologisch kategorisiert werden, obwohl sie jedoch als normal entwicklungsbezogene Aspekte der Identitätsentwicklung zu gelten haben (Putnam 1997). Aber bereits im Kindesalter könnten imaginäre Spielgefährten und exzessive Tagträume eine pathologische Bedeutsamkeit erlangen, wenn sie mit psychosozialen Funktionseinschränkungen und einer gestörten Realitätsprüfung einhergingen. Unter anhaltenden, häufig kumulierenden Belastungen können diese Mechanismen als Selbstschutz verstärkt durch die Kinder eingesetzt werden und es kann so zu einer pathologischen Ausweitung ursprünglich physiologischer Vorgänge kommen (Resch et al. 1999). Imaginäre Begleiter treten bei Kindern häufiger auf, insbesondere in der Altersperiode von fünf bis sechs Jahren. 30–60 % aller Kinder berichten dies, wobei der Anteil der Mädchen den der Jungen übersteigt (Sanders 1992). Tranceartige Zustände, exzessives Aufgesogensein in einem Spiel oder bei anderweitigen Beschäftigungen, Vor-sich-hin-Starren und zum Teil lebhafte systematisierte exzessive Tagträume und Phantasietätigkeiten fallen ebenso in das normale Spektrum kindlicher und jugendlicher Verhaltensweisen. Auch können vorübergehende Depersonalisationserfahrungen als normale Phänomene des Jugendalters auftreten. Das gehäufte Auftreten wird im Zusammenhang mit der forcierten Selbstentwicklung und Identitätsentwicklung in der Adoleszenz angesehen. Die vermehrte Selbstbeobachtung mit dem Versuch der Erklärung und Integration von wesentlichen Selbstaspekten im Zusammenhang mit der Bewältigung von Entwicklungsaufgaben kann bei Jugendlichen auch zu Identitätskonfusionen führen, die einen dissoziativen Charakter annehmen (Resch 1999).

29.4 Ätiologie und Pathogenese

Bis zum Beginn der neuzeitlichen Traumaforschung, die sich in den vergangenen 20 Jahren unter Rückgriff auf Janets Dissoziationskonzept und Forschungen auf dem Gebiet der posttraumatischen Belastungsstörung zu einem psychobiologischen Ätiologiemodell dissoziativer Störungen entwickelt hat, stand ein psychoanalytisches Verständnismodell im Vordergrund (Kapfhammer 2000). Freud (1896) sah die (hysterischen) Störungen vor allem im Zusammenhang motorischer, sensorischer und/oder charakterlicher Symptome und fokussierte auf sein Konversionskonzept, in dem die »Übersetzung« eines seelischen Konfliktes in ein körperliches Symptom im Mittelpunkt stand. Während Freud die hysterischen Störungen vorrangig als das psychodynamische Ergebnis aktiver mentaler Verdrängungsprozesse ansah, waren für Janet (1889) dissoziative Störungen Ausdruck einer autoregulativen, passiven Verarbeitung. Der zentrale Pathomechanismus war für Janet die Abspaltung bestimmter Erlebnisse aus dem Bewusstsein. Dieser dissoziative Prozess stellte für ihn ein Abwehrverhalten dar, mit dem der menschliche Organismus auf eine das alltägliche Ausmaß übersteigende Belastung reagiert. Janet sah das mentale Leben aus psychischen Elementen zusammengesetzt, die ihrerseits unter traumatischen Belastungsbedingungen in vereinzelte Automatismen abgespalten bzw. vom übrigen Bewusstsein dissoziiert werden könnten. Nach seinen Vorstellungen gehen Traumaerfahrungen jedoch nicht verloren, sondern existieren als unbewusste »fixe Idee« weiter in Form von sensorischen Wahrnehmungen, visuellen Bildern, viszeral-somatischen Empfindungen sowie automatisierten motorischen Verhaltensakten. Diese üben weiterhin Einfluss auf Wahrnehmung, Stimmung und Verhalten aus – jedoch ohne der selbstreflexiven kognitiven Kontrolle des Individuums unterworfen zu sein (vgl. Kapfhammer 2001). Janet (1889) nahm weiter an, dass eine für ihn noch unzureichend erklärbare Störung der Informationsverarbeitung den grundlegenden Pathomechanismus bildet. So sprach er davon, dass weniger die Konfrontation mit einem traumatischen Erlebnis als vielmehr Probleme in der Bewältigung der dadurch ausgelösten »vehementen Emotionen« bedeutsam seien. Die Fähigkeit zur Emotionsverarbeitung sei wiederum abhängig von Temperamentsfaktoren und vorangegangenen Lebenserfahrungen (vgl. Kapfhammer 2001).

In den heutigen **Störungsmodellen** wird – wie seit den frühen Beschreibungen aus der Mitte des 19. Jahrhunderts – die Genese der dissoziativen Störungen im Kontext der Verarbeitung traumatischer Lebenserfahrungen gesehen. Untersuchungen bestätigen einen ausgeprägt hohen Anteil biografischer Belastungen bei Patienten mit dissoziativen Identitätsstörungen (Putnam 1997), Depersonalisationsstörungen (Simeon et al. 2001) und Konversionsstörungen (Roelofs et al. 2002). Die Bedeutung umschriebener oder chronischer sexueller Traumatisierungen in der Genese dieser Krankheitsbilder gilt jedoch als überschätzt (Merckelbach u. Muris 2001). Dissoziative Reaktionen, die häufig spontan remittieren, können auch im Kontext geringfügiger oder anderweitiger Stressfaktoren gesehen werden.

Die Ätiologie dissoziativer Symptome und Syndrome wird heute im Sinne eines **Diathese-Stressmodells** verstanden (Resch u. Brunner 2004). Folgende neurobiologische Untersuchungsergebnisse liegen bislang vor: Genetische Untersuchungen liegen bisher nur im Hinblick auf erhöhte dissoziative Erlebens- und Verhaltensmuster bei Kindern und Erwachsenen aus der Allgemeinbevölkerung vor. Dem Kontinuumsmodell dissoziativen Erlebens folgend fanden Jang et al. (1998) in einer Zwillingsstudie, dass sowohl pathologisches auch nichtpathologisches dissoziatives Erleben durch eine genetische Disposition beeinflusst wird, jedoch modifiziert durch Umweltfaktoren. Genetische Untersuchungen bei dissoziativen Störungen vom kategorialen Rang fehlen bislang, sodass die Postulierung einer genetischen Diathese bisher nicht empirisch gesichert ist. Sowohl bei jugendlichen (Brunner et al. 2008) als auch erwachsenen Patienten (Sierra et al. 2002) wurde eine erhöhte physiologische Stressreagibilität im Kontext eines ausgeprägten dissoziativen Erlebens gefunden. Jedoch zeigte sich ein erhöhtes autonomes Arousal (Steigerung der Herzfrequenz, Abnahme des Hautleitwiderstandes) nur in der Konfrontation mit neutralen aversiven Reizen. In der Konfrontation mit emotionalen aversiven Reizen zeigte sich ein gegenteiliger Effekt. Sierra und Berrios (1998) erklären diesen Effekt mithilfe der sogenannten Diskonnektivitätstheorie: So postulieren die Autoren, dass ein Depersonalisationserleben Ausdruck eines gestörten Informationsaustauschprozesses zwischen dem somato-sensorischen Kortex und dem limbischen System ist, der im Rahmen eines Angstbewältigungsversuchs auftritt. Wenn die Schwelle zur Angstbewältigungsfähigkeit überschritten wird, hemmt der mediale präfrontale Kortex die Emotionsverarbeitung der Amygdala, bedingt eine Dämpfung des sympathischen autonomen Arousal und reduziert so das emotionale Empfinden. Das emotionale Betäubtsein in Stresssituationen, ein vermindertes Schmerzempfinden sowie die Beeinträchtigung bzw. der Verlust von Lebendigkeitsgefühlen in der Realitätswahrnehmung wären das klinische Korrelat dieser Verarbeitungsstörung (Sierra u. Berrios

1998). Bildgebende Untersuchungen konnten mithilfe von PET-Untersuchungen bei Patienten mit einer chronischen Depersonalisationsstörung eine verringerte metabolische Aktivität der sensorischen Areale des Kortex (visuell, akustisch und somato-sensorisch) sowie in Arealen, die für die Wahrnehmung eines integrierten Körperschemas verantwortlich sind, gefunden werden (Simeon et al. 2000). Diese Ergebnisse könnten die subjektiven Entfremdungserfahrungen der Patienten widerspiegeln. Im Bereich der Hirnmorphologie wurde bei Patienten mit einer dissoziativen Identitätsstörung ein reduziertes Volumen der Amygdala und des Hippocampus gefunden (Vermetten et al. 2006).

Im Bereich der Konversionsstörungen zeigten Untersuchungsansätze mithilfe der funktionellen Kernspintomographie eine verminderte Aktivität in den Basalganglien und Thalamusschaltkreisen bei Patienten mit einer Bewegungseinschränkung ihrer Extremitäten, jedoch zeigte sich, dass die Minderaktivierung bei einer Remission der Lähmung rückläufig war (Vuilleumier et al. 2001). Dieser Befund wurde dahingehend interpretiert, dass die dissoziativen Lähmungen durch Stresseinflüsse (vermittelt durch das limbische System) zu verschlechterten motorischen Handlungsbereitschaften führen und damit ein der normalen Willensbildung entzogenes motorisches Verhalten resultieren könne (Vuilleumier et al. 2001).

Im Hinblick auf die Genese der dissoziativen Amnesie wurde postuliert, dass eine stressbedingte Dysregulation des Neuroendokrinums und der Neurotransmittersysteme passagere Gedächtnisverluste erklärbar machen könnten. Als mögliche physiologische Grundlage wurden jedoch nicht nur stressbedingte Änderungen von Neurotransmitterausschüttungen (Kapfhammer 2001), sondern auch von Stresshormonen (Cortisol) diskutiert (Brunner et al. 2006; Schelling et al. 2004). So werden auch die mit Erschöpfungssyndromen und Schlafentzug einhergehenden dissoziativen Erlebnisweisen mit einer Störung der sensorischen Integrationsleistung des Thalamus in Zusammenhang gebracht (Kapfhammer 2001).

Im Hinblick auf die neuropsychologische Untersuchungsebene konnte bislang nicht geklärt werden, ob generelle oder spezifische Gedächtnisfunktionen bei den dissoziativen Bewusstseinsstörungen vorübergehend oder dauerhaft gestört sind. Im Rahmen der Dissoziationstheorie (Kihlstrom et al. 1994) wurde postuliert, dass es zu einem Automatisierungsverlust unter Stressbedingungen mit der Folge einer Störung in der Parallelisierung mentaler Aktivitäten und motorischer Verhaltensakte kommen kann. Eine Untersuchung an jugendpsychiatrischen Patienten (Prohl 2000) konnte zeigen, dass das Ausmaß dissoziativer Symptome mit einer Verschlechterung von Langzeitgedächtnisfunktionen verbunden war, wohingegen Hinweise auf Störungen im Bereich des Kurzzeitgedächtnisses nicht bestätigt werden konnten (Brunner 2005). Ob bestimmte Persönlichkeitsfaktoren die Entwicklung einer dissoziativen Symptomatik begünstigen könnten, ist in den letzten Jahren vermehrt Untersuchungsgegenstand gewesen (Grabe et al. 1999). Eine gesteigerte Phantasietätigkeit wurde mit einem erhöhten dissoziativen Erleben sowohl bei Jugendlichen als auch bei jungen Erwachsenen in der Allgemeinbevölkerung in Zusammenhang gebracht (Muris et al. 2003). Jedoch wurde die These vertreten, dass eine gesteigerte Phantasietätigkeit grundsätzlich nicht pathologisch sei und nur im Zusammenhang mit äußeren Faktoren, wie traumatischen Ereignissen, die Entwicklung einer manifesten dissoziativen Symptomatik begünstigen könnte (Levin et al. 2004).

29.5 Diagnostik und Differenzialdiagnosen

Charakteristisch für Jugendliche wie auch Erwachsene mit dissoziativen Störungen scheint eine signifikante Häufung psychiatrischer Komorbiditäten (Spitzer et al. 1994) sowie prolongierter Behandlungsverläufe und multipler vorangegangener psychiatrischer, neurologischer und anderweitiger medizinischer Diagnosen (Putnam 1997). Eine Vorgeschichte von multiplen Diagnosen aus den verschiedensten Störungsbereichen, die differenzialdiagnostisch abgegrenzt werden müssen (Tab. 29-2), kann einen Hinweis auf das Vorliegen einer dissoziativen Störung geben.

Die spezifische Diagnostik für beide Subgruppen der dissoziativen Störungen muss in einen gesamtdiagnostischen Prozess eingebettet sein, der neben der Erfassung einer möglichen psychiatrischen Komorbidität auch testpsychologische und körperlich-neurologische Untersuchungsverfahren einschließt. Bei der diagnostischen Erfassung der häufigsten Störungen im Bereich der dissoziativen Bewusstseinsstörungen, der Depersonalisations- und Derealisationsstörung sowie der dissoziativen Amnesie ist der Untersucher auf den Selbstbericht der Betroffenen angewiesen, während die dissoziative Fugue und die dissoziative Identitätsstörung auch durch abnorme Verhaltensmuster in Erscheinung treten. Während für einzelne Störungen aus dem Spektrum der dissoziativen Bewusstseinsstörungen (Fuguezu-

Tab. 29-2 Psychiatrische Differenzialdiagnosen bei dissoziativen Bewusstseinsstörungen

- Aufmerksamkeits-/Hyperaktivitätsstörung
- Störung des Sozialverhaltens
- depressiver Stupor
- *rapid cycling* bei bipolaren Störungen
- Schizophrenie und andere psychotische Störungen
- Borderline-Persönlichkeitsstörung
- posttraumatische Belastungsstörung
- akute Belastungsstörung
- Substanzmissbrauch
- Simulation

Tab. 29-3 Differenzialdiagnostische Aspekte zwischen Schizophrenie und Borderline-Störung (nach Steinberg 1994)

Symptombereiche	Schizophrene Störung	Borderline-Störung
dissoziative Symptome	• isolierte Depersonalisations-/Derealisationserfahrungen • prä- und postpsychotisch	• wiederkehrende bis persistierende Symptome: Amnesie, Depersonalisation/Derealisation, Identitätskonfusion/-alteration
inhaltliche Denkstörungen	• bizarre, paranoide Ideen	• hypnagoge Wahrnehmungen, szenische Ausgestaltungen
formale Denkstörungen	• inkohärentes Denken	• keine
Affekt	• Negativsymptomatik	• affektive Instabilität, Störung der Impulskontrolle
Selbstschädigung	• singuläre, schwere Handlungen	• repetitive offene oder heimliche Selbstbeschädigungen
Funktionseinschränkungen, Krankheitsverlauf	• kontinuierliche Symptomatik mit langer Remissionszeit	• Fluktuation der Symptomatik

stände, stuporöse Zustände) ein abrupter Wechsel charakteristisch ist, stellen die Gedächtnissymptome, das Entfremdungserleben und die Identitätskonfusion/-alteration eine häufig überdauernde, belastungsunabhängige Dissoziationsneigung dar, die jedoch unter Belastung weiter aggravieren kann (Brunner u. Resch 2008b). Eine differenzialdiagnostische Abgrenzung ausgeprägter Entfremdungserlebnisse von schizophrenietypischen Symptomen erscheint häufig sehr schwierig und bedarf einer sorgfältigen Diagnostik (Brunner et al. 2004; Spitzer et al. 1997; Vogel et al. 2006). Das Fehlen formaler Denkstörungen und die ich-dystone Wahrnehmung der Symptomatik sind für eine dissoziative Störung charakteristisch. Auch stellt die affektive Instabilität gegenüber der Negativsymptomatik bei schizophrenen Störungen ein wichtiges differenzialdiagnostisches Kriterium dar (Tab. 29-3).

Tabelle 29-4 enthält die wichtigsten somatischen Differenzialdiagnosen der dissoziativen Störungen vom Konversionstypus. Bei allen Formen der dissoziativen Störung vom Konversionstypus ist insbesondere eine umfassende körperlich-neurologische Diagnostik erforderlich. Zu den wichtigsten somatischen Differenzialdiagnosen zählen – neben den Anfallserkrankungen – entzündliche und raumfordernde Prozesse.

Eine zügige und vollständige, aber prioritätengeleitete somatische Untersuchung ist zum Ausschluss körperlich-neurologischer Erkrankungen dringend erforderlich, aber auch zur Angstreduktion beim Patienten und seinen Angehörigen sowie zur Vermeidung der Wiederholung körperlicher Untersuchungen zu einem späteren Zeitpunkt (Brunner u. Resch 2008b). Es lassen sich häufig in der klinischen Untersuchung bereits dissoziative Störungen von neurologischen Erkrankungen dadurch abgrenzen, dass sie nicht den morphologischen oder funktionellen anatomischen Bedingungen entsprechen (z. B. nicht den Dermatomen entsprechenden Sensibilitätsstörungen; Lähmungen erstrecken sich häufig nur über ein Gelenk, Schutzreflexe erhalten). Fluktuationen, Verstärkungen in emotional belastenden Situationen sowie Besserung unter Ablenklungen sind typische Charakteristika beim Konversionstypus (Egle u. Ecker-Egle 1998). Die nicht seltene Koinzidenz einer neurologischen Erkrankung mit einer dissoziativen Störung, z. B. bei einer Mischung von dissoziativen Krampfanfällen mit organisch bedingten epileptischen Anfällen, oder nur unzureichend erklärbare Schmerzsymptome machen eine umfassende diagnostische Einschätzung erforderlich (Spitzer et al. 2005a).

Zur psychometrischen Erfassung dissoziativer Bewusstseinssymptome wurden von der Arbeitsgruppe um Putnam Selbstberichtsinstrumente zum Einsatz bei Erwachsenen (*Dissociative Experiences Scale* [DES]; Bernstein u. Putnam 1986), Jugendlichen (*Adolescent Dissociative Experiences Scale* [A-DES];

Tab. 29-4 Übersicht über die wichtigsten Differenzialdiagnosen der dissoziativen Störungen vom Konversionstypus

Somatische Erkrankungen
- neurologische Krankheiten
  - vaskuläre Erkrankungen (z. B. Blutung, Ischämie, Vaskulitis)
  - Entzündungen (z. B. Meningoenzephalitis)
  - Epilepsien (z. B. idiopathische Formen mit Absencen, Temporallappenepilepsie, non-konvulsiver Status, postiktaler Dämmerzustand)
  - intrakranielle Raumforderungen (z. B. Gliome oder Metastasen)
  - transitorisch globale Amnesie
  - Migräne
- internistische Erkrankungen
  - diabetische Ketoazidose
  - Porphyrie
  - Morbus Addison
  - hepatische und renale Enzephalopathie

Toxikologische und pharmakogene Ursachen bzw. Störungen durch psychotrope Substanzen
- Drogenintoxikationen (z. B. LSD, Haschisch, Ecstasy, Kokain, Heroin, Halluzinogene)
- Alkoholintoxikationen
- Psychopharmaka (z. B. Benzodiazepine, Barbiturate)
- andere Medikamente (z. B. Glukokortikoide, Scopolamin und weitere Anticholinergika, Narkotika, Antikonvulsiva, Beta-Rezeptoren-Blocker)

Armstrong et al. 1997) und Kindern (*Child Dissociative Checklist* [CDC]; Putnam et al. 1993) entwickelt. Eine deutschsprachige Bearbeitung der Kinder- und Jugendlichenversion wurde von Brunner et al. (1999) vorgelegt. Eine deutschsprachige Bearbeitung der Erwachsenenversion, ergänzt um Fragen zu den dissoziativen Störungen vom Konversionstypus, wurde aus der Arbeitsgruppe um Freyberger (Freyberger et al. 1999; Spitzer et al. 2005b) vorgelegt. Zur syndromalen Zuordnung dissoziativer Störungen zur Verwendung bei Jugendlichen und Erwachsenen liegt das Heidelberger Dissoziations-Inventar (Brunner et al. 1999) vor, mit dem sich kategoriale Diagnosen sowohl aus dem Bereich der Konversionsstörungen als auch der dissoziativen Bewusstseinsstörungen nach ICD-10 und DSM-IV sichern lassen. Zur kategorialen Zuordnung dissoziativer Störungen nach dem DSM-IV-Konzept liegt weiter die deutschsprachige Bearbeitung des SKID-D (Gast et al. 2000) zur Verwendung im Erwachsenenalter vor.

29.6 Therapie

29.6.1 Psychopharmakotherapie

Bisher steht ein überzeugender Nachweis spezifischer Effekte von Psychopharmaka auf dissoziative Bewusstseinssymptome aus. Im Rahmen klinischer Beobachtungen wurde eine Abnahme des Depersonalisationserlebens im Zusammenhang mit der Einnahme von Psychopharmaka unterschiedlicher Substanzgruppen (selektive Serotonin-Wiederaufnahmehemmer, trizyklische Antidepressiva) beschrieben, die vermutlich aber durch eine allgemeine Reduktion der Affektspannung und Angstreduktion erreicht wird. In kontrollierten Therapiestudien konnte für Fluoxetin (Simeon et al. 2004) und Lamotrigen (Sierra et al. 2003) kein Effekt in der Behandlung erwachsener Patienten mit einer Depersonalisationsstörung nachgewiesen werden. Auch scheint die Ansprechbarkeit von Antidepressiva über eine Reduktion der depressiven und Angstsymptomatik im Rahmen einer Borderline-Persönlichkeitsstörung auch zu einer Abnahme der dissoziativen Symptomatik zu führen, sodass sich die Anwendung einer Pharmakotherapie auch nach dem Vorliegen einer komorbiden Störung bzw. einer Grunderkrankung, z. B. der Borderline-Persönlichkeitsstörung, ausrichten sollte.

Bei Patienten mit einer Borderline-Störung wurde zudem eine positive Wirkung von nichtselektiven Opiat-Rezeptor-Antagonisten (Naltrexon) auf dissoziative Psychopathologie beschrieben (Bohus et al. 1999; Schmahl et al. 1999). Hingegen scheint die einmalige intravenöse Gabe von Naloxon keinen Einfluss auf akute dissoziative Symptome zu haben (Philipsen et al. 2004). Daher muss bei dem derzeitigen Kenntnisstand eine sorgfältige Nutzen-Risiko-Abwägung vor der Verordnung von Opiat-Antagonisten erfolgen, zumal die genannten Substanzen keine Zulassung für diese Indikation haben (*off label use*).

Im Bereich der Konversionsstörung liegen keine kontrollierten Therapiestudien mit Psychopharmaka vor. Es bestehen jedoch Hinweise darauf, dass Patienten mit dissoziativen Bewegungsstörungen und einer depressiven Begleitsymptomatik von Antidepressiva profitieren (Voon u. Lang 2005).

Sowohl bei der Gruppe der dissoziativen Bewusstseinsstörungen als auch bei den Konversionsstörungen ist die Sicherung des Therapiebündnisses gleichermaßen bedeutsam wie schwierig. Während im Verlauf die Therapie bei den dissoziativen Bewusstseinsstörungen häufig durch ein begleitendes selbstdestruktives Verhalten (Drogenmissbrauch, selbstverletzendes und suizidales Verhalten) bedroht ist, gefährdet meist das bei den Konversionsstörungen typisch anzutreffende somatische Krankheitskonzept der Patienten und/oder deren Angehörigen das Therapiebündnis (Brunner und Resch 2008a).

29.6.2 Therapie der dissoziativen Bewusstseinsstörungen

Die dissoziative Symptomatik stellt nur selten die psychiatrische Leitsymptomatik dar, die zur Behandlungsaufnahme führt. Persönlichkeitsstörungen vom emotional instabilen Typus (zumeist vom Borderline-Typus) oder auch schwere Anpassungs- und Belastungsstörungen (akute und posttraumatische Belastungsreaktionen) bilden häufig die psychiatrischen Grunderkrankungen, bei denen die dissoziativen Erlebnis- und Verhaltensmuster charakteristisch sind. Aus diesem Grunde muss sich der Therapieansatz auch sehr wesentlich auf die Komorbidität bzw. die psychiatrische Grunderkrankung ausrichten. Im Rahmen eines Gesamtbehandlungsplans steht ein psychotherapeutisches Behandlungskonzept im Mittelpunkt (Brunner u. Resch 2008a) (Tab. 29-5).

Die Behandlung eines dissoziativen Symptomenkomplexes im Rahmen akuter oder schwerer, chronischer und kumulativer fa-

Tab. 29-5 Grundprinzipien der Therapie dissoziativer Bewusstseinsstörungen

- Beachtung aktueller oder chronischer Belastungen/Konflikte
- Berücksichtigung psychiatrischer Komorbidität (z. B. Selbstdestruktivität)
- Verminderung der Dissoziationsneigung
- Identifikation von Auslösern
- Vermeidung von Affektüberschwemmungen
- Steigerung der Affekttoleranz (Erlernen von Strategien zur Emotionsregulation)
- Pharmakotherapie im Kontext der psychiatrischen Komorbidität
- vorrangig ambulante Therapien, bei schweren Krisen stationäre Interventionen
- institutionelle Hilfen

miliärer Belastungen erfordert zumeist auch institutionelle Hilfen, um den Schutz des Kindes oder Jugendlichen vor weiteren schwerwiegenden Belastungen sicherzustellen. Bei Erwachsenen sowie Kindern und Jugendlichen liegen spezifische Therapieprogramme derzeit nicht vor, jedoch haben sich Therapiekonzepte (Bohus et al. 2000; Fleischhaker et al. 2006), die für die Behandlung von jugendlichen und erwachsenen Patienten mit einer Borderline-Persönlichkeitsstörung entwickelt wurden, als sehr günstig erwiesen. Hier handelt es sich um ein dialektisch-behaviorales Therapiekonzept, in dessen Mittelpunkt die Stärkung der Emotionsregulierung steht. Zu Beginn der Behandlung sind Maßnahmen zur Stressreduktion und zur Steigerung der Affekttoleranz erforderlich, wobei eine Reduktion der Dissoziationsbereitschaft erzielt werden sollte (Bohus u. Schmahl 2001; Brunner u. Resch 2008a; Fiedler 1999). Durch Selbstmanagementstrategien gerade für erwachsene Patienten sollte die Erfahrung einer kontrollierten (statt autoregulierten) Dissoziation ermöglicht werden (Fiedler 1999). Auch ist im Rahmen der verhaltenstherapeutischen Situationsanalyse die Identifikation der Anlässe eines Depersonalisationserlebens unerlässlich, um sinnvolle Vermeidungsstrategien (z. B. Alkoholverzicht, Fernsehen mit Gewaltszenen) bzw. die Aufnahme alternativer Aktivitäten zur Entlastung einzuüben. Auch nehmen kognitive Strategien zur Emotionsregulierung und Verbesserung der Stressbewältigung im verhaltenstherapeutischen Zugang einen besonderen Stellenwert ein (Fiedler 1999).

29.6.3 Therapie der Konversionsstörungen

Initiale Ziele der Therapie sind die Reduktion der Symptomatik, der psychosozialen Belastungen und Funktionseinschränkungen sowie im weiteren Verlauf die Begrenzung einer inadäquaten Inanspruchnahme von medizinischen Ressourcen (Kapfhammer 2000). Die Anerkennung der vorgetragenen Symptome als real ist von fundamentaler Bedeutung, eine Trennung in somatische oder psychisch generierte Symptome vonseiten des Patienten oder auch des Arztes stellt eine Barriere für eine erfolgreiche Behandlungsaufnahme dar (Brunner u. Resch 2008b). Das Krankheitskonzept der Patienten und Eltern, das Ausmaß der Überzeugung vom Vorliegen einer körperlichen Erkrankung sowie das Ausmaß der Zufriedenheit mit den körperlichen Untersuchungen und den entsprechenden Erklärungen wie die Sichtweisen bezüglich der psychiatrischen Untersuchungen stellen kritische Faktoren für eine erfolgreiche Behandlungsaufnahme dar (Eminson 2001). Eine transparente Mitteilung der psychiatrischen Diagnose ist trotz unzureichender Erklärungsmodelle erforderlich. Die Grundprinzipien der Therapie dissoziativer Störungen vom Konversionstypus sind in Tabelle 29-6 wiedergegeben (Brunner u. Resch 2008a; Spitzer et al. 2005a).

Tab. 29-6 Grundprinzipien der Therapie dissoziativer Störungen vom Konversionstypus

- Diagnosestellung einschließlich einer möglichen somatischen und psychiatrischen Komorbidität
- frühzeitige Einbeziehung psychologischer Hypothesen und vorsichtige Diagnoseeröffnung
- Beachtung des häufig anzutreffenden somatischen Krankheitsverständnisses der Betroffenen/Angehörigen
- kritikfreie Annahme der Symptomatik/kein Simulationsvorwurf
- Sicherung eines Therapiebündnisses durch ein multidisziplinäres Behandlungsteam mit Feedback-Konferenzen
- Begrenzung von Inanspruchnahme medizinischer Untersuchungen/Vermeidung iatrogener Schädigungen
- initial vorrangige Behandlung der Funktionseinschränkungen gegenüber der Konfliktdynamik
- integratives, symptomorientiertes, verhaltenstherapeutisches und psycho- und familiendynamisches Behandlungskonzept zumeist im stationären Setting

Gerade in Situationen persistierender diagnostischer Unsicherheit kann eine ansprechende Behandlung mit einer Teilremission der Störung die Behandlungsmotivation weiter fördern und damit die Möglichkeit eröffnen, die komorbiden emotionalen und möglicherweise vorliegenden Verhaltensprobleme aufzugreifen. Das Fokussieren auf eine Reduktion der Symptome ist ebenso essenziell wie die Vereinbarung eines realistischen, akzeptablen Behandlungsziels (keine Schmerzfreiheit oder absolute Sicherheit zum Ausschluss einer psychosomatischen Erkrankung). Eine interdisziplinäre Zusammenarbeit zur diagnostischen Einschätzung und Festlegung des Behandlungskonzeptes von Pädiatern bzw. Neurologen (bei erwachsenen Patienten) und von Psychiatern und Psychotherapeuten erscheint notwendig zur Vermeidung von Missinterpretationen oder verzerrten Darstellungen über diagnostische Einschätzungen bzw. therapeutische Maßnahmen (Brunner u. Resch 2008a). Handelt es sich um chronifizierte Störungen mit z. T. erheblichen psychosozialen Funktionseinschränkungen, ist die Behandlung im stationären Rahmen indiziert.

Bei beispielsweise dissoziativen Bewegungsstörungen oder Krampfanfällen bewährt sich ein integratives Behandlungskonzept, das eine symptomorientierte Therapie, konfliktaufarbeitende Psychotherapie und milieutherapeutische Maßnahmen zu einem Ganzen zusammenführt (Campo u. Fritz 2001). Das Behandlungsteam sollte die Anforderungen schrittweise an den Patienten herantragen, auch mit dem Ziel, den nicht selten bestehenden sekundären Krankheitsgewinn zu minimieren. Ausgeprägtes Rückzugs- oder Vermeidungsverhalten, verbunden mit einem primären oder sekundären Krankheitsgewinn, macht verhaltenstherapeutische Maßnahmen auch im Sinne von Verstärkerplänen unerlässlich. Die Verbindung von aktiven und passiven symptomorientierten Behandlungsformen hat sich als besonders günstig erwiesen. Als aktive Formen werden Bewegungsübungen (z. B. sukzessive Belastungen durch das Laufen mit Krücken bei dissoziativen Bewegungsstörungen), Krankengymnastik und Körpertherapie angesehen. Diese zielen auf eine Symptomreduktion unter der Selbstkontrolle der Patienten unter Wahrung ihres Gesichtes *(escape with honour)* (Maisami u. Freeman 1987). Die passiven Therapieformen umfassen z. B. Massagen und Wärmebehandlungen oder Reizstimulation und haben einen zum Teil suggestiven Charakter, der auch teilweise den regressiven Bedürfnissen der Patienten Rechnung trägt. Die angstmindernde, konfliktaufarbeitende und stützende Psychotherapie in Form einer Einzel-, Familien- und Gruppentherapie dient der Bearbeitung von auslösenden und krankheitsaufrechterhaltenden Faktoren, um Rezidive und Symptomverschiebungen vermeiden zu können (Brunner u. Resch 2008a).

29.7 Verlauf und Prognose

Während der Verlauf dissoziativer Bewusstseinsstörungen im Jugendlichen- und Erwachsenenalter mit Ausnahme von Fallstudien beinahe unbekannt ist (Putnam 1997), zeigen Verlaufsstudien bei dissoziativen Störungen vom Konversionstypus in Abhängigkeit der unterschiedlichen Störungsbilder uneinheitliche Ergebnisse (Jans u. Warnke 1999). Nach kurz- bis mittelfristigen (1–3 Jahre) Katamneseintervallen zeigten nach einer Auswertung von mehreren Verlaufsstudien 14–54 % der Patienten eine bei der Nachuntersuchung weiterhin bestehende dissoziative Symptomatik oder Syndromatik (Jans u. Warnke 1999). 20–30 % der Patienten mit anhaltenden dissoziativen Symptomatiken zeigen einen Symptomwechsel innerhalb der Gruppe der dissoziativen Störungen; dissoziative Krampfanfälle schienen gegenüber den dissoziativen Bewegungsstörungen einen schlechteren Verlauf aufzuweisen. Auch nach einem langfristigen Katamneseintervall (12 Jahre) zeigten 22,2 % von ehemals in der Frühadoleszenz behandelten Patienten mit einer Störung aus dem Gesamtspektrum der dissoziativen Störungen weiterhin eine dissoziative Störung (Schneck et al. 2002). Drei Viertel der insgesamt ehemaligen Patienten wiesen zum Nachuntersuchungszeitpunkt eine psychische Störung mit einem Schwerpunkt im Bereich der Angststörungen, der somatoformen Störungen und der Persönlichkeitsstörungen auf. Es fehlen auch bislang Verlaufsstudien, die Änderungen im Ausmaß dissoziativer Erlebens- und Verhaltensmuster im spontanen Verlauf oder in Abhängigkeit von Therapieeinflüssen untersucht haben. Während jenseits der bekannten Traumavariablen prognostisch andere Faktoren zur Genese bzw. Aufrechterhaltung dissoziativer Störungen unzureichend untersucht sind, stellt jedoch das Ausmaß an dissoziativen Erlebnissen zum Zeitpunkt des Erlebens des Traumas (die sogenannte peritraumatische Dissoziation) nach mehreren Studien einen starken Prädiktor für die Entwicklung und Aufrechterhaltung einer posttraumatischen Belastungsstörung dar (Bremner u. Narayan 1998; Ehlers et al. 1998). Nach neueren Studien gilt jedoch nicht nur das unmittelbare Ausmaß des peritraumatischen dissoziativen Erlebens, sondern insbesondere ein nach der Konfrontation mit dem Trauma anhaltendes dissoziatives Erleben als wesentlicher Prädiktor einer posttraumatischen Belastungsstörung (Murray et al. 2002). Die peritraumatische dissoziative Symptomatik bildet neben den physiologischen Reaktionen auch die Kernsymptomatik der akuten Belastungsreaktion. Eine besonders hohe Assoziation mit dissoziativen Symptomen zeigt die Borderline-Persönlichkeitsstörung sowohl im Erwachsenen- als auch im Jugendalter. Sie gilt in diesem Zusammenhang auch als Prädiktor für das Auftreten selbstschädigender Verhaltensweisen, insbesondere für das repetitive selbstverletzende Verhalten.

Literatur

Armstrong JG, Putnam FW, Carlson EB, Libero DZ, Smith SR. Development and validation of a measure of adolescent dissociation: The adolescent dissociative experiences scale. J Nerv Ment Dis 1997; 185: 491–7.

Bernstein EM, Putnam FW. Development, reliability, and validity of a dissociation scale. J Nerv Ment Dis 1986; 174: 727–35.

Bohus M, Schmahl C. Therapeutische Prinzipien der Dialektisch-Behavioralen Therapie für Borderline-Störungen. PTT 2001; 5: 91–102.

Bohus M, Landwehrmeyer GB, Stiglmayr CE, Limberger MF, Böhme R, Schmahl CG. Naltrexone in the treatment of dissociative symptoms in patients with borderline personality disorder: an open-label trial. J Clin Psychiatry 1999; 60: 598–603.

Bohus M, Haaf B, Stiglmayr C, Pohl U, Bohme R, Linehan M. Evaluation of inpatient dialectical-behavioral therapy for borderline personality disorder – a prospective study. Behav Res Ther 2000; 38: 875–87.

Bremner JD, Narayan M. The effects of stress on memory and the hippocampus throughout the life cycle: implications for childhood development and aging. Dev Psychopathol 1998; 10: 871–85.

Brunner R. Neurobiologie dissoziativer Störungen. Neuropsychologische und psychophysiologische Korrelate. Habilitationsschrift. Heidelberg: Universität Heidelberg 2005.

Brunner R, Resch F. Dissoziative Störungen des Bewusstseins im Kindes- und Jugendalter. In: Eckhardt-Henn A, Hoffmann SO (Hrsg). Dissoziative Störungen des Bewusstseins. Stuttgart: Schattauer 2002.

Brunner R, Resch F. Dissoziative Störungen. In: Remschmidt H, Mattejat F, Warnke A (Hrsg). Therapie psychischer Störungen bei Kindern und Jugendlichen. Stuttgart: Thieme 2008a; 265–77.

Brunner R, Resch F. Dissoziative und somatoforme Störungen. In: Herpertz-Dahlmann B, Resch F, Schulte-Markwort M, Warnke A (Hrsg). Entwicklungspsychiatrie. Biopsychologische Grundlagen und die Entwicklung psychischer Störungen. Stuttgart: Schattauer 2008b; 727–53.

Brunner R, Resch F, Parzer P, Koch E. Heidelberger Dissoziations-Inventar (HDI). Frankfurt/Main: Swets Test Services 1999.

Brunner R, Parzer P, Schmitt R, Resch F. Dissociative symptoms in schizophrenia: a comparative analysis of patients with borderline personality disorder and healthy controls. Psychopathology 2004; 37: 281–4.

Brunner R, Schaefer D, Hess K, Parzer P, Resch F, Schwab S. Effect of high-dose cortisol on memory functions. Ann NY Acad Sci 2006; 1071: 434–7.

Brunner R, Müller C, Parzer P, Resch F. Stress reactivity in adolescent psychiatric patients with dissociative symptomatology: Psychophysiological indicators. Psychopathology 2008; 41: 330–5.

Campo JV, Fritz GK. A management model for pediatric somatization. Psychosomatics 2001; 42: 467–76.

Dilling H, Mombour W, Schmidt MH (Hrsg). Internationale Klassifikation psychischer Störungen: ICD-10, Kapitel V (F); Klinisch-diagnostische Leitlinien der WHO. Bern: Huber 1993.

Egle UT, Ecker-Egle ML. Psychogene Störungen in der Neurologie. Dissoziative und Konversionsstörungen. Psychotherapeut 1998; 43: 247–61.

Ehlers A, Mayou RA, Bryant B. Psychological predictors of chronic posttraumatic stress disorder after motor vehicle accidents. J Abnorm Psychol 1998; 107: 508–19.

Eminson DM. Somatising in children and adolescents. 2. Management and outcomes. Adv Psychiat Treat 2001; 7: 388–98.

Fiedler P. Dissoziative Störungen und Konversion. Weinheim: Psychologie Verlags Union, Beltz 1999.

Fleischhaker C, Munz M, Bohme R, Sixt B, Schulz E. [Dialectical Behaviour Therapy for adolescents (DBT-A) – a pilot study on the therapy of suicidal, parasuicidal, and self-injurious behaviour in female patients with a borderline disorder]. Z Kinder Jugendpsychiatr Psychother 2006; 34: 15–25; quiz 6–7.

Freud S. Zur Ätiologie der Hysterie. Frankfurt: Fischer 1896.

Freyberger HJ, Spitzer C, Stieglitz RD. Fragebogen zu dissoziativen Symptomen (FDS): Deutsche Adaptation der Dissociative Experiences Scale (DES). Bern: Hans Huber 1999.

Friedl MC, Draijer N. Dissociative disorders in Dutch psychiatric inpatients. Am J Psychiatry 2000; 157: 1012–3.

Gast U, Oswald T, Zündorf F, Hofmann A. Strukturiertes Klinisches Interview für Dissoziative Störungen (SKID-D). Göttingen Bern: Hogrefe 2000.

Gast U, Rodewald F, Nickel V, Emrich HM. Prevalence of dissociative disorders among psychiatric inpatients in a German university clinic. J Nerv Ment Dis 2001; 189: 249–57.

Grabe HJ, Spitzer C, Freyberger HJ. Relationship of dissociation to temperament and character in men and women. Am J Psychiatry 1999; 156: 1811–3.

Hoffmann S, Eckhardt-Henn A. Angst und Dissoziation – zum Stand der wechselseitigen Beziehung der beiden psychischen Bedingungen. PTT 2001; 5: 28–39.

Janet P. L'automatisme psychologique. Paris: Alcan 1889.

Jang KL, Paris J, Zweig-Frank H, Livesley WJ. Twin study of dissociative experience. J Nerv Ment Dis 1998; 186: 345–51.

Jans T, Warnke A. Der Verlauf dissoziativer Störungen im Kindes- und Jugendalter – Eine Literaturübersicht. Z Kinder Jugenpsychiatr 1999; 27: 139–50.

Kapfhammer HP. Dissoziative Störungen. In: Möller HJ, Laux G, Kapfhammer HP (Hrsg). Psychiatrie und Psychotherapie. Berlin, Heidelberg, New York: Springer 2000; 1273–302.

Kapfhammer HP. Trauma und Dissoziation – eine neurobiologische Perspektive. PTT 2001; 5: 4–27.

Kihlstrom JF, Glisky ML, Angiulo MJ. Dissociative tendencies and dissociative disorders. J Abnorm Psychol 1994; 103: 117–24.

Klosterkötter J. Basissymptome und Endphänomene der Schizophrenie. Berlin: Springer 1988.

Lehmkuhl G, Blanz B, Lehmkuhl U, Braun-Scharm H. Conversion disorder (DSM-III 300.11): symptomatology and course in childhood and adolescence. Eur Arch Psychiatry Neurol Sci 1989; 238: 155–60.

Levin R, Sirof B, Simeon D, Guralnik O. Role of fantasy proneness, imaginative involvement, and psychological absorption in depersonalization disorder. J Nerv Ment Dis 2004; 192: 69–71.

Lieb R, Mastaler M, Wittchen HU. Gibt es somatoforme Störungen bei Jugendlichen und jungen Erwachsenen? Erste epidemiologische Befunde der Untersuchung einer bevölkerungsrepräsentativen Stichprobe. Verhaltenstherapie 1998; 8: 81–93.

Maisami M, Freeman JM. Conversions reactions in children as body language: a combined child psychiatry/neurology team approach to the management of functional neurologic disorders in children. Pediatrics 1987; 80: 46–52.

Maldonado JR, Butler LD, Spiegel D. Treatments for dissociative disorders. In: Nathan PE, Gorman JM (eds). A guide to treatments that work. New York: Oxford University Press 1998; 423–46.

Merckelbach H, Muris P. The causal link between self-reported trauma and dissociation: A critical review. Behav Res Ther 2001; 39: 245–54.

Muris P, Merckelbach H, Peeters E. The links between the Adolescent Dissociative Experiences Scale (A-DES), fantasy proneness, and anxiety symptoms. J Nerv Ment Dis 2003; 191: 18–24.

Murray J, Ehlers A, Mayou RA. Dissociation and post-traumatic stress disorder: two prospective studies of road traffic accident survivors. Br J Psychiatry 2002; 180: 363–8.

Philipsen A, Schmahl C, Lieb K. Naloxone in the treatment of acute dissociative states in female patients with borderline personality disorder. Pharmacopsychiatry 2004; 37: 196–9.

Prohl J. Deklarative und prozedurale Gedächtnisleistungen bei Psychiatrisch auffälligen Jugendlichen mit dissoziativen Erlebens- und Verhaltensmustern. Diplomarbeit. Heidelberg: Universität Heidelberg 2000.

Putnam FW. Dissociation in children and adolescents. A developmental perspective. New York: Guilford 1997.

Putnam FW, Helmers K, Trickett PK. Development, reliability and validity of a child dissociation scale. Child Abuse Negl 1993; 17: 731–41.

Remschmidt H, Schmidt MH, Poustka F. Multiaxiales Klassifikationsschema für psychische Störungen des Kindes- und Jugendalters nach ICD-10 der WHO. Bern, Göttingen, Toronto, Seattle: Huber 2006.

Resch F. Entwicklungspsychopathologie des Kindes- und Jugendalters. Weinheim: Psychologie Verlags Union 1999.

Resch F, Brunner R. Dissoziative Mechanismen und Persönlichkeitsentwicklung. In: Eckhardt-Henn A, Hoffmann S (Hrsg). Dissoziative Bewusstseinsstörungen: Theorie, Symptomatik, Therapie. Stuttgart: Schattauer 2004; 74–93.

Resch F, Parzer P, Brunner R. Zur Störung der Persönlichkeitsentwicklung. PTT 1999; 3: 49–52.

Roelofs K, Keijsers GP, Hoogduin KA, Naring GW, Moene FC. Childhood abuse in patients with conversion disorder. Am J Psychiatry 2002; 159: 1908–13.

Ron M. Explaining the unexplained: understanding hysteria (editorial). Brain 2001; 124: 1065–6.

Sanders B. The imaginary companion experience in multiple personality disorder. Dissociation 1992; 5: 159–62.

Saß H, Wittchen HU, Zaudig M (Hrsg). Diagnostisches und Statistisches Manual Psychischer Störungen DSM-IV. Deutsche Bearbeitung des Diagnostic and Statistical Manual of Mental Disorders der American Psychiatric Association. Göttingen: Hogrefe 1996.

Schelling G, Roozendaal B, De Quervain DJ. Can posttraumatic stress disorder be prevented with glucocorticoids? Ann NY Acad Sci 2004; 1032: 158–66.

Literatur

Schmahl C, Stiglmayr C, Böhme R, Bohus M. Behandlung von dissoziativen Symptomen bei Borderline-Persönlichkeitsstörungen mit Naltrexon. Nervenarzt 1999; 70: 262–4.

Schneck S, Ellgring H, Warnke A. Der Verlauf dissoziativer Störungen im Kindes- und Jugendalter. In: XXVII. Kongress der Deutschen Gesellschaft für Kinder- und Jugendpsychiatrie und Psychotherapie, 3.–6. April 2002, Berlin.

Sharpe M, Carson A. »Unexplained« somatic symptoms, functional syndromes, and somatization: Do we need a paradigm shift? Ann Intern Med 2001; 134: 926–30.

Sierra M, Berrios GE. Depersonalization: neurobiological perspectives. Biol Psychiatry 1998; 44: 898–908.

Sierra M, Senior C, Dalton J, McDonough M, Bond A, Phillips ML, O'Dwyer AM, David AS. Autonomic response in depersonalization disorder. Arch Gen Psychiatry 2002; 59: 833–8.

Sierra M, Phillips ML, Ivin G, Krystal JH, David AS. A placebo-controlled, cross-over trial of lamotrigine in depersonalisation disorder. J Psychopharmacol (Oxf) 2003; 17: 103–5.

Simeon D, Guralnik O, Hazlett EA, Spiegel-Cohen J, Hollander E, Buchsbaum MS. Feeling unreal: a PET study of depersonalization disorder. Am J Psychiatry 2000; 157: 1782–8.

Simeon D, Guralnik O, Schmeidler J, Sirof B, Knutelska M. The role of childhood interpersonal trauma in depersonalization disorder. Am J Psychiatry 2001; 158: 1027–33.

Simeon D, Guralnik O, Schmeidler J, Knutelska M. Fluoxetine therapy in depersonalisation disorder: randomised controlled trial. Br J Psychiatry 2004; 185: 31–6.

Spitzer C, Freyberger HJ, Kessler C, Kömpf D. Psychiatrische Komorbidität dissoziativer Störungen in der Neurologie. Nervenarzt 1994; 65: 680–8.

Spitzer C, Haug HJ, Freyberger HJ. Dissociative symptoms in schizophrenic patients with positive and negative symptoms. Psychopathology 1997; 30: 67–75.

Spitzer C, Grabe HJ, Barnow S, Freyberger HJ. Dissoziative Störungen mit pseudoneurologischer Konversionssymptomatik – Besonderheiten und Therapieempfehlungen. Psychodynamische Psychotherapie 2005a; 4: 162–72.

Spitzer C, Stieglitz RD, Freyberger HJ. Der Fragebogen zu Dissoziativen Symptomen (FDS). Ein Selbstbeurteilungsverfahren zur syndromalen Diagnostik dissoziativer Phänomene. Testmanual zur Kurz- und Langform (FDS-20 und FDS). 2., überarb., erw. Aufl. Bern: Huber 2005b.

Steinberg M. Structured clinical interview for DSM-IV dissociative disorders (SCID-D-R). Washington, DC: American Psychiatric Press 1994.

Vanderlinden J, Van Dyck R, Vandereycken W, Vertommen H. Dissociation and traumatic experiences in the general population in the Netherlands. Hosp Community Psychiatry 1993; 786–8.

Vermetten E, Schmahl C, Lindner S, Loewenstein RJ, Bremner JD. Hippocampal and amygdalar volumes in dissociative identity disorder. Am J Psychiatry 2006; 163: 630–6.

Vogel M, Spitzer C, Barnow S, Freyberger HJ, Grabe HJ. The role of trauma and PTSD-related symptoms for dissociation and psychopathological distress in inpatients with schizophrenics. Psychopathology 2006; 39: 236–42.

Voon V, Lang AE. Antidepressant treatment outcomes of psychogenic movement disorder. J Clin Psychiatry 2005; 66: 1529–34.

Vuilleumier P, Chicherio C, Assal F, Schwartz S, Slosman D, Landis T. Functional neuroanatomical correlates of hystericla sensorimotor loss. Brain 2001; 124: 1077–90.

Waller NG, Ross CA. The prevalence and biometric structur of pathological dissociation in the general population: taxometric and behavior genetic findings. J Abnorm Psychol 1997; 106: 499–510.

30 Essstörungen

Ulrike M. E. Schulze und Jörn von Wietersheim

Inhalt

30.1	Definition und Klassifikation	340
30.2	Historische Aspekte	342
30.3	Epidemiologie	342
30.4	Symptomentwicklung und Komorbidität	342
30.5	Ätiologie und Pathogenese	345
30.6	Diagnostik und Differenzialdiagnosen	349
30.7	Therapie	349
30.8	Verlauf und Prognose	351
Literatur		352

Zusammenfassung

Das folgende Kapitel widmet sich den Essstörungen **Anorexia nervosa** und **Bulimia nervosa**. Während die Anorexia nervosa durch einen selbst herbeigeführten, absichtlichen Gewichtsverlust gekennzeichnet ist, stehen bei der Bulimia nervosa die wiederholten Episoden von Essanfällen *(binge eating)* im Vordergrund (Keel u. Klump 2003). Beiden gemeinsam sind eine krankhaft veränderte Wahrnehmung der Figur und des Gewichts und damit eine hohe Unzufriedenheit mit dem eigenen Körper. Letzteres stellt einen Risikofaktor für die Manifestation einer Essstörung dar und scheint auch die Prognose zu beeinflussen. Besonders bei der Bulimia nervosa spielen kulturbedingte Faktoren wie ein übertriebenes Schlankheitsideal eine große Rolle, bei der Anorexia nervosa ist dies eher umstritten.

Der Krankheitsverlauf von Anorexia nervosa und Bulimia nervosa ist oft langfristig, ein Teil der Patientinnen wird chronisch krank. Beide Erkrankungen beginnen häufig in der Adoleszenz, daher ist dieser Zeitraum wichtig und oftmals auch entscheidend für den mehr oder weniger geglückten Wechsel in die Welt der Erwachsenen. Von weiterer Bedeutung ist in diesem Zusammenhang auch die gegebenenfalls bestehende psychiatrische Komorbidität der einzelnen Patientin. Häufig sind auch die sogenannten atypischen Formen dieser Störungen. Bei diesen sind die Diagnosekriterien für das Vollbild der Essstörung nicht vollständig erfüllt oder die Symptome liegen nur in abgeschwächter Form vor (Wade et al. 2006). Dies führte in den vergangenen Jahren zu der Forderung, diese atypischen Patientengruppen gezielt zu untersuchen bzw. die bisher vorliegenden Diagnosekriterien kritisch zu überarbeiten (Hebebrand et al. 2004).

Ungeachtet des Ausprägungsrades einer vorliegenden Essstörung sollte eine Erkennung der Symptomatik im präventiven Sinne möglichst früh erfolgen, da dies zu einer Verbesserung der Heilungschancen führt (Le Grange et al. 2004).

30.1 Definition und Klassifikation

Die **Anorexia nervosa** ist definiert als selbst herbeigeführtes Untergewicht bzw. eine unzureichende Zunahme des Körpergewichts bei zunächst altersgemäß erfolgendem Längenwachstum (Körpergewicht < 85 % des zu erwartenden Gewichtes bzw. Body-Mass-Index < 10. Altersperzentile bzw. < 17,5 bei erwachsenen Patienten). Die Maßnahmen zur Gewichtsreduktion liegen in der Vermeidung hochkalorischer Speisen oder dem Einsatz sogenannter gegensteuernder Maßnahmen, wie Erbrechen, motorische Hyperaktivität oder missbräuchliche Einnahme von Medikamenten (z. B. Laxanzien, Diuretika, Schilddrüsenhormone) (Tab. 30-1).

Ein weiteres Kernsymptom ist – bei weiblichen Patienten – das Ausbleiben der Menstruationsblutung (sekundäre Amenor-

Tab. 30-1 Diagnostische Kriterien der Anorexia nervosa (ICD-10; nach Dilling et al. 2005)

A.	Gewichtsverlust oder bei Kindern fehlende Gewichtszunahme; dies führt zu einem Körpergewicht von mindestens 15 % unter dem normalen oder dem für das Alter und die Körpergröße zu erwartenden Gewicht
B.	Gewichtsverlust ist selbst herbeigeführt durch Vermeidung von »fett machenden« Speisen
C.	Selbstwahrnehmung als »zu fett«, verbunden mit einer sich aufdrängenden Furcht, zu dick zu werden; die Betroffenen legen für sich selbst eine sehr niedrige Gewichtsschwelle fest
D.	umfassende endokrine Störung der Hypothalamus-Hypophysen-Gonaden-Achse, sie manifestiert sich bei Frauen als Amenorrhö, bei Männern als Interessenverlust an Sexualität und Potenzverlust; eine Ausnahme stellt das Persistieren vaginaler Blutungen bei anorektischen Frauen dar, die eine Hormonsubstitution erhalten (meist als kontrazeptive Medikation)
E.	die Kriterien A. und B. für eine Bulimia nervosa werden nicht erfüllt

rhö) an mindestens drei aufeinanderfolgenden Zyklen oder die primäre Amenorrhö als Korrelat der gestörten Interaktion auf der Ebene der Hypothalamus-Hypophysen-Gonaden-Achse bzw. als Ausdruck einer verzögerten Abfolge pubertärer Entwicklungsschritte. Darüber hinaus besteht bei Patientinnen mit Anorexia nervosa eine sogenannte Körperschemastörung. Sie nehmen sich – entgegen der objektiven Wahrnehmung durch Dritte – insbesondere in bestimmten Körperbereichen (Bauch, Oberschenkel) als zu dick wahr. Hiermit verbunden ist eine als überwertige Idee vorliegende Angst vor dem Zunehmen.

! Die pathologische Wahrnehmung der eigenen Körperproportionen sistiert nicht automatisch mit einer Normalisierung des Körpergewichts.

Im Gegensatz zur ICD-10, die von einer atypischen sowie typischen Form der Anorexia nervosa ausgeht, nehmen die Diagnosekriterien der American Psychiatric Association (APA, DSM IV, 2000) eine zusätzliche Differenzierung in den »restriktiven« Typus sowie den *binge eating/purging type* der anorektischen Essstörung vor. Diesbezüglich gibt es in der ICD-10 (Dilling et al. 2005) keine eindeutigen Richtlinien.

! Eine Sondergruppe stellen die an einem Typ-I-Diabetes erkrankten Mädchen bzw. jungen Frauen dar, deren *Purging*-Verhalten oftmals in einer Reduktion oder dem Weglassen der erforderlichen Insulin-Dosis besteht. Die Koinzidenz von Essstörung und somatischer Grunderkrankung birgt durch die gegenseitige Potenzierung möglicher Komplikationen ein erhöhtes Risiko für die Manifestation negativer somatischer Folgen sowie eine erhöhte Mortalität (Schulze et al. 2007).

Die **Bulimia nervosa** ist charakterisiert durch wiederholte »objektive« Essattacken, bei denen große Nahrungsmengen konsumiert werden (Tab. 30-2). Als häufigste gegensteuernde Maßnahme wird die Methode des selbst induzierten Erbrechens eingesetzt. Darüber hinaus kommt es jedoch auch zum missbräuchlichen Einsatz von Laxanzien und/oder Diuretika oder anderen Medikamenten, welche eine Gewichtsreduktion herbeiführen sollen. Zumindest im Erwachsenenalter wurde der Missbrauch von Abführmitteln mit einem erhöhten Ausmaß psychopathologischer Beeinträchtigung assoziiert.

Während Patientinnen mit Anorexia nervosa überwiegend »gesunde« Nahrungsmittel konsumieren, ist die Bulimia nervosa mit einem Kohlehydrat-Hunger bzw. einer Gier (*craving*) nach »verbotenen« Nahrungsmitteln verbunden. Das Hunger- und Sättigungsgefühl ist häufig beeinträchtigt. Auch wurden bei Patientinnen mit Bulimia nervosa eine verlangsamte Magenentleerung bzw. eine vergrößerte Magenkapazität sowie eine erniedrigte postprandiale Cholecystokinin-(CKK-)Ausschüttung und anormale Funktion des Nervus vagus nachge-

Tab. 30-2 Diagnostische Kriterien der Bulimia nervosa (ICD-10; Dilling et al. 2005)

A.	häufige Episoden von Essattacken (in einem Zeitraum von 3 Mo. mind. 2-mal/Wo.), bei denen eine große Menge an Nahrung in sehr kurzer Zeit konsumiert wird
B.	andauernde Beschäftigung mit dem Essen, eine unwiderstehliche Gier oder Zwang zu essen
C.	Patienten versuchten, der Gewichtszunahme durch die Nahrung mit einer oder mehreren der folgenden Verhaltensweisen entgegenzusteuern: • selbst induziertes Erbrechen • Missbrauch von Abführmitteln • zeitweilige Hungerperioden • Gebrauch von Appetitzüglern, Schilddrüsenpräparaten oder Diuretika. Wenn die Bulimie bei Diabetikern auftritt, kann es zu einer Vernachlässigung der Insulinbehandlung kommen
D.	Selbstwahrnehmung als »zu fett« mit einer sich aufdrängenden Furcht, zu dick zu werden (was meist zu Untergewicht führt)

wiesen. Das Essverhalten bulimischer Patientinnen ist auch außerhalb der Essanfälle oft gestört. So kommt es zu häufigen Diäten, Mahlzeiten werden vermieden, oft besteht kein strukturiertes Essverhalten mehr.

! Die klinische Unterscheidung zwischen typischen und atypischen Formen der Bulimia nervosa bezieht sich lediglich auf die Objektivierbarkeit der Essanfälle und die Frequenz des sogenannten *Purging*-Verhaltens (Einsatz gegensteuernder Maßnahmen) (Le Grange et al. 2004).

Das Essen ohne Gewichtszunahme wird zunächst als befriedigend erlebt, bis es allmählich zum Kontrollverlust kommt. Hieraus resultiert ein Teufelskreis aus Essanfällen und dem Einsatz gegensteuernder Maßnahmen, welcher zu einer Steigerung von Frequenz, Dauer und Menge der Essanfälle führt. Gefühle der Depression, Angst und Frustration werden durch die bisweilen durch Alkohol getriggerte Symptomatik vorübergehend aufgelöst bzw. vermindert und münden zunächst in Erleichterung, bis schließlich eine innere »Leere« empfunden wird.

Bulimische Phasen wechseln sich häufig mit Episoden restriktiver Nahrungszufuhr ab. Die Patientinnen sind meist normal- oder untergewichtig, leiden jedoch ebenfalls unter der Vorstellung, zu dick zu sein. Häufig liegt bei Patientinnen mit Bulimia nervosa eine Störung der Impulskontrolle vor. Diese äußert sich teilweise in unkontrolliertem Geldausgeben oder Genussmittel- und Medikamentenabusus. Teilweise gehen den Essattacken Ladendiebstähle voraus.

30.2 Historische Aspekte

Extremes Fasten ist schon in der Literatur des Mittelalters beschrieben. Dennoch finden sich deutliche Unterschiede zur heutigen **Magersucht**: So gab es ein asketisch-mystisches Fasten, das eher mit einer asketischen Lebensweise und religiös-mystischen Erlebnissen in Verbindung gebracht wird, es trat überwiegend im Spätmittelalter auf. Weiterhin gab es die sogenannten »säkularen Fastenwunder« des 16. bis 19. Jahrhunderts, die sich eher durch sekundären Krankheitsgewinn und Passivität auszeichneten. Krankheitsberichte, die dem heutigen Verständnis der Magersucht nahekommen, stammen aus der Zeit um 1860–1870 von den Franzosen Marcé und Lassègue sowie dem Italiener Brugnoli (Habermas 1997). In den Jahren 1920–1940 finden sich gehäuft Berichte über Patientinnen, die allerdings meist als seltene endokrine Krankheit fehldiagnostiziert wurden. Seit etwa 1960 gibt es eine immer größer werdende Zahl von Berichten und Studien zu diesem Störungsbild. Eine Zunahme der Inzidenz scheint es nach 1950 bis etwa 1970 gegeben zu haben (Habermas 1997; Russell 1994), seitdem ist ein Anstieg in der Häufigkeit nicht mehr nachzuweisen.

Die **Bulimia nervosa** wurde 1979 von Russell und Slade in England und von Igoin in Frankreich definiert. Zunächst war die Störung eher als atypische Form der Magersucht verstanden worden. Das immer häufigere Auftreten von Patientinnen mit normalem Gewicht, Essanfällen und restriktiven Symptomen führte dann zur Definition einer neuen eigenständigen Diagnosegruppe. Nach Einschluss der Bulimia nervosa in die diagnostischen Schemata ICD und DSM kam es zu einem deutlichen Anstieg diagnostizierter Fälle. Einige neuere Arbeiten zeigen, dass die Rate der Prävalenz seit etwa einem Jahrzehnt rückläufig ist.

30.3 Epidemiologie

Die Lebenszeitprävalenz der **Anorexia nervosa** wird mit 0,5–1 % angegeben (APA 2000, 2006). Im Gegensatz zur Bulimia nervosa zeigte sich hier während des 20. Jahrhunderts nur ein geringer globaler Anstieg (Hoek u. van Hoeken 2003; Keel u. Klump 2003). Die Inzidenz war bis in die 1970er Jahre des vergangenen Jahrhunderts ansteigend und scheint seither eher stabil (Hoek 2006). Sie ist unter den Mädchen zwischen 10 und 19 Jahren am höchsten und beträgt 34,6 pro 100 000 (weibliches Geschlecht gesamt: 19 pro 100 000) (Pawluck u. Gory 1998). Das Geschlechterverhältnis beträgt 12 : 1 zugunsten des weiblichen Geschlechts (Currin et al. 2005).

Im Unterschied zu weiblichen Patienten scheinen im Falle einer Erkrankung von Jungen bzw. jungen Männern das Streben nach Schlankheit weniger ausgeprägt und die körperbezogenen Gedankeninhalte eher auf eine idealisierte Maskulinität denn ein exakt zu erreichendes Gewicht bezogen zu sein. So werden männliche Jugendliche bei ansonsten weitgehend deckungsgleichen prämorbiden Charakteristika als im Vorfeld athletischer beschrieben (Anderson 1990; Crisp et al. 1986; Muise et al. 2003).

Die Lebenszeitprävalenz der **Bulimia nervosa** wird mit 0,3–1 % benannt (Hoek 2006). Der Beginn der Erkrankung ist meist später als bei der Anorexia nervosa. Altersgipfel in Bezug auf Ersterkrankungen liegen zwischen 15,7 und 18,1 Jahren (Fairburn et al. 2000; Herzog et al. 1992). Insgesamt liegen nur wenige Inzidenzstudien vor, die Anzahl der Neuerkrankungen scheint jedoch seit der zweiten Hälfte der 1990er Jahre eher rückläufig zu sein (6,6 pro 100 000 im Jahre 2000, 95%-KI: 5,3–7,9) (Currin et al. 2005; Hoek 2006). Dies ist vermutlich zumindest teilweise durch eine Veränderung soziokultureller Faktoren hinsichtlich der Figur-assoziierten Selbstwahrnehmung begründet (Keel et al. 2006). Männliche essgestörte Patienten erkranken später am Vollbild einer bulimischen Störung als weibliche (Carlat et al. 1997); während Jungen mit Bulimia nervosa ein Fünftel aller Erkrankten repräsentieren (Steiner u. Lock 1998), tun Männer dies bereits zu einem Zehntel (Steiger u. Séguin 1999).

> **!** Übersichten zu **Anorexia nervosa und Bulimia nervosa bei männlichen Patienten** zeigten einen engen Zusammenhang mit vorhandener homo- und bisexueller Orientierung unter den Erkrankten (Bramon-Bosch et al. 2000; Carlat et al. 1997).

Insgesamt scheint sich der Anteil männlicher Patienten unter Berücksichtigung derer mit einer atypischen Form der Essstörung deutlich zu erhöhen (2,9 : 1; Woodside et al. 2001).

30.4 Symptomentwicklung und Komorbidität

30.4.1 Psychiatrische Komorbidität

Studien zur **Anorexia nervosa** zeigen einen hohen Anteil psychiatrisch komorbider Störungen, welche die Heilung von der Essstörung häufig überdauern. Im Vordergrund stehen neben depressiven Störungen (ca. 50–75 %) insbesondere die Persönlichkeitsstörungen (bis zu 50 %) der Patientinnen. Der Anteil der einer Essstörung vorausgehenden Angststörungen ist ebenfalls hoch und scheint deren Erstmanifestation zu »begünstigen«. Die häufigste komorbide Angststörung während der akuten Essstörung ist die soziale Phobie, welche, unzureichend therapiert, negative Auswirkungen auf die Prognose zeigen kann. Über

30.4 Symptomentwicklung und Komorbidität

Tab. 30-3 Somatische Komplikationen bei Patientinnen mit Anorexia nervosa (nach APA 2006)

Organsystem	Symptome	Zeichen	Untersuchungsergebnisse
gesamter Körper	vom Ausmaß der Mangelernährung abhängige Zunahme der Symptomausprägung	niedriges Körpergewicht, Dehydrierung, Hypothermie, Kachexie	• Gewicht/BMI: niedrig • Anthropometrie: geringer Körperfettanteil
kardiovaskuläres System	Palpitationen, Schwäche, Zittrigkeit, Kurzatmigkeit, Schmerzen im Brustraum, kühle Extremitäten	Bradykardie, orthostatische Dysregulation, schwacher, unregelmäßiger Puls, Akrozyanose	• EKG: Bradykardie oder Arrhythmie, QT-Verlängerung[1], QT-Auflösung korreliert mit Gewichtsverlust, verlängertes PR-Intervall, AV-Block °[1], ST-T-Wellen-Anomalitäten • Echokardiogramm: Mitralklappenprolaps, Perikarderguss • Röntgen-Thorax: kleines Herz
ZNS	Apathie, Konzentrationsschwäche	kognitive Beeinträchtigung, ängstlich-depressive und irritierbare Stimmungslage in schweren Fällen: zerebrale Krampfanfälle, periphere Neuropathie	• CT: Ventrikelerweiterung • MRT: verminderte graue und weiße Substanz • EEG: unspezifische Veränderungen • selten: Krampfäquivalente
endokrin-metabolisches System	Müdigkeit, Kälteintoleranz, Diurese	niedrige Körpertemperatur (Hypothermie)	• Serumuntersuchung: Elektrolytverschiebungen inkl. Hypokaliämie, Hypomagnesiämie, Hypophosphatämie (Realimentierungsphase), Hypercholesterinämie, Hyperkortisolämie • Schilddrüsenfunktionsparameter: Low-T_3-Syndrom • Vitamin-Essays: in schweren Fällen Folsäure-, Vitamin-B_{12}-, Thiazin- und Niacin-Mangel
gastrointestinales System	Erbrechen, Bauchschmerzen, Meteorismus, Verstopfung	Blähungen nach Nahrungsaufnahme, auffälliger abdomineller Auskultationsbefund (Geräusche), akute Magenblähung (selten) bei selbst induziertem Erbrechen: benigne Hyperplasie der Parotiden, Karies, Gingivitis bei Vitaminmangel: anguläre Stomatitis, Glossitis, Diarrhö	• Leberfunktion: gelegentlich abnormale Leberfunktionsparameter; weitere Tests: erhöhte Serumamylase bei selbst induziertem Erbrechen; selten: Hinweise auf Pankreatitis • gastrische Motilitätsüberprüfung: verlangsamte Magenentleerung, verlängerte Darmpassagezeit, anorektale Dysfunktion • Endoskopie: Ösophagitis (Barrett) • Radiologie: selten Arteria-mesenterica-superior-Syndrom, Pankreatitis • Stuhluntersuchung: gelegentlich positiv auf Guajakharz bei Laxanzienmissbrauch
genitourethrales System	erhöhtes oder vermindertes Urinvolumen		• Nierenfunktionstests: erhöhte Harnstoffwerte, erniedrigte glomeruläre Filtrationsrate, erniedrigtes Serumkreatinin aufgrund erniedrigten Körpermuskelanteils (normaler Wert könnte das Vorliegen einer Azotämie anzeigen) • selten: Nierenversagen • weitere Nierenbefunde: Nierensteine, hypovolämische Nephropathie, hypokaliämische Nephropathie
Hämatologie	Müdigkeit, Kälteintoleranz	Blutgerinnungsstörungen	• Blutbild: Anämie (normo-, mikro- oder makrozytär), Leukopenie mit relativer Lymphozytose, erniedrigte Erythrozyten-Sedimentationsrate, Thrombozytopenie, Blutgerinnungs-Faktoren-Anomalien (selten) • andere Blutparameter: erniedrigte Serumkonzentrationen von Ferritin, Vitamin B_{12}, Folsäure

Tab. 30-3 Somatische Komplikationen bei Patientinnen mit Anorexia nervosa (nach APA 2006) *(Fortsetzung)*

Organsystem	Symptome	Zeichen	Untersuchungsergebnisse
Immunsystem	• weniger Infekte als erwartet	• keine (ggf. virale Infekte während Realimentierungsphase), verminderte Fieberantwort bei bakteriellen Infekten	• zahlreiche unerklärte Immunsystem-Anomalien, Anomalien bezüglich des Tumor-Nekrose-Faktors und der Interleukine
Integument	• Haarveränderungen inkl. Haarverlust, trockenes und brüchiges Haar, Gelbfärbung der Gesichtshaut	• Lanugobehaarung, Anzeichen von Selbstverletzungen, zahlreiche Anomalitäten im Hautbereich einschließlich Xerodermie, Carotinodermie und Akne	• Vitamin-Essays: erhöhtes Serumcarotin • in schweren Fällen: Vitamin-Mangel (z. B. Niacin)
Muskelsystem	• Symptome eher ungewöhnlich, mit schwerer Malnutrition verbundene oder Ipecac-assoziierte Myopathie, muskuläre Schwäche, Muskelschmerzen, Krämpfe	• in schweren Fällen: Muskelschwund	• Enzymtests: mit schwerer Malnutrition Kreatinkinase- und andere Muskelenzym-Anomalitäten
pulmonales System	• mit schwerer Malnutrition: verminderte Atemkapazität	• bei schwer kranken Patienten: Schwund der Atemmuskeln	• Lungenfunktionstests: verminderte pulmonale Kapazität
Reproduktionssystem	• gehemmte Entwicklung sekundärer Geschlechtsmerkmale und der sexuellen Reife, vermindertes sexuelles Interesse, Libidoverlust	• Ausbleiben der Menstruationsblutung oder primäre Amenorrhö, gehemmte sexuelle Entwicklung oder Rückbildung sekundärer Geschlechtsmerkmale, Fertilitätsstörungen, höhere Rate an Schwangerschafts- und neonatalen Komplikationen	• Serumgonadotropine: erniedrigtes Serumöstrogen bei weiblichen, erniedrigtes Serumtestosteron bei männlichen Patienten, präpubertale Voraussetzungen für LH- und FSH-Sekretion • Ultraschall: vermindertes/ausbleibendes Follikelwachstum und/oder fehlender sprungreifer Follikel
Skelettsystem	• Knochenschmerzen bei Bewegung	• punktuelle Schmerzen • in schweren Fällen: Stillstand des Skelettwachstums, Minderwuchs	• Radiologie: erhöhte Rate pathologischer Stressfrakturen • manchmal: verzögertes Knochenalter • DEXA: Osteopenie oder Osteoporose insbesondere der Hüfte und der Lendenwirbelsäule

[1] Wurde mit plötzlichem Herztod in Verbindung gebracht, normalerweise Normalisierung mit Realimentierung

CT = Computertomogramm; DEXA = *dual energy X-ray absorptiometry*; EKG = Elektrokardiogramm; EEG = Elektroenzephalogramm; FSH = follikelstimulierendes Hormon; LH = luteinisierendes Hormon; MRT = Magnetresonanztomographie zwei Drittel aller Patienten mit Anorexia nervosa entwickeln mindestens einmal im Leben eine Angststörung, meist oft im Vorfeld einer ersten schweren depressiven Episode (Godart et al. 2002, 2006; Goodwin u. Fitzgibbon 2002).

Eine Sonderstellung nimmt der Perfektionismus anorektischer Patientinnen mit einem Streben nach Exaktheit und Symmetrie ein. Dieser besteht häufig bereits im Vorfeld der Erkrankung und persistiert oftmals unabhängig von deren Heilung (Bardone-Cone et al. 2007; Srinivasagam et al. 1995).

Auch zurückliegende Traumata, vor allem in Bezug auf Misshandlung bzw. die negativen Auswirkungen dysfunktionaler familiärer Strukturen, müssen im Zusammenhang mit einem *Purging*-Verhalten anorektischer Patientinnen erwähnt werden. Hiermit verbunden ist – durch Schwierigkeiten im Umgang mit Ärger und Aggression – ein erhöhtes Risiko für autoaggressive Handlungen. Die Lebenszeitprävalenz selbstverletzenden Verhaltens bei essgestörten Patienten liegt zwischen 40 und 50 %. Orientierend kann eine Einteilung in zwanghafte (z. B. Haare ausreißen) und impulsive (z. B. Ritzen) Handlungen vorgenommen werden (Truglia et al. 2006). Daneben ist – insbesondere im Zusammenhang mit späteren möglichen Suizid(versuch)en – der Substanzmissbrauch von besonderer prognostischer Relevanz.

Bei der **Bulimia nervosa** leidet mehr als die Hälfte aller essgestörten Patientinnen unter zusätzlichen psychiatrischen Erkrankungen. Die Prävalenz depressiver Störungen im Zusammenhang mit der Bulimia nervosa wird zwischen 65 und 75 % (Brewerton 1995), diejenige der Dysthymie mit 6–95 % angegeben. Angaben zu komorbiden Angsterkrankungen weisen ebenfalls eine große Streubreite auf (13–75 %). Die auch bei Patientinnen mit Bulimia nervosa auftretenden zwanghaften Persönlichkeitszüge treten eher in Form aggressiver Zwangsgedanken und einer erhöhten Impulsivität zutage. Darüber hinaus wurden Zusammenhänge zwischen der Manifestation einer Bulimia nervosa und sexuellem Missbrauch sowie posttraumatischen Belastungsstörungen beschrieben. Das Auftreten von Persönlichkeitsstörungen (insbesondere vom Borderline-Typus) scheint häufiger als bei Patientinnen mit Anorexia nervosa und innerhalb der Gruppe der Patienten mit Bulimia nervosa ebenso wie das Auftreten von Suizidversuchen mit einer erhöhten Hospitalisierungsrate verbunden zu sein (Spindler u. Milos 2004).

Mittels einer Berechnung latenter Klassen unterschieden Duncan et al. (2005) zwei Untergruppen bulimischer Patienten: diejenigen mit im Vordergrund stehender komorbider Depression und eine kleinere Gruppe, welche durch eine zusätzliche Substanzabhängigkeit (Alkohol, Kokain, Marihuana), antisoziale Persönlichkeitsstörung und Angststörungen charakterisiert ist. Eine Interpretation der Ergebnisse führte zu der Annahme, dass Letztere eine impulsive Subgruppe der Bulimia nervosa repräsentiert. Somit könnte die Beziehung zwischen Substanzmissbrauch und Bulimia nervosa das Ergebnis zugrunde liegender impulsiver Tendenzen sein.

30.4.2 Somatische Komplikationen

Somatische Komplikationen spiegeln bei der **Anorexia nervosa** vor allem die Folgen des körperlichen Mangelzustandes wieder und stellen neben dem Tod durch Suizid die häufigste Todesursache bei Patientinnen dar (Tab. 30-3).

Eine Untersuchung zu dermatologischen Veränderungen bei Anorexia nervosa und Bulimia nervosa zeigte neben einem auffallend häufigen Auftreten selbstverletzenden Verhaltens, dass Patientinnen mit Anorexia nervosa das Auftreten der Lanugobehaarung häufig ignorieren, jedoch einen beginnenden Verlust ihrer Kopfbehaarung deutlich wahrnehmen und diesen therapeutisch einzudämmen versuchen (Schulze et al. 1999). Der ebenfalls zunächst nicht wahrgenommene (und spürbare) Verlust der Knochendichte kann frühzeitig einsetzen und im ungünstigen Fall zu einer lebenslangen Beeinträchtigung aufgrund der von der postmenopausalen Form verschiedenen und bisher therapieresistenten Form der Osteoporose führen.

Körperliche Folgen der **bulimischen Symptomatik** betreffen zunächst am offensichtlichsten den Bereich des Gesichts (Parotisschwellung), der Hände (Schwielen) und des Mundraumes (Zähne, Zahnfleisch).

Die häufig unkontrollierte Abfolge von extremen Wechseln der zugeführten Nahrungsmenge und Frequenz gegensteuernder Maßnahmen über einen langen Zeitraum führt jedoch zu einer bisweilen nachhaltigen Irritation des gesamten Organismus, welche sich beispielsweise in Zyklusstörungen äußert (Tab. 30-4).

30.5 Ätiologie und Pathogenese

Aktuell vorliegende ätiologische Annahmen zur **Anorexia nervosa** gehen von einer Multikausalität und hohen Komplexität aus. Zu berücksichtigen sind psychologische, kulturelle, biologische und genetische Faktoren (Connan et al. 2003; Silber 2005). Mütter (und in geringerem Ausmaß auch Väter) von Patientinnen mit Anorexia nervosa werden als perfektionistisch beschrieben, was im Hinblick auf mögliche Wurzeln des töchterlichen Perfektionismus im Sinne der genetischen Vererbung einer Persönlichkeitseigenschaft interpretiert werden kann. Sie schildern sich darüber hinaus in essstörungsspezifischen Inventaren (EDI-2; Paul und Thiel 2005) ebenfalls als übermäßig besorgt um ihre Figur (Woodside et al. 2002) und bestätigen rückblickend überzufällig häufig eine unsichere Bindung an ihre primären Bezugspersonen (Ward et al. 2000).

Tab. 30-4 Somatische Komplikationen bei Patientinnen mit Bulimia nervosa (nach APA 2006)

Organsystem	Symptome	Zeichen	Untersuchungsergebnisse
kardiovaskuläres System	Palpitationen, Schwäche	Arrhythmie	EKG: Hypokaliämie-assoziierte ST-Senkung, QT-Verlängerung; in schweren Fällen: Hypokaliämie-assoziierte Verbreiterung des QRS-Komplexes, erhöhte P-Wellen-Amplitude, verlängertes PR-Intervall, erhöhtes Auftreten ektopischer supraventrikulärer und ventrikulärer Rhythmen, »Torsade de pointes« korreliert mit Hypokaliämie; Spektralanalyse: autonome Dysfunktion
ZNS	Apathie, Konzentrationsschwäche	in schweren Fällen: kognitive Beeinträchtigung, ängstlich-depressive und irritierbare Stimmungslage; in schweren Fällen: zerebrale Krampfanfälle, periphere Neuropathie	CT: Ventrikelerweiterung; MRT: verminderte graue und weiße Substanz; EEG: unspezifische Veränderungen; selten: Krampfäquivalente
gastrointestinales System	Sodbrennen, Reflux, gelegentliches Nachbluten im Rahmen selbst induzierten Erbrechens, gelegentlich unfreiwilliges Erbrechen, Darmträgheit und Verstopfung, Reizdarm, Blutungen bei Laxanzienmissbrauchenden, akute Ruptur des Magens oder Ösophagus, Perforation, Nekrose (selten)	vergrößerte Speicheldrüsen, gelegentlich blutig tingiertes Erbrechen, evt. Gastritis, Ösophagitis, gastroösophageale Erosionen, ösophageale Motilitätsstörungen (inkl. gastroösophagealer Reflux und, selten, Mallory-Weiss-Syndrom [ösophageal] oder Magenschleimhautrisse), erhöhte Rate von Pankreatitiden bei chronischem Laxanzienmissbrauch, evt. Motilitätsstörungen im Bereich des Kolon oder Melanosis coli	Serumamylase: erhöhte Serumamylase (wenn Fraktionierung möglich, für gewöhnlich die Isoenzyme der Speicheldrüsen betreffend), erhöhte Pankreasamylase (selten), möglicherweise hinweisend auf Laxanzienmissbrauch oder andere Ursachen für eine Entzündung der Bauchspeicheldrüse
Integument		Kratzer auf dem Handrücken (Russel-Zeichen), Petechien, konjunktivale Blutungen unmittelbar nach dem Erbrechen	
Stoffwechselsystem	Gewichtsschwankungen, selten rumpfbetonte Schwäche, Irritabilität, Muskelkrämpfe	reduzierter Hautturgor, Ödem-Grübchen, Chvostek- und Trousseau-Zeichen (selten)	Urinanalyse: Dehydration (erhöhtes spezifisches Gewicht, erhöhte Osmolalität); Serumelektrolytanomalien: hypokaliämische, hypochlorämische Alkalose bei Erbrechen, Hypomagnesiämie und Hypophosphatämie bei Erbrechen und Laxanzienmissbrauch
Muskelsystem	bei Ipecac-Missbrauch: Schwäche, Palpitationen	Muskelschwäche, periphere Myopathie	EMG: unspezifische Anormalitäten
oropharyngeal	Zahnfäule, Pharynx-Schmerzen, geschwollene (Paus-)Backen und Hals (für gewöhnlich schmerzlos)	dentale Karies mit Zahnschmelzerosionen, insbesondere der zungenwärts gelegenen Schneidezähne, Pharynx-Erythem, Gaumen-Risse, vergrößerte Speicheldrüsen	Röntgen: Zahnschmelzdefekte; Serumamylase: erhöhte Serumamylase, verbunden mit benigner Hyperplasie der Parotiden
Reproduktionssystem	Fertilitätsprobleme	Tröpfchen/Schmierblutungen, Oligomenorrhö, Amenorrhö	Serumgonadotropine: evt. Hypoöstrogenämie
Skelettsystem	Knochenschmerzen bei Bewegung	punktuelle Schmerzen, verkürzte Statur, gestopptes Skelettwachstums	Radiologie: evt. pathologische Stressfrakturen, verzögertes Knochenalter; DEXA: möglicherweise Osteopenie oder Osteoporose, vor allem in der Hüft- und Lumbalregion

CT = Computertomogramm; DEXA = *dual energy X-ray absorptiometry*; EKG = Elektrokardiogramm; EEG = Elektroenzephalogramm; FSH = follikelstimulierendes Hormon; LH = luteinisierendes Hormon; MRT = Magnetresonanztomographie

> Somit ist aus neurobiologischer Perspektive eine frühe Interaktion genetischer Faktoren mit frühen Lebenserfahrungen anzunehmen. Diese führt vermutlich zu einer negativen Beeinflussung der Neuroplastizität und biopsychosozialen Stressreaktivität sowie Dysregulation der Hypothalamus-Hypophysen-Gonaden-Achse, welche wiederum eine verlängerte Erhöhung der Freisetzung des Kortikotropin-Releasing-Hormons (CRH) und damit über die Wechselwirkung mit zahlreichen zentralen Kreisläufen eine bleibende Beeinträchtigung des metabolischen (ernährungsspezifischen) Gleichgewichts *(nutritional homeostasis)* zur Folge hat (Connan et al. 2003).

Beispiele für erste negative Erfahrungen sind mögliche perinatale Komplikationen (z. B. eine mäßige mütterliche Unterernährung während der Konzeption, Frühgeburtlichkeit des Neugeborenen) oder aber der vorausgegangene Verlust eines Kindes (z. B. durch Totgeburt) mit hiermit verbundener erhöhter und sich auf das Bindungsverhalten auswirkender mütterlicher Ängstlichkeit während der Schwangerschaft (Bulik et al. 2007).

Familien von Patientinnen mit Anorexia nervosa sind von Therapeuten häufig als besonders gebunden, mit eher starren Regeln und konfliktvermeidend beschrieben worden. Empirisch ließ sich dies jedoch nicht bestätigen, eine spezielle Familienpathologie scheint es nicht zu geben. Hier ist auch zu berücksichtigen, dass die Sorgen (und der Ärger) um die untergewichtige, schwer kranke Patientin auch die Familien und deren Zusammenleben drastisch verändern.

Ein weiterer Schwerpunkt des Interesses im Hinblick auf die Entstehungsgeschichte anorektischer Essstörungen – und ebenfalls unter einem gewissen genetischen Einfluss (Matsushita et al. 2004) – liegt auf dem serotonergen System, insbesondere der Aktivität der 5-HT_{1A}- (erhöht) und 5-HT_{2A}-Rezeptoren (erniedrigt). Letztere scheint im Bereich des Cingulus subgenualis sowie der mesialen temporalen Regionen chronisch gestört zu sein. Während die zingulären Regionen mit dem konditionierten Erlernen von Emotionen und der Zuweisung der emotionalen Bedeutung internaler und externaler Stimuli in Verbindung gebracht werden (Kaye et al. 2005a), umschließen die mesialen temporalen Lappen die Amygdala und mit ihr verbundene Regionen, welche über ihre Verbindung mit der Angst Einfluss auf die Modulation und Integration von Kognition und Stimmung nehmen können (Charney u. Deutch 1996). Bezüglich der Manifestation von Essstörungen scheint diese Dysregulation der funktionellen serotonergen Aktivität mit Auswirkungen auf Angst und Zwangsymptome während der Kindheit mit gonadalen Steroiden und anderen altersabhängigen Veränderungen während der Phase der Pubertät zu interagieren (Kaye et al. 2005a).

Eine kontrollierte Familienstudie zur Anorexia und Bulimia nervosa durch Strober et al. (2000) ermittelte für erstgradig Verwandte anorektischer Patienten im Hinblick auf das Vollbild der Erkrankung ein 11,3-fach erhöhtes Erkrankungsrisiko insbesondere für das weibliche Geschlecht. Zusätzlich wurde ein familiäres Clustering milderer Varianten der Essstörung bestätigt. Dies spricht für das Vorliegen eines Kontinuums der familiären Belastung und findet in Zwillingsstudien ebenfalls Bestätigung (Walters u. Kendler 1995). Auch diese zeigen, dass weder genetische noch Umwelteinflüsse als allein ausschlaggebend für die Manifestation einer Essstörung benannt werden können. Maßgeblich scheint viel eher das Aufeinandertreffen einer genetisch bedingten Anfälligkeit mit entsprechenden soziokulturellen Einflüssen zu sein (Bulik et al. 2000). Generell sollten ein sogenanntes Multilocus-Modell und das Einwirken additiver Geneffekte angenommen werden (Gorwood et al. 1998; Hinney et al. 1998; Urwin u. Nunn 2005; Vitiello u. Lederhendler 2000).

Zusätzlich können akute Belastungssituationen (Verlust eines [Groß-]Elternteils oder einer wichtigen Freundschaft) sowie bestimmte Persönlichkeitseigenschaften (Rigidität), insbesondere ab dem Zeitpunkt körperlicher Veränderungen mit der einsetzenden Pubertät und hieraus entstehender innerer Verunsicherung, zur Manifestation einer Anorexia nervosa beitragen. Darüber hinaus ist der Einfluss individueller psychologischer Erfahrungen sowie soziokultureller Faktoren (z. B. Einflussnahme durch Medien) (Cusumano u. Thompson 2001) zu nennen. Nicht selten berichten bereits Mädchen im frühen Grundschulalter über eine Unzufriedenheit mit Figur und Gewicht sowie erste Diäterfahrungen. Letztere können ebenfalls den Weg in eine Essstörung bahnen.

Etwa ein Drittel der Patienten mit **Bulimia nervosa** berichtet über eine anorektische Störung in der Vorgeschichte. Diese ist bei einem Teil der Betroffenen bis zur Heilung der Essstörung mit einem Einfluss auf die Körperzusammensetzung bzw. Symptomatik im weiteren Krankheitsverlauf verbunden (»subklinischer anorektischer Status«) (Vaz et al. 2003). Grundsätzlich scheint dem ersten Auftreten von Essanfällen eher eine Phase des Diäthaltens vorauszugehen (Brewerton et al. 2000). Eine vergleichende Studie durch Corcos et al. (2000) beschreibt bereits im Vorfeld der Erkrankung während der Pubertätsphase ein signifikant häufigeres Auftreten gewichtsbezogener Sorgen, Tendenzen zur sozialen Isolierung und negativen Veränderungen in Bezug auf das Körperbild, Selbstwertgefühl und die Beziehungen zu Geschwistern und Peers. Darüber hinaus werden das Vorhandensein einer Unzufriedenheit mit dem eigenen Körper sowie depressiver Symptome und ein subjektiv wahrgenommener innerfamiliär erzeugter Erwartungsdruck im Hinblick auf die Aufrechterhaltung einer schlanken Figur als signifikante Prädiktoren bulimischen Verhaltens genannt (Young et al. 2004). Somit ist nachvollziehbar, dass kritische Kommentare über Gewicht, Figur und Essen eine wichtige krankheitsauslösende Rolle spielen können (Keel et al. 1997). Die Ergebnisse der Temperamentsforschung bestätigen für Patienten mit Bulimia nervosa überzufällig häufig ein erhöhtes Neugierverhalten, eine erhöhte Impulsivität sowie verminderte Schadenvermeidungshaltung. Darüber hinaus ist das Bestehen einer Adipositas auf Elternseite oder aber in der eigenen Kindheit als Risikofaktor beschreiben.

Die meisten Patientinnen mit Bulimia nervosa weisen ein sehr schlechtes Selbstwertgefühl auf. Sie versuchen, diesen geringen Selbstwert durch körperliche Attraktivität, insbesondere Schlankheit, zu kompensieren. Die daraus resultierenden Diäten führen dann zu Essanfällen und die darauf folgende Angst vor Gewichtszunahme löst das meist selber induzierte Erbrechen aus. Folge von Essanfällen und Erbrechen sind oft Schuldgefühle, die sich wiederum schädlich auf den Selbstwert auswirken. So entsteht der typische Teufelskreis der Bulimia nervosa. Manchmal werden die Essanfälle auch lustvoll erlebt, die Patientin darf sich erlauben, was sie sich sonst immer verboten hat. Als Auslöser von Essanfällen beschreiben viele Patientinnen Gefühle von Leere und Langeweile, aber auch Gefühle von großer Belastung. Insofern kann man die Bulimie auch als Selbstregulationsstörung verstehen, wobei die Symptomatik dann dazu dient, den geringen Selbstwert kurzfristig zu stabilisieren.

Fairburn et al. (1997) untersuchten mögliche Risikofaktoren für die Entstehung einer Bulimia nervosa und verglichen diese Patientinnen mit Gesunden und mit Patienten, die andere psychische Störungen hatten. Sie fanden eine Vielzahl ähnlicher Faktoren wie negative Selbstbewertung, Perfektionismus, sozialer Rückzug, Depression, psychische Probleme der Eltern, Streit und hohe Erwartungen in der Familie, Verlusterlebnisse, sexueller und physischer Missbrauch, Übergewicht von Patientin und Eltern. Die meisten dieser Risikofaktoren müssen aber als unspezifisch gelten. Im negativen Selbstwert, der großen Zahl alkoholkranker Eltern, hohen Erwartungen an die Patientin und Übergewicht in der Kindheit unterschieden sich die Bulimie-Patientinnen signifikant von den Patientinnen mit anderen psychischen Störungen.

Demzufolge sind die Familien bulimischer Patientinnen offensichtlicher, häufiger und vielfältiger durch Konflikte belastet. Dies führt nicht selten zu einem frühen Auszug der Patientinnen aus dem Elternhaus.

30.5.1 Neuroanatomie, Neurophysiologie und Neuropsychologie der Anorexia nervosa

CT- und MRT-Befunde zur Anorexia nervosa mit unklarer Reversibilität belegen eine Vergrößerung der Sulci, Ventrikel sowie eine vermutlich Cortisol-induzierte Verminderung des Gehirnvolumens. Offen bleibt bisher, welchen anatomischen Strukturen (graue, weiße Substanz; Extrazellulärraum) dies in Bezug auf die akute Phase der Erkrankung letztlich zuzuordnen ist und inwieweit diese Veränderungen genereller Natur sind oder aber als spezifisch für bestimmte Hirnregionen eingeordnet werden sollten. Ergebnisse aus Magnetresonanzspektroskopie-(MRS-)Studien sprechen für eine reversible Veränderung des Zellmembran-Turnovers (Möckel et al. 1999), während SPECT- und PET-Untersuchungen unterschiedliche Befunde zu Stoffwechselveränderungen in verschiedenen Gehirnregionen erbrachten und fraglich bleibende Veränderungen des temporalen, parietalen oder zingulären Kortex nahelegen. Letztgenannte Befunde könnten eine Einbeziehung des mesialen temporalen Kortex in die Prozesse der Emotionsverarbeitung vorstellbar werden lassen und darüber hinaus die erhöhte Ängstlichkeit anorektischer Patienten durch eine veränderte Funktion der Amygdala erklären (Frank et al. 2004). Befunde auf der Basis der funktionellen Bildgebung sprechen ebenfalls für eine Abweichung zingulärer und temporaler Regionen bei Patienten mit Anorexia nervosa und schlagen mit einer Zuordnung von Anatomie zur Psychopathologie einen Bogen zur Angst als möglichem biologischem *Trait*-Marker.

Patienten mit Anorexia nervosa zeigen Beeinträchtigungen von Aufmerksamkeit, Gedächtnis, visuo-konstruktiven Fähigkeiten sowie der exekutiven Funktionen. Sie sind eingeschränkt in ihren Arbeitsgedächtnisleistungen (trotz oft sehr guter Schulleistungen) und verlangsamt hinsichtlich ihrer Reaktionszeiten. Diese werden sowohl mit der im Rahmen der Anorexia nervosa veränderten Serotonin-Rezeptorendichte bzw. -aktivität als auch mit einer fraglich Cortisol-induzierten Hippocampusschädigung in Verbindung gebracht. Darüber hinaus wird in diesem Zusammenhang eine Frontallappendysfunktion diskutiert (Kaye et al. 2005a; Murphy 2004). Die Befundlage zum Stroop-Effekt ist als zu heterogen einzuschätzen, als dass diese Methode verlässlich den neuropsychologischen Status in dieser Patientengruppe wiederzuspiegeln vermag (Murphy 2004).

30.5.2 Neurobiologie

Anorexia nervosa und Bulimia nervosa haben nicht nur die Tendenz zu Extremen der aufgenommenen Nahrungsmittel, perfektionistische Persönlichkeitszüge, Ängste und Zwänge sowie die Körperschemastörung gemeinsam, sie zeigen auch ähnliche Befunde in bildgebenden Untersuchungen (Kaye et al. 2005b). Ein gestörter Serotonin-Stoffwechsel und genetische Einflüsse sind ebenfalls von ätiologischer Bedeutung. Im Gegensatz zum restriktiven Typus der Anorexia nervosa ist sowohl bei anorektischen Patienten mit bulimischer Symptomatik als auch bei denjenigen mit Bulimia nervosa über die akute Phase der Essstörung hinaus von einer *erhöhten* postsynaptischen $5-HT_{1A}$-Rezeptor-Aktivität auszugehen (Tiihonen et al. 2004). Die bisher vorliegenden strukturellen Untersuchungen zur Bulimia nervosa zeigten Abweichungen der Hypophysenregion, das Bestehen einer zerebralen Atrophie sowie Ventrikelerweiterungen. SPECT, PET-Studien sowie funktionelle Untersuchungen weisen zu kleine Stichproben auf, als dass tragfähige Schlussfolgerungen aus den beobachteten Veränderungen gezogen werden könnten (Murphy 2004).

30.6 Diagnostik und Differenzialdiagnosen

Im Hinblick auf ein möglichst evidenzbasiertes Vorgehen in Diagnostik und Therapie der **Anorexia nervosa** empfiehlt sich die Orientierung an hierfür vorliegenden Leitlinien der Fachgesellschaften. Für die Kinder- und Jugendpsychiatrie sind diese unter www.uni-duesseldorf.de/awmf über das Internet einzusehen. Gemeinsame Leitlinien der zuständigen Fachgesellschaften werden zurzeit erstellt. Das Erwachsenenalter betreffende Leitlinien liegen derzeit lediglich in englischer Sprache vor (Großbritannien: www.nice.org.uk; USA: www.psych.org/psych_pract) und bieten eine umfassende Bereicherung der deutschsprachigen Empfehlungen.

Differenzialdiagnostisch ist in erster Linie die mögliche somatische Genese der vorliegenden Essstörung auszuschließen. Somit ist eine sorgfältige körperlich-neurologische Untersuchung unerlässlich. Gemäß der Leitlinien der Deutschen Gesellschaft für Kinder- und Jugendpsychiatrie und -psychotherapie empfiehlt sich neben laborchemischen Untersuchungen und der Ableitung eines EKG die Durchführung einer kraniellen CT- bzw. MRT-Aufnahme insbesondere im Falle einer Ersterkrankung (notwendig bei neurologischen Auffälligkeiten und untypischen Verlaufsformen, z. B. kindlicher oder männlicher Anorexia nervosa, Fehlen einer Körperschemastörung). Internistisch-pädiatrische (z. B. Malabsorptionssyndrome, Dysphagie, Diabetes mellitus, Morbus Crohn, Colitis ulcerosa, Hypo- oder Hyperthyreose) sowie neurologische Erkrankungen, affektive und organisch bedingte Störungen sowie Anpassungsstörungen, schizophrene Psychosen und Persönlichkeitsstörungen sind differenzialdiagnostisch auszuschließen bzw. sollten nicht übersehen werden (Tab. 30-5).

30.7 Therapie

Die wichtigsten Verfahren bei der Behandlung von Magersucht und Bulimie stellen die vorliegenden unterschiedlichen Formen der Psychotherapie dar (APA 2006; NICE 2004). Diese sollen neben dem gestörten Essverhalten auch die zugrunde liegenden Konflikte und die verzerrten Kognitionen dieser Patientinnen berücksichtigen. Therapieziele sind unter anderem:

- Veränderung der Symptomatik (Gewichtssteigerung, geregeltes Essverhalten, Beendigung gewichtsreduzierender Maßnahmen)
- Steigerung des Selbstwerts und der Selbstakzeptanz
- Bearbeitung innerpsychischer und zwischenmenschlicher Konflikte (z. B. Perfektionismus, Minderwertigkeitsgefühle, Abhängigkeitskonflikte, familiäre Konflikte)
- Erlernen von realistischer Körperwahrnehmung und Akzeptanz des Körpers

Am besten beforscht sind kognitiv-verhaltenstherapeutische Therapieprogramme bei essgestörten Patientinnen. Aufgrund des seltenen Auftretens der Störung, aber auch der oft langfristigen Verläufe gibt es aber kaum verlässliche Studienergebnisse zur Behandlung der Anorexia nervosa. Einigermaßen gesichert ist jedoch der Befund, dass die Einbeziehung der Familie bei jugendlichen Patientinnen zu besseren Therapieergebnissen führt.

30.7.1 Anorexia nervosa

Die Therapie der Anorexia nervosa kann ambulant, teilstationär oder stationär erfolgen. Indikationen für eine stationäre Aufnahme sind gemäß den Leitlinien der Deutschen Gesellschaft für Kinder- und Jugendpsychiatrie und -psychotherapie insbesondere ein kritisches Untergewicht (je nach Situation der Patientin BMI < 16), eine unzureichende Flüssigkeitszufuhr, häufiges Erbrechen, somatische Komplikationen, Suizidgefahr, ausgeprägtes Selbstverletzungsverhalten und eine Komorbidität mit schwerwiegenden anderen psychiatrischen Erkrankungen. Darüber hinaus gelten als Indikation für eine stationäre Behandlung psychosoziale Kriterien wie eine festgefahrene familiäre Interaktion, elterliche Überlastung, Verdacht auf Misshandlung oder Missbrauch, erhebliche soziale Isolation und vor allem das Scheitern ambulanter oder tagesklinischer Behandlungsversuche.

Tab. 30-5 Somatische Differenzialdiagnosen der Anorexia nervosa (nach Brunner u. Resch 2004; Jacobi et al. 1996)

- Malabsorptionssyndrome (z. B. Sprue)
- Maldigestionssyndrome (z. B. chronische Pankreatitis)
- Dysphagie (neuromuskulär oder mechanisch bedingt, v. a. Achalasie)
- funktionelle Störungen des Magen-Darm-Trakts
- Gastritis
- Ulcus duodeni
- maligne Erkrankungen des Magen-Darm-Trakts
- Hepatitis
- Diabetes mellitus
- Colitis ulcerosa
- Morbus Crohn
- Hypophysen-Vorderlappen-Insuffizienz (Morbus Simmonds)
- Hypo- oder Hyperthyreose
- Nebenniereninsuffizienz (Morbus Addison)
- Hyperparathyreoidismus
- Tumoren des zentralen Nervensystems (z. B. im Bereich des Hypothalamus)
- unerwünschte Wirkungen von Medikamenten oder Drogen
- Tuberkulose
- AIDS

Therapeutischer Schwerpunkt ist neben einer angestrebten körperlichen und damit auch psychischen Stabilisierung das Heranführen des Patienten an ein gesundes Essverhalten. Häufig haben die Patienten die Fähigkeit zur Einschätzung einer »normalen Portion« gänzlich verloren. Zudem ist die Nahrungsaufnahme für sie meist mit erheblichen Schuldgefühlen und großer Angst verbunden. Somit liegen erste therapeutische Bemühungen in der Begleitung und Entlastung sowie Vorgabe von äußeren Strukturen. Diese finden sich primär in der Anwendung verhaltenstherapeutischer Methoden. Hier stehen neben psychoedukativen Elementen zunächst die kontrollierte (regelmäßiges Wiegen mit genauer Vorgabe des anzustrebenden Gewichtszuwachses) und positiv verstärkte Gewichtszunahme im Vordergrund. Im Weiteren geht es um die psychotherapeutische Bearbeitung essstörungsspezifischer dysfunktionaler Kognitionen, die Beeinträchtigung des Selbstwertgefühls, die Erarbeitung eines Alternativkonzeptes zum Leben mit der Essstörung sowie die Auseinandersetzung mit einer möglichen Chronifizierung derselben. Mögliche Inhalte einer zusätzlich möglichen psychodynamisch orientierten Gesprächstherapie sind z. B. akute oder chronische Konflikte sowie alterstypische existenzgebundene Fragestellungen.

> Die Durchführung einer Familientherapie hat sich Untersuchungen zufolge im Gegensatz zu Patienten im Erwachsenenalter als hilfreich für Adoleszente erwiesen (Bulik et al. 2007). Im Vergleich zur Individualtherapie bei jugendlichen Patienten mit einer kurzen Erkrankungsdauer wurde sie sogar als effektiver eingeschätzt (Lock et al. 2005; s. auch Le Grange et al. 2005; Wilson u. Shafran 2005). Eine längere Behandlung hingegen wird im Falle einer schwereren Ausprägung des zwanghaften Anorexie-spezifischen Denkens nahegelegt (Lock et al. 2005).

Die Methode der kognitiv-behavioralen Therapie wird als wirksam hinsichtlich einer Vermeidung von Rückfällen nach erfolgter Gewichtsstabilisierung eingeschätzt, ihre Effizienz während der Phase der Untergewichtigkeit hingegen ist noch nicht eindeutig belegt (Bulik et al. 2007). Ziel einer Eltern- bzw. familienorientierten Behandlung ist die Steigerung der elterlichen Kompetenz im Umgang mit krankheitsspezifischen Alltagssituationen (Essensverweigerung, Diät, Erbrechen, körperliche Hyperaktivität etc.), um eine Gewichtszunahme einzuleiten und/oder mittelfristig das erreichte Gewicht zu halten. Davon abgesehen dient die Elternberatung der direkten elterlichen Entlastung, Psychoedukation, familiären Compliance und einer möglichen Förderung des altersangemessenen Ablöseprozesses. Darüber hinaus solle eine Verbesserung der familiären Konfliktfähigkeit erreicht werden. Auf Patientenseite empfehlen sich auch aus prognostischer Sicht im Falle ausgeprägter sozialphobischer Symptome die Methode der Exposition mit Reaktionsverhinderung sowie ein soziales Kompetenztraining. Ein weiteres therapeutisches Element ist die adjuvante und symptomorientierte Psychopharmakotherapie.

Ein Hauptproblem in der Behandlung der Anorexia nervosa ist die fast immer vorhandene Ambivalenz der Patientinnen. Diese erleben sich selber nicht als krank und zeigen oft nur eine geringe Behandlungsmotivation. Zwar sind ihnen Probleme als Folge des Untergewichtes, z. B. körperliches Abgeschlagensein, Frieren, Ausbleiben der Menstruation, durchaus bewusst. Gegen eine Gewichtszunahme spricht dann aber die massive Angst vor dem Zunehmen und dem Dickwerden. Häufig erleben die Patientinnen die Gewichtsreduktion und das niedrige Gewicht als angenehm, während die Gewichtszunahme mit Ängsten und Depressionen einhergeht. Erst nach einiger Zeit unter der Therapie kommt es dann dazu, dass die Patientinnen ihre Gewichtszunahme akzeptieren und sich in ihrem Körper wieder wohler fühlen können.

> Während sich der Einsatz von Antidepressiva, vor allem selektiver Serotonin-Wiederaufnahmehemmer (SSRI), entgegen ursprünglichen Annahmen weder zuverlässig stimmungsaufhellend noch als effizient im Hinblick auf eine angestrebte Rückfallprophylaxe erwies (Holtkamp et al. 2005; Walsh et al. 2006), werden seit wenigen Jahren im Falle schwerer affektiver Beeinträchtigung, erhöhter Ängstlichkeit, ausgeprägter Rigidität und psychosenaher Wahnhaftigkeit der Anorexie-typischen Gedankeninhalte vermehrt atypische Neuroleptika (z. B. Olanzapin, Quetiapin) in unterschiedlich hoher Dosierung eingesetzt (Bosanac et al. 2007; Mehler et al. 2001; Mehler-Wex et al. 2008; Powers et al. 2007). Die diesbezügliche Wirksamkeit erklärt sich möglicherweise durch die Effekte dieser Medikamentengruppe auf 5-HT$_{1A}$-, 5-HT$_{2A}$- sowie D$_2$-Rezeptoren, zumal im Liquor von Patienten mit Anorexia nervosa ähnlich wie bei Befunden zur Schizophrenie Dopamin-Metaboliten gefunden wurden (Kaye et al. 2005a). Einschränkend muss betont werden, dass viele Patientinnen die Medikation (aus Angst vor Gewichtszunahme) ablehnen. Daher liegen bisher hierzu auch noch keine befriedigenden kontrollierten Studien vor, die bestehenden Leitlinien geben keine Empfehlung für eine (generelle) pharmakologische Behandlung. In Einzelfällen können diese Medikamente jedoch ergänzend hilfreich sein.

Der Einsatz von SSRI (z. B. Fluoxetin) kann im Falle einer hohen komorbiden Ängstlichkeit im Rahmen eines individuellen Heilversuches zusätzlich erwogen werden. In der fortgeschrittenen Evaluationsphase befindet sich die medikamentöse Behandlung mit Peptid-Hormonen (Übersicht s. Steffen et al. 2006).

30.7.2 Bulimia nervosa

Auch bei der Bulimia nervosa sind psychotherapeutische Verfahren die Therapiemethode der ersten Wahl. Besonders gut beforscht sind hier kognitiv-verhaltenstherapeutische Programme (Agras et al. 2000). Diese Programme umfassen oft etwa 20 Therapiestunden und werden nach einem Manual durchgeführt. Nach einer solchen Therapie hat sich die Symptomatik bei ca. 50–70 % der Patientinnen deutlich verbessert. Es hat sich aber gezeigt, dass in Deutschland die ambulanten Psychotherapien meist nicht in dieser Form durchgeführt werden und bei Bulimia nervosa oft wesentlich länger dauern. Fraglich ist auch, inwieweit die experimentell durchgeführten Therapien auf den klinischen Alltag zu übertragen sind. Dennoch können die publizierten deutschsprachigen Therapiemanuale wertvolle Hilfen bei der Therapie essgestörter Patientinnen sein (Jacoby et al. 1996; Legenbauer u. Vocks 2006). Bewährt hat sich der Einsatz von Essensplänen und Gewichtskurven. Wichtige Elemente in den verhaltenstherapeutischen Programmen bei der Bulimia nervosa sind zunächst die Beobachtung und Analyse des Essverhaltens, die »Verschreibung« einer normalen Kost und regelmäßiger Mahlzeiten, die Identifizierung von Auslösern für Essanfälle und Erbrechen sowie die Entwicklung von alternativen Kognitionen und Verhaltensweisen. Weitere Therapieinhalte sind die Bearbeitung dysfunktionaler Gedanken bezüglich Figur und Gewicht sowie der Umgang mit depressiven Einbrüchen (im Falle von Gewichtsschwankungen). Gemäß den Leitlinien der Deutschen Gesellschaft für Kinder- und Jugendpsychiatrie und -psychotherapie sollte darüber hinaus im Rahmen der interpersonalen Therapie versucht werden, die Beziehungsfähigkeit des Patienten zu verbessern. Im Weiteren ist die Bearbeitung traumatischer Erfahrungen in der Anamnese sowie die Behandlung vorliegender komorbider psychiatrischer Symptome zu nennen. Je nach Alter der Patientin empfiehlt sich eine Einbeziehung der Eltern in Form einer Elternberatung oder Familientherapie.

Im Zusammenhang mit der Bulimia nervosa hat sich die Wirksamkeit von Antidepressiva bestätigt. Dennoch sind sie im Vergleich zu psychotherapeutischen Verfahren als weniger erfolgreich zu beurteilen. Daher bleibt die Psychotherapie die erste Methode der Wahl. Falls diese nicht möglich ist, sollten Antidepressiva versuchsweise eingesetzt werden. Am besten beforscht ist der Serotonin-Wiederaufnahmehemmer Fluoxetin. Studien ergaben, dass die sonst übliche Standarddosierung mit 20 mg weniger hilfreich ist als eine höhere Dosierung mit 60 mg/Tag (NICE 2004). Die Kombination einer Psychotherapie mit Antidepressiva erbringt im Gruppenvergleich keinen Vorteil im Vergleich zur alleinigen Psychotherapie. Der Einsatz von Antidepressiva ist sicher besonders indiziert, wenn die Patientinnen deutlich depressiv sind oder eventuell auch, wenn die Kontrolle des Essverhaltens als besonders schwierig erscheint.

Es liegen einige Selbsthilfemanuale vor (Schmidt u. Treasure 2001; Treasure u. Schmidt 2002), anhand derer die Betroffenen selber versuchen können, ihre Symptomatik in den Griff zu bekommen (Thiels et al. 2003). Dies gelingt etwa 20 % der etwas weniger stark beeinträchtigten Patientinnen. Diese Manuale können aber auch gut unterstützend in einer ambulanten Psychotherapie eingesetzt werden. Die Erfahrungen mit Selbsthilfegruppen bei Patienten mit Magersucht und Bulimie sind unterschiedlich. Einige Patientinnen berichten über gute Einflüsse, andere aber auch von eher schädigenden Erfahrungen. Wenn mehrere Patientinnen noch sehr verstrickt sind in ihre Erkrankung, kommt es innerhalb von Selbsthilfegruppen oft zu negativen Effekten wie z. B. einer destruktiven Konkurrenz (wer ist schlanker?).

Anders als bei der Anorexia nervosa liegen für die **Bulimia nervosa** eine Vielzahl von Studien zur Wirkung von Psychotherapie und Pharmakotherapie vor, die in den englischsprachigen Leitlinien zusammengefasst dargestellt sind (APA 2006; National Institute for Clinical Excellence [NICE] 2004). Eine deutschsprachige Leitlinie wird zurzeit durch die Fachgesellschaften erstellt.

30.8 Verlauf und Prognose

Langzeituntersuchungen ergaben, dass ca. die Hälfte der Patienten nach 10–15 Jahren nicht mehr an einer **Anorexia nervosa** im engeren Sinne leiden. Daher ist häufig von sehr langfristigen Krankheitsverläufen auszugehen, ein Teil der Patientinnen erkrankt chronisch. Bei bis zu einem Drittel der Patienten wird weiterhin zumindest eine subklinische Form der Essstörung bestehen bleiben oder aber die nächste Lebenskrise unter Umständen zur erneuten Manifestation der Essstörung beitragen. Daneben muss zu einem hohen Anteil mit einem Persistieren der komorbiden psychiatrischen Störungen gerechnet werden (Berkman et al. 2007).

> ! Die Anorexia nervosa ist die psychiatrische Erkrankung mit der höchsten Mortalität. Die sogenannte standardisierte Mortalitätsrate (SMR) unter Einbeziehung auch der an einer atypischen Anorexia nervosa erkrankten Patienten beträgt einer Studie durch Birmingham et al. (2005) zufolge 10,5 % (95%-KI: ~ 5,5–15,5 über 20 Jahre).

In diesem Zusammenhang werden neben der Anzahl der stationären Aufenthalte das Ausmaß des Gewichtsverlustes mit Erkrankungsbeginn sowie der individuellen Alkoholabhängigkeit und psychosozialen Adaptation als prädiktiv bedeutsam genannt (Berkman et al. 2007). Dem gegenübergestellt werden können als prognostisch günstige Faktoren ein hohes Aufnahmegewicht bei stationärer Behandlung, wenig anormales Essverhalten, ein großer Veränderungswille zu Behandlungsbeginn und ein geringes Ausmaß depressiver Symptome zum Entlasszeitpunkt (Castro-Fornieles et al. 2007).

Die frühe Manifestation der Essstörung impliziert nicht zwingend eine Verbesserung der Prognose. Dies ist allein durch eine Betrachtung der während der Phase der Adoleszenz anstehenden und damit nicht oder nur unzureichend zeitgerecht bewältigten Entwicklungsaufgaben nachvollziehbar. Kritisch zu diskutieren bleibt in diesem Zusammenhang auch, welche Kriterien zu einem umfassenden Heilungserfolg gezählt werden sollten. Dieser orientierte sich bisher am Wiedereintreten der Menstruationsblutung und erfolgter ausreichender Gewichtsrestitution (Kriterien nach Morgan und Hayward 1988; Morgan u. Russell 1975; Ratnasuriya et al. 1991). Darüber hinaus sollten jedoch auch die kognitiven Aspekte der Heilung von der Essstörung, z. B. die Zufriedenheit mit dem eigenen Körper, in die Reihe der angelegten Kriterien aufgenommen werden (Bachner-Melman et al. 2006; s. auch Herzog et al. 1993).

Der Verlauf der **Bulimia nervosa** ist meist ebenfalls langfristig. Zwar kommt es nach den oben beschriebenen Therapien bei dem größeren Teil der Patientinnen zu deutlichen Verbesserungen, teilweise auch Remissionen (keine Symptome mehr vorhanden), andererseits sind aber auch Rückfälle relativ häufig (Keel et al. 1999; Quadflieg u. Fichter 2003). So zeigte sich an einer unbehandelten Gruppe innerhalb eines 5-Jahres-Zeitraums, dass etwa ein Drittel der Patientinnen jedes Jahr in Remission kamen, während ein anderes Drittel einen Rückfall erlitt. Insgesamt sprach dies für eine eher schlechte Prognose der unbehandelten Gruppe (Fairburn et al., 2000). Eine 6-Jahres-Katamnese nach stationärer Behandlung ergab, dass 60 % der Patientinnen ein gutes, 29 % ein mittleres und 10 % ein schlechtes Verlaufsergebnis hatten, 1 % war verstorben (Fichter u. Quadflieg 1997). Insgesamt nimmt der Anteil der Patientinnen mit dem Vollbild der Störungen über die Zeit ab. Als Prädiktoren für einen ungünstigen Verlauf gelten eine zusätzliche Zwangsstörung, zusätzliche Persönlichkeitsstörungen, eventuell eine Überbetonung von Aussehen und Gewicht sowie ein Übergewicht in der Kindheit (Fairburn et al. 2003). Insgesamt muss aber davon ausgegangen werden, dass der Krankheitsverlauf der Bulimia nervosa äußerst variabel sein kann.

> Auch psychopharmakologische Studien belegen eher eine Symptomreduktion als eine Symptomabstinenz (Bacaltchuk und Hay 2003).

In einer repräsentativen Nachuntersuchung von 80 Patientinnen durch Jäger et al. (2004) sieben bis neun Jahre nach erfolgter Therapie wurde bei knapp 30 % das Weiterbestehen einer Bulimia nervosa festgestellt, ca. 10 % der Patientinnen litten noch an einer atypischen Form der bulimischen Essstörung oder aber an atypischen Anorexia nervosa, ca. 60 % wiesen keine Symptome einer Essstörung mehr auf. Bezogen auf Arbeit, Haushalt und allgemeine Lebensbedingungen zeigten die Frauen ein weitgehend gutes Outcome. Sie waren jedoch weniger häufig verheiratet und lebten seltener in einer stabilen Langzeitbeziehung. Auch die Zahl der Geburten war relativ niedrig (s. auch Quadflieg u. Fichter 2003).

Die Mortalitätsrate von Patienten mit Bulimia nervosa ist vergleichsweise niedrig. In Übereinstimmung mit den Ergebnissen weiterer Studien fanden Keel et al. (2003) im Rahmen einer Follow-up-Untersuchung unter 110 bulimischen Patienten nur einen Todesfall. Die standardisierte Mortalitätsrate (SMR) beträgt einer Metaanalyse von 43 Follow-up-Untersuchungen durch Nielsen (2003) gemäß 1,6 % (95%-KI: 0,8–2,7).

Literatur

Agras WS, Walsh BT, Fairburn CG, Wilson GT, Kraemer HC. A multicenter comparison of cognitive-behavioral therapy and interpersonal therapy for bulimia nervosa. Arch Gen Psychiatry 2000; 57: 459–66.

American Psychiatric Association (APA). Diagnostic and Statistical Manual of Mental Disorders. Fourth edition. Text revision. Washington, DC: American Psychiatric Association 2000.

American Psychiatric Association (APA). Practice guideline for the treatment of patients with eating disorders. Third edition. 2006. www.psych.org.

Anderson EA (ed). Males with eating disorders. New York: Brunner/Mazel 1990.

Bacaltchuk J, Hay P. Antidepressants versus placebo for people with bulimia nervosa. Cochrane Database Systematic Review 2003; 4: CD00391.

Bachner-Melman R, Zohar AH, Ebstein RP. An examination of cognitive versus behavioral components of recovery from anorexia nervosa. J Nerv Ment Dis 2006; 194: 697–703.

Bardone-Cone AM, Wonderlich SA, Frost RO, Bulik CM, Mitchell JE, Uppala S, Simonich. Perfectionism and eating disorders: current status and future directions. Clin Psychol Rev 2007; 27: 384–405.

Berkman ND, Lohr KN, Bulik CM. Outcomes of eating disorders: a systematic review of the literature. Int J Eat Disord 2007; 40: 293–309.

Birmingham CL, Su J, Hlynsky JA, Goldner EM, Gao M. The mortality rate from anorexia nervosa. Int J Eat Disord 2005; 38: 143–6.

Bosanac P, Kurlender S, Norman T, Hallam K, Wesness K, Manktelow T, Burrows G. An open-label study of quetiapine in anorexia nervosa. Hum Psychopharmacol 2007; 22: 223–30.

Bramon-Bosch E, Troop NA, Treasure JL. Eating disorders in males: A comparison with female patients. Eur J Eat Disord 2000; 8: 321–8.

Brewerton TD, Lydiard RB, Herzog DB, Brotman AW, O'Neil PM, Ballenger JC. Comorbidity of axis I psychiatric disorders in bulimia nervosa. J Clin Psychiatry 1995; 56(2): 77–80.

Brewerton TD, Dansky BS, Kilpatrick DG, O'Neil PM. Which Comes First in the pathogenesis of bulimia nervosa: dieting or bingeing? Int J Eat Disord 2000; 28: 259–64.

Brunner R, Resch F. Essstörungen. In: Eggers C, Fegert JM, Resch F (Hrsg). Psychiatrie und Psychotherapie des Kindes- und Jugendalters. Berlin: Springer 2004.

Bulik CM, Sullivan PF, Wade TD, Kendler KS. Twin studies of eating disorders: a review. Int J Eat Disord 2000; 27(1): 1–20.

Bulik CM, Berkman ND, Brownley KA, Sedway JA, Lohr KN. Anorexia nervosa treatment: a systematic review of randomized controlled trials. Int J Eat Disord 2007; 40: 310–20.

Carlat DJ, Camargo CA, Herzog DB. Eating disorders in males: A report on 135 patients. Am J Psychiatry 1997; 154: 1127–32.

Castro-Fornieles J, Casula V, Saura B, Martinez E, Lazaro L, Vila M, Plana MT, Toro J. Predictors of weight maintenance after hospital discharge in adolescent anorexia nervosa. Int J Eat Disord 2007; 40: 129–35.

Charney S, Deutch A. A functional neuroanatomy of anxiety and fear implications for the pathophysioloty and treatment of anxiety disorders. Crit Rev Neurobiol 1996; 10: 419–46.

Connan F, Campbell IC, Katzman M, Lightman SL, Treasure J. A neurodevelopmental model for anorexia nervosa. Physiol Behav 2003; 79: 13–34.

Corcos M, Flament MF, Giraud MJ, Paterniti S, Ledoux S, Atger F, Jeammet P. Early psychopathological signs in bulimia nervosa. A retrospective comparison of the period of puberty in bulimic and control girls. Eur Child Adolesc Psychiatry 2000; 9: 115–21.

Crisp AH, Burns T, Bhat AV. Primary anorexia nervosa in the male and female: A comparison of clinical features and prognosis. Brit J Med Psychol 1986; 59: 123–32.

Currin L, Schmidt U, Treasure J, Jick H. Time trends in eating disorder incidence. Brit J Psychiatry 2005; 186: 132–5.

Cusumano DL, Thompson JK. Media influence and body image in 8-11-year-old boys and girls: a preliminary report on the multidimensional media influence scale. Int J Eat Disord 2001; 29: 37–44.

Dilling H, Mombour W, Schmidt MH (Hrsg). Internationale Klassifikation psychischer Störungen. ICD-10, Kapitel V, 5. Aufl. Bern: Huber 2005.

Duncan AE, Neuman RJ, Kramer J, Kuperman S, Hesselbrock V, Reich T, Bucholz KK. Are there subgroups of bulimia nervosa based on comorbid psychiatric disorders? Int J Eat Disord 2005; 37: 19–25.

Fairburn CG, Welch SH, Doll HA, Davies BA, O'Connor ME. Risk factors for bulimia nervosa. A community-based case-control study. Arch Gen Psychiatry 1997; 54: 509–17.

Fairburn CG, Cooper Z, Doll HA, Norman P, O'Connor M. The natural course of bulimia nervosa and binge eating disorder in young women. Arch Gen Psychiatry 2000; 57: 659–65.

Fairburn CG, Stice E, Cooper Z, Doll HA, Norman PA, O'Connor ME. Understanding persistence in bulimia nervosa: a 5-year naturalistic study. J Consult Clin Psychol 2003; 34: 319–30.

Fichter MM, Quadflieg N. Six-year course of bulimia nervosa. Int J Eat Disord 1997; 22(4): 361–84.

Frank GK, Bailer UF, Henry S, Wagner A, Kaye WH. Neuroimaging studies in eating disorders. CNS Spectrums 2004; 9: 539–48.

Godart NT, Flament MF, Perdereau F, Jeammet P. Comorbidity between eating disorders and anxiety disorders: a review. Int J Eat Disord 2002; 32: 253–70.

Godart NT, Perdereau F, Curt F, Rein Z, Lang F, Venisse JL, Halfon O, Bizouard P, Loas G, Corcus M, Jeammet P, Flament MF. Is major depressive episode related to anxiety disorders in anorexics and bulimics? Compr Psychiatry 2006; 47: 91–8.

Goodwin RD, Fitzgibbon ML. Social anxiety as a barrier to treatment for eating disorders. Int J Eat Disord 2002; 32: 103–6.

Gorwood P, Bouvard M, Mouren-Simeoni MC, Kipman A, Ades J. Genetics and anorexia nervosa: a review of candidate genes. Psychiatr Genet 1998; 8: 1–12.

Habermas T. Elemente der Sozialgeschichte des Essens als Beitrag zu einer Erklärung der kulturellen Genese moderner Essstörungen. In: Jansen PL, Senf W, Meermann R (Hrsg). Klinik der Essstörungen: Magersucht und Bulimie. Stuttgart: Gustav Fischer 1997; 1–7.

Hebebrand J, Casper R, Treasure J, Schweiger U. The need to revise the diagnostic criteria for anorexia nervosa. J Neural Transm 2004; 111: 827–40.

Herzog DB, Keller MB, Sacks NR, Yeh CR, Lavori PW. Psychiatric comorbidity in treamtment-seeking anorexics and bulimics. J Am Acad Child Adolesc Psychiatry 1992; 31: 810–8.

Herzog DB, Sacks NR, Keller MB, Lavori PW, von Ranson KB, Grau HM. Patterns and predictors of recovery in anorexia nervosa and bulimia nervosa. J Am Acad Child Adolesc Psychiatry 1993; 32: 835–42.

Hinney A, Bornscheuer A, Depenbusch M, Mierke B, Tolle A, Middeke K, Ziegler A, Roth H, Gerber G, Zamzow K, Ballauff A, Hamann A, Mayer H, Siegfried, W, Lehmkuhl G, Poustka, F, Schmidt MH, Herpertz-Dahlmann BM, Fichter M, Remschmidt H, Hebebrand J. No evidence for involvement of the leptin gene in anorexia nervosa, underweight or early onset extreme obesity; identification of two novel mutations in the coding sequence and a novel polymorphism in the leptin gene linked upstream region. Mol Psychiatry 1998; 3: 539–43.

Hoek HW. Incidence, prervalence, and mortality of anorexia nervosa and other eating disorders. Curr Opin Psychiatry 2006; 19: 389–94.

Hoek HW, van Hoeken D. Review of the prevalence and incidence of eating disorders. Int J Eat Disord 2003; 34(4): 383–96.

Holtkamp K, Konrad K, Kaiser N, Ploenes Y, Heussen N, Grzella I, Herpertz-Dahlmann B. A retrospective study of SSRI treatment in adolescent anorexia nervosa: insufficient evidence for efficacy. J Psychiatr Res 2005; 39: 303–10.

Jacobi C, Thiel A, Paul T. Kognitive Verhaltenstherapie bei Anorexia und Bulimia nervosa. Weinheim: Psychologie Verlags Union 1996.

Jäger B, Liedtke R, Lamprecht F, Freyberger H. Social and health adjustment of bulimic women 7-9 years following therapy. Acta Psychiatr Scand 2004; 110: 138–45.

Kaye WH, Frank GK, Bailer U, Henry SE. Neurobiology of anorexia nervosa: clinical implications of alterations of the function of serotonin and other neuronal systems. Int J Eat Disord 2005a; 37: 15–9.

Kaye WH, Frank GK, Bailer U, Henry SE, Meltzer CC, Price JC, Mathis CA, Wagner A. Serotonin alterations in anorexia nervosa: new insights from imaging studies. Physiol Behav 2005b; 85: 73–81.

Keel PK, Klump KL. Are eating disorders culture-bound syndromes? Implications for conceptualizing their etiology. Psychol Bull 2003; 129: 747–9.

Keel PK, Mitchell JE, Miller KB, Davis TL, Crow SJ. Mothers, fathers, and daughters: dieting and disordered eating. Eat Disord 1997; 5: 216–8.

Keel PK, Mitchell JE, Miller KB, Davis TL, Crow SJ. Long-term outcome of bulimia nervosa. Arch Gen Psychiatry 1999; 56: 63–9.

Keel PK, Dorer DJ, Eddy KT, Franko D, Charatan DL, Herzog DB. Predictors of mortality in eating disorders. Arch Gen Psychiatry 2003; 60: 179–83.

Keel PK, Heatherton TF, Dorer DJ, Joiner TE, Zalta AK. Point prevalence of bulimia nervosa in 1982, 1992, and 2002. Psychol Med 2006; 36: 119–27.

Le Grange D, Loeb KL, van Orman S, Jellar CC. Bulimia nervosa in adolescents. A disorder in evolution? Arch Pediatr Adolesc Med 2004; 158: 478–82.

Le Grange D, Binford R, Loeb KL. Manualized family-based treatment for anorexia nervosa: a case series. J Am Acad Child Adolesc Psychiatry 2005; 44: 41–6.

Legenbauer T, Vocks, S. Manual der kognitiven Verhaltenstherapie bei Anorexie und Bulimie. Heidelberg: Springer 2006.

Lock J, Agras WS, Brysan S, Kraemer HC. A comparison of short- and long-term family therapy for adolescent anorexia nervosa. J Am Acad Child Adolesc Psychiatry 2005; 44: 632–9.

Matsushita S, Suzuki K, Murayama M, Nishiguchi N, Hishimoto A, Takeda A, Shirakawa O, Higuchi S. Serotonin transporter regulatory region polymorphism is associated with anorexia nervosa. Am J Med Genet B Neuropsychiatr Genet 2004; 128: 114–7.

Mehler C, Wewetzer C, Schulze U, Warnke A, Theisen F, Dittmann RW. Olanzapine in children and adosescents with chronic anorexia nervosa. A study of five cases. Eur Child Adolesc Psychiatry 2001; 10: 151–7.

Mehler-Wex C, Romanos M, Kirchheiner J, Schulze UME. Atypical antipsychotics in children and adolescents with severe anorexia nervosa – review and case report. Eur Eat Disord Rev 2008; 16: 100–8.

Möckel R, Schlemmer HP, Gückel F, Göpel C, Becker G, Köpke J, Hentschel F, Schmidt M, Georgi M. 1H-MR-Spektroskopie bei Anorexia nervosa: reversible zerebrale Metabolitenänderungen. ROFO Forschritte Geb Rontgennstr Nueklearmed 1999; 170: 371–7.

Morgan HG, Hayward AE. Clinical assessment of anorexia nervosa. The Morgan-Russell outcome assessment schedule. Brit J Psychiatry 1988; 152: 367–71.

Morgan HG, Russell G. Value of family backround and clinical features as predictors of long-term outcome in anorexia nervosa: a 4 year follow-up study of 41 patients. Psychol Med 1975; 5: 355–71.

Muise AM, Stein DG, Arbess G. Eating disorders in adolescent boys: a review of the adolescent and young adult literature. J Adolesc Health 2003; 33(6): 427–3.

Murphy R. Zur Neuropsychologie und Neurophysiologie der Anorexia nervosa. Z Klin Psychol Psychother 2004; 33: 51–7.

National Institute for Clinical Excellence (NICE). Eating disorders. Core interventions in the treatment and management of anorexia nervosa, bulimia nervosa and related eating disorders. London: British Psychological Society and Gaskell 2004.

Nielsen S. Standardized mortality ratio in bulimia nervosa. Arch Gen Psychiatry 2003; 60: 851, 982.

Paul T, Thiel A. Eating Disorder Inventory-2. Deutsche Version. Göttingen: Hogrefe 2005.

Pawluck DE, Gorey KM. Secular trends in the incidence of anorexia nervosa: integrative review of population based studies. Int J Eat Disord 1998; 23: 347–52.

Powers PS, Bannon Y, Eubanks R, McCormick T. Quetiapine in anorexia nervosa patients: an open label outpatient pilot study. Int J Eat Disord 2007; 40: 21–6.

Quadflieg N, Fichter MM. The course and outcome of bulimia nervosa. Eur Child Adolesc Psychiatry 2003; 12: 99–109.

Ratnasuriya RH, Eisler I, Smukler GI, Russell GF. Anorexia nervosa: outcome and prognostic factors after 20 years. Brit J Psychiatry 1991; 158: 495–502.

Russell GF. Anorexia nervosa trough time. In: Szmukler G, Dare C, Treasure J (eds). Handbook of eating disorders. Chichester: John Wiley and Sons 1994; 5–18.

Schmidt U, Treasure J. Die Bulimie besiegen. Weinheim: Beltz 2001.

Schulze UM, Pettke-Rank CV, Kreienkamp M, Hamm H, Bröcker EB, Wewetzer C, Trott GE, Warnke A. Dermatologic findings in anorexia and bulimia nervosa of childhood and adolescence. Pediatr Dermatol 1999; 16 (2): 90–4.

Schulze UME, Holl RW, Goldbeck L. Essstörungen und Typ-1-Diabetes im Kindes und Jugendalter. Eine Übersicht zur Komorbidität. Monatsschr Kinderheilk 2007; Online-Publikation 20.09.2007.

Silber TJ. Anorexia nervosa among children and adolescents. Adv Pediatr 2005; 52: 49–76.

Spindler A, Milos G. Psychiatric comorbidity and inpatient treatment history in bulimic subjects. Gen Hosp Psychiatry 2004; 26: 18–23.

Srinivasagam NM, Kaye WH, Plotnicow KH, Greeno C, Weltzin TE, Rao R. Persistent perfectionism, symmetry, and exactness after long-term recovery from anorexia nervosa. Am J Psychiatry 1995; 132: 1630–4.

Steffen KJ, Roerig JL, Mitchell JE, Uppala S. Emerging drugs for eating disorder treatment. Expert Opin Emerg Drugs 2006; 11: 315–36.

Steiger H, Séguin JR. Eating disorders: anorexia and bulimia nervosa. In: Millon T, Blaney PH (eds). Oxford Textbook of Psychopathology. New York, NY: Oxford University Press 1999; 385–9.

Steiner H, Lock J. Anorexia nervosa in children and adolescents: a review of the past 10 years. J Am Acad Child Adolesc Psychiatry 1998; 37: 352–9.

Strober M, Freeman R, Lampert C, Diamond J, Kaye WH. Controlled family study of anorexia and bulimia nervosa: evidence of shared liability and transmission of partial syndromes. Am J Psychiatry 2000; 157: 393–401.

Thiels C, Schmidt U, Treasure J, Garthe R. Four year follow-up of guided self-change for bulimia nervosa. Eat Weight Disord 2003; 8: 212–7.

Tiihonen J, Keski-Rahkonen A, Löppönen M, Muhonen M, Kajaner J, Allonen T, Någren K, Hietala J, Rissanen A. Brain serotonin 1 A receptor binding in bulimia nervosa. Biol Psychiatry 2004; 55: 871–3.

Treasure J, Schmidt U. Gemeinsam die Magersucht besiegen. Weinheim: Beltz 2002.

Truglia E, Mannucci A, Lassi S, Rotella CM, Faravelli C, Ricca V. Aggressiveness, anger and eating disorders: a review. Psychopathology 2006; 39: 55–68.

Urwin RE, Nunn KP. Epistatic interaction between the monoamine oxidase A and serotonin transporter genes in anorexia nervosa. Eur J Hum Genet 2005; 13: 370–5.

Vaz FJ, Guisado JA, Penas-Lledo EM. History of anorexia nervosa in bulimic patients: its influence on body composition. Int J Eat Disord 2003; 34: 148–55.

Vitiello B, Lederhendler I. Research on eating disorders: current status and future prospects. Biol Psychiatry 2000; 47: 777–86.

Wade TD, Bergin JL, Tiggemann M, Bulik CM, Fairburn CG. Prevalence and long-term course of lifetime eating disorders in an adult Australian twin cohort. Aust N Z J Psychiatry 2006; 40: 121–8.

Walsh BT, Kaplan AS, Attia E, Olmsted M, Parides, Carter JC, Pike KM, Devlin MJ, Woodside B, Roberto CA, Rockert W. Fluoxetine After Weight Restauration in Anorexia nervosa. JAMA 2006; 295: 2605–12.

Walters EE, Kendler KS. Anorexia nervosa and anorexic-like syndromes in a population-based twin sample. Am J Psychiatry 1995; 152: 64–71.

Ward A, Ramsay R, Turnbull S, Benedettini M, Treasure J. Attachment patterns in eating disorders: past in the present. Int J Eat Disord 2000; 28: 370–6.

Wilson GT, Shafran R. Eating disorders guideline from NICE. Lancet 2005; 365: 79–81.

Woodside DB, Garfinkel PE, Lin BL, Goering P, Kaplan AS, Goldbloom DS, Kennedy SH. Comparison of men with full or partial eating disorders, men without eating disorders, and women with eating disorders. Am J Psychiatry 2001; 158: 570–4.

Woodside DB, Bulik CM, Halmi KA, Fichter MM, Kaplan A, Berrettini WH, Strober M, Treasure J, Lilenfeld L, Klump K, Kaye WH. Personality, perfectionism, and attitudes toward eating in parents of individuals with eating disorders. Int J Eat Disord 2002; 31: 290–9.

Young EA, Clopton JR, Bleckley MK. Perfectionism, low self-esteem, and familiy factors as predictors of bulimic behavior. Eat Behav 2004; 5: 273–83.

31 Schlafstörungen

Leonie Fricke-Oerkermann, Michael Schredl und Gerd Lehmkuhl

Inhalt

31.1	Einleitung	355
31.2	Definition und Klassifikation	355
31.3	Epidemiologie, Verlauf und Komorbidität	359
31.4	Ätiologie und Pathogenese	360
31.5	Diagnostik und Differenzialdiagnosen	362
31.6	Therapie und Prävention	364
Literatur		370

Zusammenfassung

Schlafstörungen, vor allem die Insomnie, sind in der Adoleszenz und im jungen Erwachsenenalter recht weit verbreitet, auch wenn die Häufigkeit geringer als im späteren Erwachsenenalter ist. Im Unterschied zum Kindesalter, in dem die Tagessymptomatik oft durch hyperaktives Verhalten und andere Formen von Verhaltensauffälligkeiten gekennzeichnet ist, beschreiben Adoleszente häufig Tagesmüdigkeit. Die Schlafstörungen treten in dieser Altersgruppe in vielen Fällen transitorisch auf, z. B. aufgrund eines bestimmten Entwicklungsschrittes. Studienergebnisse machen jedoch deutlich, dass Schlafstörungen bei Jugendlichen auch häufig chronifizieren. Da Schlafstörungen oft als Begleiterscheinungen bei körperlichen Erkrankungen und psychischen Störungen auftreten, ist zunächst eine differenzierte Diagnostik von entscheidender Bedeutung. Hierbei ist es wichtig, sich einen umfassenden Eindruck vom Kind bzw. Jugendlichen, seiner Familie und dem Umfeld zu verschaffen, um den komplexen Ursachen gerecht zu werden. Die Durchführung eines Schlafprotokolls kann dazu beitragen, die Symptomatik zu objektivieren. Individuelle Therapiestrategien, die das jeweilige Entwicklungsalter des Jugendlichen berücksichtigen, sind bei der sich unterschiedlich darstellenden Symptomatik unverzichtbar. Therapeutisch erweisen sich Schlafedukation, Schlafhygiene und spezifische Interventionen, wie beispielsweise kognitive Verfahren, in dieser Altersgruppe als hilfreich.

31.1 Einleitung

Schlafstörungen in der Adoleszenz und im jungen Erwachsenenalter sind weitverbreitet (Ipsiroglu et al. 2001). In vielen Fällen treten sie transitorisch auf, z. B. aufgrund eines bestimmten Entwicklungsschrittes oder eines Ereignisses. Studienergebnisse machen jedoch deutlich, dass Schlafstörungen bei Jugendlichen auch häufig chronifizieren (Morrison et al. 1992). Infolge der Labilisierung des Schlaf-wach-Rhythmus im Jugendalter (Jugendliche gewöhnen sich meist spätere Zubettgehzeiten bei frühem morgendlichem Schulbeginn und ähnlichem Schlafbedürfnis wie Präadoleszente an) kommt es oft zu einem Schlafmangel, der zu erhöhter Tagesschläfrigkeit führt. Langes Ausschlafen am Wochenende unterstützt die Unregelmäßigkeit des Schlaf-wach-Rhythmus und forciert wiederum das Auftreten von Ein- und Durchschlafstörungen. Weiterhin sind Belastungsfaktoren zu berücksichtigen, die im Zusammenhang mit den Entwicklungsschritten, die im Jugendalter anstehen, zu sehen sind und einen Einfluss auf das Schlafverhalten des Adoleszenten haben. Schlafstörungen treten zudem häufig komorbid mit organischen oder psychiatrischen Störungen auf. Dies ist bei der Beurteilung der Ursachen und in der Behandlung besonders zu berücksichtigen, da in diesen Fällen die Behandlung der Grunderkrankung in der Regel zunächst im Vordergrund stehen sollte. Im Unterschied zu Schlafstörungen bei Erwachsenen sind Schlafstörungen bei Jugendlichen noch wenig untersucht. Es fehlen Studien zum Verlauf, zu den Auswirkungen auf die Entwicklung und zur Überprüfung therapeutischer Konzepte (Fricke-Oerkermann et al. 2007b).

31.2 Definition und Klassifikation

Die ICD-10 unterscheidet organische von nichtorganischen Schlafstörungen (s. Dilling et al. 1993). Zu den nichtorganischen Schlafstörungen werden unter anderem die nichtorganische Insomnie, die nichtorganische Störung des Schlaf-wach-Rhythmus und Parasomnien wie Albträume, Pavor nocturnus (Nachtschreck) und Somnambulismus (Schlafwandeln) gezählt (Tab. 31-1). Die Klassifikation der Schlafstörungen des DSM-IV (American Psychiatric Association 1996) ähnelt der der ICD-10 weitestgehend. Bisher beziehen sich die ICD-10 und das DSM-IV primär auf Schlafstörungen bei Erwachsenen.

Tab. 31-1 Klassifikation der nichtorganisch bedingten Schlafstörungen nach ICD-10 (F51)

F51.0	Insomnie
F51.1	Hypersomnie
F51.2	Störung des Schlaf-wach-Rhythmus
F51.3	Somnambulismus (Schlafwandeln)
F51.4	Pavor nocturnus (Nachtschreck)
F51.5	Albträume
F51.8	Sonstige Schlafstörungen
F51.9	Nichtorganische Schlafstörung, nicht näher bezeichnet

31.2.1 Insomnien

> Nach der ICD-10 werden als **nichtorganische Insomnie** Ein- und/oder Durchschlafstörungen oder eine schlechte Schlafqualität, die wenigstens dreimal pro Woche mindestens einen Monat lang auftreten, bezeichnet.

Die Patienten beschäftigen sich tagsüber und nachts überwiegend mit der Schlafstörung und machen sich übertriebene Sorgen, dass die Schlafprobleme zu negativen Konsequenzen führen könnten. Häufig sind es hierbei die Eltern, die z. B. wegen gesundheitlicher Folgeschäden besorgt sind. Die unbefriedigende Schlafdauer oder -qualität verursacht entweder einen deutlichen Leidensdruck oder wirkt sich störend auf die Alltagsaktivitäten aus – bei Jugendlichen und jungen Erwachsenen vor allem auf die Schule und die Berufsausbildung. Da die Insomnie ein häufiges Symptom anderer psychischer Störungen und körperlicher Krankheiten darstellt, ist dies differenzialdiagnostisch abzuklären, ebenso eine Insomnie infolge der Einnahme von Medikamenten oder anderer Substanzen (z. B. Drogen wie Ecstasy).

Die Internationale Klassifikation der Schlafstörungen (ICSD-2) ist ein sehr differenziertes Klassifikationsschema, das sämtliche Schlafstörungen umfasst und dessen Anwendung hauptsächlich in der Schlafmedizin eine Rolle spielt, d. h. in hierfür spezialisierten Kliniken und Ambulanzen, die über ein Schlaflabor verfügen. In der ICSD-2 werden die typischerweise im Kindes- bzw. im Jugendalter auftretenden Schlafstörungen dargestellt und es wird auf die spezifisch pädiatrischen Aspekte der Schlafstörungen und schlafmedizinischen Erkrankungen eingegangen (American Academy of Sleep Medicine 2005).

In der ICSD-2 werden – im Unterschied zu ICD-10 und DSM-IV – verschiedene Formen der Insomnie unterschieden. Wesentlich für das Jugend- und junge Erwachsenenalter sind die folgenden Formen:

- die **Schlafanpassungsstörung** (akute Insomnie), die infolge spezifischer Stressoren entsteht
- die **psychophysiologische Insomnie**, bei der erlernte schlafverhindernde Assoziationen und Hyperarousal vorliegen (z. B. Fokussierung auf den Schlaf und vermehrte Ängstlichkeit in Bezug auf den Schlaf sowie schlafbehindernde Gedanken)
- die **paradoxe Insomnie** (Fehlwahrnehmung des Schlafzustandes), die häufig im jungen Erwachsenenalter auftritt, im Jugendalter hingegen eher ungewöhnlich ist
- die **idiopathische Insomnie** (auch als lebenslange Insomnie oder Insomnie mit Beginn in der Kindheit bezeichnet) wird durch den Verlauf der Schlafstörung diagnostiziert; die Beschwerden bestehen in Ein- und Durchschlafstörungen oder einer kurzen Schlafdauer, die ohne ersichtlichen Grund beginnen und lebenslang bestehen bleiben
- die diagnostische Kategorie **inadäquate Schlafhygiene** spielt im Jugendalter eine wichtige Rolle; Schlafhygiene bezeichnet Verhaltensweisen, die einen erholsamen Schlaf fördern, wie z. B. die Berücksichtigung des natürlichen Schlaf-wach-Rhythmus

In der ICSD-2 wird weiterhin eine speziell im Kindesalter auftretende Ein- und Durchschlafstörung benannt, die **verhaltensbedingte Insomnie in der Kindheit**. Es werden zwei verschiedene Typen unterschieden:

- Einschlafstörung aufgrund inadäquater Einschlafassoziationen
- Schlafstörung aufgrund inkonsequenten Erziehungsverhaltens

In manchen Fällen kann die Schlafstörung aufgrund inkonsequenten Erziehungsverhaltens auch im Jugendalter eine Rolle spielen. Bei der Schlafstörung aufgrund inkonsequenten Erziehungsverhaltens versucht das Kind bzw. der Jugendliche, das Zubettgehen hinauszuzögern, verweigert das Zubettgehen zu einer angemessenen Uhrzeit oder ins Bett zurückzugehen, nachdem es/er nachts erwacht ist. Die Eltern verwenden als Reaktion auf das Verhalten des Kindes bzw. Jugendlichen insuffiziente und ungeeignete Grenzsetzungen.

31.2.2 Parasomnien

Zu den nichtorganischen Schlafstörungen in der ICD-10 zählen auch die Parasomnien Albträume, Pavor nocturnus und Somnambulismus. Sie kommen im Jugendalter und jungen Erwachsenenalter seltener als im Kindesalter vor. Vor allem der Pavor nocturnus und der Somnambulismus nehmen in der Häufigkeit bis zum 10. Lebensjahr stark ab. Die wichtigsten differenzialdiagnostischen Aspekte, auch im Hinblick auf die Abgrenzung zur posttraumatischen Belastungsstörung, sind in Tabelle 31-2 zusammengefasst.

Albträume finden während des REM-Schlafes (REM = *Rapid Eye Movement*) statt, im Unterschied zum Schlafwandeln und

31.2 Definition und Klassifikation

Tab. 31-2 Differenzialdiagnose des nächtlichen Erwachens mit Angst

	Albträume	Pavor nocturnus	Posttraumatische Wiederholungen
Aufwachzeitpunkt	vorwiegend zweite Nachthälfte	vorwiegend erste Nachthälfte	sowohl als auch
Schlafstadium	REM-Schlaf	Tiefschlaf	REM-Schlaf oder normaler Schlaf
Physiologische Angstreaktion	moderat	sehr stark	stark bis sehr stark
Trauminhalt	detaillierter Traum	fast kein Inhalt, evtl. ein bedrohliches Bild	relativ direkte Wiederholung der erlebten Situation
Orientierung nach Erwachen	häufig voll orientiert, auch wenn Traumangst bleibt	kaum orientiert, nicht ansprechbar	häufig voll orientiert, auch wenn Traumangst bleibt
Erinnerung am Morgen	Inhalte werden gut erinnert	keine Erinnerung an den nächtlichen Vorfall	Inhalte werden gut erinnert
Häufigstes Auftreten im Alter von	6–10 Jahren	3–7 Jahren	ereignisabhängig

Pavor nocturnus, die aus dem Tiefschlaf oder dem Non-REM-Stadium 2 heraus entstehen. Albträume zeichnen sich dadurch aus, dass der Betroffene aus dem Nachtschlaf oder nach kurzem Schlaf mit detaillierter und lebhafter Erinnerung an heftige Angstträume (oder andere negative Emotionen wie Ärger, Ekel, Trauer) erwacht. Die Angstträume beinhalten meistens eine Bedrohung des Lebens, der Sicherheit oder des Selbstwertgefühls. Das Aufwachen erfolgt zeitunabhängig, typischerweise aber während der zweiten Hälfte des Nachtschlafes. Nach dem Erwachen aus einem Albtraum ist die betroffene Person rasch orientiert und munter. Die ICD-10 legt als weiteres Kriterium fest, dass das Traumerlebnis und die daraus resultierende Schlafstörung einen deutlichen Leidensdruck verursachen. Die häufigsten Inhalte der Albträume von Kindern bzw. Jugendlichen sind Verfolgung (ca. 50 %), etwas Beängstigendes (ca. 20 %), Verletzung oder Tod anderer Personen (ca. 20 %), eigener Tod (ca. 13 %) und Fallen ins Bodenlose (ca. 10 %) (Schredl u. Pallmer 1998).

Der **Pavor nocturnus** (»Nachtangst«) ist ein Aufschrecken aus dem Tiefschlaf, das meist in der ersten Nachthälfte auftritt. Die Unterscheidung in der Praxis ist leicht möglich, da nach dem Pavor-Anfall häufig Amnesie vorliegt und kein detaillierter Traumbericht erzählt werden kann; manchmal werden jedoch einzelne mit Angst besetzte Bilder berichtet (Schredl 1999). Pavor-nocturnus-Episoden können in **Schlafwandeln** übergehen. Auch Schlafwandeln tritt im Non-REM-Schlaf auf und wird in der Regel nicht erinnert. Bei **posttraumatischen Wiederholungen** handelt es sich um mehr oder weniger getreue Wiederholungen eines erlebten Traumas, z. B. Kriegserlebnisse oder Missbrauch (Wittmann et al. 2007).

31.2.3 Sonstige Störungsbilder

Neben Insomnie und Parasomnien besitzen im diagnostischen Prozess noch andere Störungsbilder differenzialdiagnostische Relevanz, die im Folgenden kurz erläutert werden. Dabei wird wegen der differenzierteren Systematik die ICSD-2-Klassifikation verwendet.

Schlafbezogene Atmungsstörungen

Zur Gruppe der schlafbezogenen Atmungsstörungen zählt unter anderem das **obstruktive Schlafapnoe-Syndrom**. Dabei kommt es im Schlaf zu nächtlichen Atemstillständen, Hypopnoen oder Atmungsereignissen mit Weckreaktionen, welche eine Störung der Schlafstruktur mit Symptomen des nicht erholsamen Schlafes wie vermehrter Tagesschläfrigkeit hervorrufen. Ein häufig assoziiertes Merkmal stellt das Schnarchen dar. Weitere Folgen der Störung können im Schulalter Lernschwierigkeiten, Konzentrationsstörungen, Kopfschmerzen, sozialer Rückzug und aggressives oder hyperaktives Verhalten sein (Hoch 2007). Die Diagnostik schlafbezogener Atmungsstörungen erfordert ein ambulantes Screening der nächtlichen Atemtätigkeit und/oder die Durchführung einer Polysomnographie im Schlaflabor.

Hypersomnien zentralnervösen Ursprungs

Unter den Hypersomnien zentralnervösen Ursprungs wird in der ICSD-2 unter anderem das **verhaltensbedingte Schlafmangelsyndrom** eingeordnet, bei dem die Betroffenen nicht bewusst eine Verkürzung der nächtlichen Schlafmenge vornehmen, was zu einem chronischen Schlafdefizit führt. Die Beschwerden bestehen in Tagesschläfrigkeit, Reizbarkeit, Konzentrationsstörungen, Unruhe und Appetitlosigkeit. Insbesondere bei Jugendlichen scheint es infolge abendlicher Aktivitäten vermehrt zu dieser Form der Schlafstörung zu kommen. Auch die **Narkolepsie** gehört zu dieser Kategorie. Sie ist zwar mit einer Häufigkeit unter 1 % sehr selten (Mayer 2007), jedoch erwähnenswert, da sie leicht fehldiagnostiziert wird. Narkolepsie ist ebenfalls durch Tagesschläfrigkeit gekennzeichnet, die sich in wiederholten Nickerchen oder unwillkürlichem Einnicken am Tage ausdrücken kann. Typischerweise treten Kataplexien auf, wobei bei intensiven Gefühlsempfindungen ein plötzlicher bilateraler Verlust des die Körperhaltung stabilisierenden Muskeltonus auftritt. Kataplexien gehen ohne Bewusstseintrübung einher und dauern meist weniger als eine Minute. Sie betreffen die mimische Muskulatur (z. B. Heruntersacken des Unterkiefers) und können bis zum Tonusverlust der gesamten Skelettmuskulatur reichen. Weiterhin werden folgende Nebenmerkmale beschrieben:

- Schlafparalyse (Schlaflähmung; Phase der Unfähigkeit, willkürliche Bewegungen auszuführen, mit Areflexie beim Einschlafen oder Aufwachen)
- hypnagoge Halluzinationen (visuelle, taktische, akustische und/oder kinetische Phänomene, die das Einschlafen bedrohlich und quälend begleiten können)
- Verhaltensautomatismen (geordnete Aktivitäten, die für Minuten bis Stunden ausgeführt werden, für die jedoch im Nachhinein Amnesie besteht)
- eine unterbrochene Hauptschlafepisode

In der Regel liegt das Manifestationsalter in der Jugend bzw. dem jungen Erwachsenenalter. Zu Beginn der Erkrankung ist die narkoleptische Tetrade (Symptome der exzessiven Tagesschläfrigkeit, Kataplexien, Schlaflähmung und hypnagoge Halluzinationen) meist noch nicht komplett vorhanden, was die Diagnosestellung erschwert, da häufig zunächst nur die Tagesschläfrigkeit im Vordergrund steht.

Eine sehr seltene Form der Hypersomnien ist auch die **rezidivierende Hypersomnie**. Merkmal der rezidivierenden Hypersomnie sind wiederkehrende Episoden schwerer Hypersomnie und symptomfreie Intervalle. Sie kann als monosymptomatische Form vorliegen. Es werden jedoch noch zwei weitere Phänotypen beschrieben:

- Kleine-Levin-Syndrom (KLS), bei dem die hypersomnischen Episoden von Hyperphagie, sexueller Enthemmung sowie kognitiven und psychischen Störungen begleitet sind (Manifestation meist im zweiten Lebensjahrzehnt mit einer Häufung um das 16. Lebensjahr)
- menstruationsbezogene Schlafstörung, bei der die Phasen der Hypersomnie zyklusgebunden sind; mit dem Einsetzen der Menstruation sistiert die Symptomatik

Bei der **idiopathischen Hypersomnie,** die meist vor dem 25. Lebensjahr beginnt und häufig lebenslang anhält, werden zwei Formen unterschieden:

- idiopathische Hypersomnie mit langer Schlafzeit, d. h. es liegen ein verlängerter Nachtschlaf von mehr als zehn Stunden, exzessive Tagesschläfrigkeit mit unerholsamen Schlafepisoden am Tag und Schwierigkeiten, nach dem Nacht- bzw. Tagesschlaf zu erwachen, vor
- idiopathische Hypersomnie ohne lange Schlafzeit, d. h. es liegt eine exzessive Tagesschläfrigkeit mit ungewollten nicht erholsamen Schlafepisoden vor

Zirkadiane Schlafrhythmusstörungen

Zirkadiane Schlafrhythmusstörungen können sich ebenfalls schon im Kindesalter manifestieren. Nennenswert für das Kindes- und Jugendalter sind in dieser Kategorie im Wesentlichen das **vorverlagerte Schlafphasensyndrom** (verfrühte Schläfrigkeit, mit Unvermögen, bis zu einem üblichen Zeitpunkt wach zu bleiben, sowie verfrühtes morgendliches Erwachen) und das **verzögerte Schlafphasensyndrom,** das gekennzeichnet ist durch spätes Einschlafen und Schwierigkeiten, zu einer üblichen Zeit zu erwachen. Während der Hauptschlafperiode finden sich insomnische Beschwerden, wohingegen die Wachperiode durch eine Hypersomnie charakterisiert ist. Das verzögerte Schlafphasensyndrom findet sich überwiegend bei Adoleszenten.

Parasomnien

Zur Gruppe der Parasomnien, zu denen die bereits oben beschriebenen Störungen wie Schlafwandeln, Nachtschreck und Albträume gezählt werden, gehört auch die **REM-Schlaf-Verhaltensstörung,** von der jedoch vorwiegend Männer über 50 Jahre betroffen sind und die im Jugendalter extrem selten vorkommt. Sie ist gekennzeichnet durch das Ausbleiben der motorischen Hemmung im REM-Schlaf, welche zu komplexen motorischen Aktivitäten führen kann, die mit den Trauminhalten korrespondieren. Im Unterschied zum Schlafwandeln wird das Bett nur selten verlassen. Es besteht keine Amnesie.

Schlafbezogene Bewegungsstörungen

Relevante schlafbezogene Bewegungsstörungen sind die periodischen Extremitätenbewegungen im Schlaf (PLMS), das Restless-Legs-Syndrom (RLS), der Bruxismus sowie die schlafbezogenen rhythmischen Bewegungsstörungen.

Das **Restless-Legs-Syndrom** (RLS) ist eine Störung mit Missempfindungen im Bereich der Waden, seltener auch in den Füßen, Oberschenkeln, Armen oder Händen, die zu Einschlafschwierigkeiten führen. Die Missempfindungen werden als »Kribbeln«, Brennen oder selten auch als Schmerzen beschrieben und treten typischerweise in Ruhesituationen (z. B. im Bett vor dem Einschlafen) auf. Durch Bewegen der Beine vermindern sich die Beschwerden. Der durchschnittliche Beginn der Störung liegt um das 27. Lebensjahr. Bis zu 15 % der erwachsenen Patienten zeigen bereits erste Symptome in der Kindheit (Wetter 1997).

Die Störung tritt nicht selten gemeinsam mit **periodischen Extremitätenbewegungen** im Schlaf auf, die gekennzeichnet sind durch im Schlaf auftretende periodische Episoden wiederholter und stereotyper Bewegungen der Gliedmaßen.

Beim **nächtlichen Bruxismus** (Zähneknirschen) kommt es zu einem starken Zusammenpressen der Zähne bis zu lautem Knirschen, das zu Weckreaktionen und einer mangelnden Erholsamkeit des Schlafes führen kann. Durch die Belastung des Kiefergelenks und den verstärkten Abrieb der Zähne werden Betroffene vorwiegend von Zahnärzten oder Kieferchirurgen gesehen und behandelt. Abgesehen von diesen Beschwerden besteht keine pathologische Wertigkeit des Erscheinungsbildes. Diskutiert wird ein Zusammenhang zwischen dem Auftreten des Zähneknirschens und psychischen Belastungen. Insofern kann es hilfreich sein, die psychische Anspannung z. B. durch Entspannungsverfahren zu reduzieren.

Isolierte Symptome, öffentliche Normvarianten und ungelöste Probleme

Zu dieser Kategorie zählt unter anderem die **Somniloquie** (Sprechen im Schlaf). Sie reicht von undifferenzierten Lautäußerungen bis zu differenzierter Sprachproduktion im Schlaf. Dem Schläfer ist das Sprechen nicht bewusst und es kann auch nicht von ihm kontrolliert werden. In Verbindung mit Stress (z. B. Alkohol, Fieber) kann Sprechen im Schlaf bei jedem Menschen vorkommen. Gehäuft tritt es in Zusammenhang mit Parasomnien auf. Es kann z. B. in Verbindung mit dem Schlafwandeln zu sinnvoller, wenn auch bezüglich der verbalen Eloquenz eingeschränkter Kommunikation kommen. Sprechen im Schlaf kann in allen Schlafstadien vorkommen und hat keinen Krankheitswert.

Auch **Einschlafzuckungen** bedürfen keiner Therapie und treten in allen Altersgruppen auf.

31.3 Epidemiologie, Verlauf und Komorbidität

Die meisten Studien zur Prävalenz von Schlafstörungen beziehen sich auf das Kleinkind-, Schul- oder Erwachsenenalter. In den wenigen vorliegenden Untersuchungen zur Adoleszenz wird jedoch deutlich, dass Schlafstörungen im Jugend- und jungen Erwachsenenalter ebenfalls häufig sind.

Ipsiroglu et al. (2001) befragten 332 Schüler im Alter von 11 bis 15 Jahren. 60 % der Jugendlichen beschrieben »manchmal« nächtliches Aufwachen, 7 % gaben an, »fast immer« nachts aufzuwachen. Fast 60 % berichteten »manchmal« von Albträumen, im Vergleich zu 4 %, die Albträume »fast immer« angaben. Nächtliches Aufschreien oder Schlafwandeln wurde seltener beschrieben (»fast immer« 2 %/1 % bzw. »manchmal« 8 %/14 %).

Morrison et al. (1992) befragten eine Stichprobe von fast 1 000 Adoleszenten im Alter von 15 Jahren. 10 % der Jugendlichen berichtete von Einschlafproblemen, 2 % von Durchschlafproblemen. 25 % der Adoleszenten gaben an, weniger Schlaf zu bekommen, als sie benötigen würden. Dies entspricht Ergebnissen anderer Untersuchungen (z. B. Strauch u. Meier 1988).

Wolfson et al. (2007) untersuchten Adoleszente mit frühem (7:15 Uhr) und spätem (8:35 Uhr) Schulbeginn. Sie stellten fest, dass sich die Zubettgehzeiten, das Schlafhygieneverhalten und die Schlafgewohnheiten am Wochenende in beiden Gruppen nicht voneinander unterschieden. Adoleszente mit späterem Schulbeginn schliefen jedoch ca. eine Stunde länger an Schultagen und berichteten von weniger Tagesschläfrigkeit.

Nach Gaina et al. (2007) gaben 25 % der befragten Schüler mit einem durchschnittlichen Alter von 13 Jahren an, dass sie fast immer tagesschläfrig seien, fast 50 % berichteten von Tagesschläfrigkeit, die oft vorhanden sei.

In der Kölner Kinderschlafstudie, einer epidemiologischen Studie zur Häufigkeit von Schlafstörungen bei Schulkindern, betrugen die 3-Monats-Prävalenzen der Viertklässler (9–11 Jahre) nach Angabe der Eltern 6 % für Einschlafprobleme, die »oft« auftreten, und 25 % für Einschlafprobleme, die »manchmal« auftreten (Fricke-Oerkermann et al. 2007b). Durchschlafprobleme wurden von den Eltern seltener berichtet: 3 % »oft« und 11 % »manchmal«. Die Kinder berichteten hingegen in 10 % der Fälle von häufigen Einschlafproblemen. 40 % der Kinder beschrieben, dass sie »manchmal« Einschlafprobleme hätten. Auch Durchschlafprobleme wurden von den Kindern häufiger als von den Eltern berichtet (5 % »oft« bzw. 23 % »manchmal«). Die Prävalenzangaben der 11- und 12-Jährigen ein bzw. zwei Jahre später lagen in ähnlicher Höhe.

Diskrepanzen zwischen Eltern- und Kinderangaben wurden auch in anderen Studien gefunden und lassen vermuten, dass in dieser Altersgruppe die Eltern oft nicht über das Schlafverhalten ihres Kindes informiert sind.

Wittchen et al. (2001) führten eine repräsentative Befragung in über 500 Arztpraxen durch. In der Altersgruppe der 16- bis 19-Jährigen fanden sie Prävalenzen von 7 % für Insomniebeschwerden und eine Häufigkeit von 18 % für eine Insomnie.

Die großen Differenzen in den Prävalenzangaben sind vor allem durch unterschiedliche Stichproben und Erhebungsverfahren begründet, sodass die Ergebnisse miteinander schwer vergleichbar sind. Bei Ein- und Durchschlafstörungen kann man davon ausgehen, dass die Prävalenzen für häufige Ein- und Durchschlafprobleme bei bis zu 10 % liegen sowie für manchmaliges Auftreten bei bis zu 60 %. Dies verdeutlicht die Relevanz von Schlafproblemen in dieser Altersgruppe, vor allem da Schlafprobleme insgesamt die Tendenz aufweisen, zu chronifizieren.

Zum Verlauf von Schlafstörungen liegen bisher nur vereinzelte Studien vor. Die Analysen der Längsschnittdaten der Kölner Kinderschlafstudie (Fricke-Oerkermann et al. 2007b), bei der über 800 Kinder und Eltern über drei Jahre zum kindlichen Schlafverhalten erfasst wurden, weisen darauf hin, dass bei einem nicht unbedeutenden Anteil der Viertklässler Ein- und Durchschlafprobleme persistieren und über mehrere Jahre bestehen bleiben. Morrison et al. (1992) berichten ebenfalls von einer Tendenz zu persistierenden Schlafproblemen im Alter von 13 bis 15 Jahren. Auch Smedje et al. (2001) fanden eine Tendenz zur Chronifizierung. Die Untersuchungsstichprobe bezieht sich jedoch auf das Grundschulalter. Die 1-Jahres-Stabilität lag in ihrer Studie bei ca. 45 %. Andere Studien stellten hingegen fest, dass Schlafprobleme im Kindesalter häufig transitorisch sind und mit dem Alter abnehmen (Clarkson et al. 1986; Gregory u. O'Connor 2002; Jenni et al. 2005). Parasomnien – insbesondere Schlafwandeln und Pavor nocturnus – sistieren in der Regel bis zur Pubertät spontan. Im Erwachsenenalter spielen diese Störungen im Hinblick auf die Prävalenzangaben eine untergeordnete Rolle.

Verschiedene Untersuchungen kamen zu dem Ergebnis, dass ein Zusammenhang zwischen dem Schlafdefizit bei Adoleszenten und verminderter Leistungsfähigkeit am Tage bzw. schulischer Leistung besteht (Gibson et al. 2006; Wolfson u. Carskadon 1998). Weiterhin wurden Assoziationen zwischen Schlafstörungen und psychiatrischen Störungen in mehreren Studien empirisch belegt (z. B. Alfano et al. 2007; Breslau et al. 1996; Stein et al. 2002). Insgesamt veranschaulichen die Ergebnisse die hohe Relevanz komorbider Störungen, die es in der Diagnostik und Behandlung zu berücksichtigen gilt.

31.4 Ätiologie und Pathogenese

> Kindliche und jugendliche Schlafprobleme sind die Folge eines multifaktoriellen Geschehens, in dem sich verschiedene Faktoren ergänzen und verstärken. Dabei spielt der Umgang der Eltern mit dem kindlichen/jugendlichen Schlaf eine bedeutsame Rolle. Er wird vom elterlichen Erziehungsverhalten, dem Wissen der Eltern zum Schlaf, ihrer eigenen Einstellung zum Schlaf und durch kulturelle Faktoren beeinflusst.

Das Modell zur Entstehung und Aufrechterhaltung von **Ein- und Durchschlafstörungen** im Kindesalter fasst die verschiedenen beeinflussenden Faktoren zusammen (Abb. 31-1). Im Jugendalter spielen neben den Sorgen um die Konsequenzen des Nichtschlafens (s. »Kognitionen«) sowie den dysfunktionalen Annahmen und Verhaltensweisen der Eltern (s. »Verhaltensbedingungen«) die Gedanken und Verhaltensweisen der Jugendlichen selbst eine zunehmend wichtige Rolle. Aus diesem Grund bieten sich – je nach Entwicklungsalter, vor allem jedoch für junge Erwachsene – Modelle an, die für das Erwachsenenalter entwickelt wurden. Abbildung 31-2 zeigt ein solches Modell mit den psychophysiologischen und psychologisch-psychosozialen Faktoren, die bei der Auslösung und Aufrechterhaltung der nichtorganischen Insomnie von Bedeutung sind (Riemann 2007). Als Besonderheit sind vor allem im Jugendalter und jungen Erwachsenenalter soziale Faktoren

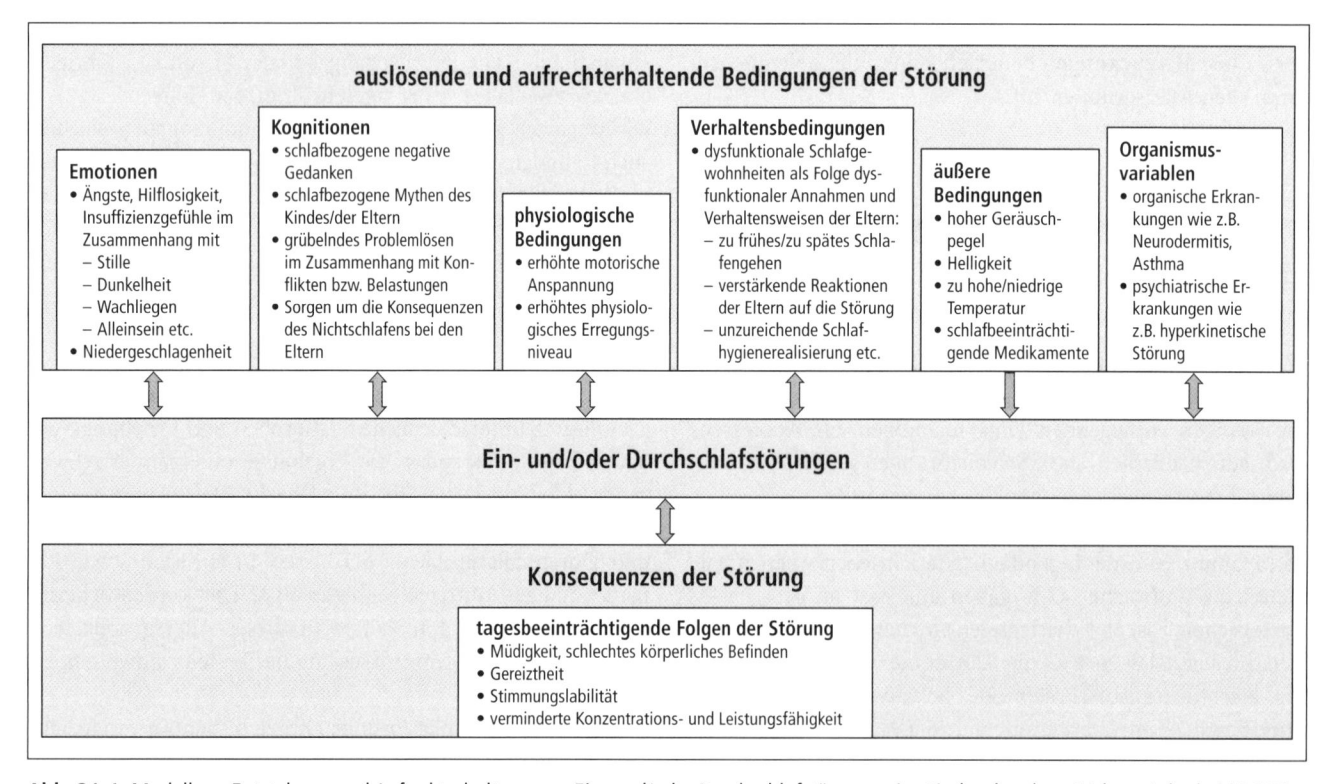

Abb. 31-1 Modell zur Entstehung und Aufrechterhaltung von Ein- und/oder Durchschlafstörungen im Kindesalter (aus Fricke u. Lehmkuhl 2006)

31.3 Epidemiologie, Verlauf und Komorbidität

schlafbehindernde Kognitionen
- Ärger über die Schlaflosigkeit
- Grübeln über die Konsequenzen
- unrealistische Erwartungen
- Missattribution

Aktivierung „Hyperarousal"
- emotional
- kognitiv
- physiologisch
- motorisch

Insomnie

dysfunktionale Schlafgewohnheiten
- lange Bettzeit
- unregelmäßiger Schlaf-Wach-Rhythmus
- Tagesschlaf
- schlafinkompatible Verhaltensweisen

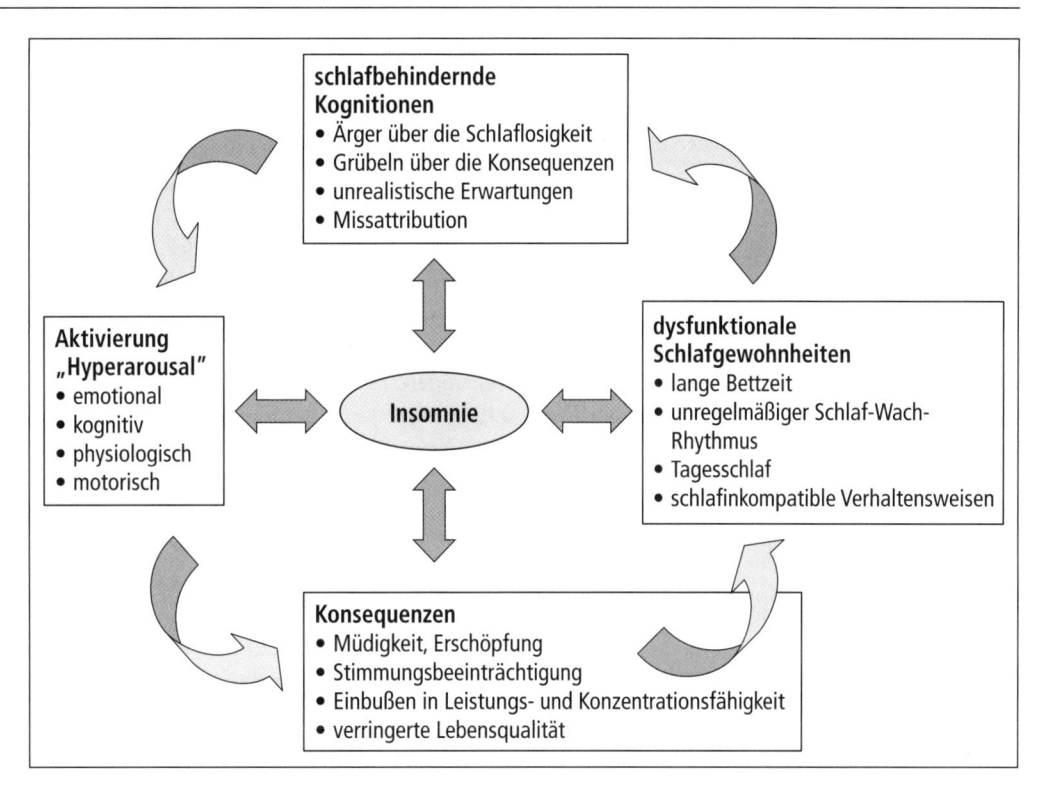

Konsequenzen
- Müdigkeit, Erschöpfung
- Stimmungsbeeinträchtigung
- Einbußen in Leistungs- und Konzentrationsfähigkeit
- verringerte Lebensqualität

Abb. 31-2 Teufelskreis der Insomnie (nach Riemann 2007)

(z. B. abendliche/nächtliche Aktivitäten mit der Peer-Gruppe am Wochenende), die bestimmte Komponenten verstärken (z. B. dysfunktionale Schlafgewohnheiten), zu berücksichtigen.

Für die Ätiologie von **Albträumen** wird ein Veranlagungs-Stress-Modell angenommen, dabei spielen folgende Faktoren eine Rolle:
- genetische Faktoren
- Persönlichkeit (»dünne Grenzen«)
- Ängstlichkeit
- Stress
- Trauma
- + aufrechterhaltende Faktoren (Vermeidung)

Aus einer großen finnischen Zwillingsstudie liegen Daten vor, dass für häufig auftretende Albträume ein genetischer Einfluss vorliegt (Hublin et al. 1999). Personen, die seit ihrer Kindheit unter Albträumen leiden, wurden von Hartmann (1991) als Menschen mit »dünnen Grenzen« beschrieben, d. h., es sind Menschen, die sensibel sind, sich anders als andere Menschen sehen, häufig kreative Berufe ausüben, ungewöhnliche Sinneswahrnehmungen und intensive, aber konfliktreiche Beziehungen haben. Auch Persönlichkeitsdimensionen wie Ängstlichkeit (Schredl et al. 1996) zeigten einen starken Zusammenhang zur Albtraumhäufigkeit. Allerdings konnte Schredl (2003) zeigen, dass zumindest bei jungen Erwachsenen der Zusammenhang zwischen Persönlichkeit und Albträumen durch das Auftreten von aktuellem Stress vermittelt wird, d. h.,

Personen mit hohen Neurotizismuswerten erleben mehr Stress und deshalb mehr Albträume (regressionsanalytisches Modell).

! Bezüglich des häufig diskutierten Themas »Auswirkung des Fernsehkonsums« auf das Innenleben der Kinder, z. B. der Träume, liegen sehr wenige Daten vor. In einer kontrollierten Laborstudie konnte kein Effekt eines gewalttätigen Films auf die nachfolgenden Träume nachgewiesen werden (Foulkes et al. 1971), die Studie von Viemerö und Paajanen (1992) lässt jedoch vermuten, dass zwischen dem häufigem Konsum gewalttätiger Filme und Albtraumhäufigkeit ein Zusammenhang besteht. Dieser konnte jedoch in einer Studie an 213 Schülern im Alter von 10 bis 13 Jahren nicht bestätigt werden (Schredl et al. 2008).

Traumata wie sexueller Missbrauch, Naturkatastrophen, Kriegserlebnisse, Leben in Konfliktzonen, schwere Brandverletzungen führen zu vermehrten Albträumen bei Kindern und Jugendlichen (Schredl 2006). In diesem Zusammenhang ist noch zu berücksichtigen, dass es mehrere Medikamentengruppen gibt, z. B. Antidepressiva, Hypertensiva, Levodopa-Präparate und Antidementiva, die Albträume als mögliche Nebenwirkung aufweisen (Pagel u. Helfter 2003).

Neben den verursachenden Faktoren ist es sehr wichtig, gerade im Hinblick auf die Therapie zu beachten, dass Angstphänomene – und dazu zählen Albträume – auch dadurch aufrechterhalten werden, indem eine bewusste Auseinandersetzung mit erlebter Angst vermieden wird. Gerade im Bereich Traum ist diese kognitive Vermeidung mit Begründungen wie »Das ist nur ein Traum« sehr leicht möglich. In einer Studie mit 10- bis 16-jährigen Jugendlichen gaben fast 50 % aller Betroffenen an, dass sie versuchen, den Traum möglichst schnell zu vergessen (Schredl u. Pallmer 1998), während andere Umgangsformen, wie z. B. den Traum zu erzählen (23 %) oder sich ein positives Ende vorzustellen (10 %), viel seltener auftraten.

Wird der nächtliche Schlaf durch **organische Erkrankungen** (z. B. Asthma, Neurodermitis) sowie **psychiatrische Störungen** beeinträchtigt, so steht die Behandlung der Grunderkrankung zunächst im Vordergrund. Spezifische schlafbezogene Interventionen können jedoch zusätzlich sinnvoll sein (Carney et al. 2007; Savard et al. 2005).

31.5 Diagnostik und Differenzialdiagnosen

31.5.1 Exploration

Eine ausführliche Exploration stellt die Basis der schlafspezifischen Diagnostik dar. Wichtige Aspekte in der Schlafanamnese sind:
- Schlaf-wach-Rhythmus (Tagesablauf, Abendaktivitäten etc.)
- Schlafumgebung (Schlafort etc.)
- Schlafverhalten (Einschlafzeit, nächtliches Erwachen, nächtliche Aktivitäten und Ereignisse wie z. B. Restless-Legs-Symptome oder Schnarchen, Atemstillstände als Hinweise auf eine nächtliche Atemregulationsstörung)
- Aufwachsituation am Morgen (Erholsamkeit des Schlafes etc.)
- Tagesbefinden (Tagesmüdigkeit, Tagesschläfrigkeit etc.)
- Beginn und Verlauf der Schlafstörungen
- Vorbehandlungen

Die dabei gewonnenen Informationen tragen zur Entscheidung über weitere diagnostische Schritte bei. Für die Beurteilung von Schlafproblemen – vor allem nichtorganischen Ursprungs – ist dabei wichtig, durch die Exploration einen umfassenden Überblick über den Jugendlichen/jungen Erwachsenen, seine Familie und sein Umfeld zu bekommen. Neben allgemeinen Angaben zum Patienten (z. B. kultureller Hintergrund) und seiner Entwicklungsgeschichte sind das Schlafverhalten und die damit zusammenhängenden Umgebungsfaktoren detailliert zu erfassen.

Hierbei ist ausführlich auf die **Abendaktivitäten** (Zeitpunkt des Abendessens und Art der aufgenommenen Nahrung/Getränke, abendliche Beschäftigungen wie Computerspiele) sowie eine mögliche Medikation einzugehen. Hinsichtlich der **Zubettgehsituation** sind die Zubettgehzeit und Licht-aus-Zeit (jeweils werktags und am Wochenende) zu erfassen wie auch vorhandene Schlafrituale, abendliche Konflikte z. B. mit den Eltern oder Ängste des Jugendlichen.

Neben der **Schlafumgebung** (Schlafort [eigenes Zimmer], Temperatur, Lärm, Licht etc.) spielt auch die **Schlafsituation** eine zentrale Rolle:
- Wo befindet sich der Ort des Einschlafens und wie häufig treten die Schlafstörungen (durchschnittliche Schlaflatenz, nächtliches Erwachen, nächtliche Aktivitäten und Ereignisse, z. B. Atemstörungen, unruhige Beine, Schlafwandeln, Albträume) in der Woche auf?
- Wie zeigt sich das Erleben und Verhalten in der Nacht, d. h. hinsichtlich der emotionalen (z. B. Angst, Hilflosigkeit, Ärger) sowie kognitiven Ebene (z. B. Grübeln über konkrete oder belanglose Sachverhalte, dysfunktionale Gedanken zum Schlaf) und bezüglich vegetativer Symptome (z. B. Anspannung, Herzklopfen)?

In diesem Kontext ist auch zu ermitteln, ob der Adoleszente sogenannte »Erholungsnächte« mit/ohne verlängerte Schlafdauer nach mehreren »schlechten« Nächten erlebt.

Zur **Aufwachsituation am Morgen** ist es sinnvoll, nach spontanem oder fremdinitiiertem Erwachen, der Erweckbarkeit, Gesamtschlafzeit sowie Schlafeffizienz (Verhältnis der Gesamtschlafdauer zur Gesamtbettliegezeit) und Erholsamkeit des Schlafes zu fragen.

Außer den abendlichen/nächtlichen/morgendlichen Situationen ist die **Tagesbefindlichkeit** für Schlafstörungen von zentraler Bedeutung. Hier sind die Vigilanz (Müdigkeit und Schläfrigkeit) mit spontaner Einschlafneigung, Schlafepisoden tagsüber und ihre Auswirkungen auf Konzentrations- und Leistungsfähigkeit, Motivation, Antrieb und Stimmung (depressive Verstimmungen, Reizbarkeit, Aggressivität) wissenswert.

Weiterhin sollten **Beginn und Verlauf der Störung** (vor Beginn der Schlafstörungen guter oder schlechter Schläfer, Lang- oder Kurzschläfer, Abend- oder Morgentyp) sowie **Vorbehandlungen** erfragt werden, ebenso **Schlafstörungen in der Familie**.

Die Exploration kann mit Eltern und Jugendlichem gemeinsam durchgeführt werden. Dies hat den Vorteil, dass Unterschiede in den Sichtweisen des Schlafproblems zwischen den Eltern und dem Jugendlichem besonders gut herausgearbeitet werden können. Bei manchen Themen ist es jedoch oft auch günstig, mit dem Jugendlichen (z. B. im Hinblick auf Ängste) bzw. den Eltern allein zu sprechen.

31.5.2 Schlafprotokoll

In der Diagnostik und Behandlung – vor allem von nichtorganischen Schlafstörungen – ist das Schlafprotokoll eine wichtige Informationsquelle, da es bei der Einschätzung von Schlaf-

31.5 Diagnostik und Differenzialdiagnosen

Abendprotokoll	Beispiel	So	Mo	Di	Mi	Do	Fr	Sa
Wie fühlst du dich jetzt? (1 = entspannt … 6 = angespannt)	4							
Wie war heute deine Leistungsfähigkeit insgesamt gesehen? (1 = gut … 6 = schlecht)	3							
Hast du dich heute erschöpft gefühlt? (0 = nein … 3 = sehr)	2							
Hast du heute tagsüber geschlafen? Wie lange? Wann?	30 Min., 14:30–15:00							
Hast du in den letzten 4 Stunden Alkohol getrunken? Was? Wie viel?	0,5 l Bier							
Wann bist du zu Bett gegangen?	00:10							
Morgenprotokoll	**Beispiel**	**So**	**Mo**	**Di**	**Mi**	**Do**	**Fr**	**Sa**
Wie erholsam war dein Schlaf? (1 = sehr … 5 = gar nicht)	4							
Wie fühlst du dich jetzt? (1 = unbeschwert … 6 = bedrückt)	5							
Wie lange hat es nach dem Lichtlöschen gedauert bis du eingeschlafen bist?	45 Min.							
Warst du nachts wach? Wie oft? Wie lange insgesamt?	1×, 20 Min.							
Wann bist du endgültig aufgewacht?	6:30							
Wie lange hast du insgesamt geschlafen?	5 Std., 15 Min.							
Wann bist du endgültig aufgestanden?	7:00							
Hast du gestern Abend Medikamente zum Schlafen eingenommen? (Präparat, Dosis, Uhrzeit)	Baldrian, 2 Tabl., 23:00							

Abb. 31-3 Beispiel für ein Schlafprotokoll für Jugendliche (aus Fricke-Oerkermann et al. 2007a)

problemen leicht zu Generalisierungen und Erinnerungsverzerrungen kommt, die dann zu Über- oder Unterschätzungen führen können. Das Schlafprotokoll hilft dabei, das Schlafverhalten zu objektivieren. Die Fragen beziehen sich sowohl auf das Schlafverhalten (z. B. Zubettgehzeit, Zeit des Lichtlöschens, Einschlafdauer) als auch auf das Tagesverhalten (Leistungsfähigkeit, Müdigkeit am Tage).

Das Schlafprotokoll sollte über mindestens zwei Wochen geführt werden. Da es abends und morgens innerhalb von ein bis zwei Minuten ausgefüllt werden kann, ist es sehr ökonomisch in der Anwendung.

Für verschiedene Altersgruppen sollten unterschiedliche Protokolle verwendet werden. Das Schlafprotokoll für Jugendliche (z. B. in Fricke-Oerkermann et al. 2007a; Abb. 31-3) ähnelt weitestgehend den Protokollen, die bei Erwachsenen eingesetzt werden (www.dgsm.de). Auf das Elternprotokoll, das bei jüngeren Kindern unabkömmlich ist, kann bei Jugendlichen häufig verzichtet werden, da zum einen die Informationen des Jugendlichen im Vordergrund stehen und zum anderen der Jugendliche sein Schlafverhalten am besten beschreiben kann.

31.5.3 Fragebögen

Mithilfe von Fragebögen können auf ökonomische und systematische Weise Informationen erhoben werden. Für das Jugendalter liegen bisher nur einige wenige Fragebogeninstrumente vor. Von Fricke-Oerkermann et al. (2007a) wurde ein Screeninginstrument zum allgemeinen Schlafverhalten veröffentlicht, das erste Anhaltspunkte zur Symptomatik der Schlafstörungen und zum Schlafverhalten geben kann. Außerdem gibt es Fragebögen zur Erfassung spezifischer Symptome, wie z. B. die »Epworth Sleepiness Scale für Kinder« (ESS-K; dt. Übersetzung und Validierung von Handwerker 2002) zur Erfassung von Tagesschläfrigkeit im Selbsturteil oder die »Ullanlinna Narcolepsy Scale« (UNS; dt. Übersetzung von Handwerker, in Fricke-Oerkermann et al. 2007a) zur Erfassung von Narkolepsiesymptomen.

Bei jungen Erwachsenen können bereits Fragebögen, die für das Erwachsenenalter entwickelt wurden, z. B. »Pittsburgher Schlafqualitätsindex« (PSQI; Riemann u. Backhaus 1996), Fragebogen zur Erfassung spezifischer Persönlichkeitsmerkmale Schlafgestörter (FEPS-II; Hoffmann et al. 1996), eingesetzt werden.

Ansonsten können Fragebögen zu Verhaltensauffälligkeiten der Adoleszenten sinnvoll sein, um Hinweisen auf psychiatrische Störungen nachzugehen.

31.5.4 Testpsychologische Untersuchung

Eine testpsychologische Untersuchung ist in der Regel dann notwendig, wenn Hinweise auf eine psychiatrische Störung vorliegen. Schlafstörungen treten häufig als sekundäre Schlafstörung komorbid mit psychiatrischen Erkrankungen auf, sodass die weiterführende Diagnostik in manchen Fällen differenzialdiagnostisch von hohem Wert ist. In diesem Zusammenhang können auch Vigilanztests (apparative Methoden zur Objektivierung von Vigilanz und Tagesschläfrigkeit) sinnvoll sein.

31.5.5 Körperliche Untersuchung

Die Diagnostik von Schlafstörungen setzt eine eingehende körperliche Untersuchung voraus, um organische Erkrankungen abzuklären.

31.5.6 Polysomnographie (Schlaflaboruntersuchung)

Die Polysomnographie steht im Rahmen der Abklärung von Schlafstörungen am Ende einer Stufendiagnostik, nachdem eine eingehende Anamnese sowie klinische, neurologische und psychiatrische Untersuchungen bereits erfolgt sind. Vor allem für die Diagnostik organischer Schlafstörungen (Restless-Legs-Syndrom, nächtliche Atemregulationsstörungen) spielt die Polysomnographie eine wichtige Rolle.

31.6 Therapie und Prävention

Das therapeutische Vorgehen richtet sich nach der Symptomatik sowie dem Alter des Adoleszenten. Basis jeder Behandlung stellt die Aufklärung über den Schlaf (Schlafedukation) sowie die Vermittlung der Schlafhygieneregeln dar. Hinzu treten spezielle Interventionen entsprechend der jeweiligen Symptomatik.

Im Jugendalter ähnelt die Therapie hinsichtlich Schlafedukation und Schlafhygieneregeln immer mehr der Behandlung von Erwachsenen. Besonderheiten ergeben sich aus den Entwicklungsschritten, die im Jugendalter anstehen. Vor allem kognitive Faktoren spielen im Unterschied zum Kindesalter im Jugendalter eine größere Rolle.

Im Jugendalter kommt es häufig zu einer Labilisierung des Schlaf-wach-Rhythmus, da bei gleichbleibendem Schlafbedürfnis im Vergleich zu Präadoleszenten eine anwachsende Schlafschuld entstehen kann: Die Jugendlichen sind meist in höherem Maße durch Schule und soziale Aktivitäten, die zum Teil auch in den Abendstunden stattfinden, gefordert. Gleichzeitig beginnt die Schule früh am Morgen, sodass Jugendliche dazu neigen, unregelmäßige Schlafgewohnheiten mit spätem Zubettgehen und Ausschlafen am Wochenende auszubilden.

31.6.1 Schlafedukation

Da Schlafmythen und dysfunktionale Ansichten über den Schlaf Sorgen und Ängste verursachen können sowie zu ungünstigen Verhaltensweisen führen, sind bei der Schlafedukation neben den Erläuterungen der Schlafstadien und der Schlafarchitektur (Aufbau des Schlafes) Informationen zur Entwicklung des Schlafes zu vermitteln, d. h. zu Veränderungen des Schlafes mit dem Lebensalter, zum Schlafbedürfnis sowie zum zirkadianen Rhythmus (z. B. Fricke u. Lehmkuhl 2006; Müller u. Paterok 1999).

31.6.2 Schlafregeln

Die Regeln zur Schlafhygiene beschreiben Verhaltensweisen, die helfen, das Schlafverhalten und die Schlafgewohnheiten des Jugendlichen zu verbessern. Je nach Alter gibt es unterschiedliche Schwerpunkte. In den meisten Fällen brauchen die Jugendlichen und/oder Familien Hilfe, die Regeln in der Praxis zu realisieren. Dies bezieht sich vor allem auf die Festlegung der Bettliegezeiten und des Schlafrituals sowie das Ausklingen des Tages. Für viele Familien ist es hilfreich, Regeln schriftlich zu fixieren, was nicht nur den Jugendlichen, sondern auch den Eltern Sicherheit und Orientierung gibt.

Im Jugendalter können die Schlafhygieneregeln auch nur den Jugendlichen selbst ausgehändigt werden. Für Jugendliche gelten die folgenden Regeln (Fricke-Oerkermann et al. 2007a):

- Führe für zwei Wochen ein Schlafprotokoll, in dem du einträgst, wie du jede Nacht geschlafen hast. Auf diese Weise kannst du feststellen, wie viele Stunden du durchschnittlich pro Nacht schläfst. Versuche entsprechend deinem Schlafbedürfnis regelmäßige Zubettgeh- und Aufstehzeiten, die möglichst auch am Wochenende gelten, festzulegen. Die Zeiten sollten am Wochenende (d. h. freitags und samstags) nicht mehr als eine Stunde von den Zubettgeh- und Aufstehzeiten an Schultagen abweichen.
- Falls regelmäßige Schlafzeiten am Wochenende oder auch in der Woche für dich nicht umsetzbar sind, kannst du einem möglichen Schlafmangel auf folgende Weise begegnen:
  - Gehe an einem oder an zwei Abenden in der Woche vor 22 Uhr ins Bett. Oder:
  - Bei vielen Menschen treten tagsüber Zeiten erhöhter Schlafbereitschaft auf. Diese Phasen kannst du für einen Kurzschlaf oder zumindest für Ruhephasen von 20 bis 30 Minuten Dauer nutzen. Auf jeden Fall solltest du in diesen Phasen die Müdigkeit nicht durch Kaffee, Nikotin oder andere Drogen bekämpfen.
- Falls du am Tage schläfst, solltest du darauf achten, dass du nur kurze Nickerchen von maximal 30 Minuten Dauer machst und diese Schlafphase nicht zu nah an der Nachtschlafphase liegt. Ansonsten kann sich das Einschlafen aufgrund fehlender Müdigkeit verschlechtern.
- Alkohol verbessert zwar anfangs das Einschlafen, das Durchschlafen wird jedoch in der Regel gestört. Es kann sein, dass du dies an dir selbst nicht bemerkst, aber trotzdem solltest du – nicht nur aus diesem Grund – Alkoholkonsum in Maßen halten.
- Um gut schlafen zu können, ist auch das Schlafumfeld wichtig. Dazu gehört, dass störende Licht- und Lärmquellen ausgeschaltet und extreme Temperaturen vermieden werden.
- Ein Ritual vor dem Schlafengehen, das zwischen 15 und 30 Minuten dauern kann (z. B. sich bettfertig machen, Lesen, den Eltern Gute Nacht sagen), hilft dir, zur Ruhe zu kommen, wenn es regelmäßig jeden Abend durchgeführt wird.
- Achte darauf, dass du vor dem Schlafengehen keine Medikamente einnimmst, die den Schlaf »stören« können.
- Du solltest nicht direkt vor dem Schlafengehen zu Abend essen. Mit Hunger solltest du jedoch auch nicht ins Bett gehen. Ein Joghurt oder eine Banane vor dem Schlafengehen kann hier helfen.
- Achte darauf, dass du nachmittags und abends keine koffeinhaltigen oder teeinhaltigen Getränke (z. B. Cola) zu dir nimmst.
- Vor dem Zubettgehen solltest du Zeit zum Ausklingen des Tages einplanen. Beschäftige dich kurz vor dem Schlafengehen nicht mit körperlich oder geistig (z. B. Krimi im Fernsehen, Schulaufgaben) anstrengenden oder anregenden Tätigkeiten.
- Nächtliches Essen solltest du vermeiden.
- Helles Licht ist ein »Wachmacher«. Achte darauf, dass du nachts kein helles Licht anmachst, wenn du nicht einschlafen kannst. Dadurch kannst du erst recht wach werden.
- Am Tage solltest du dich ausreichend bewegen, z. B. indem du Sport machst und/oder an der frischen Luft bist.
- Morgens reagieren wir besonders auf Licht. Für den Schlaf-wach-Rhythmus ist es deshalb günstig, sich morgens ungefähr eine halbe Stunde dem Tageslicht auszusetzen, z. B. indem du zu Fuß zur Schule gehst.
- Achte darauf, dass du einen geregelten Tagesablauf hast, z. B. mit regelmäßigen, möglichst gemeinsamen Essenszeiten mit deinen Eltern. Hierdurch unterstützt du deinen Schlaf-wach-Rhythmus positiv.
- Das Bett ist zum Schlafen da und nicht zum Fernsehen, Computerspielen oder für das Handy.
- In deinem Schlafzimmer sollte nicht geraucht werden!

31.6.3 Interventionen bei abendlichen Konflikten

In vielen Familien kommt es im Zusammenhang mit dem Schlafen zu Auseinandersetzungen zwischen Eltern und Jugendlichem. In den meisten Fällen treten die Konfliktsituationen beim Zubettgehen oder morgens beim Aufstehen auf. Abendliche Konflikte führen häufig dazu, dass das Zubettgehen für Eltern und Jugendliche negativ besetzt ist und sich Einschlafschwierigkeiten verstärken können. Die Folge kann ein Schlafdefizit sein, da der Jugendliche am nächsten Morgen wegen der Schule pünktlich aufstehen muss und aufgrund des verspäteten Einschlafens noch nicht ausreichend geschlafen hat. In diesen Fällen ist es wichtig, mit dem Jugendlichen die Regeln der Schlafhygiene (wesentlich z. B. die regelmäßigen Schlafenszeiten) ausführlich zu diskutieren, um eine umsetzbare und adäquate Lösung zu finden. Häufig ist es weiterhin hilfreich, den Eltern allgemeine Erziehungsstrategien zu vermitteln, womit sie schwierige Situationen, die mit dem Schlaf verbunden sind, bewältigen können.

Eltern und Jugendliche geraten leicht in einen Teufelskreis, der dazu führt, dass ein Konflikt eskaliert bzw. die Eltern in unangemessener Form dem Druck der Situation nachgeben. Es ist hilfreich, in Familien mit solchen Schwierigkeiten Regeln für die Konfliktsituationen aufzustellen. Dies bedeutet, dass sich die Eltern überlegen, wie die Regeln z. B. am Abend lauten, für wen sie gelten und aus welchen Gründen diese Regeln in der Familie eingehalten werden sollen. Wenn der Jugendliche mit in die Neustrukturierung der problematischen Schlafsituation einbezogen wird, fühlt er sich akzeptiert und Eltern und Jugendlicher können besser dazu motiviert werden, auf die Einhaltung der Neuerungen zu achten. Letztendlich geht es darum, sinnvolle und umsetzbare Regeln festzulegen, die zu einer entspannteren Schlafsituation beitragen.

Zusätzlich kann überlegt werden, ob positive Konsequenzen (wenn sich der Jugendliche an die Abmachung hält) und negative Konsequenzen (wenn der Jugendliche die Abmachung nicht einhält) festgelegt werden. Hierbei sollte darauf geachtet werden, dass die Konsequenzen adäquat und durchführbar sind. Die Praxis zeigt, dass es in der Regel ausreicht, neue Regeln aufzustellen und somit auf die Festlegung von Konsequenzen verzichtet werden kann.

31.6.4 Spezifische Interventionen bei Ein- und Durchschlafstörungen

Lebensereignisse wie Schulwechsel können im Jugendalter Schlafstörungen auslösen. Danach kann es zur Chronifizierung kommen: Die betroffene Person gerät in einen Teufelskreis der Schlafstörung, in dem schlafbezogene Gedanken (»Hoffentlich kann ich heute Abend einschlafen, damit ich morgen fit bin«) eine wichtige Rolle spielen. Die negativen Gedanken führen meistens zu Gefühlen wie Ängsten, Hilflosigkeit oder Ärger, welche Anspannung auslösen. Nicht schlafförderndes Verhalten (z. B. langes Ausschlafen am Wochenende) führt zusätzlich zu einer Desynchronisierung des Schlaf-wach-Rhythmus. Daher ist die Einhaltung der Regeln zur Schlafhygiene besonders nach dem Auftreten von Stressoren sehr wichtig.

Die Verfahren der Schlafedukation und -hygiene sind in vielen Fällen geeignet, um das Schlafverhalten zu verbessern, jedoch oft nicht ausreichend, um Schlafprobleme vollständig zu beheben. Im Folgenden werden spezifische Interventionen bei Ein- und Durchschlafstörungen erläutert.

Das Erlernen einer **Entspannungstechnik** kann Adoleszenten helfen, besser einzuschlafen. Bewährt hat sich im Erwachsenenalter die progressive Muskelentspannung. Hilfreich sind jedoch auch das autogene Training, Ruhebilder oder Phantasiereisen. Beim Einsatz von Entspannungsübungen ist es wichtig, dass das Entspannungsverfahren zunächst außerhalb des Bettes trainiert und erst dann zum Einschlafen eingesetzt wird, wenn der Jugendliche ausreichend gelernt hat, sich mit der Übung zu entspannen. Durch regelmäßiges Üben wird gewährleistet, dass Gedanken, die die Entspannung stören, nur ruhig beobachtet werden und sich der Jugendliche besser auf die Entspannungsmethode konzentrieren kann. In der Regel benötigen Jugendliche Unterstützung, um das regelmäßige Üben im Alltag durchzuführen. Der Einbezug der Eltern ist insofern hilfreich, da sie den Jugendlichen motivieren und zusätzlich unterstützen können. Beim Einsatz eines individuellen Ruhebildes sind weiterhin folgende Aspekte zu beachten: Der Patient sollte sich eine angenehme Situation vorstellen, die mit Wohlbefinden und Entspannung assoziiert ist und keine hektischen oder sehr schnellen Aktivitäten beinhaltet (Backhaus u. Riemann 1999). Diese Situation kann entweder eine schöne Erinnerung sein oder auch der Phantasie entspringen.

Schlafrestriktion (partieller Schlafentzug) und **Stimuluskontrolle** sind Verfahren, die sich – ebenso wie auch Entspannungsverfahren – als wirksam in der Behandlung von Insomniebeschwerden bei Erwachsenen herausgestellt haben. Für das Kindes- und Jugendalter eignen sich diese Methoden weniger, da die Schlafzeiten bei Kindern und Jugendlichen nicht weniger als sechs Stunden betragen sollten (Mindell u. Owens 2003). In der späten Adoleszenz kann der Einsatz dieser Verfahren jedoch überlegt werden.

Die Methode der **Stimuluskontrolle** basiert auf der Konditionierungstheorie. Der Patient wird dabei angehalten, die nachfolgenden Regeln konsequent einzuhalten (Backhaus u. Riemann 1999):

1. Nur bei ausgeprägter Müdigkeit zu Bett gehen.
2. Das Bett nur zum Schlafen verwenden. Keine Aktivitäten im Bett wie Fernsehen, Lesen, Essen oder Ähnliches, sondern das Bett nur zum Schlafen benutzen (Ausnahme: sexuelle Aktivitäten).
3. Keine langen Wachphasen im Bett. Wenn das Einschlafen längere Zeit nicht gelingt bzw. wenn längere Wachphasen auftreten, in der Nacht das Bett verlassen und einer angenehmen Tätigkeit nachgehen, z. B. im Wohnzimmer Musik hören oder Lesen. Erst bei Müdigkeit wieder zurück ins Bett gehen.
4. Wenn nach Befolgen der dritten Regel das Einschlafen immer noch nicht gelingt, diese Regel einmal oder mehrfach wiederholen.
5. Morgens jeweils regelmäßig um die gleiche Zeit aufstehen (Wecker stellen), unabhängig von der Dauer des Nachtschlafs. Auch am Wochenende!
6. Keine Nickerchen am Tage wie Mittagsschlaf oder Schlaf abends vor dem Fernseher!

Durch die Anwendung der Stimuluskontrolle kommt es in der Regel zunächst zu erhöhter Tagesmüdigkeit. Trotzdem ist es notwendig, dass der Patient sich konsequent über längere Zeit an die Regeln hält und die neue Konditionierung übt, da der positive Effekt für den Schlaf nicht sofort eintritt. Problematisch bei der Umsetzung ist vor allem das häufige Wiederaufstehen, da hierdurch der Schlaf-wach-Rhythmus weniger als z. B. bei der Methode der Schlafrestriktion unterstützt wird.

Die Methode der **Schlafrestriktion** (Spielmann et al. 1987) greift so wie die Stimuluskontrolle an der Konditionierungstheorie an, indem die Aufhebung der Assoziation zwischen Schlafumgebung und Wachsein fokussiert wird, hat jedoch gleichzeitig noch andere Angriffspunkte. Es soll ein mit den übrigen zirkadianen Rhythmen synchroner Schlaf-wach-Rhythmus etabliert werden, indem regelmäßige Bettliegezeiten festgelegt werden. Der partielle Schlafentzug (kürzere Bettliegezeiten) wirkt dabei ähnlich wie eine Konfrontationstherapie, da der Patient Verhaltensweisen ausführt, die ihm aufgrund seiner ängstlichen Befürchtungen eigentlich widerstreben (Müller u. Paterok 1999). Die dabei gemachte Erfahrung, Kontrolle über den Schlaf ausüben zu können, führt schließlich auch zu kognitiven Veränderungen. Der Methode liegt die Erkenntnis zugrunde, dass die Qualität und nicht die Dauer des Schlafes für die Erholsamkeit des Schlafes ausschlaggebend ist. Die Erhöhung des Schlafdrucks (Tagesmüdigkeit) führt hierbei zu einer verbesserten Schlafkontinuität und später auch zu einer besseren Schlafqualität.

Zur Durchführung einer Schlafrestriktion wird auf der Basis von Schlafprotokollen ein Schlaffenster festgelegt, das die Zeit, die im Bett verbracht werden darf, festsetzt. Dabei wird zunächst die durchschnittliche Gesamtschlafdauer der letzten Woche ermittelt. Dieser Wert beschreibt die Zeitdauer, die für die kommende Woche als Bettliegezeit festgesetzt wird, wobei eine Bettliegezeit von 4,5 Stunden nicht unterschritten wird. Die Zubettgeh- und Aufstehzeiten werden entsprechend den Bedürfnissen des Patienten festgelegt. Es wird jedoch empfohlen, die wache Zeit am Abend auszudehnen, da der Patient hierdurch die Möglichkeit hat, die Zeit mit angenehmen Aktivitäten wie z. B. geselligen Unternehmungen zu verbringen. Nach einer Woche wird die Schlafeffizienz (Schlafeffizienz [SEI] = Total Sleep Time [TST]/Time in Bed [TIB] × 100) berechnet. Spielmann et al. (1987) legen fest, dass der Patient das Schlaffenster um 15 Minuten erhöhen darf, wenn die Schlafeffizienz größer bzw. gleich 90 % ist, bei einem Wert von 85 bis 90 % das Schlaffenster beibehalten werden darf und ein Wert unter 85 % zu einer Verkürzung des Schlaffensters von 15 Minuten führt, soweit die Untergrenze der Bettliegezeit nicht bereits erreicht wurde. Verschiedene Modifizierungen dieser sehr strengen Regeln liegen vor (z. B. Müller u. Paterok 1999). Hier wird die Untergrenze des Schlaffensters mit 5,5 Stunden festgesetzt sowie eine Erhöhung des Schlaffensters bereits ab einer Schlafeffizienz von 85 % erlaubt.

Aufgrund des im Zusammenhang mit der Schlafrestriktion entstehenden Schlafdefizits verschlechtert sich in den ersten Wochen die Tagessymptomatik, unter der der Insomniker ohnehin schon leidet. Aus diesem Grund ist der Aufbau einer realistischen Erwartungshaltung sehr wichtig und betrifft auch die Aufrechterhaltung des Therapieeffektes nach Therapieende. Backhaus und Riemann (1999) sehen in der »Härte« der Methode den Schwachpunkt des Verfahrens und merken zu Recht an, dass es zu einer hohen Abbrecherquote kommen kann. Ein Vorteil der Methode ist hingegen, dass in einem Zeitraum von normalerweise sechs bis acht Wochen ein relativ stabiles Schlaf-wach-Muster mit einer Schlafeffizienz von 80 bis 90 % und einer Schlafdauer von ungefähr fünf bis sieben Stunden erreicht wird (Müller u. Paterok 1999).

Zu den **kognitiven Verfahren** gehören unter anderem die Methode des Gedankenstopps und die kognitive Umstrukturierung. Backhaus und Riemann (1999) nehmen eine Unterteilung der Verfahren in präventive, ablenkende Techniken und kognitive Umstrukturierung vor (Tab. 31-3).

Bei der Methode des *Gedankenstuhls* soll über akute Probleme nicht mehr im Bett nachgedacht werden, sondern ein anderer Ort hierfür ausgewählt werden (Sessel oder Stuhl). Auch das

Tab. 31-3 Kognitive Verfahren (mod. nach Backhaus u. Riemann 1999)

Präventive Techniken	• Gedankenstuhl • systematisches Problemlösen
Ablenkende Techniken	• Gedankenstopp • Ersetzen des Grübelns durch Entspannungsverfahren, Ruhebild, Phantasiereisen
Kognitive Umstrukturierung	• Ersetzen von schlafstörenden Gedanken durch schlaffördernde Gedanken

systematische Problemlösen (D'Zurilla u. Goldfried 1971) kann bei der Lösung aktueller Probleme hilfreich sein, da durch das strukturierte Vorgehen die Lösungsfindung erleichtert wird. Da Insomniker zu negativen schlafbezogenen Gedanken (z. B. »Ich muss jetzt schlafen, sonst fühle ich mich morgen wieder ganz entsetzlich.«) neigen, die zu unangenehmen Gefühlen wie Angst, Wut oder Hilflosigkeit führen, ist die Technik des *Gedankenstopps* (Wolpe 1958, 1969) hilfreich. Hierbei unterbricht der Patient durch ein laut gesagtes oder vorgestelltes Stopp seine Gedanken. Effektiv ist die Lenkung der Aufmerksamkeit auf positive Kognitionen oder auf ein Ruhebild. Das *kognitive Umstrukturieren* dient dem Verändern negativer Gedanken, die bei schlafgestörten Personen häufig die Hilflosigkeit gegenüber der Schlafstörung, Sorgen über Konsequenzen der Schlafprobleme sowie fehlerhaftes Wissen oder falsche Erwartungen an den Schlaf betreffen. Teilweise verändern sich diese Gedanken durch die Methode der Schlafedukation. Hierbei erfolgt im Zusammenhang mit den neuen Erkenntnissen ein Entkatastrophisieren, wobei die negativen schlafbezogenen Kognitionen durch konstruktive Alternativen ersetzt werden (Backhaus u. Riemann 1999):

- Negativer Gedanke: Acht Stunden Schlaf braucht der Mensch.
- Konstruktive Alternative: Die Spannbreite der benötigten Schlafdauer ist individuell sehr unterschiedlich. Zudem gibt es bei jedem auch individuelle Schwankungen, auch gute Schläfer haben schlechte Nächte.

Präventive Techniken eignen sich vor allem bei Personen, die im Bett über konkrete Probleme grübeln oder den nächsten Tag strukturieren und antizipieren. Ablenkende Techniken sind vor allem zur Überbrückung hilfreich. Langfristig ist es insgesamt sinnvoller, dysfunktionale Kognitionen mithilfe der kognitiven Umstrukturierung zu verändern.

31.6.5 Therapieprogramme

Therapiekonzepte, in denen die verschiedenen Verfahren miteinander kombiniert werden, sind bei Insomnie hilfreich, da sie dem multifaktoriellen Charakter von Ein- und Durchschlafstörungen gerecht werden.

Tab. 31-4 Kölner Behandlungsprogramm für Kinder und Jugendliche mit Schlafstörungen (Fricke u. Lehmkuhl 2006)

Modul 1	**Gesundes Schlafverhalten** • Sitzung 1: Informationen zum Schlaf (Schlafedukation) • Sitzung 2: Schlafhygieneregeln
Modul 2	**Erziehungsstrategien bei Schlafproblemen** • Sitzung 3: oppositionelles Verhalten und Schlafen • Sitzung 4: Ängste und Schlafen
Modul 3	**Spezifische Schlafprobleme** • Sitzung 5: Ein- und Durchschlafprobleme • Sitzung 6: Albträume, Pavor nocturnus, Somnambulismus
Modul 4	**Prävention und Umgang mit Rückfällen** • Sitzung 7: Stabilisierung und Rückfallprophylaxe

In dem Manual von Fricke und Lehmkuhl (2006) werden die einzelnen Sitzungen eines Therapieprogramms zur Behandlung von Kindern und Jugendlichen mit Insomnie- und/oder Parasomniebeschwerden im Alter von vier bis 13 Jahren beschrieben. Die Anwendung des Programms kann sowohl im Gruppen- als auch im Einzelsetting erfolgen. Wird die Behandlung in Form einer Gruppe angeboten, so treffen sich zu den Sitzungen nur die Eltern. In sieben Sitzungen werden ihnen Informationen zum Schlaf vermittelt und sie werden bei der Umsetzung von Interventionen im häuslichen Umfeld angeleitet. Der Vorteil liegt hier im Austausch der Eltern untereinander. Im Einzelsetting liegt der Vorteil hingegen in der möglichen Einbeziehung des Kindes/Jugendlichen, die in vielen Fällen notwendig und hilfreich ist. Dies ist vor allem im Jugendalter von großer Bedeutung. Außerdem kann im Einzelsetting die Behandlung noch individueller auf den Fall zugeschnitten werden. Das Therapiekonzept behandelt vier Themenschwerpunkte, die sich auf sieben Sitzungen verteilen (Tab. 31-4). Vorteilhaft ist hierbei, dass einzelne Module oder auch Sitzungen aus dem Programm herausgegriffen werden und andere entfallen können. Die Module 1 und 4 sollten jedoch in jedem Fall durchgeführt werden, da hier die Grundlagen der Schlafedukation und Schlafhygiene, die Möglichkeiten zur Stabilisierung des verbesserten Schlafverhaltens sowie der Umgang mit Rückfällen besprochen werden. Die anderen Module behandeln Strategien für den Umgang mit Konflikten, die im Rahmen der Schlafsituation auftauchen, sowie Interventionen zur Reduzierung von schlafbezogenen Ängsten. Neben diesen allgemeinen Interventionen werden spezifische Maßnahmen zur Behandlung von Ein- und Durchschlafproblemen sowie Albträumen, Schlafwandeln und Pavor nocturnus vermittelt.

Für Jugendliche in der späten Adoleszenz und junge Erwachsene bietet es sich an, auf bereits gut evaluierte psychologische Behandlungsprogramme wie z. B. von Riemann und Backhaus (1996) oder Müller und Paterok (1999), die für erwachsene Insomniker entwickelt wurden, zurückzugreifen – unter Berücksichtigung der Einschränkungen (s. Erläuterungen zu den Einzelverfahren) für diese Altersgruppe. In beiden psychologischen Gruppenprogrammen werden Schlafedukation, Schlafhygiene, kognitive Verfahren und Stimuluskontrolle eingesetzt. Das Programm von Riemann und Backhaus (1996) setzt bei der Behandlung der Insomnie zusätzlich einen Schwerpunkt in Form der Anwendung von Entspannungsverfahren. Die Basis des Behandlungskonzepts von Müller und Paterok (1999) liegt hingegen in der Durchführung der Schlafrestriktionstechnik.

Grundsätzlich besteht die größte Gefahr bei der Behandlung von Schlafstörungen im Kindes- und Jugendalter im Übersehen von Komorbiditäten. Aus diesem Grund ist eine differenzierte Diagnostik wesentlicher Bestandteil einer erfolgreichen Therapie. Außerdem ist zu berücksichtigen, dass nach Behandlung und Behebung der Schlafstörungen alte Verhaltensmuster mit der Zeit leicht wieder entstehen, was zu einem erneuten Wiederauftreten der Symptomatik führen kann. Zur Rezidivprophylaxe ist es daher notwendig, im Rahmen der Behandlung die Coping-Strategien in der Familie sowie speziell des Adoleszenten zu stärken und zur Selbsthilfe anzuleiten. Der Behandlungserfolg ist zu einem großen Teil von einer tragfähigen Eltern-Kind-Beziehung und der Motivation der Familie abhängig. Sollte es daran mangeln, können intensive Maßnahmen notwendig sein, die verstärkt auf die Eltern-Kind-Interaktion fokussieren und die Compliance verbessern.

31.6.6 Interventionen bei Parasomnien

Albträume

Am effektivsten hat sich der im englischen Sprachraum als »Imagery Rehearsal Therapy« bezeichnete Ansatz erwiesen; er ist einfach anzuwenden und die Wirksamkeit ist empirisch überprüft (Wittmann et al. 2007). Das Wirkungsprinzip ist in Tabelle 31-5 dargestellt und stellt letztendlich die Vorgehensweise bei allen Therapieformen, die auf die Behandlung von Ängsten, z. B. Phobien, abzielen, dar.

Im ersten Schritt wird die Person ermutigt, sich der Angst noch einmal zu stellen, indem sie den Traum während des Aufschreibens oder Zeichnens in der Vorstellung nochmals durchlebt. Im zweiten Schritt geht es darum, die Person anzuregen, sich mittels der eigenen Vorstellungskraft eine Lösungsstrategie für die Albtraumsituation auszudenken. Dabei sollten gerade bei Kindern/Jugendlichen wenige Vorgaben gemacht werden, um das eigene Lösungspotenzial anzuregen. Nur wenn die Lösungsstrategie nicht aktiver Natur ist, z. B. Weglaufen, Wegfliegen, oder die Gewalt eskaliert, z. B. Töten des Monsters, ist ein Nachhaken in dem Sinne sinnvoll, dass überlegt wird, welche möglichen Lösungsstrategien noch zur Verfügung stehen. Die Lösungsstrategie muss nicht im realen Wach-

31.6 Therapie und Prävention

Tab. 31-5 Behandlung von Albträumen

Konfrontation	Aufschreiben oder Zeichnen des Traums
Bewältigung der Albtraumsituation	neues Traumende schreiben bzw. das Bild mit etwas ergänzen, das zur Angstreduktion beiträgt
Trainieren der Bewältigungsstrategie	ca. 5–10 Minuten pro Tag über 2 Wochen

leben möglich sein, kann also selbst – wie der Traum – phantastisch sein; die einzige Vorgabe ist, dass die Problemlösekompetenz der Person gestärkt wird, also eine aktive Problemlösung gefunden wird.

Fallbeispiel

Eine 22-jährige Frau stellte sich in der Schlafambulanz wegen seit Monaten fast nächtlich auftretender Albträume vor. Anamnestisch gab es auch Hinweise auf vereinzelte Pavor-nocturnus-Anfälle. Die psychometrische Messung des Schlafverhaltens ergab, dass sowohl die subjektive Schlafqualität als auch das Gefühl des Erholtseins am Morgen kaum reduziert waren, bei der Tagesmüdigkeit wies die Patientin jedoch einen deutlich höheren Wert auf.

In der ersten Sitzung ergaben sich Hinweise auf aktuelle Stressoren. Ein Konflikt in der Herkunftsfamilie hatte zum Kontaktabbruch geführt. Das Therapieprinzip der Konfrontation und der Bewältigung der Albtraumsituation wurde erläutert, was die Patientin gut nachvollziehen konnte. Im Albtraum der letzten Nacht befindet sie sich in der Umkleidekabine eines Fitnessstudios. Zunächst ist die ganze Familie da, dann ist die Mutter im Vordergrund und beschimpft und kritisiert sie. Sie fühlt sich sehr hilflos gegenüber den Anschuldigungen. Auf die Frage, wie sie den Traum ändern könnte, machte sie mehrere Vorschläge, z. B. Ignorieren der Mutter oder aktives Handeln, etwas sagen, Ausdrücken eigener Bedürfnisse. Der neue »Traum« beinhaltete das aktive Gegenübertreten und den Satz: »Ich komme gut mit meinem Leben zurecht.«

In der kommenden Sitzung zwei Wochen später berichtet die Patientin, dass sie eine Woche regelmäßig mit dem neuen »Traum« geübt habe. Träume, in denen die Mutter vorkam, sind seit der ersten Sitzung nicht aufgetreten. Allerdings traten mehrere andere negative Träume auf, auch ein Wiederholungstraum, der seit Jahren immer aufscheint: Die Träumerin befindet sich im Haus ihrer Oma in der Küche. Die Stimmung ist zunächst angenehm. Doch dann merkt sie, dass eine Bedrohung von außen da ist; eine Bedrohung, die in das Haus kommen könnte. Die Szene wandelt sich, die Träumerin befindet sich in einem weißen Raum mit Fabelwesen (angenehme Charaktere). Zwei dieser Wesen ermuntern sie, der Bedrohung entgegenzutreten. Dies soll sie allein tun. Die Patientin erwachte gegen fünf Uhr und spürte die Angst des Traumes auch im Wachzustand deutlich. Nach einem Gespräch über die Elemente im Traum (z. B. Beziehung zur Großmutter) wurde die Patientin wieder gebeten, sich ein neues Ende vorzustellen. Die Patientin stellte sich vor, wie sie mit Unterstützung der freundlichen Fabelwesen den Entschluss fasst, der Bedrohung entgegenzutreten.

In der Nachbesprechung zwei Wochen später gab die Patientin an, dass keine Albträume mehr aufgetreten sind und dass sich in den erinnerten Träumen neue Verhaltensmuster zeigten. Die Träumerin fühlte sich im Umgang mit anderen Traumpersonen selbstsicherer und konnte ihre Bedürfnisse ausdrücken. Ebenso berichtete sie eine Verbesserung der Tagesmüdigkeit. Trotz der unveränderten aktuellen Stressoren konnte die Intervention die Albträume reduzieren, indem das Traum-Ich gestärkt wurde. Die negative Auswirkung des Stresses auf die Träume und den Schlaf wurde somit deutlich reduziert.

Somnambulismus und Pavor nocturnus

Im Hinblick auf das Veranlagungs-Stress-Modell dieser beiden Störungen ist es wichtig, Stress zu reduzieren. Für Jugendliche und junge Erwachsene empfiehlt sich das Erlernen einer Entspannungstechnik, z. B. das autogene Training oder die progressive Muskelentspannung nach Jacobson. Gerade beim autogenen Training ist darauf zu achten, dass es vor dem Zubettgehen im Sitzen geübt wird, um eine tiefe Entspannung zu erreichen, ansonsten schlafen viele Menschen schon vor dem Ende der Übung ein, was dazu führt, dass das Training das gewünschte Ziel – den entspannten Schlaf – nicht bewirken kann. Das regelmäßige Üben führt dazu, dass der Körper entspannter in den Schlaf geht und das Auftreten von Pavor nocturnus und Schlafwandeln reduziert wird.

Eine weitere Methode ist das Erlernen von Autosuggestionen (Fricke-Oerkermann u. Lehmkuhl 2007), z. B.: »Wenn ich mit dem Fuß den Boden berühre, wache ich auf.« Hierbei erlernt die Person, sich bei Auftreten des sensorischen Reizes, der mit dem Beginn der Episode verbunden ist (z. B. Füße berühren den Boden), auf eine bestimmte Weise zu verhalten. Eine Anleitung zur Durchführung der Methode findet sich bei Fricke und Lehmkuhl (2006).

Für den Fall, dass diese Ansätze nicht den gewünschten Effekt erzielen, empfiehlt sich – vor allem bei Erwachsenen – eine weiterführende kognitive Verhaltenstherapie (Kales et al. 1982). Diese arbeitet am Umgang mit Stresssituationen und den damit verbundenen Gedanken und Gefühlen sowie dem Erlernen von konkreten Strategien, mit solchen Belastungssituationen umzugehen.

31.6.7 Empirische Belege

Für die Adoleszenz wurden bisher keine Studien zur Überprüfung von Behandlungsansätzen für Insomniebeschwerden veröffentlicht. Studien zur Therapieevaluation von verhaltenstherapeutischen Verfahren zur Behandlung von nichtorganischen

Schlafstörungen wurden vorwiegend bei Kleinkindern durchgeführt (Eckerberg 2004; Thome u. Skuladottir 2005). Hierzu wurden auch bereits Metaanalysen veröffentlicht (Mindell 1999; Ramchandani et al. 2000). Für ältere Kinder – jedoch meist nicht für die Altersspanne der Adoleszenz – wurden verschiedene Therapiekonzepte, die unterschiedliche Verfahren kombinieren, entwickelt und empirisch untersucht. Hierzu liegen jedoch bisher noch sehr viel weniger Studien vor. Insgesamt konnte festgestellt werden, dass durch den Einsatz spezieller Programme das Schlafverhalten verbessert werden kann (Fricke et al. 2006; Moore et al. 2007). Da sich die Befunde jedoch meist auf kleine Stichproben stützen, unterschiedliche Ansätze untersuchen und auch die Altersgruppen variieren, sind die Ergebnisse schwer miteinander zu vergleichen. Gordon et al. (2007) geben einen Überblick über 29 Studien, die die Wirksamkeit von psychologischer Behandlung (z. B. Desensibilisierung, Selbstinstruktionen) von schlafbezogenen Ängsten bei Kindern im Alter von 3 bis 16 Jahren untersuchten und zeigten, dass in den meisten Studien die kindlichen nächtlichen Ängste innerhalb weniger Sitzungen reduziert werden konnten. Insgesamt fehlen randomisierte Studien im Kontrollgruppendesign an größeren Stichproben.

Psychologische Behandlungsansätze zur Behandlung von Insomnie wurden hingegen für das Erwachsenenalter gut untersucht. Die Metaanalysen von Murtagh und Greenwood (1995) sowie Morin et al. (1994) kamen zu dem Ergebnis, dass nichtmedikamentöse Verfahren bei der Insomniebehandlung gute Effekte erzielen. Vor allem Stimuluskontrolle, Entspannungsverfahren, Schlafrestriktion und multimodale Ansätze erwiesen sich als effektiv.

Für die Behandlung von Parasomnien (Albträumen, Pavor nocturnus und Nachtschreck) liegen ebenfalls nur wenige Studien vor. In einer Studie von Krakow et al. (1995) wurden 38 erwachsene Personen, die unter Albträumen litten (meist schon viele Jahre), in einer Gruppensitzung über 2,5 Stunden mit diesem Ansatz behandelt. Die Albtraumhäufigkeit nahm von sechs Albträumen pro Woche auf zwei Albträume pro Woche ab. Zusätzlich verbesserten sich auch die subjektive Schlafqualität und die Wachbefindlichkeit in der behandelten Gruppe. Die »Imagery Rehearsal Therapy« ließ sich auch gewinnbringend bei Frauen, die ein Trauma erlitten haben, anwenden (Krakow et al. 2001a). Bei Kindern liegen bisher nur Fallberichte vor (z. B. Schredl 1998; Wiseman 1989). Die Gruppe um Barry Krakow konnte bei weiblichen Jugendlichen (N = 9; 13–18 Jahre alt) mit der Methode die Albtraumhäufigkeit deutlich senken (Krakow et al. 2001b).

Bei der Behandlung von Schlafwandeln und Nachtschreck belegen einzelne Studien die Wirksamkeit von Selbsthypnose-Übungen. Hurwitz et al. (1991) untersuchten 27 erwachsene Patienten mit Schlafwandeln und Nachtschreck. In 74 % der Fälle konnte eine Verbesserung durch Selbsthypnose-Übungen erzielt werden. In einer Studie von Kohen et al. (1992) wurden elf Kinder mit Nachtschreck mit dieser Methode behandelt. Es zeigten sich hier ebenfalls Verbesserungen. Eine aktuellere Untersuchung von Hauri et al. (2007) belegt auch die langfristige Wirksamkeit von Hypnose. 36 Patienten (Altersrange: 6–71 Jahre) mit Parasomnie wurden mit dieser Methode behandelt. 45 % der Patienten waren nach einem Monat symptomfrei bzw. die Symptomatik hatte sich sehr verbessert. Dieser Behandlungserfolg blieb bei 42 % nach 18 Monaten und bei 41 % nach 5 Jahren erhalten.

Literatur

Alfano CA, Ginsburg GS, Newman Kingery J. Sleep-related problems among children and adolescents with anxiety disorders. J Am Acad Child Adolesc Psychiatry 2007; 46(2): 224–32.

American Academy of Sleep Medicine. ICSD-2 – International classification of sleep disorders. Diagnostic and coding manual. 2nd ed. Westchester: AASM 2005.

American Psychiatric Association. Diagnostisches und statistisches Manual Psychischer Störungen (DSM-IV) – Deutsche Bearbeitung und Einführung von Saß H, Wittchen HU, Zaudig M. Göttingen: Hogrefe 1996.

Backhaus J, Riemann D. Schlafstörungen. Fortschritte der Psychotherapie. Göttingen: Hogrefe 1999.

Breslau N, Roth T, Rosenthal L, Andreski P. Sleep disturbance and psychiatric disorders: A longitudinal epidemiological study of young adults. Biol Psychiatry 1996; 39: 411–8.

Carney CE, Segal ZV, Edinger JD, Krystal AD. A comparison of rates of residual insomnia symptoms following pharmacotherapy or cognitive-behavioral therapy for major depression disorder. J Clin Psychiatry 2007; 68: 254–60.

Clarkson S, Williams S, Silva PA. Sleep in middle childhood – a longitudinal study of sleep problems in a large sample of Dunedin children aged 5–9 years. Aust Pediatr J 1986; 22: 31–5.

D'Zurilla TJ, Goldfried MR. Problemsolving and behavior modification. J Abnorm Psychol 1971; 78: 107–26.

Dilling H, Mombour W, Schmidt MH. Internationale Klassifikation psychischer Störungen: ICD-10, Kap. V (F) – Klinisch diagnostische Leitlinien. Bern: Huber 1993.

Eckerberg B. Treatment of sleep problems in families with young children: effects of treatment on family well-being. Acta Paediatr 2004; 93: 126–34.

Foulkes D, Belvedere E, Brubaker T. Televised violence and dream content. Television and Social Behavior 1971; 5: 59–119.

Fricke L, Lehmkuhl G. Schlafstörungen im Kindes- und Jugendalter – Ein Therapiemanual für die Praxis. Göttingen: Hogrefe 2006.

Fricke L, Mitschke A, Wiater A, Lehmkuhl G. Kölner Behandlungsprogramm für Kinder mit Schlafstörungen. Prax Kinderpsychol Kinderpsychiat 2006; 55: 141–54.

Fricke-Oerkermann L, Lehmkuhl G. Somnambulismus und Pavor nocturnus. In: Schulz H (Hrsg). Kompendium Schlafmedizin. Landsberg/Lech: Ecomed 2007.

Fricke-Oerkermann L, Frölich J, Lehmkuhl G, Wiater A. Schlafstörungen – Leitfaden Kinder- und Jugendpsychotherapie. Göttingen: Hogrefe 2007a.

Fricke-Oerkermann L, Plück J, Schredl M, Heinz K, Mitschke A, Wiater A, Lehmkuhl G. Prevalence and course of sleep problems in childhood. Sleep 2007b; 30: 1371–7.

Literatur

Gaina A, Sekine M, Hamanishi S, Chen X, Wang H, Yamagami T, Kagamimori S. Daytime sleepiness and associated factors in Japanese school children. J Pediatr 2007; 151: 518–22.

Gibson ES, Powles AC, Thabane L, O'Brien S, Molnar DS, Trajanovic N, Ogilvie R, Shapiro C, Yan M, Chilcott-Tanser L. (). »Sleepiness« is serious in adolescents: Two surveys of 3235 Canadian students. BMC Public Health 2006; 2(6): 116.

Gordon J, King NJ, Gullone E, Muris P, Ollendick TH. Treatment of children's nighttime fears: The need for a modern randomised controlled trial. Clin Psychol Rev 2007; 27: 98–113.

Gregory AM, O'Connor TG. Sleep problems in childhood: a longitudinal study of developmental change and association with behavioral problems. J Am Acad Child Adolesc Psychiatry 2002; 41: 964–71.

Handwerker G. Epworth-Sleepiness-Scale für Kinder (ESS-K). In: Schulz H (Hrsg). Kompendium Schlafmedizin. Landsberg/Lech: Ecomed 2002.

Hartmann E. Boundaries in the mind. New York: Basic Books 1991.

Hauri PJ, Silber MH, Boeve BF. The treatment of parasomnias with hypnosis: a 5-year follow-up study. J Clin Sleep Med 2007; 3(4): 369–73.

Hoch B. Kindesalter. In: Peter H, Penzel T, Peter JH (Hrsg). Enzyklopädie der Schlafmedizin. Heidelberg: Springer 2007.

Hoffmann RM, Schnieder G, Heyden T. Fragebogen zur Erfassung spezifischer Persönlichkeitsmerkmale Schlafgestörter (FEPS-II). Göttingen: Hogrefe 1996.

Hublin C, Kaprio J, Partinen M, Koskenvuo M. Nightmares: familial aggregation and association with psychiatric disorders in a nationwide twin cohort. Am J Med Genet 1999; 88: 329–36.

Hurwitz TD, Mahowald MW, Schenck CH, Schluter JL, Bundlie SR. A retrospective outcome study and review of hypnosis as treatment of adults with sleepwalking and sleep terror. J Nerv Ment Dis 1991; 179: 228–33.

Ipsiroglu OS, Fatemi A, Werner I, Tiefenthaler M, Urschitz MS, Schwarz B. Häufigkeit von Schlafstörungen bei Schulkindern zwischen 11 und 15 Jahren. Wien Klin Wochenschr 2001; 113(7–8): 235–44.

Jenni OG, Fuhrer HZ, Iglowstein I, Molinari L, Largo RH. A longitudinal study of bed sharing and sleep problems among swiss children in the first 10 years of life. Pediatrics 2005; 115: 233–40.

Kales JD, Cadieux RJ, Soldatos CR, Kales A. Psychotherapy with night terror patients. Am J Psychotherapy 1982; 36: 399–407.

Kohen DP, Mahowald MW, Rosen GM. Sleep-terror disorder in children: the role of self-hypnosis in management. Am J Clin Hypn 1992; 34: 233–44.

Krakow B, Kellner R, Pathak D, Lambert L. Imagery rehearsal treatment for chronic nightmares. Behav Res Ther 1995; 33: 837–43.

Krakow B, Hollifield M, Johnston L, Koss M, Schrader R, Warner T, Tandberg D, Lauriello J, McBride L, Cutchen L, Cheng D. Imagery rehearsal therapy for chronic nightmares in sexual assault survivors with posttraumatic stress disorder: a randomized controlled trial. J Am Med Assoc 2001a; 286: 537–45.

Krakow B, Sandoval D, Schrader R, Keuhne B, McBride L, Yau CL, Tandberg D. Treatment of chronic nightmares in adjudicated adolescent girls in a residential facility. J Adolesc Health 2001b; 29: 94–100.

Mayer G. Narkolepsie. In: Peter H, Penzel T, Peter JH (Hrsg). Enzyklopädie der Schlafmedizin. Heidelberg: Springer 2007.

Mindell JA. Empirically supported treatments in pediatric psychology: bedtime refusal and night wakings in young children. J Pediatr Psychol 1999; 24: 465–81.

Mindell JA, Owens JA. A clinical guide to pediatric sleep. Philadelphia: Lippincott Williams & Wilkins 2003.

Moore BA, Friman PC, Fruzzetti AE, MacAleese K. Brief report: evaluating the Bedtime Pass Program for child resistance to bedtime – a randomized, controlled trial. J Pediatr Psychol 2007; 32: 283–7.

Morin CM, Culbert JP, Schwartz SM. Nonpharmacological interventions for insomnia: a meta-analysis of treatment efficacy. Am J Psychiatry 1994; 151(8): 1172–80.

Morrison DN, McGee R, Stanton WR. Sleep problems in adolescence. J Am Acad Child Adolesc Psychiatry 1992; 31(1): 94–9.

Müller T, Paterok B. Schlaftraining. Göttingen: Hofgrefe 1999.

Murtagh DR, Greenwood KM. Identifying effective psychological treatments for insomnia: a meta-analysis. J Consult Clin Psychol 1995; 63(1): 79–89.

Pagel JF, Helfter P. Drug induced nightmares – an etiology based review. Human Psychopharmacol 2003; 18: 59–67.

Ramchandani P, Wiggs L, Webb V, Stores G. A systematic review of treatments for settling problems and night waking in young children. BMJ 2000; 320: 209–13.

Riemann D. Primäre Insomnien. In: Peter H, Penzel T, Peter JH (Hrsg). Enzyklopädie der Schlafmedizin. Heidelberg: Springer 2007.

Riemann D, Backhaus J. Behandlung von Schlafstörungen – Ein psychologisches Gruppenprogramm. Weinheim: Beltz 1996.

Savard J, Simard S, Ivers H, Morin CM. Randomized study on the efficacy of cognitive-behavioral therapy for insomnia secondary to breast cancer, part I: Sleep and psychological effects. J Clin Oncol 2005; 23: 6083–96.

Schredl M. Behandlung von Alpträumen bei Kindern. Kinderarzt 1998; 29: 1254–7.

Schredl M. Die nächtliche Traumwelt: Eine Einführung in die psychologische Traumforschung. Stuttgart: Kohlhammer 1999.

Schredl M. Effects of state and trait factors on nightmare frequency. Eur Arch Psychiatry Clin Neurosci 2003; 253: 241–7.

Schredl M. Behandlung von Alpträumen. Prax Kinderpsychol Kinderpsychiatr 2006; 55: 132–40.

Schredl M, Pallmer R. Geschlechtsspezifische Unterschiede in Angstträumen von Schülerinnen und Schülern. Prax Kinderpsychol Kinderpsychiatr 1998; 47: 463–76.

Schredl, M, Pallmer, R, & Montasser, A. (1996). Anxiety dreams in school-aged children. Dreaming, 6, 265–270.

Schredl M, Anders A, Hellriegel S, Rehm A. TV viewing, computer game playing and nightmares in school children. Dreaming (accepted). 2008.

Smedje H, Broman JE, Hetta J. Short-term prospective study of sleep disturbances in 5-8-year-old children. Acta Pediatr 2001; 90: 1456–63.

Spielmann AJ, Saskin P, Thorby MJ. Treatment of chronic insomnia by restriction of time in bed. Sleep 1987; 10(1): 45–56.

Stein D, Pat-Horenczyk R, Blank S, Dagan Y, Barak Y, Gumpel TP. Sleep disturbances in adolescents with symptoms of attention-deficit/hyperacitivity disorder. J Learn Disabil 2002; 35(3): 268–75.

Strauch I, Meier B. Sleep need in adolescents: a longitudinal approach. Sleep 1988; 11(4): 378–86.

Thome M, Skuladottir A. Evaluating a family-centred intervention for infant sleep problems. J Adv Nurs 2005; 50: 5–11.

Viemerö V, Paajanen S. The role of phantasies and dreams in the TV viewing-aggression relationship. Aggressive Behav 1992; 18: 109–16.

Wetter TC. Restless-Legs-Syndrom. In: Schulz H (Hrsg). Kompendium Schlafmedizin. Landsberg/Lech: Ecomed 1997.

Wiseman AS. Nightmare help: A guide for parents and teachers. Berkeley: Ten Speed Press 1989.

Wittchen HU, Krause P, Höfler M, Pittrow D, Winter S, Spiegel B, Hajak G, Riemann D, Steiger A, Pfister H. NISAS-2000: Die »Nationwide Insomnia Screening and Awareness Study«. Fortschr Med 2001; 119(1): 1–11.

Wittmann L, Schredl M, Kramer M. The role of dreaming in posttraumatic stress disorder. Psychother Psychosom 2007; 76: 25–39.

Wolfson AR, Carskadon MA. Sleep schedules and daytime functioning in adolescents. Child Dev 1998; 69(4): 875–87.

Wolfson AR, Spaulding NL, Dandrow C, Baroni EM. Middle school start times: the importance of a good night`s sleep for young adolescents. Behav Sleep Med 2007; 5(3): 194–209.

Wolpe J. Psychotherapiy by reciprocal inhibiton. Standford: Standford University Press 1958.

Wolpe J. The practice of behaviour therapy. New York: Pergamon Press 1969.

32 Somatopsychische Störungen

Lutz Goldbeck und Harald J. Freyberger

Inhalt
32.1	Einleitung	373
32.2	Psychosoziale Aspekte chronischer körperlicher Erkrankungen	373
32.3	Ausgewählte chronische körperliche Erkrankungen	378
32.4	Psychosoziale Interventionsansätze bei chronischen körperlichen Erkrankungen	383
Literatur		384

Zusammenfassung

Chronische körperliche Erkrankungen sind häufig, gehen mit psychosozialen Belastungen und einem erhöhten Risiko zur sekundären psychischen Erkrankung einher und erfordern daher eine interdisziplinäre Behandlung. Bei Jugendlichen und Heranwachsenden mit chronischen Erkrankungen spielen die Verselbstständigung im Umgang mit der Erkrankung, die Förderung einer aktiven Rolle in der Krankheitsbewältigung auf der Basis einer umfassenden Psychoedukation, die Integration der chronischen Erkrankung in das Selbstbild und die Anpassung der Lebensplanung und der Berufswahl an die Besonderheiten der eventuellen krankheitsbedingten Funktionseinschränkungen eine herausgehobene Rolle.

Bei der psychosozialen Unterstützung für die Betroffenen sind individuelle und familiäre Krankheitsbewältigungsstrategien, Aspekte der gesundheitsbezogenen Lebensqualität und das erhöhte Risiko für internalisierende psychische Störungen zu berücksichtigen. Es hat sich gezeigt, dass psychosoziale Faktoren den Verlauf chronischer Erkrankungen wesentlich determinieren und dass die Inanspruchnahme und Wirksamkeit von medizinischen Therapien durch psychosoziale Interventionen gefördert werden kann. Optimale multi-professionelle Versorgungsstrukturen können im Rahmen von psychologisch-psychiatrischen Konsiliar- und Liaisondiensten geschaffen werden.

32.1 Einleitung

Das Jugendalter und frühe Erwachsenenalter gilt als Entwicklungsphase mit einem relativ geringen Risiko, körperlich zu erkranken. Gleichwohl wächst dank der Fortschritte der somatischen Medizin in entwickelten Ländern mit einem gut ausgebauten Gesundheitsversorgungssystem ein beträchtlicher Anteil von Jugendlichen (Newachek u. Halfon 1998) mit chronischen körperlichen Erkrankungen auf, die mit erheblichen krankheits- und behandlungsbedingten Belastungen einhergehen und mit der normalen psychosozialen Entwicklung interferieren. Einige chronische Erkrankungen, wie z. B. Diabetes mellitus oder bestimmte Krebserkrankungen, können sich erstmals im Jugendalter manifestieren. Andere chronische Erkrankungen, wie z. B. Herzfehler oder Atopien, sind angeboren oder treten bereits in der frühen Kindheit auf.

Die psychosoziale Versorgung für Jugendliche und Heranwachsende mit körperlichen Erkrankungen und/oder Behinderungen findet in der Regel außerhalb der Psychiatrie statt, z. B. im primären Gesundheitssystem, im Rahmen von psychosomatischen Konsiliar- oder Liaisondiensten oder von medizinischen Rehabilitationsprogrammen. Bislang wird dieser Patientengruppe von psychiatrisch-psychotherapeutischer Seite zu wenig Beachtung geschenkt und ihr Zugang zu psychosozialen Versorgungsangeboten ist erschwert, obwohl das Ausmaß an psychosozialen Belastungen und hohe Raten komorbider psychischer Störungen einen erheblichen Versorgungsbedarf implizieren. In diesem Kapitel soll deswegen ein Überblick über die wichtigsten psychosozialen Aspekte chronischer körperlicher Erkrankungen gegeben werden.

32.2 Psychosoziale Aspekte chronischer körperlicher Erkrankungen

32.2.1 Definition und Epidemiologie

Als chronisch wird eine körperliche Erkrankung bezeichnet (Stein u. Silver 1999), wenn sie (voraussichtlich)
- mindestens ein Jahr vorliegt,
- mit funktionellen Einschränkungen einhergeht und
- eine medizinische Behandlung zur Kompensation ihrer Symptomatik und der dadurch bedingten Einschränkungen erfordert.

Tab. 32-1 Prävalenzraten chronischer Erkrankungen in den USA bei Jugendlichen im Alter von 10 bis 17 Jahren (Newachek u. Taylor 1992)

Chronische Erkrankung	Fälle pro 1 000
alle chronischen Zustände	315,0
respiratorische Allergien (z. B. Heuschnupfen)	130,3
Asthma	46,8
häufige oder schwere Kopfschmerzen	45,8
Ekzem oder Hautallergien	35,2
häufige oder wiederholte Ohrentzündung	33,6
Nahrungsmittelallergien	21,1
kardiovaskuläre Erkrankungen	17,4
häufige Diarrhö/Darmbeschwerden	9,6
Arthritis	8,7
Anämie	5,8
Epilepsie/Anfallsleiden	3,3
Diabetes	1,5
Sichelzellkrankheit	0,9
andere	30,0

Bei dieser weit gefassten Definition werden im Jugendalter Prävalenzraten um die 30 % erreicht (Tab. 32-1), wobei allerdings auch leichtere Formen allergischer Erkrankungen und unspezifische körperliche Symptome wie rezidivierende Kopfschmerzen mit eingehen. Komplexere und schwerwiegendere chronische Erkrankungen, mit denen sich Jugendliche und Heranwachsende auseinandersetzen müssen, sind z. B. Asthma bronchiale, Diabetes mellitus, Tumor- und Leukämieerkrankungen oder zystische Fibrose (Mukoviszidose).

32.2.2 Biopsychosoziales Modell chronischer Erkrankung

Chronische körperliche Erkrankungen und psychosoziale Faktoren stehen in komplexer Wechselwirkung miteinander (Engel 1977). Chronische Krankheit hat sowohl direkte symptomatische Folgen für das Wohlbefinden und die Entwicklung der betroffenen Individuen als auch indirekte psychosoziale Folgen durch behandlungsbedingte Einschränkungen und Belastungen. Umgekehrt können psychosoziale Faktoren den Verlauf einer chronischen Erkrankung und die Behandlungsmöglichkeiten wesentlich determinieren. Beispielsweise kann die Therapiemotivation des Jugendlichen oder Heranwachsenden durch psychologische Faktoren, wie z. B. die Scham, die eigene Erkrankung zu offenbaren, beeinträchtigt werden, oder fehlende soziale und familiäre Unterstützung erschweren im Einzelfall die Inanspruchnahme einer optimalen medizinischen Therapie.

Die psychosozialen Aspekte können z. B. im Rahmen eines Krankheitsbewältigungs-Modells konzipiert werden (Abb. 32-1). Nach diesem Modell wirken sich die krankheits- und behandlungsbedingten Stressoren mittelbar auf das Wohlbefinden, das psychosoziale Funktionsniveau und auf den psychischen Gesundheitszustand der Betroffenen aus. Individuelle, familiäre und soziale Ressourcen bzw. zusätzliche Risikofaktoren beeinflussen die psychosoziale Adaptation. Eine entscheidende Bedeutung kommt den Krankheitsbewältigungsstrategien zu, die von der Coping-Forschung umfassend untersucht wurden, beeinflusst vom transaktionalen Coping-Modell von Lazarus und Folkman (1984). Insgesamt zeigen die Forschungsergebnisse keine konsistenten Befunde hinsichtlich der Effektivität bestimmter Coping-Strategien, sodass von einer Vielfalt möglicher Bewältigungsstrategien ausgegangen werden kann.

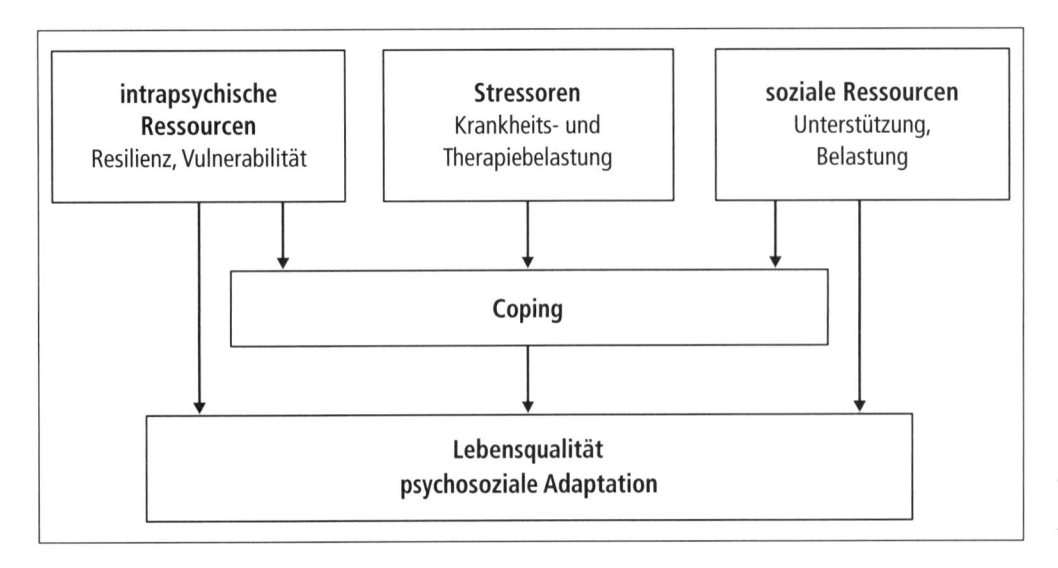

Abb. 32-1 Theoretisches Modell der Krankheitsbewältigung

> Tendenziell lässt sich zeigen, dass das aktive, problembezogene Coping und eine ausreichende Information über die Erkrankung, deren Verlauf und deren therapeutische Beeinflussbarkeit zu einer adäquateren Krankheitsverarbeitung führt. In Abhängigkeit vom zeitlichen Verlauf der körperlichen Erkrankung können allerdings auch Ablenkung und Verleugnung zur psychischen Entlastung beitragen.

Länger anhaltende psychosoziale Belastungsfaktoren, die zumeist über die Merkmale Befindlichkeit, Lebensqualität und Mortalität erfasst werden, beeinflussen dabei nicht nur den Prozess der Krankheitsadaption, sondern auch den Zugang der im Erwachsenenbereich häufig relevanten beruflichen und medizinischen Rehabilitation sowie deren Erfolg (Bengel u. Helmes 2005).

32.2.3 Chronische Erkrankung und Entwicklung

Für Jugendliche und Heranwachsende mit chronischen körperlichen Erkrankungen ergeben sich entwicklungstypische Besonderheiten (Tab. 32-2). Hierbei sind insbesondere Störungen bei der Bewältigung von Entwicklungsaufgaben zu berücksichtigen.

> Je stärker die krankheits- und behandlungsbedingten Belastungen mit der Bewältigung von normativen Entwicklungsaufgaben interferieren, desto größer ist das Risiko für psychosoziale Funktionseinschränkungen einzuschätzen.

Im Jugendalter interferiert das Vorliegen einer körperlichen Erkrankung oder einer sichtbaren Andersartigkeit beispielsweise mit dem Streben der Betroffenen nach Normalität und Anerkennung innerhalb der Gleichaltrigengruppe. Typische Belastungen, die von Jugendlichen und Heranwachsenden mit chronischen Erkrankungen beklagt werden, sind beispielsweise folgende:
- die Notwendigkeit zur regelmäßigen Medikamenteneinnahme
- der Umgang mit den Symptomen der Erkrankung im Alltag
- das Entstehen von Fehltagen in der Schule oder am Ausbildungs- bzw. Arbeitsplatz aufgrund von Arztbesuchen, Krankenhausaufenthalten oder gesundheitlichen Einschränkungen
- die emotionalen Belastungen durch die Folgen der Erkrankung und der damit möglicherweise eingeschränkten Lebensperspektive
- der Umgang mit schmerzhaften Prozeduren im Rahmen der medizinischen Behandlung

> Auch Eltern und Geschwister sind durch die chronische Erkrankung eines Jugendlichen betroffen.

Beispielsweise ergeben sich pflegerische Belastungen; oder Eltern müssen lernen, ihre kranken Kinder schrittweise in die Selbstverantwortung beim Umgang mit ihrer Erkrankung und Behandlung zu entlassen. Wenn dies nicht gelingt, resultieren unter Umständen erschwerte Ablösungsprozesse der betroffenen Jugendlichen von ihren Herkunftsfamilien.

Ein zentrales Problem insbesondere jugendlicher Patienten mit einem andauernden medizinischen Behandlungsbedarf ist ihre mitunter mangelhafte **Therapiemitarbeit**. Aus dem entwicklungstypischen Streben nach Autonomie ergibt sich gerade bei Jugendlichen häufig eine Auflehnung gegen die eigene Erkrankung und ihre Folgen – bis hin zur Verleugnung des Krankseins und des Behandlungsbedarfs und der Verweigerung jeglicher Therapie. Die fehlende passive Befolgung ärzt-

Tab. 32-2 Entwicklungstypische Belastungen chronisch kranker Jugendlicher und Heranwachsender

Entwicklungsaufgabe	Konflikt mit chronischer Erkrankung
Autonomieentwicklung	• Abhängigkeit von Pflege, von der ärztlichen Behandlung • unter Umständen Einschränkung der Mobilität
Identitätsfindung	• Selbstwertprobleme infolge körperlicher Symptomatik/Stigmatisierung
Integration in Gleichaltrigengruppe	• (Angst vor) Zurückweisung infolge Stigmatisierung • unter Umständen Teilhabebeeinträchtigung
berufliche Orientierung und Eingliederung	• krankheitsbedingte Einschränkungen • unter Umständen körperlich reduzierte Belastbarkeit und Funktionstüchtigkeit
Sicherung des materiellen Lebensunterhalts	• unter Umständen eingeschränkte Leistungsfähigkeit • hohe zeitliche Beanspruchung durch Therapie
psychosexuelle Entwicklung (Vorbereitung auf) Partnerschaft und Familienleben	• Scham aufgrund körperlicher Andersartigkeit • Vermeidung intimer Beziehungen • unter Umständen krankheitsbedingte Risiken und Einschränkungen der Fortpflanzungsfähigkeit

licher Verordnungen wird als »Non-Compliance« bezeichnet, während sich für die fehlende aktive Therapiemitarbeit (z. B. bei der Durchführung einer regelmäßigen Inhalationstherapie bei schwerem Asthma bronchiale oder Mukoviszidose) der Begriff »Non-Adhärenz« eingebürgert hat. Beide Konstrukte sind nicht als individuelle Merkmale des Patienten zu verstehen. Vielmehr handelt es sich um interaktionell determinierte krankheits- und behandlungsbedingte Verhaltensweisen, die insbesondere das Gelingen oder Misslingen einer guten Arzt-Patienten-Beziehung reflektieren.

Subjektive Krankheitskonzepte spielen als kognitive Grundlage des krankheitsbezogenen Verhaltens eine entscheidende Rolle. Der Aufklärung von Jugendlichen und Heranwachsenden über ihre Erkrankung und Behandlung kommt daher ein zentraler Stellenwert zu. Obwohl bei Jugendlichen in der Regel die kognitiven Voraussetzungen zum ausreichenden Verständnis medizinischer Fakten vorhanden sind, sofern sie das formal-operationale Stadium der kognitiven Entwicklung nach Piaget erreicht haben, können sich aufgrund psychologischer Faktoren gleichwohl verzerrte subjektive Krankheitstheorien herausbilden. In Anlehnung an die **soziale Lerntheorie** (Rotter et al. 1972) können **internale** und **externale gesundheits- und krankheitsbezogene Kontrollüberzeugungen** unterschieden werden (Lohaus 1992).

> Bei einer **sozial-externalen Kontrollüberzeugung** herrscht die Auffassung vor, dass in erster Linie mächtige andere Personen, wie z. B. die Eltern oder die behandelnden Ärzte, Einfluss auf den eigenen Gesundheitszustand nehmen können. Bei einer **fatalistisch-externalen Kontrollüberzeugung** dominiert die Einstellung, dass eine übernatürliche Macht, Gott oder das Schicksal über den Verlauf der eigenen Erkrankung entscheidet. Die **internale gesundheits- und krankheitsbezogene Kontrollüberzeugung** besagt hingegen, dass das Individuum einen wesentlichen eigenen Anteil am Verlauf der Erkrankung sieht.

Die Steigerung der internalen Kontrollüberzeugung ist insbesondere dann von Bedeutung, wenn eine Erkrankung gut behandelbar ist, hierbei jedoch die regelmäßige aktive Mitarbeit des Patienten erforderlich ist (wie z. B. bei Diabetes mellitus oder Asthma bronchiale). Gesundheits- und krankheitsbezogene Kontrollüberzeugungen werden durch das familiäre und soziale Umfeld geprägt, können jedoch durch eine angemessene und ausführliche ärztliche Aufklärung und Psychoedukation der Patienten beeinflusst werden.

Eine Herausforderung stellt auch für Jugendliche und heranwachsende Betroffene die **Antizipation von Spätfolgen** ihrer Erkrankung in Abhängigkeit von einer aktuellen Therapie dar. Beispielsweise muss der jugendliche Diabetiker bei seinen aktuellen Entscheidungen in Fragen der Therapie und Blutzuckerkontrolle die Information langfristiger Komplikationen wie z. B. Durchblutungsstörungen oder Sehstörungen bei chronisch erhöhtem Blutzuckerspiegel berücksichtigen. Diese Informationen stehen oft im Widerspruch zum fehlenden Krankheitsgefühl bei nicht spürbaren Symptomen. Es ist daher von großer Bedeutung, durch entsprechende Aufklärungs- und Schulungsmaßnahmen den Sinn von Therapiemaßnahmen zu verdeutlichen. Diese Patientenaufklärung sollte sich so früh wie möglich an die Betroffenen selbst richten. Schulungsgruppen haben dabei den Vorteil, durch die Begegnung mehrerer Betroffener das Gefühl der Benachteiligung und Isolation überwinden zu helfen.

Im Erwachsenenbereich sind weniger die Entwicklungsprozesse untersucht worden, sondern eher die Zusammenhänge zwischen Merkmalen der körperlichen Erkrankung und den damit assoziierten psychischen Wechselwirkungseffekten.

> Die psychischen Belastungen sind danach – unabhängig von der Ätiologie – umso gravierender,
> - je schwerer die Erkrankung ist,
> - je länger sie dauert,
> - je mehr faktische Lebensbereiche betroffen sind,
> - je schwerwiegender und komplizierter die Behandlung ist.

Weitere Merkmale körperlicher Erkrankungen, die zu psychischen Wechselwirkungsprozessen beitragen, sind in Tabelle 32-3 wiedergegeben.

32.2.4 Komorbidität mit psychischen Störungen

Zahlreiche epidemiologische Untersuchungen haben das im Durchschnitt um das Zwei- bis Dreifache erhöhte Risiko chronisch kranker Kinder und Jugendlicher (verglichen mit körperlich Gesunden) für die Entwicklung komorbider psychischer Störungen belegt (z. B. Hysing et al. 2007). Im Er-

Tab. 32-3 Merkmale von körperlichen Erkrankungen mit hohem Induktionspotenzial für psychische Wechselwirkungseffekte im Erwachsenenalter (nach Bengel et al. 2007)

- Verletzung der körperlichen Integrität
- Bedrohung des Selbstbildes
- subjektive und/oder objektive Lebensbedrohung
- Irreversibilität und/oder Progredienz
- Unvorhersagbarkeit des Krankheitsverlaufs
- reduzierte körperliche Leistungsfähigkeit
- chronische Schmerzen
- aversiv erlebte therapeutische Maßnahmen
- (temporäre) Hospitalisierung
- stigmatisierende Reaktion des Umfeldes
- Bedrohung von sozialen Beziehungen
- begrenzte Lebensplanung und Zukunftsperspektive

wachsenenbereich ist das Risiko demgegenüber nur um das ein- bis zweifache erhöht (Baumeister et al. 2004; Grabe et al. 2005). Insbesondere **Angststörungen** und (syndromale und subsyndromale) **depressive Störungen** treten sowohl bei chronisch kranken Jugendlichen als auch bei Erwachsenen gehäuft auf (Lucht et al. 2003). Diese Befunde können als Folge der erhöhten psychosozialen Belastungen durch die Grunderkrankung konzeptualisiert werden.

> Spezifität und Schweregrad der körperlichen Erkrankung scheinen im Kindes- und Jugendalter jedoch nur einen geringen Einfluss auf die psychosoziale Adaptation zu nehmen. Das ist erneut ein Beleg für die Bedeutsamkeit von Krankheitsbewältigung und sozialer Unterstützung für die Aufrechterhaltung eines psychisch stabilen Gesundheitszustandes trotz krankheits- und therapiebedingter Belastungen.

Andere Faktoren, wie z. B. das Alter bei Diagnose, der Verlauf der Erkrankung, ihre Sichtbarkeit sowie die Beteiligung des Gehirns an der Erkrankung, spielen anscheinend eine größere Rolle beim Risiko für sekundäre psychiatrische Störungen. Unabhängig von einem etwaigen kausalen Zusammenhang zwischen chronischer körperlicher Erkrankung und psychiatrischer Symptomatik können komorbide psychische Störungen negative Rückwirkungen auf den Verlauf der körperlichen Erkrankung haben. So können beispielsweise depressive Störungen aufgrund von negativen Kognitionen und Antriebsarmut die Bereitschaft zur aktiven Therapiemitarbeit reduzieren oder Angststörungen können ein Vermeidungsverhalten in Bezug auf die Wahrnehmung medizinischer Behandlungen begünstigen.

32.2.5 Gesundheitsbezogene Lebensqualität

> »**Gesundheit** ist nicht nur Abwesenheit von Krankheit und Gebrechen, sondern vollkommenes körperliches, mentales und soziales Wohlbefinden.« (World Health Organization 1948)

Mit dieser programmatischen Definition des Gesundheitsbegriffs hat die Weltgesundheitsorganisation (WHO) bei ihrer Gründung vor 60 Jahren in der Präambel ihrer Statuten das heutige Konzept der gesundheitsbezogenen Lebensqualität umrissen.

> Entsprechend einem internationalen Konsensus und in Anlehnung an die WHO-Gesundheitsdefinition wird unter gesundheitsbezogener Lebensqualität heute ein **multidimensionales Konstrukt** verstanden, das mindestens die folgenden Dimensionen erfasst (Bullinger 2000; The World Health Organization Quality of Life Assessment 1995):
> - körperliches Wohlbefinden und körperliche Funktionsfähigkeit
> - psychisches Wohlbefinden und Funktionsfähigkeit
> - soziale Einbindung
>
> Zusätzlich häufig genannte Dimensionen sind z. B.:
> - die Rollenfunktion im Alltag
> - Spiritualität
> - familiäre Integration

In der Lebensqualitätsforschung besteht Einvernehmen dahingehend, dass sich die so verstandene Lebensqualität vor allem aus der Sicht des Subjekts darstellt. Individuelle Bewertungen der eigenen Situation spielen eine entscheidende Rolle, von außen lässt sich deshalb die Lebensqualität einer Person kaum erschließen. Entsprechend werden Lebensqualitätseinschätzungen am besten von der betroffenen Person erfragt.

Ähnlich wie andere psychologische Konstrukte, z. B. Intelligenz, entzieht sich die Lebensqualität einer direkten Messung. Die traditionelle Frage im sozialen Miteinander oder in der Arzt-Patienten-Kommunikation »Wie geht's Dir?« zielt auf genau diesen zunächst schwer fassbaren Bereich der subjektiven oder »erlebten« Gesundheit. Allerdings ist die Wahrscheinlichkeit einer undifferenzierten oder stereotypen Antwort auf eine so global gestellte Frage recht groß. Es erfordert schon eine überdurchschnittliche Auskunftsfreudigkeit der gefragten Person, und/oder die fragende Person benötigt ein feines Gespür für Zwischentöne in der Antwort und für das persönliche Referenzsystem seines Gegenübers, um genaueren Aufschluss über die subjektive Situation zu bekommen.

Die Lebensqualitätsforschung hat sich zunächst mit der Entwicklung **standardisierter Messinstrumente** beschäftigt, sodass es mittlerweile eine kaum noch zu überblickende Fülle unterschiedlicher psychometrischer Verfahren auch zur Erfassung der Lebensqualität von Kindern und Jugendlichen gibt. Entsprechend einer internationalen Konvention werden Lebensqualitäts-Kennwerte häufig auf Skalen zwischen 0 und 100 angegeben, wobei 100 die maximal erreichbare, optimale Lebensqualität repräsentiert. Sofern ein Messinstrument gemäß der oben genannten Lebensqualitäts-Definition multidimensional aufgebaut ist, ergibt sich ein differenziertes Profil der Lebensqualität über die verschiedenen erfassten Bereiche.

> Die Vielfalt der Messansätze und Instrumente spiegelt die Breite des Konstrukts Lebensqualität wider.

Forschungsergebnisse verweisen auf die Bedeutsamkeit kumulativer psychosozialer und biologischer Risikofaktoren für die Lebensqualität. So konnte für Jugendliche mit Asthma gezeigt werden, dass insbesondere die Kombination von körperlicher und psychischer Erkrankung zu Beeinträchtigungen der Lebensqualität führt (Goldbeck et al. 2007a). Herzkranke Kinder und Jugendliche sowie ihre Angehörigen hatten eine niedrigere Lebensqualität, wenn zusätzliche psychosoziale Risikofaktoren wie z. B. Alleinerziehung oder Armut vorlagen (Goldbeck u. Melches 2006).

32.2.6 Das Krankheitsfolgenmodell

Das von der WHO entwickelte Krankheitsfolgenmodell ICDH-2 (Deutsches Institut für Medizinische Information und Dokumentation 2005) trägt der Mehrdimensionalität chronischer Erkrankungen Rechnung. Das Modell klassifiziert die Krankheitsfolgen in
- Schäden (impairments),
- Aktivitätseinschränkungen *(disabilities)* und
- Teilhabebeeinträchtigungen *(handicaps)*.

Demnach lassen sich die Folgen einer gesundheitlichen Schädigung relativ unabhängig von der zugrunde liegenden Erkrankung darstellen. Diese diagnoseübergreifende Betrachtungsweise wird auch als **non-kategorialer Ansatz** bezeichnet.

32.3 Ausgewählte chronische körperliche Erkrankungen

Beispielhaft sollen im Folgenden ausgewählte chronische Erkrankungen in ihren spezifischen psychosozialen Aspekten dargestellt werden. Die Auswahl umfasst ein Spektrum besonders häufiger und eingreifender Erkrankungen.

32.3.1 Asthma bronchiale

> Asthma bronchiale ist die häufigste chronische Erkrankung im Kindes- und Jugendalter (Maziak et al. 2003).

Symptome eines Asthma bronchiale finden sich bei etwa 13 % der Jungen und Mädchen in Deutschland. Typisch für schwere Formen ist plötzlich einsetzende Luftnot bis hin zu Erstickungsanfällen. Viele Patienten erleiden jedoch nur milde Symptome, die mit einem Engegefühl in Brust und Giemen einhergehen.

Neben der Einleitung einer **präventiven Dauertherapie** stellt die **Vermeidung von Auslösern** einen wichtigen Baustein der Therapie dar. Bei konsequenter Durchführung von Dauertherapie und Auslöser-Vermeidung ist ein beschwerdefreies Leben mit dieser Erkrankung in der Regel möglich. Gleichwohl erleidet ein kleiner Teil der Erkrankten meist infolge unzureichender Therapie und unangepassten Krankheitsverhaltens rezidivierende Atemnotzustände, die zu stationären Behandlungen und gelegentlich zum Tode führen.

Die medikamentöse Dauertherapie belastet Kinder und Jugendliche unter anderem dadurch, dass diese Therapie täglich an die Erkrankung erinnert und Zeit kostet. Die Notfalltherapie kann als problematisch bewertet werden, weil sie ggf. öffentlich eingenommen werden muss und somit anderen zeigt, dass man krank ist. Sie erinnert immer an die Gefährlichkeit des Asthma bronchiale und stellt die Patienten nach außen als »medikamentenabhängig« dar. Dies sind nur einige Faktoren, die zu einer schlechten Compliance führen können.

Die Auslöservermeidung kann zusätzlichen bedeuten, im Haus zu bleiben, wenn schönes Wetter ist (Pollenallergiker), rauchende Freunde zu meiden (passive Zigarettenrauchbelastung), nicht bei Freunden schlafen zu dürfen (Allergenbelastung bei Hausstaubmilben) und keine Haustiere halten zu dürfen (Tierhaarallergie).

So simpel die Therapie des Asthma bronchiale erscheint, so ausgeprägt können die Auswirkungen im psychosozialen Bereich sein. Es zeigen sich Einschränkungen der ökonomischen Situation, beim Schulbesuch und in der Berufstätigkeit, bei den Kontakten zu Familie und Freunden und in der Freizeitgestaltung (Gustafsson et al. 2002).

> Die Lebensqualität von Jugendlichen mit Asthma ist nach den übereinstimmenden Ergebnissen mehrerer Studien allerdings nur dann eingeschränkt, wenn sie in den zurückliegenden Wochen Atemwegssymptome hatten (Vila et al. 2003).

Bei asthmakranken Kindern und Jugendlichen zeigten sich, verglichen mit körperlich gesunden Gleichaltrigen, vermehrt **psychische Störungen,** je nach Studie bei 11–35 % (Warschburger 2000). Vor allem das gehäufte Auftreten von **Angststörungen** deutet darauf hin, dass die mit dem Erleben von Asthmaanfällen verbundenen Erstickungsängste generalisieren können. Komorbide internalisierende psychische Störungen wie Ängste und Depressionen führen wiederum zu einer verminderten Lebensqualität (Goldbeck et al. 2007a; Vila et al. 2003).

Als große Belastung nehmen asthmakranke Jugendliche ihre geringe **sportliche Leistungsfähigkeit** wahr.

Außerdem zeigen Patienten mit Asthma bronchiale ein erhöhtes **Risikoverhalten**: In einer Studie zeigte sich ein höherer Tabakgebrauch und wöchentlicher Alkoholkonsum 15-jähriger Asthmatiker (Forero et al. 1996). In einer Fallkontrollstudie (Sturdy et al. 2002) von **Asthmatodesfällen** bei Erwachsenen konnte nach Auswertungen der Krankenakten der signifikante Effekt der folgenden psychosozialen Risikofaktoren für einen letalen Ausgang festgestellt werden:
- unzureichende Inhalationstechnik
- Unzuverlässigkeit bei Termineinhaltung
- Entlassung gegen ärztlichen Rat (bei stationären Voraufenthalten)

- Psychose
- Lern- bzw. Leistungsstörung
- finanzielle Probleme
- Probleme auf der Arbeit
- Drogen- und Alkoholmissbrauch

Die **Art der komorbiden psychischen Störung** hat offenbar Rückwirkungen auf den Verlauf des Asthma:
- Patienten mit Angststörungen scheinen nach einigen Studien ein geringeres Risiko bezüglich des letalen Ausgangs eines Asthma bronchiale zu haben.
- Ein mittleres Angstniveau erscheint günstig, um die Frühsymptome von Atemnot wahrzunehmen und eine rechtzeitige medikamentöse Behandlung mit Bronchodilatatoren durchzuführen.
- Depressive Störungen sind hingegen eher mit einer mangelhaften Compliance verbunden (Cluley u. Cochrane 2001).

> Vor dem Hintergrund der dargestellten Zusammenhänge kann die Integration psychosozialer Interventionen in die Betreuung von Jugendlichen und Erwachsenen mit Asthma bronchiale die Früherkennung von Hochrisikopatienten verbessern, zu einem günstigeren Verlauf der Erkrankung durch Verbesserung der Therapiemotivation beitragen und die Lebensqualität der Betroffenen durch eine Behandlung ihrer psychischen Begleitsymptomatik verbessern. Psychosoziale Interventionsbausteine sind daher in stationäre und ambulante Rehabilitationsprogramme für asthmakranke Jugendliche und Erwachsene integriert.

32.3.2 Diabetes mellitus

Der Diabetes mellitus (Typ-1-Diabetes, juveniler Diabetes) ist in der Regel insulinpflichtig und stellt insofern erhebliche Anforderungen an die Therapiemitarbeit der Betroffenen.

> Während die Ursachen dieser Stoffwechselerkrankung weiterhin ungeklärt sind – diskutiert wird eine genetisch determinierte Autoimmunerkrankung –, gilt eine anhaltende Tendenz zur Zunahme dieser Erkrankung in der industrialisierten Welt als gesichert. Aufgrund dieser Entwicklung wurde die Erkrankung unlängst von der WHO zur Epidemie erklärt.

Auch der traditionell als Altersdiabetes bezeichnete, durch Bewegungsmangel und Übergewicht ausgelöste Typ-2-Diabetes wird neuerdings infolge der zunehmenden Prävalenz der Adipositas bereits bei Kindern und Jugendlichen beobachtet.

Die Zahl der in Deutschland lebenden Diabetiker wird derzeit auf acht bis zehn Millionen geschätzt, davon leidet etwa eine halbe Million Betroffener an Typ-1-Diabetes.

Betroffene müssen ständig mit Blutzuckermessungen, angepassten Insulin-Injektionen, Diätmaßnahmen und einer kontrollierten körperlichen Aktivität leben, um akute Komplikationen durch Stoffwechselentgleisungen (diabetischer Schock durch Hyperglykämie, Bewusstlosigkeit durch Hypoglykämie) zu vermeiden und Spätfolgen der Erkrankung (Nephro-, Retino- und Neuropathie) zu verzögern. Das Behandlungsregime erzwingt somit ein diszipliniertes Krankheitsverhalten, das vor allem jugendlichen Diabetikern schwerfällt, nicht zuletzt weil sie im Streben nach Normalität ihre Erkrankung vor der sozialen Umwelt verbergen möchten (Seiffge-Krenke et al. 1994). Auch bei dieser Erkrankung ist es notwendig, den Zusammenhang von negativen gesundheitlichen Spätfolgen mit der Unterlassung der alltäglichen Maßnahmen zur Blutzuckerregulation zu erkennen. Die Bestimmung des $HbA1_C$-Wertes im Hämoglobin ist ein Indikator für die langfristige Anpassung des Blutzuckers in den zurückliegenden sechs bis acht Wochen. Er kann neben den Protokollen der von den Patienten selbst durchgeführten Blutzuckermessungen als Kennwert für die Compliance herangezogen werden.

Die **Einhaltung des Behandlungsregimes** erfordert kognitive und emotionale Voraussetzungen. Patientenschulungsprogramme sollten deswegen auf die intellektuellen und psychosozialen Bedingungen der Betroffenen eingehen und psychologische Komponenten integrieren. Für jugendliche Diabetiker konnte gezeigt werden, dass diese ihre Erkrankung aus Sorge vor Stigmatisierung und sozialer Benachteiligung verbergen und deswegen gelegentlich ihre Therapiemaßnahmen vernachlässigen (Edgar u. Skinner 2003). Die rechtzeitige Übertragung von Eigenverantwortung in der Therapie kann Machtkämpfen mit Eltern und Ärzten infolge des entwicklungstypischen Autonomiestrebens in der Adoleszenz vorbeugen.

> Dennoch bleibt das Jugendalter die Entwicklungsphase mit den meisten Compliance-Problemen bei Diabetikern.

Insgesamt konnte auch für jugendliche Diabetiker ein erhöhtes Risiko für die Entwicklung **psychopathologischer Symptome** gezeigt werden (Blanz et al. 1993). Bei zusätzlichen psychosozialen und familiären Belastungen können Diabetiker mit erheblichen Anpassungsstörungen reagieren, die sich als nachlassende Therapiemotivation und mit Problemen der Blutzuckerregulation manifestieren.

Vor allem bei Mädchen mit Diabetes konnte eine Vulnerabilität für **Essstörungen** gezeigt werden, zumal bei einer optimalen Blutzuckereinstellung, beginnend mit der Pubertät, ein mindestens altersdurchschnittliches Körpergewicht assoziiert ist, das dem soziokulturell vermittelten Schlankheitsideal entgegensteht und somit eine intrapsychische Konfliktsituation bedingt (Schulze et al. 2008). Durch das Weglassen von Insulin können Diabetikerinnen mit einfachen Mitteln ihr Körpergewicht reduzieren. Als vermittelnder Faktor für die Entwicklung von sekundären psychischen Problemen wird das negative Körperbild von Diabetikern diskutiert.

> In psychiatrische oder psychotherapeutische Behandlung gelangen meist nur ausgewählte, chronisch therapieresistente Problemfälle mit ausgeprägter psychosozialer Belastung und psychiatrischer Komorbidität. Für eine effektive Unterstützung von jugendlichen Diabetikern ist jedoch ein eher **präventiver, integrierter psychologischer Behandlungsansatz** ratsam, der im Rahmen von Liaisondiensten bzw. durch Integration von psychosozialen Interventionen in den multiprofessionellen Behandlungsansatz frühzeitig auf Fehlentwicklungen reagiert. Methoden der systematischen Verhaltensmodifikation können in Schulungsprogramme für Diabetiker integriert werden und die schrittweise Übernahme von Eigenverantwortung und Selbstkontrolle der Patienten stärken (Delamater 2007). Die alleinige Wissensvermittlung ist für die effektive Krankheitsbewältigung meist nicht ausreichend, da sich bei der Umsetzung der erworbenen Kenntnisse eher psychosoziale Barrieren auftun, die nur durch Eingehen auf die Bedürfnisse und Problemlagen der Betroffenen überwunden werden können.

32.3.3 Krebserkrankungen

Die Diagnose Krebs ist für Betroffene und ihre Angehörigen häufig ein traumatisches Ereignis. Hiermit wird eine unmittelbare Lebensbedrohung assoziiert. Dank der Fortschritte der medizinischen Krebsbehandlung überleben heute etwa 70 % der betroffenen Jugendlichen mindestens fünf Jahre und gelten damit als geheilt. Allerdings ist die Behandlung, die sich je nach Krebsart und Behandlungsprotokoll aus Chemotherapie, chirurgischen Eingriffen und Strahlentherapie zusammensetzt, oft langwierig und mit erheblichen Belastungen wie z. B. Schmerzen, Übelkeit, Erbrechen oder Haarausfall verbunden. Neben einer unwägbaren Rückfallgefahr (»Damokles-Syndrom«) müssen erfolgreich behandelte Patienten mit unmittelbaren behandlungsbedingten Schäden (z. B. Amputationen) und mit langfristigen Spätfolgen ihrer Behandlung (z. B. neuropsychologische Funktionseinschränkungen nach Schädelbestrahlung) rechnen.

> Insofern hat Krebs inzwischen den Charakter einer zwar akut einsetzenden, lebensbedrohlichen Erkrankung bekommen, die in der Mehrzahl der Fälle dann jedoch einen chronischen Verlauf nimmt.

Wenn Jugendliche oder junge Erwachsene an Krebs erkranken, wird ihre Autonomieentwicklung jäh unterbrochen und sie werden in die abhängige Patientenrolle versetzt. Zudem ist meist eine Unterbrechung des Schulbesuchs, der Berufsausbildung oder der Berufstätigkeit erforderlich und die Beziehungen zu Gleichaltrigen werden durch Hospitalisierungen und Maßnahmen der Infektionsprophylaxe bei behandlungsbedingt eingeschränkter Immunkompetenz reduziert. Es besteht das Risiko einer weitgehenden sozialen Isolation. Die existenzielle Bedrohung durch ihre Erkrankung erleben die Betroffenen unmittelbar und sie müssen sich unter Umständen aufgrund von Krankheitsfolgen in ihrer Berufswahl und ihrer gesamten Lebensplanung neu orientieren.

Untersuchungen zur **psychopathologischen Belastung** von jugendlichen Krebspatienten zeigen widersprüchliche Ergebnisse: Teilweise werden die Betroffenen als psychopathologisch unauffällig beschrieben, teilweise ergeben sich Hinweise auf erhöhte **soziale Ängste**, ein **negatives Körperbild** und **posttraumatische Belastungssymptome** (z. B. Elkin et al. 1997; Flatten et al. 2003; Kazak et al. 1997; Pendley et al. 1997), die eine wesentliche Verarbeitungskomponente darstellen. Kognitive Umbewertungen im Sinne eines posttraumatischen Persönlichkeitswachstums oder Abwehrmechanismen wie Verleugnung und Bagatellisierung werden als mögliche Ursachen für die teilweise überraschend gute selbst berichtete psychosoziale Adaptation von Krebspatienten diskutiert. Die Theorie einer Krebspersönlichkeit, die mit einer erhöhten Vulnerabilität für Krebserkrankungen assoziiert wurde, gilt als widerlegt (Schwarz 1993).

> Die Art der Krebserkrankung spielt offenbar eine Rolle bei der Krankheitsbewältigung und beim Risiko für psychosoziale Spätfolgen.

Ist das ZNS beteiligt, wie z. B. bei Hirntumoren, oder kommt es zu verstümmelnden Operationen, wie z. B. Amputationen von Gliedmaßen oder Umkehrplastiken, so wird ein deutlich erhöhtes Risiko für psychosoziale Spätfolgen beschrieben. Als protektiv hinsichtlich der psychosozialen Adaptation hat sich in zahlreichen Studien eine gute soziale und familiäre Unterstützung von Krebspatienten herausgestellt.

Eltern und Geschwister sind durch die Krebserkrankung eines Jugendlichen in hohem Maße emotional belastet. Der Diagnoseschock führt zur emotionalen Erschütterung der Eltern, die fürchten, ihr Kind zu verlieren. Die ganze Aufmerksamkeit der Eltern richtet sich auf ihr erkranktes Kind, während gesunde Kinder aus dem Blickfeld zu geraten drohen. Die Begleitung und Pflege ihres erkrankten Kindes nimmt die Eltern stark in Anspruch, sodass unter Umständen die eigene Berufstätigkeit reduziert oder aufgegeben werden muss.

In der **psychoonkologischen Betreuung** lassen sich die Phasen der Diagnoseverarbeitung, der Akutbehandlung und der Rehabilitation abgrenzen.

Diagnoseverarbeitung

Durch die Diagnose werden massive Ängste ausgelöst, gleichzeitig wird oft unter dem Zeitdruck der dringend anstehenden

Therapieeinleitung eine Flut von Informationen an die Patienten und ihre Angehörigen herangetragen. Aufklärung, Behandlung und Prognose kommt bei der Bewältigung von Krebserkrankungen ein zentraler Stellenwert zu. Die Tendenz zur Tabuisierung der Krebserkrankung und der damit verbundenen Lebensbedrohung, z. B. aufseiten der Eltern, erschwert diese Aufgabe. Hintergrund sind meist die Ängste der Eltern vor dem Verlust ihres Kindes und ihre Sorge, dass eine offene Kommunikation über die Erkrankung und ihre Prognose zu einer emotionalen Überforderung führen könnte.

> Es hat sich bewährt, in der Phase nach der Diagnosestellung sowohl Gelegenheit zur emotionalen Entlastung zu schaffen, z. B. durch aktives Zuhören, als auch durch wiederholte und dosierte Aufklärungsgespräche die kognitive Verarbeitung des Geschehens und die Bereitschaft zur Therapie zu fördern. Bei einem sehr hohen Angst- und Erregungsniveau sind allerdings das Verständnis und die Verarbeitung von krankheits- und behandlungsbezogenen Informationen erschwert, so dass zunächst ein Abbau von Ängsten angestrebt werden sollte, bevor zu Einzelheiten der medizinischen Aufklärung übergegangen werden kann.

Die Mitwirkung von Jugendlichen bei ihrer Krebstherapie kann am besten durch Berücksichtigung ihrer Ansprüche an Mitbestimmung in der Therapieplanung erreicht werden. Voraussetzung hierfür ist eine umfassende Aufklärung und Information, die es den Betroffenen ermöglicht, rationale Entscheidungen über ihre Therapie zu treffen.

Die Reaktion von Eltern auf die Krebserkrankung ihres Kindes ist vor allem in den ersten Wochen und Monaten von erheblichen emotionalen Belastungen und Verlustängsten geprägt (Goldbeck 2006; Goldbeck et al. 1999a). In dieser Phase sind supportive psychosoziale Interventionen für Eltern angezeigt, wodurch die Unterstützungsfunktion der Familie für die erkrankten Jugendlichen verbessert werden kann. Selbsthilfegruppen übernehmen darüber hinaus eine wichtige Funktion als Anlaufstelle und als Quelle sozialer Unterstützung.

Akutbehandlung

Die gravierenden Belastungen der medizinischen Krebstherapie erfordern eine große Bereitschaft der betroffenen Patienten zur Toleranz von Nebenwirkungen (z. B. Übelkeit, Erbrechen und Haarverlust bei Chemotherapie) und zur Akzeptanz langwieriger Therapieschemata. Eine psychoonkologische Begleitung wird sich in dieser Phase auf die emotionale Entlastung und Stabilisierung konzentrieren. Gerade die äußerlich sichtbaren Krankheits- und Behandlungsfolgen wie z. B. den Haarverlust erleben Jugendliche als extrem belastend, die Frage der Offenbarung ihrer Erkrankung gegenüber Freunden und Gleichaltrigen spielt in dieser Phase eine große Rolle. In Krisensituationen wie z. B. bei Rezidiven oder unzureichender Remission ist die Aufrechterhaltung der Therapiemotivation durch unterstützende psychologische Begleitung erforderlich. Hierbei erweist es sich als besonders wichtig, den Betroffenen realistische Informationen über ihre Erkrankung und deren Heilungschancen mitgeteilt zu haben. Bei einem günstigen Behandlungsverlauf ist mitunter eine Bagatellisierung des Krankheitsgeschehens zu beobachten, auch hier bedarf es zur Aufrechterhaltung einer langfristigen Compliance einer umfassenden Psychoedukation und gegebenenfalls individuellen psychologischen Begleitung. Fehlt es aufgrund zusätzlicher sozio-familiärer Risikofaktoren an Unterstützung aus der Familie oder dem sozialen Umfeld der Jugendlichen, so ist eine Aktivierung von begleitenden psychosozialen Maßnahmen, z. B. auch im Rahmen von Eingliederungshilfen, sinnvoll, insbesondere da sich die stationären Behandlungsaufenthalte zugunsten ambulanter und teilstationärer Therapiemaßnahmen reduziert haben und die Unterstützung durch das Pflegepersonal und die psychosozialen Mitarbeiter von onkologischen Krankenstationen wegfällt.

Sofern die Krebserkrankung nicht unter Kontrolle gebracht werden kann, ist die Einbeziehung der betroffenen Jugendlichen und ihrer Angehörigen in die Entscheidung über Art, Umfang und Begrenzung von Therapiemaßnahmen wesentlich. Die Abwägung des Nutzens von weiteren mit absehbaren Risiken und Belastungen einhergehenden aggressiven oder invasiven, eventuell lebensverlängernden Therapieoptionen mit der bestmöglichen Lebensqualität der Betroffenen stellt die subjektive Situation der Betroffenen und ihre Wünsche in den Mittelpunkt. Die Palliativtherapie wird darauf abstellen, Schmerzen und vermeidbare behandlungsbedingte Belastungen zu reduzieren und die soziale und familiäre Integration in der Phase der Sterbebegleitung soweit wie möglich aufrechtzuerhalten.

Rehabilitation

Psychosoziale Nachsorgeangebote spielen in der Rehabilitation von krebskranken Jugendlichen und jungen Erwachsenen eine zentrale Rolle. Hierbei haben sich stationäre Programme mit erlebnispädagogischen Ansätzen in einer Gruppe von gleichaltrigen Mitbetroffenen bewährt. Nach der Phase der intensiven Belastung durch Krankheit und Therapie geht es nun um die Reaktivierung von Ressourcen, um die soziale und existenzielle Neuorientierung und um die Wiedereingliederung in Schule und Beruf(sausbildung). Sind körperliche Residualschäden vorhanden, so kommt der Wiederherstellung eines positiven Körper- und Selbstbildes (»Survivor-Identität«) und der Bewältigung eventueller funktioneller Einschränkungen eine herausgehobene Bedeutung zu. Survivor-Camps für Jugendliche nach Krebsbehandlung können dieser Zielsetzung dienlich sein (Kazak et al. 2004).

> Das Ziel der Rehabilitation ist das Anknüpfen an die unterbrochene psychosoziale Entwicklung und die Normalisierung des alltäglichen Lebens der Betroffenen mit größtmöglicher Teilhabe an altersentsprechenden Aktivitäten. Psychotherapie ist in dieser Phase bei komorbiden bzw. sekundären psychischen Störungen wie z. B. ausgeprägten posttraumatischen Belastungsstörungen, Angststörungen oder Depressionen angezeigt.

32.3.4 Zystische Fibrose

> Die zystische Fibrose (*cystic fibrosis* [CF]) ist die am häufigsten autosomal-rezessiv vererbte Stoffwechselerkrankung der weißen (kaukasischen) Bevölkerung.

Die Inzidenz liegt gleichbleibend bei 1 : 2 500 bis 1 : 4 000 Lebendgeburten. Jedes Jahr werden in Deutschland mehr als 300 Kinder mit zystischer Fibrose geboren; aktuell sind in der deutschen Bevölkerung ca. 6 000 Betroffene erfasst.

Infolge eines Gendefektes auf dem langen Arm des Chromosoms 7 (7q31.2) sind Bildung und Funktion des CFTR-Proteins *(cystic fibrosis transmembrane conductance regulator)* gestört. Dadurch kommt es zu einer Beeinträchtigung des Chloridionenaustauschs, die Membran wird teilweise fast undurchlässig für Chlorid. Konsekutiv kommt es dadurch auch zu einem verstärkten Einfließen von Natrium und Wassermolekülen in die Zellen, sodass das produzierte Drüsensekret zäh und klebrig ist. In der Folge treten pathologische Veränderungen in diversen Organen auf, vor allem im Respirations-, Gastrointestinal- und Urogenitaltrakt. Eine fortgeschrittene Lungenerkrankung führt zum verminderten Gasaustausch und dadurch zu einer Zyanose. Bereits Kleinkinder können Teile dieser pathogenetischen Sequenz aufweisen. Bei einem Großteil der Patienten kommt es jedoch erst im Schulalter oder in der Adoleszenz zu respiratorischen Problemen.

Die Fortschritte in der symptomatischen Behandlung, insbesondere eine aggressive Antibiotikatherapie zur Reduzierung der Keimbesiedelung in Lunge und Atemwegen, haben zu einem dramatischen Anstieg der Lebenserwartung von CF-Patienten geführt. Noch in den 1980er Jahren starben die meisten Betroffenen in der Kindheit oder im Jugendalter. Heute ist bereits die Hälfte aller Patienten älter als 17 Jahre und jedes Jahr weist die Registerauswertung eine leicht ansteigende Lebenserwartung aus. Viele Patienten können bis weit ins Erwachsenenalter ein weitgehend normales Leben führen, allerdings um den Preis einer sehr intensiven und zeitaufwendigen täglichen Therapie und bei einer allmählich abnehmenden Lungenfunktion.

Die **psychosozialen Belastungen** dieser komplexen Erkrankung sind vielfältig. Während nach der Diagnosestellung, die meist im Säuglings- oder Kleinkindalter erfolgt, zunächst die Familien durch die Diagnosestellung und die alltägliche Belastung in der Pflege erheblich beansprucht sind, geht die Belastung durch die zunehmende Eigenverantwortung für die Therapie im Jugendalter immer mehr auf die Patienten selbst über.

> Das Jugendalter ist gleichzeitig das Alter mit der niedrigsten Compliance, die vor allem bei zeitaufwendigen und eigenverantwortlichen Therapiemaßnahmen wie der täglichen Inhalationstherapie und Physiotherapie zur Sekretmobilisation nach übereinstimmenden Untersuchungsergebnissen mehrerer Studien auf weniger als 50 % des ärztlich verordneten Ausmaßes sinkt.

Jugendliche müssen sich mit der Unausweichlichkeit ihrer aktiven Therapie auseinandersetzen und gleichzeitig akzeptieren, dass trotz aller Bemühungen allenfalls eine Verlangsamung der progredienten Erkrankung erreicht werden kann. Die hieraus resultierenden Probleme in der Therapiemotivation sind erheblich, zumal die negativen Folgen eines Unterlassens der täglichen Therapiemaßnahmen eher verzögert einsetzen und nicht von allen Jugendlichen antizipiert werden können.

Untersuchungen zur **Lebensqualität** von Jugendlichen und jungen Erwachsenen mit zystischer Fibrose haben gezeigt, dass Betroffene gegenüber gesunden Gleichaltrigen in nahezu allen allgemeinen und gesundheitsbezogenen Lebensbereichen unzufriedener sind (Goldbeck et al. 1999b; Schmitz et al. 2006). Diese Befunde demonstrieren, wie eingreifend diese chronische Erkrankung in sämtliche Bereiche der körperlichen und psychosozialen Entwicklung ist. Zwar können dank der heutigen medizinischen Möglichkeiten die meisten Patienten im Erwachsenenalter ein erfülltes Leben realisieren, dennoch bleibt die alltägliche Auseinandersetzung mit wesentlichen Belastungen und Einschränkungen bestehen. In einem Teil der Fälle ist eine Berentung wegen Berufsunfähigkeit unvermeidlich. Viele Betroffene können sich langfristig gut an ihre Erkrankung und deren Folgen anpassen (Goldbeck et al. 2007b). Eine adaptive Krankheitsbewältigung zeichnet sich insbesondere durch die Suche nach sozialer Unterstützung und durch eine sinnstiftende Orientierung des eigenen Lebens aus. Ein Teil der Patienten ist jedoch z. B. aufgrund psychosozialer Belastungen wie mangelnder Unterstützung in der Familie oder im sozialen Umfeld benachteiligt, was sich in einer schlechteren Prognose und einer verkürzten Lebenserwartung niederschlägt.

Die Prävalenz komorbider **psychischer Störungen**, insbesondere von **Angststörungen** und **Depressionen,** ist bei Betroffenen und ihren Angehörigen nach ersten vorläufigen Studien deutlich erhöht (Pearson et al. 1991).

> Bislang werden diese psychischen Störungen in der klinischen Routine unterdiagnostiziert. Mehrfach konnte gezeigt werden, dass sich psychosoziale Belastungen und komorbide psychische Störungen ungünstig auf den Krankheitsverlauf auswirken (Patterson et al. 1993; Riekert et al. 2007).

In der psychosozialen Betreuung von jugendlichen und erwachsenen CF-Patienten kommt es auf die Unterstützung der Patienten und ihrer Angehörigen bei der Krankheitsbewältigung an. Psychische Belastungen und Störungen rechtzeitig zu erkennen und aufzufangen sowie Ressourcen für die soziale Unterstützung zu aktivieren, kann den Krankheitsverlauf günstig beeinflussen und die Lebensqualität der Betroffenen unterstützen. Viele Jugendliche wurden nie umfassend über ihre Erkrankung aufgeklärt und können von einer umfassenden **Patientenschulung** unabhängig von ihren Eltern profitieren. Es gilt die Beteiligung von Jugendlichen an ihrer Behandlungsplanung zu unterstützen, um ihre Therapiemotivation und Eigenverantwortung bei der Umsetzung häuslicher Therapiemaßnahmen zu fördern. Bewährt haben sich psychosomatische Liaisondienste, die im Rahmen des multiprofessionellen Behandlungsansatzes in CF-Ambulanzen integriert sind, da diese niedrigschwellig sind und eine Berücksichtigung psychosozialer Belange der Patienten in der medizinischen Routineversorgung erleichtern. Der Transfer der Patienten von der Pädiatrie in die Erwachsenenmedizin stellt eine Herausforderung auch für die psychosoziale Begleitung dar. In gesundheitlichen Krisensituationen und bei der Vorbereitung auf eine Herz-Lungen-Transplantation stellen sich weitere Aufgaben für die psychosoziale Begleitung.

> Erste Interventionsstudien zeigen die Wirksamkeit psychosozialer Interventionen für CF-Patienten (Glasscoe u. Quittner 2003). Solange CF keine heilbare Erkrankung ist, wird der Bedarf einer professionellen psychosozialen Unterstützung der Betroffenen bestehen bleiben.

32.4 Psychosoziale Interventionsansätze bei chronischen körperlichen Erkrankungen

Diagnoseübergreifende Prinzipien der psychologischen und psychiatrischen Mitbehandlung chronisch körperlich kranker Patienten sollen im Folgenden zusammengefasst werden.

Chronisch körperlich kranke Patienten werden meist in spezialisierten Abteilungen, Ambulanzen oder Kliniken in der somatischen Medizin behandelt. Die Integration psychosozialer Fachkräfte in die Behandlungsteams hat sich als vorteilhaft erwiesen, da hiermit rechtzeitig auf den psychosozialen Interventionsbedarf reagiert werden kann und die Berücksichtigung psychosozialer Aspekte im Rahmen der Behandlungsplanung durch Ärzte und andere Fachkräfte eher gelingt. Auch sinkt die Schwelle zur Inanspruchnahme psychosozialer Dienste durch die Patienten und ihre Angehörigen, wenn diese Teil des regulären Behandlungsangebotes sind. Allerdings fehlt es in vielen Spezialambulanzen und Kliniken an Liaisondiensten, sodass dann auf das Konsiliar-Prinzip zurückgegriffen werden muss, oder es sind Überweisungen in eine psychiatrische bzw. psychotherapeutische Mitbehandlung erforderlich.

Bei den Interventionsmethoden können psychosoziale Beratung, Verhaltensmedizin und Patientenschulung unterschieden werden (Noeker u. Petermann 2000). Darüber hinaus sind bei manifesten komorbiden psychischen Störungen spezifische psychiatrische und psychotherapeutische Interventionen indiziert.

Die **psychosoziale Beratung** umfasst sowohl sozialrechtliche Aspekte, wie z. B. die Vermittlung von Eingliederungshilfen und Unterstützungsleistungen, als auch psychologische Aspekte der Krankheitsbewältigung. Bei Jugendlichen ist die Einbeziehung der Familie unerlässlich, während bei Erwachsenen die Einbeziehung von Lebenspartnern und sozialem Umfeld angezeigt sein kann. Wegen der Vielfalt individueller Ausgangslagen und Krankheitsbewältigungsstrategien ist ein Eingehen auf die persönlichen und familiären Lebensumstände erforderlich. Die Wirksamkeit psychosozialer Fachkräfte in psychosomatischen Liaisondiensten kann sich auch in der Teamberatung entfalten, indem interaktionelle Probleme zwischen Behandlern und Patienten wie störende Gegenübertragungsphänomene oder Schwierigkeiten der Arzt-Patienten-Kommunikation reflektiert und aufgelöst werden. Trainingsprogramme zur Verbesserung der kommunikativen Fähigkeiten und der Patientenorientierung medizinischer Behandlungsteams werden zunehmend entwickelt und evaluiert.

Verhaltensmedizinische Ansätze nutzen lerntheoretische Prinzipien in der Behandlung chronisch kranker Patienten. Diese Interventionen setzen in der Regel auf der Verhaltensebene an und zielen auf eine Modifikation unangepassten Verhaltens und eine Förderung von Mitarbeit bei präventiven und Behandlungsmaßnahmen. Kognitive Faktoren wie die subjektiven Krankheitstheorien oder Kontrollüberzeugungen sollten bei der Verhaltensmodifikation berücksichtigt werden. Auch Entspannungstechniken haben in der Behandlung chronisch kranker Patienten einen berechtigten Stellenwert, können sie doch die Körperwahrnehmung fördern und die Stressbewältigung unterstützen. Wichtig bei der verhaltenstherapeutisch ausgerichteten Interventionsplanung ist auch die Minimierung des sekundären Krankheitsgewinns, der oft ungewollt die individuelle Krankheitsbewältigung hemmt.

Patientenschulungsprogramme sollten ebenfalls lerntheoretisch fundiert sein und nicht nur auf der Wissens-, sondern auch auf der konkreten Verhaltensebene einsetzen. Insofern hat sich die interdisziplinäre Durchführung von Patientenschulungen bewährt, wie sie z. B. in der Asthmaschulung (Petermann 1999) oder in Rehabilitationskliniken Praxis ist. Gruppenschulungsprogramme haben den Vorteil, den Patienten Kontakt zu gleichaltrigen Mitbetroffenen zu ermöglichen, damit dem Gefühl der Isolation entgegenzuwirken und einen Austausch von Krankheitserfahrungen und Bewältigungsstrategien untereinander zu ermöglichen.

Literatur

Baumeister H, Höfler M, Jacobi F, Wittchen HU, Bengel J, Härter M. Psychische Störungen bei Patienten mit muskuloskelettalen und kardiovaskulären Erkrankungen im Vergleich zur Allgemeinbevölkerung. Z Klin Psychol Psychother 2004; 33: 33–41.

Bengel J, Helmes A. Rehabilitation. In: Perrez M, Baumann U (Hrsg). Lehrbuch Klinische Psychologie – Psychotherapie. 3. Aufl. Bern: Huber 2005; 530–53.

Bengel J, Bart J, Härter M. Körperlich Kranke. In: Strauß B, Hohagen F, Caspar F (Hrsg). Lehrbuch Psychotherapie. Teilband 2. Göttingen: Hogrefe 2007; 837–60.

Blanz BJ, Rensch-Riemann BS, Fritz-Sidmund DI, Schmidt MH. IDDM is a risk factor for adolescent psychiatric disorders. Diabetes Care 1993; 16: 1579–87.

Bullinger M. Lebensqualität – Aktueller Stand und neuere Entwicklungen der internationalen Lebensqualitätsforschung. In: Ravens-Sieberer U, Cieza A (Hrsg). Lebensqualität und Gesundheitsökonomie in der Medizin. Konzepte – Methoden – Anwendung. Landsberg: ecomed 2000; 13–24.

Cluley S, Cochrane GM. Psychological disorder in asthma is associated with poor control and poor adherence to inhaled steroids. Respir Med 2001; 95: 37–9.

Delamater AM. Psychological care of children and adolescents with diabetes. Pediatr Diabetes 2007; 8: 340–8.

Deutsches Institut für Medizinische Dokumentation und Information (Hrsg). Internationale Klassifikation der Funktionsfähigkeit, Behinderung und Gesundheit. Genf, Neu-Isenburg: Medizinische Medieninformationgesellschaft mbH 2005.

Edgar KA, Skinner TC. Illness representations and coping as predictors of emotional well-being in adolescents with type 1 diabetes. J Pediatr Psychol 2003; 28: 485–94.

Elkin TD, Phipps S, Mulhern RK, Fairclough D. Psychological functioning of adolescent and young adult survivors of pediatric malignancy. Med Pediatr Oncol 1997; 29: 582–8.

Engel GL. The need for a new medical model: a challenge for biomedicine. Science 1977; 196: 129–36.

Flatten G, Jünger S, Gunkel S, Singh J, Petzold E. Traumatische und psychosoziale Belastungen bei Patienten mit akuter Tumorerkrankung. Psychother Psychosom Med Psychol 2003; 53: 191–201.

Forero R, Bauman A, Young L, Booth M, Nutbeam D. Asthma, health behaviors, social adjustment, and psychosomatic symptoms in adolescence. J Asthma 1996; 33: 157–64.

Glasscoe CA, Quittner AL. Psychological interventions for cystic fibrosis. Cochrane Database Syst Rev 2003; 3.

Goldbeck L. The impact of newly diagnosed chronic paediatric conditions on parental quality of life. Qual Life Res 2006; 15: 1121–31.

Goldbeck L, Melches J. The impact of the severity of disease and social disadvantage on quality of life in families with congenital cardiac disease. Cardiol Young 2006; 16: 67–75.

Goldbeck L, Braun J, Storck M, Tönnessen D, Weyhreter H, Debatin KM. Adaptation von Eltern an eine chronische Krankheit ihres Kindes nach der Diagnosestellung. Psychother Psychosom Med Psychol 1999a; 51: 62–7.

Goldbeck L, Schmitz TG, Buck C. Lebensqualität von Jugendlichen und Erwachsenen mit Mukoviszidose. Monatsschr Kinderheilk 1999b; 147: 823–9.

Goldbeck L, Koffmane K, Lecheler J, Thiessen K, Fegert JM. Disease severity, mental health, and quality of life of children and adolescents with asthma. Pediatr Pulmonol 2007a; 42: 15–22.

Goldbeck L, Zerrer S, Schmitz TG. Monitoring quality of life in adolescent and adult outpatients with CF: feasibility and first longitudinal results. J Cyst Fibros 2007b; 6: 171–8.

Grabe HJ, Alte D, Adam C, Sauer S, John U, Freyberger HJ. Seelische Belastung und Inanspruchnahme psychiatrischer und psychotherapeutischer Versorgung. Ergebnisse der Study of Health in Pommerania. Psychiatr Prax 2005; 32: 299–303.

Gustafsson D, Olofsson N, Andersson F, Lindberg B, Schollin J. Effect of asthma in childhood on psycho-social problems in the family. J Psychosom Res 2002; 53: 1071–5.

Hysing M, Elgen I, Gillberg C, Lie SA, Lundervold AJ. Chronic physical illness and mental health in children. Results from a large-scale population study. J Child Psychol Psychiatry 2007; 48: 785–92.

Kazak AE, Barakat LP, Meeske K, Christakis D, Meadows A, Casey R, Penati B, Stuber ML. Posttraumatic stress, family functioning, and social support in survivors of childhood leukemia and their mothers and fathers. J Consult Clin Psychol 1997; 65: 120–9.

Kazak AE, Alderfer MA, Streisand R, Simms S, Rourke MT, Barakat LP, Gallagher P, Cnaan A. Treatment of posttraumatic stress symptoms in adolescent survivors of childhood cancer and their families: a randomized clinical trial. J Fam Psychol 2004; 18: 493–504.

Lazarus RS, Folkman S. Stress, appraisal, and coping. New York: Springer 1984.

Lohaus A. Kontrollüberzeugungen zu Gesundheit und Krankheit. Z Klin Psychol 1992; 21: 76–87.

Lucht M, Schaub RT, Meyer C, Hapke U, Rumpf HJ, Bartels T, von Houwald J, Barnow S, Freyberger HJ, Dilling H, John U. Gender differences in unipolar depression: a general population survey af adults between age 18 to 64 of German nationality. J Affect Disord 2003; 77: 203–11.

Maziak W, Behrens T, Brasky TM, Duhme H, Rzehak P, Weiland SK, Keil U. Are asthma and allergies in children and adolescents increasing? Results from ISAAC phase I and phase III surveys in Münster, Germany. Allergy 2003; 58: 572–9.

Newacheck PW, Halfon N. Prevalence and impact of disabling chronic conditions in childhood. Am J Public Health 1998; 88: 610–7.

Newacheck PW, Taylor WR. Childhood chronic illness: prevalence, severity, and impact. Am J Public Health 1992; 82: 364–71.

Noeker M, Petermann F. Interventionsverfahren bei chronisch kranken Kindern und deren Familien. In: Petermann F (Hrsg). Lehrbuch der Klinischen Kinderpsychologie und -psychotherapie. 4. Aufl. Göttingen: Hogrefe 2000; 513–40.

Patterson JM, Budd J, Goetz D, Warwick WJ. Family correlates of a 10-year pulmonary health trend in cystic fibrosis. Pediatrics 1993; 91: 383–9.

Pearson DA, Pumariega AJ, Seilheimer DK. The development of psychiatric symptomatology in patients with cystic fibrosis. J Am Acad Child Adolesc Psychiatry 1991; 30: 290–7.

Pendley JS, Dahlquist LM, Dreyer Z. Body image and psychosocial adjustment in adolescent cancer survivors. J Pediatr Psychol 1997; 22: 29–43.

Petermann F. Asthma bronchiale. Göttingen: Hogrefe 1999.

Riekert KA, Bartlett SJ, Boyle MP, Krishnan JA, Rand CS. The association between depression, lung function, and health-related quality of life among adults with cystic fibrosis. Chest 2007; 132: 231–7.

Rotter JB, Chance JE, Phares EJ. Applications of social learning theory of personality. New York: Holt, Rinehart & Winston 1972.

Schmitz TG, Henrich G, Goldbeck L. Alters- und geschlechtsbezogene Betrachtung der Lebensqualität bei Mukoviszidose [Quality of life with cystic fibrosis – aspects of age and gender]. Klin Pädiatr 2006; 218: 7–12.

Schulze UE, Holl R, Goldbeck L. Psychiatrische Komorbidität bei Jugendlichen mit Diabetes mellitus. Monatsschr Kinderheilkd 2008; 156: 887–92.

Schwarz R. [Psychosocial factors in carcinogenesis: on the problem of the so-called cancer-prone personality]. Psychother Psychosom Med Psychol 1993; 43: 1–9.

Seiffge-Krenke I, Boeger A, Hürter A, Moormann D, Nilles D, Suckow A. Die Bewältigung chronischer Krankheiten im Jugendalter: Individuelle und familiäre Bewältigungsformen. In: Schüßler G, Leibing E (Hrsg). Coping. Verlaufs- und Therapiestudien chronischer Krankheit. Göttingen: Hogrefe 1994; 75–82.

Stein RE, Silver EJ. Operationalizing a conceptually based noncategorial definition. Arch Pediatr Adolesc Med 1999; 153: 68–74.

Sturdy PM, Victor CR, Anderson HR, Bland JM, Butland BK, Harrison BD, Peckitt C, Taylor JC; Mortality and Severe Morbidity Working Group of the National Asthma Task Force. Psychological, social and health behaviour risk factors for deaths certified as asthma: a national case-control study. Thorax 2002; 57: 1034–9.

The World Health Organization Quality of Life Assessment (WHOQOL): position paper from the World Health Organization. Soc Sci Med 1995; 41: 1403–9.

Vila G, Hayder R, Bertrand C, Falissard B, De Blic J, Mouren-Simeoni MC, Scheinmann P. Psychopathology and quality of life for adolescents with asthma and their parents. Psychosomatics 2003; 44: 319–28.

Warschburger P. Chronisch kranke Kinder und Jugendliche. Psychosoziale Belastungen und Bewältigungsanforderungen. Göttingen: Hogrefe 2000.

World Health Organization. Preamble to the constitution of the World Health Organization as adopted by the International Health Conference, New Xork, 19–22 June, 1942; signed on 22 July 1946 by the representatives of 61 states and entered into force on 7 April 1948. (Official Records of the World Health Organization, no. 2, p. 100). New York: WHO 1948.

33 Störungen der Persönlichkeitsentwicklung und Persönlichkeitsstörungen

Klaus Schmeck, Annette Streeck-Fischer und Sabine C. Herpertz

Inhalt

33.1 Einleitung 386
33.2 Definition und Klassifikation 387
33.3 Epidemiologie und Prävalenz 387
33.4 Ätiologie und Pathogenese 388
33.5 Diagnostik und Differenzialdiagnosen 393
33.6 Therapie 394
33.7 Verlauf und Prognose 395
33.8 Fazit 396
Literatur 397

Zusammenfassung

Störungen der Persönlichkeitsentwicklung beginnen in Kindheit und Jugend und können ohne korrigierende Einwirkung von außen zu einer manifesten und zeitlich überdauernden Persönlichkeitsstörung führen. Ob diese Diagnose auch schon im Jugendalter gestellt werden kann, ist Gegenstand vielfältiger Diskussionen. Die gegenwärtig bekannten ätiologischen Grundlagen der Entwicklung von Persönlichkeitsstörungen reichen von neurobiologischer Vulnerabilität oder dem Einfluss von abnormen psychosozialen Lebensbedingungen bis hin zu psychodynamischen Annahmen der Verinnerlichung von tiefgreifend gestörten pathologischen Objektbeziehungen.

Inzwischen konnten eine Reihe von manualisierten psychotherapeutischen Verfahren zur Behandlung von Persönlichkeitsstörungen entwickelt werden, deren spezifische Wirksamkeit wiederholt nachgewiesen wurde, sodass ein immer noch weit verbreiteter therapeutischer Pessimismus fehl am Platz ist. Für die Behandlung von Persönlichkeitsstörungen im Jugendalter stehen solche Wirksamkeitsnachweise allerdings noch weitgehend aus (Schmeck u. Schlüter-Müller 2008). Bei adäquater Behandlung ist die Prognose von Persönlichkeitsstörungen bei Weitem nicht so schlecht, wie lange Zeit angenommen wurde.

33.1 Einleitung

Während bei der Klassifikation psychischer Störungen im Erwachsenenalter Persönlichkeitsstörungen schon seit langem ein fester Bestandteil der Diagnoseschemata sind, wird diese Diagnose bislang im Jugendalter nur sehr zurückhaltend oder von manchen Klinikern auch gar nicht gestellt. Dies hat einerseits mit den Empfehlungen der Klassifikationssysteme DSM-IV und ICD-10 zu tun: Nach den Richtlinien der ICD-10 darf die Diagnose einer Persönlichkeitsstörung vor dem 16. Lebensjahr nur dann gestellt werden, wenn die geforderte Mindestzahl an Kriterien erfüllt ist, wenn sich die Verhaltensstörungen als andauernd, durchgehend und situationsübergreifend dargestellt haben und nicht auf andere psychiatrische Störungen zurückzuführen sind. Andererseits werden Befürchtungen geäußert, Jugendliche könnten stigmatisiert und in ihrer Entwicklung behindert werden, wenn bei ihnen eine Persönlichkeitsstörung diagnostiziert wird, die von vielen Betroffenen (trotz gegenteiliger Forschungsergebnisse) mit einem lebenslangen und wenig veränderbaren Schicksal verbunden werden. Eine andere Argumentation zur Ablehnung der Diagnose »Persönlichkeitsstörung« im Jugendalter zielt darauf ab, dass die Persönlichkeit von Jugendlichen noch zur sehr im Wandel begriffen sei, um von starren und unflexiblen Verhaltensmustern sprechen zu können.

Übersehen wird dabei, dass es sich bei der Entwicklung der Persönlichkeit um einen lebenslangen Prozess handelt, der nicht im 18. Lebensjahr abgeschlossen ist. Auch im Erwachsenenalter sind Veränderungen sowohl der ungestörten als auch der gestörten Persönlichkeit häufig, wie es sich z. B. in aktuellen Studien zur Stabilität von Persönlichkeitsstörungen zeigt, unter anderem in der Collaborative Longitudinal Personality Study (CLPS) (Skodol et al. 2005), der McLean Study of Adult Development (MSAV) (Zanarini et al. 2006) oder der Longitudinal Study of Personality Disorders (LSPD) (Lenzenweger 2006). Auch im Jugendalter gibt es inzwischen eine Reihe von Studien, die auf eine zum Erwachsenenalter vergleichbare Stabilität der Diagnose hinweisen, z. B. die Children in the Community Study (Bernstein et al. 1993; Cohen et al. 2005; Johnson et al. 2000a, b), die Yale-Psychiatric-Institut Adolecent Follow-Up Study (Grilo et al. 2001), australische Arbeitsgruppe um Chanen et al. (2004). Aussagen zu Prävalenz oder Stabilität einer Persönlichkeitsstörungs-Diagnose im Jugendalter sind zurzeit allerdings noch mit Vorsicht zu betrachten, da die Diagnoseinstrumente aus dem Erwachsenenbereich übernommen sind und bisher noch nicht ausreichend für das Jugendalter adaptiert wurden (Bradley et al. 2005).

33.2 Definition und Klassifikation

Als zentraler Kern von Persönlichkeitsstörungen werden tief verwurzelte stabile Verhaltensmuster gesehen, die zu starren Reaktionen auf unterschiedliche persönliche und soziale Lebensbedingungen führen und mit Auffälligkeiten im Wahrnehmen, Denken, Fühlen (also in allen Bereichen der Persönlichkeit) und in der Beziehungsgestaltung verbunden sind (Tress et al. 2002). Sie führen zu subjektivem Leiden des Betroffenen und/oder seiner Umwelt und dürfen durch keine andere psychische oder hirnorganische Störung bedingt sein. Gefordert wird ein Beginn der Störung in Kindheit oder Adoleszenz und eine Persistenz bis ins Erwachsenenalter.

Diagnostische Leitlinien für Persönlichkeitsstörungen nach ICD-10 (WHO 1993) sind:
- Es besteht eine deutliche Unausgeglichenheit in den Einstellungen und im Verhalten in mehreren Funktionsbereichen wie Affektivität, Antrieb, Impulskontrolle, Wahrnehmung und Denken sowie in den Beziehungen zu anderen.
- Das auffällige Verhaltensmuster ist andauernd und gleichförmig und nicht auf Episoden psychischer Krankheiten begrenzt.
- Das auffällige Verhaltensmuster ist tiefgreifend und in vielen persönlichen und sozialen Situationen eindeutig unpassend.
- Die Störungen beginnen immer in der Kindheit oder Jugend und manifestieren sich auf Dauer im Erwachsenenalter.
- Die Störung führt zu deutlichem subjektivem Leiden, manchmal jedoch erst im späteren Verlauf.
- Die Störung ist meistens mit deutlichen Einschränkungen der beruflichen und sozialen Leistungsfähigkeit verbunden.

Folgende **Ausschlusskriterien** wurden festgelegt:
- Die Störung kann nicht durch das Vorliegen einer anderen psychischen Störung erklärt werden, weitere Störungen können allerdings parallel zur Persönlichkeitsstörung vorhanden sein.
- Eine organische Erkrankung, Verletzung oder Funktionsstörung des Gehirns muss als mögliche Ursache für die Abweichung ausgeschlossen werden. Falls eine solche Ursache nachweisbar ist, ist eine Verhaltens- oder Persönlichkeitsstörung aufgrund einer Krankheit, Schädigung oder Funktionsstörung des Gehirnes zu codieren.

33.3 Epidemiologie und Prävalenz

Im Erwachsenenalter zählen Persönlichkeitsstörungen zu den häufigsten psychischen Störungen überhaupt (Tab. 33-1). In der Allgemeinbevölkerung wird von einer Prävalenz von 5 bis 10 % ausgegangen, in klinischen Populationen sogar von bis zu 50 % (Tress et al. 2002), wobei sich solche Angaben in der Regel nicht im Rahmen der Routinediagnostik ergeben, sondern nur bei gezieltem Einsatz klinischer Interviews, mit deren Hilfe ein systematisches Screening durchgeführt wird.

Zur Prävalenz von Persönlichkeitsstörungen im Kindes- und Jugendalter gibt es bisher keine verlässlichen Zahlen, da in epidemiologischen Untersuchungen zu psychischen Störungen im Kindes- und Jugendalter Persönlichkeitsstörungen in der Regel nicht erfasst werden. In einer Längsschnittuntersuchung von 733 per Zufall ausgewählten Jugendlichen aus einer Bevölkerungsstichprobe (Bernstein et al. 1993) wurde im Altersbereich von elf bis 21 Jahren (mittleres Alter 16,4 Jahre) eine Prävalenz von ausgeprägten Persönlichkeitsstörungen von 17,2 % beschrieben (DSM-III-R-Kriterien), was eine höhere Rate im Vergleich zum Erwachsenenalter bedeuten würde. Aus methodischer Sicht muss jedoch sehr kritisch hinterfragt werden, ob die aus dem Erwachsenenbereich übernommenen Diagnosekriterien für diese Altersgruppe tatsächlich angemessen waren. Für die Gruppe älterer Jugendlicher und junger Erwachsener (16–34 Jahre) ermittelten Coid et al. (2006) eine ungewichtete Prävalenz von 11 % für das Vorliegen einer Persönlichkeitsstörung.

Tab. 33-1 Prävalenz von Persönlichkeitsstörungen im Erwachsenenalter (Herpertz u. Saß 2002; Moran 1999; Tress et al. 2002)

Persönlichkeitsstörung (PS)	Prävalenz in der Bevölkerung (%)	Prävalenz in klinischen Stichproben (%)
paranoide PS	0,4–2,4	11–22
schizoide PS	0,5–0,9	1,8
dissoziale (antisoziale) PS	1,5–3,7	1,6–18,2
emotional-instabile (Borderline-) PS	1,3–1,8	14–20
histrionische PS	2,1–3	4,3
anankastische (zwanghafte) PS	1,7–6,4	3,6–9
ängstlich-vermeidende (selbstunsichere) PS	0,4–1,3	11–15,2
abhängige PS	1,6–6,7	4,6–20

Auf jugendpsychiatrischen Stationen findet man bei konsequenter Anwendung der Diagnosekriterien eine ähnlich hohe Prävalenz wie in klinischen Populationen im Erwachsenenalter. In einem retrospektiven Chart-Review fanden Libal et al. (2004) eine Häufigkeit von 32 % an Persönlichkeitsstörungen in einer klinischen Stichprobe von stationär behandelten 15- bis 18-jährigen Jugendlichen der Ulmer Klinik für Kinder- und Jugendpsychiatrie (19 % erfüllten die Kriterien einer Borderline-Persönlichkeitsstörung). Bei einer prospektiven Untersuchung aller im Verlaufe eines Jahres neu aufgenommenen Jugendlichen (14–18 Jahre) mit dem SKID-II-Interview ergab sich eine Prävalenz von 25 % für irgendeine Form einer Persönlichkeitsstörung (Dietz u. Schmeck, in Vorb.). Brunner et al. (2001) berichten, dass 25–30 % der stationär psychiatrisch behandelten Jugendlichen die Diagnosekriterien für eine Borderline-Persönlichkeitsstörung erfüllen.

33.4 Ätiologie und Pathogenese

Persönlichkeitsstörungen manifestieren sich vor allem als interpersonelle Störungen, da sich ihr Störungscharakter in der Regel vor allem in Auffälligkeiten der Interaktion mit anderen Menschen zeigt. Es wäre jedoch verfehlt, von dieser Tatsache ausgehend zu glauben, dass sich Persönlichkeitsstörungen ausschließlich als Beziehungsstörungen verstehen lassen und die Person selbst nicht auch Träger einer Störung ist. Aktuelle ätiologische Konzepte tragen dem Rechnung, indem sie aus dem Wechselspiel von biologischen Prädispositionen und psychosozialen Belastungen (Diathese-Stress-Modelle) die Entwicklung einer Vulnerabilität zur Entwicklung einer Störung ableiten (Resch 2002). Solche Vulnerabilitäten finden sich bei Persönlichkeitsstörungen vor allem im Bereich der Selbstregulation.

33.4.1 Neurobiologische Vulnerabilität

Die Bedeutung genetischer Faktoren bei der Entstehung von Persönlichkeitsstörungen ist nur in Ansätzen bekannt. So liegt lediglich eine Zwillingsstudie vor, welche Konkordanzraten von 92 monozygoten und 129 dizygoten Zwillingen vergleicht (Torgersen et al. 2000). Sie zeigte eine hohe Erblichkeit von 0,60 für die Gesamtheit der Persönlichkeitsstörungen mit höchster Heritabilität bei der zwanghaften (0,78) und narzisstischen (0,79) Persönlichkeitsstörung und niedrigster Heritabilität bei der paranoiden, selbstunsicher-vermeidenden (jeweils 0,28) und schizoiden (0,29) Persönlichkeitsstörung. Die Verlässlichkeit der Ergebnisse ist aufgrund der fehlenden Berücksichtigung von komorbiden Störungen begrenzt. Weiterhin ist aus Familien- und Zwillingsstudien bekannt, dass sowohl übergeordnete Persönlichkeitsfaktoren, wie z. B. Extraversion bzw. Introversion sowie Neurotizismus oder Schadensvermeidung (Cloninger et al. 1994; Costa u. McCrae 1990), aber auch klinisch relevante Persönlichkeitseigenschaften, wie affektive Labilität und soziale Vermeidung (Jang et al. 2002), erblich determiniert sind.

Hinsichtlich spezifischer Persönlichkeitsstörungen ist vor allem die **Borderline-Persönlichkeitsstörung** Gegenstand einer wachsenden Zahl von Untersuchungen geworden. Als zentrale neurobiologische Grundlage wird bei dieser Störung heute eine Dysfunktion in kortiko-limbischen Regelkreisen angenommen, die in hohem Maße in die Affektregulation involviert sind. Entsprechend fand sich in mehreren PET-Untersuchungen empirische Evidenz für funktionelle Veränderungen im präfrontalen Kortex mit Betonung ventromedialer und orbitofrontaler Areale (de la Fuente et al. 1997; Goyer et al. 1994; Soloff et al. 2000). Weiterhin konnte in fMRT-Studien, die emotionale Paradigmen verwandten, eine erhöhte Aktivierung im Bereich der Amygdala beim Betrachten negativer Bildmotive, aber auch neutraler Gesichter im Vergleich zu Gesunden gefunden werden (Donegan et al. 2003; Herpertz et al. 2001). Kürzlich wurde ein erster Bildgebungsbefund publiziert, der auf eine Diskonnektion zwischen präfrontalen, vor allem orbitofrontalen, und amygdalaren Strukturen verweist (New et al. 2007). Schließlich kann aus neueren Befunden auf neurofunktionelle Normabweichungen im Bereich von zerebralen Netzwerken geschlossen werden, die in die Schmerzwahrnehmung und -verarbeitung involviert sind. So berichteten Schmahl et al. (2006), dass die für Borderline-Patienten typische reduzierte Schmerzwahrnehmung mit einer Minderaktivierung im Bereich des perigenualen anterioren Cingulums sowie der Amygdala im Vergleich zur gesunden Kontrollgruppe einhergeht.

Weitere Untersuchungen mittels Bildgebung wurden bei der **schizotypischen Persönlichkeitsstörung** durchgeführt. Ähnlichkeiten in den Befunden zu Patienten mit schizophrenen Erkrankungen, nämlich eine Verkleinerung temporaler Strukturen, insbesondere des superioren temporalen Gyrus (Wright et al. 2000), bestätigen die Annahme, dass es sich bei der schizotypischen Persönlichkeitsstörung um eine schizophrene Spektrumstörung handelt. Allerdings konnten für schizophrene Patienten typische und hier mit der Negativsymptomatik assoziierte frontale atrophische Befunde bei Patienten mit schizotypischer Persönlichkeitsstörung nicht bestätigt werden (Siever u. Davis 2004). Weitere Studien zu neurobiologischen Grundlagen einer spezifischen Persönlichkeitsstörung wurden bei Probanden mit antisozialem Verhalten durchgeführt (s. Kap. 40).

33.4.2 Abnorme psychosoziale Lebensumstände

Die Entwicklung von Persönlichkeitsstörungen ist nach klinischer Erfahrung wie auch nach den Ergebnissen empirischer

Studien assoziiert mit schwerwiegenden psychosozialen Belastungen wie chronischen negativen Beziehungserfahrungen oder gravierenden und wiederholt auftretenden traumatischen Erfahrungen (Tress et al. 2002).

Körperliche Misshandlungen und sexueller Missbrauch sind überdurchschnittlich häufig bei Patienten mit Persönlichkeitsstörungen zu finden. Junge Erwachsene, die in ihrer Kindheit missbraucht oder vernachlässigt wurden, wiesen in der Longitudinalstudie von Johnson et al. (1999) viermal häufiger die Diagnose Persönlichkeitsstörung auf als diejenigen, bei denen keine solchen Belastungen stattgefunden hatten. Auch dysfunktionale Familienstrukturen finden sich gehäuft in Familien von Jugendlichen oder jungen Erwachsenen mit schweren Persönlichkeitsstörungen. Solche Familien sind oft gekennzeichnet durch eine massive Psychopathologie der Eltern (wie z. B. ausgeprägte psychopathische Persönlichkeitsmerkmale der Eltern bei der Entwicklung von antisozialen Persönlichkeitsstörungen ihrer Kinder), einen weitgehenden Zusammenbruch familiärer Strukturen sowie pathologische Erziehungspraktiken wie Vernachlässigung (vor allem bei Cluster-B-Störungen) oder Überbehütung (vor allem bei Cluster-C-Störungen). So zeigte sich z. B. in einer Untersuchung von James et al. (1996), dass jugendliche Patienten mit Borderline-Persönlichkeitsstörungen weitaus häufiger als vergleichbare Patienten mit anderen psychischen Störungen aus Elternhäusern kamen, die durch eine aggressiv-feindselige Atmosphäre gekennzeichnet war.

Paris (2001) weist darauf hin, dass auch gesellschaftlich bedingte Stressoren wie der Zusammenbruch von sozialen Strukturen in westlichen Gesellschaften (der z. B. einhergeht mit einem Verlust stabiler Bindungen) von Bedeutung sein können und eine Erklärung dafür liefern könnte, dass sich die Häufigkeit von Persönlichkeitsstörungen in verschiedenen Kulturen zum Teil deutlich unterscheidet.

Unter dem Blickwinkel einer interaktionellen Perspektive muss allerdings ebenfalls beachtet werden, dass Kinder und Jugendliche durch ihr eigenes Verhalten selbst Umwelterfahrungen hervorrufen und dass Jugendliche ihre Umwelten zunehmend selbstständiger aktiv auswählen. Sie sind also nicht nur passiv der Umwelt ausgesetzt, sondern nehmen einen aktiven Part in diesem Interaktionsprozess ein. Die Verbindung zwischen grundlegenden Persönlichkeitsmerkmalen (wie Temperamentseigenschaften) und Psychopathologie besteht unter anderem in diesem selektiven Aufsuchen von spezifischen Umwelten, was durch die jeweilige Temperamentskonstellation mitbestimmt wird (Rutter 1989). Kinder und Jugendliche mit ausgeprägtem Neugier- und Reizsucheverhalten beispielsweise werden von gefährlichen Situationen geradezu angezogen und haben daher ein deutlich erhöhtes Risiko, Unfälle oder traumatisierende Erlebnisse zu erleiden, was wiederum Auswirkungen auf ihre Persönlichkeitsentwicklung und die Ausbildung von psychischen Symptomen hat (Schmeck 2001).

33.4.3 Psychodynamische Grundannahmen

> Merkmal der Cluster-A-, -B- und -C-Störungen ist die Verinnerlichung früher tiefgreifend gestörter pathologischer Objektbeziehungen (DSM-IV) (s. auch Kap. 33.5).

Während die Cluster-B-Störungen im Mittelpunkt psychodynamischen Interesses stehen, finden die **Cluster-C-Störungen** kaum Beachtung, was unter anderem damit zusammenhängt, dass es schwierig ist, aus psychodynamischer Sicht zwischen den neurotischen Störungen und Persönlichkeitsstörungen vom anankastischen, ängstlichen und abhängigen Typ zu trennen. Letztere lassen sich aus psychodynamischer Sicht am ehesten unter dem Begriff der *Charakterstörung* fassen, um den es jedoch still geworden ist. Als ein Merkmal der Charakterneurose gilt, dass diese Personen erkennbar ihre Umwelt in ihre Konfliktlösungen einbeziehen. Da diese Störungen in der Adoleszenz kaum Bedeutung haben bzw. praktisch nicht diagnostiziert werden, soll hier nicht weiter darauf eingegangen werden.

Auch die paranoide und die schizoide Störung (Cluster A) finden wegen ihrer Nähe zu den psychotischen und psychosenahen Störungen auf der einen Seite und den narzisstischen Störungen auf der anderen Seite nur begrenzt Beachtung.

> Kennzeichen der **Cluster-A-Störungen** ist die mangelnde Verinnerlichung von Objektbeziehungen (DSM-IV).

Ihre Objektbeziehungsmuster erscheinen flüchtig und wenig affektiv besetzt. Ihre Wahrnehmung ist eher kritisch-distanziert bis paranoid getönt. Ihr Grundgefühl ist von einem existenziellen Anderssein gekennzeichnet. Sie stabilisieren sich mithilfe eines pathologischen Größenselbst und der Entwertung von bedeutsamen Personen in ihrem Umfeld. Der Gewinn an narzisstischer Sicherheit ist beim Paranoiden mit der Gefahr des Verlustes an Realitätskontrolle und der Entwicklung wahnhafter Ideen verbunden, während der Schizoide im Spannungsfeld zwischen bedrohtem Autonomiebestreben und flüchtigen Abhängigkeitsbedürfnissen in Belastungen jegliche Bindungen an andere kappt und auf Größenphantasien zurückgreift. Auch hier ist die Grenze zwischen Realität und Phantasie nicht immer sicher (s. auch Kap. 23).

> Unter den **Cluster-B-Störungen** sind dissoziale, emotional-instabile, narzisstische und histrionische Persönlichkeitsstörungen zusammengefasst (DSM-IV).

Es handelt sich dabei aus psychodynamischer Perspektive um strukturelle Störungen, Borderline-Entwicklungsstörungen, narzisstische Störungen und dissoziale bzw. antisoziale Entwicklungsstörungen.

Anna Freud beschrieb bereits in den 1950er Jahren diese Störungen als neurotische Entwicklungsstörungen: Sie postulierte, dass diese Kinder und Jugendlichen tiefer regredieren und massivere Entwicklungsstillstände zeigen. Kinder und Jugendliche neigen dazu, die Libido von der Objektwelt zurückzuziehen und sie auf den Körper oder das Selbst zu wenden. Sie können sich von ihren Bezugspersonen nicht trösten lassen. Sie zeigen instabile Ich-Grenzen. Die Realitätsprüfung und die synthetische Funktion des Ichs versagen. Man findet ein Vorherrschen primitiver Abwehr, primär prozesshaftes und konkretistisches Denken sowie instabile Grenzen zwischen Ich und Es (Freud 1952).

Chethik (1986, 1989) verweist auf vier Aspekte, die bei Störungen der Borderline-Gruppe charakteristisch sind:
- Defizite im Bereich der Instinkte mit einem Vorherrschen prägenitaler Aggression
- Ich-Defizite
- Defizite im Bereich der Objektbeziehungen
- Entwicklungsdefizite infolge von Fixierungen auf frühere Entwicklungsstufen

Das Verständnis der Cluster-B-Persönlichkeitsstörungen wird sehr wesentlich von Kernbergs Arbeiten bestimmt. In den letzten Jahren sind weitere bemerkenswerte Konzepte entwickelt worden, von denen hier die Erklärungsansätze von Fonagy et al (2004) genauer dargestellt werden sollen. Sie sind insofern bedeutsam, als sie mit Ergebnissen der empirischen experimentellen Forschung vereinbar sind und auch zu einem störungsspezifischen Behandlungsmodell geführt haben. Auf die Schematherapie (Young et al. 2005), die kognitiv-behaviorale Modelle, Bindungsaspekte, psychodynamische und emotionsfokussierte Ansätze miteinander verbindet, wird ebenfalls kurz eingegangen (weitere Konzepte zu Theorie und Therapie s. Kap 34).

Annahmen von Kernberg (1978) und Kernberg et al. (2000) beschreiben die **Borderline-Persönlichkeitsorganisation** mit einer Fixierung an spezifische Selbst-Objektkonfigurationen. Zur Borderline-Persönlichkeitsorganisation gehören
- die Borderline-Störung (emotional-instabil, z. T. auch histrionisch) im engeren Sinn,
- die narzisstische Störung und
- die antisoziale Störung.

Bei der **Borderline-Störung** liegen pathologische Teilobjektbeziehungen vor. Jugendliche und Erwachsene neigen zu ganz und gar guten und ganz und gar bösen Teilobjektbeziehungen, die um primitive Abwehrmechanismen wie die der Spaltung, der Projektion, der projektiven Identifikation herum organisiert sind (Kernberg 1978; Kernberg et al. 2000; vgl. auch Klein 2000). Folge ist, dass die andere Person extrem idealisiert oder abrupt und nicht nachvollziehbar als extrem feindselig oder böse wahrgenommen wird. Entsprechende Reaktionen treten auch gegen sich selbst gerichtet auf, sodass es zu einem Pendeln zwischen Selbstüberschätzung und extremem Selbsthass

kommen kann. Kernberg (1999) führt die Borderline-Störung auf das Erleben von schwerer chronischer Aggression in der frühen Entwicklung zurück. Dieses Erleben resultiert zum einen aus angeborenen Dispositionen zur Entstehung der Wut als Grundaffekt, zum anderen aus Folgen früher schmerzhafter Erlebnisse, die – so hat er in Verbindung mit Erkenntnissen aus der Traumaforschung eingeräumt – auch chronische traumatische Belastungen einschließen. Die Erfahrung schwerer chronischer aggressiver Affekte und aggressiver primitiver Objektbeziehungen verhindere die normale Integration von idealisierten und verfolgenden internalisierten Objekten. Die Welt der Objektbeziehungen verbleibt in ganz und gar gute und ganz und gar böse Partialobjekte aufgespalten. Dies erfolgt mithilfe des die Borderline-Störung bestimmenden Abwehrmechanismus der Spaltung, der eine aktive Lösung und Schutzmaßnahme zum Umgang mit sich selbst und anderen darstellt, der aber zugleich für die vielfältigen sozialen Auffälligkeiten ursächlich eine Rolle spielt.

Hauptmerkmal der **narzisstischen Persönlichkeitsentwicklungsstörung** ist ein tiefgreifendes Muster von Großartigkeit in Phantasie und Verhalten, ein ständiges Bedürfnis nach Bewunderung und ein Mangel an Einfühlungsvermögen. Infolge des grandiosen Selbstkonzepts einer pathologischen Verschmelzung von Ideal-Selbst, Idealobjekt und Realselbst, das ein als minderwertig erlebtes und daher von Scham besetztes Selbst verbirgt, verfügt der narzisstisch gestörte junge Mensch über eine größere Kohäsion des Selbst, das eine höhere soziale Anpassung, eine größere Arbeitsfähigkeit sowie eine bessere Impulskontrolle und Angsttoleranz ermöglicht (Kernberg 1978; Kernberg u. Hartmann 2006; Kohut 1973).

Die **antisoziale Störung** unter psychodynamischen Gesichtspunkten zu beschreiben ist schwierig, da es sich um ein breites Spektrum von Störungen handelt, die von antisozialem Verhalten bei verschiedenen Persönlichkeitsstörungen (z. B. narzisstischen Störungen mit antisozialem Verhalten) bis hin zu Störungen, die als Psychopathie bezeichnet werden, reichen (vgl. Kernberg 1998). Bei der Psychopathie handelt es sich um ein Störungsbild mit dem charakteristischen Merkmal (vgl. Hare 2000; Sevecke et al. 2005) einer oberflächlichen pseudonormalen Beziehungsfähigkeit (vgl. Mask of Sanity: Cleckley 1976) bei völliger Unfähigkeit zur Empathie in Beziehungen und in Bezug auf Gefühle und Sorge für andere. Psychodynamische Verstehensmodelle zur antisozialen Störung werden aus der Perspektive der biologischen Forschung zunehmend relativiert. Zwillingsstudien verweisen auf die Bedeutung genetischer Faktoren. Genetische Vulnerabilität und belastende Umweltfaktoren scheinen synergistisch zu wirken (Caspi et al. 2002). So wird beispielsweise angenommen, dass bestimmte erbliche Charakteristika harsches und inkonsistentes Verhalten aufseiten der primären Bezugspersonen evozieren. Neben genetischen und biologischen Faktoren unterstützt eine Reihe von neuropsychologischen Defiziten die Entwicklung einer antisozialen Persönlichkeitsstörung.

33.4 Ätiologie und Pathogenese

Wegen der ungünstigen Behandlungsprognose fehlen Studien mit neueren Erkenntnissen aus psychodynamischer Sicht. Zurzeit wird ein Projekt von Fonagy und Bateman zur Therapie von antisozialen Persönlichkeitsstörungen durchgeführt (mündliche Mitteilung). Die Merkmale der Täuschung und Manipulation erklären sie als Mentalisierungsmisuse, eine Form der betrügerischen Mentalisierung, die der Selbsterhaltung dient (Bateman u. Fonagy 2006).

Die **histrionische Persönlichkeitsstörung** findet unter psychodynamischen Gesichtspunkten kaum Beachtung. Kernberg unterscheidet ein hysterisch hohes und histrionisch niedriges Integrationsniveau. Das bedeutet, dass entsprechend den o. g. Annahmen die Objektbeziehungen auf dem Niveau einer mangelnden Gegenseitigkeit einseitig gestaltet und von einer Suche nach Aufmerksamkeit, manipulativem Verhalten und übermäßiger Emotionalität gekennzeichnet sind.

Anders als Kernberg, der die chronische Aggression und die daraus folgenden pathologischen Objektbeziehungen ins Zentrum der Ätiopathogenese der Persönlichkeitsstörungen gestellt hat, sehen Fonagy et al. (2004) als bestimmendes Merkmal der Cluster-B-Persönlichkeitsstörungen die Art und das Ausmaß der beeinträchtigten Fähigkeiten, zu mentalisieren. Das Konzept der Mentalisierung erfasst, ob und wie Menschen über die eigenen Gedanken und Gefühle sowie die anderer nachdenken. Je reichhaltiger und flexibler die Bilder sind, umso besser ist die jeweilige Person in der Lage zu mentalisieren. Im **Mentalisierungskonzept** werden **Ergebnisse der Theory-of-mind-Forschung** und der **Bindungsforschung** mit der Psychoanalyse verbunden.

Die Bindungsforschung bezieht sich auf Arbeitsmodelle, die in der frühen Entwicklung im Kontext der frühen Pflegeperson-Kind-Interaktion als eine Art Landkarte für die Welt verinnerlicht werden und zu unterschiedlichen Bindungstypen führen. Sie bestimmen im günstigen Fall eine ausgewogene Balance zwischen Bindung und Exploration. Fonagy et al. (2004) gehen bei der Entwicklung der Mentalisierungsfähigkeit davon aus, dass Eltern zunächst die Äußerungen des Säuglings akzentuieren und ihm spiegelnd zurückgeben. Sie markieren in der weiteren Entwicklung die Affektantworten und kippen sie (»soziale Biofeedbacktheorie«; Gergely u. Watson 1996) – mit dem Tenor, dass das Schreckliche, Beängstigende, Unerträgliche aufgenommen, gespiegelt und in veränderter Form zurückgegeben wird (Fast-wie-ich-aber-nicht-genau-wie-ich-Hypothese). Der Säugling, der mit seinem ursprünglichen physischen Selbst über primäre Repräsentationen verfügt, sendet mit seinem konstitutionellen Selbst im Zustand der Erregung Signale, die auf Resonanz, Reflektion und markierten Ausdruck der Eltern stoßen. Durch diese Spiegelung und Metabolisierung von Affekten entwickeln sich Repräsentationen des Selbst und Internalisierungen von Objektbildern, die zu Repräsentationen zweiter Ordnung führen.

Dieser Prozess ist bei mangelnder oder devianter Affektspiegelung gestört. Uneinfühlsame Verhaltensweisen seitens der frühen Pflegeperson können den negativen Zustand, in dem sich der Säugling befindet, noch verschärfen (Abb. 33-1).

Der Prozess der Mentalisierung kann insbesondere durch frühe Traumatisierungen, die von der Bindungsperson ausgehen, beeinträchtigt werden. Daraus können sich folgende Auffälligkeiten entwickeln:

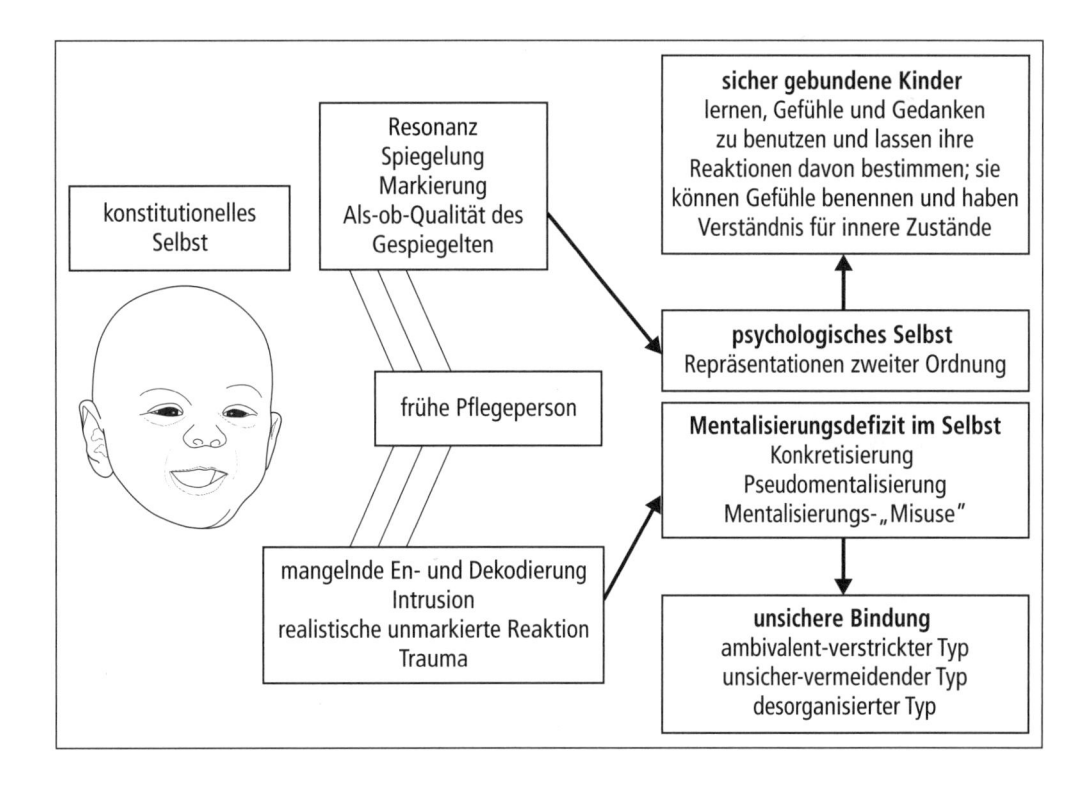

Abb. 33-1 Affektentwicklung und Mentalisierung in der frühen Entwicklung

- Die innere Realität wird im Modus psychischer Äquivalenz wahrgenommen; das bedeutet, innere Verfassungen werden mit der aktuellen Situation verbunden, die innere Realität entspricht der äußeren (z. B. der Therapeut *ist* das misshandelnde Objekt) (vor allem bei Patienten mit Borderline-Störungen).
- Es besteht eine Tendenz, in den Als-ob-Modus zu verfallen; das bedeutet, dass Teile des Erlebens oder der Realität abgespalten werden (ein dissoziationsähnlicher Prozess kommt zum Tragen) (z. B. bei narzisstischen Persönlichkeitsstörungen).
- Es besteht eine partielle Unfähigkeit, über eigene mentale Zustände und Zustände seiner Objekte nachzudenken (bei Patienten mit antisozialen Persönlichkeitsstörungen).

Bezogen auf diese Störungsmuster haben Bateman und Fonagy (2006) die *mentalization-based therapy* entwickelt, welche die mangelnde Mentalisierungsfähigkeit ins Zentrum der Bearbeitung rückt.

Ausgehend von der kognitiven Verhaltenstherapie wurde mit der **schemafokussierten Therapie (SFT)** ein Verfahren entwickelt, das auch psychodynamische Aspekte der Genese von psychischen Störungen in ihr Konzept integriert hat (Young et al. 2005). Eine zentrale Grundannahme der SFT lautet, dass sich als Folge von frühkindlichen Traumatisierungen oder ausgeprägten Mangelsituationen maladaptive Schemata entwickeln. Es handelt sich dabei um Muster, die aus Erinnerungen, Emotionen, Kognitionen und Körperempfindungen bestehen, die in der Entwicklung entstanden und stark dysfunktional sind. Für das Verständnis von Persönlichkeitsstörungen sollen verschiedene Schema-Modi bedeutsam sein, die nach ihrem vorherrschenden Entstehungskontext als »verlassenes Kind«, »wütendes Kind«, »strafender Elternteil« oder »schützende Distanz« benannt wurden. Zur Veränderung dieser maladaptiven Schemata und Modi wurden von Young et al. (2005) therapeutische Verfahren entwickelt, die kognitiv-behaviorale, bindungsgestützte, psychodynamische und humanistische Ansätze miteinander verbinden.

33.4.4 Pathogenese

Die Entwicklung der kindlichen Persönlichkeit kann als ein teilweise von innen gesteuerter Reifungsprozess verstanden werden, der maßgeblich durch Umgebungseinflüsse in seinem Verlauf modifiziert werden kann. Dabei sind vor allem grundlegende Beziehungserfahrungen von entscheidender Bedeutung, welche dem auf Schutz und Orientierung angewiesenen Kind vermitteln, ob die umgebende Welt und die darin lebenden Menschen eher als unterstützend oder feindlich gesonnen zu betrachten sind. Auch die Entwicklung des kindlichen Selbstwertgefühls benötigt eine ausreichende Spiegelung, um stabile und konsistente Konzepte über das eigene Selbst aufbauen zu können. Für eine pathogene Entwicklung sind in der Regel multiple Traumatisierungen oder ein chronisches Einwirken von psychosozialen Belastungsfaktoren notwendig, die sich in einer überdauernden Veränderung neurobiologischer

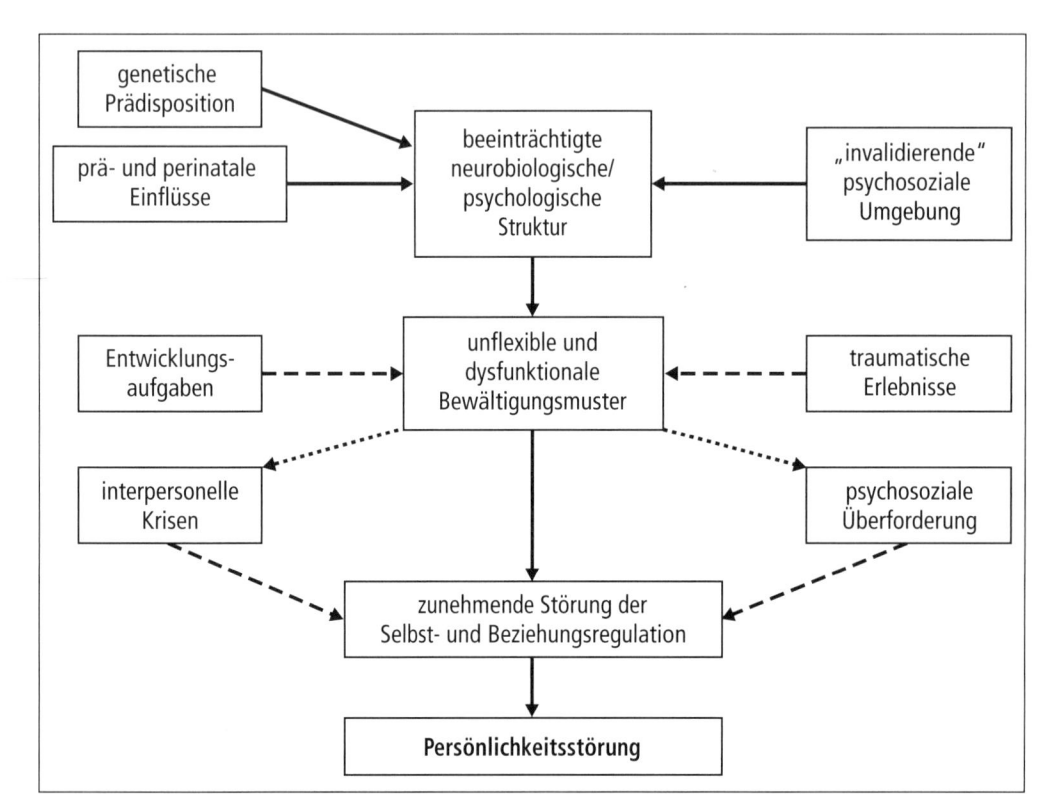

Abb. 33-2 Störung der Persönlichkeitsentwicklung

Strukturen manifestieren. So konnten Carrey et al. (1995) zeigen, dass traumatisierende Umwelteinflüsse sich auch in veränderten physiologischen Reaktionen niederschlagen können. Sie untersuchten 18 Kinder mit einem lang dauernden physischen oder sexuellen Missbrauch in der Vorgeschichte (in 79 % der Fälle > 1 Jahr andauernd) 3 bis 36 Monate nach Ende des Missbrauchs und verglichen sie mit einer nach Alter, Geschlecht und Status parallelisierten Kontrollgruppe. In allen Untersuchungssituationen zeigten die missbrauchten Kinder signifikant weniger Hautleitfähigkeitsreaktionen als die Kontrollgruppe.

Modellhaft kann eine **Störung der kindlichen Persönlichkeitsentwicklung** folgendermaßen beschrieben werden (Abb. 33-2): Individuelle genetische Prädispositionen führen in Interaktion mit von außen kommenden abnormen psychosozialen Belastungen in einem dynamischen Prozess zu Beeinträchtigungen in den neurobiologischen und psychischen Dispositionen. Entwicklungsaufgaben (wie Kindergartenbesuch mit Trennung von der primären Bezugsperson, schulische Leistungsanforderungen, Aufbau von Freundschaften, Partnerwahl, Auseinandersetzung mit Autoritäten etc.) und belastende Lebensereignisse treffen auf dysfunktionale Bewältigungsmuster, die sich in Beeinträchtigungen von Affektregulation, Impulssteuerung und Bindungsfähigkeit sowie mangelhaftem Selbstwertgefühl äußern. Es kommt daraufhin zu einer zunehmenden Überforderung in psychosozialen Situationen und zu interpersonellen Krisen, wodurch die psychische Struktur weiter geschwächt wird, sodass sowohl die Selbst- als auch die Beziehungsregulation zunehmend gestört werden. Im Dienste des Selbstschutzes kommt es zu vermehrtem Rückzug und Zurückweisungen mit immer starreren Reaktionen auf Anforderungen aus der Umwelt und beim Streben nach Bedürfnisbefriedigung. Wenn aus der Umgebung keine Kompensationsmöglichkeiten angeboten werden, kann es dann bei einem weiteren Einwirken von Stressoren zur Manifestation einer Persönlichkeitsstörung kommen.

33.5 Diagnostik und Differenzialdiagnosen

In den Klassifikationssystemen ICD-10 und DSM-IV werden Persönlichkeitsstörungen zwar als voneinander abgegrenzte Störungsbilder beschrieben, im klinischen Alltag findet man jedoch häufig eine Überlappung, sodass bei der Diagnose einer Persönlichkeitsstörung die Wahrscheinlichkeit deutlich erhöht ist, dass auch die Kriterien einer oder mehrerer anderer Persönlichkeitsstörungen zutreffen. Die gegenwärtigen Klassifikationssysteme werden deshalb gerade im Bereich der Persönlichkeitsstörungen bei zukünftigen Revisionen deutliche Veränderungen erfahren müssen.

Es besteht inzwischen ein weitgehender Konsens darüber, dass Persönlichkeitsstörungen besser dimensional als kategorial beschrieben werden können. Livesley (2007) schlägt vor, zukünftig die kategoriale Diagnose einer »generellen Persönlichkeitsstörung« mit einer dimensionalen Beschreibung der Persönlichkeitspathologie zu verbinden. Gegenwärtig werden Persönlichkeitsstörungen in die folgenden drei große Gruppen (Cluster) eingeteilt:

- Im **Cluster A** werden die paranoide sowie die schizoide Persönlichkeitsstörung zusammengefasst, die beide mit sonderbarem und exzentrischem Verhalten einhergehen. Für diese Störungsgruppe gibt es vergleichsweise wenige empirische Untersuchungsbefunde und auch klinisch haben sie bisher eher kaum Interesse gefunden.
- Im **Cluster B** sind dissoziale, emotional-instabile und histrionische (sowie im DSM-IV narzisstische) Persönlichkeitsstörungen zusammengefasst. Bei ihnen steht eine übermäßig starke Verhaltensaktivierung im Vordergrund und es kommt gehäuft zu dramatisch wirkenden Situationen, sodass Cluster-B-Persönlichkeitsstörungen am seltensten übersehen werden.
- Demgegenüber imponiert bei den **Cluster-C-Persönlichkeitsstörungen** (anankastisch, ängstlich-vermeidend, abhängig) ein Übermaß an Verhaltenshemmung, die in Konfrontation mit subjektiv erlebter Bedrohung zu einem Übermaß an Vermeidungsverhalten führt. Die Welt wird als bedrohlich erlebt und um die dadurch immer wiederkehrende Angst zu binden, werden unflexible und rigide Strategien eingesetzt: zwanghafte Verhaltensweisen (anankastische Persönlichkeitsstörungen), ausgeprägtes Vermeidungsverhalten (ängstlich-vermeidende Persönlichkeitsstörungen) oder ein sich Anklammern an als stark erlebte andere Personen (dependente Persönlichkeitsstörungen).

Um eine frühe Festlegung zu vermeiden, wird in der klinischen Praxis die Diagnose einer Persönlichkeits(entwicklungs)störung häufiger umgangen. Stattdessen wird auf Diagnosen wie »Reaktion auf schwere Belastungen« und »Anpassungsstörungen«, oft in Kombination mit Angststörungen, depressiven Störungen u. a., zurückgegriffen. Grundsätzlich ist davon auszugehen, dass insbesondere bei Cluster-B-Persönlichkeitsstörungen in ihrer Komplexität eine hohe Komorbidität mit anderen Störungsbildern vorliegt.

Fallbeispiel

Die 17-jährige S. zeigt extreme Stimmungsschwankungen mit depressiven Einbrüchen und gelegentlichen Selbstverletzungen. Angeblich hat sie bis vor eineinhalb Jahren Alkohol- und Cannabisabusus betrieben. Sie hat Kontakte zu problematischen Kreisen (rechte Szene), vermutlich einhergehend mit traumatisierenden Belastungserfahrungen (Gewalt, sexuelle Überwältigungen). Sie

lügt, klaut und ist zuletzt nur noch unregelmäßig in die berufsbildende Schule gegangen.
Im Kontakt macht sie zunächst einen netten und sympathischen Eindruck, gleichzeitig wirkt sie jedoch wie eingefroren und zeitweilig auch unerreichbar. Im Gesprächsverlauf werden instabile Muster deutlich. Soweit sie das Gefühl hat, mit ihren Dingen angenommen zu werden, ist sie vorübergehend offener. Diese positive Reaktion kippt jedoch abrupt, wenn es um Themen geht, die sie nicht behandeln will. Insofern stellt sich kein sicherer und verlässlicher Kontakt zu ihr her.
S. ist jüngstes Kind einer Mutter mit insgesamt 13 Kindern von verschiedenen Partnern. Da die Mutter die Kinder nicht haben wollte, wurden sie früh weggegeben. Während der Schwangerschaft hat die Mutter viel geraucht und Alkohol getrunken. Die Jugendliche lebte die ersten eineinhalb Jahre bei der Mutter, die plötzlich an einem Status asthmaticus verstarb. S. kam dann in eine Pflegefamilie. Dort wurde S. offenbar intensiv gefördert. Im Kindergarten suchte sie vor allem verhaltensauffällige Jungen, zu Mädchen hatte sie keinen Kontakt. Im Alter von 13 Jahren verliebte sie sich in einen neuen Mitschüler, der starke Drogenprobleme hatte. Danach fing die Zeit an, in der sie sehr schwierig wurde. Je nach Stimmungslage wechselte sie zwischen Zwanghaftigkeit und Regelüberschreitungen. Sie fing an, stark zu rauchen und zu kiffen und ihr Zimmer passager völlig verdrecken und verkommen lassen. In dieser Zeit kam es zu heftigen Auseinandersetzungen mit der Pflegemutter, die sich bis ins 16. Lebensjahr extrem zuspitzten. Es gab einen derartigen Krieg mit den Pflegeeltern, sodass S. sich selbst an das Jugendamt wandte, um von zu Hause wegzukommen. Seitdem befindet sie sich in einem Heim, wo sie sich zunächst recht gut eingelebte. Nach Wechsel in eine geringere Betreuungsform lernte sie ihren jetzigen Freund kennen, der der rechten Szene angehört und Drogen zu sich nimmt.
Insgesamt ist bei S. am ehesten von einer Borderline-Störung mit dissozialen Tendenzen auszugehen, inwieweit traumatische Muster in der Vergangenheit und in ihren aktuellen Beziehungen eine Rolle spielen, erschien zum Zeitpunkt der Diagnostik unklar. Sie kippt zwischen grenzenlos guten Teilobjektbeziehungen und entsprechenden bösen, denen gegenüber sie sich mit massiver Entwertung und Beziehungsabbruch erwehrt. Während sie in strukturierten Bedingungen über ausreichend gute Fähigkeiten verfügt, gehen ihr diese in belastenden Situationen weitgehend verloren. Sie pendelt zwischen Idealisierung und Entwertung, spaltet und zeigt eine mangelnde Impuls- und Affektsteuerung.

33.6 Therapie

33.6.1 Allgemeine therapeutische Prinzipien

Für die Behandlung von Persönlichkeitsstörungen im Kindes- und Jugendalter gibt es bisher kaum kontrollierte Therapiestudien, sodass zum gegenwärtigen Zeitpunkt weitgehend auf klinische Erfahrungen und auf Ergebnisse der Behandlung von Erwachsenen zurückgegriffen werden muss.
Für einige allgemeine therapeutische Prinzipien gibt es ausreichende empirische Belege für den erfolgreichen Einsatz bei der Behandlung von Persönlichkeitsstörungen im Erwachsenenalter (Bateman u. Fonagy 2000). Danach sollten therapeutische Maßnahmen
- auf dem Boden einer tragfähigen Beziehung zwischen Patient und Therapeut ablaufen,
- langfristig angelegt sein,
- einen klaren Behandlungsfokus haben und
- einen aktiven und strukturierenden Ansatz wählen.

Ein Kernproblem bei Patienten mit den verschiedensten Arten von Persönlichkeitsstörungen besteht darin, stabile Beziehungen aufzubauen und aufrechtzuerhalten. Da aber ohne therapeutische Arbeitsbeziehung eine Therapie nicht erfolgreich sein kann, muss diesem Aspekt große Aufmerksamkeit gewidmet werden (Luborski 1984). Im Verlauf der Behandlung einer Persönlichkeitsstörung ist davon auszugehen, dass ein einmal aufgebautes Arbeitsbündnis vom Patienten immer wieder infrage gestellt wird oder droht zu zerbrechen. Zu beachten ist dabei, dass der Erfolg einer Behandlung sehr viel stärker davon beeinflusst wird, wie der Patient das Arbeitsbündnis wahrnimmt, nicht wie es vom Therapeuten wahrgenommen wird. Wenn das Arbeitsbündnis bedroht ist oder droht zu zerbrechen, sollte dies vom Therapeuten zum Thema gemacht werden. Um einen konsistenten Rahmen für die Behandlung zu schaffen, ist ein vor der Behandlung abgeschlossener Behandlungsvertrag von Nutzen.
Die Wertschätzung (Validierung) des Patienten ist ein Kernelement jeder Psychotherapie. Diese Variable wird deshalb von verschiedenen therapeutischen Richtungen betont (z. B. in der psychoanalytisch/tiefenpsychologisch fundierten Psychotherapie, in der Selbstpsychologie von Kohut [1979] insbesondere bei narzisstischen Störungen, der klientenzentrierten Therapie von Rogers [1993] oder der dialektisch-behavioralen Therapie von Linehan [1989, 1998]) und bildet auch bei der Behandlung von Persönlichkeitsstörungen ein zentrales Element. Daneben ist es ebenfalls von erheblicher Bedeutung, die Veränderungsmotivation der Patienten zu unterstützen (Livesley 2001).

33.6.2 Spezifische Behandlungsverfahren

In den letzten Jahren sind eine Reihe von manualisierten und evaluierten psychotherapeutischen Verfahren zur Behandlung von Persönlichkeitsstörungen (vor allem Borderline-Persönlichkeitsstörungen) entwickelt worden.

■ **Dialektisch-behaviorale Therapie (DBT):** Von Linehan (1989, 1998) wurden grundlegende Ansätze der kognitiven Verhaltenstherapie mit Elementen aus Zen-Buddhismus und humanistischen Therapieverfahren zu einer spezifischen Behandlungsform für Menschen mit schwerwiegendem selbstverletzenden Verhalten und Borderline-Persönlichkeitsstörungen zusammengeführt. Zwei Stunden Einzeltherapie pro Woche werden verbunden mit einem Fertigkeitentraining in der Gruppe, das auf die Verbesserung von Achtsamkeit, Emotionsregulation, Stresstoleranz und sozialer Kompetenz abzielt. Ein wichtiges Element der Behandlung stellt auch die telefonische Beratung durch den Einzeltherapeuten dar, die bei krisenhaften Zuspitzungen in Anspruch genommen werden kann. Nachdem die DBT von Linehan ursprünglich als rein ambulante Therapieform konzipiert wurde, ist sie im weiteren Verlauf auch für teilstationäre und stationäre Behandlungen weiterentwickelt und evaluiert worden (Bohus et al. 2004). Von Rathus und Miller (2002) wurde die DBT für die Behandlung von Jugendlichen modifiziert und als Manual (DBT-A) publiziert (deutsche Übersetzung von Böhme et al. 2001).

■ **Übertragungsfokussierte Psychotherapie (TFP):** In der Arbeitsgruppe um Otto Kernberg wurde auf der Grundlage der psychoanalytischen Objektbeziehungstheorie und dem Kernberg-Modell der Borderline-Persönlichkeitsorganisation ein Therapieverfahren entwickelt und manualisiert (Clarkin et al. 2008), bei dem die Analyse von Übertragungs- und Gegenübertragungsprozessen in den Fokus der Behandlung gerückt wird (im »Hier und Jetzt« klären, konfrontieren, deuten).

■ **Mentalisierungsgestützte Therapie (MBT):** Auf der Grundlage von psychoanalytischen und bindungstheoretischen Konzepten wurde von Bateman und Fonagy (2000) ein Therapieprogramm vorgestellt, in dem Patienten mit Persönlichkeitsstörungen in einem tagesklinischen Setting bei der Verbesserung ihrer Fähigkeit zur Mentalisierung unterstützt werden, d. h. zur Identifizierung, Modellierung und Äußerung von Affekten, zur Stabilisierung von Bindungsrepräsentationen und zur Verbesserung der Fähigkeit, Verhaltensintentionen anderer zu erkennen und für die Adaptation eigenen Verhaltens zu nutzen.

■ **Schemafokussierte Therapie (SFT):** Die neueste Entwicklung eines Therapieverfahrens für Persönlichkeitsstörungen stammt von Young et al. (2005), die auf der Basis der kognitiven Verhaltenstherapie für Persönlichkeitsstörungen von A. Beck ein integratives Konzept erarbeiteten, in dem die Grundlagen der kognitiven Verhaltenstherapie mit Elementen humanistischer Therapieverfahren und psychodynamischen Aspekten verbunden werden. Zentrales Therapieprinzip ist die Identifikation von handlungsleitenden und emotional belastenden negativen Selbstüberzeugungen (Schemata), die im Laufe der Therapie schrittweise verändert werden sollen.

■ **Strukturbezogene psychodynamische Psychotherapie:** Diese Therapieform orientiert sich an der OPD-Strukturachse und ist insbesondere auf die Behandlung von strukturellen Störungen ausgerichtet. Dabei stehen strukturbezogene Interventionstechniken im Vordergrund, die auf Selbst- und Objektwahrnehmung, die regulative Ebene der Steuerung und Abwehr und die Ebene der inneren Bindung und äußeren Beziehung abzielen (Rudolf 2004).

■ **Psychoanalytisch interaktionelle Psychotherapie:** Diese Therapieform wurde ursprünglich für die Gruppenbehandlung von Borderline-Störungen entwickelt (Heigl-Evers u. Ott 2002). Sie basiert auf dem Prinzip »Antwort«. Die Patienten, die infolge ihrer primitiven Objektbeziehungen und Abwehrmechanismen nicht in der Lage sind, ihr Verhalten zu reflektieren, erhalten gezielte Antworten des Therapeuten, die Ich-strukturelle Fähigkeiten stützen und aufbauen (Streeck 2007).

33.7 Verlauf und Prognose

Persönlichkeitsstörungen sind lange mit einem stabilen Verlauf, schlechter Prognose und weitgehender Unbehandelbarkeit assoziiert worden. Diese Wahrnehmung von Persönlichkeitsstörungen als kaum veränderbar stammt vor allem Dingen aus der klinischen Erfahrung und weniger aus empirischer Evidenz. Tatsächlich weisen die Ergebnisse empirischer Studien eher in die entgegengesetzte Richtung. Nahezu alle Studien zeigen, dass Diagnosen einer Persönlichkeitsstörung nicht so stabil sind, wie immer erwartet wurde. Zum gegenwärtigen Zeitpunkt ist jedoch noch unklar, wie solche Ergebnisse eingeordnet werden können:
- Sind die beobachteten Veränderungen tatsächlich real oder handelt es sich eher um ein methodisches Artefakt?
- Wenn sie real sind, stellt sich die Frage, ob diese Veränderungen, die sich vor allem auf beobachtbares Verhalten beziehen, tatsächlich strukturelle Persönlichkeitsveränderungen beschreiben oder nicht doch eher vorübergehende, durch die Situation bestimmte Fluktuationen auf einer manifesten Ebene, während die latenten Strukturen weiterhin konstant bleiben.
- Ungeklärt ist weiterhin, welche Faktoren tatsächlich auch strukturelle Veränderungen bewirken können (also z. B.

Lernprozesse, Therapie, Reifungsvorgänge) und wie dieser Veränderungsvorgang vonstatten gehen kann.

Wenn über die Veränderbarkeit von Persönlichkeitsstörungen nachgedacht wird, ist es zunächst notwendig, sich über die Veränderbarkeit von Persönlichkeitsstrukturen im Erwachsenalter generell Gedanken zu machen. In einer Studie von McCrae und Costa (1990) wurden erwachsene Probanden gefragt, ob sie sich in ihrer Persönlichkeit in den letzten zehn Jahren verändert hätten. 51 % der Befragten antworteten, sie hätten sich nicht verändert, 35 % sahen geringfügige Veränderungen und nur 14 % gaben an, sich verändert zu haben.

Auf der Ebene der dispositionellen Traits scheint eine deutliche Kontinuität der Persönlichkeitsmerkmale zu bestehen, während Veränderungen der Persönlichkeit sich eher auf die *adaptive capacity* beziehen (die im biopsychologischen Persönlichkeitsmodell von Cloninger et al. [1994] als Charakterdimensionen beschrieben werden). In einer Untersuchung von Cloninger et al. (1994) waren Veränderungen im Charakterbereich bis zum 35. Lebensjahr zu erkennen. Jones et al. (2003) beschrieben in einer Längsschnittstudie an Erwachsenen vom 33. bis zum 75. Lebensjahr als bedeutsamste Persönlichkeitsveränderung eine Zunahme von Selbstkontrolle mit zunehmendem Alter.

Was den natürlichen Verlauf von Persönlichkeitsstörungen angeht, konnte Perry (1993) in einer Studie zeigen, dass es zu einer durchschnittlichen Remission von 3,7 % der Störungen pro Jahr kam. Die Schlussfolgerung war: Persönlichkeitsstörungen haben eine hohe kurzzeitige Stabilität, aber über einen Zeitraum von zehn Jahren kommt es zu bedeutsamen Veränderungen.

In der multizentrischen Collaborative Longitudinal Personality Study (CLPS) (Skodol et al. 2005) wurde der Langzeitverlauf von Persönlichkeitsstörungen beobachtet. Untersucht wurden dabei vier Persönlichkeitsstörungen und eine Kontrollgruppe mit Major Depression ohne Persönlichkeitsstörung. In die Untersuchung einbezogen waren schizotype, Borderline-, vermeidende und zwanghafte Persönlichkeitsstörungen. Zur Erfassung des Störungsbildes wurde das Diagnostic Interview for Personality Disorders (DIPD) eingesetzt. Follow-up-Untersuchungen wurden durchgeführt nach sechs und zwölf Monaten und danach vier Jahre im jährlichen Abstand. Nach einem Jahr waren ca. 50 % der Borderline-Störungen remittiert, nach vier Jahren waren es sogar 62 %. Vergleichbare Zahlen waren für die vermeidende Persönlichkeitsstörung zu finden. Bei der zwanghaften und der schizotypen Persönlichkeitsstörung lagen die Remissionsraten sogar bei 70 % nach vier Jahren. Bei der Bewertung dieser Zahlen ist jedoch darauf zu achten, dass von allen Patienten mit remittierter Borderline-Störung 62 % mehr als drei Kriterien für eine schizotype Persönlichkeitsstörung, 52 % für eine ängstlich-vermeidende Persönlichkeitsstörung und 50 % eine zwanghafte Persönlichkeitsstörung aufwiesen. Einen Rückfall in die alte Symptomatik erlitten 10 % der Patienten mit Borderline-Störungen, 20 % derjenigen mit zwanghaften Persönlichkeitsstörungen und 28 % der Patienten mit ängstlich-vermeidenden Persönlichkeitsstörungen.

Es stellt sich jedoch weiterhin die Frage, ob sich Persönlichkeitsstörungen tatsächlich in einem so hohen Ausmaß auch ohne Behandlung bessern. Zu fragen ist zunächst, welche Auffälligkeiten tatsächlich verschwinden. So zeigte sich in der CLPS-Studie, dass diejenigen Diagnosekriterien der Borderline-Persönlichkeitsstörungen, die sich am wenigsten über die Zeit hinweg veränderten, am ehesten Traits entsprechen: affektive Instabilität, impulsives Verhalten und intensives Erleben von Ärger. Am wenigsten stabil waren demgegenüber konkrete Verhaltensweisen wie selbstverletzendes Verhalten oder das Vermeiden von Alleinsein. Wenn Persönlichkeitsstörungen eher als dysfunktionale Traits definiert werden und weniger über spezifische und konkrete Verhaltensweisen, erweisen sich Persönlichkeitsstörungen als stabiler. Dass dies einen Sinn macht, zeigt sich auch darin, dass in der CLPS-Studie die psychosoziale Funktionseinschränkung der Patienten (Global Assessment of Functioning Scale) stabiler war als die einzelnen Diagnosekriterien.

Bezogen auf die Frage der Veränderbarkeit von Persönlichkeitsstörungen muss deshalb unterschieden werden zwischen strukturellen Veränderungen und Veränderungen auf der Verhaltensebene. Während Veränderungen auf der Verhaltensebene eher fluktuierend verlaufen (Wechsel von Remission und Verschlechterung), ist das darunter liegende strukturelle Niveau eher konstant. So fand sich z. B. in einer Untersuchung von Harpur und Hare (1994) bei Erwachsenen mit antisozialen Persönlichkeitsstörungen, dass das antisoziale Verhalten über einen längeren Zeitraum hinweg kontinuierlich abnahm, während die psychopatischen Wesensmerkmale über den gesamten Zeitraum stabil blieben.

33.8 Fazit

Es ist dringend erforderlich, den Störungen der Persönlichkeitsentwicklung im Kindes- und Jugendalter mehr Aufmerksamkeit zu widmen, um die Mechanismen der Entstehung besser verstehen zu können und wirksame Interventionen zu entwickeln und zu überprüfen, damit solche Behandlungsmaßnahmen zu einem früheren Zeitpunkt als bisher eingesetzt werden können. Die klinische und wissenschaftliche Beschäftigung mit diesem Thema sollte sich dabei nicht nur auf Borderline-Persönlichkeitsstörungen beschränken, sondern auch andere Störungsbilder aus den Clustern A, B und C berücksichtigen.

Literatur

Bateman AW, Fonagy P. Effectiveness of psychotherapeutic treatment of personality disorder. Br J Psychiatry 2000; 177: 138–43.

Bateman AW, Fonagy P. Mentalisation-based Treatment for Borderline Personality Disorder. Oxford: University Press 2006.

Bernstein D, Cohen P, Velez N, Schwab-Stone M, Siever L, Shinsato L. Prevalence and stability of the DSM-III personality disorders in a community-based survey of adolescents. Am J Psychiatry 1993; 150: 1237–43.

Böhme R, Fleischhaker C, Mayer-Bruns F, Schulz E. Dialektisch-Behaviorale Therapie für Jugendliche (DBT-A). Abteilung für Psychiatrie und Psychotherapie im Kindes- und Jugendalter des Klinikums der Universität Freiburg, 2001.

Bohus M, Haaf B, Simms T, Limberger MF, Schmahl C, Unckel C, Lieb K, Linehan M. Effectiveness of inpatient dialectical behavioral therapy for borderline personality disorder: a controlled trial. Behav Res Ther 2004; 42: 487–99.

Bradley R, Zittel Conklin C, Westen D. The borderline personality diagnosis in adolescents: gender differences and subtypes. J Child Psychol Psychiatry 2005; 46: 1006–19.

Brunner R, Parzer P, Resch F. Dissoziative Symptome und traumatische Lebensereignisse bei Jugendlichen mit einer Borderline-Störung. PTT 2001; 5: 4–12.

Carrey NJ, Butter HJ, Persinger MA, Bialik RJ. Physiological and cognitive correlates of child abuse. J Am Acad Child Adolesc Psychiatry 1995; 34: 1067–75.

Caspi A, Mc Clay J, Moffitt TE, Mill J, Martin J, Craig IW, Taylor A, Poulton R. The role of genotype in the cyle of violence in maltrated children. J Sci 2002; 297: 851–854.

Chanen AM, Jackson HJ, McGorry PD, Allot KA, Clarkson V, Yuen HP. Two-year stability of personality disorder in older adolescent outpatients. J Personal Disord 2004; 18(6): 526–41.

Chethik M. Levels of borderline-functioning in children: etiological and treatment considerations. Am J Orthopsychiatry 1986; 56:109–19.

Chethik M. Techniques of Child Therapy. New York: The Guilford Press 1989.

Clarkin JF, Yeomans F, Kernberg O. Psychotherapie der Borderline-Persönlichkeit – Manual zur psychodynamischen Therapie. Stuttgart: Schattauer 2008.

Cleckley HM. The mask of sanity: an attempt to clarify some issues about the so-called psychopathic personality. 5th ed. St. Louis (Mo): Mosby 1976.

Cloninger CR, Przybeck TR, Svrakic DM, Wetzel RD. The Temperament and Character Inventory (TCI): a guide to its development and use. St. Louis, MO: Center for Psychobiology of Personality 1994.

Cohen P, Crawford TN, Johnson JG, Kasen S. The children in the community study of developmental course of personality disorder. J Pers Disord 2005; 19: 466–86.

Coid J, Yang M, Tyrer O, Roberts A, Ullrich S. Prevalence and correlates of personality disorder in Great Britain. Br J Psychiatry 2006; 188: 422–31.

Costa PT, McCrae RR. Personality disorders and the five-factor model of personality. J Personal Disord 1990; 4: 362–71.

De la Fuente JM, Gorlman S, Stanus E, Vizuette C, Morlán I, Bobes J, Mendlewicz J. Brain glucose metabolism in borderline personality disorder. J Psychiat Res 1997; 31: 531–41.

Dietz A, Schmeck K. Prävalenz von Persönlichkeitsstörungen in einer jugendpsychiatrischen Population. (in Vorb.)

Donegan NH, Sanislow CA, Blumberg HP, Fulbright RK, Lacadie C, Skudlarski P, Gore JC, Olson IR, McGlashan TH, Wexler BE. Amygdala hyperreactivity in borderline personality disorder: implications for emotional dysregulation. Biol Psychiatry 2003; 54(11): 1284–93.

Fonagy P, Gergely G, Jurist EJ, Target M. Affektregulierung, Mentalisierung und die Entwicklung des Selbst. Stuttgart: Klett-Cotta 2004.

Freud A. Die Diagnose von Borderline-Fällen. 1952. In: Die Schriften der Anna Freud. München: Kindler 1960; 1895–1907.

Gergely G, Watson J. The social biofeedback model of the parental affect-mirroring. Int J Psychoanal 1996; 77: 1181–212.

Goyer PF, Andreason PJ, Semple WE. Positron-emission tomography and personality disorders. Neuropsychopharmacology 1994; 10: 21–8.

Grilo CM, Becker DF, Edell WS, McGlashan TH. Stability and change of DSM-III-R personality disorder dimensions in adolescents followed up 2 years after psychiatric hospitalization. Compr Psychiatry 2001; 42(5): 364–8.

Harpur TJ, Hare RD. Assessment of psychopathy as a function of age. J Abnorm Psychol 1994; 103(4): 604–9.

Hare RD. Eigenschaften von antisozialen Borderline-Patienten und Psychopathen: Konsequenzen für das Gesundheitswesen und das Strafrecht. In: Kernberg O, Dulz B, Sachsse U (Hrsg). Handbuch für Borderline-Störungen. Stuttgart: Schattauer 2000; 393–411.

Heigl-Evers A, Ott J (Hrsg). Die psychoanalytisch-interaktionelle Methode: Theorie und Praxis. Göttingen: Vandenhoeck 2002.

Herpertz S, Saß H. Persönlichkeitsstörungen. In: Ahrens S, Schneider W (Hrsg). Lehrbuch für Psychosomatik und Psychotherapie. 2. Aufl. Stuttgart, New York: Schattauer 2002; 221–44.

Herpertz SC, Dietrich TM, Wenning B, Erberich SG, Krings T, Thron A, Sass H. Evidence of abnormal amygdala functioning in borderline personality disorder: a functional MRI study. Biol Psychiatry 2001; 50: 292–98.

James A, Berelowitz M, Vereker M. Borderline personality disorder: a study in adolescence. Eur Child Adolesc Psychiatry 1996; 5: 11–7.

Jang KL, Livesley WJ, Vernon PA. The etiology of personality function: the university of british columbia twin project. Twin Res 2002; 5: 342–6.

Jones CJ, Livson N, Peskin H. Longitudinal hierarchical linear modeling analyses of California Psychological Inventory data from age 33 to 75: an examination of stability and change in adult personality. J Pers Assess 2003; 80(3): 294–308.

Johnson JG, Cohen P, Brown J, Smailes EM, Bernstein DP. Childhood maltreatment increases risk for personality disorders during early adulthood. Arch of Gen Psychiatry 1999; 56: 600–6.

Johnson JG, Cohen P, Kasen S, Skodol AE, Hamagami F, Brooks JS. Age-related change in personality disordertrait levels between early adolescence and adulthood: a community-based longitudinal investigation. Acta Psychiatr Scand 2000a; 102: 265–75.

Johnson JG, Cohen P, Smailes E, Kasen S, Oldham JM, Skodol AE, Brook JS. Adolescent personality disorders associated with violence and criminal behavior during adolescence and early adulthood. Am J Psychiatry 2000b; 157: 1406–12.

Kernberg OF. Borderline-Störungen und pathologischer Narzissmus. Frankfurt: Suhrkamp 1978.

Kernberg OF. Pathological narcissme and narcisstic personality: theoretical background and diagnostic classification in disorders of narcissisme. Diagnostic, clinical and empirical implications. Washington DC: American Psychiatric Press 1998; 29–51.

Kernberg OF. Persönlichkeitsentwicklung und Trauma. PTT 1999; 1: 5–15.

Kernberg OF, Hartmann HP (Hrsg). Narzissmus. Grundlagen – Störungsbilder – Therapie. Stuttgart: Schattauer 2006.

Kernberg OF, Weiner AS, Bardenstein KK. Personality disorders in children and adolescents. New York: Basic Books 2000.

Klein M. Bemerkungen über einige schizoide Mechanismen. In: Cycon R (Hrsg). Melanie Klein. Gesammelte Schriften. Band 3. Schriften 1946–1963. Stuttgart: Frommann-Holzboog 2000.

Kohut H. Narzissmus – Eine Theorie der Behandlung narzisstischer Persönlichkeitsstörungen. Frankfurt/M: Suhrkamp 1973.

Kohut H. Die Heilung des Selbst. Frankfurt/M: Suhrkamp 1979.

Lenzenweger MF. The longitudinal study of personality disorders: history, design considerations, and initial findings. J Personal Disord 2006; 20(6): 645–70.

Libal G, Schmid M, Plener P, Zander A, Schmeck K, Fegert JM. Prevalence of disorders of personality development in an inpatient adolescent psychiatry unit. Poster, 16th IACAPAP conference, Berlin 22.–26.8.2004.

Linehan MM. Dialektische Verhaltenstherapie bei Borderline-Persönlichkeitsstörungen. Prax Klin Verhaltensmed Rehab 1989; 2: 220–7.

Linehan MM. An Illustration of Dialectical Behavior Therapy. In Session: Psychotherapy in Practice 1998; 4(2): 21–44.

Livesley WJ (ed). Handbook of Personality Disorders. Theory, Research and Treatment. New York, London: Guilford Press 2001; 231–41.

Livesley J. Debate on DSM-V. 10th ISSPD Congress. The Hague, 19–22 Sept. 2007.

Luborsky L. Principles of psychoanalytic psychotherapy: A manual for supportive-expressive treatment. New York: Basic Books 1984.

McCrae RR, Costa PT. Personality in adulthood. New York: Guilford 1990.

Moran P. The epidemiology of antisocial personality disorder. Soc Psychiatry Psychiatr Epidemiol 1999; 34(5): 231–42.

New A, Hazlett EA, Buchsbaum MS, Goodman M, Mitelman SA, Newmark R, Trisdorfer R, Haznedar MM, Koenigsberg HW, Flory J, Siever LJ. Amygdala-prefrontal disconnection in borderline personality disorder. Neuropsychopharmacology 2007; 32: 1629–40.

Paris J. Psychosocial Adversity. In: Livesley WJ (ed). Handbook of Personality Disorders. Theory, Research and Treatment. New York, London: Guilford Press 2001; 231–41.

Perry JC. Longitudinal studies of personality disorders. J Personal Disord 1993; 7(suppl): 63–85.

Rathus JH, Miller AL. Dialectical behavior therapy adapted for suicidal adolescents. Suicide Life Threat Behav 2002; 32: 146–57.

Resch F. Struktur und Strukturveränderungen im Kindes- und Jugendalter. In: Rudolf G, Grande T, Henningsen P (Hrsg). Die Struktur der Persönlichkeit. Vom theoretischen Verständnis zur therapeutischen Anwendung des psychodynamischen Strukturkonzepts. Stuttgart, New York: Schattauer 2002.

Rogers CR. Die klientenzentrierte Gesprächspsychotherapie. Frankfurt a. M.: Fischer 1993.

Rudolf G. Strukturbezogene Psychotherapie. Stuttgart: Schattauer 2004.

Rutter M. Temperament: Conceptual Issues and Clinical Implications. In: Kohnstamm GA, Bates JE, Rothbart MK (eds). Temperament in childhood. New York: Wiley 1989; 464–79.

Schmahl C, Bohus M, Esposito F, Treede RD, Di Salle F, Greffrath W, Ludaescher P, Joachims A, Lieb K, Scheffler K, Hennig J, Seifritz. Neural correlates of antinociception in borderline personality disorder. Arch Gen Psychiatry 2006; 63: 659–67.

Schmeck K. Die Bedeutung von Temperamentsmerkmalen für die Entstehung von Persönlichkeitsstörungen im Jugendalter. Persönlichkeitsstörungen 2001; 5: 189–98.

Schmeck K, Schlüter-Müller S. Persönlichkeitsstörungen im Jugendalter. Heidelberg, Wien, New York: Springer 2008.

Sevecke K, Krischer K, Döpfner M, Lehmkuhl G. Das Psychopathy-Konzept nach Hare als Persönlichkeitsdimension im Jugendalter? Prax Kinderpsychol Kinderpsychiatr 2005; 3: 173–90.

Siever LJ, Davis KL. The pathophysiology of schizophrenia disorders: perspectives from the spectrum. Am J Psychiatry 2004; 161: 398–413.

Skodol AE, Gunderson JG, Shea MT, McGlashan TH, Morey LC, Sanislow CA, Bender DS, Grilo CM, Zanarini MC, Yen S, Pagano ME, Stout RL. The Collaborative Longitudinal Personality Disorders Study (CLPS): overview and implications. J Personal Disord 2005; 19(5): 487–504.

Soloff PH, Meltzer CC, Greer PJ, Constantine D, Kelly TM. A fenfluramine-activated FDG-PET study of borderline personality disorder. Biol Psychiatry 2000; 47: 540–7.

Streeck U Psychotherapie komplexer Persönlichkeitsstörungen. Stuttgart: Klett Cotta 2007.

Torgersen S. Genetics of patients with borderline personality disorder. Psychiatr Clin North Am 2000a; 23: 1–9.

Torgersen S. Genetische Aspekte bei Borderline-Störungen. In: Kernberg OF, Dulz B, Sachsse U (Hrsg). Handbuch der Borderline-Störungen. Stuttgart: Schattauer 2000b; 217–24.

Torgersen S, Lygren S, Oien PA, Skre I, Onstad S, Edvardsen J, Tambs K, Kringlen E. A twin study of personality disorders. Compr Psychiatry 2000; 41(6): 416–25.

Tress W, Wöller W, Hartkamp W, Langenbach M, Ott J. Persönlichkeitsstörungen – Leitlinie und Quellentext. Stuttgart, New York: Schattauer 2002.

WHO. Internationale Klassifikation psychischer Störungen. ICD-10 Kapitel V (F). Klinisch-diagnostische Leitlinien. Dt. Übersetzung von Dilling H, Mombour W, Schmidt MH. Bern, Göttingen: Huber 1993.

Wright IC, Rabe-Hesketh S, Woodruff PW, David AS, Murray RM, Bullmore ET. Meta-analysis of regional brain volumes in schizophrenia. Am J Psychiatry 2000; 157: 16–25.

Young J, Klosko J, Weishaar M. Schematherapie. Paderborn: Junfermann 2005.

Zanarini MC, Frankenburg FR, Hennen J, Reich DB, Silk KR. Prediction of the 10-year course of borderline personality disorder. Am J Psychiatry 2006; 163: 827–32.

34 Borderline-Persönlichkeitsstörung

Annette Streeck-Fischer und Harald J. Freyberger

Inhalt

34.1	Einleitung	399
34.2	Definition und Klassifikation	399
34.3	Epidemiologie	400
34.4	Symptomentwicklung und Komorbidität	400
34.5	Ätiologie und Pathogenese	401
34.6	Diagnostik und Differenzialdiagnosen	405
34.7	Therapie und Verlauf	406
34.8	Therapieevaluation	408
	Literatur	409

Zusammenfassung

Hauptmerkmal einer Borderline-Persönlichkeitsstörung ist ein tiefgreifendes Muster an Instabilität in zwischenmenschlichen Beziehungen, im Selbstbild und in den Affekten sowie von deutlicher Impulsivität. Obwohl Jugendliche solche Störungen häufig zeigen, wird die Diagnose einer Borderline-Persönlichkeitsstörung selten gegeben. Hintergrund ist die eher restriktive Handhabung dieser Diagnose, mit der sich einerseits stigmatisierende Aspekte verbinden und andererseits eine vergleichsweise geringe Langzeitstabilität. Ebenso wie bei den Erwachsenen ist die Symptomatik der Borderline-Kinder und -Jugendlichen vielfältig und wechselnd. Eine allgemein anerkannte Symptomatologie für Kinder und Jugendliche gibt es bisher noch nicht. Verschiedene Merkmale des Störungsbildes werden beschrieben. Der Borderline-Persönlichkeitsstörung liegt eine multifaktorielle Ätiologie, eine Kombination aus biologischen, psychologischen und sozialen Faktoren zugrunde. So wird zumeist angenommen, dass Borderline-Symptome und ihre komorbiden Manifestationen das Endprodukt einer komplexen Mischung von Temperament, schwierigen Kindheitserfahrungen und subtilen Formen neurologischer und biochemischer Dysfunktionen darstellen. Nach einem geschichtlichen Überblick über die psychodynamischen Modelle werden aktuelle Konzepte zum Verständnis und Entwicklung des Störungsbildes wie Traumafolgen und Bindungsentwicklung dargelegt. Es wird ausführlicher auf psychodynamische Therapieansätze, Besonderheiten des Umgangs mit Jugendlichen, die Etablierung eines stabilen Rahmens und die Gefahren in der Behandlung solcher Jugendlichen eingegangen. Abschließend wird der Stand der Therapieforschung zu diesem Störungsbild dargestellt.

34.1 Einleitung

Die Borderline-Persönlichkeitsstörung gehört zur Cluster-B-Gruppe der Persönlichkeitsstörungen. Da Jugendliche und junge Erwachsene mit Borderline-Persönlichkeitsstörung Institutionen der Psychiatrie und Jugendhilfe in besonderer Weise beanspruchen und in ihrer Problematik eine besondere Herausforderung in Bezug auf Behandlung und Integration in das soziale Umfeld darstellen, wird diesem Störungsbild ein eigenes Kapitel gewidmet. Die Kosten, die von Patienten mit diesem Störungsbild auf den Staat und das Gesundheitswesen zukommen, sind immens. Sie resultieren daraus, dass diese Patienten zumeist langjährige kostenaufwendige und nicht selten wenig erfolgreiche Behandlungen beanspruchen, arbeitsunfähig sind oder langfristig verbleiben oder unter ihren tatsächlichen beruflichen Möglichkeiten arbeiten und ein chronisch ungesundes Leben führen.

34.2 Definition und Klassifikation

> ! Hauptmerkmal der Borderline-Persönlichkeitsstörung ist ein tiefgreifendes Muster an Instabilität in zwischenmenschlichen Beziehungen, im Selbstbild und in den Affekten sowie von deutlicher Impulsivität.

Nach dem DSM-IV, das die **Instabilität** als Hauptmerkmal benennt, werden folgende Kriterien unterschieden, von denen mindestens fünf erfüllt sein müssen, um dem Bild einer Borderline-Persönlichkeitsstörung zu entsprechen:

1. verzweifeltes Bemühen, tatsächliches oder vermutetes Verlassenwerden zu vermeiden
2. zwischenmenschliche Beziehungen pendeln zwischen den Extremen der Idealisierung und Entwertung
3. Selbstbild ist von andauernder Instabilität gekennzeichnet
4. sie zeigen Muster selbstschädigender Impulsivität mit entsprechenden autoaggressiven Symptomäquivalenten (z. B. Suizidalität, selbstverletzendes Verhalten und Substanzmittelmissbrauch)
5. affektive Instabilität

6. heftige Wut
7. chronisches Gefühl der inneren Leere

Die ICD-10 unterteilt die emotional instabile Persönlichkeitsstörung in den **Borderline-Typ** und den **impulsiven Typ**. Letzterer findet sich häufiger bei männlichen Jugendlichen.
Nach ICD-10 ist die Diagnose einer Borderline-Störung vor dem 16. bis 17. Lebensjahr wahrscheinlich unangemessen, wenngleich eingeräumt wird, dass stabile und anhaltende Verhaltensmuster erstmals in der Kindheit auftreten. Im DSM-IV wird der Umgang mit der Diagnose etwas großzügiger gehandhabt. Sie darf auch für Kinder und Jugendliche verwendet werden, wenn sich bestimmte Züge als tiefgreifend und persistent zeigen. Hintergrund der eher restriktiven Handhabung dieser Diagnose sind einerseits die damit verbundenen stigmatisierenden Aspekte und andererseits die vergleichsweise geringe Langzeitstabilität dieser Diagnose, die Kernberg (mündliche Mitteilung) dazu geführt hat, den Begriff der Borderline-States im Sinne von temporär begrenzten Episoden in die Diskussion einzubringen.

34.3 Epidemiologie

Vor dem Hintergrund der ungeklärten Kriterien in den verschiedenen Klassifikationssystemen liegen keine Daten zur Vorkommenshäufigkeit im Kindes- und Jugendalter vor. Kernberg et al. (2001) schätzen, dass 10 % der Allgemeinbevölkerung eine Borderline-Persönlichkeitsorganisation aufweisen, was sich unter Umständen auch auf das Kindes- und Jugendalter übertragen lässt. In klinischen Populationen schwankt sie zwischen 10 und 20 %.
Es gibt eine **geschlechtsabhängige Prävalenz** (Paris 2000). Die Diagnose einer Borderline-Persönlichkeitsstörung wird überwiegend bei Frauen (75 %) gestellt. Diepold (1994, 1995) hat eine Gruppe von 191 Kindern, die von ihren Therapeuten als Borderline-Entwicklungsstörung eingestuft wurden, durch Clusteranalysen in sechs verschiedene Untergruppen unterteilt. Danach zeigen die weiblichen Probanden als deutlich kleinere Gruppe (depressive Kinder mit diskrepanter Entwicklung bzw. neurokognitiven Defiziten) eher gegen sich selbst gerichtetes aggressives und depressiv anklammerndes Verhalten, während bei den Jungen externalisierendes Verhalten überwiegt.

34.4 Symptomentwicklung und Komorbidität

Ebenso wie bei den Erwachsenen ist die Symptomatik der Kinder und -Jugendlichen mit Borderline-Persönlichkeitsstörung vielfältig und wechselnd. Eine allgemein anerkannte Symptomatologie für Kinder und Jugendliche gibt es noch nicht. Folgende Merkmale zeigen Jugendliche mit Borderline-Entwicklungen:

■ **Diskrepante Entwicklung:** Sie können zwischen verschiedenen Entwicklungsniveaus oszillieren. Sie machen den Eindruck altersgemäßer Entwicklung, können aber abrupt auf ein kleinkindhaftes oder auch psychosenahes Niveau mit bizarrem Denken, starken Verhaltensauffälligkeiten und überwältigender Angst regredieren. Sie können auch zwischen unterschiedlichen Ich- und Selbst-Zuständen (gutes Kind/böses Kind oder aggressiv/depressiv) wechseln.

■ **Störung der Realitätsprüfung:** Sie neigen zu projektiven Verzerrungen (bis ins wahnhafte), Realitätsverleugnungen und -abblendungen. Die Fähigkeit zur Kontaktaufnahme mit der Realität bleibt trotz regressiver und mikropsychotischer Episoden bestehen. Die Regression auf psychotischem Niveau ist kein passiver Zerfall, sondern eine vorübergehende und reversible Coping-Strategie zur Bewältigung der auslösenden Konfliktsituation.

■ **Störung der Aggressivität und Impulsivität:** Sie zeigen mangelnde Frustrationstoleranz und reagieren auf Nichterfüllung ihrer Bedürfnisse mit Wutausbrüchen. Ihr aggressiv-destruktives Verhalten tritt ungesteuert auf und lässt sich kaum sozial integrieren. Aggression dient als Verteidigungsmaßnahme bei Angst und Bedrohung. Eine Aufmerksamkeitsdefizit-Hyperaktivitätsstörung (ADHS) mit Impulsivität ist eine häufige Begleitsymptomatik und gilt inzwischen im erwachsenenpsychiatrischen Bereich als ein wichtiger Prädiktor des Weiterbestehens der Störung nach der Adoleszenz. Alkohol und Drogen werden zumeist entweder als das Selbst regulierende Mittel oder als Substanzen zur inneren Stimulation bei mangelhaften inneren Strukturen verwendet.

■ **Autoaggression, Selbstschädigung:** Gefahren in der äußeren Umwelt können nicht angemessen wahrgenommen, Konsequenzen von Handlungen können nicht gesehen werden. Die angemessene Wahrnehmung von Körpersensationen fällt den Jugendlichen schwer. Sie neigen zu Unfällen und/oder Selbstverletzungen. In belastenden Situationen ritzen, schneiden oder verbrennen sie sich. Die intentional herbeigeführte Selbstschädigung hat verschiedene Funktionen im Sinne der Selbsthilfe und Selbstregulierung oder ist eine der wenigen Optionen, dissoziative Zustände zu unterbrechen.

- **Multiple (frei flottierende, diffuse) Ängste oder vollkommene Ausschaltung der Angst:** Es fehlt die Ich-Funktion der Signalangst. Es besteht eine unzureichende Fähigkeit zur Angstbewältigung und Bindung an die Objekte. Die Ängste lösen massive Orientierungslosigkeit und Verwirrungszustände aus und münden in unterschiedliche Selbstzustände.

- **Störung der Sexualität mit bizarren, sadomasochistische Phantasien:** Es liegt keine Phasendominanz der Triebentwicklung vor, gegebenenfalls zeigt sich eine unangemessene Sexualisierung.

- **Gestörtes Identitäts- und Selbstgefühl:** Es besteht eine Unfähigkeit, einen Zustand der Selbstkohäsion zu schaffen. Borderline-Jugendliche schwanken zwischen Größen- und Minderwertigkeitsgefühlen. Zur Kompensation des niedrigen Selbstgefühls neigen sie zur Flucht in realitätsferne Phantasien.

- **Spaltungsmechanismen:** Spaltungsmechanismen in Bezug auf das Selbst und die Objekte führen zur Aufteilung der Welt, der Objekte und des Selbst in Gut und Böse. Spaltungen in vordergründig angepasstes Selbst und unintegrierte unsozialisierte Selbstanteile führen zu einer falschen Selbstentwicklung, Als-ob-Persönlichkeit oder Mimikry-Entwicklung, die mit einer vordergründigen Angleichung an die Umwelt einhergeht, in der Adoleszenz aufbricht und dann zu einer Borderline-Störung führen kann (vgl. Pine, 1974: innere Desorganisation in Abhängigkeit zu äußerer Desorganisation).

- **Übertriebene Abhängigkeit von äußeren Objekten:** Die Auswahl der Personen ist bedürfnisorientiert und auswechselbar. Borderline-Jugendliche haben die Tendenz, die Bezugspersonen zu idealisieren oder bei Frustration zu entwerten. Trennungen steigern die Angst. Unter strukturierten Bedingungen können sich diese Jugendlichen unauffällig verhalten. Bei Zurückweisung reagieren sie mit extremer Angst, heftiger Wut und bizarrem Denken.

- **Kontaktprobleme mit Gleichaltrigen:** Infolge ihres ungesteuerten Verhaltens haben Borderline-Jugendliche massive Kontaktprobleme zu Gleichaltrigen, häufig sind sie Außenseiter und Buhmann.

- **Schulschwierigkeiten und soziale Anpassungsstörungen:** Zumeist liegen Konzentration- und Teilleistungsstörungen, unspezifische neurologische Auffälligkeiten und Diskrepanz zwischen Interessen bzw. Begabungen und der tatsächlichen Funktionsfähigkeit vor.

- **Störung der Affektregulation:** Schwierigkeiten, Gefühle und Affekte genau zu unterscheiden und angemessen auszudrücken, narzisstische Wutausbrüche oder Gefühle der Einsamkeit, der Nichtigkeit oder der generellen Selbstbezüglichkeit aller Geschehnisse.

- **Suizidversuche, Anorexie/Bulimie, Suchtmittelabusus, Zwangsrituale, Konversionsstörungen und Agora- oder Klaustrophobie, Gewaltverhalten:** Nach dem Konzept der autoaggressiven Symptomäquivalente können diese Verhaltensmerkmale nur kurz andauern, schnell und abrupt wechseln und ineinander übergehen.

- **Mangelnde Integration von guten und bösen Selbstobjekten:** Die mangelnde Integration von guten und bösen Selbstobjekten führt zu einem übermäßig strengen bis sadistischen Über-Ich und zu einem unerreichbaren Ich-Ideal. Es liegen Störungen in der Differenzierung zwischen Selbst und Objekt, Realität und Phantasie, zwischen Zeitdimensionen, Vergangenheit, Gegenwart und Zukunft vor: Die schwere Störung der Symbolisierungsfähigkeit geht mit mangelnden Fähigkeiten der Introspektion und Reflexion einher. Es liegt eine konstante Infiltration der sekundär-prozesshaften Denkfunktionen durch Primärprozesse vor.

- **Dominanz primitiver Abwehrmechanismen:** Dazu zählen projektive Identifikation, Spaltung, Idealisierung, anhaltende Verneinung und Verleugnung. Die Regulations-, Coping-, Anpassungs- oder Abwehrmechanismen sind entweder heftig, starr und archaisch (psychotischer Pol) oder fragil, labil und fluktuierend (atypisch neurotischer Pol).

34.5 Ätiologie und Pathogenese

Der Borderline-Persönlichkeitsstörung liegt eine multifaktorielle Ätiologie, eine Kombination aus biologischen, psychologischen und sozialen Faktoren zugrunde. So wird zumeist angenommen, dass Borderline-Symptome und ihre komorbiden Manifestationen das Endprodukt einer komplexen Mischung von Temperament, schwierigen Kindheitserfahrungen und subtilen Formen neurologischer und biochemischer Dysfunktionen darstellen. Einzelne negative Erfahrungen könnten, so Rutter et al. (1983), hier nur schwache Prädiktoren für diese Psychopathologie sein. Zelkowitz et al. (2001) meinen, dass Umgebungsrisiken und biologische Vulnerabilitäten bei der Entwicklung von Borderline-Störungen im Kindesalter eine Rolle spielen. Sie halten Kindheitstraumata als eine begleitende, jedoch nicht notwendige Bedingung für eine Borderline-Pathologie. Petti und Vela (1990) und Chethik (1989) betonen ebenfalls die Verbindung von biologischen und psychischen Risikofaktoren. Paris et al. (1999) nehmen an, dass die Ätiologie von Borderline-Störungen abhängig sei von folgenden Punkten:

- der frühen Pflegeperson-Kind-Interaktion
- den biologischen Bereitschaften
- den äußeren Stressoren

Die Bereitschaft, eine Borderline-Pathologie zu entwickeln, kann danach durch neurobiologische und neurophysiologische Marker identifiziert werden, wie Defizite in den exekutiven Funktionen des Frontallappens (z. B. Impulsivität, kognitive Inflexibilität und Perseveration) (Barnow 2008; Paris et al. 1999; Resch et al. 1999).

Die genetische Forschung betont demgegenüber die Bedeutung von Temperamenteigenschaften und sich möglicherweise daraus entwickelnden Persönlichkeitsstörungen. Persönlichkeitsfaktoren höherer Ordnung werden als zentrale Determinanten für die sich entwickelnde Struktur des Säuglings angesehen – ob im Normalfall oder auch im Fall früher psychischer Belastungen. Mit dem siebendimensionalen psychobiologischen Modell von Cloninger et al. (1994), das Faktoren wie Schadensvermeidung, Neugierverhalten *(novelty seeking)*, Belohnungsabhängigkeit, Beharrungsvermögen, Selbstlenkungsfähigkeit, Kooperativität und Selbsttranszendenz einschließt, können – bezogen auf die jeweilige Persönlichkeitsstörung – charakteristische Merkmale benannt werden.

Diese Modelle gehen unter anderem von basalen Motivationssystemen menschlichen Verhaltens aus (Gray 1975), dem behavioralen Aktivierungssystem (*behavioral activation system* [BAS]) (Annäherung, *approach*) und dem behavioralen Inhibitionssystem (*behavioral inhibition system* [BIS]) (Vermeidung, *avoidance*). Das behaviorale Aktivierungssystem geht mit Verhaltensaktivierung durch die Aussicht auf Belohnung und neuartige Stimuli einher, während das behaviorale Inhibitionssystem zu Verhaltenshemmung bei Angst vor Bestrafung und anderen Befürchtungen führt.

34.5.1 Psychosoziale Risikofaktoren

Die Kindheitsbelastungen (Felitti et al. 1998) von Jugendlichen mit Borderline-Entwicklungen sind chronisch diffus (Kernberg 1999; chronische Aggression) oder auch wiederkehrend traumatisch. Oft finden sich bei den Eltern und auch in der Großelterngeneration körperliche oder seelische Krankheiten, wie Suchterkrankungen, affektive Erkrankungen, Persönlichkeitsstörungen oder Psychosen, und damit Bedingungen, die solche ausgleichenden Interaktionen erschweren, wenn nicht gar unmöglich machen (Barnow et al. 2006). Auch Transmissionen traumatischer Erfahrungen von der ersten und zweiten Generation auf die dritte Generation können hier eine Rolle spielen. Häufig werden diese Kinder und Jugendlichen mit massiven Ehekrisen ihrer Eltern, mit Trennungen, Scheidungen, ungünstigen sozioökonomischen Verhältnissen, mit Dissozialität, Alkoholismus und Gewalt konfrontiert. Sie sind anhaltenden Bedingungen von Misshandlung und Vernachlässigung ausgesetzt, die massive Beeinträchtigungen in ihrer Entwicklung zur Folge haben. Untersuchungen zu Risikofaktoren der Borderline-Persönlichkeitsentwicklung verweisen auf eine hohe Belastung durch reale Traumata (Gudzer et al. 1996). Bei 70–90 % der Borderline-Störungen im Erwachsenenalter konnten retrospektiv traumatische Belastungen in der Kindheit, insbesondere sexueller Missbrauch, festgestellt werden (Driessen et al. 2002; Herman et al. 1989; Marziali 1992; Ogata et al. 1990; Zenarini et al. 1997).

Als ein weiterer Risikofaktor werden die sog. neurologischen *soft signs* (z. B. Bemporad et al. 1982, 1987) an verschiedenen Stellen benannt. Es handelt sich dabei um Störungen im Bereich der Wahrnehmung, der Koordination und der sensomotorischen Integration. Diese werden mit konstitutionellen bzw. genetischen Faktoren in Verbindung gebracht, die sich unter anderem in Störungen der exekutiven Funktionen, Aufmerksamkeitsstörungen und Teilleistungsschwächen niederschlagen. Es gibt mittlerweile zahlreiche Hinweise dafür, dass sie Folge der frühen gestörten, gegebenenfalls auch traumatisierenden Mutter-Kind-Beziehung sind, was bedeutet, dass sie nicht unbedingt anlagebedingt sind.

34.5.2 Psychodynamische Modelle

Erstmals sprachen Ekstein und Wallerstein (1954) von Borderline-Störungen im Kindes- und Jugendalter, die, ebenso wie später Kernberg (1978), von verschiedenen Störungen bei einer Borderline-Persönlichkeitsorganisation ausgingen. Sie beschreiben fluktuierende Ich-Zustände und ineffektive Regulationsmechanismen.

Für Geleerd (1958) liegen bei diesen Kindern und Jugendlichen Störungen im Ich und seiner Entwicklung in Verbindung mit einer pathologischen Entwicklung der Objektbeziehungen vor.

Anna Freud (1960) hat zwischen neurotischen Störungen und Entwicklungsstörungen unterschieden. Sie führt mehrere Kriterien an, die Entwicklungsstörungen kennzeichnen: Die Kinder und Jugendlichen regredieren tiefer und zeigen massive Entwicklungsstillstände. Sie neigen dazu, die Libido von der Objektwelt zurückzuziehen und sie auf den Körper oder das Selbst zu wenden. Sie können sich von ihren Bezugspersonen nicht trösten lassen. Sie zeigen instabile Ich-Grenzen. Die Realitätsprüfung und die synthetische Funktion des Ichs versagen. Man findet ein Vorherrschen primitiver Abwehr, primär prozesshaftes und konkretistisches Denken sowie instabile Grenzen zwischen Ich und Es.

Masterson (1972) sieht die Symptomatik bei Adoleszenten als Folge einer gestörten Entwicklung in der frühen Individuation/Separation, insbesondere der frühen Wiederannäherungsphase. Er beschrieb einen Entwicklungsstillstand mit beeinträchtigten Abwehrformationen, unzureichend angepassten Objektbeziehungen sowie Reifungsstörungen. Masterson bezieht sich dabei auf Manifestationen wie ausagierendes Verhalten, Schwierigkeiten in der Trennung von den Eltern, oral-narzisstisch fixierte Charakterstrukturen, Eltern mit Borderline-Persönlichkeitsstörungen und auffällige Kommunikationsmuster in der Familie der Jugendlichen.

Gunderson und Kolb (1978) formulieren als Kriterien generalisierte Muster von Instabilität in ihren Stimmungen, in interpersonellen Beziehungen und im Selbstbild. Sie heben Kriterien hervor wie instabile, intensive interpersonelle Beziehungen, die zwischen Überidealisierung und Entwertung hin- und herpendeln, Impulsivität, die sich im Bereich von Sexualität, in ungesteuertem Essverhalten, ziellosen Einkäufen, Unruhe oder als Substanzmissbrauch bemerkbar macht, sowie affektive Instabilität im Bereich von Aggression, Erregung und Angst. Weiterhin komme es zu inadäquaten intensiven Wutreaktionen mit mangelnder Kontrolle, zu suizidalen Drohungen und Handlungen, selbstverletzendem Verhalten, zu Identitätsstörungen, die sich im Selbstbild, der sexuellen Orientierung und in langfristigen Zielen zeigen, zu chronischen Gefühlen von Leere und Langeweile sowie zu massiven Anstrengungen, um reales oder auch imaginiertes Verlassenwerden zu vermeiden.

Pine (1986) beschreibt verschiedene Formen der Borderline-Risiken bei Kindern und Jugendlichen: Er unterscheidet höhere und niedrigere Niveaus der Borderline-Störung sowie verschiedene Typen einer Borderline-Pathologie bei Kindern und Jugendlichen wie wechselnde Ebenen der Ich-Organisation, interne Desorganisation in Antwort auf äußere Desorganisation, chronische Ich-Devianz, inkomplette Internalisierung einer Psychose, Ich-Einschränkung, schizoide Persönlichkeit sowie Spaltung in gute und böse Bilder von sich selbst und von anderen. Pine hat damit unterschiedliche Formen der Persönlichkeitsentwicklungsstörungen im Kindes- und Jugendalter (Cluster A und B nach DSM-IV) beschrieben. Er nimmt Ansätze vorweg, die sich von dem Borderline-Konzept insoweit lösen, als sie sich an der Strukturbildung orientieren (s. Kap. 34.6, Operationalisierte Psychodynamische Diagnostik im Kindes- und Jugendalter [OPD-KJ]). Andere, z. B. auch kognitive Entwicklungsprozesse lässt Pine jedoch unberücksichtigt.

Chethik (1986, 1989) beschreibt vier Aspekte, die bei Borderline-Risiken charakteristisch sind: Defizite im Bereich der Instinkte mit einem Vorherrschen prägenitaler Aggression, Ich-Defizite, Defizite im Bereich der Objektbeziehungen und Entwicklungsdefizite infolge von Fixierungen auf frühere Entwicklungsstufen.

Bleiberg (1994) hat den Versuch unternommen, Übergänge von traumatisch bedingten Zuständen hin zu Borderline-Persönlichkeitsstörungen zu beschreiben. Er sieht in der Borderline-Störung Verarbeitungsmuster, die sich von traumatisch bedingten Störungen abheben. Der traumatisch bedingte Zustand geht nach seiner Meinung mit einem Mangel an Kontrolle, Passivität, Erregungszuständen, dissoziativen Tendenzen, Einsamkeit und Wut einher, während die Borderline-Persönlichkeitsstörung durch Selbstviktimisierung, Thrill-Suche und/oder Betäubung, Selbsthypnose und/oder Spaltung, interpersonelle Manipulation und Beschimpfung anderer gekennzeichnet ist. Angst vor traumatischer Überwältigung wird durch manipulative Techniken unterdrückt. Entwicklungsspezifische Bedingungen bleiben aber auch von Bleiberg ausgeklammert.

Kernberg (1978) und Kernberg et al. (2001) beschreiben die Borderline-Persönlichkeitsorganisation mit einer Fixierung an spezifische Selbst-Objektkonfigurationen. Bei den Borderline-Entwicklungsstörungen liegen pathologische Teilobjektbeziehungen vor. Kinder, Jugendliche und Erwachsene neigen zu ganz und gar guten und ganz und gar bösen Teilobjektbeziehungen, die um primitive Abwehrmechanismen, wie die der Spaltung, der Projektion, der projektiven Identifikation, herum organisiert sind (s. auch Klein 2000). Die Folge ist, dass die andere Person extrem idealisiert oder abrupt und nicht nachvollziehbar als extrem feindselig oder böse wahrgenommen wird. Entsprechende Reaktionen treten auch gegen sich selbst gerichtet auf, sodass es zu einem Pendeln zwischen Selbstüberschätzung und extremem Selbsthass kommen kann.

Kernberg (1999) führt die Borderline-Störung auf das Erleben von schwerer chronischer Aggression in der frühen Entwicklung zurück. Dieses Erleben resultiert zum einen aus angeborenen Dispositionen zur Entstehung der Wut als Grundaffekt, zum anderen aus Folgen früher schmerzhafter Erlebnisse. Die Erfahrung schwerer chronischer aggressiver Affekte und aggressiver primitiver Objektbeziehungen verhindere die normale Integration von idealisierten und verfolgenden internalisierten Objekten. Kernberg (1999) bezieht sich dabei auf die Konzepte von Mahler et al. (1978), die verschiedene Phasen in der frühen Entwicklung des Kindes beschrieben haben: von der autistischen (1. Monat) zur symbiotischen Phase (bis ca. 18. Monat), zur Wiederannäherungsphase (18. bis 24. bis 36. Monat) und zur Phase der Objektkonstanz (3–4 Jahre). Zur Krise und Fixierung komme es beim »Borderline-Kind« in der Wiederannäherungsphase, in der es auf kein ausreichend sicheres inneres und äußeres primäres Objekt zurückgreifen kann, vielmehr zwischen der Gefahr der regressiven Wiederverschmelzung und des völligen Objektverlusts hin- und herpendele. Im Abwehrmechanismus der Spaltung, der das Festhalten an Partialobjekten impliziert, findet das »Borderline-Kind« eine aktive Lösung und Schutzmaßnahme zum Umgang mit sich selbst und anderen. Die Hauptaufgabe des Trennungs- und Individuationsprozesses (Mahler et al. 1978) im zweiten und dritten Lebensjahr kann daher nicht erfolgreich bewältigt werden. Der in dieser Phase vorherrschende Primärkonflikt von Abhängigkeit versus Autonomie bzw. von Nähe versus Distanz löst sich nicht zugunsten eines »Sowohl-als-auch« auf und bleibt über die verschiedenen Entwicklungsstufen ein lebensbestimmendes Thema.

34.5.3 Borderline-Entwicklung als Folge von Traumatisierung

Kernberg (1999), der ursprünglich die Folgen traumatischer Belastungen für die Entwicklung von Borderline-Störungen mehr oder weniger ausgeklammert hat, stellt sich Bestrebungen entgegen, die die Folgen früher Traumatisierung in der Entwicklung von Borderline-Störungen stärker gewichten wollen bzw. die Borderline-Störung als komplexe traumatische Belastungsstörung sehen. »Körperliche Misshandlung«, »sexueller Missbrauch« oder das »Miterleben körperlicher und sexueller Gewalt« sind für Kernberg schmerzhafte Erlebnisse, die reaktive Aggression auslösen und zu einem Vorherrschen primitiver Aggression als zentralem Element für die Entwicklung von Persönlichkeitsstörungen führen. Chronische Aggression und traumatische Erfahrungen miteinander zu verbinden, heißt aus Kernbergs Sicht, ätiologische Faktoren zu verwischen. Kernberg lehnt das Konzept chronischer und komplexer Traumata ab (vgl. van der Kolk 1998). Die posttraumatische Belastungsstörung geht, so Kernberg, ausschließlich auf einmalige, intensiv überwältigende und desorganisierende Erfahrungen zurück.

> In der Regel sind die traumatischen Belastungen bei Kindern und Jugendlichen jedoch nicht einmalig, sondern vielfältig und komplex und stellen oft eine Kombination aus emotionaler Vernachlässigung, sexuellem Missbrauch und Misshandlung dar. Diese komplexen Traumatisierungen in der Entwicklung haben gleichermaßen zerstörerische Folgen für die Fähigkeit zur Integration.

Darüber hinaus spielt die Faktizität der jeweiligen Traumatisierung – ob Misshandlung und/oder Missbrauch – eine zentrale Rolle. Diepold (1995) hat verschiedene Typen abhängig von der Art der Traumatisierung beschrieben.
Bevor die Bedeutung traumatischer Belastungen in den Mittelpunkt von Betrachtungen gerückt ist, wurde versucht, die Reizoffenheit der »Borderline-Kinder«, ihre Neigung, in jeglichem Umfeld Muster überwältigender Erfahrung herzustellen, zu erklären. Khan (1974) sprach vom kumulativen Trauma, Keilson (1979) vom sequenziellen Trauma, Kris (1956) vom Strain-Trauma. Fraiberg (1982) untersuchte bei Säuglingen frühe Antwortmuster auf Misshandlung durch ihre Mütter. Sie beschrieb Kampf-, Flucht- und Erstarrungsreaktionen *(flight, fight, freeze)*, die bei traumatischen Belastungen charakteristisch sind und durch dissoziative Phänomene zu einer inadäquaten wechselnden Reizabschirmung und Reizoffenheit führen (Spitzer et al. 2005).
Frühe und komplexe Traumatisierungen haben sehr weitreichende Folgen in der Entwicklung des Kindes, die sich nicht nur in den von Kernberg (1978) beschriebenen pathologischen Objektbeziehungen zeigen, sondern auch in komplexen Entwicklungsstörungen und traumatischen Reinszenierungen. Aus der Perspektive der Traumaforschung wird der Abwehrmechanismus der Spaltung anders verstanden und interpretiert.

> Das Kind gerät – ausgelöst durch äußere Trigger – in verschiedene Zustände (States). Es kippt gleichsam in Verbindung mit bedrohlichen, beängstigenden Auslösern, die mit verzerrten Wahrnehmungen verbunden sind, aus altersentsprechenden Zuständen in Verhaltensweisen, die früheren Entwicklungsphasen entsprechen.

Die beeinträchtigte Selbst-, Affekt- und Impulsregulation wird im Zusammenhang mit der neuropsychobiologisch gestörten Stressregulation gesehen. Gedächtnisstörungen führen zu massiven Erinnerungslücken und dazu, dass diese Kinder sich so verhalten, als sei die Vergangenheit in der Gegenwart (vgl. Fonagy et al. 2004). Infolge der ausgeprägten Mentalisierungsstörung wird gehandelt, statt sich sprachlich mitzuteilen. Die Mutter hat neuropsychobiologische Regulationsfunktionen nicht übernommen (Winnicott 1965, 1987; mangelndes *holding-handling* und *objectrepresenting*). Die verschiedenen dissoziativen Phänomene erklären Beeinträchtigungen wie die affektive Blindheit, Lernstörungen und Körperwahrnehmungsstörungen, die bei diesen Kindern und Jugendlichen vorliegen. Unter peritraumatischer Dissoziation werden dabei die mit der Traumatisierung zeitlich assoziierten Phänomene verstanden, unter posttraumatischer Dissoziation die zeitlich versetzt auftretenden Prozesse, die eine hohe Generalisierungstendenz aufweisen (Spitzer et al. 2005).
Schore (1994) geht davon aus, dass es zur Entwicklung einer Borderline-Störung kommt, wenn die frühe Pflegeperson die selbstobjekthafte Funktion der psychobiologischen Affektregulation nicht übernimmt. Konfrontiert mit den Erregungszuständen des Kindes ist die Mutter nicht in der Lage, darauf angemessen zu reagieren und Empathie zu empfinden. Das Kind gerät nun in zwei unterschiedliche, nicht überlappende, voneinander dissoziierte psychobiologische Zustände. Als Folge der erfahrungsabhängigen strukturellen Organisation können weder symbolisch-evokative Repräsentationen noch präsymbolische repräsentationale Fähigkeiten und viso-affektive interaktive Repräsentationen wie Gesichtseindrücke einer passend regulierenden Mutter entwickelt werden. Stress konfrontiert mit überwältigender Wut oder untererregter Scham oder Verzweiflung. Ein emotional-katastrophischer Zustand des Nichts, des Abstiegs in das schwarze Loch tritt ein, in dem der Geist leer ist, der Kopf fehlt und die Fähigkeit zu sprechen verloren gegangen ist. Dieser Zustand reflektiert ein sehr frühes Schema des Selbst vor Beginn der Sprachfähigkeit.

34.5.4 Bindung und Borderline-Entwicklung

Frühe Bindungen schaffen eine innere Landkarte von der Welt (Bowlby 1980). Die daraus resultierenden Arbeitsmodelle entscheiden darüber, welche Bilder das Kind von sich selbst und seinen Pflegepersonen hat und der Art, wie es in der Welt zugeht. Diese inneren Bilder der Welt sind zusammengesetzt aus kognitivem und affektivem Wissen über die Welt (Crittenden 1995). Gefühle (z. B. das subjektive Wissen) fungieren als Übersetzer für die gegenwärtige Situation, indem sie dabei helfen, die gegenwärtige Erfahrung mit der vergangenen Erfahrung zu vergleichen. Gefühle werden durch kognitives Verstehen dessen, was passiert, moduliert, sodass flexible Antworten möglich werden. Deshalb sind beide wichtig, Gefühle und Kognition. Kinder, die nur kognitive Schemata benutzen und keinen Kontakt zu ihren Gefühlen haben, sind ebenso gestört wie die, die nur mit Gefühlen reagieren.

Wenn Kinder unkontrollierbarem Stress ausgesetzt sind und die Pflegeperson die Funktion nicht übernimmt, Erregung auszugleichen, wie das bei Kindern der Fall ist, die beispielsweise familiärer Gewalt ausgesetzt sind, wird das Kind unfähig sein, Erfahrungen in einer kohärenten Form zu organisieren und zu kategorisieren. Ohne die Erfahrung, sich auf ihre Pflegepersonen verlassen zu können, erleben diese Kinder exzessive Angst, Wut und Bedürfnisse nach Zuwendung. Diese Gefühle können so extrem sein, dass sie zunächst funktionale dissoziative Zustände zur Reizminimierung und später dysfunktionale generalisierende, nicht mehr stimulusabhängige dissoziative Phänomene oder auch autoaggressives Verhalten in Gang setzen.

34.6 Diagnostik und Differenzialdiagnosen

Die Diagnostik der Borderline-Störung ergibt sich aus der Beziehungsgestaltung, die von instabilen Mustern gekennzeichnet ist. Innerhalb kurzer Zeit gerät der Therapeut in die Problematik der Spaltungsneigung und der mangelnden Impuls- und Affektsteuerung der Patienten und wird so unweigerlich verstrickt. Die Vielfalt der Symptome, die Instabilität der Lebenssituation (Schulabbrüche, gestörter Tag-Nacht-Rhythmus, Suchtneigung) und die strukturellen Beeinträchtigungen verweisen auf das Störungsbild.

Fallbeispiel

Eine 16-jährige Jugendliche zeigt folgende Auffälligkeiten: leichte Erregbarkeit, aggressive Durchbrüche, Selbstverletzungsneigung, Suizidgedanken, gestörtes Essverhalten, regelmäßiges Erbrechen, Bauch- und Rückenschmerzen, Schlafstörungen, schlechte Träume, soziale Ängste, bis hin zu Panikgefühlen, Selbsthass, Unruhe, Konzentrationsschwäche, Versagensangst, Angst, hässlich zu sein bei extrem hohen Ich-Ideal- und Über-Ich-Ansprüchen, mangelnde Selbst-, Affekt- und Impulssteuerung, Neigung zu Idealisierung und Entwertung, bodenloses Fallenlassen und Fertigmachen anderer, auch von sich selbst, bei einer Persönlichkeitsentwicklungsstörung auf Borderline-Niveau mit ausgeprägter Instabilität und Projektionsneigung (Störung der Realitätsprüfung).

Sie macht von ihrer äußeren Erscheinung her einen ausgesprochen netten und sympathischen Eindruck. Dies verführt dazu, sich ihr sehr zuzuwenden und viel Nähe herzustellen, die jedoch abrupt abbricht – nämlich dann, wenn sie das Gefühl bekommt, sie wird entwertet, diskriminiert, als krank, pathologisch und unfähig deklassiert. Dies führt bei ihr zu Rückzug bzw. massiven Attacken gegen den anderen, der sie vermeintlich schlecht behandelt und nicht sieht. Infolge ihrer mangelnden Impulssteuerung gerät sie sofort in heftige Verstrickungen.

Als Bewältigung greift sie zu selbst- und fremddestruktiven Mustern wie destruktives Agieren, Alkohol oder Selbstverletzung.

Im Alter von 13 Jahren wurde erstmals eine ADHS im Rahmen einer stationären Krisenaufnahme diagnostiziert. Sie wurde mit einem Stimulans behandelt. Es erfolgten mehrere stationäre Aufenthalte in Verbindung mit Krisen, heftigen Konflikten mit der Mutter, Gewichtsabnahme und Suizidversuch. Zuletzt erfolgte eine ambulante Therapie. Infolge ihres destruktiven Verhaltens hat sie innerhalb der letzten drei Jahre bereits zehn Wohnprojekte gewechselt und sieben unterschiedliche Schulen besucht.

Zur genaueren Diagnostik des Störungsbildes ist die Verwendung der Operationalisierten Psychodynamischen Diagnostik im Kindes- und Jugendalter (OPD-KJ) hilfreich:
- Auf der Achse **Behandlungsvoraussetzungen** (Achse I) ist der Mangel an Eigenmotivation und Ressourcen auffällig. Veränderungen werden als Bedrohung erlebt, weil die Kinder und Jugendlichen ihre Verbindung zu wichtigen Bezugspersonen gefährdet sehen. Dies würde bedeuten, sich als getrennt wahrzunehmen und somit quälende Verlassenheits-/Verlustängste auslösen.
- Auf der **Beziehungsachse** (Achse II) ist instabil-verstricktes Verhalten zu beobachten.
- Auf der **Konfliktachse** (Achse III) geht es vornehmlich um Autonomie-Abhängigkeits-Konflikte. In ihrer Beziehungs-

gestaltung zeigt sich das Dilemma, keine angemessene Nähe bzw. Distanz (Wechsel zwischen aktivem und passivem Modus) zum Gegenüber herstellen zu können.
- Auf der **Strukturachse** (Achse IV) lässt sich ein vorwiegend gering integriertes Niveau nachweisen. Unter Belastung treten passagere Dekompensationen auf ein desintegriertes Niveau auf. Vor allem die Dimensionen der Selbst- und Objektwahrnehmung sowie der Steuerung (im Bereich Selbst-, Affekt-, Impuls- sowie Aufmerksamkeitsregulation) und Abwehr, d. h. primitive Abwehrmechanismen, sind nur gering entwickelt. Die kommunikativen Fähigkeiten sind bezüglich angemessener Kontaktaufnahme sowie des Gebrauchs der Kommunikation als Fähigkeit zur Selbst- und Affektregulierung eingeschränkt. Die Fähigkeit, von sich selbst und wichtigen Bezugspersonen eine differenzierte Beschreibung zu geben, ist aufgrund mangelnder Integration von Selbst- und Fremdkonzepten sowie labiler Selbst- und Objektdifferenzierung unzureichend, da diese Patienten nur mangelhafte Fähigkeiten besitzen, auf innere Selbst- und Objektrepräsentanzen zurückzugreifen. Das Erleben von sich selbst und anderen ist einerseits in extreme Gegensätze aufgeteilt, die voneinander getrennt gehalten werden müssen (Teilobjektbeziehungen), andererseits kann das Gegenüber nicht als eigenständige Person wahrgenommen werden.

Spezifische weitere Instrumente zur Diagnose einer Borderline-Störung im Kindes- und Jugendalter existieren nicht. Die entsprechend den diagnostischen Algorithmen des DSM-IV und der ICD-10 entwickelten diagnostischen Interviews und Checklisten lassen sich aber zum Teil auf Kinder und Jugendliche anwenden (Dittmann et al. 2001; Niebergall u. Remschmidt 2001).

> ! Es ist nicht leicht, zwischen normalen, entwicklungsspezifischen Symptomen und der multifaktoriellen schweren Symptomatologie von Borderline-Patienten zu unterscheiden. Insbesondere die Adoleszenz kann fast sämtliche Subformen des Borderline-Syndroms zeigen (Giovacchini 1978). Doch sind die Phänomene (z. B. Angst, Depression, Identitätskrisen) beim Borderline-Jugendlichen chronisch und deutlich schwerer.

34.7 Therapie und Verlauf

34.7.1 Therapeutische Ansätze

Auf die verschiedenen störungsspezifischen Borderline-Therapien wurde bereits in Kapitel 33 eingegangen. Die kognitiv-behavioralen Therapieansätze und insbesondere das Konzept der dialektisch-behavioralen Therapie bei Borderline-Störungen bzw. bei sich selbst verletzenden Jugendlichen werden im Kapitel 47 dargestellt.

Aus der psychodynamischen Perspektive stehen bei Jugendlichen mit Borderline-Störungen Konzepte im Vordergrund, die sich auf die Bearbeitung struktureller Störungen und weniger unbewusster neurotischer Konflikte beziehen. Es geht um die Arbeit an den gespaltenen oder brüchigen Objektbeziehungen, um die Entwicklung und den Ausbau von Regulierungsvorgängen (Beebe u. Lachmann 2004; Schore 2001) in Bereichen des Selbst, der Affekte und der Impulse. Es geht um Dezentrierung (Piaget u. Inhelder 1977). Dabei handelt es sich um die Entwicklung der Fähigkeit zur therapeutischen Ich-Spaltung, um die Fähigkeit zur Mentalisierung (Fonagy u. Target 2002), die bedeutet, dass diese Kinder und Jugendlichen ihr Verhalten benennen und reflektieren können bzw. ihre gehandelten Botschaften (Streeck-Fischer 2006) sprachlich und/oder im Spiel symbolisieren können.

34.7.2 Grundsätzliche Überlegungen

Vor Beginn einer Behandlung ist es wichtig, sich ein genaues Bild hinsichtlich der **sozialen Situation** zu machen:
- Ist der Jugendliche in der Schule oder der (möglicherweise zusätzlich pathogen wirksamen) Gleichaltrigengruppe noch ausreichend integriert? Sind die Einflüsse, die von dort kommen, wie kriminelle Handlungen, Drogen, Gewalt, identitätsstiftend im Sinne einer negativen Identitätsentwicklung oder kann sich der Jugendliche davon ausreichend distanzieren?
- Wie sieht die familiäre Situation aus? Finden sich hier ausreichend stabile Beziehungen, wie ausgeprägt sind die noch anhaltenden traumatisierenden Belastungen, z. B. der Alkoholmissbrauch des Vaters, seine Gewaltneigung, die instabilen Verhältnisse durch wechselnde Partner der Mutter? Besteht eine Bereitschaft, diese Problematik zu reflektieren bzw. zu ändern?
- Ist es eventuell sinnvoll, zunächst eine stationäre Psychotherapie vorzuschlagen, weil die Verhältnisse zu instabil sind?
- Besteht überhaupt eine Indikation zu einer Psychotherapie und, wenn ja, welches Behandlungskonzept könnte prognostisch innerhalb eines gebotenen Zeitrahmens aussichtsreich sein?

Nicht selten stehen zunächst Interventionen im Vordergrund, äußere stabile Verhältnisse zu schaffen.

34.7.3 Entwicklung eines stabilen Rahmens

Wenn die Entscheidung für eine Psychotherapie fällt, wird sich die Frage stellen, wie schaffe ich einen stabilen Rahmen, der bedeutet, dass der Jugendliche pünktlich und regelmäßig kommt und eine konstante Elternarbeit stattfindet, statt dass sich Mutter und/oder Vater ausklinken.

Bei Beginn der Therapie sind klare **Paktabsprachen** erforderlich, die bei diesen Jugendlichen eine besonders wichtige Bedeutung haben:
- Es dürfen keine Angriffe gegen sich oder den Therapeuten erfolgen. Rohde-Dachser (1995) benennt es als einen Kunstfehler, wenn der Therapeut sich der Aggression des Patienten unterwirft. Kommt es dennoch zu Angriffen gegen die Person des Therapeuten, sollten diese als Regelverstoß mit einer neuerlichen entsprechenden Grenzsetzung beantwortet werden.
- Die Stunden finden regelmäßig statt, in einem festen und nicht dehnbaren Zeitrahmen. Die Erfahrung von »Gummizäunen« in den Absprachen bringt keine Entwicklung in Gang.
- Es gibt Paktabsprachen zur Suizidneigung, der Neigung, sich selbst zu verletzen, selbst- und andere gefährdende Handlungen wie Drogen, Alkohol, plötzliche Therapieabbruchtendenzen, Fortführung traumatisierender Verhaltensweisen usw.
- Es stellt sich die Frage, ob es Nottermine geben kann – ist der Therapeut per SMS oder Handy erreichbar? Was ist, wenn sich der Jugendliche in einer Notsituation befindet (z. B. suizidal ist, sich selbst verletzen oder verschwinden will, sich zu kriminellen Handlungen verführen lässt)?

! Ein stabiler Rahmen ist entscheidend und wichtig: Gerade am Rahmen werden häufig Konflikte ausgetragen, die den Therapeuten herausfordern, klare Grenzen zu ziehen. Grenzsetzende Interventionen gegen Angriffe, die sich gegen den Therapeuten richten, gegen das Versäumen von Terminen, selbstdestruktiv-destruktives Verhalten (selbstverletzendes Verhalten, Drogen, Gewalt, Schulabbruch, traumatische Inszenierungen) haben eine realitätsbezogene entwicklungsfördernde Funktion, die der Regressionsneigung entgegenwirkt.

Entsprechende Absprachen sind, falls vorhanden, mit den Eltern oder den Betreuern einer Einrichtung erforderlich. Auf der Elternebene kommt es möglicherweise zu plötzlichen Trennungen, Umzügen, Alkoholmissbrauch, Gewalt, zu schnellen neuen Beziehungen, zur Wiederholung von traumatischen Inszenierungen (vgl. Wiederholungszwang; Freud 1976), Suizidalität, schweren Unfällen usw. Hier ist es wichtig, die Eltern fest anzubinden und ihnen zu verdeutlichen, dass ihr Kind keine Entwicklung nehmen kann, wenn sie sich selbst nicht ändern. Grundsätzlich kann bei den Jugendlichen und ihren Eltern nicht davon ausgegangen werden, dass sie sich an die Absprachen halten. Es ist aber unabdingbar, mit ihnen daran zu arbeiten, sie zu erinnern, Grenzen zu ziehen, »dann kann ich nicht arbeiten« und darüber verlässliche und berechenbare Beziehungen zu schaffen – im Gegensatz zu den willkürlichen, unberechenbaren Beziehungen, die sie gewohnt sind zu leben und herzustellen. Ein Arbeitsbündnis ist nur möglich, wenn am Rahmen festgehalten wird – von beiden Seiten.

In besonders schwierigen Fällen ist eine zeitweilige **medikamentöse Therapie** mit einem Psychopharmakon als unterstützende Maßnahme erforderlich (z. B. atypische Neuroleptika). Es bleibt allerdings darauf hinzuweisen, dass ausreichende empirische Wirksamkeitsnachweise hierzu bisher fehlen und der Einsatz von psychopharmakologischen Substanzen möglicherweise die Selbstwirksamkeit senkt.

In der Arbeit mit Borderline-Jugendlichen werden initial Rettungs-, Größen- und Helferphantasien beim Therapeuten aktiviert, die für ihn zum Teil auch notwendig sind, um ein solches Unternehmen anzufangen. Jedoch werden sie dann zum Problem, wenn der Therapeut die Fähigkeit zur kritischen Distanzierung und die Realität des Jugendlichen mit den massiven Beeinträchtigungen aus dem Auge verliert. Es kann sich ein »Furor sanandi« entwickeln, der bereits Ausdruck des malignen Prozesses ist, der miteinander abläuft und in dem die traumatisierenden Erfahrungen reinszeniert statt überwunden werden (vgl. Streeck-Fischer 2000, 2006).

Spezifische Gefährdungen in der Behandlung, die angesprochen werden sollten, sind folgende:
- suizidale, selbstschädigende Verhaltensweisen
- fremddestruktives Verhalten
- Lügen, Zurückhalten von wichtigen Informationen
- die Behandlung ohne eigene Vorstellungen über sich ergehen lassen
- anhaltender Alkohol- oder Drogenkonsum bzw. Missbrauch anderer Substanzmittel
- hohe Verschuldung durch Telefonate
- Stalking, Versuche, beim Therapeuten ein reales Zuhause zu finden

34.7.4 Zur Behandlung im engeren Sinne

Unabdingbar ist zunächst die **Entwicklung einer ausreichend sicheren verlässlichen Beziehung,** die sich von traumatisierenden, überwältigenden Erfahrungen der Vergangenheit abhebt.

Die Arbeit an der instabilen Beziehung steht im Mittelpunkt. Initiale negative Übertragungen werden nicht angenommen (»Ich bin nicht so, wie du das bisher erfahren hast«). Infolge heftiger Gegenübertragungsreaktionen, in denen sich der Therapeut zur »Unperson« gemacht fühlt, ist dies mitunter nicht so einfach. Es ist wichtig, Bedingungen herzustellen, in denen sich der Jugendliche sicher fühlen kann. Bisherige Beziehungen hatten einen beängstigenden, bedrohlichen und/oder misshandelnden Charakter. Durch Überaktivität, rasches Pendeln in unterschiedlichen »Zuständen« wird der Therapeut unter Kontrolle gehalten. Ein freundliches Beziehungsangebot kann die Angst vor dem Therapeuten nicht aufheben – im Gegenteil:

Wird die Beziehung zu nahe und zu intensiv, bekommt sie ein perverses Muster (von Zuwendung und Zerstörung zugleich). Daher kann der Spaziergang außerhalb des Zimmers (Eissler 1958; Parameter) hilfreich sein, um die sich initial herstellende destruktive Übertragungs-Gegenübertragungs-Beziehung zu vermeiden. Sicherheit wird auch dann gewährleistet, wenn die Destruktivität begrenzt wird.

> Sobald der Jugendliche in der Übertragung zum Therapeuten seine bedrohlichen beängstigenden Objektbeziehungen erfährt, besteht die Gefahr der Wiederherstellung überwältigender Beziehungserfahrungen, die zu einem frühen Zeitpunkt noch nicht bearbeitet werden können. Hier ist es wichtig, rechtzeitig das Miteinander-verstrickt-Sein zu erkennen und Schritte der Distanzierung bzw. der Triangulierung zu unternehmen (Streeck-Fischer 2007).

Es geht um die Überwindung der perversen oder malignen *container-contained* Übertragungs-Gegenübertragungs-Beziehung, die sich über projektive Identifizierungen herstellt, und um den Aufbau eines triangulären Raumes, der neben der subjektiven Erfahrung (der ersten Person) eine objektive Sicht (dritte Person) existieren lässt.

Zumeist verfügt der Jugendliche über keine ausreichende **Symbolisierungsfunktion,** sodass es wichtig ist, mit ihm diese Fähigkeiten zu entwickeln. Die Mentalisierung durch Markierung und Versprachlichung von gehandelten Gefühlen, Gedanken und Absichten hat einen zentralen Stellenwert in solchen Behandlungen.

Bei einer **psychodynamischen Therapie** von Borderline-Jugendlichen ist eher ein interaktionelles, antwortendes Vorgehen angezeigt. Gleichzeitig sind Strukturierungen in »das geht«, »das geht nicht« erforderlich. Es ist notwendig, aus dem Miteinander-verstrickt-Sein in der Interaktion herauszukommen, um einen distanzierenden Bezug herzustellen.

Jugendliche mit Borderline-Störungen sind oftmals nicht in der Lage zu erkennen, dass es verschiedene Betrachtungsweisen der Realität geben könnte. Die andere objektive Sicht (der dritten Person) kann gegebenenfalls eine Katastrophe darstellen (Britton 2004). »Ich sehe es so, du siehst es anders« steht ihnen nicht zur Verfügung, da sie auf dem Niveau des Äquivalenzmodus funktionieren, was bedeutet, dass die innere Realität der äußeren entspricht.

Infolge der Grenzverwischungen zwischen Realität und Phantasie ist der Therapeut in der Gegenübertragung Verwirrungen ausgesetzt, die aufgenommen und gehalten werden müssen, solange sie nicht in der unmittelbaren Interaktion sortiert werden können. Die verzerrten Wahrnehmungen, die der Therapeut in der Gegenübertragung mitunter kaum ertragen kann, sind nicht korrigierbar, z. B. »die Realität war doch anders: du warst doch aggressiv und nicht der andere, du hast doch als Erster geschlagen«. Es gibt keine Arbeit während einer überwältigenden Szene zwischen Jugendlichen und Therapeut – nur nachträglich, und dann in der Betrachtung der gemeinsam hergestellten Szene: »Ich habe etwas getan und du hast etwas getan.« Ist der Raum zwischen Therapeut und dem jungen Patienten kollabiert und entspricht die innere Realität der äußeren, ist es wichtig anzunehmen, das man z. B. zu jemandem geworden ist, der etwas Schlechtes gemacht hat. Es handelt sich nicht primär um eine Übertragung, die angenommen werden sollte, sondern um reale Konkretisierungen einer frühen pathologischen Beziehungserfahrung, die erkannt und relativiert werden müssen.

> Eine Bearbeitung der Vergangenheit ist zumindest am Anfang der Therapie kontraindiziert, da keine ausreichenden Ich-Fähigkeiten zu ihrer Bewältigung vorliegen.

Durch solche Vorgehensweisen werden maligne Prozesse in Gang gesetzt, die nur schwer rückgängig gemacht werden können. Entsprechendes gilt für Erinnerungen an traumatische Belastungen, die beim Therapeuten deponiert werden können, jedoch nicht aufgriffen und bearbeitet werden sollten. Da das »Ich« unter traumatisierenden Bedingungen überwältigt wurde, gibt es keine Ich-Kräfte, die in der Lage wären, damit umzugehen. Die Arbeit sollte im Hier und Jetzt und zur Bewältigung der Gegenwart, die von der Vergangenheit durchdrungen ist, unter Beachtung der oben erwähnten Wege erfolgen. Bei schwerer gestörten Jugendlichen sind zumeist multimodale Ansätze angezeigt, die Skillstraining, soziales Kompetenztraining, Stressregulationstraining sowie Lern- und Konzentrationstraining mit einschließen.

34.8 Therapieevaluation

Die Ergebnisse zu kognitiv-behavioralen Verfahren wurden bereits im vorigen Abschnitt dargestellt. Die Bedeutung der psychodynamischen Psychotherapie bei der Behandlung von Borderline-Störungen ist in qualitativer Hinsicht durch zahlreiche psychoanalytische Arbeiten belegt worden. Es gibt umfassende Darstellungen von behandelten Fällen in der Fachliteratur (z. B. Diepold 1995; Fonagy 1995; Hurry 2002; Kernberg et al. 2001). Dies entspricht der Evidenzstudie 1.

Bisher fehlen jedoch methodisch qualifizierte Studien, die Aussagen darüber machen, wie wirksam die psychoanalytische bzw. psychodynamische Behandlung von Borderline-Störungen kurz- und langfristig im Kindes- und Jugendalter ist. Es ist überhaupt schwierig, unter der diagnostischen Klassifikation »Borderline-Störung« Forschungsstudien zu finden. Dass die Behandlung von Borderline-Störungen im Kindes- und Jugendalter kaum beforscht wurde, liegt zum einen daran, dass diese Klassifikation im Kindes- und Jugendalter nach wie vor umstritten ist (vgl. Kernberg u. Shapiro 1990), zum anderen wird diese diagnostische Kategorie in kinderpsychiatrischen Arbeiten und der dortigen Forschung in der Regel nicht verwendet. Das bedeutet, dass hier ein hoher Forschungsbedarf vorliegt. Gleichzeitig wird es erforderlich sein, andere diagnostische Einordnungen zu verwenden, damit eine Vergleichbarkeit gewährleistet ist.

Weiterhin ist es erforderlich, die jeweiligen komorbiden Störungen neben den Persönlichkeits- und Verhaltensstörungen (ICD-10: F06) mit aufzuführen, wie die Anpassungs- und Belastungsstörungen (ICD-10: F43), die Verhaltens- und emotionalen Störungen mit Beginn in Kindheit und Jugend (ICD-10: F09), davon insbesondere die Störungen des Sozialverhaltens, die kombinierten Störungen des Sozialverhaltens, ADHS, die Bindungsstörung mit Enthemmung, sonstige Störungen sozialer Funktionen usw.

Es liegt eine Studie von Bateman und Fonagy zur Behandlung von Borderline-Störungen mit partieller Hospitalisierung vor. Hier werden *treatment as usual* (TAU) mit analytischer Therapie verglichen – mit deutlich besseren Ergebnissen für die analytische Therapie. Zuletzt wurde eine Studie von Clarkin et al. (2006) veröffentlicht, die drei verschiedene Therapieverfahren verglichen haben: die kognitive Verhaltenstherapie (*cognitive behaviour therapy* [CBT]), die psychodynamische Psychotherapie (*transference focussed psychotherapy* [TFP]) und die dynamisch supportive Therapie. Alle drei Therapieverfahren waren wirksam. Es zeigten sich jedoch Unterschiede in den einzelnen Therapieverfahren. CBT und TFP führten zu einer deutlichen Reduktion der Suizidalität, während die TFP und die supportive Therapie zu einer Minderung von Wut und Ärger verhalfen. Insbesondere die TFP hatte deutliche Auswirkungen auf Impulsivität, Reizbarkeit, verbale Beschimpfungen und direkte Attacken.

Literatur

Barnow S (Hrsg). Persönlichkeitsstörungen: Ursachen und Behandlung. Bern: Huber 2008.
Barnow S, Spitzer C, Grabe HJ, Kessler C, Freyberger HJ. Individual characteristics, familial experience, and psychopathology in children of mothers with borderline personality disorder. J Am Acad Child Adolesc Psychiatry 2006; 45: 965–72.
Beebe B, Lachmann F. Säuglingsforschung und die Psychotherapie Erwachsener. Stuttgart: Klett-Cotta 2004.
Bemporad JR, Smith HF, Hanson G, Cicchetti D. Borderline syndromes in childhood: criteria for diagnosis. Am J Psychiatry 1982; 139: 596–602.
Bemporad JR, Smith HF, Hanson G. The borderline child. In: J Noshpitz (ed). Basic handbook of child psychiatry. Vol 5. New York: Basic Books 1987; 305–11.
Bleiberg E. Borderline disorders in children and adolescents – the concept, the diagnosis and the controversis. Bull Menninger Clin 1994; 58: 169–96.
Bowlby J (ed). Attachment and loss. Vol 3. New York: Basic Books 1980.
Britton R. Subjectivity, objectivity and the triangular space. Psychoanal Q 2004; 73: 47–61.
Chethik M. Levels of borderline-functioning in children: etiological and treatment considerations. Am J Orthopsychiatry 1986; 56: 109–19.
Chethik M. Techniques of child therapy. New York: The Guilford Press 1989.
Clarkin JF, Yeomans FE, Kernberg OF (Hrsg). Psychotherapie der Borderline-Persönlichkeit. Stuttgart: Schattauer 2001.
Cloninger CR, Pryzbeck TR, Svrakic DM, Wetzel RD (eds). The temperament and character inventory (TCI). A guide to its development and use. St. Louis MO: Washington University Center for Psychobiology of Personality 1994.
Crittenden P. Attachement and Psychopathology. In: Goldberg F, Muir R, Kerr J (eds). Attachement Theory. New York: The Analytic Press 1995; 367–406.
Diepold B. Borderline-Entwicklungsstörungen bei Kindern. Unveröff. Diss. Universität Oldenburg 1994.
Diepold B. Borderline-Entwicklungsstörungen bei Kindern. Prax Kinderpsychol Kinderpsychiatrie 1995; 44: 270–9.
Dittmann V, Ermer A, Stieglitz RD. Diagnostik von Persönlichkeitsstörungen. In: Stieglitz RD, Baumann U, Freyberger HJ (Hrsg). Psychodiagnostik in Klinischer Psychologie, Psychiatrie, Psychotherapie. Stuttgart: Thieme 2001; 448–60.
Driessen M, Beblo T, Reddemann L, Rau H, Lange W, Silva A, Berea R, Wulff H, Ratzka S. Ist die Borderline-Persönlichkeitsstörung eine komplexe posttraumatischen Störung? Nervenarzt 2002; 73: 820–9.
Eissler KR. Bemerkungen zur Technik der psychoanalytischen Behandlung Pubertierender nebst einigen Überlegungen zum Problem der Perversion. Psyche 1958; 20: 837–52.
Ekstein R, Wallerstein J. Observations on the psychology of borderline and psychotic children. Psychoanal Study Child 1954; 9: 344–69.
Felitti VJ, Anda RF, Nordernberg D, Willimason DF, Spitz AM, Edwards V, Koss MP, Marks JS. Relationship of childhood abuse to many of the leading causes of death in adults: the adverse childhood experiences (ACE) study. Am J Prev Med 1998; 14: 245–58.
Fonagy P. Playing with reality: the development of psychic reality and its malfunction of borderline personalities. Int J Psycho Anal 1995; 76: 39–44.
Fonagy P, Target M. Ein interpersonelles Verständnis des Säuglings. In: Hurry A (Hrsg). Psychoanalyse und Entwicklungsförderung von Kindern. Frankfurt/Main: Brandes & Apsel 2002: 11–42.
Fonagy P, Gergeley G, Jurist EJ, Target M. Affektregulierung, Mentalisierung und die Entwicklung des Selbst. Stuttgart: Klett-Cotta 2004.
Fraiberg S. Psychological defences in infancy. Psychoanalytic Quarterly 1982; 51: 612–35.
Freud A. Die Diagnose von Borderline-Fällen. In: Die Schriften der Anna Freud. München: Kindler 1960; 1895–907.
Freud S. Jenseits des Lustprinzips. GW XIII. Frankfurt: Fischer 1976; 1–69.
Geleerd ER. Borderline states in childhood and adolescence. Psychoanal Study Child 1958; 8: 279–95.
Giovacchini P. The borderline aspects of adolescence and the borderline state. In: Feinstein S, Giovacchini P (eds). Adolescence psychiatry. Chicago: University of Chicago Press 1978; 320–38.
Gray JA (ed). Elements of a Two-Process-Theory of Learning. New York: Academic Press 1975.
Gudzer J, Paris J, Zelkowitz P, Marchessault K. Riskfactors for borderline pathology in children. J Am Acad Child Adolesc Psychiatry 1996; 35: 26–33.
Gunderson J, Kolb J. Discriminating features of borderline-patients. Am J Psychiatry 1978; 135: 792–6.
Herman JL, Perry JC, van der Kolk BA. Childhood trauma in borderline personality disorder. Am J Psychiatry 1989; 146: 490–5.

Hurry A. Psychoanalyse und Entwicklungstherapie. In: Hurry A (Hrsg). Psychoanalyse und Entwicklungsförderung von Kindern. Frankfurt: Brandes & Apsel 2002; 43–89.

Keilson H. Sequenzielle Traumatisierung bei Kindern. Stuttgart: Enke 1979.

Kernberg O. Borderline-Störungen und pathologischer Narzissmus. Frankfurt: Suhrkamp 1978.

Kernberg O. Persönlichkeitsentwicklung und Trauma. PTT 1999; 1: 5–15.

Kernberg P, Shapiro T. Resolved: borderline personality exists in children under twelve. Debate forum. Am Acad Child Adolesc Psychiatry 1990; 29: 478–83.

Kernberg P, Weiner A, Bardenstein K. Persönlichkeitsstörungen bei Kindern und Jugendlichen. Stuttgart: Klett-Cotta 2001; 200–16.

Khan MMR. The Concept of Cumulative Trauma. In: Khan MMR (ed). The Privacy of the Self. London: Hogarth 1974.

Klein M. Bemerkungen über einige schizoide Mechanismen. In: Cycon R (Hrsg). Melanie Klein. Gesammelte Schriften. Band 3. Schriften 1946–1963. Stuttgart: Frommann-Holzboog 2000.

Kris E. The recovery of trauma in psychoanalysis. Psychoanal Study Child 1956; 11: 54–88.

Mahler MS, Pine F, Bergmann A. Die psychische Geburt des Menschen. Frankfurt: Fischer 1978.

Marziali E. The etiology of borderline personality disorder: developmental factors. In: Clarkin JF, Marziali E, Munroe-Blum H (eds). Borderline personality disorder. New York: Guilford Press 1992; 27–44.

Masterson JF (ed). The borderline adolescent: a developmental approach. New York: Wiley 1972.

Niebergall G, Remschmidt H. Klinische Diagnostik bei Kindern und Jugendlichen. In: Stieglitz RD, Baumann U, Freyberger HJ (Hrsg). Psychodiagnostik in Klinischer Psychologie, Psychiatrie, Psychotherapie. Stuttgart: Thieme 2001; 284–300.

Ogata SN, Silk KR, Goodrich S. The childhood experience of the borderline patient. In: Links PS (ed). Family environment and borderline personality disorder. Washington DC: American Psychiatric Press 1990; 85–104.

Paris J. Kindheitstrauma und Borderline-Persönlichkeitsstörung. In: Kernberg O, Dulz B, Sachsse U (Hrsg). Handbuch der Borderline-Störungen. Stuttgart: Schattauer 2000; 159–66.

Paris J, Zelkowitz P, Gudzer J, Joseph S, Feldman R. Neuropsychological factors associated with borderline-pathology in children. J Am Child Adolesc Psychiatry 1999; 38: 770–4.

Petti TA, Vela RM. Borderline psychotic behavior in hospitalised children: approaches to assessment and treatment. J Am Acad Child Adolesc Psychiatry 1990; 29: 197–202.

Piaget J, Inhelder B. Die Psychologie des Kindes. Frankfurt: Fischer 1977.

Pine F. On the concept 'Borderline' in Children. Psychoanal Study Child 1974; 29: 341–69.

Pine F. On the Development of the Borderline-Child-to-be. Am J Orthopsychiatry 1986; 56: 450–7.

Resch F, Parzer P, Brunner R. Zur Störung der Persönlichkeitsentwicklung. Persönlichkeitsstörungen 1999; 3: 49–52.

Rohde-Dachser C. Das Borderline-Syndrom. Bern: Huber 1995.

Rutter M. Stress, coping, and development. Some issues, and some questions. In: Ganrmezy N, Rutter M (eds). Stress, coping, and development in children. New York: McGraw-Hill 1983.

Schore A. The effects of early relational trauma on right brain development, affect regualtion and infant mental health. Infant Ment Health 2001; 22: 221–68.

Schore AN (ed). Affect regulation and the origin of the self. Hillsdale, New Jersey: Lawrence Erlbaum Assoc 1994.

Spitzer C, Stieglitz RD, Freyberger HJ. FDS – Fragebogen zu dissoziativen Symptomen. Ein Selbstbeurteilungsverfahren zur syndromalen Diagnostik dissoziativer Phänomene. Testmanual zur Kurz- und Langform. Bern: Huber 2005.

Streeck-Fischer A. Borderline-Störungen im Kindes- und Jugendalter – ein hilfreiches Konzept? Psychotherapeut 2000; 45: 356–65.

Streeck-Fischer A. Trauma und Entwicklung. Folgen früher Traumatisierung in der Adoleszenz. Stuttgart: Schattauer 2006.

Streeck-Fischer A. Borderline-Risiken In: Hopf H, Windaus E (Hrsg). Lehrbuch der Psychotherapie. 5: Analytische und tiefenpsychologisch fundierte Kinder- und Jugendlichenpsychotherapie. München: CIP Medien 2007; 483–505.

van der Kolk BA. Zur Psychologie und Psychobiologie von Kindheitstraumata (Developmental Trauma). In: Streeck-Fischer A (Hrsg). Adoleszenz und Trauma. Göttingen: Vandenhoeck & Ruprecht 1998.

Winnicott DW. Reifungsprozesse und fördernde Umwelt. Frankfurt: Fischer 1965.

Winnicott DW. Vom Spiel zur Kreativität. Stuttgart: Klett-Cotta 1987.

Zelkowitz P, Paris J, Guzder J, Feldmann R. Diatheses and stressors in borderline-pathology of childhood: the role of neuropsychological risk and trauma. J Am Acad Child Psychiatry 2001; 40: 100–5.

Zenarini MC, Williams AA, Lewis R, Reich B, Vera SC, Marino MF, Levin A, Yong L, Frankenburg F. Reported pathological childhood experiences associated with the development of borderline-personality disorder. Am J Psychiatry 1997; 154: 1101–6.

35 Sexuelle Störungen

Peter Fiedler

Inhalt

35.1 Sexuelle Orientierung und Entwicklung _____ 411
35.2 Störungen der Geschlechtsidentität _____ 412
35.3 Sexuelle Funktionsstörungen _____ 418
35.4 Störungen der Sexualpräferenz _____ 420
35.5 Fazit _____ 427
Literatur _____ 428

Zusammenfassung

Sexuelle Störungen werden heute üblicherweise in die folgenden drei Bereiche unterteilt:
- Störungen der Geschlechtsidentität
- sexuelle Funktionsstörungen
- Störungen der Sexualpräferenz

Die von einer Störung der Geschlechtsidentität Betroffenen haben mehr oder weniger durchgängig das Gefühl, dem falschen Geschlecht anzugehören, verbunden mit dem intensiven Wunsch, zeitweilig oder ganz die Rolle des anderen Geschlechts anzunehmen (zumeist beginnend im Kindes- und Jugendalter bis hin zum Transvestitismus und zur Transsexualität im Erwachsenenalter).

Bei sexuellen Funktionsstörungen liegt eine Hemmung in einem bestimmten Abschnitt des menschlichen sexuellen Reaktionszyklus vor. Die Betroffenen haben einen Mangel an sexuellem Verlangen (Inappetenz, Libidostörung) oder Schwierigkeiten, die in jedem Stadium des sexuellen Prozesses stattfinden können (Erektions-, Lubrikations- oder Orgasmusstörungen, Dyspareunie, Ejaculatio praecox).

Störungen der Sexualpräferenz werden auch als Paraphilie bezeichnet. Die betroffenen Personen haben wiederkehrende, starke sexuelle Impulse und sexuell erregende Phantasien zu sexuellen Objekten oder Situationen, die in der jeweiligen Gesellschaft als unangemessen gelten (wie z. B. der Exhibitionismus oder die Pädophilie).

Insbesondere die Adoleszenz stellt mit ihren enormen biologischen Veränderungen im Bereich der Sexualhormone und deren Auswirkungen für beide Geschlechter eine besondere Herausforderung für die weitere Persönlichkeitsentwicklung dar. Dieser Entwicklungsschritt ist nicht nur bedeutsam mit Blick auf eine persönlich zufriedenstellende Sexualität im Erwachsenenalter, sondern hat immer zugleich zwischenmenschliche Wirkungen. Im ungünstigen Fall kann diese Entwicklung in einen oder sogar mehrere der drei genannten Störungsbereiche einmünden. Nachfolgend sollen diese Entwicklungsbedingungen zunächst allgemein angesprochen werden, bevor genauer auf die Differenzialdiagnostik, Ätiologie und Behandlung der einzelnen Störungsbereiche eingegangen wird.

35.1 Sexuelle Orientierung und Entwicklung

In öffentlichen Diskursen werden die biologischen Voraussetzungen eines Menschen (engl. *sex*) häufig kaum oder nur ungenau von ihren gesellschaftlich-kulturell möglichen Ausdrucksformen (engl. *gender*) getrennt. Für ein Verständnis der weiteren Ausarbeitungen in diesem Kapitel ist es jedoch sinnvoll, zwischen Geschlecht als *biologischer Voraussetzung* und Geschlecht als *subjektiv erlebter Identität* (Geschlechtsidentität) bzw. auch noch als Geschlecht einer *öffentlich präsentierten sozialen Rolle* (Geschlechtsrolle) begrifflich zu unterscheiden. Der Sexualforscher John Money (1994) sowie der Psychoanalytiker Robert Stoller (1976) sorgten dafür, dass diese Differenzierung von Wissenschaftlern und in alltäglichen Diskussionen aufgegriffen wurde (vgl. Pfäfflin 2003).

Die biologischen Merkmale sind nämlich nicht ausschließlich dafür maßgeblich, wie Geschlecht und Geschlechtlichkeit vom Menschen selbst erlebt und gelebt oder nach außen dargestellt werden (vgl. Simon u. Gagnon 1986). Das innerpsychische Skript (die subjektiv erlebte Geschlechtsidentität und die interpersonell gelebte sexuelle Orientierung) folgt einer Logik, die subjektives Begehren möglich macht. Das sozial praktizierte Skript sexueller Handlungen (die präsentierte Geschlechtsrolle und die Sexualpraktiken) gehorcht einer Logik, die Verhalten üblicherweise sozial-gesellschaftlich akzeptabel macht. Letzteres, die *interpersonell-soziale* Dimension, ist deshalb zumeist jene, die der Beurteilung von Handlungen als »abweichend« (im Sinne psychischer Gestörtheit) und »delinquent« (im Sinne juristischer Beurteilung) zugrunde gelegt werden kann (Fiedler 2005).

■ **Geschlechtsidentität:** Wenn sich im zweiten und dritten Lebensjahr die Sprache entwickelt, dauert es nach groben Schätzungen und gewissen Unterschieden zwischen Kindern nur noch weitere zwei Jahre, bis die Geschlechtsidentität bei den meisten Jungen und Mädchen auch im Selbstbild unwiderruflich festgelegt ist und damit im Geschlechtsrollenverhalten seinen Ausdruck findet. Es kann in dieser Zeit noch vorkommen, dass Kinder die weiblichen und männlichen Geschlechtsorgane verwechseln, was überhaupt nicht heißt, dass sie sich über die eigene Geschlechtlichkeit im Unklaren sind. Kinder dieses Alters nehmen die Unterscheidung nicht anhand der Geschlechtsorgane vor, sondern orientieren sich an den Merkmalen, mit denen ihnen diese Unterschiede von Geburt an durch die Erziehungspersonen nähergebracht wurden.

■ **Geschlechtsrolle:** Mit zunehmendem Sprachvermögen organisiert sich beim Kind auf der Grundlage der erlebten Geschlechtsidentität die subjektive und mitteilbare Selbsterkenntnis, einem bestimmten Geschlecht anzugehören. Dies führt das Kind auch dazu, geschlechtsrollentypische Verhaltensweisen zu bevorzugen und gleichgeschlechtliche Personen als Rollenmodelle auszuwählen. Die subjektiv erlebte Geschlechtsidentität und die persönliche Geschlechtsrolle entwickeln sich vermutlich nur sehr bedingt nacheinander, über die ersten Jahre hinweg in vielerlei Hinsicht eher gleichsinnig und sich wechselseitig beeinflussend. Dennoch scheint die Geschlechtsidentität bereits in den ersten Lebensjahren weitgehend festgelegt zu sein, während sich die weitere Entwicklung der persönlichen Geschlechtsrolle und Rollenpräsentation wesentlich an kulturspezifischen Vorstellungen und Normen sowie an sozialen Erwartungen orientiert und ausdifferenziert.

■ **Geschlechtsrollenpräsentation:** Schließlich beinhaltet die öffentliche Präsentation der Geschlechtsrolle all das, was ein Mensch nach außen hin sagt oder tut, um sich als Junge oder Mann bzw. Mädchen oder Frau darzustellen (Cohen-Kettenis u. Pfäfflin 2003; Money u. Tucker 1975). Es besteht inzwischen Konsens darüber, dass sich die Geschlechtsrollenpräsentation zwar durch die Geschlechtsidentität mit bestimmt, sich in der Vielfalt ihrer Erscheinungsformen jedoch nach und nach durch Erfahrungen aufbaut und vervollständigt.

■ **Entwicklung sexueller Präferenzen:** Mit Beginn der Jugend kommt es zur Ausbildung erotischer und sexueller Wünsche, die sich in den sexuellen Präferenzen und in der sexuellen Orientierung bzw. in der Geschlechtspartnerorientierung wiederfinden. Diese hängen vorrangig mit deutlichen hormonellen Veränderungen in der Pubertät zusammen, die eine rasch zunehmende sexuelle Reaktionsfähigkeit bewirken. Im deutschsprachigen Raum wurde in einigen Studien mit Wiederholung in größeren Zeitabständen das Sexualverhalten junger Menschen im Alter zwischen elf und 30 Jahren untersucht (Schmidt 1993; Sigusch u. Schmidt 1973). Dabei lassen sich deutliche Auswirkungen der zunehmenden Offenheit feststellen, mit der Sexualität öffentlich diskutiert und dargestellt wird. So sinkt im beobachteten Zeitraum von 20 Jahren das Alter um durchschnittlich drei Jahre auf eine Zeit vor dem 16. Lebensjahr, zu dem Jugendliche mit Verabredungen, Küssen, Petting und Geschlechtsverkehr beginnen. Heute scheint es so, dass etwa drei Fünftel der deutschen Jugendlichen vor dem 17. Lebensjahr über sexuelle Erfahrungen mit Geschlechtsverkehr berichten.

■ **Sexuelle Orientierung und Partnerwahl:** Bei heranwachsenden Jungen ist es nicht unüblich, ab Beginn der Pubertät in Gruppen zu masturbieren und auf diese Weise erste quasi homosexuelle Kontakte zu pflegen. Auch jugendliche Mädchen tauschen gelegentlich quasi lesbische Erfahrungen miteinander. Es ist in diesem Zusammenhang sehr sinnvoll, zwischen quasi homosexuellem *Verhalten* (spielerischer Erfahrungsaustausch, Mut- und Initiationsproben sowie sexuelles Konkurrenzgebaren oder schlichte Neugier zwischen Gleichgeschlechtlichen) und homosexueller *Orientierung* (überdauernde sexuelle Attraktivität und Wunsch nach Geschlechtsverkehr mit gleichgeschlechtlichen Partnern) zu unterscheiden. Denn die meisten der frühen homosexuellen Kontakte unter Jugendlichen sind auf kürzere Episoden begrenzt, bis sie älter werden und Gelegenheiten zu heterosexuellen Kontakten finden. Insgesamt kann man heute auf der Grundlage epidemiologischer Studien davon ausgehen, dass sich seit ihrem 18. Lebensjahr etwa 5–6 % der Männer und 4–5 % der Frauen entweder ausschließlich homosexuell oder jeweils mehr oder weniger häufig bisexuell engagiert haben. Entsprechend liegt die Zahl der Männer ohne gleichgeschlechtliche Beziehungen bei 94–95 % und die Zahl der heterosexuell orientierten Frauen bei 95–96 % (vgl. Fiedler 2004).

35.2 Störungen der Geschlechtsidentität

35.2.1 Definition und Klassifikation

Immer wieder gibt es Personen, denen es im Verlauf ihrer Entwicklung zunehmend schwerer fällt, sich mit ihrem biologischen Geschlecht zu identifizieren. Dabei handelt es sich um Kinder, Jugendliche und Erwachsene mit männlichem Körper, die sich zeitweilig oder beständig als Mädchen oder Frau fühlen, wie auch umgekehrt jene mit weiblichem Köper, die sich selbst als Junge oder Mann betrachten. Insbesondere wenn die sekundären Geschlechtsmerkmale in der Jugend zunehmen, kommt es bei vielen zu einem verstärkten Leiden unter ihren biologisch deutlicher werdenden Geschlechtsmerkmalen (Geschlechtsdysphorie). Dies kann bei einer Untergruppe zur Konsequenz haben, dass die Personen alles Mögliche unter-

35.2 Störungen der Geschlechtsidentität

nehmen, um ihren Körper mit dem subjektiven Identitätserleben in Übereinstimmung zu bringen.

Dieses Phänomen wird in der ICD-10 als **Transsexualismus** (F64.0) bezeichnet (WHO 1991). In das DSM wurde der Transsexualismus 1980 erstmals als Diagnose übernommen und im DSM-III-R der Achse II hinzugefügt. Seit dem DSM-IV (TR) gibt es die Transsexualität nicht mehr als eigenständige Kategorie, sondern sie wurde in die Gruppe der **Störungen der Geschlechtsidentität** eingebunden (APA 2000). Die unterschiedlichen Phänomene der Geschlechtsidentitätsstörungen werden heute in der Forschung unter der Bezeichnung **Transgenderismus** zusammengefasst und untersucht. In den vergangenen drei Jahrzehnten haben die Transgenderismus-Forscher mit großem Aufwand versucht, das Phänomen der Geschlechtsidentitätsstörung aufzuklären (vgl. Cohen-Kettenis u. Pfäfflin 2003; Money 1994; Pfäfflin 2003). Entsprechend ist man heute in der Lage, viele Eigenarten und Entwicklungen dieser Menschen zu verstehen.

35.2.2 Epidemiologie

> Die ersten Anzeichen einer Geschlechtsidentitätsstörung lassen sich bereits während der frühen Kindheit beobachten. Sehr gelegentlich kann dies bereits im zweiten Lebensjahr der Fall sein, in den meisten Fällen liegt der Beginn weit vor der Pubertät.

Eltern von Jungen mit einer Geschlechtsidentitätsstörung berichten gelegentlich, dass ihre Söhne bereits vom Zeitpunkt des ersten Sprechens an den Wunsch geäußert hätten, die Kleider und Schuhe der Mutter zu tragen. Werden die Kinder älter, kann es sein, dass die Auffälligkeiten nur deshalb weniger deutlich sind, weil sie sich an Verboten ihrer Eltern orientieren und es vermeiden, ihre nicht geschlechtsrollenkonformen Verhaltensweisen öffentlich zu zeigen.

Bis heute gibt es keine epidemiologischen Studien, mit denen sich die Prävalenz der Geschlechtsidentitätsstörung in Kindheit und Jugend eindeutig bestimmen ließen. Wir sind deshalb auf Schätzungen aus indirekten Quellen angewiesen. Eine Annäherung zum Vorkommen und zur Verbreitung der Geschlechtsidentitätsstörungen in Kindheit und Jugend wären direkte Befragungen von Kindern bzw. der Eltern. Dazu vorliegende Studienergebnisse variieren beträchtlich (zusammenfassend s. Cohen-Kettenis u. Pfäfflin 2003, bei denen nachfolgende Zahlenbeispiele entnommen wurden). Die Differenzen hängen unter anderem mit der Zeitperiode der Durchführung der Studien, dem Alter der Kinder und mit den Inhalten von Fragen zusammen, die dabei gestellt werden, ob also z. B. nach

- »nicht-geschlechtsrollenkonformen Verhaltensweisen« gefragt wird oder

- nach dem »Wunsch, in der gegengeschlechtlichen Rolle zu leben«.

■ **Nichtklinische Stichproben:** Während sich auf die Frage nach gegengeschlechtlichen Verhaltensmustern Angaben bis zwischen 7 und 12 % für Jungen finden und 5–13 % für Mädchen, fallen die Ergebnisse zur Frage nach der Geschlechtsidentität immer deutlich geringer aus (zwischen 1 und 2 % je nach Studie). Obwohl sich also in nichtklinischen Stichproben nichtgeschlechtsrollenkonformes Verhalten im Kindesalter nachweisen lässt, ist natürlich nicht sicher, ob alle indizierten Kinder auch tatsächlich die diagnostischen Kriterien der Geschlechtsidentitätsstörung im Kindesalter erfüllen.

■ **Klinische Stichproben:** Bei Weitem nicht alle Kinder mit gegengeschlechtlichen Interessen werden von Eltern in Kliniken vorgestellt. Nimmt man Zahlenangaben zur Häufigkeit der Geschlechtsidentitätsstörungen in der Kinder- und Jugendpsychiatrie, so handelt es sich dabei in der weit überwiegenden Zahl um Jungen (zusammenfassend s. Cohen-Kettenis u. Pfäfflin 2003). Das Geschlechterverhältnis zwischen Jungen und Mädchen betrug beispielsweise in ausgewählten Kliniken in Kanada 5,75 : 1 (N = 358), in den Niederlanden 2,93 : 1 (N = 130) und in England 3,81 : 1 (N = 53). Letzteres mag damit zusammenhängen, dass gegenüber Mädchen, die mit Vorliebe Jungenkleidung tragen oder sich sportlich gern mit Jungen messen, eine größere Toleranz besteht als gegenüber Jungen mit gegenteiligen Interessen.

> Nur eine sehr geringe Minderheit von Kindern mit einem nicht-geschlechtsrollenkonformen Verhalten in der Kindheit bzw. mit diagnostizierbarer Geschlechtsidentitätsstörung entwickelt im Übergang zur Jugend (zwischen dem 12. und 15. Lj.) tatsächlich eine stabile Transsexualität.

Wenn der Wunsch, in der gegengeschlechtlichen Rolle zu leben, bis in die Jugend bestehen bleibt oder stärker wird, gleicht sich das Geschlechterverhältnis in klinischen Studien weitgehend aus: Für die drei zuvor genannten Gender-Kliniken wird das Jungen-zu-Mädchen-Verhältnis mit 1,2 : 1 (N = 133) bzw. 1,4 : 1 (N = 43) bzw. 1,4 : 1 (N = 69) angegeben (Cohen-Kettenis u. Pfäfflin 2003).

Es ergibt sich also ein recht ausgeglichenes Geschlechterverhältnis transsexueller Jugendlicher, die früh und eindeutig den Wunsch einer Geschlechtsumwandlung klar artikulieren. In Studien zur Abschätzung der möglichen Häufigkeit dieses Entwicklungspfades liegen die Zahlen von Personen, die nach Diagnose einer Geschlechtsidentitätsstörung in der Kindheit als transsexuelle Jugendliche oder Erwachsene eine Geschlechtsangleichung anstrebten, knapp über 6 und bis höchstens 10 % (Cohen-Kettenis u. Pfäfflin 2003) (Abb. 35-1).

Schätzungen zur *Prävalenz der Transsexualität* bei Jugendlichen und Erwachsenen lassen sich näherungsweise nur über

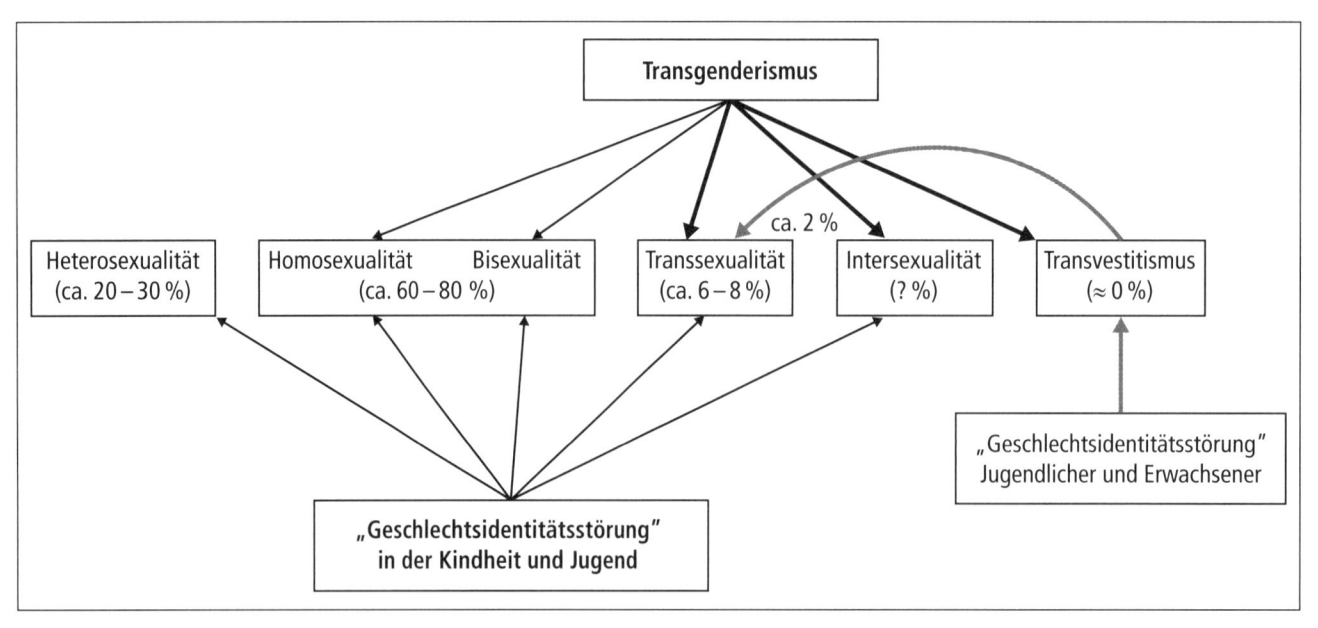

Abb. 35-1 Zur Differenzierung in der sexuellen Orientierung bei Vorliegen einer Geschlechtsidentitätsstörung in der Kindheit und Jugend (Erläuterungen im Text)

die Zahl derjenigen erfassen, die jenseits des 15. Lebensjahres eine Geschlechtsumwandlung beantragen. Auf der Grundlage von vollzogenen Geschlechtsumwandlungen in Deutschland (westliche Bundesländer) in den Jahren 1981 bis 1990 kommen vereinzelt vorliegende Untersuchungen zu einer Schätzung von 1 : 40 000 für Männer und 1 : 100 000 für Frauen.

35.2.3 Ätiologie und Pathogenese

Die meisten Versuche, Ätiologie und die differenten Verläufe einer Geschlechtsidentitätsstörung in der Kindheit entwicklungspsychologisch zu erklären, können als weitgehend gescheitert angesehen werden (vgl. Fiedler 2004, 2006b). Die größte Zahl der Annahmen beruht auf Einzelfallspekulationen und hat sich bis heute einer empirischen Überprüfung entzogen.

> **!** Dass eventuell Temperamentsunterschiede in der Kindheit für unterschiedliche Neigungen zu geschlechtsrollenkonformen bzw. nicht geschlechtsrollenkonformen Verhaltensmustern infrage kommen könnten, ist eine der wenigen Hypothesen, die in größeren Stichproben eine statistische, jedoch keinesfalls generelle Absicherung erfahren hat (Bell et al. 1981).

In dieser als San-Francisco-Studie bekannt gewordenen Untersuchung wurden die Entwicklungsverläufe von 1 000 homosexuellen mit 500 heterosexuellen Frauen und Männern verglichen und es ist nach wie vor offen, ob sich die Befunde – wenngleich durchaus nahe liegend – auf die Transsexualität übertragen lassen. Kurz zusammengefasst: Es ließen sich überhaupt keine nennenswerten familiären Variablen und Erziehungseinflüsse identifizieren, mit denen sich ein Einfluss auf die spätere sexuelle Orientierung hätte voraussagen lassen (Bell et al. 1981, S. 184–189). Vielmehr war in der San-Francisco-Studie das geschlechtsrollenkonforme bzw. nicht geschlechtsrollenkonforme Verhalten in der Kindheit nicht nur der bedeutsamste, sondern zugleich auch noch der einzige signifikante Prädiktor für die spätere sexuelle Orientierung sowohl bei den Männern als auch bei den Frauen.

Eine die bisherigen Befunde integrierende Erklärung für die Entwicklungslinien von der Geschlechtsidentitätsstörung ausgehend wurde von Bem (1996, 2000) vorgelegt. Der Autor stellt in seiner sogenannten **EBE-Theorie** *(exotic becomes erotic)* einen »zentralen Wendepunkt« in das Zentrum seiner Überlegungen, der sich offensichtlich bei allen Menschen irgendwann in der Jugend oder im frühen Erwachsenenalter vollzieht: Jene Menschen, die in der Kindheit gern mit Mädchen spielen (nämlich homosexuelle Männer und heterosexuelle Frauen), bevorzugen im späteren Leben Männer als Sexual- und Lebenspartner. Diejenigen, die in der Kindheit lieber mit Jungen spielen (nämlich homosexuelle Frauen wie heterosexuelle Männer), fühlen sich im späteren Leben vorzugsweise von Frauen angezogen. Inwieweit sich die Überlegungen für Entwicklungen in Richtung Transsexualität übertragen lassen, ist nach wie vor offen.

■ **Von der Genetik zum Temperament:** Angesichts der nach wie vor eher als tendenziell zu bezeichnenden Hinweise der biologischen Forschung auf mögliche Einflüsse genetischer oder pränatal-hormoneller Voraussetzungen geht die Theorie der

35.2 Störungen der Geschlechtsidentität

Geschlechtspartnerorientierung von Bem (2000) davon aus, dass die hereditären bzw. pränatalen Faktoren keinen direkten Einfluss auf die spätere sexuelle Orientierung haben. Vielmehr wird postuliert, dass diese eher für die Entwicklung von Temperamentsvariablen eine wichtige Rolle spielen, also für Persönlichkeitsmerkmale, die sich auf einer Dimension zwischen »aktiv« und »passiv« einordnen lassen.

■ **Vom Temperament zum Rollenverhalten:** Das kindliche Temperament jedoch ist Voraussetzung dafür, an welchen Aktivitäten das Kind bevorzugt Interesse und Freude entwickelt: So wird das eine Kind mit aktivem Temperament zunehmend Spaß an Rauf-und-Kampf-Spielen, an Fußballspielen und anderen Wettkampfsportarten entwickeln (die als typisch für Jungen angesehen werden), ein anderes Kind wird sich eher zurückhaltend entwickeln, Spiele mit Puppen und Vater-Mutter-Kind-Spiele bevorzugen (die eher als typisch für Mädchen gelten).

■ **Vom Rollenverhalten zur sexuellen Orientierung:** Die Theorie von Bem (2000) postuliert, dass praktisch jedes Kind – egal, ob geschlechtsrollenkonform oder nicht – in der Entwicklungsphase von der Kindheit zur Pubertät in der Gegenwart von Gleichaltrigen, die nicht den eigenen Neigungen entsprechen, regelhaft erhöhte nichtspezifische Erregungsphasen durchmacht, weil sich in dieser Zeit gravierende geschlechtshormonelle Veränderungen vollziehen. Im subjektiven Erleben wird dies für viele Jugendliche ein neuartig unbekanntes, vielleicht sogar angstvolles Geschehen darstellen. Nicht jeder ist sich zunächst bewusst, dass diese Erregung aus einer geschlechtshormonell bedingten Veränderung der Beziehung zu jenen Gleichaltrigen erwächst, die über eine bis dahin eher dem Selbst wenig vertraute (»exotische«) Typik der Geschlechtsrollenpräsentation verfügen. Im Verlauf der weiteren Entwicklung verändert sich diese spezifische Eigenart affektiver Erregung vor allem mit den weiter zunehmenden hormonellen Veränderungen in der Jugend in Richtung auf ein – jetzt – erotisches Interesse an jenen, denen man bis dahin eher reserviert gegenübergestanden hat und deren »exotische« Eigenarten und Gewohnheiten man bisher nicht genau kennt. Auf diese Weise könnte die EBE-Theorie auch noch andere Phänomene einordnen helfen, wie z. B. dass auf hellhäutige Menschen plötzlich dunkelhäutige Personen erotisierend wirken. Bem (1996, 2000) postuliert, dass spezifische psychologische Mechanismen dafür verantwortlich sind, wenn sich zunächst »exotisch« erlebte Merkmale in »erotisierende« Attraktoren verwandeln.

35.2.4 Therapie

Da inzwischen recht klar ist, welche unterschiedlichen Prognosen bei Vorliegen einer Geschlechtsidentitätsstörung im Kindesalter möglich sind, wird zunehmend heftiger darüber diskutiert, ob es sich dabei überhaupt um eine »psychische Störung mit Behandlungswert« handelt. Dies ist nach wie vor ein sehr ambivalentes Thema. Denn zumindest muss sie, was die Transsexualität mit der Möglichkeit zur späteren Geschlechtsumwandlung angeht, (jedenfalls heute noch) »Störung mit Behandlungswert« bleiben – dies schon aus versicherungstechnischen Gründen, um eine spätere Finanzierung eventuell geschlechtswandelnder medizinischer Maßnahmen zu gewährleisten. Zur Ambivalenz trägt bei, dass die Wahrscheinlichkeit der späteren Transsexualität im Unterschied zu den anderen möglichen Ausgängen einer Geschlechtsidentitätsstörung in der Kindheit nur eine kleine Minderheit betrifft.

Wird ein Kind oder pubertierender Jugendlicher wegen einer Geschlechtsidentitätsstörung vorgestellt, ist eine sorgsame Differenzialdiagnose unverzichtbare Voraussetzung für eine Behandlung. In den dargestellten Kriterien der ICD-10 wird leider nicht genau genug unterschieden, ob das nicht-geschlechtsrollenkonforme Interesse des Kindes im Zusammenhang mit einer ansonsten als psychisch gesund und stabil zu bezeichnenden kindlichen Entwicklung aufgetreten ist oder ob das Kind selbst unter seinen vermeintlich abweichenden Interessen leidet. Im letztgenannten Fall wäre weiter zu klären, womit sich dieses subjektive Leiden begründet. Im kindlichen Leiden könnten sich Besorgnisse und (homophobe) Ängste der Eltern widerspiegeln. Das Leiden kann seine Ursache auch in sozialer Ausgrenzung in der Gruppe der Gleichaltrigen haben. Es kann – in Ausnahmefällen – aber auch den frühen Beginn einer transsexuellen Entwicklung markieren.

Affirmative Therapie

Sollte die Geschlechtsidentitätsstörung bis in die Jugend und darüber hinaus bestehen bleiben, kann sie (häufiger) in eine homosexuelle Entwicklung oder in eine heterosexuelle oder (seltener) in eine transsexuelle Entwicklung einmünden. In den meisten dieser Fälle (Ausnahme: Transsexualismus) wird das Interesse an nicht-geschlechtsrollenkonformen Verhaltensweisen noch im Verlauf der Kindheit wieder zurückgehen.

Wegen dieser Unsicherheit in der Prognose besteht nach wie vor eine gewisse Uneinigkeit, ob die Geschlechtsidentitätsstörung in der Kindheit überhaupt behandelt werden sollte – und wenn ja, wie und auf welche Weise (Cohen-Kettenis u. Pfäfflin 2003).

> Da gegenwärtig eine Prognose in Bezug auf Heterosexualität, Homo- bzw. Bisexualität und Transsexualität (mit Ausnahme der Angabe von Prozentsätzen) nicht möglich ist und eine therapeutische Beeinflussung dieser Entwicklungen keinen Erfolg verspricht, wird empfohlen, nicht die Geschlechtsidentitätsstörung selbst in den Mittelpunkt der Behandlung zu rücken. Vielmehr sollte der Fokus der Behandlung auf Faktoren ausgerichtet werden, die einer gesunden Entwicklung des Kindes im Wege stehen bzw. die eine weitere Entwicklung des Kindes negativ beeinflussen können.

Empfohlen wird also eine affirmativ (stützend) ausgerichtete Behandlung. Familiäre und soziale Umgebungsbedingungen könnten bereits aktuell für soziale Ängste, Rückzug aus sozialen Beziehungen und für Mängel in sozialen Fertigkeiten mitverantwortlich zeichnen. In solchen Fällen geht es darum, das Selbstvertrauen und die Selbstsicherheit der Kinder im Umgang mit interpersonell relevanten Situationen zu stärken. Entsprechende Ziele sind auch in einer affirmativen Eltern- und Familientherapie anzustreben. Obwohl die Zahl der publizierten affirmativen Behandlungsansätze für jüngere und ältere Kinder mit einer Geschlechtsidentitätsstörung in den vergangenen Jahren zugenommen hat, liegen bis heute keine kontrollierten Studien vor. Es können also keine sicheren Aussagen darüber gemacht werden, was denn nun konkret mit welchen psychologischen Mitteln wie und mit welchem Erfolg tatsächlich erreicht wurde (Cohen-Kettenis u. Pfäfflin 2003).

Therapie bei Transsexualismus

Transsexuelle Entwicklungen können sehr unterschiedliche Verläufe nehmen. In vielen Fällen kann selbst der transsexuelle Wunsch variieren (Clement u. Senf 1996). Er kann lediglich die innere, aber nicht öffentlich gezeigte Gewissheit der gegengeschlechtlichen Zugehörigkeit umfassen. Er kann sich auf den Wunsch nach Akzeptanz im öffentlichen und privaten Leben richten, aber nicht den Schritt hormoneller und chirurgischer Eingriffe einbeziehen. Selbst chirurgische Eingriffe können auf unterschiedliche Weise angestrebt werden, sich z. B. nur auf die Entfernung des männlichen Genitales oder der weiblichen Brust beziehen. Bei wieder anderen ist der Wunsch unerschütterlich, sich plastisch-chirurgischen Operationen zu unterziehen, mit denen eine möglichst perfekte Angleichung an das erlebte innere Geschlecht erreicht werden soll.

Entsprechend dieser Variationsweite persönlicher Wünsche an ein zukünftiges transsexuelles Leben hat sich inzwischen ein zeitlich gestuftes, prozesshaftes diagnostisch-therapeutisches Vorgehen durchgesetzt. Als Orientierungshilfe dienen üblicherweise die 1979 erstmals vorgelegten und seither mehrfach überarbeiteten »Standards of Care« der »Harry Benjamin International Gender Dysphoria Association« (aktuelle 6. Aufl. s. Levine et al. 1998; aktuelle deutschsprachige Leitlinien s. Becker et al. 1998).

Voraussetzungen

Im bundesdeutschen Transsexuellen-Gesetz (TSG) von 1980 wird die Änderung des Vornamens ohne Personenstandsänderung als sogenannte kleine Lösung nach § 1 TSG von einer sogenannten großen Lösung nach § 8 TSG unterschieden, nach der eine Personenstandsänderung beantragt werden kann. Letztere ist jedoch erst nach einer geschlechtsumwandelnden Operation möglich. Die Vornamensänderung erfordert keinerlei somatische Behandlung und ist auch für verheiratete Transsexuelle möglich. Für eine Personenstandsänderung ist zusätzlich erforderlich, dass der Patient nicht verheiratet ist, dass er »dauernd fortpflanzungsunfähig ist und sich einem seine äußeren Geschlechtsmerkmale verändernden operativen Eingriff unterzogen hat, durch den eine deutliche Annäherung an das Erscheinungsbild des anderen Geschlechts erreicht worden ist«.

Entsprechend den Vorgaben der »*Standards of Care*« kann man die Behandlung Transsexueller als ein gestuftes Therapiepaket beschreiben. Es umfasst individuell gestaltete Einzelphasen unterschiedlicher Länge. Die einzelnen Phasen gehen ineinander über. Es kann, muss aber nicht zu einer geschlechtskorrigierenden Operation und zum juristisch anerkannten Geschlechtswechsel führen (vgl. Becker 1998; Kockott 1996).

■ **Phase 1 – Diagnostik:** Diese Eingangsphase erfordert eine breit angelegte Differenzialdiagnostik, in der eine Reihe von Ausschlussmöglichkeiten beachtet werden müssen (vor allem Ausschluss einer anderen psychischen Störung, Ausschluss des Zusammenhangs mit genetischen oder geschlechtschromosomalen Anomalien). Diese Periode der Sicherstellung der Diagnose Transsexualität kann für sich genommen mehrere Monate bis zu einem Jahr regelmäßiger Kontakte umfassen. Sie kann einer intensiven psychotherapeutischen Behandlung entsprechen oder eher im Sinne einer stützenden Beratung durchgeführt werden. Sie sollte den Transsexuellen dazu verhelfen, die innere Stimmigkeit und Konstanz ihres transsexuellen Wunsches zu erfassen und die Möglichkeiten und Grenzen einer Hormonbehandlung und geschlechtsverändernden Operation realistisch zu beurteilen.

■ **Phase 2 – Alltagstest:** Während dieser Behandlungsphase erprobt der Transsexuelle, ob ihm der Geschlechtswechsel möglich ist. Er lebt 24 Stunden täglich in der angestrebten Rolle und überprüft das Gelingen des Rollenwechsels in allen wichtigen Aspekten: Gestik, Mimik, Kleidung, Schminken und soziales Verhalten. Er lernt die Reaktionen der Umwelt kennen und mit ihnen zurechtzukommen. Eine affirmativ psychotherapeutische Begleitung in dieser Phase dient der persönlichen Verarbeitung von unvermeidbaren Schwierigkeiten und der Entwicklung persönlicher Kompetenz in der Ausgestaltung der neuen Geschlechtsrolle.

■ **Phase 3 – Hormonbehandlung:** Die somatischen Therapien werden zu irreversiblen oder zu kaum korrigierbaren körperlichen Veränderungen führen. In den Standards werden demzufolge einige Voraussetzungen erwartet: Der Psychotherapeut sollte die Patienten in der Regel mindestens ein Jahr kennen. Er ist dabei zu dem begründeten Urteil gekommen, dass die Geschlechtsidentität und seine individuelle Ausgestaltung stimmig sind, dass die gewünschte Rolle gelebt werden kann und dass eine realistische Einschätzung der Möglichkeiten und Grenzen somatischer Behandlung vorhanden ist. Die Hormonbehandlung erfolgt durch einen Endokrinologen (zu den konkreten

Möglichkeiten s. Eicher 1996a). Sie ermöglicht es, schon vor einer Operation den postoperativen subjektiven Zustand zu erleben. Im positiven Fall erleichtert die Hormonbehandlung den Transsexuellen ihre Situation im Alltag erheblich: Mit zunehmend weiblichen bzw. männlichen Attributen wirken die Betreffenden im angestrebten Geschlecht überzeugender.

■ **Phase 4 – Geschlechtskorrigierende Operation:** Die Operation schafft eine irreversible Situation. Inzwischen muss sich erwiesen haben, dass der Transsexuelle mit der hormonellen Medikation psychisch und körperlich gut zurechtkommt, da sie lebenslang fortgesetzt werden muss. Die Standards legen fest, dass der Psychotherapeut den Transsexuellen in dieser Phase mindestens eineinhalb Jahre kennen sollte, dass er bis zur Operation mindestens ein Jahr lang das Leben in der gewünschten Geschlechtsrolle erprobt und dass er mindestens ein halbes Jahr unter gegengeschlechtlicher Hormonbehandlung gestanden hat. Der Psychotherapeut hilft bei der Auswahl der Chirurgen, mit denen der Transsexuelle Gespräche über die verschiedenen Möglichkeiten operativer Eingriffe führen kann (vgl. Eicher 1996b). Es ist nochmals Zeit darauf zu verwenden, die Entscheidung für die Operation gut zu durchdenken. Denn in dieser Phase sind erneut zwei Fachgutachten notwendig, aus denen zweifelsfrei die Zustimmung des Transsexuellen zum geschlechtskorrigierenden Eingriff ablesbar ist. Die Folgen einer voreiligen Entscheidung sind offenkundig: Rückoperationen sind entweder überhaupt nicht oder äußerst schwierig und mit fraglichem Ausgang möglich.

■ **Phase 5 – Nachbetreuung:** Auch wenn eine psychologische bzw. psychotherapeutische Betreuung nach vollständiger Geschlechtsumwandlung nicht mehr vorgesehen ist, sollte sie empfohlen werden. Zwar gelingt bei entsprechender Vorbereitung die psychosoziale Integration in der Regel gut, doch können immer wieder Probleme auftreten. Dies gilt häufig angesichts des Wunsches, eine feste Partnerschaft eingehen zu wollen (Kockott 1996). Andere kommen von sich aus erneut in Behandlung, weil sie nach der Operation eine Phase der psychischen Instabilität erleben, z. B. unter Depressivität leiden oder immer noch ständige Kämpfe um ihre sozial-gesellschaftliche Anerkennung führen müssen (Becker 1998). Nach der Darstellung des Phasenmodells ist zudem deutlich, dass die *Zeitspanne* für die notwendige psychotherapeutische Begleitung und Behandlung (inkl. Alltagstest, Hormonbehandlung bis hin zur Operation) langwierig ist. Formal sollte sie mindestens eineinhalb Jahre betragen, in der Regel wird sie jedoch erheblich länger ausfallen.

> Insgesamt bleibt zu bedenken, dass zwar die meisten Transsexuellen den Weg zur kompletten Geschlechtsumwandlung gehen möchten; es gibt jedoch immer wieder Betroffene, die vor allem in der Anfangsphase ihrer Therapie irgendeine Alternative für sich als Lösung ihres Problems annehmen können.

35.2.5 Prognose

Die meisten prognostisch möglichen Entwicklungen der Geschlechtsidentitätsstörung gelten inzwischen als sozial, rechtlich und medizinisch akzeptierbare Formen der sexuellen Orientierung des Menschen. Neben der Heterosexualität als einer prognostischen Variante sind die anderen Möglichkeiten die Bisexualität, die Homosexualität und die Transsexualität.

> Die kritische Diskussion dreht sich also vorrangig um die Frage, wie mit der Geschlechtsidentitätsstörung bereits in der Kindheit sinnvoll umgegangen werden kann. Denn in keiner systematischen Studie konnte bis heute nachgewiesen werden, dass sich auch nur eine dieser Entwicklungen durch medizinische oder psychologische Behandlungsformen hätte verhindern oder hätte umkehren lassen (vgl. Fiedler 2006a).

Die wichtigsten Formen der prognostisch möglichen Weiterentwicklung sind in Abbildung 35-1 kurz zusammengefasst.

■ **Bisexuelle und homosexuelle Entwicklung:** Bis zu zwei Drittel der Kinder mit einer Geschlechtsidentitätsstörung weisen in der Jugend oder im Erwachsenenalter eine homosexuelle oder bisexuelle Orientierung auf. Wichtig ist: Mit dem Coming-out der Betroffenen scheint die vermeintliche Geschlechtsidentitätsstörung nicht länger zu bestehen – und zwar egal, ob diese in der Kindheit »professionell behandelt« wurde oder nicht. Die meisten bisexuellen und homosexuellen Personen verfügen über eine ihrer Biologie entsprechende Geschlechtsidentität als Mann oder Frau, die allermeisten bereits in der Kindheit.

■ **Heterosexuelle Entwicklung:** Bei der nächstgrößeren Gruppe von Personen mit einer Geschlechtsidentitätsstörung in der Kindheit entwickelt sich später eine heterosexuelle Geschlechtspartnerorientierung. Und bei ihnen gehen die Interessen an nicht geschlechtsrollenkonformen Verhaltensmustern spätestens in der Jugendzeit – ebenfalls mit oder ohne »Behandlung« – so deutlich zurück, dass von einer Geschlechtsidentitätsstörung nicht mehr die Rede sein kann. Auch sie verfügen spätestens mit dem Verlassen der Kindheit über eine klare Geschlechtsidentität, die dem biologischen Geschlecht entspricht.

■ **Transsexuelle Entwicklung:** Nur ein geringer Prozentsatz der Jugendlichen behält eine Geschlechtsidentitätsstörung in der Jugendzeit bei. Es handelt sich dabei vor allem um Kinder, die seit frühester Kindheit eine gegengeschlechtliche Identität strikt vertreten und zum Ausdruck gebracht haben. Für diese Entwicklung zur Transsexualität ist es typisch, dass die Betreffenden sich zunehmend bemühen, ihr äußeres Erscheinungsbild nicht nur dem anderen Geschlecht anzupassen, sondern sich in vielen Fällen auch noch einer Geschlechtsumwandlungsoperation zu unterziehen.

- **Fortbestehende Geschlechtsidentitätsstörung und Geschlechtsdysphorie:** Wohl vor allem ungünstige Erziehungsumwelten und die Erfahrung sozialer Ausgrenzung und Ablehnung können dafür verantwortlich gemacht werden, dass bei Fortbestehen der Geschlechtsidentitätsstörung bis in die Jugend und in das Erwachsenenalter hinein eine Geschlechtsrollenkonfusion bestehen bleibt. In seltenen Fällen kann eine Geschlechtsidentitätsstörung bzw. Geschlechtsdysphorie bis ins hohe Erwachsenenalter hinein andauern. Gelegentlich wird dabei ein spätes Coming-out in Richtung Homosexualität bzw. Bisexualität oder in Richtung Transsexualität beobachtet.

- **Beginn der Geschlechtsdysphorie in der Jugend und im Erwachsenenalter:** Manchmal kann sich aber auch erst in der Jugend und im frühen Erwachsenenalter eine Geschlechtsdysphorie einstellen. Aus diesen Entwicklungen kann nun ganz allmählich noch eine zweite Variante des Transsexualismus hervorgehen. Dabei handelt es sich um Personen, bei denen in der Kindheit *keine* Geschlechtsidentitätsstörung beobachtbar war. Interessant ist vielmehr, dass es sich dabei um Personen handeln kann, die ab ihrer Jugend eine Phase mit *Transvestitismus* durchlaufen haben oder noch durchlaufen. Dabei handelt es sich jedoch um eher seltene Ausnahmen (zum Transvestitismus als Phänomen des Transgenderismus s. Kap. 35.4).

> Sexuelle Funktionsstörungen beschreiben somit einen Mangel oder eine Verminderung des sexuellen Verlangens, eine Behinderung der Durchführbarkeit des Koitus oder der Penetration, ein Ausbleiben bzw. eine fehlende Kontrolle über das Auftreten des Orgasmus (und der Ejakulation), nicht-organisch bedingte Schmerzen beim Koitus sowie eine mangelnde Befriedigung bei ungestörtem Ablauf des Koitus.

Gemäß DSM-IV-TR müssen die sexuellen Funktionsstörungen jeweils drei Kriterien erfüllen:
- In den A-Kriterien werden die einzelnen Störungsbilder genauer gekennzeichnet.
- Das B-Kriterium fordert, dass das Störungsbild deutliches Leid oder zwischenmenschliche Schwierigkeiten verursacht.
- Das C-Kriterium fordert, dass das Störungsbild nicht besser durch das gleichzeitige Vorhandensein einer anderen psychischen Störung erklärt werden kann (z. B. durch eine Depression oder eine posttraumatische Belastungsstörung) und dass es nicht ausschließlich auf die direkte Wirkung einer Substanz zurückgeht (z. B. bei chronischem Alkoholabusus).

Die Kriterien B und C sind für alle Störungen gleich. Tabelle 35-1 gibt einen Überblick über die einzelnen Störungsbilder bei Männern und Frauen sowie deren Kurzcharakterisierungen gemäß DSM-IV-TR.

35.3 Sexuelle Funktionsstörungen

Die nachfolgend beschriebenen sexuellen Funktionsstörungen werden auf heterosexuelle Paare bezogen dargestellt, weil diese in der Mehrzahl der therapeutischen Fälle vorliegen. Doch auch bei homosexuellen Paaren können sexuelle Funktionsstörungen behandlungsrelevant werden und in solchen Fällen kommen üblicherweise die gleichen therapeutischen Verfahren wie bei heterosexuellen Paaren zur Anwendung. Weiter sagt das Vorliegen sexueller Funktionsstörungen zunächst nichts über die Partnerbeziehungen aus. Die Diagnose kann sowohl bei gelegentlich stattfindendem Geschlechtsverkehr in Zufallsbekanntschaften wie auch in lang bestehenden Paarbeziehungen vergeben werden.

35.3.1 Definition und Klassifikation

Die klassifikatorische Einordnung und Benennung sexueller Funktionsstörungen orientiert sich am zeitlichen Erregungsablauf des Geschlechtsverkehrs, der zu unterschiedlichen Zeitpunkten, d. h. vor, während oder nach dem Koitus, beeinträchtigt sein kann.

35.3.2 Epidemiologie

Das epidemiologische Wissen über die Prävalenz sexueller Funktionsstörungen muss beim gegenwärtigen Kenntnisstand als unzureichend betrachtet werden. Sie sind vermutlich in der Bevölkerung weitverbreitet. In der wohl größten repräsentativen Erhebung der vergangenen Jahre (Laumann et al. 1999) beklagten 32 % der Frauen ein mangelndes sexuelles Interesse, 26 % berichtete über Orgasmusstörungen und 21 % über Lubrikationsschwierigkeiten, wobei 16 % häufig damit zusammenhängende Schmerzen während des Sexualverkehrs zu Protokoll gaben. Sexuelle Beschwerden bei Männern fallen in der Selbstauskunft niedriger aus. Am häufigsten werden Schwierigkeiten mit einem vorzeitigen Samenerguss genannt (31 %), gefolgt von Versagensängsten beim Sexualakt. Die übrigen Störungen werden jeweils mit ungefähr 10 % angegeben mit geringen Abweichungen nach oben und unten (vgl. auch Gromus 2002; Kockott u. Fahrner 2000; Richter-Appelt 2007).

35.3.3 Ätiologie und Pathogenese

Im Unterschied zu den epidemiologischen Befunden werden sexuelle Funktionsstörungen in der klinischen Praxis seltener

35.3 Sexuelle Funktionsstörungen

Tab. 35-1 Sexuelle Funktionsstörungen gemäß DSM-IV-TR und ICD-10

Störungen der sexuellen Appetenz

- Störung mit verminderter Appetenz: anhaltender oder wiederkehrender Mangel an (oder Fehlen von) sexuellen Phantasien und des Verlangens nach sexueller Aktivität
  (DSM-IV-TR: 302.71; ICD-10: F.52.0)
- Störung mit sexueller Aversion: anhaltende oder wiederkehrende extreme Aversion gegenüber oder Vermeidung von (fast) jeglichem genitalem Kontakt mit dem Sexualpartner
  (DSM-IV-TR: 302.79; ICD-10: F52.10)

Störungen der sexuellen Erregung

- Störung der sexuellen Erregung bei der Frau: anhaltende oder wiederkehrende Unfähigkeit, Lubrikation und Anschwellung der äußeren Genitale als Zeichen genitaler Erregung zu erlangen oder aufrechtzuerhalten
  (DSM-IV-TR: 302.72; ICD-10: F52.2)
- Erektionsstörung beim Mann: anhaltende oder wiederkehrende Unfähigkeit, eine adäquate Erektion zu erlangen oder aufrechtzuerhalten
  (DSM-IV-TR: 302.72; ICD-10: F52.2)

Orgasmusstörungen

- weibliche/männliche Orgasmusstörung: anhaltende oder wiederkehrende Verzögerung oder Fehlen des Orgasmus nach einer normalen sexuellen Erregungsphase
  (DSM-IV-TR: 302.73 [bei der Frau]; 302.74 [beim Mann]; ICD-10: F52.3)
- Ejaculatio praecox: anhaltendes oder wiederkehrendes Auftreten einer Ejakulation bei minimaler sexueller Stimulation vor, bei oder kurz nach der Penetration und bevor die Person es wünscht
  (DSM-IV-TR: 302.75; ICD-10: F52.4)

Störungen mit sexuell bedingten Schmerzen

- Dyspareunie: wiederkehrende oder anhaltende genitale Schmerzen in Verbindung mit dem Geschlechtsverkehr
  (DSM-IV-TR: 302.76; ICD-10: F52.6)
- Vaginismus: wiederkehrende oder anhaltende unwillkürliche Spasmen der Muskulatur des äußeren Drittels der Vagina, die den Geschlechtsverkehr beeinträchtigen
  (DSM-IV-TR: 306.51; ICD-10: F52.5)

beobachtet. Das hat plausible Gründe: Vermittelt über die Medien wird die Sexualität einerseits als Ausdruck eines gesunden Selbstwertgefühls mit hoher Leistungsfähigkeit verknüpft, andererseits werden sexueller Missbrauch und sexuelle Gewalt akribisch verfolgt und jede Abscheu erregende Grausamkeit bis ins Detail dargestellt. Wegen dieser Ambivalenz ist es nicht erstaunlich, wenn Probleme mit der Sexualität im psychotherapeutischen Kontext eher selten angesprochen werden und schamhaft verdeckt bleiben. Selbst Therapeuten neigen dazu, Probleme dieser Art zu übergehen, solange Patienten nicht von sich aus darauf zu sprechen kommen.

■ **Krisenzeit Adoleszenz:** Es ist heute unbestritten, dass sich die Jugendzeit mit ihren Entwicklungssprüngen auf der Grundlage enormer hormoneller Veränderungen als besonders kritische Zeit darstellt – und zwar für beide Geschlechter. Es ist nicht weiter erstaunlich, wenn die Ursprünge sexueller Funktionsstörungen von den meisten Forschern in der späten Kindheit, Pubertät und Jugend verortet werden, wenngleich prädisponierende Faktoren in der Kindheit nicht ausgeschlossen sind. Als prädisponierend gelten eine mangelnde Sexualaufklärung, Informationsdefizite und – dies insbesondere – die Vermittlung völlig untauglicher sexueller Mythen, wie sie heute rund um die Uhr medial verbreitet werden. Hier liegen vermutlich die häufigsten Ursachen für sich dann einstellende Sexualängste, sexuelle Gehemmtheit und mangelnde partnerschaftliche Kommunikation. Dabei beeinflussen sich viele dieser Faktoren wechselseitig (vgl. Hammelstein u. Hoyer 2006).

■ **Teufelskreis Erwartungsangst:** Auf diese prädisponierenden Aspekte innerpsychischer Ängste und zwischenmenschlicher Kommunikationsprobleme zurückführen lässt sich dann das eventuell erstmals ausbleibende sexuelle Verlangen – mit der häufigen Folge des Ausbleibens der Erektion oder Lubrikation. Diese Versagenserfahrung kann nun in einen bleibenden Teufelskreis hinein entgleiten, wenn sich spezifische Erwartungsängste entwickeln, etwa beim nächsten Mal erneut »zu versagen«, den Partner oder die Partnerin beim nächsten Mal »nicht erneut befriedigen zu können« usw. Zunehmende Erwartungsängste und eine dysfunktionaler Selbstaufmerksamkeit auf Erektion bzw. Lubrikation beim nächsten Versuch der erotischen Annäherung interferieren jedoch mit dem autoregulativen Prozess der sexuellen Erregung. Angesichts dieser unangenehmen, teils extrem belastend erlebten Erfahrungen beginnen Betroffene schließlich, sexuellen Situationen grundsätzlich aus dem Weg zu gehen.

■ **Partnerschaftserwartungen:** Dieser Teufelskreis kann weiter durch tiefer liegende Prozesse angeregt und verstärkt werden (vgl. Richter-Appelt 2001). Im Hintergrund könnten unerfüllte Wünsche an die Partnerwahl virulent werden. Aus der Kindheit mitgenommene (unerfüllte) Hoffnungen, die ursprünglich auf einen Elternteil bezogen waren, konnten in der aktuellen Partnerschaft wiederbelebt werden, müssen dann jedoch fast zwangsläufig auch zu Enttäuschungen führen. So könnte im Hintergrund der sexuellen Funktionsstörungen gelegentlich eine nicht erfolgreich gelungene Loslösung von den Eltern sichtbar werden. Als ähnlich problematisch gelten Mythen, die Betroffene gelegentlich mit Partnerschaft verbinden. Üblicherweise weicht das Gefühl des romantisch-leidenschaftlichen Verliebtseins dem Gefühl von Vertrautheit und Zugehörigkeit. Diese zwangsläufige Veränderung der Beziehungsgestaltung kann, wenn sie nicht so erwartet wird, zu Paarkonflikten führen, die ihrerseits sexuelle Funktionsstörungen in Gang setzen können.

35.3.4 Therapie

Bei der Behandlung sexueller Funktionsstörungen hat sich ein **paartherapeutisches Vorgehen** als besonders effektiv und praktikabel erwiesen, auch wenn vermehrt einzeltherapeutische Vorgehensweisen entwickelt und überprüft werden – was nicht zuletzt durch die Entwicklung entsprechender Psychopharmaka wie Sildenafil (VIAGRA®) begünstigt wurde. Die allgemeinen Überlegungen zur paartherapeutischen Behandlung haben sich aus dem Prinzip des **Sensualitätstrainings** *(sensate focus)* von Masters und Johnson (1970) entwickelt und sind dann von unterschiedlichen Arbeitsgruppen weiterentwickelt worden. Als Voraussetzung für die erfolgreiche Anwendung gilt jedoch (Clement 2004; Hammelstein u. Hoyer 2006; Kockott u. Fahrner 2004),

- dass das Paar motiviert ist,
- keine sexuellen Nebenbeziehungen bestehen und
- die Funktionsstörungen nicht organisch bedingt sind.

■ **Sensualitätstraining:** Das Sensualitätstraining gliedert sich in verschiedene Phasen. Zunächst erfolgt ein Koitusverbot, das erst in der letzten Phase aufgehoben wird. Es ist keine paradoxe Intervention, sondern dient dazu, erneute Misserfolge zu vermeiden sowie den Leistungsdruck und Erwartungsängste zu reduzieren. In einer ersten Stufe soll sich das Paar durch Streicheln erkunden, wobei die Genitalien und die Brust ausgespart bleiben. Ziel ist das gegenseitige Kennenlernen des Körpers, nicht eine sexuelle Erregung. In der zweiten Phase werden die Übungen fortgeführt und die Genitalien beim Streicheln oberflächlich einbezogen. Auch hier ist nicht das Ziel, eine Erregung zu provozieren. Erfolgt diese, soll ruhig kurz pausiert werden. In der Folgephase werden die Genitalien ausdrücklich mit dem vorrangigen Ziel des Kennenlernens und Akzeptierens des Körpers einbezogen. Erst in der vierten Phase wird der gesamte Körper gestreichelt, um sexuelle Erregung zu erreichen. Die fünfte Phase beinhaltet die Einführung des Penis in die »stille Vagina«, wobei die Frau die Führung übernimmt, den Penis in die Scheide einführt, aber eine rhythmischen Bewegung noch unterbleibt. Der Penis verbleibt so lange in der Scheide, bis die Erregung verschwindet. Erst in der letzten sechsten Phase beginnt das Paar mit Lust und Erregung zu experimentieren.

■ **Spezifische Techniken:** Zur Behandlung spezifischer Störungen wurden weitere Techniken entwickelt. Mit *Teasing-Technik* zur Behandlung der **Erektionsstörungen** werden Übungen bezeichnet, in denen der Mann mittels Selbststimulation die Erfahrung macht, dass eine Erektion, die verloren geht, durch Stimulation wieder hergestellt werden kann. Zunächst übt der Mann allein, später wird die Partnerin einbezogen. Bei der sogenannten *Stopp-Start-Übung* zur Behandlung der Ejaculatio praecox lernt der Mann, seine Ejakulation hinauszuzögern. Dabei kann die Stimulation kurz vor dem »Point of no Return« ausgesetzt werden oder es wird die sogenannte *Squeeze-Technik* eingesetzt, bei welcher mit den Fingern Druck auf die Eichel ausgeübt wird (Daumen auf dem Frenulum, Zeigefinger auf die Glans). Zunächst ebenfalls vom Mann allein eingeübt, wird späterhin die Partnerin einbezogen.

Bei **Vaginismus** empfiehlt sich der Einsatz von *Hegarstiften,* die in unterschiedlichen Größen (zwischen 10 und 26 mm) zur Anwendung kommen. Auch hier erkundet die Frau zunächst allein unter Verwendung von Gleitmitteln, bis später der Mann einbezogen wird.

Desensibilisierungsübungen werden bei **sexueller Aversion** eingesetzt (unter der Voraussetzung, dass keine Partnerschaftskonflikte mehr bestehen). Hier kommt z. B. bei Aversion gegenüber Körperflüssigkeiten das Prinzip der Habituation zur Anwendung. Besteht beispielsweise eine Aversion gegenüber dem Ejakulat, kann mit Sperma-ähnlichen Flüssigkeiten gearbeitet werden, die gerochen oder auf dem Körper verteilt werden. Später können die Übungen mit männlichem Ejakulat fortgeführt werden.

■ **Weitere Problembereiche:** Zusätzlich werden alle sonstigen Probleme paartherapeutisch behandelt, die den sexuellen Bereich im Sinne der oben dargestellten Ätiologiefaktoren beeinträchtigen. Dabei gilt es zu beachten, welche Bedeutung die sexuelle Symptomatik für die Patienten und für die Partnerschaft hat. In den Mittelpunkt der Behandlung rücken dazu häufig folgende Aspekte:

1. mangelnde Selbstsicherheit oder geringes Selbstwertgefühl
2. Probleme mit der Akzeptanz des eigenen Körpers
3. Übergewicht
4. übermäßiger Stress im Beruf
5. Konflikte in der Partnerschaft
6. generelle Lebensplanung

Psychische Störungen, die nicht mit der sexuellen Problematik im Zusammenhang stehen, sollten entweder vor oder nach der Sexualtherapie behandelt werden.

35.4 Störungen der Sexualpräferenz

Sexuelle Empfindungen und sexuelle Aktivitäten hängen grundlegend mit der Befriedigung menschlicher Bedürfnisse zusammen und sie haben, wie sich bis hier bereits andeutet, eine große Variationsbreite – sowohl in der Intensität des Wünschens und Erlebens als auch in den sexuellen Praktiken. Diese Variabilität macht es häufig schwer, eindeutige Grenzen zwischen »Normalität« und »Abweichung« zu ziehen. Zweifelsohne hängt die Definition von sexueller Abweichung bzw. Störung im Unterschied zu anderen psychischen Störungen enger mit den Normen der Gesellschaft zusammen, in der entsprechende Verhaltensmuster gezeigt werden, als mit festen

35.4.1 Definition und Klassifikation

»Störungen der Sexualpräferenz« ist die übergreifende Bezeichnung in der ICD-10 (WHO 1991), »Paraphilie« ist die Kennzeichnung dieser sexuellen Störungen gemäß DSM-IV-TR (APA 2000).

> Auf der Ebene des Verhaltens ist eine **Paraphilie** am besten zu beschreiben als sexueller Drang nach einem unüblichen Sexualobjekt oder nach unüblicher sexueller Stimulierung (Tab. 35-2).

Der unter Psychoanalytikern nach wie vor gebräuchliche Fachterminus »Perversion« sollte wegen seiner Bedeutungsüberhänge möglichst nicht mehr benutzt werden, weil er viele abweichende und dennoch als verbreitet geltende Sexualpraktiken zu schnell und leichtfertig in den Bereich »krankhafter Abweichung« rückt.

! Nicht nur das Beispiel Homosexualität – die bis vor wenigen Jahren noch in den Diagnosesystemen unter der Überschrift »Perversionen« immer an erster Stelle geführt wurde – zeigt, dass die gesellschaftlich wie psychiatrisch definierten Paraphilie-Merkmale der »Abweichung«, der »psychischen Störung« wie schließlich sogar jene der »Delinquenz« unter historischer Perspektive offensichtlich einem kontinuierlichen Wandel unterliegen, der sich jeweils aktuell bemerkenswert unmerklich vollzieht.
So können denn heute bereits erneut – 30 Jahre, nachdem die Homosexualität aus den Diagnosesystemen gestrichen wurde – auf der Grundlage sexualwissenschaftlicher Forschungsarbeiten aus dem Paraphilie-Bereich problemlos drei weitere »Störungen der Sexualpräferenz« gestrichen werden: der Fetischismus, der Transvestitismus und der in wechselseitigem Einvernehmen gelebte sexuelle Sadomasochismus (Fiedler 2006c).

Tab. 35-2 Störungen der Sexualpräferenz (ICD-10) bzw. Paraphilien (DSM-IV-TR)

Über einen Zeitraum von mindestens 6 Monaten bestanden wiederkehrende, starke sexuelle Impulse, Handlungen und/oder sexuell erregende Phantasien,
• … die den Gebrauch gegenständlicher Objekte als Stimuli für die sexuelle Erregung beinhalten (z. B. Kleidungsstücke oder Schuhe, Materialien aus Gummi, Plastik oder Leder). **(Fetischismus**; ICD-10: F65.0, DSM-IV-TR: 302.81)
• … die im Zusammenhang mit dem Tragen von Kleidungsstücken des anderen Geschlechts bestanden. **(Transvestitismus**; ICD-10: F65.1, DSM-IV-TR: 302.3)
• … die das Entblößen der eigenen Geschlechtsteile in der Öffentlichkeit gegenüber einem nichts ahnenden Fremden zumeist des anderen Geschlechts beinhalten. **(Exhibitionismus**; ICD-10: F65.2, DSM-IV-TR: 302.4)
• … die sich als Drang darstellen, anderen Menschen heimlich bei sexuellen Aktivitäten oder Intimitäten wie z. B. beim Entkleiden zuzusehen. **(Voyeurismus**; ICD-10: F65.3, DSM-IV-TR: 302.82)
• … die das Berühren und Sich-Reiben an Personen betreffen, die mit der Handlung nicht einverstanden sind. **(Frotteurismus**; ICD-10: F65.8, DSM-IV-TR: 302.89)
• … die mit einem realen, nicht simulierten Akt der Demütigung, des Geschlagen- und Gefesseltwerdens oder sonstigem sexuell erregenden Leiden verbunden sind. **(sexueller Masochismus**; ICD-10: F65.5, DSM-IV-TR: 302.83)
• … die reale, nicht simulierte Handlungen beinhalten, in denen das psychische oder physische Leiden (einschließlich Demütigung) des Opfers für die Person sexuell erregend ist. **(sexueller Sadismus**; ICD-10: F65.5, DSM-IV-TR: 302.84)
• … die sexuelle Aktivität mit oder vor einem vorpubertären Kind oder Kindern beinhalten, die sich zumeist in der Vorpubertät oder im frühen Stadium der Pubertät befinden. **(Pädophilie**; ICD-10: F65.4, DSM-IV-TR: 302.2)

Der wichtigste Grund ist darin zu sehen, dass paraphile Verhaltensweisen so lange *keine* psychischen Störungen darstellen (auch nicht im Sinne der Diagnosesysteme), wie die Betroffenen nicht selbst unter ihrem Drang zur Ausübung sexueller Praktiken leiden und/oder die Freiheitsrechte anderer Menschen nicht verletzt und eingeschränkt werden. Das ist bei den genannten Paraphilien der Fall.
Wir haben deshalb kürzlich für den in wechselseitiger Zuneigung ausgeübten Sadomasochismus eine eigene Bezeichnung eingeführt und ihn als »inklinierend« bezeichnet (lat. *inclinare*: sich zuneigen). Für die gefahrvolle Paraphilie-Variante des sexuellen Sadismus wurde der Begriff »periculär« hinzugefügt, was schon längst zur besseren Unterscheidung der problemlosen von der gefahrvollen Abweichung in der Sexualpräferenz hätte geschehen sollen (vgl. Fiedler 2004). Diese Notwendigkeit der genaueren Differenzierung hat übrigens inzwischen auch in den Paraphilie-Kriterien des DSM-IV-TR (APA 2000) einen ersten Niederschlag gefunden.

35.4.2 Epidemiologie

Angesichts dieses Wandels, den die sexuellen Störungen über mittlere Zeitspannen hinweg beständig durchmachen, ist es kaum möglich, Aussagen zur Häufigkeit und Verbreitung der Paraphilien zu treffen. Weiterhin legt der große kommerzielle Markt für paraphile Pornographie und Zubehör nahe, dass Paraphilien in unserer Gesellschaft sehr verbreitet sind und zwischen Paraphilie als psychischer Störung und Paraphilie als normaler Ausdrucksform sexuellen Verhaltens fließende

Übergänge bestehen, was die Erhebung epidemiologischer Daten zusätzlich erschwert.

In Anbetracht wachsender sexueller Freizügigkeit in unserer Gesellschaft hat sich die Zahl derjenigen, die von sich aus wegen einer Störung der Sexualpräferenz um psychotherapeutischen Rat nachsuchen, zunehmend verringert. Fast gar nicht mehr werden heute in klinischen Einrichtungen Menschen mit Fetischismus, Transvestitismus oder sexuellem Masochismus vorstellig. In den auf die Behandlung von Paraphilien spezialisierten (zumeist forensischen) Einrichtungen finden sich vornehmlich Patienten, die Straftaten gegen die sexuelle Selbstbestimmung anderer Menschen begangen haben: am häufigsten die Pädophilie und der Exhibitionismus sowie deutlich weniger häufig der periculäre sexuelle Sadismus (vgl. APA 2000). Hinzu kommt, dass sich die (klinischen) Gegenwartsforscher ihrerseits in den letzten Jahren einer Delikt-orientierten Forschung zugewandt und ein Interesse vor allem an der vergleichenden Untersuchung von zwei juristischen Kategorien entwickelt haben:
- der Vergewaltigung
- dem sexuellen Missbrauch von Kindern

Dabei handelt es sich jedoch um keine pathopsychologisch brauchbaren Entitäten, wenngleich das Interesse verständlich ist: Die Gesellschaft erwartet auch von klinischen Forschern, an der Verhinderung dieser inakzeptablen Phänomene mitzuwirken. Andererseits sind seit einigen Jahren Untersuchungen zu genuin psychischen Störungen eher in den Hintergrund getreten. Erst in jüngster Zeit ist ein Wandel abzusehen; über die dabei sichtbar werdenden neuen klinischen Perspektiven soll nachfolgend berichtet werden.

35.4.3 Ätiologie und Pathogenese

Aktuell gibt es unter Sexualdelinquenzforschern eine hochbedeutsame Diskussion um die Frage, ob die Paraphilien überhaupt noch als besonders relevant für die Erklärung von Sexualdelinquenz angesehen werden sollten (Fiedler 2004). Alternative Perspektiven gehen in die folgende Richtung:
- Für das Auftreten sexueller Delinquenz besitzen pathogenetisch andere psychische Störungen eine größere Bedeutung als die Paraphilien.
- Bei den Paraphilien könnte es sich um nichts anderes als um Symptome dieser anderen psychischen Störungen handeln, begründbar unter anderem damit, dass für Sexualdelinquenz und für periculäre Paraphilien ähnliche Entwicklungsbedingungen angenommen werden können.

Voyeurismus und Exhibitionismus

Bereits recht plausibel lassen sich diese Hypothesen mit Forschungsergebnissen zum Voyeurismus und Exhibitionismus begründen. In Fragebogen- und Interviewstudien ist durchgängig zu finden, dass beide Deliktarten (sic!) zumeist von Personen ausgeübt werden, bei denen sich eine entwicklungsbedingt mangelnde soziale Kompetenz in Intimbeziehungen feststellen lässt und bei denen zum Zeitpunkt ihrer Taten in weit mehr als der Hälfte der Fälle manifeste *soziale Phobien bzw. Ängste* und/oder *affektive Störungen* diagnostiziert werden können (Marshall 1989; Marshall u. Eccles 1991). Zum Zeitpunkt ihrer sexuell motivierten Verfehlungen befinden sich die Täter häufig in sozialer Isolation und/oder werden in sozialen Beziehungen abgelehnt oder ausgegrenzt. Selbst wenn soziale Beziehungen vorhanden sind, werden diese als oberflächlich und ohne Intimität beschrieben.

> Es könnte also sein (und Interviewstudien weisen in diese Richtung), dass Voyeurismus und Exhibitionismus funktional eingesetzt werden, um einer depressiogenen Abwärtsspirale entgegenzuwirken – oder auch als »Bewältigung« im Sinne einer Kompensation unerträglicher sozialer Erfahrung und psychischer Verfassungen.

Eine ähnlich »zweckmäßige« Bedeutung haben *sexuelle Funktionsstörungen*, die ebenfalls überzufällig häufig bei diesen beiden Paraphilien beobachtet werden (de Silva 1995). Beim zumeist heimlich ausgeübten Voyeurismus können schließlich auch noch *körperliche Behinderungen* eine Rolle spielen. All dies unterstreicht die Notwendigkeit, bei beiden Deliktarten (!) zukünftig Alternativdiagnosen und deren lebensgeschichtliche Bedeutung zu beachten und nicht einseitig auf »Paraphilie« zu fokussieren.

Fetischismus

Das gerade Gesagte gilt insbesondere auch für den Fetischismus, der als solitäres Problem in der Paraphilie-Literatur sowieso kaum mehr Erwähnung findet, weil ihm gegenüber in den meisten Kulturen eine gesellschaftlich-rechtliche Toleranz bestehen dürfte. Sicherlich gibt es einzelne seltene Fälle, in denen der Fetisch als wichtigste und unerlässliche Quelle mit Ritualcharakter beobachtbar ist, die menschliche Begegnung also dahinter zurück tritt.

> Psychisch gestört wären möglicherweise Ausnahmefälle, bei denen die auf den Fetisch gerichtete sexuelle Phantasie die reale menschliche Begegnung vollständig ersetzt – wobei wie bei den anderen Paraphilien zwingend zu klären ist, worauf das Vermeidungsverhalten enger zwischenmenschlicher Beziehungen denn eigentlich beruht.

Auch in vielen dieser Fälle dürfte das fetischistische Verhalten keine (!) eigenständige Diagnose mehr abgeben, weil es sich als Symptom einer *allgemeinen Beziehungsstörung* entpuppt, zugleich mit einer dann für die Behandlung relevanten Alternativdiagnose: *soziale Phobie* oder *ängstlich-vermeidende Persönlichkeitsstörung*. In anderen Fällen, beispielsweise mit ich-dystoner Fetischismus-Symptomatik und subjektivem Leiden als Kriterien, könnte auch die Diagnose einer *Zwangsstörung* erwogen werden (vgl. Fiedler 2004).

Transvestitismus

Von Sexualwissenschaftlern wird der Transvestitismus inzwischen – wie übrigens auch die Transsexualität – zum Kreis der eben ganz »normal« möglichen Phänomene des sogenannten *Transgenderismus* hinzugerechnet. Es gibt offensichtlich Männer, die subjektiv starke Anteile des weiblichen Geschlechts bei sich wahrnehmen und die diese »Frau in ihrem Innern« gern durch den Akt des Verkleidens *(cross-dressing)* auch nach außen zeigen (Brown 1995). Interessanter- und glücklicherweise fallen in unserer Gesellschaft transvestitische Frauen mit der umgekehrten Neigung, Männlichkeit zu betonen und Männerkleidung zu tragen, gar nicht mehr auf, obwohl sie (auf der Grundlage aktueller Kenntnisse zum Transgenderismus und zur Transsexualität) etwa gleich häufig wie transvestitische Männer vorkommen dürften (vgl. Fiedler 2004).

■ **Keine psychische Störung:** Beide Diagnosesysteme gehen von einer psychischen Störung dann aus, wenn das Verkleiden *(cross-dressing)* von Impulsen zur sexuellen Stimulierung angetrieben wird. Entsprechend wurden die Störungsbezeichnungen gewählt: »Fetischistischer Transvestitismus« in der ICD-10 und »Transvestitischer Fetischismus« im DSM-IV-TR.

Hier muss nun eine eklatante Unkenntnis der Autoren beider Diagnosesysteme über die inzwischen bekannten empirischen Kenntnisse zum Transgenderismus-Phänomen konstatiert werden: Nicht die fetischistische Neigung gilt unter Sexualwissenschaftlern als die treibende Kraft für das *cross-dressing*. Als *primäre Motivation* für das Verkleiden steht das grundlegende Bedürfnis der Betreffenden, periodisch die gegengeschlechtlichen Aspekte des Selbsterlebens zu erleben und zu präsentieren. Dies scheint die treibende Kraft zu sein, auch im weiteren Leben am *cross-dressing* festzuhalten, wenn bei den meisten die zunächst sexualisierenden Aspekte des Verkleidens eindrücklich oder ganz zurückgegangen sind.

Letzteres ist übrigens bei der weit überwiegenden Zahl der Transvestiten der Fall (Brown 1995), ohne dass sie mit dem zeitweiligen Verkleiden aufhören. Vielmehr geben die meisten Transvestiten in Interviews zu Protokoll, dass sie ihre transvestitischen Vorlieben und Neigungen als die wichtigsten Glück versprechenden und damit als die befriedigendsten und bereichernsten Aspekte ihres erwachsenen Lebens betrachten.

Und in keiner methodisch akzeptierbaren Studie ist bis heute der Nachweis geführt worden, dass sich der Transvestitismus mittels Psychotherapie hätte erfolgreich in einen Nicht-mehr-Transvestitismus verändern lassen. Im Gegenteil geben jene wenigen Transvestiten, die sich einer psychotherapeutischen Behandlung unterzogen hatten (dabei handelt es sich um weit unter 10 % der Gesamtgruppe), in Interviews zu Protokoll, dass es ihnen »trotz aller Anstrengung« nur wenige Monate gelang, das *cross-dressing* aufzugeben. Und weit über die Hälfte der Befragten konstatiert, dass sich ihre Psychotherapie letztlich als »sinnlos herausgeworfenes Geld« und als »unsinnigerweise verschenkte Lebenszeit« herausgestellt habe.

■ **Transvestitismus und Toleranz:** Dass die Transgenderismus-Perspektive in den Diagnosemanualen bis heute keinerlei Beachtung findet, liegt vermutlich an dem engen Interesse klinischer Forscher, einen vermeintlichen »paraphilen Störungsgehalt« nachzuweisen. Und so kann es denn schon Erstaunen auslösen, dass sich die meisten paraphil-fetischistischen Transvestiten – legt man die Kriterien des DSM-IV-TR zugrunde – im Verlaufe ihres Lebens in dem Maße nicht mehr in paraphile Transvestiten verwandeln, wenn sie das *cross-dressing* nicht mehr zur eigenen sexuellen Stimulierung und Erregung einsetzen. Hat sich in dieser Hinsicht bei den DSM-Autoren bereits eine gewissen Toleranz eingestellt, kann man sich nur verwundert weiter fragen, warum in der ICD-10 für die Fälle ohne fetischistisch-sexuelle Neigung eine eigene Störungskategorie vorgesehen wurde – und dann auch gleich noch ohne das die Diagnose ansonsten einschränkende »Leiden der Betroffenen« als Kriterium.

Gemäß ICD-10 (F64.1: »Transvestitismus unter Beibehaltung beider Geschlechtsrollen«) ist jemand als (wohlgemerkt) psychisch gestört anzusehen, der die gegengeschlechtliche Kleidung trägt *(cross-dressing)*, um zeitweilig die Erfahrung der Zugehörigkeit zum anderen Geschlecht zu erleben.

Auch diese Störungsdiagnose ist auf der Grundlage heutigen Wissens nicht mehr zu rechtfertigen (Brown 1995). Vielmehr sollte sich allmählich, wie gegenüber transvestitischen Frauen, auch eine stärkere Toleranz gegenüber Männern mit Transvestitismus durchsetzen, um dem Mythos, dass es sich dabei um eine psychische Störung handelt, endlich und endgültig ein Ende zu setzen (ausführlich in Fiedler 2004).

Inklinierender sexueller Sadomasochismus

Bei Vorliegen inklinierender sadomasochistischer Sexualpraktiken darf heute ebenfalls nicht mehr unbedacht von psychischer Störung gesprochen werden, zumal das Recht auf einen im Privaten durchgeführten sexuellen Sadomasochismus inzwischen mehrfach durch höchstrichterliche Entscheidungen verbrieft wurde, unter anderem durch ein Urteil des Europäischen Gerichtshofs für Menschenrechte (Green 2001). Es gilt jedoch, einige Ausnahmefälle zu beachten, die im Folgenden kurz erwähnt werden sollen.

■ **Vorhandensein einer anderen psychischen Störung:** So gibt es die Beobachtung, dass sexueller Masochismus im Rahmen einer psychischen Störung auftreten kann. Aber dabei handelt es sich immer nur um *Ausnahmen*: Bei geistiger Behinderung, Demenz und sonstigen hirnorganischen Prozessen, pathologischen Entwicklungen der Persönlichkeit, Medikamenten- und Alkoholmissbrauch, in manischen Episoden oder im Kontext einer Schizophrenie kommt es zu einer Abnahme von Urteilsvermögen und Impulskontrolle sowie zu Verschiebungen in der Bedürfnisstruktur, was auch zu verändertem Sexualverhalten führen kann (APA 1999, 2000). Die pathogenetischen Mechanismen dieser Verschiebung sind nicht ganz klar, wären jedoch theoretisch hochinteressant. Andererseits: Inklinierender sexueller Masochismus lässt sich dabei nur äußerst selten beobachten.

■ **Entwicklung einer inneren Abhängigkeit:** Die Reduzierung subjektiver Freiheitsgrade ist die Grundlage für diese Störungsdiagnose, wenn die Betroffenen das Verlangen nach realen und fantasierten masochistischen Aktivitäten nicht mehr steuern können. Aber auch diese Fälle sind äußerst selten. Und vor Diagnosevergabe sind *zwingend* zwei weitere in den Diagnosesystemen vorhandene Paraphilie-Kriterien zu beachten: einerseits, dass das dranghafte sexuelle Verlangen bereits über einen Zeitraum von sechs Monaten (!) anhält, und andererseits, dass subjektives Leiden vorhanden und/oder die allgemeine Funktionsfähigkeit erheblich beeinträchtigt ist.

■ **Anwendung gefährlicher und selbstverletzender Sexualpraktiken:** Bei einigen Menschen, die zum inklinierenden sexuellen Masochismus neigen, lassen sich Sexualpraktiken beobachten, die selbstverletzend sind oder sogar tödliche Folgen haben können. Beispiele sind eine Sauerstoffdeprivation, elektrische Stimulationen oder die Benutzung von Giftstoffen. Solche Praktiken könnten darauf hinweisen, dass eine andere psychische Störung vorliegt oder dass die Gefährlichkeit der sexuellen Stimulanzien unterschätzt wird. Wenn die gefährlichen Sexualpraktiken von Betreffenden allein ausgeübt werden, kann an eine Neigung zur Selbstverletzung gedacht werden, wie sie bei unterschiedlichen anderen psychischen Störungen als Symptom zu finden ist.
Für die Diagnose »sexueller Masochismus« jedenfalls gilt, dass für die Ausübung der sexuellen Präferenz ein (realer oder fantasierter) Interaktionspartner wichtig ist.
Schwere, vermeintlich masochistische Selbstverletzungen führen häufig zur Notaufnahme und lassen sich entsprechend gut untersuchen. Dabei zeigt sich in der Tat, dass bei den meisten Betroffenen Selbstverletzungsmotive im Vordergrund standen und nicht etwa sexuell motivierter Masochismus (vgl. Fiedler 2004). Weiterhin ist inzwischen ziemlich sicher, dass in den meisten anderen Fällen die Folgen verletzender Praktiken nicht angemessen eingeschätzt wurden, sodass auch suizidale Absichten auszuschließen waren. Menschen, die eine Vorliebe für masochistische Sexualpraktiken entwickeln, wissen in aller Regel sehr genau um die Vorsichtsmaßnahmen und lehnen unsichere Sexualpraktiken strikt ab.

Periculärer sexueller Sadismus und Pädophilie

■ **Psychische Störungen:** Die hochgradig pathogenetische Funktion psychischer Störungen, wie sie als Ätiologieaspekt der Paraphilien bereits mehrfach angedeutet wurde, scheint in noch ausgeprägterem Ausmaß für die Paraphilie-Varianten »periculärer sexueller Sadismus« und »Pädophilie« zu gelten. In den klinischen Forschungsarbeiten über Vergewaltigungstaten und kindlichen Missbrauch lassen sich bei Sexualstraftätern ganz allgemein und häufiger als bei Straftätern ohne Sexualdelinquenz auffällig oft manifeste *soziale Ängste/Phobien* sowie *affektive Störungen* zum Zeitpunkt der Tat beobachten (ausführlich s. Fiedler 2004). Weit über die Hälfte aller wegen Vergewaltigung und Missbrauch verurteilten Personen erfüllen die Kriterien beider Störungen, wobei die Angaben bei paraphilen Tätern höher ausfallen als bei nicht paraphilen Tätern: je nach Studie die der sozialen Phobie oder Sozialangst zwischen 30 und 40 %, manifeste Depressionen werden bei Sexualdelinquenten bei bis zu einem Drittel der Patienten diagnostiziert, Dysthymie bei bis zu einem Viertel der Betroffenen. Die Lebenszeitprävalenz betreffend nehmen die affektiven Störungen gelegentlich den höchsten Wert aller Achse-I-Störungen ein.

■ **Kontextuelle Bedingungen:** Diese Auffälligkeiten stehen wiederum in engem Zusammenhang mit kontextuellen Bedingungen: Viele, insbesondere paraphile Sexualstraftäter leben isoliert, es handelt sich häufig um Einzelgänger und sie gehen nur selten länger andauernde intime Beziehungen ein. Und ebenfalls wiederum beschreiben übergriffige Sexualdelinquente, die über eine Vielzahl sozialer Kontakte verfügen, diese üblicherweise als oberflächlich und ohne Intimität – egal, ob ihre Taten paraphil motiviert waren oder nicht (Keenan u. Ward 2003).

■ **Alkohol, Drogen:** Weiterhin gelten Alkohol und Drogen als enthemmende Bedingung für sexuelle Übergriffe. Weit mehr als 50 % der Sexualdelinquenten konsumieren zum Zeitpunkt der Tat regelmäßig, d. h. zumeist täglich, größere Mengen Alkohol. Zudem wird die Mehrzahl der Sexualstraftaten unter der enthemmenden Alkoholeinwirkung durchgeführt, insbesondere jene mit extremer Gewalt (vgl. Fiedler 2004). Wenngleich die Nichtparaphilen in dieser Hinsicht überwiegen, bleibt ein Alkoholproblem auch bei weit mehr als einem Drittel der paraphilen Täter beachtenswert.

■ **Persönlichkeitsstörungen:** Schließlich sind entwicklungspathopsychologisch auch noch Persönlichkeitsstörungen von Bedeutung. In aktuelleren Studien (Ahlmeyer et al. 2003; Marneros et al. 2002) weisen Sexualdelinquenten in der überwiegenden Mehrzahl (und jeweils hochsignifikant im Unterschied zu Straftätern ohne Sexualdelinquenz) ängstlich-vermeidende, depressive, dependente und schizoide Persönlichkeitsstörungen auf. Auch diese Beobachtungen ergänzen das Bild der hohen Anteile sozialer Phobien, affektiver Störungen und der kontextuellen Faktoren sozialer Isolation und Vereinsamung.

35.4.4 Ein integratives Entwicklungsmodell periculär-paraphiler Sexualdelinquenz

■ **Krisenzeit Adoleszenz:** Angesichts dieser beachtenswerten, genuin klinischen Auffälligkeiten und Störungen stellt sich für die Forscher auch die pathogenetische Funktion der periculären Paraphilien inzwischen in einem etwas anderen Licht als noch vor Jahren dar. Deren funktionale Bedeutung und Virulenz scheinen sich erst in der Jugend sowie insbesondere jeweils erst im Vorfeld der Taten zu entwickeln (Fiedler 2004). Sie scheinen Indikatoren für Einsamkeit, Isolation und für das Vorliegen phobischer und affektiver Störungen oder bei einer geringeren Anzahl auch von Alkoholproblemen zu sein. Schließlich beziehen sich paraphile Neigungen vorrangig auf die konkrete Vorbereitung und Ausgestaltung der Taten – und zwar weil die Übergriffe von Tätern dieser Gruppe während der Masturbation in der Phantasie vorweggenommen und später entsprechend durchgeführt werden.
Unter Beachtung dieser Aspekte wurden wiederholt Erklärungsmodelle für die periculären Paraphilien vorgeschlagen, die sich in ihren Kernaussagen sehr ähnlich ausnehmen (Arrigo u. Purcell 2001; Burgess et al. 1986; Hickey 1997).

■ **Distale Faktoren und Entwicklungsbedingungen:** Danach können einerseits Erfahrungsbereiche in der Kindheitserziehung unterstellt werden, die für fehlende Bindungskompetenzen und für die spätere Entwicklung sozialer Ängste und anderer psychischer Störungen verantwortlich sind. So ist es eher als Ausnahme zu bezeichnen, wenn Sexualstraftäter – egal ob paraphil oder nicht – in einer familiären Umgebung groß geworden sind, in der sich retrospektiv eine Vernachlässigung der Kinder, Alkoholismus eines oder beider Elternteile und andere ungünstige Lebenserfahrungen nicht als frühe schmerzhafte Erfahrungen finden lassen. Andererseits werden besonders negative Erfahrungen von später pädophilen und sadistischen Sexualstraftätern auch noch aus den Prägungsphasen der (Prä-)Pubertät berichtet.
Dysfunktionale Erziehungsumwelten oder subkulturelle Ausgrenzungserfahrungen tragen wesentliche Mitverantwortung dafür, dass sich bei den Betreffenden keine solide Grundlage dafür einstellt, ein positives Selbstbild zu entwickeln und ausreichende soziale Verhaltensweisen zu erlernen.
Soziale Kontakte werden zunehmend vermieden. In diesem Zusammenhang entwickelt sich bei ihnen die komplementäre Einstellung, von der sozialen Gemeinschaft, in der sie leben, abgelehnt und ausgegrenzt zu werden – was häufig mangels sozialer Kompetenz auch faktisch geschieht. Zunehmende Tagträumereien treten stellvertretend an die Stelle sozialer Beziehungen, die in dieser Zeit für viele Gleichaltrige üblicherweise die ersten wichtigen sexuellen Erfahrungen ermöglichen.

■ **Proximale Faktoren für sexuell-paraphile Übergriffe:**
Paraphile Neigungen und Interessen entwickeln sich vorrangig mit Beginn der Pubertät und im Verlauf der Jugend, seltener aber auch im Erwachsenenleben.
Diese Entwicklung hin zu gefahrvollen sexuellen Übergriffen wird entsprechend als *verhängnisvoller Aufschaukelungsprozess* verstehbar. Isolation bewirkt eine Ersatzsuche in sexualisierten Phantasien und setzt eine paraphil-periculäre innere Systematik in Gang, die sich im weiteren Verlauf zunehmend verselbstständigen kann. Mit reicher Phantasie und scheinbar frei von weiterer Zurückweisung und Ausgrenzung baut sich der Betreffende in einem mentalen Training seine eigenen erotischen Vorstellungen von intimen Begegnungen. Diese beziehen sich – mangels realer Erfahrungen – auf ungewöhnliche Objekte (Fetische, abweichende Sexualanreize) oder ungewöhnliche Handlungen (voyeuristische, exhibitionistische, pädophile, sadistische Rituale).

■ **Teufelskreis:** Werden diese Erfahrungen wiederholt, wird die Entwicklung hin zur Pädophilie und zum periculären sexuellen Sadismus als Lernprozess begreifbar, in dem die Betreffenden allmählich jeglichen Sinn für sexuelle Normalität verlieren. Gebrauch und Missbrauch von Alkohol, Drogen und Pornographie, die Entwicklung phobischer und affektiver Störungen gelten in diesem Zusammenhang als enthemmende Risikofaktoren dafür, dass der spätere Wechsel von der Phantasie in die Wirklichkeit stattfinden kann. Bei einigen offenbart sich dieser Wechsel in die Realität zunächst in »milderen« Sexualdelikten, wie Voyeurismus und Exhibitionismus. Bei anderen kann es sehr bald und unmittelbar zu einem Hineingleiten in schwerwiegende Delinquenz kommen.
Eine solche Entwicklung macht es subjektiv und gelegentlich objektiv unmöglich, ganz normale alltägliche Beziehungen aufzunehmen und zu pflegen, was das subjektive Belastungserleben weiter verstärkt. Die sich dabei entwickelnden psychischen Störungen sind einerseits Ausdruck einer vorhandenen Vulnerabilität und andererseits dafür verantwortlich, dass den Betreffenden die Kontrolle über ihre sexuellen Impulse verloren geht (Ressler et al. 1988). Unterschwellige Stressoren wie Alltagsbelastungen und soziale Desintegration und dadurch immer wieder aufgerissene Vulnerationen sind schließlich dafür verantwortlich, dass einige Täter zwanghaft zur Wiederholung ihrer Taten neigen – auch wenn sich nach jeder Tat zunächst eine längere Phase der sexuell befriedigten Ruhe vor dem nächsten Ausbruch einzustellen vermag.

- **Chronifizierung:** Natürlich lässt sich bei einzelnen Straftätern – ist er erst einmal in Gang gekommen – auch ein fortschreitender, eindeutig paraphil getönter Teufelskreis der Chronifizierung beobachten, insbesondere bei den seltenen progredienten Verlaufsformen. Versteht man die progrediente Dynamik jedoch vor dem dargestellten Entwicklungshintergrund, dann braucht man den Rückgriff auf »Hypersexualität« oder »Triebgeschehen« als Begrifflichkeit und Erklärung nicht mehr (Pfäfflin 2000). Die paraphilen wie nicht paraphilen sexuellen Handlungen werden *sekundär* eingesetzt, um sich der inneren Spannung zu entledigen. Ein solches Gebundensein an besondere Lebenskrisen, an Zeiten der inneren Labilisierung erklärt die Häufung devianter Handlungen in lebensphasischen Krisen wie Pubertät und anderen Lebensperioden mit existenziell bedeutsamen Veränderungen.

35.4.5 Therapie problematischer und periculärer Paraphilien

Abschließend sollen die wichtigsten Bausteine der Sexualstraftäterbehandlung kurz dargestellt werden, die sich in Metaanalysen sowohl bei paraphilen wie nicht paraphilen Straftätern als besonders erfolgreich erwiesen haben (ausführlich in Fiedler 2004).

- **Systematische Rückfallprävention:** Der wichtigste Fortschritt wurde dadurch erzielt, dass man die zunächst im Bereich der Abhängigkeitserkrankungen erprobte Rückfallprävention auf den Bereich der Sexualdelinquenz übertrug. Im Rahmen eines sogenannten Rückfallpräventionstrainings werden Sexualstraftäter auf der Grundlage einer genauen Analyse ihrer jeweiligen Straftaten detailliert darin unterwiesen, wie sie von sich aus ihre persönlichen Rückfallrisiken erkennen und selbstständig vermeiden können. Dabei handelt es sich um eine systematische Schulung und Einübung in sogenannte Rückfallstrategien, die sich in der Forschung bei Sexualdelinquenz inzwischen als wirksam erwiesen haben.
Abgepuffert wird dieser Behandlungsaspekt üblicherweise dadurch, dass mit den Straftätern Merkmale erarbeitet werden, an denen andere Personen (Familienmitglieder, Bekannte, Freunde, Bewährungshelfer der Täter) frühzeitig erkennen können, dass ein eventuelles Rückfallrisiko erneut zunimmt. Die Patienten selbst benennen dann eine oder mehrere Personen ihres Vertrauens, die zur Absicherung der Rückfallprophylaxe in die Nachbetreuung einbezogen werden.

- **Vermittlung und Einübung sozialer Fertigkeiten und Kompetenzen:** Weitere Erfolge der aktuell erfolgreichen Behandlungsprogramme sind darauf zurückzuführen, dass man die therapeutische Vermittlung von sozialen Fertigkeiten und von Bindungskompetenzen zum Kern- und Angelpunkt der Täterbehandlung hat werden lassen. Sexualstraftäter können in der Behandlung lernen, wie man zwischenmenschliche Beziehungen auf eine befriedigende Art entwickeln, ausgestalten und zur wechselseitigen Zufriedenheit über lange Zeit hinweg leben kann. Wenn dies den Straftätern nach erfolgreicher Behandlung und nach Entlassung aus Gefängnis und forensischer Psychiatrie gelingt, kommen sexuelle Übergriffe, die häufig als Ersatz für reale Beziehungen eingesetzt wurden, offensichtlich seltener vor.

- **Die Entwicklung von Empathie für die Opfer:** Als unverzichtbare Voraussetzung für das Gelingen der Rückfallprävention gilt inzwischen, dass sich Täter detailliert und gründlich mit den Folgen auseinandersetzen, die sie mit ihren Taten bei den Opfern bewirkt haben. Den meisten Tätern mangelt es eindrücklich an Empathie für die Opfer. Um Opferempathie zu entwickeln, müssen sich Sexualstraftäter intensiv mit Videos und Berichten über psychische und seelische Schäden von Missbrauchs- und Vergewaltigungsopfern auseinander etzen. Sie werden auch dazu angehalten, detaillierte schriftliche Ausarbeitungen zu den Schäden anzufertigen, die sie selbst bei ihren Opfern durch ihre Taten bewirkt haben.
Einige Forscher sind inzwischen sicher, dass dieses Therapiemodul entscheidende Einstellungsänderungen bei den Tätern bewirken kann. In einigen Therapieprogrammen dürfen die Täter übrigens erst zu weiteren Therapiebausteinen voranschreiten, wenn sie das Modul der Einübung von Opferempathie erfolgreich durch das Anfertigen schriftlicher Ausarbeitungen der zum Teil verheerenden Folgen ihrer Taten und einer sachlichen Auseinandersetzung damit absolviert haben.

Weitere Behandlungsmodule

Weitere wichtige Bausteine der Behandlungsprogramme betreffen verschiedene Tätertypen, bei denen zumeist sehr unterschiedliche affektive oder emotionale Probleme bestehen. Als Orientierung dienen unter anderem ätiopathogenetisch bedeutsame psychische Störungen, die weiter oben dargestellt wurden.

- **Soziale Ängste, Depressionen, Alkoholmissbrauch:** Haben Sexualdelinquenten ihre Taten verübt, um aus sozialem Stress und psychischen Belastungen auszubrechen oder um psychisches Stresserleben zu kompensieren, sind Module vorgesehen, in denen Möglichkeiten eines angemessenen Umgangs mit sozialen Belastungen erarbeitet und erprobt werden oder in denen die Behandlung psychischer Störungen im Vordergrund steht.

- **Impulskontrollstörungen:** Diese liegen zwar überwiegend bei nicht-paraphilen Tätern vor, können aber auch bei paraphilen Tätern beobachtet werden, insbesondere bei inzestuösen Vergehen. Für solche Fälle sind spezielle Module vorgesehen, in denen die Betroffenen einen angemessenen Umgang mit Ärger und Wut kennenlernen und Möglichkeiten vermittelt bekommen, wie sie zukünftig ihrem Ärger in konstruktiver Weise Ausdruck verleihen können.

■ **Sexuelle Funktionsstörungen:** Auch diese spielen für paraphile Entwicklungen eine Rolle, z. B. beim Exhibitionismus gegenüber Kindern oder Erwachsenen, häufig gepaart mit massiven Ängsten vor realen sexuellen Beziehungen, für die eigene Behandlungsschwerpunkte gesetzt werden können.

35.4.6 Prognose

Anhand aktueller Metaanalysen über Studien aus verschiedenen Ländern kann man heute davon ausgehen, dass die Rückfallrate *unbehandelter* Sexualdelinquenten mit Beobachtungszeiträumen mit mindestens fünf bis weit über zehn Jahren bei etwa 20–25 % liegt, dass also bereits die Gerichtsanhängigkeit und Verurteilung infolge eines Sexualdelikts bei mehr als drei Viertel der Sexualdelinquenten bedeutsame Wirkungen entfaltet (Alexander 1999; Hanson u. Bussière 1998; Hanson et al. 2002). Für Rückfallraten unterschiedlicher Deliktgruppen lassen sich durchschnittlich folgende Werte angeben (die niedrigen Angaben stammen aus deutschen Stichproben, Egg 2002; die hohen Angaben stammen aus der Metaanalyse von Alexander 1999):
- Exhibitionismus (56–57 %)
- Vergewaltigung (20–24 %)
- Kindesmissbrauch (22–26 %; die Zahlen pädophiler Täter fallen nur tendenziell, jedoch nicht signifikant höher aus)

■ **Behandlungswirkungen:** Im Verlauf der vergangenen Jahre konnten die Behandlungsprogramme bei Sexualdelinquenz einige bedeutsame Verbesserungen erfahren, wobei insbesondere jene, die in der Behandlung besondere Akzente im Bereich der *Rückfallprävention* setzten, zu deutlichen Verbesserungen in der Prognose geführt haben (Fiedler 2004). Für die genannten Deliktgruppen lassen sich dabei folgende Rückfallzahlen angeben (die geringen Rückfallzahlen stammen aus Institutionen, die spezielle [verhaltenstherapeutische] Rückfallmodule vorhalten, die höheren aus Behandlungskontexten mit herkömmlichen, häufig einsichtsorientierten Therapieangeboten):
1. Exhibitionismus (unter 1 % bis 20 %)
2. Vergewaltigung (8–22 %)
3. Kindesmissbrauch (8–18 %; wobei sich wiederum keine signifikanten Unterschiede zwischen pädophilen und nicht pädophilen Tätern finden lassen)

Die günstigen Wirkungen der rückfallpräventiv orientierten Behandlungsverfahren konnten übrigens, etwas im Unterschied zu früher, durch eine Adjuvanz mit antiandrogener Psychopharmaka-Behandlung *nicht* weiter gesteigert werden (Hanson et al. 2002) – was nicht bedeutet, dass auf diese Möglichkeit bei Tätern mit ausufernden und schwer selbstkontrollierbaren sexuellen Phantasien bereits verzichtet werden kann.

■ **Rückfallursachen:** In den zitierten Metaanalysen zu möglichen Rückfallursachen erweisen sich folgende Aspekte als rückfallprädiktiv:
1. pädophile Neigungen und Interessen
2. ein junges Alter beim Beginn sexueller Devianz
3. die Zahl vorausgehender Sexualdelikte
4. Einsamkeit bzw. Isolation bzw. nicht verheiratet sein
5. weitere Aspekte einer sozialen Desintegration

Letzteres entspricht den Bedingungen, die im Entwicklungsmodell als Risikomerkmale für periculäre Sexualdelinquenz dargestellt wurden. Andererseits hängen folgende Bedingungen eher nicht signifikant mit einem Rückfallrisiko zusammen:
- eigene sexuelle Missbrauchserfahrung der Täter in ihrer Kindheit
- Substanzmissbrauch
- das Vorliegen psychischer Störungen

Schließlich ist es angesichts dieser Befunde nicht weiter verwunderlich, wenn heute bei paraphilen wie bei den nicht-paraphilen Tätern die gleichen Behandlungsansätze eingesetzt werden – und zwar für beide Gruppen gleichermaßen und in den letzten Jahren zunehmend erfolgreich. Die spezifische Beachtung der Paraphilien jedenfalls ist auch in der Therapieforschung bei sexueller Delinquenz weitgehend in den Hintergrund gerückt.

35.5 Fazit

Unter sexuellen Störungen werden verschiedenste pathopsychologische Syndrome verstanden. Störungen der Geschlechtsidentität bestehen in einer tiefen Unzufriedenheit mit dem eigenen Geschlecht, welche bei den meisten Betroffenen nur in der Kindheit besteht. Bei einer kleinen Gruppe kann dieser Wunsch, die Rolle des anderen Geschlechts teilweise oder vollständig anzunehmen, über die Jugend hinaus bestehen bleiben (Transsexualität, Transvestitismus). Sexuelle Funktionsstörungen beinhalten Auffälligkeiten des sexuellen Verlangens sowie Störungen des sexuellen Reaktionszyklus. Die Störungen dieses Bereiches gelten heute als empirisch gut aufgeklärt und in konfliktfreien Partnerschaften als sehr gut behandelbar. Auch bei den Störungen der Sexualpräferenz (Paraphilien) ist in den vergangenen Jahren ein deutlicher Erkenntnisgewinn zu beobachten, der sich ebenfalls in erheblich wirksameren Behandlungskonzepten niedergeschlagen hat.

Gesellschaftliche Normen haben sowohl auf der Patientenseite als auch auf der Seite der Fachwelt einen enormen Einfluss darauf, was genau als gestörte Sexualität aufgefasst wird. Im Abschnitt über sexuelle Funktionsstörungen wurden Mythen über Sexualität in Partnerschaften diskutiert, die Menschen unter starken Leistungsdruck setzen und dazu führen können, dass die selbst gelebte Sexualität schnell als unzureichend beurteilt wird – mit der Folge, dass sich erhebliche sexuelle Probleme ergeben. Bei den Paraphilien finden gesellschaftliche Normen unmittelbar in den diagnostischen Kriterien ihren Ausdruck, weshalb über kurze Zeitspannen hinweg die klinische Diagnostik einiger Störungen der Sexualpräferenz infrage gestellt werden kann, wie dies am Beispiel von Fetischismus, Transvestitismus und inklinierendem sexuellem Sadomasochismus verdeutlicht werden konnte.

Andere Phänomene, wie beispielsweise die sogenannte »Sexsucht« (Alternativbezeichnungen sind hypersexuelle Störungen, sexuelle Impulskontrollstörungen, Don Juanismus) oder die durchgängige Asexualität, finden in den derzeitigen Diagnosesystemen, obwohl sie bereits seit Langem in Einzelfallberichten immer wieder dokumentiert werden, noch keine eigene Bezeichnung. Sie wurden mangels hinreichender Forschung nicht in diesem Kapitel behandelt.

Literatur

Ahlmeyer S, Kleinsasser D, Stoner J, Retzlaff P. Psychopathology of incarcerated sex offenders. J Personal Disord 2003: 17; 306–19.

Alexander MA. Sex offender treatment efficacy revisited. Sex Abuse 1999; 11: 101–16.

American Psychiatric Association (APA). Dangerous sex offenders. A Task-Force Report. Washington, DC: American Psychiatric Association 1999.

American Psychiatric Association (APA). Diagnostic and statistical manual of mental disorders – DSM-IV-TR (4th ed., Text Revision). Washington, DC: American Psychiatric Association 2000 (deutsch: Saß H, Wittchen HU, Zaudig M [Hrsg]. Diagnostisches und Statistisches Manual Psychischer Störungen – Textrevision – DSM-IV-TR. Göttingen: Hogrefe 2003).

Arrigo BA, Purcell CE. Explaining paraphilias and lust murder: toward an integrated model. Int J Offender Ther Comp Criminol 2001; 45: 6–31.

Becker S. Psychotherapie bei Transsexualität. In: Strauß B (Hrsg). Psychotherapie der Sexualstörungen. Stuttgart: Thieme 1998; 139–51.

Becker S, Bosinski H, Clement U, Eicher W, Goerlich T, Hartmann U, Kockott G, Langer D, Preuss W, Schmidt G, Springer A, Wille R. German standards for the treatment and diagnostic assessment of transsexuals. Int J Transgenderism 1998; 2 (online available: www.symposion.com/ijt/).

Bell AP, Weinberg MS, Hammersmith SK. Sexual preferences: It's development in men and women. Bloomington: Indiana University Press 1981.

Bem DJ. Exotic Becomes Erotic: A developmental theory of sexual orientation. Psychol Rev 1996; 103: 320–35.

Bem DJ. Exotic becomes erotic: interpreting the biological correlates of sexual orientation. Arch Sex Behav 2000; 29: 531–48.

Brown GR. Transvestism. In: Gabbard GO (ed). Treatments of psychiatric disorders. 2nd ed. Washington, DC: American Psychiatric Press 1995; 1977–999.

Burgess AW, Hartman CR, Ressler RK, Douglas JE, McCormack A. Sexual homicide: a motivational model. J Interpers Violence 1986; 13: 251–72.

Clement U. Systemische Sexualtherapie. Stuttgart: Klett Cotta 2004.

Clement U, Senf W. Transsexualität. Behandlung und Begutachtung. Stuttgart: Schattauer 1996.

Cohen-Kettenis PT, Pfäfflin F. Transgenderism and intersexuality in childhood and adolescence. Thousand Oaks, CA: Sage Publications 2003.

De Silva P. Paraphilias and sexual dysfunction. Int Rev Psychiatry 1995; 7: 225–30.

Egg R. Rückfälligkeit von Sexualstraftätern. In: Fabian T, Jacobs G, Nowara S, Rode I (Hrsg). Qualitätssicherung in der Rechtspsychologie. Münster: LIT Verlag 2002; 321–35.

Eicher W. Hormonbehandlung bei Transsexuellen. In: Clement U, Senf W (Hrsg). Transsexualität. Behandlung und Begutachtung. Stuttgart: Schattauer 1996a; 54–7.

Eicher W. Transformationsoperationen. In: Clement U, Senf W (Hrsg). Transsexualität. Behandlung und Begutachtung. Stuttgart: Schattauer 1996b; 58–63.

Fiedler P. Sexuelle Orientierung und sexuelle Abweichung. Weinheim: Beltz-PVU 2004.

Fiedler P. Die Entwicklung von Sexualität und Geschlechtsidentität. In: Schulte-Markwort M, Resch F (Hrsg). Kursbuch integrative Kinder- und Jugendpsychotherapie. Weinheim: Beltz-PVU 2005; 18–34.

Fiedler P. Störungen der Geschlechtsidentität. In: Rohde A, Marneros A (Hrsg). Geschlechtsspezifische Psychiatrie und Psychotherapie. Stuttgart: Kohlhammer 2006a; 233–44.

Fiedler P. Sexuelle Orientierung. In: Rohde A, Marneros A (Hrsg). Geschlechtsspezifische Psychiatrie und Psychotherapie. Stuttgart: Kohlhammer 2006b; 443–56.

Fiedler P. Störungen der Sexualpräferenz. In: Rohde A, Marneros A (Hrsg). Geschlechtsspezifische Psychiatrie und Psychotherapie. Stuttgart: Kohlhammer 2006c; 245–59.

Green R. (Serious) Sadomasochism: A protected right of privacy? Arch Sex Behav 2001; 30: 543–50.

Gromus B. Sexualstörungen der Frau. Göttingen: Hogrefe 2002.

Hammelstein P, Hoyer J. Sexuelle Störungen. In: Wittchen HU, Hoyer J (Hrsg). Klinische Psychologie und Psychotherapie. Heidelberg: Springer 2006; 912–26.

Hanson RK, Bussière MT. Predicting relapse: a meta-analysis of sexual offender recidivism studies. J Consul Clin Psychol 1998; 66: 348–62.

Hanson RK, Gordon S, Harris EJR, Marques JK, Murphy W, Quinsey VL, Seto MC. First report of the collaborative data project on the effectiveness of psychological treatment for sex offenders. Sex Abuse 2002; 14: 169–94.

Hickey E. Serial murderers and their victims. 2nd ed. Belmont, CA: Wadsworth 1997.

Keenan T, Ward T. Developmental antecedents of sexual offending. In: Ward T, Laws RD, Hudson SM (eds). Sexual deviance. Issues and controversies. Thousand Oaks, CA: Sage Publications 2003; 119–34.

Kockott G. Die klinische Koordination der Behandlung und Begutachtung. In: Clement U, Senf W (Hrsg). Transsexualität. Behandlung und Begutachtung. Stuttgart: Schattauer 1996; 8–17.

Kockott G, Fahrner EM. Sexualstörungen des Mannes. Göttingen: Hogrefe 2000.

Kockott G, Fahrner EM (Hrsg). Sexualstörungen. Stuttgart: Thieme 2004.

Laumann EO, Paik A, Rosen RC. Sexual dysfunction in the United States: prevalence and predictors. J Am Med Assoc 1999; 281: 537–44.

Levine SB, Brown G, Coleman E, Cohen-Kettenis P, Hage JJ, Van Maasdam J, Petersen M, Pfaefflin F, Schaefer LC. Harry Benjamin International Gender Dysphoria Association's »The Standards of Care for Gender Identity Disorders«. Int J Transgenderism 1998; 2(2) (online available: www.symposion.com/ijt/).

Marneros A, Ullrich S, Rössner D (Hrsg). Angeklagte Straftäter. Das Dilemma der Begutachtung. Baden-Baden: Nomos Verlagsgesellschaft 2002.

Marshall WL. Intimacy, loneliness and sexual offenders. Behav Res Ther 1989; 27: 491–503.

Marshall WL, Eccles A. Issues in clinical practice with sex offenders. J Interpers Violence 1991; 6: 68–93.

Masters WH, Johnson VE. Human sexual inadequacy: Boston: Little Brown 1970.

Money J. Zur Geschichte des Konzepts Gender Identity Disorder. Z Sexualforschung 1994; 7: 20–34.

Money J, Tucker P. Sexual signatures. Boston: Little Brown 1975.

Pfäfflin F. Sexualstraftaten. In: Venzlaff U, Foerster K (Hrsg). Psychiatrische Begutachtung. 3. Aufl. München: Urban & Fischer 2000; 241–66.

Pfäfflin F. Anmerkungen zum Begriff der Geschlechtsidentität. Psychodyn Psychother 2003; 2: 141–53.

Ressler RK, Burgess AW, Douglass JE. Sexual homicide: Patterns and motives. New York: Free Press 1988.

Richter-Appelt H. Psychoanalyse und sexuelle Funktionsstörungen. In: Sigusch V (Hrsg). Sexuelle Störungen und ihre Behandlung. Stuttgart: Thieme 2001; 261–79.

Richter-Appelt H. Sexuelle Funktionsstörungen. In: Rohde A, Marneros A (Hrsg). Geschlechtsspezifische Psychiatrie und Psychotherapie. Stuttgart: Kohlhammer 2007; 201–11.

Schmidt G (Hrsg). Jugendsexualität. Stuttgart: Enke 1993.

Sigusch V, Schmidt G. Jugendsexualität. Stuttgart: Enke 1973.

Simon W, Gagnon JH. Sexual scripts: permanence and change. Arch Sex Behav 1986; 15: 97–120.

Stoller RJ. Sex and gender. Vol. II. The transsexual experiment. New York: Aronson 1976.

Weltgesundheitsorganisation (WHO). Internationale Klassifikation psychischer Störungen. ICD-10. Kapitel V (F). Klinisch diagnostische Leitlinien. 1./2. Aufl. Bern: Huber 1991/1993.

36 Abnorme Gewohnheiten und Störungen der Impulskontrolle

Ingo Spitczok von Brisinski und Elmar Habermeyer

Inhalt
- 36.1 Einleitung 430
- 36.2 Pathologisches Glücksspiel 432
- 36.3 Pathologische Brandstiftung 438
- 36.4 Pathologisches Stehlen 440
- 36.5 Trichotillomanie 442
- 36.6 Störung mit intermittierend auftretender Reizbarkeit (Intermittierende explosible Störung) 444
- 36.7 Pathologischer Internet-Gebrauch 447
- 36.8 Zwanghaft-impulsives Sexualverhalten 448
- 36.9 Dermatotillomanie 451
- 36.10 Pathologisches Kaufen 452
- Literatur 454

Zusammenfassung

Abnorme Gewohnheiten und Störungen der Impulskontrolle werden in den Klassifikationssystemen ICD-10 und DSM-IV als »Versagen, dem Impuls, Trieb oder der Versuchung zu widerstehen, eine Handlung auszuführen, die für die Person selbst und/oder andere schädlich ist« definiert. Sie zeichnen sich durch eine hohe Komorbidität mit anderen psychischen Störungen aus. Von der Diagnose kann nicht auf verminderte Schuldfähigkeit geschlossen werden. Für die Behandlungsplanung ist die Analyse der funktionalen Zusammenhänge wichtig. Ob als Therapieziel Abstinenz oder Reduzierung auf kontrolliertes Verhalten anzustreben ist, muss im Einzelfall entschieden werden. In erster Linie sind psychotherapeutische und sozialtherapeutische Maßnahmen indiziert. Pharmakotherapie kann primär sinnvoll sein bei entsprechender Komorbidität oder als zweiter Schritt bei Patienten, die nicht ausreichend auf andere Maßnahmen angesprochen haben.

36.1 Einleitung

Unter der Kategorie »Abnorme Gewohnheiten und Störungen der Impulskontrolle« sind in der ICD-10 und dem DSM-IV-TR sehr verschiedene Störungen zusammengefasst.

> Gemeinsames Merkmal ist nach DSM-IV-TR das »Versagen, dem Impuls, Trieb oder der Versuchung zu widerstehen, eine Handlung auszuführen, die für die Person selbst oder für andere schädlich ist«.

Die ICD-10 betont zusätzlich das Fehlen einer vernünftigen Motivation, was nicht unproblematisch ist, da der Vernunftgehalt von Motiven und Handlungen nur schwer zu operationalisieren ist. Vieles, was auf den ersten Blick unvernünftig scheint, ergibt für die handelnde Person durchaus Sinn bzw. ist aus der Lebensgeschichte und dem sozialen Kontext heraus verständlich, was z. B. von Kröber (1988) am Beispiel kleptomaner Verhaltensstile gut dargestellt worden ist. Daher sollte man sich vor voreiligen und lediglich auf die Verhaltensanalyse begründeten Aussagen zum Vernunftgehalt wiederholter Handlungsweisen hüten.

Sicherere Aussagen sind zu den anderen Voraussetzungen dieser Störungsgruppe möglich, nämlich zu der hohen Frequenz der Handlungen und dazu, ob die betroffenen Patienten oder andere Menschen durch die Handlungen ernsthaft beeinträchtigt werden. Reue, Selbstvorwürfe oder Schuldgefühle können, müssen aber nicht vorhanden sein.

Während die Störungsbilder »Pathologisches Spielen«, »Pathologische Brandstiftung« (Pyromanie), »Pathologisches Stehlen« (Kleptomanie), »Pathologisches Ausreißen von Haaren« (Trichotillomanie) und »Störung mit intermittierend auftretender Reizbarkeit« sowohl in der ICD-10 als auch im DSM-IV-TR explizit aufgeführt sind, wird im DSM-IV-TR nun auch »Pathologisches Abzupfen von Haut« (Dermatotillomanie) dieser Kategorie zugeordnet. »Pathologisches Kaufen« war im DSM-III-R bereits erwähnt und ist zusammen mit »Zwanghaft-impulsiver Internetnutzungsstörung« und »Zwanghaft-impulsivem Sexualverhalten« für DSM-V vorgesehen (Dell'Osso et al. 2006).

Impulskontrollstörungen als Teilsymptomatik einer psychischen Störung, die an anderer Stelle von ICD-10 bzw. DSM-IV-TR klassifiziert ist (u. a. psychische und Verhaltensstörungen durch psychotrope Substanzen, Schizophrenie, affektive Störungen, Zwangsstörungen, Essstörungen, dissoziale Persönlichkeitsstörung, emotional instabile Persönlichkeitsstörung, Paraphilie, hyperkinetische Störungen, Störung des Sozialverhaltens, Tic-Störungen, exzessive Masturbation, Nägelkauen), gehören nicht zu diesem Kapitel. Allerdings besteht

36.1 Einleitung

bei allen nachfolgend detailliert vorgestellten abnormen Gewohnheiten und Impulskontrollstörungen eine hohe Komorbidität mit anderen psychischen Störungen, sodass im Einzelfall die differenzialdiagnostische Abgrenzung erschwert sein kann. Insbesondere hinsichtlich der Suchterkrankungen sowie der Störungen des zwanghaften Spektrums *(obsessive-compulsive spectrum disorders)* (Spitczok von Brisinski 2007a) ergeben sich Gemeinsamkeiten, da sie mit beeinträchtigter Hemmung sich wiederholender Verhaltensweisen oder Gedanken einhergehen und zahlreiche Überschneidungen bezüglich Phänomenologie, Komorbidität, Familiengeschichte, klinischem Verlauf und neurobiologischer Grundlagen aufweisen. Außerdem sind sie teils ähnlichen psychotherapeutischen und medikamentösen Behandlungsstrategien zugänglich.

Spielsucht, Kleptomanie, Pyromanie, Kaufsucht und zwanghaft-impulsives Sexualverhalten zeigen neurobiologisch Ähnlichkeiten zu stoffgebundenen Suchterkrankungen (Grant et al. 2006a) und erfüllen auch klinisch Kriterien der Abhängigkeit: Durch exzessives belohnendes Verhalten werden schnell und effektiv Gefühle im Zusammenhang mit Frustrationen und Ängsten reguliert bzw. verdrängt. Vergleichbar mit dem Effekt beim Gebrauch psychotroper Substanzen kann das Verhalten die Funktion erhalten, das Leben erträglich zu gestalten. Angemessene Auseinandersetzung mit den Problemen wird dabei »verlernt«, das suchtartige Verhalten wird oftmals zur noch einzig vorhandenen Verarbeitungsstrategie, um psychische Belastungen und Stressoren zu bewältigen (Grüsser et al. 2007).

Auf neurobiologischer Ebene scheinen unter anderem Dopamin und Serotonin eine Rolle zu spielen. So treten pathologisches Glücksspiel, Computerspielsucht, Hypersexualität und Kaufsucht als unerwünschte Wirkung von Dopamin-Agonisten und Levodopa bei der Behandlung des Parkinson-Syndroms auf (Galpern u. Stacy 2007). Vieles spricht zudem dafür, dass die untereinander in Wechselwirkung stehenden serotonergen, noradrenergen, dopaminergen, Opioid- und GABAergen Systeme in variierendem Ausmaß an der Entstehung von Impulsivität beteiligt sind (Hollander et al. 2003). Für Pyromanie, Kleptomanie, Trichotillomanie und Störung mit intermittierend auftretender Reizbarkeit sind darüber hinaus Fälle beschrieben, in denen sie rezidivierend im Rahmen eines prämenstruellen Syndroms auftraten und eine Progesteron-Therapie zur Rückbildung der Impulskontrollstörung führte (Spitczok von Brisinski 2007a).

Unklar ist, ob ein intern gesteuerter Auslöser, dem der Betroffene nicht widerstehen kann, die Ursache darstellt oder ob von externer operanter Steuerung des Verhaltens ausgegangen werden muss, um einen fehlgeleiteten Versuch, Lebensprobleme wie Stress, Einsamkeit, familiäre Konflikte oder Depressionen zu bewältigen. Wahrscheinlich treten Kombinationen bzw. individuelle Variationen auf.

Für die individuelle Behandlungsplanung ist die Analyse der funktionalen Zusammenhänge wichtig: Zeigt sich im Problemverhalten, dass es durch Störungen in anderen Lebensbereichen (z. B. Ängste, Depressionen, Familienkonflikte, Lebenskrisen) ausgelöst und im Sinne eines Vermeidungsverhaltens negativ verstärkt wird, muss die Therapie bei der Änderung dieser Verhaltenskette ansetzen. Der Aufbau alternativer Coping-Strategien ist die Therapiestrategie. Zeigt sich dagegen, dass das symptomatische Verhalten nicht (bzw. nicht mehr) operant gesteuert wird, sondern quasi automatisch im Sinne einer autonomen Handlungskontrollstörung erfolgt, sind therapeutische Strategien aus dem Bereich substanzbezogener Störungen indiziert, z. B. *cue exposure* und/oder Rückfallprävention zum Aufbau von Selbstkontrolle.

Ob als Therapieziel Abstinenz oder Reduzierung auf kontrolliertes Verhalten anzustreben ist, wird im Einzelfall anhand folgender Kriterien entschieden (Bühringer 2004):

- Ausmaß körperlicher Schädigung bei Fortführung des Verhaltens
- soziale Unerwünschtheit bzw. Strafbewehrung des Verhaltens
- soziale Notwendigkeit einer normalen Verhaltensausübung (z. B. bei Arbeitssucht)
- Fähigkeit, das Verhalten in einer quantitativ und qualitativ unproblematischen Form in Selbstkontrolle zu überführen
- motivationale Aspekte des Patienten

Die einleitenden Bemerkungen sollten deutlich gemacht haben, dass es sich um vielgestaltige Störungen handelt, für die sich Abgrenzungsprobleme zu Zwangs- bzw. Abhängigkeitserkrankungen ergeben. Die alleinige Diagnose einer Störung der Impulskontrolle dürfte eher die Ausnahme denn die Regel sein. Schließlich sind die hier erfassten Symptome oft Bestandteil anderer Störungen oder treten z. B. im Rahmen affektiver Auslenkungen häufiger als sonst auf.

Darüber hinaus muss davor gewarnt werden, den hier zusammengefassten Störungen unmittelbare rechtliche Relevanz zuzusprechen. Störungen der Impulskontrolle und wiederholtes problematisches Verhalten lassen sich, ähnlich wie Abhängigkeitserkrankungen, bei Straftätern häufig nachweisen. Die Tendenz zu unüberlegten Handlungen und störende Verhaltensstile rechtfertigen für sich genommen jedoch nicht die Diagnose einer Störung der Impulskontrolle. Im forensischen Kontext ist daher besondere Vorsicht bei der Diagnosestellung angezeigt. Weiterhin sind für die Frage der Schuldfähigkeit, die sich z. B. bei der Pyromanie oder Kleptomanie stellt, und für zivilrechtliche Folgen z. B. einer Spielsucht nicht nur diagnostische Überlegungen, sondern zunächst Aussagen zum Schweregrad der festgestellten Störung erforderlich. Zusätzlich sind in einem zweiten Schritt *erhebliche* Beeinträchtigungen der im Regelfall vorausgesetzten *Fähigkeit* zu normgerechtem Handeln nachzuweisen (Boetticher et al. 2005). Vor diesem Hintergrund verbieten sich einfache Rückschlüsse von der medizinischen Diagnose auf das juristisch-normative Konstrukt der verminderten Schuldfähigkeit bzw. Schuldunfähigkeit.

36.2 Pathologisches Glücksspiel

36.2.1 Definition und Klassifikation

Pathologisches Spielen ist durch die Unfähigkeit gekennzeichnet, dem Impuls zum Glücksspiel bzw. Wetten zu widerstehen. Diese Störung besteht laut ICD-10 (F63.0) in häufigem und wiederholtem episodenhaften Glücksspiel, das die Lebensführung des Betroffenen beherrscht und zum Verfall sozialer, beruflicher, materieller und familiärer Werte und Verpflichtungen führt.

36.2.2 Geschichtlicher Überblick

Erste Kartenspiele gab es in China im 12. Jahrhundert. Königin Elizabeth I. von England begründete 1566 die erste von einer Regierung veranstaltete Lotterie. Poker wurde erstmals 1834 von Jonathan H. Green in seinem Buch »Eine Abhandlung über die Kunst und Not des Glücksspiels« erwähnt. Ernsthafte Spielprobleme werden in der klassischen Literatur vieler Kulturen beschrieben, z. B. im indischen Epos »Mahabharata«. Dostojewski schrieb seine Novelle »Der Spieler« 1866, um Spielschulden bezahlen zu können. Es finden sich detaillierte Beschreibungen der Spielsucht, die Dostojewski aus eigener Erfahrung kannte. Kraepelin fasste 1915 »Spielwut« als »impulsives Irresein« auf. Castellani (2000) beschreibt den Wandel glücksspielbezogener problematischer Verhaltensweisen in den USA vom delinquenten Verhalten zur psychischen Störung mit Schuldunfähigkeit ab 1940, bis im Jahre 1980 pathologisches Spielen im DSM erschien.

36.2.3 Epidemiologie

Die Störung beginnt meist in der Adoleszenz. Die Prävalenz liegt hier bei etwa 4–7 %, im Erwachsenenalter bei 1–3 % (Dell'Osso et al. 2006). Queri et al. (2007) nehmen für Deutschland eine Lebenszeitprävalenz von 0,5 % an. Männer sind häufiger betroffen als Frauen. Regionale und ethnische Unterschiede sind bedeutsam, so wurde z. B. für Indianer eine Lebenszeitprävalenz von 10 % gefunden. Grant et al. (2005) fanden in einer allgemeinpsychiatrischen stationären Klientel eine Prävalenz von 6,9 %. Die spontane Therapienachfrage ist aufgrund von Verleugnungstendenz sowie fehlender Motivation oder Krankheitseinsicht gering (Queri et al. 2007).

36.2.4 Ätiologie und Pathogenese

Die Entwicklung zum pathologischen Glücksspieler vollzieht sich allmählich (Tab. 36-1). Häufig lassen sich zu Beginn auslösende Faktoren identifizieren wie z. B. Krankheit, Konflikte, Stress, beruflicher Misserfolg, aber auch hohe Anfangsgewinne.

> ! Anfängerglück vermittelt Phantasien vom schnellen und leicht erreichbaren Reichtum sowie die Illusion, besondere Fähigkeiten zu besitzen, um finanziell erfolgreich sein zu können.

Tab. 36-1 Entwicklungsverlauf zum pathologischen Spielen (ergänzt nach Haller et al. 2005)

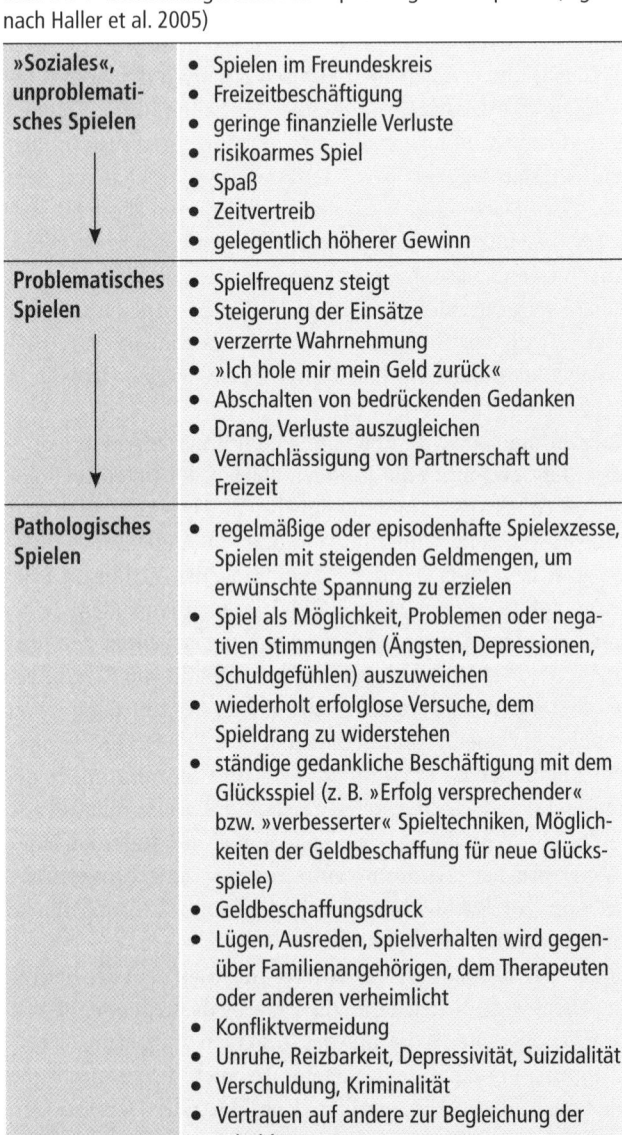

»Soziales«, unproblematisches Spielen	• Spielen im Freundeskreis • Freizeitbeschäftigung • geringe finanzielle Verluste • risikoarmes Spiel • Spaß • Zeitvertreib • gelegentlich höherer Gewinn
Problematisches Spielen	• Spielfrequenz steigt • Steigerung der Einsätze • verzerrte Wahrnehmung • »Ich hole mir mein Geld zurück« • Abschalten von bedrückenden Gedanken • Drang, Verluste auszugleichen • Vernachlässigung von Partnerschaft und Freizeit
Pathologisches Spielen	• regelmäßige oder episodenhafte Spielexzesse, Spielen mit steigenden Geldmengen, um erwünschte Spannung zu erzielen • Spiel als Möglichkeit, Problemen oder negativen Stimmungen (Ängsten, Depressionen, Schuldgefühlen) auszuweichen • wiederholt erfolglose Versuche, dem Spieldrang zu widerstehen • ständige gedankliche Beschäftigung mit dem Glücksspiel (z. B. »Erfolg versprechender« bzw. »verbesserter« Spieltechniken, Möglichkeiten der Geldbeschaffung für neue Glücksspiele) • Geldbeschaffungsdruck • Lügen, Ausreden, Spielverhalten wird gegenüber Familienangehörigen, dem Therapeuten oder anderen verheimlicht • Konfliktvermeidung • Unruhe, Reizbarkeit, Depressivität, Suizidalität • Verschuldung, Kriminalität • Vertrauen auf andere zur Begleichung der Schulden • fortgesetztes Spiel trotz schwerwiegender Konsequenzen wie Verarmung, Zerrüttung persönlicher Beziehungen

36.2 Pathologisches Glücksspiel

Im Verlauf treten verschiedene, das problematische Verhalten **stabilisierende Faktoren** auf. Neben Versuchen, finanzielle Verluste auszugleichen, und dem Verheimlichungsdruck gibt es glücksspielbezogene Informationsverzerrungen, die ein spezifisches Charakteristikum der Spielsucht darstellen:
- Festhalten an einer einmal gewählten (risikoreichen) Strategie
- unrealistische Gewinnerwartungen
- illusionäre Kontrollüberzeugungen (Überzeugung, das Spielergebnis beeinflussen zu können)
- selbstwertdienliche Attributionsprozesse (Gewinne werden eigenen Fähigkeiten zugeschrieben und damit überbewertet)
- selektives Gedächtnis (Gewinne werden kognitiv besser repräsentiert als Verluste)

Einige Untersuchungen sprechen dafür, dass Spieler außerhalb der Spielsituationen genauso rational denken und handeln wie Nichtspieler.

Glücksspiel kann sowohl eine sedierende (Vergessen von Alltagssorgen und Unlustgefühlen) als auch eine stimulierend-euphorisierende Wirkung haben. Die Bedeutung der verschiedenen Faktoren und aufrechterhaltenden Bedingungen variiert – sowohl zwischen unterschiedlichen Spielern als auch im individuellen Entwicklungsverlauf. Es kann folgende Unterteilung anhand des bevorzugten Glücksspielmediums vorgenommen werden:
- Geldautomatenspieler, die Unterhaltungsautomaten mit Gewinnmöglichkeit bevorzugen
- Casinospieler (vorwiegend Roulettespieler)
- Karten- und Würfelspieler (illegale Glücksspielformen, z. B. bestimmte Arten von Poker)
- Lottosystemspieler
- Geldwetter (vorwiegend Pferdewetter)
- sonstige Glücksspieler, die glücksspielmäßige Formen der Börsenspekulation oder Spiele um Geld mit einem hohen Kompetenzanteil wie Schach, Backgammon oder Billard bevorzugen

Der **Aufforderungscharakter der Glücksspiele** unterscheidet sich: *Kompetitive Glücksspiele,* bei denen man im Wettbewerb gegen Mitspieler antritt oder die Kompetenz des Spielers bedeutsam ist, lassen sich von *selbstreferenziellen Glücksspielen* unterscheiden, bei denen der Zufall über Gewinn oder Verlust entscheidet, sodass eine durch Kontrollillusionen bestimmte intrapsychische Auseinandersetzung stattfindet. Geldautomatenspiele zählen zu den selbstreferenziellen Glücksspielen, da ein Zufallsgenerator das Ergebnis bestimmt und keine sozialen Partner beteiligt sind.

Mit der spezifischen Anreizsituation von **Geldspielautomaten** korrespondiert ein spezifisches Bedürfnisprofil: Geldautomatenspielern geht es weniger um den Geldgewinn, sondern mehr um die *Action,* da sie nach einer anregenden und ablenkenden Handlungsmöglichkeit suchen, die eine vorübergehende Flucht vor Lebensproblemen erlaubt. Gleichzeitig finden sich ausgeprägte Formen des irrationalen Denkens, vor allem in Form einer Einflussnahme auf den zufallsbedingten Spielablauf. Das Geldautomatenspiel dient dazu, unangenehme Gefühle zu regulieren und erlebte Frustrationen mittels selbstwertsteigernder Fehlattributionen auszugleichen. Der Geldautomatenspieler sucht Rückzugsmöglichkeiten, um diese inneren Erlebnisprozesse allein mit dem Automaten als fiktivem Bezugspartner auszutragen.

Der **Roulettespieler** befindet sich zwar auch in der inneren Auseinandersetzung mit dem Zufallsprinzip des Roulettes, das er mit irrationalem Systemdenken zu überwinden sucht, für ihn besitzt jedoch der soziale Wettbewerb Bedeutsamkeit. Das Roulettespiel ermöglicht eine andere Form der Selbstwertsteigerung, da der Casinospieler durch das Beherrschen sozialer Regeln neue Rollen einnehmen kann, die ihm sonst versagt sind. Im Casino besteht eine durchschaubare Welt von vorgegebenen Spielregeln, eindeutigen Spielergebnissen und sozialen Verhaltensstandards, die sich von der Konflikthaftigkeit und Uneindeutigkeit der Beziehungen in seiner realen Welt abheben. Die Bewältigung alltäglicher Frustrationen und damit verbundener dysphorischer Stimmungen erfolgt dabei weniger durch das für Geldautomatenspieler typische Ausagieren, sondern durch die rollenmäßige Distanzierung des Roulettespielers von seinen Bezugspartnern und den kontrollierten Umgang mit den eigenen Gefühlen, indem er angesichts von Gewinn oder Verlust seine innere Erregung mit äußerer »Coolness« überspielt.

Risikofaktoren

■ **Individuums-bezogene Faktoren:** Als Risikofaktoren werden bei Frauen Depressivität, bei Männern eine positive Familienanamnese für pathologisches Spielen, Alkoholabhängigkeit, problematisches Spielverhalten bereits im früheren Erwachsenenalter (zwischen dem 18. und 21. Lj.) sowie Störungen innerfamiliärer Beziehungen, wie z. B. ausgeprägte Autonomiekonflikte oder Kommunikationsprobleme, angegeben (Basdekis-Jozsa 2003).

■ **Soziologische Faktoren:** Epidemiologische Studien zeigen zwar einen Zusammenhang zwischen Verfügbarkeit von Glücksspieleinrichtungen und Häufigkeit pathologischen Spielens (*Müller-Spahn u. Margraf 2003*), dieser Effekt lässt sich jedoch z. B. nicht nach Eröffnung eines neuen Casinos nachweisen (Jacques u. Ladouceur 2006) und gilt offenbar auch nicht für Zahlenlotto, was eine vergleichsweise hohe Spielerreichweite aufweist: »Nur« 6 % der Spieler aus Beratungs- bzw. Behandlungseinrichtungen benennen Zahlenlotto als problembehaftet, Geldspielautomaten haben dagegen bei 79,3 % zu Problemen geführt. Hypothesen sind z. B., dass beim Zahlenlotto ein langgestreckter Spielablauf ohne unmittelbare Gewinnauszahlung vorgesehen ist und demnach ausgeprägte psychotrope Wirkungen oder fortwährendes Abtauchen aus der Alltagsrealität kaum möglich werden (Meyer u. Hayer 2005).

Analog zu Substanzen mit unterschiedlicher Suchtpotenz kann auch bei Glücksspielen von unterschiedlichem Gefährdungspotenzial ausgegangen werden. Daher muss einerseits das erweiterte Angebot von Glücksspielen im Internet bei gleichzeitig hohem Nutzungsgrad des Internets gerade durch Jugendliche und Heranwachsende als Risiko für eine Zunahme der Häufigkeit von problematischem Glücksspiel betrachtet werden, andererseits hängt das konkrete Gefährdungspotenzial von der Art des angebotenen Glücksspiels und von der Vulnerabilität des Spielers ab, eine Suchterkrankung zu entwickeln.

- **Politische Faktoren:** Zum Verständnis der weltweiten historischen und aktuellen Entwicklung sowie hinsichtlich der Entwicklung wirksamer Präventionsprogramme und Behandlungsstrategien spielen so unterschiedliche Perspektiven und Interessen wie die von Regierungen, Glücksspielindustrie, Medien, Medizinern, Therapeuten und speziellen Interessengruppen bzw. Organisationen mit ihren jeweiligen sozialen Dynamiken eine wichtige Rolle.

Beispielsweise wird seit Ende des 20. Jahrhunderts das Bild von Poker als »Sport« einer breiten Öffentlichkeit durch Satelliten- und Kabelfernsehen, insbesondere auf Sportkanälen, vermittelt. Als Ergebnis der Globalisierung von Pokerwettkämpfen wurden Sponsoren und Werbung wichtige Aspekte des Spiels, außerdem etablierten sich regelrechte Poker-Stars. Poker als »Sport« wurde zum profitablen Unternehmen. Ein weiterer Faktor für die internationale Verbreitung war die Entstehung der Online-Casinos.

Das kommerzielle Glücksspiel zählt mit einem geschätzten Jahresumsatz von 600 Milliarden Euro zu den größten Wirtschaftszweigen in Europa. Schätzungsweise 35 % der Einnahmen kommen von Spielern mit zumindest problematischem Spielverhalten (**Andresen 2006**). In Deutschland lagen die Umsätze 2005 bei rund 27,3 Milliarden Euro (Query et al. 2007). Die daraus gewonnenen Steuern für Länder und Gemeinden decken 1–5 % des Gesamtbudgets ab bei jährlichen Wachstumsraten von 5–10 %.

Nur ein sehr geringer Teil dieser Einkünfte fließt in suchtpräventive Maßnahmen.

Psychodynamisches Modell

Petry (1996) fasst in seinem triadischen Bedingungsgefüge der Glücksspielsucht die Ergebnisse des auf die Tiefenstruktur konzentrierten psychodynamischen und des auf die Oberflächenstruktur gerichteten suchttherapeutischen Ansatzes zusammen.

> Pathologisches Spielverhalten ist aus Sicht Petrys (1996) bei Vorliegen der drei Strukturmerkmale »Erregungs- und Gefühlsdysregulation«, »Selbstwertproblematik« und »Bindungsstörung« als Ausdruck einer Sucht anzusehen.

Süchtiges Verhalten wird dabei als zielgerichtete Bewältigungsreaktion verstanden, die im Sinne einer gescheiterten Problemlösestrategie langfristig zu Defiziten in der Handlungsregulation führt. Im Gegensatz zu Zwangskranken erleben demnach Süchtige ihren Drang nicht als ich-dyston oder leiden unter der Sinnlosigkeit ihres Verhaltens, sondern ähnlich wie Alkoholiker suchen pathologische Spieler die Betäubung von negativen Gefühlen, um der Realität zu entfliehen, und leiden dabei unter einem »Nicht-aufhören-Können«.

Kognitiv-behaviorales Modell

> Nach Walters (1994a) wird eine Person, die glücksspielspezifischen Erfahrungen ausgesetzt ist und gleichzeitig eingeschränkte interne und externe Kontrollfähigkeiten aufweist, für eine spätere Glücksspielproblematik anfällig, da sie lernt, Glücksspiel als Mittel der Angstbewältigung einzusetzen.

Daraus entsteht ein Informationsverarbeitungsstil, bei dem neue Erfahrungen verzerrt wahrgenommen werden, sodass sie in das bestehende kognitive Verarbeitungsschema hineinpassen. Dieser Entwicklungsprozess verfestigt sich durch Denkstile, die Rechtfertigungscharakter für eine glücksspielbezogene Lebensgestaltung besitzen.

Walters geht dabei von drei übergeordneten Bedingungsgefügen der Entstehung einer Glücksspielproblematik aus:

- **Frühere und aktuelle Lebensbedingungen als Risiko- bzw. Schutzfaktoren:** Eltern-Kind-Beziehung, Selbstwertproblematik, Wunsch nach alternativen Erlebniszuständen, aufgrund anlagemäßiger Unterschiede des inneren Erregungsgleichgewichtes verschieden starke Tendenzen zur Reizsuche.
- **Entscheidungsfähigkeit:** Glücksspieler weisen schlecht organisierte, fehlerhafte und unmittelbar am Gewinn orientierte Entscheidungsstrategien auf.
- **Kognitiver Stil:** Der glücksspielerspezifische Stil zielt darauf ab, getroffene Entscheidungen zu rechtfertigen und das fragile Selbstwertgefühl zu stabilisieren. Typisch sind Beschwichtigung, Abschalten, Selbstrechtfertigung, Machtorientierung, Rührseligkeit, Überoptimismus, kognitive Trägheit und Mangel an innerem Zusammenhalt des Denkens.

Aus der Interaktion dieser drei Bedingungsgefüge entstehen nach Walters typische Verhaltensstile, die wiederum individuell unterschiedlich stark ausgeprägt sein können. Eine äußere Fassade wird bei gleichzeitig innerer emotionaler Distanzierung aufrechterhalten. Es erfolgt ein Realitätsausstieg, indem das Glücksspiel als einzige Form der Problembewältigung angesehen und der Zustand einer veränderten Identität angestrebt wird. Darüber hinaus besteht eine übersteigerte Wettbewerbsorientierung, um durch das ständige In-Aktion-Sein Gefühle von Dominanz, Macht, Erregung und Euphorie zu erleben. Schließlich kommt es zu einer zunehmenden Missachtung sozialer Regeln, indem die sozialen Beziehungen einseitig, auch durch unmoralische und kriminelle Handlungsweisen, strukturiert werden.

Neurobiologie

Wahrscheinlich spielt das Belohnungssystem eine Rolle, an dem unter anderem Dopamin, Opioide, Serotonin, Noradrenalin, Glutamat und Gammaaminobuttersäure (GABA) beteiligt sind. Die Höhe der Gewinnaussichten beim Glücksspiel korreliert mit der Aktivierung des dopaminergen Systems im Nucleus accumbens und dopaminerger Projektionen in der Amygdala und im Hypothalamus. Möglicherweise führt ein Defizit im mesolimbischen Belohnungssystem dazu, dass es (z. B. durch Glücksspiel) stimuliert werden muss, um Unlustgefühle zu vermeiden. Bis zu 2 % aller Patienten, die Dopamin-Agonisten einnehmen, entwickeln pathologisches Spielen als unerwünschte Wirkung (Ferreri et al. 2006). Risperidon als D_2- und $5-HT_2$-Antagonist kann dagegen pathologisches Spielen als Folge einer Dopamin-Agonisten-Behandlung eines Parkinson-Syndroms zur Rückbildung bringen. Molekulargenetisch fand sich als Hinweis auf Abweichungen im dopaminergen Belohnungssystem eine Assoziation mit DRD1-Genotyp 11. Problemspieler weisen höhere Noradrenalin-Werte im Plasma auf als Gelegenheitsspieler und pathologisches Spielverhalten ist mit einem niedrigen serotonergen Tonus verbunden (Spitczok von Brisinski 2007a).

Rechtliche Folgen

In den USA (Williams et al. 2005) und Neuseeland erfüllen 20–30 % der Inhaftierten die Kriterien für pathologisches Spielen, aber nur ein Fünftel davon ist deswegen inhaftiert (Abbott et al. 2005). Im Strafverfahren kann hinsichtlich Schuldfähigkeit diese Störung eine Rolle spielen, wenn die begangenen Straftaten der Fortsetzung des Spielens dienen. Dabei kann zwar allgemein von einer herabgesetzten Steuerungsfähigkeit bzw. Impulskontrolle ausgegangen werden, für die Annahme einer verminderten Schuldfähigkeit sind jedoch erhebliche Einbußen der Steuerungskräfte, für die Geschäftsunfähigkeit sogar eine Aufhebung der Fähigkeit zur freien Willensbestimmung gefordert. Solche schwerwiegenden Defizite dürften für das pathologische Glücksspiel nur in seltenen Ausnahmefällen darzustellen sein, die rechtliche Relevanz dieser Störung bleibt daher gering. Eine erhebliche Verminderung der Steuerungsfähigkeit ist nur dann gegeben, wenn die Sucht zu schwersten Persönlichkeitsveränderungen geführt oder der Täter bei Beschaffungstaten unter Entzugserscheinungen gelitten hat.

Familiäre Folgen

Häufig kommt es zu schweren intrafamiliären Konflikten. Die Scheidungsrate ist hoch, ebenso das Risiko für Vernachlässigung und/oder Misshandlung von Ehepartner und Kindern. Psychische Störungen einschließlich Suchterkrankungen treten bei Verwandten ersten Grades gehäuft auf (Shaw et al. 2007).

36.2.5 Diagnostik und Differenzialdiagnosen

Es können folgende Kernsymptome pathologischen Glücksspiels diagnostiziert werden:
- Impulsivität
- zwanghafter Trieb zu spielen
- Risikosuche und Unterschätzung von Risiken
- Rückzug während Spielabstinenz
- Antriebssteigerung
- Vergnügungssucht
- unrealistische Einschätzung eigener Fähigkeiten

Zur standardisierten Diagnostik stehen neben halbstrukturierten Interviews mehrere Fragebogen zum pathologischen Glücksspiel insgesamt, aber auch zu bestimmten Spielarten wie etwa Lotto oder Wetten (Tab. 36-2) zu Verfügung. Anfangs

Tab. 36-2 Standardisierte Verfahren zur Diagnostik des pathologischen Glücksspiels

Name	Art des Verfahrens
Composite International Diagnostic Interview (CIDI)	strukturiertes Interview gemäß DSM-IV / ICD-10
Interview zur Lebenszeitprävalenz von affektiven Störungen und Schizophrenie, modifiziert zur Untersuchung von Angststörungen nach DSM-IV (SADS-LA IV)	halbstrukturiertes Interview
Minnesota Impulsive Disorders Interview (MIDI)	halbstrukturiertes Interview
Addiction Severity Index (ASI)	halbstrukturiertes Interview
Kurzfragebogen zum Glücksspielverhalten (KFG)	Fragebogen
Fragebogen zum Problemverhalten Lotto (F-PLot)	Fragebogen
Fragebogen zum Problemverhalten Sportwetten (F-PS)	Fragebogen
South Oaks Gambling Screen (SOGS)	Fragebogen
Yale-Brown Obsessive Compulsive Scale Modified for Pathological Gambling (PG-YBOCS)	Fragebogen

bestehen oft Verleugnungstendenzen, indem z. B. finanzielle Verluste und damit verbundene Verschuldung bagatellisiert werden. Nicht dazu gehört exzessives Spielen ausschließlich im Rahmen manischer bzw. hypomaner Episoden.

Komorbide Störungen sind sehr häufig und bedürfen ergänzender Diagnostik. Insbesondere ist auf Suizidalität zu achten (die Lebenszeitprävalenz liegt bei ca. 40 %!). Die häufigsten komorbiden Erkrankungen sind Persönlichkeitsstörungen, Alkoholabhängigkeit, Drogenabhängigkeit, affektive Störungen, Angststörungen, Anpassungsstörungen sowie Zwangsstörungen. In der Vorgeschichte finden sich auch gehäuft ein hyperkinetisches Syndrom, ein Gilles-de-la-Tourette-Syndrom und Störungen des Sozialverhaltens.

Zudem spielen delinquentes Verhalten, Beziehungsstörungen und finanzielle Probleme eine Rolle. Die Störung tritt auch in Zusammenhang mit dem Tod einer wichtigen Bezugsperson, einer körperlichen Erkrankung, schulischen oder beruflichen Misserfolgen und Schwierigkeiten im sozialen Umfeld auf. Vernachlässigung, emotionaler und sexueller Missbrauch sowie körperliche Misshandlung im Kindesalter scheinen ebenfalls gehäuft vorzukommen, wobei schwerere Formen mit frühem Beginn und schwerer Ausprägung des pathologischen Spielens korrelieren (Basdekis-Jozsa 2003; Dell'Osso et al. 2006; Meusers et al. 2007; Scherrer et al. 2007). Bei den Eltern finden sich wiederholt Drogen- oder Alkoholabhängigkeit und es kann eine Häufung von pathologischen Spielern in der Familie vorliegen.

35.2.6 Therapie

In erster Linie sind psychotherapeutische und sozialtherapeutische Maßnahmen wichtig. Eine medikamentöse Therapie ist unter Umständen primär sinnvoll bei entsprechender Komorbidität (z. B. affektive Erkrankung) oder als zweiter Schritt bei Patienten, die nicht ausreichend auf eine Psychotherapie angesprochen haben.

Schwerpunkte in der Therapie bilden die Spielsucht selbst sowie Folge- und möglicherweise länger bestehende Hintergrundprobleme. Die Veränderungsmotivation sollte aufrechterhalten und stabilisiert werden. Darüber hinaus sollten die Ambivalenz dem Glücksspiel gegenüber mit seinen emotionalen, familiären, beruflichen und existenziellen Folgen sowie die Trauer um die vielschichtigen Verluste bearbeitet werden (verlorene Zeit, Geld, Entwicklungsmöglichkeiten, Ausbildungs- und Berufschancen, Beziehungen, die Möglichkeit der Teilnahme an der Entwicklung der Kinder usw.). Weitere Ziele sind das Erreichen, Stabilisieren und Aufrechterhalten von Glücksspielabstinenz, das Erkennen der Suchtmechanismen des Glücksspiels sowie die Auseinandersetzung mit der Funktionalität des Glücksspielverhaltens und den individuellen Auslösefaktoren und Problembereichen (Tab. 36-3).

Tab. 36-3 Spielsuchtspezifische Gruppentherapie (nach Haller et al. 2005)

Thema	Vorgehen
Lebensereignisse und Spielproblematik	Lebens- und Entwicklungsgeschichte steht im Mittelpunkt
Glücksspiel und zwischenmenschliche Beziehung	Analyse, wie Glücksspiel die sozialen Beziehungen der Betroffenen reguliert
Glücksspiel und Emotionen	Analyse der Funktion des Glücksspiels bei der Bewältigung emotionaler Befindlichkeiten
Glücksspiel und Kognitionen	sich im Verlauf der Spielproblematik ändernde Kognitionen werden thematisiert
Verlusterlebnisse und Trauer	Analyse symptomfreier Zeit
Reizhunger	der durch das Spiel angeregte Erregungszustand (Realitätsflucht) steht im Mittelpunkt
Auf der Flucht: Wovor? Wohin?	das Abtauchen in eine Phantasiewelt wird reflektiert
Lebensziele und Lebenszufriedenheit	der Zugang zu den persönlichen Ressourcen bezüglich geheimer Wünsche und Werte soll gefunden werden (Potenziale für Neuorientierung)
»Mein Leben in zehn Jahren«	eine Zukunftsorientierung soll erfolgen
Prävention von Risikofaktoren	Analyse wesentlicher Aspekte der Rückfallprävention

Häufig kommt es zu Machtkämpfen (»Austesten von Grenzen«), zur Infragestellung institutioneller Regeln und zum Beharren auf einem »Sonderstatus«. Pathologische Spieler sind schnell bereit, Vereinbarungen mit Therapeuten einzugehen, die später gebrochen werden; sie neigen zu übergezogenem Optimismus hinsichtlich schneller Wirksamkeit therapeutischer Interventionen. Forderungen und Verführungen gegenüber Therapeuten gehören zum Alltag, ebenso Probleme im Beziehungsaufbau. Spieler »spielen« vor der Therapie, in der Therapie und mit den Therapeuten.

Kognitiv-behavioraler Behandlungsansatz

Das Behandlungskonzept von Walters (1994b) fokussiert sowohl auf Überwindung des symptomatischen Glücksspielverhaltens als auch auf Bearbeitung der zugrunde liegenden Grundproblematiken. Übergeordnete Behandlungsziele und daraus abgeleitete therapeutische Verfahren sind folgende:
- *Beendigung des glücksspielbezogenen Lebensstils* als Grundlage für einen weitergehenden Veränderungsprozess. Dies betrifft den motivationalen Aspekt der individuell bestehenden ambivalenten Einstellung gegenüber dem Glücksspiel, zu deren Bearbeitung kognitive und imaginative Ver-

fahren eingesetzt werden, um die sogenannte attributive Triade zu stärken, d. h. die Überzeugung, dass eine Veränderung notwendig und erreichbar ist.
- *Entwicklung von Fähigkeiten zur Lebensbewältigung* als Werkzeuge einer Verhaltensänderung. Im Zentrum steht die Verbesserung der Gefühlsregulation, da die Rückfallforschung gezeigt hat, dass negative Gefühle als wesentliche Rückfalldeterminanten anzusehen sind, sodass die Förderung spezifischer und allgemeiner Stressbewältigungsfertigkeiten notwendig ist.
- *Förderung von glücksspielunabhängigen Aktivitäten*: Dazu gehört neben der Entwicklung von Ersatzaktivitäten der Aufbau eines alternativen sozialen Stützsystems einschließlich einer abstinenzorientierten Nachsorge.

Meusers et al. (2007) nennen die folgenden Methoden:
- Aufklärung, Zielanalyse, Motivationsklärung
- Anleitung zur Selbstbeobachtung, Protokollierung von auslösenden Situationen, begleitenden Emotionen und Kognitionen
- Klärung und Bearbeitung der Hintergrundproblematik
- Training zur Verbesserung der Stressbewältigung, des Problemlöseverhaltens und der sozialen Kompetenz
- systematische Desensibilisierung, bei der die Entspannung mit dem Gedanken an Spielverzicht gekoppelt wird
- In-sensu- und In-vivo-Exposition (sukzessiver Ersatz anfänglich externer Kontrolle durch Selbstkontrolle)

Pharmakotherapie

Zur Verringerung des Cravings war in randomisierten kontrollierten Studien der Opiatant-Antagonist Naltrexon (in höherer Dosis von ca. 100–200 mg/d; **cave:** Hepatotoxizität) Placebos überlegen (Grant et al. 2006b). Placebo-kontrollierte Studien mit Serotonin-Wiederaufnahmehemmern (SSRI) führten bisher zu widersprüchlichen Ergebnissen: Während sich in Studien zu Fluvoxamin und Paroxetin, jeweils mit kleiner Fallzahl, verglichen mit Placebo ein positiver Effekt auf Craving und Spielverhalten zeigte, konnte dies in weiteren Studien mit denselben Medikamenten und größerer Fallzahl nicht bestätigt werden. Auch in einer Studie mit Sertralin ergab sich kein signifikanter Unterschied zu Placebo. Escitalopram führte bei Patienten mit pathologischem Spiel und komorbider Angststörung zu Verbesserungen hinsichtlich des Spielverhaltens und der Angstsymptome (Grant u. Potenza 2006). Open-Label-Trials mit positiven Effekten liegen für Citalopram sowie den Serotonin-Noradrenalin-Wiederaufnahmehemmer Nefazodon und den Noradrenalin-Dopamin-Wiederaufnahmehemmer Bupropion vor (Dell'Osso et al. 2006). Anderseits scheint der Placeboeffekt beträchtlich zu sein und in einer Placebo-kontrollierten Studie ließ sich für Bupropion keine Überlegenheit darstellen (Black et al. 2007), obwohl retardiert freigesetztes Bupropion offenbar ebenso wirksam ist wie Naltrexon (Dannon et al. 2005). Vorsicht ist geboten, wenn gleichzeitig eine bipolare Störung vorliegt, da beim Einsatz von Antidepressiva eine manische Episode induziert werden kann. Pharmakotherapie komorbider Störungen kann indiziert sein. Wird die stimulierende Wirkung des Glücksspiels bei bestehender depressiver Verstimmung zur Verbesserung der Stimmung eingesetzt, kann die Therapie mit einem Antidepressivum den Drang zum Glücksspiel positiv beeinflussen. In doppelblinden, placebokontrollierten Studien zu Lithium und Valproat bei Patienten mit Spielsucht und bipolarer Störung zeigten sich auch Besserungen im Spielverhalten. Für das Antikonvulsivum Topiramat liegt bisher nur eine Open-Label-Studie vor (Dell'Osso et al. 2006).

Grant und Kim (2006) geben folgende differenzialtherapeutische Empfehlungen:
- Wenn der Patient über den Drang zu spielen bzw. Craving berichtet, kann ein Behandlungsversuch mit einem Opioid-Antagonisten sinnvoll sein.
- Wenn der Patient zusätzlich unter einer Suchterkrankung leidet, kann ein Behandlungsversuch mit einem Opioid-Antagonisten sinnvoll sein.
- Spielt der Patient aufgrund von Depression oder Angst oder hat er zusätzlich Symptome von Depressivität oder Angst, kann ein Behandlungsversuch mit einem SSRI sinnvoll sein.
- Spielt der Patient während hypomaner oder manischer Episoden oder hat er Symptome einer subsyndromalen (Hypo-) Manie, kann ein Behandlungsversuch mit Lithium sinnvoll sein.
- Stets ist kognitive Verhaltenstherapie allein oder zusätzlich zu einer Medikation in Betracht zu ziehen.

Der Placeboeffekt medikamentöser Behandlung liegt bei 30–70 %, die Rate von Therapieabbrüchen bei etwa 40 %. Maßnahmen wie Unterstützung beim Geldmanagement und bei der Schuldenregulierung sollen helfen, konstruktive, realistische Perspektiven der existenziellen Lebensbewältigung zu entwerfen.

Da auch die Angehörigen, einerseits im Sinne einer Interaktion, andererseits auch durch die daraus entstandenen eigenen Krisen, betroffen sind, sind familientherapeutische Interventionen bzw. Angehörigenberatung und Betreuung notwendig. Wichtige ergänzende Angebote sind die Selbsthilfegruppen »Anonyme Spieler« und »Angehörige Anonymer Spieler« sowie als besonders niederschwelliges Angebot die Online-Beratung (z. B. unter www.spielsucht.net).

36.2.7 Prävention

2006 wurden einige Gesetze, die Schutz bieten sollen, ungünstig verändert:
- Die Zeit, die ein Automatenspiel dauern darf, wurde von zwölf auf fünf Sekunden verkürzt, was eine höhere Frequenz der Spiele zur Folge hat.

- Der maximale Verlust pro Stunde wurde um 33 % auf 80 Euro erhöht.
- Die Auszahlungsquote beträgt bei neueren Geräten ungefähr 80 % (bisher: 60 %) der um die Umsatzsteuer verminderten Einsätze.

Ab 2008 darf weder im Fernsehen noch im Internet Werbung für Lotterien gemacht werden. Das Bundesverfassungsgericht hat das staatliche Glücksspielmonopol als nur dann für weiterhin zulässig erklärt, wenn die Länder Maßnahmen zur Vorbeugung der Spielsucht treffen. Mittlerweile sind Spielcasinos verpflichtet, Kontrollen durchführen, um gesperrte Spieler vom Glücksspiel abzuhalten. Dabei kann eine einseitige Sperre, bei der die Spielbank ihr Hausrecht geltend macht, unterschieden werden von einer Sperre auf Antrag des Spielers, bei der die Spielbank eine vertragliche Bindung gegenüber dem Antragsteller eingeht, die auch dessen Vermögensinteresse schützt, ihn vor den aufgrund seiner Spielsucht zu befürchtenden wirtschaftlichen Schäden zu bewahren (Bundesgerichtshof, Urteil vom 15. Dezember 2005 – III ZR 65/05).

36.2.8 Verlauf und Prognose

Der Verlauf wird von vielen Autoren als überwiegend chronisch beschrieben. Neuere Studien zeigen jedoch, dass der Verlauf häufig fluktuiert und Spontanremissionen nicht selten sind (Queri et al. 2007).

36.3 Pathologische Brandstiftung

36.3.1 Definition und Klassifikation

Pathologische Brandstiftung (Pyromanie) ist laut ICD-10 (F63.1) durch häufige tatsächliche oder versuchte Brandstiftung ohne verständliches Motiv (auszuschließen sind materieller Gewinn, Rache, politischer Extremismus sowie Spurenbeseitigung nach krimineller Handlung) und durch eine anhaltende Beschäftigung der betroffenen Person mit Feuer und Brand charakterisiert. Das Verhalten ist häufig mit wachsender innerer Spannung vor der Handlung und starker Erregung sofort nach ihrer Ausführung verbunden.

36.3.2 Geschichtlicher Überblick

Der Begriff »Pyromanie« (griech. *pyr* = Feuer, *mania* = Raserei, Wahnsinn) wurde vom französischen Psychiater Jean Etienne Dominique Esquirol (1772–1840) im Rahmen des Monomaniekonzepts geprägt, was »Einzelwahn« im Gegensatz zu einem umfassenden/vollständigen »Wahnsinn« bedeutet. Brandstiftung wird hier als isolierte psychische Störung verstanden, bei der die übrigen psychischen Funktionen unbeeinträchtigt sind. Dieses Krankheitskonzept ist jedoch kritisch zu sehen, da die Gefahr besteht, delinquentes Verhalten in unangemessener Weise als krankhaft einzustufen (Venzlaff u. Pfäfflin 2004).

36.3.3 Epidemiologie

60 % aller Brandstiftungen werden von Personen im Alter zwischen 11 und 18 Jahren begangen. Die Prävalenz im Kindes- und Jugendalter liegt zwischen 2,4 und 3,5 %. Männliche Jugendliche sind häufiger betroffen als weibliche. Der Altersgipfel liegt zwischen 12 und 14 Jahren (Dell'Osso et al. 2006). Im Kindes- und Jugendalter ist Brandstiftung fast immer ein Verhaltensmerkmal einer Störung des Sozialverhaltens (F91), nur in seltenen Fällen liegt eine echte Pyromanie vor. Vielfach ist der Übergang zwischen unbeabsichtigter Brandstiftung, Brandlegung im Rahmen einer Störung des Sozialverhaltens und der pathologischen Brandstiftung fließend (Meusers et al. 2007). Auch im Erwachsenenalter lässt sich bei der Mehrzahl der Brandstiftungen keine Pyromanie diagnostizieren. Häufig finden sich Persönlichkeitsstörungen, Psychosen und mentale Retardierung, oftmals in Verbindung mit Alkoholismus. Die Angaben zur Häufigkeit von Pyromanie schwanken stark, in einer neueren Studie fanden Lindberg et al. (2005) unter 90 forensischen Patienten, die wiederholt Brände gelegt hatten, nur 3 %. Männer sind häufiger betroffen als Frauen.

36.3.4 Prodromi und Symptomatologie

Zündeln ist bei Kindern und Jugendlichen nicht selten und meist nicht als Prodrom einer Pyromanie zu sehen. Letztlich geht es hier um die Häufigkeit entsprechenden Fehlverhaltens und darum, ob das Feuerlegen dem Abbau von Spannungen dient. Dies ist beim Zündeln von Kindern und Jugendlichen eher selten der Fall, hier geht es vorwiegend um Neugierde, unkritisches Risikoverhalten oder dissoziale Motive.
Häufig werden große Anspannung und Erregung vor der Tat, großes Interesse an Feuer und allem was damit zu tun hat, Freude oder Erleichterung während der Brandstiftung, Faszination von Themen, die mit Feuer und Feuerbekämpfung in Verbindung stehen, sowie unwiderstehlicher Drang und wachsende Spannung vor dem Feuerlegen sowie Erleichterung und Zufriedenheit nach ihrer Ausführung berichtet.

36.3.5 Ätiologie und Pathogenese

Brandstiftung ist in der Regel weniger ein distinktes Symptom als vielmehr eine extreme Ausprägung von Verhaltensproblemen. Es ist von einem Kontinuum zunehmend gefährlichen Verhaltens auszugehen von Kindern, die mit Streichhölzern spielen, über Brandstifter, deren Verhalten als Hilfeschrei zu verstehen ist, bis zu delinquenten und schließlich schwer gestörten Tätern.

Einige Autoren betonen die enge Verbindung von Brandstiftung und Aggression bzw. dissozialem Verhalten, aber auch mit affektiven Störungen, Persönlichkeitsstörungen und Suchterkrankungen. Unter jungen Brandstiftern findet sich ein hoher Anteil von Störungen des Sozialverhaltens, des Weiteren existieren Assoziationen zwischen Brandstiftung und Schüchternheit, Aggression und Ablehnung durch Gleichaltrige. Temperament, elterliche Psychopathologie, soziale und Umweltfaktoren und neurochemische Prädispositionen werden ebenfalls als Ursachen angenommen (Dell'Osso et al. 2006).

Nach Muller und Stebbins (2007) spielen die folgenden familiären Risikofaktoren bei jugendlicher Brandstiftung eine wesentliche Rolle:
- mangelnde elterliche Anleitung und Aufsicht
- mangelndes elterliches Engagement
- Vernachlässigung
- broken home
- psychische Erkrankung der Eltern
- Traumata
- Rauchen
- Spielen mit Feuer in der Familienanamnese

36.3.6 Diagnostik und Differenzialdiagnosen

Die Diagnose kann gestellt werden, wenn bewusste und vorsätzliche Brandstiftung in mehreren Fällen vorliegt und andere Diagnosen, die die Störung ebenfalls bzw. besser erklären (z. B. Störung des Sozialverhaltens), ausgeschlossen wurden (Tab. 36-4).

Zusätzlich sollten Familiengespräche geführt werden, um mögliche intrafamiliäre Faktoren, die zum Feuerlegen beitragen, zu erkennen (Muller u. Stebbins 2007).

Tab. 36-4 Standardisierte Verfahren zur Diagnostik der Pyromanie

Name	Art des Verfahrens
Interview zur Lebenszeitprävalenz von affektiven Störungen und Schizophrenie, modifiziert zur Untersuchung von Angststörungen nach DSM-IV, übersetzt und ergänzt um Spektrumserkrankungen (SADS-LA IV)	halbstrukturiertes Interview
Minnesota Impulsive Disorders Interview (MIDI)	halbstrukturiertes Interview

Folgende Störungsbilder kommen differenzialdiagnostisch infrage:
- Störung des Sozialverhaltens (F91, F92)
- dissoziale Persönlichkeitsstörung (F60.2)
- hyperkinetische Störungen (F90)
- Brandstiftung im Rahmen einer akuten Schizophrenie (F20) oder Manie (F30)
- Brandstiftung bei organisch bedingten psychiatrischen Störungen (F00) oder geistiger Behinderung
- Alkoholismus, Drogen- und Medikamentenintoxikation (F1)

36.3.7 Therapie und Verlauf

Psychoedukation hinsichtlich des Umgangs mit Feuer ist notwendiger Bestandteil jeglicher Intervention, unabhängig von Motivation und Intensität. Kontrollierte Studien zeigen die Effektivität der Kombination mit kognitiv-behavioraler Therapie (Meusers et al. 2007). Bei vielen Studien handelt es sich jedoch nicht um Pyromanie im engeren Sinne.

Kontrollierte pharmakologische Studien liegen für Patienten mit Pyromanie nicht vor, in der Behandlung komorbider Störungen kann jedoch eine medikamentöse Therapie dringend indiziert sein. Liegt eine hyperkinetische Störung vor, sollte zunächst diese Störung behandelt werden.

Bestandteile der Präventions- und Therapieprogramme sind Informationen über den sicheren Umgang mit Feuer (dabei werden oft speziell geschulte Feuerwehrleute als in der Gesellschaft anerkannte Experten für Sicherheit im Umgang mit Feuer eingesetzt), Monitoring (Dokumentation der Emotionen, die bei dem Wunsch nach Feuerlegen auftreten) sowie Elterntraining. Teils werden die Täter auch mit Brandopfern konfrontiert.

> »Wiederholtes Feuermachen unter Aufsicht« als therapeutische Technik ist umstritten und in den meisten Präventionsprogrammen nicht enthalten. Der verhaltenstherapeutischen Absicht, durch Überkorrektur, Sättigung oder Aversionstraining eine Verminderung des Rezidivrisikos zu erreichen, steht die Gefahr gegenüber, dass durch »Üben« die Überzeugung verstärkt wird, das Feuer kontrollieren zu können, was wiederum zum »Feuermachen ohne Aufsicht« reizt.

Oftmals ist es sinnvoll, im Rahmen der Verhaltenstherapie auch an der Verbesserung sozialer Fertigkeiten und an einem angemessenen Umgang mit Frustration einschließlich Beruhigungsstrategien für Stresssituationen zu arbeiten.

Die Berücksichtigung der Familiendynamik und ihr Beitrag zum brandstiftenden Verhalten ist Bestandteil der meisten Präventionsprogramme. Mehrere Programme betonen, dass ein aufsuchendes Setting für die Effektivität unverzichtbar ist, da nur so der Berater bzw. Therapeut ausreichend Einblick erhält in die familiären bzw. im häuslichen Umfeld bestehenden Probleme, die möglicherweise zum Feuerlegen beitragen. Die Einbeziehung der Angehörigen bzw. Betreuer als aktive Teilnehmer in gemeinsam mit dem Jugendlichen bzw. Heranwachsenden oder getrennt geführte Gesprächen ist integraler Bestandteil.

Eine enge Vernetzung von Familie, Gesundheitssystem, Jugendhilfe, Feuerwehr und Justiz ist erforderlich.

Für Brandstifter mit hohem Wiederholungsrisiko existieren spezielle gruppenbasierte Programme, an denen nur Brandstifter mit Behandlungsauflagen teilnehmen. Wichtiger Bestandteil dieser Programme ist Teamarbeit zur Entwicklung persönlicher Fertigkeiten, die den Jugendlichen bzw. Heranwachsenden helfen, sich in die Gesellschaft zu integrieren (Muller u. Stebbins 2007).

36.4 Pathologisches Stehlen

36.4.1 Definition und Klassifikation

Pathologisches Stehlen (Kleptomanie) ist charakterisiert durch wiederholtes Versagen, Impulsen zu widerstehen, Dinge zu stehlen, die nicht dem persönlichen Gebrauch oder der Bereicherung dienen (ICD-10, F63.2). Stattdessen werden die Gegenstände weggeworfen, weggegeben oder gehortet.

36.4.2 Geschichtlicher Überblick

Der Begriff »Kleptomanie« (griech. *kleptein* = stehlen, *mania* = Raserei, Wahnsinn) wurde von Charles Chretien Henry Marc Anfang des 19. Jahrhunderts geprägt und bedeutet »Monomanie des Diebstahls«. Vor einer großzügigen Verwendung dieses Konzepts als Begründung für eine Minderung der Schuldfähigkeit wird seit langem gewarnt (Habermeyer u. Heekeren 2004; Venzlaff u. Pfäfflin 2005).

36.4.3 Epidemiologie

Die Störung kann in der Kindheit, der Adoleszenz und auch im Erwachsenenalter beginnen (Sauke 2004). Bei einem Teil der Patienten verläuft die Erkrankung periodisch mit längerfristigen Remissionen, bei anderen chronisch ohne bedeutende Fluktuation (Meusers et al. 2007). Zwischen Erstmanifestation und Diagnosestellung vergehen durchschnittlich 15 Jahre. Alle Prävalenzuntersuchungen haben das Problem der extrem hohen Dunkelziffer und der Tatsache, dass sich die Erkenntnisse fast ausschließlich auf psychiatrisch begutachtete Diebe stützen. Die Prävalenz in der Allgemeinbevölkerung wird auf sechs Fälle pro 1 000 Einwohner geschätzt und betrifft alle sozialen Schichten. Die Störung tritt häufiger bei Frauen als bei Männern auf (7 : 3). Die Häufigkeit bei Ladendiebstählen liegt unter 5 % (DSM-IV-TR).

36.4.4 Prodromi und Symptomatologie

Kleptomanie kann zwar in Kindheit und Jugendalter beginnen, jedoch ist nicht jede Diebstahlserie ein Prodrom späterer Kleptomanie. Bei Kindern können Stehlhandlungen Folge fehlenden Einsichtsvermögens in das Verbotene des Stehlens sein oder Ausprobieren von Grenzüberschreitungen. Es kommt dann in der Regel zur Aneignung von Dingen, die genutzt bzw. sofort konsumiert werden. Bei Jugendlichen handelt es sich oftmals auch um Mutproben bzw. Risikoverhalten. Auch hier werden in der überwiegenden Zahl der Fälle Gegenstände entwendet, die für den Täter von Nutzen sind.

Patienten mit Kleptomanie sind sich fast immer darüber bewusst, dass ihr Verhalten falsch ist, und empfinden Scham und Schuldgefühle. Vielfach meiden sie Orte, wo das Stehlen eine besonders große Versuchung darstellt; manche betreten kein Geschäft mehr. Freude, Erleichterung oder ein Gefühl der Befriedigung während und nach der Tat sowie Angst und Schuldgefühle zwischen den einzelnen Diebstählen können auftreten. Die meisten Patienten berichten über traumatische Lebensereignisse, aber die wenigsten können angeben, was dem ersten Stehlakt vorausging (Meusers et al. 2007).

36.4.5 Ätiologie und Pathogenese

Offenbar handelt es sich um eine heterogene Störung mit Merkmalen von Impulskontrollstörungen, Suchterkrankungen und Störungen des affektiven Spektrums (Aizer et al. 2004). Psychoanalytisch kann das Stehlen als Ersatzbefriedigung für unterdrückte Wünsche gesehen werden. Dabei besäßen die gestohlenen Dinge einen symbolischen Wert, der auf den unbewussten Konflikt hinweist. Kleptomanie kann auch eine versteckte Form des Widerstands darstellen. Auch erregende Gefühle beim Stehlen können ein Motiv sein. Das erlangte Diebesgut kann als positiver Verstärker verhaltensstabilisierend wirksam sein.

Risikofaktoren

Diebstähle sind nur selten Ausdruck einer psychischen Störung und stehen auch nur selten in Zusammenhang mit Kleptomanie. Impulshaftes Stehlen muss nicht zwangsläufig einer Kleptomanie entsprechen, sondern kann auch Ausdruck einer Lebenskrise sein. Die Analyse der Tatumstände fördert nicht selten bewusstseinsnahe, aber uneingestandene handlungsleitende Gefühle von Wut, Ärger und Rache zutage. Solche Mo-

tive sprechen laut DSM-IV gegen eine Kleptomanie. Eine Minderung der Schuldfähigkeit ist hier kaum zu rechtfertigen.
In anderen Fällen kann das Stehlen auch Ausdruck einer erheblichen psychischen Störung, z. B. einer Manie oder einer Demenz, sein. In diesen Fällen richtet sich die Begutachtung nach der auch sonst üblichen forensisch-psychiatrischen Beurteilung der Grunderkrankung bzw. nach Ausmaß und Schwere der gegebenenfalls bestehenden psychopathologischen Symptomatik, d. h. es geht um die Frage, ob die psychische Störung überhaupt in Verbindung mit dem Diebstahl steht und ob sie in der Tatsituation zu erheblichen Einbußen des Einsichts- bzw. Steuerungsvermögens geführt hat (Habermeyer u. Heekeren 2004).
Selbst wenn die Kriterien von ICD-10 und DSM-IV-TR erfüllt sind, ist keinesfalls jede Handlung, die zur Aneignung fremden Besitzes führt, Ausdruck der Kleptomanie. Darüber hinaus scheint unter Berücksichtigung des psychopathologischen Referenzsystems von Saß (1985) fraglich, ob die Diagnose einer Kleptomanie, die lediglich wiederholte sozial störende Verhaltensauffälligkeiten beschreibt, zur Annahme einer »schweren anderen seelischen Abartigkeit« berechtigt. Hierzu sollte zumindest eine Progredienz mit Erlebniseinengung, nachlassender Befriedigung und Leidensdruck feststellbar sein (Habermeyer u. Heekeren 2004).
Auch konstellative Faktoren wie Substanzeinfluss oder beginnende hirnorganische Beeinträchtigungen müssen berücksichtigt werden. Häufig wird bei der Verantwortung von Diebstählen die Argumentation des fehlenden Motivs vorgebracht. Dies reicht aber nicht als Beleg für eine Störung, welche die Zurechnungsfähigkeit entscheidend beeinträchtigt (Kröber 1988).

Neurobiologie

Über neurobiologische Ursachen ist wenig bekannt. Es sind Einzelfälle beschrieben, in denen Kleptomanie rezidivierend im Rahmen eines prämenstruellen Syndroms auftrat (Spitczok von Brisinski 2007a).

36.4.6 Diagnostik und Differenzialdiagnosen

Neben der Anamnese zur Kernsymptomatik müssen Rahmenbedingungen (Familienanamnese, aktuelles psychosoziales Umfeld) sowie komorbide Störungen wie affektive Störungen, Angststörungen und Suchterkrankungen beachtet werden (Tab. 36-5).
Um Kleptomanie von Störungen des Sozialverhaltens abzugrenzen, muss die steigende Spannung vor und der Spannungsabfall nach der Handlung erfragt werden. Weitere Differenzialdiagnosen sind Stehlen

Tab. 36-5 Standardisierte Verfahren zur Diagnostik der Kleptomanie

Name	Art des Verfahrens
Interview zur Lebenszeitprävalenz von affektiven Störungen und Schizophrenie, modifiziert zur Untersuchung von Angststörungen nach DSM-IV (SADS-LA IV)	halbstrukturiertes Interview
Minnesota Impulsive Disorders Interview (MIDI)	halbstrukturiertes Interview

- zu persönlichem Nutzen,
- als Mutprobe, oppositionelles Verhalten oder Ritual,
- als Racheakt,
- zur Vortäuschung einer Kleptomanie, um Strafverfolgung zu entgehen,
- bei dissozialer Persönlichkeitsstörung,
- im Rahmen einer akuten Manie,
- im Rahmen organischer psychiatrischer Störungen, auch bei geistiger Behinderung,
- von Nahrungsmitteln im Rahmen einer Bulimie.

36.4.7 Therapie

Zur Verhaltenstherapie (einschließlich aversiver Techniken) liegen Einzelfallstudien vor (Meusers et al. 2007). Fluoxetin (allein oder in Kombination mit Lithium oder Trizyklika) war ebenfalls in mehreren Falldarstellungen wirksam, desgleichen Fluvoxamin und Paroxetin. Ein placebokontrollierter Auslassversuch bei Respondern konnte keine Überlegenheit von Escitalopram gegenüber Placebo nachweisen (Koran et al. 2007). Die Behandlung mit Mood-Stabilizern erbrachte variierende Ergebnisse für Lithium, Valproat und Carbamazepin. Der Opioid-Antagonist Naltrexon war in zwei Falldarstellungen wirksam. Die Benzodiazepine Clonazepam und Alprazolam zeigten ebenfalls Hinweise auf Wirksamkeit. Insgesamt scheinen SSRI in der Pharmakotherapie am ehesten Erfolg versprechend zu sein (19 von 30 in der Literatur beschriebenen Fälle verliefen erfolgreich), entweder als Monotherapie oder in Kombination mit anderen Psychopharmaka (Dell'Osso et al. 2006).

36.4.8 Verlauf und Prognose

Es gibt nur wenige Erkenntnisse zum Verlauf. Das Alter bei Beginn variiert erheblich, im Verlauf kommt es nicht selten zu episodischen Zuspitzungen oder auch längeren Remissionen (DSM-IV-TR).

36.5 Trichotillomanie

36.5.1 Definition und Klassifikation

Laut ICD-10 (F63.3) kommt es nach wiederholt misslungenem Versuch, sich gegen Impulse zum Ausreißen der Haare zu wehren, zu einem sichtbaren Haarverlust (Abb. 36-1). DSM-IV-TR fordert als zwei weitere Kriterien, dass das Gefühl wachsender Spannung vor dem Ausreißen der Haare oder beim Versuch zu widerstehen auftritt sowie während des Ausreißens der Haare bzw. anschließend das Gefühl von Genuss, Erleichterung und/ oder Befriedigung zu verspüren ist. In empirischen Studien finden sich diese zwei Kriterien bei Erwachsenen jedoch nur in 60–80 % der Fälle (Bohne et al. 2005; Dell'Osso et al. 2006), bei Kindern teils sogar nur bei 8 % (Reeve et al. 1992). Die Diagnose sollte nicht gestellt werden, wenn die Symptomatik durch eine andere psychische oder somatische Störung besser erklärt werden kann.

36.5.2 Geschichtlicher Überblick

Der Begriff Trichotillomanie setzt sich aus den griechischen Wörtern *thrix* (Haar), *tillein* (rupfen) und *mania* (Raserei, Wahnsinn) zusammen. Erstmalig wurde die Trichotillomanie 1889 von dem französischen Dermatologen François Henri Hallopeau (1842–1919) als *»Alopécie par grattage«* (»Haarausfall durch Kratzen«) beschrieben. Das Erscheinungsbild wurde lange Zeit als schlechte Angewohnheit fehlinterpretiert. Die Störung wurde erst 1987 in das DSM-III-R und 1989 in die ICD-10 als eigenständiges Krankheitsbild mit spezifischen Symptomen, Begleiterscheinungen und Begleiterkrankungen aufgenommen.

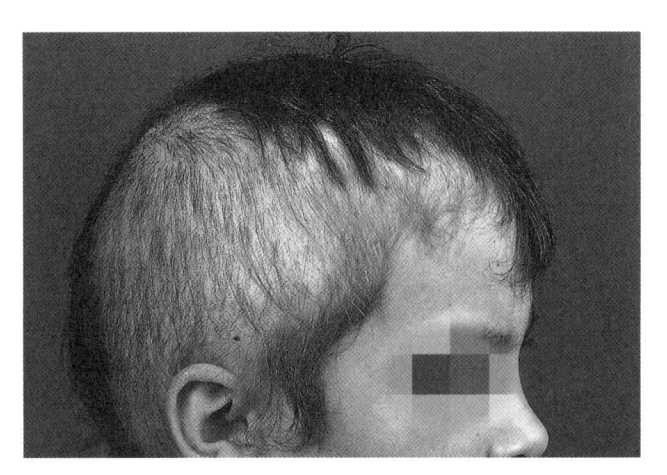

Abb. 36-1 Trichotillomanie. Gewohnheitsmäßiges Ausreißen der Haare in einem umschriebenen Bezirk (aus Bork u. Bräuninger 2005).

Einige Patienten verschlucken die ausgerissenen Haare (Trichotillophagie). In seltenen Fällen bildet sich dadurch im Magen eine unverdauliche Zusammenklumpung (Bezoar). Das Wort »Bezoar« entstammt dem arabischen bedzehr, dem persischen padzahr oder dem hebräischen beluzaar, was im Deutschen »Gegenmittel« bedeutet. Bezoare sind bereits seit dem 12. Jahrhundert v. Chr. bekannt. Ihnen wurden heilende Eigenschaften zugeschrieben, sie galten als Glücksbringer und wurden in Schmuckstücke eingearbeitet.

36.5.3 Epidemiologie

Die genaue Prävalenz der Trichotillomanie ist unbekannt. Stichprobenergebnisse sprechen dafür, dass pathologisches Haareausreißen bei Jugendlichen und Erwachsenen häufiger das weibliche Geschlecht betrifft (1,5 % der Männer und 3,4 % der Frauen). Bei Erfüllen aller Kriterien nach dem DSM liegt dagegen die Lebenszeitprävalenz sowohl bei Frauen als auch bei Männern offenbar bei etwa 0,6 % (Dell'Osso et al. 2006). Das mittlere Alter der Betroffenen beträgt zu Beginn der Störung etwa 13 Jahre, erstmals auftreten kann die Störung jedoch in jedem Alter. Die Dauer kann über wenige Monate bis mehrere Jahre anhalten. King et al. (1995) fanden unter 17-Jährigen eine Lebenszeitprävalenz von 1 % und eine Punktprävalenz von 0,5 %.

Eine frühe Form, die vielfach vor dem sechsten Lebensjahr auftritt, meist nur wenige Monate anhält und spontan remittiert oder gut auf einfache verhaltenstherapeutische Maßnahmen anspricht, kann unterschieden werden von eine späten Form, die in der frühen Adoleszenz beginnt und zur Habituierung und späteren Chronifizierung neigt. Es ist unklar, ob ein Übergang von der frühen in die adoleszente Form der Trichotillomanie existiert oder ob es sich um zwei unterschiedliche Krankeitsentitäten handelt (Meusers et al. 2007).

36.5.4 Prodromi und Symptomatologie

Vorübergehende Episoden des Haareausreißens sind nicht zwangsläufig als Prodromi zu werten (DSM-IV-TR).

Das Ausreißen kann in allen behaarten Körperregionen, auch im Schambereich, erfolgen; am häufigsten betrifft es Kopfhaare, Augenbrauen und Wimpern. Es kann zu umschriebenen Kahlstellen kommen, wobei unterschiedlich kurze neue Haare noch vorhanden sein können. Manche Betroffenen fühlen sich genötigt, eine Symmetrie zu wahren oder besonders geformte Haare zu entfernen. Teils werden die Haare untersucht, bevor sie weggeworfen, aufgehoben oder auch verschluckt werden. Schmerz wird beim Entfernen der Haare kaum wahrgenommen – und wenn, dann wird er als angenehm empfunden oder ignoriert. Viele Patienten leugnen ihre Störung und tragen Hüte oder Perücken, um die kahlen Stellen zu verdecken. Andererseits geben viele der Betroffenen an, sich ihrer Handlung nicht bewusst zu sein, und längst nicht alle sagen aus, einen intensiven Drang zum Auszupfen der Haare zu verspüren. Der Vorgang spielt sich häufig während der Einschlafsituation ab, kann jedoch auch in Phasen innerer Anspannung auftreten. Das Haareausreißen kann als Mittel zur Reduktion von Anspannung dienen, wird aber von manchen Betroffenen auch als anregend erlebt und kann dazu dienen, einem Leeregefühl entgegenzuwirken.

36.5.5 Ätiologie und Pathogenese

In der Literatur werden Aspekte einer Impulskontrollstörung, einer Störung aus dem Spektrum der Zwangserkrankungen sowie einer Störung mit stereotypem selbstverletzendem Verhalten diskutiert. Sowohl die erhöhte Häufigkeit von Zwangsstörungen als komorbide Störung (3–27 %) als auch die erhöhte Inzidenz von Zwangsstörungen und Trichotillomanie bei Verwandten ersten Grades unterstreichen eine Verbindung zur Zwangsstörung (Dell'Osso et al. 2006).

Gershuny et al. (2006) fanden in 76 % der Fälle mindestens ein traumatisches Ereignis und 19 % erfüllten die Kriterien einer posttraumatischen Belastungsstörung, sodass die Prävalenz offenbar höher ist als in der Allgemeinbevölkerung. Möglicherweise stellt für traumatisierte Individuen das Haareausreißen eine Form des Copings zur Selbstberuhigung bzw. Entspannung dar.

Risikofaktoren

Wenn die ausgerissenen Haare verschluckt werden, kann sich im Magen ein Bezoar bilden, das unter Umständen bis in den Dünndarm reicht (Rapunzel-Syndrom; Abb. 36-2). Bei Trichophagie sollte daher ein Trichobezoar (Haarknäuel) sonographisch, radiologisch oder endoskopisch ausgeschlossen werden. Trichobezoare können Bauchschmerzen, Ileus, Blutung, Perforation mit Peritonitis, Ulkusbildung, Enteropathie mit Proteinverlust, Pankreatitis und Appendizitis verursachen. Mögliche Folgeerscheinungen durch Malabsorption und Maldigestion sind chronische Diarrhö, Steatorrhö, Hypoproteinämie, Eisenmangelanämie und megaloblastäre Anämie sowie ein Mangel fettlöslicher Vitamine mit möglicher Blutungsneigung bei Verminderung der Gerinnungsfaktoren (Schulte-Markwort et al. 2000).

Neurobiologie

Neurobiologisch wurden bisher Abweichungen beim $5-HT_{2A}$-Rezeptor und Mutationen im SLITRK1-Gen gefunden sowie eine Korrelation des Behandlungserfolgs von SSRI mit der Baseline von 5-HIAA im Liquor (Spitczok von Brisinski 2007a).

36.5.6 Diagnostik und Differenzialdiagnosen

Aufgrund der Anamnese und des makroskopischen sowie des histopathologischen Befundes kann die Diagnose oft eindeutig gestellt werden. Teils wird das Vorliegen einer Trichotillomanie jedoch von Patient und Familie verneint. Zur Abgrenzung von Alopecia areata und Tinea capitis ist daher in seltenen Fällen eine Biopsie erforderlich. Im Mikroskop sieht man in den betroffenen Arealen in den Haarwurzeln und in der direkten Umgebung Blutungen mit geringen Entzündungszeichen. Dabei fallen Entzündungen sowohl im oberen Bereich der Haarwurzel als auch in den oberen Schichten der Haut auf.

Neben der Kernsymptomatik sollte auch hinsichtlich eventueller Belastungssituationen, Trennungserlebnisse und Deprivationserfahrungen exploriert werden, da sich hieraus möglicherweise zusätzliche Therapieansätze ergeben. Zur standardisierten Diagnostik stehen mehrere strukturierte bzw. halbstrukturierte Interviews und Fragebogen zur Verfügung (Tab. 36-6).

Als Differenzialdiagnosen kommen in Betracht:
- Haareausreißen nach einer Hauterkrankung
- Haareausreißen als Reaktion auf Wahn oder Halluzination
- Haarezupfen oder Haaredrehen im Rahmen einer stereotypen Bewegungsstörung
- Haareausreißen im Rahmen eines Münchhausen-Syndroms
- Smith-Magenis-Syndrom
- Rett-Syndrom
- regionaler Haarausfall als Nebenwirkung von Methylphenidat

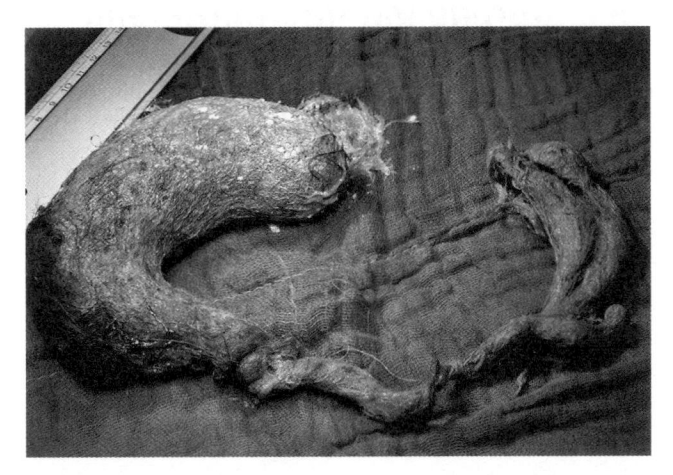

Abb. 36-2 Trichobezoar. Magenausgusspräparat aus vernetzten Haaren und Fasern (Chirurg 2003; 74: 753-6; Abb. 4; mit freundlicher Genehmigung von Springer Science+Business Media)

Tab. 36-6 Standardisierte Verfahren zur Diagnostik der Trichotillomanie

Name	Art des Verfahrens
Psychiatric Institute Trichotillomania Scale (PITS)	halbstrukturiertes Interview, das den Schweregrad der Trichotillomanie misst
Interview zur Lebenszeitprävalenz von affektiven Störungen und Schizophrenie, modifiziert zur Untersuchung von Angststörungen nach DSM-IV (SADS-LA IV)	halbstrukturiertes Interview
Structured Clinical Interview for DSM-IV for the Putative Obsessive-Compulsive Spectrum Disorders (SCID-OCSD)	strukturiertes Interview
Minnesota Impulsive Disorders Interview (MIDI)	halbstrukturiertes Interview
Trichotillomanie-Beschreibungs-Bogen (TBB)	Fragebogen zur Analyse des symptomatischen Verhaltens
Massachusetts General Hospital Hair-pulling Scale (MGH-HS)	Fragebogen

Hinzukommen können folgende komorbide Störungsbilder:
- Zwangsstörungen
- posttraumatische Belastungsstörung
- Angststörungen
- affektive Störungen
- Tic-Störungen

36.5.7 Therapie

Bei Jugendlichen mit bereits länger andauernder Störung liegen nur wenige Erkenntnisse über wirksame Therapiemaßnahmen vor. Für dieses Lebensalter existieren keine kontrollierten Studien. In Betracht kommen kognitiv-behaviorale Therapie, Response Prevention (Vermeiden von Rückversicherungsverhalten) und Habit-Reversal-Training (Meusers et al. 2007) sowie Hypnose, Hypnotherapie und Familientherapie (Spitczok von Brisinski 2007a). In der kontrollierten Studie von Diefenbach et al. (2006) war verhaltenstherapeutische Gruppentherapie zwar einer supportiven Gruppentherapie in der Symptombesserung überlegen, dennoch war die Rückbildung nicht ausreichend und es kam zu Rückfällen während der folgenden sechs Monate. Die Wirksamkeit der Gruppentherapie scheint der Einzeltherapie nicht überlegen.
In zwei randomisierten kontrollierten Studien bei Erwachsenen zeigte sich Verhaltenstherapie der medikamentösen Behandlung mit Fluoxetin bzw. Clomipramin überlegen. Allerdings ließ auch der Effekt der Verhaltenstherapie innerhalb von zwei Jahren deutlich nach. Patienten, die bei Beendigung der Therapie eine vollständige Remission in Bezug auf das Haarezupfen zeigten, wiesen deutlich bessere Ergebnisse nach zwei Jahren auf. Die Behandlung sollte daher unbedingt auf eine komplette Remission der Trichotillomanie abzielen (Meusers et al. 2007).
Open-Label-Studien fanden positive Effekte für Fluoxetin, Fluvoxamin, Citalopram, Escitalopram, Venlafaxin, Lithium und Naltrexon. In kontrollierten Studien war Clomipramin zwar Desipramin und Placebo überlegen, die Überlegenheit von SSRI gegenüber Placebo konnte jedoch in zwei kontrollierten Studien zu Fluoxetin nicht repliziert werden. Zudem kommt es häufig trotz Weiterführung der Therapie zu Rezidiven (Dell'Osso et al. 2006).
In der kontrollierten Studie von Dougherty et al. (2006) über 22 Wochen war die Kombination von Sertralin und Habit-Reversal-Training wirksamer als jeder Ansatz für sich allein. Auch Holttum et al. (1994) waren nur mit einer Kombination aus Verhaltenstherapie und Clomipramin erfolgreich. Langzeiterfahrungen zur Kombinationsbehandlung liegen noch nicht vor.
Bei erfolgreicher Behandlung komorbider Störungen kommt es teils auch zu einer Rückbildung der Trichotillomanie. Einzelfälle sind beschrieben für Methylphenidat bei Aufmerksamkeitsdefizit-Hyperaktivitätsstörung (ADHS) sowie für Imipramin, MAO-Hemmer und Fluoxetin bei Depression (Spitczok von Brisinski 2007a). Bei Haareausreißen im Rahmen anderer Erkrankungen (Schizophrenie, geistige Behinderung, Autismus) sollten diese vordringlich behandelt werden (Meusers et al. 2007).
Viele Betroffene erleben ihre Erkrankung als stigmatisierend und sozial isolierend. Eine wertvolle Ergänzung des Hilfeangebots sind Selbsthilfegruppen zur Trichotillomanie (ein Verzeichnis findet sich z. B. unter www.trich.de/site/hilfe/selbsthilfe.htm).

36.6 Störung mit intermittierend auftretender Reizbarkeit (Intermittierende explosible Störung)

36.6.1 Definition und Klassifikation

Das Hauptmerkmal ist laut DSM-IV-TR (312.34) das Auftreten mehrerer umschriebener Episoden des Versagens, aggressiven Impulsen zu widerstehen, die zu schweren Gewalttätigkeiten oder zur Zerstörung von Eigentum führen. Das Ausmaß der Aggressivität während der Episode steht in grobem Missverhältnis zum provozierenden bzw. auslösenden psychosozialen Belastungsfaktor. In der ICD-10 ist die Störung mit intermittierend auftretender Reizbarkeit zwar als Diagnose unter »F63.8 Sonstige abnorme Gewohnheiten und Störungen der Impulskontrolle« aufgeführt, jedoch nicht näher definiert.

36.6.2 Geschichtlicher Überblick

Das Konzept des cholerischen Temperaments findet sich bereits bei Hippokrates. Kurt Schneider konzipierte 1923 den »Explosiblen Charakter« (»… allgemein zwar angepasst und ruhig, jedoch leicht erregbar und zur spontanen Gewalttätigkeit neigend«).

Die intermittierend explosible Störung wurde erstmals 1980 im DSM-III unter den Impulskontrollstörungen aufgeführt und 1989 in die ICD-10 als »Störung mit intermittierend auftretender Reizbarkeit« aufgenommen. Davor gab es im DSM-II die »Explosible Persönlichkeit« (epileptoide Persönlichkeitsstörung) und in der ICD-9 die »erregbare Persönlichkeit«, die den Persönlichkeitsstörungen zugeordnet waren. Die Neueinordnung im DSM-III wurde damit begründet, dass die Patienten nach den aggressiven Ausbrüchen Reue zeigen und zu Selbstvorwürfen neigen würden. Dieses Verhalten wurde als Charakteristikum für ich-dystones Erleben gewertet, das bewusst und weitgehend unabhängig vom typischen Verhalten, Wahrnehmen und Fühlen ist.

36.6.3 Epidemiologie

Während sich in früheren Studien nach den Kriterien des DSM-III in klinischen Populationen nur eine Häufigkeit von 1 bis 2 % fand, ergaben sich nach den Kriterien des DSM-IV für repräsentative Stichproben Lebenszeitprävalenzen von 5 bis 11 % (Dell'Osso et al. 2006; Kessler et al. 2006). Männliche Personen sind dreimal häufiger betroffen als weibliche.

36.6.4 Prodromi und Symptomatologie

Die Störung kann abrupt und ohne Prodromi auftreten (DSM-IV-TR).
Betroffene beschreiben ihre aggressiven Impulse oft als extrem belastend. Die Störung kann zu Arbeitsplatzverlust, Schulverweis, Scheidung, Schwierigkeiten in zwischenmenschlichen Beziehungen oder zu anderen Beeinträchtigungen in sozialen oder beruflichen Bezügen, zu Unfällen (z. B. mit dem Auto), Krankenhausaufenthalten (z. B. wegen im Streit oder bei Unfällen zugezogener Verletzungen), finanziellen Schwierigkeiten, Inhaftierungen oder zu anderen rechtlichen Problemen führen (DSM-IV-TR).

36.6.5 Ätiologie und Pathogenese

Wahrscheinlich handelt es sich eher um eine heterogene Sammlung pathophysiologischer und psychologischer Bedingungen als um eine singuläre Krankheit, also um ein Syndrom, das die gemeinsame Endstrecke für mehrere Ätiologien darstellt.

Als neurobiologische Ursachen werden eine Deregulation des serotonergen Systems und leichte Hirnschädigungen diskutiert.

36.6.6 Diagnostik und Differenzialdiagnosen

Teils beschreiben die Betroffenen die aggressiven Episoden als »Anfälle« oder »Attacken«, denen ein Gefühl von Spannung oder Erregung vorangeht und ein Gefühl der Entspannung unmittelbar folgt. Später kann der Betroffene Bestürzung, Reue oder Bedauern fühlen oder sich seines aggressiven Verhaltens schämen. Manche beschreiben intensive aggressive Impulse, die ihren aggressiven Handlungen vorausgehen. Explosible Episoden können mit affektiven Symptomen (z. B. Reizbarkeit oder Wut, erhöhter Kraft) während der aggressiven Impulse und Handlungen und mit raschem Einsetzen von depressiver Stimmung und Mattigkeit nach den Handlungen einhergehen. Einige Betroffene berichten auch, dass im Vorfeld bzw. während der aggressiven Episoden häufig Symptome wie Kribbeln, Zittern, Schwitzen, Enge im Brustraum, Kopfdruck oder Hören von Echos auftreten.

Auch zwischen den explosiblen Episoden können Anzeichen einer allgemeinen Impulsivität oder Aggressivität vorhanden sein. Manche berichten über Probleme mit chronischer Wut und häufigen unterschwellig verlaufenden Episoden, in denen sie aggressive Impulse erleben, es jedoch entweder schaffen, diesen zu widerstehen, oder sich mit weniger destruktiven aggressiven Verhaltensweisen abzulenken (z. B. schreien oder gegen eine Wand schlagen, ohne diese zu beschädigen).

Die Diagnose sollte erst erwogen werden, nachdem andere Störungen, die mit aggressiven Impulsen oder aggressivem Verhalten einhergehen, ausgeschlossen worden sind. So kann z. B. eine Aufmerksamkeitsdefizit-Hyperaktivitätsstörung (ADHS) durch die bei manchen Patienten stark ausgeprägte Abhängigkeit der Kernsymptomatik von situativen Einflüssen (Spitczok von Brisinski 2007b) und unterschiedlichen zeitlichen Verläufen (Spitczok von Brisinski 2003) einen intermittierenden Verlauf vortäuschen.

Die Diagnose »Intermittierende explosible Störung« wird nicht gestellt, wenn das aggressive Verhalten ausschließlich im Verlauf eines Delirs auftritt, sich im Rahmen einer Demenz entwickelt oder einer Persönlichkeitsveränderung aufgrund eines medizinischen Krankheitsfaktors (z. B. Schädelhirntrauma, Demenz).

Tab. 36-7 Standardisierte Verfahren zur Diagnostik der Intermittierenden explosiblen Störung

Name	Art des Verfahrens
Composite International Diagnostic Interview (CIDI)	strukturiertes Interview
Structured Clinical Interview for DSM-IV-TR for the Putative Obsessive-Compulsive Spectrum Disorders (SCID-OCSD)	strukturiertes Interview
Minnesota Impulsive Disorders Interview (MIDI)	halbstrukturiertes Interview

In seltenen Fällen können auch bei Epilepsien, insbesondere mit frontalem und temporalem Herd (komplex partiale Epilepsie), Episoden von Gewalttätigkeit auftreten. »Weiche« neurologische Zeichen und unspezifische EEG-Veränderungen (Spitczok von Brisinski 2001) sind jedoch mit einer intermittierenden explosiblen Störung vereinbar.

Aggressive Ausbrüche können auch in Verbindung mit Substanzintoxikation oder Substanzentzug auftreten, insbesondere bei Alkohol, Phencyclidin, Kokain und anderen Stimulanzien, Barbituraten und Inhalanzien (Spitczok von Brisinski 2002a).

Die intermittierende explosible Störung sollte von aggressivem oder unberechenbarem Verhalten unterschieden werden, das bei einer Störung des Sozialverhaltens, Aufmerksamkeitsdefizit-Hyperaktivitätsstörung, dissozialer Persönlichkeitsstörung, Borderline-Persönlichkeitsstörung, einer manischen Episode oder Schizophrenie auftritt (Tab. 36-7). Wenn das aggressive Verhalten besser als Merkmal einer anderen Störung erklärt werden kann, wird die Diagnose einer intermittierenden explosiblen Störung nicht gestellt. Allerdings kann aggressive Impulsivität bei dissozialer Persönlichkeitsstörung und Borderline-Persönlichkeitsstörung besondere klinische Bedeutsamkeit haben, in diesen Fällen sollten beide Diagnosen gestellt werden (DSM-IV-TR).

Betroffene mit narzisstischen, zwanghaften, paranoiden oder schizoiden Zügen können besonders anfällig für explosible Zornesausbrüche sein, wenn sie unter Belastung stehen (DSM-IV-TR). Einige Patienten, die zusätzlich zur intermittierend auftretenden Reizbarkeit unter einer bipolaren Störung leiden, haben auch Impulsdurchbrüche außerhalb manischer und hypomaner Phasen. Insgesamt fanden Kessler et al. (2006) bei 81,8 % der Betroffenen zusätzlich zur intermittierend auftretenden Reizbarkeit mindestens eine der folgenden Störungen:
- affektive Störungen
- Angststörungen
- Suchterkrankungen
- Störungen des Sozialverhaltens
- hyperkinetische Störungen

Aber auch Zwangsstörungen (Dell'Osso et al. 2006) und Essstörungen (DSM-IV-TR) treten vermehrt auf.

Bei Verwandten ersten Grades finden sich gehäuft affektive Störungen, Störungen im Zusammenhang mit psychotropen Substanzen, die intermittierende explosible Störung und andere Störungen der Impulskontrolle (DSM-IV-TR).

36.6.7 Therapie

Bezüglich der Behandlung aggressiver Patienten allgemein sind in der Literatur zahlreiche wirksame Ansätze beschrieben. So liegen kontrollierte Studien zu kognitiver Verhaltenstherapie, Gruppentherapie, Familientherapie, Training sozialer Fertigkeiten, Phasenprophylaktika, Phenytoin, selektiven Serotonin-Wiederaufnahmehemmern (SSRI), β-Rezeptoren-Blockern und zu Neuroleptika vor (Dell'Osso et al. 2006). Die Beurteilung der Wirksamkeit spezifischer Therapieansätze bei intermittierend auftretender Reizbarkeit ist jedoch deutlich erschwert aufgrund folgender Aspekte:
- Der Verlauf ist sehr unterschiedlich – in einigen Fällen chronisch, in anderen Fällen episodisch.
- Die Angaben zur Häufigkeit der aggressiven Durchbrüche schwanken in der Literatur zwischen »mindestens drei innerhalb von Jahren« (Kessler et al. 2006) und »durchschnittlich zwei Episoden pro Woche« (Hollander et al. 2003). Ergebnisse aus Studien mit kurzem Beobachtungszeitraum sind daher mit Vorsicht zu bewerten.
- Die in Literaturübersichten zur Störung mit intermittierend auftretender Reizbarkeit genannten Studienergebnisse beziehen sich oftmals auf aggressives Verhalten allgemein bzw. auf andere psychische Störungen, bei denen es zu aggressiven Durchbrüchen kommt, wie z. B. Störungen des Sozialverhaltens oder Persönlichkeitsstörungen. Die Wirksamkeit bei anderen psychischen Störungen kann aber nicht allgemein als Beleg für eine Wirksamkeit bei der Störung mit intermittierend auftretender Reizbarkeit gelten. So fanden Hollander et al. (2003) eine Placebo überlegene Wirksamkeit von Valproat bei Persönlichkeitsstörungen, jedoch nicht bei der Störung mit intermittierend auftretender Reizbarkeit.
- Der Placeboeffekt ist offenbar sehr stark, so lag er z. B. in der randomisierten, placebokontrollierten Studie von Hollander et al. (2003) bei 69 %. Alle Ergebnisse aus Open-Label-Studien sind daher mit Zurückhaltung zu bewerten.

Explizit auf die Therapie der intermittierend auftretenden Reizbarkeit bezogen liegen bisher nur zwei Studien vor: die bereits oben erwähnte randomisierte, placebokontrollierte Studie von Hollander et al. (2003), in der Valproat nicht wirksamer als Placebo war, und eine retrospektive Analyse für Clozapin (Kant et al. 2004). Im Vergleich zum jeweils zuvor eingesetzten Neuroleptikum konnte unter Clozapin die Zusatzmedikation (Phasenprophylaktika, Antidepressiva, Anxiolytika) signifikant gesenkt werden.

36.6.8 Verlauf und Prognose

Die Störung beginnt meist in der Kindheit oder Adoleszenz, erreicht ihre stärkste Ausprägung meist zwischen dem 21. und 29. Lebensjahr und nimmt nach dem fünften Lebensjahrzehnt kontinuierlich ab (Kessler et al. 2006).

36.7 Pathologischer Internet-Gebrauch

36.7.1 Definition und Klassifikation

Als pathologischer Internet-Gebrauch (PIG) bzw. Internet-Sucht wird unkontrollierbare und schädliche Nutzung des Internets bezeichnet, die viel Zeit in Anspruch nimmt, persönliches Leiden verursacht (vor allen Dingen durch den erlebten Kontrollverlust) sowie zu zwischenmenschlichen, finanziellen und/oder beruflichen Problemen führt (Dell'Osso et al. 2006). Das Konzept des pathologischen Gebrauchs des Internets bzw. Computers fand 1995 erstmals Eingang in ein medizinisches Wörterbuch. Da es sich bei der Internet-Sucht um ein relativ neues Phänomen handelt, existieren bisher keine allgemein akzeptierten Kriterien. Um Kriterien zur Erfassung der Internet-Sucht zu formulieren, orientieren sich Autoren an Merkmalen sowohl der Spielsucht als auch der substanzungebundenen oder substanzgebundenen Sucht (Spitczok von Brisinski 2007a).

36.7.2 Geschichtlicher Überblick

1969 begannen die Vorbereitungen für das ARPANET *(Advanced Research Projects Agency Network),* das verschiedene Netze des US-Verteidigungsministeriums verband. 1972 wurde das erste E-Mail-Programm entwickelt. 1987 entstand der Begriff »Internet«. 1990 wurde ARPANET aufgegeben und das Militär zog sich zurück. Das Internet breitete sich zunächst in einem wissenschaftlichen Rahmen über die Universitäten aus. 1994 überstieg die Zahl der kommerziellen Nutzer des Internets erstmals die der wissenschaftlichen Nutzer. Zu diesem Zeitpunkt gab es etwa drei Millionen Internet-Rechner (Spitczok von Brisinski 2000). Mittlerweile gibt es über fünf Milliarden Internet-Seiten.

36.7.3 Epidemiologie

Die Prävalenz für Internet- bzw. Computerabhängigkeit ist unbekannt (Basdekis-Jozsa 2003), bisher publizierte Zahlen beziehen sich meist auf selektierte Internet-Inanspruchnahmepopulationen (Spitczok von Brisinski 2002b). Der auf der Auswertung von 22 500 Fragebogen aus 25 Provinzen und autonomen Regionen basierende »China Youngsters Network Addiction Data Report 2005« geht davon aus, dass 13,2 % der chinesischen Teenager internetsüchtig sind und 13 % die Neigung haben, sich vom Internet »verführen« zu lassen. 60 % der Internetsüchtigen seien männlich und 40 % weiblich. Die meisten Abhängigen seien *junior high school students,* Arbeitslose oder Personen ohne reguläre Arbeit. Es fanden sich keine Zusammenhänge zwischen Internet-Sucht und ökonomischem Status.

> ! Pathologischer Internet-Gebrauch kann in jedem Alter, bei jedem sozialen, ökonomischen und Bildungsniveau auftreten. Während frühere Studien das stereotype Bild vom jungen, introvertierten Mann als dem klassischen Internetsüchtigen zeichneten, zeigen neuere Untersuchungen eine Zunahme bei Frauen.

36.7.4 Prodromi und Symptomatologie

Betroffene verbringen immer mehr Zeit mit Surfen, Spielen, Einkaufen im Internet, Betrachten pornografischer Websites, chatten und mailen. Sie werden reizbarer beim Versuch, die Internet-Nutzung zu unterbinden. Schließlich verläuft jeder Versuch der Enthaltsamkeit erfolglos. Der immer häufigere Gebrauch des Internets führt zu einer Zunahme depressiver Affekte und zu Gefühlen von Einsamkeit, zu einer Abnahme sozialer Aktivitäten und zu einem Rückgang der Kommunikation innerhalb der Familie. Streit mit dem Partner bzw. der Familie, Verlust des Arbeitsplatzes oder abnehmende Produktivität bzw. Schulversagen und/oder Strafverfolgung sind die Folge.

Bei einigen Betroffenen ist die exzessive Internet-Nutzung gänzlich durch eine andere Impulskontrollstörung wie z. B. pathologisches Glücksspiel (bei Online-Glücksspiel) oder zwanghaft-impulsives Sexualverhalten (das Internet einbeziehend) erklärt, sodass in diesen Fällen das Internet als ein Ventil für eine andere Störung fungiert.

Typische Anzeichen bzw. Folgen pathologischen Internet-Gebrauchs können sein (nach Spitczok von Brisinski 2000):

- in der Partnerschaft beginnt es zu kriseln
- Freunde beschweren sich wegen des ständig besetzten Telefons (sofern nicht ISDN oder DSL vorhanden)
- überhöhte Telefon- bzw. Providerrechnungen (sofern nicht Flatrate vorhanden)
- wachsende Schulden, Mahnbescheide
- Interesse an *realer* Gesellligkeit lässt deutlich nach
- Besuch wird lästig, weil man viel lieber am Computer sitzt
- Elan und Engagement im Betrieb lassen stark nach
- Schlafstörungen

- statt Einkauf in *realen* Geschäften wird per Internet eingekauft
- nicht mehr in die Familie integriert, eher Außenseiter
- Gefühl, von Freunden, Kollegen, der Familie nicht mehr verstanden zu werden

36.7.5 Ätiologie und Pathogenese

Pathologischer Internet-Gebrauch umfasst Merkmale von Impulskontrollstörungen, Zwangsstörungen und Suchterkrankungen. Oftmals dient die übermäßige Internet-Nutzung der Verdrängung von unangenehmen Gedanken bzw. Gefühlen und/oder zur Selbstwertsteigerung.

Dieses Störungsbild kann in die folgenden drei Stadien (basierend auf den im Kapitel 36.7.6 genannten sechs diagnostischen Kriterien) unterteilt werden:
- **Gefährdungsstadium:** Vorliegen von bis zu drei der genannten sechs Kriterien in einem Zeitraum von bis zu sechs Monaten
- **Kritisches Stadium:** Vorliegen von mindestens vier der genannten sechs Kriterien in einem Zeitraum von bis zu sechs Monaten
- **Chronisches Stadium:** Vorliegen von mindestens vier der genannten sechs Kriterien über einen Zeitraum von mehr als sechs Monaten plus damit einhergehendem Vorliegen irreversibler psychosozialer Schäden wie Jobverlust, Trennung von Partner/Familie, soziale Selbstisolation

36.7.6 Diagnostik und Differenzialdiagnosen

Nach Zimmerl (1998) können die folgenden Kriterien zum pathologischen Internet-Gebrauch (PIG) herangezogen werden:
1. häufiges unüberwindliches Verlangen, ins Internet einzuloggen
2. Kontrollverluste (d. h. längeres Verweilen »online« als intendiert), verbunden mit Schuldgefühlen
3. sozial störende Auffälligkeit im engsten Kreis der Bezugspersonen
4. PIG-bedingtes Nachlassen der Arbeitsfähigkeit
5. Verheimlichung/Bagatellisierung der Gebrauchsgewohnheiten
6. psychische Irritabilität bei Verhinderung des Internet-Gebrauchs

Die folgenden komorbiden Störungen können im Zusammenhang mit pathologischem Internet-Gebrauch beobachtet werden:
- Substanzabhängigkeit
- affektive Störungen
- Angststörungen
- psychotische Störungen
- andere Impulskontrollstörungen: Kaufsucht, pathologisches Spiel, Pyromanie, zwanghaft-impulsives Sexualverhalten, Kleptomanie, zwanghafte körperliche Betätigung
- Misshandlung bzw. sexueller Missbrauch während der Kindheit
- Persönlichkeitsstörungen: Borderline-Persönlichkeitsstörung, narzisstische, dissoziale, histrionische, ängstlich-vermeidende, passiv-aggressive, selbstverletzende, schizoide, schizotype, zwanghafte und abhängige Persönlichkeitsstörung

36.7.7 Therapie und Verlauf

Die meisten Behandlungsstrategien beinhalten verhaltenstherapeutische Techniken, die der Internet-Nutzung zeitliche Grenzen setzen, jedoch nicht Abstinenz verlangen.

Escitalopram zeigte in einer Open-Label-Studie mit doppelblindem Auslassversuch positive Effekte (Dell'Osso et al. 2006).

Eine wertvolle Ergänzung des Hilfeangebots sind Selbsthilfegruppen (z. B. HSO – »Hilfe zur Selbsthilfe für Onlinesüchtige (und deren Angehörige)« unter www.onlinesucht.de), die sich sowohl online als auch offline treffen.

36.8 Zwanghaft-impulsives Sexualverhalten

36.8.1 Definition und Klassifikation

Diese Störung umfasst sexuelle Wiederholungshandlungen und zwanghafte sexuelle Gedanken. Das Individuum fühlt sich gezwungen oder getrieben, das Verhalten auszuführen. Obwohl meist ich-synton, führt es zu Leidensdruck und/oder zu sozialer oder beruflicher Beeinträchtigung, Strafverfolgung oder zu finanziellen Folgen oder es nimmt übermäßig viel Zeit in Anspruch. Konventionelle Sexualpraktiken oder Paraphilien werden exzessiv und/oder unkontrolliert ausgelebt (Black et al. 1997).

Konzeptuelle Überschneidungen ergeben sich mit gesteigertem sexuellem Verlangen (ICD-10 nennt unter F52.7 als zugehörige Begriffe Nymphomanie und Satyriasis, unter F98.8 exzessive Masturbation), Störungen der Sexualpräferenz (F65) sowie nichtstoffgebundene Suchterkrankungen (Black et al. 1997).

36.8.2 Geschichtlicher Überblick

Der Begriff »Nymphomanie« setzt sich zusammen aus »Nymphe« (griech. *nýmphē* = die Jungfrau, Braut, das heiratsfähige und äußerst willige Mädchen mit viel Lust) und dem griechischen »*mania*« (Raserei, Wahnsinn). In der griechischen Mythologie sind Nymphen weibliche Personifikationen von Naturkräften, von denen ein besonderer Reiz ausging. Sie sollen sich mit jedem eingelassen haben, der ihren Weg kreuzte. Ebenfalls aus der griechischen Mythologie abgeleitet ist der Begriff der »Satyriasis«: »Satyrn« sind Waldgeister, die den übermäßigen Genuss des Weins lieben und Nymphen lüstern verfolgen. Während Nymphen außergewöhnlich schön sind, zeigen sich Satyrn den Menschen als feindliche, Schrecken erregende Dämonen.

Der österreichische Psychiater Richard Freiherr von Krafft-Ebing beschrieb 1886 in »Psychopathia sexualis. Eine klinisch-forensische Studie« gesteigerte sexuelle Appetenz, die alle Gedanken und Gefühle beherrscht und mit impulsiver Bedürfnisbefriedigung ohne Rücksicht auf Moral und Rechtschaffenheit einhergeht.

36.8.3 Epidemiologie

Schätzungen der Prävalenz gehen von 5 bis 6 % aus. Männliche Patienten sind offenbar wesentlich häufiger betroffen als weibliche (Dell'Osso et al. 2006). Black et al. (1997) fanden in ihrer Studie einen Beginn der Störung im Alter von 5 bis 48 Jahren (Mittelwert 18 J.). Die Störung scheint meist über viele Jahre zu verlaufen, bei der Mehrheit jedoch mit Phasen ohne zwanghaftes Sexualverhalten.

Etwa drei Viertel aller Betroffenen haben zusätzlich eine andere psychische Störung, am häufigsten sind Alkoholismus, Angsterkrankungen, Zwangsstörungen und depressive Störungen. Auch Persönlichkeitsstörungen werden häufig diagnostiziert, insbesondere paranoide, histrionische, anankastische und passiv-aggressive Subtypen. Andere Impulskontrollstörungen wie Kaufsucht, Kleptomanie, Trichotillomanie, Pyromanie und pathologisches Glücksspiel treten ebenfalls mit zwanghaft-impulsivem Sexualverhalten gemeinsam auf. Weitere assoziierte Symptome sind sexuell übertragbare Krankheiten, ungewollte Schwangerschaften, somatische Beschwerden, sexuelle Dysfunktionen, Beziehungsprobleme und Suizidversuche. Etwa die Hälfte aller Betroffenen erlebte in der Kindheit eine Misshandlung oder einen sexuellen Missbrauch (Black et al. 1997).

36.8.4 Symptomatologie

Folgende Subtypen *nichtparaphilen* zwanghaft-impulsiven Sexualverhaltens werden beobachtet:

- zwanghaftes Cruising und multiple Partner
- zwanghafte Fixierung auf einen unerreichbaren Partner
- zwanghafte Masturbation
- zwanghaft multiple Liebesbeziehungen
- zwanghafte Sexualität innerhalb einer Beziehung
- zwanghafte ich-dystone Promiskuität
- Pornografie-Abhängigkeit
- Cybersex-Abhängigkeit

Als Subtypen *paraphilen* zwanghaft-impulsiven Sexualverhaltens gelten:

- sexueller Sadismus
- Telefonsex-Abhängigkeit
- transvestitischer Fetischismus
- Fetischismus
- Exhibitionismus
- Voyeurismus
- Pädophilie
- autoerotische Asphyxie

36.8.5 Ätiologie und Pathogenese

Zwanghaft-impulsives Sexualverhalten kann sowohl Genuss erzeugen als auch zur Verdrängung negativer Gedanken dienen. Traurigkeit, Glücks- oder Einsamkeitsgefühle gehen dem repetitiven Sexualverhalten voraus. Oftmals tritt das repetitive Sexualverhalten unter Einfluss von Alkohol oder Drogen auf (Cannabis, Lysergsäurediethylamid [LSD], Dimethyltryptamin [DMT], Psilocybin, Meskalin, DOM [Trimethoxyamphetamin], Stimulanzien, Pilze, Ecstasy). Dies könnte die hohe Lebenszeitprävalenz komorbider Suchterkrankungen erklären (Black et al. 1997).

Neurobiologisch ist bekannt, dass sowohl gesteigerter Sexualtrieb als auch verminderte Kontrolle sexueller Impulse mit dem dopaminergen System zusammenhängen (Ferreri et al. 2006). So kann beispielsweise Hypersexualität als unerwünschte Wirkung von Dopamin-Agonisten und Levodopa bei der Behandlung des Parkinson-Syndroms auftreten (Galpern u. Stacy 2007).

36.8.6 Diagnostik und Differenzialdiagnosen

Die Mehrzahl der Betroffenen hat Dissoziationsgefühle während des Sex (»als ob du jemand anderen beim Sex beobachtest«), genießt ihn jedoch, da er von anderem ablenkt, z. B. von Ängsten. Stimmungswechsel direkt danach sind häufig und können Minuten bis Tage anhalten. Reue, Scham, Gefühle von Freundes- und Kontrollverlust, Geld- und Zeitverschwendung können hinzukommen (Black et al. 1997).

Tab. 36-8 Standardisierte Verfahren zur Diagnostik zwanghaft-impulsiven Sexualverhaltens

Name	Art des Verfahrens
Compulsive Sexual Disorders Interview	halbstrukturiertes Interview
Minnesota Impulsive Disorders Interview (MIDI)	halbstrukturiertes Interview

Durch Befragung des Patienten, der Angehörigen und gegebenenfalls von Mitarbeitern des Jugendamts oder der Polizei, unter Umständen ergänzt durch das Studium von Gerichtsakten, müssen folgende Aspekte hinsichtlich des Sexualverhaltens geklärt werden (Spitczok von Brisinski et al. 2006):
- genaue Beschreibung der sexuell devianten Handlungen
- genaue Beschreibung der auslösenden, begleitenden und folgenden Emotionen
- Analyse des Ablaufs in Bezug auf Planung versus Impulsivität
- Erfragen von Gewaltanteilen
- Erfragen von Anteilen sexueller Befriedigung (paraphiles Verhalten?), von anderen emotionalen Zuständen und Gewinnen zu trennen
- nähere Spezifikation des Opfers bzw. der Opfer
- Bestehen dieser Symptome im Rahmen einer anderen psychischen Störung

Ergänzend sind diagnostische Verfahren (Tab. 36-8) zur Beurteilung von Persönlichkeit, familiärer Situation, Integration in eine Gleichaltrigengruppe, schulischer bzw. beruflicher Situation und weiterer psychosozialer Umstände notwendig. Bei Delinquenz sind zusätzlich Verfahren zur Risikoeinschätzung für ein Rezidiv erforderlich.

Bei einem Teil der Betroffenen ist das zwanghafte Sexualverhalten mit Delinquenz verbunden (Tab. 36-9), d. h., einige oder sämtliche Sexualhandlungen gefährden bzw. schädigen andere Personen.

> Zwanghaft-impulsives Sexualverhalten gilt als Risikofaktor für Sexualstraftaten (Kafka 2003).

Differenzialdiagnostisch sind die folgenden Krankheitsbilder und medikamentösen Nebenwirkungen zu beachten:
- AIDS
- Encephalomyelitis disseminata
- Kleine-Levin-Syndrom
- Klüver-Bucy-Syndrom
- Manie
- Schädelhirntrauma, Infarkt, Blutung oder Tumor mit Läsion in Putamen, Thalamus, Hypothalamus, Frontal- oder Temporallappen
- temporolimbische Partialepilepsie
- medikamentöse Nebenwirkungen: Hypersexualität kann bei Behandlung mit SSRI (Spitczok von Brisinski 1997), La-

Tab. 36-9 Standardisierte Untersuchungsverfahren bei sexuell-delinquentem Verhalten

Name	Art des Verfahrens
Multiphasic Sex Inventory für Jugendliche; Fragebogen zur Erfassung psychosexueller Merkmale bei jugendlichen Straftätern (MSI-J)	Fragebogen
Multiphasic Sex Inventory; Fragebogen zur Erfassung psychosexueller Merkmale bei Sexualtätern (MSI)	Fragebogen
Estimate of Risk of Adolescent Sexual Offense Recidivism (ERASOR)	Checkliste zur Vorhersage von sexuell-delinquenter Rückfälligkeit
Juvenile Sex Offender Assessment Protocol-II (J-SOAP-II)	Checkliste zur Vorhersage von sexuell-delinquenter Rückfälligkeit
Sexual Violence Risk-20 (SVR-20)	Instrument zur Bestimmung des Risikos gewalttätigen Sexualverhaltens

motrigin, Moclobemid, Dopamin-Agonisten oder Levodopa (Galpern u. Stacy 2007) auftreten

36.8.7 Therapie

Die Behandlung muss sowohl das zwanghaft-impulsive Sexualverhalten selbst *als auch den allgemeinen Suchtprozess, d. h. die symptomerhaltenden Faktoren, bearbeiten. Zum Symptom-Management gehören Rezidivprophylaxe* und andere kognitiv-behaviorale Techniken. Die Therapie des allgemeinen Suchtprozesses erfolgt durch Erweiterung selbstregulatorischer Fertigkeiten und Behandlung kontextrelevanter Probleme bzw. Störungen mittels Einzelpsychotherapie, Gruppentherapie und Paar- bzw. Familientherapie (Spitczok von Brisinski 2007a). Eine Pharmakotherapie als ergänzende Intervention kann indiziert sein: Open-Label-Studien und Case-Report-Serien berichten über Erfolge mit Lithium, trizyklischen Antidepressiva, selektiven Serotonin-Wiederaufnahmehemmern (Fluoxetin, Sertralin), Buspiron, Nefazodon und Naltrexon (Dell'Osso et al. 2006). Allerdings kann unter Umständen durch selektive Serotonin-Wiederaufnahmehemmer auch die Hypersexualität verstärkt werden (Spitczok von Brisinski 1997). Als ergänzendes Angebot bestehen die Selbsthilfegruppen »Anonyme Sexaholiker«, »Anonyme Sexsüchtige« und »Anonyme Sex- und Liebessüchtige«.

Ziel der Behandlung sexuell Delinquenter ist, dass es keine weiteren Übergriffe mehr gibt und Patienten in die Lage versetzt werden, ein möglichst selbstbestimmtes, aber psychosozial angepasstes Leben zu führen. Im Mittelpunkt der Therapie steht die Arbeit mit dem Deliktszenario, in dem Realitätsverzerrungen, Tilgungen von missbrauchsbezogenen Erlebnisinhalten, das Bagatellisieren emotionaler Zustände sowie das Verleugnen eigener Handlungen aufgehoben werden sollen. Ziel ist es, Selbstkontrolle hinsichtlich der delinquenten Handlungen einzuführen und zu stärken sowie den Lernprozess der Jugendlichen hinsichtlich ihres Delikts und des Deliktvorlaufes voranzubringen. Darüber hinaus müssen zahlreiche sich noch in der Entwicklung befindliche Bereiche berücksichtigt werden. Dies gilt für die Sexualentwicklung ebenso wie für die Entwicklung der persönlichen Identität und die Entwicklung sozialer Rollen und Beziehungen. Effektive Programme zielen direkt auf die Probleme, die in Zusammenhang mit der Tat stehen, und beinhalten außerdem Sexualerziehung sowie Methoden zur Entwicklung neuer konstruktiver, gesellschaftlich angemessener sozialer Fertigkeiten bei den Tätern. Module zur Rückfallprophylaxe sollten ebenfalls enthalten sein. Kognitiv-behaviorale Konzepte in Verbindung mit erziehenden und unterstützenden Maßnahmen unter Einbeziehung des Familiensystems sind nach der bisherigen Datenlage offenbar am wirksamsten. Im Vordergrund steht Gruppentherapie in einer Gruppe sexuell Delinquenter, ergänzt durch Einzeltherapie. Die Dauer der bisher etablierten Behandlungsprogramme umfasst in der Regel etwa zwei Jahre. Gemeindenahe Anschlussmaßnahmen sind notwendig.

Kritisch zu bewerten sind alleinige medikamentöse Behandlung, alleinige non-direktive Therapie sowie alleinige unspezifische Therapie ohne Symptomorientierung und -thematisierung. Bei Aversionsverfahren zeigten sich in empirischen Studien zum Teil Erhöhungen der Rückfallraten.

Eine chirurgische Kastration ist in Deutschland erst nach dem vollendeten 25. Lebensjahr gesetzlich erlaubt und bedarf der Einwilligung (Spitczok von Brisinski et al. 2007).

36.9 Dermatotillomanie

36.9.1 Definition und Klassifikation

»Pathologisches Abzupfen von Haut« ist im DSM-IV-TR den Impulskontrollstörungen zugeordnet (312.30), während sich die Diagnose in ICD-10 im Kapitel »Krankheiten der Haut und der Unterhaut« (L98.1) als »Dermatitis factitia« bzw. »Neurotische Exkoriation« findet (Abb. 36-3).
Besonders bei inneren Spannungsgefühlen inspizieren und manipulieren die Betroffenen ihre Haut, sodass zunächst kleinere Läsionen entstehen. Es kommt zu offenen Wunden, der Schorf wird immer wieder aufgekratzt und es können Narben bleiben.
Zwanghaftes Ausdrücken von Pickeln und Mitessern zählt ebenfalls in diese Kategorie. Bei anfangs oft minimaler Akne besteht das Hauptproblem nicht in der Erkrankung der Haut, sondern im zwanghaften Kratzen bzw. Drücken (Acné excoriée). Oft können die Betroffenen auch bereits entzündete oder verkrustete Stellen nicht abheilen lassen. Teils kommt es zu stundenlanger Untersuchung und Betrachtung des Gesichts im Spiegel.

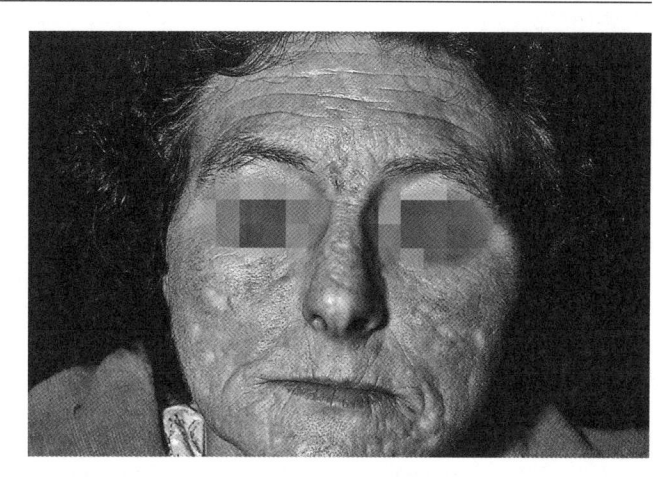

Abb. 36-3 Artefakt. Weiße, eingesunkene Närbchen als Folge von gewohnheitsmäßigen Exkoriationen im Gesicht (aus Bork u. Bräuninger 2005).

36.9.2 Geschichtlicher Überblick

Der französische Dermatologe Louis Anne Jean Brocq (1856–1928) publizierte bereits 1898 über die Therapie der Acné excoriée bei jungen Mädchen.

36.9.3 Epidemiologie

Etwa bei der Hälfte der Betroffenen beginnt die Störung vor dem zehnten Lebensjahr (Odlaug u. Grant 2007). Bohne et al. (2002) fanden unter deutschen Studenten eine Prävalenz von 4,6 %. Die Häufigkeit in dermatologischen Kliniken wird auf 2 % geschätzt, Frauen sind offenbar doppelt so häufig betroffen (Dell'Osso et al. 2006). Vorrangiger Manipulationsort ist das Gesicht, es kann jedoch jede Körperregion einbezogen sein. Der Verlauf ist oft chronisch mit wechselnder Ausprägung. Es können auch längere symptomfreie Phasen auftreten. Die Mehrheit der Patienten empfindet wachsende Anspannung vor dem Knibbeln (79–81 %), Entspannung danach (52–79 %) oder beides (68–90 %). Ungefähr 20 % essen das Gewebe auf (Bohne et al. 2002).
Als komorbide Störungen treten gehäuft affektive Störungen, Angststörungen, Zwangsstörungen, körperdysmorphophobe Störung, stoffgebundene Suchterkrankungen, Essstörungen, Trichotillomanie, Kleptomanie, Kaufsucht, anankastische Persönlichkeitsstörung und Borderline-Persönlichkeitsstörung auf (Arnold et al. 2001).

36.9.4 Ätiologie und Pathogenese

Es können zwei Untergruppen unterschieden werden: Bei der einen Gruppe sind die Betroffenen davon überzeugt, dass kleinste Pickelchen ihr Gesicht völlig entstellen. Sie knibbeln nicht nur an echten Hautunreinheiten, sondern an allem, was einer Hautunreinheit ähnelt. Das Ziel ist ein »perfektes« Gesicht. Diese Variante ähnelt der körperdysmorphoben Störung (ICD-10: F45.2) und kann nicht immer vollständig differenzialdiagnostisch abgegrenzt werden. Bei der anderen Gruppe knibbeln die Betroffenen bei innerer Spannung oder Stress, um Erleichterung zu finden.

Neurobiologisch ergaben Studien mit bildgebenden Verfahren Ähnlichkeiten zu anderen Störungen mit selbstverletzendem Verhalten (Dell'Osso et al. 2006).

36.9.5 Diagnostik und Differenzialdiagnosen

Im Gegensatz zu artifiziellen Störungen (ICD-10: F68.1) wie Hospital-hopper-Syndrom oder Münchhausen-Syndrom, bei denen der Patient wiederholt ohne einleuchtenden Grund oder um eine Krankenrolle einzunehmen Symptome vortäuscht oder sich absichtlich selbst schädigt, wird die Ursache der Hautsymptomatik bei der Dermatotillomanie nicht in gleichem Maße verschwiegen bzw. geleugnet. Akne oder andere dermatologische Störungen können initial Auslöser sein, erklären aber nicht ausreichend Dauer und Schweregrad der dermatologischen Symptomatik trotz dermatologischer Therapie. Zur standardisierten Diagnostik stehen Interviews und Fragebogen zur Selbsteinschätzung zur Verfügung (Tab. 36-10).

Tab. 36-10 Standardisierte Untersuchungsverfahren zur Diagnostik einer neurotischen Exkoriation

Name	Art des Verfahrens
Interview zur Lebenszeitprävalenz von affektiven Störungen und Schizophrenie, modifiziert zur Untersuchung von Angststörungen nach DSM-IV (SADS-LA IV)	halbstrukturiertes Interview
Structured Clinical Interview for DSM-IV-TR for the Putative Obsessive-Compulsive Spectrum Disorders (SCID-OCSD)	strukturiertes Interview
The Skin Picking Treatment Scale (SPTS)	klinische Bewertungsskala
The Skin Picking Scale (SPS)	Fragebogen zur Selbsteinschätzung
The Skin Picking Impact Scale (SPIS)	Fragebogen zur Selbsteinschätzung

Differenzialdiagnostisch sind folgende Störungsbilder von Bedeutung:
- artifizielle Störungen (F68.1)
- körperdysmorphophobe Störung (F45.2)
- wahnhafte Störungen
- dermatologische Störungen

36.9.6 Therapie

Kontrollierte Studien zur Wirksamkeit von Psychotherapie liegen bisher nicht vor. In Einzelfalldarstellungen wurden psychodynamisch orientierte Therapie, Hypnose und verhaltenstherapeutische Interventionen publiziert (Shenefelt 2004). Multikomponentenprogramme mit Selbstmonitoring, Filmaufnahme von Knibbelepisoden, Habit-Reversal-Training, Entspannungsübungen, Generalisierungstraining und »eklektischem« Psychotherapieprogramm mit Einsicht-orientierten und verhaltenstherapeutischen Komponenten scheinen wirksam zu sein (Arnold et al. 2001).

Die Wirksamkeit von Fluoxetin in einer mittleren Dosis von 55 mg/d war in zwei kontrollierten Studien Placebo überlegen. Sertralin in einer mittleren Dosis von 95 mg/d führte in einer Open-Label-Studie zu signifikanter Verbesserung bei 68 % der Patienten nach einem Monat Behandlung. Einzelberichte liegen für Doxepin, Clomipramin, Naltrexon, Pimozid und Olanzapin vor (Arnold et al. 2001).

Sneddon u. Sneddon (1983) berichten über die Kombination von Psychotherapie und Phenothiazinen als erfolgreiche Behandlung von acht Frauen, bei denen zuvor bis zu 20 Jahre lang eine Acné excoriée bestanden hatte. Fried (2002) kombinierte kognitive Verhaltenstherapie mit Biofeedback, Minocyclin und Sertralin.

36.9.7 Verlauf und Prognose

Superinfektionen, Narbenbildung und Entstellung sind potenzielle Folgen und können wiederum sekundäre psychische Störungen zur Folge haben.

36.10 Pathologisches Kaufen

36.10.1 Definition und Klassifikation

Kaufsucht oder zwanghaftes Kaufen (ICD-10, F63.9: Abnorme Gewohnheit und Störung der Impulskontrolle, nicht näher bezeichnet) wird durch nicht angebrachtes, impulshaftes, sich chronisch wiederholendes Einkaufsverhalten als Reaktion auf negative Gefühle beschrieben, welches zu sozialen, finanziellen, gesetzlichen Problemen und/oder Problemen in der Partnerschaft bzw. Familie und/oder weiteren zwischenmenschlichen Beziehungen führt (Basdekis-Jozsa 2003). Vermehrte gedankliche Beschäftigung mit Einkaufen und ein Unvermögen, sich dem zu widersetzen, sind ebenso typisch wie Anspannung oder Angst vor dem Einkauf und Entlastung danach oder Enttäuschung über sich selbst (Black 2007). Die Betroffenen verbringen mehr Zeit mit Einkaufen und Gedanken darüber, als sie beabsichtigt hatten. Teils werden Dinge gekauft, die nicht benötigt werden oder die mehr kosten, als sich der Betroffene leisten kann. Stress sowie deutliche Beeinträchtigung in sozialen Beziehungen und im Beruf sind die Folgen (Dell'Osso et al. 2006).

36.10.2 Geschichtlicher Überblick

Kaufsucht (Oniomanie, aus dem Griechischen von *onios* = zu verkaufen) wurde schon 1911 von Kraepelin erwähnt, der Patienten beschreibt, »bei denen das Kaufen triebhaft ist und zu unsinnigem Schuldenmachen führt, wobei von einem Nagel an den anderen gehängt wird, bis eine Katastrophe für kürzere Zeit die Situation ein wenig klärt – ein wenig, aber niemals ganz, weil sie nie alle Schulden eingestehen«. Bleuler verstand Kaufsucht als »impulsive Geisteskrankheit« und gruppierte sie 1915 zu Kleptomanie und Pyromanie.

36.10.3 Epidemiologie

Die Prävalenzraten in der Allgemeinbevölkerung liegen bei 1,8–16 %. 80–95 % der Betroffenen sind weiblich. Das Erstmanifestationsalter liegt zwischen dem 18. und 30. Lebensjahr. Dies könnte mit der Loslösung vom Elternhaus und vollem Zugang zu Krediten zusammenhängen.
Bei 12,5–30 % liegt zusätzlich eine Zwangsstörung vor. Ebenfalls häufiger als in der Allgemeinbevölkerung treten Alkoholabhängigkeit, affektive Störungen, Angststörungen, Essstörungen, anankastische, vermeidende und Borderline-Persönlichkeitsstörung sowie Entwicklungsvorstufen eines pathologischen Narzissmuss aus psychoanalytischer Sicht auf. Bei Angehörigen von Kaufsüchtigen treten signifikant häufiger Alkoholabhängigkeit, Missbrauch auch anderer Substanzen sowie Depressionen auf (Basdekis-Jozsa 2003; Black 2007; Dell'Osso et al. 2006).

36.10.4 Ätiologie und Pathogenese

Wahrscheinlich spielen entwicklungspsychologische, neurobiologische und kulturelle Faktoren eine Rolle. Molekulargenetisch fand sich als Hinweis auf Abweichungen im dopaminergen Belohnungssystem eine Assoziation mit DRD1-Genotyp 11 (Spitczok von Brisinski 2007a).

Als Risikofaktoren spielen die Attraktivität des Angebots, Schnäppchen und Anlässe wie Weihnachten oder Geburtstage eine modulierende Rolle. Meist werden nicht besonders teure Artikel, sondern eher relativ große Mengen eingekauft. Typischerweise werden (in absteigender Häufigkeit) Kleidungsstücke, Schuhe, CDs, Schmuck, Kosmetika und Artikel für den Haushalt gekauft. Pro Einkauf werden durchschnittlich etwa 100 Euro ausgegeben. Marktorientierte Wirtschaft, ein breites Warenangebot, ausreichendes Nettoeinkommen und genügend Freizeit sind ebenfalls modulierende Faktoren, sodass in Entwicklungsländern offenbar ein geringeres Risiko für Kaufsucht besteht (Black 2007).

36.10.5 Diagnostik und Differenzialdiagnosen

Hauptziel ist die Erfassung von Verhaltensweisen und Haltung bezüglich Einkaufen und Geldausgeben (Black 2007):
- Haben Sie das Gefühl, dass Sie übermäßig mit Einkaufen und Geldausgeben beschäftigt sind?
- Haben Sie manchmal das Gefühl, dass Ihr Einkaufsverhalten exzessiv, unangemessen oder unkontrolliert ist?
- Sind Ihre Einkaufswünsche, -bedürfnisse oder -fantasien manchmal übermäßig zeitraubend, sodass Sie sich darüber ärgern oder ein schlechtes Gewissen haben oder dies zu ernsthaften Problemen führt in Bezug auf Finanzen, Gesetzen oder Verlust von Beziehungen?

Differenzialdiagnostisch darf das übermäßige Einkaufen nicht auf hypomane und manische Episoden beschränkt sein, da es sonst der affektiven Störung zugeordnet würde. Zur standardisierten Diagnostik stehen Interviews und Fragebogen zur Verfügung (Tab. 36-11).

Tab. 36-11 Standardisierte Verfahren zur Diagnostik pathologischen Kaufens

Name	Art des Verfahrens
Structured Clinical Interview for DSM-IV-TR for the Putative Obsessive-Compulsive Spectrum Disorders (SCID-OCSD)	strukturiertes Interview
Minnesota Impulsive Disorders Interview (MIDI)	halbstrukturiertes Interview
Screeningverfahren zur Erhebung von kompensatorischem und süchtigem Kaufverhalten (SKSK)	Fragebogen
Compulsive Buying Scale (CBS)	Fragebogen
Yale-Brown Obsessive Compulsive Scale-Shopping Version (YBOCS-SV)	Fragebogen

36.10.6 Therapie

Kognitiv verhaltenstherapeutische Gruppentherapie scheint wirksam zu sein (Black 2007). Psychopharmakologisch war zwar Fluvoxamin in zwei Doppelblindstudien nicht signifikant wirksamer als Placebo, allerdings führten die Patienten beider Gruppen ein Tagebuch über ihr Einkaufsverhalten, was selbst eine therapeutische Intervention darstellt. In einer Doppelblindstudie ohne Einkauftagebuch war dagegen Citalopram Placebo überlegen. Der Opiatant-Agonist Naltrexon war in einigen Fällen ebenfalls wirksam (Dell'Osso et al. 2006).

Trotz derzeitiger Kodierung der Kaufsucht als Impulskontrollstörung sehen mehrere Autoren in ihr eher eine Form der Abhängigkeitserkrankung, sodass z. B. Croissant u. Croissant (2007) für eine 2-Säulen-Therapie mit suchtspezifischer Psychoedukation und hochdosierten selektiven Serotonin-Wiederaufnahmehemmern (SSRI) plädieren.

Selbsthilfegruppen (»Anonyme Schuldner und Kaufsüchtige«), »Simplicity Circles« (Gruppen, deren Mitglieder Konsumwahn und Freizeitstress den Rücken kehren, ihr Geld bewusster ausgeben und sich auf sich selbst besinnen wollen), Bibliotherapie (Selbsthilfebücher), Schuldenberatung und Paartherapie sind wichtige ergänzende Maßnahmen (Black 2007).

Folgende fünf Ratschläge für Patienten mit Kaufsucht sollten beachtet werden (verändert nach Black 2007):
1. Medikation ersetzt keine Beratung, wie mit dem Problem »Kaufsucht« umzugehen ist. Die Patienten sollten darüber informiert werden, dass sie sich nicht auf die Medikation verlassen können.
2. Die Kaufsucht sollte zugegeben werden.
3. Kreditkarten sollten abgegeben werden, da sie Nährboden für die Erkrankung sind.
4. Einkäufe sollten nur mit Freunden oder Verwandten erfolgen, die nicht kaufsüchtig sind.
5. Es sollte nach sinnvollen Alternativen gesucht werden, Freizeit anders als mit Einkaufen zu verbringen.

Literatur

Abbott MW, McKenna BG, Giles LC. Gambling and problem gambling among recently sentenced female prisoners in four New Zealand prisons. J Gambl Stud 2005; 21(4): 537–58.

Aizer A, Lowengrub K, Dannon PN. Kleptomania after head trauma: two case reports and combination treatment strategies. Clin Neuropharmacol 2004; 27(5): 211–5.

Andresen M. Governments' conflict of interest in treating problem gamblers. CMAJ 2006; 175(10): 1191.

Arnold LM, Auchenbach MB, McElroy SL. Psychogenic excoriation. Clinical features, proposed diagnostic criteria, epidemiology and approaches to treatment. CNS Drugs 2001; 15(5): 351–9.

Basdekis-Jozsa R. Stoffliche und nichtstoffliche Süchte. Suchttherapie 2003; 4: 56–64.

Black DW. A review of compulsive buying disorder. World Psychiatry 2007; 6(1): 14–8.

Black DW, Kehrberg LLD, Flumerfelt DL, Schlosser SS. Characteristics of 36 subjects reporting compulsive sexual behavior. Am J Psychiatry 1997; 154: 243–9.

Black DW, Arndt S, Coryell WH, Argo T, Forbush KT, Shaw MC, Perry P, Allen J. Bupropion in the treatment of pathological gambling: a randomized, double-blind, placebo-controlled, flexible-dose study. J Clin Psychopharmacol 2007; 27(2): 143–50.

Boetticher A, Nedopil N, Bosinski H, Saß H. Mindestanforderungen für Schuldfähigkeitsgutachten. N Z Strafrecht 2005; 25: 57–62.

Bohne A, Wilhelm S, Keuthen NJ, Baer L, Jenike MA. Skin picking in German students. Prevalence, phenomenology, and associated characteristics. Behav Modif 2002; 26(3): 320–39.

Bohne A, Keuthen N, Wilhelm S. Pathologic hairpulling, skin picking, and nail biting. Ann Clin Psychiatry 2005; 17(4): 227–32.

Bork K, Bräuninger W. Hautkrankheiten in der Praxis. 3. Aufl. Stuttgart: Schattauer 2005.

Bühringer G. Wenn Arbeiten, Einkaufen oder Glücksspielen pathologisch eskalieren: Impulskontrollstörung, Sucht oder Zwangshandlung? Verhaltenstherapie 2004; 14: 86–8.

Castellani B. Pathological Gambling: the making of a medical problem. Albany: State University of New York Press 2000.

Croissant B, Croissant D. Kaufsucht – Aktuelle Überlegungen zur Klassifikation und Therapie. Nervenarzt 2007; 78(5): 575–9.

Dannon PN, Lowengrub K, Musin E, Gonopolski Y, Kotler M. Sustained-release bupropion versus naltrexone in the treatment of pathological gambling: a preliminary blind-rater study. J Clin Psychopharmacol 2005; 25(6): 593–6.

Dell'Osso B, Altamura AC, Allen A, Marazziti D, Hollander E. Epidemiologic and clinical updates on impulse control disorders: a critical review. Eur Arch Psychiatry Clin Neurosci 2006; 256(8): 464–75.

Diefenbach GJ, Tolin DF, Hannan S, Maltby N, Crocetto J. Group treatment for trichotillomania: behavior therapy versus supportive therapy. Behav Ther 2006; 37(4): 353–63.

Dougherty DD, Loh R, Jenike MA, Keuthen NJ. Single modality versus dual modality treatment for trichotillomania: sertraline, behavioral therapy, or both? J Clin Psychiatry 2006; 67(7): 1086–92.

Ferreri F, Agbokou C, Gauthier S. Recognition and management of neuropsychiatric complications in Parkinson's disease. CMAJ 2006; 175(12): 1545–52.

Fried RG. Nonpharmacologic treatments in psychodermatology. Dermatol Clin 2002; 20(1): 177–85.

Galpern WR, Stacy M. Management of impulse control disorders in Parkinson's disease. Curr Treat Options Neurol 2007; 9(3): 189–97.

Gershuny BS, Keuthen NJ, Gentes EL, Russo AR, Emmott EC, Jameson M, Dougherty DD, Loh R, Jenike MA. Current posttraumatic stress disorder and history of trauma in trichotillomania. J Clin Psychol 2006; 62(12): 1521–9.

Grant JE, Kim SW. Medication management of pathological gambling. Minn Med 2006; 89(9): 44–8.

Grant JE, Potenza MN. Escitalopram treatment of pathological gambling with co-occurring anxiety: an open-label pilot study with double-blind discontinuation. Int Clin Psychopharmacol 2006; 21(4): 203–9.

Grant JE, Levine L, Kim D, Potenza MN. Impulse control disorders in adult psychiatric inpatients. Am J Psychiatry 2005; 162(11): 2184–8.

Grant JE, Brewer JA, Potenza MN. The neurobiology of substance and behavioral addictions. CNS Spectr 2006a; 11(12): 924–30.

Grant JE, Potenza MN, Hollander E, Cunningham-Williams R, Nurminen T, Smits G, Kallio A. Multicenter investigation of the opioid antagonist nalmefene in the treatment of pathological gambling. Am J Psychiatry 2006b; 163(2): 303–12.

Grüsser SM, Poppelreuter S, Heinz A, Albrecht U, Saß H. Verhaltenssucht – Eine eigenständige diagnostische Einheit? Nervenarzt (online publiziert) 18. Mai 2007.

Habermeyer E, Heekeren K. Anmerkungen zum unkritischen Umgang mit der Diagnose »Kleptomanie«. Psychiatr Prax 2004; 31: 40–2.

Haller R, Scholz H, Berger P, Haring C, Hofmann P, Horodecki I, Kasper S, Lehofer M, Lierzer M, Musalek M, Poppe H, Prunnlechner-Neumann R, Quantschnig B. Konsensus-Statement: Spielsucht – eine nicht stoffgebundene Abhängigkeit. Clini Cum (Sonderausgabe) 2005; 12: 3–12.

Hollander E, Tracy KA, Swann AC, Coccaro EF, McElroy SL, Wozniak P, Sommerville KW, Nemeroff CB. Divalproex in the treatment of impulsive aggression: efficacy in cluster B personality disorders. Neuropsychopharmacology 2003; 28(6): 1186–97.

Holttum JR, Lubetsky MJ, Eastman LE. Comprehensive management of trichotillomania in a young autistic girl. J Am Acad Child Adolesc Psychiatry 1994; 33(4): 577–81.

Jacques C, Ladouceur R. A prospective study of the impact of opening a casino on gambling behaviours: 2- and 4-year follow-ups. Can J Psychiatry 2006; 51(12): 764–73.

Kafka MP. Sex offending and sexual appetite: the clinical and theoretical relevance of hypersexual desire. Int J Offender Ther Comp Criminology 2003; 47 (4): 439–51.

Kant R, Chalansani R, Chengappa KN, Dieringer MF. The off-label use of clozapine in adolescents with bipolar disorder, intermittent explosive disorder, or posttraumatic stress disorder. J Child Adolesc Psychopharmacol 2004; 14(1): 57–63.

Kessler RC, Coccaro EF, Fava M, Jaeger S, Jin R, Walters E. The prevalence and correlates of DSM-IV intermittent explosive disorder in the National Comorbidity Survey Replication. Arch Gen Psychiatry 2006; 63(6): 669–78.

King RA, Zohar AH, Ratzoni G, Binder M, Kron S, Dycian A, Cohen DJ, Pauls DL, Apter A. An epidemiological study of trichotillomania in Israeli adolescents. J Am Acad Child Adolesc Psychiatry 1995; 34(9): 1212–5.

Koran LM, Aboujaoude EN, Gamel NN. Escitalopram treatment of kleptomania: an open-label trial followed by double-blind discontinuation. J Clin Psychiatry 2007; 68(3): 422–7.

Kröber HL. »Kleptomanie« als Familienspiel – Zur Schuldfähigkeit bei komplex motiviertem Stehlen. Nervenarzt 1988; 59: 610–5.

Lindberg N, Holi MM, Tani P, Virkkunen M. Looking for pyromania: characteristics of a consecutive sample of Finnish male criminals with histories of recidivist fire-setting between 1973 and 1993. BMC Psychiatry 2005; 14(5): 47.

Meusers M, Herpertz-Dahlmann B, Holtkamp K, Herpertz S, Peters-Wallraf B. Abnorme Gewohnheiten und Störungen der Impulskontrolle (F63). In: Deutsche Gesellschaft für Kinder- und Jugendpsychiatrie, Psychosomatik und Psychotherapie, Bundesarbeitsgemeinschaft der Leitenden Klinikärzte für Kinder- und Jugendpsychiatrie, Psychosomatik und Psychotherapie, Berufsverband für Kinder- und Jugendpsychiatrie, Psychosomatik und Psychotherapie in Deutschland (Hrsg). Leitlinien zur Diagnostik und Therapie von psychischen Störungen im Säuglings-, Kindes- und Jugendalter. 3. überarb. Aufl. Köln: Deutscher Ärzte Verlag 2007; 153–66.

Meyer G, Hayer T. Das Gefährdungspotenzial von Lotterien und Sportwetten – Eine Untersuchung von Spielern aus Versorgungseinrichtungen. Ministerium für Arbeit, Gesundheit und Soziales des Landes Nordrhein-Westfalen 2005.

Muller DA, Stebbins A. Juvenile arson intervention programs in Australia. Trends & issues in crime and criminal justice 335 May 2007.

Müller-Spahn F, Margraf J. Wenn Spielen pathologisch wird. Basel: Karger 2003.

Odlaug BL, Grant JE. Childhood-onset pathologic skin picking: clinical characteristics and psychiatric comorbidity. Compr Psychiatry 2007; 48(4): 388–93.

Petry J. Psychotherapie der Glücksspielsucht. Weinheim: Beltz/Psychologie Verlags Union 1996.

Queri S, Erbas B, Soyka M. Behandlungsprävalenz pathologischen Spielens. Fortschr Neurol Psychiatr 2007; 75: 458–62.

Reeve EA, Bernstein GA, Christenson GA. Clinical characteristics and psychiatric comorbidity in children with trichotillomania. J Am Acad Child Adolesc Psychiatry 1992; 31(1): 132–8.

Saß H. Ein psychopathologisches Referenzsystem zur Beurteilung der Schuldfähigkeit. Forensia 1985; 6: 33–43.

Sauke G. Kleptomanie: Überblick zum Forschungsstand und Ergebnisse einer verhaltenstherapeutischen Studie. Verhaltenstherapie 2004; 14: 100–10.

Scherrer JF, Xian H, Kapp JM, Waterman B, Shah KR, Volberg R, Eisen SA. Association between exposure to childhood and lifetime traumatic events and lifetime pathological gambling in a twin cohort. J Nerv Ment Dis 2007; 195(1): 72–8.

Schulte-Markwort M, Bachmann M, Riedesser P. Trichobezoar bei einem 16-jährigen Mädchen. Kasuistik und Literaturübersicht. Nervenarzt 2000; 71(7): 584–7.

Shaw MC, Forbush KT, Schlinder J, Rosenman E, Black DW. The Effect of Pathological Gambling on Families, Marriages, and Children. CNS Spectr 2007; 12(8): 615–22.

Shenefelt PD. Using hypnosis to facilitate resolution of psychogenic excoriations in acne excoriee. Am J Clin Hypn 2004; 46(3):239–45.

Sneddon J, Sneddon I. Acne excoriée: a protective device. Clin Exp Dermatol 1983; 8(1): 65–8.

Spitczok von Brisinski I. Weitere unerwünschte Wirkungen von selektiven Serotonin-Wiederaufnahmehemmern (SSRI). Z Kinder- und Jugendpsych 1997; 25: 272.

Spitczok von Brisinski I. Internet für Kinder- und Jugendpsychiater. Folge 5: Was ist ein Link? Ein Internet-Glossar für Kinder- und Jugendpsychiater. Teil 1: A bis K. Forum der Kinder- und Jugendpsychiatrie und Psychotherapie 2000; 10(3): 22–43.

Spitczok von Brisinski I. EEG und psychischer Befund. Forum der Kinder- und Jugendpsychiatrie und Psychotherapie 2001; 11(2): 49–79.

Spitczok von Brisinski I. Psychiatrische Notfälle des Kindes- und Jugendalters. In: Berzewski H, Nickel B (Hrsg). Handbuch der Notfalltherapie neurologischer und psychiatrischer Erkrankungen. Stuttgart: Gustav Fischer 2002a; 427–58.

Spitczok von Brisinski I. Chancen und Risiken der Neuen Medien für Kinder und Jugendliche. Sucht Report 2002b; 3: 22–6.

Spitczok von Brisinski I. Tagesklinische und vollstationäre Diagnostik und Behandlung bei ADS und ADHS/HKS – Aspekte der Indikation und Verweildauer. Forum der Kinder- und Jugendpsychiatrie und Psychotherapie 2003; 13(1): 48–60.

Spitczok von Brisinski I, Gruber T, Hinrichs G, Köhler D, Schaff C. Diagnostik und Therapie sexuell delinquenten Verhaltens bei Jugendlichen. Forum der Kinder- und Jugendpsychiatrie und Psychotherapie 2006; 16(3): 58–83.

Spitczok von Brisinski I. Störungen des zwanghaften Spektrums (Obsessive Compulsive Spectrum Disorders). Forum der Kinder- und Jugendpsychiatrie und Psychotherapie 2007a; 17(3): 10–88.

Spitczok von Brisinski I. Träumer – Zappelphilipp – Störenfried. ADS/ADHS (Aufmerksamkeitsstörungen) in der Schule. In: Eikenbusch

G, Spitczok von Brisinski I (Hrsg). Jugendkrisen und Krisenintervention in der Schule. Hamburg: Bergmann + Helbig 2007b; 15–25.

Spitczok von Brisinski I, Gruber T, Hinrichs G, Schaff C. Sexuell delinquentes Verhalten. In: Deutsche Gesellschaft für Kinder- und Jugendpsychiatrie, Psychosomatik und Psychotherapie, Bundesarbeitsgemeinschaft der Leitenden Klinikärzte für Kinder- und Jugendpsychiatrie, Psychosomatik und Psychotherapie, Berufsverband für Kinder- und Jugendpsychiatrie, Psychosomatik und Psychotherapie in Deutschland (Hrsg). Leitlinien zur Diagnostik und Therapie von psychischen Störungen im Säuglings-, Kindes- und Jugendalter. 3. überarb. Aufl. Köln: Deutscher Ärzte Verlag 2007; 437–52.

Venzlaff U, Pfäfflin F. Persönlichkeitsstörungen und andere abnorme seelische Entwicklungen. In: Foerster K (Hrsg). Psychiatrische Begutachtung. 4. Aufl. München: Elsevier 2004; 275–302.

Walters GD. The Gambling Lifestyle: I. Theory. J Gambl Stud 1994a; 10: 159–82.

Walters GD. The Gambling Lifestyle: II. Treatment. J Gambl Stud 1994b; 10: 219–35.

Williams RJ, Royston J, Hagen BF. Gambling and problem gambling with forensic populations. A review of the literature. Crim Justice Behav 2005; 32(6): 665–89.

Zimmerl H. Internetsucht: Eine neumodische Krankheit? Versuch einer Antwort anhand einer Untersuchung der Applikation: Chatroom. 1998; www.uibk.ac.at.gin.

37 Geistige Behinderung und Minderbegabung

Frank Häßler und Jörg M. Fegert

Inhalt

37.1	Definition und Klassifikation	457
37.2	Historischer Exkurs	458
37.3	Epidemiologie und Prävalenz	461
37.4	Symptomentwicklung und Komorbidität	461
37.5	Ätiologie und Pathogenese	462
37.6	Diagnostik und Differenzialdiagnosen	462
37.7	Therapie und Prävention	466
Literatur		473

Zusammenfassung

Für die Intelligenzminderung (geistige Behinderung) ist neben dem verminderten Intelligenzniveau die erschwerte Anpassung an die Anforderungen des alltäglichen Lebens (Adaptabilität) bedeutsam. Abhängig von den Erfassungs- und Definitionskriterien für geistige Behinderung liegt die Gesamtprävalenz in Deutschland zwischen 0,6 und 3 %. Menschen mit einer geistigen Behinderung besitzen eine erhöhte Vulnerabilität, sowohl somatisch als auch psychisch zu erkranken. Die Diagnostik der Intelligenzminderung mit und ohne psychische Störungen ist ein komplexer Prozess, der auf mehreren Ebenen mit unterschiedlichen Methoden ablaufen muss (multidimensionale Diagnostik). In der Therapie sind störungsspezifische individualisierte multimodale Ansätze (nötigenfalls unterstützt durch psychopharmakologische Interventionen) und eine enge Vernetzung der psychosozialen Helfersysteme gefordert.

37.1 Definition und Klassifikation

Hauptmerkmal einer Intelligenzminderung ist nach DSM-IV eine unterdurchschnittliche allgemeine intellektuelle Leistungsfähigkeit. Diese ist begleitet von starken Einschränkungen der Anpassungsfähigkeit in mindestens zwei der folgenden Bereiche: Kommunikation, eigenständige Versorgung, häusliches Leben, soziale/zwischenmenschliche Fertigkeiten, Nutzung öffentlicher Einrichtungen, Selbstbestimmtheit, funktionale Schulleistungen, Arbeit, Freizeit, Gesundheit und Sicherheit. Der Beginn der Störung muss vor dem 18. Lebensjahr liegen (DSM-IV-TR 2003).

Nach der ICD-10 handelt es sich um eine in der Entwicklung manifestierende, stehen gebliebene oder unvollständige Ausbildung der geistigen Fähigkeiten mit besonderer Beeinträchtigung von Fertigkeiten, die zum Intelligenzniveau beitragen, wie z. B. Kognition, Sprache, motorische und soziale Fähigkeiten (ICD-10 der WHO 2000).

Nach sozialrechtlicher Definition (SGB IX, § 2 Abs.1 Satz 1) sind Menschen behindert, wenn ihre körperliche Funktion, geistige Fähigkeit oder seelische Gesundheit mit hoher Wahrscheinlichkeit länger als sechs Monate von dem für das Lebensalter typischen Zustand abweichen und daher ihre Teilhabe am Leben in der Gemeinschaft beeinträchtigt ist.

Die in der ICD-10 klassifizierten Gesundheitsprobleme werden in der Internationalen Klassifikation der Funktionsfähigkeit, Behinderung und Gesundheit (ICF) der WHO (Stand Oktober 2005, www.dimdi.de) um Funktionsfähigkeit, Partizipation (Teilhabe) und Umweltfaktoren erweitert und mit diesen verknüpft (Tab. 37-1 u. 37-2).

Sowohl im Sozialgesetzbuch (SGB) IX (2001) als auch der Internationalen Klassifikation der Funktionsfähigkeit, Behinderung und Gesundheit der WHO (ICF) (2005) erfolgt eine Abkehr von

Tab. 37-1 Überblick über die Funktionsfähigkeit und Behinderung nach der Internationalen Klassifikation der Funktionsfähigkeit, Behinderung und Gesundheit der WHO (DIMDI 2005)

Komponenten	Körperfunktionen und Körperstrukturen	Aktivitäten und Partizipation
Domänen	Körperfunktionen und Körperstrukturen	Lebensbereiche (Aufgabe, Handlungen)
Konstrukte	Veränderung in Körperfunktion (physiologisch) und in Körperstruktur (anatomisch)	Leistungsfähigkeit (Durchführung von Aufgaben in standardisierter Umwelt), Leistung (in üblicher Umwelt)
positiver Aspekt	funktionale und strukturelle Integrität	Aktivitäten und Partizipation
negativer Aspekt	Schädigung, Behinderung	Beeinträchtigung der Aktivität und/oder Partizipation, Behinderung

Tab. 37-2 Überblick über die ICF-Kontextfaktoren

Komponenten	Umweltfaktoren	personenbezogene Faktoren
Domänen	äußere Einflüsse auf Funktionsfähigkeit und Behinderung	innere Einflüsse auf Funktionsfähigkeit und Behinderung
Konstrukte	fördernde oder beeinträchtigende Einflüsse von Merkmalen der materiellen, sozialen und einstellungs-bezogenen Welt	Einflüsse von Merkmalen der Person
positiver Aspekt	positiv wirkende Faktoren	nicht anwendbar
negativer Aspekt	negativ wirkende Faktoren (Barrieren, Hindernisse)	nicht anwendbar

primär Defekt orientierten Denkmodellen *(disability, impairment, handicap)* zu Prozess orientierten Modellen, die auf individuelle Ressourcen und Kompetenzen *(empowerment)*, Normalisierung und Selbstbestimmung abzielen und Funktionen und Teilhabe in den Vordergrund stellen (Seidel 2005).

Nach der ICD-10-Klassifikation ist die folgende **Schweregradeinteilung** klinisch und sozialrechtlich relevant:

■ **Leichte Intelligenzminderung (F70)** – 80 % aller Menschen mit geistiger Behinderung: Der IQ-Bereich liegt zwischen 50 und 69. Die Betroffenen erwerben Sprache verzögert, jedoch in einem Umfang, dass eine alltägliche Konversation normal gelingt. Meist wird eine volle Unabhängigkeit in der Selbstversorgung (Essen, Waschen, Ankleiden, Darm- und Blasenkontrolle) und in praktischen und häuslichen Tätigkeiten erlangt, bei allerdings verlangsamter Entwicklung. Schwierigkeiten treten beim Erlernen schulischer Fertigkeiten, insbesondere beim Erlernen des Lesens und der schriftsprachlichen Äußerungen auf. Der überwiegende Teil der Menschen mit leichter Intelligenzminderung ist für eine Arbeit anlernbar, die praktische Fähigkeiten und angelernte Handarbeit verlangt. Eine emotionale und soziale Unreife kann bestehen, sodass sie unter Umständen eigenständig den Anforderungen einer Ehe oder Kindererziehung nicht nachkommen können.

■ **Mittelgradige Intelligenzminderung (F71)** – 12 % aller Menschen mit geistiger Behinderung: Der IQ liegt gewöhnlich im Bereich zwischen 35 und 49. Die Leistungsprofile können sehr unterschiedlich sein. Das Ausmaß der Sprachentwicklung reicht von der Fähigkeit, an einfachen Unterhaltungen teilzunehmen, bis zu einem Sprachgebrauch, der lediglich für die Mitteilung der Grundbedürfnisse ausreicht; einige lernen niemals sprechen, verstehen einfache Anweisungen, andere lernen Handzeichen. Die Fähigkeiten zur Selbstversorgung entwickeln sich verzögert, einige Betroffene benötigen lebenslange Beaufsichtigung. Schulisch lernen sie einige grundlegende Fertigkeiten im Lesen, Schreiben und Zählen. Als Erwachsene sind sie in der Lage, einfache praktische Tätigkeiten zu verrichten, wenn die Aufgaben nicht zu schwer und gut strukturiert sind sowie eine Beaufsichtigung besteht. Ein völlig unabhängiges Leben im Erwachsenenalter wird selten erreicht. Die Betroffenen sind in der Regel körperlich voll beweglich, aktiv und fähig, Kontakte zu pflegen, sich zu verständigen und einfache soziale Leistungen zu bewältigen.

■ **Schwere Intelligenzminderung (F72)** – 7 % aller Menschen mit geistiger Behinderung: Der IQ liegt gewöhnlich im Bereich zwischen 20 und 34. Die Störung ähnelt hinsichtlich des klinischen Bildes dem unteren Leistungsbereich der mittelgradigen Intelligenzminderung. Die meisten Personen mit schwerer Intelligenzminderung haben ausgeprägte motorische Beeinträchtigungen.

■ **Schwerste Intelligenzminderung (F73)** – < 1 % aller Menschen mit geistiger Behinderung: Der IQ wird auf unter 20 eingeschätzt. Dies bedeutet, dass die Betroffenen unfähig sind, Aufforderungen oder Anweisungen zu verstehen oder sich danach zu richten. Meistens sind sie immobil oder sehr bewegungseingeschränkt, inkontinent und auch nonverbal nur zu sehr begrenzter Kommunikation fähig. Sie können weniger oder gar nicht für ihre Grundbedürfnisse sorgen und benötigen ständige Hilfe und Überwachung. Sprachlich verstehen die Betroffenen im günstigsten Fall grundlegende Anweisungen und können höchstens einfache Forderungen formulieren. Einfachste visuell-räumliche Fertigkeiten wie Sortieren und Zuordnen können erworben werden; mit Beaufsichtigung und Anleitung können sie in geringem Maße an häuslichen und praktischen Aufgaben beteiligt werden.

Die **Lernbehinderung** wird nicht als separate psychiatrische Kategorie der ICD-10 geführt. Sie ist gemäß internationaler Terminologie als grenzwertige Intelligenz mit einem IQ zwischen 85 und 70 definiert. In der Regel reicht die entsprechende intellektuelle Ausstattung nicht zu einem erfolgreichen Regelschulbesuch, da sich in erster Linie die Minderbegabung in Schulschwierigkeiten äußert. Individuell muss in einem solchen Fall der sonderpädagogische Förderbedarf entsprechend den gesetzlichen Richtlinien festgestellt werden.

37.2 Historischer Exkurs

Bei allen erreichten Fortschritten in Diagnostik, Behandlung, Rehabilitation und Integration von Menschen mit geistiger Behinderung ist nicht nur deren adäquate gesundheitliche Versorgung unter Berücksichtigung ihrer speziellen Bedürfnisse am Ausgang des 20. Jahrhunderts defizitär, sondern auch ihr Bild in der Öffentlichkeit weitestgehend durch Voreingenommenheit, Ignoranz und Intoleranz geprägt und getrübt (Häßler 2005). In den Reaktionen der Bürger werden noch häufig Verhaltensmuster deutlich, die an vergangene Jahrhunderte und dunkelste Zeiten deutscher Geschichte erinnern und die man längst überwunden glaubte. Dazu gehört die alltägliche mehr oder minder offene Gewalt gegenüber Menschen mit geistiger Behinderung (Häßler u. Häßler 2005).

Die Geschichte der Psychiatrie ist bis zum 18. Jahrhundert in erster Linie eine Geschichte des »Wahnsinns«. Eine klare sprachliche oder gar diagnostische Differenzierung in »Geisteskranke« oder »Menschen mit geistiger Behinderung« findet sich kaum, sodass diese Begriffe bei aller Verschiedenheit einen gemeinsamen Überschneidungsbereich beinhalten.

Im antiken Rom war es zunächst Usus, lebensunfähige Menschen, Kinder mit körperlichen Abnormitäten und psychopathologisch auffällige Personen auszusetzen, zu verbannen oder zu töten. Einen Beweis dafür finden wir unter anderem in dem Gesetzeswerk »Politeia«, 410 n. Chr.: »Wer sieсh am Körper ist, den sollen sie sterben lassen, wer an der Seele missraten und unheilbar ist, den sollen sie sogar töten« (Huchthausen 1991). In der Öffentlichkeit wurden Geisteskranke ausgelacht und verspottet bzw. mit schwarzer Farbe etikettiert. Andererseits gehörte das Halten von Narren und Närrinnen *(monones)* zur Vorliebe römischer Aristokratenfamilien.

Generell trugen die Angehörigen von *dementes* und *furiosi* die Sorge und Verantwortung, woraus nicht selten freiheitsentziehende Unterbringungspraktiken resultierten. Wenn keine Angehörigen existierten, übernahm ein Betreuer, der *curator furiosi*, o. g. Aufgaben bzw. Verpflichtungen. Kaiser Justinianus I. verankerte 542 n. Chr. Schutz, Versorgung und Pflege im Sinne des Wohles der Kranken in einem Gesetzeswerk (Corpus Iuris Civilis).

Im christlichen Europa ist im Mittelalter die Behandlung der von Wahn Befallenen, der Besessenen, der Fallsüchtigen und der Melancholiker eher Sache der Priester und Mönche als die der Ärzte. Wallfahrten, so zum Hl. Dympna nach Gheel in Belgien, Bußübungen, Selbstkasteiungen und Fasten waren neben Aderlass, Klistier und Wassergüssen die gebräuchlichsten Therapien, falls Pulver, Tee und Salben keine Wirkung zeigten. Die Befangenheit in Teufelsglauben und Hexenwahn können selbst so hervorragende Persönlichkeiten und Ärzte wie Paracelsus (1491–1541) und Johann Weyer (1515–1588) nicht überwinden. Ersterer ordnete in seinem Buch »Von den Krankheiten, die der Vernunft berauben«, erschienen erst 1567, Epilepsie, Manie, Irrsinn, Veitstanz und Hysterie den Geisteskrankheiten zu und führte diese auf natürliche Ursachen zurück. Zu den »rechten unsinnigen Leut« zählt Paracelsus neben *lunatici, vesani, melancholici* und *obsessi* auch die *insani*.

1527 beschloss Landgraf Philipp der Großmütige von Hessen im Zuge der Säkularisierung drei Klöster und eine Pfarrei zu Armenhospitälern umzuwandeln, die als »Hohe Hospitäler« in die Geschichte Hessens eingingen. Bereits am Ende des 16. Jahrhunderts hatte sich die ursprünglich auf 100 Pfleglinge ausgerichtete Zahl der Hospitaliten verdoppelt, wovon psychisch Kranke und Menschen mit geistiger Behinderung ein Viertel der Insassen ausmachten. Narren und Simple oder »Menschen mit blödem Verstand« teilten Räumlichkeiten, Mahlzeiten, Arbeitsplätze und Gottesdienste mit den körperlich Kranken, den Krüppeln und den armen Alten. Die Versorgung oblag auch hier den Seelsorgern und den Aufwärterehepaaren. Ein studierter Arzt wurde erst 1821 eingestellt (Vanja 1997).

Obwohl in größeren Städten wie Paris, London, Amsterdam, Zürich, München und Basel in allgemeinen Spitälern Abteilungen für Geisteskranke anzutreffen sind, bleibt doch im 16. Jahrhundert das Interesse an einer menschenwürdigen Versorgung der Menschen mit geistiger Behinderung gering. In erster Linie waren die Familie und darüber hinaus die dörfliche Gemeinschaft für deren Wohl zuständig. Der in das Gemeinwesen eingebundene »Dorftrottel« wurde zumindest geduldet.

In der Zeit der Aufklärung fiel der Narr aus der Ordnung der Vernünftigen heraus (Schmitt 1997) und es wurde die Schaffung von Einrichtungen erforderlich, die sich derer, die den Rahmen der Normalität sprengten, annahmen. Der Zerfall feudaler Strukturen und die verheerenden Folgen kriegerischer Auseinandersetzungen untermauerten diese Notwendigkeit und forcierten die Anstrengungen, wobei in deutschsprachigen Landen primär Klöster, Schlösser, Burgen und Kasematten geringfügig umgebaut wurden. In diesen adaptierten Anstalten wurden vorrangig die französischen Vorbilder übernommen. Reformpsychiatrische Bestrebungen von Philippe Pinel am Krankenhaus von Bicêtre (gegründet 1793) sowie an der Salpêtrière (ab 1795) brachten zwar Erleichterungen im Hinblick auf Zwangsmaßnahmen, verhinderten aber weder in Frankreich noch im berüchtigten Bedlam von London oder in den Zucht- und Ordnungsstätten deutscher Kleinstaaten, dass Geisteskranke ihren Wärtern und »normalen« Mitinsassen schutzlos ausgeliefert waren. Eine ärztliche Behandlung mit Aussicht auf Besserung oder gar Heilung war nur in Ansätzen vorhanden. Fachkundiges Ärzte- und Pflegepersonal gab es selbst an kirchlichen oder privaten Anstalten wie dem von St. Vincent de Paul gegründeten St. Lazare nur in den seltensten Fällen. In Hamburg wurden die »Irren« im ehemaligen »Pesthof«, der 1797 in »Krankenhof« umbenannt worden war, nur dreimal die Woche von einem in der Stadt praktizierenden Arzt stundenweise visitiert (Kohl 1997). In Pforzheim gab es bereits 1804 einen bestellten »Siechenphysikus«. 1805 wurde nach Beauftragung das »Tollhaus« in Bayreuth in eine »psychiatrische Heilanstalt für Geisteskranke« umgewandelt.

Im Zuge der Aufklärung befasste sich auch die gesetzgeberische Seite mit dem Schutz von Geisteskranken, nachdem diese bis dato nur von strafrechtlichen Verfolgungen ausgenommen waren. Basierend auf der »Peinlichen Gerichtsordnung« Karls V. von 1532 wurden *furiosi, dementes, phrenetici, insani* und *mencapti* in der Praxis straffrei gelassen. 1774 erließ das Parlament in England das erste europäische Gesetz zum Schutz von »Geisteskranken«. Österreich folgte unter Kaiser Joseph II. mit den Direktiven für das Krankenwesen. Derselbe Kaiser errichtete 1784 den »Irrenturm« im Hauptspital von Wien. Zur selben Zeit prangerten Pinel und Esquirol in Frankreich die Missstände in den Anstalten an und wiesen auf die Not der bedauernswerten Kranken hin. Andererseits sah Pinel im »Idiotismus« die Abwesenheit aller geistigen Fähigkeiten (Baruk 1990). Menschen mit geistiger Behinderung sprach man menschliche Gefühle und Regungen ab und missbrauchte sie zum Ergötzen eines zahlenden Publikums. Auch im Wiener Narrenturm wurden Patienten zur Freude von Erwachsenen und Kindern gegen Entgeld vorgeführt. Menschen mit geistiger Behinderung und Missgestaltete gehörten ebenso zum »Personalbestand« von Schaustellern und Wandertruppen.

Die zunehmende Entfaltung der Psychiatrie im 19. Jahrhundert wurde einerseits durch humanitäre Grundsätze in Fortführung der Ideen der französischen Revolution geprägt, andererseits basierte sie auf den Fortschritten in Medizin und Biologie und wurde gesellschaftlich durch die sich durchsetzende staatliche Erkenntnis der sozialen Gerechtigkeit als stabilisierender Faktor erst ermöglicht.

In Deutschland waren es vor allem die Leiter der in der ersten Hälfte des 19. Jahrhunderts zahlreich gegründeten modernen Anstalten, die ein Aufblühen der Psychiatrie einleiteten. Die Wortprägung »Psychiatrie« stammt von dem hallensischen Stadtphysikus J. Ch. Reil aus dem Jahre 1808. Die erste Schule für Kretinen nahm unter der Leitung des Lehrers Guggenmoos ihre Arbeit 1816 in Salzburg auf. 1840 wurde durch J. Guggenbühl die erste Anstalt für Kretinen auf dem Abendberg bei Interlaken errichtet. Während in den psychiatrischen Anstalten Menschen mit geistiger Behinderung überwiegend zusammen mit Geisteskranken, Epileptikern, Verbrechern und Trunksüchtigen verwahrt wurden, existierten am Ende des 19. Jahrhunderts in Preußen 3 600 Betten in 28 sogenannten »Idiotenanstalten« (Bilz 1898).

Nach Henze (1934) existierten im 19. Jahrhundert drei unterschiedliche Richtungen der »Schwachsinnigenfürsorge«:

- die philanthropisch-karitative = sozialpädagogische Richtung, in deren Rahmen mit der zweiten Welle der Rettungshausbewegung in den Jahren 1840–1860 »Idiotenanstalten« entstanden
- die schulpädagogische Linie, die wesentlich die Anfänge der Hilfsschulpädagogik beeinflusste
- die medizinische Richtung, die die »Schwachsinnigen« als geistig krank und ärztlicher Pflege bedürftig ansah

1875 wird durch den Leiter der Alsterdorfer Anstalten Sengelmann die Konferenz der »Idiotenanstalten« ins Leben gerufen, wo die allgemeine Beschulung propagiert wird und somit auch die Einordnung von Schwachbefähigung, welche dem späteren Konzept der Debilität entspricht. 1880 entsteht die erste Hilfsschule in Elberfeld; 1920 werden bereits 43 000 Kinder in Hilfsschulen unterrichtet. Ein Großteil der debilen Kinder wird in Heilerziehungsheimen betreut. In dieser Zeit konstituierten sich auch die großen Wohlfahrtsverbände, die bis auf den heutigen Tag eng mit der Betreuung und Pflege von Menschen mit schwerer und schwerster geistiger Behinderung verbunden sind. 1848 entsteht die Innere Mission der evangelischen Kirche, 1863 das Rote Kreuz, 1897 der Caritasverband der katholischen Kirche, 1919 die Arbeiterwohlfahrt und 1924 der Deutsche Paritätische Wohlfahrtsverband. Für die medizinische Richtung mag stellvertretend Griesinger stehen, der in Geisteskrankheiten nicht nur Gehirnkrankheiten sah, sondern auch eine psychosoziale Komponente. In Bezug auf die Idiotenanstalten schrieb er: »Wie die Irrenanstalten die Voraussetzung für die Erkenntnis der Irren, so machen die jetzt zu gründenden Idiotenanstalten erst das Kennenlernen dieser Intelligenzmängel möglich« (Jantzen 1982). Leider blieb Griesingers Theorie nur eine unter vielen neuen psychiatrischen Ansätzen.

Um die Jahrhundertwende war der ursprüngliche Optimismus, Geisteskrankheiten heilen zu können, weitestgehend einem therapeutischen Nihilismus gewichen. Hinzu kamen die weitverbreiteten biologistischen Ansichten des Monisten Ernst Haeckel (1834–1919), der unter anderem mit Begriffen wie »lebenswert« oder »Kontraselektion« und Vorwegnahme von rassenhygienischen Positionen den Grundstein für den späteren Sozialdarwinismus legte.

Diese theoretischen Überlegungen beeinflussten maßgeblich die Entwicklung der Rassenhygiene, die ihre Umsetzung in der nationalsozialistischen Gesundheitspolitik fand. Bereits am 14. Juli 1933 wird das »Gesetz zur Verhütung erbkranken Nachwuchses« in Kraft gesetzt. Damit begannen Verschärfungen der repressiven Verwahrung und die Unterbindung der Fortpflanzungsfähigkeit als erbkrank geltender Menschen mit geistiger Behinderung und psychisch Kranker. Zwangssterilisationen waren an der Tagesordnung. Der schwerwiegendste und perfideste Eingriff in die Anstaltsversorgung war der von 1940 bis August 1941 durchgeführte Massenmord (T4-Aktion) an den als unheilbar geltenden und zu keiner Arbeitsleistung mehr fähigen Kranken. Das medikalisierte Töten kostete vermutlich 70 000 Patienten das Leben. Die Psychiatrie, die von einer »sozialen Psychiatrie« über die »Sippenpsychiatrie« zur »Vernichtungspsychiatrie« degeneriert war, hatte ärztliches Ethos verraten und besudelt.

Sowohl dieser geschichtliche Hintergrund als auch die vorwiegend traditionellen medizinischen Konzepte der geistigen Behinderung mit einem biologistisch determinierten defizitären Ansatz haben zu einer Vordenker- und Vorreiterrolle der Heil- und Behindertenpädagogik bis hin zur Rehabilitationspädagogik in der Betreuung von Menschen mit geistiger Behinderung geführt. Auch die Krankenhausreform der Nachkriegsjahre reaktivierte alte Ausgliederungswünsche, um sich in klinifi-

zierten Häusern, d. h. modernen Psychiatriekliniken, den »Heilbaren und Behandlungsfähigen« zuzuwenden.
Somit waren Menschen mit geistiger Behinderung weiterhin die Stiefkinder (»Cinderellas«) der Psychiatrie (Tarjan 1966). Einen ersten Schritt zu einer Reform stellen die Empfehlungen der Psychiatrie-Enquete 1975 dar, worin die Trennung der Versorgung psychisch Kranker und Menschen mit geistiger Behinderung sowie die Schaffung von eigenständigen Behinderteneinrichtungen außerhalb der Krankenhäuser angemahnt wurde. 1975 betrug der Anteil der Menschen mit geistiger Behinderung an der Gesamtzahl aller Psychiatriepatienten im Bundesdurchschnitt 18,5 %. Aus der gleichen Zeit stammen die »Normalisierungsprinzipien« für heilpädagogische Heime (Theunissen 1990). Aber erst die sozialpsychiatrisch akzentuierte Reform in den 1980er Jahren hat im deutschsprachigen Raum zu einem tiefgreifenden Umdenken angeregt und dank der Heil- und Behindertenpädagogik auch die Menschen mit geistiger Behinderung erreicht. Sowohl klinikinterne Verbesserungen, die Hinwendung zu kleineren therapeutisch orientierten Fachkrankenhäusern mit vorrangiger Förderung der sozialen Kompetenz, moderneren Behandlungsstrategien, d. h. Integration psychotherapeutischer Verfahren neben der Psychopharmakatherapie, als auch gemeindenahe Wiedereingliederungsmaßnahmen und die Integration entwicklungspsychologischer, soziökologischer und psychoedukativer Modelle in ein Gesamtbehandlungskonzept sprechen für die neu definierte Rolle der Psychiatrie in der Betreuung geistig behinderter Menschen. Nicht zuletzt haben sich die Psychiater in der Deklaration von Madrid 1996 (Helmchen 1999) verpflichtet, »die beste verfügbare Therapie in Übereinstimmung mit anerkannten wissenschaftlichen Erkenntnissen und ethischen Prinzipien anzubieten. Psychiater sollen therapeutische Maßnahmen so gestalten, dass sie die Freiheit so wenig wie möglich beeinträchtigen.« Damit geht es nicht nur um Entpsychiatrisierung und Enthospitalisierung, sondern auch um die Verbesserung der Lebensqualität innerhalb bestehender Strukturen und Institutionen sowie mehrdimensionaler multiprofessioneller therapeutischer Ansätze, die eine Psychiatrisierung gar nicht erst zulassen.

37.3 Epidemiologie und Prävalenz

Abhängig von den Erfassungs- und Definitionskriterien für geistige Behinderung liegt die Gesamtprävalenz in Deutschland bei ca. 0,6 %. Prävalenzangaben in der internationalen Literatur schwanken für die schwere geistige Behinderung (IQ < 50) zwischen 0,28 und 0,73 und für die leichte geistige Behinderung (IQ 50–69) zwischen 0,39 und 5,76, was bei vorsichtiger Hochrechnung einen Durchschnitt von 3 % ergibt. Dabei ist zu berücksichtigen, dass die Prävalenzen altersabhängigen Schwankungen unterliegen und im Schulalter (bis 15 Jahre)

am höchsten sind. Das Verhältnis von männlichem zu weiblichem Geschlecht beträgt 1,6 : 1 (Neuhäuser u. Steinhausen 2003). Belastbare Zahlen für die Häufigkeit einer Lernbehinderung (IQ 70–85) liegen nicht vor, da einerseits eine Lernbehinderung nicht per se den Besuch einer Sonder-(Förder-)Schule bedeutet und andererseits gerade in diesem Intelligenzbereich Entwicklungen in die eine und andere Richtung innerhalb kürzerer Zeit möglich sind, sodass statistische Aussagen diese Tendenzen nur ungenügend abbilden.

37.4 Symptomentwicklung und Komorbidität

Für die Intelligenzminderung ist neben dem verminderten Intelligenzniveau die erschwerte Anpassung an die Anforderungen des alltäglichen Lebens (Adaptabilität) bedeutsam. Dies gilt in geringerem Ausmaß auch für die Lernbehinderung.
Personen mit Intelligenzminderungen sind abhängig vom Schweregrad in ihrer Unabhängigkeit bezüglich der Selbstversorgung, im Erlernen schulischer, beruflicher und sozialer Fertigkeiten und in ihrer emotionalen und sozialen Entwicklung aufgrund von Anpassungsproblemen und kognitiven Defiziten beeinträchtigt. Im Folgenden soll nicht auf Minderbegabungen im Sinne von umschriebenen Entwicklungsstörungen (Teilleistungsstörungen) eingegangen werden.

> **!** Menschen mit einer geistigen Behinderung besitzen eine erhöhte Vulnerabilität, sowohl somatisch als auch psychisch zu erkranken.

Die medizinische Komorbidität und die Prävalenzraten für psychische Störungen sind mindestens drei- bis viermal so hoch wie in der allgemeinen Bevölkerung. Nosologisch überwiegen bei den psychischen Störungen schizophrene Erkrankungen mit 25 %. Ein großes Problem in der Vergleichbarkeit diesbezüglicher Studien ist die unscharfe Abgrenzung von Verhaltensmerkmalen, Symptomen, Verhaltensauffälligkeiten und Diagnosen. Der Schweregrad einer Intelligenzminderung sowie begleitende somatische Störungen haben aber unzweifelhaft Auswirkungen auf die Ausprägung einer Psychopathologie und damit auf die Prävalenz psychischer Störungen. So liegt z. B. die Prävalenz von Epilepsien in der Allgemeinbevölkerung bei 0,5–1 %, während sie bei Menschen mit Intelligenzminderung zwischen 14,1 und 32 % schwankt, wobei in der komorbiden Gruppe doppelt so häufig psychiatrische Störungen vorkommen (Huber 2004). Die Prävalenzen koinzidenter Hör- oder Sehstörungen liegen ebenfalls zwischen 10 und 15 %.
Unabhängig von einer komorbiden Epilepsie treten bei Menschen mit geistiger Behinderung Verhaltensstörungen, insbesondere auto- und fremdaggressives Verhalten (wie auch im-

mer verursacht), häufiger auf. Ballinger et al. (1991) beschrieben aggressives Verhalten bei 62 % und speziell selbstverletzendes Verhalten bei 25 % aller Menschen mit geistiger Behinderung. Andere Autoren sahen aggressives Verhalten bei 30–55 %, davon selbstverletzendes Verhalten bei 10–20 % aller institutionalisierten Betroffenen (Baumeister et al. 1993).

Diese Zahlen sind mit denen einer neueren Prävalenzstudie vergleichbar. Deb et al. (2001) untersuchten 101 Menschen mit geistiger Behinderung im Alter von 16 bis 64 Jahren. Davon zeigten neben anderen Verhaltensauffälligkeiten 23 % fremdaggressives und 24 % selbstverletzendes Verhalten. Sowohl emotionale Störungen als auch Verhaltensauffälligkeiten weisen im Entwicklungsverlauf eine hohe Stabilität auf.

In einer großen Untersuchung an 474 Kindern und Jugendlichen im Alter von 6 bis 18 Jahren in den Niederlanden überschritten die Prävalenzraten bezüglich spezifischer Phobien, Aufmerksamkeitsdefizit-Hyperaktivitätsstörung und oppositionell abweichenden Verhaltens deutlich die der normal intelligenten Vergleichspersonen (Dekker u. Koot 2003). Basierend auf den Daten der 1999 erfolgten Umfrage des Office for National Statistics (ONS) bezüglich der geistigen Gesundheit von Kindern und Jugendlichen in England, Schottland und Wales veröffentlichte Emerson 2003 Prävalenzraten psychiatrischer Störungen bei 264 Kindern mit »Lernschwierigkeiten« im Alter von 5 bis 15 Jahren (Tab. 37-3). Die Validität der Ergebnisse ist durch eine fehlende psychometrische Bestimmung der Intelligenz limitiert.

37.5 Ätiologie und Pathogenese

Die Ätiologie der geistigen Behinderung/Minderbegabung ist extrem vielfältig (Tab. 37-4). Während biologische Faktoren (in 55–95 % aller Fälle; Genmutationen, Chromosomenstörungen, angeborene Stoffwechselstörungen und exogene Störungen wie Infektionen und toxische Schädigungen) bei schwerer geistiger Behinderung überwiegen, spielen bei leichter geistiger Behinderung soziokulturelle Einflüsse (in 32–55 % aller Fälle) im Zusammenwirken mit mehreren Genen eine große Rolle (von Gontard 2003). Als pränatale Ursachen dominieren Trisomien, X-chromosomal gebundene Störungen, Stoffwechselstörungen und das fetale Alkoholsyndrom. Perinatale Risiken sind ein Gestationsalter unter 32 Wochen, ein Geburtsgewicht unter 1 500 g, ein Kopfumfang unter der 3. Perzentile und Apgar-Werte von 0 bis 2 nach einer und nach fünf Minuten.

! Entstehung und Entwicklung psychischer Störungen und Verhaltensauffälligkeiten bei intelligenzgeminderten Jugendlichen und Erwachsenen sind in der Regel multifaktoriell verursacht, wobei die psychosozialen, insbesondere institutionellen Rahmenbedingungen, unter denen die Betroffenen aufwachsen und betreut werden, nicht selten selbst Risiken darstellen und das auffällige Verhalten determinieren, provozieren und/oder aufrechterhalten.

Tab. 37-4 Ätiologie der geistigen Behinderung (nach Strømme und Hagberg 2000) (Angaben in Prozent)

Ursachen	IQ < 50	IQ 50–70	Gesamt
biologisch-organische Ursachen	96	68	80
pränatal	70	51	59
• genetisch	48	25	35
• erworben	4	5	4,5
• unbekannt	18	21	19,5
perinatal	4	5	4,5
postnatal	5	1	3
undeterminiert	18	11	14
unbekannte Ursachen	4	32	20

Tab. 37-3 Prävalenz von ICD-10-Diagnosen bei intelligenzgeminderten und normal intelligenten Kindern im Alter von 5 und 15 Jahren (Emerson 2003; n = 10 438)

Psychische Störung	Prävalenz in % IM (n = 264)	Keine IM	Odds Ratio
emotionale Störungen	9,5	4,1	2,4
Angststörungen	8,7	3,6	2,5
Depression	1,5	0,9	1,7
Störung des Sozialverhaltens	25,0	4,2	7,6
Hyperaktivität	8,7	0,9	10,0
tiefgreifende Entwicklungsstörungen	7,6	0,1	74,7
Tic-Störung	0,8	0,0	15,3
Essstörungen	0,4	0,1	3,5

IM = Intelligenzminderung

37.6 Diagnostik und Differenzialdiagnosen

37.6.1 Störungsspezifische Diagnostik

Die Diagnostik der Intelligenzminderung ist ein komplexer Prozess, der auf mehreren Ebenen mit unterschiedlichen Methoden ablaufen muss (multidimensionale Diagnostik) (Abb. 37-1). Die sorgfältige Erhebung der Anamnese, des Entwicklungsstandes, des Entwicklungsverlaufs der störungsrelevanten Rahmenbedingungen sowie die eigentliche medizinische und

37.6 Diagnostik und Differenzialdiagnosen

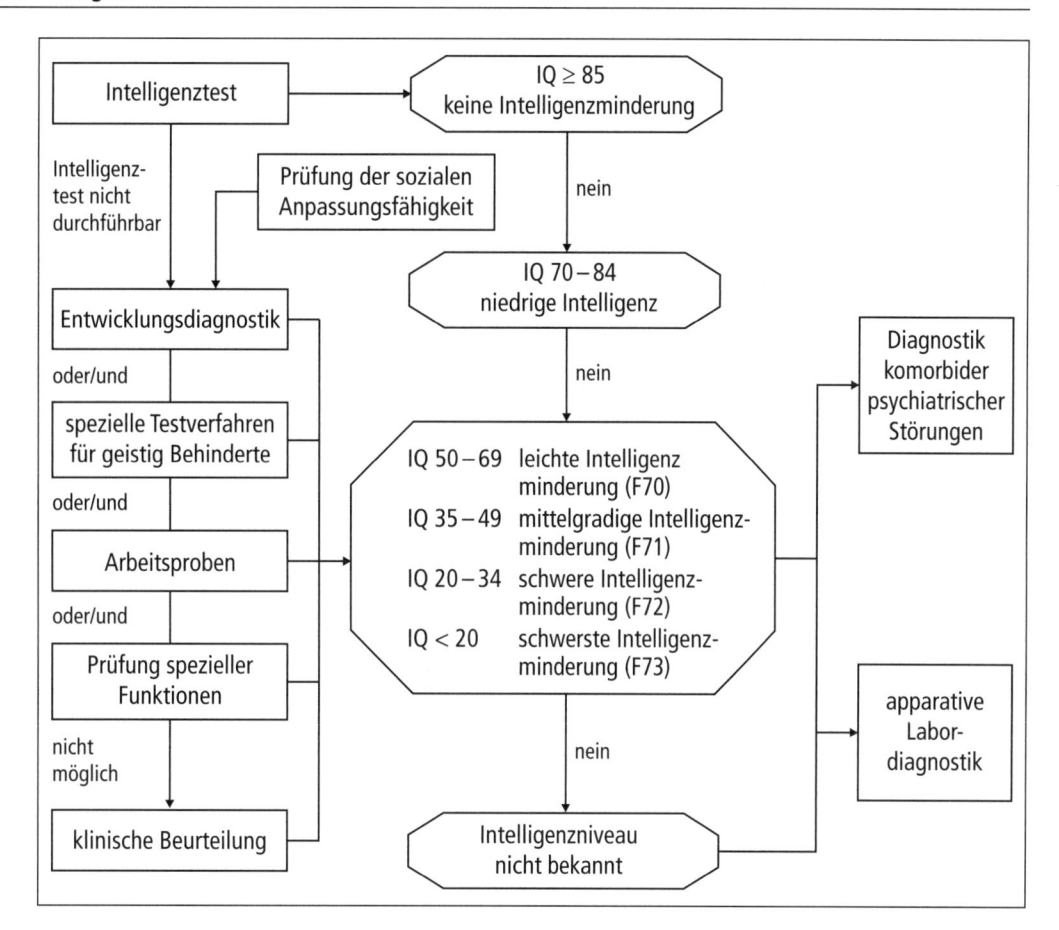

Abb. 37-1 Diagnostik der geistigen Behinderung (DGKJP 2003)

[Flussdiagramm:
- Intelligenztest → IQ ≥ 85 keine Intelligenzminderung
- nein → IQ 70–84 niedrige Intelligenz
- nein → IQ 50–69 leichte Intelligenzminderung (F70); IQ 35–49 mittelgradige Intelligenzminderung (F71); IQ 20–34 schwere Intelligenzminderung (F72); IQ < 20 schwerste Intelligenzminderung (F73)
- nein → Intelligenzniveau nicht bekannt
- Intelligenztest nicht durchführbar → Entwicklungsdiagnostik oder/und spezielle Testverfahren für geistig Behinderte oder/und Arbeitsproben oder/und Prüfung spezieller Funktionen; nicht möglich → klinische Beurteilung
- Prüfung der sozialen Anpassungsfähigkeit
- → Diagnostik komorbider psychiatrischer Störungen
- → apparative Labordiagnostik]

psychologische (hier insbesondere die psychometrische) Diagnostik sind obligat. Optional sollten spezielle Fragestellungen unter behindertenpädagogischen und förderdiagnostischen Aspekten wie auch differenzialdiagnostisch unter psychiatrischem Aspekt untersucht werden.

Die qualifizierte Feststellung des Schweregrades der intellektuellen Einschränkungen, deren individuelle Ausprägung sowie die damit verbundenen körperlichen, psychologischen und sozialen Beeinträchtigungen sind eine entscheidende Grundvoraussetzung für alle weiteren Diagnostiken, Therapien und Förderungen.

Art und Schweregrad der intellektuellen Beeinträchtigung bestimmen wesentlich den Umgang im Alltag hinsichtlich Unterstützung, Begleitung, Betreuung, Beaufsichtigung und Pflegeaufwand und damit die körperlichen, emotionalen und auch finanziellen Belastungen der Familienangehörigen wie auch der Betreuer in den Einrichtungen. Art und Schweregrad der Beeinträchtigung bestimmen zudem die gesamte zukünftige Lebensperspektive der betroffenen Person, welche Angebote der Unterstützung von Förderung sinnvoll und notwendig und welche Hoffnungen und Erwartungen an Selbstständigkeit und Selbstbestimmung anzulegen sind. Nicht zuletzt auch zur Bewertung der psychopathologischen Auffälligkeiten muss der Untersucher notwendig eine realistische Vorstellung vom Ausprägungsgrad der intellektuellen Behinderung haben.

Die frühzeitige Feststellung einer intellektuellen Behinderung kann auch unerwünschte Wirkungen haben (Stigmatisierung, Vernachlässigung weiterer Förderung, Beeinträchtigung der emotionalen Beziehung u. a.) und sollte daher im Einzelfall genau überlegt werden (möglichst auch im Zusammenhang mit einer ursächlichen Klärung der Behinderung). Dennoch ist, vielleicht auch wegen dieser Bedenken, erschreckend, dass sich das Erstdiagnosealter im Zeitraum von 1995 bis 2000 um sieben Monate nach hinten verschoben hat und somit wertvolle Zeit zur Frühintervention verloren geht (Tab. 37-5).

Die **Anamnese** erfolgt anhand von Informationen über Entwicklungsstand, Entwicklungs- inklusive Bildungsgeschichte, Krankheitsgeschichte nebst Komorbiditäten und störungsrelevanter Rahmenbedingungen und muss durch Befragung von mehreren zuverlässigen, unabhängigen Quellen erhoben werden. Die betroffenen Jugendlichen und Erwachsenen sind im Rahmen ihrer Möglichkeiten einzubeziehen.

Im Vordergrund steht die Exploration der Eltern hinsichtlich des **Entwicklungsstandes,** die um Informationen von Dritten (Großeltern, andere Verwandte, Lehrer, Erzieher, Freunde etc.) ergänzt werden sollten. Komplettiert wird die Diagnostik

Tab. 37-5 Erstdiagnosealter (nach Krause 2005)

Behinderung	Erstdiagnosealter (Monate)	Geburt bis 3 Monate (%)	4–12 Monate (%)	> 13 Monate (%)
Down-Syndrom 1995 (n = 41)	0,1	95,1	4,9	–
geistige Behinderung 1995 (n = 206)	14,4	41,5	23,5	34,7 • 19,9 im 2. Lj. • 8,3 im 3. Lj. • 4,4 im 4. Lj. • 2,1 später
geistige Behinderung 2003 (n = 87)	20,9	39,1	14,9	46,0 • 12,6 im 2. Lj. • 13,8 im 3. Lj. • 8,1 im 4. Lj. • 11,5 später
Mehrfachbehinderung 1995 (n = 152)	7,2	34,9	51,3	13,8

durch eine Verhaltensbeobachtung unter Beachtung der großen »W's« (wer beobachtet wen, unter welchen Bedingungen, wie lange, mit welchen Methoden, um was zu erfassen?) und die eigene Befragung hinsichtlich vorliegender Ergebnisse medizinischer Untersuchungen (internistisch-neurologisch) und folgender Merkmale:
- kognitive Leistungsfähigkeit: Denken, Wahrnehmung, Gedächtnis
- Sprache, Motorik, Lernfähigkeit, Emotionalität
- soziale Anpassungsfähigkeit (bezogen auf die jeweilige Entwicklungsstufe)
- Persönlichkeit, Temperament
- Kommunikation und zwischenmenschliche Fähigkeiten (Sprachverständnis, expressive Sprache)
- Eigenständigkeit, Selbstbestimmtheit
- lebenspraktische Fertigkeiten, schulische Fertigkeiten, Freizeit, Körperhygiene, Ernährung (Essen, Trinken)
- Verhalten im Kindergarten, in der Schule, in Frühförderstellen, ärztlichen Praxen, Kliniken
- Verhalten und Interaktion mit relevanten Bezugspersonen zu Hause und im sozialen Kontext von Kindergarten, Schule, anderen Einrichtungen
- Selbstschilderung in Abhängigkeit von der Beeinträchtigung und Kooperationsfähigkeit der jeweiligen Person

Die **Entwicklungsgeschichte** lässt sich am validesten durch Exploration der Eltern oder anderer Bezugspersonen erfragen. Folgende Punkte sollten dabei unbedingt eruiert werden:
- Risiken während Schwangerschaft, Geburt und Neugeborenenperiode
- Meilensteine der Entwicklung (einschl. motorische Entwicklung, Sprachentwicklung und Sauberkeitsentwicklung)
- Beginn, Intensität (Gesamtentwicklung, Teilbereiche) und Verlauf der Entwicklung (Stillstand, Abbau, auch Beeinflussung durch Belastungen)
- Entwicklungsstörungen und Behinderungen in der Familie
- soziale Kompetenz und Integration in die Familie bzw. Gesellschaft
- belastende Bedingungen versus Ressourcen in der Familie
- Förderungskonzepte und -möglichkeiten der Eltern bzw. Institutionen
- Entwicklungs- und Bildungsverlauf
- Krankheitsanamnese (einschl. somatischer und psychischer Auffälligkeiten, Vordiagnostik und Vorbehandlungen)

Durch Informationen aus Kindergarten, Schule, Werkstätten oder sonstigen betreuenden Einrichtungen erhält man Auskunft über die **soziale Kompetenz** des Betroffenen, dessen Integration in die Gruppe, belastende Bedingungen versus Ressourcen sowie Förderungskonzepte der Erzieher, Lehrer und Betreuer. Zu den zu explorierenden störungsrelevanten Rahmenbedingungen gehören Umweltfaktoren wie Bildungsmöglichkeiten, soziokultureller Hintergrund, Anregung durch die Umwelt und der Umgang mit der Störung selbst.

Abschließend sollten die Eltern oder andere Bezugspersonen hinsichtlich **psychosozialer Bedingungen** und **familiärer Ressourcen** zu folgenden Punkten befragt werden:
- spezifische Bewältigungsstrategien
- inkonsistentes bzw. restriktives Erziehungsverhalten
- mangelnde Wärme in den familiären Beziehungen, Zurückweisung, Überforderung
- Bereitschaft zur aktiven Mitarbeit bei der Förderung von Informationen aus Kindergarten, Schule oder sonstigen Einrichtungen hinsichtlich Förderungsmöglichkeiten und -konzepten
- Motivation, Persönlichkeitsmerkmale, Umfang der Beeinträchtigungen
- Krankheiten und Syndrome (z. B. Chromosomenaberrationen, Stoffwechselerkrankungen, Sinnesbehinderungen, Zerebralparese, Fehlbildungen, Epilepsie)
- Ausmaß begleitender Verhaltensstörungen

37.6.2 Medizinische und psychologische Diagnostik

Der Schwerpunkt liegt in der Intelligenz-, Entwicklungs- und Leistungsdiagnostik zur Abklärung der Intelligenzminderung. Erforderlich ist die individuelle Testung in Abhängigkeit von der Beeinträchtigung und Kooperationsbereitschaft der Person. Bei der Auswahl der Instrumente und Interpretation der Ergebnisse müssen der soziokulturelle Hintergrund, bisherige Bildungsmöglichkeiten sowie kommunikative, motorische und sensorische Beeinträchtigungen berücksichtigt werden.

> In der Regel ist das Profil der Stärken und Schwächen einer Person in der Alltagsbewältigung eine präzisere Grundlage für die Abschätzung der Lernfähigkeit als die Bestimmung des Intelligenzquotienten.

Die medizinischen Zusatzuntersuchungen orientieren sich jeweils an spezifischen Indikationen.

Medizinische Diagnostik

Die Ziele medizinischer Diagnostik liegen in der groben Einschätzung der ursächlichen Bedingungen, der Art und des Ausmaßes der Intelligenzminderung einschließlich der sensorischen Fähigkeiten sowie in der Einleitung weiterer notwendiger und optionaler Diagnostik. Die medizinische Basisdiagnostik ist eine unverzichtbare Voraussetzung für alle weiterführenden Untersuchungen einer Intelligenzminderung. Sie sollte von entsprechend qualifizierten Fachärzten durchgeführt werden.

Dazu gehören eine körperliche Untersuchung (entwicklungsneurologisch, unter Verwendung von Checklisten zur Erkennung von Dysmorphiezeichen bzw. »Minor Physical Anomalies«, internistisch), eine Sehprüfung, eine Sprach- und Hörprüfung sowie elektrophysiologische Untersuchungen wie EEG, EP und EMG. Im Einzel- und Verdachtsfall kann und sollte die Diagnostik um neuroradiologische, biochemische und serologisch-immunologische Untersuchungen, Hormonanalysen, Liquoruntersuchungen, Muskel- bzw. Nervenbiopsien, Chromosomenanalyse und molekulargenetische Untersuchungen erweitert werden.

Psychologische Untersuchung

Die Ziele der (neuro-)psychologischen Diagnostik sind insbesondere die valide Klassifikation des Schweregrads der intellektuellen Behinderung bzw. des Ausmaßes der Beeinträchtigungen der kognitiven Fähigkeiten sowie die Erfassung von individuellen Stärken (Stahl u. Irblich 2005). Aus den differenziellen Untersuchungsergebnissen lassen sich darüber hinaus unmittelbar Hinweise ableiten für

- den angemessenen und förderlichen Umgang im Alltag nach Maßgabe der vorliegenden Fähigkeiten, Potenziale und Möglichkeiten,
- die Einleitung spezifischer heilpädagogischer Übungs- und Förderprogramme (z. B. Sprache, Motorik, Wahrnehmung),
- die angemessene Beschulung und berufliche Eingliederung,
- den Verlauf der Entwicklung in unterschiedlichen Fähigkeitsbereichen.

Die Durchführung dieser differenzierten Diagnostiken ist erfahrenen Psychologen oder speziell ausgebildeten Heil- oder Sonderpädagogen vorbehalten. Zur Basisdiagnostik gehören:

- ausführliche Untersuchung der Intelligenz mit standardisierten sprachgebundenen Intelligenztests und sprachfreien Tests, z. B. Snijders-Oomen non-verbaler Intelligenztest (SON-R 2½–7), Coloured Progressive Matrices (CPM 3; 8–12; 0 Jahre), Grundintelligenztest (CFT 1–5; 3–9; 5 Jahre und CFT 20, 9–18 Jahre)
- ausführliche Entwicklungsdiagnostik, wenn eine Intelligenztestung aufgrund der Beeinträchtigung und Kooperationsfähigkeit nicht möglich ist
- Erfassung von Leistungen mit speziellen standardisierten Verfahren für die zugrunde liegende Subpopulation
- Arbeitsproben (z. B. Malen, Spielen, Alltagsfertigkeiten beim Essen, Anziehen, Kulturtechniken)
- Erfassung spezieller Funktionen (z. B. neuropsychologische Verfahren wie Tübinger Luria-Christensen Neuropsychologische Untersuchungsreihe für Kinder TÜKI, 5–16 Jahre, die Zürcher Neuromotorik, 5–18 Jahre, spezielle Untertests der Leistungsverfahren oder Skalen der Entwicklungsverfahren)
- Beurteilung adaptiver Kompetenzen mit dem Heidelberger Kompetenz-Inventar (HKI) für Schulkinder zwischen 7 und 16 Jahren
- Fragebogen zur Erfassung des Verhaltens und der gegenwärtigen sozialen Anpassungsfähigkeit, z. B. Vineland Social Maturity Scale, deutsche Kurzform; Vineland Adaptive Behavior Scales, Adaptive Behavior Scale, Nisonger Child Behavior Checklist, Aberrant Behavior Checklist, Verhaltensfragebogen für Kinder mit Entwicklungsstörungen (VFE), Psychiatric Assessment Schedule for Adults with a Developmental Disability (PAS-ADD, deutsche Bearbeitung), Mood, Interest & Pleasure Questionnaire (MIPQ, deutsche Übersetzung)
- Erfassung aggressiven Verhaltens, z. B. mit Modified Overt Aggression Scale (MOAS, in deutscher Übersetzung), Frankfurter Aggressionsfragebogen (FAF), Disability Assessment Schedule (DAS, in deutscher Übersetzung)

In einem weiteren Untersuchungsgang geht es im Rahmen einer multimodalen, multidimensionalen und multiprofessionellen Diagnostik um die Erfassung biologischer und psychosozialer Risiken als mögliche Ursache für komorbide und koinzidente psychische Störungen. Der diagnostische Prozess unterscheidet sich nur marginal von dem bei Menschen ohne geistige Behinderung. Die in den anderen Kapiteln aufgeführten diagnostischen Instrumente und Algorithmen können bei entsprechender individueller Adaptation angewandt werden.

37.7 Therapie und Prävention

Die Intelligenzminderung wird gemäß ICD-10-Kriterien erfasst und nach MAS (multiaxiales Klassifikationsschema für psychische Störungen des Kindes- und Jugendalters) auf Achse III kodiert. Eine psychiatrische Komorbidität wird auf der Achse I erfasst, das spezifische körperliche Syndrom auf Achse IV, die begleitenden abnormen psychosozialen Bedingungen auf Achse V und die Beurteilung der psychosozialen Anpassung auf Achse VI. Da geistige Behinderung keine Krankheit ist, zielen therapeutische Interventionen auf komorbide psychische Störungen, assoziierte Verhaltensauffälligkeiten und Funktionsbeeinträchtigungen und dienen somit in erster Linie der Verbesserung der sozialen Anpassung und damit Teilhabe am gesellschaftlichen Leben. Die Zielgruppe von psychiatrisch behandlungsbedürftigen Menschen mit einer geistigen Behinderung bedarf trotz aller Heterogenität einer speziellen psychiatrischen Versorgung, wobei *challenging behaviour* (externalisierende Störungen) die größte Herausforderung darstellt (Gaese 2006). *Challenging behaviour* ist ein kulturell unangemessenes Verhalten von einer Intensität, Häufigkeit und Dauer, dass die physische Sicherheit der Personen oder anderer ernsthaft gefährdet ist, oder Verhalten, das gravierend die Nutzung von Einrichtungen der Gemeinschaft begrenzt oder dazu führt, dass der Zugang zu diesen verweigert wird (Emerson u. Bromey 1995).

37.7.1 Auswahl des Interventions-Settings

Behandlungen von Jugendlichen und Erwachsenen mit Intelligenzminderung sollten, wenn immer möglich, im vertrauten Lebensumfeld durchgeführt werden. Insbesondere Behandlungen, die auf den Aufbau und die Erweiterung von Funktionen und Fertigkeiten abzielen, sind daher in der Regel ambulant unter Einschluss gezielter Anleitungen für Eltern sowie Pflege-, Erziehungs- und Betreuungspersonal durchzuführen. Als besonders effektiv haben sich aufsuchende Hilfen erwiesen, die sowohl in der Häuslichkeit als auch in Institutionen wirksam werden. Mit zunehmendem Schweregrad werden Jugendliche und Erwachsene mit Intelligenzminderung ganz oder teilweise in spezialisierten Einrichtungen oder spezialisierten integrierten Einheiten betreut und beschult. Stationäre oder teilstationäre psychiatrisch-psychotherapeutische Interventionen können indiziert sein, wenn ambulante Maßnahmen nicht ausreichend erfolgreich sind, z. B. infolge mangelnder Ressourcen in der Familie oder in der betreuenden Einrichtung bei besonders ausgeprägten komorbiden Störungen. Therapeutische Zugangswege ergeben sich auf verschiedenen Ebenen. Sowohl auf den Kontext gerichtete systemische Interventionen als auch aufs Individuum zentrierte verbale und nonverbale Therapieansätze (körperorientierte Verfahren, Spiel- und Kreativtherapie, Musiktherapie) haben sich bewährt. Sie bedürfen jedoch der Anpassung an die kommunikativen Ressourcen der Patienten. Häufig sind höher frequente Therapien erforderlich. Gefordert sind multimodale Ansätze (nötigenfalls unterstützt durch psychopharmakologische Interventionen) und eine enge Vernetzung der psychosozialen Helfersysteme (Buscher et al. 2006). Jeder Behandlung sollte eine sorgfältige Information und Aufklärung über die Art der Behinderung, ihre speziellen Auswirkungen auf das Erlernen sozial adaptiver Fertigkeiten und auf die Bewältigung von Anforderungen des täglichen Lebens (z. B. im Kontakt mit anderen Menschen) sowie auf die Verarbeitung und Bewältigung von Gefühlszuständen (z. B. Angst, Freude, Traurigkeit) vorausgehen.

37.7.2 Psychotherapeutische Interventionen

Grundsätzlich gilt, dass es keine besondere Therapie für Menschen mit geistiger Behinderung gibt und die Ziele analog zu denen in der Therapie nicht-behinderter Menschen sind. Dennoch müssen die Therapien auf die individuellen Fähigkeiten und Bedürfnisse zugeschnitten werden, wobei die Interaktionspartner/Bezugspersonen einzubeziehen sind. Bewährt haben sich systemische Sichtweisen und individualisierte Kombinationen verschiedener psychotherapeutischer und supportiver Techniken, die die Problembewältigungsperspektive, die Beziehungsperspektive und die Klärungsperspektive berücksichtigen und integrieren. Da insbesondere schwergradig behinderte Menschen in ihrer verbalen Kommunikation eingeschränkt sind, keine Vorstellung innerpsychischer Vorgänge haben und nur über eine eingeschränkte Informationsverarbeitungsleistung verfügen, gehören zu den **therapeutischen Grundregeln** (Häßler et al. 2005b):

- Geduld (Veränderung und Entwicklung sind nur längerfristig möglich, daher kürzere und höher frequente Therapieeinheiten)
- Vertrauen (durch Verständnis, Korrektheit, Ehrlichkeit, Kontinuität)
- Distanz (therapeutische Neutralität, Vermeidung von Druck, Zwang und Intimität)
- haltende und stützende Atmosphäre (klare Strukturen, überschaubare Regelhierarchie, direkter Zugang)

- Arbeiten mit Dynamik von Sein und Handeln (ausbalanciertes Vorgehen, kein Aktionismus)
- Kombination sprachlicher und nicht-sprachlicher Anteile (Schaffung von Vertrautheit, Lernen am Modell)
- Planung (Ausgewogenheit zwischen Bewährtem/Erlerntem und Neuem, Vermeidung von Überforderung)

Psychoedukation

> **!** Jeder Mensch mit einer geistigen Behinderung hat ein Recht auf Informationen zu seinen individuellen Ressourcen, bestehenden Verhaltensauffälligkeiten, komorbiden psychischen Störungen und verschiedenen Behandlungsalternativen.

Insbesondere bei Menschen mit geistiger Behinderung erweitert sich diese Informationspflicht auf die Eltern bzw. Sorgeberechtigten oder gesetzlich bestimmten Betreuer. Mit entsprechender Einwilligung sollten Bezugspersonen aus dem Lebensumfeld einbezogen werden.

Training lebenspraktischer Fertigkeiten

Ziele für Trainingsmaßnahmen können z. B. angemessenes Toilettenverhalten, Körperpflegeverhalten, selbstständiges An- und Auskleiden, Essverhalten, soziale Fertigkeiten, praktische Problemlösefertigkeiten, Ausdauer und Konzentration sein. Die Ziele sollten im Hinblick auf ihre jeweilige Bedeutung für die Gesamtsituation des Patienten (d. h. das Ausmaß seiner Abhängigkeit von anderen Menschen bzw. seine Möglichkeiten zu selbstbestimmtem Handeln, Bewegungsfreiheit, Eigenständigkeit) hierarchisiert werden.
Im Bereich des Aufbaus und der Erweiterung von Funktionen und Fertigkeiten werden die folgenden Methoden angewendet:
- Methoden der Verhaltensmodifikation (operante Konditionierung, sukzessive Approximation, Generalisationslernen)
- Methoden des Eltern- und Mediatorentrainings

Diese Behandlungen basieren immer auf sorgfältigen Analysen des individuell vorhandenen Funktions- und Fertigkeitenniveaus sowie auf einer Operationalisierung von zielorientierten Teillernschritten. Das gezielte Training lebenspraktischer Fertigkeiten soll die Kompetenz zu eigenständiger Lebensbewältigung anheben und dient auch der Prävention von sekundären Verhaltens- und Emotionsstörungen (Hospitalismus). Für die Zielgruppe geistig behinderter Kinder und Jugendlicher existieren nur wenige Gruppenprogramme wie das *Social Skills Training for Adolescents with General Moderate Learning Difficulties* oder das nicht standardisierte Trainingsprogramm *Treatment and Education of Autistic and Related Communication-Handicapped Children (TEACCH)*. Dagegen gibt es ausgefeilte und praxisorientierte Therapieprogramme für Problemverhalten lern- und leicht geistig behinderter Kinder (Meir-Korell 2003; Noterdaeme 2006).

Sonder- und Heilpädagogik

Förderung basiert sowohl auf pädagogischen Konzepten als auch auf Anteilen, die in der Förderpflege realisiert werden. Individuelle Förderung heißt, das Kind, den Jugendlichen ganzheitlich zu betrachten.
In der Heilpädagogik gilt es abzuwägen, welche Mittel am effektivsten zum Neulernen bei der individuellen Bedürfnislage des Betroffenen sind, ohne ihn zu überfordern. Bei Menschen mit schwerer und schwerster geistiger Behinderung stehen die Förderpflege und die körperzentrierte Erweiterung der individuellen kommunikativen Möglichkeiten im Vordergrund.
Ansätze basaler Pädagogik sind (Theunissen u. Plaute 1995):
- basale Stimulation der Sinnesempfindungen und der Motorik, Entfaltung der Wahrnehmungsmöglichkeiten und der sinnlichen Erkenntnis (Körpererfahrung)
- basale Kommunikation und körperzentrierte Interaktion durch intensive Zuwendung, Körperkontakt, nonverbale Kommunikation, Sprache, Selbst- und Sozialerfahrung, emotionale Fundierung, Beziehungsgestaltung

Weitergehende Ansätze sind:
- Entwickeln emotionaler und sozialer Kompetenzen
- Entwickeln eines Verständnisses für das eigene Befinden und Erleben
- Förderung der Mobilität
- Förderung kognitiver Fähigkeiten wie schlussfolgerndes Denken, räumliche Orientierung
- Unterstützung der Ich-Entwicklung
- Förderung von Interessen und deren Ausgestaltung
- Förderung zur größtmöglichen lebenspraktischen Selbständigkeit
- Förderung eigenverantwortlichen Handelns
- Hilfestellung, um mit der Behinderung leben zu können
- Förderung der Integration in eine soziale Gemeinschaft

> **!** Mit einer frühen Förderung beugt man dem Einschleifen inadäquater Verhaltensmuster vor, vermittelt positive Lernerfahrungen und gibt sowohl den Eltern als auch dem betroffenen Kind das Gefühl einer kompetenten Unterstützung.

Lernziele, die den individuellen Voraussetzungen des Behinderten und den Sozialisationsbedingungen in seiner Familie bzw. seinem Umfeld Rechnung tragen, sollten sich auf alle Lernfelder, wie Häuslichkeit, Familie, Institution, Schule, Fördereinrichtung, Freizeit und Spiel erstrecken, um Handlungs- und Alltagsbezogenheit zu garantieren. In einen Gesamtbehandlungsplan, der Entwicklungsfortschritte (Verlaufsdokumentation) erfasst und berücksichtigt, muss auch die künftige Lebensgestaltung integriert werden. Eine Hierarchisierung der angestrebten Lernziele wird dabei unumgänglich sein. Zahlreiche Lernprogramme beziehen sich unter anderem auf

Selbsthilfefertigkeiten, Essverhalten, Konzentration, einfache und komplexe soziale Fähigkeiten, Sprache, Sexualität.

Verhaltenstherapie

Verhaltenstherapie dient der Reduktion von Verhaltensauffälligkeiten, der besseren sozialen Adaptation durch Impulskontrolle (Stimuluskontrolle, Reizreaktionsverhinderung), der Modifikation sekundärer Störungen, der Rückfallprävention und dem Ziel, die Handlungskompetenz und damit die soziale Teilhabe zu stärken.

Insbesondere bei leichter geistig behinderten Menschen haben sich verhaltenstherapeutische Interventionen bewährt, wenn folgende Besonderheiten Berücksichtigung finden (Häßler et al. 2005b):
- Der Therapeut arbeitet strukturierend und zeigt Grenzen auf.
- Er bemüht sich um die Bearbeitung des »Hier und Jetzt«.
- Er akzeptiert den Patienten vorurteilsfrei (was nicht heißt, dass jedes Verhalten akzeptiert werden muss).
- Er verhält sich direktiv, oft reedukativ sowie ausdrucksfördernd.
- Die Interaktion zwischen Therapeut und Patient muss zu einer guten und affektiv positiven Beziehung führen.
- Die Interaktion muss über für den Patienten akzeptable Kommunikationskanäle laufen.
- Die Therapie setzt auf dem kognitiven Niveau des Patienten an.
- Die Therapie richtet sich nach der psychischen Belastbarkeit des Patienten.
- Die Frequenz der Sitzungen ist wegen der geringen Lernfähigkeit von Menschen mit geistiger Behinderung höher als bei normalen Patienten.

Es existieren zahlreiche evaluierte praxisorientierte Therapieprogramme mit und ohne zusätzliche Psychopharmakotherapie sowohl für Einzel- als auch für Gruppensettings, die insbesondere auf stereotypes, fremd- und autoaggressives Verhalten abzielen.

Kreativtherapie

Kreativtherapie umfasst Kunst, Drama, Theater, Spiel, Musik und Tanz. Ziele kreativtherapeutischer Interventionen sind Schaffung einer nonverbalen Kommunikations- und Ausdrucksplattform, Bewusstmachung eigenen Handelns und eigener Fähigkeiten, Selbstbestätigung und Erreichen von Anerkennung durch nonverbale Handlungen, Entwicklung einer ästhetischen Erlebnisfähigkeit, kognitive Umstrukturierung des Erlebten, Verhaltensänderung, Förderung von Empowerment und nicht zuletzt Verdeutlichung und Evaluierung von Veränderungsprozessen. Insbesondere handlungsorientierte Ansätze haben sich bewährt.

Ergotherapie

Ziele ergotherapeutischer Interventionen sind unter anderem die Behandlung psychopathologischer Symptome, welche den Verlust von Handlungskompetenzen nach sich ziehen, die Erhöhung der Alltagskompetenz sowie die Erhaltung und Wiederherstellung von Fähigkeiten und Fertigkeiten, welche für eine Gruppenintegration, einen Schulbesuch bzw. das Ausleben von Freizeitinteressen relevant sind.

Psychodynamische oder psychoanalytische Therapien

Bisher liegen nur geringe Erfahrungen mit psychoanalytischen Ansätzen vor, wie der psychoanalytisch-interaktionellen Psychotherapie zur Behandlung von Frühstörungen bei Menschen mit geistiger Behinderung.

Familieninterventionen und Zusammenarbeit mit den Angehörigen

Als »Mitbetroffene« bedürfen Eltern und Angehörige der Hilfe zur Selbsthilfe, um langfristig als Quelle sozialer Unterstützung zur Verfügung zu stehen. Über eine umfassende medizinische, soziale, prognostische und rechtliche Aufklärung hinaus geht es auch um die Überwindung der oftmals eingetretenen eigenen Isolierung, um Hilfe beim Umgang mit den eigenen Belastungen, die Veränderung eingeschliffener verzerrter innerfamiliärer Kommunikations- und Interaktionsmuster, die Stärkung als »Co-Therapeuten« und die Vorbereitung auf oft notwendige Wechsel der Betreuungsform für das behinderte junge oder auch schon ältere Kind (Ablösung). Beratungsdienste, mehr oder weniger angeleitete Gesprächskreise von Eltern, Eltern-Kind-Gruppen, gemischte integrative Gruppen (Angehörigenselbsthilfegruppen) und aufsuchende familienentlastende Dienste stehen zur Verfügung.

37.7.3 Pharmakotherapie

Die Pharmakotherapie sollte in ein Gesamtbehandlungskonzept unter Einschluss allgemeiner und spezieller psycho- und soziotherapeutischer sowie pädagogischer Maßnahmen in Abhängigkeit von einer differenziellen Indikation eingebettet sein. Mit zwei Einschränkungen gelten für Menschen mit geistiger Behinderung die gleichen Behandlungskriterien wie für nicht-intelligenzgeminderte Personen: mit einer geringeren Dosis beginnen und langsamer auftitrieren.

Besteht unter Einbeziehung und Abwägung aller o. g. Aspekte eine Indikation zur Psychopharmakotherapie, so ist nach angemessener und dokumentierter Aufklärung bei Einwilligungsfähigkeit des Betroffenen eine rechtsverbindliche Zustimmung einzuholen oder bei Einwilligungsunfähigkeit die des gesetzlichen Vertreters bzw. Betreuers. Im Hinblick auf die §§ 1904 und 1906 BGB kommt der Entscheidung, ob es sich um eine Heilbehandlung oder eine »freiheitsentziehende Maßnahme« durch den Einsatz von Medikamenten handelt, eine juristische Bedeutung zu. Bei einer Heilbehandlung, soweit sie nicht mit einer extremen Gefährdung des Betroffenen einhergeht, wovon bei zugelassenen Medikamenten, insbesondere Neuroleptika, a priori nicht ausgegangen werden muss, reicht die Zustimmung des Personensorgeberechtigten bzw. Betreuers. Im Falle »freiheitsentziehender Maßnahmen« bedarf es der Zustimmung des Vormundschafts- bzw. Familiengerichtes.

Die frühe Literatur wird ausführlich in den Übersichten von Aman (1983), Aman und Singh (1988) und Gadow (1986) dargestellt. In den 1980er Jahren lagen die Prävalenzraten von Psychopharmaka, die in Großeinrichtungen betreute bzw. untergebrachte Menschen mit geistiger Behinderung erhielten, zwischen 30 und 50 %. Dagegen nahmen nur 25–35 % aller gemeindenah in unterschiedlichen Wohnformen lebenden Menschen mit geistiger Behinderung Psychopharmaka. Nicht eingerechnet wurden in diese Angaben Antiepileptika, die neben der Indikation bei zerebralen Krampfanfällen oder einer Epilepsie auch bei psychischen Problemen bzw. Verhaltensauffälligkeiten eingesetzt wurden. Singh et al. (1997) werteten die Literatur der Jahre 1986–1995 aus und kamen zu der Beurteilung, dass die typischen Prävalenzraten für Psychopharmaka und/oder Antikonvulsiva in Großeinrichtungen zwischen 44 und 60 % liegen. Unter Berücksichtigung der bereits erwähnten Prävalenzraten psychischer Störungen bei Menschen mit leichter bis mittelschwerer geistiger Behinderung ist der Einsatz von Psychopharmaka in dieser Größenordnung sachlich nachvollziehbar.

Zu erwarten wäre, dass in den letzten zehn Jahren mit der Ära der atypischen Neuroleptika und der Serotonin-Wiederaufnahmehemmer (SSRI) sowie der Fokussierung auf bipolare Störungen sowohl eine Änderung in der Psychopharmakaprävalenz als auch im Verordnungsverhalten bezüglich einzelner Substanzklassen eingetreten ist. Eine Antwort auf diese Fragen findet sich in der Untersuchung von Spreat et al. (2004). Die Autoren verglichen an 2 248 geistig behinderten Personen in Oklahoma die Psychopharmakamedikation 1994 und 2000. Bei einer nahezu gleichbleibenden Antipsychotikaprävalenz von 21 % nahm der Anteil der Atypika von 0,1 % auf 7,7 % und der der SSRI von 1,2 % auf 11,1 % zu. Die Psychopharmakaprävalenz in Pflegeheimen lag mit 31,7 % um 12,2 % über der in betreuten Wohneinrichtungen. Tabelle 37-6 gibt einen Überblick über Studien bezüglich der Psychopharmakaprävalenz.

Die folgenden Ausführungen bezüglich einzelner Substanzen bzw. Substanzklassen stützen sich in erster Linie auf Übersichtsarbeiten von Gerlach et al. 2004, Häßler et al. 2004, Handen und Gilchrist 2006, Santosh und Baird 1999 sowie Verhoeven und Tuinier 2004 und werden bei einigen Substanzen durch spezielle Literaturquellen ergänzt.

Neuroleptika

Berücksichtigt werden an dieser Stelle nur Studien (speziell auch Jugendalter), die die Wirksamkeit und Sicherheit von atypischen Neuroleptika bei externalisierenden Störungen *(challenging behaviour)* untersucht haben. Vor Beginn einer Therapie mit Neuroleptika sind körperliche und psychiatrische Untersuchungen, eine Leber- und Nierenfunktionsprüfung, Differenzialblutbild und EKG sowie EEG optional aufgrund der Absenkung der Krampfschwelle erforderlich.

■ **Risperidon:** In einer Vielzahl von randomisierten, kontrollierten Studien erwies sich Risperidon (Risperdal®) bei Kindern und Jugendlichen als effektiv in der Kontrolle von Hyperaktivität, Irritabilität, Impulsivität, fremd- und autoaggressivem Verhalten sowie Stereotypien. Die Nebenwirkungen wie Prolaktinspiegelerhöhung, Gewichtszunahme, Müdigkeit, Kopfschmerzen und milde extrapyramidale Symptome sind nicht nur dosisabhängig, sondern teils auch vorübergehender Natur (in den ersten 14 Tagen bis 4 Wochen). Langzeitdaten (> 12 Mo-

Tab. 37-6 Psychopharmakaprävalenz bei Menschen mit geistiger Behinderung (Angaben in %)

Autoren	Neuroleptika (davon Atypika)	Antidepressiva (davon SSRI)	Anxiolytika	Sedativa	Antiepileptika
Meins et al. 1993	27,8	2,9	3,2	3,6	keine Angaben
Baumeister et al. 1993	31,8	2,9	8,5	6,0	31,6
Branford 1994	23,0	4,0	2,0	keine Angaben	29,0
Spreat et al. 1997	21,6 (0,1)	5,5 (1,2)	9,1	3,4	4,8 (nur psychiatrische Indikation)
Häßler 1998	33,8 (25,0)	2,4	keine Angaben	8,4	27,2
Stolker et al. 2002	41,2	15,3	21,5	keine Angaben	21,5
Spreat et al. 2004	20,8 (7,7)	15,0 (11,1)	11,7	2,2	7,6 (nur psychiatrische Indikation)

nate) bezüglich Effizienz und Sicherheit liegen nur vereinzelt vor. Risperidon ist zur Therapie aggressiven Verhaltens bei intelligenzgeminderten Kindern ab 5 Jahren zugelassen.

■ **Olanzapin** (Handen u. Hardan 2006): In offenen Studien erwies sich Olanzapin bei Jugendlichen als wirksam bezüglich der Symptome Hyperaktivität und Irritabilität. Die Nebenwirkungs- und Abbruchrate war höher als in den Studien mit Risperidon.

■ **Quetiapin:** Aufgrund mehrerer offener Studien lässt sich ableiten, dass Quetiapin effektiv in der Behandlung aggressiven und hyperaktiven Verhaltens ist.

Stimulanzien

(Research units on pediatric psychopharmacology autism network 2005; Stigler et al. 2004)
Hyperaktivität ist nicht nur eines der häufigsten Symptome bei Menschen mit geistiger Behinderung, sondern (nicht immer indiziert) auch das Symptom, welches scheinbar eine Psychopharmakotherapie legitimiert.
- Bei einem IQ > 50 gehören Stimulanzien zur ersten Wahl in der Behandlung von Hyperaktivität.
- Die zu erwartende Responserate liegt bei 44–66 % (ca. 10–40 % unter der von normal intelligenten ADHD-Patienten).
- Bei einem IQ < 50 sollten keine Stimulanzien gegeben werden, die Responserate liegt unter 20 % und die Nebenwirkungsrate steigt auf 22 bis > 50 % (Tics, Dysphorie, sozialer Rückzug, emotionale Instabilität, Angst, Anorexie).

■ **Atomoxetin** (Jou et al. 2005): Eine Alternative stellt der noradrenerge Wiederaufnahmehemmer Atomoxetin dar, der sich in ersten Fallstudien als effektiv in einer Komedikation bezüglich der Symptome Hyperaktivität und Unaufmerksamkeit und nebenwirkungsarm bei geistig behinderten Kindern und Jugendlichen erwies. Eine Zulassung für Erwachsene liegt derzeit nicht vor, obwohl eine im Jugendalter begonnene Therapie im Erwachsenenalter fortgesetzt werden kann.

Antidepressiva

Bis zur aktuellen Diskussion bezüglich suizidaler Gedanken in Verbindung mit SSRI hatten diese die weitaus nebenwirkungsbehafteteren Trizyklika verdrängt. Trizyklika senken die Krampfschwelle, weisen als *dirty drugs* ein höheres Risiko zum deliranten Syndrom auf, haben ein geringeres therapeutisches Fenster und besitzen mehr kardiale Risiken.

Die aktuelle Studienlage erlaubt dennoch keine generalisierende Empfehlung für SSRI bei stereotypem oder aggressivem Verhalten, da entsprechende Untersuchungen für Sertralin, Citalopram/Escitalopram und Paroxetin bei geistig behinderten Kindern fehlen, Fluoxetin eine zu geringe Responserate aufweist, selbstaggressives, Manie-ähnliches Verhalten hervorrufen kann und Fluvoxamin bei Kindern mit einer tiefgreifenden Entwicklungsstörung weniger effektiv als bei entsprechenden Erwachsenen war, dagegen eine höhere Nebenwirkungsrate aufwies. Für depressive Symptome empfiehlt sich der Einsatz von Fluoxetin, für Zwangssymptome von Fluvoxamin und für Angst von Sertralin.

Mood stabilizer

Mood stabilizer (Stimmungsstabilisierer) wie Lithium und einige Antiepileptika (Valproinsäure, Carbamazepin, Oxcarbazepin) haben sich in der Therapie von Impulsivität, bipolaren Störungen, fremd- und autoaggressivem Verhalten bei geistig behinderten Jugendlichen bewährt, weisen aber ein nicht zu

Tab. 37-7 Zu empfehlende erfahrungs- und evidenzbasierte (experienced-/evidence-based) Polypharmazie

Schizophrenie	• Akutphase (Dominanz von Plussymptomen mit Erregung, Aggressivität): Einstellung auf Haloperidol i. v. 5–15 (30) mg/d, meistens in Kombination mit einem niedrigpotenten Neuroleptikum (z. B. Levomepromazin 50–150 [300] mg/d) – nicht länger als maximal 14 Tage (Kreislauf überwachen, EKG-Ableitung vor und nach Neuroleptikaeinstellung, Laborparameter, Prolactinspiegel und Blutzucker regelmäßig, zu Therapiebeginn wöchentlich, bestimmen), bei extrapyramidal-motorischen Störungen (EPMS) zusätzlich ein Anticholinergikum (Biperiden), überlappende Umstellung auf ein atypisches Neuroleptikum ab dem 3. Tag, zur Vermeidung von Spätdyskinesien • bei weniger Akuität: primäre Einstellung auf ein Atypikum oder konventionelles Neuroleptikum
schizoaffektive Störung	Kombination eines Neuroleptikums (z. B. Quetiapin bis 800 [1200] mg/d) mit einem Antiepileptikum als Phasenprophylaktikum (bei vorwiegend depressiver Gestimmtheit Lamotrigen 50–200 mg/d, bei vorwiegend manischer, submanischer Stimmung Valproat 150–600 mg/d)
auto- und fremdaggressives Verhalten	Risperidon 0,25–4 mg/d + Zuclopenthixol 6–20 mg/d
impulsives Verhalten (aggressiv und hypermotorisch) bei einem IQ nicht unter 50	Risperidon 0,25–4 mg/d + Methylphenidat bis max. 1 mg/kg/KG

unterschätzendes Nebenwirkungsspektrum bis hin zu teratogenen Effekten auf. Häufig sind Kombinationen von zwei Mood stabilizern und gering dosierten Neuroleptika notwendig.

Polypharmazie

In der Durchsicht der entsprechenden Literatur fällt auf, dass es kaum Erfahrungsberichte, offene Untersuchungen und schon gar keine kontrollierten Studien zur Polypsychopharmazie gibt, obwohl ein Fünftel bis zwei Drittel aller Menschen mit geistiger Behinderung, die in Pflegeeinrichtungen leben, mehr als ein Psychopharmakon erhalten (Häßler et al. 2005a). Kenntnisse der Medikamenteninteraktionen sind dabei unerlässlich (Tab. 37-7).

Andere Psychopharmaka

■ **Opiatantagonisten:** Naltrexon zeigte in mehreren kontrollierten Studien über einen kurzen (akuten) Behandlungszeitraum bei geringen Nebenwirkungen gute Effekte auf hyperaktives, impulsives, stereotypes und (auto-)aggressives Verhalten. Limitierend sind die kleinen Fallzahlen, wobei Jungen besser respondierten als Mädchen (Symons et al. 2004).

■ **Klassische Neuroleptika:** Klassische Neuroleptika wie Zuclopenthixol und Haloperidol haben aufgrund eines fehlenden Sedierungspotenzials neben der antipsychotischen Wirkung einen relativ spezifischen Effekt auf stereotypes, antisoziales, hyperaktives und aggressives Verhalten. Für Zuclopenthixol liegen im Erwachsenenbereich randomisierte kontrollierte Studien vor, sodass hier der Grad der Empfehlung A ist. Niedrigpotente Neuroleptika wie Levomepromazin besitzen einen vorrangig sedierenden Effekt, der außerhalb einer Akuttherapie aber nicht erwünscht ist. Sie werden häufig in Kombination mit anderen Psychopharmaka eingesetzt (s. Polypharmazie). Aufgrund des ungünstigen Nebenwirkungsprofils, insbesondere der gefürchteten Spätdyskinesien, ist atypischen Neuroleptika der Vorrang einzuräumen.

■ **Buspiron:** Buspiron, ein Anxiolytikum aus der Reihe der Azaspirodecandione sowie ein kompletter Agonist präsynaptischer 5-HT$_{1A}$-Rezeptoren und ein partieller Agonist postsynaptischer 5-HT$_{1A}$-Rezeptoren hat sich in der Behandlung von Angststörungen und oppositionell auffälligem Verhalten bei Kindern und Jugendlichen als besonders wirksam und nebenwirkungsarm erwiesen. An Nebenwirkungen wurden, wenn überhaupt, Schwindel, Kopfschmerzen, Müdigkeit und Gewichtszunahme beschrieben.

■ **Entbehrliche Psychopharmaka:** Benzodiazepine und Sedativa/Hypnotika sind wegen ihrer Nebenwirkungen, der Gefahr paradoxer Effekte und der Gewöhnung/Abhängigkeit in der Langzeittherapie entbehrlich.

37.7.4 Behandlung unter besonderen Bedingungen

Komorbide Epilepsie

Trotz neuer Antiepileptika (AED) (Levetiracetam und Topiramat) besitzen klassische Antiepileptika nach wie vor einen hohen Stellenwert in der Therapie der Epilepsie bzw. epileptischer Anfälle bei Menschen mit geistiger Behinderung (Huber u. Seidel 2006). Je höhergradig die Intelligenzminderung ist, desto ungünstiger ist das Nutzen-Risiko-Verhältnis von Levetiracetam. Unter Topiramat kommt es zu unerwarteten positiven Nebenwirkungen wie Gewichtsabnahme und Minderung aggressiver Ausbrüche. Bei beiden AED steht Müdigkeit im Vordergrund der Nebenwirkungen. Zu Lamotrigin, Pregabalin und Zonisamid liegen derzeit noch keine Daten bei Kindern und Jugendlichen mit geistiger Behinderung und Epilepsie vor. AED haben spezifische psychotrope Nebenwirkungen, die beachtet werden müssen (Tab. 37-8).

Tab. 37-8 Spezifische psychotrope Nebenwirkungen von Antiepileptika

Wirkstoff	Nebenwirkungen
Valproinsäure	2, 6
Carbamazepin	2, 6
Oxcarbazepin	3
Lamotrigin	1, 2
Topiramat	1, 3
Gabapentin	3, 5, 6
Phenytoin	3
Felbamat	6
Sultiam	6
Phenobarbital	1, 4, 5, 6
Primidon	1, 4, 6
Vigabatrin	6
Tiagabin	2, 6
Diazepam	1, 4, 6, 7
Clobazam	1, 4, 5, 6
Lorazepam	1, 4, 7
Nitrazepam	1, 4, 6

1 = mit vermutetem Einfluss auf den Muskeltonus; 2 = mit wahrscheinlich ausgleichendem Einfluss auf Stimmung und Verhalten; 3 = schmerzlindernd ohne starke Sedierung; 4 = stärker sedierende Komponente; 5 = aggressivitätssteigernd; 6 = kognitive Störungen; 7 = angstlösend; **fett**: entbehrlich bzw. erloschene Zulassung

Tab. 37-9 Medikamentöse Optionen bei Spastik

Primäre Wahl	• Baclofen (z. B. Lioresal®) bis 2 mg/kg/KG • Tizanidin (Sirdalud®), einschleichen, altersabhängig, max. 20 mg/d • Botulinumtoxin lokal, 12 Plus = 12 U/kg/KG, bei Bedarf mehr
Sekundäre Wahl	• Gabapentin (z. B. Neurontin®), max. 900–1200 mg/d • Clonazepam (Rivotril®), altersabhängig, einschleichen, max. 3–4 mg • Tetrazepam (Musaril®), max. 200 mg/d • Memantin (Ebixa®, Axura®), max. 20 mg/d

Infantile Zerebralparese

Viele Kinder mit einer geistigen Behinderung haben diese im Rahmen einer infantilen, oft spastischen Zerebralparese (ICP). Für die Behandlung der spastischen ICP werden zentral wirksame Medikamente wie Baclofen, Tizanidin, Gabapentin, Clonazepam, Tetrazepam und Memantin eingesetzt (GCP) (Tab. 37-9). Diese haben ein definiertes Nebenwirkungsprofil, das im Rahmen psychiatrischer Auffälligkeiten von Kindern- und Jugendlichen mit geistiger Behinderung und ICP gezielt genutzt werden kann (s. entsprechende Fachinformationen, z. B. sedierende Wirkung von Baclofen). Das heute zur Therapie der ersten Wahl in der Behandlung der Spastik und der Hypersalivation zählende Botulinumtoxin hat keine zentralnervösen Nebenwirkungen. Nicht alle eingesetzten Pharmaka haben indikations- oder altersbezogene Zulassungen, das gilt auch für die einzelnen Botulinumtoxinpräparate (Näheres s. Fachinformationen) (Heinen et al. 2006).

Ziele der Pharmakotherapie sind:
- Spasmen und Kloni reduzieren
- Erleichterung von Pflege- und Hygienemaßnahmen
- funktionelle Verbesserung *(daily activity)*

Eine intrathekale Baclofenapplikation mittels einer Pumpe macht sich im Rahmen des Kindes- und Jugendalters bei spastischen ICP gelegentlich erforderlich.

Sexuelle Triebenthemmung

Hypersexualität/sexuelle Triebenthemmung kann eine wichtige Rolle im Rahmen der Impulskontrollstörung bei Menschen

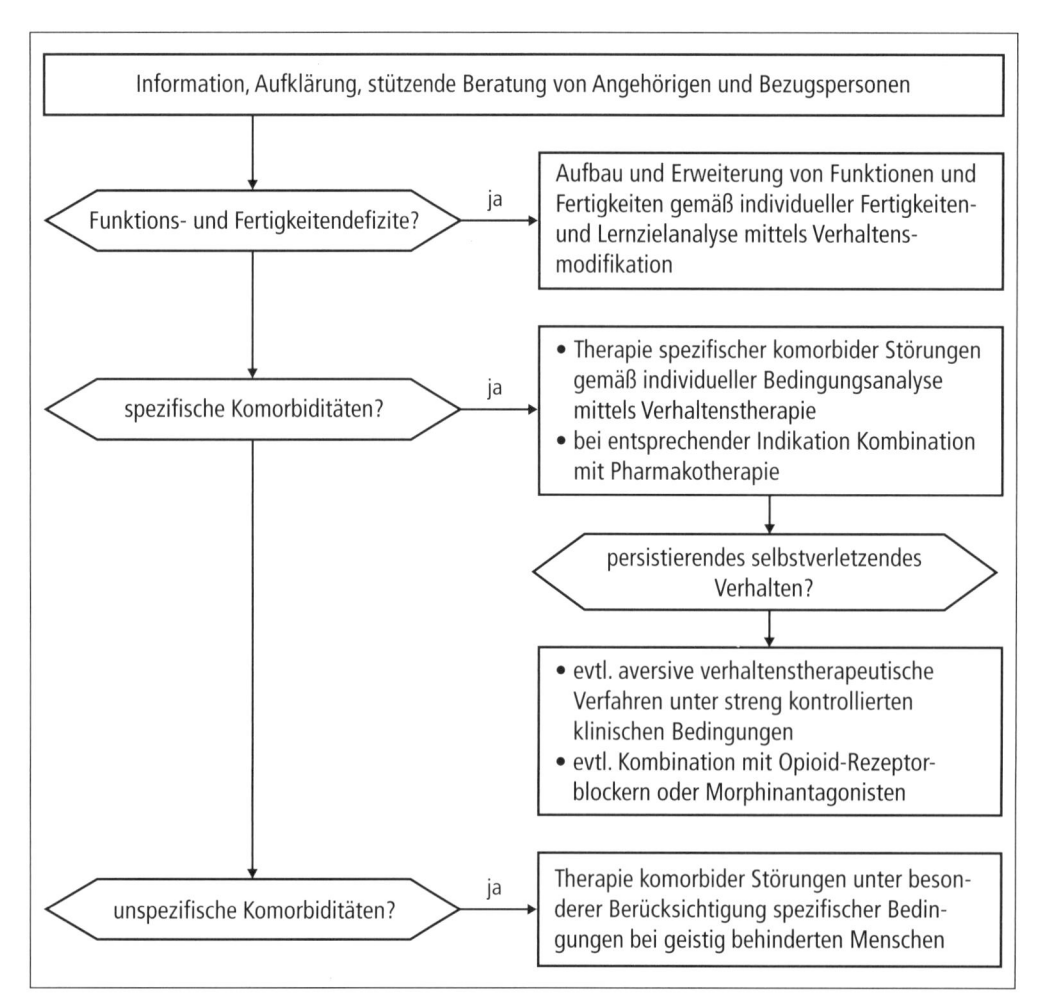

Abb. 37-2 Interventionen bei geistiger Behinderung (DGKJP 2003)

mit geistiger Behinderung spielen (Hebebrand et al. 2002). Als sexualtriebreduzierende Pharmaka stehen sowohl Antiandrogene wie Cyproteronacetat (CPA), Medroxyprogesteronacetat (MPA) und Luteinisierende-Hormon-Releasing-Hormon- (LHRH-)Analoga sowie Psychopharmaka, insbesondere Antidepressiva, Lithium und Buspiron, zur Verfügung. Der Einsatz von Antiandrogenen bedarf im Jugendalter einer besonderen Sorgfalt bei der Indikationsstellung und einer sehr engmaschigen ärztlichen Kontrolle, da das Nebenwirkungsspektrum umfangreich und die Wahrscheinlichkeit des Auftretens von Nebenwirkungen sehr hoch ist. Voraussetzung für eine Antiandrogenbehandlung ist die schriftlich dokumentierte freiwillige Zustimmung des Betroffenen bzw. des gesetzlichen Vertreters.

37.7.5 Soziotherapeutische Interventionen

Ein wichtiger Aspekt im Case Management ist die Erleichterung des Zuganges zum Versorgungssystem inklusive einer Ressourcenkoordination im medizinischen, schulischen und rehabilitativen Bereich (Hennecke 2005) (Abb. 37-2). Verbesserung der Partizipation der Betroffenen und Wohnort- bzw. Gemeindenähe der Betreuung und Behandlung sind erklärte Ziele. Der Prämisse »Normalisierung« dienen vor allem familiennahe Früherkennungs- und Frühfördereinrichtungen, institutionelle Tagesangebote, integrative Kindertagesstätten, Diagnoseförderklassen, Förderschulen, Schulen für Menschen mit geistiger Behinderung, Berufsbildungswerke, Werkstätten, Bildungskurse mit sexualpädagogischen Inhalten, Wohntrainingsformen, stärker betreute (therapeutische) Wohnformen und erst an letzter Stelle Heimeinrichtungen für Menschen mit geistiger Behinderung. Sinnvoll ist unter Entwicklungsaspekten eine regelmäßige Überprüfung der Maßnahmen auf ihren Nutzen und ihre Angemessenheit sowie eine Vernetzung der unterschiedlichen Angebote und Einrichtungen. Eine vernachlässigte Rolle bezüglich ihrer Eigenständigkeit spielt derzeit noch die Freizeitpädagogik.

37.7.6 Jugendhilfe- und Rehabilitationsmaßnahmen

Einen besonderen Stellenwert haben beratende, das Betreuungsumfeld stützende, beziehungsstiftende und -erhaltende sowie pädagogisch-rehabilitative Maßnahmen. Dies schließt gemäß der Sozialpsychiatrievereinbarung für Deutschland den ambulanten Einsatz von Psychologen und Sozialpädagogen, familienentlastende Dienste, schulische und berufsbildende Beratung, Hilfen für Wohnung und Unterbringung sowie Beratung in sozialrechtlichen Fragen ein.
Die Zuordnung zum Personenkreis der Personen mit geistiger Behinderung gemäß SGB IX ist ab leichter Intelligenzminderung möglich. Bei drohender oder vorhandener seelischer Behinderung kommen sogar Hilfemaßnahmen nach § 35a KJHG (SGB VIII) infrage. Nicht selten lassen sich über Mischfinanzierungen notwendige Maßnahmen realisieren.

Literatur

Aman MG. Psychoactive drugs in mental retardation. In: Matson JL, Andrasik F (eds). Treatment issues and innovations in mental retardation. New York: Plenum Press 1983; 455–513.

Aman MG, Singh NN. Patterns of drug use: Methodological considerations, measurement techniques, and future trends. In: Aman MG, Singh NN (eds). Psychopharmacology of the developmental disabilities. New York: Springer 1988; 1–28.

Ballinger BR, Ballinger CB, Reid AH, McQueen E. The psychiatric symptoms, diagnoses and care need of 100 mentally handicapped patients. Br J Psychiatry 1991; 158: 251–4.

Baruk H. Die französische und europäische Psychiatrie von Pinel bis heute. IGM Bd.4 (dt. Übersetzung). Salzburg: Andreas & Andreas 1990.

Baumeister AA, Todd ME, Sevin JA. Efficacy and specifity of pharmacological therapies for behavioral disorders in persons with mental retardation. Clin Neuropharmacology 1993; 16: 271–94.

Bilz JE. Das neue Naturheilverfahren. Suppl. Band. Leipzig: Verlag von Bilz JE 1898.

Branford D. A study of the prescribing for people with learning disabilities living in the community and in National Health Service care. J Intellect Disabl Res 1994; 38: 577–86.

Buscher M, Häßler F, Hennicke K, Roosen-Runge G. Positionspapier der Kommission Seelische Gesundheit von Kindern und Jugendlichen mit geistigen und schweren Lernbehinderungen. Forum 2006.

Deb S, Thomas M, Bright C. Mental disorder in adults with intellectual disability. 2: The rate of behaviour disorders among a community-based population aged between 16 and 64 years. J Intellect Disabil Res 2001; 45: 506–14.

Dekker MC, Koot HM. DSM-IV disorders in children with borderline to moderate intellectual disability. I: Prevalence and impact. J Am Acad Child Adolesc Psychiatry 2003; 42: 915–22.

Deutsche Gesellschaft für Kinder- und Jugendpsychiatrie und Psychotherapie (DGKJP) (Hrsg). Leitlinien zur Diagnostik und Therapie von psychischen Störungen im Säuglings-, Kindes- und Jugendalter. Köln: Deutscher Ärzte-Verlag 2003. www.uni-duesseldorf.de/WWW/AWMF/ll/kjpp-015.htm.

Deutsches Institut für Medizinische Dokumentation und Information (DIMDI) (Hrsg). Internationale Klassifikation der Funktionsfähigkeit, Behinderung und Gesundheit (ICF). www.dimdi.de. 2005.

DSM-IV-TR. Diagnostisches und Statistisches Manual Psychischer Störungen. Göttingen: Hogrefe 2003.

Emerson E. Prevalence of psychiatric disorders in children and adolescents with and without intellectual disability. J Intell Dis Res 2003; 47: 51–8.

Emerson E, Bromley J. The form and function of challenging behaviours. J Intellect Disabil Res 1995; 39: 388–98.

Gadow KD. Children on Medication. San Diego: College Hill Press 1986.

Gaese F. Psychiatrische Diagnostik und Therapie bei Menschen mi geistiger Behinderung im Erwachsenenalter – Vorstellung eines spezialisierten Behandlungsangebotes am Bezirkskrankenhaus Haar. In: Frank R (Hrsg). Geistige Behinderung. Freiburg i. B.: Lambertus 2006; 245–73.

Gerlach M, Warnke A, Wewetzer CH (Hrsg). Neuro-Psychopharmaka im Kindes- und Jugendalter. Grundlagen und Therapie. Wien: Springer 2004; 201–7.

Gontard A v. Genetische und biologische Faktoren. In: Neuhäuser G, Steinhausen HC (Hrsg). Geistige Behinderung. Stuttgart: Kohlhammer 2003; 24–41.

Handen BL, Gilchrist R. Practitioner review: psychopharmacology in children and adolescent with mental retardation. J Child Psychol Psychiatry 2006; 47: 871–82.

Handen BL, Hardan AY. Open-label. prospective trial of olanzapine in adolescents with subaverage intelligence and disruptive behaviour disorders. J Am Acad Child Adolesc Psychiatry 2006; 45: 928–35.

Häßler F. Psychopharmakatherapie bei geistig Behinderten. Psychopharmakotherapie 1998; 5: 76–80.

Häßler F. Der geistig Behinderte in der Medizin/Psychiatrie – ein historischer Exkurs. In: Häßler F, Fegert JM (Hrsg). Geistige Behinderung und seelische Gesundheit. Stuttgart: Schattauer 2005; 1–8.

Häßler H, Häßler F. Gewalt gegen Menschen mit geistiger Behinderung im Wandel der Zeiten. In: Bock WJ, Holdorff B (Hrsg). Schriftenreihe der Deutschen Gesellschaft für Geschichte der Nervenheilkunde. Würzburg: Königshauesen & Neumann 2005; 11–39.

Häßler F, Buchmann J, Fegert JM: Psychopharmakotherapie von Impulskontrollstörungen bei Kindern und Jugendlichen mit und ohne Intelligenzminderung. Nervenheilkd 2004; 23: 332–8.

Häßler F, Buchmann J, Reis O. Psychopharmaka und Polypharmazie. Nervenheilkd 2005a; 24: 811–8.

Häßler F, Tilch P, Buchmann J. Psychopharmakotherapie und andere therapeutische Konzepte. In: Häßler F, Fegert JM (Hrsg). Geistige Behinderung und seelische Gesundheit. Stuttgart: Schattauer 2005b; 123–65.

Hebebrand K, Hebebrand J, Remschmidt H. Medikamente in der Behandlung von Paraphilien und hypersexuellen Störungen. Fortschr Neurol Psychiat 2002; 70: 462–75.

Heinen F, Molenaers G, Fairhust, C, Carr, LJ, Desloovere K, Valayer EC, Morel E, Papavassiliou AS, Tedroff K, Pascual SI, Bernert G, Berweck S, DiRosa G, Kolanowski E, Krägeloh-Mann I. European consensus table 2006 on botulinum toxin for children with cerebral palsy. Eur J Paediatr Neurol 2006; 10: 215–25.

Helmchen H. Psychiatrie und Ethik: die Deklaration von Madrid. In: Fegert JM, Häßler F, Rothärmel S (Hrsg). Atypische Neuroleptika in der Jugendpsychiatrie. Stuttgart: Schattauer 1999; 21–9.

Hennecke K (Hrsg). Psychologie und geistige Behinderung. Materialien der DGSGB. Bd.12. Berlin: Eigenverlag DGSGB 2005.

Henze A. Vereinswesen in Deutschland. In: Dannemann A (Hrsg). Enzyklopädie Handbuch der Heilpädagogik. Halle: Marhold 1934; 3096–112.

Huber B. Epilepsien bei geistiger Behinderung. In: Häßler F, Fegert JM (Hrsg). Geistige Behinderung und seelische Gesundheit. Stuttgart: Schattauer 2004; 193–251.

Huber B, Seidel M: Update on treatment of epilepsy in people with intellectual disabilities. Curr Opin Psychiatry 2006; 19: 492–6.

Huchthausen L. Römisches Recht. In einem Band. Berlin, Weimar: Aufbau 1991.

Internationale Klassifikation psychischer Störungen. ICD-10. Göttingen: Hans Huber 2000.

Jantzen W. Sozialgeschichte des Behindertenwesens. München: Deutsches Jugendinstitut 1982.

Jou RJ, Handen BL, Hardan AY. Retrospective assessment of atomoxetine in children and adolescents with pervasive developmental disorders. J Child Adolesc Psychopharmacol 2005; 15: 325–30.

Kohl F. Die Modellanstalt »Illenau« in Mittelbaden – ein wichtiges, oft vergessenes Kapitel deutscher Psychiatrie- und Anstaltsgeschichte. Spektrum 1997; 26: 70–3.

Krause MP. Psychologische Aspekte der Diagnoseermittlung. In: Stahl B, Irblich D (Hrsg). Diagnostik bei Menschen mit geistiger Behinderung. Göttingen: Hogrefe 2005; 136–56.

Meins W, Auwetter J, Krausz M, Turnier Y. Behandlung mit Psychopharmaka in unterschiedlichen Einrichtungen für geistig Behinderte. Nervenarzt 1993; 64: 451–5.

Meir-Korell S. Psychologische Maßnahmen. In: Neuhäuser G, Steinhausen HC (Hrsg). Geistige Behinderung. Stuttgart: Kohlhammer 2003; 232–46.

Neuhäuser G, Steinhausen HC (Hrsg). Geistige Behinderung. Stuttgart: Kohlhammer 2003; 9–23.

Noterdaeme M. Stereotypien und autoaggressive Verhaltensweisen bei geistig behinderten Kindern und Jugendlichen. In: Frank R (Hrsg). Geistige Behinderung. Freiburg i. B.: Lambertus 2006; 142–56.

Research units on pediatric psychopharmacology autism network. Randomized, controlled, crossover trial of methylphenidate in pervasive developmental disorders with hyperactivity. Arch Gen Psychiatry 2005; 62: 1266–74.

Santosh PJ, Baird G. Psychopharmacotherapy in children and adults with intellectual disability. Lancet 1999; 354: 233–42.

Schmitt W. Die Darstellung der Geisteskrankheiten in der Barockliteratur. In: Wahl G, Schmitt W (Hrsg). Heilen – Verwahren – Vernichten. Reichenbach: Kommunikative Medien und Medizin 1997; 67–80.

Seidel M. Die Internationale Klassifikation der Funktionsfähigkeit, Behinderung und Gesundheit. Nervenarzt 2005; 76: 79–90.

Singh NN, Ellis CR, Wechsler HBA. Psychopharmacoepidemiology of mental retardation: 1966 to 1995. J Child Adolesc Psychopharmacol 1997; 4: 255–66.

Sozialgesetzbuch (SGB) IX. Rehabilitation und Teilhabe behinderter Menschen (Artikel 1 des Gesetzes v. 19.6.2001, BGBl. I S. 1046).

Spreat S, Conroy J, Jones J. Use of psychotropic medication in Oklahoma: A statewide survey. Am J Ment Retard 1997; 102: 80–5.

Spreat S, Conroy JW, Fullerton A. Statewide longitudinal survey of psychotropic medication use for persons with mental retardation: 1994 to 2000. Am J Ment Retard 2004; 109: 322–31.

Stahl B, Irblich D (Hrsg). Diagnostik bei Menschen mit geistiger Behinderung. Göttingen: Hogrefe 2005.

Stigler KA, Desmond LA, Posey DJ, Wiegand RE, McDougle CJ. A naturalistic retrospective analysis of psychostimulants in pervasive developmental disorders. J Child Adolesc Psychopharmacol 2004; 14: 49–56.

Stolker JJ, Koedoot PJ, Heerdink ER, Leufkens HGM, Nolen WA. Psychotropic drug use in intellectually disabled group-home residents with behavioural problems. Pharmacopsychiatry 2002; 35: 19–23.

Strømme P, Hagberg G. Aetiology in severe and mild mental retardation: a population-based study of Norwegian children. Dev Med Child Neurol 2000; 452: 76–86.

Symons FJ, Thompson A, Rodriguez MC. Self-injurious behaviour and the efficacy of naltrexone treatment: a quantitative synthesis. Ment Retard Dev Disabil Res Rev 2004; 10: 193–200.

Tarjan G. Cinderella and the prince: mental retardation and community psychiatry. Am J Psychiatry 1966; 122: 1057–9.

Theunissen G. Aus der Psychiatrie in die Gemeinde – Konzepte zur Integration geistig behinderter Erwachsener in der Bundesrepublik Deutschland. In: Böker W, Brenner HD (Hrsg). Geistigbehinderte in Psychiatrischen Kliniken. Bern: Huber 1990; 109–27.

Theunissen G, Plaute W. Empowerment und Heilpädagogik. Ein Lehrbuch. Freiburg: Lambertus 1995.

Vanja C. Die Frühzeitliche Entwicklung des psychiatrischen Anstaltswesens am Beispiel Haina/Hessen. In: Wahl G, Schmitt W (Hrsg). Heilen – Verwahren – Vernichten. Reichenbach: Kommunikative Medien und Medizin 1997; 29–44.

Verhoeven WMA, Tuinier S. The psychopharmacology of challenging behaviours in developmental disabilities. In: Bouras N (ed). Psychiatric and behavioural disorders in developmental disabilities and mental retardation. Cambridge: University Press 2004; 295–316.

38 Lese- und Rechtschreibstörung

Gerd Schulte-Körne und Rolf-Dieter Stieglitz

Inhalt

38.1	Definition und Klassifikation	476
38.2	Epidemiologie und Prävalenz	477
38.3	Ätiologie und Pathogenese	479
38.4	Diagnostik und Differenzialdiagnosen	481
38.5	Förderung und Therapie	483
38.6	Fazit und Ausblick	485
Literatur		485

Zusammenfassung

Viele Jugendliche und Erwachsene leiden erheblich unter ihren ausgeprägten Schwierigkeiten, nicht ausreichend gut lesen, schreiben oder rechnen zu können. Da diese Probleme bereits in der Grundschule begonnen haben, sind die Schullaufbahn und die psychische Entwicklung dadurch erheblich beeinflusst. Zuverlässige Zahlen zur Häufigkeit einer Lese-Rechtschreib-Störung im Erwachsenenalter liegen nicht vor, Schätzungen zufolge ist eine Prävalenz von mindestens 4 % wahrscheinlich (Haffner et al. 1998). Während die Diagnose Lese- und Rechtschreibstörung im Erwachsenenalter häufig zu einer Stigmatisierung führt, gelingt es z. B. in England, durch gezielte Aufklärung in der Öffentlichkeit, Hilfen und Unterstützung in der Berufsausbildung und durch die Schaffung von Förderangeboten für diese Altersgruppe weitestgehend eine Stigmatisierung zu vermeiden.

Neben den unmittelbaren Folgen aufgrund der Schwierigkeiten im Lesen und Schreiben leiden viele Erwachsene an der chronischen psychischen Belastung in der Schule und im Beruf und entwickeln psychische Störungen. Die Benachteiligungen in der Berufsausbildung (z. B. Aufnahmeprüfung für einen Lehrberuf, schriftliche Prüfungen und Lesen unter Zeitdruck in Berufsausbildung und Studium), die Belastungen in der Partnerschaft und am Arbeitsplatz (z. B. durch Mobbing) sind für die Betroffenen sehr groß und bedeutet nicht selten eine lebenslange Beeinträchtigung der Lebensqualität.

38.1 Definition und Klassifikation

> Im Vordergrund der Symptomatik der **Lesestörung** steht die langsame Lesegeschwindigkeit und das beeinträchtige Leseverständnis.

Im Alltag zeigt sich die Problematik beim Lesen von Informationen, z. B. von Bedienungsanleitungen, Broschüren, Formularen, Straßenschildern, Stadtplan, Busfahrplan, Dienstanweisungen, E-Mails und längeren Texten (Büchern). Insbesondere das Lesen von komplexen Wörtern (zusammengesetzte Nomen, Fremdwörter) ist erschwert. Auch bei Rechenoperationen, die das Lesen von Texten erfordern, treten diese Schwierigkeiten auf. Das Erlernen einer Fremdsprache bereitet oft große Probleme, hingegen ist die mündliche Kommunikation nicht beeinträchtigt.

> Die **Rechtschreibstörung** ist gekennzeichnet durch viele Fehler beim Schreiben von Wörtern und Texten.

Das Ausfüllen von Formularen, das Mitschreiben in Lehrveranstaltungen, Schreiben im Beruf und bei alltäglichen Anforderungen stellt für viele Betroffene eine Hürde da, die mit großer Anstrengung, Stress und wiederholter psychischer Belastung verbunden ist. Aus diesem Grund werden Situationen, die Schreiben erfordern, möglichst umgangen und Strategien gesucht, wie entsprechende Anforderungen kompensiert werden können.

In der Internationalen Klassifikation psychischer Störungen (ICD-10) werden die Lese- und Rechtschreibstörung (F81.0) und die isolierte Rechtschreibstörung (F81.1) im Abschnitt F8 unter den umschriebenen Entwicklungsstörungen (F80) zusammengefasst (Dilling et al. 2004). Obwohl klinisch eine isolierte Lesestörung gehäuft gefunden wird, hat diese Störungsform noch keine eigene F-Nummer in der ICD-10 erhalten und müsste gegebenenfalls unter F81.8 »Sonstige Entwicklungsstörungen schulischer Fertigkeiten« kodiert werden.

> Das **Konzept der umschriebenen Entwicklungsstörung** geht von der Annahme aus, dass in spezifischen, isolierten Fertigkeitsbereichen (Lesen und Schreiben) eine Störung vorliegt, die nicht durch eine verzögerte Entwicklung kognitiver Fähigkeiten erklärt werden kann. Es handelt sich daher auch nicht um eine Entwicklungsverzögerung, die aufgeholt werden kann, sondern um eine Entwicklungsstörung.

Durch Festlegung von Einschlusskriterien (einer Diskrepanz zwischen der aktuellen Leistung in einem Fertigkeitsbereich und der zu erwartenden Leistung in diesem Bereich aufgrund des Alters, des Intelligenzquotienten und der Klassenstufe) und durch Anwendung von Ausschlusskriterien (keine regelmäßige Beschulung, periphere Hör- und Sehstörung, Intelligenzminderung, Minderleistung aufgrund von psychischen oder neurologischen Störungen) wird eine Gruppe von Menschen definiert, die an einer umschriebenen Entwicklungsstörung leidet.

> Charakteristisch für die umschriebenen Entwicklungsstörungen sind der Beginn meist vor der Einschulung und der häufig chronische Verlauf bis ins Erwachsenenalter.

Längsschnittstudien zeigen, dass bei der Lesestörung insbesondere die Lesegeschwindigkeit im Erwachsenenalter verlangsamt ist (Bruck 1992). Bei der Rechtschreibstörung stehen die Fehler bei der orthographisch richtigen Verschriftlichung im Vordergrund. Meist ist der Erwerb von Fremdsprachen, insbesondere von Fremdsprachen, die durch eine hohe Unregelmäßigkeit der Laut-Buchstaben-Zuordnung, wie z. B. die englische Schriftsprache, gekennzeichnet sind, deutlich erschwert. Auch hier wirken sich eine langsame Lesegeschwindigkeit und eine hohe Zahl von Rechtschreibfehler negativ auf den Schriftsprachgebrauch aus.

Eine Beschreibung der Lese- und Rechtschreibstörung mit spezifischer Symptomatik im Erwachsenenalter liegt nicht vor und ist auch nicht notwendig, da bereits die Kernsymptomatik für das Kindesalter ausreichend umfassend beschrieben ist. Die ICD-10 fasst die Symptomatik folgendermaßen zusammen:

Beim **Lesen** werden folgende Schwächen beobachtet:
- Auslassen, Ersetzen oder Hinzufügen von Worten oder Wortteilen
- niedrige Lesegeschwindigkeit
- Startschwierigkeiten beim Vorlesen, langes Zögern oder Verlieren der Zeile im Text
- Vertauschung von Wörtern im Satz oder von Buchstaben in den Wörtern
- Ersetzen von Wörtern durch ein in der Bedeutung ähnliches Wort
- Unfähigkeit, Gelesenes zu wiederholen
- Unfähigkeit, aus dem Gelesenen Zusammenhänge zu erkennen und Schlussfolgerungen zu ziehen

Beim **Rechtschreiben** werden folgende Schwächen beobachtet:
- Schwierigkeiten beim Schreiben von Buchstaben, Wörtern und Sätzen
- hohe Fehlerzahl bei ungeübten Diktaten
- hohe Fehlerzahl beim Abschreiben von Texten
- Grammatik- und Interpunktionsfehler
- häufig unleserliche Handschrift

38.2 Epidemiologie und Prävalenz

Eine OECD-Studie der 1990er Jahre (International Adult Literacy Survey, IALS) wies nach, dass in 14 von 20 OECD-Ländern mehr als 15 % der Bevölkerung nur eine mangelnde Lesekompetenz besitzen (Fawcett 2003). Eine Erhebung, 2005 durchgeführt in den USA (National Assessment of Educational Progress), fand, dass bis zu 27 % der Schüler der Highschool eine unter dem basalen Niveau liegende Lesefähigkeit hatten (Grigg et al. 2007). Sogar 36 % der Viertklässler lagen in den USA unter diesem Leseniveau (Perie et al. 2005).

Erschreckend ist auch die Bilanz für Deutschland in der PISA-Studie: Ein Viertel der 15-Jährigen in Deutschland gehört aufgrund einer Leseschwäche zu einer Risikogruppe, die von gesellschaftlichem Ausschluss bedroht ist. Dabei wurde in dieser Studie nicht die noch anspruchsvollere Schreibkompetenz getestet (Schiefele et al. 2004).

Es existieren insgesamt nur wenige Längsschnittstudien, die die schulische, berufliche, soziale und psychische Entwicklung von Kindern mit einer Lese- und Rechtschreibstörung untersucht haben. In der deutschsprachigen Forschungsliteratur liegen drei Studien vor, die Daten zur kognitiven und psychosozialen Entwicklung der Lese- und Rechtschreibstörung bis ins Erwachsenenalter liefern:
- die Mannheimer Längsschnittstudie (Esser u. Schmidt 1993; Esser et al. 2002)
- die in der Klinik für Kinder- und Jugendpsychiatrie in Heidelberg durchgeführte Katamnesestudie (Strehlow et al. 1992)
- die in der Jugendhilfeeinrichtung der Christophorusschule Oberurff durchgeführte Katamnesestudie (Schulte-Körne et al. 2003)

Allerdings wurde in der Mannheimer Untersuchung die Lese- und Rechtschreibleistung bei den jungen Erwachsenen und den Erwachsenen nicht mehr erhoben.

38.2.1 Schulischer Verlauf

Prospektive Längsschnittstudien (Klicpera et al. 1993; Shaywitz et al. 1999) zeigen eindrucksvoll, dass das in der Grund-

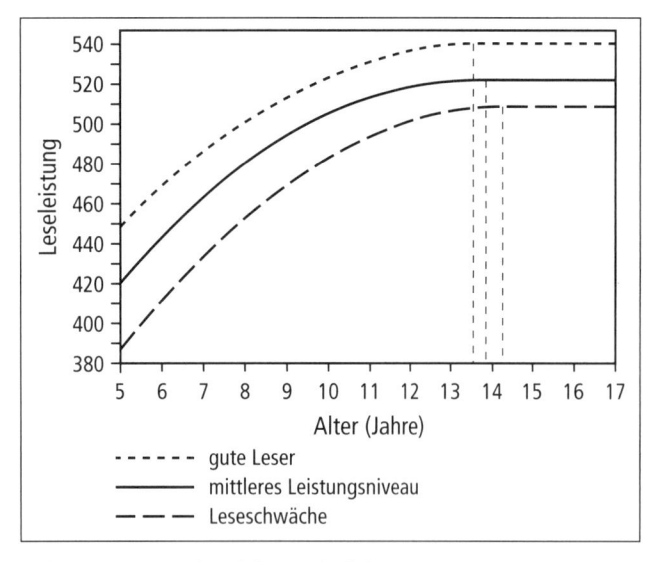

Abb. 38-1 Längsschnittlicher Verlauf der Lesestörung am Beispiel der Connecticut Longitudinal Study (nach Shaywitz et al. 1999)

schule erreichte Lese- und Rechtschreibniveau bis ins Erwachsenenalter erhalten bleibt (Abb. 38-1). Kinder, die am Ende der zweiten Klasse geringe Lesefähigkeiten aufweisen, gehören auch am Ende der Schulzeit zu den schlechten Lesern. Eine spontane Besserung, z. B. zum Zeitpunkt der Pubertät, tritt nicht auf. Auch eine Entwicklungsverzögerung in dem Sinne, dass ein Rückstand im Lesen und Schreiben vorliegt, der nur durch eine längere Beschulung aufgeholt werden kann, liegt nicht vor.

Die Mannheimer Längsschnittstudie zeigte, dass der Schulerfolg der 13- und 18-Jährigen mit einer Lese- und Rechtschreibstörung vergleichbar mit denjenigen Kindern ist, die lernbehindert bzw. deren kognitive Fähigkeiten unterdurchschnittlich sind (Esser u. Schmidt 1993). Wenn jedoch das Niveau der sozialen Schicht hoch ist (Bruck 1987; Spreen 1988; Strehlow 1994), ein überdurchschnittlicher IQ (Naylor et al. 1990; Strehlow 1994) und ein geringer Schweregrad der Lese- und Rechtschreibstörung (Finucci et al. 1985; LaBuda u. DeFries 1989) vorliegen, dann kann trotz ausgeprägten Schweregrades ein hoher beruflicher Status erreicht werden (Gottfredson et al. 1984; Rawson 1968; Schulte-Körne et al. 2003).

38.2.2 Psychosoziale Folgen

Die psychosozialen Folgen der persistierenden Lese- und Rechtschreibstörung sind nachhaltig. Neben Schulabbruch und fehlendem Schulabschluss ist in der weiteren Entwicklung die Rate der Arbeitslosigkeit deutlich erhöht. In der Mannheimer Längsschnittstudie waren von den 25-Jährigen mit einer Lese- und Rechtschreibstörung fast 25 % zumindest drei Monate ohne Arbeit (Esser et al. 2002). Die Rate war im Vergleich zu der Gruppe der Kinder ohne Entwicklungsstörungen um das sechsfache erhöht.

Das erzielte Ausbildungsniveau und die berufliche Tätigkeit sind im Verhältnis zu den kognitiven Fähigkeiten der Erwachsenen mit einer Lese- und Rechtschreibstörung deutlich geringer. Leseschwache Erwachsene arbeiten trotz ihrer meist hohen kognitiven Fähigkeiten hauptsächlich in praktisch orientierten Berufen oder in Berufen, die seltener Lese- und Rechtschreibfähigkeiten erfordern (Esser et al. 2002; Maughan 1995; Michelsson et al. 1985; Strehlow et al. 1992).

38.2.3 Psychische Entwicklung

Die Befunde zur Entwicklung von psychischen Symptomen bei der Lese- und Rechtschreibstörung zeigen mit wenigen Ausnahmen, dass persistierende Lese- und Rechtschreibprobleme zu psychischen Problemen führen oder mit diesen gemeinsam auftreten. Die Betroffenen leiden häufig unter einem geringen Selbstwertgefühl, trauen sich besonders bei geistigen Aufgaben wenig zu und neigen dazu, Misserfolge internal zu attribuieren (Riddick et al. 1999). Erhöhte Ängstlichkeit und gehäuftes Auftreten von depressiven Störungen wurden in klinischen Stichproben von Jugendlichen mit einer Lese- und Rechtschreibstörung gefunden (Casey et al. 1992; Livingston 1990). Das gemeinsame Auftreten von emotionalen Problemen, depressiven Symptomen und Lese- und Rechtschreibstörung zeigte sich nicht nur in klinischen Stichproben, in denen eine Überrepräsentation von komorbiden Störungen wahrscheinlich ist, sondern auch in epidemiologischen Stichproben (Adams et al. 1999; Boetsch et al. 1996; Maughan et al. 2003; McGee et al. 1986). Der Zusammenhang wird höchstwahrscheinlich durch das durch die Lese- und Rechtschreibstörung verursachte geringe Selbstwertgefühl, die Versagensangst und den chronisch erlebten Misserfolg erklärt. Potenzielle Einflussfaktoren auf den Zusammenhang von depressiver Störung und Lese- und Rechtschreibstörung, wie z. B. familiäre Faktoren (frühe Misshandlungserfahrung des Kindes, mangelnde Unterstützung der Eltern), sind nicht relevant (Maughan et al. 2003).

Verhaltensauffälligkeiten in Form aggressiven, impulsiven Verhaltens und Störungen der Aufmerksamkeit treten überzufällig häufig bei Kindern und Jugendlichen mit einer Lese- und Rechtschreibstörung auf (Maughan et al. 2003; McGee et al. 1986). Die Komorbidität mit der Aufmerksamkeitsdefizit-Hyperaktivitätsstörung (ADHS) liegt zwischen 20 und 30 %. Auf diesen replizierten Sachverhalt (Barkley et al. 2008) hat bereits Wender (1995) hingewiesen. Erwachsene mit einer Lese- und Rechtschreibstörung zeigen insgesamt häufiger expansive Verhaltensweisen, neben impulsivem und aggressivem Verhalten liegt nicht selten ein Missbrauch von Substanzen (Alkohol und Nikotin) vor (Esser et al. 2002).

Die Frage nach der Ursache des gehäuften Auftretens von expansivem, insbesondere delinquentem Verhalten bei Vorliegen einer Lese- und Rechtschreibstörung wird immer wieder kontrovers diskutiert (Baker u. Ireland 2007), obwohl der Zusammenhang zwischen Lesefähigkeit und Delinquenz wiederholt gefunden wurde. So fanden Baker und Ireland (2007), dass die Diagnose Lese- und Rechtschreibstörung einen hohen Zusammenhang mit der Straffälligkeit aufweist. Delinquentes Verhalten in Form von Stehlen und Körperverletzungen wurde auch bei Erwachsenen mit einer Lese- und Rechtschreibstörung in der Mannheimer Längsschnittstudie überzufällig häufig gefunden (Esser et al. 2002).

Inwieweit die Lese- und Rechtschreibstörung Ursache für antisoziales Verhalten oder vice versa oder ob beide Störungen auf gemeinsame Ursachen zurückgeführt werden können, wurde in einer großen Zwillingsstudie aus England im Längsschnitt untersucht (Trzesneiewski et al. 2006). Auch hier zeigte sich der signifikante Zusammenhang zwischen der Lese- und Rechtschreibstörung und antisozialem Verhalten, der aber zum Teil auf das Vorliegen einer ADHS zurückgeführt werden konnte.

Als Ursachen für die komplexen Zusammenhänge werden sowohl genetische Faktoren als auch Umweltfaktoren diskutiert (Trzesneiewski et al. 2006). Zu den Umweltfaktoren gehören neben der sozialen Schicht der Familie und der Familiengröße die Bildung, die Lesefähigkeit und die psychische Befindlichkeit der Mutter. Jedoch ist der Einfluss der beiden Störungen aufeinander am größten, d. h., je ausgeprägter die Lese- und Rechtschreibstörung, desto ausgeprägter sind die expansiven Verhaltensweisen. Daher ist eine zentrale Implikation der Studie von Trzesneiewski et al. (2006), möglichst frühzeitig durch Prävention von dissozialem Verhalten im Kindergarten- und Grundschulalter das Risiko, eine Lese- und Rechtschreibstörung sowie delinquentes Verhalten zu entwickeln, zu vermindern.

38.2.4 Einfluss der Förderung auf den Langzeitverlauf

Befunde zum Langzeiteffekt von Förderung und Therapie auf die Entwicklung des Lesens und Schreibens liegen kaum vor. Trotz Förderung verbesserten sich die Betroffenen nur geringfügig, oft bleiben ihre Lese- und Rechtschreibleistungen deutlich unterdurchschnittlich (Bruck 1995; Frauenheim u. Heckerl 1983; Naylor et al. 1990).

In einer deutschsprachigen Katamnesestudie wurde neben der psychosozialen Entwicklung auch die Entwicklung der Rechtschreibleistung von Kindern untersucht, die über mehrere Jahre in einem Legastheniezentrum gefördert wurden (Schulte-Körne et al. 2003). Die Schüler besuchten das Jugenddorf-Christophorusschule Oberurff, das durch die Integration von Schule, Förderzentrum und dem sozial-pädagogischen Wohnbereich ein umfassendes Förderangebot für Kinder mit einer Lese- und Rechtschreibstörung geschaffen hat. Das Legastheniezentrum bietet spezifische Hilfen zur Persönlichkeitsstabilisierung, zum Abbau von Lese- und Rechtschreibdefiziten und zur schulischen Förderung an. Die Therapie einer Lese- und Rechtschreibstörung findet täglich für ungefähr 45 Minuten in Kleingruppen statt und wird durch Individualtraining ergänzt (Komnick 2000).

Nach durchschnittlich 20 Jahren wurde eine Gruppe von Fünftklässlern hinsichtlich ihrer kognitiven Fähigkeit, ihrer Rechtschreibleistung, ihrer Berufsentwicklung und ihrer psychischen Entwicklung untersucht. Die Intelligenz der ehemaligen Schüler hatte sich nicht bedeutsam verändert, hingegen lag die Rechtschreibleistung, die bei Eintritt in die weiterführende Schule unterdurchschnittlich war, jetzt gerade im Durchschnittsbereich. Im Mittel konnten die Schüler ihre Rechtschreibleistung um eine halbe Standardabweichung verbessern. Jedoch war die Rechtschreibung nach 20 Jahren im unteren Durchschnittsbereich, von den 29 Teilnehmern der Studie hatte sich bei sieben die Rechtschreibleistung sogar verschlechtert. Bei mehr als einem Drittel beeinflusste die Lese- und Rechtschreibstörung die Berufswahl, ca. 70 % gaben an, dass sie im Beruf wenig schreiben mussten. Die psychische Befindlichkeit wurde mittels der Symptomcheckliste (SCL 90-R) erfasst und zeigte keine signifikanten Unterschiede zur Normalbevölkerung. Beruflich waren die Studienteilnehmer recht erfolgreich, sie lagen 0,7 Standardabweichungen über dem Mittelwert in den Berufsprestige-Werten (Schulte-Körne et al. 2003).

Der recht positive Verlauf kann zum einen auf die intensive und lang andauernde (im Mittel sechs Jahre) Förderung im Legastheniezentrum zurückgeführt werden, zum anderen auf die positive Schulerfahrung in den kooperierenden weiterführenden Schulen und die psychische Unterstützung im Internat. Durch ein integratives Versorgungs- und Unterstützungssystem konnte erreicht werden, dass fast die Hälfte der Schüler die Fach- bzw. Hochschulreife erreichten und niemand arbeitslos war.

38.3 Ätiologie und Pathogenese

38.3.1 Neurobiologische Korrelate

Die Ursachen der Lese- und Rechtschreibstörung sind bisher nicht geklärt. Ein vereinfachtes Ursachenmodell zeigt die Abbildung 38-2. Als gesichert kann eine genetische Disposition angenommen werden. Die Erblichkeit der Lese- und Rechtschreibfähigkeit liegt bei 50–60 % (Schulte-Körne et al. 2006). Trotz der recht hohen Erblichkeit wird ein großer Anteil der Varianz der Lese- und Rechtschreibfähigkeit durch nicht gene-

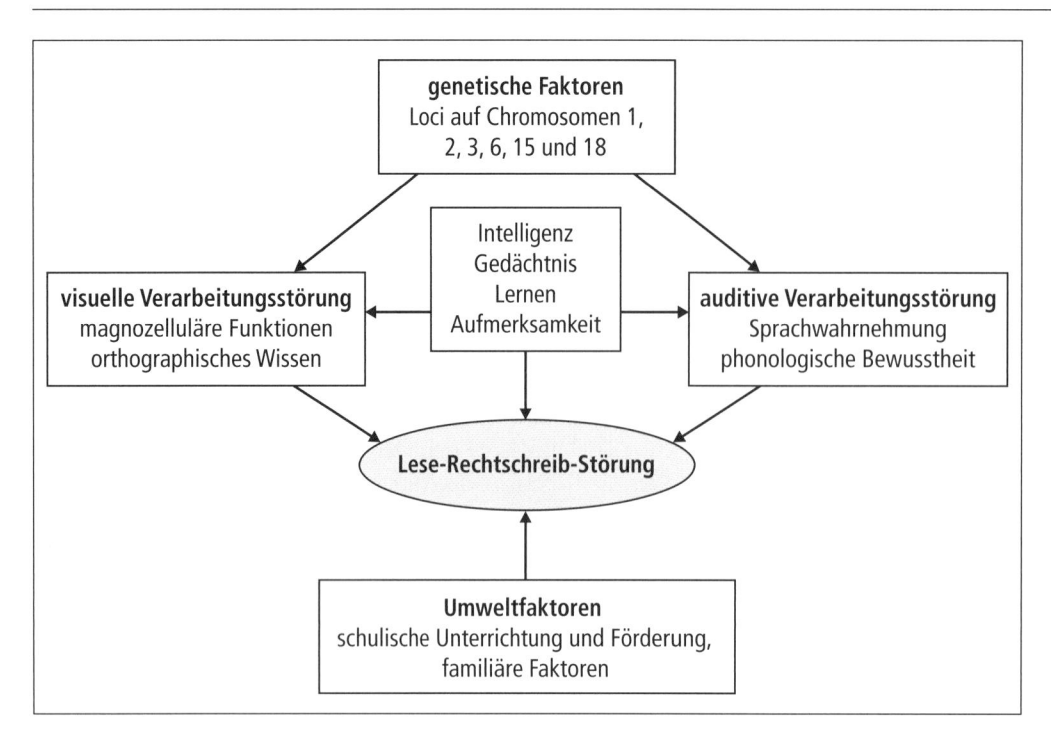

Abb. 38-2 Neurobiologisches Modell der Lese- und Rechtschreibstörung (nach Schulte-Körne 2006)

tische Faktoren erklärt. Zu diesen werden Umgebungsfaktoren wie die Form der schulischen Unterrichtung, insbesondere beim frühen Schriftspracherwerb, und die schulische Unterstützung gezählt (Deimel et al. 2004). Familiäre Faktoren, wie z. B. der Bildungsstatus der Eltern oder die emotionale Atmosphäre innerhalb der Familie, sind von untergeordneter Bedeutung (Stevenson u. Fredman 1990). Der Zusammenhang zwischen der sozialen Schicht der Eltern und der Lesefähigkeit wurde wiederholt nachgewiesen (Sénéchal et al. 1998), jedoch beeinflusst der Schichtfaktor eher die Entwicklung der Lese- und Rechtschreibfähigkeit und ist nicht kausal für die Lese- und Rechtschreibstörung.

Auf der molekulargenetischen Ebene wurden bisher vier Kandidatengene gefunden und beschrieben (Schulte-Körne 2007), die die neuronale Migration von Neuronen während der Fetogenese in spezifischen Hirnregionen beeinflussen. Obwohl diese Kandidatengene in kortikalen Arealen exprimiert werden, die eine funktionelle Bedeutung für die Lese- und Rechtschreibfähigkeit aufweisen, wie z. B. die Parietal- und Temporallappen, ist die funktionelle Bedeutung dieser Gene für die Lese- und Rechtschreibstörung noch unverstanden.

Neben den genetischen Faktoren haben neurophysiologische Untersuchungen mittels Magnetresonanztomographie und ereigniskorrelierter Potenziale Korrelate des gestörten Schriftspracherwerbs identifiziert. Hierzu gehört z. B. eine gestörte Verarbeitung von Sprache, insbesondere von Sprachreizen, die schwer zu differenzieren sind (z. B. da vs. ga) (Schulte-Körne 2001). Auch bei Erwachsenen, die bei Aufgaben zur aktiven Unterscheidung von Sprachreizen keine Schwierigkeiten mehr zeigten, waren die Hirnfunktionen wie bei den Kindern verändert (Schulte-Körne et al. 2001).

Strukturelle Auffälligkeiten wurden bisher für Regionen des Temporal-, Parietal und Occipitallappens gefunden (Démonet et al. 2004). Im Zusammenhang hiermit stehen funktionelle Beeinträchtigungen der Prozesse, die für den erfolgreichen Lese- und Rechtschreibvorgang notwendig erscheinen.

38.3.2 Neuropsychologische Korrelate

Zu den am besten replizierten neuropsychologischen Auffälligkeiten bei der Lese- und Rechtschreibstörung gehört die **phonologische Bewusstheit** (Vellutino et al. 2004).

> Hiermit wird die Fähigkeit bezeichnet, die lautlichen Strukturen von Sprache und Schrift zu erkennen und mit diesen lautlichen Strukturen zu operieren. Phonologische Bewusstheit wird als ein übergeordneter Begriff für verschiedene lautanalytische Prozesse verwendet, die sich hinsichtlich der Komplexität der zu verarbeitenden Strukturen (Phonem, Reim, Silbe) sowie der mit den Aufgaben verbundenen kognitiven Prozesse unterscheiden (weiterführend hierzu s. Schulte-Körne 2001).

Bereits in der vorschulischen Risikodiagnostik werden Aufgaben zur phonologischen Bewusstheit eingesetzt. Neben der Wahrnehmung und Unterscheidung von Reimen und Silben ist die Unterscheidungsfähigkeit von einzelnen Phonemen für den Schriftspracherwerb prognostisch von großer Bedeutung. Auch im Erwachsenenalter sind phonologische Fähigkeiten von Bedeutung für die Lese- und Rechtschreibfähigkeit (Schulte-Körne et al. 1997). Wiederholt wurden bei Erwachsenen mit einer Lese- und Rechtschreibstörung beeinträchtigte Fähigkeiten in Lautdiskrimination und -gedächtnis gefunden (Bruck 1990, 1992; Schulte-Körne et al. 2001). Anhand des schnellen Lesens von Pseudowörtern wurde die Fähigkeit zur Buchstaben-Laut-Assoziation bei Erwachsenen mit einer Lese- und Rechtschreibstörung (Schulte-Körne 2001) und im Längsschnitt überprüft (Svensson und Jacobson 2006). Unter Berücksichtigung möglicher konfundierender Faktoren wie z. B. des IQ und der Wortlesegeschwindigkeit erklärt das Pseudowortlesen bis zu 40 % der Varianz der Lese- und Rechtschreibfähigkeit im Erwachsenenalter (Schulte-Körne et al. 1997). Aufgrund dieser beeinträchtigten Lautdifferenzierung sind die richtige Buchstaben-Laut-Zuordnung beim Lesen und die Laut-Buchstaben-Zuordnung beim Schreiben häufig beeinträchtigt. Die Überprüfung der Fähigkeit, Pseudowörter zu lesen, wird im Erwachsenenalter zur Diagnostik empfohlen, da nicht selten aufgrund von Kompensationsprozessen die Fehlerzahl und auch die Geschwindigkeit beim Wortlesen nicht mehr ausreichend zwischen Erwachsenen mit und ohne eine Lese- und Rechtschreibstörung differenziert.

Ein weiterer erklärungsrelevanter Faktor ist die **Verarbeitungsgeschwindigkeit**. Neben der gestörten phonologischen Bewusstheit erklärt die Verarbeitungsgeschwindigkeit, gemessen mit einer Aufgabe zum schnellen Benennen von Buchstaben, Farben, Ziffern und Bildern, Varianz des Lesens im Grundschulalter (Cronin u. Carver 1998; Manis et al. 2000) und auch bei Erwachsenen mit einer Lese- und Rechtschreibstörung (Bone et al. 2002; Wilson u. Lesaux 2001). Als Ausdruck des Schweregrads der Betroffenheit wird das gemeinsame Auftreten einer Störung der phonologischen Fähigkeiten und einer eingeschränkten Bearbeitungsgeschwindigkeit im Englischen häufig als doppeltes Defizit *(double-deficit theory)* benannt (Wolf u. Bowers 1999). Sowohl im Kindesalter als auch bei Erwachsenen mit einer Lesestörung konnte die Annahme empirisch bestätigt werden (Miller et al. 2006). Je ausgeprägter die Schwächen in den Bereichen »Schnelles Benennen« und »Phonologische Bewusstheit« waren, desto ausgeprägter war auch die Lesestörung.

38.4 Diagnostik und Differenzialdiagnosen

38.4.1 Diagnostik

Im Vordergrund der Diagnostik stehen Verfahren zur Erfassung der Lesefähigkeit und der Rechtschreibung. Hauptsymptomatik der Lesestörung bei Jugendlichen und jungen Erwachsenen ist die beeinträchtigte Lesegeschwindigkeit. Durch das erheblich verlangsamte Lesetempo ist die Informationsaufnahme deutlich beeinträchtigt. Lesefehler sind von untergeordneter Bedeutung, sie zeigen sich meist beim Lesen von Fremdwörtern, zusammengesetzten Wörtern und langen und seltenen Wörtern.

Die Schwierigkeiten in der Rechtschreibfähigkeit zeigen sich beim Schreiben einzelner Wörter und beim Abfassen von Texten. Die Rechtschreibtests für das Erwachsenenalter überprüfen vergleichbar dem Kindesalter die Verschriftlichung einzelner Wörter in Lückendiktaten.

Ein weiterer Bestandteil ist die Diagnostik psychischer Symptome und Störungen, die gehäuft bei Jugendlichen und jungen Erwachsenen mit einer Lese- und Rechtschreibstörung auftreten (s. auch Kap. 20). Zur Anwendung kommen hier einerseits Interviews zur klassifikatorischen Diagnostik wie das »Diagnostische Interview bei psychischen Störungen« (DIPS; Schneider u. Markgraf 2005) oder Verfahren zur Schweregradbestimmung einzelner Syndrombereiche. Exemplarisch zu nennen ist hier die **Symptomcheckliste** (SCL 90-R; Franke 2002). Sie erlaubt, neben der Gesamtbelastung durch psychische Symptome, ein differenziertes Bild der Psychopathologie mittels neun Skalen abzubilden (u. a. Depressivität, Ängstlichkeit, Somatisierung).

Die Erfassung der kognitiven Fähigkeiten anhand eines Intelligenztests unterstützt die Abgrenzung einer umschriebenen Entwicklungsstörung von einer Intelligenzminderung, die mit umfassenden Schwierigkeiten im Erwerb schulischen Wissens einhergeht. Hier stehen z. B. der **Intelligenz-Struktur-Test 2000 R** (I-S-T 2000-R; Liepmann et al. 2007) und der **Wechsler-Intelligenztest für Erwachsene** (WIE; von Aster et al. 2006) als umfangreiche Verfahren zur Verfügung. Aufgrund der besonderen Bedeutung der Erfassung der Rechtschreib- und Lesefähigkeit werden diese Verfahren nachfolgend ausführlicher dargestellt (zum Überblick s. Brähler et al. 2002).

Überprüfung der Rechtschreibleistung

Die zurzeit aufgrund der Aktualität der Normierung gültigen Rechtschreibtests für Jugendliche und Erwachsene überprüfen das Rechtschreibwissen und die Rechtschreibfähigkeit anhand der Verschriftlichung einzelner Wörter in Lückentexten. Die Auswahl der Testitems anhand von Fehlerkategorien orientiert sich an den häufigen Fehlern, wie z. B. Groß- und Kleinschreibung, Konsonantenverwechselung, Getrennt- und Zusammenschreibung, Dehnungs- und Schärfungsfehler.

Der **Rechtschreibtest** (RST NRR; Bulheller et al. 2005) liegt in der zweiten Auflage seit 2005 vor und berücksichtigt die neue Rechtschreibung. Es wurden zwei Kurzformen (Form 1 besteht aus 81 Items, Form 2 aus 80 Items) und eine Langform (158 Items) veröffentlicht. Der Test wurde als Gruppen- und Einzelerhebungsverfahren konzipiert. Zur Normierung wurden Schüler der Hauptschule (13 %), der Realschule (47 %) und des Gymnasiums und Schüler mit Fachabitur (40 %) im Alter von 14 bis 19 Jahren herangezogen. Frauen (51 %) und

Männer (49 %) waren fast zu gleichen Teil beteiligt. Unabhängig vom Alter und der Zugehörigkeit zu einer Bildungsgruppe schreiben die Frauen signifikant besser als die Männer. Dies repliziert die bereits zuvor häufig beschriebene Überlegenheit der Frauen im Lesen und Schreiben.

Seit 2005 liegen neue Normen für die zwei RST-Kurzformen und die Langform vor:

- RST-Kurzform 1: von 14 bis 60 Jahren (n = 6 829)
- RST-Kurzform 2: von 14 bis 19 Jahren (n = 3 839)
- RST-Langform: von 14 bis 60 Jahren (n = 4 843)

Anhand von Prozentrangnormen für Bildungs- (Hauptschule, Realschule, Gymnasium) und Altersgruppen ist eine Schulform abhängige Einordnung der individuellen Rechtschreibleistung möglich.

Das zweite Verfahren zur Überprüfung der Rechtschreibleistung, der **Rechtschreibungstest** (Kersting u. Althoff 2004), ist eine Weiterentwicklung des Rechtschreibungstests der Deutschen Gesellschaft für Personalwesen e. V. Anhand von drei Diktaten – »Nichtraucher«, »Rummelplatz« und »Moselfahrt« – wird ausschließlich die Rechtschreibung von Wörtern geprüft, die nach der alten und neuen Rechtschreibregelung identisch geschrieben werden. Der Rechtschreibungstest ist für die Altersspanne von 15 bis 30 Jahren normiert. Neben den differenzierten Altersnormen für Realschüler (15- bis 16-Jährige, 17- bis 18-Jährige, 19- bis 30-Jährige) steht für Abiturienten eine Altersnorm zur Verfügung. Vergleichbar dem Rechtschreibtest ist der größte Anteil der Normierungsstichprobe zwischen 15 und 25 Jahre alt, Personen mit (Fach-)Abitur sind mit ca. 50 % vertreten. Hingegen sind keine Schüler der Hauptschule eingeschlossen worden. Frauen (60 %) wurden im Vergleich zu den Männern (40 %) häufiger in die Normierungsstichprobe eingeschlossen.

Überprüfung der Lesefähigkeit

Zur Überprüfung der Lesefertigkeiten ab der Sekundarstufe stehen aktuell drei Verfahren zur Verfügung:

- Salzburger Lese-Screening für die Klassenstufen 5–8 (SLS 5–8)
- Lesegeschwindigkeits- und -verständnistest für die Klassen 6–12 (LGVT 6–12)
- Würzburger Lesestrategie-Wissenstest für die Klassen 7–12 (WLST 7–12)

Das **Salzburger Lese-Screening für die Klassenstufen 5–8** (SLS 5–8; Auer et al. 2005) misst anhand des stillen Lesens von inhaltlich sehr einfachen Sätzen, deren Aussage am Ende mit richtig oder falsch bewertet werden muss, die Lesegeschwindigkeit. Der Test kann als Gruppentest durchgeführt werden. Mit insgesamt drei Minuten ist er ein rasch durchzuführendes Screeningverfahren. Die Normierungsstichprobe stammt ausschließlich aus den Bundesländern Salzburg und Bayern, insgesamt wurden Schüler von 17 Schulen eingeschlossen. Die durchschnittliche Größe der Normierungsstichprobe pro Klassenstufe lag bei 780 Schülern und Schülerinnen. Der Zeitpunkt der Normierung war jeweils Ende des Schuljahres. Das Verhältnis von Real- und Hauptschülern zu Gymnasiasten der Normierungsstichprobe lag bei 7 : 3. Es liegen zwei Parallelformen vor, die hinsichtlich der Schwierigkeit nahezu identisch sind. Die Geschlechtsunterschiede waren nur marginal. Das Testergebnis ergibt einen Lesequotienten (LQ), der direkt mit der Interpretation des Intelligenzquotienten (IQ) vergleichbar ist.

Der **Lesegeschwindigkeits- und -verständnistest für die Klassen 6–12** (LGVT 6–12; Schneider et al. 2007) ist als Einzel- und Gruppentest zur Erfassung der Lesegeschwindigkeit und des Leseverständnisses geeignet. In einem Fließtext, der still gelesen wird, muss an 23 Textstellen aus jeweils drei Alternativen das in den Text passende Wort ausgesucht werden. Die Bearbeitungszeit ist auf vier Minuten begrenzt. Die Anzahl der richtig gefundenen Wörter wird zur Bestimmung des Leseverständnisses, die Anzahl der insgesamt in vier Minuten gelesenen Wörter zur Messung der Lesegeschwindigkeit herangezogen.

Normen liegen für die Klassenstufen 6–9 vor, zusätzlich liegen Normen für die 10. Klasse Realschule sowie für die Klassenstufen 10 und 11 des Gymnasiums vor. Der Test ist mit zehn Minuten schnell durchführbar, die Normierungsstichprobe aus elf Bundesländern mit insgesamt 2 390 Schülern ausreichend groß. In der Normierungsstichprobe stellen die Gymnasiasten mit 38,7 % die größte und Hauptschüler mit 17,9 % die kleinste Teilstichprobe dar.

Interessant ist, dass sich der Geschlechtseffekt, der sich im Grundschulalter bei allen Tests fand, beim LGVT 6–12 nicht zeigte. Der Zusammenhang zwischen Lesegeschwindigkeit und der Intelligenz gemessen an der Grundintelligenzskala 2 (CFT-20) war mit r = 0,16 sehr gering, der Zusammenhang zwischen Leseverständnis und der Intelligenz fiel mit r = 0,37 etwas höher aus.

Der **Würzburger Lesestrategie-Wissenstest für die Klassen 7–12** (WLST 7–12; Schlagmüller u. Schneider 2007) dient zur Erfassung des Lesestrategiewissens. Als Ergänzung zu den Tests, die die basale Lesekompetenz messen (SLS 5–8, LGVT 6–12), wird mit diesem Test das Wissen über Lernstrategien in vorgegebenen Lern- und Lesesituationen erhoben. Es werden Lernstrategien, die beim Lesen, Verstehen und Wiedergeben von Texten wichtig sind, untersucht. Der Test kann als Gruppentest durchgeführt werden. Eine Zeitbegrenzung liegt nicht vor, durchschnittlich werden 20–35 Minuten zur Beantwortung der Fragen benötigt.

Normen liegen für die Mitte des zweiten Halbjahres der Klassenstufen 7–12 vor. Die Normierung wurde an einer Stichprobe von 4 490 Schülern aus allen Bundesländern vorgenommen. 41,9 % der Schüler sind Gymnasiasten, 24,9 % Realschüler, 12,9 % Hauptschüler, 11,7 % Schüler aus Schulen mit mehreren Bildungsgängen und 8,5 % Gesamtschüler. Mädchen erzielten signifikant bessere Leistungen in diesem Test. Daher finden sich auch für die Geschlechter getrennte Normen. Der Zusammenhang mit der Lesegeschwindigkeit (LGVT 6–12) und der Intelligenz (gemessen mit dem Kognitiven Fähigkeitstest [KFT], r = 0,41) liegt in mittlerer Größenordnung.

38.4.2 Differenzialdiagnosen

Für das Jugend- und Erwachsenenalter ist die Abgrenzung vom **Analphabetismus** die häufigste Differenzialdiagnose. Der Analphabetismus ist nicht in die ICD-10 aufgenommen worden. Die Definition basiert auf der zusammenfassenden Beschreibung verschiedener Auffälligkeiten.

> Menschen, die aufgrund fehlender Unterrichtung, mangelnder oder fehlender Unterstützung in der Familie, fehlender Lese- und Schreibpraxis lediglich einzelne Buchstaben kennen, einfache Wörter lesen und über ihren Namen hinaus keine Wörter schreiben können, werden zu der Gruppe der **Analphabeten** gezählt.

Diese Menschen sind von beruflicher Ausbildung weitestgehend ausgeschlossen, meist führen sie einfache Anlern- oder Hilfsarbeiten aus. Die Zahl der Analphabeten wird weltweit auf 113 Millionen geschätzt, wobei überwiegend Mädchen betroffen sind. Die Häufigkeit des Analphabetismus in Deutschland wird auf drei bis vier Millionen Betroffene (Bundesverband Alphabetisierung) geschätzt.

Mit den sogenannten **Z-Kodierungen der ICD-10** besteht jedoch die Möglichkeit, Analphabetismus zu kodieren, wenn ein Zusammenhang mit anderen psychischen Störungen vermutet wird. Dies ist dann sinnvoll, wenn man glaubt, dass z. B. eine depressive Störung mit dem Analphabetismus im Zusammenhang zu sehen ist (u. a. Verminderung von Selbstwertgefühl und Selbstvertrauen).

Bei Verwendung des multiaxialen Systems der ICD-10 würde die Kodierung auf der Achse III »Faktoren, die den Gesundheitszustand beeinflussen und zur Inanspruchnahme des Gesundheitswesens führen« erfolgen (Z55 »Analphabetentum« oder »Geringes Niveau des Lese-Schreib-Vermögens«).

38.5 Förderung und Therapie

Die Konzeption der Förderung umfasst verschiedene Aspekte:
- Schul- und Berufsberatung
- gezielte Lese- und Rechtschreibförderung
- psychische Stabilisierung

Da ein nicht geringer Anteil der Menschen mit einer Lese- und Rechtschreibstörung an einer komorbiden Störung leidet, wie z. B. einer Emotionalstörung, Aufmerksamkeitsdefizit-Hyperaktivitätsstörung oder einer depressiven Episode, ist für die Planung des Behandlungssetting der Aspekt Komorbidität wichtig. In verschiedenen Studien konnte immer wieder gezeigt werden, dass Komorbiditäten in der Regel Komplikationen in der Behandlung selbst wie des Behandlungserfolges bedingen (Stieglitz u. Volz 2007).

38.5.1 Förderung im Bereich Lesen und Rechtschreiben

Für den Altersbereich ab der Sekundarstufe I liegen bisher nur wenige deutschsprachige Förderprogramme vor. Der Bedarf an Fördermaterialien für junge Erwachsene und Erwachsene mit einer Lese- und Rechtschreibstörung ist groß. In der Alltagspraxis werden entweder von Therapeuten selbst entwickelte Materialien eingesetzt oder auf Fördermaterial zurückgegriffen, das für Grundschüler entwickelt wurde. Die Anforderungen an Fördermaterialien für Erwachsene sind bisher unklar. Lediglich die Aufarbeitung der Inhalte in einer für Erwachsene angemessenen Form unter Berücksichtigung des entsprechenden Wortschatzes sind Aspekte, die an Fördermaterialien gestellt wurden.

Neben dem im Wesentlichen die Kompetenzen stärkenden Ansatz in den Bereichen phonologische und orthographische Fähigkeiten ist die Selbstwahrnehmung und Einschätzung der Betroffenen hinsichtlich Schriftsprachkompetenz zu berücksichtigen. Aufgrund einer häufig andauernden negativen Lernerfahrung, verbunden mit einem negativen Selbstkonzept in Bezug auf die Lern- und Leistungsfähigkeit, ist die Stärkung des Selbstbewusstseins und -vertrauens ein essenzieller Bestandteil der Förderung. Durch diese Erfahrungen vermeiden viele Betroffene die Auseinandersetzung mit Schriftsprache und versuchen, alle Anlässen, in denen schriftsprachliche Anforderungen gestellt werden könnten, zu umgehen. Daher ist die Heranführung an die Schriftsprache durch Verstärkung des Leseinteresses und Motivation zum Schreiben ein zentraler Bestandteil der Förderung.

Für die Förderung gilt allgemein, dass ein früher Beginn erfolgreicher ist als ein späterer (Torgesen et al. 2006). Erfolgreich sind die Förderkonzepte, die sich an dem Schriftspracherwerbsmodell orientieren (Schulte-Körne 2006). Außerdem sind lerntheoretische Förderkonzepte, die in Kombination mit verhaltenstherapeutischen Ansätzen durchgeführt werden, gerade bei jungen Erwachsenen von Erfolg (Schulte-Körne 2005).

Ein Förderprogramm, das für Kinder und Jugendliche der 5. und 6. Klasse geeignet ist, ist das **Marburger Rechtschreibtraining** (Schulte-Körne u. Mathwig 2007). Basierend auf der Vermittlung orthographischer Regeln werden die Kinder und Jugendlichen angeleitet, sich selbst zu instruieren, Lösungswege zu finden. Durch intensives Üben und häufiges Wiederholen wird ein Grad der Automatisierung der Handlungsabläufe erreicht, der es den Kindern und Jugendlichen ermöglicht, dieses neu erlernte Wissen auch in schulischen Anforderungssituationen anzuwenden (Schulte-Körne et al. 2003).

Die Fortführung dieses Förderkonzeptes für die Sekundarstufe II wird zurzeit evaluiert.

38.5.2 Schullaufbahn, schulrechtliche Rahmenbedingungen

Jugendliche Legastheniker haben ein erhöhtes Risiko, einen nicht ihrer Begabung entsprechenden Schulabschluss zu erreichen. Der Grund hierfür ist die systematische Benachteiligung der Bewertung ihrer schulischen Leistungsfähigkeit aufgrund der Lese- und Rechtschreibstörung.

> Der schulrechtliche Rahmen zur Leistungsfeststellung und -bewertung ist in allen 16 Bundesländern unterschiedlich. Die meisten Bundesländer räumen keinen Schutz für Jugendliche und junge Erwachsene bis zum Schulabschluss ein, obwohl die Kultusministerkonferenz 2007 in den »Grundsätzen zur Förderung von Schülerinnen und Schülern mit besonderen Schwierigkeiten im Lesen und Rechtschreiben« (www.kmk.org/doc/beschl/304_Legasthenie.pdf) bei mehrjähriger Förderung die Berücksichtigung der Lese- und Rechtschreibschwierigkeit bei Abgangs- und Abschlusszeugnissen empfiehlt.

Anhand von Empfehlungen, Richtlinien und Erlassen haben die Kultusministerien einzelner Bundesländer die Rahmenbedingungen für die Förderung und die schulische Entlastung von Kindern und Jugendlichen mit einer Lese- und Rechtschreibstörung geschaffen.

So kann z. B. in Bayern (www.schulberatung.bayern.de) bei Vorliegen einer Lese- und Rechtschreibstörung ein Zeitzuschlag von bis zu 50 % der regulären Arbeitszeit bei der schriftlichen Leistungsüberprüfung gewährt werden, schriftlich gestellte Aufgaben können mündlich gestellt werden und die Leistungsfeststellung kann mündlich anstatt schriftlich erfolgen (Nachteilsausgleich). Dies gilt auch für die Fremdsprachen. Dort kann die Gewichtung mündlicher und schriftlicher Noten 1 : 1 erfolgen. Ferner sind teilweise technische Hilfsmittel (Diktiergerät, Computer, Laptop) bei der Leistungsfeststellung zugelassen. Die Lese- und Rechtschreibleistung darf bei mündlichen und schriftlichen Arbeiten für die Deutschnote nicht berücksichtigt werden. Für die Note in Fremdsprachen gilt eine Gewichtung von mündlicher zu schriftlicher Leistung von 1 : 1. Für alle anderen Fächer darf für die Bewertung der schriftlichen Leistungen die Rechtschreibleistung nicht in die Bewertung eingehen. Im Schulabschlusszeugnis wird jedoch nur in der Deutschnote die Rechtschreibleistung nicht bewertet.

Diese Regelungen gelten in Bayern bis zum Schulabschluss und schließen auch die Fachoberschulen mit ein. Allerdings werden Regelungen durch Bekanntmachung immer wieder verändert, sodass generell durch Nachfrage bei den zuständigen Kultusministerien zu klären ist, welche Regelungen aktuell zur Anwendung kommen.

Brandenburg hat eine weniger klare Regelung (die Entscheidungen über Nachteilsausgleich und Notenschutz sind nicht so deutlich formuliert und liegen überwiegend im Ermessen der Lehrkräfte), diese gilt aber auch in der Sekundarstufe I und II. In Hessen und Bremen ist der Nachteilsausgleich eng an die schulische Förderung geknüpft, er beinhaltet aber auch die Berücksichtigung der Schwierigkeiten im Rechnen. In Mecklenburg-Vorpommern, Schleswig-Holstein, Nordrhein-Westfalen und im Saarland ist der Nachteilsausgleich im Wesentlichen in der Grundschule vorgesehen, in Ausnahmefällen und bei Förderung kann er nach Einzelfallprüfung bis zur Klasse 10 gewährt werden. In Sachsen und Sachsen-Anhalt gilt die Verwaltungsvorschrift nur für die Sekundarstufe I. Als einziges Bundesland wird der Nachteilsausgleich in Sachsen auch in beruflichen Schulen gewährt. Baden-Württemberg, Hamburg, Thüringen und Berlin haben zurzeit keine Regelungen für die weiterführenden Schulen.

Diese Übersicht verdeutlicht, dass nur in wenigen Bundesländern das Vorliegen einer Lese- und Rechtschreibstörung in der schulischen Förderung und vor allem in der Leistungsbewertung in den höheren Jahrgängen berücksichtigt wird.

38.5.3 Berufsberatung und sozialrechtliche Aspekte

Die Berücksichtigung der Lese- und Rechtschreibstörung in der Berufsausbildung und im Studium ist grundsätzlich nicht geregelt. Bisher liegen Einzelfallentscheidungen vor, die im Wesentlichen Formen des Nachteilsausgleichs bei Prüfungen betreffen. So gelang es einem Jura-Studenten durch Klagen beim Verfassungsgericht und Verfassungsgerichtshof Kassel, sowohl im ersten als auch im zweiten juristischen Staatsexamen eine Zeitverlängerung von einer bzw. zwei Stunden pro Klausur zu erhalten (Az.: 8TG 3292/05). Grundlage war ein amtsärztliches Zeugnis über die Vorlage der Lese- und Rechtschreibstörung. Auch bei der Ärztlichen Vorprüfung gelang es beim Oberverwaltungsgericht Schleswig-Holstein, eine Verlängerung der Bearbeitungszeit zu erreichen.

In der Schweiz gibt es die Möglichkeit, an den Berufsfachschulen durch Stellung eines Gesuchs Unterstützung und Förderung bei Legasthenie zu erhalten und die Berücksichtigung der Legasthenie bei der Lehrabschlussprüfung zu erreichen. Die Regelung beruht auf dem Bundesgesetz vom 13. Dezember 2002 über die Berufsbildung (BBG) in den Artikeln 3 Abs. c, 7, 18 und 22 Abs. 4 sowie in der Verordnung vom 19. November 2003 über die Berufsbildung (BBV) in den Artikeln 20 und 35 Abs. 3.

Ein weiterer Weg, einer sozialrechtlichen Benachteiligung entgegenzutreten, ist die Feststellung des Vorliegens einer Behinderung. Zu dieser Frage liegt ein Gutachten von Frau Prof. Dr. Langenfeld vor, das zu dem Schluss kommt, dass Legasthenie eine Behinderung i. S. d. Art. 3 Abs. 3 Satz 2 Grundgesetz ist. Sie führt in dem Gutachten aus, dass es sich »… bei der Legasthenie [nicht] um einen nur vorübergehenden, sondern die Entwicklung der Betroffenen bis ins Erwachsenenalter prägenden regelwidrigen Zustand in Form einer neurobiologischen Hirnfunktionsstörung [handelt], die zu einer Beeinträchtigung bei der Verarbeitung auditiver und visueller Informationen führt und sich in ganz erheblicher Weise auf die Chancen der Betroffenen auswirkt, an den allgemeine Bildungs- und Lebenschancen in der Gesellschaft teilzuhaben …« (Prof. Dr. Langenfeld, Chancengleichheit herstellen – Diskriminierung vermeiden 2006; www.legasthenie.net).

Ferner liegen mehrere Urteile vor, die bestätigen, dass Legasthenie eine Behinderung in den technischen Fertigkeiten des Schreibens und des Lesens und keine Beeinträchtigung der intellektuellen, z. B. in schulischen Prüfungen abgefragten Fähigkeiten ist (Verwaltungsgerichtshof Baden-Württemberg, Beschluss vom 19.9.2000 – 9 S 1607/00; Schleswig-Holsteinisches Oberverwaltungsgericht, Beschluss vom 19.8.2002 – M 41/02; Hessischer Verwaltungsgerichtshof, Beschluss vom 27.12.2005 – 8 TG 3292/05; Verwaltungsgericht Kassel, Beschluss vom 23.3.2006 – 3 G 419/06).

Durch Stellung des Antrags beim zuständigen Versorgungsamt und eine ärztliche Stellungnahme, die vorliegende Befunde mit einbezieht, wird der Grad der Behinderung festgestellt. Dieser liegt, in Abhängigkeit des Vorliegens von komorbiden Störungen, zwischen 20–40 %, in Einzelfällen liegt auch eine Schwerbehinderung von. Die Feststellung der Behinderung kann sich sowohl für die Schulzeit als auch für die Berufsausbildung positiv auswirken.

38.6 Fazit und Ausblick

Die Lese- und Rechtschreibstörung verläuft trotz Förderung und Hilfen meist chronisch. Neben der im Erwachsenenalter beeinträchtigten Lesegeschwindigkeit stehen besondere Schwierigkeiten in der Rechtschreibung im Vordergrund. Hierdurch entstehen mitunter erheblichen Belastungen in der Ausbildung, der Berufsausübung und im alltäglichen Leben. Durch die Störung ist der Zugang zu einer Reihe von Ausbildungen beeinträchtigt. Durch psychosoziale Belastungen, die über mehrere Jahre entstehen und häufig früh beginnen, ist die psychische Entwicklung der Betroffenen meist beeinträchtigt. Neben psychosomatischen Symptomen wie Kopf- und Bauchschmerzen treten gehäuft depressive Symptome auf. Delinquentes Verhalten als Folge der Lese- und Rechtschreibstörung wird kontrovers diskutiert.

Durch die Entwicklung von Lese- und Rechtschreibtests ist die Diagnostik einer Lese- und Rechtschreibstörung im Erwachsenenalter möglich geworden. Demgegenüber steht das gänzliche Fehlen von Förderkonzepten und -programmen für diese Altersgruppe.

Eine Lese- und Rechtschreibstörung führt trotz Aufklärung über dieses Störungsbild heute immer noch zur Diskriminierung. Viele Jugendliche und Erwachsene werden als nur gering begabt, meist als wenig motiviert und nicht belastbar eingeschätzt. Dass jedoch gerade diese Gruppe auch besondere Fähigkeiten hat, wird selten erkannt. Für die betroffenen Jugendlichen und ihre Familien ist es meist ein jahrelanger Kampf mit den Schulen, die Anerkennung der Lese- und Rechtschreibstörung und die damit verbundene Förderung zu erreichen.

Da die Lese- und Rechtschreibstörung nicht als eine Erkrankung und die Behandlung nicht als eine Leistung gemäß Heilmittelverordnung in Deutschland anerkannt ist, beruht die Hilfe und Förderung auf der Schule, den außerschulischen Förderangeboten und dem Elternhaus. In den weiterführenden Schulen, insbesondere im Gymnasium, wird die Lese- und Rechtschreibstörung häufig weder er- noch anerkannt. Schulische Förderung findet in der Sekundarstufe I kaum und in der Sekundarstufe II in Deutschland praktisch nicht statt. Die Betroffenen sind auf sich selbst angewiesen und suchen nach Hilfen. Es bietet sich ein unübersichtlicher Markt von privaten Anbietern, deren Therapieversprechen weit über das hinausgehen, das in einer empfehlenswerten, lerntheoretisch fundierten Lese- und Rechtschreibstörung-Förderung erreicht werden kann. Neben Angeboten zur auditiven Wahrnehmung sind insbesondere Therapien zur Verbesserung der Augenbewegungen recht populär. Jedoch fehlt gerade für diese, meist auch recht kostspieligen Hilfen jeglicher Nachweis von Wirksamkeit. Hier besteht dringender Handlungsbedarf der Aufklärung, der Schaffung von qualifizierter Förderung, vor allem in den Schulen. Eine wichtige Arbeit leistet der Bundesverband Dyskalkulie und Legasthenie e. V. (BVL; www.legasthenie.net), der als Eltern- und Betroffenenverband über ein umfangreiches Beratungsangebot verfügt. Neben diesem Angebot fördert der BVL junge Erwachsene in ihrer Persönlichkeitsentwicklung in Summer Camps und bietet Unterstützung z. B. im Erlernen von Englisch in einzelnen Kursen. Durch die Entwicklung einer Zertifizierung der Ausbildung für Dyslexie-Therapeuten ist es dem BVL gelungen, Eltern und Betroffenen Hilfen anzubieten, anhand derer die Qualität der Ausbildung der einzelnen Therapeuten beurteilt werden kann.

Literatur

Adams JW, Snowling MJ, Hennessy SM, Kind P. Problems of behavior, reading and arithmetic: assessments of comorbidity using the Strengths and Difficulties Questionnaire. Br J Educ Psychol 1999; 69: 571–85.

Aster M v, Neubauer A, Horn R. Wechsler-Intelligenztest für Erwachsene. Göttingen: Hogrefe 2006.

Auer M, Gruber G, Mayringer H, Wimmer H. Salzburger Lese-Screening für die Klassenstufen 5–8 (SLS 5–8). Göttingen: Hogrefe 2005.

Baker SF, Ireland JL. The link between dyslexic traits, executive functioning, impulsivity and social self-esteem among an offender and non-offender sample. Int J Law Psychiatry 2007; 30: 492–503.

Barkley RA, Murphy KR, Fischer M. ADHD in adults. What the science says. New York: Guilford 2008.

Boetsch EA, Green PA, Pennington BF. Psychosocial correlates of dyslexia across the life span. Dev Psychopathol 1996; 8: 539–62.

Bone RB, Cirino P, Morris RD, Morris MK. Reading and phonological awareness in reading-disabled adults. Dev Neuropsychol 2002; 21: 306–20.

Brähler E, Holling H, Leutner D, Petermann F (Hrsg). Brickenkamp Handbuch psychologischer und pädagogischer Tests. Band 1. Göttingen: Hogrefe 2002.

Bruck M. The adult outcomes of children with learning disabilities. Ann Dyslexia 1987; 37: 252–63.

Bruck M. Word recognition skills of adults with childhood diagnoses of dyslexia. Dev Psychol 1990; 26: 439–54.

Bruck M. Persistence of dyslexics' phonological awareness deficits. Dev Psychol 1992; 28: 874–86.

Bruck M. The adult functioning of children with specific learning disabilities: a follow-up study. In: Siegel I (ed). Advances in Applied Developmental Psychology. Norwood, N.J.: Ablex 1995; 91–129.

Bulheller S, Ibrahimovic N, Häcker HO. Rechtschreibtest – Neue Rechtschreibregelung. Göttingen: Hogrefe 2005.

Casey R, Levy SE, Brown K, Brooks-Gunn J. Impaired emotional health in children with mild reading disability. J Dev Behav Pediatr 1992; 13: 256–60.

Cronin V, Carver P. Phonological sensitivity, rapid naming, and beginning reading. Appl Psycholinguist 1998; 19: 441–60.

Deimel W, Ziegler A, Schulte-Körne G. Modell Schriftsrach-Moderatoren. Zwischenbericht der wissenschaftlichen Begleitung. 2004. www.kjp.med.uni-muenchen.de/download/MSM-Zwischenbericht.pdf.

Démonet JF, Taylor MJ, Chaix Y. Developmental dyslexia. Lancet 2004; 363: 1451–60.

Dilling H, Mombour W, Schmidt, MH. Internationale Klassifikation psychischer Störungen. ICD-10 Kapitel V (F). Klinisch-diagnostische Leitlinien. Bern: Huber 2004.

Esser G, Schmidt MH. Die langfristige Entwicklung von Kindern mit Lese-Rechtschreibschwäche. Z Klin Psychol 1993; 22: 100–16.

Esser G, Wyschkon A, Schmidt MH. Was wird aus Achtjährigen mit einer Lese- und Rechtschreibstörung. Z Klin Psychol Psychother 2002; 31: 235–42.

Fawcett AJ. The International Adult Literacy Survey in Britain: impact on policy and practice. Dyslexia 2003; 9: 99–121.

Finucci JM, Gottfredson LS, Childs B. A follow-up study of dyslexic boys. Ann Dyslexia 1985; 35: 117–36.

Franke GH. SCL-90-R. Die Symptom-Checkliste von Derogatis. Göttingen: Beltz 2002.

Frauenheim JG, Heckerl JR. A longitudinal study of psychological and achievement test performance in severe dyslexic adults. J Learn Disabil 1983; 16: 339–47.

Gottfredson LS, Finucci JM, Childs B. Explaining the adult careers of dyslexic boys: variations in critical skills for high-level jobs. J Vocat Behav 1984; 24: 355–73.

Grigg W, Donahue P, Dion G. The Nation's Report Card: 12th-Grade Reading and Mathematics 2005. Natl Cent Educ Stat, U.S. Dept. Educ. Washington, DC: U.S. Gov 2007.

Haffner J, Zerahn-Hartung C, Pfuller U, Parzer P, Strehlow U, Resch F. Auswirkungen und Bedeutung spezifischer Rechtschreibprobleme bei jungen Erwachsenen – empirische Befunde in einer epidemiologischen Stichprobe. Z Kinder Jugendpsychiatr Psychother 1998; 26: 124–35.

Kersting M, Althoff K. RT Rechtschreibungstest. Göttingen: Hogrefe 2004.

Klicpera C, Gasteiger-Klicpera B, Schabmann A. Lesen und Schreiben. Entwicklung und Schwierigkeiten. Bern: Huber 1993.

Komnick R. Integrative Legastheneitherapie an der Jugenddorf-Christophorusschule. In: Naegele IM, Valtin R (Hrsg). LRS-Legasthenie in den Klassen 1–10. Weinheim: Beltz 2000; 122–8.

LaBuda MC, DeFries JC. Differential prognosis of reading disabled children as a function of gender, socioeconomic status, IQ, and severity: a longitudinal study. Reading and Writing 1989; 1: 25–36.

Liepmann D, Beauducel A, Brocke B, Amthauer R. Intelligenz-Struktur-Test 2000 R. Göttingen: Hogrefe 2007.

Livingston R. Psychiatric comorbidity with reading disability: A clinical study. In: Gadow KD (ed). Advances in learning and behavioral disabilities: A research annual. Greenwich, CT: JAI Press 1990; 6: 143–55.

Manis FR, Doi LM, Bhadha B. Naming speed, phonological awareness, and orthographic knowledge in second graders. J Learn Disabil 2000; 33: 325–33.

Maughan B. Annotation: long-term outcomes of developmental reading problems. J Child Psychol Psychiatry 1995; 36: 357–71.

Maughan B, Rowe R, Loeber R, Stouthamer-Loeber M. Reading problems and depressed mood. J Abnorm Child Psychol 2003; 31: 219–29.

McGee R, Williams S, Share DL, Anderson J, Silva, PA. The relationship between specific reading retardation, general reading backwardness and behavioural problems in a large sample of Dunedin boys: A longitudinal study from five to eleven years. J Child Psychol Psychiatry 1986; 27: 597–610.

Michelsson K, Byring R, Björkgren P. Ten year follow-up of adolescent dyslexics. J Adolesc Health Care 1985; 6: 31–4.

Miller CJ, Miller SR, Bloom JS, Jones L, Lindstrom W, Craggs J, Garcia-Barrera M, Semrud-Clikeman M, Gilger JW, Hynd GW. Testing the double-deficit hypothesis in an adult sample. Ann Dyslexia 2006; 56: 83–102.

Naylor CE, Felton RH, Wood FB. Adult outcome in developmental dyslexia. Perspectives on Dyslexia 1990; 215–27.

Perie M, Grigg W, Donahue P (eds). National Assessment of Educational Progress. The Nation's Report Card: Reading. Washington, DC: U.S. Gov. Print. Off. 2005.

Rawson MB. Developmental Language Disability: Adult Accomplishments of Dyslexic Boys. Baltimore: John Hopkins Press 1968.

Riddick B, Sterling C, Farmer M, Morgan S. Self-esteem and anxiety in the educational histories of adult dyslexic students. Dyslexia 1999; 5: 227–48.

Schiefele U, Artelt C, Stanat P, Schneider W (Hrsg). Entwicklung und Förderung von Lesekompetenz – vertiefende Analysen im Rahmen von PISA. Wiesbaden: Verlag für Sozialwissenschaften 2004.

Schlagmüller M, Schneider W. Würzburger Lesestrategie-Wissenstest für die Klassen 7–12 (WLST 7–12). Göttingen: Hogrefe 2007.

Schneider S, Markgraf J. DIPS – Diagnostisches Interview bei psychischen Störungen. Berlin: Springer 2005.

Schneider W, Schlagmüller M, Ennemoser M. Lesegeschwindigkeits- und verständnistest für die Klassenstufen 6–12 (LVGT 6–12). Göttingen: Hogrefe 2007.

Schulte-Körne G. Lese-Rechtschreibstörung und Sprachwahrnehmung Psychometrische und neurophysiologische Untersuchungen zur Legasthenie. Münster: Waxmann 2001.

Schulte-Körne G. Lerntherapeutisch begründete Therapieverfahren bei der Lese-Rechtschreibstörung. In: Suchodoletz W v (Hrsg). Therapie der Lese-Rechtschreibstörung (LRS). Traditionelle und alternative Behandlungsverfahren im Überblick. Stuttgart: Kohlhammer 2005.

Schulte-Körne G. Lese-Rechtschreibstörung. In: Mattejat F (Hrsg). Das große Lehrbuch der Psychotherapie: Lehrbuch der Psychotherapie, Bd.4: Verhaltenstherapie mit Kindern, Jugendlichen und ihren Familien. München: CIP 2006.

Schulte-Körne G. Genetik der Lese-Rechtschreibstörung. Monatsschr Kinderheilkd 2007; 155: 328-36.

Schulte-Körne G, Mathwig F. Das Marburger Rechtschreibtraining. Bochum: Winkler 2007.

Schulte-Körne G, Deimel W, Remschmidt H. Die Bedeutung von phonologischer Rekodierfähigkeit und orthographischem Wissen für die Rechtschreibfähigkeit Erwachsener. Z Klin Psychol 1997; 26: 210-7.

Schulte-Körne G, Bartling J, Deimel W, Remschmidt H. Speech perception deficit in dyslexic adults as measured by mismatch negativity (MMN). Int J Psychophysiol 2001; 40: 77-87.

Schulte-Körne G, Deimel W, Remschmidt H. Nachuntersuchung einer Stichprobe von lese- und rechtschreibgestörten Kindern im Erwachsenenalter. Z Kinder Jugendpsychiatr Psychother 2003; 31: 267-76.

Schulte-Körne G, Warnke A, Remschmidt H. Zur Genetik der Lese-Rechtschreibschwäche. Z Kinder Jugendpsychiatr Psychother 2006; 34: 435-44.

Sénéchal M, LeFevre JA, Thomas E, Daley K. Differential effects of home literacy experiences on the development of oral and written language. Reading Research 1998; 32: 96-116.

Shaywitz SE, Fletcher JM, Holohan JM, Shneider AE, Marchione KE, Stuebing KK, Francis DJ, Pugh KR, Shaywitz BA. Persistence of Dyslexia: The Connecticut Longitudinal Study at Adolescence. Pediatrics 1999; 104: 1351-9.

Spreen O. Prognosis of learning disabilities. J Consult Clin Psychol 1988; 56: 836-42.

Stevenson J, Fredman G. The social environmental correlates of reading ability. J Child Psychol Psychiatry 1990; 31: 681-98.

Stieglitz RD, Volz HP. Komorbidität bei psychischen Störungen. Bremen: UniMed 2007.

Strehlow U. Katamnestic studies on dyslexia. Acta Paedopsychiatr 1994; 56: 219-28.

Strehlow U, Kluge R, Möller H, Haffner J. Der langfristige Verlauf der Legasthenie über die Schulzeit hinaus: Katamnesen aus einer Kinderpsychiatrischen Ambulanz. Z Kinder Jugendpsychiatr 1992; 20: 254-65.

Svensson I, Jacobson C. How persistent are phonological difficulties? A longitudinal study of reading retarded children. Dyslexia 2006; 12: 3-20.

Torgesen J, Myers D, Schirm A, Stuart E, Vartivarian S (eds). National Assessment of Title I Interim Report to Congress: Volume II: Closing the Reading Gap, First Year Findings from a Randomized Trial of Four Reading Interventions for Striving Readers. Washington, DC: U. S. Department of Education, Institute of Education Sciences 2006.

Trzesniewski KH, Moffitt TE, Caspi A, Taylor A, Maughan B. Revisiting the association between reading achievement and antisocial behavior: new evidence of an environmental explanation from a twin study. Child Dev 2006; 77: 72-88.

Vellutino FR, Fletcher JM, Snowling MJ, Scanlon DM. Specific reading disability (dyslexia): what have we learned in the past four decades? J Child Psychol Psychiatry 2004; 45: 2-40.

Wender PH. Attention-deficit hyperactivity disorder in adults. New York: Oxford University Press 1995.

Wilson AM, Lesaux NK. Persistence of phonological processing deficits in college students with dyslexia who have age-appropriate reading skills. J Learn Disabil 2001; 34: 394-400.

Wolf M, Bowers PG. The double-deficit hypothesis for the developmental dyslexias. J Educ Psychol 1999; 91: 415-38.

39 Tiefgreifende Entwicklungsstörungen

Fritz Poustka

Inhalt

39.1	Definition und Klassifikation	488
39.2	Epidemiologie und Prävalenz	489
39.3	Symptomentwicklung und Komorbidität	489
39.4	Ätiologie und Pathogenese	490
39.5	Diagnostik und Differenzialdiagnosen	493
39.6	Therapie	496
39.7	Prognose und Autismus im Erwachsenenalter	499
Literatur		500

Zusammenfassung

Tiefgreifende Entwicklungsstörungen sind eine Gruppe nicht seltener Störungen. Sie bleiben lebenslang bestehen und führen zu einer schwerwiegenden Kontaktstörung seit der frühen Kindheit. Ihre Ursachen sind offenbar genetisch, wobei auch eine große Anzahl von Neumutationen im Genom des Betroffenen dazu beiträgt. Die Behandlung tiefgreifender Entwicklungsstörungen reicht von Frühförderungen bis zu umfassenden Eingliederungshilfen vom Vorschul- bis zum Berufsalter. Mithilfe geeigneter, oft kombinierter Methoden gelingt es in der Adoleszenz und im jungen Erwachsenenalter, die relative Verselbstständigung und damit eine nicht unbedeutende Lebensqualität für viele Betroffene zu erreichen, die seit einer Generation deutlich verbessert werden kann. Im folgenden Kapitel wird ausschließlich auf die autistischen Störungen eingegangen.

39.1 Definition und Klassifikation

Laut ICD-10-GM (F84; Version 2008) sind tiefgreifende Entwicklungsstörungen wie folgt umschrieben:

> Diese Gruppe von Störungen ist gekennzeichnet durch qualitative Abweichungen in den wechselseitigen sozialen Interaktionen und Kommunikationsmustern und durch ein eingeschränktes, stereotypes, sich wiederholendes Repertoire von Interessen und Aktivitäten. Diese qualitativen Auffälligkeiten sind in allen Situationen ein grundlegendes Funktionsmerkmal des betroffenen Kindes.

Der amerikanische Kinderpsychiater Leo Kanner beschrieb 1943 elf Kinder mit autistischen Störungen des affektiven Kontakts. Diese erste Beschreibung beeinflusste die Weiterentwicklung der Klassifikation nachhaltig, weil er die Krankheit als einen grundlegenden Mangel an sozialem Engagement charakterisierte, der schon früh nach der Geburt zu erkennen ist. Weiterhin beschrieb er, dass in der frühen Kindheit eine Reihe von Kommunikationsproblemen zu erkennen sind und die Betroffenen auf die belebte Umgebung ungewöhnlich reagierten: nämlich kaum auf das Erscheinen und die Trennung von den Eltern, aber verstört auf die Änderungen z. B. der Einrichtung der Räume. Auch zeigten sie Eigentümlichkeiten der Sprache mit verlängerter Echolalie, vertauschten Pronomina, einer monotonen Prosodie und drei der elf Kinder waren stumm.

Wie seine Beschreibungen blieben auch einige seiner frühen irrigen Annahmen sehr langlebig erhalten, beispielsweise dass die von ihm beschriebenen Kinder wahrscheinlich ein gutes intellektuelles Potenzial hätten, dieses aber nicht verwenden könnten. Außerdem spekulierte er, dass die Eltern-Kind-Beziehung gestört sei. Von dieser letztgenannten Aussage distanzierte er sich zwar, von der ersten führt aber ein direkter Weg zur Propagierung der gestützten Kommunikation. Die vielen fruchtlosen Bemühungen, mithilfe der gestützten Kommunikation autistischen Kindern intellektuelle Äußerungen zu entlocken (bis hin zu fremdsprachlichen Kenntnissen), waren die oft bizarren Folgen solcher Anstrengungen.

Auch eine weitere Mutmaßung, dass keine andere organische Krankheit mit der autistischen Störung verbunden sei, erwies sich später als nicht richtig. Insbesondere die Häufigkeit von epileptischen Anfällen in etwa 25 % der Fälle, die während Adoleszenz oder dem frühen Erwachsenenalter auftreten, steht im Gegensatz dazu. Allerdings wissen wir heute auch, dass diese Anfälle nicht mit der Schwere der Ausprägung der autistischen Störung zusammenhängen, sondern vielmehr mit dem Ausmaß der intellektuellen Behinderung und dem Mangel an sprachlichen Äußerungen.

Bis in die 1980er Jahre blieben Kanners Beschreibungen immer eher mit dem Ausmaß einer geistigen Behinderung verbunden. Erst mit der Publikation zum Asperger-Syndrom durch Wing (1981) setzte sich relativ schnell die Erkenntnis durch, dass es weit mehr Kinder und Adoleszente mit einer autistischen Störung jenseits einer geistigen Behinderung gibt. Mithilfe verbesserter Klassifikationssysteme war man nun in der Lage, bei wesentlich mehr Geburtsjahrgängen unterschiedlichen Alters eine autistische Störung zu diagnostizieren. Gleichzeitig ging das Ausmaß der begleitenden mentalen Rekrutierung von früher drei Viertel der Fälle bis 50% in einigen epidemiologischen Untersuchungen bis auf 30% der Fälle zurück. Es handelt sich also nicht um eine echte Vermehrung der Häufung von autistischen Störungen, sondern um das Erkennen solcher Störungen bei relativ gut entwickelter Sprache, intellektueller Leistungsfähigkeit bis hin zur normalen Intelligenz und darüber.

Bei genauer Betrachtung der vier Kinder in Aspergers Erstbeschreibung von 1944 unterscheiden sich allerdings die Fälle kaum von jenen Kanners, außer dass sie keinen Sprachrückstand in ihrer Entwicklung erlitten hatten (Asperger 1944). Wie dies Asperger schon in seiner Erstveröffentlichung angenommen hatte, fallen die von ihm beschriebenen Kinder später auf als die von Kanner beschriebenen, obwohl sie nach heutigen Erkenntnissen autistische Eigentümlichkeiten ebenfalls bereits in den ersten drei Lebensjahren zeigten.

39.2 Epidemiologie und Prävalenz

In einer Übersicht von Fombonne (2005) werden folgende Häufigkeitsdaten (jeweils pro 10 000 der Kinderbevölkerung) angegeben:
- autistische Störungen: 13,0
- Asperger-Syndrom: 2,6
- tiefgreifende Entwicklungsstörung, nicht näher bezeichnet: 20,8
- desintegrative Psychose: 0,2
- alle autistischen Störungen: 36,6

In zwei Bevölkerungsuntersuchungen an unterschiedlichen Geburtskohorten (gleiches Alter, gleiche Region) in Mittelengland haben Chakrabarti und Fombonne (2001) Prävalenzraten unter Vorschulkindern (Alter: 3–5 Jahre) unter allen autistischen Störungen von 0,6% angegeben, wobei zwei Untersuchungen verschiedener Geburtsjahrgänge (1992–1995 bzw. 1996–1998) praktisch identische Häufigkeiten zeigen. Dies verdeutlicht, dass bei verschiedenen Messungen an unterschiedlichen Populationen von Kindern (beide im Alter von 3 bis 5 Jahren, untersucht in derselben Region und unter Verwendung derselben Messinstrumente) die gleichen Prävalenzdaten aufgefunden wurden. Dies würde, wie die Autoren betonen, bei konservativer Schätzung für die Bevölkerung der USA bis zum Alter von 20 Jahren 284 000 Betroffene erwarten lassen (35/10 000), die wahrscheinlichere Häufigkeit liegt bei 486 000 (60/10 000).

Die 2006 veröffentlichte Studie von Baird et al. gab in einer ebenfalls sehr sorgfältigen Untersuchung mit vergleichbaren Erhebungsinstrumenten eine Prävalenz von 1% bei Autismus-Spektrum-Störungen (ASS; ein geringfügig breiterer Phänotyp) an (Baird et al. 2006).

Die Debatte, warum es zu einer derartigen Prävalenzsteigerung in den letzten 25 Jahren von 4–5/10 000 bis zu 1% gekommen ist, lässt sich mit zwei Feststellungen beantworten: Zum einen ist der Kenntnisstand durch die jetzt verfügbaren Untersuchungsinstrumente unter Schlüsselpersonen gewachsen, zum anderen ist die sichere Klassifikation gut geeignet, um autistische Störungen auch ohne begleitendes Handicap einer geistigen Behinderung präziser zu erfassen.

Wie schon eingangs beschrieben, hat der Einfluss der Schriften Aspergers erst in den 1980er Jahren dazu geführt, gut Begabte mit Autismus-Spektrum-Störungen aufzufinden. Zuvor waren in den Angaben zur Prävalenz etwa drei Viertel der Betroffenen auch als geistig behindert beschrieben worden, nun sind es in neueren epidemiologischen Untersuchungen etwa 25–50%.

Andere Erklärungsmodelle, wie beispielsweise eine Erhöhung der Prävalenz durch Impfung mit quecksilberhaltigen Impfstoffen gegen Röteln, Mumps und Masern, konnten in mehreren epidemiologischen Studien im Vergleich vor und nach Einführung dieses Impfstoffs nicht bestätigt werden (Poustka et al. 2008).

39.3 Symptomentwicklung und Komorbidität

Komorbide Störungen sind beim Autismus häufig. Das gilt für die komorbide **Epilepsie** (in 20–30% der Fälle; Volkmar u. Nelson 1990) wie für die **geistige Behinderung**. Im letzteren Fall sind Mädchen eher betroffen, während Jungen etwa 10-mal häufiger bei den intellektuell besser ausgestatteten Fähigkeiten (Asperger-Syndrom) vorkommen (im Durchschnitt 3- bis 4-mal häufigere Knabenwendigkeit). Die Ursachen für diese Geschlechterunterschiede sind unklar. Denkbar ist eine größere Widerstandsfähigkeit und eine höhere Soziabilität des weiblichen Geschlechts gegen milde genetische Belastungen (Baron-Cohen et al. 2006). Die Wahrscheinlichkeit einer differenzialdiagnostisch autistischen Phänokopie unterliegenden Erkrankung ist bei den autistischen Probanden bei einer intellektuellen Leistungsfähigkeit gering (ca. 10%; Rutter et al. 1994), sie kann aber auf bis zu 90% bei einer schweren geistigen Behinderung ansteigen, insbesondere bei einem fragilen X-Syndrom, aber auch bei der tuberösen Hirnsklerose und anderen neurologischen Erkrankungen (Gillberg u. Coleman 2000).

In unseren eigenen (nicht bevölkerungsgestützten) Erhebungen mit mehr als 600 Patienten mit autistischen Störungen war die häufigste Komorbidität eine **hyperkinetische Aufmerksam-**

keitsstörung in 44% der Fälle. Im Gegensatz dazu zeigten Simonoff et al. (2008) in einer kontrollierten Studie, dass nach einer Sozialphobie (in 29% der Fälle) **Aufmerksamkeitsdefizit-Hyperaktivitätsstörungen (ADHS)** mit 28% (und etwa gleich mit oppositioneller Störung) weniger häufig vorkamen. Generell kam bei 70% der 10- bis 14-jährigen Probanden mit wenigstens einer Krankheit eine Komorbidität mindestens einmal vor, in 40% waren es zwei oder mehr Erkrankungen.

> Bedeutsam ist, dass Überschneidungen mit einer weiteren Störung (84%) vorlagen, wenn gleichzeitig mit dem Autismus eine ADHS bestand, d.h., dass eine ADHS auch eine erhöhte Ausprägung mehrerer Störungen mitbedingt.

Im **Erwachsenenalter** scheinen psychiatrische Komorbiditäten neu aufzutreten (Hutton et al., 2008). In 16% der Fälle kam es jenseits des Alters von 21 Jahren zum Auftreten von begleitenden Zwangskrankheiten, affektiven Störungen, einer bipolaren Störung, Angstzuständen oder Alkoholproblemen, hingegen nicht zu einer schizophrenen Psychose. Letzteres steht im Gegensatz zu den oft schwierig abzugrenzenden schizoiden Persönlichkeitsstörungen.

39.4 Ätiologie und Pathogenese

39.4.1 Genetik und Neurobiologie

Autismus ist eine nicht seltene und genetisch heterogene Krankheit mit einer Heritabilität von über 90%. Das zeigen Untersuchungen zur formalen Genetik an Zwillingen, betroffenen Geschwistern und in Familien. Eineiige Zwillinge zeigen im Gegensatz zu zweieiigen Zwillingen die höchsten Konkordanzen für das Auftreten von autistischen Störungen (8- bis 9-fach höher, je nach Schweregrad; Le Couteur et al. 1996). Das Risiko für Geschwister, an Autismus zu erkranken, ist im Vergleich zur Allgemeinbevölkerung um das etwa 50-fache erhöht (Bolton et al. 1994), Geschwister sind etwa bis zu 15% betroffen (Sutcliffe 2008). Diese Befunde weisen auf eine sehr hohe Erblichkeit hin, die einen Einfluss aus der Umwelt vergleichsweise gering erscheinen lässt.

Aber schon der Umstand, dass zweitgradige Verwandte kein erhöhtes Risiko gegenüber der Prävalenz in der Bevölkerung zeigen, an Autismus zu erkranken, bedeutet, dass mehrere Gene, die zusammenwirken müssen, an der Erkrankung ursächlich beteiligt sind. Dabei hat offensichtlich ein Gen nur einen verhältnismäßig kleinen Effekt und es könnten bis zu 15 Gene oder mehr beteiligt sein (Risch et al. 1999). In einer verdünnten, klinisch nicht relevanten Form können autistische Phänomene auch bei erstgradigen Verwandten vorkommen und als milde Abweichungen im neuropsychologischen Sinn erfassbar sein (Bailey et al. 1998; Baron-Cohen u. Hammer 1997; Happé et al. 2001; Hughes et al. 1997). Bezogen auf deutliche Störungen fehlt jedoch ein Hinweis auf vertikale, familiäre Stammbäume.

> Eine familiäre „Belastung" auch Erwachsener in Familien mit einem zweiten oder mehreren Kindern mit Autismus (sog. Multiinzidenzfamilien) ist zweifelhaft.

Die Erkenntnisse der formalen genetischen Untersuchungen bilden die Basis molekulargenetischer Untersuchungen für das Auffinden von Kandidatengenen, Kopplungsuntersuchungen, Assoziationsstudien und das Screening ganzer Genome, wobei allerdings – wie bei anderen psychiatrischen Erkrankungen – keine biologischen Marker zur Verfügung stehen, sondern nur die psychopathologische Einschätzung als Korrelat mit Genommarkern dient.

Untersuchungen von Kandidatengenen wurden wegen der entsprechenden Bedeutung des Serotonins beim Autismus (Poustka 2007) in Genen, die mit dem serotonergen System in Zusammenhang stehen, und auch in anderen Regionen durchgeführt. Untersuchungen in unserer Klinik und in der Abteilung Molekulare Genomanalyse (Deutsches Krebsforschungszentrum, Heidelberg) brachten jedoch keine eindeutigen Ergebnisse (Klauck 2006; Klauck et al. 2006).

In Kopplungs-(Linkage-)Studien wird geprüft, inwieweit bei Geschwistern ein Allel (unterschiedliche Ausgestaltung eines Gens am selben Genort, Mutation) überzufällig häufig gemeinsam vorkommt. Da bei Geschwistern etwa 50% der Gene identisch sind und bei verschiedenen erkrankten Geschwisterpaaren immer andere Gene überlappen, können so in der Art eines „Superhirn"-Spiels bestimmte Genorte eher identifiziert werden (Poustka et al. 2008). Es müssen gut dokumentierte Probanden bzw. Familien mit einem oder mehreren Kindern mit Autismus gefunden werden, die sichere richtig positive Diagnose erhalten haben und die genetischen Materialien zur Verfügung stellen (DNA aus dem Blut).

Die Einbindung der deutschen Arbeitsgruppen in das „International Molecular Genetic Study of Autism Consortium" (IMGSAC) (www.well.ox.ac.uk/maestrin/iat.html) ermöglichte inzwischen, etwa 300 Familien mit betroffenen Geschwisterpaaren zu untersuchen und unter anderem Genomregionen auf Chromosom 2q, 7q, 16p und 17q in Zusammenhang mit Autismus zu identifizieren (Klauck et al. 2007). In verschieden großen *genome screens* (Abb. 39-1) wurden an unterschiedlichen internationalen Patientenkollektiven auf fast allen Chromosomen des menschlichen Genoms positive Kopplungen zu DNA-Markern gefunden, insbesondere in den Regionen der Chromosomen 2, 3, 7, 16 und 17. Inzwischen haben sich alle größeren Kollaborationen weltweit in einem Konsortium zusammengefunden (Autism Genome Project Consortium; http://autismgenome.org). Damit wurde auch

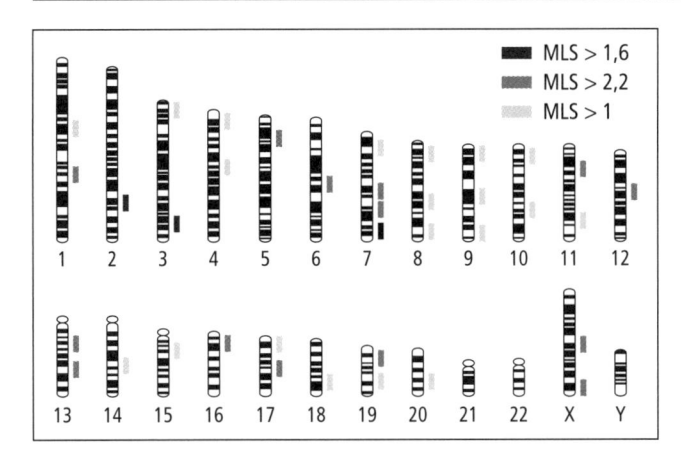

Abb. 39-1 Kopplungsanalysen. Gezeigt werden Regionen am Genom, in denen Gene, die beim Autismus eine Rolle spielen können, aufgefunden werden könnten (nach Klauck et al. 2007).

eine sehr aufwendige Kopplungsuntersuchung an 1 200 Geschwisterpaar-Familien durchgeführt, was zur Identifikation eines weiteren interessanten Genombereichs auf Chromosom 11p12-p13 führte, der ein Gen für ein Glutamattransporter-Protein enthält (Klauck et al. 2006; Poustka et al. 2007). Außerdem wurden gleichzeitig mehr als 200 auffällige *copy number variations* (CNV; kleine Veränderungen an den Chromosomen in Form von Deletionen, Duplikationen, Inversionen oder Translokationen teils als aktive Mutationen) nachgewiesen, die weiter analysiert werden (Autism Genome Project Consortium 2007; Geschwind 2008). In letzter Zeit mehren sich Hinweise, dass viele verschiedene Gendefekte die Synapsen auf unterschiedliche Weise schädigen und dies mit einer Reihe von Genveränderungen, die immer nur in einigen Familien mit an Autismus erkrankten Kindern vorkommen, in Zusammenhang stehen. Auffällig dabei ist auch, dass De-novo-Veränderungen im Genom autistischer Kinder häufig vorkommen, also Spontanmutationen ohne familiäre Belastung (Morrow et al. 2008; Sebat et al. 2007).

39.4.2 Konnektivität

Die Beeinträchtigung der Synapsenbildung steht in Einklang mit der verminderten Konnektivität (verminderte Bahnen als Verbindung bei weiter entfernten Hirnteilen) bei Autismus, wofür verschiedene Bildgebungsverfahren und Post-mortem-Untersuchungen sprechen. Untersuchungen mithilfe bildgebender Verfahren lassen eine Vergrößerung des Kopfumfangs bzw. des Gehirns erkennen, beispielsweise eine sprunghafte Zunahme des Kopfumfangs von normal (oder geringer) auf das 84. Perzentil um das erste Lebensjahr (Courchesne et al. 2003). Das Gehirnwachstum erfolgt wahrscheinlich früher, schneller und substanzieller bei stärker betroffenen Kindern (Courchesne et al. 2001). Zwischen dem zweiten und vierten Lebensjahr kommt es zur stärksten Vergrößerung des Volumens der grauen und weißen Substanz in den frontalen und temporalen Lobuli (Carper et al. 2002). Ab dem fünften bis zum zwölften Lebensjahr ist das Gehirn bei einer autistischen Störung gegenüber normalen Gehirnen nicht mehr vergrößert.

In MRT-Studien (Querschnitt) ist die weiße Substanz im zweiten bis dritten Lebensjahr exzessiv, danach abnormal reduziert; dies zeigt auch eine abnormale und reduzierte zerebral axonale Konnektion (Courchesne et al. 2001). Es wurden sowohl eine Volumenreduktion des Corpus callosum (Hardan et al. 2000; Piven u. Palmer 1999) als auch reduzierte interregionale Verbindungen in PET-Untersuchungen mit reduzierten interregionalen Verbindungen aufgefunden. Dies spricht für eine funktionell beeinträchtigte Interaktion zwischen frontalen und parietalen Regionen und dem Neostriatum und Thalamus, Regionen, die der gerichteten Aufmerksamkeit dienen (Horwitz et al. 1988). Daraus kann auf Zusammenhänge von reduzierter weißer Substanz und reduzierter funktionaler Konnektivität geschlossen werden sowie in der Konsequenz auf eine reduzierte funktionale Integration (Schultz et al. 2000).

Die Hypothese der Störung der Konnektivität im Gehirn von Betroffenen gewinnt bei der Autismus-Spektrum-Störung (ASS) als eine wesentliche Ursache immer mehr Bedeutung. Dies wiederum passt sehr gut zur Annahme einer Störung der Bildung von Synapsen und Dendriten.

Insbesondere im limbischen System (u. a. Hippocampus, Amygdala und Hypothalamus) zeigen molekulargenetische und morphologische Untersuchungen von Patienten mit Autismus, dass es vor allem im Hippocampus zu verminderter Bildung von dendritischen Fortsätzen und damit zu weniger Verschaltungen von Neuronen kommt. Die Basis dafür könnte in der Funktionsstörung von Genen liegen, die an der Synaptogenese von glutamatergen, d. h. erregenden Synapsen beteiligt sind. Dies betrifft Mutationen beim Mutismus in den Neuroligin-Genen NLGN3 und NLGN4X (Jamain et al. 2003), den Verlust des Gens Neurexin 1 (NRXN1) durch *copy number variants* in zwei Familien (vom Autism Genome Project Consortium identifiziert; Klauck et al. 2006) und Mutationen im Gen SHANK3 *(SH3 and multiple ankyrin repeat domain 3)* in drei Familien (Durand et al. 2007). Durch diese Mutationen werden Funktionen bei der Ausbildung von prä- und postsynaptischen Strukturen betroffen, da diese maßgeblich an der Synaptogenese von glutamatergen Synapsen beteiligt sind (Abb. 39-2). Klauck et al. (2006) konnten in zwei Familien mit Autismus zwei unterschiedliche Mutationen im ribosomalen Protein L10 (RPL10) identifizieren, die über eine verminderte Translationsrate die Ausbildung von postsynaptischen Dendritenfortsätzen während der Gehirnentwicklung in bestimmten Arealen beeinträchtigen könnten und so zu verminderten Neuronenverschaltungen führen.

Auch das Fehlen von Verbindungen zu Spiegelneuronen oder dieser selbst bei autistischen Störungen steht damit in Zusam-

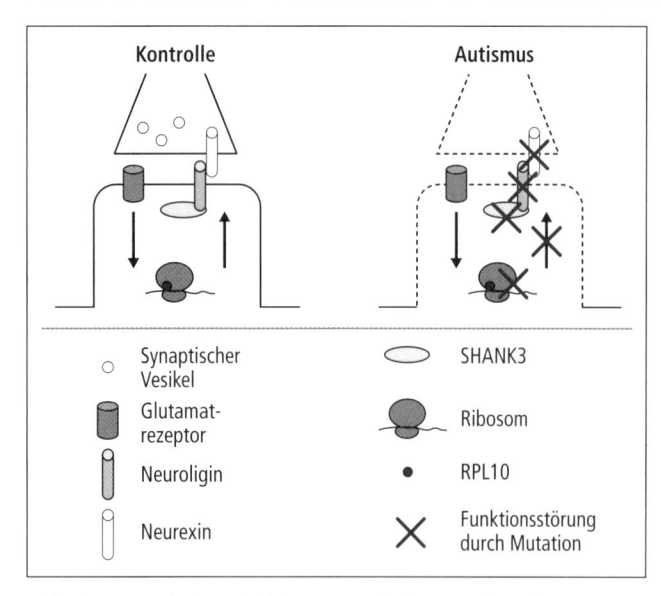

Abb. 39-2 Modell zur Erklärung genetischer Ursachen des Autismus bei der Synaptogenese von glutamatergen Synapsen. Mutationen in den gekennzeichneten Genprodukten wurden jeweils bei wenigen Patienten bzw. Familien mit Autismus gefunden (nach Klauck et al. 2007).

menhang. Fogassi et al. (2005) fanden Spiegelneuronen in der Hirnrinde des unteren Teils im Scheitellappen beim Affen. Experimente zeigen, dass wahrscheinlich Defekte der Spiegelneuronen beim Autismus eine Rolle spielen könnten (Dapretto et al. 2006; Villalobos et al. 2005) und mit der verminderten Fähigkeit einhergehen, verschiedene Handlungen zu antizipieren oder nicht imitieren zu können, auch die Imitationen von Bildern verschiedener fazialer Affekte (Gesichter mit verschiedenen emotionellen Ausdrucksformen). Die Kinder mit Autismus zeigten keine Aktivierung der Spiegelneuronen im Gyrus frontalis inferior (Pars opercularis).

39.4.3 Neuropsychologie und Kommunikation

Neuropsychologischen Konstrukte, die bei autistischen Störungen einigen Erklärungswert erreicht haben, sind die „Theory of mind" (ToM), die exekutiven Funktionen und die Schwäche der zentralen Kohärenz der Intelligenz.

„**Theory of mind**" (**ToM**) ist ein Sammelbegriff für ein weitreichendes Spektrum mentaler Fähigkeiten, die für einen erfolgreichen Ablauf sozialer Interaktionen von Relevanz sind. Es werden hierunter allgemein Kognitionen verstanden, die es einer Person ermöglichen, fremdes und eigenes Verhalten und Erleben (z. B. Absichten, Vorstellungen, Ideen, Gefühle, Gedanken, Wünsche) zu erkennen, zu verstehen, zu erklären, vorherzusagen und zu kommunizieren (Happé u. Frith 1995). Testpsychologische Versuche zur Einschätzung solcher Defizite verwenden Aufgaben, die das Erkennen von Täuschungen (*false-belief-tests*) erster Ordnung (eine fälschliche Annahme über einen Zustand) oder zweiter Ordnung (eine fälschliche Annahme über die Annahme eines anderen) untersuchen und damit die Fähigkeit, sich in die Perspektive eines anderen hineinversetzen zu können. Dabei sind immer wieder Grenzen dieser Testbarkeit gegeben, weil einzelne Aufgaben entweder zu schwierig oder zu einfach aufbereitet werden können. Sie sind deshalb von der Art der sprachlichen Fähigkeiten, vom intellektuellen Leistungsvermögen und dem Entwicklungsstand abhängig und nicht nur für autistische Störungen spezifisch. Sie können aber Aufschluss über den Schweregrad der sozialen Kommunikationsfähigkeit geben (Baron-Cohen et al. 1999). Dabei gewannen insbesondere verschiedene Untersuchungen durch die Forschungsgruppen in Yale (Klin et al. 2000) in Bezug auf die verlangsamten und abirrenden Blickbewegungen Bedeutung für die Störung visueller Systeme beim Autismus.

Exekutive Funktionen werden anhand von Aufgaben getestet, die die Fähigkeit zur Planung, Vorausschau, Flexibilität und Strategie untersuchen (z. B. mithilfe des Wisconsin-Card-Sorting-Tests [WCST] bzw. der „Tower of Hanoi"). Sie leiten sich von den Untersuchungen an Frontalhirnschädigungen ab. Exekutive Funktionen werden von dem Ausmaß an Impulsivität, Ablenkbarkeit und Konzentration beeinflusst. Da eine Überschneidung mit der Aufmerksamkeitsdefizit-Hyperaktivitätsstörung (ADHS) beim Autismus nicht selten ist, bleibt unklar, inwieweit exekutive Funktionen vom Arbeitsgedächtnis abhängig und spezifisch für autistische Störungen sind und ob sie durch einfache Techniken der Darbietung am PC (was autistischen Personen oft wegen der Technikbegeisterung entgegenkommt) deutlich verbessert werden können (Ozonoff 1995; Ozonoff u. Strayer 2001).

Die **Schwäche der zentralen Kohärenz der Intelligenz** meint beim Autismus, dass Details wesentlich genauer erfasst werden als bei Gesunden, die eher globale Zusammenhänge imstande sind zu erkennen (Top-down einer Erfassung von Zusammenhängen). Leichte Beeinträchtigungen in dieser Hinsicht zeigen sich auch bei erstgradigen Verwandten mit Autismus (Briskman et al. 2001). Im Wechsler-Intelligenztest finden sich oft Indikatoren dafür bei autistischen Störungen in Form signifikanter Unterschiede zwischen dem Mosaik-Test bzw. dem Figurenlegen (besser beim Autismus) gegenüber dem Bilderordnen bzw. bei den gut sprechenden autistischen Personen auch beim allgemeinen Verständnis (beeinträchtigt beim Autismus) (Rühl et al. 2001). Norbury und Bishop (2002) untersuchten mithilfe von „The story comprehension task" Geschichten, um das Verständnis von Texten zu prüfen. Es zeigte sich dabei, dass auch gut begabte Personen mit einer autistischen Störung bedeutsame Schwierigkeiten im Gegensatz zur gesunden Kontrollgruppe aufwiesen, obwohl sie den Text gut wiedergeben konnten.

39.5 Diagnostik und Differenzialdiagnosen

Die Kernproblematik autistischer Störungen manifestiert sich durch erhebliche Mängel in der Interaktion und der sozial angemessenen Kommunikation mit anderen. Dadurch kommt es immer wieder zu Schwierigkeiten von Menschen mit Autismus, das Ausdrucksverhalten anderer zu erkennen, sich darauf einzustellen und das eigene Verhalten anderen gegenüber erkennbar zu gestalten. So werden auch Emotionen anderer, vor allem subtiles, durch sprachlichen Ausdruck, Körperhaltung, Mimik, Gestik oder Tonfall vermitteltes Verhalten nach deren sozialer Bedeutung mangelhaft oder kaum erkannt und es gelingt nicht, sich entsprechend darauf einzustellen. Eine angemessene Interaktion mit anderen (Diskussion, Small Talk) ist ebenfalls mangelhaft. Im Einzelnen werden nach den großen Klassifikationssystemen (ICD-10/DSM-IV; Tab. 39-1) folgende drei Störungsbereiche unterschieden:

■ **Qualitative Auffälligkeiten der gegenseitigen sozialen Interaktion:** Dies bezieht sich auf ein gestörtes nonverbales Verhalten (monotone Mimik, Gestik, Tonfall), seltene Blickkontakte und weitere interaktiv normalerweise häufig eingesetzte Verhaltensweisen wie soziales Lächeln, subtiles, interaktionsbe-

Tab. 39-1 Algorithmus der die Diagnose konstituierenden Symptome des Autismus (nach ICD-10, DSM-IV und dem ADI-R; s. auch DGKJP, BKJPP, BAG 2007) nach Symptombereichen und Untergliederungen

A	Auffällige/beeinträchtigte Entwicklung bis einschließlich 36. Lebensmonat
B1	**Qualitative Auffälligkeit der gegenseitigen sozialen Interaktion**
B1a	Unfähigkeit, nichtverbales Verhalten zur Regulation sozialer Interaktionen zu verwenden (Mangel an direktem Blickkontakt, an sozialem Lächeln und eingeschränkte Mimik)
B1b	Unfähigkeit, Beziehungen zu Gleichaltrigen aufzunehmen (keine Phantasiespiele mit Gleichaltrigen/fehlendes Interesse an anderen Kindern/fehlende Reaktion auf die Annäherungsversuche anderer Kinder/Mangel an Gruppenspiel mit Gleichaltrigen oder Freundschaften/Unangemessenheit eines Gesichtsausdrucks/Unangemessenheit sozialer Reaktionen)
B1c	Mangel an sozio-emotionaler Gegenseitigkeit, Unfähigkeit, Beziehungen zu Gleichaltrigen aufzunehmen (keine Phantasiespiele mit Gleichaltrigen/fehlendes Interesse an anderen Kindern/fehlende Reaktion auf die Annäherungsversuche anderer Kinder/Mangel an Gruppenspiel mit Gleichaltrigen oder Freundschaften/Unfähigkeit, jemandem Trost zu spenden/der Körper einer anderen Person wird zur Verständigung benutzt)
B1d	Mangel, Freude mit anderen zu teilen (das Kind zeigt kaum Aufmerksamkeit und nimmt kaum Angebote wahr, etwas mit jemandem zu teilen/teilt keine Bedürfnisse oder Vergnügen mit anderen)
B2	**Qualitative Auffälligkeit der Kommunikation/Sprache**
B2a	Mangel oder Verzögerung der gesprochenen Sprache und fehlende Kompensation durch Gestik, Mimik (das Kind hat Schwierigkeiten, auf etwas zu deuten, um Interesse zu bekunden/zeigt kaum konventionelle, zielgerichtete Gesten, wie Nicken oder Kopfschütteln)
B2b	relative Unfähigkeit, einen sprachlichen Austausch zu beginnen oder aufrechtzuerhalten (kaum soziales Lautieren oder Plappern als Kleinstkind/stark verminderte wechselseitige Konversation)
B2c	stereotype und repetitive Verwendung der Sprache und/oder idiosynkratischer Gebrauch von Worten oder Phrasen (verzögerte Echolalie, stereotype Lautäußerungen/unangemessene Fragen oder Fragestellungen/Pronominalumkehr/Neologismen und bizarre Neubildungen von Ausdrücken)
B2d	Mangel an variierenden spontanen So-tun-als-ob-Spielen oder (bei kleinen Kindern) im sozialen Imitationsspiel (beim Imitieren von Handlungen, phantasievollem Spiel, imitierendem sozialem Spiel)
B3	**Begrenzte, repetitive und stereotype Verhaltensmuster**
B3a	umfassende Beschäftigung mit stereotypen und begrenzten Spezialinteressen (Spezialinteressen/ungewöhnliche und sehr häufige Beschäftigungen)
B3b	offensichtlich zwanghaftes Festhalten an nicht funktionalen Handlungen oder Ritualen (Wortrituale/Zwangshandlungen)
B3c	stereotype und repetitive motorische Manierismen (Hand- und Fingermanierismen)
B3d	vorherrschende Beschäftigung mit Teilobjekten oder nicht funktionalen Elementen von Sachen (repetitiver Gebrauch von Objekten/ungewöhnliche sensorische Interessen)
C	**Das klinische Bild kann nicht durch andere Erkrankungen erklärt werden**

gleitendes Mienenspiel sowie mimischer Ausdruck von Gefühlen. Dementsprechend ist die Beziehung zu Gleichaltrigen stark beeinträchtigt. Kinder mit Autismus zeigen durchgehend kaum Interesse an anderen Kindern und an Phantasiespielen mit Gleichaltrigen, es fehlen weitgehend die Reaktionen auf Annäherungsversuche anderer und sie sind unfähig, Freundschaften einzugehen, leiden aber insbesondere ab der adoleszenten Entwicklung sehr darunter. Die Fähigkeit, Aufmerksamkeit oder Freude mit anderen zu teilen, ist ebenso beeinträchtigt. Schon im Kleinkindalter ist das „soziale Zeigen" dadurch beeinträchtigt, dass sie auf etwas zeigen, ohne sich zu vergewissern, dass z. B. der begleitende Erwachsene dies auch bemerkt und entsprechend reagiert. Insbesondere im Jugend- und Erwachsenenalter fällt es auch gut intellektuell Begabten mit Autismus schwer, sich mit anderen in einem Austausch gemeinsamer Interessen oder und in einem Dialog angemessen zu verhalten. Beispiele dafür sind das Unvermögen, angemessene Kontaktaufnahmen und das Halten von Kontakten zu bewerkstelligen. Auch fällt es schwer, andere Personen zu trösten, bei jungen Kindern fällt auf, dass sie andere Personen mitunter wie Gegenstände benutzen.

■ **Qualitative Auffälligkeiten der Kommunikation (und Sprache):** Auch wenn eine gute Sprachentwicklung erfolgt ist, bestehen deutliche Schwierigkeiten, eine Konversation zu beginnen und aufrechtzuerhalten, die Sprache ist dabei oft repetitiv und stereotyp. Auffällig sind schon früh die Schwierigkeiten zum abwechslungsreichen, imaginären und imitativen oder phantasievollen (Symbol-)Spielen. Etwa ein Drittel der Kinder entwickelt keine oder nur eine unverständliche Sprache, beim reinen Mutismus kommt es zu keiner Kompensation der mangelnden Sprachfähigkeiten durch Mimik oder Gestik. Die Konversation ist gekennzeichnet durch ein stereotypes, repetitives oder idiosynkratisches sprachliches Äußerungsvermögen. Bei erheblichen Sprachentwicklungsverzögerungen kommt es zu neologischen Wortbildungen, es bestehen viel länger als bei normal entwickelten Kindern eine Vertauschung der Personalpronomina und eine verzögerte Echolalie. Ein sprachlicher Austausch im Sinne einer informellen Konversation entwickelt sich auch bei gut Begabten selten und wird ab dem Jugendalter immer auffälliger.

■ **Begrenzte, repetitive und stereotype Verhaltensmuster, Interessen und Aktivitäten:** Charakteristisch ist das abnormale Festhalten an bestimmten Themen, oft als Sonderinteressen oder ausgestanztes Festhalten an einem bestimmten, vorherrschenden Themengebiet (z. B. Wale, Saurier, Planeten, Waschmittel, Gullys) mit einem Haften an nicht funktionalen Routinen und Ritualen. Bei den nicht gut intellektuell Begabten herrschen oft repetitive, stereotype motorische Manierismen vor und die Sonderinteressen sind dann seltener. Ferner sind das abnorme Festhalten am Detail statt am Ganzen und mitunter ein starkes abnormes Interesse an sensorischen Eindrücken

deutlich ausgeprägt. Ein zwanghaftes Festhalten an nicht funktionalen Handlungen oder Ritualen wird nicht selten bei älteren Kindern und Jugendlichen als quälend (wie bei Zwängen) empfunden, während motorische Stereotypien, insbesondere bei Jüngeren, eher als lustvoll empfunden werden – die dann auch als „Verstärker" eingesetzt werden können, wenn dazwischen sinnvolle Handlungen ausgeführt werden (etwa das lustvolle Klimpern durch das Hin- und Herdrehen mit einem Schlüssel einer Schublade, nachdem Schließbewegungen durchgeführt werden können). Motorische Stereotypien kommen auch gehäuft vor nach Verboten, bei Ärger oder bei extrem ängstlichen oder beunruhigten Reaktionen bei Unterbrechung einer Handlung. Die motorischen Manierismen manifestieren sich als Drehbewegung, als Flackern der Finger vor den Augen, Flügelschlagbewegungen, Schaukeln oder Auf- und Abhüpfen. Die Beschäftigung mit nicht funktionellen Elementen von Gegenständen zeigt sich durch ein ungewöhnliches Interesse an sensorischen Teilaspekten wie am Anblick, am Berühren, an Geräuschen, am Geschmack oder Geruch von Dingen. Dabei kommen sensorische Abnormalitäten im Sinne einer Hypo- oder Hypersensitivität vor. Der Beginn dieser tiefgreifenden Störung liegt vor dem Ende des dritten Lebensjahres (36. Lebensmonat). Ein späterer Beginn tritt häufig als eine Phänokopie autistischer Symptomatik auf der Grundlage anderer (neurologischer) Erkrankungen auf.

Grundsätzlich kommen alle Symptome (Tab. 39-1) in der Bevölkerung in einer Art Normalverteilung vor. Die Diagnose bedarf daher einer gewissen Einteilung, die mehr oder weniger arbiträr ist und sich an der Fülle der Symptome in den einzelnen drei Bereichen und ihrem Ausprägungsgrad orientiert. Die Heftigkeit der Behinderung im Alltag kann nach der „globalen Beurteilung des psychosozialen Funktionsniveaus" (Achse 6 des multiaxialen Klassifikationsschemas; Remschmidt et al. 2006) hilfreich sein, um eine Beeinträchtigung der Funktionsfähigkeit im Alltag und bei Anforderungen festzustellen.

Atypisch ist ein Autismus dann, wenn nur Teile der Kernbereiche im Schweregrad auftreten oder wenn er erst nach dem vollendeten dritten Lebensjahr auftritt.

Wichtig ist auch die konkomitante Bewertung von zusätzlichen Symptomen und komorbiden Störungen, die mit der Kernsymptomatik oft einhergehen (s. Tab. 39-2, S. 497).

39.5.1 Untersuchungsinstrumente

Grundsätzlich sollten zunächst Screening-Instrumente (Fragebögen) verwendet werden, um einen Anfangsverdacht zu bestätigen und um dann Interviews mit einer engsten Bezugsperson durchzuführen im Verein mit einem Beobachtungsinstrument für den Betroffenen. Den derzeitigen Goldstandard einer solchen Vorgehensweise bilden folgende Instrumente:

- Screening-Fragebogen zur sozialen Kommunikation (FSK)
- diagnostisches Interview für Autismus – revidiert (ADI-R)
- diagnostische Beobachtungsskala für autistische Störungen (ADOS)

Der **Screening-Fragebogen zur sozialen Kommunikation** (FSK; Bölte u. Poustka 2006) basiert auf dem Social Communication Questionnaire (SCQ; Rutter et al. 2001) und wurde für deutsche Verhältnisse validiert.

Das **diagnostisches Interview für Autismus,** revidierte Fassung (ADI-R; Bölte et al. 2006; Poustka et al. 1996) und die **diagnostische Beobachtungsskala für autistische Störungen** (ADOS; Rühl et al. 2003) bedürfen einiger klinischer Kenntnisse, Erfahrung und Übungen zur Anwendbarkeit.

Das **ADI-R** ist ein standardisiertes, semistrukturiertes Elterninterview mit vorgegebenen Codierungen zu den 40 Kernsymptomen und etwa 80 weiteren Symptomen, die häufig mit dem Autismus zusammen auftreten.

Das **ADOS,** welches auf die Untersuchung des Kindes, des Jugendlichen oder Erwachsenen anwendbar ist und auch auf das erreichte Sprachniveau Rücksicht nimmt, unterteilt sich in vier Module:
- ein vorsprachliches Modul
- ein Modul für Kinder, die in Sätzen sprechen können
- ein Modul für Kinder und Jugendliche, die fließend sprechen
- ein Modul für ältere Jugendliche und Erwachsene (mit direkten Interviewanteilen)

In den ersten zwei Modulen dominieren einfache Spiele mit hohem Aufforderungscharakter, die auch zur Imitation und zu gegenseitiger Interaktion mit dem Untersucher animieren, um zu einer umfassenden Einschätzung über die Art der sozialen Einschränkungen gelangen zu können.
Weiterhin stehen zur Diagnostik intellektuell gut begabter Personen mit einer autistischen Störung, derzeit häufig subsumiert unter dem Terminus „Asperger-Syndrom" oder „High Functioning Autism" (im ersteren Fall ohne Sprachentwicklungsverzögerung), unter anderem die von der Gruppe um Baron-Cohen entwickelten Diagnoseinstrumente „Adult Asperger Assessment" (AAA; Baron-Cohen et al. 2005) oder „Autism-Spectrum Quotient, Adolescent Version" (AQ; Baron-Cohen et al. 2006) mit guten testpsychologischen Eigenschaften zur Verfügung.
Über weitere Untersuchungsinstrumente informiert der „Leitfaden über autistische Störungen" (Poustka et al. 2008).

39.5.2 Differenzialdiagnosen

Entsprechend den „Leitlinien zu Diagnostik und Therapie von psychischen Störungen im Säuglings-, Kindes- und Jugendalter" (DGKJP, BKJPP, BAG 2007) sind unter anderem folgende Differenzialdiagnosen relevant:

■ **Schwere geistige Behinderung:** Ein IQ > 35 und ohne deutliche soziale Interaktion bedeutet eine grundsätzlich schwierige Unterscheidbarkeit. Eine sichere Diagnose unter dem Entwicklungsalter von zweieinhalb Jahren ist ebenfalls nicht sicher zu treffen.

■ **Entwicklungsstörungen der Sprache und der Motorik:** Neben den für autistische Störungen typischen Auffälligkeiten des Sprechens (monotone Modulation, Lautstärke, Sprachflüssigkeit, Sprechgeschwindigkeit, Tonfall und Rhythmus) und der stereotypen und repetitiven Verwendung der Sprache kann die Abgrenzung zu Artikulationsstörungen (F80.0) und zum Landau-Kleffner-Syndrom (F80.3) gewöhnlich aufgrund des Sachverhaltes vorgenommen werden, dass bei diesen Patienten die nonverbale Kommunikation noch relativ intakt ist. Die Differenzierung zur expressiven (F80.1) und rezeptiven (F80.2) Sprachstörung ist unter Umständen erschwert, da nicht wenige dieser Kinder auch Autismus-ähnliche Verhaltensauffälligkeiten zeigen. Bei Verzögerung bzw. Störung der motorischen Entwicklung (F82) liegen keine motorischen Stereotypien vor.

■ **Überaktive Störung mit Intelligenzminderung und Bewegungsstereotypien (F84.4):** Es fehlen die für den Autismus typischen Kommunikations- und Interaktionsstörungen. Zudem ist diese Störung eher selten.

■ **Bindungsstörungen (F94.1/F94.2):** Kinder mit Deprivationssyndromen und/oder Sinnesstörungen zeigen nach einigen Monaten in adäquatem Umfeld deutlich schnellere und bessere sprachliche Funktionen als Kinder mit Autismus. Die sogenannten quasi-autistischen Störungen (Rutter et al. 2007) in der rumänisch-englischen Adoptionsstudie (ERA) sind mitunter sehr schwerwiegend und nachhaltig, sodass die ätiologische Bedeutung bei fehlender früher Diagnostik unbekannt bleibt.

■ **Rett-Syndrom (F84.2):** Das Rett-Syndrom tritt fast nur bei Mädchen auf. Erworbene Fähigkeiten gehen verloren und typische psychomotorische Entwicklungsstörungen treten auf. Eine molekulargenetische Identifikation ist in den meisten Fällen möglich (Mutation des MECP2-Gens).

■ **Andere desintegrative Störungen des Kindesalters (F84.3) bzw. Heller-Syndrom:** Bis zum Alter von mindestens zwei Jahren liegt eine normale Entwicklung vor, der Verlust erworbener Fähigkeiten differenziert diese Störung vom Autismus.

■ **Fragiles X-Syndrom:** Die Differenzierung vom Autismus ist durch molekulargenetische Untersuchungen eindeutig möglich. Nur etwa 1 % der Kinder mit Autismus zeigt auch ein Fragiles X-Syndrom.

■ **Tuberöse Hirnsklerose:** Der Ausschluss ist durch spezifische Untersuchungsmethoden (Hautdiagnostik bzw. bildgebende Verfahren) möglich.

■ **Phenylketonurie:** Hierbei ist der Nachweis des gestörten Phenylalaninabbaus erforderlich.

■ **Frühkindliche schizophrene Psychose:** Die hierbei auftretenden Wahnsymptome, Halluzinationen oder eine Verschlechterung des erlangten Niveaus fehlen beim Autismus.

■ **Schizoide Persönlichkeitsstörung:** Die Differenzialdiagnose gegenüber dem Asperger-Syndrom ist schwierig. Eine weit in die frühe Kindheit zurückführende klare Anamnese mit Auffälligkeiten entsprechend den Leitlinien autistischer Störungen schließt eine Persönlichkeitsstörung aus.

■ **Mutismus und Angstsyndrome:** Im Vergleich zum Autismus finden sich wesentlich bessere soziale Wahrnehmung, Bindungs- und Spielverhalten bzw. deutlich bessere averbale Reaktivitäten von Mimik, Gestik und Blickkontakt. Die Situationen, in denen Auffälligkeiten gezeigt werden, sind selektiv, z. B. unauffälliger Gebrauch der Sprache bei mutistischen Kindern in vertrauter Umgebung. Mitunter ist es schwierig, eine sozialphobische Begleitsymptomatik beim Autismus von einer Sozialphobie bei Intelligenzminderung zu unterscheiden (therapeutisch ist hier auch an einen Versuch mit einer Medikation aus der Gruppe der Serotonin-Wiederaufnahmehemmer [SSRI] empfehlenswert).

■ **Pränatalschäden und neurologische Dysfunktion:** Sie sind häufige Begleiterscheinungen des Autismus als eine Folge der genetischen Prädisposition und relativ unabhängig von der Ausprägung der Kernsymptomatik des Autismus.

39.6 Therapie

Vor Behandlungsbeginn müssen Behandlungsziele definiert werden. Wegen der unterschiedlichen Schweregrade der Autismus-spezifischen Symptomatik und der heterogenen, häufigen Begleitsymptome ist eine genaue Spezifizierung notwendig. Es ist deshalb zur Zielsetzung bei Jugendlichen mit Autismus nicht nur wichtig, welche Symptome bestehen, sondern auch, ihre Wertigkeit zu bestimmen, um eine sinnvolle Reihenfolge aufzustellen, was vordringlich behandelt werden soll.

Fallbeispiel

Es ist z. B. schon deswegen nicht sinnvoll, mit einem 13-Jährigen, der ein hohes Maß an Selbstverletzungen zeigt, nicht reden kann und mit dem Alltag (waschen, anziehen, essen, Toilettengang) nicht zurechtkommt, ein Sprachtraining durchzuführen, weil er in diesem Alter keine Sprache entwickeln wird (trotz einigem vorhandenem Sprachverständnis). Wahrscheinlich wäre es auch notwendig, zunächst die Selbstverletzungen zu behandeln und danach ein Toilettentraining zu beginnen.

Ganz anders stellt sich die Situation bei einem ängstlichen Mädchen von 17 Jahren mit Autismus, fehlendem (meist gesenktem) Blick, ängstlichem Ausdruck, leiser Stimme, fehlenden Kontakten und einem intellektuellen Leistungsvermögen im Lernhilfebereich dar oder bei einem deutlich überdurchschnittlich begabten jungen Erwachsenen, dessen Verhalten durch leichte Reizbarkeit, Wutausbrüche und Probleme der Konzentration gekennzeichnet ist.

Alle drei Fälle zeigen zwar die Kernsymptomatik des Autismus, aber die unterschiedliche komorbide Symptomatik erfordert ein ebenso sorgfältiges Planen von bestimmten Therapieschwerpunkten wie auch ein unterschiedliches Reihen ihrer Prioritäten, vor allem auch die Bestimmung der Ziele, die entsprechend dem Missverhältnis zwischen dem chronologischen Alter auf der einen und dem Entwicklungsalter auf der anderen Seite überhaupt erreicht werden können. Daher ist es wichtig, auch im Sinne einer Vorgehensweise, die sich an der „Applied behavior analysis" (ABA) orientiert, zunächst eine genaue Verhaltensanalyse durch zu führen.

39.6.1 Ziele

Verschiedene Ziele sollen dazu dienen, störendes Verhalten abzuschwächen und erwünschtes Verhalten aufzubauen. Auch spielt das Setting, in dem dies geschieht (Einzeltherapie, Behandlung ambulant, in einer Gruppe oder zu Hause), eine oft ausschlaggebende Rolle.

Sprachaufbau

Ausschlaggebend ist beim Bestreben in verschiedenen Altersbereichen, eine spontane, funktionelle Sprache mit einem kommunikativen Effekt zu erreichen, dass (auch bei Älteren) wenigstens eine eng begrenzte Sprachfähigkeit besteht. Seit den Versuchen Skinners (1957) haben sich die Sprachinstruktionen gewandelt. Es ist heute eher wichtig, dass zunächst ein gewisses Basisverständnis erreicht und eingeübt wird, indem man als Anleiter verlangt, dass Dinge, die der Patient offenbar will, auch ausgesprochen werden können, als dass man fordert, bestimmte Objekte benennen zu können. Dadurch ist allmählich eine Motivation erzeugbar und eine nachhaltige Verstärkung, bestimmte Dinge, die gewollt werden, zu erlangen und

Tab. 39-2 Gruppentraining; Übersicht über die Inhalte (Herbrecht et al. 2008)

Allgemeine Prinzipien	
I	gleichbleibender Ablauf, Wechsel zwischen Theorie und Praxis, Festlegung von Regeln für die Gruppe, Schwierigkeitsgrad der Themen u. Rollenspiele steigt sukzessive an
II	Feedback durch die Gruppenleiter und auch die Teilnehmer, Wünsche/Themenvorschläge für die darauf folgende Stunde bzw. den nächsten Zyklus, letzte Stunde Zusammenfassung des Themenblocks
Therapiebausteine	
Blitzlicht	„Wie es mir heute geht … !"/Gesichter erkennen (FEFA)/themenzentrierte Gruppengespräche/(übliche) Kinder-Gruppenspiele, Rollenspiele, Gruppenaktivitäten, Hausaufgaben/Abschluss-Blitzlicht
Spiele	Interaktionsspiel zum Aufwärmen (z. B. „Zublinzeln", „Obstkorb", „Was hat sich verändert?"), ferner Kettenfangen, Schatzsuche, Kontaktspiel
FEFA („Gesichter erkennen")	Training zur Erkennung der Grundemotionen zunächst anhand der Gesichter, später anhand von Augenpaaren; einer der Teilnehmer übernimmt die Diskussionsleitung; Diskussion in der Runde
Gesprächsthemen (Beispiele)	Was bedeutet Freundschaft? Wie verabrede ich mich? Wie kläre ich einen Streit? ferner: Hobbys vorstellen/soziale Regeln in verschiedenen Situationen/Einsatz und Bedeutung von Körpersprache/was tun andere, das mich ärgert?/angemessenes Begrüßen und Verabschieden/Rückfragen/unpassende Fragen/Häufigkeit der telefonischen Kontakte
Rollenspiel	Definition der Situation/Rollenverteilung/Spielphase Austausch und Feedback/Vermittlung von „Einsicht"/Einüben alternativen Verhaltens/Spielphase wiederholen
Hausaufgaben	Training zur Selbst- und Fremdwahrnehmung: erlebte Situationen beschreiben/zugehörige Gefühle (Grundemotionen) identifizieren und beschreiben/Übung der Kontaktaufnahme: jemanden anrufen, sich verabreden
Gruppenaktivität	Eisessen, Spaziergang, Museum, Einkaufen gehen

damit passende sprachliche Äußerungen als wertvoll zu erleben. Fragt ein Kind, das trinken will und dem eine verschlossene Flasche gereicht wird, ob es diese öffnen kann, dann ist eine soziale Ebene erreicht worden, die auch nachhaltiger bestehen bleibt. Es geht bei autistischen Personen insbesondere darum, das Interesse an der unmittelbaren **Kommunikation** zu steigern. Die Möglichkeiten sind bei lernschwachen Kindern mit Autismus allerdings nur sehr begrenzt wirksam. Howlin et al. (2007) wiesen nach, dass die Anwendung einer populären Methode zum Sprachaufbau mittels des Picture Exchange Communication System (PECS; Bondy u. Frost 1998) für nicht sprechende Kinder mit Autismus ein verbessertes kommunikatives Verhalten zeigen konnte. Die angestrebten Ziele des Sprachaufbaus waren nach sieben Monaten Training aber nicht erreicht worden und eine deutlich verbesserte Kommunikation verschwand wieder nach dem Ende der Therapie.

Soziale Fertigkeiten

Defizite im Bereich der sozialen Fertigkeiten können ebenfalls unterschiedlich ausgeprägt sein. Sie haben gleich schwerwiegende Probleme zur Folge bei Individuen mit Autismus und gleichzeitiger mentaler Retardierung, ohne soziale Kommunikation zu Personen, bis hin zu solchen mit einem Asperger-Syndrom und ernsten Problemen im affektiven, empathischen Verständnis beim Umgang mit anderen Personen. Hier ist ein **Gruppentraining** sinnvoll, weil die Anbahnung von Kontakten in einer Gruppe von Kindern mit Autismus zusammen mit Kindern mit sogenannter typischer Entwicklung, wie Metaanalysen zeigen (Goldstein 2002; McConnell 2002), zu deutlichen Verbesserungen führte, sodass die Kinder mit Autismus schließlich imstande waren, Kontakte aufzubauen wie auch zu halten. Allerdings war ein getrenntes Erlernen von Interaktionsspielen und Liedern vor dem Gruppentraining notwendig. Auch war der Effekt besser, wenn die gesunden Kinder etwas älter waren (Tab. 39-2).

Herbrecht et al. (2008) konnten nachweisen, dass solche Effekte auch bei Jugendlichen mit einem Asperger-Syndrom oder bei High-functioning-Autismus in einem Gruppensetting ohne eine zweite gesunde Patientengruppe wirksam waren, wenn sich nach ausgiebigen Interaktionsspielen ein Autismus-spezifisches Training unter Zuhilfenahme eines Trainings zum Erkennen des Ausdrucksverhaltens von Gesichtern (FEFA) und ein spezifisches Nachspielen realistischer Situationen anschlossen. Eine signifikante Verbesserung der Kommunikation und Interaktion war auch außerhalb der Gruppe in der Familie und in der Schule zu erkennen.

Regressionsmodelle veranschaulichten einen positiven Effekt auf Kognition, sprachliche Fähigkeiten und soziale Fertigkeiten. Trotz einiger Begrenzungen zeigt sich damit das manualisierte Vorgehen als wirkungsvoll, um soziale Fertigkeiten für Kinder und Jugendliche mit Autismus-Spektrum-Störungen zu fördern und die Autismus-spezifische Psychopathologie zu vermindern – und zwar nicht nur während des Gruppengeschehens, sondern eben auch im Alltag, in der Familie

und in der Schule sowie bei der Anbahnung von Kontakten (Herbrecht et al. 2008).
Es gibt auch zahlreiche Untersuchungen, in denen mithilfe der Magnetresonanztomographie eine mindere Aktivierung im rechten Temporallappen (Gyrus fusiforme) bei der Aufgabenstellung, Emotionen von Gesichtern zu erkennen, gezeigt werden konnte (Hubl et al. 2003); auch nach erfolgreichem Training mithilfe des FEFA lässt sich dieser Mangel nicht biologisch kompensieren (Bölte et al. 2003).

Verminderung unerwünschten Verhaltens

ABA-Therapeuten (ABA = *applied behavior analysis*) nutzen kaum Bestrafung als Therapiemittel, sondern eher positive Verstärkung, um unerwünschtes, störendes oder disruptives Verhalten unter Kontrolle zu bringen. Bestrafung geschieht eher in Form einer Auszeit (Time-out). Dazu dient auch das Ignorieren (Extinktion) unerwünschten Verhaltens, aber vor allem das Ersetzen störenden Verhaltens durch angemessene Verhaltensweisen durch positives Verstärken, wenn durch eine genaue Verhaltensanalyse die spezifischen Bedingungen und Umfeldfaktoren identifiziert werden, in denen sie entstehen.

39.6.2 Frühe Intervention

Frühförderung nach dem EIBI-Programm (EIBI = *early intensive behavioural interventions*) ist eine Modifikation des Lovaas-Programms (Lovaas 1987). Es ist ein ABA-Programm für Kinder im Vorschulalter und effektiv, aber auch zeit- und kostenaufwendig.
So erhalten alle Kinder ein 1:1-Training zu Hause, für alle Familien wird ein individuelles Verfahren einer Lerntechnik entwickelt (Lovaas 2003), mit Workshops für Eltern, Berater, Supervisoren und Therapeuten, die mit der Familie arbeiten. Meist wird ein Elternteil als Therapeut des Kindes eingearbeitet.
Magiati et al. (2007) stellten das äußerst intensive EIBI-Programm einem kommunalen Behandlungsprogramm im Vorschulkindergarten *(nursery school)* gegenüber. Alle Schulen beschrieben ihre edukativen Vorgehensweisen als eklektisch, was Struktur, sichtbare Kennzeichen, individualisierendes Unterrichten und die enge Zusammenarbeit mit den Eltern betrifft. Die hauptsächlich angewandten Programme waren:
- TEACCH (*treatment and education of autistic and related communication handicapped children*; Schopler 1997)
- PECS (*picture exchange communication system*; Bondy u. Frost 1998)
- Makaton (Verwendung von Handzeichen und Grafiksymbolen, um die zwischenmenschliche Kommunikation zu entwickeln; Grove u. Walker 1990)

Das Schüler-Lehrer-Verhältnis lag zwischen 1:1 bis 3:1. Im Schnitt wurde sechs Stunden pro Woche ein 1:1-Unterricht auf diese Weise durchgeführt (der Bereich schwankte zwischen 90 Minuten bis 20–25 Stunden/Woche). Insgesamt lag der Aufwand im EIBI-Trainingsprogramm wesentlich höher als im Kindergarten- bzw. Schulprogramm (EIBI-Durchschnitt = 3,415 Stunden, SD = 444; Kindergarten-Durchschnitt = 2,266 Stunden, SD = 533; t = –7,54, p < 0,001).
Das Ergebnis in Bezug auf kognitive Fähigkeiten, sprachliche Entwicklung, Spielverhalten, adaptive Verhaltensfertigkeiten und nach Schweregrad autistischer Symptomatik war nicht unterschiedlich nach den zwei Jahren. Die interindividuelle Schwankungsbreite war sehr hoch, auch was die Verbesserung der autistischen Kernsymptomatik betraf. Dies zeigt, dass Gruppenprogramme in kommunalen Einrichtungen ebenso effektiv durchführbar sind.

39.6.3 Hilfestellung für Arbeitseingliederung

Howlin et al (2005) evaluierten unterstützende Hilfeprogramme für intellektuell gut ausgestattete Jugendliche und Erwachsene, um Arbeit zu finden (und zu behalten). Solche Programme können zur weitgehend permanenten Berufsausübung führen und damit zu einem bedeutenden Faktor einer weitgehenden Verselbstständigung werden – etwa im administrativen, technischen Bereich oder bei einer Arbeit am PC – mit hoher Arbeitszufriedenheit. Der Unterstützungsdienst selbst war defizitär, Modellrechnungen zeigten aber, dass der Aufwand mit den nicht Beschäftigten teurer ist.
Eine Art Beschäftigung für intellektuell behinderte Betroffene kann unter anderem mithilfe des **TEACCH-Programms** (Behandlung und Förderung von autistischen Kindern und von Kindern mit verwandten Kommunikationsbehinderungen) erleichtert werden. Das Programm besteht nicht nur aus visuellen Zeichen zur bildlichen Anleitung von bestimmten Alltags- und Arbeitsschritten, sondern es handelt sich um ein umfassendes pädagogisches Programm, das in Institutionen oder im privaten Lebensraum unter Einbeziehung der Bezugspersonen eingesetzt werden kann (Häußler 2005).

39.6.4 Medikamentöse Behandlung

Gegen die Kernsymptome des Autismus gibt es keine sinnvolle Medikation. Dagegen ist bei einer Reihe von komorbiden Begleitstörungen eine Medikation oft sinnvoll (Tab. 39-3, 39-4). Leider sind in keiner Studie sinnvolle Kombinationen einer Medikation getestet worden. Ein sehr deutliches Beispiel dafür ist die RUPP-Studie (2005). Sie wies im Methylphenidatteil auf unerwünschten Wirkungen wie erhöhte Irritabilität hin. Risperidon hingegen war sowohl gegen aggressives Verhalten bei

Tab. 39-3 Zielsymptome und Stoffklassen der Medikation gegen häufige Begleitstörungen beim Autismus (mod. nach Poustka u. Poustka 2007)

Zielsymptome	Medikation
Kernsymptome des Autismus	keine Medikation wirksam
Hyperaktivität und Konzentrationsmangel	Stimulanzien (Retardform)
Impulsivität, Aggressionen	Neuroleptika (Risperidon, Aripiprazol)
Zwänge, Ängste, Ritualisierungen	Serotonin-Wiederaufnahmehemmer
Stimmungsschwankungen, Aggressionen	Stimmungsstabilisatoren: Valproinsäure, Lamotrigin, Lithium
Anfallsleiden (in ca. 20 % bei Autismus-Spektrum-Störungen)	Antiepileptika

Tab. 39-4 Medikation (Kinder, Jugendliche) nach Stoffgruppen und Zielsymptomen

Stoffgruppe	Dosierung/Tag	Zielbereich	Unerwünschte Nebenwirkungen
atypische Antipsychotika		motorische Unruhe, impulsive Aggression, selbstverletzende Wutanfälle, epetitives Verhalten	Müdigkeit, Gewichtszunahme, sexuelle Dysfunktion, Prolaktinerhöhung, extrapyramidales Syndrom, Senkung der Krampfschwelle
• Risperidon	0,25–2 mg		
• Olanzapin	2,5–5 mg		
• Quetiapin	Start: 25 mg		
• Aripiprazol	2,5–5 mg		
Stimulanzien		Aufmerksamkeitsstörungen, Impulsivität, motorische Unruhe, Irritabilität, Übelkeit	Dysphorie, Appetitminderung, Bauch-/Kopfschmerzen, Ticzunahme, Einschlafstörungen, Hypertonie, Tachykardie
Methylphenidat	0,3–1 mg/kg KG		
Atomoxetin	0,5–1,2 mg/kg KG		

Autismus als auch gegen einige spezifische Symptome wirksam (McCracken et al. 2002; McDougle et al. 2005; RUPP Autism Network 2005). Relativ gut verträglich ist Atomoxetin im selben Wirkungsbereich wie Methylphenidat (Arnold et al. 2003, 2006).

39.7 Prognose und Autismus im Erwachsenenalter

Intellektuell begabte Kinder und Erwachsene mit einer autistischen Störung sind früher bei einem fehlenden intellektuellen Defizit schlicht übersehen worden. Die Unterschiede in der Prognose jenseits des Kleinkindalters sind aber weniger von der intellektuellen Leistungsfähigkeit als durch die Ausprägung der Kernsymptomatik beeinflusst. Die Prognose bleibt daher für das Asperger-Syndrom bis in das Erwachsenenalter ungünstig, auch im Vergleich mit den mit einem mitunter schweren Sprachrückstand behafteten Kindern im Sinne der Beschreibungen Kanners (Verselbstständigung oder Veränderung der lebenslang bestehen bleibenden Autismus-spezifischen Psychopathologie; Howlin et al. 2004).

In einer prospektiven Untersuchung beschrieben Howlin et al. (2004) das Schicksal von 7-jährigen Kindern mit Autismus mit einem IQ < 50 im Mittel 29 Jahre später (Nachuntersuchungszeit 21–48 Jahre). Dabei waren in Bezug auf eine einigermaßen geglückte (aber nicht vollständige) Verselbstständigung 12 % als sehr gut eingeschätzt worden, 10 % als gut, 19 % als halbwegs angepasst, aber 46 % als schlecht und 12 % als sehr schlecht. Die besser Begabten mit einem Asperger-Syndrom unterschieden sich nicht hinsichtlich der Prognose. Sie stand in einem positiven Zusammenhang mit der Ausprägung besseren imitativen Verhaltens in der frühen Kindheit und einem negativen Zusammenhang mit der Häufigkeit motorischer Stereotypien. Eine umschriebene Sonderbegabung (Sonderinteressen) war in der Regel therapeutisch gut nutzbar. Sprachentwicklungsverzögerungen waren dann nicht prognostisch bedeutsam, wenn die Probanden mit Autismus nach IQ und Alter parallelisiert betrachtet wurden (was für die geringe Bedeutsamkeit von einem Asperger-Syndrom im Vergleich zu High-functioning-Autismus in Bezug auf die Prognose spricht).

Ein sehr vernachlässigtes Kapitel in diesem Kontext ist das sexuelle Verhalten von Personen mit Autismus. Untersuchungen wie die von Hellemans et al. (2007) an einer kleinen Gruppe von gut begabten Adoleszenten und Erwachsenen in Heimen zeigten, dass ein Drittel der Betroffenen schwere sexuelle Probleme hatte. 50 % hatten irgendeine sexuelle Beziehung, aber nur drei von 24 einen regelrechten Geschlechtsverkehr, die meisten eine ritualisierte sexuelle Betätigung mit Objekten, die Frequenz bisexueller Betätigung war hoch. Dies stand im Gegensatz zur Aufklärung, welche die Probanden erhalten hatten.

Literatur

Arnold LE, Vitiello B, McDougle C, Scahill L, Shah B, Gonzalez NM, Chuang S, Davies M, Hollway J, Aman MG, Cronin P, Koenig K, Kohn AE, McMahon DJ, Tierney E. Parent-defined target symptoms respond to risperidone in RUPP autism study: customer approach to clinical trials. J Am Acad Child Adolesc Psychiatry 2003; 42(12): 1443–50.

Arnold LE, Aman MG, Cook AM, Witwer AN, Hall KL, Thompson S, Ramadan Y. Atomoxetine for hyperactivity in autism spectrum disorders: placebo-controlled crossover pilot trial. J Am Acad Child Adolesc Psychiatry 2006; 45(10): 1196–205.

Asperger H. Die autistischen Psychopathen im Kindesalter. Arch Psychiatrie Nervenkrankheiten 1944; 117: 76–136.

Autism Genome Project Consortium. Mapping autism risk loci using genetic linkage and chromosomal rearrangements. Nat Genet 2007; 39(3): 319–28.

Bailey A, Luthert P, Dean A, Harding B, Janota I, Montgomery M, Rutter M, Lantos P. A clinicopathological study of autism. Brain 1998; 121: 889–905.

Baird G, Simonoff E, Pickles A, Chandler S, Loucas T, Meldrum D, Charman T. Prevalence of disorders of the autism spectrum in a population cohort of children in South Thames: the Special Needs and Autism Project (SNAP). Lancet 2006; 368(9531): 210–5.

Baron-Cohen S, Hammer J. Parents of children with Asperger syndrome: what is the cognitive phenotype? J Cogn Neurosci 1997; 9: 548–54.

Baron-Cohen S, Ring HA, Wheelwright S, Bullmore ET, Brammer MJ, Simmons A, Williams SC. Social intelligence in the normal and autistic brain: an fMRI study. Eur J Neurosci 1999; 11(6): 1891–8.

Baron-Cohen S, Wheelwright S, Robinson J, Woodbury-Smith M. The Adult Asperger Assessment (AAA): a diagnostic method. J Autism Dev Disord 2005; 35(6): 807–19.

Baron-Cohen S, Hoekstra RA, Knickmeyer R, Wheelwright S. The Autism-Spectrum Quotient (AQ) – adolescent version. J Autism Dev Disord 2006; 36: 343–50.

Bölte S, Poustka F. Fragebogen zur sozialen Kommunikation – Autismus-Screening (FSK). Deutsche Fassung des Social Communication Questionnaire (SCQ). Bern: Huber 2006.

Bölte S, Feineis-Matthews S, Poustka F. Frankfurter Test und Training des Erkennens fazialen Affekts (FEFA). Frankfurt/M.: J. W. Goethe Universitätsklinikum 2003 [Bestellung: www.kgu.de/zpsy/kinderpsychiatrie/FEFA_home.htm].

Bölte S, Hubl D, Feineis-Matthews S, Prvulovic D, Dierks T, Poustka F. Facial affect recognition training in autism: can we animate the fusiform gyrus? Behav Neurosci 2006; 120(1): 211–6.

Bolton P, MacDonald H, Pickles A, Rois P, Goode S, Crowson M, Bailey A, Rutter M. A case-control family history study of autism. J Child Psychol Psychiatry 1994; 35: 877–900.

Bondy AS, Frost LA. The picture exchange communication system. Semin Speech Lang 1998; 19: 373–89.

Briskman J, Happé F, Frith U. Exploring the cognitive phenotype of autism: weak „central coherence" in parents and siblings of children with autism: II. Real-life skills and preferences. J Child Psychol Psychiatry 2001; 42(3): 309–16.

Carper RA, Moses P, Tigue ZD, Courchesne E. Cerebral lobes in autism: early hyperplasia and abnormal age effects. Neuroimage 2002; 16(4): 1038–51.

Chakrabarti S, Fombonne E. Pervasive developmental disorders in preschool children. J Am Med Assoc 2001; 285: 3093–9.

Courchesne E. Abnormal early brain development in autism. Mol Psychiatry 2002; 31: 739–45.

Courchesne E, Karns CM, Davis HR, Ziccardi R, Carper RA, Tigue ZD, Chisum HJ, Moses P, Pierce K, Lord C, Lincoln AJ, Pizzo S, Schreibman L, Haas RH, Akshoomoff NA, Courchesne RY. Unusual brain growth patterns in early life in patients with autistic disorders: an MRI study. Neurology 2001; 57: 245–54.

Courchesne E, Carper R, Akshoomoff N. Evidence of brain overgrowth in the first year of life in autism. J Am Med Assoc 2003; 290: 337–44.

Dapretto M, Davies MS, Pfeifer JH, Scott AA, Sigman M, Bookheimer SY, Iacoboni M. Understanding emotions in others: mirror neuron dysfunction in children with autism spectrum disorders. Nat Neurosci 2006; 9(1): 28–30.

DGKJP, BKJPP, BAG (Hrsg). Leitlinien zu Diagnostik und Therapie von psychischen Störungen im Säuglings-, Kindes- und Jugendalter. Redaktionskomitee (federführend): Poustka F, Schmidt MH. 3. überarb. Aufl. Köln: Deutscher Ärzte-Verlag 2007.

DSM-IV (Diagnostic and Statistical Manual of Mental Disorders). 4. Revision. Textversion DSM-IV-TR 2000, deutsch 2003. Göttingen: Hogrefe 1996.

Durand CM, Betancur C, Boeckers TM, Bockmann J, Chaste P, Fauchereau F, Nygren G, Rastam M, Gillberg IC, Anckarsäter H, Sponheim E, Goubran-Botros H, Delorme R, Chabane N, Mouren-Simeoni MC, de Mas P, Bieth E, Rogé B, Héron D, Burglen L, Gillberg C, Leboyer M, Bourgeron T. Mutations in the gene encoding the synaptic scaffolding protein SHANK3 are associated with autism spectrum disorders. Nat Genet 2007; 39: 25–7.

Fogassi L, Ferrari PF, Gesierich B, Rozzi S, Chersi F, Rizzolatti G. Parietal lobe: from action organization to intention understanding. Science 2005; 308(5722): 662–7.

Fombonne E. Online presentation "Epidemiology of Autism and Pervasive Developmental Disorders". E-View Series "The Management of Autism and Its Related Disorders" 2005. http://www.medfair.com/content/cme/lectures/eview/index.htm).

Geschwind DH. Autism: Many genes, common pathways? Cell 2008; 135: 391–5.

Gillberg C, Coleman M. The Biology of the Autistic Syndromes. 3rd ed. Cambridge: Cambridge University Press 2000.

Goldstein H. Communication intervention for children with autism: a review of treatment efficacy. J Autism Dev Disord 2002; 32: 373–96.

Grove N, Walker M. The Makaton Vocabulary: Using signs and symbols to develop interpersonal communication. Augmentative and Alternative Communication 1990; 6: 15–28.

Happé F, Frith U. Theory of mind in autism. In: Schopler E, Mesibov GB (eds). Learning and cognition in autism. New York: Plenum Press 1995; 177–97.

Happé F, Briskman J, Frith U. Exploring the cognitive phenotype of autism: weak "central coherence" in parents and siblings of children with autism: I. Experimental tests. J Child Psychol Psychiatry 2001; 42(3): 299–307.

Hardan AY, Minshew NJ, Keshavan MS. Corpus callosum size in autism. Neurology 2000; 55: 1033–6.

Häußler A. Der TEACCH-Ansatz zur Förderung von Menschen mit Autismus: Einführung in Theorie und Praxis. Dortmund: Modernes Lernen 2005.

Hellemans H, Colson K, Verbraeken C, Vermeiren R, Deboutte D. Sexual behavior in high-functioning male adolescents and young adults with autism spectrum disorder. J Autism Dev Disord 2007; 37: 260–9.

Herbrecht E, Bölte S, Poustka F. Kontakt. Frankfurter Kommunikations- und soziales Interaktions-Gruppentraining bei Autismus-Spektrum-Störungen. Göttingen: Hogrefe 2008.

Horwitz B, Rumsey JM, Grady CL, Rapoport SI. The cerebral metabolic landscape in autism. Intercorrelations of regional glucose utilization. Arch Neurol 1988; 45: 749–55.

Howlin P, Goode S, Hutton J, Rutter M. Adult outcome for children with autism. J Child Psychol Psychiatry 2004; 45(2): 212–29.

Howlin P, Alcock J, Burkin C. An 8 year follow-up of a specialist supported employment service for high-ability adults with autism or Asperger syndrome. Autism 2005; 9: 533–49.

Howlin P, Gordon RK, Pasco G, Wade A, Charman T. The effectiveness of Picture Exchange Communication System (PECS) training for teachers of children with autism: a pragmatic, group randomised controlled trial. J Child Psychol Psychiatry 2007; 48(5): 473–81.

Hubl D, Bolte S, Feineis-Matthews S, Lanfermann H, Federspiel A, Strik W, Poustka F, Dierks T. Functional imbalance of visual pathways indicates alternative face processing strategies in autism. Neurology 2003; 61(9): 1232–7.

Hughes C, Leboyer M, Bouvard M. Executive function in parents of children with autism. Psychol Med 1997; 27(1): 209–20.

Hutton J, Goode S, Murphy M, Le Couteur A, Rutter M. New-onset psychiatric disorders in individuals with autism. Autism 2008; 12(4): 373–90.

Jamain S, Quach H, Betancur C, Rastam M, Colineaux C, Gillberg IC, Soderstrom H, Giros B, Leboyer M, Gillberg C, Bourgeron T; Paris Autism Research International Sibpair Study. Mutations of the X-linked genes encoding neuroligins NLGN3 and NLGN4 are associated with autism. Nat Genet 2003; 34(1): 27–9.

Kanner L. Autistic disturbances of affective contact. Nerv Child 1943; 2: 217–50.

Klauck SM. Genetics of autism spectrum disorder. Eur J Hum Genet 2006; 14: 714–20.

Klauck SM, Felder B, Kolb-Kokocinski A, Schuster C, Chiocchetti A, Schupp I, Wellenreuther R, Schmötzer G, Poustka F, Breitenbach-Koller L, Poustka A. Mutations in the ribosomal protein gene RPL10 suggest a novel modulating disease mechanism for autism. Mol Psychiatry 2006; 11: 1073–84.

Klauck SM, Poustka F, Poustka A. Autismus mit einem Spektrum an Verhaltensstörungen. Ursachenforschung zwischen Phänotyp und Genotyp im internationalen Netzwerk. München: GenomXPress 2007.

Klin A, Jones W, Schultz R, Volkmar F, Cohen D. Visual fixation patterns during viewing of naturalistic social situations as predictors of social competence in individuals with autism. Arch Gen Psychiatry 2002; 59(9), 809–16.

Le Couteur A, Bailey A, Goode S, Pickles A, Robertson S, Gottesman I, Rutter M. A broader phenotype of autism: the clinical spectrum in twins. J Child Psychol Psychiatry 1996; 37: 785–801.

Lovaas OI. Behavioral treatment and normal educational and intellectual functioning in young autistic children. J Consult ClinPsychol 1987; 55: 3–9.

Lovaas OI. Teaching individuals with developmental delays: Basic intervention techniques. Austin, TX: Pro Ed 2003.

Magiati I, Charman T, Howlin P. A two-year prospective follow-up study of community-based early intensive behavioural intervention and specialist nursery provision for children with autism spectrum disorders. J Child Psychol Psychiatry 2007; 48(8): 803–12.

McConnell SR. Interventions to facilitate social interaction for young children with autism: review of available research and recommendations for educational intervention and future research. J Autism Dev Disord 2002; 32: 351–72.

McCracken JT, McGough J, Shah B, Cronin P, Hong D, Aman MG, Arnold LE, Lindsay R, Nash P, Hollway J, McDougle CJ, Posey D, Swiezy N, Kohn A, Scahill L, Martin A, Koenig K, Volkmar F, Carroll D, Lancor A, Tierney E, Ghuman J, Gonzalez NM, Grados M, Vitiello B, Ritz L, Davies M, Robinson J, McMahon D; Research Units on Pediatric Psychopharmacology Autism Network. Risperidone in children with autism and serious behavioral problems. N Engl J Med 2002; 347(5): 314–21.

McDougle CJ, Scahill L, Aman MG, McCracken JT, Tierney E, Davies M, Arnold LE, Posey DJ, Martin A, Ghuman JK, Shah B, Chuang SZ, Swiezy NB, Gonzalez NM, Hollway J, Koenig K, McGough JJ, Ritz L, Vitiello B. Risperidone for the core symptom domains of autism: results from the study by the autism network of the research units on pediatric psychopharmacology. Am J Psychiatry 2005; 162(6): 1142–8.

Morrow EM, Yoo SY, Flavell SW, Kim TK, Lin Y, Hill RS, Mukaddes NM, Balkhy S, Gascon G, Hashmi A, Al-Saad S, Ware J, Joseph RM, Greenblatt R, Gleason D, Ertelt JA, Apse KA, Bodell A, Partlow JN, Barry B, Yao H, Markianos K, Ferland RJ, Greenberg ME, Walsh CA. Identifying autism loci and genes by tracing recent shared ancestry. Science 2008; 321(5886): 218–23.

Norbury CF, Bishop DV. Inferential processing and story recall in children with communication problems: a comparison of specific language impairment, pragmatic language impairment and high-functioning autism. Int J Lang Commun Disord 2002; 37(3): 227–51.

Ozonoff S. Executive functions in autism. In: Schopler E, Mesibov GB (eds). Learning and cognition in autism. New York: Plenum Press 1995; 199–219.

Ozonoff S, Strayer DL. Further evidence of intact working memory in autism. J Autism Dev Disord 2001; 31(3): 257–63.

Piven J, Palmer P. Psychiatric disorder and the broad autism phenotype: evidence from a family study of multiple-incidence autism families. Am J Psychiatry 1999; 156: 557–63.

Poustka F. Neurobiology of autism. In: Volkmar F (ed). Autism and Pervasive Developmental Disorders. 2nd ed. Cambridge: Cambridge University Press 2007; 179–220.

Poustka L, Poustka F. Psychopharmakologie autistischer Störungen [Psychopharmacology of autistic disorders]. Z Kinder Jugendpsychiatr Psychother 2007; 35(2): 87–94.

Poustka F, Lisch S, Rühl D, Sacher A, Schmötzer G, Werner K. The standardized diagnosis of autism: Autism Diagnostic Interview-Revised: inter-rater reliability of the German form of the interview. Psychopathology 1996; 29: 145–53.

Poustka F, Bölte S, Schmötzer G, Feineis-Mathews S. Leitfaden über autistische Störungen. 2. Aufl. Göttingen: Hogrefe 2008.

Remschmidt H, Schmidt MH, Poustka F (Hrsg). Multiaxiales Klassifikationsschema für psychische Störungen des Kindes- und Jugendalters nach ICD-10 der WHO. 5. Aufl. Bern: Huber 2006.

Risch N, Spiker D, Lotspeich L, Nouri N, Hinds D, Hallmayer J, Kalaydjieva L, McCague P, Dimiceli S, Pitts T, Nguyen L, Yang J, Harper C, Thorpe D, Vermeer S, Young H, Hebert J, Lin A, Ferguson J, Chiotti C, Wiese-Slater S, Rogers T, Salmon B, Nicholas P, Petersen PB, Pingree C, McMahon W, Wong DL, Cavalli-Sforza LL, Kraemer HC, Myers RM. A genomic screen of autism: evidence for a multilocus etiology. Am J Hum Genet 1999; 65: 493–507.

Rühl D, Bölte S, Poustka F. Sprachentwicklung und Intelligenzniveau beim Autismus. Wie eigenständig ist das Asperger-Syndrom? Nervenarzt 2001; 72: 535–40.

Rühl D, Bölte S, Feineis-Matthews S, Poustka F. Diagnostische Beobachtungsskala für Autistische Störungen (ADOS). Deutsche Fassung der Autism Diagnostic Observation Schedule. Bern: Huber 2003.

RUPP Autism Network. Randomized, controlled, crossover trial of methylphenidate in pervasive developmental disorders with hyperactivity. Arch Gen Psychiatry 2005; 62(11): 1266–74.

Rutter M, Bailey A, Bolton P, Le Couteur A. Autism and known medical conditions: myth and substance. J Child Psychol Psychiatry 1994; 35(2): 311–22.

Rutter M, Bailey A, Berument SK, Lord C, Pickles A. Social Communication Questionnaire (SCQ). Los Angeles: Western Psychological Services 2001.

Rutter M, Kreppner J, Croft C, Murin M, Colvert E, Beckett C, Castle J, Sonuga-Barke E. Early adolescent outcomes of institutionally deprived and non-deprived adoptees. III. Quasi-autism. J Child Psychol Psychiatry 2007; 48: 1200–7.

Schopler E. Implementation of TEACCH Philosophy. In: Cohen DJ, Volkmar FR (eds). Handbook of Autism and Pervasive Developmental Disorders. 2nd ed. New York: Wiley 1997; 767–95.

Schultz RT, Gauthier I, Klin A, Fulbright RK, Anderson AW, Volkmar F, Skudlarski P, Lacadie C, Cohen DJ, Gore JC. Abnormal ventral temporal cortical activity during face discrimination among individuals with autism and Asperger syndrome. Arch Gen Psychiatry 2000; 57(4): 331–40.

Sebat J, Lakshmi B, Malhotra D, Troge J, Lese-Martin C, Walsh T, Yamrom B, Yoon S, Krasnitz A, Kendall J, Leotta A, Pai D, Zhang R, Lee YH, Hicks J, Spence SJ, Lee AT, Puura K, Lehtimäki T, Ledbetter D, Gregersen PK, Bregman J, Sutcliffe JS, Jobanputra V, Chung W, Warburton D, King MC, Skuse D, Geschwind DH, Gilliam TC, Ye K, Wigler M. Strong association of de novo copy number mutations with autism. Science 2007; 316(5823): 445–9.

Simonoff E, Pickles A, Charman T, Chandler S, Loucas T, Baird G. Psychiatric disorders in children with autism spectrum disorders: prevalence, comorbidity, and associated factors in a population-derived sample. J Am Acad Child Adolesc Psychiatry 2008; 47(8): 921–9.

Skinner BF. Verbal Behavior. New York: Appleton-Century-Crofts 1957.

Sutcliffe JS. Genetics. Insights into the pathogenesis of autism. Science 2008; 321(5886): 208–9.

Villalobos ME, Mizuno A, Dahl BC, Kemmotsu N, Müller RA. Reduced functional connectivity between V1 and inferior frontal cortex associated with visuomotor performance in autism. Neuroimage 2005; 25(3): 916–25.

Volkmar FR, Nelson DS. Seizure disorders in autism. J Am Acad Child Adolesc Psychiatry 1990; 29(1): 127–9.

Wing L. Aspergers syndrome: a clinical account. Psychol Med 1981; 11: 115–29.

40 Störungen des Sozialverhaltens

Klaus Schmeck und Sabine C. Herpertz

Inhalt

40.1	Einleitung	503
40.2	Definition und Klassifikation	503
40.3	Epidemiologie und Prävalenz	505
40.4	Symptomentwicklung und Komorbidität	506
40.5	Ätiologie und Pathogenese	508
40.6	Therapie und Prävention	510
40.7	Fazit	513
Literatur		513

Zusammenfassung

Störungen des Sozialverhaltens sind von der Klassifikation her als heterogenes Konzept einzustufen, in das eine große Zahl von normabweichenden Verhaltensmustern eingeschlossen ist, obwohl die Ätiologie dieser Verhaltensauffälligkeiten nach neueren Forschungsergebnissen sehr unterschiedlich ist. Es gibt inzwischen vielfältige Hinweise für die Bedeutung neurobiologischer Faktoren wie zum Beispiel funktionelle und morphologische Auffälligkeiten im orbitofrontalen Kortex oder Veränderungen der serotonergen Neurotransmission. Von der Prävalenz her handelt es sich um eines der häufigsten kinder- und jugendpsychiatrischen Störungsbilder, das im Kindesalter vor allem bei Jungen zu finden ist, während sich die Prävalenzzahlen im Jugendalter zwischen Mädchen und Jungen stärker angleichen.

Wegen der multifaktoriellen Genese sind individualtherapeutische Maßnahmen in der Regel wenig Erfolg versprechend, sondern es wird eine multimodale Therapie empfohlen, die sowohl kindzentrierte als auch eltern- und umgebungszentrierte Behandlungsmaßnahmen einschließt und auch die Behandlung der häufig zu beobachtenden komorbiden Störungen wie hyperkinetische Störungen, Angststörungen oder depressive Störungen beachtet.

Da es sich bei Störungen des Sozialverhaltens um ein sehr veränderungsresistentes Krankheitsbild handelt, sollten präventive und therapeutische Maßnahmen zu einem sehr frühen Zeitpunkt der Entwicklung einsetzen. Ohne ausreichende Intervention ist der Übergang in eine dissoziale bzw. antisoziale Persönlichkeitsstörung gehäuft zu beobachten.

40.1 Einleitung

Störungen des Sozialverhaltens zählen gemeinsam mit anderen externalisierenden Verhaltensstörungen wie dem hyperkinetischen Syndrom zu den häufigsten Vorstellungsgründen in kinder- und jugendpsychiatrischen Kliniken oder Ambulanzen. Dies trifft vor allem auf die Altersgruppe der Grundschulkinder und jüngeren Adoleszenten zu, während Jugendliche mit Störungen des Sozialverhaltens nach dem 14. Lebensjahr nur noch selten den Weg in die Klinik finden, dafür aber umso mehr Gefahr laufen, mit dem Justizsystem in Berührung zu kommen. Ein Störungsbewusstsein ist bei ihnen häufig nicht vorhanden, sodass sie von sich aus keinerlei Grund für einen Kontakt mit dem jugendpsychiatrischen System sehen. Ein englischsprachiger Jugendlicher, der sich wegen einer Begutachtung sehr widerwillig in der Klinik vorstellte, brachte dies mit einer kurzen Bemerkung auf den Punkt: »*Doc, may be I'm bad, but I'm definitely not mad!*«

Die Diagnose einer Störung des Sozialverhaltens wird nach dem 18. Lebensjahr nicht mehr gestellt. Tritt aggressives und/oder dissoziales Verhalten bei jungen Erwachsenen auf, so ist zu prüfen, ob eine dissoziale (ICD-10) bzw. antisoziale Persönlichkeitsstörung (DSM-IV) vorliegt.

40.2 Definition und Klassifikation

> Störungen des Sozialverhaltens sind verbunden mit einem durchgehenden Muster von oppositionellem, aggressivem oder dissozialem Verhalten, das deutlich normverletzend ist.

Mindestens drei der in Tabelle 40-1 aufgeführten Symptome (rechte Spalte) müssen über einen Zeitraum von sechs Monaten vorgelegen haben.

Während die Symptome, die einer Störung des Sozialverhaltens zugeordnet werden, weitgehend übereinstimmen, unterscheidet sich die Art der Klassifikation zwischen den beiden Systemen ICD-10 und DSM-IV.

Tab. 40-1 Grundlegende Symptome von oppositionellem Trotzverhalten und Störungen des Sozialverhaltens

oppositionelles Trotzverhalten	Störungen des Sozialverhaltens
• wird schnell ärgerlich • streitet sich häufig mit Erwachsenen • widersetzt sich häufig Anweisungen und Regeln von Erwachsenen • verärgert andere häufig absichtlich • gibt anderen Schuld für eigene Fehler • häufig empfindlich, leicht verärgert • häufig wütend und beleidigt • häufig boshaft und nachtragend	**aggressives Verhalten gegenüber Menschen und Tieren** • bedroht andere, schüchtert ein • beginnt häufig Schlägereien • fügt anderen mit Waffen schwere körperliche Schäden zu • körperlich grausam gegenüber Menschen • quält Tiere • Erpressung, bewaffneter Raubüberfall • zwingt andere zu sexuellen Handlungen **Zerstörung von Eigentum** • begeht vorsätzliche Brandstiftung • zerstört fremdes Eigentum **Betrug oder Diebstahl** • bricht in Autos oder Gebäude ein • lügt zur Erlangung von Vorteilen • stiehlt wertvolle Gegenstände **schwere Regelverstöße** • bleibt nachts ohne elterliche Erlaubnis von zu Hause weg (vor dem 13. L.j.) • lief schon zweimal über Nacht von zu Hause weg • schwänzt häufig Schule (vor 13. L.j.)

> In der **ICD-10** werden Störungen des Sozialverhaltens nach dem vorwiegenden Ort des Auftretens (familiär vs. generalisiert), der Beziehungsfähigkeit des Kindes oder Jugendlichen (mit vs. ohne soziale Bindungen) und dem Schweregrad (oppositionelle Störung ohne Verletzung der Gesetze oder Grundrechte anderer vs. Vollbild der Störung) eingeteilt (Tab. 40-2).
>
> Im **DSM-IV** wird eine grundlegende Unterscheidung nach dem Beginn der Störungen des Sozialverhaltens getroffen, da sich sowohl die vorherrschende Symptomatik als auch die Prognose deutlich danach unterscheiden, ob die Symptome vor oder nach dem zehnten Lebensjahr erstmalig aufgetreten sind (Moffitt 1993; Moffitt et al. 2002). Die oppositionellen Störungen werden als eigenständige Kategorie diagnostiziert (Tab. 40-3).

Eine Komorbidität mit hyperkinetischen und depressiven Störungen tritt so gehäuft auf, dass im ICD-10 entgegen der sonst üblichen Vorgehensweise zwei Diagnosen geschaffen wurden, in denen die Komorbidität festgeschrieben ist:
• hyperkinetische Störung des Sozialverhaltens (F90.1)
• Störung des Sozialverhaltens und der Emotionen (F92)

Auch eine Komorbidität mit Angststörungen ist sehr verbreitet und liegt in Feldstudien bei 22–33 %, in klinischen Populationen noch sehr viel höher (Angold et al. 1999; Russo u. Beidel 1994). Erste Daten legen nahe, dass die Komorbidität mit Angststörungen auf den Verlauf Einfluss nehmen könnte, indem sie häufiger mit impulsiv-zerstörerischem Verhalten, aber seltener mit Delinquenz einhergeht (Walker et al. 1991).

Nicht vor dem 18. Lebensjahr ist die Diagnose einer antisozialen Persönlichkeitsstörung zu stellen, so empfiehlt es zumindest das DSM-IV-Klassifikationssystem. Der enge Zusammenhang zwischen deviantem Verhalten in Kindheit und Adoleszenz sowie antisozialem Verhalten im Erwachsenenalter kommt darin zum Ausdruck, dass die Diagnose einer antisozialen Persönlichkeitsstörung nach DSM-IV voraussetzt, dass eine Störung des Sozialverhaltens bereits vor Vollendung des 15. Lebensjahres erkennbar war. Damit ist sozial störendes Verhalten erst dann Ausdruck einer antisozialen Persönlichkeitsstörung, wenn es auf einem tiefgreifenden, früh begin-

Tab. 40-2 ICD-10-Klassifikation von Störungen des Sozialverhaltens

F91.0	auf den familiären Rahmen beschränkte Störungen des Sozialverhaltens Symptome treten ausschließlich im häuslichen Rahmen auf
F91.1	Störungen des Sozialverhaltens bei fehlenden sozialen Bindungen neben den dissozialen Symptomen ist eine durchgängige Beeinträchtigung der Beziehung zu anderen zu erkennen
F91.2	Störungen des Sozialverhaltens bei vorhandenen sozialen Bindungen dissoziale Symptome bei Kindern und Jugendlichen, die in ihre Altersgruppe integriert sind
F91.3	Störungen des Sozialverhaltens mit oppositionellem und aufsässigem Verhalten weit überdurchschnittlich provokatives, negativistisches und trotziges Verhalten bei Fehlen schwerwiegender aggressiver oder dissozialer Verhaltensweisen, v. a. bei Kindern vor dem 9.–10. Lebensjahr

Tab. 40-3 DSM-IV-Klassifikation von Störungen des Sozialverhaltens

	Beginn in der Kindheit (vor dem 10. Lebensjahr)	Beginn in der Adoleszenz (nach dem 10. Lebensjahr)
Geschlechterverhältnis	v. a. Jungen	Jungen und Mädchen
körperliche Aggressionen	häufig	seltener
Beziehung zu Gleichaltrigen	gestört	eher ungestört
Störungspersistenz	hoch	niedrig
Übergang in antisoziale Persönlichkeitsstörung	häufig	selten

nenden und überdauernden Muster psychopathologisch relevanter Persönlichkeitseigenschaften gründet. Es liegen eine Reihe von epidemiologischen Studien vor, die die hohe Persistenz antisozialen Verhaltens beginnend in der Kindheit über die ganze Lebenszeit unterstützen (Goldstein et al. 2006; Lahey et al. 2005). In der ICD-10 allerdings fehlt die Forderung nach Persistenz eines antisozialen Verhaltensstils seit der Adoleszenz und damit eines konkreten Zeitkriteriums, das den empirisch gut gesicherten überdauernden Charakter des devianten Verhaltensstils im diagnostischen Procedere absichern helfen könnte.

Insbesondere das DSM-IV-Konzept ist wegen seiner fehlenden konzeptuellen Tiefe wiederholt kritisiert worden (Herpertz u. Saß 2000; Saß u. Herpertz 1994). Entsprechend der derzeitigen DSM-IV-Definition (Tab. 40-4) der antisozialen Persönlichkeitsstörung beziehen sich nur drei Merkmale auf charakterologische Beschreibungen, und zwar Hinterlistigkeit, Impulsivität und Mangel an Reue. Die Mehrzahl der Items konzentriert sich auf leicht objektivierbare behaviorale Phänomene wie wiederholte Verhaltensweisen, die zur Inhaftierung führen, rücklichtslose Missachtung der Sicherheit anderer, Missachtung sozialer Verpflichtungen sowie aggressives, gewalttätiges Verhalten. Damit scheint es sich um eine sehr heterogene diagnostische Kategorie zu handeln, die Menschen mit recht unterschiedlichen Persönlichkeiten, Haltungen und auch Motivationslagen umfasst (Cunningham u. Reidy 1998).

In der ICD-10-Klassifikation (s. Tab. 40-4) dagegen sind die charakterologischen Merkmale stärker herausgearbeitet worden, insbesondere emotionale Eigenarten wie mangelnde Empathie und Verantwortungsgefühl, fehlendes Schuldbewusstsein, Bindungslosigkeit und die Unfähigkeit, aus Bestrafung zu lernen (Herpertz u. Saß 2000; Saß u. Herpertz 1994).

Die auf historische Konzepte von Craft (1966) und Cleckley (1976) ursprünglich zurückgehende und von Hare (1970) weiterentwickelte diagnostische Kategorie der »Psychopathy« ist von allen derzeit gebräuchlichen Kategorien die am stärksten charakterologisch begründete und enthält insbesondere Merkmale, die einen spezifischen emotionalen Stil von mangelnder Empathie und emotionaler Kühle beschreibt. Diese Gruppe macht ungefähr ein Drittel aller antisozialen Persönlichkeiten aus, ist aber diejenige, die in den letzten Jahren – insbesondere neurobiologisch – am stärksten untersucht worden ist. Die intensive Erforschung dieser Gruppe bezieht ihre Berechtigung besonders daraus, dass *psychopaths* sich durch eine hohe Rezidivneigung und besonders gewalttätige Delikte auszeichnen (Kosson et al. 2006). Im »Psychopathy«-Konzept von Hare stellt antisoziales Verhalten ein entscheidendes Kriterium dar, d. h., der »Psychopath« ist ein Subtyp der antisozialen Persönlichkeitsstörung. Von Cooke und Michie (2001) wird manifest antisoziales Verhalten allerdings nicht als notwendiger Aspekt der »Psychopathy«-Konzeption aufgefasst, sonders als Folge, woraus sich ein 3-Faktoren-Modell ergibt mit den Faktoren arrogant betrügerische Interaktionsstile, defizitäre affektive Erlebnisweisen sowie impulsiv-unverantwortliches Verhalten. Die Itemzusammenstellung macht deutlich, dass die Faktoren 1 und 2 eine Extremvariante eines narzisstischen Beziehungs- und Verhaltensstils darstellen, der »Psychopath« also ein egozentrischer und aggressiver Narzisst ist, der gleichgültig und ausbeuterisch gegenüber den Gefühlen anderer ist.

> Zusammenfassend ist auf dem heutigen Kenntnisstand festzustellen, dass die Gruppe der Kinder mit Störungen des Sozialverhaltens insgesamt eine heterogene Gruppe darstellt. Einerseits zeigen sie häufige Komorbiditäten mit Angststörungen und depressiven Störungen sowie in der Adoleszenz mit substanzbezogenen Störungen, andererseits gibt es solche Individuen, die schon früh Veränderungen in der Emotionalität in Form von emotionaler Kühle und zwischenmenschlichem Unbeteiligtsein an den Tag legen. Wir verfügen heute noch über keine eindeutigen Prädiktoren, welche Kinder welche spezifische adulte Psychopathologie entwickeln.

40.3 Epidemiologie und Prävalenz

Angaben zur Prävalenz von aggressivem oder dissozialem Verhalten variieren danach, ob einzelne Symptome oder Diagnosen angegeben werden, auf welches Alter und welches Geschlecht sie sich beziehen, wer befragt wurde und welche Instrumente dabei benutzt wurden. Insgesamt ergibt sich aber ein weitgehend ähnliches Bild:

- In den meisten Fällen liegen die Prävalenzzahlen für Jungen zwei- bis viermal so hoch wie für Mädchen (6–16 % für Jungen, 2–9 % für Mädchen).

Tab. 40-4 Diagnostische Kriterien für die Störung des Sozialverhaltens nach ICD-10 und DSM-IV

Dissoziale Persönlichkeitsstörung, ICD-10	Antisoziale Persönlichkeitsstörung, DSM-IV

A. Die allgemeinen Kriterien für eine Persönlichkeitsstörung (F 60) müssen erfüllt sein.
B. Mindestens drei der folgenden Eigenschaften oder Verhaltensweisen müssen vorliegen:
  1. herzloses Unbeteiligtsein gegenüber den Gefühlen anderer
  2. deutliche und andauernde verantwortungslose Haltung und Missachtung sozialer Normen, Regeln und Verpflichtungen
  3. Unfähigkeit zur Aufrechterhaltung dauerhafter Beziehungen, obwohl keine Schwierigkeit besteht, sie einzugehen
  4. sehr geringe Frustrationstoleranz und niedrige Schwelle für aggressives, einschließlich gewalttätiges Verhalten
  5. fehlendes Schuldbewusstsein oder Unfähigkeit, aus negativer Erfahrung, insbesondere Bestrafung, zu lernen
  6. deutliche Neigung, andere zu beschuldigen oder plausible Rationalisierungen anzubieten für das Verhalten, durch welches die Betreffenden in einen Konflikt mit der Gesellschaft geraten sind
	A. Es besteht ein tiefgreifendes Muster von Missachtung und Verletzung der Rechte anderer, das seit dem Alter von 15 Jahren auftritt. Mindestens 3 der folgenden Kriterien müssen erfüllt sein:
	  1. Versagen, sich in Bezug auf gesetzmäßiges Verhalten gesellschaftlichen Normen anzupassen, was sich in wiederholtem Begehen von Handlungen äußert, die einen Grund für eine Festnahme darstellen
	  2. Falschheit, die sich in wiederholtem Lügen, dem Gebrauch von Decknamen oder dem Betrügen anderer zum persönlichen Vorteil oder Vergnügen äußert
	  3. Impulsivität oder Versagen, vorausschauend zu planen
	  4. Reizbarkeit und Aggressivität, die sich in wiederholten Schlägereien oder Überfällen äußert
	  5. rücksichtslose Missachtung der eigenen Sicherheit bzw. der Sicherheit anderer
	  6. durchgängige Verantwortungslosigkeit, die sich im wiederholten Versagen zeigt, eine dauerhafte Tätigkeit auszuüben oder finanziellen Verpflichtungen nachzukommen
	  7. fehlende Reue, die sich in Gleichgültigkeit oder Rationalisierung äußert, wenn die Person andere Menschen kränkt, misshandelt oder bestohlen hat
	B. Die Person ist mindestens 18 Jahre alt.
	C. Eine Störung des Sozialverhaltens war bereits vor Vollendung des 15. Lebensjahres erkennbar.
	D. Das antisoziale Verhalten tritt nicht ausschließlich im Verlauf einer Schizophrenie oder einer manischen Episode auf.

- Im Kindesalter ist die Differenz am größten (bei 4- bis 11-Jährigen: Jungen 6,5 %, Mädchen 1,8 %; Offord et al. 1987).
- Im Jugendalter wird die Geschlechterdifferenz in vielen Studien deutlich kleiner (z. B. Esser et al. 1990: Störungen des Sozialverhaltens bei 13-Jährigen: Jungen 6 %, Mädchen 5 %).

Dies könnte einerseits bedeuten, dass Störungen des Sozialverhaltens bei Mädchen erst später beginnen, oder andererseits, dass frühe Anzeichen für Störungen des Sozialverhaltens nicht erkannt werden, da die Klassifikationskriterien vor allem auf das Verhalten von Jungen zugeschnitten sind. Die Ergebnisse der Dunedin-Longitudinalstudie geben Hinweise darauf, dass die Unterschiede zwischen den Geschlechtern vor allem auf die geringere Prävalenz von aggressiven Verhaltensweisen bei Mädchen zurückzuführen sind (Jungen 3,1 % vs. Mädchen 0 %), während die nicht aggressiven dissozialen Verhaltensweisen bei Mädchen im Alter von 15 Jahren gleich häufig oder sogar etwas häufiger zu finden waren (Jungen 4,1 % vs. Mädchen 7,4 %) (McGee et al. 1990).

Auch im Erwachsenenalter setzt sich die Dominanz des männlichen Geschlechtes fort. In der DSM-IV-TR wird über eine Prävalenz der antisozialen Persönlichkeitsstörung von 3 % bei Männern und 1 % bei Frauen berichtet; aus jüngeren amerikanischen Feldstudien sind insgesamt höhere Prävalenzraten von 5,5 % unter Männern und 1,9 % unter Frauen (Compton et al. 2005) bekannt. Wahrscheinlich ist das Vorkommen in Europa deutlich geringer – mit 1,0 % unter Männern und 0,2 % unter Frauen in einer englischen Studie (Coid et al. 2006) oder 1,3 % unter norwegischen Männern (Torgensen et al. 2001). Männer zeigen tatsächlich sehr viel häufiger delinquente Verhaltensstile und insbesondere Aggressionsdelikte. Daneben gibt es aber auch im Erwachsenenalter einen diagnostischen Geschlechter-Bias im Zusammenhang damit, dass typische weibliche dissoziale Verhaltenstile wie Vernachlässigung von Schutzbefohlenen oder ausbeuterisches Beziehungsverhalten nicht in die diagnostischen Kategorien aufgenommen wurden (Rutherford et al. 1999). Von epidemiologischem Interesse ist, dass sich jenseits des 40. Lebensjahres eine deutliche Tendenz zur Rückbildung zeigt, ein Verlaufskriterium, welches sich auch in der nachlassenden Kriminalität mit zunehmendem Alter widerspiegelt.

40.4 Symptomentwicklung und Komorbidität

Die ICD-10-Diagnosen unterschiedlicher Formen von Störungen des Sozialverhaltens umschreiben sehr heterogene Störungsbilder, die von gewalttätigem, gegen andere Menschen gerichtetem Verhalten über Sachbeschädigungen bis hin zu anderen Verletzungen sozialer Normen wie z. B. Schwarzfahren gehen. Im Gegensatz zum DSM-IV wird auch oppositionelles Trotzverhalten unter diese Diagnose gefasst.

In der Dunedin Child Health Development Study gaben 94 % aller Jugendlichen an, schon einmal illegale Handlungen wie z. B. die Verwendung eines gefälschten Ausweises, unerlaubtes Trinken von Alkohol oder Ähnliches begangen zu haben (Moffitt 1993). Von diesen 94 % erfüllten jedoch nur 7,3 % die Kriterien für eine Störung des Sozialverhaltens und nur 6 % von ihnen waren in schwerwiegendere delinquente Handlungen verwickelt, die zu einer Verhaftung durch die Polizei führten. Dissoziale Verhaltensweisen wie Lügen, Schwarzfahren, kleinere Diebstähle oder aggressives Verhalten gegenüber anderen kommen also bei einer großen Zahl von Jugendlichen im Verlauf ihrer Entwicklung passager vor, ohne dass von einer schwerwiegenden Verhaltensstörung gesprochen werden kann. Vereinzelte dissoziale Verhaltensweisen bei Kindern und Jugendlichen bilden daher eher die Regel als die Ausnahme.

Im Gegensatz zu anderen psychischen Störungen werden bei der Diagnose »Störung des Sozialverhaltens« psychopathologische Phänomene wie impulsiv-aggressives Verhalten mit Abweichungen von sozialen Normen vermischt und zu einer gemeinsamen Diagnose zusammengefasst. Es stellt sich die Frage, ob dies sinnvoll ist, denn die gegenwärtige Taxonomie erschwert die notwendige Verbindung von klinischer Phänomenologie, Erforschung von biologischen und sozialen Grundlagen und therapeutischen Konzepten. Daher können Störungen des Sozialverhaltens zwar reliabel diagnostiziert werden, aber die ökologische und klinische Validität lassen deutlich zu wünschen übrig (Jensen et al. 2007).

> **!** Als zentrales Symptom von Störungen des Sozialverhaltens ist aggressives Verhalten anzusehen. Neurobiologische Untersuchungen wie auch klinische und epidemiologische Studien weisen auf eine Differenzierung von aggressiven Verhaltensweisen hin, wie sie von Steiner et al. (2005) mit der Unterscheidung von »heißer« und »kalter« Aggression getroffen wird.

»Kalte« Aggressionen, die auch als instrumentell bezeichnet werden, verlaufen eher verdeckt und geplant und der Täter erwartet sich einen Vorteil von seiner Handlung (z. B. Machtgewinn oder materielle Vorteile). Der instrumentelle Subtyp, der häufig delinquentem Verhalten (oder bei jüngeren Kindern Vorstufen von Delinquenz) entspricht, wird in reiner Form im klinischen Bereich in der Regel nicht angetroffen. Da (zumindest kurz- bis mittelfristig) Vorteile aus diesem Verhalten gezogen werden können und eine permanente operante Verstärkung vorliegt, zeigen diese Kinder und Jugendlichen wenig Leidensdruck und Veränderungsbereitschaft. Dass es sich bei solchen Verhaltensweisen um Zeichen einer psychischen Störung handeln könnte, wird von den Betroffenen energisch zurückgewiesen (s. o.). Richters und Cicchetti (1993) weisen darauf hin, dass es sich dabei zwar um gesamtgesellschaftlich gesehen deviantes Verhalten handelt, dass dieses Verhalten aber in manchen Randgruppen der Gesellschaft als durchaus den Normen und dem Ehrenkodex dieser Subgruppen entsprechend angesehen werden kann und somit, bezogen auf diese Subgruppe, als normkonformes und nicht psychopathologisch auffälliges Verhalten zu werten wäre.

Instrumentell-dissoziales Verhalten zeigt eine große Ähnlichkeit mit dem von Hare (1970) weiterentwickelten Psychopathie-Konzept. Psychopathie ist danach charakterisiert durch spezifische Persönlichkeitszüge (oberflächlicher Charme, keine dauerhaften Beziehungen, keine Empathie, keine Schuldgefühle, keine Angst, oberflächliche Emotionen) und einen instabilen (mehrfache Ehen, wechselnde Arbeitsplätze) sowie antisozialen Lebensstil (wiederholte Verhaftungen, Aggressionen). Kinder und Jugendliche, deren Störungen des Sozialverhaltens mit psychopathischen Wesenszügen kombiniert waren, wiesen einen höheren Schweregrad der Störungen auf (höhere Werte auf den CBCL-Aggressions- und Dissozialitätsskalen, mehr aggressive und oppositionelle Verhaltensweisen sowie mehr verdeckt ausgeführte destruktive und gegen das Eigentum anderer gerichtete Verhaltensweisen) als die Gruppe mit Störungen des Sozialverhaltens ohne psychopathische Züge (Christian et al. 1997). Zudem waren psychopathische Persönlichkeitszüge häufiger bei Störungen des Sozialverhaltens mit frühem Beginn zu finden (Moffitt et al. 2002).

Ganz anders sieht es bei der »**heißen**« (affektiven/impulsiven) **Aggression** aus, bei der auf dem Boden einer erhöhten Reizbarkeit Impulse ohne ausreichende Handlungskontrolle ausgiert werden. Solche Handlungen werden ungeplant und offen vollzogen, die Konsequenzen sind in der Regel negativ und die Handlungen werden begleitet von Emotionen wie Wut, Frustration oder Angst (Jensen et al. 2007). Kinder und Jugendliche in klinischen Behandlungssettings zeigen in der Regel diese Form des aggressiven Verhaltens. Sie haben Schwierigkeiten in der Selbstkontrolle, eine geringe Frustrationstoleranz und kognitive Verzerrungen bei der Bewertung der Handlungen anderer. Ihre Handlungsweise ist charakterisiert durch die Reaktion auf eine wahrgenommene Bedrohung oder Benachteiligung durch andere und führt durch ihren impulsiven und ungeplanten Charakter eher zu Nachteilen. Dass dieses Verhalten trotz der negativen Konsequenzen dennoch so dauerhaft und beinahe unbeirrbar weiterverfolgt wird, unterstützt die Hypothese einer deutlichen Mitbeteiligung biologischer Prozesse bei der Entstehung und Aufrechterhaltung von impulsiv-feindseligem Verhalten.

Auch wenn beide Formen aggressiven Verhaltens häufig nicht in reiner Form vorkommen, sondern sich zu einem bestimmten Ausmaß überlappen, können sie dennoch als relativ unabhängige Verhaltensdimension in verschiedenen Situationen beschrieben werden (Schmeck 2004; Vitiello u. Stoff 1997).

40.5 Ätiologie und Pathogenese

Die Genese von aggressiven und dissozialen Verhaltensstörungen kann nur verstanden werden in einem multifaktoriellen Konzept, in dem biologische, psychobiologische, psychologische, psychosoziale und gesellschaftsbezogene Faktoren integriert sind. Kindbezogene (biologische oder psychobiologische) Variablen haben in der Erklärung von impulsiv-aggressivem Verhalten einen höheren Stellenwert, während die »kalte« Form der Aggression sowie delinquente Verhaltensweisen eher einem stärkeren Einfluss von psychosozialen und gesellschaftsbezogenen Faktoren unterliegen.

Als bedeutsame Einflussfaktoren in der Genese von Störungen des Sozialverhaltens können die folgenden Befunde unterschieden werden.

40.5.1 Genetische Einflüsse

Wenn über Delinquenz und Genetik gesprochen wird, ist es außerordentlich wichtig, sich vor Augen zu halten, dass nicht Delinquenz vererbt wird (Rutter 1996:»*Genes do not, and cannot, code for socially defined behaviors*«, S. 266), sondern die Bereitschaft, bestimmte Symptome leichter zu entwickeln, welche die Wahrscheinlichkeit erhöhen, delinquente Verhaltensweisen zu zeigen.

Für kriminelles Verhalten liegt die Konkordanzrate bei erwachsenen monozygoten Zwillingen bei 51 gegenüber 22 bei dizygoten erwachsenen Zwillingen (McGuffin et al. 1984). Eine Untersuchung an 1 090 monozygoten und dizygoten Zwillingspaaren im Alter von 16 bis 17 Jahren wies eine hohe Erblichkeit auch für das Konstrukt der psychopathischen Persönlichkeit einschließlich seiner zwei Subfaktoren »affektive Besonderheiten« und »impulsiv-unverantwortliches Verhalten« nach, nicht aber für die problematischen interpersonalen Aspekte im Sinne von überheblicher Grandiosität und Manipulation anderer (Larrson et al. 2006). Je früher dissoziales Verhalten in der Entwicklung auftritt, umso stärker scheinen genetische Einflüsse vorzuliegen, je später es auftritt, desto bedeutsamer scheinen Umwelteinflüsse zu sein. Bei einer Differenzierung dissozialer Verhaltensweisen in oppositionelles Trotzverhalten, aggressives Verhalten, Eigentums-/Sachbeschädigungsdelikte und Verletzung sozialer Normen (Schulschwänzen, von zu Hause weglaufen) zeigten sich für oppositionelles Trotzverhalten die höchsten Heritabilitätsschätzungen von 0,66, die für die anderen Verhaltensweisen kontinuierlich abfielen (aggressives Verhalten 0,49, Eigentums-/Sachbeschädigungsdelikte 0,36 und Verletzung sozialer Normen 0,29). Umgekehrt waren die Einflüsse der gemeinsam erlebten Umwelt am niedrigsten für oppositionelle Verhaltensweisen (0,16) und nahmen für die anderen Verhaltensweisen kontinuierlich zu (aggressives Verhalten 0,43, Eigentums-/Sachbeschädigungsdelikte 0,52 und Verletzung sozialer Normen 0,55) (Lahey et al. 1999).

Zurückgehend auf neuere Befunde wird derzeit in der Forschung ein interaktionelles Modell zwischen Genotyp und Umwelt präferiert. Beteiligte genetische Polymorphismen betreffen vor allem die Aktivität von monoaminergen Neurotransmittern. In zwei Studien (Caspi et al. 2002; Foley et al. 2004) wurde eine Assoziation zwischen MAO-A-Genpolymorphismus, kindlicher Vernachlässigung und der Entwicklung antisozialen Verhaltens aufgezeigt. Kinder, die schwerer Vernachlässigung ausgesetzt waren, hatten ein signifikant höheres Risiko, eine Störung des Sozialverhaltens und im Weiteren eine antisoziale Persönlichkeitsstörung zu entwickeln, wenn sie mit einer Genvariante, lokalisiert auf dem X-Chromosom, ausgestattet waren, die mit einer geringeren MAO-A-Aktivität assoziiert ist. Bildgebende Befunde verweisen überdies auf strukturelle Besonderheiten, nämlich geringe Volumina von Amygdala und cingulären Strukturen, sowie Funktionsabweichungen, nämlich höhere Amygdalaaktivität und niedrigere präfrontale Aktivität, bei Trägern der beschriebenen genetischen Variante (Meyer-Lindenberg et al. 2006). Für männliche Träger der kurzen Variante des Serotonintransportergens (5-HTTLPR) wurde kürzlich ein erhöhtes Risiko für andauerndes gewalttätiges Verhalten berichtet, wenn sie in ihrer Kindheit körperlichen Misshandlungen ausgesetzt waren (Reif et al. 2007). Auch für die Catecholamin-*O*-methyltransferase (COMT) konnte gezeigt werden, dass ein spezifischer Genpolymorphismus zusammen mit pränatalen Komplikationen das Risiko einer antisozialen Entwicklung erhöht, ein Zusammenhang, der sich in einem erniedrigten Geburtsgewicht niederschlug (Thapar et al. 2005).

40.5.2 Neuroanatomische Befunde

Traumatische Schädigungen im Bereich des rechten Orbitofrontalhirns können zu einem Verlust der Fähigkeit zur Hemmung sozial unerwünschter Verhaltensweisen führen. Obwohl die Intelligenz in keiner Weise vermindert ist und die Einsicht in die moralische Bewertung von Verhaltensweisen erhalten bleibt (Aufgaben zu moralischen Dilemmata werden korrekt gelöst), sind die Patienten nicht in der Lage, sich entsprechend dieser moralischen Bewertung zu verhalten (Damasio et al. 1990). Frontoorbitalen Abschnitten kommt bekanntlich eine wichtige Bedeutung in der Inhibition von Gedanken und Verhaltensimpulsen sowie im Erkennen des emotionalen Bedeutungsgehaltes von Situationen in Bezug auf Belohnung und Bestrafung zu. Besonders für die Gruppe der psychopathischen Straftäter ergeben sich Hinweise auf verminderte neuronale Aktivität in orbitofrontalen Regionen, daneben auch in rostralen Abschnitten des anterioren Cingulums und schließlich in der Amygdala, wobei letzter Befund bei der Verwendung emotionaler Paradigmen etwas inkonsistent ist (zur Übersicht

40.5 Ätiologie und Pathogenese

s. Schnell u. Herpertz 2005; Walter 2005). Zudem fand sich bei Menschen mit ausgeprägt psychopathischen gegenüber gering psychopathischen Persönlichkeitszügen eine verstärkte Aktivierung eines kognitiven Netzwerkes bei der Beurteilung von Gesichtsausdrücken, während Betroffene mit geringen psychopathischen Zügen eine stärkere Aktivierung des emotionalen Netzwerkes in dieser Aufgabe zeigten (Gordon et al. 2004). Ein verstärkter Metabolismus limbischer Strukturen besonders der Amygdala fand sich dagegen in einer FDG-PET-Untersuchung bei Probanden mit reaktiv-aggressiven Tötungsdelikten im Vergleich zu Kontrollprobanden (Raine et al. 1998). Patienten mit antisozialer Persönlichkeitsstörung ohne traumatische Hirnschädigungen scheinen auch strukturelle Auffälligkeiten im präfrontalen Kortex aufzuweisen (Verkleinerung um 11 % in einer Studie von Raine et al. 2000).

40.5.3 Neurochemische und hormonelle Befunde

Vielfältige Untersuchungen bei Menschen und Tieren belegen einen inversen Zusammenhang zwischen verschiedenen Maßen serotonerger Neurotransmission und dem Ausmaß an impulsivem Verhalten und reaktiver Aggression (Stadler et al. 2004). Ein Beispiel liefert die Methode der Tryptophan-Depletion, durch die es zu einer Verminderung der Serotonin-Synthese kommt. Nach Tryptophan-Depletion wurde bei aggressiven Erwachsenen eine Zunahme von Ärger, Aggressivität und Feindseligkeit beobachtet (Cleare u. Bond 1995). Auch bei Kindern mit Störungen des Sozialverhaltens konnten Stadler et al. (2004) zeigen, dass eine Verminderung der Serotonin-Synthese als Folge einer Tryptophan-Depletion zu einer signifikant erhöhten Zunahme aggressiven Verhaltens führt. Untersuchungen zur Bedeutung des männlichen Geschlechtshormons Testosteron zur Aufklärung von impulsivem und aggressivem Verhalten ergaben uneinheitliche Ergebnisse. Nach Virkkunen et al. (1996) hat Testosteron vor allem Einfluss auf verbale Aggressivität, Maskulinität und Dominanzverhalten.

40.5.4 Psychophysiologische Befunde

Weitgehend konsistent zeigt sich bei dissozialen Störungen eine erniedrigte psychophysiologische Aktivierung und Reaktivität, die an niedrigeren basalen Herzfrequenzen und Hautleitfähigkeitswerten sowie einer geringeren Zahl an Spontanfluktuationen der Hautleitfähigkeit zu erkennen ist. Störungen des Sozialverhaltens gehen mit vermindertem autonomem Arousal und verminderter autonomer Reagibilität in Form von reduzierten Hautleitwertreaktionen und schnellerer Habituation einher (Herpertz et al. 2005), ein Befund, der sich auch bei den biologischen Vätern bestätigte (Herpertz et al. 2007a). Man geht davon aus, dass die Betroffenen eine verminderte konditionierte Angstreaktion durch die Hyporeagibilität des autonomen Nervensystems erleben und dadurch nur erschwert aus Strafe lernen. Darüber hinaus gibt es die verbreitete Annahme, dass autonome Hyporeagibilität als aversiv erlebt wird und eine vermehrte Reizsuche *(sensation-seeking)* initiiert.

40.5.5 Neuropsychologische Defizite

Kinder und Jugendliche mit Störungen des Sozialverhaltens weisen gehäuft eine unterdurchschnittliche Intelligenz auf, die sich vor allem in schlechteren verbalen Fähigkeiten ausdrückt. Diese kognitiven Defizite sind vor allem bei denjenigen zu finden, deren Störung schon in der Kindheit anfing und die eher dem impulsiv-aggressiven und nicht dem instrumentell-aggressiven Typ zuzuordnen sind. Der Nachweis schlechterer Intelligenztestleistungen bleibt auch dann bestehen, wenn Intelligenz prospektiv erhoben wird, d. h. niedrige Intelligenz ist keine Folge von dissozialem Verhalten, sondern ist schon vorhanden vor Beginn der dissozialen Symptomatik. Gegenstand einer Anzahl neuropsychologischer Studien bei antisozialen Persönlichkeiten aller Altersgruppen war zudem das Symptom der Impulsivität, das mit präfrontalen exekutiven Funktionsstörungen in Zusammenhang gebracht wurde. Hier verweisen Befunde auf eine defizitäre Fähigkeit zur Inhibition von Distraktoren, zum flexiblen Wechsel des Aufmerksamkeitsfokus als auch zur Unterdrückung bestimmter gelernter Antworten zugunsten der Initiierung neuer Lösungswege (Raine 2002; White et al. 1994). Weitere kognitive Einbußen betreffen die Fähigkeit, Stimulus-Verstärker-Assoziationen zu bilden und im Falle der Veränderung von Kontingenzen in sogenannten *response reversal tasks* gelernte Stimulus-Antwort-Assoziationen zu verändern (Mitchell et al. 2002).

40.5.6 Sonstige Einflussfaktoren

■ **Temperament:** Kinder, deren Temperament im Alter von zwei bis drei Jahren als schwierig eingeschätzt wurde, weisen in der Adoleszenz ein deutlich erhöhtes Risiko zur Entwicklung von externalisierenden Verhaltensstörungen auf. Das »schwierige Temperament« steht dabei in einem engeren Zusammenhang zu aggressivem als zu dissozialem Verhalten, und zwar vor allem zum früh beginnenden aggressiven Verhalten, nicht aber zum aggressiven Verhalten, wenn es erst nach dem zehnten Lebensjahr einsetzt. Ein stark ausgeprägtes Verhaltensaktivierungssystem (hohes Neugierverhalten) bei gleichzeitig schwachem Verhaltenshemmungssystem (niedrige Schadensvermeidung) führt zu risikoreichem explorativem Verhalten ohne ausreichende Angst vor möglichen negativen Konsequenzen, wie es für Kinder und Jugendliche mit Störungen des Sozialverhaltens charakteristisch ist. In verschiedenen Untersuchungen (Schmeck u. Poustka 2001; Sigvardsson et al. 1987; Tremblay et al. 1994) konnte gezeigt werden, dass Störungen des Sozialverhaltens assoziiert sind mit hohem Neugierverhalten (und zum Teil auch mit niedriger Schadensvermeidung).

■ **Attributionsfehler:** Aggressive und impulsive Kinder und Jugendliche legen bei der Bewertung einer Situation ihr Augenmerk bevorzugt auf als provozierend erlebte Hinweisreize (Dodge et al. 1990; Stadler et al. 1997). Sie beurteilen daher auch eine ihnen unabsichtlich zugefügte Schädigung eher als absichtlich oder feindselig, woraus sie eine Legitimation zu aggressivem Verhalten ihrerseits ableiten. Eine solche Attributionsverzerrung kann die Folge von chronischen Gewalterfahrungen in der Vorgeschichte sein, durch die Kinder in einer Generalisierung ihrer schlechten Erfahrungen Menschen in ihrer Umgebung als ihnen gegenüber feindselig eingestellt erleben (Frick 1998).

■ **Empathiedefizit:** Vielfältige Untersuchungen bei Kindern, Jugendlichen und Erwachsenen mit dissozialem oder delinquentem Verhalten belegen immer wieder tiefgreifende Defizite in der Fähigkeit zur Empathie. Besonders extrem ausgeprägt ist dieses Defizit bei Kindern und Jugendlichen mit instrumentell-dissozialem Verhalten und psychopathischen Wesenszügen. Nach den Untersuchungen von Christian et al. (1997) trifft dies für ca. 25 % der Kinder mit frühem Beginn der Sozialverhaltensstörung zu, die sich durch mangelnde Schuldgefühle, Fehlen von Empathie sowie niedrige Emotionalität auszeichnen. Nach neueren Erkenntnissen scheinen funktionierende Strukturen im Bereich des rechten Orbitofrontalhirns notwendige Voraussetzungen zur Entwicklung von Empathie und Gewissen zu sein (aber sicher keine hinreichenden Bedingungen).

■ **Elterliches Erziehungsverhalten:** Inkonsistentes und inadäquates elterliches Erziehungsverhalten zählt zu den am besten abgesicherten Risikofaktoren für die Entwicklung von externalisierendem Verhalten (Farrington 1995; Farrington et al. 1990; Robins 1991). Vor allem von Patterson (1982) wurden ausführlich familiäre Belastungsfaktoren beschrieben, die zur Entstehung von antisozialem Verhalten beitragen. Mit nicht aggressiv dissozialem Verhalten wie z. B. Stehlen gehen vor allem elterliche Verhaltensweisen einher wie distanziertes Verhalten, wenig Einmischung, wenig Aufsicht und Steuerung sowie nicht ausreichende Reaktionen auf noch nicht stark ausgeprägte Regelverletzungen. Eltern mit sehr aggressiven Kindern sind dagegen eher dadurch charakterisiert, dass sie leicht reizbar sind, schon bei noch altersadäquatem normalem Verhalten ihrer Kinder überreagieren und auf kleinste Provokationen mit Drohungen reagieren. Bei Kindern, die sowohl Aggressionen wie auch delinquentes Verhalten zeigen, sind die verschiedenen negativen Aspekte elterlichen Verhaltens in besonders ungünstiger Weise kombiniert.

■ **Einflüsse der Peer-Gruppe:** Aufgrund ihrer Unberechenbarkeit und Unbeherrschtheit werden aggressive Kinder häufig von der Teilnahme an eher prosozial orientierten Gruppen Gleichaltriger ausgeschlossen. Als Folge davon wenden sie sich verstärkt anderen Kindern oder Jugendlichen zu, die ebenfalls Schwierigkeiten in der Interaktion mit ihrer Umwelt haben. Auf diese Weise werden sie der Möglichkeit beraubt, prosoziale Lernerfahrungen zu machen, und lernen stattdessen, durch Gewaltanwendung bis hin zur körperlichen Aggression ihre Ziele durchzusetzen (Frick 1998). Die wechselseitige Verstärkung antisozialen Verhaltens durch Peer-Gruppen-Einfluss ist vor allem bei dissozialen Jugendlichen mit spätem Beginn und weniger schweren Straftaten (wie Diebstähle oder Vandalismus) zu finden.

■ **Medieneinflüsse:** Es gibt inzwischen überwältigende Hinweise dafür, dass ein exzessiver Konsum von Gewaltdarstellungen in Fernsehen oder Videospielen die Schwelle für aggressives Verhalten senkt. In ihrer Metaanalyse zum Zusammenhang vom Spielen gewalttätiger Computerspiele mit aggressivem Verhalten fassten Anderson und Bushman (2001) die Ergebnisse von 86 Querschnittsstudien, 46 Längsschnittsstudien, 27 Feldexperimenten und 124 experimentellen Laborstudien mit insgesamt über 50 000 Probanden zusammen. Die durchschnittliche Korrelation zwischen Medienkonsum und Aggression lag bei $r = 0{,}30$, die mittlere Effektstärke bei $d = 0{,}50$.

■ **Armut und Benachteiligung:** Armut und damit assoziierte Probleme wie z. B. große Familien oder schlechte Wohnverhältnisse werden von Farrington (1995) und Fergusson und Lynskey (1996) als wesentliche Risikofaktoren zur Vorhersage dissozialen oder delinquenten Verhaltens beschrieben. Arme Menschen leben häufiger in einer gewalttätigen Umgebung wie z. B. den Slums oder Trabantensiedlungen von Großstädten. Kinder und Jugendliche, die in solchen Umgebungen aufwachsen, richten ihre Problemlösestrategien an dem gewalttätigen Verhalten ihrer Umgebung aus und internalisieren Gewalt als wesentliche Überlebensstrategie in einer feindlichen Umgebung und somit als akzeptables Mittel zur Lösung von Konflikten.

40.6 Therapie und Prävention

40.6.1 Allgemeine therapeutische Prinzipien

Aggressive und dissoziale Störungen weisen eine hohe Stabilität auf. Es gibt bisher keine ausreichenden empirischen Belege dafür, dass individualtherapeutische Maßnahmen alleine ausreichend sind, um schwer ausgeprägte Störungen des Sozialverhaltens langfristig erfolgreich behandeln zu können. Nur eine multimodale Therapie, welche sowohl kindzentrierte als auch eltern- und umgebungszentrierte (Kindergarten, Schule, Peer-Gruppen) Ansätze einschließt, kann letztendlich Erfolg versprechend sein. Wenn komorbide Störungen vorhanden sind, müssen diese ebenfalls Ziel der Interventionen sein. Teilleistungsstörungen oder allgemeine Schulleistungsstörungen erfordern spezifische Förderprogramme oder Schulwechsel.

Vom Setting her sollte ambulanten oder teilstationären Maßnahmen Vorrang gegeben werden. Die Möglichkeiten einer stationären Behandlung dürfen nicht überschätzt werden, da es sich bei Störungen des Sozialverhaltens um eher chronisch verlaufende Störungen handelt. Wegen der häufig zu beobachtenden Bindungsstörungen ist der Aufbau von kontinuierlichen und tragfähigen Beziehungen von hoher Bedeutung, die dringend notwendige kontingente pädagogische Maßnahmen ermöglichen. Solche kontinuierlichen Beziehungen sind im vollstationären Bereich wegen der Schichtwechsel nicht leicht herzustellen, weshalb vor allem bei jüngeren Kindern tagesklinische Konzepte sinnvoll sind, die neben der kontinuierlichen Beziehungserfahrung durch die stärkere Einbindung der Eltern auch den Transfer in den häuslichen Bereich erleichtern.

Im Rahmen stationärer Maßnahmen werden vor allem Kinder mit impulsiv-aggressivem Verhalten behandelt. Diesen Kindern sollte während des stationären Aufenthalts geholfen werden, Spannungs- und Erregungszustände rechtzeitig wahrzunehmen, bevor eine Eskalation eintritt, und emotionale Schwankungen zunehmend eigenständig zu regulieren. Dazu benötigen sie eine beruhigende Atmosphäre und ein Gefühl von Sicherheit und Beständigkeit in den Reaktionen ihrer Umgebung, was sie aus ihren früheren Beziehungserfahrungen häufig nicht kennen. Attributionsfehler im Sinne von »die anderen sind immer gegen mich und wollen mir etwas antun« müssen ebenso Ziel der Behandlung sein wie mangelnde soziale Kompetenzen und Problemlösedefizite. Auch pharmakotherapeutischen Maßnahmen kommt eine sehr wichtige Funktion zu.

Bei einem nicht unerheblichen Teil dieser Patienten sind in der Vorgeschichte Hinweise für multiple und schwerwiegende Traumatisierungen zu finden, zu denen die Patienten selbst oft keinen Zugang haben, wobei die dann gehäuft auftretende Kombination von fremd- und selbstaggressiven Verhaltensweisen Hinweise liefern kann. In solchen Fällen ist es für die Behandlungsplanung wichtig, ein Verständnis für die Entstehungsgeschichte der Störungen zu gewinnen, um traumatische Reinszenierungen erkennen und überwinden zu können (Streeck-Fischer 2000). Da die Fähigkeit zur Regulation von Affekten gestört ist, kommt es immer wieder zu unerträglichen Spannungszuständen, die sich in selbst- oder fremdaggressivem Verhalten entladen. Hilfreich sind dann tragfähige und haltende Beziehungen sowie das Gefühl, dass das stationäre Milieu einen sicheren Ort darstellt, der anders als in den früheren Lebensumwelten der Kinder Schutz gegen Gefahren bietet. Auch wenn systematische Evaluationen noch ausstehen, gibt es vielfältige klinische Hinweise dafür, dass tiefenpsychologische Behandlungsansätze bei dieser Form aggressiven Verhaltens hilfreich sein können.

Bei eher instrumentell-dissozialem Verhalten sollte die Indikation für eine stationäre kinder- und jugendpsychiatrische Behandlung nur sehr restriktiv gestellt werden, da diese Kinder und Jugendlichen häufig mit ihrem antisozialen Verhalten Mitpatienten schädigen und in ihrer Entwicklung beeinträchtigen. Primär sollten langfristig angelegte Jugendhilfemaßnahmen mit begleitender ambulanter Behandlung angestrebt werden, um im Rahmen von klaren pädagogischen Strukturen neue Beziehungserfahrungen machen zu können, die von ihren bisherigen dysfunktionalen Beziehungsmustern abweichen. Im günstigsten Fall können dadurch neben einer Verbesserung der Bindungsfähigkeit auch eine emotionale Nachreifung und die dringend notwendige Förderung der Gewissensbildung erreicht werden. Bei diesem Störungsbild sind pharmakotherapeutische Maßnahmen in der Regel wenig Erfolg versprechend.

Evaluierte Programme zur Behandlung von dissozialen Störungen liegen vor allem aus dem verhaltenstherapeutischen Bereich vor. Die in einer Metaanalyse von Brestan und Eyberg (1998) als besonders wirksam beschriebenen Elterntrainings von Webster-Stratton und Patterson wurden von Döpfner et al. (1998) für Kinder mit externalisierenden Störungen als Therapieprogramm für Kinder mit hyperkinetischem und oppositionellem Verhalten (THOP) für den deutschen Sprachraum adaptiert.

Der »Multisystemic Treatment« (MST) genannte Behandlungsansatz von Henggeler et al. (1998) ist ein sehr Erfolg versprechendes Therapieprogramm für schwerwiegende aggressive und delinquente Störungen, das vor allem auch dann seine Wirksamkeit nachgewiesen hat, wenn zusätzlich komorbide Suchtstörungen vorliegen. Bei diesem hoch intensiven Behandlungsansatz, der systemische mit verhaltenstherapeutischen und sehr pragmatischen pädagogischen und sozialarbeiterischen Maßnahmen kombiniert, werden die dissozialen Jugendlichen in ihrer gewohnten Umgebung behandelt, wobei neben (eher wenigen) individuumzentrierten Maßnahmen vor allem Interventionen in den Familien sowie Interventionen in der täglichen Lebenswelt der Jugendlichen (Peer-Gruppe, Schule, Lehrstelle) im Sinne eines *case management* durchgeführt werden.

Therapeutische Erfahrungen mit erwachsenen antisozialen Persönlichkeiten gehen auf die Straftäterbehandlung zurück. Entgegen pessimistischer Einschätzungen der Therapierbarkeit von erwachsenen Straftätern gibt es empirisch fundierte Hinweise auf die Wirksamkeit psychotherapeutischer Behandlungsverfahren (Andrews et al. 1990). Behandlungen sollten hoch strukturiert, behavioral oder kognitiv-behavioral sein (Übersicht s. Müller-Isberner u. Eucker 2003). Wirksame Interventionen zielen weniger auf Persönlichkeitsauffälligkeiten als auf Merkmale, die nach dem empirischen Kenntnisstand mit Kriminalität assoziiert sind. Psychotherapeutische Strategien sollten vor allem dem handlungsorientierten Lernstil von Straftätern gerecht werden, weshalb Modell-Lernen, Rollenspiele, abgestufte Erprobung, Verstärkung, konkrete Hilfestellungen, Ressourcenbereitstellung und kognitive Umstrukturierung häufig erfolgreich einsetzbar sind. Das am weitesten verbreitete und einflussreichste multi-modale kognitiv-behaviorale Programmpaket für erwachsene Straftäter ist das »Reasoning and Rehabilitation-Program« (R&R-Programm). Ziel dieses Programms ist die Vermittlung von kognitiven Fähigkeiten, die mit erfolgreichem sozialem Verhalten assoziiert sind, wie z. B. Erlernen von Selbstkontrolle und Emotionsregulation, sozialen Fertigkeiten, interpersonalen Problemlösefähigkeiten, Übernahme der sozialen Perspektive sowie Entwicklung von Werten (Tong u. Farrington 2006).

Beim erwachsenen psychopathischen Straftätertyp, bei dem eine grundsätzliche Änderung von Persönlichkeitsmerkmalen kaum mehr zu erwarten ist, sollte der Fokus weniger auf die defizitären emotionalen Fähigkeiten als auf die Reduktion der Impulsivität und bessere Verhaltenskontrolle gesetzt werden (Habermeyer u. Herpertz 2006). Dies erfordert eine genaue Analyse des aggressiven Verhaltens, des zur Gewalttat führenden Vorlaufes und begleitender Gedanken (weniger der Emotionen) sowie der aus dem aggressiven Verhalten resultierenden Konsequenzen. Darüber hinaus kann mittels kognitiver verhaltenstherapeutischer Vorgehensweisen wie Stimuluskontrolle und kognitiver Umstrukturierung versucht werden, die fälschlichen Belohnungserwartungen und spezifischen kognitiven Annahmen zu korrigieren. Die vorgenannten Techniken können auch dazu genutzt werden, die bei dissozialen Persönlichkeiten häufig zu findenden erheblichen Verleugnungs- und Bagatellisierungsprozesse anzugehen.

40.6.2 Pharmakotherapeutische Behandlungsansätze

Die Wirksamkeit von Stimulanzien bei der Reduktion von aggressivem Verhalten im Rahmen von hyperkinetischen Störungen ist gut belegt (Metaanalyse von Connor et al. 2002). Je ausgeprägter allerdings die Störungen des Sozialverhaltens sind, desto geringer scheint der Effekt von Stimulanzien auf die Reduktion von offen-aggressivem Verhalten zu sein.

Mittel der Wahl zur Behandlung von aggressiven Verhaltensstörungen stellen heutzutage atypische Neuroleptika dar. Vor allem für Risperidon (Risperdal®) wurde die Wirksamkeit in einer Reihe von doppelblinden, placebokontrollierten Studien nachgewiesen (Croonenberghs et al. 2005). Dies gilt auch für aggressives Verhalten von Kindern und Jugendlichen mit eingeschränkten intellektuellen Fähigkeiten (Findling 2008). Bedeutsame antiaggressive Effekte werden schon in Dosierungen zwischen 0,25–1 mg beobachtet (durchschnittliche Dosierung für Kinder und Jugendliche zur Erreichung eines antiaggressiven Effekts zwischen 0,5–2 mg/d).

Stimmungsstabilisatoren wie Valproinsäure werden zur Reduktion von explosiven aggressiven Durchbrüchen (*intermittent explosive disorder*) eingesetzt. Für den Einsatz von Divalproex-Sodium liegen Wirksamkeitsnachweise vor (Steiner et al. 2003). Eine Kombination mit einem atypischen Neuroleptikum wie Risperidon ist möglich und bei anders schwer zu beherrschenden Aggressionsdurchbrüchen indiziert. Lithium hat sich zwar wiederholt als wirksam zur Behandlung von aggressiven Verhaltensstörungen gezeigt, jedoch setzt die Behandlung mit dieser Substanz wegen der geringen therapeutischen Breite eine hohe Compliance voraus, die bei Kindern und Jugendlichen mit Störungen des Sozialverhaltens in der Regel nicht gegeben ist, sodass diese Substanz meist nicht eingesetzt wird.

Trotz der Bedeutung des serotonergen Systems für die Entstehung von impulsivem und aggressivem Verhalten gibt es bisher keine Hinweise dafür, dass selektive Serotonin-Wiederaufnahmehemmer zur Reduktion aggressiven Verhaltens beitragen können.

Die pharmakologische Behandlung bei jungen Erwachsenen erfolgt weitgehend *off-label* und bezieht sich auf Substanzen, die sich auf impulsives Verhalten dämpfend auswirken. Die meisten Studien wurden bei Patienten mit Borderline-Persönlichkeitsstörung durchgeführt, z. T. handelt es sich um heterogene Studienpopulationen aus Cluster-B-Persönlichkeitsstörungen oder impulsive Persönlichkeiten (Übersicht s. Herpertz et al. 2007b). Dabei wurde beim Einsatz von selektiven Serotonin-Wiederaufnahmehemmern z. T. nur eine Besserung der affektiven Symptomatik (Rinne et al. 2002), z. T. auch ein Rückgang aggressiv-impulsiver Verhaltensweisen berichtet (Coccaro u. Kavoussi 1997). Klinische Studien mit atypischen Neuroleptika konnten recht konsistent eine Reduktion von Angst, Wut und impulsiver Aggressivität nachweisen (Nickel et al. 2006, 2007; Zanarini et al. 2001, 2004). Kontrollierte Studien mit Lithium in den 1970er Jahren berichteten eine Wirksamkeit gegenüber impulsiver Aggressivität. Schließlich zeigen Studien die Wirksamkeit von Valproat bei Erwachsenen in dieser Indikation (Frankenburg u. Zanarini 2002) und Topiramat (Nickel et al. 2004, 2005) an.

40.6.3 Prävention

Aus der Erkenntnis, dass gerade die früh beginnenden Störungen des Sozialverhaltens eine besonders problematische Langzeitprognose aufweisen, ergibt sich notwendigerweise die Forderung, präventive Maßnahmen möglichst früh zu beginnen. Primäre Prävention kann dabei schon vor der Geburt der

Kinder beginnen, indem zum Beispiel schwangere Frauen mit problematischem sozialem Hintergrund (jung, alleinerziehend, psychische Probleme, ausgeprägter Nikotin-, Alkohol- oder Drogenabusus) beraten werden, um ihnen die Folgen ihrer Verhaltensweisen für das ungeborene Kind zu verdeutlichen und sie in ihrer Erziehungskompetenz zu stärken. Als präventive Maßnahme kann ebenfalls die Beratung von Familien mit sogenannten Schrei-Babys gesehen werden, die durch ihr schwieriges Temperament ein hohes Risiko haben, von ihren Eltern misshandelt zu werden. In diesen Familien kommt es ohne Unterstützung von außen oft zu tiefgreifenden Beziehungsstörungen zwischen Eltern und Kind, die dann auch nach Abklingen des Schreiens zu langfristig schädlichen Auswirkungen auf die Entwicklung der Kinder führen.

Eine auf das Kind zentrierte präventive Maßnahme besteht in der adäquaten Behandlung einer komorbiden oder vorher bestehenden hyperkinetischen Störung. Wegen der hohen Bedeutung impulsiver Verhaltensweisen für die spätere Entwicklung von delinquentem Verhalten kann somit bei entsprechender Indikation auch eine Stimulanzienbehandlung als präventive Maßnahme zur Verhinderung schwerwiegender aggressiver und dissozialer Entwicklung angesehen werden.

Es gibt inzwischen eine Reihe von Präventions- und Interventionsprogrammen, die für den Einsatz im Kindergarten- und frühen Schulalter entwickelt wurden, z. B. »Präventionsprogramm für expansives Problemverhalten« (PEP; Plück et al. 2006) oder »Faustlos« (Cierpka 2001). Bezogen auf Veränderungen im elterlichen Erziehungsverhalten können solche präventiven Maßnahmen aber nur erfolgreich sein, wenn diese Eltern ausreichend motiviert sind, an Beratungen oder Elterntrainings regelmäßig teilzunehmen. Dies ist gerade bei dem oft schwierigen familiären Hintergrund von aggressiven Kindern häufig nicht der Fall.

Es gibt Berichte darüber, dass intensive Betreuungsprogramme, die bereits ab dem dritten Lebensjahr Anwendung finden, biologische Risikofaktoren wie die autonome Hyporeagibilität günstig beeinflussen können und auf diese Weise möglicherweise das Risiko für eine dissoziale Entwicklung reduzieren helfen (Raine et al. 2001).

40.7 Fazit

Störungen des Sozialverhaltens sind als sehr hartnäckige Störungen anzusehen, die eine Tendenz zu einem chronischen Verlauf aufweisen, wenn nicht schon zu einem frühen Zeitpunkt intensive Präventions- und Behandlungsmaßnahmen eingeleitet werden. Wegen der in der Regel multifaktoriellen Ätiologie dieses Störungsbildes ist es von zentraler Bedeutung, dass therapeutische Interventionen auf einem multimodalen Konzept basieren, das unterschiedliche Herangehensweisen bei verschiedenen Unterformen dissozialen Verhaltens berücksichtigt.

Literatur

Anderson CA, Bushman BJ. Effects of violent video games on aggressive behavior, aggressive cognition, aggressive affect, physiological arousal, and prosocial behavior: a meta-analytic review of the literature. Psychol Sci 2001; 12(5): 353–9.

Andrews D, Zinger I, Hoge RD, Bonta J, Gendreau P, Cullen FT. Does correctional treatment work? A clinically relevant and psychologically informed meta-analysis. Criminology 1990; 28: 369–404.

Angold A, Costello EJ, Erkanli A. Comorbidity. J Child Psychol Psychiatry 1999; 40: 57–87.

Brestan EV, Eyberg SM. Effective psychosocial treatments of conduct-disordered children and adolescents: 29 years, 82 studies, and 5,272 kids. J Clin Child Psychol 1998; 27: 180–9.

Caspi A, McClay J, Moffitt T, Mill J, Martin J, Craig IW, Taylor A, Poulton R. Role of genotype in the cycle of violence in maltreated children. Science 2002; 297(5582): 851–4.

Christian RE, Frick PJ, Hill NL, Tyler L, Frazer DR. Psychopathy and conduct problems in children: II. Implications for subtyping children with conduct problems. J Am Acad Child Adolesc Psychiatry 1997; 36(2): 233–41.

Cierpka M (Hrsg). FAUSTLOS. Ein Curriculum zur Prävention von aggressivem und gewaltbereitem Verhalten bei Kindern der Klassen 1 bis 3. Göttingen: Hogrefe 2001.

Cleare AJ, Bond AJ. The effect of tryptophan depletion and enhancement on subjective and behavioural aggression in normal male subjects. Psychopharmacology 1995; 118: 72–81.

Cleckley H. The mask of sanity: an attempt to clarify some issues about the socalled psychopathic personality. 5th ed. St Louis: Mosby 1976.

Coccaro EF, Kavoussi RJ. Fluoxetine and impulsive aggressive behavior in personality-disordered subjects. Arch Gen Psychiatry 1997; 54: 1081–8.

Coid J, Yang M, Tyrer P, Roberts A, Ullrich S. Prevalence and correlates of personality disorder in Great Britain. Br J Psychiatry 2006; 188: 423–31.

Compton WM, Conway KP, Stinson FS, Colliver JD, Grant BF. Prevalence, correlates, and comorbidity of DSM-IV antisocial personality syndromes and alcohol and specific drug use disorders in the United States: results from the national epidemiologic survey on alcohol and related conditions. J Clin Psychiatry 2005; 66: 677–85.

Connor DF, Glatt SJ, Lopez ID, Jackson D, Melloni RH. Psychopharmacology and aggression. I: A Meta-analysis of stimulant effects on overt/covert aggression-related behaviors in ADHD. J Am Acad Child Adolesc Psychiatry 2002; 41: 253–61.

Cooke DJ, Michie C. Refining the construct of psychopathy: towards a hierarchical model. Psychol Assess 2001; 13: 171–88.

Craft M. Psychopathic disorders and their assessment. Oxford: Pergamon Press 1966.

Croonenberghs J, Fegert JM, Findling RL, De Smedt G, Van Dongen S; Risperidone Disruptive Behavior Study Group. Risperidone in children with disruptive behavior disorders and subaverage intelligence: a 1-year, open-label study of 504 patients. J Am Acad Child Adolesc Psychiatry 2005; 44(1): 64–72.

Cunningham MD, Reidy TJ. Antisocial personality disorder and psychopathy: diagnostic dilemmas in classifying patterns of antisocial behavior in sentencing evaluations. Behav Sci Law 1998; 16: 333–51.

Damasio AR, Tranel D, Damasio H. Individuals with sociopathic behavior caused by frontal damage fail to respond autonomically to social stimuli. Behav Brain Res 1990; 41: 81–94.

Dodge KA, Price JM, Bachorowski JA. Hostile attributional biases in severely aggressive adolescents. J Abnorm Psychol 1990; 99: 385–92.

Döpfner M, Schürmann S, Fröhlich J. Therapieprogramm für Kinder mit hyperkinetischem und oppositionellem Verhalten (THOP). Weinheim: Psychologie Verlags Union 1998.

Esser G, Schmidt MH, Wörner W. Epidemiology and course of psychiatric disorders in school-age children – results of a longitudinal study. J Child Psychol Psychiatry 1990; 32: 243–63.

Farrington DP. The Twelfth Jack Tizard Memorial Lecture. The development of offendig and antisocial behaviour from childhood: key findings from the Cambridge Study in Delinquent Development. J Child Psychol Psychiatry 1995; 36(6): 929–64.

Farrington DP, Loeber R, van Kammen WB. Long-term criminal outcomes of hyperactivity-impulsivity-attention deficit and conduct problems in childhood. In: Rutter M, Robins L (eds). Straight and Devious Pathways from Childhood to Adulthood. Cambridge: University Press 1990.

Fergusson DM, Lynskey MT. Adolescent Resiliency to Family Adversity. J Child Psychol Psychiatry 1996; 37(3): 281–92.

Findling RL. Atypical antipsychotic treatment of disruptive behavior disorders in children and adolescents. J Clin Psychiatry 2008; 69 (Suppl 4): 9–14.

Foley DL, Eaves LJ, Wormley B, Silberg JL, Maes HH, Kuhn J, Riley B. Childhood adversity, monoamine oxidase A genotype, and risk for conduct disorder. Arch Gen Psychiatry 2004; 61: 738–44.

Frankenburg FR, Zanarini MC. Divalproex sodium treatment of women with borderline personality disorder and bipolar II disorder: a double-blind placebo-controlled pilot study. J Clin Psychiatry 2002; 63(5): 442–6.

Frick PJ. Conduct Disorders and Severe Antisocial Behavior. New York: Plenum Press 1998.

Goldstein RB, Grant BF, Ruan W, Smith SM, Saha TD. Antisocial personality disorder with childhood- vs. adolescence-onset conduct disorder: results from the National Epidemiologic Survey on Alcohol and Related Conditions. J Nerv Ment Dis 2006; 194: 667–75.

Gordon HL, Baird AA, End A. Functional differences among those high and low on a trait measure of psychopathy. Biol Psychiatry 2004; 567: 516–21.

Habermeyer E, Herpertz SC. Dissoziale Persönlichkeitsstörung. Nervenarzt 2006; 77: 605–17.

Hare RD. Psychopathy: Theory and Practice. New York: Wiley 1970.

Henggeler SW, Schoenwald SK, Borduin CM, Rowland MD, Cunningham PB. Multisystemic Treatment of Antisocial Behavior in Children and Adolescents. New York, London: Guilford Press 1998.

Herpertz SC, Saß H. Emotional deficiency and psychopathy. Behav Sci Law 2000; 18: 567–80.

Herpertz SC, Mueller B, Wenning B, Qunaibi M, Lichterfeld C, Konrad K, Herpertz-Dahlmann B. Response to emotional stimuli in boys with conduct disorder. Am J Psychiatry 2005; 162: 1100–7.

Herpertz SC, Vloet T, Mueller M, Domes G, Willmes K, Herpertz-Dahlmann B. Similar autonomic responsivity in boys with conduct disorder and their fathers. Am Acad Child Adolesc Psychiatry 2007a; 46: 535–45.

Herpertz SC, Zanarini M, Schulz C, Siever L, Lieb K, Möller HJ; WFSBP Task Force on Personality Disorders; World Federation of Societies of Biological Psychiatry (WFSBP). World Federation of Societies of Biological Psychiatry (WFSBP) guidelines for biological treatment of personality disorders. World J Biol Psychiatry 2007b; 8: 212–44.

Jensen PS, Youngstrom EA, Steiner H, Findling RL, Meyer RE, Malone RP, Carlson GA, Coccaro EF, Aman MG, Blair J, Dougherty D, Ferris C, Flynn L, Green E, Hoagwood K, Hutchinson J, Laughren T, Leve LD, Novins DK, Vitiello B. Consensus report on impulsive aggression as a symptom across diagnostic categories in child psychiatry: implications for medication studies. J Am Acad Child Adolesc Psychiatry 2007; 46(3): 309–22.

Kosson DS, Lorenz AR, Newman JP. Effects of comorbid psychopathy on criminal offending and emotion processing in male offenders with antisocial personality disorder. J Abnorm Psychol 2006; 115(4): 798–806.

Lahey BB, Waldman ID, McBurnett K. The development of antisocial behavior: an integrative causal model. J Child Psychol Psychiatry 1999; 40: 669–82.

Lahey BB, Loeber R, Burke JD, Applegate B. Predicting future antisocial personality disorder in males from a clinical assessment in childhood. J Consult Clin Psychol 2005; 73: 389–99.

Larsson H, Andershed H, Lichtenstein P. A genetic factor explains most of the variation in the psychopathic personality. J Abnorm Psychol 2006; 115: 221–30.

McGee R, Feehan M, Williams S, Partridge F, Silva PA, Kelly J. DSM-III disorders in a large sample of adolescents. J Am Acad Child Adolesc Psychiatry 1990; 29(4): 611–9.

McGuffin P, Farmer AE, Gottesman II, Murray RM, Reveley AM. Twin concordance for operationally defined schizophrenia. Confirmation of familiality and heritability. Arch Gen Psychiatry 1984; 41: 541–5.

Meyer-Lindenberg A, Buckholtz JW, Kolachana B, R Hariri A, Pezawas L, Blasi G, Wabnitz A, Honea R, Verchinski B, Callicott JH, Egan M, Mattay V, Weinberger DR. Neural mechanisms of genetic risk for impulsivity and violence in humans. Proc Natl Acad Sci U S A 2006; 103: 6269–74.

Mitchell D, Colledge E, Leonard A, Blair R. Risky decisions and response reversal: is there evidence of orbitofrontal cortex dysfunction in psychopathic individuals? Neuropsychologia 2002; 40: 2013–22.

Moffitt TE. Adolescence-limited and life-course persistent antisocial behavior: A developmental taxonomy. Psychol Rev 1993; 100: 674–701.

Moffitt TE, Caspi A, Harrington H, Milne BJ. Males on the life-course-persistent and adolescence-limited antisocial pathways: Follow-up at age 26 years. Dev Psychopath 2002; 14: 179–207.

Müller-Isberner R, Eucker S. Dissoziale Persönlichkeitsstörung. In: Herpertz SC, Saß H (Hrsg). Persönlichkeitsstörungen. Stuttgart, New York: Thieme 2003; 71–84.

Nickel MK, Nickel C, Mitterlehner FO, Tritt K, Lahmann C, Leiberich PK, Rother WK, Loew TH. Topiramate treatment of aggression in female borderline personality disorder patients: a double-blind, placebo-controlled study. J Clin Psychiatry 2004; 65(11): 1515–9.

Nickel MK, Nickel C, Kaplan P, Lahmann C, Mühlbacher M, Tritt K, Krawczyk J, Leiberich PK, Rother WK, Loew TH. Treatment of aggression with topiramate in male borderline patients: a double-blind, placebo-controlled study. Biol Psychiatry 2005; 57(5): 495–9.

Nickel MK, Muehlbacher M, Nickel C, Kettler C, Pedrosa F, Bachler E, Buschmann W, Rother N, Fartacek R. Aripiprazole in the treatment of patients with borderline personality disorder: a double-blind placebo-controlled study. Am J Psychiatry 2006; 163: 833–8.

Nickel MK, Loew TH, Gil FP. Aripiprazole in treatment of borderline patients, part II: an 18-month follow-up. Psychopharmacology 2007; 191: 1023–6.

Offord DR, Boyle MH, Szatmari P, Rae-Grant NI, Links PS, Cadman DT, Byles JA, Crawford JW, Blum HM, Byrne C, et al. Ontario Child Health Study. II. Six-month prevalence of disorder and rates of service utilization. Arch Gen Psychiatry 1987; 44(9): 832–6.

Patterson GR. Coercive family process. Castalia: Eugene, OR 1982.

Plück J, Wieczorrek E, Wolff Metternich T, Döpfner M. Präventionsprogramm für Expansives Problemverhalten (PEP). Ein Manual für Eltern- und Erziehergruppen. Göttingen: Hogrefe 2006.

Raine A. Biosocial studies of antisocial and violent behavior in children and adults: a review. J Abnorm Child Psychol 2002; 30: 311–26.

Raine A, Stoddard J, Bihrle S, Buchsbaum M. Prefrontal glucose deficits in murderers lacking psychosocial deprivation. Neuropsychiatry Neuropsychol Behav Neurol 1998; 11: 1–7.

Raine A, Lencz T, Bihrle S, LaCasse L, Coletti P. Reduced prefrontal gray matter volume and reduced autonomic activity in antisocial personality disorder. Arch Gen Psychiatry 2000; 57: 119–27.

Raine A, Venables PH, Dalais C, Mellingen K, Reynolds C, Mednick SA. Early educational and health enrichment at age 3-5 years is associated with increased autonomic and central nervous system arousal and orienting at age 11 years: evidence from the Mauritius Child Health Project. Psychophysiology 2001; 38(2): 254–66.

Reif A, Rosler M, Freitag CM, Schneider M, Eujen A, Kissling C, Wenzler D, Jacob CD, Retz-Junginger P, Thomas J, Lesch KP, Retz W. Nature and nurture predispose to violent behavior: serotonergic genes and adverse childhood environment. Neuropsychopharmacology 2007; 32: 2375–83.

Richters JE, Cicchetti D. Mark Twain meets DSM-III-R: Conduct disorder, development, and the concept of harmful dysfunction. Dev Psychopath 1993; 5: 5–29.

Rinne T, van den Brink W, Wouters L, van Dyck R. SSRI treatment of borderline personality disorder: a randomized, placebo-controlled clinical trail for female patients with borderline personality disorder. Am J Psychiatry 2002; 159: 2048–54.

Robins LN. Conduct disorder. J Child Psychol Psychiatry 1991; 32(1): 193–212.

Russo MF, Beidel DC. Comorbidity of childhood anxiety and externalizing disorders: prevalence, associated characteristics, and validation issues. Clin Psychol Rev 1994; 14: 199–221.

Rutherford MJ, Cacciola JS, Alterman AI. Antisocial personality disorder and psychopathy in cocaine-dependent women. Am J Psychiatry 1999; 156: 849–56.

Rutter M. Concluding Remarks. In: Ciba Foundation Symposium 194: Genetics of Criminal and Antisocial Behavior. Chichester: Wiley 1996.

Saß H, Herpertz SC. Psychopathic disorder. Curr Opin Psychiatry 1994; 7: 437–41.

Schmeck K. Störungen des Sozialverhaltens. In: Eggers C, Fegert JM, Resch F (Hrsg). Lehrbuch der Kinder- und Jugendpsychiatrie. Heidelberg, New York: Springer 2004; 849–73.

Schmeck K, Poustka F. Temperament and disruptive behavior disorders. Psychopathology 2001; 34: 159–63.

Schnell K, Herpertz SC. Persönlichkeitsstörungen. In: Walter H (Hrsg). Bildgebung. Stuttgart: Schattauer 2005; 339–59.

Sigvardsson S, Bohman M, Cloninger CR. Structure and stability of childhood personality: prediction of later social adjustment. J Child Psychol Psychiatry 1987; 28: 929–46.

Stadler C, Janke W, Schmidt-Atzert L. Der Einfluss der Intentionsattribuierung auf aggressives Verhalten im Vorschulalter. Z Entwicklungspsychol Pädag Psychol 1997; 24(1): 43–61.

Stadler C, Schmeck K, Nowraty I Müller WE, Poustka F. Platelet 5-HT uptake in boys with conduct disorder. Neuropsychobiology 2004; 50: 244–51.

Steiner H, Saxene K, Chang K. Psychopharmacological strategies for the treatment of aggression in youth. CNS Spectrums 2003; 8: 298–308.

Steiner H, Delizonna L, Saxena K, Medic S, Plattner B, Haapanen R. Does the two factor model of aggression hold for incarcerated delinquents? Scientific Proceedings of the Annual Meeting of the American Psychiatric Association, Atlanta, 2005.

Streeck-Fischer A. Jugendliche mit Grenzenstörungen – Selbst- und fremddestruktives Verhalten in stationärer Psychotherapie. Praxis Kinderpsychol Kinderpsychiatrie 2000; 49: 497–510.

Thapar A, Langley K, Fowlles T, Rice F, Turic D, Whittinger N, Aggleton J, van den Bree M, Owen M, O'Donovan M. Catechol O-methyltransferase gene variant and birth weight predict early-onset antisocial behavior in children with attention deficit/hyperactivity disorder. Arch Gen Psychiatry 2005; 62: 1275–8.

Tong LSY, Farrington DP. How effective is the «Reasoning and Rehabilitation" programme in reducing reoffending? A meta-analysis of evaluations in four countries. Psychol Crime Law 2006; 12: 3–24.

Torgensen S, Kringlen E, Cramer V. The prevalence of personality. disorders in a community sample. Arch Gen Psychiatry 2001; 58: 590–6.

Tremblay RE, Pihl RO, Vitaro F, Dobkin PL. Predicting Early Onset of Male Antisocial Behavior From Preschool Behavior. Arch Gen Psychiatry 1994; 51: 732–9.

Virkkunen M, Goldman D, Linnoila M. Serotonin in alcoholic violent offenders. In: Ciba Foundation Symposium 194: Genetics of criminal and antisocial behavior. Chichester: Wiley 1996; 168–77.

Vitiello B, Stoff DM. Subtypes of aggression and their relevance to child psychiatry. J Am Acad Child Adoles Psychiatry 1997; 36: 307–15.

Walker JL, Lahey BB, Russo MF, Frick PJ, Christ MA, McBurnett K, Loeber R, Stouthamer-Loeber M, Green SM. Anxiety, inhibition, and conduct disorder in children: I. Relations to social impairment. J Am Acad Child Adolesc Psychiatry 1991; 30: 187–91.

Walter H. Emotionale Dysfunktion, Psychopathie und kognitive Neurowissenschaft. Was gibt es Neues und was folgt daraus? Nervenarzt 2005; 76: 557–68.

White JL, Moffitt TE, Caspi A, Bartusch DJ, Needles DJ, Stouthamer-Loeber M. Measuring impulsivity and examining its relationship to delinquency. J Abnorm Psychol 1994; 103: 192–205.

Zanarini MC, Frankenburg FR, Khera GS, Bleichmar J. Treatment histories of borderline inpatients. Compr Psychiatry 2001; 42: 144–50.

Zanarini MC, Frankenburg FR, Parachini EA. A preliminary, randomized trial of fluoxetine, olanzapine, and the olanzaoine-fluoxetine combination in women with borderline personality disorder. J Clin Psychiatry 2004; 65: 903–7.

41 Hyperkinetische Störungen

Frank Häßler, Markus Kösters, Annette Streeck-Fischer und Jörg M. Fegert

Inhalt

41.1	Definition und Klassifikation	516
41.2	Historischer Exkurs	517
41.3	Epidemiologie und Prävalenz	518
41.4	Symptomentwicklung und Komorbidität	518
41.5	Ätiologie und Pathogenese	520
41.6	Diagnostik und Differenzialdiagnosen	525
41.7	Therapie und Prävention	528
Literatur		534

Zusammenfassung

Hyperkinetische Störungen (ICD-10 2000) zählen mit einer Prävalenz von 2 bis 6 % im Kindes- und Jugendalter und ca. 2 % nach ICD-10 bzw. 8 % nach DSM-IV (2003) (Attention Deficit Hyperactivity Disorder, ADHD) zu den häufigsten jugendpsychiatrischen Störungen, deren Symptome in 30–50 % aller Fälle bis in das Erwachsenenalter persistieren.

Sie sind im Kindes- und Jugendalter durch ein situationsübergreifendes Muster von Unaufmerksamkeit, Überaktivität und Impulsivität gekennzeichnet, welches für den Entwicklungsstand des Betroffenen ein abnormes Ausmaß erreicht. Im Erwachsenenalter stehen eher Probleme exekutiver Funktionen, der Aufmerksamkeitsfokussierung, der emotionalen Modulation, der Alltagsstrukturierung und der Impulskontrolle im Vordergrund. Mit zunehmendem Alter sind hyperkinetische Störungen bis zu 90 % mit einer oder mehreren anderen psychischen Störungen assoziiert. Neben einer Heredität von ca. 80 % weisen nicht nur molekulargenetische, sondern auch funktionelle und bildgebende Untersuchungen auf eine Störung des Stoffwechsels bzw. der Balance der Neurotransmitter Dopamin und Noradrenalin in bestimmten Hirnregionen (limbisches System und Stirnhirnbereich) hin. Neuropsychologische Konzepte gehen davon aus, dass den hyperkinetischen Störungen exekutive Dysfunktionen in den Bereichen Aufmerksamkeit, Impulskontrolle einschließlich Vorbereitung, Auswahl und Durchführung motorischer Abläufe, Arbeitsgedächtnis, Verzögerungsaversion und Zeitdiskrimination zugrunde liegen. Inwieweit strukturelle und funktionelle Auffälligkeiten im Gehirn (Frontalhirn, Basalganglien, Kleinhirn u. a.) in einer Wechselbeziehung zu Umgebungsfaktoren stehen, muss noch weiter erforscht werden. Die Behandlung sollte multimodal, in der Regel ambulant erfolgen und umfasst in Abhängigkeit vom Alter des Betroffenen neben der Psychopharmakotherapie mit Stimulanzien (Methylphenidat in unretardierter oder retardierter Formulierung) oder Atomoxetin vor allem Psychoedukation, Elterntraining, Familientherapie und kognitiv-behaviorale Therapien. Komorbide Störungen bedürfen ergänzender leitlinienkonformer Therapien. Anders sieht dies bei psychodynamischen Ansätzen aus, die das Störungsbild von vorn herein als komplex und multimorbid betrachten und entsprechend behandeln.

41.1 Definition und Klassifikation

Basierend auf den beiden Klassifikationssystemen ICD-10 und DSM-IV empfiehlt die Arbeitsgemeinschaft der Wissenschaftlichen Medizinischen Fachgesellschaften (AWMF) in ihren Leitlinien folgende Definition (Döpfner et al. 2007):

> Hyperkinetische Störungen sind durch ein durchgehendes Muster von Unaufmerksamkeit (Aufmerksamkeitsstörung, Ablenkbarkeit), Überaktivität (Hyperaktivität, motorische Unruhe) und Impulsivität gekennzeichnet, das in einem für den Entwicklungsstand des Betroffenen abnormen Ausmaß situationsübergreifend auftritt. Die Störung beginnt vor dem Alter von sechs Jahren und sollte in mindestens zwei Lebensbereichen/Situationen (z. B. in der Schule, in der Familie, in der Untersuchungssituation) konstant auftreten.

Abhängig vom gewählten Klassifikationssystem lässt sich folgende Subgruppenunterteilung vornehmen.

- Nach DSM-IV werden hyperkinetische Störungen unterschieden in
  - den vorherrschend unaufmerksamen Typ (10 %),
  - den vorherrschend hyperaktiv-impulsiven Typ (60 %) und
  - den gemischten Typ (30 %).
- In der ICD-10 finden sich
  - die einfache Aktivitäts- und Aufmerksamkeitsstörung (F90.0),
  - die hyperkinetische Störung des Sozialverhaltens (F90.1),
  - sonstige hyperkinetische Störungen (F90.8) und
  - die hyperkinetische Störung, nicht näher bezeichnet (F90.9).

Während der Mischtyp nach ICD-10 kontinuierlich verteilt zu sein scheint, ist der vorherrschend unaufmerksame Typ nach DSM-IV relativ selten, häufiger bei Mädchen, Geschlechtsverhältnis Jungen zu Mädchen 1,5–2 : 1 und vermutlich eine abgeschwächte Variante der Störung. Die Intensität der Symptomatik, d. h. die Ausprägung der einzelnen Symptome, deren Persistenz über den Tag in fremd- und selbstbestimmten Situationen, die Komorbiditäten bzw. die assoziierten Störungen und Probleme bestimmen neben der Resilienz der Umgebung den Schweregrad. Bei Jugendlichen und Erwachsenen, die nicht mehr alle notwendigen Symptome zeigen, kann die Diagnose nach DSM-IV durch den Zusatz »in partieller Remission« ergänzt werden.

41.2 Historischer Exkurs

Die heute auch über Fachkreise hinaus bekannten diagnostischen Zuordnungen wie Hyperkinetische Störungen (HKS) und Aufmerksamkeitsdefizit-Hyperaktivitätsstörung (ADHS) kristallisierten sich erst in den 1980er Jahren heraus (Häßler 1992; Rothenberger u. Neumärker 2005).

Das unübersehbare Phänomen der motorischen Überaktivität führte aber schon weitaus früher zu zahlreichen detaillierten Beschreibungen auf der Grundlage der Beobachtung des Verhaltens. Anfänglich handelte es sich dabei, von der eindrucksvollen Darstellung des Zappelphilipp 1847 einmal abgesehen, um die vordergründig imponierende Unruhe erethischer, geistig behinderter und/oder unter Epilepsie leidender Kinder und Jugendlicher.

Ursächlich wurden in jener Zeit Verhaltensauffälligkeiten, Anpassungs- und Erziehungsschwierigkeiten entweder auf anlagebedingte charakterliche Mängel oder zentrale Funktionsstörungen zurückgeführt. Letztere Betrachtungsweise hatte ihren Ursprung in der Aphasielehre (Hinshelwood 1895). Zerebrale Werkzeugstörungen wurden mittels neuropathologischer Untersuchungen mit der Schädigung bestimmter Hirnareale erklärt.

Dieses Konzept wurde dann auf neuropsychologische Funktionsstörungen erweitert. Still beschrieb schon 1902 organische Erkrankungen wie Hirntumoren, Meningitiden und andere fieberhafte Infektionskrankheiten sowie Traumen als Ursachen für Verhaltensänderungen (Still 1902). Er schrieb dieses Verhalten einem biologisch begründeten Defekt der moralischen Kontrolle zu.

Einen Durchbruch in der Anerkennung als organische Wesensveränderung erzielten Verhaltensauffälligkeiten wie Hyperaktivität, Impulsivität, antisoziale Äußerungen und Störungen der Emotionalität erst durch die Beobachtung der Folgen der Enzephalitisepidemie nach dem 1. Weltkrieg. Gurewitsch (1925), Homburger (1926) und Thiele (1926) skizzierten treffend die Symptome einer hyperkinetischen Störung. Gurewitsch (1925) schilderte in Abgrenzung zum »Bewegungsluxus« von Homburger (1926) bei 3- bis 5-jährigen Kindern ein Syndrom, welches er auf eine Läsion der höheren frontalen Systeme zurückführte. Es beinhaltete gesteigerte Beweglichkeit, scheinbare Fülle der Bewegungen, Unermüdlichkeit, Ziel- und Planlosigkeit sowie Unzweckdienlichkeit. Auch die mangelhafte Aufmerksamkeit und eine gehobene Stimmung bezog er in seine Beschreibung mit ein. Thiele (1926) ordnete diese eher einer Schädigung subkortikaler, thalamischer Strukturen zu.

Aufgrund sorgfältiger Beobachtungen lieferten Kramer und Pollnow (1932) typische Beschreibungen der mit der Hyperkinese assoziierten Symptome wie Konzentrationsstörung, mangelnde Ausdauer, Störung der motorischen Sprachentwicklung, Stimmungslabilität, Reizbarkeit und erhöhte Ablenkbarkeit. Indem Lederer und Ederer (1934) hinter den genannten Symptomen ein selbstständiges Krankheitsbild vermuteten, gingen sie bereits von einem eigenständigen hyperkinetischen Syndrom bei normalintelligenten 7- bis 12-jährigen Kindern aus.

Die somit in den 1930er Jahren begründete diagnostische Einheit des hyperkinetischen Syndroms machte im Laufe der Zeit viele Entwicklungen durch. Sie unterlag Strömungen, die zu unterschiedlichen Gewichtungen einzelner Symptome führten, sodass zwischen der *hyperkinetic impulse disorder* von Lauffer et al. (1957) und dem hyperkinetischen Syndrom (Brocke 1984; Steinhausen 1982) eine Vielzahl von Konzepten, Theorien und Hypothesen steht, wobei das hyperkinetische Syndrom mit dem Erscheinen der ICD-10 durch die Bezeichnung »hyperkinetische Störungen« (HKS) ersetzt wurde.

In den 1960er Jahren, als Clements und Peters (1962) den Terminus *minimal brain dysfunction* (MBD) vorschlugen, wurde das Symptom Hyperaktivität nur noch einer Subgruppe innerhalb ihres Konzeptes zugeordnet. Wender baute 1971 dieses Konzept aus (Wender 1971). Der Begriff »minimale zerebrale Dysfunktion« (MCD) (Focken 1978) vermeidet zwar eine Stigmatisierung, gibt sich ätiologisch neutral, ist aber unscharf und wurde ebenfalls zum diagnostischen Sammelbegriff. Neben MCD und MBD wurden in Deutschland die betroffenen Kinder häufig mit der Bezeichnung »frühkindlich exogenes Psychosyndrom« beschrieben. In der DDR und in den osteuropäischen Ländern waren die Symptome Hyperaktivität, Impulsivität und Aufmerksamkeitsdefizit Ausdruck einer Enzephalopathie und wurden unter dem Begriff »chronisches hirnorganisches Achsensyndrom« subsumiert. Im DSM-III wurde 1980 die *hyperkinetic reaction* des DSM-II durch die Terminologie *Attention Deficit Disorder with or without Hyperactivity* (ADD-H) ersetzt, wobei 1987 im DSM-III-R *(attention deficit hyperactivity disorder),* durch Verlaufsstudien und überarbeitete prognostische Aussagen beeinflusst, die Hyperaktivität wieder einen höheren Stellenwert erhielt. Obwohl die psychischen Prozesse nicht so gesichert sind, wie der Terminus

ADD vorgibt, wurden beide Hauptsymptome – Aufmerksamkeitsstörung und hyperaktiv-impulsives Verhalten – entweder miteinander kombiniert oder einzeln im DSM-IV (2003) und der ICD-10 identisch verankert.

41.3 Epidemiologie und Prävalenz

Prävalenzangaben unterliegen einer großen Schwankungsbreite, weil die unterschiedlichen Klassifikationssysteme (ICD-10 vs. DSM-IV), das jeweilige diagnostische Instrumentarium, Komorbiditäten, Informationsquellen und die untersuchte Population an sich Einfluss auf die »gemessene« Häufigkeit haben. Görtz et al. (2002) fanden bei Jugendlichen im Alter von 11 bis 18 Jahren auf der Basis von Elternangaben eine Prävalenz von 1,8 %, gemessen nach ICD-10-Kriterien, und eine Prävalenz von 8,4 %, gemessen nach DSM-IV-Kriterien. Schlack et al. 2007 berichten über die Häufigkeit von Aufmerksamkeitsdefizitproblemen und hyperkinetischen Störungen aus der Deutschen Gesundheitssurveystudie KIGGS (Robert Schlack, Heike Hölling, Bärbel Maria Kurt und für den Bereich ADHS Michael Huss). Untersucht wurden insgesamt 14 836 Kinder und Jugendliche im Alter von drei bis 17 Jahren. Im Alter von 11 bis 13 Jahren betrug die Lifetime-Prävalenz auf der Basis von ärztlicher oder psychologischer Diagnose 7,1 %, im Alter von 14 bis 17 Jahren 5,6 %. Die Autoren fanden keine signifikanten Ost-West-Unterschiede oder Stadt-Land-Differenzen. Allerdings waren Aufmerksamkeitsprobleme häufiger bei niederer Schicht anzutreffen. Wenn man ein Fragebogenverfahren wie den *Strength and Difficulties Questionnaire* (SDQ) zur Formulierung des Verdachts hinzunimmt, kommen je nach Altersgruppe bei den 11-, 12-, 13-Jährigen ca. 5 % und bei den älteren Jugendlichen ca. 3 % weitere Fälle hinzu, die in der Subskala Unaufmerksamkeit, Hyperaktivität des SDQ Grenzwerte erreichen.

Die weltweite mittlere Prävalenz lag in einer Metaanalyse, in die 102 Studien eingingen, bei knapp über 5 % (Polanczyk et al. 2007). Bezüglich der Lifetime-Prävalenz wurden im Rahmen des National Surveys of Children's Health Eltern von 100 000 Kindern zwischen vier und 17 Jahren befragt. Die Rate für die Lifetime-Diagnose ADHS lag bei 7,8 % (Centers for Disease Control and Prevention 2005). Alle Studien zeigen ein deutliches Überwiegen des männlichen Geschlechtes, wobei das Verhältnis von Jungen zu Mädchen bei 2,5–4 : 1 in Feldstichproben und bei bis zu 9 : 1 in klinischen Kohorten liegt. Im KIGGS wurde ADHS um den Faktor 4,3 häufiger bei Jungen als bei Mädchen diagnostiziert. Für den rein aufmerksamkeitsgestörten Typ beträgt dieses Verhältnis aber nur 2 : 1 (Dulcan u. Benson 1997).

Die Punktprävalenz der ADHS im Erwachsenenalter, die durch ein nicht dem Lebensalter entsprechendes Ausmaß an motorischer Hyperaktivität, Impulskontrolle und Aufmerksamkeitsdefizit gekennzeichnet ist, beträgt nach einer US-amerikanischen epidemiologischen Untersuchung 4,4 % (Kessler et al. 2006). Auch in zwei älteren Studien lag die Prävalenz von ADHS im Erwachsenenalter zwischen 4 und 4,7 % (Heiligenstein et al. 1998; Murphy u. Barkley 1996).

Bei einer Persistenz von ADHS bis in das Erwachsenenalter in 30–50 % aller Fälle ergibt sich bei einer im Kindesalter liegenden Prävalenz zwischen 2 und 6 % eine Prävalenz für das Erwachsenenalter von 0,7 bis 3 %.

Das Vollbild einer ADHS des Kindesalters persistiert nur bei wenigen Betroffenen bis in das Erwachsenenalter. In der Selbsteinschätzung variierte dieser Anteil zwischen 2 und 8 %, stieg in der Elterneinschätzung aber auf 46 % (Barkley et al. 2002). Faraone und Biederman (2005) interviewten telephonisch 966 Erwachsene, die in der Kindheit eine ADHS-Diagnose erhalten hatten. Von diesen erfüllten zum Zeitpunkt der Untersuchung bei Anwendung enger Kriterien 2,9 % das Vollbild einer ADHS. Wenn bei über 90 % der in der Kindheit Betroffenen die Symptomatik im Laufe der Entwicklung abnimmt, sich wandelt oder ganz sistiert, stellt sich die Frage, wie die in den genannten Studien erhobene hohe Prävalenz im Erwachsenenalter zu erklären ist. Möglicherweise gibt es eine *late-onset* ADHS, oder die ADHS-ähnliche Symptomatik ist auf andere psychische Störungen wie Angst-, Zwangs- und Persönlichkeitsstörungen, depressive Störungen und/oder Substanzmissbrauch zurückzuführen.

41.4 Symptomentwicklung und Komorbidität

Auch wenn hyperkinetische Störungen (HKS) und Aufmerksamkeitsdefizit-Hyperaktivitätsstörungen (ADHS) keine identischen Störungsbilder sind, so werden beide Termini im Folgenden, je nach zitierter Literatur, im Sinne der jeweiligen Autoren verwendet.

Sowohl im DSM-IV (TR) wie in der ICD-10 werden Aufmerksamkeitsdefizitssyndrome und hyperkinetische Störungen durch 18 Kernsymptome in drei Hauptverhaltensbereichen – der Unaufmerksamkeit, der Impulsivität und der Hyperaktivität – beschrieben. Ein wesentlicher Unterschied zum DSM ist die Mischdiagnose aus hyperkinetischer Störung mit Störung des Sozialverhaltens. In der ICD-10 wird ein Krankheitsbeginn vor dem Alter von sieben Jahren gefordert, eine Dauer von mindestens sechs Monaten und vor allem (dies ist der wesentliche Unterschied zum DSM) eine signifikante funktionelle Beeinträchtigung, welche in Bezug auf das Alter, die Entwicklungsstufe und die Intelligenz festzustellen ist. Hinzu kommt, dass die ICD-10 eine Pervasivität der Störung, d. h. ein Auftreten in zwei oder mehr unterschiedlichen Settings, wie z. B. in der Schule, zu Hause, im Freizeitbereich verlangt.

41.4 Symptomentwicklung und Komorbidität

In einer Reanalyse der Multimodal Treatment Study of Children with ADHD konnten Santosh et al. (2005) die ICD-10-Diagnose HKS bei nur 145 von 579 Kindern, die mit einem Mischtyp (hyperaktiv-unaufmerksam) nach DSM-IV in die Studie eingeschlossen worden waren, bestätigen.

Eine hyperkinetische Störung (F90 nach ICD-10) ist also auch im **Jugendlichenalter** durch ein situationsübergreifendes durchgehendes Muster von Unaufmerksamkeit, Überaktivität und Impulsivität gekennzeichnet, welches für den Entwicklungsstand des Betroffenen ein abnormes Ausmaß erreicht.

Unaufmerksamkeit äußert sich dabei häufig durch
- Nichtbeachten wichtiger Einzelheiten,
- Flüchtigkeitsfehler bei den Schularbeiten, bei der Arbeit oder bei anderen Tätigkeiten,
- Schwierigkeiten, längere Zeit die Konzentration bei Aufgaben oder Spielen aufrechtzuerhalten,
- Nichtzuhören,
- unvollständiges Ausführen von Aufträgen,
- Nichtvollenden von Schularbeiten und anderen Tätigkeiten,
- Schwierigkeiten, Aufgaben und Aktivitäten zu organisieren,
- widerwillige Beschäftigung mit oder Vermeidung von Aufgaben, die länger andauernde geistige Anstrengung erfordern,
- Schussligkeit, die sich in Verlusten von Gegenständen, die für bestimmte Aufgaben oder Aktivitäten benötigt werden, zeigt, und nicht zuletzt durch
- Ablenkbarkeit durch äußere Reize und Vergesslichkeit bei Alltagstätigkeiten.

Hyperaktivität äußert sich durch
- häufiges Zappeln mit Händen oder Füßen oder Herumrutschen auf dem Stuhl,
- Aufstehen im Unterricht oder in anderen Situationen, in denen Sitzen-Bleiben erwartet wird,
- Herumlaufen oder Klettern in unpassenden Situationen,
- Schwierigkeiten, ruhig zu spielen oder sich mit Freizeitaktivitäten ruhig zu beschäftigen und durch
- ein anhaltendes Muster exzessiver motorischer Aktivität (auch Reden!).

Impulsivität zeigt sich durch
- häufiges Herausplatzen mit der Antwort, bevor die Frage zu Ende gestellt ist,
- Ungeduld, indem Betroffene nur schwer warten können, bis sie an der Reihe sind (bei Spielen oder in Gruppensituationen),
- Stören anderer, Unterbrechen von Gesprächen, Spielen etc., Hineinreden und häufig übermäßiges Vielreden (ohne angemessen auf soziale Beschränkungen zu reagieren).

Im **Jugendalter** dominieren Unaufmerksamkeit/Desorganisiertheit, innere Unruhe, Reizsuche, Leistungsverweigerung, oppositionelles Verhalten, vermindertes Selbstwertgefühl, nicht dem Alter entsprechende soziale Kompetenz und Wahrnehmung, Ängste, Depressivität und assoziierte Störungen wie Störungen des Sozialverhaltens, Substanzmissbrauch und Tic-Störungen.

Im **jungen Erwachsenenalter,** wo die Gültigkeit der Kriterien der beiden Klassifikationssysteme eingeschränkt ist, berichten Betroffene über die Unfähigkeit zu planvollem, vorausschauendem Vorgehen, von der Neigung, von einer Tätigkeit zur anderen zu springen, ohne sie zu vollenden, sich zu verzetteln, mehrere Tätigkeiten gleichzeitig anzufangen, von Unpünktlichkeit, Vergesslichkeit, chaotischem und/oder ineffizientem Arbeitsstil, Konzentrationsproblemen, kognitiven Störungen, Tagträumereien, der Unfähigkeit zum Entspannen, erhöhtem Bewegungsdrang, schlechter Impulskontrolle, überschießend emotionalen Reaktionen, geringer Frustrationstoleranz, Ängs-

Tab. 41-1 Komorbiditäten bei Kindern und Erwachsenen mit ADHS (Gillberg et al. 2004; Pliszka u. AACAP Work Group on Quality Issues 2007; Sobanski 2006)

Komorbide Störung	Prävalenz (in %)	
	Kinder u. Jugendliche	Erwachsene
oppositionelle SSV	50	–
SSV	30–50	–
affektive (depressive) Störungen	10–40	35–50 (lifetime)
affektive (manische) Störungen	16	–
bipolare Störungen	60–90	9,5[1]
Angststörungen	20–30	40–60 (lifetime)
soziale Phobie	–	20–34 (lifetime)
generalisierte AS	–	10–45
Panikstörung	–	9,5[1]
Teilleistungsstörungen	10–40	–
Lese-Rechtschreib-Schwäche	ca. 25	–
Einschlafstörungen	ca. 50	ca. 70
Somatisierungsstörungen	20–25	–
Tic-Störungen	30–50	–
Alkoholmissbrauch/-abhängigkeit	17–45	25–52 25–35[1]
Drogenmissbrauch	9–30	30–38
Nikotinmissbrauch/-abhängigkeit	15–19	40
Bulimia nervosa	–	3–9
antisoziale PS	–	18–23
Autismus	8	–
Epilepsie	6	3,5

[1] Häufigkeit von ADHS unter Patienten mit den erwähnten psychischen Störungen.
AS = Angststörung; PS = Persönlichkeitsstörung; SSV = Störung des Sozialverhaltens.

ten und Depressionen (Dilling et al. 2005; Kordon et al. 2006; Sobanski 2006).

Unter **Erwachsenen,** die an einer ADHS leiden, ist der vorherrschend unaufmerksame Subtyp die häufigste Diagnose, da die Unaufmerksamkeit das entwicklungsunabhängigste Symptom zu sein scheint (Erk 2000).

Komorbide Störungen sind sowohl bei Jugendlichen als auch bei Erwachsenen mit ADHS weitverbreitet (Tab. 41-1). Nicht wenige entstehen sekundär durch die ADHS-Symptomatik (Barkley 2006). Die Frage ist, ob es sich um Koinzidenzen oder um primäre bzw. sekundäre Komorbiditäten handelt. Während ältere Studien noch von der Annahme ausgingen, dass beim Mischtyp höhere Komorbiditätsraten auftreten, fanden Sprafkin et al. (2007), dass alle drei Subtypen mit hohen Komorbiditätsraten einhergehen, die schwersten Ausprägungen aber beim hyperaktiv-impulsiven, unaufmerksamen Mischtyp vorkommen.

Erwachsene mit ADHS vs. nicht ADHS haben bezüglich einer Lifetime-Psychopathologie in 87 % vs. 64 % mindestens eine und in 56 vs. 27 % zwei psychiatrische Störungen. Das Morbiditätsrisiko beträgt 16,5 vs. 3,9 % für eine Störung des Sozialverhaltens, 72,7 vs. 8,6 % für Major Depression, 17,5 vs. 8,3 % für Angststörungen, 56,6 vs. 32,9 % für Substanzmissbrauch und 28,0 vs. 1,1 % für oppositionell abweichendes Verhalten (McGough et al. 2005).

41.5 Ätiologie und Pathogenese

41.5.1 Genetische Hypothesen

Immer mehr Befunde deuten darauf hin, das HKS/ADHS ursächlich genetisch verursacht ist. Faraone und Biederman (2005) reviewten 20 unabhängige Zwillingsstudien, in denen die geschätzte Heredität bei 76 % lag. Genomscan-Studien sprechen eher für eine Komplexität der Störung. Wenn auch unspezifisch, so scheint eine Abweichung im Dopamin-Transporter-Gen (DAT) ein Risikofaktor für die Manifestation einer HKS zu sein (Gill et al. 1997; Thapar et al. 1999). Ein weiterer Zugang eröffnete sich mit der Analyse des Dopamin-D_4-Rezeptor-(DRD4)Gens, welches auf Chromosom 11p lokalisiert ist und als ein primäres Kandidatengen für die Assoziation mit einer HKS angesehen wird (Swanson et al. 1998). Beide Ergebnisse deuten auf eine Beteiligung dopaminerger Strukturen. Mittlerweile verweisen die genetischen Befunde auf eine Verbindung zu sieben Genen wie den Dopamin-Rezeptoren 4 und 5 (DRD 4; DRD 5), dem Dopamin-Transporter (DAT), dem Enzym Dopamin-β-Hydroxylase (DBH), dem Serotonin-Transporter (5-HTT), dem Serotonin-1B-Rezeptor (HTR1B) und dem synaptosomal assoziierten Protein 25 (SNAP 25) auf den Chromosomen 4, 5, 6, 8, 11, 16 und 17 (Pliszka u. AACAP Work Group on Quality Issues 2007).

Längerfristig dürfte von Interesse sein, inwieweit epigenetische Faktoren eine Rolle spielen, d. h. wenn Umweltfaktoren durch Methylierung die genetische Ausstattung verändern.

41.5.2 Neurochemische Hypothesen

Katecholaminhypothese

Ohne Zweifel besitzen Dopamin (DA), Noradrenalin (NA) und Serotonin (5-HT) die größte Bedeutung bei der Interaktion des Menschen mit seiner Umgebung, d. h. der Verhaltensregulation in Bezug auf äußere Reize (Depue u. Spoont 1986). Dabei scheint Dopamin der am meisten involvierte Transmitter im Hinblick auf expansive Verhaltensmuster zu sein (Pliszka et al. 1996; Rogeness et al. 1992). Somit besitzt das Dopamin einen nicht unbedeutenden Einfluss auf das individuelle motorische Aktivitätsniveau.

Mithilfe der Single-Photon-Emissionscomputertomographie (SPECT) untersuchten Lou et al. (1989) eine kleine Gruppe hyperkinetischer Kinder und konnten bei ihnen im Vergleich zur Kontrollgruppe eine Hypoperfusion im Striatum nachweisen, was für eine geringere neuronale Aktivität in dieser Region sprechen könnte. Tierexperimentelle Läsionen des Striatum provozierten Hyperaktivität, Aufmerksamkeitsdefizite und Leistungseinbußen bei kognitiven Aufgabenanforderungen (Iverson 1977).

Aufgrund dieser Befunde wird angenommen, dass das dopaminerge ebenso wie das noradrenerge System ursächlich an der Entstehung der HKS beteiligt sind. Am ehesten ist sowohl von einer funktionalen hypodopaminergen als auch hyponoradrenergen Ausgangsbasis bei hyperkinetischen Kindern auszugehen. Dafür spricht auch die therapeutische Effizienz von Methylphenidat und Amphetamin, die sowohl die vesikuläre Dopamin-Freisetzung als auch die durch den Dopamin-Transporter (DAT) gesteuerte Dopamin-Aufnahme und die enzymatische Inaktivierung beeinflussen (Wilens 2006). Volkow et al. (2005) konnten nachweisen, dass die Gabe von Methylphenidat die Verfügbarkeit von Dopamin-Transportern (DAT) im Striatum im Vergleich zu Placebo signifikant reduziert. Auch der selektive noradrenerge Wiederaufnahmehemmer Atomoxetin erwies sich in vielen Studien Placebo überlegen (Pliszka u. AACAP Work Group on Quality Issues 2007).

Serotoninhypothese

Serotonin, dessen Metabolit 5-Hydroxyindolessigsäure (5-HIES) ist, wird in die Thrombozyten aufgenommen, in ihnen gespeichert und gemessen, aber nicht dort synthetisiert. Das so gemessene 5-HT-Niveau sagt deshalb auch nur etwas über die Aufnahme- und Speicherfähigkeit der Thrombozyten aus. Die anfänglich euphorischen Ergebnisse von Coleman (1971), der erniedrigte 5-HT-Werte bei hyperkinetischen Kindern fand, konnten durch weitere Untersuchungen nicht bestätigt werden. Rogeness et al. (1992) fassten die Ergebnisse dahingehend zusammen, dass mittels 5-HT keine Unterscheidung zwischen hyper- und normokinetischen Kindern möglich ist.

Extrem aggressive, expansiv verhaltensgestörte Kinder und auch Erwachsene weisen dagegen ein erniedrigtes 5-HIES-Niveau im Liquor auf (Kruesi et al. 1990). Umgekehrt proportional zum 5-HIES-Niveau im Liquor verhält sich 5-HT im Blut. Rogeness et al. (1992) bestätigten anhand eigener Untersuchungen die Befunde von Pliszka et al. (1988), dass eine erhöhte 5-HT-Blutkonzentration positiv mit aggressiven Symptomen korreliert. Dies wiederum spricht für eine verminderte serotonerge Funktion. Das serotonerge System scheint somit ursächlich an Symptomen komorbider Störungen bzw. an der Impulsivität beteiligt zu sein.

Monoaminoxidasehypothese

Die Monoaminoxidase ist zweifelsohne das wichtigste Enzym für den Abbau monoaminerger Neurotransmitter. Sie katalysiert die oxidative Desaminierung primärer, sekundärer und tertiärer Amine. Ihre zwei Unterformen besitzen unterschiedliche Spezifitäten – der Typ A für NA, DA und 5-HT und der Typ B für DA. Der Vergleich von Thrombozyten und Monoaminoxidase (MAO-B) bei hyper- und normokinetischen Kindern erbrachte keine einheitlichen Ergebnisse. Shekim et al. (1982) berichteten über eine verminderte MAO-Aktivität bei hyperkinetischen Kindern.

Generell scheint aber eine niedrige Aktivität der Monoaminoxidase in den Thrombozyten mit einer erhöhten Impulsivität und Expansivität assoziiert zu sein (Schalling et al. 1988).

Bei Überprüfungen der therapeutischen Wirksamkeit von drei MAO-Hemmern erwiesen sich alle drei in der Therapie der HKS als effizient.

Somit lassen sich über die Monoaminoxidase keine Rückschlüsse auf die vorrangige Bedeutung des einen oder anderen Transmittersystems bei der Entstehung der HKS ziehen (Zametkin u. Murphy 1985). Trott et al. (1991) fanden beim Einsatz des reversibel wirkenden MAO-A-Hemmers Moclobemid einen deutlichen Rückgang der Scores in den Conners-Rating-Skalen. Darüber hinaus zeigten sich bei den 22 untersuchten hyperkinetischen Kindern eine Affektstabilisierung und eine signifikante Verbesserung der Aufmerksamkeit.

Lipidhypothese

Essenzielle Fettsäuren wie Linolsäure und α-Linolensäure können nicht selbst synthetisiert, sondern müssen über die Nahrung aufgenommen werden. Engelberg (1992) sah einen Zusammenhang zwischen einem niedrigen Plasmacholesterolspiegel und einer reduzierten 5-HIES-Konzentration im Liquor, wobei letzterer Befund mit einer Impulskontrollstörung korreliert (Mann 1995). Ergebnisse von Fettsäurezusammensetzungen einiger Lipide sind vielversprechender als die Analyse der Lipide selbst (Irmisch et al. 1992). Eigene Ergebnisse, die mit denen aus der Literatur korrespondieren (Tab. 41-2), sprechen insgesamt für eine Erhöhung gesättigter und eine gleichzeitige Reduktion vielfach ungesättigter Fettsäuren bei hyperkinetischen Kindern. Hibbeln et al. (1998) postulieren eine Abhängigkeit zwischen der Konzentration mehrfach ungesättigter Fettsäuren im Plasma und dem 5-HIES-Spiegel im Liquor. Ein Mangel an n-3-Fettsäuren führt zu einem Anstieg der Serotonin-2A-Rezeptor-Dichte im frontalen Kortex. Darüber hinaus bedingt ein Defizit an mehrfach ungesättigten n-3-Fettsäuren impulsives Verhalten, wie es hyperkinetische Kinder aufweisen (Stevens et al. 1995). Neben dem hohen Anteil von mehrfach ungesättigten Fettsäuren im Gehirn (20 % des Trockengewichtes) entscheidet das Verhältnis von gesättigten zu mehrfach ungesättigten Fettsäuren in der Zellmembran über deren Fluidität und damit letztendlich über die Signaltransmission. Andererseits besitzt speziell die Homo-γ-Linolensäure eine Funktion bei der Synthese des Prostaglandins PGE_1, welches wiederum indirekt über die T-Lymphozyten auf das Immunsystem wirkt. Als Ausgangspunkt für die Mittler-

Tab. 41-2 Fettsäurenbefunde bei ADHS im Vergleich zu Kontrollen (signifikante Befunde)

Autoren	ADHS (n)	Kontrolle (n)	Befunde
Mitchell et al. 1987	48	49	erniedrigt: 22:6n-3; 20:4n-6
Irmisch et al. 1992	30	30	erniedrigt: 20:4n-6 erhöht: 16:0
Stevens et al. 1995	53	43	erniedrigt: 20:4n-6; 20:5n-3; 22:6n-3
Burgess et al. 2000	53	43	erniedrigt: 20:4n-6; 20:5n-3; 22:6n-3
Chen et al. 2004	58	52	erniedrigt: 18:2n-6; 20:4n-6; 22:6n-3 erhöht: 18:3n-6
Young et al. 2004 (Erw.)	37	35	im Serum-Phospholipid: erniedrigt: 22:6n-3 erhöht: 22:5n-3

substanzen Leukotriene und Prostaglandine fungiert die mehrfach ungesättigte Fettsäure Arachidonsäure, die eine Komponente der Zellmembranlipide darstellt und durch Phospholipasen freigesetzt wird.

Nahrungsergänzungsstoffe

Seit den Untersuchungen von Feingold vor über 30 Jahren werden Nahrungsmittelfarbstoffe und Nahrungsergänzungsstoffe angeschuldigt, hyperaktives, impulsives und unaufmerksames Verhalten zu verursachen (Feingold 1973). Wie eine Metaanalyse doppelblinder, placebokontrollierter Studien jüngst zeigte, haben derartige artifizielle Nahrungsbestandteile einen signifikanten Effekt (0,283 bei 95%-KI 0,079–0,488) auf das Verhalten von Kindern mit ADHS (Schab et al. 2004). Abhängig vom Alter fanden McCann et al. (2007) bei allen methodischen Einschränkungen eine signifikante Zunahme des hyperaktiven Verhaltens unter dem Einfluss von Nahrungsmittelfarbstoffen und Natriumbenzoat (E 211). Die Effektstärke lag für die drei Jahre alten Kinder bei 0,20 und für die acht bis neun Jahre alten Kinder bei 0,12. Möglicherweise reagiert eine Subgruppe von Kindern mit einer entsprechenden genetischen Disposition eher und stärker auf diese Umweltfaktoren als andere.

41.5.3 Neuropsychologische Hypothesen

Neuropsychologische Studien haben gezeigt, dass Patienten mit ADHS eine Störung in den exekutiven Funktionen haben. Exekutive Funktionen sind psychologische Prozesse, die der Ausführung von Handlungen unmittelbar vorangehen oder sie begleiten (Handlungskontrolle). Bei ADHS wird von einer Dysregulation des Handelns und Denkens aufgrund eines Hemmungsdefizites ausgegangen, das mit dem mesokortikalen Ast des Dopamin-Systems assoziiert ist, welcher präfrontal verschaltet ist. In einer Metaanalyse von 83 Studien mit mehr als 6 000 Probanden arbeiteten Willcutt et al. (2005) Defizite in den Domänen Antworthemmung, Vigilanz, Arbeitsgedächtnis und vorausschauende Planung heraus. Ein zweites Modell ist das der Motivation. Hierbei wird ADHS als eine motivationale Störung angesehen, die durch eine Abneigung gegen Belohnungsverzögerung gekennzeichnet ist. Dieses System ist mit dem mesolimbischen dopaminergen Regelkreis verknüpft. Ein drittes Modell geht von Schwierigkeiten in der Zeitwahrnehmung Betroffener aus. Alle Modelle sind dadurch gekennzeichnet, dass nicht einzelne Fähigkeiten bei ADHS gestört sind, sondern komplexe Funktionsabläufe, also kognitive und motivationale Modelle nur Subtypen der ADHS beschreiben können und in einem »Multi-Defizit-Modell« der ADHS empirisch zusammengefasst und untersucht werden müssen (Pennington 2005).

41.5.4 Neurophysiologische Hypothesen

Elektroenzephalogramm/Ereigniskorrelierte Potenziale

Eine Reihe von quantitativen Untersuchungen mittels Elektroenzephalogramm (EEG) beschäftigte sich mit dem Versuch, die postulierten Entwicklungsstörungen bzw. klinischen Beeinträchtigungen elektrophysiologisch zu beschreiben. Den Hypothesen zur primären Aufmerksamkeitsstörung der ADHS folgend wurde versucht, den unaufmerksamen Typ vom hypermotorischen bzw. kombinierten Typ zu trennen. Der primär aufmerksamkeitsgestörte ADHS-Typ zeigte eine frontale Vermehrung der Thetapower (Mann et al. 1992), verminderte Betapower (Kuperman et al. 1996) und frontal stärkere absolute und relative Thetapower, die sich mit zunehmendem Alter der Kontrollgruppe anglich (Clarke et al. 2001).
Die Zuordnung der einzelnen Komponenten ereigniskorrelierter Potenziale (EKP) (N100/N1–P300/P3) beruht auf experimentalpsychologischen Befunden. Die neurophysiologische Basis der meisten Komponenten ist jedoch noch nicht vollständig geklärt.
Die Amplituden von P1 und N1 reflektieren Verarbeitungsprozesse in den spezifischen primären sensorischen Projektionsarealen. Die N1 soll dabei bereits durch frühe Anteile von Aufmerksamkeitsprozessen modulierbar sein (Oades et al. 1996). Weitere frühe sensorische Verarbeitung, aber auch Stimulusidentifikation und -diskriminierung sowie automatische Enkodierung werden mit den N2- und P2-Komponenten der EKP assoziiert. Die Ausprägung der EKP-Latenzen und -Amplituden ist altersabhängig, bei Übergang vom Kindes- in das Adoleszenten- und Erwachsenenalter werden die Latenzen kürzer und die Amplituden größer (Albrecht et al. 2000).

Transkranielle Magnetstimulation

Die transkranielle Magnetstimulation (TMS) eignet sich zur gezielten Stimulation umschriebener Kortexareale, wobei sich um eine stromdurchflossene Spule ein fokales elektromagnetisches Feld aufbaut. In Abhängigkeit von Reizintensität und Interstimulusintervall zwischen konditionierendem Reiz und Testreiz werden dabei die Amplituden der motorisch evozieren Potenziale (MEP) nach Testreizen untersucht. Daraus lässt sich auf inhibitorische bzw. exzitatorische Vorgänge im untersuchten Motorkortex schlussfolgern (Ridding u. Uy 2003).
Vor dem Hintergrund des häufigen Symptoms der motorischen Hyperaktivität bei ADHS wird eine Störung dieser intra- und interkortikalen inhibitorischen und fazilitatorischen Mechanismen im Motorkortex bei Patienten mit einer ADHS vermutet. Bei Kindern und Erwachsenen mit einer ADHS konnten bereits veränderte kortikale motorische Inhibitionen untersucht und nachgewiesen werden (Buchmann et al. 2003; Moll et al. 1999). Während *resting motor threshold* (RMT), *cor-*

tical silent period (cSP) und intrakortikale Fazilitation (ICF) bei Kindern unbeeinflusst schienen, zeigte sich eine signifikant reduzierte SICI *(short intervall cortical inhibition)* im Vergleich zu gesunden Kontrollprobanden (Moll et al. 2000). Darüber hinaus konnte eine Rostocker Arbeitsgruppe zeigen, dass die Latenz der *ipsilateral silent period* (iSP) bei von einer ADHS betroffenen Kindern signifikant verlängert, die Dauer jedoch verkürzt war, was sowohl mit einer Dysfunktion transkallosaler Fasern als auch mit einem Myelinisierungsdefekt dieser Fasern als Ausdruck einer zerebralen Reifungsstörung erklärt werden könnte (Buchmann et al. 2003).

41.5.5 Bildgebende Befunde

Die Hauptbefunde bei ADHS sind strukturelle und funktionelle Veränderungen des präfrontalen Kortex und des Kleinhirns. Ein alterskonsistenter Befund ist die Dysfunktion der Basalganglien.

Die häufig beschriebene »allgemeine« Hirnvolumenminderung mit Überwiegen der rechten Hemisphäre (Durston et al. 2004) scheint insbesondere die Hirnregionen zu betreffen, die relevant für Aufmerksamkeit, exekutive Kontrolle und Sprachleistungen sind (Sowell et al. 2003). Wie zu erwarten, weisen viele Untersuchungen eine Hirnvolumenminderung speziell des präfrontalen Kortex, insbesondere dessen dorsolateralen Anteils, nach. Auch im Temporallappen lässt sich eine Volumenminderung nachweisen (Sowell et al. 2003). Unter den Basalganglien zeigt das Caudatusvolumen die größte Volumenminderung, uni- oder bilateral (Castellanos et al. 2003), aber auch unilaterale Pallidumvolumenreduktionen konnten in vielen Studien nachgewiesen werden (Overmeyer et al. 2001). Beim Corpus callosum tritt am ehesten im posterioren Anteil eine Volumenminderung auf. Die Befunde bezüglich des Parietallappens sind widersprüchlich, sowohl Volumenminderungen als auch Volumenzunahmen wurden berichtet (Schneider et al. 2006). Die Volumenreduktion des Kleinhirns (Durston et al. 2004) korreliert mit Aufmerksamkeitsproblemen und der Störungsausprägung (Castellanos et al. 2003). Funktionelle Abnormalitäten scheinen eher aufgabenabhängig zu sein, was dafür spricht, dass primär funktionale Netzwerke dysfunktionaler sind als spezifische Hirnregionen (Smith et al. 2006). Insgesamt geben fMRT-Studien zu Inhibitionsaufgaben mit Kindern und Jugendlichen mit ADHS Hinweise auf eine abnorme Aktivierung in fronto-striatalen Systemen (Vloet et al. 2006).

Zusammengefasst weisen die Ergebnisse aus den fMRT-Studien auf Störungen in der Aktivierung des dorsalen anterioren und des posterioren Cingulums, des ventrolateralen, dorsolateralen und inferioren präfrontalen Kortex und des Striatums im Sinne der »präfrontal-striatalen Dysfunktionshypothese« bei ADHS hin.

Befunde bezüglich einer allgemeinen Hirnvolumenminderung liegen bei Erwachsenen mit ADHS nicht vor (Schneider et al. 2006). Hesslinger et al. (2002a) fanden dagegen eine Reduktion des linken orbitofrontalen Hirnvolumens. Der orbitofrontale Kortex reguliert das soziale Verhalten und die Balance von Anregung und Hemmung sowie die emotionale Zuschreibung von Entscheidungen. Bei Erwachsenen konnten bisher keine Volumenminderungen der Basalganglien nachgewiesen werden, was möglicherweise damit zu erklären ist, dass die Differenzen zwischen ADHS-Betroffenen und Kontrollen mit zunehmendem Alter abnehmen (Castellanos et al. 2003). Bezüglich des Corpus callosum, des Parietallappens und des Kleinhirns liegen bei Erwachsenen keine Befunde vor. Während fMRT-Studien bei Kinder und Jugendlichen eine Fülle von Ergebnissen lieferten, sind diese bei Erwachsenen nach wie vor äußerst rar.

41.5.6 Hypothesen zu perinatalen Einflüssen

Neuere Untersuchungen scheinen die Annahme früherer Studien bezüglich des Einflusses perinatalen Stresses und eines niedrigen Geburtsgewichtes auf die Entstehung der HKS zu bestätigen (Mick et al. 2002a). Schon Botting et al. (1997) hatten nachgewiesen, dass Kinder mit einem Geburtsgewicht unter 1 500 g ein vierfach erhöhtes Risiko im Vergleich zu einer normalgewichtigen Geburtspopulation haben, eine hyperkinetische Störung auszubilden. Aber auch pränatale Risikofaktoren bzw. Noxen spielen eine nicht unbedeutende Rolle. Exzessiver mütterlicher Nikotinkonsum während der Schwangerschaft korreliert signifikant mit der späteren Manifestation einer HKS bei dem betroffenen Kind (Mick et al. 2002b; Schulze u. Trott 1996).

41.5.7 Psychodynamische Hypothesen und Befunde aus der Entwicklungspsychologie

Entwicklung, Stress und soziale Erfahrungen sind Faktoren, die die Genexpression verändern (Kandel 2005). Diese werden als Erklärung der HKS bzw. ADHS zumeist wenig diskutiert und berücksichtigt. Da sich unsere Gene im Unterschied zu den Umweltbedingungen in den letzten 1 000 Jahren kaum verändert haben, liegt es nahe, deren Bedeutung stärker zu gewichten – möglicherweise auch im Hinblick auf epigenetische Veränderungen (vgl. Yehuda et al. 2008). Selbst eine Erblichkeit von 90 % schließt nicht aus, so Rutter (2002), dass Umweltfaktoren massive Auswirkungen auf die Entwicklung solcher Störungen haben. Die Bedeutung der Umweltfaktoren impliziert allerdings nicht, dass es etwa eine *ADHS-ogene* Mutter gibt. Hier sind weit komplexere Bedingungen zu berücksichtigen, beispielsweise das Wechselverhältnis von Genen und

Umwelt, Temperament des Kindes und die jeweilige Flexibilität der Mutter gegenüber Umweltstressoren. Zunehmend wird jedoch auch die Bedeutung früher Entwicklungsbedingungen diskutiert. So verweisen Untersuchungen an Kindern (vor allem an adoptierten rumänischen Heimkindern), die länger als sechs Monate in Institutionen verweilt haben, auf die Bedeutung von Vernachlässigung in der Entstehung von Hyperaktivität und Unaufmerksamkeit (Stevens et al. 2008). Sie zeigen auf, dass es depriviationsbedingte Aufmerksamkeitsdefizit- und Hyperaktivitätsstörungen gibt, die bedingt durch frühen Stress neuronale Veränderungen zur Folge haben. Sie diskutieren, ob möglicherweise frühe Deprivationserfahrungen als ein Entwicklungspfad zur ADHS angesehen werden können (Stevens et al. 2008). Aus der psychodynamischen Perspektive gibt es früh Ansätze, die Unruhe dieser Kinder zu erklären und sie zu behandeln.

Hyperaktivität, Impulsivität und mangelnde Aufmerksamkeit werden sowohl unter konfliktdynamischen Aspekten verstanden als auch als Folge von Einschränkungen der Ich-strukturellen Entwicklung. Im ersten Fall dient ADHS als Abwehr- und Schutzverhalten gegenüber belastenden oder bedrohlichen inneren und äußeren Gefahren, beispielsweise zur Vermeidung unerträglicher Gefühle bei Depression oder Angst. Im zweiten Fall stehen Aspekte der Entwicklungsstörung im Vordergrund, z. B. Ich-strukturelle Störungen wie mangelnde Spannungstoleranz und Impulskontrolle oder Beeinträchtigungen der synthetisch-integrativen Funktion des Ich (Gilmore 2000, 2002).

In der Entwicklungsforschung wurden bemerkenswerte Korrelationen zwischen Regulations- und sensomotorischen Störungen bei der Untersuchung unruhiger Kinder *(cry babies)* festgestellt (Desantis et al. 2004), die im Alter von drei bis acht Jahren vermehrte Probleme mit der sensorischen Informationsaufnahme und -verarbeitung zeigten. Je massiver ihre Unruhe, desto stärker das Ausmaß an Aufmerksamkeits- und Wahrnehmungsstörungen zu einem späteren Zeitpunkt.

> Die **Bindungstheorie** erklärt Impulsivität, Unruhe, negative Aufmerksamkeitssuche, Hyperaktivität und geringe Konzentration als eine defensive Adaptation eines Kindes mit einer unsicheren Bindung. Hyperaktivität sei danach ein Versuch der Kontrolle und der Herstellung von Nähe zur frühen Pflegeperson als Folge dieser unsicheren Bindung (Greenberg et al. 1997).

Charakteristische Merkmale in der Beziehungsgestaltung konnten bei den Müttern aufmerksamkeitsgestörter Kinder gefunden werden. Solche Mütter sind direktiver, reagieren abweisender und weniger belohnend auf ihre Kinder (Barkley 1997, 2003). Studien zur frühen Mutter-Kind-Interaktion zeigen, dass Mütter von Kindern mit ADHS sich zu einem Zeitpunkt, als die Kinder sechs Monate alt waren, deutlich intrusiver als andere Mütter verhalten haben (Olson et al. 2002; Silverman u. Ragusa 1992). Eine intrusive Sorge der frühen Pflegeperson erschwert dem Kind wahrscheinlich, sich mit seinen Erregungszuständen selbst zu regulieren. Hierbei könnte es sich um ungünstige Wechselwirkungen zwischen Mutter und Kind handeln. Statt selbstinitiierte Interessen des Kindes zu unterstützen, neigen frühe Pflegepersonen von Kindern mit ADHS dazu, die Aktionen des Kindes durch intrusives Eingreifen zu unterbrechen, was zu geringerem Engagement und geringerer Aufmerksamkeit aufseiten des Kindes führt und im Ergebnis eine gestörte Aufmerksamkeitsentwicklung zur Folge hat. Strenge Einstellungen der Eltern ziehen Vermeidung und eingeschränkte Aufmerksamkeit als gelernte Antworten im Umgang mit kognitiven Forderungen nach sich. Die Aversion gegenüber Forderungen kann als devianter Motivationsstil angesehen werden.

Prospektive Studien von Familien (z. B. Jacobvitz et al. 2004) weisen darauf hin, dass es eine Verbindung zwischen einer späteren ADHS und rigiden oder diffus-unklaren Grenzen in den familiären triadischen Interaktionen gibt. Darüber hinaus lassen feindselige Familieninteraktionen, die Kleinkinder erfahren haben, eine ADHS im späteren Kindesalter voraussagen. Ein weiterer Prädiktor für ADHS ist verführerisches und grenzüberschreitendes Verhalten von Müttern (Jacobvitz et al. 2004).

Fähigkeiten zur Selbstregulation stehen in engem Zusammenhang mit der Entwicklung exekutiver Funktionen (Barkley 1997, 2003). Bemerkenswert sind dabei Untersuchungen an kleinen Kindern, die hohe kognitive Stimulation und geringe Einschränkungen durch die frühe Pflegeperson erfahren haben. Sie erreichen die höchsten Werte im Hinblick auf selbstregulatorische Kompetenz (Olson et al. 2002).

Darüber hinaus kann ein schwieriges Temperament in der frühen Entwicklung spätere Impulsivität und Unaufmerksamkeit offenbar nicht voraussagen (Olson et al. 2002). Mangelndes In-Beziehung-Sein, ein Verhaltensindex für ein unbesetztes Wandern oder eine ungerichtete Aufmerksamkeit, ist dagegen ein signifikanter Marker für eine spätere Aufmerksamkeitsstörung.

Kinder mit ADHS können emotionalen Gesichtsausdruck bei anderen Personen nur mangelhaft entschlüsseln (Peic et al. 2006). Insbesondere haben sie Schwierigkeiten, den Ausdruck von Ärger und Traurigkeit in fremden Gesichtern zu erkennen. Dies ist verbunden mit einem Mangel der Fähigkeit, Ärger und Traurigkeit bei sich selbst wahrzunehmen. Eine Studie an 196 Kindern im Alter von acht bis elf Jahren (Edwards et al. 1984) hat ergeben, dass es eine Korrelation gibt zwischen der Fähigkeit, emotionalen Ausdruck bei anderen zu dekodieren und einer hohen sozialen Rangstellung. Kinder mit guten Dekodierungsfähigkeiten zeigten hohe soziale Kompetenz.

41.6 Diagnostik und Differenzialdiagnosen

41.6.1 Mehrebenendiagnostik im Jugendalter

Trotz des Konsensus bezüglich der diagnostischen Kriterien differieren die Meinungen über die Diagnostik hyperkinetischer Störungen an sich. In den jüngst publizierten Empfehlungen der American Academy of Child and Adolescent Psychiatry (Pliszka u. AACAP Work Group on Quality Issues 2007) stehen orientierende Screenings, klinische Explorationen der Eltern und Patienten, Fremdinformationen über die psychosoziale Beeinträchtigung in der Schule oder der Tagesbetreuung, eine medizinische Anamnese und die Exploration der sozialen und familiären Bedingungen im Vordergrund. Psychologische oder neuropsychologische Testverfahren sind nur bei Intelligenzminderungen oder umschriebenen Störungen verbaler oder mathematischer Fähigkeiten indiziert. Bei leerer medizinischer Anamnese erübrigen sich weiter gehende Labor- oder neurologische Untersuchungen.

Eine derartige Verschlankung der Diagnostik birgt die Gefahr einer inflationären Ausweitung der Diagnose ADHS und des Übersehens häufiger komorbider Störungen bzw. anderer Ursachen für eine ADHS-ähnliche Symptomatik in sich. Die deutschen Leitlinien (Döpfner et al. 2007) sehen zumindest eine orientierende Intelligenzdiagnostik und eine ausführliche testpsychologische Untersuchung bei schulischen Teilleistungsstörungen als notwendig an. Stoffwechselparameter (Schilddrüsenhormone), Bildgebung und EEG können indiziert sein.

Somit setzt sich die zielführende Mehrebenendiagnostik der HKS bei Jugendlichen und jungen Erwachsenen, etwas abweichend zu den o. g. Leitlinien, aus den in Tabelle 41-3 aufgeführten Bausteinen zusammen, wobei Anamnese, medizinische und psychologische Untersuchungen sowie Fremdbeurteilungsskalen als essenziell angesehen werden.

Aufmerksamkeitsdiagnostik

Die testpsychologische Aufmerksamkeitsdiagnostik wurde nicht mit Blick auf die ICD-10- oder DSM-IV-Diagnostik entwickelt, sondern entweder aus dem Kontext schulischer Anforderungen oder aus der Grundlagenforschung zu Aufmerksamkeitsprozessen (Häßler u. Reis 2005). Dementsprechend sollte bei den nachstehend aufgezählten Verfahren beachtet werden, dass sie – anders als z. B. der Fremdbeurteilungsbogen/Selbstbeurteilungsbogen für hyperkinetische Störungen (FBB/SBB-HKS) aus dem Diagnostik-System für psychische Störungen im Kindes- und Jugendalter nach ICD-10 und DSM-IV (DISYPS-KJ) – häufig andere Aufmerksamkeitskonzepte verkörpern. Die nachfolgende Übersicht ist nicht erschöpfend, teilweise stammen die Angaben zu den Gütekriterien aus Sekundärquellen wie Testkompendien (Brähler et al. 2002; Büttner u. Schmidt-Atzert 2004) und Testkatalogen. Keiner dieser Tests misst explizit die im DSM-IV oder der ICD-10 vorgegebenen Kriterien. Dennoch beanspruchen viele Aufmerksamkeitstests, dass sie auch Impulsivität messen könnten, die meist als Anzahl der falschen Reaktionen auf irrelevante Stimuli operationalisiert wird.

Die **Testbatterie zur Aufmerksamkeitsprüfung (TAP)** (Zimmermann u. Fimm 2002) ist ein computerisiertes Verfahren, bei dem den Klienten bedeutungsfreie Stimuli angeboten werden und festgelegte Sequenzen erkannt werden müssen. Im klinischen Alltag haben sich von den zwölf Untertests besonders die Untertests »Alertness«, »Go/No-go«, »nonverbaler Reaktionswechsel«, »visuelles Scanning« und »visueller Vigilanztest« bewährt. Die Durchführungsdauer liegt für den Gesamttest bei 45–60 Minuten, wobei Pausen zwischen den Subtests angeraten erscheinen. Aus der Vielzahl der Verfahren sollte eine zum Alter und den intellektuellen Voraussetzungen passende Testbatterie bzw. ein Einzelverfahren ausgewählt werden, welches der Ziel- und Fragestellung am weitesten entspricht. Darüber hinaus muss die Compliance des zu untersuchenden Kindes berücksichtigt werden.

Der **Wiener Reaktionstest** ist Teil des Wiener Testsystems der Schuhfried GmbH (Schuhfried u. Prieler 2002), das unter anderem in der Verkehrspsychologie starke Verbreitung findet.

Tab. 41-3 Mehrebenendiagnostik der hyperkinetischen Störung

Anamnese	anamnestische Angaben von Eltern und/oder Lehrern
medizinische Untersuchung	Neurologie, orientierende Hör- und Sehprüfungen, Drogen-Screening
psychologische Testuntersuchung	Intelligenz, Leistungsfähigkeit inkl. Aufmerksamkeit/Konzentration, Teilleistungsschwächen
Schätzskalen und Fragebögen	essenziell sind Fremdbeurteilungsskalen, auszufüllen durch Eltern/Lehrer, bei entsprechender kognitiver Reife auch Selbstbeurteilungsskalen
Verhaltensbeobachtung	
neurophysiologische, biochemische und bildgebende Untersuchungen	optional derzeit eher aus wissenschaftlichem Interesse

Der Test hat zehn Untertests und prüft die Aufmerksamkeit hinsichtlich optischer als auch akustischer Reize.

Der **Dortmunder Aufmerksamkeitstest (DAT)** (Lauth 1996) wird nach dem Prinzip »Finde das Gleiche« durchgeführt. Er ist Teil des computergestützten »Kinderdiagnostischen Systems« (KIDS) des Hogrefe-Verlags und misst die Aufmerksamkeitsleistung auf vier Dimensionen, aus denen auch Angaben über impulsiv-fehlerhaftes Verhalten abgeleitet werden können, die ihrerseits mit dem Continuous Performance Test (CPT) kreuzvalidiert wurden (Lauth u. Alberti 1997).

Die **Testreihe zur Prüfung der Konzentrationsfähigkeit (TPK)** (Kurth u. Büttner 2004) orientiert sich an der Schulstunde. In 45 Minuten wird die ungefähre Aufmerksamkeitsleistung für eine Grundschulstunde auf verschiedenen Dimensionen wie Rechnen und Text abschreiben ermittelt. Die Resultate des Tests korrelieren mit dem Lehrerurteil im Mittel mit r = 0,59.

Das **Konzentrations-Handlungs-Verfahren (KHV)** (Koch u. Pleißner 1984) ist ein Sortierverfahren älteren Datums, welches in den fünf neuen Ländern nach wie vor verbreitet ist.

Der **Continuous Performance Test (CPT)** (Knye et al. 2004) ist ein neueres Verfahren, bei dem fünf verschiedene Buchstaben in variierender Reihenfolge dargeboten werden. Gemessen werden die Antworten auf eine bestimmte Buchstabensequenz, wobei zwischen den Buchstaben zwei Sekunden liegen. Die Reaktionen auf irrelevante oder Non-Target-Sequenzen gelten insbesondere als Maß von Aufmerksamkeitsdefiziten und Impulsivität. Wie der Dortmunder Aufmerksamkeitstest (DAT) ist der Test Teil des Hogrefe-Paketes und benötigt die Oberfläche des »Hogrefe TestSystems«.

Der **Aufmerksamkeits-Belastungs-Test d2** (Brickenkamp 1981) ist ein weit verbreitetes Durchstreichverfahren, in dem ähnliche visuelle Reize (Buchstaben) diskriminiert werden müssen. Es werden Tempo und Sorgfalt gemessen. Der größte Vorteil des Verfahrens liegt in seiner weiten Verbreitung und der damit verbundenen leichten Kommunizierbarkeit der Testergebnisse sowie der großen Zahl von Studien zum d2.

Fragebögen

Fragebögen gehören zu den verbreitetsten diagnostischen Instrumenten und eine Reihe von ihnen hat sich zur Erfassung der hyperkinetischen Störungen bewährt (Häßler u. Reis 2005). Grundsätzlich muss zwischen ein- und mehrdimensionalen sowie Selbst- und Fremdbeurteilungen unterschieden werden.

Mehrdimensionale Fragebögen erfragen mehr Symptome als nur die der HKS und werden in vielen Einrichtungen als Screeningverfahren bei der Aufnahme verwendet.

Die bekanntesten Verfahren sind die Derivate der **Child Behavior Checklist (CBCL)** (Achenbach u. Edelbrock 1983), die mittlerweile für verschiedene Altersstufen (CBCL 2–3, CBCL 4–18) sowie für verschiedene Informanden vorliegen. Die **Teacher Report Form (TRF)** wurde für Deutschland ebenso geeicht wie der **Youth Self Report (YSR)** und der **Young Adult Self Report 18–30 (YASR)**. Alle Formen weichen nur geringfügig voneinander ab und erfassen zwei Kompetenz- und acht Problembereiche. Davon misst die sechste Skala »Aufmerksamkeitsprobleme« mit neun Items, die teilweise den nosologischen Items des HKS entsprechen. Sowohl Symptome der Hyperaktivität, der Aufmerksamkeitsstörung und der Impulsivität werden erfasst.

Die **Fremdbeurteilungen** durch die Child Behavior Checklist (CBCL) und die Teacher Report Form (TRF) sind mittlerweile in Deutschland erprobt und haben sich gut bewährt, wobei sowohl die Papier- als auch die PC-Version bis zu 45 Minuten dauern können.

Das **Strength and Difficulties Questionnaire (SDQ)** (Goodman 1997), von dem es unter www.sdqinfo.com auch eine kostenfreie deutsche Version für den nicht kommerziellen Gebrauch gibt, ist ein wesentlich kürzeres Screeningverfahren. Es kann sowohl von den Eltern als auch Erziehungspersonen relativ leicht ausgefüllt werden. Es umfasst insgesamt 25 Items, wobei jeweils fünf Items auf fünf Dimensionen laden, unter anderem auch auf die Skala Hyperaktivität/Aufmerksamkeitsprobleme. Der in fünf Minuten ausfüllbare Fragebogen ist in der Diskriminationsleistung jedoch nicht schlechter als CBCL und TRF. Für hyperkinetische Störungen trennt das SDQ sogar besser, sowohl in der originalen (Goodman u. Scott 1999) als auch in der deutschen Version (Klasen et al. 2000). Die Skala lässt sich nicht ohne weiteres in Hyperaktivität und Unaufmerksamkeit spalten (Woerner et al. 2004), zeigt aber ausreichende interne Konsistenzen, sowohl für Mädchen als auch für Jungen.

Für die in den Leitlinien empfohlene Ergänzung der Fremd- durch **Selbstbeurteilung** – insbesondere bei Jugendlichen – steht mit dem Youth Self Report (YSR) ein mehrdimensionales Verfahren zur Verfügung, welches die CBCL und die TRF spiegelt. Mehrdimensionale Verfahren haben den Nachteil, hinsichtlich der hyperkinetischen Störung nur eingeschränkt valide zu sein. Dafür bieten sie die Gelegenheit, schnell Hinweise auf komorbide Problemlagen zu erlangen, womit die angenommene HKS in den Kontext des gesamten Personprofils gestellt wird.

Störungsspezifische Verfahren

Auch die störungsspezifischen Verfahren lassen sich in Fremd- und in Selbstbeurteilungen unterscheiden. Hinsichtlich der Dimensionalität gibt es zwischen den einzelnen Verfahren Unterschiede. Einige erfassen auch Dimensionen, die gemeinsam mit den hyperkinetischen Störungen auftreten können, wie beispielsweise oppositionelles Verhalten. Diese Dimensionen werden in der folgenden Übersicht nicht berücksichtigt.

Im Zuge von **Fremdbeurteilungen** Am häufigsten werden Eltern und/oder Lehrer befragt, deren Erwartungen, tradierte Erfahrungen, subjektive Einstellungen und kognitiv intellektuelle Fähigkeiten in die Beurteilungen einfließen und somit für Artefakte mitverantwortlich sein können. Eine weitere Artefaktquelle, welche die Validität der Frage- und Beurteilungsbögen einschränkt, ist methodenbedingt und liegt an der hohen Interkorrelation der Skalen zur Erfassung von Hyperaktivität, Unaufmerksamkeit und Störungen des Sozialverhaltens sowie der damit niedrigen Diskrimination zwischen den Diagnosen hyperkinetische Störung (HKS) und Störung des Sozialverhaltens (SSV) (Hinshaw 1987). Andererseits weisen hinsichtlich ihrer Gütekriterien überprüfte Fragebögen und Beurteilungsskalen in der Regel eine zufriedenstellende Validität sowie Test-Retest-Reliabilität auf und verfügen auch bei unterschiedlich zusammengesetzten Stichproben bzw. variierenden Informationsquellen über eine konstante Faktorenstruktur. Sie haben den großen Vorteil, dass sie leicht anwendbar und kostengünstig sind.

Die **Conners-Skalen** (Conners 1973, 1998 a, b) gehören zu den am häufigsten eingesetzten Verfahren bei der Messung des HKS. Dabei handelt es sich um ein Frembeurteilungsverfahren, von dem seit seinem Erscheinen im Jahr 1969 mehrere Fassungen herausgebracht wurden, die in der Itemzahl zwischen 10 und 59 variieren. Die Vorteile der Skalen liegen in ihrer weiten Verbreitung und leichten Handhabbarkeit. Mit den Conners-Skalen lässt sich ein HKS-Screening schnell und relativ treffsicher durchführen (Huss et al. 2002). Wie Huss et al. (2002) jedoch auch bemerken, steht die Verbreitung in starkem Kontrast zur Empirie über das Verfahren. Für einige Dimensionen (v.a. »Betragen«), insbesondere der 39-Item-Fassung, lassen sich die amerikanischen Normen nicht verwenden. Deutsche Normen gibt es bisher jedoch nicht. Darüber hinaus empfehlen die Autoren die geschlechtsstratifizierte Beurteilung der Skalenwerte. Die Conners-Skalen replizieren die häufig und in vielen Kulturen gefundene 2-Faktor-Struktur des HKS (Gomez et al. 2003), nach der Hyperaktivität und Impulsivität, wie im DSM, gemeinsam gemessen werden, wovon Aufmerksamkeitsprobleme getrennt werden. In der klinischen Praxis hat sich insbesondere als Screeningverfahren die 10-Item-Version bewährt, vor allem zur Effizienzbewertung pharmakologischer Interventionen.

Störungsspezifische **Selbsturteile** zum hyperkinetischen Syndrom dienen als weitere Informationsquelle, die einerseits durchaus verlässlich ist, jedoch nicht die einzige bleiben sollte. Während in repräsentativen Stichproben das Selbsturteil der Jugendlichen – auf allen drei Dimensionen des HKS – eher schlechter als das der Fremdbeurteiler ausfällt, neigen klinisch auffällige Jugendliche zur Dissimulation (Görtz et al. 2002).

Die **Selbstbeurteilungs-Skala HKS** (SBB-HKS) ist Teil des Diagnostik-Systems für psychische Störungen im Kindes- und Jugendalter (DISYPS-KJ) und erfragt die Symptome nach ICD oder DSM. Die internen Konsistenzen aller drei Dimensionen des hyperkinetischen Störung sind in der klinischen Stichprobe von Görtz et al. (2002) gut bis sehr gut, für die repräsentative Stichprobe ausreichend bis gut. In vielen Fällen sollten die Fremd- und Selbstbeurteilungen jedoch mit Beobachtungsdaten kreuzvalidiert werden.

41.6.2 Mehrebenendiagnostik Erwachsene

Schon die 2003 publizierte Leitlinie »ADHS im Erwachsenenalter« betont den klinischen Charakter der Diagnose (Ebert et al. 2003). Erfasst werden sollten im Rahmen eines Interviews (Selbstauskunft) die aktuelle Psychopathologie (auch zum Ausschluss organischer psychischer Störungen und zur Sicherung psychiatrischer Komorbidität), die früheren und aktuellen Symptome, die daraus resultierende Beeinträchtigung in den Bereichen Schule/Studium, Ausbildung, Arbeit, Familie und Freizeit sowie der Verlauf der Symptomatik. Fremdanamnestische Angaben über das Störungsbild im Kindes- und Jugendalter sowie die aktuelle Symptomatik sind ergänzend einzuholen. Neben der Erhebung eines internistischen und neurologischen Befundes muss eine Krankheitsanamnese hinsichtlich Substanzmissbrauch, Persönlichkeitsstörungen, affektiven Störungen, Angststörungen, Tic-Störungen, Teilleistungsstörungen, Schlafstörungen, Schilddrüsenstoffwechselstörungen, Anfallserkrankungen, Zuständen nach Schädel-Hirn-Trauma und Restless-Legs-Syndrom erfolgen (Sobanski u. Alm 2004). Die Autorinnen empfehlen ein Drogen-Screening, eine Untersuchung des Schildrüsenstoffwechsels und die Durchführung eines EEG.

Auch in den USA wird die Bedeutung von klinischen Interviews, z. B. Conners Adult ADHD Diagnostic Interview for DSM-IV (CAADID), Schedule for Affective Disorders and Schizophrenia (K-SADS), Structural Clinical Interview for DSM-IV Criteria for DSM Axis I (SCID-I), Verhaltensschätzskalen, z. B. Conners Adult ADHD Rating Scales (CAARS), Brown Attention-Deficit Disorder Rating Scale for Adults (Brown ADD-RS), Wender Utah Rating Scale (WURS), ADHD Rating Scale-IV, Adult ADHD Self-Report Scale-version 1.1 (ASRS v1.1), Familienanamnese und neuropsychologischer Evaluation mittels Stroop Tests oder des Continuous Performance Test (CPT) für die ADHS-Diagnostik betont (Davidson 2007). Aufgrund der nicht so klaren diagnostischen Kriterien, der Variabilität des Störungsbildes und der Dominanz der Selbstauskunft besteht die Gefahr der Simulation der ADHS-Symptomatik (Harrison et al. 2007).

Eine Übersicht über die retrospektive Erfassung von ADHS-Symptomen in der Kindheit (WURS und The Childhood Symptom Scale – Self Report Form [ChSS-SRF]), ADHS-Schätzskalen bezüglich der aktuellen Psychopathologie und diagnostische Interviews findet sich bei Rösler et al. (2006).

Keines der erwähnten und kritisch betrachteten Instrumente ist aber in Europa oder Deutschland entwickelt worden. Da es sich bei der Diagnose einer ADHS im Erwachsenenalter um eine klinische Diagnose handelt, bei der eine gründliche Exploration durch einen auf dem Gebiet der ADHS erfahrenen Untersucher im Vordergrund steht, haben alle zusätzlichen Testinstrumente nur eine ergänzende, aber keine ersetzende Funktion.

41.7 Therapie und Prävention

41.7.1 Differenzialdiagnose und Hierarchie der Behandlungsentscheidung

Bevor differenzialdiagnostische Überlegungen überhaupt angestellt werden, ist die Frage zu beantworten, ob dies Kriterien einer hyperkinetischen Störung (pervasiv, situationsübergreifend, Symptomausprägung) sind und es sich um eine eindeutige pathologische Hyperaktivität bzw. Aufmerksamkeitsstörung handelt oder ob eine im Extrembereich der Normalvariabilität liegende Reifungsvariante vorliegt. Andererseits sind auch tiefgreifende Entwicklungsstörungen und Intelligenzminderung auszuschließen. Neben hirnorganischen neurologischen Ursachen wie posttraumatischen und postenzephalitischen Zuständen geht es um den Ausschluss von epileptiformen Sensationen oder gar epileptischen Anfällen, Chorea minor, Hirntumoren und degenerativen Erkrankungen. Von internistischer Seite ist am ehesten an eine Hyperthyreose, hypoglykämische Attacken und paroxysmale Tachykardien zu denken. Aus jugendpsychiatrischer Sicht geht es differenzialdiagnostisch um affektive/dysthyme Störungen (depressive und/oder manische Episoden), Angststörungen, schizophrene Störungen, dissoziative Störungen oder auch psychosomatische Störungen. Im Jugendalter sind auch Persönlichkeitsstörungen zu beachten. Medikamente an sich und nicht nur Psychopharmaka können Symptome einer HKS imitieren. Dabei sollte stets auch eine Intoxikation bzw. der Konsum von legalen und illegalen Drogen beachtet werden. Wichtig ist hinsichtlich der zu wählenden Therapiestrategie insbesondere die Abgrenzung zu bzw. Aufdeckung einer häufig koinzidenten Tic-Störung und die Unterscheidung von einer motorischen Unruhe bei geistig behinderten Kindern. Nicht zuletzt müssen auch die zurückliegenden und aktuellen psychosozialen Lebensumstände in die differenzialdiagnostischen Erwägungen einbezogen werden. In der Regel kann die multimodale Therapie ambulant durchgeführt werden, wobei ein mit dem Störungsbild vertrautes Team bzw. ein erfahrener Jugendpsychiater prädestiniert sind. Nur bei einem besonders schwer ausgeprägten Störungsbild und insbesondere drohender Schulsuspendierung, bei ausgeprägten komorbiden Störungen, ineffektiver ambulanter Therapie und mangelnden Ressourcen im sozialen Umfeld ist eine stationäre Therapie indiziert. Im Vorschulalter stehen Interventionen in den Familien (Elterntraining, Familientherapie) sowie betreuenden Einrichtungen im Vordergrund, da bei medikamentösen Interventionen Zurückhaltung geboten scheint und kognitive Therapien altersbedingt kaum durchführbar sind. Die multimodale Therapie kann sich aus Interventionen wie Aufklärung und Beratung der Eltern, des betroffenen Jugendlichen und der Erzieher/Lehrer, Elterntraining, Familientherapie, kognitiver Verhaltenstherapie, Selbstinstruktions- und Selbstmanagementtechniken und der Pharmakotherapie einschließlich weniger evidenzbasierter Alternativtherapien im Einzelfall zusammensetzen (Döpfner et al. 2007). Sie sollte individualisiert und störungsspezifisch ausgerichtet werden. Bei einer krisenhaften Zuspitzung (drohende Schulsuspendierung, Klassenwiederholungen, delinquente Tendenzen, Substanzmissbrauch, extreme Belastung der Eltern-Kind-Beziehung) einer stark ausgeprägten HKS gehört die Pharmakotherapie unbedingt zum Gesamtbehandlungskonzept. Bezüglich der Kosteneffizienz ist die alleinige Pharmakotherapie allen anderen Therapieformen sowie der Kombinationstherapie überlegen (Jensen et al. 2005). Die 3-Jahres-Follow-up-Daten der MTA-Studie lassen am ehesten die Schlussfolgerung zu, dass unabhängig vom Therapiekonzept (Pharmakotherapie/Methylphenidat vs. Verhaltenstherapie vs. Routinetherapie vs. Kombination aus Pharmako- und Verhaltenstherapie) eine erhebliche Verbesserung der ADHS-Symptomatik erzielt wurde (Jensen et al. 2007).

41.7.2 Psychopharmakotherapie

Stimulanzien

Amphetamin, welches zu den ältesten und am weitesten verbreiteten Medikamenten in dieser Kategorie zählt, wurde 1887 durch Edeleano erstmalig synthetisiert. 1935 kam es bei der Behandlung der Narkolepsie medizinisch zum Einsatz (Verberg 1986).
Die Sternstunde der pädiatrischen Psychopharmakotherapie begann 1937 mit Bradley's Publikation über den Effekt von Amphetaminen (Benzodrin) bei Kindern mit postpneumenzephalographischen Kopfschmerzen sowie bei beschwerdefreien Kontrollkindern (Bradley 1937). Von anfänglich 30 mit Amphetamin behandelten Kindern zeigten 14 eine überraschende Wirkung in Bezug auf erhöhtes Aufgabenverständnis, schnellere und akkuratere Leistungen im Denkbereich und verbessertes Verhalten einschließlich adäquater emotionaler Reaktionen.
1957 entwickelten die CIBA-Laboratorien Methylphenidat (Ritalin®), welches für die Stimmungsaufhellung bei Erwachsenen vorgesehen war (Angrist u. Sudilovsky 1978). Das Stimulans zeigt eine hohe Wirksamkeit bei einer Responderquote

41.7 Therapie und Prävention

von 75 bis 90 % (Greenhill et al. 1999). Die klinische Response lag sowohl bei Kindern als auch Erwachsenen zwischen 65 und 75 %, stieg aber, wenn die quantitative Effizienz mittels Ratingskalen ermittelt wurde, auf fast 100 % (Greenhill 2002). Der genaue Wirkungsmechanismus von Psychostimulanzien im Zusammenhang mit ADHS konnte noch nicht vollständig geklärt werden. Vermutet wird, dass Methylphenidat neurochemisch wirksam ist, die Wiederaufnahme von Dopamin und Noradrenalin in das präsynaptische Neuron blockiert und den Anteil an Neurotansmittern im synaptischen Spalt erhöht. Volkow et al. (2005) konnten nachweisen, dass die Gabe von Methylphenidat die Verfügbarkeit von Dopamin-Transportern (DAT) im Striatum im Vergleich zu Placebo signifikant reduziert. Krause et al. (2005) stellten außerdem fest, dass die DAT-Verfügbarkeit mit Response auf Methylphenidat bei ADHS-Patienten korreliert. Methylphenidat hat darüber hinaus einen nachgewiesenen positiven Effekt auf fazilitierende und inhibierende intrakortikale motorische Prozesse (Buchmann et al. 2007), die Verbesserung der Aufmerksamkeit, die Zunahme sozialer Fähigkeiten, die Abnahme der Ablenkbarkeit, der Impulsivität und die Zunahme der Frustrationstoleranz.

Die Stimulanzientherapie sollte adaptiv bezüglich der Dosierung und der konkreten Symptome in den jeweiligen Tagesabschnitten erfolgen. Neben unretardierten Präparaten steht eine Vielzahl von Retardpräparaten mit unterschiedlichen Wirkprofilen zur Verfügung. Die Tagesdosierungen von Methylphenidat sollten insbesondere bei unretardierten Präparaten 1 mg/kg KG bzw. 60 mg/d (Zulassung ist auf diese Dosis begrenzt) nicht überschreiten. Methylphenidat ist weder für das Vorschulalter noch für Erwachsene zugelassen, obwohl osmotisch freigesetztes Methylphenidat bei Erwachsenen (in einer Dosis bis 72 mg/d) nicht nur effektiv, sondern auch gut verträglich ist (Häßler 2007). Eine neuere Metaanalyse (Koesters et al. 2008) relativiert überzogene Erwartungen an die Wirksamkeit von Methylphenidat für die Behandlung der ADHS im Erwachsenenalter. Über alle Studien berechneten die Autoren im Vergleich zum Placebo eine zwar signifikant von null verschiedene Effektstärke, diese ist jedoch mit d = 0,42 deutlich geringer als die Effektstärken, die für die Methylphenidat-Behandlung bei Kinder- und Jugendlichen ermittelt wurden. Die Ursache für diesen Unterschied ist unklar. In Tierversuchen war Methylphenidat auch bei adulten Ratten weniger wirksam (Bizot et al. 2007). Denkbar ist jedoch auch, dass die Population der Erwachsenen mit ADHS aufgrund der unsicheren Diagnosestellung nicht mit der Population vergleichbar ist, die im Kindes- bzw. Jugendalter diagnostiziert und behandelt wird. In der Metaanalyse von Koesters et al. (2008) fällt auf, dass der Frauenanteil in den eingeschlossenen Studien bei bis zu 56 % liegt, was die Vergleichbarkeit fraglich erscheinen lässt.

Die Tabelle 41-4 gibt eine Übersicht über die zur Verfügung stehenden Stimulanzien.

Bei einer Einstellung auf Methylphenidat kommt es auf die individuelle Titration und die valide Effektevaluierung nebst Erfassung der Nebenwirkungen an. Es hat sich bewährt, primär auf ein unretardiertes Methylphenidatpräparat einzustellen, wobei ca. 15 % aller darauf Eingestellten damit auskommen, 85 % aber auf ein länger wirksames Präparat umgestellt werden müssen. Als absolute Kontraindikationen werden Schizophrenie, Hyperthyroidismus, kardiale Arrhythmien, Angina pectoris und Glaukom angesehen. Relative Kontraindikationen sind Hypertonus, Depression, Tics (milde faziale Tics können sich unter MPH verbessern), ein Tourette-Syndrom in der Familienanamnese, Epilepsie mit auffälligem EEG und ho-

Tab. 41-4 Stimulanzien und ihre Dosierungsbereiche

Chemische Kurzbezeichnung	Medikament	Wirkungsdauer/ Dosis (h)	mg/kg KG	Tagesdosis	Einzelgaben
Methylphenidat mit schneller Freisetzung	• Ritalin® (10 mg Tbl.) • Medikinet® (5, 10, 20 mg Tbl.) • Generika	3–4	0,3–1,0	10–40 mg max. 60 mg	1–3 (2/3 morgens, 1/3 abends)
Methylphenidat mit verzögerter Freisetzung	CONCERTA (18, 36, 54 mg Retardtbl.)	8–12 (14)	0,3–1,0	max. 72 mg	1 (evtl. + morgens MPH unret.)
	Ritalin® LA (20, 40 mg Hartkps.)	6–10	0,3–1,0	max. 60 mg	1
	Medikinet® retard (10, 20, 30, 40 mg Hartkps.)	5–8	0,3–1,0	max. 60 mg	1
	Equasym® Retard (10, 20, 30 mg Hartkps.)	6–8	0,3–1,0	max. 60 mg	1
D-L-Amphetamin (keine Fertigarznei)	Amphetaminsaft	4–5	0,1–0,5	5–20 mg max. 40 mg	1–3
Modafinil[1]	Vigil® (100 mg Tbl.)	5–8		100–500 mg	1–2

[1] Keine Zulassung für die Behandlung von HKS/ADHS.

her Anfallsfrequenz, geistige Behinderung, tiefgreifende Entwicklungsstörungen, Medikamenten- und Drogenmissbrauch (Döpfner et al. 2007). Generelle Wochenend- oder Ferienpausen sind nicht sinnvoll. In einer Studie fanden Sobanski et al. (2007), dass Erwachsene, die neben einer ADHS noch an einer anderen psychischen Störung litten, weniger von der Methylphenidattherapie profitierten als Erwachsene mit einer reinen ADHS.

In der Metaanalyse von Koesters et al. (2008) konnte bei der Methylphenidatbehandlung bei komorbid vorliegender Substanzabhängigkeit kein Vorteil gegenüber einer Placebobehandlung festgestellt werden.

Nebenwirkungen der Stimulanzientherapie und Suchtgefahr

Die häufigsten Nebenwirkungen sind Kopfschmerzen, Appetitverlust mit Gewichtsabnahme, Zurückbleiben des Längenwachstums und Schlafstörungen (Pliszka u. AACAP Work Group on Quality Issues 2007). Es existieren jedoch nur sehr wenige Studien, die die langfristigen Auswirkungen untersuchen.

In einer Langzeitstudie untersuchten Wilens et al. (2005) die Sicherheit von CONCERTA über einen Zeitraum von zwei Jahren und fanden minimale Effekte auf das Längenwachstum und das Gewicht (beides weniger als erwartet), während die 3-Jahres-Katamnese der MTA-Studie einen deutlichen Effekt der medikamentösen Behandlung auf das Wachstum zeigte (Swansson et al. 2007). Nach jetziger Datenlage scheinen Stimulanzien kein erhöhtes Risiko für den plötzlichen Kindstod, kardiovaskuläre Sensationen, Aggressivität, Stimmungslabilität, suizidale Gedanken oder Tics zu haben (Pliszka u. AACAP Work Group on Quality Issues 2007). Die amerikanische Arzneimittelbehörde (FDA) hat jedoch 2006 eine Warnung vor kardiovaskulären Risiken der Methylphenidatbehandlung herausgegeben.

Ebenso entsteht unter einer Therapie mit Methylphenidat (am sichersten ist eine Retardformulierung) kein Suchtrisiko. Häufig wird postuliert, dass die Methylphenidatbehandlung protektiv auf das Suchtrisiko der ADHS-Patienten wirkt. Die Auswirkungen der Methylphenidatbehandlung auf das Suchtrisiko sind aber umstritten (vgl. Molina et al. 2007), da die Studien, die den Einfluss der Methylphenidatbehandlung untersucht haben (u. a. Barkley et al. 2003; Biederman et al. 1997, 1999; Molina 2007) zu widersprüchlichen Ergebnissen kommen.

Pharmakoepidemiologie

Aufgrund der Angaben im KIGSS-Survey von 2006 (persönliche Mitteilung Prof. Huss, Mainz) ist bei Jugendlichen im Alter von 14 bis 17 Jahren mit einer Verschreibung irgendeiner ADHS-relevanten Medikation bei 1 % der Jungen und 0,3 % der Mädchen zu rechnen. Der GIK-Rport 2006 stellt die Prävalenzen aus dem KIGG-Survey mit Verschreibungsdaten der Gmünder Ersatzkasse gegenüber und aproximiert somit Verschreibungsprävalenz. Bei den 14- bis 17-jährigen Jungen ist bei der Breitendefinition im KIGGS mit 9,4 % Betroffenen zu rechnen. Verschrieben werden ADHS-relevante Medikationen an 2,84 % der Betroffenen. Somit wird ein knappes Drittel der Betroffenen in dieser Altersgruppe behandelt. Dieser Wert (30,21 %) liegt deutlich niedriger als im Schulalter mit 50,92 % (7–10 Jahre) oder 49,29 % (11–13 Jahre). Bei den betroffenen jugendlichen Mädchen ist mit einer Auftretensprävalenz von 1,8 % zu rechnen. Die Verschreibungsprävalenz lag im GIK-Datensatz bei 0,8 %. Damit erhalten 44,44 % der Betroffenen in dieser Altersgruppe eine ADHS-relevante Medikation.

Ungeklärt ist die Frage, worauf der Rückgang der Verschreibung im Jugendalter zurückzuführen ist. Einerseits könnte es sich um ein Phänomen handeln, welches dadurch erklärt wird, dass sich vor allem die motorische Symptomatik reifungsbedingt verbessert, andererseits könnte auch die geringere Compliance bei Jugendlichen hier die wesentliche Rolle spielen, sodass Jugendliche, welche als Kinder die Medikamente auf Wunsch oder Druck der Eltern eingenommen haben, dies nun als Jugendliche ablehnen.

Atomoxetin

Atomoxetin unterliegt als noradrenerger Wiederaufnahmehemmer nicht dem Betäubungsmittelgesetz. Im Erwachsenenalter kann es nur verordnet werden, wenn die Primäreinstellung vor Erreichen des 18. Geburtstages erfolgte (Erstattungspflicht der Krankenkassen). Atomoxetin hat sich in mehreren kontrollierten Studien als wirkungsvoll (Effektstärke 0,7) und nebenwirkungsarm erwiesen (Pliszka u. AACAP Work Group on Quality Issues 2007). In einer Cochrane-basierten Metaanalyse ermittelten Cheng et al. (2007) eine Number Needed to Treat (NNT) für eine Behandlungswirksamkeit und eine Rückfallprävention von 3,43. Damit lag die NNT unter der von unretardiertem Methylphenidat und Equasym (4,8 und 5,3) (Banaschewski et al. 2006). Das männliche Geschlecht, eine komorbide oppositionell deviante Störung und der hyperaktiv-impulsive Mischtyp waren mit einer geringeren Symptomreduktion assoziiert. Jüngere Kinder und Kinder mit einer hohen Ausprägung an hyperaktiven/impulsiven Symptomen wiesen mehr Nebenwirkungen auf als z. B. primär unaufmerksame Kinder. An Nebenwirkungen stehen gastrointestinale Sensationen (Appetitminderung, Bauchschmerzen, Übelkeit, Dyspepsie) und Müdigkeit im Vordergrund. Das Substanzmissbrauchspotenzial ist geringer als das von Stimulanzien. Das signifikant erhöhte Risiko bezüglich suizidaler Gedanken unter Atomoxetin sollte gegen die überzeugenden Vorteile sorgfältig abgewogen werden (Bangs et al. 2008). Um Nebenwirkungen so niedrig wie möglich zu halten, ist es ratsam, Atomoxetin langsam aufzutitrieren (Beginn mit 0,25–0,5 mg/kg KG und Steigerung auf 1,2 [1,5] mg/kg KG innerhalb von 3 Wochen). Die maximale Wirksamkeit stellt sich nach vier bis sechs Wochen ein. Auch bei Erwachsenen mit ADHS erwies sich Atomomoxetin als wirksam und sicher, scheint aber häufiger zu einem Gewichtsverlust, einem Blutdruckanstieg und zu einer Pulsfrequenzzunahme zu führen (Adler et al. 2005). Atomoxetin hat in der Behandlung von ADHS mit einer komorbiden Tic- oder Angststörung gegenüber Stimulanzien Vorteile (Pliszka u. AACAP Work Group on Quality Issues 2007). Es kann auch mit Stimulanzien kombiniert werden, wobei nicht selten bei Nonrespondern auf Stimulanzien noch positive Effekte zu verzeichnen sind.

Substanzgebundene Alternativen

Da es auf die etablierten Psychopharmaka bei ADHS wie Stimulanzien und Atomoxetin zwischen 25 und 30 % Nonresponder gibt, diese in Einzelfällen limitierende Nebenwirkungen aufweisen und unter vielen Ärzten nicht nur Skepsis gegenüber leitlinienorientierten, evidenzbasierten Psychopharmakotherapien herrscht, sondern auch eine gewisse Experimentierfreudigkeit besteht, bedarf es im Interesse einer patientenzentrierten störungsspezifischen Therapie sorgfältiger Risiko-Nutzen-Abwägungen hinsichtlich alternativer Substanzen. Die Tabelle 41-5 gibt einen umfassenden Überblick zu alternativen Substanzen, deren Status als Off- versus On-Label-Medikation, Dosierungen im Kindes-, Jugend- und Erwachsenenalter, Risiken sowie dem evidenzbasierten Empfehlungsgrad. Keine der aufgeführten Substanzen ist hinsichtlich Effektstärke und Nebenwirkungsspektrum den über 50 Jahre etablierten Stimulanzien in der Therapie der ADHS ebenbürtig. Dennoch können einige der aufgeführten Substanzen als Alternativen im Einzelfall empfohlen werden.

Ergänzend zu den in Tabelle 41-5 aufgeführten Substanzen beschreiben Wood et al. (2007) positive Effekte von Carbamazepin (Effektstärke von 1,01 im Verum-Placebo-Vergleich), Nikotin und Donezepil sowie einem in der Entwicklung befindlichen Nikotin-Agonisten (ABT-418). Die Autoren plädieren dafür, die Vor- und Nachteile bzw. Wirkungsmechanismen von Alternativen zu kennen, um Jugendliche, Erwachsene, Eltern und Lehrer als Kooperationspartner in der ADHS-Therapie optimal beraten zu können. Eine weitere Alternative scheint Pycnogenol, ein Rindenextrakt der französischen Meeresspinie, zu sein, welches auf die Kernsymptome von ADHS in einer einmonatigen placebokontrollierten, doppelblinden Studie einen signifikanten Effekt hatte (Trebaticka et al. 2006).

Diätbehandlungen

Der seit den 1970er Jahren propagierte und bis dato kontrovers diskutierte Einfluss von Nahrungsadditiven, speziell des Phosphats, auf die Manifestation bzw. den Ausprägungsgrad einer HKS (Feingold 1973) muss vor dem Hintergrund der Studien von Schab und Trinh (2004) und McCann (2007) neu betrachtet und evaluiert werden.

Schon früher entfachten kontrollierte Studien die Diskussion über den Einfluss der Nahrung auf Verhaltensstörungen (Egger et al. 1985; Kaplan et al. 1989). In beiden Studien konnte die Wirksamkeit einer oligoantigenen Diät in einer selektiven Klientel nachgewiesen werden. Methodische Mängel schränken aber die generelle Aussage dieser Ergebnisse ein (Schmidt et al. 1997). In einer placebokontrollierten doppelblinden Cross-over-Studie verglichen Schmidt et al. (1997) den Effekt einer oligoantigenen Diät mit der Wirksamkeit von Methylphenidat und fanden bei 24 % mit der Diät behandelten Kinder eine signifikante Verhaltensverbesserung. Die Responserate unter Methylphenidat lag bei 44 %. Sie schlussfolgerten, dass eine oligoantigene Diät aufgrund der vorliegenden Ergebnisse nicht gänzlich als therapeutische Alternative für eine spezielle Subpopulation der Kinder mit HKS verworfen werden sollte. Möglicherweise profitieren am ehesten die hyperkinetischen Kinder, die gleichzeitig an atopischen Störungen leiden. Zwischen beiden Störungsbildern gibt es psychoneuroimmunologische Verknüpfungen bzw. Kausalitäten.

41.7.3 Psychotherapeutische Verfahren

Neben der Aufklärung der Eltern, Betroffenen und Lehrer, Elterntraining, Familientherapie und Interventionen in der Schule haben sich bei älteren Kindern und Jugendlichen **Selbstinstruktionstraining** und **Selbstmanagement** etabliert, auch wenn die empirischen Befunde zur Wirksamkeit nicht sehr ermutigend sind. Häufig erweist sich eine Kombination verschiedener Ansätze und Techniken, wie sie auch in das Therapieprogramm für Kinder mit hyperkinetischem und oppositionellem Problemverhalten (THOP) (Döpfner et al. 2002) integriert sind, als am effektivsten (Lehmkuhl u. Döpfner 2007). Im Rahmen verhaltenstherapeutischer Interventionen sollten betroffene Kinder und Jugendliche in ihrem Problemumfeld (Familie, Schule, Berufsausbildung) durch altersadäquate Verstärkersysteme in ihrem Selbstbewusstsein gestärkt und zu einem »inneren sprachlichen Dialog« gebracht werden. Fröhlich et al. (2002) entwickelten dafür didaktische Leitsätze, die geeignet sind, Ausdauer und Konzentrationsvermögen zu erhöhen und die Ablenkbarkeit zu minimieren.

Für die psychotherapeutische Behandlung von Erwachsenen mit ADHS liegen bislang lediglich zwei kontrollierte Studien (Hesslinger et al. 2002b; Stevenson et al. 2002) vor. Beide Studien sind jedoch ermutigend, da sie zeigen, dass sich Erwachsene mit ADHS unter Psychotherapie über alle Symptombereiche hinweg deutlich verbessern konnten. Möglicherweise führt die Abnahme der Hyperaktivität im Erwachsenalter dazu, dass Psychotherapie in dieser Population erfolgreich sein kann.

Psychodynamische Therapien sind in ihrer Wirksamkeit bisher nicht untersucht, obwohl bis zu 18 % der Kinder und Ju-

Tab. 41-5 Alternativen in der Behandlung von ADHS bei Kindern, Jugendlichen und Erwachsenen (Häßler et al. 2007)

Substanz	Dosierung Kinder/Jugendliche	Dosierung Erwachsene	Kommentar/Empfehlung
Imipramin	• zugelassen für Kinder ab 6 Jahre • 10–20 mg/d Kinder bis 8 J. • bis 50 mg/d ältere Kinder u. Jugendliche	25–300 mg/d	• wirksam beim impulsiv-hyperaktiven Typ • keine Erfahrungen im Erwachsenenbereich • Kontrolle von EKG, RR, Puls • **zahlreiche Nebenwirkungen** (gilt für alle TCA's) • ADHS (+), bei komorbider Enuresis +
Amitriptylin	• strenge Indikation unter 18 Jahren • max. 1,5 mg/kg/d	75–150 mg/d	ADHS (–)
Nortriptylin	• keine Zulassung • max. 2 mg/kg/d	20–225 mg/d	• **Suizidalität!** • ADHS (–)
Desipramin	• keine Zulassung • max. 5 mg/kg/d	50–250 mg/d	• **plötzlicher Herztod!** • ADHS (–) • bei komorbiden Tics (+)
MAO-Hemmer Moclobemid	• keine Zulassung • 75–450 mg/d	450–600 mg/d	• **Gefahr der Überdosis, Arzneimittelwechselwirkungen!** • ADHS (+)
Venlafaxin	keine Zulassung, Behandlung wird nicht empfohlen	25–225 mg/d	ADHS –
Bupropion	• keine Zulassung • max. 150 mg/d	max. 300 mg/d	• **Epilepsie und Tics!** • ADHS (+), bei komorbider bipolarer Störung und Substanzmissbrauch +
Buspiron	• keine Zulassung • 15–30 mg/d	15–30 mg/d	ADHS (+), bei komorbider Angststörung +
Clonidin	3–5 µg/kg/d	5–8 µg/kg/d	• ähnliche Effektstärken wie MPH bei hyperaktiv-impulsivem Verhalten, viele NW • ADHS (+), bei komorbider Tic-Störung +
Guanfacin	in Deutschland nicht verfügbar		
Levodopa	• keine Zulassung • max. 3 g/d	max. 4 g/d	ADHS –
β-Blocker			
Pindolol	• keine Zulassung < 14 Jahren • bis 15 mg/d	max. 15 mg/d	ADHS –, Impulskontrollstörung bei komorbider Intelligenzminderung (+)
Propranolol	20 mg/d	max. 320 mg/d	
Klassische Neuroleptika			
Dipiperon	1–6 mg/d	40–360 mg/d	• **extrapyramidalmotorische Symptome (EPMS!)** • ADHS (–)
Haloperidol	• nicht < 3 Jahren • Kinder bis 5 mg/d • Jugendliche bis max. 10 mg	3–15 mg/d	• ADHS –
atypische Neuroleptika Risperidon	• nicht < 5 Jahren • 0,25–2 mg/d	0,5–4 mg/d	• **Gewichtszunahme, Prolaktinanstieg!** • ADHS (+), bei komorbider Intelligenzminderung +
Zink	• < 6 Jahren bis 50 mg/d • bis 16 Jahre bis 75 mg/d	bis 150 mg/d	ADHS (–)
Magnesium	6 mg/kg KG/d	bis 300 mg/d	ADHS (+) bei nachgewiesenem Mangel
mehrfach ungesättigte Fettsäuren (Mix aus Omega-3- und -6-Fettsäuren			ADHS (+)
Homöopathie Zappelin	< 12 Jahre bis zu alle 2 h 10 Streukügelchen	bis stündlich 20 Streukügelchen	ADHS (–)

+ empfehlenswert; (+) eingeschränkt empfehlenswert; (–) weniger empfehlenswert; – nicht empfehlenswert gendlichen mit ADHS von psychodynamisch orientierten Therapeuten behandelt werden (Streeck-Fischer 2006).

41.7.4 Rechtliche Aspekte

Reisen

Da Stimulanzien unter das Betäubungsmittelgesetz (BtMG) fallen, sind folgende Hinweise zur Mitnahme bei Auslandsreisen zu beachten.

- Bei Reisen bis zu 30 Tagen in Staaten des Schengener Abkommens kann die Mitnahme von ärztlich verschriebenen Betäubungsmitteln in für die Dauer der Reise angemessener Menge mit einer vom Arzt ausgefüllten und durch die oberste Landesgesundheitsbehörde oder eine von ihr beauftragte Stelle beglaubigten Bescheinigung erfolgen (das mehrsprachige Formular kann bei der Bundesopiumstelle angefordert bzw. per Internet ausgedruckt werden).
- Bei Reisen in andere Länder (außerhalb des Schengener Abkommens) sollte der Patient eine beglaubigte Kopie der ärztlichen Verschreibung oder eine ärztliche Bescheinigung in englischer Sprache mit Angaben über die Einzel- und Tagesgabe mit sich führen.
- Vor Antritt der Reise gilt es, sich über die Rechtslage im Einreiseland zu informieren, um die erforderlichen Genehmigungen einzuholen.
- Sofern eine Mitnahme von BtM nicht möglich ist, sollte zunächst geklärt werden, ob das benötigte BtM-Präparat bzw. ein Äquivalent im Reiseland verfügbar ist und durch einen ortsansässigen Arzt verschrieben werden kann.
- Sollte auch dies nicht möglich sein, ist zu prüfen, ob das BtM-Präparat unter Beachtung aller gesetzlichen Bestimmungen aus Deutschland aus- und in das Reiseland eingeführt werden darf und welche Genehmigungen dafür erforderlich sind. Die Einfuhrgenehmigung ist in der Regel die Voraussetzung für die Ausfuhrgenehmigung aus Deutschland, die bei der Bundesopiumstelle kostenpflichtig beantragt werden muss.
- Die Mitnahme von BtM-Präparaten durch beauftragte Personen ist nicht zulässig, da BtM nur reisebegleitend ausschließlich für den eigenen Bedarf mitgeführt werden dürfen.

Straßenverkehr

Da HKS/ADHS nicht im Katalog der die Fahreignung ausschließenden Erkrankungen und Störungen enthalten ist, geht es bei Patienten mit HKS/ADHS mit oder ohne Pharmakotherapie um die individuelle Fahrtüchtigkeit, d. h. die Gesamtleistungsfähigkeit vor Antritt der Fahrt und während dieser. Bei Fahrten unter BtM setzt eine strafrechtliche Verurteilung den Nachweis relativer Fahruntüchtigkeit voraus, die sich nicht begriffsnotwendig in Fahrfehlern ausgewirkt haben muss. Es genügen Auffälligkeiten beim Anhalten, starke Benommenheit, apathischer Eindruck, Mühe bei der Beantwortung von Fragen, Gangunsicherheit etc. Sofern ein Patient, der unter HKS/ADHS leidet, BtM-Präparate einnimmt und aufgrund dessen eine relative Fahruntüchtigkeit vorliegt, muss er mit strafrechtlichen Konsequenzen rechnen. Da aus vielen Untersuchungen bekannt ist, dass eine untherapierte HKS/ADHS ein Risiko für unsicheres Fahrverhalten, Unfälle und Substanzmissbrauch darstellt und unter Stimulanzien, insbesondere Retardpräparaten, eine Verbesserung des Fahrverhaltens eintritt, sollten Verkehrsteilnehmer mit einer HKS/ADHS nur adäquat behandelt ein Fahrzeug führen (Barkley et al. 2005; Jerome et al. 2006). Dabei ist Folgendes zu beachten:

- in der Ein- und Umstellungsphase sowie in der Phase des Ausschleichens sollte die Teilnahme am Straßenverkehr unterbleiben
- vor Fahrtantritt kritische Prüfung auf Fahrtauglichkeit
- nur eindeutige Indikation für Stimulanzientherapie (Frage der Diagnosesicherheit)
- Überdosierungen vermeiden

Unter 10–30 mg Dexamphetaminen zeigten Probanden im Fahrsimulator dagegen verminderte sicherheitsrelevante Leistungen, wie Tunnelblick, inkorrektes Signalisieren, Stoppen bei Rotlicht und verlängerte Reaktionszeiten (Hofecker Fallahpour et al. 2005).

Doping

Im Doping-Reglement sowohl der Welt-Anti-Doping-Agentur (WADA) als auch der Nationalen Anti-Doping-Agentur (NADA) gehören Stimulanzien zu den verbotenen Substanzen während und außerhalb von Wettkämpfen. Trotz einiger Ausnahmeregelungen empfiehlt es sich grundsätzlich, Leistungssportler mit HKS/ADHS bei entsprechender Indikation zur Pharmakotherapie auf Atomoxetin einzustellen, welches ausdrücklich nicht zu den Dopingmitteln zählt.

Wehrpflicht

Die Frage, ob mit BtM-pflichtigen Präparaten behandelte Personen in die Bundeswehr einberufen werden können, hängt von ihrer »Wehrdienstfähigkeit« ab. In der Regel sind Patienten, die BtM-pflichtige Präparate nehmen, nicht wehrdienstfähig oder nur vielleicht wehrdienstfähig. Wird eine HKS/ADHS erst während des Wehrdienstes diagnostiziert, erfolgt kein Ausschluss aus der Bundeswehr. Analoges gilt für den Polizeidienst.

Strafmündigkeit

HKS/ADHS alleine, d. h. ohne komorbide Störungen wie Substanzmissbrauch, Persönlichkeitsstörung, affektive Störungen etc., ist in der Regel kein hinreichender De- oder Exkulpierungsgrund nach den §§ 20 und 21 StGB. Bezüglich der strafrechtlichen Verantwortlichkeit (§ 3 JGG) ist im Einzelfall abzuwägen, ob die HKS/ADHS mit oder ohne Medikation einen Einfluss darauf hat, ob der Täter das Unrecht seiner Tat einsehen und/oder nach dieser Einsicht handeln konnte.

Literatur

Achenbach TM, Edelbrock CS. Manual for the child behaviour checklist and revised child behaviour profile. Queen City: Queen City Printer Inc., 1983.

Adler LA, Spencer TJ, Milton DR, Moore RJ, Michelson D. Long-term, open-label study of the safety and efficacy of atomoxetine in adults with attention-deficit/hyperactivity disorder:an interims analysis. J Clin Psychiatry 2005; 66: 294–9.

Albrecht R, Suchodoletz W, Uwer R. The development of auditory evoked dipole source activity from childhood to adulthood. Clin Neurophysiol 2000; 111(12): 2268–76.

Angrist B, Sudilovsky A. Central nervous system stimulants: historical aspects and clinical effects. In: Inversen LL, Inversen SD, Snyder SH (eds). Handbook of psychopharmacology. Vol. 11: Stimulants. New York: Plenum Press 1978; 99–165.

Banaschewski T, Coghill D, Santosh P, Zuddas A, Asherson P, Buitelaar J, Dankaerts M, Döpfner M, Faraone SV, Rothenberger A, Sergeant J, Steinhausen HC, Sonuga-Barke EJS, Taylor E. Long-acting medications for the hyperkinetic disorders. Eur Child Adolesc Psychiatry 2006; 15: 476–95.

Bangs ME, Tauscher-Wisniewski, Polzer J, Zhang S, Acharya N, Desaiah, Trzepacz PT, Allen AJ. Meta-analysis of suicide-related behavior events in patients treated with atomoxetine. J Am Acad Child Adolesc Psychiatry 2008; 47: 209–18.

Barkley RA. behavioral inhibition, sustained attention, and executive functions: constructing a unifying theory of ADHD. Psychol Bull 1997; 121: 65–94.

Barkley RA. Issues in the diagnosis of attention-deficit/hyperactivity disorder in children. Brain Dev 2003; 15: 77–83.

Barkley RA. Attention-deficit hyperactivity disorder: A handbook for diagnosis and treatment. 3rd ed. New York: Guilford 2006.

Barkley RA, Fischer M, Smallish L, Fletcher K. The persistence of attention-deficit/hyperactivity disorder into young adulthood as a function of reporting source and definition of disorder. J Abnorm Psychol 2002; 111: 279–89.

Barkley RA, Fischer M, Smallish L, Fletcher K. Does the treatment of attention-deficit/hyperactivity disorder with stimulants contribute to drug use/abuse? A 13-year prospective study. Pediatrics 2003; 111: 97–109.

Barkley RA, Murphy KR, O'Connell T, Connor DF. Effects of two doses of methylphenidate on simulator driving performance in adults with attention deficit hyperactivity disorder. J Safety Res 2005; 36: 121–31.

Biederman J, Wilens T, Mick E, Faraone SV, Weber W, Curtis S, Thornell A, Pfister K, Jetton JG, Soriano J. Is ADHD a risk factor for psychoactive substance use disorders? Findings from a four-year prospective follow-up study. J Am Acad Child Adolesc Psychiatry 1997; 36: 21–9.

Biederman J, Wilens T, Mick E, Spencer T, Faraone SV. Pharmacotherapy of attention-deficit/hyperactivity disorder risk for substunce use disorder. Pediatrics 1999; 104(2): e20.

Bizot J C, Chenault N, Houze B, Herpin A, David S, Pothion S, Trovero F. Methylphenidate reduces impulsive behaviour in juvenile Wistar rats, but not in adult Wistar, SHR and WKY rats. Psychopharmacology (Berl) 2007; 193: 215–23.

Botting N, Powls A, Cooke RWI. Attention deficit hyperactivity disorders and other psychiatric outcomes in very low birthweight children at 12 years. J Child Psychol Psychiatry 1997; 38: 931–41.

Bradley C. The behavior of children receiving benzedrine. Am J Psychiat 1937; 94: 577–85.

Brähler E, Holling D, Leutner D, Petermann F (Hrsg). Handbuch psychologischer und pädagogischer Tests. Göttingen: Hogerefe 2002.

Brickenkamp R. Aufmerksamkeits-Belastungs-Test (d2). Göttingen: Hogrefe 1981.

Brocke B. Zur Diagnose, Ätiologie und Therapie des Hyperkinetischen Syndroms. Prax Kinderpsychol Kinderpsychiat 1984; 33: 222–33.

Buchmann J, Wolters A, Haessler F, Bohne S, Nordbeck R, Kunesch E. Disturbed transcallosally mediated motor inhibition in children with attention deficit hyperactivity disorder (ADHD). Clin Neurophysiol 2003; 114(11): 2036–42.

Buchmann J, Gierow W, Weber S, Hoeppner J, Klauer T, Benecke R, Haessler F, Wolters A. Restoration of disturbed intracortical motor inhibition and facilitation in attention deficit hyperactivity disorder children by methylphenidate. Biol Psychiatry 2007; 62: 963–9.

Burgess JR, Stevens LJ, Zhang W, Peck L. Long-chain polyunsaturated fatty acids in children with attention-deficit hyperactivity disorder. Am J Clin Nutr 2000; 71: 327–30.

Büttner G, Schmidt-Atzert L (Hrsg). Diagnostik von Konzentration und Aufmerksamkeit, Tests und Trends. Göttingen: Hogrefe 2004.

Castellanos FX, Sharp WS, Gottesman RF, Greenstein DK, Gield JN, Rapoport JL. Anatomic brain abnormalities in monozygotic twins discordant for attention deficit disorder. Am J Psychiatry 2003; 160: 1693–6.

Centers for Disease Control and Prevention. Prevalence of diagnosis and medication treatment for attention deficit/hyperactivity disorder-United States 2003. MMWR Morb Mortal Rep Wkly 2005; 54: 842–7.

Chen JR, Hsu SF, Hsu CD, Hwang LH, Yang SC. Dietary patterns and blood fatty acid composition in children with attention-deficit hyperactivity disorder in Taiwan. J Nutr Biochemistry 2004; 15: 467–72.

Cheng JY, Chen RY, Ko JS, Ng EM. Efficacy and safety of atomoxetine for attention-deficit/hyperactivity disorder in children and adolescents-meta-analysis and meta-regression analysis. Psychopharmacology (Berl) 2007; 194: 197–209.

Clarke AR, Barry RJ, McCarthy R, Selikowitz M. Age and sex effects in the EEG: differences in two subtypes of attention-deficit/hyperactivity disorder.Clin Neurophysiol 2001; 112(5): 815–26.

Clements SD, Peters JE. Minimal brain dysfunctions in the school-age children. Arch Gen Psychiatry 1962; 6: 185–97.

Coleman M. Serotonin concentrations in whole blood of hyperactive children. J Pediat 1971; 78: 985–90.

Conners CK. Rating scales for use in drug studies with children. Psychopharmacol Bull 1973; 9: 24–9.

Conners CK, Silarenios G, Parker JD, Epstein JN. The revised Conner's Parent Rating Scale (CPRS-R): Factor structure, reliability, criterion validity. J Abnorm Child Psychology 1998a; 26: 257–68.

Conners CK, Silarenios G, Parker JD, Epstein JN. Revision and restandardization of the Conners Teacher Rating Scale (CTRS-R): Factor structure, reliability, and criterion validity. J Abnorm Child Psychology 1998b; 26: 279–91.

Davidson MA. ADHD in Adults. A review of the literature. J Att Dis, online published on December 19, 2007, DOL:10.1177/1087054707310878.

Depue RA, Spoont MR. Conceptualizing a serotonin trait. A behavioral dimension of constraint. Ann N Y Acad Sci 1986; 487: 47–62.

Desantis A, Coster W, Bigsby R, Lester B. Colic and Fussing in Infancy, and Sensory Processing at 3 to 8 Years of Age. Infant Mental Health J 2004; 25: 522–39.

Dilling H, Mombour W, Schmidt MH (Hrsg). Internationale Klassifikation psychischer Störungen. ICD-10 Kapitel V (F). Bern: Huber 2005; 293–7.

Döpfner M, Schürmann S, Fröhlich J. Das Therapieprogramm für Kinder mit hyperkinetischem und oppositionellem Probemverhalten (THOP). 3. erw. Aufl. Weinheim: PVU 2002.

Döpfner M, Lehmkuhl G, Schepker R, Fröhlich J. Hyperkinetische Störungen (F90). In: Deutsche Gesellschaft für Kinder- und Jugendpsychiatrie, Psychosomatik und Psychotherapie, Bundesarbeitsgemeinschaft Leitender Klinikärzte für Kinder- und Jugendpsychiatrie, Psychosomatik und Psychotherapie, Berufsverband der Ärzte für Kinder- und Jugendpsychiatrie, Psychosomatik und Psychotherapie (Hrsg). Köln: Deutscher Ärzteverlag 2007; 239–54.

DSM-IV-TR. Diagnostisches und Statistisches Manual Psychischer Störungen. Göttingen: Hogrefe 2003.

Dulcan MK, Benson RS. Summary of the practice parameters for the assessment and treatment of children, adolescents, and adults with ADHD. J Am Acad Child Adolesc Psychiatry 1997; 36: 1311–7.

Durston S, Hulshoff Pol HE, Schnack HG, Buitelaar JK, Steenhuis MP, Minderaa RB, Kahn RS, van Engeland H. Magnetic resonance imaging of boys with attention-deficit/hyperactivty disorder and their unaffected siblings. J Am Acad Child Adolesc Psychiatry 2004; 43: 332–40.

Ebert D, Krause J, Roth-Sackenheim C. ADHS im Erwachsenenalter – Leitlinien auf der Basis eines Expertenkonsensus mit Unterstützung der DGPPN. Nervenarzt 2003; 74: 939–46.

Edwards T, Manstead A, Mac Donald C. The relationship between children's sociometric status and ability to recognize facial expressions of emotions. Eur J Soc Psychol 1984; 14: 235–8.

Egger J, Carter CM, Graham PJ, Gumley D, Soothill JF. Controlled trial of oligoantigenic treatment in the hyperkinetic syndrome. Lancet 1985; 1: 540–5.

Engelberg H. Low serum cholesterol and suicide. Lancet 1992; 339: 727–9.

Erk RR. Five frameworks for increasing understanding and effective treatment of attention-deficit/hyperactivity disorder: Predominantly inattentive type. J Couns Dev 2000; 78: 389–99.

Faraone SV, Biederman J. What ist the prevalence of adult ADHD? Results of a population screen of 966 adults. J Attention Dis 2005; 9: 384–91.

Feingold BF. Food Additives and Child Development. Hospital Practice 1973; 11–21.

Fergusson DM, Horwood LJ, Lynskey MT. Early dentine lead levels and subsequent cognitive and behavioral development. J Child Psychol Psychiat 1993; 34: 215–27.

Focken A. Die Bedeutung der minimalen zerebralen Dysfunktion für die Entwicklung von Lern- und Verhaltensstörungen im Kindesalter. Med Welt 1978; 29: 1349–52.

Fröhlich J, Döpfner M, Biegert H, Lehmkuhl G. Praxis des pädagogischen Umgangs von Lehrern mit hyperkinetisch-aufmerksamkeitsgestörten Kindern im Schulunterricht. Praxis Kinderpsychol Kinderpsychiatr 2002; 51: 494–506.

Gill M, Daly G, Heron S. Confirmation of association between attention deficit hyperactivity disorder and a dopamine transporter polymorphism. Molecular Psychiatry 1997; 2: 311–3.

Gillberg C, Gillberg IC, Rasmussen P, Kadesjö B, Söderström H, Rastam M. Co-existing disorders in ADHD – implications for diagnosis and intervention. Eur Child Adolesc Psychiatry 2004; 13(Suppl 1): 80–92.

Gilmore K. A psychoanalytic perspective on attention-deficit/hyperactivity disorder. J Am Psychoanal Assoc 2000; 48: 1259–93.

Gilmore K. Diagnosis, Dynamicsm, and Development Considerations in the Psychoanalytic Assessment of Children with ADHD. Diagnosis, Dynamics, and Development Psychoanalytic Inquiry 2002; 22: 372–90.

Gomez T, Burns GL, Walsh JA, de Moura MA. A multi-trait-multisource confirmatory factor analytic approach to the construct validity of ADHD rating scales. Psychol Assess 2003; 15: 3–16.

Goodman R. The strengths and difficulties questionnaire: a research note. J Child Psychol Psychiatry 1997; 38: 581–6.

Goodman R, Scott S. Comparing the Strenghts and Difficulties Questionnaire and the Child Behavior Checklist: is small beautiful? J Abnorm Child Psychol 1999; 27: 17–24.

Görtz A, Döpfner M, Nowak A, Bonus B, Lehmkuhl G. Ist das Selbsturteil Jugendlicher bei der Diagnostik von Aufmerksamkeitsdefizit-/Hyperaktivitätsstörungen hilfreich? Kindheit und Entwicklung 2002; 11: 82–9.

Greenberg MT, De Klyer M, Speltz ML, Endriga MC. The role of attachment processes in externalizing psychopathology in young children. In: Atkinson L, Zucker KJ (eds). Attachment and Psychopathology. New York: The Guilford Press 1997; 196–222.

Greenhill LL. Stimulant medication of children with attentiondeficithyperactivity disorder. In: Jensen PS, Cooper JR (eds). Attention Deficit Hyperactivity Disorder: State of Science. Best Practices. Kingston, NJ: Civic Research Institute 2002; 919–27.

Greenhill LL, Halperin JM, Abikoff H. Stimulant medications. J Am Acad Child Adolesc Psychiatry 1999; 38(5): 503–12.

Gurewitsch M. Über die Formen der motorischen Unzulänglichkeit. Z Neurol 1925; 98: 510–7.

Harrison AG, Edwards MJ, Parker KC. Identifying students faking ADHD: Preliminary findings and strategies for detection. Arch Clin Neuropsychol 2007; 22: 577–88.

Häßler F. The hyperkinetic child. A historical review. Acta Paedopsychiatrica 1992; 55: 147–9.

Häßler F. Therapie der ADHS mit osmotisch freigesetztem Methylphenidat. Psychiatrie 2007; 4: 266–75.

Häßler F, Reis O. Früherfassung von hyperkinetischen bzw. Aufmerksamkeitsdefizit-/Hyperaktivitätsstörungen. In: von Suchodoletz W (Hrsg). Früherkennung von Entwicklungsstörungen. Göttingen: Hogrefe 2005; 91–118.

Häßler F, Dück A, Reis O, Buchmann J. »Alternative« pharmakologische Therapien bei ADHS. Psychopharmakotherapie 2007; 14: 229–36.

Heiligenstein E, Conyers LM, Berns AR, Miller MA. Preliminary normative data on DSM-IV attention-defivit hyperactivity disorder in college students. J Am Coll Health 1998; 46: 185–8.

Hesslinger B, Tebartz van Elst L, Thiel T, Haegele K, Hennig J, Ebert D. Frontoorbital volume reductions in adult patients with attention deficit hyperactivity disorder. Neurosci Lett 2002a; 328: 319–21.

Hesslinger B, Tebartz van Elst L, Nyberg E, Dykierek P, Richter H, Berner M, Ebert D. Psychotherapy of attention deficit hyperactivity disorder in adults: a pilot study using a structured skills training program. Eur Arch Psychiatry Clin Neurosci 2002b; 252: 177–84.

Hibbeln JR, Linnoila M, Umhau JC, Rawlings R, George DT, Salem N. Essential fatty acids predict metabolites of serotonin and dopamine in cerebrospinal fluid among healthy control subjects, and early- and late-onset alcoholics. Biol Psychiatry 1998; 44: 235–42.

Hinshaw SP. On the distinction between attention deficits/hyperactivity and conduct problems/aggression in child psychopathology. Psychol Bull 1987; 101: 443–63.

Hinshelwood J. Word blindness and visual memory. Lancet 1895; II: 1564–70.

Hofecker Fallahpour M, Drewe J, Stieglitz RD. Wie beeinflusst Methylphenidat das Fahrverhalten? INFO Neurologie & Psychiatrie 2005; 3: 16–21.

Homburger A. Psychopathologie des Kindesalters. Berlin: Springer 1926; 267–88.

Huss M, Stadler C, Salbach H, Mayer P, Ahle M, Lehmkuhl U. ADHS im Lehrerurteil: Ein Vergleich von Klinik- und Normstichprobe anhand der Conners-Skalen. Kindheit und Entwicklung 2002; 11: 90–7.

Internationale Klassifikation psychischer Störungen. ICD-10. Göttingen: Huber 2000.

Irmisch G, Wiechert P, Häßler F, Langemann I. Fatty acid patterns of serum lipids and the hyperkinetic syndrome. Neurosci 1992; 18: 77–80.

Iverson SD. Behavior after neostriatal lesions in animals. In: Divac I, Öberg RG (eds). The neostriatum. Oxford: Pergamon 1977; 125–210.

Jacobvitz D, Hazen N, Curran M, Hitchens K. Observations of early triadic family interactions: boundary disturbance in the family predict symptoms of depression, anxiety, and attention-deficit/hyperactivity disorder in middle childhood. Dev Psychopathol 2004; 16: 577–92.

Jensen PS, Garcia JA, Glied S, Crowe M, Foster M, Schlander M, Hinshaw S, Vitiello B, Arnold LE, Elliott G, Hechtman L, Newcorn JH, Pelham WE, Swanson J, Wells K. Cost-effectiveness of ADHD treatments: findings from the multimodal treatment study of children with ADHD. Am J Psychiatry 2005; 162: 1628–36.

Jensen PS, Arnold LE, Swanson J, Vitiello B, Abikoff HB, Greenhill LL, Hechtman L, Hinshaw SP, Pelham WE, Wells KC, Conners CK, Elliott GR, Epstein JN, Hoza B, March JS, Molina BSG, Newcorn JH, Severe JB, Wigal T, Gibbons R, Hur K. 3-year follow-up of the NIMH MTA Study. J Am Acad Child Adolesc Psychiatry 2007; 46: 989–1002.

Jerome L, Habinski L, Segal A. Attention-deficit/hyperactivity disorder (ADHD) and driving risk: A review of the literature and a methological critique. Curr Psychiatry Rep 2006; 8: 416–26.

Kandel ER. Psychiatry, Psychoanalysis and the new biology of mind. Arlington: American Psychiatric Publishing 2005.

Kaplan BJ, McNicol J, Conte RA, Moghadam HK. Dietary replacement in preschool-aged hyperactive boys. Pediatrics 1989; 83: 7–18.

Kessler RC, Adler L, Barkley R, Biederman J, Conners CK, Demler O, Faraone SV, Greenhill LL, Howes MJ, Secnik K, Spencer T, Ustun TB, Walters EE, Zaslavsky AM. The prevalence and correlates of adult ADHD in The United States: results from the National Comorbidity Survey Replication. Am J Psychiatry 2006; 163: 716–23.

Klasen H, Woerner W, Wolke D, Meyer R, Overmeyer S, Kaschnitz W, Rothenberger A, Goodman R. Comparing the German versions of the Strenghts and Difficulties Questionnaire (SDQ-Deu) and the Child Behavior Checklist. Eur Child Adolesc Psychiatry 2000; 9: 271–6.

Knye M, Roth N, Westhus W, Heine A. Continous Performance Test. Göttingen: Hogrefe 2004.

Koch I, Pleißner S. Konzentrations-Handlungs-Verfahren KHV. Berlin: Psychodiagnostisches Zentrum 1984.

Koesters, M, Becker T, Kilian R, Fegert JM, Weinmann S. Limits of meta-analysis: only moderate effects of methylphenidate in treatment of adult attention-deficit hyperactivity disorder. J Psychopharmacol 2008.

Kordon A, Kahl KG, Wahl K. A new understanding of attention-deficit disorders – beyond the age-at-onset criterion of DSM-IV. Eur Arch Psychiatry Clin Neurosci 2006; 256(Suppl. 1): I/47–54.

Kramer F, Pollnow H. Über eine hyperkinetische Erkrankung im Kindesalter. Monatsschr Psychiat Neurol 1932; 82: 1–40.

Krause J, La Fougere C, Krause KH, Ackenheil M, Dresel SH. Influence of striatal dopamine transporter availability on the response to methylphenidate in adult patients with ADHD. Eur Arch Psychiatry Clin Neurosci 2005; 255(6): 428–31.

Kruesi MJ, Rapoport JL, Hamburger S. Cerebrospinal fluid monoamine metabolites, aggression and impulsivity in disruptive behavior of children and adolescents. Arch Gen Psychiatry 1990; 47: 414–26.

Kuperman S, Johnson B, Arndt S, Lindgren S, Wolraich M. Quantitative EEG differences in a nonclinical sample of children with ADHD and undifferentiated ADD. J Am Acad Child Adolesc Psychiatry 1996; 35(8): 1009–17.

Kurth E, Büttner G. Testreihe zur Prüfung der Konzentrationsfähigkeit (TPK). Göttingen: Hogrefe 2004.

Laufer M, Denhoff E, Solomons G. Hyperkinetic impulse disorder in childrens behaviour problems. Psychosom Med 1957; 19(a): 38–49.

Lauth GW. Der Dortmunder Aufmerksamkeitstest. In: Lauth GW, Hänsgen KD (Hrsg). Kinderdiagnostisches System. Göttingen: Hogrefe 1996.

Lauth GW, Alberti J. Prävalenz der Aufmerksamkeits-/Hyperaktivitätsstörung in der Grundschule – eine epidemiologische Pilotuntersuchung. Kindheit und Entwicklung 1997; 6: 197–205.

Lederer E, Ederer S. Hypermotilitätsneurose im Kindesalter. Jahrbuch Kinderheilkd 1934; 143: 257–68.

Lehmkuhl G, Döpfner M. Aufmerksamkeitsdefizit-/Hyperaktivitätsstörugnen. In: Remschmdt H, Mattejat F, Warnke A (Hrsg). Therapie psychischer Störungen bei Kindern und Jugendlichen. Stuttgart: Thieme 2007; 214–29.

Lou HC, Henriksen L, Bruhn P, Borner H, Nielsen JB. Striatal dysfunction in attention deficit and hyperkinetic disorder. Arch Neurol 1989; 46: 48–52.

Mann CA, Lubar JF, Zimmerman AW, Miller CA, Muenchen RA. Quantitative analysis of EEG in boys with attention-deficit-hyperactivity disorder: controlled study with clinical implications. Pediatr Neurol 1992; 8(1): 30–6.

Mann JJ. Violence and aggression, In: Bloom FE, Kupfer DJ (eds). Psychopharmacology: The Fourth Generation of Progress. New York: Raven Press 1995; 1919–28.

McCann D, Barrett A, Cooper A, Crumpler D, Dalen L, Grimshaw K, KItchin E, Parteous L, Prince E, Sonuge-Barke E, Warner JO, Stevenson J. Food additives and hyperactive behaviour in 3-year-old and 8/9-year-old children in the community: a randomised, double-blind, placebo-controlled trial. www.thelancet.com, 06.09.2007, DOI: 10.1016/S0140-6736(07)61306-3.

McGough JJ, Smalley SL, McCracken JT, Yang M, Del'Homme M, Lynn DE, Loo S. Psychiatric Comorbidity in adult attention deficit hyperactivity disorder: findings from multiplex families. Am J Psychiatry 2005; 162: 1621–7.

Mick E, Biederman J, Prince J, Fischer MJ, Faraone SV. Impact of low birth weight on attention-deficit hyperactivity disorder. J Dev Behav Pediatr 2002a; 23: 16–22.

Mick E, Biederman J, Faraone SV, Sayer J, Kleinman S. Case-control study of attention of attention-deficit hyperactivity disorder and maternal smoking, alcohol use, and drug use during pregnancy. J Am Acad Child Adolesc Psychaitry 2002b; 23: 378–85.

Mitchell EA, Aman MG, Turbott SH, Manku M. Clinical characteristics and serum essential fatty acids levels in hyperactive children. Clin Pediatr 1987; 26: 406–11.

Molina BS, Flory K, Hinshaw SP, Greiner AR, Arnold LE, Swanson JM, Hechtman L, Jensen PS, Vitiello B, Hoza B, Pelham WE, Elliott GR, Wells KC, Abikoff HB, Gibbons RD, Marcus S, Conners CK, Epstein JN, Greenhill LL, March JS, Newcorn JH, Severe JB, Wigal T. Delinquent behavior and emerging substance use in the MTA at 36 months: prevalence, course, and treatment effects. J Am Acad Child Adolesc Psychiatry 2007; 46(8): 1028–40.

Moll GH, Wischer S, Heinrich H, Tergau F, Paulus W, Rothenberger A. Deficient motor control in children with tic disorder: evidence from transcranial magnetic stimulation. Neurosci Lett 1999; 272(1): 37–40.

Moll GH, Heinrich H, Trott G, Wirth S, Rothenberger A. Deficient intracortical inhibition in drug-naive children with attention-deficit hyperactivity disorder is enhanced by methylphenidate. Neurosci Lett 2000; 284(1–2): 121–5.

Murphy K, Barkley RA. Prevalence of DSM-IV symptoms of ADHD in adult license drivers: implication for clinical diagnosis. J Att Dis 1996; 1: 147–61.

Oades RD, Dittmann-Balcar A, Schepker R, Eggers C, Zerbin D. Auditory event-related potentials (ERPs) and mismatch negativity (MMN) in healthy children and those with attention-deficit or tourette/tic symptoms. Biol Psychol 1996; 43(2): 163–85.

Olson SL, Bates JE, Sandy JM, Schilling EM. Early developmental Precursors of impulsive and inattentive behaviour. J Child Psychol Psychiat 2002; 43: 435–47.

Overmeyer S, Bullmore ET, Suckling J, Simmons A, Williams SC, Santosh PJ, Taylor E. Distributed grey and white matter deficits in hyperkinetic disorder: MRI evidence for anatomical abnormalities in an attentional network. Psychol Med 2001; 31: 1425–35.

Peic K, Kornreich C, Foisy ML, Dan B. Recognition of emotional facial expressions in attention deficit hyperactivity disorder. Pediatric Neurology 2006; 35: 93–7.

Pennington BF. Toward a new neuropsychological model of attention-deficit/hyperactivity disorder: subtypes and multiple deficits. Biol Psychiatry 2005; 57(11): 1221–3.

Pliszka S, AACAP Work Group on Quality Issues. Practice arameters for the assessment and treatment of children and adolescents with attention-deficit/hyperactivity disorder. J Am Acad Child Adolesc Psychiatry 2007; 46: 894–921.

Pliszka SR, Renner P, Sherman J, Broussard T. Plasma neurochemistry in juvenile offenders. J Am Acad Child Adolesc Psychiat 1988; 27: 588–94.

Pliszka SR, McCracken JT, Maas JW. Catecholamines in attention-deficit hyperactivity disorder: current perspectives. J Am Acad Child Adolesc Psychiatry 1996; 35: 264–72.

Polanczyk G, de Lima MS, Horta BL, Biederman J, Rohde LA. The worldwide prevalence of ADHD: a systematic review and metaregression analysis. Am J Psychiatry 2007; 164: 942–8.

Ridding MC, Uy J. Changes in motor cortical excitability induced by paired associative stimulation. Clin Neurophysiol 2003; 114(8): 1437–44.

Rogeness AG, Javors MA, Pliszka SR. Neurochemistry and child and adolescent psychiatry. J Am Acad Child Adolesc Psychiatry 1992; 31: 765–81.

Rösler M, Retz W, Thome J, Schneider M, Stieglitz RD, Falkai P. Psychopathological rating scales for diagnostic use in adults with attention-deficit/hyperactivity disorder (ADHD). Eur Arch Psychiatry Clin Neurosci 2006; 256(Suppl1): I/3–I/11.

Rothenberger A, Neumärker KJ. ADHS – Allgemeine geschichtliche Entwicklung eines wissenschaftlichen Konzepts. In: Rothenberger A, Neumärker KJ (Hrsg). Wissenschaftsgeschichte der ADHS. Kramer Pollnow im Spiegel der Zeit. Darmstadt: Steinkopff 2005; 9–53.

Rutter M. Nature, nurture, and development: from evangelism through science toward policy and practice. Child Development 2002; 73: 1–21.

Santosh PJ, Taylor E, Swanson J, Wigal T, Chuang S, Davies M, Greenhill L, Newcorn J, Arnold LE, Jensen P, Vitiello B, Elliott G, Hinshaw S, Hechtman L, Abikoff H, Pelham W, Hoza B, Molina B, Wells K, Epstein J, Posner M. Refining the diagnosis of inattention and overactivity syndromes: a reanalysis of the Multimodal Treatment study of attention deficit hyperactivity disorder (ADHD) based on ICD-10 criteria for hyperkinetic disorder. Clin Neurosci Res 2005; 5: 307–14.

Schab DW, Trinh NT. Do artificial food colours promote hyperactivity in children with hyperactive syndromes? A meta-analysis of double-blind placebo-controlled trials. J Dev Behav Pediatr 2004; 25: 423–34.

Schalling D, Edman G, Asberg M, Oreland L. Platelet MAO activity associated with impulsivity and aggressivity. Pers Indiv Diff 1988; 9: 597–605.

Schlack R, Hölling H, Kurth BM, Huss M. Die Prävalenz der Aufmerksamkietsdefizit-/Hyperaktivitätsstörung (ADHS) bei Kindern und Jugendlichen in Deutschland. BGB 2007; 50: 827–35.

Schmidt MH, Möcks P, Lay B, Eisert HG, Fojkar R, Fritz-Sigmund D, Marcus A, Musaeus B. Does oligoantigenic diet influence hyperactive/conduct-disordered children – a controlled trial. Eur Child Adolesc Psychiatry 1997; 6: 88–95.

Schneider M, Retz W, Coogan A, Thome J, Rösler M. Anatomical and functional brain imaging in adult attention-deficit/hyperactivity disorder (ADHD) – a neurological view. Eur Arch Psychiatry Clin Neurosci 2006; 256 (Suppl1): I/32–41.

Schuhfried G, Prieler J. Wiener Reaktionstest. Version 27.00. Mödling: Schuhfried 2002.

Schulze U, Trott GE. Perinatale Komplikationen bei Kindern mit hyperkinetischem Syndrom. Häufigkeit und Spezifität. Pädiatr Prax 1996; 50: 383–93.

Shekim WO, Davis LG, Byulund DB, Brunngraber E, Fikes L, Lanham J. Platelet MAO in children with attention deficit disorder and hyperactivity. A pilot study. Am J Psychiat 1982; 139: 936–8.

Silverman IW, Ragusa DM. A short-term longitudinal study of the early development of self-regulation. J Abnorm Child Psychol 1992; 20: 415–35.

Smith AB, Taylor E, Brammer M, Tone B, Rubia K. Task-specific hypoactivation in prefrontal and temporoparietal brain regions during motor inhibition and task switching in medication-naive children and adolescents with attention deficit hyperactivity disorder. Am J Psychiatry 2006; 163: 1044–51.

Smith M. Recent works on low levels lead exposure and its impact on behavior, intelligence and learning: A review. J Am Acad Child Adolesc Psychiatry 1985; 24: 24–32.

Sobanski E. Psychiatric comorbidity in adults with attention-deficit/hyperactivity disorder (ADHD). Eur Arch Psychiatry Clin Neurosci 2006: 256 (Suppl1): I/26–31.

Sobanski E, Alm B. Aufmerksamkeitsdefizit-/Hyperaktivitätsstörung (ADHS) bei Erwachsenen. Nervenarzt 2004; 74: 697–716.

Sobanski E, Alm B, Krumm B. Methylphenidatbehandlung bei Erwachsenen mit Aufmerksamkeitsdefizit-/Hyperaktivitätsstörung. Nervenarzt 2007; 78: 328–37.

Sowell ER, Thompson PM, Welcome SE, Henkenius AL, Toga AW, Peterson BS. Cortical abnormalities in children and adolescents with attention-deficit hyperactivity disorder. Lancet 2003; 362: 1699–1707.

Sprafkin J, Gadow KD, Weiss MD, Schneider J, Nolan EE. Psychiatric comorbidity in ADHD symptom subtypes in clinic and community adults. J Att Dis 2007; 11: 114–24.

Steinhausen HC. Das hyperkinetische Syndrom: Klinische Befunde und Validität der Diagnose. In: Steinhausen HC (Hrsg). Das konzentrationsgestörte und hyperaktive Kind. Stuttgart: Kohlhammer 1982.

Stevens LJ, Zentall SS, Deck JL, Abate ML, Watkins BA, Lipp SR. Essential fatty acid metabolism in boys with attention deficit hyperactivity disorder. Am J Clin Nutr 1995; 62: 761–8.

Stevens SE, Sonuga-Barke EJ, Kreppner JM, Beckett JC Colvert E,Groothuus C, Hawkins A, Rutter M. Inattention/overactivity following early severe Institutional deprivation: presentation and associations in early adolescents. J Abnorm Child Psychol 2008; 36(3): 385–98.

Stevenson CS, Whitmont S, Bornholt L, Livesey D, Stevenson RJ. A cognitive remediation programme for adults with Attention Deficit Hyperactivity Disorder. Aust N Z J Psychiatry 2002; 36: 610–6.

Still GF.The Coulstonian lectures on some abnormal physical conditions in children. Lancet 1902; 1: 1008–12; 1077–82; 1163–8.

Streeck-Fischer A. ›Neglect‹ bei der Aufmerksamkeitsdefizit- und Hyperaktivitätsstörung. Psychotherapeut 2006; 5: 180–90.

Swanson JM, Sunohara GA, Kennedy JL, Regino R, Fineberg E, Wigal T, Lerner M, Williams L, LaHoste GJ, Wigal S. Association of the dopamine receptor D4 (DRD4) gene with a refined phenotype of attention deficit hyperactivity disorder (ADHD): a familily-based approach. Molecular Psychiatry 1998; 3: 38–41.

Swanson JM, Elliott GR, Greenhill LL, Wigal T, Arnold LE, Vitiello B, Hechtman L, Epstein JN, Pelham WE, Abikoff HB, Newcorn JH, Molina BS, Hinshaw SP, Wells KC, Hoza B, Jensen PS, Gibbons RD, Hur K, Stehli A, Davies M, March JS, Conners CK, Caron M, Volkow ND. Effects of stimulant medication on growth rates across 3 years in the MTA. J Am Acad Child Adolesc Psychiatry 2007; 46: 1015–27.

Thapar A, Holmes J, Poulton K, Harrington R. Genetic basis of attention deficit and hyperactivity. Br J Psychiatry 1999; 174: 105–11.

Thiele R. Zur Kenntnis der psychischen Residualzustände nach Encephalitis epidemica bei Kindern. Z Kinderforschung 1926; 31: 6–10.

Trebaticka J, Kopasova S, Hradecna Z, Cinovsky K, Skodacek I, Suba J, Muchova J, Zitnanova I, Waczulikova I, Rohdewald P, Durackova Z. Treatment of ADHD with french maritime pine bark extract, Pycnogenol. Eur Child Adolesc Psychiatry 2006; 15: 329–35.

Trott GE, Menzel M, Friese HJ, Nissen G. Wirksamkeit und Verträglichkeit des selektiven MAO-A-Inhibitors Moclobemid bei Kindern mit hyperkinetischem Syndrom. Z Kinder Jugendpsychiatr 1991; 19: 248–53.

Verberg GM. The effects of psychopharmacological agents – especially stimulants – in hyperactive children, including some remarks on the use of the MBD concept. Alblasserdam: Kanters 1986.

Vloet TD, Neufang S, Herpertz-Dahlmann B, Konrad K. Bildgebungsbefunde bei Kindern und Jugendlichen mit ADHS, Tic-Störungen und Zwangserkrankungen. Z Kinder Jugendpsychiatr Psychother 2006; 34: 343–55.

Volkow ND, Wang GJ, Fowler JS, Ding YS. Imaging the effects of methylphenidate on brain dopamine: new model on its therapeutic actions for attention-deficit/hyperactivity disorder. Biol Psychiatry 2005; 57(11): 1410–5.

Wender PH. Minimal brain dysfunction in children. New York: Wiley 1971.

Wilens T. Mechanism of action of agents used in attention-deficit/hyperactivity disorder. J Clin Psychiatry 2006; 67 (Suppl.8): 32–7.

Wilens TE, McBurnett K, Stein M. ADHD treatment with once-daily OROS methylphenidate: final results from a longterm open-label study. J Am Acad Child Adolesc Psychiatry 2005; 44: 1015–23.

Willcutt EG, Doyle AE, Nigg JT, Faraone SV, Pennington BF. Validity of the executive function theory of attention-deficit/hyperactivity disorder: a meta-analysis review. Biol Psychiatry 2005; 57: 1336–46.

Woerner W, Becker A, Rothenberger A. Normative data and scale properties of the German parent SDQ. Eur Child Adolesc Psychiatry 2004; 13 (Suppl 2): II/3–10.

Wood JG, Crager JL, Delap CM, Heiskell KD. Beyond Methylphenidate. Nonstimulant medications for youth with ADHD. J Att Dis 2007; 11: 341–50.

Yehuda R, Bell A, Bierer LM, Schmeidler J. Maternal, not paternal, PTSD is related to increased risk for PTSD in offspring of Holocaust survivors. J Psychiatr Res 2008.

Young GS, Maharaj NJ, Conquer JA. Blood phospholipids fatty acid analysis of adults with and without attention deficit/hyperactivity disorder. Lipids 2004; 39: 117–23.

Zametkin AJ, Murphy DL.Treatment of hyperactive children with monoamine oxidase inhibitors. II. Plasma and urinary monoamine findings after treatment. Arch Gen Psychiatry 1985; 42: 969–73.

Zimmermann P, Fimm B. Testbatterie zur Aufmerksamkeitsprüfung TAP. Freiburg: Psytest 1997.

42 Tic-Störungen und Tourette-Syndrom

Andrea G. Ludolph und Jan Kassubek

Inhalt

42.1	Definition und Klassifikation	539
42.2	Historischer Überblick	540
42.3	Epidemiologie und Prävalenz	541
42.4	Symptomentwicklung und Komorbidität	541
42.5	Ätiologie und Pathogenese	543
42.6	Neurobiologie und Neuropsychologie	544
42.7	Diagnostik und Differenzialdiagnosen	545
42.8	Therapie und Verlauf	546
42.9	Prognose	551
Literatur		552

Zusammenfassung

Tic-Störungen sind charakterisiert durch multiple motorische Tics, bestehend aus unwillkürlich einschießenden, nicht kontrollierbaren Bewegungen, sowie vokale Tics. Das Tourette-Syndrom, bei dem motorische und vokale Tics miteinander einhergehen, kann heutzutage nicht mehr nur als ein sehr seltenes und bizarres Phänomen angesehen werden. Auch das Verständnis für diese Erkrankung wird zunehmend komplex. Das Tourette-Syndrom ist in seiner vollen Ausprägung äußerst heterogen sowohl bezüglich der klinischen Phänomenologie als auch der auftretenden Psychopathologie. Zugrunde liegende ätiologische und genetische Mechanismen dürften ähnlich vielfältig sein. Pathogenetisch spielt vermutlich eine Dysfunktion des kortiko-striato-thalamo-kortikalen Netzwerkes (CSTC) eine zentrale Rolle. Beteiligt scheint hier vor allem die dopaminerge und noradrenerge Neurotransmission. Tic-Störungen sind häufig vergesellschaftet mit weiteren psychopathologischen Auffälligkeiten, insbesondere im Kindesalter mit der Aufmerksamkeitsdefizit-Hyperaktivitätsstörung. Im weiteren Verlauf sind Zwangsstörungen und affektive Störungen wiederholt mit dem Tourette-Syndrom assoziiert. Die Vielfältigkeit der Störung spiegelt sich auch in der neuropharmakologischen Therapie wider, in der nicht nur Dopamin-Antagonisten, sondern auch Dopamin-Agonisten und noradrenerge Substanzen eine Rolle spielen. Für ein besseres Verständnis der Erkrankung sind sowohl diagnostische klinische und bildgebende Langzeit- und genetische Studien als auch randomisierte medikamentöse klinische Versuchsreihen notwendig, um eine genauere Prognose der Entwicklung über die Lebensspanne hinweg zu erreichen.

42.1 Definition und Klassifikation

»Jedes Verständnis eines solchen Syndroms wird unser Verständnis der allgemeinen menschlichen Natur ungeheuer vertiefen ... Ich kenne kein anderes Syndrom, das ähnlich interessant wäre.« *(Alexander Romanowitsch Lurija, 1902–1977, an Oliver Sacks, *1933)*

> Das Gilles-de-la-Tourette-Syndrom[1] ist eine komplexe neuropsychiatrische Erkrankung, deren klinisches Kennzeichen motorische und vokale Tics sind, die charakteristischerweise in ihrer Intensität und Lokalisation häufig wechseln. Die vokalen Tics sind nicht immer wirklich stimmhafte Laute, zunehmend wird von »phonetischen Tics« gesprochen, die jegliche Art von Geräuschen bezeichnen.

Die Erkrankung beginnt in der Regel zwischen dem fünften und sechsten Lebensjahr und verläuft oftmals zunächst progredient bis zum zehnten Lebensjahr (Leckman et al. 1998). Jungen sind etwa dreimal häufiger betroffen als Mädchen (Jankovic 2001).

Die Symptomatik des Tourette-Syndroms ist nach dem **DSM-IV** (American Psychiatric Association 1994) in folgender Art und Weise formalisiert worden:

1. Multiple motorische Tics sowie mindestens ein vokaler Tic treten im Verlauf der Krankheit auf, jedoch nicht unbedingt gleichzeitig.
2. Die Tics treten mehrmals täglich (gewöhnlich anfallsweise) entweder fast jeden Tag oder in Clustern über einen Zeitraum von über einem Jahr auf. In diesem Zeitraum gibt es keine Tic-freie Phase, die länger als drei aufeinanderfolgende Monate andauert.
3. Die Störung führt zu starker innerer Anspannung oder verursacht eine signifikante Beeinträchtigung in sozialen, beruflichen oder anderen wichtigen Funktionsbereichen.
4. Der Beginn der Erkrankung liegt vor dem 18. Lebensjahr.

---

[1] Das ist der offizielle deutsche Terminus. Da die internationale Bezeichnung meist »Tourette-Syndrom« lautet, verwenden wir im Folgenden diese Kurzbezeichnung.

5. Die Störung wird nicht durch den direkten physiologischen Effekt einer Substanz oder einer anderen Erkrankung erklärt.

In der **ICD-10** (WHO 1992) findet sich das Tourette-Syndrom unter F95.2 »Kombinierte vokale und multiple motorische Tics (Tourette-Syndrom)« mit folgender Definition: eine Form der Tic-Störung, bei der es gegenwärtig oder in der Vergangenheit multiple motorische Tics und einen oder mehrere vokale Tics gibt oder gegeben hat, nicht notwendigerweise gleichzeitig. So gut wie immer liegt der Beginn in der Kindheit oder Adoleszenz. Gewöhnlich gibt es eine Vorgeschichte motorischer Tics, bevor sich vokale Tics entwickeln; die Symptome verschlechtern sich häufig während der Adoleszenz, und üblicherweise persistiert die Erkrankung bis ins Erwachsenenalter. Die vokalen Tics sind oft multipel mit explosiven repetitiven Vokalisationen, Räuspern, Grunzen und Gebrauch von obszönen Wörtern oder Phrasen. Manchmal besteht eine begleitende gestische Echopraxie, die ebenfalls obszöner Natur sein kann (Kopropraxie). Wie die motorischen Tics können die vokalen für kurze Zeiträume unterdrückt und durch Stress verstärkt werden. Sie verschwinden während des Schlafs.

Neben dem Tourette-Syndrom werden in der ICD-10 weitere Untergruppen charakterisiert:
- vorübergehende Tic-Störung (F95.0)
- chronische motorische oder vokale Tic-Störung (F95.1)
- sonstige Tic-Störung (F95.8)
- nicht näher bezeichnete Tic-Störung (F95.9)

Vorübergehende Tic-Störungen (F95.0) treten bei Kindern und Jugendlichen sehr häufig auf. Prävalenzangaben liegen bei bis zu 5 %, sind aber in den seltensten Fällen behandlungsbedürftig. Im Weiteren soll daher nur das Tourette-Syndrom sensu stricto behandelt werden. Chronische motorische oder chronische vokale Tic-Störungen werden nicht jedes Mal gesondert erwähnt, da es sich bei Tic-Störungen mit großer Wahrscheinlichkeit um ein Störungskontinuum handelt, somit um unterschiedliche Schweregrade derselben Entität (Döpfner u. Rothenberger 2007).

42.2 Historischer Überblick

Beschreibungen von Tic-Störungen finden sich bereits im Altertum. So schilderte der griechische Gelehrte, Arzt und Hippokrates-Schüler Aretios von Kappadokien Betroffene, die unter Zuckungen, Grimassenschneiden, akut auftretenden Geräuschen wie Bellen, plötzlichen Flüchen und auch unvermittelten blasphemischen Äußerungen litten. Diese Verhaltensauffälligkeiten wurden dem »Einfluss der Götter« zugeschrieben (Klug 2003).

Tourette-ähnliche Verhaltensauffälligkeiten wurden auch für den römischen Imperator Claudius vom Geschichtsschreiber Svetonius dokumentiert. Dieser berichtete von anhaltenden nervösen Zuckungen, Stammeln, unkontrolliertem Lachen. Diese Verhaltensauffälligkeiten nahmen unter Erregung zu. Wahrscheinlich aufgrund der Seltenheit, vielleicht auch aufgrund seiner Rätselhaftigkeit, findet sich eine ausführliche Beschreibung der Erkrankung erst im 19. Jahrhundert.

Der französische Neurologe Jaques Itard beschrieb 1825 eine Patientin adeliger Herkunft, die Marquise de Dampierre, die sowohl unter vokalen als auch motorischen Tics litt. Der Originalbericht liest sich in der deutschen Übersetzung von Rothenberger (1992) wie folgt:

Fallbeispiel

»Frau v. D…, derzeit 26 Jahre, war, im Alter von 7 Jahren, betroffen von krampfhaften Kontraktionen der Hand- und Armmuskeln, die sich vor allem in den Augenblicken einstellten, in denen das Kind versuchte zu schreiben und wobei sich sehr abrupt seine Hand von den Buchstaben, die es gerade schreiben wollte, wegzog. Nach diesem Rucken wurden die Bewegungen seiner Hand wieder regulär und waren dem Willen unterworfen, bis dass eine andere plötzliche Zuckung die Arbeit der Hand von neuem unterbrach. Man sah in dem Ganzen zuerst noch eine Art Lebhaftigkeit oder Übermut, die, als sie sich mehr und mehr wiederholten, zum Grund für Tadel und Bestrafung wurden, aber bald gewann man die Gewissheit, dass diese Bewegungen unwillkürlich und krampfhaft waren und man sah daran auch die Muskulatur der Schultern, des Halses und des Gesichtes teilnehmen. Es kam zu Körperverdrehungen und außerordentlichen Grimassen. Die Erkrankung schritt weiter fort, die Spasmen breiteten sich auf die Stimm- und Sprechorgane aus, diese junge Person hörte man bizarre Schreie und Worte ausstoßen, die überhaupt keinen Sinn ergaben, aber alles ohne dass ein Delirium vorgelegen hätte, ohne irgendeine geistig-seelische Störung …
So kann es vorkommen, dass mitten in einer Unterhaltung, die sie besonders lebhaft interessiert, plötzlich und ohne dass sie sich davor schützen kann, sie das unterbricht, was sie gerade sagt oder wobei sie gerade zuhört und zwar durch bizarre Schreie und durch Worte, die sehr außergewöhnlich sind und die einen beklagenswerten Kontrast mit ihrem Erscheinungsbild und ihren vornehmen Manieren darstellen; die Worte sind meistens grobschlächtig, die Aussagen obszön und, was für sie und die Zuhörer nicht minder lästig ist, die Ausdrucksweisen sind sehr grob, ungeschliffen, oder beinhalten wenig vorteilhafte Meinungen über einige der in der Gesellschaft anwesenden Personen …«

Diese sehr detaillierte Beschreibung einer typischen Tourette-Symptomatik geriet in Vergessenheit und wurde erst 60 Jahre später erneut von George Albert Edouard Brutus Gilles de la Tourette (1857–1904) mit weiteren ähnlichen Fallbeschreibungen verbreitet. Gilles de la Tourette, als Assistenzarzt in der neurologischen Abteilung von Jean-Martin Charcot (1825–1893) an der Salpêtrière in Paris angestellt, wies die »Maladie des Tics« als eigene Entität aus (Gilles de la Tourette 1885). Den Namen »Tourette«-Syndrom erhielt diese Erkrankung letztlich durch Charcot.

Gilles de la Tourette hielt bereits die charakteristischen Symptome des nach ihm benannten Syndroms fest: konvulsivisches Zucken, Imitieren von einfachen und komplexen Lauten (Echolalie) oder Handlungen (Echopraxie) sowie in sehr seltenen Fällen ein ungesteuertes Fluchen und Artikulieren von Obszönitäten (Koprolalie). Gilles de la Tourettes erste Beschreibungen in seiner Originalarbeit haben bis heute Gültigkeit.

42.3 Epidemiologie und Prävalenz

Tic-Störungen und Tourette-Syndrom finden sich in allen Kulturen, Erdteilen, Rassen und sozialen Schichten. Das männliche Geschlecht ist drei- bis viermal häufiger betroffen (Robertson 2000).

Ursprünglich wurde das Tourette-Syndrom als eine sehr seltene Erkrankung betrachtet. Die generell akzeptierten Prävalenzzahlen lagen für geraume Zeit bei 0,5/1 000 (Bruun, 1984). Ende der 1990er Jahre führten Mason et. al. (1998) eine Untersuchung an einer Schule in West-Essex, Großbritannien, durch. Hierin wurden alle Schüler (Alter 13–14 Jahre) der Jahrgangsstufe 9 eingeschlossen. Zunächst wurden standardisierte Fragebögen von Eltern, Lehrern und Schülern ausgefüllt, die Untersucher führten zudem Selbstbeobachtungen im Klassenzimmer durch. Die Schüler, bei denen Tics erkannt wurden, wurden einem semistrukturierten Interview unterzogen. Von 166 Schülern erfüllten fünf die diagnostischen Kriterien für ein Tourette-Syndrom der damals gültigen Version III-R des DSM (2,9 %). Diese Studie wurde aufgrund der hohen Prävalenzzahlen scharf kritisiert (Traverse 1998), gleichzeitig teilte Traverse seine eigene persönliche Erfahrung mit, dass er über einen Beobachtungszeitraum von zwölf Jahren eine Zunahme der Prävalenz von Tic-Störungen registriert habe. Im Januar 2000 wurde in Schweden eine weitere Schuluntersuchung durchgeführt: 4 479 Kinder zwischen sieben und 15 Jahren und ihre Eltern wurden mittels Fragebogen bezüglich motorischer und vokaler Tics befragt. 297 Kinder (190 Jungen, 107 Mädchen) wiesen Tics auf. Die Kriterien nach DSM-IV für ein Tourette-Syndrom wurden von 0,6 % der Kinder erfüllt, weitere 0,8 % hatten chronische motorische Tics und 0,5 % hatten chronische vocale Tics. Weiterhin konnten bei 4,8 % der Kinder vorübergehende Tics festgestellt werden (Khalifa u. von Knorring 2003). Die erhebliche Diskrepanz zwischen den früheren und den aktuelleren Prävalenzzahlen wurde darauf zurückgeführt, dass die älteren Zahlen auf Populationen klinischer Inanspruchnahme beruhten, während die neueren Studien schulbasiert durchgeführt wurden (Banerjee et al. 1998; Robertson u. Gourdie 1990).

42.4 Symptomentwicklung und Komorbidität

»Meine Lehrerin wollte mir nicht glauben, dass ich das Kopf-Wackeln nicht absichtlich mache. Und dann musste ich mich während der Unterrichtsstunde mit einem Buch auf dem Kopf hinstellen und für jedes Mal, dass das Buch heruntefiel, hat sie mir eine Seite Strafarbeit gegeben ...« *(Bericht eines 12-jährigen Schülers mit Tourette-Syndrom, 21. Jahrhundert)*

Das klinische Krankheitsbild des Tourette-Syndroms ist primär durch die Leitsymptome motorische und vokale Tics gekennzeichnet (Kassubek et al. 2002) (Tab. 42-1). **Motorische Tics** sind plötzliche, rasch einschießende Bewegungen, die im

Tab. 42-1 Häufige motorische und vokale Tics

Motorische Tics		Vokale Tics	
Einfach	Komplex	Einfach	Komplex
• Augenblinzeln	• Hüpfen	• Räuspern	• Schreien
• Augenzwinkern	• Treten	• Hüsteln	• Summen
• Gesichtsgrimassen	• Springen	• Schnäuzen	• Pfeifen
• Mundöffnen	• Stampfen	• Spucken	• Palilalie
• Augenrollen	• Klopfen	• Grunzen	• Echolalie
• Stirnrunzeln	• Kreisen	• Bellen	• Koprolalie
• Kopfschütteln	• Kratzen	• in- u. exspiratorische Atemgeräusche	
• Kopfnicken	• Beißen		
• Schulterzucken	• Schlagen		
• Zwerchfell-Tics	• Echopraxie		
• Bauch-Tics	• Kopropraxie		
• Rumpf-Tics			

Gegensatz zu Myoklonien oft mehrere Muskeln und Muskelgruppen einbeziehen und anders als bei choreatischen Syndromen und tardiven Dyskinesien stereotyp, aber in der Regel unrhythmisch und in Serien wiederholt werden. **Einfache motorische Tics** sind z. B. Augenblinzeln, Augenzwinkern, Grimassieren, Mundöffnen, Augen rollen, Stirnrunzeln, Kopfschütteln, Kopfnicken, Schulterzucken, krampfartiges Zusammenziehen von Zwerchfell-, Bauch- oder Rumpfmuskulatur. **Komplexe motorische Tics** können sich als Hüpfen, Treten, Springen, Stampfen, Klopfen, Kratzen, Beißen oder Schlagen darstellen. Es finden sich Bewegungsmuster wie Antippen von Gegenständen oder Drehung um die eigene Achse. Gerade bei der Echopraxie und Kopropraxie findet sich ein fließender Übergang zu Zwangsphänomenen.

Als **einfache vokale oder phonetische Tics** finden sich Räuspern, Hüsteln, Schnäuzen, Spucken, Grunzen, Bellen und verstärkte in- und exspiratorische Atemgeräusche. Als **komplexe vokale Tics** kommen neben zusammenhanglosem Wiederholen von Wörtern auch Palilalie, Echolalie und Koprolalie vor. In der Mehrzahl der Fälle sind die Tics für einen begrenzten Zeitraum unterdrückbar. Hier gibt es erhebliche interindividuelle Unterschiede. Manchen Kindern gelingt es gut, Tics bei Aufgaben, die große Konzentration erfordern, zu unterdrücken. Andere reagieren gerade in Stresssituationen mit verstärkter Tic-Symptomatik. Während bei einigen Kindern die Tic-Störung in Schulferienzeiten deutlich rückläufig ist, kann sie bei anderen in ihrer Ausprägung unverändert oder sogar in einer Entspannungsphase verstärkt sein. Oft geht den Tics ein sensomotorischer Drang voraus, der nur über einen gewissen Zeitraum beherrschbar ist, sodass die Kinder berichten, dass sie die Bewegung oder die Geräuschäußerung dann ausführen müssen (Banaschewski et al. 2003).

Im natürlichen Verlauf des Tourette-Syndroms treten meist zuerst motorische Tics im Alter von drei bis acht Jahren auf, d. h. oft mehrere Jahre, bevor dann vokale Tics hinzukommen (Jankovic 2001). Bei 96 % der Kinder hat sich die Erkrankung bis zum elften Lebensjahr manifestiert. Typischerweise wechseln die Tics sehr häufig in ihrer Lokalisation, Intensität und Häufigkeit (Leckman et al. 1998; Robertson et al. 1999). In der Mehrzahl der Fälle erreicht die Symptomatik ihren höchsten Schweregrad in der ersten Hälfte der zweiten Lebensdekade, um das zwölfte Lebensjahr, um dann in der Adoleszenz deutlich abzunehmen (Bloch et al. 2006). Die Angaben, wie viele jugendliche Patienten mit Tourette-Syndrom die Symptomatik tatsächlich verlieren, schwanken allerdings erheblich. Während Bloch et al. (2006) nur noch bei ca. 20 % der Kinder mit Tourette-Syndrom im Alter von 20 Jahren eine Beeinträchtigung des globalen Funktionsniveaus sahen, wies in anderen Studien die Hälfte der Kinder noch eine deutliche Tic-Symptomatik auf (Leckman 1998).

Tatsächlich sind chronische Tic-Störungen und Tourette-Syndrom ohne weitere psychopathologische Auffälligkeiten eher die Ausnahme als die Regel (Tab. 42-2). Eine Aufmerksam-

Tab. 42-2 Häufige Komorbiditäten

- Aufmerksamkeitsdefizit-Hyperaktivitätsstörung (ADHS)
- Zwangsstörungen
- Angststörungen (generalisierte Angststörung, soziale Phobie, Panikattacken)
- affektive Störungen (Depression)
- selbstverletzendes Verhalten

keitsdefizit-Hyperaktivitätsstörung (ADHS) ist die häufigste Komorbidität im Kindesalter und tritt in 35–90 % der Fälle auf (Erenberg 2005). Im späteren Kindesalter kommt dann häufig eine Zwangsstörung hinzu. Auch hier war man bislang davon ausgegangen, dass es sich um einen Bias durch epidemiologische Befunde an einer Population klinischer Inanspruchnahme handelt, da die begleitenden Probleme oftmals gravierender als die Tic-Symptomatik selbst erschienen und der Grund für das Aufsuchen medizinischer Hilfen waren.

Khalifa und von Knorring (2006) fanden jedoch in ihrer schulbasierten Untersuchung ebenfalls erhebliche Komorbiditätsraten. Es handelt sich hierbei um Nachfolge-Untersuchungen aus der bereits oben erwähnten epidemiologischen Studie. Von den 4 479 Kindern erfüllten 25 Kinder die Kriterien für ein Tourette-Syndrom, 34 hatten eine chronische motorische Tic-Störung, 24 eine chronische vokale Tic-Störung und 214 Kinder vorübergehende Tics. Die 83 Kinder mit Tourette-Syndrom und chronischen Tic-Störungen wurden im Vergleich zu den 214 Kindern und normalen Kontrollkindern ausführlich nachuntersucht. Bei 92 % der 83 Kinder fanden sich komorbide psychiatrische Störungen. ADHS trat am häufigsten auf. Kinder mit Tourette-Syndrom zeigten signifikant mehr aggressive Verhaltensstörungen als die Kinder mit chronischen Tic-Störungen. Der Zusammenhang von aggressivem Verhalten mit raptusartigen Wutausbrüchen und Tourette-Syndrom ist unklar; es wird kontrovers diskutiert (Budman et al. 2000), ob es sich um Symptome einer komorbiden Störung handelt oder diese tatsächlich im Rahmen des Tourette-Syndroms selbst einzuordnen ist. Angstsymptomatik ist ebenfalls sehr häufig mit Tourette-Syndrom vergesellschaftet.

Kinder mit einem Tourette-Syndrom klagen häufig über Kopfschmerzen. Tatsächlich tritt Migräne viermal häufiger bei Kindern mit Tourette-Syndrom auf als in der Normalbevölkerung (Barbanti u. Fabbrini 2004). Hier könnte ätiologisch ein Zusammenhang bestehen (Kwak et al. 2003).

Bereits Georges Gilles de la Tourette beschrieb 1885 in seiner Originalarbeit selbstverletzendes Verhalten bei zwei der neun Patienten (Gilles de la Tourette 1885). Zahlreiche Untersuchungen berichteten seitdem über bis zu 23 unterschiedliche Arten selbstverletzenden Verhaltens bei Patienten mit einem Tourette-Syndrom in bis zu der Hälfte der Fälle (Übersicht s. Robertson et al. 1989). Bei Kindern finden sich häufig ein Anschlagen mit dem Kopf oder an den Kopf sowie ein Schlagen ins Gesicht und sich Kratzen. Selbstverletzendes Verhalten wie

Ritzen mit scharfen Gegenständen findet sich in der Regel erst im späteren Verlauf bei den älteren Jugendlichen oder Erwachsenen, die ihre Tic-Symptomatik in der Adoleszenz nicht verloren haben. Hier kommt es auch vereinzelt zu massiven Selbstverletzungen der Augen bis zur Enukleation.

Der natürliche Verlauf von Tic-Störungen geht typischerweise mit einem merklichen Rückgang der Tic-Symptomatik während der Adoleszenz einher. Die Hälfte bis zu zwei Drittel der Kinder mit Tourette-Syndrom sind gegen Ende der Pubertät nahezu Tic-frei oder die Symptomatik hat sich zumindest deutlich reduziert (Leckman et al. 1998; Peterson et al. 2001a). Dennoch kann das Tourette-Syndrom im jungen Erwachsenenalter mit erheblichen sozialen und emotionalen Problemen und auch Schwierigkeiten in Ausbildung und Beruf verbunden sein.

Berechtigte Angst vor Spott aufgrund der Tics und Schamgefühle sind sehr häufig bei Kindern mit chronischen Tic-Störungen und Tourette-Syndrom zu finden. Personen mit Tic-Störungen erfahren oft soziale Ausgrenzung, da die Tic-Symptomatik von anderen Personen meist als sehr fremd und bizarr wahrgenommen wird und Betroffene demzufolge abgelehnt werden (Marcks et al. 2007). Daher kann es unter entsprechenden Umständen und ungenügender Aufklärung der Umgebung sekundär auch zu ausgeprägten Angststörungen reaktiv zur Tic-Symptomatik kommen, für die möglicherweise zusätzlich eine genetische Disposition besteht (Coffey et al. 2000). Die Prävalenzzahlen für Angststörungen reichen von 19 % (Coffey et al. 1992) bis zu 30 % für generalisierte Angststörung (Chee u. Sachdev 1994). In einer Studie an 85 Patienten mit einem Tourette-Syndrom, 338 Verwandten ersten Grades dieser Patienten, 27 gesunden Kontrollen und ihren 92 Verwandten ließ sich kein signifikanter Unterschied bezüglich der Angstsymptomatik finden, sodass ein genetischer Zusammenhang zwischen Tourette-Syndrom und Angststörung nicht wahrscheinlich erscheint (Pauls et al. 1994). Hier ist die Befundlage uneinheitlich.

In einer präliminären Studie konnten Marcks et al. (2007) zeigen, dass offensive dezidierte Aufklärung über das Tourette-Syndrom die Einstellung zu erkrankten Personen deutlich verändern und soziale Ausgrenzung und ihre Folgeerscheinungen wie soziale Phobie der Patienten minimieren kann.

Bleibt die Tic-Symptomatik bis ins Erwachsenenalter bestehen, ist sie häufig mit massiven Beeinträchtigungen verbunden (Swain et al. 2007). Komplexe motorische Tics können zu gewalttätigen Episoden selbstverletzenden Verhaltens oder Kopropraxien führen, vokale Tics zu sozial stigmatisierenden Koprolalien (z. B. Ausrufen von Obszönitäten oder auch rassistischen Äußerungen). Auch die häufigen Komorbiditäten ADHS und Zwangsstörung bestimmen in der weiteren Lebensspanne oft den Verlauf. Andere manifeste psychiatrische Erkrankungen wie Depression treten oft zusätzlich auf. Robertson et al. (1997) fanden in einer Kohorte von 39 erwachsenen Patienten mit Tourette-Syndrom (31 Männer, 8 Frauen), die sie mit 34 Kontrollprobanden verglichen, mittels des Strukturierten Klinischen Interviews für Persönlichkeitsstörungen nach DSM-III-R 25 Patienten (64 %) mit einer oder mehreren Persönlichkeitsstörungen, während sich unter den Kontrollprobanden lediglich zwei (16 %) fanden.

42.5 Ätiologie und Pathogenese

42.5.1 Genetik

Tourette-Syndrom hat eine relevante genetische Komponente (Albin u. Mink 2006; Pauls 2003). Ein hoher Prozentsatz der Patienten mit einem Tourette-Syndrom hat einen Verwandten ersten Grades mit Tic-Symptomatik (Paschou et al. 2004; Pauls 2003) oder Eltern geben an, dass sie als Kind vorübergehend ebenfalls unter Tics gelitten haben, oftmals in einer geringeren Ausprägung. Zwillingsstudien konnten für monozygote Zwillinge eine Konkordanz von 50 bis 70 % zeigen, wohingegen dizygote Zwillinge nur eine Konkordanz von 9 % aufwiesen (Price et al. 1985). Zahlreiche Kandidatengene wurden bislang untersucht, unter anderen SLITRK1 auf Chromosom 13. Abelson et al. (2005) untersuchten ein Kind, bei dem eine De-novo-Inversion auf Chromosom 13 bei einer Routineuntersuchung festgestellt worden war und das später ein Tourette-Syndrom entwickelte. Sie fanden einen Polymorphismus des Gens, das Slit und Trk-1 (SLITRK1) kodiert, Proteine, die für das neuronale Wachstum und die Synaptogenese eine Rolle spielen. Es wurden dann 174 Patienten mit Tourette-Syndrom untersucht, bei drei Betroffenen fanden sich Varianten dieses Gens (Abelson et al. 2005). An einer großen Stichprobe von 1 800 Patienten mit Tourette-Syndrom ließ sich jedoch für SLITRK1 keine Veränderung nachweisen. Gene, die mit bislang negativen oder nicht eindeutigen Ergebnissen auf ihre Assoziation mit Tourette-Syndrom getestet worden sind, umfassen DRD1, DRD2, DRD3, DRD4, DRD5, DAT, SERT, Glycinrezeptor, adrenerge Rezeptoren, Methyl-CpG-Binding Protein 2 und humanes Leukozyten-Antigen (Pauls 2001).

42.5.2 Perinatale Faktoren

Für das Tourette-Syndrom wurden epigenetische Faktoren untersucht und ähnliche Risikofaktoren wie für ADHS gefunden. Da beide Störungen sehr oft gemeinsam auftreten, verwundert dies nicht. Perinatale hypoxische Zustände, Zangengeburt und Hyperemesis in der Schwangerschaft wurden ebenso als Risikofaktoren identifiziert wie massiver psychosozialer Stress in der Schwangerschaft (Leckman et al. 1987, 1990; Lees et al. 1984). In einer Kohorte von 180 Personen mit Tourette-Syndrom konnte als stärkster Risikofaktor für einen ausgeprägteren Schweregrad der Tic-Symptomatik und das Auftreten einer komorbiden Zwangsstörung Nikotinkonsum in der Schwangerschaft nachgewiesen werden (Mathews et al. 2006). Weniger stark ausgeprägt, aber immer noch hochsignifikant waren Variablen wie höheres Alter des Vaters und niedrigeres Geburtsgewicht mit der Symptomatik eines Tourette-Syndroms korreliert.

42.5.3 Neuroimmunologie und Infektionen

Spekulationen über eine postinfektiöse Ätiologie von Tourette-Syndrom und Zwangsstörungen datieren zurück in das späte 19. Jahrhundert (zur Übersicht s. Kushner 1999). Insbesondere die β-hämolysierenden Streptokokken der Gruppe A (GABHS), die bei genetisch prädisponierten Individuen Erkrankungen wie rheumatisches Fieber auslösen können, das drei Wochen nach einem akuten Infekt der oberen Atemwege auftreten kann, stehen im Verdacht, auch an der Entstehung von Tourette-Syndrom und Zwangsstörungen beteiligt zu sein. Rheumatisches Fieber ist eine verzögerte Folgeerscheinung, charakterisiert durch Entzündungen im Bereich von Gelenken, Herz und auch ZNS. Zerebrale Manifestationen werden als Chorea minor Sydenham bezeichnet. Manchmal kann es bei Patienten mit einer Chorea minor Sydenham auch zu Manifestationen mit ADHS, vokalen und motorischen Tics sowie Zwangssymptomen kommen.

Während die Chorea minor Sydenham als Folgeerkrankung einer Streptokokkeninfektion belegt ist, ist die Befundlage für neuropsychiatrische Autoimmunkrankheiten des Kindesalters nach Streptokokkeninfektion (*pediatric autoimmune neuropsychiatric disorders associated with streptococcal infections*, PANDAS) nicht so eindeutig. Diese pädiatrische Autoimmunerkrankung, so postulierten Swedo et al. (1998), ist auch mit einer Infektion mit GABHS assoziiert, bildet jedoch eine eigene klinische Entität und beruht auf einem molekularen Antigen-Mimikry, bei dem sich die zunächst gegen Bakterien gerichteten Antikörper aufgrund ähnlicher Oberflächenstrukturen sekundär gegen die körpereigenen Nervenzellen im Gehirn richten (Snider u. Swedo 2004) und so unter anderem auch zu Tic- oder Zwangssymptomen führen können.

42.6 Neurobiologie und Neuropsychologie

Sowohl Bildgebungsuntersuchungen als auch neuropathologische Studien haben in jüngster Zeit zum besseren Verständnis der zugrunde liegenden Pathophysiologie des Tourette-Syndroms beigetragen. Auch wenn das neurobiologische Korrelat für die Störung noch nicht präzise bekannt ist, können doch die offensichtlich involvierten neuralen Schaltkreise zunehmend besser definiert werden. Die häufigsten Befunde lassen Rückschlüsse auf die Beteiligung der kortiko-striato-thalamo-kortikalen Bahnen (CSTC) zu. Funktionelle Bildgebungstechniken, wie Tc^{99}-Hexamethylpropylenaminoxim (HMPAO), Single-Photon-Emissionscomputertomographie (SPECT) (Moriarty et al. 1995) und ^{18}F-Fluorodesoxyglucose-Positronenemissionstomographie (FDG-PET) (Jeffries et al. 2002), konnten wiederholt insbesondere Veränderungen im Blutfluss und Metabolismus im Bereich des Nucleus caudatus, Putamens und medialer temporaler Strukturen feststellen, sodass anzunehmen ist, dass Dysfunktionen in diesen Hirnarealen eine wesentliche Rolle für die klinische Symptomatik des Tourette-Syndroms spielen (Mink 2006). Dafür spricht auch, dass es nach umschriebenen Hirnverletzungen der Basalganglien und mediotemporalen Strukturen sekundär zu »symptomatischen« Tic-Störungen kommen kann (Fahn 1982). Strukturelle Bildgebungsstudien konnten neben der Beteiligung temporolimbischer Bahnen auch Auffälligkeiten der orbitofrontalen, sensomotorischen und Assoziationskortizes detektieren (Peterson et al. 2001b).

Im CSTC-Regelkreis finden insbesondere implizite Lernvorgänge statt. Zum impliziten Lernen gehören alle unbewussten Lernvorgänge wie prozedurales Lernen, Erlernen von Fertigkeiten und Stereotypien und auch das klassische und operante Konditionieren. Für diese Konditionierungsprozesse scheinen zusätzlich die Amygdala und der Hippocampus eine wesentliche Rolle zu spielen. Postuliert man für Patienten mit Tourette-Syndrom eine Störung im kortikostriatalen System, müssten auch Auffälligkeiten des impliziten Lernens zu erwarten sein. Tatsächlich konnten Kéri et al. (2002) in einer Studie an 20 Kindern mit Tourette-Syndrom Defizite in einer probabilistischen Klassifikationsaufgabe nachweisen, die umso gravierender waren, je ausgeprägter die Tic-Symptomatik war. Auch an einer größeren Stichprobe von 50 Kindern und Erwachsenen mit Tourette-Syndrom zeigten sich Beeinträchtigungen bei prozeduralen Gedächtnisaufgaben (Marsh et al. 2004).

Die Befunde der strukturellen und funktionellen Bildgebungsstudien ergeben bislang noch immer ein uneinheitliches Bild. Zum Teil mögen die Inkonsistenzen auf die unterschiedlichen Altersgruppen und Geschlechterzusammensetzungen der Studienpatienten zurückzuführen sein (zur Übersicht s. Gerard u. Peterson 2003). Während der präfrontale Kortex bei Erwachsenen mit Tourette-Syndrom im Vergleich zu einer altersgematchten Kontrollgruppe ein reduziertes Volumen aufwies, war er bei Kindern, ebenfalls verglichen mit einer Gruppe gesunder Gleichaltriger, vergrößert (Gerard u. Peterson 2003). Das Volumen des Nucleus caudatus schien bei Kindern und Erwachsenen mit Tourette-Syndrom verkleinert. Inwieweit diese Befunde tatsächlich der Pathophysiologie der Tic-Symptomatik zugrunde liegen oder bereits auch wieder Kompensationsmechanismen, Therapiefolgen oder Korrelate von Komorbiditäten darstellen, ist noch ungeklärt.

Neuere strukturelle Magnetresonanztomographie-(MRT-)Untersuchungen zeigen, dass sich tatsächlich auch Teile des limbischen Systems wie Hippocampus, Nucleus accumbens und Amygdala bei Patienten mit Tourette-Syndrom von Kontrollgruppen morphologisch unterscheiden. Hier könnten die anatomischen Korrelate für die oben erwähnten beeinträchtigten impliziten Lernvorgänge und Konditionierungsprozesse, die in der Ätiopathogenese der Tic-Symptomatik eine Rolle spielen, zu finden sein (Ludolph et al. 2006, 2008; Peterson et al. 2007). Auch hier lassen sich Unterschiede zwischen Kindern und Erwachsenen mit Tourette-Syndrom erkennen, die wiederum Hinweis darauf geben, dass es sich um altersabhängige entwicklungsbedingte Alterationen handeln könnte. In einer aktuellen volumetrischen MRT-Studie wurde gezeigt, dass die Gesamtvolumina von Hippocampus und Amygdala bei Erwachsenen und Kindern mit Tourette-Syndrom größer als bei Kontrollen waren. Analysen der Oberflächenstruktur legten nahe, dass die Volumenvergrößerungen insbesondere vom Kopf und der medialen Oberfläche des Hippocampus (entlang des Gyrus dentatus) und der dorsalen und ventralen Anteile der Amygdala (basolaterale und zentrale Kerne) her stammen (Peterson et al. 2007).

Eine voxelbasierte morphometrische MRT-Studie wurde an 14 Jungen (Durchschnittsalter 12,5 Jahre) mit Tourette-Syndrom im Vergleich zu 15 psychiatrisch und neurologisch gesunden Jungen durchgeführt. Ungewöhnlicherweise trat nur bei vier Jungen ADHS als einzige Komorbidität auf. Es zeigte sich eine signifikante Zunahme des Volumens der grauen Substanz bilateral im Bereich der ventralen Putamina. Mediotemporal fand sich hippokampal beidseits linksbetont eine deutliche Volumenreduktion (Ludolph et al. 2006) – also gegensätzlich zur oben genannten volumetrischen Studie an Erwachsenen und Kindern mit Tourette-Syndrom.

Garraux et al. (2006) untersuchten mit einem fast identischen Protokoll 31 erwachsene Patienten mit Tourette-Syndrom (25 Männer, 6 Frauen, Durchschnittsalter 32 Jahre) im Vergleich zu 31 gesunden Probanden (23 Männer, 8 Frauen, Durchschnittsalter 32 Jahre) und fanden bei den Patienten mit Tourette-Syndrom ein signifikant erhöhtes Volumen des linken Mesencephalons. Bei den erwachsenen Patienten mit Tourette-Syndrom zeigten sich keine Veränderungen im Basalganglienbereich oder in limbischen Strukturen mittels dieser Technik. Dass die deutlichen Unterschiede der Ergebnisse der beiden voxelbasierten morphometrischen MRT-Studien wegweisend durch die Untersuchung von Kindern versus die Untersuchung von Erwachsenen hervorgerufen wurden, erscheint möglich (Kassubek et al. 2006).

Während es für die Entwicklung kortikaler grauer Substanz im Kindes- und Jugendalter (4–22 Jahre) MRT-Längsschnittdaten gibt (Giedd et al. 1999), liegen für die Entwicklung der tiefer gelegenen Hirnstrukturen wie Basalganglien und Mittelhirn noch keine genauen altersabhängigen Daten vor. Giedd et al. (1999) konnten eine lineare Zunahme der weißen Substanz darstellen. Die graue Substanz nimmt in sehr unterschiedlichen Verläufen in den kortikalen Regionen bis zur Adoleszenz erst signifikant zu und in der Adoleszenz und Postadoleszenz wieder deutlich ab. Extrapoliert man diese Daten auf die tiefer gelegenen Hirnstrukturen, kann man davon ausgehen, dass es auch in den Mittelhirnarealen und Basalganglien noch deutliche Veränderungen bis zum 20. Lebensjahr gibt. Die Strukturen, die im Kindesalter in ihrem Volumen auffällig erscheinen, mögen sich entwicklungsbedingt normalisieren, während sich andere Strukturen krankheitsbedingt kompensatorisch verändern. Im ventralen Putamen, einem Teil des Striatums, finden sich dopaminerge Afferenzen aus dem Mesencephalon, der Lokalisation der Somata der dopaminergen Neurone. Da mehr als die Hälfte der Patienten mit Tourette-Syndrom die Tic-Symptomatik in der Adoleszenz verliert, sind die erwachsenen Patienten möglicherweise die schwerer Betroffenen, bei denen die dopaminergen Neurone verstärkt involviert sind. Ein abnormaler dopaminerger Metabolismus wird nicht nur aufgrund von nuklearmedizinischen (Wong et al. 2008) und postmortalen Studien (Minzer 2004; Yoon et al. 2007) postuliert, sondern auch, da hier ein Großteil der medikamentösen Therapie mit gewissem Erfolg ansetzt.

42.7 Diagnostik und Differenzialdiagnosen

Motorische und/oder phonetische Tics sind klinische Kennzeichen für Tic-Störungen und Tourette-Syndrom. Zumeist fällt zunächst den Eltern oder Sorgeberechtigten die Tic-Symptomatik auf, gerade jüngere Kinder registrieren diese oft kaum und fühlen sich auch nicht beeinträchtigt, womit eines der Diagnosekriterien der ICD-10 und des DSM-IV nicht erfüllt wäre. Nicht zuletzt aus diesem Grund dauert es vom Auftreten chronischer Tics bis zur Diagnose oft Jahre. Da ein Tourette-Syndrom selten als isolierte Tic-Störung imponiert, sollte sich die klinische Evaluation auch nicht ausschließlich auf die Motorik beziehen, sondern das Kind, den Jugendlichen oder jungen Erwachsenen in seiner ganzen Persönlichkeit betrachten (Scahill et al. 2006). Wichtig ist es abzuschätzen, inwieweit das Kind durch seine Tic-Störung emotional, sozial, familiär und schulisch beeinträchtigt ist. Auch wenn Eltern oder Familienangehörige die Tics als sehr belästigend und stigmatisierend empfinden, muss sehr genau beurteilt werden, inwieweit die Entwicklung des Kindes tatsächlich beeinträchtigt ist (s. auch Therapie) oder ob nicht Komorbiditäten wie ADHS oder Zwangsphänomene die größere Behinderung darstellen. Somit spielt bereits der diagnostische Prozess in wesentlichem Umfang in die Therapie der Störung hinein. Tics sind besonders bei jüngeren Kindern sehr suggestibel und treten oftmals im diagnostischen Gespräch durch das Ansprechen unwillkürlich verstärkt auf. Die Bewertung seitens der Angehörigen und des Kindes zeigt sich oft bereits im ersten Gespräch sehr deutlich und auch, ob das Kind durch die Unkontrollierbarkeit der Tics leidet oder mehr unter den Reaktionen seiner Umgebung.

Um Schweregrad und Intensität zu beurteilen, kann die Yale-Tourette-Syndrom-Symptomcheckliste, die deutsche Version der Yale Global Tic Severity Scale (YGTSS) (Leckman et al. 1989; Storch et al. 2005), modifiziert von Steinhausen (2002), eingesetzt werden, die Anzahl, Frequenz, Intensität, Komplexität und Beeinträchtigung von motorischen und phonetischen Tics sowie Verhaltensauffälligkeiten erfasst. Diese **Tourette-Syndrom-Symptomcheckliste** ist unterteilt in fünf Unterskalen:

- einfache motorische Tics (11 Items)
- komplexe motorische Tics (11 Items)
- einfache phonetische Tics (6 Items)
- komplexe phonetische Tics (7 Items)
- Verhaltensauffälligkeiten (6 Items)

Jedes Symptom kann auf einer Skala von 0 (überhaupt nicht) bis 5 (fast immer) beurteilt werden, sodass der Gesamt-Score maximal 205 Punkte beträgt. Die Skala für Verhaltensauffälligkeiten besteht aus vier definierten Symptomen: streitsüchtiges Verhalten, geringe Frustrationstoleranz, Wutausbrüche, provozierendes Verhalten. Der fünfte und der sechste Punkt sind offen (»andere«) und können vom Beurteiler selbst eingefügt werden. Eine mehrwöchige Erfassung ist indiziert, um den Schweregrad und die Fluktuationen der Tic-Symptomatik sowie die Beurteilung und Bewertung der Familie zu erfassen.

Neben der kinder- und jugendpsychiatrischen Anamnese und Untersuchung, die auch die Schwangerschaftsanamnese, perinatale, medizinische und Entwicklungsgeschichte sowie Familienanamnese beinhaltet, ist eine gründliche neurologische Untersuchung unerlässlich. Sollten sich hier zusätzliche neurologische *soft signs* oder Seitendifferenzen zeigen, ist eine weitergehende Diagnostik wie die Magnetresonanztomographie des Schädels indiziert. Laboruntersuchungen sollten ebenfalls erfolgen hinsichtlich Infektionen oder neurologischen Erkrankungen. Insbesondere sollte bei anamnestischen Angaben von gehäuften Streptokokken-Infektionen (Scharlach, Otitiden, Tonsillitiden) der Anti-Streptolysin-Titer (ASL) bestimmt werden, um eine Symptomatik im Rahmen einer Autoimmunreaktion (PANDAS) auszuschließen (Mell et al. 2005).

Differenzialdiagnostisch können einige Bewegungsstörungen in ihrer Symptomatik Tics ähneln, wie z. B. Myoklonien, Chorea, Athetose, Dystonien, Akathisie, paroxysmale Dyskinesien oder Ballismus (Krauss u. Jankovic 2002). Die monogenetisch bedingte Chorea major Huntington kann Tic-ähnliche Symptome zeigen, wird jedoch fast nie in der Kindheit symptomatisch. Wenn es zu so einem frühen Beginn kommt, treten meist auch eine mentale Entwicklungsverzögerung und Verhaltensstörungen auf und es steht dann eher Rigidität als Chorea im Vordergrund. Im MRT zeigen sich bei frühem Beginn Auffälligkeiten der Basalganglien, z. B. Atrophie des Nucleus caudatus (Leitlinien Neuropädiatrie). Die Chorea minor Sydenham ist ein postinfektiöser Autoimmunprozess, ebenfalls nach Infektion mit β-hämolysierenden Streptokokken der Gruppe A (Group A beta-hemolytic streptococcus, GABHS), die auch rheumatisches Fieber hervorrufen kann. Chorea minor Sydenham kann klinisch ein sehr ähnliches motorisches Bewegungsmuster nach sich ziehen wie das Tourette-Syndrom. Differenzialdiagnostisch ist die gleichzeitig bei Chorea minor Sydenham bestehende Muskelhypotonie und Hyporeflexie hilfreich. Die aktuelle und vorausgegangene Medikation des Patienten mit Tic-Störung sollte regelmäßig erfragt werden, neuroleptische Nebenwirkungen wie Dystonie oder Akathisie sind auszuschließen (Swain et al. 2007). ADHS und Zwangsstörungen im weiteren Verlauf sind die häufigsten Komorbiditäten und sollten wie in den entsprechenden Kapiteln beschrieben evaluiert werden.

42.8 Therapie und Verlauf

»Mit dem Touretteschen Syndrom ist das Leben wild und ausgelassen, so als wäre man die ganze Zeit betrunken. Mit Haldol ist es langweilig, man wird nüchtern und spießig. Aber in keinem der beiden Zustände ist man wirklich frei … Ihr ‚Normalen', bei denen die richtigen Transmitter zur rechten Zeit an den richtigen Stellen im Gehirn sind, könnt euch immer alle Gefühle, alle Lebensstile aussuchen – ihr könnt schwer oder leicht sein, je nachdem, wie es die Situation erfordert. Wir können das nicht: das Syndrom zwingt uns zu schweben, und Haldol zwingt uns, am Boden der Tatsachen zu kleben. Ihr sei frei, ihr befindet euch in einem natürlichen Gleichgewicht, aber wir haben nur ein künstliches und müssen das Beste daraus machen.« *(Zitat aus »Witty Ticcy Ray«, Oliver Sacks in »Der Mann, der seine Frau mit einem Hut verwechselte«)*

Die Therapieplanung und -durchführung bei chronischen Tic-Störungen und Tourette-Syndrom sollte idealerweise multimodal und interdisziplinär erfolgen. Der erste Schritt in der Behandlung chronischer Tic-Störungen ist die ausführliche Aufklärung der Eltern und anderer nahe stehender Personen, die für die Entwicklung des Kindes eine Rolle spielen, wie Erzieher, Lehrer, Haus- und Kinderärzte. Eine partnerschaftliche Zusammenarbeit aller Beteiligten ist essenziell, um dem Kind oder Jugendlichen die bestmögliche Umgebung auch in schulischer Hinsicht schaffen zu können (Jankovic 2001). Ein fundiertes Vertrauensverhältnis zwischen den beteiligten Personen ist hierfür ein wesentliches Element. Bei milder Ausprägung der Tic-Symptomatik ohne gravierende psychopathologische Auffälligkeiten ist im Kindes- und Jugendalter eine supportive Therapie mit ausführlicher Psychoedukation im Familiengespräch und Aufklärung von Lehrern und Ausbildern oftmals ausreichend, einer Verunsicherung aller Beteiligten entgegenzuwirken.

> Es ist festzustellen, dass Eltern oder Sorgeberechtigte die Beeinträchtigung des Kindes/Jugendlichen durch die Tic-Symptomatik manchmal überschätzen. Da Kinder/Jugendliche die Tics oft über einen gewissen Zeitraum kontrollieren können und dies häufig gerade dann, wenn sie in der Schule konzentriert sind, »entladen« sich die Tics verstärkt in den Nachmittags- und Abendstunden und sind nicht selten für Eltern irritierender als für die Betroffenen selbst.

Hier können **Symptomchecklisten** nicht nur einen diagnostischen, sondern auch einen therapeutischen Zweck erfüllen. Von Eltern, Lehrern und Betroffenen selbst unabhängig voneinander über einen Verlauf von ein bis zwei Wochen ausgefüllt, kann in einem gemeinsamen Gespräch die subjektive Wahrnehmung von Intensität und Häufigkeit der Tics und die damit verbundene Beeinträchtigung thematisiert werden.

Gegebenenfalls können **Entspannungstechniken** wie autogenes Training oder progressive Muskelrelaxation im Einzelfall ebenfalls hilfreich sein. Kontrollierte Studien konnten hier allerdings keine wesentlichen andauernden Effekte zeigen (Bergin et al. 1998).

Bei sehr ausgeprägter Tic-Symptomatik, die zu einer psychosozialen Funktionseinschränkung führt, sind weitergehende Therapiemaßnahmen indiziert. Hier steht sicher die medikamentöse Therapie im Vordergrund, die von verhaltenstherapeutischen Interventionen sinnvoll flankiert werden kann. Während es für die häufige Komorbidität Zwangsstörung zahlreiche gut evaluierte und erfolgreiche Verhaltenstherapien gibt (zur Übersicht s. Döpfner u. Rothenberger 2007), erscheinen viele verhaltenstherapeutische Techniken allein für die Behandlung von Tic-Störungen nicht effektiv und ohne anhaltenden Erfolg (Robertson 2000). Etwas vielversprechender erscheinen die Resultate des Habit-Reversal Trainings (HRT), das in vier randomisierten klinischen Pilotstudien evaluiert wurde, eine davon mit Kindern (Piacentini u. Chang 2001). In einer Studie konnte die Überlegenheit des HRT gegenüber supportiver Therapie gezeigt werden. Die Verminderung der Tics und die Verbesserung des psychosozialen Funktionsniveaus hielten auch noch nach sechs Monaten an (Deckersbach et al. 2006).

42.8.1 Psychopharmakotherapie

Bei deutlich beeinträchtigender Tic-Symptomatik ist eine primäre Psychopharmakotherapie indiziert. Unterschiedliche Präparate aus verschiedenen Substanzgruppen haben ihre Effektivität gezeigt (Scahill et al. 2006) (Tab. 42-3). In der medikamentösen Behandlung des Tourette-Syndroms ist zu beachten, dass die wenigen existierenden randomisierten kontrollierten Studien zum Großteil an Erwachsenen durchgeführt wurden und somit nur mit erheblicher Einschränkung auf das Kindesalter übertragbar sind, da es sich bei den Erwachsenen, die die Tic-Symptomatik in der Adoleszenz nicht verloren haben, nur um eine kleine Subgruppe handelt. Auch handelt es sich um eine rein symptomatische Therapie, die sehr oft nicht zu einer kompletten Remission führt, sondern die Tic-Symptomatik *nur* reduziert. Dieser Effekt kann jedoch für viele Patienten das psychosoziale Funktionsniveau so weit anheben, dass Schule oder Arbeitstätigkeit wieder ermöglicht werden.

Die Pharmakotherapie des Tourette-Syndroms wird in verschiedenen Altersgruppen und Ländern sehr unterschiedlich gehandhabt. In Deutschland wird Tiaprid als Mittel der ersten Wahl bei Kindern und Jugendlichen eingesetzt (Deutsche Gesellschaft für Kinder- und Jugendpsychiatrie und Psychotherapie 2007), während in den neurologischen Leitlinien Sulpirid (3- bis 6-mal 200 mg/d) oder Risperidon (2 × 1 mg/d, 4 mg/d) an erster Stelle genannt werden. Psychiatrische Leitlinien für Tic-Störungen liegen nicht vor. Auch das britische National Institute for Health and Clinical Excellence (NICE) hat bislang keine Behandlungsempfehlung für das Tourette-Syndrom ausgesprochen. In den USA wird als Mittel der ersten Wahl niedrig dosiert Clonidin auch im Kindesalter empfohlen.

Tab. 42-3 Psychopharmakotherapie des Tourette-Syndroms

Dopamin modulierende Psychopharmaka
Dopamin-Antagonisten • Tiaprid (Benzamid) • Risperidon • Olanzapin • Clozapin • Quetiapin • Ziprasidon
andere Benzamide • Sulpirid • Amisulprid • Metoclopramid • Remoxiprid
typische Neuroleptika • Haloperidol
Dopamin-Agonisten • Pergolid • Amantadin • Selegilin • Talipexol
Aripiprazol
noradrenerg wirksame Substanzen
• Clonidin (α_2-Rezeptor-Agonist) • Guanfacin
weitere Substanzen
• Atomoxetin • Stimulanzien

Im Folgenden werden zunächst die Substanzgruppen dargestellt, die in Deutschland im Kindes- und Jugendalter leitlinienkonform eingesetzt werden, anschließend neuere Substanzen, für die es Hinweise auf Wirksamkeit gibt, und im Weiteren folgen Ergänzungen in Bezug auf die Behandlungsansätze im Erwachsenenalter. Im Kindes- und Jugendalter erfolgen außer Haloperidol alle empfohlenen Medikationen *off label*.

Dopaminerg wirksame Substanzen

■ **Tiaprid:** Mittel der ersten Wahl für die Behandlung des Tourette-Syndroms im Kindes- und Jugendalter ist in Deutschland das Benzamid Tiaprid, das nach Leitlinienempfehlung der Deutschen Gesellschaft für Kinder- und Jugendpsychiatrie, Psychosomatik und Psychotherapie u. a. in »einschleichender Dosierung von 2-5-10 mg/kg/KG wochenweise gesteigert werden kann« (Deutsche Gesellschaft für Kinder- und Jugendpsychiatrie und Psychotherapie 2007). Tiaprid ist ein selektiver Dopamin-D_2- und -D_3-Antagonist und wird den atypischen Neuroleptika zugeordnet, hat aber kaum antipsychotische Wirkung. Häufigste Nebenwirkungen insbesondere zu Beginn der Therapie sind Müdigkeit, Konzentrationsschwäche, Kopfschmerzen und Kreislaufprobleme. Bei längerer Gabe kann Tiaprid über die Appetitsteigerung zu deutlicher Gewichtszunahme führen. Eine Tagesdosis von 300 mg sollte im Jugendalter nach Möglichkeit nicht überschritten werden. Die häufig auftretende Hyperprolaktinämie ist klinisch meist ohne Symptomatik und reversibel. Tiaprid wurde in wenigen Studien untersucht und zeigte z. B. in der placebokontrolliert durchgeführten Studie von Eggers et al. (1988) eine deutliche Reduktion des Schweregrads der Tic-Symptomatik. Tierexperimentell war nach Applikation an präadoleszenten Ratten keine Langzeitwirkung in der Entwicklung des dopaminergen Systems, die über den rein pharmakologischen Effekt hinausgegangen wäre, nachweisbar (Bock et al. 2004). Die anderen Benzamide Sulpirid, Amisulprid, Metoclopramid, Remoxiprid werden im Kindes- und Jugendalter eher selten eingesetzt.

■ **Risperidon:** Risperidon ist in Deutschland für die Indikation »Störung des Sozialverhaltens« in Verbindung mit Intelligenzminderung ab dem Alter von fünf Jahren zugelassen. Für die Behandlung eines Tourette-Syndroms gilt es als Medikament der zweiten Wahl. Risperidon ist ein potenter 5-HT_{2A}- und Dopamin-D_2-Rezeptorantagonist. Es bindet außerdem an die Alpha-1- und Alpha-2-adrenergen Rezeptoren sowie an den Histamin-H_1-Rezeptor. Beginnend mit einer abendlichen Dosis von 0,5 mg/d kann die Dosis wochenweise um 0,25–0,5 mg/d gesteigert werden. Die Leitlinien geben eine Maximaltagesdosis von 4 mg an, die im Kindes- und Jugendalter in der Mehrzahl der Fälle mit einer sehr deutlichen Gewichtszunahme einhergehen dürfte, sodass eher auf ein anderes Präparat ausgewichen oder an eine Kombinationstherapie gedacht werden sollte.

Eine doppelblinde, placebokontrolliert durchgeführte Multicenter-Studie verglich Risperidon mit Pimozid (Bruggemann et al. 2001). 26 Patienten (23 männlich, Alter 11–50 Jahre) nahmen Risperidon in einer mittleren Tagesdosis von 3,8 mg, 24 Patienten (21 männlich, Alter 11–45 Jahre) bekamen Pimozid in einer mittleren Tagesdosis von 2,9 mg. Unter Risperidon zeigten 54 % der Patienten nach zwölf Wochen nur noch eine sehr milde bis gar keine Tic-Symptomatik mehr, von den mit Pimozid behandelten Patienten besserten sich 38 % in diesem Ausmaß. Leider wurde nicht angegeben, ob die Altersgruppe der unter 18-Jährigen andere Tagesdosen benötigte als die Gruppe der über 18-Jährigen. Die Effektivität erschien in beiden Altersgruppen für Risperidon und Pimozid gleich. Die Nebenwirkungsrate insbesondere bezüglich extrapyramidalmotorischer Symptomatik fiel für Risperidon deutlich geringer aus. Außerdem wurde nur für Risperidon eine gleichzeitige signifikante Besserung der komorbiden Zwangssymptomatik beschrieben. Unter den Kindern und Jugendlichen fiel die mittlere Gewichtszunahme unter Risperidon mit 4,5 kg am höchsten aus.

Sandor und Stevens (2000) berichteten von sehr gutem Erfolg bei der Behandlung aggressiver Verhaltensweisen bei Tourette-Syndrom.

Pimozid (0,5–4 mg/d) und Haloperidol (0,25–4 mg/d) werden in den Leitlinien ebenfalls als Mittel der zweiten Wahl genannt, kommen aber zunehmend seltener zum Einsatz. Es liegen keine neueren Studien zu diesen zwei Substanzen für die Behandlung des Tourette-Syndroms vor. Bevorzugt eingesetzt werden die neueren atypischen Neuroleptika aufgrund der geringeren Nebenwirkungsrate. Bei Therapieresistenz und schwerer Symptomatik des Tourette-Syndroms sind sie dennoch von Bedeutung und sollten vor dem Einsatz alternativer Behandlungsmethoden (wie Tiefenhirnstimulation) in Erwägung gezogen werden.

■ **Pimozid:** Pimozid, ein auch am D_1-Rezeptor wirksames Neuroleptikum, hat eine sehr lange Halbwertszeit von 24 h. Die Metabolisierung der Substanz erfolgt durch die Isoenzyme Cytochrom-P450-3A4 (CYP3A4) und Cytochrom-P450-2D6 (CYP2D6). Vor allem bei Einnahme höherer Dosen kann es bei Komedikation mit Clarithromycin, Erythromycin, Azol-Antimykotika oder HIV-Proteaseinhibitoren zu bedrohlichen Plasmakonzentrationserhöhungen von Pimozid kommen, die die unter der Substanz auftretende QT-Zeitverlängerung lebensbedrohlich werden lassen kann. Die genannten Präparate hemmen das Enzym CYP3A4 genauso wie Grapefruit-Saft. Fluoxetin und andere SSRI hemmen ebenfalls den Metabolismus der Substanz über die Inhibition von CYP2D6.

■ **Haloperidol:** Haloperidol, ein Butyrophenon, ist die einzige Substanz, die für die Behandlung des Tourette-Syndroms im Kindes- und Jugendalter in Deutschland zugelassen ist. Weltweit scheint der Einsatz weitverbreitet zu sein und es ist die am häufigsten erprobte und getestete Medikation (Robertson 2000). In einer Übersicht stellten Shapiro et al. (1988) 41 Studien zusammen, die über einen Zeitraum von 14 Jahren durchgeführt worden waren. 78–91 % der behandelten Patienten zeigten eine signifikante Besserung. Auch in einer doppelblind durchgeführten, kontrollierten Studie erwies sich Haloperidol effektiver als Pimozid oder Placebo (Shapiro et al. 1989). Allerdings ist insbesondere bei Kindern und Jugendlichen die Nebenwirkungsrate mit 84 % so hoch, dass nur ein kleiner Teil der mit Haloperidol behandelten Patienten (ca. 20–30 %) die Medikation über einen längeren Zeitraum fortführt (Sallee et al. 1997). Häufige Nebenwirkungen einer längerfristigen Behandlung mit Haloperidol sind akute Dystonien, Parkinsonoide, Akathisie, tardive Dyskinesien, Appetitsteigerung und Gewichtszunahme, Benommenheit oder Sedierung, depressive Verstimmungszustände, kardiale Reizüberleitungsstörungen oder Menstruationsstörungen. Seltener treten Leberenzymanstiege bis zur medikamentös induzierten Hepatitis, Störungen der Blutbildung und das maligne neuroleptische Syndrom auf.

■ **Weitere atypische Neuroleptika:** Für **Olanzapin** mit antagonistischer Wirkung am D_1-, D_2-, D_4-, 5-HT_{2a}- und 5-HT_{2c}-Rezeptor konnte in einer doppelblinden Cross-over-Studie gegen Pimozid bei schwer betroffenen erwachsenen Patienten mit Tourette-Syndrom ebenfalls eine hochsignifikante Besserung der Tic-Symptomatik nachgewiesen werden (Onofrj et al. 2000). Für **Clozapin** liegen Einzelfallberichte vor, die ebenfalls eine gute Wirksamkeit hervorheben (Schmider u. Hoff 1998). Beide Substanzen sind mit erheblicher kontinuierlicher Gewichtszunahme im Kindes- und Jugendalter verbunden, sodass alternativ auch an die neueren Atypika wie Ziprasidon, Quetiapin und Aripiprazol zu denken ist. Für **Quetiapin** liegen ebenfalls etliche Fallberichte mit positivem Effekt vor sowie eine kleinere prospektive offene Studie, in der zwölf Kinder (Alter 11,4 ± 2,4 Jahre) für acht Wochen mit Quetiapin behandelt wurden. Auf der Yale Global Tic Severity Scale konnte eine Reduktion der Tic-Symptomatik von 30 bis 100 % erzielt werden. Die durchschnittliche Tagesdosis betrug 72,9 ± 22,5 mg (Mukaddes u. Abali 2003). **Ziprasidon,** ein weiteres neues atypisches Neuroleptikum, erwies sich in einer placebokontrollierten Studie mit 28 Patienten im Alter von sieben bis 17 Jahren ebenfalls als wirksam mit vorübergehender Somnolenz als häufigster Nebenwirkung (Sallee et al. 2000). Nach der Titrierungsphase lag die mittlere Tagesdosis in den letzten vier Versuchswochen bei 28 mg (5–40 mg). **Aripiprazol** ist ein partieller Agonist am D_2- und 5-HT_{1A}-Rezeptor sowie als Antagonist am 5-HT_{2A}-Rezeptor wirksam. Partielle Agonisten sind dadurch gekennzeichnet, dass sie eine geringere intrinsische Aktivität am Rezeptor haben als der endogene Botenstoff, d. h., je nach Konzentration des natürlichen Neurotransmitters im synaptischen Spalt wirken partielle Agonisten eher agonistisch oder antagonistisch (Lieberman 2004). Für Aripiprazol liegen zurzeit einige vielversprechende Fallberichte (Kastrup et al. 2005) und Fallserien vor, die sowohl im Kindes- und Jugendalter als auch im Erwachsenenalter eine signifikante Reduktion der Tic-Symptomatik belegen. Eine koreanische Studie mit sechs Kindern und acht Adoleszenten zeigte unter einer mittleren Tagesdosis von 10 mg Aripiprazol nach acht Wochen Behandlung eine Verminderung der Tics im Mittel um 40 % (Yoo et al. 2006). In England wurde die Substanz an elf Patienten mit Tourette-Syndrom (Alter 7–50 Jahre) erprobt, von denen zuvor acht erfolglos mit Neuroleptika behandelt worden waren (Davies et al. 2006). Fünf Patienten zeigten bei einer Tagesdosis von 10–20 mg eine dramatische Besserung ohne wesentliche Nebenwirkungen und fünf eine deutliche Verbesserung der Symptomatik; nur bei einem Patienten, der über vier Wochen mit 5 mg täglich behandelt worden war, konnte kein Effekt erzielt werden. Da unter Aripiprazol in vielen Fällen die Gewichtszunahme und andere neuroleptische Nebenwirkungen aufgrund der partiell agonistischen dopaminergen Wirkung deutlich geringer ausfallen als bei anderen Neuroleptika, scheint diese Substanz in der Behandlung des Tourette-Syndroms sehr vielversprechend.

■ **Dopamin-Agonisten:** Bei günstigem Nebenwirkungsprofil konnten Gilbert et al. (2000, 2003) in zwei randomisierten Studien zunächst im Cross-over-Design an 24 Kindern und in der zweiten placebokontrollierten Studie an 57 Kindern die gute Effektivität von **Pergolid** nachweisen. Tics waren signifikant rückläufig, ebenfalls positiv beeinflusst wurden ADHS-Symptome und es wurde von keinen schwerwiegenden Nebenwirkungen berichtet. Pergolid gehört zu den Ergot-Derivaten und kann unter anderem zu Herzklappen- und pleuropulmonalen Fibrosen führen, weswegen es für die Parkinson-Therapie in manchen Ländern schon vom Markt genommen wurde. Zu diesen Nebenwirkungen gibt es zu der Indikation Tourette-Syndrom allerdings keine klinischen Studien, diese können hier aber selbstverständlich in gleicher Form wie bei anderen Indikationen auftreten. Für die Wirksamkeit der Substanzen Amantadin, Selegilin (L-Deprenyl) und Talipexol finden sich nur wenige Belege. **Amantadin** wurde mit Erfolg eingesetzt, um die extrapyramidale Bewegungsstörung zu behandeln, die unter der Behandlung von Tourette-Syndrom mit Haloperidol aufgetreten war (Borison et al. 1983), ansonsten finden sich nur Einzelfallberichte. Eine kontrollierte Studie an 24 Kindern mit Tourette-Syndrom mit **Selegilin,** einem MAO-B-Inhibitor und Dopamin-Transporterblocker, berichtete von keinem überzeugendem Ergebnis (Feigin et al. 1996). **Talipexol** wurde bei 13 erwachsenen Männern mit Tourette-Syndrom ohne Erfolg mit erheblichen Nebenwirkungen (insbesondere Müdigkeit und Schwindel) eingesetzt (Goetz et al. 1994).

■ **Stimulanzien:** Mittel der ersten Wahl bei ADHS ist **Methylphenidat.** Im zeitlichen Verlauf der komorbiden Syndrome tritt oft zunächst die ADHS-Symptomatik auf, später kommen

Tics hinzu, in einigen Fällen kann zusätzlich noch eine Zwangssymptomatik oder andere Verhaltensstörungen entstehen (Jankovic 2001). Wird die zuerst auftretende ADHS mit Methylphenidat behandelt und es kommt unter dieser Medikation sekundär zu Tics, wird die Substanz oftmals zu Unrecht als Tic-auslösend angesehen. Es kann nicht gänzlich ausgeschlossen werden, dass Methylphenidat die Tic-Symptomatik tatsächlich auch in Einzelfällen akzentuiert, die nach Absetzen des Psychostimulans jedoch wieder rückläufig ist. Gadow et al. (1995) konnten bei 34 präpubertären Kindern mit ADHS und Tourette-Syndrom zeigen, dass Methylphenidat die Tics in ihrer Häufigkeit und Intensität nicht beeinflusste, allerdings war hier der Beobachtungszeitraum zunächst nur zwei Wochen. Eine zweijährige prospektive Nachuntersuchung in 6-Monats-Intervallen bestätigte, dass sich die Tic-Symptomatik unter Methylphenidat bei milder bis moderater Tic-Ausprägung nicht verschlechterte (Gadow et al. 1999). Die Autoren rieten aber auch zu sehr sorgfältigen regelmäßigen klinischen Kontrollen wegen der Möglichkeit einer medikamentös induzierten Exazerbation von Tics bei einzelnen Patienten. In zwei weiteren Kohorten von insgesamt 71 Kindern (Alter 6–12 Jahre) mit ADHS und Tourette-Syndrom beurteilten Lehrer die Tic-Symptomatik unter Methylphenidat sogar in ihrer Schwere und Frequenz als rückläufig (Gadow et al. 2007).

Noradrenerg wirksame Substanzen

■ **Clonidin:** Clonidin ist ein α_2-Rezeptor-Agonist und wird als Antihypertensivum, Migräne- und Glaukom-Mittel sowie als Alkohol- und Opiat-Entzugsmittel eingesetzt. Über die Stimulation präsynaptischer Autorezeptoren wird die Noradrenalin-Freisetzung gehemmt und der Serotonin-Spiegel erniedrigt. Es scheint ein gesteigerter Umsatz von Dopamin, einhergehend mit einer Inhibierung des Locus coeruleus zu erfolgen. Eine der ersten Studien, in der Clonidin in der Behandlung des Tourette-Syndroms eingesetzt wurde und zu einer Besserung der Symptomatik bei 70 % der 25 Patienten führte, wurde von Cohen et al. (1980) durchgeführt. Auch in einer Studie von Leckman et al. (1982) zeigten 50 % der mit Clonidin behandelten Patienten eine deutliche Reduktion der Symptome des Tourette-Syndroms. Goetz et al. (1987) konnten dagegen bei 30 Patienten mit Tourette-Syndrom keinen Effekt auf die Tic-Symptomatik und aggressive Verhaltensweisen finden. Die häufigsten Nebenwirkungen von Clonidin sind arterielle Hypotonie, Müdigkeit, Sedierung, Mundtrockenheit und Kopfschmerzen. Während es in Großbritannien häufig auch bei Kindern mit Tourette-Syndrom und gleichzeitiger ADHS eingesetzt wird und in den USA Mittel der ersten Wahl ist, kommt es bei Kindern in Deutschland aufgrund der genannten Nebenwirkungen kaum zum Einsatz.

■ **Guanfacin:** Guanfacin ist Clonidin in seiner chemischen Struktur sehr ähnlich und ebenfalls ein α_2-Rezeptor-Agonist. In einer achtwöchigen placebokontrollierten Studie an Kindern (31 Jungen, 3 Mädchen; Durchschnittsalter 10,4 Jahre) zeigten Scahill et al. (2001) die Wirksamkeit der Substanz auf Tic-Symptomatik und globale klinische Einschätzung.

■ **Atomoxetin:** Insbesondere bei Kindern und Jugendlichen mit Tourette-Syndrom, die auch unter einer ADHS-Symptomatik leiden, wurde die Substanz mit sehr gutem therapeutischem Erfolg eingesetzt (persönliche Beobachtung in der Spezialambulanz für Tourette-Syndrom und chronische Tic-Störung, Universitätsklinik Ulm, unveröffentlichte Daten). Eine 2005 publizierte Studie hatte unter Atomoxetin-Behandlung eine Reduktion der Tic-Symptomatik gezeigt, die auf der Yale Global Tic Severity Scale einen Trend zeigte (p = 0,063), jedoch signifikant auf der Clinical Global Impression (CGI) tic/neurologic severity scale (p = 0,002) (Allen et al. 2005) war. Eine weitere jüngst veröffentlichte Studie (Spencer et al. 2008) konnte dann auch für die Reduktion der Tic-Symptomatik eine statistische Signifikanz zeigen.

GABAerg wirksame Substanzen

Einzelfallstudien berichten von einer positiven Benzodiazepin-Wirkung, insbesondere Clonazepam (Übersicht s. Goetz, 1992). Wir raten von der Gabe ab, da es unter Benzodiazepinen insbesondere bei Kindern zu einer akuten Exazerbation der Tics kommen kann (eigene unveröffentlichte Beobachtung; Gillman u. Sandyk 1987).
Baclofen, ein Derivat der Gamma-Aminobuttersäure und ein spezifischer Agonist am GABAB-Rezeptor, erwies sich dagegen in einer doppelblinden, placebokontrolliert durchgeführten Cross-over-Studie als wirksam, allerdings erreichte der Grad keine statistische Signifikanz (Singer et al. 2001).

Alternative Behandlungsmethoden

Unter der Vorstellung, dass dem Tourette-Syndrom eine Hyperexzitation des motorischen und prämotorischen Kortex zugrunde liegt, wurde bei Patienten mit Tourette-Syndrom die **repetitive transkranielle Magnetstimulation** (rTMS) eingesetzt. Die ersten Berichte mit einer Frequenz von 1 Hz konnten zwar weitere Hinweise auf die Unbedenklichkeit der Methode geben, erschienen jedoch zur Reduktion der Tic-Symptomatik wenig Erfolg versprechend (Münchau et al. 2002; Orth et al. 2005). Weitere Studien, in denen nicht mehr unterschwellig, sondern mit 100 % bzw. 110 % der motorischen Antwortschwelle über fünf oder zehn Tage rTMS angewendet wurde, zeigten eine signifikante Reduktion der Tic-Symptomatik und auch deutliche Verbesserungen bezüglich Zwangs- und depressiver Symptome sowie eine Anhebung des psychosozialen Funktionsniveaus, die über den nachfolgenden Beobachtungszeitraum von drei Monaten anhielt (Chae et al. 2004; Mantovani et al. 2006). Gilbert et al (2004) konnten in ihrer Übersichtsarbeit herausstellen, dass die Methode allenfalls mit minimalem Risiko für Kinder behaftet ist, und empfahlen weitere Anwendungsstudien.

Die **Tiefenhirnstimulation** kann nach der Ausschöpfung medikamentöser und psychotherapeutischer Therapieoptionen bei Patienten, die auf alle anderen Behandlungsmethoden resistent reagieren, eine Option darstellen (Hardesty u. Sackeim 2007). Für das Tourette-Syndrom liegen Ergebnisse für die Stimulation in Teilgebieten des Thalamus (Maciunas et al. 2007; Servello et al. 2008), im Globus pallidus internus und im Nucleus accumbens (Kuhn et al. 2007) vor. In der jüngsten Studie zeigten alle 18 erwachsenen Patienten mit Tourette-Syndrom nach Thalamusstimulation eine deutliche Reduktion der Tic-Symptomatik (Servello et al. 2008). Auch Symptome weiterer komorbider Störungen wie Zwangsstörung, selbstverletzendes Verhalten und Angststörung waren signifikant rückläufig. Es wurde von keinen schweren permanenten Nebenwirkungen berichtet.

> Da Kinder- und Jugendliche in der Mehrzahl der Fälle ihre Symptomatik in der Adoleszenz verlieren, sollte diese neurochirurgische Behandlungsform therapieresistenten erwachsenen Patienten vorbehalten bleiben.

42.8.2 Therapieevaluation bei Tourette-Syndrom

Für die Therapie des Tourette-Syndroms oder auch chronischer Tic-Störungen gibt es kaum Langzeitstudien. Weder für die Evaluation psychotherapeutischer Behandlungsformen noch für die aktuell übliche medikamentöse Therapie existieren Metaanalysen. Lediglich für die Behandlung mit Haloperidol gibt es die bereits erwähnte Übersichtsarbeit von Shapiro et al. (1988) mit Berücksichtigung von 41 Studien. Daher kann nach den Kriterien der evidenzbasierten Medizin auch bislang kein Präparat – außer Haloperidol – den Evidenzgrad I erreichen. Haloperidol wird aber aufgrund des ungünstigen Nebenwirkungsprofils nicht als Mittel der ersten Wahl empfohlen. Insgesamt fehlt ein anerkannter Behandlungs-Algorithmus, der auch den unterschiedlichen zerebralen Maturierungsstatus in der Prä- und Postadoleszenz berücksichtigt. Während Tiaprid als Mittel der ersten Wahl bei der Behandlung von Kindern in Deutschland gilt, ist es in den USA nicht auf dem Markt und es werden dort für Kinder und Erwachsene als Erstes α-adrenerge Substanzen empfohlen (Swain 2007; Tourette's Syndrome Study Group 2002).

42.9 Prognose

Insgesamt ist die Prognose für die Mehrzahl der kindlichen und jugendlichen Patienten mit Tourette-Syndrom als gut zu bezeichnen. Der Verlauf ist oft gekennzeichnet durch ein Einsetzen der Symptomatik im Alter von fünf bis sechs Jahren. 96 % der Kinder zeigen erste Symptome vor dem elften Lebensjahr (Olson 2004). Die schwerste Symptomatik liegt dann zwischen dem zehnten bis zwölften Lebensjahr vor, um in der Adoleszenz in den meisten Fällen deutlich nachzulassen, sodass über die Hälfte der Patienten mit dem 18. Lebensjahr Tic-frei ist (Erenberg et al. 1987; Leckman et al. 1998; Peterson et al. 2001a, b). Es gibt Hinweise, dass insbesondere bei behandelten Patienten die Schwere der Tic-Symptomatik in der Ausprägung wechselt, während unbehandelte Patienten im Verlauf weniger Änderung zeigen (Erenberg et al. 1987; Sandor et al. 1990). Während sich die reine Tic-Symptomatik oft zurückbildet, scheinen jedoch komorbide Verhaltensstörungen bis ins Erwachsenenalter zu persistieren oder sich auch zu aggravieren (de Groot et al. 1994). Bei Patienten mit Tourette-Syndrom, die zur Behandlung kommen, treten in hoher Frequenz komorbid ADHS und Zwangsstörungen sowie weitere affektive und Verhaltensstörungen auf, die oftmals im Vordergrund der psychosozialen Beeinträchtigung stehen. 65 % der Patienten sahen sich in der Spätadoleszenz sehr viel mehr durch ihre Verhaltens- und Lernprobleme eingeschränkt als durch die Tic-Symptomatik (Erenberg et al. 1987).

Bloch et al. (2006) fanden in einer Nachuntersuchung an 46 Kindern, die erstmals vor dem 14. Lebensjahr ins Yale Child Study Center kamen, einen deutlichen Zusammenhang zwischen überdurchschnittlichem IQ und verstärkter Zwangssymptomatik im frühen Erwachsenenalter. Das größte Ausmaß der Zwangssymptome trat im Mittel zwei Jahre nach der schwersten Tic-Symptomatik auf. Von diesen 46 nachuntersuchten Kindern wiesen im frühen Erwachsenenalter 85 % nur noch sehr milde bis gar keine Tics mehr auf. ADHS-Symptome in der Kindheit hatten in dieser Gruppe keinen Einfluss auf die Prognose für Tic-Symptomatik oder Zwangsstörung.

Für die schwer betroffenen erwachsenen Patienten mit Tourette-Syndrom scheinen durch die Entwicklung neuerer Psychopharmaka und Techniken wie rTMS und Tiefenhirnstimulation (Maciunas et al. 2007) und auch möglicherweise effektiverer verhaltenstherapeutischer Methoden neue Therapieoptionen und somit möglicherweise eine deutliche Lebensqualitätssteigerung in Aussicht zu stehen.

Literatur

Abelson JF, Kwan KY, O'Roak BJ, Baek DY, Stillman AA, Morgan TM, Mathews CA, Pauls DL, Rasin MR, Gunel M, Davis NR, Ercan-Sencicek AG, Guez DH, Spertus JA, Leckman JF, Dure LS 4th, Kurlan R, Singer HS, Gilbert DL, Farhi A, Louvi A, Lifton RP, Sestan N, State MW. Sequence variants in SLITRK1 are associated with Tourette's syndreome. Science 2005; 310: 317–20.

Albin RL, Mink JW. Recent advances in Tourette syndrome research. Trends Neurosci 2006; 29: 175–82.

Albin RL, Koeppe RA, Bohnen NI, Nichols TE, Meyer P, Wernette K, Minoshima S, Kilbourn MR, Frey KA. Increased ventral striatal monoaminergic innervation in Tourette syndrome. Neurology 2003; 61: 310–5.

Allen AJ, Kurlan RM, Gilbert DL, Coffey BJ, Linder SL, Lewis DW, Winner PK, Dunn DW, Dure LS, Sallee FR, Milton DR, Mintz MI, Ricardi RK, Erenberg G, Layton LL, Feldman PD, Kelsey DK, Spencer TJ. Atomoxetine treatment in children and adolescents with ADHD and comorbid tic disorders. Neurology 2005; 65: 1941–9.

American Psychiatric Association. Diagnostic and statistical manual of mental disorders. DSM-IV. 4. ed. Washington (DC): American Psychiatric Association 1994.

Banaschewski T, Woerner W, Rothenberger A. Premonitory sensory phenomena and suppressibility of tics in Tourette syndrome: developmental aspects in children and adolescents. Dev Med Child Neurol 2003; 45: 700–3.

Banerjee S, Mason A, Eapen V, Zeitlin H, Robertson M. Prevalence of Tourette syndrome in a mainstream school population. Dev Med Child Neurol 1998; 40: 817–8.

Barbanti P, Fabbrini G. Migraine and Tourette syndrome. Arch Neurol 2004; 61: 606–7.

Bergin A, Waranch HR, Brown J, Carson K, Singer HS. Relaxation therapy in Tourette syndrome: a pilot study. Pediatr Neurol 1998; 18: 135–43.

Bloch MH, Peterson BS, Scahill L, Otka J, Katsovich L, Zhang H, Leckman JF. Adulthood outcome of tic and obsessive-compulsive symptom severity in children with Tourette syndrome. Arch Pediatr Adolesc Med 2006; 160: 65–9.

Bock N, Moll GH, Wicker M, Pilz J, Rüther E, Banaschewski T, Huether G, Rothenberger A. Early administration of tiapride to young rats without long-lasting changes in the development of the dopaminergic system. Pharmacopsychiatry 2004; 37: 163–7.

Borison RL, Ang L, Hamilton WJ, Diamond BI, Davis JM. Treatment approaches in Gilles de la Tourette syndrome. Brain Res Bull 1983; 11: 205–8.

Bruggemann R, van der Linden C, Buitelaar JK, Gericke GS, Hawkridge SM, Temlett JA. Risperidone versus pimozide in Tourette's disorder: a comparative double-blind parallel-group study. J Clin Psychiatry 2001; 62: 50–6.

Bruun RD. Gilles de la Tourette's syndrome: an overview of clinical experience. J Am Acad Child Psychiatry 1984; 23: 126–33.

Budman Cl, Bruun RD, Park KS, Lesser M, Olson M. Explosive outbursts in children with Tourette's disorder. J Am Acad Child Adolesc Psychiatry 2000; 39: 1270–6.

Chae JH, Nahas Z, Wassermann E, Li X, Sethuraman G, Gilbert D, Sallee FR, George MS. A pilot safety study of repetitive transcranial magnetic stimulation (rTMS) in Tourette's syndrome. Cogn Behav Neurol 2004; 17(2): 109–17.

Chee KY, Sachdev P. The clinical features of Tourette's disorder: an Australian study using a structured interview schedule. Aust NZJ Psychiatry 1994; 28: 313–8.

Coffey BJ, Biederman J, Smoller JW, Geller DA, Sarin P, Schwartz S, Kim GS. Anxiety disorders and tic severity in juveniles with tourette's disorder. J Am Acad Child Adolesc Psychiatry 2000; 39: 562–8.

Coffey B, Frazier J, Chen S. Comorbidity, Tourette syndrome, and anxiety disorders. Adv Neurol 1992; 58: 95–104.

Cohen DJ, Detlor J, Young JG, Shaywitz B. Clonidine ameliorates Gilles de la Tourette syndrome. Arch Gen Psychiatry 1980; 37: 1350–7.

Davies L, Stern JS, Agrawal N, Robertson MM. A case series of patients with Tourette's syndrome in the United Kingdom treated with aripiprazole. Hum Psychopharmacol 2006; 21(7): 447–53.

De Groot C, Bornstein R, Spetier L, Burriss B. The course of tics in tourette syndrome: a 5 year follow up study. Ann Clin Psychiatry 1994; 6: 227–33.

Deckersbach T, Rauch S, Buhlmann U, Wilhelm S. Habit reversal versus supportive psychotherapy in Tourette's disorder: a randomized controlled trial and predictors of treatment response. Behav Res Ther 2006; 44(8): 1079–90.

Deutsche Gesellschaft für Kinder- und Jugendpsychiatrie und Psychotherapie (Hrsg). Leitlinien zur Diagnostik und Therapie von psychischen Störungen im Säuglings-, Kindes- und Jugendalter. 3. überarb. Aufl. Köln: Deutscher Ärzte-Verlag 2007.

Döpfner M, Rothenberger A. Tic- und Zwangsstörungen. Kindheit und Entwicklung 2007; 16: 75–95.

Eggers C, Rothenberger A, Berghaus U. Clinical and neurobiological findings in children suffering from tic disease following tratment with tiapride. Eur Arch Psychiatry Neurol Sci 1988; 237: 223–9.

Erenberg G. The relationship between tourette syndrome, attention deficit hyperactivity disorder, and stimulant medication: a critical review. Semin Pediatr Neurol 2005; 12: 217–21.

Erenberg G, Cruse RP, Rothner AD. The natural history of Tourette syndrome: a follow-up study. Ann Neurol 1987; 22: 383–5.

Fahn S. A case of post-traumatic tic syndrome. Adv Neurol 1982; 35: 349–50.

Feigin A, Kurlan R, McDermott MP, Beach J, Dimitsopulos T, Brower CA, Chapieski L, Trinidad K, Como P, Jankovic J. A controlled trial of deprenyl in children with Tourette's syndrome and attention deficit hyperactivity disorder. Neurology 1996; 46(4): 965–8.

Gadow KD, Sverd J, Sprafkin J, Nolan EE, Ezor SN. Efficacy of methylphenidate for attention-deficit hyperactivity disorder in children with tic disorder. Arch Gen Psychiatry 1995; 52(6): 444–55.

Gadow KD, Sverd J, Sprafkin J, Nolan EE, Grossman S. Long-term methylphenidate therapy in children with comorbid attention-deficit hyperactivity disorder and chronic multiple tic disorder. Arch Gen Psychiatry 1999; 56(4): 330–6.

Gadow KD, Sverd J, Nolan EE, Sprafkin J, Schneider J. Immediate-release methylphenidate for ADHD in children with comorbid chronic multiple tic disorder. J Am Acad Child Adolesc Psychiatry 2007; 46(7): 840–8.

Garraux G, Goldfine A, Bohlhalter S, Lerner A, Hanakawa T, Hallett M. Increased midbrain gray matter in Tourette's syndrome. Ann Neurol 2006; 59: 381–5.

Gerard E, Peterson BS. Developmental processes and brain imaging studies in Tourette syndrome. J Psychosom Res 2003; 55: 13–22.

Giedd JN, Blumenthal J, Jeffries NO, Castellanos FX, Liu H, Zijdenbos A, Paus T, Evans AC, Rapoport JL. Brain development during childhood and adolescence: a longitudinal MRI study. Nat Neurosci 1999; 2: 861–3.

Gilbert DL, Sethuraman G, Sine L, Peters S, Sallee FR. Tourette's syndrome improvement with pergolide in a randomized, double-blind, crossover trial. Neurology 2000; 54(6): 1310–5.

Gilbert DL, Dure L, Sethuraman G, Raab D, Lane J, Sallee FR. Tic reduction with pergolide in a randomized controlled trial in children. Neurology 2003; 60(4): 606–11.

Gilbert DL, Garvey MA, Bansai AS, Lipps T, Zhang J, Wassermann EM. Should transcranial magnetic stimulation research in children be considered minimal risk? Clin Neurophaysiol 2004; 115(8): 1730–9.

Gilles de la Tourette G. Étude sur une affection nerveuse caracterisée par de l'incoordination motrice accompagnée d'echolalie et de copralalie. Arch Neurol (Paris) 1885; 9: 19–42, 158–200.

Gillman MA, Sandyk R. Clonazepam-induced Tourette syndrome in a subject with hyperexplexia. Postgrad Med J 1987; 63: 311–2.

Goetz CG. Clonidine and clonazepam in Tourette syndrome. Adv Neurol 1992; 58: 245–51.

Goetz CG, Tanner CM, Wilson RS, Carroll VS, Como PG, Shannon KM. Clonidine and Gilles de la Tourette's syndrome: double-blind study using objective rating methods. Ann Neurol 1987; 21: 307–10.

Goetz CG, Stebbins GT, Thelen JA. Talipexole and adult Gilles de la Tourette's syndrome: double-blind, placebo-controlled clinical trial. Mov Disord 1994; 9(3): 315–7.

Hardesty DE, Sackeim HA. Deep brain stimulation in movement and psychiatric disorders. Biol Psychiatry 2007; 61: 831–5.

Jankovic J. Tourette's Syndrome. N Engl J Med 2001; 345: 1184–92.

Jeffries KJ, Schooler C, Schoenbach C, Herscovitch P, Chase TN, Braun AR. The functional neuroanatomy of Tourette's syndrome: an FDG PET study III: functional coupling of regional cerebral metabolic rates. Neuropsychopharmacology 2002; 27(1): 92–104.

Kassubek J, Sperfeld AD, Satrapi P, Fischer J, Schönfeldt-Lecuona C, Connemann BJ. Klinik und aktuelle Therapie des Gilles-de-la-Tourette Syndromes. Nervenheilkunde 2002; 21: 149–55.

Kassubek J, Juengling FD, Ludolph AG. Heterogeneity of voxel-based morphometry findings in Tourette syndrome: an effect of age? Annals of Neurology 2006; 59(5): 872–3.

Kastrup A, Schlotter W, Plewnia C, Bartels M. Treatment of tics in Tourette syndrome with Aripiprazol. J Clin Psychopharmacol 2005; 25(1): 94–6.

Kéri S, Szlobodnyik C, Benedek G, Janka Z, Gadoros J. Probalistic classification learning in Tourette syndrome. Neuropsychologia 2002; 40: 1356–62.

Khalifa N, von Knorring AL. Prevalence of tic disorders and tourette syndrome in a Swedish school population. Dev Med Child Neurol 2003; 45: 315–9.

Khalifa N, von Knorring AL. Psychopathology in a Swedish population of school children with tic disorders. J Am Acad Child Adolesc Psychiatry 2006; 45: 1346–53.

Klug B. Familienuntersuchung zum Gilles de la Tourette-Syndrom. Inaugural Dissertation. Universität Marburg 2003.

Krauss JK, Jankovic J. Head injury and posttraumatic movement disorders. Neurosurgerey 2002; 50: 927–39.

Kuhn J, Lenartz D, Mai JK, Huff W, Lee SH, Koulousakis A, Klosterkoetter J, Sturm V. Deep brain stimulation of the nucleus accumbens and the internal capsule in therapeutically refractory Tourette-syndrome. J Neurol 2007; 254(7): 963–5.

Kushner HI. A Cursing Brain? The Histories of Tourette Syndrome. Cambridge, MA: Harvard University Press 1999.

Kwak C, Vuong KD, Jankovic J. Migraine headache in patients with Tourette syndrome. Arch Neurol 2003; 60(11): 1595–8.

Leckman JF, Cohen DJ, Detlor J, Young JG, Harcherik D, Shaywitz BA. Clonidine in the treatment of Tourette syndrome: a review of data. Adv Neurol 1982; 35: 391–401.

Leckman JF, Price RA, Walkup JT, Ort S, Pauls DL, Cohen DJ. Nongenetic factors in Gilles de la Tourette's syndrome. Arch Gen Psychiatry 1987; 44: 100.

Leckman JF, Riddle MA, Hardin MT, Ort SI, Swartz KL, Stevenson J, Cohen DJ. The Yale Global Tic Severity Scale: initial testing of a clinician-rated scale of tic severity. J Am Acad Child Adolesc Psychiatry 1989; 28: 566–73.

Leckman JF, Dolnansky ES, Hardin MT, Clubb M, Walkup JT, Stevenson J, Pauls DL. Perinatal factors in the expression of Tourette's syndrome: an exploratory study. J Am Acad Child Adolesc Psychiatry 1990; 29: 220–6.

Leckman JF, Zhang H, Vitale A, Lahnin F, Lynch K, Bondi C, Kim YS, Peterson BS. Course of tic severity in Tourette syndrome: the first two decades. Pediatrics 1998; 102: 14–9.

Lees AJ, Robertson M, Trimble MR, Murray NM. A clinical study of Gilles de la Tourette syndrome in the United Kingdom. J Neurol Neurosurg Psychiatry 1984; 47: 1–8.

Lieberman JA. Dopamine partial agonists: a new class of antipsychotic. CNS Drugs 2004; 18: 251–67.

Ludolph AG, Juengling FD, Libal G, Ludolph AC, Fegert JM, Kassubek J. Grey-matter abnormalities in boys with Tourette Syndrome: a 3-D MRI study using optimized voxel-based morphometry. Br J Psychiatry 2006; 188(5): 484–5.

Ludolph AG, Pinkhardt EH, van Elst LT, Ludolph AC, Libal G, Fegert JM, Kassubek J. Are amygdalar volumetric alteration in children with Tourette Syndrome due to ADHD comorbidity? Dev Med Child Neurol 2008; 50(7): 524–9.

Maciunas RJ, Maddux BN, Riley DE, Whitney CM, Schoenberg MR, Ogrocki PJ, Albert JM, Gould DJ. Prospective randomized double-blind trial of bilateral thalamic deep brain stimulation in adults with Tourette syndrome. J Neurosurg 2007; 107(5): 1004–14.

Mantovani A, Lisanby SH, Peiraccini F, Ulivelli M, Castrogiovanni P, Rossi S. Repetitive transcranial magnetic stimulation (rTMS) in the treatment of obsessive-compulsive disorder (OCD) and Tourette's syndrome (TS). Int J Neuropsychoharmacol 2006; 9(1): 95–100.

Marcks BA, Berlin KS, Woods DW, Davies WH. Impact of Tourette Syndrome: a preliminary investigation of the effects of disclosure on peer perceptions and social functioning. Psychiatry 2007; 70: 59–67.

Marsh R, Alexander GM, Packard MG, Zhu H, Wingard JC, Quackenbush G, Peterson BS. Habit learning in Tourette syndrome: a translational neuroscience approach to a developmental psychopathology. Arch Gen Psychiatry 2004; 61: 1259–68.

Mason A, Banerjee S, Eapen V, Zeitlin H, Robertson MM. The prevalence of Tourette syndrome in a mainstream school population. Dev Med Child Neurol 1998; 40: 292–6.

Mathews CA, Bimson B, Lowe TL, Herrera LD, Budman CL, Erenberg G, Naarden A, Bruun RD, Freimer NB, Reus VI. Association between maternal smoking and increased symptom severity in Tourette´s syndrome. Am J Psychiatry 2006; 163: 1066–73.

Mell LK, Davis RL, Owens D. Association between streptococcal infection and obsessive-compulsive disorder, Tourette's syndrome, and tic disorder. Pediatrics 2005; 116: 56–60.

Mink JW. Neurobiology of basal ganglia and Tourette syndrome: Basal ganglia circuits and thalamocortical outputs. In: Walkup JT, Mink JW, Hollenbeck PJ (eds). Advances in Neurology, Volume 99, Tourette Syndrome. Philadelphia, USA: Lippincott Williams & Wilkins 2006; 89–98.

Minzer K, Lee O, Hong JJ, Singer HS. Increased prefrontal D2 protein in Tourette syndrome: a postmortem analysis of frontal cortex and striatum. J Neurol Sci 2004; 219: 55–61.

Moriarty J, Costa DC, Schmitz B, Trimble MR, Ell PJ, Robertson MM. Brain perfusion abnormalities in Gilles de la Tourette's syndrome. Br J Psychiatry 1995; 167: 249–54.

Mukaddes NM, Abali O. Quetiapine treatment of children and adolescents with Tourette's disorder. J Child Adolesc Psychopharmacol 2003; 13(3): 295–9.

Münchau A, Bloem BR, Thilo KV Trimble MR, Rothwell JC, Robertson MM. Repetitive transcranial magnetic stimulation for Tourette syndrome. Neurology 2002; 59(11): 1789–91.

Olson S. Making sense of Tourette's. Science 2004; 305: 1390–2.

Onofrj M, Paci C, D'Andreamatteo G, Toma L. Olanzapine in severe Gilles de la Tourette syndrome: a 52-week double-blind cross-over study versus low-dose pimozide. J Neurol 2000; 247: 443–6.

Orth M, Kirby R, Richardson MP, snijders AH, Rothwell JC, Trimble MR, Robertson MM, Münchau A. Subthreshold rTMS over pre-motro cortex has no effect on tics in patients with Gilles de la Tourette syndrome. Clin Neurophysiol 2005; 116(4): 764–8.

Paschou P, Feng Y, Pakstis AJ, Speed WC, DeMille MM, Kidd JR, Jaghori B, Kurlan R, Pauls DL, Sandor P, Barr CL, Kidd KK. Indications of linkage and association of Gilles de la Tourette syndrome in two independent family samples: 17q25 is a putative susceptibility region. Am J Hum Genet 2004; 75: 545–60.

Pauls DL. Update on the genetics of Tourette syndrome. Adv Neurol 2001; 85: 281–93.

Pauls DL. An update on the genetics of Gilles de la Tourette syndrome. J Psychosom Res 2003; 55: 7–12.

Pauls DL, Leckman JF, Cohen DJ. Evidence against a genetic relationship between Tourette's syndrome and anxiety, depression, panic and phobic disorders. Br J Psychiatry 1994; 164: 215–21.

Peterson BS, Pine DS, Cohen P, Brook JS. Prospective, longitudinal study of tic, obsessive-compulsive, and attention-deficit/hyperactivity disorder in an epidemiological sample. J Am Acad Child Adolesc Psychiatry 2001a; 40: 685–95.

Peterson BS, Staib L, Scahill L, Zhang H, Anderson C, Leckman JF, Cohen DJ, Gore JC, Albert J, Webster R. Regional brain and ventricular volumes in Tourette syndrome. Arch Gen Psychiatry 2001b; 58: 427–40.

Peterson BS, Choi HA, Hao X, Amat JA, Zhu H, Whiteman R, Liu J, Xu D, Bansal R. Morphologic features of the amygdala and hippocampus in children and adults with Tourette syndrome. Arch Gen Psychiatry 2007; 64: 1281–91.

Piacentini J, Chang S. Behavioral treatments for Tourette syndrome in tic disorders: state of the art. Adv Neurol 2001; 85: 319–31.

Price RA, Kidd KK, Cohen DJ, Pauls DL, Leckman JF. A twin study of Tourette syndrome. Arch Gen Psychiatry 1985; 42: 815–20.

Robertson MM. Tourette syndrome, associated conditions and the complexities of treatment. Brain 2000; 123: 425–62.

Robertson MM, Gourdie A. Familial Tourette's syndrome in a large British pedigree. Associated psychopathology, severity, and potential for linkage analysis. Br J Psychiatry 1990; 156: 515–21.

Robertson MM, Trimble MR, Lees AJ. Self-injurious behaviour and the Gilles de la Tourette syndrome: a clinical study and review of the literature. Psychol Med 1989; 19: 611–25.

Robertson MM, Banerjee S, Hiley PJ, Tannock C. Personality disorder and psychopathology in Tourette's syndrome: a controlled study. Br J Psychiatry 1997; 171: 283–6.

Robertson MM, Banerjee S, Kurlan R, Cohen DJ, Leckman JF, McMahon W, Pauls DL, Sandor P, van de Wetering BJ. The Tourette syndrome diagnostic confidence index: development and clinical associations. Neurology 1999; 53: 2108–12.

Rothenberger A. Wenn Kinder Tics entwickeln. Stuttgart: Fischer 1992.

Sallee FR, Nesbitt L, Jackson C, Sine L, Sethuraman G. Relative efficacy of haloperidol and pimozide in children adn adolescents with Tourette's disorder. Am J Psychiatry 1997; 154: 1057–62.

Sallee FR, Kurlan R, Goetz CG, Singer H, Scahill L, Law G, Dittman VM, Chappell PB. Ziprasidone treatment of children and adolescents with Tourette's syndrome: a pilot study. J Am Acad Child Adolesc Psychiatry 2000; 39: 292–9.

Sandor P, Stephens RJ. Risperidone treatment of aggressive behavior in children with Tourette syndrome. J Clin Psychopharmacol 2000; 20: 710–2.

Sandor P, Musisi S, Moldofsky H, Lang A. Tourette syndrome: a followup study. J Clin Psychopharamcol 1990; 10: 197–9.

Scahill L, Chappell PB, Kim YS, Schultz RT, Katsovich L, Shepherd E, Arnsten AF, Cohen DJ, Leckman JF. A placebo-controlled study of guanfacine in the treatment of children with tic disorders and attention deficit hyperactivity disorder. Am J Psychiatry 2001; 158(7): 1067–74.

Scahill L, Erenberg G, Berlin CM Jr, Budman C, Coffey BJ, Jankovic J, Kiessling L, King RA, Kurlan R, Lang A, Mink J, Murphy T, Zinner S, Walkup J; Tourette Syndrome Association Medical Advisory Board: Practice Committee. Contemporary assessment and pharmacotherapy of Tourette syndrome. NeuroRx 2006; 3: 192–206.

Schmider J, Hoff P. Clozapine in Tourette's syndrome. J Clin Psychopharmacol 1998; 18: 88–9.

Servello D, Porta M, Sassi M, Brambilla A, Robertson MM. Deep brain stimulation in 18 patients with severe Gilles de la Tourette syndrome refractory to treatment: The surgery and stimulation. J Neurol Neurosurg Psychiatry 2008; 79(2): 136–42.

Shapiro AK, Shapiro ES, Young JG, Feinberg TE. Gilles de la Tourette syndrome. 2nd ed. New York: Raven Press 1988.

Shapiro E, Shapiro AK, Fulop G, Hubbard M, Mandeli J, Nordlie J, Phillips RA. Controlled study of haloperidol, pimozide and placebo fort he treatment of Gilles de la Tourette's syndrome. Arch Gen Psychiatry 1989; 46: 722–30.

Singer HS, Wendtlandt J, Krieger M, Giuliano J. Baclofen treatment in Tourette syndrome: a double-blind, placebo-controlled, crossover trial. Neurology 2001; 56: 599–604.

Snider LA, Swedo SE. PANDAS. Current status and directions for research. Mol Psychiatry 2004; 9: 900–7.

Spencer TJ, Sallee FR, Gilbert DL, Dunn DW, McCracken JT, Coffey BJ, Budman CL, Ricardi RK, Leonard HL, Allen AJ, Milton DR, Feldman PD, Kelsey DK, Geller DA, Linder SL, Lewis DW, Winner PK, Kurlan RM, Mintz M. Atomoxetine treatment of ADHD in children with comorbid Tourette syndrome. J Atten Disord 2008; 11(4): 470–81.

Steinhausen HC. Psychische Störungen bei Kindern und Jugendlichen. Lehrbuch der Kinder- und Jugendpsychiatrie. München: Urban & Fischer 2002.

Storch EA, Murphy TK, Geffken GR, Sajid M, Allen P, Roberti JW, Goodman WK. Reliability and validity of the Yale Global Tic Severity Scale. Psychol Assess 2005; 17(4): 486–91.

Swain JE, Scahill L, Lombroso PJ, King RA, Leckman JF. Tourette syndrome and tic disorders: A decade of progress. J Am Acad Child Adolesc Psychiatry 2007; 46: 947–68.

Swedo SE, Leonard HL, Garvey M, Mittleman B, Allen AJ, Perlmutter S, Lougee L, Dow S, Zamkoff J, Dubbert BK. Pediatric autoimmune neuropsychiatric disorders associated with streptococcal infections: clinical description of the fist 50 cases. Am J Psychiatry 1998; 155: 264–71.

Tourette's Syndrome Study Group. Treatment of ADHD in children with tics. A randomized controlled trial. Neurology 2002; 58: 527–36.

Traverse L. Prevalence of Tourette syndrome in a mainstream school population. Dev Med Child Neurol 1998; 40: 847.

Wong DF, Brašić JR, Singer HS, Schretlen DJ, Kuwabara H, Zhou Y, Nandi A, Maris MA, Alexander M, Ye W, Rousset O, Kumar A, Szabo Z, Gjedde A, Grace AA. Mechanisms of dopaminergic and serotonergic neurotransmission in Tourette syndrome: clues from an in vivo neurochemistry study with PET. Neuropsychopharmacology 2008; 33(6): 1239–51.

World Health Organization. International statistical classification of diseases and related health problems: ICD 10. 10. Revision. Genf: World Health Organization 1992.

Yoo HK, Kim JY, Kim CY. A pilot study of aripiprazole in children and adolescents with Tourette´s disorder. J Child Adolesc Psychopharmacol 2006; 16(4): 505–6.

Yoon DY, Gause CD, Leckman JF, Singer HS. Frontal dopaminergic abnormality in tourette syndrome: a post-mortem analysis. J Neurol Sci 2007; 255: 50–6.

IV Beratung und Behandlung

43 Das psychodynamische Erstgespräch

Dieter Bürgin und Annette Streeck-Fischer

Inhalt

43.1	Grundsätzliche Überlegungen	559
43.2	Entwicklung und Interaktion	559
43.3	Autonomiebedürfnisse in der Adoleszenz	560
43.4	Verbale und nicht verbale Aktivitäten	561
43.5	Zum Dialog	561
43.6	Verschiedene Ansätze strukturierter Interviews	564
43.7	Abschätzung der Therapieindikation	565
43.8	Anmerkungen zum therapeutischen Prozess	565
	Literatur	566
	Anhang – Erstinterview mit einer 15-jährigen Jugendlichen	567

Zusammenfassung

Zunächst wird auf die Spezifika der Adoleszenz eingegangen, die das Gespräch mit einem Jugendlichen bestimmen. Im diagnostischen Prozess geht es um die direkte und symbolische Übermittlung von bewussten und unbewussten Bedeutungen, die bedeutsames Material zum Verständnis des Jugendlichen gibt. Hilfreich ist es, im Gespräch mit dem Jugendlichen die verschiedenen Beziehungsebenen wie die Arbeitsbeziehung, die Realbeziehung und die Übertragungs-Gegenübertragungs-Beziehung im Blick zu haben, um nicht initial in problematische Verstrickungen zu geraten. Nach einem kurzen Überblick über die strukturellen psychodynamischen Interviews wird das OPD-KJ-Interview ausführlicher dargestellt. Abschließend geht es um die Indikationsstellung. Im Anhang wird das wörtliche Protokoll eines Erstinterviews mit einer Jugendlichen wiedergegeben.

43.1 Grundsätzliche Überlegungen

Entwicklung, Wachstum und Veränderung sind mit psychischer Arbeit (Last) verbunden. Der Gewinn von Neuem, das assimiliert werden muss, liegt auf der einen Seite der Waagschale, Verlust und Trauer um das Alte, das aufgegeben werden muss, auf der anderen. Wer sich einmal auf diesen Entwicklungsprozess eingelassen hat, wird die mühevolle Arbeit nicht mehr los. Dies bedeutet eine schwere narzisstische Kränkung, gegen die sich die Omnipotenzwünsche des Jugendlichen enorm auflehnen. Es gibt kein Ausruhen, keine Pause. Einzig die Verheißung, dass sich der Aufwand auszahlt, vermittelt etwas Trost.

43.2 Entwicklung und Interaktion

Der Jugendliche durchläuft verschiedene Phasen der Entwicklung, die hier zu erwähnen bedeutsam sind, da sie die Art des Gespräches bestimmen.

■ **Frühadoleszenz (12–14 J.):** In der Frühadoleszenz, die durch die psychobiologischen Reifungsvorgänge mit einer Labilisierung der bisherigen Beziehungen zu sich selbst und anderen einhergeht, ist es besonders schwer, mit dem Jugendlichen in Kontakt zu kommen. Tatsächlich ist die Zeit der frühen Adoleszenz der Beginn einer »zweiten Wirklichkeit« (Fend 1990, S. 266), einer Zeit, in der »äußeres« Verhalten von innerem Erleben abgetrennt und der Jugendliche mehr zu dem wird, der er sein möchte (»man muss ›cool‹ sein«) (Streeck-Fischer 1998). Coppolillo (1991) beschreibt anschaulich, dass der innere Wahrnehmungsraum, der beim Kind noch wenig ausgebildet ist, erst in der Adoleszenz entwickelt wird. Die zwei Wirklichkeiten, die sich nun herausdifferenzieren, sind zum einen die, die der Jugendliche innerlich erlebt und zunehmend nach außen abschirmt und die, die er nach außen hin vorgibt zu sein. In keiner anderen Zeit sind Jugendliche im Gespräch und in der therapeutischen Arbeit so schwer zugänglich wie in dieser Zeit. Der Arzt/Therapeut kann innerhalb kurzer Zeit in die Position des eindringenden, vereinnahmenden Objekts geraten, das jene abgeschirmten Bereiche gefährdet. Dies führt in der Regel zu heftigen Gegenreaktionen (Blos 1973; Harlay 1970). Die »normale entwicklungsspezifische Reaktion« des Frühadoleszenten erfordert vom Arzt bzw. Therapeuten besonderes Gespür, welches die aktive Steuerung der Abschirmung stützt. Zugleich ist von Bedeutung, sich als eine andere, nicht intrusive Person zu positionieren.

■ **Adoleszenz (15–17 J.):** Während der eigentlichen Adoleszenz hat die Pubertät als somatischer Vorgang den Jugendlichen in seiner psychophysischen Entwicklung unerbittlich vorwärtsgetrieben. Es kommt nun innerseelisch, d. h. gegenüber den entsprechenden Repräsentanzen, zum endgültigen Bruch (»Besetzungsabzug«) mit den zentralen Personen, den Eltern der frühen Kindheit, was eine tiefe Erschütterung im Gefühlsleben nach sich zieht. Es gibt kein Zurück mehr, positive oder negative Identifizierungen mit dem gleichgeschlechtlichen Elternteil werden unvermeidlich. Die Anstrengungen, sich von den Eltern unabhängig zu machen, verstärken sich. Gleichaltrige werden bedeutungsvoller. Im Gefühlsbereich findet ein Hin- und Herwogen statt, Liebe wechselt mit Enttäuschung, Größenempfindungen machen Nichtigkeitsgefühlen Platz und umgekehrt. Als Schutz gegen Enttäuschung, Zurückweisung und Versagen werden oft Allmachtsvorstellungen eingesetzt. Arroganz, Rebellion und Missachtung von Autorität treffen zusammen mit weitgehendem Verlust des Selbstgefühls, aktiver Unterwerfung und Suche nach Führerfiguren. Der Jugendliche, der die realen und verinnerlichten Eltern entmachtet hat, steht dem Erwachsenen misstrauisch gegenüber. Zwar gelingt es ihm immer besser, über sich selbst nachzudenken und zu reden, jedoch ist der Erwachsene gefährlich, da er seine Entwicklung zur Unabhängigkeit bedrohen könnte.

■ **Spätadoleszenz (18–20 J.):** In der Spätadoleszenz ist eine relative Reife erreicht, wobei aber durchaus wesentliche Restaufgaben in noch ungelöster Form weiterbestehen. Die gesamte innere Organisation aber hat an Stabilität gewonnen. Der junge Erwachsene zeigt sich zugänglicher für Kompromisse und Aufschub. Das Gespräch mit ihm ähnelt zunehmend dem mit einem Erwachsenen.

43.3 Autonomiebedürfnisse in der Adoleszenz

Das Problem der Autonomie stellt sich über die ganze Zeit der Adoleszenz bis ins junge Erwachsenenalter sowohl für weibliche als auch für männliche Jugendliche, allerdings in einer etwas anderen Form. Es lassen sich folgende Formen der Autonomie unterscheiden:
- die *intrasystemische* Autonomie (innerhalb einer intrapsychischen Instanz)
- die *intersystemische* Autonomie (zwischen den innerseelischen Instanzen)
- die Autonomie des *Ichs gegenüber der Umwelt* (intersubjektive Eigenständigkeit)

Jugendliche pendeln altersentsprechend zwischen regressiven Wünschen und Wünschen nach Autonomie. Diese durchziehen die Therapie in der Regel wie ein roter Faden. Dementsprechend stellen die jugendlichen Patienten allumfassende Versorgungswünsche und Versorgungsansprüche, wollen andererseits plötzlich von alldem nichts wissen und die Behandlung abbrechen. Oft wechseln sie abrupt zwischen beidem hin und her.

> Darum ist es besonders wichtig, auf der einen Seite die Selbstbestimmung und Autonomie des Jugendlichen zu unterstützen und auf der anderen Seite die Versorgungswünsche anzuerkennen, aber nicht zu befriedigen.

Autonomiewünsche spielen insofern auch eine wichtige Rolle, als man sich als Arzt bzw. Therapeut im Gespräch mit Jugendlichen – will man eine Beziehung aufbauen, die eine Therapie ermöglicht – nicht an seinen Zielvorgaben orientieren kann. Das Gespräch bewegt sich deshalb einerseits zwischen dem Bemühen um Etablierung einer Beziehung, innerhalb derer der Jugendliche sich mitteilen kann (aufseiten des Therapeuten), und dem Experimentieren und wechselnden Bereitschaften sich mitzuteilen bei der Suche nach Autonomie und Identität (des Jugendlichen) auf der anderen Seite. Je mehr es dem Jugendlichen gelingt, sich selbstreflexiv seiner Problematik zu stellen, umso weniger muss er auf Handeln oder Agieren zurückgreifen.

Das zentrale Beziehungsangebot des Therapeuten an den Jugendlichen sollte in etwa an folgender Einstellung orientiert sein: »Hier bin ich mit meinen Vorstellungen und dies ist mein Anliegen und so könnte man das, was du hast, sagst oder zum Ausdruck bringst, verstehen, aber du bestimmst darüber, wie es um dich steht und ob du damit etwas anfangen kannst, und du musst deinen eigenen Weg finden.« (Streeck-Fischer 2006) Damit bietet sich der Therapeut dem Jugendlichen als eine Person an, die ihn respektiert und an der er wachsen kann.

Jugendliche gehen auf dem Weg einer diagnostisch-therapeutischen Arbeit voran, die Therapeuten folgen nach und müssen der Verführung entgegenwirken, ihnen die Arbeit abzunehmen, d. h. es ist wichtig, den Jugendlichen die Eigenerfahrung der Selbstorganisation von Beziehungsprozessen nicht vorzuenthalten. Besonders in der diagnostischen Phase passt sich der Interviewer im Allgemeinen erst recht stark den Erwartungen der Jugendlichen an und kommuniziert mit ihnen aus der Position heraus, in die er durch die einer Übertragung ähnlichen, emotionalen Bewegungen der Patienten gestellt wird. Er befindet sich in einem Zwischenraum der Beziehung, in welchem er für den Patienten einen »subjektiven Teil« übernimmt – nämlich einen, dem nur eine begrenzte Eigenständigkeit zugesprochen wird –, der gleichzeitig aber auch die Realität vertritt (z. B. die Einhaltung des Zeitrahmens der Sitzungen), gesund und wach bleibt. Die eigentliche therapeutische Arbeit wird vom Patienten geleistet, auch wenn es sich um schwer gestörte Jugendliche handelt.

43.4 Verbale und nicht verbale Aktivitäten

Jugendliche erzählen oft nicht so direkt und frei wie Erwachsene. Dennoch kann die Sequenz der verbalen und averbalen Aktivitäten genau gleich wie die freie Assoziation verstanden und für den diagnostisch-therapeutischen Prozess genutzt werden. Alle Aktivitäten und Verhaltensweisen, auch das Handeln während der Begegnung, können bedeutsames Material ausdrücken.

Es gibt für jeden Patienten spezifisch bevorzugte Kommunikationsmittel, die er freiwillig oder unfreiwillig gebraucht. Gelingt es, dem Spielerischen und manchmal sogar dem Humorvollen vonseiten der Jugendlichen wie auch der Gesprächsführenden Platz zu geben, so erleichtert dies die kommunikativen Abläufe. Aber auch Zeichnungen oder gestaltete Produkte erlauben, ähnlich wie der Traum, einen altersadäquaten Ausdruck innerseelischer Abläufe. Die meisten Aktionen von Jugendlichen stehen in enger Verbindung zu den Inhalten ihrer Phantasien, die sie mittels der vorliegenden Gegebenheiten mehr oder weniger geschickt umzusetzen versuchen.

Die klassische Psychoanalyse gründet auf einem »Austausch von Worten« (Freud 1916/17) und auf symbolischem Spiel. Sie setzt ein intaktes Ich voraus, das in der Lage ist, über sich nachzudenken, zu reden und sich mitzuteilen. Ist der Jugendliche in der Lage zur sprachlichen Benennung seiner inneren Situation und seines Verhaltens mithilfe der Gesprächsperson, wird aus der gemeinsamen, mehr oder weniger spielerischen Interaktion ein zentrales intersubjektives Kommunikationsgeschehen, das neben der diagnostischen Exploration und Indikationsstellung Hinweise zur Fähigkeit eines Jugendlichen gibt, sich auf ein therapeutisches Geschehen einzulassen. Im günstigen Fall entwickelt sich so ein Ort der Begegnung, an welchem der Dialogpartner eine für die jugendliche Person neuartige Art des Hörens und Antwortens besitzt, die bewirkt, dass sich das Gesprochene, Empfundene oder Gespielte verändert und einen neuen Sinn bekommt. Die Jugendlichen kommen über einen diagnostisch-therapeutisch ausgerichteten Dialog zu einer Begegnung mit sich selbst.

Dem Therapeuten stehen verschiedene Datenquellen zur Verfügung: die objektive, die subjektive und die szenische Information. Wenn Jugendliche sich im Reden und im Sich-selbst-Betrachten nicht erkennen können, dann werden szenische Konkretisierungen besonders bedeutsam. Jugendliche mit Frühstörungen und Traumatisierungen sind zumeist nicht mit ihren Gefühlen, ihrem Körper, den Körpersensationen verbunden und können keine Sprache für ihre Zustände finden, geschweige denn, sie als solche erkennen. »Ich bin das, wie ich mich in meinem Körper, in mir selbst fühle, in dem, wie ich mich bewege, wie ich handele, so kann ich mich erfahren« ist eine Fähigkeit, die diesen Jugendlichen infolge dissoziativer Zustände und mangelnder Mentalisierung kaum zur Verfügung steht. Hier wird es aufseiten des Therapeuten bzw. Arztes darum gehen, das Gehandelte zu benennen, Verhalten zu spiegeln und wiederzugeben, was der Jugendliche mit seinem Körper, seinem Verhalten und seinen verkörperten Mitteilungen zum Ausdruck bringt, ohne intrusiv oder überwältigend zu werden.

Als eine Metapher mag hier eine frühe Interaktionserfahrung zwischen Mutter und Kind gelten, die Winnicott (1978) mit den Worten beschrieben hat, dass die Mutter dem Baby sein eigenes Selbst zurückgibt. Anders gesagt: Das Baby erkennt sich im Spiegel der Mutter. Es wird dabei etwas zurückgespiegelt, was noch nicht versprachlicht ist, aber bereits phantasmatisch existiert entsprechend der Vorstellung: »Die Mutter denkt das Kind als denkend, also existiert es als denkendes Wesen.« (Fonagy u. Target 2002) Oder noch umfassender: Die Mutter fühlt das Kind als fühlendes und glaubendes Wesen, also existiert es als fühlendes und glaubendes Wesen. Dabei geht es um eine Interaktion, in der die Mutter dem Kind vor dem Hintergrund ihrer eigenen Vorstellungen über das Kind und mit dessen Antworten zur Entwicklung verhilft. »Der Säugling repräsentiert die mütterliche Nachahmung«, so Meltzoff und Moore (1992). In der therapeutischen Beziehung werden solche »mentalisierenden« Funktionen durch den Therapeuten übernommen.

43.5 Zum Dialog

Der dynamische Beziehungsdialog umfasst, neben den beiden Partnern, auch einen virtuellen Raum, ein Drittes, in welchem die direkten oder symbolischen Übermittlungen von bewusster oder unbewusster Bedeutung erfolgen. Dieser virtuelle Erlebnisraum liegt zwischen Phantasie und Realität, wird von beiden beteiligten Partnern miterschaffen und findet spezifische Ausgestaltungen beispielsweise in der Form des »Spielraumes«, des Bereiches des Schöpferischen und Kulturellen oder des Raumes der verstehenden psychodynamischen Diagnostik und Therapie (Ogden 1985; Winnicott 1973). In diesem Raum sind Gemeinsamkeit und Getrenntheit, Einheit, Zweiheit, Dreiheit und Vielheit möglich. Die Phantasie der beteiligten Partner kreiert und übernimmt im virtuellen Raum Symbole und symbolische Bedeutungen. Phantasie und gemeinsam geteilte Realität werden dadurch – wie auch beide Dialogpartner als Subjekte – sowohl getrennt als auch verbunden.

Es entsteht eine Form von (zwar asymmetrischer) Kommunikation, bei welcher sich zwei Persönlichkeitssysteme gegenseitig modifizieren und etwas Neues entsteht, das anders ist als dasjenige, was der eine oder andere Dialogpartner allein hätte zustande bringen können. Vorgänge der projektiven und introjektiven Identifizierung ermöglichen es nicht nur dem Kind, sondern mehr noch dem Jugendlichen, Erfahrungen in einer Weise zu verarbeiten, die sich qualitativ von denen unterscheiden, die ihm allein jemals möglich sind. Der reale Psychotherapeut ist somit als Partner – der als Mittelpunkt für einen solchen gemeinsamen psychischen Prozess zur Verfügung steht – von zentraler Bedeutung.

Im diagnostisch-therapeutischen Kontext stellt sich für den Psychotherapeuten die Frage, was den Patienten dazu veranlasst, von einem bestimmten Inhalt in einem bestimmten Moment zu berichten. In den ersten Trends der aufkeimenden Übertragung der verinnerlichten Objektbeziehung zeigt sich in schlaufenförmigen Mikroschritten ein Erleben, das bisher in verschiedenster Form abgewehrt und unterdrückt wurde oder für Verstrickungen verantwortlich war.

Die emotionalen Bewegungen der Patienten im virtuellen Raum eines diagnostisch-therapeutischen Dialogs, die aufgrund des »natürlichen Auftriebs« des Unbewussten (Freud 1938) zustande kommen, entsprechen einer Art »Tat«, die an die Stelle des Erinnerns tritt. Sie laden die therapeutische Beziehung stets von neuem auf und erfordern als Nahziel des dialogischen Geschehens eine fortwährende, emotionale Entspannung, die durch die Interventionen des Therapeuten eingeleitet und aufrechterhalten werden muss.

Der therapeutische Dialogpartner ermöglicht dem Patienten im diagnostisch-therapeutischen Gespräch die Exploration neuer emotionaler Möglichkeiten. Dies geschieht aber nicht im Sinne einer *corrective experience*, sondern im probatorischen Zulassen erster neuer oder anderer als der bisherigen Ausbalancierungen von emotionalen Austauschvorgängen im zwischenmenschlichen Bereich, mit all den damit unabdingbar verbundenen, szenischen Ausgestaltungen.

Die formalen und strukturellen Eigenschaften der dialogischen Kommunikation lassen das manifeste Bild des latenten Erlebnismusters des Patienten im Kontakt mit dem spezifischen Therapeuten erkennen. Sie sind das zentrale diagnostische Mittel zur Auffindung der emotionalen Bewegungsrichtungen des Patienten im imaginären Beziehungsraum. Art und Ausmaß dieser Bewegungen erlauben diagnostische Schlussfolgerungen über die Möglichkeiten inneren Wachstums. Es gilt somit, die (unbewussten) emotionalen Bewegungen zu erkennen, um die hinter den bewussten Kommunikationsabläufen (den Produktionen und/oder Äußerungen des Patienten) liegenden, unbewussten Bedeutungen wahrzunehmen.

Damasio (1999) hat die verschiedenen Ebenen der Lebensregulation beschrieben, angefangen von einer basalen Lebensregulation über die Emotionen zu den Gefühlen und zum Bewusstsein, das höhere Denkprozesse ermöglicht. Wenn wir im Gespräch mit Jugendlichen emotionale Zustände, bis hin zu den basaleren biophysischen Lebensregulationen, erreichen und erfassen wollen, dann werden empathische, integrierende und Zustände wahrnehmende und übersetzende Beziehungsangebote wichtig, um Vorstellungen bei dem Jugendlichen über sich selbst und andere zu entwickeln. Der Arzt bzw. Therapeut übernimmt Funktionen eines interpersonellen Interpretationsmechanismus (Fonagy et al. 2004), der Affekt- und Kognition-wahrnehmende Komponenten hat und der Fähigkeit zur Mentalisierung zugrunde liegt. Soweit es sich nicht um traumatische Belastungen handelt, werden Zustände aufgenommen, widergespiegelt, erklärt, gekippt oder zusammengeführt.

Um mit Jugendlichen in Kontakt zu kommen und jugendliche Patienten psychotherapeutisch behandeln zu können, müssen eine Reihe von Problemen bedacht werden:

- Jugendliche haben zumeist ein primäres Misstrauen gegenüber Erwachsenen, zumal gegenüber Personen, die sich professionell mit ihren Problemen befassen wollen.
- Der Jugendliche kommt häufig nicht aus freien Stücken, er wird von den Eltern oder von Lehrern geschickt; er hat oft selbst keinen Leidensdruck und verlangt eher selten von sich aus nach einer Therapie. Umschriebene Konflikte gibt es kaum.
- Jugendliche können häufig über ihre Konflikte nicht ohne Weiteres sprechen. Ihre Mitteilungen, insbesondere die von Jugendlichen mit schwereren Störungen, sind oft vage und ausweichend und die Tragweite ihrer Problematik bleibt häufig eigenartig ungewiss.

Ein anschauliches Beispiel bietet Aichhorn (1971). Im Rahmen eines Erstgesprächs hat er dokumentiert, wie er Kontakt mit einem 17-jährigen verwahrlosten Jugendlichen aufnimmt (Aichhorn 1971, S. 86). Darin wird deutlich, wie er die Klippen und Probleme, mit dem Jugendlichen ins Gespräch zu kommen, gemeistert hat (Streeck-Fischer 2006).

Fallbeispiel

Aichhorn: Wissen Sie, wo Sie jetzt sind?
Jugendlicher: Nein.
Aichhorn: Im Jugendamt.
Jugendlicher: So? Ja, mein Vater will mich in eine Besserungsanstalt geben.
Aichhorn: Ihr Vater hat mir erzählt, was alles vorgefallen ist, und ich will Ihnen helfen.
Jugendlicher: Das geht nicht (der Jugendliche ist sehr abwesend-ablehnend).
Aichhorn: Wenn Sie nicht wollen, dann sicherlich nicht.
Jugendlicher: Sie können mir nicht helfen.
Aichhorn: Ich begreife, dass Ihnen das Vertrauen fehlt, wir sind uns noch zu fremd.
Jugendlicher: Das nicht, aber es geht doch nicht.
Aichhorn: Wollen Sie mit mir reden? Warum nicht? Ich muss Sie Verschiedenes fragen und mache Ihnen dazu einen Vorschlag.
Jugendlicher: Welchen?
Aichhorn: Mir auf jede Frage, die Ihnen unangenehm ist, die Antwort zu verweigern.

> Jugendlicher: Wie meinen Sie das (Jugendlicher erstaunt und ungläubig)?
> Aichhorn: Auf Fragen, die Sie nicht beantworten wollen, dürfen Sie schweigen, wenn Sie wollen, mir darauf auch sagen, dass mich das nichts angeht.
> Jugendlicher: Warum erlauben Sie mir das?
> Aichhorn: Weil ich weder Untersuchungsrichter noch Polizeiagent bin, deshalb nicht alles wissen muss, und weil Sie mir auf unangenehme Fragen ohnehin nicht die Wahrheit sagen würden.
> Jugendlicher: Woher wissen Sie das?
> Aichhorn: Weil das alle Leute so machen und Sie auch keine Ausnahme sind. Ich selbst würde einem Menschen, dem ich zum ersten Mal gegenübersitze, auch nicht alles sagen.
> Jugendlicher: Wenn ich aber doch rede und Sie anlüge, kennen Sie das?
> Aichhorn: Nein, es wäre aber schade und Sie haben es nicht notwendig, weil ich Sie nicht zwingen werde, mir zu antworten.
> Jugendlicher: Zu Hause hat man mir auch immer gesagt, es geschieht mir nichts, und wenn ich dann geredet habe, war es noch ärger. Ich habe mir das Reden abgewöhnt.
> Aichhorn: Hier ist es doch etwas anders. Mir genügt, was Sie wirklich sagen wollen. Sind Sie damit einverstanden?
> Jugendlicher: Einverstanden.

Es folgt ein Gespräch, in dem der Jugendliche seine aktuelle Situation und sein Verhältnis zu den Eltern schildert. Was hat sich hier ereignet?

Der Jugendliche erkennt Aichhorn zunächst nicht als eine potenziell hilfreiche Person. Er vermutet jemanden, der gegen ihn eingestellt ist. Er ist misstrauisch, schottet sich ab und verweigert sich (»Mir kann keiner helfen.«). Aichhorn wird als Verfolger bzw. als eine Person wie die Eltern, bei denen Reden geschadet hat, wahrgenommen. Der Jugendliche befindet sich in einer abgeschotteten narzisstischen Position. Die Realität der Person Aichhorns, die vielleicht helfen könnte, wird nicht wahrgenommen. Eine ursprünglich erlebte Szene mit den Eltern bestimmt das Verhalten des Jugendlichen. Aichhorn spürt, dass er zu einem gefährlichen Objekt gemacht wird, und weist das zurück: »Ich bin kein Untersuchungsrichter oder Polizeiagent«, und korrigiert damit die Übertragung eines negativen Objekts. Er bietet sich dem Gegenüber als verständnisvolles und wohlwollendes Objekt an (»Bei Fremden würde ich auch nicht reden.«). Er unterstützt den Jugendlichen in seiner Abschirmung. Es darf zwei Wirklichkeiten geben. Damit wirkt Aichhorn Über-Ich-entlastend. Lügen ist unter bestimmten Umständen akzeptabel. Die vom Jugendlichen erwartete Verurteilung tritt nicht ein. Er wird vielmehr als gleichwertige, eigenständige Person akzeptiert, die sich frei entscheiden kann und die ein eigenes Innenleben hat. Indem Aichhorn sich als ein solches verständnisvolles, aber nicht eindringendes, sondern abgegrenztes Objekt präsentiert, wird die initiale negative Beziehung und damit die Übertragung verständnisloser Eltern von dem Jugendlichen angesprochen: »Man hat mir immer gesagt, es geschieht nichts, und wenn ich geredet habe, dann war es noch ärger.« Der Jugendliche kann nun in einer anderen Beziehung, die er authentisch erlebt, über seine schlimmen Erfahrungen sprechen; eine therapeutische Beziehung kann entstehen (Streeck-Fischer 2006).

Jugendliche wiederholen im Kontakt mit Erwachsenen ihre aktuellen und wiederbelebten infantilen Beziehungserfahrungen mit den Eltern. Spontane Übertragungen eines bösen, bedrohlichen, abwertenden, vernichtenden, eindringenden, vereinnahmenden oder Eigenständigkeit verhindernden Objekts stören die Herstellung einer hilfreichen therapeutischen Beziehung. Indem sich der Therapeut aktiv als anderes Objekt zu erkennen gibt, wandelt er diese initiale Übertragung um. Was der Jugendliche nun mitteilt, wie er es mitteilt und wie er seine Beziehung zu den Eltern, zu Gleichaltrigen und zu sich selbst darstellt, gibt weitere wichtige Hinweise zum Niveau seiner Objektbeziehungen und seiner Abwehrmechanismen.

Jugendliche mit einer phobischen Störung bringen beispielsweise den Therapeuten sehr schnell dazu, dass er ›das Heft in die Hand‹ nimmt. Die vom Therapeuten übernommene Steuerung mag dann mit den Autonomiebedürfnissen des Jugendlichen kollidieren, sodass am Ende ein unfruchtbares Gespräch zustande kommt, wird diese Problematik nicht frühzeitig erkannt und reflektiert. Besonders karg können Gespräche mit Anorexiepatienten verlaufen, die sich scheinbar an die Vorgaben anpassen, aber zugleich verhindern, dass irgendeine Bewegung bzw. Veränderung in der Interaktion zustande kommt. Bei Jugendlichen mit Borderline-Störungen mit Misshandlung in der Vorgeschichte kann die Erfahrung des Malträtiert-Werdens unmittelbar in der Interaktion mit dem Therapeuten hergestellt werden und dann in Abbruch oder Dekompensation münden (Streeck-Fischer 2006). Hier ist es von Bedeutung, eine Beziehung außerhalb dieser Verstrickung zu etablieren.

Im Umgang mit Jugendlichen ist es hilfreich, sich an Konzepten zu orientieren, die an der therapeutischen Beziehung einen Real-, einen Arbeits- und einen Übertragungsteil unterscheiden (Greenson 1965; Müller-Pozzi 1980). Angesichts der Zwangsläufigkeit, mit der man als Therapeut in eine ungute Übertragungsbeziehung hineingerät, ist es besonders wichtig, sich als Person zu erkennen zu geben, die anders ist als die realen und verinnerlichten Eltern, und dem Jugendlichen zu verdeutlichen, dass man möglicherweise hier und dort wie Vater oder Mutter erlebt wird, jedoch eine andere Person ist. Dabei geht es nicht um eine Zurückweisung der Übertragung, sondern um deren Relativierung. Der Jugendliche kann erst durch Dezentrierung bzw. Distanzierung von der unmittelbar hergestellten Übertragungsszene, die eine andere Beziehung verhindert, arbeitsfähig werden und seine eigene, darin verborgene Problematik betrachten.

> Die meisten Jugendlichen müssen immer wieder darauf angesprochen werden, welche Probleme bearbeitet werden sollen, was für sie ansteht und was ihnen wichtig ist. Sie selbst verlieren das leicht aus dem Auge. Mitunter kommt es in der Therapie nicht nur zu einer Wiederbelebung regressiver Wünsche, die dann in der Behandlung aufgegriffen werden können, sondern die Therapie selbst wird als Befriedigung solcher Wünsche gesucht. In diesem Fall ist es erforderlich, aktiv an der Dezentrierung dieser Übertragungsdynamik zu arbeiten und zu vermitteln, dass die Therapie das Leben in den jeweiligen sozialen Bezügen des Jugendlichen nicht ersetzt.

43.6 Verschiedene Ansätze strukturierter Interviews

Während in einem klassisch psychoanalytischen Interview möglichst wenig an Struktur vorgegeben wird, um der szenischen Gestaltung und der sich herstellenden Übertragungs-Gegenübertragungs-Beziehung Raum zu geben (z. B. Argelander 1970), wurde vor allem in klinischen Settings danach gesucht, Interviewformen zu entwickeln, die eine genauere diagnostische Klassifizierung und daraus folgende therapeutisch-technische Strategien erleichterten. Diese Interviews reichen von strukturierten diagnostischen Scripten, die eine Sammlung von relevanten klinischen Daten ermöglichen und keinen Raum geben zu Interpretationen, bis hin zu groben Vorgaben hinsichtlich der zu erhebenden Daten.

Kernberg (1981) entwickelte das strukturelle Interview, das der Erfassung des Niveaus der Persönlichkeitsstruktur dient. Er exploriert die Art, wie Personen über sich, andere und insbesondere die Eltern reden und zu welchen Differenzierungen sie in der Realitätsprüfung und -wahrnehmung in der Lage sind. Mithilfe des Interviews gelingt es gut zwischen den verschiedenen Strukturniveaus zu unterscheiden.

Blanck und Blanck (1979) haben aus Ich-psychologischer Sicht vorgeschlagen, wie eine Entwicklungsdiagnose zu stellen sei. Im ersten Schritt kommen sie versuchsweise zu einer Einschätzung der Ich-Entwicklung entsprechend dem Funktionieren in der Gegenwart und in der Lebensgeschichte. Sie untersuchen die höchste psychosexuelle und Entwicklungsebene, das Ausmaß der Regression, die Art der Abwehr und kommen so zu dem Niveau der Objektbeziehungen.

Pine (1990) hat anhand der vier verschiedenen psychoanalytischen Theorien – der Triebpsychologie, der Ich-Psychologie, der Selbstpsychologie und der Objektbeziehungspsychologie – vorgeschlagen, eine differenzierte Diagnostik durchzuführen, die besonders im Umgang mit Kindern und Jugendlichen Eingang gefunden hat (Diepold 1994; Streeck-Fischer 1998).

Im Gefolge der Operationalisierten Psychodynamischen Diagnostik (OPD) für Erwachsene wurde die Operationalisierte Psychodynamische Diagnostik im Kindes- und Jugendalter (OPD-KJ) entwickelt, die seit 2002 vorliegt. Die OPD-KJ hat sich zwar an der bereits seit 1996 vorliegenden OPD für Erwachsene orientiert, sie ist jedoch in einigen Aspekten abgeändert worden. In der OPD-KJ werden anhand der vier verschiedenen Achsen – der Achse der Beziehung, der Konflikte, der Struktur und der Behandlungsvoraussetzungen – die relevanten Einschätzungen durchgeführt.

Ein entscheidender Unterschied zu den diagnostischen psychodynamischen Interviews besteht darin, dass auf die innere Dimension zugunsten des Beobachtbaren verzichtet wird. Auf die Auswertung der Übertragungs-Gegenübertragungs-Beziehung und der fantasievollen Assoziationen wird weitgehend verzichtet.

Um die Entwicklungsaspekte der jeweiligen Altergruppe zu berücksichtigen, wurden in der OPD-KJ verschiedene Zeitfenster vorgegeben. Das dritte, für die Adoleszenz relevante Zeitfenster umfasst das Alter von 12 bis 18 Jahren. Es handelt sich dabei um ein relativ großes Zeitfenster, was bedeutet, dass die Veränderungen, die in dieser Zeitspanne stattfinden, nur grob erfasst werden und dass die Verwendung der OPD für Erwachsene ab den 16. Lebensjahr mit Einschränkungen durchaus möglich ist. Im Unterschied zur OPD für Erwachsene stehen bei der OPD-KJ die Entwicklungsaspekte im Vordergrund. Weiterentwicklungen, wie sie in der OPD-2 für Erwachsene erfolgt sind, stehen noch aus.

■ **Das OPD-Interview:** Ein OPD-Interview setzt beim Interviewer ein psychodynamisches Grundverständnis voraus, jedoch ist eine psychoanalytische bzw. tiefenpsychologische Weiterbildung nicht erforderlich. Die Führung des Interviews ebenso wie die Auswertung anhand des Manuals wird in den angebotenen Trainingsgruppen geübt. Es handelt sich um ein offenes Gespräch, wobei die Gesprächsanteile je nach Alter des Kindes oder Jugendlichen variieren. Dabei geht es um die Beziehungsepisoden, die Selbst- und die Objektwahrnehmung in den für den Patienten relevanten Bereichen, um Motivation, Einsicht und die subjektiven Behandlungsvoraussetzungen. Anders als bei dem Erwacheneninterview spielen ergänzend auch die Bezugspersonen, zumeist die Eltern, eine wichtige Rolle. Relevante Bereiche, die erfragt werden sollten, sind Familie, Gleichaltrige, Freunde, Partner, Schule, Ausbildung, Besitz, Freizeit, Krankheit (Arbeitskreis OPD-KJ 2003).

Eine genauere Differenzierung in verschiedene Phasen der Gesprächsführung wie in der Erwachsenen-OPD fehlt bisher in der OPD-KJ. In der Erwachsenen-OPD (Arbeitskreis OPD 2006) wird zwischen verschiedenen Phasen differenziert: In der Eröffnungsphase wird der Patient aufgefordert, seine Beschwerden zu schildern, gleichzeitig spielen szenische Darstellungen eine wichtige Rolle. In der Phase der Ermittlung von Beziehungsepisoden geht es um die Erzählung von Episoden in der Beziehung zu signifikanten anderen. Dabei interessieren insbesondere die dysfunktionalen, überdauernden bzw. habituellen Beziehungsmuster. In der Phase des Selbsterlebens und der erlebten faktischen Lebensbereiche geht es vor allem um die Einschätzung von Strukturmerkmalen. Hier sind Informationen über die erlebten wie faktischen Lebensbereiche (Familie, Schule, Arbeitswelt) von Bedeutung. Die vierte Phase, die Ermittlung des Objekterlebens und der faktischen Lebensbereiche, steht in Verbindung mit der dritten Phase. Es geht um die Wahrnehmung und das Erleben der Objekte in der Gegenwart und der Vergangenheit. In der Phase der Psychotherapiemotivation, Behandlungsvoraussetzungen, Einsichtsfähigkeit werden auf der Basis des bisherigen Materials die Hauptprobleme ermittelt. Anhand von Videoaufzeichnungen und des diagnostischen Manuals erfolgt dann die Einschätzung des Interviewten nach den verschiedenen Achsen. Daraus ergeben sich die Indikationenstellung und die Therapieplanung.

43.7 Abschätzung der Therapieindikation

Bei der Abschätzung der Therapieindikation ist es hilfreich, zwischen den verschiedenen Dimensionen der Therapiebedürftigkeit, der Therapiemotivation und der Therapiefähigkeit zu unterscheiden.

Im Allgemeinen leiten sich die Überlegungen zur **Therapiebedürftigkeit** daraus ab, wie entwicklungsbeeinträchtigend die Symptome und wie groß das Leiden eines jugendlichen Patienten sind.

Basis-Sympathie, Interesse und die Erwartung, zu einem Beziehungsprozess etwas Angemessenes beitragen zu können, kennzeichnen die **Therapiemotivation** vonseiten der Therapeuten. Vonseiten der Patienten stehen diesbezüglich vielfach folgende Wünsche im Vordergrund:

- als eigene Person wahrgenommen werden und damit als solche zu ›existieren‹
- das Bedürfnis, eigenes Leiden zu reduzieren, wahrgenommene Entwicklungsbeeinträchtigungen abzubauen (hierfür ist allerdings das Vorhandensein von psychischen Ressourcen eine Voraussetzung) und die Lebenslust zu vergrößern
- die Hoffnung, den Dialog mit einem bedeutungsvollen Gegenüber für die Entwicklung der eigenen Innenwelt (narzisstische, libidinöse und aggressive Impulsverarbeitung und -strukturbildung) nutzen zu können (Holding, Containment)

Was die **Therapiefähigkeit** aufseiten des Therapeuten betrifft, so bedarf ein Therapeut eines guten Zugangs zur eigenen Kindheit und Adoleszenz, einer polyadischen Beziehungsfähigkeit für einen geeigneten ›Umgang‹ (Rivalität) mit den Eltern, keine übergroße Angst, den archaischen Impulsen des Patienten zu erliegen und damit keine zu starke Aktivierung eigener Problemstrukturen. Seine tieferen Motivationen dürfen nicht von einem »furor sanandi« geprägt sein.

Beim Patienten sollte der Wunsch nach einem zwischenmenschlichen Austausch (Kontakt- und Beziehungsfähigkeit) wie auch eine gewisse Fähigkeit zur Symbolisierung und zu psychischer Arbeit (emotionale Bewegungen im Erstgespräch; Integrations-/Desintegrationsbewegungen, funktionale Ich-Anteile) vorhanden sein. Durch den therapeutischen Prozess sollten keine übergroßen Loyalitätskonflikte gegenüber dem ›Umfeld‹ entstehen und schließlich, als bevorzugte Abwehrmodalitäten, nicht fast ausschließlich Somatisierung, dissoziales Agieren, manifeste Destruktivität oder Substanzabusus in Erscheinung treten.

43.8 Anmerkungen zum therapeutischen Prozess

Sieht der Therapeut das Ziel seiner Tätigkeit darin, dem Adoleszenten zu helfen, eine eigenständige Person (Laufer 1974) zu werden, was Ablösung von den Primärobjekten, Umwandlung des Ich-Ideals und schließlich die konstante Neubesetzung gleichaltriger, heterosexueller Liebesobjekte unter dem Primat der Genitalität einschließt, so übernimmt er eine Doppelfunktion: Er übernimmt die Rolle als Hilfs-Ich und Objekt zugleich (Loewenstein 1964). Als Objekt fungiert er wie ein Organisator der Ich-Integration, d. h. als externer Bezugspunkt für die interne Reorganisation des Ichs, des Über-Ichs und des Selbst. Als Hilfs-Ich unterstützt er die steuernden Ich-Funktionen, insbesondere im Hinblick auf die Regulation von Angst, Autonomie und Regression. Er lässt zu und unterstützt sogar, dass das Provisorische bisheriger Abwehr- und Bewältigungsmechanismen infrage gestellt wird. Erst damit wird die Voraussetzung für eine Umstrukturierung geschaffen.

Indem es gelingt, eine Arbeitsbeziehung herzustellen, verbündet sich der Jugendliche in einem Teil seines Ichs mit dem Therapeuten, wobei es wichtig ist, dass eine optimale Autonomie erhalten bleibt. Nur solange die Dominanz dieses Teils gewährleistet ist, kann die Übertragung als Ich-fremdes Phänomen erlebt werden. Kann sie nicht als Ich-fremd erfahren werden, so ist die Autonomie im Gesamt-Ich gefährdet (Namnun 1968).

Der Therapeut achtet darauf, dass die Dominanz eines autonomen Ich-Teils gewahrt bleibt, andererseits aber genügend Autonomieverlust und Regression im restlichen Ich-Teil zugelassen werden, um den therapeutischen Prozess in Gang zu halten. Der Adoleszente braucht in dieser Periode nicht mehr so sehr Verständnis, sondern vielmehr Konfrontation (Winnicott 1971) und Durcharbeiten mit taktvollen und sorgfältig formulierten Interventionen. Auf diese Weise erweitern sich allmählich seine autonomen Fähigkeiten, was schließlich eine flexible, relative Ich-Dominanz über sämtliche Persönlichkeitsanteile ermöglicht.

Ist der Therapeut zu permissiv und lässt dem Adoleszenten im Extrem völlige Autonomie gegenüber der Umwelt, so besteht kein Anreiz für den Patienten, die schwere psychische Arbeit der integrativen Konsolidierung auf sich zu nehmen, welche der therapeutische Prozess in diesem Entwicklungsabschnitt von ihm verlangt. Der Therapeut wird dadurch aus seiner therapeutischen Position gedrängt und unterstützt die Größenfantasien des Patienten (z. B. ohne Arbeit Entwicklung voranbringen zu können).

Fordert der Therapeut aber zuviel und reduziert er damit die Autonomie zu stark, so fördert er die defensive Regression und infantilisiert den Jugendlichen.

Im Idealfall gelingt es ihm, die Autonomie der verschiedenen Ich-Funktionen in einem labilen, sich stets verändernden, schwebenden Gleichgewicht zu halten, das für das Voranschreiten des analytischen Prozesses optimale Voraussetzungen bietet.

Literatur

Aichhorn A. Verwahrloste Jugend. Stuttgart, Wien: Huber 1971.
Arbeitskreis OPD. Operationalisierte psychodynamische Diagnostik OPD2. Bern: Huber 2006.
Arbeitskreis OPD-KJ. Operationalisierte Psychodynamische Diagnostik im Kindes- und Jugendalter. Bern: Huber 2003.
Argelander H. Das Erstinterview in der Psychotherapie. Darmstadt: Wissenschaftliche Buchgesellschaft 1970.
Blanck G, Blanck R. Angewandte Ich-Psychologie. Stuttgart: Klett-Cotta 1979.
Blos P. Adoleszenz. Stuttgart: Klett-Cotta 1973.
Bürgin D. Die Bedeutung der affektiven Austauschvorgänge für den Aufbau des Selbst in der Kindheit. In: Rauchfleisch U (Hrsg). Allmacht und Ohnmacht. Bern, Stuttgart, Toronto: Huber 1987; 40–52.
Bürgin D, von Klitzing K. Adoleszenz: Gesichtspunkte aus der Jugendpsychiatrie. Therapeutische Umschau 1994; 51: 345–53.
Coppolillo HP. The Tides of Change in Adolescence. In: Greenspan SI, Pollock GH (eds). The Course of Life, Adolescence. Vol 4. Madison Inc 1991; 235–52.
Damasio A (ed). The feeling of what happens. Body and emotion in the making of consciousness. New York: Harcourt Brace 1999.
Diepold B. Borderline-Entwicklungsstörungen bei Kindern. Unveröffentlichte Dissertation 1994.
Erikson EH. Jugend und Krise. 1959. Stuttgart: Klett-Cotta 1970.
Fend H. Vom Kind zum Jugendlichen. Der Übergang und seine Risiken. Entwicklungspsychologie der Adoleszenz. Band 1. Stuttgart: Huber 1990.
Fonagy P, Target M. Ein interpersonelles Verständnis des Säuglings. In: Hurry A (Hrsg). Psychoanalyse und Entwicklungsförderung von Kindern. Frankfurt: Brandes & Aspel 2002; 11–42.
Fonagy P, Gergeley G, Jurist EJ, Target M. Affektregulierung, Mentalisierung und die Entwicklung des Selbst. Stuttgart: Klett-Cotta 2004.
Freud S. Vorlesungen zur Einführung in die Psychoanalyse. 1916/17. GW XI. Frankfurt: Fischer 1978.
Freud S. Abriss der Psychoanalyse. 1938. GW Bd. XVII. Frankfurt: Fischer 1941; 104.
Greenson R. Die Technik und Praxis der Psychoanalyse. Stuttgart: Klett-Cotta 1965.
Harley M. On some problems of technique in the analysis of early adolescents. Psa Study Child 1970; 25: 99–121.
Kernberg O. Structural interviewing. Psychiatr Clin North Am 1981; 4:169–95.
Laufer M. Becoming a separate person in adolescence – Late adolescence. 5th. Conf. an Adolescence. Brent Centre for the study of adolescence. Monograph Nr. 5. London 1974.
Loewenstein RM. Some remarks on defence, autonomous ego and psychoanalytic technique. Int J Psychoanal 1964; 35: 188–93.
Meltzoff A, Moore R. Imitations of new-born infants. Exploring the range of gestures imitated and underlying mechanisms. Dev Psychopath 1992; 25: 954–62.
Müller-Pozzi H. Zur Handhabung der Übertragung in der Analyse von Jugendlichen. Psyche 1980; 34: 339–64.
Namnun A. The Problem of analysability and the autonomous ego. Int J Psychoanal 1968; 49: 271–5.
Ogden TH. On potential space. Int J Psychoanal 1985; 66: 129–41.
Pine F. Die vier Psychologien der Psychoanalyse und ihre Bedeutung für die Praxis. Forum Psychoanal 1990; 6: 232–49.
Streeck-Fischer A. Zwangsstörungen im Kindes- und Jugendalter. Neuere psychoanalytische Sichtweisen. Prax Kinderpsychol Kinderpsychiat 1998; 46: 81–95.
Streeck-Fischer A. Psychotherapie mit Kindern und Jugendlichen. In: Senf W, Broda M (Hrsg). Praxis der Psychotherapie. Stuttgart: Thieme 2000; 614–22.
Streeck-Fischer A. Trauma und Entwicklung. Folgen von frühen Traumatisierungen in der der Adoleszenz. Stuttgart: Schattauer 2006.
Winnicott DW. Playing and Reality. London: Tavistock Publ 1971 (dt. Vom Spiel zur Kreativität. Stuttgart: Klett-Cotta 1974).
Winnicott DW. Die therapeutische Arbeit mit Kindern. München: Kindler 1973.
Winnicott DW. Vom Spiel zur Kreativität. Stuttgart: Klett-Cotta 1978.

Anhang – Erstinterview mit einer 15-jährigen Jugendlichen

Dieter Bürgin

Im Folgenden wird das ausführliche Interview mit einer Jugendlichen wiedergegeben, um daran zu verdeutlichen, wie sie sich zunehmend öffnet und ihre zentralen Konflikte mitteilt. Aus dem Gesprächverlauf wird die sich entwickelnde Bereitschaft der Jugendlichen erkennbar, sich auf eine Therapie einzulassen. Das Gespräch verläuft in verschiedenen Phasen:
1. Transparenz, Schaffung erster Gemeinsamkeit
2. erste Benennung eines gemeinsamen Focus (Pflegekind) durch die Patientin
3. zweiter gemeinsamer Focus (Adoleszenz), festgehalten durch den Interviewer
4. Ausweitung der Problemkreise (Vernachlässigung; Kindstötung) durch die Patientin
5. Hinweise der Patientin auf weitere, im Moment noch nicht ansprechbare Schwierigkeiten
6. Eigenständigkeit, Schule, Beruf; Handeln, Weglaufen
7. Von außen nach innen, vom Handeln zu den eigenen Gefühlen und zu persönlichen intrapsychischen Konflikten
8. Verschiebungen im Alltag
9. Vertiefung des Verständnisses und Formulierung von gemeinsam erarbeiteten Zielen für den stationären Aufenthalt
10. Nutzen des Settings, Vertiefung des Vertrauens, Benennung einer rezenten Traumatisierung durch die Patientin

Lebensgeschichtliche Bedingungen

Unmittelbar postnatal von der schwer suchtmittelabhängigen Mutter verlassen, machte die Patientin, nennen wir sie Laura (L), in jener Zeit einen ersten Drogenentzug durch. Danach war sie knapp drei Monate in einem Kinderheim, bevor sie zu ihren Pflegeeltern kam. Schreikind. Trennungsprobleme beim Kindergarteneintritt. Danach sehr anhänglich an die Kindergärtnerin. Hohe musikalische Begabung. Die ersten sieben Lebensjahre war die Patientin von schweren Nachtängsten überflutet, litt an einem Pavor nocturnus und an einer Jactatio capitis.
Zu Beginn der Adoleszenz der Patientin starb der leibliche Vater an schwerem chronischem Alkoholismus. Damals erste Begegnung mit der leiblichen Mutter. Mit ca. 14 Jahren kam sie für mehrere Monate in ein Schulheim, um sich von den Pflegeeltern trennen zu lernen. Zunehmendes Davonlaufen und Schulprobleme. Aktives Aufsuchen des Drogenmilieus; diverse Drogen ausprobiert; sicher längerer Cannabis-Konsum. Dort Vergewaltigung. Minimale Frustrationstoleranz.
Die Patientin war zwei Monate vor Eintritt mit einer Verfügung der Vormundschaftsbehörde wegen eines akuten Erregungszustandes mit suizidalen Äußerungen auf der geschlossenen Abteilung einer psychiatrischen Klinik für Erwachsene aufgenommen worden. Nach dem ersten Ausgang kehrte sie nicht mehr in die Klinik zurück. Sie wurde dann von den Pflegeeltern auf die Jugendpsychiatrie gebracht und ist seit kurzem auf einer offen geführten Adoleszentenstation hospitalisiert. Nach einigen kurzen Gesprächen zu Beginn der Hospitalisation mit Mitarbeiterinnen der Abteilung fand ein auf Video aufgenommenes, diagnostisch-therapeutisches Erstinterview statt, das eine Standortbestimmung erlauben sollte.

Das Gespräch

1. Transparenz, Schaffung erster Gemeinsamkeit

B: Ich will Dir ein wenig sagen, was mein Ziel in diesem Gespräch ist und danach kannst Du mir sagen, ob auch Du ein Ziel hast oder ob Du mit dem von mir genannten einverstanden bist. Mein Ziel ist es, Dich ein bisschen kennenlernen zu dürfen. Da ich kein Hellseher bin, bin ich von den Informationen abhängig, die Du bereit bist, mir von Dir zu geben. Das, was ich zu verstehen glaube, werde ich versuchen, Dir wieder zurückzugeben, d. h. zu zeigen, wie ich es verstanden habe. Dies hat zum Ziel, ein wenig mithelfen zu können bei den Überlegungen, was für Dich, bezogen auf die Zukunft, das Günstigste sein könnte. Denn hierfür bist Du ja bei uns auf der Station. Könntest Du Dich damit einverstanden erklären oder hättest Du andere Ziele?

L: Das ist gut so. Aber was ist, wenn ich eine Frage nicht beantworten will?

B: Dann sagst Du es. Du bist diejenige, die darüber entscheidet, was Du mitteilen willst und was nicht. Dies ist Dein gutes Recht, ganz besonders auch in einer Situation, die Dir möglicherweise etwas Angst macht. Ich weiß nur wenig über Deine Lebensgeschichte, zum Beispiel, dass sie in den letzten Jahren besonders bewegt gewesen ist. Kann man das so sagen?

L: Ja!

B: Diesbezüglich würde mich natürlich interessieren, was da alles in Dir vorgegangen ist.
L: Ganz allgemein in meiner Vergangenheit oder nur in der letzten Zeit?
B: Dein Erleben in diesem Abschnitt und auch Deines in der Vergangenheit, vor allem aber das Bild, das Du Dir von Dir gemacht hast, Deine Vorstellung, was eigentlich los ist mit Dir.

2. Erste Benennung eines gemeinsamen Focus (Pflegekind) durch die Patientin

L: Oh, das ist recht kompliziert zu erklären. Ich habe ja recht früh erfahren, dass ich ein Pflegekind bin, und dann ist für mich einfach das Problem gewesen, dass ich nie akzeptieren konnte, dass ich ein Pflegekind bin. Und, ja, wie soll ich das jetzt erklären …?
B: Wenn Du sagst, Du konntest es nie akzeptieren.
L: Also, ja, früher.
B: … so, weil es Dir wehgetan hat?
L: Auch, ja, und ich wollte es wie wegstoßen, weil ich gar nicht damit konfrontiert werden wollte.
B: Denkst Du, es wäre besser gewesen, wenn Du es später erfahren hättest?
L: Nein, sicher nicht.
B: Eben. Was hätte Dir helfen können, um diese Situation akzeptabler zu machen?
L: Dass man mit mir mehr darüber geredet hätte, wenn ich einmal irgendeine Frage dazu gehabt habe und so. Na ja, sie haben es mir schon irgendwie erzählt. Damit war dann aber der Fall klar. Für sie war es abgeschlossen, aber für mich nicht.
B: Bei Dir ist es dann weitergegangen – das kann ich gut verstehen. Auf irgendeine Weise hast Du es geschafft, schließlich alles akzeptieren zu können.
L: Ja, ich habe mich einfach irgendwie … Wenn ich jetzt sagte, ich hätte mich der Realität gestellt, dann ist das falsch ausgedrückt. Ich weiß nicht, ich habe irgendwie innerlich eine Wandlung gemacht, ich habe begonnen, realistisch zu denken, ich habe angefangen … ja, und jetzt bin ich sogar schon so weit, dass ich es gut finde, dass ich ein Pflegekind bin. Ich finde es in dem Sinn gut, weil ich – mal ganz grob gesagt – nicht mehr leben würde, wenn ich nicht zu meinen Pflegeeltern gekommen wäre.
B: Das ist möglich, Du meinst …
L: Ich hatte sehr wenige Überlebenschancen, und daher ist es gut.
B: Die Veränderungen, die Du in Dir wahrgenommen hast, hingen die mit der Beendigung der Kindheit und der Entwicklung zu einer jungen Frau zusammen?
L: Ich glaube schon. Es hat sehr wahrscheinlich viel mit der Pubertät zusammengehangen und mit dem Erwachsen-Werden (lacht).

3. Zweiter gemeinsamer Focus (Adoleszenz), festgehalten durch den Interviewer

B: Wie fühlt sich das für Dich an, das Unterwegs-Sein zum Erwachsen-Werden?
L: Es war für mich immer sehr schwierig, weil alles so langsam gegangen ist. Und dass die Zeit so schwer geworden ist, bevor ich dann hierher gekommen bin. Ich dachte stets: »Ihr lebt euer Leben, ich lebe meines und zwar so, wie ich es will.« Ich habe mich irgendwie so ein wenig schon wie 18 …
B: Du hast gleichsam einen Sieben-Meilen-Schritt gemacht und Dich schon als 18-Jährige …
L: … ja, und so gesehen habe ich in der letzten Zeit wirklich einfach mein Leben für mich alleine gelebt. Ich habe gemacht, was ich wollte, ich ging weg, wann ich wollte, ich kam wieder zurück, wann ich wollte, ich ging dorthin, wo ich wollte, ich wollte einfach gerade all das machen, was ich wollte und habe meine Eltern gar nicht mehr miteinbezogen. Das hat ihnen eben Sorgen gemacht und sie fanden, ich sei nun mal erst 15 und noch nicht 18. Aber das hat mich zu der Zeit gar nicht interessiert.
B: Du wolltest eigene Erfahrungen machen.
L: Ja, weil ich einfach ein Mensch bin, der extrem viel Freiheit braucht, und ich hatte irgendwie das Gefühl, dass ich sie unter den gegebenen Umständen nicht bekommen habe. So habe ich es mir einfach gemacht, indem ich …
B: Du hast deine Freiheit wie erzwungen …?
L: Ja.
B: Magst Du mir noch etwas mehr sagen zu dieser Freiheit?
L: Ich bin einfach … ja, ich habe jetzt manchmal auch oft das Gefühl hier in der Klinik … manchmal gibt es so Situationen, so bestimmte Momente, wo ich das Gefühl habe, dass ich gar nicht mehr existiere. Ich bin jemand, der frei sein können muss, der auf seinen eigenen Beinen stehen, zu Hause sein, zur Schule gehen und Dinge unternehmen können muss, einfach so, wie die anderen …
B: Gibt es diese Freiheit, die Du hier schilderst, überhaupt bei jemandem? Entspricht sie Deiner Ansicht nach diesem Zustand von bereits Erwachsen- und Selbstständig-Sein?
L: Nun, das ist schon noch nicht ein richtiges Selbständig-Sein, wenn man zu Hause wohnt und in die Schule geht.
B: Aber sagtest Du nicht, Freiheit heißt für Dich eigentlich, unbeschränkt das machen können, was Du wolltest?
L: Doch!
B: Nun, Schule auferlegt doch auch viele Einschränkungen.
L: Ja, aber die Schule ist etwas Schönes, Tolles und Wichtiges. Weil, ich gehe gern …
B: Wenn das für Dich wirklich nur so wäre, dann wärst Du aber doch gar nie aus der Schule hinausgegangen?
L: Doch, weil, für mich lag das Problem gar nie bei der Schule, die Schule war gar nie das Problem für mich …
B: Sondern …?

4. Ausweitung der Problemkreise (Vernachlässigung; Kindstötung) durch die Patientin

L: … sondern es waren bei mir Probleme, die so unerwartet auf mich zugekommen sind und denen ich mich eben stellen musste. Weil sie mich so beschäftigt haben und ich mit ihnen irgendwie nicht fertig geworden bin, habe ich sie zu so großen Problemen gemacht, dass ich deshalb nicht mehr zur Schule gegangen bin …

B: Magst Du mir ein bisschen davon erzählen?

L: Ja, es ist einfach sehr viel passiert in meiner Vergangenheit … ich weiß jetzt nicht, ob ich das erzählen soll …

B: Du entscheidest!

L: Ja … meine Eltern sind ja extreme ›Drogenabstürze‹. Mein Vater ist jung, vor noch nicht allzu langer Zeit, an einer Überdosis gestorben. Ich habe noch eine Schwester, das heißt, ich hätte noch eine Schwester, die fast gleich hieß wie ich. Aber, als sie mitten im ersten Lebensjahr war, hat mein Vater sie umgebracht. Wie, ist jetzt eigentlich egal. Er ist am Abend meistens völlig zugepumpt nach Hause gekommen. Und dann hat er das Geschrei von uns Kindern irgendwie nicht ausgehalten. Weil, es ist ja ganz natürlich, ein Kind kann noch nicht mit Wörtern ausdrücken, was es will, und dann schreit es eben. Manchmal schreit es fünf Minuten, manchmal 20 Minuten und manchmal sogar zwei Stunden lang. Das hat er einfach nicht ausgehalten, ich weiß nicht genau, wie das war …

B: Das heißt – wenn Du ja nicht weißt, wie das genau war – so musst Du Dir das alles vorstellen?

L: Ja, ich war zwar schon dabei, aber ich war da ja noch so klein …

B: Eben, Du kannst nicht auf eine Erinnerung zurückgreifen und sagen, so war es.

L: Ja, und dann sind bei mir eben auch oft so Sachen passiert … zum Beispiel, als ich noch Milch gebraucht hätte, sind sie einfach für eine Woche verreist; sie haben mir eine Wurst hingelegt und sind gegangen. Und dann ist es irgendwann einmal eben dazu gekommen, dass man mich von dort weggenommen und in ein Kinderheim gebracht hat. Und danach bin ich schon bald zu meinen Pflegeeltern gekommen. Und das ist einfach so eine Kurzfassung von meiner noch ganz jungen Kindheit. Später ist dann schon noch viel anderes dazugekommen …

B: Hast Du das Gefühl, diese Kindheit, die ja viel Schreckliches enthalten hat, wirke sich in Dir drin noch aus?

L: Wie meinen Sie das: ›auswirken‹?

B: Etwa so: Hat Deine Kindheit eine Nachwirkung, beeinflusst sie Dich noch oder ist das wie eine Geschichte, die Du hörst und sagen kannst: »Ja, aber beeinflussen tut mich das gegenwärtig nicht mehr so sehr«?

L: Nun, es ist schon so, dass meine Mutter am meisten konsumiert hat, als sie mit mir schwanger war. Und so hat mich all das Zeug einmal schon recht stark mitgerissen; aber, da ich dann auch regelmäßig zur Psychiaterin gegangen bin, sind für mich die Dinge, die passiert sind, eigentlich schon ein Stück weit abgeschlossen, ich konnte sie verarbeiten.

B: Das heißt, Du hast einmal eine Therapie gemacht?

L: Ja.

B: Längere Zeit?

L: Ja, längere Zeit … etwa ein Jahr.

B: Und dann hast Du aufgehört?

L: Ja.

B: Warum? Hast Du gedacht, das reicht jetzt?

L: Weil ich fand, ich brauche es nicht mehr. Gut, es ist schon nicht so, dass alles ganz vergessen ist, klar, ich denke schon noch manchmal darüber nach, aber es ist nicht mehr so, dass, wenn ich darüber nachdenke, es mich irgendwie … voll …

B: … dass es Dir elend oder schlecht wird …?

L: Ja. Es hat auch eine Zeit gegeben, wo ich über all diese Dinge gar nicht reden konnte, aber jetzt ist es schon so weit, dass ich eigentlich darüber reden kann.

B: Konntest Du nicht darüber reden, weil es Dir zu sehr wehgetan hat, weil Du Dich geschämt hast oder weil Du wütend darüber warst?

L: Es war so, dass ich einfach meistens schon beim ersten Satz in Tränen ausgebrochen bin, und dann war ich irgendwie so voll … ich musste mich zurückziehen und es ist mir nicht besonders gut gegangen. Und jetzt ist es so: Ich habe irgendwann mal gemerkt, man kann nicht sein Leben lang vor den Problemen davonrennen, sondern man muss sich diesen Problemen stellen und sie bearbeiten.

B: Wie hast Du Dich diesen Problemen gestellt und wie hast Du sie bearbeitet?

M. Früher habe ich immer irgendwie versucht, sie wegzuschieben, sie zu vergessen, nicht daran zu denken und nichts davon zu erzählen und so, aber dann habe ich gemerkt, dass mich das nur noch mehr belastet, weil es ja immer nur noch stärker wird und einen mehr und mehr bedrückt. Und dann habe ich gemerkt: Wenn ich mich diesen Problemen stelle und mit jemandem darüber rede, dann bin ich danach wie ein Stück weit erleichtert, es geht mir ein bisschen besser. Wenn man das Schritt für Schritt macht, dann kann man das aushalten. Und so wollte ich dann auch zu einem Psychiater gehen.

B: Würdest Du meinen, die genannten Schwierigkeiten sind die Hauptprobleme von Dir oder gibt es noch andere?

5. Hinweise der Patientin auf weitere, im Moment noch nicht ansprechbare Schwierigkeiten

L: Es gibt noch zwei sehr extreme Probleme, aber ich will lieber nicht darüber reden.

B: Die sind jüngeren Datums?

L: Ja. Eines letzten Sommer und eines im Sommer vor zwei Jahren.

B: Diese beschäftigen Dich immer noch?

L: Nein, gar nicht mehr, aber …

B: Gibt es Leute, mit denen Du über diese beiden Probleme reden kannst?

L: Ja.
B: Und das tust Du auch?
L: Ja, mit zwei Personen. Meine Mutter, also meine Pflegemutter, ist dabei eigentlich die Hauptperson.
B: Deine Pflegemutter ist für Dich in Wirklichkeit ja Deine Mutter. Sie hat geschaut, dass Du aufwachsen konntest, dass es Dir gut geht.
L: Ja, sie ist für mich auch wie meine Mutter.

6. Eigenständigkeit, Schule, Beruf; Handeln, Weglaufen

B: Ich will noch einmal schnell auf die ›Freiheit‹ zurückkommen. Wenn Du sagst, Du brauchst sie – was würde passieren, wenn Du sie nicht hättest oder hast?
L: O. K., wenn ich jetzt gar keine Freiheit hätte, wenn ich immer so drin sein müsste, wie jetzt in der Klinik …
B: Hier gibt es aber relativ viel Freiheit im Vergleich zu einer geschlossenen Abteilung …
L: Natürlich, aber von einer Geschlossenen müssen wir schon gar nicht reden …! Ein bestimmtes Maß an Freiheit brauche ich. Die Freiheit, die man mit 18 hat, wenn man wirklich für sich alleine verantwortlich ist, die will ich gar noch nicht!
B: Du hast also den Eindruck, die Klinik sei für Dich doch schon eine ziemliche Einschränkung in Deinem Leben.
L: Ja, die Situation hier ist schon extrem schwierig für mich …!
B: Könntest Du mir das noch genauer erklären?
L: Ich fühle mich beobachtet, bewacht, kann nicht raus, kann nicht in die Schule, ich kann nicht …
B: Vor allem bist Du einmal mit Dir und anderen Jugendlichen zusammen. Denkst Du viel über Dich selbst nach?
L: Über mich selber? Manchmal schon!
B: Du ziehst es vor zu handeln?
L: Im Sinn von …
B: … etwas tun. Beim Nachdenken tut man ja auch etwas, aber das kann man ruhig in einem Sessel machen. Handeln hingegen heißt, sich bewegen, etwas unternehmen …
L: Ja. Ich bin eine, die eigentlich sehr genau weiß, was sie will, so denke ich …
B: Was willst Du denn?
L: Was ich will?
B: Ja, denn Du sagst: »Ich bin jemand, der genau weiß, was er will.« Magst Du etwas darüber sagen, was Du eigentlich …?
L: Ja, was will ich alles … ich will wieder ein normales Leben führen, mein Leben in den Griff bekommen, wieder zu Hause wohnen können, dann in die Schule gehen, das sind eigentlich so …
B: … ›in den Griff bekommen‹ … hast Du das Gefühl, Du hättest es aus dem Griff verloren?
L: Nun, ich habe es einmal nicht mehr so im Griff gehabt, nämlich damals, als ich in meiner Drogenzeit war. Jetzt ist es wieder am sich Aufbauen, jetzt habe ich es eigentlich wieder ziemlich im Griff – meiner Meinung nach!
B: Sind Deine Wünsche dafür verantwortlich, dass Du es aus dem Griff verlorst?

L: Ja, wenn mich bestimmte Sachen extrem reizen, dann mache ich schnelle Entschlüsse, überlege nicht viel, sondern handle einfach drauflos. Früher habe ich das zuviel gemacht, jetzt ist das eigentlich nicht mehr so schlimm.
B: Wo stehst du schulisch?
L: … ›schulisch‹ … in welcher Schule … oder?
B: Es gibt doch so etwas wie eine Schulpflicht, der man nachkommen muss …
L: Ja, im Sommer, der jetzt kommt, hätte ich eigentlich die Schule abgeschlossen. Ich habe sie eigentlich abgeschlossen, aber weil ich recht viel Schulstoff verpasst habe, möchte ich sie noch einmal wiederholen. Also, ich muss nicht, aber ich will eigentlich. Also ich würde jetzt im Sommer in die Mittelschule kommen.
B: Möchtest Du, wenn Du leistungsmäßig aufholen kannst, so etwas noch absolvieren?
L: Ja.
B: Was wäre Dein Ziel nach Schulabschluss?
L: Irgendeinen Beruf anfangen.
B: … ›irgendeinen‹?
L: Ich schwanke noch ein bisschen zwischen zwei Möglichkeiten: Seit ich ganz klein bin, liebe ich Kinder über alles und bin auch extrem viel, praktisch jeden Abend, beim Babysitten gewesen. Und jetzt schwanke ich recht stark zwischen dem Beruf einer Kinderkrankenschwester und dem, wie heißt jetzt das schon wieder, einer Sozialpädagogin. Weil ich denke, ich kann – das haben mir schon viele gesagt, weil ich das auch schon oft musste – mit anderen gut über ihre Probleme reden. Ich habe sehr viel gelernt in der Zeit, als ich selber so viele Probleme gehabt habe, und darum will ich eigentlich sehr gerne diesen helfen, die auch in dem drin sind, in dem ich selber auch einmal drin gesteckt bin.
B: Das kann ich gut verstehen, Du hast ja eine gewisse Fähigkeit hierzu. Vielleicht müsste man sich aber überlegen, ob Du nicht in erster Linie Dir helfen können musst, bevor Du den anderen zu helfen versuchst.
L: Ja, das ist klar.
B: Schön! Und das heißt, jetzt wären wir in der Phase, wo Du Dir helfen würdest.
L: Ja.
B: Aber mit dem Ziel, aufgrund dieser Erfahrungen nachher anderen helfen zu können?
L: Ja.
B: Wo würdest Du meinen, wo liegen Deine Stärken?
L: Meine Stärken … wie, meine Stärken?
B: Ja, denn Du vergleichst Dich gewiss auch mit anderen …
L: Eher vom schulischen her oder auch freiheitsmäßig?
B: Alles, Stärken und Schwächen, persönlich, in der Schule oder sonst wo.
L: O. K., früher hatte ich eine extreme Schwäche: Wenn ich etwas nicht gerne gemacht habe und es hätte durchziehen müssen, dann habe ich es nicht durchgezogen.
B: Dann hast Du aufgegeben.

L: Ja, und ich habe meistens zu früh aufgegeben. Mein Selbstvertrauen war früher nicht besonders gut. Und meine Stärken ... oh ... wenn ich mir etwas in den Kopf setze, dann ziehe ich es durch, das ist meine Stärke.

B: Du bist hartnäckig ...

L: Ich habe einen extrem starken Sturkopf. Wenn einmal etwas in meinem Kopf drin ist und ich das auch wirklich will, dann fliegen die Fetzen. Auf gut deutsch gesagt: Ich habe viel Power. Vielleicht sollte ich diese Kräfte manchmal woanders einsetzen.

B: Die Fetzen fliegen in Auseinandersetzungen mit anderen oder indem Du rücksichtslos wirst?

L: Nein, früher sind sie eher bei meinen recht heftigen Auseinandersetzungen mit meinen Eltern geflogen.

B: Jetzt, wo du so ganz ruhig und brav hier sitzt, ist es schwierig für mich, mir vorzustellen, wie es ist, wenn's bei Dir so heftig ist.

L: Ja ... wenn es dann eben gerade nicht so läuft, wie ich es im Kopf habe – denn ich bin etwas ungeduldig in einigen Dingen – oder es nicht so klappt, wie ich es eigentlich wollte, dann ist der Kochtopf schnell einmal ...

B: ...überlastet?

L: Ja. Ich werde dann einfach laut. Ich schreie nicht im Sinn von schreien, sondern werde einfach laut, meine Stimme wird relativ laut. Und wenn es dann noch ein wenig weitergeht, ja, dann verlasse ich das Zimmer, und manchmal knalle ich die Türe dann auch zu, ja ... und das war eigentlich alles vor allem in der Zeit, bevor ich hierher gekommen bin. Weil, meine Eltern haben sich eben immer fest Sorgen um mich gemacht. Aber ich habe immer gedacht, das ist unnötig, ich habe doch alles im Griff, was tun die denn so dumm? Okay, meine Mutter ist auch ein Fall für sich. Sie ist sehr ängstlich, so sind Mütter eben.

B: Du bist wenig ängstlich?

L: Ja, an gewissen Stellen fast zu wenig.

B: So, dass Du Dich manchmal auch in Gefahr begibst?

L: Ja, dieses Gefühl haben sie gehabt. Mich hat in diesen Momenten – das ist jetzt etwa vor neun Monaten gewesen – gar nichts mehr interessiert, ich handelte einfach.

B: Hast Du schon einmal eine Situation erlebt, wo's gefährlich geworden ist, weil Du fast die gegenteilige Haltung von Deiner Mutter, die überängstlich ist, eingenommen hast ...?

L: ...zum Beispiel auf die Kurve gehen oder so was?

B: Ich weiß es nicht ...!

L: Natürlich kommt mir all das bekannt vor (lacht). Wenn es mir einfach ausgehängt hat, dann bin ich eben von einem Tag auf den anderen weggegangen, fort, niemand hat gewusst wohin, nichts, und dann bin ich eben einmal zwei Monate irgendwo gewesen, ist ja egal wo, irgendwo im hinterletzten Kaff, und es wusste nun niemand, wo ich bin. Sie haben eine Fahndung hinausgeschickt, Polizei, alles – sie haben mich aber nicht gefunden! Und dann ist meine Mutter im Badezimmer in Ohnmacht gefallen und hat einen Nervenzusammenbruch erlitten. Sie musste in die Notfallstation eingeliefert werden, weil sie voll durch war. Das habe ich irgendwie ... ja, ich habe das irgendwie ... ich bin ja kein Hellseher, aber ich kann extrem gut nachfühlen, wie soll ich das sagen ... ich kann sogar manchmal jemandem vom Gesicht ablesen, dass er etwas hat, auch wenn er nicht zugibt, dass etwas los ist. Und so habe ich dann einfach einmal das Gefühl gehabt, es geht ihr irgendwie nicht gut. Ich habe dann von meinem Natel aus angerufen, gehört, dass sie im Spital ist, und bin wieder nach Hause gegangen. Aber gefunden hätten sie mich höchstwahrscheinlich nicht. Ja, und solche Dinge habe ich eben immer wieder gemacht. Immer, wenn es mir wieder ausgehängt hat ... bin ich »adios Amigos« gegangen, ohne nichts, ohne Kleider, ohne Billet, ohne Geld, einfach ohne nichts ... einmal, jetzt vor zwei Jahren, bin ich sogar von Italien in die Schweiz gefahren, als ich aus einem Lager abgehauen bin.

B: Es scheint mir einen Stolz bei Dir zu geben, dass Du Dich so durchschlagen kannst.

L: Ja, damals schon, aber jetzt lache ich darüber, lache über meine Dummheit. Es hat etwa 200 Euro Busse gekostet. Ich bin mit meiner Kollegin von Italien hierher zum Hauptbahnhof gefahren, einfach ohne nichts aus dem Lager abgehauen. Wir haben uns das gar nicht überlegt, sind einfach eingestiegen, und die Rechnung vom Billet haben wir nach Hause schicken lassen (lacht). Einfach alles solche Dinge. Wir waren so etwas von kindisch, so dumm!

B: ... ›dumm‹?

L: Doch, das war dumm!

B: Du hast einfach einem Impuls nachgegeben, hast nicht mehr überlegt. Aber wenn Du von ›dumm‹ sprichst, so nimmst Du Dir ein Stück von Dir weg, sprichst Dir Deine Intelligenz ab. Ich weiß nicht, ob das unbedingt nötig ist. Es war gewiss nicht ein kluges und überlegtes Handeln. Aber ich frage mich, ob diese plötzlichen Entscheidungen und Bewegungen (»wumm!«) nicht auch irgendeinen Zusammenhang mit anderen Erfahrungen von Dir gehabt haben könnten. Denn in Deinem Leben hat es ja auch ein »Wumm! Fort!« gegeben, damals, als Du von Deinen leiblichen Eltern fortgekommen bist. Und vorher, da war es ja nicht gut, vielleicht sogar unerträglich, aber als Baby konntest Du in solchen Momenten ja nicht einfach »wumm« fortgehen!

L: Ja.

B: Jetzt, als junge Frau, vermochtest Du das. So könnte man sich fragen, ob bei diesen Impulsen nicht vielleicht ein Unterschied zwischen der Vergangenheit und der Gegenwart wirksam geworden ist, nämlich der Triumph: Jetzt kann ich mich aus einer unerträglichen Situation selbst befreien; dazumal musste ich sie ertragen, habe eine Wurst erhalten statt zu trinken und all dem andern, was ich gebraucht hätte. Dies könnte bedeuten: Wenn man Power hat und handelt, dann kann man sich aus Schlimmem hinausbewegen. Aber es bleibt die Frage offen, ob dabei nicht alles noch schlimmer wird. Es könnte ja sein, dass derartiges Aktiv-Werden in dir wie zu einem automatisierten Handlungsmuster geworden ist, das Dich plötzlich überwältigt und Dich so wegtreibt, dass es kaum etwas anderes gibt.

L: Ja, es hat bestimmt etwas damit zu tun! Denn manchmal habe ich eine so extreme Spannung in mir und bin extrem traurig und heule, dass ich, wenn ich darüber nachdenke, mich selbst fragen oder von jemandem dazu befragt würde, keine Antwort auf die Warum-Frage hätte – ich weiß es einfach nicht.

7. Von außen nach innen, vom Handeln zu den eigenen Gefühlen und zu persönlichen intrapsychischen Konflikten

B: Ich finde, das ist eine sehr wichtige Beobachtung. Vielleicht zeigen Dir Deine Gefühle ein Stück des Wegs, vielleicht gehen sie voran und Du musst ihnen nur nachfolgen und schauen, ob Du sie bis zu ihren Quellen verfolgen kannst. Solche Quellen lägen wahrscheinlich in Dir drin, in irgendwelchen Vorstellungen, die wir beide jetzt nicht kennen. Das, was Du ›bearbeiten‹ genannt hast, ist vielleicht genau das, nämlich Gefühle zulassen, von denen Du noch gar nicht weißt, womit sie verknüpft sind. Sie könnten aber zu den Quellen hinführen, die im Moment noch nicht zugänglich, aber in Dir doch sehr wirksam sind. Wenn einen das Heulen überkommt, dann geschieht da etwas Wichtiges, auch wenn man es noch nicht begreift. Und so könnte ich mir schon vorstellen – aber das ist nur eine Vorstellung von mir, ich habe keine Ahnung, ob sie auch nur annähernd auf Dich zutrifft –, dass das in irgendeiner Weise damit zusammenhängt, dass es für Dich unverständlich geblieben ist, warum es Deinen leiblichen Eltern nicht möglich gewesen ist, angemessen zu Dir zu schauen, sich um Dich zu kümmern.

L: Ich weiß schon, warum.

B: Du weißt es … aber kannst Du es auch erfühlen?

L: Ich kann es manchmal spüren, aber nicht immer.

B: Wenn ich mir vorstelle, es hätte einerseits in Dir den Wunsch gegeben, Deine leiblichen Eltern hätten doch gut zu Dir schauen können, und andererseits gleichzeitig ein Akzeptieren der Realität vorliegt, dass das nicht möglich war, dann bilden Dein Wunsch und Deine Realitätsbezogenheit ein Spannungsfeld; die Realität entspricht nicht dem Wunsch. So etwas könnte einen ja schon zum Weinen bringen. Das Fehlen Deiner leiblichen Eltern haben wir bis hierher als ein Manko angeschaut. Aber man könnte ja auch sagen, du verfügst eigentlich über ein doppeltes Elternpaar und somit über mehr als alle anderen.

L: Ja, stimmt. Vor allem die leiblichen Eltern, die können einen ja nicht aussuchen, die kriegen das Kind einfach, aber meine Pflegeeltern, die haben mich richtig ausgesucht.

8. Verschiebungen im Alltag

B: Noch ein Gedanke zu der Rechnung, die Du Deinen Eltern hast schicken lassen. Dort frage ich mich, wer der eigentliche Adressat dieser Rechnung war. Vielleicht gibt es ›Rechnungen‹, die du gerne Deinen leiblichen Eltern geschickt hättest. Aber da die ja gar nicht zugänglich waren, hast Du sie stellvertretend Deinen Pflegeeltern geschickt, die vorhanden waren; so gesehen wäre der eigentliche Adressat aber jemand anderes gewesen.

L: Ja, ich habe oft, wenn ich irgendwie ärgerlich war oder in irgendeiner Hinsicht eine Wut auf meine leiblichen Eltern gehabt habe, dies an meinen Pflegeeltern ausgelassen, weil niemand anderes da war.

B: So etwas ist natürlich für Pflegeeltern schwer zu verstehen; sie werden zu ›Erben‹ für etwas, das sie gar nicht verdient haben, es auch nicht möchten und nicht wissen, wofür sie den Kopf hinhalten müssen. Für Dich war es wahrscheinlich wichtig, diesen Gefühlsbereich überhaupt ausdrücken zu können. Deine Sätze: »Ich brauche meine Freiheit« und »Wenn ich etwas im Kopf habe, dann hält mich nichts ab« … wirken aus dieser Perspektive gesehen wie Impulse, um aus einer Situation von Hilflosigkeit, absolutem Ausgeliefertsein und Unerträglichkeit hinauszukommen, um eine Trennung zu forcieren. Gleichzeitig sagst Du: »Ich will doch einfach zu Hause sein, in die Schule gehen und das beruflich erreichen können, was ich möchte.« Dies erscheint mir eine ganz andere Haltung und Botschaft zu sein, die die Sicherheit des Familienrahmens der Pflegeeltern nutzen möchte. Diese beiden doch sehr unterschiedlichen Tendenzen in Deiner Person zusammenzuhalten oder sie mit einer Brücke zu verbinden, scheint mir nicht so einfach zu sein. Es dünkt mich eine ziemliche große Aufgabe darzustellen, die beiden unterschiedlichen Ufer in Deinem Lebensstrom zu verknüpfen, daraus ein Ganzes zu machen. Das gleichzeitige Nebeneinander, Miteinander und Ineinander solcher Strebungen in Dir bedarf möglicherweise eines Nacheinanders.

L: O. K., das ist nicht so schlimm … ich denke, ich habe in diesen drei Wochen, die ich bereits hier bin, schon recht viel gelernt.

9. Vertiefung des Verständnisses und Formulierung von gemeinsam erarbeiteten Zielen für den stationären Aufenthalt

B: So könnte es ein Ziel von Dir für diesen Klinikaufenthalt sein, die Zeit so zu nutzen, dass Du mit dieser Integrationsarbeit anfangen könntest. Einzig, es gibt eine Schwierigkeit, nämlich dass niemand anderer sie an Deiner Stelle machen kann. Das heißt, Du musst die Baumeisterin von diesem Haus sein, die aus verschiedenen Materialen ein Ganzes zu machen versucht. Sind das Überlegungen, die Du nachvollziehen kannst?

L: Ja, ich kann sie schon nachvollziehen, aber ich kann sie noch nicht lösen. Kann ich noch einmal schnell zurück zu dem Punkt, dass ich nicht genau weiß, warum ich manchmal so traurig bin und eine solche Spannung in mir drin habe?

B: Sicher.

L: Ich habe mich eben gefragt, ob das auch etwas damit zu tun haben könnte, dass ich ja extrem früh vieles mitmachen musste. Nämlich als ich noch im Bauch meiner Mutter war, als sie soviel Drogen bis zum Absturz konsumierte und Tag für Tag nichts anderes tat als spritzen und sniffen und all das Zeug …

B: Das ist durchaus möglich. Nur weiß man noch viel zu wenig, was von diesen Erfahrungen wie gespeichert ist. Dass es aus der Zeit der Schwangerschaft, als man noch im Bauch der Mutter war, Erfahrungen gibt, ist klar. Du warst gezwungen, mitzumachen, du konntest gar nicht anders. Das ist gewiss eine wichtige Erfahrung. Wie sie gespeichert wurde und wie sie sich dann ausgewirkt hat, das kann Dir die Wissenschaft noch nicht sagen, da sie nicht so weit ist. Vielleicht weiß man in 50 oder in 100 Jahren mehr darüber. Aber wir haben jetzt bereits gemeinsam ein geteiltes Bild skizziert, wie es möglicherweise begonnen hat.

L: … dass ich anhand von dem sicher mehr gefährdet gewesen bin, das …

B. … das ist denkbar, ja. Als Baby im Bauch Deiner Mutter konntest Du jedenfalls gegen Spritzen und chemische Beeinflussung nichts tun. Diese Gefährdung war sicher vorhanden. Wie sich diese durch Dein ganzes Leben hindurchzieht, welche Wandlungen sie wann gemacht hat und wie sie sich jetzt zeigt, das weiß ich nicht, das müsste zusammen herausgefunden werden.

L: Es ist bei mir abgeschlossen, ich habe es durchgemacht und …

B: Das Weinen würde ich fürs Erste einmal dem kleinen Kind zuordnen, das bereits auf der Welt ist, das aber unerträgliche Zustände durchgemacht hat. Denn, was kann ein Kleinkind tun, wenn es nichts zu trinken bekommt, aber Durst und Hunger hat? Es bleibt ihm nur übrig, seine Stimme zu erheben. Und so denke ich mir, kann sich ein Verzweiflungsgefühl ganz lange ins Leben hineinziehen. Wie es wirklich ist, das kannst nur Du erspüren, wenn Du Dich längs dieser Gefühle zurücktastest; vielleicht kannst Du mit jemandem zusammen beginnen, diese Bereiche auszukundschaften. Dann wirst Du schließlich mehr sagen könne. In unserem Gespräch bleibt es vorerst eine Vermutung, die sich als richtig oder falsch erweisen kann. Wir sind aber hier am Ende unserer Zeit. Hast du noch etwas, das Du hinzufügen möchtest?

10. Nutzen des Settings, Vertiefung des Vertrauens, Benennung einer rezenten Traumatisierung durch die Patientin

L: Nein, ich hätte jetzt nur noch gerade etwas anhand meines Selbstwertgefühles erzählt, aber wenn die Zeit bereits um ist …

B: Soviel haben wir schon noch.

L: Dass mein Selbstwertgefühl so extrem geschrumpft ist, das hat eben verschiedene Gründe. Einer war das vor zwei Jahren; aber ich kann es schon langsam wieder aufbauen. Dort ist eben etwas passiert, das wohl jedem Menschen, dem so etwas widerfährt, das Selbstvertrauen nimmt.

B: Hierzu kann ich nur sagen: Wenn es Dir während des Spitalaufenthaltes gelingt, Dein Selbstvertrauen wieder aufzubauen, sodass es trägt, dann ist das wesentlich für Deine Entwicklung. Warum es so schwer beeinträchtigt worden ist, weiß ich nicht, dazu kenne ich Dich noch zu wenig. Offenbar erfolgte dies durch ein Einzelereignis.

L: Es war wegen eines einzelnen Ereignisses: Ich bin vor zwei Jahren vergewaltigt worden.

B. Das ist eine sehr schlimme Sache, eine massive Verletzung, eine Demütigung! Vielleicht lohnt es sich, weiter darüber nachzudenken, warum diese schlimme Erfahrung imstande war, dein Selbstwertgefühl so anhaltend zu beschädigen.

L: Du fühlst dich so … als ob du gar nichts wert wärst …

B: Du bist missbraucht worden. Da liegt bereits in der Sache eine große Belastung. Aber, wenn man gedemütigt und missbraucht wird, so wird man doch auch ungeheuer wütend. Möglicherweise musst Du aufpassen, dass Du Deine enorme Wut nicht gegen Dich wendest, Dein eigenes Selbstwertgefühl konstant angreifst. Die Verletzung hinterlässt eine Narbe und es ist wesentlich, dass diese gut ausheilt, damit du Dich als junge Frau weiterhin gut fühlen kannst. Und deshalb finde ich es zentral für Deine Entwicklung, dass Du davon sprichst, Dein Selbstwertgefühl wieder aufzubauen versuchst. Denn sonst beeinträchtigt Dich diese schlimme Erfahrung in jeder Liebesbeziehung, sowohl in der Sexualität als auch bei der Zärtlichkeit. Das Ausheilen geht bis zur Vernarbung, es bleibt die Erinnerung an eine sehr schmerzliche Erfahrung; aber es gibt keine gesetzmäßige Verknüpfung mit ewiger Demütigung oder Entwertung. Vielleicht wirst Du Dich in Beziehungen sorgfältiger und vorsichtiger bewegen als bisher. Um vertiefter auf diese Dinge einzugehen, dazu reicht uns die Zeit nicht, obwohl gerade auch dieses letzte Ereignis, von dem Du zu sprechen begonnen hast, ein sehr wichtiger Punkt in Deinem Innenleben ist. Ich schlage also vor, wir alle versuchen zusammen einmal fest zu überlegen, was Du für Deine Entwicklung und für die damit verbundene Arbeit brauchst; aber auch, wie Du mit den inneren und äußeren Realisierungen Deiner Zielsetzungen umgehen kannst. Bezüglich der Schule, der Berufswahl und dem Nachhause-Gehen etc. müssen wir schauen, ob wir zu einer gemeinsamen Sicht kommen. Ich danke Dir für Deine Offenheit; ich habe den Eindruck erhalten, dass Du Dich auf dem Weg einer ernsthaften Auseinandersetzung mit Dir befindest.

44 Prävention

Jochen Haisch[1]

Inhalt

44.1	Einleitung	574
44.2	Allgemeine Risikofaktoren	575
44.3	Präventionsmaßnahmen 1: Ansetzen an Risikofaktoren	577
44.4	Präventionsmaßnahmen 2: Ansetzen an Symptomen	581
44.5	Elternprogramme	586
44.6	Fazit	587
Literatur		588

Zusammenfassung

Interventionen zur Verhinderung psychischer (und körperlicher) Erkrankungen gelten bei der Zielgruppe der Jugendlichen und jungen Erwachsenen als besonders aussichtsreich. Während bei Erwachsenen gesundheitsbezogene Einstellungen und Verhaltensweisen als weitgehend verfestigt angesehen werden, gelten diese bei der jüngeren Zielgruppe als leichter veränderbar. Es werden daher Präventionsmaßnahmen zur Reduktion von Risikofaktoren und zur Beeinflussung von Krankheitssymptomen bei Jugendlichen und jungen Erwachsenen berichtet und deskriptiv mit entsprechenden Maßnahmen bei Erwachsenen konfrontiert. Bei den besprochenen Maßnahmen gegen Risikofaktoren werden die „klassischen" Risikofaktoren ausgewählt: Alkohol, Nikotin, Fehlernährung, Bewegungsmangel, Stress. Berichtete Maßnahmen, die an Symptomen ansetzen, umfassen Verkehrsunfälle, Aggression, Delinquenz, Suizid und Selbstverletzung, AIDS und auffälliges Sexualverhalten, Drogen, Depression und Angst. Alle Maßnahmen zeigen eine gewisse Wirksamkeit, selten jedoch über einen längeren Zeitraum. Ebenso selten lässt sich eine überlegene Wirksamkeit der Maßnahmen bei Jugendlichen und jungen Erwachsenen gegenüber denjenigen bei Erwachsenen konstatieren. Maßnahmen, die an den allgemeinen Risikofaktoren für Krankheit und auffälliges Verhalten ansetzen und sich beispielsweise den gesunderhaltenden Persönlichkeitsfaktoren (Resilienz) als zu stärkenden persönlichen Ressourcen widmen, zeigen teilweise zeitstabilere Resultate, ebenso Programme, die sich an die Eltern von Problemkindern wenden. Dieser Befund macht deutlich, dass präventives, an Risiken und Symptomen orientiertes Vorgehen an Wirksamkeit gewinnen kann, wenn es durch gesundheitsfördernde, an den individuellen Ressourcen Betroffener ansetzende Maßnahmen ergänzt wird.

44.1 Einleitung

Spricht man heute von Prävention, rückt das Jugendalter schnell in den Fokus. Im Erwachsenenalter werden oftmals nur noch geringe Chancen gesehen, erfolgreich Prävention zu betreiben, weil gesundheitliches Risikoverhalten hier kaum mehr als veränderbar angesehen wird. Demgegenüber erscheint Prävention im Jugendalter in vielen Fällen aussichtsreicher, die Beeinflussbarkeit von riskanten Einstellungen und Verhaltensweisen größer zu sein. Außerdem ist eine Reihe von Risiken bekannt, die sich speziell im Jugend- und jungen Erwachsenenalter entwickeln. Denen sollte mit Präventionsmaßnahmen in diesem Lebensalter begegnet werden. Eine Perspektive auf Risikoverhaltensweisen Jugendlicher und junger Erwachsener als Mittel zur Bewältigung von Entwicklungsaufgaben kann das Bemühen um Prävention in diesem Lebensabschnitt hingegen infrage stellen, weil vielerlei Risikoverhaltensweisen mit wachsendem Lebensalter und mit neuen Lebensaufgaben verschwinden. Ist Prävention im Jugend- und jungen Erwachsenenalter also besonders aussichtsreich oder ist sie gar überflüssig? Für eine Stellungnahme zu diesen Fragen werden im Folgenden in erster Linie Metaanalysen und experimentelle Studien herangezogen. Im Anschluss an das Risikofaktorenmodell, das eine möglichst frühzeitige Entdeckung und Bekämpfung von Risiken im Rahmen des pathogenetischen Prozesses zum Inhalt hat, werden zunächst die allgemeinen Risiken als Ansatzpunkte für Krankheitsprävention dargestellt. Danach folgen die auf überdauernde Risiken gerichteten Präventionsprogramme für Jugendliche und schließlich die auf vorübergehende gesundheitliche Risiken bei Jugendlichen ausgerichteten Programme zur Prävention.

---

[1] Folgende Personen haben mich bei der Abfassung des vorliegenden Manuskriptes großzügig mit Material und Ideen unterstützt: Manfred Bornewasser, Greifswald; Ilka Haisch, Ulm; Sarie Ann Haisch, Tübingen; Rainer Hornung, Zürich; Bernd Röhrle, Marburg; Ekkehard Rosch, Chemnitz; Manfred Wildner, München. Allen sei aufs herzlichste gedankt.

44.2 Allgemeine Risikofaktoren

Für die Prävention ist das Jugend- und junge Erwachsenenalter ein wichtiges Zeitfenster, weil sich gesundheitsbezogene Verhaltensweisen hier verfestigen (Pfaff 2006). Das präventive Vorgehen kann man in

- ein Bemühen um Reduktion der Krankheitsinzidenz (Primärprävention),
- ein Bemühen um die Reduktion der Krankheitsprogredienz (Sekundärprävention) und
- ein Bemühen um die Milderung der Krankheitskonsequenz (Tertiärprävention)

einteilen.

Weitere Unterteilungen betreffen die universelle (Bevölkerungsansatz), selektive (Risikoansatz) und indizierte Prävention (Symptomansatz). Besonders Erfolg versprechend scheinen vor allen Dingen die selektive und die indizierte Prävention zu sein, weil hier in besonderem Maße zielgruppenorientiert gearbeitet werden kann (dieses Arbeiten ist allerdings auch im Rahmen universeller Ansätze denkbar, wie multimodale Ansätze mit einem Maßnahmenbündel zeigen). Insbesondere von der Primärprävention werden erhebliche Kosteneinsparungen im Gesundheitswesen erhofft.

44.2.1 Einstellungen zum Risiko

Schädlichen Einstellungen und Intentionen sollte rechtzeitig entgegengewirkt werden. Kritisch ist die typische Einstellung Jugendlicher „Mir passiert so was nicht", der eine Geringschätzung von Risiken und Gefahren zugrunde liegt (Seiffge-Krenke 1997). Die Häufung von Unfällen im Jugendalter, eine der Haupttodesursachen in diesem Lebensabschnitt, scheint auf dem extremen Nichtbeachten der Risiken zu beruhen (beispielsweise vom „S-Bahn-Surfen", „Bungee-Jumping" bis zum schnellen Autofahren). Hinzu kommt, dass gerade für Jugendliche die kurzfristigen Konsequenzen einer Handlung herausragende Bedeutung haben und die längerfristigen unbeachtet bleiben. Das lässt die erst längerfristigen negativen Folgen eines riskanten Verhaltens gegenüber den kurzfristig angenehmen Folgen unbedeutend erscheinen. Hier geht es darum, die Einstellung zum Risikoverhalten zu verändern und beispielsweise männlichen Jugendlichen, die Risikohandlungen um ein Vielfaches häufiger zeigen als weibliche, Alternativen zu ihrem Rollenverständnis und zur Selbstwerterhöhung zu demonstrieren. Allgemein zu beachten gilt es allerdings in diesem Zusammenhang, dass der Prozentsatz Jugendlicher mit riskanten Verhaltensabsichten unter demjenigen der Gesamtbevölkerung liegt und dass der Anteil Jugendlicher, die ein beabsichtigtes Risikoverhalten auch tatsächlich ausführen, noch einmal deutlich geringer ausfällt (Bornewasser u. Glitsch 2006).

Der Jugendgesundheitssurvey (Hurrelmann et al. 2003) ergibt zwar, dass mehr als die Hälfte der Befragten von einer behandlungsbedürftigen Verletzung innerhalb der letzten zwölf Monate berichtet. Unfallstatistiken zeigen jedoch, dass Unfälle Jugendlicher im Rahmen „etablierter" Sportarten (Handball, Fußball, Skifahren) diejenigen riskanter Sportarten (Rafting, Drachenfliegen, Canyoning) dramatisch übertreffen (Bornewasser u. Glitsch 2006).

Mit sozialstrukturellen Maßnahmen konnte interessanterweise Unfällen infolge extremen Risikoverhaltens zum Teil entgegengewirkt werden: U- und S-Bahn-Surfen ließen sich dadurch einschränken, dass die entsprechenden Verkehrsbetriebe Vorkehrungen trafen und zum Beispiel ein Öffnen der Türen während der Fahrt unmöglich machten.

44.2.2 Persönlichkeitsfaktoren

Dispositionaler Optimismus wird als allgemeine Erwartungshaltung einer Person definiert, dass ihr positive Dinge im Leben widerfahren werden.

In unterschiedlichen Untersuchungen konnte dispositionaler Optimismus immer wieder Gesundheitsverhalten vorhersagen (u. a. Medikamenteneinnahme, Diäteinhaltung, Krankenhausaufenthalte; Scheier u. Carver 1992).

Bekannt geworden ist der Persönlichkeitstyp, dem ein sogenanntes Typ-A-Verhalten unterstellt wird: Sein ungeduldiges, ehrgeiziges, feindseliges oder aggressives Verhalten, seine Neigung zum Konkurrenzdenken sollen für koronare Herzerkrankungen prädisponieren (das gegenteilig zusammengesetzte Verhaltenssyndrom heißt Typ-B-Verhalten). Empirisch bestätigt hat sich allerdings vor allem nur ein Zusammenhang von Feindseligkeit und Gesundheitsverhalten (u. a. weniger Sport, mehr Alkohol und Zigaretten, weniger Schlaf).

Ein Typ-C-Verhalten als Disposition für die Entwicklung einer Krebskrankheit hat sich empirisch ebenfalls nicht bestätigt.

Breitere Bestätigung fanden dagegen die fünf Faktoren eines Persönlichkeitsmodells (Neurotizismus, Extraversion, Offenheit, Verträglichkeit und Gewissenhaftigkeit) als Risiko- oder Schutzfaktoren für Krankheit und Gesundheit. Hohe Gewissenhaftigkeit und hohe Verträglichkeit korrelieren demnach deutlich mit gesundheitsförderlichem Handeln. Neurotizismus, Extraversion und Offenheit für neue Erfahrungen stehen dagegen eher mit gesundheitsschädlichem Verhalten in Zusammenhang (McDade-Montez et al. 2007).

Soziale Persönlichkeitsmerkmale ergeben zunächst ethnisch bedingte Ernährungsunterschiede, Unterschiede bei

Gewicht und Alkoholkonsum, z. B. zwischen Afroamerikanern, Hispanoamerikanern und weißen US-Amerikanern. Außerdem rauchen und trinken Frauen weniger und ernähren sich gesünder als Männer, wobei allerdings der Anteil rauchender junger Frauen stetig zu- und derjenige junger Männer abnimmt (McDade-Montez et al. 2007). Schließlich zeigt sich, dass mit zunehmendem Lebensalter vielerlei gesundheitsförderliche Verhaltensweisen (gesunde Ernährung, Sonnenschutz, Zahnpflege) häufiger neu auftreten, nicht so allerdings die sportliche Betätigung. Damit könnte zunehmendes Lebensalter einerseits tendenziell das Verschwinden nachteiliger Persönlichkeitseinflüsse auf Gesundheit und Krankheit bedeuten, andererseits aber auch für neu entstehende Gesundheitsprobleme verantwortlich sein.

Persönlichkeitsentwicklungsstörungen werden stark von sozialen Variablen (sozialer Status, Trennungsfolgen, Migration etc.) bestimmt (Fegert 2004). Dementsprechend geht das Sozialisationsmodell der Gesundheit (Hurrelmann 2006) davon aus, dass jeder Einzelne sich über die gesamte Lebensspanne mit seiner inneren und äußeren Realität auseinandersetzen muss, um seine Persönlichkeit aufzubauen und weiterzuentwickeln.

Das Konzept der Resilienz fasst viele der berichteten Ansätze und empirischen Befunde zusammen.

> Mit **Resilienz** ist eine relative und variable Widerstandskraft gegenüber belastenden Ereignissen umschrieben, die eine gesunde Entwicklung trotz hoher Risiken, den Erhalt von Kompetenzen trotz Belastung und die Erholung von einem schweren Trauma erlaubt.

Die widerstandsfähigen Jugendlichen überstehen familiäre Belastungen, sozialen Abstieg, Delinquenzbelastungen, Misshandlung oder Heimaufenthalte mit weniger nachteiligen psychischen oder sozialen Folgen und bleiben dauerhaft gesünder.

Oft zählen zur Resilienz ein unproblematisches Temperament (u. a. mit geringer Irritierbarkeit, gutem Anpassungsvermögen und Interesse an Neuem), kognitive Kompetenz und Kommunikationsfähigkeit, internale Kontrolle, Selbstvertrauen, Selbstwert und Selbstwirksamkeit, emotionale Bindung und soziale Unterstützung durch die Familie und andere. Diese Faktoren moderieren zwischen Risikofaktoren und Störung, ohne eine unmittelbare positive Erlebnisqualität für den Betroffenen haben zu müssen (Bender u. Lösel 1998).

44.2.3 Pubertät, Familie, Peers

Die Pubertät ist eine Phase stark belastender, kritischer Lebensereignisse, mit ihr ergeben sich einschneidende Veränderungen und damit eine besondere Anfälligkeit für Gesundheitsprobleme. Während vor der Pubertät Jungen als anfälliger für Krankheiten gelten und Mädchen ein intakteres Immunsystem unterstellt wird, kehren sich diese Verhältnisse nach der Pubertät um und Jungen haben die besseren Abwehrkräfte gegen Krankheit als Mädchen (Seiffge-Krenke 1997). Mit der Pubertät und der Ablösung vom Elternhaus spielt im Leben eines Jugendlichen Gesundheit nur noch eine untergeordnete Rolle. Stattdessen gewinnt das Bemühen um Anerkennung und Stellung in der Gleichaltrigengruppe sowie um eigenverantwortliche Kontrolle der Umwelt stark an Bedeutung. Das zeigt sich beispielsweise bei der Wahl von Vertrauenspersonen für private und intime Botschaften. Diese Person ist bis etwa zum 15. Lebensjahr vor allem die Mutter. Ab diesem Zeitpunkt wählen die Jugendlichen für Sorgen, Probleme und persönliche Erfahrungen zunehmend häufiger Altersgenossen, und zwar zunächst gleichgeschlechtliche, später dann eher gegengeschlechtliche (Roth et al. 2003).

> Die Gleichaltrigen- und Bezugs-Gruppe (Peers) sowie die soziale Stellung des Jugendlichen beeinflussen die Entwicklung seiner gesundheitsrelevanten Verhaltensweisen und Gewohnheiten. So sind beispielsweise Jugendliche mit niedrigem Sozialstatus häufiger übergewichtig und zeigen insgesamt ein schlechteres Ernährungsverhalten sowie einen häufigeren Gebrauch psychoaktiver Substanzen (Hurrelmann 2006)

Die entwicklungspsychopathologische Perspektive (Pinquart u. Silbereisen 2004) macht die Abhängigkeit jugendlicher Gesundheitsprobleme von Störungen der Eltern und der familiären Beziehungen deutlich. „Klassisch" sind dabei die Abhängigkeiten jugendlicher Gesundheitsstörungen von mütterlicher Schizophrenie.

> Neuere Untersuchungen ergeben beispielsweise eine Abhängigkeit jugendlicher Gesundheitsstörungen von der Alkoholsucht der Eltern. Kinder von Alkoholikern haben ein vierfach erhöhtes Risiko für eigenen Alkoholmissbrauch. Und Kinder alleinerziehender Mütter mit Missbrauchserfahrung werden zu über 80 % selbst wieder missbraucht.

Andererseits ist die Familie das geradezu sprichwörtliche soziale Unterstützungssystem. Positive Familienverhältnisse stellen einen Schutzfaktor dar, der Gesundheitsprobleme vom Säuglingsalter bis zum hohen Alter verhindert (Sanders u. Ralph 2005). Der Jugendgesundheitssurvey ergibt zwar (Hurrelmann et al. 2003), dass Kinder Alleinerziehender größeren emotionalen und gesundheitlichen Belastungen ausgesetzt sind, allerdings kann dieser Nachteil offenkundig durch eine andauernde Beziehung zum ausgezogenen Elternteil oder zu den Großeltern aufgefangen werden.

44.2.4 Schule, Arbeit, Migration

Schule ist im Leben Jugendlicher ein zentraler Stressfaktor. Die Stressbelastungen steigen außerdem über die Schuljahre und Klassenstufen hinweg an. Mehr als ein Drittel der jugendlichen Schüler berichtet mindestens einmal die Woche über Kopf- oder Bauchschmerzen. 60 % der Schüler leiden sogar mindestens einmal wöchentlich unter Schlafstörungen (Lohaus u. Klein-Heßling 2006). Besonders die älteren Schüler sind mit ihren Schulen häufig unzufrieden und machen sich um ihre berufliche Zukunft Sorgen.

> ! Im Einzelnen bestimmen die Wahrnehmung der Unterrichtsqualität, die Arbeitsanforderungen und die Schulfreude die Häufigkeit psychosomatischer Beschwerden der Schüler wie auch das Auftreten von Gewalt. Opfer von Mobbing und Schlägereien zeigen eine deutlich beeinträchtigte mentale Gesundheit und häufige psychosomatische Beschwerden. Vermehrter Alkoholkonsum steht ebenso in Verbindung mit einer Unzufriedenheit mit dem schulischen Umfeld, mit schlechten Schulleistungen und geringer schulischer Kompetenz (Hurrelmann et al. 2003).

Während hoher Konkurrenzdruck und unbefriedigende Entscheidungs- und Kontrollmöglichkeiten im Berufsleben in früheren Untersuchungen noch einen engen Zusammenhang vor allem mit Herz-Kreislauf-Erkrankungen zeigten, scheint sich hier durch eine Veränderung der westlichen Industrien hin zum Einfluss der neuen elektronischen und Kommunikationstechnologien auch eine Veränderung in den daraus resultierenden chronischen Krankheiten zu ergeben. So nehmen Krebserkrankungen, psychosomatische und psychische Krankheiten zu.

Aber auch die Arbeitslosigkeit gefährdet die Gesundheit. Schon die Gefahr des Verlustes des Arbeitsplatzes bedingt ein massives Anwachsen psychosomatischer Beschwerden, wie Kopfschmerzen, Schlafstörungen oder Herzbeschwerden. Ist die Arbeitslosigkeit dann eingetreten, führt sie (im Vergleich zu Erwerbstätigen) zu einem höheren Tabakkonsum und schlechterem Ernährungsverhalten (Hurrelmann 2006).

Migranten sehen sich einem hohen Maß gesundheitlicher Gefährdungen ausgesetzt, darunter Zugangsbarrieren zum Gesundheitssystem. Unter ihnen ist der Anteil sozial Deprivierter besonders hoch. Sie teilen die gesundheitlichen Risiken der entsprechenden einheimischen Bevölkerung. Hinzu kommen aber noch spezifische Belastungen, wie zum Beispiel Trennungserfahrungen, Entwurzelung, Statusverlust und Identitätskrisen. Daraus ergibt sich eine erhöhte Rate von Infektionskrankheiten, Störungen im Magen-Darm-Bereich, Erkrankungen des Stütz- und Bewegungsapparates (Hornung 2004). Interessant sind auf der anderen Seite die oftmals höheren Durchimpfungsraten bei Kindern aus Migrantenfamilien im Vergleich mit der einheimischen Bevölkerung.

44.3 Präventionsmaßnahmen 1: Ansetzen an Risikofaktoren

Weil sich im Jugendalter die Einstellungen und Verhaltensweisen im Zusammenhang mit körperlicher und psychischer Gesundheit erst verfestigen, liegt es nahe anzunehmen, dass Präventionsmaßnahmen hier erfolgreicher sein können als im Erwachsenenalter. Im Folgenden sollen daher die Ergebnisse von Präventionsmaßnahmen im Jugend- und Erwachsenenalter mit vergleichbarem Ziel einander gegenübergestellt werden. Der Vergleich erfolgt deskriptiv am Beispiel von Maßnahmen gegen Alkohol, Nikotin, Fehlernährung, Bewegungsmangel und Stress auf der Basis empirischer Untersuchungen.

44.3.1 Ernährung und Gewichtskontrolle

Schwarzer (2004) betont für Erwachsene die begrenzte zeitliche Wirksamkeit von Diäten und fordert an deren Stelle die Umstellungen der Ernährungs- und Lebensweise, um nicht in einen Zyklus von Gewichtsab- und -zunahme zu geraten. Dem entsprechen Programme zur Verhaltensmodifikation, darunter vor allem solche, die zusätzlich zur detaillierten Verhaltensanalyse die körperliche Aktivität fördern, soziale Unterstützung durch Gleichbetroffene und Vorbilder organisieren sowie kognitive Umstrukturierungen dysfunktionaler Selbsteinschätzungen initiieren.

Die Erwartung, Kompetenz zur Regulierung der Nahrungsaufnahme und des Gewichts zu besitzen, erlaubt die Vorhersage der Kalorienaufnahme bei Erwachsenen über ein halbes Jahr hinweg. Metaanalysen von Programmen zur Verhaltensmodifikation bei Übergewicht zeigen überwiegend, dass bis zu 1 kg pro Woche über bis zu 20 Wochen hinweg verloren wird. Oft erbringen die Programme aber nur eine durchschnittliche Gewichtsreduktion von 9 kg und man ist immer noch zufrieden, wenn weniger als 30 % davon nach einem Jahr wieder zugenommen werden.

Zum Prozess des Rückfalls gibt es verschiedene psychologische Analysen. Haisch et al. (1985) zeigen empirisch, dass Übergewichtige mehrheitlich unveränderliche Ursachen für ihr Übergewicht sehen: den „schweren" Knochenbau, die „übergewichtige" Vererbung, die „mangelhafte Drüsenfunktion". Schon während einer Gewichtreduktionsmaßnahme erwarten sie daher nicht, selbst etwas gegen das Übergewicht tun zu können. Treten dann nach der Maßnahme erste Schwierigkeiten im Verhalten oder Erleben auf, sehen sie sich in ihrer anfänglichen Ursachenzuschreibung bestätigt und geben das aktive Bemühen um Gewichtsminderung auf. Dieser Prozess kann durch ein spezielles Reattributionstraining, das die Veränderung der ursprünglichen hinderlichen Ursachenzuschreibungen der Übergewichtigen vor allem durch die Vermittlung und das Erleben neuer Erfahrungsinhalte zum Ziel hat, abgeschwächt werden, sodass ein halbes Jahr nach einer Gewichtsreduktionsmaßnahme signifikant weniger Rückfälle stattfinden.

Sind indizierte Programme für übergewichtige Jugendliche erfolgreicher? Röhrles (2007) umfassender Überblick über Präventionsprogramme zeigt für übergewichtige Jugendliche, dass die längerfristigen Erfolge auch bei dieser Zielgruppe weitgehend ausbleiben.

In einer Studie wurden sowohl Aspekte einer selektiven als auch einer indizierten Prävention berücksichtigt, denn es wurden übergewichtige, untergewichtige und Schüler mit Risikofaktoren für eine Essstörung untersucht. Interventionsschulen wurden hinsichtlich soziodemographischer Variablen mit Kontrollschulen gematcht. In den Interventionsschulen fanden eine schulorientierte und eine familienorientierte Intervention statt. Die Schüler erhielten Ernährungsunterricht und ein Bewegungsangebot in den Pausen, es wurden außerdem Elternabende und für Lehrer eine ernährungsbezogene Fortbildung angeboten. Im Rahmen der familienorientierten Intervention wurden Familien mit einem übergewichtigen Schüler oder solche mit zumindest einem übergewichtigen Elternteil zu Hause aufgesucht und die Themen Ernährung, Bewegung und Essverhalten besprochen. Knapp die Hälfte der Eltern gab nach etwa einem Jahr an, dass ihre Kinder nach der Intervention weniger fernsehen und fettärmere Mahlzeiten zubereitet werden. Das Ernährungswissen der Jugendlichen verbesserte sich und ihre Fettmasse verringerte sich, während sich ihre fettfreie Masse erhöhte.

Dagegen setzen Dannigkeit et al. (2002) ein universelles Trainingsprogramm zur Verhinderung von Essstörungen. Die fünfstündige schulbasierte Intervention umfasst eine kritische Auseinandersetzung mit dem Schönheitsideal, Information über ausgewogene Ernährung, eine Genussübung und Darstellung der Essstörungen sowie ein Problemlösetraining und Training sozialer Kompetenzen. Im Vergleich mit der Kontrollgruppe ergab sich ein Wissensanstieg bei der Experimentalgruppe, das Selbstwertempfinden der Teilnehmer und ihr Essverhalten konnten nicht verändert werden.

Röhrle (2007) verdeutlicht, dass diese exemplarischen Ergebnisse typisch für Essstörungsprogramme mit Jugendlichen sind. In sehr vielen Studien ergibt sich ein Wissenszuwachs nach Intervention, weit seltener eine Veränderung des Essverhaltens oder des Selbstwertempfindens. Kürze und mangelnde Intensität vieler Programme verhindern offenbar eine Veränderung stabiler Merkmale (Röhrle 2007).

Allerdings liegen hier neue Befunde einer experimentellen Kurzintervention bei Jugendlichen mit erhöhtem Risiko für eine Essstörung vor, die zeigen, dass das Verfassen eines knappen Aufsatzes gegen das Schlankheitsideal noch nach drei Jahren eine Reduktion von 60 % gegenüber dem erwarteten Prozentsatz neuer Essstörungen ergibt (Stice et al. 2008). Ist eine kurze und wenig intensive Intervention theoretisch sehr gut fundiert, kann sie durchaus längerfristig eine präventive Wirkung erzielen.

44.3.2 Körperliche Aktivität

Bei der Bestimmung der Folgen körperlicher Inaktivität leistete Hollmann (2004) Pionierarbeit. Schon wenige Tage einer strengen Bettruhe gesunder Erwachsener reduzieren die Leistungsfähigkeit von Herz, Kreislauf, Atmung und Stoffwechsel. Andererseits beeinflusst bereits ein minimales körperliches Trainingsprogramm an wenigen Tagen der Woche das Herz-Kreislauf-System und die Atmung vorteilhaft. Trainingseffekte auf den Stoffwechsel erfordern etwas länger dauernde Trainingseinheiten (Hollmann 2004).

Haisch und Stoll (1994) führten eine experimentelle Studie mit 45 bewegungsarmen Patienten durch. Die Hälfte der Patienten erhielt ein Bewegungsprogramm, das auf die individuelle Leistungsfähigkeit (gemessen mit dem Fahrradergometer) und die individuellen Präferenzen (jeder Patient konnte die Sportart wählen, in der er trainieren wollte) aufbaute. Durch das in Hausarztpraxen durchgeführte achtwöchige Sportprogramm erhöhte sich die Leistung der Teilnehmer auf dem Fahrradergometer signifikant, insbesondere wenn die Teilnehmer zusätzlich zum Sportprogramm motivational unterstützt worden waren. Schwarzer (2004) berichtet von einer ähnlich angelegten Untersuchung, bei der die regelmäßigen Trainingsteilnehmer systematisch nachuntersucht worden waren. Danach behielten mit wachsendem Abstand vom eigentlichen Trainingsprogramm immer weniger Personen die körperliche Aktivität bei. Nach drei Monaten zeigten noch 45 % der Teilnehmer die ursprünglich erzielte körperliche Fitness, nach sechs Monaten waren es noch 39 %, nach zwölf Monaten 36 %. Besonders hoch waren die Abbruchquoten bei Herz-Kreislauf-Kranken und Übergewichtigen (Vögele 2007).

Im Jugendgesundheitssurvey gibt die Mehrheit der Jugendlichen (Jungen durchschnittlich häufiger als Mädchen) an, an zwei oder drei Wochentagen körperlich aktiv zu sein. Gleichzeitig verbringen Jugendliche (wieder mehr Jungen als Mädchen) an Schultagen 2,3 Stunden täglich vor dem Fernsehapparat und 1,1 Stunden vor dem Computer (Hurrelmann et al. 2003). Mehr als die Hälfte aller jugendlichen Mitglieder von Sportvereinen verlässt zwischen 14 und 18 Jahren den Verein wegen konkurrierender Interessen. Schlechte Erfahrungen mit dem Schulsport rangieren außerdem in der Spitzengruppe der Gründe, weshalb Jugendliche das Sporttreiben aufgegeben haben. Häufig ausfallender schulischer Sportunterricht kann zu den schlechten Schülererfahrungen beitragen, bedingt aber einen deutlichen Zuwachs gesundheitlicher Probleme gegenüber Schülern mit regelmäßigem Sportunterricht (Pfaff 2006).

Starke Verminderungen regelmäßiger sportlicher Aktivitäten sind im Jugendalter zu beobachten. Ein Vergleich der Ergebnisse von „reinen", also nicht mit anderen Inhalten kombinierten Maßnahmen der Bewegungsförderung bei Jugendlichen und Erwachsenen scheint aufgrund der sehr unterschiedlichen Ausgangs- und Problemlagen in den beiden Altersklassen kaum möglich zu sein. Die Ergebnisse der unterschiedlichen Maßnahmen gegen Bewegungsmangel scheinen sich jedoch in vergleichbarem Rahmen zu bewegen.

44.3.3 Nikotinkonsum

Batra (2000) berichtet für erwachsene Raucher einen Entwöhnungserfolg (Sekundärprävention) von 5 % nach alleinigem ärztlichen Ratschlag, von bis zu 25 % nach Selbstkontrollprogrammen, von bis zu 20 % nach Nikotinsubstitution und von bis zu 40 % nach kombiniertem verhaltenstherapeutischem und nikotinsubstituierendem Programm, wenn das Erfolgskriterium jeweils in der Abstinenz zwölf Monate nach Intervention besteht.

Die Elemente der verhaltenstherapeutischen Maßnahmen umfassen Informationen über gesundheitsförderliche und motivierende Konsequenzen der Nikotinabstinenz, Gewichtszunahme mit Ernährungshinweisen, Selbstbeobachtung (Strichlisten), Reduktion (Schlusspunktmethode oder schrittweise Reduktion), Selbstbelohnung für Erfolge, Entspannung, Organisation eines sozialen Unterstützungssystems und Vermittlung sozialer Kompetenz, Veränderung des Freizeitverhaltens und Rückfallprävention. Die Erfolge dieser Programme beziehen sich nur auf Raucher, die mit dem Rauchen aufhören wollen. In diesem Zusammenhang ist zu betonen, dass die meisten Ex-Raucher (bis zu 90 %; Perrez u. Gebert 1994) aus eigener Kraft mit dem Rauchen aufgehört haben, ohne Zuhilfenahme irgendeiner Entwöhnungsmaßnahme.

Von Troschke (1989) hat ein Phasenmodell zur Sozialisation des Rauchens entwickelt. Danach probieren Kinder im Alter von zwei bis sechs Jahren das Rauchen im Rollenspiel aus, bis zum Alter von zwölf Jahren wird das Rauchen selbst ausprobiert. Es folgen dann Angebote älterer Jugendlicher zum Mitrauchen, der Kauf der ersten Zigarettenschachtel, dem sich die Identifikation mit der Zigarettenmarke anschließt. Die letzte Phase wird durch die Stärke elterlicher Verbote geprägt. Je stärker diese sind, umso mehr wird nach Verlassen des Elternhauses geraucht.

Vor allen Dingen in Schulen sind Programme gegen das Rauchen zum Einsatz gebracht worden (Schwarzer 2004). Peers spielen dabei oft die entscheidende Rolle, und zwar einerseits beim Widerstand gegen sozialen Druck, andererseits bei der Entwicklung von Argumenten gegen das Rauchen. Werden in experimentellen Untersuchungen jugendlichen Nichtrauchern gleichaltrige nicht rauchende Peers vorgeführt, dann finden sich in dieser Gruppe nach etwa einem Jahr weniger Raucher als in der Kontrollgruppe ohne Peervorführung. Allerdings kann nicht ausgeschlossen werden, dass diese Intervention lediglich zu einer Verzögerung des Nikotinkonsums führt und die Jugendlichen mit nicht rauchenden Peers zeitlich verzögert mit dem Rauchen beginnen. Alternativ werden daher die Kognitionen der Jugendlichen in das Zentrum von Interventionen gerückt, beispielsweise die Überzeugung, man sei gegen die schädigenden Wirkungen des Rauchens geschützt oder man sei eben „süchtig". In entsprechenden Programmen wird versucht, solche Kognitionen durch andere zu ersetzen, etwa durch die Überzeugung, der Tabakkonsum habe bereits das Warnsystem ihres Körpers zerstört oder dass es Wege aus der Sucht gibt (Haisch 1991). Im Vergleich zu rauchenden Kontrollgruppen ergaben sich für die rauchenden jugendlichen Interventionsgruppen konsummindernde Effekte, die sich noch nach 18 Monaten nachweisen ließen. In einer Metaanalyse von Raucherentwöhnungsprogrammen, die in US-amerikanischen Schulen zwischen 1978 und 1997 durchgeführt worden waren, finden Hwang et al. (2004) schwache Effekte für die Variable Rauchverhalten in dem Sinne, dass noch drei Jahre nach den Programmen etwa 10 % weniger geraucht wurde, insbesondere bei Programmen mit einem Schwerpunkt auf sozialen Kompetenzen und auf kognitiver Beeinflussung. Nach fünf Jahren allerdings fanden sich keine Effekte mehr.

Aus diesen hinsichtlich Ansatz, Inhalt und Setting sehr verschiedenen Maßnahmen bei jugendlichen und erwachsenen Rauchern kann keinesfalls auf die Überlegenheit der Interventionen bei einer der Altersgruppen geschlossen werden. Bei beiden Zielgruppen, den Jugendlichen wie den Erwachsenen, leiden die eingesetzten Programme zur Raucherentwöhnung oder auch zur Verhinderung des Rauchens an einer mangelhaften Langzeitwirkung.

44.3.4 Alkoholkonsum

Silbereisen (1997) verweist darauf, dass innerhalb der Europäischen Union etwa 25 % der 11- bis 15-Jährigen erste Erfahrungen mit Alkohol machen und mit etwa 18 Jahren praktisch jeder Jugendliche Erfahrung mit Alkohol hat. Von der Bundeszentrale für gesundheitliche Aufklärung und der Bundesärztekammer wurde (2001) eine Kurzintervention für Primärärzte zusammengestellt, die Informationen des Patienten (einschließlich Mitteilung von Untersuchungsbefunden), freiwillige Änderungsentscheidung des Patienten mit Betonung der Eigenverantwortlichkeit, Identifikation von Risikosituationen und -stimmungen, Förderung der Änderungskompetenz (z. B. Zielvereinbarungen mit Umsetzung im Alltag, Ressourcenförderung), Lob für eingehaltene Ziele, motivierende Gesprächsführung durch den Arzt als zentrale Elemente umfasst. Insgesamt können mit Kurzinterventionen, die unterschiedliche dieser genannten Elemente herausgreifen, 10–16 % Reduktion im Alkoholkonsum erreicht werden. Eine Metaanalyse von 15 solcher Interventionen zeigt, dass mehrelementige Interventionen erfolgreicher sind als Intervention auf der Basis von nur einem Veränderungselement. Eine stationäre, teilstationäre oder ambulante Therapie umfasst oft den Einsatz medikamentöser Anti-Craving-Substanzen, die Organisation von Ressourcen und die Stärkung der Selbstwirksamkeit des Patienten, das Rückfallmanagement sowie die Organisation von Selbsthilfegruppen und kann Abstinenz bei bis zu 50 % der Patienten noch ein Jahr nach dem Entzug nachweisen (Bundeszentrale für gesundheitliche Aufklärung 2001). Ein Jahr nach stationärem (psychiatrischem) Suchtmittelentzug wird von einer Abstinenz bei 33 % der Patienten, von 65 % bei Patienten ohne psychiatrische Symptome und von 25 % bei Patienten mit einer Arbeitsstelle berichtet.

Spezifische Maßnahmen gegen den Alkoholmissbrauch Jugendlicher setzen häufig in Schulen an. Leppin et al. (1994) beispielsweise setzen ihre insgesamt 30-stündige Intervention bei etwa 14-jährigen Schülern ein. Neben einem klaren Wissensvorsprung der Interventions- gegenüber der Kontrollgruppe zeigen sich beim Alkoholkonsum nur dann schwache Vorteile der Interventionsgruppe, wenn zusätzliche Bedingungen, wie ein konfliktarmes Klassenklima und geringe Bindung an Gleichaltrige, realisiert sind. Ähnlich zeigen einige Familieninterventionen kaum Veränderungen im Alkoholkonsum der Eltern oder Kinder. Es liegt daher nahe, die Schulinterventionen mit Interventionen in den Familien zu verknüpfen (Silbereisen 1997). Mittag und Jerusalem (1998) führen eine Intervention auf der Basis von 32 Schulstunden durch, einmal mit festgelegtem Ablauf, einmal mit freiem Ablauf, jeweils im Vergleich zu einer Kontrollgruppe. Die Intervention umfasste das Selbstkonzept der Schüler, Gefühle, Lebensziele, Selbstbehauptung und soziale Fertigkeiten, Konfliktbewältigung, Entspannung sowie die Vermittlung von Wissen. Nach der Intervention sank der Alkoholkonsum der Interventionsgruppe mit vorher festgelegtem Ablauf, blieb gleich in der Gruppe ohne festgelegten, flexiblen Ablauf und stieg in der Kontrollgruppe an. Nach der Aufteilung der Jugendlichen in eine zu Beginn stark alkoholkonsumierende Gruppe (124,65 g/Wo.), eine leicht konsumierende (10,06 g/Wo.) und eine abstinente Gruppe (0,17 g/Wo.) zeigte sich bei den stark konsumierenden Jugendlichen eine signifikante Abnahme im Gebrauch, bei den leicht konsumierenden und abstinenten Schülern eine Zunahme, die aber nur in der Kontrollgruppe gegenüber dem Anfangsgebrauch eine signifikante Veränderung bedeutete. In den USA ließen sich die Effekte erhöhter oder gesenkter gesetzlicher Altersgrenzen für Alkoholkonsum beobachten: Eine gesetzliche Senkung der Altersgrenze auf unter 21 Jahre brachte keine Veränderung der Verkaufszahlen für Alkohol (außer beim Thekenverkauf), eine Steigerung der Altersgrenze (auf 18 oder 20 Jahre) brachte eine Verlegung des Ortes des Alkoholkonsums in den Privatbereich. Damit wurde auch weniger Alkohol in Autos konsumiert und es sank die Zahl der alkoholbedingten Verkehrsunfälle.

Eine Überlegenheit der allgemeinen Programme gegen den Alkoholmissbrauch bei Jugendlichen gegenüber denjenigen bei Erwachsenen lässt sich mit diesen Ergebnissen nicht belegen.

44.3.5 Stress

Unter den Risiken wurde bereits auf die starke Stressbelastung jugendlicher Schüler hingewiesen (Lohaus u. Klein-Heßling 2006). Das Stressimpfungstraining ist weitverbreitet und gut evaluiert. Es umfasst bis zu 15 Trainingssitzungen, in denen Strategien zur flexiblen Bewältigung aktueller und zukünftiger Belastungen über einen Zeitraum von bis zu zwölf Monaten vermittelt werden. In der Phase der Information wird eine differenzierte Sichtweise des Stressprozesses vermittelt und damit eine Neubewertung der Stressabläufe angestrebt. In der Phase Lernen und Üben werden Entspannungsverfahren und kognitive Techniken trainiert sowie realistische Einschätzungen kontrollierbarer und defensive Bewältigungsstrategien unkontrollierbarer Situationen eingeübt. In der Anwendungsphase schließlich werden die erworbenen Fertigkeiten auf Alltagssituationen mittels Verhaltensübungen, Rollenspielen und schrittweisem Konfrontieren mit dem Stressor übertragen und Rückfällen vorgebeugt. Nachbehandlungssitzungen werden bei Bedarf bis zu zwölf Monate nach Trainingsende angeboten.

Der Erfolg des Trainings zeigt sich insbesondere in der Zunahme der Bewältigungsfertigkeiten und einer Abnahme ungeeigneter Bewältigungsversuche (Alkohol, Medikamente), in einem gesteigerten Wohlbefinden, in einer Zunahme der Lebensqualität, Erregungsabbau und höherer Erwartung von Selbstwirksamkeit. In einer Metaanalyse von 64 Studien mit einem Mindfulness-Konzept der Stressbewältigung finden sich direkt nach der Intervention starke Effekte auf die Lebensqualität, Depression, Angst und auf den Bewältigungsstil ebenso wie auf die Anzahl medizinischer Symptome, auf Schmerz und Beweglichkeit. Inhalt dieses Trainings über acht bis zehn Wochen ist das bewusste Beachten kognitiver Zustände und Veränderungen, insbesondere das fortgesetzte Achten auf körperliches Empfinden, auf affektive Zustände, auf Gedanken und Vorstellungen.

Stressprogramme für Jugendliche werden von Lohaus u. Klein-Heßling (2006) berichtet. In einem kognitiv-behavioralen Stressbewältigungsprogramm über zehn Wochen lernen die Jugendlichen zunächst, zwischen gesundem und ungesundem Stress zu unterscheiden und Stresssymptome zu erkennen. Im Rahmen der Stressverarbeitung wird die Bedeutung der Bewertung für das Stresserleben betont. Als Bewältigungstechnik von Stress wird einerseits eine Entspannungstechnik eingeübt, andererseits werden das Äußern von Gefühlen, das Einhalten von Ruhepausen und die Nutzung von Ablenkungsmöglichkeiten erlernt. Schließlich werden Problemlösungsstrategien eingeübt und im Alltag umgesetzt. Die Evaluation zeigt, dass Teilnehmer häufiger situationsgerechte Bewältigungsstrategien einsetzen und weniger Stress erleben. Ein weiteres Programm zielt auf das Stressmanagement im schulbezogenen Kontext. Die Elemente sind ein Problemlösetraining, Suche nach sozialer Unterstützung, kognitive Strategien und Ruhe und Entspannung. Die Evaluation ergibt eine deutliche Wissensverbesserung sowie Verbesserungen bei der Bewertung und beim Verhalten in stresserzeugenden Schulsituationen mindestens zwei Monate nach Trainingsabschluss.

Eine überlegene Effektivität der Stressbewältigungsprogramme für Jugendliche gegenüber denjenigen für Erwachsene lässt sich aus diesen Befunden nicht ableiten.

44.3.6 Resümee: Selektive Präventionsmaßnahmen

Die zusammengestellten Befunde zeigen, dass Prävention in den Bereichen Ernährung und Gewichtskontrolle, körperliche Aktivität, Nikotin- und Alkoholkonsum sowie Stress durchaus erfolgreich sein kann. Allerdings bleiben längerfristige Erfolge der Maßnahmen bis ins Erwachsenenalter hinein weitgehend aus. Die ausgewählten deskriptiven Vergleiche von Interventionen bei Jugendlichen und Erwachsenen mit übereinstimmendem Risikoverhalten erbringen nicht den erwarteten Vorteil für Jugendprogramme. Die vorgestellten deskriptiven Vergleiche scheinen hier genügend aussagekräftig, wenngleich systematische Metaanalysen der berichteten Untersuchungen sicherlich wünschenswert wären (aber im vorliegenden Rahmen nicht zu leisten sind). Die erwartete bessere Formbarkeit gesundheitsbezogener Einstellungen und Verhaltensweisen Jugendlicher lässt sich im Vergleich mit Erwachsenen anhand der referierten Präventionsmaßnahmen nicht belegen. Möglicherweise sollten Präventionsmaßnahmen (den Bildungsplänen verschiedener Bundesländer folgend) deshalb ins Kindesalter verlegt werden und noch stärker an den individuellen Risiken orientiert sein. Dazu gehört, in besonderem Maße auch auf iatrogene Wirkungen der Intervention zu achten. Eine ausführliche Analyse und Auswahl der Zielgruppen für die Maßnahmen können dazu dienen. So ist beispielsweise der Teilnahme Magersuchtgefährdeter an Gewichtsreduktionsmaßnahmen – von diesen regelmäßig mit dem Ziel der Optimierung ihrer Gewichtskontrolle geplant – bei der Implementierung einer Maßnahme für übergewichtige Kinder und Jugendliche von vornherein z. B. durch detaillierte Ausschlusskriterien zu begegnen.

44.4 Präventionsmaßnahmen 2: Ansetzen an Symptomen

Arbeiten zur Entwicklungspsychopathologie zeigen, dass spezifisches gesundheitsriskantes Verhalten im Jugendalter der Bewältigung von Entwicklungsaufgaben dienen kann und in der Regel mit zunehmendem Lebensalter verschwindet (Pinquart u. Silbereisen 2004). Nicht nur unter Kostengesichtspunkten ist es daher fraglich, ob indizierte Maßnahmen gegen vorübergehend auftretende riskante Verhaltensweisen, die zudem für die Lebensgestaltung des Einzelnen auch vorteilhaft sein können, überhaupt Sinn machen. Bei einer Betrachtung der gesamten Lebensspanne eines Risikoträgers oder beim Vergleich der Ergebnisse symptomorientierter Maßnahmen bei Jugendlichen mit denen nicht behandelter Betroffener könnte ein Vorteil der Maßnahmen zu erkennen sein. Im Folgenden werden auf das Adoleszenz- bzw. junge Erwachsenenalter zugeschnittene Maßnahmen gegen Drogen, Verkehrsunfälle, Delinquenz, Suizid, auffälliges Sexualverhalten und psychische Störungen herausgegriffen.

44.4.1 Verkehrsunfälle

Im Zusammenhang mit den hohen Anteilen vor allem männlicher Adoleszenter und junger Erwachsener bei Verkehrsunfällen, insbesondere solchen mit tödlichem Ausgang, wird seit Längerem die Meinung vertreten, dass gefährliche Verkehrssituationen in diesem Alter noch nicht richtig wahrgenommen werden können und dass Jungen durch eine Bestätigung herkömmlicher männlicher Rollenmuster (z. B. stark, unverletzlich, angstfrei) Vorteile aus dem Risikoverhalten ziehen. Dem Prinzip der Risikohomöostase zufolge vergleicht eine Person das angestrebte mit dem erzielten Risikoniveau bei einer Handlung, z. B. einem Überholmanöver; liegt das erzielte unterhalb des angestrebten Risikoniveaus und werden Ressourcen und Fertigkeiten als ausreichend eingeschätzt, wird die Handlung angepasst, also riskanter überholt – so lange, bis ein ausgeglichenes Verhältnis von angestrebtem und wahrgenommenem Risikoniveau erzielt ist. Das angestrebte Risikoniveau wird dabei unter anderem von Erfahrungsstand, Kosten und Nutzen alternativer Handlungen bestimmt. Aus diesem Modell lässt sich ableiten, dass sicherere Automobile das wahrgenommene Risikoniveau senken, sodass z. B. immer riskanteres Überholen oder immer schnelleres Fahren erforderlich ist, um eine Risikohomöostase zu erzielen (Bornewasser u. Glitsch 2006).

Neuere Verkehrsunfallstatistiken beispielsweise aus Bayern fanden im Jahr 2006 landesweit 333 473 Verkehrsunfälle. Schwere Verkehrsunfälle wurden durch 2 632 junge Fahranfänger verursacht, das entspricht einem Anteil an den Gesamtunfällen von 0,78 %. Unter Berücksichtigung der Basisraten sind demnach die Unfallzahlen junger Fahranfänger wohl nicht dramatisch und beispielsweise denen älterer Verkehrsteilnehmer ab 65 Jahren gegenüberzustellen. Gleichzeitig sind die durch junge Fahranfänger verursachten Verkehrsunfälle im Jahr 2006 um 24,0 % gegenüber dem Jahr 2003 zurückgegangen (Bayerisches Staatsministerium des Innern 2007). Im jüngeren Lebensalter steigen vor allen Dingen die Fahrradunfälle ab dem 10. Lebensjahr stark an, insbesondere bei Jungen. Mit Mofa und Moped verunglücken dann 30 der 15-Jährigen, mit dem Motorroller 48 der 16-Jährigen, mit dem Leichtkraftrad 107 der 16-Jährigen und 21 der 18-Jährigen, jeweils bezogen auf 1 000 Fahrzeuge.

Vorschläge zur Prävention hoher Unfallzahlen von Führerscheinneulingen beziehen sich unter anderem auf einen theoretischen Fahrschulunterricht an Sekundarschulen mit Auffrischungskursen, der mit Maßnahmen gegen Alkoholkonsum im Straßenverkehr und überhöhte Geschwindigkeit kombiniert ist. Nach Erlangen des Führerscheins sollte für alle Jugendlichen ein Fahrsicherheitstraining obligatorisch sein und der Zugang zu PS-starken Fahrzeugen sollte für die ersten Jahre nach Erhalt des Führerscheins begrenzt werden. Fahrverbote an Wochenenden für Jugendliche werden mit Blick auf die Berufstätigen als eher ungeeignet abgelehnt. Systematische Evaluationen dieser Vorschläge sind erst nach entsprechender politischer Willensbildung zu erwarten. Sicherlich gehört außerdem zu einem Unterricht an Schulen die Erziehung zu verkehrsgerechtem Verhalten, die als Einübung prosozialen Verhaltens verstanden wird. Ebenso sollte der Einfluss immer weiter ausgeklügelter Sicherheitssysteme an Fahrzeugen auf die Risikobereitschaft der Fahrzeuglenker systematisch in Präventionsprogrammen berücksichtigt und geprüft werden.

44.4.2 Aggression, Delinquenz

Gestörtes Sozialverhalten im Kinder- und Jugendalter (aggressives Verhalten gegenüber Mensch oder Tier, Zerstörung von Eigentum, Betrug oder Diebstahl, schwere Regelverstöße) kann sich vor allem dann zu einer stabilen Persönlichkeitsstörung im Erwachsenenalter entwickeln, wenn der Beginn der Störung im Kindesalter liegt (unterhalb des 6. Lj.) und mehrere antisoziale Verhaltensweisen gezeigt werden. Jungen weisen einen früheren Beginn gestörten Sozialverhaltens auf, während der Adoleszenz nimmt dann das aggressiv-dissoziale Verhalten bei Mädchen deutlich zu (Petermann u. Petermann 2005).

Schulzentrierte Interventionen umfassen schulweite, klassenweite und schülerbezogene Interventionen. Im Zentrum stehen dabei Grenzsetzungen gegenüber inakzeptablem Verhalten, Grenzüberschreitungen und Regelverstößen, Wärme, positive Anteilnahme und Autorität der Erwachsenen. Mit Schulkonferenzen, verbesserter Aufsicht, Klassenregeln und konfliktorientierten Gesprächen konnte die schulische Gewalt signifikant reduziert werden. Allerdings sind die Effekte kaum über einen längeren Zeitraum als ein Jahr nachgewiesen. Damit ist es denkbar, dass die aggressiven Verhaltensweisen danach wiederkehren und sich dann bis ins Erwachsenenalter hinein erhalten.

Verhaltenstherapeutische Interventionsprogramme sind beispielsweise kognitive Problemlösetrainings. Diese betonen die Bedeutung kognitiver Prozesse für aggressives Verhalten, vermitteln schrittweise neue Problemlösungen, planen deren Alltagstransfer und basieren auf gezieltem Feedback durch den Therapeuten. Diese Trainings reduzieren aggressives Verhalten in der Schule, zu Hause und in der Freizeit über einen Zeitraum von zwölf Monaten. Elterntrainings setzen am ablehnenden, desinteressierten oder ausweichenden Elternverhalten an. Die Eltern lernen Regeln zu setzen, angemessenes Verhalten positiv zu verstärken, unangemessenes leicht zu bestrafen, das Verhalten der Jugendlichen schrittweise zu modifizieren und so kompetenter im Umgang mit dem aggressiven Kind zu werden. Elterntrainings, die im Bedarfsfalle auch im Rahmen von Hausbesuchen durchgeführt werden können, sind sehr effektiv und reduzieren (im Lehrerurteil, Elternurteil und bei Verhaltensbeobachtungen in Schule und Familie) aggressives wie auch delinquentes Verhalten über zehn und mehr Jahre. Außerdem verbessert sich neben dem Verhalten des Problemkindes auch dasjenige der Geschwister und die Mütter zeigen eine erhöhte Belastbarkeit (Petermann u. Petermann 2005). Ein speziell für Jugendliche entwickeltes multimodales Programm der Autoren, das auf Verhaltensprobleme in Ausbildung, Beruf, Freizeit und Partnerschaft abhebt, in Einzelsitzungen ungünstige Selbstwahrnehmung und Selbstkontrolle, in Gruppensitzungen soziale Fertigkeiten in Rollenspielen einübt, zeigt die besten Effekte bei nicht stark belasteten Jugendlichen. Damit ist für Interventionen bei gestörtem Sozialverhalten wohl ein möglichst frühzeitiger Einsatz vor dem Eintritt des Jugendalters zu fordern, denn die oft mangelnde Bereitschaft zur Mitarbeit bei Jugendlichen reduziert die Erfolgsaussichten der Interventionen deutlich (Petermann u. Petermann 2005) und trägt so zur Zeitstabilität aggressiver Tendenzen bei. Entsprechendes ist für die Prävention von Delinquenz zu fordern, wo eine Intervention bei Kindern im Vorschulalter nach 15, 25 und 40 Jahren gegenüber der Kontrollgruppe unter anderem noch bis zu 20 % weniger Inhaftierungen erbrachte.

44.4.3 Suizid und selbstverletzendes Verhalten

Van Engeland (2004) macht deutlich, dass Suizide im Jugendalter seltener sind als im Erwachsenenalter, allerdings im prozentualen Anteil an den Todesursachen hier höher liegen als bei den Erwachsenen. Weltweit zählen Suizide zu den zwei oder drei häufigsten Todesursachen bei 14- bis 24-Jährigen. Die Suizidprävalenz im Jugendalter hängt vom Geschlecht, der ethnischen Zugehörigkeit und vom Alter ab und liegt zwischen 0,7 Kindern pro 100 000 Einwohnern und 13,2 pro 100 000 Jugendlichen zwischen 15 und 19 Jahren. Interessant ist, dass etwa die Hälfte aller jugendlichen Suizidenten vor dem Suizid Kontakt zu einem Therapeuten hatte (van Engeland 2004).

Alle parasuizidalen Patienten ab 15 Jahre wurden über einen bestimmten Zeitraum hinweg in einer psychiatrischen Universitätsklinik per Zufall einer intensiven psychosozialen Interventionsgruppe oder einer Kontrollgruppe mit Standardbehandlung zugewiesen. Die Patienten der Interventionsgruppe und ihre Familien erhielten eine intensive Unterstützung durch Gemeindeschwestern, Psychiatrie-Fachkrankenschwestern und einen Psychiater sowie eine Therapie. Im Anschluss an einen Problemlösungsansatz wurden die Überwindung aktueller Krisen und die Problemlösungsfähigkeit eingeübt. Am Ende der zwölfmonatigen Follow-up-Zeit ergaben sich keine Unterschiede hinsichtlich der Symptomcheckliste (SCL-90), der Hoffnungslosigkeit und neuer Parasuizide: In der Interventionsgruppe unternahmen etwa 13 % einen, 3 % zwei und 1,4 % drei neue Parasuizide; in der Kontrollgruppe waren es etwa 11 % mit einem, 3 % mit zwei und ein Patienten, der in dieser Zeit acht neue Parasuizide unternahm.

Gegen schulbasierte Suizid-Präventionsprogramme wird eingewendet, dass Jugendliche sehr häufig vor ihrem Suizid nicht mehr regelmäßig die Schule besuchen. Teilnehmer an mehrstündigen schulbasierten Programmen zeigten gegenüber Kontrollgruppen kaum eine Veränderung in der Einschätzung, dass Suizid eine angemessene Problemlösung sei oder in der Zahl selbstberichteter Parasuizide. Goldney (2005) vergleicht medikamentöse und nicht medikamentöse Ansätze und schlussfolgert daraus, dass erfolgreiche Suizidprävention möglich ist. Unter den nicht medikamentösen Ansätzen reduzieren eine Telfonberatung für Jugendliche, häufige und lang andauernde Kontakte zu Parasuizidalen, die Verhinderung von Medienberichten über Selbstmorde, verschärfte Gesetze im Zusammenhang mit Schusswaffenbesitz und vor allen Dingen dialektisch-behaviorale Verhaltenstherapie die Häufigkeit und Schwere suizidaler Handlungen bei Patienten mit einer Borderline-Diagnose. Medikamentöse Langzeitbehandlungen mit Antidepressiva zeigten im Follow-up nach über 30 Jahren eine signifikant reduzierte Selbstmordrate auch bei Patienten mit schweren affektiven Störungen. Auch bei Jugendlichen zeigte sich diese Wirkung von Antidepressiva z. B. darin, dass in den USA die Rate um 0,23 Suizide pro 100 000 Jugendliche sank, wenn 1 % mehr Jugendliche Antidepressiva erhielten (zur Kritik s. Kap. 44.4.6, Depression). In einer Studie mit über 16 000 Patienten mit einer affektiven Störung konnte durch den Einsatz von Lithium sowohl die Häufigkeit von Parasuiziden als auch die von Suiziden deutlich gesenkt werden. Ähnlich konnte bei einer Studie mit über 30 000 Patienten mit schizoaffektiver Störung durch den Einsatz von Neuroleptika die Suizidrate erheblich vermindert werden (Goldney 2005). Für selbstverletzendes Verhalten Jugendlicher differenzieren Libal et al. (2005) das psychopharmakologische Vorgehen. Sie berichten beispielsweise über eine hohe positive Korrelation von Parasuiziden und Verschreibung von selektiven Serotonin-Wiederaufnahmehemmern (SSRI), obwohl die Behandlung selbstverletzenden Verhaltens Jugendlicher vor allem mit dieser Substanz häufig empfohlen wird. Libal et al. (2005) entwickelten daher ein Stufenschema der Pharmakotherapie bei selbstverletzendem Verhalten unter Berücksichtigung unterschiedlicher Medikamentengruppen (atypische Neuroleptika, SSRI, Opiat-Antagonist, Stimmungsstabilisatoren, niedrig potente Neuroleptika) für unterschiedliche Zielsymptome. Dieses Vorgehen kann als Ergänzung der Behandlung selbstverletzenden Verhaltens durch Verhaltenstherapie, vor allem durch die dialektisch-behaviorale Therapie für Jugendliche, angesehen werden. Eine deutsche Adaptation dieses Therapieansatzes für Jugendliche mit Borderline-Störung umfasst flexible Module, die sich den Fertigkeiten Achtsamkeit (Verringerung von Identitätsstörungen), Stresstoleranz (Verringerung von Impulsivität), Emotionsregulation (Verringerung emotionaler Instabilität), zwischenmenschliche Kommunikation (Verringerung zwischenmenschlicher Probleme) und der Lösung jugendspezifischer Dilemmata durch extremes Denken, Fühlen, Handeln widmen. In einer experimentellen US-amerikanischen Studie konnte durch einen solchen Therapieansatz bei Borderline-Patientinnen das parasuizidale Verhalten reduziert werden. Eine deutsche Pilotstudie zeigte eine Verringerung selbstverletzenden Verhaltens (Petermann u. Winkler 2005). Ob dieser Therapieansatz allerdings bei suizidgefährdeten Patienten, eventuell auch ergänzt durch ein geeignetes medikamentöses Vorgehen, ähnlich langfristige Erfolge wie im Falle der beschriebenen Medikationen erbringen kann, ist gegenwärtig nicht geklärt.

44.4.4 AIDS und auffälliges Sexualverhalten

Schwarzer (2004) berichtet eine Erhebung bei 1 586 Schülern französischer Sekundarschulen. Ein Drittel der Schüler hatte Sexualkontakte zu mehr als einem Intimpartner. Von dieser Gruppe hatten 42 % noch nie ein Kondom benutzt, ein Viertel der Kondombenutzer fand die Anwendung schwierig.
Bei einer Telefonbefragung in Deutschland von Personen ab 16 Jahren gaben 65 % an, nie ein Kondom zu benutzen, 28 % manchmal, 6 % häufig, 9 % immer (Schwarzer 2004).
Deutlich geringere Prozentanteile Jugendlicher mit ungeschütztem Geschlechtsverkehr gibt für dieselben Jahre beispielsweise Neubauer (2001) an.
Da Information und Furchtappelle aber keinesfalls die erwünschten Verhaltensänderungen erbrachten, werden vor al-

len Dingen Selbstwirksamkeitserwartungen der Betroffenen als zentral für den Kondomgebrauch angesehen. Schwarzer (2004) betont dazu, dass die damit angesprochenen Kompetenzen der Betroffenen deren Sozialbeziehungen angehen und die gegenseitigen Erwartungen, sozialen Normen und (subkulturellen) Präferenzen umfassen. Kompetenz wird in diesen Sozialbeziehungen beim „Aushandeln" sexueller Praktiken benötigt, auch beim Schutz vor Infektionen. In einer Studie mit über 5 500 Studenten zeigte sich eine weite Verbreitung riskanter Sexualverhaltensweisen. Innerhalb der Gruppe mit mehr als zehn Sexualpartnern benutzten nur 21 % der Männer und 7,5 % der Frauen Kondome. Wenn überhaupt Kondome benutzt wurden, dann zur Empfängnis-, nicht aber zur Infektionsverhütung. Eine Schwangerschaft galt im Vergleich zur HIV-Infektion als realistischere Konsequenz eines Sexualkontaktes, Kondome wurden als störend und spaßmindernd beim Sexualkontakt angesehen. Der Gedanke an die Verhütung einer HIV-Infektion kann in Westeuropa und Deutschland auch dadurch behindert werden, dass das Risiko einer Infektion hier ursprünglich deutlich überschätzt wurde und schließlich – bis auf die bekannten Risikogruppen – zurückgegangen ist (Wittkowski 1997).

Schwangerschaften bei Jugendlichen sind in den USA im Vergleich zu ähnlichen westlichen Staaten ein besonders häufiges Problem. Besonders frühzeitiges Sexualverhalten lässt sich dort unter Afroamerikanern, männlichen und finanziell benachteiligten Jugendlichen feststellen. Ungefähr die Hälfte der jährlich etwa eine Million Jugendschwangerschaften führt zu Abtreibungen. Schulbasierte Aufklärungsprogramme zur Sexualität zeigen regelmäßig eine Verbesserung des Wissensstandes in menschlicher Anatomie und Physiologie, Schwangerschaft, Geburt und Methoden der Geburtenkontrolle. Ein Einfluss auf Werthaltungen der Schüler, auf ihr Verhalten, auf den Kondomgebrauch und unerwünschte Schwangerschaften war allerdings nicht systematisch nachzuweisen (Robinson et al. 1993).

Kompetenztrainings versuchen daher, an den fehlenden Fähigkeiten der Jugendlichen zur Lösung von Sexualproblemen und zur Gestaltung einer angemessenen Kommunikation zwischen Sexualpartnern anzusetzen. In einer experimentellen Untersuchung (Robinson et al. 1993) wurden Jugendlichen Modelle zum angemessenen Umgang unter anderem mit Verabredungen, Sexualität und Geburtenkontrolle vorgeführt und sie konnten Fertigkeiten zur angemessenen Kommunikation im Rollenspiel einüben. In der Experimentalgruppe konnte so der Gebrauch von Kontrazeptiva gesteigert werden, auch noch sechs Monate nach Ende der Intervention. Die Erleichterung des Zuganges zu Kontrazeptiva in amerikanischen schulassoziierten Kliniken zeigte außerdem nach dreijähriger Dauer des Angebots unter anderem eine deutliche Verringerung jugendlicher Schwangerschaften im Vergleich zu hinsichtlich ethnischer Zugehörigkeit und Sozialstatus gematchter Kontrollschulen.

> Frühzeitiger Sexualverkehr korreliert in Intensität und Häufigkeit mit anderen Risikoverhaltensweisen, wie z. B. Alkoholkonsum, Rauchen, aggressivem oder riskantem Verhalten im Straßenverkehr, und stützt damit die Annahme eines Syndroms jugendlichen Problemverhaltens.

44.4.5 Drogen

Medikamentenmissbrauch wird bei 1,9 Millionen, Abhängigkeit von Opiaten und Kokain bei 175 000 und von Cannabis bei 240 000 Personen in Deutschland angenommen (zu Nikotin- und Alkoholkonsum s. oben). Nahezu alle problematischen Konsummuster sollen etwa bis zum 25. Lebensjahr ausgebildet sein. Röhrle (2007) berichtet zunächst von umweltbasierten Programmen, die in Schulen, Familien oder Gemeinden vor allen Dingen Informationen über Drogen und Drogenkonsum verbreiten und positive Ressourcen wie ein positives soziales Klima schaffen. Personenorientierte Programme dagegen fördern Selbstwert, kommunikative Fertigkeiten und Lebenskompetenzen, andere trainieren die Widerstandsfähigkeit in Versuchungssituationen. Alternative Programme setzen an dem Hang Jugendlicher zu ungewöhnlichen Erlebnissen an und bieten erlebnisanreichernde Aktivitäten. Neuerdings werden umwelt- und personenorientierte Programmaspekte häufig zusammengefasst. Metaanalysen der Ergebnisse aller solcher Programme zeigen allerdings nur geringe Effektstärken (Röhrle 2007).

Evaluiert sind vor allen Dingen Programme zur Steigerung der allgemeinen Lebenskompetenz. Diese betrachten auf lerntheoretischer Basis den Missbrauch nicht isoliert, sondern als Ausdruck des Mangels an alternativen Bewältigungsmöglichkeiten und als entwicklungsbedingt. Im Life Skills Training werden daher allgemeine Bewältigungsfertigkeiten für krisenhafte Situationen der Adoleszenz eingeübt, beispielsweise die Erleichterung von Entscheidungsprozessen oder der Umgang mit Angst. Solche Programme konnten unter anderem den Substanzgebrauch Jugendlicher und auch den Gebrauch illegaler Drogen deutlich senken und eine Stärkung der Lebenskompetenzen Jugendlicher erreichen. Manche Effekte waren noch sechs Jahre nach Programmbeginn nachweisbar (Roth et al. 2003).

Hurrelmann und. Settertobulte (2000) berichten ein entsprechend begründetes Interventionsprogramm für Schulen. Es bedient sich zweier Strategien: einer Informationsstrategie, die Wissen über die rechtlichen, physiologischen und psychologischen Voraussetzungen und Konsequenzen von Drogenkonsum und -missbrauch vermittelt, und einer affektiven Strategie, die Maßnahmen zur Förderung der Kommunikations- und Entscheidungsfähigkeit, zur Selbstbehauptung und zur Definition von Werthaltungen umfasst. Die Praxishilfen für den schulischen Alltag setzen sich aus Materialien zur Information über Sucht und Suchtmittel, zur Übung und Entwicklung psychosozialer Identität (u. a. Widerstehen; Angst, Misserfolg und Ablehnung aushalten können), zur Verbesserung der Selbstwahrnehmung von Gefühlen und Befindlichkeiten, zur Auseinandersetzung mit Werten und Normen sowie zur Körpererfahrung zusammen. Eine kontrollierte Längsschnittstudie über drei Jahre erbrachte eine signifikante Kompetenzsteigerung bei den teilnehmenden Jugendlichen. Allerdings konnten nur vereinzelte Verhaltenseffekte wie z. B. bei depressiven Jugendlichen erzielt werden, bei denen der kompensatorische Drogenkonsum gesenkt werden konnte. Das Interventionsprogramm wird insgesamt an Hauptschulen besser akzeptiert als an Gymnasien, wo die Schüler rascher das Interesse verlieren (Hurrelmann u. Settertobulte 2000).

44.4.6 Depression, Angst

Bis zu 22 % der Mädchen und 14 % der Jungen haben bis zu ihrem 18. Lebensjahr mindestens einmal eine Angsterkrankung erlebt. Essau et al. (1998) finden bei 17,9 % der über 1 000 untersuchten Jugendlichen eine depressive Störung mindestens einmal im Leben, bei der Mehrheit dauerte diese zwischen zwei und vier Wochen an. Mit dem 13. Lebensjahr wird ein starker Anstieg der Depressionsrate berichtet. In einer Übersicht über 19 repräsentative Stichproben finden Ihle und Esser (2002) bei etwa 10 % der dort diagnostizierten psychischen Störungen bei Kindern und Jugendlichen ein Persistieren über die Zeit (2,3 % über 17 Jahre, 8 % über 10 Jahre). Im Gesundheitsmonitor Bayern (2007) wird für die Jahre 2000–2004 ein Anstieg in der Rate affektiver Störungen pro 100 000 Einwohner von 113 auf 165 bei Männern und von 218 auf 279 für Frauen (Krankenhausfälle) berichtet.

Junge und Bittner (2004) beschreiben unter anderem Programme zur Angstbewältigung im medizinischen Rahmen (Zahnbehandlungsangst, Angst vor operativen Eingriffen) und zur Bewältigung schwieriger Lebenssituationen (Beziehungsgestaltung, Schulwechsel, Geschlechtsrollenübernahme). Vor allen Dingen kognitiv-behavioral orientierte Interventionen erwiesen sich als effektiv bei der Prävention psychischer Auffälligkeiten, allerdings mit nur schwachen Effektstärken in Metaanalysen und mit kurzen Katamnesezeiträumen (von oft nur wenigen Wochen). Als wirksam erwiesen sich vor allen Dingen solche Programme, die sich auf eng umschriebene Stresssituationen bezogen oder den angemessenen Umgang mit Emotionen und die Kompetenzen jüngerer Kinder (oft schon im Vorschulalter) förderten. Ein universelles Präventionsprogramm ist das Programm GO! (Gesundheit und Optimismus), das Angststörungen und Depressionen im Jugendalter mit einer achtwöchigen schulbasierten Maßnahme begegnet. Die kognitiven Elemente des Trainings umfassen die Vermittlung von Informationen (z. B. über die Grundbestandteile der Angst) und kognitive Umstrukturierung (z. B. von Fehlwahrnehmungen und -attributionen) sowie Strategien zum Umgang mit Ängsten. Die verhaltensorientierten Elemente umfassen ein Training sozialer Kompetenzen, den Umgang mit Konfliktsituationen sowie die Unterscheidung selbstsicheren, sicheren und aggressiven Verhaltens und den Aufbau eines adäquaten Durchsetzungsstils. Das Programm wird in Gruppen mit acht bis zwölf Jugendlichen durchgeführt. In einer Untersuchung mit über 600 Gymnasiasten zeigte sich bei der Interventionsgruppe über einen 15-monatigen Nachuntersuchungszeitraum ein deutlicher Zuwachs an Wissen unter anderem zu Ängsten und Stimmungsproblemen, weniger katastrophisierende Denkmuster und mehr sozial kompetente Verhaltensweisen. Eine Verminderung der Angst- und Depressionssymptome ließ sich nicht nachweisen (Junge u. Bittner 2004).

Pössel et al. (2003) nehmen Bezug auf den Befund, dass depressive Störungen im Jugendalter das Risiko einer Depression im Erwachsenenalter erhöhen können. Zur Prävention zeigen kognitiv-verhaltenstherapeutische Behandlungskonzepte, vor allen Dingen die Förderung realistischer und hilfreicher Gedanken sowie das Training sozialer Kompetenzen, die besten Ergebnisse. An dem zehn Doppelstunden umfassenden Programm nahmen knapp 300 Realschüler teil. Um Stigmatisierungseffekte durch die Auswahl depressiver Jugendlicher zu vermeiden, wurden ganze Schulklassen in Interventions- und Kontrollgruppen untersucht. Der kognitive Schwerpunkt des Programms entsprach der kognitiven Verhaltenstherapie von Depression (Infragestellen dysfunktionaler und Aufbau funktionaler automatischer Gedanken), den sozialen Schwerpunkt bildeten ein Selbstsicherheitstraining und das Training sozialer Kompetenzen. Bei Jungen der Interventionsgruppe nahm die Größe des genutzten Netzwerkes zu, von Mädchen wurde das von Anfang an größere Netzwerk öfter genutzt. Sowohl in der Trainings- wie in der Kontrollgruppe nahm der Umfang funktionaler Gedanken zu. Depressive Symptome waren bei Mädchen zu Programmbeginn stärker ausgeprägt als bei Jungen, Mädchen profitierten aber stärker vom Programm, sodass ihre Symptome beim Programmende signifikant geringer ausgeprägt waren als zuvor. Eine erwartete Langzeitwirkung konnte mit dieser Studie noch nicht nachgewiesen werden.

Röhrle (2007) fasst seine Übersicht zu den Ergebnissen von Interventionen bei depressiven Jugendlichen mit dem Hinweis zusammen, dass Effekte bei den Symptomen und beim Wissen zu finden sind, selten jedoch auf der Ebene der Inzidenzraten. Bessere Effekte werden bisweilen bei Risikogruppen erzielt, allerdings mit dem Nachteil einer möglichen Stigmatisierung dieser Gruppen.

Eine medikamentöse Behandlung der Depression bei Jugendlichen wird auf der Basis empirischer Untersuchungen eher kritisch eingeschätzt (Fegert 2004). Die Arzneimittelkommission der deutschen Ärzteschaft (2006) empfiehlt ein abgestuftes Vorgehen mit alleiniger Psychotherapie als Maßnahme bei leichter bis mittelgradiger Depression. Eine Kombination medikamentöser Therapie und Psychotherapie wird bei unzureichendem Erfolg einer Monotherapie empfohlen. Die Kommission beruft sich auf einen Bericht der European Medicines Agency aus dem Jahr 2004 und empfiehlt, selektive Serotonin-Wiederaufnahmehemmer (SSRI) und selektive Serotonin-Noradrenalin-Wiederaufnahmehemmer (SSNRI) bei Kindern und Jugendlichen nicht anzuwenden, weil ein Anstieg der Selbstmordversuche und Suizidgedanken zu erwarten sei. Das Bundesinstitut für Arzneimittel und Medizinprodukte (BfArM) ordnete entsprechende Warnhinweise und Vorsichtsmaßnahmen an. Für nichtselektive Monoamin-Wiederaufnahmehemmer (NSMRI) sind außerdem im Kindes- und Jugendalter keine Effekte im Vergleich zu Placebo zu erwarten.

! Daraus ergibt sich, bei leichter Depression Jugendlicher ausdrücklich nicht medikamentös zu behandeln und eine Psychotherapie (in erster Linie eine kognitive Verhaltenstherapie) einzuleiten. Erst bei erfolgloser psychotherapeutischer Intervention wird eine zusätzliche medikamentöse Behandlung mit Fluoxetin empfohlen (Arzneimittelkommission der deutschen Ärzteschaft 2006).

44.4.7 Resümee: Indizierte Präventionsmaßnahmen

Indizierte Präventionsmaßnahmen bei Jugendlichen sind erfolgreich. Sie reduzieren Aggression und Delinquenz, Suizidalität und selbstverletzendes Verhalten, auffälliges Sexualverhalten, den Gebrauch illegaler Drogen, von Depression und Angst. Unter dem Blickwinkel einer präventiven Arbeit bei Jugendlichen, die einen gesundheitsförderlichen Effekt insbesondere auch im Erwachsenenalter haben soll, können allerdings nur sehr wenige der berichteten Befunde zufriedenstellen. Dazu zählt einerseits, dass bei Berücksichtigung der Basisraten manche Gesundheitsrisiken Jugendlicher erheblich übertrieben erscheinen, beispielsweise die Verkehrsunfälle Jugendlicher oder auch die AIDS-Gefahr in Westeuropa. Solche übertrieben oder falsch erscheinenden Risikodarstellungen können einen schwerwiegenden negativen Einfluss auf die Bereitschaft Jugendlicher zur Mitarbeit an Präventionsprogrammen haben. Andererseits kann die Teilnahme an Präventionsprogrammen, deren Implementierung keine ausreichend detaillierte Zielgruppenanalyse vorausgegangen ist, unerwünschte Effekte bei den Teilnehmern erzeugen, wie etwa bei Teilnehmern an Diabetikerschulungen. In vielen Fällen kommt es hier durch die ausführliche Aufklärung der Patienten zu Resignation angesichts der Schwere der Erkrankung, zu sinkender Lebensqualität und Compliance. Handelt es sich bei Präventionsprogrammen um Gruppenprogramme, dann ist besonders auf die Zusammensetzung der Präventionsgruppen zu achten, damit ein günstiger Einfluss der Mitbetroffenen entstehen kann. Zu den wenig zufriedenstellenden Präventionsergebnissen zählen auch die engen Zeiträume, über die in den berichteten Evaluationen Gesundheitsverhalten Jugendlicher betrachtet wurde. Diese Zeiträume lassen oftmals keine Aussagen über die längerfristigen Auswirkungen einer Maßnahme bei Jugendlichen auf das Erwachsenenalter zu, sodass beispielsweise die im Erwachsenenalter im Durchschnitt zu beobachtende deutliche Verminderung des legalen oder illegalen Drogenkonsums nicht auf präventive Maßnahmen im Jugendalter zurückgeführt werden kann. Dass Langzeitbeobachtungen von Interventionen durchaus überraschende Erfolge erbringen können, Erfolge, die sich bei kurzfristigen Katamnesezeiträumen noch gar nicht einstellen können, zeigen Stice et al. (2008). Damit beschränken sich die Erfolge indizierter Prävention im Jugendalter bislang weitgehend auf einen kurzfristigen Effekt im allgemeinen empirisch gesicherten Trend zur Abschwächung gesundheitsriskanten Verhaltens bis ins dritte Lebensjahrzehnt. Eine allgemeine Beeinflussung oder Verstärkung dieses Trends bei unterschiedlichen Gesundheitsrisiken durch Prävention lässt sich mit den hier berichteten Befunden nicht nachweisen. Beim gestörten Sozialverhalten (Aggression, Delinquenz) scheint darüber hinaus der Intervention im Jugendalter eine deutlich früher einsetzende Intervention im frühen Kindesalter erkennbar überlegen und erforderlich zu sein. Allerdings haben diese Befunde auch eine Kehrseite, denn es ist klar erkennbar, dass Kinder und Jugendliche, die zahlreichen Gesundheitsrisiken und -belastungen schon früh widerstehen, diesen auch im weiteren Leben widerstehen können (Resilienz). Eine Ausnahme bilden die Erfolge medikamentöser Maßnahmen bei Suizid und Selbstverletzung über Jahrzehnte hinweg, die allerdings im Licht der berichteten Kritik an den eingesetzten Antidepressiva bei Jugendlichen zu betrachten sind. Offenbar können die Medikamente im großen Durchschnitt eine Senkung der Suizidalität bewirken, im Einzelfall aber gerade den Suizid oder Parasuizid schon beim Jugendlichen auslösen (eine Vergrößerung der Streuung im statistischen Sinne).

44.5 Elternprogramme

Elternprogramme sind in verschiedenen Zusammenhängen bereits angesprochen worden. Eines der im Moment am meisten beachteten, das Positive Parenting Program (Triple P), soll wegen seiner breiten Einsetzbarkeit abschließend noch gesondert vorgestellt werden (Übersicht s. Schulze u. Fegert 2006). Das Programm hat zum Ziel, den Teufelskreis von Verhaltensproblemen der Kinder, Erziehungsinkompetenz der Eltern, Hilflosigkeit und weiteren familiären Problemen vorzubeugen. Dazu wird Eltern günstiges Erziehungsverhalten auf fünf Interventionsstufen mit unterschiedlichem Intensitätsgrad aufgezeigt. Damit sollen auf die individuellen Bedürfnisse der Eltern zugeschnittene Interventionen ermöglicht werden. Auf der Stufe mit geringster Intensität wird allgemeine Information über positive Erziehung auf unterschiedlichen Altersstufen über verschiedene Medien angeboten. Falls nötig sind auf der nächsten Stufe etwa 15-minütige Einzelinterventionen durch Ärzte, Erzieher und Lehrer vorgesehen. Eine weitergehende Intensität bietet eine intensivere Beratung über vier Sitzungen mit aktivem Training für die Eltern auf der dritten Stufe. Die vierte Stufe umfasst ein intensives Training für Eltern mit erkennbaren Erziehungsschwierigkeiten, deren Kinder schwerer ausgeprägte Verhaltensprobleme haben. Das Training wird durch ein telefonisch gestütztes Selbsthilfeprogramm ergänzt. Auf der höchsten Intensitätsstufe werden Familien, die zusätzlich unter Ehekonflikten, Substanzmissbrauch oder Depression der Eltern leiden und deren Kinder trotz der Teilnahme am Elterntraining auf der vorherigen Stufe weiter auffällig bleiben, zusätzliche einschlägige Erziehungsfertigkeiten vermittelt.

Sanders und Ralph (2005) berichten über zahlreiche Evaluationen, vor allen Dingen den Stufen 4 und 5 des Programms und bei Eltern mit jüngeren Kindern, insbesondere im Vorschulalter, die oppositionelles, antisoziales und aggressives Verhalten zeigen. Hierbei ergaben sich in unterschiedlichen randomisierten Effektivitätsstudien mit zum Teil großen Elternstichproben Verbesserungen im störenden oder oppositionellen Verhalten der Kinder, weniger elterlicher Druck und Zwang, mehr elterliche Kompetenz, weniger Depression und Stress auch ein Jahr nach Programmende und auch bei Familien mit entsprechendem und durch wöchentliche Telefongespräche ergänztem Selbsthilfeprogramm.

44.6 Fazit

Die beschriebenen Präventionsprogramme sind in mancherlei Hinsicht erfolgreich. Es gibt weitere erfolgreiche Bereiche der Prävention bei Adoleszenten und jungen Erwachsenen, die hier unerwähnt bleiben mussten (z. B. körperliche Krankheit, Bewältigung von Scheidungsfolgen). Für einen umfassenden Überblick über verfügbare Präventionsprogramme empfiehlt sich Röhrle (2007). Trotz allem erfüllen die besprochenen Präventionsmaßnahmen nicht in sämtlichen Belangen die in sie gesetzten Erwartungen. Dazu zählt, dass sie keine größeren Erfolge beim Einsatz im jugendlichen und jungen Erwachsenenalter gegenüber dem Erwachsenenalter aufweisen und dass sich durch Präventionsprogramme bis zum dritten Lebensjahrzehnt offenbar kein dauerhaft gesünderer Lebensverlauf ergibt.

Wenn also behauptet wird, Prävention ist erfolgreich, dann muss sehr genau nachgeforscht werden, worin dieser vorgebliche Erfolg besteht. Langzeiteffekte von Prävention gibt es jedenfalls kaum. Woran kann das liegen? Ein konzeptioneller Grund dafür wird im häufigen Fehlen der Gesundheitsförderung bei den präventiven Maßnahmen zu suchen sein. Nur eine systematisch durch Gesundheitsförderung ergänzte Prävention lässt langfristige Erfolge erwarten. Das langfristig wirksame gesunderhaltende Konzept der Resilienz identifiziert Faktoren, die über die Lebensspanne Gesundheit fördern. Diese gesundheitsfördernden Faktoren gilt es vermehrt zu erkennen und zu stärken, beispielsweise in Elternprogrammen. Hier ist auch die Politik gefordert, wenn es darum geht, die Grundlagen der Resilienz im Kleinkindalter zu legen. Die mit diesem Theoriekonzept angesprochenen gesundheitsförderlichen Faktoren sind mit reinen sozialstrukturellen Maßnahmen, wie z. B. der Einrichtung von Kinderkrippen, jedenfalls kaum zu beeinflussen.

Andererseits braucht der bislang fehlende Nachweis längerfristiger Erfolge hinsichtlich der präventiven Möglichkeiten nicht unbedingt pessimistisch zu stimmen. Folgt man nämlich dem Ansatz des Modelllernens, dann wird im Rahmen von Präventionsmaßnahmen mit gesundheitsfördernden Modellen von den Teilnehmern immer gelernt. Allerdings hängt die Ausführung des gelernten Verhaltens von weiteren Verhaltenskontingenzen ab. Es ist unter diesem Blickwinkel möglich, dass die Präventionsmaßnahmen bei den Teilnehmern durchaus noch zu Verhaltenseffekten führen werden, sobald die entsprechenden Kontingenzen dafür geschaffen sind. Denkbar ist damit, dass bei den bislang fehlenden Langzeiteffekten lediglich eine zu kurze Zeitperspektive ins Auge gefasst worden ist und die Auswirkungen des Gelernten sich durchaus noch später bei den Teilnehmern zeigen können.

Aus alledem ergibt sich der Wunsch nach lebenslanger Präventionsbegleitung des Einzelnen, beispielsweise durch eine „Evaluationsgruppe (Ärzte, Psychologen, Sozialarbeiter) individueller Risiken und Ressourcen". Sie könnte helfen, „falsche" Lebenswege zu verhindern, Selbstsicherheit zu stärken und Resilienz herzustellen. Das klingt sicherlich utopisch und ist im Augenblick wohl auch kaum finanzierbar, obwohl sekundäre Folgekosten – wie beispielsweise im Zusammenhang mit dem Burnout von Lehrern – einzusparen wären. Die chaotischen Zustände an der Berliner Rütli-Schule, die die Lehrer zu einem offenen Hilferuf veranlassten, konnten offensichtlich innerhalb recht kurzer Zeitspanne mit einer dementsprechenden Intervention gebessert werden.

Das beinhaltet, Gesundheitsberatung zu intensivieren. Modelle der Gesundheitsberatung machen seit längerem deutlich, dass alleine die Aufklärung über Gesundheitsrisiken hier niemals genügen kann. Hinzukommen müssen beispielsweise sowohl die Eigenverantwortlichkeit des Patienten als auch seine Kontrolle über die erforderlichen Veränderungen in seinem Leben und seiner Umgebung. Kontrolle über die eigenen Lebensumstände hat sich als ein entscheidender Faktor herausgestellt, der die Gesundheitsmotivierten von den nicht Motivierten unterscheidet. Und Kontrolle über die eigenen Lebensumstände ist vermittelbar, wenngleich auch manchmal nur als hilfreiche Illusion (Taylor u. Brown 1988). Darüber hinaus ist bedeutsam, bei der Gesundheitsberatung die persönliche Sicht des Patienten von der epidemiologischen Bevölkerungssicht zu trennen. Wenn es nämlich um das Verständnis und die Veränderung individuellen Risikoverhaltens geht, spielen alleine absolute und relative individuelle Risiken, nicht aber Populationsrisiken, eine Rolle. Und diese individuellen Risiken sind vielfach überraschend klein (Jeffery 1997).

Allgemein müssen wohl die Zielsetzungen von Prävention und Gesundheitsförderung überdacht werden, etwa das Ziel der Kostenersparnis durch Prävention. Hier legt z. B. Krämer (2006) überzeugend dar, dass mit Prävention Kosten im Gesundheitswesen nicht einzusparen sind, vielmehr bei Betrachtung der gesamten Lebensspanne einer Person zusätzliche Kosten entstehen. Ein Ziel von Prävention und Gesundheitsförderung könnte stattdessen in einer Steigerung der Lebensqualität auch in den durch die Maßnahmen zusätzlich gewonnenen Lebensjahren sowie in einer Kompression der Morbidität auf ein enges Zeitfenster am Lebensende bestehen.

Literatur

Arzneimittelkommission der deutschen Ärzteschaft. Empfehlungen zur Therapie der Depression. Berlin: Selbstverlag 2006.

Batra A. Tabakabhängigkeit: Biologische und psychosoziale Entstehungsbedingungen und Therapiemöglichkeiten. Darmstadt: Steinkopff 2000.

Bayerisches Staatsministerium des Innern. Aktion Verkehrssicherheit Bayern 2006. www.innenministerium.bayern.de (16.04.2007).

Bender D, Lösel F. Protektive Faktoren der psychisch gesunden Entwicklung junger Menschen: Ein Beitrag zur Kontroverse um saluto- versus pathogenetische Ansätze. In: Margraf J, Siegrist J, Neumer S (Hrsg). Gesundheits- oder Krankheitstheorie? Berlin, Heidelberg: Springer 1998; 117–45.

Bornewasser M, Glitsch E. Erhöhte Risikobereitschaft und Risikosuche. In: Lohaus A, Jerusalem M, Klein-Heßling J (Hrsg). Gesundheitsförderung im Kindes- und Jugendalter. Göttingen: Hogrefe 2006; 273–300.

Bundeszentrale für gesundheitliche Aufklärung (Hrsg). Kurzintervention bei Patienten mit Alkoholproblemen. Köln: BZgA 2001.

Dannigkeit N, Köster G, Tuschen-Caffier B. Prävention von Essstörungen – Ein Trainingsprogramm für Schulen. In: Röhrle B (Hrsg). Prävention und Gesundheitsförderung. Band II. Tübingen: dgvt 2002; 151–72.

Essau CA, Karpinski NA, Petermann F, Conradt J. Häufigkeit, Komorbidität und psychosoziale Beeinträchtigung von depressiven Störungen bei Jugendlichen: Ergebnisse der Bremer Jugendstudie. Z Klin Psychol Psychiatr Psychother 1998; 46: 316–29.

Fegert JM. Förderung der seelischen Gesundheit und Prävention im Kindes- und Jugendalter. In: Aktion Psychisch Kranke, Schmidt-Zadel R, Kunze H, Peukert R (Hrsg). Prävention bei psychischen Erkrankungen. Bonn: Psychiatrie-Verlag 2004; 91–124.

Gesundheitsmonitor Bayern. Psychische Gesundheit. Ausgabe 1/2007. www.lgl.bayern.de/gesundheit/gbe.htm (16.04.2007).

Goldney RD. Suicide prevention: s pragmatic review of recent studies. Crisis 2005; 26: 128–40.

Haisch J. Raucherentwöhnung und Stressbewältigung. In: Haisch J, Zeitler HP (Hrsg). Gesundheitspsychologie. Zur Sozialpsychologie der Prävention und Krankheitsbewältigung. Heidelberg: Asanger 1991; 261–76.

Haisch J, Stoll T. Ambulante Bewegungsprogramme: Motivationstraining steigert Effizienz. Therapiewoche Sport und Medizin 1994; 6: 401–11.

Haisch J, Rduch G, Haisch I. Längerfristige Effekte attributionstherapeutischer Maßnahmen bei Übergewichtigen: Auswirkungen eines Attributions-Trainings auf Abnehmerfolg und Abbrecherquote bei einem 23-wöchigen Gewichtsreduktions-Programm. Psychotherapie, Psychosomatik, Medizinische Psychologie 1985; 35: 33–40.

Hollmann W. Prävention von Bewegungsstörungen. In: Hurrelmann K, Klotz T, Haisch J (Hrsg). Lehrbuch Prävention und Gesundheitsförderung. Bern: Huber 2004; 97–110.

Hornung R. Prävention und Gesundheitsförderung bei Migranten. In: Hurrelmann K, Klotz T, Haisch J (Hrsg). Lehrbuch Prävention und Gesundheitsförderung. Bern: Huber 2004; 329–37.

Hurrelmann K. Gesundheitssoziologie. 6. Aufl. Weinheim, München: Juventa 2006.

Hurrelmann K, Settertobulte W. Prävention und Gesundheitsförderung im Kindes- und Jugendalter. In: Petermann F (Hrsg). Lehrbuch der Klinischen Kinderpsychologie und -psychotherapie. 4. Aufl. Göttingen: Hogrefe 2000; 132–48.

Hurrelmann K, Klocke A, Melzer W, Ravens-Sieberer U (Hrsg). Jugendgesundheitssurvey. Weinheim, München: Juventa 2003.

Hwang MS, Yeagley KL, Petosa R. A meta-analysis of adolescent psychosocial smoking prevention programs published between 1978 and 1997 in the United States. Health Educ Behav 2004; 31: 702–19.

Ihle W, Esser G. Epidemiologie psychischer Störungen im Kindes- und Jugendalter. Psychologische Rundschau 2002; 53: 159–69.

Jeffery RW. Risikoverhalten und Gesundheit: Individuelle und populationsbezogene Perspektive. In: Weitkunat R, Haisch J, Kessler M (Hrsg). Public Health und Gesundheitspsychologie. Bern: Huber 1997; 126–37.

Junge J, Bittner A. Prävention von Angststörungen im Kindes- und Jugendalter. In: Schneider S (Hrsg). Angststörungen bei Kindern und Jugendlichen. Berlin: Springer 2004; 390–415.

Krämer W. Prävention und Gesundheitswesen: Bestandsaufnahme und kritische Bewertung. In: Michna H, Oberender P, Schulze J, Wolf J (Hrsg). Prävention auf dem Prüfstand: Wie viel organisierte Gesundheit – wie viel Eigenverantwortung? Köln: Hanns Martin Schleyer-Stiftung 2006; 27–36.

Leppin A, Hurrelmann K, Freitag M. Schulische Gesundheitsförderung im Kontext von Klassenklima und sozialem Rückhalt durch die Lehrer. Z Pädagogik 1994; 40: 894–913.

Libal G, Plener PL, Fegert JM. Psychopharmakologische Behandlung. In: Petermann F, Winkler S (Hrsg). Selbstverletzendes Verhalten. Göttingen: Hogrefe 2005; 187–201.

Lohaus A, Klein-Heßling J. Stress und Stressbewältigung. In: Lohaus A, Jerusalem M, Klein-Heßling J (Hrsg). Gesundheitsförderung im Kindes- und Jugendalter. Göttingen: Hogrefe 2006; 325–47.

McDade-Montez E, Cvengros J, Christensen A. Persönlichkeitseigenschaften und -unterschiede. In: Kerr J, Weitkunat R, Moretti M (Hrsg). ABC der Verhaltensänderung. München: Urban und Fischer 2007; 60–74.

Mittag W, Jerusalem M. Prävention von Alkohol- und Medikamentengebrauch bei Jugendlichen – Eine Evaluationsstudie. In: Amann G, Wipplinger R (Hrsg). Gesundheitsförderung. Tübingen: dgvt 1998; 425–47.

Neubauer G. Sexuelle Risikolagen und sexuelles Risikoverhalten von Jugendlichen. In: Raithel J (Hrsg). Risikoverhaltensweisen Jugend-

licher: Formen, Erklärungen und Prävention. Opladen: Leske und Budrich 2001; 183–200.
Perrez M, Gebert S. Veränderung gesundheitsbezogenen Risikoverhaltens: Primäre und sekundäre Prävention. In: Schwenkmezger P, Schmidt LR (Hrsg). Lehrbuch der Gesundheitspsychologie. Stuttgart: Enke 1994; 169–87.
Petermann F, Petermann U. Störung des Sozialverhaltens. In: Schlottke PF, Silbereisen RK, Schneider S, Lauth GW (Hrsg). Störungen im Kindes- und Jugendalter – Grundlagen und Störungen im Entwicklungsverlauf. Enzyklopädie der Psychologie. Göttingen: Hogrefe 2005; 797–836.
Petermann F, Winkler S. Selbstverletzendes Verhalten. Göttingen: Hogrefe 2005.
Pfaff H. Prävention und Gesundheitsbewusstsein – Motivation des Bürgers: wo ansetzen – wie umsetzen? In: Michna H, Oberender P, Schulze J, Wolf J (Hrsg). Prävention auf dem Prüfstand: Wie viel organisierte Gesundheit – wie viel Eigenverantwortung? Köln: Hanns Martin Schleyer-Stiftung 2006; 37–52.
Pinquart M, Silbereisen RK. Prävention und Gesundheitsförderung im Jugendalter. In: Hurrelmann K, Klotz T, Haisch J (Hrsg). Lehrbuch Prävention und Gesundheitsförderung. Bern: Huber 2004; 63–72.
Pössel P, Horn AB, Hautzinger M. Erste Ergebnisse eines Programms zur schulbasierten Prävention von depressiven Symptomen bei Jugendlichen. Z Gesundheitspsychol 2003; 11: 10–20.
Robinson WV, Watkins-Ferrell P, Davis-Scott P, Ruch-Ross HS. Preventing teenage pregnancy. In: Glenwick DS (ed). Promoting health and mental health in children, youth, and families. New York: Springer 1993; 99–124.
Röhrle B. Prävention psychischer Störungen und Gesundheitsförderung bei Kindern und Jugendlichen: Einführung und Überblick. In: Röhrle B (Hrsg). Prävention und Gesundheitsförderung für Kinder und Jugendliche. Band III. Tübingen: dgvt 2007; 13–99.
Roth M, Rudert E, Petermann H. Prävention bei Jugendlichen. In: Jerusalem M, Weber H (Hrsg). Psychologische Gesundheitsförderung. Göttingen: Hogrefe 2003; 399–418.
Sanders MR, Ralph A. Familienintervention und Prävention bei Verhaltensstörungen im Kindes- und Jugendalter. In: Schlottke PF, Silbereisen RK, Schneider S, Lauth GW (Hrsg). Störungen im Kindes- und Jugendalter – Grundlagen und Störungen im Entwicklungsverlauf. Enzyklopädie der Psychologie. Göttingen: Hogrefe 2005; 341–78.
Scheier MF, Carver CS. Effects of optimism on psychological and physical well-being: theoretical overview and empirical update. Cognit Ther Res 1992; 16: 201–28.
Schulze UM, Fegert JM. Kinder- und Jugendpsychiatrie/-Psychotherapie: Elterntraining. In: Haisch J, Hurrelmann K, Klotz T (Hrsg). Medizinische Prävention und Gesundheitsförderung. Bern: Huber 2006; 131–7.
Schwarzer R. Psychologie des Gesundheitsverhaltens. 3. Aufl. Göttingen: Hogrefe 2004.
Seiffge-Krenke I. Gesundheitspsychologie der verschiedenen. Lebensalter. In: Weitkunat R, Haisch J, Kessler M (Hrsg). Public Health und Gesundheitspsychologie. Bern: Huber 1997; 215–24.
Silbereisen RK. Missbrauch und Gebrauch von Alkohol und Drogen im Jugendalter. In: Weitkunat R, Haisch J, Kessler M (Hrsg). Public Health und Gesundheitspsychologie. Bern: Huber 1997; 170–8.
Stice E, Marti CN, Spoor S, Presnell K, Shaw H. Dissonance and healthy weight eating disorder prevention programs: long-term effects from a randomized efficacy trial. J Consult Clin Psychol 2008; 76: 329–40.
Taylor SE, Brown JD. Illusion and well-being: a social psychological perspective on mental health. Psychol Bull 1988; 103: 193–210.
Troschke J v. Modell zur Sozialisation des Rauchens. Eine Grundlage für gezielte Maßnahmen zur Förderung des Nichtrauchens bei Jugendlichen. Prävention 1989; 12: 112–4.
Van Engeland H. Prävention parasuizidalen Verhaltens in der Adoleszenz: Möglichkeiten und Grenzen. Kindheit und Entwicklung 2004; 13: 38–46.
Vögele C. Gesundheitsförderung und Gesundheitserziehung. In: Kerr J, Weitkunat R, Moretti M (Hrsg). ABC der Verhaltensänderung. München: Urban und Fischer 2007; 293–312.
Wittkowski KM. AIDS aus Public-Health-Sicht: Epidemiologie und Implikationen für Prävention und Versorgung. In: Weitkunat R, Haisch J, Kessler M (Hrsg). Public Health und Gesundheitspsychologie. Bern: Huber 1997; 225–34.

45 Krisenmanagement

Renate Schepker, Carsten Spitzer und Michael Kölch

Inhalt

45.1	Darstellung und Definition von Krisensituationen	590
45.2	Rechtliche Rahmenbedingungen	591
45.3	Ethische Maximen	592
45.4	Epidemiologie und Prävalenz	592
45.5	Suizidalität und akute Eigengefährdung	593
45.6	Aggression und akute Fremdgefährdung	596
45.7	Sonstige psychiatrische Krisensituationen	596
45.8	Versorgungsimplikationen und Schnittstellenmanagement	597
45.9	Fazit	598
Literatur		598

Zusammenfassung

Krisen im Jugendalter begründen gut die Hälfte aller stationären Aufnahmen. Sie können als typischer Ausdruck des »Krisenalters« passagere Zeichen einer akuten Überlastung sein, aber auch existenzielle Notlagen durch Suizidalität, Selbstgefährdung oder psychotischen Überstieg ausdrücken. Der professionelle Umgang erfordert eine ethische, rechtliche und persönliche Positionierung. Konkrete Strategien zur Bewältigung von Suizidalität, Selbstverletzung, aggressivem Ausagieren und akuter psychotischer Dekompensation werden vorgestellt. Eine etablierte Kooperation an den typischen Schnittstellen im Sinne eines Prozessmanagements kann deeskalierend wirken und stationäre Interventionen vermeiden helfen.

45.1 Darstellung und Definition von Krisensituationen

45.1.1 Darstellung

In der kinder- und jugendpsychiatrischen und erwachsenenpsychiatrischen Behandlung kommt es immer wieder zu sogenannten Krisensituationen, also Situationen, die ein unmittelbares und rasches Handeln notwendig machen, manchmal auch Maßnahmen erfordern, die gegen den Willen des Patienten erfolgen müssen und gegebenenfalls mit Zwang und Einschränkung persönlicher Freiheit verbunden sind. Diese Situationen sind einerseits ethisch besonders prekär, andererseits stellen sie aufgrund der Akuität und des hohen Gefährdungspotenzials für Patienten, Angehörige, aber auch das Stationspersonal eine besonders hohe Anforderung an den Behandler. Daneben stellen sich unterschiedliche rechtliche, auch haftungsrechtliche Fragen je nach Alter des Patienten.

Im **stationären Kontext** sind dies Situationen, bei denen eine Fremdgefährdung von Patienten ausgeht, sei es gegen andere Patienten, sei es gegen Personal. Aber auch eine Eigengefährdung durch impulsiv-disruptives Verhalten ist möglich. Des Weiteren sind Eigengefährdungen natürlich durch akute Suizidalität und entgleistes selbstverletzendes Verhalten als typische Situationen zu nennen, die ein Krisenmanagement erfordern.

Auch im **ambulanten Behandlungssetting** kann es zu Gefährdungssituationen kommen, die ein unmittelbares Handeln erfordern und sich krisenhaft zuspitzen. Diese Situationen können möglicherweise seitens des Therapeuten ambulant nicht mehr mitgetragen werden, da eine Selbstgefährdung des Patienten nicht mit hinreichender Sicherheit auszuschließen ist, und ihn vor die Frage stellen, inwieweit er eine Einweisung in eine Klinik veranlassen muss. Dies bedeutet für den Therapeuten eine schwierige Güterabwägung, da damit auch die therapeutische Beziehung belastet wird, evtl. sogar eine weitere ambulante Behandlung nicht mehr möglich sein kann (Tan et al. 2007).

Mit Versorgungseinrichtungen der Jugendhilfe, Übergangsheimen etc. kommt es häufig in Krisensituationen zu Fragen der Kompetenzabgrenzung und zu Problemen des Schnittstellenmanagements trotz prinzipiell klar geregelter juristischer Vorgaben.

45.1.2 Definition

Unter einer Krise verstehen wir in der Adoleszenzpsychiatrie eine Situation, die unmittelbares, »notfallmäßiges« psychiatrisches Handeln erfordert.

Mögliche Konstellationen sind:
- Eigengefährdung
  - suizidale Krisen

- suizidale Krise im Rahmen psychiatrischer Grundstörung

sowie (insbesondere bei Jugendlichen)

- parasuizidale Handlungen (Unfälle, gehäufte Selbstverletzungen) oder stetiges Wiederaufsuchen traumatisierender Situationen
- körperliche Verwahrlosung, akuter Verlust an Selbstpflegefähigkeiten
- lebensbedrohliche Dekompensation z. B. einer Anorexia nervosa
- Fremdgefährdung
  - körperliche Angriffe auf Familienangehörige, Betreuer, Personal in Einrichtungen, (seltener) Unbekannte
  - gefährliches Verhalten im Straßenverkehr
- akute psychiatrische Dekompensation
  - psychotische Dekompensation im Rahmen anderer Grundstörungen oder als Rezidiv
  - Stressreaktion im Rahmen akuter Traumatisierung oder schwere dissoziative Zustände im Rahmen einer chronisch-posttraumatischen Störung
  - Rückfall mit Selbstgefährdung im Rahmen einer Suchterkrankung

Die typische Klientel, bei der Kriseninterventionen notwendig werden, sind jene Patienten, die eigen- und fremdgefährdendes Verhalten zeigen.

Tab. 45-1 Rechtliche Grundlagen für Behandlungen gegen den Willen des Patienten

Minderjährige Patienten
zivilrechtlich
a) § 1631b BGB: Sorgeberechtigte sind berechtigt, den Minderjährigen »mit einer Freiheitsentziehung verbunden« unterzubringen. Ein Antrag muss beim Familiengericht gestellt werden, eine richterliche Genehmigung muss erteilt werden. Bei Eilfällen muss die richterliche Genehmigung unverzüglich nachgeholt werden.
b) Inobhutnahme durch das Jugendamt mit Unterbringung in einer Klinik (§ 40 SGB VIII)
öffentlich-rechtlich
c) Unterbringungsgesetze der Länder (PsychKG/UbG)
Erwachsene Patienten
öffentlich-rechtlich
a) Unterbringungsgesetze der Länder (PsychKG/UbG)
zivilrechtlich
b) Betreuungsrecht: ärztliche Maßnahmen müssen vom Vormundschaftsgericht genehmigt werden (§ 1904 BGB).
c) Freiheitsentziehende Maßnahmen müssen vom Vormundschaftsgericht genehmigt werden (§ 1906 BGB).

45.2 Rechtliche Rahmenbedingungen

Im besten Fall erfolgen kriseninterventorische Behandlungen und Interventionen einvernehmlich mit allen Beteiligten, also zwischen Patient, den Eltern oder Angehörigen und dem Therapeuten. Im schlimmsten Fall ist eine Behandlung gegen den Willen des Patienten, evtl. sogar gegen den Willen der Sorgeberechtigten notwendig. Letztere Situation bedarf einer sehr sorgfältigen Beachtung der rechtlichen Rahmenbedingungen, die eine Kenntnis der gesetzlichen Bestimmungen und Grundlagen voraussetzt. Innerhalb des Vorgehens ist der Einsatz von Zwangsmaßnahmen, gerade in der Kinder- und Jugendpsychiatrie, umstritten, z. T. auch tabuisiert (Goren u. Curtis 1996), zudem auch immer wieder ethisch diskutiert (vgl. Fetzer et al. 2006). Qualitätskriterien für eine Behandlung mit Zwangsmaßnahmen wurden von Schepker et al. (2006b) veröffentlicht.

Die rechtlichen Grundlagen bei Behandlungen gegen den Willen des Patienten sind zwischen Patienten in der Kinder- und Jugendpsychiatrie und erwachsenen Patienten sehr different (Tab. 45-1). So besteht bei minderjährigen Patienten die Möglichkeit, diese nach § 1631b BGB auf Antrag der Eltern mit Genehmigung des Familiengerichtes gegen den Willen zu behandeln – eine Möglichkeit, die bei erwachsenen Patienten nur im Rahmen der Unterbringungsgesetze der einzelnen Bundesländer gegeben ist (Übersicht s. Martin u. Steinert 2005). Eine weitere Möglichkeit bei erwachsenen Patienten besteht im Rahmen des Betreuungsrechts, wonach eine Unterbringung vormundschaftsrichterlich beantragt werden muss.

Dagegen werden minderjährige Patienten eher selten (weniger als 10 % aller Unterbringungen, s. u.) in der Kinder- und Jugendpsychiatrie nach den in der Erwachsenenpsychiatrie üblichen Unterbringungsgesetzen behandelt. Die Schwelle, die einmal bei einer Unterbringung nach den Unterbringungsgesetzen für eine Eigen- oder Fremdgefährdung angesetzt wird – hier handelt es sich um ein öffentlich-rechtliches Verfahren –, ist höher gelegt als etwa im zivilrechtlichen Verfahren nach § 1631b BGB.

So wird bei einem Jugendlichen, der eine längere Karriere von Schulverweigerung und Verwahrlosung hinter sich hat, z. B. durchaus zur Abklärung und Therapieeinleitung ein Aufenthalt nach § 1631b BGB in der Kinder- und Jugendpsychiatrie gerechtfertigt sein, während dies bei einem über 18-jährigen Patienten, der etwa nicht mehr zur Arbeit geht und vagabundiert, keine psychiatrische Behandlung gegen den Willen rechtfertigt. Bei Minderjährigen tritt hier noch mehr der Fürsorge- und Erziehungsgedanke, auch bei der psychiatrischen Behandlung, in den Vordergrund, der in diesem Ausmaß in der Erwachsenenpsychiatrie so nicht mehr zu rechtfertigen ist und gegenüber der Autonomie des Individuums zurücktritt. Die Kenntnis beider Ausgangslagen – gegenüber Jugendlichen und gegenüber Erwachsenen – ist hilfreich, um auch prognostisch entsprechende Therapieplanungen anzulegen, etwa bei Jugendlichen kurz vor

Vollendung des 18. Lebensjahres, und einerseits vor einem überprotektiven Aktionismus geschützt zu sein, andererseits auch vor einer allzu großen – evtl. sogar resignativen – Zurückhaltung gefeit zu sein, da man der irrigen Annahme anhängt, autonomen Patienten könne man nicht helfen.

Allein das baden-württembergische Unterbringungsgesetz erlaubt eine »fürsorgliche Zurückhaltung« eines Erwachsenen für maximal 72 Stunden in einem psychiatrischen Krankenhaus und kommt damit dem Schutzbedürfnis psychisch kranker Patienten im Sinne der Fürsorgepflicht für Jugendliche sehr nahe. Diese Zeit ermöglicht in den meisten Fällen eine Klärung der Situation (etwa ein Abklingen akuter Suizidalität oder Intoxikation), ohne dass ein Unterbringungsverfahren aktenkundig werden muss.

In der Umsetzung des § 1631b BGB bestehen erhebliche Rechtsunsicherheiten und regionale Unterschiede. Die Vorschrift des Gesetzes über die Angelegenheiten der freiwilligen Gerichtsbarkeit (FGG), einen Verfahrenspfleger zu bestellen, wird nicht regelhaft umgesetzt. Ein Referentenentwurf des Bundesjustizministeriums wurde Mitte 2008 vom Bundestag verabschiedet, der eine Einbeziehung der Jugendhilfe und die Abklärung vorsieht, ob eine Unterbringung statt mit Freiheitsentzug nicht mit anderen, z. B. jugendhilflichen Maßnahmen (wie Unterbringung in einer Jugendschutzstelle) oder einem anderen familiengerichtlichen Vorgehen (z. B. Sorgerechtsentzug) abzuwenden ist. Ein jüngeres Urteil des Bundesverfassungsgerichts (2007) stellt fest, dass eine Unterbringung nach § 1631b BGB (etwa bei Dissozialität oder Verwahrlosung und damit zusammenhängender Eigen- oder Fremdgefährdung) auch in der Jugendhilfe erfolgen kann und dass der Ort der Unterbringung im Urteil benannt werden müsse. Auch müsse eine richterliche Anhörung des Betroffenen zeitnah erfolgen.

Nach Straftaten insbesondere mit Verletzung von Personen, die mit hoher Wahrscheinlichkeit im Rahmen einer psychiatrischen Störung erfolgt sind und bei denen eine Schuldminderung im Sinne der §§ 20/21 StGB als wahrscheinlich gilt, kann im Rahmen des § 126a StPO bei strafmündigen Jugendlichen ab 14 Jahren ebenso wie bei Erwachsenen eine Unterbringung in der Forensischen Psychiatrie gerichtlich verfügt werden oder eine Unterbringung zur Begutachtung im Rahmen des § 80 FGG. Hierbei handelt es sich um eine hoheitsrechtliche Maßnahme im Rahmen der Strafverfolgung. Eine Behandlung der psychiatrischen Störung kann nur dann erfolgen, sofern der Betroffene sie wünscht.

45.3 Ethische Maximen

Nach Häßler et al. (2001) besteht das Ziel freiheitsentziehender Maßnahmen gegenüber Jugendlichen nicht in der Entweichungssicherheit, sondern »in der Schaffung eines adäquaten Behandlungssettings«. Im Rahmen einer vergleichenden Nachbefragung von Kühnapfel und Schepker (2006) zwischen freiwillig und nicht freiwillig aufgenommenen Jugendlichen zeigte sich eine signifikante Korrelation des über die poststationäre Lebenszufriedenheit gemessenen Behandlungserfolges mit der erlebten Partizipation an der Behandlung seitens der Patienten. Unterschiede zwischen den freiwillig und den unter Zwang behandelten Patienten ergaben sich nicht. Somit kommt den Therapeuten die Aufgabe zu, unfreiwillig aufgenommene Patienten in gleicher Weise für die Behandlung zu gewinnen und sie über Behandlungsschritte aufzuklären wie freiwillig behandelte Patienten. Die Vorgaben einzelner Landesunterbringungsgesetze zu den Rechten unfreiwillig behandelter Patienten sind daher positiv zu bewerten. Für erwachsene schizophrene Patienten haben Steinert und Schmid (2004) keinen Unterschied hinsichtlich des Therapieerfolgs dahingehend finden können, ob die Behandlung freiwillig oder unfreiwillig erfolgte. Hierbei wurde als objektives Erfolgsmaß das PANSS-Rating (PANSS = Positive and Negative Syndrome Scale) der Therapeuten bei Entlassung zugrunde gelegt und keine subjektive Bewertung aus Patientensicht.

Nach den bisherigen Erkenntnissen besteht kein Anlass, eine notwendige Behandlung bei nicht bestehender Einsicht im Jugendalter nicht zu beginnen. Bei Erwachsenen stellen sich Fragen der Ablehnung einer Behandlung im Rahmen autonomer Patientenentscheidungen oft anders. Während es der ärztlichen Grundverpflichtung entspricht, Leben zu erhalten, d. h. im Falle von Suizidalität in jedem Fall zu handeln, ist im Falle einer Ablehnung medikamentöser Behandlung bei Schizophrenie jeweils eine ethische Abwägung, evtl. unter Einbezug der mittlerweile breit eingerichteten Ethikkommissionen, erforderlich, ob eine Behandlung »aufgegeben« werden kann.

Auch bei akuten Krisen im Stationsalltag, die ggf. eine Fixierung oder medikamentöse Behandlung zur Beruhigung des Patienten erfordern, ist das oberste Ziel, dem Patienten so rasch wie möglich die Eigenkontrolle wieder zurückzugeben und die – unter Umständen auch retraumatisierenden – Situationen des Kontroll- und Autonomieverlusts, der physischen Gewalt und des Zwangs zu beenden.

45.4 Epidemiologie und Prävalenz

In der Kinder- und Jugendpsychiatrie erfolgt bundesweit grob die Hälfte der stationären Aufnahmen – mit in den letzten Jahren ansteigender Tendenz – als Krisen- bzw. Notfallaufnahme. Dabei sind allerdings nur ein geringer Teil Aufnahmen, die mit Zwangsmaßnahmen verbunden sind.

Nach einer Umfrage der Bundesarbeitsgemeinschaft Leitender Klinikärzte für Kinder- und Jugendpsychiatrie, Psychosomatik und Psychotherapie (2006), die auf einem Rücklauf von 56 %

der am 31.12.2004 aufgestellten 4 436 kinder- und jugendpsychiatrisch/psychotherapeutischen Krankenhausbetten basiert, wurden in den Jahren 2004 und 2005 13,6 % der stationär aufgenommenen Fälle mit Genehmigung zur Freiheitsentziehung behandelt. Dabei wurde nur in 1,1 % der Fälle Freiheitsentziehung nach den jeweiligen Landesunterbringungsgesetzen gerichtlich angeordnet, mehr als zehnmal so oft erging eine Genehmigung des Familiengerichts auf Antrag der Sorgeberechtigten. Es wurden erhebliche Bundesland-spezifische Unterschiede in der Häufigkeit deutlich, die auch nicht mit der verfügbaren Dichte an Krankenhausbetten erklärbar waren.

Über die Häufigkeit der Anwendung von ärztlich indizierten Zwangsmaßnahmen gibt es nur aus einzelnen Zentren Daten, nach einer Übersicht von Fetzer et al. (2006) haben etwa 40 % der Patienten der Kinder- und Jugendpsychiatrie laut Literaturlage Erfahrungen mit Zwangsmaßnahmen (Sourander et al. 2002). Aus den USA werden noch höhere Quoten angegeben (Earle et al. 1995). Bei Fetzer et al. (2006) erfuhren 9,2 % aller stationären jugendpsychiatrischen Patienten Zwangsmaßnahmen mit durchschnittlich 3,4 Zwangsmaßnahmen je Patient bei erheblicher Varianz.

Aus vergleichbaren Daten der Erwachsenenpsychiatrie lässt sich ableiten, dass ca. 10 % der Patienten während des stationären Aufenthalts eine Zwangsmaßnahme erfahren.

Während Suizidalität bei Kindern zu den seltenen (dann allerdings sehr ernst zu nehmenden) Ereignissen gehört, steigt die Rate an Suizidversuchen im Jugendalter stark an. Suizide sind nach wie vor die zweithäufigste Todesursache nach dem Unfalltod bei Jugendlichen. Dennoch ist seit 1980 die Rate erfolgreicher Suizide bei Jugendlichen bundesweit rückläufig und liegt derzeit bei fünf Suiziden auf 100 000 Jugendliche über 15 Jahren (Statistisches Bundesamt 2008).

Zu anderen Situationen sind wenige Daten verfügbar. Nach den epidemiologischen Erkenntnissen erleben knapp 18 % der Frauen und 26 % der Männer zwischen 14 und 24 Jahren akute Traumatisierungen, wobei eine hohe Wahrscheinlichkeit eines psychiatrischen Interventionsbedarfs besteht (Perkonigg et al. 2000).

Forensische Unterbringungen von Jugendlichen sind sehr seltene Ereignisse, sodass – im Gegensatz zu gültiger Rechtsprechung und dem Gebot der UN-Kinderrechtskonvention nach jugendgemäßen Unterbringungsbedingungen – entsprechende Einrichtungen für Jugendliche nicht in allen Bundesländern verfügbar sind und Unterbringungen nach § 126a StPO dann gemeinsam mit Erwachsenen erfolgen müssen.

Nach den Maßgaben der UN-Kinderrechtskonvention sollte nur in extremen, seltenen Ausnahmesituationen eine Krisenintervention bei Jugendlichen im Bereich der Erwachsenenpsychiatrie erfolgen.

Fallbeispiel 1

Die 17-jährige, intellektuell gut ausgestattete Maria aus einer psychiatrisch belasteten Familie hat ihr Leben, nach einer Kindheit voller psychischer und körperlich/sexueller Traumatisierungen, seit dem 10. Lebensjahr überwiegend in Kinder- und Jugendpsychiatrien an mehreren Orten verbracht. Sie hat mehrfach Lehrer und Mitarbeiter angegriffen oder der Übergriffe auf sie beschuldigt, Feuer gelegt, sich intoxikiert, schwer selbst verletzt und sich jeweils einer Versorgung extrem widersetzt. Fixierungssituationen geraten für sie zu einer Retraumatisierung, werden jedoch fast süchtig immer wieder gesucht. Versuche einer psychotherapeutischen Langzeitbehandlung scheitern ebenso wie Beheimatungsversuche in diversen Jugendhilfemaßnahmen. Alle beteiligten psychiatrischen Institutionen geraten in einen Strudel der Ambivalenz zwischen extrem restriktiver oder extrem lockerer Führung der Patientin. Eine optimale Balance wird nicht gefunden. Nach mehrfacher massiver Eskalation in mehreren Jugendpsychiatrien erfolgt eine vorbereitete, konsentierte Verlegung auf eine spezialisierte erwachsenenpsychiatrische Station. Hier kann Maria sich an ältere Mitpatientinnen auf eine Weise anlehnen, die ihr Trauer um die nie schützende Mutter erlaubt, und sie kann sich mit einem etwas geringeren Niveau an ausagierendem Verhalten identifizieren.

45.5 Suizidalität und akute Eigengefährdung

45.5.1 Suizidalität

> In der Altersgruppe der Kinder und Jugendlichen stellt der Suizid nach den Unfällen die zweithäufigste Todesursache dar.

Suizidversuche bei Jugendlichen stehen häufig im Zusammenhang mit einer psychiatrischen Erkrankung oder Beziehungsproblemen zu Eltern oder Freunden. Probleme in Bezug auf Schule, Studium oder Beruf scheinen ursächlich weniger bedeutsam zu sein, als dies immer wieder vermutet wird.

Trotz aller Sorgfalt in der Diagnostik und Therapie lassen sich Suizide nicht immer vermeiden. Somit bringen sie Verantwortliche und Behandelnde oft an eigene Grenzen. Ein Leitfaden für das Verhalten im Umgang mit suizidalen Patienten sollte in jeder stationären Einheit bestehen, um Handlungssicherheit zu geben.

Hinsichtlich der Methoden, mit denen Patienten sich selbst gefährden können, wird oft in sogenannte »harte« und »weiche« Suizidmethoden unterschieden:

> Als **harte Suizidmethoden** gelten Erhängen, Erschießen oder Stürze aus großer Höhe, die Überfahrung durch Schienenfahrzeuge, die Selbsttötung durch Ertrinken, Selbstverbrennung oder Stichverletzungen.
>
> Schnitte am Handgelenk sowie die Einnahme von Schlaf-, Beruhigungs- und Schmerzmitteln sind dagegen **weiche Suizidmethoden**.

Sowohl weiche als auch harte Suizidmethoden können im stationären Kontext vorkommen. Die Überwachung und Achtsamkeit gegenüber Patienten mit selbstgefährdendem Verhalten bzw. Hinweisen auf eine Suizidalität sind deshalb unerlässlich und gehören zu den Grundpflichten des Personals in psychiatrischen Einrichtungen.

> Psychische Störungen, die mit einem erhöhten Suizidrisiko einhergehen, sind Psychosen, depressive Störungen, Abhängigkeits- sowie Persönlichkeitsstörungen.

Bei den kinder- und jugendpsychiatrischen Störungen sind es vor allem akute Reaktionen oder Anpassungsstörungen im Zusammenhang mit unmittelbar zurückliegend erlebten Belastungen (Traumata unterschiedlicher Genese), die zusätzlich zu den genannten Störungen eine Gefährdung im Sinne einer Suizidalität aufweisen. Bei den schizophrenen Psychosen muss auch der mögliche »depressive Nachschwang« im Rahmen einer Besserung der floriden Symptomatik besonders beachtet werden. Darüber hinaus sind suizidale Impulse während der akuten Erkrankung insbesondere im Zusammenhang mit einer Akzentuierung der sogenannten Positivsymptomatik (Halluzinationen, Wahngedanken und -erleben) zu berücksichtigen. Bei Angst- und Zwangserkrankungen kann bei einer starken Symptomverschlechterung das Leid so stark zunehmen, dass die Patienten ihr Leben nicht mehr aushalten und suizidal werden. Bei der Anorexia nervosa verdeutlichen Metaanalysen über mehrere Jahrzehnte, dass der Suizid neben direkten körperlichen Folgen der Erkrankung die häufigste Todesursache darstellt. Patienten mit Störungen der Persönlichkeitsentwicklung (Borderline-Patienten) finden ihr Leben phasenweise unerträglich und »halten es mit sich selbst nicht länger aus«.

> Im Umgang mit akuter Suizidalität ist es ungeachtet des jeweiligen äußeren Kontextes (stationär oder ambulant psychiatrisch bzw. kinder- und jugendpsychiatrisch oder konsiliarisch, z. B. in der Kinderklinik bzw. einer internistischen Station nach erfolgtem Suizidversuch zur Beurteilung der Entlassfähigkeit oder Notwendigkeit einer stationären Übernahme) wichtig zu wissen, dass ein direktes Ansprechen möglicherweise bestehender suizidaler Gedanken oder Impulse überwiegend als entlastend erlebt wird. Ein angstfreies Benennen von Suizidgedanken nach Art und Intensität kann als Distanzierungshilfe für den Patienten dienen.

Eine Einbeziehung der Bezugspersonen, Familie, Partner in die Exploration, die Behandlungs- und Entlassplanung erscheinen essenziell, um anstehende Entscheidungen soweit wie möglich im gegenseitigen Einvernehmen bzw. gemeinsam zu treffen und zu tragen. Ein fachlich vorgesetzter Arzt mit entsprechender Facharztqualifikation muss informiert werden und die letztendliche Entscheidung über das Procedere tragen.

Als erste Intervention kann die gezielte psychiatrische Exploration und differenzialdiagnostische Einordnung der Suizidalität gelten und damit verbunden die Einschätzung der Paktfähigkeit oder Kontraktfähigkeit, d. h. ob der Patient sich in überzeugendem Maße von akuter Suizidalität distanzieren und vereinbaren kann, sich z. B. in einem definierten Zeitraum nichts anzutun. Gegebenenfalls sind sogenannte *Antisuizidverträge* sinnvoll, auch wenn sie rechtlich gesehen kein Mittel zur Absicherung sind. Dennoch kann eine solche Vereinbarung zum Aufbau einer vertrauensvollen therapeutischen Beziehung beitragen. Die Vereinbarungen in solchen Verträgen sollten realistische Zeitspannen umfassen (z. B. anfangs von den Nachtstunden bis zum nächsten Vormittag oder von einem Wiedervorstellungstermin bis zum zeitlich nah gelegenen nächsten Kontakt).

Medikamentöse Interventionen, zumindest über einen kurzen Zeitraum hinweg, können im stationären Kontext im Rahmen eines individuellen Heilversuchs entlasten. Kurzfristig werden hier Benzodiazepine (z. B. Lorazepam) und niedrigpotente Neuroleptika (z. B. Chlorprothixen) eingesetzt. Die Einnahme dieser Medikamente kann eine emotionale Distanzierung erleichtern und die innere Spannung reduzieren. Benzodiazepine können – aufgrund ihres Abhängigkeitspotenzials – nur als Notfallmedikamente eingesetzt werden.

Jede Behandlungsentscheidung sollte bei suizidalen Patienten gut dokumentiert werden. Wichtig ist, dass aus der Dokumentation die Entscheidungsgrundlage und der Entscheidungsprozess (ggf. als Abwägung, durchaus auch im Rahmen einer Teamsitzung oder Visite) transparent werden; dies ist bei etwaigen juristischen Überprüfungen von Bedeutung.

45.5.2 Parasuizidales Verhalten

> Als parasuizidales Verhalten werden selbstgefährdende und selbstverletzende Handlungen, bei denen der eigene Tod zwar riskiert, jedoch nicht angestrebt wird, bezeichnet.

Solche Situationen können entgegen der Intention des Patienten missglücken und damit zum Tod führen. Todesfälle aufgrund einer parasuizidalen Handlung werden als Parasuizid eingeordnet und finden somit keinen Eingang in offizielle Suizidstatistiken. Bei Patienten mit Persönlichkeitsstörungen vom Borderline-Typ kann solches Verhalten gehäuft auftreten. In der akuten Situation ist eine Unterscheidung dann sinnvoll, wenn eine Gefährdung des Patienten mit hinreichender Sicherheit ausgeschlossen werden kann. Dies ist meist erst möglich, wenn der Patient lange und gut bekannt ist. Somit ist in der Akutsituation jenes Vorgehen zu wählen, das die größtmögliche Sicherheit verspricht – im Zweifel ist ein solcher Patient wie ein suizidaler Patient zu behandeln. Die Funktionsanalyse des Verhaltens und die therapeutische Behandlung obliegen dann einer langfristigen Therapie.

45.5.3 Selbstverletzendes Verhalten

> ! Selbstverletzendes Verhalten (SVV) muss von Suizidalität abgegrenzt werden. Die Intentionalität selbstverletzenden Verhaltens ist nicht primär auf die Finalität der Handlung ausgerichtet, sondern selbstverletzendes Verhalten besitzt seine Funktion in einer Art dysfunktionaler Spannungs- und Emotionsregulation.

Nichtsdestotrotz stellt auch selbstverletzendes Verhalten eine häufige Krisensituation dar, sowohl als Grund zur Notfallvorstellung als auch innerhalb des stationären Settings. Da selbstverletzende Handlungen in den letzten Jahren zu einem relativ weitverbreiteten Phänomen unter Jugendlichen und jungen Erwachsenen wurden – etwa jeder fünfte deutsche Jugendliche dürfte sich schon einmal selbst absichtlich verletzt oder Schmerzen zugefügt haben, etwa 9 % schon mehr als viermal –, sind damit auch dementsprechend viele Kriseninterventionen verbunden (Brunner et al. 2007; Plener u. Muehlenkamp 2007). Durch eine adäquate Therapie sollten die Intensität, Frequenz und Progredienz selbstverletzender Handlungen eingeschränkt werden.

> Definitorisch ist selbstverletzendes Verhalten sozial nicht akzeptierte selbst zugefügte Schädigung des eigenen Körpergewebes ohne suizidale Absicht.

Dies geschieht in den häufigsten Fällen durch das Schneiden oder Aufritzen der Haut (etwa mittels Rasierklingen oder Glasscherben), Verbrennungen, Schlagen gegen Gegenstände oder – in seltenen Fällen – auch durch das Brechen von Knochen. Als Handlung, zumindest zu Beginn, meist stark schambesetzt, wird es vermieden, die betroffenen Körperstellen zu exponieren. Problematisch ist im Kontext, dass selbstverletzendes Verhalten Zurückweisung, Ablehnung, Ekel und Unverständnis, aber auch Vorwürfe im Umfeld, selbst im stationären Setting, hervorrufen kann.

Im Sinne des Krisenmanagements ist bei Patienten mit stark selbstverletzendem Verhalten eine stationäre Therapie zumindest zu erwägen. Eine sachgerechte Wundversorgung, gegebenenfalls in der chirurgischen Ambulanz, ist selbstverständlich. Im stationären Alltag zeigt sich ein verhaltenstherapeutisch orientiertes Vorgehen im Umgang mit selbstverletzendem Verhalten am erfolgreichsten, um den Teufelskreis aus negativem Verhalten, verstärkter Zuwendung und daraus resultierender Aufrechterhaltung des pathologischen Verhaltens zu durchbrechen. Im stationären Setting auftretendes selbstverletzendes Verhalten sollte mittels therapeutischer Stufenpläne behandelt werden: So sollte der Ablauf nach selbstverletzendem Verhalten festgelegt werden, d. h. Wundversorgung, gegebenenfalls Medikation etc. Bei der Suche nach Kontakt zum Personal vor selbstverletzendem Verhalten sollte zur Verstärkung dieses Verhaltens ein Gespräch angeboten werden, gegebenenfalls weitere Interventionen wie Entspannung, alternative Reize (z. B. Chilischoten, Eiswürfel) oder eventuell eine spannungsreduzierende Medikation. Ein wichtiges Element jeder Therapie bei SVV ist der Umgang mit Emotionen und deren Regulation. Hier sollten Strategien erarbeitet werden, wie mit überbordenden und vom Patienten nicht zu bewältigenden erscheinenden Emotionen umgegangen werden kann. Neben einem Training sozialer Kompetenzen und der Vermittlung von Entspannungsverfahren sind sogenannte »Notfallkoffer« hilfreich. Damit sind mit dem Patienten erarbeitete alternative Handlungsstrategien für die kritischen Situationen, in denen Drang nach selbstverletzendem Verhalten besteht, und ihre Symbolisierung gemeint.

Medikamentös bieten sich in der Akutsituation die gleichen Arzneimittel an, die auch zur Sedierung und Beruhigung bei anderen Störungen gegeben werden, also vornehmlich niedrigpotente Neuroleptika. Beim Einsatz von Benzodiazepinen ist zu beachten, dass diese aufgrund ihres Abhängigkeitspotenzials keinesfalls über einen längeren Zeitraum eingesetzt werden sollten und dass diese Patientengruppe vielfach auch Schwierigkeiten im Umgang mit anderen Suchtmitteln hat.

Grundlage der Therapie ist immer die Behandlung der Grundstörung, etwa die Therapie der emotional instabilen Persönlichkeitsstörung vom Borderline-Typ; hier sind die Konzepte der Dialectical Behavioral Therapy (DBT) oder der Mentalization Based Therapy (MBT) oder der Transference Focused Psychotherapy (TFP) hilfreich. Diese Konzepte beinhalten auch den Umgang mit selbstverletzenden Verhalten. Manualisierte Therapiekonzepte, die auf selbstverletzendes Verhalten im Speziellen abzielen, sind jedoch nur als gruppentherapeutische Ansätze vorhanden (s. Petermann u. Winkel 2007). Für die Einbeziehung der Familie ist der psychoedukative Ansatz sinnvoll, um auch den Unterschied zwischen Suizid und selbstverletzendem Verhalten zu verdeutlichen.

45.6 Aggression und akute Fremdgefährdung

Aggression und impulsiv-disruptives Verhalten können eine eigene Störung sein, sie können aber auch im Verlauf von anderen psychischen Erkrankungen und Störungen auftreten. So kann eine Drogenintoxikation, eine akute Psychose oder ein manischer Zustand zu extrem aggressivem und fremdgefährdendem Verhalten führen. Diese Zustände können insbesondere auf Stationen sowohl für den Patienten selbst als auch für die Mitpatienten und das Personal extrem gefährlich sein. In der Bewältigung dieser Situationen kann es ebenso zu äußerst gefährlichen Zuständen kommen, etwa bei der Fixierung solcher Patienten. Nachdem es bei Fixierung von Patienten auch zu Todesfällen kam, wurden international verschiedene Ansätze zu einem strukturierten Krisenmanagement bei fremdgefährdenden Patienten entwickelt (Masters et al. 2002). Insofern sind solche Maßnahmen immer mit großer Zurückhaltung und nur bei Beachtung ausreichender Sicherungsmaßnahmen durchzuführen.

Aggressives Verhalten ist im stationären Setting kaum vermeidbar, da es oft Grundlage der stationär behandelten Diagnose des Patienten (in der Kinder- und Jugendpsychiatrie) ist und im Verlauf psychiatrischer Erkrankungen symptomatisch auftreten kann. Verschiedene Richtlinien für den Umgang mit aggressivem Verhalten im stationären Kontext liegen vor (Libal et al. 2006). Die American Association of Child and Adolescent Psychiatry (AACAP) hat einen Parameter (Leitlinie) veröffentlicht (Masters et al. 2002), der beschreibt, welches gestufte Vorgehen sinnvoll sein kann. Auch das Maryland Youth Practice Committee for Mental Health (MYPICMH) hat im gleichen Jahr einen Parameter erarbeitet (Übersicht bei Libal et al. 2006).

Entscheidend ist, dass ein Standard für das Vorgehen in der Krisensituation besteht, bevor die Krisensituation eintritt. Nur so sind eine hinreichende Professionalität und damit der Schutz des Patienten in der Akutsituation zu gewährleisten. Die Parameter sehen meist gestuft Deeskalationsstrategien vor, beginnend mit sogenannten Talk-down-Interventionen, gefolgt von Time-out-Optionen, medikamentöser Akuttherapie und körperlicher Fixierung. Inwieweit die einzelnen Methoden in einer Klinik verfügbar oder gewünscht sind, sollte in einem Prozess zwischen allen auf der Station Arbeitenden ausgehandelt werden. Bei Kindern und Jugendlichen eignen sich Stufenpläne, die den Patienten das Vorgehen schon vor einer etwaigen Krise transparent machen. Die Medikation steht am Ende dieses Deeskalationsplanes, bei dem auf jeder Stufe ein Ausstieg möglich ist; im schlimmsten Fall ist eine intramuskuläre Injektion etwa niedrigpotenter Neuroleptika oder für die Akutgabe geeigneter Atypika notwendig.

Als Beispiel für ein mögliches Deeskalationsschema stellt sich ein dreistufiger Plan dar (Tab. 45-2). Dabei ist zu beachten, dass diese Pläne an die jeweiligen Gegebenheiten in Kliniken angepasst werden müssen und auch individuell für den Patienten modifiziert werden können.

Tab. 45-2 Deeskalationsschema für aggressive Patienten

1. Stufe	• Rückmeldung an Patienten über problematisches Verhalten • Deeskalation ja: Ausstieg normales weiteres Procedere, ggf. Nachbesprechung • Deeskalation nein: Procedere mit 2. Stufe
2. Stufe	• Aufforderung, Zimmer aufzusuchen, sich aus Situation zu begeben o. Ä. • Deeskalation ja: Ausstieg normales weiteres Procedere, ggf. Nachbesprechung • Deeskalation nein: Procedere mit 3. Stufe
3. Stufe	• Medikation zur Spannungslösung, Beruhigung a) Medikation oral Patient nimmt orale Medikation an, wenn Patient orale Medikation ablehnt und aggressiv ist, dann b) Medikation i. m. auch in der 3. Stufe ggf. Nachbesprechung

> **!** Eine Analyse der Funktion des aggressiven Verhaltens ist gerade bei Kindern und Jugendlichen besonders unerlässlich, da das aggressive Verhalten bei manchen Formen der Störung des Sozialverhaltens funktionalen Charakter im Sinne der negativen Aufmerksamkeitssuche haben und damit ein solcher Plan selbst dysfunktionalen Charakter bekommen kann.

Auch die zeitliche Limitierung der »Auszeit« ist wichtig, um hier (Re-)Traumatisierung zu vermeiden. So kann etwa eine fünfminütige Auszeit ebenso effektiv bei aggressivem Verhalten sein wie längere Zeiten. In manchen Kliniken, vor allem in erwachsenenpsychiatrischen Einrichtungen, wird eine Fixierung (mechanisch/körperlich) in einen solchen Plan zu integrieren sein.

45.7 Sonstige psychiatrische Krisensituationen

Akute psychiatrische Dekompensationen sind eher »psychiatrischer Alltag«, ganz unabhängig von der Altersgruppe.
Eine psychotische Dekompensation im Rahmen einer anderen Grundstörung (etwa einer Borderline-Persönlichkeitsstörung) oder als Rezidiv einer bekannten Schizophrenie erfordert in aller Regel eine Hospitalisierung und Abklärung. Bei Jugendlichen ist differenzialdiagnostisch bei akuter psychotischer Symptomatik immer eine organische oder exogene Ursache auszuschließen (z. B. Fieber, Schmerzmittel, Lösungsmittel? zerebraler Prozess?). Dabei ist zu beachten, dass Substanzkon-

sum als solcher schizophrene Störungen zur Erstmanifestation bringen kann (Jockers-Scherübl 2006): Bei Prädisposition wird das Erstmanifestationsalter durch Cannabiskonsum um mehr als fünf Jahre vorverlagert.

Erst in den letzten beiden Jahrzehnten sind Stressreaktion im Rahmen akuter Traumatisierung oder schwere dissoziative Zustände im Rahmen einer chronisch-posttraumatischen Störung als Notfälle in den Fokus psychiatrischer Betrachtung gerückt. Eine Orientierung für die Elternberatung bei akuter Stressreaktion findet sich in den »2 × 9 Tipps« (Schepker 2006). Hier ist zusammengefasst auf eine offene Gesprächskultur, die Authentizität der beteiligten Erwachsenen ohne Vermeidung des Trauma-Themas, aber auch ohne Eindringlichkeit, die Akzeptanz von affektiven Reaktionen, das Verbalisieren und Symbolisieren, das zeitlich begrenzte Zulassen regressiver Phänomene und das Etablieren von Sicherheit gebenden Routinen zu achten.

Rückfälle mit Selbstgefährdung (z. B. bedrohliche Intoxikation) im Rahmen einer Suchterkrankung oder bei missbräuchlichem Konsum (»Komatrinken«) werden bei Jugendlichen eher in der Kinderklinik oder im intensivmedizinischen Kontext behandelt denn in der Jugendpsychiatrie, da die organischen Auswirkungen bei Jugendlichen nicht sicher dosisabhängig sind und häufiger ein gefährlicher Mischkonsum zu befürchten ist. Todesfälle nach Schnüffeln oder bei Polysubstanzkonsum sind immer wieder zu beklagen. Kommt es zur intensivmedizinischen Hospitalisierung, ist ein aufsuchender jugendpsychiatrischer Konsiliardienst nach den ersten Ergebnissen des Bundesmodellprojektes »HALT« hervorragend geeignet, im Sinne indizierter Prävention eine Wiederholung zu vermeiden, die bei knapp der Hälfte der Jugendlichen bestehende psychiatrische Grundstörung einer Behandlung zuzuführen und die Elternverantwortung zu stärken.

45.8 Versorgungsimplikationen und Schnittstellenmanagement

Für die krisenhaften Verläufe und die Gewährleistung, dass jedem Patienten im Notfall und bei fachärztlich bestätigter stationärer Behandlungsbedürftigkeit ein Behandlungsplatz zur Verfügung steht, wurde im Rahmen der Psychiatrie-Personalvereinbarung die »regionale Pflichtversorgung« als Voraussetzung des vollen Personalansatzes eingeführt. Diese gilt heute mit Ausnahme von sogenannten »Sonderkrankenhäusern«, die regional zur psychotherapeutischen Versorgung oder zur Versorgung intelligenzgeminderter Jugendlicher bestehen, auch für die Kliniken und Abteilungen der Kinder- und Jugendpsychiatrie, überwiegend auch für Universitätsabteilungen.

Die ambulante Notfallversorgung lässt derzeit noch große Versorgungslücken erkennen. In der Kinder- und Jugendpsychiatrie bestehen im Gegensatz zur Erwachsenenpsychiatrie keine ambulanten Notfalldienste durch niedergelassene Fachärzte und ebenso wenig flächendeckend sozialpsychiatrische Dienste bei den Gesundheitsämtern oder an gemeindepsychiatrischen Zentren. Während somit für erwachsene Patienten aufsuchende Dienste im Krisenfall in Anspruch genommen werden können und auch Konsiliardienste in den Allgemeinkrankenhäusern etwa zur Abklärung fortbestehender Suizidalität nach somatischer Notfallversorgung weithin flächendeckend etabliert sind, ist dies in Ermangelung einer durchgängigen Präsenz von Fachärzten in der Kinder- und Jugendpsychiatrie nicht der Fall. Hier sind in den nächsten Jahrzehnten dank fortlaufender Weiterbildungsabschlüsse Fortschritte in der regionalen Psychiatrieplanung zu erhoffen. Einzelne regionale Initiativen mit innovativen Modellen unter Überschreitung von Sektorengrenzen wurden bereits veröffentlicht (vgl. Jungmann u. Roosen-Runge 2005).

Krisen vor allem mit aggressiv ausagierendem Verhalten, die im Rahmen stationärer Jugendhilfeeinrichtungen entstehen, sind in der Jugendpsychiatrie häufiger Anlass für ambulante oder stationäre Interventionen. Die Grundregel, dass die Kinder- und Jugendpsychiatrie kein Lebensort für Jugendliche sein kann, muss dabei oft betont werden. Hilfreich für eine gemeinsame Fallsicht, eine schnelle Lösung und die oft erforderliche gemeinsame Grenzsetzung Erwachsener gegenüber Jugendlichen sind bilaterale allgemeine »Krisenvereinbarungen« zwischen Jugendhilfeeinrichtungen und der regional pflichtversorgenden Klinik. Standards für Abläufe im Krisenfall sind dafür entwickelt und veröffentlicht worden (LWL 2007). Diese können ergänzt werden durch individuelle Krisenvereinbarungen für einzelne Jugendliche, vor allem mit Störungen des Sozialverhaltens, die durch berechenbare Reaktionen auf fremdaggressives Verhalten dann oft nur kurze stationäre »Auszeiten« benötigen oder im besten Fall in Kenntnis dieses Rahmens lernen, sich vorher selbst zu steuern.

Fallbeispiel 2

Der 16-jährige Kevin lebt nach einer längeren Vorgeschichte von innerfamiliärer Vernachlässigung und Misshandlung in der mittlerweile vierten stationären Jugendhilfeeinrichtung. Aus drei Einrichtungen ist er entweder von der alkoholkranken Mutter herausgenommen oder disziplinarisch entlassen worden. Dieses hat er jeweils als »Sieg« verbucht. Er besteht darauf, nach eigenen Regeln zu leben hinsichtlich der Tagesstruktur, des Schulbesuches, des Rauchens und der Verfügbarkeit von Geld, bedient sich am Eigentum anderer, diskutiert auffahrend und gekränkt auf jede Aufforderung, ignoriert Grenzen und Strafen und fühlt sich in seiner verzweifelten Rebellion gegen alle Erwachsenen im Recht. Auf Konfrontation reagiert er bedrohlich und droht der Erzieherin Schläge an, hat auch mehrfach bereits mit einem

Stuhl nach den Erziehern geworfen. Vom Jugendgericht wurde er wegen tätlicher Auseinandersetzungen schon zu Arbeitsauflagen verurteilt.

Mithilfe des die Einrichtung konsiliarisch betreuenden Jugendpsychiaters wurde eine Dauermedikation zur besseren Impulssteuerung verordnet und parallel ein Stufenplan entwickelt, der Folgendes vorsieht:

1. Klärung der Bedürfnislage. Die Erzieher und Kevin versprechen sich gegenseitig, den jeweiligen Standpunkt anzuhören. Das sollte nicht länger dauern als 5 Minuten.
2. Kevin erhält die Möglichkeit, sich abzuregen (Gang ums Haus, durch den Garten) und verspricht wiederzukommen. Erfolgt das nicht, hat er Ausgangssperre und muss am nächsten Tag den ganzen Abwasch erledigen.
3. Wenn Kevin diese Möglichkeit nicht akzeptiert, wird ihm eine Bedarfsmedikation angeboten.
4. Wenn Kevin diese nicht nehmen mag, kann er eine halbe Stunde ruhig auf seinem Zimmer verbringen.
5. Sofern Kevin noch einmal mit einem Stuhl wirft, Jugendliche oder Mitarbeiter verletzt oder sich nach 30 Minuten nicht abregen kann, braucht es mehr Hilfe von außen: Kevin wird für 1 Tag in die zuständige Jugendpsychiatrie gebracht. Die Medikation wird überprüft. Wenn er dort weiter bedrohlich ist, wird er in den ruhigen Raum verbracht.
6. Kevin und seine Erzieher und der Jugendpsychiater unterschreiben diese Vereinbarung.

Kevin ist mit diesem Krisenplan nie zur Aufnahme in die Jugendpsychiatrie gekommen. Er hat die so dokumentierte Verlässlichkeit seiner haltenden Umgebung akzeptiert und wertgeschätzt.

Die »Ulmer Heimkinderstudie« (Besier et al. 2007) wies eine signifikante Verkürzung stationärer Krisenaufenthalte für Heimkinder nach, die durch einen jugendpsychiatrischen Konsiliardienst betreut wurden. Weiterhin konnte mithilfe der Studie belegt werden, dass stationäre Krisenintervention bei allgemein guter pädagogischer Führung zu einem seltenen Ereignis bei weniger als 10 % der häufig psychisch auffälligen Bewohner werden.

Akute psychotische Dekompensationen führen bei Erwachsenen sehr viel häufiger als bei Jugendlichen zu krisenhaften stationären Aufnahmen. Das vorbeugende Abschließen von schriftlichen Patientenvereinbarungen für solche Krisenfälle hat sich in der Jugendpsychiatrie noch nicht breit etabliert; es ist für die Erwachsenenpsychiatrie mittlerweile ein gutes Instrument langfristigen Behandlungsmanagements und dient der Sicherung der Partizipation der Patienten. Hier kann ein Patient gemeinsam mit dem behandelnden Arzt niederlegen und vereinbaren, ob er etwa im Falle aggressiven Ausagierens Isolierung, Fixierung oder Medikation vorzieht, ob Kontakt zu Herkunftsfamilie oder Partner nach Aufnahme enger oder weniger gewünscht wird, wie Kinder oder Haustiere versorgt sein sollen etc.

Für akute Interventionen bei Gewaltopfern haben die Versorgungsämter in NRW im Verbund mit Versorgungskliniken flächendeckend »Opferschutzambulanzen« eingerichtet. Diese haben den Auftrag einer Frühintervention und Sachverhaltsklärung in psychiatrisch-psychotherapeutischer Begleitung und die Verpflichtung einer 24-stündigen Verfügbarkeit. Polizeidienststellen, die parallel über Opferschutzbeauftragte verfügen, vermitteln potenzielle Patienten dorthin (z. B. nach Anzeige einer Vergewaltigung) und es steht ein zeitnaher Termin, ggf. auch aufsuchend, zur Verfügung. Eine stationäre Krisenintervention ist in allen Fällen, in denen die Sicherheit in einer haltenden Umgebung gewährleistet werden kann, eher kontraindiziert. Bei Erwachsenen führte eine Frühintervention, ggf. mit der Anwendung traumatherapeutischer Distanzierungstechniken, zu einer signifikanten Reduktion erforderlicher Behandlungen infolge posttraumatischer Belastungsstörungen (McNally et al. 2003), bei Jugendlichen sind die Ergebnisse zumindest Erfolg versprechend (Schepker et al. 2006a).

45.9 Fazit

Krisensituationen sind Herausforderungen an alle Beteiligten in psychiatrischen Institutionen. Ob solche Situationen erfolgreich gemeistert werden, hängt entscheidend davon ab, ob bereits vor dem Eintreten der Krisensituation eine Auseinandersetzung mit möglichen Krisensituationen stattgefunden hat und entsprechende Leitlinien für das Handeln seitens der Therapeuten und des Pflegepersonals internalisiert wurden. Sowohl eigen- als auch fremdgefährdendes Verhalten können zu Krisen führen. Oftmals wird dabei eine medikamentöse Therapie notwendig sein, auch der Einsatz von Zwangsmaßnahmen. Letztere erfordern die Kenntnis der Rechtsgrundlagen, insbesondere wenn sie mit längerer Freiheitseinschränkung beim Patienten verbunden sind. Gerade bei adoleszenten Patienten kann die Grenzziehung schwierig und auch individuell sehr unterschiedlich ausgeprägt sein, wann etwa eine Eigengefährdung angenommen wird und damit Zwangsmaßnahmen, wie eine Unterbringung in einer Klinik gegen den Willen des Patienten, gerechtfertigt sind. Hier treffen die mehr dem Erziehungsgedanken verhaftete Tradition der Kinder- und Jugendpsychiatrie und die mehr auf Autonomie des Patienten ausgerichtete Erwachsenenpsychiatrie aufeinander, wobei je nach Entwicklungsstand und Reife des Patienten beide Sichtweisen ihre Berechtigung haben können.

Literatur

Besier T, Fegert JM, Goldbeck L. Evaluation of Psychiatric Liaison-Services for Adolescents in Residential Group Homes. 2007 (zur Publikation eingereicht).

Brunner R, Parzer P, Haffner J, Steen R, Roos J, Klett M, Resch F. Prevalence and psychological correlates of occasional and repetitive deliberate self-harm in adolescents. Arch Pediatr Adolesc Med 2007; 161(7): 641–9.

Bundesarbeitsgemeinschaft Leitender Klinikärzte für Kinder- und Jugendpsychiatrie, Psychosomatik und Psychotherapie. Auswertung der BAG-Umfrage zur geschlossenen Unterbringung für das Bundesministerium der Justiz BMJ. www.kinderpsychiater.org. 2006.

Bundesmodellprojekt »HALT«. www.blv-suchthilfe.de/villa-schoepflin.

Bundesverfassungsgericht. BVerfG, 1 BvR 338/07 vom 14.6.2007, Absatz-Nr. (1–51), 2007. http://www.bverfg.de/entscheidungen/rk20070614_1bvr033807.html.

Earle KA, Forquet SL. Use of seclusion with children and adolescents in public psychiatric hospitals. Am J Orthopsychiatry 1995; 65: 238–44.

Fetzer AE, Fegert JM, Steinert T, Metzger W. Eine prospektive Untersuchung von Zwangsmaßnahmen in der stationären Kinder- und Jugendpsychiatrie. Prax Kinderpsychol Kinderpsychiatr 2006; 55: 754–66.

Goren S, Curtis WJ. Staff members' beliefs about seclusion and restraint in child psychiatric hospitals. J Child Adolesc Psychiatr Nurs 1996; 9: 7–14.

Häßler F, Schläfke D, Buchmann J, Fegert JM. Praktische Erfahrungen hinsichtlich der Verfahrenswege nach § 1631b BGB, § 42.3 SGB VIII und PsychKG. In: Fegert JM, Späth K, Ludwig S (Hrsg). Freiheitsentziehende Maßnahmen in der Jugendhilfe und Kinder- und Jugendpsychiatrie. Münster: Votum 2001; 205–14.

Jockers-Scherübl MC. Schizophrenie und Cannabiskonsum: Epidemiologie und klinische Symptomatik. Prax Kinderpsychol Kinderpsychiatr 2006; 55: 533–43.

Jungmann J, Roosen-Runge G. Integrative Organisationsstrukturen zur Versorgung von psychisch kranken Kindern und Jugendlichen. Projekt 2001–2003 im Auftrag des Bundesministeriums für Gesundheit und Soziale Sicherung. Herzogenrath: Shaker 2005.

Kühnapfel B, Schepker R. Katamnestische Nachbefragung von freiwillig und nicht freiwillig behandelten Jugendlichen. Prax Kinderpsychol Kinderpsychiatr 2006; 55: 767–82.

Libal G, Plener LP, Fegert JM, Kölch M. Chemical restraint: »Pharmakologische Ruhigstellung« zum Management aggressiven Verhaltens im stationären Bereich in Theorie und Praxis. Prax Kinderpsychol Kinderpsychiatr 2006; 55: 783–801.

LWL 2 (Hrsg). Arbeitshilfe zur Zusammenarbeit zwischen Kinder- und Jugendpsychiatrie und Jugendhilfe. http://www.lwl.org/lja-download/pdf/Arbeitshilfe_Jugendhilfe_Jugendpsychiatrie.pdf. 2007.

Martin V, Steinert T. Ein Vergleich der Unterbringungsgesetze in den 16 deutschen Bundesländern. Krankenhauspsychiatrie 2005; 16: 2–12.

Masters KJ, Bellonci C, Bernet W, Arnold V, Beitchman J, Benson RS, Bukstein O, Kinlan J, McClellan J, Rue D, Shaw JA, Stock S; American Academy of Child and Adolescent Psychiatry. Practice Parameters for the prevention and management of aggressive behaviour in child and adolescent Psychiatric Institutions, with special references to seclusion and restraint. J Am Acad Child Adolesc Psychiatry 2002:; 41(suppl): 4–25.

McNally J, Bryant R, Ehlers A. Does early psychological intervention promote recovery from posttraumatic stress? Psychol Sci Public Int 2003; 4(2): 45–79.

Perkonnig A, Kessler RC, Storz S, Wittchen HU. Traumatic events and posttraumatic stress disorder in the community: Prevalence, risk factors and comorbidity. Acta Psychiatr Scand 2000; 101: 46–59.

Petermann F, Winkel S. Selbstverletzendes Verhalten: Diagnostik und psychotherapeutische Ansätze. Z Psychiatrie Psychologie Psychotherapie 2007; 55: 123–32.

Plener PL, Muehlenkamp JJ. A 28% rate of moderate/severe non-suicidal self-injury (NSSI) from a community sample of 633 adolescents (mean age 15.5 years). Psychol Med 2007; 37(9): 1372.

Schepker R. Tipps für Eltern traumatisierter Kinder und ihre empirischen Grundlagen. Nervenheilkunde 2006; 25: 731–8.

Schepker R, Röers B, Huck W. Kinderpsychiatrische Soforthilfen nach Trauma. Nervenheilkunde 2006a; 25: 719–26.

Schepker R, Steinert T, Jungmann J, Bergmann F, Fegert JM. Qualitätsmerkmale freiheitseinschränkender Maßnahmen in der kinder- und jugendpsychiatrischen Versorgung. Prax Kinderpsychol Kinderpsychiatr 2006b; 55: 802–13.

Sourander A, Ellilä H, Välimäki M, Piha J. Use of holding, restraints, seclusion and time-out in child and adolescent psychiatric in-patient treatment. Eur J Child Adolesc Psychiatry 2002; 11: 162–7.

Statistisches Bundesamt, Gesundheitsbericht. www.destatis.de. 2008.

Steinert T, Schmid P. Effect of voluntariness of participation in treatment on short-term outcome of inpatients with schizophrenia. Psychiatr Serv 2004; 55: 786–91.

Tan JO, Passerini GE, Stewart A. Consent and confidentiality in clinical work with young people. Clin Child Psychol Psychiatry 2007; 12(2): 191–210.

46 Psychodynamische Psychotherapie

Annette Streeck-Fischer und Ulrich Streeck

Inhalt

46.1	Einleitung	600
46.2	Anfänge der Psychotherapie Jugendlicher	600
46.3	Besondere Bedingungen von Psychotherapie in der Adoleszenz	601
46.4	Diagnostik	602
46.5	Zur psychodynamischen Psychotherapie	604
46.6	Psychoanalytisch-interaktionelle Therapie	606
46.7	Psychoanalytisch-interaktionelle Therapie Jugendlicher	607
46.8	Psychotherapeutische Arbeit mit den Eltern	611
46.9	Gruppentherapie	612
46.10	Stationäre Psychotherapie	612
46.11	Zugangswege zur Ausbildung in analytischer/ tiefenpsychologisch fundierter Psychotherapie von Jugendlichen	613
Literatur		614

Zusammenfassung

Für die Psychotherapie Jugendlicher sind vielfältige Besonderheiten in Verbindung mit den spezifischen Entwicklungsbedingungen der Adoleszenz zu berücksichtigen. Die Diagnostik kann sich nicht ausschließlich an Symptomen orientieren, sondern muss den jeweiligen strukturellen Entwicklungsstand berücksichtigen. Daraus leiten sich unterschiedliche therapeutische Vorgehensweisen und Techniken ab. Alterstypische Bedingungen wie mangelnde selbstreflexive Fähigkeiten und eingeschränkte Möglichkeiten, sich in Worten mitzuteilen, werden in der psychoanalytisch-interaktionellen Methode in Rechnung gestellt. Für die Therapie eignen sich Techniken, mit denen der Therapeut sich partiell als reale andere Person anbietet. Die therapeutische Arbeit mit den Eltern, Gruppentherapie und stationäre Psychotherapie sind wichtige Ergänzungen in der psychodynamischen Psychotherapie Jugendlicher.

46.1 Einleitung

Die besonderen Bedingungen der Adoleszenz – etwa die Umstrukturierung der Persönlichkeit in dieser Entwicklungsphase, die weitreichenden affektiven und kognitiven Veränderungen des Jugendlichen oder das ständige Pendeln zwischen Autonomie- und Versorgungswünschen – machen eine psychotherapeutische Behandlung seelisch gestörter Patienten im Jugendalter zu einem schwierigen und anspruchsvollen Unternehmen. Es reicht nicht aus, das Behandlungsangebot auf die krisenhaften und psychopathologischen Zustände des Jugendlichen auszurichten; die Therapie muss zugleich der Komplexität von Entwicklungsbedürfnissen und Entwicklungsnotwendigkeiten Rechnung tragen. In psychoanalytischen Arbeiten wurde als ein Spezifikum, um mit dem Jugendlichen in Kontakt und im Weiteren in eine therapeutische Beziehung zu kommen, wiederholt betont, wie wichtig die reale Beziehung ist, die der Therapeut dem jungen Patienten anbietet, ebenso wie die Arbeitsbeziehung, die beide miteinander gestalten und etablieren.

> ! Heute spricht man von einer **interaktionell ausgerichteten Entwicklungspsychotherapie** (Hurry 2002; Streeck-Fischer 2006), die sich auf das Hier und Jetzt bezieht, entwicklungsfördernd ist und dem Jugendlichen mit dem Therapeuten eine Person anbietet, die sich von den aktuellen Eltern und deren inneren Bildern abhebt und in diesem Sinne neu und anders ist.

Von den bewährten psychodynamisch ausgerichteten Behandlungsmethoden kommt insbesondere die psychoanalytisch-interaktionelle Methode diesen Anforderungen an eine Adoleszenzpsychotherapie entgegen.

46.2 Anfänge der Psychotherapie Jugendlicher

Dora war eine der ersten Patientinnen, die Freud dazu veranlasst haben, seine Gedanken zur Theorie und Praxis der Psychoanalyse zu veröffentlichen (Freud 1905).

Fallbeispiel 1

Im Oktober 1900 kam Dora, eine Jugendliche im Alter von 18 Jahren, auf Veranlassung ihres Vaters in die Behandlung zu Freud. Seit zwei Jahren litt sie zunehmend unter depressiven und dysphorischen Verstimmungen und funktionellen Beschwerden.

> Als auslösendes Ereignis für den Beginn ihres Kränkelns sah sie den »unsittlichen« Antrag des Herrn K. an, den sie mit einer Ohrfeige zurückgewiesen hatte.

Freud beschrieb an Doras Behandlung »Bruchstücke einer Hysterieanalyse«, mit der er viel Beifall, später aber auch Kritik erntete. Dora hatte die Behandlung bei Freud nach drei Monaten mit den Worten abgebrochen, sie wolle nicht länger auf eine Heilung warten.

Freud hatte der jugendlichen Dora nicht den Entwicklungsraum anbieten können, der ihr die Anerkennung ihrer Weiblichkeit und Geschlechtlichkeit und ihrer sexuellen und phallisch-expansiven Bestrebungen ermöglicht hätte. Grund dafür war, dass zu der Zeit, als Freud Dora kennenlernte, seine Entdeckungen noch in den Anfängen steckten und Erfahrungen, die heute als selbstverständlich gelten, noch nicht bekannt waren. Das betrifft insbesondere die damaligen Kenntnisse zu

- Übertragung und Gegenübertragung,
- Entwicklungsaspekten der Adoleszenz sowie
- Freuds zeitgebundene Einstellungen zur Weiblichkeit, zum Geschlechterverhältnis und zur töchterlichen Existenz.

Hinzu kam, dass das psychotherapeutisch-technische Vorgehen noch nicht so weit entwickelt war, dass es auf die besonderen Bedingungen der Adoleszenz spezifisch hätte abgestimmt werden können.

Psychoanalytiker und Psychotherapeuten haben sich der Entwicklungsphase der Adoleszenz erst relativ spät zugewendet. Lange Zeit fehlten sowohl Konzepte zum Umgang mit Patienten dieses Entwicklungsalters und seiner Besonderheiten als auch spezifische therapeutisch-technische Mittel und Strategien.

Erst Ende der 1950er Jahre verhalfen Arbeiten insbesondere von Anna Freud, Blos, Erikson und Eissler der Psychotherapie Jugendlicher zum Durchbruch. Anna Freud (1936) verwies auf adoleszenztypische Abwehrmechanismen wie die Abwehr der infantilen Bindungen (z. B. Verkehrung des Affekts ins Gegenteil) oder die Abwehr gegen triebhafte Impulse (z. B. Askese, Intellektualisierung). Blos (1973) entwickelte ein Fünf-Phasen-Modell der Adoleszenz und trug damit wesentlich zu ihrem Verständnis bei und Erikson (1976) hob die Bedeutung der Bildung von Identität in der Adoleszenz hervor.

Diese neuen Erkenntnisse machten es möglich, dass wichtige Aspekte der psycho-biologischen Entwicklung und damit verbundene Labilisierungen in der Psychotherapie berücksichtigt werden konnten. Dabei erwies sich für die Therapie mit Jugendlichen die Erkenntnis als besonders wichtig, dass es nicht *die* Adoleszenz mit fixierten psychosozialen Entwicklungslinien gibt, so wie man auch nicht von *der* Pubertät mit starren physiologischen Veränderungen des Heranwachsenden sprechen kann (Zauner 2002).

Vielmehr stellte es sich als notwendig heraus, verschiedene **Entwicklungsstufen** zu unterscheiden und Fixierungen in den jeweiligen Entwicklungsstufen zu erkennen. Daraus konnten auf die einzelnen Stufen abgestimmte Behandlungskonzepte entwickelt werden: So gilt es in der Therapie in der *frühen Adoleszenz* den Umstand in Rechnung zu stellen, dass es in dieser Phase häufig besonders schwierig ist, mit dem Jugendlichen überhaupt in ein Gespräch zu kommen. In der *mittleren Adoleszenz* kann demgegenüber der natürliche Drang des Jugendlichen nach Selbstständigkeit, der häufig im Widerspruch zur Notwendigkeit einer Therapie steht, zu einem großen Problem für die Aufnahme einer Behandlung werden. Schließlich ist in der *Spät- und Postadoleszenz* die Gefahr besonders groß, dass sich chronische psychiatrische Störungen, Sucht- und Abhängigkeitserkrankungen entwickeln.

46.3 Besondere Bedingungen von Psychotherapie in der Adoleszenz

Freud (1905) hatte noch betont, dass für eine Psychoanalyse ein gewisser Bildungsgrad und ein einigermaßen verlässlicher Charakter notwendig seien. Eine Kontraindikation liege bei Personen vor, die nicht aus eigenem Antrieb, sondern auf Drängen ihrer Angehörigen zur Behandlung kommen. Darüber hinaus hatte Freud betont, dass Erziehbarkeit gewährleistet sein müsse, die Bereitschaft, innere Widerstände aufzugeben und Unlustspannung zu ertragen. Schließlich sollten die pathogenen Erlebnisse der Vergangenheit angehören.

Vergleichbare Voraussetzungen für die Behandlung, wie Freud sie für die Psychoanalyse formuliert hatte, liegen bei Jugendlichen in der Regel nicht vor. Bei ihnen sind es häufig Eltern oder Lehrer, die darauf drängen, dass etwas geschehen müsse. Bei den Jugendlichen selbst ist, wenn überhaupt, allenfalls mit einer labilen und brüchigen Motivation zu rechnen, therapeutische Unterstützung in Anspruch zu nehmen. Sie wollen ihre Probleme lieber selbst lösen und suchen deshalb nach Selbsthilfemaßnahmen und -praktiken, die ihre Probleme dann häufig noch verschärfen. Hinzu kommt, dass sie ihre Problematik nicht in die Vergangenheit, sondern in die Gegenwart lokalisieren. Schließlich weigern sich Jugendliche gewöhnlich, sich selbst als Person wahrzunehmen, die aufgrund bestimmter Umstände so geworden ist wie sie ist.

Für eine in Aussicht genommene psychotherapeutische Behandlung von Patienten in der Adoleszenz sind die folgenden fünf Aspekte der Psychologie des Jugendlichen bedeutsam (Fontaine, zit. n. Zauner 1980), die erkennen lassen, weshalb ein psychoanalytisches Vorgehen, das die Übertragungs- und Gegenübertragungsbeziehung ins Zentrum der therapeutischen Arbeit rückt, bei Jugendlichen kaum jemals angezeigt ist:

- die spezielle Intensität und Unbeständigkeit der Gefühle
- das Bedürfnis nach häufiger und unmittelbarer Befriedigung

- die selektive Beeinträchtigung der Realitätsprüfung
- eine Schwierigkeit in der Selbstkritik
- eine im Vergleich zum Erwachsenen unterschiedliche Wahrnehmung der Umwelt

Blos (1964/65) hat darüber hinaus darauf hingewiesen, dass Jugendliche sich gleichsam physiologisch mehr per Handeln als mit Worten mitteilen, ein Verhalten ähnlich dem, das im Erwachsenenalter das Verhalten von strukturell gestörten Patienten kennzeichnet. Blos erkannte für Jugendliche darin ein Agieren im Dienste des Ichs und seiner Entwicklung. Deshalb bedarf es in der Therapie von Jugendlichen einer grundsätzlich anderen Einstellung gegenüber ihrem Handeln als bei Erwachsenen.

> Der Therapeut muss bereit sein, das Agieren des Jugendlichen als progressives, für die Entwicklung relevantes, im Dienste des Ich stehendes Phänomen anzunehmen, zu verstehen und damit in geeigneter Form in der Therapie umzugehen.

Dass Agieren in Selbsterkenntnis des Jugendlichen mündet, ist allerdings selten und allenfalls bei Jugendlichen mit einem relativ reifen Ich und somit höchstens bei gesunden Jugendlichen vorzufinden. Im Kontrast dazu steht bei Jugendlichen mit strukturellen Störungen oftmals blindes Agieren ohne Entwicklungsperspektive (Streeck-Fischer 2006) im Vordergrund. Dafür sind besondere therapeutisch-technische Einstellungen und Handlungsweisen unabdingbar.

46.4 Diagnostik

Bei sogenannten störungsspezifischen therapeutischen Ansätzen wird die jeweils vorherrschende Symptomatik in den Vordergrund gestellt. Für die Behandlung von jugendlichen Patienten reicht eine auf die Störung fokussierende therapeutische Perspektive nicht nur nicht aus, sondern geht an den besonderen Bedingungen der Adoleszenz auch leicht vorbei. Darum ist die Symptomatik in der psychodynamisch ausgerichteten Psychotherapie zwar wichtig, spielt aber eine nachgeordnete Rolle. Wichtiger als das vordergründige Störungsbild sind der jeweilige Entwicklungsstand des Jugendlichen, der Schweregrad und die Komplexität der strukturellen Beeinträchtigung. Sie müssen den therapeutisch-technischen Umgang mit dem jugendlichen Patienten bestimmen. Um das zu gewährleisten, bedarf es eingehender diagnostischer Untersuchungen, die über eine nur beschreibend ausgerichtete diagnostische Klassifikation wie in der ICD-10 hinausgehen müssen.
Eine umfassende psychodynamische Diagnostik von neurotischen und psychosomatischen Störungen sowie von Entwicklungsstörungen im Jugendalter verlangt die Verwendung mehrerer sich ergänzender Entwicklungs- und Verstehensmodelle. Weil im Jugendalter immer auch Entwicklungsaspekte eine Rolle spielen, kann neben einer genauen phänomenologischen Erfassung nur eine strukturelle Diagnostik das Krankheitsbild ganz erfassen. Erst daraus können dann fundierte Aussagen über die Indikation zur Behandlung, über die geeignete therapeutische Technik und die Gestaltung des Behandlungsrahmens sowie des therapeutischen Prozesses abgeleitet werden. So wissen wir heute beispielsweise, dass Symptome wie Zwänge, Essstörungen, Einnässen oder Einkoten bei ganz unterschiedlichen Schweregraden der psychischen Störung und auf ganz unterschiedlichen Entwicklungsniveaus des jungen Patienten vorkommen und ganz verschiedene Bedeutung haben können.

> Nur wenn das strukturelle Niveau des Jugendlichen bekannt ist, die vorherrschenden Objektbeziehungen, die Ich-Struktur, der Stand der Entwicklung des Selbst, die jeweilige Triebproblematik und die Art und Weise, wie der Jugendliche in der Lage ist, am Zusammensein mit anderen teilzunehmen und Beziehungen zu gestalten, lassen sich auch fundierte Aussagen darüber treffen, ob eine neurotische Störung, eine Störung auf mäßig integriertem, niedrigem oder desintegriertem Niveau vorliegt (Arbeitskreis OPD 1996; Arbeitskreis OPD-KJ 2003). Das wiederum zieht unterschiedliche und teilweise weitreichende therapeutische Konsequenzen nach sich.

Wird eine Indikation zu einer analytischen oder tiefenpsychologischen Psychotherapie gestellt, gilt es zu überprüfen, inwieweit eine typisch neurotische Symptomatik bei dem Jugendlichen vorliegt, eine lärmende Symptomatik oder – im ungünstigeren Fall – eine Symptomatik, die mit Ersatzbefriedigungen wie Klauen, Naschen, Weglaufen, Lügen, Sucht oder Verwahrlosung einhergeht. Es ist eher der Regelfall, dass bei Jugendlichen zuerst die Folgeerscheinungen auffallen, bevor die zugrunde liegende neurotische Problematik erkannt wird. So werden Eltern häufig erst dann alarmiert, wenn etwa der Schulbesuch infrage steht, die Versetzung gefährdet oder eine Anzeige wegen Diebstahls erfolgt ist. Hinter dermaßen auffälligen Verhaltensweisen verbergen sich mitunter langjährige Probleme im Umgang mit Gleichaltrigen, chronische Lern- und Leistungsstörungen oder hingezogene Geschichten von Misshandlung und Vernachlässigung. Ganz besonders ist es bei Lernbehinderungen oder anderen Entwicklungsbeeinträchtigungen notwendig, diagnostisch genau zu überprüfen, welche Ausfälle welchen Ausmaßes vorliegen, weil sich daraus ergibt, welche darauf gezielt ausgerichteten oder zusätzlichen therapeutischen Maßnahmen herangezogen werden müssen.
Weiterhin ist es erforderlich, genau abzuklären, wie lange die Symptomatik bereits andauert und wie akut bzw. wie chronifiziert die Beeinträchtigungen sind, wie der Jugendliche mit seiner Symptomatik umgeht und wie ausgeprägt der sekundäre Krankheitsgewinn insbesondere im Hinblick auf das Verhält-

nis zu den Eltern ist. Da die Umgebung an den Problemen oftmals mehr leidet als der Jugendliche selber, der zudem seine Schwierigkeiten nicht selten verheimlicht, daraus Privilegien zieht oder durch die Symptomatik besondere Beachtung findet, hat der Jugendliche oft nur sehr bedingt den Wunsch, sich zu verändern.

Zusätzliche diagnostische Hinweise zum Niveau seiner Objektbeziehungen und seiner Abwehrmechanismen sind daraus zu gewinnen, was der Jugendliche mitteilt, wie er das tut und wie er die Beziehung zu seinen Eltern, zu Gleichaltrigen und zu sich selbst schildert.

Je polysymptomatischer das Störungsbild ist, desto ausgeprägter sind gewöhnlich die strukturellen Einschränkungen, die beispielsweise eine mangelnde Impulskontrolle mit süchtigem und triebhaftem Agieren erkennen lassen, mangelnde Spannungs- und Affekttoleranz oder Einschränkungen der Realitätsprüfung. Je tief greifender die Beziehungsstörung des Jugendlichen ist, desto ungünstiger ist die Prognose für eine Psychotherapie. Solche schweren Störungen erfordern ein therapeutisches Vorgehen, das die Beziehungserfahrungen und die Art und Weise, wie der Jugendliche sich im Zusammensein mit anderen verhält, ins Zentrum der Bearbeitung rückt. Da das Verhalten in Beziehungen im ambulanten Rahmen oft nicht deutlich in Erscheinung tritt, gilt es zudem immer zu prüfen, ob der Jugendliche unter ambulanten Bedingungen ausreichend behandelbar ist.

Darüber hinaus sind die Bedingungen für die Elternarbeit zu berücksichtigen. Das Verhältnis zu den Eltern ist in der Adoleszenz von großer und oftmals unterschätzter Bedeutung. In die diagnostischen Abklärungen sollte deshalb auch die etwaige Problematik der Eltern einbezogen werden, die genau erfasst werden muss. Deren auffällige Entwicklungen, Verwahrlosung, Sucht, Kriminalität oder auch soziale Notlagen machen die Prognose hinsichtlich der Psychotherapie des Jugendlichen zusätzlich ungünstig. Zwar sind Jugendliche ab dem Alter von etwa zwölf Jahren zu eigenen Entwicklungen auch unabhängig von ihren Eltern in der Lage, auch dann, wenn die Eltern diese nicht mitvollziehen und der Jugendliche weiterhin bei ihnen lebt. Jedoch sind vorzeitige Therapieabbrüche häufig Folge ausgeprägter Loyalitätskonflikte mit den Eltern, die nicht in der Lage sind, sich ihrer eigenen Problematik zu stellen, oder nicht bereit sind, sich damit auseinanderzusetzen und daran zu arbeiten. Dies findet man nicht selten bei anhaltenden Abhängigkeiten der Eltern von ihren eigenen Eltern, in Verbindung mit ideologischen Fixierungen oder bei Eltern, die selber zur Verwahrlosung oder zu antisozialem Verhalten neigen. Mit besonderen Problemen im Hinblick auf die psychotherapeutische Behandlung von Jugendlichen ist schließlich in Verbindung mit Teil- oder Ersatzfamilien zu rechnen oder wenn Trennungskonflikte geschiedener Eltern, etwa bei Sorgerechts- und Verkehrsregelungen, im Hintergrund persistieren.

Psychodynamische Verstehensmodelle sind Grundlage der operationalisierten psychodynamischen Diagnostik (Arbeitskreis OPD 1996; Arbeitskreis OPD-KJ 2003) mit den vier Achsen Beziehung, Konflikt, psychische Struktur und Behandlungsvoraussetzungen. Sie ermöglichen eine reliable Einschätzung des jeweiligen Störungsbildes des Jugendlichen. Darüber hinaus lassen sich aus der psychodynamischen Diagnostik differenzielle Kriterien hinsichtlich der Behandlungsstrategien von Jugendlichen ableiten. So wird anhand der Diagnostik auf der Grundlage der operationalisierten psychodynamischen Diagnostik von Kindern und Jugendlichen (OPD-KJ) beispielsweise bei einer Störung auf integriertem Strukturniveau – hier ist eine analytische Psychotherapie potenziell möglich – ein deutlich anderes therapeutisches Vorgehen erforderlich als bei einer Störung auf mäßig integriertem Niveau. Die psychodynamische Sicht, die die OPD-KJ reflektiert, ist jeweils am aktuellen Stand psychoanalytischer Theorien orientiert, verzichtet jedoch ganz auf die Dimension des Unbewussten und stützt sich auf überprüfbare und in diesem Sinn »objektive« Daten.

Eine Psychotherapie von jugendlichen Patienten mit schweren strukturellen Störungen, deren Beeinträchtigungen sich insbesondere in den für die Entwicklung zentral wichtigen Beziehungen zu anderen zeigen, muss dem Erleben und der Gestaltung von Beziehungen besondere Aufmerksamkeit schenken. So bedarf es unter anderem der Klärung,

- wie der Jugendliche sich mit seinen Mitmenschen verbunden fühlt, ob er sich etwa autistisch von anderen Menschen zurückzieht, die Beziehungen vor allem der Selbstregulierung dienen oder aber auf Wechselseitigkeit gründen,
- ob der Jugendliche andere als eigenständige Personen wahrnehmen kann oder aber als Extensionen seiner selbst erlebt,
- wie genau und differenziert das Bild ist, das sich der Jugendliche von anderen Menschen und von sich selbst macht,
- ob der Jugendliche in der Lage ist, auch die Abwesenheit für ihn wichtiger anderer Personen, Frustration, Konflikte und Angst innerhalb der Beziehung auszuhalten oder aber dazu neigt, sich blande zurückzuziehen oder die andere Person fallen zu lassen, wenn sie sich nicht erwartungsgemäß verhält,
- ob er Gefühle, Impulse, Wünsche und innere Verbote insbesondere auch im Umgang mit anderen wahrnehmen kann und in der Lage ist, im Zusammensein mit anderen sich selbst als Akteur zu sehen und sein eigenes Verhalten und dessen Wirkung zu erkennen und zu reflektieren,
- wie der Jugendliche sich selbst in interpersonellen Beziehungen regulieren kann,
- ob auch Abhängigkeit von anderen akzeptiert und ertragen werden kann und
- wie der Jugendliche Grenzen zwischen sich und anderen ziehen und aufrechterhalten kann.

46.5 Zur psychodynamischen Psychotherapie

46.5.1 Anforderungen an die psychotherapeutische Behandlung

Weil die Persönlichkeit des Jugendlichen mitten in einem vehementen Entwicklungsprozess steckt, sind für die psychotherapeutische Behandlung spezifische Bedingungen zu beachten, sowohl im Hinblick auf das therapeutische Setting wie für das Behandlungsvorgehen. Bei Jugendlichen ist zumeist mit einem primären Misstrauen gegenüber Erwachsenen zu rechnen, zumal gegenüber Personen, die sich professionell mit ihren Problemen befassen wollen. Anders als Erwachsene fragen Jugendliche selten »aus freien Stücken« nach einer Behandlung nach. Ebenso kann man nicht damit rechnen, dass sie über Krankheitseinsicht verfügen, und auch für den Beginn einer Behandlung kann Krankheitseinsicht nicht zur Voraussetzung gemacht werden. Weiter haben viele Jugendliche keinen Leidensdruck; eher weigern sie sich, ihre Probleme und Konflikte spontan mitzuteilen. Sie benötigen ein spezifisches *facilitating environment* (angstarmes Klima; Winnicott 1974), das dem Entwicklungsstand und den Bedürfnissen des jungen Patienten entgegenkommt. Das kann beispielsweise die aktive Beziehungsaufnahme seitens des Therapeuten beinhalten, Angebote für kreatives Gestalten oder ein gezieltes Entgegenkommen bei der zeitlichen Planung von Behandlungsstunden.

Während der »Austausch von Worten« (Freud 1916/17) in der Behandlung von Kindern eine nachgeordnete Rolle spielt, steht das Gespräch bei Jugendlichen im Mittelpunkt der Therapie – umso mehr, je älter sie sind. Umschriebene Konflikte findet man bei jugendlichen Patienten kaum jemals. Sie können über ihre Probleme häufig nicht oder nur in unklaren Andeutungen sprechen. Ihre Mitteilungen sind oft vage und ausweichend und die Tragweite ihrer Problematik bleibt häufig eigenartig ungewiss.

Im Kontakt mit Erwachsenen wiederholen Jugendliche gewöhnlich ihre aktuellen und wiederbelebten Beziehungserfahrungen mit den Eltern. Deshalb gerät der Therapeut initial leicht in problematische Elternübertragungen, ohne dass der Jugendliche – anders als dies bei Übertragungen in der Therapie von Erwachsenen mit neurotischen Störungen meist möglich ist – vor dem Hintergrund einer therapeutischen Ich-Spaltung dazu in Distanz treten könnte. Häufig stören spontane Übertragungen eines bösen, bedrohlichen, abwertenden, vernichtenden, eindringenden, vereinnahmenden oder Eigenständigkeit verhindernden Objekts die Herstellung einer als hilfreich erlebten therapeutischen Beziehung.

Vor diesem Hintergrund ist es für die Behandlung von Jugendlichen erforderlich, deutlich zu machen, dass neben der zwangsläufig eintretenden Übertragung von Elternobjekten der Therapeut eine Person ist, die anders ist, als es den übertragenen Elternbildern entspricht. Das kann mitunter bedeuten, dass es angezeigt ist, mit dem Jugendlichen Aktivitäten zu unternehmen, die die Chance vergrößern, dass der Therapeut als anderes und hilfreiches, wohlwollendes Objekt wahrgenommen wird. Derartige vorübergehende Veränderungen des Settings, etwa in Form gemeinsamer Spaziergänge, gemeinsamen Tischtennisspiels oder Ähnlichem, hat Eissler (1966) als Parameter in die Psychotherapie Jugendlicher eingeführt. Indem sich der Therapeut aktiv und gezielt als anderes Objekt zu erkennen gibt, weist er die initiale Übertragung des Jugendlichen zurück.

Darüber hinaus ist es die Aufgabe des Therapeuten, immer wieder auf die Arbeitsbeziehung, die auf gemeinsames Verstehen abhebt, hinzuweisen. Dabei kommt seiner Persönlichkeit und seiner Fähigkeit, den Jugendlichen bei seinen Möglichkeiten abzuholen und für die gemeinsame Arbeit zu gewinnen, eine hervorgehobene Bedeutung zu.

Jugendliche müssen immer wieder neu darauf angesprochen werden, welche Probleme es sind, die in der Therapie bearbeitet werden sollen, was für sie jeweils ansteht und was ihnen wichtig ist. Sie selbst verlieren das leicht aus dem Auge. Mitunter kommt es in der Therapie nicht nur zu einer Wiederbelebung regressiver Wünsche, die dann in der Behandlung aufgegriffen werden müssen, sondern die Therapie selbst wird als Befriedigung regressiver Wünsche gesucht. In diesem Fall ist es erforderlich, dass der Therapeut mit dem Jugendlichen aktiv an der Dezentrierung dieser Übertragungsdynamik arbeitet und ihm vermittelt, dass die Therapie das Leben des Jugendlichen in der sozialen Alltagswelt nicht ersetzt.

Ihrem Alter gemäß pendeln Jugendliche zwischen regressiven Wünschen und Wünschen nach Autonomie hin und her. Dieses doppelte Bestreben durchzieht die Therapie in der Regel wie ein roter Faden. Allumfassende Versorgungswünsche und Versorgungsansprüche der jugendlichen Patienten wechseln sich in der Behandlung mit abrupter Ablehnung ab, indem der Jugendliche von all dem plötzlich nichts mehr wissen und die Behandlung abbrechen will. Das macht es in besonderem Maße wichtig, auf der einen Seite die Selbstbestimmung und Autonomie des Jugendlichen zu unterstützen, auf der anderen Seite Versorgungswünsche anzuerkennen, jedoch nicht zu befriedigen. Den Autonomiewünschen des Jugendlichen muss oft auch Rechnung getragen werden, indem sich der Therapeut mit begrenzten Therapieergebnissen zufriedengeben muss. Das bringt es mit sich, dass sich der therapeutische Prozess einerseits zwischen dem Bemühen um Aufarbeitung von Erfahrungen bewegt, eine Orientierung, die meist aufseiten des Therapeuten von größerer Bedeutung ist, und dem Experimentieren bei der Suche nach Autonomie und Identität auf der anderen Seite, was meist die Orientierung des Jugendlichen stärker bestimmt. Je mehr es dem Jugendlichen gelingt, sich seiner Problematik zu stellen und eine reflexive Einstellung dazu zu gewinnen, desto weniger muss er auf Handeln, auf selbst- und fremddestruktives Agieren und auf »gehandelte Mitteilungen« zurückgreifen.

Die Haltung des Therapeuten in der Behandlung von Jugendlichen und sein zentrales Beziehungsangebot sollten sich in einer Einstellung ausdrücken, mit der dem Jugendlichen eine Lotsenfunktion angeboten, zugleich aber seine Autonomie akzeptiert und sinngemäß betont wird: »Hier bin ich mit meinen Vorstellungen und Konzepten, und hier geht es weiter, aber du bestimmst darüber, ob es tatsächlich weitergeht und wie es weitergeht, du musst deinen eigenen Weg finden« könnte eine derartige Einstellung des Therapeuten lauten. Der Therapeut bietet sich damit dem Jugendlichen als anderes, präsentes Objekt im Gegenüber an, an dem der Jugendliche sich reiben und an dem er wachsen kann (Streeck-Fischer 2006).

46.5.2 Besonderheiten bei strukturellen Störungen

Strukturelle Störungen sind eine Folge von Entwicklungsbeeinträchtigungen vor dem Hintergrund notwendiger Anpassung an frühe, oft vernachlässigende und chronisch traumatisierende Bedingungen. Wie Patienten im Erwachsenenalter mit strukturellen Störungen der Persönlichkeit benötigen auch strukturell gestörte Jugendliche die Personen in ihrer Umgebung für ihre Selbstregulierung, etwa um ihre Selbstwertregulierung aufrechterhalten zu können. Wenn andere Personen dafür nicht oder plötzlich nicht mehr zur Verfügung stehen oder in dieser Funktion versagen, müssen die Patienten oftmals auf selbstschädigende Mittel zurückgreifen, die die Selbstregulierung unterstützen sollen, auf Alkohol, Drogen, übermäßiges Essen, selbstverletzendes Verhalten, zwanghaftes Spielen oder auf andere intensive Reize, beispielsweise stundenlanges Internetsurfen. Über die altersentsprechenden Labilisierungen hinaus sind die Beziehungen strukturell gestörter Jugendlicher zusätzlich instabil und Beziehungsabbrüche und daraus resultierende Suizidalität sind häufig.

Bei Jugendlichen mit strukturellen Störungen sind die Möglichkeiten, sich im Reden mit einem Gegenüber und im Sich-selbst-Betrachten zu erkennen, oftmals nicht nur erheblich eingeschränkt, sondern die Jugendlichen können mit Worten oft gar nicht ausdrücken, wie ihre Probleme eigentlich aussehen und was für sie insbesondere im Zusammensein mit anderen schwierig ist. Zumeist fühlen sie sich mit ihren Gefühlen, ihrem Körper und ihren Körpersensationen nicht verbunden und können auch für ihre Zustände keine Sprache finden, geschweige denn, sie als eigene Zustände reflektieren.

Insbesondere die oft schwerwiegenden pathologischen Beziehungserfahrungen strukturell gestörter Jugendlicher, die ihre gegenwärtigen Beziehungen zu anderen bestimmen und meist außerordentlich problematisch machen, soweit die Jugendlichen sich von anderen nicht gänzlich isolieren, sind der Selbstbetrachtung und dem sprachlichen Ausdruck nicht zugänglich. Worüber die Patienten sprechen, gibt von diesen Beziehungserfahrungen und Beziehungsproblemen gewöhnlich nichts zu erkennen; der Therapeut kann sie deshalb auch aus den Erzählungen der jungen Patienten nicht verlässlich rekonstruieren. Wie die Jugendlichen sich im Zusammensein mit anderen verhalten, wird überwiegend von ihren Erfahrungen mit vernachlässigenden und chronisch traumatisierenden Beziehungen der Vergangenheit bestimmt. Diese Erfahrungen aber gehören zu ihrem impliziten interaktiven Wissen; sie sind nicht Teil des episodischen Gedächtnisses und entziehen sich deshalb ihrem formalen sprachlich-symbolischen Ausdruck. Dieses implizite Beziehungswissen kann nur gezeigt, nicht aber mit Worten dargestellt werden. Was für ihn in Beziehungen in welcher Weise problematisch ist, bringt der Jugendliche im Zusammensein mit anderen zur Geltung, er kann das aber nicht mit Worten schildern. Dieses im beschreibenden Sinn unbewusste Beziehungswissen der strukturell gestörten Jugendlichen begegnet uns deshalb nicht in ihren Mitteilungen, sondern im Verhalten, im Verhältnis zu anderen, einschließlich der therapeutischen Beziehung (vgl. Streeck 2004).

46.5.3 Therapieverfahren im Jugendalter

Klassische Psychoanalyse

Klassische Psychoanalyse wird im Jugendalter aus mehreren Gründen kaum jemals durchgeführt: Es gibt wenige Jugendliche, die bereit sind, sich einer solchen Therapie zu unterziehen; Psychoanalyse wird von den Krankenkassen zudem nicht finanziert; da Umstände der gegenwärtigen Realität für die Entwicklung des Jugendlichen eine hervorgehobene Rolle spielen, ist eine Therapie, die sich vor allem verinnerlichten Konflikten widmet, kaum jemals und nur unter strengen und eng gefassten Voraussetzungen indiziert. Weil das vorrangige Ziel für die Psychotherapie von Jugendlichen darin besteht, deren psychische Weiterentwicklung und Reifung zu ermöglichen, werden solche Schritte durch eine längere hochfrequente Psychoanalyse eher erschwert als befördert.

Analytische Psychotherapie

Analytische Psychotherapie ist eine Behandlungsform, die sich zusammen mit der neurotischen Symptomatik auf den neurotischen Konfliktstoff und die neurotische Struktur des Patienten richtet. In der Arbeit mit Jugendlichen wird das therapeutische Geschehen mithilfe von Übertragungs-, Gegenübertragungs- und Widerstandsanalyse unter Nutzung regressiver Prozesse in Gang gesetzt und befördert.

Immer spielt in der Jugendlichen-Psychotherapie die Entwicklungsperspektive eine zentrale Rolle. Gleichwohl muss es im therapeutisch-technischen Umgang mit jugendlichen Patienten weitreichende Unterschiede geben, je nachdem, ob es um die Behandlung von neurotischen Störungen oder um strukturelle Störungen geht. Im Falle von neurotischen Störungen ist neben den Entwicklungs- und Motivationsangeboten die therapeutische Arbeit an der Übertragung mit Einbeziehung der Gegenübertragung möglich. Deutungen – entsprechende Vorbereitungen, mit denen der Therapeut seine Intervention möglicherweise selbst relativiert und dem Jugendlichen Rückzugsräume eröffnet – können hilfreich und förderlich sein. Dabei muss allerdings immer beachtet werden, dass Deutungen die notwendigen Abwehrprozesse des Jugendlichen nicht durchbrechen, intrusiv werden und regressive Prozesse begrenzt bleiben, damit der Jugendliche nicht aus seiner Entwicklungsbahn geworfen wird. Hier sind die Grenzen bei der Behandlung von Jugendlichen eng gesteckt, weil der Jugendliche Äußerungen, mit denen der Anschein erweckt wird, eine andere Person wisse über seine innere Realität möglicherweise mehr als er selbst, per se als invasiv erlebt.

Tiefenpsychologisch fundierte Psychotherapie

Als tiefenpsychologisch fundierte Psychotherapie kommen verschiedene Verfahren zur Anwendung. Sie basieren auf den Grundannahmen der Psychoanalyse und beschränken sich auf Teilziele. Hier spielen stützende, entwicklungs- und bewältigungsorientierte Ansätze zur Stärkung des Ichs und affektivkognitiver Fähigkeiten eine Rolle. Für strukturelle Störungen wurden mehrere Methoden für den therapeutischen Umgang mit schwer gestörten Patienten entwickelt und manualisiert. Es sind dies unter anderem die strukturbezogene Psychotherapie, die mentalisierungsbasierte, die übertragungsfokussierte und die psychoanalytisch-interaktionelle Psychotherapie. Jede dieser Therapiemethoden beruht auf einem psychodynamischen Verständnis, hebt jedoch jeweils andere Aspekte in der Auffassung und im therapeutisch-technischen Umgang hervor. Mit ihrer Entwicklungsorientierung, dem antwortenden Modus, mit dem sich der Therapeut selektiv als andere Person erkennbar macht, der Fokussierung auf den Bereich des »Zwischen« und der therapeutischen Gewichtung impliziten Beziehungswissens trägt die psychoanalytisch-interaktionelle Psychotherapie den Bedingungen der Adoleszenz in besonderem Maße Rechnung. Sie fokussiert auf die instabile Situation hinsichtlich der Affekte und der Wahrnehmung von sich selbst und von anderen, der mangelnden Fähigkeit zum Aufschub, der eingeschränkten Selbstregulation, der äußerst begrenzten selbstreflexiven Fähigkeiten und der vielfältigen Probleme im Zusammensein mit anderen.

46.6 Psychoanalytisch-interaktionelle Therapie

Bei der modernen Weiterentwicklung der psychoanalytisch-interaktionellen Methode liegt der Schwerpunkt auf Beziehungserfahrungen und auf der Art und Weise, wie die Patienten an gegenwärtigen zwischenmenschlichen Beziehungen teilnehmen und Beziehungen gestalten; das schließt die therapeutische Beziehung ein (Streeck 2007). Die psychoanalytisch-interaktionelle Methode wird sowohl als Einzeltherapie wie als Gruppentherapie eingesetzt. Patient und Therapeut konzentrieren sich vorrangig auf den Bereich des Zwischen, auf die Mittel und Methoden des Patienten, an zwischenmenschlichen Beziehungen teilzunehmen und interpersonelle Verhältnisse einschließlich der therapeutischen Beziehung zu gestalten. Weil die Beziehungserfahrungen nicht Teil des deklarativen, episodischen Gedächtnisses, sondern im prozeduralen, impliziten Gedächtnis verankert sind (vgl. auch Boston Change Process Study Group 2007), entziehen sie sich dem formalen sprachlich-symbolischen Ausdruck. Sie können nicht mitgeteilt, sondern nur gezeigt werden, im Vollzug von Interaktion, als *embodied knowledge,* körperliches Wissen, das sich im Zusammensein mit anderen, im Verhältnis zu einem Gegenüber, zur Geltung bringt. Wir bezeichnen solches Beziehungswissen auch als *tacit knowing* (Polanyi 1985), das als *knowing how* im Unterschied zu *knowing what* eine nicht linguistische, persönliche, kontextspezifische Form des Wissens meint, das in persönlichen Erfahrungen gründet. Solches interaktive Wissen findet sich nicht ausschließlich in einer Person, sondern wird als interaktives Wissen jeweils erst zwischen Personen aktuell (Streeck 2007).

Darum begegnet uns im beschreibenden Sinn unbewusstes Beziehungswissen, interaktives *tacit knowledge* im Zusammensein der Patienten mit anderen, in den Verhältnissen, die die Patienten mit anderen gestalten, einschließlich der therapeutischen Beziehung. Und darum liegt es auch nahe, den Schwerpunkt der therapeutischen Arbeit auf das »Wie« der Gestaltung interpersoneller Beziehungen, auf das *tacit knowing* von Interaktion, nicht auf unbewusste Fantasien zu legen.

Die Art und Weise, wie der Patient das Zusammensein mit anderen erlebt und an zwischenmenschlichen Beziehungen teilnimmt, kommt in der Behandlung in mehrfacher Weise zur Darstellung. Patienten berichten von Beziehungen, an denen sie selber nicht beteiligt gewesen sind. Sie schildern, wie sie Verhältnisse von anderen und deren Verhalten zueinander wahrgenommen und erlebt haben und wie sie deren Beziehung sehen. Darin geben sie Einstellungen, Beeinträchtigungen, Wünsche und Ängste in Verbindung mit interpersonellen Beziehungen zu erkennen. Dann sprechen Patienten in der Behandlung über Erfahrungen mit Beziehungen, an denen sie selber beteiligt waren. Sie berichten davon, wie sie erlebt haben, als sie sich einer anderen Person gegenüber in bestimmter Weise verhalten haben oder nur beabsichtigt haben, sich zu verhalten. Sie schildern, wie sie wahrgenommen, erlebt und verstanden haben, dass sich eine andere Person ihnen gegenüber verhalten hat und wie daraufhin wiederum sie erlebt und sich verhalten haben oder am liebsten gehandelt hätten usw. Darüber hinaus zeigen Patienten ein bestimmtes Verhalten in der Beziehung zum Therapeuten, der sich seinerseits ihnen gegenüber in bestimmter Weise verhält. Eine dazu geeignete Haltung des Therapeuten vorausgesetzt werden in der therapeutischen Beziehung in vielfältiger und besonders dichter Weise Schwierigkeiten und Beeinträchtigungen, aber auch Kompetenzen und Stärken deutlich, die auch außerhalb der therapeutischen Situation viele Beziehungen und Beziehungserfahrungen des Patienten bestimmen.

Wenn der Therapeut das Verhalten der Patienten vorrangig unter pragmatischen, die jeweilige Beziehung konstituierenden Gesichtspunkten »liest«, könnte bei oberflächlicher Betrachtung der falsche Eindruck entstehen, bei der psychoanalytisch-interaktionellen Methode ständen sozialpsychologische Aspekte im Vordergrund. Tatsächlich handelt es sich um einen Behandlungsansatz, für den ein klinisch-psychodynamisches Verständnis unverzichtbar ist. Weil aber implizites Beziehungswissen sich im »Wie« von Interaktion zeigt, als *embodied action* oder *embodied communication,* aber nicht in den Inhalten des »Austausches von Worten« zum Ausdruck kommt, würden sich dem Therapeuten zentrale Aspekte der Beeinträchtigungen strukturell gestörter Patienten entziehen, wenn er seine Aufmerksamkeit in erster Linie auf das subjektive *Erleben* richten und dem sichtbaren und hörbaren Verhalten als vermeintlich oberflächlich und unwichtig wenig oder gar keine Beachtung schenken würde.

Charakteristisch für die therapeutische Technik der psychoanalytisch-interaktionellen Methode ist der *antwortende therapeutische Modus.* Antwortender Modus meint, dass der Therapeut sich dem Patienten als andere Person »in ihrem eigenen Recht« erkennbar macht, eine Haltung, die für die Therapie von Jugendlichen besonders geeignet ist. Er nimmt an dem Geschehen mit dem Patienten nicht in der Rolle eines neutralen Experten teil, der mit dem dritten Ohr zuhört und auf unbewusste Bedeutungen hinzeigt, die er in den Mitteilungen des Patienten vermutet, sondern er gibt sich in Antwort auf das Verhalten des Patienten in der gegenwärtigen Situation als teilnehmendes Subjekt zu erkennen mit eigenem Erleben, eigenen Handlungsbereitschaften und eigenen Gefühlen. Das geschieht gezielt und therapeutisch reflektiert und immer unter der Maßgabe, dass davon eine progressive Wirkung für die Patienten zu erwarten ist. Das schließt das Bemühen, unbewusstes Geschehen zu erfassen, nicht aus.

Während der Psychoanalytiker seine Gegenübertragung in der analytischen Therapie üblicherweise strikt für sich behält, wird Gegenübertragung hier partiell, gezielt und unter Beachtung von Belastungsgrenzen des Patienten offengelegt. Dabei geht es nicht um Selbstenthüllung als Selbstzweck, wie dies gelegentlich behauptet wird, und auch der Hinweis von psychoanalytischer Seite, dass Borderline-Patienten auf solche Selbstenthüllung geradezu drängten (Bateman u. Fonagy 2008, S. 216), greift hier nicht. Nicht einem irgendwie gearteten Drängen wird dabei nachgegeben, sondern dem Patienten wird ermöglicht, Einblick in die soziale, interpersonelle Welt zu gewinnen, der er sich ansonsten in blinder und immer wiederholter Aktualisierung seines ungreifbaren, sich im Zusammensein mit anderen ein ums andere Mal durchsetzenden impliziten Beziehungswissens ausgeliefert sieht. Dabei ist der Therapeut mehr Mitspieler als neutraler Experte, ein reales erreichbares Gegenüber, zugewandte, berührbare, aber auch eigenständige, von dem Patienten getrennte Person im Austausch. Indem er als anderes Subjekt in Erscheinung tritt, als eigenständige andere Person, entzieht der Therapeut sich zugleich den narzisstischen Übertragungen des Patienten, die zwar verstanden, aber durch emotional antwortende Interventionen immer auch in einer nicht traumatisierenden Weise frustriert werden. Dass der Therapeut mit Interventionen im antwortenden Modus eigenes Erleben weder beliebig zum Ausdruck bringt noch eine Beziehung mit dem Patienten begründet, die besonders vertrauensvolle Züge trägt, versteht sich von selbst. Auf diese Weise werden die sich reproduzierenden Beziehungserfahrungen und die daraus folgenden weitreichenden Probleme strukturell beeinträchtigter Patienten in ihrer alltäglichen sozialen Lebenswelt durchschaubar und verstehbar. Der antwortende Modus lässt den Patienten erkennen, wie er selbst daran beteiligt ist, dass seine sich wiederholenden Beziehungserfahrungen und seine soziale Welt immer wieder ähnlichen Mustern folgen.

46.7 Psychoanalytisch-interaktionelle Therapie Jugendlicher

46.7.1 Behandlungsbeginn

Zu Beginn der Behandlung muss das Bemühen Vorrang haben, zu einer halbwegs stabilen, verlässlichen und sicheren Beziehung mit dem jugendlichen Patienten zu kommen; sie ist als Grundlage für die gemeinsame Arbeit wichtig. Der Umstand, dass der Jugendliche den Sinn der Therapie und die therapeutische Beziehung dennoch immer wieder infrage stellt, darf nicht daran hindern, die Voraussetzungen für die gemeinsame therapeutische Arbeit ein ums andere Mal zu erneuern, zu betonen und sicherzustellen. Aufseiten des Jugendlichen ist eine wichtige Voraussetzung, dass er regelmäßig zur vereinbarten Behandlung kommt, dass er sich in der Therapie aktiv beteiligt und dass er sich darum bemüht, ihm wichtige Themen zur

Sprache zu bringen. Dabei wird der Jugendliche wiederholt die vereinbarten Rahmenbedingungen außer Kraft setzen oder überschreiten wollen oder Verabredungen vergessen. Dafür Sorge zu tragen, dass der Rahmen unverbrüchlich bleibt und die erforderlichen Bedingungen und Voraussetzungen weiterhin gelten und eingehalten werden, ist immer Aufgabe des Therapeuten.

46.7.2 Paktabsprachen

Eine weitere wichtige Voraussetzung für die Behandlung besteht darin, dass der jugendliche Patient weiß, wie die Behandlung vor sich geht und unter welchen Bedingungen die gemeinsame therapeutische Arbeit wirksam werden kann. In diesem Zusammenhang erläutert der Therapeut dem Jugendlichen auch ausführlich genug, wie er dessen Problematik versteht und wie seine Beeinträchtigungen mit seiner bisherigen Lebensgeschichte verknüpft sind. Der Jugendliche muss wissen, worum es in der Behandlung geht, und er sollte ein eigenes Ziel formulieren können oder sich zumindest den Überlegungen und Vorschlägen des Therapeuten zum Ziel der Therapie anschließen können.

> ! Eine Therapie, der sich der Jugendliche nur passiv überlässt oder in der er wichtige Bereiche seiner Erfahrungen und seines Lebens ausspart oder in der er lügt, bleibt unwirksam.

Weiter wird mit dem Jugendlichen ausführlich darüber gesprochen, was im Falle von drängender Suizidalität zu geschehen hat, wie mit selbstverletzendem Verhalten umzugehen oder was erforderlich ist, wenn sich plötzlich der Wunsch breit macht, die Behandlung abzubrechen. Auch das geschieht mit dem Ziel, Bedingungen zu schaffen, die verhindern, dass der Jugendliche nur wiederholend agiert, was ihn in die Therapie gebracht hat.

Soweit das im Einzelfall erforderlich ist, werden Absprachen hinsichtlich der Gestaltung des Tagesablaufes, zum Umgang mit Drogen und zu subkulturellen Aktivitäten getroffen. Weiter werden – je nach den Voraussetzungen im Einzelnen – Vereinbarungen getroffen, die schulische bzw. berufliche Perspektiven berühren. Hier ist es jeweils wichtig zu überprüfen, inwieweit der Jugendliche diese Bereiche als Orte der Auseinandersetzung für sich nutzen kann oder aber aus damit verbundenen Konflikten »auszusteigen« droht.

Andere Absprachen müssen den jeweils individuellen Bedingungen angepasst werden. So können bei Jugendlichen, die noch nicht über ein eigenes Einkommen verfügen, Vereinbarungen zur Bezahlung versäumter Stunden aus eigener Tasche kaum eingehalten werden und sind deshalb auch nicht sinnvoll und zweckmäßig. Hier sollten – abgestimmt auf die individuellen Umstände des einzelnen Jugendlichen – Bedingungen ausgehandelt werden, die tragbar sind; so mag es beispielsweise sinnvoll sein, dass in einem solchen Fall ein kleinerer Geldbetrag vom Taschengeld abgezogen wird. Mit seinen Urlaubszeiten muss sich der Therapeut in der Regel sehr weitgehend an den Schulferien orientieren. Bei entsprechend gefährdeten Jugendlichen ist es weiter wichtig, Vereinbarungen für Krisensituationen zu treffen. Dazu gehört auch die Klärung der Frage, ob, unter welchen Umständen und wann der Therapeut außerhalb der vereinbarten Therapiezeiten für den Jugendlichen erreichbar ist oder wohin sich der Jugendliche wenden kann, wenn das nicht möglich oder gewollt ist.

Schließlich sollte im gegebenen Fall vor Beginn der Therapie auch darüber gesprochen werden, dass eine zeitweilige Medikation zur Aufrechterhaltung oder Gewährleistung von Therapiefähigkeit sinnvoll werden kann.

46.7.3 Die ersten Stunden

Der erste und wichtigste Schritt ist, dass der jugendliche Patient in der Therapie »ankommt«. Erst die Erfahrung, »dieser Therapeut könnte mich vielleicht verstehen« oder »der scheint als Person ganz in Ordnung zu sein«, die das Ergebnis eines Tests ist, dem der Jugendliche den Therapeuten unterzieht, motiviert zur Therapie. »Ankommen« bedeutet auch, dass der Jugendliche sich vorstellen kann, eine Beziehung zu jemandem zu entwickeln, von dem er den Eindruck gewinnt, dass der anders mit seinen Problemen umgehen wird, als er das bis dahin erlebt hat. In der Regel wird es zu einem Behandlungsauftrag erst kommen, wenn das gewährleistet ist. Dabei geht es um die Begegnung mit einem neuen, anderen Objekt. Das aber ist keineswegs selbstverständlich, denn der Jugendliche sucht geradezu danach, das Altbekannte, das gewohnte Übertragungsobjekt, meist die Eltern, erneut vorzufinden, auch dann, wenn dem seine ganze Ablehnung gilt.

46.7.4 Zur Behandlungstechnik

Mit dem antwortenden Modus zeigt sich der Therapeut dem Jugendlichen selektiv als die Person, die er tatsächlich ist, nicht als unbeschriebene Übertragungsfigur, sondern als andere Person »in ihrem eigenen Recht«. Er gibt sich im Gespräch in Antwort auf das Verhalten des Jugendlichen mit eigenem Erleben, eigenen Handlungsbereitschaften und eigenen Gefühlen zu erkennen. Damit ist er für den Jugendlichen ein reales erreichbares Gegenüber im Austausch, zugleich eigenständig und eine von dem Patienten getrennte andere Person.

Indem der Therapeut dem jugendlichen Patienten im antwortenden Modus gegenübertritt, kann der Jugendliche erkennen, wie er selbst wesentlich dazu beiträgt, dass seine Beziehungen zu anderen immer wieder ähnlich ablaufen. Im antwortenden Modus weist der Therapeut nicht von einer dritten Position auf den Jugendlichen und seine Beziehungen zu anderen hin und *interpretiert* nicht, sondern *verhält* sich als Mitspieler, der Implikationen des Verhaltens in der gegenwärtigen Beziehung für den Jugendlichen transparent werden lässt.

Mit dem antwortenden Modus geht implizit die Anregung an den Jugendlichen einher, seinen Blick nicht ausschließlich auf sich selbst und sein Erleben, sondern auch auf das jeweilige Gegenüber zu richten. Der Patient sieht sich gleichsam dazu aufgefordert, sich nicht ausschließlich von eigenen Absichten und Handlungsimpulsen leiten zu lassen, sondern auch die Implikationen zu sehen, die sein eigenes Verhalten im Zusammensein mit anderen voraussichtlich hat. Dabei trägt der antwortende Modus der eingeschränkten Mentalisierungsfunktion jugendlicher Patienten insofern Rechnung, als der Jugendliche das Verhalten des Therapeuten als ein motiviertes Verhalten im Kontext seines eigenen Verhaltens erkennen kann, das in dessen subjektiver, von seiner eigenen verschiedenen psychischen Realität gründet. Darüber hinaus eignet sich der antwortende Modus dazu, den Jugendlichen für Verhaltensmöglichkeiten in zwischenmenschlichen Beziehungen zu sensibilisieren, die ihm aktuell nicht verfügbar sind, aber für reziproke interpersonelle Beziehungen hilfreich und nützlich sind.

Affekte und Gefühle im antwortenden Modus

Interventionen im antwortenden Modus werden häufig mit dem Ausdruck von Gefühlen verbunden, die sich aufseiten des Therapeuten in Reaktion auf den Jugendlichen einstellen. Auch darin vermag der Jugendliche potenziell zu erkennen, dass er wesentlichen Einfluss auf die nächsten Schritte im Fortgang der Interaktion mit dem Therapeuten hat. Er gewinnt ein emotionales Wissen von seinem eigenen Akteursstatus in dem interpersonellen Geschehen in der therapeutischen Situation.

Vielen Jugendlichen mit strukturellen Beeinträchtigungen ist es kaum möglich, Gefühle und verschiedene Gefühlsqualitäten wahrzunehmen. Um sich vor schmerzlichen und demütigenden Erfahrungen zu schützen, die ihnen in ihrer Entwicklung zugemutet wurden, haben sie sich nach innen hin taub gemacht. In der Folge empfinden sie Behagen oder Missbehagen, sind »gut drauf« oder »schlecht drauf«, fühlen sich »gut« oder »Scheiße«, können differenziertere Gefühlsqualitäten aber nicht wahrnehmen. Dabei haben »schlechte Gefühle« oder andere Formen von Unwohlsein oftmals die Qualität eines körpernahen, physisch-psychischen Missbehagens, das dem Erleben diffusen Schmerzes ähnlich ist (Bellak et al. 1968). Für manche Jugendliche sind Gefühle generell bedrohlich, weil sie befürchten, die Kontrolle über das eigene Verhalten zu verlieren.

Was für Jugendliche überhaupt zutrifft, dass sie die Gefühle anderer Menschen nicht verstehen und sich in andere Menschen nur schwer einfühlen können, trifft umso mehr für strukturell gestörte Jugendliche zu. Sie gehen – einem psychischen Äquivalenzmodus korrespondierend (Fonagy et al. 2004) – davon aus, dass andere genauso wie sie selbst empfinden und missdeuten affektive Signale. Soweit sie Gefühle überhaupt wahrnehmen, überwiegen Gefühle wie Kränkung, Scham oder Wut, die in die Regulierung des Selbstsystems eingebunden sind, während sie Gefühle wie Sorge, Trauer oder Zuneigung, die voraussetzen, dass das Gegenüber als andere, eigenständige Person erlebt werden kann, nicht zu kennen scheinen. Manchmal kann die Erfahrung, die ihnen mit dem antwortenden Modus in der Therapie begegnet, dass die andere Person in Wirklichkeit nicht wie sie selbst fühlt, für Jugendliche, für die andere Personen vor allem für die Selbstregulierung benötigt werden, ein wichtiger Schritt auf dem Weg zur Differenzierung von Selbst und Objekt sein hin zu Beziehungen, bei denen die andere Person – einer depressiven Position entsprechend – als eigenständiges Subjekt in ihrem eigenen Recht wahrgenommen werden kann.

Die Folgen struktureller Beeinträchtigungen affektiven Erlebens manifestieren sich häufig auch darin, dass mehr oder weniger diffus empfundene Gefühle mit einem schwer aushaltbaren Spannungszustand einhergehen und leicht in imperative Handlungszwänge münden. Kränkungswut droht in der nächsten Sekunde in gewalttätiges Verhalten zu münden, Scham weckt den heftigen Impuls, sich selbst per Suizid zum Verschwinden zu bringen. Jugendliche mit antisozialen und mit narzisstischen Störungen, aber auch jugendliche Borderline-Patienten können erhebliche Probleme damit haben, Affekte auszuhalten; entsprechend sind sie immer wieder dicht davor, sie entweder mit selbstschädigenden Gegenmaßnahmen unter Kontrolle zu bringen oder Gefühle agierend in impulsivem Verhalten abzureagieren.

Wenn der Therapeut antwortend auf das affektbestimmte Verhalten des Jugendlichen reagiert, konfrontiert er ihn unter anderem mit Folgen, die dieses Verhalten für die aktuelle Beziehung, in diesem Fall die therapeutische Beziehung, hat. Der Jugendliche erfährt über die gezielt eingesetzten Antworten des Therapeuten, dass er mit dem Ausdruck seiner Gefühle Wirkungen auf sein Gegenüber haben kann und welche Wirkungen das in diesem Falle sind, ohne hier – anders als unter Alltagsbedingungen – mit schwerer wiegenden Folgen seines affektiv bestimmten Verhaltens rechnen zu müssen.

Der Austausch von Worten

Beziehungserfahrungen und das Verhalten des Patienten im Zusammensein mit anderen kommen in der Therapie in mehrfacher Weise ins Gespräch. Am unmittelbarsten und zugleich am dichtesten stellen sie sich im Hier und Jetzt in der therapeutischen Beziehung dar, indem der Jugendliche ein bestimmtes Verhalten im Verhältnis zum Therapeuten zeigt, der sich seinerseits dem Jugendlichen gegenüber in bestimmter Weise verhält. In der Interaktion von Patient und Therapeut werden Schwierigkeiten deutlich, die der Jugendliche auch in anderen Beziehungen außerhalb der Therapie hat. Auf das Verhalten und Erleben des Jugendlichen in der therapeutischen

Situation bezogene Interventionen des Therapeuten im antwortenden Modus machen das interpersonelle Geschehen, das gleichsam in greifbarer Nähe abgewickelt wird, erkennbar und verstehbar und fordern zu alternativen Handlungsmöglichkeiten auf.

Fallbeispiel 2

In einer Einzeltherapie spricht ein jugendlicher Patient, der mehrere Jahre lang Drogen konsumiert hatte, inzwischen sozial weitgehend isoliert war, gleichförmig, monoton, »ohne Punkt und Komma« und kommt dabei von einem Thema zum anderen. Er scheint sich mehr *ent-äußern* zu müssen, als sich dem Therapeuten mitteilen zu wollen und sich in keiner Weise dafür zu interessieren, ob und wie der Therapeut seine Äußerungen aufnimmt. Der Therapeut sieht lange Zeit keine Gelegenheit, sich dem Jugendlichen gegenüber zu äußern, hat aber auch den Eindruck, dass dem Patienten das nicht wichtig ist. Er scheint als individuelle Person und anderes Subjekt keine Rolle zu spielen, dennoch scheint seine Anwesenheit für den Jugendlichen wichtig zu sein. Schließlich bietet sich für den Therapeuten eine Gelegenheit zu sagen: »Ich höre Ihnen zu. Es könnte sein, dass ich es nicht vermeiden kann, Sie zu kränken. Ich möchte Ihnen aber trotzdem sagen, dass ich mich anstrengen muss, aufmerksam zu bleiben. Ich denke nicht, dass das damit zu tun hat, worüber Sie inhaltlich sprechen. Eher hat das damit zu tun, dass sich bei mir Zweifel einstellen, ob Sie, wenn Sie reden, sich eigentlich an mich richten und ob es Ihnen wichtig ist, dass ich mit Ihnen teile, womit Sie sich beschäftigen.«

In der Folge spricht der Jugendliche darüber, dass er sich möglichst genau ausdrücken wolle, damit der Therapeut möglichst alle verfügbaren Informationen erhalte. Je mehr an Informationen er in seinem Reden unterbringen könne, desto mehr wisse der Therapeut von ihm und desto genauer würde er ihn dann doch kennen und verstehen können.

Die Art und Weise, wie der Jugendliche Beziehungen erlebt und mitgestaltet, stellt sich in der Therapie aber auch darin dar, wie er *über* Beziehungen berichtet. Dabei geht es einmal um Beziehungen, an denen der Jugendliche selber nicht beteiligt war und die er vielleicht beobachtet, von denen er gehört oder auch nur gelesen oder über die andere gesprochen haben. Mit den Schilderungen dieser Beziehungen gibt der Jugendliche zu erkennen, wie er die Interaktion von anderen und deren Verhältnis zueinander wahrgenommen und erlebt hat und was ihm an Beziehungen wichtig ist. Zum anderen spricht der Jugendliche in der Therapie häufig über Beziehungen und Beziehungserfahrungen, an denen er selber beteiligt war und die er mitgestaltet hat. Er berichtet dann darüber, wie er sich einer anderen Person gegenüber verhalten hat oder beabsichtigt hat, sich zu verhalten, wie er sein eigenes und das Verhalten der anderen Person erlebt hat, wie die andere Person sich ihrerseits verhalten und wie er deren Verhalten wahrgenommen und verstanden hat usw.

Wenn der Therapeut seine Interventionen auf die Schilderungen richtet, in denen der Jugendliche sein Zusammensein mit anderen oder andere Beziehungserfahrungen darstellt, in denen sich die Einschränkungen im Kontakt mit anderen zeigen, übernimmt er virtuell entweder die Rolle des Akteurs bzw. die des Patienten in diesen Episoden, oder er übernimmt die Rolle der anderen Person, des Objekts, und zeigt dem Jugendlichen damit Möglichkeiten auf, andere Mittel und Wege zu wählen, um an interpersonellen Beziehungen teilzunehmen. Dabei bleibt dem Jugendlichen überlassen, wie weit er diese Alternativen aufgreift oder aber zurückweist.

Dies sei an einigen Beispielen erläutert:

Fallbeispiel 3

Der Jugendliche berichtet in der Behandlung über zwischenmenschliche Beziehungen, an denen er selber nicht unmittelbar beteiligt, aber deren Zeuge er war oder von denen er gehört hat oder über die andere ihm berichtet haben.

Der Therapeut »identifiziert« sich in seiner Intervention mit der anderen Person und übernimmt virtuell die Position des Objekts, hier des Lehrers:

Eine Patientin berichtet, dass ein Lehrer einem Mitschüler mit Schulverweis gedroht hat, und sie beschwert sich im Folgenden heftig darüber, dass »dieser Spasti« so mit diesem Mitschüler umgeht.

Therapeut: »Ich frage mich, was den Lehrer dazu gebracht haben mag, den Schüler so zu behandeln.«

Der Therapeut »identifiziert« sich in seiner Intervention mit dem Subjekt, dem Akteur, und übernimmt virtuell dessen Position:

Eine Patientin spricht darüber, dass ein Mitschüler, auf den sie noch nie gut zu sprechen war, morgens häufig zu spät zur Schule kommt, und sie zeigt sich empört darüber, dass »der noch nicht rausgeflogen ist«.

Therapeut: »Gibt's denn irgendwelche Hinweise dafür, aus welchen Gründen Ihr Mitschüler so oft zu spät zur Schule kommt?«

Fallbeispiel 4

Der Patient berichtet über Beziehungen, an denen er beteiligt war. Der Patient spricht beispielsweise darüber, wie er sich einer anderen Person gegenüber verhalten hat oder zu verhalten beabsichtigt oder wie er wahrgenommen, erlebt und verstanden hat, dass sich eine andere Person ihm gegenüber verhalten hat.

Der Therapeut »identifiziert« sich in seiner Intervention mit dem Patienten und übernimmt virtuell dessen Position:

Ein junger Patient, der unter anderem wegen diverser funktioneller Beschwerden und andauernder Verhaltensstörungen mit

einer Neigung zu gewalttätigen Impulsdurchbrüchen zur psychotherapeutischen Behandlung zugewiesen wurde, berichtet, dass der Meister – der Jugendliche arbeitet als Lehrling in einer großen Autowerkstatt – ihn zum wiederholten Mal vor allen anderen »angebrüllt« hat, weil ihm ein kleiner Fehler unterlaufen sei, und dass er sich dadurch gedemütigt gefühlt hat. Während er davon spricht, scheint er zwischen Resignation und ohnmächtiger Wut zu schwanken. Er hätte »dem Typen am liebsten einen Schraubenschlüssel ins Kreuz geschmissen«.
Therapeut: »Na, gut, dass Sie's nicht getan haben und Ihr Verhalten haben kontrollieren können. War vermutlich nicht ganz leicht, die Wut auszuhalten.«

Der Therapeut »identifiziert« sich in seiner Intervention mit der anderen Person und übernimmt virtuell die Position des Objekts, hier des Vorgesetzten:
Im weiteren Verlauf der Therapie geht es darum, ob es für den Patienten eventuell noch andere Möglichkeiten geben könnte, mit derartigen Situationen mit seinem Vorgesetzten umzugehen, ohne Gefahr zu laufen, entweder gewalttätig zu werden oder aber in Resignation zu verfallen.
Patient: Vielleicht sollte ich dem mal so richtig meine Meinung sagen.
Therapeut: Hm. Was würden Sie dann sagen?
Patient: Dass er ein verdammtes ... ein Nazi ist.
(Pause)
Therapeut: Ernsthaft?
Patient: Fänd' ich schon nicht schlecht.
Therapeut: O. K., ja ... Nur frag' ich mich, wie der das aufnehmen würde und was das dann möglicherweise für Folgen hätte.

In der gleichen Situation, über die der Patient berichtet, »identifiziert« sich der Therapeut mit dem Patienten und übernimmt mit seiner Intervention virtuell dessen Rolle:
Therapeut: Wenn ich versuche, mich an Ihre Stelle in dieser Situation zu versetzen, würde es mich nach allem, was Sie über Ihren Lehrherrn berichtet haben, möglicherweise ziemlich in den Fingern jucken, dem so etwas zu sagen, um ihm eins überzubraten. Aber ich würde es nicht machen, weil ich damit rechnen würde, dass das die Sache eher noch schlimmer für mich machen würde.

Der Therapeut »identifiziert« sich mit dem Objekt, hier dem Meister, in der gleichen Situation, über die der Patient berichtet hat, und übernimmt mit seiner Intervention virtuell dessen Rolle:
Therapeut: Ich versuche gerade, mir vorzustellen, ich wäre Ihr Meister in dieser Situation und Sie würden mich einen Nazi nennen, nachdem ich mich über Sie geärgert habe, und das auch noch, während andere dabei sind ... verbessern würde das Ihren Stand bei mir nicht gerade, ganz im Gegenteil.

Die strukturelle Entwicklung beruht darauf, dass der Jugendliche den Therapeuten als neues Entwicklungsobjekt verwenden kann. Um sich entwickeln zu können, braucht der jugendliche Patient das Beziehungsangebot eines von seinen bisherigen Erfahrungen verschiedenen neuen anderen. Es geht dabei nicht um eine korrigierende emotionale Erfahrung (Alexander u. French 1946), sondern um eine empathische und/oder komplementäre Anerkennung unbefriedigt gebliebener und arretierter Entwicklungsbedürfnisse (Hurry 2002) durch einen wichtigen realen anderen Menschen einerseits und den Auf- und Ausbau einer sozialen Welt ohne Traumata andererseits.

46.8 Psychotherapeutische Arbeit mit den Eltern

Bei der Behandlung von Heranwachsenden bis zum Alter von 15 Jahren ist nach vier Sitzungen eine Sitzung mit den Eltern üblich, in seltenen Fällen kann die Relation des Sitzungsverhältnisses auch zugunsten der Eltern modifiziert werden. In der Regel führt derselbe Therapeut die Elterngespräche durch, der auch den Jugendlichen behandelt; in besonderen Fällen können diese Aufgaben auf zwei Therapeuten verteilt werden. Bei der Arbeit mit den Eltern handelt es sich um eine begleitende Elterntherapie; im Mittelpunkt der Behandlung stehen somit die Konflikte des Jugendlichen. Dabei geht es vorrangig um das Verstehen problematischer Beziehungen und Interaktionen und um die Veränderung von Einstellungen. Manchmal erweist es sich als wichtig, bei der Arbeit mit den Eltern in deren Kindheit zurückzukehren, um die Quellen ihrer eigenen Probleme ausfindig zu machen. Manchmal führen die therapeutischen Gespräche bei Eltern zu eigenen Behandlungswünschen, beispielsweise dann, wenn der Jugendliche für seine Mutter, die an einer Angststörung leidet, die Funktion eines phobischen Objektes hatte, die jetzt nicht mehr aufrechtzuerhalten ist. In besonderen Fällen sind in Verbindung mit der Behandlung von Jugendlichen familientherapeutische Sitzungen sinnvoll, die alle Familienmitglieder einbeziehen. Das ist insbesondere dann angebracht, wenn sich familiäre Konflikte hinsichtlich der Lebens- und Entwicklungsphase des jugendlichen Patienten abzeichnen, in die alle Familienmitglieder involviert sind.
Bei einer Behandlung jenseits des 15. Lebensjahres muss mit dem Jugendlichen abgestimmt werden, ob und wie die Eltern in die Behandlung einbezogen werden sollten. Jetzt steht der Jugendliche mit seiner Problematik ganz und gar im Vordergrund und er sollte selber darüber bestimmen, ob er das will oder nicht. Dabei gilt es allerdings immer, mit zu bedenken, dass ein Jugendlicher, der seine Eltern aus eigenen Entwicklungen aktiv heraushalten will, möglicherweise an idealen El-

ternbildern festhält. Unter derartigen Umständen sollte der Therapeut darauf hinwirken, dass die Eltern gelegentlich in die Behandlung einbezogen werden.

Besondere Probleme ergeben sich bei Jugendlichen in Scheidungsfamilien, bei sogenannten Patchwork-Familien und bei Jugendlichen, die in Heimen untergebracht sind. In diesen Fällen muss geprüft werden, inwieweit der leibliche Vater oder die leibliche Mutter Bedeutung für die aktuelle neurotische Problematik haben und inwieweit sie für die Zukunft des Jugendlichen von Bedeutung sind.

46.9 Gruppentherapie

Sich in Gruppen von Gleichaltrigen zu bewegen, hat für die Entwicklung von Jugendlichen eine hervorragende Bedeutung. Gruppen dienen nicht zuletzt als Stütze bei der Ablösung von den Eltern und als Orientierung und Brücke auf dem Weg von der Familie in neue soziale Bezüge. Trotz ihrer Bedeutung wurde Gruppentherapie als Therapiemethode für Jugendliche bislang noch kaum systematisch entwickelt und wird zudem häufig als schwieriges Unterfangen beschrieben. Das rührt nicht zuletzt daher, dass Gruppentherapie für Jugendliche eine Versuchungs- und Versagungssituation insofern darstellt, als die künstlich zusammengestellte Gruppe den Jugendlichen mit mehreren Dilemmata konfrontiert: Der Jugendliche kann die Gruppe, die von einem Therapeuten geleitet wird, nicht ohne Weiteres in ihren Übergangs- und Stützfunktionen nutzen, wie sie die Gruppe des Freundeskreises zumeist übernimmt. Der Jugendliche kann zudem den Therapeuten oder das Therapeutenpaar nicht in dem Maße als Elternersatzfiguren für sich verwenden, wie das in der Einzeltherapie möglich ist, will er vor den Gleichaltrigen sein Gesicht nicht verlieren. Weiter werden in der Gruppentherapie mit Jugendlichen vor allem für die Adoleszenz typische Konflikte der Ablösung und Individuation mobilisiert. Schließlich reagieren Jugendliche im Gruppenkontext mit passageren Stabilisierungen durch verschiedene narzisstische Selbstkonfigurationen, die erst mithilfe des Therapeuten allmählich aufgelöst werden können.

Infolge solcher Schwierigkeiten mit der Gruppentherapie von Jugendlichen wurden von verschiedenen Autoren eine Reihe von Modifikationen vorgeschlagen, beispielsweise eine initiale Anwärmphase, eine längere Kontaktphase, besondere Flexibilität, verbunden mit der Bereitschaft des Therapeuten, seine Methoden abzuändern und sich den jugendlichen Patienten als reale Person zu stellen. Solche Modifikationen sollen letztlich dazu dienen, Problemen wie einer geringen Motivation, fehlender Gesprächsbereitschaft, der Neigung zu zähem Schweigen oder zu provokanten Aktionen – Probleme, die aus adoleszenzspezifischen Konflikten resultieren – aktiv zu begegnen und einen fruchtbaren Gruppenprozess in Gang zu bringen. In Vor- und Paktgesprächen werden Anlass, Behandlungsziele, Behandlungsauftrag und Gruppenregeln wie Pünktlichkeit, Regelmäßigkeit und der Umgang mit Rauchen, Essen oder Trinken besprochen. Das therapeutisch-technische Vorgehen orientiert sich an tiefenpsychologisch fundierten Konzepten zur Gruppentherapie mit therapeutisch-technischen Modifikationen, die die Entwicklungsphase der Adoleszenz im Besonderen berücksichtigen. Auch für die Gruppentherapie von Jugendlichen liegen gute Erfahrungen mit der psychoanalytisch-interaktionellen Methode vor, die den zu erwartenden Schwierigkeiten am ehesten Rechnung trägt.

46.10 Stationäre Psychotherapie

Eine stationäre Behandlung mit dem Schwergewicht auf der psychotherapeutischen Arbeit sollte dann erfolgen, wenn erhebliche psychische Störungen vorliegen, die eine Trennung vom bisherigen sozialen Umfeld, von der Familie, der Schule und der Gleichaltrigengruppe erfordern. Stationäre Psychotherapie sollte immer als eine zeitlich befristete, mehrdimensionale, multimodale Behandlung angesehen und dann durchgeführt werden, wenn der Jugendliche im Anschluss an die Therapie in sein bisheriges Umfeld zurückkehren kann. Darüber hinaus ist eine stationäre Behandlung vor allem dann indiziert, wenn die Störungsbilder ärztlich-psychotherapeutische Fachkompetenz verlangen.

Die Unterbringung in einem Heim ist dann sinnvoll, wenn Jugendliche auf längere Sicht ein Ersatzelternhaus benötigen.

Bei einer stationären Behandlung ist es wichtig, die alters- und entwicklungsspezifischen Bedingungen des Jugendlichen zu berücksichtigen. Einerseits gilt es, so viel Schonraum wie nötig anzubieten, damit Überforderungen und Dekompensationen verhindert werden, andererseits aber Belastungen zuzumuten, die geeignet sind, Entwicklung anzuregen. Dabei hat die innere und äußere Architektur des stationären Milieus (Becker u. Senf 1988) vor allem bei Jugendlichen eine wichtige Bedeutung, weil durch Hospitalisierungen entwicklungs- und strukturschädigende Regressionen induziert werden können.

In der Behandlung von Jugendlichen im stationären Rahmen werden vielfältige Zugangswege nebeneinander beschritten und mehrere Verfahren zugleich in die Behandlung einbezogen. Das sind meist

- psychoanalytisch orientierte Einzeltherapie,
- Eltern- und/oder Familientherapie,
- Gruppentherapie,
- Arbeit im Alltag mit pädagogischen, sozialtherapeutischen und körperbezogenen Zusatztherapien,
- Elterntraining,
- Klinikunterricht,

- spezielles Lern- und Konzentrationstraining,
- ggf. Psychopharmaka.

Das Setting der Einzeltherapie und die therapeutische Beziehung werden im Wesentlichen ähnlich wie in der ambulanten Therapie gestaltet. Bei den zumeist schwerer gestörten Jugendlichen sind allerdings im Vergleich zum ambulanten Behandlungssetting häufiger therapeutische Modifikationen notwendig (Streeck-Fischer 2002). Anhand der sich entwickelnden Übertragung ist zu entscheiden, ob das therapeutische Vorgehen mehr stützend sein muss, ob an den realen oder an unbewussten Konflikten gearbeitet werden und ob zwei, drei oder auch vier Sitzungen, verbunden mit aktiven Angeboten von Materialien oder Aktivitäten vertrauensbildender Maßnahmen, erforderlich sind. Auch im klinischen Setting hat sich die psychoanalytisch-interaktionelle Methode für die Arbeit mit strukturell gestörten Jugendlichen bewährt.

Die Erzieher und Pflegekräfte führen im Alltag der Station gezielte heilpädagogische und verhaltensmodifikatorische Aktivitäten durch wie Angstexpositionstraining, lebenspraktisches Training, Stresstoleranztraining, imaginative Methoden usw. Jugendliche erhalten konkrete Hilfen zur Bewältigung und Strukturierung des Alltags. Darüber hinaus werden soziale Übungs- und Trainingsfelder bereitgestellt und pädagogische Gruppenarbeit angeboten, die der Bewältigung krankheitsspezifischer Lern- und Entwicklungsbeeinträchtigungen dienen. Dabei sollen soziale Kompetenz und altersspezifische Interessen und Umgangsformen entwickelt werden.

Die sozialtherapeutische Arbeit ist darauf ausgerichtet, dem Jugendlichen mithilfe eines gestuften Angebots den Weg zurück in die Schule bzw. den Beruf zu ermöglichen. Mit Aktivitäten wie Ergotherapie, Frühgruppe u. a. werden die Jugendlichen auf die klinikinterne Beschulung mit Einzelunterricht, in Kleingruppen und Gruppenunterricht vorbereitet. Spezielle Lern- und Konzentrationstrainings helfen bei der Reintegration in den schulischen Alltag. Weitere Therapieformen sind körperbezogene Therapien wie sensomotorische Übungsbehandlungen, die beispielsweise an Wahrnehmungsstörungen, Störungen des Gleichgewichts, der Koordination oder der sensomotorischen Integration ansetzen.

Klinische Psychotherapie mit Jugendlichen setzt einen hohen Personalaufwand voraus, dem die Personalverordnung Psychiatrie Rechnung trägt. In Fallkonferenzen, Teamkonferenzen, Frühbesprechungen, Übergaben und Visiten werden die vielfältigen Eindrücke und Erfahrungen mit den jugendlichen Patienten zusammengetragen und diagnostische und therapeutische Schlussfolgerungen daraus gezogen. Eine aktive zielgerichtete Gestaltung des therapeutischen Milieus und der Beziehungen ist in diesem interkollegialen Raum, bestehend aus Stationsarzt, Psychotherapeut, Sozialarbeiter, Erzieher und Pflegekräften unabdingbar.

Zwar weist die ambulante und stationäre psychodynamische Behandlung von Jugendlichen hohe klinische Evidenz auf, jedoch gibt es bisher keine Therapiestudien, die sich auf diese Altersgruppe zentriert haben. Demgegenüber liegen Untersuchungen von Kindern vor, die Jugendliche, ebenso wie Untersuchungen von Erwachsenen, einschließen. Für die psychoanalytisch-interaktionelle Methode von jungen Erwachsenen konnte gezeigt werden, dass insbesondere die interpersonellen Störungen deutlich reduziert werden.

Für die Psychotherapie von Jugendlichen besteht ein hoher Forschungsbedarf. Derzeit werden im deutschsprachigen Raum mehrere Forschungsprojekte zur psychodynamischen Psychotherapie von Kindern und Jugendlichen gefördert.

46.11 Zugangswege zur Ausbildung in analytischer/tiefenpsychologisch fundierter Psychotherapie von Jugendlichen

80–90 % der ambulanten psychotherapeutischen Versorgung von neurotisch und psychosomatisch erkrankten Jugendlichen werden heute durch Kinder- und Jugendlichenpsychotherapeuten mit einer Weiterbildung in analytischer/tiefenpsychologisch fundierter Psychotherapie sichergestellt. Der Beruf des Kinder- und Jugendlichenpsychotherapeuten – früher Psychagoge genannt –, der »Kinder durch Betreuung von ihren Auffälligkeiten befreien« sollte, während »wirklich kranke Kinder von ärztlichen Psychotherapeuten behandelt werden sollten«[1], zählt heute zu den hoch qualifizierten, staatlich anerkannten Ausbildungen. An der ambulanten Versorgung sind darüber hinaus Kinderpsychiater und Kinderärzte beteiligt, die in tiefenpsychologisch fundierter Psychotherapie weitergebildet sind. Die Versorgung von 18- bis 21-jährigen Jugendlichen erfolgt überlappend auch durch ärztliche und psychologische Psychotherapeuten. Therapeuten, die für die Behandlung von Erwachsenen ausgebildet sind, sind mit den Besonderheiten der Adoleszenz nicht immer genügend vertraut und laufen Gefahr, deren Umstände in der Therapie von Jugendlichen zu wenig zu berücksichtigen. Die stationäre psychotherapeutische Versorgung von Jugendlichen erfolgt überwiegend in psychiatrischen Einrichtungen des Jugend- und Erwachsenenalters.

Die Ausbildung zum Kinder- und Jugendlichenpsychotherapeuten ist auf der Grundlage des Psychotherapeutengesetzes sowie der Ausbildungs- und Prüfungsverordnung für Kinder- und Jugendlichenpsychotherapeuten (KJPsychTh-AprV; Bundesgesetzblatt Jg. 1998, Teil 1, Nr. 83, S. 3749–72) unter Berücksichtigung der Neufassung der Psychotherapie-Richtli-

---

[1] Der Beruf des Psychagogen wurde von Felix Böhm u. a. (1952) am Berliner Institut konzipiert.

Tab. 46-1 Ausbildung zum Kinder- und Jugendlichenpsychotherapeuten.

	Psychoanalyse	Psychotherapie
Ärzte		
Arzt für Kinder- und Jugendpsychiatrie Arzt für Psychiatrie	Institutsausbildung	WB Klinik, Institut/Praxis
Arzt für Kinder- und Jugendmedizin	Institutsausbildung	Institutsausbildung
Arzt für psychotherapeutische Medizin	WB Klinik	WB Klinik
Arzt für Allgemeinmedizin	Institutsausbildung	Institutsausbildung
Psychologen, Sozialpädagogen, Lehrer		
Analytischer/tiefenpsychologischer Kinder-Jugendlichenpsychotherapeut	beide Ausbildungsgänge an psychoanalytischen/tiefenpsychologisch fundierten Instituten	
Tiefenpsychologischer Kinderpsychotherapeut		Ausbildungsgang am tiefenpsychologisch fundierten Institut
Psychologischer Psychotherapeut		Zusatzausbildung am Institut und in speziellen Weiterbildungslehrgängen

nien des Bundesausschusses der Ärzte und Krankenkassen (vgl. Deutsches Ärzteblatt 95, Heft 51–52, 21. Dezember 1998) organisiert. Zur Ausbildung zugelassen wird, wer entweder ein Studium der Psychologie, der Pädagogik oder der Sozialpädagogik abgeschlossen hat oder wer als Lehramtskandidat zugelassen ist (Tab. 46-1). Zu Beginn der Ausbildung ist ein Praktikum im Umfang von insgesamt 1 200 Stunden in einer kinderpsychiatrischen Einrichtung sowie 600 Stunden in einer psychotherapeutischen Praxis erforderlich. Die Zusatzqualifikation »Psychoanalyse bei Kindern und Jugendlichen« kann von Ärzten und Psychologen über eine psychoanalytische Ausbildung an anerkannten Ausbildungsstätten für Psychoanalyse und Psychotherapie oder an Kliniken erworben werden, die zur Weiterbildung in Psychoanalyse ermächtigt sind. Hier ist als Einstieg zunächst der Ausbildungsweg in Psychoanalyse Erwachsener erforderlich. Mindestens vier zusätzliche supervidierte Behandlungen von Kindern und Jugendlichen berechtigen zur Ausübung von analytischer Kinder- und Jugendlichenpsychotherapie.

Mit der Integration der Psychotherapieweiterbildung in den Gebietsarzt für Kinder- und Jugendpsychiatrie im Jahre 1996 sind psychotherapeutische Weiterbildungen an den kinderpsychiatrischen Einrichtungen – zumeist im Verbund mit anderen Abteilungen – geschaffen worden.

Störungsspezifische Psychotherapieformen können aufbauend auf die jeweilige Psychotherapieweiterbildung für alle genannten Berufsgruppen in besonderen Weiterbildungsgängen erworben werden.

Literatur

Alexander F, French P (eds). Psychoanalytic Psychotherapy. New York: Roland Press 1946.
Arbeitskreis OPD (Hrsg). Operationalisierte psychodynamische Diagnostik. Bern: Huber 1996.
Arbeitskreis OPD-KJ (Hrsg). Operationalisierte Diagnostik des Kindes- und Jugendalters. Bern: Huber 2003.
Bateman AW, Fonagy P. Psychotherapie der Borderline-Persönlichkeitsstörung. Ein mentalisierungsgestütztes Behandlungskonzept. Gießen: Psychosozial 2008.
Becker H, Senf W. Praxis der stationären Psychotherapie. Stuttgart: Thieme 1988.
Bellak L, Hurvich M, Silvan M, Jacobs D. Toward an ego psychological appraisal of drug effects. Am J Psychiatry 1968; 125(5): 593–604.
Blos P. Die Funktion des Agierens im Adoleszenzprozeß. Psyche 1964/65; 18: 120–38.
Blos P. Adoleszenz. Stuttgart: Klett-Cotta 1973.
Boston Change Process Study Group. The »something more« than interpretation revisited: sloppiness and co-creativity in the psychoanalytic encounter. J Am Psychoanal Assoc 2005; 53: 693–729.
Eissler KR. Bemerkungen zur Technik der psychoanalytischen Behandlung Pubertierender nebst einigen Überlegungen zum Problem der Perversion. Psyche 1966; 20: 837–52.
Erikson EH. Identität und Lebenszyklus. Frankfurt: Suhrkamp 1976.
Fonagy P, Gergeley G, Jurist EJ, Target M. Affektregulierung, Mentalisierung und die Entwicklung des Selbst. Stuttgart: Klett-Cotta 2004.
Freud S. Bruchstück einer Hysterieanalyse. 1905. Gesammelte Werke, Band V. Frankfurt: Fischer 1969; 161–286.
Freud S. Studienausgabe: Vorlesungen zur Einführung in die Psychoanalyse. 1916/17. Gesammelte Werke, Band I. Frankfurt: Fischer 1969; 34–44.
Freud A. Das Ich und die Abwehrmechanismen. 1936. Frankfurt: Suhrkamp 1968.
Hurry A. Psychoanalyse und Entwicklungstherapie. In: Hurry A (Hrsg). Psychoanalyse und Entwicklungsförderung von Kindern. Frankfurt: Brandes & Apsel 2002; 43–89.
Polanyi M. Implizites Wissen. Frankfurt: Suhrkamp 1985.

Streeck U. Auf den ersten Blick. Psychotherapeutische Beziehungen unter dem Mikroskop. Stuttgart: Klett-Cotta 2004.

Streeck U. Psychotherapie komplexer Persönlichkeitsstörungen. Grundlagen der psychoanalytisch-interaktionellen Methode. Stuttgart: Klett-Cotta 2007.

Streeck-Fischer A. Gruppe und Gruppentherapie in der klinischen Psychotherapie von Jugendlichen. In: Biermann G (Hrsg). Handbuch der Kinderpsychotherapie. Band V. München: Reinhardt 1992; 127–35.

Streeck-Fischer A. Stationäre Psychotherapie von Jugendlichen. Psychotherapie im Dialog 2002; 4: 353–61.

Streeck-Fischer A. Trauma und Entwicklung. Frühe Traumatisierung und ihre Folgen in der Adoleszenz. Stuttgart: Schattauer 2006.

Winnicott DW. Reifungsprozesse und fördernde Umwelt. Frankfurt: Fischer 1974.

Zauner J. Erziehung und Psychotherapie beim Jugendlichen in psychoanalytischer Sicht. In: Psychologie des 20. Jahrhunderts. Band XII. Konsequenzen für die Pädagogik. 1980; 801–22.

Zauner J. Entwicklung der Therapie Jugendlicher in Deutschland. Johann Zauner im Gespräch mit Annette Streeck-Fischer. Psychotherapie im Dialog 2002; 3: 379–83.

47 Kognitiv-behaviorale Therapie

Sven Barnow[1] und Marc Schmid

Inhalt

47.1	Einleitung	616
47.2	Empirische Wirksamkeit kognitiv-behavioraler Verfahren	617
47.3	Spezielle Wirksamkeit bei einzelnen Störungsbildern	621
47.4	Fazit	626
Literatur		627

Zusammenfassung

Im folgenden Kapitel wird eine Übersicht zur Wirksamkeit kognitiv-behavioraler Therapien in der Adoleszenz gegeben. Zusammenfassend zeigt sich, dass die meisten empirischen Befunde zur Wirksamkeit von Psychotherapie in der Adoleszenz für die kognitiv-behaviorale Therapie (KBT) vorliegen. Für die psychoanalytischen, psychodynamischen, nondirektiven oder familientherapeutischen Methoden sind hingegen weniger empirische Befunde vorhanden. Unter Berücksichtigung verschiedener Metaanalysen zeigen sich Gesamteffektstärken zwischen 0,45 und 0,79 für die kognitiv-behavioralen Verfahren, was für eine gute Wirksamkeit der KBT spricht. Schaut man sich die einzelnen Effekte differenziell für einzelne Behandlungstechniken an, so zeigt sich, dass vor allem für Kontingenzmanagement, soziales Kompetenztraining, Rollenspiel, soziales Problemlösetraining und Selbstkontrolltraining, Expositionstraining, systematische Desensibilisierung, Modelllern- und Entspannungsverfahren gute bis sehr gute Effekte berichtet werden. Neben den allgemeinen (störungsübergreifenden) Metaanalysen liegen auch Studien zur Wirksamkeit kognitiv-behavioraler Therapiemethoden bei einzelnen Störungsbildern vor, wobei in diesem Beitrag auf die Unterscheidung zwischen internalisierenden und externalisierenden Störungen Bezug genommen wird. Bei den internalisierenden Störungen (u. a. Angst/Depression) zeigt die KBT überwiegend gute Behandlungsergebnisse. So schwanken die Effektstärken in den einzelnen Metaanalysen zwischen 0,34 und 1,27, wobei höhere Effektstärken häufiger vorkommen. Auch hier fanden sich wieder für die kognitiv-behavioralen Therapieansätze die höchsten Effektstärken im Vergleich zu anderen Therapieverfahren. Besonders bewährt haben sich kognitiv-behaviorale Ansätze bei der Behandlung der posttraumatischen Belastungsstörung, wobei hier Effektstärken bis über 2 erreicht werden. Bei den externalisierenden Störungen haben sich manualisierte Ansätze wie die dialektisch-behaviorale Therapie für Adoleszenten (DBT-A) bewährt, die vor allem hohe Effekte bezüglich des Rückgangs von selbstverletzendem Verhalten und Drogenkonsum berichten. Bezogen auf Aufmerksamkeitsdefizit-Hyperaktivitätsstörungen finden sich hingegen eher moderate Effekte, wobei jedoch die Datenlage inkonsistent ist und bisher zu wenig Studien vorliegen, um hier abschließend eine Einschätzung vornehmen zu können. Im Kapitel wird weiterhin auf die schizophrene Störung in der Adoleszenz eingegangen, wobei sich auch hier gute Effekte der KBT nachweisen lassen. Fazit: Die kognitiv-behaviorale Therapie ist das am besten evaluierte Psychotherapieverfahren im Kindes- und Jugendalter. Der momentane Forschungsstand zeigt eine Überlegenheit der KBT gegenüber nicht behavioralen Ansätzen, wobei in der Adoleszenz ein Wirksamkeitsnachweis für ein breites Indikationsspektrum vorliegt. Kritisch ist anzumerken, dass die methodische Qualität der Studien nicht immer gegeben war und nur selten für verschiedene Altersgruppen differenziert wurde.

47.1 Einleitung

Das Jugendalter ist durch vielfältige biologische, soziale und kognitive Veränderungen gekennzeichnet, die sich auch in der Art und Ausprägung der psychischen Störungen innerhalb dieses Lebensabschnittes niederschlagen. Beispielsweise ist das formal-operatorische Denken noch nicht routiniert (Piaget 1983) und die Ich-bezogene Perspektive überwiegt. Weitere wichtige, das Jugendalter bezeichnende Charakteristika sind

- das eher lustbetonte Lebensgefühl,
- die enge Zugehörigkeit zu Gleichaltrigen sowie
- die durch die Übergangsphase zum Erwachsenen bedingte Identitätsdiffusion.

---

[1] Der Erstautor dankt herzlich den Mitarbeiterinnen unserer Beratungsstelle »Rückenwind«, Frau Diplom-Psychologin Kathrin Krohn und Vera Schilling für ihre Zuarbeit bei den einzelnen Störungsbildern und Methoden, außerdem seiner Mitarbeiterin Frau Susanne Falz für ihre Recherchen zu den Metaanalysen und Frau cand. psych. Martina Sehm für ihre Hilfe bei den externalisierenden Störungen und bei der Erstellung des Literaturverzeichnisses.

> Jugendliche äußern häufig nicht von sich aus den Wunsch oder das Bedürfnis nach einer Psychotherapie. Stattdessen findet Psychotherapie meist erst dann statt, wenn Bezugspersonen wie Eltern, Lehrer oder Erzieher unter der Symptomatik leiden und eine Konsultation anregen.

Dies trifft vor allem auf externalisierende Auffälligkeiten zu. Internalisierende Störungen werden von den Bezugspersonen hingegen oft übersehen (Kazdin u. Weisz 1998).

Auch verändert sich die Rolle des Jugendlichen in der Familie erheblich. So kann unter anderem das zu schnelle Einbeziehen der Eltern die therapeutische Allianz gefährden. Andersherum können Konflikte zwischen Heranwachsenden und Eltern oft nicht effektiv bearbeitet werden, wenn Letztere nicht angemessen einbezogen werden. Dabei offenbaren sich oft diametral verschiedene Sichtweisen. Des Weiteren hat die Bezugsgruppe eine immense Bedeutung für die Stabilität versus Instabilität des psychischen Befindens von Adoleszenten (Barnow u. Freyberger 2003; Barnow et al. 2002b; Preuss et al. 2002).

> Verhaltenstherapie muss infolgedessen das soziale System des Jugendlichen mit berücksichtigen. Es ist daher unerlässlich, adoleszente Patienten in ein adäquates soziales Bezugssystem zu integrieren, speziell wenn es um die Behandlung von Verhaltensstörungen geht. Ein Umstand, der leider allzu häufig vernachlässigt wird.

Darüber hinaus sind die Veränderungen, die sich in der Altersspanne zwischen dem 14. und 21. Lebensjahr ergeben, beträchtlicher als in anderen Lebensabschnitten. Aus diesem Grund müssen entwicklungspsychologische Aspekte besondere Berücksichtigung finden. Mit dem Alter verändern sich außerdem die psychischen Problembereiche, aber auch die therapeutischen Interventionen und deren Wirksamkeit (Döpfner u. Lehmkuhl 2002). Jugendliche Mädchen und Jungen haben oft differente Probleme und trotz gleichen Alters einen unterschiedlichen Entwicklungsstand, der mit verschiedenen kognitiven Fähigkeiten einhergeht (Kazdin u. Weisz 1998). Somit muss eine Therapie, die für einen 14-Jährigen wirksam ist, nicht unbedingt für einen gleichaltrigen Jugendlichen mit einem anderen Entwicklungsstand die erwünschten Effekte erbringen. Die Zusammenfassung der unterschiedlichen Altersgruppen in Forschung und Praxis ist somit nicht zu rechtfertigen. Allerdings ist die Anzahl der Forschungsarbeiten zur Wirksamkeit einer Psychotherapie im Jugendalter begrenzt. Es existiert nur eine geringe Anzahl von Therapiestudien, in denen vorrangig die Effektivität der Verhaltenstherapie bei Jugendlichen untersucht wurde (Birmaher u. Brent 1998; Kolko et al. 2000). Im Folgenden wird versucht, einen aktuellen Überblick über die bestehenden Wirksamkeitsnachweise zu vermitteln.

47.2 Empirische Wirksamkeit kognitiv-behavioraler Verfahren

Die meisten empirischen Befunde zur Wirksamkeit von Psychotherapie in der Adoleszenz liegen für die kognitiv-behaviorale Therapie (KBT) vor, während für psychoanalytische, psychodynamische non-direktive oder familientherapeutische Methoden weniger empirische Studien vorhanden sind (Döpfner u. Lehmkuhl 2002; Esser u. Ballaschk 2005). Demzufolge sind bei den in der Tabelle 47-1 aufgeführten Metaanalysen zur Wirksamkeit von Psychotherapie bei Kindern und Jugendlichen behaviorale Therapieverfahren im Vergleich zu anderen überrepräsentiert. Kritisch ist anzumerken, dass in vielen Metaanalysen die Wirksamkeitsnachweise für Kinder und Jugendliche zusammengefasst dargestellt sind. So bezieht sich beispielsweise die Übersichtsarbeit von Weisz et al. (1987) auf einen Altersbereich zwischen 4 und 18 Jahren und lässt bedauerlicherweise keinen Schluss auf die Wirksamkeit dieser Verfahren bei Jugendlichen bzw. jungen Erwachsenen zu (zu spezifischen Alterseffekten s. unten).

Die berichteten Gesamt-Effektstärken der in Tabelle 47-1 dargestellten Metaanalysen schwanken zwischen 0,54 (Beelmann u. Schneider 2003) und 0,79 (Weisz et al. 1987) und entsprechen somit, gemäß der Einteilung von Cohen (1988), einem mittleren Effekt. Die angegebenen Effektstärken für einzelne kognitiv-behaviorale Verfahren liegen zwischen 0,50 und 1,45. Daraus lässt sich ableiten, dass Psychotherapie von Kindern und Jugendlichen wirkt und speziell die KBT mittlere bis starke Effekte erzielt, während die nicht behavioralen Therapieformen etwas schlechter abschneiden (Casey u. Berman 1985; Kazdin et al. 1990; Weisz et al. 1987, 1995). Eine Metaanalyse von Beelmann und Schneider (2003) konnte diesen Befund replizieren. Die Autoren verglichen die Effektivität unterschiedlicher Therapieformen und berichten signifikante Behandlungserfolge für die kognitive Therapie, für verhaltensmodifikatorische Therapien, Entspannungsverfahren und Spieltherapien. Für das Elterntraining sowie eine stationäre oder teilstationäre Therapie ergaben sich hingegen keine signifikanten Behandlungseffekte. Unter Berücksichtigung von Wirkungsnachweisen für adoleszente Patienten konnten Weisz et al. (1995) moderat erhöhte Effektstärken für Adoleszente feststellen (d = 0,65 für Adoleszente vs. 0,48 für Kinder), während Beelmann und Schneider (2003) keine signifikanten Wirksamkeitsunterschiede zwischen diesen Altersgruppen fanden. Das Geschlecht der Jugendlichen war jedoch bedeutsam für die Höhe der Effektstärke. So waren beispielsweise in einer Studie die Effektstärken für weibliche Patienten höher (d = 0,71) als für männliche Personen (d = 0,43) (Weisz et al. 1995). Unter Berücksichtigung der Daten zur Wirksamkeit der KBT im Jugendalter beschreiben Baving und Schmidt (2001) folgende Behandlungstechniken als Erfolg versprechend:

Tab. 47-1 Metaanalysen zur Wirksamkeit von Psychotherapie bei Kindern und Jugendlichen

Autor	Alter	Anzahl der Therapiegruppen/Studien	Zeitraum	Effektstärke (ES) behaviorale und kognitive Therapie	ES gesamt
Casey und Berman 1985	3–15	64/75	1952–1983	gesamt: 0,91	0,71
Weisz et al. 1987	4–18	163/108	1958–1984	Exposition: 1,46 Modelling: 1,19 SKT: 0,90 KVT: 0,68	0,79
Kazdin et al. 1990	4–18	223	1970–1988		0,77
Weisz et al. 1995	2–18	244/150	1967–1993	gesamt: 0,76 Modelling: 0,73 SKT: 0,37 KVT: 0,67	0,71
Beelmann und Schneider 2003	7–18	47/37	1952–2000	behavioral: 0,55 KVT: 0,53	0,54
Prout und Prout 1998	7–18	17 Studien	1985–1994	Entspannung: 0,84 Skills: 0,50 KVT: 1,45	0,97

KVT = kognitive Verhaltenstherapie; SKT = soziales Kompetenztraining

- Kontingenzmanagement
- soziales Kompetenztraining
- Rollenspiele
- soziales Problemlösetraining und Selbstkontrolltraining
- Expositionstraining (bei Zwängen mit Reaktionsverhinderung)
- systematische Desensibilisierung
- Modelllernen
- Entspannungsverfahren
- Elterntraining
- verhaltenstherapeutische Interventionen im Unterricht (Regeln, Konsequenzen)

Im Folgenden werden einige dieser Techniken mit speziellem Bezug zum Jugendalter exemplarisch beschrieben. Aufgrund der großen Bedeutung kognitiver Verfahren für die Entwicklung der meisten aktuellen KBT-Manuale werden diese ebenfalls vorgestellt.

■ **Modelllernen:** Das Lernen am Modell ist ein häufiger Bestandteil kognitiv-behavioraler Therapien bei Jugendlichen und jungen Erwachsenen mit psychischen Störungen. Vor allem bei aggressiven Verhaltensstörungen und bei Angststörungen gehört das Modelllernen zu den indizierten Standardmethoden (Borg-Laufs u. Hungeringe 2001). Modelllernen findet in fast jeder Interaktion zwischen Therapeut und Patient statt. Es ist demzufolge nur selten als eigenständiges Verfahren evaluiert worden. Weisz et al. (1987) berichten in ihrer Metaanalyse für verschiedene Arten von Modellen eine durchschnittliche Effektstärke von 1,19 (Filmmodell: 2,90, reales Peer-Modell: 1,25, reales Non-Peer-Modell: 0,62, symbolisches Peer-Modell: 0,79, symbolisches Non-Peer-Modell: 0,29). Dabei bezogen die Autoren Studien mit Kindern und Jugendlichen zwischen 4 und 18 Jahren ein. Allgemein, aber besonders bei Jugendlichen, ist zu beachten, dass die Ähnlichkeit zwischen dem Modell und dem Beobachter, z. B. bezüglich des Alters, Geschlechts, der sozialen Stellung und der Kompetenzen, möglichst groß sein sollte.

■ **Rollenspiel:** Das Rollenspiel hat sich zu einer verhaltenstherapeutischen Standardmethode etabliert und ist Bestandteil komplexer Interventionen. Es ermöglicht das Erlernen sowie Einüben alternativer neuer Verhaltensweisen, die bisher nicht zum Verhaltensrepertoire gehörten. Durch den oft spielerischen Charakter und die Integration Gleichaltriger wird es in dieser Altersgruppe meist gut angenommen. Wichtig ist die Ausrichtung auf wesentliche Themen wie Liebe, Beziehung, Konflikte in der Bezugsgruppe und Autonomie. Die Wirksamkeit des Rollenspiels beruht auf verschiedenen Lernformen wie dem Diskriminationslernen (d. h. lernen, dem Verhalten vorausgehende Stimuli zu differenzieren), der operanten Verstärkung (z. B. beim Shaping) und dem Modell- und Imitationslernen (Therapeut oder Gruppenteilnehmer als Modell, Verstärkung für Umsetzung). Eine realitätsnahe Darstellung der Problemsituation ermöglicht eine Erleichterung des Transfers in den Alltag. Es kann zwischen dem diagnostischen Rollenspiel (Spielen des normalerweise gezeigten Verhaltens) und dem therapeutischen Rollenspiel (Üben neuer Verhaltensweisen) unterschieden werden. Ferner kann das Rollenspiel als Mittel zum Aufbau der therapeutischen Beziehung und zur Förderung der Therapiemotivation sowie zum Kennenlernen und zur Auflockerung in der Gruppentherapie eingesetzt werden. In Bezug auf die Messung der Effektivität liegen wenige Studien vor, die eine gute Wirksamkeit bescheinigen (s. oben).

47.2 Empirische Wirksamkeit kognitiv-behavioraler Verfahren

Allerdings gestalten sich Effektivitätsüberprüfungen aufgrund der Komplexität des zu beurteilenden Verhaltens (Fliegel et al. 1994) und der Vielzahl an Variationen (Linderkamp 2001) als schwierig.

- **Operante Verfahren:** Operante Verfahren beruhen auf dem Prinzip der instrumentellen bzw. operanten Konditionierung. Folgt auf ein Verhalten eine verstärkende Konsequenz, beeinflusst diese die Auftretenswahrscheinlichkeit des Verhaltens. Als Verstärker können alle Reize dienen, die die Auftretenswahrscheinlichkeit des Verhaltens beeinflussen. Wie wirksam ein Verstärker ist, hängt jedoch von der subjektiven Bedeutung des Reizes für den Patienten ab. Daher sollte sich die Wahl der Verstärker an den Bedürfnissen des Patienten orientieren. Im Jugendalter sind hierbei unter anderem angenehme Freizeitaktivitäten und Projekte sinnvoll, die soziales Verhalten üben und angemessenes Verhalten verstärken. Unserer Arbeitsgruppe ist es beispielsweise durch ein privates Sponsoring gelungen, gefährdete Jugendliche in eine Segelausbildung mit abschließender Ausfahrt zu integrieren. Der gemeinsame Segeltörn wird dabei der Verstärker für vorher zu absolvierende Therapiebausteine und Praktika sein. Die Evaluation solcher Maßnahmen steht jedoch noch aus. Operante Methoden kommen bei nahezu allen psychischen Störungen im Jugendalter zum Einsatz und bilden daher einen essenziellen Bestandteil kognitiv-behavioraler Therapie mit Jugendlichen und jungen Erwachsenen (zur Übersicht vgl. Borg-Laufs 2001). Verschiedene operante Methoden bei Kindern und Jugendlichen zwischen 4 und 18 Jahren erzielten eine durchschnittliche Effektstärke von 0,78 (Weisz et al. 1987). Dabei erreichte die materielle Verstärkung die höchste Effektstärke (0,92), gefolgt von den sozialen bzw. verbalen Verstärkern (0,78).

- **Selbstinstruktionsmethoden:** Die Selbstinstruktion soll dem Patienten dazu dienen, unangemessene Kognitionen zu modifizieren sowie eigene Emotionen und Handlungen zu regulieren. Das Erlernen von Selbstinstruktion erfolgt in der Regel in fünf Schritten (Meichenbaum 1979, zit. nach Mackowiak u. Hungeringe 2001):
  1. *Modellvorgabe:* Der Therapeut führt dem Jugendlichen eine Aufgabe vor, während der Therapeut sich selbst laut instruiert.
  2. *beobachtbare, äußere Anleitung:* Der Jugendliche führt die Aufgabe durch und wird vom Therapeuten laut instruiert.
  3. *beobachtbare Selbstanleitung:* Der Jugendliche führt die Aufgabe durch, während er sich selbst laut instruiert.
  4. *abgeschwächte beobachtbare Selbstanleitung:* Der Jugendliche führt die Aufgabe durch, während er sich selbst flüsternd instruiert.
  5. *verdeckte Selbstanleitung:* Der Jugendliche führt die Aufgabe durch, während er sich selbst lautlos instruiert.

Bei der Modifikation von irrationalen Gedanken, wie z. B. bei der Depression, kann diese Methode mit weiteren kognitiven Strategien (u. a. Problemlösetraining, s. unten) kombiniert werden. Da die Veränderung unangemessener Kognitionen und die selbstständige Steuerung von Emotionen und Verhalten häufig Ziel in der Behandlung verschiedener psychischer Störungen sind, können Selbstinstruktionsmethoden bei verschiedensten internalisierenden und externalisierenden Störungen eingesetzt werden (Mackowiak u. Hungeringe 2001). Für die Anwendung dieses Verfahrens müssen jedoch die entsprechenden kognitiven und sprachlichen Voraussetzungen gegeben sein.

- **Konfrontation (mit und ohne Reaktionsverhinderung):** Unter der Reizkonfrontation ist das Sich-Aussetzen einer angstbesetzten Situation zu verstehen. Zumeist wird diese Methode eingesetzt, wenn Situationen aus Angst oder Ekel vermieden werden. Immer häufiger wird eine leicht modifizierte Variante der Reizkonfrontation auch erfolgreich auf Situationen angewendet, welche ein starkes Verlangen nach Suchtstoffen auslösen (Kavanagh et al. 2006; Linderkamp 2001; Loeber et al. 2006). Grundlegend dabei ist die Annahme, dass sich bei wiederholter Konfrontation, ohne Möglichkeit der Vermeidung, die unangenehmen Gefühle reduzieren (Döpfner u. Hastenrath 2001). Als zugrunde liegendes Wirkprinzip wird eine Löschung der konditionierten Angstreaktion bzw. des Verlangens angenommen (Essau u. Petermann 1996). Neuere Studien zeigen jedoch, dass die konditionierte Angstreaktion nicht gelöscht, sondern viel eher *gehemmt* wird (LeDoux 2002). Die Verbindung zwischen dem angstauslösenden Stimulus und der Angst wird somit gelockert.

Das erfolgreiche Ausharren in der Angst machenden Situation bewirkt, dass durch die immer geringer werdende Angstreaktion und das Ausbleiben der fälschlich antizipierten Katastrophe eine kognitive Neubewertung mit erhöhtem Selbstwirksamkeitserleben stattfindet (vgl. Fliegenbaum u. Tuschen 2000; Margraf u. Schneider 1989).

Eine Reizkonfrontation kann *massiert* oder *graduiert* und *in sensu* oder *in vivo* durchgeführt werden. Bei der massierten Konfrontation beginnt man auf der Angsthierarchie mit stärker angstbesetzten Reizen (beispielsweise bei Angstwerten um 80 auf einer Skala bis 100). Bei dem graduierten Vorgehen in vivo wird hingegen mit Situationen, die weniger angstbesetzt sind, begonnen und später die Schwere der Übungen gesteigert. Die systematische Desensibilisierung entspricht einer In-sensu-Reizkonfrontation in Kombination mit Entspannungsverfahren. Eine In-vivo-Konfrontation ist in ihrer Wirksamkeit einer In-sensu-Konfrontation überlegen (Esser u. Wyschkon 2004). Bei einem massierten Vorgehen kommt es seltener zu Rückfällen (Fliegenbaum u. Tuschen 2000), was unter anderem auf die kognitive Bewertung der erfolgreichen Angstbewältigung und höheren Erwartungen an die eigene Selbstwirksamkeit zurückgeführt werden kann.

Bartling et al. (1980) erstellten ein Vorgehen zur Optimierung der Wirksamkeit der Reizkonfrontation, bestehend aus den folgenden vier Phasen:

1. diagnostische Phase und kognitive Vorbereitung (Dauer 1–4 h; Information über diagnostische Ergebnisse, Erarbeitung einer Angsthierarchie)
2. Entwicklung eines Störungs- und Veränderungsmodells (Motivationsaufbau)
3. Intensivphase der Reizkonfrontation und direkte Konfrontation (zeitlich verteilt vs. zeitlich massiert; graduiert/schrittweise vs. nicht graduiert; in sensu vs. in vivo)
4. Selbstkontrollphase (für langfristige Stabilität eigenverantwortlich weiterarbeiten)

Die Methode der *Konfrontation mit Reaktionsverhinderung* ist ein zentrales Verfahren zur Therapie von Zwangsstörungen bei Jugendlichen (Döpfner u. Hastenrath 2001). Hierbei wird die üblicherweise auftretende Reaktion in der Angstsituation verhindert (beispielsweise Waschen der Hände nach Exposition mit Schmutz).

Im Kinder- und Jugendbereich existieren wenige kontrollierte Therapiestudien. Die überwiegend angloamerikanischen Studien, die hauptsächlich Einzelfallberichte beinhalten, konnten eine erfolgreiche Verminderung von Zwangssymptomen nachweisen (Berg et al. 1989; March u. Leonard 1996; Thomsen 1996). Andere kontrollierte Studien bestätigen jedoch die Wirksamkeit der Reizkonfrontation bei Zwangsstörungen (March et al. 1994; Scahill et al. 1996).

■ **Problemlösetraining:** Durch das Problemlösetraining lässt sich die Selbsteffizienz im Umgang mit verschiedenen Schwierigkeiten verbessern. Ziele sind das Erlernen eines systematischen Vorgehens bei Problemen sowie die Stärkung des Selbstbewusstseins und der Kontrollüberzeugung. An die Effektivität eines Problemlösetrainings sind bestimmte Voraussetzungen geknüpft, wie z. B. Diskriminationsfähigkeit, schlussfolgerndes Denken, das Erkennen sozialer Zusammenhänge und die Fähigkeit zur Selbstkontrolle. Die Grundstruktur des Trainings lässt sich nach Urban und Ford (1971) in fünf Abschnitte gliedern:
1. Problem erkennen
2. Problem definieren
3. Mittel zur Lösung
4. Auswahl
5. Ausführung und Bewertung der Lösung

Das grundlegende Prinzip des Problemlösetrainings ist die Diskrimination von Reizen und Reaktionen. Es wird beispielsweise in der Therapie von aggressiven, hyperaktiven sowie delinquenten Kindern und Jugendlichen angewendet (Kazdin u. Weisz 1998; Petermann et al. 2007), um interpersonale und kognitive Fertigkeiten zu modifizieren, prosoziales Verhalten zu stärken und die soziale Wahrnehmung zu schulen. Es bietet die Möglichkeit, in Verhaltensübungen den Umgang mit sozialen Situationen zu trainieren (Petermann u. Petermann 2000). Das Training kann im Einzel- sowie im Gruppensetting stattfinden. Besonders wirksam erweist sich das Problemlösetraining bei aggressiven und antisozialen Kindern und Jugendlichen (Kazdin et al. 1987, 1989), wobei gemäß einer Studie von Durlak et al. (1991) Kinder ab 11 Jahren mehr von einem solchen Training als jüngere Kinder profitieren. Beelmann et al. (1994) konnten in ihrer Metaanalyse zu sozialen Kompetenztrainings die Wirksamkeit sozialer Problemlösetrainings auf der kognitiven Ebene (Effektstärke d = 0,78) wie auch auf verhaltensbezogener Ebene (d = 0,62) nachweisen. Die Effektivität multimodaler Ansätze ist jedoch schwer zu evaluieren, da die Wirkung nicht auf bestimmte Module zurückgeführt werden kann (Bellingrath 2001).

■ **Training sozialer Kompetenz:** Soziale Kompetenztrainings sollten bevorzugt bei Adoleszenten mit Defiziten im Umgang mit anderen Jugendlichen eingesetzt werden. Ziele des Trainings sind die Differenzierung bereits vorhandener Verhaltensweisen sowie das Erlernen neuer alternativer Fertigkeiten im Umgang mit anderen Menschen (Petermann 2003). Mittels eines sozialen Kompetenztrainings werden verschiedene Bereiche trainiert, wie beispielsweise die soziale Wahrnehmung. Überdies werden Verhaltensübungen in Alltagssituationen durchgeführt. Im Anschluss an die einzelnen Übungen werden Verhalten und Reaktionen vom Patienten bewertet und selbst verstärkt. Die konkreten Übungen gestalten sich je nach Art und Umfang der sozialen Defizite (Pfingsten 2000). Das soziale Kompetenztraining kann grundsätzlich bei nahezu allen psychischen Störungen, bei denen klinisch relevante emotionale- und/oder Verhaltensprobleme auftreten, angewandt werden (Rutherford et al. 1996). Bezüglich der Wirksamkeit fanden Weisz et al. (1987) eine Effektstärke von 0,90 bei 4- bis 18-jährigen Patienten. Eine weitere Metaanalyse ergab mittlere Effekte (Zaragoza et al. 1991), auch Beelmann und Losel (2006) konnten in einer Zusammenfassung von 84 Studien eine moderate Effektstärke von d = 0,39 nachweisen. Esser und Sell (2003) berichten in ihrer Metaanalyse hingegen von einer hohen Effektstärke von d = 1,50.

■ **Kognitive Therapieverfahren:** Kognitive Therapieverfahren wie die »Rational-Emotive Therapie« (RET) nach Albert Ellis (Ellis 1997) oder die »Kognitive Therapie« nach Aaron T. Beck (Beck et al. 1999) sind als Verfahren in ihrer Reinform im Kindes- und Jugendalter kaum untersucht. Ronen (2000) beschreibt die klinische Arbeit mit diesen Ansätzen mit geringen Adaptationen für diesen Altersbereich eindrücklich. Die dennoch vergleichsweise geringe Verbreitung der Rational-Emotiven Therapie im Kindes- und Jugendalter ist eigentlich überraschend, da Albert Ellis selbst schon in den 1970er Jahren Versuche unternahm, diese als Präventionsprogramm in Schulen zu vermitteln. Kognitive Verfahren werden in praktisch alle Psychotherapiemanuale für Erwachsene und Jugendliche integriert und zumeist mit Selbstbeobachtungsaufgaben und weiteren verhaltenstherapeutischen Methoden (soziales Kompetenztraining, Entspannungsmethoden etc.) kombiniert. Insbesondere Therapieverfahren zur Depressions- und Angstbehandlung bei Jugendlichen orientierten sich stark an den Konzepten von Aaron Beck. Im Rahmen der Kognitiven Therapie wird der Zusammenhang zwischen Gedanken und Befindlichkeit mit dem Patienten herausgearbeitet. Kognitive Therapieverfahren zielen darauf ab, irrationale, selbstwertmindernde oder angstauslösende Kognitionen zu identifizieren, kritisch zu hinterfragen und nach Möglichkeit zu verändern.

Die psychotherapeutische Veränderung dysfunktionaler Kognitionen und Wahrnehmungen ist nicht einfach, irrationelle Selbstbewertungen resultieren häufig aus jahrelangen verletzenden Beziehungserfahrungen und invalidierenden Umweltbedingungen (Barnow et al. 2006b). Es kann daher in der Therapie keinesfalls darum gehen, den Jugendlichen von der Irrationalität seiner Kognitionen zu überzeugen, sondern mit ihm gemeinsam alternative Sichtweisen und Interpretationen im Laufe des Therapieprozesses zu entdecken, emotional erlebbar zu machen und dann auf die Verhaltensebene zu übertragen.

47.3 Spezielle Wirksamkeit bei einzelnen Störungsbildern

Neben den globalen Metaanalysen liegen auch Studien zur Wirksamkeit kognitiv-behavioraler Therapiemethoden bei einzelnen Störungsbildern vor. Dabei soll im Folgenden die Unterscheidung des dimensionalen Klassifikationsansatzes herangezogen werden, von dem aus statistischen Analysen zwei übergeordnete Störungsgruppen abgeleitet wurden: internalisierende und externalisierende Störungen. Zu den *externalisierenden Störungen* zählen aggressives und delinquentes Verhalten, wie es beispielsweise bei ADHS oder Störungen des Sozialverhaltens auftritt. Zu den *internalisierenden Störungen* zählen sozialer Rückzug, körperliche Beschwerden und ängstlich-depressives Verhalten (Laucht et al. 2000). Tabelle 47-2 veranschaulicht internalisierende und externalisierende Auffälligkeiten.

Tab. 47-2 Internalisierende und externalisierende Auffälligkeiten

Internalisierende Auffälligkeiten	Externalisierende Auffälligkeiten
Ängste	ADHS
affektive Probleme	Aggression
somatische Probleme	Delinquenz

ADHS = Aufmerksamkeitsdefizit-Hyperaktivitätsstörung

47.3.1 Internalisierende Störungen

Depression

Zur Therapie von Depressionen bei Kindern und Jugendlichen haben sich laut Kazdin und Weisz (1998) »Coping Skills Trainings« empirisch am besten bewährt. Ein Bestandteil dieser stark auf die Vermittlung von Skills (Fertigkeiten) orientierten Trainingsprogramme ist das Identifizieren und Modifizieren von Schemata und Attributionsmustern. Darüber hinaus soll das Erlernen von sozialen Fertigkeiten zwischenmenschliche Interaktionen optimieren und mit einer verbesserten sozialen Problemlösefähigkeit einhergehen. Durch die Anwendung von Entspannungsverfahren sollen Anspannungen reduziert und durch Anleitung zu stimmungsverbessernden Aktivitäten positive Erfahrungen gemacht werden. Tabelle 47-3 gibt eine Übersicht über therapeutische Techniken, die im Kontext der Depression bei Adoleszenten verwendet werden.

Die Wirksamkeit der KBT bei Depressionen in der Adoleszenz ist gut untersucht. Tabelle 47-4 zeigt die einzelnen Ergebnisse der Metaanalysen. Die Angaben der Effektstärken schwanken sehr stark zwischen 0,34 (Weisz et al. 2006) und 1,27 (Lewinsohn u. Clarke 1999). Die KBT hat dabei einen hohen Stellenwert. So schlossen drei der oben genannten Metaanalysen ausschließlich kognitiv-behaviorale Therapiestudien ein (Harrington et al. 1998; Lewinsohn u. Clarke 1999; Reinecke et al. 1998). Diese Metaanalysen berichten höhere Effektstärken als Studien, die auch andere Therapieverfahren berücksichtigten (Michael u. Crowley 2002; Weisz et al. 2006). Harrington et al. (1998) kommen deshalb zu dem Schluss, dass die KBT zur Be-

Tab. 47-3 Kognitiv-behaviorale Interventionen bei Depressionen im Kindes- und Jugendalter (nach Lewinsohn u. Clarke 1999)

Kognitive Techniken	• konstruktiv Denken (Rational-Emotive Therapie, Kognitive Therapie) • positive Selbstgespräche führen • sich selbst coachen • Bewältigungsstrategien erlernen • *self-change skills* erlernen (Ziele setzten, sich selbst verstärken)
Familiärer Kontext	• Konfliktlösungen erlernen • Kommunikationskompetenz verbessern • Erziehungskompetenz verbessern
Verhaltenstechniken	• Problemlösetraining erlernen • angenehme Tätigkeiten verstärkt ausführen • soziale Fertigkeiten erlernen
Affektive Techniken	• Entspannung • Ärgerbewältigung

Tab. 47-4 Metaanalysen zur Wirksamkeit bei Depressionen im Kindes- und Jugendalter

Autor	Alter	Anzahl der Studien	Zeitraum	Effektstärke
Michael und Crowley 2002	5–18	24	1980–1999	0,72
Weisz et al. 2006	7–19	35	1986–2004	0,34
Reinecke et al. 1998[1]	≤ 19	6	1970–1997	1,02
Harrington et al. 1998[1]	?	9	1970–1997	0,97
Lewinsohn und Clarke 1999[1]	8–19	12	1990–1997	1,27

[1] Nur kognitiv-behaviorale Therapie

handlung von Depressionen bei Adoleszenten die Therapie der Wahl sein sollte. Allerdings müssen solche Aussagen als problematisch angesehen werden. Die sogenannte »Rennpferdeforschung« berücksichtigt nämlich nicht, dass meist nur ein geringer Teil der Therapieresponse (etwa 15 %) durch spezifische Wirkmechanismen zustande kommt. Wie im Erwachsenenbereich sollte deshalb auch bei der Therapie von Jugendlichen eher der Weg in Richtung einer allgemeinen Psychotherapie auf Grundlage der empirischen Psychotherapieforschung eingeschlagen werden, wie sie unter anderem von Grawe (2005) und Barnow (2007) vorgeschlagen worden ist.

Angststörungen

Bei der Therapie von Angststörungen dominieren unter Evidenzgesichtspunkten ebenfalls kognitiv-behaviorale Therapieprogramme. So nennen Kazdin und Weisz (1998) allgemeine Methoden, die in unterschiedlichsten KBT-Ansätzen ähnlich sind. Zum einen handelt es sich dabei um psychoedukative Elemente, in denen Jugendliche über biologische Aspekte der Störung, Ängste, Stressoren und damit einhergehende Gefühle informiert werden. Darüber hinaus erlernen sie spezifische Skills wie beispielsweise Entspannungsverfahren. Das Identifizieren, Überprüfen und Modifizieren von ungünstigen Kognitionen und die Exposition sind weitere Bestandteile der Therapie.

Zur Therapie von Phobien hat sich bei Jugendlichen weiterhin das teilnehmende Modelllernen empirisch gut bewährt. Ein Beispiel für ein Therapieprogramm zur effektiven Behandlung bei sozialen Phobien ist die »*Social Effectiveness Therapy for Children*« (SET-C) (Beidel et al. 2000). Dieses Programm eignet sich sowohl für Kinder als auch für Jugendliche. Es setzt sich aus den folgenden Komponenten zusammen:
- Psychoedukation, bei der allgemein über die soziale Phobie informiert wird
- »soziales Kompetenztraining«
- Generalisierung des Erlernten in der Bezugsgruppe
- Exposition (in vivo)

Das »*Coping Cat Program*« (Kendall et al. 1997) wurde hingegen speziell für Jugendliche mit sozialer oder generalisierter Angststörung und sozialer Phobie entwickelt. Es liegen jedoch keine Daten zur Effektivität vor. Ein weiteres Interventionsprogramm ist FRIENDS (Barrett 2000), welches primär bei spezifischen Phobien, Trennungsangst und generalisierter Angststörung zur Anwendung kommen soll. Das Therapieprogramm für Kinder und Jugendliche mit Angst- und Zwangsstörungen (THAZ) wurde speziell für Kinder und Jugendliche mit diesen Störungen und bei Leistungsängsten entwickelt. Zusammenfassend fanden In-Albon und Schneider (2007) in einer Metaanalyse von 24 Studien eine durchschnittliche Effektstärke von 0,86 für die KBT bei Angststörungen, dies spricht für eine sehr gute Wirksamkeit.

Posttraumatische Belastungsstörung

Die posttraumatische Belastungsstörung lässt sich sowohl im Erwachsenen- als auch im Kindesalter sehr effektiv mit kognitiv-verhaltenstherapeutischen Methoden behandeln. Esser und Ballaschk (2005) berichten von Effektstärken um d = 2,68 für verhaltenstherapeutische Ansätze im Kindes- und Jugendalter. Insbesondere die Interventionsansätze der Arbeitsgruppe von Cohen (Cohen et al. 2006) reduzieren posttraumatische Symptome bei Kindern deutlich. Vergleichbare Programme wurden für Opfer von sexuellem Missbrauch und von traumatischen Verlusten naher Angehöriger angewendet. Diese Therapieform besteht aus einem strukturierten zwölfstündigen Therapieprogramm, in welchem neben einer kindgerechten Psychoedukation vor allem Fertigkeiten zur Emotionsregulation und Beruhigung vermittelt werden. Anschließend wird ein Traumanarrativ entwickelt, welches dann mit den Eltern und dem Kind besprochen und im Folgenden weiter bearbeitet wird.

Die Therapieerfolge sind auch über einen längeren Zeitraum stabil (Cohen et al. 2005). Bei der kognitiv-behavioralen Therapie zur Behandlung einer posttraumatischen Belastungsstörung im Jugendalter wird hingegen im Vergleich zu Ansätzen aus dem Erwachsenenalter (Ehlers et al. 2003) die Konfrontation mit dem Traumageschehen und den besonders belastenden Elementen der Situation (Ekel, Bilder etc.) weniger stark betont.

47.3.2 Externalisierende Störungen

Selbstverletzendes Verhalten

Hawton et al. (1998) ziehen in ihrer Metaanalyse über Interventionen bei Erwachsenen und Adoleszenten mit selbstverletzendem Verhalten (wobei durch die Definition auch Patienten mit Vergiftungen einbezogen wurden) das ernüchternde Fazit, dass außer der dialektisch-behavioralen Therapie (DBT) keine Therapieform ihre Wirksamkeit in dem von Hawton beobachteten Zeitraum in einer randomisierten kontrollierten Studie (RCT-Studie; RCT = *randomized controlled trial*) nachweisen konnte. Die DBT (Linehan 1996) besteht aus Einzeltherapie, einem Fertigkeitentraining in der Gruppe sowie einer Telefonberatung. Außerdem ist eine Supervisionsgruppe für die Therapeuten ein fester Bestandteil der DBT. Diese Therapieform wurde von Miller et al. (1997) an die Bedürfnisse von Jugendlichen und ihren Familien adaptiert und manualisiert (Miller et al. 2006). Die Therapiedauer wurde etwas verkürzt. Außerdem ist die Gruppengröße für Jugendliche kleiner und die Übungen und Materialien wurden jugendtypischer gestaltet. Die Hauptbezugspersonen sollten nach Möglichkeit ebenfalls am Fertigkeitentraining teilnehmen. Speziell für die Lösung von Konflikten zwischen Jugendlichen und ihren Bezugspersonen wurde das zusätzliche Modul *walking the middle path* für das Fertigkeitentraining entwickelt.

Die ersten Ergebnisse für die dialektisch-behaviorale Therapie bei Adoleszenten (DBT-A) im ambulanten und stationären Bereich sind sehr ermutigend (Katz u. Cox 2002; Katz et al. 2004; Rathus u. Miller 2002) und mit den Ergebnissen im Erwachsenenalter vergleichbar. Im deutschsprachigen Raum gibt es im ambulanten und stationären Bereich ebenfalls erste Erfahrungen mit dem übersetzten DBT-A-Manual. Fleischhaker et al. (2005) berichten über eine deutliche Reduktion des selbstverletzenden Verhaltens in einem Prä-Post-Vergleich. Im stationären Bereich zeigen sich ebenfalls erste ermutigende Befunde (von Auer 2007), weshalb die DBT, bei aller Vorsicht, als die momentan am meisten Erfolg versprechende Therapieform bei selbstverletzendem Verhalten in der Adoleszenz betrachtet werden kann. Für die psychotherapeutische Behandlung von Adoleszenten sind die Ergänzungen der DBT, die eine Einbeziehung der Bezugspersonen (Fruzzetti et al. 2005; Hoffman et al. 2005) vorsehen, von besonders großem Interesse und potenziellem Nutzen. Diese Programme beinhalten eine intensive Psychoedukation, ein »klassisches« Fertigkeitentraining und ein spezielles Kommunikationstraining. Sie zielen auf ein Training der Bezugspersonen ab, damit diese emotional validierend auf den Patienten reagieren können (Hoffman u. Fruzzetti 2007).

Aufmerksamkeitsdefizit-Hyperaktivitätsstörung

Das Symptombild der Aufmerksamkeitsdefizit-Hyperaktivitätsstörung (ADHS) in der Adoleszenz ist von komorbiden Störungen wie z. B. Selbstwertproblemen, dysphorisch-depressiven Affekten, geringer Leistungsmotivation, Leistungsängsten, sozialen Kompetenzdefiziten und aggressiven bzw. dissozialen Auffälligkeiten geprägt (Barnow et al. 2006a, 2007). In der KBT werden meist folgende Behandlungstechniken angewendet:

- Vorführen
- Rollenspiele
- soziales Kompetenztraining (SKT)
- Selbstverstärkung
- Erlernen von Bewältigungsfertigkeiten

Allerdings hat sich die KBT allein oder auch in Kombination mit anderen Interventionen für Jugendliche mit ADHS nicht bewährt. Die Techniken der KBT sind, dessen ungeachtet, hilfreich für Eltern und Lehrer, die in tägliche Interaktionen mit ADHS-Jugendlichen eingebunden sind.

Erfolg versprechend sind hingegen multimodale Programme zur Behandlung von ADHS. Das Therapieprogramm »SELBST« (Rademacher et al. 2002) ist ein solches multimodales Programm zur Behandlung von Jugendlichen mit Selbstwert-, Aktivitäts-, Affekt-, Leistungs- und Beziehungsstörungen, wie sie häufig bei Adoleszenten mit ADHS vorzufinden sind. Es ist für 13- bis 18-Jährige vorgesehen und lässt sich in modifizierter Form auch in anderen Altersgruppen anwenden. Die Behandlung erfolgt im Einzelsetting mit individuell abzustimmenden begleitenden Kontakten (Eltern, Lehrer etc.) und erfordert eine Behandlungsfrequenz von einer Stunde pro Woche. Das Behandlungsprogramm basiert auf dem *Selbstmanagementansatz* und ist in eine Diagnostik- und in eine Interventionsphase mit insgesamt sieben Stufen aufgeteilt (Rademacher et al. 2002). Die *Diagnostikphase* umfasst die folgenden drei Stufen:

1. Screening der Eingangsbeschwerden
2. multimodale Diagnostik mit Verhaltensanalyse
3. Erarbeitung eines Störungskonzepts

Die nachfolgende *Interventionsphase* besteht aus:

1. Zielanalyse, Aufbau von Änderungsmotivation, Festlegung der Therapieziele
2. Durchführung von Interventionen
3. Zwischenevaluation der Zielerreichung
4. Abschlussphase

Kritische Aspekte umfassen die notwendige Flexibilität des Therapeuten, was eine lange Berufserfahrung und Verinnerlichung der therapeutischen Techniken voraussetzt, um die Balance zwischen ausreichender Manualtreue und ausgiebigem Eingehen auf den Einzelfall wahren zu können.

Für die ADHS liegen in der Metaanalyse von Beelmann und Schneider (2003) Angaben zur Wirksamkeit der KBT vor. Diese ergaben eine Effektstärke von 0,32 und waren nicht signifikant. Andere Autoren berichten in ihren Übersichtsarbeiten aber von wesentlich höheren Effektstärken von d = 1,8 (Esser u. Ballaschk 2005; Esser u. Sell 2003). Döpfner et al. (2004) fanden bei der Evaluation des Therapieprogramms für Kinder mit hyperkinetischem und oppositionellem Problemverhalten (THOP) (Döpfner et al. 2002) Effektstärken um d = 1,0. In einer viel beachteten Studie des Institute of Mental Health (MTA Cooperative Group 2004) reichten die Ergebnisse der kognitiven Verhaltenstherapie trotz hoch signifikanter Effekte jedoch nicht an die Wirksamkeit einer Behandlung mit Methylphenidat heran. Abikoff et al. (2004) berichten ebenfalls von sehr geringen zusätzlichen Effekten eines sehr aufwendigen verhaltenstherapeutischen Behandlungsprogramms (Einzeltherapie, Elterntraining sowie Beratung und Interventionen in der Schule) im Vergleich zu einer Behandlung mit lediglich Methylphenidat.

Die empirische Datenlage über die Wirksamkeit psychosozialer Interventionen bei ADHS im Jugend- und Erwachsenenalter ist jedoch nicht ausreichend. Die meisten Studien hierzu weisen methodische Mängel auf (z. B. zu geringe Stichprobengröße, kaum randomisierte kontrollierte Studien, unzureichende Definition der Kontrollgruppe) (Nyberg u. Stieglitz 2006). Eine Ursache ist wohl die extrem wirkungsvolle medikamentöse Therapie in den Kontrollgruppen, da die Verhaltenstherapie an sich durchaus beeindruckende Effektstärken erzielte. Auch die Mitautoren der methodisch guten MTA-Studie empfehlen weitere Forschung im Bereich von verhaltenstherapeutischen Interventionen und deren Anwendung in der klinischen Praxis, insbesondere zur Verbesserung von sozialen Kompetenzen und dem Aufbau von prosozialem Verhalten, und weisen zudem darauf hin, dass langfristig dadurch die Entwicklung von komorbiden Störungen eventuell positiv beeinflusst werden könnte (Jensen et al. 2005; Multimodal Treatment Study of Children with ADHD Cooperative Group US 2004).

Vermutlich ist gerade bei Psychotherapiestudien zur Behandlung von Aufmerksamkeits- und Hyperaktivitätsstörungen die Auswahl der Zielvariablen von entscheidender Bedeutung für die Effekte, welche auf psychosoziale Interventionen zurückgeführt werden können. Die klassischen Symptome wie motorische Unruhe, Impulsivität und Unaufmerksamkeit werden möglicherweise durch eine medikamentöse Behandlung mit Stimulanzien und gute ressourcenorientierte Aufklärung über das Störungsbild bereits derart gut erreicht, dass zusätzliche Effekte von Psychotherapie schwer abzubilden sind. Dies sollte keinesfalls dazu führen, die Bedeutung von Psychotherapie bei diesem Störungsbild zu unterschätzen. Der Aufbau von sozialen Kompetenzen und die Förderung der Eltern-Kind-Beziehung sind wichtige Aufgaben, die durch verhaltenstherapeutische Interventionen positiv beeinflusst werden können, aber bei der Auswahl der Zielvariabeln von Studien dann auch entsprechend erfasst werden müssen.

Störung des Sozialverhaltens

Einen hohen Bekanntheitsgrad erreichte das Training mit aggressiven Jugendlichen von Petermann (Petermann u. Petermann 2003). Das Trainingsprogramm besteht aus den drei Interventionsebenen Kind, Eltern und Lehrer.
Der Fokus liegt dabei auf dem Kind bzw. Jugendlichen, die sowohl Einzel- als auch Gruppentherapie erhalten. Für die *Einzeltherapie* sind sieben bis elf Sitzungen vorgesehen, in denen die folgenden Ziele erreicht werden sollten (Petermann u. Petermann 2000, 2003):

- hinderliche Wahrnehmungsprozesse erkennen und modifizieren
- das Gefühl des Sich-ständig-bedroht-Fühlens abbauen
- Konfliktlösungen aufzeigen
- soziale Fertigkeiten mit dem Kind bzw. Jugendlichen einüben
- das Kind bzw. den Jugendlichen für die Verhaltensübungen in der nachfolgenden Gruppe sensibilisieren

In der nachfolgenden *Gruppentherapie,* welche etwa sechs Sitzungen à 100 Minuten umfasst, soll in vorgegebenen Rollenspielen zu spezifischen Themen positives Sozialverhalten eingeübt werden.
Im Rahmen des *Elterntrainings* werden die Eltern angeleitet, wie sie ihrem Kind helfen können, das Gelernte in den Alltag zu übertragen. Dafür ist in der Regel eine Veränderung des Erziehungsverhaltens notwendig.
Die dritte Ebene des Programms ist von den Autoren wenig ausgearbeitet und setzt darüber hinaus eine Bereitschaft zur Kooperation seitens der Schule voraus. Es sind im Idealfall zwei Kontakte vorgesehen, in denen der *Lehrer* über das Training informiert und über seine Beobachtungen am Kind bzw. Jugendlichen befragt wird.
Ein anderer Ansatz zur Behandlung von Verhaltensstörungen ist das »*Problem Solving Skills Training*« (PSST), welches in verschiedenen Varianten vorliegt, die jedoch folgende Elemente gemeinsam haben (Kazdin et al. 1987). Am Anfang wird die Aufmerksamkeit auf das *Verhalten und die Gedanken* des Kindes bzw. des Jugendlichen in einer sozialen Situation gerichtet. *Prosoziales Verhalten* soll gezielt gefördert werden. Es wird zunächst spielerisch erlernt und eingeübt und dann zunehmend auf reale Situationen übertragen. Dem Therapeuten kommt dabei eine wichtige Rolle zu, da er als unmittelbares Modell fungiert. Insgesamt finden verschiedene Techniken Verwendung: Rollenspiele, Modelling, Auszeit (Time-out), Verstärkung sowie Verstärkerentzugsprogramme »*Response Cost*«.

■ **Elternbasierte Programme:** Es gibt eine breite Palette von unterschiedlichen Elterntrainings, die sich konzeptionell in In-

tensität und in der angesprochenen Zielgruppe erheblich unterscheiden, weshalb es schwierig ist, die Ergebnisse von Studien miteinander zu vergleichen. Das *Parent Management Training* (PMT) ist eine der am besten untersuchten Therapietechniken bei Verhaltensstörungen im Kindes- und Jugendalter (Kazdin 1993). Allerdings liegen die meisten Studien dazu für das Kindesalter vor. Es existieren viele Varianten, denen jedoch folgende Elemente gemeinsam sind:
1. Durchführung erfolgt hauptsächlich mit den Eltern zu Hause
2. Eltern werden trainiert (z. B. durch umfassende Rollenspiele), Problemverhalten zu erkennen, zu definieren und zu beobachten
3. Evaluation des Therapieerfolges

Durch Verstärkung von Verhaltensweisen (z. B. regelmäßiger Schulbesuch, Verrichten von Hausarbeiten) sollen die Eltern Einfluss auf ihr Kind nehmen. Bei der Durchführung des Programms ist die Anwesenheit eines Elternteils ausreichend, die Teilnahme beider Elternteile wird aber gewünscht.

Die häufig geäußerte Beobachtung, dass Elterntrainings vor allem Klientel aus der Mittelschicht ansprechen und eher ein Mittel der Prävention darstellen, wird durch neuere Untersuchungen von Heinrichs et al. (2005) teilweise widerlegt. So wurden beispielsweise belasteten Unterschichtfamilien finanzielle Zuwendungen zur Teilnahme an einem Elterntraining angeboten. Es konnte gezeigt werden, dass auch solche Familien von Elterntrainings profitieren, wenn es gelingt, sie zu einer Teilnahme zu motivieren, wobei schwer belastete Familien selbstverständlich intensivere, individuell auf ihre Problematik abgestimmte Interventionen benötigen. Gerade bei sehr belasteten Familien sind vermutlich übende Ansätze mit Video-Feedback sinnvoller als die reine Wissensvermittlung über Erziehungsmethoden.

■ **Schulbasierte Programme:** Die Schule ist ein idealer Ort für die Installation von Aggressionspräventionsprogrammen, weil hier die meisten aggressiven Handlungen zwischen Gleichaltrigen stattfinden. Das schulbasierte Interventionsprogramm von Boxer et al. (2005) besteht aus folgenden Bausteinen:
1. dem Erlernen, das Verhalten von anderen angemessen zu interpretieren (Fähigkeit zum Perspektivenwechsel, emotionales Verständnis, selektive Aufmerksamkeit und kognitive Verarbeitungsgeschwindigkeit fördern)
2. der Vermittlung von nichtaggressiven Problemlösestrategien
3. Überzeugungen dahin gehend aufbauen, dass Aggressionen unpassend und uneffektiv sind (sozial-moralisches Denken aufbauen und soziale Ziele verändern)

Zusammenfassend sollten bei nicht chronifizierten Formen von aggressiv-dissozialem Verhalten Interventionen wie Psychoedukation, Beratung der Bezugspersonen und Elterntrainings ausreichend sein (Döpfner u. Lehmkuhl 2002). Bei schweren chronifizierten Formen ist jedoch stets eine multimodale Behandlung indiziert. Diese kombiniert »Interventionen in der Familie, der Schule und der Gleichaltrigengruppe mit patientenzentrierten einzel- oder gruppentherapeutischen Maßnahmen« (Döpfner u. Lehmkuhl 2002). Bei komorbiden psychischen Störungen (hyperkinetisch oder affektiv), die zur Aufrechterhaltung der aggressiv-dissozialen Symptomatik beitragen und meist zu einer Chronifizierung führen, wenn sie nicht behandelt werden, sollte darüber hinaus eine medikamentöse Therapie erfolgen. Zur Wirksamkeit liegen Daten zu sozial-kognitiven Interventionen und dem SKT bei aggressiven männlichen Jugendlichen vor. Die erzielten Effektstärken liegen zwischen 0,56 und 0,78 (Kaminer 2005). Im Vergleich zwischen individueller versus Gruppentherapie bei aggressiven männlichen Jugendlichen ergaben sich höhere Effekte für die Gruppentherapie (Kendall 1993).

Substanzstörungen

Obwohl Alkoholprobleme bei Jugendlichen durch eine Vielzahl von Faktoren wie Alkoholstörungen in der Familie (Barnow et al. 2002a, 2004), einen ablehnenden oder überbehütenden Erziehungsstil der Eltern (Barnow et al. 2002a), Substanzgebrauch in der Peergruppe (Barnow et al. 2002b, 2004) sowie von komorbiden Verhaltensproblemen (Barnow et al. 2002 a, b) beeinflusst werden, berücksichtigen die meisten Interventionsstudien nur einzelne Risiken (z. B. die *Drug Abuse Resistance Education (DARE) Study*, die lediglich auf Aufklärung fokussiert). Die im Erwachsenenalter angebotenen Selbsthilfegruppen (z. B. Anonyme Alkoholiker) existieren nicht für Jugendliche. Ein großes Problem stellt darüber hinaus die geringe Abstinenzmotivation vieler Adoleszenten dar. Auch gilt, wie oben bereits dargestellt, eine Psychotherapie in diesem Alter als »verpönt« und die Compliance der Jugendlichen mit Verhaltens- und Substanzstörungen ist meist gering. Erfolg versprechend können deshalb nur ein nicht konfrontativer, empathischer Therapeutenstil und die aufrichtige Anteilnahme des Therapeuten an den Problemen der Jugendlichen sein.

Ein vielversprechender Ansatz zur Behandlung von Substanzstörungen im Jugendalter fokussiert auf die Veränderung von Persönlichkeitsmerkmalen wie **Sensationslust und Ängstlichkeit** (Conrod et al. 2006), die mit einem erhöhten Substanzkonsum vergesellschaftet sind. Jede Intervention sieht 90-minütige Gruppensitzungen vor, die sich jeweils über zwei Wochen erstrecken. Hierbei werden folgende Elemente vermittelt:
- **Psychoedukation:** Die Jugendlichen werden angeleitet, darüber nachzudenken, wie Persönlichkeitsvariablen mit Bewältigungsverhalten und Substanzkonsum assoziiert sein können.
- **Fertigkeitstraining (verhaltensbasiert):** Abwägen positiver und negativer Kurz- und Langzeitkonsequenzen von problematischen Verhaltenbewältigungsstrategien

- **Kognitives Bewältigungs-Fertigkeitstraining:** Identifizieren und Verändern verzerrter, automatischer Gedanken (z. B. Diskussion über reale Szenarios)

Die *Family and Coping Skills Therapy (FACS)* (Curry et al. 2003) ist eine kognitive Verhaltenstherapie für Adoleszente mit **Depression** und **Substanzmissbrauch**. Sie integriert Gruppen- und Familientherapieinterventionen. Die Behandlungsdauer beträgt drei Monate. Die Intervention besteht aus folgenden Komponenten:
- klinisches Interview mit dem Jugendlichen und dessen Eltern
- diagnostisches Interview und Fragebogen (für Eltern und Kind)
- Feedback und Behandlungsvertrag (Festlegen individueller Ziele, Vereinbarungen über Abstinenzdauer, Non-Suizid-Vertrag)
- zwei Wochen Gruppentherapie
- wöchentliche Familientherapie
- stichprobenartige Drogenkontrolle mittels Urintest
- monatliche Meetings der Elterngruppen
- wenn nötig individuelle- oder Krisenintervention (z. B. stationärer Aufenthalt) oder Telefonkontakte

In einer Studie von Kaminer (2005) zeigte sich eine Überlegenheit der KBT im Vergleich zur interpersonellen Therapie, wobei nur in ersterer eine signifikante Reduktion des Substanzgebrauchs erfolgte. Allerdings fanden sich keinerlei bedeutsame Unterschiede im 15-Monats-Follow-up zwischen beiden Therapieformen. Die Wirksamkeit der rein kognitiven Therapie war jedoch geringer als in der »12 Step Group«-Therapie (ähnlich den Anonymen Alkoholikern). Hierbei dürfte unter anderem die mangelnde Übung alternativer Verhaltensstrategien bei rein kognitiven Verfahren von Bedeutung gewesen sein.

Entscheidend scheint auch das Therapiesetting zu sein. In Studien, in denen Gruppentherapie mit individueller Therapie bei Jugendlichen mit Substanzmissbrauch verglichen wurden (Graham 1996), fanden sich zwar keine Unterschiede zwischen Einzel- und Gruppentherapie bezüglich einer signifikanten Reduktion der Konsummenge und des Drogengebrauchs im 1-Jahres-Follow-up. Die Gruppentherapie war jedoch der Einzeltherapie im Bereich der sozialen Fertigkeiten signifikant überlegen. Generell ziehen viele Jugendliche die Gruppentherapie anderen Therapieformen vor.

47.3.3 Schizophrene Störung in der Adoleszenz

Der Forschungsstand zu Erkrankungen aus dem schizophrenen Formenkreis in der Adoleszenz ist leider im Vergleich zu den Ergebnissen im Erwachsenenalter (vgl. Klingberg et al. 2006; Lincoln 2006) sehr bescheiden. Eine norwegische Arbeit konzentrierte sich auf Jugendliche mit schizophrenen Störungen (Rund 1994). Das dort evaluierte Therapieprogramm auf der Grundlage des Expressed-Emotions-Ansatzes ist vergleichbar mit dem Konzept der Familienbetreuung schizophrener Patienten. Das Manual beinhaltet
- eine Diagnostikphase,
- eine intensive Psychoedukation,
- ein strukturiertes Kommunikationstraining (aktives Zuhören, adäquater Ausdruck von Kritik, Lob, Wünschen) und
- soziales Problemlösen.

Es wurde im Erwachsenenbereich mit beeindruckendem Erfolg evaluiert. Inhaltlich ist die Einbeziehung der Familie im Jugendalter noch wichtiger und kann ohne gravierende Veränderungen angewandt werden, weshalb Forschung bei Adoleszenten mit diesem und anderen Manualen weiter vorangetrieben werden sollte. Auch im Erwachsenenbereich lässt die Umsetzung der empirisch als hocherfolgreich evaluierten Therapie in die alltägliche klinische Versorgungspraxis noch sehr zu wünschen übrig (Puschner et al. 2006).

47.4 Fazit

Die kognitiv-behaviorale Therapie ist das am besten evaluierte Psychotherapieverfahren im Kindes-, Jugend- und Erwachsenenalter. Der momentane Forschungsstand zeigt eine Überlegenheit der KBT gegenüber nicht behavioralen Ansätzen (Beelmann u. Schneider 2003; Esser u. Ballaschk 2005). In der Adoleszenz sind die Wirksamkeitsnachweise für ein breites Indikationsspektrum gegeben. Für die meisten internalisierenden und externalisierenden Störungen liegen diese inzwischen für kognitiv-verhaltenstherapeutische Methoden vor, zu einigen Störungsbildern, wie z. B. Schizophrenie, existieren jedoch trotz eindrücklicher Wirksamkeitsnachweise im Erwachsenenalter nur wenige Studien in der Adoleszenz. Bezüglich ihrer Wirksamkeit scheint sich die Verhaltenstherapie im Kindes- und Jugendalter generell aber kaum von kognitiv-behavioralen Ansätzen im Erwachsenenalter zu unterscheiden. Studien im Kindes- und Jugendalter reichen in ihrer methodischen Qualität nicht immer an die bekanntesten und besten Studien im Erwachsenenbereich heran, sodass vor allem methodisch hochwertige Studien im Jugendalter gefördert werden sollten. Neben methodisch hochwertigen Studien gibt es einen erheblichen Bedarf an Feldstudien, in welchen sich therapeutische Interventionen, die sich in randomisierten Studien als wirksam erwiesen haben, auch in der Behandlung von »echten Patienten« mit komorbiden Störungsbildern und kumulierten psychosozialen Belastungsfaktoren bewähren müssen (vgl. Heekerens 2005; Kächele 2006).

Aufgrund der immens hohen Therapieabbruchraten bei externalisierenden Störungen (Kazdin u. Mazurick 1994) sollten zudem Misserfolge, Nebenwirkungen und Abbrüche in der Kinder- und Jugendpsychotherapie vermehrt empirisch untersucht werden (vgl. Lutz u. Grawe 2004; Märtens u. Petzold 2002). Forschungsergebnisse in diesem Bereich hätten eine hohe praktische Relevanz und könnten der Entwicklung von effektiveren Behandlungskonzepten für die schwierigsten Patientengruppen zugutekommen.

Der im Vergleich zu anderen Psychotherapieverfahren sehr gute Forschungsstand der kognitiv-behavioral orientierten Therapieverfahren darf nicht über den allgemein noch sehr hohen Weiterentwicklungsbedarf im Bereich der Kinder- und Jugendlichenpsychotherapie hinwegtäuschen. Die Intension dieses Buches macht zudem deutlich, dass der Entwicklungsaspekt in der Psychotherapieforschung noch nicht ausreichend beachtet wurde. Gerade viele der sehr erfolgreichen verhaltenstherapeutischen Manuale sprechen nur ein sehr eingeschränktes Altersspektrum an.

Die Beziehungsgestaltung zu den Familien unterscheidet sich enorm in Abhängigkeit vom Entwicklungsstand und der Symptomatik eines Kindes und Jugendlichen, wozu kaum empirische Forschung existiert. Spezielle Psychotherapieevaluationsstudien mit Adoleszenten, insbesondere bei schweren psychischen Störungen, die sich in dieser Lebensphase manifestieren (z. B. schizophrene Erkrankungen, Essstörungen und Persönlichkeitsstörungen), sind von großer klinischer Relevanz, um einer Chronifizierung der Symptomatik und gesundheitsökonomischen Folgekosten vorzubeugen. Die Etablierung und Evaluation erfolgreicher Behandlungsketten zwischen stationärer und ambulanter Versorgung und den Rehabilitationsträgern in der Adoleszenz wäre eine wichtige empirische Fragestellung. Forschung in diesem Bereich kann vermutlich nur in Kooperation zwischen Erwachsenenpsychiatrie und -psychotherapie und Kinder- und Jugendpsychiatrie und -psychotherapie gelingen, da jeder Fachbereich allein nicht die nötigen Stichprobengrößen erreichen kann, weshalb auch der Aufbau gemeinsamer Versorgungsstrukturen für diese Altersgruppe sinnvoll wäre. Der Hauptvorteil wäre neben den höheren Fallzahlen, dass sich die spezifischen methodischen und therapeutischen Zugänge und Perspektiven ergänzen könnten.

Literatur

Abikoff H, Hechtman L, Klein RG, Weiss G, Fleiss K, Etcovitch J, Cousins L, Greenfield B, Martin D, Pollack S. Symptomatic improvement in children with ADHD treated with long-term methylphenidate and multimodal psychosocial treatment. J Am Acad Child Adolesc Psychiatry 2004; 43(7): 802–11.

Auer K von. DBT-A in der stationären Kinder- und Jugendpsychiatrie: Evaluation der Station »Wellenreiter« – erste Daten. Paper presented. Kongress der Deutschen Gesellschaft für Kinder- und Jugendpsychiatrie, Psychosomatik und Psychotherapie 2007.

Barnow S. Persönlichkeitsstörungen: Ursachen und Behandlung. Bern, Göttingen, New York: Huber 2007.

Barnow S, Freyberger H. The family environment in early life and aggressive behavior in adolescents and young adults. In: Mattson M (ed). Neurobiology of Aggression: Understanding and Preventing Violence. Totowa, NJ: Humana Press 2003; 213–30.

Barnow S, Lucht M, Freyberger HJ. Alcohol problems in adolescence with reference to high risk children of alcoholic parents. Results of a family study in Mecklenburg Vorpommern. Nervenarzt 2002a; 73(7): 671–9.

Barnow S, Schuckit MA, Lucht M, John U, Freyberger HJ. The importance of a positive family history of alcoholism, parental rejection and emotional warmth, behavioral problems and peer substance use for alcohol problems in teenagers: a path analysis. J Stud Alcohol 2002b; 63(3): 305–15.

Barnow S, Lucht M, Hamm A, John U, Freyberger HJ. The relation of a family history of alcoholism, obstetric complications and family environment to behavioral problems among 154 adolescents in Germany: results from the children of alcoholics study in Pomerania. Eur Addict Res 2004; 10(1): 8–14.

Barnow S, Schuckit M, Smith T, Freyberger HJ. Predictors of attention problems for the period from pre-teen to early teen years. Psychopathology 2006a; 39(5): 227–35.

Barnow S, Spitzer C, Grabe HJ, Kessler C, Freyberger HJ. Individual characteristics, familial experience, and psychopathology in children of mothers with borderline personality disorder. J Am Acad Child Adolesc Psychiatry 2006b; 45(8): 965–72.

Barnow S, Schuckit M, Smith T, Spitzer C, Freyberger HJ. Attention problems among children with a positive family history of alcohol abuse or dependence and controls. Prevalence and course for the period from preteen to early teen years. Eur Addict Res 2007; 13(1): 1–5.

Barrett PM. Treatment of childhood anxiety: developmental aspects. Clin Psychol Rev 2000; 20(4): 479–94.

Bartling G, Fiegenbaum W, Krause R. Reizüberflutung. Theorie und Praxis. Stuttgart: Kohlhammer 1980.

Baving L, Schmidt MH. [Evaluated treatment approaches in child and adolescent psychiatry II]. Z Kinder Jugendpsychiatr Psychother 2001; 29(3): 206–20.

Beck AT, Rush JA, Shaw B, Emery G. Kognitive Therapie der Depression. Weinheim: Beltz 1999.

Beelmann A, Losel F. Child social skills training in developmental crime prevention: effects on antisocial behavior and social competence. Psicothema 2006; 18(3): 603–10.

Beelmann A, Schneider N. Wirksamkeit von Psychotherapie bei Kindern und Jugendlichen. Eine Übersicht und Meta-Analyse zum Bestand und zu den Ergebnissen der deutschsprachigen Effektivitätsforschung. Z Klin Psychol 2003; 32(2): 129–43.

Beelmann A, Pfingsten U, Lösel F. Effects of training social competence in children: a meta-analysis of recent evaluation studies. J Clin Child Psychol 1994; 3: 260–71.

Beidel DC, Turner SM, Morris TL. Behavioral treatment of childhood social phobia. J Consult Clin Psychol 2000; 68(6): 1072–80.

Bellingrath J. Problemlösetraining. In: Borg-Laufs M (Hrsg). Lehrbuch der Verhaltenstherapie mit Kindern und Jugendlichen. Band II: Interventionsmethoden. Tübingen: dgvt 2001: 458–504.

Berg CZ, Rapoport JL, Wolff RP. Behavioral treatment for obsessive compulsive disorder in childhood. In: Rapoport JL (ed). Obsessive compulsive disorder in children and adolescents. Washington, DC: American Psychiatric Press 1989.

Birmaher B, Brent D. Practice parameters for the assessment and treatment of children and adolescents with depressive disorders. J Am Acad Child Adolesc Psychiatry 1998; 37(10): 63–83.

Borg-Laufs M. Hinweise zur Indikation diagnostischer und therapeutischer Methoden. In: Borg-Laufs M (Hrsg). Lehrbuch der Verhaltenstherapie mit Kindern und Jugendlichen. Band II: Interventionsmethoden. Tübingen: dgvt 2001; 9–40.

Borg-Laufs M, Hungeringe H. Operante Verfahren. In: Borg-Laufs M (Hrsg). Lehrbuch der Verhaltenstherapie mit Kindern und Jugendlichen. Band II: Interventionsmethoden. Tübingen: dgvt 2001; 373–401.

Boxer P, Goldstein SE, Musher-Eizenman D, Dubow EF, Heretick D. Developmental issues in school-based aggression prevention from a social-cognitive perspective. J Prim Prev 2005; 26(5): 383–400.

Casey RJ, Berman JS. The outcome of psychotherapy with children. Psychol Bull 1985; 98(2): 388–400.

Cohen J. Statistical power analysis for the behavioral sciences. 2nd ed. Hillsdale, NJ: Erlbaum 1988.

Cohen JA, Mannarino AP, Knudsen K. Treating sexually abused children: 1 year follow-up of a randomized controlled trial. Child Abuse Negl 2005; 29(2): 135–45.

Cohen JA, Mannarino AP, Staron VR. A pilot study of modified cognitive-behavioral therapy for childhood traumatic grief (CBT-CTG). J Am Acad Child Adolesc Psychiatry 2006; 45(12): 1465–73.

Conrod PJ, Stewart SH, Comeau N, Maclean AM. Efficacy of cognitive-behavioral interventions targeting personality risk factors for youth alcohol misuse. J Clin Child Adolesc Psychol 2006; 35(4): 550–63.

Curry JF, Wells KC, Lochman JE, Craighead WE, Nagy PD. Cognitive-behavioral intervention for depressed, substance-abusing adolescents: development and pilot testing. J Am Acad Child Adolesc Psychiatry 2003; 42(6): 656–65.

Döpfner M, Hastenrath B. Konfrontation und Reaktionsverhinderung. In: Borg-Laufs M (Hrsg). Lehrbuch der Verhaltenstherapie mit Kindern und Jugendlichen. Band II: Interventionsmethoden. Tübingen: dgvt 2001; 349–71.

Döpfner M, Lehmkuhl G. Die Wirksamkeit von Kinder- und Jugendlichenpsychotherapie. Psychol Rundsch 2002; 53(4): 184–93.

Döpfner M, Schürmann S, Fröhlich J. Das Therapieprogramm für Kinder mit hyperkinetischem und oppositionellem Problemverhalten (THOP). Weinheim: Psychologie Verlags Union 2002.

Döpfner M, Breuer D, Schürmann S, Metternich TW, Rademacher C, Lehmkuhl G. Effectiveness of an adaptive multimodal treatment in children with Attention-Deficit Hyperactivity Disorder – global outcome. Eur Child Adolesc Psychiatry 2004; 13 (Suppl 1): I117–29.

Durlak JA, Fuhrman T, Lampman C. Effectiveness of cognitive-behavior therapy for maladapting children: a meta-analysis. Psychol Bull 1991; 110(2): 204–14.

Ehlers A, Clark DM, Hackmann A, McManus F, Fennell M, Herbert C, Mayou R. A randomized controlled trial of cognitive therapy, a self-help booklet, and repeated assessments as early interventions for posttraumatic stress disorder. Arch Gen Psychiatry 2003; 60(10): 1024–32.

Ellis A. Grundlagen und Methoden der rational-emotiven Verhaltenstherapie. München: Pfeiffer 1997.

Essau CA, Petermann U. Angststörungen. In: Petermann F (Hrsg). Lehrbuch der klinischen Kinderpsychologie. Modelle psychischer Störungen im Kindes- und Jugendalter. Vol. 2. Korr. u. erg. Aufl. Göttingen: Hogrefe 1996; 219–40.

Esser G, Ballaschk K. Verhaltenstherapie mit Kindern und Jugendlichen – Forschungsstand und Perspektiven. Sonderheft 1. Verhaltensther Verhaltensmed 2005; 26: 19–39.

Esser G, Sell S. Die Wirksamkeit von Psychotherapien im Kindes- und Jugendalter. In: Esser G (Hrsg). Lehrbuch der Klinischen Psychologie und Psychotherapie des Kindes- und Jugendalters. 2. Aufl. Stuttgart: Thieme 2003; 464–87.

Esser G, Wyschkon A. Diagnostik bei Kindern und Jugendlichen. In: Hiller W, Leibing E, Leichsenring F, Sulz S (Hrsg). Lehrbuch der Psychotherapie: Wissenschaftliche Grundlagen der Psychotherapie. Vol. 1. Müchen: CIP-Medien 2004.

Fleischhaker C, Böhme R, Sixt B, Schulz E. Suizidalität, Parasuizidalität und selbstverletzende Verhaltensweisen von Patientinnen mit Symptomen einer Borderline-Storung. Erste Daten einer Pilotstudie zur Dialektisch-Behavioralen Therapie fur Adoleszente (DBT-A). Kindheit und Entwicklung 2005; 14(2): 112–27.

Fliegel S, Groeger WM, Künzel R, Schulte D, Sorgatz H. Verhaltenstherapeutische Standardmethoden. Ein Übungsbuch. Weinheim: Psychologische Verlags Union 1994.

Fliegenbaum W, Tuschen B. Reizkonfrontation. In: Margraf J (Hrsg). Lehrbuch der Verhaltenstherapie. Vol. 1. Heidelberg: Springer 2000; 413–27.

Fruzzetti AE, Shenk C, Hoffman PD. Family interaction and the development of borderline personality disorder: a transactional model. Dev Psychopathol 2005; 17(4): 1007–30.

Graham, H. Smoking prevalence among women in the European community 1950–1990. Soc Sci Med 1996; 43(2): 243–54.

Grawe K. (Wie) Kann Psychotherapie durch empirische Validierung wirksamer werden? J Psychother 2005; 2: 140.

Harrington R, Campbell F, Shoebridge P, Whittaker J. Meta-analysis of CBT for depression in adolescents. J Am Acad Child Adolesc Psychiatry 1998; 37(10): 1005–7.

Hawton K, Arensman E, Townsend E, Bremner S, Feldman E, Goldney R, Gunnell D, Hazell P, van Heeringen K, House A, Owens D, Sakinofsky I, Träskman-Bendz L. Deliberate self harm: systematic review of efficacy of psychosocial and pharmacological treatments in preventing repetition. BMJ 1998; 317(7156): 441–7.

Heekerens HP. Vom Labor ins Feld. Die Psychotherapieevaluation geht neue Wege. Psychotherapeut 2005; 50(5): 357–66.

Heinrichs N, Bertram H, Kuschel A, Hahlweg K. Parent recruitment and retention in a universal prevention program for child behavior and emotional problems: barriers to research and program participation. Prev Sci 2005; 6(4): 275–86.

Hoffman PD, Fruzzetti AE. Advances in interventions for families with a relative with a personality disorder diagnosis. Curr Psychiatry Rep 2007; 9(1): 68–73.

Hoffman PD, Fruzzetti AE, Buteau E, Neiditch ER, Penney D, Bruce ML, Hellman F, Struening E. Family connections: a program for relatives of persons with borderline personality disorder. Fam Process 2005; 44(2): 217–25.

In-Albon T, Schneider S. Psychotherapy of childhood anxiety disorders: a meta-analysis. Psychother Psychosom 2007; 76(1): 15–24.

Jensen PS, Garcia JA, Glied S, Crowe M, Foster M, Schlander M, Hinshaw S, Vitiello B, Arnold LE, Elliott G, Hechtman L, Newcorn JH, Pelham WE, Swanson J, Wells K. Cost-effectiveness of ADHD treatments: findings from the multimodal treatment study of children with ADHD. Am J Psychiatry 2005; 162(9): 1628–36.

Kächele H. Wirksamkeitsnachweise – Das Bessere ist der Feind des Guten. J Psychother 2006; 2: 140.

Kaminer Y. Challenges and opportunities of group therapy for adolescent substance abuse: a critical review. Addict Behav 2005; 30(9): 1765–74.

Katz LY, Cox BJ. Dialectical behavior therapy for suicidal adolescent inpatients. Clin Case Stud 2002; 1(1): 81–92.

Katz LY, Cox BJ, Gunasekara S, Miller AL. Feasibility of dialectical behavior therapy for suicidal adolescent inpatients. J Am Acad Child Adolesc Psychiatry 2004; 43(3): 276–82.

Kavanagh DJ, Sitharthan G, Young RM, Sitharthan T, Saunders JB, Shockley N, Giannopoulos V. Addition of cue exposure to cognitive-behaviour therapy for alcohol misuse: a randomized trial with dysphoric drinkers. Addiction 2006; 101(8): 1106–16.

Kazdin AE. Psychotherapy for children and adolescents. Current progress and future research directions. Am Psychol 1993; 48(6): 644–57.

Kazdin AE, Mazurick JL. Dropping out of child psychotherapy: distinguishing early and late dropouts over the course of treatment. J Consult Clin Psychol 1994; 62(5): 1069–74.

Kazdin AE, Weisz JR. Identifying and developing empirically supported child and adolescent treatments. J Consult Clin Psychol 1998; 66(1): 19–36.

Kazdin AE, Esveldt-Dawson K, French NH, Unis AS. Problem-solving skills training and relationship therapy in the treatment of antisocial child behavior. J Consult Clin Psychol 1987; 55(1): 76–85.

Kazdin AE, Bass D, Siegel T, Thomas C. Cognitive-behavioral therapy and relationship therapy in the treatment of children referred for antisocial behavior. J Consult Clin Psychol 1989; 57(4): 522–35.

Kazdin AE, Bass D, Ayers WA, Rodgers A. Empirical and clinical focus of child and adolescent psychotherapy research. J Consult Clin Psychol 1990; 58(6): 729–40.

Kendall PC. Cognitive-behavioral therapies with youth: guiding theory, current status, and emerging developments. J Consult Clin Psychol 1993; 61(2): 235–47.

Kendall PC, Flannery-Schroeder E, Panichelli-Mindel SM, Southam-Gerow M, Henin A, Warman M. Therapy for youths with anxiety disorders: a second randomized clinical trial. J Consult Clin Psychol 1997; 65(3): 366–80.

Klingberg S, Borbé R, Buchkremer G. Evidenzbasierte Psychotherapie schizophrener Störungen. Nervenarzt 2006; 77(Suppl 2): S99–110.

Kolko DJ, Brent DA, Baugher M, Bridge J, Birmaher B. Cognitive and family therapies for adolescent depression: treatment specificity, mediation, and moderation. J Consult Clin Psychol 2000; 68(4): 603–14.

Laucht M, Esser G, Schmidt MH. Externalisierende und internalisierende Störungen in der Kindheit: Untersuchungen zur Entwicklungspsychopathologie. Z Klein Psychol Psychother 2000; 29(4): 284–92.

LeDoux JE. Synaptic self: how our brains become who we are. New York: Viking Penguin 2002.

Lewinsohn PM, Clarke GN. Psychosocial treatments for adolescent depression. Clin Psychol Rev 1999; 19: 329–42.

Lincoln T. Kognitive Verhaltenstherapie bei Schizophrenie. Göttingen: Hogrefe 2006.

Linderkamp F. Rollenspiel. In: Lauth GW, Brack UB, Linderkamp F (eds). Verhaltenstherapie mit Kindern und Jugendlichen. Weinheim: Psychologische Verlags Union 2001.

Linehan M. Dialektisch-Behaviorale Therapie der Borderline-Persönlichkeitsstörung. München: CIP 1996.

Loeber S, Croissant B, Heinz A, Mann K, Flor H. Cue exposure in the treatment of alcohol dependence: effects on drinking outcome, craving and self-efficacy. Br J Clin Psychol 2006; 45(4): 515–29.

Lutz W, Grawe K. Therapieevaluation, ungünstige Behandlungsverläufe und Optionen zur Optimierung von Therapien: Grundlagen und Überblick. In: Lutz W, Kosfelder J, Joormann J (Hrsg). Misserfolge und Abbrüche in der Psychotherapie. 1. Aufl. Bern: Huber 2004; 43–65.

Mackowiak K, Hungeringe H. Selbstinstruktionsmethoden. In: Borg-Laufs M (Hrsg). Lehrbuch der Verhaltenstherapie mit Kindern und Jugendlichen. Band II: Interventionsmethoden. Tübingen: dgvt 2001; 455–84.

March JS, Leonard HL. Obsessive-compulsive disorder in children and adolescents: a review of the past 10 years. J Am Acad Child Adolesc Psychiatry 1996; 35(10): 1265–73.

March JS, Mulle K, Herbel B. Behavioral psychotherapy for children and adolescents with obsessive-compulsive disorder: an open trial of a new protocol-driven treatment package. J Am Acad Child Adolesc Psychiatry 1994; 33(3): 333–41.

Margraf J, Schneider S. Panik. Angstanfälle und ihre Behandlung. Heidelberg: Springer 1989.

Märtens M, Petzold H. Therapieschäden. Risiken und Nebenwirkungen von Psychotherapie. Mainz: Matthias Grünewald 2002.

Meichenbaum D. Kognitive Verhaltensmodifikation. München: Urban & Schwarzenberg 1979.

Michael KD, Crowley SL. How effective are treatments for child and adolescent depression? A meta-analytic review. Clin Psychol Rev 2002; 22: 247–69.

Miller AL, Rathus JH, Linehan M, Wetzler S, Leigh E. Dialectical behaviour therapy adapted for suicidal adolescents. J Pract Psychol Behav Health 1997; 3(2): 78–86.

Miller A, Rathus J, Linehan M. Dialectical behavior therapy for suicidal adolescents. New York: Guilford Press 2006.

MTA Cooperative Group. National Institute of Mental Health Multimodal Treatment Study of ADHD follow-up: changes in effectiveness and growth after the end of treatment. Pediatrics 2004; 113(4): 762–9.

Nyberg E, Stieglitz RD. Psyhotherapie der Aufmerksamkeitsdefizit/Hyperaktivitätsstörung (ADHS) im Erwachsenenalter. Z Psychiatr Psychol Psychother 2006; 54(2): 111–21.

Petermann F. Methoden und Anwendungsgebiete der Kinderverhaltenstherapie. In: Petermann F (Hrsg). Kinderverhaltenstherapie. Stuttgart: Schneider Verlag Hohengehren 2003; 64–76.

Petermann F, Petermann U. Training mit aggressiven Kindern. Vol. 9. Erw. Aufl. Weinheim: Psychologische Verlags Union 2000.

Petermann F, Petermann U. Training mit Jugendlichen. 7. Aufl. Göttingen: Hogrefe 2003.

Petermann F, Döpfner M, Schmidt MH. Leitfaden Kinder- und Jugendpsychotherapie. Vol. 2. Korr. Aufl. Göttingen: Hogrefe 2007.

Pfingsten U. Training sozialer Kompetenz. In: Margraf J (Hrsg). Lehrbuch der Verhaltenstherapie. Band 1: Grundlagen – Diagnostik – Verfahren – Rahmenbedingungen. Berlin: Springer 2000; 473–81.

Piaget J. Meine Theorie der geistigen Entwicklung. Frankfurt: Fischer 1983.

Preuss UW, Schuckit MA, Smith TL, Barnow S, Danko GP. Mood and anxiety symptoms among 140 children from alcoholic and control families. Drug Alcohol Depend 2002; 67(3): 235–42.

Prout SM, Prout HT. A meta-analysis of school-based studies of counseling and psychotherapy: an update. J School Psychol 1998; 36: 121–36.

Puschner B, Vauth R, Jacobi F, Becker T. Bedeutung von Psychotherapie in der Versorgung von Menschen mit schizophrenen Störungen in Deutschland – Wie evidenzbasiert ist die Praxis? Nervenarzt 2006; 77(11): 1301–9.

Rademacher C, Walter D, Döpfner M. SELBST – Ein Therapieprogramm zur Behandlung von Jugendlichen mit Selbstwert-, Aktivitäts- und Affekt-, Leistungs- und Beziehungsstörungen. Kindheit und Entwicklung 2002; 11(2): 107–18.

Rathus JH, Miller AL. Dialectical behavior therapy adapted for suicidal adolescents. Suicide Life Threat Behav 2002; 32(2): 146–57.

Reinecke MA, Ryan NE, DuBois DL. Cognitive-behavioral therapy of depression and depressive symptoms during adolescence: a review and meta-analysis. J Am Acad Child Adolesc Psychiatry 1998; 37(1): 26–34.

Ronen T. Kognitive Verhaltenstherapie mit Kindern. Bern: Huber 2000.

Rund BR. Cognitive dysfunctions and psychosocial treatment of schizophrenics: research of the past and perspectives on the future. Acta Psychiatr Scand Suppl 1994; 384: 9–16.

Rutherford RB, Quinn MM, Matbur SR. Effective strategies for teaching appropiate behaviors to children with emotional and behavioral disorders. Reston, VA: Council for Children with Behavioral Disorders 1996.

Scahill L, Vitulano LA, Brenner EM, Lynch KA, King RA. Behavioral therapy in children and adolescents with obsessive-compulsive disorder: a pilot study. J Child Adolesc Psychopharmacol 1996; 6(3): 191–202.

Thomsen PH. Treatment of obsessive-compulsive disorder in children and adolescents. A review of the literature. Eur Child Adolesc Psychiatry 1996; 5(2): 55–66.

Urban HB, Ford DH. Some historical and coneptual perspectives on psychotherapy and behavior change. In: Bergin A E, Garfield SL (eds). Handbook of psychotherapy and behavior change. New York: Wiley 1971.

Weisz JR, Weiss B, Alicke MD, Klotz ML. Effectiveness of psychotherapy with children and adolescents: a meta-analysis for clinicians. J Consult Clin Psychol 1987; 55(4): 542–9.

Weisz JR, Weiss B, Han SS, Granger DA, Morton T. Effects of psychotherapy with children and adolescents revisited: a meta-analysis of treatment outcome studies. Psychol Bull 1995; 117(3): 450–68.

Weisz JR, McCarty CA, Valeri SM. Effects of psychotherapy for depression in children and adolescents: a meta-analysis. Psychol Bull 2006; 132(1): 132–49.

Zaragoza N, Vaughn S, McIntosh R. Social skills interventions and children with behavior problems: a review. Behav Disord 1991; 16: 260–75.

48 Systemische Psychotherapie

Wilhelm Rotthaus und Jochen Schweitzer

Inhalt

48.1 Systemische Therapie – Ein Überblick _____ 631
48.2 Psychotherapie _____ 635
48.3 Besondere Herausforderungen in der Therapie mit Jugendlichen _____ 636
Literatur _____ 642

Zusammenfassung

In diesem Kapitel wird zunächst ein kurzer Überblick über die Haltungen, Settings und Methoden sowie die Wirksamkeit und Indikationen der systemischen Psychotherapie, bezogen auf die Arbeit mit Kindern und Jugendlichen, gegeben. Danach werden Unterschiede zwischen der Arbeit mit Jugendlichen und Erwachsenen dargestellt und schließlich die besonderen Herausforderungen in der Arbeit mit Jugendlichen praxisorientiert angesprochen.

48.1 Systemische Therapie – Ein Überblick

> **Systemische Therapie** bezeichnet ein eigenständiges Therapieverfahren, das in der Arbeit mit adoleszenten und jungen Erwachsenen einen seiner Anwendungsschwerpunkte hat. Systemisches Denken (»System« bedeutet im Altgriechischen »was zusammensteht«) erklärt das Verhalten von Elementen nicht isoliert aus deren inneren Eigenschaften, sondern aus den Relationen zwischen diesen Elementen.

Für die Psychotherapie bedeutet dies: Psychische Störungen und Strukturen, aber auch psychotherapeutische Behandlungsphänomene wie Behandlungsmotivation, Widerstand oder Behandlungsabbrüche werden nicht als in einem Systemmitglied (dem Patienten) lokalisierte Phänomene betrachtet und behandelt. Sie werden vielmehr als interaktionell, oft zwischen Patient, Familie, Peergroup und Behandlern erzeugte, kommunikative »Gemeinschaftsleistungen« verstanden und therapiert.

> Die Begriffe systemische Therapie und Familientherapie werden oft – besonders im angloamerikanischen Raum – synonym verwandt, sind aber nicht deckungsgleich: Systemische Therapie kann auch als Einzel- oder Gruppentherapie stattfinden, Familientherapie ebenso mit anderem Theoriehintergrund.

Die Kombination des systemischen Ansatzes (als gedanklichem Konzept) mit der Familientherapie (als Setting) schafft aber zahlreiche Synergieeffekte. Das Setting Familientherapie ermöglicht es, die Ressourcen des natürlichen Umfeldes des Patienten für dessen Behandlung zu nutzen und das Mit-Leiden der Angehörigen simultan zu bearbeiten, was deren Mitwirkungsbereitschaft bei der Therapie des Patienten fördert. Dies wiederum senkt die Therapie-Drop-out-Rate, was in der Suchttherapie sehr gut belegt ist (u. a. Szapocznik et al. 1988). Die Haltungen und Vorgehensweisen der systemischen Psychotherapie fördern eine neugierige, wertschätzende und lösungsorientierte Kooperation zwischen den Beteiligten, eine selbstreflexive Haltung und einen Lösungsoptimismus auch in schwierigen Situationen.

Systemische Therapie beruht auf einem in sich stimmigen Satz von Haltungen, Settings und Methoden, die, salopp gesprochen, der oft unerträglichen Schwere psychischen Leidens eine gewisse Leichtigkeit des Umganges entgegensetzt – ohne Bagatellisierung oder ein oberflächliches »positives Denken«.

48.1.1 Therapeutische Haltungen

Die systemtherapeutische Grundhaltung »Veränderung ist möglich, aber nicht unumgänglich« verbindet Lösungsoptimismus mit niedrigem Lösungsdruck. Menschen wird einerseits ein beträchtliches Veränderungspotenzial zugetraut. Andererseits werden aber »gute Gründe« vermutet, die es sinnvoll machen könnten, mögliche Veränderungen (auch von leidvollem Verhalten und Erleben) nicht oder zumindest noch nicht vorzunehmen. Diese Kombination von »Vielleicht könntest du ..., aber du musst ja nicht unbedingt ...« wird gespeist aus der positiven Konnotation von symptomatischem Verhalten unter der Hypothese, dass dieses im Beziehungsgeflecht des Symptomträgers »Sinn machen« könnte.

Komponenten dieser systemtherapeutischen Haltung sind folgende:
- die Devise »Handle so, dass du die Zahl der Möglichkeiten vergrößerst« (Foerster 1988)
- die Achtung vor der spezifischen Selbstorganisation von Familien, gespeist aus einer nicht bewertenden Neugier des Therapeuten (»Warum machen die das eigentlich so?«)
- eine möglichst weitgehende Neutralität (nicht bewertende Haltung) gegenüber
  - den – oft zerstrittenen – Familienmitgliedern (»Allparteilichkeit«),
  - deren Ideen, z. B. auch gegenüber der Frage, ob eine Familientherapie sinnvoll wäre oder nicht,
  - der Frage, ob das Symptom schnell überwunden werden muss oder ob es nicht noch etwas verweilen darf
- eine Ressourcenorientierung – den Klienten fehlt nichts, was sie entweder nachreifen oder neu trainieren müssten; die Ressourcen zur Problemlösung sind bereits im Vorrat vorhanden, sie müssen aber noch gefunden und genutzt werden; manchmal müssen sich die Familienmitglieder gegenseitig dazu die Erlaubnis geben
- eine Lösungsorientierung – manchmal braucht man das Problem nicht allzu genau zu kennen, sondern kann sich gleich an das Suchen von Lösungen begeben
- eine Nutzerorientierung – Therapie ist dann erfolgreich, wenn die Nutzer (Patient und Familie) erreicht haben, was sie wollen, selbst wenn der Psychotherapeut mit dem Ergebnis noch unzufrieden ist

Umgekehrt erscheinen folgende Haltungen aus systemisch-familientherapeutischer Sicht veränderungserschwerend:
- die Annahme, die Schwere und Akuität der Störung allein, ohne genaue Klärung der subjektiven »Kundenwünsche«, bilde triftigen Grund und hinreichende Richtschnur für die Behandlung
- der reflexartige Trend zur »Verselbstständigung« oder »Herauslösung« besonders des jungen Patienten aus seiner angeblich »pathogenen« Herkunftsfamilie
- ein geringes Vertrauen in die Fähigkeiten der Familienmitglieder zur systemischen Selbstreflexion, zur gegenseitigen Unterstützung und zur Veränderung

48.1.2 Gemeinsam geht es leichter

Systemische Familientherapie nutzt das natürliche soziale Netzwerk der Patienten besonders intensiv. Häufig ist – insbesondere bei jungen und noch nicht chronifizierten Patienten – eine große Bereitschaft zur Mithilfe im Umfeld vorhanden. Die Frage, wer hier Patient ist und wer Helfer, verliert in gelingenden Familiengesprächen schnell an Bedeutung, wenn die Angehörigen merken, dass ihr eigenes Leiden an der Situation hier gleichermaßen zum Thema wird.

An systemischen Familientherapien nehmen nicht zwangsläufig alle im Haushalt lebenden Familienmitglieder teil. Vielmehr kommt, wer zur Auflösung des Problemsystems beitragen kann und will. Der Teilnehmerkreis kann sich von Sitzung zu Sitzung etwas ändern. So beginnen Therapien mit jungen Anorexie-Patientinnen oft mit deren (Herkunfts-)Familie und werden später mit der Patientin allein oder mit hinzutretenden außerfamiliären Freunden und Partnern fortgeführt. Meist wird eine bestimmte Oberzahl von Sitzungen angeboten, welche »genutzt werden können, aber nicht zwangsläufig genutzt werden müssen«. Diese Vorablimitierung erleichtert es skeptischeren, weniger motivierten oder weiter entfernt lebenden Angehörigen, sich dennoch zu beteiligen. Sehr oft sind das fünf Sitzungen, bei motivierteren Klientensystemen und chronifizierten Problemen können es auch zehn bis 25 Sitzungen sein. Zwischen den Sitzungen werden (außer bei kleinen Kindern und in akuten Gefährdungssituationen) meist längere Abstände eingelegt: zwei, drei oder vier Wochen, im späteren Verlauf auch Monate, ein Viertel- oder Halbjahr. Die Sitzungen sollen Anregungen erzeugen, zu deren Umsetzung Lebenszeit außerhalb der Therapie erforderlich ist. Systemische Therapien verlaufen mit diesen Abständen oft über ein bis zwei Jahre, gelegentlich auch länger, und können so den Charakter einer »langen Kurzzeit-Therapie« annehmen.

48.1.3 Settings jenseits der Familientherapie

Angehörige müssen nicht zwangsläufig leibhaftig kommen. Sie können auch virtuell in die Therapie einbezogen werden, z. B. in der systemischen Einzeltherapie (u. a. durch Genogrammarbeit) oder in der stationären systemischen Gruppentherapie (durch Skulpturen, in denen Mitpatienten die Rolle von Familienmitgliedern übernehmen). Auch die Erwartungen von überweisenden Ärzten oder von Richtern und Jugendämtern (bei Therapien unter Gerichtsauflage oder bei drohendem Sorgerechtsentzug) werden durch zirkuläres Fragen in die Therapie einbezogen.

Bei kleiner werdenden Familien und bei Familien mit begrenzten Lösungsressourcen (z. B. im Armutsbereich) spielen Familientherapieformen, die über die Haushaltsfamilie hinausgehen, eine wichtige Rolle. In Deutschland hat die Aufsuchende Familientherapie (AFT) besonders in der Jugendhilfe, bei armen Familien mit einer Multi-Problem-Konstellation, die nicht zur typischen Psychotherapie-Klientel gehören, einen großen Aufschwung genommen und erzielt bemerkenswerte Resultate (Conen 2002).

Bei der systemischen Multifamilientherapie treffen sich meist vier bis acht Familien, die ein ähnliches Problem teilen und ansonsten sehr unterschiedlich sein können und sollen, über einen bestimmten Zeitraum mit meist zwei systemischen Familientherapeuten. Die Therapeuten leiten die Familien an, sich gegenseitig zu beraten, zu konfrontieren, zu unterstützen, und halten sich, ist dies angelaufen, ansonsten im Hintergrund (Asen u. Schuff 2006; Asen et al. 2001). In der Dresdner Kinder- und Jugendpsychiatrie läuft seit Längerem ein Multifamilientherapie-Projekt rund um anorektische Mädchen (Scholz 2005; Scholz et al. 2001).

48.1.4 Systemtherapeutische Methoden

Systemtherapeutische Methoden (z. Übersicht s. Nichols u. Schwartz 2004; Schlippe u. Schweitzer 1996) helfen dabei,
- die unübersichtliche Komplexität von Familienbeziehungen übersichtlicher zu machen, besonders in chaotischen oder verstrickten Situationen,
- auf freundliche, schnelle und wenig Peinlichkeit auslösende Weise sehr persönliche Beziehungserfahrungen zu erkunden und miteinander in Bezug zu setzen,
- vertraute Ideen und Praktiken, die unbemerkt zu einem Teil des psychotherapiebedürftigen Problems geworden sind, freundlich zu irritieren und neue Anregungen für alternative Problemlösungen zu erzeugen.

■ **Übersicht im Chaos:** Die beteiligten Personen und ihr Zueinanderstehen können als Gesamtsystem visualisiert und gemeinsam betrachtet werden. Ein Genogramm setzt die »harten Fakten« wie Alter, Berufe, Staats- und Religionszugehörigkeit, Krankheiten nach dem Prinzip des Familienstammbaums zueinander in Bezug. Visionen einer besseren Zukunft können entwickelt und erlebt werden. Eine Skulptur, bei der sich die Familienmitglieder im Raum so zueinander stellen, wie es der Wahrnehmung der aktuellen Beziehungssituation entspricht, macht diese einerseits übersichtlich und ermöglicht zugleich intensive Erfahrungen über die Qualität der Beziehungen. Auf einem »Familienbrett« kann Ähnliches mit Figuren auf einem Tisch gemacht werden – besonders wenn die Familienmitglieder in der Einzeltherapie nicht anwesend sind.

■ **Neugieriges Fragen:** Auf Basis einer neugierigen, nicht bewertenden, an der Eigensicht des Klientensystems interessierten Haltung lässt sich auch über sehr schwere und belastende Probleme mit einer gewissen Leichtigkeit sprechen. Hilfreiches Werkzeug dabei ist das zirkuläre Fragen. Die Gesprächsteilnehmer werden weniger darum gebeten, ihre eigenen Meinungen und Bedürfnisse zu äußern. Vielmehr wird ihr Eindruck über die Beziehungsprozesse erbeten, von denen sie lediglich ein Teil sind. Mehrere dieser Beispielfragen sind zugleich hypothetische Fragen. Sie beginnen meist mit »Angenommen, dass …« oder »Was wäre, wenn …«. Sie regen neue Optionen an, ohne dass die Klienten direkt aufgefordert werden, etwas Bestimmtes zu tun.

Fallbeispiel 1

Ein älterer Jugendlicher, befragt über seinen depressiv wirkenden Vater: »Was tut Ihr Vater, wenn Sie ihn für depressiv halten? Zeigt sich Ihr Vater eher bedrückt, wenn Familienmitglieder anwesend sind oder wenn er allein ist?« oder »Was tut die Mutter, wenn der Vater sich bedrückt zeigt? Und wie reagiert der Vater dann auf diese Reaktion der Mutter?«

Fallbeispiel 2

Der Bruder einer anorektischen Schwester: »Haben deine Eltern mehr miteinander gesprochen, bevor oder nachdem deine Schwester in den Hungerstreik getreten ist?« Das anorektische Mädchen selbst: »Stell du als Tochter mal eine Reihenfolge auf, wer in der Familie der Mutter am nächsten steht, wer am zweitnächsten, wer am drittnächsten!«

Fallbeispiel 3

Ein seine Familienmitglieder oft provozierendes Kind: »Hast du eine Idee, wie du Mama am leichtesten ärgerlich machen kannst? Was eignet sich am besten, um Papa auf die Palme zu bringen?«

■ **Freundliche Irritation:** In systemischen Therapien wird nicht nur gefragt, sondern auch viel kommentiert – in Form von anerkennenden positiven Konnotationen und etwas herausfordernder mit positiven Umdeutungen. Zu einzelnen wichtigen Sitzungen werden manchmal »reflektierende Teams« eingeladen, die in Anwesenheit der Familienmitglieder ihre Eindrücke über das Familiengespräch austauschen. Oft werden »Hausaufgaben« mit auf den Weg gegeben. Bei hoher Veränderungsbereitschaft sind dies Experimente, etwas Neues auszuprobieren, was man sich bislang noch nicht getraut hat: Erstmalig soll der Vater den hyperaktiven Sohn morgens in den Kindergarten bringen, sollen die Eltern des ängstlich-klammernden Kindes einen Abend gemeinsam ausgehen. Freundliche Irritationen können auch die als »paradoxe Interventionen« berühmt gewordenen Aufforderungen sein, das bisher unwillkürlich gezeigte Problemverhalten (Streit im Wohnzimmer, Liegenbleiben im Bett an Schultagen, nächtliches Einnässen) in der nächsten Zeit einmal in einer hinsichtlich Zeitpunkt, Ort und Häufigkeit ritualisierten, genau beschriebenen Weise bewusst und absichtlich vorzuführen, um damit einen guten Zweck zu erfüllen (wie z. B. Selbstbehauptung oder Konfliktbereitschaft zu zeigen oder familiäre Bindungen zu intensivieren).

48.1.5 Systemische Therapie als »Basisphilosophie«

Mit diesem Set von Haltungen, Settings und Methoden bietet sich eine systemische Familienorientierung auch über das spezielle Setting Familientherapie hinaus als ein günstiges Rahmenkonzept für Behandlungs- und Betreuungseinrichtungen für Kinder und Jugendliche an. Drei Aspekte seien kurz beschrieben.

■ **Verantwortungsklärung:** Die Eltern bleiben verantwortlich für ihr Kind und für ihre Familie – die Therapeuten sind »nur« verantwortlich für ihr therapeutisches Angebot (Rotthaus 1990, 1998; Schweitzer et al. 2007). Mit den Eltern wird vor der stationären Aufnahme ein Behandlungsvertrag erarbeitet. Sie entscheiden über Aufnahme- und Entlassungstermin. Für alle wichtigen therapeutischen Schritte (Ort der Beschulung, eventuell notwendige Freiheitsbeschränkungen, Sanktionen bei Fehlverhalten, ggf. Medikamentengabe) wird ihre Zustimmung eingeholt. Während des stationären Aufenthaltes bleiben sie durch wöchentliche Familiengespräche, häufige Telefonate, regelhafte Wochenendbeurlaubungen mit vereinbarten Zielen und protokollierten Verläufen, eventuelle Einladung eines Elternteils zur Teilhabe am Stationsalltag beteiligt. Wenn das Kind außerfamiliär untergebracht ist, ist eine Klärung der meist unbestimmten Zuständigkeiten und Verantwortungsübernahmen die wichtigste Aufgabe, oft in Familie-Helfer-Konferenzen, die in der systemischen Familientherapie bereits in den 1970er Jahren entwickelt wurden.

■ **Systemische Selbstreflexion:** Kinder- und jugendpsychiatrische Prozesse werden als »Gemeinschaftsleistung« zumindest von Kind bzw. Jugendlichem, Familie, Freunden oder Helfern und professionellen Behandlern betrachtet. Jede dieser Parteien kann zur Problemverschärfung wie zur Problemlösung beitragen. Deshalb werden sie zu gemeinsamen Gesprächsrunden eingeladen, in denen sie sich unter Moderation einer mit dem »Fall« nicht direkt befassten Fachperson die bisherigen Interaktionsmuster anschauen und, soweit damit unzufrieden, leichte Veränderungen dieser Muster ersinnen und erproben.

Das kann auf einer Station auch im »Reflecting-Families«-Setting laufen (Caby u. Geiken 2000). In etwa zwei- bis dreiwöchigem Abstand treffen sich alle Mitarbeiter, Kinder und Eltern in einem großen Klinikraum, jeder in »seiner« Gruppe. Nach einer Einführung in die Spielregeln anerkennender, wertschätzender Kommunikation erzählen sich nacheinander alle drei Gruppen untereinander, wie es zurzeit mit den beiden anderen Gruppen läuft – wie es für die Kinder mit den Therapeuten und Eltern, für die Eltern mit den Therapeuten und Kindern, für die Therapeuten mit den Kindern und Eltern läuft. So kann jede am stationären Aufenthalt beteiligte Gruppe ihre Kooperationsbeiträge im Spiegel der anderen betrachten. Wer diese Arbeitsweise eingeführt hat, kann auch getrost Jugendliche als Zuhörer zu (sie selbst betreffenden) Fallbesprechungen einladen. Dies wiederum stimuliert Mitarbeiter, ihre Behandlungen in einer lösungsfördernden Sprache zu diskutieren.

■ **Systemisches Verhandeln über Medikamente, Diagnosen, Entlassungsbriefe:** Aus systemischer Sicht interessiert an Medikamenten, an Diagnosen und am Inhalt von Entlassungsbriefen immer auch deren Beziehungsaspekt:
1. Wem zuliebe nimmt ein Junge Ritalin® ein, wem zum Trotz verweigert er die Einnahme?
2. Welche Lebenschancen werden durch eine Diagnose gefördert, welche erschwert?
3. Welche Auswirkungen hat das Lesen eines Arztbriefes bei niedergelassenen Ärzten, Psychotherapeuten oder Familienmitgliedern auf ihre Beziehungsgestaltung mit dem Jugendlichen?

Mit jungem Patient und Angehörigen darüber zu sprechen, stimuliert interessante Praxisinnovationen. Die Therapiedokumentation, insbesondere der Entlassungsbrief, kann so geschrieben werden, dass man ihn auch dem älteren Kind bzw. Jugendlichen und den Eltern zu lesen geben kann – idealerweise kurz vor der Entlassung, um eventuelle Veränderungswünsche noch in den Brief aufnehmen zu können (Rotthaus 1990; Spitczok von Brisinski 2006).

48.1.6 Systemische Therapie bei unterschiedlichen Störungsbildern

In letzter Zeit ist eine »Kinder- und Jugendlichen-freundliche« systemische Familientherapie genauer ausgearbeitet worden (Durrant 1996; Stern 2002; Wilson 2003), die sich in familientherapeutischen Sitzungen möglichst passgenau auf die kognitiven und emotionalen Stile von Kindern und Jugendlichen einstellt. Andererseits beschäftigen sich praxisorientierte Lehrbücher systemisch-familientherapeutischer Arbeit mit Kindern und Jugendlichen teilweise (Bonney 2003; Gammer 2007; Hahn u. Müller 1993; Rotthaus 2001; Steiner u. Kim Berg 2005; Vogt-Hillmann u. Burr 2002; White u. Epston 2006) oder ausschließlich mit störungsbezogenen Arbeitsweisen (Rotthaus u. Trapmann 2004; Schmela 2004; Schweitzer u. Schlippe 2006; Trapmann u. Rotthaus 2004). Besonders viele Falldarstellungen und Behandlungskonzepte finden sich zu den Themen Schulangst und Schulverweigerung, Aufmerksamkeitsdefizit-Hyperaktivitätsstörung (ADHS), Störungen des Sozialverhaltens, Psychosen, Essstörungen und Suchtmittelkonsum im Jugendalter. Aber auch zu kindlichen Depressionen und zur Bewältigung funktioneller und organischer körperlicher Störungen wie Kopfschmerzen, Asthma und Diabetes finden sich dort viele Anregungen, die wir aus Platzgründen hier nicht vertiefen können.

48.1.7 Wirksamkeit systemischer Therapie/Familientherapie

In einer Meta-Inhaltsanalyse von randomisiert-kontrollierten Studien zur systemischen Therapie/Familientherapie bei kindlichen und jugendlichen Indexpatienten (v. Sydow et al. 2007) zeigte sich in 45 von 50 Studien die systemische Therapie wirksamer als medizinische Routinebehandlungen oder ähnlich stark bzw. stärker wirksam als andere etablierte Verfahren. Besonders eindrückliche Wirksamkeitsbelege finden sich im Jugendlichenbereich bei dissozialen Störungen und Delinquenz (15 Studien), Substanzabhängigkeit und Missbrauch (11 Studien) sowie Essstörungen (7 Studien). Ähnlich wie im Erwachsenenbereich scheinen Störungen mit hohem Auffälligkeits- und Belastungsgrad für das soziale Umfeld besonders gut mit systemischer Therapie/Familientherapie behandelbar. Bei den Substanzabhängigkeiten, den Störungen des Sozialverhaltens und den Essstörungen Jugendlicher gilt die systemische Familientherapie als das derzeit bestevaluierte Psychotherapieverfahren. Gute Wirksamkeitsnachweise liegen aber auch für Depressionen einschließlich Suizidalität im Kindes- und Jugendalter (4 Studien), für Angststörungen und für die somatischen Krankheitsbilder Asthma, Diabetes mellitus und Adipositas vor (zusammen 6 Studien). Lücken in der Wirksamkeitsforschung stellen bislang die somatoformen Störungen und die Entwicklungs- und geistigen Behinderungen dar.

48.1.8 Weitere Ergebnischarakteristika

Als weitere Ergebnischarakteristika der systemischen Therapie/Familientherapie wurden empirisch belegt (v. Sydow et al. 2007):
- Die Drop-out-Quoten der Indexpatienten sind meist geringer, d. h. ihre Rekrutierungsrate ist relativ hoch; gleichzeitig ist die Patientenzufriedenheit höher als in anderen Verfahren, insbesondere bei schweren dissozialen Störungen.
- Die relative Wirksamkeit der systemischen Therapie/Familientherapie, verglichen mit anderen Verfahren, zeigt sich stärker beim 1- oder 2-Jahres-Follow-Up als beim Behandlungsende.
- Der Einbezug von Eltern durch systemische Methoden (nicht aber zwangsläufig die gemeinsame physische Präsenz von identifiziertem Patienten und Eltern im Therapieraum) ist nachweislich essenziell für den Therapieerfolg.

48.2 Psychotherapie

48.2.1 Differenzierungen

Systemische Psychotherapie mit Jugendlichen und jungen Erwachsenen muss »konstellationsspezifisch« (Rotthaus 2002, in Anlehnung an Reiter 1991) die folgenden Faktoren berücksichtigen:

- Alter und Entwicklungsstand
- Bewältigung der unterschiedlichen Entwicklungsaufgaben, hier besonders die Frage der Übernahme individueller Verantwortlichkeit versus Elternabhängigkeit
- aktuelles Lebensumfeld (vollständige Familie, Ein-Eltern-Familie, Stieffamilie, Pflegefamilie, Heim mit der Frage der Beziehung zur Ursprungsfamilie, aber auch Peergroup und sonstige wichtige Personen des Wohnumfelds)
- individuelle und familiäre Ressourcen
- Störungsbild

Die angemessene Berücksichtigung dieser Faktoren entscheidet darüber, ob sich Jugendliche auf eine Therapie einlassen und dankbare Therapiepartner sind oder ob sie sich dem Bemühen des Therapeuten verweigern. Nicht selten dürfte der Grund für diese Verweigerung in der Nichtberücksichtigung unterschiedlicher Konstellationsaspekte liegen.

48.2.2 Therapiesetting

Psychotherapie mit Jugendlichen kann grundsätzlich im Einzelsetting durchgeführt werden, wobei die wichtigen Kontextpersonen fiktiv mit einbezogen werden. Viel naheliegender und einfacher ist eine Arbeit mit der ganzen Familie.
Zwar hört man zuweilen – auch von Fachleuten – die Ansicht, dass es ja unmittelbar einleuchtend sei, wie wichtig der Einbezug der Eltern oder der sonstigen wichtigen Bezugspersonen in die Psychotherapie bei Kindern wäre. Demgegenüber stünden aber Jugendliche in einem Alter, in dem Ablösung und Verselbstständigung angesagt sei, was doch gegen eine psychotherapeutische Arbeit mit dem Jugendlichen im Kreis seiner Familie spreche.
Dabei wird übersehen, dass eine Individuation nur in der Beziehung zu den wichtigen Bezugpersonen gelingen kann. Stierlin (Simon u. Stierlin 1984) beschreibt dies als »bezogene Individuation« und kennzeichnet damit den in der Adoleszenz besonders aktuellen Prozess, in dem ein Mensch sich mehr und mehr von seinem Beziehungskontext differenziert, seine individuelle Identität entwickelt und seine psychischen Grenzen gegenüber anderen zieht. Ein höheres Niveau an Individuation verlangt und ermöglicht ein jeweils höheres Niveau an Bezogenheit. Er verweist mit diesem Begriff auf eine Versöhnungsaufgabe: »Sie beinhaltet in der Regel eine familienweite ›Ko-Individuation‹, bei der jeder die Bedingungen für die Individuation aller anderen bestimmt« (Simon u. Stierlin 1984).
Es gibt allerdings Konstellationen, in denen eine Einzeltherapie mit dem Jugendlichen wenig Erfolg versprechend erscheint – beispielsweise häufig bei Verhaltensstörungen Jugendlicher in **Stieffamilien:** Nach einer langen Zeit eskalierender Probleme lassen leibliche Mutter und Stiefvater schon im Erstgespräch erkennen, dass es eigentlich nur noch um Trennung von dem Kind geht. Sie stehen am Endpunkt der typischen malignen Stieffami-

lienentwicklung, unter anderem mit Tabuierung des Stieffamilienstatus, Überengagement des Stiefelternteils und Symptombildung des Jugendlichen (Krähenbühl et al. 1986), an dem der Stiefvater bzw. die Stiefmutter zu seiner Partnerin bzw. ihrem Partner sagt: »Entscheide dich: entweder dein Kind oder ich!«, und der die Betroffenen ratlos und ohne Möglichkeit des Verstehens gegenüberstehen. In solchen Fällen gilt es, der ganzen Familie, insbesondere auch den Eltern, die Zwangsläufigkeit der Entwicklung zu verdeutlichen, in einem Stieffamilienentwicklungsinterview verschüttete Ressourcen zu aktivieren und dann gemeinsam nach Lösungen für die Zukunft zu suchen.

48.2.3 Systemische Psychotherapie

Für die Altersgruppe der Heranwachsenden und jungen Erwachsenen sind in viel geringerem Maße als für Jugendliche spezielle Vorgehensweisen und Methoden entwickelt worden. Doch stellt sich dem Therapeuten weniger die Frage nach dem Alter als nach dem jeweiligen Entwicklungsstand seines Patienten: Wie weit hat sein Gegenüber die Entwicklungsaufgaben des Jugendalters bewältigt und in welchem Bereich liegen möglicherweise partielle Entwicklungsretardierungen vor? Danach wird der Therapeut entscheiden, wie weit er je nach Bedarf und individueller Indikation auf spezielle Strategien und Methoden der Jugendlichentherapie zurückgreift.

Ein Unterschied zwischen Jugendlichen und jungen Erwachsenen besteht darin, dass junge Erwachsene oft als aktivere Nutzer von Psychotherapie auftreten, sofern sie als Jugendliche damit nicht allzu negative Erfahrungen gemacht haben.

Fallbeispiel 4

So machte der Autor Jochen Schweitzer mit einem Elternpaar über knapp zehn Sitzungen hinweg ein Elterncoaching zur Frage, wie sie ihre beiden Söhne aus deren zu Hause extensiv gepflegten »Cannabis-Orgien« herausholen könnten. Die Beratung ging nur in sehr kleinen Schritten voran, auch weil den Eltern jegliche Konsequenz – nicht in der Theorie, aber in der Umsetzung – schwerfiel. Die Söhne erschienen nur einmal zu einer freundlichen, aber ganz unverbindlich bleibenden Sitzung. Mangels befriedigender Ergebnisse wurde das Coaching schließlich in Übereinstimmung beendet. Etwa ein Jahr später jedoch rief einer der Söhne an. Seine Freundin hatte sich von ihm nach mehreren Jahren wegen des »Dauerkiffens« – erstmals konsequent und endgültig – getrennt. Dies habe ihn »zum Aufwachen gebracht«. Nun wolle er besprechen, wie er die Trennung verkraften und zugleich ohne Cannabis leben könne. Daraus entwickelte sich eine gut einjährige niederfrequente Einzeltherapie, in deren Verlauf er weitreichende Auszugs- und Berufspläne nicht nur andachte, sondern auch erfolgreich realisierte.

Junge Erwachsene sind meist auch schon stärker mit den Realitäten gesellschaftlichen Drucks und den Folgen gesellschaftlicher Misserfolge (z. B. schlechter Schulabgangsnoten, Arbeitslosigkeit, materieller Einschränkungen) vertraut. Sie realisieren »schonungsloser«, dass »der Zug schon abgefahren ist« oder im günstigeren Falle »bald abzufahren droht«.

Fallbeispiel 5

So brauchte es in einer inzwischen dreijährigen Familientherapie mit einem als psychotisch diagnostizierten intelligenten jungen Mann die Zeitspanne zwischen 19 und 22 Jahren, bis dieser seine hohen Erwartungen, ein »zweiter Kierkegaard« zu werden, auf ein akademisch machbares Niveau herunterschrauben konnte.

Entsprechend zeigen sich Eltern junger Erwachsener oft in einer anderen existenziellen Situation. In Familientherapien schwerer und länger dauernder psychiatrischer Störungen (insbesondere schizophrener Störungen und Drogenkarrieren) wird dann oft erkennbar, dass sich Eltern auf rezidivierende Krisen schon stärker eingestellt haben und weniger davon überrascht werden. Sie haben bereits einen Trauerprozess vollzogen und beschäftigen sich mit der Frage, ob sie sich auf eine lebenslange deviante Karriere ihres Kindes einrichten müssen. Dann öffnen sie sich – nachvollziehbar – schon mehr Überlegungen, wie sie sich selbst schützten, nicht mehr nur, wie sie ihrem Kind helfen können.

48.3 Besondere Herausforderungen in der Therapie mit Jugendlichen

Im Zentrum der Entwicklungsaufgaben der Jugendlichen steht die Herausbildung einer emotionalen Unabhängigkeit von den Eltern und von anderen Erwachsenen. Der dadurch heraufbeschworene Ablösungs-Autonomie-Konflikt zeigt sich in unterschiedlichen Aspekten, die die Beachtung des Therapeuten verlangen und für deren Bewältigung im Rahmen der systemischen Therapie spezielle Vorgehensweisen entwickelt wurden.

48.3.1 Jugendliche als »Besucher«

Jugendliche suchen aufgrund ihrer Entwicklungsaufgabe, autonom und erwachsenenunabhängig zu werden, selten aktiv um Therapie nach. In der Regel wird die Erstvorstellung von Eltern oder anderen Bezugspersonen in Schule, Jugendamt und ähnlichen Einrichtungen veranlasst. Der Jugendliche begegnet dem Therapeuten deshalb prinzipiell erst einmal sehr zurückhaltend. Viele haben ein generelles Misstrauen im Hinblick auf die Vertrauenswürdigkeit von Erwachsenen entwickelt, wehren sich gegen erwachsene Helfer und fürchten die Verbündung des Therapeuten mit den Eltern. Hinzu tritt eine

Neigung zu Selbstvergrößerung und zu überbetontem autonomem Handeln, in wechselndem Rhythmus abgelöst von Zeiten, in denen Niedergeschlagenheit, Selbstwertzweifel und Minderwertigkeitsgefühle dominieren.

In solchen Fällen hat es sich als hilfreich erwiesen, zunächst einmal die Problemdiskussion zurückzustellen und ein Gespräch mit dem Jugendlichen aus einem Interesse an seiner Person zu entwickeln. Voraussetzung dafür ist allerdings, die Abwehr des Jugendlichen nicht persönlich zu nehmen oder als unangemessene Unhöflichkeit anzusehen, sondern als eine im Sinne seiner individuellen Entwicklungsaufgaben notwendige Verhaltensform. Äußerungen wie »Ich brauche Sie nicht!« oder »Sie können mir doch nicht helfen!« oder »Sie machen das ja doch nur, weil Sie Geld damit verdienen!« sind Ausdruck des Erlebens, eigentlich als doch schon fast Erwachsener keine Hilfe zu brauchen und schon gar nicht zugeben zu dürfen, in Not und verletzlich zu sein.

Viele Jugendliche antworten nur widerstrebend auf direkte Fragen zu ihrer Person. Sie sprechen ungern über sich selbst, antworten aber durchaus, wenn man diese Fragen zirkulär formuliert: »Was würde dein bester Freund auf meine Frage antworten, was du so richtig gut kannst?« oder »Was würde dein Lieblingslehrer antworten, wenn er hier säße und ich ihn fragte, was du sehr gut machst und was er an dir schätzt?« oder »Was würde deine Freundin sagen, wenn ich sie fragen würde, was sie an dir schätzt und mag?« oder »Wenn ich deinen besten Freund fragen würde, weshalb du ein guter Freund bist, was würde er antworten?«

Im Anschluss daran ist es oft möglich, die vermutete Unzufriedenheit, das erahnte Unglücklich-Sein oder die gespürte Verzweiflung des Jugendlichen in allgemeiner Form anzusprechen und ein Bedürfnis zu äußern, zumindest den Versuch zu machen, ihn bei der Bewältigung dieser Probleme zu unterstützen. Der Erfolg sei zwar ungewiss, aber vielleicht könne er die Chance erproben. In manchen Fällen kann man im Anschluss daran die Frage erörtern, was das Schlimmste sei, was ihm dabei geschehen könne, worauf der Therapeut zu achten habe und was er in jedem Fall vermeiden müsse. Nicht immer reagiert der Jugendliche unmittelbar; aber erfahrungsgemäß arbeitet eine derartig distanzierte Zugewandtheit in ihm, sodass er sich, wenn nicht sofort, dann doch etwas später, vorsichtig öffnet.

48.3.2 Das Symptom würdigen

Wenn das vorgestellte Problem zur Sprache kommt, ist es notwendig, das Symptom in seinen Kontext zu stellen und zu würdigen. Aus systemischer Sicht verhält sich jeder Mensch in der jeweiligen Situation und aufgrund seiner individuellen Geschichte zu jeder Zeit subjektiv angemessen und richtig. Insofern ist es kein Trick, wenn der Therapeut sich bemüht, mit dem Jugendlichen nach einem »guten Grund« für sein Verhalten zu suchen. Seine Äußerung »Du wirst einen guten Grund dafür haben, dass …« ist aber für einen Jugendlichen, der bisher mit hoher Wahrscheinlichkeit viele gute Ratschläge, Belehrungen und Predigten gehört hat und dem nicht selten Böswilligkeit unterstellt wurde, etwas Neues und Überraschendes, das ihn zum Nachdenken bewegt und wahrscheinlich die Idee in ihm aufkommen lässt, dass es sich vielleicht doch lohnen könnte, mit dem Therapeuten zu reden. Zuweilen können Jugendliche durchaus plausible Erklärungen für ihr Verhalten formulieren. In vielen Fällen aber wird es im Weiteren Aufgabe des Therapeuten sein, nach dem Sinn und der Funktion des präsentierten Symptoms zu suchen.

Zuweilen wird die Sorge geäußert – und manchmal denken das auch im Gespräch anwesende Eltern –, ein Würdigen des Symptoms als sinnvoll und funktional könne als eine Zustimmung zu dem beklagten Verhalten verstanden werden, z. B. zum Drogenkonsum. Wird eine derartige Befürchtung angesprochen, lässt sich das leicht auffangen, indem man auch die »Kosten« des Symptoms, beispielsweise den Abstieg in der Schulkarriere, thematisiert. Letztlich geht es darum, mit dem Jugendlichen ins Gespräch zu kommen, mit ihm – und der Familie – den Sinn seines symptomatischen Verhaltens zu besprechen und zu überlegen, wer von allen Beteiligten mit welchem Verhalten dazu beitragen könnte, dass dieses Ziel ohne die erörterten Kosten erreicht werden kann.

48.3.3 Jugendliche ohne Hoffnung

Grundsätzlich müssen besonders für Jugendliche zwei Kriterien erfüllt sein, damit sie sich auf das Abenteuer Therapie einlassen: Das Ziel, der in Aussicht stehende Gewinn, muss hinreichend attraktiv und eine Aussicht auf Erfolg muss gegeben sei. Wird eines von beiden Kriterien beispielsweise auf einer Skala von Null bis Zehn mit Null bewertet, wird er keine Motivation zu einer Therapie entwickeln, egal wie hoch die Bewertung auf der anderen Skala ist.

> **!** Aufgabe des Therapeuten ist es, daran zu arbeiten, dass das Therapieziel auch tatsächlich das Ziel des Jugendlichen ist, und gleichzeitig dafür Sorge zu tragen, dass er die Überzeugung gewinnt, über die notwendigen Ressourcen zu verfügen, um das Ziel zu erreichen.

Viele Jugendliche, die zur Therapie kommen, blicken zurück auf Monate und Jahre voller Misserfolgserfahrungen. Sie haben wegen ihres Verhaltens Kritik seitens der Erwachsenen in Familie, Schule und sonstigen Institutionen und nicht selten auch von Gleichaltrigen erfahren. Sie leiden unter der Situation, haben aber die Erfahrung gemacht, dass all die Kritik und alle guten Ratschläge ihre Situation nur verschlimmern. Sie haben die Hoffnung verloren, dass sich etwas ändern könnte. Um aber ihr verunsichertes Selbstwerterleben nicht weiter zu destabilisieren, leugnen sie, dass es ihnen schlecht geht und zeigen eine Null-Bock-Haltung mit dem berühmt-berüchtigten »Ist mir egal« der Jugendlichen.

In solchen Fällen erweist sich oft auch ein Ressourceninterview, das immer am Beginn der Arbeit mit Jugendlichen stehen sollte, als schwierig und zäh, selbst wenn man die Fragen, wie oben dargestellt, zirkulär formuliert. Der Therapeut sollte dann sorgfältig darauf achten, jeden Druck zu vermeiden und sich beispielsweise zunächst, mit Einverständnis des Jugendlichen, den Eltern zuwenden. In diesem Gespräch sollte er jede Gelegenheit nutzen, positive Verhaltensweisen des Jugendlichen zu thematisieren, die häufig von den Eltern überhaupt nicht (mehr) bewusst wahrgenommen werden: Beispielsweise ist es eine sehr freundliche Geste des Jugendlichen den Eltern gegenüber, mit ihnen zum Therapeuten gegangen zu sein, obwohl er in dem Gespräch nur Negatives erwartet und seine Zeit weiß Gott besser nutzen könnte. Auch im weiteren Gespräch wird der Therapeut trotz aller Klagen der Eltern etwas bis dahin Unbemerktes entdecken und ansprechen können, das die Aufmerksamkeit aller Beteiligten auf die seit langem schon übersehenen positiven Seiten des Jugendlichen lenkt. Das geschieht am besten in Frageform, durch die alle Beteiligten zum Nachdenken angeregt werden und ein sofortiges Widersprechen und Relativieren verhindert wird. Dabei ist es nicht wichtig, möglichst viel zu entdecken. Wenige, dafür aber sehr überraschende Anmerkungen des Therapeuten, die den Fokus der Aufmerksamkeit plötzlich auf eine ganz andere Seite des Jugendlichen lenken, zeigen oft eine erstaunliche Wirkung.

Im Übrigen sind gerade bei dieser Gruppe von Jugendlichen kurze Sitzungen meist wirksamer als längere. Mit langem Gerede haben sie meist schlechte Erfahrungen gemacht. Dass es Erwachsene gibt, die in knappen Sätzen und kurzer Zeit Wesentliches sagen, überrascht sie und weckt am ehesten den Gedanken in ihnen, sie könnten sich auf eine weitere Sitzung ja ruhig noch einmal einlassen.

Manche Jugendliche fühlen sich in der Einzeltherapie von dem konventionellen Therapiesetting abgeschreckt. Deshalb ist es wichtig, dass der Therapeut hohe Flexibilität in der Gestaltung seiner Gespräche zeigt; so ist es beispielsweise oft einfacher, mit einem Jugendlichen auf einem Spaziergang ins Gespräch zu kommen. Jeder, der mit Jugendlichen im stationären Setting arbeitet, weiß, dass sie bei den unterschiedlichsten Anlässen (beim gemeinsamen Einkauf oder im Freibad) und zu den ungewöhnlichsten Zeiten (morgens, bevor die anderen aufstehen, oder auch mitten in der Nacht) ihr Interesse zeigen, das, was sie bewegt, zu erörtern. Sie fühlen sich zudem ernst genommen, wenn man sie anregt, das vorzustellen, was sie interessiert, beispielsweise ihre Lieblings-CD oder ihr Lieblingsbuch. Warum sollte der Jugendliche nicht einmal seinen Hund mitbringen, die zuletzt von ihm gemalten Bilder zeigen oder auf der Gitarre etwas vorspielen?

48.3.4 Erleben von Selbstwirksamkeit

Eine wesentliche Aufgabe des Jugendalters liegt darin, Unabhängigkeit von Erwachsenen zu erreichen. Jugendliche müssen im Hinblick auf ihre Lebensgestaltung eine Kompetenz- und Kontrollüberzeugung ausbilden, Vorgehensweisen erlernen, mit Problemen und Konfliktsituationen eigenständig umzugehen, und das Erleben von Selbsteffizienz entwickeln. Dementsprechend schätzen Jugendliche zwar durchaus Gespräche mit Erwachsenen, aber sie fürchten sich vor jeder Form von Abhängigkeit. Dies konfligiert mit Psychotherapie insofern, da Psychotherapie notgedrungen das Erleben vermittelt, die Probleme und Konflikte nicht eigenständig lösen zu können, sondern dafür die Unterstützung eines Erwachsenen zu benötigen.

> Aus Respekt für diese zentrale Aufgabe der Autonomieentwicklung sollte deshalb als wichtigste Regel für eine Therapie mit Jugendlichen gelten, dass sie – mehr noch als eine Therapie mit Erwachsenen – so kurz wie möglich zu sein bzw. mit so wenig Therapiestunden wie möglich auszukommen hat. Entsprechend betonte auch Zauner (1985, S. 142), der Therapeut sollte in der Arbeit mit Jugendlichen »die Fähigkeit besitzen, von dem ehrgeizigen Ziel, die Behandlung zu Ende zu führen, Abstand zu nehmen«. Die Adoleszenz bedeute ja ein Durchgangsstadium der Entwicklung, und es sei in vielen Fällen schon ein Erfolg, dem Patienten auf dem Weg zum Erwachsenen geholfen zu haben.

Die Konzepte der systemischen Therapie kommen dem entgegen. Systemische Therapie setzt generell darauf, in den einzelnen Sitzungen lediglich Anstöße zu Veränderungen zu geben, und baut darauf, dass die Veränderungen durch die Patienten selbst zwischen den Sitzungen vollzogen werden. Auf diese Weise kann die Therapie zwar über einen längeren Zeitraum erfolgen, benötigt aber nur wenige Therapiestunden, sodass die Gefahr der subjektiv erlebten Therapeutenabhängigkeit verringert wird. Die im systemischen Feld bekannte Vorgehensweise, den Patienten quasi zehn Gutscheine für Therapiesitzungen zu geben, die sie autonom und in eigener Verantwortung zum ihnen geeigneten Zeitpunkt einlösen können, hat sich in der ambulanten Therapie Jugendlicher durchaus bewährt.

Darüber hinaus sollte der Therapeut – bei Anerkenntnis der unbestreitbar großen Bedeutsamkeit einer guten Klient-Therapeut-Beziehung – die Gefahr einer hohen emotionalen Bindung der Jugendlichen an ihn und damit einer Abhängigkeit stets im Auge haben. Das erfordert zwar einen herben Verzicht auf Grandiosität aufseiten des Therapeuten, erleichtert aber den Jugendlichen das wichtige Erleben, selbst die Veränderung bewirkt zu haben und den Therapeuten lediglich als relativ unwichtigen Katalysator oder Anreger zu sehen. Dies minimiert zugleich die Gefahr eines Konkurrenzerlebens aufseiten der

Eltern, das bei Nichtbeachtung und zu enger Bindung der Jugendlichen an den Therapeuten häufig zu störenden Interventionen der Eltern führt bzw. Grund für einen Abbruch der Therapie ist.

Schließlich hat sich als wichtiges, Kooperation förderndes Prinzip erwiesen, dem Jugendlichen bei so vielen Gelegenheiten wie möglich zwei oder mehrere Alternativen anzubieten, zwischen denen er sich entscheiden kann. Meist definiert man einen Rahmen (z. B. »Die Erfahrung aus der Arbeit mit anderen Mädchen zeigt, dass es im Verlauf der Therapie unverzichtbar ist, das beim sexuellen Missbrauch Erfahrene und Erlebte zu schildern …«), innerhalb dessen aber viele Entscheidungsmöglichkeiten bestehen (z. B. »Du wirst selbst bemerken, wann der für dich richtige Zeitpunkt ist« oder »Bitte entscheide du, ob du das mit mir besprechen willst oder lieber mit einer Frau«).

Gelingt es in der Therapie – man könnte auch sagen: trotz der Therapie –, den Jugendlichen das Erleben von Selbstwirksamkeit bei der Lösung ihrer Probleme zu vermitteln, wird die beste Grundlage dafür gelegt, dass sie in der nächsten Krisensituation auf ihre positiven Erfahrungen zurückgreifen und im Vertrauen auf ihre Problemlösefähigkeit eigenständig die anstehenden Schwierigkeiten zu bewältigen suchen. Langsley hat diesen Effekt in einer von Byng-Hall und Bruggen (1974, S. 444 ff.) referierten Studie eindrucksvoll nachgewiesen.

48.3.5 Die Sprache der Jugendlichen verstehen

Im Rahmen des Ablösungs-Autonomie-Konfliktes des Adoleszenten kommt es ganz natürlicherweise zu heftigen Auseinandersetzungen mit den Eltern. Die Jugendlichen haben das Bedürfnis und sozusagen die »Pflicht«, anders zu sein als ihre Eltern. In ihrer Ambivalenz zwischen dem Wunsch, auch noch einmal Kind zu sein, und der erlebten Aufgabe, Erwachsenenverhalten zu zeigen, schirmen sie sich ab und lassen sich möglichst nicht in die Karten gucken. Das macht es für Eltern oft schwer, das Verhalten des Jugendlichen zu verstehen, und sie nehmen vielfach Äußerungen des Jugendlichen, die lediglich dem Selbstschutz dienen, allzu wörtlich. Dabei sollte man davon ausgehen, dass auch Jugendliche gute Kinder ihrer Eltern sein wollen – auch wenn sie genau das Gegenteil bekunden – und dass sie sich wünschen, dass ihre Eltern stolz auf sie sind.

Fallbeispiel 6

Insoo Kim Berg (Steiner u. Kim Berg 2005) berichtet eine wunderbare Geschichte, die zeigt, wie Jugendliche gerade ihre positiven Gefühle den Eltern gegenüber glauben nicht zeigen zu dürfen in dem Erleben, dass sie sich autonom und unabhängig zeigen müssen. Sie berichtet von einem 16-jährigen Jugendlichen, der neben ihr im Flugzeug saß und erstmalig nach einem Semester an der Kunstakademie wieder nach Hause kam. Während des Fluges schaute er ständig auf seine Armbanduhr und sagte laut zu sich: »Ich glaube, jetzt fährt Papa gerade von zu Hause los, um mich am Flughafen abzuholen.« Dann: »Jetzt fahren sie sicher gerade in B. auf die Autobahn.« Schließlich: »Jetzt suchen sie wahrscheinlich gerade einen Parkplatz am Flughafen.« Und dann: »Jetzt stehen sie bestimmt schon vor der Anzeigetafel und schauen, ob das Flugzeug schon gelandet ist.« Insoo Kim Berg beschreibt, wie sie sich vorstellte, wie der Junge gleich auf seinen Vater zulaufen, ihn umarmen, ihm erste Geschichten erzählen und mit ihm lachend zum Auto gehen würde. Umso überraschter war sie, als sie die tatsächliche Begegnung beobachtete: Der Junge trat aus der Gepäckhalle, winkte einem älteren Herrn zu, der offensichtlich auf ihn wartete, grüßte dann den Jungen, der neben ihm stand, mit einem kurzen »Hey« und ging mit seinem Gepäck den beiden voran zum Parkplatz. Insoo Kim Berg schildert ihre Enttäuschung und schreibt, sie sei versucht gewesen, den Vater »aufzuklären« und ihm zu sagen, wie sehr sein Sohn sich auf die Begegnung gefreut habe. Sie habe darauf verzichtet und auf ihrer Heimfahrt darüber nachgedacht, wie schwer es für Eltern sein kann, die Sprache der Jugendlichen zu verstehen. Oft hätten sie ja ein besonders hohes Bedürfnis nach Verbundenheit, glaubten aber, dies nach Außen nicht zeigen zu dürfen.

Offer (1984) berichtet aufgrund seiner Studien, dass 90 % der Jugendlichen angeben, sich am Leben zu freuen und meist glücklich zu sein. Sie fühlen sich meistens entspannt und selbstkontrolliert und trauen sich zu, neue Situationen zu bewältigen. In ihrer überwiegenden Mehrheit sehen die Jugendlichen keine besonderen Probleme in ihren Beziehungen zu ihren Eltern. Der Familie gelten überwiegend positive Gefühle. Angesichts solcher Befunde liegt es nahe anzunehmen, dass die Adoleszenz und die Veränderung der Beziehung zwischen Kindern und Eltern in dieser Zeit von den Eltern oftmals als schwieriger erlebt wird als von den Jugendlichen. Viele Eltern erleben es als verletzend, wenn Jugendliche auf dem Weg zu eigenen Positionen und Überzeugungen und zu einer eigenständigen Persönlichkeit zunächst einmal versuchen, die gegenteiligen Positionen einzunehmen und vor allem anders zu sein als sie. Steiner und Insoo Kim Berg (2005) formulieren, dass Eltern die schwierige Aufgabe haben, ausgerechnet dann zurückhaltender und distanzierter zu werden, wenn das Potenzial der Jugendlichen, Fehler zu machen, am größten sei. Und je perfekter der Jugendliche seine neue Aufgabe erfüllt, umso unruhiger und besorgter werden die Eltern.

Zuweilen hat das zur Folge, dass die Eltern selbst »schwierig« werden. In solchen Situationen kann es in der Beratung von Eltern hilfreich sein, mit der Annahme zu arbeiten, dass Adoleszenz in allen Kulturen eine Krisenzeit für Eltern darstellt, durch die (fast) alle Eltern »durch müssen« – die einen früher, die anderen später – und die für (fast) alle Eltern irgendwann auch wieder aufhört.

___Fallbeispiel 7___

So beklagte ein Vater in der Arbeit mit dem Autor Jochen Schweitzer (2006) vehement die bevorstehende Promiskuität und Drogengefährdung seiner damals 18-jährigen Tochter. Als seine Ängste im Einzelnen und auch die Auswirkungen seiner Befürchtungen auf das Leben seiner Tochter thematisiert wurden und die Frage gestellt wurde, wie die junge Frau denn wohl in einem Alter von 32 Jahre leben werde, antwortete er: »Dann wird sie einen dieser Bauerntölpel hier aus der Gegend geheiratet haben, mit diesem eine langweilige Ehe führen und zwei nur wenig begabte Kinder mit ihm haben.« Das Nachdenken über eine Zukunft weit jenseits von Pubertät und jungem Erwachsenenalter hatte diesem Vater geholfen, ein »Licht am Ende des Tunnels« zu imaginieren – das sich dann in der Wirklichkeit nicht so, aber auf andere Weise positiv einstellte.

Manche Krise aber entzündet sich daraus, dass Eltern gar nicht richtig »bemerken«, dass ihr Kind volljährig geworden ist. Sie sind zwar nicht mehr entscheidungsbefugt, insbesondere auch nicht in Schulfragen oder in der Aufenthaltsbestimmung (»Um 24 Uhr kommst du spätestens heim«), aber die materielle oder versorgungspraktische Abhängigkeit besteht oft weiter und verdeckt diese Tatsachen. In der Arbeit mit Familien lässt sich diese Veränderung dann verdeutlichen, indem man ein Übergangsritual konstruiert und beispielsweise eine feierliche »Übergabe der Verantwortung« (z. B. für den Schulerfolg) von den Eltern an das »Kind« inszeniert. Und mit einer 17-Jährigen kann man vor allen beteiligten Familienmitgliedern darüber sprechen, wie sie sich in den verbleibenden letzten Monaten auf diesen Übergang gut vorbereiten wird.

48.3.6 Druck der Eltern auf den Therapeuten

Oft wenden sich hochbesorgte Eltern mit ihrer Unruhe und ihren Ängsten an den Therapeuten und machen großen Druck, dass sofort etwas zu geschehen habe. Sie reagieren empfindlich auf jeden seiner Versuche, sie zu beruhigen und das Verhalten als »normales« Durchgangsstadium zu werten, und fühlen sich leicht missverstanden und nicht unterstützt.
Erfolgreicher ist es, die Sorge der Eltern zu würdigen und viel Verständnis für ihre Ängste und Nöte zu zeigen. Dies kann man einbetten in ein Gespräch über all das, was sie im Laufe der anderthalb Jahrzehnte ihrem Kind mitgegeben haben, welche Chancen sie ihm eröffnet haben, welche Werte sie ihm vermittelten und wie sehr sie auf diese Leistung stolz sein können. Damit gelingt es häufig, Zuversicht bei den Eltern zu wecken, dass ihr Kind, dem sie so viele Fähigkeiten vermittelt haben, zwar möglicherweise scheinbar notwendige und auch schwierige »Umwege« geht, schließlich aber doch seinen Weg findet. Steiner und Insoo Kim Berg (2005) berichten, dass sich für sie die Wohnungs- und Möbelmetapher in solchen Fällen als hilfreich erwiesen hat. Sie schildern den Eltern, dass die Geburt eines Kindes vergleichbar sei mit einer unmöblierten Wohnung, die die Eltern im Laufe der Kleinkind- und Kinderjahre liebevoll einrichten. Dabei schenken sie den verschiedenen Details große Aufmerksamkeit: Sie suchen nach dem richtigen Platz für die Couch, für den Stuhl, für das Bett, für den Tisch; sie wählen die richtige Farbe für die Wände, die wiederum zu der Farbe der Stühle und der Vorhänge passt. Wenn das Kind ins Jugendalter kommt, übernimmt es die Wohnung. Es hat nun die Aufgabe, die Wohnung zu seiner eigenen zu machen. Und viele tun das, indem sie zunächst einmal sämtliche Möbel aus der Wohnung räumen. Vielleicht stellt das Kind zunächst keines der »alten« Möbelstücke in seine neue Wohnung. Doch im Laufe der Zeit werden die Eltern beobachten, dass allmählich immer mehr der früheren Möbel in der Wohnung des Jugendlichen wieder Platz finden. Sie stehen vielleicht nicht mehr an ihrem früheren Platz, und doch wirkt die Wohnung mit den alten Möbeln durchaus vertraut. Der »neue Besitzer« hat vielleicht andere Farben und neue Tapeten gewählt und vielleicht auch andere Bilder an die Wände gehängt. Die Eltern werden die meisten Dinge aber wiedererkennen. Und sie erfahren, dass ihr Kind die Einrichtung nicht verändert hat, weil es gehässig ist, sondern weil es sie sich hat aneignen wollen.

48.3.7 Selbstbezichtigungen der Eltern

Wenn Eltern mit den Sorgen über die Entwicklung ihrer Jugendlichen zum Therapeuten kommen, äußern sie oft Kritik über ihr eigenes erzieherisches Verhalten, berichten, dass sie vieles nicht »richtig« gemacht hätten, und glauben, in den auffälligen Verhaltensweisen des Kindes den Beweis für ihr eigenes Versagen zu erkennen. Der Therapeut sollte das als Aufforderung verstehen, mit den Eltern über die Geschichte ihrer Erziehung dieses Kindes zu sprechen und das herauszuarbeiten und anzuerkennen, was die Eltern für ihr Kind geleistet haben und welche Stärken sie ihm vermitteln konnten. Erst wenn die Eltern Gewissheit erleben, dass sie das Bestmögliche getan haben, können sie sich dafür öffnen, in Ruhe nach Lösungen für die aktuell erlebten Probleme zu suchen.
Selbstbezichtigungen führen oft zu der »Lösung« des »mehr desselben«, zu immer denselben Vorhaltungen, Ratschlägen und Appellen an die Einsicht und zu einem Ende jeden Dialogs zwischen Eltern und Jugendlichen. Durch Fragen, ob ihre Hinweise und Aufforderungen (»Ich habe dir doch tausend Mal gesagt, dass ...«) für das Kind denn neu seien, kann man die Erkenntnis wecken, dass es sinnlos ist, immer wieder dieselben Weisheiten zu predigen. Den Jugendlichen kann man dazu bewegen, deutlich zu machen, dass er dem schon lange nicht mehr zuhört und die Ermahnungen nur noch lästig findet. Manchmal bekennen Jugendliche auch, dass sie häufig den Vorschlägen der Eltern zustimmen, damit die Predigten end-

lich beendet werden. Umso größer ist dann die Enttäuschung der Eltern, wenn die »Absprachen« nicht eingehalten werden. Und für den Jugendlichen »lohnt« ein Gespräch nicht mehr, weil er ja sowieso schon weiß, was er zu hören bekommt.

Diese Erkenntnis kann hilfreiche Voraussetzung sein, Eltern zu einem geschickteren Gesprächsverhalten im Kontakt mit ihren Jugendlichen anzuregen. Durch wiederum zirkulär gestellte Fragen ist es in solchen Fällen möglich, die Eltern zu motivieren, die Situation aus der Perspektive ihres Kindes und nicht nur aus ihrer eigenen zu betrachten. So kann man Eltern fragen, was ihre Tochter denn wohl auf die Frage antworten würde, inwieweit das Gespräch mit ihnen für sie nützlich war, oder auf die Frage, wie sie, die Eltern, die Situation ein klein bisschen hilfreicher gestalten könnten. Was würde der Sohn auf die Frage antworten, welche Bedeutung die Eltern seiner Einschätzung nach dem Gespräch mit ihm beimessen, und was würde er antworten, wenn der Therapeut ihn fragt, wieso es ihm wichtig war, die Party nicht wie verabredet um Mitternacht, sondern erst um 3 Uhr zu verlassen.

Eine weitere Chance eröffnet sich dadurch, dass bereits erwachsene Geschwister eingeladen werden. Sie sind oftmals verlässlichere Vermittler, als Erwachsene es sein können, beispielsweise zwischen dem Leistung verweigernden Jugendlichen und den Leistung fordernden Eltern. Ein 20-jähriger Bruder, der diese Phase der Auseinandersetzung mit dem elterlichen Autoritätsanspruch schon durchgemacht hat, kann im täglichen Kleinkampf zwischen Mutter und 17-jähriger Tochter über die Frage, wer an den vielen »Klausur-Fünfen« und der drohenden Nichtversetzung mehr leidet, mehr leiden sollte, mehr Schuld hat und mehr zur Veränderung tun kann, ein überzeugender Mediator sein und authentische Erfahrungen einbringen, die beiden Positionen gerecht werden.

48.3.8 Ausnahmen von den Problemen

Im Gespräch mit den Eltern ist es immer wieder wichtig, den Blick fort von dem beklagten Verhalten und hin zu den Zeiten zu lenken, in denen ihr Kind sich angemessen verhält und Fähigkeiten zeigt. So kann es sein, dass ein Jugendlicher zwar nicht für die Schule arbeitet, aber in seiner Freizeit bestimmte Arbeiten, für die er sich interessiert, sehr sorgfältig erledigt. Er ist also grundsätzlich in der Lage, sorgfältig und gewissenhaft zu arbeiten. Wenn er pünktlich zum Sport geht, ist er prinzipiell in der Lage, Zeiten diszipliniert einzuhalten und verfügt auch über eine Anstrengungsbereitschaft, wie er sie bei seinen sportlichen Aktivitäten beweist. All dies sind nicht nur Fähigkeiten des Kindes, sondern auch Verdienste der Eltern, die es ihm ermöglicht haben, solche Fähigkeiten zu entwickeln.

48.3.9 Widersprüchliche Aufträge

Eine der schwierigsten Aufgaben für Therapeuten stellt sich dann, wenn sich bei der Erarbeitung von Anlass, Anliegen und Auftrag zeigt, dass Eltern und Jugendliche Aufträge formulieren, die sich widersprechen. Der Jugendliche äußert beispielsweise als Ziel der Therapie, dass seine Eltern es akzeptieren, dass er am Wochenende so viele Drogen konsumiert wie er möchte, während die Eltern als Auftrag formulieren, dass der Sohn auf jeden Drogenkonsum verzichtet. In solchen Fällen ist es oberstes Gebot für den Therapeuten, seine Allparteilichkeit zu wahren und darauf zu achten, dass er sich weder mit dem Jugendlichen noch mit den Eltern verbündet. Gegebenenfalls ist es sinnvoll, das Therapeutendilemma zu formulieren und zu äußern, dass der Therapeut den großen Wunsch habe, sich für das Anliegen des Jugendlichen einzusetzen, gleichzeitig aber auch sehr viel Verständnis für das Anliegen der Eltern aufbringe und sich auch gerne für ihren Auftrag engagieren würde, dass er beides aber nicht unter einen Hut bringen könne. Ein entsprechendes Dilemma tritt häufig auf, wenn Eltern eine stationäre Aufnahme des Jugendlichen angesichts seiner Verhaltensstörungen wünschen, der Jugendliche aber genau zu diesem Schritt auf keinen Fall bereit ist.

In vielen Fällen ist es sinnvoll, dieses Dilemma an die Familie zurückzugeben und sie aufzufordern, bis zur nächsten Stunde zu überlegen, ob sie sich auf einen gemeinsamen Auftrag, in dem beide Wünsche angemessen berücksichtigt werden, verständigen können. Dazu ist es wichtig, zuvor zu erfragen, was dem Jugendlichen beispielsweise ein regelmäßiger Drogenkonsum am Sonntag bedeutet, was er dadurch gewinnt und weshalb ihm das so wichtig ist. Die gleiche Frage geht an die Eltern, die aufgefordert werden, zu reflektieren, welche Bedeutung der völlige Drogenverzicht ihres Sohnes für sie hat und welcher Gewinn sich daraus für sie ergibt. Je konkreter beide Ziele erarbeitet werden, umso eher wird es möglich werden, zu einem Auftrag zu kommen, der den Bedürfnissen beider Seiten gerecht wird.

48.3.10 Kompromisse als Gesichtsverlust

Erschwerend kann sein, dass Jugendliche oft auf der Suche nach eigenen Positionen zu Extremen neigen. Sie verbinden das dann häufig mit der Idee, dass jedes noch so kleine Nachgeben gleichzusetzen sei mit einem kompletten Aufgeben ihrer Ideen. Das bedeutet in der Auseinandersetzung mit Eltern häufig, dass jeder minimale Kompromiss als »Verlieren« und »Gesichtsverlust« gewertet wird. Auch manche Eltern neigen nach Monaten oder gar Jahren der Auseinandersetzung mit ihrem Kind zu einem radikalen Entweder-oder. In solchen Fällen hat es sich als hilfreich erwiesen, Skalierungsfragen zu stellen und damit Differenzierungen anzuregen, z. B.: »Wie sehr würdest du es als Niederlage werten, wenn du dem Wunsch deiner Eltern in diesem einen Punkt nachkommen würdest? Wo würdest du dich dann auf einer Skala zwischen Niederlage = Null und Sieg = Zehn einordnen?«, »Und welche Zahl würde dein Vater wohl für sich auf der gleichen Skala ankreuzen?«

48.3.11 Peers einladen

In ihrer Suche nach eigenen Positionen und nach Unabhängigkeit von den Erwachsenen orientieren sich Jugendliche stark an der Gruppe der Gleichaltrigen. Gemeinsam mit ihnen entwickeln sie eigenständige Positionen, die sich häufig dadurch definieren, dass sie die Gegenpositionen zu denen der Erwachsenen darstellen. Eltern berichten dann über den Einfluss »schlechter Freunde« auf ihre Kinder. Legale und illegale Drogen spielen oft eine große Rolle, und gemeinsam kommt es zu Handlungen zwischen grobem Unfug und deutlich dissozialem Verhalten.

Kommt es zu therapeutischen Kontakten mit solchen Jugendlichen, wird unserer Erfahrung nach die Möglichkeit viel zu selten genutzt, Peers mit in die Therapie einzuladen. Die Jugendlichen erleben diese Anregung, ein oder zwei Freunde in die nächste Stunde mitzubringen, oft als Wertschätzung der von ihren Eltern so verteufelten Kontakte. Manche Jugendliche allerdings gehen auf einen solchen Vorschlag nicht ein, weil sie gegenüber den Gleichaltrigen z. B. ihre Therapiebereitschaft nicht offen zeigen wollen oder weil sie fürchten, das Heft aus der Hand zu geben. Es ist spannend, dies unter der Frage »Was könnte schlimmstenfalls geschehen …« mit ihnen zu erörtern. Gelingt jedoch ein Gespräch mit Peers, so bietet dies eine gute Chance, das Interesse des Jugendlichen für gerade diese Peergroup besser zu verstehen und zu erkennen, welchen Sinn es hat, dass er sich möglicherweise von diesen Gleichaltrigen abhängig macht. Es ist dann in späteren Kontakten leichter, mit ihm nach alternativen Wegen zum selben Ziel zu forschen.

Literatur

Asen E, Schuff H. Psychosis and multiple family group therapy. J Fam Ther 2006; 28: 58–72.
Asen E, Dawson M, McHugh B. Multiple Family Therapy: The Marlborough Model and its wider applications. London: Karnac 2001.
Bonney H. Kinder und Jugendliche in der familientherapeutischen Praxis. Heidelberg: Carl Auer 2003.
Byng-Hall J, Bruggen P. Family admission decisions as a therapeutic tool. Fam Proc 1987; 13: 443–59.
Caby F, Geiken G. Reflecting Families: Eltern reflektieren Kinder und Jugendliche/Kinder und Jugendliche reflektieren Eltern. Abstract zum XXVI. Kongress der Deutschen Gesellschaft für Kinder- und Jugendpsychiatrie und Psychotherapie 2000. www.kinderpsychiatrie-systemisch.de.
Conen ML. Wo es keine Hoffnung gibt, muss man sie erfinden. Praxis der Aufsuchenden Familientherapie. Heidelberg: Carl Auer 2002.
Durrant M. Auf die Stärken kannst Du bauen. Lösungenorientierte Arbeit in Heimen und anderen stationären Settings. Dortmund: Modernes Lernen 1996.
Foerster H v. Abbau und Aufbau. In: Simon FB (Hrsg). Lebende Systeme. Berlin, Heidelberg: Springer 1988; 19–33.
Gammer C. Die Stimme der Kinder in der Familientherapie. Eine systemische Perspektive. Heidelberg: Carl-Auer-Systeme 2007.
Hahn K, Müller FW. Systemische Erziehungs- und Familienberatung. Mainz: Matthias Grünewald 1993.
Krähenbühl V, Jellouschek H, Kohaus-Jellouschek M, Weber R. Stieffamilien. Freiburg: Lambertus 1986.
Nichols MP, Schwartz RP. Family Therapy – Concepts and Methods. 6th ed. Boston: Pearson 2004.
Offer D. Das Selbstbild normaler Jugendlicher. In: Olbrich E, Todt E (Hrsg). Probleme des Jugendalters. Heidelberg: Springer 1984; 111–31.
Reiter L. Clinical Constellations: A concept for therapeutic Practice. In: Tschacher W, Schiepek G, Brunner EJ (eds). Selforganisation and Clinical Psychology. Berlin: Springer 1991.
Rotthaus W. Stationäre systemische Kinder- und Jugendpsychiatrie. Dortmund: Modernes Lernen 1990.
Rotthaus W. Kundenorientierung in der stationären systemischen Psychotherapie. Vom Kontext des Versagens zum Kontext der Kompetenz. In: Vogt-Hillmann M, Burr W (Hrsg). Kinderleichte Lösungen. Dortmund: Borgmann 1998; 159–70.
Rotthaus W (Hrsg). Systemische Kinder- und Jugendlichenpsychotherapie. Heidelberg: Carl-Auer 2001.
Rotthaus W. Systemische Psychotherapie mit Jugendlichen. Psychotherapie im Dialog 2002; 3: 338–44.
Rotthaus W, Trapmann H. Auffälliges Verhalten im Jugendalter. Handbuch für Eltern und Erzieher. Band 2. Dortmund: Modernes Lernen 2004.
Schlippe A v, Schweitzer J. Lehrbuch der systemischen Therapie und Beratung. Göttingen: Vandenhoeck & Ruprecht 1996.
Schmela M. Vom Zappeln und vom Phillipp – ADHS: Integration von familien-, hypno- und verhaltenstherapeutischen Behandlungsansätzen. Heidelberg: Carl Auer 2004.
Scholz M. Was können systemische Tageskliniken in der Kinder- und Jugendpsychiatrie leisten? Z Systemische Therapie und Beratung 2005; 23: 172–8.
Scholz M, Asen E, Gantchev K, Schell B, Süß U. Familientagesklinik in der Kinderpsychiatrie. Das Dresdner Modell – Konzept und erste Erfahrungen. Psychiatr Prax 2001; 29: 125–9.
Schweitzer J. Elterliche Sorgen lindern – Sprechchöre und Zeitlinienreisen in der Elternberatung. In: Tsirigotis C, Schlippe A v, Schweitzer J (Hrsg). Coaching für Eltern – Mütter, Väter und ihr »Job«. Heidelberg: Carl Auer Systeme 2006; 233–41.
Schweitzer J, Schlippe A v. Lehrbuch der systemischen Therapie und Beratung II: Das störungsspezifische Wissen. Göttingen: Vandenhoeck & Ruprecht 2006.
Schweitzer J, Rotthaus W, Altmiks M, Kröger F, Wachter M v, Kirschnik-Tänzer S, Oestereich C. Stationäre systemische Therapie. Psychotherapie im Dialog 2007; 8(1): 29–35.
Simon FB, Stierlin H. Die Sprache der Familientherapie. Stuttgart: Klett-Cotta 1985.
Spitczok von Brisinski I. Systemische Narrative, Qualitätsmanagement, Psychiatrie und Krankenkassen: Eine Reflexionsliste zur systemischen Berichtgestaltung. Kontext 2006; 37(3): 275–96.
Steiner T, Kim Berg I. Handbuch Lösungsorientiertes Arbeit mit Kindern. Heidelberg: Carl Auer 2005.
Stern M. Child friendly therapy. New York: Norton 2002.

Stierlin H. Gerechtigkeit in nahen Beziehungen. Heidelberg: Carl Auer 2005.

Sydow K v, Beher S, Retzlaff R, Schweitzer J. Die Wirksamkeit der systemischen Therapie/Familientherapie. Göttingen: Hogrefe 2007.

Szapocznik J, Perez-Vidal A, Brickman AL, Foote FH, Santisteban D, Hervis O, Kurtines W. Engaging adolescent drug abusers and their families in treatment: a strategic-structural systems approach. J Consult Clin Psychol 1988; 56(4): 552–7.

Trapmann H, Rotthaus W. Auffälliges Verhalten im Kindesalter. 11. Aufl. Dortmund: Modernes Lernen 2004.

Vogt-Hillmann M, Burr W (Hrsg). Kinderleichte Lösungen. Lösungsorientierte kreative Kindertherapie. 4. Aufl. Dortmund: Modernes Leben 2002.

White M, Epston D. Die Zähmung der Monster. Der narrative Ansatz in der Familientherapie. Heidelberg: Carl Auer 2006.

Wilson J. Kindorientierte Therapie – ein systemisch-kooperativer Ansatz. Heidelberg: Carl Auer 2003.

Zauner J. Psychotherapie Jugendlicher. In: Rotthaus W (Hrsg). Psychotherapie mit Jugendlichen. Dortmund: Modernes Lernen 1985; 124–46.

49 Rehabilitation kognitiver Funktionen

Leila Hamid und Franz Petermann

Inhalt

49.1 Einleitung ... 644
49.2 Interventionen bei Störungen spezifischer Funktionen ... 645
49.3 Fazit ... 652
Literatur ... 653

Zusammenfassung

Kognitive Rehabilitation in der Adoleszenz muss im Besonderen eine möglichst breite Förderung und Optimierung des langfristigen Entwicklungspotenzials zum Ziel haben, da neben den vorliegenden Beeinträchtigungen der jeweiligen neurologischen Erkrankung die prospektiven Beeinträchtigungen der verschiedenen Entwicklungsbereiche (körperlich, geistig, emotional und sozial) eine bedeutsame Stellung einnehmen. In diesem Kapitel wird eine intensive Darstellung der drei kognitiven Funktionsbereiche Aufmerksamkeit, Gedächtnis und Exekutive Funktionen, den dahinter stehenden theoretischen Modellen sowie deren Störungen und den Rehabilitationsmaßnahmen, die bei vorliegender Störung eingeleitet werden können, vorgenommen. Die Unterscheidung der Maßnahmen erfolgt zwischen extern und intern fokussierten Interventionen, die, je nach Schweregrad der Störung, im Rahmen von Restitutions-, Substitutions- oder Kompensationstherapien zum Einsatz kommen.
Bei Aufmerksamkeitsstörungen liegt der Schwerpunkt auf den restitutiven, bei Gedächtnisstörungen sowie bei Störungen der Exekutiven Funktionen auf den substitutiven Therapieansätzen. Bezug nehmend auf den bedeutsamen Entwicklungsaspekt bei jugendlichen Hirnverletzungen sollte in Zukunft noch mehr auf die Interdisziplinarität im Rahmen der Behandlungen eingegangen werden.

49.1 Einleitung

Das Forschungs- und Anwendungsgebiet der Rehabilitation kognitiver Funktionen nach Verletzungen oder Erkrankungen des Gehirns gewann im Laufe der letzten beiden Jahrzehnte zunehmend an Bedeutung (Bochmann 2002). Hintergründe dieser Entwicklung waren vor allem hohe Prävalenzraten, ferner eine wachsende Erkenntnis- und Befundlage bezüglich der Auswirkungen von Hirnerkrankungen auf medizinischer, psychologischer und gesellschaftspolitischer Ebene sowie neue Erkenntnisse bezüglich der verfügbaren Behandlungsmöglichkeiten (Jackson u. Manchester 2001). Die kognitive Rehabilitation wird durch eine Reihe von therapeutischen Interventionen geprägt, welche dem Wiederaufbau oder dem Neuerwerb von Fähigkeiten zur Alltagsbewältigung dienen (Carney et al. 1999). Therapeutische Strategien der kognitiven Rehabilitation können nach Mateer et al. (1996) unterteilt werden in extern und intern fokussierte Interventionen (Tab. 49-1).

Die Einordnung von Maßnahmen in dieses Klassifikationsschema erfolgt auf der Grundlage ihrer Zielrichtung, also je nachdem, ob im Rahmen der Intervention Veränderungen innerhalb der Person des Patienten (intern) oder in dessen Umwelt (extern) angestrebt werden. Unter die Kategorie der intern fokussierten Interventionen lassen sich die restitutiven Ansätze auf der einen Seite und die Gruppe der kompensatorischen und substitutiven Maßnahmen auf der anderen Seite subsumieren (Mateer et al. 1996). Als Ansatzpunkt restitutiver Maßnahmen dient die Organebene; es soll dabei die Funktionsfähigkeit des geschädigten Organs oder des betroffenen neuronalen Systems wiederhergestellt werden (Gauggel 2003). Das wiederholte Üben stellt für die restitutive Maßnahmen das charakteristische Vorgehen *(drill and practice)* dar. Diese Methode geht davon aus, dass beim Üben neue neuronale Verbindungen etabliert werden und somit das gesamte geschädigte funktionelle System reorganisiert wird (Gauggel et al. 1998). Kompensatorische Maßnahmen nutzen alternative Informati-

Tab. 49-1 Therapeutische Strategien der kognitiven Rehabilitation (nach Mateer et al. 1996)

Ziel	Therapeutische Strategie
Veränderung der Umwelt	extern fokussierte Interventionen
Veränderung innerhalb des Patienten: • Einsatz erhaltener Fähigkeiten • Erlernen alternativer Fähigkeiten • Funktionswiederaufbau	intern fokussierte Interventionen: • Kompensation • Substitution • Restitution

onsverarbeitungswege, um ausgefallene durch intakte Funktionen zu kompensieren; mit Substitution wird die Bildung von Ersatzfähigkeiten bezeichnet, mit denen ein Funktionsausfall ausgeglichen werden kann.

Die neuropsychologische Rehabilitation verfolgt einen komplexen und integrativen Therapieansatz. Über die Leistungseinschränkungen kognitiver Funktionen hinaus werden auch die aus der Erkrankung oder Verletzung des Gehirns resultierenden psychosozialen Störungen in den diagnostischen und therapeutischen Prozess mit einbezogen (Prigatano 2004). Neuropsychologische kognitive Rehabilitation verbindet also Maßnahmen zur Verbesserung der intellektuellen Leistungen mit dem Erlernen eines angemessenen Umgangs mit psychosozialen Konsequenzen, die aus den Störungen der Hirnfunktionen resultieren (Carney et al. 1999; Prigatano 2004).

Bislang liegen noch zu wenige Effektivitätsuntersuchungen zur kognitiven Rehabilitation bei Jugendlichen vor (Heubrock u. Petermann 2000; Michaud 1995). Die therapeutische Arbeit mit neurologisch erkrankten Jugendlichen unterscheidet sich schließlich in vielen Punkten stark von der mit erwachsenen Patienten, da in dieser Altersspanne wichtige Einflussfaktoren, wie neuronale Plastizität, soziale und familiäre Beziehungen, in andersartiger Weise und Intensität auf den Krankheitsverlauf sowie den Behandlungserfolg einwirken (Tucker 2006). Neben den häufig auftretenden und schweren Folgen neurologischer Erkrankungen für eine Vielzahl von Lebensfunktionen und -bereichen kommt speziell im Jugendalter den prospektiven Beeinträchtigungen der körperlichen, geistigen, emotionalen und sozialen Entwicklung eine zentrale Bedeutung zu. Rehabilitation in dieser Altersspanne muss daher besonders eine möglichst breite Förderung und Optimierung des langfristigen Entwicklungspotenzials der Jugendlichen zum Ziel haben. Weiterhin wurde von einigen Autoren die Möglichkeit diskutiert, dass durch Verletzungen des Gehirns in Kindheit und Jugend ausgelöste kognitive Defizite im Entwicklungsverlauf kumulieren können. Zurückzuführen wäre eine derartige Entwicklung darauf, dass eine immer größer werdende Anzahl von reifenden kognitiven Funktionen in einer durch die Verletzung reduzierten Menge an funktionstüchtigen Gehirnstrukturen angesiedelt werden müsse (Anderson et al. 2001). Diese Annahme scheint für eine Langzeitüberwachung der kognitiven Entwicklung von Jugendlichen mit neurologischen Erkrankungen nach Durchführung einer Intervention zu sprechen. Die therapeutische Arbeit erfordert hier einen interdisziplinären Ansatz, da die Betreuung und Einbeziehung von Familienmitgliedern bei Jugendlichen besonders den Therapieerfolg beeinflusst hat und stets der Aspekt der schulischen und beruflichen Bildungsmöglichkeiten des Jugendlichen berücksichtigt werden muss (Heubrock u. Petermann 2000).

49.2 Interventionen bei Störungen spezifischer Funktionen

Im Folgenden beschäftigen wir uns mit den drei kognitiven Bereichen **Aufmerksamkeit**, **Gedächtnis** und **Exekutive Funktionen**. Diese Unterteilung liefert in der Regel die theoretische Basis, um Rehabilitationsziele differenziert formulieren zu können (Limond u. Leeke 2005; Sohlberg u. Mateer 2001). Die weitere Darstellung wird entlang dieser drei kognitiven Funktionen erfolgen.

49.2.1 Störungen der Aufmerksamkeitsleistung

Die Behandlung von Störungen der Aufmerksamkeit besitzt im Rahmen der neuropsychologischen Rehabilitation einen besonders hohen Stellenwert, da Aufmerksamkeitsfunktionen als kognitive Basisleistungen einen maßgeblichen Einfluss auf die Therapie anderer kognitiver Funktionen wie Gedächtnis, Planen und Handeln, Orientierung im Raum, Lernen, Sprachproduktion und -rezeption haben und den Patienten deutlich in der Bewältigung der Anforderungen in Beruf oder Schule und Privatleben einschränken. Zudem stellen Störungen der Aufmerksamkeit neben Gedächtnisstörungen eine der häufigsten und persistierendsten Folgen von Hirnschädigungen verschiedener Ätiologie dar (Lepach et al. 2007; Sturm, 2005). Die meisten Studien zu Aufmerksamkeitsstörungen im Jugendalter beschäftigen sich mit dem Aufmerksamkeitsdefizit-Syndrom (Mateer et al. 1996). Bei einer groß angelegten Literaturrecherche fanden Limond und Leeke (2005) lediglich drei Studien, die sich mit Aufmerksamkeitsdefiziten als Folge von erworbenen Hirnverletzungen bei Kindern und Jugendlichen beschäftigten (Butler u. Copeland 2000; Thomson 1995; Thomson u. Kerns 2000), von denen sich eine Studie ausschließlich auf jugendliche Patienten bezog (Altersrange: 14–17 Jahre; Thomson, 1995).

Aufmerksamkeitstheorien

Aktuelle Aufmerksamkeitstheorien gehen von einem Mehrkomponentenmodell der Aufmerksamkeit aus. Ergebnisse aus der Grundlagenforschung wie auch aus der klinischen Forschung stützen diese Annahme. Es konnte gezeigt werden, dass fokale zerebrale Läsionen bei Patienten zu selektiven Beeinträchtigungen verschiedener Aufmerksamkeitskomponenten führten (Rafal u. Robertson 1995; Sturm 2005). Auch konnte eine differenzielle Aktivierung einzelner Hirnareale in Abhängigkeit von der beanspruchten Aufmerksamkeitsfunktion mithilfe von bildgebenden Verfahren gezeigt werden (Corbetta et al. 1991). Als physiologisches Substrat der Aufmerksamkeit wird ein neuronales Netzwerk angenommen, an dem verschiedene Hirnsysteme beteiligt sind, welche multisensorische und motorische Systeme mit einbeziehen (Fecht u. Hildebrandt 2004; Robertson u. Rafal 2000).

Eine einheitliche Definition und Einteilung der Aufmerksamkeitsleistungen liegt nicht vor. Gemeinsam ist vielen Aufmerksamkeitsmodellen eine Unterscheidung der nachfolgend kurz beschriebenen **Aufmerksamkeitskomponenten** (Fecht u. Hildebrandt 2004; Heubrock u. Petermann 2001):

- **Alertness** (Aufmerksamkeitsaktivierung) beschreibt einerseits den Zustand der allgemeinen Wachheit und andererseits die Fähigkeit, das allgemeine Aufmerksamkeitsniveau im Hinblick auf ein erwartetes Ereignis kurzfristig zu steigern.
- **Vigilanz und Daueraufmerksamkeit** bezeichnen die Fähigkeit, die Aufmerksamkeit über einen längeren, ununterbrochenen Zeitraum aufrechtzuerhalten. Die Daueraufmerksamkeit bezieht sich auf das längerfristige Aufrechterhalten der Aufmerksamkeit bei hoher Reizdichte, hingegen im Fall der Vigilanz bei sehr eingeschränkten Reizbedingungen.
- **Selektive oder fokussierte Aufmerksamkeit** bezieht sich auf die Fähigkeit, die Aufmerksamkeit auf einen verhaltensrelevanten Reiz im Kontext von verhaltensirrelevanten Reizen zu lenken.
- **Visuo-räumliche Aufmerksamkeit** beschreibt die Fähigkeit, die Aufmerksamkeit auf einen bestimmten Umgebungsausschnitt zu lenken.
- **Geteilte Aufmerksamkeit** ist die Lenkung der Aufmerksamkeit auf zwei oder mehrere verhaltensrelevante Reize, meist unterschiedlicher Modalität (etwa einen akustischen und einen visuellen), die räumlich oder zeitlich in verhaltensirrelevante Reize eingebettet sind.

Ursachen

Viele unterschiedliche Arten von Hirnschädigungen können zu Störungen der Aufmerksamkeitsfunktionen führen. Sturm (2005) beschreibt markante Veränderungen der Aufmerksamkeitsleistungen bei Patienten mit Hirnschädigungen unterschiedlichster Ätiologien und ordnet sie den jeweils betroffenen Aufmerksamkeitskomponenten zu (Tab. 49-2).

Im Zusammenhang mit Aufmerksamkeitsstörungen im Jugendalter wird überwiegend das **Aufmerksamkeitsdefizit-Syndrom** untersucht (Mateer et al. 1996). Die beiden derzeit gültigen Klassifikationssysteme ICD-10 (Dilling et al. 1991) und das DSM-IV (Saß et al. 1996) verwenden für dieses Störungsbild zwar unterschiedliche Bezeichnungen (ICD-10: einfache Aktivitäts- und Aufmerksamkeitsstörung; DSM-IV: Aufmerksamkeitsdefizit-/Hyperaktivitätsstörung), stimmen in ihren Symptomkriterien jedoch überwiegend überein. Die Störung ist durch eine Beeinträchtigung der Aufmerksamkeit, der Impulskontrolle und der Aktivität charakterisiert. Im Jugend- und Erwachsenenalter dominieren die Symptome der Impulsi-

Tab. 49-2 Störungsbilder von Aufmerksamkeitsstörungen

Störungsbild	Betroffene Aufmerksamkeitskomponente
allgemeine Verlangsamung	Alertness-Kontrolle (noch nicht abschließend geklärt)
gestörte längerfristige Aufmerksamkeitszuwendung	Vigilanz und Daueraufmerksamkeit
rasches Ermüden	Vigilanz und Daueraufmerksamkeit
erhöhte Ablenkbarkeit	selektive oder fokussierte Aufmerksamkeit
vermehrtes Auftreten von Orientierungsreaktionen	selektive oder fokussierte Aufmerksamkeit
reduzierte Aufmerksamkeitskapazität (Aufmerksamkeitszuwendung auf mindestens zwei Reize, Verarbeitung von mindestens zwei Informationen und/oder gleichzeitiges Ausführen zweier Handlungen erschwert)	selektive oder fokussierte Aufmerksamkeit

vität und Aufmerksamkeitsstörung über das der motorischen Unruhe (Schmidt et al. 2006).

Rehabilitationsmaßnahmen

Bei der Behandlung von Aufmerksamkeitsdefiziten sollte ein hierarchischer oder (im besten Fall) paralleler Einsatz von **extern und intern fokussierten Interventionen** erfolgen (Jacobs u. Petermann 2008; Poggel 2002). Sofern möglich, ist das primäre Ziel der Wiederaufbau defizitärer Aufmerksamkeitsleistungen. Im Falle eines Scheiterns oder der Kontraindikation einer Restitutionstherapie stellen die Substitutions- und die Kompensationstherapie die Methoden der Wahl dar. Extern fokussierte Maßnahmen befinden sich in dieser Hierarchie an letzter Stelle und sollten entweder stabilisierend als abschließende Strategie, im Idealfall aber unterstützend und parallel zu den vorgenannten Therapien eingesetzt werden (Poggel 2002).

Extern fokussierte Maßnahmen setzen an der Veränderung der Umwelt des Patienten an. Mögliche Strategien, den Betroffenen den Umgang mit ihrer Funktionsstörung zu erleichtern, stellen die Reduktion von Reizquellen im Umfeld des Patienten sowie eine stärkere Strukturierung von Tages- und Arbeitsabläufen dar. Für Jugendliche, die zur Schule gehen, bedeutet dies unter Umständen, dass die Lernmethoden im Unterricht an die Fähigkeiten und besonderen Bedürfnisse des betroffenen Schülers angepasst werden müssen. Dies kann in Form einer Bündelung der vermittelten Lerninhalte, einer vermehrten Wiederholung des Lernstoffs, einer häufigeren Gewährung von Pausen und einer Kontrolle des Aufmerksamkeitsverhaltens des Schülers durch den Lehrer erfolgen. Profitieren können Schüler mit Einschränkungen ihrer Aufmerksamkeitsleistungen auch von einer geringeren Klassenstärke (Friend u. Bursuk 2005). In der Regel bedürfte es jedoch einer besonderen Schulung, um Lehrpersonal adäquat auf den richtigen Umgang mit solchen Jugendlichen vorzubereiten (McCoy et al. 1997). Ein weiterer wichtiger Ansatzpunkt bezieht sich darauf, das persönliche Umfeld der Betroffenen (wie Familie und Freunde) über die vorliegenden Funktionseinschränkungen aufzuklären. Ziel ist die Reduktion der Ansprüche, die das Umfeld an den Patienten stellt, um das Selbstvertrauen des Patienten durch eine vermehrte Anzahl von kleineren Erfolgserlebnissen zu stärken (Poggel 2002). In diesem Zusammenhang kann auch eine intensive Reflexion und Neudefinition von Kriterien für den eigenen Erfolg für den Jugendlichen hilfreich sein (Gauggel 2003).

Intern fokussierte Interventionen zielen auf unmittelbare Veränderungen beim Patienten ab. Eine mögliche therapeutische Strategie, um Aufmerksamkeitsdefizite zu kompensieren, stellt das Training von Verhaltensstrategien dar. Auf der Grundlage einer Verhaltensanalyse wird ein systematischer Trainingsplan erstellt, welcher dem Patienten dazu verhilft, unerwünschte Nebeneffekte von Aufmerksamkeitsstörungen zu reduzieren und aufmerksamkeitsbezogene Verhaltensweisen zu verstärken. Ist die Aufmerksamkeitsleistung nur wenig eingeschränkt, dann können im Sinne einer Substitutionstherapie metakognitive Strategien vermittelt werden (Jacobs u. Petermann 2008). Die zu erlernenden metakognitiven Strategien bestehen in der Zerlegung von komplexen Handlungsabläufen in einzelne, sukzessiv durchführbare Handlungsschritte und dem jeweils selbstständigen Kontrollieren der einzelnen Zielvorgaben.

In Abhängigkeit von dem zugrunde gelegten Aufmerksamkeitsmodell unterscheiden sich die **restitutiven Therapieansätze** in Bezug auf die einbezogenen Aufmerksamkeitskomponenten. Als besonders wirksam erwiesen sich funktionsspezifische Trainingsmethoden für einige Aufmerksamkeitsstörungen (Sturm u. Willmes 1991). Es genügt nicht, die Reaktionsleistung durch beispielsweise motivierende Instruktionen zu verbessern (Poggel 2002). Ein funktionsspezifisches Therapieprogramm setzt im Vorfeld eine sorgfältige Diagnostik voraus, um die Defizite der einzelnen Aufmerksamkeitskomponenten gezielt zu erfassen (Sturm 2005).

Es liegen eine Reihe von Trainingsprogrammen zur Rehabilitation von Aufmerksamkeitsstörungen vor (Mateer u. Mapou 1996; Sturm 2005). Modulare Programme zum differenziellen Training einzelner Aufmerksamkeitskomponenten unterscheiden sich in den trainierten Aufmerksamkeitskomponenten sowie der gewählten Herangehensweise. In der Regel kombinieren Trainingsprogramme extern und intern fokussierte Interventionsmaßnahmen miteinander, um die Aufmerksamkeitsleistungen zu verbessern. Einen besonderen Stellenwert besitzen **computergestützte Verfahren** in der Diagnostik und Therapie von Aufmerksamkeitsstörungen (Heubrock u. Petermann 2001; Jacobs u. Petermann 2008). Mit computergestützten Verfahren gelingt es, eine beliebig große Menge an repetitiven, beweglichen, auditiven oder visuellen Reizen darzubieten. Damit gelingt eine unmittelbare und objektive Rückmeldung des jeweiligen Leistungsstandes an den Patienten sowie die Dokumentation von umfangreichem Datenmaterial ohne größeren Aufwand (Keller u. Troppmann 1993). Ein besonders großer Vorteil in der Behandlung von jugendlichen Patienten besteht darin, dass das Medium Computer für Jugendliche einen hohen Aufforderungs- und Anreizcharakter besitzt. Gefahren liegen in einem möglicherweise unkritischen Einsatz dieser Verfahren und einer eigenständigen Durchführung durch Patienten selbst oder unzureichend geschultes Personal ohne professionelle Anleitung (Reuter u. Schönle 1998).

Überblicksarbeiten über den Stand der Forschung der Aufmerksamkeitsrehabilitation im Erwachsenenalter (Carney et al. 1999; Park u. Ingles 2001) zeigen mehr Nachweise für die Wirksamkeit von kompensatorischen als für die Wirksamkeit der restitutiven Maßnahmen auf. Studien mit Jugendlichen deuten auf eine generelle Wirksamkeit von restitutiven Interventionen zur kognitiven Rehabilitation von Aufmerksamkeitsfunktionen hin. Systematische Vergleiche zwischen restitutiven und kompensatorischen (bzw. substitutiven) Maßnahmen bei Jugendlichen stehen jedoch noch aus (Limond u. Leeke 2005). Eine umfassende Darstellung aller restitutiven Maßnahmen zur Rehabilitation von Aufmerksamkeitsleistungen

Tab. 49-3 Übersicht über einige Aufmerksamkeitstrainings und die jeweils behandelten Aufmerksamkeitskomponenten

Aufmerksamkeitstraining	Trainierte Aufmerksamkeitskomponenten
Orientation Remediation Module (ORM; Ben-Yishay et al. 1987)	• Aufmerksamkeitsaktivierung • selektive Aufmerksamkeitszuwendung • fokussierte Aufmerksamkeit • Vigilanz
Attention Process Training (APT; Sohlberg u. Mateer 2001)	• Aufmerksamkeitsfokussierung • Daueraufmerksamkeit • selektive Aufmerksamkeit • Aufmerksamkeitswechsel • Aufmerksamkeitsteilung
AIXTENT (Sturm et al. 1994)	• Aufmerksamkeitsaktivierung • Vigilanz • selektive Aufmerksamkeit • Aufmerksamkeitsteilung
ATTENTIONER (Jacobs u. Petermann 2008)	• Aufmerksamkeitsfokussierung • Aufmerksamkeitsteilung • Arbeitsgedächtnis • Raumwahrnehmung

kann aus Platzgründen an dieser Stelle nicht geleistet werden; Tabelle 49-3 zeigt eine kleine Auswahl weitverbreiteter Aufmerksamkeitstrainings.

Die Behandlung von Aufmerksamkeitsdefizit- und Hyperaktivitätsstörungen sollte im Idealfall aufgrund der starken Beeinträchtigungen der Betroffenen in mehreren Funktions- und Lebensbereichen sowohl pharmakologische, edukative als auch verhaltenstherapeutische Maßnahmen integrieren.

49.2.2 Störungen der Gedächtnisfunktionen

Neben Störungen der Aufmerksamkeit gehören Störungen der Gedächtnisfunktionen zu den häufigsten Folgen von Hirnschädigungen unterschiedlicher Ätiologie und Lokalisation. Die erlebten Beeinträchtigungen der betroffenen Patienten sind in ihrer Intensität höchst unterschiedlich und können sich in Form von leichten, schwer objektivierbaren Leistungseinbußen bis hin zu schweren Störungsausprägungen mit weitgehendem Verlust der Selbstständigkeit im Alltag äußern. Neben vielfältigen anderen Einflussfaktoren wird die Schwere der Beeinträchtigungen auch durch den Ausprägungsgrad häufig auftretender assoziierter Defizite determiniert, wie beispielsweise Störungen der exekutiven Hirnfunktionen oder der Aufmerksamkeitsleistung (Schuri 2000).

Gedächtnistheorien

Gedächtnis wird üblicherweise als die Fähigkeit definiert, sich Vergangenes wieder ins Bewusstsein zu rufen und gelernte Fakten und Gedanken zu erinnern (Tulving u. Craik 2005). Man geht von einem aus verschiedenen Komponenten bestehenden komplexen System aus (Lepach et al. 2007). Gedächtnisvorgänge laufen nach gängigen Modellvorstellungen in einem dreistufigen Prozess ab (Baddeley 1990) (Abb. 49-1). Es werden die folgenden **Gedächtnisformen bzw. -systeme** unterschieden:
- Das **sensorische Gedächtnis** weist eine auf wenige Millisekunden begrenzte Speicherdauer auf und spielt vor allem im Rahmen von Wahrnehmungsprozessen eine entscheidende Rolle, nicht aber im Kontext von Störungen der Gedächtnisleistungen.
- Das **Kurzzeitgedächtnis (KZG)** steht im Zentrum der bewussten Informationsverarbeitung. Es handelt sich hier um einen im Sekundenbereich liegenden Informationsspeicher mit begrenzter Kapazität für aufgenommene und zu verarbeitende Informationen. Ursprünglich wurde das KZG als Einheit konzipiert (Atkinson u. Shiffrin 1968), heute wird es zumeist mit dem Konzept des *Arbeitsgedächtnisses* (Baddeley 1990) gleichgesetzt. Das Arbeitsgedächtnis kann als die Schnittstelle zwischen Gedächtnis und komplexen kognitiven Prozessen verstanden werden, da es nicht nur dem kurzfristigen Halten, sondern auch dem Manipulieren von Informationen dient.
- Unter **Langzeitgedächtnis (LZG)** versteht man das dauerhafte Speichersystem. Es ist für den menschlichen Alltag unbegrenzt, d. h., Informationen können von Minuten bis zu Jahrzehnten gespeichert werden. Man unterscheidet zwischen dem *deklarativen* und dem *prozeduralen* Gedächtnis. Im deklarativen Gedächtnis sind explizite Fakten und Erinnerungen gespeichert, welche einer bewussten Wiedergabe zugänglich sind, und zwar sowohl das Weltwissen und von der Person unabhängige Fakten (semantisches Gedächtnis), also auch vergangene Ereignisse und Fakten aus dem eigenen Leben (episodisches Gedächtnis). Im prozeduralen Gedächtnis werden Inhalte gespeichert, welche ohne Einschalten des Bewusstseins das Verhalten beeinflussen können. Inhalte des prozeduralen Gedächtnisses können Fertigkeiten, Gewohnheiten und die Ergebnisse von Priming-Vorgängen, klassischem Konditionieren und einfachem nichtassoziativem Lernen (wie Habituation oder Sensivierung) sein.
- Das **prospektive Gedächtnis** ist das auf die Zukunft ausgerichtete Gedächtnis für Handlungsabsichten.

Ursachen

Gedächtnisstörungen können bei Amnesien (verursacht durch Hirnschädigung oder metabolische Störungen), psychogenen oder funktionellen Amnesien (primär psychisch bedingt) oder im Zusammenhang mit anderen psychischen Störungen, etwa bei Depressionen oder Schizophrenien, auftreten.

Ursachen für Gedächtnisstörungen können **neurologische Erkrankungen** wie Schädel-Hirn-Traumata, Hirninfarkte, zerebrale Hypoxien, Hirntumoren, Epilepsie, **degenerative Erkrankungen** wie die Alzheimer-Krankheit, Herpes-simplex-Enzephalitis oder das Korsakow-Syndrom sein (Prosiegel 1998; Schuri 2000). Je nach zeitlichem Auftreten des Gedächtnisverlustes in Bezug auf das schädigende Ereignis kann zwischen einer anterograden und retrograden Amnesie unterschieden werden. Bei der *anterograden Amnesie* handelt es sich um eine Störung des Lernens und Erinnerns neuer Informationen, welche nach einem schädigenden Ereignis eintritt. Sie kann sowohl global als auch materialspezifisch (z.B. verbal/nonverbales Material) auftreten, betrifft aber lediglich das explizite Gedächtnis, wodurch Patienten trotz der Amnesie in der Lage sind, neue motorische Fertigkeiten zu erlernen und

Kodierung (Einprägen) → Speicherung (Behalten) → Abruf (Erinnern)

Abb. 49-1 Vereinfachtes Schema von Komponenten des Gedächtnisses.

auch andere erfahrungsbedingte Verhaltensänderungen an den Tag zu legen. In vielen Fällen sind aber auch bei der anterograden Amnesie kognitive Einschränkungen durch Beeinträchtigungen des Arbeitsgedächtnisses gegeben. Die *retrograde Amnesie* kennzeichnet die Beeinträchtigung der Erinnerungsleistung für Informationen, die vor dem Eintreten des schädigenden Ereignisses aufgenommen wurden. Betroffen ist in erster Linie das episodische, ebenfalls aber auch das semantische Gedächtnis.

Die schwerste Form einer ausschließlich organisch bedingten Gedächtnisstörung stellt das **amnestische Syndrom** dar. Hierbei handelt es sich um eine schwere permanente anterograde Amnesie im Zusammenhang mit einer retrograden Amnesie unterschiedlichen Ausmaßes bei normalen einfachen Gedächtnisspannen und impliziten Gedächtnisleistungen. Im Fall des amnestischen Syndroms sind andere kognitive Leistungen sowie die Intelligenz des Patienten unbeeinträchtigt.

Rehabilitationsmaßnahmen

Extern fokussierte Interventionen zur besseren Strukturierung der Tagesabläufe und Aktivitäten von Patienten mit Gedächtnisstörungen umfassen alle Maßnahmen, welche es ihnen ermöglichen, handlungsrelevante Informationen stärker aus ihrer direkten Umwelt zu beziehen und sich weniger auf ihr Gedächtnis verlassen zu müssen (Rak 2002). Solche Interventionen können in schweren Fällen die Beschriftung von Türen und Schränken oder das Anbringen von Pfeilen zur räumlichen Orientierung in der Wohnung und ähnliche Maßnahmen beinhalten. Bislang fehlt es generell an aussagekräftigen Studien, die sich mit den Kriterien für eine Erfolg versprechende Modifikation der Umweltbedingungen an die Erfordernisse von Patienten mit mnestischen Störungen beschäftigen (Rak 2002). Dies gilt insbesondere auch für Studien mit jugendlichen Patienten.

Ein **Kompensationstraining** bei Gedächtnisstörungen zielt vor allem auf das Erlernen des Gebrauchs von externen Gedächtnishilfen ab. Zum Einsatz können, je nach Vertrautheitsgrad des Patienten mit technischen Geräten, sowohl handschriftlich verfasste Informationsblätter wie Einkaufs- und Notizzettel oder elektronische Organisations- und Erinnerungshilfen wie Notizbücher und Pager kommen. Der Gebrauch externer Gedächtnishilfen setzt allerdings eine Krankheitseinsicht beim Patienten voraus. Auch wenn Kompensationsmaßnahmen wie der Gebrauch externer Gedächtnishilfen noch nicht zufriedenstellend evaluiert sind, vermuten Wilson und Watson (1996), dass Patientenmerkmale wie junges Alter, relativ umschriebene mnestische Defizite, Abwesenheit assoziierter kognitiver Störungen, erhaltene organisatorische Fähigkeiten, Selbstdisziplin und familiäre Unterstützung den Behandlungserfolg günstig beeinflussen. Aus dieser Studie lässt sich ein besonderer Forschungsbedarf für Kompensationstrainings an jugendlichen Patienten ableiten.

Im vorliegenden Anwendungsfeld nimmt die **Substitutionstherapie** eine besondere Bedeutung ein (Schuri 2000; Thöne u. von Cramon 1999). Substitutive Interventionen haben den Erwerb neuer, kompensatorisch wirkender Fähigkeiten zum Ziel, mithilfe derer der Patient spezifische Tätigkeiten wieder erlernt, die er infolge seiner Gedächtnisstörung nicht mehr auszuführen in der Lage war.

Als mögliche therapeutische Strategie können **Mnemotechniken** vermittelt werden. Solche Gedächtnistechniken können den Gebrauch visueller, verbalisierter Vorstellungen umfassen, um das semantische Vertiefen oder das Ausführen symbolischer Handlungen zu intensivieren (Rak 2002; Schuri 2000). Mnemotechniken basieren auf den Annahmen der Theorie der dualen Kodierung von Paivio (1969). Hierbei werden verbale Informationen mit bildhaften Vorstellungen gedanklich assoziiert, um die Abrufchancen durch eine vertiefte Bearbeitung zu steigern. In gleicher Weise können auch visuelle Informationen internal verbalisiert werden. Zu den bekanntesten **visuellen Gedächtnistechniken** gehört die *Gesichter-Namen-Assoziationsmethode*, bei der eine bildliche Vorstellung eines Namens entwickelt und mit auffälligen Gesichtsmerkmalen der dazugehörigen Person assoziiert wird. Ferner ist die *Methode der Orte* diesen Techniken zuzuordnen, bei der zur Einprägung von Informationen in einer festgelegten Reihenfolge die einzelnen Informationen mit festen Punkten eines Weges assoziiert werden und der betroffene Patient zum Abruf der Informationen mental den Weg »entlanggeht« und die prominenten Punkte des Weges als Hinweisreize nutzen kann. Zu den am häufigsten verwendeten **verbalen Mnemotechniken** gehören die PQRST-Technik und die Geschichtentechnik. Mit der *PQRST-Technik* (Robinson 1970) sollen längere Textpassagen eingeprägt werden. Das Akronym PQRST legt die Reihenfolge der Handlungen fest, die zur systematischen Kodierung vorgenommen werden sollten:

- **P**review: Brainstorming zum Thema des Textes vor dem Lesen
- **Q**uestion: Fragen zum Text entwickeln vor dem Lesen
- **R**ead: Text lesen
- **S**tate: Text wiederholen
- **T**est: die erworbenen Kenntnisse anhand der selbst entwickelten Fragen testen

Die *Geschichtentechnik* kann immer dann eingesetzt werden, wenn viele Einzelinformationen in einer bestimmten Reihenfolge erinnert werden müssen. Die Informationen werden zu einer Geschichte integriert und zueinander in einen schlüssigen zeitlichen Zusammenhang gebracht.

Auch wenn die Effizienz von Mnemotechniken im Sinne einer Verbesserung der Lernleistungen gezeigt werden konnte (Thöne u. von Cramon 1999), gibt es nur wenige Hinweise in der Literatur darauf, dass die Strategien von den Patienten auch in ihren Alltag transferiert werden können. Die Gründe hierfür sind vor allem in der geringen ökologischen Validität

Tab. 49-4 Mnemotechniken zur Wissensvermittelung

Mnemotechnik	Beschreibung
Verhaltensausformung	nach Schwierigkeit gestaffelte Darbietung der Übungsaufgaben
Reizüberblendung	stufenweise Reduktion von Abrufhilfen beim Lernen
weitgehend irrtumsloses Lernen	Lernstrategien, bei denen das Auftreten von Fehlern vermieden wird
systematisches Wiederholen nach ansteigenden Zeitintervallen	Wiederholen von Lerninhalten mit ansteigenden Präsentationsintervallen
Feedback	Lernen durch zeitnahe und zuverlässige Rückmeldung

vieler Techniken, einer fehlenden systematischen Erprobung erlernter Techniken in außerklinischen Alltagssituationen, einer allgemeinen Überforderung der Patienten und einer gestörten Selbsteinschätzung (in Richtung einer Selbstüberschätzung) zu sehen. Auch wenn ein Transfer der erlernten Techniken in den Alltag den meisten Patienten nicht so gut zu gelingen scheint, können Mnemotechniken angewandt werden, um gezielt neues, alltagsrelevantes Wissen in der Therapie zu erwerben. Hier werden zumeist Methoden aus der Lernpsychologie angewandt (Tab. 49-4).

Die Annahme, man könne hirnschädigungsbedingte Gedächtnisleistungen durch repetitives Üben im Sinne einer restitutiven Maßnahme verbessern, ist weitverbreitet. In einer großen Anzahl von Untersuchungen konnte jedoch gezeigt werden, dass die Anwendung internaler Gedächtnistechniken dem reinen Üben stark überlegen ist (Kaschel 1994). Auch Computertrainingsprogramme sind vor allem dann wirksam, wenn sie nicht repetitives Üben zum Ziel haben, sondern als Therapiematerial für die Anwendung von Mnemotechniken dienen (Juretzka 1993). Vor dem Hintergrund empirischer Befunde scheint eine Verbesserung von Gedächtnisfunktionen durch wiederholtes Üben bei chronischen Störungsbildern unwahrscheinlich (Schuri et al. 1996).

Für Jugendliche bis zu einem Alter von 14 Jahren mit durchschnittlicher allgemeiner Intelligenz ist das neuropsychologisch fundierte Training für Kinder mit Gedächtnisstörungen, REMINDER (Lepach et al. 2003), zur Behandlung von Teilleistungsstörungen im mnestischen Bereich geeignet. Für ältere Jugendliche müssten die Schwierigkeitsgrade der Übungseinheiten adaptiert werden. Bei dem REMINDER-Trainingsprogramm handelt es sich um ein Einzeltraining, an das eine Elternberatung gekoppelt ist. Im Zentrum steht die Vermittlung von zielgruppengerecht aufgearbeiteten Gedächtnisstrategien.

49.2.3 Störungen der Exekutiven Funktionen

Unter den Oberbegriff der Exekutiven Funktionen lassen sich alle kognitiven Prozesse höherer Ordnung subsumieren, die zur Handlungsplanung oder Verfolgung eines Zieles in mehreren Schritten erforderlich sind. Müller et al. (2004) sprechen in diesem Zusammenhang sehr bildlich von einem *Regenschirm-Begriff*. Exekutive Funktionen dienen der kontinuierlichen Adaptation an eine sich ständig verändernde Umwelt (Matthes-von Cramon u. Cramon 2000). Sie werden immer dann aktiviert, wenn eine Person mit neuen komplexen Situationen und Fragestellungen konfrontiert wird, für die sie über keine vorgefertigte Lösung verfügt (Matthes-von Cramon 1999). Bei der Bewältigung der komplexen Anforderungen des Alltags stellen Störungen der Exekutiven Funktionen eine starke Einschränkung dar, insbesondere in nicht routinisierten Situationen, in denen kein Handlungswissen aus dem Verhaltensrepertoire abrufbar ist. Störungen der Exekutiven Funktionen können aber auch den Behandlungserfolg im Rahmen der Therapie anderer Störungen (z. B. Physiotherapie) stark einschränken (Burgess 2002).

Grundlagen und Komponenten

Aufgrund der Zusammenfassung von sehr komplexen kognitiven Prozessen unterschiedlicher Natur unter den Oberbegriff Exekutive Funktionen ist eine wirklich überzeugende Definition nicht möglich (Matthes-von Cramon u. Cramon 2000). In der Vergangenheit wurden Störungen der Exekutiven Funktionen mithilfe von verschiedenen psychologischen Modellen erklärt, welche jeweils eine Komponente beschreiben (Müller et al. 2004). Das erste Modell zur Erklärung der Exekutiven Funktionen wurde aus kognitionspsychologischer Perspektive von Norman und Shallice (1986) vorgelegt. Ihr Modell des *Supervisory Attentional System* (SAS) und des *Contention Scheduling* (CS) beschreibt Verhalten im Spannungsfeld zwischen überlernten Verhaltensprogrammen, welche mithilfe des CS ablaufen (wie etwa das Gangschalten beim Autofahren), und dem sehr flexiblen und adaptiven Verarbeitungsmodus des SAS. Störungen der Exekutiven Funktionen können in diesem Modell auf eine Beeinträchtigung des SAS teilweise zurückgeführt werden. Kurze Zeit später konnte durch das Arbeitsgedächtnis-Modell von Baddeley (1986) der Aufbau der Exekutiven Funktionen beschrieben werden.

Auch wenn bislang kein umfassendes Modell zur Erklärung aller an den Exekutiven Funktionen beteiligten Komponenten und kognitiven Prozesse vorliegt, werden Modelle zu einzelnen Aspekten der Exekutiven Funktionen in Therapieansätzen umgesetzt (Müller et al. 2006). Bei verschiedenen Autoren finden sich heute unterschiedliche Zusammenstellungen einzelner Komponenten der Exekutiven Funktionen. Smith und Jo-

49.2 Interventionen bei Störungen spezifischer Funktionen

Tab. 49-5 Komponenten der Exekutiven Funktionen (nach Smith u. Jonides 1999)

Aufmerksamkeit und Inhibition	Fokussierung der Aufmerksamkeit auf handlungsrelevante Informationen und Prozesse sowie Hemmung irrelevanter Informationen und Prozesse
Ablauforganisation	Aufstellen eines Ablaufplanes für einen Handlungskomplex, der den schnellen Wechsel zwischen einzelnen Handlungen erfordert
Planen	Planung von aufeinander folgenden Handlungsschritten, um ein Ziel zu erreichen
Überwachen	kontinuierliche Prüfung und Aktualisierung der Inhalte im Arbeitsgedächtnis, um den jeweils nächsten Schritt zu ermitteln
Kodieren	Kodierung von Repräsentationen im Arbeitsgedächtnis nach der Zeit und dem Ort ihres Auftretens

nides (1999) schlagen ein Modell mit fünf Komponenten vor (Tab. 49-5).

Die physiologische Grundlage für die Exekutiven Funktionen besteht in einem über das Stirnhirn hinausgehenden Netzwerk, das zu einem bedeutsamen Anteil mit dem für das Arbeitsgedächtnis deckungsgleich ist, aber zudem noch weitere neuronale Komponenten enthält.

Ursachen

Bei Patienten mit Defiziten der Exekutivfunktionen liegen typische kognitive Einschränkungen vor (Müller et al. 2000), zudem auch Verhaltensauffälligkeiten (Matthes-von Cramon 1999; Tate 1999). Eine Auflistung der charakteristischen Defizite sowie die erstmalige Nennung der Bezeichnung **dysexekutives Syndrom** finden sich bereits bei Baddeley (1986). Das dysexekutive Syndrom zeigt eine hohe interindividuelle Variabilität hinsichtlich der Symptomkonstellationen; auch kann die Dominanz einzelner Symptome von Patient zu Patient variieren. Kognitive Beeinträchtigungen zeigen sich überwiegend in Störungen der Bereiche Planen, Initiieren von Handlungen, Problemlösen, Flüssigkeit (Wortflüssigkeit, Ideenreichtum, Kreativität) und Neigung zu Perseverationen (stereotypes Wiederholen einer begonnenen Handlung oder eines Gedankens).

Rehabilitationsmaßnahmen

In einer umfangreichen Literaturüberblicksarbeit zeigen Müller et al. (2006) auf, dass eine nur sehr geringe Anzahl von Studien zum Behandlungserfolg bei exekutiven Dysfunktionen vorliegt. Dies kann neben den allgemeinen methodischen Schwierigkeiten, welche sich im Rahmen der Evaluationsforschung in der Neuropsychologie ergeben (Mangel an randomisierten Kontrollgruppenstudien aus ethischen Gründen usw.) weiterhin auch auf die Heterogenität des Gegenstandes der Exekutivfunktionen und somit der einbezogenen Patientenpopulationen zurückzuführen sein.

Bei der Behandlung wird von gestörten Teilkomponenten ausgegangen und diese werden separat therapiert (Cicerone et al. 2006; Müller et al. 2004). Aus der Heterogenität der Exekutiven Funktionen ergibt sich eine Vielzahl von unterschiedlichen, auf die individuellen Defizite des Patienten abgestimmten Interventionsmethoden (Müller et al. 2006).

Extern fokussierte Maßnahmen zur Manipulation und Modifikation der Umwelt beabsichtigen den Ersatz fehlender interner Kontrolle durch externe Hilfe. Die Initiation von bestimmten Handlungen soll für Patienten durch den Einsatz externer Hinweisreize, etwa Mobilfunkempfänger, erleichtert werden (Wilson et al. 2003).

Bei den **intern fokussierten Interventionen** nehmen die substitutiven Maßnahmen den größten Raum ein (Müller et al. 2006). Unter diese Kategorie fallen Maßnahmen wie der *Aufbau domänenspezifischer Handlungsschemata* oder das *Selbstmanagementtraining*. Beim erstgenannten Therapieansatz wird eine Checkliste erarbeitet, die detaillierte Handlungsanweisungen für einzelne Teilschritte einer alltäglichen Handlungsfolge abfragt und gezielt fördert (Matthes-von Cramon u. Cramon 2000). Durch die Checklisten sollen die auf die Fragenfolge vom Patienten selbst generierten Handlungssequenzen langfristig automatisiert werden. Die Methoden des Selbstmanagementtrainings umfassen die Selbstinstruktion, Selbstbeobachtung und Selbstkontrolle sowie ein Zielmanagement (Müller et al. 2006). Durch dieses Vorgehen soll die Verhaltenskontrolle durch das Selbstinstruktionsverfahren internalisiert werden.

Weitere intern fokussierte Interventionen möchten die mit exekutiven Dysfunktionen assoziierten Verhaltensauffälligkeiten verändern. In diesem Zusammenhang werden die Techniken des operanten Lernens zum Abbau von unerwünschten Verhaltensweisen und zum Verhaltensaufbau bei Antriebsmangel angewandt. Eine Zusammenstellung der verhaltenstherapeutischen Techniken, die bei der neuropsychologischen Arbeit mit Jugendlichen eingesetzt werden können, legten Lepach und Petermann (2006) vor kurzem vor.

Heubrock (1994) beschreibt unerwünschte Verhaltensweisen bei Kindern mit Störungen der Exekutiven Funktionen, wie etwa lautes Kommentieren eigener und fremder Handlungen, vorschnelles und übereiltes Reagieren, rasche Stimmungswechsel und heftige Gefühlsausbrüche.

Als Beispiele für kognitiv übende Maßnahmen im Sinne restitutiver Maßnahmen sind Doppelaufgaben zu nennen, welche die Fähigkeit von Patienten verbessern sollen, zwei Handlungen zu koordinieren. Stablum et al. (2000) konnten in einem Kontrollgruppendesign mit zwei Patientengruppen (Schädelhirntrauma- und Aneurysma-Patienten) und einer gesunden Kontrollgruppe signifikante Verbesserungen der

Kontroll- und Monitoringfunktionen infolge des Trainings mit Doppelaufgaben bei den Patienten nachweisen.

Von Cramon und Matthes-von Cramon (1992; vgl. auch Müller et al. 2004) kombinierten auf Restitution abzielende Maßnahmen mit dem Erwerb von Kompensationsstrategien. Exemplarisch für ein solches kognitives Trainingsprogramm soll Tabelle 49-6 einen Überblick über prototypische Aufgaben zur Therapie der einzelnen Subkomponenten der Exekutivfunktionen geben.

Eine besondere Schwierigkeit in der Therapie von Patienten mit Störungen der Exekutiven Funktionen stellt ihre oftmals besonders eingeschränkte Krankheitseinsicht dar. Diese Patienten begeben sich aus diesem Grund selten aus eigenem Antrieb heraus in eine Beratung oder Behandlung. Wichtig ist es daher, den Patienten zu Beginn nicht zu abrupt mit seinen eigenen Defiziten zu konfrontieren, sondern ihn im Idealfall das Ausmaß seiner Einschränkungen selbst explorieren zu lassen. Als erfolgreich haben sich nach Matthes-von Cramon und von Cramon (2000) Videografien von Diagnostik- und Behandlungssitzungen erwiesen, anhand derer der Patient Einschätzungen seiner eigenen Leistungen vornehmen kann. Durch das eigene Erleben der persönlichen Defizite erfolgt in der Regel eine verbesserte Therapiemotivation. Ein wichtiges Anliegen dieser Ansätze ist es, erzielte Therapieeffekte auf das alltägliche Umfeld des Patienten zu übertragen. Der Transfer von Kompensationsstrategien in den Alltag ist für Patienten mit Störungen der Exekutivfunktionen besonders schwierig, da ihre Fähigkeiten, Gemeinsamkeiten in Planungs- und Handlungsabläufen zu erkennen und problematische Situationen zu antizipieren, stark eingeschränkt sind (Gauggel 2000).

49.3 Fazit

Kognitive Rehabilitation basiert auf unterschiedlich komplexen Behandlungsinventaren, mit denen das allgemeine Funktionsniveau von Patienten mit neurologischen Erkrankungen verbessert werden kann. Die Ansätze reichen von der Funktionsverbesserung auf Organebene bis hin zu einem besseren Umgang mit kognitiven Defiziten und assoziierten emotionalen und sozialen Problemen bei den Betroffenen sowie ihrem sozialen Umfeld. Trotz der umfangreichen Forschungsbemühungen im Bereich der kognitiven Rehabilitation im Erwachsenenalter liegt nach wie vor eine zu geringe Anzahl an methodisch angemessenen Studien zum Wirksamkeitsnachweis von kognitiven Rehabilitationsprogrammen vor. Viele Ergebnisse basieren auf Einzelfallstudien, sodass Generalisierungen schwer möglich sind. Ein besonders eklatanter Mangel besteht für Erkrankungen im Jugendalter. Die ohnehin lückenhafte Forschungslage im Bereich der neuropädiatrischen Rehabilitation (Michaud 1995) wird aufgrund der unzureichend ausgearbeiteten Behandlungsbedingungen und -möglichkeiten für neurologisch erkrankte Jugendliche besonders problematisch (Limond u. Leeke 2005). Die spezifischen biologischen und sozialen Bedingungen, die im Jugendalter die Rehabilitationserfolge moderieren können, müssen differenziert abgeklärt werden.

Eine wichtige Forschungsfrage in diesem Kontext wäre etwa, wie der Zeitpunkt der Krankheitsmanifestation sowie der Zeitpunkt und die Dauer oder Intensität der Intervention die Behandlungserfolge beeinflussen. In diesem Zusammenhang wird oft das Kennard-Prinzip angeführt, das besagt, dass eine günstigere Entwicklung bei einer Hirnschädigung im jüngeren Lebensalter zu erwarten sei. Einerseits ist durchaus mit einer größeren Heilungschance aufgrund höherer neuronaler Plastizität in Kindheit und Jugend zu rechnen (Ewing-Cobbs et al. 1997), andererseits besteht auch ein erhöhtes Risiko für Fehlentwicklungen, wenn basale Funktionen gestört sind und damit Lernprozesse gehemmt werden (Tucker 2006).

Wichtige Impulse für das skizzierte Forschungs- und Praxisfeld ergeben sich aus einer stärkeren Entwicklungsorientierung in der Diagnostik und Behandlung und einer noch stärkeren interdisziplinären Orientierung im Rahmen der Behandlung (etwa durch Einbezug des sozialen und schulischen

Tab. 49-6 Subkomponenten der Exekutivfunktionen und prototypische Trainingsaufgaben (nach Müller et al. 2004)

Arbeitsgedächtnis	• n-back-Aufgaben (Reaktionsaufgaben, bei denen jene Reize als Zielreize fungieren, welche *vor* einer festgelegten Anzahl von Reizdarbietungen in einer Reihe (n-back) dargeboten wurden, hier Verwendung von Spielkarten)
• **numerisch**	• numerische Arbeitsgedächtnisaufgaben (Einprägen der Ergebnisse von Subtraktions-, Multiplikations- bzw. Additionsaufgaben und anschließendes Weiterrechnen mit den Ergebnissen)
• **räumlich**	• räumliche Arbeitsgedächtnisaufgaben (korrekte Identifikation einer Anordnung von Buchstaben in einem Kästchen inmitten von Distraktorreizen)
kognitive Flüssigkeit und Flexibilität	• verbale Flüssigkeitsaufgaben (Vorgabe eines Anfangsbuchstabens) • kategoriale Flüssigkeitsaufgaben (semantische Vorgabe) • figurale Flüssigkeitsaufgaben (Vorgabe von räumlichen Strukturierungen) • Worteinfall mit limitierten Kombinationsmöglichkeiten (Buchstabenpuzzle)
Handlungsplanung	• Task-Management-Aufgaben (Tagesplanung entwickeln)

oder beruflichen Umfeldes der Jugendlichen). Wünschenswert wären Therapieverlaufsstudien, um die Nachhaltigkeit von Rehabilitationsmaßnahmen und die Generalisierung der erzielten Effekte auf andere Lebensbereiche zu überprüfen.

Literatur

Anderson V, Northam E, Hendy J, Wrennall J. Developmental neuropsychology – a clinical approach. Hove: Psychology Press 2001.

Atkinson RC, Shiffrin RM. Human memory: a proposed system and its control processes. In: Spence KW (ed). The psychology of learning and motivation: advances in research and theory. Vol. 2. New York: Academic Press 1968; 89–195.

Baddeley A. Working memory. Oxford: Clarendon Press 1986.

Baddeley A. Human memory: theory and practice. Mahwah: Lawrence Erlbaum 1990.

Ben-Yishay Y, Piasetzky BB, Rattok J. A systematic method for ameliorating disorders in basic attention. In: Meier MJ, Benton AL, Diller L (eds). Neuropsychological Rehabilitation. Edinburgh: Churchill-Livingstone 1987; 165–81.

Bochmann E. Evaluation in der Neuropsychologie. In: Kasten E, Schmid G, Eder R (Hrsg). Effektive neuropsychologische Behandlungsmethoden. Bonn: Deutscher Psychologen Verlag 2002; 12–41.

Burgess P. The functional and anatomical basis of executive disorders. [Abstract]. Effectiveness of rehabilitation for cognitive deficits. Paper presented at the conference of Cardiff University 2002.

Butler RW, Copeland DR. Attentional processes and their remediation in children treated for cancer: a literature review and the development of a therapeutic approach. J Int Neuropsychol Soc 2002; 8: 115–24.

Carney N, Chesnut RM, Maynard H, Mann NC, Patterson P, Helfand M. Effect of cognitive rehabilitation on outcomes for persons with traumatic brain injury: a systematic review. J Head Trauma Rehabil 1999; 14: 277–307.

Cicerone K, Levin H, Malec J, Stuss D, Whyte J. Cognitive rehabilitation interventions for executive function: moving from bench to bedside in patients with traumatic brain injury. J Cogn Neurosci 2006; 18: 1212–22.

Corbetta M, Miezin FM, Dobmeyer S, Shulman GL, Petersen SE. Selective and divided attention during visual discriminations of shape, color and speed: functional anatomy by Positron Emission Tomography. J Neurosci 1991; 11: 2383–404.

Cramon DY von, Matthes-von Cramon G. Reflections on the treatment of brain-injured patients suffering from problem-solving disorders. Neuropsychol Rehabil 1992; 2: 207–29.

Dilling H, Mombour W, Schmidt MH (Hrsg). Internationale Klassifikation psychischer Störungen. ICD-10. Bern: Huber 1991.

Ewing-Cobbs L, Fletcher J, Levin H, Francis D, Davidson K, Miner M. Longitudinal neuropsychological outcome in infants and preschoolers with traumatic brain injury. J Int Neuropsychol Soc 1997; 3: 581–91.

Fecht A von der, Hildebrandt H. Behandlung von Aufmerksamkeitsstörungen. In: Zieger A, Schönle PW (Hrsg). Neurorehabilitation bei diffuser Hirnschädigung. Bad Honnef: Hippocampus 2004; 71–89.

Friend M, Bursuk WD. Including students with special needs: a practical guide for classroom teachers. 4th ed. Boston: Allyn & Bacon 2005.

Gauggel S. Organisationsformen und Therapiekonzepte für die ambulante Behandlung hirngeschädigter Patienten – eine neuropsychologische Sichtweise. In: Fries W, Wendel C (Hrsg). Ambulante Komplexbehandlung von hirnverletzten Patienten. München: Zuckschwerdt 2000; 1–11.

Gauggel S. Grundlagen und Empirie der Neuropsychologischen Therapie: Neuropsychotherapie oder Hirnjogging? Z Neuropsychol 2003; 14: 217–46.

Gauggel S, Konrad K, Wietasch AK. Neuropsychologische Rehabilitation. Ein Kompetenz- und Kompensationsprogramm. Weinheim: Psychologie Verlagsunion 1998.

Heubrock D. Aspekte der Verhaltensmodifikation beim Frontalhirn-Syndrom. Kindheit und Entwicklung 1994; 3: 101–7.

Heubrock D, Petermann F. Lehrbuch der Klinischen Kinderneuropsychologie. Göttingen: Hogrefe 2000.

Heubrock D, Petermann F. Aufmerksamkeitsdiagnostik. Göttingen: Hogrefe 2001.

Jackson H, Manchester D. Towards the development of brain injury specialists. NeuroRehabilitation 2001; 16: 27–40.

Jacobs C, Petermann F. Training für Kinder mit Aufmerksamkeitsstörungen. Das neuropsychologische Gruppenprogramm ATTENTIONER. 2. Aufl. Göttingen: Hogrefe 2008.

Juretzka C. Entwicklung und Evaluation eines computergestützten Gedächtnistrainingsprogramms für neurologische Patienten. Frankfurt/Main: Lang 1993.

Kaschel R. Neuropsychologische Rehabilitation von Gedächtnisleistungen. Weinheim: Psychologie Verlagsunion 1994.

Keller I, Troppmann N. Erfahrungen mit computergestützten Therapien in der klinischen Neuropsychologie. In: Tretter F, Goldhorn F (Hrsg). Computer in der Psychiatrie. Diagnostik, Therapie, Rehabilitation. Heidelberg: Asanger 1993; 61–80.

Lepach AC, Petermann F. Verhaltenstherapie in der Kinderneuropsychologie. In: Petermann F (Hrsg). Kinderverhaltenstherapie. 3. Aufl. Baltmannsweiler: Schneider Hohengehren 2006; 180–203.

Lepach AC, Heubrock D, Muth D, Petermann F. Training für Kinder mit Gedächtnisstörungen. Das neuropsychologische Einzeltraining REMINDER. Göttingen: Hogrefe 2003.

Lepach AC, Schmidt S, Petermann F. Neuropsychologische Diagnostik von Merk- und Lernstörungen mit der MLT-C. Kindheit und Entwicklung 2007; 16: 16–26.

Limond J, Leeke R. Practitioner review: cognitive rehabilitation for children with acquired brain injury. J Child Psychol Psychiatry 2005; 46: 339–52.

Mateer CA, Mapou RL. Understanding, evaluating, and managing attention disorders following traumatic brain injury. J Head Trauma Rehabil 1996; 11: 1–16.

Mateer CA, Kerns KA, Eso KL. Management of attention and memory disorders following traumatic brain injury. J Learn Disabil 1996; 29: 618–32.

Matthes-von Cramon G. Exekutivfunktionen. In: Frommelt P, Grötzbach H (Hrsg). NeuroRehabilitation. Berlin: Blackwell Wissenschafts-Verlag 1999; 259–72.

Matthes-von Cramon, G, von Cramon DY. Störungen exekutiver Funktionen. In: Sturm W, Herrmann M, Wallesch CW (Hrsg). Lehrbuch der Klinischen Neuropsychologie. Lisse: Swets & Zeitlinger Publishers 2000; 392–410.

McCoy KD, Gelder BC, van Horn RE, Dean RS. Approaches to the cognitive rehabilitation of children with neuropsychological impairment. In: Reynolds CR, Fletcher-Janzen E (eds). Handbook of clinical child neuropsychology. London: Plenum Press 1997; 439–51.

Michaud LJ. Evaluating efficacy of rehabilitation after pediatric traumatic brain injury. In: Broman SH, Michel ME (eds). Traumatic head injury in children. Oxford: Oxford University Press 1995; 247–57.

Müller SV, von der Fecht A, Hildebrandt H, Münte TF. Kognitive Therapie bei Störungen der Exekutivfunktionen. NeuroRehabilitation 2000; 6: 313–22.

Müller SV, Hildebrandt H, Münte TF. Kognitive Therapie bei Störungen der Exekutivfunktionen. Ein Therapiemanual. Göttingen: Hogrefe 2004.

Müller SV, Harth S, Hildebrandt H, Münte TF. Evidenzbasierte Therapie bei exekutiver Dysfunktion. Fortschr Neurol Psychiatrie 2006; 74: 10–8.

Norman DA, Shallice T. Attention to action: willed and automatic control of behaviour. In: Davidson RJ, Schwartz GE, Shapiro D (eds). Consciousness and self-regulation: advances in research and theory. Vol. 4. New York: Plenum Press 1986; 1–18.

Paivio A. Mental imagery in associative learning and memory. Psychol Rev 1969; 76: 241–63.

Park NW, Ingles JL. Effectiveness of attention and rehabilitation after an acquired brain injury: a metaanalysis. Neuropsychology 2001; 115: 199–210.

Poggel D. Behandlung von Aufmerksamkeitsstörungen. In: Kasten E, Schmid G, Eder R (Hrsg). Effektive neuropsychologische Behandlungsmethoden. Bonn: Deutscher Psychologen Verlag 2002; 67–99.

Prigatano GP. Neuropsychologische Rehabilitation. Berlin: Springer 2004.

Prosiegel M. Neuropsychologische Störungen und ihre Rehabilitation. Hirnläsionen, Syndrome, Diagnostik, Therapie. 2. Aufl. München: Pflaum 1998.

Rafal R, Robertson LC. The neurology of visual attention. In: Gazzaniga MS (ed). The cognitive neurosciences. Cambridge: MIT Press 1995; 625–48.

Rak A. Die Behandlung von Gedächtnisstörungen. In: Kasten E, Schmid G, Eder R (Hrsg). Effektive neuropsychologische Behandlungsmethoden. Bonn: Deutscher Psychologen Verlag 2002; 100–34.

Reuter RB, Schönle PW. Computerunterstütztes Hirnleistungstraining in der Neurologischen Rehabilitation. Psychiatrische Praxis 1998; 25: 117–21.

Robertson LC, Rafal R. Disorders of visual attention. In: Gazzaniga MS (ed). The new cognitive neurosciences. 2nd ed. Cambridge: MIT Press 2000; 623–724.

Robinson FP. Effective study. 4th ed. New York: Harper 1970.

Saß H, Wittchen HU, Zaudig M (Hrsg). Diagnostisches und statistisches Manual psychischer Störungen. DSM-IV. Göttingen: Hogrefe 1996.

Schmidt S, Brücher K, Petermann F. Komorbidität der Aufmerksamkeitsdefizit-/Hyperaktivitätsstörung (ADHS) im Erwachsenenalter: Perspektiven für die Diagnostik mit dem Screeningverfahren BAS-E. Z Psychiatrie Psychol Psychother 2006; 54: 123–32.

Schuri U. Gedächtnisstörungen. In: Sturm W, Herrmann M, Wallesch CW (Hrsg). Lehrbuch der Klinischen Neuropsychologie. Lisse: Swets & Zeitlinger Publishers 2000; 375–91.

Schuri U, Wilson BA, Hodges JR. Memory disorders. In: Brandt T, Caplan LR, Dichgans J, Diener HC, Kennard C (eds). Neurological disorders: course and treatment. San Diego: Academic Press 1996; 223–30.

Smith EE, Jonides J. Storage and executive processes in the frontal lobes. Science 1999; 283: 1657–60.

Sohlberg MM, Mateer CA. Cognitive rehabilitation: an integrative neuropsychological approach. London: Guilford 2001.

Stablum F, Umilta C, Mogentale C, Carlan M, Guerrini C. Rehabilitation of executive deficits in closed head injury and anterior communicating artery aneurysm patients. Psychol Res 2000; 63: 265–78.

Sturm W. Aufmerksamkeitsstörungen. Göttingen: Hogrefe 2005.

Sturm W, Willmes K. Efficacy of a reaction training on various attentional and cognitive functions in stroke patients. Neuropsychol Rehabil 1991; 1: 259–80.

Sturm W, Hartje W, Orgaß B, Willmes K. Effektivität eines computergestützten Trainings von vier Aufmerksamkeitsfunktionen. Z Neuropsychol 1994; 5: 15–28.

Tate RL. Executive dysfunction and characterological changes after traumatic brain injury: two sides of the same coin? Cortex 1999; 35: 39–57.

Thomson J. Rehabilitation of high school-aged individuals with traumatic brain injury through utilization of an attention training program. J Int Neuropsychol Soc 1995; 1: 196.

Thomson J, Kerns K. Cognitive rehabilitation of the child with mild traumatic brain injury. In: Raskin SA, Mateer CA (eds). Neuropsychological Management of Mild Traumatic Brain Injury. New York: Oxford University Press 2000; 233–53.

Thöne A, von Cramon DY. Gedächtnisstörungen. In: Frommelt P, Grötzbach H (Hrsg). NeuroRehabilitation. Berlin: Blackwell Wissenschafts-Verlag 1999; 293–305.

Tucker P. Psychological rehabilitation for children and adolescents with acquired brain injury. Adv Clin Neurosci Rehabil 2006; 6: 18–20.

Tulving E, Craik FM. The Oxford handbook of memory. Oxford: Oxford University Press 2005.

Wilson BA, Watson PC. A practical framework for understanding compensatory behaviour in people with organic memory impairment. Memory 1996; 4: 465–86.

Wilson BA, Scott H, Evans J, Hazel E. Preliminary report of a NeuroPage service within a health care system. NeuroRehabilitation 2003; 18: 3–8.

50 Angewandte klinisch relevante Therapieverfahren: Musik-, Ergo-, Kunst- und Körpertherapie

Ulrike M. E. Schulze, Thorsten Sukale, Birgit Pemberger, Iris Kepper-Juckenack, Petra Pape, Katrin Reuter, Gerhard Libal und Sigrun Bünger

Inhalt

50.1	Einleitung	655
50.2	Musiktherapie	656
50.3	Ergotherapie	658
50.4	Kunsttherapie	663
50.5	Körpertherapie	665
Literatur		671

Zusammenfassung

Das folgende Kapitel widmet sich den angewandten klinisch relevanten Therapieverfahren Musik-, Ergo-, Kunst und Körpertherapie mit unterschiedlicher Schwerpunktsetzung. Sämtliche Therapieformen sind als sogenannte nonverbale Zugangs- und Ausdrucksformen nicht aus dem Diagnoseinventar sowie dem multimodalen Therapieansatz in der Kinder- und Jugendpsychiatrie/Psychotherapie wegzudenken. Besonders zu beachten ist die jeweils angewandte differenzierte altersbezogene Herangehensweise und Zielsetzung in der Arbeit mit Adoleszenten.

Während zur Musik- und Kunsttherapie ein deutliches Anwachsen evidenzbasierter Forschung zu verzeichnen ist, fehlt diese (noch) weitgehend in Bezug auf die anderen genannten Therapierichtungen.

50.1 Einleitung

Entsprechend den Behandlungsleitlinien sowie den Möglichkeiten und Vorgaben durch die Psychiatrie-Personalverordnung[1] schließt die multimodale Therapie in der Kinder- und Jugendpsychiatrie auch für die Behandlung Adoleszenter den Einsatz anderer klinisch relevanter Therapieverfahren ein. Allgemein lässt sich feststellen, dass hierbei im Unterschied zu psychotherapeutischen Methoden im Wesentlichen bestimmte Medien, Techniken oder Tätigkeiten zur therapeutischen Förderung des Körpererlebens, der Ausdrucks- und Kontaktfä-

higkeit sowie der Persönlichkeitsentfaltung genutzt werden. Psychiatrisch kranken jugendlichen Patienten und jungen Erwachsenen, welche nicht selten unter einer sozialen Ängstlichkeit leiden, fällt es oftmals deutlich leichter, auf nonverbalen Zugangswegen in die Auseinandersetzung mit dem eigenen Inneren zu treten, anstatt dies primär über das persönliche Gespräch zu tun.

Das kotherapeutische Setting ermöglicht demnach nicht nur auf indirektem Wege (über das Therapiemedium) und in Anwesenheit des jeweiligen Kotherapeuten einen nonverbalen Zugang zu den Patienten und ein Sich-Erfahren und Sich-verständlich-Machen für die Betroffenen selbst, sondern es kann darüber hinaus aufgrund des häufig gegebenen räumlichen Abstandes (Therapieräume) in Ergänzung zu den anderen angewandten Therapieformen einen als hilfreich wahrgenommenen »geschützten Raum« bieten.

Die zur Auswahl stehenden Therapie- und Interventionsmaßnahmen lassen sich nach drei wichtigen Gesichtspunkten klassifizieren. Diese Einteilung bezieht sich auf das angewandte **Behandlungsverfahren** (z. B. Ergotherapie, Kunsttherapie, Physiotherapie, Musiktherapie), auf das gewählte **Setting** (individuums- und gruppenzentrierte Vorgehensweisen) und auf die **Störungen,** auf die die einzelnen Behandlungsmethoden oder -verfahren im jeweils gewählten Setting möglichst *spezifisch* zugeschnitten sein sollten. Vor jeder Behandlung steht die Diagnostik, Kotherapiemethoden werden auch hier zielführend eingesetzt. Grundsätzlich wichtig ist, dass die inhaltliche Gestaltung von Kotherapiestunden im Sinne einer gegenseitigen Ergänzung und Unterstützung immer mit dem Behandlungsteam abgesprochen werden sollte.

Zu den in der Jugendpsychiatrie eingesetzten kotherapeutischen Methoden, welche häufig als erleichternd im Zugang zu ansonsten schwer erreichbaren Patienten erlebt werden, gehören Musiktherapie, Ergotherapie, Kunsttherapie, Körpertherapie, Heilpädagogik, Physiotherapie sowie andere körperbezogene Verfahren (z. B. Reit- und Tanztherapie) und Entspannungsmethoden (z. B. autogenes Training). Dieses Kapitel beschränkt sich auf die ausführliche Darstellung der Musik-, Ergo-, Kunst- und Körpertherapie als wichtigste eingesetzte andere Therapieverfahren.

---

1 Musiktherapie, Reittherapie und ähnliche Verfahren stellen an sich keine Regelleistungen der Krankenkassen dar.

50.2 Musiktherapie

Für die Gruppe der Jugendlichen stellen die bei Kindern häufig zur Anwendung gebrachten pädagogisch-spielerischen Angebote keine adäquate Begegnungsform dar: Die hier angebotenen Interventionen werden oft als »zu kindisch« abgetan. Andererseits können aufgrund des entwicklungsspezifischen Problemverständnisses Heranwachsender auch erwachsenenbezogene Ansätze nicht bedenkenlos übertragen und angewandt werden. Zudem kann gerade für Jugendliche in der Beschäftigung mit Musik eine altersangemessene Leichtigkeit entstehen, die das ansonsten im Vordergrund stehende Thematisieren von Problemen kurzfristig in den Hintergrund rücken lässt. In der Arbeit mit dieser Altersgruppe muss bedacht werden, dass das, was heute in der Therapie noch möglich war, morgen aufgrund der gegebenen Besonderheiten im Gefühlserleben und einer noch unzureichend vorhandenen Stetigkeit eher unmöglich und nicht mehr realisierbar erscheint. Somit ist der Musiktherapeut angehalten, passgenau und flexibel entweder übungs-, erlebnis- oder konfliktzentrierte Methoden einzusetzen, um dem Jugendlichen so unter anderem bei der Identitätsbildung »unter die Arme greifen« zu können (Haffa-Schmidt et al. 1999).

50.2.1 Stand der Forschung

Zum Einsatz von Musik zu therapeutischen Zwecken liegen Jahrtausende alte Berichte vor. So heilte David den König Saul mit seiner Harfe von einem immer wiederkehrenden bösen Geist. Dennoch muss die Musiktherapie an sich als eine junge Disziplin betrachtet werden, die bisher überwiegend von der individuellen Erfahrung der jeweiligen Therapeuten geprägt war. Die Forschung im Bereich der Musiktherapie befindet sich derzeit auf einem langen und sicherlich nicht ganz einfachen, aber notwendigen Weg.

Eine systematische Literaturrecherche durch Argstatter et al. (2007) belegt einen Zuwachs kontrollierter klinischer Studien zu musiktherapeutischen Themen während der vergangenen 20 Jahre. Während bis zum Jahr 1985 insgesamt 534 Artikel in den drei bedeutendsten Datenbanken für psychologische und medizinische Publikationen (Psyndex, PsychLit und Medline) verzeichnet waren, versechsfachte sich diese Liste bis zum Jahr 2005 (Argstatter et al. 2007).

Forschung zur evidenzbasierten Arbeit in der Musiktherapie bei Kindern und Jugendlichen untermauert musiktherapeutisches Arbeiten durch wissenschaftliche Belege und trägt zur Positionierung im Gesundheitssystem bei. So belegt das Heidelberger Therapiemanual für Migräne bei Kindern (Leins 2006) den langfristigen Effekt musiktherapeutischer Interventionen auf das Auftreten kindlicher Kopfschmerzattacken. Fröhlich (1984) konnte bei Kindern im Schulalter in einer randomisierten kontrollierten Studie die Überlegenheit der Musiktherapie gegenüber anderen Therapiemethoden (medizinische Spieltherapie) nachweisen und beschrieb insbesondere deutlich höhere Effekte im Hinblick auf die Verbalisierungsmöglichkeit von Gefühlen im Zusammenhang mit einem notwendigen Krankenhausaufenthalt. Mittels eines gruppenmusiktherapeutischen Manuals untersuchte Hilliard (2001) bei einer Gruppe von 18 Kindern deren Trauerreaktion nach dem Verlust eines nahestehenden Menschen. Während im Vergleich zu einer unbehandelten Kontrollgruppe hinsichtlich einer Veränderung der Trauerreaktion durch die Musiktherapie keine signifikanten Effekte nachgewiesen werden konnten, ließen sich positive Veränderungen im häuslichen Rahmen beobachten. Aldridge et al. (1994) wiesen bei einer Gruppe entwicklungsverzögerter Kinder einen deutlichen Einfluss der Musiktherapie auf deren allgemeine Fähigkeit zur persönlichen sozialen Interaktion sowie Hör- und Handlungsfähigkeit nach.

Eine Effektivität musiktherapeutischer Interventionen bei Kindern und Jugendlichen ist gegeben. So beschreiben Gold et al. (2004) in einer Metaanalyse zur Musiktherapie bei Kindern und Jugendlichen insgesamt hoch signifikante und statistisch homogene Effekte (Effektstärken insgesamt bei 0,61) dieses kreativtherapeutischen Mediums insbesondere bei Kindern mit Verhaltensstörungen, jedoch auch in etwas geringerem Ausmaß im Zusammenhang mit emotionalen Störungen. Whipple (2004) kommt in einer weiteren Metaanalyse zu dem Ergebnis, dass – unabhängig von Ziel und Durchführung – musiktherapeutische Interventionen bei Kindern und Jugendlichen mit Autismus positive Effekte auf soziale Fertigkeiten, Kognition und Kommunikation zeigen. Aktuell wird an der Ulmer Universitätsklinik für Kinder- und Jugendpsychiatrie/Psychotherapie ein musiktherapeutisches Behandlungskonzept für sozial unsichere und ängstliche Kinder entwickelt und wissenschaftlich überprüft.

50.2.2 Rahmenbedingungen

Musiktherapie findet im Einzel- und Gruppensetting statt. In diesem Zusammenhang hat sich die Durchführung von pädagogisch-therapeutischen Projekten – wie z. B. Bandprojekte oder ein Instrumentenbaukurs – gut bewährt.

Für den Jugendlichen ist es zunächst nicht immer offensichtlich, was Musik mit seinem Problem zu tun hat bzw. wie ihm Musik helfen könnte. Daher ist es sehr wichtig, immer wieder den Sinn der Therapie zu vermitteln und gemeinsam mit dem Heranwachsenden abzustimmen, wie Musik gerade für ihn hilfreich sein kann.

50.2.3 Therapeutische Funktionen von Musik

Von großem Vorteil in der Musiktherapie ist die Vielfalt der zur Verfügung stehenden Interventionsmöglichkeiten. Diese ermöglicht die Auswahl derjenigen Intervention, die als Handlungsfeld für den Jugendlichen sinnvoll und bedeutsam erscheint und bei der im Rahmen der gemeinsamen Gestaltung Therapierelevantes entstehen kann (Reichert 2001).

- **Musik als Ressource:** Musik kann als Halt gebendes und stützendes Medium eingesetzt werden. Sie ermöglicht auf diesem Wege den positiven Zugang zu eigenen Ressourcen und zum Aufbau von Beziehung. Musik ist oft lustvoll und positiv besetzt. In ihrer Attraktivität als Medium nimmt sie nicht selten Einfluss auf die Therapiemotivation. Die Musiktherapie bietet einen Raum der Angstfreiheit, da im Patienten nicht sofort das Gefühl entsteht, dass seine Schwächen und Probleme nicht immer im Vordergrund stehen. Musik legt brachliegende Potenziale frei, weckt und fördert Fähigkeiten. Sie hilft vorhandene Fähigkeiten aufzuspüren und fördert Kreativität. Das Entdecken von Kreativität kann dazu führen, Coping-Strategien zu entwerfen und auszuprobieren (Erhardt 2005).

- **Musik als Ausdrucksmedium:** Die Musik in der Therapie bietet die Möglichkeit einer gemeinsamen Sprache. Durch eine musikalische Aktion kann es dem Heranwachsenden erleichtert werden, sich mit sich selbst, seinen inneren Konflikten und einer Gruppensituation auseinanderzusetzen. Die Ausdrucksform ist nonverbal, körpernah und kann intensive Erlebnisqualitäten mit sich bringen. Durch die Musik können die oft als chaotisch und heftig wahrgenommenen Gefühlsqualitäten in unverstellter Dynamik kanalisiert werden. Spannungsaufbau- und Spannungsabbaumomente sind mithilfe der Musik erfahrbar und werden mit dem eigenen emotionalen Erleben in Verbindung gebracht. Die Aufgabe des Therapeuten besteht darin, den Patienten zu unterstützen und ihn weiterzuführen. Das Bestehen einer tragfähigen therapeutischen Beziehung kann es ermöglichen, im jugendlichen Gegenüber weitere Gefühlsqualitäten anzusprechen, ihn bei der Differenzierung von Emotionen und der Aktivierung von Erinnerungen zu unterstützen und ihm neue Möglichkeiten und Lösungsalternativen aufzuzeigen (Haffa-Schmidt et al. 1999).

50.2.4 Therapeutische Interventionen

In der Musiktherapie zur Anwendung gelangende Interventionen sollten die Individualität jedes Patienten berücksichtigen.
Zu Beginn der musiktherapeutischen Arbeit steht neben dem Aufbau der therapeutischen Beziehung die Erhebung seines persönlichen Ressourcenfeldes im Vordergrund. Diese kann beispielsweise durch das Malen und Vertonen von für den Patienten wichtigen Inhalten oder das gemeinsame Anhören und Gespräch über die Lieblingsmusik des Patienten eingeleitet werden. Darüber hinaus können Instrumente den eigenen Stärken zugeordnet und diese hörbar gemacht sowie Imaginationsreisen durchgeführt werden. Durch das Darstellen von Familienstrukturen durch Familienaufstellungen mittels Instrumenten, das Spielen einzelner Beziehungen mit Übernahme verschiedener Rollen und den Einsatz von Rollenspielen auch zur Erprobung möglicher Problemlösungen kann das soziale Netzwerk des Patienten erfasst werden. Spezielle Fertigkeiten und Fähigkeiten des Patienten zeigen sich in seinen jeweiligen Ausdrucks- und Koordinationsfähigkeiten am Instrument, in seiner Bewältigung rhythmischer sowie musikalischer Aufgaben, welche sowohl die Konzentrationsfähigkeit als auch Kreativität fördern.

Die weiteren Interventionen in der Therapie können auf die folgenden drei Achsen aufgeteilt werden (Frohne-Hagemann u. Pleß-Adamczyk 2005).

- **Beziehungsachse:** Eine gute Möglichkeit, auf der Beziehungsachse zu arbeiten, wird durch das Hervorrufen, Verbalisieren und Bearbeiten psychodynamischer Aspekte ermöglicht (Haffa-Schmidt et al. 1999). Diese Art der Arbeit fördert das Erinnern positiver Kindheitserlebnisse, die dem Patienten in der momentanen Situation nicht zur Verfügung stehen. Die Improvisation wird als gemeinsame Begegnungsfläche genutzt, in der aufeinander eingegangen werden kann. Sie ermöglicht dem einzelnen Patienten zudem, sein Durchsetzungsvermögen zu erproben. Fällt es dem Jugendlichen zunächst schwer, sich in einer Improvisation auszudrücken, so stehen dem Therapeuten weitere Herangehensweisen an den emotionalen Ausdruck des Patienten zur Verfügung (z. B. Singen/Arrangieren von Songs, Anhören von CDs, Erlernen von Instrumentalfähigkeiten, Rhythmusspiele).

- **Konfliktachse:** Die Konfliktachse macht musikalische Polaritäten zum Thema, wie zum Beispiel crescendo-decrescendo, schnell-langsam, Konsonanz-Dissonanz. Dabei werden Themen behandelt, die nicht unbedingt bewusst wahrnehmbar sind, aber durch die Gestaltung in der Musik transportiert werden. Zum anderen geht es um Konfliktthemen wie Bindung – Trennung, Spaltung – Lösung, Autonomie – Abhängigkeit, Anpassung – Durchsetzung, Auseinandersetzung – Konsens, Harmonie – Chaos, Ruhe – Bewegung. Diese können in der Musik hörbar gemacht und spielerisch erprobt werden. Wichtig ist neben der Problembearbeitung eine Stärkung des Selbsterlebens des Patienten (Erhardt 2005). Durch Rollenspiele und systemisches Arbeiten mit Instrumenten und musikalischer Gestaltung ist es dem Jugendlichen möglich, sich auf einer anderen Ebene der Problematik zu nähern.

■ **Strukturachse:** Als Struktur wird hier die Identität gesehen, die sich beim Jugendlichen nach und nach entwickelt. Dabei handelt es sich um die spür- und erfahrbar zu machenden und durch Selbstregulation und Selbstorganisation geprägten inneren Strukturen, welche in engem Zusammenhang mit positiven Beziehungserfahrungen und dem jeweiligen Selbsterleben stehen. Eine gute Möglichkeit, sich zu spüren und die Aufmerksamkeit auf eigene Ressourcen zu richten, sind rezeptive Angebote. Die gehörte Musik kann berühren, eigene innere Ressourcen aktivieren oder auf kreativer Ebene die Phantasie anregen und Gedanken und Träume ansprechen. Die Aufgabe des Therapeuten besteht darin, Klänge, Bilder und Symbole anzubieten, die der Erlebniswelt des Jugendlichen entsprechen oder ihm zugänglich sind (Haffa-Schmidt et al. 1999). Sinnvoll kann es sein, projektbezogen zu arbeiten. So erfährt der Jugendliche in Angeboten (z. B. Proben und Auftreten mit der Band, Bauen von Instrumenten) einen Bezug zu realen Anforderungen.

50.2.5 Ziele der Musiktherapie bei Adoleszenten

Ein wichtiger Aspekt bei der Therapie mit (psychiatrisch erkrankten) Jugendlichen ist die Tatsache, dass es trotz unterschiedlicher zugrunde liegender Krankheitsbilder viele Gemeinsamkeiten gibt, die beachtet und gefördert werden sollten:
- gestörtes, mangelndes oder eingeschränktes Selbstwertgefühl
- eingeschränkte Wahrnehmung
- Schwierigkeiten bei Wahrnehmung und Umgang mit Selbst- und Fremdbild
- Einschränkung oder gar Verlust von Kreativität, Emotionen, Flexibilität und Erlebnisfähigkeit
- Isolation des psychisch kranken Jugendlichen von der Peergroup

Diesen Beeinträchtigungen kann gerade in der Musiktherapie entgegnet werden. Demnach sollten folgende Ziele formuliert werden (Howitz 2000):
- Erfahrungs- und Wahrnehmungserweiterung
- Verbesserung der Eigen- und Fremdwahrnehmung
- Steigerung des Selbstwertgefühls und -erlebens
- Ermöglichung von Spaß und Genussfähigkeit

Der Patient öffnet sich in der Musiktherapie neuen Klangerfahrungen. Diese können entspannende, erlebniserweiternde und ressourcenaktivierende Prozesse in Gang setzen. So kann es zu einer neuen Sichtweise der bestehenden Problematik kommen. Die Musiktherapie eröffnet dem Jugendlichen kreative Lösungsmöglichkeiten und bietet ihm die Möglichkeit des Überprüfens, Variierens und der Erprobung. Der Patient erlebt seine Selbstwirksamkeit, indem er selbst etwas zur Musik beiträgt und durch diese eigenen durch ihn eingebrachten Potenziale der Musik eine individuelle Gestalt gibt. Hierdurch erfährt sich der Jugendliche als aktiv gestaltendes Wesen im Therapieprozess, was zu einer positiven Wahrnehmung der eigenen Person führt (Haffa-Schmidt et al. 1999).

50.3 Ergotherapie

Obwohl Studien über die spezielle Wirksamkeit von Ergotherapie bei Kindern, Jugendlichen und jungen Erwachsenen in der wissenschaftlichen Literatur fehlen, findet die Ergotherapie in der Behandlung dieser Patientengruppe sowohl im stationären wie auch im ambulanten Bereich ein weites Anwendungsspektrum. Dieses reicht von psychotischen, neurotischen und psychosomatischen Störungen bis hin zu Suchterkrankungen. Im Kinder- und Jugendlichenalter stellen darüber hinaus Entwicklungsverzögerungen im Bereich der Handlungs- und Denkfähigkeit sowie emotionale Störungen und Störungen in der sozialen Entwicklung wie etwa ADHS wichtige Indikationen dar.

Während Ergotherapie im ambulanten Bereich – der Empfehlung der deutschen Gesellschaft für Kinder- und Jugendpsychiatrie und -Psychotherapie nicht folgend – z. B. zur Behandlung von ADHS oft als Monotherapie verordnet wird (Hakimi 2005), ist sie im stationären Setting in der Regel Bestandteil einer multimodalen Behandlungsorganisation. Dieser Umstand macht spezielle evidenzbasierte Analysen der Ergotherapie aus methodischen Gründen problematisch; seitens der Patienten wird sie in der Regel subjektiv als hilfreich erachtet.

Bei der ergotherapeutischen Behandlung von Adoleszenten und jungen Erwachsenen muss der Entwicklungsaspekt mit Beeinträchtigungen der sensorischen Wahrnehmungsfähigkeit sowie der Wahrnehmungsverarbeitung, der für die Entstehung der Störungen eine wesentliche Rolle spielt, eine besondere Berücksichtigung finden.

Darüber hinaus bestimmen oft innerpsychische Konflikte um Autonomie und Abgrenzung von Erwachsenen die therapeutische Interaktion. Ausgeprägte Stimmungsschwankungen sowie fehlende Konstanz in der Motivation, wie sie in dieser Altersstufe typisch sind, machen eine intensivere emotionale Begleitung mit mehr Aufmunterung bei auftretenden Schwierigkeiten erforderlich. Das bedeutet, dass die Patienten dieser Altersgruppe die Therapeuten vor besondere Anforderungen hinsichtlich der Gestaltung der therapeutischen Beziehung und entwicklungsförderlicher Bedingungen im Spannungsfeld zwischen Fordern und Fördern stellen.

50.3.1 Ziele der Ergotherapie bei Adoleszenten

Die Entwicklung in speziellen funktionellen Teilbereichen wie etwa Grob-, Fein- oder Graphomotorik sowie der Gesamtpersönlichkeit hinsichtlich der Selbstregulation, der Selbst- und Fremdwahrnehmung, des Selbstwertgefühls sowie der Anpassung an alters- und alltagstypische Anforderungen findet zu einem wesentlichen Teil über die Handlungsebene statt. Eine Förderung dieser Bereiche setzt deshalb auch sinnvollerweise dort, d. h. auf der basalen Ebene von Selbsterfahrung über das Handeln, an. Im Speziellen müssen folgende Aspekte bei der Förderung berücksichtigt werden:

- Tagesstruktur und Strukturierung von Handlungsabläufen, z. B. bei Handlungsplanungsstörungen
- psychische Grundleistungsfunktionen wie Antrieb, Motivation, Belastbarkeit, Konzentration, Ausdauer, Flexibilität und Selbstständigkeit
- Realitätsbezogenheit der Selbst- und Fremdwahrnehmung
- situationsgerechtes Verhalten und soziale Kompetenzen
- Gefühlssteuerung und Verständigungsfähigkeit im Kontakt mit anderen Menschen
- Selbstwertgefühl und Selbstvertrauen in die eigenen Fähigkeiten

Um für den Patienten das geeignete Angebot zur Verfügung zu stellen, ist neben der psychiatrisch-psychodynamischen Diagnostik, die Auskunft über das psychische Strukturniveau, auf der sich die Störung des Patienten bewegt, geben soll, eine spezielle ergotherapeutische Diagnostik, die die oben genannten Gesichtspunkte berücksichtigt, notwendig. Sie kann durch strukturierte Verhaltensbeobachtung, z. B. mit dem Lübecker Fähigkeitenprofil (LFP) von Schirrmacher, mit dem insgesamt 25 Dimensionen erfasst werden (Schirrmacher 2002), erfolgen. Dieses Verfahren gestattet auch eine Verlaufskontrolle der Entwicklung über den Behandlungszeitraum.

50.3.2 Methoden und therapeutische Rahmenbedingungen

Orientiert an den erhobenen Befunden und dem psychischen Struktur- und Entwicklungsniveau des Patienten sollte eine indikative Zuordnung zu einem der vier wesentlichen methodischen Schwerpunkte in der Ergotherapie – kompetenzzentrierte Methode, wahrnehmungszentrierte Methode, ausdruckszentrierte Methode und interaktionelle Methode – erfolgen, wobei Überlappungen sinnvoll und notwendig sein können. Dabei sollten sowohl die Zielsetzung als auch die Wahl des Materials nach Möglichkeit gemeinsam mit dem Patienten erarbeitet werden.

Tabelle 50-1 gibt einen Überblick über die Zuordnung der ergotherapeutischen Schwerpunkte zum struktur- und Entwicklungsniveau des Patienten.

Fallbeispiel 1: P., 16 Jahre

Diagnosen
- Störung des Sozialverhaltens mit externalisierendem und oppositionellem Verhalten, Lern - und Leistungsversagen bei guter Intelligenz, mangelnder sozialer Integration in seine Altersgruppe, Lügen, Stehlen, emotionale Störung mit Geschwisterrivalität
- depressive Störung mit anhaltender morgendlicher Antriebslosigkeit, Interessen- und Lustlosigkeit
- Verdacht auf Entwicklungsstörung der motorischen Funktionen (mit V. a. Störung der statomotorischen Aufrichtung bei Z. n. langjähriger Psychostimulanzientherapie wegen ADHS)

Relevante anamnestische Daten
P. stammt aus einem fördernden, bildungsbürgerlichen Akademiker-Milieu und lebt in seiner Ursprungsfamilie.
Motorische Entwicklungsverzögerungen fanden sich im Bereich der Lateralisation, Feinmotorik und Koordination, weswegen er kurz vor der Einschulung und in der 3. Klasse mit Ergotherapie behandelt wurde.
Die Lern- und Leistungsdiagnostik ergab eine signifikante Differenz zwischen dem Verbal- und Handlungs-IQ. Er besuchte die 8. Klasse des Gymnasiums.

Ergotherapeutischer Befund nach vier Terminen Diagnostikgruppe
Ziel: Ermittlung von Ressourcen und Einschränkungen in Bezug auf die Handlungsfähigkeit
- **Ersteindruck:** Bei der ersten Begegnung meidet P. den direkten Blickkontakt. Seine Augen sind ständig in Bewegung, schweifen unruhig im Raum umher. Er wirkt angespannt, unruhig-getrieben, auch traurig. Er ist rhetorisch sehr begabt. Seine Gedankengänge erscheinen allerdings z. T. bizarr und etwas unstrukturiert.
- **Psychisch-emotionaler Bereich:** P.s Grundstimmung ist betrübt, er lässt sich nur schwer aufheitern. Zu seinen Affekten scheint er wenig Zugang zu haben, er ist oft lust- und interesselos. Um eine Aufgabe zu erfüllen, ist er häufig auf äußere Stimulation angewiesen. Er hat Angst Fehler zu machen, möchte sich keine Blöße geben. Misserfolg verbucht er als Versagen und befürchtet offenbar, den Herausforderungen mit seinen Fertigkeiten nicht gewachsen zu sein. Ausweichendes und/oder passives Verhalten sind die Folge. P. hat Schwierigkeiten, für getroffene Entscheidungen die Verantwortung zu übernehmen oder die Konsequenzen einzuschätzen. Es fällt ihm schwer, um Hilfe zu bitten, und sein Selbstwertgefühl ist reduziert, er traut sich wenig zu, wertet eigene Leistun-

Tab. 50-1 Systematik der entwicklungs- und strukturbezogenen Ergotherapie

Strukturniveau	Beobachtbare Symptome und Entwicklungsstörungen im Alltag	Ergotherapeutische Schwerpunkte/Ziele	Haltung und Aufgaben des Ergotherapeuten
OPD: desintegriert bis geringe Struktur	• Erstarrung oder monotone/stereotype Handlungsabläufe zur Sicherung des Selbst (Selbstvergewisserung) und Abwehr von Überschwemmung durch existenzielle oder paranoide Ängste • Erleben von Ohnmacht und Ausgeliefert-Sein • Symptomatik hat stützende, sichernde Funktion für das Ich	• handwerkliche Techniken oder Aufgaben aus dem lebenspraktischen oder Freizeitbereich werden in einem klar strukturierten Rahmen eingesetzt, um verloren gegangene oder nicht vorhandene Fähigkeiten zu erwerben oder zu beüben	• Patienten zu eigenen Entscheidungen anregen • mit dem Patienten Pausen und Ziele besprechen • Patienten in seinen Handlungen unterstützen und korrigieren • mit dem Patienten Problemlösungsstrategien erarbeiten
OPD: gering bis mäßig integriert niedrig, Borderline-Niveau	• Ideenlosigkeit und Mangel an Kreativität • Schwierigkeiten, eigene Intentionen in zielgerichtetes Handeln umzusetzen durch Störung der räumlichen und zeitlichen Orientierung • unzureichende Selbsteinschätzung der eigenen Fähigkeiten und Grenzen mit der Gefahr der Selbstbeschädigung (Verletzungen, Belastungsgrenzen)	• freiwilliges Angebot aus den Bereichen basale Stimulation, sensorische Integration, Snoezelen, Affolter-Modell, Frostig-Konzept oder andere Wahrnehmungsübungen • wird eingesetzt, um die Selbstwahrnehmung zu stimulieren, zu verbessern und zu reflektieren	• Freiwilligkeit des Angebotes deutlich machen • Über- und Unterstimulation vermeiden • Auswahl, Dauer und Intensität dem Patienten überlassen • immer wieder fragen, ob die Reize als angenehm erlebt werden
OPD: mäßig integriert mittel	• überhöhte, zum Scheitern verurteilte Ziele/Vorhaben werden (oft zwanghaft) verfolgt oder rasch wechselnd wieder aufgegeben • Ideen können aufgrund selbstentwertender Überzeugungen nicht umgesetzt werden • Zweifel hinsichtlich der eigenen Fähigkeiten mit Furcht vor Mangelhaftigkeit, Kritik und Entwertung • Erleben von Abhängigkeit von der Anerkennung durch andere mit der Konsequenz des Liebesverlustes und der Einsamkeit bei Versagen	• Therapiemittel verbunden mit einer bestimmten Aufgaben- oder Themenstellung wird in kreativ-gestalterischer Weise eingesetzt • dient als Ausdrucksmittel und Katalysator und ist Mittel zur Selbstdarstellung und Kommunikation • Themen sind eher gefühlsbetont und frei • Ergebnis und Geschehen werden reflektiert	• Erlauben bzw. Suche von individuellen Ausdrucksmöglichkeiten • zeitliche Struktur vorgeben • spezielle Regeln bekannt geben (z. B. nicht reden) • Beobachten des Prozesses • Prozess und Ergebnis reflektieren
OPD: gut integriert reif, neurotisch	• Unsicherheit in der Verfolgung eigener Ideen und Interessen • eigene Impulse stehen im Konflikt mit den Erwartungen und Ansprüchen der anderen • angepasstes Verhalten mit oft hohem Perfektionsdrang zur Vermeidung von Schuld- und Schamaffekten	• Gruppe bekommt eine besondere Aufgabe, bei der das Miteinander in der Gruppe im Vordergrund steht • dieser gruppendynamische Prozess wird am Ende reflektiert	• Therapeut gibt Themen oder Aufgabenstellungen in die Gruppe oder strukturiert die gemeinsame Suche danach • Fachkenntnis zur Verfügung stellen bezüglich Material und Werkzeug • Beobachtung des Gruppengeschehens • Reflektieren der Interaktion und Dynamik in der Gruppe • mit der Gruppe Konflikt- und Problemlösungsstrategien erarbeiten

gen ab. Über lobende, anerkennende Worte kann er sich nicht recht freuen. Die Ursachen für seine Leistungsdefizite sieht P. grundsätzlich nicht bei sich, sondern schreibt sie externen Faktoren wie Personen, Umweltbedingungen usw. zu und bei jeder sich bietenden Gelegenheit weist er sich als Opfer der äußeren Umstände aus.
- **Soziale Interaktion:** In der ersten Therapiestunde verhält sich P. misstrauisch-abwartend. Er scheint sich in der Gegenwart anderer unwohl und unsicher zu fühlen. Nur allmählich wird er zugänglicher und zeigt etwas mehr Interesse an sozialen Kontakten. In der Gruppe beschreitet P. zunächst den Weg des geringsten Widerstandes, indem er Konfrontationen vermeidet und Konflikten aus dem Wege geht. Ein starkes Autonomiebedürfnis wird bei P. deutlich, welches ihn hindert, mit anderen zu kooperieren. Andererseits stimmt er Vorschlägen und Anregungen meist schnell und unreflektiert zu. Dafür hält er einen Standardspruch parat: »Kein Problem!« Auf Nachfrage diesbezüglich erklärt P., er habe sich diese Strategie aus Selbstschutzgründen zugelegt, damit er seine Ruhe habe und nicht ständig, vor allem von Menschen, die ihn »therapieren« möchten, belästigt werde. P. wendet viel Energie auf, um seine Unabhängigkeit zu demonstrieren. Dabei helfen ihm sein Intellekt und das theoretische Wissen in der Praxis jedoch oft nicht weiter. Er hat Schwierigkeiten, sich durch angemessene Fragen Informationen zu Problemen einzuholen und reagiert abwehrend, kritisch und misstrauisch auf angebotene Hilfestellungen oder Tipps.
- **Sensorisch-motorische Grundfunktionen:** P. ist Linkshänder, wobei er beim Gebrauch von Werkzeugen und Materialien auch oft die rechte Hand einsetzt (z. B. beim Sägen). Es entsteht manchmal der Eindruck einer Unsicherheit dahingehend, welche Hand er für bestimmte Tätigkeiten einsetzen solle, wodurch er in seiner Arbeitsausführung behindert wird. Diese ineffektive Koordination lässt Rückschlüsse auf eine mangelnde Bilateralintegration zu. Sein Muskeltonus ist niedrig, die Körperhaltung durch einen runden Rücken und herabhängende Schultern gekennzeichnet, die Bewegungen unsicher mit häufigem Anecken. Er bewegt sich möglichst wenig. Bei etwas anstrengenden Tätigkeiten ist er schnell erschöpft. Seine Ausdauer begrenzt sich je nach Tagesform auf zehn bis 15 Minuten. Seine Handlungen wirken mitunter planlos und etwas unstrukturiert. Es bereitet ihm Mühe, detailliert auf ein Ziel hinzuarbeiten. Obwohl P. sich bemüht, relativ genau zu arbeiten, hat er Schwierigkeiten mit der Feinmotorik, z. B. sind seine Pinselführung und Stifthaltung verkrampft, beim Töpfern arbeitet er mit viel Druck.
- **Perzeptiv-kognitive Funktionen:** P. verfügt über ein umfangreiches Allgemeinwissen. Er interessiert sich für unterschiedliche Wissenschaftsgebiete und bildet sich dazu seine Meinung. Er besitzt eine rasche Auffassungsgabe und ein gutes Abstraktionsvermögen. Es besteht eine deutliche Diskrepanz zwischen theoretischer Begabung und planmäßigen Handeln. Für konkrete Handlungsabläufe kann P. keinen strukturierten Plan entwickeln. Er verzettelt sich, konstruiert überall Probleme, indem er alles zueinander in Bezug setzt. Er scheint mit seinen Gedanken oft abwesend zu sein, kann die Aufmerksamkeit nur mit Mühe auf seine Tätigkeit fokussieren. Im Werken arbeitet er meist sehr realitätsgetreu. Er lehnt Techniken, wie z. B. Seidenmalerei, die in ihrer Ausführung nur eingeschränkt kontrollierbar sind, ab, möchte nichts dem Zufall überlassen.

Planung der ergotherapeutischen Intervention
Nach Abschluss der Diagnostikphase (4 Stunden) erarbeitet die Ergotherapeutin in einem Einzeltermin mit P. die Zielsetzung für die weitere ergotherapeutische Intervention. Die Ziele werden aus den Ergebnissen der ergotherapeutischen Diagnostik abgeleitet und gemeinsam mit P. formuliert. Hierbei zeigt sich, dass P. noch immer über wenig Störungsbewusstsein verfügt. Er hält an seiner Auffassung fest, Opfer von Missverständnissen und widrigen Umständen zu sein. Eigentlich sei mit ihm doch alles in Ordnung, die anderen würden seine Situation falsch beurteilen. Es fällt ihm schwer, sich vorzustellen, was sich für ihn in der Ergotherapie verändern oder verbessern könnte. Obwohl sich P. einerseits überfordert fühlt, seine Therapieplanung aktiv mitgestalten zu können/sollen, fühlt er sich andererseits ernst genommen. Dies motiviert P. letztlich, für ihn bedeutsame Ziele zu formulieren.

Vor dem Hintergrund der diagnostischen Einschätzung, dass sich die multiplen Störungen von P. auf einem nach OPD mäßig integrierten Strukturniveau bewegen, hält die Ergotherapeutin die kompetenzzentrierte Methode für indiziert und weist P. darauf hin, dass die Ziele handlungsorientiert, konkret und messbar sein sollen. Bei der Auswahl entsprechender Methoden und Mittel werden die individuellen Wünsche und Fähigkeiten von P. berücksichtigt: Er möchte sich einen CD-Ständer aus Holz bauen.

Kompetenzzentrierte Methode

Hier geht es in erster Linie darum, durch den Einsatz ausgewählter handwerklicher Techniken und Übung im lebenspraktischen und im Freizeitbereich bislang nicht vorhandene, verloren gegangene oder beeinträchtigte Fähigkeiten und Fertigkeiten wie z. B. die Feinmotorik zu fördern. Dieses hat eine besondere Bedeutung etwa bei der Förderung von Jugendlichen im Bereich schulischer Fertigkeiten, der Graphomotorik, der Planung von Arbeits- und Handlungsabläufen etc. Darüber hinaus eignet sich diese Methode besonders zur Förderung der o. g. psychischen Grundleistungsfunktionen, die einen we-

sentlichen Beitrag zur psychischen Stabilisierung, Strukturierung und Ich-Stützung schwer gestörter Patienten leisten.
Ziele für den Patienten:
- Handlungsplanung und Ausführung verbessern
- Frustrationstoleranz erhöhen
- Verantwortung übernehmen
- Selbstständigkeit entwickeln
- Konzentration und Ausdauer verbessern
- sorgfältig und genau arbeiten
- Umgang mit Werkzeug und Maschinen erlernen
- Sicherheitsvorschriften beachten
- Feinmotorik verbessern
- eigene Bedürfnisse und Wünsche wahrnehmen und äußern
- sich von der Erkrankung ablenken können
- Aufgaben übernehmen
- Kontakte herstellen

Wahrnehmungszentrierte Methode

Mit dieser Methode, die in unmittelbarer Nähe zur Körpertherapie anzusiedeln ist, soll die Wahrnehmung der individuellen Befindlichkeit auf einer basalen, körperlichen Ebene im Kontakt mit unterschiedlichem Material stimuliert und ausdifferenziert werden, um vor diesem Hintergrund die Selbstwahrnehmung und Selbstregulation zu verbessern.
Ziele für den Patienten:
- Entspannung und Anspannung differenziert erleben
- Gleichgewichtssinn verbessern
- Wahrnehmung der eigenen Atmung
- Ausdifferenzierung des Körperschemas
- Wahrnehmung von Temperaturunterschieden
- Wahrnehmung von verschiedenen taktilen Reizen
- Wahrnehmung von verschiedenen olfaktorischen, akustischen und gustatorischen Reizen
- wahrnehmen, was als angenehm oder unangenehm empfunden wird
- Verbesserung des Körperbildes
- Kraft dosiert einsetzen
- auf eigenes Wohlbefinden achten
- auf eigene Sicherheit achten
- sich der Jahreszeit entsprechend kleiden

Ausdruckszentrierte Methode

In der ausdruckszentrierten Methode werden Materialien und Be- bzw. Verarbeitungstechniken zum einen als Ausdrucks- und Kommunikationsmittel eingesetzt, mit deren Hilfe die Patienten bewusste und unbewusste innere Zustände, Gefühle und Stimmungen mitteilen können, zum anderen aber auch die Möglichkeit haben, sich in der Auseinandersetzung mit dem Material (z. B. harter Stein oder weicher Ton) selber kennenzulernen, sich im Umgang mit den äußeren Bedingungen und den eigenen Begrenzungen und Möglichkeiten selbst zu erfahren. Durch den verbalen Austausch über die kreierten Darstellungen als Ausdruck der inneren Situation der Patienten werden die selbstreflexiven Kompetenzen der einzelnen Jugendlichen erweitert, die Selbst- und Fremdwahrnehmung gefördert und die Erfahrung von vertrauensvollem persönlichem Kontakt ermöglicht.
Ziele für den Patienten:
- Wahrnehmen eigener seelischer Vorgänge
- Ausdrucksmöglichkeiten für das momentane Befinden oder für Erlebnisse und Gefühle aus der Vergangenheit finden
- Entwicklung von Spontaneität und Eigeninitiative
- Auseinandersetzen mit Gefühlen und Bedürfnissen
- Herstellung von Offenheit und Realitätsbezug
- Sensibilisierung für Zusammenhänge zwischen Lebensgeschichte und den damit verbundenen Problemen und Konflikten
- Aufbau von Vertrauen in sich und andere
- Entwicklung neuer Perspektiven
- Abbau von Spannungen und Ausleben von unterdrückten Gefühlen (Katharsis)
- Entwicklung nonverbaler und verbaler Kommunikationsfähigkeiten

Interaktionelle Methode

Bei dieser Methode steht der gruppendynamische Prozess im Vordergrund, z. B. die Frage, wie sich der Patient mit den eigenen Belangen und Ideen einbringen kann, ob und wie er den Gruppenprozess beeinflussen kann, in welcher Position der sich wohl fühlt etc. Dieser Aspekt ist gerade für Jugendliche und junge Erwachsene von großer Bedeutung, da es für sie in dieser Lebensphase darum geht, den eigenen Platz in einer Gruppe und im weiteren Sinn auch in der Gesellschaft zu finden. Dabei sind sie in hohem Maße auf die Reaktionen ihres Gegenüber angewiesen, aber auch besonders empfindlich und verletzbar. Für die Förderung der Selbst- und Fremdwahrnehmung sowie der sozialen Kompetenzen bietet sich bei diesem Behandlungsfokus die Arbeit in der Gruppe z. B. an einem gemeinsamen Projekt an.
Ziele für den Patienten:
- Erkennen und Äußern eigener Wünsche, Ideen, Meinungen und Gefühle.
- Übernahme und Abgabe von Verantwortung
- Erweiterung der Durchsetzungs- und Integrationsfähigkeit
- Erweiterung der Konfliktfähigkeit
- Entscheidungsfähigkeit entwickeln
- Verbesserung von Kritikfähigkeit und Toleranz
- Entwicklung von adäquaten Konfliktlösungsstrategien
- Entwicklung von sozialem Handeln (z. B. helfen, unterstützen, ermutigen, trösten)
- Entwicklung einer realistischen Selbsteinschätzung
- Steigerung der Fremdwahrnehmung
- Erfahrungen machen mit Teamarbeit

Orientiert am Fokus kann die Behandlung im Einzel- oder im Gruppensetting stattfinden. Je basaler ein Patienten in seiner Wahrnehmung und Wahrnehmungsverarbeitung sowie seiner emotionalen und kognitiven Entwicklung beeinträchtigt ist, desto stärker wird der Schwerpunkt der Behandlung auf kompetenzzentrierten, übenden, wahrnehmungsfördernden und strukturierenden Methoden liegen. Je reifer, neurotischer und differenzierter die Persönlichkeit des Patienten ist, desto eher kommen ausdrucks- und konfliktzentrierte Methoden zur Anwendung.

50.4 Kunsttherapie

Die Kunsttherapie bietet als vorwiegend nonverbale Therapieform dank ihrer äußerst umfangreichen kreativen Ausdrucksmöglichkeiten sowie ihrem Zugang zu tieferen Schichten des Bewusstseins die Möglichkeit, mit sich selbst in Beziehung zu treten und innerpsychische Vorgänge in einer ganz individuellen Form sichtbar, spürbar und erlebbar werden zu lassen.

»Je tiefer ich in den Malprozess gleite, umso mehr verschwinden Überlegungen, warum ich es tue, wie ich es mache, wie ich mich fühle. Wenn ich mich wirklich versenke, hört das Denkkarussell im Kopf auf ... In dieser Stille, diesem Zustand von Aufmerksamkeit und Versenkung – jenseits der Gedankenmühle – steigt tiefes Wissen in uns auf, das sich im Gestaltungsprozess formt, wobei es sich der Vernunft entzieht, da seine Sprache andere Dimensionen hat.« *(Schottenloher 1989)*

An erster Stelle steht der entspannte und spielerische Umgang mit Technik und Material, nicht der Leistungsaspekt, der bei betreffender Altersgruppe ohnehin sehr im Vordergrund steht. Es gilt, sich in der eigenen Peergroup sowie in einer leistungsorientierten Gesellschaft zu behaupten. Die Angst, das Gesicht zu verlieren, ist groß und der Raum, sich angstfrei und ungezwungen entscheiden und zunächst auf vertraute Kompetenzen zurückgreifen zu können, von großer Bedeutung. Im Mittelpunkt stehen die unverwechselbare Persönlichkeit eines Menschen und dessen ganz individueller Ausdruck sowie die Notwendigkeit, gerade diesem die Bedeutung und Aufmerksamkeit zuteil werden zu lassen, die er verdient.

»Regressive und progressive Dynamik, spaltende und zentrierende Bewegung, all das wird im Bild sichtbar, (ab-)fühlbar und nachvollziehbar. Das Bild wird zum Helfer, zum Dritten, der auf bisher Übersehenes hinweist, Botschaften, Ressourcen und Lösungen anbietet.« *(Schmeer 1994)*

Eine wichtige Rolle spielt die »stellvertretende Handlung«. Mit ihrer Hilfe können neue Handlungsalternativen entdeckt, erprobt, verworfen und neu entwickelt sowie eigene Wünsche und Sehnsüchte stellvertretend verwirklicht werden, um all diese Erfahrungen schließlich auch in entsprechenden Alltagssituationen nutzen zu können.

»Der Akt, der das Innere in die äußere Welt bringt, modifiziert die Innerlichkeit, reinigt sie gewissermaßen von Spannungen und energetischen Staus, führt aus passiver Ohnmacht, Sich-Verschließen, in sinnvolles Handeln ... Es öffnet sich die Möglichkeit der Selbstheilung.« *(Schottenloher 1989)*

50.4.1 Stand der Forschung

Forschung zur Kunsttherapie ist vergleichsweise jung. Sie gestaltet sich jedoch bereits sehr vielfältig und erstreckt sich auf unterschiedlichste Praxisfelder in Medizin, Psychotherapie und Pädagogik. Diese Vielfalt eröffnet einen großen Handlungs- und Forschungsfreiraum, erschwert jedoch eine systematische Erfassung aller diagnostischen und therapeutischen Instrumente sowie deren Anwendungsgebiete (Mechler-Schönach u. von Spreti 2005).

Aktuelle Forschungsschwerpunkte für die kunsttherapeutische Arbeit bilden unter anderem der Bereich der Onkologie, d. h. die kunsttherapeutische Begleitung von Erwachsenen und Kindern, die Förderung von Coping-Strategien, die Interaktion zwischen Kindern und vom Krebs betroffenen Elternteilen, die Arbeit mit Angehörigen von onkologischen Patienten sowie die Kunsttherapie in der ambulanten Nachsorge (Götze et al. 2007) und die Traumatherapie, in diesem Fall demonstriert durch die Arbeit mit kindlichen Opfern des Hurrikans »Katrina« unter der Verwendung künstlerischer Techniken, um den betroffenen Kindern den Ausdruck und die Verarbeitung komplexer Emotionen zu erleichtern und ihnen zu ermöglichen, auf symbolischem Wege die Kontrolle über Ereignisse wiederzugewinnen, die verwirrend oder beängstigend sind (Looman 2006).

Die Familientherapie nutzt das natürliche Bedürfnis von Kindern, sich künstlerisch zu äußern, und bietet sowohl diagnostische als auch therapeutische Möglichkeiten, die Interaktion der Familienmitglieder mittels mannigfaltiger Techniken zu unterstützen (Retzlaff 2005).

Weitere Forschungsbereiche beschäftigen sich mit Adoleszenzkrisen (Reiter 2002), Essstörungen (Frisch et al. 2006; Sutner et al. 2007) und neurotischen, Belastungs- und somatoformen Störungen. In diesem Zusammenhang sei die »Katamnestische Evaluation des Musikmalens« genannt, eine empirische Untersuchung der Forschungsergebnisse des Nervenarztes Rudolph Burkhardt, der sich 20 Jahre lang intensiv mit der Technik des Musikmalens auseinandersetze (Michael 2007).

Ein Gebiet, das unserer ganzen Aufmerksamkeit bedarf und das zunehmend auch von der Kunsttherapie tangiert wird, ist die Schule. Der Fokus liegt in diesem Zusammenhang auf Präventionsmaßnahmen innerhalb des schulischen Rahmens (Hampe u. Hegeler 2006) sowie auf kunsttherapeutischen Methoden zur sonderpädagogischen Förderung von verhaltensauffälligen, geistig behinderten und lernbehinderten Schülern (Niebling 2005). Auch die Auseinandersetzung mit dem Alter, seinen unterschiedlichen Aspekten und Störungsbildern gerät zunehmend ins Blickfeld der Kunsttherapie (Flood u. Phillips 2007).

Die Forschungstendenzen in der Kunsttherapie konzentrieren sich jedoch nicht ausschließlich auf konkrete medizinische, pädagogische und psychotherapeutische Anwendungsfelder, sondern richten ihr Augenmerk ebenso auf die Prävention sowie den Beitrag, den diese Therapieform für die Wiederherstellung, Förderung und Aufrechterhaltung psychischer Gesundheit im ganzheitlichen Sinne (Antalfai 2007; Spandler et al. 2007) und zur Förderung der emotionalen Entwicklung (Barth u. Klosinski 2007) leisten kann.

Einen wichtigen Beitrag zu Forschung und Klinikarbeit, d. h. zur kunsttherapeutischen Dokumentation und deren Verknüpfung mit dem Dokumentationssystem klinischer Institutionen, bildet die Entwicklung und Evaluation von Instrumenten zur kunst- und gestaltungstherapeutischen Prozessdokumentation. Diese setzen sich eingehend mit dem Arbeitsverhalten des Patienten, der Wirkung des gestalterischen Ergebnisses, der Reflexion des Patienten, der Beziehung des Patienten zu seinen Mitpatienten, seinem Therapeuten und zu seinem Werk auseinander und betrachten diese Ergebnisse sowohl unter forschungsmethodischen Aspekten als auch bezüglich seiner klinischen Relevanz (Elbing u. Hölzer 2007).

Bereits 2001 wurden die »Nürtinger Beurteilungsskala« (NBS) und das »Diagnostik Assessment of Psychiatric Art« (DAPA), zwei Instrumente zur standardisierten Beschreibung von Patientenbildern, auf ihre Interraterreliabilität hin untersucht und mit sehr guten Ergebnissen bewertet (Elbing u. Hacking 2001).

Die Kunsttherapie bietet nach wie vor ein breites Spektrum an Forschungsmöglichkeiten, die genutzt und im Idealfall miteinander vernetzt werden sollten, um einen intensiven Einsatz dieses reichhaltigen Therapieinstrumentes zu ermöglichen.

Trotz des intensiven Bemühens dieser im Vergleich zu anderen Therapien noch recht jungen Therapierichtung um evidenzbasierte Forschungskriterien sollte nicht vergessen werden, dass wir es mit einer Methode zu tun haben, die sich die innere Welt eines Menschen und ihren unmittelbaren gestalterischen Ausdruck zunutze macht. Diese innere Kraft, die stets auf Gesundung des gesamten Organismus hin ausgerichtet ist, zeigt sich in der unverwechselbaren Handschrift einer Persönlichkeit und sollte trotz der Notwendigkeit einer systematischen Erfassung und Kategorisierung in kein zu enges Raster gedrängt werden, da man sich möglicherweise so der starken Selbstheilungskraft, die durch diese Therapieform aktiviert wird, berauben würde.

50.4.2 Der geschützte Rahmen – die Basis der Selbsterfahrung

Ein schützender, haltender und gleichzeitig flexibler Rahmen ist die Grundvoraussetzung, um dem Adoleszenten eine wirkliche Auseinandersetzung mit der eigenen Persönlichkeit, seiner Umwelt und seinen häufig damit verbundenen sehr ambivalenten Gefühlen, Unsicherheiten und Aggressionen, kurz gesagt seinen tiefen Bedürfnissen nach Halt, Verlässlichkeit und gleichzeitigem Freiraum, zu ermöglichen und die eigene Flexibilität zu fördern.

Entscheidend dabei sind der Beziehungsaufbau und das sich entwickelnde Vertrauen zum Therapeuten, der dem Adoleszenten ein sicherner Begleiter, ein verlässliches Gegenüber und ein Spiegel sein sollte, der gleichzeitig den Raum zur Verfügung stellt, Gegenüber, Material und Technik »auf die Probe zu stellen«, ob diese der eigenen Kraft standhalten und wirklich die Möglichkeiten bieten, die sie versprechen.

»Kunsttherapie hat etwas mit Hebammendienst zu tun ... die Bildhebamme weiß, wie der geschlossene Raum vorzubereiten und welches Material nötig ist ... genauso wie das geborene Kind ist das Bild eine Ganzheit in sich selbst, aus der Malenden entstanden und eng mit ihr verbunden ...« *(Egger 1991)*

Innerhalb der Kunsttherapie wird sowohl die Einzel- als auch die Gruppenarbeit durchgeführt. Letztere fördert vor allem die Entwicklung und Überprüfung sozialer Kompetenzen, z. B. die Fähigkeit, Beziehungen aufzubauen und aufrechtzuerhalten, die persönliche Konfliktfähigkeit sowie die Wahrung eigener Grenzen.

50.4.3 Die Funktion kunsttherapeutischer Interventionsmöglichkeiten

Alle zur Verfügung stehenden Interventionsmöglichkeiten dienen dazu, das Ich in seiner Reifung zu unterstützen. Dies geschieht in erster Linie durch die Sicht- und Nutzbarmachung eigener Ressourcen und das Spüren und Erproben der eigenen inneren Kraft im Umgang mit unterschiedlichsten Ausdrucksmöglichkeiten und Materialien.

Diese zur Verfügung stehenden Interventionsmöglichkeiten orientieren sich eng am Patienten und seinen individuellen Möglichkeiten. Vertraute Techniken sollten zunächst an erster Stelle stehen, da diese die nötige Sicherheit bieten, von der ausgehend neue Schritte gewagt werden können.

Das Initialbild, der erste gestalterische Ausdruck gewährt einen ersten wertvollen Einblick in die Innenwelt des Adoleszenten, insbesondere in den bestehenden Grundkonflikt. Jolande Jacobi beschreibt die Wirkungsweise des bildnerischen Ausdrucks folgendermaßen:

»Da Bilder wie dieses und übrigens die meisten ihrer Art, einem archetypischen, der kollektiven Psyche des Menschen angehörenden Inhalt Ausdruck geben, sprechen sie ›von Seele zu Seele‹ und sind auch ohne langen Kommentar verständlich.« *(Jacobi 1992)*

Die Angst vor Kontrollverlust, der hohe Selbstanspruch und die häufig damit zusammenhängende Unzufriedenheit mit der gestalterischen Umsetzung eigener Vorstellungen trägt dazu bei, dass Betreffende dieser Altersgruppe sich zunächst schwer tun, loszulassen und spontan zu arbeiten.

Entsprechende auflockernde und entspannende Techniken wie das geführte Zeichnen, Messpainting, die Arbeit im »Malatelier« nach Arno Stern und viele mehr, Techniken, die sowohl die Chance des Zur-Ruhe-Kommens und Genießens als auch einen Spaß- und Überraschungsmoment beinhalten, wecken die Neugier und ebnen den Weg zu einer weiterführenden kreativen Auseinandersetzung.

50.4.4 Die Regression – Chance einer Nachreifung

Im Laufe einer Therapie stellt sich zwangsläufig die Frage: »Was benötige ich noch, um den Weg in die eigene Autonomie zu wagen?« Störungsbilder werden in erster Linie als Ausdrucksform eines aus dem Gleichgewicht geratenen und noch nicht ausgereiften Selbst begriffen. Dank des gestalterischen Ausdrucks wird die starke Ambivalenz, genauer gesagt das Nebeneinanderbestehen von Entwicklungsdrang und einem gleichzeitig noch unbefriedigten Bedürfnis nach Halt, Schutz und emotionaler Nahrung, auf sehr eindringliche Weise sicht- und spürbar.

Bestimmte kunsttherapeutische Techniken und Möglichkeiten der Selbstberührungen wie die Arbeit mit sinnlichen Materialien wie Sand, Ton, flüssiger Farbe, insbesondere das sogenannte Messpainting, die bildnerische Arbeit mit Musik sowie die Bereitschaft und Neugier, sich vom eigenen inneren Impuls leiten zu lassen, ermöglichen einen intensiven Kontakt mit den eigenen Bedürfnissen und eröffnen Wege, diese in einer angemessenen Weise befriedigen zu können.

»Beim Arbeiten mit stofflichem, handgreiflichem Material, wie z. B. mit Ton/Lehm, bekommt das Gestaltete eine räumliche Dimension. Es kann – im konkreten räumlichen Sinn – von unterschiedlichen Standpunkten aus betrachtet werden und macht damit auf seine Weise offenkundig, dass nicht nur ein Standpunkt ›richtig‹ sein kann.« (Schröder u. Schröder 1992) Ingrid Riedel spricht von einer »Regression im Dienste des Ich«, aus der »… in einem kreativen Prozess eine Neustrukturierung erwachsen kann« (Riedel 1992).

In der kunsttherapeutischen Zusammenarbeit von Eltern und Patient kann eine ganz neue, ungewöhnliche Plattform entstehen, die es ermöglicht, sich zu begegnen, Schwächen und Stärken des anderen auf behutsame Weise kennenzulernen und gewohnte Konfliktmuster zu verlassen. Ist dies alles aus verschiedensten Gründen nicht möglich, so ist es wichtig, diese Tatsache angemessen verarbeiten, die eigene Wut und Trauer spüren und ausdrücken zu dürfen, um schließlich im Hier und Jetzt neue Wege zu entdecken, Defizite auszugleichen, Unterstützung zu erhalten und für sich sorgen zu können.

50.4.5 Ziele der Kunsttherapie bei Adoleszenten

In der Gruppe der Adoleszenten nimmt die Auseinandersetzung mit dem Erwachsenwerden eine zentrale Stellung ein. So können z. B. die Identifikation mit der eigenen Geschlechtsrolle, der persönliche Platz innerhalb des eigenen Familiensystems, das Bestehen und Wahrnehmen von Ambivalenzen (z. B. ein bestehender Abhängigkeits-Autonomie-Konflikt), der Umgang mit dem anderen Geschlecht, Ziele für die eigene Zukunft, der Wunsch nach Liebe und Partnerschaft sowie die Frage nach dem eigenen inneren Zuhause thematisiert werden.

Körperbilder und -skulpturen, bildnerische Familienaufstellungen, die Sand- und Tonfeldarbeit sowie die Arbeit mit Symbolen, die gestalterische Spiegelung des aktuellen Gefühlszustandes, Bildergeschichten, die Arbeit mit Gedichten, das Improvisationsspiel, Märchenarbeit etc. bieten eine wertvolle Grundlage, der eigenen Persönlichkeit mit all ihren Facetten, ihrer Stellung innerhalb eines bestimmten Beziehungsgefüges, aber auch bestehenden Konflikten ein authentisches Gesicht zu verleihen. Der Grundstein für eine reale Auseinandersetzung mit all diesen Aspekten ist gelegt.

Wichtigste Zielsetzungen sind:
- Förderung der Selbst- und Fremdwahrnehmung
- Begleitung und Unterstützung in der Entwicklung von Autonomie
- Selbstverwirklichung und Selbstverantwortlichkeit
- Spaß, Genuss und Entspannung
- Erfahrung von Selbstwirksamkeit
- Erleichterung des Umganges mit eigenen Emotionen
- Förderung sozialer Kompetenzen durch Gruppen- und Projektarbeit
- Erfahrung von Selbstwirksamkeit
- Gewinn an Vertrauen in die eigenen Fähigkeiten und die damit verbundene Steigerung des Selbstwertgefühls
- Neues wagen, erste Schritte in Richtung Zukunft

50.5 Körpertherapie

Der Körper ist mit und ohne unmittelbaren Körperbezug der Manifestationsort vieler psychischer Störungen (Blankenburg 1982, 1998). Für Jugendliche, die ihren Körper bewusst oder unbewusst in besonderer Weise als Mittel der Kommunikation nutzen, ist der primäre Zugang über die körpertherapeutische Ebene oft nahe liegender und unter Umständen leichter als über die verbale Ebene. Bewusst wird er als Medium eingesetzt, über das Überzeugungen, Haltungen oder auch Gruppenzugehörigkeiten mitgeteilt werden, unbewusst wird er quasi zur Projektionsfläche für innere Befindlichkeiten, Stimmungen und Spannungen. So ist es nahe liegend, dass in der Kinder- und Jugendpsychiatrie körpertherapeutische Behandlungsverfahren von funktioneller Übungsbehandlung über spezielle Entspannungsverfahren bis hin zu psychodynamisch orientierter Körpertherapie sowohl in der ambulanten als auch in der stationären Behandlung vielfach eingesetzt werden. Vergleichende Studien zum Wirkungsnachweis insbesondere bei Jugendlichen fehlen aber, da unter methodischen Gesichtspunkten der Nachweis einzelner Behandlungseffekte in einem stationären Setting, in dem die unterschiedlichen Behandlungsbausteine synergistisch wirken, schwierig ist. Verschiedene, überwiegend naturalistische Studien belegen jedoch, dass stationäre Psychotherapie mit Körperpsychotherapie bei unterschiedlichen Diagnosegruppen zu einer Verbesserung des Körpererlebens und des Körperkonzeptes führt und diese Effekte in Ein- und Zwei-Jahres-Katamnesen stabil bleiben (Haaf et al. 2001; Henninger 2000; Schreiber-Willnow u. Seidler 2005).

Die verschiedenen Konzeptionen von Bewegungs- bzw. Körpertherapie bewegen sich zwischen zwei entgegengesetzten Polen (Schnurnberger 1994): Den einen Pol bilden übende Therapien, die sich auf die defizitäre körperliche Funktion beziehen (z. B. Krankengymnastik/Physiotherapie), den anderen Pol bilden als konflikt- oder strukturzentrierte Methoden die unterschiedlichen Formen körperbezogener Psychotherapie, wie z. B. die konzentrative Bewegungstherapie. Spezifische Ansätze für Adoleszente und junge Erwachsene existieren dagegen laut Schnurnberger nicht. Röhricht (2000) erweiterte diese Systematisierung, indem er auf einer zweiten Achse vier zentrale Ansatzpunkte der Körpertherapie einführte:

- beziehungsorientierte Verfahren
- wahrnehmungsorientierte Verfahren
- bewegungs-/handlungsorientierte Verfahren
- affekt-/energieorientierte Verfahren

In Tabelle 50-2 sind exemplarisch häufig angewandte Verfahren den sich aus beiden Achsen ergebenden acht Kategorien zugeordnet, wobei es allerdings mehr oder weniger große Überschneidungen gibt. Liest man die Tabelle von oben links nach unten rechts, so nimmt das Ausmaß der psychischen Mobilisierung, die mit dem Verfahren verbunden ist, zu.

50.5.1 Grundlagen

Die Wahrnehmungen über die Körpersinne sind »nah erfahrbare« Erlebnisse. Diese Reize erreichen den Jugendlichen unmittelbarer, d. h., sie müssen nicht erst über kognitive Wege vermittelt werden. In diesem Sinne bilden die Körperwahrnehmungen die ersten stabilen Grundlagen für die Entwicklung einer situationsgerechten Handlungsfähigkeit (Beckmann-Neuhaus 1993), die von Bielefeld (1991) als Praxie bezeichnet wird.

Tab. 50-2 Systematisierung unterschiedlicher Körperpsychotherapieverfahren

	Entwicklungsorientiert/Funktionalübungszentriert	Konfliktorientiertaufdeckend
Bewegungs-/handlungsorientiert	• Tai-Chi • Yoga	• Tanztherapie • Bewegungstherapie
Wahrnehmungsorientiert	• Feldenkrais • Focusing	• konzentrative Bewegungstherapie • Hakomi
Beziehungsorientiert	• funktionelle Entspannung	• analytische Körperpsychotherapie • Psychodrama
Affekt-/energieorientiert	• Rolfing • Shiatsu	• bioenergetische Analyse • biodynamische Psychotherapie • Core-Energetik • Biosynthese

Körperwahrnehmung und Körperkonzept sind für die psychische Entwicklung des Menschen von grundlegender Bedeutung (Aucouturier 2006; Ayres 1992; Eliot 2003; Winnicott 2002). In der Adoleszenz erfahren beide Bereiche, im Gegensatz zum Erwachsenenalter, durch starke körperliche Veränderungen sowie das Erwachen der Sexualität mit oft verunsichernden Vorgängen eine Labilisierung und Umgestaltung. Dies bedeutet eine Bedrohung der bislang erworbenen Kompetenzen, der Identität und des narzisstischen Gleichgewichts, was zu einer Desorientierung auf körperlicher und seelischer Ebene führen kann (Günter 2002).

Ein Beispiel hierfür sind körperliche Veränderungen, die bei Jugendlichen zu Mobilitätsbeschwerden führen können. Diese Veränderung der Physiognomie, etwa der Extremitäten während der Pubertät, verunsichert den Jugendlichen und hat häufig eine Abnahme des Bewegungsverhaltens und -programms zur Folge, d. h. sportliche Aktivitäten nehmen in dieser Zeit in der Regel ab. Gleichzeitig werden körperliche Ausdrucksformen, Berührungen usw., die während der kindlichen Entwicklung erworben wurden und selbstverständlich waren, abgelehnt oder sind nur dann zulässig, wenn sie jugendkulturell überformt und damit in Ordnung sind. Die Integration der (früh-)kindlich erworbenen Körperschemata sowie der neuen Körpererfahrungen zu einer eigenen körperlichen, sexuellen und seelischen Identität ist eine wesentliche Entwicklungsaufgabe der Adoleszenz, die in der körpertherapeutischen Arbeit mit Jugendlichen und jungen Erwachsenen besondere Berücksichtigung finden muss.

Abbildung 50-1 gibt einen Überblick über das Zusammenwirken der unterschiedlichen Wahrnehmungsbereiche sowie den sensorischen Integrationsprozess, der zur Entwicklung von Körperschema und Körperbild führt.

50.5 Körpertherapie

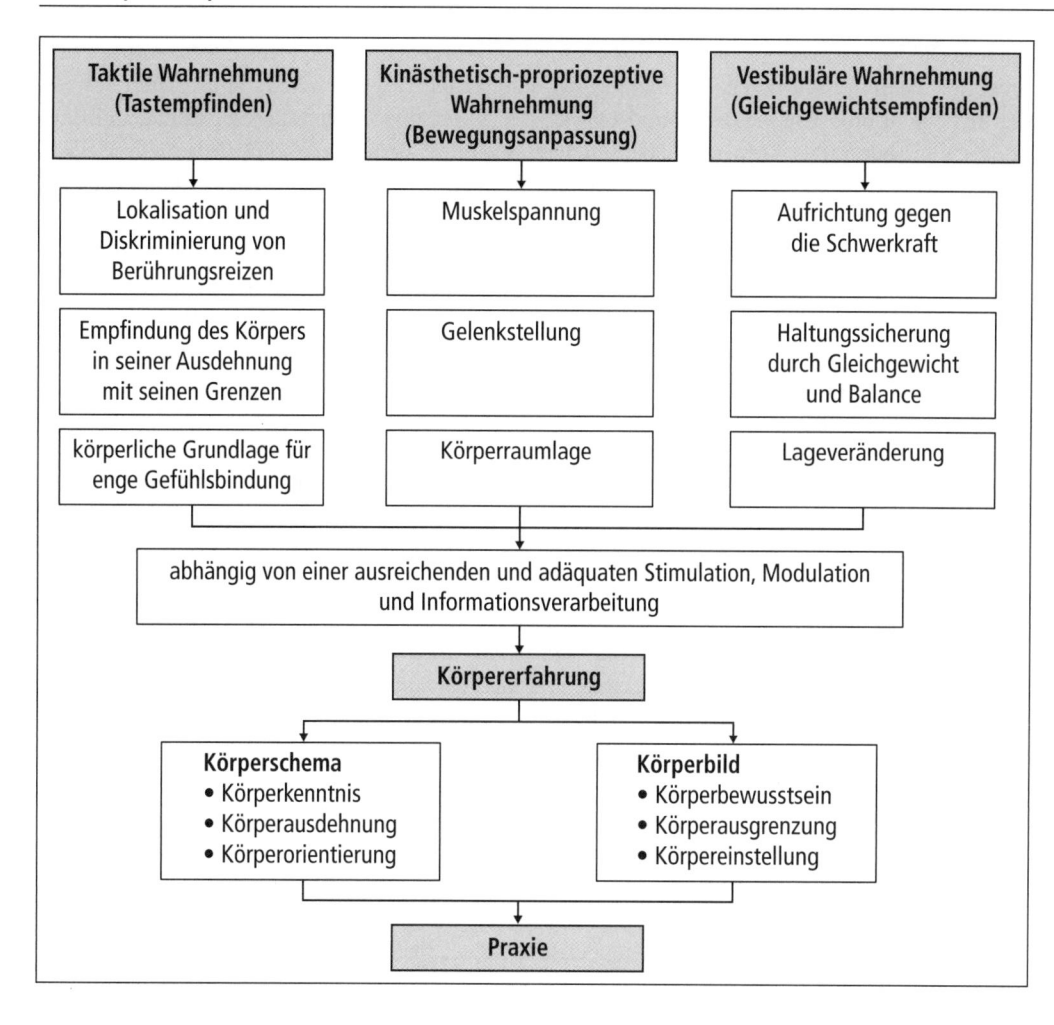

```
┌─────────────────────────┬─────────────────────────────┬─────────────────────────┐
│  Taktile Wahrnehmung    │ Kinästhetisch-propriozeptive│  Vestibuläre Wahrnehmung│
│   (Tastempfinden)       │        Wahrnehmung          │ (Gleichgewichtsempfinden)│
│                         │   (Bewegungsanpassung)      │                         │
└─────────────────────────┴─────────────────────────────┴─────────────────────────┘
            ↓                          ↓                           ↓
┌─────────────────────────┬─────────────────────────────┬─────────────────────────┐
│ Lokalisation und        │      Muskelspannung         │  Aufrichtung gegen      │
│ Diskriminierung von     │                             │  die Schwerkraft        │
│ Berührungsreizen        │                             │                         │
├─────────────────────────┼─────────────────────────────┼─────────────────────────┤
│ Empfindung des Körpers  │      Gelenkstellung         │  Haltungssicherung      │
│ in seiner Ausdehnung    │                             │  durch Gleichgewicht    │
│ mit seinen Grenzen      │                             │  und Balance            │
├─────────────────────────┼─────────────────────────────┼─────────────────────────┤
│ körperliche Grundlage   │      Körperraumlage         │  Lageveränderung        │
│ für enge Gefühlsbindung │                             │                         │
└─────────────────────────┴─────────────────────────────┴─────────────────────────┘
                                      ↓
┌─────────────────────────────────────────────────────────────────────────────────┐
│ abhängig von einer ausreichenden und adäquaten Stimulation, Modulation          │
│                     und Informationsverarbeitung                                │
└─────────────────────────────────────────────────────────────────────────────────┘
                                      ↓
                              ┌───────────────┐
                              │ Körpererfahrung│
                              └───────────────┘
                               ↙           ↘
                ┌─────────────────┐   ┌─────────────────┐
                │   Körperschema  │   │   Körperbild    │
                │ • Körperkenntnis│   │ • Körperbewusstsein│
                │ • Körperausdehnung│ │ • Körperausgrenzung│
                │ • Körperorientierung│ │ • Körpereinstellung│
                └─────────────────┘   └─────────────────┘
                               ↘           ↙
                                ┌─────────┐
                                │  Praxie │
                                └─────────┘
```

Abb. 50-1 Übersicht der Entwicklung der sensorischen Integration nach Kepper-Juckenack 1999

Basis für die Auswahl der Methode ist eine dezidierte körpertherapeutische Diagnostik, die mit einer gezielten Anamnese der körperlichen Entwicklung (Elternfragebogen zur Veraltensbeobachtung der sensomotorischen Entwicklung), speziellen Untersuchungsverfahren sowie Fragebögen durchgeführt wird. Sie sollte die folgenden grundlegenden Bereiche erfassen.

■ **Physiologische Ebene:** Die physiologische Ebene umfasst zum einen die über Sinnesreize vermittelte Informationsaufnahme, also die sensorische Wahrnehmungsfähigkeit, zum anderen die Informationsverarbeitung, also die daraus resultierenden Vorstellungen und Kenntnisse über Körperausdehnung und Körperorientierung (Bielefeld 1991). Hier bietet Ayres' Konzept der sensorischen Integration ein umfassendes Diagnostik-Instrumentarium, mit dem die sensomotorischen Funktionen der visuellen Perzeption, der somatosensorischen Rezeption und der motorischen Leistungen erfasst werden (Southern California Sensory Integration Test; Ayres 1992).

■ **Psychologische Ebene:** Die psychologische Ebene umfasst das affektive Erleben des eigenen Körpers: Gefühle, Einstellung und Überzeugungen zum eigenen Körper, die in ihrer Summe das Körperbewusstsein bilden (Bielefeld 1991). Diese Ebene kann z. B. mit den Frankfurter Körperkonzeptskalen (FKKS; Deusinger 1998), einem Selbsterhebungsinstrument, in neun Dimensionen (Gesundheit und körperliches Befinden; Pflege, äußere Erscheinung, Beachtung und Funktionsfähigkeit; körperliche Effizienz; Körperkontakt; Sexualität; Selbstakzeptanz des Körpers; Akzeptanz des Körpers durch andere; Aspekte der körperlichen Erscheinung; dissimilatorische Körperprozesse) erfasst werden.

■ **Sensomotorische Prozesse:** Der sensomotorische Prozess bedeutet als Erweiterung der sensomotorischen Funktion die Verknüpfung von körperlich wahrgenommenem Reiz mit der subjektiv dazu empfundenen Emotion, sodass sich ein individuelles Körperkonzept entwickelt. Ist in diesem Prozess eine der beteiligten Komponenten beeinträchtigt, etwa auf der neurophysiologischen Ebene oder der emotionalen Ebene z. B. durch traumatische Erfahrungen, hat dieses unter Umständen gravierende Auswirkungen auf die Entwicklung des Körperbildes bzw. Körperschema des Betroffenen, wie wir es beispielsweise von Patienten mit Essstörungen oder posttraumatischen Belastungsstörungen kennen. Mit der Tübinger Luria-Christensen-Neuropsychologischen Untersuchungsreihe (TÜLUC; Hamster et al. 1980) können die sensorisch-perzeptive, die motorisch-psychomotorische, die psycho-linguistische Dimension sowie die der Konzeptbildung untersucht werden, die Auskunft über Körperbild und Körperschema des Patienten geben.

Die Gesamtheit aller physischen und psychischen Erfahrungen mit dem Körper im Verlaufe der individuellen Entwicklung bezeichnet Bielefeld (1991) als »Körpererfahrung«. Diese ist demzufolge mit der persönlichen Lebensgeschichte eng verknüpft und mit ganz spezifischen Gefühlen und Wertungen verbunden, die sich fortlaufend verändern können.

50.5.2 Ziele der Körpertherapie bei Adoleszenten

Ziel körperorientierter (Psycho-)Therapieverfahren ist es, durch Körpererfahrungen wie Atmung, Bewegung, Berührung, Körperhaltung und verbalen Austausch eingefahrene, dysfunktionale physiologisch-vegetative und psychologisch-emotionale Fehlhaltungen bzw. Beeinträchtigungen, die die psychische Erkrankung mit begründen, aufrechterhalten oder begleiten, zu verändern. Durch die Förderung der Selbst- und Fremdwahrnehmung werden kognitive und emotionale Prozesse in Gang gesetzt, die zu produktiver Auseinandersetzung mit dem eigenen Ich sowohl auf der Ebene der sensorischen und sensomotorischen Körpererfahrung als auch auf der des affektiven Erlebens und der Selbstreflektion führen können. Dabei werden die aktualisierten Inhalte auf der körperlichen Ebene konkret erfahrbar und begreifbar und sind so einer Bearbeitung unter Umständen leichter zugänglich. Auf diese Weise können Entwicklungsblockaden aufgelöst und die Persönlichkeitsentwicklung sowohl hinsichtlich der Persönlichkeitsstruktur als auch der Beziehungsfähigkeit gefördert werden.

50.5.3 Entwicklungs- und strukturbezogene Körperpsychotherapie

In Abhängigkeit von der Beschaffenheit und Reife der psychischen Struktur eines Patienten, der ihm zur Verfügung stehenden Ich-Fähigkeiten, der Stabilität seiner psychischen Abwehrfunktionen sowie der Ausprägung des innerpsychischen Konfliktes kann die Körpertherapie auf unterschiedlichen Ebenen ansetzen.
Tabelle 50-3 gibt einen Überblick über die verschiedenen psychischen Strukturniveaus und die daraus resultierenden Schwerpunkte in der Körperpsychotherapie.
Patienten mit schweren Störungen der Persönlichkeitsstruktur (z. B. Psychosen, Borderline-Störungen, komplexe Entwicklungsstörungen, posttraumatische Störungen) bedürfen eines stützenden, stabilisierenden Therapieangebotes, das an den basalen Ich-Fähigkeiten der Grenzziehung zwischen Subjekt und Objekt, der äußeren und der inneren Realität und dem Hier und Jetzt gegenüber dem Dort und Damals, an der Selbst- und Fremdwahrnehmung sowie den Selbstregulationsfähigkeiten ansetzt. Bei ihnen stehen funktional-übungszentrierte und bewegungs- und handlungszentrierte Methoden im Vordergrund, da sie weniger Ich-belastend und mobilisierend sind, während bei neurotisch strukturierten Patienten eher ein beziehungsdynamisch konfliktorientiert-aufdeckendes Vorgehen angezeigt ist (s. dazu auch Tab. 50-2).

■ **Grenzziehung:** Hier geht es um basale Erfahrungen wie Grenzen des eigenen Körpers, Ausdehnung des eigenen Körpers, Lage des eigenen Körpers im Raum und schließlich die Grenze zwischen sich selbst und dem anderen. Die Grenzen des eigenen Körpers können durch unterschiedliche Reize auf der propriozeptiven und taktil-kinästhetischen Ebene erfahren werden, wobei unterschiedliche Materialien, z. B. Sandsäckchen und Medien, zum Einsatz kommen können. So kann die Etablierung sicherer Grenzen zwischen sich selbst und dem Gegenüber z. B. bedeuten, den eigenen Raum mit Materialien zu bauen, über ihn zu verfügen, ihn zu schützen und die Ausdehnung des eigenen Körpers zu erspüren und sie auch im Raum erfahren.

■ **Stärkung der Selbstregulation und Ressourcen:** Die körpertherapeutische Arbeit bietet den Jugendlichen vielfältige Angebote, den eigenen Körper als wirksam und damit auch sich selber als wirksam, als »selbstwirksam«, zu erfahren. Die Suche nach Möglichkeiten der Selbst-Behauptung, der Selbst-Beruhigung, der Spannungsabfuhr, der Anspannung und der Entspannung ist ein wichtiger Schritt zur Entwicklung von Selbstregulationsmöglichkeiten, die die Jugendlichen zur Bewältigung innerer und äußerer Belastungen benötigen. Dabei ist es wichtig, gemeinsam mit dem Jugendlichen individuelle Stärken und Ressourcen aufzuspüren und auszubauen, um die Motivation aufrechtzuerhalten bzw. zu fördern und einen Transfer in die Alltagsstruktur zu gewährleisten.

■ **Selbst- und Fremdwahrnehmung:** Jugendlichen und jungen Erwachsenen fällt es oft schwer, ihre inneren Befindlichkeiten auf der verbalen Ebene der Symbolisierung zu verdeutlichen. Körperliche Ausdrucksformen ermöglichen hier einen Zugang zur inneren Situation. So können Affekte, die sich z. B. in der Körperhaltung oder im Körperbild des Patienten widerspiegeln, identifiziert und differenziert werden. Mithilfe des Therapeuten, der im Sinne einer Hilfs-Ich-Funktion seine Verbalisierungsfähigkeit zur Verfügung stellt, können durch Benennungen Verknüpfungen von Affekten mit den individuellen Körpererfahrungen des Patienten hergestellt werden. Auf diese Weise wird zum einen die Selbst- und Fremdwahrnehmung gefördert, zum anderen eine (Neu-)Bewertung und Struktu-

Tab. 50-3 Systematik der entwicklungs- und strukturbezogenen Körperpsychotherapie

Strukturniveau	Symptome und Entwicklungsstörungen auf der körperlichen Ebene und der des Körpererlebens	Körpertherapeutische Schwerpunkte/Ziele	Haltung und Aufgaben des Körpertherapeuten
OPD: desintegriert bis geringe Struktur	• Erstarrung oder monotone/stereotype Bewegungsabläufe zur Sicherung des Selbst (Selbstvergewisserung), der eigenen Körpergrenzen und Abwehr von Überschwemmung durch existenzielle oder paranoide Ängste • Erleben von Ohnmacht und Ausgeliefert-Sein	• Symptome als selbstreparative Maßnahme verstehen • Ich-Stützung i. S. von Arbeit an realitätsgerechter Wahrnehmung, Sicherung von Grenzen zwischen innen und außen, übend, handlungsorientiert, auf Selbstbestimmung achten	• Therapeut ist kompetenter Begleiter, gibt Anleitung, achtet auf Sicherung des Rahmens, ausreichend Grenzziehung und Distanz • keine Interpretationen oder Deutungen, Arbeit im Hier und Jetzt
OPD: gering bis mäßig integriert niedrig, Borderline-Niveau	• Selbstbeschädigung mit Verletzung der körperlichen Grenzen (Haut, Belastungsgrenzen) • Störung der räumlichen und zeitlichen Orientierung • Abwehrhaltung als Schutz vor Überwältigung und drohendem Identitätsverlust • ungenügende Nähe-Distanz-Regulation	• Arbeit an Grenzziehung und Selbstregulation • Wahrnehmung und Sicherung der Begrenzungen des eigenen Körpers und des Raumes • Beziehung zwischen Körper und Raum • Sicherung von (eigenen) Räumen • Suche nach ausreichend Schutz vor und Distanz zum Gegenüber	• Therapeut stellt sich auf der Basis sicherer Grenzziehungen zwischen sich und dem Patienten (Selbst und Objekt) als Interaktionspartner zur Verfügung und ermöglicht dem Patienten, den eigenen Körper in seinen Dimensionen, Potenzialen und Begrenzungen zu erfahren und zu achten sowie körperliche Zustände zu verstehen und zu regulieren
OPD: mäßig integriert mittel	• funktionelle Störungen • Furcht vor Entwertung und Mangelhaftigkeit des eigenen Körpers mit der Konsequenz des Liebesverlustes und der Einsamkeit • Erleben von Abhängigkeit vom Körper mit Verleugnung körperlicher Bedingtheiten und Versuch der Kontrolle über den Körper	• Arbeit an Affektwahrnehmung und -differenzierung auf körperlicher Ebene • Verknüpfen von Affekt und individueller Körpererfahrung • Abgrenzung und Unterscheidung vom Gegenüber (Selbst-Objekt-Differenzierung) • Arbeit am Körperbild und Ermöglichung von Neubewertungen durch Ausbau von körperlichen Ressourcen und Interessen • Entwicklung eigener Pläne und Erleben von Selbstwirksamkeit	• Therapeut stellt Hilfs-Ich-Funktionen zur Verfügung, indem er durch Verbalisierung Verknüpfungen von Affekten und individueller Körpererfahrung herstellt und sie so dem Patienten zugänglich macht • als Interaktionspartner werden Grenzziehungen und Selbst-Objekt-Differenzierungen in der Beziehung erfahrbar gemacht
OPD: gut integriert reif, neurotisch	• Konversions- und dissoziative Symptome • funktionelle Störungen • Körper ist Austragungsort eines innerpsychischen Konfliktes • Abwehr unangenehmer Impulse (aggressiv, libidinös) zur Vermeidung von Schuld- und Schamaffekten	• konfliktzentriertes Arbeiten	• vor dem Hintergrund sicherer Selbst-Objekt-Grenzen ist der Therapeut ein Gegenüber, mit dem in der Interaktion Beziehungserfahrungen von Passivität, Aktivität, Sich-nehmen-Können, Berühren, Gehalten-Werden und Loslassen-Können möglich sind

rierung ermöglicht, wodurch eine wichtige Voraussetzung für die Entwicklung von angemessener Selbstregulation geschaffen wird.

■ **Beziehungs- und Konfliktebene:** Die ersten, frühen Beziehungserfahrungen werden über das Sensorium, also den Körper, vermittelt und bilden die Grundlagen der Kommunikation zwischen Mutter und Kind. Dies geschieht über Interaktionen des »Festgehaltenseins«, des »Losgelassenwerdens«, des »Sich-nehmen-Könnens«, also der Bewegung und Berührung von Subjekt und Objekt im Spannungsfeld zwischen Aktivität und Passivität. So ist die Genese eines Körper-Selbst und einer eigenen körperlichen Identität immer auch eine Beziehungserfahrung, die sich später im Umgang mit dem eigenen Körper, der Umwelt und in Beziehungen widerspiegelt. Zentrale Beziehungskonflikte um Abhängigkeit/(Fest-)Gehalten-Werden und Autonomie/Los(ge-)lassen(-Werden), aktives Sich-Nehmen und passives Empfangen oder Macht und Ohnmacht sowie Nähe und Distanz stellen sich in der Interaktion mit dem Therapeuten im Einzelsetting oder in der Gruppe dar und lassen sich auf der Ebene der körperlichen Erfahrung und Interaktion bearbeiten.

Fallbeispiel 2: U., 17 Jahre, selbstverletzendes Verhalten

U., ein traumatisierter Jugendlicher, begegnete im Erstkontakt der Körpertherapeutin mit Misstrauen: Er sei zwar gekommen, wolle aber keinerlei Veränderungen. Er behielt seinen langen Mantel, den er wie eine schützende Kutte trug, an, flegelte sich auf dem Stuhl und verschränkte die Arme vor seinem Körper. Auf eine Diagnostikzeit konnte er sich einlassen, um zu wissen, ob in diesem Bereich etwas zum Verständnis seiner Probleme beitragen könnte, aber er wollte die Schlüsse aus den Ergebnissen selber ziehen und sich keineswegs auf eine mögliche Körpertherapie einlassen.
Es erfolgte die Absprache, mit der Testung der Hautwahrnehmung zu beginnen.
In der nächsten Stunde kam er pünktlich, zog sofort seinen Mantel aus und präsentierte sich im Muskelshirt. Seine alten und neuen Selbstverletzungen standen nun im Mittelpunkt. Er genoss sichtlich das Unbehagen seines Gegenübers und es entstand ein Gespräch über sein Schmerzerleben. Er empfände bei seinen Selbstverletzungen keinen Schmerz, könne seine Wunden aus einem distanzierten, affektisolierten Blickwinkel betrachten, so als gehörten sie zu einem anderen. Gleichzeitig berichtete er, wie bedrohlich er Nähe zu anderen empfinde und wie ungeschützt er sich dabei erlebe.
Es entwickelte sich ein Gespräch über die Fähigkeit, eigene Grenzen zu spüren und zu wahren, Grenzen anderer wahrzunehmen und Abgrenzungen vorzunehmen, sodass unter diesen Aspekten die Testung der hautkinästhetischen Funktionen mit ihm möglich war.
Die Testung ergab eine erhöhte Wahrnehmungssensibilität: erhöhtes Schmerzempfinden bei äußeren Reizen und eine gute Lokalisationsfähigkeit von Berührungen. Er wirkte wie jemand, der all seine Sinne in diesem Bereich geschärft hat und in ständiger Alarmbereitschaft hält.
Die motorischen Funktionen zeigten keine Auffälligkeiten – er war ein geübter und trainierter Sportler.
Nach Abschluss der Diagnostik willigte U. in eine Körpertherapie ein.
Zunächst ging es darum, den Abstand zwischen ihm und der Therapeutin wahrzunehmen. Es wurde deutlich, dass er einen großen Abstand brauchte, um sich nicht bedroht zu fühlen bei dem gleichzeitigen Wunsch nach »Gehaltenwerden«, sodass eine »passende Grenzziehung« nur schwer möglich war. Diese Ambivalenz zeigte sich auch in Entwertungen gegenüber der Therapeutin, deren Nähe er einerseits aufgrund seiner traumatischen Erfahrungen fürchtete, die er andererseits aber auch als haltendes Objekt brauchte, um sich nicht selbst zu verlieren. Nachdem U. in diesem Bereich ausreichend Sicherheit erlangt hatte, begann er mit dem Bau eines »eigenen Raumes«.
U. suchte viele Materialien zusammen, um einen sicheren und geschützten Raum zu bauen. Er mühte sich ab, arbeitete schnell, ruhelos und konzentriert, aber nie war der Raum richtig. Mal war es ihm zu hell, mal war er zu groß, mal zu durchlässig. Bei der gemeinsamen Überlegung, wie sein geschützter Raum, sein sicherer Ort aussehen könnte, wünschte er sich für die nächste Stunde einen Karton. Er sollte so groß sein, dass er sich hineinsetzen und die Wände spüren könnte. Er sollte geschlossen sein, dass nicht zu viel Licht hineinfallen könnte und er sollte aus stabiler Pappe sein, dass er nicht zerreißen könnte. Schließlich sei aber auch wichtig, dass er den Kontakt nach außen halten könnte.
Der Karton schien genau das Richtige für U. Er war das erste Mal ruhiger, erlebte die Berührung der Kartonwände als Schutz und konnte den Kontakt als angenehm spüren.
Im nächsten Schritt ging es darum, aus der Position des sicheren Ortes heraus einen vorsichtigen, nonverbalen Kontakt nach außen herzustellen. U. bekam ein Seilende mit in den Karton, das andere Ende hielt die Therapeutin in ihrer Hand. Es entwickelte sich ein »Tauziehen«, in dem sich der ambivalente Konflikt zwischen Nähe und Kontakt mit der Gefahr des Verschlungenwerdens auf der einen Seite und Autonomie und Abgrenzung mit der Gefahr des Verlorengehens auf der anderen Seite noch einmal deutlich inszenierte.
Vor dem Hintergrund dieses basalen, kinderspielähnlichen, nonverbalen Erlebens gelang es U. immer besser, seine Ängste zu verbalisieren und sie auf einer kognitiven Ebene zu verstehen, sodass sie ihre lähmende, Abwehr erzeugende Bedrohung verloren und einer Bearbeitung zugänglich waren.

50.5.4 Männlein oder Weiblein – geschlechtsspezifische Unterschiede

In zahlreichen Studien konnte nachgewiesen werden, dass sich das eigene Körperbild bei jugendlichen Mädchen und Jungen sowie bei gesunden und chronisch kranken Jugendlichen deutlich unterscheidet. Deshalb spielt der geschlechtsspezifische Aspekt in der körpertherapeutischen Arbeit eine wichtige Rolle.

Männlein …

Für die Jungen ist die eigene körperliche Leistungsfähigkeit eine zentrale Komponente des Selbstkonzeptes, über die sie narzisstische Gratifikation erlangen. Sie befinden sich mit ihrem hohen Bewegungsdrang, dem Bedürfnis nach Kräftemessen und Rivalisieren bis hin zu körperlicher Aggressivität einerseits im Spannungsfeld zwischen gesellschaftlich zum Teil geächteter körperlicher Expansivität (potenzieller Täter), andererseits gibt es die Forderung nach männlich aktivem Durchsetzungsvermögen, Leistung und Fähigkeit, die Umwelt aktiv zu gestalten (Seiffge-Krenke 1994). Dabei werden ihnen Eigenschaften wie Inaktivität, Abwarten-Können und Verantwortung-Delegieren oft nicht zugestanden. All diese Aspekte der männlichen Identitätssuche können insbesondere in Gruppen gut erprobt und erfahren werden. Hier können die Jugendlichen in der Auseinandersetzung mit sich selber, dem Gegenüber und den Belangen der Gruppe lernen, auf sich zu achten und sich zu spüren, die eigenen Grenzen wahrzunehmen und anzuerkennen oder auch zu erweitern, sich etwas zuzumuten, die eigene Stärke zu erfahren, sich darzustellen, aber auch die Grenzen und Interessen des Gegenüber zu erkennen und zu respektieren, Verbindlichkeiten zu entwickeln, Beziehung zu gestalten, Nähe zu erleben und sich zu entspannen. Über die Integration dieser Aspekte in das Selbstbild entwickelt der Jugendliche eine individuelle männliche Identität und gewinnt mehr Sicherheit im Umgang mit sich und seiner Umgebung, was zur Stärkung des Selbstwertgefühls beiträgt.

Weiblein ...

Für weibliche Jugendliche spielt der Aspekt der körperlichen Attraktivität im Selbstkonzept oft eine zentrale Rolle zur narzisstischen Selbstwertregulation. Dabei erleben sie den weiblichen Körper machtvoll durch seine Attraktivität, über die sie Einfluss auf ihr Gegenüber nehmen, es beeindrucken und anziehen können und wollen, während sie sich hinsichtlich des Kraftpotenzials eher unterlegen oder sogar völlig ohnmächtig fühlen (potenzielles Opfer). Zwei häufige Reaktionsmuster auf dieses Dilemma bei weiblichen Jugendlichen sind sozialer Rückzug und/oder oft schädliche Manipulationen am eigenen Körper, also quasi der Versuch einer Umkehr der Machtverhältnisse: Nicht die körperlichen Voraussetzungen und Bedingungen (z. B. Hunger) beherrschen das Denken, Fühlen und Handeln, sondern umgekehrt, der Körper wird zum fremden Objekt, das der eigenen Machtausübung unterworfen wird. Bei diesen Jugendlichen und jungen Frauen ist überwiegend körpertherapeutische Arbeit im Einzelsetting indiziert, da es um die Reintegration der abgespaltenen negativen körperlichen Selbstaspekte geht, was in der Regel mit heftigen Scham-Affekten verbunden ist. Gruppenangebote sind hier oft in einem zweiten Schritt sinnvoll, wenn es um das Erlernen von Entspannungsverfahren und Sich-Wohlfühl-Übungen geht.

50.5.5 Therapeutische Rahmenbedingungen und Interventionen

Bei Jugendlichen spielen Autonomiebestrebungen und Ablöseprozesse eine besonders große Rolle. Deshalb ist neben einer verlässlichen und vertrauensvollen therapeutischen Beziehung eine angemessene Nähe-Distanz-Regulation, die der Therapeut unter Berücksichtigung des Störungsbildes und der Problematik individuell mit dem Patienten gestalten muss, besonders wichtig. Darüber hinaus ist abzuwägen, was der primäre Fokus der Körpertherapie im Gesamtbehandlungsplan für den einzelnen Patienten ist und in welchem Setting (einzeln oder Gruppe) und mit welchen Methoden/Materialien dieser Fokus bearbeitet werden soll. Dabei ist die Abstimmung und Integration der unterschiedlichen Therapieangebote/-ansätze (Körpertherapie, Gesprächstherapie, Verhaltenstherapie etc.) wichtig, wenn z. B. bestimmte Blockaden abgebaut oder Entwicklungsschritte auf körperlicher Ebene vollzogen werden müssen, bevor der Einsatz anderer Therapieformen sinnvoll ist.

Literatur

Aldridge D, Gustorff D, Neugebauer L. »Musiktherapie mit entwicklungsverzögerten Kindern.« Musiktherapeutische Umschau 1994; 15(1–4): 307–334.

Antalfai M. Treatment and personality development with art therapy. A description of the method. Psychiatr Hung 2007; 22(4): 276–99.

Argstatter H, Hillecke TK, Bradt J, Dileo C. Der Stand der Wirksamkeitsforschung – Ein systematisches Review musiktherapeutischer Meta-Analysen. Verhaltensther Verhaltensmed 2007; 28(1): 39–61.

Aucouturier B. Der Ansatz Aucouturier-Handlungsfantasmen und psychomotorische Praxis. Bonn: proiecta 2006.

Ayres J. Bausteine der kindlichen Entwicklung. Berlin, Heidelberg: Springer 1992.

Barth GM, Klosinski G: Emotionale Entwicklung und kunsttherapeutische Symbolisierung. Göttingen: Hogrefe 2007.

Beckmann-Neuhaus D. Mototherapie als Wahrnehmungsförderung in der Einzeltherapie von psychisch Kranken. In: Hölter G (Hrsg). Mototherapie mit Erwachsenen. Reihe Motorik. Schondorf: Hofmann 1993.

Bielefeld J. Körpererfahrung. Grundlagen menschlichen Bewegungsverhaltens. Göttingen, Toronto, Zürich: Hogrefe 1991.

Blankenburg W. Körper und Leib in der Psychiatrie. Schweiz Arch Neurol Neurochir Psychiatr 1982; 131(1): 13–39.

Blankenburg W. Phänomenologie der Leiblichkeit und Körpererleben Schizophrener. In: Röhricht F, Priebe S (Hrsg). Körpererleben in der Schizophrenie. Göttingen, Bern, Toronto, Seattle: Hogrefe 1998.

Deusinger I. FKKS Frankfurter Körperkonzeptskalen. Göttingen: Hogrefe 1998.

Egger B. Der gemalte Schrei. Geschichte einer Maltherapie. Bern: Zytglogge 1991.

Elbing U, Hacking S. »Nürtinger Beurteilungsskala« und »Diagnostic Assessment of Psychiatric Art«. Neue Wege zur Evaluation der Bilder von Kunsttherapie-Patienten. Göttingen: Hogrefe 2001.

Elbing U, Hölzer M. Entwicklung und erste Evaluation eines Instrumentes zur kunst- und gestaltungstherapeutischen Prozessdokumentation. Göttingen: Hogrefe 2007.

Eliot L. Was geht da drinnen vor? 4. Aufl. Berlin: Berlin Verlag 2003.

Erhardt F. Die Schwierigkeit der jugendlichen Identitätsfindung. Unterstützung und Hilfestellungen in der Musiktherapie mit psychisch kranken Jugendlichen. Diplomarbeit an der Fachhochschule Heidelberg, Fakultät Musiktherapie. Heidelberg 2005.

Flood M, Phillips KD. Creativity in older adults: a plethora of possibilities. Issues Ment Health Nurs 2007; 28(4): 389–411.

Frisch MJ, Franko DL, Herzog DB. Arts-based therapies in the treatment of eating disorders. Eat Disord 2006; 14(2): 131–42.

Froehlich MA. A comparison of the effect of music therapy and medical play therapy on the verbalisation behaviour of pediatric patients. J Music Ther 1984; 21(1): 2–15.

Frohne-Hagemann I, Pleß-Adamczyk H. Indikation Musiktherapie bei psychischen Problemen im Kindes- und Jugendalter. Musiktherapeutische Diagnostik und Manual nach ICD-10. Göttingen: Vandenhoeck & Ruprecht 2005.

Gold C, Voracek M, Wigram T. Effects of music therapy for children and adolescents with psychopathology: a meta-analysis. J Child Psychol Psychiatry 2004; 45(6): 1054–63.

Götze H, Geue K, Buttstädt M, Singer S. Gestaltungskurs für onkologische Patienten in der ambulanten Nachsorge – Erwartungen und Wirkungen aus der Sicht der Teilnehmer. Göttingen: Hogrefe 2007.

Günter M. Reifung, Ablösung und soziale Integration. Einige entwicklungspsychologische Aspekte des Kindersports. Prax Kinderpsychol Kinderpsychiatr 2002; 6: 298–312.

Haaf B, Pohl U, Deusinger I, Bohus M. Untersuchungen zum Körperkonzept bei Patientinnen mit Borderline-Persönlichkeitsstörungen. Psychother Psychosom Med Psychol 2001; 51: 246–54.

Haffa-Schmidt U, von Moreau D, Wölfl A. Musiktherapie mit psychisch kranken Jugendlichen. Grundlagen und Praxisfelder. Göttingen: Vandenhoeck & Ruprecht 1999.

Hakimi R. Aufmerksamkeitsdefizit-Hyperaktivitätsstörung (ADHS) und Ergotherapie. Versicherungsmedizin 2005; 57: 88–90.

Hampe R, Hegeler P. Ästhetische Praxis mit verhaltensauffälligen Kindern und Jugendlichen an Schulen als Präventionsmaßnahme. Eine Wirksamkeitsstudie im Rahmen der Schulbegleitforschung. Göttingen: Hogrefe 2006.

Hamster W, Langner W, Mayer K. TÜLUC Tübinger Luria-Christensen-Neuropsychologische Untersuchungsreihe. Göttingen: Hogrefe 1980.

Henninger S. Körperbildstörungen bei psychosomatischen Patientengruppen im Vergleich der Aufnahme- und Entlassungswerte zweier Fragebogen. Hannover: Dissertation Med. Hochschule 2000.

Howitz J. Zwischen den Stühlen – Musiktherapie mit Jugendlichen in der Kinder- und Jugendpsychiatrie. Crossener Schriften zur Musiktherapie. Ressourcenorientierte Musiktherapie. Materialien zur Tagung »Musiktherapie – Lebensgenuss – Freude?« 2000; Band XII. 286–93.

Jacobi J. Vom Bilderreich der Seele. Wege und Umwege zu sich selbst. Olten und Freiburg im Breisgau: Walter 1992.

Kepper-Juckenack I. Traumafolgen bei Kindern und Jugendlichen. Vortrag auf dem 2. Internationalen Kongress »Körper – Seele – Trauma«. Göttingen 11.03.-14.03.1999.

Leins AK. Heidelberger Therapiemanual: Migräne bei Kindern. In: Bolay HV, Dulger A, Resch F (Hrsg). Evidenzbasierte Musiktherapie. Berlin: Uni-Edition 2006.

Looman W. A developmental approach to understanding drawings and narratives from children displaced by Hurricane Katrina. J Pediatr Health Care 2006; 20(3): 158–66.

Mechler-Schönach C, Spreti F von. »FreiRaum«. Zur Praxis und Theorie der Kunsttherapie. Berlin/Heidelberg: Springer 2005.

Michael RA. Katamnestische Evaluation des Musikmalens als psychotherapeutische Methode bei neurotischen, Belastungs- und somatoformen Störungen. Göttingen: Hogrefe 2007.

Niebling A. Kunsttherapeutisch orientierter Unterricht – Eine Chance für die Sonderpädagogik. Göttingen: Hogrefe 2005.

Reichert B. »Musiktherapie mit Jugendlichen.« Einblicke 2001; 11: 44–56.

Reiter A. Kunsttherapeutischer Zugang zu Adoleszenzkrisen. Göttingen: Hogrefe 2002.

Retzlaff R. Malen und kreatives Gestalten in der Systemischen Familientherapie. Prax Kinderpsychol Kinderpsychiatr 2005; 54: 19–36.

Riedel I. Maltherapie. Eine Einführung auf der Basis der Analytischen Psychologie von C. G. Jung. Stuttgart: Kreuz 1992.

Röhricht F. Körperorientierte Psychotherapie psychischer Störungen, Göttingen: Hogrefe 2000.

Schirrmacher T. Das Lübecker Fähigkeitenprofil (LFP). Idstein: Schulz-Kirchner 2002.

Schmeer G. Krisen auf dem Lebensweg. Psychoanalytisch-Systemische Kunsttherapie. München: Pfeiffer 1994.

Schnurnberger M. Zur Situation von Bewegungs- und Körpertherapie in der Kinder- und Jugendpsychiatrie – Ergebnisse einer Untersuchung. Prax Kinderpsychol Kinderpsychiatr 1994; 6: 208–15.

Schottenloher G. Kunst- und Gestaltungstherapie. München: Kögel 1989.

Schreiber-Willnow K, Seidler KP. Katamnestische Stabilität des Körpererlebens nach stationärer Gruppenbehandlung mit Konzentrativer Bewegungstherapie. Psychother Psychosom Med Psychol 2005; 55: 370–7.

Schröder M, Schröder S. Spiegel der Seele. Erleben, was Gestaltende Psychotherapie sein kann. Stuttgart: Klett-Cotta 1992.

Seiffge-Krenke I. Gesundheitspsychologie des Jugendalters. Göttingen: Hogrefe 1994.

Spandler H, Secker J, Kent L, Hacking S, Shenton J. Catching life: the contribution of arts initiatives to recovery approaches in mental health. J Psychiatr Ment Health Nurs 2007; 14(8): 791–9.

Sutner L, Fichter M, Leibl C. Gestaltungstherapie im integrativen stationären verhaltenstherapeutischen Setting. Stuttgart: Thieme 2007.

Whipple J. Music intervention for children and adolescents with Autism. A meta-analysis. J Music Ther 2004; 41(2): 90–106.

Winnicott DW. Reifungsprozesse und fördernde Umwelt. Studien zur Theorie der emotionalen Entwicklung, Gießen: Psychosozial-Verlag 2002.

51 Psychotherapie von posttraumatischen Belastungsstörungen

Inhalt

51.1 Komplexe posttraumatische Belastungsstörungen ... 673
Literatur ... 682
51.2 Krisenintervention und psychosoziale Betreuung bei Akuttraumatisierung ... 683
Literatur ... 692

51.1 Komplexe posttraumatische Belastungsstörungen

Ulrich Sachsse und Annette Streeck-Fischer

Zusammenfassung

In der stationären Psychotherapie von Jugendlichen und jungen Erwachsenen mit komplexen posttraumatischen Belastungsstörungen sind komplexe multimodale Ansätze erforderlich, die in der empirischen Datenlage zur Wirksamkeit psychotherapeutischer Strategien bei posttraumatischen Störungsbildern kaum zu finden sind: Stabilisierung, Aktivierung von Ressourcen und Fähigkeiten sowie Förderung von Selbstheilungskräften werden als zentrale Merkmale der Behandlung angesehen. Jedoch kann eine ausschließlich ressourcenaktivierende, stabilisierende Therapie nicht verhindern, dass es in belastenden Lebenssituationen zu rezidivierenden Dekompensationen kommt. Um dem entgegenzuwirken, ist eine Desensibilisierung durch Traumaexpositionen erforderlich.
Im Rahmen der Behandlung treten traumatische States per Reenactment gleichzeitig mit Bindungs-States in den jeweiligen bedeutsamen Beziehungen auf. Dann schieben sich beide States gleichsam übereinander, sodass kein therapeutisches Arbeiten zustande kommt, weil traumatische Bindungserfahrungen nur wiederholt statt mentalisiert werden.
Dies hat nicht selten erhebliche Verstrickungen und Zwangsmaßnahmen zur Folge. Die Qualität der zwischenmenschlichen und professionellen therapeutischen Beziehung ist der zentrale Prädiktor eines Therapieerfolges. Die Behandlung verläuft in verschiedenen Phasen. Am Beginn der Therapie wird bei jedem einzelnen Patienten geprüft werden müssen, welches die reifste Persönlichkeitsseite ist. Bei blinden Reinszenierungen ist kognitives Mentalisieren erforderlich. Im Weiteren werden die verschiedenen Behandlungsschritte wie Ausbau von Kompetenzen, Stabilisierung, Traumaexposition und Neuorientierung genauer beschrieben.

51.1.1 Einleitung

Zur Definition, Phänomenologie, Diagnostik und allgemeinen Therapiestrategie bei posttraumatischen Belastungsstörungen im Jugendlichen- und jungen Erwachsenenalter verweisen wir auf das Kapitel 28. Dort wird unter anderem darauf eingegangen, dass die Übergänge zwischen chronischen posttraumatischen Störungen und Borderline-Störungen fließend sind. Untersuchungen an Patienten mit Borderline-Störungen verweisen darauf, dass bis zu 80 % schweren traumatischen Belastungen ausgesetzt waren (Sachsse et al. 1997; Zanarini 1997). Chronische traumatische Belastungen führen zu Persönlichkeitsveränderungen, die in Persönlichkeitsstörungen münden (Gordon u. Wraith 1993). Traumatisierungen in der Entwicklung, bei denen es sich in der Regel um Beziehungstraumata (Schore 2001) handelt, führen häufig zu einer Kombination von DESNOS-Symptomen, posttraumatischen Belastungsstörungen (PTBS) (NCTNS.org; van der Kolk et al. 1996) und Störungen, die dem Borderline-Syndrom zugeordnet werden können. Das heißt, es gibt Überscheidungen zwischen PTBS, Borderline-Störungen und dissoziativen Identitätsstörungen.
Eine Psychotherapie, die einer Patientengruppe mit komplexen posttraumatischen Störungen und komorbiden Symptomen wie Depressionen, Angststörungen und Persönlichkeitsstörungen helfen möchte, braucht angemessene komplexe, multimodale Ansätze, wie sie bisher in der empirischen Datenlage zur Wirksamkeit psychotherapeutischer Strategien bei posttraumatischen Störungsbildern (s. Kap. 28) wenig zu finden sind. Im Gegensatz zur psychodynamischen Behandlung von Borderline-Störungen, in der vor allem die Arbeit an den pathologischen Selbst- und Objektbeziehungen im Vordergrund steht, und zur Verhaltenstherapie, die vor allem an der Selbst- und Stressregulation arbeitet, zentriert die Psychotherapie von komplexen posttraumatischen Störungen auf die pathologischen Bindungsaspekte, Traumata und ihre traumatischen Reenactments.

51.1.2 Wirksamkeit von Psychotherapie

In den Psychotherapierichtungen, die traumazentriert arbeiten, werden Stabilisierung, Aktivierung von Ressourcen und Fähigkeiten sowie Förderung von Selbstheilungskräften als zentrale Merkmale der Behandlung gesehen. Diese Form von Psychotherapie erlebte gerade in den letzten Jahren ihre Blütezeit. Diese Entwicklung hat mit der zunehmenden Einsicht zu tun, dass viele Störungsbilder mit einer rein defizit- und konfliktzentrierten Sichtweise unerreichbar sind. Vielmehr – so die klinische Erfahrung – besteht dann die Gefahr, dass in der Psychotherapie nur eine negativistische Sichtweise gefördert, aber keine Besserung erreicht wird, weil der Blick immer nur darauf fällt, was nicht geht, was jemand nicht kann und nie konnte. Stabilisierende ressourcenorientierte Psychotherapie ist aber sicherlich selten mehr als Coping-Therapie. Vulnerabilitäten in Beziehungs- und Traumabereichen bleiben demgegenüber bestehen. Eine stabilisierende Therapie kann sicherlich so viel Verbesserung bringen, dass die hinter der Symptomatik liegenden Probleme immer seltener manifest werden. In belastenden Lebenssituationen wird es aber leicht wieder zu Dekompensationen kommen. Dies belegen klinische Erfahrungen über inzwischen 15 Jahre mit Patienten, die zur stationären Traumaexpositionsbehandlung aufgenommen und vorher ausschließlich stabilisierend behandelt wurden (Sachsse et al. 2006).

Wenn Psychotherapie Veränderung anstrebt, so geht das nur über eine Problemaktualisierung in der Therapie selbst (Grawe et al. 1994). Die Traumata müssen gesteuert in Traumaexpositionen aktualisiert werden, die Beziehungsstörungen aktualisieren sich fast immer von ganz allein (Sachsse 2007b). Sigmund Freud ist zuzustimmen, dass der innere Vater nicht *in absentia et effigie* umzubringen ist. Das stützt die Hypothese, dass Psychotherapie *state dependent learning* ist. Ein belastendes Lebensereignis wird mit allen seinen Aspekten regelhaft in einem Kern der Amygdala synaptisch verschweißt: Die Außenreize über den Thalamus plus die emotionale Situation aus dem limbischen System plus der Kontext werden synaptisch miteinander verbunden. Der Kontext ist für einen Menschen immer auch die aktuelle Bindungssituation. Für ein Kind und für einen Jugendlichen sind die wesentlichen Beziehungen zu Eltern, Familie und familiärem Nahfeld wahrscheinlich die wichtigsten Elemente des Kontextes. Diese synaptische Verbindung hat für die Therapie natürlich erhebliche Konsequenzen.

Wenn wir als psychodynamisch-bindungszentriert arbeitende Therapeuten an der Bindungserfahrung und den Beziehungsproblemen arbeiten und dabei in Bereiche kommen, die mit Traumaerfahrungen verbunden sind, dann werden wir in der psychodynamisch-bindungszentrierten Arbeit immer auch traumatische States provozieren. Wenn wir als traumazentriert arbeitende Psychotherapeuten mit Techniken arbeiten, durch die posttraumatische Sensibilisierungen desensibilisiert werden sollen, werden wir zwangsläufig dabei Regressionen in jenen Kontext, in jene Bindungserfahrungen provozieren, die peri- und posttraumatisch relevant waren. Jeder psychodynamisch-bindungszentriert arbeitende Therapeut muss also darauf eingestellt sein, peri- und posttraumatische States zu aktualisieren. Jeder traumazentriert arbeitende Psychotherapeut muss darauf eingestellt sein, regressive Bindungs-States zu aktualisieren, die biologisch bedingt mit dem Trauma untrennbar verbunden sind. Behandlungstechnisch müssen beide States erreicht werden können.

> ! Traumatische States sind dann, wenn sie im Rahmen der Therapie aktualisiert worden sind, schwieriger zu behandeln als Bindungs-States, die im Rahmen von Übertragungen aktualisiert werden. Trauma-States sind gerade dadurch gekennzeichnet, dass in ihnen die Mentalisierungs- und Symbolisierungsfähigkeit nicht vorhanden ist.

Liegen gleichzeitig Bindungstraumata vor, dann schieben sich beide States gleichsam übereinander, sodass kein therapeutisches Arbeiten zustande kommt, sondern nur traumatische Bindungserfahrungen wiederholt statt mentalisiert werden. Wir verweisen noch einmal auf das Kapitel 28, in dem deutlich dargelegt ist, dass der Trauma-State ein sehr somatischer, physiologischer, vernunftloser, ja kopfloser Zustand ist. Wenn sich dieser Zustand aktualisiert, kann mit einem erwachsenen oder auch adoleszenten Arbeitspartner nicht mehr gerechnet werden. Darüber hinaus ist dieser Zustand von außen meist schwer erreichbar. Es ist ein Zustand, in dem primitive Kampf-Flucht-Mechanismen oder Erstarrungsreaktionen dominieren und in dem eine Verbindung zu Vernunft, Sprache, Symbolen, Kortex und Frontalhirn-Kontrolle eben gerade nicht herstellbar ist. Das macht die therapeutische Schwierigkeit aus, wenn solche Zustände erst einmal aktualisiert worden sind.

Diese Vorüberlegungen sind wichtig für die Gestaltung des Therapiesettings und der Beziehung.

51.1.3 Vom Handeln zur Therapie

Josslyn (1996) erklärt aus einer Entwicklungsperspektive das Handeln Jugendlicher als eine Notwendigkeit, die davon determiniert sei, zu lernen, wer sie selbst sind, Erinnerungen aufzubauen und Material für symbolisches Denken zu gewinnen. Handeln ist gleichsam ein physiologisches Kommunikationsmittel Jugendlicher. Blos (1964/1965) sprach vom Agieren des Jugendlichen im Dienste der Erinnerung und der Entwicklung. Da Jugendliche nicht mehr spielen, d. h. mit Spielfiguren handelnd denken und die Ebene der Als-ob-Kommunikation mit sprachlichen Mitteln noch nicht sicher etabliert haben, drücken sie sich nun in *action thoughts* aus (Busch 1989). Dem Handeln Jugendlicher wird gleichsam das Denken nachgetragen. Handeln ist der Königsweg zum Unbewussten bei Jugendlichen (Baumann, mündliche Mitteilung). Der Prozess der Dezentrierung, der eine selbstreflexive Betrachtung von sich selbst ermöglicht, bekommt in dieser Zeit eine hohe Bedeutung. Der Jugendliche mentalisiert zunehmend seine Erfahrungen (Fonagy et al. 2004) und findet dafür jetzt übergeordnete Kategorien.

Im Handeln von Jugendlichen erkennen wir Botschaften. Wir begegnen verschiedenen Ebenen von gehandelten Mitteilungen, die unterschiedliche Konsequenzen im therapeutischen Umgang nach sich ziehen: »Ich zeige, was mit mir ist – sollen andere es sehen! Vielleicht traue ich mich auch nicht es zu sagen oder vielleicht weiß ich es auch selbst noch nicht so genau«, könnte eine altersentsprechende Botschaft sein. »Ich weiß nicht, warum ich mich so verhalte«, könnte eine Jugendliche sagen, »aber ich gehe davon aus, dass es einen Grund hat, den ich herausfinden möchte«. Sie selbst versteht ihr Handeln als einen Weg, sich selbst zu erkennen. Das setzt dann aber schon ziemlich reife Fähigkeiten der selbstreflexiven Betrachtung voraus.

Anders sieht dies bei traumatisierten Jugendlichen aus. Mit ihnen entwickeln sich mitunter hochproblematische Reinszenierungen, in die der Therapeut oder das therapeutische Team unweigerlich hineingezogen werden, sofern es nicht frühzeitig gelingt, Bedingungen zu schaffen, solche Verstrickungen zu vermeiden. Schwer traumatisierte Jugendliche lassen sich durch Miniauslöser triggern und antworten dann mit katastrophischen Reaktionen wie *flight/fight/freezing* unter Ausschaltung ihrer präfrontalen Fähigkeiten. Das führt zu Zwangsmaßnahmen wie dem Verabreichen von Psychopharmaka wider Willen, Festgurten u. Ä. – Maßnahmen, die nicht immer vermeidbar sind, jedoch eine Fortführung der traumatischen Inszenierung darstellen (Themenheft Zwangsmaßnahmen in der Kinderpsychiatrie 2006). Solche Entwicklungen vom »Honeymoon zum *deadly dance*« als Reenactments von Gewalt- und Missbrauchserfahrungen vollziehen sich fast zwangsläufig. Es sind Therapien, die viel versprechend beginnen und dann in maligne Regression und Retraumatisierung münden (Streeck-Fischer 1995, 2006).

Solange der Zwang zu wiederholen nicht erkannt wird, ist die Antwort der Umgebung häufig eine Wiederholung der originären missbrauchenden, jedoch vertrauten Beziehung. In den Beziehungen im stationären Rahmen stellen die Patienten Interaktionen mit anderen her, die überwältigend, bedrohlich oder verfolgend sind. Das therapeutische Personal erscheint misshandelnd, übergriffig, vergewaltigend, indem es etwa auf die Einhaltung von Regeln und auf die Hausordnung hinweist oder nach Wegen sucht, die Patienten vor ihren selbstschädigenden Verhaltensweisen zu schützen. Da die Jugendlichen dazu neigen, jegliche neuen Erfahrungen, auch Regeln und schützende Interventionen, erst einmal als Strafen zu erleben, erfahren sie ihre Betreuer und Therapeuten, die versuchen, Sicherheit herzustellen, eher als Täter. Auch ihr Kämpfen, ihr Rückzug, ihre Schüchternheit und Unfähigkeit, soziales Verhalten zu verstehen, bringen die Betreuer fast zwangsläufig in Interaktionen, die frühe Traumata in manchmal geradezu unheimlicher Weise wiederholen. Solche Reaktualisierungen oder *state dependent acting outs* führen bei Jugendlichen zum Rückgriff auf bisherige Selbsthilfemaßnahmen wie Alkohol, Drogen oder selbstverletzendes Verhalten, die die Therapie infrage stellen.

Wir können es in der Beziehung mit Jugendlichen oftmals nicht verhindern, als die Person gesehen zu werden, die überwältigend, intrusiv, missbrauchend, sadistisch quälend, bedrohlich und unheilvoll ist. Im Erstgespräch mit solchen Jugendlichen wird man mit ihrer Verweigerung, ihrer Erstarrung und ihrem »Ich will nicht« konfrontiert. Mit wippenden Beinen, einer erstarrten Körperhaltung und abweisendem Gesichtsausdruck zeigen sie, welcher unerträglichen Situation man sie aussetzt, wenn man sie fragt oder auch nur mit ihnen ins Gespräch kommen will. Bricht man eine solche Situation unmittelbar ab, ist das ebenso wenig weiterführend, wie wenn man sie so stehen lässt. Wichtig ist vielmehr, die Botschaft der Jugendlichen aufzunehmen und darauf in dem Sinne zu antworten, dass man wissen möchte, was mit ihnen los ist, um mit ihnen in Arbeit zu kommen, und ob und wie man ihnen eventuell helfen kann, dass man aber auch unter keinen Umständen zu jemandem werden möchte, der ihnen etwas gegen ihren Willen antut oder sie überwältigt. Deshalb sei es erforderlich, alles im Detail zu besprechen, auch wenn es ihm oder ihr im Moment schwerfalle. Wichtig sei auch zu wissen, was er oder sie wolle, was seine oder ihre Probleme seien. Besonders wichtig sei weiter, gemeinsam herauszufinden, was zu tun sei, wenn es ihm oder ihr schlechter gehe, damit er oder sie vorwegnehmen könne, wie in diesem Fall die Bedingungen dann aussehen sollten.

Es geht somit darum, dem jugendlichen Patienten zu vermitteln, dass er oder sie es mit verlässlichen und berechenbaren Personen zu tun hat, die weder willkürlich noch übergriffig, misshandelnd, inkonsequent oder schwach sind. Und es geht gleichzeitig darum, einen Raum, genauer gesagt einen kognitiven Möglichkeitsraum, zu eröffnen, in dem miteinander kommuniziert werden kann.

Soweit der Jugendliche die Traumatisierungen, die er erfahren hat, benennen kann und will, sollte er diese mitteilen und gleichsam wie in einem Depot vom Therapeuten aufbewahren lassen. Es ist jedoch kontraindiziert, in den Jugendlichen einzudringen, ihn zu überwältigen oder ihn seine Traumatisierungen ausbreiten zu lassen, um mit ihm in die traumatische Szene einzutauchen. Wenn Jugendliche ihre Traumatisierungen wie ein Etikett vor sich her tragen, ist das meist problematisch und man muss dann fragen, ob sie möglicherweise dabei sind, eine traumatische Identität zu entwickeln.

Häufig bleiben die Traumatisierungen völlig im Ungewissen und Verborgenen. Es passt ins Bild des Jugendlichen, traumatische Belastungserfahrungen als unbedeutsam zu verleugnen und sich »cool« zu geben. Wir müssen die traumatischen Erfahrungen auch nicht im Detail wissen. Das Ausmaß der Traumatisierung zeigt sich in der Regel in den gehandelten Mitteilungen, in selbst- und fremddestruktiven Aktionen und in Erregungs- und Betäubungszuständen. Es ist wichtig, das an den Jugendlichen beobachtete Verhalten zurückzuspiegeln, indem man ihnen den gewonnenen Eindruck etwa in folgender Weise mitteilt: »Wenn ich das alles so zusammenbringe, dann könnte man annehmen, dass du Traumatisierungen erfahren hast. Du verhältst dich wie jemand, der Schweres durchgemacht hat. Denn Vieles von dem, was du uns an Problemen zeigst, spricht dafür. Du gerätst offenbar in unerträgliche Spannungszustände, mitunter bist du völlig gelähmt und zurückgezogen. Du scheinst Mühe zu haben, dich ins Gleichgewicht zu bringen, und greifst offenbar zu Alkohol und Drogen, um dich ins Lot zu bringen. Es hat den Anschein, als ob du plötzlich von schrecklichen Erinnerungen überwältigt wirst, die du nicht ertragen kannst. Die Vergangenheit scheint in der Gegenwart immer wieder aufzutauchen und dich zu beeinträchtigen. Du scheinst Aufmerksamkeits- und Konzentrationsstörungen zu haben. Das alles würde erklären, warum du so abgesackt bist«.

Wenn wir noch nicht viel über die Traumatisierung des Jugendlichen wissen, sollte an dieser Stelle vorsichtig interveniert werden. Dies sieht anders aus, wenn die Traumatisierung bekannt ist. Hier kann sehr deutlich darauf abgehoben werden.

51.1.4 Gestaltung der therapeutischen Beziehung

! Die Qualität der zwischenmenschlichen und professionellen therapeutischen Beziehung ist der zentrale Prädiktor eines Therapieerfolges.

Alle Studien an Erwachsenen, mehr noch bei Kindern und Jugendlichen belegen, dass eine Psychotherapie nicht zur Wirkung kommen kann, wenn die therapeutische Arbeitsbeziehung und die direkte zwischenmenschliche Beziehung zwischen beiden Beteiligten gestört sind.

Die Gestaltung der therapeutischen Beziehung ist in der Psychotherapie vor allem unter ethischen Gesichtspunkten in letzter Zeit zunehmend in die Diskussion geraten. Zu einem besonderen Problem wird sie bei komplexen posttraumatischen Störungen, da kontinuierlich die Gefahr besteht, dass die Arbeitsbeziehung von traumabedingten Beziehungsverzerrungen überlagert, kontaminiert, ja sogar dauerhaft geschädigt und vergiftet wird (Sachsse 2004a).

Welche besonderen Bedingungen bei Jugendlichen gegeben sein sollten, um eine Arbeitsbeziehung herzustellen, dies wird im Kapitel 43 dargestellt. In der Psychotherapie jugendlicher und erwachsener Patienten, die an komplexen posttraumatischen Störungen leiden, sind besondere Bedingungen gegeben. Eine langfristige Stabilisierung ist erforderlich. In der therapeutischen Beziehung selbst muss darauf geachtet werden, dass es keine maligne Regression gibt, dass die Arbeitsbeziehung möglichst freigehalten wird von Verfälschungen, die durch regressive Prozesse ausgelöst werden. Hier wird bei jedem einzelnen Patienten geprüft werden müssen, welches die reifste Persönlichkeitsseite ist. Es wird wichtig sein, mit dieser reifsten Seite des Jugendlichen das therapeutische Bündnis zu schließen. Gerade die ersten Therapiewochen, in denen noch keine regressiven Phänomene eingesetzt haben, sind für möglichst erwachsene Absprachen und Vereinbarungen entscheidend. Denn wenn sich eine maligne Regression etabliert hat, sind die reifen, erwachsenen Anteile oft nicht mehr erreichbar.

Hat der Jugendliche in den letzten Jahren nur noch ein traumatisiertes und traumatisierendes Leben geführt, wird es wichtig sein zu prüfen, ob er dieses Leben tatsächlich aufgeben will oder ambivalent positioniert ist, weil er möglicherweise das Vertraute, das mit diesem bisherigen Leben verbunden ist, nicht aufgeben möchte.

Am Anfang der Behandlung sind Hinweise an den Jugendlichen im Sinne einer kognitiven Mentalisierung erforderlich (Streeck-Fischer 2006): dass das, was er erlebt hat, zurzeit nicht zu bearbeiten ist, weil er im Trauma-State kopflos handelt, keine Ich-Kräfte mobilisieren kann, sondern dass er erst stabiler werden muss, indem er auf vorhandene Fähigkeiten zurückgreift. Ein solches Zurückspiegeln ihres Verhaltens erleben die Jugendlichen in der Regel als sehr entlastend. Es handelt sich um eine Bewusstsein schaffende Intervention im Hinblick auf ihr blindes Handeln. Sie bekommen damit ein Konzept zum Verständnis ihrer vielfältigen Problematik an die Hand, ein Konzept, das ihnen erklärt, weshalb sie trotz Voraussetzungen, die insgesamt – auch im kognitiven Bereich – gar nicht so schlecht waren, aus allen Bezügen dermaßen herausgefallen sind.

»Du verhältst Dich wie ein Traumatisierter oder wie jemand, der schwere Belastungen erfahren hat« kann für Jugendliche auf der einen Seite bedeuten, dass sie die traumatisierenden Erfahrungen, die sie erinnern, ernst nehmen oder erstmals als bedeutsam für ihre Problematik wahrnehmen. Das kann aber auch heißen, dass sie aus verschiedenen Gründen nichts erinnern, etwa infolge von frühen oder späteren Amnesien, Verleugnungen, Loyalitätskonflikten oder Verschweigen, was bedeutet, dass es Zeit braucht, um ihr Verhalten zu verstehen.

Selbstverständlich wird bei einem Adoleszenten diese Arbeitsebene nie so durchzuhalten sein wie bei einem Erwachsenen. Ein Adoleszenter wird den Therapeuten immer auch auf seine Kongruenz, seine Konsistenz, seine Integrität überprüfen, daraufhin, ob er selbst das lebt, was hier in der Therapie gepredigt wird. Außerdem kollidiert ein vorgegebenes Therapieprogramm nicht selten mit den Autonomiewünschen eines Jugendlichen, die in besonderer Weise berücksichtigt werden müssen. Das geschieht aber auch in der Therapie erwachsener Traumatisierter, die in dieser Hinsicht häufig wie Adoleszente sind. Auch dort muss immer wieder Farbe bekannt werden (Sachsse 2004b).

> Persönlichkeitsstörungen und komplex Traumatisierte lassen sich nicht technisch abspeisen, nach Manualen stringent durchtherapieren oder in einem guten Programm abarbeiten. Sie bestehen immer darauf, wenigstens teilweise ein authentisches Gegenüber zu haben, dem sie sich anvertrauen, gerade auch deshalb, weil dieses Gegenüber seine Grenzen, Fehler und Widersprüchlichkeiten kennt und teilweise dazu steht.

Dies bedeutet natürlich, dass gerade bei Adoleszenten ein Therapeut nur das zur Anwendung bringen kann und darf, was er wirklich authentisch vertritt. Jede Haltung wie etwa »Ich finde das ja auch nicht gut, was wir hier durchziehen, aber das ist nun mal das Programm unserer Klinik/meiner Ausbildung« wird gnadenlos bloßgestellt werden. Ein authentisch vertretener »Fehler« oder eine stimmig gelebte Widersprüchlichkeit wird von einem Adoleszenten viel eher akzeptiert werden als Floskeln, Programme und Methoden.

Vor diesem Hintergrund von Integrität, Authentizität und Überzeugtheit von den eigenen Methoden und Therapiestrategien kommen die therapeutischen Elemente zur Anwendung – und nur so können sie wirksam werden.

51.1.5 Ausbau und Entwicklung von Kompetenzen und Meisterschaft

In der Behandlung Jugendlicher geht das (Wieder-)Aufgreifen und Bewältigen von Entwicklungsaufgaben der gründlichen Aufarbeitung von neurotischen Konflikten oder traumatischen Belastungen voran. Wenn es dem Jugendlichen nicht gelingt, in dieser Phase wieder Anschluss an seine Altersgruppe zu finden, läuft er Gefahr, langfristig aus sozialen Bezügen herauszufallen und als chronisch Kranker oder »Versager« sein Leben zu fristen – sei es in der Psychiatrie oder am Rande der Gesellschaft in gefährdeten Gruppen, als Arbeitsloser oder körperlich Kranker. Darum ist ein vorrangiges Ziel, dass der Jugendliche wieder arbeits- und lernfähig wird. Gezielte Übungen zur Selbstaufmerksamkeit und Selbstkontrolle sowie Konzentrations- und Achtsamkeitstrainings können den Jugendlichen dabei unterstützen. Jugendliche mit traumatischen Erfahrungen haben in der Regel deutliche Leistungseinbrüche erfahren, die sich in Leistungskurven abbilden lassen. Infolge dissoziativer Zustände und Flashbacks, die zum Ausklinken aus der gegenwärtigen Realität geführt haben, haben sie breite Wissenslücken, die sie aufholen müssen. In der Klinikschule können solche Wiedereinstiege geübt werden – zunächst in Einzel-, später im Gruppenunterricht.

Hilfreich ist es, wenn der Jugendliche auf Hobbys und Ressourcen zurückgreifen kann, beispielsweise ein Instrument spielt, eine Sportart praktiziert oder über besondere Fähigkeiten im kreativen Gestalten verfügt. Mitunter kann es erforderlich sein, nach solchen Fähigkeiten, Interessen und Hobbys erst zu suchen, damit der Jugendliche Erfahrungen von Selbstwirksamkeit machen kann. Dies kann beispielsweise im Werken und bildnerischen Gestalten in der Ergotherapie oder in einem Praktikum möglich sein, etwa in Gestalt von Pferdepflege, Gartenbau oder im Fitness-Center. Werden hier positive Erfahrungen gemacht, steht als nächster Schritt das vorsichtige Eingliedern in altersentsprechende normale schulische oder berufliche Verhältnisse an. Das wird meist schrittweise erfolgen müssen, ehe es dem Jugendlichen wieder gelingt, an ursprüngliche schulische oder berufliche Potenziale anzuknüpfen.

Solche Schritte fallen dem Jugendlichen nicht leicht. Manche zieht es geradezu wie in einem Sog in die vertrauten traumatisierenden Lebensbedingungen zurück, statt dass sie sich Neuem stellen.

51.1.6 Stabilisierung

> In der Stabilisierung von Borderline-Patienten und komplex traumatisierten Menschen hat es in den letzten zehn Jahren ganz erhebliche Fortschritte gegeben. Bis dahin stand immer wieder die unbeantwortete Frage im Raum: »Ich verstehe jetzt gut, warum ich so geworden bin, wie ich heute bin, und was genau meine Schwierigkeiten sind. Aber was bitte soll ich denn jetzt genau tun?«

Diese Frage nach Handlungsmöglichkeiten blieb von psychodynamischen Verfahren, vielleicht einmal abgesehen von der interaktionellen Psychotherapie (Heigl-Evers u. Ott 1994; Streeck 2007), lange Zeit unbeantwortet. Psychopädagogik war eher ein Schimpfwort, während es heute ein Qualitätsmerkmal ambulanter und stationärer Psychotherapie ist (Sachsse u. Faure 2006).

Der eine große Block von Stabilisierungsmaßnahmen sind **imaginative Übungen**. Am Anfang einer Psychotherapie mit Imaginationen kann gut folgende Interaktionssequenz stehen:

▬ Fallbeispiel

Die junge Erwachsene A. sitzt ihrem Therapeuten gegenüber. Der Therapeut zeigt auf ein Kalenderbild an der Wand: »Was sehen Sie da?« A. schaut kurz hoch: »Einen Wasserfall«. Auf dem Kalenderblatt steht tatsächlich »Wasserfälle«. Der Therapeut lächelt kurz und antwortet: »Falsch!« A. blickt erstaunt. Therapeut: »Das ist kein Wasserfall. Das ist das Foto von einem Wasserfall. Das ist das Bild von einem Wasserfall.« Jetzt schaut A. noch irritierter und auch etwas befremdet. Was soll denn diese flache, dümmliche, rechthaberische und pedantische Intervention? Das passt eigentlich nicht so recht zum Therapeuten. Therapeut: »Ich habe Ihnen dieses Beispiel vor Augen geführt, um Ihnen spürbar zu machen, dass das Bild nicht das Abgebildete ist. Und genauso wenig, wie dieses Foto eines Wasserfalles ein Wasserfall ist, sind

Ihre Intrusionen und Flashbacks von traumatischen Bildern und Erinnerungen das Trauma selbst.« Jetzt reagiert A. gekränkt bis verärgert: »Aber das ist mir doch passiert! Das bilde ich mir doch nicht nur ein. Für mich ist das ganz schlimm, und ich finde es nicht richtig, dass Sie mir das ausreden oder mir sagen wollen, das sei gar nicht so problematisch.« Der Therapeut antwortet: »Ganz im Gegenteil. Ich bin völlig Ihrer Meinung, vielleicht mehr noch als Sie selbst. Ich bin davon überzeugt, dass Ihre Bilder sehr einflussreich, sehr wirksam, sehr mächtig sind. Wenn diese alten Bilder hochkommen, sind sie mächtiger als die Gegenwart, als die Realität. Draußen sehen Sie, dass heute schönes Wetter ist, dass die Natur heiter ist, ich tue Ihnen nichts Böses an, und hier im Raum ist nichts Traumatisierendes. Aber ich brauche Sie nur an alte Ereignisse zu erinnern, um bei Ihnen eine heftige Erregung, eine innere Aufregung, ja eine panische Angst auszulösen, die Sie kaum oder gar nicht beherrschen können. Diese Bilder sind noch immens mächtig und einflussreich. Die traumatische Erfahrung liegt Jahre zurück, aber die Bilder, die sie hinterlassen hat, zerstören Ihnen sogar heute noch die Gegenwart. Trotzdem: Heute sind es Bilder. Sie leiden unter mächtigen Bildern, mächtigen Erinnerungen, unter Phantomen, Gespenstern, Geistern, Hirngespinsten. Alles, wovor Sie heute Angst haben, geschieht in Ihnen, in Ihrem Kopf.«

Dieser Schritt kann natürlich nur dann vermittelt werden, wenn die äußere Realität tatsächlich nicht traumatisierend ist. Gerade das mag bei Adoleszenten, die ihre traumatischen Erfahrungen reinszenieren, im Außen wieder herstellen, aktuell nicht stimmen. Dann gilt: äußere Sicherheit vor innerer Sicherheit. Das Trauma kann als Phantom, als Gespenst, als Hirngespinst nur dann bearbeitet werden, wenn es sich in der Gegenwart nicht wieder und wieder abspielt oder wiederholt. Darum ist es auch so wichtig, dass die therapeutische Beziehung oder auch die Beziehung auf einer Station die alten traumatisierenden Muster nicht aufgreift und einfach wiederholt. Es gilt, zunächst in der Realität sichere Orte und Strukturen zu finden. Denn sonst ist die Wirklichkeit real wie die Vergangenheit und die Gedächtnisspuren der Vergangenheit können nicht als das behandelt werden, was posttraumatische Symptome eigentlich sind: unzeitgemäße Manifestationen vergangener Erfahrungen.

! So, wie Bilder der Vergangenheit sehr mächtig sind, ist die Arbeit an guten Bildern wirksam und einflussreich. Davon ist nicht nur die Psychotherapie überzeugt, sondern etwa auch die Werbung.

Sie gibt für die Erschaffung guter Bilder Millionen aus: Der Anblick einer lila Kuh auf Almenwiesen soll zum Trigger dafür werden, Schokolade zu essen. Autos fahren durch menschenleere Landschaften in den USA oder in Sibirien, damit Autofahren mit Freiheit und Aufbruch assoziiert wird. Diese Art des Autofahrens ist in Deutschland auf den Autobahnen allenfalls am 24. Dezember zwischen 16 und 19 Uhr möglich oder während eines Spiels der deutschen Fußballnationalmannschaft während einer Fußballweltmeisterschaft. Alle diese Bilder sollen zu Triggerreizen werden, die uns dazu verleiten, Schokolade zu essen oder ein neues Auto zu kaufen. Wäre die Werbung davon überzeugt, dass das nicht funktioniert, würde sie dafür kein Geld ausgeben. Die Arbeit an inneren Bildern ist also sinnvoll und wirksam.

Die Überzeugung, dass gute Bilder wirksam sind, hatte übrigens nicht erst die Werbung, sondern schon die **Religion**. Religionen regulieren häufig unter anderem, welche hilfreichen Bilder erlaubt sind und welche nicht. Die Religionen haben ein Jahrtausende altes Wissen, dass Bilder schädlich oder hilfreich sein können.

Die imaginativen Stabilisierungsübungen, die von Luise Reddemann im Rahmen ihrer Psychodynamisch-Imaginativen Traumatherapie PITT entwickelt wurden (Reddemann 2001, 2004; Sachsse 2004b), fußen auf dieser Tatsache.

Eine bestimmte Gruppe von **Imaginationsübungen** hat sich als besonders hilfreich erwiesen. Diese Imaginationen stützen und stärken innerseelische Programme, die zur Realitätsbewältigung in uns angelegt sind.

Die Übung des **sicheren inneren Ortes** stabilisiert das Sicherheitssystem: Was ist sicher? Was ist unsicher? Wo kann ich mich auf meine inneren Signale verlassen? Diese vordergründig so einfachen, ja simplen Imaginationsübungen können erhebliche Auswirkungen haben. So geschieht es immer wieder, dass Patienten ihre Wohnung wechseln, nachdem sie längere Zeit den sicheren inneren Ort geübt haben. Sie bekommen dann ein besseres Gespür dafür, wo sie auf der Welt sicher sind und wo nicht. Diese Patienten können sich auf ihr »Bauchgefühl« inzwischen einfach besser verlassen.

Das gilt auch für die Übung der **inneren Helfer**. Die Übung der inneren Helfer mit ihren märchenhaften Feen und Zauberern, hilfreichen Drachen und tapferen Bären ist eine Übung, Hilfe zu suchen und zu finden. Nebenwirkung dieser Übung ist es häufig, präziser zu erspüren, welche Art von Hilfe jetzt wirklich nützlich sein wird. Wenn sich jemand mit dem Signal an seine Umwelt wendet: »Es geht mir nicht gut, ich weiß auch nicht warum, und ich weiß erst recht nicht, was mir jetzt helfen kann«, dann ist es sehr viel unwahrscheinlicher, dass die Bezugspersonen hilfreich sein werden, als wenn signalisiert wird: »Ich bin traurig, ich weiß auch warum, und ich weiß genau, welche Art von Trost mir jetzt helfen könnte. Ist das machbar? Kann ich genau das bekommen?«

Die **Baumübung** ist eine Übung zum Auftanken. Dabei geht es darum, ein Teil der Natur zu sein oder zu werden und sich in der Natur zu stärken – ohne Vorleistung etwas nur deshalb zu bekommen, weil man existiert. Sie haben das nicht verdient? Mit welchem Recht hat ein Baum die Sonne, den Wind, den Regen und die Erde verdient? Mit welchem Recht hat eine Primel die Nährstoffe, Mineralien der Erde und den Sauerstoff verdient? Wie kommen Sie darauf, dass Sie sich alles verdienen müssen? In der Natur gibt es unendlich viel umsonst, einfach so. Und wie kommen Sie darauf, dass Sie weniger Rechte haben als eine Krüppelkiefer oder eine Primel?

Diese Imaginationsübungen sind Selbstschulungen. Es geht gerade nicht darum, die Bildebene aufzusuchen und sich alles psychodynamisch entwickeln zu lassen, wie es etwa für die Katathym Imaginative Psychotherapie (KIP) typisch ist.

> Wenn bei Borderline-Patienten oder komplex Traumatisierten die Bildebene aufgesucht wird und sich dort einfach alles entwickeln kann, wie es will, dann landet es fast immer in traumatischen Bildern oder in schädlichen Bindungserfahrungen. Bei dieser Klientel ist es unberechtigt, ja fahrlässig, auf Selbstheilungskräfte zu vertrauen oder darauf, dass eine Krise immer fruchtbar sein und schon gut enden wird.

Vielmehr ist es erforderlich, damit zu rechnen, dass eine Krise immer schlimmer wird und schließlich zu schweren selbstschädigenden Symptomen wie Suchtmittelabusus, selbstverletzendem Verhalten oder Suizidversuchen führt.

Insofern sind die Imaginationsübungen kein innerseelischer Freiraum, der bei dieser Klientel mit Sicherheit in Katastrophen führt. Vielmehr geht es darum, eher wie bei einem Manager-Training seine Vorstellungen zu disziplinieren, zu kanalisieren, zu schulen. Eine berühmte Frage ist die Wunderfrage (de Shazer 1988) am Anfang einer Therapie: »Stellen Sie sich bitte vor, dass heute Nacht ein Wunder geschieht. Morgen früh werden Sie wach und sind völlig gesund. Woran merken Sie das? Wie verläuft Ihr Tag?« Mit dieser Frage lässt sich gut prüfen, ob ein Mensch eine Gesundheitsvorstellung hat. Wenn jemand keine Gesundheitsvorstellung hat, wird die Therapie schwierig. Viele Menschen können sich nur als Problemwesen, Konfliktwesen oder Defizitwesen vorstellen. Das erschwert jede Therapie erheblich. Auf einer ganz alltäglichen Ebene arbeitet das Qualitätsmanagement damit, dass es für alles eine konkrete Zielvorstellung geben muss, damit es sich realisiert. Dies gilt auch für grundlegende menschliche Fähigkeiten wie Sicherheitsempfinden, Unterstützung, Auftanken und andere Grundmodule der menschlichen Existenz.

Die zweite große Gruppe stabilisierender Maßnahmen stellt die **dialektisch-behaviorale Therapie** (DBT) von Marsha Linehan zur Verfügung. Linehan hat für Borderline-Patientinnen, die Suizidversuche hinter sich haben und sich selbst verletzen, eine verhaltenstherapeutische Strategie entwickelt, die heute eine breite Anwendung findet (Bohus 2002; Linehan 1996; Unckel 2004).

Das zentrale Element der Stabilisierung ist der Erwerb von **Skills**, von Fertigkeiten zum Umgang mit Stress. Am Anfang steht die Schulung der Selbstwahrnehmung: Wie hoch ist mein **Stresspegel** gerade? Der *niedrigste* Stressbereich auf einer inneren Skala von null bis 100 liegt zwischen zehn und 30. (Bei null Stress sind wir tot! Schon das Atmen unterliegt einem eigenen Stresssystem.) Im Bereich *niedrigen* Stresses ist es möglich zu meditieren, achtsam zu sein und aufzutanken. Der *mittlere* Bereich liegt zwischen 30 und 70. In diesem Bereich des sozio-emotionalen Alltagsstresses müssen wir mit uns selbst und mit unseren mehr oder weniger geliebten Mitmenschen umgehen.

> Im *Hochstressbereich* ab 70 beherrscht uns nur ein Verlangen: Der Stress soll sofort aufhören! Denken, Planen, Mentalisieren, Symbolisieren, Überlegen sind im Hochstressbereich unmöglich.

Das Handeln wird dominiert von Notfallreaktionen auf der Ebene *fight/flight/freeze* und süchtiger Selbstbetäubung. Dysfunktionale Notfall-Symptome wie Drogen-, Alkohol- oder Medikamentenabusus kommen zum Einsatz.

> Selbstverletzendes Verhalten kann unerträglichen Hochstress beenden (Sachsse 1996).

Das Skills-Training in psychoedukativen Gruppen oder in der Einzeltherapie vermittelt differenziert Skills für alle Stress-Level. Besonders wichtig sind Skills für den Hochstressbereich, vermittelt im Stresstoleranz-Training. Für den Mittelbereich werden Wahrnehmung und Umgang mit Emotionen geschult sowie basale zwischenmenschliche Fähigkeiten. Zum Zentrieren, Fokussieren und Auftanken dienen Achtsamkeits- und Meditationsübungen.

Die gute Wirksamkeit von DBT hat zu einer schnellen klinischen Akzeptanz dieses Vorgehens sowohl bei Jugendlichen als auch bei jungen Erwachsenen geführt.

Jugendliche, die ausgeprägte Neigungen zeigen, sich selbst zu verletzen, müssen dort abgeholt werden, wo sie in der Lage sind, mitzuarbeiten. Es gibt Jugendliche, die – konfrontiert mit einem Verbot des Verhaltens nach dem Motto »hier geht das nicht« – ihr Verhalten aufgeben können; andere sind bereit, sich auf ein »weniger tief und weniger oft« einzulassen. Wieder andere halten wie süchtig daran fest (Doctors 2004). Sie sind gehalten, ihre Selbstverletzungen auf der Station dezent versorgen zu lassen und ihre Verletzungen zu verbergen, sodass andere ihre blutigen Arme nicht sehen und davon nicht traumatisiert oder getriggert werden. Gleichzeitig sollten die Therapeuten in Erfahrung zu bringen versuchen, was vor der selbst zugefügten Verletzung jeweils geschehen ist und warum sie sich nicht, ehe sie sich geschnitten haben, an einen Betreuer oder den Stationsarzt wenden konnten.

Weiter wird geprüft, welche anderen Strategien möglich sind, um aus dem Zustand herauszukommen, der durch das selbstverletzende Verhalten unterbrochen werden sollte. Was hilft zu vermeiden, sich zu schneiden? Spürt der Jugendliche die Selbstverletzungen nicht, bekommt er seine Handlung eventuell gar nicht mit, weil er sich in einem dissoziierten Zustand befindet, dann müssen vorerst andere Interventionen im Vordergrund stehen wie etwa kognitive Mentalisierung, Dissoziationsstopps, Hochstress-Skills, unter Umständen auch Medikamente, die den Jugendlichen ins Hier und Jetzt holen. Ist das Schmerzerleben jedoch eine zentrale Selbsthilfemaßnahme, z. B. um aus dissoziativen Zuständen herauszufinden, kann es hilfreich sein, in solchen Notzuständen die entlastende Schmerzerfahrung umzulenken auf Schmerzerfahrungen ohne Folgen. Dabei hat sich als DBT-Element ein »Notfallkoffer« bewährt, der natürlich nur dann wirksam werden kann, wenn er im übertragenen Sinn klein genug ist, um ihn als Option ständig mit sich zu tragen. Ein solcher Notfallkoffer, den jeder Einzelne sich zusammenstellen sollte, kann beispielsweise Folgendes enthalten:

- Weckglasgummi für Handgelenke
- harte Bürste zum Abreiben
- barfuß auf dem Schnee oder in den eiskalten Bach oder durchs Gras
- ein kleiner Kieselstein im Schuh
- scharfe Gewürze (Chilischote)
- saure Bonbons
- scharfer Geruch, z. B. Salmiakgeist
- Foto einer geliebten Person oder eines Idols

Auf Station oder in der Wohnung können bewährte Hochstress-Skills zum Einsatz kommen wie Eiswürfel in die Achselhöhlen oder zwischen die Zähne, ein Boxsack oder heißkalte Wechselduschen.

51.1.7 Arbeit an kognitiven Fähigkeiten

Traumatisierte Kinder und Jugendliche zeigen eine Reihe von unterschiedlichen Lernproblemen, die nicht als ein Beziehungs- oder Übertragungsproblem verstanden werden sollten (Palombo 1991). Die beeinträchtigte Informationsaufnahme und -verarbeitung (Streeck-Fischer 2000) ist für komplexe Lernstörungen verantwortlich und muss durch gezieltes Training bearbeitet werden, beispielsweise mithilfe von

- Aufmerksamkeits- und Konzentrationstraining,
- Selbstinstruktionstraining,
- Training spezieller Wahrnehmungsmodalitäten,
- Spannungstoleranztraining.

Um die Hoffnung entwickeln zu können, dass es sich lohnt zu lernen, brauchen die jugendlichen Patienten Erfolgserfahrungen. Über viele Jahre hinweg wurden sie damit konfrontiert, scheinbar unfähig zu sein, zustande zu bringen, was Gleichaltrige können. Dies waren Entwicklungsbedingungen, die ihren Selbstwert und ihre Produktivität infrage gestellt haben. Neben den ausgeprägten Wissenslücken und den kognitiven Folgen traumatischer Belastungen sind meist schwere narzisstische Lern- und Arbeitsstörungen die Folge. Konfrontiert mit ihrem Versagen, entwickeln sie Vermeidungsstrategien, geben sich auf und setzen ihr traumatisiertes und traumatisierendes Leben fort. Die Fähigkeit, narzisstischen Gewinn aus Arbeitsfähigkeit zu schöpfen, muss erst entwickelt werden. In der Regel haben die Jugendlichen große Entwürfe im Kopf und sind nicht in der Lage, die vielen kleinen Schritte zu sehen, die notwendig sind, um ein Ziel zu erreichen. Sie benötigen Orientierungen, positive Rückmeldungen und müssen die Erfahrung machen können, dass Lernen sich lohnt.

Jugendliche mit massiven Konzentrationsstörungen können möglicherweise zunächst keinem Unterricht, auch keinem Klinikunterricht folgen. In diesem Fall ist es zunächst weiterführender, wenn der Jugendliche über körperliche Aktivitäten etwa im Rahmen eines Praktikums oder in einem Arbeitsversuch seine körperlichen Kräfte spürt und unmittelbar sieht, was er zustande bringen kann. Hilfreich ist immer, vorhandene Ressourcen und Interessen zu nutzen, die ausgebaut werden können.

51.1.8 Traumaexposition

In der ambulanten Psychotherapie sind Traumaexpositionen bei komplex Traumatisierten oder bei Adoleszenten häufig nicht durchführbar. Dies liegt hauptsächlich daran, dass zwar die Exposition selbst ambulant durchführbar ist, der Zustand an den zwei oder drei Tagen danach aber derartig unberechenbar ist, dass kein verantwortungsbewusster ambulanter Psychotherapeut ein solches Risiko eingehen kann oder darf. Hier liegt eine zentrale Indikation für stationäre Therapie. Wann immer es stationär vertretbar ist, Traumaexpositionen durchzuführen, ist die Indikation abzuwägen.

Eine **verhaltenstherapeutische Desensibilisierung** ist die einzige Möglichkeit, auf die posttraumatische Sensibilisierung des Stresssystems Einfluss zu nehmen. Bindungszentriert-psychodynamische Vorgehensweisen sind hier unwirksam. Drei Verfahren haben sich in den letzten Jahren durchgesetzt:

Am weitesten verbreitet ist heute **Eye Movement Desensitization and Reprocessing** (EMDR) (Hofmann 1999; Shapiro 1998;). Diese Vorgehensweise ist in ihrer Wirksamkeit bei akut und komplex Traumatisierten auch empirisch gut belegt (s. Kap. 28). EMDR muss in spezifischer Form für komplex Traumatisierte modifiziert werden (Sachsse 2004b). Darauf wird im Folgenden einzugehen sein.

Das Gleiche gilt für die **prolongierte Exposition** nach Edna Foa. Dieses Verfahren wird bei komplex Traumatisierten wenig eingesetzt, da Borderline-Patienten nicht habituieren. Es muss so lange durchgehalten werden, bis eine Habituation einsetzt, die Stressphysiologie beruhigt ist. Zumindest muss die innere Stresssituation besser sein als zu Beginn der Exposition. Viele komplex Traumatisierte oder Borderline-Patienten dekompensieren aber vorher in dissoziative Zustände, in einen Affektsturm oder in raptusartige Verhaltensweisen, weil sie dem Hochstress nicht mehr gewachsen sind. Dann führt die Exposition nicht zu einer Symptomverbesserung, sondern zu einem Misserfolgserlebnis und einer Verschlechterung.

51.1 Komplexe posttraumatische Belastungsstörungen

Das dritte Verfahren umfasst die imaginativen Techniken **Bildschirmtechnik** und **Beobachtertechnik** (Reddemann 1998, 2004; Sachsse 2004b). Hier geht es darum, das Trauma dissoziiert wie einen alten Film zu betrachten und im Wechsel damit assoziiert in die traumatische Erfahrung hineinzugehen. Beide wechseln sich ab und tragen so zur Verarbeitung bei.

Wahrscheinlich liegen diesen drei Verfahren ein ähnlicher Wirkungsmechanismus oder mehrere gemeinsame Wirkungsmechanismen zugrunde. Ein verbindendes Element ist die während der Traumaexposition hergestellte paradoxe Situation, dass der *Kontrollverlust der Intrusionen und des Flashbacks* kontrolliert herbeigeführt und durchgestanden wird. Damit wird – im Sinne Gerald Hüthers (Hüther 1997) – aus einer unkontrollierbaren, überwältigenden Stressreaktion eine kontrollierbare Stressreaktion. Die aber stärkt das Selbstgefühl, gibt Selbstvertrauen und die Zuversicht, dem eigenen inneren Prozess gewachsen zu sein.

Ein zweiter Wirkungsmechanismus ist die *Aktualisierung der Vergangenheit in der Gegenwart,* dass es also zur Problemaktualisierung (Grawe et al. 1994) kommt, aber die Gegenwart gewinnt. Bei den Intrusionen und Flashbacks setzt sich die Vergangenheit gegen die Gegenwart durch.

> Bei einer Traumaexposition muss die gute Gegenwart gegen die schlechte Vergangenheit »gewinnen«.

Alle Vorgehensweisen aktualisieren, »triggern« schlechte Erfahrungen der Vergangenheit und wechseln dann auf die Gegenwart über. Beim EMDR taucht man in die Vergangenheit ein, bewegt die Augen, geht hindurch, taucht dann wieder auf und gibt einen sprachlichen Rapport. Dann taucht man wieder ein, geht hindurch und taucht wieder auf. Bei der prolongierten Exposition ist man gleichzeitig in der aufwühlenden Vergangenheit und in der beruhigenden Gegenwart. Bei der Bildschirmtechnik ist man mal dissoziiert, mal assoziiert, damit einmal distanziert, einmal nicht distanziert, immer aber pendelnd zwischen Dort und Damals und Hier und Jetzt. Das führt zu einer kognitiven Dissonanz, die möglicherweise auch einer psychodynamischen Arbeit an Übertragungsphänomenen zugrunde liegt. Auch da ist es so, dass sich die Vergangenheit in der Übertragung aktualisiert, über die Deutung aber ein Evidenzerleben einsetzt, dass die Gegenwart sich qualitativ, zumindest aber quantitativ deutlich von der Vergangenheit unterscheidet. Diese kognitive Dissonanz ist erforderlich, damit nicht nur das Empfinden zurückbleibt: Die Gegenwart ist genauso schlecht wie es die Vergangenheit war.

Die EMDR-Sitzung selbst kommt den adoleszenzspezifischen Bedingungen entgegen. Das Angebot einer Behandlung der traumatischen Belastungen in einem streng strukturierten und ritualisierten Raum entlastet den Jugendlichen in verschiedener Hinsicht. Im Mittelpunkt steht nicht die Sprache als Kommunikationsmittel zur Bearbeitung von Konflikten in Gegenwart eines Therapeuten, der in einer psychodynamischen Therapie oft nicht als sicherer Helfer wahrgenommen wird, sondern immer auch mit adoleszenz- und traumaspezifischen Übertragungen arbeiten muss. Stattdessen überlässt sich der Jugendliche in einem vorgegebenen Rahmen ausgewählten Bildern, affektiven und körperlichen Zuständen und teilt sich dabei nur soweit mit, wie er das kann und möchte. EMDR gewährt dem Jugendlichen einen Spielraum, innerhalb dessen auf einer »gesicherten« Als-ob-Ebene und in Gegenwart eines haltenden Therapeuten die traumatischen Szenen durchlebt, neu betrachtet und bewältigt werden können. Insofern bietet EMDR einen dem Spiel ähnlichen und äquivalenten Raum zur Bearbeitung der Problematik (Streeck-Fischer 2006).

Mit modifizierten Traumaexpositionsmethoden ist eine sehr große Anzahl von Patienten gut behandelbar, gut desensibilisierbar. Es muss aber ins Gedächtnis zurückgerufen werden, dass die Traumaexposition auch den Kontext, das Alter wieder aktualisiert, in dem die traumatische Erfahrung ablief. Dieser Zustand ist nicht immer sicher am Ende der Traumaexposition beendet. Vielmehr muss damit gerechnet werden, dass in den Stunden, ja Tagen danach ganz erhebliche Regressionen mit Realitäts- und Gegenwartsverlust eintreten. Hier ist der schützende Raum einer Station mit Mitarbeitern erforderlich, die einerseits pflegend, bemutternd und bevaternd, andererseits immer wieder die erwachsenen Seiten fördernd und fordernd mit diesen Zuständen umgehen können. Das ist auf einer akutpsychiatrischen Station nicht zu erwarten, das widerspricht auch dem psychodynamischen Klima einer konfliktzentriert arbeitenden Psychotherapiestation (Sachsse 2007a). Zumindest muss es hier Mitarbeiter geben, die störungsspezifisch geschult intervenieren können. Anderenfalls wiederholt sich nach der Traumaexposition das, was die Traumaverarbeitung in der Vergangenheit unmöglich gemacht hat: Die Patienten sind einsam, verlassen, verloren, unversorgt, abgewiesen. Damit wird die erneute Begegnung mit dem Trauma nur zu einer Wiederholung, eben gerade nicht zu einer Korrektur der alten Erfahrungen.

> Traumatherapie hat stets das Ziel, Vergangenes vergangen werden zu lassen. Eine Aktualisierung der Probleme, sowohl der Traumata als auch der peritraumatischen Bindungserfahrungen, dient ausschließlich dazu, diese Erfahrungen so rasch wie möglich wieder zu entaktualisieren und dorthin zu verweisen, wo sie hingehören: in die Vergangenheit.

51.1.9 Neuorientierung

Jede Psychotherapie, wenn sie denn zu Wirkungen und Veränderungen führt, erfordert eine Neuorientierung und einen Neuanfang. Ein gut desensibilisiertes und integriertes Trauma ist nicht wirklich abgeschlossen, wenn nicht auch die Realität verarbeitet worden ist, keinen guten Vater gehabt zu haben. Gerade diese massiv beeinträchtigten Bindungserfahrungen sind durch Traumaexpositionen allein nicht korrigierbar. Diese Bindungserfahrungen sind es auch, die häufig schwieriger aufzugreifen und zu bearbeiten sind als die Traumata selbst. Da es die biologische Funktion der Mutter ist, ihre Jungtiere zu schützen, ist die Verbitterung und Enttäuschung an der Mutter nicht selten heftiger als diejenige an dem traumatisierenden Vaterobjekt. Hier ist das ganze Repertoire einer psychodynamischen Psychotherapie erforderlich, die um Bindungsstörungen, Übertragungskonstellationen und adoleszenztypische Konfliktkonstellationen weiß. Hier ist auch das ganze Wissen der Familiendynamik erforderlich, um eventuell im Realraum der Adoleszenten Veränderungen herbeiführen zu können oder zumindest auf der inneren Bühne familiendynamisch sinnvoll zu intervenieren.

Traumazentrierte Psychotherapie, insbesondere die Traumaexpositionsverfahren, sind Therapieelemente im Rahmen eines Gesamtbehandlungsplanes. Bei posttraumatischen Störungen sind sie nach unseren Erfahrungen aber unverzichtbar, um Symptome zum Abklingen zu bringen, die auf eine Sensibilisierung des Stressverarbeitungssystems posttraumatisch zurückzuführen sind.

! Häufig macht traumazentrierte Psychotherapie die Arbeit an der Bindungsproblematik und am familiendynamischen System überhaupt erst möglich.

51.1.10 Behandlungserfolge

Im stationären und klinischen Alltag tragen mehrere Elemente dazu bei, ob eine neue Sichtweise wie die Trauma-Perspektive und eine daraus abgeleitete Behandlung erfolgreich sind und sich verbreiten oder nicht. Für den Beginn sind Experten wichtig, die von der neuen Vorgehensweise überzeugt sind. In einem zweiten Schritt muss sich ein Verfahren klinisch breit bewähren, auch ohne dass die »Gurus« selbst es zur Anwendung bringen. Es muss im klinischen Behandlungsalltag überzeugen.

Dann wirkt heutzutage ein weiterer Faktor, der wissenschaftlich überhaupt noch nicht gewichtet ist: die Mundpropaganda und die Internet-Hinweise von erfolgreich oder erfolglos behandelten Patienten. Diese basisdemokratische Form der Verbreitung eines Therapieverfahrens wirkt zurück auf die Medien. Die wissenschaftliche Evidenzforschung belegt meist einfach nur noch das, was klinisch längst klar war.

Als Gipfel der Evidenzforschung gelten heute Randomized Controlled Trials (RCTs), die in der deutschen Psychotherapie kaum durchführbar sind, weil die Versuchsanordnungen oft unethisch sind. RCTs sagen über eine Behandlungsmethode unter Laborbedingungen viel, über die Alltagsklinik nur wenig aus. Da sind naturalistische Studien überlegen (Leichsenring 2004).

Tab. 51-1 Ähnlichkeiten und Unterschiede in der Behandlung Jugendlicher und junger Erwachsener

	Jugendliche	Junge Erwachsene
Gehandelte Mitteilungen im klinischen Alltag	XXX	(X)
Traumatische Reenactments	XXX	X
Mentalisierungsprozesse durch andere	XXX	X
Chronifizierung	X	XXX
Therapeutische Beziehung instabil	XXX	XX
Rückgriff auf Ressourcen	X	XX
Äußere sichere Orte	X	(X)
Imaginationsübungen	XX	XXX
Traumaexposition	X	XXX

(X) = kaum ausgeprägt; X = leicht ausgeprägt; XX = mittel ausgeprägt; XXX = stark ausgeprägt.

Für die Behandlung von Erwachsenen ist unser hier vorgestelltes multimodales Vorgehen als wirksam belegt (Sachsse et al. 2006). Für Jugendliche sind die begonnen Studien noch nicht abgeschlossen. Die Klinik zeigt zweifelsfrei, dass der Einbezug der Trauma-Perspektive das Verständnis und die Behandelbarkeit von betroffenen Jugendlichen und jungen Erwachsenen deutlich verbessert (Tab. 51-1).

Literatur

Blos P. Die Funktion des Agierens im Adoleszenzprozeßß. Psyche 1964/65; 18: 120–38.
Bohus M. Borderline-Störungen. Göttingen: Hogrefe 2002.
Busch F. The compulsion to repeat in action. A developmental perspective Internat. J Psychoanal 1989; 70: 535–44.
De Shazer S. Der Dreh. Überraschende Wendungen in der Kurzzeittherapie. Heidelberg: Auer 1988.
Doctors S. Wenn Jugendliche sich selbst schneiden. In: Streeck-Fischer A (Hrsg). Adoleszenz, Bindung, Destruktivität. Stuttgart: Klett-Cotta 2004; 267–88.
Fonagy P, Gergeley G, Jurist EJ, Target M. Affektregulierung, Mentalisierung und die Entwicklung des Selbst. Stuttgart: Klett-Cotta 2004.
Gordon R, Wraith R. Responses of Children and Adolescents to Disasters. In: Wilson JP, Raphael B (eds). International Handbook of Traumatic Stress. New York: Wilson and Beverley Raphael Plenum Press 1993; 561–75.
Grawe K, Donati R, Bernauer F. Psychotherapie im Wandel. Von der Konfession zur Profession. Göttingen: Hogrefe 1994.
Heigl-Evers A, Ott J (Hrsg). Die psychoanalytisch-interaktionelle Methode. Theorie und Praxis. Göttingen: Vandenhoeck & Ruprecht 1994.
Hofmann A. EMDR in der Therapie psychotraumatischer Belastungssyndrome. Stuttgart, New York: Thieme 1999.
Hüther G. Biologie der Angst: Wie aus Stress Gefühle werden. Göttingen: Vandenhoeck & Ruprecht 1997.

Josselyn I. Acting out in adolesence. In: Abt LE, Weissman S (eds). Acting out. London: Jason Aronson 1996.

Leichsenring F. Randomized controlled versus naturalistic studies: a new research agenda. Bull Menninger Clin 2004; 68: 137–51.

Linehan MM. Dialektisch-behaviorale Therapie der Borderline-Störung. München: CIP-Medien 1996.

NCTNS.org

Palombo J. Neurocognitive differences, self cohesion and incoherent self narratives. Child Adolesc Soc Work J 1991; 8: 449–72.

Reddemann L. Psychotherapie auf der inneren Bühne. Persönlichkeitsstörungen PTT 1998; 2(2): 88–96.

Reddemann L. Imagination als heilsame Kraft. Zur Behandlung von Traumafolgen mit ressourcenorientierten Verfahren. Stuttgart: Pfeiffer bei Klett-Cotta 2001.

Reddemann L. Psychodynamisch-Imaginative Traumatherapie. PITT – Das Manual. Stuttgart: Pfeiffer bei Klett-Cotta 2004.

Sachsse U. Selbstverletzendes Verhalten. Psychodynamik-Psychotherapie. Das Trauma, die Dissoziation und ihre Behandlung. Göttingen, Zürich: Vandenhoeck & Ruprecht 1996.

Sachsse U. Arbeit in und an der Übertragung bei Traumatisierten: Indikation oder Kontraindikation? In: Borkenhagen A (Hrsg). Sisyphus – Jahrbuch Colloquium Psychoanalyse: Psychoanalyse und Film – Psychoanalyse und Trauma. Frankfurt am Main: Edition Déjà-vu 2004a; 1: 131–52.

Sachsse U. Traumazentrierte Psychotherapie. Stuttgart, New York: Schattauer 2004b.

Sachsse U. Zur Versorgung von Borderline-Patienten in der Allgemeinpsychiatrie. Persönlichkeitsstörungen PTT 2007a; 11(3): 169–74.

Sachsse U. Was ist die optimale Bühne für die Arbeitsbeziehung, die Bearbeitung der Pathologie und die Nachreifung in der Psychotherapie? Geißler C, Geißler P, Hofer-Moser O (Hrsg). Körper, Imagination und Beziehung in der Traumatherapie. Gießen: Psychosozial-Verlag 2007b; 109–26.

Sachsse U, Faure H. Von der therapeutischen Gemeinschaft zum Patienten-Coaching – Zur Gestaltung der therapeutischen Beziehung in Psychiatrie und Psychotherapie. Duncker H, Koller M, Foerster K (Hrsg). Forensische Psychiatrie – Entwicklungen und Perspektiven. Ulrich Venzlaff zum 85. Geburtstag. Lengerich, Berlin, Bremen, Miami, Riga, Viernheim, Wien, Zagreb: Pabst Science Publishers 2006; 33–57.

Sachsse U, Eßlinger K, Schilling L. Vom Kindheitstrauma zur schweren Persönlichkeitsstörung. Fundamenta Psychiatrica 1997; 11(1): 12–20.

Sachsse U, Vogel C, Leichsenring F. Results of psychodynamically orientented trauma-focused inpatient treatment for women with complex posttraumatic stress disorder (PTSD) and borderline personality disorder (BPD). Bull Menninger Clin 2006; 70(2): 125–44.

Schore AN. The effects of early relational trauma on right brain development, affect regulation, and infant mental health. Infant Mental Health J 2001; 22: 201–69.

Shapiro F. EMDR. Eye Movement Desensitization and Reprocessing. Grundlagen & Praxis. Paderborn: Junfermann 1998.

Streeck U. Psychotherapie komplexer Persönlichkeitsstörungen. Stuttgart: Klett-Cotta 2007.

Streeck-Fischer A. Stationäre Psychotherapie von frühgestörten Kindern und Jugendlichen. Psychotherapeut 1995; 2: 79–87.

Streeck-Fischer A. Borderlinestörungen im Kindes- und Jugendalter – ein hilfreiches Konzept? Psychotherapeut 2000; 45: 356–65.

Streeck-Fischer A. Trauma und Entwicklung. Frühe Traumatisierung und ihre Folgen in der Adoleszenz. Stuttgart: Schattauer 2006.

Themenheft Zwangsmaßnahmen in der Kinderpsychiatrie. Prx Kinderpsychol Kinderpsychiat 2006; 10.

Unckel C. Dialektisch-behaviorale Therapie (DBT). Sachsse U (Hrsg). Traumazentrierte Psychotherapie. Stuttgart, New York: Schattauer 2004; 178–83.

Van der Kolk B, McFarlane A, Weisaeth L (eds). Traumatic stress. New York: The Guilford Press 1996.

Zanarini MC (ed). Role of Sexual Abuse in the Etiology of Borderline Personality Disorder. Washington, London: American Psychiatric 1997.

51.2 Krisenintervention und psychosoziale Betreuung bei Akuttraumatisierung

Katharina Purtscher

Zusammenfassung

Die unmittelbaren Reaktionen nach einem traumatischen Lebensereignis – von Kindern und Erwachsenen – umfassen das beobachtbare Verhalten, das emotionale Erleben und die mentalen Prozesse. Die ersten Symptome der Stressreaktion können vorübergehend oder länger dauernd sein und zu einer Traumafolgeerkrankung führen. Bis zur Einführung der Diagnose der akuten Belastungsstörung im DSM-IV (Saß et al. 1998) stand die klinische Beschreibung der akuten Stressreaktionen im Vordergrund. Nunmehr ist es möglich, die Stressreaktionen der ersten vier Wochen nach einem traumatischen Ereignis nach operationalen Kriterien zu erfassen.

Die Situationsfaktoren des traumatischen Ereignisses, die prätraumatische Vulnerabilität und besonders die Hilfe danach bestimmen den weiteren Verlauf.

Prognostische Aussagen aufgrund der frühen Symptome sind jedoch schwierig, da diese sehr vielfältig und rasch wechselnd sein können.

In den letzten Jahren sind vielfältige Initiativen zur psychosozialen Akutbetreuung und Notfallversorgung von traumatisierten Personen entstanden. Ziel der Interventionen ist die Begrenzung des Gefühls der Ausgeliefertheit und der Hilflosigkeit durch Fürsorge und psychosoziale Unterstützung. Derzeit gibt es keine einheitlichen Angaben zur zeitlichen Zuordnung von Erstinterventionen unmittelbar nach einem traumatischen Ereignis. Hilfsangebote der Akutsituation – Krisenintervention und psychosoziale Notfallversorgung – werden oft von spezialisierten Helfern vor Ort geleistet. Die möglichen frühen notfallpsychologischen und psychotherapeutischen Interventionen können erst nach Erfüllung gewisser Grundvoraussetzungen wie z. B. Schutz der körperlichen Sicherheit, Kontakt zu wichtigen Bezugspersonen, Information über den Verbleib von Angehörigen und Aufklärung über weitere Hilfsmaßnahmen begonnen werden.

Die Möglichkeiten und Grenzen der psychosozialen und therapeutischen Akutinterventionen werden derzeit kontrovers diskutiert.

Möglichkeiten angemessener differenzierter früher Interventionen und Bedingungen, unter denen diese durchführbar sind, werden dargestellt.

51.2.1 Einleitung

Kinder, Jugendliche und junge Erwachsene können von einer Vielzahl traumatischer Ereignisse (Bedrohung des eigenen Lebens, schwere körperliche Verletzungen, körperliche und emotionale Misshandlung, Missbrauch und sexuelle Gewalt, Tod eines Elternteils oder plötzliche Trennung von Eltern und Geschwistern oder Zerstörung des Heims der Familie bzw. der eigenen Lebensgrundlage) betroffen sein.
Auch durch das Miterleben von potenziell traumatisierenden Situationen durch schwere Verletzungen oder den Tod naher Angehöriger, das Beobachten von massiven Angst- und Panikreaktionen naher Bezugspersonen oder wenn sie Augenzeugen schwerer Gewalt geworden sind, können Kinder, Jugendliche und junge Erwachsene in der Folge psychische Störungen entwickeln. Die Bremer Jugendstudie (Essau et al. 1999) zeigt, dass 22,5 % der befragten Jugendlichen von zumindest einem traumatischen Ereignis in ihrem Leben berichten.
Die infolge traumatischer Erfahrungen gezeigten psychischen Reaktionen und Symptome nehmen meist mit dem zeitlichen Abstand zum Ereignis ab, oft sind jedoch auch noch nach Jahren Beeinträchtigungen in der Bewältigung des Alltags vorhanden (Streeck-Fischer 2006; Yule 2001). Diffuse oder traumaspezifische Ängste, Vermeidungsverhalten mit Einschränkungen im Tagesablauf oder leichte Erregbarkeit bleiben oft über viele Monate bestehen. Auch mit dem Wiederauftreten von Symptomen bei Erinnerungen an das traumatische Ereignis z. B. im Rahmen von Jahrestagen oder Gedenkfeiern ist zu rechnen.
Für die Behandlung chronisch traumatisierter Menschen sind viele Angebote und unterschiedliche Behandlungsansätze der Traumatherapie (s. Kap. 28) entwickelt worden. Für akut traumatisierte Personen und insbesondere akut traumatisierte Kinder, Jugendliche und junge Erwachsene sind spezifische Interventionen und psychosoziale Hilfestellungen jedoch noch wenig differenziert und vor allem wenig evidenzbasiert.

51.2.2 Definition und Klassifikation traumatischer Lebensereignisse

Nach der Art der traumatischen Ereignisse und zur Differenzierung der Reaktionen bzw. der Symptome von Kindern, Jugendlichen und jungen Erwachsenen ist die von Terr (1991, 1995) vorgeschlagene Unterscheidung nach der Häufigkeit von traumatischen Ereignissen hilfreich. Demnach lassen sich einmalige traumatische Ereignisse (Typ I) von wiederholten traumatischen Situationen (Typ II) im Kindesalter unterscheiden.

■ **Traumatische Ereignisse vom Typ I:** Darunter werden Einzelereignisse wie Naturkatastrophen, Unfälle, einmalige Gewalttaten, technische Katastrophen oder schmerzhafte medizinische Eingriffe verstanden.

■ **Traumatische Ereignisse vom Typ II:** Diese betreffen chronische und wiederholte Traumatisierungen wie emotionale und körperliche Kindesmisshandlung, sexueller Missbrauch und Erfahrungen im Kontext von Krieg, Flucht oder Folter.

Eine weitere wichtige Unterscheidungsmöglichkeit ist die nach der **Verursachung** eines traumatischen Ereignisses. Dabei wird zwischen schicksalhaften traumatischen Ereignissen, wie Naturkatastrophen oder technischen Katastrophen, und von Menschen verursachten differenziert. Diese Unterscheidung ist besonders bei Ereignissen, bei denen es um die Auseinandersetzung mit Tätern und Schuldfragen geht, von besonderer Bedeutung.
Neben den vor dem traumatischen Ereignis bestehenden individuellen Schutz- und Risikofaktoren eines Kindes bei der Bewältigung und den Möglichkeiten der Unterstützung durch vertraute Bezugspersonen haben die **situationsspezifischen Faktoren** des traumatischen Ereignisses eine entscheidende Auswirkung auf die Reaktionen von Kindern, Jugendlichen und jungen Erwachsenen (Aaron et al. 1999; Pynoos 1992; Stoddard et al. 2006).
Folgende Faktoren sind dafür von Bedeutung:
- das Ausmaß der subjektiv empfundenen Gefahr oder Bedrohung während des Ereignisses
- das Erleben von extremer Hilflosigkeit und Ausgeliefertsein
- das Ausmaß der erlebten Schmerzen
- die Nähe der Beziehung zu den verletzten oder getöteten Personen
- bei zwischenmenschlicher Gewalt: die Nähe der Beziehung zum Täter

Die **Reaktionen auf ein traumatisches** Ereignis sind immer von den Ereignisfaktoren der Situation und den individuellen Schutz- und Risikofaktoren einer Person bestimmt. Dabei kommen die bisher gemachten Erfahrungen im Umgang mit belastenden Ereignissen und Krisensituationen zum Tragen.

■ **Schockphase/peritraumatisches Intervall:** Die Zeitdauer der Akutphase nach einem traumatischen Ereignis ist von den objektiven Situationsfaktoren (z. B. bei langen Rettungs- oder Bergephasen, bei der Suche nach Vermissten) und den subjektiven Faktoren des Erlebens abhängig und kann nicht einheitlich mit einer bestimmten Zeitdauer angegeben werden. Die unmittelbare Zeit nach einem traumatischen Ereignis wird auch als peritraumatisches Intervall oder – vom psychischen Erleben her – als Schockphase bezeichnet. Typisch für diese Phase ist das Nicht-wahrhaben-Können der Situation bzw. des

Ereignisses. Akut traumatisierte Menschen werden mit einer Fülle von neuen Eindrücken überflutet und überwältigt. Dies führt meist zum Erleben von intensiver Angst, Furcht und Hilflosigkeit. Die Personen empfinden sich selbst als nicht mehr adäquat handlungsfähig bzw. erleben den Verlust der Kontrolle über die jeweilige Situation.

▪ **Reaktionsphase:** Erst wenn es zu einem allmählichen Wahrnehmen des Ereignisses und den damit verbundenen Auswirkungen kommt, folgt die Reaktionsphase. Die Reaktionen der betroffenen Personen können sehr unterschiedlich, in ihrer Ausprägung vielfältig und rasch wechselnd sein. Die unmittelbaren Reaktionen auf traumatische Ereignisse können sich anfangs durch vielfältige Ausdrucksformen, z. B. Angst, Panik, Erstarrung, aber auch heftiges Weinen oder Schreien (Deutsche Gesellschaft für Kinder- und Jugendpsychiatrie und Psychotherapie 2003) zeigen. Nicht selten sieht man auch schon in der Akutsituation Verhaltensweisen, die durch hohe innere Anspannung, Ängste, Ärger oder Zorn verursacht sind und sich als impulsives, sprunghaftes oder aggressives Verhalten präsentieren. Auch Klagen über körperliche Beschwerden ohne eindeutige Befunde sind häufige Symptome. Weitere Auffälligkeiten speziell in der Akutphase sind Schlafstörungen, Essstörungen und Körperregulationsstörungen (Daviss 2000). Bei Jugendlichen ist oft die Fähigkeit zum Selbstschutz vermindert und kann zu erhöhter Unfallneigung, Risikoverhalten und Verletzungen führen. Kognitive Beeinträchtigungen in der Akutsituation betreffen vor allem Störungen der Konzentration und der Gedächtnisleistungen. Die Erstreaktionen nach einem traumatischen Ereignis können daher grundsätzlich Ausdruck einer adäquaten akuten Stressreaktion sein, sie können aber auch dysfunktionale Reaktionen auf das traumatische Ereignis darstellen und somit Anzeichen einer beginnenden Störung sein (Fischer u. Riedesser 2003). Bei allen Reaktionen und Veränderungen müssen wir zwischen traumaspezifischen und allgemeinen alterstypischen Reaktionen im Jugendalter unterscheiden.

▪ **Bewältigungsphase:** Wenn ein Minimum an äußerer und innerer Sicherheit wiederhergestellt ist, werden erste Schritte der Bewältigung und Verarbeitung der traumatischen Erfahrung möglich. Nach derzeitigem Wissen kann man davon ausgehen, dass die Wahrnehmung und die Bewertung des Ereignisses in der Akutphase und die Erstreaktion auf das Ereignis die späteren Folgewirkungen wesentlich mitbestimmen. »Geht man davon aus, dass eine positive Adaptation an das traumatische Ereignis durch den Einsatz von angemessenen, frühen Interventionen günstig beeinflusst werden kann, sollte der Auseinandersetzung mit frühen Interventionen ein höherer Stellenwert zukommen.« (Krüsmann u. Müller-Cyran 2005) Allgemein formuliert ist die Hilfestellung in der Akutsituation primär eine psychosoziale und nur in Ausnahmefällen sind für manche Betroffene frühe psychotherapeutische oder psycho-

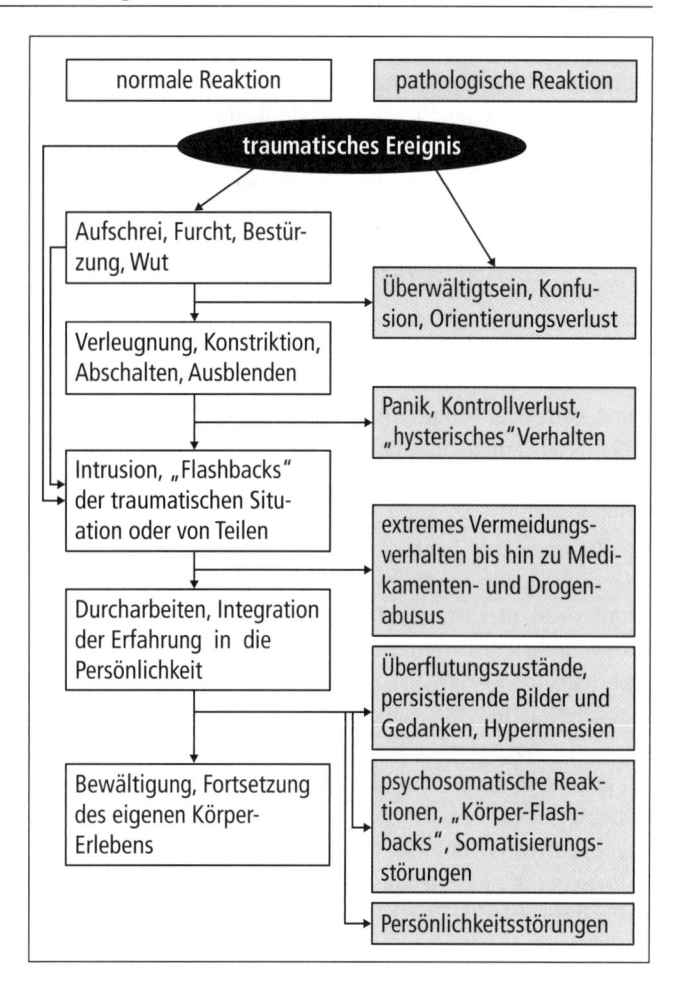

Abb. 51-1 Horowitz-Kaskade (nach Sachsse 2004, S. 54)

pharmakologische Maßnahmen indiziert. Das von Horowitz formulierte Modell der normalen und pathologischen Reaktionen nach einem traumatischen Ereignis (Abb. 51-1) zeigt beispielhaft den möglichen Verlauf. In jeder Phase der Reaktionen kann eine krankheitswertige Entwicklung auftreten, die zu einer posttraumatischen Störung führen kann (Horowitz 1976).

▪ **Weitere Reaktionen im zeitlichen Verlauf:** Die vielfältigen, oft gänzlich neuen Eindrücke in der traumatischen Situation werden von Kindern und Jugendlichen je nach ihrem Entwicklungsstand kognitiv und emotional unterschiedlich wahrgenommen, interpretiert und bearbeitet. Die Angst vor der Wiederholung des traumatischen Ereignisses stellt vor allem bei jüngeren Kindern eine der Hauptbefürchtungen dar, weil sie die Ursachen und Zusammenhänge des Geschehens nicht oder nur schwer verstehen können. Bei Adoleszenten kann es durch traumatische Verluste zu Gefühlen der Hoffnungs- und Ausweglosigkeit und einem Verlust der Zukunftsperspektiven kommen. Jugendliche sind oft der Meinung, dass es sich nicht mehr lohne, in schulische oder berufliche Ausbildung zu investieren, da sie als Folge von traumatischen Veränderungen oft nur mehr sehr kurzfristige Zukunftspläne machen. Oft folgen daraus bei Jugendlichen radikale Änderungen in der Zukunftserwartung und Lebenseinstellung mit nachfolgend teilweise lebensbedrohlichem Risikoverhalten (Pynoos 1994).

51.2.3 Symptomentwicklung

Als spezifische Reaktion bzw. Traumafolgeerkrankung der Akutphase wird die akute Belastungsreaktion (F43.0) definiert. Die in den ersten Stunden und Tagen nach dem traumatischen Ereignis auftretenden Veränderungen und Symptome werden in der ICD-10 als akute Belastungsreaktion (Dilling et al. 1991) bezeichnet.

Die Person erlebte, beobachtete oder war mit einem oder mehreren Ereignissen konfrontiert, die den tatsächlichen oder drohenden Tod oder eine ernsthafte Verletzung oder Gefährdung der körperlichen Unversehrtheit der eigenen Person oder anderer Personen beinhaltet. Die Reaktion der Person umfasste intensive Furcht, Hilflosigkeit oder Entsetzen. Entweder während oder nach dem extrem belastenden Ereignis zeigte die Person mindestens drei der folgenden dissoziativen Symptome:

- subjektives Gefühl von emotionaler Taubheit, von Losgelöstsein oder Fehlen emotionaler Reaktionsfähigkeit
- Beeinträchtigung der bewussten Wahrnehmung der Umwelt (z. B. »wie betäubt sein«)
- Derealisationserleben
- Depersonalisationserleben
- dissoziative Amnesie (z. B. Unfähigkeit, sich an einen wichtigen Aspekt des Traumas zu erinnern)

Das traumatische Ereignis wird ständig auf mindestens eine der folgenden Arten wieder erlebt: wiederkehrende Bilder, Gedanken, Träume, Illusionen, Flashbackepisoden oder das Gefühl, das Trauma wieder zu erleben, oder starkes Leiden bei Reizen, die an das Trauma erinnern. Neben diesen intrusiven Symptomen können deutliche Vermeidungssymptome bestehen, die dazu führen, dass Personen, Orte oder Situationen, die an das Trauma erinnern, gemieden werden. Die dritte Symptomgruppe umfasst Veränderungen, die mit einem erhöhten Arousal bzw. erhöhter Angst einhergehen und sich z. B. als Schlafstörungen, Konzentrationsschwierigkeiten, Hypervigilanz, übertriebene Schreckreaktionen und motorische Unruhe zeigen können (Scheeringa et al. 1995).

51.2.4 Diagnostik und Differenzialdiagnosen

Die Diagnose einer akuten Belastungsstörung wird primär aus der Anamnese und den dem traumatischen Ereignis folgenden Reaktionen sowie dem zeitlichen Verlauf der klinischen Symptome gestellt.

Die in der Erstphase häufig vielfältigen und wechselnden Reaktionen müssen aufmerksam wahrgenommen, aber zurückhaltend bewertet werden (Landolt 2003).

Erstreaktionen können eine bestmögliche vorübergehende Anpassungsleistung oder aber maladaptive Reaktionen und klinische Symptome sein.

Neben der klinischen Beurteilung gibt es derzeit nur wenige deutschsprachige Instrumente zur Diagnostik der akuten Belastungsstörung. Geeignete Instrumente sind die von Steil und Füchsel (2006) publizierten Interviews zu Belastungsstörungen bei Kindern und Jugendlichen (IBS-KJ). Das Interview zur Erfassung der akuten Belastungsstörung (IBS-A-KJ) ist ein Erhebungsinstrument zur Erfassung der frühen Symptome in den ersten vier Wochen nach dem Trauma. Zur Erfassung der dissoziativen Symptome kann das Heidelberger Dissoziationsinventar (Brunner et al. 1999) für Kinder ab dem elften Lebensjahr herangezogen werden.

51.2.5 Aufgaben und Ziele der Akutbetreuung

Im Wesentlichen sind im Rahmen der psychosozialen Akutbetreuung folgende Aufgaben zu erfüllen (Krüsmann u. Müller-Cyran 2005; Purtscher 2006):

- Dynamik und Abläufe im Rahmen des Ereignisses für die Betroffenen so günstig wie unter den gegebenen Umständen möglich zu gestalten; dazu ist bei der Betreuung während Rettungs- und Bergemaßnahmen oft eine enge Zusammenarbeit mit den Einsatzkräften von Hilfsorganisationen oder der Polizei erforderlich
- situationsspezifische Interventionen zur Reduktion von Angst und Spannung
- wenn möglich Zusammenführung mit nahen Bezugspersonen und Angehörigen
- Informationen über den Verbleib von Angehörigen, über die weiteren Abläufe und die weiteren Hilfsmöglichkeiten vermitteln
- Begleitung bei der Verabschiedung von verstorbenen Angehörigen, z. B. Eltern, Geschwistern oder Freunden, ermöglichen, fallweise auch aktiv gestalten
- soziale Hilfe für die Alltagsbewältigung besonders nach Katastrophen oder dem Verlust des eigenen Heims

- Unterstützung für Angehörige, damit diese ihre Kinder ausreichend gut betreuen bzw. unterstützen können (Elternberatung)
- Unterstützung und Beratung von Personen, damit diese Abläufe und Entscheidungen im Sinne der betroffenen Kinder, Jugendlichen und jungen Erwachsenen treffen können
- den Bedarf der mittel- und längerfristigen psychosozialen Betreuung erkennen und diese – wenn es notwendig wird – in fachgerechter Weise sicherstellen

51.2.6 Interventionen in der Akutphase

Die Interventionen in der peritraumatischen Phase und den ersten Tagen danach werden als Krisenintervention, psychosoziale Akutbetreuung oder psychosoziale Notfallversorgung bezeichnet. Meist ausgehend von Fachkräften im Rettungsdienst wurde in den letzten zwanzig Jahren der dringende Bedarf früher psychischer Hilfemaßnahmen für akut traumatisierte Personen erkannt (Müller-Cyran 1999). Erste Maßnahmen der frühen psychosozialen Unterstützung/Akutbetreuung wurden von Mitarbeitern im Rettungsdienst eingeführt. Zunehmend wurden dann Fachkräfte aus dem klinisch-psychologischen und psychotherapeutischen Bereich einbezogen. Die Strukturen für die Auswahl und Ausbildung der entsprechenden Mitarbeiter, die Organisation und Durchführung der Akutbetreuungseinsätze und die fachliche Betreuung der Teams sowie Supervision und Qualitätssicherung werden entweder im Rahmen von Rettungsorganisationen oder behördlichen Organisationen (Zivilschutz, Katastrophenschutz) wahrgenommen. In zahlreichen Ländern (z. B. Deutschland, Österreich, Luxemburg, Ungarn) haben sich in den letzten Jahren fachliche Organisationen zur Krisenintervention und Akutbetreuung entwickelt (Lueger-Schuster et al. 2003).

Die grundlegenden Bedürfnisse Betroffener in der Akutsituation können folgendermaßen zusammengefasst werden (Dyregrov 2001):
- frühe Hilfe in der peritraumatischen Phase
- aktive (unangefragte) Angebote für soziale und psychische Unterstützung von außen (proaktiver Zugang der Helfer)
- konkrete Informationen zum Ereignis und den nächsten Rettungs- und Unterstützungsmaßnahmen
- umfassende Informationen über den Verbleib oder das Befinden von Angehörigen und die Möglichkeit, mit diesen in Kontakt zu treten oder Kontakte aufrechtzuerhalten
- Aufklärung über mögliche psychische Reaktionen
- mittel- und langfristige Hilfsangebote

Wichtig dabei ist ein gut funktionierender Übergang von der Unterstützung in der Akutphase zur weiterführenden Betreuung oder Therapie.
Die vielfältigen Aufgaben in der Akutbetreuung sind immer vom Anpassungs- bzw. Bewältigungsprozess der Betroffenen bestimmt. Entsprechend dem zeitlichen Verlauf der Akutreaktionen umfassen die Aufgaben und »Rollen« in der psychosozialen Erstbetreuung Informationsvermittlung, Organisieren und Sicherstellen einer Basisversorgung der täglichen Bedürfnisse, Hilfestellung zur Zusammenführung von Angehörigen, stabilisierende Begleitung und Betreuung in der Schock- und Reaktionsphase (Shalev 2002).

Die Betreuungsmaßnahmen in der Akut- und Frühphase sind vorwiegend psychosoziale Interventionen und keine primär psychotherapeutischen. Vorrangiges Ziel aller Maßnahmen ist es, die soziale Unterstützung für Betroffene sicherzustellen und die Wiederherstellung von minimaler Sicherheit durch die Vermittlung von Information und Orientierung zu gewährleisten (Abb. 51-2).

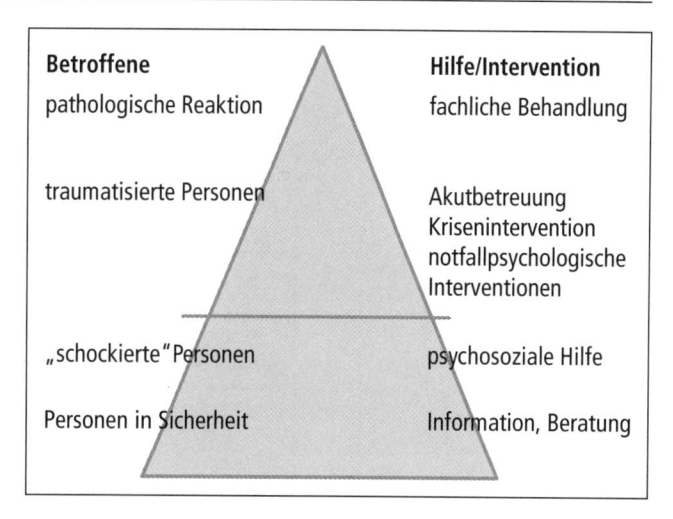

Abb. 51-2 Stufen der psychosozialen Hilfe

Betroffene	Hilfe/Intervention
pathologische Reaktion	fachliche Behandlung
traumatisierte Personen	Akutbetreuung, Krisenintervention, notfallpsychologische Interventionen
„schockierte" Personen	psychosoziale Hilfe
Personen in Sicherheit	Information, Beratung

Interventionszeitpunkt

In der aktuell zur Verfügung stehenden Literatur werden keine einheitlichen Angaben zur zeitlichen Zuordnung von Erstinterventionen wie z. B. akute Interventionen noch am Unfallort, frühe psychosoziale Interventionen und notfallpsychologische Maßnahmen gemacht.
Anhand der Unterscheidung zwischen Akutbetreuung und frühen Interventionen lassen sich der Zeitpunkt und die Dauer, die Maßnahmen und die Zielsetzungen sowie die helfenden Berufsgruppen zuordnen (Zehnder et al. 2006) (Abb. 51-3).

Psychosoziale Akutbetreuung bzw. Krisenintervention findet unmittelbar innerhalb der ersten Stunden bis höchstens einige Tage nach dem traumatischen Ereignis statt. Die Betreuung wird häufig am Ort des Geschehens oder in unmittelbarer Nähe durchgeführt und ist eine aktiv aufsuchende psychosoziale Hilfestellung für die Betroffenen. Ziel der Akutintervention bzw. peritraumatischen Krisenintervention ist die Unterstützung der emotionalen Stabilisierung der Betroffenen.

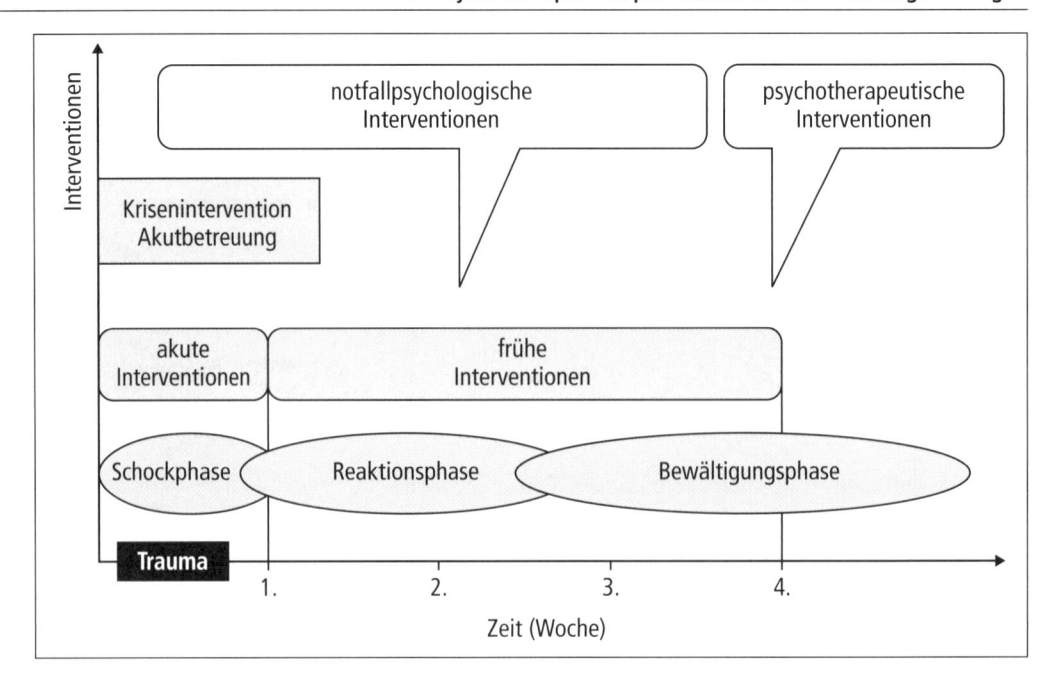

Abb. 51-3 Phasen und Interventionen nach traumatischen Lebensereignissen (mod. nach Zehnder et al. 2006)

Frühe psychosoziale und therapeutische Interventionen schließen direkt an die Akutbetreuung an bzw. werden bei Auftreten oder Verschlimmerung von Symptomen angeboten. Diese Maßnahmen sind als sekundär präventive Interventionen zu sehen und finden meist nicht mehr am Ort des Geschehens statt. Je nach Situation werden die Interventionen einzeln oder in der Gruppe durchgeführt.

Im Gegensatz zu den Untersuchungen zur Behandlung der posttraumatischen Belastungsstörung (PTBS) liegen für die Akutbetreuung und frühe Interventionen insbesondere im Einzelsetting kaum Daten vor. Als Herangehensweise in der Behandlung der akuten Belastungsstörung können Ansätze aus der Behandlung der PTBS herangezogen werden. Aufgrund der vielschichtigen Anforderungen in der Frühphase schließen die Empfehlungen für die Behandlung der akuten Belastungsstörung ein multimodales, mehrdimensionales Vorgehen ein, um der Komplexität der Aufgaben gerecht zu werden. Zum Wert der frühen Interventionen für die Prävention von PTBS liegen einige bestätigende Untersuchungen vor (Bryant u. Harvey 1998; Bryant et al. 2005, 2006).

Ebenen der Interventionen nach traumatischen Lebensereignissen

Hilfe nach traumatischen Ereignissen kann auf verschiedenen Ebenen von unterschiedlichen Personen angeboten werden (Landolt 2004).

Krisenintervention und notfallpsychologische Interventionen zählen zu den ersten Hilfestellungen für Betroffene nach traumatischen Ereignissen. Ziel ist die Verhinderung einer psychischen Entgleisung und die Wiederherstellung der eigenen Handlungsfähigkeit sowie die Verringerung der Folgen der belastenden Erlebnisse. Hausmann (2003) unterscheidet drei Ebenen der Hilfe zur Unterstützung von Betroffenen nach traumabedingten Notfällen. Die Ebenen betreffen die **einfache soziale Unterstützung,** die von jedem hilfeleistenden Menschen gegeben werden kann und sich in einer sehr allgemeinen zwischenmenschlichen bzw. sozialen Unterstützung oder auch in notwendiger praktischer Hilfeleistung ausdrückt. Die nächste Ebene ist die Ebene der **psychosozialen Betreuung** im engeren Sinn und erfolgt üblicherweise durch Personen, die über eine spezifische Ausbildung für die Interventionen in der Akutphase verfügen. Dazu zählen Kenntnisse über die Erlebens- und Reaktionsweisen von traumatisierten Menschen, Ausbildung für die Gesprächsführung in Krisensituationen und die Fähigkeit zur Einschätzung der Notwendigkeit von weiterführender fachlicher Hilfe. Diese Art der Hilfeleistung wird von geschulten Personen unterschiedlicher Quellberufe im Rahmen eines Kriseninterventionsteams oder der notfallpsychologischen Hilfe geleistet. Die dritte Ebene ist die Ebene der spezifisch **professionellen Hilfe**. Sie wird von psychosozialen Fachkräften mit spezieller Qualifikation im Bereich Psychotraumatologie und Notfallpsychologie geleistet. Neben der Aufgabe der fachlichen Unterstützung und Betreuung für die Betroffenen ist ein Schwerpunkt dieser Tätigkeit die diagnostische Einschätzung des psychischen Zustandes der Betroffenen und die Beratung bzw. Empfehlung für weiterführende Hilfe.

51.2.7 Besondere Hilfestellung für Kinder und Jugendliche in der Akutbetreuung

Informationsvermittlung

Wenn Kinder und Jugendliche gemeinsam mit ihren Bezugspersonen ein traumatisches Ereignis erleiden, sind diese in der Akutphase (so sie dazu in der Lage sind) die wichtigsten und vertrauenswürdigsten Personen, die ihnen Informationen zum Ereignis geben können. Falls sie jedoch ohne Bezugspersonen sind, wird diese wichtige Aufgabe von den psychosozialen Betreuern wahrgenommen. Die Vermittlung der Informationen kann je nach Situation in der Akutphase einzeln, in Klein- oder Großgruppen erfolgen. Das hohe Zusammengehörigkeitsgefühl in der Gruppe der direkt Betroffenen stellt in den allermeisten Fällen einen wichtigen Schutzfaktor dar und sollte in der Planung der Unterstützungsmaßnahmen und der Durchführung der Betreuung unbedingt Berücksichtigung finden.

Die Information für Kinder und Jugendliche muss alle wichtigen zum Zeitpunkt der Mitteilung verfügbaren Informationen zum Hergang des Ereignisses, Verletzung oder Gefährdung von nahen Angehörigen oder Freunden oder im konkreten Fall z. B. Mitschülern enthalten.

Beim Mitteilen von schlechten Nachrichten oder beim Überbringen von Todesnachrichten kommt es darauf an, dass entsprechende Rahmenbedingungen – ein geschützter Ort, genug Zeit und Betreuungspersonen, vertraute Bezugspersonen – verfügbar sind.

Wichtig ist es, dass die bisher geleisteten Hilfsmaßnahmen dargestellt und erklärt werden. So ist es z. B. für Kinder wichtig und hilfreich zu hören, dass für schwer verletzte Mitschüler oder Freunde oder getötete Kinder im Rahmen eines Unglücksereignisses Hilfe durch Rettungspersonal oder Notärzte geleistet wurde. Selbst wenn es zum Tod von Freunden oder Mitschülern gekommen ist, ist es wichtig darzustellen, welche Hilfsmaßnahmen getroffen wurden und noch möglich waren. In diesem Zusammenhang sollten z. B. Rettungsmaßnahmen, Schmerzbekämpfung, würdevolle Bergung oder Überführung Erwähnung finden. Selbstverständlich müssen all diese Informationen für Kinder und Jugendliche altersgerecht und dem jeweiligen Verständnis für Endlichkeit und Tod entsprechend dargestellt werden. Nicht alle Details der wichtigsten Botschaften müssen jedoch bereits in einem ersten Schritt vermittelt werden. Wichtig ist es, den Kindern deutlich zu machen, dass sie weitere Fragen stellen können. Oft geben Kinder und Jugendliche durch ihre Fragen sehr klar zu erkennen, was ihre Wahrnehmung und möglicherweise Erklärung für das Ereignis ist oder auch welche Ängste und Befürchtungen sie haben (Purtscher 2006).

»Belastbare Dritte«

Oft scheuen sich Erwachsene, ihre Trauergefühle zu zeigen. Dadurch sind Kinder und Jugendliche häufig gehemmt, ihre eigene Trauer zum Ausdruck zu bringen.

Wenn Eltern selbst ihre Trauer nicht wahrhaben wollen oder zumindest im Beisein anderer unterdrücken, kann dies auch zu einer Hemmung im Ausdruck der Trauergefühle der Kinder und Jugendlichen führen.

Wenn jedoch Eltern im Gegensatz dazu von ihrer eigenen Trauer überwältigt sind und kaum noch als emotionale Unterstützung für ihre Kinder zur Verfügung stehen, so führt dies oft dazu, dass Jugendliche in vermehrtem Maße auf ihre Eltern Rücksicht nehmen und sie schonen wollen. Sie selbst zeigen ihre Trauer dann nicht oder nur sehr verhalten. In solchen Situationen ist es besonders hilfreich und notwendig, dass außenstehende Personen, die als vertrauensvolle »Dritte« gesehen werden können, zur Verfügung stehen. Diese Personen müssen nicht »geschont« und dürfen mit der eigenen Trauer belastet werden.

In den Fällen, in denen Eltern selbst schwer traumatisiert sind (z. B. durch Naturkatastrophen oder Krieg), ist für Kinder und Jugendliche die Unterstützung durch externe Helfer oder Therapeuten wichtig. Oft spielt hier auch ein tragfähiges Umfeld durch nachbarschaftliche oder verwandtschaftliche Hilfe eine große Rolle. Als wichtige Unterstützungsmöglichkeiten sind gerade im Zusammenhang mit schwer traumatisierten Eltern auch die Institutionen Kindergarten, Schule oder andere soziale Gruppen zu nennen. Diese sind oft ein Raum, in dem ohne Rücksicht auf die schwer belasteten Eltern Ängste, Trauer, Sorgen oder auch Ärger und Wut geäußert werden können. Fachliche Möglichkeiten der Hilfeleistung in weiterer Folge stellen therapeutische Gruppen oder einzeltherapeutische Unterstützung (Traumatherapie) dar.

Extrafamiliäre Hilfe ist unbedingt notwendig bei Beziehungstraumata, vor allem wenn Eltern als traumatisierende Personen erlebt wurden.

Abschiedsrituale

Bei Todesfällen innerhalb der Familie sollen Kinder in die Vorbereitung der Verabschiedung und Beerdigung – so sie es selbst wünschen – eingebunden werden.

Dabei ist es hilfreich, gemeinsam Symbole und Rituale des Abschieds zu finden. Dies können Erinnerungszeichnungen oder Briefe einzelner Kinder oder ganzer Gruppen (z. B. einer Schulklasse) sein.

Gerade bei unerwarteten Todesfällen oder beim Tod mehrerer Personen ist Trauer nicht nur ein individuelles Geschehen, sondern ein Geschehen in der Gruppe. Der gemeinsame Ausdruck der Trauer in Ritualen und Abschiedsfeierlichkeiten oder Gedenkfeiern bedeutet eine gegenseitige Unterstützung und Stärkung des Zusammenhaltes. Insgesamt kommt es auf die altersadäquate Beteiligung und Gestaltung der Ausdrucksformen an.

Nächste Bewältigungsschritte

Die Wiederaufnahme von Alltagsaktivitäten, wie z. B. Schulbesuch, Sport oder Treffen von Freunden, bedeutet neben der möglichen Unterstützung durch Lehrer, Trainer oder Freunde ein Signal in Richtung Rückkehr zur Normalität. Gerade bei Großschadensereignissen, wie etwa Überflutung und Evakuierungen, sind das nach oft wochenlangen Ausnahmesituationen wichtige Signale der Wiederherstellung der eigenen Handlungsfähigkeit.

51.2.8 Spezielle Interventionen in der Akutbetreuung

Gruppeninterventionen

■ **Psychologisches Debriefing:** Das Critical Incident Stress Debriefing (Everly u. Mitchell 2002; Mitchell 1983) ist eine Gruppenintervention und wurde ursprünglich für die Betreuung von Einsatzkräften (Rettungskräfte, Feuerwehr, Polizei und Militär) entwickelt. Diese Methode einer strukturierten Gruppenintervention wurde für die Anwendung in der Betreuung von Zivilpersonen modifiziert und wird zunehmend genutzt. Dazu muss kritisch angemerkt werden, dass sich in Untersuchungen bei Erwachsenen sehr kontroverse Effekte ergeben haben und teilweise eine Zunahme der posttraumatischen Symptomatologie zu beobachten war (Bisson u. Cohen 2006). Das Hauptrisiko scheint in der inhomogenen Zusammensetzung der Gruppenteilnehmer zu liegen. Wenn Personen, die nicht am Unfallort waren, mit Personen zusammen kommen, die erschreckende Eindrücke vom Unfallort schildern, kann das zu einer zusätzlichen Belastung werden. Besonderes Augenmerk ist daher bei der Zusammensetzung darauf zu legen, dass die Gruppen nach dem Grad der Betroffenheit und der erlebten sensorischen Eindrücke zusammengefasst werden. Eine Abwandlung des Debriefings für Kinder und Jugendliche beschreibt Dyregrov (1991). Dabei sollen die Rekonstruktion des Ereignisses, die Beschreibung der erlebten Sinneseindrücke und sensorischen Erfahrungen, Informationsvermittlung, Psychoedukation und Erarbeitung konkreter Bewältigungsschritte im Vordergrund stehen.

■ **Durchführung eines Debriefings:** Ziel aller Maßnahmen im Rahmen der Stressbearbeitung nach belastenden Ereignissen ist es, eine möglichst frühe emotionale Verarbeitung der traumatischen Erfahrungen zu unterstützen. Durch Informationsvermittlung und Psychoedukation sollten mögliche zukünftige Reaktionen und Folgen von traumatisierenden Ereignissen hintangehalten werden.

Die bekannteste Einzelintervention ist das Critical Incident Stress Debriefing (CISD), eine strukturierte Gruppenintervention, die in einem Abstand von zwei bis zehn Tagen nach dem belastenden Ereignis durchgeführt wird.

Der Ablauf des Gruppengesprächs gliedert sich in sieben Phasen.
1. Einführung
2. Fakten
3. Gedanken
4. Reaktionen
5. Symptome
6. Instruktionen
7. Abschluss

Einleitend werden das Debriefingteam vorgestellt und die Grundregeln zur Durchführung des Gruppengesprächs vereinbart. Besonders ist dabei auf die Vertraulichkeit des Gespräches hinzuweisen. Nach einer Schilderung der Fakten des traumatischen Ereignisses aus der Sicht jedes Betroffenen folgt die Mitteilung der Gedanken und der damit verbundenen Befürchtungen. Anschließend werden die emotional belastenden Aspekte des Ereignisses beschrieben. In einem weiteren Schritt sollen die erlebten Stressreaktionen berichtet werden. In der Zusammenfassung werden die geschilderten Reaktionen von einem Mitglied des Debriefingteams erläutert und hinsichtlich Stress und Stressreaktionen interpretiert. Dies führt zu einem Verständnis für normale kognitive, emotionale und somatische Stressreaktionen und damit zu einer Entpathologisierung des Erlebten. Im Sinne der Psychoedukation werden einfache Möglichkeiten der Stressbewältigung vermittelt. Abschießend erfolgt die Klärung von offenen Fragen für die eigene Bewältigung oder bei Bedarf die Vermittlung von weiterführender Hilfe und Betreuung (Tab. 51-2).

Therapie mit EMDR in der Frühphase nach traumatischen Lebensereignissen

EMDR (Eye Movement Desensitization and Reprocessing) als psychotherapeutische Interventionstechnik braucht alle Voraussetzungen, die auch für andere psychotherapeutische Verfahren mit Kindern und Jugendlichen wichtig sind (Hofmann u. Solomon 2006; Shapiro 1998). Dazu zählen in erster Linie

Tab. 51-2 Einzel- und Gruppeninterventionen nach einem tödlichen Schulsportunfall eines Jugendlichen

Betroffene Gruppen	Interventionsformen
direkt betroffene Lehrer	Debriefing, Beratung
Familie des Jugendlichen	Krisenintervention
Mitschüler	Krisengespräche, Information
übrige Lehrer, Schüler	Beratung
Eltern der Mitschüler	Information, Beratung

die altersentsprechende Beziehungsgestaltung mit Kindern und Jugendlichen, die Zusammenarbeit mit Bezugspersonen und die Berücksichtigung relevanter systemischer Aspekte (Hensel 2006). Entsprechend den Erkenntnissen der modernen Psychotraumatologie sind wie bei anderen traumazentrierten Psychotherapieformen auch der entsprechende Phasenaufbau der therapeutischen Intervention mit Stabilisierung, Exposition und Integrationsphase sowie die Ressourcenorientierung zu beachten. Die Rahmenbedingungen für Expositionsschritte in der Traumatherapie, nämlich der Schutz vor einer Wiederholung der traumatischen Erfahrung oder weiterer Traumatisierung, die äußere Sicherheit des Kindes und seiner wichtigsten Bezugspersonen sowie die Unterstützung durch nahe Bezugspersonen sind eine Grundvoraussetzung für eine traumazentrierte Therapie.

Die **Durchführung** der EMDR-Behandlung bei Kindern und Jugendlichen sollte nach einem altersmodifizierten Standardprotokoll durchgeführt werden. Es entspricht der Strukturierung des Erwachsenenprotokolls und ist den verschiedenen Altersstufen in der Sprache und den Erklärungsmodellen angepasst.

Die **Indikation** für eine EMDR-Behandlung bei Kindern und Jugendlichen ist bei Traumafolgeerkrankungen im Sinne einer schweren akuten Belastungsreaktion, einer posttraumatischen Belastungsstörung oder auch bei Anpassungsstörungen gegeben (Hensel 2006). Für die Behandlungen von Angststörungen mit EMDR liegen bisher wenige Berichte vor.

Als **Kontraindikationen** werden die Gefahr der weiter bestehenden Traumatisierung des Kindes, z. B. bei fortbestehendem Täterkontakt, eine akute psychische Instabilität des Kindes oder Jugendlichen oder ausgeprägte komorbide Störungen wie z. B. Suchtverhalten angeführt.

In den meisten Studien zur **Wirksamkeit** der EMDR-Behandlung wurden Kinder bzw. Jugendliche mit einem Monotrauma untersucht. Die Datenlage aus den bisher vorliegenden Studien weist darauf hin, dass EMDR bei Kindern und Jugendlichen ähnlich effektiv ist wie bei Erwachsenen (Chemtob et al. 2002; Greenwald 2001; Hensel 2007).

Weitere Informationen zu Wirkfaktoren und Durchführung s. Kap. 28.

51.2.9 Psychopharmakotherapie in der Akutphase

Grundsätzlich besteht in der Akutphase nach einem traumatischen Ereignis größte Zurückhaltung gegenüber einer psychopharmakologischen Intervention – sowohl vonseiten der Betroffenen als auch vonseiten der Akutbetreuer. Die Wahrnehmung des betroffenen Ereignisses und erste Orientierungs- und Strukturierungsschritte einerseits und eventuell vorkommende dissoziative Mechanismen in der Akutphase sollten nur bei spezifischen Symptomen und Indikationen psychopharmakologisch beeinflusst werden. Eine akute Angststörung, ausgeprägte Schlafstörungen, unaufhaltsames, chronisches, quälendes Gedankenkreisen oder psychosomatische Beschwerden können durch eine gezielte pharmakologische Behandlung beeinflusst und verbessert werden. Die Behandlung von schweren Schlafstörungen oder schweren Störungen des Biorhythmus sollten vorübergehend medikamentös unterstützt werden.

Grundsätzlich wird in der Akutphase zwischen einer Psychopharmakotherapie und einer analgetischen Therapie unterschieden.

Bei Unfällen mit schmerzhaften Verletzungsfolgen, z. B. Knochenbrüchen, schweren Weichteilverletzungen, Sehnenverletzungen, Brandverletzungen oder Luxationen ist in der Frühphase unbedingt auf eine dem Alter und dem Körpergewicht entsprechende Schmerzmedikation zu achten. Die ausreichende Schmerzbekämpfung, sowohl was die Dosierung als auch die Zeitdauer der Verabreichung der Medikamente betrifft, ist eine wichtige Erste-Hilfe-Leistung für betroffene Kinder und Jugendliche. Dass ein gutes Schmerzmanagement auch weitreichende psychische Folgen für die betroffenen Kinder hat, konnte in einer Studie bei brandverletzten Kindern festgestellt werden. In dieser Untersuchung wurde deutlich, dass eine effektive medikamentöse Schmerzbehandlung ein wahrscheinlich wesentliches Element in der Prävention von Traumafolgeerkrankungen sein kann (Gerlach 2004; Saxe et al. 2001).

Im peritraumatischen Intervall und in der Akutphase nach einem Trauma werden sowohl von Notfallmedizinern als auch ärztlichen Therapeuten vor allem bei ausgeprägten Angstsymptomen, vegetativer Übererregtheit und Schlafstörungen Tranquilizer vom Benzodiazepin-Typ verordnet. Die bei Erwachsenen nachgewiesene anxiolytische und sedierende Wirkung dieser Substanzen ist bei Kindern und Jugendlichen oft deutlich geringer. Weiterhin ist bekannt, dass etwa ein Drittel der Kinder auf Benzodiazepine paradox reagiert, d. h., es kann zu Zuständen von Übererregbarkeit, Hypervigilanz, ausgeprägter Dysphorie und Gereiztheit kommen (Bandelow et al. 2006). Aus diesem Grund ist bei diesen Substanzen im Kindes- und Jugendalter Vorsicht geboten.

Die übrigen Psychopharmaka vom Typ Serotonin-Wiederaufnahmehemmer sind auch bei Kindern und Jugendlichen in der Behandlung der akuten Belastungsstörung zu erwägen. Wenn eine Psychopharmakotherapie erfolgen soll, sind sie Mittel der ersten Wahl.

51.2.10 Akutbehandlung in einer Traumaambulanz

Vielerorts existieren mittlerweile Modelle der Vernetzung der Einrichtungen der peritraumatischen Notfallsversorgung (z. B. Kriseninterventionsteam, notfallpsychologische Hilfe) mit einer Traumaambulanz. Dadurch wird nach der Akutintervention eine frühzeitige psychotraumatologisch orientierte Behandlung für Jugendliche, die an einer akuten Belastungsstörung leiden, ermöglicht (Krüger et al. 2004, 2006). Die vernetzte frühe Behandlung sollte vor allem Personen zukommen, bei denen ein hohes Risiko besteht, ansonsten an einer posttraumatischen Belastungsstörung zu erkranken.

Wichtige Aspekte der Behandlung in der Traumaambulanz sind ein auf die Bewältigungsprozesse der Betroffenen abgestimmtes phasenorientiertes Vorgehen. Als Interventionen werden vor allem kognitiv-behaviorale und psychoedukative Methoden angewendet (Cohen 2003; Cohen et al. 2006). Grundvoraussetzung ist immer, eine tragfähige therapeutische Beziehung herzustellen. Ressourcenorientierung und Miteinbeziehung der sozialen Umwelt der Betroffenen sind wichtige Schritte zur Wiedergewinnung von Vertrauen und Sicherheit in die Welt und die sozialen Beziehungen (Herpertz-Dahlmann et al. 2005).

Um diese Art von vernetzter Betreuung zwischen der psychosozialen Akutbetreuung und der Frühbehandlung in einer Traumaambulanz gewährleisten zu können, sind schon in der Planung und Vorbereitung von Hilfsmaßnahmen für die Unterstützung bei alltagsnahen traumatischen Ereignissen, aber auch bei Großschadensereignissen entsprechende Vorkehrungen durch die Ausbildung von qualifizierten Mitarbeitern für die Akutbetreuung notwendig (Greenwald 1997). Für eine Umsetzung der differenzierten Kenntnisse aus Peritraumatologie und Psychotraumatologie ist die Kooperation zwischen Organisationen und Institutionen, die Akut- und Frühinterventionen anbieten, und jenen, die traumatherapeutische Behandlung anbieten, dringend notwendig. Dazu braucht es eine entsprechende Verankerung der psychosozialen Akutbetreuung als einen Teil der Gesamtversorgung der Bevölkerung bei Notfällen, Großschadensereignissen und Katastrophen.

Literatur

Aaron J, Zaglul H, Emery RE. Posttraumatic stress in children following acute physical injury. J Pediatr Psychol 1999; 24: 335–43.

Bandelow B, Heise CA, Banaschewski T, Rothenberger A. Handbuch Psychopharmaka für das Kindes- und Jugendalter. Göttingen: Hogrefe 2006.

Bisson JI, Cohen JA. Disseminating early interventions following trauma. J Trauma Stress 2006; 19: 583–95.

Brunner RM, Resch F, Parzer P, Koch E. Heidelberger Dissoziations-Inventar (HDI). Frankfurt: Sweets 1999.

Bryant R, Harvey AG. Relationship of acute stress disorder and posttraumatic stress disorder following mild traumatic brain injury. Am J Psychiatry 1998; 155: 625–9.

Bryant RA, Moulds ML, Guthrie RM, Nixon RDV. The additive benefit of hypnosis and cognitive-behavioral therapy in treating Acute Stress Disorder. J Consult Clin Psychol 2005; 73: 334–40.

Bryant RA, Moulds ML, Nixon RDV, Mastrodomenico J, Felmingham K, Hopwood S. Hypnotherapy and cognitive behaviour therapy of Acute Stress Disorder: A 3-year-follow-up. Behav Res Ther 2006; 44: 1331–5.

Chemtob CM, Nakashima JP, Carlson JG. Brief treatment for elementary school children with disaster-related posttraumatic stress disorder: a field study. J Clin Psychol 2002; 58: 99–112.

Cohen JA. Treating acute posttraumatic reactions in children and adolescents. Biol Psychiatry 2003; 53: 827–33.

Cohen JA, Mannarino AP, Deblinger D. Treating trauma and traumatic grief in children and adolescents. New York: Guilford 2006.

Daviss WB. Acute stress disorder symptomatology during hospitalisation for pediatric injury. J Am Acad Child Adolesc Psychiatry 2000; 39(5): 569–75.

Deutsche Gesellschaft für Kinder- und Jugendpsychiatrie und Psychotherapie (Hrsg). Leitlinien zur Diagnostik und Therapie von psychischen Störungen im Säuglings-, Kindes- und Jugendalter. 2. überarb. Aufl. Köln: Deutscher Ärzte-Verlag 2003. ISBN: 3-7691-0421-8.

Dilling H, Mombour W, Schmidt MH (Hrsg). Internationale Klassifikation psychischer Störungen. ICD-10, Kapitel V (F). Bern: Huber 1991.

Dyregrov A. Grief in children: A handbook for adults. London: Jessica Kingsley 1991.

Dyregrov A. Early intervention – a family perspective. Adv Mind Body Med 2001; 17: 168–74.

Essau CA, Conradt J, Petermann F. Häufigkeit der posttraumatischen Belastungsstörung bei Jugendlichen: Ergebnisse der Bremer Jugendstudie. Z Kinder Jugendpsychiatr Psychother 1999; 27: 37–45.

Everly GS, Mitchell JT. CISM – Stressmanagement nach kritischen Ereignissen. Wien: Facultas 2002.

Fischer G, Riedesser P. Lehrbuch der Psychotraumatologie. München: Ernst Reinhardt, UTB 2003.

Gerlach M. Grundlagen der Neuropsychopharmakologie. In: Gerlach M, Warnke A, Wewetzer C (Hrsg). Neuropsychopharmaka im Kindes- und Jugendalter. Wien: Springer 2004; 3–48.

Greenwald R. Children's mental health care in the 21st century: eliminating the trauma burden. Child Adolesc Psychiatry 1997. http://www.Priory.com/psychild.htm (12.9.2006).

Hausmann C. Handbuch Notfallpsychologie und Traumabewältigung. Wien: Facultas 2003.

Hensel T. Effektivität von EMDR bei psychisch traumatisierten Kindern und Jugendlichen. Kindh Entw 2006; 15: 107–17.

Hensel T (Hrsg). EMDR mit Kindern und Jugendlichen. Ein Handbuch. Göttingen: Hogrefe 2007.

Herpertz-Dahlmann B, Hahn F, Hempt A. Diagnostik und Therapie der posttraumatischen Belastungsstörung im Kindes- und Jugendalter. Aufgaben einer kinder- und jugendpsychiatrischen Traumaambulanz. Nervenarzt 2005; 76: 546–56.

Hofmann A, Solomon R. EMDR in der Behandlung akut Traumatisierter. In: Hofmann A (Hrsg). EMDR in der Therapie psychotraumatischer Belastungssyndrome. Stuttgart: Thieme 2006; 99–106.

Horowitz MJ. Stress response syndromes. New York: Jason Aronson 1976.

Krüger A, Brüggemann A, Riedesser P. Die Trauma-Ambulanz für Kinder, Jugendliche und deren Familien am Universitätsklinikum Hamburg-Eppendorf. Erfahrungsbericht der ersten beiden Behandlungsjahre in einem Frühinterventionszentrum für psychische Traumatisierung bei Kindern und Jugendlichen. Z Psychotraumatol Psychol Med 2004; 2: 19–44.

Krüger A, Brüggemann A, Holst P, Schulte-Markwort M. Psychisch traumatisierte Kinder und Jugendliche. Vernetzung unabdingbar. Das Hamburger Modell: Traumapsychologisch fundierte Frühintervention in einer multiprofessionellen Versorgungskette. Dtsch Ärztebl 2006; 103(34–35): A 2230–1.

Krüsmann M, Müller-Cyran A. Trauma und frühe Interventionen. Stuttgart: Pfeiffer bei Klett-Cotta 2005.

Landolt MA. Psychotraumatologie des Kindesalters. Göttingen: Hogrefe 2004.

Landolt MA. Die Bewältigung akuter Psychotraumata im Kindesalter. Prax Kinderpsychol Kinderpsychiatr 2003; 52: 71–87.

Lueger-Schuster B, Purtscher K, Alfare M, Christoph R, Kalcher K. Leitfaden psycho-soziale Akutbetreuung. Eigenverlag 2003.

Mitchell JT. When disaster strikes: The critical incident stress debriefing. J Emerg Med Serv 1983; 8(1): 36–9.

Müller-Cyran A. Basis-Krisenintervention. Fundierter Umgang mit akut psychisch Traumatisierten. Notfall- und Rettungsmedizin 1999; 2: 293–6.

Purtscher K. Trauma im Kindesalter – komplexe Anforderungen in der psychosozialen Akutbetreuung. In: Lueger-Schuster B, Krüsmann M, Purtscher K (Hrsg). Psychosoziale Hilfe bei Katastrophen und komplexen Schadenslagen. Wien, New York: Springer 2006.

Pynoos RS. Grief and trauma in children and adolescents. Breavement Care 1992; 11(1): 2–10.

Pynoos RS. Traumatic stress and developmental psychopathology in children and adolescents. In: Pynoos RS (ed). Posttraumatic stress disorder: A clinical review. Lutherville, MD: Sidran Press 1994.

Sachsse U. Traumazentrierte Psychotherapie. Stuttgart: Schattauer 2004.

Saß H, Wittchen HU, Zaudig M. Diagnostisches und Statistisches Manual psychischer Störungen (DSM-IV). Deutsche Bearbeitung. 2. Aufl. Göttingen: Hogrefe 1998.

Saxe G, Stoddard F, Courtney D, Cunningham K, Chawla N, Sheridan R, King D, King L. Relationship between acute morphine and the course of PTSD in children with burns. J Am Acad Child Adolesc Psychiatry 2001; 40: 915–21.

Scheeringa MS, Zeanah CH, Drell MJ, Larrieu JA. Two approaches to the diagnosis of posttraumatic stress disorder in infancy and early childhood. J Am Acad Child Adolesc Psychiatry 1995; 34(2): 185–200.

Shalev AY. Acute stress reactions in adults. J Biol Psychiatry 2002; 51: 532–43.

Shapiro F. EMDR – Grundlagen und Praxis. Paderborn: Junfermann 1998.

Steil R, Füchsel G. Interviews zu Belastungsstörungen bei Kindern und Jugendlichen (IBS-KJ). Göttingen: Hogrefe 2006.

Stoddard FJ, Saxe G, Ronfeldt H, Drake JE, Burns J, Edgren C, Sheridan R. Acute stress symptoms in young children with burns. J Am Acad Child Adolesc Psychiatry 2006; 45: 87–93.

Streeck-Fischer A. Trauma und Entwicklung. Stuttgart: Schattauer 2006.

Terr L. Childhood trauma: and outline and overview. Am J Psychiatry 1991; 148(1): 10–20.

Terr L. Schreckliches Vergessen, heilsames Erinnern. München: Kindler 1995.

Yule W. Posttraumatic stress disorder in children and adolescents. Int Rev Psychiatry 2001; 13(3): 194–200.

Zehnder D, Hornung R, Landolt MA. Notfallpsychologische Interventionen. In: Landolt MA, Hensel T (Hrsg). Traumatherapie bei Kindern und Jugendlichen. Göttingen: Hogrefe 2006.

52 Psychoedukation und Selbsthilfemanuale

Michael Kölch und Christoph Morgenstern

Inhalt

52.1 Definition und Klassifikation _____ 694
52.2 Basiselemente der Psychoedukation _____ 695
52.3 Indikationsbereiche _____ 698
52.4 Effekte und Kosten-Nutzen-Überlegungen von Psychoedukation _____ 702
52.5 Fazit _____ 703
Literatur _____ 703

Zusammenfassung

Psychoedukation ist eine Methode in der Psychiatrie und Psychotherapie, um das Krankheitsverständnis und die »Adherence« bei Patienten zu steigern. In der Prävention soll Psychoedukation helfen, die Entstehung von Krankheitssymptomen zu vermeiden oder zu mildern, in der Rehabilitation soll sie den Patienten befähigen, in Eigenverantwortung besser mit seiner Krankheit umzugehen und Risikofaktoren für Rezidive zu erkennen. Eine Vielzahl manualisierter Programme steht für erwachsene Patienten zur Verfügung, auch für Kinder und Jugendliche gibt es inzwischen eine Reihe von Programmen. Ging die Entwicklung der Psychoedukation von der Behandlung der Schizophrenie aus, so findet sie heute bei fast allen psychiatrischen und somatischen Erkrankungen Anwendung. Adoleszente können Zielgruppe von psychoedukativen Maßnahmen sein, sowohl als Angehörige als auch als betroffene Patienten selbst. Speziell für Adoleszente entwickelte Programme, die spezifische Fragen dieses Lebensabschnitts behandeln, oder spezielle Themen, die sich durch psychische Störungen für Adoleszente ergeben, sind nur unzureichend vorhanden.

52.1 Definition und Klassifikation

Der kontrovers diskutierte Begriff der »Psychoedukation« hat noch keine sehr lange Tradition in der Psychiatrie und Psychotherapie. 1980 wurde er erstmalig von Anderson et al. in der Behandlung schizophrener Patienten verwendet (Anderson et al. 1980).

> Die Verfasser beschrieben damit die Aufklärung von Angehörigen schizophren erkrankter Patienten über das Krankheitsbild, die Symptome und den Krankheitsverlauf.

Anderson bezog in die Psychoedukation, also die Aufklärung über die Erkrankung, auch für den Patienten protektive Faktoren ein, wie den Umgang mit Stress, Kommunikation und Umgang der Familie mit dem Kranken bzw. der Erkrankung. Bäuml sieht Psychoedukation in der Tradition einer sich hin zu einer patientenorientierten, mit dem Patienten in Kooperation therapierenden Psychiatrie, deren Ziel auch das **Empowerment** des Patienten ist (Bäuml et al. 2003). Mit Empowerment – eng verbunden mit der Sozialarbeit – wiederum sind Maßnahmen gemeint, die die Selbstbestimmung und Autonomie von Menschen erhöhen und sie fähig machen, ihre Belange selbstbestimmt und eigenverantwortlich zu vertreten, letztlich also die Ressourcen der Menschen aktivieren.

In der formalen Einordnung in psychotherapeutische Schulen ist Psychoedukation eine Methode der Verhaltenstherapie. Sie arbeitet mit verhaltenstherapeutischen Methoden der Krankheitsaufklärung (nämlich einem Krankheitsmodell), dem Training sozialer Kompetenzen und dialogischen Elementen.

> Psychoedukation in diesem Sinne ist weniger eine eng umgrenzte Methode als ein auf den Patienten und die Angehörigen gerichtetes Therapiemodul, das bei zahlreichen psychischen und somatischen Erkrankungen zum Einsatz kommen kann.

Von Anbeginn an richtete sich die Psychoedukation sowohl an den Patienten als auch an Angehörige, was auch mit »bifokaler« oder »bilateraler« Psychoedukation bezeichnet wurde. **Bifokal** bedeutet, dass die Psychoedukation für den Patienten und die Angehörigen getrennt erfolgt. Sie kann Element im Rahmen der Einzeltherapie sein, erfolgt aber häufiger im Gruppensetting. Psychoedukation (Edukation: Erziehung) bedeutete ursprünglich die Aufklärung und Schulung von psychisch Kranken und ihren Angehörigen. Inzwischen kann man den Begriff erweitern und generell für Interventionen im Rahmen der Gesundheitserziehung verwenden, die ein besseres Verständnis von Erkrankungen, Verhaltensmodifikationen im Gesundheitsverhalten und Lebensstil sowie Patienten- und Angehörigenschulung zum Inhalt haben. So ist Psychoedukation, ausgehend von ihrem »ersten« Einsatz in der Behandlung der Schizophrenie, heute bei vielen Erkrankungen Baustein einer suffizienten Behandlung. Inzwischen stehen zahlreiche manualisierte Angebote zur Verfügung.

Für die Behandlung erwachsener Patienten kann auf ein breites Spektrum zurückgegriffen werden; für den Kinder- und Jugendlichenbereich dagegen ist ein spezifisches Angebot an psychoedukativen Manualen noch überschaubar. Gleichwohl werden psychoedukative Maßnahmen in fast allen Leitlinien zur Behandlung psychischer Störungen – sei es im Erwachsenenalter oder im Kindes- und Jugendalter – genannt. Eine Vielzahl von Publikationen zur Psychoedukation findet sich bei einschlägiger Recherche in PubMed – auch für Adoleszente (z. B. ergibt die Stichwortsuche *psychoeducation adolescents* 123 Ergebnisse und 25 Reviews; die Suche nach *psychoeducation young adults* ergab lediglich elf Ergebnisse und ein Review; Stand der Recherche: 22.8.2007).

> Als Psychoedukation werden »systematische didaktisch-psychotherapeutische Interventionen zusammengefasst, die dazu geeignet sind, Patienten und ihre Angehörigen über die Krankheit und ihre Behandlung zu informieren, das Krankheitsverständnis und den selbstverantwortlichen Umgang mit der Krankheit zu fördern und sie bei der Krankheitsbewältigung zu unterstützen« (Bäuml J, AG Psychoedukation 2003).

Ziele sind also, das Krankheitsverständnis und -wissen bei Patienten und Angehörigen zu verbessern und damit in der Folge das (Gesundheits-)Verhalten zu modifizieren sowie Ressourcen und Selbstwirksamkeit der Patienten und Angehörigen zu stärken, um primärpräventiv eine Erkrankung entweder nicht entstehen zu lassen oder Rezidive zu verhindern bzw. in ihrer Schwere zu begrenzen.

Psychoedukation tangiert verschiedene Bereiche:
- den der Krankheitsaufklärung
- der Einbeziehung der Patienten in ihre Behandlung
- den psychotherapeutischen Prozess unter Zuhilfenahme verhaltenstherapeutischer Methoden
- Angehörigenarbeit
- Aspekte der Selbsthilfe
- Gruppenarbeit/-therapie

> Psychoedukation ist deshalb einzuordnen in den Bereich der psychosozialen Rehabilitation.

Im Rahmen der Entwicklung psychosozialer Rehabilitationsmodelle in der Erwachsenenpsychiatrie wurden Kennzeichen und qualitative Merkmale von rehabilitativen Maßnahmen definiert (Cnaan et al. 1990). Barton (1999) beschreibt Merkmale der psychosozialen Rehabilitation – und damit Elemente der Psychoedukation – wie folgt:

»Psychosocial rehabilitation can be viewed as a specific program within an array of community mental health services or as a paradigm that transforms all mental health services. The following three-part provisional definition was used to guide this review.

- Psychosocial rehabilitation is an organized set of psychosocial interventions that includes one or more of the areas of skills training, peer support, vocational rehabilitation, and consumer-community resource development.
- It is targeted to individuals who have major psychotic disorders and functional impairments equivalent to the federal definition of severe and persistent mental illness.
- It is oriented toward empowerment, recovery, and competency.« *(Barton 1999)*

Barton (1999) betont, dass nur bestimmte Maßnahmen, nämlich solche, die systematisch, modular bzw. auf ein Programm aufbauend gestaltet sind, als psychosoziale Rehabilitation bezeichnet werden sollten.

52.2 Basiselemente der Psychoedukation

Im Rahmen der Konsensusfindung haben sich die folgenden Elemente bzw. Inhalte von Psychoedukation operationalisieren lassen (Bäuml 2003):
- systematische, didaktisch-psychotherapeutische Interventionen für Patienten und ihre Angehörigen
- Information über Erkrankung und erforderliche Behandlungsmaßnahmen
- Förderung von Krankheitsverständnis und selbstverantwortlichem Umgang mit der Erkrankung
- Unterstützung bei der Krankheitsbewältigung
- verhaltenstherapeutische Grundorientierung mit gesprächspsychotherapeutischen Elementen
- interaktive Informationsvermittlung
- Kombination mit einer situationsadäquaten emotionalen Entlastung

52.2.1 Systematische, didaktisch-psychotherapeutische Interventionen für Patienten und ihre Angehörigen

Die Form, in der psychoedukative Maßnahmen durchgeführt werden, kann sehr unterschiedlich sein. Mittel und Methoden der Psychoedukation können Vorträge, interaktive Gespräche, geleitete Gruppen, aber auch Printmaterialien, wie Patientenratgeber, Informationsbroschüren etc. sein (vgl. Angenendt 2000). Computerbasierte Programme wie auch Webseiten im Internet sind gerade für Adoleszente und ihre Angehörigen geeignet, um Informationen über Störungsbilder zu erlangen, z. B.:
- www.fetz.org
- www.kjp-uni-koeln.de/ver_therapiepro.php
- www.webpsychiater.de

- www.psychiatrie.de
- www.kompetenznetz-schizophrenie.de
- www.psychiatrie-aktuell.de
- www.hungrig-online.de

Das Angebot reicht von allgemeiner Beratung für Jugendliche, wie etwa im Internetauftritt www.bke.jugendberatung.de, bis hin zu spezifischen Seiten für bestimmte Erkrankungen (Weißhaupt 2004). Corcum et al. (1999) zeigten eine durch das Internet verbesserte Patientenaufklärung, die zu einer besseren Therapiemitarbeit *(adherence)* führen kann. In Großbritannien besteht für Kinder und Jugendliche eine vorbildliche Webseite rund um medizinische Themen – von Arzneiaufklärung bis hin zu Sexualität –, die mittels psychoedukativer Methoden Jugendliche aufklärt und wichtige Fragen aus diesen Bereichen aufnimmt (www.childrenfirst.nhs.uk).

Im Bereich etwa der Früherkennung von Psychosen aus dem schizophrenen Formenkreis, der Suchtberatung, den affektiven Erkrankungen, bei Essstörungen und des selbstverletzenden Verhaltens sind Webportale vorhanden, die Informationen vermitteln, Literaturtipps vorhalten und auch Adressen von Kliniken und Beratungsstellen auflisten. Ein Teil der Internetportale bietet auch Chatmöglichkeiten bzw. die Kontaktaufnahme mittels E-Mail an. Der Nutzen dieser internetbasierten Beratungsangebote wurde zum Teil auch evaluiert. Allerdings finden sich auch »vermeintliche« Hilfsangebote, deren eigentlicher Inhalt aber kontraproduktiv ist und die zum Teil sogar krankheitsverherrlichenden Charakter besitzen, wie etwa die Seiten der »Pro-Ana«-Bewegung oder auch www.rote-tränen.de.

Auch Sach-Comics können einen attraktiveren Zugangsweg für jüngere Patienten zur Aufklärung über psychische Störungen darstellen, als ihn etwa übliche Informationsbroschüren darstellen (z. B. »Das Geheimnis des Gehirnchips« und »Anything or Nothing«, De Hert et al. 2000).

Im klassischen Setting im Rahmen von Einzel- oder Gruppentherapien reicht die Spanne dessen, was Psychoedukation bedeutet, von einmaligen Patienten-Gruppensitzungen im Rahmen einer stationären Therapie bis hin zu mehrwöchigen intensiven Trainingsprogrammen (Whitty et al. 2006). Dabei verschwimmen bei genauerer Betrachtung oftmals die Grenzen zwischen Psychoedukation und speziellen Manualen zu Problemlösefertigkeiten. Das führt dazu, dass Psychoedukation letztlich ein Überbegriff für verschiedene manualisierte Behandlungsangebote an einzelne Patienten oder eine Patienten-/Angehörigengruppe ist.

> **!** Da es nicht *eine* Form oder *ein* Ziel in der Psychoedukation gibt, stellt sie vielmehr inzwischen einen Überbegriff für Interventionen dar, die auf eine Erhöhung der Resilienz von Patienten, auf eine verbesserte Krankheitseinsicht/-verständnis und Adherence sowie auf bessere Bewältigungsstrategien beim Patienten und seinem Umfeld abzielen.

52.2.2 Information über Erkrankung und erforderliche Behandlungsmaßnahmen

Der Schwerpunkt der Informationsvermittlung liegt in der generellen Aufklärung über die jeweilige Erkrankung, den Krankheitsbegriff, die Symptome und Ursachen der Erkrankung, Formen der Therapie einschließlich und vor allem auch medikamentöser (Akut-)Behandlung, die notwendige Dauer der Maßnahmen, potenzielle Wirkungen und Nebenwirkungen und die zu erwartenden Vorteile der Behandlung. Auch mögliche Ursachen für das Auftreten bzw. Wiederauftreten der entsprechenden Störung im Sinne eines Krankheitsmodells werden besprochen, hier wird in der Regel ein sogenanntes Vulnerabilitäts-Stress-Modell (Zubin u. Spring 1977) vermittelt.

52.2.3 Förderung von Krankheitsverständnis und selbstverantwortlichem Umgang mit der Erkrankung

Den Patienten und ihren Angehörigen soll Wissen über die psychopharmakologische Behandlung, die Wirkungsweisen von Psychopharmaka, deren Applikationsformen und Dosierungen, die Behandlungsdauer und potenzielle Nebenwirkungen vermittelt werden. Dies soll die Adhärenz steigern und verhindern, dass Patienten Arzneimittel ohne Absprache in der Dosis reduzieren, zu früh absetzen, Nebenwirkungen missdeuten etc. Nicht zuletzt der Umgang mit möglichen Nebenwirkungen und die innere Einstellung zu diesen kann und soll mittels psychoedukativer Maßnahmen günstig beeinflusst werden. Beispielsweise soll für Antipsychotika mittels diätetischer Aufklärung, die inzwischen von der pharmazeutischen Industrie angeboten wird (z. B. stellen die Hersteller von Neuroleptika Broschüren für Patienten zur Verfügung; sie bieten aber auch im Sinne der Multiplikatorenschulung Beratung über Ernährungsgewohnheiten an), dem Patienten aufgezeigt werden, wie der Ausbildung eines metabolischen Syndroms entgegengewirkt oder metabolische Risikofaktoren durch modifizierte Ernährungs- und Lebensgewohnheiten günstig beeinflusst werden können.

Auch Information und Diskussion über mögliche Beeinträchtigungen durch Arzneimittel im Alltag hinsichtlich kognitiver Leistungen, durch Sedierung, sexuelle Funktionsstörungen, die Einschränkung der Tauglichkeit beim Bedienen von Maschinen oder beim Führen von Kraftfahrzeugen, eventuelle Wechselwirkung mit anderen Arzneimitteln, Genuss- oder Suchtstoffen sollen das Wissen der Patienten über ihre Medikation erhöhen und somit die »Therapietreue« optimieren.

52.2.4 Unterstützung bei der Krankheitsbewältigung

Anhand des biopsychosozialen Krankheitsmodells können Auslöser, Belastungsfaktoren und Lebensgewohnheiten, die das Wiederauftreten der Erkrankung möglicherweise begünstigen, aber auch protektive Faktoren und Alltagsstrategien vermittelt werden: Das Wissen über frühe Warnsymptome (»Frühwarnzeichen«) soll im Sinne einer »Hilfe zur Selbsthilfe« dazu beitragen, dass der Patient sich anbahnende Rezidive anhand individueller oder unspezifischer Symptome der Störung erkennt und auf diese Anzeichen konstruktiv reagiert, sich anhand eines individuell erarbeiteten Krisenplanes schützt, eventuell ärztliche Hilfe aufsucht und somit das Vollbild der Erkrankung mit den damit verbundenen belastenden Folgen (Hospitalisierung, ggf. Zwangsmaßnahmen etc.) unter Umständen verhindert oder gemildert werden kann.

Die Maßnahmen sollen sich dabei nicht nur auf die Störung des Patienten, sondern auch darauf richten, seine und die Lebensqualität der beteiligten Familienmitglieder zu verbessern. Ein wesentlicher Aspekt liegt hierbei in der Reduktion von interaktionellem Stress im unmittelbaren sozialen Umfeld der Patienten, dem eine besondere Rolle in der Mitbedingung von Rezidivepisoden vor allem schizophrener Psychosen, aber auch anderer psychischer Störungen, zugewiesen werden darf.

52.2.5 Verhaltenstherapeutische Grundorientierung mit gesprächspsychotherapeutischen Elementen

Psychoedukation als verwandte Form verhaltenstherapeutischen Handelns repräsentiert nach Grawe et al. (1994) die Kriterien Transparenz, Strukturiertheit, Kompetenz sowie motivationale und interaktionelle Aspekte.

Diese finden nicht nur in einem hohen Anteil an Informationsvermittlung in einem meist manualisierten Konzept ihren Ausdruck, das in einem curricularen Aufbau Inhalt, Dauer und Ziele definiert, sondern auch in einer psychiatrisch-psychotherapeutischer Grundhaltung, die den individuellen Erfahrungshorizont der Teilnehmer mit der Erkrankung wahrnimmt und den gemeinsamen Überlegungen und Prozessen in der Gruppe zunutze macht.

Weiterhin werden verhaltenstherapeutische Behandlungsziele wie das Vermitteln von Problemlösefertigkeiten sowie verhaltensmodifizierende Aspekte (Kommunikations- und Interaktionsregeln etc.) vermittelt, wobei die üblichen verhaltenstherapeutischen Techniken (Gesprächstechniken, Affirmation, Verstärkung, Shaping, Chaining etc.) zur Anwendung kommen.

52.2.6 Interaktive Informationsvermittlung

Edukativ-informationsvermittelnde Programme haben einen deutlich enger begrenzten Anspruch und geringere und begrenztere Therapieeffekte als interaktive Programme. Letztere beziehen die individuellen Erfahrungen der Teilnehmer und Angehörigen in non-direktivem Interaktions- und Interventionsstil ein und versuchen, stärker auf die unmittelbaren sozialen Interaktionen und den Kommunikationsstil zu fokussieren, nicht defizit-, sondern lösungsorientiert Ressourcen zu nutzen und Problemlösestrategien zum konstruktiven Umgang mit krankheits- und nicht krankheitsassoziierten Lebensereignissen zu erarbeiten (Hornung et al. 1999).

52.2.7 Kombination mit situationsadäquater emotionaler Entlastung

Sachliche Informationsvermittlung allein kann einen stark entlastenden Effekt auf Patienten und Angehörige haben, da gerade psychiatrische Erkrankungen immer wieder mit negativen Affekten wie »Schuld« und »Scham«, irrationalen oder auch potenziell belastenden Krankheitskonzepten (»Expressed-Emotions«-Konzept; Brown et al. 1962) assoziiert werden und die Angehörigen durch einen allmählichen Paradigmenwechsel erst mühsam vom Vorwurf ihres potenziell »malignen« Einflusses »freigesprochen« werden konnten (Dörner et al. 1982).

Hierzu muss allerdings kritisch angemerkt werden, dass auch die nüchternste Informationsvermittlung oftmals neben den Therapieoptionen mit den negativen Aspekten der Störung und Grenzen der therapeutischen Möglichkeiten konfrontiert und somit ein erhebliches Dilemma erzeugen kann (Sachsse u. Arndt 1994).

Die Vermittlung eines biopsychosozialen Modells (Vulnerabilitäts-Stress-Modell), das für viele Erkrankungen favorisiert wird, kann hier Patienten und Angehörigen zwar einen neutralen und realistischeren ätiologischen Zugang eröffnen; andererseits erscheint das Modell oft defizitorientiert, sodass es sinnvoll ist, neben der oft als kränkend empfundenen »Schwäche« individuelle Stärken und Begabungen (z. B. Originalität und Kreativität) authentisch hervorzuheben – ohne zynisch zu wirken – und hieraus individuelle Perspektiven zu entwickeln.

Da Angehörige, insbesondere Jugendliche, oftmals Ängste ausbilden, dieselbe Erkrankung wie Eltern oder Geschwister zu erleiden und manchen Krankheiten eine überstarke genetische Komponente unterstellen, kann eine realistische Risikoaufklärung entlastend für die Angehörigen sein.

Die Arbeit mit den Angehörigen soll diesen aber auch erläutern, warum der Patient krankheitsbedingt bestimmte Verhaltens- oder Erlebensweisen zeigt, warum etwa ein depressiv Erkrankter unter einem die Familie belastenden Antriebsdefizit leidet, dass Anhedonie Bestandteil seiner Erkrankung ist oder z. B. sich die misstrauisch-gereizte Haltung eines schizophrenen Patienten aus seinem subjektiven Erleben erklärt und nicht intentional gegen die Angehörigen gerichtet ist.

Wesentlich ist es jedoch, neben rationalen und allzu griffigen Modellen sowie »biologischen Brücken« Patienten und Angehörigen Raum für emotionale Entlastung anzubieten angesichts schicksalhafter Belastungen und Benachteiligungen, z. B. der Trauer über den Abschied von einem früher erstrebten Lebens- oder Berufskonzept.

Hier gleichzeitig Hoffnung und Zuversicht zu vermitteln gehört sicher zu den schwierigsten Aufgaben von Psychoedukation.

52.3 Indikationsbereiche

52.3.1 Allgemein

Aufgrund des der Psychoedukation zugrunde liegenden Konzepts der Aufklärung sowie der Patienten- und Angehörigenschulung ist die Psychoedukation prinzipiell für alle psychiatrischen und somatischen Erkrankungen (z. B. Diabetes, Asthma) als Therapiebaustein sinnvoll und geeignet und findet sich daher konsequenterweise in den Leitlinien fast aller psychiatrisch-psychotherapeutischen Störungsbilder im Erwachsenen- und im kinder- und jugendpsychiatrischen Bereich.

Insbesondere bei folgenden Störungen ist ein Einsatz psychoedukativer Maßnahmen sinnvoll:

- Psychosen aus dem schizophrenen Formenkreis
- affektive Störungen: Depression, bipolare Störungen
- Angststörungen
- posttraumatische Belastungsstörung
- Zwangsstörungen
- somatoforme Störungen
- Essstörungen
- Persönlichkeitsstörungen
- Sucht- und Abhängigkeitserkrankungen
- Tic-Störungen
- ADHD
- Störungen des Sozialverhaltens, Erziehungsschwierigkeiten

Der Einsatz von Psychoedukation im Bereich der psychischen Störungen kann auch präventiv erfolgen, etwa im Rahmen von Aufklärungsprogrammen z. B. über Essstörungen in Schulen, über Substanzabhängigkeit am Arbeitsplatz oder für besondere Risikogruppen wie Kinder psychisch Kranker. Im allgemeinen Gesundheitsbereich kann Psychoedukation im Bereich der primären Prävention zur Verhütung von Berufskrankheiten, von »Life-style«-Erkrankungen, wie Adipositas, Herz-Kreislauf-Erkrankungen, Schäden am Bewegungsapparat usw., eingesetzt werden.

52.3.2 Spezielle Einsatzgebiete in der Psychiatrie

Diagnoseübergreifende Psychoedukation

In vielen psychiatrischen Kliniken wird aufgrund der in der klinischen Praxis oft nicht bestehenden Möglichkeit einer störungsspezifischen Belegung von Stationen eine allgemeine Psychoedukation zur Entstehung psychischer Störungen, Belastungs- und Risikofaktoren, Coping-Strategien bis hin zu pro-salutogenetischen Faktoren etc. durchgeführt. Gerade unter dem altersübergreifenden Aspekt dieses Buches ist zu überlegen, ob nicht bisweilen in psychoedukativen Gruppen weniger allein das Störungsbild als auch z. B. die Zugehörigkeit zu einer Altersgruppe mit altersbezogenen spezifischen Fragestellungen, etwa Beruf oder Ausbildung, Fahrtauglichkeit, die Auswirkung von Medikation auf das Sexualleben etc., ein zielführender Ansatz ist. Auch das Thema einer gewünschten Elternschaft vor dem Hintergrund der Weitergabe der eigenen Erkrankung an die Kinder oder für Angehörige die Frage des eigenen Erkrankungsrisikos sind spezifische Probleme im Bereich psychoedukativer Interventionen bei Adoleszenten und jungen Erwachsenen.

In den störungsübergreifenden Gruppen ist die Darstellung und Informationsvermittlung allgemeiner zu halten als in störungsspezifischen Gruppen; hier kann das Vulnerabilitäts-Stress-Modell hinsichtlich verschiedener Störungsbilder (Depression, Angst, Schizophrenie) überbrückend beispielhaft dargestellt und angewendet werden (Jensen u. Chiarzi-Stark 2003). Von Vorteil kann innerhalb von Gruppen mit unterschiedlichen Störungsbildern auch ein gegenseitiger Verständnisprozess über die Störungen und Beeinträchtigungen sein.

Psychosen aus dem schizophrenen Formenkreis

Für diese Störungen, bei denen Psychoedukation am längsten eingesetzt wird, liegen die meisten Programme und Untersuchungen vor (u. a. Hornung et al. 1996). In den Leitlinien der AWMF, die für die Schizophrenie den Entwicklungsstand 3 aufweisen, heißt es:

»Zur Optimierung der Rückfallverhütung sollten psychoedukative Interventionen mit geeigneten kognitiv-verhaltenstherapeutischen Elementen kombiniert werden. Dies kann in Einzelbehandlungen, Gruppeninterventionen oder als Familienbetreuung geschehen. Die Behandlung sollte einem Manual folgen und von speziell trainiertem Personal durchgeführt werden.« *(Deutsche Gesellschaft für Psychiatrie, Psychotherapie und Nervenheilkunde 2005)*

Aber auch bereits in der akuten Behandlungsphase werden im Rahmen der *good clinical practice* Interventionen in Gruppen empfohlen, da diese »eine gleichzeitig patientenorientierte und ökonomische Möglichkeit der Informationsvermittlung« darstellten und zugleich dem grundlegenden Recht des schizophrenen Patienten, über seine Erkrankung informiert zu werden, entsprächen. Ebenso werden Angehörigeninformation und -gruppen empfohlen.

Ein evaluiertes Programm stellt das Konzept zu psychoedukativen Familieninterventionen (PEFI) dar (Friedrich 2004). Im PEFI werden (mehrere) Angehörige und Patienten gemeinsam geschult, das Modul enthält zehn Sitzungen und zusätzlich eine »Booster«-Sitzung nach einem halben Jahr. Inhaltlich besteht das Programm aus den Basiselementen Informationsvermittlung, Kommunikations- und soziales Kompetenztraining (einschließlich von Rollenspielen) und einem Problemlösetraining. Im Programm wird auch mit konkreten und realen Problemen der Teilnehmer gearbeitet. PEFI eignet sich für stationäre Patienten.

Das PEGASUS-Konzept wurde für ambulante Patienten entwickelt. Dieses besteht aus 14 Sitzungen à 60 Minuten und vermittelt Krankheitskonzepte, Informationen über medikamentöse Behandlungsmöglichkeiten sowie Maßnahmen zur Rückfallprophylaxe und Krisenbewältigung (Wienberg u. Siebum 2003). Das Programm beinhaltet auch ein Angehörigen-Modul (10 Sitzungen).

Das Therapieprogramm Psychoedukation und Krankheitsbewältigung (PKB) von Andres et al. (2002) ist ein bifokales Gruppenangebot.

Eine weitere Variante stellt das ALLIANCE-Psychoedukationsprogramm für Patienten und Angehörige dar (Kissling u. Pitschel-Walz 2003).

Eine Übersicht über Psychoedukationsmanuale bei schizophrenen Störungen findet sich unter anderem bei Roder et al. (2002).

Affektive Störungen: Depression, bipolare Störungen

Gerade bei depressiven Störungen werden in der Verhaltenstherapie zahlreiche kognitive Elemente eingesetzt. Zudem benötigen neben den oftmals chronisch erkrankten Betroffenen ca. 40 % der Angehörigen angesichts frustraner Versuche, den Patienten »aus der Depression herauszuholen«, ebenfalls therapeutische Hilfe (Bäuml et al. 2003). Hier gilt es, auch bei den Angehörigen psychiatrische Primärprophylaxe zu betreiben, Schuld- und Ohnmachtsgefühle, Hilflosigkeit und Aggression zu überwinden, Ängste vor einem Suizid des Patienten zu bewältigen und eigene soziale Regenerationsquellen und Aktivitäten nicht »aus Rücksicht« aufzugeben.

Für depressiv Erkrankte zeigen sich in Studien gute Effekte von psychoedukativen Interventionen und Programmen (u. a. Cuijpers 1998; Dowrick et al. 2000; Jorm et al. 2006; Muñoz et al. 1995; Wells et al. 2000). Auch explizite Untersuchungen für Adoleszente liegen vor (Burns u. Rapee 2006; Kowalenko et al. 2005; Rapee et al. 2006a).

Relativ neu sind internetbasierte Programme: Mehrere Studien zeigen, dass sowohl eine reine Informationsvermittlung über Depressionen als auch modulare kognitive Verhaltenstherapie-Programme via Internet einen positiven Effekt haben können (Christensen et al. 2004; Jorm et al. 2002).

Im deutschsprachigen Raum wurden mehrere Psychoedukationsprogramme konzipiert, beispielsweise das Weinsberg-Heidelberger Programm »Depression und Manie« (Luderer u. Pitschel-Walz 2001).

Im Projekt zur Rückfallprävention von rezidivierenden Depressionen (PRED) der Universitäten Jena, Frankfurt a. M. und Tübingen findet derzeit im Rahmen einer randomisierten Multicenter-Studie eine Überprüfung zur Wirksamkeit kognitiver Verhaltenstherapie im Vergleich zu einem manualisierten Psychoedukationsprogramm statt.

Aufgrund des Schwerpunkts dieses Buches ist nicht nur das deutliche frühere Erstmanifestationsalter bipolarer Störungen im Vergleich zu anderen affektiven Störungen relevant, sondern auch deren hohe Rezidivwahrscheinlichkeit (75 % in 5 Jahren trotz suffizienter Pharmakotherapie; Dietrich et al. 2003), was die Bedeutung von Psychoedukation für diese Zielgruppe unterstreicht, zumal hierzu bereits umfassende Erfahrungen darauf hinweisen (Basco u. Rush 1996; Frank et al. 1994; Lam et al. 2003), dass die Modifikation biopsychosozialer Faktoren im sozialen Umfeld rückfallprophylaktisch wirksam ist (Miklowitz et al. 2000; van Gent u. Zwart 1991).

Bereits seit 1995 finden an der Klinik für Psychiatrie und Psychotherapie der LMU München im Rahmen der Förderschwerpunkte »Kompetenznetze in der Medizin« psychoedukative Gruppen für Patienten mit affektiven Störungen statt (Schaub 2000). Seit 2000 werden auch für Patienten mit bipolaren Störungen spezifische Psychoedukationsgruppen angeboten (Schaub 2002), wobei das Gruppenkonzept mehrfach aktualisiert wurde (Schaub u. Goldmann 2000; Schaub et al. 2005a, b).

An der Klinik für Psychiatrie und Psychotherapie der TU München wurde in Anlehnung an das PIP-Konzept (Psychosen-Informations-Programm; Bäuml et al. 1996) ein Psychoedukationskonzept für Gruppen erarbeitet, das manualisiert einschließlich CD-ROM (Pitschel-Walz et al. 2003) mit Patientenratgeber (Pitschel-Walz 2003) herausgegeben wird.

Angststörungen

Im Rahmen der verhaltenstherapeutisch orientierten psychotherapeutischen Behandlung von Angststörungen, die als Methode der Wahl gelten können, sind psychoedukative Module im Sinne einer Krankheitsaufklärung, Aufklärung über Entstehung und Aufrechterhaltung der Angst, (patho-)physiologische Komponenten und Aspekte der Angststörung wie z. B.

durch das Teufelskreismodell essenzieller Bestandteil der Behandlung (Margraf 1996). Für Kinder und Jugendliche ist ein Einsatz etwa des Moduls »Cool kids« nach Rapee und Wignall, welches Psychoedukation über »gesunde« und »ungesunde« Angst beinhaltet, möglich (Baillie u. Rapee 2004; Rapee et al. 2006b). Es liegen zahlreiche Selbsthilfemanuale zu Angsterkrankungen im Allgemeinen, insbesondere zur Panik- und generalisierten Angststörung, Agoraphobie und zur sozialen Phobie vor. Anleitung zu systematischer Psychoedukation für Angsterkrankungen findet sich z. B. bei Alsleben et al. (2004).

Zwangsstörungen

Oft handelt es sich um eine sich in der Adoleszenz manifestierende, bei späterer Diagnostik im Erwachsenenalter bereits deutlich chronifizierte Störung.

Durch den geleisteten Widerstand gegen die Ich-dystonen Zwangsgedanken, -handlungen und -impulse sind die Patienten nicht selten erschöpft, gleichzeitig beschämt, belastet und gebunden, wodurch ein erheblicher Leidensdruck aufseiten des Patienten und der Angehörigen entstehen kann. Hier können psychoedukative Ansätze, z. B. durch Vermittlung eines neurobiologischen oder kognitiv-behavioralen Störungsmodells, emotionale Entlastung und zugleich Hoffnung auf Beschwerdelinderung darstellen, beispielsweise von quälenden Ängsten vor der tatsächlichen Umsetzung aggressiver oder sexueller Zwangsgedanken. Spezielle Aspekte zur Psychoedukation von Zwangsstörungen finden sich bei Terbrack u. Hornung (2004).

Posttraumatische Belastungsstörung

Nachdem Patienten unmittelbar nach einem Trauma teilweise noch keine ausgeprägte Symptomatik im Sinne von Angst oder posttraumatischer Belastungsstörung (PTBS) aufzeigen, sondern diese erst protrahiert und sukzessive auftreten kann, könnten psychoedukative Maßnahmen zur Verhinderung der Entstehung etwa einer Angsterkrankung durch Vermeidung oder auch durch Aufklärung über den naturalistischen Verlauf von psychischen (Verarbeitungs-)Prozessen nach Traumata ein hilfreicher, vor allem auch die Selbstkontrolle von Patienten stützender und niedrigschwelliger Ansatz sein. Allerdings fehlt bisher ein Wirkungsnachweis. Vielmehr haben Turpin et al. (2005) in ihrer Studie, bei der mittels des Einsatzes von Informationsmaterial nach einem Unfall untersucht wurde, ob dadurch die Erkrankungsraten reduziert werden können, keinen Effekt in der Prävention von Symptomen einer Angststörung oder PTBS nachweisen können.

Im Internet finden sich auch deutsche Seiten mit Informationen über Traumata und ihre Folgen. An der Universität Köln hat sich das Institut für Klinische Psychologie und Psychotherapie einen Schwerpunkt in der Arbeit und Aufklärung über Traumata gesetzt; über den Internetauftritt findet man Informationen und Links, die über Entstehung, Verlauf und gegebenenfalls notwendige Diagnostik und Therapie aufklären.

Somatoforme Störungen und Hypochondrie

Das DSM-IV sieht vor, dass die ersten Symptome somatoformer Störungen vor dem 30. Lebensjahr auftreten müssen. Tatsächlich treten entsprechend wegweisende Beschwerden häufig bereits in der zweiten Lebensdekade auf; eine Übersicht über Somatisierungssymptome und mögliche Einflussfaktoren findet sich bei Garralda (1996).

Für somatoforme Störungen spielen psychoedukative Elemente therapiebegleitend immer eine große Rolle, von der Vermittlung einfacher psychophysiologischer Zusammenhänge durch Experimente (Hyperventilation etc.) und Aufklärung (somatosensorische Amplifikation, interozeptiver Wahrnehmungsstil, kognitive Bewertung etc.) bis zu einem Bedingungs- oder Störungsmodell, wobei die Schaffung einer Motivation zur Psychotherapie häufig als primäres Ziel anzusehen ist (Goldbeck u. Bundschuh 2007; Noeker u. Petermann 2002).

Für Kinder und Jugendliche ist es meistens sinnvoll, die Eltern in die Therapie einzubeziehen, da sie oftmals Krankheitsverhalten verstärken und so prospektiv zu einer frühzeitigen Chronifizierung der Störung beitragen können (Robins et al. 2005).

In einer Arbeit von Sanders et al. (1994) mit Kindern, die unter abdominellen Beschwerden litten, zeigten familienpsychologische Interventionen, eine Schulung der Eltern zu Symptomentstehung und Kontingenzmanagement, Entspannungs- und Atemübungen sowie kognitive Techniken mit den betroffenen Kindern eine 60%ige Beschwerdefreiheit gegenüber einer Kontrollgruppe (unter 25 %).

Deutsche Psychoedukationsmanuale speziell für somatoforme Störungen bei Jugendlichen oder Adoleszenten sind nach unserer Kenntnis nicht vorhanden. Im englischsprachigen Raum wurden Online-Programme (http://www.usask.ca/childpain/research/hicks/hyo-available.htm) zur Behandlung und Aufklärung erprobt (Hicks et al. 2006).

Essstörungen

Bei essgestörten Patienten besteht eine verzerrte Körperwahrnehmung und eine verzerrte Wahrnehmung etwa über Essmengen, Auswirkungen der Erkrankung etc. Andererseits löst die Erkrankung in den Familien eine hohe Dynamik aus, Scham- und Schuldgefühle können bei Angehörigen dominieren (Treasure et al. 2001). Bei erwachsenen Patienten gehört die Psychoedukation zum Standardrepertoire der Behandlung im Rahmen verhaltenstherapeutischer Therapie (Garner 1997). Bei Jugendlichen gibt es einige Hinweise auf die Wirksamkeit auch der Angehörigen-Edukation (Geist et al. 2000; Uehara et al. 2001).

Die Klinik für Kinder- und Jugendpsychiatrie der RWTH Aachen hat ein Psychoedukationsmodul für Eltern von Patientinnen mit Essstörungen erarbeitet (Hagenah u. Vloet 2005; Hagenah et al. 2003). Dieses Modul besteht aus drei bis fünf Sitzungen à 60 Minuten und beinhaltet allgemeine Informationen über Folgen des Hungerns, Epidemiologie und Verlauf von Essstörungen sowie unmittelbare Symptome und Verhaltensweisen von Patientinnen mit Essstörungen. Die Autoren berichten über eine hohe Zufriedenheit der Teilnehmer (Holtkamp et al. 2005). Bei den Patienten selbst hilft, Psychoedukation über »normale« Mahlzeiten (hinsichtlich Zusammensetzung, Kalorien und Portionsgröße), über Folgen etwa übermäßiger Aktivität bzw. des Hungerns, über mögliche medizinische Komplikationen des Erbrechens etc. in der Therapie, die Behandlungsnotwendigkeit der Störung zu verdeutlichen. Im Internet sind entsprechende Webseiten verfügbar.

Störungen der Persönlichkeitsentwicklung

Prinzipiell soll die Diagnose einer Persönlichkeitsstörung im Jugendalter sehr zurückhaltend gestellt und nur dann vor dem Alter von 16 Jahren vergeben werden, wenn die Symptome wirklich eindeutig und stabil auftreten. Die Stabilität der Symptome bzw. der Störung werden bei Jugendlichen und jungen Erwachsenen als deutlich geringer angegeben, als bei im Erwachsenenalter diagnostizierten Persönlichkeitsstörungen (vgl. Leitlinien und Kap. 33). Gleichwohl werden klinische Entwicklungen von Patienten gesehen, die zumindest Symptome von Persönlichkeitsstörungen zeigen. Zudem ist aus prognostischer Sicht die Entwicklung solcher Störungen zu bedenken. Da gerade Symptome von Borderline-Störungen, die zum Teil »pubertätstypisches« Verhalten in pathologisch überspitzter Form zeigen, im Jugendalter bei kinder- und jugendpsychiatrischen Patienten recht oft gesehen werden, hat sich der Einsatz psychoedukativer Anteile aus den entsprechenden Modulen zur Therapie als sinnvoll auch bei Adoleszenten gezeigt. Aufgrund der zum Teil frühen Erstmanifestation der Borderline-Störung – Jerschke et al. (1998) fanden eine bimodale Verteilung mit je einem Ersterkrankungsgipfel um das 14. und um das 24. Lebensjahr – kommt der Psychoedukation für diese Störung im Adoleszentenbereich eine besondere Bedeutung unter den Persönlichkeitsstörungen zu. Die dialektisch-behaviorale Therapie (DBT) nach Linehan et al. (1991) trägt diesem Aspekt Rechnung, es findet sich in jeder Phase dieser hoch strukturierten manualisierten Therapie Psychoedukation zu relevanten Inhalten (Krankheitsmodell, Ziele und Struktur der Behandlung, Fertigkeiten- und »Skills«-Training, Emotionsregualtion etc.) (Bohus 2002).

Symptome von histrionen Persönlichkeitsstörungen können zumindest bei stationärem Klientel in der Kinder- und Jugendpsychiatrie durchaus zu sehen sein. Hier sind mitunter psychoedukative Elemente in der Therapie über die Folgen des Verhaltens sinnvoll, ein Modul wird kaum ausreichend in der Behandlung sein. Im Falle von Entwicklungen zur ängstlich-vermeidenden Persönlichkeit kann auf die entsprechenden Manuale und Interventionen bei Angststörungen zurückgegriffen werden. Bei der antisozialen Persönlichkeitsstörung, die unter Berücksichtigung besonderer Risikofaktoren und Prädisposition als »Endstrecke« einzelner Fälle besonders schwerer Störungen des Sozialverhaltens denkbar ist, hat Psychoedukation aufseiten der Eltern insofern eine Bedeutung, als ihnen frühzeitig die langfristigen Folgen und die gegebenenfalls notwendigen therapeutisch-pädagogischen Interventionen auch etwa mittels familiengerichtlicher Maßnahmen verdeutlicht werden können. Die anderen Persönlichkeitsstörungen, wie schizoide Persönlichkeitsstörungen etc., sind eher selten im Jugendalter zu diagnostizieren, wenngleich sich auch Hinweise bei Jugendlichen finden. Spezifische Psychoedukation im Sinne manualisierter Module ist unseres Wissens nicht vorhanden. Ein essenzieller Baustein der Behandlung ist jedoch die Aufklärung und Psychoedukation der Angehörigen über Auswirkung und Prognose der Diagnose. Hier finden aber letztlich die bereits beschriebenen allgemeinen Kennzeichen und Methoden der Psychoedukation Anwendung.

Alkoholabhängigkeit und andere substanzgebundene Abhängigkeiten

Präventive Programme richten sich im Rahmen der Jugendarbeit, Schule und Ausbildung an Jugendliche und Adoleszente, um diese über die Gefahren des Konsums von Alkohol und anderen psychotropen Substanzen, die Kriterien für Abhängigkeit einschließlich der unterschiedlichen Abhängigkeitsformen sowie die sozialen Gefahren einer Abhängigkeit zu informieren. Das »European Monitoring Centre for Drugs and Drug Addiction« (EMCDDA) bietet auf seiner Homepage ein Register der möglichen präventiven und therapeutischen Interventionen im Überblick (www.emcdda.europa.eu).

In der Behandlung von Abhängigkeitserkrankungen sollte die Psychoedukation die Vermittlung von Informationen über Art und Verlauf der Erkrankung, der damit verbundenen möglichen Folgen für die körperliche und psychische Gesundheit und die sozialen Auswirkungen der Störungen beinhalten. Dabei scheint jedoch die Effektstärke von Einzelprogrammen, vor allem auch von alleiniger Psychoedukation gering zu sein und der Effekt eher in der Integration in eine umfassende und komplexe Behandlung zu liegen (Kaminer et al. 2002; Miller u. Hester 1986; Miller u. Wilbourne 2002). Die Leitlinien raten entsprechend von einem Einsatz psychoedukativer Maßnahmen als alleinige Intervention ab (AWMF). In der postakuten Alkoholbehandlung sollen nach der AWMF-Leitlinie psychoedukative Elemente zusammen mit Selbstkontrollprogrammen vor allem bei Jugendlichen, Schülern und Studenten hilfreich sein.

Nichtsubstanzgebundene Abhängigkeit

Gerade für Adoleszente ist der Bereich der neuen Medien, wie das Internet, aber auch Computerspiele, essenzieller Bestandteil der Lebensrealität. Hier finden sich in letzter Zeit auch pathologische Verhaltensformen in Form exzessiven Medienkonsums oder Dauerspielens (Te Wildt 2004). Dieses kann so starke Züge annehmen, dass das gewöhnliche soziale Leben vernachlässigt wird und sogar die Kriterien für eine Abhängigkeitserkrankung oder zumindest eine ausgeprägten Impulskontrollstörung vorliegen. Gerade für diesen Bereich sind niedrigschwellige Aufklärungsprogramme und Psychoedukationsmodule im Sinne der Prävention hilfreich, wie sich an den Untersuchungen von Margraf et al. zu pathologischem Spielen anlässlich des »Sozialkonzeptes« der Schweizer Spielbanken zeigt (Müller-Spahn u. Margraf 2003, Müller-Spahn et al. 2003).

Sonderfall: Jugendliche Mütter

Jugendliche Mütter – damit sind vor allem Mütter unter 18 Jahren gemeint, aber auch adoleszente Mütter, deren entwicklungspsychologischer Status eher unreif ist – sind eine Hochrisikopopulation. Kinder jugendlicher Mütter weisen ein erhöhtes Risiko für eigene psychische Störungen auf, insbesondere wenn die jugendlichen Mütter eine psychische Störung aufweisen. Gerade in der Versorgung ihrer Kinder geraten solche Mütter in Überforderungssituationen, die dann Misshandlung und Vernachlässigung zur Folge haben können (Ziegenhain 2006). Die Bindungsforschung hat hier essenzielle Ergebnisse erbracht (Ziegenhain 2005). Zur Prävention der Kindesmisshandlung und Vernachlässigung wie auch zur Betreuung jugendlicher Mütter, bei denen es bereits zu Problemen bei der Betreuung der Kinder gekommen ist, bieten sich psychoedukative Maßnahmen, unter Einbeziehung etwa von Video-Feedback, an (Ziegenhain et al. 2005). An dieser Stelle soll lediglich auf diese Thematik hingewiesen werden. Für spezielle Maßnahmen besteht eine breite Literaturbasis, auf die verwiesen wird (vgl. u. a. Ziegenhain u. Fegert 2007).

52.4 Effekte und Kosten-Nutzen-Überlegungen von Psychoedukation

Insgesamt sind die Ergebnisse über das Kosten-Nutzen-Verhältnis psychoedukativer Maßnahmen differenziert zu betrachten, oftmals liegen wirklich aussagefähige Studien zur *cost-effectiveness* noch nicht in ausreichendem Maß vor (Araya et al. 2006; Bower u. Gilbody 2005; Kendrick et al. 2006). Einen guten, wenn auch bereits beinahe zehn Jahre zurückliegenden Überblick über das Kosten-Nutzen-Verhältnis von psychosozialen und -edukativen Maßnahmen gibt Barton (1999): Generell kann eine psychoedukative Maßnahme die Hospitalisierungskosten senken, allerdings zeigte er auch auf, dass das Kosten-Nutzen-Verhältnis von den Patientengruppen abhängt und die Forschungsergebnisse einer genaueren Analyse bedürfen (s. auch Buchkremer et al. 1997; McFarlane et al. 1995).

Für *schizophrene Patienten* wies Kissling (1994) nach, dass bei kontinuierlicher Langzeiteinnahme von Neuroleptika die Wiederaufnahmerate dieser Patientengruppe innerhalb eines Jahres auf 16 % gesenkt werden konnte (gegenüber 74 % bei der Placebogruppe), was den Zusammenhang Compliance-fördernder Maßnahmen zur Medikation mit der Rehospitalisierungsrate deutlich unterstreicht.

Frühe Interventionen mittels psychoedukativer Maßnahmen und verhaltenstherapeutischer Interventionen scheinen im Rahmen von Früherkennungsprogrammen einen positiven Effekt hinsichtlich der Risikoreduktion einer Exazerbation einer schizophrenen Psychose zu haben (Übersicht u. a. bei Hornung 1999; McFarlane et al. 1995; Mossaheb et al. 2006). Mojtabai et al. (1997) zeigten eine Reduktion der Rezidivquote um 20 %, wenn Patienten psychosoziale Interventionen erhielten.

Über den Effekt von Interventionen auf Patienten hinaus konnten Hornung et al. (1999) in ihrer Behandlungsstudie nachweisen, dass im 2-Jahres-Verlauf diejenige Patientengruppe die geringste Rückfallrate (24 %) aufwies, die neben dem psychoedukativen Training und einer kognitiven Verhaltenstherapie zusätzlich psychoedukativ orientierte Angehörigengruppen erhielt (gegenüber 50 % in der Kontrollgruppe).

Bechdolf et al. (2005) zeigten in einer 12-Monats-Nachuntersuchung, dass eine Kurzintervention mittels kognitiver Verhaltenstherapie im Gruppensetting zwar nach sechs Monaten noch einen positiven Effekt hinsichtlich Rehospitalisierung und Medikamentencompliance zeigte, nach einem Jahr aber dieser Effekt im Vergleich zu Gruppe mit Psychoedukation verschwand; die psychoedukative Intervention war also genauso wirksam wie eine Gruppen-Verhaltenstherapie.

In einer Metaanalyse von 25 internationalen Studien konnten Pitschel-Walz et al. (2001) belegen, dass die Rückfallraten für Patienten mit Schizophrenie durch gezielte Einbeziehung der Angehörigen um 20 % verringert wurden.

Im Rahmen der Münchner PIP-Studie ergaben sich weiterhin deutliche Hinweise darauf, dass der Einfluss geschulter Angehöriger einen zusätzlichen protektiven Faktor bezüglich der Rehospitalisierungswahrscheinlichkeit darstellt, insbesondere für Patienten mit mäßigen und ungünstigen Compliance-Werten (Bäuml et al. 2003).

Hinsichtlich bipolarer Störungen hat die Gruppe um Bauer gezeigt, dass Psychoedukation im Verbund mit einem komplexen Behandlungsmodell wirksam und kostenneutral sein kann (Bauer et al. 2006a, b).

> Insgesamt ist einschränkend festzuhalten, dass aufgrund der sehr unterschiedlichen Begrifflichkeiten und Inhalte psychoedukativer Maßnahmen (*social-skills training*, psychosoziale Intervention etc.), oft auch aufgrund des Einsatzes von Psychoedukation im Verbund mit weiteren Interventionen, eine klare Aussage über das Kosten-Nutzen-Verhältnis einzelner psychoedukativer Maßnahmen nicht zu treffen ist. Allerdings weisen die bisherigen Forschungsergebnisse darauf hin, dass Psychoedukation als Baustein einer komplexen und integrierten psychiatrischen Behandlung Effekte zeigt und insbesondere der gezielte Einbezug von Angehörigen über die Reduktion von Rehospitalisierungsraten kostenreduzierend und sinnvoll ist.

52.5 Fazit

Psychoedukation bedeutet über den Wortsinn hinaus mehr als die Vermittlung von Fachwissen an Patienten und Angehörige. Während sich im eigentlichen Wort noch der Erziehungsgedanke spiegelt und damit auch die Asymmetrie zwischen Patient und Therapeut unterstrichen wird, wird de facto mittels Psychoedukation das asymmetrische Patient-Therapeut-Verhältnis zugunsten des Versuchs, auf gleicher Augenhöhe zwischen Patienten, Angehörigen und Behandlern zu kommunizieren und den Patienten hinsichtlich des Krankheitswissens kompetent zu machen, aufgegeben. Neben der Stärkung der Selbstwirksamkeit der Beteiligten steht das individuelle Erleben der Störung im interaktiven Austausch zwischen den Beteiligten der Psychoedukation im Vordergrund. Die möglichen positiven Folgen einer Psychoedukation, die die Beteiligung des Patienten an der Behandlung fördert, ist möglicherweise durch den sogenannten *voice-effect* mitbedingt; der partizipative Aspekt an der Behandlung kann die Zufriedenheit des Patienten erhöhen und damit zu seiner besseren Adherence des Patienten führen. Durch die Erfahrungen von als liebenswert und kompetent erlebten Mitmenschen mit der Erkrankung, durch die Verbalisierung von Nöten sowie das Überwinden von Tabu und Sprachlosigkeit können in einer Art »Schicksalsgemeinschaft« Patienten und Angehörige Entlastung finden und gegebenenfalls neue Perspektiven aufbauen. Insbesondere für Angehörige kann der entlastende Effekt einer psychoedukativen Maßnahme eminent sein, werden sie in ihrem Lebenskontext doch oftmals vom langjährigen Vorwurf der Verursachung psychischer Krankheit freigesprochen. Auch die Entstigmatisierung der Patienten, die Entintentionalisierung von krankheitsbedingtem, belastendem Verhalten im Familienverbund darf in der Auswirkung auf das psychosoziale Funktionsniveau des gesamten Familiensystems nicht unterschätzt werden. Patienten und Angehörige finden in einem Paradigmenwechsel Würdigung in ihrer Rolle als Partner in Behandlung, Prophylaxe und im Rückfallmanagement psychischer Störungen, wodurch über eine Verbesserung des reinen »Managements« hinaus individuelle Lebenslösungen ermöglicht werden.

Wesentliche Aufgabe für die zukünftige Entwicklung von Psychoedukation in einer Ära sich verknappender finanzieller Ressourcen wird sein, die Wirksamkeit einzelner Verfahren weiter wissenschaftlich zu evaluieren, weitere Anwendungen für verschiedene Störungsbilder und Zielgruppen zu finden, die den Verlauf der Störungen unter primär- und sekundärprophylaktischen und somit nicht zuletzt kostenreduzierenden Aspekten günstig beeinflussen. Auch niedrigschwellige Informations- und Begegnungsangebote (Broschüren, Flyer, Internetseiten etc.) sollten in ihrer Bedeutung als Zugang weiter entwickelt, aber auch hinsichtlich ihres Nutzens evaluiert werden. Insgesamt zeigt sich, dass gerade das Angebot für Adoleszente noch einer Erweiterung bedarf, die den zeitgemäßen Zugangswegen, Anforderungen und Bedürfnissen der angesprochenen Zielgruppe in ihrer besonderen Schwellensituation Rechung trägt. Dabei geht es nicht allein um die Übertragung der Module aus dem Erwachsenenbereich für Jugendliche und Adoleszente, sondern durchaus um Entwicklungen auch spezifischer Maßnahmen für deren spezielle Fragestellungen und Lebenskontexte. Die Ablösung aus dem Elternhaus, die Berufsfindung, Partnerschaft und Sexualität, aber auch Krankheitsperspektiven über viele Jahre seien hier kursorisch als Themen genannt.

Literatur

Alsleben H, Weiss A, Rufer M. Psychoedukation Angst- und Panikstörungen. Manual zur Leitung von Patienten- und Angehörigengruppen. München, Jena: Elsevier, Urban & Fischer 2004.

Anderson CM, Hogarty GE, Reiss DJ. Family treatment of adult schizophrenic patients: a psychoeducational approach. Schizophr Bull 1980; 6: 490–505.

Andres K, Pfammatter M, Brenner HD. Therapiemanual zur Psychoedukation und Krankheitsbewältigung (PKB). In: Roder V, Zorn P, Andres K, Pfammatter M, Brenner HD (Hrsg). Praxishandbuch zur verhaltenstherapeutischen Behandlung schizophren Erkrankter. Bern: Huber 2002; 194–217.

Angenendt J. Patientenratgeber und Selbsthilfematerialien. In: Margraf J (Hrsg). Lehrbuch der Verhaltenstherapie. 2. Aufl. Berlin: Springer 2000; 597–612.

Araya R, Flynn T, Rojas G, Fritsch R, Simon G. Cost-effectiveness of a primary care treatment program for depression in low-income women in Santiago, Chile. Am J Psychiatry 2006; 163: 1379–87.

Baillie AJ, Rapee RM. Predicting who benefits from psychoeducation and self help for panic attacks. Behav Res Ther 2004; 42(5): 513–27.

Barton R. Psychosocial rehabilitation services in community support systems: a review of outcomes and policy recommendations. Psychiatr Serv 1999; 50(4): 525–34.

Basco MR, Rush AJ. Cognitive-behavioral therapy for bipolar disorder. New York: Guilford Press 1996.

Bauer MS, McBride L, Williford WO, Glick H, Kinosian B, Altshuler L, Beresford T, Kilbourne AM, Sajatovic M; Cooperative Studies Program 430 Study Team. Collaborative care for bipolar disorder: Part I. Intervention and implementation in a randomized effectiveness trial. Psychiatr Serv. 2006a; 57(7): 927–36.

Bauer MS, McBride L, Williford WO, Glick H, Kinosian B, Altshuler L, Beresford T, Kilbourne AM, Sajatovic M; Cooperative Studies Program 430 Study Team. Collaborative care for bipolar disorder: Part II. Impact on clinical outcome, function, and costs. Psychiatr Serv 2006b; 57(7): 937–45.

Bäuml J, AG Psychoedukation. Konsensuspapier zu psychoedukativen Interventionen bei schizophrenen Erkrankungen. In: Bäuml J, Pitschel-Walz G (Hrsg). Psychoedukation bei schizophrenen Erkrankungen. Stuttgart, New York: Schattauer 2003; 3–35.

Bäuml J, Pitschel-Walz G (Hrsg). Psychoedukation bei schizophrenen Erkrankungen. Stuttgart, New York: Schattauer 2003a.

Bäuml J, Pitschel-Walz G. Zur Geschichte der Psychoedukation. In: Bäuml J, Pitschel-Walz G (Hrsg). Psychoedukation bei schizophrenen Erkrankungen. Stuttgart, New York: Schattauer 2003b; 39–44.

Bäuml J, Pitschel-Walz G, Kissling W. Psychoedukative Gruppen bei schizophrenen Psychosen für Patienten und Angehörige. In: Stark A (Hrsg). Verhaltenstherapeutische und psychedukative Ansätze im Umgang mit schizophren Erkrankten. Tübingen: dgvt 1996; 217–55.

Bäuml J, Pitschel-Walz G, Basan A, Kissling W, Förstl H. Die Auswirkungen des protektiven Potentials von Angehörigen auf den Langzeitverlauf schizophrener Psychosen: Ergebnisse der 7-Jahres-Katamnese der Münchner PIP-Studie. In: Binder W, Bender W (Hrsg). Die dritte Dimension in der Psychiatrie: Angehörige, Betroffene und Professionelle auf einem gemeinsamen Weg. Köln: Claus-Richter 2003; 129–59.

Bechdolf A, Kohn D, Knost B, Pukrop R, Klosterkotter J. A randomized comparison of group cognitive-behavioural therapy and group psychoeducation in acute patients with schizophrenia: outcome at 24 months. Acta Psychiatr Scand 2005; 112(3): 173–9.

Bohus M. Borderline Störung. In Schulte D, Grawe K, Hahlweg K, Vaitl D (Hrsg). Fortschritte der Psychotherapie. Manuale für die Praxis. Band 14. Göttingen: Hogrefe 2002.

Bower P, Gilbody S. Stepped care in psychological therapies: access, effectiveness and efficiency: Narrative literature review. Br J Psychiatry 2005; 186: 11–7.

Brown GW, Monck EM, Carstairs GM, Wing JK. Influence of Family Life on the Course of Schizophrenic Illness. Br J Prev Soc Med 1962; 16: 55–68.

Buchkremer G, Klingberg S, Holle R, Schulze-Monking H, Hornung WP. Psychoeducational psychotherapy for schizophrenic patients and their key relatives or care-givers. Results of a 2-year follow-up. Acta Psychiatr Scand 1997; 96: 483–91.

Burns JR, Rapee RM. Adolescent mental health literacy: young people's knowledge of depression and help seeking. J Adolesc 2006; 29: 225–39.

Christensen H, Griffiths KM, Jorm AF. Delivering interventions for depression by using the internet: randomised controlled trial. BMJ 2004; 328(7434): 265.

Cnaan RA, Blankertz L, Messinger KW, Gardner JR. Experts' assessment of psychosocial rehabilitation principles. Psychosoc Rehab J 1990; 13(3): 59–73.

Corkum P, Rimer P, Schachar R. Parental knowledge of attention-deficit hyperactivity disorder and opinions of treatment options: impact on enrollment and adherence to 12-month treatment trial. Can J Psychiatrie 1999; 44(10): 1043–8.

Cuijpers P. A psychoeducational approach to the treatment of depression: a meta-analysis of Lewinsohn's ›coping with depression‹ course. Behav Ther 1998; 29: 521–33.

De Hert M, Magiels G, Thys E. Das Geheimnis des Gehirnchips. Ein Selbsthilferatgeber für Menschen, die an Psychose leiden. Antwerpen: EPO 2000.

Deutsche Gesellschaft für Psychiatrie, Psychotherapie und Nervenheilkunde DGPPN (Hrsg). S3 Praxisleitlinien in Psychiatrie und Psychotherapie. Band 1 – Behandlungsleitlinie Schizophrenie. Darmstadt: Steinkopff 2005.

Dietrich G, Wagner P, Bräunig P. Psychoedukation in der Behandlung bipolarer affektiver Erkrankungen. Psychoneuro 2003; 29: 403–8.

Dörner K, Egetmeyer A, Koenning K. Freispruch der Familie. 1. Aufl. Wunstorf/Hannover: Psychiatrie 1982.

Dowrick C, Dunn G, Ayuso-Mateos JL, Dalgard OS, Page H, Lehtinen V, Casey P, Wilkinson C, Vazquez-Barquero JL, Wilkinson G. Problem solving treatment and group psychoeducation for depression: multicentre randomised controlled trial. BMJ 2000; 321: 1450–4.

Frank E, Kupfer DJ, Ehlers CL, Monk TH, Corne C, Carter S, Frankel D. Interpersonal and social rhythm therapy for bipolar disorder: Integrating interpersonal and behavioral approaches. Behavior Ther 1994; 17: 143–9.

Friedrich J. Psychoedukative Familienintervention. Grundlagen, Ergebnisse und Praxis. Stuttgart, New York: Schattauer 2004.

Garner M. Psychodeucational Principles in Treatment. In: Garner M, Garfinkel P (eds). Handbook of Treatment of Eating Disorders. New York: n 1997; 145–77.

Garralda ME. Somatisation in children. J Child Psychol Psychiatry 1996; 37: 13–33.

Geist R, Heinmaa M, Stephens D, Davis R, Katzmann DK. Comparison of family therapy and family group psychoeducation in adolescents with anorexia nervosa. Can J Psychiatry 2000; 45: 173–8.

Goldbeck L, Bundschuh S. Subjektive Krankheitstheorien bei Kindern und Jugendlichen mit somatoformen Störungen oder Astma bronchiale und ihren Eltern. Prax Kinderpsychol Kinderpsychiatr 2007; 56: 3–18.

Grawe K, Donati R, Bernauer F. Psychotherapie im Wandel. Von der Konfession zu Profession. Göttingen: Hogrefe 1994.

Hagenah U, Vloet T. Psychoedukation für Eltern. Prax Kinderpsychol Kinderpsychiatr 2005; 54: 303–17.

Hagenah U, Blume V, Flacke-Redanz M, Herpertz-Dahlmann B. Psychoedukation als Gruppenangebot für Eltern essgestörter Jugendlicher. Z Kinder Jugendpsychiatr Psychother 2003; 31: 51–8.

Hicks CL, von Baeyer CL, McGrath PJ. Online psychological treatment for pediatric recurrent pain: a randomized evaluation. J Pediatr Psychol 2006; 31: 724–36.

Holtkamp K, Herpertz-Dahlmann B, Vloet T, Hagenah U. Group psychoeducation for parents of adolescents with eating disorders: the Aachen program. Eat Disord 2005; 13: 381–90.

Hornung WP. Psychoedukative Interaktionen. In: Krausz M, Naber D (Hrsg). Integrative Schizophrenietherapie. Basel: Karger 1999; 113–47.

Hornung WP, Kieser A, Feldmann R. Psychoeducational training for schizophrenic patients: background, procedure and empirical findings. Patient Educ Couns 1996; 29: 257–68.

Hornung WP, Feldmann R, Schonauer K, Schäfer A, Schulze Mönking H, Klingberg S, Buchkremer G. Psychoedukativ-psychotherapeutische Behandlung von schizophrenen Patienten und ihren Bezugspersonen. Zweite ergänzende Befunde der 2-Jahres-Katamnese. Nervenarzt 1999; 77: 444–9.

Jensen M, Chiarzi-Stark FM. Diagnoseübergreifende Psychoedukative Gruppen. In: Bäuml J, Pitschel-Walz G (Hrsg). Psychoedukati-

on bei schizophrenen Erkrankungen. Stuttgart, New York: Schattauer 2003; 137–50.
Jerschke S, Meixner K, Richter H, Bohus M. Zur Behandlungsgeschichte und Versorgungssituation von Patientinnen mit Borderline Persönlichkeitsstörung in der Bundesrepublik Deutschland. Fortschr Neurol Psychiatr 1998; 66(12): 545–622.
Jorm AF, Christensen H, Griffiths KM, Rodgers B. Effectiveness of complementary and self-help treatments for depression. Med J Aust 2002; 176: S84–96.
Jorm AF, Christensen H, Griffiths KM. Changes in depression awareness and attitudes in Australia: the impact of beyondblue: the national depression initiative. Aust N Z J Psychiatry 2006; 40(1): 42–6.
Kaminer Y, Burleson JA. Goldberger R. Cognitive-behavioral coping skills and psychoeducation therapies for adolescent substance abuse. J Nerv Ment Dis 2002; 190(11): 737–45.
Kendrick T, Simons L, Mynors-Wallis L, Gray A, Lathlean J, Pickering R, Harris S, Rivero-Arias O, Gerard K, Thompson C. Cost-effectiveness of referral for generic care or problem-solving treatment from community mental health nurses, compared with usual general practitioner care for common mental disorders: Randomised controlled trial. Br J Psychiatry 2006; 189: 50–9.
Kissling W. Compliance, quality assurance and standards for relapse prevention in schizophrenia. Acta Psychiatrica Scand 1994; 382 (suppl): 16–24.
Kissling W, Pitschel-Walz G (Hrsg). Mit Schizophrenie leben. Informationen für Patienten und Angehörige. Alliance Psychoedukations-Programm. Stuttgart, New York: Schattauer 2003.
Kowalenko N, Rapee RM, Simmons J, Wignall A, Hoge R, Whitefield K, Starling J, Stonehouse R, Baillie AJ. Short-term effectiveness of a school-based early intervention program for adolescent depression, Clin Child Psychol Psychiatry 2005; 10(4): 493–507.
Lam DH, Watkins E, Hayward P, Bright J, Wright K, Kerr N, Parr-Davis G, Sham P. A randomized controlled study of cognitive therapy for relapse prevention for bipolar affective disorder. Arch Gen Psychiatry 2003; 60: 145–52.
Linehan MM, Armstrong HE, Suarez A, Allmon D, Heard L. Cognitive behavioral treatment of chronical parasuicidal borderline patients. Arch Gen Psychiatry 1991; 48(12): 1060–4.
Luderer HJ, Pitschel-Walz G. Mit umfassendem Wissen affektive Störungen besser bewältigen. Kerbe 2001; 3: 15–8.
Margraf J (Hrsg). Lehrbuch der Verhaltenstherapie. 2. Aufl. Berlin: Springer 1996.
McFarlane WR, Link B, Dushay R, Marchal J, Crilly J. Psychoeducational multiple family groups: four-year relapse outcome in schizophrenia. Fam Process 1995; 34(2): 127–44.
Miklowitz D, Simoneau T, George E, Richards J, Kalbag A, Sachs-Ericsson N, Suddath R. Family-focused treatment of bipolar disorder: 1-year effects of a psychoeducational program in conjunction with pharmacotherapy. Biol Psychiatry 2000; 48: 582–92.
Miller WR, Hester RK. Inpatient alcoholism treatment. Who benefits? Am Psychol 1986; 41(7): 794–805.
Miller WR, Wilbourne PL. Mesa Grande: a methodological analysis of clinical trials of treatments for alcohol use disorders. Addiction 2002; 97(3): 265–77.
Mojtabai R, Nicholson RA, Neesmith DH. Factors affecting relapse in patients discharged from a public hospital: results from survival analysis. Psychiatr Q 1997; 68(2): 117–29.
Mossaheb N, Wiesegger G, Amminger GP, Kasper S, Tauscher J. Früherkennung und Frühintervention der Schizophrenie. Nervenzarzt 2006; 77: 23–34.

Müller-Spahn F, Margraf J. Wenn Spielen pathologisch wird. Basel, Freiburg, Paris, London, New York, New Delhi, Bangkok: Karger 2003.
Müller-Spahn F, Böcker U, Margraf J. Nicht stoffgebundene Süchte. Wenn Spielen zur Krankheit wird: Therapie. Diagnostik, Ätiologie und Verlauf. InFo Neurologie und Psychiatrie 2003; 1: 31–3.
Muñoz RF, Ying YW, Bernal G, Perez-Stable EJ, Sorensen JL, Hargreaves WA, Miranda J, Miller LS. Prevention of depression with primary care patients: a randomized controlled trial. Am J Community Psychol 1995; 23: 199–222.
Noeker M, Petermann F. Diagnostik und Therapieplanung bei rekurrierendem Bauchschmerz und somatoformer Störung. Kindheit und Entwicklung 2002; 11: 171–84.
Pitschel-Walz G. Lebensfreude zurückgewinnen – Ratgeber für Menschen mit Depressionen und deren Angehörige. München: Urban & Fischer 2003.
Pitschel-Walz G, Leucht S, Bäuml J, Kissling W, Engel RR. The effect of family interventionson relapse and rehospitalization in schizophrenia – a meta-analysis. Schizophr Bull 2001; 27: 73–92.
Pitschel-Walz G, Bäuml J, Kissling W. Psychoedukation Depression: Manual zur Leitung von Patienten- und Angehörigengruppen. München: Urban & Fischer 2003.
Rapee RM, Wignall A, Sheffield J, Kowalenko N, Davis A, McLoone J, Spence SH. Adolescents' reactions to universal and indicated prevention programs for depression: perceived stigma and consumer satisfaction. Prev Sci 2006a; 7: 167–77.
Rapee RM, Abbott MJ, Lyneham HJ. Bibliotherapy for children with anxiety disorders using written materials for parents: a randomized controlled trial. J Consult Clin Psychol 2006b; 74: 436–44.
Robins PM, Smith SM, Glutting JJ, Bishop CT. A randomized controlled trial of a cognitive-behavioral family intervention for pediatric recurrent abdominal pain. J Pediatr Psychol 2005; 30(5): 397–408.
Roder V, Brenner HD, Kienzle N. Integriertes Psychologisches Therapieprogramm bei schizophren Erkrankten (IPT). 5. vollst. überarb. Aufl. Weinheim: Beltz 2002.
Sachsse M, Arndt FE. Die chronisch schizophrene Erkrankung und ihre Behandlung als »narzistische Dauerkatastrophe«. Krankenhauspsychiatrie 1994; 5: 37–41.
Sanders MR, Shepherd RW, Cleghorn G, Woolford H. The treatment of recurrent abdominal pain in Children: a controlled comparison of cognitive-behavioral family intervention and standard pediatric care. J Consult Clin Psychol 1994; 62: 306–14.
Schaub A. Angehörigenarbeit und psychoedukative Patientengruppen in der Therapie affektiver Störungen. In: Möller HJ (Hrsg). Handbuch der Therapie psychiatrischer Erkrankungen. Stuttgart, New York: Thieme 2000; 462–73.
Schaub A. Psychoedukative, kognitiv-verhaltenstherapeutische Interventionen bei bipolaren Störungen. Sonderheft 1. Krankenhauspsychiatrie 2002; 13: 31–7.
Schaub A, Goldmann U. Psychotherapie bei bipolaren Störungen. Behandlungsansätze und Stand der Forschung. Psycho 2000; 26: 503–6.
Schaub A, Roth E, Goldmann U, Charypar M. Psychoedukation. In: Lehofer M, Stuppäck C (Hrsg). Depressionstherapie. Pharmakotherapie – Psychotherapie – Soziotherapie – Ergänzende Therapien. Stuttgart: Thieme 2005a; 84–9.
Schaub A, Kümmler P, Goldmann U, Roth E, Charypar M, Bernhard B, Schweiß I, Amann S. Bewältigungsorientierte Ansätze bei depressiven, bipolaren und schizophrenen Erkrankungen. In: Behrendt B, Schaub A (Hrsg). Handbuch Psychoedukation & Selbstmanagement. Verhaltenstherapeutische Ansätze für die klinische Praxis. Tübingen: DGVT 2005b; 193–207.

Te Wildt BT. Psychische Wirkungen der neuen digitalen Medien. Fortschr Neurol Psychiatr 2004; 72: 574–85.
Terbrack U, Hornung WP. Psychoedukation Zwangsstörungen. Ein Manual zur Leitung von Patienten- und Angehörigengruppen. München: Urban & Fischer bei Elsevier 2004.
Treasure J, Murphy T, Szmukler G, Todd G, Gavan K, Joyce J. The experience of caregiving for severe mental illness: a comparison between anorexia nervosa and psychosis. Soc Psychiatry Psychiatr Epidemiol 2001; 36: 343–7.
Turpin G, Downs M, Mason S. Effectiveness of providing self-help information following acute traumatic injury: randomised controlled trial. Br J Psychiatry 2005; 187: 76–82.
Uehara T, Kawashima Y, Goto M, Tasaki SI, Someya T. Psychoeducation for the families of patients with eating disorders and changes in expressed emotions. A preliminary study. Compr Psychiatry 2001; 42: 132–8.
Van Gent E, Zwart F. Psychoeducation of partners of bipolar-manic patients. J Affect Disord 1991; 21: 15–8.
Weißhaupt U. Die virtuelle Beratungsstelle: Hilfe für Jugendliche online. Prax Kinderpsychol Kinderpsychiatr 2004; 53: 573–86.
Wells K, Sherbourne C, Schoenbaum M, Duan N, Meredith L, Unützer J, Miranda J, Carney MF, Rubenstein LV. Impact of disseminating quality improvement programs for depression in managed primary care: a randomized controlled trial. JAMA 2000; 283: 212–20.
Whitty P, Lydon C, Turner N, O'Callaghan E. The influence of psychosocial rehabilitation on patients with a first episode of psychosis. Int J Psychosoc Rehab 2006; 10 (2): 17–27.
Wienberg G, Sibum B. Psychoedukation im gemeindepsychiatrischen Verbund. In: Bäuml J, Pitschel-Walz G (Hrsg). Psychoedukation bei schizophrenen Erkrankungen. Stuttgart, New York: Schattauer 2003; 209–22.
Ziegenhain U. Bindungstheoretisch konzeptualisierte Modelle zur frühen Prävention. Kinderärztliche Praxis 2005; 6: 378–83.
Ziegenhain U. Wie erkennt man vernachlässigte und gefährdete Kinder? Münch Med Wochenschr 2006; 24: 24–6.
Ziegenhain U, Fegert JM (Hrsg). Kindeswohlgefährdung und Vernachlässigung München: Reinhardt 2007.
Ziegenhain U, Fries M, Bütow B, Derksen B. Entwicklungspsychologische Beratung für junge Eltern. Grundlagen und Handlungskonzept für die Jugendhilfe. Weinheim: Juventa 2005.
Zubin J, Spring E. Vulnerability – a new view of schizophrenia. J Abnorm Psychol 1977; 86: 103–26.

Literatur, Manuale und Broschüren für Betroffene und Angehörige

Bandelow B. Das Angstbuch. Woher Ängste kommen und wie man sie bekämpfen kann. 4. Aufl. Reinbeck: Rowohlt 2006.
BApK (Hrsg). Mit psychisch Kranken leben. Rat und Hilfe für Angehörige psychisch Kranker. 2. Aufl. Bonn: Psychiatrie 2002.
Behrendt B. Meine persönlichen Warnsignale – Ein Therapieprogramm zur Rezidivprophylaxe bei schizophrener und schizoaffektiver Erkrankung. Arbeitsbuch für Gruppenteilnehmer. Tübingen: DGVT 2001.
Bock T. Achterbahn der Gefühle – Leben mit Manien und Depressionen. Freiburg: Herder 1998.
Borri A. Schritte aus der Depression. Anleitung zur Selbsthilfe. Freiburg i.Brsg.: Herder 2005.
Cleve J. Licht am Ende des Tunnels – Wie Depressive und ihre Angehörigen sich selbst helfen können. 2. Aufl. Bern: Huber 2000.
De Hert M, Magiels G, Thys E. Das Geheimnis des Gehirnchips. Ein Selbsthilferatgeber für Menschen, die an Psychose leiden. Antwerpen: EPO-Verlag 2000a. (als pdf-Datei-Download unter www.psychiatrie-aktuell.de/content/backgrounders/psychiatrie-aktuell.de/brainchip.pdf)
De Hert M, Thys E, Magiels G, Wyckaert S. Anything or Nothing. Self-guide for people with bipolar disorder. Antwerp: Janssen-Cilag 2000b. (www.houtekiet.com)
Frick J. Die Kraft der Ermutigung. Grundlagen und Beispiele zur Hilfe und Selbsthilfe. Bern: Huber 2006.
Fricke S, Hand I. Zwangsstörung verstehen und bewältigen. Hilfe zur Selbsthilfe. Bonn: Psychiatrie 2004.
Hell D, Fischer-Gestefeld M. Schizophrenien. Verständnisgrundlagen und Orientierungshilfen. 2. Aufl. Berlin: Springer 1993.
Helmchen H, Rafaelsen OJ, Bauer M. Depression und Manie. Wege zurück in ein normales Leben. Ein Ratgeber für Kranke und Angehörige. Stuttgart: TRIAS 1998.
Knuf A, Gartelmann A. Bevor die Stimmen wieder kommen. Vorsorge und Selbsthilfe bei psychotischen Krisen. 4. Aufl. Bonn: Psychiatrie 2003.
Knuf A, Tilly C. Borderline: Das Selbsthilfe-Buch. Bonn: Balance Buch und Medien 2007.
Lindenmeyer J. Lieber schlau als blau. Informationen für Betroffene, Angehörige und Therapeuten. Weinheim: Psychologie Verlags Union 1994/2001.
Luderer HJ. Himmelhochjauchzend, zum Tode betrübt – Depression und Manie, Ursachen und Behandlung. Stuttgart: TRIAS 1994.
Luderer HJ. Schizophrenie: Mit der Krankheit umgehen lernen. Stuttgart: Thieme 1998.
Luderer HJ, Pitschel-Walz G. Mit umfassendem Wissen affektive Störungen besser bewältigen. Kerbe 2001; 3: 15–8.
Markway BG, Markway GP. Frei von Angst und Schüchternheit. Soziale Ängste besiegen – ein Selbsthilfeprogramm. Weinheim: Beltz 2003.
Müller-Spahn F, Margraf J. Wenn Spielen pathologisch wird. Basel: Karger 2003.
Peurifoy RZ. Angst, Panik und Phobien. Ein Selbsthilfe-Programm. 3. Aufl. Bern: Huber 2007.
Pitschel-Walz G. Lebensfreude zurückgewinnen – Ratgeber für Menschen mit Depressionen und deren Angehörige. München: Urban & Fischer 2003.
Schäfer U, Rüther E. Vom Schutz der normalen Angst zur qualvollen Angststörung. Entwicklungen, Ursachen, Symptome, Behandlungen von Ängsten, Panik, Phobien und Zwängen bei Erwachsenen, Jugendlichen und Kindern. Ein Ratgeber für Betroffene und Angehörige. Berlin: ABW Wissenschaftsverlag 2004.
Schmidt-Traub S. Angst bewältigen. Selbsthilfe bei Panik und Agoraphobie. 3. Aufl. Berlin: Springer 2005.
Stark FM. Psychosen – Psychotische Störungen erkennen, behandeln und bewältigen. München: Mosaik 1998.
Vandereycken W, Meermann R. Magersucht und Bulimie. Ein Leitfaden für Betroffene und Angehörige. Göttingen: Huber 2000.
Wienberg G (Hrsg). Schizophrenie zum Thema machen – Grundlagen und Praxis. 3. Aufl. Bonn: Psychiatrie 2003a.
Wienberg G (Hrsg). Schizophrenie zum Thema machen – Manual und Materialien. 4. Aufl. Bonn: Psychiatrie 2003b.
Wittchen HU. Wenn Angst krank macht. Störungen erkennen, verstehen, behandeln. München: Mosaik 1997a.
Wittchen HU. Wenn Traurigkeit krank macht. Depressionen erkennen, behandeln, überwinden. München: Mosaik 1997b.
Wittchen HU, Bullinger-Naber M, Hand I, Kasper S, Katschnig H, Linden M, Margraf J, Möller HJ, Naber D, Pöldinger W. Patientenseminar Angst. Wie informiere ich meine Patienten über Angst? Basel: Karger 1993.

Wittchen HU, Bullinger-Naber M, Hand I, Kasper S, Katschnig H, Linden M, Margraf J, Möller HJ, Naber D, Pöldinger W, van de Roemer A. Ratgeber Angst. Was Sie schon immer über Angst wissen wollten! Angst, Angsterkrankungen, Behandlungsmöglichkeiten. 3. Aufl. Basel: Karger 1995.

Wolfersdorf M. Krankheit Depression – Erkennen, verstehen, behandeln. Bonn: Psychiatrie 2000.

Literatur speziell für Angehörige (Auswahl)

Epstein RL, Amador XF. Wenn der Mensch, den du liebst, depressiv ist. Bern: Scherz 1998.

Gerlinghoff M, Backmund H. Schlankheitstick oder Essstörung? Ein Dialog mit Angehörigen. München: DTV 1999.

Gerlinghoff M, Bachmud H. Essen will gelernt sein. Weinheim: Beltz 2000.

Wardetzki B. Iss doch endlich mal normal! Hilfen für Angehörige von essgestörten Mädchen und Frauen. Freiburg: Kösel 2002.

53 Fernsehen, Computer und Buch – Risiken und Chancen im Kindes- und Jugendalter

Dagmar Hoehne, Harald J. Freyberger und Paul L. Plener

Inhalt
53.1 Einleitung 708
53.2 Fernsehen, Spielen und Surfen: Risiken und Chancen der Medien 709
53.3 Lesen und Schreiben: Möglichkeiten und Grenzen der Bibliotherapie 713
53.4 Fazit 716
Literatur 717

Zusammenfassung

Dieser Beitrag soll die Nutzung von Medien im Kindes- und Jugendalter darstellen und auf Risiken und Chancen hinweisen, die diese Medien bieten.

Bezüglich der Prävalenz der Mediennutzung zeigen sich in Deutschland über die letzten Jahre steigende Raten.

Zur Verbindung zwischen Gewaltdarstellung im Fernsehen und Computerspielen und der tatsächlich ausgeübten Gewalt existieren zahlreiche, teilweise widersprüchliche Studien, wobei es gute Belege für eine zumindest kurzfristig gesteigerte Aggressivität bei Kindern und Jugendlichen nach dem Konsum gewalttätiger Computerspiele gibt.

Das Phänomen der Online-Sucht scheint weltweit im Steigen begriffen. Auch wenn diese Erscheinungsform bislang nicht in Klassifikationssystemen wie der ICD-10 oder dem DSM-IV abgebildet wird, findet sich ein Anhalt dafür, dass es anderen nicht substanzgebundenen Süchten vergleichbar erscheint.

Die Verwendung von Medien kann therapeutisch eingesetzt werden, etwa durch das Betrachten von Filmen oder die Verwendung von Material aus dem Internet.

Die Bibliotherapie hat eine lange Tradition in der Psychotherapie und kann bei Kindern und Jugendlichen eine effektive Intervention darstellen.

Schreiben als Behandlungselement kann Entlastung schaffen oder Planung ermöglichen, sollte aber therapeutisch begleitet werden.

53.1 Einleitung

Kinder und Jugendliche finden sich täglich mit Medien konfrontiert und die Mediennutzung – sei sie aktiv oder rezeptiv – ist zu einem festen Bestandteil ihrer Entwicklung geworden. Einerseits sind die positiven Effekte der neuen Medienlandschaft zu nennen, wie etwa der einfache und demokratische Zugang zu Informationen durch das Internet, andererseits sind die neuen Herausforderungen für die Heranwachsenden (etwa die kritische Rezeption eben dieser Informationen und die Bedienung der gängigen Programme) zu betonen, die dazu führen, dass für den Fall des Nichtvorhandenseins basaler Medienfertigkeiten bereits vom »digitalen Analphabetismus« gesprochen wird. In den letzten Jahren rücken aber auch die Kehrseiten eines ungesteuerten Medienkonsums in den Blickwinkel der Öffentlichkeit und tragen zu einer oft recht simpel geführten »Schwarz-Weiß«-Darstellung der Problematik bei. Auf der anderen Seite bieten neue Medien auch die Möglichkeit einer kreativen therapeutischen Nutzung, sei es durch den einfachen Zugang (zu leider nicht immer seriösen) Informationen oder auch durch die Verwendung therapeutischer Materialien, wie etwa Videos oder geeignete Websites. Auch dem (selbst) geschriebenen Wort und der Bibliotherapie soll hier ein Platz gegeben werden, nicht als »Gegenmodell«, wohl aber als ein gewichtiger Faktor therapeutischer Ansätze im Kindes- und Jugendalter. So soll hier neben einer Beschäftigung mit Ratgeberliteratur und autobiografischer Literatur, auch das »therapeutische Schreiben« beleuchtet werden.

Tab. 53-1 Spielekonsum (in Stunden) in Familien mit einem Elternteil (EEF) im Vergleich zu Familien mit zwei Elternteilen (ZEF) (Döpfner et al. 1997)

Spielekonsum (Stunden)	EEF (%)	ZEF (%)
< 1	24,3	32,8
< 2	15,6	10,2
< 4	2	2,6
> 4	9	0,7

53.2 Fernsehen, Spielen und Surfen: Risiken und Chancen der Medien

Tab. 53-2 Medienbesitz bei 10-Jährigen, getrennt nach Geschlecht, an den Studienstandorten Dortmund und München (Mößle et al. 2006)

Medienbesitz	Dortmund		München	
	Männlich (%)	Weiblich (%)	Männlich (%)	Weiblich (%)
Fernsehgerät	63,5	49,5	27,9	17,6
Spielkonsole	56,0	27,0	26,5	11,4
Computer	52,0	43,0	38,0	29,6

Tab. 53-4 Mediennutzung in Schüler- und Elternangabe (Haffner et al. 2006)

Mediennutzung (täglich, in Stunden)	Schülerangaben		Elternangaben	
	Männlich (%)	Weiblich (%)	Männlich (%)	Weiblich (%)
Fernsehgerät				
keine	2,4	2,4	2,1	1,9
< 1	15,9	17,4	15,4	17,0
1–2	49,1	50,3	58,0	55,3
3–4	22,1	23,3	20,0	22,3
> 4	10,5	6,6	4,5	3,5
Computer				
keine	5,8	21,2	5,6	17,7
< 1	24,3	43,4	28,9	51,5
1–2	42,8	27,1	50,1	26,1
3–4	14,9	5,7	12,1	3,8
> 4	12,2	2,6	3,2	0,9
Musik hören				
keine	4,9	1,2		
< 1	31,0	20,3		
1–2	34,3	33,6		
3–4	14,1	23,2		
> 4	15,7	21,7		

53.2 Fernsehen, Spielen und Surfen: Risiken und Chancen der Medien

53.2.1 Mediennutzung – Prävalenz

Eine der umfangreichsten Untersuchungen zur Mediennutzung in Deutschland stellt die PAK-KID-Studie dar (Döpfner et al. 1997). In dieser Studie wurden 12 588 Haushalte mit 3 663 Kindern und Jugendlichen bezüglich ihres Medienkonsums untersucht. Dabei zeigte sich, dass 5,2 % der Jugendlichen bereits damals über vier Stunden täglich am Computer spielten, wobei die männlichen Jugendlichen hier einen deutlich intensiveren Konsum zeigten. In Zusammenhang mit aggressivem Verhalten wurde berichtet, dass Kinder mit aggressivem Verhalten häufiger Computer spielten (OR = 1,82). Zudem zeigten sich Unterschiede zwischen Zwei-Eltern-Familien (ZEF) und Familien mit einem Elternteil (EEF) in der Mediennutzung, die besonders in der Gruppe der »Vielspieler« deutlich wurden. So überwiegen bei den »harten Konsumenten« insbesondere Kinder und Jugendliche aus den EEF (Tab. 53-1).

Die von Mößle et al. (2006) in Dortmund und München durchgeführte KFN-Studie liefert diesbezüglich aktuellere Daten zum Medienbesitz in Deutschland (Tab. 53-2). Insbesondere wird in dieser Studie auf die häufig verbreitete nicht altersgemäße Verwendung von Filmen und Computerspielen verwiesen. Es zeigte sich, dass diejenigen, die als 10-Jährige einen eigenen Fernseher hatten, doppelt so häufig Filme für über 16-Jährige sahen. Etwa

Tab. 53-3 Eigener Medienbesitz in Schüler- und Elternangaben (Haffner et al. 2006)

Eigener Medienbesitz	Schülerangaben		Elternangaben	
	Männlich (%)	Weiblich (%)	Männlich (%)	Weiblich (%)
Fernsehgerät	67,2	57,5	58,6	53,6
Computer	70,6	47,3	63,8	44,7
Handy	86,7	94,2	85,4	93,4

jeder zweite 10-jährige Junge gab Erfahrungen mit Spielen für Jugendliche ab 16 Jahren an und vier Fünftel der 14- bis 15-Jährigen spielen gelegentlich, ein Drittel sogar häufig Spiele, die erst ab dem 18. Lebensjahr freigegeben sind.

Aktuelle Ergebnisse und auch einen Trend über die letzten Jahre präsentiert die Arbeitsgruppe um Haffner, deren Ergebnisse der »Heidelberger Schulstudie« zur Lebenssituation und zum Verhalten von Jugendlichen seit Kurzem zur Verfügung stehen (Haffner et al. 2006). Die Ergebnisse einer Befragung von knapp 6 000 Schülern der 9. Klasse aus dem Rhein-Neckar Kreis (Zahl der auswertbaren Schülerfragebögen: 5 832) zum Medienbesitz und zur Mediennutzung sind in den Tabellen 53-3 und 53-4 zusammengefasst. Bemerkenswert erscheint im Zusammenhang mit den möglichen Gefahren des Medienkonsums (und vor allem deren Erkennung), dass gerade im Bereich des hohen »Computerkonsums« (> 4 h) die Angaben der Eltern männlicher Schüler ca. viermal niedriger liegen als die der betroffenen Schüler.

Die Kehrseiten eines überbordenden Medienkonsums zeigen sich in der Studie von Sharif und Sargent (2006). Sie konnten in einer Untersuchung an 4 508 Schülern der 5. bis 8. Klasse in den USA zeigen, dass die unter der Woche vor dem Fernseher verbrachte Zeit, der Besitz von Kabelfernsehen sowie das Sehen von Filmen, die erst ab 18 Jahren freigegeben sind, deutlich mit einem schlechteren Schulerfolg korrelierten, während in dieser Studie die Form des Videospielgebrauches und der Fernsehkonsum am Wochenende keinen Einfluss auf den Schulerfolg zeigten.

> So existieren auch Empfehlungen einschlägiger Fachgesellschaften, wie beispielsweise der American Academy of Pediatrics (AAP; 2001), die raten, Kinder unter zwei Jahren keinem Fernseh- bzw. Computerkonsum auszusetzen und bei älteren Kindern die tägliche Zeit vor dem Bildschirm auf ein bis zwei Stunden zu begrenzen.

53.2.2 Gewalt und Medien

Eine gerade auch medial breit geführte Debatte betrifft den Einfluss von Medien auf gewalttätiges Verhalten. Selten steht bei dieser Diskussion die wissenschaftliche Evidenz im Vordergrund, wobei sich in diesem Gebiet das öffentliche Interesse in einer Flut an Publikationen widerspiegelt.

> Bislang lässt sich aus einer Metaanalyse (46 Longitudinalstudien, 86 Querschnittstudien, 28 Feldexperimente, 124 Laborstudien, > 51 000 Teilnehmer) berichten, dass der Konsum von Mediengewalt einen schwachen bis mittleren Effekt auf gewalttätiges Verhalten haben dürfte (r = 0,13–0,32 bzw. r = 0,18–0,38), die Effekte jedoch umso deutlicher werden, je höher das aggressive »Ausgangsniveau« ist, d. h. je mehr aggressives Verhalten auch schon vor dem Medienkonsum vorhanden war (Anderson u. Bushman 2002; Browne u. Hamilton-Giachritsis 2005).

In diesem Zusammenhang ist auch die Beobachtung zu verstehen, dass delinquente Jugendliche Filme aggressiveren Inhaltes bevorzugen, wobei hier nur hypothetisch angenommen werden kann, dass es zu einer Identifikation mit dem Gewalttäter kommt.

Im Rahmen einer longitudinalen Studie über den Zeitraum von 17 Jahren (n = 707) zeigte sich ein Zusammenhang zwischen der Zeitdauer, die ferngesehen wurde, und der Wahrscheinlichkeit aggressiver Akte gegenüber anderen – ein Zusammenhang, der auch nach Kontrolle für Vernachlässigung, Haushaltseinkommen, Gewalt in der Nachbarschaft, Bildungsstand, psychiatrische Erkrankungen der Eltern und zuvor bereits gezeigtem aggressivem Verhalten stabil blieb (Johnson et al. 2002).

Betrachtet man die Literatur zu Computerspielen und deren Einfluss auf gewalttätiges Verhalten, wird deutlich, dass sich vor allem Jungen stärker zu gewalttätigen Spielen hingezogen fühlen. Da sich zwischen der Anzahl gespielter aggressiver Videospiele bzw. der damit verbrachten Zeit und höherem Aggressionspotenzial sowie niedrigerer Empathiefähigkeit ein Zusammenhang zeigen lässt, liegt die Hypothese nahe, dass es im Sinne einer Feedback-Schleife zu einer Desensibilisierung kommen kann.

Bedeutungsvoll erscheint hier vor allem die Tatsache, dass der Effekt der Videospiele auf aggressives Verhalten umso größer ist, je jünger das spielende Kind ist.

So fand man bei Schülern der achten und neunten Klasse, die häufig gewalttätige Videospiele spielen, dass diese feindseliger gestimmt sind, häufiger Streit mit Lehrern haben, häufiger in körperliche Auseinadersetzungen verwickelt und schlechter in der Schule sind. Interessanterweise finden sich hier Unterschiede zwischen dem Spielen von virtuellen »Ego-Shootern« (also Computerspiele, in denen der Spieler eine Spielfigur steuert, die auf andere Leute schießt) und virtuellen Schieß-Spielen in der Realität (z. B. mittels Laser im Spiel gegen andere reale Personen).

Während das Spielen am Computer das Wohlbefinden herabsetzt, erhöht das reale Spiel das Wohlbefinden (Rauterberg 2003).

Wissenschaftliche Evidenz besteht für ein erhöhtes physiologisches Arousal sowie eine kurzfristige Steigerung aggressiver Gedanken und Gefühle kurz nach dem Konsum aggressiver Inhalte. Es wird berichtet, dass durch das Spielen gewalttätiger Videospiele ein aggressiveres Selbstbild entstehen kann (Uhlmann u. Swanson 2004) bzw. aggressivere Normen (im Sinne feindseliger Attributionen anderen gegenüber) indirekt mit dem Konsum aggressiver Spiele in Verbindung stehen (Krahe u. Moller 2004).

Insgesamt ist jedoch die Literatur zu den Langzeiteffekten uneinheitlich und widersprüchlich, sodass aus heutiger Sicht keine generellen Aussagen getroffen werden können (Anderson u. Bushman 2001; Anderson u. Dill 2000; Anderson et al. 2004; Funk et al. 2004; Gentile et al. 2004; Griffiths 1999; Lemmens u. Bushman 2006; Olson 2004; Rauterberg 2003), wenngleich in einer metaanalytischen Auswertung der bekannten Studien darauf hingewiesen wird, dass die methodologisch stärkeren Studien größere Effektstärken in Bezug auf die Beeinflussung von Verhalten, Kognitionen und Affekt durch aggressive Videospiele zeigten (Anderson 2004).

Aktuell wurde an vielen der bislang veröffentlichten Analysen Kritik geübt. Diese Kritik betrifft vor allem die Methodik, und hier insbesondere die Messung gesteigerter Aggressivität nach Spielekonsum (Kutner u. Olson 2008). In der vorgelegten Studie der Harvard Universität wird darauf hingewiesen, dass eine Unterscheidung zwischen Realität und Spiel für die meisten Kinder und Jugendlichen gut möglich war. Das Spielen (auch gewalttätiger Spiele) und die Kommunikation darüber stellten sich gerade für männliche Jugendliche als wichtige soziale Interaktionsformen dar.

> Die männlichen Jugendlichen, die kaum oder gar nicht spielten, zeigten in dieser Studie häufiger delinquente Verhaltensweisen als jene Jugendlichen, die nicht altersgemäße (auch aggressive) Spiele spielten (Kutner u. Olson 2008).

53.2.3 Körperliche Beschwerden und »Sucht«

Neben dem Einfluss exzessiven Medienkonsums auf das psychische Wohlbefinden finden sich auch Auswirkungen auf körperliche Beschwerden. Im Zusammenhang mit exzessivem Videospielkonsum wurde mehrfach auf Gelenkbeschwerden (etwa die sog. »Wiitis«, benannt nach einer Spielkonsole, das »Space-Invaders-Handgelenk« und der »Playstation-Daumen«) verwiesen (Griffiths 2005).

Eine langfristig wesentlich beeinträchtigendere Auswirkung der Computernutzung findet sich jedoch in der viel diskutierten Online- oder Internet-Sucht, womit jenes Verhalten bezeichnet werden soll, in dessen Verlauf die exzessive Inanspruchnahme des Internets und seiner Dienste zu wesentlichen Einschränkungen des täglichen (vor allem sozialen) Lebens führt und – ähnlich anderem nicht substanzgebundenem Suchtverhalten – dem Betroffenen eine Beendigung dieses Verhaltens nicht möglich erscheint. Obgleich Prävalenzzahlen in diesem Bereich mit Vorsicht behandelt werden müssen und noch keine international anerkannten Kriterien für eine Definition von Online-Sucht existieren, zeigt sich doch zumindest ein Trend dahingehend, dass nicht nur das World Wide Web weltumspannend ist, sondern auch die damit assoziierten suchtartigen Phänomene. So wurde etwa die Internetnutzung bei 2 620 chinesischen Schülern (mittleres Alter 15,19) erhoben, wobei 88 % davon Internetznutzer waren. Unter diesen erfüllten 2,4 % die in dieser Studie definierten Kriterien der Online-Sucht (Cao u. Su 2007).

In einer Untersuchung in Korea an 1 573 jugendlichen Schülern erfüllten 1,6 % der Schüler die Kriterien für eine Online-Sucht und 38 % wurden von den Autoren als gefährdet für die spätere Entwicklung einer Online-Sucht eingeschätzt (Kim et al. 2006).

Aus dem europäischen Raum wird aus einer Studie an 3 237 norwegischen Probanden eine Rate von 1,98 % Online-Süchtigen berichtet, weitere 8,68 % wurden hierbei als gefährdet eingestuft (Johansson u. Götestam 2004).

Vergleichbare Befunde sind auch aus dem Erwachsenenalter zu berichten. Eine Studie aus den USA an 2 513 Erwachsenen zeigte, dass knapp 70 % der Untersuchten regelmäßige Internetnutzer waren. Unter diesen fanden es 13,7 % schwer, sich für mehrere Tage vom Internet fernzuhalten, 12,4 % blieben häufig länger im Netz als vorgesehen, 12,3 % hatten bereits selbst die Notwendigkeit einer Reduktion der im WWW verbrachten Zeit gesehen, 8,7 % versuchten, nicht notwendige Internetnutzung vor Familienangehörigen, Freunden und Arbeitgebern zu verheimlichen, 8,2 % benutzen das WWW als Möglichkeit, Probleme oder negativer Stimmung zu entfliehen und 5,9 % hatten das Gefühl, dass ihre Partnerschaft durch exzessive Internetnutzung litt (Aboujaoude et al. 2006).

Noch höhere Werte werden erzielt, wenn man Internetnutzer selbst nach Kriterien einer Online-Sucht befragt. In einer Internetbefragung an 7 069 Probanden erfüllten 11,9 % der Teilnehmer die Kriterien einer Online-Sucht (Grüsser et al. 2007).

Betrachtet man das Phänomen der Online-Sucht aus kinder- und jugendpsychiatrischer Sicht, so scheint es, dass die Betroffenen auch andere Komorbiditäten aufweisen. Im Fragebogen zu Stärken und Schwächen (SDQ) wurden von Online-Süchtigen höhere Werte für emotionale Symptomatik, Störung des Sozialverhaltens und Hyperaktivität und geringere Werte bei prosozialem Verhalten erreicht. Bei Online-Sucht finden sich unter anderem auch höhere Werte für das Vorliegen einer ADHS-Symptomatik, Feindseligkeit, soziale Phobie und Depression. Online-Süchtige zeigen weniger *sensation seeking*, höhere Einsamkeit und Schüchternheit im Face-to-Face-Kontakt, nicht jedoch im Online-Kontakt. Bis zu 60 % der Online-Süchtigen sollen auch anderen problematischen Suchtkonsum aufweisen (Cao u. Su 2007; Ferraro et al. 2007; Grüsser et al. 2007; Lavin et al. 2004; Yen et al. 2007).

Gerade auch im Jugendalter findet sich ein starker Überhang männlicher Jugendlicher unter den Online-Süchtigen. Als Prädiktoren für ein stärkeres Suchtverhalten zeigen sich bei männlichen Probanden ein höheres Alter, ein geringerer Selbstwert sowie eine geringere Lebenszufriedenheit (Ko et al. 2005a).

Generell bleibt jedoch die Frage bestehen, ab wann eine exzessive Internetnutzung die Schwelle zur Online-Sucht überschreitet. Die Internet Addiction Support Group (IASG) schlägt dabei in Anlehnung an bestehende Suchtdefinitionen die in Tabelle 53-5 aufgeführten Kriterien für eine Evaluation vor.

Als andere, validierte Instrumente zur Erfassung einer Online-Sucht sind etwa der Internet-Addiction-Test (IAT) (Widyanto

Tab. 53-5 Die IASG-Kriterien – Fragen zur Online-Sucht (nach O'Reilly 1996)

1. Verbringen Sie immer mehr Zeit im Internet, um das gleiche Gefühl von Zufriedenheit zu erlangen?
2. Erleben Sie Entzugssymptome, sobald Sie nicht online sind (Depression, Agitation, Launigkeit)?
3. Dauern Ihre Internet-Sitzungen länger als geplant?
4. Verbringen Sie einen großen Teil Ihrer Zeit mit Aktivitäten, die mit dem WWW zu tun haben (Bücher zu Sachthemen kaufen, über das WWW reden, neue Software testen)?
5. Benutzen Sie trotz negativer Wirkungen (Familienprobleme, Schwierigkeiten, Ihrer Arbeit nachzukommen) das Internet?
6. Sind Ihre Versuche, die Internetnutzung zu reduzieren oder zu beenden, fehlgeschlagen?
7. Geben Sie wichtige soziale Aktivitäten oder Beschäftigungen auf, um mehr Zeit im Internet verbringen zu können?
Wenn Sie die Fragen mehr als dreimal mit JA beantwortet haben, besteht Änderungsbedarf!

u. McMurran 2004) oder die Chen Internet Addiction Scale (Ko et al. 2005b) zu nennen.

Obgleich sich im klinischen Alltag die Vorstellungen von Betroffenen aufgrund eines Online-Suchtverhaltens häufen, ist die Zahl spezifischer Hilfsangebote gering und oft finden sich Selbsthilfeangebote wieder im Internet.

Problematisch gestaltet sich auch die Abbildung und Einteilung der Online-Sucht in den Klassifikationssystemen ICD-10 und DSM-IV. Obwohl in den schwersten Fällen deutliche Suchterscheinungen im Sinne eines unkontrollierbaren und sich verselbstständigenden Konsums und der Einschränkung bzw. Missachtung anderer Bedürfnisse zu erkennen sind, existiert bislang keine diagnostische Entität in den Klassifikationssystemen, die diesem Phänomen genügt. Es wäre angesichts der geschilderten Prävalenzzahlen an der Zeit, ein klassifikatorisches Konzept zu entwickeln, evtl. orientiert an anderen substanzungebundenen Phänomenen (wie etwa der Spielsucht), um über diesen Weg auch differenzierte Hilfsangebote schaffen zu können.

Ein anderes sehr aktuelles Phänomen findet sich in der Tatsache, dass Jugendliche ihr gesundheitlich risikohaftes Verhalten (Alkohol-, Drogengebrauch, selbstverletzendes Verhalten etc.) auf öffentlich zugänglichen Webseiten darstellen.

In einer Untersuchung einer Gruppe von »myspace«-Seiten (http://www.myspace.com stellt eine Internetplattform dar, auf der die Nutzer kostenlos persönliche Websites erstellen können), die aktuell angelegt worden waren (Teilnehmer der Gruppe: 11 000), wurden gezielt die (öffentlich zugänglichen) Inhalte von 142 Nutzern zwischen 16 und 17 Jahren evaluiert. Dabei zeigte sich, dass auf 47 % dieser Seiten gesundheitsschädliches oder risikohaftes Verhalten thematisiert wurde (25 % Alkoholkonsum, 21 % Beschreibung sexueller Aktivitäten, 9 % Zigarettenkonsum, 6 % Drogenkonsum) (Moreno et al. 2007).

Die hier schon angeschnittene Konfrontation von Jugendlichen mit sexuellen Inhalten findet bei Benutzung des Internets auf der einen Seite ungewollt statt, auf der anderen Seite entzieht sich dieses Medium auch der Kontrolle staatlicher Behörden. Mehrere Webseiten erlauben es jedem Minderjährigen uneingeschränkt, explizite sexuelle Darstellungen zu konsumieren, was insofern noch bedenklicher erscheint, als die Inhalte von Pornografie im Internet als gewalttätiger als in Print- oder Videoproduktionen einzuschätzen sind (Barron u. Kimmel 2000)

Dabei sei vor allem auf die folgenden Merkmale der Internetpornografie nach Hill et al. (2007) verwiesen:
- leichter Zugang von zu Hause
- Anonymität
- niedrigere Kosten
- Mannigfaltigkeit und Devianz des Materials
- grenzenloser Markt
- Auflösung der Grenzen zwischen Konsument und Produzent
- interaktive Kommunikation
- Experimentierraum zwischen Phantasie und realem Verhalten
- virtuelle Identitäten
- leichtere Kontaktaufnahme zwischen Täter und Opfer bzw. verschiedenen Tätern
- niedrigeres Entdeckungsrisiko

Aus einer anonymen Telefonbefragung an 1 500 jugendlichen Internetnutzern (Altersspanne zwischen 10 und 17 Jahren) berichten Wolak et al. (2007), dass innerhalb des letzten Jahres 42 % der Befragten mit Online-Pornografie konfrontiert waren. Davon gaben 66 % an, dass diese Konfrontation von ihnen nicht gewollt war (etwa durch Pop-up-Fenster beim Herunterladen von Software aus dem WWW).

Auch gibt es Daten zu (ungewollter) sexueller Kontaktaufnahme zu Minderjährigen. Bei einer Befragung von 1 501 10- bis 17-jährigen Internetnutzern gaben 19 % an, innerhalb des letzten Jahres unerwünschte sexuelle Kontaktversuche (etwa beim Chat) erlebt zu haben, etwa 3 % berichteten von einer aggressiven sexuellen Belästigung, wobei es jedoch in keinem der Fälle zu einem realen sexuellen Übergriff (also »IRL«– *in real life*) gekommen war (Mitchell et al. 2001).

> ! Sobald sich Kinder und Jugendliche im WWW aufhalten, besteht die Möglichkeit, dass sie gewollt oder ungewollt mit sexuellen Inhalten konfrontiert werden. Sieht man von einem generellen Verbot der Nutzung des WWW ab, so muss von den Aufsichtspersonen hier von vornherein Sorge dafür getragen werden, das Risiko möglichst minimal zu halten (Tab. 53-6).

Tab. 53-6 Empfehlungen für Aufsichtspersonen zum Umgang mit Internetnutzung bei Kindern und Jugendlichen (Hill et al. 2007; nach Longo et al. 2002)

- sexuelle Aufklärung vor der Adoleszenz
- kein Computer mit Internetnutzung im Kinderzimmer
- Installierung von Sicherheitssoftware (u. a. zur Spurenverfolgung des Benutzers)
- Hilfe für Kinder und Jugendliche bei der Erkundung des Cyberspace
- Kinder/Jugendliche lehren, ihre Identität (inklusive E-Mail-Adresse) nicht preiszugeben
- Kinder/Jugendliche lehren, nie auf feindselige, belästigende, inadäquate oder unangenehme Kontakte zu antworten
- Online-Freunde des Kindes kennenlernen
- Kinder aus Chatrooms heraushalten oder dabei kontrollieren
- Begrenzung der Zeit am Computer/im Internet

53.2.4 Therapeutische Nutzung

Die meist hohe Motivation von Kindern, am Computer zu spielen, wird inzwischen in verschiedenen Bereichen der Medizin genutzt. So finden sich erfolgreiche Computerspielanwendungen etwa zur Ablenkung im Rahmen des Schmerzmanagements, bei Neurodermitis, Chemotherapie, Sichelzellenanämie und zur Physiotherapie nach Armverletzungen oder bei Lähmungen (Griffiths 2005).

Es existieren auch positive Berichte zur Anwendung von Computerspielen zur Förderung sozialer *skills* oder räumlicher Wahrnehmung bei Entwicklungsstörungen, zur Förderung von Lernbehinderungen, bei Autismus (im Sinne eines »Emotionserkennungstrainings«) und ADHS (etwa zum Einsatz im Rahmen eines Neurofeedback-Trainings).

Einen der Bibliotherapie (s. unten) vergleichbaren Ansatz findet man auch in der Arbeit mit Filmen. Hierbei wird den Klienten in der Psychotherapie das Ansehen eines oder mehrerer ausgesuchter Filme als Hausaufgabe mitgegeben, welche verschiedene in der Therapie relevante Themen behandeln können. Der Filminhalt und das persönliche Erleben werden dann im Rahmen der Therapie mit Bezug zum persönlichen Kontext diskutiert (Hesley u. Hesley 2001). Hier finden sich auch Parallelen zur Bibliotherapie, die im nun folgenden Teil behandelt werden soll.

53.3 Lesen und Schreiben: Möglichkeiten und Grenzen der Bibliotherapie

53.3.1 Geschichte der Bibliotherapie

Im vorherigen Kapitel wurde ein Teil der bibliotherapeutischen Methoden – Psychoedukation und Selbsthilfemanuale – beschrieben. Neben diesen Möglichkeiten der Nutzung des geschriebenen Wortes im Sinne von Informationsvermittlung und Verbesserung des Problemverständnisses gibt es im therapeutischen Sinne die Bereiche der *produktiven* Bibliotherapie, z. B. das Aufschreiben von Gedichten, Gefühlen, Geschichten, Tagebüchern als Möglichkeit der Selbstanalyse, sowie die *rezeptive* Bibliotherapie im Sinne des Lesens von Selbsterfahrungsberichten als Hilfe zur Bewältigung eigener Lebenskrisen oder das Lesen fiktiver Entwicklungsromane, die beim Einzelnen persönliches Wachstum in Gang setzen und unterstützen können (Niedermayer 2006; Oehme 2002).

All diese Möglichkeiten haben eine lange Geschichte. Bereits aus dem alten Ägypten gibt es Überlieferungen »innerer Dialoge« von psychisch Belasteten. Der Gott Apoll war in Alexandria und im alten Griechenland sowohl der Gott der Dichtkunst und der Erkenntnis als auch der Heilkunst. Insbesondere die Psychoanalyse pflegte ein sehr enges Verhältnis zur Bibliotherapie: sowohl bei Freud, Jung als auch Adler mit dem Aufschreiben von Selbstanalysen, Träumen und freier Assoziation, bis hin zum Tagebuch als therapeutische Intervention. Im Rahmen der Logotherapie Victor Frankls hat das »Buch als Therapeutikum« einen wichtigen Platz im Sinne einer heilenden Wirkung des Lesens (Frankl 1975). In der Integrativen Therapie nach Petzold ist die integrative Poesie- und Bibliotherapie »ein Verfahren, mit dem durch das Medium ›Literatur‹ Prozesse seelischer Integration und persönlichen Wachstums in Gang gesetzt und unterstützt werden können« (Petzold u. Orth 2005). Sie wird als Teil der »Kunsttherapie« verstanden.

In den USA entwickelten sich seit der Mitte des 20. Jahrhunderts theoretische Konzepte und eine Darstellung der Praxis. Therapeutisches Schreiben und Lesen fanden Eingang in Kliniken sowie in psychosoziale und pädagogische Einrichtungen. In Schreibwerkstätten wurde das kreative Schreiben in der Gruppe erprobt, sowohl im therapeutischen als auch im kreativen bzw. präventiven Rahmen.

1984 gründete sich die Deutsche Gesellschaft für Poesie- und Bibliotherapie (DGPB) und entwickelte die Ansätze aus den USA weiter. Dabei ist die »medizinisch orientierte Bibliotherapie« hauptsächlich an kognitiver Verhaltenstherapie orientiert, wobei der Schwerpunkt in der Behandlung von Angststörungen und Depressionen liegt. Das expressive Schreiben dagegen wird vornehmlich bei Traumaerfahrungen und anderen intensiven emotionalen Erlebnissen erfolgreich eingesetzt. Die DGPB führt zusammen mit dem Fritz-Perls-Institut (FPI) und der Europäischen Akademie für Psychosoziale Gesundheit Tagungen und Kompaktcurricula durch, in denen Pädagogen, Seelsorger, Bibliothekare, Psychotherapeuten und Angehörige pflegerischer und sozialer Berufe sich in Poesie- und Bibliotherapie fortbilden können (Horn u. Mehl 2004).

Bezüglich der Wirksamkeit dieser Methode gilt allerdings als Grundregel, dass sie als Teilstrategie in eine therapeutische Intervention eingebaut sein muss, ansonsten sind eher keine sinnvollen Effekte zu erwarten. Die bisherigen Untersuchungen zur Effektivität der Methode sind vornehmlich an Selbsthilfebüchern orientiert und wenig systematisch. Marrs (1995) untersuchte 79 Studien ab 1968 unter dem Schwerpunkt der generellen Effektivität bibliotherapeutischer Methoden. Sie ermittelte einen mäßigen Effekt (d = 0,56). Besonders gute Effekte ließen sich für die Bereiche Durchsetzungsfähigkeit, Angst und sexuelle Dysfunktion nachweisen, weniger geeignet erschien die Methode bei Suchtproblemen, Gewichtsverlust und Lernproblemen.

In Zeiten von Internet, SMS, ICQ (*instant messenger programm*) und grenzenloser Information aus dem World Wide Web haben diese Zugänge jedoch noch ganz andere Dimensionen bekommen.

> Insbesondere das »Schreiben« von Nachrichten und Botschaften und die damit verbundene Art von Kommunikation sind unter Adoleszenten sehr verbreitet. Dies führt einerseits zu einer Zunahme »schriftlicher« Kontakte, andererseits zeigt dies auch eine deutlich exhibitionistische Komponente, die erhebliche Gefahren aufweist, bedingt durch Grenzenlosigkeit, scheinbare Anonymität und Korrespondenz mit selbst instabilen und gefährdeten Menschen. Besonders kritisch sind hier Foren zu speziellen Themen zu sehen, wie Suizid- oder Anorexieforen.

Tab. 53-7 Bewährte Methoden der Bibliotherapie

- Tagebuchschreiben
- Verfassen von realen oder fiktiven Briefen
- Gedichte
- Malen von Comics oder Mantras
- Aufschreiben freier Assoziationen
- Aufschreiben von Träumen
- Formulierung eines »inneren Dialogs«
- »Wegkreuzung«
- Verfassen einer Biografie
- Lesen von Entwicklungsromanen
- Lesen von Autobiografien

Es besteht die Gefahr, bei bereits labilisierter Befindlichkeit falschen »Ratgebern« ausgesetzt zu sein, die als Vorbilder dienen und dadurch einen starken Einfluss bekommen. Adoleszente in psychischen Krisen weisen einen hohen Beeinflussungsgrad auf und sind extrem empfänglich für Meinungen und vermeintliche Heilsversprechungen, deren Realitätsbezug sie häufig nicht einschätzen können.

Auch das Medium »Buch« hat offenbar seine Faszination bisher nicht verloren, obwohl deutlich weniger Jugendliche regelmäßig lesen als noch vor zehn Jahren. In einer Studie des Ravensburger Verlages wurde deutlich, dass Gelesenes mehr Emotionen auslöst als Fernsehen, und die Phantasie deutlich mehr anregt. Es zeigt sich jedoch, dass das Lesen über die Zeit der Adoleszenz stetig abnimmt (außer Schulbücher). Dabei gibt es erhebliche individuelle Unterschiede: Vielleser mit bis zu zwei Stunden täglich und eine Mehrheit von Weniglesern mit einem Niedrigstand um das 20. Lebensjahr. Auch korreliert die Häufigkeit des Lesens mit der Schulbildung: Gymnasiasten lesen deutlich mehr als Hauptschüler (Marci-Boehncke u. Rath 2007).

53.3.2 Lesen und Schreiben im Rahmen einer Therapie

In einem therapeutischen Prozess können sowohl das Lesen als auch das Schreiben aktiv und individuell eingesetzt werden. Beispielsweise ist für Jugendliche mit einer ADHS-Problematik das Lesen eines ganzen Buches oft ein hohes Maß an Anstrengung, sodass hier auf Hörbücher ausgewichen werden kann oder einzelne Kapitel eines Buches exemplarisch gemeinsam erarbeitet werden können. Auch Comics erfreuen sich großer Beliebtheit. Dies wird in der angebotenen Aufklärungsliteratur berücksichtigt, sie muss kurz, möglichst konkret und verständlich mit Bildern aufgearbeitet werden. Eigenes Schreiben, z. B. eines Tagebuches, wird nur bei konkreter Anleitung und entsprechender emotionaler Unterstützung durchgehalten, wobei genau dies bereits einen therapeutischen Zweck verfolgt: nämlich Handlung zu planen und konsequent über längere Zeit zu verfolgen.

Ein Betroffener mit einem Asperger-Syndrom dagegen wird das Schreiben gegenüber dem Sprechen eher als Erleichterung empfinden, da er auf diese Weise seine Gedanken in Ruhe fassen und zu Papier bringen kann. Die zahlreiche autobiografische Literatur zu dieser Thematik zeugt davon, wie intensiv diese Art der Auseinandersetzung mit der eigenen Betroffenheit dem Einzelnen helfen kann, sich mit seiner Andersartigkeit zurechtzufinden. Dabei entwickeln Autisten teilweise regelrechte Freude an der Sprache als Medium, spielen mit ihr, entwickeln Wortneuschöpfungen und eindringliche Formulierungen, die ihrem Bedürfnis nach Exaktheit des sprachlichen Ausdrucks entspringt. Das Lesen autobiografischer Literatur in der Adoleszenz kann den Betroffenen helfen, sich mit ihrem Störungsbild konstruktiv auseinanderzusetzen, birgt aber auch die Gefahr einer Überidentifikation in sich. Ansonsten dient das Lesen der Wissensvermittlung, bevorzugt werden Sachbücher, aber auch Science-Fiction-Romane.

Dabei muss Bibliotherapie immer Teil eines gesamttherapeutischen Prozesses sein. Wie andere Formen der »Kunsttherapie« kann sie als Methode flexibel eingesetzt werden und somit gerade auch in Phasen innerer Auseinandersetzung mit Emotionen diesen einen Ausdruck verleihen, der möglicherweise über das gesprochene Wort nicht zu erreichen ist (Tab. 53-7). Gerade Jugendliche – und hier insbesondere Mädchen – sind diesbezüglich gut zu erreichen und zu entsprechenden Aktivitäten zu motivieren. Sie können dadurch Zugang zu ihren inneren Wünschen und Bedürfnissen finden, lernen, diffuse Gefühle in Worte zu fassen und Ordnung in gedankliches Chaos zu bringen. Auch ausgeprägte und beklemmende Wutgefühle finden hierdurch ein Ventil und eine innere Distanzierung.

> Anleitung und kritisches Begleiten sind unbedingt notwendig, um eine Flucht in fiktive Welten zu verhindern, die insbesondere bei hoher Reizoffenheit möglich ist und dann dazu führt, sich von den Realitäten des Alltags zu entfernen. Insofern sollten die Methoden sorgfältig und störungsbezogen ausgewählt werden sowie deren Einsatz vom jeweiligen Krankheitszustand abhängen.

Gerade im Rahmen von Identitätskrisen muss bezüglich einer Auswahl von Büchern sehr sorgfältig vorgegangen werden, da oft eine hohe Identifikationsneigung des Jugendlichen besteht und dadurch Lösungsmuster aktiviert werden können, die nicht erwünscht sind. Auch muss mit einer Selbstauswahl gerechnet werden, die durchaus destruktiven Charakter haben kann, sodass es sich empfiehlt, hier lenkend einzugreifen. Grundsätzlich regt das Lesen die Phantasie an, der Leser wird zum eigenen Regisseur und dreht seinen Film im Kopf. Dabei spielt die aktuelle Lebenssituation mit den damit verbundenen Emotionen eine wesentliche Rolle. So kann Literatur zu einem speziellen Lebensthema zur Identifikation mit dem »Helden« der Geschichte führen oder zur Distanzierung, sie kann Ressourcen freisetzen und Handlungsmöglichkeiten antizipieren.

Das Schreiben hat gerade im Jugendalter oft kathartische Wirkung. Diffusen Gefühlen kann ein sprachlicher Ausdruck verliehen werden, wodurch sie ihre Bedrohlichkeit verlieren und besser greifbar werden.

> Folgende Regeln sollten im Umgang mit der Bibliotherapie beachtet werden:
> - Bibliotherapie ist immer Teil eines therapeutischen Gesamtkonzeptes.
> - Bücher, die empfohlen werden, sollten inhaltlich stets bekannt sein.
> - Die Buchauswahl muss dem Krankheitszustand angepasst werden.
> - Expressive Bibliotherapie ist im Verlauf einer therapeutischen Entwicklung in vielfältigen Variationen einsetzbar.
> - Bibliotherapie ist eine von zahlreichen kreativen Methoden, die sinnstiftenden Charakter hat.

53.3.3 Konkrete Anwendungsbeispiele

Schreiben

Das Schreiben jeglicher Art oder Malen von Comics eignet sich grundsätzlich einmal als Ausdrucksform von Gefühlen und Befindlichkeiten, aber auch als Möglichkeit, wirren und ungeordneten Gedanken eine Ordnung und Wertigkeit zu geben. Ängste werden durch die schriftliche Auseinandersetzung relativiert, verlieren ihre Brisanz und sind eher rationalen Überlegungen zugänglich. Im Schreiben können schambesetzte Inhalte geäußert werden, Wut kann zunächst in ungebremster Form ihren Ausdruck finden, Liebe als ein alles besetzendes Thema formuliert werden. Das Geschriebene kann gesammelt, besprochen, vernichtet oder verschickt werden. Dabei ist die Papierform konkreter und beständiger. Im Internet oder per SMS ergibt sich die Gefahr, unüberlegt und vermeintlich anonymisiert die eigenen Gedanken zu veröffentlichen und dadurch die »Herrschaft« darüber aufzugeben, wobei auch in diesem Medium im Rahmen nicht anonymisierter Seiten oder persönlicher Homepages eine entsprechende Auseinandersetzung möglich ist.

Besonders beliebt, insbesondere bei Mädchen, ist das »Tagebuchschreiben« als Möglichkeit, tiefe Gefühle auszudrücken, mit Gefühlsambivalenzen umzugehen und sich mit den Höhen und Tiefen der eigenen Befindlichkeit auseinanderzusetzen (Mardorf 1999). Ganz konkret kann dies z. B. bei Essstörungen helfen, den Zusammenhang zwischen Essverhalten und erlebten Gefühlen zu verdeutlichen. Ein kombiniertes »Ess- und Gefühlstagebuch« eignet sich hierzu sehr gut und wird bei ausreichender Therapiemotivation auch entsprechend umgesetzt. Hieraus können weitere therapeutische Schritte entwickelt werden, z. B. die Aufgabe des Schreibens eines Briefes mit folgendem Titel: »Liebe Essstörung, du bist meine allerbeste Freundin/allerbeste Feindin, weil …« Auch das Aufschreiben der Essgeschichte kann zu einer hilfreichen Auseinandersetzung mit den angenommenen und realen Kausalitäten werden. Die Formulierung des bisherigen Lebenslaufes unter verschiedenen Aspekten, das Entwickeln von Zukunftsperspektiven im Rahmen einer fantasievollen Auseinandersetzung damit, das Nachempfinden von Körperübungen, das Nutzen der »Wegkreuzung« bei schwierigen Entscheidungen bzw. Problemen damit – all diese Techniken unterstützen den therapeutischen Aspekt aktiv im Sinne eines Hilfswerkzeuges und führen zu Förderung von Kreativität und Phantasie.

Dies lässt sich auf andere Störungsbilder problemlos übertragen, wobei je nach zugrunde liegender Problematik die Auswahl für das Schreiben getroffen werden muss. Das kann genauso gut der Hip-Hop-Text eines sozial auffälligen Jugendlichen sein wie das gefühlvolle Gedicht eines suizidal Gefährdeten oder der Brief einer gekränkten Jugendlichen an ihren Vater, der sie nach der Trennung der Eltern aus ihrer Sicht vernachlässigt. Die Möglichkeiten sind vielfältig, wichtig sind die Einbindung in ein therapeutisches Gesamtkonzept und die Kontrolle durch den Therapeuten, insbesondere bei labilen Jugendlichen. Des Weiteren muss meist der Anstoß von außen kommen, im Sinne einer »Hausaufgabe«, die dann in positiver Selbstverstärkung zur Automatisierung führt.

Gerade auch bei Traumatisierungen kann das Schreiben eines Tagebuches heilsame Wirkung haben, einmal in der Auseinandersetzung mit den Ereignissen, aber auch im Sinne des Zurückfindens in den Alltag und Identifizieren der Gefühle sowie ihre Zugehörigkeit zum Ereignis selbst oder zu momentanen Befindlichkeiten. Das Verfassen von Briefen bietet sich auch an bei überraschenden Todesfällen, um Abschied zu nehmen, oder auch als Korrespondenz mit einem wichtigen Ratgeber.

Manchmal führt eine solche intensive Auseinandersetzung zu erstaunlichen Entwicklungen, z. B. das Schreiben eines Buches oder eines Gedichtbandes, meist mit autobiografischem Inhalt, im Sinne von »sich etwas von der Seele schreiben«.

Im stationären Rahmen kann eine »Stationszeitung« ein kontinuierliches Projekt sein, in das sich die jeweiligen Jugendlichen aktiv einbringen und sich insbesondere auch mit dem Thema »Psychiatrie« intensiv auseinandersetzen können. Dies setzt voraus, dass ein Therapeut dieses Thema fortlaufend betreut und Mitarbeiter bereit sind, sich hier zu beteiligen. Hier kann auch die Idee der Schreibwerkstatt umgesetzt werden, in der Gemeinschaftsaktivitäten ihren Platz finden (Straub 1998).

Lesen

Neben der bereits im vorigen Kapitel beschriebenen Ratgeberliteratur empfehlen sich im Jugendalter insbesondere Autobiografien, die eine Auseinandersetzung mit der Thematik im Sinne einer Identifikation mit dem »Helden« ermöglichen. Einer, der es geschafft hat, aus einem Teufelskreis auszubrechen, kann als Vorbild dienen, Mut machen, auch ausweglos erscheinende Situationen anzupacken (Schmitt-Kilian u. Niedrig 2007).

Allerdings ist auch hier bei der Auswahl Vorsicht geboten und eine Besprechung der Inhalte obligat. Gerade bei impulsiven Störungen muss immer auch mit Überidentifikationen sowie zu starker Übernahme der angebotenen Erklärungsmuster gerechnet werden.

Beim Thema »Essstörungen« macht sich dies sehr stark bemerkbar, sodass hier eine besonders sorgfältige Auswahl und Einbindung in ein therapeutisches Gesamtkonzept erfolgen sollte (Biermann 2006). Dagegen regen Kurzgeschichten z. B. in einer Essstörungsgruppe die Auseinandersetzung beispielhaft an und führen zu Diskussionen, die durch den dargebotenen Stoff zunächst eine neutralere Grundlage erhalten (Jenkner 2006).

Unter der Überschrift »Hautnah« bieten verschiedene Verlage zu unterschiedlichen Bereichen autobiografische Literatur an, die sich mit jugendtypischen Themen beschäftigt und so Grundlage für themenbezogene Auseinandersetzungen bietet. Hier geht es um Gewalt, Tod vertrauter Personen, suizidale Impulse, Wut, Liebe usw. (z. B. Frey 2004; Thydell 2005).

Jugendliche mit einem Asperger-Syndrom profitieren oft sehr vom Lesen der autobiografischen Geschichten, meist hilft es auch beim eigenen Verstehen der Störung sowie als Beispiel für Lebensstrategien und Bewältigung der Situation (Brauns 2002; Schäfer 2001). Diese dienen auch Geschwistern und Eltern zum besseren Verstehen der vorherrschenden Denkmuster und Besonderheiten, sodass weniger Ablehnung erfolgt und Verständnis für die Situation geweckt wird.

Im Rahmen eines kontinuierlichen therapeutischen Prozesses, in dem es auch um Sinnfindung und Orientierung geht, haben sogenannte »Mutmachmärchen« (z. B. Meisinger 2004) ihren Platz. Sie leben von der Symbolik ihres Inhaltes, Interpretationen sind in verschiedene Richtungen möglich, die daraus zu schließenden Ergebnisse sind individuell. Hier hat auch das Lesen von Gedichten, religiöser Literatur und aller Formen von Sinnsprüchen einen Platz. Wichtig erscheint hierbei, dem Jugendlichen Lösungen offen zu lassen, ihn nicht zu manipulieren, sondern Angebote so zu gestalten, dass eigene Entwicklungen möglich werden.

Vorsicht ist geboten bei floriden Psychosen, akuten Depressionen oder bestehender Suizidalität. Allerdings ist in dieser akuten Phase die Lesebereitschaft vermutlich deutlich reduziert. Bei Suizidalität empfiehlt sich eher der expressive Bereich, erst im weiteren Verlauf sind sorgfältig ausgewählte Geschichten hilfreich (Lottermoser 2004).

53.4 Fazit

So wie einst die Buchdruckkunst die Welt revolutionierte, stehen wir jetzt im Zeichen der digitalen Revolution und sind gehalten, uns sowohl mit dem einen als auch mit dem anderen auseinanderzusetzen. Dabei zeigen sich in beiden Bereichen Chancen und Risiken, die einerseits im therapeutischen Alltag zu bedenken und andererseits zu nutzen sind.

Im Bereich der digitalen Medien steht vor allem der Einfluss aggressiver Spielinhalte auf gewalttätiges Verhalten bei Kindern und Jugendlichen im Zentrum der Diskussion. Trotz einer Fülle an – teilweise sehr widersprüchlichen – Studien kann abschließend zum momentanen Zeitpunkt noch keine definitive Aussage über die Langzeitwirkungen solcher Spielinhalte getroffen werden. Es zeigt sich jedoch durchgängig, dass aggressivere Kinder und Jugendliche dazu tendieren, sich auch mit gewalttätigen Spielinhalten auseinanderzusetzen.

Da der Umgang mit Medien als Teil der Lebensumwelt heute heranwachsender Kinder und Jugendlicher gesehen werden muss und die Beschäftigung mit Medien in dieser Gruppe auch als wichtige Kommunikationsmöglichkeit dient (sei es im Austausch über Spiele, im Chat oder über Forennutzung im Internet), tun sich gerade in der Nutzung dieser (nicht mehr ganz so) neuen Medien auch Chancen für psychotherapeutische Interventionen auf. Vor allem die Möglichkeit zu einer unkomplizierten und den Jugendlichen vertrauten Kontaktaufnahme über elektronische Medien oder die der Bibliotherapie entlehnte Idee, über Filminhalte therapeutisch an relevanten Themen zu arbeiten, sollen hier herausgehoben werden.

Die Bibliotherapie wird als eine Methode der Kunsttherapie gesehen und ist als solche gerade in der Adoleszenz im Rahmen von Sinnsuche und Orientierung hilfreich einzusetzen. Sowohl Lesen als auch Schreiben können einen therapeutischen Prozess unterstützen und somit auch zur Gesundung beitragen. Hierzu sind verschiedene Methoden geeignet, die je nach Situation und Fragestellung eingesetzt werden können. Mancher Patient entdeckt hier neue schriftstellerische Fähigkeiten und nutzt diese auch nach Beendigung der Therapie weiterhin aktiv.

Literatur

Aboujaoude E, Koran LM, Gamel N, Large MD, Serpe RT. Potential markers for problematic internet use: a telephone survey of 2,513 adults. CNS Spectr 2006; 11: 750-55.

American Academy of Pediatrics (AAP). Children, Adolescents, and Television. Pediatrics 2001; 107: 423-6. Media Guidelines for parents der AAP: http://www.medem.com/medlb.

Anderson CA. An update on the effects of playing violent video games. J Adolesc 2004; 27: 113-22.

Anderson CA, Bushman BJ. Effects of violent video games on aggressive behavior, aggressive cognition, aggressive affect, physiological arousal, and prosocial behavior: a meta-analytic review of the scientific literature. Psychol Sci 2001; 12: 353-9.

Anderson CA, Bushman BJ. The effects of media violence on society. Science 2002; 295: 2377-8.

Anderson CA, Dill KE. Video games and aggressive thoughts, feelings, and behaviour in the laboratory and in life. J Pers Soc Psychol 2000; 78: 772-90.

Anderson CA, Carnagy NL, Flanagan M, Benjamin AJ Jr, Eubanks J, Valentine JC. Violent video games: specific effects of violent content on aggressive thoughts and behavior. Adv Exp Soc Psychol 2004; 36: 199-249.

Barron M, Kimmel M. Sexual violence in three pornographic media: toward a sociological explanation. J Sex Res 2000; 37: 161-8.

Biermann B. Engel haben keinen Hunger. Weinheim: Beltz 2006.

Brauns, Axel: Buntschatten und Fledermäuse. Hamburg: Hoffmann & Campe 2002.

Browne KD, Hamilton-Giachritsis C. The influence of violent media on childrean and adolescents: a public health approach. Lancet 2005; 365: 702-10.

Cao F, Su L. Internet addiction among chinese adolescents: prevalence and psychological features. Child Care Health Dev 2007; 33: 275-81.

Döpfner M, Pluck J, Berner W, Fegert JM, Huss M, Lenz K, Schmeck K, Lehmkuhl U, Poustka F, Lehmkuhl G.) Mental disturbances in children and adolescents in Germany. results of a representative study: age, gender and rater effects. Z Kinder Jugendpsychiatr Psychother 1997; 25: 218-33.

Ferraro G, Caci B, D'Amico A, Di Blasi M. Internet addiction disorder: an Italian study. Cyberpsychol Behav 2007; 10: 170-5.

Frankl VE. Das Buch als Therapeutikum. In: Frankl VE (Hrsg). Der Mensch vor der Frage nach dem Sinn. 8. Aufl. München: Piper 1990.

Frey J. Die vergitterte Welt. Bindlach: Loewe 2004.

Funk JB, Bechtoldt Baldacci H, Pasold T, Baumgardner J. Violence exposure in real life, video games, television, movies, and the internet: is there desensitization? J Adolesc 2004; 27: 23-39.

Gentile DA, Lynch PJ, Linder JR, Walsh DA. The effects of violent video game habits on adolescent hostility, aggressive behaviors, and school performance. J Adolesc 2004; 27: 5-22.

Griffiths M. Violent video games and aggression: a review of the literature. Aggression and Violent Behavior 1999; 4: 203-12.

Griffiths M. Video game and health. BMJ 2005; 331: 122-3.

Grüsser SM, Thalemann R, Griffith MD. Excessive computer game playing: evidence for addiction and aggression? Cyberpsychol Behav 2007; 10: 290-2.

Haffner J, Roos J, Stehen R, Parzer P, Klett M, Resch F. Lebenssituation und Verhalten von Jugendlichen. Accessible at: http://www.rhein-neckar-kreis.de/servlet/PB/show/1599900. 2006.

Hesley JW, Hesley JG. Rent two films and let's talk in the morning: using popular movies in psychotherapy. New York: Wiley & Sons 2001.

Hill A, Briken P, Berner W. Pornographie und sexuelle Gewalt im Internet. Bundesgesundheitsbl Gesundheitsforsch Gesundheitsschutz 2007; 50: 90-102.

Horn AB, Mehl MR. Expressives Schreiben als Copingtechnik: Ein Überblick über den Stand der Forschung. Verhaltenstherapie 2004; 14: 274-83.

Jenkner M. Nimmersatt und Hungermatt. München: Frauenoffensive 2006.

Johansson A, Götestam KG. Internet addiction: characteristics of a questionnaire and prevalence in Norwegian youth (12-18 years). Scand J Psychol 2004; 45: 223-9.

Johnson JG, Cohen P, Smailes EM, Kasen S, Brrok JS. Television viewing and aggressive behavior during adolescence and adulthood. Science 2002; 295: 2468-71.

Kim K, Ryu E, Chon MY, Yeun EJ, Choi SY, Seo JS, Nam BW. Internet addiction in Korean adolescents and ist relation to depression and suicidal ideation: a questionnaire survey. Int J Nurs Stud 2006; 43: 185-92.

Ko CH, Yen JY, Chen CC, Chen SH, Yen CF. Gender differences and related factors affecting online gaming addiction among Taiwanese adolescents. J Nerv Ment Dis 2005a; 193: 273-7.

Ko CH, Yen JY, Yen CF, Chen CC, Yen CN, Chen SH. Screening for internet-addiction: an empirical study on cut-off points for the Chen Internet Addiction Scale. Kaohsiung J Med Sci 2005b; 21: 545-51.

Krahe B, Moller I. Plying violent electronic games, hostile attributional style, and aggression-related norms in German adolescents. J Adolesc 2004; 27: 53-69.

Kutner L, Olson CK. Grand Theft Childhood. The surprising truth about violent video games. New York, London, Toronto, Sydney: Simon & Schuster 2008.

Lavin MJ, Yuen CN, Weinmann M, Kozak K. Internet dependence in the collegiate population: the role of shyness. Cyberpsychol Behav 2004; 7: 379-83.

Lemmens JS, Bushman BJ. The appeal of violent video games to lower educated aggressive adolescent boys from two countries. Cyberpsychol Behav 2006; 9: 638-41.

Longo RE, Brown SM, Orentt DP. Effects of internet sexuality on children and adolescents. In: Cooper A (ed). Sex and the internet. New York: Brunner-Routledge 2002; 87-104.

Lottermoser M. Leseverhalten bei Patienten mit psychischen Erkrankungen. Dissertation. TU München. 2004 (http://tumb1.biblio.tu-muenchen.de/publ/diss/me/2004/lottermoser.pdf).

Marci-Boehncke G, Rath M (Hrsg). Jugend – Werte – Medien: Die Studie. Weinheim: Beltz 2007.

Mardorf E. Ich schreibe täglich an mich selbst. Im Tagebuch die eigenen Stärken entdecken. München: Kösel 1999.

Marrs RW. A meta-analysis of bibliotherapy studies. J Comm Psychol 1995; 23: 843-70.

Meisinger U. Die Löwin und der Fisch. Mutmachmärchen. München: Bayerische Krebsgesellschaft e. V. 2004.

Mitchell KJ, Finkelhor D, Wolak J. Risk factors for and impact of online sexual solicitation of youth. JAMA 2001; 285: 3011-4.

Moreno MA, Parks M, Richardson LP. What are adolescents showing the world about their health risk behaviors on MySpace? MedGenMed 2007; 9: 9 (accessible at: http://www.medscape.com/viewarticle/563320).

Mößle T, Kleinmann M, Rehbein F, Pfeiffer C. Mediennutzung, Schulerfolg, Jugendgewalt und die Krise der Jungen. Z Jugendkr Jugendh 2006; 3: 1-22.

Niedermayer G. Bibliotherapie – eine Bestandsaufnahme in Zeiten des Internet. Diplomarbeit. Eisenstadt 2006.

Oehme A. Möglichkeiten und Grenzen bibliotherapeutischer Arbeit für den Literaturunterricht unter Berücksichtigung von Prävention bzw. Abbau von Verhaltensstörungen. Online im Internet: URL: http://www.foepaed.net/oehme/bibliotherapie.pdf. 2002.

Olson CK. Media violence research and youth violence data: why do they conflict? Academic Psychiatry 2004; 28: 144–50.

O'Reilly M. Internet addiction: a new disorder enters the medical lexicon. Can Med Assoc J 1996; 154: 1882–3.

Petzold HG, Orth I. Poesie- und Bibliotherapie. Entwicklung, Konzepte und Theorie – Methodik und Praxis des Integrativen Ansatzes. In: Petzold HG, Orth I (Hrsg). Poesie und Therapie. Über die Heilkraft der Sprache. Poesietherapie, Bibliotherapie, Literarische Werkstätten. Bielefeld, Locarno: Aisthesis 2005; 21–101.

Rauterberg M. Emotional effects of shooting activities: «real« versus «virtual« actions and targets. ICEC 2003 Proceedings, ACM digital library: 1–8.

Schäfer S. Äpfel, Sterne und rundes Glas. Stuttgart: Verlag freies Geistesleben 2001.

Schmitt-Kilian J, Niedrig A. Vom Junkie zum Ironman. München: Heyne 2007.

Sharif I, Sargent JD. Association between television, movie, and video game exposure and school performance. Pediatrics 2006; 118: 1061–70.

Straub S. Was Schreiben bewirken kann. Therapeutische Wirkmomente in poesie- und bibliotherapeutisch orientierten Schreibwerkstätten eines Jugendgefängnisses. In: Koch HH, Kessler N (Hrsg). Schreiben und Lesen in psychischen Krisen. Gespräche zwischen Wissenschaft und Praxis. Bonn: Psychiatrie-Verlag; Neumünster: Paramus-Verlag 1998; 159–86.

Thydell J. An der Decke leuchten die Sterne. Hamburg: Friedrich Oettinger 2005.

Uhlmann E, Swanson J. Exposure to violent video games increases automatic aggressiveness. J Adolesc 2004; 27: 41–52.

Widyanto L, McMurran M. The psychometric properties of the internet addiction test. Cyberpsychol Behav 2004; 7: 443–50.

Wolak J, Mitchell K, Finkelhor D. Unwanted and wanted exposure to online pornography in a national sample of youth Internet users. Pediatrics 2007; 119: 247–57.

Yen JY, Ko CH, Yen CF, Wu HY, Yang MJ. The comorbid psychiatric symptoms of internet addiction: attention deficit and hyperactivity disorder (ADHD), depression, social phobia, and hostility. J Adolesc Health 2007; 41: 93–8.

54 Psychopharmakotherapie

Michael Kölch, Jörg M. Fegert und Harald J. Freyberger

Inhalt

54.1	Psychopharmakoepidemiologie	719
54.2	Grundbegriffe der Pharmakotherapie	720
54.3	Besonderheiten der Psychopharmakabehandlung im Kindes- und Jugendalter	721
54.4	Generelle Aspekte der Entwicklung von Arzneimitteln und Besonderheiten bei Minderjährigen und Adoleszenten	722
54.5	Einzelne Substanzgruppen	725
54.6	Sonderfall: chemical restraint	734
54.7	Fazit	734
Literatur		734

Zusammenfassung

Die Pharmakotherapie bei psychischen Störungen nimmt seit langer Zeit in der Erwachsenenpsychiatrie einen hohen Stellenwert ein, seit einigen Jahren nehmen psychopharmakotherapeutische Interventionen auch im Kindes- und Jugendalter zu. Psychopharmakotherapie sollte bei Jugendlichen und Adoleszenten immer eingebettet sein in ein multimodales Behandlungskonzept. Ein Einsatz von Psychopharmaka ist nach Art der Störung, Schweregrad, persönlichen Ressourcen, der Kombination mit psychotherapeutischen Interventionen und auch der Evidenz und den Erfolgsaussichten eines Arzneimittels abzuwägen. Einige Störungsbilder sind ohne Psychopharmakotherapie nicht oder zumindest kaum beherrschbar, wie z. B. schizophrene oder bipolare Erkrankungen. Auch die Aufmerksamkeitsdefizit-Hyperaktivitätsstörung (ADHS) wird zunehmend bis in das Erwachsenenalter medikamentös behandelt. Bei manchen Störungen, wie Tic-Störungen, Depressionen oder Zwangsstörungen, erleichtert oder erhöht die Arzneimitteltherapie die Wirksamkeit der Psychotherapie. Neben der im Erwachsenenalter bisher wenig relevanten Pharmakotherapie bei ADHS sind es Interventionen bei selbstverletzendem Verhalten oder Stimmungsinstabilität im Rahmen von Borderline-ähnlichen Syndromen, die eine Besonderheit der Pharmakotherapie in der Adoleszenz darstellen. Daneben zeigen sich aber auch bei der medikamentösen Therapie der Depression und Schizophrenie Besonderheiten, z. B. in der Substanzwahl, bei Jugendlichen und jungen Erwachsenen. Die Zulassungssituation und die Pharmakosicherheit sind weiterhin meist unbefriedigend bei einem Einsatz von Psychopharmaka bei Jugendlichen.

54.1 Psychopharmakoepidemiologie

Die Verordnungszahlen für **psychotrop wirksame Arzneimittel** steigen seit den letzten Jahren (Glaeske u. Janhsen 2007). Der Kinder- und Jugendlichen-Gesundheits-Survey des Robert-Koch-Instituts (KIGGS) ergab, dass auf das Nervensystem wirksame Arzneimittel zu den am häufigsten eingenommenen Arzneimitteln bei Kindern und Jugendlichen gehören (Knopf 2007). Verschiedene epidemiologische Studien zeigen, dass die Verordnungszahlen jedoch sehr differenziert betrachtet werden müssen (Zito et al. 2006). Im internationalen Vergleich zeigen sich für Deutschland einige Besonderheiten im Verordnungsverhalten. Hinsichtlich der Verordnungen von Methylphenidat ist eine deutliche Zunahme über das letzte Jahrzehnt zu verzeichnen, auch in Deutschland. In einer internationalen Vergleichsstudie zur Verordnung von Stimulanzien (Zito et al. 2006) lag im Vergleich zwischen einer US-amerikanischen, niederländischen, deutschen und einer britischen Verordnungspopulation die Stimulanzienverordnung in den USA im Jahr 2000 3,6-mal höher als in Deutschland und 13-mal höher als in Großbritannien. Dennoch lag sie auch in den USA insgesamt bei unter 3 %, sodass sicher nicht davon ausgegangen werden kann, dass alle diagnostizierbaren Erkrankungen des hyperkinetischen Formenkreises derzeit medikamentös behandelt werden. Ein weiterer wesentlicher Unterschied in der Pharmakoepidemiologie zwischen den USA und Europa ist der verbreitete Einsatz von Amphetaminen, die in den USA ca. die Hälfte des Verordnungsvolumens ausmachen, während sie in Europa nur verschwindende Prozentanteile einnehmen. Aktuelle Verschreibungsdaten aus Deutschland (Glaeske u. Janhsen 2007) sprechen nun von einer Verordnungsprävalenz für 2006 von 1,69 % (2,66 % der Jungen und 0,67 % der Mädchen). Deutliche Veränderungen sind in Bezug auf den Einsatz von langwirksamen Stimulanzien zu beobachten. Diese sind im Jahr 2006 in Deutschland für knapp drei Viertel der definierten täglichen Dosen (was 85 % der Verschreibungskosten entspricht) für Stimulanzien bei Kindern und Jugendlichen verantwortlich. Relativ gering sind die Verordnungsraten von Atomoxetin (mit 0,2 % insgesamt).

Die Verordnungszahlen für **Antidepressiva** bei Minderjährigen sind in Deutschland relativ konstant geblieben (Fegert et al. 2006). Die am häufigsten in Deutschland verordneten Arzneimittel gegen affektive Störungen sind Johanniskraut und tri- und tetrazyklische Antidepressiva, während in den USA und den Niederlanden etwa die selektiven Serotonin-Wiederaufnahmehemmer (SSRI) dominieren (Kölch et al. 2006). Seit der Debatte um die SSRI (s. u.) zeichnet sich in den USA ein Rückgang der Verordnungen von SSRI ab (Gibbons et al. 2006, 2007). Im Jahr 2000 lag die Antidepressiva-Verordnungsprävalenz bei Jugendlichen in den USA bei 1,6 %, in Deutschland bei 1 ‰ und in den Niederlanden bei 5 ‰ (Zito et al. 2006), wenn man Johanniskraut nicht mit einbezog.

Bei den **Antipsychotika/Neuroleptika** zeigt sich ein moderater Anstieg. In Deutschland überwiegen bei den Neuroleptika die Verordnungen von sogenannten klassischen Neuroleptika der ersten Generation, während in den USA sowohl mehr Neuroleptika insgesamt als auch vor allem sogenannte atypische Neuroleptika verordnet werden (Aparasu u. Bhatara 2007).

> Insgesamt kann im internationalen pharmakoepidemiologischen Vergleich festgestellt werden, dass aufgrund der Verordnungsraten generell in Deutschland nicht von einer Tendenz zur Überverordnung von Psychopharmaka im Kindes- und Jugendalter ausgegangen werden kann.

54.2 Grundbegriffe der Pharmakotherapie

54.2.1 Terminologie

> Als **Arzneimittel** bezeichnet man einen Stoff (oder eine Substanz), der eine bestimmte pharmakologische Wirkung im Organismus erzielt und dessen Zweck die Heilung, Linderung, Verhütung oder Erkennung von Krankheiten ist.

Die Darreichungsform eines Arzneimittels kann sehr unterschiedlich sein, in der Psychiatrie dominieren Tabletten und Kapseln. Bestandteile eines Arzneimittels sind sein Arzneistoff und Hilfsstoffe, wobei die gewünschte Wirkung durch den Arzneistoff ausgelöst werden soll. Die Einteilung der Arzneimittel erfolgt nach ihrer Hauptwirkung im Anatomisch-Therapeutisch-Chemischen Klassifikationscode (ATC-Code) mittels mehrerer Stellen (Antidepressiva z. B. ATC N06). Neben natürlich vorkommenden Arzneistoffen (Naturstoffe) werden auch ihre partialsynthetischen Abkömmlinge und vollsynthetisch hergestellte chemische Arzneistoffe verwendet.

> **Psychopharmaka** sind alle diejenigen Arzneimittel, deren Wirkung auf die Psyche des Menschen abzielt. Ein Arzneimittel, dessen Nebenwirkungen auf die Psyche gerichtet sind (etwa Halluzinationen oder Unruhe nach bestimmten Antibiotika), dessen primäre Zielwirkung sich aber bei einem anderen Organsystem entfalten soll, wird nicht als Psychopharmaka bezeichnet.

Psychopharmakotherapie bedeutet also den Einsatz von Substanzen oder Arzneimitteln, die ihre Zielwirkung im ZNS haben und die psychische Befindlichkeit des Behandelten verändern sollen. Zielsymptome von pharmakotherapeutischen Maßnahmen können jegliche psychische oder psychopathologische Phänomene sein.

54.2.2 Wirkung von Arzneimitteln

> Der Prozess der Freisetzung, Absorption, Verteilung im Organismus sowie Verstoffwechselung und Ausscheidung eines Arzneimittels wird als **Pharmakokinetik** bezeichnet. Alle die Prozesse, die das Arzneimittel bzw. seine wirksame Substanz im Körper bewirken, werden als **Pharmakodynamik** bezeichnet.

Sowohl Pharmakodynamik wie Pharmakokinetik sind sehr komplexe Vorgänge, die sowohl von Wirkstoff zu Wirkstoff als auch von Individuum zu Individuum differieren können (Gerlach 2004). Die Pharmakodynamik, die Wirkung des Arzneimittels auf physiologischer und molekularer Ebene auf den Organismus, kann über verschiedenste Wege vermittelt werden. Eine Wirkung erfolgt über die Signalverarbeitung in den Gehirnstrukturen; die Tätigkeit und Aktivität der Nervenzelle kann über Beeinflussung von Rezeptoren und über Ionenkanäle, die sich vermehrt oder weniger öffnen, verändert werden. Diese Signalverarbeitung kann direkt oder über weitere Signalsysteme (sog. Second-Messenger-Systeme) indirekt erfolgen. Arzneimittel können aber auch auf Vorgänge im Zellinneren und den Zellkern einwirken, die Apoptose und die Neurogenese beeinflussen (Sodhi u. Sanders-Bush 2004). Die Pharmakodynamik ist von vielen Faktoren, wie etwa der Dosis-Wirkungs-Kurve des Arzneimittels, der Rezeptoraffinität der Wirksubstanz, anderen (am Rezeptor konkurrierenden) Substanzen etc., abhängig (Fritze 2004).

54.2.3 Transmitter im ZNS

Die hauptsächlich im Gehirn relevanten Transmitter sind Serotonin und Acetylcholin, die Katecholamine Dopamin, Noradrenalin und Adrenalin sowie die Aminosäuren Aspartat, Glutamat und Gammaaminobuttersäure (GABA) (Gerlach 2004).

Glutamat, eine Aminosäure, ist der quantitativ am häufigsten vorkommende exzitatorische Transmitter im ZNS, d. h. über Glutamat werden Zellverbände erregt und aktiviert.

Die Aminosäure **GABA** ist dagegen der quantitativ am häufigsten vorkommende inhibitorische Transmitter im ZNS.

Serotonin wird aus der Aminosäure Tryptophan durch Umbauprozesse gebildet. Das serotonerge System besitzt mindestens sieben verschiedene Rezeptoren (= 5-HT-Rezeptoren). Es kommt im Hirn überall vor, seinen Ausgang nimmt es von den dem Mittelhirn nahen Raphe-Kernen. Das serotonerge System hat Einfluss auf Impulsivität und Aggression, die Rezeptoren 5-HT$_{1A}$ scheinen eine Bedeutung für die Regulation der Angst und bei depressiven Störungen zu besitzen.

Dopamin ist als Transmitter sowohl für motorische als auch für Denk- und Fühlprozesse bedeutsam. Vier unterschiedliche Dopamin-Systeme im Gehirn werden unterschieden:
- das nigrostriatale System (v. a. motorische Funktionen)
- das mesolimbische System (Belohnungs- und Appetenzmechanismen)
- das mesokortikale System (Handlungsplanung)
- das tubero-infundibuläre System (Hypothalamus-Hypophyse: Prolaktin)

Über das dopaminerge System werden unter anderem die Wirkungen bzw. auch die Nebenwirkungen von Antipsychotika erklärt.

Das **noradrenerge System** (Adrenalin und Noradrenalin) hat Bedeutung für die Aufmerksamkeit und ist unter anderem im Locus caeruleus lokalisiert. Psychopharmakologisch ist es etwa bei ADHS und auch bei Depression und Angst involviert. Daneben haben beide Transmitter über ihre periphere Wirkung auf den Sympathikus bzw. Parasympathikus eine essenzielle Bedeutung für die Steuerung zentralnervöser autonomer Funktionen, etwa auch bei Angst und Erregung.

54.3 Besonderheiten der Psychopharmakobehandlung im Kindes- und Jugendalter

Der Organismus des Minderjährigen weist physiologische Besonderheiten auf, die die Pharmakotherapie komplizieren können, da Resorption, Verstoffwechselung etc. verschieden vom Erwachsenen sind (Seyberth et al. 2002). So übertrifft zu manchen Zeiten beim Kind die Stoffwechselleistung der Leber diejenige eines Erwachsenen um ein Vielfaches, was zur Folge hat, dass Arzneimittel rascher als beim Erwachsenen abgebaut werden können. Zum anderen ist je nach Alter des Kindes die Filter- und Ausscheidungsleistung der Nieren deutlich geringer oder viel größer als beim Erwachsenen. Hinzu kommen noch unterschiedliche Fett- bzw. Wasseranteile im Körper, eine sich erst entwickelnde Blut-Hirn-Schranke, weitaus mehr Substanzen, die das Hirn diffundieren lässt als bei Erwachsenen, differente Plasma- und Rezeptorbindungen und viele weitere Besonderheiten. Somit sind gerade die Pharmakokinetik und -dynamik in der menschlichen Entwicklung einer starken Variabilität unterworfen. International werden fünf Stadien nach der International Conference of Harmonization (ICH) im Kindes- und Jugendalter unterschieden, wobei ab dem Alter von zwei Jahren nur mehr das (Schul-)Kind bis zum Alter von elf Jahren und dann der Adoleszent im Alter von 12 bis 16 oder 18 Jahre unterschieden werden.

> Zwar besitzt das Gehirn eine lebenslange Plastizität, die Auf- und Umbauvorgänge sind aber am dramatischsten vorgeburtlich sowie im Kindes- und Jugendalter (Andersen 2005) (Abb. 54-1).

Die Erfahrungen mit der Arzneimittelanwendung bei Erwachsenen können weder hinsichtlich Dosis und Wirkspiegeln noch Wirkung und Nebenwirkung unmittelbar auf Jugendliche und Adoleszente übertragen werden. Für die Wirksamkeit einer Substanz entscheidender als die oral eingenommene Dosis ist die letztlich im Blutserum oder -plasma erreichte Konzentration des Wirkstoffs (d. h. Muttersubstanz und aktive Metaboliten), die mit derjenigen am Zielorgan besser korreliert als die Dosierung (Baumann et al. 2004;

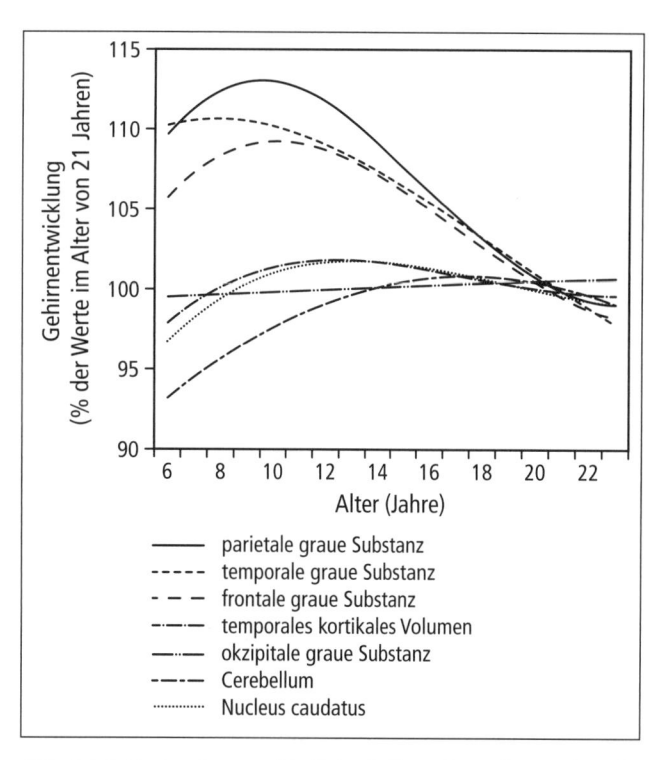

Abb. 54-1 Regional unterschiedliche Reifung des Gehirns. Altersabhängige Entwicklung der grauen Substanz beim Menschen (nach Andersen 2005).

Laux u. Riederer 1992). Therapeutische Serum- bzw. Plasmaspiegel für Psychopharmaka sind für Minderjährige in den wenigsten Fällen definiert (Gerlach et al. 2006b). Blutspiegelwerte für einzelne Arzneimittel, wie sie für Erwachsene vorliegen, sind bei Minderjährigen nur bedingt zu übertragen und die Dosierung von Arzneimitteln lässt sich häufig nicht allein auf einer linearen Kurve pro Kilogramm Körpergewicht vom Erwachsenen herunterrechnen (Baumann et al. 2004; Hiemke et al. 2000). Bei manchen Medikamenten benötigen Minderjährige bezogen auf das Körpergewicht proportional deutlich höhere Dosen als Erwachsene (Trott 2004). Für den Großteil der Psychopharmaka sind die alters- und entwicklungsabhängigen Veränderungen, die die medikamentöse Therapie im Kindes- und Jugendalter beeinflussen, ungenügend untersucht worden (Gerlach et al. 2006b). Bei Phasenprophylaktika allerdings, wie Lithium, Carbamazepin und Valproinsäure sowie andere Antiepileptika, hat sich die Aufdosierung nach Serum-/Plasmaspiegel ähnlich wie bei Erwachsenen etabliert; zudem gibt es für Antiepileptika mehr Erfahrungswerte auch durch pädiatrische Studien.

Eine weitere Besonderheit der Pharmakotherapie bei Minderjährigen ist die Möglichkeit von spezifischen, altersabhängigen Nebenwirkungen. So können z. B. die selektiven Serotonin-Wiederaufnahmehemmer (SSRI) altersabhängig unterschiedliche Nebenwirkungen auslösen, bei Kindern z. B. vermehrt Übelkeit und Verhaltensaktivierungen (Safer u. Zito 2006; s. u.). Die Reifung des Körpers und die erhöhte Vulnerabilität des sich entwickelnden Gehirns mag auch für die nachgewiesene erhöhte Anfälligkeit von Minderjährigen für unerwünschte Wirkungen von Psychopharmaka verantwortlich sein.

Weitere entwicklungsabhängige Faktoren mit einem möglichen Einfluss auf die Pharmakotherapie sind speziell im Jugendalter eventuell vorkommende alterstypische Besonderheiten wie reduzierte Compliance, abweichendes Essverhalten, der beginnende Konsum von Nikotin und Alkohol oder Substanzmissbrauch. Für das atypische Neuroleptikum Quetiapin konnte z. B. gezeigt werden, dass der für Erwachsene bei 70–170 mg/ml genormte Serumspiegelbereich für Kinder und Jugendliche wahrscheinlich höher angesetzt werden muss (Gerlach et al. 2007).

Psychopharmaka haben neben der unmittelbaren Auswirkung auf Transmitterkonzentrationen durch Wiederaufnahmehemmung o. Ä. auch auf zellulärer Ebene Effekte, die sich etwa auf die Apoptose oder RNA-Expression auswirken (Benmansour et al. 1999; Frazer u. Benmansour 2002). Ludolph et al. (2006) zeigten, dass Methylphenidat keinen zelltoxischen Effekt, im Gegenteil sogar einen neurogenetischen Effekt besitzt. SSRI dagegen scheinen durchaus zu einer verstärkten Apoptose zu führen (Schaz et al. 2008). Zumindest zeigen sich unter SSRI-Gabe morphologische Veränderungen (Blakely et al. 1997; Kalia et al. 2000). Die fragliche Toxizität auf das ungeborene Kind bei Gabe in der Schwangerschaft hat selbstverständlich Relevanz bei adoleszenten Patientinnen, wobei derzeit die Fakten eher für ein transientes Syndrom nach der Geburt, damit für eine indizierte Weiterbehandlung der Mutter und intensivmedizinische Behandlung des Säuglings nach der Geburt sprechen (Högberg u. Wang 2005; Moses-Kolko et al. 2005).

54.4 Generelle Aspekte der Entwicklung von Arzneimitteln und Besonderheiten bei Minderjährigen und Adoleszenten

Nach der Erprobung im Labor und im Tierversuch wird die klinische Prüfung von Arzneimitteln am Menschen in vier Phasen eingeteilt:
- Die erste Phase umschließt die Prüfung an einer kleinen Gruppe gesunder freiwilliger Personen, um überhaupt die Verträglichkeit und Unbedenklichkeit des Pharmakons zu prüfen. Diese Phase findet bei Minderjährigen nie statt, da gesunde Minderjährige nicht in klinische Arzneimittelprüfungen eingeschlossen werden dürfen.
- In der zweiten Phase werden in kleinen Studien an Patienten Dosis und Verträglichkeit geprüft.
- Die dritte Phase schließt dann umfangreiche Prüfungen an größeren Patientengruppen ein, meist placebokontrolliert und doppelblind, um Wirksamkeit, Dosis und Nebenwirkungen zu erfassen.
- Als vierte Phase werden alle Studien nach Zulassung des Arzneimittels zusammengefasst (z. B. Sicherheit, Langzeitbeobachtung).

Für alle klinischen Prüfungen gilt, dass der Teilnehmer aufgeklärt werden muss und in die Teilnahme an der Studie einwilligen muss. Bei Minderjährigen ist die Aufklärung sowohl des Minderjährigen als auch seiner Sorgeberechtigten notwendig, die Sorgeberechtigten müssen zur Teilnahme einwilligen *(informed consent)*, der Minderjährige muss zustimmen *(assent)* (Kölch 2004).

Die Entwicklung eines Arzneimittels ist ein sehr aufwendiger und teurer Prozess, oftmals werden Kosten von über einer halben Milliarde Dollar angegeben, die die Entwicklung eines Arzneimittels bis zur Marktreife kostet (Entorf et al. 2004). Mehrere gesetzliche Veränderungen haben in den letzten Jahren stattgefunden, so die 12. Novelle des Arzneimittelgesetzes (AMG), die die EU-Direktive 20/2001 in nationales Recht umsetzte und der Forschung am Menschen einen neuen Rahmen gab. Nunmehr ist auch die Aufklärung und Einwilligung bei Minderjährigen klarer geregelt, ebenso wurde die Möglichkeit, mit Minderjährigen klinische Studien durchzuführen, auf eine neue Grundlage gestellt. Diese Gesetzesveränderung machte nun endlich auch

sogenannte gruppennützige Forschung an Kindern und Jugendlichen in Deutschland möglich (Fegert et al. 2003).
Die neueste Entwicklung ist die EU-Verordnung von 2007 zu Kinderarzneimitteln. Durch sie sollen vermehrt auch Arzneimittel an Minderjährigen geprüft werden, um die Arzneimittelversorgung für Minderjährige zu verbessern und vermehrt zugelassene und geprüfte Medikamente auch für sie zur Verfügung zu haben (Kölch et al. 2007).

54.4.1 Rechtliche Aspekte der Pharmakotherapie: Verordnungsmöglichkeiten und off label use

Hinsichtlich der Zulassung eines Arzneimittels gibt es Unterschiede: Arzneimittel können sowohl für eine bestimmte Altersgruppe als auch für eine bestimmte Indikation zugelassen sein. Ein Arzt darf prinzipiell jeden Stoff als Arzneimittel im Rahmen seiner Therapiefreiheit verordnen. Verordnet ein Arzt ein Arzneimittel außerhalb einer zugelassenen Altersgruppe, so bedeutet dies, dass er *off label* verordnet (Fegert et al. 2003). Verordnet er ein Arzneimittel außerhalb der Indikation, handelt es sich um einen sogenannten *unlicensed use*. Ein Arzt hat den Patienten darüber aufzuklären, wenn ein Arzneimittel nicht zugelassen ist. Neben der ganz praktischen Auswirkung, dass ein *off label* verordnetes Arzneimittel von der Kasse nicht erstattet werden muss, haftet auch der Hersteller nicht für etwaige Folgen oder Nebenwirkungen eines *off label* eingesetzten Medikaments (Schepker et al. 2007). Im Fall von Minderjährigen haben verschiedene Studien einen weit verbreiteten *off label use* vieler Arzneimittel aufgezeigt (Bücheler et al. 2002). Auch im Bereich der Pharmakotherapie psychischer Störungen bei Minderjährigen ergibt sich das Problem des *off label use*. So sind z. B. im Kindesalter bis auf Clozapin (ab 16 Jahren) keine der neueren atypischen Neuroleptika für den Einsatz bei schizophrenen Erkrankungen für Minderjährige zugelassen. Einzig Risperidon besitzt eine Zulassung für über Fünfjährige, jedoch nur bei der Indikation einer Impulskontrollstörung (Rote Liste 2007). Auch bei den Antidepressiva waren lange Zeit die SSRI für den Gebrauch bei Minderjährigen – mit der Ausnahme von Fluvoxamin für Zwangserkrankungen – nicht zugelassen, sondern nur die trizyklischen Antidepressiva. Seit Sommer 2006 besitzt nun Fluoxetin als einziger SSRI in einer bestimmten Applikationsform die Zulassung für den Einsatz bei leichten und mittelschweren Depressionen bei über Siebenjährigen.
Man darf aus dem Zulassungsstatus eines Arzneimittels nicht unmittelbar auf seine Sicherheit und Wirksamkeit schließen. So sind etwa die trizyklischen Antidepressiva für den Gebrauch bei Minderjährigen zugelassen, sie haben aber eine hohe Nebenwirkungsquote und besitzen ein hohes Mortalitätsrisiko bei willentlicher (etwa in suizidaler Absicht) oder unwillentlicher Überdosierung und zeigen keine Wirksamkeit auf die Zielsymptomatik Depression bei Minderjährigen (Hazell et al. 1995).
Jugendliche müssen adäquat an Behandlungsentscheidungen beteiligt werden. Dass dies im klinischen Alltag oft nicht gelingt, zeigt die Untersuchung zur Beteiligung von Kindern und Jugendlichen in der kinder- und jugendpsychiatrischen Behandlung (Fegert et al. 2000; Rothärmel et al. 2006). Jugendliche, die an einer schizophrenen Psychose leiden, fühlen sich weniger in Behandlungsentscheidungen einbezogen als andere Patientengruppen, nur 57,1 % gaben an, über Nebenwirkungen und Langzeitfolgen der Medikamente informiert worden zu sein. Lediglich 14,3 % wurden nach ihren Angaben über alternative Medikamente aufgeklärt. Gerade aber die Aufklärung über Behandlungsalternativen ist essenziell, um eine Entscheidung »aufgeklärt« treffen zu können. Die Aufklärung über die zugelassenen Behandlungsalternativen, z. B. bei schizophrenen Psychosen Haloperidol, muss natürlich einschließen, dass die Zulassung aufgrund historischer Zulassungsfakten, nicht aufgrund einer ausreichenden Datenlage besteht und dass, wie etwa bei den Trizyklika, damit keineswegs gesagt ist, dass diese Arzneimittel wirksam sind (s. Kap. 55).

54.4.2 Praktische Anwendung von Psychopharmaka im Kindes- und Jugendalter

Grundsätzlich sind, wie altersunabhängig bei allen Patienten, vorherige medikamentöse Behandlungsversuche und deren Erfolg bzw. Nebenwirkungen, die parallele Einnahme anderer Substanzen, Nikotin-, Alkohol- und gegebenenfalls Drogengebrauch, körperlich-systemische oder neurologische Grunderkrankungen sowie Unverträglichkeiten zu eruieren. Aus rechtlichen Gründen ist bei unter 18-Jährigen die Einbeziehung der Sorgeberechtigten unabdingbar; oft wird von weiteren Bezugspersonen (weitere Familienangehörige, Lehrkräfte, Jugendamtsmitarbeiter) ebenfalls eine Beteiligung gewünscht, die – sofern durch die Sorgeberechtigten genehmigt (Schweigepflichtsentbindung) – sehr sinnvoll und wichtig sein kann für die Adhärenz des Kindes, aber auch für Verlaufsbeurteilungen und ggf. auch Nebenwirkungsbeobachtung.

> ! Grundsätzlich sollten aber nicht nur Erwachsene, sondern immer auch der Jugendliche selbst altersentsprechend über die Medikation aufgeklärt werden.

Sonderfälle hinsichtlich der Einwilligung zu einer Medikation stellen jene Fälle dar, in denen ein Elternteil nicht einwilligen möchte oder wenn der Jugendliche durchaus eine Medikation wünscht, aber Eltern diese ablehnen. Hier sind dann die Aspekte Reife, Entwicklungsstand und Einwilligungsfähigkeit in die Entscheidung mit einzubeziehen und man muss immer eine individuelle Lösung finden (s. Kap. 55). Unter Umständen ist eine Medikation bei Einwilligung auch eines Minderjährigen gegen den Elternwillen möglich. Selbstverständlich sind in solchen Fällen auch gerichtliche Schritte (etwa mit zeitweiser Übertragung der Gesundheitsfürsorge auf einen Dritten) zu erwägen.

Die Adhärenz wird bei Adoleszenten auch von Effekten der Medikation auf den Lebensstil beeinflusst. Alkoholkarenz, Auswirkungen auf das Führen eines PKW oder überhaupt auf die Möglichkeit, einen Führerschein zu erwerben, sind Themen, die besprochen und bei der Auswahl der Medikation berücksichtigt werden müssen. Inwieweit die Peergroup von der Medikation erfahren darf, wie deren Einstellung zur Medikation ist, spielt eine entscheidende Rolle bei der Entscheidung von Jugendlichen und Adoleszenten für oder gegen eine Medikation. Auch das Thema Sexualität, Aussehen und ein eventueller Kinderwunsch sind altersspezifische Themen, die sowohl bei der Substanzwahl als auch bei der Aufklärung berücksichtigt werden müssen.

Je jünger Patienten sind, desto langsamer empfiehlt sich eine Aufdosierung. Bei Patienten mit Intelligenzminderung, die häufig mit unspezifischen hirnorganischen Veränderungen assoziiert ist, sind pharmakodynamische Unterschiede, z. B. paradoxe Reaktionen unter Stimulanzien oder Benzodiazepinen, zu bedenken. Dass eine körperliche Untersuchung und ggf. apparative (EKG und EEG) und Laboruntersuchungen durchgeführt werden, ist obligat. Bisweilen genügt eine Verlangsamung der Eindosierung, um Nebenwirkungen zu minimieren, zum Teil mag auch die Aufklärung, dass es sich oft um passagere Phänomene handelt, zur Beruhigung und weiteren Adhärenz beitragen. Gemeinsam mit dem Patienten und Bezugspersonen muss in geeigneten Abständen überprüft werden, ob die vereinbarten Zielsymptome durch die Behandlung tatsächlich erreicht und gebessert wurden und eventuell Dosisveränderungen oder bei fehlender Response der Wechsel zu einer alternativen Behandlungsstrategie geplant werden. Auch bei Jugendlichen gilt im Falle unzulänglicher Wirksamkeit, zunächst die Medikation soweit wie verträglich im therapeutischen Spektrum aufzudosieren, ehe ein Absetzen bzw. Wechsel avisiert werden. Primär muss auch überprüft werden, ob die Medikation überhaupt regelmäßig eingenommen wird. Dies kann bei potenziell wenig complianten Patienten im stationären Kontext unter Umständen durch Mundkontrolle geschehen, bei kooperativen Patienten, die jedoch aufgrund ihrer Erkrankung oder ihres jungen Alters strukturierende Erinnerung oder Unterstützung bei der Einnahme benötigen, durch eine Alarmuhr, die die Einnahmezeitpunkte signalisiert, durch elterliche Verabreichung (bzw. in der Schule Ausgabe durch informierte Lehrkräfte). Ein objektiverer Messparameter zum Nachweis der Substanzverfügbarkeit im Organismus ist die o. g. Serum- oder Plasmaspiegelbestimmung, die zusätzlich zur Dosisfindung beitragen kann.

54.4.3 Ethische Debatte um präventive Behandlung und Enhancement

Gerade im Jugendalter spielt aufgrund der Erkenntnisse aus epidemiologischen Untersuchungen über die Inzidenz von psychischen Erkrankungen die Frage der Prävention eine eminente Rolle. So könnten durch eine präventive medikamentöse Behandlung schwerste psychiatrische Störungen wie Schizophrenien bzw. das Ausbrechen des Vollbildes mit allen Konsequenzen auf das psychosoziale Funktionsniveau verhindert werden. Allerdings hat die Publikation von Yung und McGorry 1996 über Symptome für das Screening eines sogenannten Schizophrenie-Prodroms eher sehr unspezifische Symptome aufgeführt, allein ihr Auftreten in bestimmten Inanspruchnahmepopulationen und in einer gewissen Häufigkeit hat einen statistischen Hinweischarakter auf eine sich entwickelnde schizophrene Erkrankung. In der Stichprobe von McGorry et al. (2002) entwickelten 41 % der so identifizierten Jugendlichen innerhalb eines Jahres eine erste schizophrene Episode, 50 % innerhalb von zwei Jahren. In dieser Studie wurden 59 Probanden zwei randomisierten Untersuchungsgruppen zugeteilt, in denen neben anderen (psychosozialen) Interventionen eine Gruppe auch eine medikamentöse Prävention *(open label)* mit Risperidon (1–2 mg/d) erhielt. Zwar war das Ergebnis signifikant und wirkt überzeugend, von den Patienten mit Risperidon-Prophylaxe erkrankten 9,7 % (3 von 31) erstmalig an einer Psychose, drei weitere in den folgenden sechs Monaten. Im Vergleichsarm erkrankten dagegen 35,7 % (10 von 28). Jedoch muss man auch bedenken, dass die drei Erkrankten die Prophylaxe ohne einen erkennbaren Benefit einnahmen und beim größten Teil der Untersuchungsgruppe, nämlich 21 Probanden, nicht klar wurde, ob sie überhaupt ein Risiko für Schizophrenie hatten. Insofern müssen prädiktive Faktoren am Einzelfall sehr gut abgewogen werden, um eine pharmakologische Prävention zu rechtfertigen.

Seit dem Bericht der President's Commission (Beyond therapy 2003) besteht eine Debatte um Enhancement durch Psychopharmaka: Im Kindes- und Jugendalter besonders umstritten sind dabei Stimulanzien (s. u.) und stimmungsaufhellende SSRI. Gerade die Stimulanzien sind universelle Enhancer, d. h. sie steigern auch die Konzentrationsleistung bei gesunden Kindern, Jugendlichen und Erwachsenen. Insofern ist es nicht überraschend, dass diese Substanzen vor allem in den USA zunehmend z. B. in Prüfungssituationen missbraucht werden.

> Enhancement, ähnlich wie Doping im sportlichen Bereich, ist keine psychiatrische Aufgabe, und damit ist eine ärztliche Verordnung solcher Substanzen auf Krankenschein bei nicht diagnostizierten Jugendlichen ethisch nicht vertretbar.

Die Debatte um eine Behandlung auch im Erwachsenenalter, vor allem bei erstmaliger Diagnosestellung, wird sich hier in der Zukunft verstärken und neue Probleme aufwerfen. Aktuell wird bereits befürchtet, dass der ständige Anstieg der Verordnungszahlen von Methylphenidat in Deutschland bereits den Einsatz zum Zweck des Enhancements anzeige (Merkel et al. 2007; s. o.).

54.5 Einzelne Substanzgruppen

54.5.1 Neuroleptika

Neuroleptika oder Antipsychotika wurden ursprünglich zur Behandlung von Erkrankungen des schizophrenen Formenkreises entwickelt und revolutionierten in den 1950er Jahren die Behandlungsmöglichkeiten der Schizophrenie.

> Neuroleptika stellen eine Gruppe von Arzneimitteln dar, deren gemeinsames Merkmal eine Blockade von Rezeptoren des Botenstoffes Dopamin ist.

Je nach Profil des Wirkstoffs werden mitunter auch noch andere Rezeptoren blockiert (z. B. muskarinerge, adrenerge, histaminerge etc.). Dies ist sowohl für die spezifische Wirkung eines Präparates bedeutsam, hat aber auch – genauso wie die Blockade des Subtyps des Dopamin-Rezeptors – einen großen Einfluss auf die möglichen unerwünschten Wirkungen. Fünf Rezeptor-Subtypen bezüglich Dopamin sind bekannt, die nach ihrer Signaltransduktion eingeteilt werden können in die D_1-/D_5-Rezeptoren (exzitatorisch) und die D_2-/D_3-/D_4-Rezeptoren (inhibitorisch). Die Rezeptoren finden sich unterschiedlich verteilt, der D_1-Rezeptor z. B. kommt in den Basalganglien und in der Großhirnrinde vor, der D_2-Rezeptor im Striatum, dem Hypophysenvorderlappen und der Area postrema, D_3 im Cerebellum, D_4 und D_5 im Hippocampus und der Amygdala, D_4 zusätzlich noch im Frontallappen. Aus dieser Verteilung ergeben sich bereits spezielle Wirkungsorte der Neuroleptika bzw. typische Nebenwirkungen, die durch Neuroleptika ausgelöst werden können. Die antiemetische Wirkung z. B. wird über D_2-Rezeptoren in der Area postrema vermittelt, ebenso über D_2 die Hyperprolaktinämie über die Hypophyse, die manche Neuroleptika auslösen können. Eine möglichst spezifische Wirkung auf spezielle Rezeptoren ist daher das Desiderat in der pharmakologischen Forschung zu Neuroleptika.

Die starken unerwünschten Wirkungen, die eine Behandlung mit sogenannten konventionellen Neuroleptika mit sich bringen kann, führten auch zu einer Weiterentwicklung der vorhandenen Präparate. Inzwischen ist die Terminologie bezüglich der Einteilung der Neuroleptika unsystematisch, was historische Gründe hat. Teilte man zu Zeiten, als es nur konventionelle Neuroleptika gab, die Neuroleptika ein in niedrig-, mittel-, und hochpotente, so gilt diese Einteilung für neuere Entwicklungen nicht mehr. Dies führte dazu, dass heute die Neuroleptika in klassische oder konventionelle auf der einen Seite und atypischen auf der anderen Seite oder aber in Neuroleptika der ersten, zweiten und dritten Generation eingeteilt werden.

Durch eine zusätzliche Blockade von einigen Rezeptoren für den Botenstoff Serotonin können die unerwünschten Wirkungen der Dopamin-Blockade in manchen Bereichen des Gehirns gemindert werden, was zu einem insgesamt bedeutend weniger belastenden Profil an unerwünschten Wirkungen führt. Diese Neuroleptika der nächsten/zweiten Generation werden auch als »atypische Neuroleptika« bezeichnet. Die Vorteile der atypischen Neuroleptika liegen klinisch gesehen in einer geringeren Wahrscheinlichkeit der Entstehung eines EPS (s. u.), der besseren Beeinflussbarkeit der Negativsymptomatik (affektive Verflachung, sozialer Rückzug) bei einer vergleichbar guten Wirkung auf die Positivsymptomatik (wahnhafte Gedanken, Halluzinationen) der Schizophrenie. Die Neuentwicklungen auf diesem Sektor können aufgrund eines etwas anderen Wirkungsmechanismus nicht mehr unbedingt zur Klasse der atypischen Neuroleptika gezählt werden. Oftmals werden diese Neuentwicklungen auch als »Antipsychotika der dritten Generation« bezeichnet. Inzwischen werden etwa zu Aripiprazol von der FDA Studien bei Minderjährigen angefordert.

Die Indikationsgebiete für Neuroleptika in der Psychiatrie sind vielfältig (Tab. 54-1). Die Auswahl richtet sich nach dem Zielsymptom, ob z. B. einem Atypikum oder einem niedrigpotenten konventionellen Neuroleptikum der Vorzug gegeben wird, wie dies typischerweise bei Erregungszuständen der Fall ist. Vornehmliche Einsatzgebiete in der Kinder- und Jugendpsychiatrie sind die Behandlung von Erkrankungen des schizophrenen Formenkreises, von Tic-Störungen und – durch die vielfach belegte Wirkung des Wirkstoffes Risperidon – von Impulsdurchbrüchen bei Kindern und Jugendlichen mit unterdurchschnittlicher Intelligenz sowie autoagressives Verhalten bei Autismus (Croonenberghs et al. 2005).

Tab. 54-1 Indikationen für Neuroleptika

- Psychosen aus dem schizophrenen Formenkreis
- akut psychotische Syndrome
- Angst-, Spannungszustände
- schizoaffektive Erkrankungen
- bipolare Störungen
- Impulskontrollstörungen
- (auto-)aggressives Verhalten – insbesondere bei Autismus
- Tic-Störungen
- Entzugserscheinungen
- wahnhafte Depression
- Einschlafstörungen

Generelle Aspekte Neuroleptika-Therapie

Neuroleptika zeigen eine Vielzahl unerwünschter Wirkungen (z. B. Prolaktinspiegelerhöhungen, v. a. unter Amisulprid und Risperidon; deutliche Gewichtszunahme und Veränderungen des Lipid- und Glucosestoffwechsels, v. a. unter Olanzapin, Clozapin und in geringerem Ausmaß bei Risperidon), gleichzeitig sind sie meist aufgrund ihrer Indikationen Arzneimittel für längerfristige Therapien (z. B. Schizophrenie, Autismus, Tic-Störung). Deshalb ist die Substanzwahl neben der Evidenz auch nach den Nebenwirkungen zu treffen, d. h. bei einem ohnehin adipösen Patienten empfiehlt sich nicht unbedingt die Anwendung von Olanzapin. Natürlich ist diese Güterabwägung immer von der Zielsymptomatik und deren Schwere abhängig. Generell zeigt sich in der Routinebehandlung, dass auch bei modernen Antipsychotika die Abbruchquote der Therapie aufgrund von Nebenwirkungen hoch ist (Alacqua et al. 2008).

Psychosen aus dem schizophrenen Formenkreis

Zur Vermeidung vor allem extrapyramidal-motorischer Nebenwirkungen werden in der Kinder- und Jugendpsychiatrie nahezu ausschließlich atypische Neuroleptika angewandt. Allerdings besitzt derzeit lediglich Clozapin eine Zulassung zur Psychose-Behandlung ab dem 16. Lebensjahr, alle anderen Atypika sind für diese Indikationen nicht zugelassen.

Bislang wurden nur drei doppelblinde, randomisierte Studien zur Anwendung von Atypika bei schizophrenen Erkrankungen im Kindes- und Jugendalter durchgeführt (Kumra et al. 1998; Shaw et al. 2006; Sikich et al. 2004). Hierbei wurde eine Überlegenheit (bezogen auf Negativsymptome) bzw. mindestens gleiche Wirksamkeit (Positivsymptome) der Atypika Clozapin, Olanzapin und Risperidon gegenüber dem klassischen Neuroleptikum Haloperidol gezeigt, jedoch bei deutlich besserer Verträglichkeit (v. a. bezüglich extrapyramidal-motorischer Symptome). Weitere offene Vergleichsstudien (Gothelf et al. 2003: Vergleich Olanzapin, Risperidon, Haloperidol; Mozes et al. 2006: Vergleich Olanzapin, Risperidon) ergaben vergleichbar hohe Response-Raten für Atypika und günstigere Nebenwirkungsprofile als bei konventionellen Neuroleptika. Obwohl bei Kindern und Jugendlichen die meisten Erfahrungen mit Clozapin vorliegen (erwiesene antipsychotische Effizienz; Remschmidt et al. 2001), kommt diese Substanz wegen des Risikos einer Agranulozytose (in 1 % der Fälle) erst als Medikation der zweiten Wahl unter wöchentlichen Blutbildkontrollen während der ersten 18 Behandlungswochen zum Einsatz.

Grundsätzlich ist eine Monotherapie anzustreben, gerade auch bei Adoleszenten. Die Behandlungsdauer beträgt mindestens ein bis zwei Jahre, bei Rezidiven fünf Jahre; das Absetzen sollte unter kinder- und jugendpsychiatrischer Betreuung sehr langsam über mehrere Monate hinweg geschehen (zur Therapie schizophrener Erkrankungen im Kindes- und Jugendalter s. Mehler-Wex et al. 2004a, b).

In der Phase einer schwer psychotischen, agitierten Schizophrenie kann trotz prinzipieller Bevorzugung der Atypika der Einsatz des rasch und gut wirksamen Haloperidol notwendig werden, da es parenteral gut verabreicht und rasch hochdosiert gegeben werden kann. Zudem kann es auch gut mit Benzodiazepinen kombiniert werden. Allerdings führt Haloperidol im Jugendalter aufgrund der hohen Vulnerabilität zu extrapyramidal-motorischen Nebenwirkungen, sodass meist eine Kombination mit einem Anticholinergikum, z. B. Biperiden, unerlässlich ist. Olanzapin und Ziprasidon können intramuskulär verabreicht werden, ebenso Risperidon, dieses aber nur als Depotpräparat. Aripiprazol kann oral innerhalb von ein bis zwei Tagen aufdosiert werden, Quetiapin, Risperidon, Amisulprid und besonders Clozapin erfordern ein langsameres Aufdosieren über mehrere Tage bis Wochen.

Die Dosierungen der Substanzen sind bei Jugendlichen und Adoleszenten ähnlich denen im Erwachsenenalter. Eine fehlende ausreichende Wirkung sollte mittels Überprüfung der Adhärenz, gegebenenfalls auch durch Spiegelbestimmung, verifiziert werden. Da einige Arzneimittel auch als Schmelztabletten (Quicklets oder Velotabs genannt) zur Verfügung stehen, können diese Darreichungsformen bei Verdacht auf mangelnde Einnahmetreue unter stationären Bedingungen günstig sein. Generell sollte aber eine antipsychotische Wirklatenz von zehn bis 14 Tagen einkalkuliert werden; ergibt sich nach fünf bis sechs Wochen keine ausreichende Wirkung, sollte überlappend auf ein anderes Atypikum gewechselt werden.

Bipolare Störungen

Für die Indikation bipolarer bzw. manischer Störungen bietet die Datenlage bei Kindern und Jugendlichen ebenfalls einige doppelblinde, kontrollierte Studien, für Olanzapin und Quetiapin sogar jeweils eine Studie mit Placebo-Kontrolle (DelBello et al. 2002; Tohen et al. 2007). Für beide Substanzen wurde eine deutlich signifikante Überlegenheit gegen Placebo gezeigt. Eine weitere randomisierte, kontrollierte Vergleichsstudie belegte eine gleichwertige antimanische Wirksamkeit von Quetiapin gegenüber Divalproex (DelBello et al. 2006) bei Jugendlichen mit manischer Erkrankung. Für die anderen atypischen Neuroleptika wurden bislang keine größeren Studien in diesem Indikationsbereich publiziert; eine Zulassung besteht nicht, allerdings sind in den USA für diese Indikation Zulassungen zu erwarten.

Tic-Störungen

Bei Tic-Störungen wird oft Tiaprid eingesetzt, wenngleich auch kritisiert wird, dass die Studienlage hierfür nicht breit ist (Müller-Vahl 2007; Robertson u. Stern 2000). Zu den Atypika gibt es eine randomisierte, doppelblinde, placebokontrollierte Studie für Risperidon (Dion et al. 2002) (Tab. 54-2), welches deshalb auch als Medikation der zweiten Wahl empfohlen wird (es besteht jedoch keine Zulassung). Weiterhin wurde eine randomisierte, placebokontrollierte Pilotstudie für Ziprasidon mit signifikant positivem Effekt durchgeführt (Sallee et al. 2000). Die Dosierung erfolgt nach Schwere der Symptomatik, die bekannter-

54.5 Einzelne Substanzgruppen

Tab. 54-2 Moderne Psychopharmaka und eine Auswahl häufig eingesetzter, niedrig potenter Neuroleptika mit Zulassung für das Kindes- und Jugendalter

Substanzgruppe	Generikum	Zulassungsstatus
Stimulanzien	Methylphenidat	ab 6. Lj., ADHS
	Amphetamin	ab 6. Lj., ADHS
	Atomoxetin	ab 6. Lj., ADHS
Antidepressiva (SSRI)	Fluoxetin	ab 8. Lj., Depression
	Fluvoxamin	ab 8. Lj., Zwangsstörung
atypische Neuroleptika	Risperidon	ab 5. Lj., Verhaltensauffälligkeiten/Impulskontrollstörungen bei Intelligenzminderung
	Clozapin	ab 16. Lj., Psychosen; nicht als erste Wahl
niedrig potente Neuroleptika	Levomepromazin	keine Altersbeschränkung, Psychosen, Erregungszustände, Schmerzen
	Melperon	ab 12. Lj., Unruhe, Erregungszustände, Schlafstörungen
	Pipamperon	keine Altersbeschränkung, Unruhe, Erregungszustände, Schlafstörungen, Aggressivität, Dysphorie

ADHS = Aufmerksamkeitsdefizit-Hyperaktivitätssyndrom; Lj. = Lebensjahr

maßen undulierend sein kann, womit sich auch eine flexible Dosierung über den Krankheitsverlauf ergibt. Dosierungen von Tiaprid liegen bei Kindern bei ca. 300 mg/d, verteilt auf zwei bis drei Dosen, bei Erwachsenen bis zu ca. 1000 mg in gleicher Verteilung. Risperidon ist eine Alternative, ebenso gegebenenfalls Haloperidol. Problematisch ist in der Behandlung oftmals die Prolaktinerhöhung, deshalb sollten entsprechende Laborkontrollen und gezielte Untersuchungen sowie Nachfrage nach den oft schambesetzten Nebenwirkungen (Gynäkomastie, Libidoverlust, Galaktorrhö) zur Routine gehören (zur Behandlung von Tic-Störungen s. Mehler-Wex u. Warnke 2004).

Aggression und Impulskontrollstörung

Multiple Studien finden sich im symptomgeleiteten Indikationsbereich von aggressiven und impulsiven Verhaltensstörungen, z. B. frühkindlicher Autismus, Impulskontrollstörungen bei Störungen des Sozialverhaltens sowie Verhaltensauffälligkeiten bei intelligenzgeminderten Minderjährigen. Die Datenlage durch randomisierte, doppelblinde, placebokontrollierte Studien ist am umfangreichsten für Risperidon, welches ab dem fünften Lebensjahr für (auto-)aggressive und impulsive Verhaltensstörungen bei Intelligenzgeminderten zugelassen ist (McDougle et al. 2005; Ravishankar et al. 2006; RUPP 2002; Turgay et al. 2002). Im Bereich Autismus konnte auch Olanzapin in einer randomisierten, placebokontrollierten Doppelblindstudie eine gute Wirksamkeit belegen, wobei deutliche Gewichtseffekte als Nebenwirkung zu beobachten waren (Hollander et al. 2006). Die meisten offenen, wenngleich kleineren Studien finden sich zu Quetiapin, z. B. von Findling et al. (2006, 2007), welches bei guter Verträglichkeit bei 17 bzw. neun Kindern mit Störung des Sozialverhaltens über acht bzw. 26 Wochen Behandlungsdauer mit jeweils 150 mg/d (75–300 mg/d) nach vier Wochen signifikante Verbesserungen von Aggressivität und Impulsivität, nach acht Wochen auch von Autoaggressivität zeigte.

Mittel der Wahl ist weiterhin Risperidon (in der Dosierung von 0,5 bis ca. 2 mg/d), weil es zumindest für einen Teil der Patienten zugelassen ist (s. o.) und eine gute Studienlage besteht (Pandina et al. 2007), wenngleich zunehmend auch andere Atypika eingesetzt werden, um die Gefahr der Gewichtszunahme und eines metabolischen Syndroms zu vermindern. Ab 4 mg Tagesdosis Risperidon steigt das Risiko für EPS. Bereits im Niedrigdosisbereich kann eine Erhöhung des Prolaktinspiegels beobachtet werden (s. o.).

Andere Indikationen

Weitere, seltene Einsatzbereiche atypischer Neuroleptika im Kindes- und Jugendalter sind Entzugserscheinungen (Drogen, Medikamente), Alkoholdelir, wahnhafte Depressionen und manche Symptome im Rahmen von Persönlichkeitsstörungen (z. B. Impulsivität, Ruhelosigkeit, Anspannung, Auto-/Aggressivität, paranoid-schizoide Phänomene).

Mittel- und niedrigpotente Neuroleptika werden häufig als passagere Adjuvanzien bei symptomatischen Indikationen eingesetzt, z. B. bei Anspannung, Unruhe, Agitation, Impulsivität, Aggressivität, Reizbarkeit, oder aber vorübergehend bei Einschlafstörungen, die sich nicht durch Maßnahmen zur Schlafhygiene beheben lassen.

54.5.2 Antidepressiva

Paradoxerweise zeigt ein Teil jener Arzneimittel, die als Antidepressiva bezeichnet werden, weitaus größere Effekte bei anderen Störungen, z. B. bei Angststörungen (Bridge et al. 2007). Tatsächlich stellen die Antidepressiva eine heterogene Gruppe von Substanzen dar, die ähnlich wie die Neuroleptika historisch zufällig für die Psychiatrie entdeckt und im Verlauf in verschiedene Gruppen eingeteilt wurden und die bei verschiedensten Symptomen Wirksamkeit zeigen. Waren die ersten Antidepressiva Monoaminoxidasehemmer (MAO-Hemmer) und dann trizyklische Antidepressiva, so steht heute eine Reihe weiterer Antidepressiva, wie selektive Serotonin-Wiederaufnahmehemmer (SSRI), gemischt Serotonin- und Noradrenalin-Wiederaufnahmehemmer, zur Verfügung. Die Einteilung erfolgt entweder nach der Struktur der Moleküle (tri-/tetra-/heterozyklisch) oder nach der pharmakodynamischen Hauptwirkung (serotonerg, noradrenerg etc.).

Bedeutsam scheint für die antidepressive Wirkung zu sein, dass Antidepressiva auf die Wiederaufnahme von Noradrenalin und Serotonin hemmend wirken und damit die Verfügbarkeit dieser Amine am Rezeptor verändern bzw. erhöhen. Damit war auch die Hypothese geboren, dass dies die antidepressive Wirkung erklären könnte. So wurde die klinische Wirkung der SSRI auf eine Erhöhung des extrazellulären Serotoninspiegels zurückgeführt, die über eine Inhibition des präsynaptischen membranständigen Serotonintransporters (SERT) und die konsekutive Steigerung der Serotoninkonzentration im synaptischen Spalt vermittelt wird (Voineskos et al. 2007). Jedoch ist dieser Effekt innerhalb von Minuten bis Stunden nachweisbar, die antidepressive Wirkung aber nicht. Neuere Untersuchungen zeigen, dass die Substanzen auch die Apoptose und damit die Neurogenese beeinflussen, womit sich die Wirklatenz vieler Antidepressiva besser erklären ließe. Bildgebungsstudien, tierexperimentelle und In-vitro-Untersuchungen weisen sehr deutlich darauf hin, dass nicht die SERT-Inhibition allein für den antidepressiven Effekt und die Nebenwirkungen verantwortlich zu sein scheint, sondern neben neurogenetischen und apoptotischen Mechanismen weitere durch die SSRI ausgelöste intrazelluläre Veränderungen eine Rolle spielen. Vermutlich sind zudem noch Up- und Down-Regulationsmechanismen an den Rezeptoren von Bedeutung, sodass ein monokausaler Wirkungsmechanismus nicht anzunehmen ist (s. o.).

Indikationsgebiete der Antidepressiva sind depressive Störungen, aber auch Angst- und Panikstörungen, Zwangserkrankungen, bei Kindern Enuresis und bisweilen autistische Störungen. Bei posttraumatischen Belastungsstörungen gibt es Hinweise auf eine Wirksamkeit, ebenso bei mutistischen Störungen. Bezüglich Essstörungen besteht eine uneinheitliche Datenlage, die aber eher auf eine Unwirksamkeit hinweist.

Generelle Aspekte der Antidepressiva-Therapie

Je jünger ein Patient, desto mehr verbietet sich die Verordnung von Tri- oder Tetrazyklika, da sie nicht wirken, aber ein ungünstiges Nebenwirkungsprofil (vor allem kardiale Risiken) und eine geringe therapeutische Breite bei der Indikation Depression besitzen (Amitai u. Frischer 2006; Hazell et al. 1995).

Dennoch sind in Deutschland die Trizyklika die am häufigste verordnete synthetische Substanzklasse aus der Gruppe der Antidepressiva (s. o.). Wegen der größeren Arzneimittelsicherheit sollten vor allem Serotonin-Wiederaufnahmehemmer (SSRI) bevorzugt werden. Fluoxetin ist derzeit die einzige von der Europäischen Zulassungsbehörde für die Indikation Depression im Kindes- und Jugendalter zugelassene Substanz (Kölch et al. 2007). Bei schweren Zwangsstörungen kommen Antidepressiva auch im Kindes- und Jugendalter zum Einsatz, um die psychotherapeutische Behandlung zu bahnen bzw. zu unterstützen. Angststörungen können, insbesondere bei verhaltenstherapeutisch schwer behandelbaren oder resistenten Fällen, medikamentös therapiert werden. Mögliche weitere, seltenere symptomatische Einsatzbereiche sind z. B. emotionale Instabilität (z. B. Borderline-Persönlichkeitsstörungen) und in Einzelfällen Mutismus und posttraumatische Belastungsstörungen.

Insgesamt empfiehlt sich bei minderjährigen Patienten – im Gegensatz zu erwachsenen Patienten – die Wahl des zugelassenen Wirkstoffs, d. h. Fluoxetin (zugelassen für depressive Erkrankungen ab dem 8. Lebensjahr) oder Fluvoxamin (zugelassen für Zwangsstörungen ab dem 8. Lebensjahr).

Zu beachten ist ein altersabhängiges Nebenwirkungsspektrum mit einem bei Kindern zwei- bis dreimal und bei Jugendlichen im Vergleich zu Erwachsenen ebenfalls signifikant häufigerem Auftreten des sogenannten Aktivierungssyndroms, das wegen des potenziell erhöhten Suizidrisikos gefürchtet wird (Mosholder u. Willy 2006; Safer et al. 2006). Allerdings ist das Risiko von Suizidgedanken, nicht jedoch das für tatsächliche Suizide bei Jugendlichen, unter SSRI-Therapie erhöht (Hammad et al. 2006). Diese Thematik ist in die Patientenaufklärung unbedingt aufzunehmen.

Hochdosistherapien mit Antidepressiva sind bei Minderjährigen eher unüblich. Für Zwangsstörungen werden bis zu 50 % höhere Dosierungen als bei den anderen Indikationen eingesetzt. Die Behandlungsdauer sollte auch nach Abklingen der Symptomatik für mindestens sechs Monate, bei Zwangsstörungen zwölf bis 18 Monate betragen (Wewetzer et al. 2004). Kontrolluntersuchungen vor und im Verlauf der Therapie (nach einem Monat, im Verlauf halbjährlich) mit modernen Antidepressiva sollten Blutbild, Leber- und Nierenwerte, Blutdruck/Puls, ggf. EKG und EEG umfassen (Wewetzer et al. 2004). Selbstbehandlungsversuche mit pflanzlichen Präparaten sind häufig, dies sollte deshalb explizit erfragt werden.

Affektive Störungen – Depressionen

Für die modernen Antidepressiva stellt sich die kinder- und jugendpsychiatrische Datenlage am umfangreichsten für SSRI dar; hier wurden auch einige wenige placebokontrollierte Studien durchgeführt (Usala et al. 2008). Bei depressiven Erkrankungen zeigten demnach Fluoxetin und Sertralin eine Placebo-Überlegenheit, nicht aber Paroxetin (Emslie et al. 1997,

2006; Hjalmarsson et al. 2005; Keller et al. 2001; The Treatment for Adolescents with Depression Study Team 2004; Wagner et al. 2003, 2004a). Die Studienlage zu Depressionen in der Kinder- und Jugendpsychiatrie bietet insgesamt die erfolgreichsten Wirksamkeitsnachweise für Fluoxetin, welches als einziges der SSRI über eine Zulassung für die Behandlung der Depression bei Minderjährigen (ab dem 8. Lebensjahr) verfügt und deshalb auch durch die deutschen Leitlinien (2007) hier als erste Wahl empfohlen wird.

Trotz der günstigen Datenlage für Fluoxetin müssen durch die starke Cytochrom-(CYP-)P-450-Inhibition potenzielle Wechselwirkungen sowie die lange Halbwertszeit ins Kalkül gezogen werden. Bei Notwendigkeit eines komplexen Komedikationsschemas (z. B. bei schweren pädiatrischen Erkrankungen) kann deshalb der Einsatz von Citalopram erwogen werden, da es durch mehrere CYP-Enzyme metabolisiert wird (v. a. CYP2C19 und CYP3A4) und daher weniger Interaktionspotenzial mit anderen Substanzen besitzt (DeJong u. Fombonne 2006). Wagner et al. (2004b) zeigten bei 174 Minderjährigen in einer achtwöchigen, randomisierten, placebokontrollierten Studie die Überlegenheit von Citalopram mit einer Response-Rate von 36 % versus 24 % bezüglich depressiver Symptome bei ebenso guter Verträglichkeit wie Placebo. Mit einer Wirksamkeit der SSRI ist ab ca. drei Wochen zu rechnen.

Zu Johanniskraut steht für Minderjährige eine nicht aussagekräftige Datenlage zu Verfügung (s. Kap. 24; Kölch et al. 2007). Johanniskraut erhielt als Phytopharmakon in Deutschland seine Zulassung für den Einsatz bei Minderjährigen älter als elf Jahre, ohne einen Wirkungsnachweis in Zulassungsstudien erbringen zu müssen (Übersicht s. Kölch et al. 2006). Bei Erwachsenen steht ein Cochrane-Review zur Verfügung, allerdings ist die Datenlage dennoch nicht eindeutig: Ältere Studien zeigten bessere Wirksamkeit von Johanniskrautpräparaten, neuere Studien geringere. Indikationsgebiet scheinen eher leichtere depressive Störungen zu sein, wobei eine hohe Dosierung (über 600 mg/d) notwendig ist.

> ! Nicht vergessen werden sollte, dass Johanniskraut ein hohes Interaktionspotenzial (v. a. Induktion von CYP3A4 und Glykoprotein P) mit anderen Arzneimitteln besitzt und insofern gerade bei Depressionen im Gefolge etwa von somatischen Erkrankungen (z. B. Tumorerkrankungen oder HIV-Infektionen) keineswegs eine unproblematische Alternative zu synthetischen Antidepressiva darstellt und auch die Wirkung der hormonellen Kontrazeption beeinflussen kann (Kölch et al. 2006).

Für Minderjährige konnte der selektive Serotonin-Noradrenalin-Wiederaufnahmehemmer Venlafaxin keinen überzeugenden Wirkungsnachweis erbringen (Mandoki u. Tapia 1997).

Es gibt keine kontrollierte Studie zum Einsatz von MAO-Hemmern bei Kindern oder Jugendlichen. Von diesen ist aufgrund des kritischen Nebenwirkungsprofils bei Minderjährigen abzuraten.

Angststörungen

Bei Angststörungen ist die Datenlage noch geringer, es gibt erste kontrollierte randomisierte Studien zu Fluoxetin (20 mg/d, Überlegenheit gegenüber Placebo; Birmaher et al. 2003; Clark et al. 2005), Sertralin (50 mg/d, Überlegenheit gegenüber Placebo; Rynn et al. 2001) und Fluvoxamin (max. 300 mg/d, Überlegenheit gegenüber nichtmedikamentöser Behandlung; Walkup et al. 2001), die auf eine Wirksamkeit vor allem bei Phobien, generalisierter Angststörung und gegebenenfalls Trennungsangst mit Panikattacken hinweisen. Eine Zulassung für SSRI in diesem Indikationsbereich bei Minderjährigen gibt es nicht.

Zwangsstörungen

Für Zwangsstörungen wiesen placebokontrollierte Studien vor allem für Fluoxetin (20–80 mg/d; Geller et al. 2001; Liebowitz et al. 2002; Riddle et al. 1992) und Sertralin (170 mg/d; March et al. 1998; Pediatric OCD Treatment Study 2004) sowie Fluvoxamin (165 mg/d; Riddle et al. 2001) eine Überlegenheit gegenüber Placebo bei Minderjährigen nach. Über eine Zulassung ab dem achten Lebensjahr verfügt als einziges der modernen Antidepressiva Fluvoxamin. Grundlegend ist bei Angst- und Zwangsstörungen die Kombination mit kognitiver Verhaltenstherapie. Mit einer Wirksamkeit der SSRI ist bei Zwangsstörungen ab vier bis sechs Wochen zu rechnen.

54.5.3 Mood stabilizer (Lithium und Antikonvulsiva)

Als Mood stabilizer oder Stimmungsstabilisierer werden pharmakologisch verschiedenartige Medikamente bezeichnet, die vorrangig zur Behandlung der bipolaren Störung verwendet werden (Benkert u. Hippius 2007). Zu ihnen zählen hauptsächlich Lithium und Antikonvulsiva (Carbamazepin, Valproinsäure, Lamotrigin, Gabapentin und Topiramat). Mittlerweile wurde auch gezeigt, dass atypischen Neuroleptika eine stimmungsstabilisierende Wirkung zukommt.

Es werden mehrere Syndrome mit unterschiedlichen Symptomen in unterschiedlichen Stadien des Verlaufs der bipolaren Störung unterschieden:
- Manie, entweder im Rahmen einer bipolaren Störung oder als Einzelepisode
- Hypomanie
- bipolare Störung mit einer Kombination manischer und depressiver Episoden
- bipolare Depression
- gemischte Episoden bzw. solche mit raschem Phasenwechsel *(rapid cycling)*

Auch Stimmungsschwankungen, die nicht die diagnostischen Kriterien einer bipolaren Störung erreichen, können die Indikation zu einer Behandlung mit Stimmungsstabilisierern darstellen. Hierzu gehören Stimmungsschwankungen bei Störungen der Emotionen und des Sozialverhaltens oder Cluster-B-Persönlichkeitsstörungen. Unter Patienten mit Abhängigkeitserkrankungen konnten bei einem Drittel nennenswerte Stimmungsschwankungen festgestellt werden.

Lithium ist bei bipolaren Störungen akut und zur Phasenprophylaxe wirksam, weniger gut bei vielen früheren Episoden, gemischten Episoden oder bei *rapid cycling* (Benkert u. Hippius 2007). Carbamazepin und Valproinsäure zeigen ebenfalls antimanische und phasenprophylaktische Wirkungen. Lamotrigin ist wirksam bei Depressionen im Rahmen einer bipolaren Störung. Olanzapin und Quetiapin als atypische Neuroleptika haben sich als antimanisch wirksam erwiesen. Olanzapin ist auch in der Phasenprophylaxe einsetzbar, wenn die Substanz antimanisch wirksam war; ferner bei gemischten Episoden und beim *rapid cycling*. Ziprasidon kann bei mäßig schweren manischen oder Rapid-cycling-Episoden gegeben werden (Zulassung im Erwachsenenbereich), auch für Aripiprazol gibt es Hinweise auf eine antimanische Wirksamkeit.

Typische Neuroleptika sind ebenfalls gut antimanisch wirksam. Insbesondere Haloperidol ist als sicheres Notfallmedikament in Krisensituationen indiziert, wenn wenige Informationen über die Krankheitsvorgeschichte oder eventuelle Kontraindikationen vorhanden sind oder Wechselwirkungen mit anderen Medikamenten beachtet werden müssen. Typische Neuroleptika wirken jedoch depressiogen, können akute Dyskinesien, eine initiale dysphorische Reaktion (IDR) und Rückfälle bei Suchterkrankungen hervorrufen und sollten daher nach Möglichkeit nicht verwendet werden.

Antidepressiva werden häufig bei der Behandlung depressiver Episoden im Rahmen der bipolaren Störung verwendet. Hier erhöhen jedoch insbesondere trizyklische Antidepressiva das Risiko für das Auftreten manischer Episoden oder für *rapid cycling*. Das Risiko scheint für SSRI am geringsten zu sein, für Venlafaxin leicht erhöht.

Die genannten verschiedenen Substanzklassen sind an unterschiedlichen Angriffspunkten wirksam. Vermutlich wirkt Lithium auf den Metabolismus des Second Messengers Inositoltriphosphat, der wiederum die intrazelluläre Aktivität von Kalzium reguliert. Kalzium wiederum ist an der Regulation verschiedener Neurotransmitter beteiligt (Benkert u. Hippius 2007).

Antikonvulsiva vermindern den Einstrom von Natrium in Nervenzellen und führen damit zu einer Verminderung der neuronalen Erregbarkeit. Sowohl Lithium als auch Antikonvulsiva erhöhen die GABAerge Aktivität und infolgedessen die inhibitorische Neurotransmission.

Für die Behandlung mit stimmungsstabilisierenden Substanzen gelten die allgemeinen Therapieprinzipien, die eine Einbettung der Psychopharmakotherapie in einen Behandlungsplan vorschreiben mit Etablierung einer therapeutischen Beziehung zum Behandler. Besondere Schwierigkeiten bestehen im Kinder- und Jugendbereich bei manischen Patienten und fehlender krankheitsbedingter Einwilligungsfähigkeit. Hier sind sowohl das elterliche Sorgerecht bzw. richterliche Genehmigungen für die Therapie zu beachten. Unter anderem deswegen ist die Verwendung nicht zugelassener Substanzen erheblich eingeschränkt.

Das Nebenwirkungsprofil und Kontraindikationen der Substanzen sind vielgestaltig. Kontraindikation für Stimmungsstabilisierer allgemein sind akute Intoxikationen, bei Lithium Störungen des Elektrolythaushaltes, Addison-Krankheit, Schilddrüsenfunktionsstörungen, schwere kardiovaskuläre Erkrankungen und schwere Nierenfunktionsstörungen. Carbamazepin ist potenziell knochenmarksschädigend, daher sind vorbestehende Knochenmarksschädigungen eine Kontraindikation. Valproinsäure ist nicht angezeigt bei Gerinnungsstörungen und Leberfunktionsstörungen sowie bei Pankreatitis. Antikonvulsiva sollten mit Vorsicht gegeben werden, wenn allergische Hauterkrankungen bekannt sind.

Für Lithium und Antikonvulsiva sind spezielle Kontrolluntersuchungen vorgeschrieben, hierzu gehören Untersuchungen des Blutbildes (Knochenmarksschädigung), Leberenzyme, Kreatinin, EKG und bei Lithium T3, T4 und TSH (Benkert u. Hippius 2007).

Bei Lithium, Carbamazepin und Valproinsäure sind bestimmte therapeutische Plasmakonzentrationen vorgeschrieben, die interindividuell sehr unterschiedliche Dosierungen erfordern. Lithium ist für Kinder ab zwölf Jahren zur Prophylaxe manisch-depressiver Bilder zugelassen, ebenso für die Behandlung manischer Zustände und bei Antidepressiva-non-response. Zieldosis ist bei Kindern wie bei Erwachsenen 0,8–1,2 mmol/l zur Akutbehandlung und 0,6–1,0 mmol/l als Erhaltungsdosis. Es sind jedoch deutlich niedrigere Dosen notwendig.

Für Carbamazepin beträgt der empfohlene Plasmaspiegel 4–12 µg/ml und für Valproinsäure 50–115 µg/ml.

Neben den Routinekontrollen muss das Wechselwirkungsprofil der Medikamente beachtet werden. Bei Lithium ist Vorsicht geboten bei Substanzen, die die renale Clearance beeinflussen (Diuretika, ACE-Hemmer, aber auch nichtsteroidale Antiphlogistika), mit der Folge toxischer Lithiumkonzentrationen. Carbamazepin induziert seinen eigenen Stoffwechsel und den zahlreicher anderer Präparate, darunter einige Psychopharmaka (→ verminderte Wirksamkeit mit depressiven oder psychotischen Rückfällen), Antikoagulanzien (→ Blutgerinnung), Methadon (→ bis zu 60 % Verminderung der Methadonkonzentration mit Entzugssymptomatik) und orale Kontrazeptiva (ungewollte Schwangerschaften). Carbamazepin darf nicht mit anderen Substanzen gegeben werden, die das Knochenmark schädigen, z. B. Clozapin.

Valproinsäure erhöht in einigen Fällen die Konzentration von Antidepressiva und Antipsychotika.

54.5.4 Stimulanzien und Atomoxetin

Spielen diese Arzneimittel in der Kinder- und Jugendpsychiatrie eine herausragende Rolle, so ist die Anwendung in der Erwachsenenpsychiatrie noch relativ neu.

Tatsächlich sind diese Medikamente für die Klientel dieses Buches ein prekäres Problem: Wie lange sollte ein Adoleszenter mit einer ADHS mittels Stimulanzien oder Atomoxetin behandelt werden? Gerade da eine missbräuchliche Anwendung bei dieser Patientengruppe nicht auszuschließen ist, sollte hier in kooperativer Behandlung von Erwachsenenpsychiater und Kinder- und Jugendpsychiater eine sehr kritische Prüfung der Diagnosekriterien und der Indikation erfolgen.

Die Gefahr bei einer medikamentösen Behandlung auch im späten Jugendalter/in der Adoleszenz liegt darin, dass dann die ADHS als ein Problem der Leistungsfähigkeit gesehen wird und ausschließlich darauf reduziert wird; nach ICD-10-Kriterien wird jedoch ein übergreifendes, situationsunabhängiges Auftreten der Kardinalsymptome Aufmerksamkeits-/Konzentrationsdefizit, Hypermotorik und Impulsivität gefordert, wodurch eine allgemeine Beeinträchtigung auch im Alltag bedingt wird (beispielsweise geringe Frustrationsintoleranz, erhöhtes Konfliktrisiko, leichtsinniges Verhalten, Unstrukturiertheit, Vergesslichkeit). Im Laufe der Pubertät kommt es oft zu einer Reduktion der Symptomatik, insbesondere der Hypermotorik. Als Ursache werden zerebrale Reifungsvorgänge vermutet; auch können zwischenzeitlich erworbene Selbstmanagementkompetenzen eine Erklärung sein, sodass die Medikation dann in vielen Fällen nicht mehr erforderlich ist. Im Laufe der Behandlung sollten immer wieder nach fachärztlicher Rücksprache Absetzversuche mit kontrolliertem Ausschleichen durchgeführt werden, um die weitere Behandlungsnotwendigkeit zu prüfen.

Psychostimulanzien haben ihren Namen aufgrund ihrer Eigenschaft, die Konzentration und Wachheit zu erhöhen (Trott 2004). In Deutschland sind die hauptsächlich verschriebenen Stimulanzien Methylphenidat und – seltener – DL-Amphetamin. Stimulanzien bedingen über die Förderung vor allem der dopaminergen und noradrenergen Neurotransmission eine selektive Verbesserung der Aufmerksamkeit sowie eine Reduktion der Hypermotorik mit sekundär positiven Effekten auf Selbststrukturierungsfähigkeiten, Frustrationstoleranz und Impulskontrolle.

Die Effektstärke von Methylphenidat (MPH) bei der Behandlung einer einfachen ADHS ist sehr gut (um 1) in der NIMH-geförderten MTA-Studie belegt (MTA 1999). Eine zusätzliche Psychotherapie bringt bei einer reinen ADHS ohne Komorbidität kaum einen Effekt (MTA 1999). MPH hat eine kurze Halbwertzeit von 2,5 Stunden, weshalb bei unretardierten Präparaten mehrere Gaben am Tag nötig sein können: Üblicherweise wird die Dosis auf zwei bis drei Gaben am Tag verteilt. Seine Hauptwirkung entfaltet unretardiertes MPH eine halbe bis ca. drei Stunden nach Einnahme. Inzwischen sind retardierte Präparate mit befriedigender Wirkung und Wirkungsdauer auf dem Markt (z. B. Medikinet® retard, CONCERTA, Equasym® Retard), die in der Regel etwas höher als unretardierte Präparate dosiert werden müssen. Die Dosierung richtet sich nach dem Körpergewicht, wobei die Dosis zwischen 0,5–1,0 mg/kg KG liegen und 60 mg am Tag nicht übersteigen sollte. Es erfolgt ein schrittweises Aufdosieren (Beginn mit ca. 5 mg oder 10 mg/d).

Häufige Nebenwirkungen können vor allem zu Beginn der Therapie Bauchschmerzen und eine erhöhte Weinerlichkeit sein. Appetitverlust und – bei zu später Gabe am Nachmittag – Schlafstörungen sind Nebenwirkungen, die sich nicht mit längerer Behandlungsdauer legen. Früher praktizierte Behandlungspausen *(drugholidays)* am Wochenende oder in den Ferien werden heute so nicht mehr empfohlen, wenn sie auch im Einzelfall von den Jugendlichen oder Eltern gewünscht und praktiziert werden (DGKJP 2007). Sinnvoll ist aber auf jeden Fall eine regelmäßige Überprüfung der Indikation für eine weitere medikamentöse Behandlung. Diese sollte zu realen Bedingungen (also nicht allein in den Ferien) stattfinden, wobei selbstverständlich darauf geachtet werden sollte, dass der Jugendliche durch einen Auslassversuch keine signifikanten sozialen Defizite erleidet (also etwa ein Auslassversuch inmitten einer wichtigen Phase in der Schule mit Prüfungen etc.).

Zu beachten ist, dass die Verordnung von Stimulanzien dem Betäubungsmittelgesetz (BtMG) unterliegt und für die Verschreibung dieser Präparate eigene Rezeptformulare vonnöten sind. Bei Mitnahme ins Ausland sind spezielle Bestimmungen zu beachten. Bei unsachgemäßem Gebrauch der Stimulanzien (Überdosierung, z. B. nasale Einnahme, Einnahme durch nicht von ADHS betroffene Personen) kann es zu antriebssteigernder und euphorisierender Wirkung kommen, die eventuell die Gefährdung eines Substanzmissbrauchs mit Toleranzentwicklung und gegebenenfalls körperlicher und psychischer Abhängigkeit mit sich bringen könnte. Bei langwirksamen Stimulanzien ist es kaum möglich, eine solche euphorisierende Wirkung zu erzielen, weshalb sie in Bezug auf das Missbrauchsrisiko als deutlich sicherer einzuschätzen sind.

Seit einigen Jahren ist der selektive Noradrenalin-Wiederaufnahmehemmer Atomoxetin (Strattera®) ADHS zugelassen. Seine Wirkung ist auf einem anderen Weg vermittelt als beim MPH, er erhöht die Konzentration von Noradrenalin im synaptischen Spalt (Spencer et al. 2002). Atomoxetin unterliegt nicht der Verschreibungspflicht nach dem Betäubungsmittelgesetz. Atomoxetin wird über die Leber metabolisiert (CYP2D6), wobei manche Personen den Stoff schneller abbauen und deshalb höhere Dosen benötigen.

Generell kann die Dosis auf ca. 1,2 mg/kg KG ausgerichtet werden (Initialdosis 0,5 mg/kg KG), es sollte aber nicht über 100 mg/d aufdosiert werden. Die Wirkung von Atomoxetin ist erst nach zwei bis vier Wochen sicher zu beurteilen. Aufgrund der Zugehörigkeit zur Gruppe der SSRI/SNRI gilt auch für

Atomoxetin die Warnung, dass es zu Beginn der Behandlung und beim Absetzen zu suizidalen Gedanken kommen kann. Derzeit gilt Atomoxetin nicht als Mittel der ersten Wahl bei einer unkomplizierten ADHS, seine Effektstärke ist geringer als die des MPH (Walitza u. Warnke 2004). Bei komorbider affektiver Störung oder bei unzureichender Wirksamkeit von MPH bietet es sich aber als Behandlungsalternative an.

Bei Jugendlichen, die komorbid einen Substanzmissbrauch betreiben bzw. in einem sozial kritischen Umfeld leben (Drogenmilieu), besteht die Gefahr des Stimulanzienmissbrauchs (»Horten« der Medikation, Einnahme erhöhter Dosen bzw. Handel mit Stimulanzien etc.). Zu empfehlen sind in diesem Fall folgende Vorgehensweisen in der Behandlung einer ADHS:
- kontrollierte Abgabe der Einzeldosen
- gegebenenfalls Anwendung von Amphetamin-Saft, da die tatsächliche Einnahme einfacher zu prüfen ist
- grundsätzlich keine Mitgabe von BtM-Rezepten an Minderjährige, sondern immer an berechtigte Bezugspersonen
- gegebenenfalls Behandlung mit Atomoxetin
- gegebenenfalls Behandlung mit Retard-Präparaten

Prinzipiell ist anzustreben, Patienten mit Substanzmissbrauch und komorbider ADHS bezüglich der ADHS zu behandeln, da Drogengebrauch oft durch eine unbehandelte ADHS im Sinne des Sensation-Seeking getriggert wird. Studien konnten zeigen, dass nicht behandelte ADHS-Patienten ein zweifach erhöhtes Risiko aufweisen, später einen Substanzmissbrauch zu betreiben und dass behandelte ADHS-Patienten kein höheres Suchtrisiko aufweisen als nicht an ADHS Erkrankte (Wilens et al. 2003). Tic-Störungen sind keine Kontraindikation für Stimulanzien; möglicherweise kann es bei hohen Dosen in 5–10 % der Fälle zu einer Verschlechterung der Tic-Symptome kommen, jedoch wurden auch gegenteilige, positive Effekte auf Tics gezeigt (Lehmkuhl et al. 2007). Bei bestehendem Anfallsleiden können Stimulanzien eine leichte Erhöhung der Anfallsfrequenz bewirken, während bei Anfallsfreiheit kein negativer Einfluss der Medikation zu erwarten ist und sich kindliche Absencen-Epilepsie sowie juvenile Myoklonien unter Methylphenidat sogar zu bessern scheinen (Lehmkuhl et al. 2007).

54.5.5 Sedativa und Benzodiazepine

Benzodiazepine sind die wichtigste Gruppe unter den anxiolytischen Substanzen (Benkert u. Hippius 2007). Sie wirken angstlösend und sedierend. Benzodiazepine wirken ebenfalls schlafinduzierend, relaxierend sowie antikonvulsiv. In der Suchtmedizin spielen sie, unter anderem wegen ihrer antikonvulsiven Wirkung, eine wichtige Rolle beim Entzug von Alkohol und Benzodiazepinen. Benzodiazepine und Sedativa werden häufig in der Psychiatrie als Begleitmedikation verwendet, sie sollen bei akuten Gefährdungen (Suizidalität) oder bei unerträglichen Angst- und Spannungszuständen und lediglich vorübergehend eingesetzt werden. Grundsätzlich wird ihre Verordnung vielfach kritisiert, weil alternative psychologische und psychotherapeutische Interventionen nicht nur eine bessere Langzeitprognose, sondern auch Schutz vor Abhängigkeitsentwicklungen bieten sollen. Für die Gabe nach akuter Traumatisierung wurde kürzlich berichtet, dass Benzodiazepine eine schädliche Auswirkung auf die Prognose haben sollen, da die notwendige Konsolidierung des erlebten Gedächtnismaterials durch Benzodiazepin-Gabe verhindert wird (Zohar et al. 2008). Bei jüngeren Kindern können Benzodiazepine paradox wirken und der Einsatz ist diesbezüglich zurückhaltend zu stellen.

Benzodiazepine wirken auf den $GABA_A$-Rezeptor. Der Rezeptor wird seinerseits durch GABA aktiviert, was zu einem verstärkten Chlorid-Einstrom in die Zelle und zu einer verminderten Aktivierbarkeit des jeweiligen Neurons führt (Benkert u. Hippius 2007). Der aus fünf verschiedenen Untereinheiten zusammengesetzte GABA-Rezeptor besitzt eine Benzodiazepin-Bindungsstelle. Eine Bindung von Benzodiazepinen an diese Bindungsstelle erhöht die Affinität von GABA mit der Folge einer Verstärkung der durch GABA hervorgerufenen Inhibition. Benzodiazepine wirken also nicht direkt als $GABA_A$-Agonist. Daher ist die Gefahr einer lebensbedrohlichen Intoxikation vergleichsweise gering.

Benzodiazepine wirken rasch und zeigen nur ein geringes Nebenwirkungsprofil bei der Akutgabe. Eine mangelnde Wirksamkeit ist selten. Die therapeutische Breite ist hoch, so kann Diazepam bereits in einer Dosierung von 2 mg anxiolytisch wirken, bei der Behandlung von Alkohol- oder Benzodiazepin-Abhängigkeit werden bei entsprechender Toleranzsteigerung Dosen von über 100 mg pro 24 Stunden gegeben.

Grundsätzlich bergen Benzodiazepine ein hohes Abhängigkeitsrisiko in sich. Die starke Verbreitung, überwiegend durch die Verschreibung von Ärzten, stellt einen hohen Risikofaktor für die Abhängigkeitsentwicklung dar, ebenso die fehlende weitere Behandlung nach einer Krise, bereits bestehende Abhängigkeitserkrankungen sowie psychiatrische Erkrankungen.

Supportive Psychotherapie (Freyberger u. Freyberger 1994) mit empathischer Einfühlung und adäquater Gesprächsführung (offene Fragen, Reflexionen und Zusammenfassung) sind anxiolytisch und spannungsreduzierend wirksam, ohne die Folgen einer Abhängigkeit befürchten zu müssen.

Neben Angstzuständen, innerer Unruhe, muskulärer Spannung, Hypervigilanz und Schlafstörungen als häufigen Indikationen wirken Benzodiazepine auch bei akutem Mutismus oder Stupores, Akathisie und tardiven Dyskinesien (Benkert u. Hippius 2007).

Bei Angststörungen ist Psychotherapie (psychodynamische Psychotherapie, Verhaltenstherapie) die Methode der Wahl, neuere Daten weisen auf hohe Effektstärken von Ausdauersportarten hin; Schlafstörungen können mit einfachen, nicht medikamentösen Strategien gut behandelt werden (Beratung über eine individuelle Schlafdauer mit Korrektur irrationaler Überzeugungen über eine lange Schlafdauer; feste Zubettgehzeiten; Verzicht auf Mittagsschlaf und Coffein nach 15:00 Uhr und wiederum Sport).

Mutismus und Stupor werden häufig als bedrohliche Krankheitsbilder erlebt und rechtfertigen daher eine zeitlich begrenzte Benzodiazepin-Gabe. Dissoziative Stupores sollen jedoch nicht so gut auf Benzodiazepine ansprechen; hier ist die Anwendung starker Sinnesreize (Ammoniak p. n.) indiziert, sollte es nicht möglich sein, abzuwarten. Akathisie als Nebenwirkung hochpotenter Neuroleptika ist ein als äußerst quälend erlebter Zustand, der ebenfalls kurzzeitig die Intervention mit Benzodiazepinen indiziert. Hauptmaßnahme sollte hier die Dosisreduktion oder der Wechsel des Neuroleptikums darstellen.

Zu den zwingenden Indikationen für die Benzodiazepin-Gabe gehören katatone Zustände, die ohne Behandlung lebensbedrohlich werden können. Eine Alternative stellt hier die Elektrokrampftherapie (EKT) dar.

Benzodiazepine induzieren eine Toleranzentwicklung, d. h. nach einer gewissen Zeit vermindert sich die Wirkung des Medikaments, woraufhin eine Dosiserhöhung notwendig wird, wenn die vorherige Wirkung wieder erreicht werden soll. Bei starker Toleranzentwicklung mit hohen Dosen tritt nach Absetzen ein Entzugssyndrom mit Angst, Unruhe, vegetativer Aktivierung und möglichen Krampfanfällen auf. Ein fraktioniertes Absetzen ist dann als Entzugsbehandlung notwendig.

Ein weiteres häufiges Indikationsgebiet stellt die Behandlung von Alkohol- und Benzodiazepin-Entzügen dar. Wegen des Abhängigkeitspotenzials von Benzodiazepinen wurde verschiedentlich die Gabe von Antikonvulsiva zum Entzug vorgeschlagen. Diese Strategie ist jedoch derzeit nicht verbreitet. Die Möglichkeit von Entzugsbehandlungen ohne abhängigkeitserzeugende Substanzen ist auch bedeutsam vor dem Hintergrund der *Kreuztoleranz* von Benzodiazepinen zu Alkohol: Eine länger dauernde Alkoholeinnahme führt zu einer Toleranz nicht nur für Alkohol, sondern auch für Benzodiazepine. Benzodiazepine sollten möglichst niedrig, aber, wenn einmal die Indikation gestellt wurde, ausreichend wirksam dosiert werden. Es ist sinnlos, den Patienten der Gefahr einer Abhängigkeit auszusetzen, dabei aber das angestrebte Therapieziel außer Acht zu lassen. Obwohl empirisch nicht belegt, jedoch mit einer gewissen Plausibilität sollten Benzodiazepine zu festen Zeiten verordnet und nicht bedarfsweise gegeben werden, um eine Kopplung von Anxiolyse und Medikamenteneinnahme im Sinne einer Konditionierung zu vermeiden: Der wiederholte Lerneffekt der Symptomreduktion durch Benzodiazepin-Einnahme soll vermieden werden.

Die häufig genannte Dauer von vier bis sechs Wochen als Maximum für die Gabe von Benzodiazepinen erscheint aus klinischer Sicht zu lang, empirische zeitliche Grenzwerte für ein geringes Risiko einer Abhängigkeitsentwicklung stehen nicht zur Verfügung. Laut Benkert und Hippius (2007) fehlen Daten aus unselektionierten Stichproben zur Häufigkeit von Abhängigkeitsentwicklungen bei Benzodiazepin-Gebrauch.

Die langfristige Gabe von Benzodiazepinen in therapeutischer Dosierung ohne Toleranzentwicklung mit verzögert auftretendem Entzug bei Absetzen wird als *low-dose dependence* bezeichnet. Die Entzugssymptome können mit den Krankheitssymptomen der Zielsymptomatik verwechselt werden.

Beim Absetzen von Benzodiazepinen werden verschiedene Typen von Absetzsymptomen unterschieden: Der *Rebound-Effekt* aufgrund von GABAerger Gegenregulation führt zu Wiederauftreten von Krankheitssymptomatik und dauert wenige Tage an. Mit *Rückfallsymptomen* wird die erneut auftretende Angstsymptomatik bezeichnet, die allerdings ebenfalls nach einiger Zeit verschwindet. *Entzugssymptome* bezeichnen die spezifischen Merkmale des Entzugssyndroms, die vorher während der akuten Erkrankung nicht vorhanden waren.

Tritt ein Entzugssyndrom auf, ist ein Absetzen über Wochen, wenn nicht Monate indiziert. Die ersten 50 % der Dosis können vergleichsweise rasch abgesetzt werden, die nächsten 25 % schon etwas langsamer und die letzten 25 % sollten sehr langsam abgesetzt werden. Ein solches Vorgehen ist im kinder- und jugendpsychiatrischen Bereich zuweilen nicht pragmatisch, hier bietet sich die Gabe von Antikonvulsiva an, um die Gabe von Benzodiazepinen zu verkürzen.

Nebenwirkungen stellen Sedierung, Beeinträchtigung der Aufmerksamkeit und Reaktionsfähigkeit dar. Die Fahrtüchtigkeit und die Fähigkeit zum Bedienen von Maschinen sind regelhaft eingeschränkt.

Weitere Nebenwirkungen stellen Ataxie und Sturzgefahr sowie eine anterograde Amnesie bei rasch anflutenden Benzodiazepinen dar. Auch können *paradoxe Effekte* auftreten, wie z. B. Agitiertheit, Erregung und Aggressivität.

Die Benzodiazepin-Gabe ist bei oraler Gabe relativ sicher und sollte angestrebt werden. Die Gabe von sich rasch auflösenden Tabletten (z. B. Tavor expidet) stellt eine gut zu handhabende Darreichungsform dar.

Die i. v. Gabe von Benzodiazepinen kann zu Atem- und Kreislaufdepression bis hin zum Herzstillstand führen. Insbesondere sind Fälle von Herzstillstand in Kombination mit Clozapin berichtet worden.

Bei langdauernder Einnahme von Benzodiazepinen kann es zu dysphorischen Zuständen, körperlicher Schwäche, mnestischen Störungen, Libidoverlust und Menstruationsstörungen kommen. Bei akuter Intoxikation steht Flumazenil (Anexate®) als Antidot zur Verfügung.

Als Kontraindikationen werden Intoxikationen, Myasthenia gravis, akutes Engwinkelglaukom, Ataxie, Suchterkrankungen (falls nicht aus zwingender Indikation doch notwendig), schwere Leber- und Niereninsuffizienz und Atemwegserkrankungen genannt.

Es stehen zahlreiche Wirkstoffe zur Verfügung, die sich hauptsächlich durch ihren Metabolisierungsweg und ihre Halbwertszeit unterscheiden. Die Phase-I-Metabolisierung verläuft langsam und führt zu lang wirksamen, aktiven Metaboliten; im Phase-II-Metabolismus entstehen Metaboliten, die nicht wirksam sind und rasch ausgeschieden werden.

Zu den lang wirksamen Benzodiazepinen mit lang wirksamen Metaboliten zählt Diazepam, dessen Metaboliten bis zu 200 Stunden wirksam sind. Die übliche Dosierung von Diazepam beträgt 5–10 mg initial, was je nach klinischem Bild wiederholt werden kann. Lorazepam ist ein Benzodiazepin mit kurzer Halbwertszeit (8–24 h) ohne wirksame Metaboliten (Dosierung 1–2 mg).

54.6 Sonderfall: chemical restraint

Libal et al. (2006) haben in einer Übersichtsarbeit die Güterabwägungen zur pharmakologischen Ruhigstellung (chemical restraint) beim Management aggressiv-impulsiven Verhaltens dargelegt. In der Entscheidung zwischen physischen Zwangsmaßnahmen, wie Fixierung und Isolierung, kann die medikamentöse Beruhigung einer Situation ethisch durchaus vorgezogen werden. Zum Einsatz gelangen hier unter anderem niedrigpotente Neuroleptika, konventionelle, hochpotente Neuroleptika – wobei hier EPS als nachteilig beobachtet werden –, atypische Neuroleptika oder auch kurzzeitig Benzodiazepine (Libal et al. 2006).

54.7 Fazit

Die Pharmakotherapie in der Kinder- und Jugendpsychiatrie – noch vor zwei Jahrzehnten eher eine Ausnahme – nimmt inzwischen auch ähnlich wie in der Erwachsenenpsychiatrie einen festen Stellenwert in den Behandlungsalgorithmen ein. Allerdings muss weiterhin gerade unter dem Aspekt der Entwicklungspsychopharmakologie auch bei Adoleszenten gelten, dass sorgfältig geprüft wird, welche Arzneimittel tatsächlich eine Wirkevidenz aufweisen, und verstärkt weiter daran geforscht werden, wie Langzeitverläufe sowohl hinsichtlich der Effektivität, aber auch in Bezug auf die Pharmakosicherheit aussehen. Das Spektrum der verfügbaren Psychopharmaka hat sich in den letzten Jahrzehnten enorm erweitert, leider ging damit nicht immer eine Zulassung – und damit auch Prüfung der Wirksamkeit – für Minderjährige einher, sodass weiterhin gelten muss, dass für minderjährige psychisch Kranke im Vergleich zu über 18-jährigen Patienten eine deutlich schlechtere Datenlage und damit weniger zugelassene Arzneimittel zur Verfügung stehen. Seit Mitte der 1990er Jahre ist durch gesetzgeberische Initiativen und auch durch eine veränderte Haltung der Bevölkerung ein deutlicher Anstieg der psychopharmakologischen Forschung zum Wohle von Kindern und Jugendlichen festzustellen (Riddle et al. 2001; Vitiello et al. 2004). Die Qualitätssicherungsdebatte führte zu einer konkreteren Forderung von evidenzbasierten Behandlungsformen, zur Einführung von Leitlinien und damit mittlerweile auch zu einer stärkeren Beachtung der Studienlage. Dennoch kann gelten, dass prinzipiell das gleiche Spektrum an Arzneimitteln bei Adoleszenten eingesetzt werden kann – und im Rahmen des *off label use* auch eingesetzt wird – wie bei Erwachsenen. Die wichtigsten Substanzgruppen stellen bei Jugendlichen und Adoleszenten die Neuroleptika, die Antidepressiva und Psychostimulanzien dar.

Eine Besonderheit bei Jugendlichen und Adoleszenten ist, dass besonders auf ihre Einbeziehung in das Therapieschema geachtet werden muss, weil sonst eine noch geringe Adhärenz als bei älteren Erwachsenen zu erwarten ist. Lebensstilfragen (Einstellung der Peergroup zur Arzneitherapie, Freizeitverhalten), Ausbildungsfragen oder Fragen der Führerschein- oder Wehrdiensttauglichkeit, bei Mädchen auch ein eventueller Kinderwunsch, stellen sehr altersspezifische Fragen dar, vor denen die Indikation für eine Arzneimitteltherapie gemeinsam mit dem Patienten diskutiert werden muss.

Die neuere US-amerikanische und europäische Gesetzgebung hat aber dazu geführt, dass z. B. in den USA und weltweit Untersuchungen an Neuropsychopharmaka für Kinder und Jugendliche deutlich angestiegen sind. 11 % aller Substanzen, die eine erweiterte Patentexklusivität von der FDA zugeteilt bekommen haben, betreffen neuropharmakologische Indikationen bei Kindern und Jugendlichen (2003). Insofern kann derzeit davon gesprochen werden, dass sich das Feld der Psychopharmakotherapie von Kindern und Jugendlichen glücklicherweise zum Wohle der Patienten den in der Allgemeinpsychiatrie üblichen Standards annähert, ohne dass in den Medien bisweilen vermutete Formen der Überverschreibung oder Medikalisierung von sozialen Problemen eintreten.

Literatur

Alacqua M, Trifirò G, Arcoraci V, Germanò E, Magazù A, Calarese T, Di Vita G, Gagliano C, Spina E. Use and tolerability of newer antipsychotics and antidepressants: a chart review in a paediatric setting. Pharm World Sci 2008; 30(1): 44–50.

Amitai Y, Frischer H. Excess fatality from desipramine in children and adolescents. J Am Acad Child Adolesc Psychiatry 2006; 45: 54–60.

Andersen SL. Stimulants and the developing brain trends. Trends Pharmacol Sci 2005; 26: 237–43.

Aparasu RR, Bhatara V. Patterns and determinants of antipsychotic prescribing in children and adolescents, 2003–2004. Curr Med Res Opin 2007; 23: 49–56.

Baumann P, Hiemke C, Ulrich S, Eckermann G, Gaertner I, Gerlach M, Kuss HJ, Laux G, Müller-Oerlinghausen B, Rao ML, Riederer P, Zernig G; Arbeitsgemeinschaft für Neuropsychopharmakologie und Pharmakopsychiatrie. The AGNP-TDM expert group consensus guidelines: therapeutic drug monitoring in psychiatry. Pharmacopsychiatry 2004; 37(6): 243-65.

Benkert O, Hippius H. Kompendium der Psychiatrischen Pharmakotherapie. 6. Aufl. Heidelberg: Springer 2007.

Benmansour S, Cecchi M, Morilak DA, Gerhardt GA, Javors MA, Gould GG, Frazer A. Effects of chronic antidepressant treatments on serotonin transporter function, density, and mRNA level. J Neurosci 1999; 19(23): 10494-501.

Beyond Therapy. Biotechnology and the Pursuit of Happiness. A Report by the President's Council on Bioethics. President's Council on Bioethics (ed). Washington, DC: Selbstverlag 2003.

Birmaher B, Axelson DA, Monk K, Kalas C, Clark DB, Ehmann M, Bridge J, Heo J, Brent DA. Fluoxetine for the treatment of childhood anxiety disorders. J Am Acad Child Adolesc Psychiatry 2003; 42: 415-23.

Blakely RD, Ramamoorthy S, Qian Y, Schroeter S, Bradley CC. Regulation of antidepressant-sensitive serotonin transporters. In: Reith MEA (ed). Neurotransmitter transporters. Structure, function and regulation. Totowa, NJ: Humana 1997; 29-72.

Bridge JA, Iyengar S, Salary CB, Barbe RP, Birmaher B, Pincus HA, Ren L, Brent DA. Clinical response and risk for reported suicidal ideation and suicide attempts in pediatric antidepressant treatment. JAMA 2007; 297(15): 1683-96.

Bücheler R, Schwab M, Mörike K, Kalchthaler B, Mohr H, Schröder H, Schwoerer P, Gleiter CH. Off-label prescribing to outpatient children. BMJ 2002; 324: 1311-2.

Clark DB, Birmaher B, Axelson D, Monk K, Kalas C, Ehmann M, Bridge J, Wood DS, Muthen B, Brent D. Fluoxetine for the treatment of childhood anxiety disorders: open-label, long-term extension to a controlled trial. J Am Acad Child Adolesc Psychiatry 2005; 44(12): 1263-70.

Croonenberghs J, Fegert JM, Findling RL, De Smedt G, Van Dongen S; The Risperidone Disruptive Behavior Study Group. Risperidone in children with behavior disorders and subaverage intelligence: a 1-Year, open-label study of 504 patients. J Am Acad Child Adolesc Psychiatry 2005; 1: 64-72.

DeJong M, Fombonne E. Citalopram to treat depression in pediatric oncology. J Child Adolesc Psychopharmacol 2006; 17(3): 371-7.

DelBello MP, Schwiers ML, Rosenberg HL, Strakowski SM. A double-blind, randomized, placebo-controlled study of quetiapine as adjunctive treatment for adolescent mania. J Am Acad Child Adolesc Psychiatry 2002; 41(10): 1216-23.

DelBello M, Kowatch R, Adler CM, Stanford KE, Welge JA, Barzman DH, Nelson E, Strakowski SM. A double-blind randomized pilot study comparing quetiapine and divalproex for adolescent mania. J Am Acad Child Adolesc Psychiatry 2006; 45(3): 305-13.

Deutsche Gesellschaft für Kinder- und Jugendpsychiatrie und Psychotherapie (DGKJP) (Hrsg). Leitlinien zur Diagnostik und Therapie von psychischen Störungen im Säuglings-, Kindes- und Jugendalter. 3. überarb. Aufl. Köln: Deutscher Ärzte-Verlag 2007.

Dion Y, Annable L, Sandor P, Chouinard G. Risperidone in the treatment of Tourette's syndrome: a double-blind, placebo controlled trial. J Clin Psychopharmacol 2002; 22: 31-9.

Emslie GJ, Rush AJ, Weinberg WA. A double-blind randomized placebo-controlled trial of fluoxetine in children and adolescents with depression. Arch Gen Psychiatry 1997; 54: 1031-7.

Emslie GJ, Wagner KD, Kutcher S, Krulewicz S, Fong R, Carpenter DJ, Lipschitz A, Machin A, Wilkinson C. Paroxetine treatment in children and adolescents with major depressive disorder: a randomized, multicenter, double-blind, placebo-controlled trial. J Am Acad Child Adolesc Psychiatry 2006; 45(6): 709-19.

Entorf H, Fegert JM, Kölch M. Children in need of medical innovation, discussion paper No.04-49. Mannheim: ZEW Zentrum für Europäische Wirtschaftsforschung – Centre for European Economic Research 2004.Internet:ftp://ftp.zew.de/pub/zew-docs/dp/dp049.pdf.

Fegert JM, Häßler F, Rothärmel S. Atypische Neuroleptika in der Jugendpsychiatrie. Dürfen Schutzbestimmungen dazu führen, dass Jugendlichen psychopharmakologischer Fortschritt vorenthalten bleibt? Psychopharmakotherapie 2000; 7: 18-26.

Fegert JM, Kölch M, Lippert HD. Sichere und wirksame Arzneimittel auch für Kinder. Z Rechtspolitik 2003; 36: 446-50.

Fegert JM, Kölch M, Zito JM, Glaeske G, Janhsen K. Antidepressant use in children and adolescents in Germany. J Child Adolesc Psychopharmacol 2006; 16: 197-206.

Findling R, Reed MD, O'Riordan MA, Demeter CA, Stansbrey RJ, McNamara NK. Effectiveness, safety and pharmacokinetics of quetiapine in aggressive children with conduct disorder. J Am Acad Child Adolesc Psychiatry 2006; 45(7): 792-800.

Findling R, Reed MD, O'Riordan MA, Demeter CA, Stansbrey RJ, McNamara NK. A 26-week open-label study of quetiapine in children with conduct disorder. J Child Adolesc Psychopharmacol 2007; 17(1): 1-9.

Frazer A, Benmansour S. Delayed pharmacological effects of antidepressants. Mol Psychiatry 2002; 7(Suppl 1): 23-8.

Freyberger H, Freyberger HJ. Supportive Psychotherapie. Psychother Psychosom 1994; 61(3-4): 132-42.

Fritze J. Pharmakodynamik. In: Nissen G, Fritze J, Trott GE (Hrsg). Psychopharmaka im Kindes- und Jugendalter. 2. Aufl. München: Urban & Fischer 2004; 86-11.

Geller DA, Hoog SL, Heiligenstein JH, Ricardi RK, Tamura R, Kluszynski S, Jacobson JG; Fluoxetine Pediatric OCD Study Team. Fluoxetine treatment for obsessive compulsive disorder in children and adolescents: a placebo-controlled trial. J Am Acad Child Adolesc Psychiatry 2001; 40: 773-9.

Gerlach M. Grundlagen der Neuro-Psychopharmakologie. In: Gerlach M, Warnke A, Wewetzer CH (Hrsg). Neuro-Psychopharmaka im Kindes- und Jugendalter. Grundlagen und Therapie. Wien: Springer 2004; 3-49.

Gerlach M, Baving L, Fegert JM. Therapie mit Lithiumsalzen in der Kinder- und Jugendpsychiatrie – Klinische Wirksamkeit und praktische Empfehlungen. Z Kinder Jugendpsychiatr Psychother 2006a; 34: 181-9.

Gerlach M, Rothenhöfer S, Mehler-Wex C, Fegert JM, Schulz E, Wewetzer C, Warnke A. Therapeutisches Drug-Monitoring, eine Strategie zur Verbesserung der Arzneimittelsicherheit in der Kinder- und Jugendpsychiatrie und Psychotherapie. Z Kinder Jugendpsychiatr Psychother 2006b; 34: 5-13.

Gerlach M, Hünnerkopf R, Rothenhöfer S, Libal G, Burger R, Clement HW, Fegert JM, Wewetzer Ch, Mehler-Wex C. Therapeutic drug monitoring of quetiapine in adolescents with psychotic disorders. Pharmacopsychiatry 2007; 40: 72-6.

Gibbons RD, Hur K, Bhaumik DK, Mann JJ. The relationship between antidepressant prescription rates and rate of early adolescent suicide. Am J Psychiatry 2006; 163: 1898-904.

Gibbons RD, Brown CH, Hur K, Marcus SM, Bhaumik DK, Erkens JA, Herings RM, Mann JJ. Early evidence on the effects of regulators' suicidality warnings on SSRI prescriptions and suicide in children and adolescents. Am J Psychiatry 2007; 164(9): 1356-63.

Glaeske G, Janhsen K. Der »GEK-Arzneimittel-Report 2007«. St. Augustin: Asgard-Verlag Hippe 2007.

Gothelf D, Apter A, Reidman J, Brand-Gothelf A, Bloch Y, Gal G, Kikinzon L, Tyano S, Weizman R, Ratzoni G. Olanzapine, risperidone and haloperidol in the treatment of adolescent patients with schizophrenia. J Neural Transm 2003; 110(5): 545–60.

Hammad TA, Laughren T, Racoosin J. Suicidality in pediatric patients treated with antidepressant drugs. Arch Gen Psychiatry 2006; 63(3): 332–9.

Hazell P, O'Connell D, Heathcote D, Robertson L, Henry D. Efficacy of tricyclic drugs in treating child and adolescent depression: a meta-analysis. BMJ 1995; 310: 897–901.

Hiemke C, Härtter S, Weigmann H. Therapeutisches Drug Monitoring (TDM). In: Gastpar M, Banger M (Hrsg). Laboruntersuchungen in der psychiatrischen Routine. Stuttgart: Thieme 2000; 106–33.

Hjalmarsson L, Corcos M, Jeammet P. Selective serotonin reuptake inhibitors in major depressive disorders in children and adolescents: ratio of benefits/risks. Encephale 2005; 31(3): 309–16.

Högberg U, Wang M. [SSRI during pregnancy and risk of fetal neurotoxicity. Follow precautions and look for other therapeutic alternatives.] Lakartidningen 2005; 102(3): 113–5.

Hollander E, Wasserman S, Swanson EN, Chaplin W, Schapiro ML, Zagursky K, Novotny S. A double-blind placebo-controlled study of olanzapine in childhood/adolescent pervasive developmental disorder. J Child Adolesc Psychopharmacol 2006; 16(5): 541–8.

Kalia M, O'Callaghan JP, Miller DB, Kramer M. Comparative study of fluoxetine, sibutramine, sertraline and dexfenfluramine on the morphology of serotonergic nerve terminals using serotonin immunohistochemistry. Brain Res 2000; 858: 92–105.

Keller MB, Ryan ND, Strober M, Klein RG, Kutcher SP, Birmaher B, Hagino OR, Koplewicz H, Carlson GA, Clarke GN, Emslie GJ, Feinberg D, Geller B, Kusumakar V, Papatheodorou G, Sack WH, Sweeney M, Wagner KD, Weller EB, Winters NC, Oakes R, McCafferty JP. Efficacy of paroxetine in the treatment of adolescent major depression: a randomized controlled trial. J Am Acad Child Adolesc Psychiatry 2001; 40: 762–72.

Knopf H. Arzneimittelanwendung bei Kindern und Jugendlichen. Erfassung und erste Ergebnisse beim Kinder- und Jugendgesundheitssurvey (KiGGS). Bundesgesundheitsblatt – Gesundheitsforschung – Gesundheitsschutz 2007; 50: 863–70.

Kölch M. Kindgerechte Aufklärung und Einwilligungsfähigkeit bei Kindern im Rahmen klinischer Prüfungen. Arzneimittel Forschung Drug Research 2004; 54: 22–4.

Kölch M, Fegert JM. Medikamentöse Therapie der Depression bei Minderjährigen. Prax Kinderpsychol Kinderpsychiatr 2007; 56: 224–33.

Kölch M, Bücheler R, Fegert JM, et al. Johanniskraut – eine evidenzbasierte Alternative in der Behandlung kindlicher und juveniler Depressionen? Eine Übersicht zu Indikationen, Wirkung, Evidenz und Verschreibungspraxis von Johanniskraut. Psychopharmakother 2006; 13: 95–9.

Kölch M, Schnoor K, Fegert J. The EU-regulation on medicinal products for paediatric use. Impacts on child and adolescent psychiatry and clinical research with minors. Eur Child Adolesc Psychiatry 2007; 16: 229–35.

Kumra S, Frazier JA, Jacobsen LA, et al. Childhood-onset schizophrenia: a double-blind clozapine-haloperidol comparison. Arch Gen Psychiatry 1998; 53: 1090–7.

Laux G, Riederer P. Plasmaspiegelbestimmungen von Psychopharmaka: Therapeutisches Drug-Monitoring. Versuch einer Standortbestimmung. Stuttgart: Wissenschaftliche Verlagsgesellschaft 1992.

Lehmkuhl G, Konrad K, Döpfner M. Aufmerksamkeitsdefizit-/Hyperaktivitätsstörungen (ADHS). In: Herpertz-Dahlmann B, Resch F, Schulte-Markwort M, Warnke A (Hrsg). Entwicklungspsychiatrie. Biopsychologische Grundlagen und die Entwicklung psychischer Störungen. 2. Aufl. Stuttgart, New York: Schattauer 2007; 674–93.

Libal G, Plener P, Fegert JM, Kölch M. Chemical restraint: »Pharmakologische Ruhigstellung« zum Management aggressiven Verhaltens im stationären Bereich in Theorie und Praxis. Prax Kinderpsychol Kinderpsychiatr 2006; 55: 783–801.

Liebowitz MR, Turner SM, Piacentini J, Beidel DC, Clarvit SR, Davies SO, Graae F, Jaffer M, Lin SH, Sallee FR, Schmidt AB, Simpson HB. Fluoxetine in children and adolescents with OCD: a placebo-controlled trial. J Am Acad Child Adolesc Psychiatry 2002; 41: 1431–8.

Ludolph AG, Schaz U, Storch A, Liebau S, Fegert JM, Boeckers TM. Methylphenidate exerts no neurotoxic, but neuroprotective effects in vitro. J Neural Transm 2006; 113(12): 1927–34.

Mandoki MW, Tapia MR. Venlafaxine in the treatment of children and adolescents with major depression. Psychopharmacol Bull 1997; 33: 149–54.

March JS, Biedermann J, Wolkow R, et al. Sertraline in children and adolescents with obsessive-compulsive disorder: a multicenter randomized controlled trial. JAMA 1998; 280: 1752–6.

McDougle CJ, Scahill L, Aman MG, McCracken JT, Tierney E, Davies M, Arnold LE, Posey DJ, Martin A, Ghuman JK, Shah B, Chuang SZ, Swiezy NB, Gonzalez NM, Hollway J, Koenig K, McGough JJ, Ritz L, Vitiello B. Risperidone for the core symptom domains of autism: results from the study by the autism network of the research units on pediatric psychopharmacology. Am J Psychiatry 2005; 162: 1142–8.

McGorry PD, Yung AR, Phillips LJ, Yuen HP, Francey S, Cosgrave EM, Germano D, Bravin J, McDonald T, Blair A, Adlard S, Jackson H. Randomized controlled trial of interventions designed to reduce the risk of progression to first-episode psychosis in a clinical sample with subthreshold symptoms. Arch Gen Psychiatry 2002; 59(10): 921–8.

Mehler-Wex C, Warnke A. Ticstörungen. In: Gerlach M, Warnke A, Wewetzer CH (Hrsg). Neuro-Psychpharmaka im Kindes und Jugendalter. Grundlagen und Therapie. Wien: Springer 2004; 297–302.

Mehler-Wex C, Martin M, Wewetzer CH. Schizophrenie, schizotype und wahnhafte Störungen. In: Gerlach M, Warnke A, Wewetzer CH (Hrsg). Neuro-Psychpharmaka im Kindes und Jugendalter. Grundlagen und Therapie. Wien: Springer 2004a; 283–9.

Mehler-Wex C, Wewetzer CH, Gerlach M. Neuroleptika. In: Gerlach M, Warnke A, Wewetzer CH (Hrsg). Neuro-Psychpharmaka im Kindes und Jugendalter. Grundlagen und Therapie. Wien: Springer 2004b; 151–75.

Merkel R, Boer G, Fegert J, Galert T, Hartmann D, Nuttin B, Rosahl S. Intervening in the Brain. Heidelberg: Springer 2007.

Moses-Kolko EL, Bogen D, Perel J, Bregar A, Uhl K, Levin B, Wisner KL. Neonatal signs after late in utero exposure to serotonin reuptake inhibitors: literature review and implications for clinical applications. JAMA 2005; 293(19): 2372–83.

Mosholder AD, Willy M. Suicidal adverse events in pediatric randomized, controlled clinical trials of antidepressant drugs are associated with active drug treatment: A meta-analysis. J Child Adolesc Psychopharmacol 2006; 16: 25–32.

Mozes T, Ebert T, Michal SE, Spivak B, Weizman A. An open-label randomized comparison of olanzapine versus riperidone in the treatment of childhood-onset schizoprenia. J Child Adolesc Psychopharmacol 2006; 16(4): 393–403.

MTA Cooperative Study Group. A 14-month randomized clinical trial of treatment strategies for attention-deficit/hyperactivity disorder. Arch Gen Psychiatry 1999; 56: 1073–86.

Müller-Vahl KR. [The benzamides tiapride, sulpiride, and amisulpride in treatment for Tourette's syndrome.] Nervenarzt 2007; 78(3): 264, 266–8, 270–1.

Pandina GJ, Bossie CA, Youssef E, Zhu Y, Dunbar F. Risperidone improves symptoms in children with autism in a randomized, double-blind, placebo-controlled trial. J Autism Dev Disord 2007; 37(2): 367–73.

Pediatric OCD Treatment Study (POTS) Team. Cognitive-behavior therapy, sertraline and their combination for children and adolescents with obsessive-compulsive disorder. JAMA 2004; 292: 1969–76.

Ravishankar N, Pratibha S, Prahbhjot M. Risperidone in Children With Autism: Randomized, Placebo-Controlled, Double-Blind Study. J Child Neurol 2006; 21(6): 450–5.

Remschmidt H, Schüler-Springorum M, Fleischhaker C, et al. Clozapin in der Kinder- und Jugendpsychiatrie. Klinische Erfahrung und neue Befunde. In: Naber D, Müller-Spahn F (Hrsg). Leponex. Pharmakologie eines atypischen Neuroleptikums. Berlin, Heidelberg, New York: Springer 2001.

Riddle MA, Scahill L, King RA, Hardin MT, Anderson GM, Ort SI, Smith JC, Leckman JF, Cohen DJ. Double-blind crossover trial of fluoxetine and placebo in children and adolescents with obsessive-compulsive disorder. J Am Acad Child Adolesc Psychiatry 1992; 31: 1062–9.

Riddle MA, Reeve EA, Yaryura-Tobias JA, Yang HM, Claghorn JL, Gaffney G, Greist JH, Holland D, McConville BJ, Pigott T, Walkup JT. Fluvoxamine for children and adolescents with obsessive-compulsive disorder: a randomized, controlled multicenter study. J Am Acad Child Adolesc Psychiatry 2001; 40: 222–9.

Robertson MM, Stern JS. Gilles de la Tourette syndrome: symptomatic treatment based on evidence. Eur Child Adolesc Psychiatry 2000; 9(Suppl 1): I60–75.

Rothärmel S, Dippold I, Wiethoff K, Wolfslast G, Fegert JM. Patientenaufklärung, Informationsbedürfnis und Informationspraxis in der Kinder- und Jugendpsychiatrie und Psychotherapie. Göttingen: Vandenhoeck & Ruprecht 2006.

RUPP Autism Network. Risperidone in children with autism and serious behavioral problems. New Engl J Med 2002; 347: 314–21.

Rynn MA, Siqueland L, Rickels K. Placebo-controlled trial of sertraline in the treatment of children with generalized anxiety disorders. Am J Psychiatry 2001; 158: 2008–14.

Safer DJ, Zito JM. Treatment-emergent adverse events from selective serotonin reuptake inhibitors by age group: children versus adolescents. J Child Adolesc Psychopharmacol 2006; 16: 159–69.

Sallee FR, Kurlan R, Goetz CG, Singer H, Scahill L, Law G, Dittman VM, Chappell PB. Ziprasidone treatment of children and adolescents with Tourette's syndrome: a pilot study. J Am Acad Child Adolesc Psychiatry 2000; 39(3): 292–9.

Schaz U, Koelch M, et al. Fluoxetine, paroxetine, atomoxetine and St. John's wort exert similar cell biological effects in maturing neurons in vitro. IACAPAP 2008; Book of Abstracts: 41.

Schepker R, Lippert HD Kölch M, Fegert JM. Fragwürdigkeit eines Gerichtsurteils zur Antidepressiva-Verordnung bei Jugendlichen. Kommentar zum SSRI-Absetz-Urteil des SG Dresden und zunehmenden Eingriffen in die ärztliche Therapiefreiheit. Z Kinder Jugendpsychiatr Psychother 2007; 35(3): 207–12.

Seyberth HW, Brochhausen C, Kurz R. Probleme der pädiatrischen Pharmakotherapie und deren internationale Lösungsansätze. Monatsschr Kinderheilk 2002; 150: 218–25.

Shaw P, Sporn A, Gogtay N, Overman GP, Greenstein D, Gochman P, Tossell JW, Lenane M, Rapoport JL. Childhood-onset schizophrenia. A double-blind, randomized Clozapine-Olanzapine comparison. Arch Gen Psychiatry 2006; 63: 721–30.

Sikich L, Hamer RM, Bashford RA, Sheitman BB, Lieberman JA. A pilot study of risperidone, olanzapine, and haloperidol in psychotic youth: a double-blind, randomized, 8-week trial. Neuropsychopharmacology 2004; 29(1): 133–45.

Sodhi MS, Sanders-Bush E. Serotonin and brain development. Int Rev Neurobiol 2004; 59: 111–74.

Spencer T, Heiligenstein JH, Biedermann J, Faries DE, Kratochvil CJ, Conners CK, Potter WZ. Results from 2 proof-of-concept, placebo controlled studies of atomoxetine in children with attention-deficit/hyperactivity disorder. J Clin Psychiatry 2002; 63: 1140–7.

The Treatment for Adolescents with Depression Study (TADS) Team. Fluoxetine, cognitive-behavioral therapy, and their combination for adolescents with depression treatment for adolescents with depression study (TADS) randomized controlled trial. JAMA 2004; 292(7): 807–20.

Tohen M, Kryzhanovskaya L, Carlson G, Delbello M, Wozniak J, Kowatch R, Wagner K, Findling R, Lin D, Robertson-Plouch C, Xu W, Dittmann RW, Biederman J. Olanzapine versus placebo in the treatment of adolescents with bipolar mania. Am J Psychiatry 2007; 164: 1547–56.

Trott GE. Pharmakotherapeutische Besonderheiten im Kindes- und Jugendalter. In: Nissen G, Fritze J, Trott GE. Psychopharmaka im Kindes- und Jugendalter. 2. Aufl. München: Urban & Fischer 2004; 192–206.

Turgay A, Binder C, Snyder R, Fisman S. Long-term safety and efficacy of risperidone for the treatment of disruptive behavior disorders in children with subaverage IQs. Pediatrics 2002; 110(3): 34.

Usala T, Clavenna A, Zuddas A, Bonati M. Randomised controlled trials of selective serotonin reuptake inhibitors in treating depression in children and adolescents: a systematic review and meta-analysis. Eur Neuropsychopharmacol 2008; 18(1): 62–73.

Vitiello B, Heiligenstein JH, Riddle MA, Greenhill LL, Fegert JM. The interface between publicly funded and industry-funded research in pediatric psychopharmacology: opportunities for integration and collaboration. Biol Psychiatry 2004; 56: 3–9.

Voineskos AN, Wilson AA, Boovariwala A, Sagrati S, Houle S, Rusjan P, Sokolov S, Spencer EP, Ginovart N, Meyer JH. Serotonin transporter occupancy of high-dose selective serotonin reuptake inhibitors during major depressive disorder measured with [11C]DASB positron emission tomography. Psychopharmacology (Berl) 2007; 193(4): 539–45.

Wagner KD, Ambrosini P, Rynn M, Wohlberg C, Yang R, Greenbaum MS, Childress A, Donnelly C, Deas D; Sertraline Pediatric Depression Study Group. Efficacy of sertraline in the treatment of children and adolescents with major depressive disorder: two randomized controlled trials. JAMA 2003; 290: 1033–41.

Wagner KD, Berard R, Stein MB, Wetherhold E, Carpenter DJ, Perera P, Gee M, Davy K, Machin A. A multicenter, randomized, double blind, placebo-controlled trial of paroxetine in children and adolescents with social anxiety disorder. Arch Gen Psychiatry 2004a; 61: 1153–62.

Wagner KD, Robb AS, Findling RL, Jin J, Gutierrez MM, Heydorn WE. A randomized, placebo-controlled trial of citalopram for the treatment of major depression in children and adolescents. Am J Psychiatry 2004b; 161: 1079–83.

Walitza S, Warnke A. Aufmerksamkeits-Defizit-Hyperaktivitäts-Störung. In: Gerlach M, Warnke A, Wewetzer CH (Hrsg). Neuro-Psychpharmaka im Kindes und Jugendalter. Grundlagen und Therapie. Wien: Springer 2004; 215–27.

Walkup JT, Labellarte MJ, Riddle MA. Fluvoxamine for the treatment of anxiety disorders in children and adolescents. Br J Med 2001; 344: 1279–85.

Weller TE, Weller RA, Davis GP. Use of venlafaxine in children and adolescents: a review of the current literature. Depression Anxiety 2000; 12: 85–99.

Wewetzer C, Warnke A, Gerlach M. Antidepressiva. In: Gerlach M, Warnke A, Wewetzer CH (Hrsg). Neuro-Psychopharmaka im Kindes und Jugendalter. Grundlagen und Therapie. Wien: Springer 2004; 69–93.

Whittington C, Kendall T, Fonagy P, Cottrell D, Cotgrove A, Boddington E. Selective serotonin reuptake inhibitors in childhood depression: systematic review of published versus unpublished data. Lancet 2004; 363: 1341–5.

Wilens TE, Faraone SV, Biederman J, Gunawardene S. Does stimulant therapy of attention-deficit/hyperactivity disorder beget later substance abuse? A meta-analytic review of the literature. Pediatrics 2003; 111: 179–85.

Yung AR, McGorry PD. The initial prodrome in psychosis: descriptive and qualitative aspects. Aust N Z J Psychiatry 1996; 30(5): 587–99.

Zito JM, Fegert JM, de Jong-van den Berg LTW, Tobi H, Gardner JF, Glaseke G, Janhsen K. Internationaler Vergleich der antidepressiven Therapie bei Kindern und Jugendlichen. J Public Health 2005a; 13: 90.

Zito JM, van den Berg L, Fegert JM. Pharmacoepidemiological comparison. Toronto: Presentation on the AACAP-Meeting 2005b.

Zito JM, Fegert JM, de Jong-van den Berg LTW, Tobi H, Gardner JF, Glaseke G, Janhsen K. Antidepressant prevalence for youths: a multi-national comparison. Pharmacoepidemiol Drug Saf 2006; 15: 793–8.

Zohar J, Juven-Wetzler A, Myers V, Fostick L. Post-traumatic stress disorder: facts and fiction. Curr Opin Psychiatry 2008; 21(1): 74–7.

V Recht und Ethik

55 Aufklärung und Einwilligung

Michael Kölch, Jörg M. Fegert und Hans-Dieter Lippert

Inhalt

55.1 Rechtsgrundlagen, Typologie _____ 741
55.2 Auswirkungen auf die kinder- und jugendpsychiatrische Behandlung _____ 744
55.3 Auswirkungen auf die Forschung im Bereich der Kinder- und Jugendpsychiatrie _____ 747
Literatur _____ 751

Zusammenfassung

Die ärztliche Behandlung Minderjähriger und Adoleszenter kann nur bei entsprechender Aufklärung über die Behandlung und mit der Einwilligung von Sorgeberechtigten und Patienten gelingen. Rechtliche Vorgaben definieren den Rahmen, in dem die Aufklärung und die Einwilligung stattfinden sollen. Grundlage bilden dieselben gesetzlichen Regelungen, die auch bei erwachsenen Patienten gelten. Für Minderjährige ergeben sich Besonderheiten dadurch, dass sie zum Teil als nicht einwilligungsfähig gelten. Hierfür sind besondere rechtliche Regelungen vorgesehen, insbesondere auch für den Fall klinischer Forschung an Minderjährigen. Generell ist die Einbeziehung des Patienten in den Entscheidungsprozess eine für die Therapie unabdingbare und förderliche Notwendigkeit, die altersspezifische Formen und Inhalte der Aufklärung berücksichtigen sollte. Im Sonderfall der Behandlung gegen den Willen ist in besonderer Weise darauf zu achten, dass der Patient über seine Rechte und die Behandlung aufgeklärt wird, um ihm trotz Freiheitseinschränkung ein Maximum an Autonomie zu gewährleisten.

55.1 Rechtsgrundlagen, Typologie

Für die Aufklärung und Einwilligung des betroffenen Patienten beim ärztlichen Heileingriff zu Behandlungs- und zu Forschungszwecken sowie des Probanden bei der Teilnahme an Forschungsvorhaben hat der Gesetzgeber keine allgemeinen Rechtsregeln aufgestellt[1].

---

[1] Spezielle Regelungen für die klinische Prüfung von Arzneimitteln und Medizinprodukten enthalten die §§ 40 ff. Arzneimittelgesetz (AMG) und 19 ff. Medizinproduktgesetz (MPG). Sie sind dem Forschungsbereich zuzuordnen. Sonderregelungen enthalten die §§ 6 Transfusionsgesetz (TFG) und 8 Transplantationsgesetz (TPG).

Aus zivilrechtlicher Sicht ergibt sich die Notwendigkeit einer Einwilligung nach Aufklärung aus dem allgemeinen Vertragsrecht des Bürgerlichen Gesetzbuches (BGB), weil der Behandlung des Patienten ein Arzt-Patienten-Vertrag zugrunde liegt. Aus strafrechtlicher Sicht stellt der Heileingriff eine Körperverletzung dar, die erst durch die Einwilligung des Betroffenen nach Aufklärung gerechtfertigt ist. Der Grundsatz der Einwilligung nach Aufklärung lässt sich aber unschwer auf das Recht auf körperliche Unversehrtheit aus Art. 2 Abs. 2 Grundgesetz (GG) zurückführen und hat damit letztlich Verfassungsrang (allgemeine Meinung; vgl. Laufs u. Uhlenbruck 2002, § 61 Rz 13 ff.; Quaas u. Zuck R 2005, § 13 Rz 82 f.; Wenzel 2007). Den Arzt verpflichtet § 8 Berufsordnung dazu, seinen Patienten erst nach entsprechender Aufklärung zu behandeln. Bei § 8 handelt es sich aber nur um eine Norm des ärztlichen Berufsrechts und um keine allgemeine Rechtsvorschrift. Aufzuklären ist der Betroffene selbst. Ist dies unmöglich, weil er nicht fähig ist, zu erkennen, worum es geht und entsprechend einzuwilligen (Einwilligungsunfähigkeit), so ist an seiner Stelle im Falle von Kindern der Erziehungsberechtigte (also grundsätzlich der Inhaber des Personensorgerechts = beide Elternteile) aufzuklären und von diesem eine Einwilligung zur Behandlung einzuholen. Bei Erwachsenen, die einwilligungsunfähig sind, ist zur Entscheidung der Betreuer nach entsprechender Aufklärung befugt, sofern ein solcher bestellt ist.

Minderjährige besitzen eigene, vom Elternwillen unabhängige und im Zweifelsfall auch gegenüber diesem gleichberechtigte, teils vorrangige Rechte, manche davon sind abhängig von der kognitiven und allgemeinen Entwicklung des Minderjährigen, manche jedoch sind unabhängig als elementare und generelle Rechte zu sehen (Rothärmel et al. 2006; Schnoor et al. 2006; Wölk 2001). Die UN-Kinderrechtskonvention unterstreicht das Recht von Kindern auf rechtliches Gehör und Information in allen sie betreffenden Angelegenheiten. In den Artikeln 12 und 13 ist niedergelegt, dass ein Minderjähriger sich seine Meinung bilden können soll und diese angemessen berücksichtigt werden müsse sowie dass auch für Minderjährige die Informationsfreiheit gilt (United Nations 1989).

Nach § 1626 II BGB besteht für die Eltern eine Verpflichtung, die wachsende Fähigkeit und das wachsende Bedürfnis des Kindes zu selbstständigem und verantwortungsbewusstem Handeln zu berücksichtigen. Die Bioethikkonvention äußert sich bezüglich der Einbeziehung des Willens des Minderjährigen ähnlich wie die entsprechende Passage des BGB: die Meinung des Minderjährigen »shall be taken into consideration as an increasingly determining factor in proportion to his or her age and degree of maturity" (Art. 6, Convention of human rights and biomedicine).

Sowohl der gesetzliche Vertreter als auch der Betreuer dürfen nur zum Wohle des Betroffenen entscheiden. Eltern haben mit zunehmendem Alter des Kindes dessen Willen zu berücksichtigen (zunehmende Grundrechtsmündigkeit), der Betreuer hat bei seinen Entscheidungen Äußerungen des Betreuten zu berücksichtigen.

In der Medizin hat sich das *Informed-consent*-Paradigma durchgesetzt, nachdem ein Patient seine Einwilligung nur sinnvoll geben kann, wenn er zuvor suffizient über die Behandlung aufgeklärt wurde, er diese Aufklärung verstanden hat und er frei und unabhängig entscheiden kann (Vollmann 2000).

55.1.1 Aufklärung

Auch für die nähere Ausgestaltung der Aufklärung gibt es keine allgemeinen gesetzlichen Regelungen. Dennoch haben sich in der Praxis die nachfolgenden bedeutsamen Bereiche herausgebildet.

Eingriffsaufklärung

Der Arzt hat den Patienten mit dem medizinischen Geschehen derart vertraut zu machen, dass dieser zu einer freien Willensentscheidung bezüglich des beabsichtigten Heileingriffs imstande ist. Das Aufklärungsgespräch ist immer ein individuelles Gespräch, auch wenn es im Ablauf standardisiert sein mag. Der Arzt hat den ihm eigenen Wissensvorsprung dazu zu nutzen, dem Patienten das medizinische Geschehen in die Laiensphäre zu übersetzen.

Prognose-/Sicherungsaufklärung

Die therapeutische oder Prognoseaufklärung bildet einen wesentlichen Teil der ärztlichen Tätigkeit. Soweit es therapeutische Gründe gebieten, hat der Arzt den Patienten rechtzeitig und vollständig aufzuklären. Die Aufklärung soll das medizinisch Notwendige vorbereiten und unterstützen und dem Patienten die Entscheidung darüber erleichtern, ob er sich in weitere Behandlung begeben möchte.

Auf das Verhalten des Patienten nach erfolgter Therapie wirkt die Sicherungsaufklärung ein. Der Arzt soll den Patienten darüber aufklären, wie er sich im Anschluss an die Behandlung zu verhalten hat, damit der Behandlungserfolg eintreten kann. Die Sicherungsaufklärung bezieht sich aber auch darauf, dem Patienten mitzuteilen, bei welchen unvorhergesehenen Ereignissen er sich wie zu verhalten hat und dass er dann den behandelnden Arzt wieder aufzusuchen hat.

Form, Inhalt und Zeitpunkt der Aufklärung

Folgende Facetten der Aufklärung haben in Literatur und Rechtsprechung eine nähere Ausgestaltung erfahren:

■ **Form der Aufklärung:** Die Aufklärung muss individuell in einem Gespräch zwischen Arzt und Patient erfolgen. Formulare können es vorbereiten, aber nicht ersetzen. Das Gespräch ist grundsätzlich vom Arzt zu führen, eine Delegation auf nichtärztliches Personal ist nicht statthaft. Weder die Aufklärung noch die Einwilligung sind an eine bestimmte Form gebunden, insbesondere nicht an die Schriftform (Entscheidung des Bundesgerichtshofs in Zivilsachen [BGHZ] 67, 48).

Gleichwohl hat sich in der Praxis bei größeren Eingriffen die Dokumentation eingebürgert, schon allein durch die Verwendung der Formulare der Stufenaufklärung nach Weißauer. Auch wenn die schriftliche Aufklärung und Einwilligung nur Indizwirkung hat, so erleichtert sie doch im Behandlungsfehlerprozess dem beklagten Arzt den Nachweis beider Vorgänge. Denn anders als sonst im Zivilprozess muss der Arzt den Beweis dafür führen, dass er berechtigt war, den Eingriff im vorgenommenen Umfang durchzuführen. Der Patient kann sich darauf beschränken, das Vorliegen einer Aufklärung und einer wirksamen Einwilligung zu bestreiten.

■ **Der richtige Zeitpunkt der Aufklärung:** Die Aufklärung muss zu einem Zeitpunkt erfolgen, zu dem der Patient noch im vollen Besitz seiner Urteils- und Einsichtsfähigkeit ist (BGH); es muss ihm – in Abhängigkeit von der Dringlichkeit des Eingriffs – Zeit zur Überlegung gewährt werden. Die Aufklärung kann auch bereits zu einem früheren, lange Zeit vor dem eigentlichen Eingriff liegenden Zeitpunkt erfolgen, muss dann allerdings zum Zeitpunkt des Eingriffs noch andauern. Sind mehrere Disziplinen an der Behandlung beteiligt, so haben sie sich in Fällen zeitlich versetzter Aufklärung sorgfältig vom Vorliegen der Einwilligung zu überzeugen.

■ **Aufklärungsverzicht:** Auf die Aufklärung kann der Patient auch verzichten (BGH, MDR 1971, 918). Ein entsprechender Wille muss unzweideutig zum Ausdruck bringen, der Patient wünsche keine Aufklärung. Es empfiehlt sich, derlei Äußerungen sehr sorgfältig zu dokumentieren. Die Rechtsprechung begegnet dem Aufklärungsverzicht mit großer Zurückhaltung, was im Hinblick auf die Bedeutung des Einwandes nicht ausreichender Aufklärung in der Gerichtspraxis verständlich ist.

Der bewusstlose Betroffene

Bewusstlose Patienten kann und muss der Arzt nicht aufklären. Bei bewusstlosen Patienten hat der Arzt aber diejenigen Maßnahmen durchzuführen, die im Interesse des Patienten zur Herstellung seiner Gesundheit, insbesondere zur Abwendung der Lebensgefahr, erforderlich, geeignet und vom mutmaßlichen Willen des Patienten getragen sind. Schriftliche Erklärungen des Patienten sowie Informationen von dem Patienten nahestehenden Auskunftspersonen können hierüber, bei aller Vorsicht im Einzelfall, Aufschluss geben. Ist der Patient wieder einwilligungsfähig, ist seine Einwilligung für die weitere Behandlung einzuholen.

55.1.2 Einwilligung

Inhalt und Ausgestaltung der Aufklärung lässt sich ebenfalls auf keine gesetzliche Regelung stützen. Einzelheiten sind für den ärztlichen Heileingriff in einer nicht mehr überschaubaren Vielzahl von gerichtlichen Entscheidungen niedergelegt. Immerhin lässt sich grundsätzlich Folgendes festhalten:
Die Einwilligung nach vorausgegangener Aufklärung hat nach allgemeiner Meinung im juristischen Schrifttum und in der Rechtsprechung Verfassungsrang: Nach Art. 2 Abs. 1 GG hat der Patient dem Arzt gegenüber das uneingeschränkte Recht, selbst zu bestimmen, was mit seinem Körper geschieht und was nicht (BGH, NJW 1959, 811). Aufklärung und Einwilligung sind das Gegengewicht zur Sachkenntnis des Arztes. Im Behandlungsverhältnis ist der Arzt gehalten, dem Patienten das medizinische Geschehen im Aufklärungsgespräch zu erläutern (Übersetzung des medizinischen Geschehens in die Laiensphäre), um ihm eine Einwilligung zu ermöglichen. Einwilligung und Aufklärung sind Teile des vom gegenseitigen Vertrauen getragenen Zusammenwirkens zwischen Arzt und Patient. Es dürfte also wenig erstaunen, wenn die Rechtsordnung die Missachtung des Selbstbestimmungsrechts des Patienten durch Verstöße gegen die Einwilligung und die ihr vorausgehende Aufklärung mit mannigfachen Sanktionen ahndet.
Die Einwilligung ist keine Willenserklärung im Sinne des BGB. Sie setzt also keine Geschäftsfähigkeit voraus (BGHZ 29, 33; BGHSt 12, 389.) Voraussetzung für die Wirksamkeit der Erklärung ist, dass der Patient die natürliche Urteils- und Einsichtsfähigkeit besitzt, zu verstehen, was mit der ärztlichen Behandlung beabsichtigt wird und dementsprechend zu entscheiden. Das Vorliegen dieser natürlichen Urteils- und Einsichtsfähigkeit muss der Arzt im Gespräch mit dem Patienten feststellen. Problematisch ist sie bei Patienten zwischen dem 14. und 16. Lebensjahr. Darunter können nur die Eltern (beide Elternteile) einwilligen, darüber regelmäßig der Jugendliche selbst. Steht der Patient für den Bereich ärztlicher Behandlungsmaßnahmen unter Betreuung oder unter Vormundschaft, so muss der Betreuer oder der Vormund nach entsprechender Aufklärung einwilligen. In geeigneten Fällen hat der Arzt auf die Bestellung eines Betreuers hinzuwirken.

55.1.3 Widerruf der Einwilligung

Die Einwilligung berechtigt den Arzt – solange sie besteht – zu medizinischen Eingriffen am Patienten wie am Probanden, auch zu Forschungszwecken. Der Einwilligung kommt rechtfertigende Wirkung zu. Daher ist es Aufgabe des Arztes, der sich auf sie beruft, festzustellen, ob sie bei der Vornahme der Behandlungs- oder Forschungsmaßnahme noch vorliegt.
Im Rahmen des Aufklärungsgespräches mit dem Patienten oder Probanden vor Aufnahme in ein medizinisches Forschungsprojekt erhalten diese üblicherweise die Zusicherung, ihre Einwilligung jederzeit und ohne Angabe von Gründen widerrufen zu können. Dieser Widerruf habe keine nachteiligen Folgen für die weitere Behandlung jedenfalls der Patienten. Unproblematisch ist in diesem Zusammenhang sicher der Widerruf, der unmittelbar bis zum Beginn des Eingriffes oder der Untersuchung beim Patienten oder dem Beginn des medizinischen Experiments beim Probanden erfolgt. Es passiert einfach nichts. Anders stellt sich die Lage aber wohl dar, wenn die Behandlung oder das medizinische Experiment erst einmal begonnen worden ist und der Widerruf nun erfolgen soll. Aus rechtlicher und aus medizinischer Sicht muss der Arzt jedoch zweierlei entscheiden: zum einen, ob der Widerruf wirksam ist, zum anderen, ob der gewünschte sofortige Abbruch von Behandlung oder Experiment ohne Schädigung für den Patienten oder Probanden überhaupt möglich ist.
Widerruft der Patient oder Proband während oder nach der Durchführung des Experiments oder der Behandlung seine Einwilligung, so stellt sich die Frage, welche Wirkung ein derartiger Widerruf haben kann. Der »Widerruf« des Patienten oder des Probanden beseitigt die Berechtigung zum Eingriff. Er führt zugleich zur totalen oder teilweisen Kündigung des Behandlungs- oder Probandenvertrages, wenn solches vertraglich vereinbart sein sollte. Gegebenenfalls kommt auch ein Rücktrittsvorbehalt in Betracht (vgl. hierzu Lippert 2001). Einerlei, wie man den Widerruf rechtlich beurteilt: Entfällt die Einwilligung, endet die Berechtigung des Arztes, in die persönliche Integrität des Betroffenen einzugreifen.

55.1.4 Behandlungsvertrag

Davon zu unterscheiden sind diejenigen Willenserklärungen des Patienten, die zum Abschluss des Behandlungsvertrages führen. Durch sie wird die ärztliche Behandlung in Art und Umfang festgelegt. Auf diese Willenserklärungen sind die §§ 104 ff., 116 ff. und 145 ff. BGB anzuwenden (vgl. hierzu Lippert 2001). Erforderlich ist die Geschäftsfähigkeit des Patienten. Fehlt sie, so hat ein gesetzlicher Vertreter, Vormund oder Betreuer die maßgebliche Erklärung abzugeben. Beim bewusstlosen Patienten handelt der Arzt im Eilfall als Geschäftsführer ohne Auftrag entsprechend dem mutmaßlichen Willen oder dem Interesse des Patienten. Hat der Patient in einwilligungsfähigem Zustand Bestimmungen bezüglich seiner ärztlichen Behandlung niedergelegt, so hat der Arzt diesem tatsächlich geäußerten Willen des Patienten entsprechend zu behandeln. Auf den mutmaßlichen Willen oder gar das Interesse des Patienten ist bei eindeutiger Erklärung des Patienten nicht zurückzugreifen (vgl. hierzu Röver 1997, S. 108 ff. m. w. Nachw.). In der Praxis kann dies beim nicht geschäftsfähigen Patienten durchaus dazu führen, dass zwar eine Einwilligung in den Eingriff vorliegt, dass aber kein Behandlungsvertrag geschlossen wird. Es besteht Anlass zum Hinweis, dass natürlich auch ein rechtmäßig zustande gekommener Behandlungsvertrag die darin vereinbarten Eingriffe des Arztes in dem vereinbarten Umfang rechtfertigt.

55.2 Auswirkungen auf die kinder- und jugendpsychiatrische Behandlung

Einwilligungsfähigkeit ist keine statische Fähigkeit, sondern setzt individuelle Fähigkeiten und Gegebenheiten bei Patienten und die Informationsvermittlung durch den Arzt voraus.

Individuelle Gegebenheiten bei einem Patienten können Abhängigkeitsverhältnisse von in die Entscheidung mit involvierten Personen sein (z. B. den Eltern), aber auch z. B. der Bewusstseinsgrad eines Patienten (Bewusstlosigkeit, Koma, Panikzustand; s. oben). Individuelle Fähigkeiten sind z. B. das Verständnisniveau des Patienten, das von kognitiven Fähigkeiten, aber auch von generellen entwicklungspsychologischen Aspekten wie auch von krankheitsspezifischen Aspekten, wie Krankheitseinsicht und Vorerfahrungen chronisch kranker Minderjähriger, abhängt.

Im Falle von Minderjährigen ist das *Informed-consent*-Paradigma nur eingeschränkt hilfreich (Rothärmel et al. 1999). Bei Minderjährigen treten hinsichtlich der Patientenautonomie verschiedene Probleme auf, die sich im Bereich der Behandlung Erwachsener überhaupt nicht stellen. Minderjährige sind in kognitiver und emotionaler Hinsicht eine äußerst inhomogene Klientel. Zum einen kann beim Minderjährigen nicht generell davon ausgegangen werden, dass er die Grundvoraussetzungen zur Autonomie besitzt, wie etwa die kognitiven Voraussetzungen, den moralisch-ethischen Entwicklungsstand und die Selbstständigkeit für autonome Entscheidungen. Gerade der Minderjährige ist ein abhängiges Individuum, weshalb »Sorgeberechtigte« (i. d. R. die Eltern) seine besten Interessen vertreten. Insofern erweitert sich bei Minderjährigen die lineare dyadische Arzt-Patienten-Beziehung bei Erwachsenen zur Triade Minderjähriger-Eltern-Arzt (Abb. 55-1). Dieses Dreieck führt zu komplizierten Abhängigkeitsverhältnissen zwischen den Beteiligten, aber auch zu einer erhöhten emotionalen Belastung für Eltern, die stellvertretend für ihr Kind entscheiden und handeln sollen. Die Entwicklung des Minderjährigen macht ihn aber mit ansteigendem Alter, aber auch je nach spezifischen (Krankheits-)Erfahrungen immer fähiger zu autonomem Handeln, so nimmt der Minderjährige in dem beschriebenen Dreieck immer eine wichtigere Rolle ein, wird immer mehr zur entscheidenden Person. Dieser Prozess verläuft nicht immer linear und stetig,

Abb. 55-1 Kontrollrechte in Entscheidungssituationen (nach Rothärmel et al. 2006)

Pyramide (von oben nach unten):
- Fremdbestimmung/Nichtbeteiligung (ohne/mit Information)
- Erwachsener entscheidet / Kind besitzt Anhörungsrecht
- Erwachsener entscheidet / Kind besitzt Vetorecht
- Zwischen Kind und Erwachsenem besteht wechselseitiges Vetorecht
- Kind entscheidet / Erwachsener besitzt Vetorecht
- Kind entscheidet / Erwachsener besitzt Anhörungsrecht
- Zubilligung von Autonomie

(linke Seite: Grad der Partizipation)

sondern kann variabel und situationsspezifisch bestimmt sein. Der Grad der Partizipation und der Autonomie kann zwischen verschiedenen Graden der Partizipation des Minderjährigen an der Entscheidung fluktuieren. Bei Jugendlichen ist weniger eine starre Altersgrenze bei der Aufklärung und Prüfung der Einwilligungsfähigkeit entscheidend, als vielmehr die individuelle Prüfung, ob bei dem einzelnen Patienten für die konkrete Entscheidung – etwa also auch die Entscheidung für oder gegen eine Psychotherapie, für oder gegen einen stationären Aufenthalt – Einsicht, Verständnis und Entscheidungsfähigkeit gegeben ist. Diese fließenden Übergänge der Zustimmungsfähigkeit sind zwar schwierig, sind aber andererseits eine Herausforderung für den Therapeuten, die originär für die Arbeit in der Kinder- und Jugendpsychiatrie ist.

In der Realität werden jedoch die Entscheidungen in einem wechselseitigem Aushandlungsprozess entstehen, wobei jeder Partner mit seinem Vetorecht (»dies will ich auf keinen Fall«) die Grenzen festlegt, oft auch unausgesprochen durch die Kenntnis der Wünsche des anderen innerhalb der Familie. Wie problematisch aber eine implizite Annahme der Motivation und des Willens von Minderjährigen ist, hatte die Untersuchung von Rothärmel et al. (2006) gezeigt und in der Folge auf die Notwendigkeit verwiesen, eben den Willen und die Wünsche des Minderjährigen zu explorieren. Da in der Psychiatrie die Kooperation des Patienten für ein Behandlungsbündnis entscheidend ist, ist auch die direkte Aufklärung und Kommunikation mit dem Minderjährigen und Adoleszenten notwendig und obligat. Dabei spielt der sogenannte *voice-effect* eine große Rolle: Die Partizipation durch Meinungsäußerung führt zu einer erhöhten Adhärenz an eine Entscheidung. Auch wenn die Entscheidung autonom anders getroffen würde, ist die wahrgenommene Beteiligung an der Entscheidungsfindung auch bei Minderjährigen wichtig (Rothärmel et al. 2006). Die im familiengerichtlichen Verfahren institutionalisierte Einbeziehung des Kindeswillens (u. a. Verfahrenspfleger) hat in der medizinischen Behandlung keine analoge Entsprechung (Stötzel u. Fegert 2005).

Im Bereich des erwachsenen Patienten hat sich auch der Begriff der partizipativen Entscheidungsfindung oder *shared-decision-making* eingebürgert, der letztlich nichts anderes heißt, als dass die beteiligten Partner (im Bereich der Medizin etwa der Patient, seine Familie und der Arzt) gemeinsam eine Entscheidung finden und tragen, und zwar ganz bewusst als gemeinsame Entscheidung (Hamann et al. 2006; Loh et al. 2006; Simon et al. 2006). Für den Bereich des Adoleszenten dürfte diese Lösung schwierig sein, da er im Rahmen der prolongierten Adoleszenz (oder auch Post-Adoleszenz oder *emerging adulthood*), wie sie die Sozialwissenschaften und Entwicklungspsychologie in unserer Gesellschaft seit einiger Zeit feststellen, oft nur scheinbar autonom ist: Viele Adoleszente wohnen bei den Eltern, sind finanziell von diesen noch abhängig und gerade bei schweren psychischen Erkrankungen sind die Partnerschaften meist nicht so stabil, dass sie die akute Erkrankungsphase immer überdauern (Arnett 2000; Bohleber 1987; Keniston 1968).

> ! Unter dem Aspekt der Informationsvermittlung als eine grundsätzliche Pflicht des Arztes gegenüber seinem Patienten zur Wahrung der Autonomie ist bei Minderjährigen also die alters- und entwicklungsgerechte Einbeziehung in die Aufklärung, aber auch die Respektierung ihrer Person in dem skizzierten Dreieck notwendig.

In den vergangenen Jahren hat sich einige Forschung zur Einwilligungsfähigkeit sowohl bei Erwachsenen als auch bei Minderjährigen etabliert, wenngleich es bei Letzteren immer noch deutlich weniger Forschung gibt (Tan u. Fegert 2004). Die kognitive Entwicklung, Krankheitsvorerfahrungen, aber auch Bindungsaspekte (zwischen Kind und Eltern) und Peergroup-Verhalten sind Fähigkeiten von Minderjährigen beeinflussende, entwicklungsspezifische Faktoren (Kölch 2004). Tatsächlich wird in der allgemeinen Behandlung von Minderjährigen deren Autonomie eher wenig geachtet – zugunsten einer starken Elternorientierung der behandelnden Ärzte (Tates et al. 2002). Die Ergebnisse von Rothärmel et al. (2006), nach denen in der Kinder- und Jugendpsychiatrie nur ein geringer Teil (nämlich ca. 40 %) der Patienten adäquat auf einen bevorstehenden stationären Aufenthalt vorbereitet wurden und nur die Hälfte der Patienten angab, über Wirkung und Nebenwirkung informiert worden zu sein, zeigt ein Manko in Behandlung von minderjährigen Patienten auf (dabei ist zu beachten, dass dies nicht bedeutet, dass die Minderjährigen nicht aufgeklärt wurden; unter dem Aspekt der Autonomie ist aber entscheidend, dass inhaltlich die Aufklärung offenbar ihr Ziel nicht erreicht hat).

In einer weiteren Studie wurde eruiert, inwiefern sich Eltern und Minderjährige bei der Aufklärung über medikamentöse Therapien in der Kinder- und Jugendpsychiatrie ausreichend informiert fühlen und inwieweit die Minderjährigen in die Entscheidung über die Medikation mit einbezogen werden. Sowohl Minderjährige wie Eltern fühlten sich, dieser Studie von Kölch und Fegert (2007a) folgend, zwar gut informiert, aber die Minderjährigen stellten eklatant weniger Fragen während des Aufklärungsgesprächs (73 % der Erwachsenen stellten Fragen, aber nur 6 % der Minderjährigen). Auch gab immerhin ca. ein Sechstel der minderjährigen Patienten (Alter zwischen 7 und 18 Jahren) an, über eine Medikation ohne den Arzt entscheiden zu wollen, und ein weiteres Sechstel wollte ganz allein entscheiden, während bei den Eltern die Tendenz vorherrschte, gemeinsam mit Arzt und Minderjährigem zu entscheiden.

Gemäß § 1626 II BGB sind, wie oben beschrieben, Eltern gehalten, den Kindeswillen und damit die Autonomie des Kindes einzubeziehen bzw. zu respektieren. Auch die Deklaration von Lissabon erwähnt ausdrücklich, dass der Minderjährige im »Rahmen seiner Urteilsfähigkeit weitestgehend in die Entscheidung« einzubeziehen sei (Deklaration von Lissabon zu den Rechten des Patienten; Weltärztebund, Oktober 1981/September 1995, www.bundesaerztekammer.de/20/05Rechte/Dekl17h.html,

Zugang verifiziert 03.01.2006). Es ist davon auszugehen, dass Jugendliche und Adoleszente auch physisch wie psychisch eher Ressourcen besitzen, einer Behandlung zu widersprechen bzw. sich ggf. nicht in diese zu begeben, als jüngere Kinder.

Problematisch gestaltet sich die Patientenautonomie auch in den Fällen, in denen der Minderjährige ohne Wissen oder gegen den Willen der Eltern um Behandlung nachsucht. Hier gibt es widersprechende Urteile, die im Zusammenhang mit gynäkologischen Behandlungen, etwa der Verschreibung von Kontrazeptiva oder Schwangerschaftsabbrüchen, zusammenhingen (Dettmeyer 2006; Harder u. Erlinger 2003).

Bei Mitgliedern der privaten Krankenversicherung reduzieren sich die Möglichkeiten der Autonomie, da über die Rechnungsstellung eine Geheimhaltung einer Behandlung vor den Eltern/Sorgeberechtigten nicht gewährleistet werden kann, selbst wenn der behandelnde Arzt zu dem Schluss gekommen ist, der Minderjährige besitzt eine ausreichende Willensfähigkeit und genießt damit einen dem Erwachsenen gleichberechtigten Status.

Auch in der kinder- und jugendpsychiatrischen und -psychotherapeutischen Praxis kommen Fälle vor, in denen der Minderjährige selbst um Hilfe nachsucht und explizit keine Einbeziehung der erwachsenen Bezugspersonen wünscht (Kölch 2003). Hier gerät das Sorge- und Informationsrecht der Eltern in Kollision mit dem Autonomierecht des Minderjährigen, ohne dass auf eine solche Situation die generelle Antwort eines gültigen Prozedere zu geben wäre. Kompliziert werden können solche Fälle, wenn dabei Kinderschutzaspekte, etwa Misshandlung, Missbrauch oder Vernachlässigung, eine Rolle spielen. Hier ist unter Berücksichtigung des § 8a des Kinder- und Jugendhilfegesetzes (KJHG) eine Abwägung noch schwieriger zu treffen.

Welche Fragen stellen sich immer wieder gerade bei adoleszenten Patienten?

Prinzipiell sollte eine **inhaltliche Aufklärung** bei stationären Behandlungen über das Ziel des Aufenthalts und die Dauer der Behandlung stattfinden.

Hinsichtlich der **Behandlung mit Psychopharmaka** ist der Zulassungsstand des jeweiligen Arzneimittels zu eruieren. Insgesamt ist davon auszugehen, dass die meisten Arzneimittel in unserem Fachgebiet nicht für Minderjährige zugelassen sind. Der Arzt hat im Rahmen seiner Therapiefreiheit die Möglichkeit, auch nicht-zugelassene Arzneimittel anzuwenden, wenn er den Minderjährigen und seine Eltern über den *off-label use* aufgeklärt hat und diese einer Behandlung zustimmen. Die Altersgrenzen der Zulassung von Arzneimitteln können sehr unterschiedlich sein, auch können für ein Arzneimittel unterschiedliche Altersgrenzen für verschiedene Indikationen bestehen: So ist Risperidon für die Behandlung von Störungen der Impulskontrolle ab dem Alter von sechs Jahren zugelassen, für die Behandlung der Schizophrenie aber – wie viele atypische Neuroleptika – erst ab dem Alter von 18 Jahren. Insbesondere sind die Patienten auch auf mögliche Behandlungsalternativen mit zugelassenen Arzneimitteln bzw. auf nicht-pharmakologische Interventionen hinzuweisen – so es sie gibt. Die von der VW-Stiftung geförderte Studie zur Partizipation Minderjähriger in der Kinder- und Jugendpsychiatrie hat gezeigt, dass die Aufklärung über Behandlungsalternativen oft unterlassen wird (Rothärmel et al. 2006). Es empfiehlt sich, die Aufklärung stichpunktartig zu protokollieren (s. oben), insbesondere auch individuell erörterte Fragen bzw. Besonderheiten.

Die Bereiche Schule, Freizeit, Auswirkungen im Bereich der Fahrtauglichkeit, Zusammenwirken mit Alkohol oder anderen (potenziellen) Suchtmitteln, Folgen für die körperliche Attraktivität (Gewicht) und Sexualität sollten bei der Aufklärung über pharmakologische Interventionen berücksichtigt werden. Fast alle Neuroleptika, Lithium und die SSRI haben Auswirkungen auf die Sexualfunktionen, was einen limitierenden Faktor für die *Adherence* darstellen kann. Viele Neuroleptika führen zur Gewichtszunahme, was insbesondere bei Patientinnen zu Therapieabbrüchen führt. Die Interaktionen von Alkohol und den meisten Psychopharmaka können kaum abgeschätzt werden, weshalb von Alkoholkonsum abgeraten wird, was für viele Jugendliche und Adoleszente eine Einschränkung der Lebensqualität bedeutet. Für Jugendliche und Adoleszente sind diese Bereiche essenziell und die *Adherence* hängt wesentlich davon ab, ob der Jugendliche/Adoleszent für sich eine Güterabwägung hat treffen können, bei der er die Nachteile einer Medikation mit den Vorteilen hat abwägen können und für sich letztendlich eine positive Bilanz zieht. In diesem Zusammenhang, gerade auch im Falle einer Off-Label-Verordnung, sollten die therapeutischen Alternativen erörtert werden, wobei auch hier Risiken, Evidenz und Nebenwirkungen thematisiert werden sollten. So haben die bei der Behandlung der juvenilen Depression in Deutschland als Therapiealternative zu den SSRI zugelassenen tri-/tetracyclischen Antidepressiva keine Wirksamkeit, bergen aber doch die Gefahr von Nebenwirkungen (Hazell et al. 1995; Kölch u. Fegert 2007b). Die Frage von altersspezifischen Nebenwirkungen hat sich gerade bei den SSRI gezeigt: Die sogenannte *behavioural toxicity* scheint bei Kindern am häufigsten vorzukommen und bei Jugendlichen und Adoleszenten im Vergleich zu erwachsenen Patienten immer noch stärker ausgeprägt zu sein (Safer u. Zito 2006). Auf solche spezifischen Nebenwirkungen ist insbesondere einzugehen.

Aber auch der Bereich der **Psychotherapie** stellt sich die Frage nach der Aufklärung des Patienten und die Einholung der Einwilligung. Generell gelten die gleichen Regelungen wie bei der allgemeinen ärztlichen Behandlung und die Psychotherapie stellt diesbezüglich keine Besonderheit dar. Zwar mag im ambulanten Setting bei erwachsenen Patienten davon ausgegangen werden, dass sie in die Psychotherapie einwilligen, allein dadurch, dass sie den Termin wahrnehmen. Bei Minderjährigen dagegen, die die klassischen »geschickten«, also oftmals fremdmotivierten Patienten darstellen, ist die Einwilligung zumindest kritisch zu reflektieren. Dies ist auch eine fundamentale ethische Grundlage für das psychotherapeutische Handeln (Lehmkuhl u. Lehmkuhl 2003).

So sind die Dauer einer Psychotherapie, der Zeitpunkt, mit damit verbundenen Einschränkungen in den normalen Alltagsfunktionen, etwa Teilnahme an Freizeitaktivitäten, Themen, die Patienten transparent gemacht werden müssen, damit sie in der Güterabwägung zwischen empfundenem Leid und Wünschen nach Autonomie eine Entscheidung treffen können. Als zentrales Paradigma der kognitiven Verhaltenstherapien kann ohnehin die Vermittlung eines für den Patienten transparenten rationalen begrifflichen Schemas gelten, das plausible Erklärungen und Bewältigungsstrategien für die zu behandelnden Symptome liefert. Die Auswirkungen auf den Alltag mit entsprechenden Einschränkungen sind auch bei stationären oder ambulanten Therapien gegeben, auch kann das Stigma, das ein stationärer Aufenthalt oder eine ambulante Therapie für ein Kind oder einen Jugendlichen gegenüber seinem Umfeld und seiner Peergroup darstellt, vom Patienten als einschneidend erlebt werden und seine Entscheidung beeinflussen. Im Sinne des therapeutischen Erfolgs wird es ohnehin zielführend sein, maximal transparent in der Therapie vorzugehen. Um das Arbeitsbündnisses entstehen zu lassen, wird eine Transparenz und das Einverständnis des Patienten, bei Minderjährigen zumindest zu Teilbereichen der Therapie, unabdingbar sein (Senf u. Broda 2004). Dazu gehören unter anderem die Klärung des formalen Ablaufs, das Schließen einer Behandlungsvereinbarung einschließlich Definition der Behandlungsziele, der Abfolge der Interventionen und der Dauer einer Behandlung sowie ggf. der Kriterien für das Ende bzw. den Abbruch einer Therapie (sog. therapiewidriges Verhalten) und auch die prospektive Klärung, wie in auftretenden Krisenzuständen zu verfahren ist (z. B. stationäre Aufnahme im Falle nicht mehr kompensierbarer suizidaler Krisen) (vgl. auch Freyberger 2008).

Immerhin sind auch in der Psychotherapie kritische Konstellationen denkbar, die die Notwendigkeit eines bewussten und reflektierten Umgangs mit Aufklärungs- und Einwilligungsrechten des Patienten verdeutlichen. So kann es in der Therapie zu einem »narzisstischen Missbrauch« kommen, womit alle Interaktionen und Beziehungskonflikte zwischen Therapeut und Patient zusammengefasst werden, die primär dem Wunsch des Therapeuten nach narzisstischer Gratifikation dienen und die die Selbstentwicklung des Patienten verhindern oder diese erschweren (Dreyfus u. Haug 1992). Problematisch wäre auch, wenn der Therapeut die eigene Wirksamkeit deutlich überschätzt und deshalb dem Patienten eine andere Behandlung vorenthält. Dies hat juristische Implikationen (vgl. Freyberger 2008; Thiel et al. 1998).

55.3 Auswirkungen auf die Forschung im Bereich der Jugendpsychiatrie

Das Grundgesetz Art. 5 Abs. 3 Satz 1 erklärt Wissenschaft, Forschung und Lehre für frei. Damit ist nach Wortlaut und Sinngehalt eine objektive, das Verhältnis von Wissenschaft, Forschung und Lehre zum Staat regelnde wertentscheidende Grundsatznorm aufgestellt, die neben die ebenfalls in Art. 5 enthaltene Freiheitsverbürgung für die Kunst tritt. Zugleich gewährt diese Verfassungsbestimmung für jeden, der in diesem Bereich tätig ist, ein individuelles Freiheitsrecht (vgl. hierzu Leibholz et al. 1993, Rn. 1081 zu Art. 5 GG, Entscheidung des Bundesverfassungsgerichts [BVerfGE] 35, 112 unter Hinweis auf BVerfGE 30, 188).

Für das Bundesverfassungsgericht (BVerfG) ist wissenschaftliche Tätigkeit alles, was nach Inhalt und Form als ernsthafter und planmäßiger Versuch zur Ermittlung der Wahrheit anzusehen ist (BVerfGE 35, 113). Wissenschaft äußert sich in Forschung oder Lehre. Beide Begriffe erläutern also erschöpfend den Begriff der Wissenschaft. Forschung bedeutet das methodenkritische Streben nach neuen Erkenntnissen. Demnach ist Wissenschaft nicht ohne Forschung und Forschung ohne Wissenschaft nicht denkbar (Münch u. Kunigk 2000, Art. 5 Rn. 67 m. w. Nachw.).

Wenn Wissenschaftsfreiheit unter anderem die Forschung an und mit Menschen legitimiert, so bedeutet dies nicht zugleich, dass diese Forschung schrankenlos, also gleichsam um jeden Preis möglich sein muss. Hier finden sich Berührungspunkte zu anderen primär grundrechtlich geschützten Rechtspositionen, deren Schutz durch einfachgesetzliche Rechtsnormen weiter verfestigt ist (BGB, StGB etc.). Hier ist zu nennen einmal das Grundrecht der Menschenwürde (Art. 1 Abs. 1) sowie die Grundrechte auf Leben und körperliche Unversehrtheit (Art. 2 Abs. 2 Satz 1 GG) sowie das Grundrecht auf freie Entfaltung der Persönlichkeit (allgemeines Persönlichkeitsrecht, Art. 2 Abs. 1 GG). Bei diesen Grundrechten handelt es sich um bereits von Verfassungswegen vorgegebene Einschränkungen der Wissenschaftsfreiheit, die unabhängig davon, dass sie durch einfachgesetzliche Rechtsnormen weitaus geprägt sind, Geltung beanspruchen, auch wenn im Einzelfall noch eine Güterabwägung vorzunehmen ist. So gesehen gelangt die Einwilligung nach entsprechender Aufklärung über jeden Eingriff in die Person (nicht nur zu Zwecken der ärztlichen Behandlung, sondern auch zu Zwecken der wissenschaftlichen Forschung) letztlich zu Verfassungsrang. Gleiches gilt auch für die Verwertung von persönlichen Daten. Allgemeine rechtliche Vorschriften, die Aufklärung und Einwilligung regeln, gibt es für den Bereich der biomedizinischen Forschung ebenso wenig wie für den der ärztlichen Patientenbehandlung.

Die Einwilligung des Patienten in den diagnostischen oder therapeutischen Eingriff rechtfertigt nach entsprechender Aufklärung diese Entnahme und die Verwendung (bis zur Vernichtung) von Körpermaterial im Rahmen dieses Zwecks. Die Einwilligung in die Materialentnahme und die Behandlung sowie die Verwendung der Materialien zu diagnostischen und/oder therapeutischen Zwecken umfasst aber weder ausdrücklich noch stillschweigend, und schon gar nicht weil sie in einem Krankenhaus oder einem Universitätsklinikum erfolgt, zugleich diejenige in die Verwendung der Materialien zu wissenschaftlichen Zwecken Diese bedarf im Normalfall einer gesonderten Aufklärung und entsprechender Einwilligung des Patienten oder Probanden (allg. Meinung; vgl. Deutsch u. Spickhoff 2008, Rz. 243 ff.; Laufs 1993, Rz. 160 ff.; Laufs u. Uhlenbruck 2002, §§ 107 ff.; Rieger 1984, Rz. 967).[1] Beim Probanden, welcher Körpermaterial zu Forschungszwecken zur Verfügung stellt, tritt dies viel klarer zutage, weil er nicht in eine Behandlungsmaßnahme einwilligt. Vorstehendes gilt grundsätzlich auch für eine Einbeziehung von Patienten oder Probanden in andere Forschungsprojekte. Gesetzliche Grundlagen sind hier das Arzneimittelgesetz (AMG) und das Medizinproduktgesetz (MPG). Für die Einbeziehung von Patienten oder Probanden in klinische Prüfungen gibt es in §§ 40 ff. AMG und §§ 20 ff. MPG spezielle gesetzliche Vorschriften.

Die Verwendung von Allgemeinen Geschäftsbedingungen kennt bekanntlich keine Grenzen. Sie macht auch nicht vor den Allgemeinen Vertragsbestimmungen (AVB) der Universitätsklinika halt. Wird in den AVB von Universitätsklinika generell das Einverständnis aller Patienten in ärztliche Maßnahmen zu Forschungszwecken unterstellt, so dürfte diese Klausel mangels hinreichender Bestimmtheit, ansonsten aber als überraschende Klausel unwirksam sein (bei Laufs 1993, Rz. 184, und bei Laufs u. Uhlenbruck 2002, § 66, Rz. 16 ausdrücklich offengelassen).

55.3.1 Beobachtende Forschung

Für diesen in der Praxis der biomedizinischen Forschung überaus bedeutsamen Bereich gibt es keine (außer den oben bereits genannten) rechtlichen Vorschriften. Es gilt das zur Behandlung hinsichtlich der Einwilligung nach Aufklärung bereits Ausgeführte entsprechend.

55.3.2 Klinische Prüfungen von Arzneimitteln und Medizinprodukten

Als gesetzliche Vorschrift für klinische Prüfungen von Arzneimitteln gab es auf europäischer Ebene bisher nur die Leitlinie Good Clinical Praxis (GCP) (EG Doc III 3976/88 v. 01.07.1991), in welcher der Ablauf klinischer Prüfungen von Arzneimitteln geregelt war. Diese Leitlinie ist mit Wirkung vom 02.05.2001 durch die Richtlinie 2001/20/EG (v. 04.04.2001, ABl. L121 S. 34) abgelöst worden. Sie regelt nur das Verfahren bei der Durchführung von klinischen Prüfungen mit Humanarzneimitteln, nicht dagegen das bei der Prüfung von Medizinprodukten. Die Richtlinie GCP entfaltete als solche keine unmittelbare Rechtswirkung, weil sie noch von den jeweiligen Mitgliedsstaaten (also auch Deutschland) in nationales Recht umgesetzt werden musste. Dies ist zwischenzeitlich mit der Neufassung der §§ 40 bis 42a AMG und der GCP-Verordnung erfolgt (Gesetz vom 30.07.2004 BGBl I S. 2031; die GCP-V vom 12.08.2004 ist am 14.08.2004 in Kraft getreten, BGBl. I S. 2081). Die klinische Prüfung von Medizinprodukten ist in § 20 Abs. 7 MPG geregelt (Gesetz über Medizinprodukte vom 02.08.1994, BGBl. I S. 1963, i. d. Neufassung vom 07.08.2002, BGBl I S. 3146).

Beide Gesetze sehen vor, dass die klinische Prüfung durch eine Ethikkommission zustimmend bewertet (AMG) bzw. eine zustimmende Stellungnahme einer Ethikkommission (MPG) vorgelegt wird. Bei der klinischen Prüfung von Arzneimitteln ist dies eine nach Landesrecht gebildete Ethikkommission, bei der Prüfung von Medizinprodukten eine bei der Bundesoberbehörde registrierte Ethikkommission. Die unterschiedliche Regelung für beide Bereiche ist ein Geniestreich des Gesetzgebers.

Diese Befassung der Ethikkommission mit der klinischen Prüfung ist völlig getrennt zu sehen von der berufsrechtlichen Verpflichtung des Arztes, sich nach § 15 beraten zu lassen. Da die bestehenden Ethikkommissionen sowohl die Beratung bei klinischen Prüfungen wie auch die nach Berufsrecht vornehmen, tritt dieser Unterschied nicht so deutlich zutage. Die Tiefe in den einzelnen Bereichen ist aber aufgrund der unterschiedlich gestalteten Normwerke verschieden. Besonders deutlich wird dies nach der Neuregelung der klinischen Prüfung von Arzneimitteln im Arzneimittelgesetz und in der GCP-Verordnung.

Der Begriff der klinischen Prüfung stammt ursprünglich aus dem Arzneimittelrecht, ohne dass bisher eine entsprechende Definition im Gesetz enthalten war. Dies ist durch die Änderung des Arzneimittelgesetzes anders geworden. § 4 Abs. 23 AMG gibt nunmehr folgende Definition:

> »**Klinische Prüfung beim Menschen** ist jede am Menschen durchgeführte Untersuchung, die dazu bestimmt ist, klinische oder pharmakologische Wirkungen von Arzneimitteln zu erforschen oder nachzuweisen oder Nebenwirkungen festzustellen oder die Resorption, die Verteilung, den Stoffwechsel oder die Ausscheidung zu untersuchen, mit dem Ziel, sich von der Unbedenklichkeit oder Wirksamkeit der Arzneimit-

---

[1] Es ist noch gar nicht lange her, da galt: wer sich in Universitätsklinika zur Behandlung begibt, müsse wissen, dass dort geforscht werde und willige mit der Aufnahme gleichsam stillschweigend auch in Eingriffe ein, die an ihm als Patienten nur zu Forschungszwecken vorgenommen würden – unter der Geltung des Grundgesetzes, aber auch der Deklaration von Helsinki eine eher als skurril zu wertende Auffassung, die aber immer noch vertreten wird.

tel zu überzeugen. Satz 1 gilt nicht für eine Untersuchung, die eine nicht interventionelle Prüfung ist. Nicht interventionelle Prüfung ist eine Untersuchung, in deren Rahmen Erkenntnisse aus der Behandlung von Personen mit Arzneimitteln gemäß den in der Zulassung festgelegten Angaben für seine Anwendung anhand epidemiologischer Methoden analysiert werden; dabei folgt die Behandlung einschließlich der Diagnose und Überwachung nicht einem vorab festgelegten Prüfplan, sondern ausschließlich der ärztlichen Praxis.«

Damit weicht die gesetzliche Definition (leider) teilweise von der in Art. 2 lit. a Richtlinie 2001/20 EG ab, ohne dass dafür ein zwingender Grund ersichtlich ist.

Das MPG enthält keine Definition der klinischen Prüfung. Die Definition, die das AMG gibt, passt auf die klinische Prüfung von Medizinprodukten nicht. Man wird sich wohl mit der bisherigen (Hilfs-)Definition aus der Literatur weiter behelfen müssen:

Unter einer **klinischen Prüfung eines Medizinproduktes** versteht man »die Anwendung eines Medizinprodukts am Menschen zum Zweck, über die Behandlung im Einzelfall hinaus nach einer wissenschaftlichen Methode Erkenntnisse über seinen therapeutischen und diagnostischen Wert, insbesondere über seine Wirksamkeit und Unbedenklichkeit zu gewinnen. Eine klinische Prüfung sollte immer dann gegeben sein, sofern beabsichtigt war, mit wissenschaftlichen Mitteln, also insbesondere aufgrund eines Prüfplanes, wissenschaftlich-systematisch vorzugehen«.

So die Definition, die sich bei Sander und Epp findet (Sander u. Epp 2001, § 40, Nr. 1 m. Nachw.; vgl. auch Deutsch et al. 2002, § 20 Rz. 6).

Eine klinische Prüfung darf beim Menschen nämlich nur durchgeführt werden, wenn und so lange die Risiken, die mit ihr für die betroffene Person verbunden sind, gemessen an der voraussichtlichen Bedeutung des Medizinprodukts oder Arzneimittels für die Heilkunde ärztlich vertretbar sind. Die Voraussetzungen sind im Einzelnen:

! Eine klinische Prüfung am Menschen darf nur mit dessen ausdrücklicher Einwilligung nach vorausgegangener Aufklärung durchgeführt werden. Diese Einwilligung wird jederzeit frei widerruflich erteilt. Die einwilligende Person muss nicht nur geschäftsfähig, sondern auch einwilligungsfähig sein. Sie muss die Einwilligung selbst und schriftlich erteilen und sie darf nicht auf gerichtliche oder behördliche Anordnung in einer Anstalt verwahrt sein.

Klinische Prüfungen werden auch aufgrund europäischer Gesetzgebungen vermutlich in Zukunft zunehmen (Kölch et al. 2007). Aktuell sind sie eher eine Ausnahme und daher auch Überlegungen zur Einwilligung der Minderjährigen eher theoretische Diskussionen, da das Hauptklientel klinischer Arzneimittelforschung junge erwachsene männliche Probanden darstellen. Das Arzneimittelgesetz sieht in den §§ 40–41 sowohl die Möglichkeiten der Einbeziehung Minderjähriger in klinische Prüfungen als auch die Wahrung der Autonomie des minderjährigen Patienten und Probanden, etwa durch entsprechende Aufklärung, vor (Kölch et al. 2006). Minderjährige haben Rechte, über klinische Prüfungen informiert zu werden und an der Entscheidung über eine Teilnahme mitzuwirken. Die Prüfärzte wiederum haben die Pflicht, die Eltern/Sorgeberechtigten über Wesen, Bedeutung, Risiken und die Tragweite der klinischen Prüfung aufzuklären sowie über das Recht, die Teilnahme an der Prüfung jederzeit beenden zu können. Minderjährige müssen gemäß ihrem Entwicklungsstand von einem im Umgang mit Minderjährigen erfahrenen Prüfer aufgeklärt werden (§ 40 Abs. 2 Nr. 3). Die Einwilligung der Sorgeberechtigten und die Zustimmung der Minderjährigen muss eingeholt werden. Minderjährige können in jedem Fall eine Teilnahme ablehnen.

Bei einem Minderjährigen ist aus gesetzlicher Sicht bis zu seiner Volljährigkeit der *informed consent* der Eltern unabdingbar, auch wenn der Minderjährige inhaltlich zu einem *informed consent* fähig sein mag. Zur Wahrung der Autonomie und der Partizipation Minderjähriger im Entscheidungsprozess wurde ein weiterer Begriff eingeführt, der *assent* – dies kann mit Billigung/billigende Äußerung oder Zustimmung übersetzt werden. Letztlich unterscheidet sich der *assent* inhaltlich, was die Kriterien, unter denen er zustande kommen kann, nicht vom *consent*: Er kann nur ohne Zwang, nach ausreichender Information und zu einer spezifischen Behandlung gegeben werden.

Im Rahmen klinischer Prüfungen, die nicht als eine Angelegenheit des täglichen Lebens gelten können, ist nach derzeitiger Gesetzeslage und nach einem Urteil des BGH vom 28.06.1988 die Zustimmung beider (sorgeberechtigter) Elternteile notwendig, auch wenn dies möglicherweise zu einer Rekrutierungsverzögerung führen mag, da oftmals nur ein Elternteil anwesend ist (BGH, NJW 1988, 2946–8).

55.3.3 Zwangsuntersuchung und -behandlung

Kennzeichnend für unser Gesundheitswesen sind die Achtung des Persönlichkeitsrechts und die Autonomie eines jeden Patienten. Der Patient soll entscheiden, ob er sich behandeln lassen will, in welchem Umfang dies geschehen soll und wann Behandlungsmaßnahmen unterbleiben oder abgebrochen werden sollen. Mit diesem, die Autonomie des Patienten in den Vordergrund rückenden Ansatz vertragen sich zwangsweise Maßnahmen am Patienten schon vom Grundsatz her nicht. Sollen sie dennoch möglich sein, so sind sie Ausnahme und nur in bestimmten Situationen als zulässig anzusehen.

Diesem Regel-Ausnahme-Prinzip folgt auch die Gesetzgebung zu diesem Problem im Wesentlichen.

> Man versteht unter **Zwangsbehandlung** die – notfalls mit unmittelbarem Zwang durchsetzbare – Anwendung diagnostischer und/oder therapeutischer Maßnahmen durch einen Arzt ohne oder auch gegen den ausdrücklichen Willen des Betroffenen und ohne Rücksicht darauf, ob der Eingriff zu Heilzwecken erfolgt oder nicht (Rieger 1984, Rz. 2003). **Zwangsuntersuchungen** sind Maßnahmen, die unter Anwendung unmittelbaren Zwangs häufig im strafrechtlichen Ermittlungsverfahren zur Gewinnung von Beweismitteln vorgenommen werden (dürfen).

Vorschriften über die Zwangsbehandlung finden sich in den unterschiedlichsten Rechtsgebieten. Die Unterbringung nach den Unterbringungsgesetzen der Länder selbst ist keine solche und berechtigt als solche auch zu keinen solchen Maßnahmen der Zwangsbehandlung.

Im kinder- und jugendpsychiatrischen wie erwachsenenpsychiatrischen Kontext stellt sich die akut eingesetzte Medikation zur Sedierung bzw. Aggressionsminderung als rechtliches, ethisches und in der praktischen Durchführung immer wieder akut sich stellendes Problem dar. Diese Medikation, im Akutfall auch intramuskulär und gegen den Willen des Patienten verabreicht, stellt einerseits einen Eingriff in die Autonomie dar, andererseits aber auch einen Schutz vor Selbst- oder Fremdgefährdung (Libal et al. 2006). Mittels eines transparenten Stufenschemas, über das Patienten und ihre Eltern bei Aufnahme aufgeklärt werden, kann jedoch auch in dieser Autonomie-einschränkenden Situation zumindest ein Teil Selbstbestimmung erhalten werden.

Im Strafprozessrecht zu nennen sind die zwangsweisen Blutentnahmen zur Feststellung der Blutalkoholkonzentration nach § 81a Strafprozessordnung (StPO) sowie die Untersuchung anderer Personen als Beschuldigte nach § 81 c StPO (Blutproben), aber auch die Herbeiführung eines Erbrechens (vgl. Dettmeyer et al. 2000) oder die zwangsweise Vermessung zur Altersbestimmung eines Täters.

Strafgefangene können zwangsweise ärztlich behandelt werden (§§ 119 Abs. 3 StPO, 101, 178 Strafvollzugsgesetz [StVollzG]). Diese Befugnis ergibt sich aus der Fürsorgepflicht des Staates für den Strafgefangenen. Die Zwangsernährung als Zwangsbehandlungsmaßnahme war auf ärztliche Anregung im Zusammenhang mit den Verfahren gegen die RAF ins Strafvollzugsgesetz eingefügt worden. Sie ist aber inzwischen wieder aus dem Gesetz gestrichen.

Im Zivilprozessrecht ist die zwangsweise Entnahme einer Blutprobe durch den Arzt zur Feststellung der Abstammung im Vaterschaftsprozess zulässig.

Im Zusammenhang mit der Bekämpfung von Seuchen und Geschlechtskrankheiten muss der Betroffene freiheitsbeschränkende Maßnahmen dulden und sich ärztlich untersuchen und behandeln lassen. § 26 des Infektionsschutzgesetzes (IfSG), welches die bisher getrennten Vorschriften des Bundesseuchengesetzes (BSeuchG) und des Gesetzes zur Bekämpfung der Geschlechtskrankheiten (GeschlKrG) verbindet, sieht bei der Behandlung von Personen, die an bestimmten übertragbaren, im Regelfall meldepflichtigen Infektionskrankheiten erkrankt sind, auch als letztes Mittel zwangsweise Behandlungsmaßnahmen zur Gewinnung von Untersuchungsmaterial vor. Darüber hinausgehende invasive Eingriffe dürfen nur mit Einwilligung des Betroffenen vorgenommen werden.

> **!** Die Vornahme von Zwangsbehandlungen ist streng an den Grundsatz der Verhältnismäßigkeit von Mittel und Zweck gebunden und nur als Ultima Ratio für zulässig anzusehen. Zu berücksichtigen ist bei der Güterabwägung insbesondere immer, ob dem Betroffenen durch die Maßnahme ein Schaden entstehen kann und ob dessen Hinnahme zu rechtfertigen ist.

55.3.4 Problemfall: Behandlung gegen den Willen des Minderjährigen

> **!** Die Unterbringung gegen den Willen eines Patienten stellt mit den stärksten Eingriff in die Autonomie dar und ist deshalb auch gesetzlich einem besonders strengen Prozedere unterworfen (Fegert et al. 2001). Während bei erwachsenen Patienten die Unterbringungsgesetze der Länder die gesetzliche Grundlage darstellen, sind bei Minderjährigen über §§ 1631b, 1906 BGB, § 70 des Gesetzes über die Angelegenheiten der freiwilligen Gerichtsbarkeit (FGG) und über § 42.3 KJHG weitere Möglichkeiten gegeben, Minderjährige gegen ihren Willen (auch stationär) zu behandeln.

Die zivilrechtlichen Unterbringungsmöglichkeiten sind insbesondere unter dem Aspekt der sich aus einer öffentlich-rechtlichen Unterbringung (Unterbringungsgesetze der Länder) ergebenden möglichen Folgen, wie Eintrag im polizeilichen Führungszeugnis etc. vorzuziehen. Eine öffentlich-rechtliche Unterbringung etwa kann einem Adoleszenten Probleme bei der späteren Arbeitssuche, bei Wehr- oder Zivildienst, Eintritt in den öffentlichen Dienst etc. bereiten (Fegert et al. 2001).

Die zivilrechtlichen Unterbringungsmöglichkeiten haben mit den öffentlich-rechtlichen gemein, dass auch ihre Indikation und Verhältnismäßigkeit richterlich geprüft werden müssen und als Eingriff in die Autonomie des Minderjährigen nicht ohne Kontrolle bleiben können. In der Praxis besteht jedoch vielmehr bei stationären Aufenthalten die Gefahr, dass überhaupt nicht geprüft wird, ob der Minderjährige dem Aufenthalt zustimmt. Ohne Eruieren des Willens könnte ein »unausgesprochen« unfreiwilliger Aufenthalt bestehen, einfach deshalb, weil der Minderjährige seinen Willen, nicht behandelt zu werden, nicht artikuliert. Dennoch ist auch dem geschlossen untergebrachten Patienten das Verfahren transparent zu machen (Schepker et al. 2006). Wie problematisch die Freiheitsbeschränkung in der Praxis sein kann, zeigte sich an einem Fall in Niedersachsen, wo gegen einen Klinikleiter seitens der Staatsanwaltschaft ein Verfahren eingeleitet wurde, da ein auf einer fakultativ geschlossenen Station sich freiwillig behandeln lassender Patient wegen eines gleichzeitig geschlossen untergebrachten Patienten nicht die Station jederzeit verlassen konnte (Schnoor et al. 2006).

Literatur

Arnett JJ. Emerging adulthood: a theory of development from the late teens through the twenties. Am Psychol 2000; 55: 469–80.

Bohleber W. Die verlängerte Adoleszenz. In: Eickhoff FW, Loch W (Hrsg). Jahrbuch der Psychoanalyse. Band 21. Stuttgart-Bad Cannstatt: frommann-holzboog 1987.

Dettmeyer R. Behandlung minderjähriger Patienten. In: Medizin & Recht. Rechtliche Sicherheit für den Arzt. 2., vollst. überarb. erg. Aufl. Heidelberg: Springer 2006; 197–211.

Dettmeyer R, Musshoff F, Madea B. Die zwangsweise Verabreichung von Vomitivmitteln als ärztlicher Eingriff nach § 81aStPO. MedR 2000; 7: 316.

Deutsch E, Spickhoff A. Medizinrecht. 6. Aufl. Berlin, Heidelberg, New York: Springer 2008.

Deutsch E, Lippert HD, Ratzel R., Kommentar zum MPG. Köln: Heymanns 2002.

Dreyfus R, Haug H. Zum narzisstischen Missbrauch in der Psychotherapie. In: Hoffmann-Axthelm D (Hrsg). Verführung in Kindheit und Psychotherapie. Oldenburg: Transform 1992; 90–108.

Fegert JM, Späth K, Salgo L. Freiheitsentziehende Maßnahmen in der Kinder- und Jugendpsychiatrie. Münster: Votum 2001.

Freyberger HJ. Ethik in der Psychotherapie. In: Herpertz SC, Caspar F, Mundt C (Hrsg). Störungsorientierte Psychotherapie. München: Urban & Fischer 2008.

Hamann J, Loh A, Kasper J, Neuner B, Spies C, Kissling W, Härter M, Heesen C. Partizipative Entscheidungsfindung – Implikationen des Modells des »Shared Decision Making« für Psychiatrie und Neurologie. Nervenarzt 2006; 77(9): 1071–8.

Harder Y v, Erlinger R. Verordnung von Kontrazeptiva an Minderjährige. Ein rechtliches Problem? Gynäkologe 2003; 37(4): 366–70.

Hazell P, O'Connell D, Heathcote D, Robertson L, Henry D. Efficacy of tricyclic drugs in treating child and adolescent depression: a meta-analysis. BMJ 1995; 310: 897–901.

Keniston K. Young Radicals: Notes on Committed Youth. New York: Harcourt, Brace & World 1968.

Kölch M. Aufklärung bei klinischen Studien mit Kindern. In: Wiesemann C, Dörries A, Wolfslast G (Hrsg). Das Kind als Patient. Ethische Konflikte zwischen Kindeswohl und Kindeswille. Frankfurt: Campus 2003; 59–71.

Kölch M. Kindgerechte Aufklärung und Einwilligungsfähigkeit bei Kindern im Rahmen klinischer Prüfungen. Arzneimittel Forschung Drug Research 2004; 54(11): 22–4.

Kölch M, Fegert JM. Patientenautonomie – Minderjährige als Patienten. Familie Partnerschaft Recht 2007a; 3(13): 76–9.

Kölch M, Fegert JM. Medikamentöse Therapie der Depression bei Minderjährigen. Prax Kinderpsychol Kinderpsychiatr 2007b; 56: 224–33.

Kölch M, Lippert HD, Fegert JM. Die Auswirkungen der 12. und der 14. Novelle zum AMG auf die Forschung mit Arzneimitteln für Kinder. Eine Übersicht zu den Neuregelungen. Z Kinder Jugendpsychiatr Psychother 2006; 34(2): 117–26.

Kölch M, Schnoor K, Fegert JM. The EU-Regulation on medicinal products for paediatric use. Impacts on child and adolescent psychiatry and clinical research with minors. Eur J Child Adolesc Psychiatry 2007; 16(4): 229–35.

Laufs A. Arztrecht. 5. Aufl. München: C. H. Beck 1993.

Laufs A, Uhlenbruck W. Handbuch des Arztrechts, 3. Aufl. München: C. H. Beck 2002.

Lehmkuhl G, Lehmkuhl U. Ethische Fragen in der Psychotherapie von Kindern, Jugendlichen und Familien. Empirische Ergebnisse aus der klinischen Praxis. In: Lehmkuhl U (Hrsg). Ethische Grundlagen in der Kinder- und Jugendpsychiatrie und Psychotherapie. Göttingen: Vandenhoeck & Ruprecht 2003; 45–58.

Leibholz G, Rink HJ, Hesselberger D. Grundgesetz für die Bundesrepublik Deutschland. 7. Aufl. 1993 ff.

Libal G, Plener P, Fegert JM, Kölch M. Chemical restraint: »Pharmakologische Fixierung« zum Management aggressiven Verhaltens im stationären Bereich in Theorie und Praxis. Prax Kinderpsychol Kinderpsychiatr 2006; 55: 783–801.

Lippert HD. Die Einwilligung und ihr Widerruf. VersR 2001, 432.

Loh A, Simon D, Rockenbauch K, Härter M. Partizipative Entscheidungsfindung – Stellenwert und Verbreitung in der medizinischen Ausbildung. Z Med Psychol 2006; 15: 87–92.

Münch I v, Kunigk H. Grundgesetzkommentar. Bd. 1. 5. Aufl. München: C. H. Beck 2000.

Quaas M, Zuck R. Medizinrecht. München: C. H. Beck 2005.

Rieger HJ. Lexikon des Arztrechts. Berlin: DeGruyter 1984.

Rothärmel S, Wolfslast G, Fegert JM. Informed Consent, ein kinderfeindliches Konzept? Von der Benachteiligung minderjähriger Patienten durch das informed consent-Konzept am Beispiel der Kinder- und Jugendpsychiatrie. MedR 1999; 17(7): 293–8.

Rothärmel S, Dippold I, Wiethoff K, Wolfslast G, Fegert JM. Patientenaufklärung, Informationsbedürfnis und Informationspraxis in der Kinder- und Jugendpsychiatrie. Göttingen: Vandenhoeck & Ruprecht 2006.

Röver J. Einflussmöglichkeiten des Patienten im Vorfeld einer medizinischen Behandlung. Frankfurt: Lang 1997.

Safer DJ, Zito JM. Treatment-emergent adverse events from selective serotonin reuptake inhibitors by age group: children versus adolescents. J Child Adolesc Psychopharmacol 2006; 16(1/2): 159–69.

Sander A, Epp A. Kommentar zum AMG. Loseblatt. Stuttgart: Kohlhammer 2001.

Schepker R, Steinert T, Jungmann J, Bergmann F, Fegert JM. Qualitätsmerkmale freiheitseinschränkender Maßnahmen in der kinder- und jugendpsychiatrischen Versorgung. Prax Kinderpsychol Kinderpsychiatr 2006; 5: 802–13.

Schnoor K, Schepker R, Fegert JM. Rechtliche Zulässigkeit von Zwangsmaßnahmen in der Kinder- und Jugendpsychiatrie. Prax Kinderpsychol Kinderpsychiatr 2006; 5: S. 814–37.

Senf W, Broda M (Hrsg). Praxis der Psychotherapie. Ein integratives Lehrbuch. 3. Aufl. Stuttgart: Thieme 2004.

Simon D, Schorr G, Wirtz M, Vodermaier A, Caspari C, Neuner B, Spies C, Krones T, Keller H, Edwards A, Loh A, Härter M. Development and first validation of the Shared Decision-making Questionnaire (SDM-Q). Patient Education Counseling 2006; 63: 319–27.

Stötzel M, Fegert JM. The representation of the legal interests of children and adolescents in Germany: a study of the children's guardian from a child's perspective. Int J Law Policy Fam 2005; 20: 201–24.

Tan J, Fegert JM. Capacity and Competence in Child and Adolescent Psychiatry. Health Care Analysis 2004; 12(4): 285–94.

Tates K, Meeuwesen L, Bensing J, Elbers E. Joking or Decision-Making? Affective and instrumental behaviour in doctor-parent-child communication. Psychol Health 2002; 17: 281–95.

Thiel A, Freyberger HJ, Schneider W, Schüßler G. Psychotherapie versus Pharmakotherapie. Der Fall Osheroff vs. Chestnut Lodge. Psychotherapeut 1998; 43: 39–45.

United Nations (ed). The UN-Convention on the Rights of the Child. New York 1989.

Vollmann J. Aufklärung in der Psychiatrie. Ein Beitrag zur Ethik in der Medizin. Darmstadt: Steinkopff 2000.

Wenzel F. Handbuch des Fachanwalts Medizinrecht. Köln Luchterhand 2007.

Wölk F. Der minderjährige Patient in der ärztlichen Behandlung. MedR 2001; 19(2): 80–9.

56 Adoleszenz und Jugend im Familien- und Sozialrecht

Gunther Klosinski, Manuela Dudeck und Thomas Meysen

Inhalt

56.1	Erziehung zur eigenverantwortlichen und gemeinschaftsfähigen Persönlichkeit	753
56.2	Adoleszenz im Familienrecht	754
56.3	Kinder und Jugendliche »unter« Vormundschaft/ Ergänzungspflegschaft	755
56.4	Übergang in die Erwachsenenpsychiatrie	756
56.5	Adoleszenz im familiengerichtlichen Verfahren	756
56.6	Adoleszenz im Sozialleistungsrecht	757
56.7	Sachverständige Begutachtung und ärztliche Behandlung	758
56.8	Fazit	758
Literatur		759

Zusammenfassung

Die Entwicklung zu einer eigenverantwortlichen und gemeinschaftsfähigen Persönlichkeit ist zentrales Anliegen der Jugendhilfe (§ 1 Abs. 1 Sozialgesetzbuch, Achtes Buch [SGB VIII]) ganz im Sinne der UN-Kinderrechtskonvention, die Kindern und Jugendlichen zusichert, sich eine eigene Meinung zu bilden und diese in allen sie betreffenden Gerichts- und Verwaltungsverfahren zu äußern. Im folgenden Kapitel wird auf die Rechte der Kinder im Rahmen des Sorgerechtes ihrer Eltern eingegangen (§§ 1598a, 1626 und 1671 Bürgerliches Gesetzbuch [BGB]) sowie auf Rechte der Kinder in Umgangsrechts- und Abstammungsrechtsverfahren (§§ 1684 und 1685) einschließlich des Rechtes eines Kindes bei internationaler Kindesentführung. Das Recht auf Namensidentität wird in unserem Lande einem Kind ab dem 5. Lebensjahr eingeräumt. Sollen Jugendliche adoptiert werden, müssen sie selbst die Einwilligung hierzu erteilen. Vormund und Ergänzungspfleger müssen sich wie die Eltern mit dem betreffenden Kind oder Jugendlichen absprechen unter Berücksichtigung der Reife und Eigenständigkeit bzw. Bedürftigkeit. Jungen Erwachsenen, die von körperlicher, geistiger oder seelischer Behinderung betroffen sind, wird ein Vormund oder Pfleger zur Seite gestellt. Auf die Rolle des Verfahrenspflegers in Familienrechtsverfahren wird ausführlich eingegangen. Erörtert wird das Zeugnisverweigerungsrecht im Rahmen von Jugendstrafverfahren. Jugendliche ab dem 15. Lebensjahr können Leistungen der Eingliederungshilfe beantragen und sie sind bei der Auswahl eines Heimes, einer Wohngruppe oder Pflegefamilie zu beteiligen. In Not- und Konfliktsituationen können Kinder auch ohne ihre Eltern beraten werden.

56.1 Erziehung zur eigenverantwortlichen und gemeinschaftsfähigen Persönlichkeit

Der Lebensabschnitt Jugend ist nicht nur ein soziohistorisches Konstrukt, sondern ebenso ein Phänomen multidisziplinären Interesses. Die zeitliche Strukturierung des Jugendalters erfolgt über die Unterscheidung von Altersbereichen (Oerter u. Montada 2002). Das Gesetz spricht im Kinder- und Jugendhilferecht bei einem Alter von 0 bis 13 von Kindern, ab 14 bis 17 von Jugendlichen und ab 18 bis 26 von jungen Volljährigen (§ 7 Abs. 1 Nr. 1–3 SGB VIII Kinder- und Jugendhilfe).

Kinder und Jugendliche sind im – nach wie vor gültigen – Sprachgebrauch der deutschen Rechtsordnung »minderjährig«, sie stehen »unter« elterlicher Sorge und sind beschränkt geschäftsfähig. Doch Familien- wie Sozialrecht räumen jungen Menschen in der Adoleszenz in vielfältiger Weise zunehmend eigene, von den Eltern unabhängige Rechte ein. Und für Begutachtungen im Bereich des Familien- und Jugendhilferechts ist der Respekt der Autonomie – neben der Nichtschädigung, Fürsorge und Gerechtigkeit – das erstgenannte der vier Prinzipien der Medizinethik (Beauchamp und Childress 1994).

Die Berücksichtigung zunehmender Eigenverantwortlichkeit junger Menschen wird zur Zielbestimmung für fachliches Handeln in der Kinder- und Jugendhilfe erhoben:

»Jeder junge Mensch hat ein Recht auf Förderung seiner Entwicklung und auf Erziehung zu einer eigenverantwortlichen und gemeinschaftsfähigen Persönlichkeit.« *(§ 1 Abs. 1 SGB VIII)*

Dieser Leitgedanke bringt nicht nur die Grundrechte der Jugendlichen zur Geltung, sondern erfährt auch durch die UN-Kinderrechtskonvention vom 20. November 1989 (UN-KRK) Unterstützung, die Kindern und Jugendlichen zusichert, sich eine Meinung zu bilden und diese in allen sie betreffenden Gerichts- und Verwaltungsverfahren zu äußern (Art. 12 Abs. 2 UN-KRK). Er hat im Familien- und Sozialrecht mittlerweile zahlreiche Konkretisierungen erfahren.

56.2 Adoleszenz im Familienrecht

56.2.1 Elterliche Sorge

Das Familienrecht fordert Eltern auf, bei der Pflege und Erziehung »die wachsende Fähigkeit und das wachsende Bedürfnis des Kindes zu selbstständigem verantwortungsbewusstem Handeln« zu berücksichtigen (§ 1626 Abs. 2 Satz 1 BGB). Eltern sollen bei ihrer Erziehung nicht nur das zunehmende Alter ihrer Kinder berücksichtigen, sondern »sie besprechen mit dem Kind, soweit es nach dessen Entwicklungsstand angezeigt ist, Fragen der elterlichen Sorge und streben Einvernehmen an« (§ 1626 Abs. 2 Satz 2 BGB). Kinder und Jugendliche werden damit in ihrer Subjektstellung gestärkt. Diese Wertentscheidung beschränkt sich nicht nur auf die elterliche Erziehung. Die Berücksichtigung der zunehmenden Selbstbestimmtheit von Kindern und Jugendlichen hat selbstverständlich auch Auswirkungen auf die rechtliche Strukturierung von Familien. Es erscheint daher nur konsequent, dass Jugendlichen – anders als Kindern – das Recht eingeräumt ist, zu widersprechen, wenn ein Elternteil die Übertragung der alleinigen elterlichen Sorge beantragt und der andere Elternteil zustimmt (§ 1671 Abs. 2 Nr. 1 BGB).

56.2.2 Umgangsrecht

Leben Eltern getrennt, bedeutet dies in aller Regel für deren Kinder, dass sie weniger Kontakt zu einem Elternteil haben. Sie sind die Leidtragenden und in einer schwachen Position. Dem trägt der Gesetzgeber Rechnung, indem er ihnen ein eigenes Recht auf Umgang mit jedem Elternteil zuspricht und die Eltern nicht nur zum Umgang berechtigt, sondern auch verpflichtet (§ 1684 Abs. 1 BGB). Anderen nahen Bezugspersonen als den Eltern, wie Großeltern oder Geschwistern, räumt das Gesetz ein Umgangsrecht ein, wenn dies dem Wohl des Kindes oder des Jugendlichen dient (§ 1685 Abs. 1 BGB). Gleiches gilt für enge Bezugspersonen des Kindes, wenn diese für das Kind tatsächliche Verantwortung tragen oder getragen haben (sozialfamiliäre Beziehung) (§ 1685 Abs. 2 BGB).

Ist dies zum Wohl eines Jugendlichen erforderlich, kann das Familiengericht eine Begleitung von Umgangskontakten anordnen (§ 1684 Abs. 1 Sätze 1 und 3 BGB). Soll diese Beschränkung des Umgangsrechts dauerhaft aufrechterhalten bleiben, setzt dies voraus, dass andernfalls das Wohl des Kindes oder des Jugendlichen gefährdet wäre (§ 1684 Abs. 1 Satz 2 BGB). Kommt beispielsweise der Verdacht eines sexuellen Missbrauchs auf, gehen Familiengerichte immer mehr dazu über, den Umgang nicht automatisch sofort auszuschließen, sondern verfügen betreuten Umgang, um eine Entfremdung zwischen dem Kind und dem Elternteil, der das Kind sexuell missbraucht haben soll, zu verhindern. Problematisch wird eine solche Situation immer dann, wenn ein Arzt oder Psychotherapeut, der das angeblich missbrauchte Kind bzw. den Jugendlichen untersucht hat oder therapiert, eine totale Unterbindung der Kontakte fordert.

> ! Darauf hinzuweisen ist, dass der Vorwurf des sexuellen Missbrauchs mitunter als »Waffe« im Sorgerechts- und Umgangsrechtsstreit eingesetzt wird (Deberding u. Klosinski 1995; Steller 1995). Spezifische, beweisende Symptome im Rahmen von Verhaltensauffälligkeiten eines Kindes oder eines Jugendlichen nach vermeintlichem sexuellem Missbrauch gibt es nicht. Es existiert kein spezielles »Missbrauchs-Syndrom«.

Dem Willen des Kindes oder Jugendlichen, etwa einer Weigerung gegen Umgangskontakte, misst die Rechtsprechung mit steigendem Alter zunehmende Bedeutung bei (Rauscher 2005, Rn. 295 ff.). Unabhängig davon ist die Pflicht des betreuenden Elternteils, alles zu unterlassen, was die Beziehung zum anderen Elternteil beeinträchtigt (§ 1684 Abs. 2 BGB).

Der **Bindungstoleranz,** d. h. der Fähigkeit, den Kontakt des Kindes auch zum anderen Elternteil zuzulassen, kommt ein großes Gewicht zu. In § 1626 Abs. 3 BGB wird ausdrücklich hervorgehoben, dass zum Wohl des Kindes in der Regel der Umgang mit beiden Elternteilen gehört.

Zwangsweise kann der Umgang nur gegenüber den Eltern, nicht aber gegenüber einem Kind oder einem Jugendlichen durchgesetzt werden (§ 33 Abs. 2 Satz 2 Gesetz über die Angelegenheiten der freiwilligen Gerichtsbarkeit [FGG]).

56.2.3 Abstammungsrecht

Neben dem rechtlichen Vater sowie der Mutter und einem Mann, der an Eides statt versichert, der Mutter während der Empfängniszeit beigewohnt zu haben, hat auch das Kind das Recht, eine Vaterschaft anzufechten und damit Gewissheit darüber zu erlangen, ob der rechtliche auch der leibliche Vater ist (§ 1600 Abs. 1 BGB). Allerdings kann der junge Mensch dieses Recht im eigenen Namen erst mit Volljährigkeit geltend machen (§ 640b Zivilprozessordnung [ZPO]). Ab Volljährigkeit läuft eine zweijährige Frist, nach deren Ablauf eine Anfechtung grundsätzlich ausgeschlossen ist (§ 1600b Abs. 1, Abs. 6 Satz 2 i. V. mit § 210 BGB).

Unabhängig von der Vaterschaftsanfechtung haben seit dem 31. März 2008 nicht nur Vater und Mutter, sondern auch das Kind bzw. der Jugendliche einen Anspruch gegen die Eltern auf Einwilligung in die Durchführung einer genetischen Abstammungsuntersuchung zur Klärung der Abstammung vom Vater (§ 1598a Abs. 1 Satz 1 Nr. 3 BGB). Die Eltern können eine Klärung der Abstammung nicht verlangen, wenn damit eine erhebliche Beeinträchtigung des Wohls des Kindes oder Jugendlichen einhergehe, die auch unter Berücksichtigung der Belange der anfechtenden Eltern nicht zumutbar wäre (§ 1598a Abs. 2 BGB).

Diese Härteklausel soll den Fällen Rechnung tragen, in denen die Abstammungsbegutachtung aufgrund äußerlicher Umstände atypische, besonders schwere Folgen für das Kind auslöst. In Betracht kommen dafür insbesondere psychische Gründe in der Person des Kindes, »die dazu führen können, dass das Ergebnis des Gutachtens das Kind außergewöhnlich belastet (z. B. Suizidgefahr oder Gefahr der gravierenden Verschlechterung einer bereits bestehenden schweren Krankheit)« (Bundestags-Drucksache 16/6561, S. 13).

Folgendes Beispiel zur Veranschaulichung des möglichen Vorteils der neu eingeführten Trennung zwischen Klärung der Abstammung mittels Gentest und Anfechtung der rechtlichen Vaterstellung sei angeführt: Bei aufkommenden oder bestehenden Zweifeln können entweder der bislang rechtliche Vater oder das Kind die genetische Untersuchung zur Klärung der Abstammung beantragen. Dies könnte z. B. der Fall sein, wenn ein Kind innerhalb einer Geschwisterreihe von seiner Physiognomie und seinem Hautkolorit in auffälliger Weise von den Geschwistern abweicht, so z. B., wenn alle Geschwister dunkelhaarig sind, ein Kind hingegen rothaarig oder blond ist. Am Beginn der Pubertät stehend phantasieren nicht wenige Jugendliche, sie könnten im Kreißsaal verwechselt worden sein, der Vater oder die Mutter, die aufgrund altersspezifischer Ablösungstendenzen vehement infrage gestellt werden, könnten womöglich gar nicht der richtige Vater oder die richtige Mutter sein. Eine eindeutige Klärung der Abstammung könnte eine Identitätskrise des Jugendlichen lindern, wenn er über eine Abstammungsabklärung Gewissheit erhält, dass der Vater, den er »rundum infrage stellt«, doch der leibliche Vater ist. Sind sich Vater und Mutter sicher, dass sie die leiblichen Eltern sind, könnte eine genetische Abstammungsklärung auch für sie entlastend sein, bei möglicherweise aufkommenden Abstammungszweifeln aus den Reihen ihrer Herkunftsfamilien angesichts oben geschilderter auffallender Haarfarbe oder ungewöhnlicher anderer körperlicher Merkmale eines ihrer Kinder (Klosinski 2007).

56.2.4 Namens- und Adoptionsrecht

Beabsichtigen nicht verheiratete Eltern bei Abgabe einer Sorgeerklärung oder nachträglich heiratende Eltern eine Namensänderung ihres Kindes, so bedarf es zu deren Wirksamkeit der Zustimmung des Kindes, sofern es fünf Jahre oder älter ist (§ 1617b Abs. 1 Satz 3, § 1617c Abs. 1 Satz 1 BGB). Ist das Kind oder der Jugendliche älter als 14 Jahre, können sie diese Erklärung nur selbst abgeben und von den Eltern insoweit nicht vertreten werden (§ 1617c Abs. 1 Satz 2 i. V. m. § 1617b Abs. 1 Satz 4 BGB). Gleiches gilt für die Einbenennung in den Namen des Stiefelternteils (§ 1618 Sätze 3 und 6 BGB).

Sollen Jugendliche adoptiert werden, können sie nur selbst die Einwilligung hierzu erteilen (§ 1746 Abs. 1 Satz 3 BGB). Ist die Adoption noch nicht wirksam, so können sie ab dem Alter von 14 Jahren auch eine von den Eltern zuvor erteilte Einwilligung widerrufen (§ 1746 Abs. 2 BGB).

56.3 Kinder und Jugendliche »unter« Vormundschaft/ Ergänzungspflegschaft

Sterben die Eltern, können sie für ihr Kind nicht sorgen oder wird ihnen die elterliche Sorge entzogen, so bestellt das Vormundschaftsgericht einen Vormund bzw. – falls nur Teilbereiche der elterlichen Sorge entzogen wurden – einen sogenannten Ergänzungspfleger. Einige Vormundschaftsgerichte oder Jugendämter beteiligen ältere Kinder und Jugendliche auch bei der Auswahl ihres Vormundes bzw. Ergänzungspflegers. Dieser rückt in die rechtliche Elternrolle und hat die Aufgabe der gesetzlichen Vertretung für die ihm übertragenen Aufgabenbereiche. Wie Eltern hat der Vormund bzw. Ergänzungspfleger seine Entscheidungen mit dem Kind bzw. dem Jugendlichen abzusprechen und dabei die wachsende Fähigkeit und das wachsende Bedürfnis zu selbstständigem verantwortungsbewusstem Handeln zu berücksichtigen (§ 1626 Abs. 2 BGB).

Kinder minderjähriger Mütter erhalten, wenn sie nicht verheiratet sind, von Gesetzes wegen einen Amtsvormund. Da die elterliche Sorge der jungen Mutter bis zu ihrer Volljährigkeit ruht (§ 1673 Abs. 2 Satz 1 BGB), obliegt dem Vormund die gesetzliche Vertretung ihres Kindes. Allerdings verbleibt der minderjährigen Mutter die Personensorge, die sie neben dem Vormund ausübt. Bei Meinungsverschiedenheiten geht die Meinung der minderjährigen Mutter vor. Der Vormund soll mit ihr Einvernehmen anstreben (§ 1673 Abs. 2 Sätze 2 und 3 BGB).

In Strafverfahren, insbesondere wegen sexuellen Missbrauchs, sind Kinder und Jugendliche häufiger als Zeugen gefragt. Beträfe die Aussage nahe Verwandte, haben sie ein Zeugnisverweigerungsrecht (§ 52 Abs. 1 Nr. 3 Strafprozessordnung [StPO]). Haben die Kinder oder Jugendlichen wegen einer psychischen Krankheit oder einer geistigen oder seelischen Behinderung über die Bedeutung des Zeugnisverweigerungsrechts nur eine unzureichende Vorstellung, wird ihnen ein Ergänzungspfleger als gesetzlicher Vertreter zur Seite gestellt. Eine Vernehmung ist dann nur zulässig, wenn auch dieser zustimmt (§ 52 Abs. 2 StPO).

56.4 Übergang in die Erwachsenenpsychiatrie

In der späten Adoleszenz (18.–21. Lebensjahr) ist der Erwachsenenpsychiater meist in die Therapien von Patienten mit einbezogen. Psychische Erkrankungen resultieren in diesem Lebensabschnitt oft daraus, dass Entwicklungsaufgaben wie physische Reifung, Adaptation an gesellschaftliche Erwartungen und die Ausbildung individueller Zielsetzungen und Werte Schwierigkeiten bereiten.

In der Erwachsenenpsychiatrie werden 18-jährige junge Menschen erstmals in der Behandlung »gesiezt«, kommen unabhängig von ihren Eltern zur Behandlung und bestimmen selbst, wie lange sie an ambulanten bzw. stationären Therapien partizipieren wollen. Das stellt in der Behandlung von Achse-I-Störungen, wie z. B. der posttraumatischen Belastungsstörung, eine Entlastung im gesamten therapeutischen Setting dar, da die Eltern als mögliche Aggressoren keinen direkten Einfluss auf die jugendlichen Patienten mehr haben und so sozialtherapeutisch die Möglichkeiten des Betreuungsrechts genutzt werden können. Auch im Falle von umschriebenen Entwicklungsstörungen, welche in die späte Adoleszenz hinein andauern, und von Intelligenzminderungen ist die Verteilung von betreuenden Aufgaben sinnvoll. Sie können nicht immer in die Hände der Eltern gegeben werden.

Mit der Reform des Vormundschafts- und Pflegschaftsrechts für Volljährige zum 1. Februar 1992 entstand das einheitliche Rechtsinstitut der Betreuung (§§ 1896 ff. BGB). Grundlage für die Reform war die Verbesserung der Personensorge mit möglichst individuellen Gestaltungsmöglichkeiten. Durch das neue Betreuungsrecht soll das Selbstbestimmungsrecht eines Betroffenen möglichst wenig eingeschränkt werden (Oefele 1998).

Voraussetzung für die Einrichtung einer Betreuung ist nach § 1896 BGB, dass ein Volljähriger aufgrund einer psychischen Krankheit oder einer körperlichen, geistigen oder seelischen Behinderung seine Angelegenheiten ganz oder teilweise nicht besorgen kann. In diesem Fall bestellt das Vormundschaftsgericht für ihn auf seinen Antrag oder von Amts wegen einen Betreuer. Den Antrag kann auch ein Geschäftsunfähiger stellen. Soweit der Volljährige aufgrund einer körperlichen Behinderung seine Angelegenheiten nicht besorgen kann, darf der Betreuer nur auf Antrag des Volljährigen bestellt werden, es sei denn, dass dieser seinen Willen nicht mehr kundtun kann.

Ein Betreuer darf nur für Aufgabenkreise bestellt werden, in denen die Betreuung erforderlich ist. Die Betreuung ist nicht erforderlich, soweit die Angelegenheiten des Volljährigen durch einen Bevollmächtigten oder durch andere Hilfen, bei denen kein gesetzlicher Vertreter bestellt wird, ebenso gut wie durch einen Betreuer besorgt werden können. Als Aufgabenkreis kann auch die Geltendmachung von Rechten des Betreuten gegenüber seinem Bevollmächtigten bestimmt werden.

Die gerichtlich bestimmten Aufgabenkreise werden dem Betreuer zur Wahrnehmung übertragen. Der Betreuer vertritt den Betreuten gerichtlich und außergerichtlich (§ 1902 BGB). Er ist verpflichtet, engen Kontakt mit dem Betreuten zu halten und dessen Wohl zu fördern, wobei er den Wünschen und Vorstellungen des Betroffenen nach Möglichkeit zu entsprechen hat (§ 1901 BGB). Die Aufgabe des Betreuers liegt insbesondere darin, das eigene Handeln des Betroffenen zu unterstützen und anzuleiten (Oefele 1998).

> ! Somit gibt es für junge Volljährige viele Möglichkeiten, sich unter zivilrechtlichem Schutz zu entwickeln. Die Betreuungsanforderungen bestehen in der bestmöglichen Förderung im jeweiligen Entwicklungsalter in sozialtherapeutischer Zusammenarbeit aller beteiligten Institutionen. Dabei geht es zum einen um Behandlung und zum anderen um Schaffung geeigneter Arbeits- und Lebensbedingungen, die Schutz und Rehabilitation bieten, jedoch Überforderung verhindern.

56.5 Adoleszenz im familiengerichtlichen Verfahren

56.5.1 Anhörung

In familiengerichtlichen Verfahren betreffend die elterliche Sorge hört das Gericht das Kind oder den Jugendlichen persönlich an, »wenn die Neigungen, Bindungen oder der Wille des Kindes für die Entscheidung von Bedeutung sind oder wenn es zur Feststellung des Sachverhalts angezeigt erscheint, dass sich das Gericht von dem Kind einen unmittelbaren Eindruck verschafft« (§ 50b Abs. 1 FGG). Jugendliche, also 14- bis 17-Jährige, sind stets persönlich anzuhören (§ 50b Abs. 2 FGG). Mit der für 2009 geplanten Reform des FGG soll die Anhörungspflicht auf alle Verfahren in Kindschaftssachen ausgedehnt werden (§ 159 Entwurf eines Gesetzes über das Verfahren in Familiensachen und in Angelegenheiten der freiwilligen Gerichtsbarkeit [FamFG-E]; BT-Drucks. 16/6308).

56.5.2 Verfahrenspfleger

Soweit es zur Wahrnehmung der Interessen des Kindes oder des Jugendlichen im familiengerichtlichen Verfahren erforderlich ist, kann ein Verfahrenspfleger bestellt werden (§ 50 Abs. 1 FGG). Eine Bestellung hat insbesondere zu erfolgen, wenn ein erheblicher Interessengegensatz zwischen den Eltern bzw. einem Elternteil und dem Kind bzw. dem Jugendlichen besteht. Dies betrifft insbesondere Verfahren über den Entzug der elterlichen Sorge, über die Anordnung des Verbleibs in einer Pflegefamilie, über die Genehmigung einer geschlossenen Unterbringung oder bei massiven Umgangskonflikten (§ 50 Abs. 2 Satz 1 FGG), da das Kind bzw. der Jugendliche in solchen gerichtlichen Streitigkeiten in ganz erhebliche Problem- und Konfliktlagen geraten kann, die mit Loyalitätskonflikten zu den Eltern verbunden sind.

Die Einsetzung eines Verfahrenspflegers ist genau genommen kein eigentliches Recht eines Kindes oder Jugendlichen, sondern eine Maßnahme vonseiten des Familiengerichts, das in seiner Wächterfunktion mit Unterstützung des Jugendamts die Interessen und Rechte des Kindes durchzusetzen hat. Es liegt in der Natur der Sache, dass die Einschätzung der Situation eines Kindes bzw. Jugendlichen nicht deckungsgleich ist mit jener der Eltern oder eines Elternteils, was im Einzelfall die Familiendynamik nicht einfacher macht, trotzdem aber unter Kindeswohlgesichtspunkten notwendig erscheinen mag. Der Verfahrenspfleger hat hierbei auch den Willen des Kindes oder des Jugendlichen in das Verfahren einzubringen, dem mit steigendem Alter zunehmendes Gewicht zukommt (Zitelmann 2001).

56.5.3 Verfahren wegen Kindesentführung nach dem HKÜ

Seit 1990 beansprucht das Haager Übereinkommen über die zivilrechtlichen Aspekte internationaler Kindesentführung vom 25. Oktober 1980 (HKÜ) auch in Deutschland Geltung. Danach ist die Rückführung eines widerrechtlich in ein anderes Land verbrachten Kindes bzw. Jugendlichen unter 16 Jahren anzuordnen, wenn die Antragstellung innerhalb eines Jahres seit dem Verbringen erfolgt (Art. 12 HKÜ). Der ersuchte Staat ist zur Rückführung nur dann nicht verpflichtet, wenn »die Rückgabe mit einer schwerwiegenden Gefahr eines körperlichen oder seelischen Schadens für das Kind verbunden ist oder das Kind auf andere Weise in eine unzumutbare Lage bringt« (Art. 13 Abs. 1 Buchst. b HKÜ). Das Gericht kann die Anordnung der Rückgabe ferner ablehnen, wenn sich das Kind bzw. der Jugendliche der Rückgabe widersetzt und seine Meinung nach Alter und Reife Berücksichtigung erfahren sollte (Art. 13 Abs. 2 HKÜ; hierzu Schweppe 2001, S. 182 ff.).

Auch in Verfahren nach dem HKÜ ist dem Kind bzw. Jugendlichen ein Verfahrenspfleger zu bestellen (Bundesverfassungsgericht 2006). Dies erscheint besonders wichtig, da das zuständige Gericht bei HKÜ-Anträgen innerhalb von sechs Wochen über die Rückführung entscheiden muss (§ 5 Abs. 5 Durchführungsgesetz zum HKÜ). Diese höchste Eilbedürftigkeit bringt mit sich, dass nur wenige Gutachter in der Lage sind, in dieser kurzen Zeit ein Gutachten zu erstellen. Wird hingegen ein Verfahrenspfleger eingesetzt, kann dieser viel schneller die Belange und Nöte eines entführten Kindes oder Jugendlichen feststellen und sie dem Gericht umgehend mitteilen.

Gleichwohl stellt sich die Frage, ob der Verfahrenspfleger eine eingetretene »schwerwiegende Gefahr eines körperlichen oder seelischen Schadens« für das Kind feststellen kann. Er könnte aber zumindest ausreichend gewichtige Anhaltspunkte diesbezüglich sehen und umgehend anregen, dass das Kind bzw. der Jugendliche einem Facharzt für Kinder- und Jugendpsychiatrie vorgestellt werden soll, der einen gutachterlichen Befundbericht anfertigen könnte, in dem eine schwerwiegende Gefahr eines körperlichen oder seelischen Schadens festgestellt oder verworfen wird. Insbesondere schwere psychische und psychosomatische Erscheinungsformen, bedingt durch die Rückführungsdrohung und neuerliche Mobilisierung von Trennungsängsten, sind aus kinderpsychiatrischer Sicht häufig bei HKÜ-Verfahren eingebunden in eine komplexe Familiendynamik, die eine gründliche Analyse von fachkompetenter Seite erfordert, um das Ausmaß ungewöhnlich schwerwiegender Beeinträchtigungen des Kindeswohls adäquat zu erfassen und abzuschätzen (Klosinski 2000).

56.6 Adoleszenz im Sozialleistungsrecht

56.6.1 Eigene Handlungsfähigkeit ab 15 Jahren (§ 36 SGB I)

Das Sozialleistungsrecht räumt Jugendlichen ab dem Alter von 15 Jahren eine eigene Handlungsfähigkeit ein. Sie können selbst Anträge auf Sozialleistungen stellen sowie Sozialleistungen entgegennehmen (§ 36 Abs. 1 Satz 1 SGB I – Allgemeiner Teil). Allerdings sollen die Personensorgeberechtigten vom Sozialleistungsträger hierüber unterrichtet werden und können dann durch schriftliche Erklärung die Handlungsfähigkeit der Jugendlichen wieder einschränken (§ 36 Abs. 1 Satz 2, Abs. 2 SGB I).

Anders als bei Leistungen der Hilfe zur Erziehung, auf die nach dem Gesetz die Eltern Anspruch haben (§ 27 Abs. 1 SGB VIII), können Jugendliche somit Leistungen der Eingliederungshilfe wegen (drohender) seelischer Behinderung (§ 35a SGB VIII) sowie wegen geistiger oder körperlicher Behinderung (§§ 53 f. SGB XII – Sozialhilfe) selbst geltend machen. Sie können insoweit die Gestaltungsrechte wie das Wunsch- und Wahlrecht selber für sich in Anspruch nehmen (§ 5 SGB VIII, § 9 SGB IX – Rehabilitation und Teilhabe behinderter Menschen) und ihren Anspruch auf ein persönliches Budget geltend machen (§ 17 SGB IX). Das Antragsrecht kann auch bestehen in Bezug auf Leistungen zur Eingliederung in Arbeit (SGB II – Grundsicherung für Arbeitsuchende, SGB III – Arbeitsförderung) oder auf Leistungen zum notwendigen Lebensunterhalt (SGB II, SGB XII).

56.6.2 Beteiligungsrechte im Kinder- und Jugendhilferecht

Das Jugendamt hat Kinder und Jugendliche »entsprechend ihrem Entwicklungsstand an allen sie betreffenden Entscheidungen zu beteiligen« (§ 8 Abs. 1 SGB VIII). Kinder und Jugendliche haben das Recht, sich in allen Angelegenheiten der Erziehung und Entwicklung an das Jugendamt zu wenden (§ 8 Abs. 2 SGB VIII). Sie sind vor Entscheidungen über die Inanspruchnahme einer Hilfe und vor einer notwendigen Änderung von Art und Umfang der Hilfe zu beraten (§ 36 Abs. 1 Satz 1 SGB VIII). Bei der Auswahl eines Heims, einer Wohngruppe oder Pflegefamilie sind sie zu beteiligen (§ 36 Abs. 1 Satz 3 SGB VIII). Soll eine Hilfe voraussichtlich für längere Zeit gewährt werden, soll zusammen mit ihnen ein Hilfeplan aufgestellt und regelmäßig fortgeschrieben werden (§ 36 Abs. 2 Satz 2 SGB VIII). Werden dem Jugendamt gewichtige Anhaltspunkte für eine Kindeswohlgefährdung bekannt, hat es das Kind oder den Jugendlichen im Rahmen der Gefährdungseinschätzung einzubeziehen (§ 8a Abs. 1 Satz 2 SGB VIII).

In Not- und Konfliktsituationen können Kinder und Jugendliche auch ohne Wissen der Eltern beraten werden (§ 8 Abs. 3 SGB VIII). Zugrunde liegen muss ein gestörtes Vertrauensverhältnis zwischen Eltern und dem Kind bzw. dem Jugendlichen. Hierbei braucht es sich nicht um eine aktuelle Konfliktlage zu handeln. Ausreichend ist, wenn es durch Information der Sorgeberechtigten, etwa über die Drogenabhängigkeit, einen geplante Schwangerschaftsabbruch oder Themen der Sexualität, zu Konflikten mit den Eltern oder zu inneren Konflikten des Kindes bzw. Jugendlichen kommen kann, bei denen das Interesse an der Wahrung der Vertraulichkeit das Interesse der Eltern an der Kenntnis der intimen Informationen überwiegt (Münder et al. 2006, § 8 Rn. 11 ff.).

56.7 Sachverständige Begutachtung und ärztliche Behandlung

Bei Strafrechtsbegutachtungen Jugendlicher müssen Jugendliche belehrt werden, dass sie von ihrem Zeugnisverweigerungsrecht Gebrauch machen können: Sie sind berechtigt, auch einem Sachverständigen gegenüber keine Angaben zur Person oder zur Sache zu machen. Sie müssen ferner darauf aufmerksam gemacht werden, dass sie keine Angaben zu machen brauchen, wenn sie sich oder andere strafrechtlich zusätzlich belasten würden, dass sie ggf. auch vorher mit ihrem Pflicht- oder Wahlverteidiger sprechen können oder sollten.

Bei Familienrechtsbegutachtungen sollten die Kinder in aller Regel informiert und aufgeklärt werden über den Gutachtenauftrag im Beisein eines Elternteils. Kinder, die ängstlich sind, sollten z. B. eine Freundin oder einen Verfahrenspfleger bei sich haben dürfen, wenn dies vom Kind oder Jugendlichen in nachvollziehbaren, besonderen Begutachtungssituationen gewünscht wird. Dies könnte z. B. dann der Fall sein, wenn ein Kind zum ersten Mal mit einem bis dato unbekannten leiblichen Vater zusammenkommt (im Rahmen der Begutachtung) und die Mutter diesem auf keinen Fall begegnen möchte.

Ärztliche Behandlung bedarf der Einwilligung des Kindes bzw. Jugendlichen. Dies stellt keine rechtsgeschäftliche Handlung dar, sodass allein ausreicht, wenn das Kind bzw. der Jugendliche nach seiner »geistigen und sittlichen Reife die Bedeutung und Tragweite des Eingriffs und seiner Gestattung zu ermessen vermag« (Peschel-Gutzeit 2007, Rn. 89). Entscheidend ist somit die Einsichtsfähigkeit. Liegt diese vor, tritt die Stellung der personensorgeberechtigten Eltern insoweit zurück und kommt es auf eine elterliche Zustimmung zur ärztlichen Behandlung nicht mehr an (Peschel-Gutzeit 2007, Rn. 92 ff.).

> ! Bei der Prüfung der Einsichtsfähigkeit ist zu differenzieren: Je schwerwiegender bzw. gefährlicher der ärztliche Eingriff ist, desto höhere Anforderungen sind an die Einsichtsfähigkeit des Kindes bzw. Jugendlichen zu stellen. Letztlich hat der Arzt aufgrund der jeweiligen Umstände im Einzelfall darüber zu entscheiden, ob die Zustimmung der Eltern notwendig ist oder nicht.

Unabhängig davon bleibt der Abschluss des ärztlichen Behandlungsvertrags als Rechtsgeschäft von der Zustimmung oder nachträglichen Genehmigung der Eltern abhängig. Allerdings sind Jugendliche ab dem Alter von 15 Jahren, wie gesehen, sozialleistungsrechtlich selbst handlungsfähig (§ 36 Abs. 1 SGB I) und können, wenn sie selbst oder über ihre Eltern familienversichert sind (§ 10 SGB V – Gesetzliche Krankenversicherung) eigenständig Anträge auf Krankenversicherungsleistungen stellen.

56.8 Fazit

Zusammenfassend kann festgestellt werden, dass junge Menschen in vielen Bereichen des Familien- und Sozialleistungsrechts in der Adoleszenz entsprechend dem zunehmenden Lebensalter auch zunehmende Rechte genießen. Bei vielen Eltern, aber auch professionellen Helfern dürften diese sicherlich noch besser bekannt werden. Die im Laufe der letzten Jahrzehnte verbesserte und präzisierte Rechtsstellung der Kinder und vor allem Jugendlichen, mit welcher der Gesetzgeber der wachsenden Eigenverantwortlichkeit und dem steigenden Bedürfnis nach verantwortungsbewusster Selbstbestimmung Rechnung getragen hat, verdient bestmögliche Umsetzung in der Rechtswirklichkeit.

Literatur

Beauchamp TL, Childress JF. Prinzipals of biomedical ethics. 4th ed. Oxford: Oxford University Press 1994.

Bundesverfassungsgericht. Beschluss der 1. Kammer des 1. Senats vom 18. Juli 2006 – 1 BvR 1465/05. Z Ges Familienrecht [FamRZ] 2006; 1261–2.

Deberding E, Klosinski G. Analyse von Familienrechtsgutachten mit gleichzeitigem Vorwurf des sexuellen Missbrauchs. Retrospektivanalyse von 48 Sorge- bzw. Umgangsrechtsregelungsgutachten. Kindheit und Entwicklung 1995; 4: 212–7.

Klosinski G. Kinderpsychiatrische Begutachtung im Rahmen des Haager Kindesentführungsübereinkommens (HKiEntÜ). Familie und Recht 2000; 10: 408–16.

Klosinski G. Ist der Anspruch auf Abstammungsabklärung und anschließender Vaterschaftsanfechtung dem Familienwohl förderlich? FÜR 2007; 10: 385–9.

Münder J, Baltz J, Kreft D. Frankfurter Kommentar zum SGB VIII. 5. Aufl. Weinheim, München: Juventa 2006.

Oefele K v. Forensische Psychiatrie. Leitfaden für die klinische und gutachterliche Praxis. Stuttgart: Schattauer 1998.

Oerter H, Montada L (Hrsg). Entwicklungspsychologie. Weinheim: BeltzPVU 2002.

Peschel-Gutzeit L. Kommentierung zu § 1626 BGB. In: Staudinger J v (Hrsg). Kommentar zum Bürgerlichen Gesetzbuch mit Einführungsgesetz und Nebengesetzen. Buch 4. Familienrecht §§ 1626–1631; Anhang zu § 1631: RKEG; §§ 1631a–1633 (Elterliche Sorge 1 – Inhaberschaft und Inhalt). Berlin: Sellier, de Gruyter 2007.

Rauscher T. Kommentierung zu § 1684 BGB. In: Staudinger J v (Hrsg). Kommentar zum Bürgerlichen Gesetzbuch mit Einführungsgesetz und Nebengesetzen. Buch 4. Familienrecht §§ 1684–1717 (Elterliche Sorge 3 – Umgangsrecht). Berlin: Sellier, de Gruyter 2005.

Schweppe K. Kindesentführungen und Kindesinteressen. Die Praxis des Haager Übereinkommens in England und Deutschland. Münster: Votum 2001.

Steller M. Verdacht des sexuellen Missbrauchs – Begutachtung in familien- und vormundschaftsgerichtlichen Verfahren. Familie – Partnerschaft – Recht 1995; 1: 60–2.

Zitelmann M. Kindeswohl und Kindeswille im Spannungsfeld von Pädagogik und Recht. Münster: Votum 2001.

57 Sozialleistungen für psychisch beeinträchtigte Jugendliche und junge Erwachsene

Kirsten Scheiwe und Claudia Muche

Inhalt

57.1	Hilfebedarfe psychisch beeinträchtigter Jugendlicher und junger Erwachsener	760
57.2	Unterschiedliche Hilfesysteme	763
57.3	Leistungen in Bezug auf einzelne Hilfebedarfe	767
57.4	Koordination der Hilfen und Verfahrensfragen	775
57.5	Fazit	776
Literatur		777

Zusammenfassung

Das Sozialrecht gewährt für den Personenkreis psychisch beeinträchtigter Jugendlicher und junger Erwachsener zwischen 14 und 25 Jahren eine Vielzahl gesetzlicher Leistungsansprüche, die weit über die einzelnen Sozialgesetzbücher verteilt sind. Daher ist die Kenntnis grundlegender Strukturen und aktueller Probleme in der Gewährung von Sozialleistungen für diese Zielgruppe sowohl für eine theoretische als auch praktische Auseinandersetzung mit der Thematik unerlässlich. Ausgangspunkt des folgenden Kapitels ist der in vielen Fällen äußerst vielschichtige Hilfebedarf junger Menschen mit psychischen Problemen. Die »Übersetzung« in sozialrechtliche Ansprüche erfolgt über bestimmte Anspruchsvoraussetzungen, bei deren Vorliegen eine Zuordnung in unterschiedliche Sozialleistungssysteme mit verschiedenen Trägerzuständigkeiten erfolgen kann. Zum Verständnis der fundamentalen Strukturen werden die *unterschiedlichen Hilfesysteme, Sozialleistungsgesetze und Trägerzuständigkeiten* zunächst überblicksartig dargestellt. Im Anschluss daran werden die konkreten Leistungen in Bezug auf einzelne Hilfebedarfe psychisch beeinträchtigter junger Menschen vorgestellt, z. B. medizinische Behandlung, pädagogische und erzieherische Hilfen oder Unterstützung im Bereich Ausbildung und Arbeit. Besonderes Augenmerk liegt auf **Schnittstellen, Leistungskonkurrenzen** und **Zuständigkeitsproblemen**. Abschließend werden wesentliche Verfahrensregelungen und Koordinationsmechanismen der unterschiedlichen Sozialleistungen erläutert.

57.1 Hilfebedarfe psychisch beeinträchtigter Jugendlicher und junger Erwachsener

! Der hier behandelte Personenkreis hat in der Regel einen komplexen Hilfebedarf, der sich aus den Bereichen erzieherische und pädagogische Hilfen, psychologische Unterstützung und medizinische Behandlung, berufliche Orientierung, Ausbildung, Beschäftigungsförderung, Hilfen zur Alltagsbewältigung und Existenzsicherung zusammensetzen kann (Abb. 57-1).

Die Sozialleistungen zur Deckung dieser Hilfebedarfe werden im Wesentlichen durch folgende Systeme der sozialen Sicherung erbracht: die **Krankenversicherung**, die **Rentenversicherung**, die **Jugendhilfe**, die **Sozialhilfe**, die **Grundsicherung für Arbeitsuchende** und die **Arbeitsverwaltung**. Diese Leistungsbereiche sind als Ergebnis langjähriger Entwicklun-

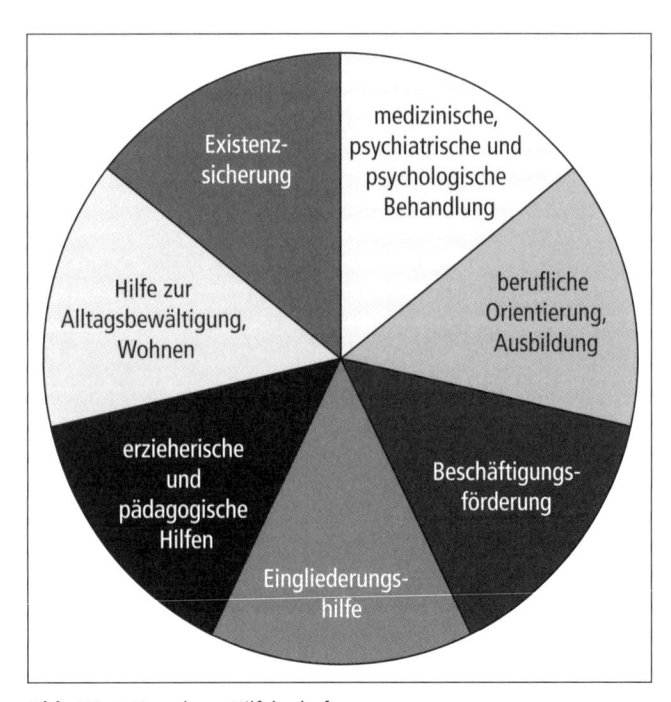

Abb. 57-1 Komplexer Hilfebedarf

57.1 Hilfebedarfe psychisch beeinträchtigter Jugendlicher und junger Erwachsener

gen in verschiedenen Sozialgesetzen geregelt – mit der Folge unterschiedlicher Trägerzuständigkeiten und Finanzierungsstrukturen, die von den Betroffenen oft nur schwer zu überblicken sind.

Die Regelungen des Vor- und Nachrangs von Sozialleistungen, für die verschiedene Träger zuständig sind, können in Überschneidungsbereichen zu »Verschiebebahnhöfen« führen, bei denen ein Sozialleistungsträger den jungen Menschen – auch aus finanziellen Eigeninteressen – in ein anderes Sozialleistungssystem abschiebt.

! Besondere Probleme stellen sich bei Übergängen wie dem Erreichen bestimmter Altersgrenzen (Volljährigkeit, Vollendung des 21. oder 27. Lebensjahres) oder bei der Entlassung aus einer stationären Einrichtung (Psychiatrie, Reha-Klinik, Krankenhaus) und dem Übergang in andere Betreuungsformen.

Zur Reduzierung der Probleme an den **Schnittstellen** zwischen den einzelnen Sozialleistungsbereichen ist daher Kooperation und Koordination sowie Vernetzung zwischen den Systemen erforderlich.

Rechtlich geregelt sind **verfahrensrechtliche Anforderungen an die Kooperation,** beispielsweise in Bestimmungen über die Beteiligung von Fachkräften des Gesundheitswesens durch Stellungnahmen zur seelischen Gesundheit eines jungen Menschen bei Leistungsansprüchen wegen einer drohenden seelischen Behinderung (§ 35a Abs. 1a Sozialgesetzbuch Achtes Buch [SGB VIII]) oder im Hilfeplanverfahren bei länger andauernden Hilfen zur Erziehung der Jugendhilfe (§ 36 SGB VIII). Von Bedeutung sind auch die verfahrensrechtlichen Bestimmungen des Sozialgesetzbuches Neuntes Buch (SGB IX – Rehabilitation und Teilhabe behinderter Menschen) wie die beschleunigte Zuständigkeitsklärung (§ 14 SGB IX) und andere Koordinationserfordernisse (s. Kap. 57.4; Späth 2004). Die öffentlichen Jugendhilfeträger sollen im Rahmen ihrer Gesamtverantwortung für die erforderlichen Einrichtungen und Dienste zur Erfüllung ihrer Aufgaben auch dafür sorgen, dass die entsprechenden fachmedizinischen Angebote ausreichend vorhanden sind (Gewährleistungspflicht nach § 79 SGB VIII) und auch mit Gesundheitsdiensten und Krankenversicherungsträgern zusammenarbeiten. Medizinisch-psychiatrische Kompetenz innerhalb der Jugendhilfeeinrichtungen selbst ist bisher nur vereinzelt vorhanden, so die Kritik von Wiesner (Wiesner et al. 2006, Vor § 35a Rz 38).

Einige **Fallbeispiele** verdeutlichen verschiedene Arten des möglichen Hilfebedarfs Jugendlicher und junger Heranwachsender. Sie beschreiben eine jeweils mögliche Zuordnung zu einem Hilfesystem und zeigen einige Probleme auf, die mit Überschreiten der Altersgrenze von 18 Jahren verbunden sind.

Fallbeispiel 1

Peter, gerade 18 Jahre geworden, befindet sich in einer akuten Krise. Er lebt bei seinen Eltern und macht eine Ausbildung. Seit einiger Zeit zieht er sich immer mehr zurück und verlässt kaum noch das Haus. Nachdem er sich für drei Tage in seinem Zimmer verbarrikadiert hatte, holen die Eltern Rat bei ihrem Hausarzt. Dieser verweist sie weiter an einen Neurologen, der die Diagnose »schizophrene Episode« stellt und dringend zu einer stationären Therapie rät.

Mit 18 Jahren wird Peter gerade noch von der für ihn zuständigen kinder- und jugendpsychiatrischen Klinik seiner Region aufgenommen. Hier erhielt Peter medizinische und psychotherapeutische Behandlung sowie sozialtherapeutische Angebote zwecks Trainings der kognitiven, kommunikativen und sozialen Fähigkeiten. Peter wurde also aufgrund seiner psychischen Störung vom medizinischen System betreut: Er gilt als krank und erhält stationäre Behandlung mit dem Ziel der Heilung oder Besserung. Nach einiger Zeit wird eine Verlegung in die erwachsenenpsychiatrische Abteilung angestrebt. Peters Eltern setzen sich jedoch für einen Platz in einer teilstationären Einrichtung zur medizinischen und beruflichen Rehabilitation psychisch kranker Menschen (RPK) ein. Das Rehabilitationsangebot beinhaltet unter anderem Arbeitstherapie und stufenweise Belastungserprobung (nach § 42 SGB V) zwecks Wiedererlangung von Grundarbeitsfähigkeiten. Peters Eltern hoffen, dass ihr Sohn so wieder allmählich arbeitsbezogene und soziale Erfordernisse des Alltags- und Berufslebens bewältigen lernt.

Der Hilfebedarf besteht hier vor allem in den Bereichen der Krankenbehandlung und der Rehabilitation. Probleme bestehen bei der Abgrenzung der Zuständigkeit der Erwachsenenpsychiatrie und der Kinder- und Jugendpsychiatrie aufgrund des Alters von 18 Jahren. Die Kinder- und Jugendpsychiatrie nimmt Patienten je nach Einschätzung ihrer emotionalen Reife bis zur Vollendung des 21. Lebensjahr auf.

Fallbeispiel 2

Anna, 19 Jahre alt, stammt aus schwierigen familiären Verhältnissen und hat häufige, auch handgreifliche Auseinandersetzungen mit dem Lebensgefährten ihrer Mutter. Sie ist schon mehrfach von zu Hause weggelaufen. Dann übernachtet sie bei Bekannten aus ihrer Clique, mit denen sie viel Alkohol trinkt und auch kifft. Ihrer Aushilfsstelle in einem Supermarkt bleibt sie immer öfter fern und verliert sie schließlich. Insgesamt wird ihre Stimmung immer schlechter, ihrer Mutter gegenüber äußerte sie schon mehrfach, dass ja sowieso alles egal wäre, am besten sei, sie wäre nicht mehr da. Nach einer durchzechten Nacht traut sie sich nicht nach Hause und wendet sich in ihrer Verzweiflung an den Jugendnotdienst, der sie an den Allgemeinen Sozialpädagogischen Dienst des Jugendamtes weitervermittelt. Von dort aus erhält sie einen Platz in einer stationär betreuten Wohngruppe nach SGB VIII.

In dieser Einrichtung können Jugendliche ab 14 Jahren (nach §§ 27, 34 SGB VIII im Rahmen der Hilfe zur Erziehung) und junge Volljährige mit Verhaltensauffälligkeiten (nach § 41 SGB VIII im Rahmen der Hilfen für junge Volljährige) sowie Jugendliche und junge Volljährige mit einer bestehenden oder drohenden seelischen Behinderung (nach § 35a SGB VIII) wohnen und erhalten pädagogische sowie gegebenenfalls therapeutische Hilfen.

Anna hat sich nach einiger Zeit gut eingelebt und psychisch stabilisiert. Obwohl im Rahmen der Hilfeplangespräche nur schwer eine Verlängerung der Maßnahme durchzusetzen ist (die Sozialarbeiterin des Jugendamtes war schon früh der Ansicht, Anna sei stabil und selbstständig genug), lebt Anna zwei Jahre in der Wohngruppe. Weiterer großer Hilfebedarf besteht hinsichtlich ihrer beruflichen Zukunft: Sie hat weiterhin keine Berufsausbildung, keinen Job und auch keine ausreichende finanzielle Unterstützung durch ihre Eltern. Ein Termin mit dem Fallmanager der örtlichen Arbeitsgemeinschaft der Agentur für Arbeit und der Kommune wird deshalb vereinbart.

Hier besteht der Hilfebedarf vor allem im Bereich der pädagogischen Unterstützung, der Hilfen zur eigenverantwortlichen Lebensführung, hinsichtlich des Wohnens sowie im Bereich Hilfen zur Arbeit, Ausbildung und Beschäftigung. Die Zuständigkeit liegt primär im Jugendhilfesystem mit dem Ziel der Förderung der Persönlichkeitsentwicklung und der Fähigkeiten zu eigenverantwortlicher Lebensführung. Problematisch ist auch hier die Altersgrenze von 18 Jahren: Für junge Erwachsene sind Sozialleistungen nach § 41 SGB VIII vorgesehen, die jedoch häufig schwer durchzusetzen sind. Bei Erwerbsfähigkeit ist für die Eingliederung ins Erwerbsleben und den Ausbildungsbedarf vorrangig der Träger der Grundsicherung für Arbeitsuchende nach SGB II zuständig; besteht die Erwerbsfähigkeit nicht, so ist der Sozialhilfeträger nach SGB XII zuständig.

Fallbeispiel 3

Jan, 19 Jahre alt, lebte bis zu seinem 18. Lebensjahr in einem Heim der Jugendhilfe. Er stammt aus eher »ungeordneten Familienverhältnissen«. Über auffällige Verhaltensweisen wurde schon früh berichtet. Im vorliegenden Aktenmaterial findet man Eintragungen über massive Verhaltensauffälligkeiten (Schuleschwänzen, kleinere Straftaten, Alkoholkonsum, Selbstgefährdung). Jan wird mit 13 Jahren zum ersten Mal in eine Klinik der Kinder- und Jugendpsychiatrie eingewiesen. Es folgen mehrere Heimaufenthalte infolge der immer schwerwiegenderen Problematik.

Jans Situation hat sich nach einiger Zeit erheblich verbessert; gelegentlich neigt er noch zu aggressiven Ausbrüchen und Verweigerungstendenzen. Mit Eintritt der Volljährigkeit wird ein Antrag auf Hilfe für junge Volljährige gestellt. Dieser wird jedoch abgelehnt, da nach Einschätzung des Jugendamtes keine Aussicht besteht, die Ziele des § 41 SGB VIII zu erreichen. Begründet wird dies vor allem mit der »fehlenden Mitwirkungsbereitschaft« des Leistungsberechtigten.

Da Jan aber weiter dringend hilfebedürftig ist, kommt er in ein seiner Heimatstadt nahe gelegenes Wohnheim für seelisch behinderte Menschen (§§ 53, 54 SGB XII), eine Einrichtung des komplementären Bereiches der Erwachsenenpsychiatrie. Einhergehend beginnt er, wie alle Wohnheimbewohner, in der angegliederten Werkstatt für behinderte Menschen zu arbeiten.

Der Fall verdeutlicht das Problem, dass junge Menschen häufig bei Erreichen der Volljährigkeitsgrenze aus dem Jugendhilfesystem in die Sozialhilfe/Eingliederungshilfe rutschen (vgl. auch Pfeiffer 2006).

Wie aus den Fallbeispielen deutlich wird, sind Leistungsansprüche immer an bestimmte Voraussetzungen persönlicher oder versicherungsrechtlicher Art geknüpft. Diese **Anspruchsvoraussetzungen** bilden **Schlüsselstellen** für die Zuordnung in unterschiedliche Sozialleistungssysteme mit verschiedenen Trägerzuständigkeiten. Für diese Übergänge sind folgende Rechtsbegriffe wesentlich:

- Alter
- Krankheit
- Behinderung
  - seelische Behinderung
  - körperliche oder geistige Behinderung, Mehrfachbehinderung
- erzieherischer Bedarf
- Erwerbsfähigkeit
- Bedürftigkeit

■ **Alter:** Bei Erreichen des Volljährigkeitsalters werden Jugendhilfeleistungen für junge Erwachsene nur unter den Voraussetzungen des § 41 SGB VIII erbracht. Wenn die Hilfe aufgrund der individuellen Situation erforderlich ist, soll sie zur Förderung der Persönlichkeitsentwicklung und zur eigenverantwortlichen Lebensführung gewährt werden, solange sie erforderlich ist (in der Regel nur bis zur Vollendung des 21. Lebensjahres, in begründeten Einzelfällen kann sie darüber hinaus fortgesetzt werden bis zur Vollendung des 27. Lebensjahres).

■ **Krankheit:** Der Krankheitsbegriff wird zwar in verschiedenen Leistungsgesetzen verwendet, aber nicht definiert. Krankheit wird im Sinne des Krankenversicherungsrechts als ein regelwidriger körperlicher oder geistiger Zustand gesehen, der entweder Behandlungsbedürftigkeit oder Arbeitsunfähigkeit zur Folge hat. Bei psychischen Störungen erfolgt die Diagnose nach der ICD-10 (zur Klassifikation psychischer Störungen im Kindes- und Jugendalter vgl. Remschmidt et al. 2001).

- **Behinderung:** Im rechtlichen Sinne sind nach § 2 Abs. 1 SGB IX Menschen behindert, wenn ihre körperliche Funktion, geistige Fähigkeit oder seelische Gesundheit mit hoher Wahrscheinlichkeit länger als sechs Monate von dem für das Lebensalter typischen Zustand abweichen und daher ihre Teilhabe am Leben in der Gemeinschaft beeinträchtigt ist. Sie sind von Behinderung bedroht, wenn die Beeinträchtigung zu erwarten ist. Eine bestehende oder drohende Behinderung ist Voraussetzung für Eingliederungsleistungen der Sozial- oder Jugendhilfe.

    Die rechtliche Bewertung einer Behinderung als seelische Behinderung führt zur Zuständigkeit der Jugendhilfe für Jugendliche und junge Erwachsene; für Eingliederungshilfen wegen einer körperlichen, geistigen oder Mehrfachbehinderung ist der Sozialhilfeträger zuständig. Für die rechtliche Beurteilung sind Gutachten von Sachverständigen (Ärzte, Psychiater, Kinder- und Jugendlichentherapeuten) erforderlich.

- **Erzieherischer Bedarf:** Erzieherischer Bedarf liegt vor, wenn eine dem Wohl des Jugendlichen entsprechende Erziehung nicht gewährleistet ist und Hilfen für die Entwicklung geeignet und notwendig sind. Nur unter dieser Voraussetzung werden Hilfen zur Erziehung (nach §§ 27 ff. SGB VIII) von der Jugendhilfe gewährt.

- **Erwerbsfähigkeit:** Erwerbsfähig ist nach § 8 SGB II, wer nicht wegen Krankheit oder Behinderung auf absehbare Zeit außerstande ist, unter den üblichen Bedingungen des allgemeinen Arbeitsmarktes mindestens drei Stunden täglich erwerbstätig zu sein. Positiv ausgedrückt ist also erwerbsfähig, wer aufgrund seines gesundheitlichen Zustands mindestens drei Stunden täglich erwerbstätig sein kann. Die Leistungsfähigkeit wird mithilfe medizinischer Sachverständigengutachten geklärt. Bezüglich psychischer Störungen müssen leistungsmindernde Einschränkungen psychopathologisch beschreibbar gemäß ICD-10 sein. Insgesamt herrscht ein relativ weites Verständnis von Erwerbsfähigkeit, Menschen mit psychischen Beeinträchtigungen sind häufig erwerbsfähig im Sinne des Gesetzes. Bei Erwerbsfähigkeit sind für Leistungen der Beschäftigungsförderung und der Grundsicherung bei Bedürftigkeit die Träger der Grundsicherung für Arbeitsuchende nach SGB II zuständig. Bei fehlender Erwerbsfähigkeit sind die Sozialhilfeträger ab Volljährigkeit für die Grundsicherung für Erwerbsunfähige und für Eingliederungsleistungen zuständig.

- **Hilfebedürftigkeit:** Hilfebedürftig ist, wer seinen Lebensunterhalt, seine Eingliederung in Arbeit und den Lebensunterhalt der mit ihm in einer Bedarfsgemeinschaft lebenden Personen nicht oder nicht ausreichend aus eigenen Kräften und Mitteln, vor allem nicht durch Aufnahme einer zumutbaren Arbeit oder aus dem zu berücksichtigenden Einkommen oder Vermögen sichern kann und die erforderliche Hilfe nicht von anderen, insbesondere von Angehörigen oder von Trägern anderer Sozialleistungen erhält (§ 9 Abs. 1 SGB II). Wer nicht erwerbsfähig ist, kann Hilfe zum Lebensunterhalt erhalten, wenn die Person den notwendigen Lebensunterhalt nicht oder nicht ausreichend aus eigenen Kräften und Mitteln (insbesondere durch eigenes Einkommen und Vermögen und das des Partners) beschaffen kann (§ 19 Abs. 1 SGB XII).

57.2 Unterschiedliche Hilfesysteme

Leistungen für die Gruppe psychisch beeinträchtigter Jugendlicher und junger Erwachsener zwischen 14 und 25 Jahren sind in mehreren Sozialleistungsgesetzen enthalten. In diesem Abschnitt werden in Grundzügen die **Zielsetzungen und Leistungen der einzelnen Sozialgesetzbücher** dargestellt und Hinweise auf die wichtigsten Zuständigkeiten und Leistungskonkurrenzen – die Überschneidungsbereiche – gegeben.

Die wichtigsten Sozialleistungen für psychisch beeinträchtigte Jugendliche und junge Erwachsene sind in den in Tabelle 57-1 aufgeführten Sozialleistungsgesetzen geregelt.

57.2.1 Sozialgesetzbuch Zweites Buch – Grundsicherung für Arbeitsuchende

Mit der Grundsicherung für Arbeitsuchende wurde zum 01.01.2005 eine neue Sozialleistung geschaffen, welche die bisherige Arbeitslosenhilfe und die Sozialhilfe für Erwerbsfähige

Tab. 57-1 Die wichtigsten Sozialleistungen für psychisch beeinträchtigte Jugendliche und junge Erwachsene und entsprechende Leistungsträger

Leistungsgesetz	Zuständiger Leistungsträger
SGB II – Grundsicherung für Arbeitsuchende	Agenturen für Arbeit sowie kreisfreie Städte und Kreise (Arbeitsgemeinschaften ARGEn – Jobcenter)
SGB III – Arbeitsförderung	Agenturen für Arbeit
SGB V – gesetzliche Krankenversicherung	Träger der gesetzlichen Krankenversicherung
SGB VI – gesetzliche Rentenversicherung	Rentenversicherungsträger
SGB VIII – Kinder- und Jugendhilfe	Öffentliche Jugendhilfeträger (kreisfreie Städte und Kreise; kreisangehörige Gemeinden nach Landesrecht)
SGB IX – Rehabilitation und Teilhabe behinderter Menschen	Kreise und kreisfreie Städte; überörtliche Träger; Versorgungsämter, Integrationsämter
SGB XII – Sozialhilfe	Kreise und kreisfreie Städte; überörtliche Träger der Sozialhilfe

zusammenfasst. Der politische Akzent liegt dabei klar auf der Aktivierung und Stärkung der Eigenverantwortung von Langzeitarbeitslosen. Der Kreis der Anspruchsberechtigten besteht aus erwerbsfähigen Hilfebedürftigen zwischen 15 und 65 Jahren (§ 7 ff. SGB II). Die Leistungen unterteilen sich in Leistungen zur Eingliederung in Arbeit und Leistungen zur Sicherung des Lebensunterhaltes. Mit den Hilfebedürftigen werden Eingliederungsvereinbarungen abgeschlossen (§ 15 SGB II). Die Ziele des SGB II sind auf die Beseitigung der materiellen Hilfebedürftigkeit ausgerichtet; das vorrangige Ziel besteht darin, den Hilfebedürftigen in die Lage zu versetzen, seinen Lebensunterhalt durch Erwerbstätigkeit zu sichern.

Ein Schwerpunkt des SGB II liegt auf der **beruflichen Eingliederung junger Menschen,** den sogenannten »U25«. In diesen Personenkreis fallen Jugendliche und junge Erwachsene zwischen 15 und 25 Jahren, die eine Ausbildung oder Arbeit suchen oder ergänzend Arbeitslosengeld II zur Existenzsicherung benötigen. Die Träger der Grundsicherung für Arbeitsuchende sind zur umfassenden Beschäftigungsförderung junger Menschen verpflichtet. So heißt es in § 3 Abs. 2 SGB II: »Erwerbsfähige Hilfebedürftige, die das 25. Lebensjahr noch nicht vollendet haben, sind unverzüglich nach Antragstellung auf Leistungen nach diesem Buch in eine Arbeit, eine Ausbildung oder eine Arbeitsgelegenheit zu vermitteln. Können Hilfebedürftige ohne Berufsabschluss nicht in eine Ausbildung vermittelt werden, soll die Agentur für Arbeit darauf hinwirken, dass die vermittelte Arbeit oder Arbeitsgelegenheit auch zur Verbesserung ihrer beruflichen Kenntnisse und Fähigkeiten beiträgt.« Oberstes Ziel ist die Bekämpfung der Jugendarbeitslosigkeit. Damit besteht aber eine Leistungskonkurrenz zum SGB VIII (Kinder- und Jugendhilfe), da die Träger der Jugendhilfe jungen Menschen mit Benachteiligungen oder individuellen Beeinträchtigungen sozialpädagogische Hilfen zur Förderung der schulischen und beruflichen Ausbildung und Eingliederung in die Arbeitswelt anbieten sollen (§ 13 Abs. 1 SGB VIII).

Das SGB II enthält besondere Ansprüche und Formen der Sanktionierung für junge Menschen zwischen 15 und 25 Jahren. Neben dem Rechtsanspruch auf unverzügliche Angebotsvermittlung ist eine intensivere Betreuung vorgesehen (Betreuungsschlüssel 1:75). Allerdings gelten hier auch härtere Sanktionen; so kann beispielsweise bei einer Pflichtverletzung die Hilfe zum Lebensunterhalt auf Kosten der Unterkunft und Heizung beschränkt werden oder ganz wegfallen (§ 31 Abs. 5 SGB II).

Nach § 6 SGB II sind Bundesagentur für Arbeit und Kommunen gemeinsam für die Leistungserbringung verantwortlich. Die Bundesagentur erbringt die wesentlichen Leistungen zur Eingliederung in Arbeit sowie zur Sicherung des Lebensunterhaltes. Die Kommunen sind für soziale Beratungs- und Betreuungsleistungen sowie für Sachleistungen (Unterkunft, Heizung) zuständig. Als Organisationseinheit wurden vor allem Arbeitsgemeinschaften (ARGE) zwecks Zusammenarbeit von Kommune und örtlicher Arbeitsagentur gegründet (§ 44b SGB II). In vielen ARGEn bestehen spezielle U25-Teams für die Betreuung von Jugendlichen und jungen Erwachsenen unter 25 Jahren.

Die Leistungen zur Eingliederung nach § 16 SGB II verweisen vor allem auf die in SGB III enthaltenen zahlreichen Leistungen der Arbeitsförderung. Darüber hinaus können weitere Leistungen, wie z. B. psychosoziale Betreuung, erbracht werden. Eine **Schnittstelle** des SGB II besteht also zum SGB III; eine wesentliche **Leistungskonkurrenz** liegt im Bereich der Eingliederungsleistungen für junge Menschen zum SGB VIII vor.

57.2.2 Sozialgesetzbuch Drittes Buch – Arbeitsförderung

Im SGB III sind die Leistungen der Bundesagentur für Arbeit zum Zwecke der Arbeitsförderung zusammengefasst. Die Maßnahmen der **Arbeitsförderung** umfassen ein breites Spektrum an Leistungen, insbesondere auch für die Förderung von sozial oder anderweitig benachteiligten und lernbeeinträchtigten Jugendlichen und jungen Erwachsenen. Hierzu zählen unter anderem Maßnahmen der Beratung, Berufsorientierung, Berufsvorbereitung, Berufsausbildung und beruflichen Weiterbildung. Leistungen der Arbeitsförderung können Arbeitnehmer, Arbeitgeber und Träger von Arbeitsförderungsmaßnahmen erhalten. § 3 SGB III führt die Leistungen auf.

Die Arbeitsagenturen sind außerdem Rehabilitationsträger für **Leistungen der Teilhabe behinderter Menschen am Arbeitsleben** (§ 97 SGB III). Hier sind allgemeine und besondere Leistungen zu unterscheiden. Die besonderen Leistungen sind anstelle der allgemeinen Leistungen insbesondere zu erbringen, wenn Art oder Schwere der Behinderung oder die Sicherung der Teilhabe am Arbeitsleben die Teilnahme an einer Maßnahme in einer besonderen Einrichtung für behinderte Menschen oder einer sonstigen auf die besonderen Bedürfnisse behinderter Menschen ausgerichtete Maßnahme erfordert oder die allgemeinen Leistungen die wegen Art oder Schwere der Behinderung erforderlichen Leistungen nicht oder nicht im erforderlichen Umfang vorsehen (§ 102 Abs. 1 SGB III).

Für den hier behandelten Personenkreis der psychisch beeinträchtigten Jugendlichen und jungen Erwachsenen können z. B. Kostenübernahmen für Maßnahmen in Berufsbildungs- und Berufsförderungswerken zwecks Berufsvorbereitung oder Ausbildung bedeutsam sein. Zu den besonderen Leistungen zählen weiterhin Kostenübernahmen für Einrichtungen der medizinisch-beruflichen Rehabilitation wie Rehabilitationseinrichtungen für psychisch Kranke (RPK) und Werkstätten für behinderte Menschen (WfbM).

57.2.3 Sozialgesetzbuch Fünftes Buch – Gesetzliche Krankenversicherung

Voraussetzung für die Anspruchsberechtigung auf Leistungen der Krankenversicherungsträger nach Krankenversicherungsrecht ist die Mitgliedschaft in einer Krankenversicherung. Junge Menschen sind in der gesetzlichen Krankenversicherung als Familienmitglied mitversichert bis zur Vollendung des 18. Lebensjahres oder bis zur Vollendung des 23. Lebensjahres, wenn sie nicht erwerbstätig sind, sowie bis zur Vollendung des 25. Lebensjahres, wenn sie sich in Schul- oder Berufsausbildung befinden (§ 10 Abs. 2 SGB V). Versicherte haben Anspruch auf Leistungen zur Verhütung von Krankheiten und deren Verschlimmerung, Früherkennung von Krankheiten und Behandlung, wozu auch die Leistungen zur medizinischen **Rehabilitation** gehören, die notwendig sind, um einer drohenden Behinderung vorzubeugen, eine Behinderung zu beseitigen, zu bessern oder Verschlimmerung zu verhüten.

Die Leistungen der **Krankenbehandlung** (§§ 27–43b SGB V) umfassen ärztliche Behandlung einschließlich Psychotherapie, Arzneimittel, Heilmittel (hierzu zählt beispielsweise Ergotherapie), Soziotherapie und Krankenhausbehandlung. Außerdem sind Leistungen zur medizinischen Rehabilitation, also der Aufenthalt in Rehabilitationseinrichtungen, aber auch Belastungserprobung und Arbeitstherapie vorgesehen.

57.2.4 Sozialgesetzbuch Sechstes Buch – Gesetzliche Rentenversicherung

Die gesetzliche Rentenversicherung gewährt Leistungen zur medizinischen Rehabilitation und Teilhabe am Arbeitsleben sowie Rente wegen verminderter Erwerbsfähigkeit. Hierzu müssen jedoch die persönlichen und versicherungsrechtlichen Voraussetzungen erfüllt sein. Bei psychischen Störungen ist grundsätzlich die Erforderlichkeit einer günstigen Prognose eine hohe Hürde. Junge Menschen haben zudem aufgrund keiner oder zu geringer Versicherungszeiten in der Rentenversicherung häufig keine Anspruchsberechtigung.

Für Leistungen auf **Teilhabe am Arbeitsleben** des Rentenversicherungsträgers ist die Erfüllung einer Wartezeit von 15 Jahren mit Beitrags- oder Ersatzzeiten erforderlich (§ 11 Abs. 1 Nr. 1 SGB VI), die junge Erwachsene regelmäßig nicht erfüllen können. Für Leistungen der medizinischen **Rehabilitation** sind die Anforderungen nicht so hoch: Es müssen innerhalb der letzten zwei Jahre vor Antragstellung sechs Monate Pflichtbeitragszahlungen für eine versicherte Beschäftigung vorgelegen haben oder innerhalb von zwei Jahren nach Beendigung einer Ausbildung muss eine versicherte Beschäftigung aufgenommen worden sein (§ 11 Abs. 2 SGB VI). Die Anspruchsberechtigung auf Leistungen der medizinischen Rehabilitation gegen den Rentenversicherungsträger könnte also bei einigen jungen Erwachsenen mit entsprechenden Vorversicherungszeiten vorliegen. Für diese Personengruppe kommen dann auch Leistungen zur Teilhabe am Arbeitsleben unmittelbar im Anschluss an die Leistungen zur medizinischen Rehabilitation infrage, wenn sie für eine voraussichtlich erfolgreiche Rehabilitation erforderlich sind (§ 11 Abs. 2a Nr. 2 SGB VI). Hier stellt sich das Problem einer günstigen Prognose für psychisch kranke oder behinderte Personen, die vor Beginn der Rehabilitation sehr schwierig ist.

57.2.5 Sozialgesetzbuch Achtes Buch – Kinder- und Jugendhilfe

Maßnahmen der Jugendhilfe sollen unter anderem junge Menschen in ihrer individuellen und sozialen Entwicklung fördern und dazu beizutragen, Benachteiligungen zu vermeiden oder abzubauen (§ 1 Abs. 3 SGB VIII). Das Kinder- und Jugendhilfegesetz regelt Hilfen für Jugendliche und Eltern und bezieht junge Erwachsene bis 21 Jahre ein. In bestimmten Fällen ist Hilfe für junge Volljährige und Eingliederungshilfe bis zum 27. Lebensjahr möglich. Mit Inkrafttreten des SGB IX wurde die Jugendhilfe auch zum Rehabilitationsträger.

Typische Hilfeleistungen im Rahmen der **Hilfe zur Erziehung** nach §§ 27 ff. SGB VIII sind insbesondere die Gewährung pädagogischer und damit verbundener therapeutischer Leistungen sowie betreute Wohnformen (§ 34 SGB VIII) oder intensive sozialpädagogische Einzelbetreuung (§ 35 SGB VIII). Diese Leistungen decken einen erzieherischen Bedarf ab.

Im Rahmen der Zuständigkeit der Jugendhilfe wird die **Eingliederungshilfe für seelisch behinderte Kinder und Jugendliche** (§ 35a SGB VIII) gewährt. Das Leistungsspektrum ist sehr umfassend und beinhaltet auch unterschiedliche Leistungsarten (ambulante Hilfe, Tageseinrichtungen, Wohnformen).

Hilfen für junge Volljährige (§ 41 SGB VIII) ermöglichen es, auch jungen Erwachsenen Jugendhilfeleistungen zu gewähren. Einem jungen Volljährigen soll Hilfe für die Persönlichkeitsentwicklung und zu einer eigenverantwortlichen Lebensführung gewährt werden, wenn und solange die Hilfe aufgrund der individuellen Situation des jungen Menschen notwendig ist. Die Hilfe wird in der Regel nur bis zur Vollendung des 21. Lebensjahres gewährt; in begründeten Einzelfällen soll sie für einen begrenzten Zeitraum darüber hinaus fortgesetzt werden. Auch für junge Volljährige gehen also Jugendhilfeleistungen der sozialhilferechtlichen Eingliederungshilfe nach § 53 SGB XII (Eingliederungshilfe für behinderte Menschen) vor. Diese Leistungen des SGB VIII gehen den Leistungen der Sozialhilfe nach dem SGB XII vor, ansonsten gilt das Prinzip des Nachrangs.

57.2.6 Sozialgesetzbuch Neuntes Buch – Rehabilitation und Teilhabe behinderter Menschen

Das SGB IX umfasst alle gesetzlichen Bestimmungen zur Rehabilitation behinderter und von Behinderung bedrohter Menschen und ist deshalb auch von grundlegender Bedeutung für junge Menschen, die aufgrund einer psychischen Beeinträchtigung von einer Behinderung bedroht oder behindert sind. Inhaltlich gilt im SGB IX als übergeordnetes Ziel aller Maßnahmen die Teilhabe der behinderten oder von Behinderung bedrohten Menschen am Leben in der Gesellschaft, insbesondere am Arbeitsleben. Dafür stehen medizinische, berufliche und sozialintegrative Leistungen zur Verfügung. Der **Begriff der Behinderung** oder **drohenden Behinderung** des SGB IX (§ 2 Abs. 1 S. 1 SGB IX) ist bei der Auslegung des Begriffs der »seelischen Behinderung« (§ 35a SGB VIII) durch den öffentlichen Träger der Jugendhilfe zu berücksichtigen.

§ 2 Abs. 1 S. 1 SGB IX lautet: Menschen sind behindert, wenn ihre körperliche Funktion, geistige Fähigkeit oder seelische Gesundheit mit hoher Wahrscheinlichkeit länger als sechs Monate von dem für das Lebensalter typischen Zustand abweichen und daher ihre Teilhabe am Leben in der Gesellschaft beeinträchtigt ist. Sie sind von Behinderung bedroht, wenn die Beeinträchtigung zu erwarten ist.

Die allgemeinen Regelungen des SGB IX gelten für alle **Teilhabeleistungen** für behinderte oder von Behinderung bedrohte Menschen und für die Rehabilitationsträger, zu denen auch die öffentlichen Träger der Jugendhilfe und der Sozialhilfe gehören.

> Rehabilitationsträger sind nach § 6 SGB IX die Träger der gesetzlichen Krankenkassen, der Bundesagentur für Arbeit, der gesetzliche Unfallversicherung und der gesetzlichen Rentenversicherung, der Kriegsopferfürsorge, der öffentlichen Jugendhilfe und der Sozialhilfe.

Das gilt für die Ziele der Sozialleistungen (Selbstbestimmung und gleichberechtigte Teilhabe am Leben in der Gesellschaft, Vermeidung von Benachteiligungen, § 1 SGB IX) ebenso wie für den Grundsatz des Vorranges von Prävention (§ 3 SGB IX) und das Wunsch- und Wahlrecht der Leistungsberechtigten (§ 9 SGB IX). Außerdem gelten wichtige Verfahrensregelungen für alle Sozialleistungsbereiche für behinderte oder von Behinderung bedrohte Personen wie die Verantwortlichkeit für die Koordinierung von Leistungen (§ 10 SGB IX), die Zuständigkeitsklärung (§ 14 SGB IX) und die Erstattung selbst beschaffter Leistungen (§ 15 SGB IX). Auch für die Zusammenarbeit und gemeinsame Empfehlungen der Rehabilitationsträger enthält das SGB IX Rechtsgrundsätze (vgl. dazu Kap. 57.4).

> Zur Teilhabe werden folgende Leistungen erbracht:
> - Leistungen zur medizinischen Rehabilitation (§§ 26–32 SGB IX)
> - Leistungen zur Teilhabe am Arbeitsleben (§§ 33–43 SGB IX)
> - unterhaltssichernde und andere ergänzende Leistungen (§§ 44–54 SGB IX)
> - Leistungen zur Teilhabe am Leben in der Gemeinschaft (§§ 55–59 SGB IX).

Maßgeblich sind die Ausführungen des SGB IX für Sozialleistungen zur Teilhabe allerdings nur dann, wenn in den einzelnen Leistungsgesetzen keine abweichende speziellere Regelung vorhanden ist (§ 7 SGB IX).

57.2.7 Sozialgesetzbuch Zwölftes Buch – Sozialhilfe

Die Leistungen des SGB XII gliedern sich in Hilfe zum Lebensunterhalt, die Grundsicherung bei Erwerbsminderung sowie in weitere Hilfen (Hilfen zur Gesundheit, Eingliederungshilfe für behinderte Menschen, Hilfe zur Überwindung besonderer sozialer Schwierigkeiten).

Wenn jemand *nicht* Mitglied einer Krankenversicherung ist und die Voraussetzung der Hilfebedürftigkeit (§ 2 SGB XII) gegeben ist, so gewährt der Sozialhilfeträger im Rahmen der Hilfen zur Gesundheit (§§ 47–52 SGB XII) Sozialleistungen in demselben Umfang wie die gesetzliche Krankenversicherung (vgl. Kap. 57.3.1; § 48 SGB XII, Hilfe bei Krankheit, verweist auf die Leistungen zur Krankenbehandlung entsprechend §§ 27–43 SGB V). Kosten einer ambulanten oder stationären medizinischen oder psychiatrischen Behandlung werden in diesen Fällen vom Sozialhilfeträger übernommen.

Von den Sozialhilfeleistungen ist für psychisch beeinträchtigte Jugendliche und junge Erwachsene vor allem die **Eingliederungshilfe für behinderte Menschen** (§§ 53–60 SGB XII) von Bedeutung. Anspruchsberechtigt sind Personen, die durch eine Behinderung *wesentlich* in ihrer Fähigkeit, an der Gesellschaft teilzuhaben, eingeschränkt sind, oder denen eine solche wesentliche Behinderung droht (§ 53 Abs. 1 SGB XII). Ob eine Behinderung droht, weil der Eintritt der Behinderung nach fachlicher Erkenntnis mit hoher Wahrscheinlichkeit zu erwarten ist, setzt immer eine fachliche Begutachtung voraus. Außerdem ist eine positive Prognose erforderlich, d. h., es muss die Aussicht bestehen, dass die Aufgabe der Eingliederungshilfe erfüllt werden kann.

> Aufgabe der Eingliederungshilfe ist es, eine drohende Behinderung zu verhüten oder eine Behinderung oder deren Folgen zu beseitigen oder zu mildern und die behinderten Menschen in die Gesellschaft einzugliedern.

Eine **Leistungskonkurrenz** besteht im Verhältnis zu den Trägern der öffentlichen Jugendhilfe, die vorrangig zuständig sind für die Eingliederungshilfe für seelisch behinderte Jugendliche (§ 35a SGB VIII, s. oben) sowie für Hilfen für junge Volljährige (§ 41 SGB VIII, s. oben). Der Vorrang von Jugendhilfeleistungen vor Sozialhilfeleistungen ist in § 10 Abs. 4 S. 1 SGB VIII geregelt. Hinsichtlich der hier behandelten Gruppe ist der Sozialhilfeträger daher nur für die Eingliederungshilfe für junge Erwachsene mit einer bestehenden oder drohenden Behinderung aufgrund psychischer Beeinträchtigungen zuständig, wenn diese nicht nach § 41 SGB VIII leistungsberechtigt sind. Außerdem ist der Sozialhilfeträger zuständig, wenn es sich um Eingliederungsleistungen für Personen mit einer körperlichen oder geistigen Behinderung handelt (§ 10 Abs. 4 S. 2 SGB VIII), und zwar für Jugendliche und Erwachsene. Liegt neben einer seelischen Behinderung auch eine körperliche oder geistige Behinderung eines jungen Menschen vor (Mehrfachbehinderung), so ist auch der Sozialhilfeträger für Eingliederungshilfen zuständig.

> Die in § 54 SGB XII genannten Leistungen der Eingliederungshilfe umfassen einmal die im SGB IX genannten Leistungen
> - zur medizinischen Rehabilitation nach § 26 SGB IX (entsprechend den Leistungen der gesetzlichen Krankenversicherung),
> - zur Teilhabe am Arbeitsleben nach § 33 SGB IX (entsprechend den Leistungen der Bundesagentur für Arbeit),
> - in anerkannten Werkstätten für behinderte Menschen nach § 41 SGB IX,
> - zur Teilhabe am Leben in der Gemeinschaft nach § 55 SGB IX.

Weitere Leistungen sind **Hilfen zu einer angemessenen Schul- und Berufsausbildung**; da der Katalog der Eingliederungsleistungen in § 54 Abs. 1 SGB nicht abschließend ist, sind auch weitere nicht aufgelistete Leistungen möglich.

> Die **Leistungen zur Teilhabe am Leben in der Gemeinschaft** sind in der Praxis besonders wichtig, insbesondere die Hilfen
> - zu selbst bestimmtem Leben in betreuten Wohnmöglichkeiten (§ 55 Abs. 2 S. 6 SGB IX),
> - zur Teilhabe am gemeinschaftlichen und kulturellen Leben (§ 55 Abs. 2 S. 7 SGB IX).

Diese Leistungsansprüche sind sehr bedeutsam für die psychiatrische Versorgung und bilden die rechtliche und finanzielle Grundlage vieler (Wohn-)Einrichtungen.

57.3 Leistungen in Bezug auf einzelne Hilfebedarfe

57.3.1 Krankenbehandlung einschließlich Psychotherapie und Rehabilitation

Versicherte haben nach dem SGB V (gesetzliche Krankenversicherung, vgl. Kap. 57.2.3) Anspruch auf Krankenbehandlung (§ 11 Abs. 1 Nr. 4 i. V. m. §§ 27–52 SGB V). Ein Anspruch auf Leistungen der *medizinischen Rehabilitation* besteht, wenn diese notwendig sind, um eine *Behinderung* abzuwenden, zu beseitigen, zu mindern, ihre Verschlimmerung zu verhüten oder ihre Folgen zu mindern (§ 11 Abs. 2 SGB V).

Nach § 27 SGB V haben Versicherte Anspruch auf *Krankenbehandlung*, wenn sie notwendig ist, um eine *Krankheit* zu erkennen, zu heilen, ihre Verschlimmerung zu verhüten oder Krankheitsbeschwerden zu lindern.

> **Krankenbehandlung** umfasst unter anderem:
> - **ärztliche Behandlung** einschließlich **Psychotherapie** als ärztliche und psychotherapeutische Behandlung (vgl. Richtlinien über die Durchführung der Psychotherapie in der vertragsärztlichen Versorgung des G-BA vom 11.12.1998, Bundesanzeiger 1998, S. 249, i. d. F. vom 20.06.2006, Bundesanzeiger 2006, Nr. 176, S. 6339, i. Kr. seit 17.9.2006); für die Versorgung stehen neben den psychotherapeutisch tätigen Ärzten approbierte psychologische Psychotherapeuten und Kinder- und Jugendlichenpsychotherapeuten zur Verfügung, die Jugendliche bis zum 21. Lebensjahr behandeln dürfen
> - Versorgung mit Arznei-, Verband-, Heil- und Hilfsmitteln
> - Krankenhausbehandlung
> - Leistungen zur medizinischen **Rehabilitation** und ergänzende Leistungen

Zum 01.01.2000 wurde die **Soziotherapie** als spezielle Leistung für psychisch kranke Menschen in das Krankenversicherungsrecht aufgenommen.

Danach haben Versicherte, die wegen schwerer psychischer Erkrankung nicht in der Lage sind, ärztliche oder ärztlich verordnete Leistungen selbstständig in Anspruch zu nehmen, Anspruch auf Soziotherapie, wenn dadurch Krankenhausbehandlung vermieden oder verkürzt wird oder wenn diese geboten, aber nicht ausführbar ist (§ 37a Abs. 1 SGB V).

Dabei umfasst Soziotherapie vor allem die Koordinierung von Leistungen sowie Anleitung und Motivation zu deren Inanspruchnahme. Allerdings erfolgte die Realisierung entsprechender Leistungen bisher sehr lückenhaft.

Bei der Krankenbehandlung ist den besonderen Bedürfnissen psychisch Kranker Rechnung zu tragen, insbesondere bei der

Versorgung mit Heilmitteln und bei der medizinischen Rehabilitation.

Zu den **Heilmitteln** (§ 32 SGB V) zählen die sogenannten therapeutischen Dienstleistungen, wobei bei psychischen Erkrankungen insbesondere **Ergotherapie** relevant ist.

Die Maßnahmen der Ergotherapie (Beschäftigungs- und Arbeitstherapie) dienen laut Richtlinien über die Verordnung von Heilmitteln (Heilmittel-Richtlinien i. d. F. vom 21.12.2004, Bundesanzeiger 2005, Nr. 61, S. 4995, i. Kr. seit 02.04.2005; http://www.g-ba.de) der Wiederherstellung, Entwicklung, Verbesserung, Erhaltung oder Kompensation der krankheitsbedingt gestörten motorischen, sensorischen, psychischen und kognitiven Funktionen und Fähigkeiten.

Ergotherapie kommt bei folgenden psychischen Störungen in Betracht:
- geistige und psychische Störungen im Kindes- und Jugendalter
- neurotische, Persönlichkeits- und Verhaltensstörungen
- Schizophrenie, schizotype und wahnhafte Störungen, affektive Störungen
- psychische und Verhaltensstörungen durch psychotrope Substanzen
- organische einschließlich symptomatischer psychischer Störungen

Leistungen zur **medizinischen Rehabilitation** (§§ 40–43 SGB V) werden durch ambulante Krankenbehandlung erbracht oder als ambulante Rehabilitationsleistungen in Rehabilitationseinrichtungen oder wohnortnahen Einrichtungen oder auch stationär in Krankenhäusern sowie in Vorsorge- oder Rehabilitationseinrichtungen, mit denen ein Versorgungsvertrag besteht (vgl. § 27 Abs. 1 SGB V zur Krankenbehandlung; zu rechtlichen Definitionen des Krankenhauses vgl. § 107 Abs. 1 SGB V und zu Vorsorge- oder Rehabilitationseinrichtungen § 107 Abs. 2 SGB V).

> Leistungen zur **medizinischen Rehabilitation** umfassen gemäß § 26 Abs. 2 SGB IX insbesondere
> - Behandlung durch Ärzte, Zahnärzte und Angehörige anderer Heilberufe, soweit deren Leistungen unter ärztlicher Aufsicht oder auf ärztliche Anordnung ausgeführt werden, einschließlich der Anleitung, eigene Heilungskräfte zu entwickeln,
> - Arznei und Verbandmittel,
> - Heilmittel einschließlich physikalischer, Sprach- und Beschäftigungstherapie,
> - Psychotherapie als ärztliche und psychotherapeutische Behandlung,
> - Hilfsmittel,
> - Belastungserprobung und Arbeitstherapie.

Bei **Belastungserprobung und Arbeitstherapie** (§ 42 SGB V) handelt es sich um medizinische Rehabilitationsmaßnahmen, die meist im Rahmen von stationären Rehabilitationsleistungen gewährt werden. Bei der Belastungserprobung wird die körperliche, psychische, intellektuelle und praktische Leistungsfähigkeit der Betroffenen ermittelt, um die beruflichen Eingliederungschancen festzustellen. Die Arbeitstherapie soll entsprechend Fertigkeiten erhalten oder aufbauen, die für die berufliche Wiedereingliederung wichtig sind.

Versicherte haben Anspruch auf Belastungserprobung und Arbeitstherapie gegenüber der Krankenversicherung, wenn solche Leistungen nicht von einem anderen vorrangig zuständigen Sozialversicherungsträger (z. B. Rentenversicherung) erbracht werden können.

Bestandteil der Leistungen zur medizinischen Rehabilitation sind nach § 26 Abs. 3 SGB IX auch **medizinische, psychologische und pädagogische Hilfen,** soweit diese Leistungen im Einzelfall erforderlich sind, um Ziele der medizinischen Rehabilitation zu erreichen oder zu sichern und Krankheitsfolgen zu vermeiden, zu überwinden, zu mindern oder ihre Verschlimmerung zu verhüten, insbesondere
- Hilfen zur Unterstützung bei der Krankheits- und Behinderungsverarbeitung,
- Aktivierung von Selbsthilfepotenzialen,
- mit Zustimmung der Leistungsberechtigten Information und Beratung von Partnern und Angehörigen sowie von Vorgesetzten und Kollegen,
- Vermittlung von Kontakten zu örtlichen Selbsthilfe- und Beratungsmöglichkeiten,
- Hilfen zur seelischen Stabilisierung und zur Förderung der sozialen Kompetenz, u. a. durch Training sozialer und kommunikativer Fähigkeiten und im Umgang mit Krisensituationen,
- Training lebenspraktischer Fähigkeiten,
- Anleitung und Motivation zur Inanspruchnahme von Leistungen der medizinischen Rehabilitation.

Für die **stationäre Rehabilitation** ist an sich der *Rentenversicherungsträger* vorrangig zuständig. Junge Menschen, die psychisch krank sind, erfüllen jedoch meistens nicht die rentenversicherungsrechtlichen Voraussetzungen für eine Reha-Maßnahme, weil sie nicht oder noch nicht lange genug rentenversicherungspflichtig waren (vgl. Kap. 57.2.4). Eine Vereinbarung verschiedener Träger (RPK-Empfehlungsvereinbarung vom 29. September 2005; Empfehlungsvereinbarung über die Zusammenarbeit der Krankenversicherungsträger und der Rentenversicherungsträger sowie der Bundesanstalt für Arbeit bei der Gewährung von Rehabilitationsmaßnahmen in Rehabilitationseinrichtungen für psychisch Kranke und Behinderte, i. Kr. seit 01.07.2006; http://www.bar-frankfurt.de) sieht für diese Fälle ein besonderes Verfahren vor: Ein Antrag ist direkt beim Krankenversicherungsträger unter Vorlage verschiedener Gutachten zu stellen (ausführlich dazu Brill u. Marschner 2005, S. 82 ff.). Rehabilitationseinrichtungen für psychisch Kranke oder Behinderte, die auch den besonderen Bedarf junger Menschen berücksichtigen, gibt es jedoch in Deutschland nicht viele.

57.3 Leistungen in Bezug auf einzelne Hilfebedarfe

■ **Erweiterung des Leistungsumfangs der Krankenversicherung nach dem SGB IX:** Da die Krankenkassen auch Rehabilitationsträger nach dem SGB IX sind, ergibt sich aus dem SGB IX eine Erweiterung des Leistungsumfangs (Kunkel u. Haas 2006). Darunter fallen Leistungen in (ärztlichen) sozialpsychiatrischen Praxen oder Leistungen der Psychotherapie (Rechtsgrundlage: § 27 Abs. 1 Nr. 1 SGB V i. V. m. § 26 Abs. 2 Nr. 5 SGB IX). Nichtärztliche sozialpädagogische, psychologische, heilpädagogische und psychosoziale Leistungen sind zu erbringen, wenn sie unter ärztlicher Verantwortung zur Früherkennung oder in sozialpädiatrischen Zentren erbracht werden (Rechtsgrundlage: § 43a SGB V i. V. m. § 30 Abs. 1 S. 1 Nr. 2 SGB IX i. V. m. § 5 Abs. 1 Nr. 2 Frühförderungs-Verordnung, BGBl. 2005 I v. 30.06.2003).

> ! Leistungen der Krankenversicherung zur medizinischen Rehabilitation sind vorrangig vor Jugendhilfeleistungen für Jugendliche mit einer seelischen Behinderung nach § 35a SGB VIII und ebenso vorrangig vor Eingliederungshilfen zur medizinischen Rehabilitation der Sozialhilfeträger.

57.3.2 Hilfen zur eigenverantwortlichen Lebensführung

Eingliederungshilfe für Jugendliche mit seelischer Behinderung

Für Jugendliche mit einer **bestehenden oder drohenden seelischen Behinderung** ist die Jugendhilfe zuständig, die im Rahmen der Eingliederungshilfe nach § 35a SGB VIII umfassende Hilfsangebote und ganz unterschiedliche Hilfearten (ambulante, teilstationäre und stationäre Hilfen oder durch Pflegepersonen, § 35a Abs. 2 SGB VIII) gewährt. Eine drohende seelische Behinderung liegt vor, wenn eine Beeinträchtigung der Teilhabe des Jugendlichen am Leben in der Gesellschaft nach fachlicher Erkenntnis mit hoher Wahrscheinlichkeit zu erwarten ist (§ 35a SGB Abs. 1 S. 1 SGB VIII).

Es handelt sich hier um eine Schnittstelle zwischen Gesundheitswesen, Jugendhilfe, Schule und ggf. auch Arbeitsverwaltung. Der öffentliche Jugendhilfeträger ist im Rahmen der Eingliederungshilfe für die Koordination eines ganzen Bündels von Sozialleistungen zuständig, wenn bei den Jugendlichen eine (drohende) seelische Behinderung vorliegt. Dies kann auch über die Volljährigkeit hinausgehen, wenn die Voraussetzungen für die Gewährung von Hilfe für junge Volljährige vorliegen. Die Fachkräfte im Jugendamt erfüllen dabei im Rahmen eines Case-Managements eine wichtige Lenkungs- und Koordinierungsaufgabe.

> ! Dagegen ist die Jugendhilfe nicht zuständig für Jugendliche mit einer (drohenden) körperlichen oder geistigen Behinderung, denen Eingliederungshilfe von den Sozialhilfeträgern nach den Vorschriften des SGB XII gewährt werden kann.

Die Eingliederungshilfe wurde 1993 von den Hilfen zur Erziehung (§§ 27 ff. SGB VIII) abgetrennt und bildet einen eigenen Leistungstatbestand. Zwar wird in der pädagogischen Fachliteratur kritisiert, dass bei Jugendlichen und jungen Erwachsenen der erzieherische Bedarf kaum von dem Hilfebedarf wegen einer (drohenden) psychischen Behinderung getrennt werden kann, weil in der Adoleszenz der Prozess der Persönlichkeitsentwicklung und der Erziehung auch psychische Krisen und Entwicklungsschwierigkeiten umfasst (Lempp 2006). Durch die rechtliche Formulierung der Eingliederungshilfe als eigenständiger Leistungstatbestand wurde aber deutlich gemacht, dass die Anspruchsvoraussetzungen andere sind als bei den Hilfen zur Erziehung. Eingliederungshilfe und Hilfen zur Erziehung können jedoch auch gleichzeitig gewährt werden, wenn sowohl ein behinderungsbedingter wie auch ein erzieherischer Bedarf bestehen. In diesen Fällen sollen Einrichtungen gewählt werden, die sowohl die Aufgaben der Eingliederungshilfe erfüllen wie auch den erzieherischen Bedarf abdecken können (§ 35a Abs. 4 S. 1 SGB VIII).

Jugendliche haben **Anspruch auf Eingliederungshilfe** nach § 35a Abs. 1 SGB VIII, wenn

- ihre seelische Gesundheit mit hoher Wahrscheinlichkeit länger als sechs Monate von dem für ihr Lebensalter typischen Zustand abweicht und
- daher ihre Teilhabe am Leben in der Gesellschaft beeinträchtigt ist oder eine solche Beeinträchtigung zu erwarten ist.

Damit ist eine bestehende oder drohende seelische Behinderung als Anspruchsvoraussetzung von entscheidender Bedeutung, die auch eine **Zuständigkeitsgrenze zwischen der Jugendhilfe und der Sozialhilfe** markiert. Zu den Definitionsproblemen des Rechtsbegriffs der seelischen Behinderung liegt eine umfangreiche Fachliteratur vor (Baving 2005; Fegert 1999; Lempp 2006; Verein für Kommunalwissenschaften 1997). Der Behinderungsbegriff ist zweigliedrig und erfordert einerseits die Feststellung einer Abweichung der seelischen Gesundheit vom alterstypischen Zustand, die zudem voraussichtlich länger als sechs Monate andauern wird. In einem zweiten Schritt ist eine bestehende oder zu erwartende Teilhabebeeinträchtigung aufgrund der Beeinträchtigung der seelischen Gesundheit festzustellen.

> ! Dies erfordert das Zusammenwirken unterschiedlicher Disziplinen und Fachkräfte aus dem Bereich des Gesundheitswesens und der Jugendhilfe.

Der Gesetzgeber hat mit Wirkung vom 01.10.2005 ausdrücklich die Verfahrensbestimmung in das Gesetz aufgenommen, dass eine Stellungnahme eines Arztes für Kinder- und Jugendpsychiatrie und -psychotherapie, eines Kinder- und Jugendpsychotherapeuten oder eines Arztes oder eines erfahrenen psychologischen Psychotherapeuten zur Frage der Abweichung der seelischen Gesundheit einzuholen ist (§ 35a Abs. 1a SGB VIII). Weitere Vorgaben zur Stellungnahme beinhalten, dass diese auf der Grundlage der Internationalen Klassifikation der Krankheiten zu erstellen und darzulegen ist, ob die Abweichung Krankheitswert hat oder auf einer Krankheit beruht (zur Internationalen Klassifikation psychischer Störungen in Kap. V (F) der ICD-10 und dem Klassifikationsschema für psychische Störungen des Kindes- und Jugendalters vgl. Münder et al. 2006, § 35a SGB VIII Rz 18–32, sowie Remschmidt et al. 2001).

Die wichtigsten **diagnostischen Kategorien** sind:
- organische einschließlich symptomatischer psychischer Störungen
- psychische und Verhaltensstörungen durch psychotrope Substanzen
- Schizophrenie, schizotype und wahnhafte Störungen
- affektive Störungen
- neurotische, Belastungs- und somatoforme Störungen
- Verhaltensauffälligkeiten in Verbindung mit körperlichen Störungen und Faktoren
- Persönlichkeits- und Verhaltensstörungen
- Intelligenzminderungen
- Entwicklungsstörungen
- Verhaltens- und emotionale Störungen mit Beginn der Kindheit und Jugend

Die Feststellung einer Abweichung von der seelischen Gesundheit (einer »**psychischen Störung**« nach ICD-10) durch eine einschlägig qualifizierte Ärztin, einen Psychiater oder eine Psychologin in dem dargestellten Verfahren ist zu ergänzen durch die Feststellung der Gutachterin, ob diese Abweichung Krankheitswert hat oder auf einer Krankheit beruht. Außerdem ist die Abweichung von der alterstypischen Entwicklung darzulegen und eine Prognose über die voraussichtliche Dauer der Störung abzugeben, da Anspruchsvoraussetzung für die Eingliederungshilfe ist, dass die Beeinträchtigung der seelischen Gesundheit mit hoher Wahrscheinlichkeit länger als sechs Monate andauern wird. Da die alterstypische Entwicklung sehr unterschiedlich verläuft und es nicht nur einen einzigen normativen Bezugspunkt gibt (wie etwa einen statistischen Mittelwert), ist die Beurteilung des Entwicklungsstands junger Menschen schwierig und muss unterschiedliche Bezugsnormen berücksichtigen (Welti 2001, S. 2210). Die Abweichung muss nicht nur vorübergehend und nicht nur unerheblich sein, um von einer psychischen Störung und einer seelischen Behinderung ausgehen zu können.

Im Rahmen des zweistufigen Behinderungsbegriffs ist auch zu überprüfen, ob eine **Teilhabebeeinträchtigung** aufgrund der Gesundheitsstörung vorliegt oder droht. Anhaltspunkte dafür liefert die Internationale Klassifikation der Funktionsfähigkeit, Behinderung und Gesundheit (ICF; Stand 2005 unter http://www.dimdi.de) der Weltgesundheitsorganisation WHO, welche die mit einer Gesundheitsbeeinträchtigung verbundenen Funktionseinschränkungen kategorisiert. Der öffentliche Jugendhilfeträger hat diese Teilhabebeeinträchtigung nach sozialpädagogischen fachlichen Standards festzustellen und dabei auch zu untersuchen, welche Teilhabeprobleme in verschiedenen Bereich (Schule, Ausbildung, Arbeit, Alltagsbewältigung, soziale Beziehungen u. Ä.) vorliegen.

Das **Jugendamt** als zuständige Fachbehörde überprüft selbstständig das Vorliegen dieser Tatbestandsmerkmale und bewertet eigenständig, ob die Anspruchsvoraussetzungen erfüllt sind und eine seelische Behinderung vorliegt oder droht. Da hier unterschiedliche Disziplinen und fachliche Paradigmen aufeinandertreffen, ist Kommunikation und fachlicher Austausch erforderlich. Dem dient auch die Beteiligung der Person, die eine Stellungnahme nach § 35a Abs. 1a SGB VIII abgegeben hat, in einem **Hilfeplanverfahren über Eingliederungshilfen** (vorgeschrieben in § 36 Abs. 4 SGB VIII). Interessenkollisionen sollen dadurch vermieden werden, dass die Diagnose und die Therapie nicht durch dieselbe Person durchgeführt werden dürfen (§ 35a Abs. 1a S. 4 SGB VIII).

Wer die ärztliche oder psychotherapeutische Stellungnahme abgibt, darf nicht an der Leistungserbringung beteiligt sein.

Wenn die Anspruchsvoraussetzungen der Eingliederungshilfe vorliegen, so ist das Spektrum der zu erbringenden Sozialleistungen sehr umfangreich. Zur **Art der Leistungen** wird auf die Regelung der sozialhilferechtlichen Eingliederungshilfe verwiesen (§ 35a SGB VIII verweist auf § 53 Abs. 3 und 4, §§ 54, 56 und 57 SGB XII). Eingeschlossen sind u. a.
- Leistungen zur medizinischen Rehabilitation (hierfür ist vorrangig die Krankenversicherung zuständig),
- Hilfen zu einer angemessenen Schulbildung (vorrangig zuständig ist die Schule; eine Leistungspflicht nach § 35a besteht, soweit der Jugendliche von der Schulpflicht befreit ist oder die Förderung durch die Schule nicht ausreicht),
- schulische Ausbildung für einen Beruf,
- Hilfe zur Ausbildung für eine sonstige angemessene Tätigkeit,
- Hilfe zum Besuch einer Hochschule,
- Hilfe in einer Werkstätte für behinderte Menschen,
- Leistungen zur Teilhabe am Arbeitsleben,
- Hilfe bei der Wohnungsbeschaffung,
- Hilfe zum Erwerb praktischer Kenntnisse und Fertigkeiten,
- Hilfe zur Teilhabe am gemeinschaftlichen und kulturellen Leben,
- nachgehende Hilfe,
- Unterstützung von Umgangskontakten mit Angehörigen.

Durch die Weiterverweisung in das SGB IX sind die **Leistungen zur Teilhabe am Leben in der Gemeinschaft** (§ 55 SGB IX) von Bedeutung. Darunter fallen auch die für seelisch behinderte junge Menschen wichtigen Hilfen zu selbstbestimmtem Leben in betreuten Wohnmöglichkeiten (§ 55 Abs. 2 Nr. 6 SGB IX) oder Hilfen zur Teilhabe am gemeinschaftlichen und kulturellen Leben.

Anspruchspruchsberechtigt ist der Jugendliche selbst. Da **Jugendliche ab 15 Jahren** sozialrechtlich handlungsfähig sind und selbst Sozialhilfeleistungen beantragen können (§ 36 Abs. 1 SGB I), können sie Eingliederungshilfe grundsätzlich auch dann erhalten, wenn die Eltern nicht bereit sind, etwas zu unternehmen. Zwar können die Eltern dies verhindern, indem sie die sozialrechtliche Handlungsfähigkeit der Jugendlichen durch Erklärung gegenüber dem Sozialhilfeträger ausschließen (§ 36 Abs. 2 SGB I). Dies wird in der Praxis jedoch kaum geschehen, auch nicht in den Fällen, in denen Eltern eher desinteressiert sind an der Lösung der psychischen Krise des Jugendlichen. Die Eltern minderjähriger Kinder haben jedoch das Aufenthaltsbestimmungsrecht; bei einer stationären Behandlung ist ihre Einwilligung daher erforderlich.

■ **Schnittstellen und Zuständigkeitsprobleme:** Liegt eine psychische Störung nach ICD-10 vor, so ist dies eine Krankheit im Sinne des SGB V. Wenn der junge Mensch krankenversichert ist, besteht ein Anspruch auf medizinische Leistungen gegen den Träger der Krankenversicherung, der vorrangig ist. Bei bestehenden Leistungsansprüchen gegen Sozialversicherungsträger ist die Jugendhilfe nachrangig (§ 10 Abs. 1 SGB VIII).

> Doch die medizinischen Leistungen der Rehabilitation und die jugendhilferechtlichen Leistungen bei einer (drohenden) seelischen Behinderung sind nicht deckungsgleich (Kunkel 2003). Leistungen zur allgemeinen sozialen Eingliederung und Leistungen zur Teilhabe am Arbeitsleben sind nicht Bestandteil der medizinischen Rehabilitation (§ 43 Abs. 1 Nr. 1 SGB V). Dies ist Aufgabe der Jugendhilfe. Erforderlich ist eine Kombination von krankenkassenfinanzierten und jugendhilfefinanzierten Maßnahmen (Fegert 1999, S. 45).

Bei einer (drohenden) seelischen Behinderung ist sachlich der örtliche Träger der Jugendhilfe einheitlich für alle Formen der Eingliederungshilfe zuständig – ob ambulant, stationär oder teilstationär oder in Familienpflege, sodass sich hier keine Probleme beim Wechsel aus einer Form der Hilfe in eine andere ergeben.

Handelt es sich nicht um eine seelische Behinderung, sondern um eine körperliche oder geistige Behinderung (oder um eine Mehrfachbehinderung), so ist der Sozialhilfeträger für die Gewährung von Eingliederungshilfe zuständig.

Hilfe für junge Volljährige

> Einem jungen Volljährigen soll gemäß § 41 SGB VIII Hilfe für die Persönlichkeitsentwicklung und zu einer eigenverantwortlichen Lebensführung gewährt werden, wenn und solange die Hilfe aufgrund der individuellen Situation des jungen Menschen notwendig ist.

In der Regel besteht unter diesen Voraussetzungen also ein Rechtsanspruch auf Hilfe (»soll«), Ausnahmen von der Regel in atypischen Fällen sind vom Jugendhilfeträger zu begründen. Dies ist eine eigenständige Rechtsgrundlage für Sozialleistungen der Jugendhilfe für junge Erwachsene; die Vorschriften über die Eingliederungshilfe wegen einer seelischen Behinderung (§ 35a SGB VIII) sowie über die Hilfen zur Erziehung (§§ 27 ff. SGB VIII) gelten entsprechend (§ 41 Abs. 2 SGB VIII). Die Hilfe wird in der Regel nur bis zur Vollendung des 21. Lebensjahres gewährt; in begründeten Einzelfällen soll sie als Fortsetzungshilfe für einen begrenzten Zeitraum darüber hinaus – längstens bis zur Vollendung des 27. Lebensjahres – weitergeführt werden. Junge Erwachsene mit psychischen Problemen können diese Jugendhilfeleistungen also auch nach Erreichen der Volljährigkeit mit 18 Jahren erhalten, wenn und solange die Hilfe aufgrund der individuellen Situation als notwendig betrachtet wird.

Gewährt werden soll Hilfe, wenn dies zur Persönlichkeitsentwicklung und für die eigenverantwortliche Lebensführung nötig ist, was sich aus individuellen psychischen Beeinträchtigungen und gesundheitlichen Problemen, auch im Zusammenwirken mit anderen Problemen und Benachteiligungen, ergeben kann. Dies kann z. B. im Anschluss an einen stationären Aufenthalt in psychiatrischen Einrichtungen der Fall sein, nach einer Behandlung wegen einer Suchtkrankheit oder wenn junge Menschen mit psychischen Beeinträchtigungen Jugendhilfeleistungen in einem Heim oder in Wohnformen mit ambulanter Betreuung mit dem Ziel der Verselbstständigung erhalten haben (nach §§ 27, 33, 34 SGB VIII) und 18 Jahre alt werden, aber weiterhin individuellen Unterstützungsbedarf haben.

Hier liegt die wichtigste **Schnittstelle zum Sozialhilfesystem,** denn mit Erreichen der Volljährigkeit besteht die Gefahr der Abschiebung in das Sozialhilfesystem, in die Zuständigkeit der Sozialhilfe für Eingliederungshilfe für behinderte Menschen (§§ 53 ff. SGB XII, vgl. Kap. 57.3.4) und Hilfe zur Überwindung besonderer sozialer Schwierigkeiten (§ 67 SGB XII), für die eine andere Kostenträgerschaft besteht. In der Literatur wird berichtet, dass sich die Praxis aufgrund finanzieller Engpässe der Kommunen »vielerorts rechtswidrig« verhalte (Münder et al. 2006, § 41 Rz 2, 23) und dass häufig die örtlichen Träger der Jugendhilfe versuchten, sich ihren Leistungsverpflichtungen zu entziehen und junge Volljährige in die Sozialhilfe abzuschieben (Nüsken 2006, S. 1).

Hilfen zur Erziehung

> Hilfe zur Erziehung (§§ 27 ff. SGB VIII) hat die Aufgabe und das Ziel, einen erzieherischen Bedarf zu decken und junge Menschen in ihrer Entwicklung zu einer eigenverantwortlichen und gemeinschaftsfähigen Persönlichkeit zu fördern (§ 1 SGB VIII). Hilfe zur Erziehung kann auch neben Eingliederungshilfen nach § 35a SGB VIII gewährt werden. Hilfe zur Erziehung umfasst insbesondere die Gewährung pädagogischer und damit verbundener therapeutischer Leistungen.

Anspruchsvoraussetzung ist, dass eine dem Wohl des Jugendlichen entsprechende Erziehung nicht gewährleistet ist und die Hilfe für seine Entwicklung geeignet und notwendig ist (§ 27 SGB VIII). Anspruchsberechtigt ist nicht der Jugendliche selbst, sondern der Personensorgeberechtigte. Dies erschwert die Inanspruchnahme der Hilfe zur Erziehung, wenn die Eltern/Personensorgeberechtigten nicht mit dem Jugendamt kooperieren wollen. Die Inanspruchnahme einer Hilfe zur Erziehung gegen den Willen der Personenberechtigten ist nur möglich in gravierenden Fällen, in denen die Nichtinanspruchnahme das Kindeswohl im Sinne des § 1666 I BGB gefährdet, und erfordert einen Antrag an das Familiengericht, die elterliche Sorge in dieser Hinsicht einzuschränken und das Antragsrecht auf Hilfen zur Erziehung und ggf. auch das Aufenthaltsbestimmungsrecht auf einen Pfleger zu übertragen (Näheres dazu bei Münder et al. 2006, § 27 SGB VIII Rz 33 ff.).

Die Hilfe zur Erziehung umfasst unterschiedliche Angebote und Maßnahmen (ausführliche Darstellungen finden sich in der einschlägigen Kommentarliteratur zum SGB VIII, z. B. in Münder et al. 2006, §§ 27 ff.):

- Erziehungsberatung
- soziale Gruppenarbeit
- Erziehungsbeistandschaft
- sozialpädagogische Familienhilfe
- Erziehung in einer Tagesgruppe
- Vollzeitpflege
- Heimerziehung
- intensive sozialpädagogische Einzelbetreuung

Die Auflistung der Hilfen (§§ 28–35 SGB VIII) ist nicht abschließend, es können daher auch andere Hilfeformen und Maßnahmen entwickelt werden.

Von besonderer Bedeutung für junge Menschen mit psychischen Problemen sind die Heimerziehung und sonstige betreute Wohnformen (§ 34 SGB VIII) sowie die intensive sozialpädagogische Einzelbetreuung (§ 35 SGB VIII). Die Ausdifferenzierung von Einrichtungen der **Heimerziehung** umfasst auch spezielle Einrichtungen für psychisch beeinträchtigte Jugendliche, die häufig durch ambulante und teilstationäre Angebote ergänzt werden (Außenwohngruppen zur Verselbstständigung und unterschiedliche betreute Wohnformen, z. B. Wohngemeinschaften für psychisch beeinträchtigte junge Menschen). Auch die Nachbetreuung kann darunter fallen.

Die **intensive sozialpädagogische Einzelbetreuung** (§ 35 SGB VIII) soll Jugendlichen gewährt werden, die einer intensiven Unterstützung zur sozialen Integration und zu einer eigenverantwortlichen Lebensführung bedürfen. Sie ist auf längere Zeit angelegt und soll den individuellen Bedürfnissen des Jugendlichen Rechnung tragen. Diese Hilfeform ist sehr offen und flexibel und ermöglicht eine intensive Betreuung. Dadurch ist sie in der Unterstützung psychisch beeinträchtigter junger Menschen von wichtiger Bedeutung.

An den **Kosten** der Hilfen der Erziehung werden der Jugendliche und dessen Eltern bzw. der junge Erwachsene durch einen Kostenbeitrag beteiligt (§§ 91 ff. SGB VIII).

Bei Erreichen der **Volljährigkeit** eines Hilfeempfängers stellt sich ein wesentliches Schnittstellenproblem. Zwar können junge Volljährige grundsätzlich Hilfen nach § 41 SGB VIII erhalten, doch in der Praxis werden sie häufig vom Jugendhilfesystem in das Sozialhilfesystem abgeschoben.

57.3.3 Arbeit, Ausbildung und Beschäftigung

Teil der Problematik von jungen Menschen mit psychischen Problemen ist häufig, dass sie Schwierigkeiten in der Schule oder in der Ausbildungsstätte haben oder dass sie noch keine abgeschlossene Ausbildung haben und arbeitslos sind. Unterstützung bei Schulschwierigkeiten, bei der Suche nach einem Ausbildungs- und Arbeitsplatz und Beschäftigungsförderung sind daher ein wichtiger Bestandteil der Prozesse der Verselbstständigung und psychischen Stabilisierung. Sozialleistungen finden sich einerseits im Jugendhilferecht (SGB VIII), andererseits sind für die Arbeitsförderung sowie für die Grundsicherung Arbeitsuchender als Träger die Agenturen für Arbeit und die Kommunen zuständig. Hier bestehen Anspruchskonkurrenzen zwischen Sozialleistungen nach dem SGB II/SGB III und dem SGB VIII.

Arbeitsförderung und Eingliederungsleistungen (SGB II/SGB III)

Arbeitsuchende Jugendliche und junge Erwachsene haben eine Sonderstellung nach dem SGB II:

> Jeder erwerbsfähige hilfebedürftige, nicht schulpflichtige junge Mensch zwischen 15 und 25 Jahren soll unverzüglich eine Vermittlung in eine Arbeit, Ausbildung oder Arbeitsgelegenheit (§ 3 Abs. 2 SGB II) erhalten.

Zu den Eingliederungsleistungen nach § 16 Abs. 1 SGB II gehören die meisten Arbeitsförderungsleistungen der Agentur

57.3 Leistungen in Bezug auf einzelne Hilfebedarfe

für Arbeit nach dem SGB III, wie z. B. Beratung, Vermittlung, Leistungen an Arbeitgeber, Förderung der Aufnahme einer Beschäftigung, Förderung der Berufsausbildung (§§ 235, 235a SGB II), sozialpädagogische Begleitung bei Berufsausbildungsvorbereitung nach dem Berufsbildungsgesetz (§ 421m SGB III) sowie die Leistungen an Arbeitnehmer zur Teilhabe behinderter Menschen am Arbeitsleben (ausführlich s. Arbeitslosenprojekt TuWas 2008, S. 376–82). Leistungen zur Förderung der beruflichen Ausbildung, beruflichen Weiterbildung und Teilhabe behinderter Menschen am Arbeitsleben können Arbeitgebern gewährt werden. Leistungen an Träger sind z. B. die Förderung der Berufsausbildung (z. B. ausbildungsbegleitende Hilfen für lernbeeinträchtigte oder sozial benachteiligte Jugendliche) oder die Beschäftigung begleitende Eingliederungshilfen.

Diese Leistungen kommen auch infrage für Maßnahmen, in denen psychisch kranke junge Menschen beschäftigt werden. Leistungen der sogenannten Benachteiligtenförderung nach §§ 240 ff. SGB III können auf Basis von § 16 SGB II auch von Trägern der Grundsicherung erbracht werden

Daneben können bei psychosozialen Problemen als Leistung zur Eingliederung nach dem SGB II auch **Beratungs- und Betreuungsleistungen** gewährt werden (§ 16 Abs. 2 SGB II), die der sozialen Integration dienen und so die berufliche Förderung ermöglichen sollen. Dazu gehören die psychosoziale Betreuung, Schuldner- und Suchtberatung sowie Kinderbetreuung. Die Beratungs- und Betreuungsleistungen kann der persönliche Ansprechpartner/Fallmanager bei spezialisierten freien Trägern vermitteln (§ 17 SGB II) oder sie können von den Kreisen und kreisfreien Städten als öffentlicher Träger erbracht werden (diese sind auch Kostenträger). Die Förderung der Hilfeempfänger kann in ein Spannungsverhältnis zu **Sanktionen** geraten, die gegenüber den 15- bis 25-Jährigen nach dem SGB II besonders rigide sind (Leistungskürzung des Barbetrags der Grundsicherung bereits ab der ersten Pflichtverletzung, § 31 Abs. 1 und 4 SGB II; kritisch zur Verfassungsmäßigkeit der Sanktionen für die Gruppe der U-25 wegen Unverhältnismäßigkeit s. Berlit in Münder 2007, § 31 Rz 106, und Krahmer 2004, S. 179).

> Längerfristig nicht erwerbsfähige Personen können Leistungen zur Teilhabe am Arbeitsleben und berufliche Rehabilitationsleistungen insbesondere nach §§ 97 ff. SGB III (Förderung der Teilhabe behinderter Menschen am Arbeitsleben) erhalten. Schnittstellen bestehen zur Jugendhilfe, die ebenfalls für die Förderung sozial oder individuell beeinträchtigter Jugendlicher und junger Volljähriger zuständig sein kann.

Jugendhilfeleistungen für individuell beeinträchtigte oder sozial benachteiligte junge Menschen (Jugendsozialarbeit und Jugendberufshilfe)

Das SGB VIII beauftragt die Träger der Jugendhilfe, jungen Menschen mit sozialen Benachteiligungen und/oder individuellen Beeinträchtigungen sozialpädagogische Hilfen zur Förderung ihrer schulischen und beruflichen Ausbildung und ihrer Eingliederung in die Arbeitswelt sowie zur sozialen Integration anzubieten (§ 13 Abs. 1 SGB VIII). Dazu gehören auch sozialpädagogisch begleitete Ausbildungs- und Beschäftigungsmaßnahmen von Trägern der Jugendhilfe. Für Jugendliche und junge Erwachsene mit psychischen Problemen sind also Eingliederungsleistungen nach SGB II und SGB VIII möglich.

Rechtliche Leistungskonkurrenz von § 3 Abs. 2 SGB II und § 13 SGB VIII

Der Anwendungsbereich des § 13 SGB VIII wurde mit Inkrafttreten des SGB II eingeschränkt:

> Sozialpädagogisch begleitete Ausbildungs- und Beschäftigungsmaßnahmen können im Rahmen der Jugendsozialarbeit angeboten werden, soweit die Ausbildung nicht durch Maßnahmen und Programme anderer Träger und Organisationen sichergestellt wird (§ 13 Abs. 2 SGB VIII).

Es ist also festzustellen, ob derartige Maßnahmen von der ARGE nach dem SGB II angeboten werden, die auch sozialpädagogisch begleitet werden. Psychosoziale Betreuung kann von der ARGE als Eingliederungsmaßnahme angeboten werden (§ 16 Abs. 2 Nr. 3 SGB II), auch verbunden mit speziellen Eingliederungshilfen für Jugendliche und junge Volljährige. Zur Zielgruppe gehören etwa Lernbeeinträchtigte oder Ausbildungsbewerber mit eingeschränkter Vermittlungsperspektive aus individuellen Gründen (z. B. wegen psychischer Probleme). Es können mit psychosozialer Betreuung verbundene Arbeitsgelegenheiten in Form von Beschäftigungs- und Qualifizierungsmaßnahmen angeboten werden. Gibt es ein derartiges Angebot der SGB-II-Träger, sind Jugendhilfemaßnahmen von sozialpädagogisch begleiteten Ausbildungs- und Beschäftigungsmaßnahmen nachrangig (§ 13 Abs. 3 SGB VIII). Nach § 10 Abs. 3 S. 2 SGB VIII i. d. F. des Kinder- und Jugendhilfeweiterentwicklungsgesetzes vom 08.09.2005 gehen Leistungen nach § 3 Abs. 2 und §§ 14–16 SGB II den Leistungen nach dem SGB VIII vor. In Fällen, in denen der Ausgleich sozialer Benachteiligungen im Vordergrund steht, besteht weiterhin Handlungsbedarf aufseiten der Jugendhilfe und sozialpädagogische Leistungen sind vorrangig (Münder 2007; § 3 Rz 17).

Die Jugendhilfe ist ausschließlich zuständig für folgende Jugendliche und junge Menschen:
- junge Menschen, die das 15. Lebensjahr noch nicht vollendet haben, sozial benachteiligt und/oder individuell beeinträchtigt sind und sozialpädagogische Hilfen benötigen
- nicht Hilfebedürftige im Sinne des SGB II zwischen 15 und 25 Jahren mit Unterstützungsbedarf

Wer zuständig ist, wenn ein Jugendlicher oder junger Erwachsener ›aussteigt‹ und keine Leistungen nach dem SGB II beantragt oder wenn er nach Sanktionen wegen fehlender Mitwirkung keine Leistungen zum Lebensunterhalt nach SGB II mehr erhält, ist strittig (Kunkel 2005; Schruth 2005). Empfohlen wird, dass die Jugendsozialarbeit ein Auffangnetz bildet und als letztverantwortliche Instanz für die jungen Menschen zuständig bleiben solle, die »durch das ›Fördern und Fordern‹ des SGB II nicht erreicht werden« (Bundesagentur für Arbeit/Arbeitsgemeinschaft für Jugendhilfe 2005, S. 9), da sie sonst völlig aus den Hilfesystemen herausfallen.

Eine Kooperation zwischen Jugendhilfeträgern und den ARGEN als Träger der Grundsicherung und Beschäftigungsförderung ist ohnehin erforderlich. Neben den Agenturen für Arbeit sind in den ARGEN auch die Kreise und kreisfreien Städte Träger, die ebenfalls Jugendhilfeträger sind. Sowohl das Jugendhilferecht (in § 81 SGB VIII) als auch das SGB II (in §§ 18, 25 SGB II) fordern die Kooperation, bei der die fachliche Kompetenz der Jugendämter in den Fragen der sozialpädagogischen Förderung beeinträchtigter junger Menschen eingebracht werden kann. Bei Eingliederungsvereinbarungen wird ausdrücklich verlangt, dass die Agentur für Arbeit diese im Einvernehmen mit dem kommunalen Träger abschließen soll (§ 15 Abs. 1 S. 1 SGB II). Auch spezielle Angebote für junge Menschen mit psychischen Problemen könnten kooperativ erfolgreich entwickelt werden. Die SGB-II-Träger sollten ein zielgruppenspezifisches Fallmanagement schaffen (Arbeitslosenprojekt TuWas 2008).

57.3.4 Materielle Existenzsicherung

Grundsätzlich vorrangig ist die Existenzsicherung Jugendlicher und junger Erwachsener durch unterhaltspflichtige Eltern im Rahmen der familienrechtlichen Unterhaltspflichten von Verwandten (§ 1601 BGB). Eine gesteigerte Unterhaltspflicht der Eltern besteht gegenüber minderjährigen Kindern und gegenüber jungen Erwachsenen unter 21 Jahren, die im elterlichen Haushalt leben und sich noch in der allgemeinen Schulausbildung befinden. Eine Unterhaltspflicht der Eltern besteht nicht, wenn diese aufgrund ihrer Einkommensverhältnisse nicht leistungsfähig sind (§ 1603 BGB).

Im Folgenden werden die bedürftigkeitsabhängigen, nachrangigen Sozialleistungen der Grundsicherung nach dem SGB II und der Sozialhilfe zusammengefasst dargestellt, die für junge Menschen mit psychischen Beeinträchtigungen wichtig sind. Bei stationärer Unterbringung (in Einrichtungen der Psychiatrie, für behinderte Menschen, in Wohnformen der Jugendhilfe – Heim, Außenwohngruppe etc. – oder in Pflegefamilien) gelten jedoch besondere Regelungen, die hier nicht im Einzelnen erläutert werden können.

Grundsicherung für Arbeitsuchende (SGB II)

Wesentliches Kriterium für Ansprüche nach SGB II ist die **Erwerbsfähigkeit**.

> Erwerbsfähig ist, wer täglich mindestens drei Stunden unter den üblichen Bedingungen des allgemeinen Arbeitsmarktes erwerbstätig sein kann. Wer wegen Krankheit oder Behinderung auf absehbare Zeit dazu außerstande ist, gilt als nicht erwerbsfähig im Sinne des SGB II (§ 8 Abs. 1 SGB II).

Die Erwerbsfähigkeit wird mithilfe medizinischer Sachverständigengutachten beurteilt; bezüglich psychischer Störungen müssen leistungsmindernde Einschränkungen psychopathologisch beschreibbar gemäß ICD-10 sein (der Verband Deutscher Rentenversicherungsträger hat Empfehlungen für ärztliche Gutachter zur Beurteilung psychischer Störungen herausgegeben; VDR 2001). An den Nachweis der Erwerbsminderung stellt die Rechtsprechung strenge Anforderungen (vgl. Brühl in Münder 2007, LPK-SGB II § 8 Rz 12–14).

Weiterhin ist für den Bezug der Grundsicherung nach SGB II **Hilfebedürftigkeit** erforderlich.

> Hilfebedürftig ist, wer seinen Lebensunterhalt nicht oder nicht ausreichend aus eigenen Kräften und Mitteln, vor allem nicht durch zumutbare Arbeit, Einkommen oder Vermögen sichern kann und die erforderliche Hilfe nicht von anderen, insbesondere durch Unterhaltsleistungen von Angehörigen oder vorrangige Sozialleistungen anderer Träger erhält.

Lebt ein erwerbsfähiger Minderjähriger (zwischen 15 und 17 Jahren) bei seinen Eltern, sind im Rahmen der Bedarfsgemeinschaft auch Einkommen und Vermögen der Eltern zu berücksichtigen (§ 7 Abs. 3 Nr. 2 SGB II).

Liegen die genannten Anspruchsvoraussetzungen vor, wird die pauschalierte Grundsicherungsleistung (Arbeitslosengeld II) an erwerbsfähige Hilfebedürftige über 15 Jahren gewährt (Regelleistung sowie Kosten der Unterkunft und Heizung).

Sozialgeld beziehen nicht erwerbsfähige, bedürftige Mitglieder einer Bedarfsgemeinschaft; Jugendliche sind Teil der Bedarfsgemeinschaft ihrer arbeitslosen Eltern. Die Höhe der Regelleistung beträgt für 15- bis 17-jährige Jugendliche und für eine volljährige Person im gemeinsamen Haushalt mit den Eltern 281 € (für alleinstehende Volljährige 351 €, für Volljährige in Bedarfsgemeinschaften 316 €, Stand 2008).

Arbeitslosengeld-II-Empfänger unter 25 Jahren haben prinzipiell keinen Anspruch auf Auszug aus dem elterlichen Haushalt und eine eigene **Wohnung**. Wenn sie umziehen möchten, ist eine Zustimmung des zuständigen kommunalen Trägers notwendig; ohne Zustimmung werden die Kosten für Unterkunft und Heizung nicht übernommen. Zweifel an der Verfassungsmäßigkeit dieses Zustimmungserfordernisses äußert Müller (2006, S. 194). In bestimmten Fällen muss jedoch ein Umzug und eigene Wohnung finanziert werden, beispielsweise wenn ein Umzug aufgrund der Eingliederung in den Arbeitsmarkt erforderlich ist oder der Leistungsempfänger aus sozialen Gründen nicht mehr bei seinen Eltern wohnen kann.

Für unter 25-jährige Personen sieht das SGB II besonders rigide **Sanktionen** und Leistungskürzungen vor (§ 31 Abs. 5 SGB II), etwa bei Pflichtverletzungen bezüglich der Eingliederungsvereinbarung (Folge ist der Wegfall der Regelleistung; geleistet werden dann nur die Kosten der Wohnung und Heizung an den Vermieter oder andere Berechtigte und ggf. ergänzende Sachleistungen).

Grundsicherung bei Erwerbsminderung oder Hilfe zum Lebensunterhalt (SGB XII)

Personen, die längerfristig (mehr als sechs Monate) nicht erwerbsfähig sind, scheiden aus der SGB-II-Leistungsberechtigung aus und können Leistungen des SGB XII erhalten. Die Grundsicherung bei Erwerbsminderung wird dauerhaft voll erwerbsgeminderten Volljährigen gewährt, wenn sie ihren Lebensunterhalt nicht selbst bestreiten können. Hilfe zum Lebensunterhalt nach SGB XII ist eine nachrangige Sozialleistung für nicht erwerbsfähige und bedürftige Personen.

Junge Menschen in stationären Einrichtungen

Personen in stationären Wohneinrichtungen können Unterhaltsleistungen im Rahmen der Eingliederungshilfe erhalten, je nach Zuständigkeit vom Träger der Jugendhilfe als Annexleistung, wenn es sich um Eingliederungshilfe wegen einer seelischen Behinderung nach § 35a SGB VIII handelt (Eingliederungshilfe in Tageseinrichtungen oder in anderen teilstationären Einrichtungen, Eingliederungshilfe durch geeignete Pflegepersonen, Eingliederungshilfe in Einrichtungen über Tag und Nacht sowie sonstige Wohnformen), oder vom Sozialhilfeträger bei der Eingliederungshilfe nach SGB XII.

57.4 Koordination der Hilfen und Verfahrensfragen

Die Klärung von Zuständigkeitsfragen verschiedener Träger und die Koordination zwischen den verschiedenen Sozialleistungserbringern sind im Bereich der Hilfen für psychisch kranke oder beeinträchtigte junge Menschen von besonderer Bedeutung. Wenn es um Sozialleistungen wegen einer bestehenden oder drohenden Behinderung geht, so gelten hier für die verschiedenen Reha-Träger einheitlich die Verfahrensregelungen des SGB IX. Wenn es nicht um einen behinderungsbedingten Hilfebedarf geht, so gelten für das Gesundheitswesen, die Jugendhilfe, die Sozialhilfe und auch für die Arbeitsverwaltung jeweils spezifische Regelungen, die ein Hilfeplanverfahren und eine Koordination im Rahmen eines Case-Managements regeln und die Kooperation der verschiedenen Beteiligten anstreben. Relevante Verfahrensbestimmungen werden hier in Grundzügen dargestellt.

57.4.1 Verfahrensregelungen bei behinderungsbedingten Hilfebedarfen nach dem SGB IX

Wenn die Sozialleistung wegen einer bestehenden oder drohenden Behinderung gewährt wird, so gelten für die beteiligten Rehabilitationsträger die Verfahrensregelungen des SGB IX, die das Ziel einer beschleunigten Zuständigkeitsklärung verfolgen (§ 14 SGB IX), unter bestimmten Bedingungen die Erstattung selbst beschaffter Leistungen ermöglichen (§ 15 SGB IX) und ein »persönliches Budget« zur Finanzierung von Teilhabeleistungen vorsehen (§ 17 SGB IX). Für andere als behinderungsbedingte Bedarfe sind die Verfahrensregeln des SGB IX nicht anwendbar.

Zu den Rehabilitationsträgern gehören auch die gesetzlichen Krankenkassen, die Bundesagentur für Arbeit, die öffentlichen Jugendhilfeträger und die Sozialhilfeträger (§ 6 SGB IX; auch die Unfall- und Rentenversicherungsträger sowie Träger von sozialen Entschädigungsleistungen gehören dazu, die in unserem Zusammenhang kaum eine Rolle spielen).

Der **beschleunigten Zuständigkeitsklärung** und der Vermeidung von Verfahrensverzögerungen durch Zuständigkeitsstreitigkeiten dient folgendes Verfahren (§ 14 SGB IX):

- Der von der Antragstellerin oder von der gemeinsamen Servicestelle zuerst angegangene Leistungsträger soll grundsätzlich die Leistung erbringen und ist verpflichtet, *innerhalb von zwei Wochen nach Antragstellung* die sachliche und örtliche Zuständigkeit zu klären. Er kann den Antrag gegebenenfalls innerhalb dieser Frist an den Träger weiterleiten, den er für zuständig hält. Leitet der erstangegangene Träger den Antrag innerhalb von 14 Tagen nicht weiter, ist er zuständig.
- Wird das Gutachten weitergeleitet, so ist *der zweite angegangene Träger zuständig* und hat die Anspruchsvoraussetzungen zu prüfen und über den Antrag zu entscheiden – er kann es nicht noch einmal weiterleiten. Er hat umfassend alle sozialrechtlichen Möglichkeiten zu prüfen, dem Antrag

zu entsprechen. Damit soll verhindert werden, dass Zuständigkeitsstreitigkeiten auf dem Rücken der Antragsteller ausgetragen werden. Wenn der zweitangegangene Träger nach materiellem Recht nicht zuständig ist, bleibt ihm nur die Möglichkeit, im Kostenerstattungsverfahren von dem materiellrechtlich zuständigen Träger Kostenerstattung zu verlangen. Die zweitangegangene Behörde ist aber für die sofortige Bearbeitung verantwortlich. Sie hat nur die Möglichkeit, mit dem ihrer Meinung nach zuständigen Träger abzustimmen, von wem und in welcher Weise über den Antrag entschieden wird (vgl. dazu auch mit Hinweisen auf die aktuelle Rechtsprechung die Beiträge unter http://www.iqpr.de des Diskussionsforums Teilhabe und Prävention).

- Wenn kein Gutachten erforderlich ist, so ist der Rehabilitationsbedarf durch den zuständigen Träger unverzüglich festzustellen. Die Frist zur Entscheidung beträgt **maximal drei Wochen nach Antragseingang** beim zuständigen Träger.
- Ist ein Gutachten erforderlich, so soll ein Gutachten **innerhalb von zwei Wochen nach Auftragserteilung** erstellt werden und der zuständige Träger hat maximal zwei Wochen nach Vorlage des Gutachtens Zeit, um eine Entscheidung zu treffen.

Wenn verschiedene Leistungen erforderlich sind, so ist für die **Koordinierung der Leistungen** der zuständige Rehabilitationsträger verantwortlich (§ 10 SGB IX). Nach §§ 10–13 SGB IX sind die Rehabilitationsträger dafür verantwortlich, dass die im Einzelfall erforderlichen Leistungen zur Teilhabe nahtlos, zügig sowie nach Gegenstand, Umfang und Ausführung einheitlich – »wie aus einer Hand« – erbracht werden. Dazu sollen die Reha-Träger und ihre Verbände auch regionale Arbeitsgemeinschaften bilden und gemeinsame Empfehlungen verabschieden (§ 13 SGB IX). Einige gemeinsame Empfehlungen sind vereinbart worden, etwa zur »Einheitlichkeit/Nahtlosigkeit« der Erbringung von Leistungen zur Teilhabe (Gemeinsame Empfehlung über die nahtlose, zügige und einheitliche Erbringung von Leistungen zur Teilhabe nach § 12 Abs. 1 Nr. 1–3 i. V. m. § 13 Abs. 1, Abs. 2 Nr. 5 SGB IX [Gemeinsame Empfehlung »Einheitlichkeit/Nahtlosigkeit«] vom 22. März 2004) oder zur Verbesserung der gegenseitigen Information und Kooperation aller beteiligten Akteure (Gemeinsame Empfehlung zur Verbesserung der gegenseitigen Information und Kooperation aller beteiligten Akteure nach § 13 Abs. 2 Nr. 8 und 9 SGB IX vom 22. März 2004).

Der Beratung sowie der Antragskoordination dienen auch die **Gemeinsamen Servicestellen** der Rehabilitationsträger nach dem SGB IX, die in allen Landkreisen und kreisfreien Städten eingerichtet wurden. Sie sollen Beratung und Unterstützung anbieten (§ 23 SGB IX) für die Personen mit einer Behinderung oder drohenden Behinderung und für ihre Vertrauenspersonen und die Personensorgeberechtigten von Minderjährigen. Die Umsetzung entspricht jedoch vielerorts noch nicht den gesetzlichen Zielen und Aufgaben.

57.4.2 Hilfeplanverfahren und Koordinationsregeln bei anderen Hilfebedarfen

Im Rahmen des Jugendhilferechts ist für langfristig zu leistende Hilfen zur Erziehung (§§ 27 ff. SGB VIII), die **voraussichtlich länger als sechs Monate** dauern werden, und auch für die Eingliederungshilfe bei seelischer Behinderung (§ 35a SGB VIII) ein **Hilfeplanverfahren** vorgesehen (§ 36 SGB VIII). Damit soll das Zusammenwirken verschiedener Fachkräfte und auch von Personen verschiedener Dienste und Einrichtungen erreicht werden, die mit dem Jugendlichen und den Personensorgeberechtigten gemeinsam einen Hilfeplan aufstellen und die unterschiedlichen Leistungen koordinieren sollen. Bei Eingliederungshilfen wegen seelischer Behinderung ist ausdrücklich die Beteiligung des Arztes oder des Psychiaters vorgesehen, der eine Stellungnahme abgegeben hat. Ähnlich wie der Hilfeplan im Jugendhilferecht soll auch für behinderte junge Menschen nach dem SGB IX ein Teilhabeplan erstellt werden.

Eine Kooperation sollte auch zwischen Jugendhilfeträgern und den Trägern der Arbeitsverwaltung und der Grundsicherung nach dem SGB II erfolgen (gemäß § 81 SGB VIII und §§ 18, 25 SGB II), um die Ziele der Ausbildungs- und Beschäftigungsförderung auch für junge Menschen mit individuellen Beeinträchtigungen wie psychischer Krankheit oder Entwicklungsproblemen zu verwirklichen und dabei begleitende sozialpädagogische Hilfen bereitzustellen. Fallmanager/persönliche Ansprechpartner sollen Eingliederungsvereinbarungen im Einvernehmen mit dem kommunalen Träger abschließen (§ 15 Abs. 1 S. 1 SGB II).

57.5 Fazit

Bei systematischer Betrachtung der Sozialleistungsgesetze hinsichtlich ihrer Relevanz für psychisch beeinträchtigte Jugendliche und junge Erwachsene treten vor allem folgende aktuelle Problemlagen zutage:

- Im Bereich der Krankenbehandlung und Rehabilitation können aufgrund der Altersgrenzen von 18 Jahren bzw. von 21 Jahren Brüche in der Versorgung und auch Beziehungsabbrüche zwischen Klient und Helfer auftreten.
- Im Bereich Arbeit und Ausbildung ist die Leistungskonkurrenz von Jugendsozialarbeit (§ 13 SGB VIII) und psychosozialen Leistungen der ARGEN nach dem SGB II ein ernsthaftes Problem.
- Im Bereich Wohnen und Unterbringung in einem Heim oder in anderen Wohnformen (§§ 27, 34 SGB VIII) führt der Kostendruck in Jugendämtern zur Gefahr der Abschie-

bung junger Menschen mit psychischen Beeinträchtigungen in die Sozialhilfe.

Trotz der ausdrücklichen gesetzlichen Regelungen von Koordination und Hilfeplänen und hohen diesbezüglichen Ansprüchen mangelt es augenscheinlich noch an einer konsequenteren Ausrichtung der Maßnahmen auf Case-Management, Hilfen aus einer Hand usw. Auch die Servicestellen für Menschen mit Behinderungen erfüllen die in sie gesetzten Ansprüche oft nicht ausreichend.

In Anbetracht der Unübersichtlichkeit unterschiedlicher Sozialleistungsansprüche für die Betroffenen kann dieser Beitrag nicht mehr als eine Orientierungshilfe leisten – umso wichtiger ist zur Unterstützung der Betroffenen neben der professionellen Kompetenz der Fachkräfte (Fachkompetenz, Methodenkompetenz, Grundkenntnisse und Orientierungswissen im Recht) die Kooperation und Vernetzung der verschiedenen beteiligten Institutionen und Träger.

Literatur

Arbeitslosenprojekt TuWas. Leitfaden zum Arbeitslosengeld II. Der Rechtsratgeber zum SGB II. 5. Aufl. Frankfurt a. M.: Fachhochschulverlag 2008.

Baving L. Seelische Behinderung – wer hilft? Aufgabenverteilung und Kooperation zwischen Jugendhilfe und Jugendpsychiatrie bei der Festsstellung einer seelischen Behinderung nach Paragraph 35a KJHG. Sozialmagazin 2005; 30/5: 30–7.

Brill KE, Marschner R. Psychisch Kranke im Recht – Ein Wegweiser. 4. Aufl. Bonn: Psychiatrie Verlag 2005.

Bundesagentur für Arbeit/Arbeitsgemeinschaft für Jugendhilfe (Hrsg). Das SGB II und seine Auswirkungen auf die Kinder- und Jugendhilfe – Empfehlungen für die kommunale Ebene der Kinder und für die Arbeitsgemeinschaften (ARGEn). Berlin/Nürnberg: Selbstverlag 2005.

Deutsches Institut für Medizinische Information und Dokumentation (DIMDI) (Hrsg). ICD-10 (Internationale Statistische Klassifikation der Krankheiten und verwandter Gesundheitsprobleme der Weltgesundheitsorganisation). 10. Revision. Version 2007 (http://www.dimdi.de).

Fegert JM. Was ist seelische Behinderung? Anspruchsgrundlagen und kooperative Umsetzung von Hilfen nach § 35a KJHG. 3. Aufl. Münster: Votum 1999.

Krahmer U. Verfassungsrechtliche Bedenken gegen die Hartz-IV-Gesetze. ZfF 2004; 7: 178.

Kunkel P. Medizinische Rehabilitation als Aufgabe von Jugendhilfe und Krankenversicherung. JAmt 2003; 7: 329–32.

Kunkel P. Was bleibt von § 13 SGB VIII neben SGB II und SGB III nach dem KICK? ZfJ 2005; 11: 436–40.

Kunkel P, Haas G. Die Eingliederungshilfe nach § 35a SGB VII in der Neufassung durch das KICK aus rechtlicher und medizinischer Sicht. In: Andresen D (Hrsg). »Ich lerne niemals Lesen und Schreiben«. Interaktionelle Faktoren für die Entstehung der Legasthenie – Methoden und Handlungsansätze in der Sozialen Arbeit. Hannover: EREV 2006.

Lempp R. Die seelische Behinderung als Aufgabe der Jugendhilfe. 5. Aufl. Stuttgart: Boorberg 2006.

Müller C. Verschärfungen beim ALG II für Volljährige unter 25 Jahren. ZKJ 2006; 4: 193–5.

Münder J. Sozialgesetzbuch II Grundsicherung für Arbeitsuchende (LPK-SGB II). 2. Aufl. Baden-Baden: Nomos 2007.

Münder J, Baltz J, Kraft D. Frankfurter Kommentar zum SGB VIII: Kinder- und Jugendhilfe (FK-SGB VIII). 5. Aufl. Weinheim: Juventa 2006.

Nüsken D. Vom Erfolgs- zum Auslaufmodell? Hilfen für junge Volljährige im Rahmen der Hilfen zur Erziehung: Eine Bestandaufnahme zehn Jahre nach Einführung des Rechtsanspruchs. JAmt 2006; 1–9.

Pfeiffer S. Zwischen den Stühlen. Junge Erwachsene im Kompetenzdickicht der Hilfesysteme. In: Rundbrief der Deutschen Gesellschaft für soziale Psychiatrie. Soziale Psychiatrie: »Wahnsinnig jung«, 30. Jahrgang, 2006; 1: 8–10.

Remschmidt H, Schmidt MH, Poustka F (Hrsg). Multiaxiales Klassifikationssystem für psychische Störungen im Kindes- und Jugendalter nach ICD-10 der WHO. Mit einem synoptischen Vergleich von ICD-10 mit DSM-IV. 4. Aufl. Bern: Huber 2001.

Schruth P. Zur Leistungskonkurrenz zwischen SGB II und § 13 SGB VIII. ZfJ 2005; 6: 223–32.

Späth K. Rechtliche Grundlagen für Kooperation zwischen Jugendhilfe und Kinder- und Jugendpsychiatrie im SGB IX. In: Fegert JM, Schrapper C (Hrsg). Handbuch Jugendhilfe – Jugendpsychiatrie. Interdisziplinäre Kooperation. Weinheim: Juventa 2004; 499–504.

Verband Deutscher Rentenversicherungsträger (VDR) (Hrsg). Empfehlungen für die sozialmedizinische Beurteilung psychischer Störungen. Frankfurt a. M.: VDR 2001.

Verein für Kommunalwissenschaften (Hrsg). Eingliederung seelisch behinderter Kinder und Jugendlicher in die Jugendhilfe. Erfahrungen – Probleme – Entwicklungen. Berlin: Verein für Kommunalwissenschaften 1997.

Welti F. Das neue SGB IX – Recht der Rehabilitation und Teilhabe behinderter Menschen. NJW 2001; 24: 2210–5.

Wiesner R, Mörsberger T, Oberloskamp H, Struck J (Hrsg). SGB VIII – Kinder- und Jugendhilfe. 3. Aufl. München: Beck 2006.

58 Strafrechtliche Täter- und Opferbegutachtung

___ **Inhalt** ___

58.1 Strafrechtliche Täterbegutachtung einschließlich Reifefragen 778
Literatur 790
58.2 Begutachtung der Glaubhaftigkeit von Aussagen jugendlicher und junger erwachsener Zeugen 792
Literatur 803

58.1 Strafrechtliche Täterbegutachtung einschließlich Reifefragen

Renate Schepker, Jörg M. Fegert und Elmar Habermeyer

___ **Zusammenfassung** ___

Ohne den Anspruch, Lehrwerke ersetzen zu wollen, wird in diesem Kapitel auf Besonderheiten der Strafrechtsbegutachtung im jugendlichen und jungen Erwachsenenalter eingegangen, für das im deutschen Jugendgerichtsgesetz eine »Übergangszone« der Heranwachsenden von 18 bis 21 Jahren vorgesehen ist. Zunächst werden Reifefragen besonders ausführlich behandelt, danach werden die typischen und normativen Anforderungen an eine Strafrechtsbegutachtung dargelegt. Die Versorgungsproblematik im Maßregelvollzug für Jugendliche und Heranwachsende wird vertieft. Für Prognosebegutachtungen in dieser Altersgruppe liegen bisher nur geringe wissenschaftliche Erkenntnisse vor, die hier gegebene Übersicht kann die Orientierung in diesem Feld erleichtern.

58.1.1 Einführung

Im europäischen Vergleich liegt in Deutschland das Alter der Strafmündigkeit mit 14 Jahren im Mittelfeld. Verschiedene gesellschaftliche Systeme mit sehr unterschiedlichen Sanktionsgewohnheiten und einem anderen Rechtsverständnis verfolgen eine unterschiedliche Priorisierung von Erziehung, Täterpersönlichkeit oder Strafverfolgung (Heitlinger 2004). Während das Strafmündigkeitsalter in der Schweiz gerade von 7 auf 12 Jahre angehoben wird und diverse an der Sozialisierung von Kindern beteiligte Instanzen die daraus folgenden mangelnden Zugriffsrechte auf Familien beklagen, liegt es in Belgien unerschütterlich bei 18 Jahren und überlässt jede Reaktion auf Regelverletzungen zuvor den Jugendbehörden.

Ein spezifisch deutscher Weg ist die Schaffung des Status der »Heranwachsenden« zwischen 18 und 21 Jahren. Hierzu muss vorab der stark pädagogische Charakter des Jugendgerichtsgesetzes (JGG) hervorgehoben werden, das nur bei »schädlichen Neigungen« oder einer hohen »Schwere der Schuld« das Prinzip Erziehung hinter dem Prinzip der Strafe zurücktreten lässt. Somit können Heranwachsende ausnahmsweise nach Jugendstrafrecht verurteilt werden, wenn »die Gesamtwürdigung der Persönlichkeit des Täters bei Berücksichtigung auch der Umweltbedingungen ...« ergibt, dass der Heranwachsende »nach seiner sittlichen und geistigen Entwicklung noch einem Jugendlichen gleich« stehe (§ 105 Abs. 1 Ziff. 1 JGG). In der Praxis wird das Jugendstrafrecht eher regelhaft auf Heranwachsende bei schweren Tatvorwürfen angewendet, zumal dieses »im Zweifelsfall« (Reifegrad nicht sicher festzustellen) laut geltender Rechtsprechung so geschehen muss. Dafür sei entscheidend festzustellen, »ob Entwicklungskräfte noch in größerem Umfang wirksam« seien. (BGH 1958). Keine Bedeutung spielt der § 105 JGG dagegen bei Verkehrsdelikten. Hier wird mit dem Erwerb des Führerscheins die »Erwachsenenreife« quasi vorausgesetzt.

Im allgemeinen Strafrecht besteht vor Gericht damit die Situation, dass 18- bis 21-Jährige sowohl von Jugend- wie von Erwachsenenpsychiatern begutachtet werden, je nachdem, wie die Staatsanwaltschaft oder das Gericht die Täterpersönlichkeit primär einschätzen und welche Sachverständigen orts- und zeitnah zur Verfügung stehen.

Mit einer Begutachtung nach § 3 JGG sollte demgegenüber immer ausschließlich ein Jugendpsychiater beauftragt werden – einerseits wegen der Anwendbarkeit nur im Jugendalter und andererseits wegen der Komplexität der zu befindenden Bedingungsgefüge.

58.1.2 Begutachtung der Reife

Begutachtung der Reife nach § 3 JGG

! Im Sinne des § 3 Jugendgerichtsgesetz (JGG) ist – ausschließlich zwischen dem Alter von 14 bis 18 Jahren – über die Fähigkeit zu befinden, ob eine sittliche und geistige Reife vorliegt, die eine Unrechtserkenntnis hinsichtlich des Tatgeschehens begründet. Erst dann ist eine »Strafmündigkeit« gegeben.

Danach ist in einem zweiten Schritt die Frage zu klären, ob eine vorhandene Unrechtserkenntnis angesichts der je spezifischen Situation auch wirksam sein konnte.
Diese Verantwortungsreife muss vom Gericht in *jedem* Strafverfahren gegen Jugendliche positiv festgestellt werden und ist im Urteil begründet darzulegen.
Sittliche Reife bezieht sich nicht auf eine Erkenntnis, dass ein bestimmtes Tun strafbar sein könnte, sondern ausschließlich darauf, dass es »unrecht«, d. h. nicht rechtens im gesellschaftlichen Zusammenleben ist. Hierbei ist bedeutsam, dass für die meisten und vor allem schweren Delikte (Diebstahl, Vergewaltigung, Körperverletzung) ein Unrechtsbewusstsein sehr viel früher ausgereift ist als erst mit dem 14. Lebensjahr. Ausreichend dazu wäre die Äußerung eines Kindes: »Das ist gemein!«
Als »Marker« einer moralischen Reifung wird für typische Situationen oder Sachverhalte ein »Unrechtsgefühl« angenommen, womit Ostendorf (2003a) die emotionale Verankerung des Unrechtsbewusstseins beschreibt. Ein Unrechtsgefühl ist immer mit Bezug auf den konkreten Deliktvorwurf zu betrachten und entsteht durch Identifikation mit den Vorgaben der Eltern oder elterlichen Bezugspersonen. Nur in Identifikation mit extrem devianten Sozialisationsbedingungen kann es bei einfachen Sachverhalten vorkommen, dass mit 14 Jahren eine sittliche Reife nicht erreicht ist.
Die **geistige Reife** im Sinne des § 3 JGG meint mit Ostendorf (2003a) in Ergänzung zur sittlichen Reife eine kognitive Unterscheidungsfähigkeit in Recht und Unrecht, nach Eisenberg (1993) darüber hinaus eine »Verstandesreife« mit der Beurteilungsfähigkeit, dass ein konkretes Tun Unrecht sei. Diese Frage stellt sich etwa in der Hinsicht, ob aus Gründen der Verstandesreife für einen Jugendlichen absehbar war, dass ein »Zündeln« in einer Scheune zur Gefährdung des anliegenden Wohnhauses und der darin wohnenden Menschen führen kann.
In Abgrenzung dazu besteht der Begriff des »Verbotsirrtums« (Voraussetzung: der § 3 JGG wird zuvor bejaht).

Fallbeispiel

Der 15-jährige M. hatte ungeschützten Sex mit der eben 13-jährigen, noch kindlichen C. Ein »Unrechtsgefühl« bestand bei M. insofern, als die C. eigentlich die Freundin des 16-jährigen K. war, und er drängte sie zur Geheimhaltung dieser Aktivität, prahlte jedoch vor Dritten damit. Kognitiv bestand bei dem durchschnittlich begabten Hauptschüler eine deutliche Einsicht in die Gefahren des ungeschützten Verkehrs und in seine Verantwortungslosigkeit gegenüber einer unerwünschten Schwangerschaft. Der Gutachter bejahte die sittliche und geistige Reife, arbeitete jedoch einen Verbotsirrtum dahingehend heraus, dass dem M. nicht klar gewesen war, wie sehr er die Stellung des Älteren gegenüber dem Mädchen ausgenutzt hatte und dass er bezüglich der gesellschaftlichen Norm den Tatbestand des sexuellen Missbrauchs erfüllte.

Da der § 3 JGG einen Gültigkeitsbereich bis zum Alter von 18 Jahren aufweist, wird dieses Alter zur Bezugsgröße: Allen Erwachsenen wird ein »ausgereiftes«, verinnerlichtes gesellschaftliches Normensystem unterstellt und damit auch, dass die Einsichtsfähigkeit und die Fähigkeit, demgemäß zu handeln, für jedes Delikt und in jeder Situation voll ausgeprägt ist.
Die psychiatrische Einschätzung der Strafreife ist retrospektiv für den Zeitpunkt des Tatvorwurfs zu treffen. Oft muss daher auf Kontextmerkmale zurückgegriffen werden, die Hinweise auf ein vorhandenes Unrechtsgefühl und Unrechtsbewusstsein ergeben, wie z. B.:
- vor dem Zeitpunkt des Tatvorwurfs erlebte Sanktionen oder Ermahnungen für ein ähnliches eigenes Verhalten (durch Familie, Lehrer, Jugendgruppenleiter, Nachbarn)
- vor dem Zeitpunkt des Tatvorwurfs erlebte Missbilligung ähnlichen Verhaltens Dritter durch emotional bedeutsame Erwachsene
- Erfahrungen aus dem Lebensumfeld mit dem Kontext des Tatvorwurfes (Umgang mit Feuer bei Brandstiftungsvorwurf)
- erlebte Strafverfolgung Dritter für ähnliches Verhalten
- Verdeckungshandlungen vor oder nach erfolgter Tat bzw. Taten
- Stillschweigegebote gegenüber Zeugen
- Leugnen der Tatvorwürfe
- Wiedergutmachungshandlungen im Anschluss

Bedeutsam ist das Verhalten unmittelbar nach den Tatvorwürfen, da ähnliche Merkmale wie die eben genannten auch aus Scham nach den ersten Reaktionen der Umgebung entstehen können.
Die zweite Stufe einer Begutachtung nach § 3 JGG betrifft die **Fähigkeit, sich im Sinne der vorhandenen Unrechtseinsicht zu verhalten:** »So kann ein aus einer devianten familiären Umgebung stammender Jugendlicher es sich ggf. aus Reifegründen *trotz* vorhandener Unrechtseinsicht nicht erlauben, eine gegen das Familienwertesystem gerichtete Entscheidung zu treffen.

Kommentaren zum § 3 JGG zufolge ist dies nur in besonders ausgeprägten Fällen zu berücksichtigen (z. B. wenn der Familienunterhalt im Wesentlichen aus Eigentumsdelikten resultiert und es zur subkulturellen Familienehre gehört, der Strafverfolgung geschickt zu entkommen). Zwar ist dann durch multiple familiäre Erfahrungen mit Strafverfolgungsinstanzen das Unrechtswissen klar zu bejahen, dieses ist jedoch emotional nicht auf eine Weise verankert, dass es an der Familienideologie vorbei handlungsleitend würde.« (Schepker u. Toker 2007)

Ähnliche Konstellationen sind denkbar im Rahmen von Gruppendelikten: Die Fähigkeit, sich nach einer Unrechtseinsicht zu verhalten, erfordert dann eine aktive Distanzierungsfähigkeit von expliziten oder impliziten Aufforderungen. Hierbei könnte eine Strafmündigkeit z. B. bei folgenden Voraussetzungen bezweifelt werden:

- starke Beeindruckbarkeit des Angeklagten aus Gründen mangelnder persönlicher Reife und geringer Selbstständigkeit
- sehr dominante, oft ältere Persönlichkeit eines Haupttäters, die eine extrem gut ausgeprägte Abgrenzungsfähigkeit erfordert hätte
- innerfamiliäre Delikte unter dem Einfluss von Loyalitätsbindungen
- negative persönliche Vorerfahrungen mit den Konsequenzen von Verweigerungshaltungen

Begutachtung der Reife nach § 105 JGG

> Eine Begutachtung nach § 105 Jugendgerichtsgesetz (JGG) hat ausschließlich zum Inhalt, den allgemeinen Entwicklungsstand zum Tatzeitpunkt in Hinsicht auf die »sittliche und geistige Entwicklung« zu bestimmen, insbesondere in Hinblick darauf, ob die Schwelle zum Erwachsensein überschritten ist oder nicht. Somit bezieht sich die Begutachtung nicht auf den Tatvorwurf, sondern nur auf die Persönlichkeit des Täters im Alltagsverhalten.

Der § 105 JGG unterstellt normativ, dass mit Ende des 21. Lebensjahres der Erwachsenenstatus erreicht ist. Verschiedene Versuche, hier Kriterien kategorial zu fassen, sind nie vollständig befriedigend gelöst worden. Am bekanntesten sind die »Marburger Richtlinien« in der Überarbeitung von Esser et al. (1991) (Tab. 58-1). Von einem schematischen Anwenden dieser Tabelle ist abzuraten, da jeweils der Kontext der Lebensumwelt einbezogen werden muss und sich dieser seit deren Entstehen stark verändert hat:

- So ist zu befinden, ob bei einem arbeitslosen Heranwachsenden ein »ernsthaftes Verhältnis zur Arbeit« mangels Chancen bei einer hohen Arbeitslosenquote der Umgebung überhaupt entstehen konnte oder ob andererseits die Arbeitslosigkeit durch mangelhafte Arbeitsdisziplin bzw. pubertäres Trotzverhalten erst entstanden ist.
- Der Umgang mit Sexualität ist vor dem Hintergrund der jeweiligen jugendlichen Subkultur, den Dating-Gewohnheiten (One-Night-Stands als normativ) etc. zu befinden; hier ist ein riskantes Sexualverhalten eher ein Indikator für »unerwachsenes« Verhalten.
- Auch eine Heirat oder eine Elternschaft an sich ist kein Beleg für die Erwachsenenreife, sondern es muss genau der Umgang mit eigenen Kindern, die Fähigkeit zur Verantwortungsübernahme betrachtet werden.

Ein Gutachter zum § 105 JGG sollte sich sehr genau Rechenschaft darüber abgeben, ob ein Abgleich mit den möglichen Lebensentwürfen der Heranwachsenden und dem (sub-)kulturellen Umfeld erfolgt ist.

Zusätzliche Kriterien aus heutiger Sicht zur Feststellung der Erwachsenenreife in Abgrenzung zu Jugendlichen wären:

- Aushandlungsprozesse mit der Herkunftsfamilie
- Autonomie als innere, nicht äußere (Wohn-)Autonomie
- Fähigkeit zur Haushaltführung und eigenen Finanzplanung
- Freizeitaktivitäten

Tab. 58-1 Gegenüberstellung jugendlicher und erwachsener Lebenshaltungen (nach Esser et al. 1991)

Lebenshaltung Jugendlicher	Lebenshaltung Erwachsener
leben im Augenblick	realistische Lebensplanung
starkes Anlehnungsbedürfnis, Hilflosigkeit gegenüber Eltern	Eigenständigkeit gegenüber Eltern
starkes Anlehnungsbedürfnis, Hilflosigkeit gegenüber Gleichaltrigen	Eigenständigkeit gegenüber Peers und Partnern
spielerische Einstellung gegenüber Schule und Arbeit	ernsthafte Einstellung gegenüber Schule und Arbeit
kindlicher äußerer Eindruck	erwachsener Habitus
Tagträume, Abenteurertum, Hineinleben in selbstüberhöhende Rollen	realistische Alltagsbewältigung
Freunde überwiegend jünger	Freunde gleich alt oder älter
labile Beziehungen, Bindungsschwäche	Bindungsfähigkeit
ungebundene zufällige Sexualität	Integration von Eros und Sexus, sexuelle Kontakte in persönlichen Bindungen
Stimmungswechsel ohne adäquaten Anlass, jugendliche Stimmungslabilität	konsistente berechenbare Stimmungslage

- Selbstständigkeit in Orientierungsleistungen in der Gesellschaft (Verkehr, Kommunikation)
- Reife der sozialen Informationsverarbeitung (d. h. Empathiefähigkeit)
- Fähigkeit, sich souverän zwischen verschiedenen moralischen Erlebens- und Handlungswelten zu orientieren

Zu Beziehungen und Unterschieden der §§ 3 und 105 JGG und 20/21 StGB

> Im Gegensatz zu § 3 Jugendgerichtsgesetz (JGG) orientiert sich eine Fragestellung nach § 105 JGG nicht am Tatvorwurf, sondern nur an der Persönlichkeit des Täters im Alltag.

Während nach § 3 JGG vor der Eröffnung eines Verfahrens gegen einen 14- bis 18-Jährigen die Strafreife positiv festgestellt sein muss, wozu primär die Jugendgerichtshilfe gefragt ist, hat der Ausgang einer Fragestellung nach § 105 JGG keine Auswirkungen auf die Frage, ob eine Verhandlung stattfindet oder nicht.

Damit steht im Gegensatz zum § 3 JGG eine Begutachtung nach § 105 JGG nie im Dilemma, abwägen zu müssen, ob eine Verzögerung der geistigen Reife bezogen auf den spezifischen Deliktvorwurf nun eher mit den Kategorien der § 20/21 Strafgesetzbuch (StGB) zu erklären sei oder mit den Kategorien des § 3 JGG.

Liegt eine geistige Behinderung vor, ist diese unter die Eingangskriterien des »Schwachsinns« im Rahmen der §§ 20/21 StGB zumindest dann zu fassen, wenn der Tatvorwurf einen komplexen Sachverhalt beinhaltet, der geistig schwer zu erfassen ist (z. B. Scheckfälschung) und nicht auch gleichaltrigen geistigen Behinderten sofort als Unrecht einsichtig ist (wie z. B. Körperverletzung).

Als eine eher reifungsbedingte Ursache, nicht für strafmündig befunden zu werden, dürfte auch bei schwer Intelligenzgeminderten eine mangelnde Fähigkeit gelten, sich im Rahmen eines Gruppen- oder innerfamiliären Deliktes unter dem Einfluss dominanter Persönlichkeiten nicht abgrenzen zu können – diese Fähigkeit kann unabhängig von der Intelligenz bei späteren Entwicklungsschritten im Leben noch nachgeholt werden. Somit darf bei einer Begutachtung zum § 3 JGG auch die Entwicklungsdimension berücksichtigt werden – etwa ungünstige elterliche Vorbilder oder andere Sozialisationsfaktoren, die dazu geführt haben können, dass eine »Unrechtseinsicht« sich nicht entwickeln konnte. Eine Betrachtung nach den §§ 20/21 StGB bezieht demgegenüber zwar die Alltagsfähigkeiten des Probanden im Querschnitt ein, um die Feststellung zu treffen, dass z. B. ein »Schwachsinn« vorliegt. In der zweiten Stufe geht es dann ausschließlich um die konkrete Tatsituation und die dort vorhandenen Einsichts- und Steuerungskräfte.

Für den Gutachter ist zusätzlich bedeutsam zu wissen, dass aus der Konkurrenz der Betrachtungen einer Persönlichkeit im Sinn des § 3 JGG oder im Sinne der §§ 20/21 StGB sehr unterschiedliche Rechtsfolgen erwachsen können: Während bei festgestellter fehlender Einsicht nach § 3 JGG keine Strafe erfolgt, aber Maßnahmen der Familien- oder Vormundschaftsgerichtsbarkeit (Sorgerechtsentzug, Heimunterbringung auch mit Freiheitsentzug u. a.) richterlich angeordnet werden können, stellt sich bei einer Schuldunfähigkeit oder -minderung nach den §§ 20/21 StGB (s. u.) unabhängig vom Strafmaß die Frage nach einer Unterbringung im Maßregelvollzug nach § 63 StGB.

Neben einer einem Jugendlichen gleichzustellenden allgemeinen Reife kann Jugendstrafrecht auch dann angewendet werden, wenn »es sich nach der Art, den Umständen oder den Beweggründen der Tat um eine Jugendverfehlung handelt« (§ 105 Abs. 1 Ziff: 2 JGG). Die Einschätzung dessen unterliegt allein dem Tatrichter, nicht einem Sachverständigenbeweis; und ist nicht Gegenstand einer Begutachtung.

58.1.3 Begutachtung zur Schuldfähigkeit im Übergang Jugendliche – Erwachsene

Grundsätzliches

Die formalen Kriterien des Gesetzestextes lauten für Jugendliche und Erwachsene gleich. Bei der Begutachtung muss in einem zweischrittigen Prozess vorgegangen werden: Zunächst wird im initialen **psychopathologisch-diagnostischen Schritt** das Vorliegen eines der Eingangskriterien der §§ 20/21 StGB geprüft. Hier ist die Frage zu beantworten, ob eine
- krankhafte seelische Störung,
- tiefgreifende Bewusstseinsstörung,
- ein »Schwachsinn« oder
- eine schwere andere seelische Abartigkeit

vorliegt.

Im zweiten Schritt, dem **psychopathologisch-normativen Schritt,** ist zu befinden, ob diese Störung in ursächlichem Zusammenhang zur Anlasstat steht, d. h. ob die Tat »im Lichte der Störung« in einem Zustand von aufgehobener oder erheblich verminderter Einsichtsfähigkeit entstand oder ob störungsbedingt die Fähigkeit beeinträchtigt oder gar aufgehoben war, sich nach dieser Einsicht zu verhalten. Hier geht es um Aussagen zur Krankheitsdynamik, Kritikfähigkeit und Fähigkeit zur Impulskontrolle, aber auch zum Empathievermögen bzw. der Fähigkeit eines psychisch gestörten Menschen, soziale Interaktionen adäquat zu erfassen, zu bewerten und zu gestalten sowie in ihnen zu agieren.

Die psychopathologisch-diagnostische Ebene

Beim Umgang mit den Eingangskriterien der Schuldfähigkeitsparagraphen muss beachtet werden, dass diese nicht mit modernen Krankheitskonzepten deckungsgleich sind. Sie fußen z. B. bei der Unterscheidung zwischen der krankhaften seelischen Störung und dem Merkmal »einer schweren anderen seelischen Abartigkeit« auf ätiologisch orientierten Krankheitskonzepten (insbesondere dem triadischen System von Kurt Schneider 1992), die in den aktuellen psychiatrischen Klassifikationen keine entscheidende Rolle mehr spielen. Zum Verständnis der Begrifflichkeiten werden die Eingangskriterien nachfolgend kurz vorgestellt und hinsichtlich der Besonderheiten für Jugendliche bzw. Heranwachsende diskutiert.

Bei Jugendlichen und Heranwachsenden sind die diagnostischen Kriterien für eine **krankhafte seelische Störung** im Sinne einer psychiatrischen Erkrankung nach den gängigen Klassifikationsschemata im Wesentlichen gleich definiert. Jedoch kann die Feststellung einer ICD- bzw. DSM-Diagnose nicht mit dem juristischen Begriff der krankhaften seelischen Störung gleichgesetzt werden. Dieser orientiert sich nämlich

- an einer organischen Verursachung des Leidens (exogene und endogene Psychose nach Schneider 1992) und soll
- auch eine Qualifizierung hinsichtlich eines gravierenden, die Persönlichkeit massiv beeinträchtigenden Schweregrades beinhalten.

Für die jugendpsychiatrische Begutachtung ist zusätzlich wichtig zu erwähnen, dass die Rechtsprechung einen hohen Schweregrad einer psychiatrischen Störung erfordert, die aus ihrer Charakteristik hinaus *erhebliche* Auswirkungen auf die Einsichts- oder Steuerungsfähigkeit haben kann (d. h. eine psychiatrische Störung »vom Ausmaß einer Psychose«). So ist beispielsweise eine positiv diagnostizierte Aufmerksamkeitsdefizit-Hyperaktivitätsstörung (ADHS) selten geeignet, als Eingangskriterium zu dienen, da die Steuerungsfähigkeit trotz biologisch bedingt erhöhter Impulsivität prinzipiell als vorhanden einzuschätzen ist. Anders ist etwa in einer akuten manischen Phase regelhaft mit einer erheblichen Einschränkung der Einsichts- und Steuerungsfähigkeit zu rechnen. Eggers und Röpcke (2003) weisen darauf hin, dass dieser Zustand retrospektiv bei Jugendlichen in der Begutachtung diagnostisch schwer zu fassen sei. Andererseits sei »die Schuldfähigkeit (…) eine Fähigkeit, die durch eine schizophrene Erkrankung nicht generell oder manische Störung nicht generell und auf Dauer vermindert oder zerstört wird« (Eggers u. Röpcke 2003, S. 187). Das gelte analog auch für schizoaffektive, depressive oder manische Störungen.

Differenziert zu betrachten sind bei Jugendlichen und Heranwachsenden die ebenfalls unter das Kriterium der »krankhaften seelischen Störung« zu subsumierenden *Intoxikationszustände*. Hier ist hervorzuheben, dass bei Jugendlichen eine Dosis-Wirkungs-Beziehung von Alkohol nicht klar besteht: einerseits aufgrund des schnelleren hepatischen Stoffwechsels, andererseits aufgrund der gelegentlich deutlicheren Auswirkungen vor allem in Kombination mit Glukosezufuhr und der unterschiedlichen somatischen Auswirkung von Trinkerfahrung und Trinkschnelligkeit. Hier ist jeweils, ggf. durch Zeugenbefragung in der Hauptverhandlung, die allgemeine situative, psychische und motorische Handlungsfähigkeit genau zu erheben.

Noch schwieriger, da illegale Drogen mit sehr unterschiedlichen Wirkkonzentrationen gehandelt werden, sind die Auswirkungen von *Drogeneinfluss* einzuschätzen und mit »Schutzbehauptungen« des Angeklagten abzugleichen.

Auch sind – trotz gleicher Definitionen in DSM-IV und ICD-10 – die Suchtkriterien für Jugendliche von denen für Erwachsene abzugrenzen (s. Kap. 22), wobei bei einem regelmäßigen und länger dauernden Konsum eine Steuerungsfähigkeit eher vorauszusetzen ist als bei einer Straftat mit dem Ziel der Drogenbeschaffung im akuten Entzug. Hierbei muss berücksichtigt werden, dass bei Jugendlichen Entzugssymptome im Allgemeinen deutlich seltener auftreten als bei Erwachsenen.

Relevant für die gutachterlichen Schlussfolgerungen sind damit sowohl psychodiagnostische als auch toxikologische oder drogenanamnestische Kriterien und die Bewertung der situativen Wechselwirkungen. Zu beachten sind wie bei Erwachsenen die typischen Ausschlusskriterien für eine substanzbedingte Einschränkung (detailreiche Erinnerung, komplexe nicht automatisierte Handlungsabläufe, Reaktionsfähigkeit auf äußere Reize, Fähigkeit zur Selbstreflexion angemessen dem Entwicklungsstand).

Das Eingangskriterium der **tiefgreifenden Bewusstseinsstörung** wird zumeist synonym für affektive Ausnahmezustände benutzt. Auch hier geht es jedoch um eine weitere Quantifizierung, wobei die akut einsetzende hochgradige affektive Erregung einen »pathischen Charakter« tragen soll. Das bedeutet, dass die hochgradige Erregung den Täter nicht bewusst handeln lässt, vielmehr soll infolge der affektiven Erregung etwas mit ihm geschehen. Da das unmittelbare Tatgeschehen hier sozusagen diagnostisches Gewicht erhält, lässt sich dieses Merkmal nur schwer von Erörterungen zur Steuerungsfähigkeit abgrenzen. Es bietet einen breiten (nicht zuletzt auch normativen) Ermessensspielraum und löst bei vielen Gutachtern wegen der fehlenden Bindung an psychische Erkrankungen bzw. Störung Unbehagen aus. Es existieren unterschiedliche Versuche, sich diesem Begriff anzunähern (Übersicht bei Endres 1998), wobei der Arbeitsansatz von Saß (1983) trotz mancher Kontroverse über die Jahre hinweg am meisten Anerkennung gefunden hat. Dies mag entscheidend darin begründet sein, dass hier eine typische Konstellation herausgearbeitet wird, aus der dann Pro- (z. B. abrupter elementarer Ablauf) und Kontraargumente, z. B. mehrschrittiges Vorgehen, Vorbereitungshandlungen, für das Bestehen des Kriteriums abgeleitet werden.

Das gutachterliche Vorgehen bezüglich des Eingangskriteriums der »tiefgreifenden Bewusstseinsstörung« ist bei Jugendlichen und Heranwachsenden nicht wesentlich anders als beim Erwachsenen. Jedoch ist jugendtypisch die Möglichkeit besonders heftiger innerfamiliärer Konfliktspannungen z. B. bei innerfamiliären Gewaltdelikten zu berücksichtigen, die gelegentlich zu erheblichen, tatrelevanten Bewusstseinseinengungen führen können. Auch die Übertragung auf relevante Bezugspersonen (Lehrer, Vorgesetzte) ist immer wieder Gegenstand der gutachterlichen Erörterung. Weder bei Erwachsenen noch bei Jugendlichen lässt sich ein einheitliches Täterprofil identifizieren. Bei Jugendlichen sollte berücksichtigt werden, dass sie den Umgang mit Affektspannungen entwicklungstypisch erlernen, sodass die Einschätzung, ob mehr gegen die Entstehung des Affektes hätte unternommen werden können, eher eine akademische denn eine forensisch relevante ist.

Fallbeispiel

Ein 19-Jähriger hatte eine Fahrschulsekretärin mit einer herumliegenden Papierschere niedergestochen. Die Exploration ergab, dass er mit einer – wahrscheinlich unbehandelt schizophren erkrankten – in seine Alltagsangelegenheiten stark übergriffigen Mutter zusammenlebte und im Erwerb des Führerscheins eine – hochambivalent bewertete – Möglichkeit erkannt hatte, sich von der Mutter räumlich zu entfernen. Das Bestehen der schriftlichen Prüfung war problematisch. Ein überhörtes Telefonat der Sekretärin erwähnte den Vornamen der Mutter. In einer erheblichen affektiven Erregung stach der Heranwachsende zu und war anschließend tief erschüttert.

Das Eingangskriterium des »**Schwachsinns**« erfasst Störungen der Intelligenz ohne nachweisbare organische Ursache. Der IQ des Betroffenen kann hier als Richtwert dienen, er ersetzt jedoch insbesondere bei leichter geistiger Behinderung oder Grenzbegabung nicht die Analyse der sozialen Fertigkeiten und der Lebenssituation in direktem zeitlichem Zusammenhang zur Straftat. Schließlich können Umgebungswechsel bzw. Trennungen von Bezugspersonen oder Konflikte auch bei leichteren Fällen zu einer Dekompensation mit stark erschwerter Ein- und Umstellfähigkeit führen.

Angesichts des zunehmend häufigeren Migrationshintergrundes bei jungen Angeklagten sind die Probleme der Testgüte, d. h. der Normierung der meisten Intelligenzverfahren an deutschen Stichproben zu berücksichtigen (Schepker 2005).

Fallbeispiel

Bei einem analphabetischen Jugendlichen aus einer Roma-Flüchtlingsfamilie hatte der einheimische Psychologe mithilfe des Handlungsteils des HAWIK zielgenau einen IQ von 35 ermittelt. Neben der Unzulässigkeit derartig extrapolierender Messungen war nicht überlegt worden, dass dieser Jugendliche weder Erfahrung im Umgang mit Papier und Bleistift noch mit Konstruktionsspielzeug hatte. Eine Nachuntersuchung unter Berücksichtigung kultureller und Sozialisationsmerkmale in der Muttersprache ergab eine durchschnittliche Begabung.

Daher ist der Kliniker zur besseren Einordnung gut beraten, neben ggf. nur orientierenden Testverfahren eine klinische Diagnose der Intelligenzleistung (Merkfähigkeit, Ein- und Umstellfähigkeit, Schnelligkeit des Spracherwerbs nach Migration, Differenziertheit etc.) zu stellen, auch sind intentionale Haltungen mit dem Ziel evtl. schuldmindernder Verschlechterungen von Testergebnissen zu berücksichtigen.

Das letzte Eingangsmerkmal der **schweren anderen seelischen Abartigkeit** kann formal als Restkategorie gelten. In der Praxis kommt es hauptsächlich für Persönlichkeitsstörungen und Störungen der Sexualpräferenz zur Anwendung. In Abgrenzung zum ersten Merkmal »krankhafte seelische Störung« soll es hier um Störungen ohne organisches Korrelat gehen. Die Problematik dieser angesichts des heutigen Wissensstandes eher willkürlich anmutenden Unterscheidung kann anhand von Suchterkrankungen gut dargestellt werden: Bei konsequenter Anwendung dieses Grundsatzes müsste eine vorwiegend psychische Abhängigkeit unter diesem Merkmal und eine körperliche Abhängigkeit unter dem ersten Merkmal »krankhafte seelische Störung« erfasst werden. Allerdings blendet dieses Vorgehen unser heutiges Wissen um die biologischen Grundlagen der psychischen Abhängigkeit aus. Mit dem zunehmenden Erkenntniszuwachs über die biologischen Grundlagen und Auslösebedingungen von Persönlichkeitsstörungen wird die Anwendung dieser Kategorie jedoch nicht einfacher.

Bei Jugendlichen und Heranwachsenden setzt die Feststellung der sogenannten »schweren anderen seelischen Abartigkeit« voraus, dass bereits eine dauerhafte Deviation (nach DSM-IV-TR über mehr als 2 Jahre) feststellbar ist. Die Frage einer bereits manifesten Persönlichkeitsstörung stellt sich vor allem bei Sexualdelikten, bei Obsessionsdelikten und bei aggressiven Akten, die im Rahmen einer emotional-impulsiven Persönlichkeitsstörung vom Borderline-Typ erklärbar sind.

Hierbei sind besonders hohe Anforderungen an die Anamneseerhebung zum Nachweis einer kontinuierlichen Störung von erheblicher Schwere zu stellen (Habermeyer 2004), wobei regelhaft frühere Berichte und fremdanamnestische Angaben hinzuzuziehen sind.

Folgende hinweisende Kriterien können hier außerhalb der Anlasstat gelten:
- eingeschränkte Realitätskontrolle
- Affekt- und Impulssteuerungsschwächen
- partielle Regressionen
- Einengungen der allgemeinen Erlebens- und Handlungsfelder

> Im Zusammenhang mit der Anlasstat ist dabei zusätzlich eine besondere, psychosenahe Schwere der Realitätsverkennung zu fordern und ein Zusammenhang des Tatvorwurfs mit der diagnostizierten Störung herauszuarbeiten.

Fallbeispiel

Die 16-jährige Angeklagte hatte zweimal gefährliche Körperverletzungen begangen, von denen eine als Tötungsversuch gewertet wurde. Es handelte sich jeweils um fragliche »Nebenbuhlerinnen« in einer idealisierten, aber hochambivalenten Liebesbeziehung. In der Vorgeschichte fand sich, dass die Angeklagte als Drogenentzugsbaby Misshandlungen ausgesetzt gewesen war, bis zum Alter von 14 Jahren acht verschiedene Platzierungen seitens der Jugendhilfe hinter sich hatte und bereits früh durch erhebliche aggressive Spannungen und eine Serie impulsiver, teils autoaggressiver Handlungen aufgefallen war. Es waren mehrere, in der Regel kurze Psychiatrieaufenthalte erfolgt und disziplinarisch beendet worden. Obwohl Opfer eines Tötungsversuchs durch die eigene Mutter, idealisierte sie diese. Ebenso suchte die Angeklagte eine sehr enge Beziehungsgestaltung mit stets wechselnden Partnern, um das Alleinsein dadurch zu vermeiden. Alle hübschen gleichaltrigen Mädchen wurden im Sinne einer »Privatphilosophie« als existenzielle Bedrohung erlebt. Alkohol- und Drogenkonsum im Sinne eines Selbstregulierungsversuchs waren regelmäßig erfolgt. Es wurde gutachterlicherseits die Feststellung einer erheblichen Schuldminderung wegen verminderter Einsichtsfähigkeit auf dem Boden einer manifesten Borderline-Persönlichkeitsstörung empfohlen.

Da die Anwendung des Merkmals »schwere andere seelische Abartigkeit« sehr uneinheitlich erfolgte, wurden vor Kurzem nach intensiver Diskussion zwischen forensischen Psychiatern und Juristen von einer interdisziplinären Arbeitsgruppe am Bundesgerichtshof in Karlsruhe folgende Gesichtspunkte formuliert, die für die Einstufung einer Persönlichkeitsstörung als »schwere andere seelische Abartigkeit« sprechen können (Boetticher et al. 2005):
- erhebliche Auffälligkeiten der affektiven Ansprechbarkeit bzw. der Affektregulation
- Einengung der Lebensführung bzw. Stereotypisierung des Verhaltens
- durchgängige oder wiederholte Beeinträchtigung der Beziehungsgestaltung und psychosozialen Leistungsfähigkeit durch affektive Auffälligkeiten, Verhaltensprobleme sowie unflexible, unangepasste Denkstile
- durchgehende Störung der Selbstwertregulation
- deutliche Schwäche von Abwehr- und Realitätsprüfungsmechanismen

Gegen die Einstufung einer Persönlichkeitsstörung als »schwere andere seelische Abartigkeit« sprechen demnach folgende Merkmale:
- Auffälligkeiten der affektiven Ansprechbarkeit ohne schwerwiegende Beeinträchtigung der Beziehungsgestaltung und psychosozialen Leistungsfähigkeit
- weitgehend erhaltene Verhaltensspielräume
- vereinzelte, zeitlich eng umschriebene Beeinträchtigungen der Beziehungsgestaltung und psychosozialen Leistungsfähigkeit, die vorwiegend in Zusammenhang mit situativen Faktoren stehen
- Schwierigkeiten bei der Selbstwertregulation ohne durchgängige Auswirkungen auf die Beziehungsgestaltung und psychosoziale Leistungsfähigkeit
- intakte Realitätskontrolle, reife Abwehrmechanismen
- durchgehend altersentsprechende biografische Entwicklung

Die Beachtung dieser Gesichtspunkte kann das Gutachten und die darin gezogenen diagnostischen Schlüsse transparenter und griffiger machen. Es geht jedoch keinesfalls darum, sie im Sinne einer Checkliste abzuhaken, vielmehr ist jeder Aspekt unter Berücksichtigung der individuellen Fallgeschichte differenziert zu überprüfen und in das Gesamtbild der Persönlichkeit einzuordnen.

Die psychopathologisch normative Ebene

> Im zweiten normativen Schritt geht es darum, zu beurteilen, ob die diagnostizierte Störung in der Tatsituation so stark ausgeprägt war, dass erhebliche Auswirkungen auf die Einsichts- oder Steuerungsfähigkeit resultierten. Um von verminderter oder gar vollständig aufgehobener Schuldfähigkeit sprechen zu können, sollte die Einsichts- oder Steuerungsfähigkeit des Täters in der Tatsituation infolge eines der im ersten Schritt festgestellten Merkmale erheblich vermindert (§ 21 StGB) bzw. aufgehoben (§ 20 StGB) gewesen sein.

Über die Fähigkeit des Gutachters, zu diesem Sachverhalt wissenschaftlich begründet Stellung zu nehmen, wurde über viele Jahre hinweg kontrovers diskutiert (Schneider 1956). Heutzutage herrscht jedoch Einigkeit darüber, dass auch sachverständige Aussagen zu dieser »normativen« (Schreiber 2000) Stufe der Schuldfähigkeitsparagraphen statthaft sind (Rasch 1999; Saß u. Kröber 1999; Venzlaff 2000).

Die Debatte wurde nicht zuletzt dadurch in Richtung auf die Handhabbarkeit dieser sogenannten normativen Stufe gelenkt, dass sich die psychiatrische Beurteilung nunmehr an einem pragmatischen Schuldbegriff orientiert, nach dem weniger die Frage der sittlichen Wahlfreiheit als vielmehr der Grad der störungsbedingten Beeinträchtigung einer vorausgesetzten normalen Bestimmbarkeit durch soziale Normen entscheidend ist (Schreiber 2003). Zu sachverständigen Aussagen über den Ausprägungsgrad dieser störungsbedingten Einschränkungen ist der Psychiater auf der Basis seines psychopathologischen Wissens durchaus in der Lage. Durch den Vergleich der psychopathologischen Merkmale des Probanden zur Tatzeit mit den aus klinischer Erfahrung bekannten Symptomkonstellationen definierter Krankheitsbilder kann die Einengung bzw.

der Verlust der Einsichts- und Steuerungsfähigkeit, die letztlich als Entscheidungs- bzw. Handlungskompetenz beschrieben werden kann (Habermeyer u. Hoff 2004), abgeschätzt werden. Beispielhaft geschieht dies im psychopathologischen Referenzsystem von Saß (1985, 1991).

Auch beim zweiten Schritt der Begutachtung im Kontext der Schuldfähigkeit wird also psychopathologisch vorgegangen, weshalb sie als »psychopathologisch normative Stufe« bezeichnet werden sollte. Hierzu ist zu beachten, dass die psychopathologische Analyse des Falles dem Juristen vermitteln soll, um welche Störung es sich handelt, welchen Schweregrad diese hat und in welcher Weise die festgestellte Störung Denken und Handeln Betroffener in welchem Ausmaß beeinflusst. Auf Basis dieser sachverständigen Erörterungen trifft der Jurist eine normative Entscheidung darüber, ob normgerechtes Handeln in der Tatsituation zumutbar war. Dem Psychiater wird also keine Entscheidung über den Begriff der Schuldfähigkeit zugemutet, vielmehr soll er lediglich als Gehilfe des Gerichts die Bewertungsgrundlagen für eine normative Entscheidung liefern.

Gefährlichkeitsprognose nach § 63 StGB

! Sofern eine Minderung der Schuldfähigkeit nicht nur nicht ausschließbar, sondern vom Sachverständigen positiv befunden wird, hat dieser sich regelhaft auch zur Gefährlichkeitsprognose betreffs einer Maßregel (§§ 7 und 63 StGB) zu äußern.

Der begutachtende (Jugend-)Psychiater ist vom Gericht über den Zustand des Jugendlichen in der Hauptverhandlung (!) und – in Kenntnis des in Betracht kommenden psychiatrischen Krankenhauses (s. u.) – über die Behandlungsaussichten zu vernehmen (Rn 46 zu § 43 JGG). Zwischen Tat und Verhandlung stattgefundene Entwicklungsfortschritte, Verbesserungen oder Verschlechterungen einer Störung in Strafhaft, Jugendhilfe oder Therapie müssen berücksichtigt werden.

Da bei Jugendlichen Untersuchungshaft nach JGG nur im Ausnahmefall zu verhängen ist und alternativ (»U-Haft-Vermeidung«) etwa eine Unterbringung in einer Heimeinrichtung erfolgen kann, ist es durchaus denkbar, dass in der Wartezeit auf die Hauptverhandlung unter pädagogischem Einfluss Veränderungen stattgefunden haben. Diese sind jedoch auch in der Untersuchungshaft (z. B. durch den hoch strukturierten Tagesablauf) nicht ausgeschlossen und in die Betrachtung einzubeziehen.

In die **Gefährlichkeitsprognose** sind bei Jugendlichen und Heranwachsenden (in Anlehnung an Konrad 1997) gleichermaßen folgende durch die Rechtsprechung festgelegte Kriterien einzubeziehen, die unabdingbar gegeben sein müssen, wenn eine forensische Unterbringung gutachterlicherseits in Betracht gezogen wird:

- Als Grundvoraussetzung müssen ein Eingangskriterium der § 20/21 StGB und zumindest eine erhebliche Minderung der Schuldfähigkeit voll zutreffen.
- Die Auslösetat steht mit der psychiatrischen Störung in engem, ursächlichem Zusammenhang.
- Die Korrigierbarkeit der zugrunde liegenden Störung (unter Einbezug der Entwicklung bis zur Hauptverhandlung) ist so gering, dass die Wiederholung ähnlicher, erheblicher Straftaten wahrscheinlich ist.
- Die zu befürchtenden zukünftigen Straftaten sind von so erheblichem Schweregrad, dass eine Gefährdung der Allgemeinheit daraus resultiert, sodass die Unterbringung in einer forensischen Abteilung verhältnismäßig ist.

Zusätzliche inhaltliche, weichere Kriterien beziehen sich auf die Art der Störung und die Behandlungsaussichten sowie den Behandlungsbedarf:

- Die psychische Störung muss von einer relativen Dauer sein, sodass sie nicht mehr als vorübergehend einzuordnen ist (psychotische Episode im Vergleich zu erstmanifestierter Schizophrenie). Hier ist zu berücksichtigen, dass nach DSM-IV-TR für Jugendliche bei Schizophrenie die gleichen Zeitkriterien wie für Erwachsene gelten. Für die belastbare Diagnose einer Persönlichkeitsstörung bei Jugendlichen, und so unseres Erachtens auch bei Heranwachsenden anzuwenden, ist ein stabiles Verhaltensmuster über eine Dauer von mindestens zwei Jahren unabdingbare Voraussetzung. Durch die Entwicklung pharmakotherapeutischer und sozialtherapeutischer Behandlungsmöglichkeiten für schizophrene Psychosen bei Jugendlichen und Heranwachsenden ist eine dauerhafte forensische Unterbringung dann nicht zwingend, wenn sich bis zur Hauptverhandlung eine deutliche Besserung der Störung abgezeichnet hat. Dieses stellt die Prämisse, dass im Rahmen einer Unterbringung nach § 126a Strafprozessordnung (StPO) eine Behandlung nicht erzwungen werden kann, ethisch in ein Dilemma (s. u.). Umgehrt ist bei Vorliegen von Intelligenzminderungen abzuwägen, in welchem Zeitraum und unter welchen Voraussetzungen ein Abnehmen der Gefährlichkeit durch Absolvieren entsprechender Reifungsschritte anzunehmen ist. Alternativen, etwa eine Unterbringung in einer Langzeiteinrichtung unter Betreuungsbedingungen, mit vormundschaftsrichterlicher Genehmigung auch geschlossener Führung (§ 1906 BGB), sollten in die gutachterlichen Erwägungen einfließen.
- Es muss – trotz fachlich gegenteiliger Meinungen – ein relativ hoher Behandlungsbedarf bestehen. Angesichts der gesunkenen Verweildauern in der Psychiatrie (Jugend- und Erwachsenenbereich gleichermaßen) ist eine mehrmonatige, intensive vollstationäre Behandlung, in der durch weniger eingreifende Maßnahmen als eine Unterbringung die Aufsicht gewährleistet ist, kaum noch verfügbar. Die Behandlung etwa einer Persönlichkeitsstörung oder jugendli-

cher Dissexualität ist nur an wenigen Zentren mit begrenzter Platzzahl möglich. Dieser Effekt führt bei Jugendlichen und Erwachsenen derzeit gleichermaßen zu einer Zunahme forensischer Aufnahmen. Vor dem Jugendgericht muss bei Jugendlichen dann gelegentlich final abgewogen werden, wie der Gefährlichkeit, die unbehandelt weiter bestehen würde, pragmatisch am besten abzuhelfen und dem Behandlungsbedarf nachzukommen ist. Bei Sexualdelikten ist die in Entwicklung begriffene jugendliche Sexualität zu berücksichtigen. Wie bei erwachsenen Tätern sind sadistische Fixierungen, eine hohe Anzahl von Opfern, Ritualisierungen aggressiver Sexualität prognostisch ungünstige Kriterien, die eine Unterbringung eher angeraten erscheinen lassen (s. u.). Jugendliche Besonderheiten wie »sexuelle Dranghaftigkeit« oder vorübergehende sadistische, fetischistische Neigungen und jugendtypisches Probierverhalten sind zu berücksichtigen. Dies gilt jedoch nicht für pädophile Neigungen, die nicht einfach einer »Übergangsphase« zuzuordnen sind, unabhängig davon, ob es sich hier um psychopathologisch relevante Phänomene handelt.

> Wenn somit hinter einer hohen Behandlungsbedürftigkeit bei der Nichtverfügbarkeit adäquater, hochfrequenter Behandlungsmöglichkeiten und eines sicheren Settings eine Gefährlichkeit über einen längeren Zeitraum der Entwicklung angenommen werden muss, wird eine forensische Unterbringung auch bei Jugendlichen mit einem prinzipiell zu unterstellenden Entwicklungspotenzial in Erwägung zu ziehen sein.

Dieses ist vor dem Jugendgericht regelhaft Gegenstand der Erörterung zwischen Gutachter und Jugendrichter, im Strafverfahren gegen Erwachsene wiederum unüblich. Die unterschiedlichen Versorgungsgrade in einzelnen Bundesländern mit Behandlungsmöglichkeiten im Jugendstrafvollzug und in sozialtherapeutischen Anstalten für Heranwachsende müssen dem jeweiligen Sachverständigen dabei geläufig sein.

58.1.4 Maßregelvollzug

Ein Maßregelvollzug im Sinne der §§ 63/64 StGB kann auch bei Jugendlichen verhängt werden, wenn eine oder mehrere Tat(en) in einem Zustand zumindest eingeschränkter Schuldfähigkeit begangen wurden und wenn die Unterbringung nicht unverhältnismäßig ist (§ 62 StGB). Nach § 7 JGG kann neben der Unterbringung in einem psychiatrischen Krankenhaus oder einer Entziehungsanstalt die Führungsaufsicht oder die Entziehung der Fahrerlaubnis angeordnet werden (§ 61 Nr. 1, 2, 5, 6 StGB). Der § 93a JGG erlaubt Vollzugslockerungen insbesondere für suchtkranke Jugendliche für den Besuch einer jugendtypischen, geeigneten Einrichtung. Daher werden Jugendliche eher selten nach Verhängung einer Maßregel nach § 64 StGB geschlossen untergebracht und juristische Stellungnahmen wie die von Ostendorf (2003b) unterstützen die Grundhaltung, dass eine Suchtbehandlung bei Jugendlichen unter geschlossenen Bedingungen nicht Erfolg versprechend und daher kaum indiziert sei.

Eine Stichtagserhebung (Weissbeck 2005) zeigte eine Prävalenz von im Maßregelvollzug (MRV) untergebrachten Jugendlichen und Heranwachsenden von 4–8/1 Mio. Einwohner (je nach Bundesland mit MRV-Einrichtung) und von 6–12/1 Mio. Einwohner im Erwachsenenalter. Dabei existieren bis heute nicht in jedem Bundesland Jugendmaßregelvollzugseinrichtungen. Trotz psychiatrischer Auffälligkeiten und trotz gutachterlicher Empfehlungen eines § 63 StGB kann in der Praxis in manchen Bundesländern keine Umsetzung der Maßregel erfolgen, da jugendspezifische Kapazitäten im Maßregelvollzug fehlen. Eine Unterbringung gemeinsam mit Erwachsenen verstößt jedoch gegen die UN-Kinderrechtskonvention und geltende Rechtsprechung (Urteil des Verwaltungsgerichtshofs Thüringen 2006) und hält nicht die erforderlichen jugendspezifischen Behandlungsangebote vor. Ein Aussetzen der Maßregel bzw. eine Umwandlung in Jugendstrafe verstößt wiederum häufig gegen die Erfordernis systematischer therapeutischer Einwirkung, verbietet beispielsweise oft das Durchführen einer Gruppenbehandlung bei Sexualdelinquenz, die nach einer Vorbereitungsphase als »Gold Standard« gilt (Schepker et al. 2006). Aus jugendpsychiatrischer Sicht müssen hier dringend – auch entgegen dem Faktum, dass der Maßregelvollzug in Länderhoheit geschieht – Plätze und praktikable therapeutische Lösungen geschaffen werden. Ein besonderes Problem ist dabei die zunehmende Gewaltdelinquenz von Mädchen – eine Mädchen-Forensik-Station existiert bundesweit nicht.

Die diversen existierenden Strukturen mit unterschiedlichen Graden der Trennung von Jugendlichen und Erwachsenen beschreiben Häßler und Schepker (2007) wie folgt: Gründe für die Trennung von Jugendlichen und Erwachsenen seien der Schutz der Jugendlichen, die nicht abgeschlossene Persönlichkeitsentwicklung, die Schulpflicht und anzustrebende berufliche Integration sowie die Möglichkeit altersspezifischer Bindungen an Peers. Therapeutisch muss selbstverständlich die Methodenvielfalt der Kinder- und Jugendpsychiatrie (oft erforderlich: Familientherapie) ebenso verfügbar sein wie für andere psychisch kranke Jugendliche. »Bezüglich dieser Prämisse existieren verschiedene Modelle, die je nach Bundesland unterschiedlich umgesetzt werden und worden sind: Solitärer Jugendmaßregelvollzug, Jugendmaßregelvollzug als strukturell und organisatorisch eigenständige Einheit an eine Klinik für Kinder- und Jugendpsychiatrie angegliedert, Jugendmaßregelvollzugsplätze in einer Klinik für Kinder- und Jugendpsychiatrie und der strukturell und weitestgehend organisatorisch separierte Jugendmaßregelvollzug in einer Forensischen Klinik/Entziehungsanstalt.« Zu präferieren sei »ein weitestgehend eigenständiger Jugendmaßregelvollzug, integriert in eine Klinik für Kinder- und Jugendpsychiatrie bzw. an einer Klinik für Forensische Psychiatrie« (Häßler u. Schepker 2007).

Es ist nachvollziehbar, dass bei dieser Diversität von Einrichtungen eine Outcome-Forschung praktisch inexistent ist. Dabei sind die Prognosen insgesamt für (erwachsene) aus dem Maßregelvollzug entlassene Patienten günstig: Jehle et al. (2003) untersuchten 695 aus einer psychiatrischen Maßregel Entlassene, von denen sich 82 % legal bewährten. Nur 22 % der Rückfälligen hatten erneut eine Freiheitsstrafe von bis zu zwei Jahren erhalten. Insgesamt 8 % der 1994 aus dem psychiatrischen Maßregelvollzug Entlassenen zeigten einen gravierenden Rückfall. Weitaus ungünstiger scheint die Bewährungsquote der aus der Entziehungsanstalt Entlassenen zu sein, wo immerhin 60 % der 1053 im Jahr 1994 Entlassenen eine Folgeentscheidung aufweisen. Ergebnisse aus dem Jugendmaßregelvollzug fehlen.

Dies hängt auch damit zusammen, dass je nach der unterschiedlichen Struktur der Maßregelvollzugseinrichtung und den Routinen von Lockerungsentscheidungen in den einzelnen Bundesländern Übergänge von Jugendlichen nach Erreichen der Altersgrenze in den Erwachsenenbereich stattfinden. Die dazugehörigen unterschiedlichen Behandlungsphilosophien reichen vom automatischen Übergang in den Erwachsenen-MRV nach Erreichen der Altersgrenze von 18 Jahren über den Übergang im Alter von 21 Jahren (Abschluss des »Heranwachsenden-Status« im Sinne des § 105 JGG) bis hin zu einem individuell indizierten, am Entwicklungsstand orientierten Übergang. Teilweise wird differenziert in (zahlenmäßig überwiegende) Maßregeln nach § 64 StGB für suchtkranke Jugendliche, deren Aufenthalt auf zwei Jahre begrenzt ist, und solche nach § 63 StGB.

Die Experten des Jugendmaßregelvollzugs (Häßler u. Schepker 2007) fordern hierzu, dass mindestens der Facharztstandard für Kinder- und Jugendpsychiatrie und die entsprechenden Leitlinien einzuhalten seien, das Recht auf Schul- und Berufsbildung einzulösen sei und dass »im Gegensatz zur psychiatrischen Behandlung Erwachsener (…) bei der Behandlung von Jugendlichen und nach dem Jugendstrafrecht verurteilter Heranwachsender auch ein erzieherisches Ziel verfolgt werden« müsse. Diesem Anspruch werde auch durch das Anwenden der Psychiatrie-Personalverordnung (PsychPV) Rechnung getragen, die ein multiprofessionelles Team mit pädagogischer Kompetenz und eine deutlich stärkere Personalausstattung als in der Erwachsenpsychiatrie vorsehe. Durch die zusätzlichen Aufgaben der Sicherung sei dieser mindestens einzuhalten.

58.1.5 Prognosebegutachtung

Die Problematik der Prognosestellung in der forensischen Psychiatrie wurde fachintern wiederholt und ausführlich thematisiert. Zunächst ging es dabei um die Vor- und Nachteile eines klinisch-intuitiven bzw. statistischen Vorgehens (Leferenz 1972). Rasch (1985, 1999) und Leygraf (2000) betonten in der Folge mit guten Argumenten die Wichtigkeit einer sorgfältigen Analyse von vier wesentlichen Themenbereichen:
- der Anamnese, vor allem hinsichtlich früherer Delinquenz
- der aktuellen Täterpersönlichkeit
- dem Verlauf seit Tatbegehung
- der Zukunftsperspektiven

Nedopil (2000) schließt sich dieser Sichtweise an, skizziert darüber hinaus aber auch eine Tendenz von der intuitiven Prognose hin zu einer kriterienorientierten Vorhersage künftiger Delinquenz. Dieser Prozess wurde durch die auf empirische Daten gestützte Entwicklung verschiedener Untersuchungsinstrumente befördert, die kriminelle Risikofaktoren standardisiert erfassen. Zu erwähnen sind in diesem Zusammenhang Göppingers kriminovalente Konstellationen (1983, 1985, 1997), die Integrierte Liste der Risikovariablen von Nedopil (1997), Dittmanns Kriterienliste zur Beurteilung des Rückfallrisikos besonders gefährlicher Straftäter (2003), der Violent Recidivism Assessment Guide (VRAG) von Harris et al. (1993) und die Prädiktorenliste der »McArthur Risk Study« (Monahan u. Steadman 1994).

Wegen ihrer grundlegenden Bedeutung für die deutsche Auseinandersetzung mit dieser Problematik soll kurz auf die **Kriteriologie von Göppinger** eingegangen werden. Sie fußt auf den Ergebnissen der Tübinger Jungtäter-Vergleichsuntersuchung (Göppinger 1983), bei der 200 Straftäter im Alter von 20 bis 30 Jahren, die mindestens sechs Monate Haft zu verbüßen hatten, mit einer gleichaltrigen Vergleichsgruppe verglichen wurden. Es zeigte sich, dass bei den Häftlingen (in 60,5 % der Fälle) und insbesondere bei denjenigen mit Eigentums- und Vermögensdelikten (in 81 % der Fälle) häufig eine kriminorelevante Konstellation mit
- Vernachlässigung des Arbeits- und Leistungsbereiches sowie familiärer und sonstiger sozialer Pflichten,
- fehlendem Verhältnis zu Geld und Eigentum,
- unstrukturiertem Freizeitverhalten und
- fehlender Lebensplanung

vorlag.

Als kriminoresistente Faktoren konnten demgegenüber
- die Erfüllung sozialer Pflichten,
- ein adäquates Anspruchsniveau,
- Gebundenheit an eine geordnete Häuslichkeit und
- reales Verhältnis zu Geld und Eigentum

gelten, die bei 79,5 % der Vergleichsprobanden und nur bei 6 % der Häftlinge gefunden wurde.

Der kriminorelevanten Konstellation kommt somit eine »herausragende prognostische Bedeutung« (Göppinger 1985, 1997) für den Bereich der Eigentumsdelikte zu. Bei Vorliegen aller Kriterien sei es nahezu ausgeschlossen, dass es nicht zu einschlägiger Delinquenz komme. Göppingers Kriteriologie wurde in Deutschland intensiv diskutiert und differenziert, wobei eine Kriteriologie mit zehn Kriterien, die kriminalitätsgefährdend sind (K-Kriterien), und 13 kriminoprotektiven Faktoren, die das Verhalten einer sozial und strafrechtlich unauffälligen Durchschnittspopulation (D-Kriterien) charakterisieren, formuliert wurden (Göppinger 1997).

Im Vordergrund des wissenschaftlichen Interesses stehen aktuell allerdings die »Historical, Clinical and Risk Variables« (HCR-20) von Webster et al. (1997) und die »Psychopathy Checklist Revised« (PCL-R) von Hare (1991).

Der **HCR-20** liegt bereits seit mehreren Jahren in deutscher Übersetzung vor (Müller-Isberner et al. 1998), er versteht sich als Prognose-Checkliste für zukünftiges gewalttätiges Verhalten. Die Fremdbeurteilungsskala kann im Kontext der psychiatrischen Prognosebegutachtung als »Aide-Mémoire« zur Erfassung von 20 Risikofaktoren für zukünftiges gewalttätiges Verhalten eingesetzt werden. Diese gliedern sich in drei Bereiche, deren englischsprachige Anfangsbuchstaben den Namen des Untersuchungsinstrumentes bilden. Erfasst werden

- Aspekte aus der Vergangenheit (History),
- klinische Variablen (Clinic) und
- zukünftige Risikofaktoren (Risk).

Obwohl der HCR-20 ursprünglich für psychisch Kranke oder Probanden mit Persönlichkeitsstörungen entwickelt wurde, gibt er eine Struktur vor, die auch kriminologische Risikofaktoren erfasst, ohne ausschließlich auf psychopathologische Phänomene abzuheben. Dies gilt insbesondere für die zehn Items zur Vorgeschichte, denen bei der Beurteilung von Strafgefangenen besondere Bedeutung zugemessen wird (Douglas u. Webster 1999; Müller-Isberner et al. 1998).

Bestandteil der historischen Items der HCR-20 ist das »Psychopathy«-Konzept von Hare (1991). »Psychopathy« umschreibt eine Gruppe von Persönlichkeiten, die durch einen ausbeuterischen, auf Dominanz ausgerichteten Interaktionsstil und eine Neigung zu delinquentem Verhalten charakterisiert ist. Es fußt auf einer reichhaltigen psychiatrischen Tradition, lehnt sich aber vorwiegend an Überlegungen von Cleckley (1950) an. »Psychopathy« unterscheidet sich daher, trotz gewisser Parallelen, deutlich vom gemütsarmen Psychopathen Schneiders (1923) und vom Psychopathiebegriff der deutschsprachigen Tradition. Deshalb sollte von der »Psychopathy« nach Hare durchweg in englischer Schreibweise und in Anführungszeichen die Rede sein.

»Psychopathy« sensu Hare umfasst einen »gemütsarmen«, delinquent verhaltensauffälligen Kernbereich von Anti- bzw. Dissozialität, der psychometrisch, aber auch biologisch messbare Auffälligkeiten aufweist (Herpertz et al. 2001; Müller et al. 2003). Sie lässt sich mithilfe der **revidierten »Psychopathy Checklist« (PCL-R)** erfassen. Diese Fremdbeurteilungsskala umfasst 20 Items, die typische affektive Merkmale und interpersonelle Stile Betroffener sowie deren sozial unverantwortliches, impulsives und antisoziales Verhalten erfassen (Hare 1991). Es handelt sich um ein anerkanntes Messinstrument mit einer hohen Interraterreliabilität (Interklassenkorrelationen von 0,8–0.93) (Hare 1991; Hare et al. 2000), das in nordamerikanischen und internationalen Vergleichsuntersuchungen validiert wurde und im forensischen Kontext eine hohe internationale Akzeptanz und breite Anwendung gefunden hat (Übersicht s. z. B. Hare et al. 2000; Hemphill et al. 1998; Herpertz u. Habermeyer 2004). Die Skala weist eine 2-Faktoren-Struktur auf (Hare 1991): Faktor 1 erfasst in acht Items affektiv-interpersonelle Persönlichkeitsmerkmale, steht aber auch im Zusammenhang mit narzisstischen und histrionischen Persönlichkeitseigenschaften. Die neun Items von Faktor 2 erfassen sozial deviante Verhaltensstile und korrelieren mit antisozialen Persönlichkeitszügen, kriminellem Verhalten und Substanzmissbrauch (Hare et al. 1991). Drei Items lassen sich keinem der o. g. Faktoren zuordnen. Aktuell wird über die Faktorenstruktur der PCL-R allerdings kontrovers diskutiert. Es existieren Überlegungen zu einer 4-Faktoren- (Hare 2003) bzw. 3-Faktoren-Lösung (Cooke u. Michie 2001).

Für die Begutachtung der Kriminalprognose Jugendlicher bzw. junger Erwachsener ergeben sich einige Besonderheiten: Mit Ausnahme einer Youth-Version der PCL (Sevecke et al. 2007) existieren keine prognostischen Inventare für Jugendliche. Allerdings ist in neueren jugendpsychiatrischen Untersuchungen die Relevanz reduzierter affektiver Schwingungsfähigkeit im Sinne von »kalter Aggression«, d. h. eher instrumentellem und wenig empathischem aggressivem Verhalten mit geringer physiologischer Mitreaktion (Popma et al 2006) bei jugendlichen Delinquenten für eine ungünstige Prognose bestätigt worden, und Untersuchungen mit einer Jugendversion des TCI nach Cloninger bestätigen das Vorhandensein der meisten der klassischen »Psychopathy«-Merkmale auch bei jugendlichen Delinquenten (Atarhouch et al. 2004). Huchzermeyer et al. (2007) setzen demzufolge die Screening-Version PCL-SV bei jugendlichen ebenso wie bei erwachsenen Straftätern ein.

Die anderen vorgenannten Instrumente für Erwachsene sind nicht für Jugendliche normiert. Aktuell ist ein Sachverständiger bei Jugendlichen somit noch weitgehend auf die **klinisch-intuitive Prognose** angewiesen, wobei Aussagen zur Biografie und Persönlichkeitsentwicklung, zur Krankheitsgeschichte, zum Zusammenhang Krankheit bzw. Persönlichkeit und Delikt und der postdeliktischen Entwicklung gefordert sind (Boetticher et al. 2006; Rasch 1999). Letztlich geht es ähnlich wie beim Erwachsenen um die Herausarbeitung einer individuellen Delinquenztheorie (Dahle 2005) und das Benennen modifizierbarer Variablen. Bei Jugendlichen und Heranwachsenden sind hierbei insbesondere auch Alterseffekte bzw. Peergroup-Einflüsse zu berücksichtigen. Insbesondere für Gewaltdelikte zeigt sich ein Altersgipfel im jungen Erwachsenenalter, der bei der Begutachtung der Kriminalprognose berücksichtigt werden muss. Dies bedeutet jedoch keinesfalls, dass mit zunehmendem Alter ein unauffälliges Sozialverhalten vorausgesetzt werde kann. Wie im Kapitel 16 zur Delinquenz im Jugendalter ausführlich erörtert, existiert nämlich auch eine Subgruppe antisozialer Jugendlicher bzw. junger Erwachsener, die sogenannten *early starters*, die ein hohes Rezidivrisiko aufweisen. Sie sind gekennzeichnet durch einen frühen Beginn der Störung des Sozialverhaltens (< 11. Lebensjahr), niedrigere Intelligenz, Kombination mit Aufmerksamkeitsdefizit-Hyperaktivitätsstörung und das Vorliegen von Merkmalen der »Psychopathy«. Außerdem sind hier auch psychosoziale Aspekte, wie z. B. Vernachlässigung und Gewalterfahrungen im Elternhaus, von Bedeutung. Darüber hinaus muss auch das prognostische Gutachten bei Jugendlichen Angaben zu den Entlassungsperspektiven, dem sogenannten »sozialen Empfangsraum«, beinhalten.

Bei Prognosegutachten über Maßregelvollzugsinsassen, die ihre Straftaten als Jugendliche begangen haben, sind folgende Punkte, teilweise ergänzend zum Vorgehen bei Gutachten an Erwachsenen, zu beachten:

- Die Anlasstaten sind aus jugendpsychiatrischer Sicht nicht »in erheblichem Maß prognoserelevant«. Beispielsweise sind viele der Tötungsdelikte Jugendlicher Konflikttaten mit einer einmaligen Konstellation (Schepker 1998), sodass eine Gesamtwürdigung des Täters in seiner psychischen Entwicklung erforderlich ist.
- Sehr häufig sind beim Eintritt von jugendlichen Insassen in den Maßregelvollzug Intelligenz- oder Teilleistungsstörungen anzutreffen (Weissbeck 2005), sodass der Erfolg schulischer Maßnahmen im Maßregelvollzug im Nachhinein differenzieren hilft, inwieweit es sich um (prognostisch günstigere) Deprivationsphänomene und Förderdefizite oder allgemeine, eher mit zunehmendem Alter größer werdende Entwicklungsstörungen handelt. Parallel dazu ist im Einzelfall die körperliche Entwicklung im Sinne einer somatischen Nachreifung zu bewerten.
- Taten gegen die sexuelle Selbstbestimmung sind die am häufigsten anzutreffende Deliktgruppe im Jugendmaßregelvollzug (Weissbeck 2005). Die durchschnittliche Rückfallquote erwachsener unbehandelter Sexualstraftäter liegt mit 18 % um rund 5 % über der behandelter Sexualstraftäter. Unbehandelt haben Exhibitionisten und Täter, die männliche Kinder missbrauchten, die höchsten Rückfallprävalenzen (Alexander 1999).
  – Da im Falle von Sexualstraftätern Modelle aus der Behandlung erwachsener Sexualstraftäter auf Jugendliche nicht unmittelbar übertragbar sind, es zumindest des empirischen Belegs fehlt (Rehder 2004), ist die erfolgte Therapie uneinheitlich. Standards wurden erst 2006 veröffentlicht (Schepker et al. 2006).
  – Bei der hohen Rate (von bis zu 60 %) an psychiatrischen Grundstörungen, wie Bindungsstörungen (F9), affektiven Störungen (F3), Ängsten (F4), posttraumatischen Belastungs-/Anpassungsstörungen (F43), Störungen des Sozialverhaltens und der Impulskontrolle (F9) sowie beginnenden Persönlichkeitsstörungen (F6) ist im Prognosegutachten Auskunft darüber zu geben, inwieweit eine Behandlung dieser Grundstörung erfolgt ist.
  – Jugendliche Sexualstraftäter verhalten sich im Vollzug, inklusive Maßregelvollzug, eher auffällig überangepasst und werden erfahrungsgemäß erst im verstärkten Kontakt mit potenziellen Opfern (z. B. Kindern) wieder auffällig. Daher ist eine systematische, auch aufarbeitende Begleitung von Lockerungen gestellt, die Teil der therapeutischen Arbeit im Maßregelvollzug ist und gutachterlich gewürdigt werden muss.
  – Pharmakotherapeutische Strategien wie eine Antiandrogenbehandlung – bei Jugendlichen *off label*, nur zurückhaltend und nur bei erhöhten Testosteronwerten einzusetzen, was nicht regelhaft der Fall ist – sind aufgrund des Off-Label-Status nicht evaluiert und lassen sich daher prognostisch kaum verwerten. Es können auch Nebenwirkungen von Neuroleptika, Antidepressiva oder Buspiron im Sinne einer triebdämpfenden Wirkung eingesetzt werden, sodass die Compliance besonders zu beachten ist.
  – Zuletzt kann zur Prognoseeinschätzung ein Abgleich mit den psychopathologisch beschriebenen häufigen Auffälligkeiten (Romer u. Schimmelmann 2004) im Vergleich mit dem Erstgutachten hilfreich sein: Besteht noch eine fehlende symbolische Als-ob-Ebene? Eine ausgeprägte Beziehungs- und Kontaktstörung? Sind archaische Ängste existent? Ist die Realitätskontrolle inzwischen altersadäquat und stabil? Besteht Identitätsdiffusion? Wie reif sind die sowie unreife Abwehrmechanismen (z. B. noch vorherrschende Spaltung)?

- Behandlung im Maßregelvollzug ist allgemein nach Egg et al. (2002) erfolgreich, wenn sie »kriminogene Faktoren« einbezieht, Denkmuster verändert, Fertigkeiten und Selbstkontrolle fördert und Maßnahmen zur Rückfallprävention einbezieht. Bei Jugendlichen bedeutet dies, dass eine erhebliche Unterstützung der Autonomieentwicklung erfolgt sein muss, insbesondere eine relative Unabhängigkeit von Stimmungen in der Peergroup. Bei Gruppendelikten zeigt sich sehr oft ein »Abgeben der Verantwortung« an den formellen oder informellen Gruppenführer und das Aufgehen in sozialisierter Aggressivität. Des Weiteren ist die Qualität einer jugend- oder erwachsenentypischen Beziehungsgestaltung zum anderen Geschlecht zu beachten. Drittens spielt die Qualität der Beziehungen zur Herkunftsfamilie eine große Rolle (sind kriminogene Faktoren aus der Primärsozialisation, wie innerfamiliäre Gewalt, Suchterkrankung der Eltern etc., noch existent?).

- Bei jugendlichen Inhaftierten ist zusätzlich auf das erfolgreiche Absolvieren von Reifungs- und Entwicklungsschritten zum Erwachsenenniveau zu achten. Hierzu gehören insbesondere das Durchleben von Phasen einer pubertären Ich-Durchsetzung und trotzigen Selbstbehauptung und das Erwähnen (idealerweise zunehmend besser bewältigter)

entsprechender Konfliktspannungen im Maßregelvollzug, ferner die Entwicklung eines integrierten Körper-Selbst über Sport, Kleidung, Freizeitaktivitäten, das Pflegen altersgerechter Interessen, das Erlangen von Selbstversorgungsfähigkeiten (eigenständiges Verwalten von Geld, Orientierungsleistungen in der Gemeinde) sowie eine Konfliktfähigkeit auch mit der Herkunftsfamilie als Grundlagen für eine günstige Prognose.
- Dieses führt zu einer abschließenden Bewertung des allgemeinen sozialen Funktionsniveaus: Ist der herangewachsene Insasse des Maßregelvollzugs geeignet, auf dem ersten Arbeitsmarkt zu bestehen? Konnten kognitive und schulische Defizite verbessert werden? Wie erfolgreich sind hinsichtlich der sozialen Funktionsfähigkeit Lockerungen verlaufen?

Eine Beschreibung der notwendigen, z. B. sozialarbeiterischen Unterstützung für eine positive Prognose darf im Sinne des »Entwicklungsgedankens« der Jugendgerichtsbarkeit abschließend nicht fehlen.

58.1.6 Fazit

Das Feld der strafrechtlichen Begutachtung derjenigen, die an der Schwelle zum Erwachsenenalter stehen, ist von normativen Diskussionen zwischen Entwicklungspsychologie, Jugend- und Erwachsenenpsychiatrie und Justiz bestimmt, zwischen denen ein Gutachter sich stets bewegt, ohne auf eine große Breite an fundierten wissenschaftlichen Erkenntnissen zurückgreifen zu können. Entsprechend uneinheitlich ist die Versorgung für diejenigen ausgebaut, die krankheitsbedingt eine psychiatrische Unterbringung benötigen. Das Feld der forensischen Adoleszenzpsychiatrie ist gleichzeitig ein gesellschaftlich verantwortungsvolles mit viel innovativem Potenzial und eine positive Herausforderung für die bisher noch viel zu geringe Anzahl an (jugend-)psychiatrischen Sachverständigen und Therapeuten.

Literatur

Alexander M. Sexual offender treatment efficacy revisited. Sex Abuse 1999; 11(2): 101–16 (http://inpsyte.asarian-host.org/alexander.htm).

Atarhouch N, Hoffmann E, Adam S, Titeca J, Stillemans E, Fossion P, Le Bon O, Servais L. Évaluation des traits caractéristiques de la psychopathie chez les adolescents délinquants [Evaluation of typical psychopathic traits with juvenile offenders]. Encephale 2004; 30: 369–75.

Boetticher A, Nedopil N, Bosinski H, Saß H. Mindestanforderungen für Schuldfähigkeitsgutachten. N Z Strafrecht 2005; 25: 57–62.

Boetticher A, Kröber HL, Müller-Isberner R, Böhm KM, Müller-Metz R, Wolf T. Mindestanforderungen für Prognosegutachten. N Z Strafrecht 2006; 10: 537–92.

Bundesgerichtshof (BGH). Urteil BGSHE 12, 1958, Ziff. 30.; S. 116–20.

Cleckley H. The Mask of Sanity. 2nd ed. St. Louis: Mosby 1950.

Cooke DJ, Michie C. Refing the construct of psychopathy: towards a hierarchical model. Psychol Assess 2001; 13: 171–88.

Dahle KP. Psychologische Kriminalprognose. Herbolzheim: Centaurus 2005.

Dittmann V. Was kann die Kriminalprognose heute leisten? In: Hässler F, Rebernig E, Schnoor K, Schläfke D, Fegert JM (Hrsg). Forensische Kinder-, Jugend- und Erwachsenenpsychiatrie. Aspekte der forensischen Begutachtung. Stuttgart: Schattauer 2003; 173–87.

Douglas KS, Webster C. The HCR-20 violence risk assessment scheme: concurrent validity in a sample of incarcerated offenders. Criminal Justice Behav 1999; 26: 3–12.

Egg R, Pearson FS, Cleland CM, Lipton DS. Evaluation von Sexualstraftäterbehandlungsprogrammen in Deutschland: Überblick und Meta-Analyse. In: Rehn G, Wischka B, Lösel F, Walter M (Hrsg). Behandlung »gefährlicher Straftäter«: Grundlagen, Konzepte, Ergebnisse. 2. Aufl. Herbolzheim: Centaurus 2002; 321–47.

Eggers C, Röpcke B. Psychotische Störungen. In: Lempp R, Schütze G, Köhnken G (Hrsg). Forensische Psychiatrie und Psychologie des Kindes- und Jugendalters. 2. überarb. Aufl. Darmstadt: Steinkopff 2003; 185–91.

Eisenberg U. Jugendgerichtsgesetz mit Erläuterungen. 5. neubearb. Aufl. München: Beck 1993.

Endres J. Psychologische und psychiatrische Konzepte der »tiefgreifenden Bewusstseinsstörung« nach §§ 20, 21 StGB. StV 1998; 12: 674–82.

Esser G, Fritz A, Schmidt MH. Die Beurteilung der sittlichen Reife Heranwachsender im Sinne des § 105 JGG – Versuch einer Operationalisierung. Monatsschr Krim Strafrechtsreform 1991; 74: 356–68.

Göppinger H. Der Täter in seinen sozialen Bezügen. Ergebnisse aus der Tübinger Jungtäter-Vergleichsuntersuchung. Berlin, Heidelberg, New York: Springer 1983.

Göppinger H. Angewandte Kriminologie. Berlin, Heidelberg, New York: Springer 1985.

Göppinger H. Kriminologie. 5. Aufl. München: Beck 1997.

Habermeyer E. Typische Fallstricke bei der Begutachtung von Persönlichkeitsstörungen. Persönlichkeitsstörungen – Theorie und Therapie 2004; 8: 85–92.

Habermeyer E, Hoff P. Zur forensischen Anwendung des Begriffs Einsichtsfähigkeit. Fortschr Neurol Psychiatr 2004; 72: 615–20.

Hare RD. The Hare Psychopathy Checklist – Revised. Toronto, Ontario: Multi-Health Systems 1991.

Hare RD. The Hare Psychopathy Checklist – Revised. 2nd ed. Toronto, Ontario: Multi-Health Systems 2003.

Hare RD, Hart SD, Harpur TJ. Psychopathy and the DSM-IV criteria for antisocial personality disorder. J Abnorm Psychol 1991; 100: 391–8.

Hare RD, Clark D, Grann M, Thornton D. Psychopathy and the predictive validity of the PCL-R: an international perspective. Behav Sci Law 2000; 18: 623–45.

Harris GT, Rice ME, Quinsey VL. Violent recidivism of mentally disordered offenders: the development of a statistical prediction instrument. Criminal Justice Behav 1993; 20: 315–35.

Häßler F, Schepker R. Maßregelvollzug für Jugendliche. In: Klosinski G (Hrsg). Begutachtung in der Kinder- und Jugendpsychiatrie. Köln: Deutscher Ärzte-Verlag 2007; 48–65.

Heitlinger C. Die Altersgrenze der Strafmündigkeit. Eine Untersuchung entwicklungspsychologischer und kriminalpolitischer Aspekte unter besonderer Berücksichtigung der neueren Rechtsentwicklung in Europa. Hamburg: Kovac 2004.

Hemphill J, Hare RD, Wong S. Psychopathy and recidivism: a review. Legal Criminological Psychology 1998; 3: 141–72.

Herpertz S, Habermeyer E. »Psychopathy« als Subtyp der antisozialen Persönlichkeit. Persönlichkeitsstörungen – Theorie und Therapie 2004; 8: 73–83.

Herpertz S, Werth U, Lukas G, Qunaibi M, Schuerkens A, Kunert HJ, Freese R, Flesch M, Mueller-Isberner R, Osterheider M, Sass H. Emotion in criminal offenders with psychopathy and borderline personaliy disorder. Arch Gen Psychiatry 2001; 58: 737–45.

Huchzermeier C, Geiger F, Bruß E, Godt N, Köhler D, Hinrichs G, Aldenhoff JB. The relationship between DSM-IV cluster B personality disorders and psychopathy according to Hare's criteria: clarification and resolution of previous contradictions. Behav Sci Law 2007; 25: 901–11.

Jehle JM, Heinz W, Sutterer P. Legalbewährung nach strafrechtlichen Sanktionen. Eine kommentierte Rückfallstatistik. Mönchengladbach: Forum 2003.

Konrad N. Leitfaden der forensisch-psychiatrischen Begutachtung. Stuttgart, New York: Thieme 1997.

Leferenz H. Die Kriminalprognose. In: Göppinger H, Witter H (Hrsg). Handbuch der forensischen Psychiatrie. Bd. II. Berlin, Heidelberg, New York: Springer 1972; 1347–84.

Leygraf N. Begutachtung der Prognose im Maßregelvollzug. In: Venzlaff U, Foerster K (Hrsg). Psychiatrische Begutachtung. 3. Aufl. München, Jena: Urban & Fischer 2000; 350–8.

Monahan J, Steadman HJ. Violence and Mental Disorder. Chicago: University of Chicago Press 1994.

Müller JL, Sommer M, Wagner V, Lange K, Taschler H, Röder CH, Schuierer G, Klein HE, Hajak G. Abnormalities in emotion processing within cortical and subcortical regions in criminal psychopaths: evidence from a functional magnetic resonance imaging study using pictures with emotional content. Biol Psychiatry 2003; 54: 152–62.

Müller-Isberner R, Jöckel D, Gonzales Cabeza S. Die Vorhersage von Gewalttaten mit dem HCR-20. Haina: Institut für Forensische Psychiatrie 1998.

Nedopil N. Die Bedeutung von Persönlichkeitsstörungen für die Prognose künftiger Delinquenz. Monatsschr Kriminologie Strafrechtsreform 1997; 80: 79–92.

Nedopil N. Forensische Psychiatrie. 2. Aufl. Stuttgart, New York: Thieme 2000.

Ostendorf H. Gutachten zum Jugendgerichtsgesetz – rechtliche Grundlagen. In: Lempp R, Schütze G, Köhnken G (Hrsg). Forensische Psychiatrie und Psychologie des Kindes- und Jugendalters. 2. überarb. Aufl. Darmstadt: Steinkopff 2003a; 135–46.

Ostendorf H. Wie freiwillig muss die Behandlung Süchtiger sein? Archiv für Kriminologie 2003b; 212: 1–9.

Popma A, Jansen LM, Vermeiren R, Steiner H, Raine A, Van Goozen SH, van Engeland H, Doreleijers TA. Hypothalamus pituitary adrenal axis and autonomic activity during stress in delinquent male adolescents and controls. Psychoneuroendocrinology 2006; 31: 948–57.

Rasch W. Die Prognose im Maßregelvollzug als kalkulierbares Risiko. In: Schwind HD (Hrsg). Festschrift für Günter Blau zum 70. Geburtstag. Berlin, New York: Walter de Gruyter 1985; 309–25.

Rasch W. Die Sicherungsverwahrung. In: Rasch W (Hrsg). Forensische Psychiatrie. 2. Aufl. Stuttgart, Berlin, Köln: Kohlhammer 1999; 128–31.

Rehder U. Vorüberlegungen zu einem Behandlungsprogramm für Sexualstraftäter. In: Osterheider M (Hrsg). 18. Eickelborner Fachtagung. Krank und/oder kriminell. Dortmund: PsychGen 2004; 60–72.

Romer G, Graf Schimmelmann B. Kinder als »Täter«. In: Körner W, Lenz A (Hrsg). Sexueller Missbrauch. Band 1. Göttingen: Hogrefe 2004.

Saß H. Affektdelikte. Nervenarzt 1983; 54: 557–72.

Saß H. Ein psychopathologisches Referenzsystem zur Beurteilung der Schuldfähigkeit. Forensia 1985; 6: 33–43.

Saß H. Forensische Erheblichkeit seelischer Störungen im psychopathologischen Referenzsystem. In: Schütz H, Kaatsch HJ, Thomsen H (Hrsg). Festschrift. Berlin, Heidelberg, New York: Springer 1991; 266–81.

Saß H, Kröber H. Rechtliche Beurteilung psychisch Kranker. In: Helmchen H, Henn R, Lauter H, Sartorius N (Hrsg). Psychiatrie der Gegenwart. 4. Aufl., Bd. 2. Berlin Heidelberg New York: Springer 1999; 481–94.

Schepker R. Zur Indikationsstellung jugendpsychiatrischer Gerichtsgutachten. Eine Untersuchung zu § 43 (2) JGG. Neue Kriminologische Studien. Bd. 19. München: Wilhelm Fink 1998.

Schepker R. Aspekte der forensischen Begutachtung bei jugendlichen Sexualstraftätern mit Migrationshintergrund. In: Schläfke D, Häßler F, Fegert JM (Hrsg). Sexualstraftaten. Forensische Begutachtung, Diagnostik und Therapie. Stuttgart, New York: Schattauer 2005; 99–111.

Schepker R, Toker M. Entwicklungspsychiatrie in der Jugendgerichtsbarkeit. In: Herpertz-Dahlmann B, Warnke A, Schulte-Markwort M, Resch F (Hrsg). Entwicklungspsychiatrie. Stuttgart, New York: Schattauer 2007: 456–70.

Schepker R, Bovensmann H, Burchard F, Günter M, Pfäfflin P, Schmeck K, Weissbeck W, Fegert JM. Behandlungsstandards für jugendliche Sexualstraftäter – eine Synopse. In: Fegert JM, Schnoor K, König C, Schläfke D (Hrsg). Psychiatrische Begutachtung in Sexualstrafverfahren. Eine empirische Untersuchung von Gutachten zur Schuldfähigkeit bei jugendlichen heranwachsenden und erwachsenen Beschuldigten in Mecklenburg-Vorpommern. Herbolzheim: Centaurus 2006.

Schneider K. Die psychopathischen Persönlichkeiten. 1. Aufl. Wien: Deuticke 1923.

Schneider K. Die Beurteilung der Zurechnungsfähigkeit. Ein Vortrag. 3. Aufl. Stuttgart: Thieme 1956.

Schneider K. Klinische Psychopathologie. Stuttgart, New York: Thieme 1992.

Schreiber HL. Rechtliche Grundlagen der psychiatrischen Begutachtung. In: Venzlaff U, Foerster K (Hrsg). Psychiatrische Begutachtung. 3. Aufl. München, Jena: Urban & Fischer 2000; 1–55.

Schreiber HL. Die »schwere andere seelische Abartigkeit« und die Schuldfähigkeit. Forens Psychiatr Psychother 2003; 10: 7–16.

Sevecke K, Krischer M, Walger P, Lehmkuhl G, Flechtner H. Erfassung von Persönlichkeitsdimensionen der Psychopathy nach Hare bei der strafrechtlichen Begutachtung von Jugendlichen. Eine retrospektive Untersuchung zur Anwendbarkeit der Psychopathy-Checkliste als Version für Jugendliche. Nervenarzt 2007; 78: 552–9.

Venzlaff U. Methodische und praktische Probleme der forensisch-psychiatrischen Begutachtung. In: Venzlaff U, Foerster K (Hrsg). Psychiatrische Begutachtung. 3. Aufl. München, Jena: Urban & Fischer 2000; 67–80.

Verwaltungsgerichtshof Thüringen. Urteil VerfGH 11/02 vom 23.10.2002.

Webster CD, Douglas KS, Eaves D, Hart SD. HCR-20. Assessing Risk for Violence. Version 2. Mental Health, Law and Policy Institute. Burnaby B. C., Canada: Simon Fraser University 1997.

Weissbeck W. Stichtagserhebung Maßregelvollzug. Vortrag. Klingenmünster: 2. Fachtagung Forensik, Mai 2005.

58.2 Begutachtung der Glaubhaftigkeit von Aussagen jugendlicher und junger erwachsener Zeugen

Kathleen Schnoor, Cornelia König und Jörg M. Fegert

──────── **Zusammenfassung** ────────

In Strafverfahren, in denen die Aussage des Opfers das einzige Beweismittel ist, spielt die Beurteilung der Glaubhaftigkeit eine besondere Rolle. Bei jungen Zeugen, die psychopathologische oder entwicklungsbedingte Auffälligkeiten zeigen, zieht das Gericht für die Beurteilung der Glaubhaftigkeit einer Aussage oft einen Sachverständigen hinzu. Dessen Aufgabe ist nicht die Wahrheitsfindung, sondern die Unterstützung des Gerichts bei der Bewertung der Zeugenaussage. Mit der kriterienorientierten Aussageanalyse steht dem Gutachter dabei ein Verfahren zur Verfügung, das als empirisch belegt gilt und von den Gerichten als wissenschaftlich fundiert anerkannt wird. Der Bundesgerichtshof (BGH) hat diese Methode mit seinem Urteil vom 30.07.1999 (1 StR 618/98) anerkannt und Mindeststandards für die Glaubhaftigkeitsbegutachtung definiert.

Dieses Kapitel erläutert zunächst die Funktion von Zeugen in Gerichtsverfahren und die Schwierigkeiten im Umgang mit diesem Beweismittel. Die Rechtsprechung des BGH zur Glaubhaftigkeitsbegutachtung sowie die Vorgehensweise bei der kriterienorientierten Inhaltsanalyse und ihre methodischen Limitationen werden mit Blick auf die in diesem Buch angesprochenen Jugendlichen und jungen Erwachsenen dargestellt.

58.2.1 Einleitung

Zur Feststellung eines Sachverhalts wird in Gerichtsverfahren in der Regel eine Beweisaufnahme durchgeführt. Ein in allen deutschen Prozessordnungen zugelassenes Beweismittel ist dabei der Zeugenbeweis, bei dem eine Person Auskunft über wahrgenommene Tatsachen erteilt. Dabei kommt es auf die konkreten subjektiven Wahrnehmungen des Zeugen an, die dieser sinnlich erfahren hat (durch Sehen, Hören, Riechen, Schmecken oder Fühlen). Wertungen und Schlussfolgerungen des Zeugen haben dagegen keine Beweiskraft. Der Zeugenbeweis ist das in der Praxis häufigste und in vielen Verfahren auch wichtigste Beweismittel.

Gleichzeitig gilt der Zeugenbeweis aber auch als das schwächste Beweismittel. Die Erinnerung des Zeugen unterliegt regelmäßig zeitlichen Veränderungen und Einflüssen auch unbewusster Art, die dazu führen können, dass das ursprünglich Wahrgenommene mit dem Erinnerten nichts mehr gemein hat. Kein anderes Beweismittel ist so anfällig für Verfälschungen z. B. durch Wahrnehmungs- und Erinnerungsfehler oder Parteilichkeit. Nach einer Aussage des Begründers der differenziellen Psychologie William Stern vor mehr als 100 Jahren *ist die fehlerlose Erinnerung nicht die Regel, sondern die Ausnahme* (Stern 1902). Ob die Aussage des Zeugen glaubhaft ist, ob sich der Vorfall wirklich so zugetragen hat, wie vom Zeugen geschildert, muss der Richter im Rahmen der Beweiswürdigung beurteilen. Gemäß § 261 Strafprozessordnung (StPO) ist der Richter in seiner Beweiswürdigung frei. Die Beurteilung der Glaubhaftigkeit einer Zeugenaussage ist jedoch in der Regel nicht Gegenstand der juristischen Ausbildung, sodass der Richter auf seine Intuition oder seine forensische Erfahrung zurückgreifen muss, sofern er sich nicht spezifische Kenntnisse angeeignet hat. Voraussetzung für eine Beweiswürdigung ist, dass der Richter über die notwendige Sachkunde verfügt, um eine Beurteilung der vorgelegten Beweismittel vornehmen zu können. Ist die erforderliche Sachkunde nicht in ausreichendem Maß vorhanden, weil z. B. fachspezifische Beurteilungen vorgenommen werden müssen, hat der Richter sich der Hilfe eines Sachverständigen bedienen.

In jedem Verfahren, in dem Beweise mithilfe von Zeugen erhoben werden, muss der Richter eine Glaubhaftigkeitsbeurteilung vornehmen. Zwar ist jeder Zeuge zur Wahrheit verpflichtet und wird darüber und über die Folgen einer Falschaussage belehrt (§ 57 StPO, 395 Zivilprozessordnung [ZPO]), trotzdem kommt es in Verfahren regelmäßig zu falschen Aussagen, die teilweise bewusst aus einer besonderen Motivation heraus, teilweise auch unbewusst aufgrund von Wahrnehmungsfehlern oder verfälschter Erinnerungen getätigt werden. Es ist die Aufgabe des Richters, zu bewerten, ob er die Aussage des jeweiligen Zeugen für glaubhaft hält. Normalerweise benötigt der Richter hierzu keine Hilfe, handelt es sich doch um seine »ureigenste Aufgabe«. Ein Sachverständiger ist nur dann hinzuziehen, wenn die eigene Sachkunde des Richters nicht ausreicht, die Glaubhaftigkeit zu bewerten. Die Hinzuziehung eines Sachverständigen ist nur in ganz außergewöhnlichen Fällen angezeigt (Entscheidungen des Bundesgerichtshofs in Strafsachen [BGHSt] 45, 164, 182, 8, 130). Ein berechtigter Anlass zur Hinzuziehung eines Sachverständigen besteht, wenn die Eigenart und die besondere Gestaltung des Einzelfalls eine Sachkunde verlangen, über die der Richter trotz spezifisch forensischer Erfahrung nicht verfügt (BGHSt 8, 130, 131; 23, 8, 12; BGH, Neue Zeitschrift für Strafrecht [NStZ] 1997, 199). In Fällen, in denen besondere Konstellationen gegeben sind, z. B. psychische Auffälligkeiten des Zeugen oder jugendliches Alter, kann die Hinzuziehung eines Sachverständigen erforderlich sein. Hierfür gibt es allerdings keine verbindlichen Regeln. Der Richter entscheidet allein aufgrund seines Ermessens darüber, ob er sich die erforderliche Sachkunde zu Beurteilung der Glaubhaftigkeit einer Zeugenaussage zutraut oder ob er einen Sachverständigen hinzuzieht. Allein der Umstand, dass ein Zeuge jung ist, wird als Grund für die Anordnung eines Sachverständigengutachtens nicht ausreichen, da es keine empirischen Belege darüber gibt, dass adoleszente oder junge erwachsene Zeugen häufiger Aussagen machen, die nicht erlebnisbasiert sind, als andere Zeugen. Weist ein Jugendlicher jedoch vom »gewöhnlichen Erscheinungsbild« seiner Altersgenossen abweichende Eigentümlichkeiten oder Verhaltensauffälligkeiten auf, die eine glaubhafte Aussage infrage stellen können, wird die Zuziehung eines Sachverständigen für notwendig erachtet (BGHSt 3, 52, 54; 7, 82; BGH, NStZ Rechtsprechungs-Report [NStZ-RR] 1997, 171).

Glaubhaftigkeitsgutachten werden besonders häufig in Strafverfahren angefordert, wenn es um die Aussage von Kindern oder Jugendlichen in Verfahren wegen sexuellen Missbrauchs oder wegen anderer Sexualdelikte geht und wenn die Zeugenaussage des mutmaßlichen Opfers das einzige Beweismittel darstellt. In diesen Fällen entscheiden die Aussagen des Zeugen und deren Glaubhaftigkeit oft über die Frage der Verurteilung, weshalb der Stellungnahme des Sachverständigen zur Glaubhaftigkeit eine besondere Bedeutung zukommt.

In den meisten Zivilprozessen wird dagegen die Glaubhaftigkeit einer Aussage nicht explizit bewertet. Sind keine Motive für eine Falschaussage erkennbar, wird die Zeugenaussage in der Regel als glaubhaft eingestuft. Bei widersprechenden Zeugenaussagen wird dagegen nach der Beweislast entschieden. Sagt der Zeuge des Klägers das Gegenteil dessen aus, was der Zeuge des Beklagten aussagt, steht in der Regel fest, dass einer der Zeugen falsch ausgesagt haben muss. Mit der Frage, welcher der Zeugen dies sein könnte, setzt sich das Gericht zumeist jedoch nicht auseinander. Vielmehr sieht es die Behauptung desjenigen, dem die Beweislast obliegt, als nicht bewiesen an, er verliert den Prozess.

Mit einer Glaubhaftigkeitsbegutachtung werden Psychologen, Kinder- und Jugendpsychiater und eher selten Erwachsenenpsychiater beauftragt. Werden Hinweise auf psychische Störungen bzw. psychopathologische Auffälligkeiten festgestellt, kann die Hinzuziehung eines kinder- und jugendpsychiatrischen Sachverständigen angezeigt sein.

> Bei der Beurteilung der Aussagen von kindlichen und jugendlichen Zeugen sind Kenntnisse im Bereich der Entwicklungspsychopathologie sowie der Kinder- und Jugendpsychologie und -psychiatrie erforderlich, um den altersspezifischen Besonderheiten der Zeugen gerecht werden zu können.

Ob der Gutachter approbiert sein sollte, wird insbesondere in Psychologenkreisen derzeit verstärkt diskutiert. Es gibt Bestrebungen in den Psychotherapeutenkammern, den Approbationsvorbehalt des Gesetzes über die Berufe des Psychologischen Psychotherapeuten und des Kinder- und Jugendlichenpsychotherapeuten (Psychotherapeutengesetz, PsychThG) auch auf Begutachtungen auszudehnen und eine entsprechende Gesetzesänderung zu erreichen. Aus den derzeit geltenden Regelungen des PsychThG lässt sich ein entsprechender Approbationsvorbehalt nicht entnehmen.

Mit seinem Urteil vom 30.07.1999 hat der BGH grundsätzliche Aussagen zur Qualität von Glaubhaftigkeitsgutachten getroffen und Mindeststandards festgelegt, die bei der Begutachtung einzuhalten sind, damit das Gutachten gerichtlich verwertbar ist (BGHSt 45, 164 ff.; vgl. hierzu Fegert 2001c). Im Folgenden werden die Funktion, die wissenschaftlichen Grundlagen und die Vorgehensweise bei der Glaubhaftigkeitsbegutachtung beschrieben. Dabei werden die Vorgaben des BGH jeweils im Einzelnen berücksichtigt und gegebenenfalls kritisch bewertet.

58.2.2 Aufgabe und Funktion der Glaubhaftigkeitsbegutachtung

> Gegenstand einer aussagepsychologischen Begutachtung ist nicht die allgemeine Glaubwürdigkeit der untersuchten Person im Sinne einer dauerhaften personalen Eigenschaft, vielmehr geht es darum, festzustellen, ob die Aussagen über ein bestimmtes Geschehen zutreffen, also dem tatsächlichen Erleben der aussagenden Person entsprechen (BGH, Zeitschrift Strafverteidiger [StV] 1994, 64; BGHSt 45, 164; Herdegen 1999).

Diese Aufgabe der Glaubhaftigkeitsbegutachtung beruht auf der Erkenntnis, dass zwischen dem Ruf einer Person und der Erlebnisbasiertheit der Aussage weder in die eine noch in die andere Richtung ein Zusammenhang besteht, entgegen dem volkstümlichen Sprichwort: »Wer einmal lügt, dem glaubt man nicht und wenn er auch die Wahrheit spricht.«

Die Hinzuziehung eines Sachverständigen zur Beurteilung der Frage der Glaubhaftigkeit einer Aussage erfolgt dabei in der Erwartung, dass dieser über besondere Erkenntnismittel verfügt, mit denen erlebnisbasierte von nicht erlebnisbasierten Aussagen unterschieden werden können und dass diese Methoden über die intuitiven und auf forensischer Erfahrung beruhenden Möglichkeiten/Fähigkeiten des Richters hinausgehen.

Die Aufgabe des Sachverständigen bei der Beurteilung der Glaubhaftigkeit einer Aussage ist die Feststellung, ob die Aussage einen wahren Erlebnishintergrund hat oder ob sie Aussagefehler wie absichtliche Verfälschung, Irrtümer, Auto- oder Fremdsuggestionen enthält.

Mit welchen Methoden der Sachverständige vorgeht, um eine entsprechende Aussage zu treffen, bleibt grundsätzlich ihm selbst überlassen, denn in der Wahl seiner Mittel ist er nach ständiger Rechtsprechung frei (BGH, Juristenzeitung [JZ] 1969, 437; BGH, Neue Juristische Wochenschrift [NJW] 1970, 1242; BGHSt 45, 164). Voraussetzung ist jedoch, dass die gewählte Methode dem aktuellen wissenschaftlichen Erkenntnisstand entspricht und dass sie nach den Regeln der Kunst angewendet wurde. Mit seiner Entscheidung vom 30.07.1999 hat der BGH die kriteriengeleitete Inhaltsanalyse als wissenschaftlich anerkannt und empirisch abgesichert bezeichnet (BGHSt 45, 164). Anderen Methoden wie der Ermittlung des Wahrheitsgehalts mittels psychophysiologischer Messungen (Lügendetektor) hat er dagegen eine Absage erteilt (BGHSt 44, 308).

Der Sachverständige soll und kann dem Gericht die Entscheidung darüber, ob die Aussage als glaubhaft angesehen wird, jedoch nicht abnehmen. Er soll lediglich die wissenschaftlichen Grundlagen für die Entscheidung liefern. Es ist auch nicht seine Aufgabe, die Wahrheit festzustellen, dies obliegt ausschließlich dem Gericht.

58.2.3 Wissenschaftliche Grundlagen der Glaubhaftigkeitsbegutachtung

Die Aussagepsychologie hat sich als eigenes Fachgebiet innerhalb der Psychologie etabliert. Bemühungen, wahre von unwahren Aussagen zu unterscheiden, gehen auf eine lange Tradition zurück. Dennoch gibt es keine Methode, mit welcher der Wahrheitsgehalt einer Aussage mathematisch exakt bewiesen oder festgestellt werden kann. Ein Gutachter kann daher nur feststellen, ob sich Anhaltspunkte finden lassen, die gegen die Glaubhaftigkeit der jeweiligen Aussage sprechen, um Schlüsse darauf zu ermöglichen, ob die Aussage auf einem wahren Erlebnishintergrund beruht.

Die Aussagepsychologie beruht auf der Grundannahme, dass sich erlebnisbasierte und nicht erlebnisbasierte Aussagen grundlegend voneinander unterscheiden.

Dabei gilt es nicht nur, bewusst falsch aussagende Zeugen zu identifizieren, sondern auch Zeugen zu ermitteln, die zwar an das glauben, was sie sagen, deren Aussage jedoch trotzdem nicht auf einem Erlebnishintergrund beruht, weil sie sich falsch erinnern oder Erinnerungslücken kreativ, als Folge von Unverständnis (phänomengemäße Schilderungen) oder als Folge von Suggestionen geschlossen haben (vgl. eine Phänomenologie der Verfälschungsgründe in Kinderaussagen bei Fegert 1995). Der Irrtum wird auch als der größte Feind der Wahrheitsfindung vor Gericht bezeichnet (Bender 1982). Auch bei Wahrheitsvorsatz kann die Aussage nicht Abbild der Realität sein, sondern kann durch zahlreiche Einflüsse verfremdet oder modifiziert sein. Dabei können Fehler in allen Phasen der Aussageentstehung auftreten: bei der Wahrnehmung eines Sachverhalts, bei der Speicherung im Gedächtnis und bei der verbalen Reproduktion (Steller u. Volbert 1997). Fehler in der Wahrnehmungs-, Behaltens- und Abrufungsphase können dazu führen, dass die Aussage nicht mehr mit den Eingangsinformationen übereinstimmt, obwohl der Aussagende subjektiv die Wahrheit sagt. Faktoren wie Sicht, Lichtverhältnisse, Geschwindigkeit des Handlungsverlaufes, Beobachtungsdauer, Einfluss individueller Erfahrungen und Erwartungen, Maß an Aufmerksamkeit, Erregung, Stress in der Wahrnehmungsphase, Zeitspanne seit der Wahrnehmung können zu Vergessen, Um- und Neubewertung und zu kreativen Neuschöpfungen oder auch unbewussten Schutzreaktionen (Dissoziationen) führen. Die Intervalldauer und nachträgliche Informationen in der Speicherphase und die Aussage- bzw. Befragungsform (z. B. freie Schilderung vs. Befragung), aber auch Suggestionen, die Gedächtnisinhalte modifizieren und vermeintliches Erinnern ohne Wahrnehmungsgrundlage entstehen lassen (Wade et al. 2002), können die Erinnerung in der Reproduktionssituation beeinflussen.

Als mögliche Erkenntnisquellen für die Feststellung des Wahrheitsgehaltes einer Aussage kommen zunächst **körperliche Symptome** wie eine Veränderung des Blutdrucks, des Pulses und der Atmung, aber auch die Änderung des Hautwiderstandes durch Schwitzen oder das Zittern in Betracht. Durch Messung bestimmter körperlicher Veränderungen sollten Aussagen dazu ermöglicht werden, ob ein Mensch die Wahrheit sagt oder ob er lügt. Die Methode beruht auf der Annahme, dass der Mensch beim Lügen zumindest geringfügig nervös wird und hierdurch vom vegetativen Nervensystem unwillkürliche Reaktionen erzeugt werden, die durch die eingesetzten Messgeräte sichtbar gemacht werden können, auch wenn dem Aussagenden die Nervosität nicht anzumerken ist.

Der BGH hat dem psychophysiologischen Ansatz mit seinem Urteil vom 17.12.1998 (BGHSt 44, 308 ff.) eine Absage erteilt. Im Strafverfahren stellt die polygrafische Untersuchung mittels des Kontrollfragentests und des Tatwissenstests nach dem derzeitigen Stand der Forschung ein ungeeignetes Beweismittel dar. Die *polygrafische Untersuchung* mittels des Kontrollfragentests und – jedenfalls zum Zeitpunkt der Hauptverhandlung – des Tatwissentests führt zu einem völlig ungeeigneten Beweismittel im Sinne des § 244 Abs. 3 Satz 2 4. Alt. StPO. Auch im Zivilverfahren ist der Einsatz dieser Untersuchungsmethode nach einer Entscheidung des BGH vom 24.06.2003 ein völlig ungeeignetes Beweismittel (BGH, Monatsschrift für Deutsches Recht [MDR] 2003, 1127).

In jüngster Zeit wird auch der Einsatz bildgebender Verfahren zur Feststellung des Wahrheitsgehalts von Aussagen diskutiert. Dabei wird mittels einer *funktionellen Magnetresonanztomographie* (fMRT) die Aktivität bestimmter Hirnareale sichtbar gemacht. Eine Beurteilung des Wahrheitsgehalts einer Aussage soll ermöglicht werden, weil die Lüge ein komplexer Vorgang ist, der mehr oder andere Hirnareale in Aktivität versetzt, als wenn die Wahrheit gesagt wird (Langleben et al. 2005; Mohamed et al. 2006). Als neuer Lügendetektor wird auch eine EEG-Technik angepriesen, das sogenannte *brain fingerprinting*, bei dem die Gehirnwellen der Testpersonen mittels eines Stirnbandes, das mit Sensoren ausgestattet ist, gemessen werden. Beim Wiedererkennen bestimmter Örtlichkeiten oder Personen komme es zu unwillkürlichen, nicht beeinflussbaren Reaktionen, die sich in spezifischen messbaren Gehirnwellen niederschlagen würden (Farwell 1992; Farwell u. Richardson 2006; Farwell et al. 2006). Von einer Verwertung als Beweismittel in Gerichtsverfahren in Deutschland sind diese Methoden jedoch weit entfernt.

Als weitere Erkenntnisquellen für die Glaubhaftigkeit einer Aussage wurden die eine Aussage begleitenden **nonverbalen Verhaltensweisen** wie Mimik und Gestik oder die Art und Weise, auf die eine Aussage vermittelt wird (Flüssigkeit, Sprachtempo, Sprachstörungen, Vokabular), erwogen. Insbesondere bei kindlichen Zeugen in der Exploration vor allem von sprachlich beeinträchtigten Probanden versprach man sich Erkenntnisse aus dem Spielverhalten, beispielsweise mit anatomisch korrekten Puppen (BGH StV 1995, 563; BGHSt 45, 164; DGKJP 1999; Fegert u. Mebes 1993).

Trotz intensiver Forschungsbemühungen konnten jedoch keine zuverlässigen Zusammenhänge zwischen den ersten genannten Merkmalen und Reaktionen und dem Wahrheitsgehalt einer Aussage gefunden werden. Solche Verfahren können allenfalls explorationsergänzend oder unterstreichend, keinesfalls jedoch als alleinige Kriterien für Glaubhaftigkeit angesehen werden.

Als Erkenntnisquelle für die Überprüfung der Realitätsbegründetheit einer Aussage kommt schließlich auch der **Inhalt der Aussage** selbst in Betracht. Im Gegensatz zu den oben geschilderten Methoden und Vorgehensweisen gilt die der Analyse einer Aussage zugrunde liegende Annahme, dass sich Aussagen über Selbsterlebtes in ihrer Qualität von Aussagen über nicht selbst Erlebtes unterscheiden (sog. Undeutsch-Hypothese; Undeutsch 1967), als empirisch belegt. Von Undeutsch wurden als Qualitätsmerkmale einer Aussage Faktoren wie Unmittelbarkeit, Farbigkeit, Lebendigkeit, sachliche Richtigkeit, psychologische Stimmigkeit, Folgerichtigkeit der Abfolge, Wirklichkeitsnähe, Konkretheit, Detailreichtum und Originalität benannt. Von verschiedenen Autoren wurden in der Folgezeit, teilweise anknüpfend an die Aufstellung von Undeutsch, weitere Merkmalsysteme entwickelt (Arntzen 1970, 1983; Dettenborn et al. 1984; Littmann u. Szewczyk 1983; Trankell 1971). Die unterschiedlichen Kriteriologien wiesen inhaltlich starke Überschneidungen auf. Es ist das Verdienst von Steller und Köhnken (1989), diese Merkmalsysteme überarbeitet und systematisiert zu haben. Die Inhaltsanalyse anhand dieser sogenannten Realkennzeichen (s. Tab. 58-2) stellt heute das entscheidende Element der Glaubhaftigkeitsbegutachtung dar.

> In seiner Entscheidung vom 30.07.1999 sieht der BGH diese **Realkennzeichen** als grundsätzlich empirisch überprüft an. Zwar handele es sich um Indikatoren mit jeweils für sich genommen nur geringer Validität, d.h. mit durchschnittlich nur wenig über dem Zufallsniveau liegender Bedeutung, eine gutachterliche Schlussfolgerung könne aber eine beträchtlich höhere Aussagekraft und damit Indizwert für die Glaubhaftigkeit zu beurteilender Angaben erlangen, wenn sie aus der Gesamtheit aller Indikatoren abgeleitet werde, da die Fehleranteile durch das Zusammenwirken der Indikatoren insgesamt gesenkt würden (BGHSt 45, 164).

Der **kriterienorientierten Inhaltsanalyse** liegt die Annahme zugrunde, dass sich erlebnisbasierte und nichterlebnisbasierte Aussagen durch die zu erbringende kognitive Leistung unterscheiden. Während der Zeuge bei einer erlebnisbasierten Aussage das Geschehen aus dem Gedächtnis rekonstruiert, muss die lügende Person auf ihr gespeichertes Allgemeinwissen zurückgreifen. Die Schilderung eines komplexen Handlungsablaufes ohne eigene Wahrnehmungen und die Aufrechterhaltung über einen längeren Zeitraum stellen hohe Anforderungen an die kognitive Leistungsfähigkeit, sodass die Wahrscheinlichkeit der Schilderung nebensächlicher Details, abgebrochener Handlungsketten, unerwarteter Komplikationen oder die phänomengemäße Schilderung unverstandener Handlungselemente geringer ist als bei erlebten Tatsachen (BGHSt 45, 164). Da die lügende Person bemüht ist, ihr Gegenüber zu überzeugen und glaubwürdig zu erscheinen, sind zudem weniger Selbstkorrekturen und -belastungen sowie das Zugeben von Erinnerungslücken enthalten (BGHSt 45, 164). Der inhaltsorientierte Ansatz zur Beurteilung der Glaubhaftigkeit einer Zeugenaussage ist nach dem derzeitigen Forschungsstand die einzige Untersuchungsmethode, die in gerichtlichen Verfahren angewendet werden kann.

58.2.4 Kriterienorientierte Inhaltsanalyse

Die sogenannten Realkennzeichen beschreiben inhaltliche Qualitäten einer Aussage, die hinreichend trennscharf zwischen realitätsbegründeten und phantasierten Aussagen unterscheiden sollen (Köhnken 2001). Die Analyse der Aussage anhand dieser Kriterien stellt das entscheidende Element der Glaubhaftigkeitsbegutachtung dar.

Das System der Realkennzeichen nach Steller und Köhnken (1989) umfasst fünf Kategorien mit insgesamt 19 Einzelkriterien, die in Tabelle 58-2 dargestellt sind.

- **Allgemeine Merkmale:** In dieser Kategorie werden Kriterien zusammengefasst, die sich auf die Aussage im Ganzen beziehen, ohne dass inhaltliche Einzelheiten berücksichtigt werden müssen. Dabei wird unter »logischer Konsistenz« zunächst die Stimmigkeit der Aussage in sich und die Abwesenheit von Diskrepanzen und Ungereimtheiten verstanden. Eine »unstrukturierte Darstellung« zeichnet sich durch Zeitsprünge, Einschübe und Abbrüche aus, wobei sich die einzelnen Abschnitte stets zu einem stimmigen Ganzen zusammenfügen lassen, ohne dass das Merkmal der logischen Konsistenz verletzt wird. Eine kontinuierliche, strukturierte und in chronologischer Reihenfolge vorgetragene Schilderung wird eher bei einer Falschaussage erwartet. Das Merkmal »quantitativer Detailreichtum«

Tab. 58-2 System der Realkennzeichen (nach Steller u. Köhnken 1989; in der deutschen Fassung nach Steller et al. 1992)

Allgemeine Merkmale
1. Logische Konsistenz
2. Unstrukturierte Darstellung
3. Quantitativer Detailreichtum
Spezielle Inhalte
4. Raum-zeitliche Verknüpfungen
5. Interaktionsschilderungen
6. Wiedergabe von Gesprächen
7. Schilderung von Komplikationen im Handlungsverlauf
Inhaltliche Besonderheiten
8. Schilderung ausgefallener Einzelheiten
9. Schilderung nebensächlicher Einzelheiten
10. Phänomengemäße Schilderung unverstandener Handlungselemente
11. Indirekt handlungsbezogene Schilderungen
12. Schilderung eigener psychischer Vorgänge
13. Schilderung psychischer Vorgänge des Täters
Motivationsbezogene Inhalte
14. Spontane Verbesserung der eigenen Aussage
15. Eingeständnis von Erinnerungslücken
16. Einwände gegen die Richtigkeit der eigenen Aussage
17. Selbstbelastungen
18. Entlastung des Angeschuldigten
Deliktspezifische Inhalte
19. Deliktspezifische Aussageelemente

stützt sich auf die Annahme, dass sich in wahren Aussagen mehr unterschiedliche Details finden als in erfundenen Aussagen, da die meisten Zeugen damit überfordert wären, sich Details in großer Anzahl auszudenken.

■ **Spezielle Inhalte:** Die zweite Kategorie beinhaltet Kriterien zur Untersuchung des Vorhandenseins oder der Ausprägung von speziellen Inhalten der Aussage. Unter »*raum-zeitlichen Verknüpfungen*« wird dabei die Einbettung des Geschilderten in einen äußeren Kontext verstanden. Die Verankerung des geschilderten Ereignisses in Alltagsereignisse, Beziehungen und Gewohnheiten gilt als Glaubhaftigkeitsmerkmal einer Aussage. Unter »*Interaktionsschilderungen*« wird die Wiedergabe von Handlungsketten im Sinne einer Abfolge von Handlungen und Reaktionen verschiedener Personen verstanden. Bei dem Merkmal »*Wiedergabe von Gesprächen*« wird die wörtliche Reproduktion von Aussagen oder Gesprächen erfasst, bei der die beteiligten Personen durch die Verwendung des Vokabulars oder der Argumentation erkennbar sind. Die »*Schilderung von Komplikationen im Handlungsverlauf*« berücksichtigt Komplikationen jeglicher Art, z. B. missglückte Sexualhandlungen, das Auftreten unvorhergesehener Schwierigkeiten, das Überraschtwerden oder den Abbruch angelaufener Handlungen.

■ **Inhaltliche Besonderheiten:** Diese Kategorie enthält Kriterien zu inhaltlichen Bestandteilen und individuellen Charakteristika einer Aussage. Die »*Schilderung ausgefallener Einzelheiten*«, deren Auftreten so ungewöhnlich ist, dass ein lügender Zeuge diese kaum für geeignet halten würde, die Glaubhaftigkeit seiner Aussage zu unterstreichen, wird ebenfalls als ein Realitätskriterium angesehen. Ähnliches gilt für die »*Schilderung nebensächlicher Einzelheiten*«, die für das eigentliche Geschehen ohne Bedeutung sind, da davon auszugehen ist, dass ein lügender Zeuge sich keine irrelevanten Details ausdenkt. Unter dem Kriterium »*phänomengemäße Schilderung unverstandener Handlungselemente*« wird das Berichten von Details oder Handlungen verstanden, deren Bedeutung dem Aussagenden offensichtlich unklar ist (z. B. Beschreibung sexueller Vorgänge durch Kinder), die vom Befragenden aber aus dem Zusammenhang erschlossen werden können. Bei »*indirekt handlungsbezogenen Schilderungen*« enthält der Bericht des Zeugen Inhalte, die mit der Anschuldigung nichts zu tun haben, die aber thematisch mit den Vorfällen in Beziehung stehen bzw. vom Zeugen damit assoziiert werden. Als Kriterium für die Glaubhaftigkeit einer Aussage wird die »*Schilderung eigener psychischer Vorgänge*« wie die Beschreibung von Gefühlen, Empfindungen und Gedanken des Zeugen in der jeweiligen Situation angesehen. Als Hinweis auf die Glaubhaftigkeit einer Aussage wird auch die »*Schilderung psychischer Vorgänge beim Täter*« angesehen, die der Zeuge diesem in Form von Gefühlen und Gedanken, aber auch physiologischen Reaktionen zuschreibt.

■ **Motivationsbezogene Inhalte:** Unter dieser Kategorie werden Realkennzeichen erfasst, die Rückschlüsse auf die Motivation des Aussagenden ermöglichen. Dazu gehört die »*spontane Verbesserung der eigenen Aussage*« ohne Nachfrage oder Suggestion bzw. das Vorbringen neuer oder klarerer Erinnerungen, weil davon auszugehen ist, dass eine lügende Person keine Zweifel an der Glaubhaftigkeit der Aussage durch Verbesserungen oder Präzisierungen erwecken wollen würde. Aus ähnlichen Gründen wird das »*Eingeständnis von Erinnerungslücken*« als Zeichen von Glaubhaftigkeit angesehen. Bringt der Zeuge selbst »*Einwände gegen die Richtigkeit der eigenen Aussage*«, wird dies als Zeichen von Glaubhaftigkeit angesehen, da der bewusst wahrheitswidrig aussagende Zeuge keine Zweifel an der Glaubhaftigkeit seiner Aussage wird aufkommen lassen wollen. »*Selbstbelastungen*«, bei denen der Zeuge sich und seine Rolle in der betreffenden Situation unvorteilhaft darstellt, sein Verhalten dem Täter gegenüber kritisch betrachtet oder sich eine Teilschuld an den Geschehnissen gibt, werden als Zeichen für die Glaubhaftigkeit der Aussage angesehen, da ein solches

Verhalten von einem lügenden Zeugen nicht zu erwarten ist. Bringt der Zeuge Tatsachen zur »*Entlastung des Angeschuldigten*« vor, indem er versucht, dessen Verhalten zu erklären oder zu entschuldigen oder indem er offensichtliche Möglichkeiten, den mutmaßlichen Täter zusätzlich zu belasten, ungenutzt lässt, spricht dies für die Glaubhaftigkeit seiner Aussage.

■ **Deliktspezifische Inhalte:** In der fünften Kategorie werden »deliktspezifische Inhalte« einer Aussage erfasst. Hierbei werden Aussageelemente, die in typischer Weise mit dem infrage stehenden Delikt in Verbindung gebracht werden, betrachtet.

Die Beurteilung der Aussage mithilfe der Realkennzeichen erfolgt auf dem Wege einer zusammenfassenden Bewertung der Ausprägung aller Kennzeichen, um zu einer Einschätzung der Wahrscheinlichkeit zu gelangen, ob die berichteten Tatsachen auf einem wahren Erlebnishintergrund beruhen oder nicht. Es existiert keine formalisierte Entscheidungsregel oder ein Cut-off-Wert, mit dessen Hilfe man wahre von unwahren Aussagen eindeutig unterscheiden kann (Steller u. Köhnken 1989). Eine Stellungnahme zur Glaubhaftigkeit kann nicht einfach quantitativ aus einem einfachen Kriterien- und Hypothesenkatalog abgeleitet werden. Es gibt auch keine standardisierten diagnostischen Entscheidungsregeln oder normative Mengenangaben von erfüllten Qualitätsmerkmalen. Die Datenintegration zur Bestimmung des Erlebnisbezugs einer Aussage bleibt ein Prozess der einzelfallbezogenen psychodiagnostischen Urteilsbildung (Greuel 2001). Die Beurteilung der Glaubhaftigkeit folgt keinen festen Regeln und exakten Berechnungen, sondern bleibt ein subjektiver Entscheidungsakt. Die Kriterien sind insgesamt teilweise umstritten (Greuel et al. 1998). Die jeweiligen Merkmale können zudem grundsätzlich auch in erlogenen Aussagen vorkommen.

Realkennzeichen sind zudem nicht geeignet, zwischen einer wahren und einer suggerierten Aussage zu unterscheiden, da die Aussage in beiden Fällen aus dem Gedächtnis rekonstruiert wird und sich die Person auch im zweiten Fall nicht auf die erdachten Zusammenhänge konzentrieren muss und als besonders glaubwürdig erscheinen will. Die Analyse einer Aussage mithilfe der Realkennzeichen stellt auch keine Methode zur Lügendetektion dar. Beim Fehlen der Merkmale kann *nicht* von einem fehlenden Erlebnishintergrund ausgegangen werden. Das Fehlen kann andere Ursachen wie Gedächtnisdefizite, Hemmungen, Angst, Loyalitätskonflikte etc. haben. Der Erlebnisgehalt von Aussagen kann jedoch mit einer kriterienorientierten Inhaltsanalyse substanziiert werden. Abgeleitet werden können lediglich hilfreiche Indikatoren, die im Hinblick auf die Besonderheiten und Eigenheiten des jeweiligen Einzelfalls gewichtet und interpretiert werden müssen. Die Aussageanalyse ermöglicht lediglich eine Beurteilung der Qualität der Aussage. Für die Glaubhaftigkeitsbeurteilung ist ein Bezug zu den spezifischen Kompetenzen und Erfahrungen des Aussagenden erforderlich (Volbert u. Steller 2004).

Voraussetzung für die Anwendbarkeit der kriterienorientierten Inhaltsanalyse ist zudem eine Aussage, bei der viel Text zur Verfügung steht. Bei einer durch den Befragenden stark vorstrukturierten Frageweise und knappen Antworten, die teilweise nur aus »ja« und »nein« bestehen, kann das Vorhandensein von Realkennzeichen nicht überprüft werden.

Die kriterienorientierte Inhaltsanalyse dient der Beurteilung *einer* Aussage. Die Überprüfung aussageübergreifender Qualitätsmerkmale erfolgt in einem weiteren Schritt.

58.2.5 Vorgehen bei der Glaubhaftigkeitsbegutachtung

> Das Ziel der Glaubhaftigkeitsbegutachtung ist die Beantwortung der Frage, ob der jeweilige Zeuge »mit den gegebenen individuellen Voraussetzungen unter den gegebenen Befragungsumständen und unter Berücksichtigung der im konkreten Fall möglichen Einflüsse von Dritten diese spezifische Aussage machen [könnte], ohne dass sie auf einem realen Erlebnishintergrund basiert« (Volbert 1995, S. 23).

Mithilfe der kriterienorientierte Inhaltsanalyse soll ermittelt werden, wie wahrscheinlich es ist, dass die aussagende Person mit den festgestellten Fähigkeiten, Eigenschaften, Erfahrungen und Motiven auch ohne Erlebnishintergrund eine Aussage produzieren könnte, welche die durch die Inhaltsanalyse festgestellte qualitative Struktur aufweist (Steller u. Volbert 1997).

Die Analyse einer Aussage anhand der Realkennzeichen ermöglicht eine Einschätzung der Qualität der Aussage. Aus dieser Qualitätseinschätzung allein lassen sich jedoch keine Rückschlüsse auf die Glaubhaftigkeit einer Aussage ziehen. Hierfür ist es erforderlich, die Qualität der Aussage mit der kognitiven Leistungsfähigkeit des Zeugen und seinen bereichsspezifischen Erfahrungen und Kenntnissen in Beziehung zu setzen (Steller u. Volbert 1997).

Ermittlung der relevanten Persönlichkeitsaspekte

Für die Beurteilung der Glaubhaftigkeit einer vom Zeugen gemachten Aussage ist es zunächst erforderlich, die relevanten Aspekte der Persönlichkeit festzustellen (DGKJP 1999). Eine Auseinandersetzung mit den personalen Voraussetzungen des Zeugen ist insbesondere deshalb wichtig, weil gerade bei der Beauftragung eines Kinder- und Jugendpsychiaters davon auszugehen ist, dass entwicklungs- und persönlichkeitsbedingte Besonderheiten Anlass für die Begutachtung sind (Fegert 2004). Zu den festzustellenden Persönlichkeitsaspekten gehören nach Volbert und Steller (2004)

- die kognitiven Voraussetzungen,
- eventuelle dispositionelle Besonderheiten und
- die motivationalen Voraussetzungen.

Um feststellen zu können, ob der Zeuge das fragliche Geschehen überhaupt hat wahrnehmen und im Gedächtnis behalten können, ist eine Überprüfung der Wahrnehmungs-, Erinnerungs- und Ausdrucksfähigkeit des Zeugen erforderlich. Um die individuellen Fähigkeiten und Fertigkeiten sowie das fallspezifische Wissen des Zeugen festzustellen, kann zunächst die Durchführung einer Leistungs- und Persönlichkeitsdiagnostik erforderlich sein. Mithilfe von Testverfahren und Fragebögen, anamnestischen Angaben (z. B. Schulleistungen) sowie Beobachtungen im Rahmen der Exploration werden aussagerelevante Fähigkeiten und Persönlichkeitsdimensionen festgestellt. Hierzu gehören insbesondere

- die Feststellung psychopathologischer Befunde,
- die Ermittlung der intellektuellen und sprachlichen Fähigkeiten unter Berücksichtigung der Gedächtnis- und Wahrnehmungsfunktion und besondere Persönlichkeitszüge (Geltungsbedürfnis, Selbstwertprobleme, ausgeprägte Suggestibilität) und
- die Vorerfahrungen des Zeugen.

Bei Aussagen in Sexualstrafverfahren ist in der Regel eine Sexualanamnese des Zeugen zu erheben, um die Beurteilung der Frage zu ermöglichen, ob die Qualität der gefundenen Aussage auch durch sogenannte Parallelerlebnisse des Zeugen (Übertragungshypothese) oder reine Erfindungen (Konfabulationshypothese) erklärbar sein könnte.

Da das Ziel der Begutachtung, wie oben bereits ausgeführt, nicht die Feststellung der Glaubwürdigkeit der Person ist, sondern die Glaubhaftigkeit der Aussage, ist eine allgemeine Persönlichkeitsdiagnostik nicht ausreichend, um den Wahrheitsgehalt einer Aussage feststellen zu können. Die hierfür relevanten Informationen müssen im Wesentlichen aus der Aussage selbst und den sie begleitenden Umständen abgeleitet werden (Köhnken 2001).

Ermittlung der Motivation für eine Aussage

Eine Motivanalyse soll mögliche Gründe für eine Falschbezichtigung aufdecken (s. ablehnend Köhnken 2001, dafür aber Steller u. Volbert 1997). Allerdings kann auch, wenn solche Gründe vorliegen, nicht allein daraus auf eine mangelnde Erlebnisbasiertheit der Aussage geschlossen werden, da dieselbe Motivation eine wahre, aber auch eine falsche Aussage begründen kann (Volbert u. Steller 2004). So kann selbst dann, wenn feststeht, dass sich der Zeuge mit seiner Aussage am Angeklagten rächen wollte, nicht daraus geschlossen werden, dass der Beschuldigte die vorgeworfenen Handlungen nicht tatsächlich begangen hat (BGH NStZ-RR 2003, 206, 208). Trotzdem können aus der Motivation wertvolle Hinweise ermittelt werden, die für die Gesamtwürdigung der Glaubhaftigkeit der Zeugenaussage Bedeutung haben. Hierfür ist insbesondere die Beziehung zwischen dem Zeugen und dem Beschuldigten zu analy-

sieren und mögliche Konsequenzen hieraus für die Beteiligten sind zu berücksichtigen.

Ermittlung der Entstehungs- und Entwicklungsgeschichte der Aussage

Zur Klärung möglicher suggestiver Einflüsse auf den Zeugen ist es wichtig, genau zu ermitteln, wann wem gegenüber aus welchem Anlass Angaben zu dem infrage stehenden Ereignis gemacht wurden, was in diesem Zusammenhang genau berichtet wurde und wie andere Personen darauf reagiert haben. Weiterhin ist zu erheben, ob der Zeuge in der Folgezeit weitere Aussagen gemacht hat, ob es Befragungen gab und wie diese durchgeführt wurden. Hat der Zeuge sich zwischenzeitlich einer Therapie unterzogen, ist es wichtig zu ermitteln, welcher Art diese Therapie war und ob das fragliche Ereignis im Rahmen der Therapie thematisiert wurde, da diese Umstände einen entscheidenden Einfluss auf die Aussage ausgeübt haben können. Werden erhebliche subjektive Einflüsse festgestellt, kann die kriterienorientierte Inhaltsanalyse nicht mehr zuverlässig angewandt werden.

Konstanzanalyse (Aussageübergreifende Qualitätsanalyse)

Hat der Zeuge mehrere Aussagen zu verschiedenen Zeitpunkten gemacht (zum Problem der wiederholten Befragungen vgl. Fegert et al. 2001), kann mithilfe der Konstanzanalyse überprüft werden, ob es zwischen den Aussagen Unterschiede im Sinne von Widersprüchen, Auslassungen, Ergänzungen oder sonstigen Veränderungen gibt, die im Zusammenhang mit bestimmten Ereignissen stehen (Gespräche, Therapien, Befragungen, familiäre Veränderungen). Hierbei ist grundsätzlich zwischen dem Kerngeschehen und dem Randgeschehen zu unterscheiden, da Diskrepanzen unterschiedlich zu bewerten sind. Grundsätzlich gilt, dass Abweichungen in den Schilderungen des randständischen Geschehens oft auf natürliche Erinnerungsverluste und -ungenauigkeiten zurückgeführt werden können, im Kerngeschehen können Abweichungen dagegen auf eine mangelnde Erlebnisbasiertheit der Aussage hindeuten, da die Beobachtung realer Vorgänge und eigener Erlebnisse besser im Gedächtnis behalten werden können als nicht erlebnisbasierte Vorgänge (Arntzen 2007). Zu beachten ist aber auch der zeitliche Abstand, mit dem die Aussagen getätigt wurden. Ist er sehr groß, muss auch hier mit größeren Erinnerungsverlusten gerechnet werden.

Ermittlung der Aussagequalität

Mithilfe der oben beschriebenen kriterienorientierten Inhaltsanalyse wird die Qualität der Aussage analysiert. Dabei wird der Inhalt der Aussage auf das Vorhandensein von Realkennzeichen untersucht. Es ist festzustellen, welche Realkennzeichen in der jeweilgen Aussage vorhanden sind. Im Anschluss wird die festgestellte Aussagequalität vor dem Hintergrund der individuellen kognitiven Fähigkeiten des Zeugen beurteilt, um zu bewerten, ob der Zeuge mit den festgestellten kognitiven Fähigkeiten in der Lage ist, eine Aussage mit den festgestellten Qualitäten zu erfinden. Die Anforderungen an eine Aussage, die erfüllt sein müssen, variieren mit der Ausprägung der individuellen kognitiven Fähigkeiten, d. h. je besser ausgeprägt die individuellen kognitiven Fähigkeiten des Zeugen sind, desto höher muss die inhaltliche Qualität der Aussage sein, die mithilfe der Realkennzeichen festgestellt wird und umgekehrt.

Fehlerquellenanalyse

Wurde auf diese Weise die Qualität einer Aussage ermittelt, muss auf dem Wege einer systematischen Überprüfung verschiedener Hypothesen eine Fehlerquellenanalyse durchgeführt werden. Dabei werden verschiedene Hypothesen generiert und überprüft, die die Aussage mit den darin enthaltenen Qualitätsmerkmalen erklären könnten.

Zunächst ist eine **Grundhypothese** zu bilden, die dann mithilfe von **Alternativhypothesen** zu überprüfen ist. In Betracht kommt zunächst die Erlebnis- oder Realitätshypothese, wonach die Aussage damit erklärt werden kann, dass der Zeuge unter Wahrheitsvorsatz von einem Ereignis berichtet, das er selbst erlebt hat. Hierzu sind verschiedene Hypothesen zu bilden, mit denen die Aussage ebenfalls erklärt werden könnte. Dabei müssen alle im konkreten Fall in Betracht kommenden Alternativhypothesen überprüft werden. Nur wenn alle plausiblen Hypothesen überprüft und als unwahrscheinlich zur Erklärung der Aussage verworfen wurden, kann davon ausgegangen werden, dass die Aussage durch die Erlebnis- oder Realitätshypothese am besten erklärt werden kann. Bleiben wesentliche Hypothesen unbeachtet, kann dies zu falschen Ergebnissen bei der Beurteilung der Glaubhaftigkeit einer Aussage führen.

Nach dem Urteil des BGH vom 30.07.1999 ist jedoch von der sogenannten Nullhypothese auszugehen, wonach der Sachverständige bei der Begutachtung zunächst annimmt, die Aussage sei unwahr. Anhand von Alternativhypothesen ist diese Unwahrannahme zu überprüfen. Erst wenn die Unwahrhypothese mit den gesammelten Fakten nicht mehr in Einklang zu bringen ist, gilt die Alternativhypothese, dass die Aussage auf einem wahren Erlebnishintergrund beruht (BGHSt 45, 164).

Die **Nullhypothese** hat ihren Ursprung in der Statistik und auch die vorgeschlagene Prüfstrategie ist ein statistisches Verfahren. Es ist fraglich, wie sich diese Vorgehensweise mit der Aufgabe des aussagepsychologischen Gutachters in Einklang bringen lässt, der auf diese Weise nach seiner Wissenschaft keine Hypothesen prüfen kann. Die Aussageanalyse ist kein hypothesenprüfendes Verfahren, bei dem unter Angabe statistischer Wahrscheinlichkeiten Hypothesen widerlegt oder ausgeschlossen werden können. Daher können mit der Forderung des BGH keine Hypothesen im Sinne statistischer hypothesenprüfender Verfahren gemeint sein, sondern vielmehr Grundannahmen, bei denen geprüft wird, ob diese logisch durch andere Annahmen zu widerlegen sind (Fegert 2001a, 2004). Dem Sachverständigen stehen bei der letztendlichen Beurteilung der Glaubhaftigkeit keinerlei statistisch abgesicherten Prüfstrategien zur Verfügung, sodass die Glaubhaftigkeitsbeurteilung trotz aller methodischen Bezugskriterien eine subjektiv gewichtete und somit prinzipiell auch angreifbare Einzelfallentscheidung bleibt.

Der **Hypothesengenerierung** kommt entscheidende Bedeutung zu, da anhand der aufgeworfenen Hypothesen die Datenerhebung sowie deren Auswertung und Interpretation erfolgt (BGHSt 45, 164; Köhnken 2001). Neben der Erlebnis- oder Realitätshypothese kann z. B. die Konfabulationshypothese zu prüfen sein, nach der die Aussage keinen Erlebnishintergrund hat, sondern ein reines Phantasieprodukt des Zeugen ist. Die Konfabulationshypothese kann als unwahrscheinlich zurückgewiesen werden, wenn die Aussage inhaltliche Qualitäten aufweist, die vor dem Hintergrund der kognitiven Fähigkeiten und der Erfahrungen des Zeugen bei einer erfundenen Aussage nicht zu erwarten sind (Köhnken 2001). Einige mögliche in Betracht kommende Alternativhypothesen sind die folgenden:

Den *Gedächtnisbeeinträchtigungshypothesen* liegt die Überlegung zugrunde, dass neue Informationen die Gedächtnisrepräsentation des Originalereignisses modifizieren können (Loftus 1979). Das bedeutet, dass z. B. die Art einer Frage auch die Antworten auf andere, später gestellte Fragen beeinflussen kann. Bei der *Abrufbeeinträchtigungshypothese* wird angenommen, dass interferierende Informationen zwar nicht die Gedächtnisspur eines Ereignisses, wohl aber seine Abrufbarkeit beeinträchtigen (Bekerian u. Bowers 1983). Bei der *Quellenkonfusionshypothese* wird davon ausgegangen, dass zwar die Zielinformation, nicht jedoch die Zuordnung einer Information zu den verschiedenen Informationsquellen korrekt abgerufen werden kann (Lindsay 1994).

Die *Konstruktions- oder Rekonstruktionshypothese* nimmt an, dass der Zeuge mehr berichtet, als in seinem Gedächtnis tatsächlich über das Ereignis gespeichert ist. Hierbei werden bestehende Vorstellungen, Schemata und Stereotypen, die üblicherweise mit einem solchen Ereignis verknüpft sind, der Schilderung hinzugefügt, ohne dass dem Zeugen bewusst ist, ob er die Information aus dem Gedächtnis reproduziert oder rekonstruiert (Bartlett 1932). Möglicherweise schließt der Zeuge auch auf diese Weise mögliche Erinnerungslücken im Bemühen um Konsistenz.

Bei der Prüfung der *Wahrnehmungsübertragungshypothese* wird untersucht, ob der Zeuge das fragliche Ereignis zwar beobachtet, aber nicht selbst erlebt, sondern fälschlicherweise auf die eigene Person übertragen hat (Beobachtungen anderer Personen, Filme, Bücher). Hierbei kommt es insbesondere darauf an, herauszuarbeiten, ob die Aussage Details enthält, die zwar für ein Erlebnis im nahen Umfeld sprechen, sich aber nicht mit einer lediglich unbeteiligten Beobachterrolle in Einklang bringen lassen (Greuel 1997).

Die Schilderung sogenannter Parallelerlebnisse, die dann auf das jetzige Ereignis oder einen Beschuldigten übertragen werden, wird durch die sogenannte *Übertragungshypothese* geprüft. Bei der Prüfung dieser Hypothese ist die Schilderung räumlich-zeitlicher Verknüpfungen von besonderer Bedeutung.

Die *Instruktionshypothese* nimmt an, dass der Zeuge etwa im Rahmen einer konflikthaften Beziehung zwischen Personen aus dem sozialen Umfeld des Zeugen und dem Beschuldigten (Umgangs- und Sorgerechtsauseinandersetzungen) bewusst instruiert, unter Umständen sogar trainiert wurde, um eine unwahre Aussage zu machen (Kölch u. Fegert 2008).

Bei der *Suggestionshypothese* wird überprüft, ob die Aussage das Resultat intensiver und häufiger suggestiver Einflüsse sein könnte. Realkennzeichen können nicht zwischen Aussagen unterscheiden, die auf einem wahren Erlebnishintergrund beruhen, und solchen, die das Ergebnis suggestiver Beeinflussungen sind. Die Suggestionshypothese kann nur durch eine sorgfältige Rekonstruktion der Entstehungs- und Entwicklungsgeschichte der Aussage zurückgewiesen werden, wenn keine Anhaltspunkte für eine suggestive Beeinflussung gefunden werden.

Zu prüfen sind nicht alle möglichen, sondern nur die realistisch erscheinenden Erklärungsmöglichkeiten im jeweils vorliegenden Fall (BGHSt 45, 164).

58.2.6 Rahmenbedingungen und Durchführung der Untersuchung

Der Gegenstand des Gutachtens bestimmt sich nach dem Gutachtenauftrag. Der Gutachter sollte auf einem schriftlichen Gutachtenauftrag bestehen, ein solcher ist in der Praxis nicht selbstverständlich. Der Gutachtenauftrag muss sorgfältig gelesen und darauf überprüft werden, ob der Sachverständige den Auftrag mit seinen Mitteln erfüllen kann. Lautet der Auftrag beispielsweise auf eine Begutachtung der Glaubwürdigkeit eines Zeugen, wird er den Auftrag zurückweisen bzw. Rücksprache mit dem Auftraggeber halten müssen, weil es eine Glaubwürdigkeit als stabiles Persönlichkeitsmerkmal nicht gibt und Feststellungen zu dieser Frage keinen Bezug zur Erlebnisbasiertheit einer bestimmten Aussage haben. Rücksprache ist auch erforderlich, wenn der Auftrag unklar oder nicht verständlich ist. Vor Annahme des Auftrags muss der Gutachter prüfen, ob er für die Erfüllung des Gutachtenauftrags kompetent ist. Andernfalls muss er den Gutachtenauftrag ablehnen.

Der Sachverständige benötigt eine ausreichend breite Tatsachengrundlage, auf der er seine Beurteilung vornehmen kann. Dazu gehört neben dem sorgfältigen Studium der übersandten Akten und Unterlagen eine Exploration des Zeugen. Vor der Exploration ist der Zeuge über den Ablauf und das Ziel der Begutachtung, über das Nichtbestehen der Schweigepflicht des Gutachters, über eventuell bestehende Zeugnisverweigerungsrechte und die Freiwilligkeit der Untersuchung aufzuklären. Zwar obliegt sowohl die Belehrung über das Untersuchungsverweigerungsrecht als auch über ein Zeugnisverweigerungsrecht dem Auftraggeber, sie sollte aber aus Gründen der Klarstellung vom Gutachter selbst noch einmal durchgeführt werden (Fegert 2001b).

Die Exploration sollte an einem neutralen Ort, etwa der Praxis oder den Diensträumen des Gutachters, stattfinden. Auf diese Weise hat der Gutachter eher Kontrolle über die Situation und kann Ablenkung verhindern, die eventuell in der Wohnung des Zeugen auftreten könnte (Köhnken 2001).

Die Exploration muss ausreichend dokumentiert werden. Es empfiehlt sich, das Explorationsgespräch auf Tonband, idealerweise auch auf Video aufzunehmen, um die Aufnahmen im Prozess zu Beweiszwecken gegebenenfalls vorlegen zu können, vor allem aber, weil die Durchführung der Aussageanalyse bei komplexen Sachverhalten ohne verwendbare Aufzeichnungen nicht möglich scheint. Im Vorfeld ist jedoch das Einverständnis des Zeugen einzuholen.

Die Untersuchung sollte unter Abwesenheit Dritter erfolgen. Die Anwesenheit von Angehörigen oder Begleitpersonen kann die Exploration des Zeugen negativ beeinträchtigen.

Während der Exploration ist der Gutachter gehalten, individuell auf den Jugendlichen oder den jungen Erwachsenen einzugehen, insbesondere sollte die Sprache so gestaltet werden, dass sie für den jungen Zeugen verständlich ist. Wortwahl und Sprechtempo sind entsprechend anzupassen.

Der Gutachter sollte während der Exploration eine ruhige, vertrauenerweckende Atmosphäre schaffen, wobei die Rolle des Gutachters stets offengelegt werden muss. Während der Exploration sollten ausreichend Pausen gemacht werden. Der Zeuge darf nicht überfordert werden, gegebenenfalls ist das Gespräch zu einem späteren Zeitpunkt fortzusetzen.

Selbstverständlich dürfen bei der Exploration keine Suggestivfragen gestellt und keine Sachverhalte vorgegeben werden (Fegert 2004). Der Zeuge darf nicht durch Fragewiederholungen verunsichert werden, da dies den Eindruck erwecken könnte, dass seine Einlassung nicht akzeptiert werde. Der Gutachter sollte die Aussagen des Zeugen weder sprachlich noch durch Mimik oder Gestik oder bestimmte Reaktionen bewerten, um dadurch nicht Antworten auf zukünftige Fragen zu beeinflussen.

Der Gutachter sollte versuchen, im Gespräch möglichst viel Freitext und idealerweise einen zusammenhängenden Bericht vom Zeugen zu erhalten (Fegert 2004), da Suggestionseffekte entstehen können, wenn der Zeuge aufgrund von Gedächtnisdefiziten oder unklar formulierten Fragen verunsichert wird. Bei stark strukturierten Befragungen können zudem Konfabulationen entstehen, wenn der Zeuge (unbewusst) Gedächtnislücken kreativ schließt.

Bei der Befragung sollte die sogenannte Trichtertechnik angewandt werden, wonach zunächst versucht werden sollte, Freitext zu erhalten, dann sollten offene Fragen gestellt werden, die erst allmählich spezifischer werden (Arntzen 2007; Volbert 1997).

Der Ablauf der Untersuchung des Zeugen richtet sich nach dessen Persönlichkeit und muss den Umständen des jeweiligen Einzelfalles angepasst werden. Das zentrale Element der Begutachtung ist das Gespräch mit dem Zeugen. Hierbei muss der Zeuge zu allen in Betracht kommenden Hypothesen exploriert werden. Im Rahmen dieser Exploration werden kognitive Fähigkeiten des Zeugen in Bezug auf Wahrnehmung, Gedächtnis und Reproduktionsfähigkeit, aber auch die Fähigkeit, Fragen zu verstehen, ermittelt. Hierzu bietet sich eine fallneutrale Schilderung von Erlebnissen an, die nichts mit der verfahrensgegenständlichen Tat zu tun haben. Die allgemeine Intelligenz und Gedächtnisleistungen können durch die Durchführung psychologischer Testverfahren und anamnestische Daten zu Schulleistungen und Bildungsstand erhoben werden.

Im Gespräch mit dem Zeugen müssen Angaben zu den motivationalen Bedingungen der Aussage und zur Aussageentstehung erfragt werden. Dazu gehören die Exploration zu den Beziehungen zum mutmaßlichen Täter, aber auch die Beziehungen zu den Personen im Umfeld des Zeugen.

Der Sachverständige ist nicht gehalten, den Sachverhalt zu ermitteln und gegebenenfalls weitere Personen zu befragen. Sollte er für die Begutachtung der Glaubhaftigkeit einer Aussage weitere Erkenntnisquellen benötigen, muss er dies seinem Auftraggeber mitteilen, der dann gemäß § 80 StPO zu verfahren hat.

Zu beachten ist immer auch das Persönlichkeitsrecht des Zeugen. Das bedeutet, dass sich die Exploration immer an dem Ziel der Untersuchung orientieren muss. Daher dürfen nur die Informationen vom Zeugen erhoben werden, die für die Erfüllung der Aufgabe erforderlich sind. Jede Befragung ist ein Eingriff in das Persönlichkeitsrecht des Zeugen. Daher sind nur solche Hypothesen zu prüfen, für die sich nach den vorliegenden Informationen konkrete Anhaltspunkte ergeben. Die eingesetzten Test- und Untersuchungsverfahren müssen für die Überprüfung der aufgestellten Hypothesen geeignet sein.

58.2.7 Erstattung des Gutachtens

Es ist die Aufgabe des Sachverständigen, dem Gericht die Sachkunde zu vermitteln, die ihm fehlt, um eine verantwortungsvolle Entscheidung zu treffen. In Bezug auf Glaubhaftigkeitsbegutachtung bedeutet dies, die mit den Mitteln der Aussagepsychologie gewonnenen Erkenntnisse dem Gericht auf transparente und verständliche Weise darzulegen. Das Gericht ist an die Bewertung des Sachverständigen nicht gebunden. Vielmehr trifft es eine eigene Entscheidung, indem es die durch das Gutachten des Sachverständigen gewonnenen Erkenntnisse prüft und berücksichtigt. Wie bereits oben festgestellt, ist das Ziel der Glaubhaftigkeitsbegutachtung durch den Sachverständigen nicht die Feststellung der Wahrheit, das ist allein Sache des Gerichts.

Der Gutachter wird zunächst ein schriftliches Gutachten erstellen. Dieses Gutachten dient dem Gutachter selbst und den Verfahrensbeteiligten zur Vorbereitung der Hauptverhandlung, ist aber für das Verfahren selbst wegen des Grundsatzes der Mündlichkeit im deutschen Strafverfahren nicht zu berücksichtigen. Nach dem Prinzip der Mündlichkeit darf nur zur Urteilsgrundlage gemacht werden, was zuvor mündlich vor dem Gericht verhandelt wurde. Der Sachverständige muss sein Gutachten daher mündlich erstatten. Dabei muss er die Vorgänge in der Hauptverhandlung berücksichtigen, insbesondere die erneute Aussage des Zeugen, soweit dieser vernommen wird.

Das vorbereitende schriftliche Gutachten hat hinsichtlich der Qualität des mündlichen Gutachtens aber eine entscheidende Bedeutung, da es diesem als Grundlage dient und sich Fehler, Unterlassungen und mangelhafte Begründungen in der Regel auch auf das mündliche Gutachten übertragen. Die wesentlichen Anforderungen an das schriftliche Gutachten sind:
- Benennung von Auftraggeber und Fragestellung
- Angabe der verwendeten Quellen
- Angaben zur durchgeführten Aufklärung des Zeugen, zu den durchgeführten Untersuchungsterminen und deren Dauer
- nachvollziehbare Wiedergabe der Explorationsergebnisse (Transkripte, Ton- und Videoaufzeichnungen)
- Hypothesenbildung, die dem Untersuchungsgang vorausgeht
- Prüfung und Einzeldarstellung aller relevanten Alternativhypothesen
- Darstellung der Untersuchungsbefunde zusammen mit Zweck und Ergebnis der durchgeführten Verfahren
- Diagnosestellungen unter Verwendung von operationalisierten Diagnoseschemata (ICD-10, DSM-IV, multiaxiale Diagnostik)
- Diskussion und Bewertung der Befunde getrennt vom Explorations- und Befundteil
- zusammenfassende Beurteilung und Beantwortung der Fragestellung

Das Gutachten muss nachvollziehbar, transparent und auch für den psychiatrisch-psychologischen Laien verständlich sein. Der Gutachter muss die Anknüpfungstatsachen darlegen, die verwendeten Methoden und Befunde erläutern und schließlich sein Ergebnis begründen. Datenerhebung und Dateninterpretation müssen dabei deutlich voneinander getrennt dargestellt werden. Der Gutachter muss die Rahmenbedingungen der Exploration (wie Ort, Dauer und anwesende Personen) offenlegen. Die vom Sachverständigen zugrunde gelegten Hypothesen sind im Gutachten einzeln zu benennen. Die verwendeten Untersuchungsmethoden und Testverfahren sind zu benennen und zu den gebildeten Hypothesen in Bezug zu setzen (es muss deutlich werden, welche Fragestellung mit welchem Verfahren bearbeitet wurde und warum dieses Verfahren methodisch indiziert war). Soweit Verfahren verwendet werden, die nicht zu den Standardverfahren (Befragung, Beobachtung, Standardtests und -fragebögen) gehören und deren Überprüfbarkeit durch allgemeine psychologische Quellen und Testmanuale nicht gewährleistet ist, müssen diese hinsichtlich ihrer Konzeption und Methodik dargestellt werden, um dem Nachvollziehbarkeits- und Transparenzgebot zu genügen.

Der Gutachter muss keine bestimmte Prüfungsreihenfolge einhalten und kann diese nach den jeweiligen erforderlichen Prüfungsschritten nach eigenem Ermessen wählen (BGH, NStZ 2001, 45, 46).

Datenerhebung und Dateninterpretation müssen transparent gemacht werden, weshalb es wichtig ist, Aufnahmen und Aufzeichnungen aufzuheben. Ein vollständiges wörtliches Transkript des Explorationsgesprächs wird nur in Ausnahmefällen notwendig sein. Wichtige Passagen sollten aber transkribiert werden. Es empfiehlt sich, die Unterlagen bis zur Rechtskraft des Urteils aufzubewahren.

Die Kriterien für die Beurteilung müssen transparent und nachvollziehbar sein. Für die Beteiligten des Verfahrens muss nachprüfbar sein, auf welchem Weg der Sachverständige zu den vorgetragenen Ergebnissen gekommen ist (BGHSt 45, 164).

Kann eine Aussage nicht mit der erforderlichen Überzeugung getroffen werden, muss dies dem Gericht offengelegt werden. Unsicherheiten müssen offen benannt werden. Vom Gutachter wird keine Allwissenheit verlangt. Die Grenzen der Aussagepsychologie müssen im Gutachten aufgezeigt werden. Kann eine Aussage zur Glaubhaftigkeit der Aussage auch nach sorgfältiger Untersuchung nicht mit der erforderlichen Wahrscheinlichkeit getroffen werden, muss dies dem Gericht so mitgeteilt werden.

58.2.8 Haftung des Sachverständigen für ein unrichtiges Gutachten

Ein unrichtiges Gutachten kann erheblichen Schaden für die Betroffenen verursachen. Wird beispielsweise ein Angeklagter verurteilt, weil das Gericht die Entscheidung auf die Aussage eines Zeugen stützt, die es nach dem Gutachten des Sachverständigen für glaubhaft hält und stellt sich später heraus, das die Aussage erlogen und das Gutachten mangelhaft war, kommt eine Haftung des Gutachters für das unrichtige Gutachten in Betracht. Gutachter müssen gemäß § 839a BGB für die Schäden, die durch eine Fehlentscheidung des Gerichts, die auf dem unrichtigen Gutachten beruht, haften. Voraussetzung für eine Haftung ist, dass ein vom Gericht bestellter Sachverständiger ein objektiv falsches Gutachten erstattet, welches etwa anerkannte fachliche Grundlagen und Standards missachtet. Das falsche Gutachten muss in die gerichtliche Entscheidung einfließen. Weiterhin muss den Gutachter ein Verschulden treffen, d. h., er muss entweder vorsätzlich ein falsches Gutachten erstattet oder bei der Erstellung des Gutachtens die im Verkehr erforderliche Sorgfalt in besonders schwerem Maße außer Acht gelassen haben. Der Maßstab ist dabei nicht nach dem subjektivem Vermögen des Gutachters, sondern objektiv zu bestimmen. Daher kommt der Prüfung der eigenen Kompetenz des Gutachters vor Annahme des Gutachtenauftrags eine erhebliche Bedeutung zu. Eine grobe Fahrlässigkeit ist anzunehmen, wenn der Sachverständige eine notwendige Untersuchung unterlassen hat, wenn er bei der Untersuchung nahe liegende Überlegungen nicht angestellt oder bei der Befunderhebung und der Auswertung der Aussagen Umstände nicht berücksichtigt hat, die im gegebenen Fall zwingend für das Gutachten zu berücksichtigen gewesen wären (Martinius 2001). Dies ist insbesondere der Fall, wenn relevante und nahe liegende Alternativhypothesen nicht überprüft werden. Schließlich muss das fehlerhafte Gutachten kausal für den bei dem Betroffenen entstandenen Schaden sein, d. h., die gerichtliche Entscheidung muss auf dem Gutachten beruhen. Zur Vermeidung des Schadenseintritts ist der Betroffene jedoch verpflichtet, gegen die Entscheidung ein statthaftes Rechtsmittel einzulegen. Liegen alle Haftungsvoraussetzungen vor, ist der Gutachter verpflichtet, den entstandenen Schaden zu ersetzen.

Nicht nur aus Gründen des Haftungsrisikos, sondern auch im Hinblick auf die Rechte der Verfahrensbeteiligten muss sich der Gutachter stets seiner Verantwortung im Verfahren bewusst sein. Dem Gutachten kommt in der Verhandlung ein großes Gewicht zu. Liegt ein Gutachten vor, das zu dem Ergebnis kommt, der Aussage des Zeugen liege kein Erlebnishintergrund zugrunde, wird das Verfahren fast immer eingestellt oder der Angeklagte wird freigesprochen. Ein Gutachten, das der Aussage einen wahren Erlebnishintergrund bescheinigt, führt zwar nicht immer, aber doch häufig zu einer Verurteilung des Angeklagten. Daher erfüllen nur qualitativ hinreichende Gutachten ihren Zweck.

58.2.9 Ausblick

In Anbetracht der oftmals unzureichenden Qualität vieler Gutachten zur Glaubhaftigkeit von Aussagen, insbesondere in Sexualstrafverfahren, aber auch im Hinblick auf den Umgang der Gerichte mit diesen Gutachten, ist die bereits mehrfach erwähnte Entscheidung des BGH vom 30.07.1999 (BGHSt 45, 164 ff.) zu begrüßen, weil sie wesentliche Mindeststandards mit größerem Nachdruck benannt hat, als wissenschaftliche Publikationen dies zu tun vermögen, und dadurch eine breite Diskussion um Qualitätsstandards in der Begutachtung von

Aussagen ausgelöst hat. Ob die Qualität der Gutachten sich als Folge der Entscheidung des Gerichts auch tatsächlich wesentlich und dauerhaft verbessern wird, kann nicht ohne Weiteres vorhergesagt werden. Sicher ist, dass sich die Darlegungen der Gutachter verändern und an die gemachten Vorgaben anpassen werden. Dabei ist es jedoch schwierig, festzustellen, ob es sich lediglich um äußere Kosmetik oder um wirkliche inhaltliche Verbesserung der Gutachtenqualität handelt.

Auch wenn die Vorgaben des BGH zu Minimalstandards von Glaubhaftigkeitsgutachten in der Öffentlichkeit weitestgehend Anerkennung gefunden haben, stellt sich die Frage nach den Auswirkungen der Rechtsprechung in der Praxis. Eine Untersuchung an der Klinik für Kinder- und Jugendpsychiatrie des Universitätsklinikums Ulm anhand von schriftlichen Glaubhaftigkeitsgutachten und darin enthaltener Gesprächstranskriptionen vor und nach dem Urteil des BGH geht der Frage nach, ob sich dieser Standard in der Praxis positiv auf die Qualität der Gutachten ausgewirkt hat (König u. Fegert 2006). Die Auswertung erfolgt mittels einer quantitativen und einer qualitativen Inhaltsanalyse (nach Mayring 2000) der Glaubhaftigkeitsgutachten und darin enthaltener Gesprächstranskriptionen. Ein besonderes Augenmerk wird dabei auf die Anwendung der Glaubhaftigkeitskriterien in Abhängigkeit von Alter, kognitivem Entwicklungsstand und psychopathologischen Auffälligkeiten der Opferzeugen gelegt. Im Rahmen der Untersuchung soll insbesondere der Frage nachgegangen werden, inwieweit die im BGH-Urteil geforderten Glaubhaftigkeitskriterien gerade bei jüngeren, kognitiv bzw. psychopathologisch auffälligen, insbesondere traumatisierten Opferzeugen angewandt werden können. Der für die Anwendung dieser Kriterien nötige Freitext ist gerade bei traumatisierten und jüngeren Opferzeugen aufgrund von Dissoziationen und Verdrängungsmechanismen bzw. mangelndem Entwicklungsniveau oft nicht zu erwarten. Es wird daher auch untersucht, ob es nach dem BGH-Urteil zu einer systematischen Benachteiligung traumatisierter bzw. sprachlich weniger begabter Opferzeugen in Form von gehäuften Freisprüchen bei Nichterfüllen der hier geforderten Glaubhaftigkeitskriterien gekommen ist.

Die Untersuchung basiert auf einer Stichprobe von 200 schriftlichen Glaubhaftigkeitsgutachten, die in jeweils zwei Jahrgängen vor und nach Erlass des genannten BGH-Urteils (1997/1998 und 2000/2001) im Bundesland Mecklenburg-Vorpommern erstattet wurden (Publikation in Vorbereitung).

Generell scheint die Anwendung der BGH-Empfehlungen vor allem bei psychisch gesunden, gut geförderten Opferzeugen ohne pathologische Auffälligkeiten hilfreich zu sein. Erkenntnisse darüber, wie sich ein Trauma auf die Wahrnehmungs-, Speicher- und Reproduktionsfähigkeit eines Zeugen auswirkt, fehlen nach aktuellem Forschungsstand bisher vollständig. Eine ausschließliche Anwendung der im BGH-Urteil genannten Kriterien scheint den Besonderheiten derart eingeschränkter Opferzeugen nicht gerecht zu werden und erschwert eine Annahme der Glaubhaftigkeit der Aussagen bei realer Erlebnisgrundlage (Problem des Zirkelschlusses). Für die Beurteilung der Glaubhaftigkeit einer Aussage eines jüngeren Zeugen sind die Erfassung und Berücksichtigung der individuellen Voraussetzungen der Person des Zeugen daher besonders wichtig. Bei jugendlichen Zeugen muss ein Sachverständiger daher neben Kenntnissen und Fähigkeiten auf dem Gebiet der Aussagepsychologie auch über eine profunde klinische Erfahrung und über jugendpsychiatrisches Wissen verfügen, um die Aussagen und Verhaltensweisen des jungen Zeugen adäquat einordnen zu können. Zu berücksichtigen sind bei der Bewertung insbesondere der Entwicklungsstand, Beziehungen (z. B. in der Peergroup), Phantasiefähigkeit und Suggestibilität.

Darüber hinaus ist die kriterienorientierte Inhaltsanalyse nicht geeignet, zwischen erlebnisbasierten und suggerierten Aussagen zu unterscheiden. Für die Klärung dieser Frage muss auf die Entstehungsgeschichte der Aussage zurückgegriffen werden. Hier fehlen jedoch zuverlässige Erkenntnisse aus der Forschung.

Für den Psychologen oder Arzt, der mit der Begutachtung der Glaubhaftigkeit einer Zeugenaussage beauftragt wird, empfiehlt sich daher, stets die aktuelle wissenschaftliche Diskussion zu verfolgen, die Vorgaben des BGH als Mindestvorgaben zu verstehen und sich nicht lediglich darauf zu beschränken. Die eigenen Gutachten müssen stets anhand von wissenschaftlich anerkannten Standards und Qualitätskriterien und auf mögliche Fehlerquellen überprüft werden. An Stellen, an denen der Gutachter ein Abweichen von den BGH-Vorgaben für erforderlich hält, sei er ermutigt, dies zu tun, jedoch soll er das Abweichen begründen und den Verfahrensbeteiligten die Möglichkeit geben, die Gründe für das Abweichen nachzuvollziehen.

Der Gutachter muss sich stets seiner großen Verantwortung bewusst sein, die ihm bei der Erstellung eines Glaubhaftigkeitsgutachtens obliegt. Auch wenn der Richter letztlich die Entscheidung trifft, kommt dem Gutachten doch ein erhebliches Gewicht zu, da das Gericht sich die Beurteilung des Sachverständigen in der Regel zu eigen macht und das Gutachten daher oft einen entscheidenden Einfluss auf den Ausgang des Verfahrens hat. Daher erfüllen nur qualitativ hinreichende Gutachten ihren Zweck.

Literatur

Arntzen F. Psychologie der Zeugenaussage. Einführung in die forensische Aussagepsychologie. 1. Aufl. Göttingen: Hogrefe 1970.

Arntzen F. Psychologie der Zeugenaussage. System der Glaubwürdigkeitsmerkmale. 2. Aufl. München: Beck 1983.

Arntzen F. Psychologie der Zeugenaussage. System der Glaubhaftigkeitsmerkmale. 4. Aufl. München: Beck 2007.

Bartlett FC. Remembering: A study in experimental and social psychology. London: Cambridge University Press 1932.

Bekerian DA, Bowers JM. Eyewitness testimony: Were we misled? J Experimental Psychol Learning Memory Cognition 1983; 9: 139–45.

Bender R. Der Irrtum ist der größte Feind der Wahrheitsfindung vor Gericht. Strafverteidiger 1982; 10: 284–6.

Dettenborn H, Fröhlich HH, Szewczyk H. Forensische Psychologie. Berlin: VEB Deutscher Verlag der Wissenschaften 1984.

DGKJP. Stellungnahme der Deutschen Gesellschaft für Kinder- und Jugendpsychiatrie und Psychotherapie zur Glaubwürdigkeitsbegutachtung (federführend: Fegert JM). Z Kinder Jugendpsychiatrie Psychotherapie 1999; 27(1): 72–5.

Farwell LA. To new twists on the truth detector: brain-wave detection of occupational information. Psychophysiology 1992; 29(4A): 3.

Farwell LA, Richardson DC. Brain fingerprinting in laboratory conditions. Psychophysiology 2006; 43: 38.

Farwell LA, Hernandez RS, Richardson DC. Brain Fingerprinting in Field Conditions. Psychophysiology 2006; 43: 37–8.

Fegert JM. Kinderpsychiatrische Begutachtung und die Debatte um den Missbrauch mit dem Missbrauch. Z Kinder Jugendpsychiatrie 1995; 29: 9–19.

Fegert JM. Einleitung. In: Fegert JM (Hrsg). Begutachtung sexuell missbrauchter Kinder. Fachliche Standards im juristischen Verfahren. Neuwied: Luchterhand 2001a; 3–7.

Fegert JM. Information von Kindern und Jugendlichen über die Begutachtung als Voraussetzung für eine bessere Partizipation. In: Fegert JM (Hrsg). Begutachtung sexuell missbrauchter Kinder. Fachliche Standards im juristischen Verfahren. Neuwied: Luchterhand 2001b; 17–26.

Fegert JM (Hrsg). Begutachtung sexuell missbrauchter Kinder. Fachliche Standards im juristischen Verfahren. Neuwied: Luchterhand 2001c.

Fegert JM. Empfehlungen zur Erstellung eines Glaubhaftigkeitsgutachtens. In: Klosinski G (Hrsg). Begutachtung in der Kinder- und Jugendpsychiatrie. Empfehlungen der Kommission Qualitätssicherung für das Gutachtenwesen in der Kinder- und Jugendpsychiatrie und Psychotherapie. 2. Aufl. Köln: Deutscher Ärzte Verlag 2004; 123–9.

Fegert JM, Mebes M (Hrsg). Anatomische Puppen. Hilfsmittel für Diagnostik, Begutachtung und Therapie bei sexuellem Missbrauch. Ruhnmark: Donna Vita 1993.

Fegert JM, Berger C, Klopfer U, Lehmkuhl U, Lehmkuhl G. Umgang mit sexuellem Missbrauch. Institutionelle und individuelle Reaktionen. Forschungsbericht. Münster: Votum 2001.

Greuel L. Glaubwürdigkeit – Zur psychologischen Differenzierung eines umgangssprachlichen Konstrukts. Praxis Rechtspsychol 1997; 7(2): 154–69.

Greuel L. Wirklichkeit – Erinnerung – Aussage. Weinheim: Psychologie Verlags Union 2001.

Greuel L, Offe S, Fabian A, Wetzels P, Fabian T, Offe H, Stadler M. Glaubhaftigkeit der Zeugenaussage – Theorie und Praxis der forensisch-psychologischen Begutachtung. Weinheim: Psychologie Verlags Union 1998.

Herdegen G. Kommentierung zu § 244 StPO. In: Pfeiffer G (Hrsg). Karlsruher Kommentar zur Strafprozessordnung und zum Gerichtsverfassungsgesetz mit Einführungsgesetz. 4. Aufl. München: C.H. Beck 1999.

Köhnken G. Methodik der Glaubwürdigkeitsbegutachtung. In: Fegert JM (Hrsg). Begutachtung sexuell missbrauchter Kinder. Fachliche Standards im juristischen Verfahren. Neuwied: Luchterhand 2001; 29–51.

Kölch M, Fegert JM. Die umgangsrechtliche Praxis aus Sicht der Kinder- und Jugendpsychiatrie. FamRZ 2008; 55(17). 1573–82.

König C, Fegert JM. Glaubhaftigkeitsbegutachtung unter Berücksichtigung der individuellen Voraussetzungen der Opferzeugen. Nervenheilkunde 2006; 9: 738–42.

Langleben DD, Loughead JW, Bilker WB, Ruparel K, Childress AR, Bush SI, Gur RC. Telling truth from lie in individual subjects with fast event-related fMRI. Hum Brain Mapp 2005; 26: 262–72.

Lindsay DS. Memory source monitoring and eyewitness testimony. In: Ross DF, Read JD, Toglia MP (eds). Adult eyewitness testimony. Cambridge, MA: Cambridge University Press 1994; 27–55.

Littmann E, Szewczyk H. Zu einigen Kriterien und Ergebnissen forensisch psychologischer Glaubwürdigkeitsbegutachtung von sexuell missbrauchten Kindern und Jugendlichen. Forensia 1983; 4: 55–72.

Loftus EF. Eyewitness testimony. Cambridge, MA: Harvard University Press 1979.

Martinius J. Kinderpsychiatrische Gutachten – Haftungsfragen und fachliche Qualitätsstandards. In: Fegert JM (Hrsg). Begutachtung sexuell missbrauchter Kinder. Fachliche Standards im juristischen Verfahren. Neuwied: Luchterhand 2001; 8–16.

Mayring P. Qualitative Inhaltsanalyse. Grundlagen und Techniken. 9. Aufl. Weinheim: Deutscher Studien Verlag 2000.

Mohamed FB, Faro SH, Gordon NJ, Platek SM, Ahmad H, Williams JM. Brain mapping of deception and truth telling about an ecologically valid situation: functional MR imaging and polygraph investigation – initial experience. Radiology 2006; 238(2): 679–88.

Steller M, Köhnken G. Criteria-based statement analysis. In: Raskin DC (ed). Psychological methods for investigation and evidence. New York: Springer 1989; 217–45.

Steller M, Volbert R. Glaubwürdigkeitsbegutachtung. In: Steller M, Volbert R (Hrsg). Psychologie im Strafverfahren. Bern: Huber 1997; 12–39.

Steller M, Wellershaus P, Wolf T. Realkennzeichen in Kinderaussagen: Empirische Grundlagen der Kriterienorientierten Aussageanalyse. Z Experimentelle Angewandte Psychologie 1992; 39(1): 151–70.

Stern W. Psychologie der Aussage (Experimentale Untersuchungen über Erinnerungstreue). ZStW 1902; 22: 315–27.

Trankell A. Der Realitätsgehalt von Zeugenaussagen. Methodik der Aussagepsychologie. Göttingen: Vandenhoek & Ruprecht 1971.

Undeutsch U. Beurteilung der Glaubhaftigkeit von Aussagen. In: Gottschaldt K, Lersch P, Sander F, Thomae H (Hrsg). Handbuch der Psychologie. Bd. 11. Forensische Psychologie. Göttingen: Hogrefe 1967; 26–181.

Volbert R. Glaubwürdigkeitsbegutachtung bei Verdacht auf sexuellen Missbrauch von Kindern. Z Kinder Jugendpsychiatrie 1995; 23: 20–6.

Volbert R. Suggestibilität kindlicher Zeugen. In: Steller M, Volbert R (Hrsg). Psychologie im Strafverfahren. Bern: Huber 1997; 40–62.

Volbert R, Steller M. Die Begutachtung der Glaubhaftigkeit. In: Foerster K (Hrsg). Venzlaff Foerster Psychiatrische Begutachtung. Ein praktisches Handbuch für Ärzte und Juristen. 4. Aufl. München: Elsevier 2004.

Wade KA, Garry M, Read JD, Lindsay DS. A picture is worth a thousand lies: using false photographs to create false childhood memories. Psychon Bull Rev 2002; 9(3): 597–603.

59 Therapie im Gefängnis und im Maßregelvollzug

Günter Hinrichs, Frank Häßler und Volker Dittmann

Inhalt

59.1	Einleitung	805
59.2	Rahmenbedingungen	806
59.3	Therapiemotivation	806
59.4	Psychische Störungen und Behandlungsbedarf	807
59.5	Forensische Psychotherapie und Kriminaltherapie	808
59.6	Psychopharmakotherapie	809
59.7	Evaluation	811
59.8	Fazit	811
Literatur		811

Zusammenfassung

Behandlung, insbesondere Psychotherapie, erfordert unter den Bindungen des Freiheitsentzuges besondere Beachtung ihrer Rahmenbedingungen wie etwa der juristischen Einschätzung, der jeweiligen Institution, aber auch der Therapiemotivation. Straftäter weisen im Vergleich mit der Normalpopulation eine höhere Prävalenz psychischer Störungen auf, wobei solche des Substratkonsums und der Persönlichkeit dominieren. Die vielfältigen Ansätze der forensischen Psychotherapie und Kriminaltherapie zeigen niedrigere Effektstärken als sogenannte klinische Interventionen, sie lassen sich jedoch durch strukturiertes, zielgerichtetes und adaptives Vorgehen deutlich verbessern. Auch wenn im vollzuglichen Alltag häufig individuelle Vorgehensweisen in der Pharmakotherapie gefunden werden müssen, gibt es inzwischen ein differenziertes Erfahrungswissen sowie einige Übersichtsarbeiten. Da speziell für diese Behandlungsform neben störungsspezifischen Anteilen auch der legalprognostische Aspekt zu berücksichtigen ist, ergibt sich daraus zusätzliches, nicht selten fokussierendes Interesse der Öffentlichkeit, der Medien sowie politischer Entscheidungsträger.

59.1 Einleitung

Gerade in der Behandlung junger Menschen unter Freiheitsentzug erscheinen Übergänge vom Jugendlichen- ins Erwachsenenalter in mehrfacher Hinsicht berücksichtigenswert:
- Mit der gesetzlich umschriebenen Altersspanne von 18 bis 21 Jahren und der so definierten Gruppe der Heranwachsenden ist ein Bereich zwischen Jugendalter und Erwachsensein (bzw. -werden) geschaffen, der Entwicklungsaspekte, hier auch -verzögerungen, besonders markiert.
- Freiheitsentzug und Zwangsgemeinschaft begrenzen die Ausgestaltung entwicklungsabhängiger Phänomene. So unterliegen Jüngere oft einem Profilierungsdruck gegenüber älteren Gruppenmitgliedern, der ein Ausleben entwicklungsbedingter Impulse auf einer altersgerechten Ebene nicht, nur begrenzt oder in karikierter Form zulässt.
- Für Behandlungsansätze, die unter den genannten Bedingungen in der umschriebenen Altersspanne zur Anwendung kommen, sind entwicklungsabhängige Unterschiede vor allem hinsichtlich folgender Variablen zu beachten: motivationale Voraussetzungen, jeweiliges Verhaltensrepertoire, kognitives Niveau, affektive Verarbeitung und Wertvorstellungen.
- Gerade die Störungsbilder substanzbedingter Störungen und Persönlichkeitsstörungen (mit hoher Prävalenz im Regel- wie auch im Maßregelvollzug) weisen therapierelevante Besonderheiten in ihrem Verlauf auf. Im ersten Fall sind Wechsel von Substanzgebrauch und Konsummuster, Implementierung in Lebensgestaltung und Identität zu nennen, im zweiten Fall der mögliche Übergang von Störungen des Sozialverhaltens zur dissozialen Persönlichkeitsstörung oder Psychopathie im Sinne einer Ausdifferenzierung über Entwicklungspfade.

Nicht zuletzt der unscharf gefasste und leicht zu Missverständnissen führende Begriff der »Nachreifung« macht deutlich, dass Entwicklungsaspekte nicht nur unter therapeutischen, sondern auch prognostischen Gesichtspunkten innerhalb einer weiter gefassten Altersspanne Beachtung finden.

Um bei der umfangreichen Thematik nicht uferlos zu werden, erfolgt eine Konzentration auf Gegebenheiten und Ergebnisse im deutschsprachigen Raum, ohne damit die internationale Orientierung zu vernachlässigen.

59.2 Rahmenbedingungen

Psychotherapeutische Behandlung ist im Strafrecht nicht begrifflich präzisiert, es besteht ein allgemeines Recht auf eine erforderliche Behandlung, jedoch kein Anspruch auf die inhaltliche Gestaltung (Jung 1987). In einem Entwurf zum Jugendstrafvollzugsgesetz ist von »Maßnahmen und Programmen zur Entwicklung und Stärkung der Fähigkeiten und Fertigkeiten der Gefangenen in Hinblick auf Erreichung des Vollzugszieles« die Rede (Ministerium für Justiz, Arbeit und Europa 2007) – also auch hier der weiter gefasste, offen gestaltete Behandlungsbegriff. Mit der obligatorischen Verlegung von Gewalt- und Sexualstraftätern in Sozialtherapeutische Anstalten ist eine Sonderform von Behandlung (und meist auch Psychotherapie als einem Baustein) ohne Einwilligung geschaffen. Und wenn in den Maßregelvollzugsgesetzen der Länder »psychotherapeutische Maßnahmen« begrifflich aufgenommen werden, so fällt dies inhaltlich sehr heterogen aus. Nicht zuletzt für die Betrachtung des Zusammenhangs von Straffälligkeit und psychischer Störung erscheint es aufschlussreich, wenn man sich vor Augen führt, dass die Behandlung einer psychischen Störung, ohne dass ihr ein bestimmtes delinquentes Verhalten zugeordnet werden kann und somit der legalprognostische Aspekt entfällt (reine Fürsorgepflicht), bemerkenswert selten durchgeführt wird. Vornehmlich aus didaktischen Gründen macht es Sinn, hinsichtlich psychischer Störungen zu unterscheiden, ob diese bereits vor Aufnahme vorhanden waren bzw. als Folge der Straftat und/oder der Inhaftierung anzusehen sind.

Ausgehend von der Erkenntnis, dass stationäre Straftäterbehandlung insbesondere durch die Interaktion von Institutionen-, Methoden- und Personenvariablen gekennzeichnet ist (Steller et al. 2003), stellte sich immer wieder die Frage nach den Auswirkungen des Freiheitsentzuges. Nach einer Durchsicht und Analyse zahlreicher Forschungsbeiträge zu den Folgen von Inhaftierung und der damit verbundenen Deprivation (Bukstel u. Kilman 1980) wurden vor allem die Komplexität sowie die zeitliche Abhängigkeit der Effekte deutlich.

Im Projekt »Gefängnis und die Folgen« des Kriminologischen Forschungsinstitutes Niedersachsen (KFN) wurden im Wesentlichen folgende personale und soziale Veränderungen während der Haft festgestellt (Greve u. Hosser 2002):

- Im Verlauf kommt es zu keiner deutlichen Veränderung der normativen Orientierung.
- In Bezug auf das Aggressionsverhalten zeigte sich die Beziehung zu Mitinsassen als entscheidende Moderatorvariable.
- Hinsichtlich des psychischen Befindens bestätigten sich die herkömmlichen Annahmen eines sogenannten Inhaftierungsschocks.
- Im weiteren Verlauf kam es jedoch zu einer deutlichen Stabilisierung.

Für Behandlungsansätze ergäben sich daraus z. B. die Anregungen, entsprechende Angebote stärker im sozialen Alltag zu verankern sowie den Einfluss der Bezugsgruppe positiv zu nutzen.

Für die Modalitäten von Schweigen und Offenbaren im unterschiedlichen Kontext gaben bereits die sogenannten Sankelmarker Thesen (Beier u. Hinrichs 1995) eine Orientierungshilfe. Die zwischenzeitliche Diskussion um die Offenbarungsverpflichtung von Therapeuten gegenüber dem Anstaltsleiter in besonderen Situationen gemäß § 182 II Strafvollzugsgesetz (StVollzG) (Preusker u. Rosemeier 1998) dürfte sich zwischenzeitlich entschärft haben. Und im Maßregelvollzug ist wegen der multiprofessionellen Behandlung unter Teamcharakter ohnehin eine andere Ausgangssituation zu berücksichtigen.

Die Straftäterbehandlung gab häufig Anlass zu Polarisierungen, etwa in der Kontroverse um das bekannte und viel strapazierte Nothing-works-Paradigma (Martinson 1974) einerseits und der Überlegungen zur Revitalisierung der Behandlung von Straftätern andererseits (Steller et al. 2003). Unter anderer Akzentsetzung und in bescheidenerer Dimension könnte hier auch die aktuelle Diskussion um die rechtliche Stellung der Psychologen im Strafvollzug hinsichtlich psychotherapeutischer Tätigkeit beispielhaft genannt werden (Höffler u. Schöch 2006; Konrad 2006).

59.3 Therapiemotivation

Mit Überlegungen zur Rolle des sogenannten Leidensdrucks als motivierendem Faktor für einen Heilungswunsch (Freud 1905) sind erste Ansätze zur Konzeptualisierung der Psychotherapiemotivation gegeben. Während sie innerhalb der psychotherapeutischen Praxis primär als Eingangsvariable mit selektiver Funktion, aber auch prognostischer Valenz angesehen wurde, widmete sich die klinische Psychologie schwerpunktmäßig der Operationalisierung sowie den Beziehungen zu anderen Ausgangsvariablen. Es wurden zahlreiche Erhebungsinstrumente entwickelt (Übersicht bereits bei Nübling 1992), meist unter Subjektbezug und weniger auf das Interaktionsgeschehen bezogen, selten unter Verlaufsaspekten betrachtet. Unter der zunehmenden Beschäftigung mit sogenannten Problempatienten (z. B. Persönlichkeitsgestörte, Suchtkranke) wird Therapiemotivation stärker als Prozessvariable gesehen und darunter in die Behandlung mit einbezogen.

Bezüglich der Behandlung von Straftätern ging man im Vergleich zu sogenannten klinischen Settings eher von einer verminderten intrinsischen (persönlichkeitsgebundenen) und verstärkt externalen (begünstigungsbezogenen) Motivation aus (Beier u. Hinrichs 1995; Suhling u. Cottonaro 2005). Mit der »Therapiemotivation hinter Gittern« (Dahle 1995), einer differenzierten Forschung vornehmlich zur Konstruktvalidität, wird ein komplexes Modell zur Struktur von Behandlungsmotivation vorgestellt. Neben Problembelastung und -verarbeitung (Attributionen) stehen Therapiebewertung (z. B. hinsichtlich Erfolg) und Bewältigungsalternativen, aber auch inhaftierungsbezogene Variablen wie Hafterleichterungen, Therapieverfügbarkeit sowie haftbezogene Ressentiments. Von den wenigen empirisch ausgerichteten Beiträgen im deutschsprachigen Raum seien die folgenden kurz zusammengefasst.

Bei der Untersuchung männlicher Inhaftierter im Jugendstrafvollzug fanden Steller und Hommers (1977) fünf therapierelevante motivationale Klientenvariablen in Form personenspezifischer kognitiver Verarbeitungsstile (Leidensdruck, Unzufriedenheit, Änderungswunsch, Hilfewunsch und Erfolgserwartung). Durch ihre Ausprägung ließen sich nur bedingt sogenannte Therapiemotivationssyndrome bestimmen, dadurch wurde die Anwendbarkeit in der Praxis eingeschränkt. Hinrichs et al. (2000) orientierten sich an dem Konzept und an einer vergleichbaren Stichprobe erwies sich Therapiemotivation in diesem Sinne als eindimensionales Konzept, das sich am ehesten aus der emotionalen Labilität, der Symptombelastung, Therapieerwartung und der Gehemmtheit vorhersagen ließ. In einer nachfolgenden Arbeit an einer größeren Stichprobe unter erweiterter Fragestellung wurden ein Therapie-Motivations-Screening-Fragebogen (TMSF) sowie Messinstrumente zu Befindlichkeit und Persönlichkeitsfaktoren vorgegeben, wiederum ergab sich ein Zusammenhang mit den Variablen Neurotizismus und psychischer Belastung, zusätzlich mit dem Wissen über Psychotherapie sowie der Erwartung ihrer Wirksamkeit (Köhler et al. 2008). Nach einer Verlaufsmessung der Therapiemotivation junger Inhaftierter (Bosold u. Heise, 2003) ergaben sich die subjektiv empfundene Bindung der Teilnehmer an die Therapieziele sowie ein starkes Haftentlassungsmotiv als förderliche Faktoren für einen Therapieerfolg. Diese Ergebnisse stehen in Einklang mit den Überlegungen von Suhling & Cottonaro (2005) zur Bezogenheit von Therapiemotivationsfaktoren auf Lebensziele.

In der zusammenfassenden Betrachtung lässt sich feststellen, dass es angesichts der Komplexität des Konstruktes derzeit kein umschriebenes adäquates Messverfahren zur Erfassung der Therapiemotivation für straffällige Personengruppen gibt. Sehr wohl lässt sich jedoch auf einige beschriebene Verfahren zurückgreifen, um spezifische therapeutische Bedürfnisse, Ausgangsbedingungen und Handlungserfordernisse individuell zu erfassen. Dies geschieht sinnvollerweise weniger unter selektiv-prognostischem Aspekt, sondern adaptiv unter Berücksichtigung der Ausgangsbedingungen und zur therapeutischen Planung unter Verlaufsbezogenheit. Auch wenn sich bislang keine eindeutige Altersbezogenheit bezüglich der Therapiemotivation ergab, so dürfen bei jüngeren Straftätern vielfältigere Einwirkungsmöglichkeiten anzunehmen sein.

59.4 Psychische Störungen und Behandlungsbedarf

Innerhalb der Voraussetzungen zur Inanspruchnahme von Psychotherapie wurde bisweilen auch die **Therapiefähigkeit** (Verbalisierungs- und Introspektionsfähigkeit) als Bedingung für einen erfolgreichen Verlauf aufgeführt. Damit liegt der Fokus unter Vernachlässigung von Interaktionsaspekten jedoch zu stark beim Klienten/Patienten, auch werden darunter die unterschiedlichen Anforderungsprofile einzelner Interventionen zu wenig miteinbezogen.

Während im Bereich der Gesundheitsfürsorge das Vorliegen einer psychischen Störung den Behandlungsbedarf bzw. die **Therapiebedürftigkeit** markiert, treten im justiziellen Kontext die Verbindung zur Straffälligkeit sowie der legalprognostische Aspekt hinzu (s. oben). Im Maßregelvollzug ist insofern eine Besonderheit gegeben, als dass die Einweisung an das juristische Merkmal der verminderten oder aufgehobenen Schuldfähigkeit gebunden ist oder eine bestimmte Erfolgsaussicht mit der Aufnahme der Behandlung verbunden sein muss. Nichtsdestotrotz dürfte das Vorliegen einer psychischen Störung als Indikation für im weitesten Sinne als psychotherapeutisch zu bezeichnende Maßnahmen gelten.

Nach der viel zitierten Metaanalyse von Fazal und Danesh (2002) weisen Straftäter international im Vergleich mit der Normalpopulation eine höhere Prävalenz psychischer Störungen auf. Dazu wurden Raten für das Vorliegen irgendeiner Störung zwischen 37 und 90 % angegeben. Allerdings gestaltet sich die Verteilung anders. Ein erhöhtes Vorkommen psychischer Störungen bei Straftätern in England und Wales fand Gunn (2000) und wies auf einen Anstieg der Raten im Vergleich mit zwei Voruntersuchungen hin. *Psychopathy* zeigte eine Häufigkeit je nach der untersuchten Stichprobe zwischen 12 % (Andersen et al. 2000) und 26 % (Hobson u. Shine 1998).

Auch für jugendliche und heranwachsende Straftäter wurden hohe Prävalenzen psychischer Störungen inzwischen national (Köhler u. Hinrichs 2003) wie international (Gosden et al. 2003; Teplin et al. 2002) bestätigt. Es dominieren in weitgehender Entsprechung zu den erwachsenen Straftätern jeweils substanzbedingte Störungen und solche der Persönlichkeit. In Deutschland zeigten sich Abweichungen hinsichtlich des Vorliegens von *Psychopathy* bei jungen Straftätern bei vergleichsweise hohem Niveau: Während Köhler (2004) für seine untersuchte Stichprobe eine Prävalenzrate von 21 % angab, lag die von Sevecke et al. (2005) bei 46 %. Auftretenshäufigkeiten von bis zu 40 % ergaben sich für eine Aufmerksamkeitsdefizit-Hyperaktivitätsstörung (ADHS) (Chae et al. 2001; Gosden et al. 2003; Teplin et al., 2002), in vergleichbarer Breite wurden Symptome einer posttraumatischen Belastungsstörung gefunden (Abram et al. 2004; Brosky u. Lally 2004; Steiner et al.

1997). Hierzu sind allerdings methodisch die Modalitäten der Erhebung in besonderer Weise zu berücksichtigen: Erfolgte eine adäquate Differenzierung von psychischen Symptomen und psychosozialen Problemen nach traumatischen Erfahrungen, wurden die Daten durch Interview oder über Skalen erhoben und zu welchem Zeitpunkt erfolgte das?

Nichtsdestotrotz kann davon ausgegangen werden, dass das Ausmaß der Traumatisierung durch Gewalterfahrung bei Delinquenten um ein Vielfaches höher als in der Normalbevölkerung liegt und zusätzlich eine deutliche psychopathologische Belastung besteht (Ruchkin et al. 2002).

Zusätzlich wird ein Zusammenhang zwischen erfolgter Traumatisierung und einer eher impulsiven, wenig kontrollierten Aggression in Abgrenzung zur instrumentell-manipulativen Form im Rahmen des psychopathischen Spektrums gesehen (s. auch Kap. 28).

Was ist nun hinsichtlich der referierten Literatur zur Prävalenz psychischer Störungen bei Straftätern zu beachten? Die untersuchten Stichproben sind ähnlich heterogen wie die verwendeten Messinstrumente, die Diagnosezeiträume und -kriterien variieren erheblich. Weiterhin kommt es bei straffälligem Verhalten und psychischen Störungen zu einer Überlappung der Kriterien und somit zu einer Konfundierung. Zumindest bei einigen substanzbedingten Störungen sind psychische Symptome nicht präzisiert, somit sind sie – auch wenn sie innerhalb der bekannten Klassifikationssysteme umschrieben sind – nicht ohne weiteres als psychische Störungen identifizierbar. Werden sie im Gesamtbild psychischer Störungen mit berücksichtigt, kann sich innerhalb bestimmter Stichproben eine Verzerrung hinsichtlich der Prävalenz ergeben. Und schließlich darf kaum eine der Studien als therapieorientiert angesehen werden.

Dennoch kommt den genannten Studien ein Erkenntnisgewinn zu, da zunächst einmal über das Verteilungsmuster psychischer Störungen von Straftätern eine Orientierung gegeben und im Weiteren dann der Behandlungsbedarf präzisiert wird und schließlich störungsspezifische Interventionen entwickelt werden können.

59.5 Forensische Psychotherapie und Kriminaltherapie

Die nunmehr über 100 Jahre währende Entwicklung der Behandlung von Straftätern auch in Form von Psychotherapie zeigt einen wechselhaften Verlauf, der andernorts mehrfach dargestellt wurde (z. B. Hinrichs, 2003; Müller-Isberner u. Gretenkord 2002). Der Begriff der forensischen Psychotherapie wurde Mitte der 1990er Jahre auch in Deutschland geläufig (Wagner u. Werdenich 1998), Pfäfflin und Kächele (1996) sahen darin einen Teilbereich der psychotherapeutischen Medizin im Überschneidungsgebiet von forensischer Psychiatrie und Psychotherapie. Die begriffliche Verortung mit medizinischer Schwerpunktsetzung dürfte dabei jedoch kaum in Einklang mit den realen Gegebenheiten stehen, da im Regelvollzug fast ausschließlich Psychologen und psychologische Psychotherapeuten in diesem Arbeitsfeld tätig sind, im Maßregelvollzug ihre Zahl kontinuierlich gestiegen und auch in Ausbildung und Forschung ein erheblicher Anteil dieser Berufsgruppe zuzuschreiben ist. Insofern dürfte forensische Psychotherapie heute als nicht berufsgruppen- oder schulengebundene Form einer psychotherapeutischen Intervention in forensischem Kontext zu sehen sein. Der seit langem bekannte Begriff der Kriminaltherapie findet auch aktuell Anwendung (Müller-Isberner u. Gretenkord 2002), offenbar sehr breit gefasst und unter begrifflicher Ausrichtung auf ein bestimmtes (strafrechtlich relevantes) Verhalten.

Beim Vergleich der Straftäterbehandlung in den verschiedenen Einrichtungen spielen zum einen der Altersfaktor, natürlich die Institution, im Weiteren aber auch Besonderheiten der Klientel eine entscheidende Rolle. Auf die Besonderheiten des Jugendstrafvollzugs, der unter dem Erziehungsgedanken bereits von der Struktur her etwa in Form des Wohngruppenvollzuges sozialtherapeutische Elemente umfasst, wurde bereits hingewiesen. Im Regelvollzug für Erwachsene befinden sich überwiegend junge Männer im dritten Lebensjahrzehnt, für die zwar der Resozialisierungsgedanke gilt, jedoch nicht ausschließlich und nicht auf erzieherischer Grundlage. Die Patienten des Maßregelvollzuges sind bei ihrer Einweisung auch in der Mehrzahl Jungerwachsene bis zu 30 Jahren. Ihr Störungsspektrum umfasst Psychosen, hirnorganische Erkrankungen, sexuelle Deviationen, Persönlichkeitsstörungen und Intelligenzminderungen. Häufig liegen Mehrfachdiagnosen vor, es bestehen deutliche soziale und Ausbildungsdefizite (Leygraf 1988). Somit sind die Voraussetzungen für eine Behandlung im Vergleich mit dem Regelvollzug erschwert, meist stehen allerdings auch eine längere Zeitspanne und differenziertere Angebote zur Verfügung. Häßler et al. (2004) sehen es als besondere Herausforderung für den Maßregelvollzug an Jugendlichen und Heranwachsenden, dass diese die in der Adoleszenz zu bewältigenden Entwicklungsaufgaben unter den Bedingungen des Vollzuges erbringen müssen.

In einer Untersuchung von Repp et al. (2004) über Behandlungsangebote im Jugendstrafvollzug wurde deutlich, dass Psychotherapie fast in allen Anstalten durchgeführt wurde, dabei ergab sich keine Favorisierung einer bestimmten Richtung, es überwog die Einzelbehandlung. Innerhalb der Gruppenangebote dominierten solche mit sozialem Training, Drogengruppen und Anti-Aggressions-Training bzw. Anti-Gewalt-Training, das fast ausnahmslos angeboten wurde. Das mag insofern verwundern, als dass es gerade für dieses Verfahren eine methodisch saubere Evaluationsstudie gibt (Ohlemacher et al. 2001), die im Vergleich mit einer nicht mit dem Training behandelten Gruppe keine rückfallprophylaktische Wirkung finden konnte. Dennoch gibt es Voten (Keppler 2003), deliktspezifische Interventionen zur Rückfallprophylaxe unter Aufarbeitung der Tat den störungsspezifischen Interventionen wie etwa Psychotherapie vorzuziehen. Jugendpsychiatrische Konsiliartätigkeiten werden in mehreren Jugendanstalten in Anspruch genommen, die sich primär auf die medikamentöse Begleitbehandlung beziehen und auch die Einschätzung von Suizidalität und psychotherapeutische Aktivitäten umfassen können (Hinrichs 2007).

Zur Behandlung von aggressiven Straftätern im Regelvollzug diskutierte Pfäfflin (2004) neurophysiologische, kognitions- und motivationspsychologische Aspekte an und stellte im Überblick eine Verbindung zu bestimmten Störungsbildern und therapeutischen Verfahren heraus. Huchzermeier et al. (2006) berichteten über die Ergebnisse einer standardisierten Eingangsdiagnostik zur intramuralen Psychotherapie für männliche Erwachsene. Nach Feststellung der intellektuellen Begabung, des Störungs- und Risikoprofils sowie der Motivationslage wurde nur knapp die Hälfte der Gemeldeten in die eigentliche Therapie aufgenommen. Allein durch die Resultate aus dem aktuarischen Prognoseinstrument HCR-20 (Müller-Isberner et al. 1998) schieden 30 % der Untersuchten aus, da sie kein entsprechendes Risiko aufwiesen. Die Ergebnisse zeigen, wie durch eine restriktive Eingangsdiagnostik Inanspruchnahme effektiv reguliert werden kann und welche anderen Maßnahmen hier ggf. als vorrangig zu betrachten sind. Bosinski (2004) stellt ein intramurales Behandlungsmodell für Sexualstraftäter auf mehreren Ebenen dar, in dem Modalitäten der Schweigepflicht sowie der Behandlungsvereinbarung besonders herausgestellt werden.

Für Patienten des Maßregelvollzuges lässt sich eine Behandlungskette beschreiben, die mit der Berücksichtigung der gutachterlichen Ergebnisse sowie der Kriminalprognose beginnt. Daraus lassen sich Behandlungsmodule ableiten, die im Verlauf überprüft, ggf. adaptiert, erweitert oder auch revidiert werden. Da das Kriterium für die Entlassung nicht direkt in dem störungsspezifischen Behandlungserfolg, sondern dem Ausschluss einer zukünftigen Gefährlichkeit liegt, ist die Nachsorge flexibel, eventuell längerfristig zu gestalten. Eine Übersicht über umschriebene Behandlungsprogramme, wie sie auch im Maßregelvollzug Anwendung finden, gaben Müller-Isberner und Gretenkord (2002): verhaltenstherapeutische Techniken, Rückfallprävention, das Reasoning-and-Rehabilitation-Programm (R & R), Psychoedukation, ein integriertes psychologisches Therapieprogramm (IPT) für schizophrene Patienten, die dialektisch-behaviorale Therapie (DBT) der Borderline-Störung und verhaltenstherapeutische Sexualstraftäterbehandlung. Letzterem würden in der Sozialtherapie oder dem Regelvollzug das Sex-Offender-Treatment-Programm (SOTP) (Berner u. Becker 2001) sowie das Behandlungsprogramm für Sexualstraftäter (BPS) (Wischka 2004) in etwa entsprechen.

Für die sozialtherapeutischen Anstalten und Abteilungen hatte sich mit dem Gesetz zur Bekämpfung von Sexualdelikten und anderen gefährlichen Straftaten von 1998 eine neue Akzentuierung in der Behandlung ergeben, einerseits was den obligatorischen Charakter betraf, andererseits hinsichtlich der Erweiterung der therapeutischen Arbeit. Nach Egg (2003) gelten psychotherapeutische Verfahren heute kaum noch als Kernstück der Sozialtherapie, die keine einheitliche und systematische Behandlungskonzeption aufweist. Vielmehr geht es um eine Soziotherapie, die neben verschiedenen Interventionsverfahren (soziale Trainingsmodelle und pädagogische Maßnahmen) oft auch vom Prinzip der therapeutischen Gemeinschaft lebt.

59.6 Psychopharmakotherapie

Spezifische Behandlungsmaßnahmen richten sich in der Regel nach der Grundstörung. So gehört beispielsweise die medikamentöse Therapie beim Vorliegen einer Impulskontrollstörung im Rahmen einer Persönlichkeitsstörung, Intelligenzminderung mit Störung des Sozialverhaltens und einer ADHS sowie bei einer schizophrenen Psychose zum integralen Bestandteil einer multimodalen störungsspezifischen sowie individualisierten Behandlung. Die pharmakologische Behandlung depressiver Störungsbilder entspricht weitgehend dem üblichen klinischen Vorgehen.

In der Psychopharmakotherapie spielen neben der Wirksamkeit der eingesetzten Substanzen *(response/efficacy)* zunehmend die Rückbildung der Symptomatik *(remission)*, die Genesung *(recovery)* und die Lebensqualität eine Rolle. Letztere wird auch durch die Nebenwirkungsrate, insbesondere die unter Antipsychotika häufig vorkommende Gewichtszunahme, beeinflusst, die nicht nur abhängig vom Medikament, sondern auch vom Alter der Patienten ist.

59.6.1 Impulskontrollstörungen, Hyperaktivität und Aufmerksamkeitsstörung

Psychopharmakologische Interventionen müssen auf der Grundlage einer fundierten Diagnostik erfolgen, in die auch entwicklungspsychologische, sozialpsychologische, psychodynamische und situative Faktoren einfließen. Sie bedürfen einer klaren Indikationsstellung, die im Behandlungsverlauf hinsichtlich der Effizienz und Risiko-Nutzen-Relation überprüft werden muss. Medikamentöse Behandlungen psychischer Störungen sollten sich generell an den Leitlinien orientieren.

Eine Übersicht Placebo-kontrollierter Studien in allen Altersbereichen findet sich bei Moeller et al. (2001*)*. Impulsives Verhalten unterliegt auch einer serotonergen Modulation. Dafür spricht nicht nur die Wirksamkeit des selektiven D2-5-HT$_2$-Antagonisten Risperidon, sondern auch die des 5-HT$_{1A}$-Agonisten Buspiron (Santosh u. Baird 1999). Des Weiteren wurden in Orientierung an der Endorphin-Hypothese zur Erklärung selbstverletzenden Verhaltens Opioid-Antagonisten wie Naloxon und Naltrexon eingesetzt. Kontrollierte Studien konnten die vorwiegend positiven Ergebnisse primär offener Untersuchungen nicht replizieren (Willemsen-Swinkels et al. 1995).

Neben Antipsychotika und Antidepressiva haben sich in der Behandlung impulsiv-aggressiven Verhaltens ferner Beta-Rezeptorenblocker und Antiepileptika etabliert, wobei zu den Stimmungsstabilisatoren auch Lithium gezählt werden muss. Nicht selten limitieren bei höheren Dosen Nebenwirkungen und toxische Effekte den Einsatz von Lithium und Beta-Rezeptorenblockern. Da die Studien selten über einen längeren Zeitraum gehen, lassen sich aus den vorliegenden Ergebnissen keinerlei Schlussfolgerungen hinsichtlich Langzeitwirkung inklusive psychodynamischer und sozialpsychologischer Folgen sowie Langzeitsicherheit der eingesetzten Psychopharmaka ziehen.

Bisher ging man davon aus, dass assoziierte Symptome der hyperkinetischen Störungen wie Aggressivität und Dissozialität kaum oder nur wenig durch Stimulanzien zu beeinflussen sind. Diese Annahme konnte in einer Metaanalyse widerlegt werden (Connor et al. 2002). Stimulanzien haben auf aggressives und davon abhängiges Verhalten die gleichen Effektstärken wie auf die Kernsymptome Hyperaktivität, Aufmerksamkeitsstörung und Impulsivität. Der Einsatz von unretardiertem Methylphenidat als effektive Therapie bei Impulskontrollstörungen ist bei Patienten im Maßregelvollzug bzw. bei inhaftierten Sexualstraftätern nicht unproblematisch, da neben dem Nebenwirkungsprofil (Appetitminderung, Schlafstörungen) auch die Gefahr des Missbrauchs, insbesondere bei Drogenkonsumenten bzw. Abhängigen, sehr hoch ist (Collins u. White 2002). Deshalb sollten der selektive noradrenerge Wiederaufnahmehemmer Atomoxetin oder retardierte Methylphenidat-Formulierungen vorrangig eingesetzt werden.

59.6.2 Besondere Sexualstörungen

Neben Aggressivität und Hyperaktivität spielen die Hypersexualität und sexuelle Triebenthemmung eine wichtige Rolle im Rahmen der Impulskontrollstörung. Als sexualtriebreduzierende Pharmaka stehen sowohl Antiandrogene wie Cyproteronacetat (CPA), Medroxyprogesteronacetat (MPA) und LHRH-Analoga sowie Psychopharmaka, insbesondere Antidepressiva, Lithium und Buspiron, zur Verfügung (Hebebrand et al. 2002; Hill et al. 2006).

Der Einsatz von Antiandrogenen bedarf im Jugendalter einer besonders sorgfältigen Indikationsstellung und einer sehr engmaschigen ärztlichen Kontrolle, da das Nebenwirkungsspektrum umfangreich und die Wahrscheinlichkeit des Auftretens von Nebenwirkungen sehr hoch ist. Voraussetzung für eine Antiandrogenbehandlung ist die schriftlich dokumentierte freiwillige Zustimmung des Betroffenen (bei Jugendlichen – Off-Label-Bereich) und des gesetzlichen Vertreters nach intensiver Aufklärung und Reflexion. Entsprechend hoch sind die Anforderungen an die zu dokumentierende Aufklärung. Sachlich fundiert sollte die Antiandrogentherapie (entsprechend hohe Hormonspiegel unter Einbezug des Entwicklungsstadiums vorausgesetzt) kritisch reflektiert und nicht von vornherein ausgenommen werden.

Detailliertere Ausführungen finden sich bei Häßler und Schläfke (2005).

59.6.3 Schizophrene Psychosen

Das therapeutische Vorgehen richtet sich nach der Akuität der Symptomatik, dem Vorliegen von Plus- oder überwiegenden Minussymptomen, dem Alter, dem aktuellen (aggressiven) Erregungszustand, der Compliance der Betroffenen, den Erfahrungen des behandelnden Teams, den komorbiden Störungen und im Verlauf nach der Effizienz der angewandten Behandlung, dem vorhandenen Nebenwirkungsprofil, dem Status, ob eine Ersterkrankung vorliegt oder nicht, und der wahrscheinlichen Prognose. In der Regel ist eine Kombination aus Psychopharmakotherapie und multimodalen psychosozialen und psychotherapeutischen Verfahren am effektivsten, wobei psychoedukative Behandlungsprogramme die Compliance fördern und die Rezidivraten senken.

Es gibt in der Psychopharmakotherapie kein Antipsychotikum, das universell einsetzbar allen anderen überlegen wäre. Somit bleibt viel individueller Spielraum, wobei die meisten Antipsychotika der neuen Generation (sog. Atypika) keine Zulassung im Kindes- und Jugendalter haben (*off label use*). Nur für Clozapin (für Jugendliche älter als 16 Jahre) und Risperidon (Kinder über 5 Jahre) liegen entsprechende Zulassungen vor.

Bezüglich evaluierter Behandlungsansätze (Baving u. Schmidt 2001) konnten insbesondere die Ergebnisse randomisierter kontrollierter Studien mit Clozapin aufgrund epileptischer Anfälle und Neutropenien im nachstationären Verlauf nicht überzeugen. Erfahrungsbasiert sehen die Empfehlungen für eine medikamentöse Behandlung wie folgt aus:
- Akutphase (Dominanz von Plussymptomen mit Erregung, Aggressivität)
  - Einstellung auf Haloperidol i.v. 5–15(30) mg/d, meistens in Kombination mit einem Benzodiazepin (z. B. Lorazepam 2–4[7,5] mg/d) oder niedrigpotentem Neuroleptikum (z. B. Levomepromazin 50–150[300] mg/d) – nicht länger als maximal 14 Tage (Kreislaufüberwachung, anfänglich engmaschige Kontrollen des Blutbildes, der Leberwerte und des Prolaktins, EKG); bei extrapyramidalmotorischen Nebenwirkungen (EPMS) zusätzlich ein

Anticholinergikum (Biperiden); überlappende Umstellung auf ein atypisches Neuroleptikum ab dem 3. Tag zur wahrscheinlichen Vermeidung von Spätdyskinesien
  - bei weniger Akuität primäre Einstellung auf ein Atypikum oder konventionelles Neuroleptikum, z. B. Risperidon 2–4(6) mg/d, Amisulprid 200–800 mg/d, Olanzapin 5–20 mg/d (auch i.m. möglich – Warnhinweise beachten), Clozapin 75–600 mg/d (Richtlinien beachten), Quetiapin 200–800(1 200) mg/d, Flupentixol 3–10(15) mg/d
- Akutphase (Dominanz von Minussymptomen)
  - primäre Einstellung auf ein Atypikum in niedriger bis mittlerer Tagesdosis
  - alternativ auch Perazin 75–450 mg/d oder Flupentixol 3–10 mg/d
- Akutphase (schizoaffektive Störung)
  - Kombination eines Neuroleptikums (z. B. Quetiapin) mit einem Antiepileptikum (bei vorwiegend depressiver Gestimmtheit Lamotrigen 50–200 mg/d, bei vorwiegend manischer, submanischer Stimmung Valproat 300–600 mg/d)
- postakute Phase
  - Medikament beibehalten, möglichst Monotherapie, Tagesdosis verringern, Rezidivprophylaxe (bei Erstmanifestation Erhaltungsdosis über 2 Jahre, bei Rezidiven länger, bis 5 Jahre)
  - Beibehaltung der Erhaltungsdosis, bei mangelhafter Compliance Umstellung auf ein Depotpräparat (RISPERDAL® CONSTA®, Flupentixoldecanoat 2- oder 10%ige Lösung alle 2 Wochen), bei oraler Medikation anfänglich monatliche ambulante Vorstellungen, später auch vierteljährlich möglich

Wegen der gefürchteten extrapyramidalmotorischen Nebenwirkungen sollten klassische Antipsychotika entweder ganz vermieden oder nur kurzzeitig appliziert werden.

59.7 Evaluation

In ähnlich breitem Umfange, wie seinerzeit die Nothing-works-Hypothese zitiert bzw. eingearbeitet wurde, werden heute für die Straftäterbehandlung das Risiko-, Bedürfnis- und Ansprechbarkeitsprinzip bemüht (Andrews u. Bonta 1998). Damit werden Kenntnisse, über die man zum Teil schon seit längerem verfügte, zusammengebracht und empirisch abgedeckt.

Die Untersuchung intramuraler Behandlungseffekte darf nach wie vor als unterrepräsentiert gelten. Die Annahme kaum nachweisbarer Effekte um die 1970er Jahre (nothing works) ging mit methodischen Schwächen einher, einer oft unklaren theoretischen Verankerung und erschwerter Vergleichbarkeit beschriebener Kollektive. Mit dem Aufkommen der statistischen Prozedur der Metaanalyse Mitte der 1980er Jahre wurde es möglich, die Daten aus verschiedenen Studien zu kombinieren und zu analysieren. Für die deutsche Sozialtherapie ergab sich eine Effektstärke von 0,11 – einfach gesprochen bedeutet dies, dass von den Probanden aus der Sozialtherapie durchschnittlich 11 % weniger rückfällig wurden bzw. persönlichkeitsbezogene Behandlungseffekte im Vergleich mit den nicht so Behandelten (aus dem Regelvollzug) zeigten. Diese Ergebnisse stimmten seinerzeit weitgehend mit internationalen Befunden überein (Lösel 2003). Teilt man die Studien nach den Prinzipien von Andrews und Bonta (1998) in »angemessene« und »unangemessene« Studien ein, so zeigen sich deutlich differenzielle Effekte: Die mittlere Effektrate steigt bis auf 0,32 und erreicht damit annähernd ein Niveau einiger klinischer Interventionen. Diese Ergebnisse konnten durch Lipsey (1995) für jugendliche Delinquente bestätigt werden. Dabei erwiesen sich strukturierte, zielgerichtete, multimodale Programme als besonders effektiv.

59.8 Fazit

Psychotherapeutischer Umgang mit Straftätern durfte lange Zeit als eine Art Pionieraufgabe angesehen werden, bei der klinische Konzepte oder auch bestimmte Vorgehensweisen aus dem ambulanten Bereich adaptiert wurden. Erst der erweiterte Erfahrungsaustausch, Fortschritte in der Grundlagenforschung und Evaluation führten zu weitergehenden Konzeptualisierungen. Strukturierte verhaltensorientierte Verfahren wie das Sex-Offender-Treatment-Programm (SOTP) und das Reasoning-and-Rehabilitation-Programm haben heute einen festen Platz im Versorgungsangebot, die Nachsorge verbessert sich langsam, z. T. noch schleppend.

Während in Verbindung mit dem anstehenden Jugendstrafvollzugsgesetz neue Behandlungsoptionen auch mit Ausrichtung auf die Sozialtherapie gegeben sind, dürfte das psychotherapeutische Versorgungsangebot bei inhaftierten erwachsenen Straftätern allgemein noch recht heterogen sein. Und im Maßregelvollzug bleibt neben dem Problem der Überbelegung abzuwarten, inwieweit sich standardisierte Therapien durchsetzen können.

Nicht zuletzt sollte bedacht werden, wie realitätsgerecht Straftäterbehandlung der Öffentlichkeit sowie politischen Entscheidungsträgern vermittelt werden kann.

Literatur

Abram KM, Teplin LA, Charles DR, Longworth SL, McClelland GM, Dulcan MK. Posttraumatic stress disorder and trauma in youth in juvenile detention. Arch Gen Psychiatry 2004; 61: 403–10.

Andersen HS, Sestoft D, Lillebaek T, Gabrielsen G, Hemmingsen R and Kramp P. A longitudinal study of prisoners on remand: psychiatric prevalence, incidence and psychopathology in solitary vs non-solitary confinement. Acta Psychiatrica Scandinavica 2000; 102: 19–25.

Andrews DA, Bonta J. Classification of treatment: The Risk Principle, The Need Principle, The Responsivity Principle. In: The Psychology of Criminal Conduct. 2nd ed. Cincinnati: Anderson Publishing Co. 1998; 242–5.

Baving L, Schmidt MH. Evaluierte Behandlungsansätze in der Kinder- und Jugendpsychiatrie II. Z Kinder Jugendpsychiatr 2001; 29: 206–20.

Beier KM, Hinrichs G. Psychotherapie mit Straffälligen. Stuttgart: Fischer 1995.

Berner W, Becker KH. »Sex Offender Treatment Programm«(SOTP) in der Sozialtherapeutischen Abteilung Hamburg-Nesselstraße. In: Rehn G, Wischka B, Lösel F, Walter M (Hrsg). Behandlung »gefährlicher« Straftäter. 2. Aufl. Herbolzheim: Centaurus 2001; 206–17.

Bosinski H. Rahmenbedingungen intramuraler Therapie von Sexualstraftätern. Neue Kriminalpolitik 2004; 16: 2–6.

Bosold C, Heise E. Behandlungsmotivation und Behandlungserfolg im Jugendstrafvollzug. In: Osterheider M (Hrsg). Forensik 2003. Krank und/oder kriminell? 18. Eickelborner Fachtagung. Dortmund: PsychoGen 1993; 196–207.

Bosold C, Prasse A, Lauterbach O. Anti-Gewalt-Trainings im Jugendvollzug. Eine bundesweite Bestandsaufnahme. ZJJ 2006; 1: 27–37.

Brosky BA, Lally SJ. Prevalence of trauma, PTSD, and dissociation in court-referred adolescents. J Interpers Violence 2004; 19: 801–14.

Bukstel LH, Kilman PR. Personal illness in »lifers« and the effects of imprisonment on confined individuals. Psychol Bull 1980; 88: 469–93.

Chae PK, Jung HO, Noh KS. Attention defizit hyperactifity disorder in Korean juvenile delinquents. Adolescence 2001; 36: 707–25.

Collins P, White T. Forensic implications of attention deficit hyperactivity disorder (ADHD) in adulthood. J Forensic Psychiatry 2002; 13: 263–84.

Connor DF, Glatt SJ, Lopez ID, Jackson D, Melloni RH Jr. Psychopharmacology and aggression. I: A meta-analysis of stimulant effects on overt/covert aggresion-related behaviors in ADHD. J Am Acad Child Adolesc Psychiatry 2002; 41: 253–61.

Dahle KP. Therapiemotivation hinter Gittern. Regensburg: Roderer 1995.

Driescher KH, Lammers SM, van der Staak CP. Treatment motivation: an attempt for clarification of an ambigous concept. Clin Psychol Rev 2004; 23(8): 1115–37.

Egg R. Sozialtherapeutische Einrichtungen im Strafvollzug. In: Steller M, Dahle KP, Basque M. Straftäterbehandlung. 2. Aufl. Herbolzheim: Centaurus 2003; 189–203.

Fazal S, Danesh J. Serious mental disorder in 23 000 prisoners. A systematic review of 62 surveys. Lancet 2002; 359: 545–8.

Freud S. Über Psychotherapie. (1905) GW Band II. Frankfurt: Fischer 1961; 13 ff.

Gosden NP, Kramp P, Gabrielsen G, Sestoft D. Prevalence of mental disorders among 15-17-year old male adolescent remand prisoners in Denmark. Acta Psychiatr Scand 2003; 107(2): 102–10.

Greve W, Hosser D. Gefängnis als Entwicklungsintervention? Report Psychologie 2002; 27(8): 490–503.

Gunn J. Future diretions for treatment in forensic psychiatry. Br J Psychiatry 2000; 176: 332–8.

Häßler F, Schläfke D. Impulskontrollstörungen und ihre medikamentöse Behandlung bei Sexualstraftätern. In: Schläfke D, Häßler F, Fegert J (Hrsg). Sexualstraftaten. Stuttgart: Schattauer 2005.

Häßler F, Keiper P, Schläfke D. Maßregelvollzug für Jugendliche. Z Jugendkriminalrecht Jugendhilfe 2004; 1: 24–30.

Hebebrand K, Hebebrand J, Remschmidt H. Medikamente in der Behandlung von Paraphilien und hypersexuellen Störungen. Fortschr Neurol Psychiatrie 2002; 70: 462–75.

Hill A, Briken P, Berner W. Pharmakotherapie bei Antisozialität und sexueller Gewalt. NeuroTransmitter 2006; 2: 41–8.

Hinrichs G. Psychologische Betreuung und Psychotherapie. In: Lempp R, Schütze G, Köhnken G (Hrsg). Forensische Psychiatrie und Psychologie des Kindes- und Jugendalters. 2. Aufl. Darmstadt: Steinkopff 2003; 409–17.

Hinrichs G. Jugendpsychiatrische Arbeitsfelder im Jugendstrafvollzug. ZJJ 2007; 18: 260–3.

Hinrichs G, Behnisch A, Krull K, Reimers S. Therapiemotivation junger Strafgefangener. Z Kinder Jugendpsychiatr 2000; 28(4): 255–62.

Hobson J, Shine J. Measurement of psychopathy in a UK prison population referred for long-time psychotherapy. Br J Criminology 1998; 38: 504–15.

Höffler K, Schöch H. Die rechtliche Stellung des Psychologen im Strafvollzug nach dem Psychotherapeutengesetz, Heilpraktikergesetz und Strafvollzugsgesetz. Recht & Psychiatrie 2006; 24: 3–13.

Huchzermeier C, Bruß E, Godt N, Aldenhoff J. Das Kieler Therapieprojekt für Gewaltstraftäter. Recht & Psychiatrie 2006; 24: 134–41.

Jung H. Behandlung als Rechtsbegriff. Z Strafvollzug Straffälligenhilfe 1987; 36: 38–42.

Keppler H. Straftäterbehandlung im Justizvollzug und Psychotherapie: Unterschiedliche Ziele – ähnliche Methoden. Z Strafvollzug Straffälligenhilfe 2003; 52: 146–51.

Köhler D. Psychische Störungen bei jungen Straftätern. Hamburg: Verlag Dr. Kovac 2004.

Köhler D, Hinrichs G. Die Prävalenz psychischer Störungen bei jugendlichen und heranwachsenden Gefangenen im Regelvollzug. In: Osterheider M (Hrsg). Forensik 2003. Krank und/oder kriminell? 18. Eickelborner Fachtagung. Dortmund: PsychoGen 2003; 174–82.

Köhler D, Hinrichs G, Baving L. Therapiemotivation, psychische Belastung und Persönlichkeit bei Inhaftierten des Jugendvollzuges. Z Klin Psychol Psychother 2008; 1: 24–32.

Konrad N. Bemerkung zur Stellung des Psychologen im Justizvollzug aus justizvollzugspraktischer und -psychiatrischer Perspektive. Recht & Psychiatrie 2006; 24: 13–7.

Leygraf N. Psychisch kranke Rechtsbrecher. Berlin: Springer 1988.

Lipsey MW. What do we learn from 400 research Studies on the Effectiveness of Treatment with Juvenile Delinquents? In: McGuire J (ed). What Works: Reducing Reoffending. Chichester: Wiley 1995; 63–78.

Lösel F. Meta-analytische Beiträge zur wiederbelebten Diskussion des Behandlungsgedankens. In: Steller M, Dahle KP, Basque M (Hrsg). Straftäterbehandlung. Herbolzheim: Centaurus 2003; 13–34.

Martinson R. What works? Questions and answers about prison reform. Public Interest 1974; 10: 22–54.

Ministerium für Justiz, Arbeit und Europa. Gesetzentwurf der Landesregierung. Gesetz über den Vollzug der Jugendstrafe in Schleswig-Holstein – Jugendstrafvollzugsgesetz (JstVollG). Schleswig-Holsteinischer Landtag. 16. Wahlperiode. Drucksache 16/N. Stand 19. März 2007.

Moeller FG, Barratt ES, Dougherty DM, Schmitz JM, Swann AC. Psychiatric aspects of impulsivity. Am J Psychiatry 2001; 158: 1783–93.

Müller-Isberner R, Gretenkord L. Psychiatrische Kriminaltherapie. Bd. 1. Lengerich: Pabst Science Publishers 2002.

Müller-Isberner R, Jöckel D, Gonzales Cabeza S. HCR-20 German Version: Die Vorhersage von Gewalttaten. Haina: Institut für Forensische Psychiatrie 1998.

Nübling R. Psychotherapiemotivation und Krankheitskonzept. Frankfurt/M.: Verlag für Akademische Schriften 1992.

Ohlemacher T, Sögding D, Höynck T, Ethe N, Welte G. »Nicht besser, aber auch nicht schlechter«: Anti-Aggressivitätstraining und Legalbewährung. DVJJ 2001; 174: 380–6.

Pfäfflin F. Psychotherapeuten ins Gefängnis? Nervenheilkunde 2004; 23: 339–42.

Pfäfflin F, Kächele H. Was ist Forensische Psychotherapie? Psychother Psychosom Med Psychol 1996; 46: 153–5.

Preusker H, Rosemeier D. Umfang und Grenzen der Schweigepflicht von Psychotherapeuten im Justizvollzug nach dem 4. Gesetz zur Änderung des Strafvollzugsgesetzes. Z Strafvollzug Straffälligenhilfe 1998; 6: 323–8.

Repp N, Köhler D, Hinrichs G. Psychotherapeutische Angebote in den Jugendanstalten. Z Strafvollzug Straffälligenhilfe 2004; 4: 199–201.

Ruchkin VV, Schwab-Stone M, Koposov R, Vermeiden R, Steiner H. Violence exposure, post-traumatic stress, and personality in juvenile delinquents. J Am Acad Child Adolesc Psychiatry 2002; 41: 322–9.

Santosh PJ, Baird G. Psychopharmacotherapy in children and adults with intellectual disability. Lancet 1999; 354: 233–42.

Sevecke K, Krischer M, Döpfner M, Lehmkuhl G. Psychopathy, Impulsivität und ADHS als Prädiktoren für delinquentes Verhalten bei delinquenten Jugendlichen – Ergebnisse aus der Kölner GAP-Studie. In: Saimeh N (Hrsg). Was wirkt? Forensik 2005. 20. Eickelborner Fachtagung. Bonn: Psychiatrie-Verlag 2005; 256–65.

Steiner H, Garcia IG, Matthews Z. Posttraumatic stress disorder in incarcerated juvenile delinquents. J Am Acad Child Adolesc Psychiatry 1997; 36: 357–65.

Steller M, Hommers W. Zur Diagnose der Therapiemotivation durch konfigurale Klassifikation. Diagnostika 1977; 13: 266–80.

Steller M, Dahle KP, Basque M. Straftäterbehandlung. 2. Aufl. Herbolzheim: Centaurus 2003.

Suhling S, Cottonaro S. Motivation ist alles? Formen und Bedingungen von Veränderungs- und Behandlungsbereitschaft. Z Jugendkriminalität Jugendhilfe 2005; 4: 385–96.

Teplin LA, Abram KM, McClelland GM, Dalken MK, Mercicle AA. Psychiatric disorders in youth in juvenile detention. Arch Gen Psychiatry 2002; 59: 1133–43.

Wagner E, Werdenich W. Forensische Psychotherapie. Wien: Facultas 1998.

Willemsen-Swinkels SH, Buitelaar JK, Nijhof GJ. Failure of naltrexone hydrochloride to reduce self-injurious and autistic behaviour in mentally retarded adults. Double-blind placebo-controlled studies. Arch Gen Psychiatry 1995; 52: 766–73.

Wischka B. Das Behandlungsprogramm für Sexualstraftäter (BPS). In: Osterheider M (Hrsg). Forensik 2003. Krank und/oder kriminell. 18. Eickelborner Fachtagung. Dortund: Psycho Gen 2004; 74–86.

60 Fahrtauglichkeit

Jörg M. Fegert und Liliane Kistler

Inhalt

60.1	Einleitung	814
60.2	Rechtlicher Beurteilungsrahmen	815
60.3	Psychische Störungen in der Adoleszenz und Fahreignung	820
60.4	Psychopharmakotherapie	821
60.5	Fazit	823
Literatur		823

Zusammenfassung

Für Jugendliche und junge Erwachsene haben die Teilnahme am Straßenverkehr und vor allem der Erwerb des Führerscheins eine zentrale Bedeutung für ihre Autonomieentwicklung, für ihre Stellung in der Peergroup und nicht zuletzt auch für ihren Selbstwert. Es ist deshalb erforderlich, bei adoleszenten und jungen Erwachsenen Fragen der Teilnahme am Straßenverkehr bei psychischen Erkrankungen und evtl. medikamentöser Behandlung differenziert zu erörtern. Nach einer Übersicht über die gesetzlichen Grundlagen und methodischen Grundgegebenheiten bei der Beurteilung der Fahrtauglichkeit werden einzelne Störungsbilder mit möglicher Beeinträchtigung der Fahrtauglichkeit erörtert. Dabei wird auch auf das im Adoleszenzkontext besonders relevante impulsiv-aggressive Verhalten von persönlichkeitsgestörten jungen Erwachsenen eingegangen wie auf mögliche Auswirkungen einer Pharmakotherapie auf die Fahrsicherheit.

60.1 Einleitung

Die Teilnahme am Straßenverkehr ist für viele Jugendliche ein zentrales Zeichen für ihre fortschreitende Autonomieentwicklung. So wie Kinder ab der Pubertät stolz sind auf ihre ersten allein geplanten Tagestouren oder Ausflüge mit Übernachtungen mit dem Fahrrad, sehnen sich, vor allem männliche Jugendliche, häufig nach einem Mofa und spätestens bis zum 18. Lebensjahr muss für die meisten Jugendlichen und jungen Erwachsenen der Führerschein erworben sein. Die Fahrerlaubnis wird als zentrales Zeichen für Bewegungsfreiheit und der Eigenverantwortlichkeit in unserer Gesellschaft gesehen.

! Sanktionen und Einschränkungen, welche die Fahrerlaubnis betreffen, gehen in ihrer symbolischen Wirkung weit über andere Einschränkungen hinaus, sodass regelmäßig in Diskussionen um das Jugendstrafrecht und das Strafrecht junger Erwachsener Einschränkungen der Fahrerlaubnis auch als mögliche Zwangsmaßnahmen außerhalb des verkehrsrechtlichen Bereichs angedacht werden.

Entsprechend der demografischen Entwicklung (mit einer zunehmenden Überalterung der Gesellschaft) nahm der Anteil von älteren Personen als Hauptverursacher von Unfällen seit den 1970er Jahren bis 2005 zu (Quelle: Statistisches Bundesamt; zit. nach Hasse u. Schepers 2007). Dennoch sind weiterhin über 20 % aller Hauptverursacher von Verkehrsunfällen zwischen 18 und 25 Jahren. Dabei ist die häufigste Unfallursache bei Unfällen mit Personenschäden die nicht angepasste Geschwindigkeit. Einschränkungen der Verkehrstüchtigkeit, welche z. B. durch Alkoholeinfluss, Einfluss anderer berauschender Mittel wie Drogen und Rauschgift, Konzentrationsmängel durch Übermüdung oder sonstige körperliche oder geistige Mängel, insbesondere auch psychiatrische Störungen, hervorgerufen wurden, liegen erst an sechster Stelle der Unfallursachen-Statistik. Allerdings zeigt eine Betrachtung der Statistiken mit Blick auf getötete Unfallopfer nach überhöhter Geschwindigkeit Alkoholeinfluss als zweite Unfallursache. Auch unter den Verunglückten und Getöteten je 100 000 Einwohner machen 18- bis 21-Jährige mit 25,5/100 000 und 21- bis 25-Jährige mit 17,4/100 000 Getöteten den Hauptteil aus. In späteren Altersgruppen sinkt die Zahl, z. B. sind es bei den 25- bis 35-Jährigen nur noch 9,7/100 000, bei den 35- bis 45-Jährigen nur 7,3/100 000, bei den 45- bis 55-Jährigen 6,4/100 000 und bei den 55- bis 65-Jährigen lediglich 5,8/100 000 Einwohner. Erst bei den über 65-Jährigen steigt das Risiko wieder auf 9,2/100 000 Einwohner an. Die meisten Unfälle mit Personenschäden ereignen sich in den Sommermonaten Mai bis September.

Verschiedentlich wurden sowohl in Fallkontrollstudien wie in Verursacheranalysen mit Risikoberechnungen durch sogenannte Odds-Ratios relative Risiken wissenschaftlich untersucht. Movig et al. (2004) zeigten in ihrer niederländischen Kontrollstudie eine erhöhte Odds-Ratio (OR) für verkehrsbedingte Verletzungen bei Benzodiazepin-Konsum von 5,1, bei

Alkoholkonsum zwischen 0,5 und 0,79 Promille von 5,5, über 0,8 Promille von 15,5 und bei der Kombination mehrerer Präparate von 6,1, wobei die Kombination von Alkohol und Drogen eine sehr hohe OR von 112,2 ergab.
Ähnliche Ergebnisse zeigte auch die Studie von Drummer et al. (2004) in Australien mit erhöhten Risiken bei THC-Konsum (bei Konzentration im Blut ab 5 ng/ml OR 6,6, darunter 2,7), bei Stimulanzien lag die OR bei 2,3.
Auch Schweizer Daten zeigen (Walter et al. 2007), dass junge Fahrzeugführer im Alter zwischen 18 und 24 Jahren gegenüber dem Durchschnitt ein um den Faktor 1,6 erhöhtes Risiko haben, mit einem Fußgänger zu kollidieren. Die Ursache für ein solches erhöhtes Risiko, trotz in der Regel exzellenter sensomotorischer Eigenschaften (hohe Reaktionsgeschwindigkeiten, gutes Sehvermögen), muss also in ihrem jugendlichen Fahrverhalten oder eventuell in ihrer eingeschränkten Fahrfähigkeit liegen. Dabei ist zu beachten, dass männliche junge Fahrzeugführer ein deutlich höheres Risiko aufweisen als junge Frauen.
In *Deutschland* besteht keine **Meldepflicht** für psychische oder andere Erkrankungen, welche die Fahrtüchtigkeit einschränken können. Grundsätzlich gilt die durch § 203 Strafgesetzbuch (StGB) geschützte ärztliche Schweigepflicht. Laux und Brunnauer (2007) weisen darauf hin, dass auch im Falle von Gutachtenaufträgen zur Vorlage bei der Straßenverkehrsbehörde die Patienten und nicht die Behörde Anspruch auf Aushändigung des Gutachtens haben, dieses dürfe nur mit ausdrücklicher Genehmigung des Betroffenen an Dritte weitergeleitet werden. Allerdings kann im Sinne des Notstands ein Brechen der Schweigepflicht dann erforderlich werden, wenn die von einem verkehrsuntüchtigen Patienten ausgehende Gefahr durch keine anderen, milderen Interventionen, z. B. die Information seiner Eltern, abgewendet werden kann. Demgegenüber ist in der *Schweiz* in Artikel 14 Abs. 4 des Straßenverkehrsgesetzes (SVG) ein ausdrückliches Melderecht von Ärzten ausformuliert: »Jeder Arzt kann Personen, die wegen körperlicher oder geistiger Krankheiten oder Gebrechen oder wegen Süchten zur sicheren Führung von Motorfahrzeugen nicht fähig sind, der Aufsichtsbehörde für Ärzte und der für Erteilung und Entzug der Führerausweis zuständigen Behörde melden.« Insofern ist in der Schweiz jeder Arzt befugt, einen Patienten zu melden, wenn er Zweifel an dessen Fahreignung hat. Diese Meldung kann auch sozusagen auf der kollegialen Schiene über die Institute für Rechtsmedizin (z. B. durch die Kopie eines Entlassungs- oder Arztbriefes) erfolgen. Daraufhin leiten die Institute dann eine Empfehlung, z. B. zur Durchführung einer verkehrsmedizinischen Untersuchung oder zum vorsorglichen Führerausweisentzug, an die Straßenverkehrsbehörde weiter. Bei Führerausweisinhabern höherer Kategorien und bei über 70-Jährigen werden regelmäßige Kontrolluntersuchungen verlangt (Art. 27 Verkehrszulassungsverordnung, VZV).

> Auf jeden Fall muss sich in allen deutschsprachigen Ländern jeder Verkehrsteilnehmer selbst dahingehend prüfen, ob er aufgrund seiner körperlichen oder psychischen Verfassung eventuell nicht in der Lage ist, sich sicher im Straßenverkehr zu bewegen.

Allerdings ist auch für Deutschland von einer Aufklärungspflicht des Arztes gegenüber dem Patienten auszugehen (vgl. Laux u. Brunnauer 2007). So muss der Arzt Patienten sowohl über Risiken, welche aus der Erkrankung resultieren, als auch über Risiken der Pharmakotherapie aufklären. Andererseits sollte durchaus auch über spezifische Risiken nicht behandelter Erkrankungen gesprochen werden. So kann bei einer nicht behandelten hyperkinetischen Störung im Erwachsenenalter von einem erhöhten Unfallrisiko durch Konzentrationsmängel ausgegangen werden (vgl. Fegert 2003).
In diesem Kapitel soll mit Blick auf jugendliche und junge erwachsene Fahrer auf die ärztlich-psychotherapeutische Betreuung und Beratung bei verschiedenen psychischen Störungen und insbesondere bei Medikamenteneinnahme eingegangen werden.

60.2 Rechtlicher Beurteilungsrahmen

Weil die Teilnahme am Straßenverkehr und das Führen eines Kraftfahrzeuges stark mit dem Sozialprestige von Jugendlichen und jungen Erwachsenen verbunden sind, ist die ärztliche Erörterung dieser Problematik mit dem Patienten stets eine heikle Angelegenheit. Wichtig ist es deshalb, auch die tatsächlichen rechtlichen Rahmenbedingungen zu kennen.
Das deutsche Straßenverkehrsgesetz (StVG) regelt in § 2 Abs. 4 Satz 1, dass nur derjenige geeignet ist, ein Fahrzeug zu führen, der die notwendigen körperlichen und geistigen Anforderungen erfüllt. In der Schweiz regelt Artikel 14 Abs. 2 lit. b, c und d SVG, dass Lernfahr- und Führerausweise nicht an Personen ausgegeben werden dürfen, welche nicht über eine körperliche oder geistige Leistungsfähigkeit verfügen, die zum sicheren Führen von Motorfahrzeugen ausreicht (b), die an einer die Fahreignung ausschließenden Sucht leiden (c) oder nach ihrem bisherigen Verhalten nicht die Gewähr bieten, dass sie als Motorfahrzeugführer die Vorschriften beachten und auf Mitmenschen Rücksicht nehmen (d). Führerausweise sind nach Artikel 16 SVG in der Schweiz zu entziehen, wenn festgestellt wird, dass die gesetzlichen Voraussetzungen zur Erteilungen nicht oder nicht mehr bestehen.
In Deutschland werden ausdrücklich auf dem Verordnungswege die notwendigen Reaktionen auf den Krankheitsfall kodifiziert. In der deutschen Fahrerlaubnisverordnung (FeV) werden in den Anlagen 4 und 5 einzelne Erkrankungen und Mängel detailliert, jedoch ohne Anspruch auf Vollständigkeit

Tab. 60-1 Anlage 4 (zu den §§ 11, 13 und 14) Eignung und bedingte Eignung zum Führen von Kraftfahrzeugen

Abschnitt	Beschränkung, Auflagen	Eignung oder bedingte Eignung		Beschränkungen/Auflagen bei bedingter Eignung	
		Klassen A, A1, B, BE, M, S, L, T	Klassen C, C1, CE, C1E, D, D1, DE, D1E, FzF	Klassen A, A1, B, BE, M, S, L, T	Klassen C, C1, CE, C1E, D, D1, DE, D1E, FzF
6	**Krankheiten des Nervensystems**				
6.6	Anfallsleiden	ausnahmsweise ja, wenn kein wesentliches Risiko von Anfallsrezidiven mehr besteht, z. B. 2 Jahre anfallsfrei	ausnahmsweise ja, wenn kein wesentliches Risiko von Anfallsrezidiven mehr besteht, z. B. 5 Jahre anfallsfrei ohne Therapie	Nachuntersuchung in Abständen von 1, 2 und 4 Jahren	Nachuntersuchung in Abständen von 1, 2 und 4 Jahren
7	**Psychische (geistige Störungen)**				
7.1	Organische Psychosen				
7.1.1	akut	nein	nein	–	–
7.1.2	nach Abklingen	ja, abhängig von der Art und der Prognose des Grundleidens, wenn bei positiver Beurteilung des Grundleidens keine Restsymptome und kein 7.2	ja, abhängig von der Art und der Prognose des Grundleidens, wenn bei positiver Beurteilung des Grundleidens keine Restsymptome und kein 7.2	in der Regel Nachuntersuchung	in der Regel Nachuntersuchung
7.2	**Chronische hirnorganische Psychosyndrome**				
7.2.1	leicht	ja, abhängig von Art und Schwere	ausnahmsweise ja	Nachuntersuchung	Nachuntersuchung
7.2.2	schwer	nein	nein	–	–
7.4	**Schwere Intelligenzstörungen/geistige Behinderung**				
7.4.1	leicht	ja, wenn keine Persönlichkeitsstörung	ja, wenn keine Persönlichkeitsstörung	–	–
7.4.2	schwer	ausnahmsweise ja, wenn keine Persönlichkeitsstörung (Untersuchung der Persönlichkeitsstruktur und des individuellen Leistungsvermögens)	ausnahmsweise ja, wenn keine Persönlichkeitsstörung (Untersuchung der Persönlichkeitsstruktur und des individuellen Leistungsvermögens)	–	–
7.5	**Affektive Psychosen**				
7.5.1	bei allen Manien und sehr schweren Depressionen	nein	nein	–	–
7.5.2	nach Abklingen der manischen Phase und der relevanten Symptome einer sehr schweren Depression	ja, wenn nicht mit einem Wiederauftreten gerechnet werden muss, ggf. unter kamentöser Behandlung	ja, bei Symptomfreiheit	regelmäßige Kontrollen	regelmäßige Kontrollen
7.5.3	bei mehreren manischen oder sehr schweren depressiven Phasen mit kurzen Intervallen	nein	nein	–	–
7.5.4	nach Abklingen der Krankheit	ja, wenn Krankheitsaktivität geringer und mit einer Verlaufsform in der vorangegangenen Schwere nicht mehr gerechnet werden muss	nein	regelmäßige Kontrollen	–

60.2 Rechtlicher Beurteilungsrahmen

Tab. 60-1 (Fortsetzung)

Abschnitt	Beschränkung, Auflagen	Eignung oder bedingte Eignung		Beschränkungen/Auflagen bei bedingter Eignung	
		Klassen A, A1, B, BE, M, S, L, T	Klassen C, C1, CE, C1E, D, D1, DE, D1E, FzF	Klassen A, A1, B, BE, M, S, L, T	Klassen C, C1, CE, C1E, D, D1, DE, D1E, FzF
7.6	Schizophrene Psychosen				
7.6.1	akut	nein	nein	–	–
7.6.2	nach Ablauf	ja, wenn keine Störungen nachweisbar sind, die das Realitätsurteil erheblich beeinträchtigen	ausnahmsweise ja, nur unter besonders günstigen Umständen	–	–
7.6.3	bei mehreren psychotischen Episoden	ja	ausnahmsweise ja, nur unter besonders günstigen Umständen	regelmäßige Kontrollen	regelmäßige Kontrollen
8	**Alkohol**				
8.1	Missbrauch (das Führen von Kraftfahrzeugen und ein die Fahrsicherheit beeinträchtigender Alkoholkonsum können nicht hinreichend sicher getrennt werden)	nein	nein	–	–
8.2	nach Beendigung des Missbrauchs	ja, wenn die Änderung des Trinkverhaltens gefestigt ist	ja, wenn die Änderung des Trinkverhaltens gefestigt ist	–	–
8.3	Abhängigkeit	nein	nein	–	–
8.4	nach Abhängigkeit (Entwöhnungsbehandlung)	ja, wenn Abhängigkeit nicht mehr besteht und in der Regel 1 Jahr Abstinenz nachgewiesen ist	ja, wenn Abhängigkeit nicht mehr besteht und in der Regel 1 Jahr Abstinenz nachgewiesen ist	–	–
9	**Betäubungsmittel, andere psychoaktiv wirkende Stoffe und Arzneimittel**				
9.1	Einnahme von Betäubungsmitteln im Sinne des Betäubungsmittelgesetzes (ausgenommen Cannabis)	nein	nein	–	–
9.2	Einnahme von Cannabis				
9.2.1	regelmäßige Einnahme von Cannabis	nein	nein	–	–
9.2.2	gelegentliche Einnahme von Cannabis	ja, wenn Trennung von Konsum und Fahren und kein zusätzlicher Gebrauch von Alkohol oder anderen psychoaktiv wirkenden Stoffen, keine Störung der Persönlichkeit, kein Kontrollverlust	ja, wenn Trennung von Konsum und Fahren und kein zusätzlicher Gebrauch von Alkohol oder anderen psychoaktiv wirkenden Stoffen, keine Störung der Persönlichkeit, kein Kontrollverlust	–	–

Tab. 60-1 (Fortsetzung)

Abschnitt	Beschränkung, Auflagen	Eignung oder bedingte Eignung		Beschränkungen/Auflagen bei bedingter Eignung	
		Klassen A, A1, B, BE, M, S, L, T	Klassen C, C1, CE, C1E, D, D1, DE, D1E, FzF	Klassen A, A1, B, BE, M, S, L, T	Klassen C, C1, CE, C1E, D, D1, DE, D1E, FzF
9.3	Abhängigkeit von Betäubungsmitteln im Sinne des Betäubungsmittelgesetzes oder von anderen psychoaktiv wirkenden Stoffen	nein	nein	–	–
9.4	missbräuchliche Einnahme (regelmäßig übermäßiger Gebrauch) von psychoaktiv wirkenden Arzneimitteln oder anderen psychoaktiv wirkenden Stoffen	nein	nein	–	–
9.5	nach Entgiftung und Entwöhnung	ja, nach einjähriger Abstinenz	ja, nach einjähriger Abstinenz	regelmäßige Kontrollen	regelmäßige Kontrollen
9.6	Dauerbehandlung mit Arzneimitteln				
9.6.1	Vergiftung	nein	nein	–	–
9.6.2	Beeinträchtigung der Leistungsfähigkeit zum Führen von Kraftfahrzeugen unter das erforderliche Maß	nein	nein	–	–

aufgelistet, bei denen das Führen eines Kraftfahrzeuges beeinträchtigt oder aufgehoben sein kann, gleichzeitig wird ein wissenschaftlich fundiertes Vorgehen bei der Abklärung geregelt (Tab. 60-1):

Abschnitt 6.6 der Anlage 4 sieht bei Anfallsleiden je nach Führerscheinstufe eine mögliche Fahrausweiserteilung vor, wenn kein wesentliches Risiko von Anfallsrezidiven mehr besteht. Abschnitt 7 führt die psychischen (geistigen) Störungen auf. Bei organischen Psychosen wird im Akutzustand eine Fahrtauglichkeit generell verneint. Nach Abklingen ist die Fahrtauglichkeit abhängig von Art und Prognose des Grundleidens. Das Fahren kann wieder gestattet werden, wenn es bei positiver Beurteilungsgrundlage zwar Restsymptome gibt, aber kein hirnorganisches Psychosyndrom vorliegt. Abschnitt 7.4 regelt die Intelligenzstörung und geistige Behinderung. Bei leichten geistigen Behinderungen kann eine Fahrtauglichkeit dennoch gegeben sein, wenn keine Persönlichkeitsstörung vorliegt – natürlich nur bei Fahrerlaubnissen für PKW und Krafträder (nach dem neuen Fahrerlaubnisrecht Fahrerlaubnisklassen A, A1, B, E, M, L und T entsprechen Kraftfahrzeugen unter 3,5 t). Hier werden bei Tests mindestens ein Prozentrang von 16 und ein IQ von 70 gefordert. Zum Führen von Kraftfahrzeugen über 3,5 t und für die Fahrerlaubnis zur Fahrgastbeförderung wird ein Prozentrang von 33 in der Mehrzahl der angewandten Testverfahren zur Überprüfung von Leistungsfunktionen gefordert und ein IQ über 85. Bei affektiven Psychosen (Abschn. 7.5) ist bei allen akuten Manien und schweren Depressionen das Führen eines Fahrzeugs ausgeschlossen. Gleiches gilt für schizophrene Psychosen (Abschn. 7.6). Bei Vorliegen eines Alkoholmissbrauchs ist ebenfalls die Erteilung einer Fahrerlaubnis ausgeschlossen (Abschn. 8.1), Ähnliches gilt für die regelmäßige Einnahme von Betäubungsmitteln im Sinne des Betäubungsmittelgesetzes (Abschn. 9).

In der Anlage 5 zu § 11, Abs. 9, zu § 48 Abs. 4 und 5 der FeV werden testpsychologische Standards, insbesondere für die Eignungsuntersuchung für Bewerber und Inhaber von Führerscheinen für LKW über 3,5 t und für Fahrgastbeförderungen geregelt. Standardmäßig werden hier besondere Anforderungen hinsichtlich Belastbarkeit, Orientierungsleistung, Konzentrationsleistung, Aufmerksamkeitsleistung und Reaktionsfähigkeit gefordert. Zur Untersuchung dieser Merkmale eingesetzte Verfahren müssen nach dem Stand der Wissenschaft standardisiert und unter Aspekten der Verkehrssicherheit validiert sein.

Anlage 15 zu § 11 Abs. 5 FeV regelt die Grundsätze zur Durchführung der Fahrtauglichkeitsuntersuchungen und zur Erstellung der Gutachten. Dort ist unter anderem festgelegt, dass die Untersuchung anlassbezogen und unter Verwendung der von der Fahrerlaubnisbehörde zugesandten Unterlagen vorzunehmen sei und dass sich der Gutachter an die von der Fahrerlaubnisbehörde vorgegebene Fragestellung zu halten habe. Ausdrücklich wird gefordert, dass der Gutachter den Betroffenen in der Untersuchung über Gegenstand und Zweck der Untersuchung aufzuklären habe und dass er Aufzeichnungen über seine Untersuchungen vornehmen müsse. Die Untersuchung darf nur nach anerkannten wissenschaftlichen Grundsätzen vorgenommen werden. Gegenstand der Untersuchung ist nicht die gesamte Persönlichkeit des Betroffenen, sondern nur Eigenschaften, Fähigkeiten und Verhaltensweisen, welche für die Fahreignung von Bedeutung sind (Relevanz für Kraftfahreignung). Geht es um die Abklärung einer neuerlichen Fahrtüchtigkeit nach Überwindung einer Alkohol- oder Betäubungsmittelabhängigkeit bzw. bei einem ehemaligen Alkoholmissbrauch ohne Abhängigkeit, muss auch das voraussichtliche künftige Verhalten des Betroffenen im Sinne einer Prognosefragestellung geklärt werden, sodass dazu Stellung genommen wird, ob zu erwarten ist, dass er zukünftig nicht oder nicht mehr ein Kraftfahrzeug unter Einfluss von Alkohol oder Betäubungsmitteln führt. Gefordert wird ein grundlegender Wandel in der Einstellung zu solchen Substanzen. Analog muss sich der Gutachter, auch bei Fällen, in denen eine Person aufgrund ihres Verhaltens nicht zum Führen eines Fahrzeugs geeignet war, dazu äußern, ob es prognostische Anhaltspunkte gibt, ob die Person nun nicht mehr erheblich oder nicht mehr wiederholt gegen verkehrsrechtliche Bestimmungen oder gegen Strafgesetze verstoßen wird.

Um Interessenskollisionen und Gefälligkeitsgutachten auszuschließen, wird geregelt, dass diejenigen Personen, welche Kurse zur Wiederherstellung der Kraftfahreignung oder ein Aufbauseminar betreut haben oder voraussichtlich betreuen werden, Teilnehmer nicht untersuchen bzw. begutachten dürfen.

Üblicherweise haben sich in der Praxis bestimmte Verfahren – nach dem Wiener Testsystem oder dem ART (Act and react Testsystem 90/ART 2020) – eingebürgert. Ermittelt werden so die Belastbarkeit im Sinne der Aufrechterhaltung der Aufmerksamkeit bei hoher Reizfrequenz (Test zur Überprüfung der reaktiven Belastbarkeit RST 3, Test für die Geordnetheit des Reaktionsverhaltens SET 3 oder Wiener Determinationstest DT). Die Orientierungsleistung wird als Zielorientierung im optischen Raum definiert und unter anderem mit tachistoskopischen Verfahren erfasst. Die Aufmerksamkeits-, Konzentrations- und Reaktionsleistung werden ebenfalls in diesen Testpaketen mit verschiedenen standardisierten und für die Verkehrsüberprüfung validierten Verfahren erfasst.

Werden in einzelnen Verfahren Leistungsmängel festgestellt, die auf eine Erkrankung oder medikamentöse Behandlung zurückzuführen sind, stellt sich insbesondere die Frage der Kompensierbarkeit. Hier können junge Erwachsene selten auf große Fahrerfahrung etc. verweisen, welche bei der Beurteilung älterer, sehr erfahrener Kraftfahrer mit chronischen körperlichen Erkrankungen und Medikamenteneinnahmen, welche die genannten Parameter beeinflussen, durchaus erheblichere Relevanz haben können.

60.3 Psychische Störungen in der Adoleszenz und Fahreignung

In der Behandlung von Adoleszenten und jungen Erwachsenen mit psychischen Störungen stellt die Besprechung der Frage des Führerscheinerwerbs oder der Teilnahme am Straßenverkehr als Fahrradfahrer, Mofafahrer oder Autofahrer eine häufig vernachlässigte, jedoch sowohl für die Patienten wie für eventuell andere Betroffene eine extrem sicherheitsrelevante Frage dar. Vaa (2003) kommt in einer Analyse mit metaanalytischer Bewertung von 62 Studien zur Verkehrssicherheit und Krankheit für die Europäische Union zu dem Schluss, dass psychisch kranke Personen im Vergleich zur allgemeinen Bevölkerung ein doppeltes Risiko für Verkehrsunfälle haben. Aus psychiatrischer Sicht ist nach Dittmann und Seeger (2005) stets zu prüfen, ob eine realitätsgerechte Wahrnehmung, Informationsverarbeitung und Bewertung sowie das häufig auch durch Medikamentengabe beeinträchtigte Reaktionsvermögen, welches aber auch aufgrund einer Grunderkrankung wie einer Depression beeinträchtigt sein kann, und eine situationsadäquate Verhaltenssteuerung gegeben sind.

Gerade junge Männer mit **Störungen des Sozialverhaltens** und/oder entsprechenden Persönlichkeitsentwicklungsstörungen vom Typ der Cluster-B-Auffälligkeiten zeigen häufig eine völlig verzerrte Risikobewertung, keinerlei Rücksichtnahme und erhebliche Probleme in der Impulskontrolle. Abwarten können, z. B. im Rahmen eines Überholverbots oder bei unübersichtlicher Straßenlage, ist bei solch stark impulsgestörten Patienten oft ein größeres Problem. Häufig zeigen aber gerade diese Patienten ein enormes Bedürfnis, ihren ohnehin »angekratzten Selbstwert« durch den Besitz und das Führen eines entsprechend prestigeträchtigen Fahrzeuges aufzuwerten. Ist dann auch noch die Intelligenz entsprechender Jugendlicher oder junger Erwachsener eher eingeschränkt und wird durch eine gleichgesinnte Peergroup Druck ausgeübt, so können solche Jugendliche sich selbst und andere im Straßenverkehr massiv gefährden. Selbst wenn sie wiederholt wegen Verstößen auffallen, neigen sie dazu, ihr Verhalten zu bagatellisieren und es nur als Pech anzusehen, dass gerade sie wieder einmal erwischt wurden. Die subkulturellen Normen ihrer männlichen Peergroup unterstützen sie darin, dass sich doch ohnehin niemand wirklich an diese Regeln halte und dass es sich bei Verkehrsverstößen um Kavaliersdelikte handle. Manche junge Erwachsene setzen Spritztouren mit dem Auto gezielt zur Kontrolle innerer Spannungszustände ein. Allerdings wird dieses Verhalten in der Regel in vielen Therapiekontexten kaum beachtet oder thematisiert.

> Dittmann (2005a) formuliert eindeutig, dass bei ausgeprägten Persönlichkeitsstörungen die charakterliche Eignung zur aktiven Teilnahme am Straßenverkehr nicht gegeben ist, wenn diese Persönlichkeitsstörung mit ausgeprägt dissozialem und rücksichtslosem Verhalten und mangelnder Impulssteuerung einhergeht, also insbesondere bei dissozialer Persönlichkeitsstörung (F60.2), emotional instabiler Persönlichkeitsstörung (F60.3) und ausgeprägt narzisstischer Persönlichkeitsstörung (F60.8).

Insbesondere bei der psychotherapeutischen Behandlung und der Förderung und Erziehung dieser jungen Männer im Bereich der Jugendhilfe ist stärker auf diese Auswirkungen und die potenzielle Eigen- und Selbstgefährdung zu achten.

Von der Übernahme bestimmter Aufgaben, z. B. im Zivildienst als Rettungssanitäter mit der Möglichkeit zu Blaulichtfahrten etc., ist solchen Personen dringend abzuraten. Da diese Patienten häufig auf ihre Behandler auch starken Druck ausüben und recht manipulativ sein können, sollten sich behandelnde Ärzte und psychologische Psychotherapeuten stets kritisch fragen, ob sie geforderte Atteste und Bescheinigungen, welche von Adoleszenten häufig mit Vehemenz zum Beleg einer Verhaltensänderung als Therapieergebnis eingefordert werden, mit gutem Gewissen ausstellen können.

Bei **schizophrenen und wahnhaften Erkrankungen** (F2), welche schon im Jugend- oder jungen Erwachsenenalter auftreten, stellt sich oft grundsätzlich die Frage, ob es Sinn macht, dass ein solcher Jugendlicher auch nach einer guten Remission den Führerschein erwirbt. Zwar ist der Besitz des Führerscheines auch für viele berufliche Qualifikationen und damit für die Vermittelbarkeit am Arbeitsmarkt ein wichtiges Kriterium und trägt in unserer Gesellschaft, gerade bei jungen Männern, wie oben ausgeführt, erheblich zum Selbstwert bei, doch muss bei entsprechenden Residualzuständen mit nicht ganz remittierter Negativsymptomatik stets auch mit psychomotorischer Verlangsamung, verminderter Aktivität, Passivität und reduzierter Konzentrationsfähigkeit gerechnet werden.

> Bei akuter Positivsymptomatik mit Sinnestäuschungen, Denk- und Verhaltensstörungen sind die Voraussetzungen zum sicheren Führen von Kraftfahrzeugen nicht gegeben. Dittmann (2005b) schränkt diese Feststellung dahingehend ein, dass bei anhaltenden wahnhaften Störungen die Beurteilung der Fahrtauglichkeit im Wesentlichen von der Thematik und Dynamik des Wahns abhänge. Hier könnte die Fahreignung ausnahmsweise gegeben sein, wenn der Wahn eindeutig außerhalb verkehrsrelevanter Lebensbereiche liegt und verkehrsrelevantes Verhalten nicht beeinträchtigt.

Erst bei guter Remission und Symptomfreiheit von einem Jahr kann Jugendlichen und jungen Erwachsenen mit einer schizophrenen Ersterkrankung oder nach einer erneuten psychotischen Episode der Erwerb des Führerscheins bzw. die Wiederzulassung aus ärztlicher Sicht in Aussicht gestellt werden. Regelmäßige Kontrollen und die Einbeziehung von Angehörigen (Eltern, Freundin, Freunde, Lehrer etc.) als Notwarnsystem beim Wiederauftreten einer psychotischen Erkrankung sind hier dringend zu empfehlen.

Affektive Störungen (F3) sind aus mehreren Gründen für die Fahrtauglichkeit problematisch. Besteht akute Suizidalität, so kann nicht ausgeschlossen werden, dass das Fahrzeug auch in suizidaler Absicht, eventuell sogar mit Inkaufnahme der Gefährdung anderer, benutzt wird. Die Depression führt auch zu neuropsychologischen Beeinträchtigungen wie psychomotorischer Verlangsamung, Einschränkung des Gedächtnisses und multipler exekutiver Funktionen (Austin et al. 2001). Aufgrund der häufig mit der Depression einhergehenden Verhaltenshemmung ist es oft nicht schwer, depressiven jungen Patienten für eine gewisse Zeit vom Lenken eines Fahrzeugs abzuraten, dabei ist allerdings zu beachten, dass damit häufig wichtige Alltagsaktivitäten unterbleiben und nicht selten auch der Selbstwert weiter erschüttert wird.

> Bei Depressionen mit wahnhaften oder stuporösen Anteilen ist aber das Fahrzeuglenken völlig ausgeschlossen.

Im Einzelfall sind hier komplexe Güterabwägungen, am besten basiert auf eine objektive testpsychologische Untersuchung, erforderlich, da viele depressive Patienten auch dazu neigen ihre Funktionsfähigkeit zu unterschätzen. Dem gegenüber bestehen bei bipolaren Störungen mit manischer Symptomatik grundsätzlich erhebliche Sicherheitsrisiken.

> Manische Patienten sind grundsätzlich nicht zum Führen eines Fahrzeugs geeignet.

Entscheidend für den Führerscheinerwerb oder die Wiederzulassung ist bei unipolaren Manien oder bipolaren Störungen deshalb eine suffiziente phasenprophylaktische Medikation, die hier ohnehin oft aus medizinischen Gründen notwendige Blutspiegelbestimmung kann des Weiteren zur Einschätzung der Voraussetzung zum Lenken eines Fahrzeugs und der allgemeinen Zuverlässigkeit des Patienten genutzt werden.

Phobische Störungen und Angststörungen (F40, F41) können dann mit massiven verkehrsrelevanten Beeinträchtigungen einhergehen, wenn z. B. phobisches Vermeidungsverhalten erhebliche Auswirkungen auf das Verhalten im Straßenverkehr hat. Bei Angststörungen mit unvorhersehbaren Panikattacken ist von einer verkehrsrelevanten Beeinträchtigung auszugehen (Dittmann 2005c).

Auch **dissoziative Störungen** (F44) stellen eine Gefährdung der betroffenen Patienten und der anderen Teilnehmer am Straßenverkehr dar, wenn sie mit neurologischer Symptomatik (Bewusstseins- und Bewegungsstörung, psychogenen Krampfanfällen) oder dissoziativen Zuständen wie Fugue einhergehen. Gerade die dissoziativen Störungen, welche häufig im Rahmen von vorausgegangenen Traumata auftreten, oder Belastungsreaktionen und Anpassungsstörungen, insbesondere mit stark depressiver Symptomatik oder impulsiv aggressiver Symptomatik, zeigen aber auch das Dilemma des behandelnden Arztes bei der Beratung solcher Adoleszenten oder jungen Erwachsenen. Viele junge Frauen, welche schwere Misshandlungs- oder Missbrauchserlebnisse bzw. Erlebnisse häuslicher Gewalt hatten, fühlen sich in öffentlichen Verkehrsmitteln extrem unsicher, haben teilweise flashbackartige Zustände allein schon bei haptischen oder osmischen Sensationen wie z. B. dem Alkohol- und Schweißgeruch eines in der U-Bahn eng neben ihnen sitzenden Mannes. Diese Personen sind oft zum Erhalt wünschenswerter Ich-Funktionen auf das Fahrzeugführen angewiesen. Unter Stress und Belastung dissoziieren sie aber häufig und berichten dann z. B. in Therapiesitzungen, dass sie gar nicht wissen, wie sie irgendwo hingefahren sind, dass sie plötzlich da oder dort gewesen seien und sich erst hätten neu orientieren müssen. Bei geübten Fahrerinnen und Fahrern sind solche Ereignisse weniger dramatisch als sie klingen, weil sehr viele Reaktionen und psychomotorische Vorgänge beim geübten Fahrer ohnehin unbewusst ablaufen. Dennoch sollte nicht nur bei traumatisierten Patienten der Weg von und zur Therapiestunde, mögliche Erlebnisse, Gefährdungen und Sicherheitsmaßnahmen ein Thema in der Psychotherapie von Adoleszenten und jungen Erwachsenen sein.

60.4 Psychopharmakotherapie

Insbesondere in der Phase der Einstellung auf ein Medikament oder in einer Medikamentenumstellungsphase sollten Patienten gewarnt werden, mit Fahrzeugen am Straßenverkehr teilzunehmen (Arbeitsgruppe Verkehrsmedizin der Schweizerischen Gesellschaft für Rechtsmedizin 2005; Fegert 2003; Rösler 2007). Laux und Brunnauer (2007) empfehlen: »Erst wenn die Response auf die medikamentöse Behandlung einschätzbar ist und keine verkehrsrelevanten Einschränkungen beobachtbar sind, kann eine aktive Verkehrsteilnahme verantwortet werden.« Dies bedeutet, dass bei der medikamentösen Behandlung ein Steady State eingetreten sein muss. Generell kann festgestellt werden, dass verschiedene Medikamente fahreignungsrelevante Wirkungen verursachen und insbesondere relevante Parameter, wie die Konzentration und andere psychophysische Leistungsparameter, beeinträchtigen können. Verschiedentlich wird zur Beurteilung des individuellen verkehrsrelevanten Risikos auch auf Hinweise auf den Medikamentenbeipackzetteln verwiesen (Arbeitsgruppe Verkehrsmedizin der schweizerischen Gesellschaft für Rechtsmedizin 2005). Allerdings muss hierzu einschränkend bemerkt werden, dass solche pauschalen Hinweise wie im Fall von Stimulanzien zur Behandlung hyperkinetischer Störungen eher kontraproduktiv sind (Fegert 2003). Im Gefolge der Diskussion um Stimulanzieneinnahme und Fahrsicherheit sind die früher sehr abschreckenden Warnhinweise in den Beipackzetteln und Produktinformationen aller Produkte auch deutlich relativiert worden.

> Nach verschiedentlich zitierten Schätzungen der Deutschen Verkehrswacht werden ein Viertel aller Verkehrsunfälle direkt oder indirekt durch Wirkungen/Nebenwirkungen von Medikamenten mit beeinflusst. Mindestens 10 % der bei Unfällen Verletzten oder Getöteten standen unter dem Einfluss von Psychopharmaka.

Die Prüfstelle für Medikamenteneinflüsse auf Verkehrs- und Arbeitssicherheit (PMVA beim TÜV Rheinland) hat einen 4-stufigen Gefährdungsindex aufgestellt, bei dem »1« für keine Gefährdung, »2« für eine leichte Gefährdung, »3« für eine deutliche Gefährdung und »4« für eine ernsthafte Beeinträchtigung steht.

Für Benzodiazepine wird von einem mittleren Gefährdungsindex von 3,45 ausgegangen. Ähnlich hoch ist auch der Gefährdungsindex für Barbiturate (3,55) und Anticholinergika (3,62). Auch die in der Allergietherapie häufig eingesetzten Antihistaminika (2,60) oder Koronartherapeutika (2,76) weisen eine leichte bis deutliche Gefährdungserhöhung auf, wobei hier teilweise von stärkeren interindividuellen Variationen auszugehen ist. Mit starken Unterschieden und Gewöhnungseffekten ist bei der Beeinträchtigung durch Analgetika zu rechnen, wobei für nichtopioide Analgetika ein Gefährdungsindex von 2,17 und für Opioide ein Gefährdungsindex von 2,51 angegeben wird. Antidepressiva wird ein Gefährdungsindex von 2,56 und Neuroleptika ein noch höherer Gefährdungsindex von 2,86 zugewiesen, wobei bei beiden Substanzklassen die neueren, zum Teil kognitiv nebenwirkungsärmeren Präparate zu wenig bzw. überhaupt nicht erfasst wurden, welche mit Blick auf die Fahrtauglichkeit differenzialtherapeutisch unbedingt zum Einsatz kommen sollten.

Die Bewertung der **Stimulanzien** mit einem Gefährdungsindex von 2,45 bei relativ hoher Variabilität zeigt das Problem solcher Daten, welche vor allem auf der Untersuchung gesunder Probanden unter Medikamenteneinfluss beruhen. Es ist durchaus nachvollziehbar, dass gesunde Probanden unter Stimulanzieneinfluss hektischer, getriebener reagieren und damit ein höheres Risiko aufweisen, ähnlich wie Konsumenten illegaler stimulierender Substanzen. Andererseits zeigen zahlreiche Studien (Übersicht s. Fegert 2003; Rösler 2007), dass Patienten, die an einem hyperkinetischen Syndrom erkrankt sind, sowohl in Fahrsimulatoren wie in Real-life-Situationen unter Behandlung mit Stimulanzien deutlich bessere Fahrergebnisse vorweisen.

Ähnliches kann auch für **Antidepressiva** festgestellt werden. So zeigten in einer Untersuchung (Brunnauer et al. 2007) depressiv Erkrankte unter Behandlung mit Reboxetin oder Mirtazapin schon nach 14-tägigem Behandlungsintervall signifikante Verbesserungen der Reaktions- und Konzentrationsfähigkeit sowie der Belastbarkeit in üblicher Weise angewandten Testverfahren, die für die Überprüfung der Fahrtauglichkeit herangezogen werden. In der Risikosimulation am Fahrsimulator kam es bei diesen Patienten schon nach 14-tägiger Behandlung zu einem signifikanten Rückgang der Unfallhäufigkeit. Insofern dürfen diese Risikowerte, welche bestimmten Medikamentengruppen zugeschrieben werden, nie ohne die Einschätzung der Gefährdung durch die Grunderkrankung ärztlich bewertet werden. Laux und Dietmaier (2006) haben Empfehlungen zur Fahrtauglichkeit unter Antidepressiva (vgl. TÜV-Empfehlung) publiziert und unterscheiden hier die älteren tri- und tetrazyklischen Antidepressiva, bei denen sie nach wie vor von einer deutlichen Beeinträchtigung, besonders zu Behandlungsbeginn, ausgehen und deshalb empfehlen, dass das Führen von Fahrzeugen während der ersten zwei Wochen der Behandlung unterbleiben sollte. Für selektive Serotonin-Wiederaufnahmehemmer wie Citalopram, Fluoxetin, Fluvoxamin, Paroxetin und Sertralin gehen sie nur von einer fehlenden bis leichten Beeinträchtigung aus und sehen wegen der eher aktivierenden Effekte in der Regel keine Fahrleistungsbeeinträchtigungen, wobei natürlich die Entscheidung im Einzelfall der Arzt mit Blick auf die Symptomatik und der Patient treffen müssen.

Leider liegen zu den Auswirkungen von **Stimmungsstabilisatoren und Antipsychotika** auf die Fahrtüchtigkeit deutlich weniger gesicherte Befunde vor. Unter der Behandlung mit Lithiumsalzen kann es insbesondere zu Anfang der Behandlung zu einer Sedierung kommen. Bei Carbamazepin treten dosisabhängig Müdigkeit und Konzentrationsprobleme auf.

Laux und Brunnauer (2007) berichten, dass Patienten unter atypischen Antipsychotika bessere Ergebnisse aufweisen als unter konventionellen Neuroleptika, sowohl in Laboruntersuchungen als auch in der Risikosimulation am Fahrsimulator. Dies bedarf in der Zukunft dringend weiterer Untersuchungen, insbesondere mit neueren Substanzen, welche teilweise zur Beherrschung behavioraler Symptome wie impulsiver Aggressivität bei jugendlichen und jungen erwachsenen Patienten mit Persönlichkeitsstörungen eingesetzt werden.

Bei den Unfallopfern allgemein fanden sich über 10 % Betroffene mit Benzodiazepin-Gebrauch. Vor allem bei langwirksamen Benzodiazepinen muss nicht nur in der ersten Woche nach Behandlungsbeginn mit erheblichen Beeinträchtigungen der Verkehrssicherheit gerechnet werden. Unter Benzodiazepin-Konsum fanden sich ähnliche Effekte wie bei einer Blutalkoholkonzentration von über 0,8 Promille, teilweise auch noch 16–17 Stunden nach Einnahme des Medikaments. Zwar ist mit einer gewissen Adaptation, insbesondere bei den kurzwirksamen Benzodiazepinen, zu rechnen, dennoch kann auch bei Langzeiteinnahme, insbesondere bei Benzodiazepinen mit langer Halbwertszeit, mit einem erhöhten Unfallrisiko gerechnet werden. Aufgrund des hohen Suchtpotenzials sollten Jugendliche und junge Erwachsene generell nicht für längere

Zeit mit Benzodiazepinen behandelt werden. Wenn Benzodiazepine leitlinienkonform eventuell auch zur Mitbehandlung einer akuten psychotischen Symptomatik zum Einsatz kommen, so ist in solchen akuten Erkrankungszuständen ohnehin eine Fahrtüchtigkeit ausgeschlossen.

60.5 Fazit

Die Unterstützung, Beratung, neuropsychologische Diagnostik und differenzielle Psychopharmakotherapie bei jugendlichen und jungen erwachsenen Patienten mit psychischen Störungen in Bezug auf die Teilhabe am Straßenverkehr ist ein wichtiges, häufig vernachlässigtes Thema. Während in der Akutbehandlung vieler schwerer psychischer Erkrankungen zunächst die Beherrschung der Anlasssymptomatik im Vordergrund steht und bestimmte, Kognition und Konzentration beeinflussende Nebenwirkungen durchaus in Kauf genommen werden können, sollte bei der Langzeit- oder prophylaktischen Behandlung unbedingt auf die Verträglichkeit der Medikation in diesem Sinne geachtet werden. Viele Jugendliche und junge Erwachsene begeben sich unter dem Druck der Peergroup als Teilnehmer am Straßenverkehr oder Mitfahrer zum Teil in erhebliche Gefahr. Hinzu kommt (gerade an Wochenenden) häufig noch Alkoholkonsum und mindestens gelegentlicher Drogenkonsum. Solche jugendtypischen Verhaltensweisen können im Kontext einer psychiatrischen Erkrankung oder bei gleichzeitiger Einnahme von Psychopharmaka zu massiven Beeinträchtigungen und wirklichen Gefährdungssituationen führen. Deshalb gehört es zu einer verantwortlichen Behandlung von jugendlichen und jungen erwachsenen Patienten, diese Themen offen anzusprechen. Auch in der Psychotherapie ist die Thematik der Teilnahme am Straßenverkehr – entsprechendes Vermeidungsverhalten, Ängste, Gefühle, Größenphantasien beim Autofahren etc. – ein wichtiger Bereich, welcher in der Therapie von Adoleszenten beachtet werden sollte.

Literatur

Arbeitsgruppe Verkehrsmedizin der Schweizerischen Gesellschaft für Rechtsmedizin; Haag M, Dittmann V. Handbuch der verkehrsmedizinischen Begutachtung. Bern: Huber 2005.

Austin M, Mitchell P, Goodwin GM. Cognitive deficits in depression: possible implications for functional neuropathology. Br J Psychiatry 2001; 178: 200–6.

Brunnauer A, Laux G, David I, Geiger E, Weigenand S, Fric M. Fahrsimulation und psychomotorische Leistungsfähigkeit depressiver Patienten unter Reboxetin und Mirtazapin. Psychopharmakotherapie 2007; 14(4): 157–62.

Dittmann V. Persönlichkeits- und Verhaltensstörungen (F6). In: Arbeitsgruppe Verkehrsmedizin der Schweizerischen Gesellschaft für Rechtsmedizin (Hrsg). Handbuch der verkehrsmedizinischen Begutachtung. Bern: Huber 2005a; 53.

Dittmann V. Schizophrenien und Wahnkrankheiten (F2). In: Arbeitsgruppe Verkehrsmedizin der Schweizerischen Gesellschaft für Rechtsmedizin (Hrsg). Handbuch der verkehrsmedizinischen Begutachtung. Bern: Huber 2005b; 50–1.

Dittmann V. Sonstige psychische Störungen. In: Arbeitsgruppe Verkehrsmedizin der Schweizerischen Gesellschaft für Rechtsmedizin (Hrsg). Handbuch der verkehrsmedizinischen Begutachtung. Bern: Huber 2005c; 54–5.

Dittmann V, Seeger R. Psychische Störungen und Fahreignung. In: Arbeitsgruppe Verkehrsmedizin der Schweizerischen Gesellschaft für Rechtsmedizin (Hrsg). Handbuch der verkehrsmedizinischen Begutachtung. Bern: Huber 2005; 47–9.

Drummer OH, Gerostamoulos J, Batziris H, Chu M, Caplehorn J, Robertson MD, Swann P. The involvement of drugs in drivers of motor vehicles killed in Australian road traffic crashes. Accid Anal Prev 2004; 36: 239–48.

Fegert JM. ADHS – Führerschein und Medikation. Nervenheilkunde 2003; 7: 376–8.

Hasse A, Schepers A. Zahlen der amtlichen Statistik – Daten zur Verkehrssicherheit und Fahreignung. In: Madea B, Musshoof F, Berghaus G (Hrsg). Verkehrsmedizin. Köln: Deutscher Ärzte-Verlag 2007; 24–37.

Laux G, Brunnauer A. Wie erkennt man eine mangelnde Fahrtauglichkeit. Neurologie & Psychiatrie 2007; 9(5): 45–52.

Laux G, Dietmaier O. Praktische Psychopharmakotherapie. 5. Aufl. München: Urban & Fischer 2006.

Movig KL, Mathijssen MP, Nagel PH, van Egmond T, de Gier JJ, Leufkens HG, Egberts AC. Psychoactive substance use and risk of motor vehicle accidents. Accid Anal Prev 2004; 36: 631–6

Rösler M. Die verkehrsmedizinische Fahreignungsbeurteilung bei psychischen Erkrankungen und psychopharmakologischer Behandlung. In: Madea B, Musshoof F, Berghaus G (Hrsg). Verkehrsmedizin. Köln: Deutscher Ärzte-Verlag 2007; 394–429.

Vaa T. Impairment, diseases, age and their relative risks of accident involvement: Results from meta-analyses. Referat. Kongress IMORTAL: Driver impairment and licensing. Wien 2003.

Walter E, Cavegn M, Scaramuzza G, Niemann S, Allenbach R. Fussverkehr. Unfallgeschehen, Risikofaktoren und Prävention, Sicherheitsdossier. Bern: Schweizerische Beratungsstelle für Unfallverhütung bfu 2007.

61 Psychosoziale Hilfssysteme für Adoleszente mit psychischen Erkrankungen

Marc Schmid, Christoph Höger, Friedrich Specht und Thomas Becker

Inhalt

61.1	Relevanz der Thematik	824
61.2	Akutbehandlung versus Rehabilitation	825
61.3	Psychosoziale Hilfssysteme	828
61.4	Hilfe durch die gesetzlichen Krankenkassen nach SGB V	829
61.5	Leistungen zur beruflichen und medizinischen Rehabilitation im SGB VI	829
61.6	Leistungen nach dem Kinder- und Jugendhilfegesetz (SGB VIII)	830
61.7	Stellungnahme zur Begründung von Rehabilitationsleistungen	833
61.8	Sozialpsychiatrische Kooperationsmodelle in der stationären Jugendhilfe	834
61.9	Erwartung an gelingende Kooperationsstrukturen	835
61.10	Fazit	838
Literatur		839

Zusammenfassung

Psychosoziale Hilfssysteme spielen gerade in der Versorgung von psychisch erkrankten Adoleszenten eine entscheidende Rolle, da einerseits wichtige Entwicklungsaufgaben in diese Lebensphase fallen, andererseits aber viele psychische Störungen in der Adoleszenz ausbrechen, welche die jungen Menschen in ihrer gesellschaftlichen Teilhabe langfristig behindern können. In diesem Kapitel wird ein Überblick über die unterschiedlichen psychosozialen Hilfssysteme und deren sozialrechtliche Grundlagen gegeben. Durch das Erlangen der Volljährigkeit verändert sich der Rechtsstatus des Adoleszenten, was zu Schwierigkeiten bei der Klärung von Zuständigkeiten zwischen unterschiedlichen Kostenträgern und zu Problemen im klinischen Alltag führen kann. Außerdem wird auf die Formulierung von ärztlichen und psychotherapeutischen Stellungnahmen an Kostenträger eingegangen und ein Literaturüberblick über evaluierte sozialpsychiatrische Kooperationsmodelle gegeben. Abschließend werden die Erwartungen an gelingende Kooperationsmodelle aus der psychiatrischen, psychotherapeutischen und kinder- und jugendpsychiatrischen Praxis diskutiert.

61.1 Relevanz der Thematik

Die Adoleszenz und das junge Erwachsenenalter halten wesentliche Entwicklungsaufgaben bereit, die für eine uneingeschränkte Teilhabe an der Gesellschaft erfolgreich bewältigt werden müssen. Dabei geht es beispielsweise um den Abschluss der Schul- und Berufsausbildung, um die Ablösung vom Elternhaus und eine Neudefinition der Beziehung zu den Eltern sowie um Fragen der Partnerschaft und den Zeitpunkt der eigenen Familiengründung. Da sich viele psychische Erkrankungen gerade in diesem wichtigen Lebensabschnitt manifestieren können, wirken sie sich besonders nachteilig auf die gesellschaftliche Teilhabe der Betroffenen aus. Gesellschaftliche Entwicklungen, wie steigende Anforderungen auf dem ersten Arbeitsmarkt, die immensen Erwartungen an die Produktivität bei hohen Arbeitslosenzahlen sowie der starke Abbau von Arbeitsplätzen für Geringqualifizierte, verschärfen das Problem der Integration von psychisch belasteten Adoleszenten noch zusätzlich.

Insbesondere früh beginnende schizophrene Erkrankungen wirken sich sehr negativ auf die berufliche und schulische Karriere aus (Brieger et al. 2007; Fleischhaker et al. 2005). Bedeutsam ist auch der Befund, dass stationär behandelte Borderline-Patientinnen, trotz guter Schulabschlüsse, häufig keine ihrem Potenzial entsprechenden Berufsabschlüsse erreichen (Jerschke et al. 1998). Die Bedeutung beruflicher Rehabilitationsmaßnahmen für psychisch Kranke ist immens, weil psychische Erkrankungen inzwischen in der Altersgruppe von 45 bis 50 Jahren die häufigste Ursache für Berufsunfähigkeit sind. Die Zahl der Frühberentungen, die auf psychische Ursachen zurückzuführen sind, hat sich seit 1985 verdreifacht (Eikelmann et al. 2005; Riecher-Rössler 2005). Dramatisch an der hohen Anzahl an Berentungen ist vor allem, dass häufig die psychiatrischen Behandlungsmöglichkeiten im Vorfeld nicht ausgeschöpft und zudem kaum Maßnahmen der beruflichen Rehabilitation durchlaufen wurden (Apfel u. Riecher-Rössler 2005).

Die deutsche Sozialgesetzgebung, die in ihren Grundsätzen auf die Reichsversicherungsordnung von 1911 zurückgeht, hält verschiedene Arten von Unterstützungsmöglichkeiten bereit (Tab. 61-1 und 61-2). Im Übergangsbereich vom Jugend- zum Erwachsenenalter führt die Pluralität unterschiedlicher Rechtsgrundlagen und Hilfssysteme zu Problemen, weil Zuständigkeiten zwischen den Kostenträgern hin und her geschoben werden können (Tab. 61-3). Diesbezüglich scheint ein dringender Regelungsbedarf zu bestehen (Becker et al. 2003; Berger 2006; Berger et al. 2005), da die Abgrenzung der Leistungen einzelner Versorgungssysteme schon für Fachkräfte kaum zu unterscheiden ist und enorme zeitliche Ressourcen von Sozialarbeitern, aber auch von Ärzten und Psychotherapeuten in die Unterstützung von Patienten bei der Beantragung von Rehabilitationsmaßnahmen und dem Verfassen von Stellungnahmen an die Kostenträger fließen müssen. Die Patienten selbst sind mit dem Angebot, den damit verbundenen Kontakten und der Auseinandersetzung mit den Kostenträgern häufig überfordert.

Um die Abläufe zwischen den einzelnen Kostenträgern zu vereinfachen und die Entscheidungen zu beschleunigen, wurde auf Grundlage des § 14 SGB IX festgelegt, dass innerhalb von 14 Tagen der Kostenträger, an den der Erstantrag gestellt wurde, über seine Zuständigkeit entscheiden muss. Bei Weiterreichung des Antrages und einer eventuell anstehenden zeitaufwendigeren Begutachtung muss jener Kostenträger in Vorleistung treten, der unabhängig vom Ausgang des Gutachtens bezahlen muss. In jedem Landkreis wurden hierfür Servicestellen implementiert (www.reha-servicestellen.de), die nach §§ 22 und 23 SGB XI zwischen den zuständigen Kostenträgern vermitteln, eine rasche Bearbeitung ermöglichen und eine Unterbrechung der Behandlungsketten verhindern sollen. Insbesondere das Erreichen der Volljährigkeit verändert die Rechtslage gravierend, da der junge Mensch nun selbstständig als Antragssteller für seine Sozialleistungen fungieren kann bzw. muss.

Ein weiteres Problem für Jugendliche ist, dass einige gesetzliche Sozialleistungen für Erwachsene an eine, zumindest einmal begonnene, Erwerbstätigkeit gebunden sind. Zu Problemen führt dies insbesondere bei der Suchttherapie, wenn sie nach der Entgiftungsbehandlung über Leistungen zur medizinischen Rehabilitation durch die Rentenversicherungsträger nach SGB VI finanziert werden soll. Hier kann aber alternativ die Zuständigkeit der Eingliederungshilfe nach SGB VIII beansprucht werden. In der Schweiz sind Kinder und Jugendliche auch im Rahmen der Invalidenversicherung anspruchsberechtigt. Die Invalidenversicherung kommt, ähnlich wie die Rentenversicherung in Deutschland, für Leistungen der medizinischen und beruflichen Rehabilitation und Berentung auf. Zusätzlich werden aber auch Leistungen der schulischen Eingliederungshilfe, stationäre Maßnahmen sowie Werkstätten der Eingliederungshilfe für psychisch behinderte Kinder und Jugendliche über die Invalidenversicherung finanziert, welche nach dem deutschen System im Rahmen der Eingliederungshilfe nach SGB IX, bei Jugendlichen und Heranwachsenden in Verbindung mit SGB VIII, angesiedelt sind.

Im Folgenden wird ein Überblick über die verschiedenen sozialen Hilfssysteme für Jugendliche und junge Erwachsene gegeben und auf die Kooperation der beteiligten Institutionen mit der Kinder- und Jugendpsychiatrie sowie mit Psychiatrie, Psychotherapie und Psychosomatik eingegangen.

61.2 Akutbehandlung versus Rehabilitation

Die Psychiatrie hat sich in den letzten 40 Jahren infolge der Psychiatriereform, der Antipsychiatriebewegung sowie aufgrund von Fortschritten in der Behandlungstechnik deutlich verändert. Früher wurde in großen psychiatrischen Anstalten kaum zwischen der sogenannten »Verwahrpflege« und einer stationären psychiatrischen und psychotherapeutischen Akut-

Tab. 61-1 Kurzer historischer Überblick zu Hilfssystemen und deren Rechtsgrundlagen[1]

Soziales System	Rechtliche Grundlagen und Reformen
Gesundheitswesen • Kinder- und Jugendpsychiatrie • Psychiatrie • Psychotherapie/Psychosomatik	1911 Reichsversicherungsordnung (RVO) 1975 Psychiatrie-Enquete 1988 Sozialgesetzbuch Fünftes Buch (SGB V) 1990 Psychiatrie-Personalverordnung (PsychPV)
Jugendhilfe • Jugendamt • Erziehungsberatungsstellen • ambulante Hilfen zur Erziehung • Tagesgruppen • Heime/Wohngruppen	1922 Reichsjugendwohlfahrtsgesetz 1953 Jugendwohlfahrtsgesetz 1991 Sozialgesetzbuch Achtes Buch (SGB VIII)
Sozialhilfe (Rehabilitation)	1961 Bundessozialhilfegesetz 2003 Sozialgesetzbuch Zwölftes Buch (SGB XII) 2001 Sozialgesetzbuch Neuntes Buch [SGB IX])

[1] Mit freundlicher Genehmigung der CIP-Medien München.

Tab. 61-2 Überblick über die Sozialgesetzgebung der Bundesrepublik Deutschland (Vogel 2004)[1]

Gesetzbuch	Titel	in Kraft seit
SGB I	Allgemeiner Teil	1.1.1976
SGB II	Grundsicherung für Arbeitssuchende	1.1.2005
SGB III	Arbeitsförderung (AFG)	24.2.1997
SGB IV	Gemeinsame Vorschriften	1.7.1977
SGB V	Gesetzliche Krankenversicherung (GKV)	1.1.1989
SGB VI	Gesetzliche Rentenversicherung (GRV)	1.1.1992
SGB VII	Gesetzliche Unfallversicherung (GUV)	1.1.1997
SGB VIII	Kinder- und Jugendhilfegesetz (KJHG)	1.1.1991
SGB IX	Rehabilitation und Teilhabe behinderter Menschen	1.7.2001
SGB X	Verwaltungsverfahren, Schutz der Sozialdaten, Zusammenarbeit der Leistungsträger und ihre Beziehungen zu Dritten	18.8.1980 und 4.11.1982
SGB XI	Soziale Pflegeversicherung	1.4.1995
SGB XII	Sozialhilfe (bisher BSHG)	1.1.2005
Weitere Gesetze, die als Teile des SGB gelten:		
	• Berufsförderungsgesetz (BAföG) • Bundesversorgungsgesetz (BVG) • Wohngeldgesetz (WoGG) • Reichsversicherungsordnung (RVO)	• Bundeskindergeldgesetz (BKGG) • Bundessozialhilfegesetz (BSHG) • Kindergeld, Erziehungsgeld (bisher BKGG und Bundeserziehungsgeldgesetz [BErzGG])

[1] Mit freundlicher Genehmigung der CIP-Medien München.

behandlung unterschieden. Nach den jahrzehntelangen Bemühungen der Psychiatriereform konnte mit der Einführung der Psychiatrie-Personalverordnung Anfang der 1990er Jahre eine höhere Personalpräsenz auf psychiatrischen Stationen erreicht werden (s. Salize et al. 2007; Weig 2005). Aufgrund der damit verbundenen höheren Kosten in der Krankenbehandlung wurde deutlicher zwischen psychiatrischer Akutbehandlung und rehabilitativen Maßnahmen und Betreuungsangeboten differenziert. Die Stärkung der Akutversorgung in den psychiatrischen Krankenhäusern und die Fortschritte der pharmakologischen und psychotherapeutischen Behandlung sollten aber nicht zu Nachteilen bei der Versorgung von chronisch kranken Patienten führen, weshalb ein Netz von Institutionen der beruflichen Rehabilitation und gemeindepsychiatrischer Behandlungsangebote mit dem Ziel der langfristigen Betreuung aufgebaut wurde, welches räumlich und nach Kostenträgern weitgehend getrennt von psychiatrischen Krankenhäusern fungiert. Die potenziellen Vorteile liegen auf der Hand: Hospitalisierungen können verkürzt, Rehospitalisierungen vermieden und soziale Bezüge gemeindenah aufgebaut werden, die schulische bzw. berufliche Belastung lässt sich unter realistischen Bedingungen nach und nach steigern. Das Behandlungsangebot kann somit nach der Akutbehandlung individueller auf die spezifischen Erfordernisse des Patienten abgestimmt werden. Die Vorraussetzung ist aber die Etablierung von vor- und nachstationären Behandlungsketten, die intensiv mit den Akutkliniken kooperieren.

In der Praxis bleibt diese Differenzierung zwischen Akutbehandlung und Rehabilitation aber schwierig und kann nicht so eindeutig wie in der somatischen Medizin definiert werden, da jede gute psychiatrische und psychotherapeutische Akutbehandlung Aspekte der Wiedereingliederung in Schule, Beruf und Familie berücksichtigen muss. Insbesondere die Abgrenzung zwischen stationärer Psychotherapie in psychosomatischen Rehakliniken einerseits und auf psychotherapeutischen Stationen in psychiatrischen Krankenhäusern andererseits lässt sich inhaltlich kaum voneinander unterscheiden (Berger 2006).

Allgemein hat sich das Angebot in psychiatrischen Kliniken immer mehr in Richtung einer Akutbehandlung (s. Salize et al. 2007) verändert und die durchschnittliche Zahl der stationären Behandlungstage sinkt.

Für die stationäre Akutpsychiatrie bedeutet dies, dass eine immer wichtigere Aufgabe für Ärzte und Psychotherapeuten darin besteht, den kurz-, mittel- und langfristigen Unterstützungsbedarf von Patienten im Anschluss an eine stationäre Behandlung möglichst frühzeitig festzustellen, zu beschreiben und entsprechende Hilfen einzuleiten.

Im kinder- und jugendpsychiatrischen Bereich werden die durchschnittlichen stationären Verweildauern ebenfalls immer kürzer (Nübling et al. 2006), wobei es nur wenig empirisch überprüfte Kriterien für die optimale Zeitdauer eines kinder- und jugendpsychiatrischen Aufenthaltes gibt (Höger et al. 2001, 2002). Die Vorbereitung und Implementierung von

Tab. 61-3 Grobstruktur des Gesundheitswesens in Deutschland (nach Vogel 2004)[1]

Bereich	Leistungserbringer	Leistungsträger	Kostenträger	Gesetzliche Grundlage	
Prävention	Vielfalt: ÖGD, niedergelassene Ärzte, Krankenkassen, Erwachsenenbildungsstätten	i. d. R. der Kostenträger	GKV GRV BG/GUV Jugendhilfeträger Kommunen und überörtliche Träger	Landesgesetze SGB V SGB VI SGB VII SGB VIII	häufig überschneidende Zuständigkeiten, freiwillige Leistungen
Psychosoziale Beratung	v. a. freie Wohlfahrtsverbände	je nach Zuständigkeit: Länder/Kommunen/ vielfach Mischfinanzierung		SGB VIII (= KJHG)	
Ambulante Krankenbehandlung	niedergelassene Ärzte und andere Gesundheitsberufe	Kassenärztliche Vereinigungen (KV)	gesetzliche Krankenkassen (GKV)	SGB V (und SGB VII)	
Stationäre Krankenbehandlung	Krankenhäuser (Zulassung nach §§ 108/109 SGB V)	Kommunen, Gebietskörperschaften	duale Finanzierung: Invest: Länder Sachleistung: GKV	SGB V (und SGB VII)	
Rehabilitative Versorgung	Spezialeinrichtungen für • medizinische • berufliche • soziale • schulische Rehabilitation	je nach Zuständigkeit: • Arbeitsverwaltung (AV/BA) • gesetzliche Krankenkassen (GKV) • Rentenversicherungsträger (GRV) • Berufsgenossenschaften (BG)/Unfallkassen (GUV) • Jugendhilfe • Sozialhilfeträger		SGB III (AFG) SGB V SGB VI SGB VII SGB VIII SGB XII (BSHG)	zusammenfassend: SGB IX
Pflege	Pflegedienste	Pflegeversicherung		SGB XI	

[1] Mit freundlicher Genehmigung der CIP-Medien München.
AV = Arbeitslosenverwaltung; BA = Bundesagentur für Arbeit; BG = Berufsgenossenschaft; BSHG = Bundessozialhilfegesetz; GKV = = gesetzliche Krankenversicherung; KJHG = Kinder und Jugendhilfegesetz; KV = Kassenärztliche Vereinigung; ÖGD = öffentlicher Gesundheitsdienst; GRV = Rentenversicherung; SGB = Sozialgesetzbuch; GUV = Unfallversicherung

langfristig tragenden psychosozialen Settings und ambulanten Behandlungsangeboten wird daher zu einer immer bedeutsameren Aufgabe der stationären kinder- und jugendpsychiatrischen Behandlung. Die personelle Kontinuität der behandelnden Ärzte und Psychotherapeuten hat dabei im kinder- und jugendpsychiatrischen, psychiatrischen und psychotherapeutischen Bereich einen noch wesentlich höheren Stellenwert als in der somatischen Medizin. Übergänge und Übergaben müssen daher gut vorbereitet und für die Klienten besonders transparent gestaltet werden. Um die Forderung nach personeller Behandlungskontinuität umzusetzen, besteht entweder die Möglichkeit, die Rehabilitation doch wieder unter einem Dach anzubieten und an psychiatrischen Kliniken und Institutsambulanzen anzugliedern, oder eine engmaschige Anbindung an niedergelassene Psychiater, Kinder- und Jugendpsychiater, Psychotherapeuten, sozialpsychiatrische Dienste und Zentren der beruflichen Rehabilitation, mit dem Ziel möglichst rasch tragende, ambulante Versorgungssysteme gemeindenah aufzubauen. Beide Systeme haben ihre Vor- und Nachteile und werden kontrovers diskutiert. Eine Reduktion der stationären Behandlungstage auf akutpsychiatrischen Stationen scheint durch gemeindepsychiatrische Dienste aber nur unter bestimmten Bedingungen erreichbar zu sein, weshalb auch Kriterien wie Lebensqualität und soziale Rehabilitation in der Evaluation sozialpsychiatrischer Angebote eine wichtige Rolle spielen und spielen müssen (Brenner et al. 2000). Allgemein ist die Datenlage bezüglich psychiatrischen Case Managements aber sehr heterogen und in vielen Zielbereichen wie der Symptomreduktion, der Steigerung des psychosozialen Funktionsniveau, der Reduktion von Krankenhaustagen und der Senkung der allgemeinen Kosten sind reguläre Behandlungen in randomisierten Studien nicht überlegen (Burns et al. 2001; Marshall et al. 2000). Die institutionelle und personelle Kontinuität im psychiatrischen Case Management scheint aber gerade bei schwer kranken Menschen in der Lage zu sein, die Behandlungscompliance zu steigern und diese Patienten eher in Behandlungen zu halten (Burns et al. 2001; Marshall et al. 2000). Die Autoren des Cochrane-Reports schlussfolgern, dass weitere Forschung zur genaueren Klärung der Indikation erforderlich ist (Marshall et al. 2000).

Insbesondere für schwer betroffene und rückfallgefährdete Patienten sind Unterbrechungen der Behandlungsketten zu vermeiden. Weil aber geeignete stationäre Rehabilitationsplätze rar sind, kommt es häufig zu Konflikten zwischen den

Krankenhäusern und Krankenkassen, welche ein Interesse an einer Verlegung in Institutionen zur Rehabilitation und Betreuung haben, die durch andere Kostenträger finanziert werden. Im Jahr 2005 stärkte nun das Bundessozialgericht mit einem Urteil die Position der psychiatrischen Krankenhäuser, indem die Richter in der Urteilsbegründung darauf hinwiesen, dass keine zeitliche Obergrenze für eine stationäre psychiatrische Krankenhausbehandlung definiert werden könne, solange diese medizinisch indiziert sei und sich an den fachlichen Standards orientiere. Die sich an der somatischen Medizin orientierende Definition einer Akutbehandlung durch den Einsatz von krankenhausspezifischen Gerätschaften und die ständige Rufbereitschaft eines Arztes ist bei psychiatrischen Erkrankungen nicht entscheidend. Pflegerische Leistungen und das Zusammenspiel zwischen fachärztlicher Versorgung und der Pflege sind wichtige Merkmale einer suffizienten stationären psychiatrischen Akutbehandlung. Ein Verweis in komplementäre Einrichtungen zur Rehabilitation ist nur dann möglich, wenn diese auch für diesen Fall tatsächlich verfügbar sind (Weig 2006; Weig u. Niederstrasser 2006).

61.3 Psychosoziale Hilfssysteme

> Krankenbehandlung nach § 27 SGB V dient der Erkennung, Heilung, Verhütung der Verschlimmerung einer Krankheit oder der Linderung von Krankheitsbeschwerden. Ziel von Rehabilitation ist es, die Auswirkungen einer Erkrankung oder seelischen Behinderung auf die persönlichen, beruflichen und sozialen Lebensbedingungen auf ein Minimum zu reduzieren.

Dabei werden berufliche, soziale und medizinische Rehabilitation unterschieden. Dieselben Leistungen können bei ähnlich gelagerten Fällen von unterschiedlichen Kostenträgern finanziert werden: Beispielsweise finanzieren sowohl die Bundesagentur für Arbeit als auch die Rentenversicherung und die Sozialhilfe unter bestimmten Voraussetzungen Maßnahmen der beruflichen Rehabilitation; Krankenkassen, Rentenversicherungsträger oder Sozialhilfe können Kostenträger für medizinische Rehabilitation sein. Insbesondere bei Adoleszenten fungieren diese häufig als Kostenträger, da junge Menschen in der Regel keine Ansprüche an die Rentenversicherung stellen können. Leistungen der sozialen Rehabilitation werden über die Jugendhilfe oder die Sozialhilfe angeboten und bezahlt.

Wichtig ist die Differenzierung zwischen den Begriffen psychische Krankheit und seelische Behinderung, sie wird im § 2 SGB IX und im § 35a SGB VIII vorgenommen:

> **SGB IX § 2 Behinderung (Auszug)**
> (1) Menschen sind behindert, wenn ihre körperliche Funktion, geistige Fähigkeit oder seelische Gesundheit mit hoher Wahrscheinlichkeit länger als sechs Monate von dem für das Lebensalter typischen Zustand abweichen und daher ihre Teilhabe am Leben in der Gesellschaft beeinträchtigt ist. Sie sind von Behinderung bedroht, wenn die Beeinträchtigung zu erwarten ist.

> **SGB VIII § 35a Eingliederungshilfe für seelisch behinderte Kinder und Jugendliche (Auszug)**
> (1) Kinder und Jugendliche haben Anspruch auf Eingliederungshilfe, wenn
> 1. ihre seelische Gesundheit mit hoher Wahrscheinlichkeit länger als sechs Monate von dem für ihr Lebensalter typischen Zustand abweicht, und
> 2. daher ihre Teilhabe am Leben in der Gesellschaft beeinträchtigt ist oder eine solche Beeinträchtigung zu erwarten ist.

Von einer seelischen Behinderung bedroht im Sinne dieses Buches sind Kinder oder Jugendliche, bei denen eine Beeinträchtigung ihrer Teilhabe am Leben in der Gesellschaft nach fachlicher Erkenntnis mit hoher Wahrscheinlichkeit zu erwarten ist.

Die Abgrenzung zwischen psychischer Krankheit und einer drohenden seelischen Behinderung fällt allerdings manchmal schwer, da psychische Störungen eigentlich immer mit einer zumindest vorübergehenden Teilhabebeeinträchtigung einhergehen, häufig in Episoden verlaufen und die Entwicklung einer psychischen Störung und deren soziale Folgen sehr stark von günstigen oder ungünstigen Umwelt- und Förderbedingungen determiniert werden (Lempp 1999; Specht 1995).

Für den Bereich der Eingliederungshilfe und der Rehabilitation stehen unterschiedliche Hilfssysteme zur Verfügung (Überblick s. Becker et al. 2007; Rössler 2005). Sämtliche Hilfen können in allen Systemen in ambulanter oder (teil-)stationärer Form erbracht werden, je nach dem individuellen Bedarf des zu rehabilitierenden Patienten.

In Einrichtungen für seelisch behinderte Menschen können überdauernde Hilfen zur Lebensführung und zur erfolgreichen Berufsausübung z. B. in Werkstätten für behinderte Menschen angeboten werden. Das Angebot an betreuenden Institutionen und Einrichtungen zur beruflichen Rehabilitation in den deutschsprachigen Ländern ist sehr vielseitig und reicht von intensiv betreuten Wohngruppen für schwer betroffene unselbstständige Patienten über Wohngruppen mit beschützten Werkstätten bis zu Tagesstätten mit beruflichen oder freizeitgestaltenden Angeboten. Nicht selten wurden in Landeskrankenhäusern Heimabteilungen eröffnet, die dann nach SGB IX finanziert und vom akuten Klinikbetrieb formal getrennt wurden, aber beispielsweise von der Struktur des Klinikbetriebes mit ärztlicher Rufbereitschaft profitieren können.

In SGB XII § 54 wurden folgende **Aufgaben der Eingliederungshilfe** festgelegt:

> (1) Leistungen der **Eingliederungshilfe** sind neben den Leistungen nach den §§ 26, 33, 41 und 55 des Neunten Buches insbesondere
> 1. Hilfen zu einer angemessenen Schulbildung, insbesondere im Rahmen der allgemeinen Schulpflicht und zum Besuch weiterführender Schulen einschließlich der Vorbereitung hierzu; die Bestimmungen über die Ermöglichung der Schulbildung im Rahmen der allgemeinen Schulpflicht bleiben unberührt,
> 2. Hilfe zur schulischen Ausbildung für einen angemessenen Beruf einschließlich des Besuchs einer Hochschule,
> 3. Hilfe zur Ausbildung für eine sonstige angemessene Tätigkeit,
> 4. Hilfe in vergleichbaren sonstigen Beschäftigungsstätten nach § 56,
> 5. nachgehende Hilfe zur Sicherung der Wirksamkeit der ärztlichen und ärztlich verordneten Leistungen und zur Sicherung der Teilhabe der behinderten Menschen am Arbeitsleben.
>
> (2) Die Leistungen zur medizinischen **Rehabilitation** und zur Teilhabe am Arbeitsleben entsprechen jeweils den Rehabilitationsleistungen der gesetzlichen Krankenversicherung oder der Bundesagentur für Arbeit.
>
> (3) Erhalten behinderte oder von einer Behinderung bedrohte Menschen in einer stationären Einrichtung Leistungen der Eingliederungshilfe, können ihnen oder ihren Angehörigen zum gegenseitigen Besuch Beihilfen geleistet werden, soweit es im Einzelfall erforderlich ist.

61.4 Hilfe durch die gesetzlichen Krankenkassen nach SGB V

Sämtliche Leistungen von psychiatrischen und kinder- und jugendpsychiatrischen Kliniken sowie die Arbeit von niedergelassenen Ärzten und Psychotherapeuten erfolgen im Rahmen des SGB V Gesetzliche Krankenversicherung und werden über gesetzliche oder private Krankenkassen finanziert. Die Krankenkassen sind auch für Maßnahmen der medizinischen Rehabilitation Kostenträger, wenn keine Ansprüche an die Rentenversicherung gestellt werden können.

Einige Institutionen, die sich auf die Rehabilitation von psychisch kranken Adoleszenten spezialisiert haben, vereinen medizinische Rehabilitation und Jugendhilfe unter einem Dach, was mehrere Vorteile hat. Neben der Sicherstellung einer intensiveren psychiatrischen oder kinder- und jugendpsychiatrischen Behandlung besteht ein Hauptvorteil darin, dass kein erneuter Wechsel des sozialen Umfeldes erfolgen muss und langfristigere Bindungen aufgebaut werden können. Außerdem ermöglicht die enge Kooperation mit kinder- und jugendpsychiatrischen oder psychiatrischen Fachärzten auch im Falle eines Rezidivs eine frühzeitige Intervention. Die rechtliche Grundlage für eine solche medizinische Rehabilitation in enger Kooperation mit der Jugendhilfe bildet der Versorgungsvertrag nach § 111 Abs. 2 SGB V und generell für die stationäre medizinischen Rehabilitation der § 40 Abs. 2 SGB V.

61.5 Leistungen zur beruflichen und medizinischen Rehabilitation im SGB VI

Speziell für die Erfordernisse von Menschen mit schweren psychischen Störungen wurden seit 1986 Einrichtungen zur Rehabilitation psychisch Kranker (RPK) entwickelt, die nach und nach ausgebaut werden. Ziel dieser Rehabilitationseinrichtungen ist die berufliche und soziale (Wieder-)Eingliederung in die Gesellschaft, indem Maßnahmen der medizinischen und beruflichen Rehabilitation in einem multidisziplinären Team, dem auch Fachkräfte der beruflichen Rehabilitation angehören, eng verzahnt werden.

In den Einrichtungen zur Rehabilitation psychisch Kranker wurden ursprünglich mehrheitlich Patienten mit Erkrankungen aus dem schizophrenen Formenkreis aufgenommen. Die relativ starke Ausrichtung fast der gesamten Palette sozialpsychiatrischer Angebote auf schizophren erkrankte Patienten wird zunehmend kritisch hinterfragt und es werden Überlegungen angestellt, auch für andere Patientengruppen (Menschen mit Persönlichkeitsstörungen, psychisch belastete Menschen mit Migrationshintergrund, Adoleszente und ältere Menschen) spezifische Versorgungsangebote vorzuhalten (Dammann 2007; Rössler 2005). Die Angebote der RPK sind gemeindenah ausgerichtet, sie sollen sich mit Betrieben und Einrichtungen in der Region vernetzen, um dort ins Arbeitsleben integriert zu werden. Die Unterstützung vor Ort erfolgt dabei durch das Personal der RPK. Hier werden teilweise die sogenannten »Place and Train«- oder »Placement-Support-Systeme« (Becker u. Drake 1993) bereits in die Praxis umgesetzt.

In diesen Programmen werden Patienten zuerst auf »reale« Arbeitsstellen vermittelt und dann dort vor Ort spezifisch gefördert. Für die Integration in den ersten Arbeitsmarkt waren diese Maßnahmen effektiver als unspezifischere Trainings in Rehabilitationseinrichtungen (Corrigan 2001). Eine kontrollierte randomisierte europäische Multicenterstudie zum *supported Employment* liegt nun ebenfalls vor (Burns et al. 2007). Der Stand der wissenschaftlichen Überprüfung ist noch stark verbesserungswürdig. Die ersten Ergebnisse zeigen aber, dass die Erfolge, insbesondere für die große Gruppe der Patienten mit Erkrankungen aus dem schizophrenen Formenkreis, beachtlich sind. Im Prä-Post-Vergleich zeigten sich ein höheres psychosoziales Funktionsniveau (Zunahme des Anteils arbeitsfähiger Patienten) und eine hohe subjektive Zufriedenheit (Bundesarbeitsgemeinschaft für Rehabilitation 2000, 2005; Weig u. Niederstrasser 2006). Weitere Untersuchungen mit Kontrollgruppen, standardisierten psychometrischen Testverfahren oder Vergleiche unterschiedlicher sozialpsychiatrischer Konzeptionen sind erforderlich.

Selbstverständlich gibt es vielfältige Angebote der beruflichen Rehabilitation, die nicht in die Einrichtungen zur Rehabilitation psychisch Kranker integriert sind: In Berufsbildungswerken (BBW) werden Erstausbildungen für Menschen mit besonderem Förderbedarf angeboten; bedarf es im Rahmen der beruflichen Rehabilitation einer Umschulung, erfolgt diese in Berufsförderungswerken (BFW). Auch unabhängig von Einrichtungen zur Rehabilitation psychisch Kranker haben sich berufliche Trainingszentren entwickelt. Außerdem gibt es Integrationsbetriebe, die zum Teil spezielle Arbeitsplätze für die Rehabilitation psychisch kranker Menschen anbieten, die von der Bundesagentur für Arbeit oder von Rentenversicherungsträgern als berufliche Rehabilitationsmaßnahme gefördert werden, sodass ein Training erfolgen kann und auch ein gewisser Prozentsatz der Arbeitsplätze der Eingliederungshilfe vorbehalten ist. Außerdem gibt es Werkstätten, in denen ausschliesslich behinderte Menschen unter soziotherapeutischen Bedingungen arbeiten. Spezielle räumlich getrennte Werkstätten für seelisch behinderte Menschen gibt es leider nicht in allen Landkreisen, sodass Werkstätten häufig Menschen mit den unterschiedlichsten Behinderungsformen gerecht werden müssen.

61.6 Leistungen nach dem Kinder- und Jugendhilfegesetz (SGB VIII)

Für die Kinder- und Jugendpsychiatrie ist die Jugendhilfe der wichtigste Kooperationspartner. Mehr als ein Viertel der stationär in der Kinder- und Jugendpsychiatrie behandelten Kinder und Jugendlichen geht von dort in eine stationäre Jugendhilfemaßnahme (Martin 2002). In einer repräsentativen Untersuchung von Presting et al. (1998) an sämtlichen Kinder- und Jugendpsychiatrischen Kliniken in Niedersachsen erhielten lediglich 11 % der Patienten im Anschluss an die stationäre Klinikbehandlung eine stationäre Jugendhilfemaßnahme, bei 3 % erfolgte ein Wechsel der Heimeinrichtung. In einer Stichtagsuntersuchung von Gintzel und Schone (1990) zeigte sich, dass 14 % der an diesem Tag stationär kinder- und jugendpsychiatrisch behandelten Kinder und Jugendlichen aus Heimen oder Pflegefamilien kamen. 4 % der Jugendlichen, die an diesem Stichtag in Heimen lebten, wurden aus stationärer kinder- und jugendpsychiatrischer Behandlung direkt in die stationäre Jugendhilfe entlassen. In einer anderen Untersuchung (Darius et al. 2001) hatten 30 % der Kinder in Heimen Erfahrungen mit der stationären Kinder- und Jugendpsychiatrie. Die Inanspruchnahme hat sich dabei seit 1990 verdoppelt. Meltzer et al. (2003) berichten, dass 3–5 % der Kinder in britischen Heimen stationär behandelt wurden, 44 % der Kinder und Jugendlichen mit einer psychischen Störung hatten ambulanten oder stationären Kontakt zu einem Kinder- und Jugendpsychiater oder Psychotherapeuten. In Anbetracht der unterschiedlichen psychosozialen Gesetzgebung und aufgrund der unterschiedlichen kinder- und jugendpsychiatrischen Versorgungssituation insbesondere im stationären Bereich sind solche Ergebnisse auch innerhalb Europas allerdings nur schwer zu vergleichen.

Neben stationären Jugendhilfemaßnahmen bietet das Kinder- und Jugendhilfegesetz vielfältige ambulante und teilstationäre Hilfeformen. Mögliche **Hilfen zur Erziehung** nach dem Kinder- und Jugendhilfegesetz (§ 27 SGB VIII) sind:

- § 28 Erziehungsberatung
- § 29 Soziale Gruppenarbeit
- § 30 Erziehungsbeistand, Betreuungshelfer
- § 31 Sozialpädagogische Familienhilfe
- § 32 Erziehung in einer Tagesgruppe
- § 33 Vollzeitpflege
- § 34 Heimerziehung, sonstige betreute Wohnform
- § 35 Intensive sozialpädagogische Einzelbetreuung

Die Hilfen nach § 34 (Heimerziehung und sonstige betreute Wohnform) sowie nach § 35 (Intensive sozialpädagogische Einzelbetreuung) stellen sich heterogen dar. Freigang und Wolf (2001) geben einen ausführlichen praxisnahen Überblick über die Angebotspalette der Heimerziehung und anderer betreuter Wohnformen. Spezielle Formen und Konzepte der Rehabilitation im Rahmen der Jugendhilfe für Jugendliche und junge Erwachsene mit einer Erkrankung aus dem schizophrenen Formenkreis werden von Willigis und Martin (2004) beschrieben. Zahlreiche Jugendhilfeeinrichtungen verfügen über Schulen für Erziehungshilfe und einige auch über berufsbildende Angebote, da viele Kinder und Jugendliche erhebliche Defizite in diesen Bereichen aufweisen und eine besondere Förderung benötigen (Bürger 1990, 1999).

> ! Die Leistungen werden über die kommunalen Jugendämter finanziert. Zu beachten ist dabei, dass die Leistungen der Jugendhilfe im Nachrang zu den Hilfen anderer Sozialgesetzbücher stehen, insbesondere bezüglich der Leistungen der gesetzlichen Krankenkassen und der beruflichen Förderung durch die Bundesanstalt für Arbeit (Mrozynski 2006).

Das Kinder- und Jugendhilfegesetz zielt darauf ab, Familien in sozialen Problemlagen und Kinder mit einem besonderen Unterstützungsbedarf zu erreichen. Bei Kindern und Jugendlichen in Jugendhilfemaßnahmen kumulieren sich daher die psychosozialen Risiken für die Entwicklung einer psychischen Störung. Die immense Belastung mit multiplen Risikofaktoren, wie sie auf der fünften Achse des multiaxialen Diagnosesystems (Remschmidt et al. 2001) kodiert werden, wird durch die Jugendhilfe-Effekte-Studie (Schmidt et al. 2002) und die Kinderdorf-Effekte-Studie (Klein et al. 2003) empirisch belegt.

60–90 % der Heimkinder haben Vernachlässigungs- und Misshandlungserfahrungen (Burns et al. 2004; Meltzer et al. 2003). Mit einem Ausbau von ambulanten Jugendhilfeangeboten nimmt die psychosoziale Belastung der Kinder und Jugendlichen in der stationären Jugendhilfe vermutlich sogar eher noch zu, da nur die Kinder in die stationäre Jugendhilfe gelangen, deren Familien durch die ambulanten Angebote nicht erreicht werden konnten oder bei denen man ambulanten Angeboten schon im Voraus keine Chance gibt.

Es zeigt sich im stationären Bereich der Jugendhilfe eine sehr hohe Prävalenz psychischer Störungen. In britischen und amerikanischen Studien werden Prävalenzraten für psychische Störungen zwischen 44 % (Blower et al. 2004) und 98 % (McCann et al. 1996) berichtet, wobei die methodisch beste Studie mit einer größeren Stichprobe Prävalenzraten von 68 % (Meltzer et al. 2003) angibt. In einer deutschen Studie von 689 Kindern und Jugendlichen aus 20 stationären Jugendhilfeeinrichtungen erfüllten 60 % die Kriterien einer ICD-10-Diagnose (Schmid 2007; Schmid et al. 2008). Auch im somatischen Bereich ist der Gesundheitsstatus von Heimkinder wesentlich schlechter als der in der Allgemeinbevölkerung (Bundle 2001) Mädchen und junge Frauen zeigen dabei vermehrt internalisierende Verhaltensauffälligkeiten und weisen bei der Aufnahme auch stärkere psychosoziale Belastungsfaktoren, insbesondere sexuelle Missbrauchserfahrungen, auf. Ihre Symptomatik reduzierte sich durch die Heimerziehung stärker als die der jungen Männer mit einer eher externalisierenden Symptomatik (Handwerk et al. 2006). Diese hohe psychische Belastung von Kindern und Jugendlichen in der Jugendhilfe ist vor allem deshalb von großer Relevanz, weil kinder- und jugendpsychiatrisch schwer belastete Patienten in geringerem Maße von Jugendhilfemaßnahmen profitieren (Baur et al. 1998; Hebborn-Brass 1991) und diese häufiger abbrechen (Institut für Kinder- und Jugendhilfe 2004; Schmidt et al. 2002).

Allgemein ist der Forschungsstand im Bereich der sozialpädagogischen Forschung zu Wirksamkeit und Konzepten in der Jugendhilfe und insbesondere in der stationären Jugendhilfe unbefriedigend (BMFSFJ 2002; Gabriel 2001, 2003; Hebborn-Brass 1991). Die Forschung ist oft an der Analyse von Einzelfällen und qualitativen Forschungsmethoden orientiert. Gezielte quantitative Ansätze und Verlaufsuntersuchungen wie die Jugendhilfe-Effekte-Studie (Schmidt et al. 2002) und die Evaluation erzieherischer Hilfen (Macsenaere u. Knab 2004) bilden noch die Ausnahme.

In den letzten Jahren gibt es verstärkte Bemühungen, angestoßen durch den Erfolg der Jugendhilfe-Effekte-Studie (Schmidt et al. 2002), Methoden der Qualitätssicherung zu implementieren (Macsenaere u. Herrmann 2004; Macsenaere u. Knab 2004).

Eine Motivation für die stärkeren Bemühungen, die Effekte der Jugendhilfe nachzuweisen, resultiert sicherlich auch aus dem zunehmenden politischen Druck, kostenintensive Jugendhilfemaßnahmen rechtfertigen zu müssen, wobei es um die Effizienz und den volkswirtschaftlichen Nutzen von Jugendhilfemaßnahmen geht.

Als praxisnah und erfolgreich scheinen sich Verfahren zur pädagogischen Zielerreichung (Kölch et al. 2007a) zu erweisen, welche es erlauben, neben allgemeinen auch individuelle Ziele gemeinsam mit dem Jugendlichen zu definieren und das Ausmaß der Zielerreichung in regelmäßigen Zeitabständen einzuschätzen.

Erste Ergebnisse zum volkswirtschaftlichen Nutzen der Jugendhilfe liegen vor (Roos 2002, Zinkl et al. 2004). Zinkl et al. (2004) berechneten z. B. auf der Grundlage der Ergebnisse der Jugendhilfe-Effekte-Studie, dass für jeden in die Heimerziehung investierten Euro im Prinzip 2,32 Euro (Männer) bzw. 2,79 Euro (Frauen) im Bereich von Sozialleistungen, Aufwendungen der Krankenkassen und im Strafvollzug eingespart werden könnten. Prospektive Studien zu dieser Thematik sind geplant.

61.6.1 Hilfe für junge Erwachsene

Für junge Erwachsene bietet das Kinder- und Jugendhilfegesetz weiterhin die Möglichkeit zur Unterstützung. Die Rechtsgrundlage hierfür ist die »Hilfe für junge Volljährige, Nachbetreuung« (§ 41 SGB VIII). Diese Hilfeform richtet sich an junge Erwachsene zwischen 18 und maximal 27 Jahren, wobei die Hilfe vor der Vollendung des 21. Lebensjahres eingeleitet werden sollte. Im Kommentar zum Gesetzestext werden auch junge Erwachsene mit psychiatrischen Störungsbildern explizit als Zielgruppe genannt (Wiesner u. Kaufmann 2006). Durch seine Volljährigkeit ist der Jugendliche selbst der Antragsteller beim zuständigen Jugendamt für die erforderlichen Jugendhilfemaßnahmen und nicht, wie bei Jugendlichen, dessen Sorgeberechtigte. »Hilfe für junge Volljährige« orientiert sich hinsichtlich ihrer Ausgestaltung an der »Hilfe zur Erziehung« (§ 27 SGB VIII), soweit sie für junge Erwachsene angemessen ist, wobei als Zielsetzung die Sicherstellung einer »eigenverantwortlichen Lebensführung« im Vordergrund steht. Die Steuerung der Maßnahmen und die Vereinbarung von Zielen erfolgt wie bei Kindern und Jugendlichen im Rahmen von alle sechs Monate stattfindenden Hilfeplangesprächen.

§ 41 SGB VIII Hilfe für junge Volljährige, Nachbetreuung

(1) Einem jungen Volljährigen soll Hilfe für die Persönlichkeitsentwicklung und zu einer eigenverantwortlichen Lebensführung gewährt werden, wenn und solange die Hilfe aufgrund der individuellen Situation des jungen Menschen notwendig ist. Die Hilfe wird in der Regel nur bis zur Vollendung des 21. Lebensjahres gewährt; in begründeten Einzelfällen soll sie für einen begrenzten Zeitraum darüber hinaus fortgesetzt werden.
(2) Für die Ausgestaltung der Hilfe gelten § 27 Abs. 3 sowie die §§ 28 bis 30, 33 bis 36, 39 und 40 entsprechend mit der Maßgabe, dass an die Stelle des Personensorgeberechtigten oder des Kindes oder des Jugendlichen der junge Volljährige tritt.
(3) Der junge Volljährige soll auch nach Beendigung der Hilfe bei der Verselbstständigung im notwendigen Umfang beraten und unterstützt werden.

Für die Hilfen kommen prinzipiell alle oben aufgeführten Hilfen zur Erziehung §§ 28–35 SGB VIII des Kinder- und Jugendhilfegesetzes (KJHG) infrage.
Der Aufenthalt in einer Pflegefamilie oder eine stationäre Jugendhilfemaßnahme sollte fortgeführt werden, bis der Verselbstständigungsprozess weitgehend abgeschlossen ist. Es ist in den meisten Fällen sinnvoll, die Übergänge in die Selbstständigkeit zu begleiten und die Intensität des Betreuungsangebotes schrittweise zurückzufahren. Daher stellt insbesondere das betreute Jugendwohnen, bei dem die Jugendlichen sich weitgehend selbst versorgen, aber von Sozial-Pädagogen bei der Strukturierung und Bewältigung ihres Alltages unterstützt werden, eine sehr sinnvolle Hilfe für junge Erwachsene im Anschluss an einen Heimaufenthalt dar. Insbesondere Behördengänge, Arzt- und Psychotherapietermine, der eigenverantwortliche Umgang mit Finanzen, Kontoführung, Verhütungsmitteln, selbstständige Haushaltsführung und die Bewältigung von Konflikten am Arbeitsplatz sind wichtige Ziele für diese Übergangsphase in ein selbstständiges Leben, woran viele psychisch belastete Jugendliche ohne eine professionelle Unterstützung scheitern. Britische Untersuchungen zeigen, wie häufig gravierende soziale Probleme bei Adoleszenten nach Entlassung aus der Heimerziehung sind. Ein Anteil von 20 % verloren ihre Wohnung und waren vorübergehend ohne festen Wohnsitz, 50 % verließen ohne feste Anstellung die Heimeinrichtung und 25 % der Mädchen wurden in den ersten Jahren nach der Entlassung schwanger (Department of Health 1999, Überblick bei Richardson u. Joughin 2002).
Auch ambulante Maßnahmen wie soziale Gruppenarbeit, Erziehungsbeistandschaft oder die Beratung in einer Erziehungsberatungsstelle können über die Hilfe für junge Volljährige gewährt werden.

Erfolgt eine Eingliederungshilfe nach § 35a SGB VIII und ist abzusehen, dass über die Adoleszenz hinaus weiterer Unterstützungsbedarf besteht, sollten frühzeitig Absprachen über den Zuständigkeitswechsel getroffen werden. Dabei muss bedacht werden, dass für seelisch behinderte Menschen, welche langfristige Maßnahmen zur Eingliederungshilfe benötigen, die Anspruchsvoraussetzungen nach § 53 SGB XII (Sozialhilfe, Leistungsberechtigte und Aufgabe) günstiger sind als nach § 41 in Verbindung mit § 35a SGB VIII (Wiesner u. Kaufmann 2006).

61.6.2 Eingliederungshilfe für seelisch behinderte Kinder, Jugendliche und Adoleszente

Durch den § 35a im Kinder- und Jugendhilfegesetz (KJHG) ist die Jugendhilfe explizit für die Eingliederungshilfe bzw. Hilfe zur Teilhabe von psychisch kranken Kindern und Jugendlichen zuständig und deshalb seit Einführung des SGB IX im Jahr 2001 ein anerkannter Rehabilitationsträger. Über den § 41 KJHG (Hilfe für junge Volljährige) können diese Hilfen auch über das 18. Lebensjahr hinaus angeboten werden.

Im Prinzip gibt es daher im KJHG zwei verschiedene Rechtsgrundlagen für die Einleitung einer Jugendhilfemaßnahme: entweder über die Hilfe zur Erziehung nach § 27 oder über die Eingliederungshilfe für seelisch behinderte oder von einer seelischen Behinderung bedrohte Kinder und Jugendliche nach § 35a. Die Intention des Gesetzgebers bei Einführung des § 35a im Jahre 1991 war es, explizit ärztliche und pädagogische Kompetenzen bei den Planungen zur Eingliederungshilfe psychisch kranker Kinder und Jugendlicher zu vereinen.
Der Rechtsanspruch eines Kindes auf eine Eingliederungshilfe nach § 35a orientiert sich, wie bei Erwachsenen, an dem zweigliedrigen Behinderungsbegriff (s. Tab. 61-2). Für die Feststellung eines Eingliederungshilfebedarfes müssen folgende Kriterien erfüllt sein (vgl. Fegert 1994, 1999, 2003):

- In der ersten Stufe stellt ein Kinder- und Jugendpsychiater, Kinder- und Jugendlichenpsychotherapeut, Psychologischer Psychotherapeut oder Arzt, der über besondere Erfahrungen auf dem Gebiet seelischer Störungen bei Kindern verfügt, fest, dass eine psychische Störung mit Krankheitswert nach ICD-10 vorliegt und die seelische Gesundheit länger als ein halbes Jahr von dem für das Lebensalter typischen Zustand abweicht oder mit hoher Wahrscheinlichkeit ein halbes Jahr davon abweichen wird (Wiesner u. Kaufmann 2006).
- In der zweiten Stufe soll beschrieben werden, inwiefern die Teilhabe des Kindes oder des Jugendlichen an der Gesellschaft beeinträchtigt ist. Für die Einschätzung des Ausmaßes

der Teilhabebeeinträchtigung liegen im medizinischen Bereich mehrere Verfahren vor. Speziell für die Anwendungen in der Jugendhilfe wurde auf Basis dieser Instrumente ein standardisiertes Erhebungsmodul von Kölch et al. (2007b) entwickelt.

Diese Verbindung von zwei Kriterien, der Diagnose einer mindestens sechs Monate andauernden psychischen Erkrankung und der Feststellung einer Beeinträchtigung der Teilhabe an der Gesellschaft, führen dann zur Feststellung einer seelischen Behinderung.
Folgt man der Kommentierung (Wiesner u. Kaufmann 2006) und der Sichtweise vieler Jugendämter, fällt die Feststellung der beeinträchtigten Teilhabe jedoch in die sozialpädagogische Kompetenz des Jugendamtes, zumal die Entscheidung über die Art der Leistungen nach § 35a KJHG beim Jugendamt liegt. Der Kinder- und Jugendpsychiater oder Psychotherapeut kann lediglich den Hilfebedarf eines Kindes oder Jugendlichen beschreiben und Empfehlungen abgeben. Gutachten zur Fragestellung, ob eine (drohende) seelische Behinderung vorliegt, dürfen zudem nur von unabhängigen Institutionen erstellt werden, welche selbst keine Hilfen anbieten, die über den § 35a erbracht und abgerechnet werden.
Die Eingliederungshilfe nach § 35a KJHG ist aufgrund enormer regionaler Unterschiede in der Inanspruchnahme einem nicht unerheblichen politischen Druck ausgesetzt. Die Inanspruchnahme schwankt nämlich von 0,9 Fällen/1 000 Kinder bis zu 16,3 Fällen/1 000 Kinder (Moos u. Müller 2003). Jedes zwölfte Jugendamt hatte in einer anderen Untersuchung überhaupt keinen Fall nach § 35a (Van Santen et al. 2003). In Rheinland-Pfalz und Baden-Württemberg wird ein Großteil der über den § 35a KJHG gewährten Hilfen ambulant in Anspruch genommen, nur relativ wenige Hilfen betreffen die teilstationäre oder stationäre Jugendhilfe (Köhler 2004; Moos u. Müller 2003). Die geringe Inanspruchnahme der Eingliederungshilfe bei den in ihrer Teilhabe schwer gefährdeten Kindern und Jugendlichen aus der stationären Jugendhilfe (Schmid u. Fegert 2006) und aus Schulen für Erziehungshilfe (Schmid et al. 2007) wurde kritisiert, da dadurch die Gefahr besteht, dass das gesamte Konzept der Eingliederungshilfe in der Jugendhilfe ausgehöhlt wird, wenn diese fast nur im ambulanten Bereich, bei vergleichsweise wenig psychisch belasteten Kindern und Jugendlichen, angewendet wird.

61.7 Stellungnahme zur Begründung von Rehabilitationsleistungen

Im Rahmen von ärztlichen und psychotherapeutischen Stellungnahmen zur Begründung von Rehabilitationsleistungen für Menschen mit psychischen Erkrankungen an die Kostenträger ist es wichtig, die Gesetzesgrundlage der zu erbringenden Leistungen gut zu kennen und diese auf den entsprechenden Patienten und dessen individuellen Hilfebedarf zu beziehen (Fegert 2003; Irle 2007).
Konkrete Formulierungen sind dabei wichtig, um zu dokumentieren, ob eine psychische Störung vorliegt und ob aus dieser eine Teilhabebeeinträchtigung resultiert. Außerdem muss dargelegt werden, welcher Rehabilitations- oder Betreuungsbedarf sich aus der beschriebenen Symptomatik ableiten lässt (Feststellung und Dokumentation der Rehabilitationsbedürftigkeit). Bei Unkenntnis der rechtlichen Grundlagen besteht die Gefahr, dass sehr viele Details, Traumatisierungen und Belastungen in Berichten genannt werden, um den Hilfebedarf zu deklarieren, die aber für die Entscheidung irrelevant sind.

> Insbesondere im Falle eines Übertrittes aus einer stationären psychiatrischen oder kinder- und jugendpsychiatrischen Behandlung sollte zudem die Rehabilitationsfähigkeit beschrieben und festgestellt werden, d. h. es sollte kurz der stationäre Verlauf beschrieben und aufgezeigt werden, dass der Patient sich soweit stabilisiert hat, dass nun weitere rehabilitative Schritte eingeleitet werden können.

Sofern die Zuständigkeit unstrittig ist (vgl. die Probleme im Kontext der Stellungnahmen nach § 35a SGB VIII), sollte die Teilhabebeeinträchtigung und der daraus resultierende Unterstützungsbedarf möglichst konkret und verhaltensnah beschrieben werden. Es sollte deutlich werden, in welchen Lebensbereichen der junge Erwachsene welche Hilfen benötigt. Eine Prognose über Rehabilitationserfolge ist nie einfach, es ist aber wichtig, die zukünftigen Entwicklungsaufgaben und den etwaigen Unterstützungsbedarf für deren erfolgreiche Bewältigung zu antizipieren und zu umschreiben (Beschreibung des Rehabilitationszieles und der Rehabilitationsprognose). Im Idealfall sollten auch Prozess- und Strukturqualitätsmerkmale von Einrichtungen angesprochen werden, welche den zuständigen Mitarbeitern der Kostenträger die Auswahl der geeigneten Rehabilitationseinrichtungen erleichtern. Selbstverständlich sollten auch die weiterhin notwendigen medizinischen, psychiatrischen und psychotherapeutischen Behandlungen erwähnt werden, sodass deren Realisierbarkeit in Platzierungsentscheidungen mit aufgenommen werden kann.

61.8 Sozialpsychiatrische Kooperationsmodelle in der stationären Jugendhilfe

> Sehr belastete Jugendliche überfordern ihre Heime oder Pflegefamilien und durchlaufen häufig viele Stationen mit unterschiedlichen Bindungspersonen. Diese wiederholten Wechsel der Bezugspersonen aggravieren die Symptomatik dieser Kinder, da sie deren Schwierigkeiten, sichere Bindungen einzugehen, weiter verstärken.

Fremdplatzierte Kinder haben zudem ein bis zu siebenmal höheres Risiko für erneute Misshandlungen durch professionelle Helfer oder vor allem durch Pflegeeltern als Kinder aus der Allgemeinbevölkerung (Benedict et al. 1994, Hobbs et al. 1999; Rosenthal et al. 1991).
Dies belegen mehrere angloamerikanische Untersuchungen. Sie werden daher im Folgenden referiert, auch wenn die Übertragbarkeit auf hiesige Verhältnisse nicht eindeutig klar ist.
Jugendliche, die Kontakt mit der stationären Jugendhilfe haben, durchlaufen im Schnitt drei verschiedene Jugendhilfeinstitutionen (Polnay et al. 1997; Roy et al. 2000). Jede fünfte stationäre Jugendhilfemaßnahme in Deutschland wird vorzeitig abgebrochen bzw. beendet (Statistisches Bundesamt 2004). Die Diagnosen und psychosozialen Belastungen dieser Jugendlichen sind mit denen von Kindern und Jugendlichen vergleichbar, die nach einer stationären kinder- und jugendpsychiatrischen Behandlung das höchste Risiko für eine Rehospitalisierung aufweisen (Blader 2004). Mehrere Arbeiten zeigen, dass Heimkinder zwar häufig ambulante und stationäre Kontakte mit der Kinder- und Jugendpsychiatrie hatten, sich aber selten in kontinuierlicher Behandlung befanden oder erfolgreich behandelt wurden (Blower et al. 2004). Viele dieser Kinder und Jugendlichen scheinen bereits eine chronische, schwer behandelbare psychische Störung mit diversen Symptomen entwickelt zu haben. Psychisch sehr belastete Heimkinder erleben psychotherapeutische und kinder- und jugendpsychiatrische Behandlungsangebote scheinbar auch als wenig hilfreich (vgl. Saunders u. Broad 1997). Deshalb sind der Aufbau einer Behandlungsmotivation und die Bereitschaft, über einen längeren Zeitraum medizinische oder psychotherapeutische Hilfe anzunehmen, häufig schon als ein erster Erfolg anzusehen. Außerdem sollten diese Jugendlichen vor psychosozialen Risiken, die in Form von negativ beeinflussenden Peerkontakten, Delinquenz, sexueller Ausbeutung und chronisch pathologischen Familiensituationen bei diesen Jugendlichen allgegenwärtig sind, durch entsprechend strukturierte pädagogische Settings geschützt werden.
Burns et al. (2004) beschreiben eine sehr große Versorgungslücke bei Kindern, die dem Jugendamt bekannt sind (ein Großteil in Pflegefamilien und Heimen). In ihrer Untersuchung wurde nur jedes vierte verhaltensauffällige Kind kontinuierlich kinder- und jugendpsychiatrisch mitbetreut. Die Autoren plädieren für eine engere Kooperation zwischen Jugendhilfe und Kinder- und Jugendpsychiatrie/-psychotherapie und eine frühzeitige Diagnostik und Behandlung von psychisch belasteten und verhaltensauffälligen Kindern und Jugendlichen aus Heimen, was z. B. durch Mitarbeit von Psychiatern und klinischen Psychologen in den Jugendämtern gewährleistet werden könnte. Diese Forderung ist nicht neu und wurde auch in Deutschland schon von verschiedenen Autoren formuliert (Gintzel u. Schone 1990; Lempp 1984, 1990). Mit der Einführung des § 35a KJHG wurde vom Gesetzgeber auf die Forderung nach einer intensiveren Kooperation zwischen dem Jugendhilfesystem und der Kinder- und Jugendpsychiatrie bei der Eingliederungshilfe zur Teilhabe von psychisch kranken Kindern und Jugendlichen reagiert.
Interessant ist dabei, dass Jugendamtsmitarbeitern die psychische Hilfebedürftigkeit häufig bekannt und evident ist, ohne dass sie auf diesen Hilfebedarf adäquat reagieren können, da die Passung zwischen dem kinder- und jugendpsychiatrischen/-psychotherapeutischen Versorgungsnetz und den Erfordernissen der Jugendamtsmitarbeiter und der betroffenen Familien nicht ausreichend gegeben ist. In einer Untersuchung von Phillips (1997) wird berichtet, dass die Sozialarbeiter des staatlichen Jugendamtes bei 80 % der Kinder einen kinder- und jugendpsychiatrischen/-psychotherapeutischen Behandlungsbedarf sahen, aber nur bei 27 % eine entsprechende Hilfe eingeleitet wurde. Die Gründe liegen vermutlich in einer sehr hohen Arbeitsbelastung der Mitarbeiter der staatlichen Behörden, zu geringen Ressourcen aufseiten dieser Stellen sowie zu wenigen gut verfügbaren, niederschwelligen Behandlungsangeboten mit zu langen Wartezeiten. Die Instabilität von Unterbringungen und häufige Wechsel der Jugendhilfemaßnahmen fördern dies, außerdem kann die Unzufriedenheit mit der Arbeit der kinder- und jugendpsychiatrischen Dienste ein Grund dafür sein, warum vergleichsweise wenige kinder- und jugendpsychiatrische/-psychotherapeutische Behandlungen eingeleitet werden (vgl. Callaghan et al. 2003, 2004; Phillips 1997).
Mehrere britische Autoren (Callaghan et al. 2004; Richardson u. Lelliott 2003; Vostanis 2002, 2003) merken an, dass sich hier die Frage von Ursache und Wirkung abzeichnet und die Verantwortlichkeiten zwischen Jugendhilfe und Kinder- und Jugendpsychiatrie für besonders schwierig zu platzierende Jugendliche ungeklärt sind. Die Kinder- und Jugendpsychiatrie argumentiert, dass eine stabile Fremdplatzierung die Voraussetzung für die Einleitung einer ambulanten kinder- und jugendpsychiatrischen oder psychotherapeutischen Behandlung ist und keine Indikation für eine stationäre kinder- und jugendpsychiatrische Behandlung bestehe. Die Stabilität einer Fremdplatzierung kann bei psychisch sehr belasteten Kindern und Adoleszenten aber, ohne eine entsprechende kinder- und

jugendpsychiatrische Behandlung von der Jugendhilfe, nur sehr schwer gewährleistet werden.

Blower et al. (2004) machten vergleichbare Beobachtungen, vertreten aber einen etwas anderen Standpunkt. Sie geben an, dass die Verhaltensauffälligkeiten der Kinder und Jugendlichen meistens gut bekannt, häufig aber derart stark ausgeprägt sind, dass ambulante kinder- und jugendpsychiatrische Behandlungen kurzfristig mit den Ressourcen der Klinik meist nur wenig bewirken können, weshalb es wichtig wäre, effektivere Behandlungsstrategien für Kinder und Jugendliche zu entwickeln, die unter überdauernden, stark beeinträchtigenden komorbiden Störungsbildern leiden. Die Autoren geben außerdem zu bedenken, dass die langen Wartezeiten, die geringe Motivation der Jugendlichen, ihre Angst, als psychisch krank stigmatisiert zu werden und die geringe Personaldecke in den Jugendhilfeeinrichtungen Kontakte zur Kinder- und Jugendpsychiatrie behindern.

Vostanis (2003) plädiert in seinem Übersichtsartikel für eine prompte und kontinuierliche, staatlich geförderte kinder- und jugendpsychiatrische Versorgung und eine intensivere praxisorientierte Versorgungsforschung für besonders gefährdete Kinder und Jugendliche. Diese empfohlenen multimodalen Interventionsmodelle enthalten die folgenden Bausteine (Arcelus et al. 1999; Butler u. Vostanis 1998; Vostanis 2002):
- klinische Diagnostik und Medikation
- eine wöchentliche Fallbesprechung und Beratung (mit Teams, Betreuern und Sozialarbeitern)
- Kooperation mit anderen Sozialdiensten (Schulen, Arbeits- und Sozialämtern)
- Familientherapie
- Verhaltenstherapie

Die einzelnen Bausteine sollten in diesem Programm je nach Indikation kombiniert werden. Die Autoren legen im Rahmen ihres Interventionsprojektes besonderen Wert auf die Vernetzung der einzelnen Helfersysteme (kinder- und jugendpsychiatrischer Dienst, Schule, Wohngruppe, Jugend- und Sozialamt), auf eine genaue Klärung der finanziellen Verantwortlichkeiten und eine intensive Beratung der Gruppenerzieher, Pflegeeltern und der zuständigen Sozialarbeiter durch ein multiprofessionelles Team.

Callaghan et al. (2004) untersuchten ein vergleichbares Interventionsprogramm an Kindern, die dem Jugendamt bekannt waren, in welchem Sozialarbeiter, Psychiatriekrankenpfleger, zwei klinische Psychologen und ein Kinder- und Jugendpsychiater sehr niederschwellig in Schulen, Heimeinrichtungen und Pflegefamilien mit multimodalen Methoden intervenierten. Ein einfacher Prä-Post-Vergleich zeigte deutliche Verbesserungen im Bereich des psychosozialen Funktionsniveaus und eine leichte Reduktion der Verhaltensauffälligkeiten.

Mount et al. (2004) entwickelten ein Versorgungsnetzwerk für Heimkinder in einer Intensivwohngruppe, die engmaschig kinder- und jugendpsychiatrisch betreut wird. Dieses Versorgungsmodell wird in seiner Wirksamkeit auf mehreren Ebenen evaluiert. Die Hauptzielkriterien sind:
- Verbesserung der psychischen und somatischen Gesundheit
- Verbesserung der Ausbildung
- geringere Rate an Schulabbrüchen
- höhere Stabilität der Fremdunterbringung in Heimen und Pflegefamilien
- Reduktion der stationären Behandlungen und unnötigen Überweisungen zu Erwachsenenpsychiatern oder in geschlossene bzw. beschützte Heimeinrichtungen

Die Betreuer der Kinder, Pflegeeltern und Sozialarbeiter bewerteten das Programm sehr positiv und berichteten eine große Zufriedenheit, insbesondere die Erreichbarkeit und Therapeutenvariablen betreffend.

Ein ähnlicher Ansatz wird momentan im Rahmen eines vom Bundesministerium für Bildung und Forschung (BMBF) geförderten Projektes in einer multizentrischen Studie unter Federführung der Kinder- und Jugendpsychiatrie des Universitätsklinikums Ulm evaluiert, wobei die primäre Zielvariable die Reduktion von stationären kinder- und jugendpsychiatrischen Behandlungstagen darstellt (Besier et al., in press; Goldbeck et al. 2005).

61.9 Erwartung an gelingende Kooperationsstrukturen

Allgemein setzt eine erfolgreiche Kooperation Folgendes voraus (vgl. Darius u. Hellwig 2004):
- eine Kooperation unter gleichberechtigten Partnern
- ein gemeinsames Handlungsfeld, zeitliche Ressourcen
- Kooperation muss sich für alle kooperierenden Parteien lohnen
- Kooperation stützt sich auf gemeinsame Überzeugungen, Haltungen und Ziele
- Kooperation benötigt gemeinsames Vertrauen und Transparenz
- Kooperation ist immer personenabhängig, die beteiligten Personen sollten aber durch entsprechende Strukturen und institutionelle Absprachen geschützt und gefördert werden, da sonst persönliche Beziehungen überbetont werden und die überdauernde Kooperation zwischen Institutionen darunter leidet

Die Erwartungen an gelingende Kooperation mit der Kinder- und Jugendpsychiatrie/-psychotherapie und Erwachsenenpsychiatrie/-psychotherapie sind sehr ähnlich. Sowohl von der Kinder- und Jugendpsychiatrie (Nützel et al. 2005) als auch von der Erwachsenenpsychiatrie (Spiessl et al. 2000) wünschen sich kooperierende Stellen vor allem ein schnelleres und genaueres Berichtswesen und die Möglichkeit der raschen Krisenintervention. Eine gemeinsame Fallarbeit, Hilfeplanung und der Aufbau von gemeinsamen Interventionen wurden erst nachrangig genannt.

61.9.1 Kooperation mit Kostenträgern

Die Abläufe in allen Institutionen sollten den kooperierenden Partnern gegenüber transparent gemacht werden. Es ist für die Kooperation zwischen Klinik und Rehabilitationsträger sehr belastend, wenn alle Vereinbarungen nur unter Vorbehalt getroffen werden können. Jungmann (2004) weist ebenfalls darauf hin, dass unter anderem die Unverbindlichkeit von Absprachen und Unwissenheit über die Handlungsabläufe und Entscheidungsstrukturen der Kooperationspartner sowie eine unklare oder unvollständige Informationsvermittlung die Kooperationsbeziehungen belasten können.

Bei direkter Kooperation mit Kostenträgern sollte die Entscheidungsbefugnis daher sowohl vonseiten der Klinik als auch der Kostenträger, soweit möglich, den aktiv kooperierenden Mitarbeitern zugesprochen werden. Die denkbaren Alternativen der Entscheidung können in den jeweiligen Teams im Vorfeld der Hilfeplanung antizipiert werden. Auch wenn jede Maßnahme in den entsprechenden Gremien abgesegnet werden muss, sollte es bei aufwendigen Hilferunden aber möglich sein, eine verbindliche Richtung festzulegen, mit der beide Seiten gut weiterarbeiten können.

61.9.2 Kooperation mit betreuenden Institutionen

Das Problem von alltäglicher Kooperation ist meistens, dass man die regelhaften und positiven Verläufe kaum noch wahrnimmt, häufig aber negative Interaktionen in Erinnerung bleiben, die dann Gegenstand von Teamsitzungen, Visiten etc. werden. Kooperation hängt sehr stark von einzelnen kooperierenden Menschen, deren fachlicher Kompetenz, individuellem Engagement und persönlichen Sympathie füreinander ab. Dennoch ist es unabdingbar, institutionelle Strukturen und Richtlinien für die Kooperation zu schaffen, um auch unabhängig von diesen Personen oder persönlichen Sympathien handlungsfähig zu bleiben. Obgleich für nicht fallbezogene Kooperation kaum Ressourcen zur Verfügung stehen, sollten generelle Absprachen zur Zusammenarbeit zwischen regelmäßig kooperierenden Institutionen, in denen Adoleszente betreut werden, grundlegend unabhängig vom Einzelfall festgelegt werden. Im Rahmen einer solchen Kooperationsvereinbarung zwischen psychiatrischen Institutionen und betreuenden Institutionen erscheinen die folgenden Punkte bedeutsam:

- Es sollten kontinuierliche Ansprechpartner benannt werden. Es scheint die Abläufe zwischen den Institutionen sehr zu vereinfachen, wenn eine persönliche Kontinuität gewährleistet ist. Dies fällt Kliniken bei wechselnden Dienstärzten in der Regel schwer, trotzdem ist es sinnvoll, die Kooperation in der Ambulanz bei der Betreuung einer Institution in die Verantwortung von einem oder zwei Mitarbeitern zu geben, um zu verhindern, dass jeder Bewohner einer Heimeinrichtung von anderen Ärzten behandelt wird.
- Es sollte definiert werden, wann Neuaufnahmen in die kooperierende Einrichtung bei den psychiatrischen Kooperationspartnern vorgestellt werden. Ein häufiger Konflikt entsteht daraus, dass psychiatrische Institutionen oft den Eindruck haben, von den Heimeinrichtungen zu spät eingeschaltet worden zu sein, obwohl sich die eskalierenden Probleme bereits relativ lange angekündigt haben. Der Interventionsspielraum zwischen Betreuungsteam und den Psychiatern oder Psychotherapeuten in der Klinik ist natürlich umso größer, je früher eine Vorstellung erfolgt. Dann, wenn sich die Vorfälle bereits soweit verschärft haben, dass Teile des Teams auf eine Entlassung drängen, ist eine erfolgreiche Behandlung kaum noch möglich.
- Die Art der Kooperation bei Routineterminen sollte besprochen werden. Dabei geht es um folgende Themen: Wer begleitet den Patienten in welchen Abständen zu Terminen? Wie wird das Betreuungsteam in die Behandlung miteinbezogen und über Absprachen, Veränderungen der Medikation informiert? Wer aus der Einrichtung informiert die Mitarbeiter der Klinik über bevorstehende Veränderungen im Alltag des Klienten? Es ist unabdingbar, dass die Konsultationen in regelmäßigen Abständen in Begleitung des pädagogischen Fachpersonals erfolgen, um den Informationsfluss sicherzustellen.
- Um Missverständnisse zu vermeiden, sollte eine einheitliche Definition von stationärer Behandlungsbedürftigkeit gefunden werden. Absprachen für ein möglichst standardisiertes Krisenmanagement innerhalb der betreuenden Institution sollten gegenüber der Klinik transparent gemacht werden. Die Einschätzung einer Interventionsnotwendigkeit verbessert sich, wenn man weiß, wer von einer Institution bereits involviert war und welche vorherigen Schritte mit welchem Erfolg unternommen worden sind.
- Für jeden Behandlungsfall sollte eine gemeinsame Falldefinition erarbeitet werden, in welcher Ziele für den Aufenthalt in der betreuenden Institution und für die Kooperation mit dem Kinder- und Jugendpsychiater, Psychiater oder Psychotherapeuten sowie die therapeutisch pädagogische Zielrichtung festgelegt werden. Es sollte besprochen werden, wie im Alltag sozialpädagogisch auf die Symptomatik reagiert werden kann, welche Alltagsprobleme zum Gegenstand der psychiatrisch-psychotherapeutischen Konsultation gemacht werden müssen und welche Rolle eine medikamentöse Therapie in einer gemeinsamen Falldefinition

spielt. Bei einer weitgehenden Nichtbeachtung der pädagogischen Probleme in Psychotherapien kommt es zwangsläufig zu Spaltungen, die nicht nur das Team, sondern auch den Jugendlichen belasten. Bei potenziellen Krisenpatienten sollte ein individueller Notfallplan zwischen dem Klienten und den beiden Institutionen erarbeitet werden. Ein solcher Notfallplan sollte mehrere Stufen enthalten, bei Lösungsansätzen, die der Patient alleine ausprobieren kann, beginnen und über ein abgestuftes institutionsinternes Krisenmanagement bei einer stationären Aufnahme enden.

- Bei Adoleszenten sollte eine klare Absprache bezüglich der Elternarbeit erfolgen. Es erscheint nur bei sehr klarer Auftragsdefinition sinnvoll, die Eltern parallel, unabhängig voneinander, sowohl in der betreuenden Institution als auch in der Psychiatrie zu beraten, da die Gefahr besteht, dass sich Nuancen von Unterschieden in der Beratung ausweiten und die gemeinsame Zieldefinition gefährden. Vermutlich ist es sinnvoll, die Elternarbeit der betreuenden Institution zu überlassen und gegebenenfalls wichtige Elterngespräche gemeinsam zu führen.

61.9.3 Gestaltung der Hilfeplanung und der Übergänge

Schweitzer-Rothers schlägt sowohl für die Hilfeplanung mit Jugendlichen (1987, 2000, 2001a) als auch für die Hilfeplanung mit sozialpsychiatrischen Patienten (Schweitzer-Rothers et al. 1991, 1992) vor, in diese Gespräche mit den beteiligten professionellen Helfern zirkuläre hypothetische Fragen einzubauen. Dies hätte den Vorteil, dass sich der betroffene Patient und die beteiligten Institutionen aktiv mit den Gedanken, Plänen, Sorgen und Motiven der anderen professionellen Helfer auseinandersetzen müssten und eine »alles ablehnende Haltung« schwerer zu erhalten wäre. Unterschiedliche Haltungen und Ziele der professionellen Helfer können sich eventuell ergänzen. Nicht anwesende professionelle Helfer können in diese hypothetischen Fragen miteinbezogen werden (Was denken Sie, würde sich der leider nicht anwesende Ausbildungsleiter für ... wünschen? Was würde Herr Dr. XY zu den Vorschlägen des Psychologen sagen?). Schweitzer-Rothers (2000, 2001a, b) und Jungmann (2004) plädieren außerdem dafür, dass sich alle Kooperierenden in einer gemeinsamen Verantwortung für den Fall fühlen, bis der Kreis einen Helfer entlässt. Dies ist für die Zusammenarbeit zwischen Heimeinrichtungen und Kliniken von besonderer Bedeutung, da dies heißt, dass die Bezugsbetreuer den Kontakt für die Zeit der stationären Behandlung möglichst aufrechterhalten sollten. Es sollte eine Selbstverständlichkeit sein, dass keine Entlassung aus einer Heimeinrichtung während eines stationären (kinder- und jugendpsychiatrischen/psychiatrischen) Aufenthaltes erfolgen sollte. Sollte sich eine Einrichtung dennoch von einem Klienten trennen müssen, sollte die weitere Hilfeplanung ambulant erfolgen.

Schweitzer-Rothers (2000) warnt außerdem vor zynischen Überweisungen und Aufträgen an andere Helfer (»Sind wir mal gespannt, wie er denen den Laden aufmischt ...«) und plädiert dafür, dass Erwartungen und Erfahrungen transparent ausgetauscht werden (s. Schweitzer et al. 1991).

Von großer praktischer Relevanz für die pädagogische und therapeutische Arbeit in stationären Settings ist die Vermeidung des Teufelskreises aus Bindung und Ausstoßung (Schweitzer-Rothers 1987, 2001a; Stierlin 1980). Dieser Teufelskreis beschreibt das Phänomen, dass ursprünglich sehr belastete Eltern durch die stationäre Behandlung kurzzeitig entlastet sind und dann relativ schnell, ohne dass sich bei den Eltern oder beim Jugendlichen deutliche Fortschritte einstellen konnten, auf eine Entlassung drängen oder eine langfristige Fremdplatzierung ablehnen. Wenn der Jugendliche dann wieder nach Hause zurückkehrt, stellt sich die Überforderungssituation schnell wieder ein und es wird erneut auf eine stationäre Behandlung gedrängt. Die systemischen Ansätze von Imber-Black (2006), Durrant (1996) und Walter (2001) eignen sich, um diesen Teufelskreis zu vermeiden, indem die Familien stärker in die stationäre Zielvereinbarung einbezogen und weitgehend in der Verantwortung belassen werden.

Die Grundidee der Ansätze von Durrant (1996) und Walter (2001) ist es, jeden stationären Aufenthalt als einen Übergang zu definieren. Im Idealfall wird von einer Rückführung in die Familie oder dem Erlangen der Fähigkeit, ein eigenverantwortliches Leben zu führen, ausgegangen. Gerade bei psychisch belasteten Adoleszenten, bei denen die Förderung der Autonomie und Eigenverantwortung im Mittelpunkt steht, sollte im Rahmen einer längerfristigen stationären Unterstützung als Ziel für die ganze Familie definiert werden, das Verhältnis zu den Eltern als einen Aspekt einer gelungen Verselbstständigung neu zu bestimmen. Die Verantwortung der Eltern liegt dann eher darin, die Verselbstständigung zu unterstützen, als darin, Entscheidungen für ihr Kind zu treffen. Es kann sinnvoll sein, mit Zeitprojektionen zu arbeiten und Wunschvorstellungen beschreiben zu lassen, um eine altersangemessene Beziehungsdefinition entwickeln zu können.

> ! Eine gute Ablösung von den Eltern ist häufig nur möglich, wenn diese in die Behandlung und Rehabilitation einbezogen werden.

Juchmann (2002) verwendet das Bild einer Brücke für eine stationäre Behandlung oder Jugendhilfemaßnahme. Sie plädiert dafür, die Übergänge zwischen den einzelnen Phasen mit Begrüßungs- und Einzugsritualen, einem Übergangsritual und einem Verabschiedungsritual zu begehen. Diese Rituale bestehen aus konkreten Handlungen (gemeinsames Einrichten des neuen Zimmers), symbolischen Handlungen und Bildern (Anzünden von Kerzen etc.), Metaphern und Reden. Der Vorteil eines solchen Vorgehens ist, dass man die Entscheidung der Familie würdigt sowie die Bedeutung der Trennung betont und dadurch im weiteren Verlauf das »Ja« zur Maßnahme positiv verankert.

61.10 Fazit

Maßnahmen der medizinische Rehabilitation, der Berufsbildung und der Eingliederungshilfe sind von entscheidender Bedeutung, um die sozialen Folgen von kinder- und jugendpsychiatrischen/psychiatrischen Erkrankungen zu vermindern. Die Indikationsstellung sowie die Vorbereitung und Einleitung entsprechender mittel- und langfristiger Hilfen stellen somit auch einen essenziellen Bestandteil der Akutbehandlung dar. Ambulante Psychotherapie von schweren komplexen Störungsbildern kann ebenfalls nur erfolgreich gestaltet werden, wenn aktuelle psychosozial-traumatisierende Belastungen nicht mehr auf den Patienten einwirken und die Lebenssituation entsprechend geändert wird. Die Kooperation mit den psychosozialen Hilfesystemen sollte daher einen wichtigen Bestandteil von Psychotherapieausbildungen darstellen. In ihnen sollten sowohl die fallbezogene Gesprächsführung mit professionellen Helfern und Teams in den betreuenden Institutionen als auch die Funktion und die Rechtsgrundlagen der Kostenträger und deren Genehmigungsverfahren vermittelt werden.

Die Kooperationsstrukturen zwischen kinder- und jugendpsychiatrischen/psychiatrischen Kliniken und betreuenden Institutionen sind noch weitgehend unerforscht. Insgesamt gibt es zudem vergleichsweise wenig Forschung zur Gestaltung von störungsspezifischen milieutherapeutischen Settings, obwohl Befragungen von stationären Patienten regelmäßig ergeben, dass die therapeutische Gemeinschaft mit Mitpatienten und das Verständnis des Betreuungsteams für sie subjektiv den wichtigsten Faktor für den Erfolg einer stationären Behandlung darstellen.

Bei der Vielzahl von psychosozialen Hilfen sollten Orientierungshilfen für die Akutbehandler und standardisierte Instrumente zur Einschätzung des Grades des Rehabilitationsbedarfs entwickelt werden, sodass im Rahmen der Akutbehandlung eine differenzielle Indikation für spezifische Hilfen auf einer empirisch abgesicherten Basis gestellt werden kann.

Zuweisungsprozesse zu einzelnen Institutionen durch die Kostenträger und die daraus resultierende Passung zwischen Angebotsstrukturen und Bedürfnissen der Klienten sollten ebenfalls genauer analysiert und systematisiert werden. Die Praxis der Heimeinweisung in der Jugendhilfe ist z. B. kaum geregelt, geschweige denn wissenschaftlich ausreichend untersucht (Freigang 1999; Knorth u. Dubbledam 1999). Die Zuweisung erfolgt wohl zumeist nach der subjektiven Einschätzung des Mitarbeiters und nach dessen Erfahrung bei ähnlichen Fällen. Da häufig mehrere Einrichtungen angefragt werden, scheint sich die aufnehmende Institution aber oft auch relativ zufällig zu ergeben.

Es gibt trotz der prinzipiell nachgewiesen Wirksamkeit von gemeindepsychiatrischen Ansätzen (Brenner et al. 2000) einen erheblichen Bedarf an Verlaufsforschung im Bereich der Jugendhilfe und anderer Einrichtungen der Rehabilitation psychischer Störungen. Insbesondere methodisch sehr aufwendige Forschung mit Kontrollgruppendesigns fehlt noch weitgehend. Für soziale Hilfssysteme, die Aufgrund der ökonomischen und demografischen Entwicklung finanziell unter Druck geraten sind, werden Effizienzforschung und der Nachweis des wirtschaftlichen Nutzens von rehabilitativen Maßnahmen immer bedeutsamer. Bei bestehender hoher Arbeitslosigkeit kann die Vermittlung auf den ersten Arbeitsmarkt zwar ein wichtiges, aber nicht das einzige Kriterium für eine erfolgreiche psychiatrische Rehabilitation darstellen. Vielmehr müssen auch Kriterien wie Steigerung der Lebensqualität, Krankheitsbewältigung, Kosten im medizinischen System etc. beachtet werden.

Insbesondere das komplexe Zusammenspiel beim Übergang von einer Akutbehandlung in Institutionen von Rehabilitationsträgern sollte Gegenstand von intensiveren Forschungsbemühungen werden. Hierbei scheint es vor allem wichtig zu sein, dass die Forschungstätigkeit den klinischen Alltag abbildet, sich an den gegebenen Strukturen der Kostenträger orientiert und sich nicht auf Modellprojekte, deren überdauernde Finanzierung nicht gesichert ist, konzentriert. Gerade für Adoleszente mit schweren psychischen Störungen sollten überdauernde, mischfinanzierte Modelle im ambulanten und stationären Bereich aufgebaut und evaluiert werden.

Die Angebotspalette der rehabilitativen Einrichtungen sollte sich erweitern. Eine wichtige Zielgruppe stellen adoleszente Patienten mit Persönlichkeitsstörungen dar, die enorme emotionale und schulische Entwicklungsrückstände haben und sich derart impulsiv verhalten, dass sie nur schwer in berufliche Maßnahmen und Gruppen zu integrieren sind (Dammann 2007; Rössler 2005). Gerade für diese Patientengruppe muss die Lücke zwischen den Angeboten der Jugendhilfe und des Erwachsenenbereiches geschlossen und die Kooperation zwischen diesen Systemen optimiert werden.

Es muss das Ziel sein, jungen Erwachsenen ein selbstständiges Leben bei ausreichend großer Lebensqualität zu ermöglichen, weshalb insbesondere für dieses Altersspektrum intensive ambulante und aufsuchende Modelle in Verbindung mit beruflicher Rehabilitation weiterentwickelt, ausgebaut und evaluiert werden sollten. Aufgrund der beeindruckenden Erfolge und der Kosteneffizienz von Home-Treatment-Modellen in der Behandlung von psychischen Störungen sowohl bei Kindern und Jugendlichen (Göpel et al. 1996; Lay et al. 2001; Schmidt et al. 1998) als auch bei Erwachsenen (Berhe et al. 2005; Burns et al. 2001; Marshall u. Lockwood 2000) ist es verwunderlich, dass diese keine wesentlich weitere Verbreitung finden. Wenn Home-Treatment-Modelle häufiger zur Anwendung kommen sollen, wäre es wichtig die adäquate Finanzierung von aufsuchender Arbeit sicherzustellen und entsprechende Abrechnungsmöglichkeiten speziell für diese Art der Behandlung zu implementieren. In der Forschung sollten noch klarere Indikationskriterien für spezifische Behandlungsmodelle im häuslichen Rahmen herausgearbeitet werden (Berhe et al. 2005). Die guten Erfahrungen mit besonders geschulten Gastfamilien sprechen ebenfalls dafür, diese in der Rehabilitation für eine Untergruppe psychisch belasteter Jugendlicher zu nutzen, zumal sie im Vergleich zu stationären Hilfen wesentlich kostengünstiger sind und die manche Jugendlichen überfordernden täglichen Konfrontationen mit Gleichaltrigen entfallen (Chamberlain 1996; Chamberlain u. Weinrott 1990; Löble et al. 1999). Psychiatrische Familienpflege hat auch bei erwachsenen Patienten eine lange Tradition, die bis ins 19. Jahrhundert zurückgeht und mit den Bemühungen um eine Enthospitalisierung von psychisch kranken Menschen nach der Psychiatriereform eine Renaissance und Professionalisierung erfuhr (vgl. Schmidt-Michel 2007).

Bei Adoleszenten mit schwer zu behandelnden Störungsbildern (schweren Störungen des Sozialverhaltens, Parasuizidalität, Drogenmissbrauch) hat sich die multisystemische Therapie als ein sehr intensives aufsuchendes Therapieprogramm bewährt, welches auch das soziale Umfeld, Lehrer, Ausbilder etc. mit einbezieht (Henggeler et al. 1998, 2002).

Gerade für die suffiziente Behandlung von Adoleszenten sollten Psychiatrie, Psychotherapie, Kinder- und Jugendpsychiatrie und Rehabilitationsträger sich um den Aufbau gemeinsamer Behandlungsstrukturen und -ketten bei höchstmöglicher personeller Kontinuität bemühen, da ansonsten zwangsläufig Versorgungslücken entstehen, die in dieser kritischen Lebensphase in kürzester Zeit gravierende Folgen haben und nur mit sehr viel größerem Aufwand wieder aufgeholt werden können.

Literatur

Apfel T, Riecher-Rössler A. Werden psychisch Kranke zu schnell in die Rente »abgeschoben«? Querschnittserhebung anhand von 101 psychiatrischen Gutachten für die Invalidenversicherung aus dem Jahr 2002 an der Psychiatrischen Poliklinik Basel. Psychiatr Prax 2005; 32(4): 172–6.

Arcelus J, Bellerby T, Vostanis P. A mental-health service for young people in the care of the local authority. Clin Child Psychol Psychiatry 1999; 4(2): 233–45.

Baur D, Finkel M, Hamberger M, Kühn AD. Leistungen und Grenzen der Heimerziehung. Ergebnisse einer Evaluationsstudie stationärer und teilstationärer Erziehungshilfen (Vol. 170). Stuttgart: Kohlhammer 1998.

Becker D, Drake R. A Working Life: The Individuell Placement Support (IPS) Program. Concord, NH: New Hampshire-Dartmouth Psychiatric Research Center 1993.

Becker T, Kunze H, Wieg W. Korrespondenz zur »Konzeption zur ambulanten Rehabilitation bei psychischen und psychosomatischen Erkrankungen«. Nervenarzt 2003; 74(10): 947.

Becker T, Bäuml J, Pitschel-Walz G, Weig W. Rehabilitation bei schizophrenen Erkrankungen. Konzepte – Interventionen – Perspektiven. Köln: Deutscher Ärzte-Verlag 2007.

Benedict MI, Zuravin S, Brandt D, Abbey H. Types and frequency of child maltreatment by family foster care providers in an urban population. Child Abuse Negl 1994; 18(7): 577–85.

Berger M. Rehabilitation psychischer Erkrankungen – ein dringend zu regelnder Problembereich. Psychiatr Praxis 2006; 33(3): 103–4.

Berger M, Weig W, Becker T. Rolle der Rehabilitation im Versorgungsspektrum psychischer Erkrankungen. In: Berger M, Fritze J, Roth-Sackenheim C, Voderholzer U (Hrsg). Die Versorgung psychischer Erkrankungen in Deutschland. Aktuelle Stellungnahmen der DGPPN 2003-2004. Heidelberg: Springer 2005.

Berhe T, Puschner B, Kilian R, Becker T. »Home treatment« für psychische Erkrankungen. Begriffsklärung und Wirksamkeit. Nervenarzt 2005; 76(7): 822–31.

Blader JC. Symptom, family, and service predictors of children's psychiatric rehospitalization within one year of discharge. J Am Acad Child Adolesc Psychiatry 2004; 43(4): 440–51.

Blower A, Addo A, Hodgson J, Lamington L, Towlson K. Mental health of 'looked after' children: a needs assessment. ClinChild Psychol Psychiatry 2004; 9(1): 117–29.

Brenner HD, Junghan U, Pfammatter M. Gemeindeintegrierte Akutversorgung: Möglichkeiten und Grenzen. Nervenarzt 2000; 71(9): 691–9.

Brieger P, Becker T, Bäuml J, Pitschel-Walz G, Weig W. Bedeutung der Rehabilitation bei schizophrenen Erkrankungen. In: Becker T, Bäuml J, Pitschel-Walz G, Weig W (Hrsg). Rehabilitation bei schizophrenen Erkrankungen. Konzepte – Interventionen – Perspektiven. Köln: Deutscher Ärzte-Verlag 2007; 3–15.

Bundesarbeitsgemeinschaft für Rehabilitation. Rehabilitation psychisch Kranker und Behinderter. RPK-Bestandesaufnahme [Electronic Version] 2000. Retrieved Mai 2007. www.bar-frankfurt.de.

Bundesarbeitsgemeinschaft für Rehabilitation. RPK-Empfehlungsvereinbarungen [Electronic Version] 2005. Retrieved Mai 2007. www.bar-frankfurt.de.

Bundesministerium für Familie, Senioren, Frauen und Jugend (BMFSFJ). 11. Kinder- und Jugendbericht. Bericht über die Lebenssituation junger Menschen und die Leistungen der Kinder- und Jugendhilfe in Deutschland. Berlin: BMFSFJ 2002.

Bundle A. Health of teenagers in residential care: comparison of data held by care staff with data in community child health records. Arch Dis Childhood 2001; 84(1): 10–4.

Bürger U. Heimerziehung und soziale Teilnahmechancen. Eine empirische Untersuchung zum Erfolg öffentlicher Erziehung. Pfaffenweiler: Centaurus-Verlagsgesellschaft 1990.

Bürger U. Heimerziehung und Arbeit. In: Colla G, Millham S, Müller-Teuser S, Winkler M (Hrsg). Handbuch der Heimerziehung und Pflegekinderwesen in Europa. Neuwied: Luchterhand 1999; 1031–43.

Burns BJ, Phillips SD, Wagner HR, Barth RP, Kolko DJ, Campbell Y, Landsverk J. Mental health need and access to mental health services by youths involved with child welfare: a national survey. J Am Acad Child Adolesc Psychiatry 2004; 43(8): 960–70.

Burns T, Fioritti A, Holloway F, Malm U, Rössler W. Case management and assertive community treatment in Europe. Psychiatr Serv 2001; 52(5): 631–6.

Burns T, Catty J, Becker T, Drake RE, Fioritti A, Knapp M, Lauber C, Rössler W, Tomov T, van Busschbach J, White S, Wiersma D; EQOLISE Group. The effectiveness of supported employment for people with severe mental illness: a randomised controlled trial. Lancet 2007; 370: 1146–52.

Butler J, Vostanis P. Characteristics of referrals to a mental health service for young people in care. Psychiatr Bull 1998; 22(2): 85–7.

Callaghan J, Young B, Pace F, Vostanis P. Mental Health support for youth offending teams: a qualitive study. Health Soc Care Community 2003; 11(8): 55–63.

Callaghan J, Young B, Pace F, Vostanis P. Evaluation of a new mental health service for looked after children. Clinical Child Psychol Psychiatry 2004; 9(1): 130–48.

Chamberlain P. Intensified Foster Care. Multi-level treatment for adolescents with conduct disorder in out-of-home care. In: Hibbs ED, Jensen PS (eds). Psychosocial Treatments for Child and Adolescent Disorders. Empirically Based Strategies for Clinical Practice. Washington: American Psychological Association 1996.

Chamberlain P, Weinrott M. Specialized foster care: treating seriously emotionally disturbed children. Children Today 1990; 19(1): 24–7.

Corrigan P. Place-Then-Train: an alternative service paradigm for persons with psychiatric disabilities. Clin Psychol Sci Pract 2001; 8: 334–49.

Dammann G. Für eine »Neue Sozialpsychiatrie«: Aktuelle Brennpunkte und Entwicklungslinien der psychiatrischen Versorgung im Spannungsfeld von integrativen und gesundheitsökonomischen Perspektiven. Fortschr Neurol Psychiatrie 2007.

Darius S, Hellwig I. Zur Kooperation von Jugendhilfe und Kinder- und Jugendpsychiatrie – Befunde und Empfehlungen. In: Fegert JM, Schrapper C (Hrsg). Handbuch Jugendhilfe – Jugendpsychiatrie. Interdisziplinäre Kooperation. Weinheim: Juventa 2004; 505–16.

Darius S, Hellwig I, Schrapper C. Krisenintervention und Kooperation als Aufgabe von Jugendhilfe und Kinder- und Jugendpsychiatrie in Rheinland-Pfalz. Schriftenreihe des Instituts für Sozialpädagogische Forschung Mainz 2001.

Durrant M. Auf die Stärken kannst du bauen. Lösungenorientierte Arbeit in Heimen und anderen stationären Settings. Dortmund: Modernes Lernen 1996.

Eikelmann B, Zacharias-Eikelmann B, Richter D, Reker T. Integration psychisch Kranker – Ziel ist die Teilhabe am »wirklichen« Leben. Dtsch Ärztebl 2005; 16.

Fegert JM. Was ist seelische Behinderung? Anspruchsgrundlage und kooperative Umsetzung von Hilfen nach § 35a KJHG. Münster: Votum 1994.

Fegert JM. Gutachten im Sozialrecht (insbesondere KJHG). In: Lempp R, Schütze G, Köhnken G (Hrsg). Forensische Psychiatrie und Psychologie des Kindes- und Jugendalters. Darmstadt: Steinkopff 1999; 103–22.

Fegert JM. Gutachten im Sozialrecht (insbesondere KJHG). Sozialrechtliche Begutachtung von Folgen sexuellen Missbrauchs und Vergewaltigung im Kindes- und Jugendalter (OEG). In: Lempp R, Schütze G, Köhnken G. (Hrsg). Forensische Psychiatrie und Psychologie des Kindes- und Jugendalters (Vol. 2). Darmstadt: Steinkopff 2003.

Fleischhaker C, Schulz E, Tepper K, Martin M, Hennighausen K, Remschmidt H. Long-term course of adolescent schizophrenia. Schizophr Bull 2005; 31(3): 769–80.

Freigang W. Praxis der Heimeinweisung. In: Colla H, Gabriel T, Millham S, Müller-Teusler S, Winkler M (Hrsg). Handbuch Heimerziehung und Pflegekinderwesen in Europa. Neuwied: Luchterhand 1999; 687–95.

Freigang W, Wolf K. Heimerziehungsprofile. Weinheim: Beltz 2001.

Gabriel T. Forschung zur Heimerziehung. Beiträge zur pädagogischen Grundlagenforschung. Weinheim: Juventa 2001.

Gabriel T, Winkler M. Heimerziehung. München: Reinhardt 2003.

Gintzel U, Schone R. Zwischen Jugendhilfe und Kinder- und Jugendpsychiatrie. Münster: Votum 1990.

Goldbeck L, Schmid M, Nützel J, Fegert JM. Integrierte kinder- und jugendpsychiatrische Versorgung in der stationären Jugendhilfe. Poster. BMBF-Projektvorstellung im Förderbereich Versorgungsforschung. Erkner 2005.

Göpel C, Schmidt MH, Blanz B, Rettig B. Behandlung hyperkinetischer Kinder im häuslichen Milieu. Z Kinder Jugendpsychiatr 1996; 24(3): 192–202.

Handwerk ML, Clopton K, Huefner JC, Smith GL, Hoff KE, Lucas CP. Gender differences in adolescents in residential treatment. Am J Orthopsychiatry 2006; 76(3): 312–24.

Hebborn-Brass U. Verhaltensgestörte Kinder im Heim. Eine empirische Längsschnittuntersuchung zu Indikation und Erfolg. Freiburg: Lambertus 1991.

Henggeler SW, Schoenwald SK, Borduin CM. Multisystemic treatment of antisocial behaviour in children and adolescents. London: Guilford 1998.

Henggeler SW, Clingempeel WG, Brondino MJ, Pickrel SG. Four-year follow-up of multisystemic therapy with substance-abusing and substance-dependent juvenile offenders. J Am Acad Child Adolesc Psychiatry 2002; 41(7): 868–74.

Hobbs GF, Hobbs CJ, Wynne JM. Abuse of children in foster and residential care. Child Abuse Negl 1999; 23(12): 1239–52.

Höger C, Witte-Lakemann G, Rothenberger A. Wann sollen stationäre kinder- und jugendpsychiatrische Behandlungen beendet werden? Z Kinder Jugendpsychiatr Psychother 2001; 29(4): 274–84.

Höger C, Zieger H, Presting G, Witte-Lakemann G, Specht F, Rothenberger A. Predictors of length of stay in inpatient child and adolescent psychiatry: failure to validate an evidence-based model. Eur Child Adolesc Psychiatry 2002; 11(6): 281–8.

Imber-Black E. Familien und größere Systeme. Im Gestrüpp der Institutionen. 5. Aufl. Heidelberg: Carl Auer 2006.

Institut für Kinder und Jugendhilfe Mainz (IKJ). Evas – Highlights 1. 2004. www.ikj-mainz.de.

Irle H. Das Leistungsspektrum unter sozialrechtlichen und sozialmedizinischen Aspekten. In: Becker T, Bäuml J, Pitschel-Walz G, Weig W (Hrsg). Rehabilitation bei schizophrenen Erkrankungen. Konzepte – Interventionen – Perspektiven. Köln: Deutscher Ärzte-Verlag 2007; 65–80.

Jaritz C, Wiesinger D, Schmid M. Wie viele Kinder und Jugendliche in der stationären Jugendhilfe durchlebten traumatische Ereignisse? Ergebnisse einer epidemiologischen Untersuchung. Trauma & Gewalt 2008; 2(4) (in press).

Jerschke S, Meixner K, Richter H, Bohus M. Zur Behandlungsgeschichte und Versorgungssituation von Patientinnen mit Borderline-Persönlichkeitsstörung in der Bundesrepublik Deutschland. Fortschr Neurol Psychiatr 1998; 66(12): 545–52.

Juchmann U. Über sieben Brücken musst du gehen … Rituale in der stationären Jugendhilfe. In: Vogt-Hillmann M, Burr W (Hrsg). Lösungen im Jugendstil. Dortmund: Modernes Lernen 2002.

Jungmann J. Gemeinsame Fehler bei der Kooperation Jugendhilfe und Kinder- und Jugendpsychiatrie. In: Fegert JM, Schrapper C (Hrsg). Handbuch Jugendhilfe – Jugendpsychiatrie. Weinheim: Juventa 2004.

Klein J, Erlacher M, Macsenaere M. Die Kinderdorf-Effekte-Studie. Mainz: Institut für Kinder- und Jugendhilfe 2003.

Knorth E, Dubbledam J. In search of a place in residential care. In: Colla H, Gabriel T, Millham S, Müller-Teusler S, Winkler M (Hrsg). Handbuch Heimerziehung und Pflegekinderwesen in Europa. Neuwied: Luchterhand 1999; 675–83.

Köhler G. Umgang der Jugendämter mit dem § 35a KJHG SGB VIII. In: Die unendliche Geschichte der immer schwieriger werdenden

Jugend: Dokumentation der Heimleitertagung Landesjugendamt Württemberg-Hohenzollern 11.–12.02.2004; 38–44.

Kölch M, Keller F, Kleinrahm R, Fegert JM. Erfassung der Teilhabeeinträchtigung und Zielplanung bei Kindern mit komorbiden Störungen aus kinder- und jugendpsychiatrischer Sicht. Prävention Rehabilitation 2007a; 19: 8–18

Kölch M, Wolff M, Fegert JM. Teilhabebeeinträchtigung – Möglichkeiten der Standardisierung im Verfahren nach §35a SGBVIII. Jugendamt 2007b; 1: 1–8.

Lay B, Blanz B, Schmidt MH. Effectiveness of home treatment in children and adolescents with externalizing psychiatric disorders. Eur Child Adolesc Psychiatry 2001; 10(Suppl 1): 80–90.

Lempp R. Kinder- und Jugendpsychiatrie: Gegenwart und Entwicklung. In: Lempp R, Veltin A (Hrsg). »Kinder- und Jugendpsychiatrie – eine Bestandsaufnahme«. Tagung am 18. und 19.10.1984 in Bonn (Vol. 12). Bonn: Aktion Psychisch Kranke e.V. 1984.

Lempp R. Wirkungsvollere Jugendhilfe durch Zusammenfassung der Zuständigkeit. Sachverstand und Finanzierung. In: Gintzel U, Schone R (Hrsg). Zwischen Jugendhilfe und Kinder- und Jugendpsychiatrie. Münster: Votum 1990; 21–28.

Lempp R. Die seelische Behinderung bei Kindern und Jugendlichen als Aufgabe der Jugendhilfe. 4. Aufl. Stuttgart: Boorberg 1999.

Löble M, Goller-Martin S, Roth B, Konrad M, Bernhard A, Naumann A, Felbel D. Familienpflege für Jugendliche mit ausgeprägten psychischen Störungen. Prax Kinderpsychol Kinderpsychiatr 1999; 48(5): 366–71.

Macsenaere M, Herrmann T. Stationäre Erziehungshilfen – Klientel, Ausgangslage und Wirkungen in den Hilfen zur Erziehung – eine Bestandesaufnahme bei EVAS. Unsere Jugend 2004; 8(1): 32–42.

Macsenaere M, Knab E. Evaluationsstudie erzieherischer Hilfen (EVAS). Eine Einführung. Freiburg: Lambertus 2004.

Marshall M, Lockwood A. Assertive community treatment for people with severe mental disorders. Cochrane Database Syst Rev 2000; 2. CD001089.

Marshall M, Gray A, Lockwood A, Green R. Case management for people with severe mental disorders. Cochrane Database Syst Rev 2000; 2. CD000050.

Martin M. Fremdunterbringung. In: Esser G (Hrsg). Lehrbuch der klinischen Psychologie und Psychotherapie des Kindes- und Jugendalters. Stuttgart: Thieme 2002; 536–44.

McCann JB, James A, Wilson S, Dunn G. Prevalence of psychiatric disorders in young people in the care system. Br Med J 1996; 313(7071): 1529–30.

Meltzer H, Lader D, Corbin T, Goodman R, Ford T. The mental health of young people looked after by local authorities in Scotland: summary report. Edinburgh: The Stationery Office 2003.

Moos M, Müller H. Bestandesaufnahme und Handlungsbedarf im Bereich der Eingliederungshilfe (§35a SGB VIII) in Rheinland-Pfalz. Mainz: Schriftenreihe Erziehungshilfen in Rheinland-Pfalz 2003.

Mount J, Lister A, Bennun I. Identifying the mental health needs of looked after young people. Clin Child Psychol Psychiatry 2004; 9(3): 363–82.

Mrozynski P. Eingliederungshilfe für behinderte junge Menschen. Recht Psychiatrie 2006; 24(3): 118–24.

Nübling R, Reisch M, Raymann T. Zur psychotherapeutischen und psychosozialen Versorgung psychisch kranker Kinder und Jugendlicher in Baden-Württemberg. J Psychother 2006; 3: 247–57.

Nützel J, Schmid M, Goldbeck L, Fegert JM. Kinder- und jugendpsychiatrische Versorgung von psychisch belasteten Heimkindern. Prax Kinderpsychol Kinderpsychiatr 2005; 54(8): 627–44.

Phillips J. Meeting the psychiatric needs of children in foster care. Psychiatr Bull 1997; 21(10): 609–11.

Polnay L, Glaser AW, Dewhurst T. Children in residential care; what cost? Arch Dis Childhood 1997; 77(5): 394–5.

Presting G, Hoger C, Witte-Lakemann G, Specht F, Rothenberger A. Variationsbreite stationärer Kinder- und Jugendpsychiatrie – Ergebnisse einer multizentrischen Dokumentation. Z Kinder Jugendpsychiatr Psychother 1998; 26(2): 97–112.

Remschmidt H, Schmidt MH, Poustka F. Multiaxiales Klassifikationsschema für psychische Störungen des Kindes- und Jugendalters nach ICD-10 der WHO. Göttingen: Hogrefe 2001.

Richardson J, Joughin C. The Mental Health Needs of Looked After Children. London: Gaskell 2002.

Richardson J, Lelliott P. Mental health needs of looked after children. Adv Psychiatr Treat 2003; 9: 249–56.

Riecher-Rössler A. Eingliederung vor Rente – auch für psychisch Kranke? Psy Psy Bull 2005; 2: 5–6.

Roos K. Kosten-Nutzen-Analyse von Jugendhilfemaßnahmen. Seckach-Klinge: Kinder- und Jugenddorf Klinge 2002.

Rosenthal JA, Motz JK, Edmonson DA, Groze VK. A descriptive study of abuse and neglect in out-of-home placement. Child Abuse Negl 1991; 15(3): 249–60.

Rössler W. Psychiatrische Rehabilitation. Vom Anstaltspatienten zum chronisch Kranken in der Gemeinde. Leading Opinions Neurol Psychiatr 2005; 3: 18–20.

Roy P, Rutter M, Pickles A. Institutional care: risk from family background or pattern of rearing? J Child Psychol Psychiatry 2000; 41(2): 139–49.

Salize HJ, Rossler W, Becker T. Mental health care in Germany: current state and trends. Eur Arch Psychiatry Clin Neurosci 2007; 257(2): 92–103.

Saunders L, Broad B. The Health Needs of Young People Leaving Care. Leicester: Montfort University 1997.

Schmid M. Psychische Gesundheit von Heimkindern. Weinheim: Juventa 2007.

Schmid M, Fegert JM. Viel Lärm um nichts – Wie gebräuchlich ist die Wiedereingliederungshilfe nach §35a SBG-VIII in der stationären Jugendhilfe? Z Kinderschaftsr Jugendhilfe 2006; 1: 30–5.

Schmid M, Fegert JM, Schmeck K, Kölch M. Psychische Belastung von Kindern und Jugendlichen in Schulen für Erziehungshilfe. Z Heilpädagogik 2007; 58(8): 282–90.

Schmid M, Nützel J, Goldbeck L, Fegert JM. Prevalence of mental disorders among adolescents in German Youth Welfare Institutions. Child Adolesc Psychiatry Ment Health 2008; 2(1): 2.

Schmidt MH, Blanz B, Göpel C, Lay B. Can home treatment replace inpatient treatment of child and adolescent psychiatic disorders? In: Young JG, Ferrari P (eds). Designing mental health services and systems for children and adolescents: a shrewd investment. Philadelphia: Brunner/Mazel 1998; 213–9.

Schmidt MH, Petermann F, Macsenaere M, Knab E, Schneider K, Hölzl H, Knab E. Effekte erzieherischer Hilfen und ihre Hintergründe (Vol. 219). Stuttgart: Kohlhammer 2002.

Schmidt-Michel PO. Psychiatrische Familienpflege – Betreutes Leben in Gastfamilien. In: Becker T, Bäuml J, Pitschel-Walz G, Weig W (Hrsg). Rehabilitation bei schizophrenen Erkrankungen. Konzepte – Interventionen – Perspektiven. Köln: Deutscher Ärzte-Verlag 2007; 175–85.

Schweitzer-Rothers J. Therapie dissozialer Jugendlicher. Ein Systemisches Behandlungsmodell für Jugendhilfe und Jugendpsychiatrie. Weinheim: Juventa 1987.

Schweitzer-Rothers J. Gelingende Kooperation: Über die Selbstreflexion alltäglicher Zusammenarbeit. In: Armbruster MR (Hrsg). Misshandeltes Kind – Hilfen durch Kooperation. Freiburg: Lambertus 2000; 13–29.

Schweitzer-Rothers J. Ein Multi-System-Ansatz bei dissozialem, delinquentem und straffälligem Verhalten Jugendlicher. In: Rotthaus W (Hrsg). Systemische Kinder- und Jugendlichenpsychotherapie. Heidelberg: Carl Auer Systeme 2001a.

Schweitzer-Rothers J. Ungleiche Partner – Wann lohnt sich die Kooperation von Jugendhilfe und Schule? In: Becker P, Schirp J (Hrsg). Jugendhilfe und Schule – Zwei Handlungsrationalitäten auf dem Weg zu einer? Münster: Votum 2001b; 86–99.

Schweitzer J, Schumacher B, Bikel-Renn S, Bluhm-Kiefer G, Kramer U, Schmidt-Dante A, Schoppig L, Schröder R, Sulzbacher P, Bürgy R. Systemisches Arbeiten in Sozialpsychiatrischen Diensten. Sozialpsychiatr Informationen 1991; 21(4): 12–9.

Schweitzer J, Schumacher B, Bürgy R, Blum P, Heilmann-Geideck U, Klein P, Leitz W, Müller K, Pauschert F, Schmich C, Schmitt L, Zollmann WD. Systemisches Arbeiten in Psychiatrischen Rehabilitationsprojekten. Bericht über ein Forschungsseminar. Familiendynamik 1992; 17(3): 246–72.

Specht F. Beeinträchtigung der Eingliederungsmöglichkeiten durch psychische Störungen. Begrifflichkeiten und Klärungserfordernisse bei der Umsetzung des §35a KJHG. Prax Kinderpsychol Kinderpsychiatr 1995; 9.

Spiessl H, Schon D, Cording C, Klein HE. Erwartungen und Zufriedenheit sozialpsychiatrischer Dienste im Rahmen ihrer Zusammenarbeit mit der psychiatrischen Klinik. Fortschr Neurol Psychiatr 2000; 68(12): 557–63.

Statistisches Bundesamt. 20 % der Heimerziehungen endeten mit einem Abbruch. Pressemitteilung 29.12.2004. Retrieved. http://www.destatis.de/presse/deutsch/pm2004/p5520082.htm.

Stierlin H. Eltern und Kinder. Das Drama von Trennung und Versöhnung im Jugendalter. Frankfurt: Suhrkamp 1980.

Van Santen E, Mamier J, Pluto L, Seckinger M, Zink G. Kinder- und Jugendhilfe in Bewegung – Aktion oder Reaktion? Eine empirische Analyse. München: DJI 2003.

Vogel H. Medizinische und psychosoziale Versorgungssysteme. In: Hiller W, Leibing E, Leichsenring F, Sulz SKD (Hrsg). Lehrbuch der Psychotherapie (Vol. 1). München: CIP-Medien 2004; 423–40.

Vostanis P. Mental health of homeless children and their families. Adv Psychiatr Treatm 2002; 8: 463–9.

Vostanis P. Invited commentary on mental health of looked after children. Adv Psychiatr Treatm 2003; 9: 256–7.

Walter J. Aktuelle kriminalpolitische Strömungen und ihre Folgen für den Jugendstrafvollzug. In: Nickolai W, Reindl R (Hrsg). Sozialer Ausschluss durch Einschluss. Strafvollzug und Straffälligenhilfe zwischen Restriktion und Resozialisierung. Freiburg: Lambertus 2001; 149–177.

Weig W. Rehabilitation psychisch Kranker unter den Bedingungen des deutschen Sozialrechts in Abgrenzung von der Soziotherapie. Krankenhauspsychiatrie 2003; 14(4): 134–7.

Weig W. Frührehabilitation chronisch psychisch Kranker während der Akutbehandlung. Urteil des Bundessozialgerichtes stärkt sozialpsychiatrisches Handeln. Psychiatr Prax 2005; 32: 267–8.

Weig W. Sozialrechtliche Grundlagen der Krankenhausbehandlung in der Psychiatrie und Psychotherapie in Abgrenzung von der Rehabilitation: Urteil des Bundessozialgerichtes vom 16.02.2005. Nervenarzt 2006; 77(7): 847–51.

Weig W, Niederstrasser C. Medizinische und berufliche Rehabilitation psychisch kranker Menschen – Ergebnisse der RPK-Basisdokumentation 2004. Psychoneuro 2006; 32: 597–600.

Weinmann S, Becker T. Grundelemente eines Modells zur integrierten Versorgung von Menschen mit Schizophrenie. In: Zieres G, Weibler U (Hrsg). Impulse für die psychosoziale Versorgung. Bestandesaufnahme – Konzepte – Lösungsvorschläge. Dienheim a. R.: IATROS 2007; 27–41.

Wiesner R, Kaufmann F. SGB VIII. Kinder- und Jugendhilfe. Kommentar. 3. Aufl. München: Beck 2006.

Willigis W, Martin M. Die Rehabilitation schizophren erkrankter Kinder und Jugendlicher – Konzepte und Erfahrungen in der Leppermühle. In: Remschmidt H (Hrsg). Schizophrene Erkrankungen im Kindes- und Jugendalter. Klinik, Ätiologie, Therapie und Rehabilitation. Stuttgart: Schattauer 2004; 95–104.

Zepf S, Mengele U, Hartmann S. Ambulante Psychotherapie bei Kindern und Jugendlichen. Psychotherapeut 2003; 48(1): 23–30.

Zinkl K, Roos K, Macsenaere M. Effizienz: Bedarfsorientierung durch Kostenoptimierung? Neue Caritas 2004; 1: 4–6.

VI Anhang

Fachgesellschaften, Berufsverbände und Selbsthilfegruppen im Überblick

Thomas Nesseler und Nicole Schardien

Weiterführende Informationen finden sich auf der Internet-Pattform www.neurologen-und-psychiater-im-Netz.de, die von den wissenschaftlichen Fachgesellschaften (DGPPN, DGKJP, DGGPP, DGN) und Berufsverbänden (BVDN, BVDP, BKJPP, BDN) für Neurologie, Psychiatrie und Psychotherapie herausgegeben und ständig aktualisiert wird.

Fachorganisationen

BAG
Bundesarbeitsgemeinschaft leitender Klinikärzte für Kinder- und Jugendpsychiatrie und -psychotherapie
Prof. Dr. med. Renate Schepker
Vorsitzende der Bundesarbeitsgemeinschaft
der Leitenden Klinikärzte für Kinder- und Jugendpsychiatrie,
Psychosomatik und Psychotherapie e. V.
Chefärztin der Abteilung Kinder- und Jugendpsychiatrie
u. -psychotherapie
ZfP Weissenau
Weingartshofer Str. 2, 88214 Ravensburg
Tel.: 0751 76012302
Fax: 0751 76012121
E-Mail: renate.schepker@zfp-weissenau.de

BKJPP
Berufsverband für Kinder- und Jugendpsychiatrie, Psychosomatik und Psychotherapie e. V.
Geschäftsstelle
c/o Science Services Thomas Wiese GmbH
Hohenzollerndamm 124, 14199 Berlin
Tel.: 030 897379360
Fax: 030 85079826
E-Mail: mail@bkjpp.de
Internet: www.bkjpp.de

BDN
Berufsverband Deutscher Neurologen e. V.
Internet: www.bv-neurologe.de

BVDN
Berufsverband Deutscher Nervenärzte e. V.
Internet: www.bv-nervenarzt.de

BVDP
Berufsverband Deutscher Psychiater e. V.
Internet: www.bv-psychiater.de

Gemeinsame Geschäftsstelle der Berufsverbände Neurologie sowie Psychiatrie und Psychotherapie
Am Zollhof 2a, 47829 Krefeld
Tel.: 02151 4546921

DGKJPP
Deutsche Gesellschaft für Kinder- und Jugendpsychiatrie, Psychosomatik und Psychotherapie e. V.
Geschäftsstelle
Reinhardtstr. 14, 10117 Berlin
Tel.: 030 28096519
Fax: 030 28096579
E-Mail: geschaeftsstelle@dgkjp.de
Internet: www.dgkjp.de

DGN
Deutsche Gesellschaft für Neurologie e. V.
Geschäftsstelle
Reinhardtstr. 14, 10117 Berlin
Tel.: 030 531437930
Fax: 030 531437939
E-Mail: mitglieder@dgn-berlin.org
Internet: www.dgn.org

DGPPN
Deutsche Gesellschaft für Psychiatrie, Psychotherapie und Nervenheilkunde e. V.
Geschäftsstelle
Reinhardtstr. 14, 10117 Berlin
Tel.: 030 28096602
Fax: 030 28093816
E-Mail: sekretariat@dgppn.de
Internet: www.dgppn.de

DGPT
Deutsche Gesellschaft für Psychoanalyse, Psychotherapie, Psychosomatik und Tiefenpsychologie e. V.
Johannisbollwerk 20, 20459 Hamburg
Tel.: 040 3192619
Fax: 040 3194300
E-Mail: psa@dgpt.de
Internet: www.dgpt.de

VAKJP
Vereinigung Analytischer Kinder- und Jugendlichen-Psychotherapeuten in Deutschland e. V.
Sybelstr. 45, 10629 Berlin
Tel.: 030 32796260
Fax: 030 32796266
E-Mail: geschaeftsstelle@VAKJP.de
Internet: www.vakjp.de

Angehörige, Betroffene, Elternverbände

Deutschland

APK
Aktion Psychisch Kranke
Oppelner Str. 130, 53119 Bonn
Tel.: 0228 676740/41
Fax: 0228 676742
E-Mail: apk@psychiatrie.de
Internet: www.psychiatrie.de/apk/

BapK
Bundesverband der Angehörigen psychisch Kranker in Deutschland
Selbsthilfeberatung für psychisch Erkrankte und deren Angehörige
Oppelner Str. 130, 53119 Bonn
Tel.: 0228 632646
Fax: 0228 658063
E-Mail: beratung.bapk@psychiatrie.de
Internet: www.bapk.de

Bundesverband Psychiatrie-Erfahrener e. V.
Wittener Str. 87, 44789 Bochum
Tel./Fax: 0234 68705552
E-Mail: kontakt-info@bpe-online.de
Internet: www.bpe-online.de

Dachverband Gemeindepsychiatrie
Oppelner Str. 130, 53119 Bonn
Tel.: 0228 691759
Fax: 0228 658063
E-Mail: dachverband@psychiatrie.de
Internet: www.psychiatrie.de/dachverband

Deutsche Gesellschaft für Suizidprävention
Internet: www.suizidprophylaxe.de

FETZ
Früherkennungs- und Therapiezentren für psychische Krisen an den Universitätskliniken in Berlin und Köln
Internet: www.fetz.org

Kompetenznetz Demenz
Herausgeber
c/o Zentralinstitut für Seelische Gesundheit, J 5
68159 Mannheim
Internet: www.kompetenznetz-demenzen.de

Kompetenznetz Depression
Klinik und Poliklinik für Psychiatrie und Psychotherapie
Universitätsklinikum Leipzig
Semmelweisstr. 10, 04103 Leipzig
Tel.: 0341 9724530 (Sekretariat Prof. Hegerl)
Fax: 0341 9724539
Internet: www.kompetenznetz-depression.de

Kompetenznetz Schizophrenie
Netzwerkzentrale
Klinik und Poliklinik für Psychiatrie und Psychotherapie
der Heinrich-Heine-Universität
Rheinische Kliniken Düsseldorf
Bergische Landstr. 2, 40629 Düsseldorf
Tel.: 0211 9222770
Fax: 0211 9222780
Internet: www.kompetenznetz-schizophrenie.de

Stiftung für Seelische Gesundheit
c/o DGPPN
Reinhardtstr. 14, 10117 Berlin
Tel.: 030 28096602
Fax: 030 28093816
E-Mail: sekretariat@dgppn.de
Internet: www.seelischegesundheit.info

Österreich

HPE
Hilfe für Angehörige und Freunde psychisch Erkrankter
Bernardgasse 36/14, 1070 Wien
ÖSTERREICH
Tel.: 01 5264202
Fax: 01 52642020
E-Mail: office@hpe.at
Internet: www.hpe.at

Pro mente Austria
Österreichischer Dachverband der Vereine und Gesellschaften für psychische und soziale Gesundheit
Johann-Konrad-Vogel-Str. 13, 4020 Linz
ÖSTERREICH
Tel.: 0732 785397
E-Mail: office@promenteaustria.at
Internet: www.promenteaustria.at

Schweiz

Schweizerische Stiftung Pro Mente Sana
Hardturmstr. 261, Postfach, 8031 Zürich
SCHWEIZ
Tel.: 044 5638600
Fax: 044 5638617
E-Mail: kontakt@promentesana.ch
Internet: www.promentesana.ch

VASK
Vereinigung der Angehörigen von Schizophrenie-/Psychisch Kranken
St. Alban-Anlage 63, 4052 Basel
SCHWEIZ
Tel.: 061 2711640
E-Mail: info@vask.ch
Internet: www.vask.ch

Antistigma-Initiativen

Weltweites Antistigma-Programm
des Weltverbandes für Psychiatrie
World Psychiatric Association (WPA)
Internet: www.openthedoors.com

BASTA
Bayrische Antistigma-Aktion
Bündnis für psychisch erkrankte Menschen
Möhlstr. 26, 81675 München
Tel.: 089 41406674
Fax: 089 41406688
E-Mail: info@openthedoors.de
Internet: www.openthedoors.de

Irre Menschlich Hamburg e. V.
Verein für Öffentlichkeitsarbeit im Bereich psychische Erkrankung
Martinistr. 52, 20246 Hamburg
Tel.: 040 428039259
Fax: 040 428035455
E-Mail: mail@irremenschlich.de
Internet: www.irremenschlich.de

Irrsinnig Menschlich e. V.
Universitätsklinikum – Zentrum für psychische Gesundheit
Semmelweisstr. 10, 04103 Leipzig
Tel.: 0341 2228990
Fax: 0341 2228992
E-Mail: info@irrsinnig-menschlich.de
Internet: www.irrsinnig-menschlich.de

Aktionsbündnis für Seelische Gesundheit
Koordination c/o DGPPN
Reinhardtstr. 14, 10117 Berlin
Tel.: 030 28096795
Fax: 030 28096794
E-Mail: koordination@seelischegesundheit.net
Internet: www.seelischegesundheit.net

Open the doors e. V.
Koordinationsstelle
Klinik und Poliklinik für Psychiatrie
und Psychotherapie der Heinrich-Heine-Universität
Rheinische Kliniken Düsseldorf
Bergische Landstr. 2, 40629 Düsseldorf
Tel.: 0211 9222777
Fax: 0211 9222020
E-Mail: wolfgang.gaebel@uni-düsseldorf.de

Österreich

Antistigma-Programm Österreich
c/o Landes-Nervenklinik Wagner-Jauregg
4020 Linz
ÖSTERREICH
Tel.: 0732 69210
Fax: 0732 651321
E-Mail: werner.schoeny@gespag.at

Schweiz

Antistigma-Programm Schweiz
c/o Psychiatrische Universitätsklinik
Militärstr. 8, 8021 Zürich
SCHWEIZ
Tel.: 01 2967400
Fax: 01 2967409
E-Mail: christoph.lauber@puk.zh.ch

Selbsthilfegruppen

Tourette-Gesellschaft Deutschland e. V.
c/o Prof. Dr. Rothenberger
Universität Göttingen
Kinder- und Jugendpsychiatrie
Von-Siebold-Str. 5, 37075 Göttingen
Tel.: 0551 396727
Fax: 0551 398120
E-Mail: arothen@gwdg.de
Internet: www.tourette-gesellschaft.de

ADHS Deutschland e. V.
Bundesgeschäftsstelle
Postfach 410724, 12117 Berlin
Tel.: 030 85605902
Fax: 030 85605970
E-Mail: info@adhs-deutschland.de
Internet: www.adhs-deutschland.de

HSO
Hilfe zur Selbsthilfe für Online-Süchtige e. V.
Gossenbusch 3, 40764 Langenfeld
Tel.: 0212 2642810
Fax: 0212 2642808
E-Mail: hso@onlinesucht.de
Internet: www.onlinesucht.de

BVEK
Bundesverband der Elternkreise suchtgefährdeter und suchtkranker Söhne und Töchter e. V.
Bahnhofstr. 2, 51580 Reichshof
Tel.: 02296 9998413
Fax: 02296 9998425
E-Mail: info@bvek.org
Internet: www.bvek.org

Deutsche Gesellschaft für das hochbegabte Kind e. V.
Hilde Brekow
Schillerstr. 4–5, 10625 Berlin
Tel.: 030 34356829
Fax: 030 34356925
E-Mail: dghk@dghk.de
Internet: www.dghk.de

Bundesverband Aufmerksamkeitsstörung/ Hyperaktivität e. V.
Pautzfelder Str. 15, 91301 Forchheim
Tel.: 09191 704260
E-Mail: bvde@t-online.de

Verein zur Förderung der Kinder mit Minimaler Cerebraler Dysfunktion
Postfach 662204, 81219 München
Tel.: 0049 898543141
Fax: 0049 89852166
E-Mail: mcd@mcd.de
Internet: www.mcd.de

Bundesverband Legasthenie und Dyskalkulie e. V.
Postfach 1107, 30011 Hannover
Tel./Fax: 0700 285285285
E-Mail: info@bvl-legasthenie.de
Internet: www.legasthenie.net

Trostreich – Selbsthilfe-Initiative für Familien mit Schreibabys
Schulstr. 10, 27446 Deinstedt
Tel.: 04284 395
Fax: 0721 151337772
E-Mail: info@trostreich.de
Internet: www.trostreich.de

Anonyme Esssüchtige Deutschland
Postfach 106206, 28062 Bremen
Tel.: 0421 560688

Selbsthilfegruppen

Deutsche Gesellschaft Zwangserkrankungen e. V.
Postfach 702334, 22023 Hamburg
Tel.: 040 68913700
Fax: 040 68913702
E-Mail: zwang@t-online.de
Internet: www.zwaenge.de

Bundesvereinigung Stotterer-Selbsthilfe e. V.
Informations- und Beratungsstelle
Zülpicher Str. 58, 50674 Köln
Tel.: 0221 1391106/07
Fax: 0221 1391370
E-Mail: info@bvss.de
Internet: www.bvss.de

Kindernetzwerk e. V.
Hanauer Str. 15, 63739 Aschaffenburg
Tel.: 06021 12030
Internet: www.kindernetzwerk.de

Bundesvereinigung Lebenshilfe für Menschen mit geistiger Behinderung e. V.
Raiffeisenstr. 18, 35043 Marburg
Tel.: 06421 4910
Fax: 06421 49167
E-Mail: Bundesvereinigung@Lebenshilfe.de
Internet: www.lebenshilfe.de

autismus Deutschland e. V.
Bundesverband zur Förderung von Menschen mit Autismus
Bebelallee 141, 22297 Hamburg
Tel.: 040 5115604
Fax: 040 5110813
E-Mail: info@autismus.de
Internet: www.autismus.de

Sachverzeichnis

A

AAA (Adult Asperger Assessment) 495
Aachener Aphasietest 218
AAI (Adult-Attachment-Interview) 144
AAT (Aachener Aphasietest) 218
ABA (Applied behavior analysis) 498
ABA-Programm für Kinder im Vorschulalter 498
Abartigkeit, andere seelische, schwere 783 f
Abhängigkeit
- von äußeren Objekten 401
- nichtsubstanzgebundene, Psychoedukation 702
- von Peers 642
- substanzgebundene, Psychoedukation 701
- von Suchtstoff 232
- vom Therapeuten 638 f
Abhängigkeits-Autonomie-Konflikt 658
- narzisstische Persönlichkeitsstörung 161
Ablauforganisation, exekutive Funktionen 651
Ablösung von den Eltern 837
Ablösungs-Autonomie-Konflikt 636, 658, 671
Abschiebung, drohende 88 ff
Abschiedsrituale 689
Abstammungsrecht 754 f
Abstrahieren, selektives 267
Abtreibung 121
Abwehrmechanismen
- adoleszenztypische 601
- primitive, Borderline-Persönlichkeitsstörung 401
Abwehrstrategie 100
Abweichung, sexuelle 420
Achsensyndrom, hirnorganisches, chronisches 517
Acné excoriée s. Dermatotillomanie
Act and react Testsystem 819
Action throughts 674
Adaptabilität, verminderte 457, 461
Adaptation, psychosoziale 374
Adaptive capacity bei Persönlichkeitsstörung 396
A-DES (Adolescent Dissociative Experiences Scale) 334
ADHS s. Aufmerksamkeitsdefizit-Hyperaktivitäts-Syndrom
ADI-R (Diagnostisches Interview für Autismus) 495

Adler, Alfred 10
Adolescent Dissociative Experiences Scale 334
Adoleszent-Eltern-Konflikte 184
Adoleszent-Eltern-Verhältnis 123, 146 f
Adoleszenz 559 f
- biopsychosoziale Umstrukturierung 183
- Charakterisierung 113, 616
- frühe 559, 601
- mittlere 601
- Mythen 185
- späte 560, 601
Adoleszenzkrise 69, 183 f
- Auslöser 187
- Bibliotherapie 714
- Definition 183 f
- Faktoren 187
- Kunsttherapie 663
Adoptionsrecht 755
Adoptionsstudie, Psychose, schizophrene 249 f
ADOS (Diagnostische Beobachtungsskala für autistische Störungen) 495
Adrenalin 721
Adrenarche 126 f
ADS (Allgemeine Depressionsskala) 219
Adult Asperger Assessment 495
Adult-Attachment-Interview 144
- jugendliche Mutter 149
Advanced Progressive Matrices 218
Affekt 107
- starrer 264
- Therapie im antwortenden Modus 609
Affektentwicklung 391
Affektive Störung 261 ff
- bipolare s. Bipolare Störung
- Dermatotillomanie 451
- DSM-IV 262
- Epidemiologie 262 f
- Fahrtauglichkeit 821
- ICD-10 262
- Komorbidität 265 f
- Pharmakotherapie 583, 728 f
- Psychoedukation 699
- Psychose, schizophrene 246
- Schweregrad 261
- Symptomentwicklung 263 ff
- Verlauf 223 f
Affektives Defizit, schizophrene Psychose 249

Affektregulierung 150
- Borderline-Persönlichkeitsstörung 401
- Verhalten, selbstverletzendes 194
Affektspiegelung 107
Affektsteuerung 106
Aggression
- Brandstiftung 439
- heiße 507
- ichsyntone 158
- Intervention
- - schulzentrierte 582
- - verhaltenstherapeutische 582
- kalte 507
- Krisensituation 596
- männliche 123
- medikamentöse Therapie 727
- Prävention 582
- schwere, chronische, frühe 403
Aggressivität 444 f
- Borderline-Persönlichkeitsstörung 400
- Spielekonsumeinfluss 710
Agieren
- Borderline-ähnliches 185
- des Jugendlichen 602, 674
Agoraphobie 225, 279, 281
- Borderline-Persönlichkeitsstörung 401
Agranulozytose, Clozapin-bedingte 726
AIDS 123
AIXTENT 647
Akathisien, neuroleptikabedingte 255
Aktivierung, psychophysiologische, erniedrigte 509
Aktivierungssyndrom, antidepressivabedingtes 728
Aktivierungssystem, behaviorales 402
Aktivität
- Einschränkung, krankheitsbedingte 378
- körperliche 578 f
- nicht verbale, des Jugendlichen 561
- sexuelle, Zusammenhang mit Körpermodifikation 168
- verbale, des Jugendlichen 561
Akutbehandlung 825 ff
Akuttraumatisierung (s. auch Traumatisierung) 683 ff
- belastbare Dritte 689
- Krisenintervention 683 ff, 688
- professionelle Hilfe 688
- psychosoziale Betreuung 683 ff, 688
AKV (Fragebogen zu körperbezogenen

Sachverzeichnis

Ängsten, Kognitionen und Vermeidung) 219
Albträume 356 f
- Ätiologie 361
- genetischer Einfluss 361
- Inhalt 357
- Intervention 368 f
- Persönlichkeitsfaktoren 361
Alertness 646
Alexithymie 306
Alkoholabhängigkeit 232
- Angststörung 233
- Psychoedukation 701
Alkoholabusus s. Alkoholmissbrauch
Alkohol-Benzodiazepin-Kreuztoleranz 733
Alkoholkonsum 68, 187, 579 f
- Gehirnentwicklung 234
- Kurzintervention für Primärärzte 579 f
- bei Mehrfachtätern 175
- neuropsychologische Funktionsstörung 234
Alkoholmissbrauch 580
- Angststörung 286
- depressive Störung 264
- bei Elternteil 234 f
- Epidemiologie 232
- Fahrtauglichkeit 817, 819
- Labordiagnostik 235
- Sexualdelinquenz 424, 426
- Therapie 625 f
Allgemeine Depressionsskala 219
ALLIANCE-Psychoedukationsprogramm 699
Allmachtsvorstellungen 560
Alltagsanforderungen, komplexe, exekutive Funktionen 650
Amantadin 549
Ambivalenz 246
AMDP-System 218
Amenorrhö
- Anorexia nervosa 341, 344
- Bulimia nervosa 346
Amisulprid 726
Amitriptylin 532
Amnesie
- anterograde 648
- dissoziative 328 f, 331, 686
- retrograde 649
Amnestisches Syndrom 649
Amotivationales Syndrom 234
Amphetamin 528 f
- Zulassungsstatus 727
Amputation 380
Amtsvormund 755
Amygdala 283 f, 332
Analgetika
- nach Akuttraumatisierung 691
- Gefährdungsindex für Verkehrs- und Arbeitssicherheit 822
Analphabetismus 483
- ICD-10-Kodierung 483

Anfallsleiden s. auch Epilepsie
- Fahrtauglichkeit 816, 819
Angehörige, virtuelle Einbeziehung in die Therapie 632
Angehörigenschulung (s. auch Psychoedukation) 694
Angestellte, ausgebildete 49
Angst 68, 278 ff
- alterstypische 279
- vor der Angst 281
- vor Ansteckung 114
- Äquivalente 278
- Ausschaltung 401
- Borderline-Persönlichkeitsstörung 401
- mit depressiver Störung 282
- Entwicklungspsychologie 282
- entwicklungstypische Quelle 279
- frei flottierende 401
- lerntheoretischer Ansatz 283
- pathologische 283
- protektive Faktoren 283
- psychodynamisches Modell 282
- soziale, Sexualdelinquent 426
- verhaltenstherapeutische Intervention 285
- Vermeidung der Auseinandersetzung 361 f
Angstattacke, wiederkehrende 281
Angstbewältigungsversuch 332
Ängste, genitale 120 f
Angstfamilie 283
Angsthierarchie, Zwangsstörung 298
Angstinventar 219
Ängstlichkeit 625
- soziale 655
Angstreizkonfrontation bei Zwangsstörung 298
Angststörung 278 ff
- Adoleszenz 280 ff
- bei Alkoholabhängigkeit 233
- Alkoholmissbrauch 286
- Anorexia nervosa 342, 345
- Antidepressivawirkung 727
- bei Asthma bronchiale 378 f
- Ätiologie 282 f
- Bulimia nervosa 345
- bei chronischer körperlicher Erkrankung 377
- Definition 278
- mit Depression 286
- Differenzialdiagnostik 285
- Einschränkungen 278
- Emotionsverarbeitung 284
- Fahrtauglichkeit 821
- gemischte 282
- generalisierte 224, 282
- Kind/Jugendlicher mit Migrationshintergrund 75
- Kindesalter 280
- Klassifikation 278
- kognitive Therapie nach Beck 620 f
- Lebensqualität 287

- Modelllernen 618
- Neurobiologie 283 ff
- Pharmakotherapie 285 f, 729
- nach posttraumatischer Belastungsstörung 312
- Prävalenz 279
- Prognose 286 f
- Psychoedukation 699 f
- Psychotherapie 732
- Selbsthilfemanual 700
- bei Sozialverhaltensstörung 504
- Substanzmissbrauch 233, 286
- Symptome, körperliche 278
- Teufelskreismodell 700
- Therapie 285 f
- - kognitiv-behaviorale 622
- nach Traumatisierung 313
- bei zystischer Fibrose 382
Angstsyndrom, Differenzialdiagnose 496
Angstträume 357
Anhedonie 264, 698
Anhörung, familiengerichtliche 756
Anisotropie 137
Anorektische Reaktion 188
Anorektischer Status, subklinischer 347
Anorexia nervosa 121, 130, 340 ff
- Ätiologie 345, 347
- chronische 224
- Definition 340
- Diagnostik 349
- diagnostisch-therapeutischer Dialog 563
- diagnostische Kriterien 340
- Differenzialdiagnose 293, 349
- DSM-IV 341
- Elternberatung 350
- genetisch bedingte Anfälligkeit 347
- Heilungserfolg, Kriterien 352
- ICD-10 341
- Komorbidität, psychiatrische 342, 345
- - Persistenz 351
- Lebenszeitprävalenz 342
- bei männlichen Patienten 342
- Mortalitätsrate 351
- Neuroanatomie 348
- Neurophysiologie 348
- Neuropsychologie 348
- Prognose 351 f
- Psychopharmakotherapie 350
- Psychotherapie 350
- Purging-Verhalten 341, 345
- somatische Komplikation 343 ff
- Therapie 349 f
- Untersuchung, körperliche 343 f
- Verhaltenstherapie 350
- Verlauf 224
Anosmie 130
ANP (Apparently Normal Personality) 315
Anpassungsfähigkeit, soziale, Fragebogen 465
Anpassungsspannung 110
Anpassungsstörung 184, 401

Anspruchskonflikt, narzisstischer, Flüchtlingsjugendliche 87
Anstalt 6
Ansteckungsangst 114
Anti-Basalganglien-Antikörper 297
Antiandrogen 473, 810
Anticholinergika 255
– Gefährdungsindex für Verkehrs- und Arbeitssicherheit 822
Antidepressiva 12, 309, 727 ff
– bei Bulimia nervosa 351
– Gefährdungsindex für Verkehrs- und Arbeitssicherheit 822
– bei geistiger Behinderung 470
– Indikation 728
– Nebenwirkungen, altersabhängige 728
– off-label-verordnete 271
– tetrazyklische 272
– trizyklische 271 f, 730
Antihistaminika, Gefährdungsindex für Verkehrs- und Arbeitssicherheit 822
Antikonvulsiva
– bei geistiger Behinderung 470 f
– Kontrolluntersuchungen 730
– bei Manie 273
– als Mood stabilizer 729 f
– Plasmakonzentration 730
– psychotrope Nebenwirkungen 471
Antipsychotika 810 f
– der dritten Generation 725
Antisemitismus 43
Antistigma-Initiativen 847 f
Antriebsminderung 263 f
Anxiolytische Substanzen 732
Anxious love 150
Apathie bei Essstörung 343, 346
Aphasie, Leistungstest 218
APM (Advanced Progressive Matrices) 218
Apparently normal personality 315
Appetenz, sexuelle, Störung 419
Appetitstörung 265
Applied behavior analysis 498
APT (Attention Process Training) 647
AQ (Autism-Spectrum Quotient) 495
Arbeit
– diagnostisch-therapeutische 560
– sozialtherapeutische, stationäre 613
Arbeitsbeziehung 563, 565, 604, 676
Arbeitsförderung 764, 772 f
– Leistungsträger 763
Arbeitsgedächtnis, Trainingsaufgaben 652
Arbeitsgedächtnis-Modell 650
Arbeitsleben, Teilhabe behinderter Menschen 764 f
Arbeitslosigkeit 225 f, 577
Arbeitsmigration 49
Arbeitssuchende, Grundsicherung 763 f
Arbeitstherapie 768
Arbeitsunfähigkeit 762
Arbeitsverwaltung 760

Arbeitswelt, Information der Heranwachsenden 61
ARGE, Kooperation mit Jugendhilfeträgern 774
Ärgerbewältigung 621
Aripiprazol 499, 549, 726
Armut, Sozialverhaltensstörung 510
Arousal, autonomes
– erhöhtes 332
– vermindertes 509
ART (Act and react Testsystem) 819
Arzneimittel 720 ff
– Dosierung 722
– Entwicklung 722 f
– Gefährdungsindex für Verkehrs- und Arbeitssicherheit 822
– klinische Prüfung 722, 748
– Nebenwirkungen, altersabhängige 722
– off label use 723
– sexualtriebreduzierende 473
– unlicensed use 723
– Wirkung 720
Arztbrief 634
Arzt-Patienten-Vertrag 741
Asperger-Syndrom 488 f
– diagnostisches Instrument 495
– Prognose 499
ASS (Autismus-Spektrum-Störung) 491
Assoziationslockerung 246
Asthma bronchiale 378 f
Atmungsstörung, schlafbezogene 357
Atomoxetin 499, 530 f, 731 f
– Dosierung 731
– bei geistiger Behinderung 470
– im Maßregelvollzug 810
– bei Tourette-Syndrom 550
– Zulassungsstatus 727
Attention Deficit Disorder with or without Hyperactivity 517
Attention Deficit Hyperactivity Disorder s. Aufmerksamkeitsdefizit-Hyperaktivitäts-Syndrom
Attention Process Training 647
ATTENTIONER 647
Attributionsfehler 510
Atypika s. Neuroleptika, atypische
Aufdringlichkeit des Körpers 115
Auffälligkeit, psychiatrische 215
Aufklärung 741 ff
– bei fahrtauglichkeitseinschränkender Erkrankung 815
– Form 742
– inhaltliche 746
– Minderjähriger 745
– Rechtsgrundlagen 741 f
– Zeitpunkt 742
Aufklärungsverzicht 742
Aufmerksamkeit
– exekutive Funktionen 651
– fokussierte 646
– geteilte 646

– Komponenten 645 f
– Leistungstest 218
– Prüfung bei hyperkinetischer Störung 525 f
– selektive 646
– visuo-räumliche 646
Aufmerksamkeits-Belastungs-Test 526
Aufmerksamkeitsdefizit 645 ff
– Intervention 646 f
– Rehabilitation 646 ff
Aufmerksamkeitsdefizit-Hyperaktivitäts-Syndrom 160, 178, 517
– als Abwehrverhalten 524
– Alkoholmissbrauch 233
– Autismus 489 f
– bildgebende Befunde 523
– Diagnostikphase 623
– Differenzialdiagnose 261, 528
– Dysfunktionshypothese, präfrontal-striatale 523
– Einfluss von Nahrungsergänzungsstoffen 522
– Elektroenzephalogramm 522
– ereigniskorrelierte Potenziale 522
– beim Erwachsenen 527
– familiäre Interaktion 524
– Familientherapie, systemische 634
– Fettsäurenbefunde 521
– Fremdbeurteilungsinstrument 219
– genetische Faktoren 520
– im Erwachsenenalter 519 f
– Interventionsphase 623
– kognitiv-behaviorale Therapie 623 f
– Komorbidität 519
– mit Lese- und Rechtschreibstörung 478
– motorisch evozierte Potenziale 522
– multimodales Behandlungsprogramm 623
– Nahrungseinfluss 531
– neuropsychologische Hypothese 522
– Persistenz 518
– Pharmakoepidemiologie 530
– psychodynamische Hypothese 523 f
– Psychopharmakotherapie 528 ff, 731 f
– – Effektstärke 731
– – Nonresponder 531
– psychosoziale Intervention 624
– Psychotherapie 531
– – Zielvariablen 624
– Sozialverhaltensstörung 519
– Strafmündigkeit 534
– Substanzmissbrauch 233, 732
– Symptomerfassung, retrospektive 527
– therapeutische Computerspielnutzung 713
– Therapieeffektivität 623 f
– Tic-Störung 542
– transkranielle Magnetstimulation 522 f
– Umweltfaktoren 523 f
– Verlauf 224

Sachverzeichnis

Aufmerksamkeitsdefizit-Syndrom 646
- DSM-IV 518
Aufmerksamkeitsleistung, aktivierte Hirnareale 645
Aufmerksamkeitsstörung 247
- Behandlung 237
- hyperkinetische Störung 516
- Psychopharmakotherapie im Maßregelvollzug 809 f
Aufmerksamkeitstheorien 645 f
Aufmerksamkeitstraining 647, 680
Ausbildung s. auch Berufsausbildung
Ausbildungsabbruch 59
Ausbildungsabschluss, Zusammenhang mit dem Tariflohn 55
Ausbildungsbeginn, Durchschnittsalter 59
Ausbildungsberuf, anerkannter 53 ff
Ausbildungsmaßnahmen, sozialpädagogisch begleitete 773
Ausbildungsordnung 55
Ausbildungsplatzangebot 58 f
Ausbildungsplatzbereitstellung 60
Ausbildungsprogramm, berufliche Erstausbildung 53
Ausbildungsreife 59
Ausbildungsstätte, überbetriebliche 56
Ausbildungszeit 55
Ausbruchsschuld 85
Ausdruck, emotionaler, Dekodierungsfähigkeit 524
Ausnahmezustand, affektiver, Schuldfähigkeit 782
Aussagepsychologie 794
Äußerung, gotteslästerliche 69
Auszeit bei aggressivem Verhalten 596
Auszubildender, Kompetenzentwicklung 60 f
Autism-Spectrum Quotient 495
Autismus 246, 488 ff
- Arbeitseingliederung 498
- atypischer 494
- Behandlungsziel 496
- diagnostische Beobachtungsskala 495
- diagnostisches Interview 495
- Differenzialdiagnostik 293
- frühe Intervention 498
- Genetik 490 f
- Gruppentraining 497
- Kommunikationsfähigkeit, soziale 492 f
- Komorbidität 489, 496
- - medikamentöse Behandlung 498 f
- musiktherapeutische Intervention 656
- Neurobiologie 490 f
- Neuropsychologie 492
- Prognose 499
- psychische Störung 490
- qualitative Auffälligkeiten 493 f
- sexuelles Verhalten 499
- Sprachaufbau 496 f
- therapeutische Computerspielnutzung 713

- Therapie 496 ff
- Verlauf 224
Autismus-Spektrum-Störung 491
Autoaggression s. auch Selbstverletzung; s. auch Verhalten, selbstverletzendes
- Borderline-Persönlichkeitsstörung 400
Autogenes Training bei somatoformer Störung 309
Automatisierung des Verhaltens 316
Autonome Funktionsstörung, somatoforme 304
Autonomie 76, 96, 694
- Entscheidungssituation 744
- Entwicklungsaufgabenbewältigung 98 f
- Erhaltung 565
- des Ichs gegenüber der Umwelt 560
- intersystemische 560
- intrasystemische 560
- labiles Gleichgewicht 566
- des Patienten 749 f
Autonomiebedürfnis 160, 560
Autonomieentwicklung 143, 636, 638
- Kunsttherapie 665
- Übergangsritual 640
- Unterstützung 309
Autoritätskonflikt 69
Autosuggestion 369
Aversion, sexuelle 420

B

Baclofen 550
- intrathekale Applikation 472
BAI (Beck-Angstinventar) 219
Barbiturate, Gefährdungsindex für Verkehrs- und Arbeitssicherheit 822
Basalganglien 297
- Schädigung 293
- Schaltkreise-Imbalance 297
- Volumenminderung 523
Bauchschmerzen 310
- rekurrierende 306
Baumübung 678 f
BDI-II (Beck-Depressionsinventar) 219
BDNF (Brain-derived neurotrophic Factor) 266, 297
Beck-Angstinventar 219
Beck-Depressionsinventar 219
Bedarf, erzieherischer 763
Bedrohungsgefühl 160
Beeinflussungsideen 244, 246
Beeinträchtigung, individuelle, Jugendhilfeleistungen 773 f
Befindlichkeit, Zusammenhang mit Gedanken 621
Begabung, besondere, bei narzisstischer Persönlichkeitsentwicklungsstörung 160
Begleiter, imaginärer 331
Begutachtung, sachverständige 758
- aussagepsychologische 793 ff
Behandlung
- ärztliche (s. auch Therapie)

- - Einwilligung s. Einwilligung
- - Willenserklärung des Patienten 743
- gegen den Willen des Minderjährigen 750
- gegen den Willen des Patienten 591
- - rechtliche Grundlagen 591
Behandlungsbedürftigkeit 762
Behandlungsstrategie
- adoleszenztypische 77 f
- familienorientierte 77
- Kind/Jugendlicher mit Migrationshintergrund 77
Behandlungsvertrag 743 f, 758
Behavioural toxicity 272, 322
Behinderung 763
- Definition 766, 828
- - sozialrechtliche 457
- drohende 766, 771
- geistige (s. auch Intelligenzminderung) 457 ff
- - Ätiologie 462
- - Autismus 489
- - Beeinträchtigungen 461
- - Diagnostik 462 ff
- - Entwicklungsgeschichte 464
- - Ergotherapie 468
- - Erstdiagnosealter 463 f
- - familiäre Ressourcen 464
- - Familienintervention 468
- - Frühförderung 467
- - Heilpädagogik 467
- - bei infantiler Zerebralparese 472
- - Intervention 472
- - - psychotherapeutische 466 ff
- - - soziotherapeutische 473
- - Jugendgerichtsgesetz 781
- - Jugendhilfemaßnahmen 473
- - Komorbidität 461
- - Kreativtherapie 468
- - Pharmakotherapie 468 ff
- - Polypharmazie 470 f
- - psychische Störung 461
- - Psychoedukation 467
- - psychosoziale Bedingungen 464
- - Rehabilitationsmaßnahmen 473
- - schwere 495
- - Schweregradfeststellung 463 ff, 465
- - Sonderpädagogik 467
- - Training lebenspraktischer Fertigkeiten 467
- - Verhaltensstörung 461 f
- - Verhaltenstherapie 468
- - Vulnerabilität 461
- Gutachten 763
- Hilfebedarf, Verfahrensregelungen 775 f
- rechtliche Bewertung 763
- seelische 766, 828
- - diagnostische Kriterien 770
- Teilhabe am Arbeitsleben 764 f
Belastbarkeit, reaktive, Fahrtauglichkeit 819

Belastung
- chronische, Depressionsauslösung 269
- psychosoziale, abnorme, Persönlichkeitsstörung 388 f
- soziale, globale, Entwicklungsfolgen 317 f
- traumatische, chronische 673

Belastungserprobung 768

Belastungsfaktoren, psychosoziale
- ICD-10 216
- multiaxiales System 216

Belastungsreaktion 226
- akute 686
- - Diagnose 686
- - psychosoziale Akutbetreuung 686 f

Belastungsstörung, posttraumatische 83, 311 ff, 337, 673
- akute 311
- Ätiologie 316 ff
- Behandlung 237
- Definition 311 f
- Diagnostik 318 ff
- Differenzialdiagnostik 293
- Ereignisfaktoren 323
- Familientherapie 321
- Folgen 314 f
- Geschlechtsunterschied 315
- Hochrisikogruppen 313
- katastrophische Reaktion durch Miniauslöser 675
- Kind/Jugendlicher mit Migrationshintergrund 76
- kognitive Fähigkeiten 680
- komplexe 673 ff
- Mentalisierung, kognitive 676, 680
- Neuorientierung 681 f
- Persönlichkeitsveränderung 314
- Prävalenz 312 f
- Prognose 323
- Psychoedukation 700
- Psychopharmakotherapie 322 f
- Psychotherapie 320 ff, 673 ff
- - Erfolg 682
- - stationäre 320
- - Wirksamkeit 674
- Risikofaktoren 323
- Schutzfaktoren 323
- Stabilisierung des Jugendlichen 676 ff
- Symptombildung 83 ff
- therapeutische Beziehung 676 f
- Therapie 320 ff
- - dialektisch-behaviorale 679
- - Evaluation 322
- - kognitiv-behaviorale, Wirksamkeit 622
- - Traumatisierung 311
- - umschriebene 320
- Vergewaltigungsopfer 91
- Verhaltenstherapie, kognitive 320
- Verlauf 225

Belohnungssystem 435

Benachteiligung
- soziale, Jugendhilfeleistungen 773 f
- Sozialverhaltensstörung 510

Benzodiazepin-Alkohol-Kreuztoleranz 733

Benzodiazepine 286, 732 ff
- Abhängigkeitsrisiko 732
- Absetzen 286
- nach Akuttraumatisierung 691
- Gefährdungsindex für Verkehrs- und Arbeitssicherheit 822 f
- Kontraindikation 733
- Low-dose-dependence 733
- Nebenwirkungen 733
- paradoxer Effekt 733
- Rebound-Effekt 733
- Toleranzentwicklung 733
- bei Tourette-Syndrom 550
- Wirkungen 732

Benzodiazepin-Entzug 733

Beobachtertechnik bei posttraumatischer Belastungsstörung 681

Beratung, psychosoziale 827
- bei chronischer körperlicher Erkrankung 383

Berentung 824

Berufsangebot 58 f

Berufsaufbauschule 56

Berufsausbildung (s. auch Ausbildung) 48 ff, 52 ff
- Diskussionsstand 62
- Einflussnahme 52
- Entwicklungsprozess 57 f
- Finanzierung 52
- gewerblich-technische 57
- Institution 52
- kaufmännisch-verwaltender Bereich 57
- Lernort 52 f
- Lernpotenzial 52
- Prüfung 55
- Qualität 52 f
- Verfahren, allgemein definierte 57

Berufsausbildungsprogramm 51

Berufsausbildungssystem, deutsches, institutionell-organisatorische Bedingungen 51 ff

Berufsberatung 58, 61

Berufsbildungsbericht 53, 62

Berufsbildungsforschung 52

Berufsbildungspolitik 51

Berufseignung 58 f

Berufsentscheidung 58

Berufsfachschule 53, 56
- einjährige 56

Berufsgrundbildungsjahr 53, 56

Berufsinformation 58

Berufsoberschule 56

Berufsunfähigkeit 824

Berufsvorbereitungsjahr 53, 56

Berufswahl 58 ff
- Vermittelbarkeit 59 f

Beschäftigungsförderung 763 f

Beschäftigungsmaßnahmen, sozialpädagogisch begleitete 773

Beschämungsangst 156, 160

Beschwerden
- körperliche, durch Medienkonsum 711
- psychosomatische, bei Mädchen 121

Beschwerden-Liste 309

Besetzungsabzug 560

Betäubungsmittelgebrauch, Fahrtauglichkeit 817 ff

Betäubungsmittelgesetz 731

Beteiligungrechte bei Entscheidungen im Kinder- und Jugendhilferecht 758

Betreuer 756

Betreuung, psychoonkologische 380

Betreuungsrecht 756

Bewältigungs-Fertigkeitstraining, kognitives 626

Bewegungsanpassung 667

Bewegungsarmut 578

Bewegungsstereotypien, überaktive Störung 495

Bewegungsstörung
- dissoziative 328, 330, 336
- schlafbezogene 358

Bewusstheit, phonologische 480 f

Bewusstloser Patient, mutmaßlicher Wille 742 f

Bewusstseinsstörung
- dissoziative 328 ff
- - neuropsychologische Untersuchung 333
- - Prävalenz 331
- - psychometrische Erfassung 334 f
- - Therapie 335 f
- tiefgreifende 782

Bewusstseinsveränderung, posttraumatische 316

Beziehung
- asymmetrische 99
- romantische 149 f, 201 ff
- - Einfluss der Eltern-Kind-Beziehung 207
- - Einfluss einer Scheidung der Eltern 207 f
- - empirische Überprüfung 204
- - ethnische Gruppen 210 f
- - Funktion der Freunde 204
- - Konfliktbewältigungsstrategie 208
- - Phasenmodell 203 f
- - Psychopathologie 209
- - Qualitätsveränderung 206
- - Stadien 204
- - Trennung 205 f, 208
- - Verführung zu gesundheitsschädlichem Verhalten 209
- symmetrische 99
- therapeutische 257
- - Rollenspiel 618
- Unfähigkeit zur Aufrechterhaltung 506

Beziehungsarbeit 206

Beziehungsdialog, dynamischer 561 ff

Beziehungsebene
- Körpertherapie 669
- Kunsttherapie 664
- Musiktherapie 657

Beziehungserfahrungen
- Bericht des Jugendlichen 610
- mit den Eltern 604
- pathologische, strukturell gestörter Jugendlicher 605
- Psychotherapie, psychoanalytisch-interaktionelle 606 f

Beziehungsfähigkeit, pseudonormale, oberflächliche 390

Beziehungsmuster
- aktives 102
- ausbeuterisches 159 f
- dysfunktionales 148, 270
- evokatives 102
- familiäres
- – distanziertes 148
- – dysfunktionales 148
- feindseliges 160
- passives 102

Beziehungsregulationsstörung 392
Beziehungsstörung, Fetischismus 422
Beziehungstrauma, extrafamiliäre Hilfe 689
Beziehungswissen 606
- implizites 605 ff
- unbewusstes 606

Bezoar 442 f
Bezugspersonensystem, mobiles 257 f
Bibliotherapie 713 ff
- Regeln 715

Bildgebung, funktionelle 133, 138 f
Bildschirmtechnik bei posttraumatischer Belastungsstörung 681
Bildungsausgaben 54
Bildungsergebnis, Zertifizierung 51

Bildungsniveau
- politisches Interesse 36
- Zufriedenheit mit der Demokratie 40

Bindung 142 ff
- frühe 405
- Traumatisierungseinfluss 145

Bindung-Ausstoßung-Teufelskreis 837
Bindungsänderung 70
Bindungsbedürfnis 108
Bindungserfahrung 674
Bindungs-Explorations-Balance 143
Bindungsfähigkeit 106
Bindungsfigur, fehlende 143
Bindungshierarchie 149 f
Bindungsloch 146 f
Bindungsobjekt 149
Bindungsrepräsentation 144
- Affektregulierung 150
- hochunsichere, bei jugendlicher Mutter 148
- sicher-autonome 144
- sichere 150, 391
- unsichere 143, 146, 150, 345

- – Affektentwicklung 391
- unsicher-vermeidende 144
- verstrickte 144

Bindungssituation, aktuelle 674
Bindungsstabilität 146
Bindungsstatus 144 f
- unverarbeiteter 145

Bindungsstil, kindlicher 283
Bindungsstörung 495, 674
- reaktive, Verlauf 225

Bindungssystem 143
Bindungstheorie 142 f
Bindungstoleranz 754
Bindungstrauma 674

Bindungsverhalten
- adoleszentes 145 ff
- traumatisierungsbedingte Störung 317

Biperiden 255 f
Bipolare Störung 261 ff
- Ätiologie 266
- bei Aufmerksamkeitsdefizit-Hyperaktivitäts-Syndrom 519
- Definition 265
- Epidemiologie 263
- beim Erwachsenen 263
- ICD-10 262
- beim Kind 263
- Komorbidität 265
- neuroendokrinologische Faktoren 267
- Pharmakotherapie 273 f, 729 f
- Phasenprophylaxe 273
- Psychoedukation 699
- Psychotherapie 270 f
- Rapid-cycler 265, 729 f
- Schweregrad 262
- Symptomentwicklung 265
- Therapie 269, 726

Bisexualität 415
B-L (Beschwerden-Liste) 309
Bleuler, Eugen 7
Blickbewegungen, abirrende 492
Blood Oxygenation Level dependet Effect 138
Blutalkoholkonzentration, Bestimmung 750
Blutentnahme, zwangsweise
- Bestimmung der Blutalkoholkonzentration 750
- Vaterschaftsprozess 750

Blutoxygenierung 138
Blutphobie 279
B-Lymphozyten-Antigen 297
Body-Mass-Index, Anorexia nervosa 340
BOLD-Effekt (Blood Oxygenation Level dependet Effect) 138
Borderline-Niveau 111, 403
Borderline-Persönlichkeitsstörung 160, 185, 389 f, 399 ff
- akute Dekompensation 596
- Änderung von Verhaltensweisen 396
- Ätiologie 388, 401 ff
- Behandlung 406 ff, 595

- – Voraussetzungen 405
- berufliche Auswirkungen 824
- Beziehungsachse 405
- Definition 399 f
- Diagnostik 405 f
- Differenzierung von schizophrener Störung 334
- dissoziative Symptome 337
- DSM-IV 399
- emotional instabile 400
- ICD-10 400
- impulsive 400
- Konfliktachse 405
- Marker 402
- parasuizidales Verhalten 594
- posttraumatische 315
- Prävalenz, geschlechtsabhängige 400
- psychodynamische Therapie 408 f
- psychodynamisches Modell 402 f
- Psychopharmakotherapie 335, 407
- psychosoziale Risikofaktoren 402
- Psychotherapie 406 ff
- – Elterneinbindung 407
- – Evaluation 408 f
- – Gefährdungen 407
- – Paktabsprachen 407
- – stabiler Rahmen 406 f
- – verlässliche Beziehung 407
- selbstverletzendes Verhalten 595
- soziale Situation 406
- Strukturachse 406
- Symptomentwicklung 400 f

Borderline-States 400
Borderline-Störung 673
- Psychotherapie 673
- Stabilisierung des Jugendlichen 676 ff

Bowlby-Bindungstheorie 143 f
Brain-derived neurotrophic Factor 266, 297
Brain fingerprinting 794
Brandstiftung, pathologische 430 f, 438 ff
- familiäre Risikofaktoren 439
- gruppenbasiertes Programm 440
- Präventionsprogramm 439
- Verhaltenstherapie 439 f

Brief Symptom Inventory 219
Bruxismus, nächtlicher 359
BSI (Brief Symptom Inventory) 219
Bulimia nervosa 340 ff
- nach Anorexia nervosa 224
- Ätiologie 347 f
- Definition 341
- diagnostische Kriterien 341
- Essverhalten 341
- genetisch bedingte Anfälligkeit 347
- ICD-10 341
- Komorbidität, psychiatrische 345
- Lebenszeitprävalenz 342
- bei männlichen Patienten 342
- Mortalitätsrate 352
- Pharmakotherapie 351
- Prognose 352

Bulimia nervosa
- Psychotherapie 350 f
- Risikofaktoren 348
- Selbsthilfemanuale 351
- somatische Komplikation 345 f
- Temperamentsforschung 347
- Verlauf 224
Bupropion 532
Buspiron 471, 532
B-Zell-D8/17-Expression 297

C

Cannabinoid 285
Cannabinoidabhängigkeit 232
Cannabinoidgebrauch, schädlicher 232
Cannabisgebrauch 232 ff
- neuropsychologische Funktionsstörung 234
Carbamazepin 730
- bei Aufmerksamkeitsdefizit-Hyperaktivitäts-Syndrom 531
- bei Manie 273
CASCAP-D (Psychopathologisches Befundsystem für Kinder und Jugendliche) 218
Catecholamin-O-methyltransferase 508
CBCL (Child Behavior Checklist) 219, 526
CBT s. Verhaltenstherapie, kognitive
CDC (Child Dissociative Checklist) 335
CFT (Culture Fair Test) 218, 465
CFTR (Cystic Fibrosis Transmembrane Conductance Regulator) 382
Challenging behaviour 466
Chemical restraint 734
Child Behavior Checklist 219, 526
Child Dissociative Checklist 335
Chirurgie, plastische 165
Chlorpromazin 12
Chorea minor 544, 546
Chronic fatigue syndrome 305
Chronisch-posttraumatische Störung, Stressreaktion 597
Chronische-Müdigkeit-Syndrom 305
CISD (Critical Incident Stress Debriefing) 690
Citalopram 271
Clomipramin 299
Clonazepam 550
Clonidin 532
- bei posttraumatischer Belastungsstörung 322
- bei Tourette-Syndrom 547, 550
Clozapin 12, 256
- Aufdosierung 726
- bei schizophrener Psychose 726
- bei Tourette-Syndrom 549
- Zulassungsstatus 727
Cluster-A-Persönlichkeitsstörung 389, 393, 575
Cluster-B-Persönlichkeitsstörung 389 f, 393
Cluster-C-Persönlichkeitsstörung 393
Collaborative Longitudinal Personality Study 396

Colon irritabile 304
Coloured Progressive Matrices 465
Compliance 375 f
- bei Diabetes mellitus 379
- bei Krebserkrankung 381
Computerabhängigkeit 447 f
Computerspielnutzung, therapeutische 713
COMT (Catecholamin-O-methyltransferase) 508
Conners Rating Scales 219, 527
Conolly, John 6
Contention Scheduling 650
Continuous Performance Test 526
Cool-Kids-Modul 700
Coping 695, 697
- Definition 99
- problembezogenes 375
- theoretisches Modell 374 f
Coping-Strategie 99 f
- bei Trennung einer Partnerschaft 150 f
Copy number variations 491
Cornell Research Programme on Self-Injurious Behavior 195
CPM (Coloured Progressive Matrices) 465
Critical Incident Stress Debriefing 690
CRL-R (Conners Rating Scales) 219, 527
CS (Contention Scheduling) 650
Culture Fair Test 218, 465
Cyproteronacetat 473
- im Maßregelvollzug 810
Cytochrom-P-450-Inhibition, Fluoxetin-bedingte 729

D

Datenquellen 561
Daueraufmerksamkeit 646
d2-Aufmerksamkeits-Belastungs-Test 218
DBT (Dialectical Behavioral Therapy) s. Therapie, dialektisch-behaviorale
DCS (Diagnosticum für Cerebralschädigung) 218
Debriefing, psychologisches 690
Deeskalationsschema 596
Defizienz, vorauslaufende, schizophrene Psychose 246
Defizit, kognitives 316, 318
- Sozialverhaltensstörung 509
Degenerationstheorie 10
Degenerative Erkrankung 648
Dekompensation
- psychische, akute 591, 596 f
- psychotische, akute 598
Deliberate Self-Harm Inventory 196
Delinquenz (s. auch Verhalten, delinquentes) 68, 171 ff, 507
- Einflussfaktoren 175 f
- genetischer Einfluss 508
- individuumbezogene Erklärungsansätze 177 f
- Intensivtäter 175

- Kind/Jugendlicher mit Migrationshintergrund 75
- klinisch-intuitive Prognose 788
- Kriteriologie von Göppinger 787 f
- bei Mädchen 173
- Mehrfachtäter 175
- Prävalenz 171 ff
- Prävention 582
- Prognosebegutachtung 787 ff
- räumliche Verteilung in Deutschland 176
- soziologische Erklärungsansätze 175 ff
- Verlaufsmuster 174 f
- Zuwanderer 177
Dementia praecox 7, 243
Democracy 20
Demografie 49
Demokratie 32 ff, 37 ff
- Zufriedenheit 39 ff
Denken
- dichotomes 267
- negatives 264
- problemlösendes, konvergentes, Leistungstest 218
- systemisches 631
Denkstörung
- depressive Störung 263 f, 267
- formale 241, 244, 247
- inhaltliche 241
Depersonalisation 316, 686
Depersonalisationssyndrom 328, 330
- zerebrale PET-Untersuchung 333
Depression (s. auch Depressive Episode; s. auch Depressive Störung) 68, 266
- mit Angst 286
- bei Asthma bronchiale 378 f
- auslösende Faktoren 268, 270
- Behandlungsdauer 728
- behaviorale Faktoren 267 f
- Belastungsfaktoren 269
- bei chronischen Schmerzen 265
- Differenzialdiagnostik 293
- Dopamin-Aktivität 266 f
- DSM-IV 262
- bei Elternteil 147 f
- beim Erwachsenen 263
- Familientherapie 270, 634
- genetische Faktoren 266
- Glücksspiel, pathologisches 437
- Hippocampus-Volumen 267
- Hypometabolismus, zerebraler 267
- Hypothalamus-Hypophysen-Nebennierenrinden-Achse, Störung 267
- ICD-10 262
- Kernsymptome 263 f
- Kind/Jugendlicher mit Migrationshintergrund 75
- kognitive Faktoren 267 f
- neuroendokrinologische Faktoren 267
- noradrenerges System 266
- Pharmakotherapie 271 ff, 586, 728 f
- – evidenzbasierte 271

– – Leitlinien 272
– – Verordnungsverhalten 271
– psychische Faktoren 267 ff
– psychosoziale Faktoren 268 f
– Psychotherapie 269 f
– Rehabilitationsmaßnahmen 274
– rezidivierende, Rückfallprävention 699
– Serotonin-System 266
– Sexualdelinquent 426
– bei somatoformer Störung 309 f
– mit Substanzmissbrauch 626
– Suizidalität, akute 274
– Theorie der erlernten Hilflosigkeit 267 f
– Therapie 269 ff, 585
– – Evidenzbasierung 269
– – kognitiv-behaviorale, Wirksamkeit 622
– – kognitive, nach Beck 620 f
– – psychosoziale 274
– – stationäre 274
– – teilstationäre 274
– tiefenpsychologische Theorie 268
– Verstärker-Verlust-Hypothese 268
– bei zystischer Fibrose 382
Depressionsinventar für Kinder und Jugendliche 219
Depressionsskala 219
Depressive Episode (s. auch Depression; s. auch Depressive Störung) 262
– selbstverletzendes Verhalten 194
– Verlauf 223 f
Depressive Störung (s. auch Depression; s. auch Depressive Episode) 261 ff, 585
– mit Angst 282
– bei Anorexia nervosa 342, 345
– Ätiologie 266 ff
– begleitende 265
– Behandlung 237
– bei Bulimia nervosa 345
– Chronifizierungsrisiko 263
– bei chronischer körperlicher Erkrankung 377
– Epidemiologie 262 f
– kognitiv-verhaltenstherapeutisches Behandlungskonzept 585
– Komorbidität 265 f
– Mädchenwendigkeit 263
– nach posttraumatischer Belastungsstörung 312
– psychische Faktoren 267 ff
– Psychoedukation 699
– rezidivierende 262
– Substanzmissbrauch 233
– Symptomentwicklung 263 ff
– Symptomtrias 263
– Therapie 269 ff
– – Evidenzbasierung 269
– nach Traumatisierung 313
– bei Zwangsstörung 294
Deprivation
– körperliche 225
– psychosoziale 225

Derealisation 316, 686
Derealisationssyndrom 328, 330
Dermatitis factitia 430, 451 f
Dermatotillomanie 430, 451 f
DES (Dissociative Experiences Scale) 331, 334
Desensibilisierung
– systemische 619
– Übungen bei sexueller Aversion 420
– verhaltenstherapeutische 680
Desialotransferrin, Alkoholmissbrauch 235
Desintegrative Störung des Kindesalters 495
Desipramin 532
DESNOS (Disorder of Externe Stress not Otherwise Specified) 312, 315
DESNOS-Symptome 673
Deutsche Gesellschaft für Kinderpsychiatrie und Heilpädagogik 11
Deutsche Gesellschaft für Poesie- und Bibliotherapie 713
Deutscher Bundesjugendring 20
Devianz 7 f
DGPB (Deutsche Gesellschaft für Poesie- und Bibliotherapie) 713
DIA-X-Expertensystem 218
Diabetes mellitus 379 f
– präventiver, integrierter psychologischer Behandlungsansatz 380
– psychopathologische Symptome 379
– Purging-Verhalten 341
Diagnostic Interview for Personality Disorders 396
Diagnostic and Statistical Manual of Mental Disorders s. DSM-IV
Diagnosticum für Cerebralschädigung 218
Diagnostik 215 ff, 602 f
– dimensionale 215
– Einwilligung in Eingriff 748
– kategoriale 215
– zu klärende Fragen 603
– klinische 215
– Methodik 216 f
– multiaxiale 216
– psychodynamische 602 f
– Symptomatikdauer 602
Diagnostikverfahren 215 ff
– Objektivität 217
– Reliabilität 217
– standardisierte 215, 217
– Validität 217
Diagnostische Beobachtungsskala für autistische Störungen 495
Diagnostisches Interview
– für Autismus 495
– bei Psychischen Störungen 218
Dialectical Behavioral Therapy 595
Dialog
– diagnostisch-therapeutischer 561 f
– intergenerationeller 26 ff
Diathese-Stress-Modell
– dissoziative Störung 332

– Persönlichkeitsstörung 388
Diazepam 732, 734
Dienstleistungsbereich 51
DIKJ (Depressionsinventar für Kinder und Jugendliche) 219
DIPD (Diagnostic Interview for Personality Disorders) 396
Dipiperon 532
DIPS (Diagnostisches Interview bei Psychischen Störungen) 218
Disability (krankheitsbedingte Aktivitätseinschränkung) 378
Diskriminationslernen 618
Disorder of Externe Stress not Otherwise Specified 312, 315
Disposition, kriminelle 178
Dissociative Experiences Scale (DES) 331, 334
Dissoziation
– kontrollierte 336
– peritraumatische 323, 337, 404
– posttraumatische 315 f, 404
– strukturelle 315 f
Dissoziationskontinuum, Traumafolgen 317
Dissoziative Störung 305, 328 ff
– Ätiologie 332 f
– Definition 328
– Diagnostik 333 ff
– Diathese-Stress-Modell 332
– Differenzialdiagnostik 333 f
– DSM-IV 328
– Epidemiologie 330 f
– Fahrtauglichkeit 821
– gemischte 329 f
– Geschlechterverhältnis 330
– ICD-10 328
– Konversionstypus (s. auch Konversionsstörung) 328 ff
– – Chronifizierungsneigung 329
– – Diagnostik 334
– – Krankheitsverhalten 329
– – Prognose 337
– – somatische Differenzialdiagnosen 334
– – Therapie 336 f
– neurobiologische Untersuchungsergebnisse 332
– mit neurologischer Erkrankung 334
– Persönlichkeitsfaktoren 333
– Psychopharmakotherapie 335
– Screening-Fragebogen 331
– Störungsmodell 332
– Symptome 331, 686
– – assoziierte posttraumatische 331
– Therapie 335 ff
– traumabedingte 110
Divalproex-Sodium 512
DJI-Jungendservey (Jugendservey des Deutschen Jugendinstituts) 32 ff
D-L-Amphetamin 529
Dokumentation, kunsttherapeutische 664
Dopamin 721

Dopamin-Agonisten 431, 435
– bei Tourette-Syndrom 549
Dopamin-D$_4$-Rezeptor-Gen 520
Dopaminerg wirksame Substanzen 548 ff
Dopaminerges System
– hyperkinetische Störung 520
– selbstverletzendes Verhalten 193
Dopamin-Hypothese
– Depression 266 f
– Psychose, schizophrene 251
Dopamin-Rezeptoren 725
Dopamin-Rezeptor-Blockade 725
Dopamin-Transport-Gen 520
Doping-Reglement, Stimulanzien 533
Doppelaufgabe bei dysexekutivem Syndrom 651
Drift-Hypothese 253
Drogendelikte, räumliche Verteilung in Deutschland 176
Drogenkonsum 68, 83, 187, 584 f, 641 f
– Interventionsprogramm 584 f
– Zusammenhang mit Körpermodifikation 168
Drogenpsychose 254
Drug Abuse Resistance Education Study 625
DSHI (Deliberate Self-Harm Inventory) 196
DSM-IV (Diagnostic and Statistical Manual of Mental Disorders) 216 f
DUP (Dauer der unbehandelten Psychose) 248
Durchgangsphase, narzisstische 154 ff, 185
Durchschlafstörung 355, 359 f
– Intervention 366 f
Dysexekutives Syndrom 651
Dysfunktionalität 105 f
Dysfunktionshypothese, präfrontal-striatale, Aufmerksamkeitsdefizit-Hyperaktivitäts-Syndrom 523
Dyskalkulie 485
Dysmorphiezeichen 465
Dysmorphophobie 304
Dysphagie 305, 349
Dysregulation
– emotionale, selbstverletzendes Verhalten 194
– psychobiologische, chronische 315
Dysthymie 262
– bei Bulimia nervosa 345
– Verlauf 223 f

E

Eating Disorders Inventory 219
EBE-Theorie (Exotic Becomes Erotic) 414
Echolalie 541 f
Echopraxie 540 ff
– gestische 540, 542
Ecstasy-Konsum, psychische Sekundärfolgen 234
EDI-2 (Eating Disorders Inventory) 219
EIBI (Early Intensive Behavioural Interventions) 498

EIBI-Programm bei Autismus 498
Eigenleiberfahrung 115
Einberufsklasse, aufsteigende 55
Einflussnahme, spirituelle 67 ff
Eingebundensein, religiöses 68
Eingliederung, berufliche 764
Eingliederungshilfe
– Anspruch 769
– für arbeitsuchende Jugendliche/junge Erwachsene 772 f
– für behinderte Menschen 766 f
– Beratungsleistungen 773
– Betreuungsleistungen 773
– Hilfeplanverfahren 770, 776
– Leistungen 770, 829
– Sanktionen 773, 775
– für seelisch behinderte Kinder und Jugendliche 765, 828
Eingriff, diagnostischer, Einwilligung 748
Eingriffsaufklärung 742
Einschlafstörung 355, 359 f
– bei abendlichem Konflikt 365 f
– bei Aufmerksamkeitsdefizit-Hyperaktivitäts-Syndrom 519
– Intervention 366 f
Einschlafzuckungen 359
Einsichtsfähigkeit 758
Einstellungssyndrom, rechtsextremes 43
Einwilligung 741 ff, 747 f, 758
– Rechtsgrundlagen 741 f
– Verfassungsrang 743, 747
– Widerruf 743
– Wirksamkeit 743
Einwilligungsfähigkeit 744 f, 758
Einzelbetreuung, sozialpädagogische 772
Einzeltherapie
– Spaziergang 638
– stationäre 613
– systemische 632
– – virtuelle Einbeziehung von Angehörigen 632
Ejaculatio praecox 420
Ekelgefühl 114
Elektroenzephalogramm, Aufmerksamkeitsdefizit-Hyperaktivitäts-Syndrom 522
Eltern
– Druck auf den Therapeuten 640
– Gesprächsverhalten mit dem Jugendlichen 641
– Selbstbezichtigung 640 f
Eltern-Adoleszenten-Verhältnis 123, 146 f
Elternarbeit, Bedingungen 603
Elternberatung bei Anorexia nervosa 350
Elterngespräch 611 f
Eltern-Kind-Beziehung, Einfluss auf romantische Beziehungen 207
Eltern-Patient-Zusammenarbeit, kunsttherapeutische 665
Elternprogramm 586 f
Elterntherapie, begleitende 611 f
Elterntraining

– bei geistiger Behinderung 467
– bei Sozialverhaltensstörung 582, 624
Elternübertragung 604
Elternverbände 846 f
Emanzipation 96
Embodied communication 607
Embodied knowledge 606 f
EMDR (Eye Movement Desensitization and Reprocessing) 320 f, 680 f
– nach traumatischem Lebensereignis 690 f
Emotion 107
Emotionale Störung
– des Kindesalters 263
– mit Trennungsangst 281
Emotionserkennungstraining 713
Emotionsregulation 143
– dysfunktionale 595
– strukturelles Defizit 107
Emotionssystem 107
Emotionsverarbeitung 284
Empathiemangel 159 f, 162, 510
– Delinquenz 177
Empathieunfähigkeit 390
Empfindungsstörung, dissoziative 329 f
Empowerment 694
Endocannabinoide 285
Endocrine disruptors 129
Endorphin-Ausschüttung 193
Enhancement, psychopharmakabedingtes 724
Enkopresis 224
Entfremdungserlebnisse 328
Entgiftungsphase bei Suchtstörung 236 f
Enthemmung, alkoholbedingte 234
Entlastung, emotionale, situationsadäquate 695, 697 f
Entscheidungsfindung, partizipative 745, 749
– Beteiligungsrechte 758
Entscheidungssituation, Kontrollrechte 744
Entscheidungsunfähigkeit 265
Entspannungstechnik 580, 621
– bei Parasomnie 369
– bei somatoformer Störung 309
Entwertung 160
Entwicklung 559 f
– Bedingungen, psychosoziale, ungünstige 193
– biologische 126 ff
– bei chronischer körperlicher Erkrankung 375 f
– Einfluss dissoziativer Störungen 110
– durch Handlung 101 f
– heterosexuelle, bei Geschlechtsidentitätsstörung 417
– homosexuelle, bei Geschlechtsidentitätsstörung 417
– kognitive, Langzeitüberwachung 645
– körperliche 126 f, 201 f
– Krisen 96 f
– Latenzphase 96

Sachverzeichnis

- männliche 116 f
- – Bewältigungsform 118 f
- – externalisierende Verarbeitung 121 f
- moralische 138
- ödipale Phase 117
- psychosexuelle 112 f
- psychosoziale
- – bei früh beginnender Psychose 243
- – Zwangsstörungseinfluss 300
- religiöse 67
- sexuelle, gehemmte, Anorexia nervosa 344
- transsexuelle 415 ff
- – bei Geschlechtsidentitätsstörung 417
- – Verlauf 416
- – Traumatisierungsfolgen 317 f
- weibliche 117 f
- – Bewältigungsform 118 f
- – internalisierende Verarbeitung 120 f
- – Zeitfenster 186

Entwicklungsabhängige Interaktionen 226
Entwicklungsaufgaben 83, 92 ff
- Adressaten 94
- akzidentelle 98
- Aufgabensteller 94 f
- Bearbeitungsstand 100 f
- Bewältigung 98 ff
- – Auswirkungen 101
- – Evaluation 95 f
- – Handeln 101 f
- eingeschränkt normative 94 f
- der Eltern 99
- individuelle 94
- Katalog 92 f
- Lösung 95
- neue 93
- nicht normative 98
- Nichtbewältigung 94
- – depressive Reaktion 264
- normative 94 f

Entwicklungsknick 253
Entwicklungskrise, adoleszente s. Adoleszenzkrise
Entwicklungsneurobiologie 140
Entwicklungsperspektive, Psychotherapie, analytische 605 f
Entwicklungsprozess, adoleszenter 186
Entwicklungsrahmen, zeitgeschichtlicher 17 ff
Entwicklungsstand bei psychischem Trauma 83 f
Entwicklungsstörung
- multiaxiales System 216
- persistierende, DSM-IV 216
- tiefgreifende 488 ff
- – Häufigkeit 489
- – ICD-10-GM 488
- umschriebene 476 f

Entwicklungsverzögerung
- bei jugendlicher Mutter 148
- konstitutionelle 130
- tiefgreifende 494 ff
- – Differenzialdiagnose 495 f
- – Untersuchungsinstrumente 494 f

Entzugsdelir 236
Entzugssymptomatik 236
- Atypikaeinsatz 727
Enuresis 224
Enzephalitisepidemie 517
Epilepsie s. auch Anfallsleiden
- mit Autismus 489
- bei Intelligenzminderung 461
- – Behandlung 471

Epworth Sleepiness Scale für Kinder 364
EQF (European Qualifications Frame) 51
Erblichkeitslehre 10
Erbrechen, selbst induziertes 340 f, 346
Erektionsstörung 420
Erfahrung 105
Ergänzungspflegschaft 755
Ergotherapeut, Haltung 660
Ergotherapie 655, 658 ff
- ausdruckszentrierte 662
- entwicklungsbezogene 660
- Indikation 768
- bei Intelligenzminderung 468
- interaktionelle 662 f
- kompetenzzentrierte 661 f
- strukturbezogene 660
- wahrnehmungszentrierte 662
- Ziele 659

Erhebungsbogen Selbstschädigung 196
Erkundungsverhalten 143
Erleben, Organisator 105
Erlebnisverarbeitung, depressive 268
Ernährung
- Präventionsmaßnahmen 577 f
- Unterschiede, ethnisch bedingte 575 f
Erregung, sexuelle, Störung 419
Erregungskontinuum, Traumafolgen 317
Erregungsleitung, saltatorische 134
Erstausbildung, berufliche 49, 53 f
- Ausbildungsprogramm 53
Erstgespräch, psychodynamisches 559 ff
- gemeinsamer Focus 568
- lebensgeschichtliche Bedingungen 567
- Problemkreisausweitung 569 ff
- Transparenz 567
- Verständnisvertiefung 572 f
- Zielformulierung 572 f
Erwachsenenberuf 54 f
Erwachsenenpsychiatrie, Übergang 756
Erwachsenenreife 780 f
Erwachsener
- junger s. auch Volljährige, junge
- – Hilfssystem 831
- – Nachbetreuung 832
- – Lebenshaltung 780
- psychisch beeinträchtigter s. auch Psychische Störung
- – Hilfebedarf 760 ff
Erwachsenwerden, Funktion der Kunsttherapie 665

Erwerbsfähigkeit 763, 774
Erwerbsminderung, Grundsicherung 775
Erwerbsunfähigkeit, längerfristige 773
Erythrozytenvolumen, mittleres, Alkoholmissbrauch 235
Erzieherschulung 9
Erziehung
- in der Pubertät 139
- religiöse 67 ff
- Religiositätseinfluss auf die Eltern 68
Erziehungshilfe 765, 772
- Anspruchsvoraussetzungen 772
- Hilfeplanverfahren 776
- Kinder- und Jugendhilfegesetz 830
Erziehungsinkompetenz 586
Erziehungskompetenz, Verbesserung 621
Erziehungsstil, invalidisierender 235
Erziehungsstrategie
- gewalttätige 178
- bei Schlafstörung 368
Erziehungsverhalten, elterliches
- günstiges 586 f
- Sozialverhaltensstörung 510
Erziehungsziel 753
Escitalopram bei pathologischem Glücksspiel 437
Essattacken 341
Essstörung (s. auch Anorexia nervosa; s. auch Bulimia nervosa) 121, 340 ff, 430
- Behandlung 237, 349 ff
- bei Diabetes mellitus 379
- Heilungserfolg, Kriterien 352
- Kunsttherapie 663
- Neurobiologie 348
- Psychoedukation 700 f
- Selbsthilfegruppe 351
- Verhinderung, Trainingsprogramm 578
- Zusammenhang mit Körpermodifikation 168
Ethik, Maximen bei Krisenintervention 592
European Monitoring Centre for Drugs and Drug Addiction 701
European Qualifications Frame 51
Euthanasie 10
Exekutive Funktionen 650 ff
- Komponenten 650 f
- Modelle 650
- Störung 650 ff
- – Rehabilitationsmaßnahmen 651 f
- – Ursache 651
- Subkomponenten 652
- Testung 492
- Trainingsaufgaben 652
Exhibitionismus 421, 422
- Rückfallrate 427
- bei sexueller Funktionsstörung 427
Existenzsicherung, materielle 774 f
Exkoriation, neurotische 430, 451 f
Exploration bei Schlafstörung 362
Explosible Störung, intermittierende s. Reizbarkeit, intermittierend auftretende

Expressed-Emotions-Konzept 697
Externalisierende Störung, kognitiv-behaviorale Therapie 621, 623 ff
Extraversion, Gesundheitsverhalten 575
Extremitätenbewegungen, periodische, im Schlaf 358
Eye Movement Desensitization and Reprocessing s. EMDR

F

Facharbeiter 49
Fachgymnasium 56
Fachhochschule 56
Fachoberschule 56
Fachorganisationen 845 f
Fachschule 56
FACS (Family and Coping Skills Therapy) 626
Fähigkeit
- emotionale 106
- zur Identifikation 110
- kognitive 106
- – bei posttraumatischer Belastungsstörung 680
- kommunikative 106
Fahrtauglichkeit 814 ff
- bedingte 816 ff
- Beschränkungen 816 ff
- Eignungsuntersuchung 819
- rechtlicher Beurteilungsrahmen 815, 819
- unter Stimulanzien 533
- Tests 819
FAIR (Frankfurter Aufmerksamkeits-Inventar) 218
Falle, demografische 49
False-belief-Tests 492
Familienbeziehungen, Komplexität 633
Familiendynamik, adoleszente 122 ff
Familienintervention s. auch Familientherapie
- bei Alkoholmissbrauch 580
- bei geistiger Behinderung 468
- psychoedukative 699
Familienrecht 754 ff
- Gerichtsverfahren 756 f
Familienrechtsbegutachtung 758
Familienselbstorganisation 632
Familienstruktur, dysfunktionale 389
Familiensystem 220
- Belastung
- – durch chronische körperliche Erkrankung eines Familienmitglieds 375
- – bei Krebserkrankung eines Familienmitglieds 380
- Beteiligung bei Zwangsstörung 294
Familientherapie s. auch Familienintervention
- bei Angststörung 285
- bei Anorexia nervosa 350
- bei Depression 270
- bei posttraumatischer Belastungsstörung 321

- systemische 632
- – Ergebnischarakteristika 635
- – Kinder- und Jugendlichen-freundliche 634
- – therapeutische Haltung 632
- – Vorablimitierung 632
- – Wirksamkeit 634 f
Family and Coping Skills Therapy 626
Faserverbindungen, zerebrale, Volumen 136
Fasten 342
Faustlos 513
FBL (Freiburger Beschwerdeliste) 309
FDJ (Freie Deutsche Jugend) 19 f
Feedback, Wissensvermittlung 650
FEFA (Gesichter erkennen) 497
Fehlhaltung
- physiologisch-vegetative, dysfunktionale 668
- psychologisch-emotionale 668
Feindseligkeit 160, 575
Feinfühligkeit, mütterliche 143
- bei jugendlicher Mutter 148 f
Fenfluramin 192
FEPS-II (Fragebogen zur Erfassung spezifischer Persönlichkeitsmerkmale Schlafgestörter) 364
Fernsehfime, gewalttätige 361
Fertigkeiten
- lebenspraktische, Training bei Intelligenzminderung 467
- soziale, erlernen 621
Fertigkeitstraining bei Substanzmissbrauch 625
Fetischismus 421, 422 f
Fettsäuren
- essenzielle 521
- mehrfach ungesättigte 521, 532
^{18}F-Fluorodesoxyglucose-Positronenemissionstomographie bei Tourette-Syndrom 544
Flooding bei Zwangsstörung 298
Flüchtlingsjugendliche 85
- Realkonflikt 87
Fluoxetin 271 ff
- bei Angststörung 729
- bei Depression 728 f
- bei Dermatotillomanie 452
- bei elektivem Mutismus 286
- Langzeitbehandlung, Folgen 286
- bei pathologischem Stehlen 441
- bei Trichotillomanie 444
- Zulassungsstatus 727
- bei Zwangsstörung 729
Flüssigkeit, kognitive, Trainingsaufgaben 652
Fluvoxamin
- bei Angststörung 729
- bei Depression 728
- bei pathologischem Stehlen 441
- Zulassungsstatus 727
- bei Zwangsstörung 299, 729

Forschung, beobachtende 748
Forschungsprojekt, Einwilligung des Patienten 741, 743, 748
- Widerruf 743
Fragebogen
- zur Erfassung spezifischer Persönlichkeitsmerkmale Schlafgestörter 364
- zu körperbezogenen Ängsten, Kognitionen und Vermeidung 219
- mehrdimensionaler 526
- zu Stärken und Schwächen 219
Fragebogenverfahren, störungsspezifische, für Jugendliche und junge Erwachsene 219
Fragen, neugieriges 633, 637
Fragiles-X-Syndrom 496
Frankfurter Aufmerksamkeits-Inventar 218
Freiburger Beschwerdeliste 309
Freie Deutsche Jugend 19 f
Freiheitsentziehende Maßnahme, pharmakotherapeutische, bei geistiger Behinderung 469
Fremdbeurteilungsverfahren 219
Fremdenfeindlichkeit 42 ff
Fremde-Situations-Test 144
Fremdgefährdung 591
Fremdwahrnehmung
- Ergotherapie 658 f
- Körpertherapie 668
- Kunsttherapie 665
Freud, Sigmund 8
Freudsche Triebtheorie 112
Freunde als Bindungsobjekt 149
Freundesgruppe
- mit ausländischen Jugendlichen 205, 211
- Verführung zu gesundheitsschädlichem Verhalten 209
Freundschaftsbeziehung
- interethnische 211
- Intimität 206 f
- intraethnische 211
- Vorläufer romantischer Beziehung 205
Frontallappendysfunktion 348
Frontallappenfunktionen, exekutive, Defizit 402
Frontalunterricht 57 f
Frotteurismus 421
Frühadoleszenz 559, 601
Frühbehandlungszentrum 258
Frühdyskinesien, neuroleptikabedingte 255
Frühreife 202
Frustration
- unlustvolle 162
- Vulnerabilität 268
Frustrationsintoleranz 400
Frustrationstoleranz, geringe 506 f
FST (Fremde-Situations-Test) 144
Fugue, dissoziative 328 f
Führerschein s. Fahrtauglichkeit
Führerscheinneuling, Unfallprävention 582
Funktionelle Störung 304

Sachverzeichnis

Funktionseinschränkung, psychosoziale, ICD-10 216
Funktionsniveau
- konflikthaftes 111
- narzisstisches 111
- präpsychotisches 111
- psychosoziales, globales, multiaxiales System 216
Funktionsstörung, sexuelle s. Sexuelle Funktionsstörung
Furcht-und-Angst-System, zentrales 283 f
Fürsorger 9

G

GABA (Gammaaminobuttersäure) 297, 720 f
GABAerg wirksame Substanzen 550
Gammaaminobuttersäure 297, 720 f
Gamma-Glutamyltransferase, Alkoholmissbrauch 235
Gardiner, Robert 6
GBB-KJ (Gießener Beschwerdebogen für Kinder und Jugendliche) 309
Geburtensaisonalität, schizophrene Psychose 250
Geburtskomplikation, Schizophrenieentstehung 250
Gedächtnis 105, 113 ff
- autobiografisches 110
- explizites 110
- Funktionsstörung als Traumafolge 110
- implizites 110
- Leistungstest 218
- prospektives 648
- sensorisches 648
Gedächtnisbeeinträchtigungshypothese 799
Gedächtnisfunktionsstörung 648 ff
- bei dissoziativer Bewusstseinsstörung 333
- Kompensationstraining 649
- Mnemotechniken 649
- neuropsychologisch fundiertes Training 650
- Rehabilitation 649 f
- Substitutionstherapie 649
- Ursache 648 f
Gedächtnistechnik, visuelle 649
Gedanke
- aufdringlicher 295
- automatischer 295
Gedanken, Zusammenhang mit Befindlichkeit 621
Gedankenausbreitung 244, 246
Gedankenblockade 247
Gedankeneingebung 244
Gedankenentzug 244, 246
Gedankenkreisen 263
Gedankenlautwerden 244, 246
Gedankenstopp 367
Gefährdungsindex für Verkehrs- und Arbeitssicherheit bei Medikamenteneinfluss 822

Gefährlichkeitsprognose bei Schuldfähigkeitsminderung 785 f
Gefühl der inneren Leere 400
Gefühle
- Funktion 405
- Therapie im antwortenden Modus 609
Gefühllosigkeit 264
Gegenübertragung, offengelegte 607
Gehirn (s. auch Hirn) 133 ff
Gehirnentwicklung, Cannabisgebrauch 234
Gehirnremodellierung 139
Gehirnpsychiatrie 7
Gehirnreifung 133 ff, 721
- Drogeneinfluss 234
- Einfluss des Lernens 134 ff
- kritische Perioden 140
- Pruning 250
- strukturelle Befunde 136 f
Gehirnstruktur nach Traumatisierung 318
Gehirnwachstum 491
Geldspielautomat 433
Generativität 97, 119
Genitale, weibliches 120 f
Geschäftsfähigkeit des Patienten, fehlende 743
Geschichtentechnik 649
Geschichtserfahrung 27
Geschlechterbedeutung 116
Geschlechtsdysphorie 412, 418
- Beginn in der Jugend/im Erwachsenenalter 418
Geschlechtsidentität 411 f
Geschlechtsidentitätsstörung 412 ff
- DSM-IV 413
- fortbestehende 418
- geschlechtskorrigierende Operation 417
- ICD-10 413
- sexuelle Orientierung 413 f
- Stichproben, epidemiologische 413
- Therapie 415 ff
- – affirmative 415 f
- Verlauf 224, 415, 417 f
Geschlechtsmerkmale, sekundäre 126
Geschlechtsrolle 412
Geschlechtsrollenkonfusion 418
Geschlechtsrollenpräsentation 412
Geschlechtsumwandlung 417
- Alltagstest 416
- Nachbetreuung 417
Geschlechtsumwandlungswunsch 413
Geschlechtsverkehr 418 f
- erster 202
- Erwartungsangst 419
Gesetz zur Bekämpfung der Geschlechtskrankheiten 750
Gesichter-Namen-Assoziationsmethode 649
Gesichtsverlust bei Kompromiss 641 f
Gespräch mit dem Jugendlichen
- der Eltern 641
- des Therapeuten, Einleitung 637

Gesprächigkeit, gesteigerte 265
Gesundheit
- Persönlichkeitsfaktoren 575
- psychische 67 ff
- Risikofaktoren 575 ff
- Schutzfaktoren 576
- Sozialisationsmodell 576
- WHO-Definition 377
- Zusammenhang mit Religiosität 67 ff
Gesundheitsstörung, jugendliche, Familieneinfluss 576
Gesundheitsverhalten 575
Gesundheitswesen 825
- Struktur 827
Getriebenheit 261
Gewalt
- Medieneinfluss 710
- sexuelle 90
- – unterm Besatzungsregime 25 f
Gewaltkriminalität
- Prävalenz 172
- räumliche Verteilung in Deutschland 176
Gewaltopfer, akute Intervention 598
Gewalttat
- von Mädchen 786
- rechtsextrem motivierte 42
- Substanzmissbrauch 175
Gewichtskontrolle, präventive 577 f
Gewichtsschwankungen 346
Gewichtsverlust 340
Gewichtszunahme, medikamentös bedingte 548 f
Gewissenhaftigkeit, Gesundheitsverhalten 575
Gewohnheiten, abnorme 430 ff
- DSM-TR 430
- ICD-10 430
Gießener Beschwerdebogen für Kinder und Jugendliche 309
Gilles-de-la-Tourette-Syndrom s. Tourette-Syndrom
Glaubhaftigkeitsbegutachtung
- Aussageninhalt 795
- jugendlicher Zeugen 792 ff
- kindlicher Zeugen 793
- körperliche Symptome 794
- nonverbale Verhaltensweisen 795
- Persönlichkeitsaspekte 797 f
- Rahmenbedingungen 800 f
- Realkennzeichen 795 f
- wissenschaftliche Grundlagen 794 f
Glaubhaftigkeitsgutachten
- Erstattung 801 f
- unrichtiges, Haftung 802
Gleichgewichtsempfinden 667
Globus hystericus 305
Glücksspiel
- Aufforderungscharakter 433
- kommerzielles 434
- kompetitives 433

Glücksspiel
- pathologisches 432 ff
- - bei Depression 437
- - Entwicklungsverlauf 432
- - familiäre Folgen 435
- - Kernsymptome 435
- - kognitiv-behaviorale Behandlung 436 f
- - kognitiv-behaviorales Modell 434 f
- - komorbide Störung 436
- - mit bipolarer Störung 437
- - Neurobiologie 435
- - Pharmakotherapie 437
- - Prävention 437 f
- - psychodynamisches Modell 434
- - rechtliche Folgen 435
- - Risikofaktoren 433 f
- - stabilisierende Faktoren 433
- - standardisiertes Diagnostikverfahren 435
- - Therapie 436 f
- selbstreferenzielles 433
Glücksspielmonopol, staatliches 438
Glutamat 296 f
Glutamatrezeptor-Gen 296
Glutamattransporter-Gen 297
GnRH (Gonadotropin-Releasing-Hormon) 127 f
GnRH-Neuronen, Hemmung 128
GnRH-Sekretion 128
GnRH-Transkription 128
Go/No-Go-Aufgabe bei funktioneller Bildgebung 139
Gonadenfunktion, zentrale Regulation 127 f
Gonadotropin-Releasing-Hormon s. GnRH
Gonadotropinsekretion 128
Good clinical practice 699
Göppinger-Kriteriologie 787 f
Grandiosität 159
Graue Substanz, kortikale, Entwicklung 545
Grenzziehung, Körperpsychotherapie 668
Griesinger, Wilhelm 7
Größenideen 155
Größenphantasien 159 f
GRUN2B (Glutamatrezeptor-Gen) 296
Grundintelligenztest 218, 465
Grundkonflikt, narzisstischer 162
Grundorientierung, verhaltenstherapeutische 695
Grundsätze, ethische 160
Grundsicherung 774 f
Grundstimmung, gereizte 265
Grundvertrauen 66
Gruppendelikt 780
Gruppentherapie 612
- forensische 808
- Rollenspiel 618
Gruppentraining bei Autismus 497
Gruppierung, rechtsextreme 43
Guanfacin 532, 550

H

Haarveränderung bei Anorexia nervosa 344
Habit-Reversal-Training bei Trichotillomanie 444
Halluzinationen 242, 244, 246
- hypnagoge 358
- Kind/Jugendlicher mit Migrationshintergrund 76
Halluzinogen-Konsum, psychotische Störung 234
Haloperidol 12, 532
- Nebenwirkungen 726
- bei Schizophrenie 470, 726, 810 f
- bei Tourette-Syndrom 548 f
HALT-Projekt 597
Haltung
- therapeutische 631 f
- unverantwortliche 506
Hamburg-Wechsler-Intelligenztest 218
Hamburger Zwangsinventar 291
Handeln
- delinquentes, Verlaufsmuster 174 f
- dissoziales, unter Alkoholeinfluss 234
- gezieltes, entwicklungsrelevante Auswirkung 102
- des Jugendlichen 602
Handicap (krankheitsbedingte Teilhabebeeinträchtigung) 378
Handlung, suizidale 191 f
Handlungsablaufstörung 247
Handlungsfähigkeit, eigene 757
Handlungsplanung, Trainingsaufgaben 652
Handlungsschema, domänenspezifisches 651
Hare Psychopathy Checklist 177
Häresie 69
HASE (Homburger ADHS-Skalen für Erwachsene) 219
Hassgefühle 87
Hauptschlafepisode, unterbrochene 358
HAWIE-R (Hamburg-Wechsler-Intelligenztest für Erwachsene) 218
Hawighurst-Katalog der Entwicklungsaufgaben 92 f
HAWIK-IV (Hamburg-Wechsler-Intelligenztest für Kinder) 218
HCR-20 (Historical, Clinical and Risk Variables) 788
Hedonismus 50
Heidelberger Dissoziationsinventar 335, 686
Heidelberger Frühbehandlungszentrum 258
Heidelberger Kompetenz-Inventar 465
Heilbehandlung bei geistiger Behinderung 469
Heilmittel 768
Heilpädagogik bei Intelligenzminderung 467
Heimerziehung 772, 830
Heimkind, Rehospitalisierungsrisiko 834
Heimunterbringung 612
Helfer, innerer 678

Heller-Syndrom 495
Hemmungen, gesellschaftlich übliche, Verlust 265
Heranwachsender 778
Herzneurose 304
High-functioning-Autismus 495
- Prognose 499
Hilfebedarf 760 ff
- behinderungsbedingter, Verfahrensregelungen 775 f
- komplexer 760
Hilfebedürftigkeit 774
Hilfeplanung 837
Hilfeplanverfahren 776
Hilflosigkeit, erlernte 267 f
Hilfssysteme, psychosoziale 824 ff
- Kostenträger 825
- rechtliche Grundlagen 825
Hingabeänderung 70
Hippocampus
- verminderte Konnektivität 491
- Volumen 251, 267
Hippokrates 6
Hirnatrophie 251
- Essstörung 348
Hirnrinde s. Kortex
Hirnschädigung
- Diagnostik 218
- Gedächtnisrehabilitation 650
Hirnsklerose, tuberöse 496
Hirntumor 380
Hirnverletzung, Aufmerksamkeitsdefizit 645
Hirnvolumen
- Anorexia nervosa 348
- Aufmerksamkeitsdefizit-Hyperaktivitäts-Syndrom 523
- Reduktion 251, 348, 523
- Zunahme 134
Historical, Clinical and Risk Variables 788
HIV-Gefährdung, Kind/Jugendlicher mit Migrationshintergrund 76
HKI (Heidelberger Kompetenz-Inventar) 465
HMPAO (^{99}Tc-Hexamethylpropylenaminoxim) 544
Hochstress-Skills 679 f
Hochstressbereich 679
Hodenhochstand, unbehandelter 130
Hoffnungslosigkeit nach traumatischem Ereignis 685
Holocaust-Überlebende, Belastung der Kinder 83
Homburger ADHS-Skalen für Erwachsene 219
Homo-γ-Linolensäure 521
Homosexualität 120, 415, 421
Hôpital de Bicêtre 6
Hormonbehandlung bei Transsexualismus 416
Horowitz-Kaskade nach traumatischem Lebensereignis 685
Hospitalisierung 6

Sachverzeichnis

Hospitalismus, Prävention bei geistiger Behinderung 467
5-HT-Rezeptoren 721
Humoralpathologie 6
5-Hydroxyindolessigsäure 520
- im Liquor 266, 521
Hyperaktivität 261, 519
- bei geistiger Behinderung 470
- motorische 340
- präfrontale 297
- Psychopharmakotherapie 470
- - im Maßregelvollzug 809 f
Hyperarousal 361
Hyperkinetic impulse disorder 517
Hyperkinetische Störung 263, 516 ff
- Aufmerksamkeitsprüfung 525 f
- Behandlung 513
- Definition 516
- Differenzialdiagnose 528
- DSM-IV 516, 518
- im Erwachsenenalter 519
- Fragebogen 526
- Fremdbeurteilung 526 f
- genetische Faktoren 520
- ICD-10 516 f
- Katecholaminhypothese 520
- Konzentrationsfähigkeitsprüfung 526
- Lipidhypothese 521
- Mehrebenendiagnostik 525 ff
- - beim Erwachsenen 527 f
- Monoaminoxidasehypothese 521
- Nahrungseinfluss 531
- partielle Remission 517
- perinatale Einflüsse 523
- Pervasivität 518
- Pharmakoepidemiologie 530
- Prävalenz 518
- psychodynamische Hypothese 523 f
- psychologische Testuntersuchung 525 f
- Psychopharmakotherapie 528 ff
- Psychotherapie 531
- Selbstbeurteilung 526 f
- Serotoninhypothese 520 f
- mit Sozialverhaltensstörung 518
- SPECT-Befund 520
- störungsspezifische Untersuchungsverfahren 526 f
- Strafmündigkeit 534
- Umweltfaktoren 523 f
- vorherrschend unaufmerksame 516 f, 519
Hypersensitivität
- autistische Störung 494
- für mentale Zustände 185
Hypersexualität 265
- bei geistiger Behinderung 472 f
- medikamentös bedingte 449
Hypersomnie
- idiopathische 358
- menstruationsbezogene 358
- rezidivierende 358
- zentralnervösen Ursprungs 357 f

Hyperventilation 304
Hypoalgesie 193
Hypochondrie
- Differenzialdiagnostik 293
- Psychoedukation 700
Hypochondrische Störung 304
Hypogonadismus 130
Hypomanie 265
Hypometabolismus, zerebraler, Depression 267
Hyporeagibilität, autonome 509, 513
Hyposensitivität, autistische Störung 494
Hypothalamus-Hypophysen-Gonaden-Achse, Störung 340 f, 347
Hypothalamus-Hypophysen-Nebennierenrinden-Achse
- Funktion nach Traumatisierung 318
- Störung, Depression 267
Hypothesengenerierung, Zeugenaussage 799
Hypoxie, perinatale, Tourette-Syndrom 543
Hysterie 8
HZI (Hamburger Zwangsinventar) 291

I

IASG-Kriterien, Online-Sucht 711
IBS-A-KJ (Interview zur Erfassung der akuten Belastungsstörung) 686
IBS-KJ (Interview zu Belastungsstörungen bei Kindern und Jugendlichen) 218, 686
ICD-10 (International Classification of Diseases) 216 f
- Z-Kodierung 216, 483
ICF s. Klassifikation der Funktionsfähigkeit, Behinderung und Gesundheit der WHO
Ich-Ideal-Bildung 158
Ich-Schwäche bei psychischem Trauma 84
Ich-Spaltung, posttraumatische 316
Ich-Stärke bei psychischem Trauma 84
Ich-Störung 244
Ich-Struktur, fragile, Zwangssymptome 296
ICP (infantile Zerebralparese) 472
Idee
- der Demokratie 37 ff
- des Sozialismus 37 ff
- überwertige 290
Ideenflucht 265
Identifikation 110
Identität 97, 109 f
- traumatische 675
Identitätsbildung, Kind/Jugendlicher mit Migrationshintergrund 76
Identitätsdiffusion 97, 160, 186, 616
Identitätsentwurf, narzisstischer 121
Identitätsgefühl, Störung 401
Identitätshilfe, lebensbegleitende 67
Identitätskonfusion 158
Identitätskrise, adoleszente s. Adoleszenzkrise
Identitätsstörung 401
- dissoziative 328 f
- posttraumatische 315

Identitätssuche
- Körpermodifikation 168
- pubertäre 88
Identity archievement 48
Identity diffusion 48
Imagery Rehearsal Therapy 368
Imagination 6
Imaginationsübungen 678 f
Imipramin 12, 532
Imitation 108
Imitationslernen 618
Impairment (krankheitsbedingter Schaden) 378
Impulse, aggressive 445
Impulsivität 519
- Borderline-Persönlichkeitsstörung 399 f
- Delinquenz 177
- hyperkinetische Störung 516
Impulskontrollstörung 280, 341, 430 ff
- Dermatotillomanie 451
- DSM-TR 430
- bei geistiger Behinderung 472 f
- ICD-10 430
- Internet-Gebrauch, pathologischer 447
- medikamentöse Therapie 727
- Neurobiologie 431
- pathologisches Stehlen 440
- bei psychischer Störung 430
- Psychopharmakotherapie im Maßregelvollzug 809 f
- Reizbarkeit, intermittierend auftretende 446
- Sexualdelinquent 426
- zwanghaft-impulsives Sexualverhalten 449
Individualitätssuche, Körpermodifikation 168
Individualpsychologie 10
Individuation, bezogene 635
Infektion bei Körpermodifikation 169
Infektionsschutzgesetz 750
Informationstechnik 50
Informationsverarbeitung, kortikale 134
Informationsvermittlung nach Akuttraumatisierung 689
Inhibition, exekutive Funktionen 651
Inhibitionssystem, behaviorales 402
Insomnie
- idiopathische 356
- nichtorganische 356
- - Aufrechterhaltung 360 f
- paradoxe 356
- Prävalenz 359
- psychologische Intervention 370
- psychophysiologische 356
- verhaltensbedingte, in der Kindheit 356
Instabilität, affektive 399
Institut für zeitgeschichtliche Jugendforschung 17
Institution, politische, Vertrauen 39 ff
Instruktionshypothese 800

Instrumente, psychometrische 195
Insulintherapie, Compliance 379
Integration, sensorische, Entwicklung 667
Integrität 97
Intelligenz
- Schwäche der zentralen Kohärenz 492
- Untersuchung 463, 465
Intelligenzminderung (s. auch Behinderung, geistige) 457 ff
- Ätiologie 462
- basale Pädagogik 467
- Beeinträchtigungen 461
- Behandlung, Geschichte 458 ff
- Definition 457
- Diagnostik
- - medizinische 465
- - psychologische 465
- - störungsspezifische 462 ff
- Entwicklungsgeschichte 464
- familiäre Ressourcen 464
- Familienintervention 468
- Frühförderung 467
- Heilpädagogik 467
- ICD-10 457, 466
- Intervention, psychotherapeutische 466 ff
- Interventions-Setting 466
- Komorbidität 461
- - ICD-10 466
- Kreativtherapie 468
- leichte 458
- mittelgradige 458
- Pharmakotherapie 468 ff
- psychosoziale Bedingungen 464
- schwere 458
- Schweregradfeststellung 463, 465
- schwerste 458
- Sonderpädagogik 467
- Sozialverhaltensstörung 509
- überaktive Störung 495
- Verhaltensstörung 461 f
- Verhaltenstherapie 468
Intelligenzniveau, Leistungstest 218
Intelligenzquotient, Delinquenz 178
Intelligenzstruktur, Leistungstest 218
Intelligenz-Struktur-Test 218
Intelligenztest 463
- sprachfreier 465
- sprachgebundener 465
Intensivtäter 175
Interaktion
- entwicklungsabhängige 226
- interpersonelle, Auffälligkeit 388
- soziale, qualitative Auffälligkeiten 493 f
Interaktionsstil, intrafamiliärer
- bei Aufmerksamkeitsdefizit-Hyperaktivitäts-Syndrom 524
- bei schizophrenem Familienmitglied 257
Interesse, politisches 33 ff
- Bildungsniveau 36
- Geschlechterunterschied 36 f

Intermittend explosive disorder 512
Internalisierende Störung, kognitiv-behaviorale Therapie 621 f
International Classification of Diseases s. ICD-10
International Personality Disorder Examination 218
Internet-Gebrauch, pathologischer 447 f
- komorbide Störung 448
- Kriterien 448
Internet-Sucht 711 f
Internetpornografie 712
Interpersonelle Störung 388
Intersubjektivität 107 f
Intervall, peritraumatisches 684 f
- Pharmakotherapie 691
Intervention
- didaktisch-psychotherapeutische, systematische 695 f
- ergotherapeutische 661
- familienpsychologische, bei somatoformer Störung 700
- kognitive Rehabilitation 644 f
- kunsttherapeutische, Funktion 664
- musiktherapeutische 656 f
- paradoxe 633
- psychosoziale
- - bei chronischer körperlicher Erkrankung 383
Interventionsprogramm 835
- schulbasiertes, bei Sozialverhaltensstörung 625
Interview
- zu Belastungsstörungen bei Kindern und Jugendlichen 218, 686
- Definition 218
- diagnostisches 218, 495
- zur Erfassung der akuten Belastungsstörung 686
- klinisches
- - standardisiertes 217 f
- - strukturiertes 217 f
- strukturiertes 217 f, 564 f
Intimität 97, 209 f
- Freundschaftsbeziehung 205 ff
- Partnerschaft 206 f
Intimitätsaufgabe 100
Intoxikation
- Schuldfähigkeitsbeurteilung 782
- Zwangsphänomen 293
Inventar, essstörungsspezifisches 345
Involvierung, politische 34 ff
IPDE (International Personality Disorder Examination) 218
Irrenanstalt 6 f
Irresein, manisch depressives 7, 243
Irritation, freundliche 633
Isolierung 97
I-S-T 2000-R (Intelligenz-Struktur-Test) 218
Itempool 217

J
Johanniskrautpräparat 271 ff, 729
- Interaktionspotenzial 729
Jugendalter s. Adoleszenz
Jugendamt 770, 834
Jugendberufshilfe 773 f
Jugendforschung 14
- DDR 17
- westdeutsche 16 f
Jugendgerichtsgesetz 781
Jugendgesetz der DDR 15, 17
Jugendgesundheitssurvey 575 f, 578
Jugendhilfe 274, 760, 825
- bei geistiger Behinderung 473
- Leistungen 830
- - für junge Erwachsene 762
- stationäre 831
- - sozialpsychiatrische Kooperationsmodelle 834 f
- volkswirtschaftlicher Nutzen 831
- Zuständigkeitsgrenze zur Sozialhilfe 769, 771 f
Jugendhilfe-Effekt-Studie 831
Jugendhilfeträger, öffentliche 761, 763
- Kooperation mit den ARGEN 774
Jugendkriminalität 171 ff
- Einflussfaktoren 175 f
- Erziehungsfaktoren 178
- individuumbezogene Erklärungsansätze 177 f
- soziologische Erklärungsansätze 175 ff
- Zuwanderer 177
Jugendliche, überlebende, des Hitler-Reiches 16
- Hypothek 19
Jugendlichensexualität s. Sexualität
Jugendlicher
- Lebenshaltung 780
- psychisch beeinträchtigter s. auch Psychische Störung
- - Hilfebedarf 760 ff
Jugendservey des Deutschen Jugendinstituts 32 ff
Jugendsozialarbeit 773 f
Jugendstrafrecht 778 ff
Jugendpsychiater, Grundhaltung bei Patient mit Migrationshintergrund 73

K
Kallmann-Syndrom 130
Kälteintoleranz 343
Kastration, chirurgische 451
Kastrationsangst 117
Katamnestische Evaluation des Musikmalens 663
Kataplexie 358
Katastrophische Reaktion durch Miniauslöser 675
Katatone Symptome 244, 246
Katecholaminhypothese, hyperkinetische Störung 520

Sachverzeichnis

Kaufen, pathologisches 431, 452 ff
- ICD-10 452
- Prävalenz 452
- Selbsthilfegruppe 454

Kaufsucht s. Kaufen, pathologisches
KBT s. Therapie, kognitiv-behaviorale
Kennenlernen von Partnern 205
Kiddie-Sads Present and Lifetime Version 218
Kind mit Migrationshintergrund, Definition 74
Kinder
- des doppelten Neubeginns 16
- fremdplatzierte 834
- der Honecker-Ära 23
- des Kalten Krieges 16
- unterm Besatzungsregime geborene 23 ff
- währende des Nationalsozialismus geborene 21 ff
- des Zweiten Weltkrieges 16, 21 ff

Kinder- und Jugendhilfe 765
- Leistungsträger 763

Kinder- und Jugendhilfegesetz 9, 832
- Leistungen 830, 832 f

Kinder- und Jugendhilferecht 758
Kinder- und Jugendlichenpsychotherapeut, Ausbildung 613 f
Kinder- und Jugendpsychiatrie
- Geschichte 8 ff
- kontinuierliche Versorgung 835

Kinder- und jugendpsychiatrische Störung s. auch Psychische Störung
- bei Migrationshintergrund 74 ff

Kinderdorf-Effekt-Studie 831
Kindersoldaten 83
Kindesalter 753
Kindesentführung, Verfahren 757
Kindesmisshandlung bei jugendlicher Mutter 148
Kindesvernachlässigung bei jugendlicher Mutter 148
Kindheitsbelastung, Borderline-Persönlichkeitsstörung 402
KiSS-1 (Kisspeptin) 128
Klassifikation der Funktionsfähigkeit, Behinderung und Gesundheit der WHO 457 f
- Kontextfaktoren 458

Klaustrophobie 401
Kleine-Levin-Syndrom 358
Kleptomanie 430 f, 440 f
Kloßgefühl 305
Knochenalterbestimmung bei Pubertras praecox beim Mädchen 129
Knochenschmerzen
- bei Anorexia nervosa 344
- bei Bulimia nervosa 346

Kodieren, exekutive Funktionen 651
Kognitionsänderung bei rauchenden Jugendlichen 579
Kognitive Funktionen, Rehabilitation s. Rehabilitation, kognitive

Kognitive Störung 249, 252
Kognitive Triade, negative 264, 267
Kohlehydrat-Hunger 341
Kohut-Persönlichkeitspsychologie 154 f
Ko-Individuation, familienweite 635
Kölner Behandlungsprogramm für Kinder und Jugendliche bei Schlafstörungen 368
Kommunikation
- asymmetrische 561
- soziale 492 ff
- – qualitative Auffälligkeiten 493 f
- – Screening-Fragebogen 495

Kommunikationskompetenz, Verbesserung 621
Kommunikationsmittel 561
Kommunikationstechnik 50
Kommunikative Störung 249, 252
Kompetenz
- adaptive 465
- emotionale, Förderung 198
- politische, subjektive 36
- soziale 524

Kompetenztraining, soziales 620
Kompromiss als Gesichtsverlust 641 f
Konditionieren, operantes 619
- Angstsymptomentstehung 283

Kondombenutzung 583 f
Konflikt
- abendlicher 365 f
- adoleszenztypischer, Kind/Jugendlicher mit Migrationshintergrund 76 f
- Affektregulierung 150
- Bewältigungsstrategie bei romantischer Beziehung 208
- narzisstischer 162
- ödipaler, Persönlichkeitsstörung, narzisstische 161

Konfliktachse, Musiktherapie 657
Konfliktebene, Körpertherapie 669
Konfliktlösung erlernen 621
Konnektivität, verminderte 491
Konstellation, kriminorelevante 787
Kontinuitätslinien, braune 20 f
Kontrolle, elterliche, Entstehung von Angststörungen 283
Kontrollüberzeugung
- fatalistisch-externale 376
- internale
- – gesundheitsbezogene 376
- – krankheitsbezogene 376
- Kulturabhängigkeit 78
- sozial-externale 376

Kontrollverlust, Bulimia nervosa 341
Kontrollverlustangst 291
Kontrollverlusterleben, peritraumatisches 323
Kontrollzwang 291 f
Konversion, religiöse 70 f
Konversionsstörung (s. auch Dissoziative Störung, Konversionstypus) 305, 330
- Epidemiologie 331

- neurobiologische Untersuchungsergebnisse 333
- Therapie 336 f

Konzentrationsfähigkeit, Prüfung bei hyperkinetischer Störung 526
Konzentrations-Handlungs-Verfahren 526
Konzentrations-Leistungs-Test 218
Konzentrationsstörung 247, 261
- Anorexia nervosa 343
- Behandlung 237
- Bulimia nervosa 346

Konzentrationstraining 680
Kooperationsmodelle, sozialpsychiatrische
- mit betreuenden Institutionen 836 f
- mit Erwachsenenpsychiatrie 835
- mit Kostenträgern 836
- stationäre Jugendhilfe 834 f
- – Bausteine 835
- – Erwartungen 835 f

Kopfschmerzen 305 f
Koprolalie 541 f
Kopropraxie 540, 542
Koronartherapeutika, Gefährdungsindex für Verkehrs- und Arbeitssicherheit 822
Körper, Aufdringlichkeit 115
Körperbezogene Störung 120 f
Körperbild 667
- Entwicklung in der Kindheit 115
- geschlechtsspezifische Unterschiede 670 f
- negatives, Krebserkrankung 380

Körperdysmorphophobie 304
- Dermatotillomanie 451 f

Körperentfremdungsgefühl 201
Körpererfahrung 667
Körpererleben 655
Körper-Gedächtnis 113 ff
Körpergrenzenüberschreitung 119
Körper-Haben 115
Körperkontrolle 119
Körperkonzept 201 f
- individuelles 667 f

Körperliche Erkrankung
- chronische
- – Antizipation von Spätfolgen 376
- – biopsychosoziales Modell 374 f
- – Definition 373 f
- – entwicklungstypische Belastung 375 f
- – non-kategorialer Ansatz 378
- – Prävalenz 374
- – mit psychischer Störung 376 f
- – subjektives Konzept 376
- – Therapiemitarbeit 375 f
- vor somatoformer Störung 306

Körperliche Störung, assoziierte, multiaxiales System 216
Körperlichkeit 112 ff
Körpermissempfindungen, zönästhetische 247
Körpermodifikation 165 ff
- Aufklärung des Klienten 169
- Beweggründe 167 f

Körpermissempfindungen, zömästhetische
- Gesetzgebung 169
- kulturhistorische Entwicklung 166
- medizinische Komplikation 169
- Psychopathologieausdruck 166 ff
- Risikoverhalten 168
- Zusammenhang mit Drogenkonsum 168

Körperpsychotherapie
- entwicklungsbezogene 668 ff
- strukturbezogene 668 ff
- Systematisierung 666

Körperschema 109, 667
- Konstituierung 117

Körperschemastörung 341, 348

Körper-Selbst 109
- internalisierende Verarbeitung weiblicher Adoleszenter 120

Körper-Selbst-Beziehung 115 f

Körpertherapeut, Haltung 669

Körpertherapie 655, 665 ff
- affektorientierte 666
- bewegungsorientierte 666
- beziehungsorientierte 666
- energieorientierte 666
- entwicklungsorientierte 666
- konfliktorientiert-aufdeckende 666
- Nähe-Distanz-Regulation 671
- Rahmenbedingungen 671
- sensomotorische Prozesse 667 f
- wahrnehmungsorientierte 666
- Ziel 668

Körperwahrnehmung beim Mädchen 202

Kortex
- orbitofrontaler, Volumenminderung 523
- präfrontaler 137 f
- – Auffälligkeit bei antisozialer Persönlichkeitsstörung 509
- – Dopamin-Aktivität 251
- – Drogentoxizität 234
- – Volumenminderung 523, 544
- Volumen 136

Kortiko-striato-thalamo-kortikaler Regelkreis 544

K-PDS (PTSD Diagnostic Scale for Children) 219

Kraepelin, Emil 7

Krampfanfälle, dissoziative 328, 330
- Prognose 337

Kraniopharyngeom 130

Krankenbehandlung 767 f
- ambulante 827
- Leistungsträger 765
- stationäre 827

Krankenversicherung 760
- gesetzliche 763, 765, 829
- Leistungsumfangserweiterung bei Rehabilitation 769

Krankenversicherungsrecht 762

Krankhafte seelische Störung 782

Krankheitsbewältigung s. Coping

Krankheitsfolgenmodell 378

Krankheitskonzept, subjektives 376

Krankheitsmodell, biopsychosoziales 697

Krankheitsverhalten
- bei dissoziativer Störung vom Konversionstypus 329
- bei somatoformer Störung 308

Krankheitsverständnis 695 f

Krankheitswissen 695 f

Kreativtherapie bei Intelligenzminderung 468

Krebserkrankung 380 ff
- Akutbehandlung 381
- Diagnoseverarbeitung 380 f
- emotionale Entlastung 381
- Mitbestimmung in der Therapieplanung 381
- Palliativtherapie 381
- psychopathologische Belastung 380
- psychosoziale Folgen 380
- psychosoziale Intervention für Eltern 381
- Rehabilitation 381 f

Krieg, Spätfolgen 26 ff

Kriegsopfer, Kind/Jugendlicher mit Migrationshintergrund 81 ff

Kriegswaisen, jüdische 82

Kriminalprognose 787 f
- klinisch-intuitive 788

Kriminaltherapie 808 f

Krise 70 f
- im ambulanten Behandlungssetting 590
- Definition 70, 183 f, 590
- individuelle 70
- narzisstische 154
- normative s. Adoleszenzkrise
- psychische 184
- bei stationärer Behandlung 590
- suizidale 590 f

Krisenaufnahme 592

Krisenbewältigung 71

Krisenintervention 591 f
- in der Erwachsenenpsychiatrie 593
- ethische Maximen 592
- rechtliche Rahmenbedingungen 591 f

Krisenmanagement 590 ff
- Schnittstellen 597 f
- Versorgungsimplikation 597 f

Krisenverschärfung 71

Kriteriologie von Göppinger 787 f

Kritik, elterliche, überhöhte 193

K-SADS-PL (Kiddie-Sads Present and Lifetime Version) 218

KT-R (Konzentrations-Leistungs-Test) 218

Kultur
- narzisstische 154
- politische 32 ff
- – Begriff 33
- – Input-Bereich 33 ff
- – Output-Dimension 33 f
- – Systemdimension 33 f, 37 ff

Kunsttherapie 655, 663 ff
- Forschungsstand 663 f

- Ziele 665

Kurzpsychotherapie, psychodynamische 270

Kurzschlaf am Tage 365

Kurzzeitgedächtnis 648

L

Labilität, psychovegetative 306

Lamotrigin bei Manie 273 f

Langzeitarbeitslose, Eigenverantwortungsstärkung 764

Langzeitgedächtnis 648

Lebensereignis
- akutes, Depressionsauslösung 268
- kritisches 98
- – Albträume 357, 361
- – Essstörungsauslösung 347
- – Schlafstörung 366
- traumatisches 684 ff
- – Angst vor Wiederholung 685
- – belastbare Dritte 689
- – Bewältigungsphase 685
- – Einzelintervention 690
- – Gruppenintervention 690
- – Horowitz-Kaskade 685
- – Informationsvermittlung 689
- – Intervention 687 f
- – professionelle Hilfe 688
- – Psychopharmakotherapie in der Akutphase 691
- – psychosoziale Betreuung 683 ff, 688
- – Reaktion 684 ff
- – situationsspezifische Faktoren 684
- – soziale Unterstützung 688
- – Wiedererleben 686

Lebensführung, eigenverantwortliche, Hilfe 769 ff
- für junge Volljährige 771

Lebensgefühl, lustbetontes 616

Lebenshaltung 780

Lebenskompetenzsteigerung, Programm 584 f

Lebenskrise (s. auch Krise) 70 f

Lebenslauf 98
- deregulierter 98

Lebensqualität
- gesundheitsbezogene 377 f
- Messinstrumente, standardisierte 377

Lebensschwierigkeit 187

Lebensumstände, psychosoziale, abnorme, Persönlichkeitsstörung 388 f

Lebensunterhalt, Hilfe 775

Legasthenie s. Lesestörung; s. Rechtschreibstörung

Lehr-Lern-Prozesse 57 f
- konkrete, Durchführung 51

Lehrqualität 52 f

Lehrstellenbewerber 59 ff
- vermisste Fähigkeiten 60

Lehrstellensuche 58

Lehrstuhl für Psychiatrie 7

Lehrwerkstatt 52

Leibliches, generative Bedeutung 119

Sachverzeichnis

Leib-Sein 115
Leistungs-Prüfsystem 218
Leistungsängste 282
Leistungsdiagnostik, psychologische 308
Leistungsfähigkeit 763
– kognitive, Intelligenzminderung 464
Leistungsknick 247, 264
Leistungssport 130
Leistungstest 217 f
Leptin 128 f
Lernbehinderung 458
Lernen 134 ff
– implizites 544
– operantes 651
– visuelles, Leistungstest 218
– weitgehend irrtumsloses 650
Lernhandlung, Ernsthaftigkeit 52 f
Lernschwierigkeiten 462
– bei posttraumatischer Belastungsstörung 680
Lerntheorie, soziale 376
Lernumgebung 57
Lesefähigkeit, Diagnostik 481 f
Lesegeschwindigkeits- und -verständnistest für die Klassen 6–12 482
Lesen, therapeutischer Prozess 714, 716
Lesestörung 476 ff
– mit Aufmerksamkeitsdefizit-Hyperaktivitäts-Syndrom 478
– Berufsberatung 484 f
– Double-deficit-theory 481
– Förderung 483 f
– Förderungseinfluss 479
– ICD-10 476 f
– Kandidatengene 480
– neurobiologisches Korrelat 479 f
– neuropsychologische Korrelate 480 f
– Prävalenz 477
– psychische Entwicklung 478 f
– psychosoziale Folgen 478
– schulischer Verlauf 477 f
– schulrechtliche Rahmenbedingungen 484
– Schwächen 477
– sozialrechtliche Aspekte 484 f
– Verlauf 224
Levodopa 431, 532
Levomepromazin
– bei Schizophrenie 470
– Zulassungsstatus 727
LFP (Lübecker Fähigkeitsprofil) 659
LGVT (Lesegeschwindigkeits- und -verständnistest für die Klassen 6–12) 482
LH/FSH-Quotient 129
Liaisondienst, psychiatrischer 308
Liebe
– ängstliche 203
– romantische, junges Erwachsenenalter 203
Liebesbeziehung 207
– erste 202
Life-Event-Erfahrung, Religiositätseinfluss 68
Limbisches System 284

Liquorraumerweiterung 251
Lithium 12, 273, 583, 729 f
– bei aggressivem Verhalten 512
– Fahrtüchtigkeit 822
– bei geistiger Behinderung 470
– Kontrolluntersuchungen 730
– Nebenwirkungsprofil 730
– Plasmakonzentration 730
– Wechselwirkungen 730
Locus-coeruleus-Stimulation, stressinduzierte 266, 284
Logotherapie 713
Lösungorientierung, therapeutische 632
LPS (Leistungs-Prüfsystem) 218
Lübecker Fähigkeitsprofil 659
Lügendetektor 794

M

Magersucht s. Anorexia nervosa
Magnesium 532
Magnetresonanzspektroskopie 348
Magnetresonanztomographie
– funktionelle 138 f, 284
– – bei Aufmerksamkeitsdefizit-Hyperaktivitäts-Syndrom 523
– – Glaubhaftigkeitsbegutachtung 794
– – bei Konversionsstörung 333
– strukturelle, bei Tourette-Syndrom 545
Magnetstimulation, transkranielle
– bei Aufmerksamkeitsdefizit-Hyperaktivitäts-Syndrom 522 f
– bei Depression 274
– repetitive, bei Tourette-Syndrom 550
Major Depression Disorder (s. auch Depression; s. auch Depressive Episode; s. auch Depressive Störung) 262
Makaton 498
Malabsorptionssyndrom 349
Manie
– Ätiologie 266
– Definition 265
– Epidemiologie 263
– ICD-10 262
– Kernsymptome 265
– Pharmakotherapie 273 f
– Psychotherapie 270 f
– Therapie 269
Manierismen, motorische 493 f
Manische Störung 261 f
Mannheimer Kurpfalzstudie 223
Männlichkeit, Entwicklung 122
MAO-A-Genpolymorphismus 508
MAO-Hemmer (Monoaminoxidasehemmer) 273, 532
Marburger Rechtschreibtraining 483 f
Masochismus, sexueller 421
– innere Abhängigkeit 424
– bei psychischer Störung 423 f
Maßregelvollzug 786 f
– Behandlung psychischer Störungen 789
– Psychopharmakotherapie 809 ff

– Psychotherapie 805 ff
– – Motivation 806 f
– Therapieevaluation 811
Masturbation 118, 210, 448 f
– phantasierte paraphile Sexualdelinquenz 425
MBS (mobiles Bezugspersonensystem) 257 f
MBT (Mentalization-based Therapy) s. Therapie, mentalisierungsgestützte
Mediatorentraining bei geistiger Behinderung 467
Medienbesitz 709
Medieneinfluss, Sozialverhaltensstörung 510
Mediennutzung 709 ff
– Empfehlung für Aufsichtspersonen 712
– exzessive 711
– – Psychoedukation 702
Medikamente s. Arzneimittel
Medikamentenmissbrauch 340 f, 584 f
Medizinprodukt, klinische Prüfung 748 f
– Einwilligung des Patienten/der Eltern 749
Medroxyprogesteronacetat 473
– im Maßregelvollzug 810
Mehrfachbehinderung, Erstdiagnosealter 464
Mehrfachtäter 175
Melancholie 6
Melatonin 128
Melperon, Zulassungsstatus 727
Menarchealter 127
Mentalisierung 107 f, 162
– betrügerische 391
– in der frühen Entwicklung 391 f
– kognitive, bei posttraumatischer Belastungsstörung 676, 680
– traumatischer Zusammenbruch 186
Mentalisierungskonzept 391 f
Mentalisierungsprozess, nicht adäquater 162
Mentalization-based Therapy s. Therapie, mentalisierungsgestützte
Merkfähigkeit, Leistungstest 218
Mesokortikales System 721
Mesolimbisches System 721
Metakognition 186 f
Metastin s. KiSS-1
Met-Enkephalin-Spiegel im Blut 193
Methadonsubstitution 236
3-Methoxy-4-Hydroxyphenylglykol 266
Methylphenidat 498 f, 528 f, 731 f
– Dosierung 529, 731
– Effektstärke bei ADHS 731
– Einstellung 529
– im Maßregelvollzug 810
– Nebenwirkungen 530, 731
– bei Tic-Störung 549 f
– Zulassungsstatus 727
Migräne 305
– Therapie 310
– bei Tourette-Syndrom 542
Migranten, Gesundheitsgefährdung 577
Migrantenambulanz 78
Migrationshintergrund 73

Mimikryentwicklung, traumatisierungsbedingte 316
Minderbegabung s. Intelligenzminderung
Minderjähriger 753
- Aufklärung 745
- Behandlung gegen seinen Willen 750
- Rechte 741 f, 744
Minderwertigkeitsgefühl 96
Mini-DIPS 218
Minimal brain dysfunction 517
Minipubertät 128
Minnesota-multiphasische-Persönlichkeitsinventar-Narzissmusskala 163
Minor Physical Anomalies 465
Missbrauch, sexueller 754
- von Kindern 422
- - Rückfallrate 427
- Persönlichkeitsstörung 389
- posttraumatische Belastungsstörung 313
Misshandlung, körperliche
- fremdplatziertes Kind 834
- Persönlichkeitsstörung 389
Misstrauen 160
MMPI (Minnesota-multiphasische-Persönlichkeitsinventar-Narzissmusskala) 163
Mnemotechnik 649
- Methode der Orte 649
- verbale 649
Möbelmetapher 640
Moclobemid 532
Modell
- von anderen 150
- psychobiologisches 402
- des Selbst 150
Modelllernen 618
Modernität, nicht westliche, Mädchen mit Migrationshintergrund 77
Monoaminoxidasehemmer 273, 532
Monoaminoxidasehypothese, hyperkinetische Störung 521
Monomanie 438
Mood stabilizer 729 f
- Fahrtüchtigkeit 822
- bei geistiger Behinderung 470
- Nebenwirkungsprofil 730
Moratorium, psychosoziales 183
Motivationsarbeit, Suchtbehandlung 237
Motivationsverlust 247
Motorikentwicklungsstörung 495
Motorische Störung, Schizophrenieentstehung 250 f
Müdigkeitssyndrom, chronisches 305
Multiaxiales System, Diagnostikergebnisse 216
Multifamilientherapie, systemische 632 f
Multisystemic Treatment bei Sozialverhaltensstörung 511
Musik
- als Ausdrucksmedium 657
- als Ressource 657
Musikmalen, katamnestische Evaluation 663

Musiktherapie 655 ff
- Beziehungsachse 657
- Forschungsstand 656
- Konfliktachse 657
- Strukturachse 658
- Ziel 658
Muskelrelaxation, progressive, bei somatoformer Störung 309
Mutismus 496, 733
- elektiver 280
- - Pharmakotherapie 286
- Verlauf 224
Mutter, jugendliche 147 ff, 755
- Adult-Attachment-Interview 149
- Entwicklungskontext 147 f
- entwicklungspsychologische Beratung 149
- Psychoedukation 702
- Risiken 148
Mutter-Kind-Affektaustausch, missglückter 162
Mutter-Kind-Beziehung 114
Myelin 134
Myelinisierung 133 f
Myopathie bei Anorexia nervosa 344
Mythen, sexuelle 419

N

Nachkriegsjugend 14 ff
Nachkriegszeit 17 f, 27
- zweite 23
Nachreifung 805
Nachreifungschance durch Kunsttherapie 665
Nähe-Distanz-Regulationsstörung, interpersonelle 282
Nahrungsergänzungsstoffe, Wirkung bei Aufmerksamkeitsdefizit-Hyperaktivitäts-Syndrom 522
Naltrexon 335, 437, 471
Namensrecht 755
Narkolepsie 357 f
- Fragebogen 364
Narzissmus
- aggrandisierter 154, 157
- dissoziativer 154, 157
- Ebenen-Modell 158
- gesteigerter 154 f
- gesunder 154 f, 159
- maligner 158
- pathologischer 154 ff, 157
- - Ätiologie 161 ff
- - Diagnostik 160 f
- - Symptomatik 159 f
- turbulenter 154, 157
Narzissmusinventar 161
- Selbstbeurteilungsfragebogen 163
Narzisst
- achtloser, unbeirrbarer (s. auch Narzissmus, aggrandisierter) 159
- Erstkontakt 160
- Strukturniveau 161
- übervorsichtiger, hypervigilanter 159

Nationaler Pakt für Ausbildung und Fachkräftenachwuchs 58 f
Nationalismus, chauvinistischer 43
Nationalsozialismus 16, 21 ff
- Spätfolgen 26 ff
- Verharmlosung 43
Negative kognitive Triade 264, 267
Negativismus
- aktiver 244
- passiver 244
Negativsymptome, psychotische 245, 255, 811
Neid 159 ff, 162
- auf die Fähigkeiten des Therapeuten 161
Neugierverhalten, hohes 509 f
Neuinszenierung, traumaspezifische 83
Neuintegration, Entwicklungsaufgabenbewältigung 98 f
Neurobiologie 133 ff
Neurogenese, hippokampale 266, 284
Neuroleptika 12, 255 f, 725 ff
- atypische 256, 532, 725 ff
- - bei Anorexia nervosa 350
- - als Mood stabilizer 729
- - bei Sozialverhaltensstörung 512
- - bei Tourette-Syndrom 548 f
- - Vorteile 725
- bei geistiger Behinderung 469 ff
- Indikation 725
- klassische 532, 725
- Nebenwirkungen 546, 725 f
- niedrig potente 727
- bei Schizophrenie 811
- Schmelztabletten 726
- Substanzwahl 726
- typische 255 f
- - antimanische Wirkung 730
- - Nebenwirkungen 255 f
- Wirklatenz, antipsychotische 726
Neurologische Erkrankung 645
- mit dissoziativer Störung 334
- Gedächtnisfunktionsstörung 648
Neurologische Soft Signs 251
Neurologische Störung, Schizophrenieentstehung 250 f
Neuropsychologische Funktion
- Alkoholeinfluss 234
- Cannabiseinfluss 234
- Defizite vor schizophrener Psychose 246
- Leistungstest 218
Neurose 8
- traumatische 316
Neurotizismus 285
- Albträume 361
- Gesundheitsverhalten 575
Neurotransmitter 720 f
- monoaminerge, Abbau 521
NICE (National Institute of Clinical Excellence) 263
NICE-Guideline
- Kernsymptome der Depression 263 f
- Therapie bei Depression 272

Sachverzeichnis

Nigrostriatales System 721
Nikotinabhängigkeit 232
Nikotingebrauch, schädlicher 232
Nikotinkonsum 579
- Kognitionsänderung 579
- mütterlicher 523, 544
- Prävention 579
- Sozialisation 579
- Verhaltenstherapie 579
Non-Adhärenz 376
Non-Compliance 376
Non suicidal self-injury 191
Noradrenalin 721
Noradrenalin-Wiederaufnahmehemmer, selektiver 731 f
Noradrenerg wirksame Substanzen 550
Noradrenerges System 266, 520, 721
Norm, gesellschaftliche 779
Normativität 98
Normtabellen 217
Normverletzung 506
Nortriptylin 532
Notfallaufnahme 592
Notfallreaktion im Hochstressbereich 679
Notfallversorgung, peritraumatische 691 f
NS-Kindergeneration 21 ff
NSS (Neurologische Soft Signs) 251, 402
NSSI (Non suicidal self-injury) 191
Nutzerorientierung, therapeutische 632
Nymphomanie 449

O

Objektabhängigkeit 401
Objektbeziehungen
- mangelnde Verinnerlichung 389
- Niveau 603
- pathologische, tiefgreifend gestörte, frühe 389
- primitive, aggressive, frühe 403
Objektivität, psychodiagnostisches Verfahren 217
Objektrepräsentanzen, verinnerlichte 155 f
Objektverlust 268
Objektwahrnehmung 106
Obsessive-compulsive disorder s. Zwangsstörung
OCD (Obsessive-compulsive disorder) s. Zwangsstörung
Okkultpraktiken 71
Ökonomie, psychodiagnostisches Verfahren 217
Olanzapin 470, 499, 726
- Nebenwirkung 726
OLIG2 (Oligodendrocyte lineage transcription factor 2) 297
Omega-3-Fettsäuren bei Depression 274
Omnipotenzphantasien 155, 157 f, 160
Oniomanie s. Kaufen, pathologisches
Onkologie, Kunsttherapie 663
Online-Sucht 711 f
- IASG-Kriterien 711

OPD s. Operationalisierte Psychodynamische Diagnostik
OPD-Interview 564 f
OPD-KJ s. Operationalisierte Psychodynamische Diagnostik im Kindes- und Jugendalter
Operation, geschlechtskorrigierende 417
Operationalisierte Psychodynamische Diagnostik 106, 216, 564
- im Kindes- und Jugendalter 564, 603
- - Achsen 603
- - Zeitfenster 564
- - Zwangsstörung 298 f
Opferempathieentwicklung, Sexualdelinquent 426
Opferschutzambulanz 598
Opferschutzbeauftragte, polizeiliche 598
Opiatantagonisten 471
Opioide
- endogene 193
- Gefährdungsindex für Verkehrs- und Arbeitssicherheit 822
Opioides System 193
- Veränderung nach Traumatisierung 318
Optimismus, dispositionaler 575
Orbitofrontalhirn 508, 510
- traumatische Schädigung 508
Ordnungsvorstellungen, politische 33, 37 ff
Organisation, rechtsextreme 43
Orgasmusstörung 419
Orientation Remediation Module 647
Orientierung
- rechtsextreme 43
- sexuelle 411 f
- - Rollenverhalten 415
ORM (Orientation Remediation Module) 647

P

Paarbeziehung der Eltern 123
Paartherapie bei sexueller Funktionsstörung 420
Pädagogik 9
- basale, bei Intelligenzminderung 467
Pädophilie 421 f, 424
- integratives Entwicklungsmodell 425
- bei psychischer Störung 424
Paktabsprachen 608
Palilalie 542
Palliativtherapie bei Krebserkrankung 381
PANDAS (Pediatric autoimmune neuropsychiatric disorders associated with streptococcal infections) 293, 297
- Therapie 299
Panikattacke bei Alkoholabhängigkeit 233
Panikstörung 279 f, 282 f
- Verlauf 225
PANSS (Positive and Negative Symptom Scale) 218
Paranoia 158
Paraphilie (s. auch Sexualpräferenzstörung) 421 ff

- Chronifizierung 426
- inklinierende 421
- periculäre 421
- - Delinquenz 425 f
- - Rückfallprävention 426
Parasomnie 358
- Intervention 368 ff
- nichtorganische 356 f
Parasuizid 591, 594 f
- psychosoziale Intervention 583
- unter SSRI 583
Parent Management Training 625
Parkinsonoid, neuroleptikabedingtes 255
Parotishyperplasie 343, 345 f
Paroxetin 299, 322, 441
Partei, rechtsextreme 42
Partnerschaft 150 f, 206 f
- Trennungsreaktion 150 f
Partnerschaftsaufgabe 100
Partnerschaftserwartungen 419
Partnerwahl 412
Patchwork-Biografie 50
Pathology of privacy 296
Patient, nichteinwilligungsfähiger 11
Patient-Eltern-Zusammenarbeit, kunsttherapeutische 665
Patientenschulung 383
Pavor nocturnus 357, 369 f
PCL-R (revidierte Psychopathy Checklist) 788
PDS (PTSD Diagnostic Scale) 219
PECS (Picture exchange communication system) 498
Peergroup 616
- Beteiligung bei Psychotherapie 642
- Gesundheitsrisikofaktoren 576
- Intensivtäter 175
- Nikotinkonsum 579
- Sozialverhaltensstörung 510
- Substanzmissbrauch 235
PEFI (Psychoedukative Familienintervention) 699
PEGASUS-Konzept 699
Perfektionismus 345
Pergolid 549
Perseveration 651
Personenstandsänderung bei Transsexualismus 416
Persönlichkeit
- antisoziale, Psychotherapie 511 f
- narzisstische 159
- - Über-Ich 162
Persönlichkeitsdeformierung, traumabedingte 84
Persönlichkeitsentfaltung 655
Persönlichkeitsentwicklung 48, 386
Persönlichkeitsentwicklungsstörung 386 ff
- antisoziale 160, 389 f, 392
- Diagnostik 393 f
- Fahrtauglichkeit 820
- genetische Prädisposition 392 f
- narzisstische 389 f

Persönlichkeitsentwicklungsstörung
- Pathogenese 392 f
- Psychoedukation 701
- soziale Variablen 576

Persönlichkeitsfaktoren 575 f
- Borderline-Persönlichkeitsstörung 402
- kriminalitätsbegünstigende 174

Persönlichkeitsmerkmale, soziale 575 f

Persönlichkeitsstörung 386 ff, 783 f
- abnorme psychosoziale Lebensumstände 388 f
- adaptive capacity 396
- andauernde, nach Extrembelastung 311 f
- ängstlich-vermeidende 423
- Anorexia nervosa 342
- antisoziale 224 f, 503 f
- – Auffälligkeit im präfrontalen Kortex 509
- – DSM-IV 504 f
- Arbeitsbündnis, therapeutisches 394
- Ätiologie 388 ff
- Atypikaeinsatz 727
- Ausschlusskriterien 387
- Brandstiftung 439
- Bulimia nervosa 345
- Definition 387
- Diagnose im Jugendalter 386
- Diathese-Stress-Modell 388
- dissoziale 430
- emotional instabile 430
- genetische Faktoren 388
- histrionische 391
- ICD-10-Leitlinien, diagnostische 387
- Klassifikation 393
- multiple 328, 330
- narzisstische 158 f, 161 ff
- neurobiologische Vulnerabilität 388
- paranoide, vermeidende 160
- persistierende, DSM-IV 216
- bei posttraumatischer Belastungsstörung 314
- Prävalenz 387
- Prognose 395 f
- psychodynamische Grundannahmen 389 ff
- schizoide 496
- schizotypische, Ätiologie 388
- Sexualdelinquenz 424
- Stabilität 386
- strukturelle Veränderung 396
- Therapie 394 f
- bei Tourette-Syndrom 543
- Veränderbarkeit 395 f
- Verhaltensänderung 396
- vorangehende Erkrankung im Kindes-/Jugendalter 225
- Vorläufer in der Adoleszenz 222

Persönlichkeitstest 217
Petermann-Trainingsprogramm 624
Pflege 827
Phantasien, sadomasochistische 401
Pharmakodynamik 720, 724

Pharmakokinetik 720
Pharmakotherapie (s. auch Psychopharmakotherapie) 720
- Kind/Jugendlicher mit Migrationshintergrund 78
- rechtliche Aspekte 723

Phenylketonurie 496

Phobie
- soziale 279 ff
- – Anorexia nervosa 342
- – Fetischismus 423
- – Mutismus 225
- – Substanzmissbrauch 233
- – Verlauf 225
- spezifische 280
- – Differenzialdiagnostik 293
- – selbstverletzendes Verhalten 194

Phobiemodell 282

Phobische Störung 280 f
- diagnostisch-therapeutischer Dialog 563
- Fahrtauglichkeit 821

Phonologische Fähigkeiten 480 f
Phrenologie 7
Picture exchange communication system 498

Piercing 165 ff
- Abheilungsprozess 169
- hygienische Voraussetzung 169
- Körperstellenauswahl 167
- medizinische Komplikation 169
- Psychopathologieausdruck 166 ff

PIG s. Internet-Gebrauch, pathologischer
Pimozid 548
Pindolol 532
PIP (Psychosen-Informations-Programm) 699
Pipamperon, Zulassungsstatus 727
Pittsburgher Schlafqualitätsindex 364
Planen, exekutive Funktionen 651
Pluralismus, religiöser 69
PMT (Parent Management Training) 625
Poesietherapie 713
Polygraphie 794
Polysomnographie 364
Positive and Negative Symptom Scale 218
Positive Parenting Program 586 f
Positivsymptome, psychotische 243 ff, 255, 810 f

Potenziale
- ereigniskorrelierte 522
- motorisch evozierte 522

PQRST-Technik 649
Präferenz, sexuelle, Entwicklung 412
Prämenstruelles Syndrom, Impulskontrollstörung 431
Pränatalschaden 496
Prävention 574 ff, 827
- Kunsttherapie 663 f

Präventionsmaßnahmen
- Ansetzen
- – an Risikofaktoren 577 ff
- – an Symptomen 581 ff

- indizierte 586
- selektive 581

Präventionsprogramm für expansives Problemverhalten 513

PRED (Projekt zur Rückfallprävention von rezidivierenden Depressionen) 699

Problem Solving Skills Training 624
Problemaktualisierung 674
Problemlösetraining 580 ff, 620, 624
- Effektivität 620
- kognitives 582

Produktionsschule 53
Prognoseaufklärung 742
Prognosebegutachtung, forensische 787 ff
Projekt zur Rückfallprävention von rezidivierenden Depressionen 699

Prolaktin 192, 721
- neuroleptikabedingte Spiegelerhöhung 725, 727

Propranolol 532
- bei posttraumatischer Belastungsstörung 322

Prozess
- therapeutischer 565 f
- traumatischer 312

Prozesssymptome, dissoziative 331
Prüfsystem für Schul- und Bildungsberatung 218
Prüfungsangst 280
Pruning 250
PSB (Prüfsystem für Schul- und Bildungsberatung) 218

Pseudopubertas praecox, zentrale 130
Pseudowortlesen 481
PSQI (Pittsburgher Schlafqualitätsindex) 364
PSST (Problem Solving Skills Training) 624

Psychiatrie
- gemeindenahe 8
- Institutionalisierung 7
- – in Deutschland 7 f
- naturwissenschaftliche Festlegung 7 f
- wissenschaftliche 6 f
- Wortprägung 460

Psychiatrie-Enquete 11 f, 461
Psychiatriegeschichte 5 ff, 458 ff
- Altertum 5 f
- nach dem Zweiten Weltkrieg 11 f, 14 ff
- Mittelalter 6
- Nationalsozialismus 10 f
- Renaissance 6

Psychiatrie-Personalverordnung 826
Psychiker 7
Psychische Erkrankung 828
- Dämonisierung 6
- Verständnis
- – im Altertum 5 f
- – im Mittelalter 6
- – im Nationalsozialismus 10
- – in der Renaissance 6

Psychische Störung 187
- altersspezifisch beginnende 226

Sachverzeichnis

- bei Asthma bronchiale 378 f
- Autismus 490
- berufliche Auswirkungen 824
- Bezugspersonenbelastung 306
- Chronifizierung 222 f
- bei chronischer körperlicher Erkrankung 376 f
- dissoziative Symptome 329
- Eingliederungshilfe 773 f
- entwicklungsabhängige 226
- erwachsenentypische, frühbeginnende 226
- Fahrtauglichkeit 816 f, 820 f
- frühbeginnende, mit überdauernder Beeinträchtigung 226
- bei geistiger Behinderung 461
- Gemeinsamkeiten 658
- genetische Komponente 697
- Impulskontrollstörung 430
- Klassifikation 216
- - unter Verlaufsaspekt 226
- Leitlinien zu Diagnostik und Therapie 285
- bei Lese- und Rechtschreibstörung 478 f
- Offenbarung 219
- Persistenz bis in das Erwachsenenalter 222 ff
- Persönlichkeitsfaktoren 575 f
- polysymptomatische 603
- posttraumatische 313
- Prävention s. Prävention
- Risikofaktoren 574 ff
- - Reduktion s. Prävention
- Schlafstörung 360, 362, 364
- sekundäre, bei Substanzmissbrauch 233 f
- soziofamiliäres Umfeld 220
- Stehlen, pathologisches 441
- Straftäter 807 f
- mit Suizidrisiko 594
- Symptom, Würdigung 637
- Therapie im Maßregelvollzug 789
- - Bedarf 807 f
- Verlauf 222 ff
- Zugang zum Patienten 655
- zwanghaft-impulsives Sexualverhalten 449
- bei zystischer Fibrose 382 f
Psychoanalyse 561
- klassische 605
Psychobiologisches Modell 402
Psychodiagnostik s. Diagnostik
Psychoedukation 694 ff
- Basiselemente 695 ff
- bifokale 694
- diagnoseübergreifende 698
- Effekte 702
- bei geistiger Behinderung 467
- Indikation 698 ff
- Internetseiten 695 f, 700
- Kosten-Nutzen-Überlegungen 702
- präventive 698, 701
- Publikationen 695
- bei schizophrener Psychose 256 f
- bei somatoformer Störung 309

- bei Substanzmissbrauch 625
- bei Tic-Störung 546
- nach Traumatisierung 700
Psychoedukation und Krankheitsbewältigung (Programm) 699
Psychoedukationsprogramm 699
- internetbasiertes 699
Psychoedukative Familienintervention 699
Psychopathenbeobachtungsstation 11
Psychopathie 8, 10, 390
- Delinquenz 177 f, 178
- Körpermodifikation 166 ff
- romantische Beziehung 209
- Sozialverhaltensstörung 505, 507
Psychopathologisches Befundsystem für Kinder und Jugendliche 218
Psychopathy Checklist, revidierte 788
Psychopharmaka 12
- Anwendung 721 ff
- Enhancement 724
- Nebenwirkungen, Patienteninformation 696
- paradoxe Reaktion 724
- Prävalenz bei geistiger Behinderung 469
- Wirkung, zelluläre Ebene 722
Psychopharmakoepidemiologie 719 f
Psychopharmakotherapie 719 f
- Adhärenz 724
- nach Akuttraumatisierung 691
- Angehörigeninformation 696
- antiandrogene 427
- Aufklärung 746
- Beteiligung des Patienten 723
- Einwilligung 723 f
- entwicklungsabhängige Faktoren 722
- Fahrtauglichkeit 817 f, 821 ff
- bei geistiger Behinderung 469 ff
- im Kindes-/Jugendalter 721 f
- im Maßregelvollzug 809 ff
- Information des Patienten 723
- Patienteninformation 696
- präventive 724
- bei schizophrener Psychose 254 ff
Psychose
- affektive 263
- desintegrative 489
- Differenzialdiagnostik 293
- endogene 7
- exogene 7
- Familientherapie, systemische 634
- früh beginnende 241, 254, 256
- - psychosoziale 243
- kindliche 243
- Negativsymptome 245, 255
- Positivsymptome 243 ff, 255
- psychogene 185
- schizophrene (s. auch Schizophrene Störung; s. auch Schizophrenie) 246 ff
- - Adoptionsstudie 249 f
- - akzessorische 246
- - Ätiologie 248 ff

- - Basissymptome 247
- - Beginn 247
- - Diagnostik 253 f
- - Differenzialdiagnostik 253 f
- - Dopamin-Hypothese 251
- - Drift-Hypothese 253
- - Entwicklung 246 ff
- - Familientherapie 257
- - Frühbehandlungszentrum 258
- - frühkindliche 496
- - Geburtensaisonalität 250
- - Genetik 249 f
- - Gesamtbehandlungsplan 254 f, 258
- - Grundsymptome 246
- - Internetseiten 696
- - Manifestation 241
- - Manifestationsvorverlegung bei THC-Gebrauch 235
- - mobiles Bezugspersonensystem 257 f
- - neuroanatomischer Befund 251
- - Neurochemie 251 f
- - 3-Phasen-Modell 249
- - prämorbide Entwicklung 246
- - prodromale Phänomene 247 f
- - Psychoedukation 256 f, 698 f
- - Psychoedukationseffekt 702
- - Psychopharmakotherapie 254 ff
- - - Compliance 256
- - - im Maßregelvollzug 810 f
- - - psychosoziale Faktoren 252 f
- - Psychotherapie 254 ff
- - Reizabschirmung 254 f, 257
- - Rezidivprophylaxe 256, 698
- - Soziotherapie 255, 257
- - Stressoren 248
- - therapeutische Beziehung 257
- - Therapie 254 ff, 726
- - Triggerereignis 253
- - Übergangsreihen-Hypothese 247
- - unbehandelte, Dauer 248
- - Verlauf 248
- - Vollbildmanifestation 247
- - vorauslaufende Defizienz 246
- - Vulnerabilität 246
- - Vulnerabilitäts-Stress-Modell 248 f
- sehr früh beginnende 241, 243
- Substanzkonsum 236
- Symptome, produktive 241
Psychosen-Informations-Programm 699
Psychosomatik 113
Psychosomatische Störung, traumabedingte 83
Psychostimulanzien s. Stimulanzien
Psychotherapie (s. auch Therapie) 8
- in der Adoleszenz 600 ff
- analytische 8, 601 f, 605 f
- - Zugangswege zur Ausbildung 613 f
- Anregung 617, 636
- bei antisozialer Persönlichkeit 511 f
- antwortender Modus 607 ff
- Aufklärung 746
- bei bipolarer Störung 270 f

Psychotherapie (s. auch Therapie)
- bei Depression 269 f, 586
- forensische 808 f
- bei hyperkinetischer Störung 531
- im Maßregelvollzug 805 ff
- imaginative Verfahren 321
- bei Intelligenzminderung 466 ff
- Jugendliche als Besucher 636 f
- Jugendliche ohne Hoffnung 637 f
- bei Manie 270 f
- Motivation 806 f
- Neuorientierung 681 f
- Peers einladen 642
- bei Persönlichkeitsstörung 395
- bei posttraumatischer Belastungsstörung 320 ff, 673 ff
- psychoanalytisch-interaktionelle 395, 606 ff
- – Behandlungstechnik 608 ff
- psychodynamisch-bindungszentrierte 674
- psychodynamische 270, 600 ff
- – Anforderungen 604 f
- – strukturbezogene 395
- bei schizophrener Psychose 254 ff
- Setting 635 f
- stationäre 612 f
- supportive 732
- systemische 631 ff, 635 ff
- – als Basisphilosophie 633 f
- – Diagnose 634
- – Entlassungsbrief 634
- – Medikamente 634
- – Methoden 633
- – therapeutische Haltung 631 f
- – Verantwortungsklärung 634
- tiefenpsychologisch fundierte 601 f
- – OPD (Operationalisierte Psychodynamische Diagnostik) 216
- – Zugangswege zur Ausbildung 613 f
- übertragungsfokussierte 395, 595
- widersprüchliche Aufträge 641
- Würdigung des Symptoms 637
- Ziel 637 f
Psychotische Störung 241 ff
- Ecstasy-bedingte 234
- Kind/Jugendlicher mit Migrationshintergrund 75
- vorübergehende 185, 242
PTBS s. Belastungsstörung, posttraumatische
PTSD Diagnostic Scale 219
PTSD Diagnostic Scale for Children 219
Pubarche 126
Pubertas praecox 129
Pubertät 127 ff
- biologische Veränderungen 126 f
- Erziehung 139
- Gesundheitsprobleme 576
- kognitive Leistungsminderung 139 f
- körperliche Veränderungen 126 f
- Wachstumsschub 127, 130
Pubertätsentwicklung

- beschleunigte 129 f
- verzögerte 130
Punk-Bewegung 166
Purging-Verhalten 341, 345
Pyromanie s. Brandstiftung, pathologische

Q
Qualitätsanalyse, aussageübergreifende 798
Quellenkonfusionshypothese 799
Quetiapin 499, 726
- bei bipolarer Störung 274, 726
- bei geistiger Behinderung 470
- bei Tourette-Syndrom 549

R
Rapid-Eye-Movement-Schlaf s. REM-Schlaf
Rassismus 43
Ratingskala 215
Rational-Emotive Therapie 620
Raucherentwöhnung 579
Reacher Report Form 526
Reaktion, traumatische 312
Realbeziehung 563
Realitätsbezug, Störung 241
Realitätsprüfungsstörung, Borderline-Persönlichkeitsstörung 400
Realitätsverkennung, psychosenahe 783
Realkennzeichen, Glaubhaftigkeitsbegutachtung 795 f
Rechte Minderjähriger 741 f, 744
Rechtschreibfähigkeit 481 f
Rechtschreibstörung 476 ff
- mit Aufmerksamkeitsdefizit-Hyperaktivitäts-Syndrom 478
- Berufsberatung 484 f
- Double-deficit-theory 481
- Förderung 479, 483 f
- ICD-10 476 f
- Kandidatengene 480
- neurobiologisches Korrelat 479 f
- neuropsychologische Korrelate 480 f
- Prävalenz 477
- psychische Entwicklung 478 f
- psychosoziale Folgen 478
- schulischer Verlauf 477 f
- schulrechtliche Rahmenbedingungen 484
- Schwächen 477
- sozialrechtliche Aspekte 484 f
- Verlauf 224
Rechtschreibtest 481 f
Rechtschreibtraining 483 f
Rechtsextremismus 42 ff, 159
Referenzwert, altersspezifischer 217
Reflecting-Families-Setting 634
Regelkreis
- kortiko-limbischer, Dysfunktion 388
- kortiko-striato-thalamo-kortikaler 544
Regression 665
- anale 295
- maligne 675
- nach Traumaexposition 681

Rehabilitation 825 ff
- berufliche 824
- – Leistungen 829 f
- Einbeziehung der Eltern 837
- gesetzliche Bestimmungen 766
- kognitive 644 ff
- – computergestützte Verfahren 647
- Leistungsträger 763, 765
- – Servicestellen 776
- medizinische 765
- – Leistungen 768, 829 f
- psychosoziale 695
- – Psychoedukation s. Psychoedukation
- stationäre 768
Rehabilitationsmaßnahmen, Begründung 833
Rehospitalisierungsrisiko beim Heimkind 834
Reife
- Begutachtung 780
- geistige 779
- körperliche, Vorverlagerung 202
- moralische 779
Reifungskrise s. Adoleszenzkrise
Reifungslücke 176
Reinlichkeitserziehung 114
Reizbarkeit, intermittierend auftretende 444 ff
- mit bipolarer Störung 446
Reizdarmsyndrom 304
Reize, Diskrimination 620
Reizkonfrontation 619 f
- graduierte 619
- massierte 619
- Phasen 619 f
- Reaktionen, Diskrimination 620
- mit Reaktionsverhinderung 620
- in sensu 619
- in vivo 619
Reizüberblendung 650
Rekonstruktionshypothese 799
Reliabilität, psychodiagnostisches Verfahren 217
Religiosität 66 ff
- Zusammenhang mit psychischer Gesundheit 67 f
REM-Schlaf (Rapid-Eye-Movement-Schlaf) 356 f
REM-Schlaf-Verhaltensstörung 358
REMINDER 650
Rentenversicherung 760
- gesetzliche 765
Resilenz, Psychoedukationswirkung 696
Resilenzkonzept 576
Ressourcen
- intrapsychische 374
- soziale 374
Ressourceninterview 638
Ressourcennutzung, Globalisierung 51
Ressourcenorientierung, therapeutische 632
Ressourcenstärkung, Körperpsychotherapie 668
Restless-legs-Syndrom 358
Restraint System 7

Sachverzeichnis

RET (Rational-Emotive Therapie) 620
Retraumatisierung 675
Retreat 6
Rett-Syndrom 495
α-Rezeptoren-Agonist 322
β-Rezeptoren-Blocker 532
– nichtselektiver 322
Risikohomöostase 581
Risikoverhalten 184, 574 f
– bei Asthma bronchiale 378
– Einstellungsveränderung 575
– Körpermodifikation 168
– nach traumatischem Ereignis 686
Risperidon 498 f, 532, 726 f
– bei aggressivem Verhalten 512, 727
– bei geistiger Behinderung 469 f
– Maximaltagesdosis 548
– bei schizophrener Psychose 726
– bei Tourette-Syndrom 548
– Zulassungsstatus 727
Rollenmuster, männliches 581
Rollenspiel 618 f
– bei Autismus 497
– diagnostisches 618
– therapeutisches 618
Rollenverhalten, sexuelle Orientierung 415
Roulettespieler 433
RST (Rechtschreibtest) 481 f
Rückzug
– narzisstischer 121
– sozialer 264, 314
Ruhigstellung, pharmakologische 734, 750

S

Sach-Comics 696
Sadismus, sexueller 421 f
– periculärer 421 f, 424
Sadomasochismus, sexueller, inklinierender 421, 423 f
Salzburger Lese-Screening für die Klassenstufen 5–8 482
Sankelmarker Thesen 806
SANS (Scale for the Assessment of Negative Symptoms) 218
SAPS (Scale for the Assessment of Positive Symptoms) 218
SAS (Supervisory Attentional System) 650
Satyriasis 449
Scale for the Assessment of Negative Symptoms 218
Scale for the Assessment of Positive Symptoms 218
Schaden, krankheitsbedingter 378
Schadensvermeidung, niedrige 509
Schaltkreise, kortiko-subkortikale, Imbalance 297
Scham 96, 156, 163
Schamvermeidung 156
Scheidung der Eltern, Einfluss auf romantische Beziehungen 207 f
Scheidungsfamilie 612

Schizoaffektive Störung 242
– Polypharmazie 470
– Psychopharmakotherapie im Maßregelvollzug 811
Schizoobszessives Spektrum 295
Schizophrene Störung 241 ff
– Defizite 241 f
– diagnostische Kriterien 242
– Differenzierung von Borderline-Störung 334
– drogeninduzierte 254
– DSM-IV 242
– Epidemiologie 243
– Fahrtauglichkeit 820
– ICD-10 242
– Manifestationszeitpunkt 243
– Therapieevaluation 626
– Verlauf 225
Schizophrenie (s. auch Psychose, schizophrene; s. auch Schizophrene Störung) 7, 242 f, 810 f
– agitierte, Therapie 726
– berufliche Auswirkungen 824
– Erregungsniveaukontrolle 257
– Familientherapie 257
– Krankheitsverarbeitung 246
– Negativsymptome 245, 255, 811
– Polypharmazie 470
– Positivsymptome 243 ff, 255, 810 f
– Suizidalität 245
– Symptome 243 ff, 255, 810 f
– – depressive 245
– – ersten Ranges 244, 246
– – zweiten Ranges 246
– therapeutische Beziehung 257
– Zwangsstörung 295
Schizophreniespektrumstörung 250
Schizotype Störung 242
Schlafanpassungsstörung 356
Schlafbedürfnis, vermindertes 265
Schlafedukation 364
Schlafgewohnheiten, dysfunktionale 361
Schlafhygiene 364 f
– inadäquate 356
Schlaflaboruntersuchung 364
Schlafmangelsyndrom, verhaltensbedingtes 357
Schlafparalyse 358
Schlafphase
– verzögerte 358
– vorverlagerte 358
Schlafprotokoll 362 f, 365
Schlafregeln 364 f
Schlafrestriktion 366 f
Schlafrhythmusstörung, zirkadiane 358
Schlafsituation 362
Schlafstörung 355 ff, 732
– aufrechterhaltende Bedingungen 360
– auslösende Bedingungen 360
– depressive Störung 265, 267
– Diagnostik 362 ff

– Epidemiologie 359 f
– Erziehungsstrategie 368
– Exploration 362 f
– Fragebogen 363 f
– ICD-10 355 f
– menstruationsbezogene 358
– nichtorganische 355 f
– organische Erkrankung 362
– Polysomnographie 364
– bei psychischer Störung 362, 364
– soziale Faktoren 360 f
– testpsychologische Untersuchung 364
– Therapie 364 ff, 367 f
– Verlauf 359 f
Schlafumfeld 362, 365
Schlafverhalten
– gesundes 368
– Screeninginstrument 363 f
Schlaf-wach-Rhythmus 355
Schlafwandeln 357, 369 f
Schluckstörung 305
Schlussfolgern, willkürliches 267
Schmerzen
– chronische, bei depressiver Störung 264 f
– rekurrierende 304
– sexuell bedingte 419
Schmerzstörung, somatoforme, anhaltende 304 ff
– funktionelle Beeinträchtigung 306
Schnupperlehre 58
Schockphase nach traumatischem Ereignis 684 f, 688
Schönheitsoperation 121, 165
Schrei-Baby, Familienberatung 513
Schreiben, therapeutischer Prozess 714 f
Schulangst 279, 634
Schuldbewusstsein, fehlendes 506
Schuldfähigkeit 781 f, 784 f
Schuldfähigkeitsminderung 785 f
Schuldgefühle 87, 96
Schule, psychotherapeutische 9 f, 12
Schulintervention bei Alkoholmissbrauch 580
Schulkinder unterm Besatzungsregime 25
Schulpflicht, allgemeine 53
Schulphobie 281, 306
Schulschwierigkeiten, Borderline-Persönlichkeitsstörung 401
Schulsport 578
Schulversagen, Narzisst 160
Schulverweigerung
– Familientherapie, systemische 634
– bei sozialer Phobie 225
– bei Trennungsangststörung 226
– zeitweilige 187
Schwachsinn
– Jugendgerichtsgesetz 781
– Schuldfähigkeit 783
Schwachsinnigenfürsorge im 19. Jahrhundert 460
Schwangerschaft 121, 210, 584
– Prävention 148

Schwangerschaftsverhütung 209 f
Schweigepakt nach Kriegserlebnissen 82
SCL 90-R (Symptomcheckliste) 219
SCQ (Social Communication Questionnaire) 495
Screening-Fragebogen zur sozialen Kommunikation 495
Screening somatoformer Störungen 309
Screeninginstrument, klinisches 219
SDQ (Strength and Difficulties Questionnaire) 219, 518, 526
Sedativa 732 ff
Seelische Störung, diagnostische Kriterien 770
SELBST 623
Selbst 106 ff
- aggrandisiertes 154, 157
- autoregulatorische Kompetenz 109
- definitorisches 108 f
- Entwicklung 108 f
- gesteigerte libidinöse Besetzung 155, 185
- handelndes 109
- psychologisches 109
- soziales 109
- Strukturbegriff 106
- Strukturelemente 106 f
- subjektives 108 f
- virtuelles 162
Selbstabsorption 97
Selbstbefriedigung s. Masturbation
Selbstbericht 219
Selbstbestimmtheit 754
Selbstbestimmung 694
Selbstbeurteilungs-Skala bei hyperkinetischer Störung 527
Selbstbezogenheit 155, 159 f
Selbstbild, instabiles 399
Selbsterfahrung, Kunsttherapie 664
Selbstfunktionen, reflexive 107
Selbstgefühl, Störung 401
Selbstgenügsamkeit, gesteigerte 155
Selbstgespräch, positives 621
Selbstgewissheit 108
Selbsthilfegruppe 848 f
- Essstörung 351
- Sexualverhalten, zwanghaft-impulsives 450
Selbstinstruktion 619, 680
Selbstkohärenzverlust, posttraumatischer 315
Selbstkonfiguration, narzisstische 154, 157
Selbstkontrollstörung 507
Selbst-Körperselbst-Gefühl 115
Selbstmanagementtraining 651
Selbst-Modell 150
Selbstobjekt
- Instrumentalisierung des Kindes 162
- mangelnde Integration 401
Selbstorganisation, familiäre 632
Selbstreflexion 108
Selbstregulation 106, 605
Selbstregulationsstärkung, Körperpsychotherapie 668
Selbstregulationsstörung 187, 392

- Bulimia nervosa 348
Selbstschädigung s. auch Selbstverletzung
- Borderline-Persönlichkeitsstörung 400
- indirekte 195
- Lokalisation 195
Selbststeuerung 106
Selbstüberschätzung 155
Selbstunsicherheit des Patienten 220
Selbstverletzung s. auch Verhalten, selbstverletzendes
- Borderline-Persönlichkeitsstörung 400
- Krisensituation 595
- masochistische 424
- Sexualpraktik 424
- superfizielle/moderate 191
Selbstwahrnehmung 106
- Ergotherapie 658 f
- erhöhte 155
- Körpertherapie 668
- Kunsttherapie 665
Selbstwertgefühl
- geringes 348, 658
- übersteigertes, Delinquenz 177
Selbstwertkonflikt 158
- narzisstische Persönlichkeitsstörung 161
Selbstwertregulation 158
- antisoziales Verhalten 160
Selbstwirksamkeit 638 f
Selegilin 549
Self-change skills erlernen 621
Self-Harm Behavior Questionnaire 196
Sensation-seeking 8, 509, 732
- Behandlung 625
Sensibilitätsstörung, dissoziative 329 f
Sensualitätstraining 420
Serotonerges System 192 f, 721
Serotonin 721
Serotoninhypothese, hyperkinetische Störung 520 f
Serotoninmangelhypothese
- Depression 266
- Sucht 234
Serotonin-Rezeptor-Blockade 725
Serotonin-Synthese, verminderte 509
Serotonin-System, Depression 266
Serotonin-Transporter 284
Serotonin-Transporter-Reduktion 266
Serotonin-Wiederaufnahmehemmer, selektive s. SSRI
Sertralin bei
- Angststörung 729
- Depression 271, 728 f
- posttraumatischer Belastungsstörung 322
- Trichotillomanie 444
- Zwangsstörung 299, 729
Setting, kotherapeutisches 655
Sexualdelinquenz 450
- Forschung 422
- pericular-paraphile 424 ff
- - Behandlungswirkung 427
- - integratives Entwicklungsmodell 425 f

- - Opferempathieentwicklung 426
- - Prognose 427
- - proximale Faktoren 425
- - Rückfallprävention 426
- - Untersuchungsverfahren 450
Sexualität 122 ff, 209 f
- Körperkonzept 201 f
- männliche 122 f
- Marginalisierung 143 f
- Risikoverhalten 210
Sexualitätsstörung 401
Sexualpräferenzstörung (s. auch Paraphilie) 420 ff, 783
- behandelte 422
- ICD-10 421
Sexualpraktiken
- gefährliche 424
- selbstverletzende 424
Sexualsteroidtherapie bei konstitutioneller Entwicklungsverzögerung 130
Sexualstraftäter (s. auch Sexualdelinquenz) 789
Sexualverhalten
- bei Autismus 499
- frühzeitiges 584
- Kompetenztraining 584
- riskantes 583 f
- zwanghaft-impulsives 431, 448 ff
- - Anamnese 450
- - Differenzialdiagnose 450
- - komorbide Suchterkrankung 449
- - nichtparaphiles 449
- - paraphiles 449
- - Selbsthilfegruppe 450
- - Suchtprozessbehandlung 450
- - Therapie 450
Sexuelle Funktionsstörung 418 ff, 422
- Kriterien 418
- DSM-IV-TR 418 f
- Exhibitionismus 427
- ICD-10 419
- paartherapeutisches Vorgehen 420
- Paraphilie 427
- Therapie 420
Sexuelle Störung 411 ff
- Pharmakotherapie im Maßregelvollzug 810
SFT (schemafokussierte Therapie) 392, 395
SGB s. Sozialgesetzbuch
Shared-decision-making 745
SHBQ (Self-Harm Behavior Questionnaire) 196
Sicherungsaufklärung 742
Simulation 304
Single-Photon-Emissionscomputertomographie 520, 544
Singultus 304
Sinnsuche 69
Situation, traumatische 312
Skalierungsfragen 641 f
SKID-D 335

Sachverzeichnis

SKID-I/SKID-II (Strukturiertes Klinisches Interview für DSM-IV) 218
Skill-Defizit, posttraumatisches 321
Skills-Training 679
SLC1A1 (Glutamattransporter-Gen) 297
SLS (Salzburger Lese-Screening für die Klassenstufen 5–8) 482
Snijders-Oomen non-verbaler Intelligenztest 465
Social Communication Questionnaire 495
Soft Signs, neurologische 251, 402
Solidarität 97
Somatiker 7
Somatisierung 303
Somatisierungsstörung 304, 314
– undifferenzierte 304
Somatoforme Störung 303 ff
– auslösende Faktoren 306
– Beschwerden 305 f
– biologische Faktoren 306
– Definition 303 f
– mit Depression 309 f
– Diagnostik 308 f
– DSM-IV 303 f
– Entspannungsverfahren 309
– Epidemiologie 305
– familiäre Faktoren 307
– familienpsychologische Intervention 700
– iatrogene Faktoren 307
– ICD-10 303 f
– Komorbidität 306
– nach körperlicher Erkrankung 306
– Krankheitsverhalten 308
– Persönlichkeitsfaktoren 306
– Pharmakotherapie 309 f
– Psychodiagnostik 308
– Psychoedukation 309, 700
– – Online-Programme 700
– psychologische Intervention 309
– somatisches Entgegenkommen 307
– Symptomwechsel, altersabhängiger 305
– Therapie 308 ff
– transgenerationale Weitergabe 307
Somatopsychische Störung 373 ff
Somnambulismus 357, 369 f
Somniloquie 359
SOMS (Screening somatoformer Störungen) 309
SON-R (Snijders-Oomen non-verbaler Intelligenztest) 465
Sonderinteressen bei Autismus 493 f
Sonderpädagogik
– bei Intelligenzminderung 467
– Kunsttherapie 663
Sorge, elterliche 754, 756
Sozialarbeiter 9
Sozialdarwinismus 43
Sozialgeld 774
Sozialgesetzbuch 761 ff
– Achtes Buch 765
– Drittes Buch 764

– Fünftes Buch 765
– Neuntes Buch 766
– Sechstes Buch 765
– Zweites Buch 763 f
– Zwölftes Buch 766 f
Sozialgesetzgebung 826
Sozialhilfe 760, 766 f, 825
– Leistungsträger 763
– Zuständigkeitsgrenze zur Jugendhilfe 769, 771 f
Sozialisationstyp, narzisstische Merkmale 154
Sozialismus 37 ff
Sozialleistungen 760 ff
– Anspruchsvoraussetzungen 762
– Koordination 775 f
– Leistungskonkurrenz 764, 767
– Leistungsträger 761, 763
– Schnittstellen 761, 771
– Servicestellen 776
– verfahrensrechtliche Anforderungen 761
– Zuständigkeit 771, 775 f
Sozialleistungsrecht 757 f
Sozialphobie- und Angstinventar für Kinder 219
Sozialtherapeutische Intervention bei geistiger Behinderung 473
Sozialtherapie, stationäre 613
Sozialverhalten, adäquates, Verlust 265
Sozialverhaltensstörung 178, 185, 503 ff
– affektive Störung 263, 265
– mit Angststörung 504
– Aufmerksamkeitsdefizit-Hyperaktivitäts-Syndrom 519
– Brandstiftung 439
– Case management 511
– depressive Störung 265 f
– diagnostische Kriterien 506
– DSM-IV 504 f
– Elterntraining 582, 624 f
– Fahrtauglichkeit 820
– familiäre Belastungsfaktoren 510
– Familientherapie, systemische 634
– genetische Faktoren 508
– Geschlechterverhältnis 505 f
– Gruppentherapie 624
– hyperkinetische Störung 504, 518
– ICD-10 504 f
– Kind/Jugendlicher mit Migrationshintergrund 75
– Komorbidität 504 f
– bei Lese-Rechtschreib-Schwäche 224
– bei Mädchen 173
– Multisystemic Treatment 511
– neuroanatomischer Befund 508 f
– neurochemischer Befund 509
– neuropsychologisches Defizit 509
– oppositionelle, Verlauf 225
– Pharmakotherapie 512
– Prävalenz 505
– Prävention 512 f, 582
– psychophysiologischer Befund 509

– mit Störung der Emotionen 504
– Substanzmissbrauch 233 f
– Testosteroneinfluss 509
– Therapie 237, 510 ff, 624 f
– – elternbasiertes Programm 624 f
– – schulbasiertes Programm 625
– – Setting 511
– – stationäre 511
– Trainingsprogramm 624
– Verlauf 225
Soziofamiliäres Umfeld des Jugendlichen 220
Soziotherapie 255, 257, 767
SPAIK (Sozialphobie- und Angstinventar für Kinder) 219
Spaltungsmechanismen 401
Spannungsregulation, dysfunktionale 595
Spannungstoleranztraining 680
Spätadoleszenz 560, 601
Spätdyskinesien, neuroleptikabedingte 256
SPECT (Single-Photon-Emissionscomputertomographie) 520, 544
Spiegelneuronen 108
Spiegelneuronendefekt 492
Spielekonsum 708
Spielen
– pathologisches 431 f
– problematisches 432
– soziales 432
Spielfeinfühligkeit des Vaters 143
Spielsucht 431 f
Spiritual abuse 68
SPM (Standard Progressive Matrices) 218
Sprachaufbau bei Autismus 496 f
Sprache
– der Jugendlichen 639 f
– qualitative Auffälligkeiten 493 f
Sprachentwicklung 135 f, 138
Sprachentwicklungsstörung 495
Sprachentwicklungsverzögerung 493 f
Sprachverarbeitungsstörung 480
Sprechen im Schlaf 359
Squeeze-Technik bei Ejaculatio praecox 420
SSRI (selektive Serotonin-Wiederaufnahmehemmer) 269, 271 ff, 586, 727, 728
– nach Akuttraumatisierung 691
– bei Angststörung 285 f
– bei Anorexia nervosa 350
– Behandlungsdauer 273
– Nebenwirkungen 272
– NNT (number needed to treat) 299
– bei pathologischem Glücksspiel 437
– bei pathologischem Stehlen 441
– bei posttraumatischer Belastungsstörung 322
– bei selbstverletzendem Verhalten 197 f
– bei somatoformer Störung mit Komorbidität 309 f
– Wirkungsweise 728
– bei zwanghaft-impulsivem Sexualverhalten 450
– bei Zwangsstörung 299, 729

Staatsjugend 15
Stahl, Georg Ernst 6
STAIR-PE 321
Standard Progressive Matrices 218
Standardwert 217
Stehlen, pathologisches 430 f, 440 f
Stieffamilie 635 f
Stigmatisierung 220
Stillen 114
Stimmen hören 246
Stimmungsschwankungen 184, 729 f
Stimulanzien 727, 731 f
- bei aggresivem Verhalten 512
- bei Aufmerksamkeitsdefizit-Hyperaktivitäts-Syndrom 529
- bei Auslandsreisen 533
- Doping-Reglement 533
- Enhancement 724
- Fahrtüchtigkeit 533
- Gefährdungsindex für Verkehrs- und Arbeitssicherheit 822
- bei geistiger Behinderung 470
- bei hyperkinetischer Störung 528 ff
- im Maßregelvollzug 810
- Nebenwirkungen 470, 530
- bei Tourette-Syndrom 549 f
- Wehrdienstfähigkeit 533
Stimulanzienmissbrauch 732
Stimuluskontrolle 366
Stopp-Start-Übung bei Ejaculatio praecox 420
Strafmündigkeit 778 f
- hyperkinetische Störung 534
Strafrechtsbegutachtung 758
Straftat, rechtsextrem motivierte 42
Straftaten
- Prävalenz 173
- räumliche Verteilung in Deutschland 176
Straftäter
- aggressiver 809
- Behandlung 511 f, 809
- psychische Störung 807 f
- psychopathischer, Therapiefokus 512
- Psychotherapiemotivation 806 f
- Therapiebedürftigkeit 807
- Therapieevaluation 811
- Therapiefähigkeit 807
Strafunmündigkeit 781
Strength and Difficulties Questionnaire 219, 518, 526
Streptokokken der Gruppe A, β-hämolysierende 544, 546
Streptokokkeninfektion, Zwangsstörung 293, 297
Stress, psychosozialer
- in der Schwangerschaft 543
- somatoforme Störung 307
Stressbelastung
- Gesundheitsrisiko 577, 580 f
- schulische 577
Stressbewältigung 580 f

Stressbewältigungsprogramm, kognitiv-behaviorales 580
Stressfraktur 344
Stressimpfungstraining 580
Stressoren, schizophrene Psychose 248 f
Stresspegel 679
Stressreaktion 311
Stresssituation, Tic-Symptomatik 542
Striatumhypoperfusion 520
Struktur, psychische 105 ff
Strukturachse, Musiktherapie 658
Strukturbegriff des Selbst 106
Strukturbildung 186
Strukturelle Störung 605 f
Strukturiertes Klinisches Interview für DSM-IV 218
Strukturniveau, OPD 660, 669
Stupor 244, 733
- dissoziativer 328 f
Subjekt, menschliches 106
Subjektgefühl, kindliches 109
Subkultur, delinquente 175
Substanzbezogene Störung s. Suchtstörung
Substanzentzug 236 ff
- qualifizierter, jugendtypischer 238
Substanzkonsum
- problematischer 233
- Psychose 236
- sekundäre psychische Störung 233
- soziale Folgen 234
Substanzmissbrauch s. auch Suchtstörung
- ADHS 732
- Angststörung 286
- Bewältigungs-Fertigkeitstraining, kognitives 626
- Bulimia nervosa 345
- depressive Störung 264, 626
- Fertigkeitstraining 625
- Früherkennung 238
- Gewalttätigkeit 175
- bei Lese- und Rechtschreibstörung 478
- Persistenz bis in das Erwachsenenalter 222, 224
- Psychoedukation 625
- somatische Folgen 237
- bei sozialer Phobie 225
- Therapie 625 f
Sucht
- Serotoninmangelhypothese 234
- stoffgebundene 231 ff
Suchtbehandlungseinheit, stationäre 238 f
Suchterkrankung, Kind/Jugendlicher mit Migrationshintergrund 76
Suchthilfe 239
Suchtstörung 231 ff, 237
- Abstinenzorientierung 236
- Ätiologie 234 f
- Behandlung 236 ff
- - Abbruchquote 238
- - adoleszententypische Strategie 236 f
- - Motivationsarbeit 237

- Beratungsangebot, niedrigschwelliges 238
- Borderline-Persönlichkeitsstörung 401
- Brandstiftung 439
- Definition 231
- Diagnostik 235 f
- bei Elternteil 234
- Entgiftungsphase 236 f
- Epidemiologie 232 f
- Familientherapie, systemische 634
- Früherkennung 238
- genetisches Risiko 235
- Komorbidität 233, 237 f
- körperliche Untersuchung 235
- Krisensituation 597
- Langzeittherapie 239
- medikamentöse Intervention 236
- nach posttraumatischer Belastungsstörung 312, 314
- Prävention 233, 238 f
- Risikofaktoren, soziale 235
- sekundäre psychische Störung 233 f
- Selbstgefährdung 597
- soziale Folgen 234
- Symptomentwicklung 233 ff
- Urinschnelltest 235
Suggestionshypothese 800
Suizid 68, 582 f
- schulbasiertes Präventionsprogramm 583
Suizidalität 593 f
- akute 594
- - bei Depression 274
- als Autonomiebeweis 160
- Beziehung zum selbstverletzenden Verhalten 191
- Borderline-Persönlichkeitsstörung 401
- bei Depression mit Angst 287
- medikamentöse Intervention 594
- psychiatrische Exploration 594
- psychosoziale Intervention 583
- Schizophrenie 245
- bei Substanzmissbrauch 234
- Zusammenhang mit Körpermodifikation 168
Suizidgedanken
- angstfreies Benennen 594
- unter Antidepressiva 271
Suizidmethode 593 f
- harte 594
- weiche 594
Suizidrate, Kinder/Jugendliche mit Migrationshintergrund 76
Suizidrisiko bei schizophrener Störung 225
Sulpirid 547
Supervisory Attentional System 650
Survivor-Camp 381
Survivor-Identität 381
Sydenham-Chorea 544, 546
Symbolisierungsfähigkeit, Störung 401, 408
Symptomcheckliste 219
- psychopathologische 219

Sachverzeichnis

Symptomchecklisten für Jugendliche und junge Erwachsene 219
Synapsenbildung 491
Synapsenzahl 136 f
Syndrom 215

T

Tacid knowledge 606
Tag-Nacht-Rhythmus, verschobener 264
Tagebuch 715
Tagesschläfrigkeit 357, 359
- Epworth Sleepiness Scale für Kinder 364
Tagträume, exzessive 331
Talipexol 549
Tariflohn, Zusammenhang mit dem Ausbildungsabschluss 55
Tastempfinden 667
Täterbegutachtung, strafrechtliche 778 ff
- Gefährlichkeitsprognose 785 f
Tätigkeit, wissenschaftliche 747
Tatoo 167, 169
Tätowierung 165 ff
- hygienische Voraussetzung 169
- medizinische Komplikation 169
- Psychopathologieausdruck 166 ff
Taubheit, emotionale 686
^{99}Tc-Hexamethylpropylenaminoxim 544
TEACCH (Treatment and Education of Autistic and Related Communication-Handicapped Children) 467, 498
Teachers Report Form 219
Teasing-Technik bei Erektionsstörung 420
Teilhabe
- am Leben in der Gemeinschaft, Sozialleistungen 767, 771
- behinderter Menschen, Leistungsträger 763, 766
Teilhabebeeinträchtigung 378, 770
Teilhabeleistungen 766
Teilleistungsschwäche, Narzisst 160
Temperament
- Borderline-Persönlichkeitsstörung 402
- Geschlechtsidentitätsstörung 414
- Rollenverhalten 415
- schwieriges 509, 524
- Sozialverhaltensstörung 509 f
- Umwelterfahrung 389
Test
- Konstruktion 217
- psychologischer 217 ff
- psychometrischer 217
Testbatterie zur Aufmerksamkeitsprüfung 525
Testosteron 509
Testreihe 217
- zur Prüfung der Konzentrationsfähigkeit 526
Testwert, individueller 217
TFP (Transference Focused Psychotherapy; übertragungsfokussierte Psychotherapie) 395, 595

Thalamusstimulation bei Tourette-Syndrom 551
THC-Gebrauch 235
Thelarche 126
- prämature 130
Theorie der erlernten Hilflosigkeit 267 f
Theory of mind 107 f, 243, 492
Therapeut
- Abhängigkeit des Jugendlichen 638 f
- Doppelfunktion 565
- Druck der Eltern 640
- Intervention mit Rollenübernahme 610 f
- Lotsenfunktion 605
- Neutralität 632
- Offenbarungsverpflichtung 806
Therapeutendilemma 641
Therapie s. auch Psychotherapie
- dialektisch-behaviorale 595
- - bei Persönlichkeitsstörung 395
- - bei posttraumatischer Belastungsstörung 679
- - bei selbstverletzendem Verhalten 196
- integrative 713
- kognitiv-behaviorale (s. auch Verhaltenstherapie, kognitive) 616 ff
- - empirische Wirksamkeit 617 ff
- - Konfrontationsmethode 619
- - operante Verfahren 619
- - Selbstinstruktionsmethode 619
- kognitive 620 f
- - nach Beck 620
- - Techniken 621
- mentalisierungsgestützte 392, 595
- - bei Persönlichkeitsstörung 395
- Patienteninformation 696
- rational-emotive 621
- schemafokussierte 392, 395
Therapiebedürftigkeit 565
Therapiefähigkeit 565
Therapieindikation, Abschätzung 565
Therapiemitarbeit 375 f
Therapiemotivation 565
Therapieprogramm für Kinder mit hyperkinetischem und oppositionellem Problemverhalten 531
THOP (Therapieprogramm für Kinder mit hyperkinetischem und oppositionellem Problemverhalten) 531
Tiaprid 547 f, 726
- Nebenwirkungen 548
Tic-Störung 539 ff
- bei Aufmerksamkeitsdefizit-Hyperaktivitäts-Syndrom 519
- Beeinträchtigung 545, 547
- Definition 539
- Diagnostik 545 f
- Differenzialdiagnose 546
- Entspannungstechnik 547
- Komorbidität 542
- Persistenz 543
- Prävalenz 541

- Psychoedukation 546
- Psychopharmakotherapie 547 ff, 726
- psychosoziale Funktionseinschränkung 547
- Stimulanzienwirkung 549 f, 732
- symptomatische 544
- Symptomcheckliste 546 f
- Therapie 546 ff
- - Evaluation 551
- Verlauf 226, 543
- vorübergehende 540
Tics
- motorische 539 ff
- vokale 540 f
Tiefenhirnstimulation bei Tourette-Syndrom 551
Tierphobie 279
TMS s. Magnetstimulation, transkranielle
Toleranzentwicklung 231 f
Tourette-Syndrom 226, 539 ff
- Beeinträchtigung 545
- Definition 539 f
- Diagnostik 545 f
- Differenzialdiagnostik 293
- DSM-IV 539
- genetische Komponente 543
- ICD-10 540
- Komorbidität 542
- Neurobiologie 544 f
- Neuropsychologie 545
- perinatale Faktoren 543 f
- postinfektiöses 544
- Prävalenz 541
- Prognose 551
- Psychopharmakotherapie 547 ff
- Symptomcheckliste 546
- Symptome 541 f
- Therapie 546 ff
- - Evaluation 551
- Verlauf 542
Trainingsprogramm
- kognitives, bei dysexekutivem Syndrom 652
- nach Petermann 624
Transference Focused Psychotherapy 395, 595
Transgenderismus 413
Transsexualismus 224, 413
- Personenstandsänderung 416
- Standard of Care 416
- Therapie 416 f
Transsexuellen-Gesetz 416
Transvestitismus 418, 421, 423
Trauerarbeit 268
Trauma, psychisches 81 ff, 312
- Versöhnung 86 f
Traumaambulanz 691 f
Traumaexposition 674, 680 f
- modifizierte 681
- prolongierte 680
Traumafolgeerkrankung 686

Traumafolgen 314 ff, 316 f
- Dissoziationskontinuum 317
- Erregungskontinuum 317
- Gedächtnisfunktionsstörung 110
Traumaschwere 313
Trauma-State 674
Traumatisierung 311
- akute s. Akuttraumatisierung
- Akutphase 687 f
- Albträume 361
- Bewältigungsphase 685, 688
- Bindungsfolgen 317 f
- Borderline-Persönlichkeitsstörung 402, 404
- chronische 684
- dissoziative Störung 332
- Entwicklungsfolgen 317 f
- Erinnerungsauswirkung 678
- Flashbacks 678, 681
- komplexe 311, 404
- - Folgen 315 f
- kumulative 312
- von Menschen verursachte 684
- multiple 392 f
- psychische Störung 312 f
- Reaktion 684 ff
- Reinszenierung 314, 316, 684
- schicksalhafte 684
- sequenzielle 91, 312
- situationsspezifische Faktoren 684
- Sozialverhaltensstörung 511
- Stressreaktion 597
- Suizidrisiko 594
- wiederholte 314, 316, 684
- Zeichen 676
Träume, beängstigende 83
Traurigkeit, depressive Störung 263
Treatment and Education of Autistic and Related Communication-Handicapped Children 467
Trennung einer romantischen Beziehung 205 f, 208
Trennungsangst 279 ff
Trennungsangststörung, Verlauf 226
TRF (Teachers Report Form) 219
Triade, kognitive, negative 264, 267
Tribals 167
Trichobezoar 442 f
Trichotillomanie 191, 430 f, 442 ff
- Differenzialdiagnose 293, 443
- DSM-IV-TR 442
- frühe 442
- ICD-10 442
- komorbide Störung 444
- späte 442
- standardisierte Diagnostikverfahren 444
- Therapie 444
Trichotillophagie 442
Triebdruck 184 f
Triebenthemmung, sexuelle, bei geistiger Behinderung 472 f

Triebtheorie 112
Tryptophan-Depletion 509
Tubero-infundibuläres System 721
Tübinger Jungtäter-Vergleichsuntersuchung 787
Tübinger Luria-Christensen Neuropsychologische Untersuchungsreihe 218, 465
Tübinger Luria-Christensen Neuro-psychologische Untersuchungsreihe für Kinder 218
TÜKI (Tübinger Luria-Christensen Neuropsychologische Untersuchungsreihe für Kinder) 218, 465
TÜLUC (Tübinger Luria-Christensen Neuropsychologische Untersuchungsreihe) 218
Turm von London 218
Typ-A-Verhalten 389, 393, 575
Typ-I-Diabetes s. Diabetes mellitus
Typ-II-Traumatisierung 311

U
Überaktive Störung mit Intelligenzminderung und Bewegungsstereotypien 495
Überempfindlichkeit, soziale 280
Übererregbarkeit, vegetative 282
Übergangsneurose 299
Übergangsreihen-Hypothese, schizophrene Psychose 247
Übergeneralisierung 267
Übergewicht 577 f
Über-Ich, narzisstische Persönlichkeit 162
Über-Ich-Konflikt, Flüchtlingsjugendliche 87
Überreaktion, affektive, nach Traumatisierung 318
Übersensibilisierung 111
Übertragung, narzisstische 607
Übertragungsbeziehung 563
Übertragungshypothese 800
Überwachen, exekutive Funktionen 651
Überzeugung, dysfunktionale 295
Übung des sicheren Ortes 678
Übungsfirma 52
Ullanlinna Narcolepsy Scale 364
Ulmer Heimkinderstudie 598
Umgangsrecht bei getrennt lebenden Eltern 754
Umstrukturierung, kognitive 367
Umstrukturierungsprozess, adoleszenter 183, 185 f
Umweltfaktoren
- Angstentstehung 283
- entwicklungsrelevante Auswirkung 102
- schizophrene Psychose 248, 250
Umweltverschmutzung 51
UN-Kinderrechtskonvention 753
Unabhängigkeitsbedürfnis 160
Unaufmerksamkeit (s. auch Aufmerksamkeitsdefizit) 519
Unberechenbarkeit 184
Unbeteiligtsein, herzloses 506
UNESCO Institut für Jugend 20

Uniformierung 159
Unrechtserkenntnis 779
Unrechtsgefühl 779
Unruhe, körperliche 160
Unterbringung
- forensische 593, 786
- gegen den Willen des Minderjährigen 750
Unterbringungsgesetz 591 f
Unterweisung, religiöse 67 ff
Unverlässlichkeit 184
Urinschnelltest, Drogennachweis 235
Urmisstrauen 96
Urvertrauen 96

V
Vaginismus 420
Validität, psychodiagnostisches Verfahren 217
Valproinsäure 273, 512
- Plasmakonzentration 730
Vater, Spieleinfühligkeit 143
Vaterschaftsanfechtung 754 f
Venlafaxin 532, 729
Verantwortungsklärung bei systemischer Psychotherapie 634
Verantwortungslosigkeit 506
Verarbeitungsgeschwindigkeit 481
Verbotsirrtum 779
Vereinsamung, fundamentale, bei Psychose 241
Verfahren, familiengerichtliches 756 f
Verfahrenspfleger 756 f
Verfolgungsideen 244
Verfolgungsopfer, Kind/Jugendlicher mit Migrationshintergrund 81 ff
Verführung zu gesundheitsschädlichem Verhalten 209
Vergewaltigung 422
- durch Besatzungssoldaten 25 f
- Rückfallrate 427
Vergewaltigungsopfer 91
Verhalten
- adoleszentes 187
- - krisenhaftes 187
- aggressives 148, 503 f, 506 f, 596 ff
- - Analyse 596
- - Auszeit 596
- - Deeskalation 596
- - Erfassung 465
- - Frühintervention 598
- - bei Intelligenzminderung 462, 727
- - Krisensituation 596 f
- - Polypharmazie 470, 512
- - Problemlösetraining 620
- - Stufenplan 598
- - bei Tourette-Syndrom 542
- agitiertes 83
- antisoziales 148, 158, 178, 506
- - Problemlösetraining 620
- - als Selbstwertregulierung 160
- arrogantes 159
- Automatisierung 316

Sachverzeichnis

- – delinquentes (s. auch Delinquenz) 507
- – – bei Lese- und Rechtschreibstörung 479
- – – Prävalenz 171 ff
- – – Verlaufsmuster 174 f
- – dissoziales 178, 503 f, 507
- – – Brandstiftung 439
- – – Therapieprogramm, evaluiertes 511
- – entwicklungsrelevante Auswirkung 101
- – expansives, bei Lese- und Rechtschreibstörung 478 f
- – exploratives, risikoreiches 509
- – exzentrisches 242
- – geschlechtsrollenkonformes 414
- – gesundheitlich risikohaftes 712
- – gewalttätiges s. auch Gewalt
- – – Medieneinfluss 710
- – impulsiv-aggressives 192
- – – chemical restraint 734
- – – medikamentöse Reduktion 512
- – – Sozialverhaltensstörung 507
- – – Therapie-Setting 511
- – impulsiv-disruptives, Krisensituation 596
- – impulsives, Polypharmazie 470
- – instrumentell-dissoziales 507, 511
- – Konfliktsituation 150
- – nicht geschlechtsrollenkonformes 414
- – oppositionelles 503 f
- – Organisator 105
- – parasuizidales 594 f
- – prosoziales, Förderung 624
- – bei psychischer Störung, Erklärung für die Angehörigen 697 f
- – selbstverletzendes (s. auch Selbstverletzung) 190 ff, 264, 337, 595
- – – Anorexia nervosa 345
- – – Beziehung zu Suizidalität 191
- – – biologische Faktoren 192
- – – Definition 190 f, 595
- – – Diagnostik 194 f
- – – dialektisch-behaviorale Therapie 196, 623
- – – dopaminerges System 193
- – – emotionale Dysregulation 194
- – – Entstehung 190, 192 ff
- – – Epidemiologie 192
- – – im Hochstressbereich 679
- – – bei Intelligenzminderung 462
- – – klinische Untersuchung 195
- – – kognitiv-behaviorale Therapie, Wirksamkeit 623
- – – komorbide Störung 194
- – – Krisensituation 595
- – – Notfallkoffer 680
- – – Notsituation 680
- – – opioides System 193
- – – Pharmakotherapie 196 ff, 583
- – – – off label use 197
- – – Polypharmazie 470
- – – Prävention 198
- – – protektive Faktoren 193
- – – psychosoziale Risikofaktoren 193 f
- – – Psychotherapie 196
- – – serotonerges System 192 f
- – – stationäre Therapie 595
- – – Tourette-Syndrom 542
- – – verhaltenstherapeutischer Ansatz 196
- – sozial deviantes 178
- – unberechenbares 446
- – unerwünschtes, Verminderung 498
- – zunehmend gefährliches 439
- Verhaltensaktivierungssystem 509
- Verhaltensauffälligkeit
- – Delinquenz 177
- – dysexekutives Syndrom 651
- – Tourette-ähnliche 540
- Verhaltensausformung 650
- Verhaltensautomatismen 358
- Verhaltenscheckliste 219
- Verhaltenshemmungssystem 509
- Verhaltensmodifikation
- – bei chronischer körperlicher Erkrankung 383
- – bei geistiger Behinderung 467
- Verhaltensmuster
- – auffälliges, stabiles 387
- – repetitive, begrenzte 493 f
- – stereotype 493 f
- Verhaltensregulation, Katecholaminfunktion 520
- Verhaltensstörung
- – aggressive, Modelllernen 618
- – bei Intelligenzminderung 461 f
- – bei Lese-Rechtschreib-Störung 478 f
- – Nahrungseinfluss 531
- Verhaltenstherapie
- – bei Intelligenzminderung 468
- – kognitive (s. auch Therapie, kognitiv-behaviorale) 77 f
- – – bei Angststörung 285
- – – bei Anorexia nervosa 350
- – – bei Bulimia nervosa 350 f
- – – bei Depression 270 ff
- – – bei Depression mit Substanzmissbrauch 626
- – – Kind/Jugendlicher mit Migrationshintergrund 77 f
- – – bei Parasomnie 369
- – – bei pathologischem Glücksspiel 436 f
- – – bei pathologischem Kaufen 454
- – – bei pathologischer Brandstiftung 439 f
- – – bei somatoformer Störung 309
- – – traumafokussierte 320
- – Psychoedukation s. Psychoedukation
- – bei schizophrener Psychose 256
- – bei Trichotillomanie 444
- – bei Zwangsstörung 297 ff
- Verhaltensvarianz 226
- Verkehrsunfälle, Prävention 581 f
- Verliebtheit 201

- Vernachlässigung, kindliche 178, 508
- Versagensängste 264, 282
- – somatoforme Störung 308
- Versagenserfahrung, sexuelle 419
- Versöhnung
- – nach psychischem Trauma 86 f
- – mit sich selbst 86 f
- Versorgung, kinder- und jugendpsychiatrische 835
- – Inanspruchnahme von Kindern/Jugendlichen mit Migrationshintergrund 78 f
- Verstärker-Verlust-Hypothese 268
- Verstärkung, operante 618
- Versündigungsideen 69
- Verträglichkeit, Gesundheitsverhalten 575
- Verwahrlosung 7 ff
- – körperliche 591
- Verweigerung bei Mutismus 225
- Verzögerte-Schlafphasen-Syndrom 358
- Verzweiflung 97
- Vigilanz 646
- Visueller und Verbaler Merkfähigkeitstest 218
- Volljährige, junge (s. auch Erwachsener, junger) 753
- – Hilfe zur eigenverantwortlichen Lebensführung 771
- – Jugendhilfeleistung 765
- – Nachbetreuung 832
- – Schnittstelle zum Sozialhilfesystem 771 f
- Volljährigkeitsgrenze, Sozialleistungsanspruch 762
- Vollzeitschule
- – berufliche 53 f
- – vorberuflich qualifizierende 53 f, 56
- Vormundschaft 755
- Vorverlagerte-Schlafphasen-Syndrom 358
- Voyeurismus 421, 422
- Vulnerabilität
- – gegenüber Frustration 268
- – kritische Fenster 249
- – neurobiologische, Persönlichkeitsstörung 388
- – Schizophreniespektrumstörung 250
- Vulnerabilitäts-Stress-Modell 248 f, 696 f
- Vulva 120 f
- VVM (Visueller und Verbaler Merkfähigkeitstest) 218

W

- Wachstumsschub, pubertärer 127, 130
- Wahlverhalten 32 ff, 42
- Wahn, Kind/Jugendlicher mit Migrationshintergrund 76
- Wahnbildung 246
- Wahnhafte Störung 242
- – Fahrtauglichkeit 820
- – induzierte 242
- Wahnideen 242 ff
- Wahnwahrnehmung 246

Wahrnehmung
- eingeschränkte 658
- kinästhetisch-propriozeptive 667
- taktile 667
- vestibuläre 667

Wahrnehmungsfähigkeit, sensorische, Ergotherapie 658

Wahrnehmungsraum, innerer 559

Wahrnehmungsstörung 247, 686
- schizophrenieartige, halluzinogenbedingte 252

Wahrnehmungübertragungshypothese 799

Waschzwang 291 f

WCST-64 (Wisconsin Card Sorting Test®-64) 218

Wechsler-Gedächtnistest – Revidierte Fassung 218

Wechsler-Intelligenztest bei Autismus 492

Wehrdienstfähigkeit bei Stimulanzientherapie 533

Weiße Substanz, zerebrale 136
- verminderte 491

Weiterbildung
- berufliche 48 ff
- psychotherapeutische 613 f

Wertemusterveränderung 49 f

Wesensveränderung, organische 517

Wiederholen, systematisches, Wissensvermittlung 650

Wiederholungen, posttraumatische 357

Wiener Reaktionstest 525 f

Wiener Testsystem, Fahrtauglichkeit 819

Wille, mutmaßlicher, des bewusstlosen Patienten 742 f

Wirtschafts-Live-Projekt 53

Wisconsin Card Sorting Test®-64 218

Wissenschaftsfreiheit 747

Wissensvermittlung, Mnemotechnik 650

WLST (Würzburger Lesestrategie-Wissenstest für die Klassen 7–12) 482

WMS-R (Wechsler-Gedächtnistest – Revidierte Fassung) 218

Wohlsein, Einflussfaktoren 67 f

Wohneinrichtung, stationäre, Unterhaltshilfe für jugendliche Bewohner 775

Wohnungsmetapher 640

Würzburger Lesestrategie-Wissenstest für die Klassen 7–12 482

Wut 160
- chronische 445
- orale 162

Y

YABCL/18-30 (Young Adult Behavior Checklist) 219

Yale-Brown-Obsessive-Compulsive Scale 290

Yale Global Tic Severity Scale 546

Yale-Tourette-Syndrom-Symptomcheckliste 546

YASR (Young Adult Self Report) 219, 526

Y-Bocs 290

YGTSS (Yale Global Tic Severity Scale) 546

Young Adult Behavior Checklist 219

Young Adult Self Report 219, 526

Youth Self Report 219, 526

YSR (Youth Self Report) 219, 526

Z

Zählzwang 291 f

Zahnfäule 346

Zappelin 532

Zärtlichkeitsbedürfnis 108

Zerebralparese, infantile 472

Zeuge, jugendlicher, Glaubhaftigkeitsbegutachtung 792 ff
- Untersuchung 800 f

Zeugenaussage
- allgemeine Merkmale 795
- Besonderheiten, inhaltliche 795
- Entstehungsgeschichte 798
- Fehlerquellenanalyse 799 f
- Glaubhaftigkeitsbegutachtung 792 ff, 800 f
- Hypothesengenerierung 799
- Inhalt 795 ff
- Konstanzanalyse 798
- Motivation 798
- Qualitätsermittlung 798 f
- Realkennzeichen 795 f
- suggerierte 797, 800

Zielerreichung, pädagogische, Verfahren 831

Zielvereinbarung, stationäre, Einbeziehung der Familie 837

Zink 532

Ziprasidon 549, 726

Zürcher Neuromotorik 465

Zustandsdiagnose, psychiatrische, DSM-IV 216

Zwang
- alterstypischer, passagerer 294
- Einsicht in die Unsinnigkeit 290

Zwangsbehandlung 750

Zwangsgedanken 290 ff, 345

Zwangshandlung 290 ff

Zwangsimpulse 290 f

Zwangsmaßnahmen, ärztlich indizierte 593

Zwangsritual 292

Zwangsspektrum-Erkrankungen 295

Zwangsstörung 290 ff
- Angsthierarchie 298
- Angstreduktion 295
- Ätiologie 295 f
- auf höherem Strukturniveau 298 f
- auf mittlerem Strukturniveau 299
- Beginn 294
- Behandlungsdauer 728
- behavioristisches Modell 295
- Definition 290 f
- mit depressiver Störung 294
- Dermatotillomanie 451
- Differenzialdiagnostik 292 f
- DSM-IV 290
- Einbeziehung von Familienangehörigen 292, 294
- Erhebungsinstrumente 290 f
- Familienstudien 296
- Fetischismus 423
- ICD-10 290 f
- im Kindesalter 292 f
- immunologisches Modell 297
- Komorbidität 294 f
- molekulargenetische Befunde 296 f
- bei Mutismus 225
- neuroanatomisches Modell 297
- organisch bedingte 293
- Persistenz 226
- Pharmakotherapie 299, 728, 729
- Prävalenz 293 f
- Prognose 294
- psychodynamische Therapie 298 f
- – Setting 299 f
- psychodynamisches Modell 295 f
- Psychoedukation 700
- psychosoziale Entwicklung 300
- Reizkonfrontation mit Reaktionsverhinderung 620
- Schizophrenie 295
- selbstverletzendes Verhalten 194
- Symptome, Analyse 298
- Therapie 297 ff
- – tagesklinische 298
- – vollstationäre 297 f
- Tic-Störung 542
- Verhaltenstherapie 297 ff
- Verlauf 226, 294
- Zweifaktorentheorie 295
- Zwillingsstudien 296

Zwangsuntersuchung 749 f

Zweifel 96

Zwischenwelt, intrapsychische 85

Zystische Fibrose 382 f
- Patientenschulung 383
- psychische Störung 382 f
- psychosoziale Intervention 383